Politik-Lexikon

Herausgegeben
von
Universitätsprofessor
Dr. Everhard Holtmann

3., völlig überarbeitete und erweiterte Auflage

R. Oldenbourg Verlag München Wien

Verfasser der nicht namentlich gezeichneten Kurzstichwörter:

Privatdozent Dr. Heinrich Pehle (A – K)

Dr. Heinz Ulrich Brinkmann (L – Z)

Die Deutsche Bibliothek - CIP-Einheitsaufnahme

Politik-Lexikon / hrsg. von Everhard Holtmann. – 3., völlig überarb.
und erw. Aufl.. – München ; Wien : Oldenbourg, 2000
   ISBN 3-486-24906-1

© 2000 Oldenbourg Wissenschaftsverlag GmbH
Rosenheimer Straße 145, D-81671 München
Telefon: (089) 45051-0
www.oldenbourg-verlag.de

Gedruckt auf säure- und chlorfreiem Papier
Druck: Grafik + Druck, München
Bindung: R. Oldenbourg Graphische Betriebe Binderei GmbH

ISBN 3-486-24906-1

Inhalt

Vorwort zur 3. Auflage

Das Politik-Lexikon soll knapp, sachgetreu, im Detail zuverlässig und aktuell informieren über Begriffe, Entwicklungshintergründe, Grundfragen und Problemlagen von Politik sowie über ihre Akteure und Institutionen, ihre Handlungsformen, Verfahrensweisen und über die auf alles dieses bezogenen (politik)wissenschaftlichen Erklärungsansätze.

Der Gegenstandsbereich des Politischen ist bewußt weit gefaßt. Zwar bilden, wie schon in den vorangegangenen Auflagen, Sachinformationen über das politische System der Bundesrepublik Deutschland einen Schwerpunkt des Lexikons. In die Auswahl und Bearbeitung der Stichworte sind jedoch auch die inter- und transnationalen Dimensionen, d.h. die europaweite bzw. globale Verflechtung deutscher Politik und ihrer wissenschaftlichen Behandlung einbezogen.

Somit umgreift das vorliegende Nachschlagewerk die klassischen Teilbereiche der Politikwissenschaft, nämlich Politische Theorie/ Ideengeschichte, Analyse politischer Systeme, Vergleichende Politikforschung (Comparative Politics) sowie Internationale Beziehungen/Internationale Politik. Auch die manchmal als fünfter Teilbereich gesondert aufgeführte Methodenlehre wird angemessen berücksichtigt. Das Lexikon erschließt dem Leser auch wirtschaftliche, gesellschaftliche und kulturelle Gegenstände, Vorgänge und Problembereiche, die nicht ein ausschließliches Thema *politik*wissenschaftlicher Analyse sind. Dieses Lexikon ist folglich nicht nur geschrieben für Studierende der Politik- und Sozialwissenschaften, sondern es soll für alle mit Politik Befaßten und an Politik Interessierten ein nützlicher Ratgeber sein.

Die Konzeption des Lexikons soll einerseits den raschen Zugriff auf Begriffe und Basiswissen ermöglichen, andererseits einen vertiefenden Zugang zu komplexen Kategorien, Problembeschreibungen und Problemdeutungen – unter Beachtung zum Teil miteinander konkurrierender wissenschaftlicher Erklärungsansätze – eröffnen. Dem dienen rund 1.800 Klein- und Verweisstichworte sowie gegen 120 Hauptstichworte. Letztere sind, gemäß dem fachübergreifenden Zuschnitt des Politik-Lexikon, von mehr als 100 FachvertreterInnen der Politikwissenschaft, Soziologie und Verwaltungswissenschaft, der Wirtschafts-, Geschichts- und Rechtswissenschaft, der Erziehungs- und Kommunikationswissenschaft aus Hochschulen und wissenschaftlichen Einrichtungen Deutschlands und weiterer Länder verfaßt worden. Gerade die Kombination von Kurz- und Hauptstichworten gibt diesem Lexikon seine eigene Prägung. Für die nunmehr 3. Auflage sind sämtliche Stichworte auf den neuesten Stand gebracht und überdies eine Reihe zusätzlicher Hauptstichworte – Frauen- und Geschlechterpolitik, Globalisierung, Politikwissenschaftliche Methodenlehre, Regionalpolitik, Spieltheorien, Theorien politischer Steuerung, Transformationstheorien, Verwaltungsreformen – neu aufgenommen worden.

Nicht namentlich gezeichnete Kurz- und Verweisstichworte haben in bewährter Arbeitsteilung Priv. Doz. Dr. Heinrich Pehle, Erlangen (A – K), und Dr. Heinz Ulrich Brinkmann, Bonn (L – Z), verfaßt. Frieder Weigmann (Halle) hat die Textvorlagen in das druckfertige Format gebracht. Bei der technischen Vorbereitung der Neuauflage war außerdem Larissa Wagner, Institut für Politikwissenschaft der Martin-Luther-Universität Halle-Wittenberg, behilflich. Den Genannten sowie allen Kolleginnen und Kollegen, die an diesem Gemeinschaftswerk als AutorInnen von Hauptstichworten mitwirken, gilt des Herausgebers ausdrücklicher Dank.

Everhard Holtmann

Benutzerhinweise

Alle *Stichworte* sind in *alphabethischer Reihenfolge* geordnet. Umlaute wurden wie Selbstlaute eingeordnet. In Stichworten *enthaltene Begriffe*, die im Lexikon abgehandelt werden, sind durch einen Verweispfeil „→" hervorgehoben. Er erscheint nur einmal innerhalb eines Stichwortes bzw. Stichwortaufsatzes.

Mehrfachbedeutung eines Stichwortes ist durch arabische Ziffern kenntlich gemacht.

Synonyme sind durch „⇒" gekennzeichnet. *Kursiv gesetzte Synonyme* zu einem Stichwort verweisen auf das Abhandlungs-Stichwort.

Wiederholung eines Stichwortes im Text erfolgt durch seinen ersten Buchstaben. Dieser steht auch für Singular, Plural und Genitiv des Stichwortes.

Über im Text verwendete *Abkürzungen* informiert das Abkürzungsverzeichnis.

Verwendete Abkürzungen

Abk.	Abkürzung	i.w.S.	im weiteren Sinne
Abs.	Absatz	insbes.	insbesondere
AFG	Arbeitsförderungsgesetz	Jh.	Jahrhundert
allg.	allgemein	kath.	katholisch
arab.	arabisch	KGSt	Kommunale Gemeinschafts-
Art.	Artikel		stelle für
BAG	Bundesarbeitsgericht		Verwaltungsvereinfachung
betr.	betrifft	lat.	lateinisch
BetrVG	Betriebsverfassungsgesetz	lfd.	laufend
Bez.	Bezeichnung	lt.	laut
BGB	Bürgerliches Gesetzbuch	max.	maximal
BRD	Bundesrepublik	MdB	Mitglied des Bundestags
	Deutschland	MEW	Marx-Engels-Werke
BVerfG	Bundesverfassungsgericht	Mio	Million
BVerfGE	Entscheidungen des	MitbG	Mitbestimmungsgesetz(e)
	Bundesverfassungsgerichts	Mrd	Milliarde
BWahlG	Bundeswahlgesetz	parl.	parlamentarisch
bzw.	beziehungsweise	pol.	politisch
ca.	circa	RVO	Rechtsverordnung
d.h.	das heißt	s.	siehe
dt.	deutsch	s.a.	siehe auch
ed.	editor, edited	s.u.	siehe unter
ehem.	ehemalig	sog.	sogenannte
engl.	englisch	TVG	Tarifvertragsgesetz
EStG	Einkommensteuergesetz	u.a.	und andere, unter anderem
et al	et alii (und andere)	u.ä.	und ähnlich(e)
etc.	et cetera	u.a.m.	und andere(s) mehr
ev.	evangelisch	u.s.w.	und so weiter
gegr.	gegründet	u.U.	unter Umständen
gem.	gemäß	v.a.	vor allem
GG	Grundgesetz	vgl.	vergleiche
GOBReg	Geschäftsordnung der	VO	Verordnung
	Bundesregierung	vorm.	vormals, vormalige(r)
GOBT	Geschäftsordnung des	VR	Volksrepublik
	Bundestages	vs.	versus
griech.	griechisch	VwGO	Verwaltungsgerichts-
Gs.	Gegensatz		ordnung
GWB	Gesetz gegen Wettbe-	VwVfG	Verwaltungsverfahrens-
	werbsbeschränkungen		gesetz
hist.	historisch	wiss.	wissenschaftlich
Hg.	Herausgeber	WVO	Warschauer Verteidigungs-
hg.	herausgegeben		Organisation
i.S.	im Sinne		(Warschauer Pakt)
i.d.R.	in der Regel	z.B.	zum Beispiel
i.e.S.	im engeren Sinne	z.T.	zum Teil
i.Ggs.	im Gegensatz	z.Z.	zur Zeit

A

Abberufbarkeit
Möglichkeit zur vorzeitigen Abwahl gewählter Amtsinhaber durch eine qualifizierte Wählermehrheit. Z.B. enthalten die Verfassungen mehrerer Einzelstaaten der USA die Möglichkeit der Abberufung (→ recall) von Mitgliedern der → Exekutive, → Legislative und → Judikative (volksgewählte Richter) durch die Wähler vor Ablauf der Amtsperiode.

Die A. von → Abgeordneten war für frühere Ständeversammlungen kennzeichnend, während die Abgeordneten in modernen westlichen → Parlamenten im allgemeinen über ein freies → Mandat verfügen. Räte- bzw. direktdemokratische Entwürfe nehmen den Vorschlag zur vorzeitigen A. von Inhabern öffentlicher → Ämter häufig wieder auf, um einer → Entfremdung zwischen Wählern und Gewählten entgegenzuwirken.

ABC-Waffen
Sammelbegriff für atomare, biologische (bzw. bakteriologische) und chemische Waffen.

Abgaben
Von den öffentlichen → Körperschaften von natürlichen und juristischen Personen zwangsweise erhobene Ressourcen. Zu den A. gehören u.a. Steuern und Zölle, die erhoben werden, ohne daß dafür eine spezielle Gegenleistung erbracht wird, sowie sog. Entgelt-A., die eine Gegenleistung des Einzelnen für eine öffentliche Leistung darstellen (z.B. Gebühren für die Abfallentsorgung).

Abgeordnete
Vom Volk frei gewählte oder, wie in → Diktaturen, von den Machthabern ernannte Mitglieder eines → Parlaments.

Während im Zeitalter ständischer Vertretungen die A. bei ihrer Stimmabgabe an Instruktionen gebunden waren, gelten sie in modernen freiheitlichen → Demokratien als Vertreter des ganzen Volkes und sind

demgemäß an Aufträge und Weisungen nicht gebunden, sondern nur ihrem Gewissen unterworfen (vgl. z.B. Art. 38 I GG). Die Lösung des sich darob zwischen der A.-freiheit und der → Fraktionsdisziplin ergebenden Spannungsverhältnisses ist nicht nur Gegenstand politikwissenschaftlicher Diskussion, sondern kennzeichnet auch die wiederholten Bemühungen um eine → Parlamentsreform in der Bundesrepublik.

Abgeordnetenhaus
Das Berliner → Landesparlament.

ABM-Vertrag
Am 26.5.1972 in Moskau unterzeichneter Vertrag zwischen der UdSSR und den USA über die Begrenzung ballistischer Raketenabwehrsysteme. Der Vertrag über die Abwehrraketen (Anti-Ballistic-Missiles) ist eines von zwei Abkommen, die zusammen als → SALT I bezeichnet werden. Der Vertrag verbietet es beiden Supermächten, mehr als zwei ABM-Stellungen zu bauen. In einem 1974 unterzeichneten Zusatzprotokoll wurde die Zahl der erlaubten ABM-Stellungen auf je eine reduziert.

Abrüstung
Völliger oder teilweiser Abbau von Waffen, Ausrüstung und militärischem Personal, einschließlich solcher industrieller und technologischer Kapazitäten, die der Entwicklung und Produktion von militärischem Gerät dienen bzw. dienen können.

Abrüstung/ Rüstungskontrolle
1. Begriffe. A. und R. sind verwandte Konzepte, die jedoch aufgrund unterschiedlicher Definitionen, Zielsetzungen und historischer Entwicklungen für den wissenschaftlichen Sprachgebrauch klar voneinander zu trennen sind.

Als A. (disarmament) bezeichnet man alle Maßnahmen und Konzepte, die auf die Reduktion oder Abschaffung militärischer

Mittel (Personal und Material) abzielen. Ihre Bandbreite reicht von geringfügigen Verminderungen spezifischer Waffen bis zur weltweiten Abschaffung aller militärischen Kräfte.

Unter R. (arms control) - gelegentlich auch als „kooperative Rüstungssteuerung" (Graf Baudissin) bezeichnet - versteht man all jene Maßnahmen und Konzepte, die auf die Regulierung von Rüstung abzielen, indem sie Zustand und Veränderung (d.h. Aufrüstung, → Modernisierung und A.) militärischer Mittel und deren jeweilige Auswirkungen durch politische Kontrolle zu steuern suchen.

Zur Typisierung von A. - und analog auch der R. - lassen sich 6 Merkmale heranziehen: 1. die Anzahl der Beteiligten (unilaterale, bilaterale, multilaterale A.); 2. der Umfang der betroffenen militärischen Mittel (generelle, partielle A.); 3. Art und Ausmaß ihrer Veränderung (quantitative, qualitative; Reduktion, Abschaffung); 4. die räumliche und 5. die zeitliche Ausdehnung der Maßnahmen (lokale, regionale, globale A.; temporäre, unbegrenzte A.) sowie 6. die Art der zum Ziel führenden Schritte (z.B. kontrolliert, unkontrolliert).

2. Zielsetzungen. Eine → Politik der A. strebt als oberstes Ziel i.d.R. eine solche Verfassung der → internationalen Beziehungen und der beteiligten Akteure an, in der keine bewaffnete → Gewalt zur Lösung von (nach wie vor existierenden) Konflikten angewendet werden kann. Realisierbar ist dies letzthin erst unter zwei Bedingungen: Erstens, wenn es gelingt, eine alle Akteure global einbeziehende, generelle, vollständige und unbegrenzte Abschaffung militärischer Mittel sowie ein universales Verbot der Gewaltanwendung durchzusetzen. In diesem umfassenden Sinn verstanden, basiert A.-politik auf einer Abkehr vom traditionellen Konzept der → Kriegsverhütung, welches die Bereitstellung von militärischen Mitteln dazu verwendet, den Gegner von einer Gewaltanwendung abzuschrecken und darin dem Gebot des römischen Militärtheoretikers Flavius Vegetius folgt: „Si vis pacem para bellum" (Wenn du den

Frieden willst, bereite den Krieg vor; die Maxime der sog. Para-bellum-Schule).

Eine umfassende A.-politik zielt also darauf ab, den Akteuren die Mittel zur Kriegführung zu nehmen, das Gewalthandeln zu verbieten und Militär auch sonst als Instrument der Politik - Abschreckung, Drohung, Flagge-Zeigen - abzuschaffen bzw. überflüssig zu machen. Hiermit hängt eine zweite Bedingung der Realisierung zusammen: Es muß zugleich gelingen, (a) Willen und Bewußtsein aller Akteure so zu verändern, daß sie die Rückkehr zur Gewaltanwendung - aus welchen moralischen, religiösen oder politischen Gründen auch immer - nicht mehr als Option von Politik ansehen, und (b) einen solchen Zustand der nationalen Situation und der internationalen Beziehungen zu schaffen, daß keine Notwendigkeit zur Gewaltanwendung mehr besteht; letzteres erfordert u.a. die Etablierung alternativer Verfahren der Konfliktlösung sowie die Aufhebung oder zumindest Milderung von (internationaler) Abhängigkeit und (interner) sozialer Ungerechtigkeit, d.h. von → struktureller Gewalt. Die Strategie der A. ist also ein weitreichendes Konzept und geht typischerweise Hand in Hand mit einer umfassend entworfenen Friedenspolitik.

Ziel von R.-politik ist die Sicherung eines Zustandes der internationalen Beziehungen, in dem das Risiko von Gewaltanwendung zur Lösung von Konflikten möglichst klein ist. Anders als die A.-strategie akzeptiert R. jedoch pragmatisch das Fortbestehen von militärischen Mitteln und zielt meist nur darauf ab, das vorgefundene System der (nuklearen) → Abschreckung und der Existenz politisch nutzbarer Militärkräfte zu stabilisieren. Ihre praktischen Zielsetzungen sind daher begrenzt und definieren sich im Horizont der aktuellen Situation sowie aus der Perspektive stabilitätsorientierter → Sicherheitspolitik. Hierbei werden als Hauptziele zumeist angestrebt: 1. die Verhinderung des Einsatzes militärischer Mittel (Kriegsverhütung), 2. die Einschränkung ihres Einsatzes im Kriegsfall (→ Kriegsrecht, → Völkerrecht, Schadensbegrenzung); 3. die Begrenzung und Verringerung von Rüstung

(R.-vereinbarungen, Kontrolle von Rüstungswettläufen); sowie 4. die Reduktion der Ausgaben für militärische Kräfte. R.-politik orientiert sich bei der Umsetzung dieser Ziele v. a. an zwei Leitprinzipien: (stabiles) Gleichgewicht und vertrauensbildende Maßnahmen. Gleichgewichtskonzepte betreffen Quantität und/ oder Qualität der militärischen Kräfte und/ oder die Handlungsregeln ihres Einsatzes (Militärdoktrinen). Vertrauensbildende Maßnahmen beziehen sich auf die (wechselseitige) Transparenz der Absichten und Möglichkeiten, also auf Information, Glaubwürdigkeit und Berechenbarkeit.

3. Historische Entwicklung und Probleme.
Die Entwicklung der A.-politik ist eng verknüpft mit einer grundlegenden Einstellungsänderung gegenüber dem → „ius ad bellum", dem Recht zur Kriegsführung; lange Zeit weitgehend unbestritten formierte sich - parallel zur technologischen und organisatorischen Intensivierung des Krieges im 19. und 20. Jh. - eine zunehmende Ablehnung militärischer Gewaltanwendung. Hatte schon Zar Alexander I. 1816 zu umfassender A. aufgerufen, blieb es doch dem Briand-Kellog-Pakt von 1928 vorbehalten, erstmals ein international vereinbartes Verbot des Angriffskrieges aufzustellen, das 1945 seine Verallgemeinerung in Art. 2, Abs. 4 der → Charta der Vereinten Nationen fand. Trotz zahlreicher Vorschläge blieb jedoch die allgemeine und vollständige A. ein bloß deklaratorisches Programm. Partielle und lokale Maßnahmen lassen sich in größerem Umfang nachweisen; sie waren jedoch i.d.R. aus drei Gründen ineffizient: entweder weil sie nach relativ kurzer Zeit bereits wieder von mindestens einer der Parteien gekündigt oder gebrochen wurden (so z.B. das Washingtoner Flottenabkommen von 1922 durch Japan 1934), oder weil sie durch technologische Neuerungen ausmanövriert werden konnten (z.B. → SALT I durch die Einführung von Mehrfachsprengköpfen), oder weil sie aufgrund diskriminierender Einseitigkeit gegenüber Unterlegenen bzw. Verlierern eine destabilisierende, revisionistische Politik veranlaßten (z.B. → Versailler Vertrag).

Das moderne Konzept der R. wurde in den 50er und 60er Jahren entwickelt, motiviert v. a. durch drei Erfahrungen: die Erfolglosigkeit der A.-politik mit ihren weitgesteckten Zielen (insbes. der A.-bemühungen der → Vereinten Nationen gemäß UN-Charta Art. 11 u. 26), die risikoträchtige Problematik der nuklearen Rüstung (z.B. Erhaltung der Fähigkeit zu gegenseitiger Vernichtung - mutually assured destruction, MAD - als Stabilitätsgarantie), sowie die Risiken und Kosten horizontaler bzw. vertikaler Rüstungswettläufe (z.B. in der Proliferation der militärischen Nukleartechnologie an Nicht-Nuklearmächte bzw. in der nuklearen Rüstungsspirale zwischen den Supermächten USA und UdSSR). Wie die Geschichte der Verhandlungen und die Kritik ihrer Resultate zeigen, ergeben sich die Defizite der R.-politik v.a. aus drei Problemkreisen: 1. lange Dauer der Verhandlungen (z.B. die → MBFR-Verhandlungen in Wien); 2. Konzentration auf quantitative Merkmale der Rüstungspotentiale (bei Gleichgewichtsmodellen wurden regelmäßig qualitative Aspekte ausgeklammert, wie z.B.: technische Qualität von Waffen, Struktur und Einsatzdoktrinen der Militärpotentiale, Wechselwirkung gegnerischer Kräfte etc.); und 3. Nachhinken hinter der technologischen Entwicklung (z.B. hinsichtlich der „Intelligenz" von Waffen, Zielgenauigkeit, Aufklärungsfähigkeiten u.a.m.).

Wie der Wandel der Beziehungen zwischen Ost und West gegen Ende der 80er und zu Beginn der 90er Jahre und seine rüstungskontrollpolitischen Folgen zeigen, liegt das Grundproblem dieser Politik jedoch nicht in technischen Aspekten (wie Zahlkriterien), sondern im politischen Willen (wie z.B. der Zulassung von Inspektionen), der v.a. durch das Spannungsniveau der gegebenen Konfliktlage und/ oder den situationsbedingten Zwang zur Kooperation beeinflußt wird. Sobald der Wille zu einer Bedrohung des anderen nachläßt, eröffnen sich weitgehende Möglichkeiten, die Mittel der Bedrohung zu kontrollieren, zu reduzieren oder ganz abzuschaffen. Umgekehrt bleibt eine bloße

---

Beeinflussung der Mittel - „Schwerter zu Pflugscharen" (Micha 4,3; Jesaja 2,4) - ohne Wirkung auf den Willen, solange die Situation den Einsatz von Gewalt als notwendig oder möglich erscheinen läßt: „Nun aber werden sich viele Heiden wider dich zusammenrotten ... Darum mache dich auf und drisch, Tochter Zion! Denn ich will dir eiserne Hörner und eherne Klauen machen ..." (Micha 4,11 und 13). Mit dem Ende des Ost-West-Konfliktes seit Beginn der 90er Jahre wandelte sich die Hauptthematik der Rüstungskontroll-Politik. Einerseits kamen die Bemühungen zwischen Ost und West mit dem → Start-1-Vertrag von 1991 und dem Start-2-Vertrag zum Zuge, die bis zum Jahre 2003 die nuklearen Arsenale der klassischen Nuklearmächte drastisch reduzieren werden. Flankiert wurden diese Schritte durch den → KSE-Vertrag (1990) und seine Anpassung an die gewandelte Globalsituation im Jahre 1992 (VKSE-II), sowie mit dem Verbot der Chemischen Waffen im Jahre 1996. Andererseits verschärfte sich die Problematik regionaler Rüstungswettläufe. Daran sind sowohl nukleare, zunehmend auch biologische und chemische Waffen beteiligt.

Das nukleare Teststop-Abkommen, das nach einem Jahrzehnt der Vorbereitung 1996 in die VN eingebracht und von 158 Nationen getragen wurde, scheiterte bisher an der Nichtunterzeichnung durch Indien und Pakistan. Im Jahre 1998 zündeten beide Länder stattdessen nukleare Sprengsätze. Argentinien, Brasilien, Irak, Nordkorea und Südafrika haben hingegen unter dem internationalen Druck ihre Atomwaffenprogramme eingestellt oder zumindest eingefroren.

Durch die Proliferation des Know-hows und die Verbilligung chemischer und bakteriologischer Waffen entsteht freilich eine neue Bedrohung. Immer öfter versuchen Regionalmächte, wie Libyen oder der Irak, solche Massenvernichtungswaffen zu entwickeln.

Lit.: *W. Graf v. Baudissin, D. S. Lutz* (Hg.): Kooperative Rüstungssteuerung, Baden-Baden 1981; *J. Delbrück* (Hg.):

Friedensdokumente aus fünf Jahrhunderten, Abrüstung, Kriegsverhütung, Rüstungskontrolle, 2 Bde., Kehl, Straßburg, Arlington 1985; *Stuart Croft*: Strategies of Arms Control, History and Typology, Manchester 1996. *J. Goldblatt*: Agreements for Arms Control, A Critical Survey, London 1982; *International Institute for Strategic Studies (IISS)*: Strategic Survey, London 1967ff. (jährlich); *G. Krell/ A. Kelle*: Zur Theorie und Praxis der Rüstungskontrolle, S. 379-412, in: M. Knapp/ G. Krell (Hg.), Einführung in die Internationale Politik, Studienbuch, München, Wien, 3. Aufl. 1996. *Stockholm International Peace Research Institute (SIPRI)*: World Armaments and Disarmament, SIPRI Yearbook, London 1970/ 71ff. (jährlich).

Prof. Dr. Wolfgang Leidhold, Köln

Abschiebung
Entfernung unerwünschter Ausländer aus einem Staatsgebiet auf Anordnung und unter Überwachung von Staatsorganen. Nach bundesdeutschem Recht dient die A. dem Vollzug der → Ausweisung eines Ausländers, „wenn seine freiwillige Ausreise nicht gesichert oder aus Gründen der öffentlichen Sicherheit oder Ordnung eine Überwachung der Ausreise erforderlich erscheint" (§ 13 Ausländergesetz).

Abschreckung
Ehemaliges Kernstück der Militärstrategie der → NATO. Durch A. sollte der Frieden bewahrt werden, indem der potentielle Gegner das Risiko eines eigenen militärischen Angriffs für untragbar einschätzte. Die sowjetische Militärdoktrin verwendete den Begriff A. nicht. Ihre Forderung nach der „Sicherung der Verteidigung" beruhte jedoch der Sache nach ebenfalls auf dem Konzept gegenseitiger A.

absolute Mehrheit
Eine a. vereinigt ein (Wahl-)Vorschlag auf sich, welcher bei → Wahlen oder → Abstimmungen mehr als die Hälfte der abgegebenen gültigen Stimmen erhält bzw. dem mehr als die Hälfte der Wahl- oder Stimmberechtigten zustimmt.

absolute Mehrheitswahl

Wahlsystem, bei dem ein Bewerber zu seiner Wahl mehr als der Hälfte der abgegebenen Stimmen bedarf, d.h. einer Stimmenzahl, die größer ist als die Summe der Stimmen, welche die restlichen Bewerber zusammen erhielten. Erreicht im ersten Wahlgang keiner der Kandidaten die → absolute Mehrheit, findet eine Stichwahl zwischen den beiden Bewerbern statt, welche die relativ meisten Stimmen errangen.

Eine Variante der a. ist die → romanische Mehrheitswahl, die im zweiten Wahlgang die Kandidatur von mehr als zwei Bewerbern zuläßt.

Absolutismus

Staatsordnung, in welcher die unbeschränkte und unkontrollierte Staatsgewalt einem Herrscher zukommt, der keinerlei positiv-rechtlichen Beschränkungen unterliegt. Demgemäß stehen den Untertanen keinerlei verbürgte → Grundrechte und -freiheiten zu.

In Form der absoluten → Monarchie war der A. im 17./18.Jh. die vorherrschende politische Ordnungsform in West- und Mitteleuropa (mit Ausnahme der Schweiz, der Niederlande und im wesentlichen auch Englands). Im A., der sich aus dem Niedergang des → Feudalismus entwickelte, kam erstmals das neuzeitliche Verständnis staatlicher Eigenmacht zum Durchbruch. Die ungeteilte Staatsgewalt wurde einem monarchischen Souverän zugeordnet, der „von Gottes Gnaden" legitimiert war. Der A. steht somit im Widerspruch zu demokratischen Lehren von der → Gewaltenteilung und der → Volkssouveränität.

Abstimmung

Verfahren zur Feststellung der Mehrheit bei Sachentscheidungen (im Unterschied zur → Wahl, die der Berufung von Personen zur Wahrnehmung eines → Amtes oder → Mandats dient). A., die von der Wählerschaft direkt vorgenommen werden, finden z.B. in Form von → Volksbegehren und → Volksentscheid statt. Die A.verfahren der → Parlamente und anderer Vertretungskörperschaften sind durch → Verfassungen, → Gesetze und/ oder

→ Geschäftsordnungen geregelt (z.B. offene, geheime oder namentliche A.).

abstrakte Normenkontrolle

Nach bundesdeutschem Verfassungsrecht mögliche Überprüfung von Bundes- oder Landesrecht auf Grundgesetzkonformität sowie der Vereinbarkeit von Landesrecht mit sonstigem Bundesrecht. Die a. wird vom → Bundesverfassungsgericht losgelöst von einem konkreten Anwendungsfall (→ konkrete Normenkontrolle) vorgenommen. Sie wird nur auf Antrag der → Bundesregierung, einer → Landesregierung oder eines Drittels der Mitglieder des → Bundestages eingeleitet (Art. 93 I Nr.2 GG).

abweichende Wahl

→ normal vote

Abwicklung

Auflösung öffentlicher Einrichtungen der ehemaligen DDR, verbunden mit der Suspendierung („Warteschleife" von 6 Monaten) und anschließenden Auflösung der Arbeitsverhältnisse des beschäftigten Personals. Art. 13 → Einigungsvertrag wies die Entscheidungsbefugnis über die A. den (neugeschaffenen) → Ländern zu, auf deren Gebiet die jeweiligen Einrichtungen gelegen waren. Über die A. von Einrichtungen, die bis zum Wirksamwerden des Beitritts Aufgaben erfüllten, die nach der Kompetenzordnung des → Grundgesetzes vom → Bund wahrzunehmen sind, entschied der Bund. Die Praxis der A. wurde vom → Bundesverfassungsgericht zwar im Prinzip gebilligt, doch nahm es Arbeitnehmerinnen unter Mutterschutz von der Suspendierung und Auflösung der Arbeitsverhältnisse aus und verlangte, daß sog. „Problemgruppen" (Schwerbehinderte, Alleinerziehende, ältere Arbeitnehmer) eine „begründete Aussicht" auf eine neue Stelle im → öffentlichen Dienst geboten werde. Auch dürfe die A. nicht zum Mittel einer „Personalausdünnung" werden.

Action française

Im Jahre 1898 gegründete rechtsradikale Bewegung in Frankreich. Sie blieb zwar parlamentarisch bedeutungslos, hatte jedoch zwischen den beiden Weltkriegen mit ihrer (u.a. in einer gleichnamigen Tageszeitung propagierten) autoritären, antiparlamentarischen → Ideologie großen Einfluß auf die französische Rechte. Die A. bildete eine der wichtigsten Wurzeln des französischen → Faschismus. 1936 von der Volksfrontregierung Léon Blums verboten, unterstützte die A. ab 1940 das von der deutschen Besatzungsmacht geduldete → Vichy-Regime. Nach 1945 trat die A. nicht mehr in Erscheinung.

Administration
1. ⇒ *Verwaltung*
2. Bez. für den dem Präsidenten der USA unterstehenden Regierungsapparat.

AdR
Abk. für → *A*usschuß *d*er *R*egionen

African National Congress of South Africa/ ANC
1912 gegründete, seit 1925 unter der Bez. A. firmierende → Befreiungsbewegung in Südafrika, die bis zum Wahlsieg der die → Apartheid fördernden Nationalpartei der Buren 1948 als konventionell operierende → Interessengruppe der schwarzen Bevölkerung auftrat. In den 50er Jahren organisierte der A. eine Kampagne gewaltlosen → Widerstands gegen die → Gesetze der Rassentrennung. 1960 wurde der A. verboten und dadurch in den Untergrund gedrängt. Der daraufhin von Nelson Mandela gegründete, „Speer der Nation" benannte, militärische Flügel des A. operierte seit 1962 mit Sabotage, seit 1977 als → Guerilla. Mandela wurde 1962 inhaftiert, 1964 zu lebenslanger Haft verurteilt. 1963 wurde der A. durch die → OAU anerkannt, 1969 öffnete er sich für Weiße, Mischlinge und Inder, 1972 erhielt er Beobachterstatus bei den → Vereinten Nationen. Im Februar 1990 wurde der A. von der südafrikanischen → Regierung wieder zugelassen und Mandela aus der Haft entlassen. Er wurde im Juli 1991 zum Präsidenten des A. gewählt. Nach Inkrafttreten der neuen → Verfassung, die die Herrschaft der weißen Minderheit beendete, fanden im April 1994 in Südafrika erstmals freie, demokratische → Wahlen statt.

Auf den A. entfielen dabei 62,6 % der Stimmen. Daraufhin wurde Mandela am 9.5.1994 zum Staatspräsidenten gewählt. Bei den Parlamentswahlen vom Juni 1999 verbesserte sich der A. auf 65,6 % der Stimmen.

Afrikanischer Nationalkongreß
⇒ *African National Congress of South Africa*

Agenda 2000
Von der → Europäischen Kommission auf Aufforderung des → Europäischen Rates im Jahr 1997 vorgelegter Bericht, in dem die Perspektiven der → Europäischen Union nach dem Jahr 2000 dargestellt werden. Die A. bezieht sich im wesentlichen auf die Problematik der sog. Osterweiterung sowie auf den Finanzrahmen der Union für die Jahre 2000 bis 2006.

Agenda-Setting
Politikwissenschaftlicher Fachbegriff, der die Aufstellung einer Tagesordnung für eine bestimmte → Institution bezeichnet. Im weiteren Sinne meint A. die Phase politischer Entscheidungsprozesse, in der über die Frage entschieden wird, welche Probleme thematisiert und der politischen Bearbeitung zugewiesen werden.

Aggression
1. Feindseliges Verhalten, das auf einen Machtzuwachs des Angreifers und eine Machtminderung des Angegriffenen zielt. Körperliche Verletzung oder Zerstörung von Eigentum sind Folge von A. oder werden in Kauf genommen. A. wird begrifflich weiter gefaßt als Gewalt. A. erfaßt nicht nur physische Aktionen, die auf die körperliche Versehrung oder Vernichtung des Gegners zielen, sondern z.B. auch sprachliches Verhalten mit psychisch verletzender Wirkung oder Absicht.

2. Völkerrechtlich bezeichnet A. nach einer Resolution der Generalversammlung der → Vereinten Nationen aus dem Jahre 1974 die Anwendung von Waffengewalt durch einen → Staat, die gegen die → Souveränität, territoriale Integrität oder politische Unabhängigkeit eines anderen

Staates gerichtet oder auf sonstige Art mit der → UN-Charta unvereinbar ist.

Agraropposition

In den 80er Jahren aufgekommene Bez. für Landwirte, die - zunächst unorganisiert - die nationale und europäische → Agrarpolitik kritisierten und im Zusammenhang damit gegen die → Politik des → Deutschen Bauernverbandes opponierten. 1988 konstitutierte sich der „Dachverband der Deutschen A." als bundesweiter Zusammenschluß von derzeit weniger als 2000 Landwirten, die großteils kleine und mittlere Betriebe führen. Die A. eint der Protest gegen → Flurbereinigung, Massentierhaltung, die „Chemikalisierung" der Landwirtschaft sowie die agrarpolitische Bevorzugung von Großbetrieben.

Agrarpolitik

1. Definition: Unter A. werden zum einen die Maßnahmen der EU-Behörden, der Ministerien von → Bund und →Ländern sowie der Landwirtschaftsverwaltung und Agrarverbände zusammengefaßt. Sie reichen von der Abschirmung des Binnenmarktes durch Zölle, der Intervention in Agrarmärkte und dem Aufkauf von Produkten (Marktordnungs- und Preispolitik) über einzelbetriebliche und regionale Förderungsprogramme sowie → Flurbereinigungsmaßnahmen (Agrarstrukturpolitik) bis hin zu Umweltschutzauflagen und dem Erlaß von → Gesetzen und → Verordnungen, die den Einsatz von Pflanzenschutzmitteln oder den Handel mit Nahrungsmitteln regulieren. A. beschrankt sich also keineswegs nur auf die Beeinflussung der landwirtschaftlichen Betriebe und deren Produktion, sondern verfolgt sektorale wie gesamtwirtschaftliche, ökonomische wie sozialpolitische, ökologische wie regionalpolitische Ziele, die in der Praxis vielfach in Widerspruch zueinander stehen. Zum anderen werden unter A. Modelle und wissenschaftlich begründete Leitvorstellungen (→ Policy-Konzepte) zur Beeinflussung oder Steuerung des Landwirtschaftssektors verstanden.

2. Ansatzpunkte der bisherigen A.: Bis in die sechziger Jahre hinein wurde die A.

von den → Bundesregierungen und dem → Bauernverband als eine → Politik zur Erhaltung der bäuerlichen Landwirtschaft legitimiert. Dem im Landwirtschaftsgesetz fixierten Ziel, die Einkommen in der Landwirtschaft mit der allgemeinen Einkommensentwicklung Schritt halten zu lassen, kam die A. in Wirklichkeit jedoch nur dadurch näher, daß sie die Abwanderung von Bauern und landwirtschaftlichen Arbeitskräften in andere Wirtschaftssektoren forcierte. Lag die Zahl der Betriebe in der Bundesrepublik 1949/50 noch bei 1,34 Mio und damit etwa auf dem Stand von 1939, so sank die Zahl bis 1970 auf 879.000, um dann in den alten Bundesländern bis 1997 auf 493.000 zurückzugehen, wobei heute ca. 42 % im Nebenerwerb bewirtschaftet werden. Die Zahl der in der Landwirtschaft Beschäftigten sank in der alten BRD im gleichen Zeitraum von über 4 Mio. auf unter 1.2 Mio. Die Anpassung der DDR-Landwirtschaft an den europäischen Agrarmarkt vollzog sich demgegenüber im Zeitraffertempo als Prozeß der Privatisierung der vorhandenen landwirtschaftlichen Betriebsgenossenschaften und Güter, gekoppelt mit einem sprunghaften Produktivitätsanstieg und massiven Abbau von Arbeitsplätzen. Die Zahl der in der Landwirtschaft Beschäftigten sank von 850.000 Personen im September 1989 auf 150.000 im Jahre 1997 in den → neuen Bundesländern. Die Privatisierung der rund 5.000 → LPG's und Güter, die rund 90 % der ha-Nutzfläche bewirtschafteten, hat jedoch nicht zu einer Wiedergeburt des bäuerlichen Familienbetriebs in den neuen Bundesländern geführt. Trotz gegenteiliger Verlautbarungen zielte die A. der → Bundesregierung auf die Errichtung effektiver und kapitalintensiver Großbetriebe. Rund 6 % der 31.000 Betriebe in den neuen Bundesländern, die im Durchschnitt mehr als 1.000 ha haben, bewirtschaften rund 60 % der ha-Nutzfläche.

Die nationale und europäische A. ist nicht ursächlich für den Strukturwandel in der Landwirtschaft verantwortlich. Ohne die Abschottung des EG-Binnenmarktes vom Weltagrarmarkt und die kostspielige Markt- und Preispolitik der → EG wäre die Abwanderung aus der international

7

nicht wettbewerbsfähigen bäuerlichen Landwirtschaft in Europa noch rascher vonstatten gegangen. Die A. der EG und der Bundesregierung hat jedoch die Auflösung der traditionellen bäuerlichen Produktionsform zugunsten einer kapitalintensiven landwirtschaftlichen Intensivproduktion in teilweise industrialisierter Form (v.a. in der Geflügel-Schweine-Rinderhaltung) in zweifacher Weise befördert:

a) Die Marktordnungspolitik der → EU hat den Konzentrationsprozeß beschleunigt, indem sie den Betrieben mit überdurchschnittlicher Produktivität hohe Einkommen verschafft und diesen zugleich den Anreiz für eine weitere Ausweitung der Produktion bietet. Für die kleinen und mittleren Betriebe hat die kostspielige Intervention in Agrarmärkte nur geringe Einkommenseffekte. Nach Schätzungen des ehemaligen EU-Kommissars Mac-Sharry entfielen Anfang der neunziger Jahren 80 % aller Beihilfen und Ausgleichszahlungen der GAP auf nur 20 % der landwirtschaftlichen Betriebe in der EU, die aber mehr als die Hälfte der landwirtschaftlich genutzten Fläche bewirtschafteten.

b) Die Steigerung der Produktivität und eine ökonomisch optimale Allokation der Produktionsfaktoren (Kapital, Boden, Arbeit) waren in Theorie und Praxis die zentralen Bezugspunkte der A. in allen westeuropäischen → Staaten. Auf diese Weise sollte die A. - so der Art. 39 des EG-Vertrages von 1957 - der landwirtschaftlichen Bevölkerung eine angemessene Lebenshaltung gewährleisten, die Märkte stabilisieren, die Versorgung sicherstellen und für die Belieferung der Verbraucher zu angemessenen Preisen sorgen. Dieses Ziel wurde zum einen durch einzelbetriebliche Förderungsprogramme, → Flurbereinigung und andere strukturpolitische Maßnahmen angestrebt, mit deren Hilfe Betriebe durch Aufstockung und interne Rationalisierung wettbewerbsfähig gemacht werden sollten. Zum anderen suchte die A. durch Anreize zur Betriebsaufgabe den Konzentrations- und Abwanderungsprozeß in der Landwirtschaft zu fördern und zugleich durch sozialpolitische Maßnahmen abzufedern. Zu einer Verdrän-

gung von (bäuerlichen) Familienbetrieben durch agrarindustrielle Unternehmen ist es hierdurch zwar nur in Teilbereichen der Veredelungsproduktion gekommen. Überlebenschancen haben jedoch heute nur noch mit genügend Betriebskapital ausgestattete (bäuerliche) Unternehmen über 50 ha, nennenswerte Wachstumsraten sind nur noch bei Betrieben über 100 ha zu verzeichnen. Auch in der Zielsetzung der A., wie sie von der Bundesregierung in den Agrarberichten vorgenommen wird, tritt die bis Ende der achtziger Jahre dominante Ausrichtung der A. am Leitbild einer bäuerlich strukturierten Landwirtschaft in den Hintergrund zugunsten einer „leistungs- und wettbewerbsfähigen, marktorientierten und umweltverträglichen Land-, Forst-und Ernährungswirtschaft" (Agrarbericht 97).

3. Die Krise der A.: Unabhängig vom jeweiligen politischen Standort wurde von Politikern und Wissenschaftlern in den achtziger Jahren ein Scheitern der bisherigen A. der EU wie der Bundesregierung konstatiert. Die Krise zeigt sich zunächst im Versagen der EG-Marktordnungs- und Preispolitik, die durch den Aufkauf von Produkten die Binnenmarktpreise auf einem hohen Niveau zu stabilisieren suchte (System der Interventions-/ Garantiepreise). Bei rasch steigender Produktivität führt diese Politik zu einer ständigen Ausweitung der Produktion und wachsenden Kosten für die Verwertung und Vernichtung der Überschüsse. Zwischen 1993 und 1997 verzehnfachten sich die Kosten der GAP (1993: 76 Mrd. DM), wobei nur 25 % der Mittel in den Landwirtschaftssektor selbst flossen. Der Rest mußte für Lagerung, Export, Vernichtung und industrielle Verarbeitung aufgebracht werden.

Durch die Entkoppelung der Marktordnung- und der Einkommenspolitik versucht die Kommission seit Beginn der neunziger Jahre dem Problem wachsender Überschüsse und explodierender Agrarausgaben Herr zu werden. Einerseits wurden durch die Senkung der Interventionspreise, die Förderung der Extensivierung und Flächenstillegungsprogramme die Märkte und damit auch der Agrarhaushalt entlastet. Zum anderen wurde den Betrieben für die entstehenden Einkommensverluste direkte Ausgleichszahlungen gewährt (gekoppelt an Produktionsmengen und Flächen).

Zu einer agrarpolitischen Wende hat die „Agrarreform 92" der EU jedoch nicht geführt, allenfalls zu einer temporären Entlastung. Die leistungsstarken Betriebe, die aufgrund ihrer Größe am meisten von Stillegungsprämien und Ausgleichszahlungen profitieren, intensivieren die Produktion auf den verbliebenen Flächen. Der entlastende Effekt wird durch weitere Produktivitätssteigerungen wieder aufgehoben. Im Zuge der Osterweiterung der EU kommen weitere Produzenten hinzu, die durch rasche Produktivitätsgewinne absehbar zu neuen Marktüberschüssen beitragen werden. Die Chancen, diese zu exportieren, sind jedoch eng begrenzt - trotz steigender Weltmarktpreise für viele Agrarprodukte in den neunziger Jahren. Denn selbst unter günstigsten Bedingungen kann eine weitere Senkung der Interventionspeise in der EU die Kluft zum Preisniveau auf den internationalen Agrarmärkten nicht überbrücken. Die Übereinkommen der europäischen Staaten im Rahmen der → WTO beschränken die in der Vergangenheit systematisch genutzten Möglichkeiten der EU, Überschüsse durch Zahlung von Exportsubventionen zu vermarkten. Die Kommission hat deshalb in ihrer → „Agenda 2000" eine weitere Senkung der Interventionspreise und eine Abkehr von der bisherigen Politik angemahnt, einkommens-und sozialpolitische Ziele mit Hilfe der Preis- und Marktordnungspolitik zu verfolgen.

In die Krise geraten ist die auf Wettbewerbsfähigkeit der Betriebe und Ordnung der Märkte ausgerichtete A. aber auch mit ihrem Anspruch, durch die ökonomisch angestrebte Reallokation der Produktionsfaktoren zugleich für eine gesamtgesellschaftlich optimale Struktur des Agrarsektors zu sorgen, die Entwicklungsmöglichkeiten für → ländliche Räume, die Versorgung der Verbraucher mit qualitativ hochwertigen Nahrungsmitteln und die bestmögliche Nutzung der natürlichen Ressourcen gewährleistet. Die verstärkt

zutage tretenden Defizite und Folgeprobleme lassen den ökonomisch konstatierten innersektoralen Produktivitätszuwachs in mehrfacher Hinsicht fragwürdig erscheinen.

Regional führt der forcierte Strukturwandel zu einer Konzentration der Produktion an den kostengünstigsten Standorten, wodurch landwirtschaftliche Intensivregionen mit starker Umweltbelastung entstehen. In den Grenzertragsstandorten der Alpen und Mittelgebirge wiederum droht eine weitgehende Aufgabe der bisherigen Bewirtschaftung von Hanglagen, die jedoch in vielen Regionen aus ökologischer und raumplanerischer Sicht notwendig erscheint.

Aus ernährungs- und verbraucherpolitischer Sicht wird kritisiert, daß die wachsende Produktivität der Landwirtschaft durch Qualitätseinbußen bei Nahrungsmitteln erkauft wird (Schadstoffrückstände, Geschmacksminderung), die umso stärker zu Buche schlagen, als die Produktivitätsvorteile preislich nur bedingt an die Verbraucher weitergegeben werden. Als größtes Problem erweisen sich jedoch die vielfältigen ökologischen Schäden der modernen Intensivlandwirtschaft. Sie reichen von der Verdichtung und zunehmenden Schadstoffbelastung der Böden über die Vernichtung von Biotopen und die Gefährdung der Arten durch intensive Flächennutzung bis hin zur Verseuchung des Grundwassers und der Eutrophierung von Oberflächengewässern durch Gülle, Überdüngung und Emissionen aus der Massentierhaltung. Die Landwirtschaft, der im → Naturschutzgesetz noch pauschal eine die Natur bewahrende Wirtschaftsweise unterstellt wird, gefährdet heute selbst Umwelt und Natur. Die Forderung nach einer umweltgerechten Ausrichtung der A. gewinnt deshalb in der politischen Diskussion um die Zukunft der Landwirtschaft an Bedeutung.

4. Ansätze zu einer Reform der A.: Die sozialen Folgen sowie die ökologischen und regionalpolitischen Probleme einer auf Steigerung der Produktivität, Rationalisierung und Vergrößerung der Betriebe ausgerichteten A. lassen sind durch flankierende Einzelmaßnahmen, die an die traditionelle Marktordnungs- und Agrarstrukturpolitik angelagert werden, nicht mehr bewältigen. Dies verschärft die Diskussion um die Zielsetzungen und Leitbilder der A. Die in der Agrarwissenschaft dominierenden Ökonomen neoklassischer Ausrichtung setzen auf eine radikale Strategie der marktwirtschaftlichen Anpassung. Abbau des Außenschutzes und die Sicherung der Wettbewerbsfähigkeit der verbleibenden Betriebe sind die Schlüsselbegriffe in diesem Konzept, das politisch auf die zunehmende Marginalisierung einer zahlenmäßig nicht mehr ins Gewicht fallenden bäuerlichen Klientel setzt. Soweit nicht unterstellt wird, der Markt löse die Umweltprobleme mit, versuchen die Vertreter dieser Richtung, die ökologischen Probleme über eine Internalisierung der Kosten beim Verursacher zu lösen (durch regulative Eingriffe des → Staates).

Die zweite Gruppe von Reformvorschlägen zielt auf eine systematisch an umweltpolitischen, raumordnerischen und sozialen Kriterien ausgerichtete A. Angestrebt wird ein Rückzug aus der kostspielige Marktordnungspolitik. Die freiwerdenden Mittel sollen dafür verwandt werden, die ökologischen Folgeprobleme des Strukturwandels zu entschärfen (z.B. durch strenge Umweltschutzauflagen gekoppelt mit Subventionen, Prämien zur Landbewirtschaftung) und die sozialen Kosten abzufedern (Prämien für Betriebsaufgabe, Renten). A. soll sukzessive zu einer sektoralen → Umwelt- und → Sozialpolitik entwickelt werden, die auf Versuche verzichtet, die Agrarmärkte zu regulieren und auf den landwirtschaftlichen Strukturwandel (das Wachsen und Weichen von Betrieben) direkt einzuwirken.

Während die auf Marktanpassung und die auf eine flankierende Sozial-und Umweltpolitik setzenden Reformvorschläge sich am Modell einer wachstumsorientierten landwirtschaftlichen Intensivproduktion orientieren, zielt die dritte Gruppe von Vorschlägen darauf ab, die kapitalintensiven und umweltschädigenden Produktionsformen zugunsten bäuerlicher Klein- und Mittelbetriebe zurückzudrängen. Diese Vorschläge zielen darauf ab, eine die

ökologischen Kreisläufe berücksichtigende bäuerliche Wirtschaftsweise zu stabilisieren, durch ökologisch ausgerichtete Staffelpreise, die Koppelung von Viehhaltung und Bodenproduktion, Umweltschutzauflagen und eine Qualitätsdifferenzierung bei Nahrungsmitteln nach ökologischen Kriterien.

5. Politisierung der A.: Die Forderung nach einer sowohl „marktorientierten wie umweltverträglichen", die „bewährten Prinzipien bäuerlichen Wirtschaftens" achtenden und zugleich „leistungs- und wettbewerbsfähigen" A. findet sich heute in allen wichtigen nationalen wie europäischen Programmen (Agrarbericht, Agenda 2000). Die bisherige Politik, die offensichtliche Zielkonflikte und die heterogenen Interessen von Nebenerwerbsbauern, traditionellen bäuerlichen Betrieben, landwirtschaftlichen Unternehmen in einer alle Gruppen berücksichtigenden A. zu integrieren sucht, hat sich jedoch weitgehend erschöpft. Die heterogenen Interessen der la. Produzenten, die wachsenden ökonomischen Kosten und die ökologischen Probleme führen in zweifacher Weise zu einer Politisierung der A. und einer Infragestellung der bisher im abgeschlossenen Kreis von Agrarbürokratie, Bauernverhand, Agrobusiness und Agrarpolitiken ausgehandelten Maßnahmen.

Zum einen beginnen Klein- und Mittelbauern und Vertreter des biologischen Landbaus dem Alleinvertretungsanspruch des Bauernverbands, in dem die wachstumsorientierten Betriebe eine dominierende Rolle spielen, mit eigenständigen Forderungen entgegenzutreten (Dachverband der → Agraropposition). Zum anderen stellen Repräsentanten außerlandwirtschaftlicher → Interessen (Wasserwirtschaft, Naturschützer, Verbrauchergruppen) in unterschiedlichen Politikarenen (Umweltschutz-, → Regionalpolitik) Forderungen an die A. und suchen diese direkt zu beeinflussen.

Die zunehmende Heterogenität der Betriebe und die wachsende Notwendigkeit, außerlandwirtschaftliche Interessen in der A. zu berücksichtigen, hat in den letzten zwei Jahrzehnten nun zwar dazu geführt, daß die „privaten Interessenregierungen" (Streeck) von → Behörden und → Verbänden in der A. an Macht eingebüßt haben. Ob und wann die veränderten Interessenkonstellationen im Agrarsektor auf europäischer oder nationaler Ebene zu einem Aufbrechen des Status Quo führen werden, ist aber noch nicht absehbar. Dies zeigt sich deutlich an dem erbitterten Widerstand, den die Bundesregierung und der Bauernverband dem Drängen der Kommission in Brüssel entgegensetzen, die traditionelle Marktordnungspolitik noch stärker zugunsten direkt sozialpolitisch motivierter Ausgleichszahlungen und ökologisch definierter Programme zurückzudrängen (Agenda 2000). Nicht der Kommission in Brüssel, sondern den fest institutionalisierten Interessenkoalitionen von Agrarbehörden und Agrarverbänden in den Mitgliedstaaten sind die allseits beklagten Mißstände des GAP zuallererst anzulasten. Aufgrund der komplizierten agrarpolitischen Entscheidungsprozesse im europäischen → Mehrebenensystem ist auch in Zukunft nur mit inkrementalen Änderungen zu rechnen.

Lit.: Bundesministerium für Ernährung, Landwirtschaft und Forsten: Agrarbericht der Bundesregierung, Bonn 1997 (jährlich); *AgrarBündnis e.V.*: Der kritische Agrarbericht, Bonn 1997 (jährlich), *Bundesministerium für Umwelt-, Naturschutz und Reaktorsicherheit*: Umweltgutachten des Rates der Sachverständigen für Umweltfragen, Bonn 1994, *Kommission*: Agenda 2000, Brüssel; *L. Hartenstein/ H. Priebe/ U. Köpke* (Hg.): Braucht Europa seine Bauern noch? Baden-Baden 1997, *E. Rieger*: The common agrarian policy. In: H. Wallace/ W. Wallace (Hg.), Policymaking in the European Union, Oxford 1996, S. 97-123.

Prof. Dr. Albrecht Funk, Pittsburgh

Agrément

Vor Ernennung des Chefs einer diplomatischen Mission durch den Entsendestaat einzuholende Zustimmung des Empfangsstaates. Das A. kann gemäß Art. 4 des Wiener Übereinkommens über diplomatische Beziehungen ohne Angabe von Gründen verweigert werden.

Ahlener Programm

Im Februar 1947 vom Zonenausschuß der → Christlich Demokratischen Union (CDU) in der britischen Zone in Ahlen verabschiedetes Programm. Das A., dessen kapitalismuskritische Prägung sich u.a. in der Forderung nach einer → Verstaatlichung der Grundstoffindustrien verdeutlichte, wurde im Juni 1949 durch die Düsseldorfer Leitsätze, welche das Konzept der → sozialen Marktwirtschaft entfalteten, abgelöst.

Aide-mémoire

Im diplomatischen Verkehr übliche Überreichung eines meist knappen Schriftstücks, das einen bestimmten Sachverhalt oder eine bestimmte Auffassung aus Sicht des Verfassers resümiert. Ein A. („Gedächtnishilfe") soll mögliche spätere Mißverständnisse vermeiden helfen.

Akkreditierung

Akt der Beglaubigung eines Diplomaten im Range eines Missionschefs durch das → Staatsoberhaupt eines ausländischen → Staates. Die A. ist mit der Übergabe des Beglaubigungsschreibens (Akkreditiv) verbunden.

AKP-Staaten

Derzeit 66 → Staaten des afrikanischen, karibischen und pazifischen Raumes, die durch die sog. → Lomé-Abkommen der → Europäischen Gemeinschaft assoziiert sind.

Akteneinsicht

Einsichtnahme in die von Gerichten und Verwaltungsbehörden geführten Akten. Das Recht der A. durch Verfahrensbeteiligte und sonstige Interessenten ist durch die einschlägigen Verfahrensordnungen und -gesetze geregelt (z.B. Zivilprozeßordnung, Strafprozeßordnung, Verwaltungsgerichtsordnung, → Verwaltungsverfahrensgesetz, Umweltinformationsgesetz).

Aktenvorlage

Element der Verwaltungskontrolle durch → Untersuchungsausschüsse des → Bundestages. Einem Urteil des → Bundesverfassungsgerichts zufolge, „erstreckt sich das Beweiserhebungsrecht des Untersuchungsausschusses auch auf das im → Grundgesetz nicht eigens erwähnte Recht auf Vorlage der Akten der zu kontrollierenden → Exekutive" (BVerfGE 67, S. 127f.).

Akteurzentrierter Institutionalismus

Von Renate Mayntz und Fritz W. Scharpf entwickeltes Forschungskonzept, mit dem der → Neoinstitutionalismus dahingehend neu akzentuiert wird, daß → Institutionen keine das Handeln der Akteure vorwegbestimmende Wirkung entfalten, vielmehr lediglich einen Handlungskontrakt abgeben, innerhalb dessen Akteurskonstellationen sich „strategisch" bewegen können. D.h. daß der A. den Einstellungen und Handlungsmustern der innerhalb solcher Institutionen tätigen Individuen (mit-)entscheidende Bedeutung für die Erklärung politischer Prozesse zumißt.

Aktuelle Stunde

Eine A. findet im → Bundestag auf Verlangen mindestens einer → Fraktion bzw. von fünf vom Hundert der Mitglieder des Bundestages statt. Damit soll dem → Parlament die Möglichkeit gegeben werden, über Fragen von allgemeinem und aktuellem → Interesse zu debattieren. Die Aussprache ist normalerweise auf 60 Minuten begrenzt, die Einzelbeiträge dürfen nicht länger als 5 Minuten dauern.

A-Länder

In den siebziger Jahren unter dem Vorzeichen unterschiedlicher parteipolitischer Mehrheiten in → Bundestag und → Bundesrat geprägte, noch heute übliche Bez. für die → Länder mit einer von der → SPD geführten → Regierung. Die Länder mit einer von → CDU oder → CSU geführten Regierung werden als → B-Länder bezeichnet.

Al Fatah

Palästinensische Kampforganisation, gegründet 1959, die sich durch die Aufnahme des bewaffneten Kampfes gegen Israel nach der arabischen Niederlage im Sechstagekrieg 1967 unter der Führung Yasir

Arafats eine breite Massenbasis unter den Palästinensern sichern konnte und sich zur nationalen → Befreiungsbewegung entwickelte. Infolge der Wahl Arafats zum Vorsitzenden des Exekutivkomitees der → PLO geriet selbige unter die Kontrolle der A.. Faktisch sind A. und PLO seit 1984 identisch, wenngleich de jure in der PLO alle Organisationen des palästinensischen Widerstands vertreten sind.

Alimentationsprinzip

Hergebrachter Grundsatz des → Berufsbeamtentums, nach dem der öffentliche Dienstherr im Rahmen seiner Sorgepflicht (§ 48 Beamtenrechtsrahmengesetz) seinen aktiven und im Ruhestand befindlichen Beamten und deren Hinterbliebenen die Mittel für einen angemessenen Lebensunterhalt gewähren muß.

Alleinvertretungsanspruch

Nachdem am 7.10.1949 die → Verfassung der DDR in Kraft getreten war, protestierte die → Bundesregierung gegen die Gründung dieses ihrer Meinung nach rechtswidrigen Regimes, das ohne Zustimmung der Bevölkerung entstanden sei. Die → Regierung Adenauer leitete daraus den Anspruch ab, sie allein sei bis zur Wiedergewinnung der deutschen Einheit legitimiert, für das ganze deutsche Volk zu sprechen.

Dieser A. wurde von der New Yorker Konferenz der Außenminister Frankreichs, Großbritanniens und der USA im September 1950 ausdrücklich unterstützt. Ab 1955 fand der A. Ausdruck in der sog. → Hallstein-Doktrin. Der A. der Bundesregierung wurde letztmals von → Bundeskanzler Kiesinger in seiner → Regierungserklärung vom 13.12.1966 erhoben. Im Zuge der sog. → neuen Ostpolitik wurde er stillschweigend aufgegeben. Diese Entwicklung fand im → Grundlagenvertrag mit der DDR ihren Abschluß. Das → Bundesverfassungsgericht verzichtete in seinem Urteil zum Grundlagenvertrag darauf, die Bundesregierung auf die „politische These vom A." festzulegen. (BVerfGE 36, S. 19f.)

Allerweltspartei

Von Otto Kirchheimer (1965) eingeführter, entwicklungstypologischer Begriff. Die A. ($\Rightarrow$ catch-all party, entideologisierte → *Volkspartei*) entwickelte sich nach Kirchheimer als dominierender Parteitypus der westeuropäischen Nachkriegsgesellschaften aus den früheren → Massenintegrationsparteien auf → Klassen- und Konfessionsbasis. Während letztere durch den Versuch, die Massen „geistig und moralisch zu integrieren", charakterisiert gewesen seien, sähen A. ihr vorrangiges Ziel im „unmittelbaren Wahlerfolg".

Voraussetzung der Transformation der → Parteiensysteme hin zur dominierenden Konkurrenz von A. auf dem politischen „Markt" waren Kirchheimer zufolge Wandlungen der Klassenstruktur und damit der politischen Orientierungen, von ihm als allgemeine Entideologisierung beschrieben. Diese nötige dazu, Partei- und Wahlprogramme so zu formulieren, daß sie die gesamte Wählerschaft ansprächen und nicht lediglich bestimmte → Klassen, → Schichten oder Gruppen.

Allgemeines Landrecht/ ALR

Auch: Preußisches Allgemeines Landrecht; 1794 in Kraft getretene, umfassende Kodifikation des gesamten preußischen Rechts in über 19.000 Paragraphen, die neben privatrechtlichen → Normen auch öffentlich-rechtliche Vorschriften enthielten. Teile des A. sind in heute geltendes Recht - z.B. das → Bürgerliche Gesetzbuch - übernommen worden. Auch bestimmte öffentlich-rechtliche Normen des A. sind heute noch von Bedeutung, so z.B. die im modernen Polizeirecht weiterlebende Regelung der polizeilichen Eingriffsermächtigung zur Erhaltung der öffentlichen Sicherheit und Ordnung. Geistesgeschichtlich und staatsrechtlich bedeutsam ist das A., weil es - geprägt von den Ideen der politischen → Aufklärung - eine naturrechtlich abgeleitete Zweckbestimmung des → Staates und damit das Ziel einer rechtsstaatlich gesicherten, freien Staatsbürgergesellschaft proklamierte.

Allianz für Deutschland

Wahlbündnis für die Volkskammerwahlen vom 18.3.1990 in der DDR, das am 5.2.1990 durch aktive Vermittlung seitens der Führung der bundesdeutschen → CDU zwischen den beteiligten → Parteien zustandekam. Die A., welcher die CDU der DDR, der → Demokratische Aufbruch und die → Deutsche Soziale Union angehörten, errang mit 48,15 % der Stimmen 193 → Mandate in der → Volkskammer. Die A.-Parteien stellten in der von Lothar de Maizière geführten → Regierung neben dem → Ministerpräsidenten weitere 13 → Minister.

Alliierte Hohe Kommission

Oberstes politisches Kontrollorgan der drei westlichen Alliierten Frankreich, Großbritannien und USA für die Bundesrepublik Deutschland. Die A. amtierte während der Geltungsdauer des → Besatzungsstatuts vom 21.9.1949 bis zum 5.5.1955.

Alliierter Kontrollrat

Am 8.8.1945 durch die vier Besatzungsmächte (Frankreich, Großbritannien, UdSSR, USA) gebildete zentrale Kontrollbehörde für Nachkriegsdeutschland. Der A., der sich aus den vier Oberbefehlshabern in Deutschland zusammensetzte, mußte alle „Deutschland als Ganzes betreffenden wesentlichen Fragen" einstimmig entscheiden. Nachdem der sowjetische Militärbefehlshaber Sokolowski den A. am 20.3.1948 verlassen hatte, wurde die oberste Kontrollinstanz der Besatzungsmächte arbeitsunfähig und trat seitdem nicht mehr zusammen.

Allparteienregierung

Als A. werden Regierungskoalitionen bezeichnet, die alle „parlamentarisch relevanten" → Parteien bzw. → Fraktionen umfassen und denen damit keine „relevante" → Opposition gegenübersteht. Wegen der Unschärfe des Relevanzkriteriums können Zuordnungsprobleme entstehen. An Klarheit gewinnt die Bezeichnung A., wenn sie begrifflich eingeordnet wird zwischen der → Großen Koalition, die sich einer zwar zahlenmäßig kleinen, aber immerhin artikulations- und handlungsfähigen Opposition gegenübersieht, und der → Regierung einer → Einheitspartei. In der Praxis finden sich A. in → parlamentarischen Regierungssystemen historisch v.a. in Zeiten äußerer Bedrohung als zeitlich begrenzte „Notstandskoalitionen", so z.B. in Großbritannien während des 1. und 2. Weltkrieges. Den Regelfall stellt die A. in sog. → Proporzdemokratien dar. So gilt z.B. für die Zusammensetzung des schweizerischen → Bundesrates seit 1960 die „Zauberformel" 2:2:2:1, nach der die vier großen Parteien des Nationalrates proportional an der Regierung beteiligt werden.

Alltagskultur

Im Zusammenhang mit neueren Ansätzen sozialgeschichtlicher Forschung (Alltagsgeschichte) entwickelter Begriff. A. bezeichnet die gesellschaftlichen Deutungen und Wertvorstellungen v.a. der sog. „kleinen Leute"; deren Sichtweisen sollen über eine Rekonstruktion des alltäglichen Lebens und Handelns (in Beruf, Familie und Freizeit) aufgedeckt werden. Da die Erforschung der A. sich v. a. auf diejenigen Gesellschaftsschichten bezieht, welche kaum schriftliche Quellen hinterlassen, ist sie weitgehend auf (in Interviews erfragte) lebensgeschichtliche Erzählungen verwiesen (oral history).

Alternativbewegung

1. Begriffsgeschichte. Chaotische Mannigfaltigkeit charakterisiert das mit dem Begriff A. bezeichnete Feld und die zahlreichen wissenschaftlichen Ordnungsversuche. Dennoch lassen sich deutlich drei Phasen unterscheiden. In der zweiten Hälfte der siebziger Jahre entstand ein weiter Begriff von A., der all jene „Entmischungsprodukte" der → Außerparlamentarischen Opposition umfaßte, die nicht von traditionellen und instrumentellen Politikformen (von den → K-Gruppen bis zum → Terrorismus) geprägt waren. Die Bezeichnung „alternativ" gewann dabei ihre Konturen weniger aus gemeinsamen Gehalten eines „Anders-leben-und-arbeitens", sondern aus einer doppelten Abgrenzung. Sie profilierte sich zum ei-

nen durch eine mehr oder weniger radikale und umfassende Absage an die Wertvorstellungen und Lebensweisen der bestehenden → Gesellschaft, als Alternative zum Bestehenden. Zum anderen betonte sie den Bruch mit der dominierenden oppositionellen Tradition, d.h. v.a. mit den Praxisformen und dem Politikverständnis der organisierten → Arbeiterbewegung, die mit der „proletarischen Wende" der → Studentenbewegung eine Wiederbelebung erfahren hatten. In diesem so umrissenen „alternativen" Lager waren u.a. die Ökologiebewegung mit der → Anti-AKW-Bewegung als Kern, die neue → Frauenbewegung, später die → Friedensbewegung, Teile der → Bürgerinitiativen, Emanzipationsbewegungen, spirituelle Gruppen, alternative Lebensstile, Jugendbewegungen (unabhängige Jugendzentren, Hausbesetzungen etc.), → Dritte-Welt-Gruppen, Landkommunen, Bürgerrechtsgruppen und die undogmatische Linke versammelt. In den achtziger Jahren verschieben sich die Gewichte. Nun wird die A. deutlich eingeschränkt als jene Strömung der → „neuen sozialen Bewegungen" thematisiert, die durch selbstorganisierte Formen des Arbeitens und Zusammenlebens gesellschaftliche Veränderungen im eigenen Alltag unmittelbar praktisch bewirken will. In den letzten Jahren ist der Begriff A. selbst aus der Mode gekommen. In einer weiteren Begrenzung wird heutzutage der Bewegungsbegriff weitgehend zurückgenommen und nur noch von alternativökonomischen und sozialen Projekten gesprochen, die freilich in allen Phasen den Kernbestand der A. ausgemacht haben.

2. Entwicklungen. In der Begriffsgeschichte finden Veränderungen in den Projekten der A., im Bewegungssektor insgesamt und seinem gesellschaftlichen Umfeld sowie der sozialwissenschaftlichen Debatte ihren Niederschlag. Ursprünge der A. liegen in den Projekten und den gegenkulturellen Strömungen der → APO. Die radikale Absage an die kulturellen → Normen der Konsum- und Leistungsgesellschaft („große Weigerung") mündete bereits in den 60er Jahren in Experimente mit alternativen Arbeits- und Lebensformen (→ Kommunen, Kinderläden, Landkommunen etc.), die das Postulat der Selbstveränderung in den Mittelpunkt ihrer politischen Überlegungen rückten. Hinzu kam eine → Infrastruktur von meist politisch-pragmatisch gestimmten Betrieben und Einrichtungen der sich herausbildenden Bewegungsmilieus (Buchläden, Verlage, Zeitungen, Clubs, Kneipen), die auch als Knotenpunkte eines Mobilisierungsnetzwerkes für Bewegungsinitiativen anzusehen sind.

Aber erst in der zweiten Hälfte der 70er Jahre kam es zu einem Gründungsboom für alternative Projekte und Betriebe. Seine Ursachen sind vielfältig. Der Niedergang traditionell linker Politikansätze einerseits und neue Projekte der sich ausdifferenzierenden neuen sozialen Bewegungen (Frauenhäuser und -zentren, Öko- und Gesundheitsläden) andererseits trugen dazu ebenso bei wie schwindende Chancen auf den Arbeitsmärkten (Arbeitslosenselbsthilfen etc.) und eine sich zuspitzende Frontstellung gegenüber → Staat und Mehrheitsgesellschaft (→ Berufsverbote, „Deutscher Herbst", „Tunix"-Kongreß in Berlin 1978). Sichtbarer Ausdruck eines gemeinsamen Selbstverständnisses als A. sind die sich nach 1978 auf lokaler Ebene bildenden „Netzwerke Selbsthilfe" und andere Solidaritätsfonds für politische und alternative Projekte. In den 80er Jahren kommt es insgesamt zu einer Stabilisierung und langsamen Weiterentwicklung der Projekteszene. Weder die Erwartungen auf eine schnelle Ausdehnung des alternativökonomischen Sektors („Dualökonomie") noch die Prognosen eines schnellen Niedergangs haben sich erfüllt. Allerdings läßt sich eine politische Anspruchsreduktion in den Projekten selbst feststellen („selbstverwaltet" statt „alternativ"), wobei zunehmend pragmatische Züge die Oberhand gewinnen. Hierzu trägt auch ihre partielle öffentliche Anerkennung als arbeitsmarkt- und sozialpolitische Einrichtungen bei. Mit den → Grünen hat sich zudem eine → Partei etablieren können, die in der Förderung alternativer Projekte eine wichtige Aufgabe sieht (Ökofonds etc.). Aber ihr Charakter als Kern einer

gemeinsamen Bewegung wird kaum mehr postuliert. Ende der 80er Jahre kann nach vorsichtigen Schätzungen von etwas mehr als 10.000 alternativökonomischen Projekten mit ca. 100.000 Beschäftigten in der Bundesrepublik und Westberlin ausgegangen werden. Ein deutliches Schwergewicht liegt im Bereich der Dienstleistungen (ca. 70 %).

Auch in den 90er Jahren hält der Trend zur lokalen Institutionalisierung der A. an. Trotz aller Umschichtungen und Niedergänge in einzelnen Bereichen deuten empirische Studien (Rucht u. a.) insgesamt auf ein bescheidenes Wachstum. Zunehmende Professionalisierung, Differenzierung und → Verrechtlichung der Projekte einerseits und ihre breite – häufig auch förderpolitische – öffentliche Anerkennung andererseits haben jedoch den emphatischen politischen Bewegungsanspruch abschmelzen lassen, ohne daß der Bezug auf Bewegungsinitiativen (etwa im Sinne der Agenda 21 oder gegen fremdenfeindliche Aktionen) gänzlich verloren gegangen wäre. Dennoch präsentiert sich die Szene, die sich einmal als A. begriff, heute als heterogenes Gelände, das von reputierlichen soziokulturellen Zentren über Alternativbetriebe mit und ohne Geschäftsführer bis zu einer jugendlich geprägten „autonomen" Szene reicht, die an radikalen Veränderungsutopien festhält.

Die → neuen Bundesländer haben erstaunlich rasch an diese Entwicklungen anknüpfen können. Schon vor den Bürgerbewegungen der Wendezeit hatten sich lokale Oppositionsgruppen mit eigenen Treffs und Initiativen entwickelt, die mit nachlassender politischer Repression rasch aufblühten. Arbeitsmarkt-, sozial-, jugend- und gesundheitspolitische Programme begünstigten nach der Vereinigung vielerorts die rasche Entfaltung einer lokalen Projekte- und Initiativenszene, die ähnlich differenzierte, überwiegend professionell-pragmatisch geprägte Konturen wie in den Westkommunen aufweist. Allerdings hat ihre innere Heterogenität einen gemeinsamen Nenner als A. nicht aufkommen lassen. Das große Gewicht der Transferzahlungen (ABM etc.) läßt keine Prognosen über ihre Stabilität zu.

3. Bewertungen und Kontroversen. Die Entfaltung und Stabilisierung der Projektszene ist von heftigen Kontroversen durchzogen, die sich v.a. auf das Selbstverständnis und die Binnenstrukturen der Projekte beziehen. Mit der emphatischen Rede von einer A. waren zunächst weitgesteckte politische Erwartungen verknüpft, die zwischen den Polen Selbstveränderung (→ „Politik in erster Person") und Gegengesellschaft („Inseln der Zukunft") changierten. Ihre Thematisierung vollzog sich in zwei Richtungen - einmal in Richtung Binnenstrukturen (wie alternativ ist die A.?), zum anderen in Richtung gesellschaftlicher Verallgemeinerung (welche Entfaltungschancen hat die A.?). Zweifel an der Kraft zur „Nachsozialisation" in der A., selbst wo sie nicht den hohen Anspruch reklamierte, einen „neuen Menschen" hervorzubringen, latente und manifeste → Hierarchien in Alternativprojekten („Geschäftsführerdebatte", → Arbeitsteilung, Lohnformen etc.) oder der „Terror der Intimität" in kommunitären Lebensformen wurden früh zur Sprache gebracht.

Aus sozialwissenschaftlicher Perspektive wurde stets auf den partikularen Charakter des „Ausstiegs" hingewiesen, weil die Akteure der A. in vielen Lebensäußerungen gerade nicht auf die Segnungen der „Moderne" verzichten können und wollen (Berger u. a.). Solche Kritiken markieren auch den Weg zu einem „realistisch" eingegrenzten Selbstverständnis, das seit der Stabilisierung der Projektszene in den 80er Jahren vorherrscht. Es kreist um demokratische Ansprüche in den Betrieben und Projekten (→ „Selbstverwaltung"), während kommunitäre → Normen („Zusammen leben, zusammen arbeiten") an Glanz verlieren, und/ oder es geht en detail um qualitative Alternativen in den Produkten und Dienstleistungen, ohne sich davon einen raschen gesellschaftlichen Umbruch zu erwarten. Freilich stehen auch diese „realistischen" Erwartungen unter Druck, der bei ökonomischen Projekten marktvermittelt (Ökonomisierung, Konkurrenz, Bestands- und Reproduktionssicherung) und in anderen Bereichen unmittelbar politisch (Vergaberichtlinien für öffentliche Mittel, Einbindung in poli-

tische Programme, Regularien des AFG etc.) wirksam wird. Auf diesen Anpassungsdruck hat die A. mit Verbandsgründungen und neuen → Institutionen reagiert (Ökobank) und eine Bestandssicherung erreicht, ohne jedoch eine expansive Dynamik entfalten zu können.

Die Hoffnungen auf eine Ausweitung „alternativer Ökonomie" bzw. der Projektszene waren von Anbeginn an die Dynamik sozialer Bewegungen gebunden. In der Alternative „Autonomie oder Getto?" (Kraushaar 1978) ist dies besonders in der Blütezeit der A. deutlich. → „Autonomie" markiert einen Leitwert, in dem gegenkulturelle Entfaltung und eigensinnige politische Artikulation verknüpft sind (z.B. „autonome" Frauenbewegung, „autonome" Institutionen). Die Gefahr der Gettobildung wurde sowohl in der Abschottung (und damit einhergehender politischer Abstinenz) der eigenen Szene wie auch in davon begünstigten regressiven → Gemeinschaften und → Ideologien (Naturmystik, neue Innerlichkeit etc.) gesehen.

Zwanzig Jahre später stehen andere Einschätzungen im Vordergrund. Die A., genauer: ihre Projekte, können vor allem im Westen als ein Element in der Institutionalisierung der „neuen sozialen Bewegungen" betrachtet werden, die bis zu den → Bündnisgrünen reicht. Bilden die Projekte der A., die sich ja als erstaunlich beständig erwiesen haben, das Rückgrat einer ausdifferenzierten Bewegungsszene, indem sie auf der Ebene alltäglicher Lebensformen und kultureller Orientierungen „alternative" Möglichkeiten auf Dauer stellen und bei entsprechenden Anlässen als Mobilisierungsnetzwerke politischen Protests wirksam werden (Melucci u.a.1984, Roth 1994)? Oder sind sie - so eine konkurrierende Perspektive - längst so sehr in interne Probleme (Professionalisierung, Marktanpassung etc.) verstrickt, daß ihre Bedeutung für Bewegungspolitik und Protest eher marginal geworden ist?

Mit der Institutionalisierung der A. bzw. einer vergleichbaren Szene in den neuen Bundesländern gewinnen auch in der gesellschaftswissenschaftlichen Debatte „inklusive" Angebote an Gewicht. Alterna-

16

tivprojekte, wie der Bewegungssektor insgesamt, werden nicht länger als regressive „systemfremde" oder progressive „systemsprengende" Strukturelemente der Gegenwartsgesellschaft, sondern als begrenzte Alternative innerhalb eines sich heterogenisierenden sozialen Gefüges gesehen, um deren spezifische Leistungen und Grenzen zu streiten lohnt. Im Vordergrund steht dabei in der internationalen Debatte ihr spezifischer Beitrag zur Bekämpfung sozialer Exklusion. Ihre Gemeinwesenprojekte, Kooperativen, Selbsthilfegruppen und Tauschringe („Local Exchange Trade") werden als Elemente einer „sozialen Ökonomie" bzw. eines → „Dritten Sektors" betrachtet, deren Bedeutung mit der nachlassenden Integrationskraft von Erwerbsarbeit und staatlicher → Sozialpolitik zu wachsen scheint.

Lit.: W. *Kraushaar* (Hg.): Autonomie oder Getto? Kontroversen über die Alternativbewegung, Frankfurt 1978; J. *Huber*: Wer soll das alles ändern? Die Alternativen der Alternativbewegung, Berlin 1980; A. *Melucci u.a.*: Altri codici. Aree di movimento nella metropoli, Bologna 1984; R. *Roth*: Demokratie von unten. Neue soziale Bewegungen auf dem Wege zur politischen Institution, Köln 1994; D. *Rucht*: Modernisierung und neue soziale Bewegungen, Frankfurt/ M./ New York 1994; D. *Rucht u.a.*: Soziale Bewegungen auf dem Weg zur Institutionalisierung. Zum Strukturwandel „alternativer" Gruppen in beiden Teilen Deutschlands, Frankfurt/ M./ New York 1997; F. *Heider u.a.*: Kontinuität oder Transformation? Zur langfristigen Entwicklung selbstverwalteter Betriebe, Gießen 1998; A. *Klein u.a.* (Hg.): Neue soziale Bewegungen – Impulse, Bilanzen und Perspektiven, Opladen 1999.

Prof. Dr. Roland Roth, Magdeburg

Ältestenrat
1. In der → Gerontokratie z.B. des antiken Sparta zentrales politisches Entscheidungsgremium.
2. Einrichtung des → Bundestages und der → Landtage, die für die Regelung des parlamentarischen Arbeitsablaufs eine zentrale Stellung einnimmt, obwohl sie kein Beschlußorgan ist. Die → Geschäftsordnung des Bundestages beschreibt seine wichtigste Aufgabe als Herbeiführung einer interfraktionellen Verständigung über den Arbeitsplan des Bundestages sowie über die Besetzung der Ausschußvorsitze. Der Ä. besteht aus dem Präsidenten und den Vizepräsidenten des Bundestages sowie 23 weiteren → Abgeordneten, die von den → Fraktionen im Verhältnis ihrer Stärke benannt werden.

Amendment
Begriff aus dem angloamerikanischen Recht. A. sind Änderungen oder Ergänzungen eines bereits erlassenen → Gesetzes, die im Gegensatz zur kontinentaleuropäischen Tradition nicht in den ursprünglichen Text eingearbeitet, sondern dem jeweiligen Gesetz in zeitlicher Reihenfolge angehängt werden. Politisch besonders bedeutsam sind die bislang 26 A. zur 1788 in Kraft getretenen → Verfassung der Vereinigten Staaten von Amerika.

Amnestie
Allgemeiner staatlicher Gnadenerweis, der im Gegensatz zur → Begnadigung nicht auf eine oder mehrere bestimmte Personen, sondern auf eine unbestimmte Anzahl von Fällen und Straftätern bezogen ist. Durch eine A. werden die Rechtsfolgen einer bestimmten Straftat für bereits rechtskräftig verurteilte Personen beseitigt. A. sind in der Bundesrepublik nur in Gesetzesform möglich.

Amnesty International
1961 gegründete, 1977 mit dem Friedensnobelpreis ausgezeichnete → internationale Organisation zum Schutz der → Menschenrechte, die sich insbesondere für → politische Gefangene in allen → Staaten der Welt einsetzt. A. umfaßt derzeit ca. 4.300 sog. „Adoptionsgruppen", die in 55 nationalen Sektionen organisiert sind. Sie betreuen ausschließlich Häftlinge im Ausland, die niemals Gewalt angewendet oder befürwortet haben.

Amsterdamer Vertrag

Am 2.10.1997 unterzeichneter Vertrag zur Änderung des Vertrags über die → Europäische Union. Der A. überführte die durch den → Maastrichter Vertrag geschaffene Zusammenarbeit in den Bereichen Justiz und Inneres in den EG-Vertrag. Diese „Vergemeinschaftung" der „Dritten Säule" gilt für die Bereiche Außengrenzenregelungen, Visapolitik, Asylrecht, Einwanderungs- und Flüchtlingspolitik. Damit verbunden war die Hereinnahme des → Schengener Abkommens in den EU-Vertrag. Zur Steigerung der Effizienz der → Gemeinsamen Außen- und Sicherheitspolitik sieht der A. die Schaffung eines GASP-Generalsekretärs vor. Als neues Politikfeld für die → Europäische Gemeinschaft wurde durch Aufnahme eines entsprechenden Kapitels die → Beschäftigungspolitik erschlossen. In institutioneller Hinsicht brachte der A. Neuerungen v.a. für das → Europäische Parlament. Durch die Ausdehnung des → Verfahrens der Mitentscheidung auf eine Vielzahl von Politikfeldern wurde es deutlich aufgewertet.

Amt

1. Einrichtung zur Erfüllung staatlicher bzw. öffentlicher Aufgaben im Sinne von → Behörde (z.B. → Auswärtiges Amt, Landratsamt).

2. Hoheitlicher oder fiskalischer Aufgabenkreis, der einer Person („Amtsträger") vom → Staat übertragen wird.

3. Nach Abschluß der → Gemeindegebiets- und → Verwaltungsreformen nur noch in Schleswig-Holstein und Brandenburg (früher auch in Nordrhein-Westfalen und im Saarland) existierende → Körperschaft des öffentlichen Rechts, die aus → Gemeinden desselben → Kreises besteht. Das A., das als Träger von Aufgaben der öffentlichen → Verwaltung an Stelle der amtsangehörigen Gemeinden (z.B. als Schulträger) tritt, ist den → Verwaltungsgemeinschaften in Bayern und Baden-Württemberg vergleichbar.

Ämterpatronage

Vergabe öffentlicher → Ämter an Personen, welche nicht nach dem Maßstab der Eignung oder Qualifikation, sondern aufgrund der Zugehörigkeit zu einer politischen → Partei (→ Patronagepartei) bzw. Klientel und/oder mit deren Unterstützung erfolgt.

Ämterrotation

Aufgrund eines Wiederwahlverbotes oder einer in regelmäßigem Turnus erfolgenden Ablösung von Amtsinhabern vorgenommene Besetzung → öffentlicher Ämter durch jeweils wechselnde Personen nach Ablauf einer bestimmten Amtsperiode.

Die Forderung nach Ä. ist Bestandteil räte- bzw. basisdemokratischer Konzepte. Durch Ä. sollen Machthäufung und Korruption vermieden und bürokratische Verkrustungen abgebaut bzw. verhindert werden. Die von der politischen → Partei → Die Grünen ursprünglich vereinbarte - mittlerweile allerdings aufgegebene - Mandatsrotation innerhalb einer → Legislaturperiode des → Bundestages bzw. der → Landtage erwuchs in der Bundesrepublik Anfang der 80er Jahre zu einer politischen und verfassungsrechtlichen Streitfrage.

Amtseid

Vom → Bundespräsidenten, vom → Bundeskanzler und von den Mitgliedern der → Bundesregierung nach Art. 56 bzw. Art. 64 II GG zu leistende feierliche Selbstverpflichtung zu gewissenhafter Aufgabenerfüllung und insbesondere zur Wahrung und Verteidigung des → Grundgesetzes.

Amtshaftung

Haftung des → Staates oder einer → Körperschaft des öffentlichen Rechts für schadenersatzpflichtiges Verhalten eines Bediensteten, welches dieser in Ausübung des ihm übertragenen öffentlichen → Amtes einem Dritten gegenüber unter Verletzung seiner Amtspflicht begeht (vgl. Art. 34 GG, § 839 BGB).

Amtshilfe

Vornahme einer Amtshandlung durch eine Verwaltungsbehörde, zu der diese auf Ersuchen einer anderen Verwaltungsbehörde oder eines Gerichtes verpflichtet ist. Nach Art. 35 I GG leisten sich alle → Behörden des → Bundes und der → Länder gegenseitig A.

Anarchie

Herrschaftslosigkeit im Sinne des Fehlens staatlicher → Gewalt; Gesetzlosigkeit.

Anarchismus

I. Begriff: Theorien und → Utopien einer freiheitlichen Gesellschaftsordnung ohne → Herrschaft von Menschen über Menschen. In der → Anarchie (griech.: Herrschaftslosigkeit) gibt es keine politischen und gesellschaftlichen Zwangsordnungen, v.a. keinen → Staat. Für die anarchistische → Gesellschaft und ihre Ordnung gelten: freie Übereinkunft, freie → Assoziation, freie Föderation.

II. Grob lassen sich im A. fünf Richtungen unterscheiden:

1. Individualistischer A.: Der Mensch als isoliertes und unabhängiges → Individuum steht im Mittelpunkt dieser Spekulationen. Um seine „Einmaligkeit" und → Freiheit, aber auch seinen Eigennutz zu „schützen", wird jede Staatsordnung - auch die → Demokratie - als → Despotie oder Sklaverei verdammt. Eine Rechtsordnung wird nicht anerkannt, weil sie den absolut gesetzten Willen des Individuums beschränkt. Der geschichtslose, unsoziale und willkürlich handelnde Mensch kennt nur seinen egoistischen Genuß.

Der französische Anarchist Bellegarrigue schrieb im frühen 19. Jh.: „Für mich beginnt die Schöpfung der Welt mit dem Tage meiner Geburt; für mich ist das Ende der Welt an dem Tage erreicht, wo ich den Organismus und den Atem, die meine Individualität bilden, den Elementen zurückgebe... Ich habe nur einen Lehrsatz, dieser Lehrsatz hat nur eine Formel, diese Formel hat nur ein Wort: GENIESSEN." Radikalen Individual-A. stellte auch Max Stirner (1806-1856) in dem Buch „Der Einzige und sein Eigentum" in den Mittelpunkt seiner philosophischen Spekulationen. Dort heißt es: „Ich nehme die Welt als das, was sie Mir ist, als die Meinige, als Mein Eigentum. Ich beziehe alles auf Mich." Stirner erkannte kein vorgegebenes Recht und keine → Gesetze an: „Ich

aber gebe oder nehme Mir das Recht aus eigener Rechtsquelle."

Die Konstruktion, die Stirner wählte, um ein Zusammenleben von Egoisten zu ermöglichen, nannte er „Verein"; in ihm sollen die „Einzigen" an „Eigennutz", „Eigenwillen", „Eigenheit", „Eigenliebe" festhalten dürfen. In dieser unsozialen Addition von egoistisch Genießenden ist der Mit-Mensch bloßes Objekt: „Ja, ich benutze die Welt und die Menschen." Marx und Engels setzten sich grundsätzlich und polemisch in „Die deutsche Ideologie" mit Stirner auseinander. Stirner beeinflußte die Philosophen Friedrich Nietzsche, George Bernard Shaw, Albert Camus und Jean-Paul Sartre.

2. Solidarischer A.: Im Zentrum der Lehre des Franzosen Pierre-Joseph Proudhon (1809-1865) steht das „arbeitslose" → Eigentum (Zins, Miete, Dividende), das er als „Diebstahl" am Besitz der Kleinproduzenten, als Quelle des Bösen und Mutter der → Tyrannei bezeichnete. Seine Alternative war: Aufteilung des (Groß-) Eigentums und damit eine Gesellschaft von autonomen Kleineigentümern und -produzenten. Diese sollten über eine „Volksbank" ihre Produkte tauschen; Geld war nicht erforderlich; Kredite gab es zinslos. Die Volksbank war eine besondere Anwendung des Prinzips der Gegenseitigkeit (frz. mutualité). Im Mutualismus, wie Proudhons solidarischer A. auch bezeichnet wird, löst gegenseitige Hilfe das staatliche Gewaltprinzip ab.

Proudhons Theorie zielte auf eine agrarische und handwerkliche → Zivilisation. Dies war eine nach rückwärts gewandte → Utopie, denn damals hatte die → Industrialisierung den Kontinent bereits erreicht. Proudhon forderte: „Keine Autorität mehr! Absolute Freiheit des Menschen... Die Regierung des Menschen durch den Menschen ist Sklaverei." Die → Demokratie bezeichnete er als die „Tyrannei der Majoritäten, die abscheulichste Tyrannei von allen". Nur die Anarchie - le gouvernement de chacun par soi même - akzeptierte er; für sie gelte: weder → Hierarchie noch → Autorität, weder → Regierung noch Gesetz, sondern Gegenseitigkeit, → Solidarität, freie Verträge, freie Assoziation und Föderation.

3. Kollektiver A.: Michail Bakunin (1814-1876), der diese Richtung wesentlich bestimmte, war ein Mann der revolutionären Praxis und weniger Theoretiker. Er glaubte mehr an die Wirkung von Emotionen und an den Instinkt bäuerlicher Massen, die sich in einer spontanen „Volksrevolution" ohne Anführung durch Berufsrevolutionäre erheben. Der Staat soll in keiner Form, auch nicht in der Hand des → Proletariats, weiterbestehen. Die anarchistische Gesellschaftsordnung stellte sich als „freie Föderation der von dem Joch des Staates befreiten Arbeiterassoziationen" her, als Ordnung „von unten nach oben", „von der Peripherie zum Zentrum."

Freiheit war für Bakunin nicht die unsoziale, egoistische Freiheit des Einzigen von Stirner. Nur als soziales Wesen komme das Individuum zum Bewußtsein seines Menschseins und seiner Freiheit: „Die Freiheit ist keineswegs Sache der Isolierung, sondern der gegenseitigen Anerkennung, keine Sache der Abgeschlossenheit, sondern im Gegenteil der Vereinigung; die Freiheit jedes Menschen ist nichts anderes als die Spiegelung seines Menschentums oder seiner Menschenrechte im Bewußtsein aller freien Menschen, seiner Brüder, seiner Genossen... Nur dann bin ich wahrhaft frei, wenn alle Menschen, die mich umgeben, Männer und Frauen, ebenso frei sind wie ich."

Vom solidarischen A. unterscheidet sich der kollektive A. dadurch, daß Kapital, Produktionsmittel, Boden und die Einrichtungen der → Infrastruktur Eigentum von landwirtschaftlichen und industriellen Arbeiterassoziationen und → Kommunen werden.

4. Kommunistischer A.: Im kollektiven A. wurde jedoch für Arbeit weiterhin Lohn gezahlt. Hiervon setzte sich die Theorie des kommunistischen A. ab: Gemeineigentum an den Produktionsmitteln müsse zur Folge haben, daß das Lohnsystem aufgegeben wird. Nach 1880 wurde der kommunistische A. zur wichtigsten Rich-

tung innerhalb der anarchistischen Bewegung und der Russe Petr Kropotkin (1842-1921) die allgemein anerkannte moralische und intellektuelle Autorität: „Das Gemeineigentum an den Arbeitsgeräten führt zwangsläufig zum gemeinschaftlichen Genuß der Früchte gemeinsamer Arbeit."

Bevor sich jedoch die Menschen in absoluter Freiwilligkeit in Kommunen assoziieren und die Kommunen sich föderieren können, sei eine → Revolution notwendig, die mit der „Expropriation der Expropriateure" beginnen müsse. Erfolgreich könne eine solche Enteignung nur sein, wenn sie umfassend sei und sich im großen Maßstab vollziehe. Der Ablösung der auf Privateigentum beruhenden → bürgerlichen Gesellschaft müsse aber die Zerstörung des Staates vorausgehen.

Kropotkin glaubte als Naturwissenschaftler entdeckt zu haben, daß „gegenseitige Hilfe" ein → Naturgesetz und Hauptfaktor der Entwicklung unter den Tieren sei. Auch für die Gesellschaft der Menschen müsse deshalb gelten: nicht Konkurrenz, nicht Auslese, sondern gegenseitige Hilfe. Diese „natürliche Solidarität" und die ungeheuren Fortschritte in Wissenschaft und Technik ließen Kropotkin von der Zukunft schwärmen: „Jede Gesellschaft, die das Privateigentum abgeschafft hat, wird unserer Meinung nach gezwungen sein, sich in anarchistisch-kommunistischer Gestalt zu organisieren. Die Anarchie führt zum Kommunismus und der Kommunismus zum Anarchismus".

5. Anarcho-Syndikalismus: Die soziale Basis des solidarischen, kollektiven und kommunistischen A. waren Landbewohner, Kleinbauern, Handwerker, Kleinbürger, Künstler, Literaten, Wissenschaftler, Lehrer, Journalisten. Der → Syndikalismus stützte sich dagegen auf Industriearbeiter, die sich in der 2. Hälfte des 19. Jh. mehr und mehr in → Gewerkschaften (franz.: syndicat) organisierten.

Hauptziel des Syndikalismus war die revolutionäre Ablösung des Staates und der kapitalistischen Gesellschaft und die Übernahme der Produktionsmittel durch die Gewerkschaften. Seine Mittel waren die → „direkte Aktion": → Generalstreik, Sabotage, Blockade, Fabrikbesetzung u.a. Die französische Gewerkschaftsbewegung hatte sich in den 80er Jahren des 19. Jh. mit Mehrheit gegen eine Aktionsgemeinschaft mit → politischen Parteien entschieden (im Unterschied zu englischen und deutschen Gewerkschaften).

Das Verhältnis von Syndikalisten und Anarchisten war von vielfachem Streit geprägt. Setzten die Syndikalisten auf den Generalstreik und andere direkte Aktionen als den Weg zur kurzfristigen Verbesserung der sozialen Lage der Arbeiter und langfristig zur völligen Befreiung, so befürchteten die Anarchisten, daß dieses Mittel - der zum „Mythos erhobene Generalstreik" - zum Zweck werden könne, daß der ökonomische Tageskampf das anarchistische Endziel der freien Gesellschaft, daß erreichte soziale Reformen die (noch ferne) soziale Revolution vergessen lassen könnten. Es gab jedoch in beiden Lagern gewichtige Stimmen, die die Verschwisterung von A. und Syndikalismus geradezu für geschichtsnotwendig hielten.

Der Anarcho-Syndikalismus wurde in Frankreich und Spanien zur tragenden → Ideologie der → Arbeiterbewegung. Die größte politische Bedeutung erlangte er (und damit auch der A.) in Spanien. 1910 wurde hier eine anarchistische Gewerkschaft, die Confederacion Nacional de Trabajo (CNT) gegründet. Sie zählte bis zum → Bürgerkrieg bis zu 700000 Mitglieder. Das Programm der CNT von 1931 proklamierte einen freiheitlichen → Kommunismus ohne Staat und Privateigentum, gegründet auf Syndikate und Kommunen. Nach der Revolution von 1936 konnten die Anarcho-Syndikalisten in den von der gegen die → Republik putschenden Armee Francos noch nicht besetzten Gebieten einige ihrer Ziele zeitlich und lokal begrenzt verwirklichen. Die Niederlage der Revolution war dann zugleich das Ende des A.

III. A. und marxistischer Kommunismus: A. (libertärer = freiheitlicher Kommunismus) und marxistischer Kommunismus (→ Marxismus-Leninismus) haben sich gegenseitig beeinflußt, blieben aber erbit-

terte Konkurrenten. Sie hatten die gleichen theoretischen Ziele: v. a. die Aufhebung jeglicher Herrschaft von Menschen über Menschen in einem „Reich der Freiheit". In der Wegbeschreitung dorthin gingen sie jedoch auseinander. Die Anarchisten wollten sofort den Staat aufheben. Sie verwarfen mit ihrem „hier und heute", ihrem „alles jetzt" eine Übergangsgesellschaft, in der eine revolutionäre Staatsgewalt als → „Diktatur des Proletariats" die Revolution verteidigen und vollenden sollte (Die Geschichte gab aber den Anarchisten mehr als recht. Die „Diktatur des Proletariats" in sozialistischen/ kommunistischen Staaten verkam zur anhaltenden Diktatur einer→ Partei.). Marxismus sei - so Bakunin - „autoritärer Staatskommunismus"; libertärer, antiautoritärer → Sozialismus sei das Gegenstück. Die Feindschaft zwischen Bakunin und Marx belastete die Internationale Arbeiter-Assoziation (I. → Internationale), aus der die „Bakunisten" 1872 auf Betreiben von Marx ausgeschlossen wurden.

Für lange Phasen des Heranreifens einer Revolution hatten Anarchisten weder eine Theorie noch eine Organisation. Arbeiten und Leiden für zukünftige Generationen wurden abgelehnt. Solche „revolutionäre Ungeduld" kann zur Überschätzung der eigenen Kräfte führen; der Angriff auf den Staat und der Sturz der → Bourgeoisie wird voreilig in Angriff genommen. Erhoben die Anarchisten gegenüber den Marxisten den Vorwurf des ohnmachterzeugenden Determinismus, der aus Marx' Schriften nicht herauszulesen ist, traf die Anarchisten der Gegenvorwurf des Voluntarismus: die Revolution werde kommen, weil sie von den Revolutionären mit Leidenschaft ersehnt wird.

IV. Anarchisten und Terror: Terroristen, Attentäter und Banditen konnten sich auf die leidenschaftliche Proklamation des Terrors durch Bakunin berufen, oder auf Stirner, der Mord als Recht des Individuums verherrlichte, oder auf Kropotkin, der → Gewalt jedem erlaubte, der eine Rechtfertigung erbringen konnte. Auch damals wurden Kriminelle - wie nach seiner Hinrichtung der Mörder und Bombenwerfer

Ravachol - zu anarchistischen Märtyrern stilisiert. Die anarchistischen Attentäter nahmen es hin, daß auch Frauen und Kinder ihre Opfer wurden. Der französische Anarchist Emile Henry, dessen Bomben Pariser Bürger und Arbeiter trafen, sagte vor Gericht: „Es gibt keine Unschuldigen." Der Einzug von Kriminellen in die anarchistische Bewegung diskreditierte diese bis zur Gleichsetzung von Anarchie mit Terror, Mord, Chaos. Stimmen wie die des deutschen Anarchisten Gustav Landauer, der es als Grundirrtum revolutionärer Anarchisten bezeichnete, „Gewaltlosigkeit auf dem Wege der Gewalt erreichen zu können", gingen unter.

V. Bundesrepublik Deutschland: In den 70er Jahren war die übergroße Mehrheit der Bevölkerung nicht bereit, ihren relativ guten Lebensstandard und die rechtsstaatliche Ordnung bei sozialrevolutionären oder anarchistischen „Veränderungen" zu riskieren. Ihre „Solidarisierung" gegen den Terror einer → „Rote-Armee-Fraktion" ging als Ruf nach → „law and order", nach „mehr Staat" und → Polizei in die andere Richtung und entfachte eine Hysterie, in der viele Ansätze zur→ Demokratisierung von Gesellschaft und Staat und die Diskussion über einen freiheitlichen Sozialismus begraben wurden.

Verliert sich A. in Nonkonformismus oder verbreitet er sich - wie in den 60er/70er Jahren - nur an Universitäten, so wird er zwar als Ärgernis empfunden, das langfristig technokratisch beseitigt werden muß, aber nicht als Gefahr, weil politisch, ökonomisch und sozial Wichtiges nicht tangiert wird. Anarchistische Konzepte, wie in hochindustrialisierten Gesellschaften die freie → Assoziation in Kommunen und Produktionskollektiven und die freie Föderation für alle (oder zumindest die große Mehrheit und nicht bloß für elitäre Zirkel) erreicht werden sollen, fehlen. Anarchistische Gesellschaftsbilder sind so meist ein romantischer Blick zurück in die Geschichte.

Lit.: Cantzen, R. (Hg.): Anarchismus - was heißt das heute?, Frankfurt/M. 1990; *Guérin, D.*: Anarchismus. Begriff und

Praxis, Frankfurt/M. 1975; *Lösche, P.*: Anarchismus, Darmstadt 1987; *Neumann, F.*: Anarchismus, in: ders. (Hg.): Handbuch Politischer Theorien und Ideologien, Reinbek 1989; *Oberländer, E.* (Hg.): Der Anarchismus, Olten 1972; *Weber, P.*: Sozialismus als Kulturbewegung. Frühsozialistische Arbeiterbewegung und das Entstehen zweier feindlicher Brüder Marxismus und Anarchismus, Düsseldorf 1989; *Wittkop, J. F.*: Unter der schwarzen Fahne, Frankfurt/M. 1989.

Prof. Dr. Franz Neumann, Kassel

ANC
Abk. für → African National Congress of South Africa.

Ancien régime
Bezeichnung für das Herrschafts- und Gesellschaftssystem des → Absolutismus, insbesondere Frankreichs vor der → Revolution von 1789.

Andenpakt
1968 im Vertrag von Cartagena (Kolumbien) getroffene Vereinbarung über wirtschaftliche Zusammenarbeit, die ursprünglich Bolivien, Chile, Ecuador, Kolumbien und Peru umfaßte. 1973 trat Venezuela bei, Chile schied 1976 wieder aus.

Anstalt des öffentlichen Rechts
Nichtstaatliche Einrichtung zur Wahrnehmung öffentlicher Aufgaben unter Aufsicht des jeweiligen Trägers (d.h. des → Staates oder sonstiger juristischer Personen des öffentlichen Rechts). Im Gegensatz zur mitgliedschaftlich organisierten → Körperschaft des öffentlichen Rechts sind A. über einen Nutzungszweck definiert. Wichtige A. sind z.B. die → Bundesbank und die Rundfunkanstalten (→ ARD, → ZDF). Sie verfügen über das Recht auf → Selbstverwaltung, sind bei der Erfüllung ihrer Aufgaben unabhängig und unterliegen nur der → Rechtsaufsicht des Staates.

Anthropologie
→ Politische Anthropologie

Anti-Atomkraft-Bewegung/ Anti-Kernkraft-Bewegung

Die in Reaktion auf die sog. → Ölkrise seit Mitte der 70er Jahre verstärkte Nutzung der Kernkraft zur Energiegewinnung traf sehr schnell auf den Protest anfangs lokal begrenzter → Bürgerinitiativen, die sich gegen den Bau von Kernkraftwerken wendeten (daher auch: Anti-KKW-Bewegung). Ihren ersten Höhepunkt erlebte die A. 1975 in den letztlich erfolgreichen Protesten gegen das geplante Kernkraftwerk in Wyhl. Der damalige Slogan „Kein AKW in Wyhl und anderswo!" versinnbildlicht den Übergang von lokal begrenzten Protestinitiativen zur gesellschaftlichen Bewegung, die nicht nur die örtliche, sondern auch die thematische Begrenztheit auf KKW-Standortfragen und rein energiepolitische Probleme überschreiten wollte und will. Die Gründung bundesweiter → Umweltverbände (z.B. → BBU, → BUND) unterstrich diesen Anspruch. Die Kritik an der auf Kernkraft setzenden → Energiepolitik wird mit umfassenden Forderungen nach verbessertem Umwelt-und Naturschutz verbunden. Die A. ist in der Umweltbewegung „aufgegangen", welche wiederum als Bestandteil der → Alternativbewegung bzw. der → Neuen Sozialen Bewegungen zu verstehen ist.

Antifaschismus

Ursprünglich Bez. für die → Opposition und den → Widerstand gegen den italienischen → Faschismus, den → Nationalsozialismus und andere faschistische → Regime. Der A. einte verschiedene politische und weltanschauliche Richtungen. Er hatte auch nach Ende des 2. Weltkriegs in der Tätigkeit sog. „Antifa-Komitees" noch zeitweiligen Bestand. Der offizielle → Kommunismus des → Ostblocks bediente sich der Bez. A. zur Rechtfertigung seiner → Politik, insbesondere seines zeitweiligen Bündnisses mit bürgerlichen und sozialdemokratischen Kräften (→ Volksdemokratie, → Volksfront).

Antikommunismus

Geistig-politische Gegnerschaft zum → Kommunismus. Im Unterschied zu einer (sozialwissenschaftlich angeleiteten) nüchternen und kritischen Einschätzung des Kommunismus wird unter A. eine emotional geprägte Grundhaltung bzw. → Ideologie verstanden, die das politische Klima in vielen westlichen → Demokratien während der Zeit des → Kalten Krieges prägte. In den USA gipfelte die A. im sog. McCarthyismus der politischen Verfolgung von kommunistischer Ansichten verdächtigter → Bürger.

Antisemitismus

1. Politische Begriffsgeschichte: Der Begriff A. wurde vermutlich im Herbst 1879 im Kreis um den Berliner Journalisten Wilhelm Marr geprägt. Er war intendiert als politische Selbstbez. von Gegnern der 1869/ 1871 im Deutschen Reichsgebiet endlich vollzogenen, völligen rechtlichen Gleichstellung der Juden. Der Begriff ist sprachlich und sachlich unlogisch. Die Gegnerschaft richtet sich nicht gegen alle Angehörigen der semitischen Sprachfamilie, sondern ausschließlich gegen Juden. Ebenso existierte zuvor in der politischen Terminologie kein Begriff „Semitismus", geschweige denn ein so bezeichnetes Phänomen. Marr hatte in seinem Pamphlet „Der Sieg des Judentums über das Germanentum. Vom nicht-konfessionellen Standpunkt aus betrachtet" (1879) behauptet, daß die „Judenemanzipation" und die kapitalistische → Marktwirtschaft als Bestandteile der Forderungen des politischen → Liberalismus bereits zur Errichtung einer „Judenherrschaft" in Deutschland geführt hätten. Die sich selbst seit 1880 als „Antisemiten" bezeichnenden Demagogen sahen die Nützlichkeit des Begriffs in dessen wissenschaftlichem Anspruch und der demonstrativen Abgrenzung von der ihrer Ansicht nach historisch ‚überholten', lediglich religiös oder emotional begründeten Judenfeindschaft.

Die Ursache dafür, daß sich der Begriff A. so schnell in der politischen Sprache in Deutschland und bald auch in allen anderen europäischen Sprachen durchsetzte, dürfte darin zu sehen sein, daß bis dahin die Judenfeindschaft des christlichen Abendlandes nicht primär rassisch begründet war. Insofern bezeichnete der Begriff A. - so unlogisch er auch ist – tatsächlich ein neues Phänomen, wobei die Bereitstellung der Zielgruppe „Juden" und auch die Energie der Judengegnerschaft natürlich ohne die christliche Tradition nicht denkbar waren. Dem traditionellen christlich-konservativ-feudalen Lager der Judengegner, welches bis dahin die Judenemanzipation hinausgezögert hatte, war der→ Rassismus fremd.

Die Begriffsgeschichte legt eigentlich nahe, im → Interesse einer klaren Unterscheidung der Phänomene, den Begriff A. nicht zur Bez. der älteren (vorrassistischen) Formen von „Judenfeindschaft" und des theologischen „Antijudaismus" zu verwenden. Diese terminologische Präzision hat sich jedoch selbst in der wissenschaftlichen Literatur nicht durchgesetzt. So wird z.b. im grundlegenden Werk von Leon Poliakov (Geschichte des A., dt. Ausgabe in 8 Bden., 1977 bis 1988) jede Manifestation von Judengegnerschaft seit der vorchristlichen Antike unter A. subsumiert. Der deshalb zur Einsparung längerer Definitionen heute in der Fachliteratur nicht selten anzutreffende Begriff „moderner A." ist hingegen wegen der Auslösung von irreführenden Assoziationen zu „modisch" oder „zur Moderne gehörig" recht unglücklich gewählt.

2. Kultureller Hintergrund: Die antisemitische Bewegung entstand zwar in ihrer parteipolitischen Form in Deutschland, jedoch bildete ein gesamteuropäischer Prozeß den kulturellen Hintergrund dazu. Man könnte diesen zugespitzt mit der Überschrift „Vom biblischen zum arischen Mythos" kennzeichnen. Teile der akademisch Gebildeten im 18. und 19. Jh. legten sich nämlich im Verlaufe der Etablierung der vergleichenden Sprachwissenschaft und der → Anthropologie eine neue „indopersische" statt der bisher akzeptierten „biblisch-hebräischen" Abstammung zu. Mitte bis Ende des 18. Jh. begann mit dem französischen Rationalismus das Zeitalter der Wissenschaft und damit auch der Kritik an der kirchlichen Ausrichtung des Glaubens auf einen persönlichen Gott hin. Während dieser deistischen Phase der → Aufklärung tauchte bereits die Vorstellung auf, Indien sei die Wiege der na-

türlichen Religion, ja vielleicht des Menschengeschlechtes überhaupt.

1786 faßte der Engländer William Jones in seinen einflußreichen „Asiatic Researches" die bis dahin entdeckten strukturellen Ähnlichkeiten des indischen Sanskrit mit den Sprachen Griechisch, Latein, Gotisch und Keltisch zusammen. Das verband er mit einer schwärmerischen Hochschätzung des ästhetisch angeblich überlegenen Sanskrit, von dem die anderen Sprachen abgeleitet seien. Diese Thesen griffen in Deutschland die Gebrüder Schlegel auf und verkündeten nun ihrerseits die Überlegenheit des Sanskrit über die semitischen Sprachen. Der Philosoph Schelling meinte in seiner Bibelkritik, das Alte Testament halte dem Vergleich mit den heiligen Büchern der Inder qualitativ nicht stand.

Diese noch relativ ‚unschuldigen' sprachwissenschaftlichen Spekulationen hat v. a. der Franzose Graf Gobineau mit großer Wirkung auf die Zeitgenossen durch eine rassistisch wertende Terminologie aufgeladen (Essai sur l'inegalité des races humaines, 1853/55). Der Freiburger Prof. Schoemann popularisierte Gobineau in Deutschland und legte damit in der zweiten Hälfte des 19. Jh. das Fundament zur deutschen Version des pseudowissenschaftlichen Rassenantisemitismus, zu dessen frühen Parteigängern auch Richard Wagner gehörte (Das Judentum in der Musik, 1850). Ein französischer Historiker und Gobineau-Verehrer formulierte 1903 für einen Teil der europäischen Gebildeten durchaus zutreffend: „Dies war eine Art von Rausch. Die moderne → Zivilisation glaubte ihre seit Jahrhunderten verlorengegangenen Familienurkunden wiedergefunden zu haben. Und so entstand das Ariertum." Zu dessen negativem Gegenbild wurde im populären Diskurs das „Semitentum" mit angeblich minderwertigen, ja destruktiven Eigenschaften. Zwar fand sich immer auch wissenschaftliche Kritik an derartiger ‚Forschung', dennoch wurde der Rassismus bereits vor der Wende zum 20. Jh. im deutschen Bildungsbürgertum respektabel (Norbert Kampe, Studenten und Judenfrage im Deutschen Kaiserreich, 1988).

3. Politische Geschichte: Seit den 1880er Jahren wurde der A. zum integralen Bestandteil einer komplexen modernitätskritischen Haltung in Deutschland, die sich überhaupt gegen das Prinzip der → Emanzipation, das Ideal der → Gleichheit aller Menschen und gegen die Vorherrschaft des Rationalismus wandte. In dieser Konstellation durchbrach der politisch-weltanschauliche A. schnell die engen Parteigrenzen seiner obskuren Ziehväter und gehörte schon bald zum Arsenal der politischen Rechten in Deutschland - von den traditionell Christlich-Konservativen bis zu den neuen radikalvölkischen Rassisten. Die Übernahme antisemitischer Slogans durch die staatstragende Konservative Partei (Tivoli-Parteitag in Berlin 1892) muß im größeren Zusammenhang mit der (etwa im Vergleich zu England unglücklich verlaufenen) → Modernisierung des deutschen → Konservatismus gesehen werden. Die von den partikularen Interessen einer kleinen ostelbischen Junkerklasse dominierte → Partei befand sich - unter den Zwängen des gleichen → Wahlrechts zum → Reichstag - auf der Suche nach Massenanhang. Dabei gelang es ihr, den ursprünglich antifeudalen, linken und liberalen bürgerlichen → Nationalismus zu besetzen und in fester Verbindung auch mit antisemitischen Ressentiments wahltaktisch auszuschlachten. Die ursprünglich hauptsächlich antiliberale Stoßrichtung des A. erhielt mit dem Erstarken der organisierten → Arbeiterbewegung eine antisoziale Komponente.

Die sozialen Trägerschichten des A. entstammten in Deutschland dem klein- und bildungsbürgerlichen → Mittelstand. Dessen Anfälligkeit resultierte aus der Verunsicherung infolge Beibehaltung vorkapitalistischer Wertvorstellungen und Wirtschaftsweisen. Während des eigenen nur befürchteten oder tatsächlichen sozialen Niedergangs (Verproletarisierung) wurde der soziale Aufstieg von Juden erlebt, die kaum eine Generation zuvor noch weitgehend rechtlos und von vielen Berufen ausgeschlossen waren. Auch die Sichtbarkeit einzelner jüdischer Privatbankiers während der Startphase zur → Industrie-gesellschaft in Deutschland machte den kleinbürgerlichen Mittelstand anfällig für die Behauptung, der liberale Industriekapitalismus sei eine Machenschaft von Juden bzw. Liberalen zugunsten von Juden. Die diversen antisemitischen Splitterparteien bis hin zur → NSDAP-Gründung von 1923 hatten deshalb auch ausgesprochen mittelständische Forderungen in ihren Parteiprogrammen.

Die der → SPD nahestehende Arbeiterschaft war aufgrund ihrer Schulung weitgehend immun gegen die irrationale Unterscheidung zwischen „raffendem und schaffendem" Kapital (,jüdische' Börse, Banken versus ,arische' Industrie, Handwerk), mittels derer objektive Probleme des → Kapitalismus personifiziert wurden. Der Gründerkrach von 1873 und der folgende eher depressive Konjunkturverlauf bis 1896 schufen ein für demagogische Vereinfacher günstiges Klima. Der hauptsächlich antikapitalistisch geprägte A. der beiden ,honorigsten' Demagogen, Hofprediger Adolf Stoecker und Prof. Heinrich von Treitschke, fungierte in dieser Phase gewissermaßen als ,Umstiegsideologie' für die Mehrheit des deutschen (Klein/Bildungs-) → Bürgertums auf dem Weg vom Liberalismus zum Konservatismus und Rassismus.

Zu einem zentralen tagespolitischen Gegenstand wurde der A. erst während der → Weimarer Republik. Den alten wilhelminischen → Eliten und dem Militär gelang es nach 1918, mit demagogischen Attacken auf ,jüdische' Revolutionäre und sogenannte „Erfüllungspolitiker" der Alliierten vom eigenen Anteil an der Niederlage Deutschlands im Ersten Weltkrieg und deren Folgen abzulenken. In einem Klima frustrierten Nationalstolzes, politischer und wirtschaftlicher → Krisen erachteten die staatstragenden → Beamten, Richter, Pfarrer und Offiziere die Weimarer „Judenrepublik". Der nationalsozialistischen Bewegung gelang es, die radikalen Splittergruppen zu bündeln und sich den alten Eliten in Wirtschaft und → Staat als Mehrheitsbeschaffer für eine autoritäre Lösung anzudienen. Die faktische Rücknahme der Judenemanzipation gleich nach

Etablierung der konservativ-national-sozialistischen → Koalition von 1933 geschah noch in völliger Harmonie mit den traditionellen antisemitischen Forderungen auch der Konservativen, die allerdings wohl nicht den systematischen Völkermord an den europäischen Juden (wie ab 1941/42 begonnen) angestrebt hätten, diesen jedoch auch nicht mehr verhindern konnten/ wollten (Antisemitismus, Von der Judenfeindschaft zum Holocaust, Hg. v. Herbert Strauss, Norbert Kampe, 1985).

4. Bekämpfung des A.: Seitdem die Vorgänge bekannt wurden, welche die jüdische und zivilisatorische Katastrophe von Auschwitz ausmachen, ist in Deutschland der A. als Mittel der → Politik geächtet. Dennoch muß davon ausgegangen werden, daß antisemitische Vorurteile in einer privaten → Öffentlichkeit (Familie, Stammtisch) über die Generationen hinweg weitergegeben wurden. Auf internationaler Ebene wurde der A. durch den Antizionismus abgelöst. Dieser kritisiert Politik und Verhältnisse im Staat Israel bei gleichzeitiger Verwendung und → Modernisierung alter A.-men. Infolge der besonders starken öffentlichen Tabuierung des A. in der ehem. DDR hat sich dort eine mit → Antikommunismus gepaarte antisemitisch - nationalistisch - regimegegnerische Einstellung in viel höherem Maße als angenommen bis heute gehalten. Mit den Methoden der Meinungsforschung ist für die BRD festgestellt worden, daß heute von einem Potential von 15 % ‚harten‘ Antisemiten ausgegangen werden muß, zu denen - je nach der Art der Messung variierend - weitere mit latenten Vorurteilen hinzukommen. Die antisemitischen Einstellungen sind regelmäßig größer 1. bei den Älteren, 2. bei Menschen mit geringerem Bildungsgrad, 3. in ländlicheren Regionen, 4. bei Menschen mit stärkeren kirchlichen Bindungen. Während ältere Inhalte des A. in der BRD verblassen, bezieht das Vorurteil neue Energie daraus, daß Juden an Auschwitz erinnern und damit ein ungeniertes, aggressiveres internationales Auftreten der BRD (vermeintlich) verhindern.

Besonders wirksam bei der Eingrenzung des A. war bisher die Ächtung antisemitischer Manifestationen durch Prestigepersonen aus allen Bereichen des öffentlichen Lebens und durch die Medien. Das hatte wenigstens zur Folge, daß z.B. Politiker, die in unkontrollierten Momenten ihrem A. freien Lauf ließen, ‚erledigt‘ waren. Zwar kann in dieser Weise der manifeste bis latente A. nicht aufgearbeitet werden, dessen Verbreitungschancen bleiben dadurch jedoch reduziert. Die entscheidende Bewährungsprobe könnte jedoch noch bevorstehen, wenn sich die Tendenz zu „Zweidrittelgesellschaft“ und → „Thatcherismus“ nach der Wiedervereinigung beider Deutschland verstärkt fortsetzt. Das nicht mehr in die Wohlstandsgesellschaft integrierte, aus dem löcherigen sozialen Netz herausgefallene Drittel zeigt besonders bei den betroffenen Jugendlichen Bereitschaft zur Gewaltanwendung gerade auch gegenüber Minderheiten und könnte zur Manipulationsmasse von Demagogen werden (Wilhelm Heitmeyer, Rechtsextremistische Orientierungen bei Jugendlichen, 1987).

Dr. Norbert Kampe, Berlin

ANZUS

Pazifischer Sicherheitspakt, der 1951 zwischen Australien (*A*), Neuseeland (*NZ*) und den Vereinigten Staaten von Amerika (*US*) geschlossen wurde. Seit 1986 existiert A. faktisch nur noch als bilaterale militärische Zusammenarbeit zwischen Australien und den USA, nachdem die neuseeländische → Regierung ihr Territorium für kernwaffenfrei erklärt hatte. Der amerikanische Außenminister reagierte auf diese Deklaration mit einer Zurücknahme der amerikanischen Sicherheitsgarantien und mit der Erklärung, der neuseeländische Teil des A.vertrages sei bis auf weiteres „undurchführbar“.

Apartheid

Von den → Regierungen der → Republik Südafrika von 1948 bis 1991 praktizierte → Politik der gesetzlich verordneten Rassentrennung zwischen weißer und farbiger Bevölkerung. Durch die A.-politik sollte die „gesonderte Entwicklung“ der verschiedenen ethnischen Bevölkerungsteile und damit das Herrschaftssystem der privilegierten weißen → Minderheit gesichert werden.

Apathie
→ Politische Apathie

APEC
Abk. für → Asia-Pacific Economic Cooperation

APO
Abk. für → Außerparlamentarische Opposition. Begrifflich gewöhnlich gleichgesetzt mit der politischen Radikalopposition der (neomarxistischen) → Neuen Linken, die aus der „68er" Studentenbewegung entstand.

Apostolischer Nuntius
Gesandter des Heiligen Stuhls im Botschafterrang; er fungiert im → Staat seiner → Akkreditierung als Doyen (Sprecher) des diplomatischen Korps.

Appeasement-Politik
1. Grundtendenz der britischen Außenpolitik zwischen den beiden Weltkriegen, die v.a. auf eine Verständigung mit Deutschland gerichtet war. Hauptmotiv der britischen → Politik der „Beschwichtigung" war eine dauerhafte Friedenssicherung in Europa, die nach Auffassung der verantwortlichen britischen Politiker nur durch eine Verständigung der Westmächte mit dem im ersten Weltkrieg besiegten Deutschland möglich war. Die Bez. A. fand in den 20er Jahren Einzug in den offiziellen Sprachgebrauch des britischen Außenministeriums.Ihren Höhepunkt fand die A. im → Münchner Abkommen.
2. Seitdem wird im übertragenen Sinne als A. eine Politik kritisiert, die der Beschwichtigung des politischen Gegners eigene Positionen opfere und ohne Not zu Kompromissen bereit sei.

Arabische Liga/ AL
1945 gegründete, unter der offiziellen Bez. „Jami'at al-Duwal al-Arabiya" (Liga der Arabischen Staaten) firmierende Organisation, die 22 Mitglieder umfaßt:

Ägypten, Algerien, Bahrein, Dschibuti, Irak, Jemen, Jordanien, Kuwait, Libanon, Libyen, Marokko, Mauretanien, Oman, Palästina/ → PLO, Qatar, Saudi-Arabien, Somalia, Sudan, Syrien, Tunesien, Vereinigte Arabische Emirate. Ziele der A. sind die Stärkung der gegenseitigen Beziehungen, die Sicherung der Unabhängigkeit und → Souveränität der Mitglieder und die Realisierung einer möglichst umfassenden Zusammenarbeit.

Arbeiteraristokratie
Bereits von Karl Marx (Das Kapital, MEW 23, S. 697) verwandter Begriff für den „bestbezahlten Teil der Arbeiterklasse" im → Kapitalismus. Lenin (Werke Bd. 31, S. 37) bezeichnete die A. als „Agenten der → Bourgeoisie in der → Arbeiterbewegung". Konkret waren damit z.B. Meister, Aufseher und Vorarbeiter gemeint, die im Zeitalter des → Imperialismus von den Kapitalisten systematisch mit Profitteilhabe korrumpiert worden seien. Die A. habe deshalb nicht nur kein → Klassenbewußtsein entwickelt, sondern sogar das bestehende → System unterstützt. Sie sei deshalb hauptverantwortlich für die Ausbreitung revisionistischer Ideen innerhalb der Arbeiterbewegung und für das Entstehen reaktionärer → Gewerkschaften.

Arbeiterbewegung
A. werden seit der zweiten Hälfte des 19. Jh. die sozialen und politischen Emanzipationsbestrebungen der handarbeitenden Schichten genannt. Arbeiter schließen sich zur gemeinsamen Vertretung ihrer → Interessen zu Organisationen zusammen, deren Ziel es ist, sich selbst zu schützen vor den Auswirkungen der kapitalistischen Produktionsweise, die soziale Lage der Arbeiter zu verbessern, gesellschaftliche und politische Restriktionen zu bekämpfen und sich politische Partizipationsrechte zu erkämpfen. Ursprünglich waren es nicht die pauperisierten Massen, die die A. initiierten, sondern Handwerksgesellen und qualifizierte Fabrikarbeiter, die anfangs in den kapitalistisch entwickelten Ländern Europas zu Trägern der A. wurden. Später waren es die qualifizierten Facharbeiter

und nicht in erster Linie die ungelernten Arbeiter, die den aktiven Kern der A. bildeten.

Die organisatorischen Formen der Zusammenschlüsse waren sehr unterschiedlich: In der Frühzeit bildeten Arbeiterbildungsvereine oder auch → Vereine, die solidarisch bestimmte Schutzinteressen wahrnehmen sollten, den Ausgangspunkt für über einzelne Interessen hinausgehende, kollektive Zusammenschlüsse. Mit der forcierten → Industrialisierung gingen dann aus Streikbewegungen dauerhafte Zusammenschlüsse wie die → Gewerkschaften hervor. Es erfolgten nach dem Muster der liberalen Fraktionierungen Parteigründungen, teils von Gewerkschaften unterstützt, teils diese erst initiierend. Lokale Zusammenschlüsse und Zusammenschlüsse auf Betriebsebene (v.a. in West- und Südeuropa) wie häufig daraus hervorgehende → Räte stellten historisch weitere Möglichkeiten der Interessenvertretung auf der Basis eines latenten oder offenen kollektiven Bewußtseins dar. In den meisten kapitalistischen Ländern entfaltete die A. auch ein breites und dichtes Netz von kulturellen Organisationen, die Bildung, Sport, gesellschaftliche Aktivitäten im Gegensatz zur bürgerlichen Welt oder doch in Auseinandersetzung mit ihr gestalten sollten.

Welche Organisationsformen in den einzelnen Ländern jeweils dominierten, hing sehr stark von historischen Voraussetzungen ab. In England waren es bis zur Wende des 20. Jh. die autonomen Gewerkschaften, die die soziale Interessenvertretung übernahmen, während politisch die Interessen der Arbeiter noch lange von den Liberalen vertreten wurden; und nach der Gründung der → Arbeiterpartei wurden diese - und dies, wenn auch inzwischen eingeschränkt, bis zum heutigen Tag - von den Gewerkschaften getragen. In Deutschland setzte sich eine Parallelität von Gewerkschaften und → Parteien durch, weil hier die Integrationsmöglichkeiten in dem bestehenden halbautoritären → Staat minimal waren. Diese spezifische Form der Arbeiterinteressenvertretung setzte sich auch in Österreich-Ungarn, in den meisten Ländern des Balkans, in Rus-

sisch-Polen, in Rußland und in den skandinavischen Ländern durch. In Frankreich, Italien und Spanien überwogen zunächst lokale Organisationen (syndikalistischen Charakters), und die später entstehenden Arbeiterparteien stützten sich auch auf Intellektuelle und Teile des → Kleinbürgertums. Im schwach industrialisierten Rußland schließlich entwickelte sich in Abspaltung von der Arbeiterpartei nach mitteleuropäischem Muster der Typus einer von Berufsrevolutionären autoritär geführten Partei, die Elemente des Rätegedankens zur Machteroberung übernahm.

Mit den jeweiligen Organisationsformen korrespondierten vor dem Ersten Weltkrieg im großen und ganzen bestimmte Zielvorstellungen und Variationen der Begründungen für die Ziele sowie verschiedene Auffassungen für ihre Durchsetzung. Sozialdemokratische Begründungen hatten ihre Ursprünge in dem emanzipatorischen Radikalismus der bürgerlichen → Revolutionen von 1789 und 1830 in Frankreich und 1848 in Europa. Ziel dieser Bestrebungen war die über Reformen laufende gleichberechtigte → politische Partizipation und Herstellung sozialer Gerechtigkeit im Rahmen einer grundsätzlich reformierbaren → bürgerlichen Gesellschaft. Eine Variante dieser Reformorientierung war der sogenannte → Trade-Unionismus, die bewußte Konzentration darauf, durch gewerkschaftliche Kämpfe das Optimum an sozialen Forderungen im Rahmen der grundsätzlich in ihrer Existenz nicht in Frage gestellten bürgerlich-kapitalistischen Gesellschaft zu verwirklichen.

Sozialistische Perspektiven wurden aus dem Linkshegelianismus entwickelt und fanden in den philosophisch-ökonomischen Theorien von Karl Marx und z.T. auch von Friedrich Engels ihre Glanz- und Höhepunkte, wurden allerdings alsbald mit darwinistischen Komponenten angereichert. Grundlage diese Bestrebungen war die Auffassung, daß die bürgerliche Gesellschaft und die kapitalistische Ökonomie den Grad der Ausbeutung der arbeitenden → Klassen bis zu deren Verelendung steigern würden, ohne die Krisenhaftigkeit der kapitalistischen Gesellschaftsformation beseitigen zu können, so daß deren revolutionäre Transformation, ausgelöst durch die politische Machteroberung durch das → Proletariat und den damit verbundenen Beginn der sozialistischen Gesellschaft, als Alternative der menschlichen Entwicklung historisch notwendig wurde. Die revolutionär-sozialistische Konzeption wurde alsbald durch reformorientierte demokratisch-sozialistische Auffassungen modifiziert. Bei Aufrechterhaltung der ursprünglichen Ziele sollten diese bereits im Rahmen der bestehenden Gesellschaft durch deren schrittweise Reformierung ihrer Verwirklichung näher gebracht werden.

Eine eigenständige Tendenz der A. in Europa bildete bis ins 20. Jh. der revolutionäre → Anarcho-Syndikalismus. Der → Anarchismus, dessen soziale Basis Landarbeiter, Kleinbauern, Handwerker, Künstler, Literaten und nur zum geringsten Teil Industriearbeiter waren, hat wie der → Marxismus das Ziel der Aufhebung jeglicher → Herrschaft von Menschen über Menschen, wendet sich aber im Unterschied zu diesem insbesondere gegen die Gewalt des bürgerlichen Staates, den abzuschaffen es gilt und der auch nicht durch einen revolutionären Staat ersetzt werden kann. Dieses Ziel hat auch die syndikalistische A., die die Ablösung der kapitalistischen Gesellschaft und ihrer Herrschaftsinstrumente sowie deren Ersetzung durch eine kooperative, von den Gewerkschaften getragene Produktion anstrebt.

Entsprechend den unterschiedlichen Vorstellungen fielen auch die Strategien zur Erreichung dieser Ziele aus: Für → Kapitalismus-immanente Gewerkschaften kam es darauf an, möglichst effektive Gegenmacht gegen die Unternehmermacht durch eine starke und hoch organisierte Arbeiterschaft zu bilden. Revolutionär-marxistische Orientierungen setzten auf die politische Machteroberung als Auftakt der ökonomischen Transformation, wobei oft strittig war, welchen Grad der Transformationsreife die kapitalistischen Produktionsverhältnisse bereits haben müßten. Reformorientierte sozial-demokratische A. kombinierten meist arbeitsteilig

zwischen den Parteien und den Gewerkschaften den Kampf um die Verbesserung der sozialen Lage der Arbeiterschaft in der bestehenden Gesellschaft mit der wachsenden Einflußnahme auf den bürgerlichen Staat durch Erweiterung des → Wahlrechtes, Wahlkämpfe und Beteiligung an der parlamentarischen Arbeit, manchmal sogar an der Regierungsmacht. Undeutlich blieb in der theoretischen Erörterung, wann und in welcher Form die neue Qualität des → demokratischen Sozialismus erreicht werden würde. Meist aus der katholischen → Soziallehre sind besonders in Deutschland, Frankreich und Belgien Versuche hervorgegangen, eine → christliche A., zumindest christliche Gewerkschaften zu etablieren, die zwar sozial aufgeschlossen, aber politisch-weltanschaulich konservativ wirkten und die in dem Maße ihre eigenständigen Wirkungsmöglichkeiten einbüßten, wie sich in der sozialistisch/ sozialdemokratischen A. Reformorientierungen durchsetzten. Das krasse Gegenteil dieser Handlungsvorstellungen vertraten anarchistische Bewegungen, die in ihrer Praxis häufig zu Einzelaktionen direkter → Gewalt gegen Sachen und Menschen setzten. In der Kombination mit syndikalistischen Bestrebungen gewannen kollektive Aktionsformen bzw. die → „direkte Aktion" Raum wie Sabotage, Blockade, Fabrikbesetzungen, vor allem → Streiks bis zum umfassenden → Generalstreik.

Obwohl sich geographische Schwerpunkte für die einzelnen A.-formen feststellen lassen, wird man zurückhaltend gegenüber Typologisierungsversuchen sein müssen: Anarcho-syndikalistische Bestrebungen fanden sich nicht nur in Spanien, Frankreich und Italien, und auch hier wurden sie sukzessive abgelöst durch sozialdemokratische oder kommunistisch-autoritäre Arbeiterparteien und Gewerkschaften. Eine gewerkschaftsautonome Prägung hatte die A. in England und in den USA; aber zumindest in England gab es auch durch einzelne Gewerkschaften repräsentiert syndikalistische Strömungen sowie eine sich mehr und mehr durchsetzende Tendenz, über direkte Steuerung der staatlichen Organe auf demokratischem

Wege die Gesellschaft demokratisch-sozialistischen Zielvorstellungen anzunähern oder doch ein höheres Maß an sozialer Gerechtigkeit durchzusetzen. Letzteres gilt in der Tendenz seit den fünfziger Jahren des 20. Jh. selbst für die US-amerikanischen Gewerkschaften. Andererseits haben sich im Zusammenhang mit der Wandlung der sozialdemokratischen Parteien in Mittel und Westeuropa zu → Volksparteien in den Gewerkschaften zumindest vorübergehend oder partiell Gegenmachtpositionen manifestiert.

Von epochaler Wirkungsmacht erwies sich nach dem Ersten Weltkrieg im Zusammenhang mit der bolschewistischen Revolution in Rußland die Spaltung der europäischen A. in eine sozialdemokratische und eine kommunistische Richtung. Konnte es in der Zwischenkriegszeit noch so aussehen, als wäre diese Spaltung insbesondere angesichts der Gegnerschaft beider Richtungen gegen den → Faschismus aufhebbar, so setzte sich nach dem Ende des Zweiten Weltkrieges eine noch schärfere Trennungslinie durch. Die sozialdemokratische A. in Europa verlor durch pluralistische Öffnung ihren Arbeiter-Klassen-Charakter, die Parteien wandelten sich aus schichtenspezifischen → Integrationsparteien in linke Volks- und Sammelparteien, ein Vorgang, der durch die sozialen Wandlungsprozesse im Zusammenhang mit der umfassenden erfolgreichen Rekonstruktion des Kapitalismus nach dem Zweiten Weltkrieg ausgelöst wurde. Die Gewerkschaften veränderten sich zu richtungsungebundenen → Einheitsgewerkschaften oder erwiesen sich doch dort, wo die Richtungsgewerkschaften bestehen blieben oder neu entstanden, fähig zu permanenten Koalitionsbildungen; ihre → Politik befand sich nun aber nicht mehr selbstverständlich in Übereinstimmung mit den linken → Volksparteien. Die kommunistischen Parteien wurden unter dem → Stalinismus zu bürokratisch verfestigten, kadermäßig organisierten Herrschaftsinstrumenten, die sich auch terroristischer Methoden bedienten; die kommunistischen Gewerkschaften wurden zu abhängigen Anhängseln der herrschenden → Staatspartei degradiert.

Mit der Vollendung dieser Prozesse hörte die A. in Europa in ihrer klassischen Form auf zu existieren. Bereits in den 60er Jahren scheiterte der Reformkommunismus (so 1968 der → „Prager Frühling") bei dem Versuch, die demokratisch-emanzipatorischen Ursprungsideen des Kommunismus wiederzubeleben im Kontext von technologisch-ökonomischen Innovationen. Die seit Mitte der achtziger Jahre laufenden Erosionsprozesse in den kommunistischen Parteien West- und Osteuropas haben diese Entwicklung noch verstärkt. Am Ende galten alle Hoffnungen auf die Umwandlung des Sowjetkommunismus in ein alternatives demokratisches Modell in der Sowjetunion selbst, in den osteuropäischen Ländern und in der DDR als zerstört: Historisch betrachtet gab es weder eine Modernisierung der von Parteibefehlen abhängigen staatssozialistischen Kommandowirtschaft noch eine Liberalisierung und → Demokratisierung des → politischen Systems. Nicht wenige kommunistische Parteien lösten sich auf oder mutierten zu sozial-liberalen → Allerweltsparteien.

In der westlichen Welt entstanden seit den 70er Jahren schichtenunspezifische → neue soziale Bewegungen; sie schöpften nicht mehr oder kaum noch aus den philosophischen Quellen der A.; ihre programmatischen Schwerpunkte sind individualistisch-libertär oder emanzipatorisch-aufklärerisch geprägt. So hat es den Anschein, daß nur noch die Rückerinnerung an die emanzipatorische Kraft der alten A. und mit dieser Erinnerung verbunden die ständige Aktualität des Postulats der sozialen Gerechtigkeit als regulative Idee Wirkungsmächtigkeit auch noch im 21. Jahrhundert behalten werden.

Lit.: Wolfgang Abendroth: Sozialgeschichte der europäischen Arbeiterbewegung, Frankfurt a.M. 1965, *Walter Euchner* (Hg.): Klassiker des Sozialismus, 2 Bde., München 1991; *Helga Grebing*: Die deutsche Arbeiterbewegung zwischen Revolution, Reform und Etatismus, Mannheim u.a. 1993; *Klaus Schönhoven, Dietrich Staritz* (Hg.): Sozialismus und Kommunismus im Wandel. Festschrift Hermann Weber zum 65. Geburtstag, Köln 1993; *Christiane Lemke, Gary Marks* (Ed.): The Crisis of Socialism in Europa, Durham and London 1992; *Hans Mommsen*: Arbeiterbewegung, in: Sowjetsystem und demokratische Gesellschaft; *Julius Braunthal*: Geschichte der Internationale, Bd. 1-3, Berlin, Bonn 1974, *Michael Schneider*: Das Ende eines Jahrhundertmythos, Köln 1992; *Klaus Tenfelde* (Hg.): Arbeiter und Arbeiterbewegung im Vergleich, München 1986 (Sonderheft 15 der Historischen Zeitung); *Jacques Droz* (Hg.): Geschichte des Sozialismus, Bd. I-XIV, Frankfurt a.M. 1974-1979; *Heinrich August Winkler*: Von der Revolution zur Stabilisierung. Arbeiter und Arbeiterbewegung in der Weimarer Republik 1918 bis 1924, Berlin, Bonn 1984; *ders.*: Der Schein der Normalität. Arbeiter und Arbeiterbewegung in der Weimarer Republik 1924 bis 1930, Berlin, Bonn 1985; *ders.*: Der Weg in die Katastrophe. Arbeiter und Arbeiterbewegung in der Weimarer Republik 1930 bis 1933, Berlin, Bonn 1987.

Prof. em. Dr. Helga Grebing, Bochum

Arbeiter- und Soldatenräte

Revolutionäre, anti- bzw. nebenparlamentarische Organe der Arbeiter und unteren militärischen Dienstgrade zur Durchführung des politisch-sozialen Umsturzes, die z.B. in Rußland 1905 und 1917 und in Deutschland 1918/19 wichtige Träger der → Revolution waren.

In Deutschland bildeten sich nach dem 9.11.1918 im gesamten Reich A. Improvisiert und unkoordiniert entstanden, entwickelten sie nur selten klare Vorstellungen über ihre politischen Ziele und beschränkten sich - entgegen ihrem eigentlichen Anspruch auf Übernahme aller staatlichen Gewalt - praktisch auf die Kontrolle der → Verwaltung. Lediglich in Bremen und München kam es zur Ausbildung echter Räteregierungen. Die Entscheidung der Reichskonferenz der A. vom 16.-20.12.1918 zugunsten der Einberufung einer verfassunggebenden → Nationalversammlung entschied die Streitfrage über die künftige Reichsverfassung - Räte- oder → parlamentarische Demokratie - faktisch

bereits zugunsten der letzteren. Bis Mitte 1919 brachen die A. teils von selbst, teils unter militärischem Druck zusammen.

Arbeiterklasse

Sozialstrukturelle Kategorie, welche die Arbeiterschaft in kapitalistischen und sozialistischen → Industriegesellschaften bezeichnet. Nach der marxistischen Gesellschaftstheorie umfaßt die A. im → Kapitalismus die Lohnarbeiter, die, ohne Eigentum an Produktionsmitteln, ihre Arbeitskraft als Ware auf dem Markt verkaufen müssen und vermittels der Aneignung des Mehrwertes durch die Kapitalisten ausgebeutet werden. Der daraus resultierende Interessengegensatz zwischen der A. und der → Klasse der Kapitalisten, zwischen → Proletariat und → Bourgeoisie, führe zur Ausbildung eines → Klassenbewußtseins und zum → Klassenkampf.

Der → Marxismus-Leninismus schreibt der A. im → Sozialismus, in dem sie der Produktionsmittel nicht länger beraubt sei, die führende Rolle im gesellschaftlichen Entwicklungsprozeß zu. So definierte Art. 1 der Verfassung der DDR den sozialistischen Staat als „politische Organisation der Werktätigen in Stadt und Land unter Führung der Arbeiterklasse und ihrer marxistisch-leninistischen Partei."

Der Begriff A. wird in der modernen → Sozialwissenschaft nur noch selten verwandt und, in Abkehr von der Vorstellung einer Dichotomie der Klassen, durch die Begriffe „Arbeiter" und „Arbeiterschaft" ersetzt. Da im Englischen und Französischen kein dem deutschen „Arbeiterschaft" analoger soziologischer Gruppenbegriff existiert, finden sich die Begriffe „working class" und „classe ouvrière" dort noch häufig, ohne daß damit immer die marxistischen Implikationen des Begriffs A. aufrechterhalten würden.

Arbeiterparteien

Politische Organisationen der klassenbewußten → Arbeiterbewegung. Historischer Gründungsimpuls für A. war das Ziel, die Überwindung der kapitalistischen und die Errichtung einer sozialistischen Gesellschaftsordnung auf dem Weg über die politische Vertretung der → Arbeiterklasse und die parlamentarische Machteroberung durchzusetzen. Mit der Gründung von A., die sich für den demokratischen Weg zur → Macht entschieden hatten, wurde die marxistische Grundauffassung von der Umwälzung des bürgerlichen „Klassenstaates" durch proletarische → Revolution praktisch fallengelassen.

Erste A. war der von Lasalle 1863 gegründete Allgemeine Deutsche Arbeiterverein, der sich 1875 mit der von Bebel und Liebknecht 1869 gegründeten Sozialdemokratischen Arbeiterpartei („Eisenacher") zur Sozialistischen Arbeiterpartei vereinigte. Die Fusion gilt als Gründungsdatum der → SPD. Die straff organisierte deutsche Sozialdemokratie von vor 1933 steht exemplarisch für den typologischen Begriff der → Massenintegrationspartei und wurde zum Vorbild der meisten west- und mitteleuropäischen A. Nach dem Ersten Weltkrieg entstanden unter dem Einfluß des von Lenin entwickelten Konzepts der → Partei neuen Typs neben den sozialistischen - meist durch Abspaltung - kommunistische A., die sich gegen den von den traditionellen A. verfochtenen → Revisionismus scharf absetzten.

Arbeiterselbstverwaltung

Versuch, innerbetriebliche → Macht und Entscheidungsstrukturen „mit Elementen des → Rätesystems zu demokratisieren." (Paul Kevenhörster) Bekannteste Praxisform von A. war das sog. „jugoslawische Modell", das, 1950 ins Leben gerufen und seither mehrfach reformiert, die Leitidee betrieblicher → Mit- und Selbstbestimmung mit den Prinzipien des gesellschaftlichen Eigentums an Produktionsmitteln und der gelenkten → Marktwirtschaft verband.

Grundprinzip der A. ist die Besetzung aller unternehmerischen Leitungspositionen durch Wahl und die Möglichkeit einer vorzeitigen → Abberufbarkeit der Gewählten. Bis 1974 war die jugoslawische A. auf die einzelnen Unternehmen und Betriebe als Grundeinheiten ausgerichtet. Die → Verfassung von 1974 schuf die „Grundorganisationen der vereinigten Ar-

beit", unter welchen technisch-ökonomisch abgrenzbare Unternehmensteile zu verstehen sind. Diese konstituierten sich zu sog. Arbeitsorganisationen. Das Gesamtkollektiv der Beschäftigten wählte den Arbeiterrat, dieser wiederum den Verwaltungsausschuß und den Direktor des Unternehmens. Obwohl häufig wegen Dominanz der kommunistischen → Partei und wegen zunehmender Ineffizienz durch, wenn auch dezentralisierte, → Bürokratisierung kritisiert, diente das jugoslawische Modell der A. in den 60er und 70er Jahren häufig in sozialistischen Theorieentwürfen als revolutionäres Modell einer umfassenden gesellschaftlichen → Demokratisierung und als reales Vorbild eines → Dritten Weges zwischen → Kapitalismus und → Sozialismus.

Arbeitgeberverbände

Vereinigungen der Arbeitgeber zur Wahrung und Vertretung ihrer sozialpolitischen → Interessen. A. fungieren auch als Tarifpartner der → Gewerkschaften.

In Reaktion auf die Ende des 19. Jh.s erstarkenden Gewerkschaften entstanden, wurden A. in Deutschland erstmals 1913 zu einem einheitlichen Dachverband zusammengefaßt. Spitzenorganisation der A. in der Bundesrepublik ist die → Bundesvereinigung der Deutschen Arbeitgeberverbände (BDA). Mitglieder der BDA sind 15 Landesvereinigungen und 52 Fachverbände. Den Landesverbänden sind ca. 470 regionale A. angeschlossen, den Fachspitzenverbänden gehören über 500 Fach-A. an. Letztere sind Träger der → Tarifautonomie, während dem BDA die allgemeine sozialpolitische Interessenvertretung und eine Programm- und Koordinierungsfunktion zukommt. Der Organisationsgrad der Bundesvereinigung beträgt ca. 80 %.

In einem weiteren Sinne werden zu den A. auch wirtschaftspolitische Interessenvertretungen der Unternehmer gezählt. Deren bedeutendste ist der → Bundesverband der Deutschen Industrie (BDI). Nur mit Einschränkungen sind die auf Zwangsmitgliedschaft beruhenden → Industrie- und Handelskammern, mit dem → Deutschen

Industrie- und Handelstag (DIHT) an der Spitze, zu den A. zu rechnen.

Arbeitnehmerkammern
→ Arbeitskammern

Arbeitsamt
→ Arbeitsverwaltung, → Bundesanstalt für Arbeit.

Arbeitsbeziehungen

1. Der *Gegenstandsbereich* der „industrial and labor relations" wird in der deutschsprachigen Literatur keineswegs einheitlich benannt. Allmählich etablieren sich die in bezug auf Produktionssektoren neutralen Termini „industrielle Beziehungen" sowie A.

Diese Forschungsrichtung ist v.a. in den angelsächsischen Ländern seit vielen Jahren weit verbreitet und institutionalisiert, während sie sich in der Bundesrepublik erst relativ spät durchsetzen konnte. Typisch ist eine mehr oder weniger deutliche *interdisziplinäre Orientierung*; die Beiträge stammen aus verschiedenen konventionellen Fächern (vor allem VWL, BWL, Rechtswissenschaft, Soziologie, → Politikwissenschaft, Geschichte). Weiterhin fällt - v.a. in den USA - eine stark praxisorientierte bis pragmatische Ausrichtung auf, die in den häufig theoretisch anspruchsvolleren deutschsprachigen Beiträgen kein Äquivalent hat.

2. Bei der Abgrenzung des Gegenstandsbereichs nimmt die *Setzung von Regeln zur Bestimmung von Arbeits-und Beschäftigungsverhältnissen* einen zentralen Platz ein. V.a. in den 60er und 70er Jahren wurden A. häufig mit Hilfe des Systemkonzepts analysiert; seit den 80er Jahren ist eher ein - durchaus wünschenswerter - Theoriepluralismus festzustellen. In *handlungs- bzw. akteurszentrierter Betrachtungsweise* läßt sich der Objektbereich definieren als Analyse des teils konsensuell, teils konfliktuell geprägten Beziehungsgeflechts innerhalb und zwischen drei korporativen Akteuren:
- → Staat (unter Einschluß staatlicher Agenturen wie → Parlament und → Arbeitsgerichten),

- Arbeitgeber/ Unternehmer (unter Einschluß ihrer → Interessenverbände),
- Arbeitnehmer (unter Einschluß ihrer Interessenvertretungen → Betriebsrat bzw. → Gewerkschaft).

3. Charakteristisch für die Bundesrepublik ist die Tatsache, daß die A. auf den verschiedenen Ebenen im Gegensatz zu denen in anderen Ländern in starkem Maße rechtlich normiert sind (sog. → *Verrechtlichung*). Zu nennen sind vor allem:
- das → BetrVG (1952, novelliert 1972 und 1988) für die betriebliche Ebene,
- die → MitbG (v.a MitbG von 1976 sowie Sonderregelungen für die Montanindustrie) für die Unternehmensebene,
- das → TVG (in der Fassung von 1969) einschließlich der staatlich garantierten → Tarifautonomie für die Austragung des Verteilungskonflikts auf sektoraler Ebene,
- das → AFG (1969) für die passivkompensatorische und aktiv-vorbeugende → Arbeitsmarktpolitik, das 1998 als Drittes Buch in das → Sozialgesetzbuch eingeordnet wurde.

Eine Besonderheit besteht insofern, als das *Arbeitskampfrecht* in Ermangelung gesetzlicher Regelungen weitestgehend sog. *Richterrecht* ist, d.h. durch Rechtsprechung v.a. des → BAG formuliert wird. Die Verrechtlichung umfaßt neben → Gesetzen eine umfangreiche *Rechtsetzung durch Rechtsprechung* zu allen Problemen des individuellen und kollektiven → Arbeitsrechts.

Rechtliche Normierungen legitimieren → Institutionen als Träger bestimmter → Interessen und definieren Rechte und Pflichten ihrer korporativen Akteure, vor allem der Interessenvertretungen der Arbeitnehmer. Dadurch entsteht ein für alle Akteure verbindlicher *Handlungsrahmen* sowie eine gewisse *Rechtssicherheit*, die Handlungsfolgen werden kalkulierbar und prognostizierbar.

4. Von zentraler Bedeutung für die A. ist die Ausgestaltung der Beziehungen zwischen den → Institutionen betrieblicher und sektoraler Interessenvertretung:
- Betriebsräte als gesetzlich verankerte, betriebliche Interessenvertretungen aller Arbeitnehmer (mit → Friedenspflicht und

der Festlegung auf die Maxime „vertrauensvoller Zusammenarbeit" nach § 2 BetrVG),
- und Gewerkschaften als grundsätzlich freiwillige, überbetrieblich-sektorale Vertretungen (ausgestattet mit einem rechtlich abgesicherten Streikmonopol) sind innerhalb der *dualen Interessenvertretung* formalrechtlich voneinander unabhängig. Faktisch sind sie aufeinander angewiesen und stehen in einem engen und stabilen *Verhältnis arbeitsteiliger Kooperation* bei klaren Kompetenzabgrenzungen.

Folgen sind vor allem eine zunehmende „Vergewerkschaftung der Betriebsräte" sowie die Existenz von de facto → closed shops (trotz eines formalrechtlichen Verbots dieser Sicherungsform) in zumindest einigen zentralen Branchen.

5. Nach dem II. Weltkrieg orientierte sich der Neuaufbau am *Industrieverbandsprinzip*, wonach - im Gegensatz zu Berufs- oder Betriebsverbänden - in einer Branche nur eine Gewerkschaft bestehen soll, sowie am *Prinzip der → Einheitsgewerkschaft*, die - im Gegensatz zu → Richtungsgewerkschaften - weltanschaulich/ ideologisch und parteipolitisch grundsätzlich unabhängig und neutral bleibt. Damit einher ging eine Zurückdrängung partikularer (betrieblicher, berufsständischer oder weltanschaulicher) Interessen sowie eine weitgehende Ausschaltung zwischengewerkschaftlicher Konkurrenz.

Diese Organisationsstruktur begünstigt eine mit der Verrechtlichung korrelierende gewisse *Zentralisierung* bzw. geringe Fragmentierung der A. Ähnlich gelagerte Interessen und parallele Entwicklungen auf Seiten der Arbeitgeber bzw. ihrer Verbände begünstigten und verstärkten diese Entwicklung. Effizienz und Effektivität der Kollektivverhandlungen wurden wesentlich erhöht.

Das *collective bargaining-System* hat durch seinen im internationalen Vergleich mittleren Zentralisierungsgrad mit regionalen (u.a. Metall, Chemie) oder sogar bundesweiten (u.a. → öffentlicher Dienst) Verhandlungen zu einer gewissen Vereinheitlichung und Standardisierung von Löhnen und übrigen Arbeitsbedingungen

ebenso beigetragen wie staatliche Regelungen durch Gesetze und Rechtsprechung. Die Verhandlungen werden regional geführt, aber seit vielen Jahren auf beiden Seiten zentral von den Spitzenverbänden koordiniert; sog. Pilotabkommen, die traditionell v.a. bestimmte Bezirke der Metallindustrie abschließen, präjudizieren die übrigen Abschlüsse.

6. Diese säkulare Entwicklung nationalspezifischer A. mit einer korrespondierenden Macht- und Kompetenzverteilung wurde erleichtert durch
- die über lange Jahre günstigen *gesamtwirtschaftlichen Bedingungen* (Prosperitätsphasen mit hohen Wachstumsraten des Sozialprodukts) mit Arbeitsmärkten, die gekennzeichnet waren durch geringe → Arbeitslosigkeit bzw. → Vollbeschäftigung
- sowie *bestimmte politische Konstellationen* (v.a. sozialliberale → Koalitionen mit gewerkschaftsfreundlicher Gesetzgebung sowie keynesianischer Globalsteuerung).

Auf dieser polit-ökonomischen Basis konnten die Traifvertragsparteien mit komplementären Vereinbarungen etwa zur institutionalisierten Konfliktregelung aufbauen und die Voraussetzungen für eine „kooperative" Tarifpolitik schaffen bzw. ergänzen.

7. Die Bedeutung des Staates nahm in der langen Prosperitätsphase nach dem II. Weltkrieg zu. Besonders bis in die frühen 80er Jahre gab es den → *Tripartismus in korporatistischen Verbünden* zwischen staatlichen Agenturen und gewerkschaftlichen bzw. unternehmerischen Verbandseliten. Diese Pakte waren
- auf relative Dauer angelegte,
- mehr oder weniger deutlich institutionalisierte und formalisierte,
- häufig von den → Regierungen selbst initiierte und stabilisierte,
- vorwiegend politisch organisierte Tauschbeziehungen.

Die wirtschaftspolitischen Strategienwechsel von nachfrage- zu angebotsorientierten Politiken bzw. vom → Keynesianismus zum → Monetarismus indizieren eine Trendwende bzw. einen allmählichen Verfall makrokorporatistischer Regulierung. Ordnungspolitische Versuche seitens des Staates, Arbeitsmärkte und A. gleichermaßen zu deregulieren, finden seit den 80er Jahren - wenn auch in unterschiedlicher Intensität - in verschiedenen westlichen Industrienationen statt. Die Ergebnisse stimmen weder mit den Erwartungen der Propagandisten noch mit den Befürchtungen der Gegner überein.

In dieselbe Richtung eines neuen, *dezentraleren Regulierungsmodus* auf betrieblicher Ebene wirken unternehmerische Flexibilisierungsstrategien (u.a. Entkoppelung individueller Arbeits- und betrieblicher Anlagennutzungszeiten mit dem Ziel einer längeren Anlagennutzungsdauer). Die Einführung neuer Technologien (Mikroelektronik als Basistechnologie) ermöglicht diese Versuche, die gewerkschaftliche Arbeitszeitpolitik (Verkürzung der Wochenarbeitszeit) begünstigt sie. Seit Mitte der 80er Jahre gibt es eine „Verbetrieblichung" der Tarifpolitik bzw. der Regulierungsebene mit engen Interessenkoalitionen der Akteure auf der Betriebsebene.

8. Die A. erwiesen sich in den 80er Jahren auch im internationalen Vergleich als überraschend stabil und anpassungsfähig, was sich in den 90er Jahren in Anbetracht mehrerer, zunächst intern verursachter Entwicklungen deutlich geändert hat:
- Im Prozeß der deutschen *Vereinigung* übertrugen die korporativen Akteure die Institutionen und Prinzipien der westdeutschen A. komplett auf die → neuen Bundesländer. Nach anfänglichen, erstaunlichen Erfolgen kam es zu andauernden Problemen: fehlende praktische Erfahrungen im Umgang mit Regeln und Institutionen, verschlechterte Rahmenbedingungen, die zu hohen sozialen und ökonomischen Kosten im Osten sowie mittelfristig zu Rückwirkungen auch im Westen führen, massive Organisationsprobleme (erhebliche Mitgliederverluste und Finanzierungsprobleme der Gewerkschaften sowie Verbandsabstinenz, Verbandsflucht und stille Tarifflucht bei → Arbeitgeberverbänden), andauernde, aus ökonomischen Gründen notwendige Unterschiede in den

Tarifpolitiken, welche eine rasche Angleichung der Einkommens- und Arbeitsbedingungen unmöglich macht. Die schleichende Erosion gefährdet das System der Flächentarifverträge; auf betrieblicher Ebene dominieren „Ko-Management" bzw. funktionale Kooperation der Betriebsräte.

9. Weitere Veränderungen bzw. Anpassungen der A. sind durch externe Faktoren, vor allem *Europäisierung* und → *Globalisierung*, verursacht. Nach der Vollendung des → Binnenmarktes zu Beginn sowie der → Währungsunion Ende der 90er Jahre stellt sich verschärft das Problem der Entwicklung supranationaler A. mit verbindlichen sozialen Minimalstandards im Rahmen der Schaffung einer „sozialen Dimension":
- Nach jahrzehntelangen, nicht konsensfähigen Bemühungen sieht seit 1994 eine Richtlinie vor, daß in ca. 1200 „gemeinschaftsweit operierenden Unternehmen und Unternehmensgruppen" supranationale betriebliche Interessenvertretungen zur „Unterrichtung und Anhörung der Arbeitnehmer" eingerichtet werden. Vorher bestanden lediglich in einigen Konzernen Vereinbarungen auf rein freiwilligvertraglicher Basis.
- Auf absehbare Zukunft sind die europäischen Dachverbände UNICE bzw. EGB, vor allem aber deren sektoral-supranationale Mitgliedsverbände kaum aktions- und politikfähig, um ihre durch das Sozialprotokoll des → Maastrichter Vertrages erweiterten Handlungsmöglichkeiten im Rahmen von zentralen bzw. sektoralen Sozialdialogen zu nutzen.
- In der → Arbeitsmarkt- und Beschäftigungspolitik verfügt die → EU traditionell über keine Kompetenzen. Die Entwicklungschancen des in den → Amsterdamer Vertrag aufgenommenen Beschäftigungskapitels, welches eine supranationale Koordinierung nationaler Politiken förden soll, werden unterschiedlich beurteilt.

Die in den 90er Jahren beschleunigten Tendenzen zur Globalisierung von Faktorund vor allem Kapitalmärkten können infolge der erhöhten Mobilitätschancen von

Kapital sowie der zunehmenden grenzüberschreitenden Aktivitäten von Unternehmen zur Entgrenzung und zunehmenden Instabilität nationaler A. beitragen sowie Veränderungen der Regulationsmodi erforderlich machen. Allerdings sind die unterschiedlichen Motive und empirischen Effekte der Auslandsaktivitäten von gängigen Fiktionen zu trennen.

Lit.: Hyman, R./ Ferner, A. (eds.): Changing industrial relations in Europe, 2nd ed. Oxford 1998; *Hoffmann, R. et al.* (eds.): German industrial relations under the impact of structural change, unification and European integration, Düsseldorf 1995; *Keller, B.*: Einführung in die Arbeitspolitik. Arbeitsbeziehungen und Arbeitsmärkte in sozialwissenschaftlicher Perspektive, 5. Aufl. München-Wien 1997; *Keller, B.*: Europäische Arbeits- und Sozialpolitik, München-Wien 1997; *Lecher, W./ Platzer, H.-W.* (eds.): European union - European industrial relations? Global challenges, national developments and transnational dynamics, London-New York 1998; *Müller-Jentsch, W.*: Soziologie der industriellen Beziehungen. Eine Einführung, 2. Aufl. Frankfurt-New York 1997; *Müller-Jentsch, W.* (Hg.): Konfliktpartnerschaft. Akteure und Institutionen der industriellen Beziehungen, 3. Aufl. München-Mering 1998; *Streeck, W.*: Social institutions and economic performance. Studies of industrial relations in advanced capitalist economies, London 1992; *Weiss, M.*: Labour law and industrial relations in the Federal Republic of Germany, 2nd ed. Deventer 1995.

Prof. Dr. Berndt Keller, Konstanz

Arbeitsförderungsreformgesetz/ AFG

Am 1.7.1969 unter der Bezeichnung Arbeitsförderungsgesetz in Kraft getretenes Bundesgesetz. Das A. wurde mit Wirkung vom 1.1.1998 novelliert und neu benannt.Es regelt die Aufgaben und Leistungen der → Bundesanstalt für Arbeit. Das A. trat an die Stelle des Gesetzes über Arbeitsvermittlung und Arbeitslosenversicherung von 1927. Im Gegensatz zu diesem Vorläufergesetz regelt das A. nicht nur die bei eingetretener → Arbeits-

losigkeit anfallenden Leistungen, sondern es soll die Entstehung von Arbeitslosigkeit verhüten helfen. Zu den im A. geregelten Leistungen gehören u.a. Arbeitsvermittlung, Berufsberatung, Förderung der beruflichen Bildung, berufliche Eingliederung Behinderter, arbeitsplatzerhaltende Maßnahmen (Kurzarbeiter- und Schlechtwettergeld, Winterbauförderung), Arbeitsbeschaffungsmaßnahmen sowie Arbeitslosengeld und Arbeitslosenhilfe.

Arbeitsgemeinschaft der öffentlich-rechtlichen Rundfunkanstalten der Bundesrepublik Deutschland/ ARD

1950 gegründete Dachorganisation der deutschen Rundfunkanstalten, der der Bayerische, Hessische, Norddeutsche, Saarländische, Mitteldeutsche und Westdeutsche Rundfunk, Radio Bremen, der Sender Freies Berlin, der Südwestrundfunk und der Ostdeutsche Rundfunk Brandenburg angehören. Während die einzelnen Anstalten eigene Rundfunk- und regionale Fernsehprogramme (einschließlich der 3. Programme) ausstrahlen, regelt der Fernsehvertrag von 1953 die Ausstrahlung eines gemeinsamen Fernsehprogramms, des Ersten Deutschen Fernsehens.

Arbeitsgerichtsbarkeit

Zweig der → Judikative, dem die Rechtsstreitigkeiten aus dem → Arbeitsrecht zugewiesen sind. Die A. in der Bundesrepublik ist zuständig für alle privatrechtlichen Streitigkeiten aus Arbeits- und Tarifverträgen, für betriebsverfassungsrechtliche Streitfälle sowie für Streitfragen, die im Zusammenhang mit der Wahl von Arbeitnehmervertretern in die Aufsichtsrat entstehen. Höchstes Organ der dreistufigen A. ist das → Bundesarbeitsgericht.

Arbeitskammer

Öffentlich-rechtliche Standesvertretung mit Pflichtmitgliedschaft (Ausnahmen sind gesetzlich geregelt) für abhängig Beschäftigte der von ihr erfaßten Berufs- und Erwerbszweige. Aufgabe der A. ist es, die → Interessen der Arbeitnehmer in wirtschaftlicher, sozialer und kultureller Hinsicht wahrzunehmen. A. bestehen in der Bundesrepublik nur in Bremen (Arbeitnehmerkammer) und im Saarland. In der Praxis üben sie v.a. beratende Funktionen gegenüber → Exekutive und → Legislative aus und leisten Informations- und Bildungsarbeit. Finanziell werden sie von den Beiträgen ihrer Mitglieder getragen (in Bremen derzeit 0,1 % des Bruttoarbeitslohns). Im stärker korporatistisch verfaßten Wirtschafts- und Politiksystem Österreichs haben die Kammern für Arbeiter und Angestellte (Arbeiterkammern) als Pflichtvertretungen aller in Gewerbe, Industrie, Bergbau, Handel und Verkehr tätigen Arbeitnehmer ein Mitspracherecht in der staatlichen Gewerbe- und Wirtschaftsverwaltung.

Arbeitskampf

Kollektive Kampfmaßnahmen von Arbeitnehmern und Arbeitgebern zur Durchsetzung bzw. Abwehr von Forderungen, die auf die Lohn- und Arbeitsbedingungen gerichtet sind. A. äußern sich in Form von → Streik, → Aussperrung und → Boykott, mittels derer eine (befristete) Störung, Lahmlegung oder Aussetzung von Produktions-, Distributions- oder Dienstleistungsarbeiten erreicht werden soll. Nach bundesdeutscher Rechtsprechung sind A.maßnahmen nur zulässig nach Ablauf der während der Geltungsdauer von → Tarifverträgen waltenden → Friedenspflicht.

Arbeitslosigkeit

Das → Arbeitsförderungsreformgesetz umschreibt A. in § 101 wie folgt: „Arbeitslos ... ist ein Arbeitnehmer, der vorübergehend nicht in einem Beschäftigungsverhältnis steht..." Der Status der A. ist demnach definiert durch das Nichtvorhandensein eines Arbeitskontrakts bei einem ansonsten in den Arbeitsprozeß eingegliederten abhängig Beschäftigten. Nicht als arbeitslos gelten folglich z.B. Kinder, Schüler, Studenten, Rentner, aber auch Hausfrauen. Zu unterscheiden ist zwischen registrierter und verdeckter A. In der Bundesrepublik werden von der amtlichen Statistik nur solche Personen erfaßt, die sich beim Arbeitsamt persönlich als arbeitslos melden. Verdeckte A. existiert daher v.a. in Form einer „Stillen Reserve",

d.h. solcher Arbeitsloser, die zwar willens und fähig wären, einen Arbeitsplatz zu übernehmen, sich aber v.a. aufgrund fehlender Leistungsansprüche nach dem Arbeitsförderungsreformgesetz nicht beim Arbeitsamt melden und deshalb auch nicht als arbeitssuchend registriert werden.

Arbeitsmarktpolitik

1. Begriffliche Klärung: Unter A. verstehen wir die Maßnahmen staatlicher und nicht-staatlicher Träger, die unterhalb der Ebene der globalen → Beschäftigungspolitik direkt auf Angebot und Nachfrage auf dem Arbeitsmarkt einwirken und die Funktionsweise von Arbeitsmärkten beeinflussen. Gleichsinnig wird der Begriff der Arbeitsförderung verwendet. Dabei sind unter dem Eindruck langanhaltender und hoher → Arbeitslosigkeit hochgespannte Erwartungen an einen Beitrag der A. zum Abbau der Arbeitslosigkeit und zur Vermeidung unterwertiger Beschäftigung einer realistischeren Zielbestimmung gewichen. Dazu haben auch die internationalen Erfahrungen beigetragen, die keinen eindeutigen Zusammenhang zwischen der Intensität der A. und der Beschäftigungslage erkennen lassen. Schließlich haben auch die finanziellen Restriktionen zu einer Konzentration auf die Kernaufgaben der A. und ihre Effektivität und Effizienz geführt. Diese Kernaufgaben bestehen in der Vermittlung von Arbeitslosen in nichtsubventionierte Beschäftigungsverhältnisse und in der Qualifizierung von Arbeitskräften zur Verbesserung ihrer Vermittlungschancen. A. i. e. S. sind die Maßnahmen der → Bundesanstalt für Arbeit, v. a. Beratung und Vermittlung, berufliche Bildung, Eingliederungszuschüsse, Arbeitsbeschaffungsmaßnahmen, Kurzarbeitergeld, berufliche Rehabilitation. Konzeptionell nachrangig sind die Lohnersatzleistungen (Arbeitslosengeld und Arbeitslosenhilfe), die als passive A. der aktiven A. gegenübergestellt werden. Am Finanzvolumen hat in Deutschland die passive A. den größeren Anteil. International weisen sowohl die Niveaus der Gesamtausgaben als auch die Gewichtung von aktiver und passiver A. große Unterschiede auf. Eine Aktivierung der A. gehört neben einer Steigerung ihrer Effizienz zu den Hauptelelementen einer Europäischen Beschäftigungsstrategie. Zur A. i. w. S. zählen neben den Maßnahmen der → Arbeitsverwaltung die Regulierung der Arbeitsmärkte (Arbeitsmarktordnungspolitik, z. B. Tarifvertragsrecht) und die arbeitsmarktrelevanten Maßnahmen einer Reihe von Politikfeldern (→ Bildungs- und Berufsbildungspolitik, → Ausländerpolitik, → Struktur- und → Regionalpolitik, → Rentenpolitik, Sozialhilfepolitik, → Frauen- und → Familienpolitik, → Wohnungspolitik). Das Beschäftigungsniveau wird wesentlich durch das Zusammenspiel von → Wirtschafts-, → Finanz- und → Lohnpolitik bestimmt, die durch A. nicht ersetzt, wohl aber sinnvoll ergänzt werden können (Komplementärfunktion der A.).

Programmentwicklung und Evaluierung der A. setzen eine empirisch gehaltvolle und hinreichend differenzierende Theorie des Arbeitsmarktes voraus. Während neoklassische Ansätze die Anpassungsfunktion der Löhne als Preise auf dem Arbeitsmarkt betonen, lenkt der → (Neo)Institutionalismus das Augenmerk auf die soziale Einbettung von Arbeitsmärkten und die Unterschiede zwischen Arbeits- und Gütermärkten. Politisch verbindet sich damit eine unterschiedliche Gewichtung von Effizienzzielen und sozialen Funktionen. Einen homogenen Arbeitsmarkt als Objekt der A. gibt es nicht. Die Anpassungsprozesse zwischen Angebot und Nachfrage finden auf einer Vielzahl von fachlichen, regionalen, internen und externen Arbeitsmärkten in der Privatwirtschaft und im → öffentlichen Sektor statt. Die Formen, Ursachen und Wirkungen der Strukturierung und Segmentierung sind Gegenstand der sog. Segmentationstheorien. Der institutionenbedingten Strukturierung des Arbeitsmarktes entspricht eine starke Strukturierung der Arbeitslosigkeit nach Dauer (Langzeitarbeitslose), Alter, Geschlecht, Ausbildung, Gesundheitszustand, → Region, die eine zielgruppenorientierte A. erfordert.

2. Ziele und Institutionen: Anders als sein Vorgänger, das Arbeitsförderungsgesetz

(AFG) von 1969, das noch einen hohen Beschäftigungsstand als Zielsetzung postulierte, stellt das im → Sozialgesetzbuch (SGB III) kodifizierte Arbeitsförderungsrecht von 1998 die Unterstützungsfunktion der Arbeitsförderung heraus. Die Instrumente der Arbeitsförderung sollen Brükken zum regulären Arbeitsmarkt bilden und bedürfen zu ihrer Wirksamkeit der aktiven Mitwirkung von Arbeitgebern und Arbeitnehmern. Nach wie vor hat die Vermittlung in Arbeit und Ausbildung Vorrang vor der Gewährung von Lohnersatzleistungen. Die letzteren dienen dem Ziel der Sicherung der abhängig Erwerbstätigen vor existenzbedrohenden Einkommenseinbußen durch Arbeitsplatzverlust. Daß sie sich dabei am früheren Erwerbseinkommen orientieren, entspricht dem für die deutsche → Sozialversicherung typischen Ziel der Statusabsicherung. Unterscheidet man zwischen klassischer (lohnkostenbedingter), keynesianischer (nachfragebedingter), friktioneller (u. a. durch Suchaktivitäten bedingter) und struktureller Arbeitslosigkeit (u. a. fehlende Passfähigkeit zwischen nachgefragten und angebotenen Qualifikationen, sog. Mismatch), so liegt der Beitrag der A. bei den beiden letzteren, vor allem durch Verbesserung der Informationsbasis der Anbieter und Nachfrager und durch Verbesserung der Qualifikationsstruktur. Die ständige Anpassung der Qualifikationen an den technologischen Wandel ist allerdings auch ein vorrangiges Ziel der (Berufs-)Bildungspolitik und der individuellen und betrieblichen Weiterbildungsaktivitäten. A. hat hier nur ergänzende, nachholende und unterstützende Funktionen. Einzelne Maßnahmen, wie das Kurzarbeitergeld und die Arbeitsbeschaffungsmaßnahmen, sind auch zur Überbrückung eines vorübergehenden Nachfrageausfalls geeignet. Weitere Ziele der A. sind der Ausgleich von Benachteiligungen einzelner Gruppen (z. B. Behinderte, Aussiedler) und die Gleichberechtigung am Arbeitsmarkt.

Im Rahmen des SGB III liegt die Durchführung der A. i. e. S. bei der Bundesanstalt für Arbeit, einer → Körperschaft des öffentlichen Rechts mit drittelparitätischer → Selbstverwaltung (Arbeitgeber, Arbeitnehmer, öffentliche → Gebietskörperschaften) mit einer Zentrale in Nürnberg, zehn Landesarbeitsämtern und 181 Arbeitsämtern mit 651 Nebenstellen. Die zentralistische Ausrichtung der Arbeitsverwaltung sollte nach dem Willen des Gesetzgebers durch eine Verlagerung der Verantwortung auf die einzelnen Arbeitsämter, flankiert durch die Verpflichtung zur Aufstellung von Eingliederungsbilanzen, korrigiert werden. Die Reichweite der → Dezentralisierung ist jedoch eng begrenzt. Begrenzt sind auch die Spielräume der Selbstverwaltung insgesamt, weil ihre Einnahmen und Ausgaben gesetzlich geregelt sind und der → Haushalt der Genehmigung durch die → Bundesregierung unterliegt. Der → Bund ist auch für die Deckung eines Defizits und die Finanzierung der einer Bedürftigkeitsprüfung unterliegenden Arbeitslosenhilfe zuständig. Im europäischen Vergleich, z. B. mit Österreich oder Schweden, sind deutsche Arbeitsämter mit durchschnittlich 400 Mitarbeitern relativ groß und verwaltungsorientiert, das Personal ist hochgradig spezialisiert und durch die rechtlich komplizierte Gewährung passiver Leistungen stark beansprucht.

3. Instrumente: Nach dem Finanzvolumen und den Teilnehmerzahlen (Entlastungseffekt für den Arbeitsmarkt) sind berufliche Bildung, Arbeitsbeschaffungsmaßnahmen und berufliche Rehabilitation die wichtigsten Bestandteile der aktiven A.. Lohnkostenzuschüsse für Strukturanpassungsmaßnahmen sind v. a. in den → neuen Bundesländern bedeutsam. Wie in allen Staaten, die in den neunziger Jahren stark steigende Ausgaben für Berufsbildungsprogramme verzeichneten, kamen diese unter den Kriterien der Effektivität, Effizienz und Qualität auf den Prüfstand. Die Anspruchsvoraussetzungen wurden verschärft und die Maßnahmen im Hinblick auf Kosten, Dauer, Inhalte, Zielgruppen und Durchführung überprüft. Den Besonderheiten in den neuen Bundesländern, z. B. einem hohen Anteil von Arbeitslosen mit abgeschlossener Berufsausbildung, wurde nur z. T. und mit zeitlicher Verzö-

gerung Rechnung getragen. Der rasche quantitative Aufbau von Weiterbildungsmaßnahmen und Trägerstrukturen führte zu Qualitätsproblemen bei der Durchführung und beschleunigte die Qualitätssicherungsdebatte im Bildungssektor. Maßnahmen der beruflichen Bildung werden i. d. R. durch → freie Träger als sog. Auftragsmaßnahmen oder freie Maßnahmen durchgeführt. Qualitätssicherung ist auch eine Voraussetzung für die Nutzung von Ausschreibungsverfahren, die kostengünstigeren Anbietern den Vorzug geben. Insgesamt zeigt sich ein Trend, durchaus im Einklang mit internationalen Erfahrungen, zur Kombination von Maßnahmen (z. B. Arbeitsbeschaffungs-Maßnahmen mit Qualifizierungsanteilen) und einer stärkeren Betriebsorientierung zu Lasten außerbetrieblicher Lehrgänge. Arbeiten und Lernen sollen in kurzfristigeren, mit Praktika oder Eingliederungszuschüssen verbundenen Programmen enger verknüpft werden. Stärker als in der Vergangenheit wird auch auf Sanktionen zurückgegriffen, wenn angebotene Hilfen zur Qualifizierung nicht angenommen werden. Die Dezentralisierung der Arbeitsverwaltung erleichtert die örtliche Kooperation mit Unternehmen, Weiterbildungseinrichtungen, Initiativgruppen, Sozialämtern und anderen Gruppen und → Institutionen.

Die grundsätzlich andere Beschaffenheit des Arbeitsmarktes in den neuen Bundesländern führte nicht zu strukturellen Reformen des A., sondern zur schrittweisen, auch häufig erfahrungsbedingten Anpassung. Zugleich gewannen vertraute Instrumente, wie z. B. Arbeitsbeschaffungsmaßnahmen und Beschäftigungsgesellschaften, durch den anderen Kontext und die quantitative Dimension eine neue Qualität („Mega-ABM", ABS). Viel stärker als in den alten Bundesländern trifft der unscharfe Begriff des zweiten Arbeitsmarktes zu. Aufgabe des zweiten Arbeitsmarktes ist es, Beschäftigung zu ermöglichen, die der erste Arbeitsmarkt nicht zur Verfügung stellt. Optimalerweise sollte er auch durch den Erwerb bzw. die Erhaltung und Erweiterung von Qualifikationen den Verlust von Humankapital vermeiden und eine Brücke zum ersten Arbeitsmarkt darstellen. Die Wirkungen und Nebenwirkungen des zweiten Arbeitsmarktes sind somit in hohem Maße von der Entwicklung des ersten Arbeitsmarktes abhängig, zu dem er in einem ergänzenden und subsidiären Verhältnis steht. Potentiell könnte er auch in ein Konkurrenzverhältnis zum ersten Arbeitsmarkt treten, zu Wettbewerbsverzerrungen führen und die Anreize zur Aufnahme einer regulären Beschäftigung stören. Es zeigt sich jedoch, daß die in der kritischen Diskussion betonten Verdrängungs- und Mitnahmeeffekte in Ostdeutschland weniger ausgeprägt sind.

4. Entwicklung: Während Deutschland im ausgehenden 19. Jh. durch die Bismarck'schen Sozialreformen bei der Absicherung der Risiken Alter, Invalidität und Krankheit eine Vorreiterrolle einnahm, haben sich die Arbeitslosenversicherung und die staatliche A. nur sehr zögerlich entwickelt. Auf dem Gebiet der Arbeitsvermittlung bestand bis ins 20. Jh. ein Konglomerat von gewerbsmäßigen, verbandlichen und öffentlichen Vermittlungen. Das Einkommensverlustrisiko bei Arbeitslosigkeit war durch gewerkschaftliche Hilfskassen und die kommunale Fürsorge nur sehr fragmentarisch und unzureichend abgedeckt. Erst das Gesetz über Arbeitsvermittlung und Arbeitslosenversicherung faßte diese beiden Zweige in einer einheitlichen Arbeitsverwaltung zusammen. Den Belastungen durch die Massenarbeitslosigkeit der → Weltwirtschaftskrise war das System nicht gewachsen, und die Hauptlast der Existenzsicherung von Arbeitslosen lag wieder bei der kommunalen Fürsorge. Der NS-Staat beseitigte 1933 die Selbstverwaltung, 1939 wurde auch das Versicherungsprinzip aufgegeben. Nachdem 1952 die Bundesanstalt für Arbeitsvermittlung und Arbeitslosenversicherung eingerichtet worden war, sollte mit dem 1969 im Bundestag einmütig verabschiedeten Arbeitsförderungsgesetz (AFG) die Abkehr von einer reaktiv-kompensatorischen und die Hinwendung zu einer präventiv-aktiven A. vollzogen werden. Das AFG sollte eine keynesianisch orientierte Wirtschaftspolitik unter-

stützen und das wirtschaftliche Wachstum durch die Ausschöpfung von Qualifikationsreserven fördern.

Bei der Bekämpfung der seit 1974 anhaltenden Arbeitslosigkeit zeigten sich bald Widersprüche zwischen programmatischem Anspruch und politischer Praxis. Der Anteil der aktiven A. ist langfristig gesunken und unterliegt sachlich nicht begründbaren Schwankungen, da Sparmaßnahmen zur Reduktion von Defiziten stärker bei den aktiven Maßnahmen ansetzten als bei den Einkommensersatzleistungen. Auch diese wurden allerdings gekürzt bzw. an strengere Voraussetzungen (Stärkung des Versicherungsprinzips) gebunden. Das z. T. prozyklische „Stop and Go" verunsicherte die Betroffenen und führte zu Planungsproblemen bei den die Bildungsmaßnahmen durchführenden freien Trägern. Die Orientierung an Wahlterminen blieb nicht ohne Einfluß auf die Intensivierung von Maßnahmen. Aus der Sicht der → Neuen Politischen Ökonomie läßt sich begründen, daß Politiker auch stärker an den kurzfristigen Effekten, vor allem an einer Reduzierung der offen ausgewiesenen Arbeitslosigkeit, interessiert sind, als an der langfristigen Wirkung.

Regierungswechsel, jener von 1982 ebenso wie jener von 1998, scheinen nur einen marginalen Einfluß auf die grundsätzliche Ausrichtung der A. zu haben. Deregulierungsinitativen der christlich-liberalen Regierung (Beschäftigungsförderungsgesetz von 1985, Aufhebung des Vermittlungsmonopols der Arbeitsverwaltung 1994) blieben in Anspruch und Wirkung begrenzt. Die Frühverrentung, die die Lasten von der Arbeitslosenversicherung auf die Rentenversicherung verschiebt, wurde als Instrument zur Verringerung des Arbeitsangebotes zeitweise intensiv genutzt. Nach der deutschen Einigung setzten Altersübergangsgeld und Kurzarbeitergeld in der Anfangsphase die Akzente und wurden durch Bildungsmaßnahmen und Arbeitsbeschaffung abgelöst. Der europäische Einigungsprozeß hat auf die A. eher indirekte Auswirkungen. Zwar werden zahlreiche Maßnahmen durch den Europäischen Sozialfond bezuschußt, so auch das Sofortprogramm der neuen → Bundesregierung zum Abbau der Jugendarbeitslosigkeit. Initiative, Programmgestaltung und → Implementation liegen jedoch bei den nationalen Regierungen. Die Zuständigkeit für die A. bleibt nach dem → Subsidiaritätsprinzip bei den Mitgliedstaaten. Die indirekten Auswirkungen liegen in der Verstärkung des Wettbewerbs im Binnenmarkt, der den Anpassungsdruck auf alle Institutionen, auch die Arbeitsverwaltung, erhöht, und in den Bemühungen der Kommission, durch Dauerbeobachtung der A. den Mitgliedstaaten Informationen zur Effektivität von Maßnahmen zu liefern und Anreize zur Übernahme bewährter Modelle zu geben. Als Orientierung dienen dabei die Leitlinien und Empfehlungen des Europäischen Rates zu Beschäftigungsfragen.

Lit.: Amtliche Nachrichten der Bundesanstalt für Arbeit (Monatszeitschrift); *Europäische Kommission/ Beschäftigungsobservatorium:* Trends (halbj.) und Maßnahmen (viertelj.); *Keller, B.:* Einführung in die Arbeitspolitik, 5. A., München 1997; *Keller, B.:* Europäische Arbeits- und Sozialpolitik, München 1997; *Klopfleisch, R./ Sesselmeier, W./ Setzer, M.:* Wirksame Instrumente einer Arbeitsmarkt- und Beschäftigungspolitik, in: Aus Politik und Zeitgeschichte, B 35/ 97, S. 23 - 32; OECD: Die öffentliche Arbeitsmarktverwaltung, Paris 1997; *Schönefelder, E./ Kranz, G./ Wanka, R.:* Sozialgesetzbuch III - Arbeitsförderung. Kommentar (Loseblattsammlung), Stuttgart 1998 ff.

Prof. Dr. Manfred Groser, Bamberg

Arbeitsparlament

Bereits von Max Weber (Gesammelte Politische Schriften, S. 355) verwandter Begriff für ein arbeitsteilig organisiertes, mit Spezialisten besetztes → Parlament. Bis heute werden Parlamente, die ihre Aufgabe primär darin sehen, inhaltlich auf die Regierungs- bzw. Gesetzgebungsarbeit ein- und an ihr mitzuwirken, idealtypisch als A. bezeichnet. Der Akzent der parlamentarischen Arbeit liegt bei A. auf der detaillierten Gesetzesberatung in den → Ausschüssen. Als Prototyp eines A. gilt

der → Kongreß der USA. Vgl. Ggs. → Redeparlament.

Arbeitsrecht

Rechtsregeln, die sich auf die in abhängiger Tätigkeit geleistete Arbeit beziehen. Verschiedentlich als Sonderrecht der Arbeitnehmer bezeichnet, umfaßt das A. sowohl die individualrechtlichen Beziehungen zwischen Arbeitgebern und Arbeitnehmern, als auch die kollektivrechtlichen Beziehungen z.B. zwischen → Gewerkschaften und → Arbeitgeberverbänden. So werden z.B. durch tarifvertragliche Vereinbarungen Rechtsnormen mit bindender Wirkung geschaffen.

Da in der Bundesrepublik (noch) kein Arbeitsgesetzbuch existiert, sind die Rechtsquellen weit gestreut (→ Bürgerliches Gesetzbuch, Handelsgesetzbuch, Gewerbeordnung u.a.) und ist das A. mehr als andere Rechtsgebiete Richterrecht (→ Arbeitsgerichtsbarkeit).

Arbeitsschutz

Summe aller auf betriebliche Arbeitsbedingungen bezogenen Bestimmungen, die dazu dienen, die Arbeitnehmer vor Gefährdungen durch das Arbeitsleben bzw. dadurch bedingten Folgeschäden zu schützen. Zum A. gehören z.B. Verhütung von Arbeitsunfällen und Berufskrankheiten, Kinder-, Jugendlichen-, Frauen- und Mutterschutz. A.-recht ist öffentliches Recht, d.h. es legt den Arbeitgebern - in Ausnahmefällen auch den Arbeitnehmern - zwingende Pflichten auf, deren Einhaltung insbesondere durch die Gewerbeaufsichtsämter kontrolliert wird.

Arbeitsteilung

Zerlegung einer Arbeitsleistung in Teilvorgänge, die auf verschiedene Arbeitsträger verteilt werden, mit der Folge der Beschränkung/ Spezialisierung einzelner Wirtschaftssubjekte auf bestimmte Tätigkeiten innerhalb des gesamtwirtschaftlichen bzw. innerbetrieblichen Produktionsprozesses. Es lassen sich vier Erscheinungsformen von A. unterscheiden: (1) *Technische A.* regelt die Verteilung einzelner Arbeitsschritte auf verschiedene

Personen (v.a. innerbetrieblich in der industriellen Produktion). (2) *Soziale A.* meint die berufliche Differenzierung innerhalb einer → Gesellschaft. (3) *Territoriale A.* bezeichnet die Festlegung eines räumlich abgrenzbaren Gebietes auf die Produktion bestimmter Güter. Unter (4) *internationaler A.* wird die Spezialisierung gesamter Volkswirtschaften auf die Herstellung bestimmter Produkte verstanden (z.B. die A. zwischen → Industrie-, → Schwellen- und → Entwicklungsländern).

Die sozialen und politischen Auswirkungen von A. werden innerhalb der → Sozialwissenschaften seit langem intensiv und kontrovers diskutiert. So war für den frühliberalen Theoretiker Adam Smith v.a. technische A. Voraussetzung zur Steigerung der Produktivität und damit zur Mehrung des Wohlstands; ein Denkansatz, den F.W. Taylor mit der Propagierung der Fließbandarbeit konsequent zu Ende dachte. Im soziologischen Konzept Emile Durkheims erschien A. v.a. als Berufsdifferenzierung.

Mit dieser gesellschaftsbezogenen Sichtweise öffnet sich der Blick für die sozialen Folgen von A.: Diese treten prima facie in den unterschiedlichen Bewertungen zutage, welche die Träger der unterschiedlichen Arbeitsleistungen erfahren (Einkommen, Prestige). Karl Marx kritisierte an der A. im → Kapitalismus nicht nur ihre in sozialer Ungleichheit mündenden Folgen, sondern auch die primär aus der A. entspringende → Entfremdung des Arbeiters von „seinem" Produkt. Zielvorstellung war für Marx deshalb die Aufhebung von A., insbesondere derjenigen zwischen Hand- und Kopfarbeit. Neuere Produktionskonzepte für den industriellen Bereich proklamieren zwar verstärkt das Ende der (technischen) A. (Fach- statt Fließbandarbeit), doch bleibt davon der Prozeß der gesamtgesellschaftlichen beruflichen Ausdifferenzierung weitgehend unberührt. A. bleibt mithin verbunden mit dem System gesellschaftlicher Über- bzw. Unterordnung, das mit Klassen- oder Schichtenmodellen soziologisch gefaßt wird.

Arbeitsverwaltung

Mit den Aufgaben der Arbeitsförderung (→ Arbeitsförderungsreformgesetz) bzw. Arbeitsvermittlung betraute Behördenorganisation, welche die → Bundesanstalt für Arbeit, die ihr nachgeordneten Landesarbeitsämter und die örtlichen Arbeitsämter umfaßt. Oberste Arbeitsbehörde des → Bundes ist das → Bundesministerium für Arbeit und Sozialordnung, in den → Ländern das jeweilige Landesarbeitsministerium.

ARD

Abk. für *A*rbeitsgemeinschaft der öffentlich-rechtlichen *R*undfunkanstalten der Bundesrepublik *D*eutschland.

Aristokratie

Bezeichnung für eine Staatsform, in der die politische → Herrschaft von einer privilegierten sozialen Gruppe (Adel) ausgeübt wird. Historisch entwickelte sich die A. in den altgriechischen Stadtstaaten aus dem allmählichen Abbau monarchischer Regime. Hier blieb sie bis zum Ende des 6. Jh.v.Chr. vorherrschend. In der römischen Geschichte findet sich die A., nach dem Ende der Königsherrschaft, in Form der von den → Interessen des Patriziats bestimmten → Verfassung und setzt sich fort in politischer Bevorrechtung der Nobilität der → Republik. Im → Feudalismus, der alle wichtigen Ämter und Würden dem Adel vorbehielt, fand die A. historische Kontinuität. In Mittelalter und Neuzeit leben spezielle Formen aristokratischer Herrschaft fort in den italienischen Stadtrepubliken und unter der stadtpatrizischen Selbstregierung der deutschen Reichsstädte. Der zum Ausbruch der → Französischen Revolution von 1789 führende, nationale Machtkampf zwischen → Bürgertum und „Aristokraten" bezeugt, daß bei Eintritt in die Moderne die → Legitimation eines auf ererbten Geburts- und Besitzrechten gründenden Herrschaftsvorrechts grundsätzlich in Frage gestellt ist. Dieses Privileg war seit alters her immer auch *normativ* begründet. In der auf Platon und Aristoteles zurückgehenden → Staatsformenlehre bezeichnet A. die zwischen → Monarchie und → Politie anzusiedelnde „Herrschaft der Besten" (aristoi), die sich durch das Maß an Tugend auszeichnen, zum Wohle aller. Die A. ist nach Aristoteles bedroht von ihrer Entartung zur → Oligarchie, in der eine Minderheit nur zu ihrem eigenen Vorteil herrscht.

Arkanpolitik
Politikstil, der durch größtmögliche Geheimhaltung von Nachrichten und Informationen gekennzeichnet ist. A. leitet folglich das Bemühen, der → Öffentlichkeit das politische Herrschaftswissen möglichst lange vorzuenthalten.

ASEAN
Am 8.8.1967 in Bangkok als „*A*ssociation of *S*outh *E*ast *A*sian *N*ations" gegründeter Verbund südostasiatischer → Staaten, dem als Gründungsmitglieder Indonesien, Malaysia, die Philippinen,Vietnam,Laos, Myanmar, Singapur und Thailand angehören. 1984 trat Brunei bei. Ziele der A. sind die Festigung und Förderung des wirtschaftlichen Wachstums und des sozialen Fortschritts sowie die Sicherung des Friedens. Militärische Zusammenarbeit gehört nicht zu den Organisationszwecken, die auf dem Wege einer partnerschaftlichen und gleichberechtigten Kooperation erreicht werden sollen.

Asia-Pacific Economic Cooperation/ APEC
1989 gegr., loser Zusammenschluß asiatisch-pazifischer → Staaten mit dem vorrangigen Ziel des Abbaus von Handels- und Investitionshemmnissen zwischen den Mitgliedsländern. Dem A. gehören 18 Mitglieder an: Australien, Brunei, Chile, China, Hongkong, Indonesien, Japan, Kanada, Malaysia, Mexiko, Neuseeland, Papua-Neuguinea, Philippinen, Singapur, Südkorea, Taiwan, Thailand und die USA.

Assemblée nationale
Französisches → Parlament (Nationalversammlung), das 1789 während der → Französischen Revolution der Selbsterklärung der Generalstände als → Volksvertretung entstand. Seit 1946 Name der französischen Abgeordnetenkammer.

Assoziation
Bez. für das Sichvereinigen mehrerer Personen in organisierter Form zur Verfolgung gemeinsamer Zwecke. In diesem Sinne wurde der Begriff im 19. Jh. synonym mit → Genossenschaft und → Verein verwendet. Der A.gedanke erfaßte in der Zeit des → Vormärz breite auch nichtbürgerliche Kreise und gewann v.a. in Form der Arbeiter(bildungs)vereine politische Bedeutung. Zu Beginn des 20. Jh.s noch Sammelbezeichnung für das gesamte Vereinigungswesen „vom Kegelclub bis zur politischen Partei" (Max Weber), ist der Begriff nach der verfassungsrechtlichen Garantie der → Vereinigungsfreiheit (→ Koalitionsfreiheit) und der Anerkennung politischer → Parteien heute weitgehend aus der politischen Alltagssprache verschwunden.

AStV
Abk. für → *A*usschuß der *St*ändigen *V*ertreter

Asyl/ Asylrecht
Gewährung von Zuflucht für (politisch) Verfolgte. Das heutige → Völkerrecht erkennt keinen individuellen Anspruch auf A.gewährung als → Grundrecht eines Flüchtlings auf Schutz vor Verfolgung durch Aufnahme in einem anderen → Staat an. In Beachtung des Prinzips der staatlichen → Souveränität räumt das Völkerrecht lediglich dem jeweiligen Zufluchtsstaat die Befugnis ein, politischen Flüchtlingen A. zu *gewähren*, d.h. insbesondere, sie nicht auszuliefern (→ Auslieferung). Da eine international anerkannte Definition von A. und politischer Verfolgung fehlt, gibt es eine Vielfalt unterschiedlicher Kodifikationen. Allein das → Grundgesetz für die Bundesrepublik Deutschland normiert das A. als einklagbaren subjektiven Rechtsanspruch: „Politisch Verfolgte genießen Asylrecht" (Art. 16a GG). Diese Grundrechtsgewährung an ausländische Staatsbürger verdankte sich den Erfahrungen von politischer, rassischer und religiöser Verfolgung, von Emigration und → Ausbürgerung unter dem → Nationalsozialismus. Infolge der öffentlichen Debatte über einen angeblichen

Mißbrauch des A. verständigten sich → CDU, → CSU, → FDP und → SPD deshalb auf eine Ergänzung des Art. 16 a GG um die Absätze 2-5, die im Jahr 1993 in Kraft traten. Ihnen zufolge kann sich auf das A. nicht berufen, wer aus einem Mitgliedsstaat der→ Europäischen Gemeinschaften oder aus einem sog. „sicheren Drittstaat" in die BRD einreist. Eine Liste dieser Staaten ist nach Art. 16a III GG durch → Gesetz zu bestimmen.

Atlantik-Charta

Am 14.8.1941 vom britischen Premierminister Churchill und dem US-Präsidenten Roosevelt an Bord eines Schlachtschiffs im Atlantik beschlossene „Gemeinsame Erklärung" über die Grundsätze der künftigen Kriegs- und Nachkriegspolitik. Die A. enthielt u.a. ein Bekenntnis zum Selbstbestimmungsrecht der Völker, zu freiem Welthandel und zu internationaler wirtschaftlicher Zusammenarbeit. Der vollständigen Entwaffnung aller Aggressorstaaten sollte nach dem Willen der Unterzeichner der Aufbau eines „umfassenden und dauernden Systems der allgemeinen Sicherheit" folgen. Am 1.1.1942 bekannten sich 26 → Staaten in einer „Erklärung der Vereinten Nationen", der sich am 24.9.1942 auch die Sowjetunion anschloß, zu den Zielen der A. Damit wurde diese zu einer Art Geburtsurkunde der → Vereinten Nationen.

Atomteststoppvertrag

Am 5.8.1963 - nach Beendigung der → Kuba-Krise - von den → Regierungen der USA, der Sowjetunion und Großbritanniens unterzeichneter Vertrag, der alle Kernwaffenversuche in der Atmosphäre, im Weltraum und unter Wasser verbietet.

atomwaffenfreie Zonen

Gebiete, in denen aufgrund internationaler Abmachungen oder einseitiger Erklärungen keine Kernwaffen hergestellt, stationiert oder eingesetzt werden sollen. Durch völkerrechtliche Verträge wurden die Antarktis (1959), der Weltraum (1966) und der gesamte Meeresgrund (1972) zu a. erklärt. Für Afrika existiert eine UN-Resolution aus dem Jahre 1965, die dazu

auffordert, den Kontinent als a. zu betrachten. In Lateinamerika wurde 1967 durch den Vertrag von Tlatelolco eine a. eingerichtet. Gleiches gilt für den Südpazifik seit 1985 durch den Vertrag von Rarotonga. 1986 erklärte sich Neuseeland einseitig zur a. Die Idee einer a. in Europa, erstmals 1957 im Rapacki-Plan vorgeschlagen, ist wiederholt in die Abrüstungsdiskussion eingebracht worden.

Atomwaffensperrvertrag

Am 1.7.1968 in Washington, Moskau und London unterzeichneter, im März 1970 in Kraft getretener Vertrag über die Nichtverbreitung (non-proliferation) von Kernwaffen. Der A. verpflichtet → Staaten, die bereits im Besitz von Kernwaffen sind, derartige Waffen nicht an dritte Staaten weiterzugeben, und verbietet den Nichtkernwaffenstaaten die Annahme, Herstellung, Lagerung oder den Besitz von Kernwaffen. Garantiert wird jedoch der ungehinderte Zugang zu nuklearen Materialien zum Zwecke der friedlichen Nutzung der Kernenergie unter internationaler Kontrolle. Dem A. traten die Kernwaffenstaaten Frankreich und China zunächst nicht bei. Sie holten dies erst 1991/92 nach. Im Jahr 1995 wurde der A., der ursprünglich nur für eine Laufzeit von 25 Jahren vereinbart worden war, von den mittlerweile 178 Signatarstaaten auf unbestimmte Zeit verlängert.

Aufklärung

Vielen Epochenbegriffen hierin ähnlich, findet der Begriff „A." erst gegen Ende des 19. Jh. seine eindeutige Bestimmung, so früh das Zeitalterbewußtsein im Selbstverständnis der Vertreter des A.-denkens selbst ausgeprägt war. Auch das Wort A., stärker noch die verbale Form „aufklären", wird im 18. Jh. bereits in programmatischem Sinne verwendet. Es bedeutet eine intellektuelle Grundeinstellung in der Ausübung von Vernunft und in der Unterweisung in deren richtigem Gebrauch bloß historisch entstandene, aber nicht begründbare Zwecksysteme v.a. im ökonomischen, rechtlichen und religiösen Bereich zusammen mit den auf sie gerichteten Handlungsmustern kritisieren und durch die Kritik schon revidieren will.

Als Gegensatz zu einem dunkel vorgestellten Mittelalter und zum → Dogmatismus erstarrter Schulen ist die Lichtmetapher A., „enlightenment", „les lumierés" Ausdruck des Sichbewußtwerdens eines alle Bereiche ergreifenden, ungeheuren Wissenszuwachses und der daraus abgeleiteten Verpflichtung, dieses Wissen für die Menschheit praktisch werden zu lassen.

Die großen Fortschritte der Naturwissenschaften in dieser Zeit begründen - als Fortschritt im Singular gefaßt - eine Epochenperspektive. Der immer wieder thematisierte Fortschritt des menschlichen Geistes wird als eine jetzt in die Geschichte eingetretene dynamische Entwicklungsgesetzlichkeit begriffen. Sie bedeutet für die einzelnen Wissenschaften und in deren Anwendung auf die Praxis für die Menschheit eine Umwälzung. Diese wird wegen ihres gesetzesförmigen Charakters in Analogie zu astrophysikalischen → Gesetzen meist mit dem älteren astronomischen → Revolutionsbegriff beschrieben, wie er sich im Titel des berühmten Werkes „De revolutionibus orbium coelestium" (1543) von N. Kopernikus findet. So erhält der unpolitische, unpolemische Revolutionsbegriff durch gehäuftes Auftreten in der wissenschaftlichen Literatur als Metapher für den entwicklungsgeschichtlich notwendigen und bevorstehenden Wandel auf allen Gebieten des Lebens zunächst eine geschichtsphilosophische Dimension, die auch I. Kants Abhandlung „Idee zu einer allgemeinen Geschichte in weltbürgerlicher Absicht" zugrunde liegt. Erst in Zusammenhang mit der → Französischen Revolution entsteht der moderne, politische Revolutionsbegriff.

Die Bez. „Das Jahrhundert der Philosophie" - wobei Philosophie im Sprachgebrauch der Zeit Wissenschaft meint -, die schon im 18. Jh. üblich wird, betont die den Wissenschaften im Prozeß der Vervollkommnung des Menschengeschlechts zugeschriebene entscheidende Rolle.

Oft wird das 18. Jh. als Zeitrahmen genommen, in dem sich die A. entwickelt

und durchsetzt. Dafür spricht neben dem Selbstverständnis der französischen A.-philosophen die Tatsache, daß während dieses Zeitraumes eine große Zahl von Werken erschien, die zentrale Bereiche aufklärerischen Denkens zum Gegenstand haben. Dazu zählen vor allem Abhandlungen zu Entstehungs- und Geltungsfragen in bezug auf gesellschaftliche Normsysteme, zur Legitimierungsgrundlage gesellschaftlich-staatlicher → Institutionen und kulturrelativistische Analysen verschiedener Religionen. Es erscheinen: Montesquieu, De l'esprit des lois,1748; de La Mettrie, L'homme machine, 1748; der erste Band der von D. Diderot und J. le Rond d'Alembert herausgegebenen großen Enzyklopädie, 1751; Turgot, Discours sur les progrés successifs de l'esprit humain, 1750; Rousseau, Le contrat social, 1762.

Wichtige politische Daten unterstützen diese Periodisierung. Hundert Jahre liegen zwischen der Glorreichen Englischen Revolution von 1688 und der Großen Französischen Revolution von 1789. Die erstere steht für den von John Locke in seinen „Two Treatises of Government" (1688/89) geforderten und durch die → Bill of rights Wilhelms von Oranien in wesentlichen Elementen verwirklichten Verfassungsstaat auf der Grundlage der → Gewaltenteilung zwischen einer parlamentarischen → Legislative und einer monarchischen → Exekutive. Sie steht auch für die ebenfalls von J. Locke in seinem „Toleranzbrief" (1685/86) geforderte, in der Toleranzakte von 1689 verwirklichte → Freiheit der Religionsausübung in England als eines der charakteristischen Anliegen der A. Die Französische Revolution steht für die Verwirklichung dieser politischen Errungenschaften in der von der → Nationalversammlung gesatzten, geschriebenen → Verfassung Frankreichs, darüber hinaus für die Anerkennung des heute klassischen Katalogs von → Grundrechten in der Menschen- und Bürgerrechtserklärung als bindende Vorgabe für eine rationale → Gesetzgebung.

Eine kulturwissenschaftliche Interpretation datiert den Beginn der A. zeitlich ähnlich, läßt sie aber mit der Querelle des anciens et des modernes einsetzen, einem für das Selbstverständnis der Zeit zentralen wissenschaftlichen Streit, den Ch. Perrault 1688 auslöste und der unter großer europäischer Beteiligung bis zum Jahre 1715 weitergeführt wurde. Perrault hatte in einer Akademierede das schöpferische Prinzip der Antike, die Imitatio naturae, mit dem schöpferischen Prinzip der Moderne, der Inventio, verglichen und dabei das moderne Prinzip der Erfindung höher bewertet, weil diese auf der planmäßigen Künstlichkeit technischer Fortschritte beruhe, während die Leistung der antiken Künstler sich in der bloßen Nachahmung oder Vollendung von → Natur erschöpft habe. Perrault drückte mit seiner Parallele, die auf die technische Machbarkeit einer in ihrem Horizont offenen menschlichen Welt abhob, das Selbstbewußtsein einer mündig gewordenen Moderne gegenüber vergangenen Zeiten aus, die ihren bisher absoluten Vorbildcharakter einbüßen.

Der Begriff der A. ist jedoch nicht kalendarisch, sondern als Epochenbezeichnung so zu fassen, daß vor dem 18. Jh. liegende, von den A.-philosophen selbst schon wieder kritisierte Voraussetzungen des Zeitalters nicht unberücksichtigt bleiben. Zu ihnen gehört die Begründung des neuen mechanistischen Weltbildes durch Galileis klassische Mechanik, deren Bedeutung lange Zeit durch Isaak Newtons überragende Leistung verdeckt wurde. Die allmähliche Herausbildung des neuzeitlichen → Naturrechts mit seinen Normbegründungspflichten und die Lehre vom → Gesellschaftsvertrag, die den → Konsens der Gewaltunterworfenen zum einzigen Legitimationsprinzip von → Herrschaft machen, bilden die Grundlage für die im Werk Lockes ausgebildete frühparlamentarische Ordnung der Staatsgewalt als Treuhandschaft. Wichtiger als die philologisch-historische Schrift- und Theologiekritik ist das Entstehen einer generellen methodisch-kritischen Einstellung im Denken des Humanismus.

An die Stelle der noch bis in das 17. Jh. hinein üblichen Absicherung wissenschaftlicher Sätze durch Berufung auf theologische und philosophische → Auto-

ritäten, auf Traditionen und auf Schulen, trat zunächst als Kennzeichen des sich ankündigenden neuen Zeitalters die Haltung radikaler und totaler Kritik als einer wissenschaftlichen Methode. Beispiel für dieses Denken ist das berühmte und einflußreiche „Dictionaire historique et critique" (1647-1706) von P. Bayle, der den Evidenznachweis für alle wissenschaftlichen Aussagen verlangt. Auch G. Vico macht bereits 1709 die analytische Methode der Geometrie als critica philosophica zum methodischen Prinzip der gesamten und dadurch erneuerten Wissenschaften.

Diese generelle Einstellung wurde ergänzt durch eine insbesondere der Mathematik als ars critica methodisch verpflichtete spekulative Systemphilosophie, deren Vertreter v. a. Descartes und Leibniz sind. Die großen wissenschaftlichen Erfolge des systemischen Rationalismus in der Erfassung der Außenwelt führten paradoxerweise zu einer Aufwertung des Erfahrungsbegriffs, mit dem der antimetaphysische, sensualistische → Empirismus der A.-philosophie seinen Vorläufer, den älteren Rationalismus, bereits wieder erkenntnistheoretisch kritisiert. Die Wissenschaft löst sich aus der mathematisch-systemischen Weltsicht und beschäftigt sich in neu entstehenden Disziplinen wie der Biologie und der Physiologie mit allen Phänomenen des organischen Lebens. In der Geschichtswissenschaft treten die Haupt- und Staatsaktionen zurück gegenüber einer → Zivilisation und → Politik aufeinander beziehenden Betrachtung der erstmals in Epochen unterteilten Universalgeschichte. In der Bühnenkunst verwandelt sich die klassische Tragödie, deren Protagonisten Heroen und Könige waren, in das bürgerliche Trauerspiel. Der Erziehungsroman wird zu einer wichtigen Literaturgattung des konstituierenden → bürgerlichen Gesellschaft. Wissenschaftliche Probleme, Erkenntnisse und Diskussionen werden in einer wachsenden Zahl gelehrter Zeitschriften (Frankreich: Journal des savants, 1665ff.; England: Philosophical transactions, 1665ff; Deutschland: Acta Eruditorum, 1682ff.) vor dem gebildeten Publikum erörtert. Eine Vielzahl von Akademien, selbst noch in der → Provinz, zeugt von einem breiten Spektrum wissenschaftlichen → Interesses in der Gesellschaft eines Jahrhunderts, das sich selbst als siècle philosophique bezeichnet und die ernsthafte Beschäftigung mit Wissenschaft zum Lebensstil entwikkelt. Die systematische Beobachtung und deren Interpretation in empirischen Theorien verdrängen allmählich das metaphysische Denken in → Systemen. In seiner Abhandlung „Traité des systémes" (1749) begründet Condillac im Anschluß an J. Lockes „Essay Concerning Human Understanding" (1690) die Abkehr vom Systemdenken. Die Auseinandersetzung um das methodische Verhältnis von Vernunft und Erfahrung, zwischen Rationalismus und Empirismus wird das Denken der A.-philosophie begleiten, bis dieser Streit selbst als eine Station auf dem Weg eines reflexiv werdenden Denkens erkannt wird. Bereits das 18. Jh. versucht der Entwicklungslinie des emanzipatorischen Denkens auf die Spur zu kommen. Die kritische Einstellung gegenüber historisch gewachsenen Institutionen und den auf sie bezogenen Legitimierungsversuchen durch Wissenschaft, → Staat und Kirche wurde schon im 18. Jh. als bloßer „esprit critique" für unzureichend erachtet und kritisiert. Dem kritischen Geist setzten die Enzyklopädisten einen auf eigene konstruktive Entwürfe gestützten „esprit philosophique" entgegen, einen positiven Wissenschaftsgeist mit praktischer Zielrichtung, den sie in ihrem großen Werk, der französischen Enzyklopädie (1751/ 1780), verwirklicht sahen.

Die zweite, ebenfalls schon im 18. Jh. getroffene Unterscheidung zwischen „esprit de système" und „esprit systématique" bezieht sich auf den erkenntnistheoretischen Streit zwischen älterem Rationalismus und jüngerem Empirismus. Den spekulativen Systemen auf der Grundlage erfahrungsunabhängiger eingeborener Ideen (ideae innatae) wird jetzt die systematische Bemühung entgegengesetzt, die Welt mit Hilfe eines vom Vorurteilen befreiten reinen Erfahrungsbegriffs zu beschreiben und zu erklären (Nihil est in intellectu, quod non ante fuerit in sensu). Dabei

bleibt der Kritikbegriff zentral für das Denken der A. bis zu I. Kants drei Kritiken, die seinen Höhepunkt bilden. Neben der kritischen Einstellung kennzeichnet v.a. das neue Geschichtsbewußtsein, daß der Mensch Subjekt einer von ihm gemachten, linear verlaufenden Geschichte ist, das Zeitalter der A.

Die durch außerordentliche Erfolge in den Wissenschaften immer wieder verstärkten, positiv besetzten Begriffe der Kritik und der geschichtlichen Selbstverantwortung bildeten die Grundlage für den festen Glauben an eine zu schaffende wissenschaftlich fundierte, vernünftige und daher gegenüber der naturwüchsigen bessere menschliche Ordnung. Obwohl die A.-philosophen, anders als sie selbst und ihre Gegner, in Überschätzung der Wirksamkeit einer theoretischen Kritik, es sahen, die Französische Revolution nicht ausgelöst haben, bilden der Fortschrittsoptimismus und die durch ihn hervorgebrachte Reformbereitschaft in den sozial mächtigen Schichten der selbstbewußten bürgerlichen Gesellschaft ein dynamisches Element im Klima des alten Staates.

Lit.: *E. Cassirer:* Die Philosophie der Aufklärung, Tübingen 1932; *P. Hazard:* La crise de la conscience europénne: 1680-1715, Paris 1935; dt. Ausgabe: Die Krise des europäischen Geistes, Hamburg 1939; *Ders.:* La pensée européene au XVIII ème siècle: de Montesquieu à Lessing, I-III; dt. Ausgabe: Die Herrschaft der Vernunft. Das europäische Denken im 18. Jahrhundert, Hamburg 1949; *R. Kosellek:* Kritik und Krise. Ein Beitrag zur Pathonese der bürgerlichen Welt, Freiburg 1959; *W. Krauss:* Studien zur deutschen und französischen Aufklärung, Berlin 1963; *J. Mittelstraß:* Neuzeit und Aufklärung. Studien zur Entstehung der neuzeitlichen Wissenschaft und Philosophie, Berlin 1970.

Prof. Dr. Herbert R. Ganslandt (†),
Erlangen

Auflösung des Bundestages
Über die A. entscheidet der → Bundespräsident. Das → Grundgesetz gesteht ihm dieses Recht in zwei Fällen zu:

a) wenn bei der Wahl des → Bundeskanzlers der → Bundestag im 3. Wahlgang einen Kanzler wählt, der nicht die Mehrheit der Stimmen der Mitglieder des Bundestages auf sich vereinigt (Art. 63 IV GG);
b) wenn ein Vertrauensantrag des Bundeskanzlers nicht die Mehrheit der Mitglieder des Bundestages findet (Art. 68 I GG).

Im ersten Fall hat der Bundespräsident innerhalb einer 7-Tage-Frist die Wahl, entweder den mit einfacher Mehrheit gewählten Kanzler zu ernennen oder den Bundestag aufzulösen. Im zweiten Fall kann (nicht muß) er nur nach einem entsprechenden Vorschlag des Kanzlers innerhalb einer 21-Tage-Frist aktiv werden.

Im Laufe seiner Geschichte ist der Bundestag bislang zweimal vorzeitig aufgelöst worden. Beide Male, nämlich am 22.9.1972 und am 6.1.1983, kam das Verfahren nach Art. 68 GG zur Anwendung.

Auftragsangelegenheiten
Öffentliche Verwaltungsaufgaben, die im Auftrage des → Staates oder anderer juristischer Personen des öffentlichen Rechts durch Träger öffentlicher → Verwaltung (z.B. → Gemeinden, → Landkreise) besorgt werden. A. stehen im Gegensatz zu solchen Aufgaben, die kraft des Rechtes zur → Selbstverwaltung wahrgenommen werden. Die Erledigung von A. unterliegt daher nicht nur der → Rechts-, sondern auch der → Fachaufsicht durch übergeordnete Verwaltungsinstanzen, womit sich ein Weisungsrecht der Aufsichtsbehörde verbindet.

Auftragsverwaltung
Besorgung von → Auftragsangelegenheiten durch einen Träger öffentlicher → Verwaltung. A. findet sich in der Bundesrepublik 1. im Verfassungsrecht und 2. im Kommunalrecht.

Zu 1: Nach Art. 85 GG können die → Länder mit der Ausführung von Bundesgesetzen beauftragt werden. Beispiele dafür sind der zivile Bevölkerungsschutz (Art. 87b II GG), die Durchführung des Atomgesetzes (Art. 87c GG), Teile der

Luftverkehrsverwaltung (Art. 87d II GG), die Verwaltung von Bundesautobahnen und Bundesstraßen (Art. 90 GG) und die Lastenausgleichsverwaltung (Art. 120a GG). In diesen Bereichen unterstehen die Landesbehörden der → Fachaufsicht und den Weisungen des → Bundes.

Zu 2: In ähnlicher Weise werden → Gemeinden und → Landkreise mit der Durchführung von Verwaltungsaufgaben der → Länder beauftragt (z.B. Melde- und Standesamtwesen). In diesem Aufgabenbereich des auch sog. „übertragenen Wirkungskreises" kommen den → Ländern → Fachaufsicht und Weisungsbefugnis zu.

Ausbürgerung
Entziehung der → Staatsangehörigkeit ohne bzw. gegen den Willen des Betroffenen. Im Gegensatz zu vielen anderen Rechtsordnungen, die eine Aberkennung bei bestimmten Treuepflichtverletzungen (häufig z.B. bei Landesverrat) vorsehen, schützt das GG durch Art. 16 jeden Inhaber deutscher Staatsangehörigkeit vor A. Die deutsche Staatsangehörigkeit geht lediglich verloren durch vom Betroffenen beantragte Entlassung, Verzicht oder Erwerb einer fremden Staatsangehörigkeit (§§ 17ff. Reichs- und Staatsangehörigkeitsgesetz).

Ausfertigung
Vom → Bundespräsidenten durch Unterschrift vorzunehmende Beurkundung eines Bundesgesetzes vor dessen → Verkündung im → Bundesgesetzblatt. Nach Art. 82 I GG ist die A. integrierender Bestandteil des Rechtssetzungsaktes. Mit der A. wird förmlich bestätigt, daß der Gesetzestext mit dem Beschluß des Gesetzgebers übereinstimmt und das Gesetzgebungsverfahren ordnungsgemäß verlaufen ist. Über dieses formelle Prüfungsrecht hinaus kommt dem Bundespräsidenten auch ein materielles Prüfungsrecht hinsichtlich der Vereinbarkeit des auszufertigenden → Gesetzes mit dem → Grundgesetz zu. Diese Kontrollkompetenz ist gegenüber der des → Bundesverfassungsgerichts allerdings nur vorläufig.

Ausländerpolitik

Gestaltung der rechtlichen, wirtschaftlichen, sozialen und politischen Stellung des ausländischen Bevölkerungsteils im und durch den jeweiligen Aufnahmestaat. Die Zahl der in der Bundesrepublik lebenden Ausländer betrug Ende 1997 7,4 Mio. Überwiegend sind es Menschen aus der Türkei, dem ehemaligen Jugoslawien, Italien, Griechenland, Spanien und Portugal. Wie sich nicht zuletzt an öffentlichen Debatten über das → Asylrecht zeigte, ist die A. ein politisch gleichermaßen sensibler wie strittiger Bereich. In der Bundesrepublik steht seit Jahren die (Neu-)Regelung des Ausländerrechts zur Diskussion. Insbesondere ging es um die Bestimmungen zu Aufenthalts- und Arbeitserlaubnis, soweit sie sich auf Ausländer aus Nicht-EG-Staaten beziehen, und das Staatsangehörigkeitsrecht. Letzteres wurde im Jahr 1999 dahingehend reformiert, daß in Deutschland geborenen Kindern von Ausländern mit einem gefestigten Aufenthaltsstatus bis zur Volljährigkeit die doppelte Staatsbürgerschaft gewährt wird.

Auslieferung

Zwangsweise Verbringung einer Person in den Bereich einer ausländischen Hoheitsgewalt zum Zwecke der Strafverfolgung oder -vollstreckung. A. erfolgt auf Ersuchen des ausländischen → Staates. Eine Pflicht zur A. kann nur begründet werden durch völkerrechtlichen Vertrag, in welchem auslieferungspflichtige Delikte festgelegt sind. Der um A. ersuchende Staat muß gemäß dem Prinzip der Spezialität die Strafverfolgung auf die Tat beschränken, deretwegen ausgeliefert wird. Das Grundgesetz schützt ausnahmslos alle Deutschen vor A. (Art. 16 II GG).

Ausschließliche Gesetzgebung

Auf die Verteilung der Gesetzgebungskompetenzen zwischen → Bund und → Ländern bezogener Begriff. Das → Grundgesetz weist den Ländern die Gesetzgebungszuständigkeit zu, soweit es selbst nichts anderes bestimmt (Art. 70 GG). D.h. die Länder sind auf allen Gebieten ausschließlich zuständig, die das Grundgesetz nicht ausdrücklich der a., der

→ konkurrierenden oder der → Rahmengesetzgebung des Bundes zuweist. Dies trifft v.a. auf das Kultus-, Kommunal- und Polizeirecht zu. Die Sachgebiete der a. des Bundes sind in Art. 73 und 105 I GG aufgeführt: u.a. Auswärtige Angelegenheiten, Verteidigung, → Staatsangehörigkeit, Paßwesen, Währungs- und Geldwesen, Zölle.

Ausschüsse

Parlamentarische Gremien, deren Aufgabe v.a. darin besteht, die Entscheidungen des Plenums vorzubereiten. Je mehr ein → Parlament bestrebt ist, an der Gesetzgebungsarbeit inhaltlich mitzuwirken (→ Arbeitsparlament), desto mehr verlagert sich die Arbeit vom → Plenum in die A. Der Deutsche → Bundestag kennt ständige A. (auch → Facha. genannt), Sondera. und → Untersuchungsa. Die → Fraktionen sind in den A. gemäß ihrer Mitgliederstärke vertreten. Die den einzelnen Fraktionen zustehenden Vorsitzendenposten werden ebenfalls nach Fraktionsstärke vergeben.

Ausschuß der Regionen/ AdR

Durch den → Maastrichter Vertrag geschaffene, in Art. 198 a-c EG-Vertrag verankerte → Institution der → Europäischen Union, die die Vertretung der → Interessen der lokalen und regionalen → Gebietskörperschaften in den europäischen Entscheidungsprozessen gewährleisten soll. Dem A. kommen im wesentlichen beratende Funktionen gegenüber der → Europäischen Kommission und dem → Ministerrat zu. Er setzt sich zusammen aus 222 nicht weisungsgebundenen Mitgliedern. Von den 24 auf Deutschland entfallenden Sitzen werden 21 von den → Ländern und 3 von den → Kommunen besetzt.

Ausschuß der Ständigen Vertreter/ AStV, COREPER

Dem Rat der → Europäischen Gemeinschaft untergeordnetes Gremium, zusammengesetzt aus Vertretern der Mitgliedstaaten im Botschafterrang. Dem A. obliegt gemäß Art. 151 EG-Vertrag als wichtigste Aufgabe die Vorbereitung der Ratstagungen. In dieser Funktion trifft er eine Vielzahl wichtiger Vorentscheidungen.

Außenhandelspolitik

Versuch der staatlichen Beeinflussung bzw. Steuerung von Außenhandelsströmen. Als wesentliches Element der → Außen- und → Wirtschaftspolitik zielt A. in nationaler Sicht vorrangig auf den Schutz der einheimischen Industrie und Landwirtschaft, wobei für solche Protektionsüberlegungen v.a. konjunktur- und beschäftigungspolitische Motive maßgebend sind. In internationaler Perspektive soll die A. beitragen zu Aufbau, Erhalt und Weiterentwicklung der → Internationalen Arbeitsteilung und der → Weltwirtschaftsordnung. Klassische Instrumente der A. sind einerseits Maßnahmen zur Exportförderung, andererseits Zölle, Kontingentierungen (Höchstmengen für bestimmte Importgüter) und nicht-tarifäre Handelshemmnisse.

Außenpolitik

1. Begriff, Geschichte: Unter A. wird die Gesamtheit der politischen, wirtschaftlichen, militärischen und soziostrukturellen Aktionen einer in einem souveränen → Nationalstaat organisierten → Gesellschaft gegenüber ihrer internationalen Umwelt verstanden. Die internationale Umwelt bilden primär → Staaten (Anfang 1990 ca. 170), aber zunehmend sind auch multi-, supra- und internationale gouvernementale Organisationen wie z.B. die → OECD, → UNO, → EG und → NATO etc. inzwischen zu Akteuren im internationalen → System geworden. Die Durchführung der A. eines souveränen Nationalstaats kann vor dem Hintergrund normativer Grundlagen (z.B. → Neutralität; Europäische Integration; Übertragung von Hoheitsbefugnissen zugunsten eines neuen integrierten Gebildes) und/ oder auch konzeptioneller Strategien betrieben werden. So werden die einzelnen unterschiedlichen Politikfelder wie → Verteidigungs-, → Sicherheits-, → Außenwirtschafts-, auswärtige → Kulturpolitik u.a.m. der a. Gesamtstrategie untergeordnet.

A. ist angesichts der gewaltig gestiegenen Mobilität von → Bürgern der Nationalstaaten auch für die Ordnung von nichtgouvernementalem Außenverhalten, z.B. grenzüberschreitende Vereinigungen,

→ multinationale Konzerne, Tourismus etc. verantwortlich. „Ein so erweiterter Begriff von A. stellt die traditionelle Kabinettsordnung zwar in Frage, entspricht aber mehr der politischen Wirklichkeit, in der die verschiedenen Handlungsbereiche, Akteurstypen und Strategien miteinander verbunden werden und wie Regierungspolitik durch eine Vielfalt von Ergänzungen, vorbereitenden und vertiefenden nicht gouvernementalen Maßnahmen begleitet wird" (Seidelmann 1984, S. 54).

Der Begriff A. ist eng verbunden mit der Ausformung der Nationalstaaten. Die → Nationen definierten sich zu allererst territorial und grenzten sich somit voneinander ab. Politische → Identität und Machtkompetenz wurden gegeneinander bestimmt. Konkurrenz und → Konflikt wurden somit zum bestimmenden Strukturmerkmal der Staatenwelt im 19. Jh. sowie in der ersten Hälfte des 20. Jh. Die Abgrenzung von den anderen Staaten ermöglichte, eine A. im nationalen → Interesse zu führen, d.h. → Herrschaft und Sicherheit aufrechtzuerhalten. Somit vollzog sich auch eine begriffliche und politisch institutionelle Trennung von A.- und → Innenpolitik. A. unterscheidet sich von Innenpolitik dadurch, daß sie im Gegensatz zu dieser gegenüber ihren Adressaten kein staatliches → Gewaltmonopol besitzt.

Wenn auch im internationalen System kein Chaos herrscht, so sind für dessen Akteure - also zu allererst Staaten - größere Handlungsspielräume gegeben, die von → Konsens und Vertragsbildung bis hin zu kriegerischen Konflikten reichen können. Demnach kann A. allerdings heute nicht mehr losgelöst von ihrer gesellschaftlichen Verankerung betrachtet werden, so daß die analytische Trennung von A. und Innenpolitik als überholt anzusehen ist (vgl. Krippendorff 1973). Ebenfalls muß A. in engem Zusammenhang mit → internationaler Politik gesehen werden, da die Nationalstaaten in ihrer A. auf die Strukturen, Entwicklungen und Bedingungen des internationalen Systems reagieren. Gleichzeitig kann der Nationalstaat aber ebenfalls als ein das internationale System beeinflussender Akteur wirken, wobei das

Ausmaß seines Einflusses wiederum von seinem Machtpotential und seinen a. Strategien und Mitteln abhängt.

A. ist analytisch somit dreidimensional aufzubereiten: 1. als national staatliches Verhalten (Interesse); 2. A. in ihrer gesellschaftlichen Verankerung; 3. A. im internationalen System. Die wissenschaftliche Beschäftigung mit A. ist relativ alt, haben doch → Staats- und → Völkerrecht sich seit dem 16. Jh. mit der A. der europäischen Staaten befaßt. Die Geschichtswissenschaft hat die A. über lange Zeiträume v.a. als Staatengeschichte betrachtet. Die → Politikwissenschaft hat sich zunächst mit Regierungs- und Herrschaftssystemen befaßt, um dann die A. zu entdecken.

2. Ziele und Typen von A.: A. setzt sich die Erhaltung bzw. den Ausbau von Sicherheit und Wohlfahrt eines Staates zum Ziel. Sicherheit bedeutet die Gewährleistung der → Freiheit der Eigenentwicklung einer Gesellschaft, d. h. die Sicherung vor militärischer, politischer, ökonomischer Bedrohung von außen. Ziel einer vernünftigen A. muß es sein, für eine Gesellschaft optimale Existenzbedingungen zu erreichen. A. kann bei der Realisierung der Ziele Sicherheit und Wohlfahrt auf zwei Grundmuster zurückgeführt werden: alleinige nationale Interessenmaximierung und interessenausgleichsorientierte Außenbeziehungen. In einer an eigener Interessenmaximierung angelegten A. wird versucht, eigene Ziele einseitig durchzusetzen und notfalls auch das Mittel der Drohung oder Anwendung militärischer, ökonomischer oder wirtschaftlicher → Gewalt einzusetzen. A. in diesem Sinn wird in Anlehnung an Hobbes als Kampf der Staaten untereinander um die günstigste Position verstanden. Sie fragt nur nach eigenen Vorteilen und vernachlässigt die Folgen für die internationale Politik.

Das Fehlen einer das internationale System regulierenden Organisation mit vergleichbarem staatlichen Zwangsmonopol kann solch eine am nationalen Nutzen orientierte A. fordern. Interessenausgleichsorientierte A. verzichtet auf die einseitige Durchsetzung oder Dominierung und sucht den Kompromiß. Dieser Typus von

A. sucht Vorteile in gemeinsamer Nutzung, → Arbeitsteilung zwischen Staaten und dadurch für alle mehr Vorteile, als mit der anderen Methode erwirtschaftet werden können. Z.B. wird der Integrationsprozeß der → Europäischen Gemeinschaft von all seinen Mitgliedern als vorteilhaft verstanden.

3. Erklärungsansätze von A.: A. ist ein noch weitgehend unerforschtes Wissensgebiet (vgl. Czempiel 1987, S. 97). So erstaunt es nicht, daß unterschiedliche Erklärungsansätze von A. aus unterschiedlichem wissenschaftsorientierten und methodischen Verständnis bestehen. Die bekanntesten und analytisch ertragreichsten Ansätze sind der machtpolitische, der Aktions-Reaktions-, der Ziel-Mittel- und der Bedingungsstrukturansatz.

a) Der machtpolitische Ansatz: Dieser Erklärungsansatz, der insbesondere durch die realistische Schule mit Morgenthau in den 50er und 60er Jahren verbreitet wurde, geht von der Prämisse aus, daß A. auf Erhalt, Ausbau und Absicherung der Machtposition eines Nationalstaats beruhe. Unter → Macht wird die Fähigkeit verstanden, den eigenen Willen, notfalls auch mit Zwang, gegenüber anderen durchzusetzen. Außenpolitisch einsetzbare Macht ist abhängig von den ökonomischen, militärischen, politischen, wissenschaftlichen usw. Ressourcen eines Staates. Der machtpolitische Ansatz analysiert die Machtverhältnisse auf globaler und regionaler Ebene. Er untersucht die Fähigkeit der Staaten, über multi- und bilaterale Politik ihre Interessen durchzusetzen. Dieser Ansatz hat sicherlich erheblich zur Erklärung ausschließlich machtpolitischer A. beigetragen (z.B. Hitler-Deutschlands, Japans). In einem zunehmend verflochtenen internationalen System, in dem die klassische → Souveränität des Nationalstaats längst obsolet geworden ist, kann auch der machtpolitische Ansatz zur Erklärung von A. nicht mehr ausreichen. Er vernachlässigt die internationale sowie die gesellschaftliche Dimension.

b) Der Aktion-Reaktions-Ansatz: Dieser auch Interaktionsansatz genannte Ansatz wurde insbesondere in den USA Ende der

60er Jahre, v.a. von Karl W. Deutsch, entwickelt und arbeitet überwiegend quantitativ. A. wird als vom Nationalstaat perzipierte Reaktion auf ein Ereignis aus dem internationalen System verstanden. Diese Reaktion löst beim Partner/ Gegner Folgereaktionen aus, die wiederum bei der eigenen A. Berücksichtigung finden. Der Aktion-Reaktions-Ansatz hat zur Typisierung und Quantifizierung a. Verhaltensweisen wichtige Beiträge geleistet. Allerdings konnte dieser Ansatz durch die Vernachlässigung der gesellschaftlichen Dimension, also von Herrschaftsmustern, politischen Inhalten und strukturellen Ursachen, keine große Bedeutung erlangen.

c) Der Ziel-Mittel-Ansatz: Der Ziel-Mittel-Ansatz untersucht A. in bezug auf ihre Zielhierarchien, Kongruenzen und Konkurrenzen. Er fragt besonders nach den zur Erreichung der Ziele angewandten Mitteln. Lt. Czempiel wird beim Ziel-Mittel-Ansatz die internationale mit der gesellschaftlichen Dimension verbunden. Der Vorteil des Ziel-Mittel-Ansatzes besteht in der „Überprüfung von Zweckrationalität, Kompatibilität mit Systemtrends und Einlösung des proklamierten Erkenntnisinteresses einer außenpolitischen Gesamtstrategie bzw. ihrer Teile" (Seidelmann 1984, S. 58). Dieser Ansatz eignet sich besonders für Längsschnittanalysen.

d) Der Bedingungsstruktur-Ansatz: Dieser Ansatz versteht A. als Ergebnis struktureller Bedingungen, wodurch langfristig Richtung, Inhalt und Handlungsspielraum der A. determiniert werden. Die Analyse der Bedingungsstrukturen soll über den Ziel-Mittel-Ansatz hinaus zu einer Bewertung allgemeiner Erfolgschancen bestimmter A. führen. So kann sich keine → Regierung über Bedingungsstrukturen wie geographische bzw. geostrategische Lage, Wirtschaftsstruktur, historische Entwicklung u.a.m. hinwegsetzen. Für eine langfristige Erklärung von A. reicht allerdings kein Ansatz allein aus, sondern es muß eine Mischung der verschiedenen Erklärungsansätze erfolgen.

4. Reform und → Demokratisierung der A.: A. galt lange Zeit als Reservat der → Exekutive und beanspruchte darüber

hinaus einen → Primat. Und auch heute besitzen, trotz parlamentarischer Kontrolle, in liberal-pluralistischen → Demokratien → Regierungen immer noch einen bedeutsamen Informations- und damit Handlungsvorsprung. Das Demokratiedefizit in der A. ist insoweit historisch bedingt, als es während der bürgerlichen → Revolution der → Monarchie gelang, das Militär und die → Diplomatie direkter Mitwirkung der anderen staatlichen Organe zu entziehen. Bismarcks Ausspruch, daß ihm die 300 Schafsköpfe des → Reichstages die Führung der A. nicht gerade erleichtern würden, sagt sehr viel über dieses damalige Verständnis von A. aus.

Doch in den letzten Jahrzehnten wird das Quasi-Monopol der Regierungen für die A. zunehmend in Frage gestellt. So wurde z.B. in den USA die a. Kompetenz des → Präsidenten, hier v.a. das Recht, Kriege zu führen, durch den → Kongreß eingeschränkt. → Parlamente, → Parteien, politische Bewegungen und Medien werden immer mehr A. beeinflussende Akteure, wie sie auch ihrerseits Objekt und Bezugspunkte für die A. anderer Staaten geworden sind. A. wird darüber hinaus immer stärker eingeschränkt durch die globale Vernetzung internationaler Probleme wie z.B. Umweltproblematik, Welthungerproblematik, Weltflüchtlingsproblematik, Klimakatastrophe etc. Die Lösung dieser Probleme ist durch einen Nationalstaat alleine nicht mehr möglich, da diese Probleme einen grenzüberschreitenden Charakter angenommen haben. Nur in einer Kooperation der A. verschiedener Akteure wird eine Regelung solcher Problembereiche zu Erfolg führen können. A. eines Nationalstaates wird zunehmend in internationaler Politik aufgehen.

Lit.: Czempiel, Ernst-Otto: Internationale Politik, Paderborn 1981; *Haftendorn, Helga* (Hg.): Verwaltete Außenpolitik, Köln 1978; *Krippendorff, Ekkehard* (Hg.): Internationale Beziehungen, Köln 1973, *Seidelmann, Reimund:* Außenpolitik, in: Pipers Wörterbuch zur Politikwissenschaft, Bd. 5 (Hg.) A. Boehck, München 1984, S. 54-60; *Woyke, Wichard* (Hg.): Netzwerk

Weltpolitik, Großmächte, Mittelmächte und Regionen und ihre Außenpolitik nach dem Zweiten Weltkrieg, Opladen 1989.

Prof. Dr. Wichard Woyke, Münster

Außenwirtschaftspolitik
Gesamtheit der staatlichen Maßnahmen, welche die grenzüberschreitenden wirtschaftlichen Beziehungen regeln; wirksam v.a. in der nationalstaatlichen → Außenhandels- und → Währungspolitik.

Außerparlamentarische Opposition/ APO
(Selbst-)Bez. für die in den Jahren 1966-69 in der Bundesrepublik aktive Protestbewegung, die sich vorwiegend aus Jugendlichen, insbesondere Studenten, rekrutierte. Intellektueller Motor und organisatorischer Kern der Bewegung war v.a. der Sozialistische Deutsche Studentenbund (SDS). Die APO entstand, ausgehend von Berlin, aus inneruniversitären Konflikten um die Hochschulreform. Schon bald aber gewann die Kritik eine allgemeine politische, „systemüberwindende" Richtung, die auf die Beseitigung „autoritärer Herrschaftsstrukturen" in → Staat und → Gesellschaft zielte. In öffentlich wirksamen → Demonstrationen gegen den → Vietnamkrieg der USA, gegen die kapitalistische Orientierung der → Entwicklungspolitik und gegen als „faschistisch" eingestufte Regime wie das des Schahs von Persien manifestierte sich die grundsätzliche Herausforderung eines als undemokratisch abgewerteten politischen „Establishments". Innenpolitisch konzentrierte sich der studentische Protest v.a. gegen Hochschul- und Notstandsgesetzgebung wie auch die freiheitsbedrohenden Folgen der Pressekonzentration („Enteignet-Springer"-Kampagne) in der Bundesrepublik.
Die APO wurde, neben ihrer neomarxistischen Theorieorientierung, durch die Überzeugung verbunden, daß gesellschaftliche Veränderungen nur erreicht werden könnten durch provokativen Protest, der begrenzte Regelverletzungen und u.U. auch den Einsatz von → Gewalt einschloß. Zur Ausbreitung und politischen Legitimation der APO trug wesentlich die

Bildung der → Großen Koalition im Jahre 1966 bei, welche die parlamentarische → Opposition zu politischer Wirkungslosigkeit verurteilte und damit das → Parlament seiner Integrationskraft beraubte. Nach Bildung der sozialliberalen → Koalition im Jahre 1969, die mit einem Programm der politischen und sozialen Reformen antrat, verlor die APO schnell an Attraktivität und zerfiel in zahlreiche rivalisierende Gruppen. Viele ehemalige Aktivisten traten in die → SPD und die → DKP ein. Eine radikalisierte Minderheit beschritt den Weg der Gewalt und setzte den „revolutionären Kampf" als „Stadtguerilla" oder → Rote-Armee-Fraktion (RAF) mit terroristischen Mitteln fort.

Aussiedler
Deutsche Staatsangehörige oder Volkszugehörige, die vor dem 8.5.1945 ihren Wohnsitz östlich der → Oder-Neiße-Grenze in den ehemaligen deutschen Ostgebieten, in Polen, Rumänien, der Sowjetunion, der Tschechoslowakei oder Ungarn hatten und diese → Länder nach Abschluß der kriegsfolgebedingten Vertreibungsmaßnahmen verlassen haben oder verlassen (§ 1 Bundesvertriebenengesetz).
Die Zahl der A., die von der BRD aufgenommen wurden, stieg während der 80er Jahre kontinuierlich bis auf 397.075 im Jahre 1990 an. In den Folgejahren nahm sie stetig ab. Im Jahre 1996 wurden 177.751 A. aufgenommen (davon 172.181 aus dem Gebiet der ehemaligen Sowjetunion).

Aussperrung
Arbeitskampfmaßnahme, bei welcher den Beschäftigten seitens der Arbeitgeber der Zutritt zu ihren Arbeitsplätzen unter gleichzeitiger Vorenthaltung der Löhne bzw. Gehälter verweigert wird. Die A. ist politisch außerordentlich umstritten. Die bundesdeutsche Arbeitsrechtsprechung geht bislang von einer „Waffengleichheit" der Tarifpartner aus, die es zu erhalten gelte, und hält dementsprechend eine A. als Reaktion auf einen → Streik (Abwehraussperrung) für rechtens, wenn dabei das Gebot der Verhältnismäßigkeit beachtet wird.

Austeritätspolitik

Vom englischen Wort *austerity* („Strenge") abgeleitete Bez. für ein (wirtschafts-)politisches Konzept, das auf die Einschränkung öffentlicher Leistungen, insbesondere auf Einsparungen in der → Sozialpolitik abhebt. Die bekanntesten Beispiele aus der jüngeren Vergangenheit sind die → Reaganomics und der → Thatcherismus.

Austromarxismus

Von Theoretikern der österreichischen → Sozialdemokratie vor dem 1. Weltkrieg entwickelte Variante des → Marxismus. Zur Lösung der nationalitätenpolitischen Integrationsprobleme des habsburgischen Vielvölkerstaates erweiterten die Austromarxisten den ihrer Meinung nach ökonomisch verengten → Marxismus um eine Theorie der national-kulturellen → Autonomie. Wie die deutschen Vertreter des sozialdemokratischen → Revisionismus setzte der A. in der politischen Praxis auf die Erringung parlamentarischer Mehrheiten, ordnete seine parlamentsbezogene Strategie jedoch, anders als z.b. die → SPD der → Weimarer Republik, der Perspektive des revolutionären → Klassenkampfes unter: → Koalitionen mit bürgerlichen → Parteien wurden zwar nicht grundsätzlich verworfen, waren aber lediglich taktischen Konzessionen während der Etappen eines (vorübergehenden) „Gleichgewichts der Klassenkräfte" (Otto Bauer) im langfristigen Entwicklungsgang zur Übernahme der alleinigen Staatsmacht durch die zur Mehrheitspartei erstarkten → Arbeiterklasse. Ein Resultat des Strebens des A., die praktische Reformpolitik mit linearer Fortschrittsphilosophie zu verbinden, war jener vielkritisierte revolutionäre „Attentismus", welcher die Handlungsfähigkeit auch der österr. Sozialdemokratie in der Abwehr des → Faschismus und des 1933/34 etablierten → autoritären Regimes Dollfuß/ Schuschnigg einschränkte. In der SPÖ nach 1945 hat der A. seine ursprüngliche Bedeutung als Parteitheorie völlig eingebüßt.

Auswärtiges Amt/ AA

Mit der Wahrnehmung der → Außenpolitik der Bundesrepublik betrautes → Bundesministerium. Die auf das Jahr der Reichsgründung 1871 zurückgehende Bez. AA ist wohl v.a. aus Traditionsgründen beibehalten worden. Das AA ging als eigenständiges Ressort der → Bundesregierung erst 1951 aus der „Dienststelle für Auswärtige Angelegenheiten" im → Bundeskanzleramt hervor. Bis zur Gewinnung der vollen → Souveränität der Bundesrepublik 1955 waren → Bundeskanzler und Außenminister in Personalunion vereinigt.

Der Ressortchef führt die Amtsbezeichnung Bundesminister des Auswärtigen. Seit 1966 hat er, ohne daß dies formeller Vorgabe entspräche, regelmäßig auch als Vizekanzler amtiert. Dem AA sind zwei beamtete → Staatssekretäre und zwei → Parlamentarische Staatssekretäre zugeordnet. Letztere tragen seit 1974 die Amtsbezeichnung → Staatsminister. Nach Art. 87 I GG wird der Auswärtige Dienst in bundeseigener → Verwaltung mit eigenem Verwaltungsunterbau geführt. Damit sind dem Außenminister nicht nur die Mitarbeiter des Ressorts, sondern auch die Angehörigen sämtlicher Auslandsvertretungen der Bundesrepublik (→ Botschaften, → Gesandtschaften, → Konsulate etc.) unterstellt. Für die Vorbereitung auf die einheitliche Laufbahn des diplomatischen Dienstes unterhält das AA eine eigene Ausbildungsstätte.

Ausweisung

Rechtsakt mit der Folge der Beendigung des Aufenthaltsrechts eines Ausländers in einem fremden Staatsgebiet. In der Bundesrepublik wird die A. von der Ausländerbehörde verfügt und notfalls durch → Abschiebung vollzogen. Sie ist im Verwaltungsstreitverfahren anfechtbar.

Autarkie

Wirtschaftliche Unabhängigkeit eines → Staates von Importen. A.bestrebungen bedeuten den Verzicht auf die → Integration in die internationale → Arbeitsteilung. In der Praxis ist A. nur als partielle zu verwirklichen, d.h. als Unabhängigkeit vom Import bestimmter Güter bzw. Rohstoffe.

Autokratie

Oberbegriff für alle → Herrschaftsformen, in denen die gesamte Staatsgewalt in der Hand eines einzelnen Herrschers liegt.

Autonomie

Im Sinne von Selbstgesetzgebung und Selbstbestimmung bezeichnet A. zunächst das Recht eines Staatswesens auf Selbstorganisation. A. ist im völkerrechtlichen Sinne dann gegeben, wenn die für ein Staatsgebiet gültigen und das Staatsvolk bindenden Entscheidungen von einer öffentlichen → Gewalt (→ Regierung, → Parlament) getroffen und durchgesetzt werden, die in keinem Unterordnungsverhältnis zu anderen (fremdstaatlichen) → Autoritäten stehen. Innerstaatlich bezeichnet A. die Befugnis und Fähigkeit bestimmter → Institutionen oder Gruppen zu eigenverantwortlicher Regelung ihrer eigenen (Rechts-)Verhältnisse. So gewährt z.B. das → Grundgesetz den Sozialpartnern die → Tarif-A. (Art. 9 III GG) den → Gemeinden und → Gemeindeverbänden das Recht → kommunaler Selbstverwaltung (Art. 28 II GG). Unter dem Stichwort A. des → Politischen Systems wird die Frage diskutiert, inwieweit jenes fähig ist, von gesellschaftlichen Umwelteinflüssen unabhängige Entscheidungsprämissen zu setzen.

autoritäre Regime

Idealtypische Bez. für Regierungsformen, die zwischen → Demokratie und → Totalitarismus anzusiedeln sind. Von der Demokratie unterscheiden sich a. durch eingeschränkte bzw. gänzlich fehlende Freiheitsräume für gesellschaftlichen und politischen → Pluralismus. Im Gegensatz zu totalitären → Diktaturen verzichten a. sowohl auf eine permanente Mobilisierung der Bevölkerung (d.h. das Partizipationsniveau ist niedrig) als auch auf eine alle Gesellschaftsbereiche durchdringende, ausformulierte → Ideologie. In Gestalt von → Einparteiensystemen und → Militärregimen sind a. heute vornehmlich verbreitet in → Ländern der → Dritten Welt, wo sie sich als Folge nachkolonialer politischer Instabilität und/oder als Korrelat eines niedrigen sozioökonomischen Ent-

wicklungsstandes herausgebildet haben. A. können aber auch entstehen sowohl aus einer Krise demokratischer Systeme, die in der Zwischenkriegszeit in Europa entweder zu faktischer Verfassungsdurchbrechung wie in den → Präsidialkabinetten der → Weimarer Republik oder zum Systemwechsel durch Gewalt(staats)streich (Franco-Spanien, Salazarregime in Portugal, Dollfußregime in Österreich) führten, als auch hervorgehen aus dem Wandel totalitärer Regime (so wurde etwa das SED-Regime der DDR verschiedentlich als a. charakterisiert).

Autoritarismus

→ Autoritäre Regime

autoritäre Persönlichkeit

Von der → Kritischen Theorie (Theodor W. Adorno u.a.) geprägter Begriff zur Kennzeichnung einer Persönlichkeitsstruktur, welche das psychische Potential totalitärer (faschistischer) Massenbewegungen bereithält. Die a. ist gekennzeichnet u.a. durch eine hohe Bereitschaft zu konformem Verhalten, durch Intoleranz sowie die Tendenz zur Unterwerfung unter Stärkere und zu Überwertigkeitsgefühlen gegenüber Schwächeren.

Autorität

Als kompetent bzw. rechtmäßig anerkannter, Fügsamkeit bewirkender Einfluß bzw. Herrschaftsanspruch einer Person, Gruppe oder sozialen → Institution. Max Weber verwandte A. synonym mit dem Begriff der legitimen → Herrschaft, bei welcher er drei Typen unterscheidet: *traditionaler* Herrschaft entspricht eine natürliche A., wie sie z.B. die Einflußbeziehungen innerhalb der Familie regelt; *charismatische* Herrschaft gründet sich auf A., die in herausragenden persönlichen Eigenschaften (Intelligenz, Überzeugungskraft) wurzelt; funktionale oder professionelle A., die sich als Sachverstand und fachliche Qualifikation äußert, ist Grundlage *legaler* Herrschaft.

autozentrierte Entwicklung

Aus der → Dependenztheorie abgeleitete Entwicklungsstrategie, die den Aufbau lebensfähiger Ökonomien in den → Entwicklungsländern durch konsequente Orientierung auf den Binnenmarkt ermöglichen will (und insofern eine Herauslösung aus dem Weltmarkt voraussetzt). Maßnahmen zur Einleitung und Verstetigung von a. sind der Aufbau einer nationalen Produktionsgüterindustrie, der Einsatz „angepaßter" Technologien, die Produktivitätssteigerung der Landwirtschaft und die Umstellung der Produktion von Exportartikeln auf Massenkonsumgüter.

Avantgarde

Allgemein: Vorhut zur Thematisierung bzw. Erkämpfung von soziokulturellen

oder politischen Neuerungen. Das theoretische Konzept einer revolutionären A. wurde von Lenin 1902 in seiner Schrift „Was tun?" vor dem historischen Hintergrund der Konfrontation der russischen → Arbeiterbewegung mit dem zaristischen Unterdrückungsapparat entwickelt. Lenin bezweifelte sowohl die Chancen einer spontanen Erhebung der werktätigen Massen als auch die Möglichkeit eines friedlichen, parlamentarischen Weges zum → Sozialismus. Er wies deshalb der in einer → Kaderpartei organisierten, straff zu führenden → Elite des → Proletariats die Aufgabe zu, als A. der → Arbeiterklasse für diese die → Revolution auszulösen und zu leiten.

B

B-Länder
In den siebziger Jahren unter dem Vorzeichen unterschiedlicher parteipolitischer Mehrheiten in → Bundestag und → Bundesrat geprägte, noch heute übliche Bez. für die → Länder mit einer von der → CDU oder der → CSU geführten → Regierung. Die Länder mit einer SPD-geführten Regierung werden als → A-Länder bezeichnet.

BAFöG
Abk. für *Bundesa*usbildungs*f*örderungsgesetz, das denjenigen, denen die für Ausbildung und Lebensunterhalt notwendigen Mittel anderweitig nicht zur Verfügung stehen, einen individuellen Anspruch auf Ausbildungsförderung gewährt. Der Kreis der Berechtigten ist in den vergangenen Jahren schrittweise eingegrenzt worden. Er umfaßt heute im wesentlichen Schüler an weiterführenden Schulen ab der Klasse 10 (allerdings nur noch diejenigen, die nicht bei ihren Eltern wohnen können), Auszubildende im Zweiten Bildungsweg und Hochschulstudenten. Die Studentenförderung erfolgt auf Darlehensbasis. Auf den gesetzlich fixierten Bedarf der zu Fördernden werden eigenes Einkommen und Vermögen sowie das der Eltern und des Ehegatten unter Berücksichtigung verschiedener Freibeträge angerechnet.

Balance of power
Als „Gleichgewicht der Mächte" bestimmendes Prinzip der → Politik des europäischen Staatensystems seit dem 17. Jh. Insbesondere die Zeit nach dem Wiener Kongreß von 1815 war in Form wechselnder Bündnisse zwischen den 5 Großmächten Österreich-Ungarn, Frankreich, Rußland, Preußen und England vom Gedanken der B. geprägt. Nach dem Scheitern dieser Politik im 1. Weltkrieg wurde versucht, die B. durch ein System → kollektiver Sicherheit (→ Völkerbund) zu ersetzen. Nach dem 2. Weltkrieg verwandelte sich

die stets von mehreren Staaten gestaltete Gleichgewichtspolitik in ein bipolares Bündnissystem, das von der Sowjetunion und den USA dominiert wurde. Aus der B. wurde das „Gleichgewicht des Schreckens", ein Kriegsverhinderungsmodell mittels gegenseitiger → Abschreckung durch → Nato und → Warschauer Pakt, das nach dem Zusammenbruch der UdSSR trotz des noch bestehenden früheren sowjetischen Nuklearwaffenarsenals faktisch der Geschichte angehört.

Ballotage
In Frankreich Bez. für die Stichwahl zwischen den beiden (Präsidentschafts)kandidaten, die im ersten Wahlgang die meisten Stimmen erhalten haben.

Bannmeile
Gesetzlich genau umschriebene Gebiete um die Gebäude von → Bundestag, → Bundesrat, → Bundesverfassungsgericht. Innerhalb der B. waren öffentliche Versammlungen unter freiem Himmel (z.B. → Demonstrationen) untersagt. Das B.-Gesetz des Bundes wurde mit dem Regierungsumzug nach Berlin durch das liberalere → Gesetz über befriedete Bezirke ersetzt.

bargaining
Englisch: Aushandeln; in der → Politikwissenschaft Bez. für administrative und politische Prozesse, in denen auf Anwendung von Ge- und Verboten sowie entsprechenden Sanktionen verzichtet und statt dessen auf freiwillige Vereinbarungen gesetzt wird.

Basis-Überbau
Zentrale Auffassung des → Historischen Materialismus, derzufolge die Ausprägung der soziokulturellen (Überbau-) Phänomene wie Recht, → Kirche, politische → Parteien und staatliche → Institutionen

letztlich, trotz aller Wechselwirkungen, durch die ökonomischen Grundlagen der jeweiligen → Gesellschaft (Basis) determiniert ist.

Basisdemokratie
Sammelbez. für verschiedene Konzeptionen → direkter Demokratie, in welcher die → politische Willensbildung vom gesamten Volk „unmittelbar" getragen werden soll. Die Bez. B. rührt vom Modell des → Rätesystems her, das die Organisation der Urwählerschaft in Basisgruppen (Betriebs-, Wohn- und Verwaltungseinheiten) vorsieht.

Bauernverband
→ Deutscher Bauernverband

Bauleitplanung
Wichtigstes Instrument der → Gemeinden zur Steuerung und Ordnung der städtebaulichen Entwicklung. B. bedeutet die Festlegung der baulichen und sonstigen Nutzung der Grundstücke in einer Gemeinde in → Flächennutzungs- und → Bebauungsplänen.

Beamte
Nach der → Institutsgarantie des Art. 33 GG sind die B. diejenigen Angehörigen des → Öffentlichen Dienstes, die in einem öffentlich-rechtlichen Dienst- und Treueverhältnis stehen. Hoheitsrechtliche Befugnisse dürfen als ständige Aufgabe nur B. übertragen werden. Die Pflichten und Rechte des B.tums werden unter Berücksichtigung seiner „hergebrachten Grundsätze" geregelt (→ Alimentationsprinzip, → Besitzstandsklauseln). Der → Bund verfügt nach Art. 73 Nr. 8 GG über die ausschließliche → Gesetzgebung für die Bundesb., nach Art. 74 a GG über die → konkurrierende Gesetzgebung hinsichtlich der Besoldung und Versorgung von Landes- und Kommunalb. und nach Art. 75 Nr. 1 GG über die → Rahmengesetzgebung über die Rechtsverhältnisse von Landes- und Kommunalb., so daß die Rechtsstellung und Besoldung der B. unabhängig vom Dienstherrn vereinheitlicht sind. Zu unterscheiden sind Berufs-, Wahl- und Ehrenb.

sowie als besondere Kategorie der Berufs- bzw. Wahlb. die → politischen B.

Beauftragter der Bundesregierung für Angelegenheiten der Kultur und der Medien
Durch Organisationserlaß des → Bundeskanzlers vom 27.10.1998 bestellter Beauftragter im Range eines → Staatsministers im → Bundeskanzleramt. Dem B. wurden u.a. übertragen aus dem → Bundesministerium des Innern die Zuständigkeiten für Kultur und Medien sowie Gedenkstätten und aus dem → Bundesministerium für Wirtschaft und Technologie die Zuständigkeit für Medien- und Filmwirtschaft einschließlich des Verlagswesens.

Bebauungsplan
Rechtlich verbindliche Festlegung der Flächennutzung auf der Grundlage und für den begrenzten Bereich eines → Flächennutzungsplans durch die → Gemeinden. Im B. wird die Art der Nutzung eines Baugebiets (z.B. Wohn-, Gewerbe- oder Industriegebiet) festgelegt. Auch die Bauweise sowie u.a. Frei-, Grün- und Verkehrsflächen können festgelegt werden. Ein B. ist Grundlage städtebaulicher Vollzugsmaßnahmen wie Umlegung, Grenzregelung, Enteignung, Erschließung und Zulassung einzelner Bauvorhaben.

Bedürfnis
Jeder Mangelzustand, den ein → Individuum erfährt und zu überwinden sucht. Gemeinhin wird zwischen Primär- und Sekundärb. unterschieden. Unter ersteren werden physische Mangelzustände oder Ungleichgewichte verstanden. Derartige B., z.B. nach Nahrung, Kleidung oder Schutz vor natürlichen Gefahren, die auf die unmittelbare Lebenserhaltung zielen, werden auch als → Grundb. bezeichnet. Ohne die Befriedigung der Primärb. können Sekundärb., die erst durch Interaktion mit der Umwelt, durch → Sozialisation, gelernt werden, u.U. nicht existieren, zumindest nicht erfüllt werden. Unter die Kategorie der Sekundärb. werden z.B. das B. nach Persönlichkeitsentfaltung, sozialer Anerkennung oder Gemeinschaftserfah-

rung gezählt. Die Abgrenzung zwischen Primär- und Sekundärb. ist zwangsläufig unscharf, die Formulierung und Begründung sog. Bedürfnishierarchien dementsprechend umstritten, wie sich exemplarisch an der entwicklungspolitischen Debatte um die Strategie der vorrangigen → Grundbedürfnisbefriedigung zeigt.

Befehls- und Kommandogewalt

Die unbeschadet der → Richtlinienkompetenz des → Bundeskanzlers dem → Bundesminister für Verteidigung nach Art. 65a GG zukommende Befugnis, an Soldaten Befehle zu erteilen und Gehorsam zu verlangen. Der Bundesverteidigungsminister ist also in Friedenszeiten in allen militärischen Befehlsangelegenheiten höchste Instanz. Seine dem Weisungsrecht der anderen → Bundesminister über ihren Geschäftsbereich vergleichbare B. geht mit der Verkündung des → Verteidigungsfalles nach Art. 115b GG auf den Bundeskanzler über.

Befreiungsbewegungen

(Selbst-)Bez. für Organisationen, welche die staatliche Unabhängigkeit eines kolonisierten bzw. in anderer Form unter Fremdherrschaft stehenden Volkes oder → Landes zumeist mit den Mitteln bewaffneten Kampfes (bekannteste Ausnahme: die indische Kongreßbewegung) anstreben. Ihrem Selbstverständnis nach handeln auch solche Gruppen als B., die sich nicht gegen Fremdherrschaft, sondern gegen einheimische → Regime richten. Wissenschaftlich ist der Begriff B. problematisch wegen seiner positiv wertenden Einfärbung, die die → Legitimität des Kampfes von vornherein unterstellt. Ob eine B. das klassische → ius ad bellum tatsächlich zu Recht beansprucht, ist jedoch nur von Fall zu Fall entscheidbar. Die Zielsetzungen von B. reichen von der Wiedererlangung verlorengegangener Eigenstaatlichkeit über den Anschluß von unter fremder Staatshoheit stehenden Volksteilen bis zur Neugründung eines → Staates.

Beglaubigungsschreiben

→ Akkreditierung

Begnadigung

Staatlicher Gnadenerweis im Einzelfall (im Unterschied zur → Amnestie, die einen allgemeinen Gnadenerweis in einer unbestimmten Anzahl von Fällen bezeichnet), durch den der → Staat eine rechtskräftig verhängte Strafe ganz oder teilweise erläßt, umwandelt oder ihre Vollstreckung aussetzt (vgl. BVerfGE 25, S. 358). Das Recht zur B. kommt für Bundessachen dem → Bundespräsidenten zu, in den → Ländern zumeist den → Ministerpräsidenten.

Behaviorismus

Zu Beginn des 20. Jh.s in den USA entwickeltes Wissenschaftskonzept der „Psychologie als Verhaltenswissenschaft". Die vom B. geforderte Beschränkung der wissenschaftlichen Analyse auf direkt beobachtbares und meßbares Verhalten fand auch in andere → Sozialwissenschaften Eingang. Die → Politikwissenschaft nahm das streng erfahrungswissenschaftliche, quantitativ-empirische Wissenschaftsverständnis in „liberalisierter" Form v.a. im Bereich der → Wahlforschung auf. Dieser Ansatz beschränkt sich allerdings nicht auf die bloße Beschreibung politischer Vorgänge, sondern begreift die empirische Deskription vielmehr als notwendige Voraussetzung für die Erklärung und Prognose politischen Verhaltens, die als verallgemeinerbare Aussagen (Gesetzmäßigkeiten) formuliert werden können.

Behörde

Personell und sachlich abgegrenzte Einheit der öffentlichen → Verwaltung. Durch B. als handelnde Organe tritt der → Staat oder ein sonstiger Träger öffentlicher Verwaltung in konkreten, gesetzlich festgelegten Fällen nach außen handelnd in Erscheinung. Entsprechend ihrer Funktion werden Verwaltungs- und Gerichtsb. unterschieden, ferner nach der Trägerschaft Bundes-, Landes-, Gemeinde- und Kreisb., und innerhalb der B.hierarchie oberste, obere, mittlere und untere B.

Beigeordnete

Kommunale Wahlbeamte, die vom → Gemeinde- bzw. Stadtrat für eine

Amtszeit von 4 bis 6 Jahren gewählt werden und zumeist mit der Leitung eines Referates bzw. Dezernates der Kommunalverwaltung betraut sind. Die B. führen in Bayern die Bez. Berufsmäßiger Stadtrat, in Hessen, Niedersachsen und Schleswig Holstein die Bez. → Stadtrat. In Nordrhein-Westfalen ist die Bez. uneinheitlich.

Beiräte

Von → Behörden (meist → Ministerien) zur Beratung in speziellen Sachbereichen eingerichtete ständige Gremien, deren Mitglieder in der Mehrzahl nicht Verwaltungsangehörige sind, sondern als unabhängige Experten und Vertreter wichtiger → Interessengruppen berufen werden. Die in der → Gemeinsamen Geschäftsordnung der → Bundesministerien verankerte Möglichkeit zur Errichtung von B., die „nur für Arbeitsgebiete von größerer Bedeutung" vorgesehen ist, wird in den einzelnen Ressorts intensiv genutzt. Die B. gelten daher auch als wichtiger Zugang der Verbände zur → Ministerialbürokratie.

Bekenntnisschule

Bekenntniseinheitliche Schule, in der eine weltanschaulich-religiöse Grundlegung des gesamten Unterrichts angestrebt wird. Im öffentlichen Schulwesen der Bundesrepublik überwogen B. bis in die 60er Jahre, insbesondere im Grund- und Hauptschulbereich. Heute ist die (christliche) → Gemeinschaftsschule als Regelschule vorherrschend, innerhalb derer jedoch gelegentlich nach Konfessionen getrennte Klassen gebildet werden.

Belagerungszustand

Im Fall einer durch Krieg, Kriegsgefahr oder innere Unruhen verursachten Bedrohung der öffentlichen Sicherheit verhängte, äußerste staatliche Notmaßnahme, die i. d. R. zu einer ausnahmerechtlichen Ausweitung der Exekutivgewalt und Einschränkung der → Bürgerrechte führt. Das → Grundgesetz kennt den B. nicht; es trifft Regelungen für den inneren Notstand (Art. 91 GG) und den → Verteidigungsfall (Art. 115a - 1 GG).

Bellum iustum

Von der christlichen → Naturrechtslehre (v.a. Augustinus, Thomas v. Aquin) entwickelter moraltheologischer Begriff, der die Kriterien für einen nach christlicher Vorstellung gerechtfertigten Krieg zusammenfaßt. Danach ist ein Krieg dann gerecht, wenn er erst nach Ausschöpfung aller friedlichen Einigungsmöglichkeiten von einer rechtmäßigen Obrigkeit aus einem gerechten Grund (Verteidigung gegen schweres Unrecht seitens fremder Mächte) mit einem gerechten Ziel (Wiederherstellung der Friedensordnung), mit maßvollen Mitteln und beschränkt auf die Kombattanten geführt wird.

Beratervertrag

Nach der Neufassung der Verhaltensregeln für Mitglieder des Deutschen → Bundestages im Dezember 1986 (→ Geschäftsordnung des Bundestages, Anlage 1), müssen → Abgeordnete, die neben Beruf und → Mandat „Verträge über die Beratung, Vertretung oder ähnliche Tätigkeiten" abgeschlossen haben, dies dem → Bundestagspräsidenten schriftlich anzeigen. Wird ein bestimmtes Entgelt überschritten, ist dabei auch die Höhe der aus dem Vertrag resultierenden Einkünfte anzugeben.
Nach dem sog. Diätenurteil des → Bundesverfassungsgerichts sind gesetzliche Vorkehrungen zu treffen, um zu verhindern, daß Abgeordnete Bezüge aus einem B. nur deshalb erhalten, „weil von ihnen ... erwartet wird, sie würden im → Parlament die Interessen des zahlenden Arbeitgebers ... vertreten und nach Möglichkeit durchzusetzen versuchen" (BVerfGE 40, S. 297).

Bereitschaftspolizei

Kasernierte Polizeieinheiten der → Länder. Die B. dient der Ausbildung des Nachwuchses für den Polizeivollzugsdienst und wird zu dessen Unterstützung auch zu Sonder- und Schwerpunkteinsätzen herangezogen. Die B. kann nach Art. 91 GG auch zur Abwehr einer drohenden Gefahr für den Bestand des → Bundes oder eines → Landes oder für die → frei-

heitliche demokratische Grundordnung
eingesetzt werden.

Berlin-Abkommen
⇒ *Viermächteabkommen über Berlin*

Berlin-Blockade
Von der UdSSR im Zuge des sich verschärfenden → Ost-West-Konfliktes verhängte Sperrung der Land- und Wasser-
wege zwischen West-Berlin und Westdeutschland. Die B. dauerte vom
24.6.1948 bis zum 12.5.1949. Anlaß war
die Ausdehnung der in den Westzonen am
21.6.1948 vollzogenen → Währungsreform auf die Berliner Westsektoren. Das
mit der B. verfolgte Ziel war die Aufhebung des → Viermächtestatus für Berlin
und die Eingliederung der Stadt in die sowjetische → Besatzungszone. Nachdem
die Versorgung West-Berlins mittels der
durch die USA und Großbritannien eingerichteten Luftbrücke sichergestellt werden
konnte, hob die UdSSR nach Geheimver-
handlungen mit den USA die B. am
12.5.1949 auf.

Berlinfrage
Seit dem 2. Weltkrieg als Teil der
→ deutschen Frage einer der Hauptkrisen-
punkte des → Ost-West-Konflikts in Europa. Nachdem bereits während des 2.
Weltkrieges seitens der Alliierten entschieden worden war, Berlin zu einer besonderen Einheit unter gemeinsamer Verantwortung zu machen, wurde die Stadt
aufgrund des → Viermächtestatus vom
5.6.1945 von amerikanischen, britischen,
französischen und sowjetischen Truppen
besetzt und - aufgeteilt in vier Sektoren -
gemeinsam verwaltet. In Reaktion auf die
Bildung der → Bizone und ihre Einbeziehung in den → Marshallplan verließ die
UdSSR im März 1948 den → Alliierten
Kontrollrat und am 1.6.1948 auch die Alliierte Hohe Kommandantur in Berlin. Die
wenige Tage später (21.6.) durchgeführte
→ Währungsreform in den Westzonen und
ihre Ausdehnung auf West-Berlin beantwortete die UdSSR mit der → Berlin-
Blockade. Deren Aufhebung im Mai 1949
bedeutete keineswegs eine Einigung der
Vier Mächte über die Zukunft Berlins; ei-

ne solche konnte auch in verschiedenen
Konferenzen der folgenden Jahre nicht er-
zielt werden. Am 27.11.1958 erklärte die
UdSSR in einer Note an die Westmächte,
daß sie die früheren Abmachungen über
Berlin als „außer Kraft gesetzt" betrachte,
und verlangte die Umwandlung (West-)
Berlins in eine entmilitarisierte „Freie
Stadt" innerhalb von sechs Monaten
(„Berlin-Ultimatum"). Die darauf folgende, anhaltende Kontroverse um den
Rechtsstatus (West-) Berlins kulminierte
am 13.8.1961 im Bau der Berliner Mauer.
In den folgenden Jahren versuchte die
DDR - unterstützt von der UdSSR - durch
verschiedene Maßnahmen auf eine Isolierung West-Berlins von der Bundesrepublik Deutschland hinzuwirken. Erst das im
Zuge der → Entspannungspolitik und der
→ Ostverträge abgeschlossene → Viermächteabkommen über Berlin vom
3.9.1971 entschärfte die B., die als solche
nach der → Wiedervereinigung und nach
Abschluß des Vertrages über die abschließende Regelung in bezug auf Deutschland
nicht mehr existierte.

Berlin-Klausel
Aufgrund des alliierten → Berlin-
Vorbehalts galten vom → Bundestag beschlossene → Gesetze nicht unmittelbar
auch in Berlin. Nach Art. 87 II der → Verfassung von Berlin konnte das → Abgeordnetenhaus jedoch durch Gesetz feststellen, daß ein Gesetz der Bundesrepublik
unverändert auch für Berlin übernommen
wurde. Wollte der Bundesgesetzgeber eine
solche Übernahme, nahm er in das jeweilige Gesetz die B. auf. Diese besagte, daß
das Gesetz - nach Maßgabe des Dritten
Überleitungsgesetzes - auch im → Land
Berlin galt.

Berlin-Vorbehalt
Im Genehmigungsschreiben der westlichen Militärgouverneure zum → Grundgesetz bezüglich der Art. 23 und 144 formulierter Vorbehalt, demzufolge „Berlin
keine abstimmungsberechtigte Mitgliedschaft in → Bundestag und → Bundesrat
erhalten auch nicht durch den → Bund
regiert werden wird." In den Bundestag
entsandte Berlin daher 22 Mitglieder, die

vom → Abgeordnetenhaus und nicht vom Volk gewählt wurden. Diese hatten - ebenso wie die Berliner Vertreter im Bundesrat - kein Stimmrecht bei rechtsgestaltenden Abstimmungen oder solchen mit Außenwirkung. In den → Ausschüssen wirkten die Berliner → Abgeordneten gleichberechtigt mit. Nach dem Verzicht der Westalliierten auf den B. waren die Berliner Abgeordneten am 21.6.1990 bei der → Ratifizierung des → Staatsvertrages mit der DDR erstmals voll stimmberechtigt.

Berufsbeamtentum
→ Beamte

Berufsfreiheit
Durch Art. 12 I GG garantiertes → Grundrecht der freien Wahl von Beruf, Arbeitsplatz und Ausbildungsstätte (Satz 1). Die Berufsausübung kann durch → Gesetz oder aufgrund eines Gesetzes geregelt werden (Satz 2). Hinsichtlich des → Gesetzesvorbehalts für die Berufsausübung hat das → Bundesverfassungsgericht im sog. „Apothekenurteil" entschieden, daß sich zwar auch auf die Berufswahl erstreckt, allerdings nicht in gleicher Intensität. D.h. daß die Freiheit der Berufswahl nur eingeschränkt werden darf, „soweit der Schutz besonders wichtiger Gemeinschaftsgüter es erfordert", während die Freiheit der Berufsausübung schon beschränkt werden kann, „soweit vernünftige Erwägungen des → Gemeinwohls es zweckmäßig erscheinen lassen" (BVerfGE 7, S. 378).

Berufsständische Gesellschaftsordnung
→ Korporatismus

Berufsverbot
Zeitweiliges oder dauerndes Verbot, einen bestimmten Beruf auszuüben. Bei freien Berufen (z.B. Ärzten, Rechtsanwälten) sind für die Verhängung eines B. Berufs- oder Ehrengerichte der Standesvertretungen zuständig. Im Strafrecht kommt ein B. unter bestimmten Voraussetzungen als eine Maßregel der Besserung (des Täters) und Sicherung (der Gemeinschaft) in Betracht.

Zum politisch umstrittenen Begriff wurde das B. durch die öffentliche Auseinandersetzung um den sog. → Extremistenerlaß, demzufolge begründete Zweifel an der Verfassungstreue eines Bewerbers für den → öffentlichen Dienst die Ablehnung seiner Einstellung rechtfertigen. Die daraus resultierende Ablehnung von Bewerbern bzw. Entlassung von Angehörigen des öffentlichen Dienstes wurden von Kritikern des Extremistenerlasses als ungerechtfertigte Grundrechtseinschränkung bezeichnet.

Besatzungsrecht
Nach dem 2. Weltkrieg für das Gebiet des besetzten Deutschlands von den Besatzungsmächten durch ihre Gesetzgebungsorgane (Oberster Befehlshaber der alliierten Streitkräfte, Zonenbefehlshaber, → Alliierter Kontrollrat, → Alliierte Hohe Kommission) erlassene Rechtsvorschriften, die neben das fortgeltende deutsche Recht traten. Nach Beendigung des Besatzungsregimes durch den → Deutschlandvertrag (1955) blieb das B. zwar bestehen, doch wurden die Bundesrepublik und ihre → Länder durch den Überleitungsvertrag selbigen Jahres ermächtigt, das B. aufzuheben oder zu ändern, was in der Zeit von 1956 bis 1960 in weitem Umfang geschah.

Besatzungsstatut
Von den drei westlichen Besatzungsmächten erlassene, am 21.9.1949 nach der Konstituierung der Verfassungsorgane des → Bundes in Kraft getretene Regelung des Verhältnisses der Hoheitsgewalt der Alliierten zu den → Hoheitsrechten der Bundesrepublik. Durch das B. wurde → Bund und → Ländern die → gesetzgebende, → vollziehende und → rechtsprechende Gewalt übertragen. Die Besatzungsmächte behielten sich jedoch die Regelung bestimmter Sachverhalte (z.B. Auswärtige Angelegenheiten, Entwaffnung und Entmilitarisierung, Kontrolle der Ruhr, → Reparationen) sowie das Recht vor, die Ausübung der vollen → Gewalt wieder zu übernehmen, falls sie dies für unerläßlich für die Sicherheit, die Aufrechterhaltung der demokratischen Ordnung oder die Erfüllung ihrer internationalen Verpflichtun-

gen erachten sollten. Änderungen des → Grundgesetzes bedurften der ausdrücklichen Zustimmung der Besatzungsbehörden, einfache → Gesetze unterlagen ihrem Einspruchsrecht. Das B. wurde im März 1951 durch Abbau der alliierten Vorbehaltsrechte revidiert. Es verlor mit Inkrafttreten des → Deutschlandvertrages seine rechtliche Gültigkeit.

Besatzungszonen
Laut Kriegsvölkerrecht Gebiete, in denen nach der Besetzung durch feindliche Streitmächte die Ausübung der früheren (eigenen) durch eine neue (fremde) Gebietshoheit eingeschränkt oder ausgeschlossen ist. Die Ausübung der Gebietshoheit durch die Besatzungsmacht ist nach den Art. 42 - 56 der → Haager Landkriegsordnung völkerrechtlichen → Normen unterworfen. Nach Art. 43 ist die Besatzungsmacht gehalten, alle „Vorkehrungen zu treffen, um nach Möglichkeit die öffentliche Ordnung und das öffentliche Leben wiederherzustellen und aufrechtzuerhalten, und zwar, soweit kein zwingendes Hindernis besteht, unter Beachtung der Landesgesetze".
Nach dem 2. Weltkrieg wurde das Territorium des Deutschen Reiches, mit Ausnahme der Gebiete östlich der → Oder-Neiße-Linie, in vier B. aufgeteilt, die Stadt Berlin in vier Sektoren. Entsprechend einer Erklärung der Alliierten vom 5.6.1945 wurde die oberste → Gewalt in Deutschland von den Oberkommandierenden jeder B. für diese Zone ausgeübt sowie gemeinsam in den Deutschland als Ganzes betreffenden Fragen (→ Alliierter Kontrollrat).

Beschlußfähigkeit des Bundestages
Nach § 45 I GOBT ist der → Bundestag beschlußfähig, „wenn mehr als die Hälfte seiner Mitglieder anwesend ist." In dieser kategorischen Form findet die Bestimmung jedoch selten Anwendung, denn die Beschlußfähigkeit kann seit 1980 nur auf Antrag einer → Fraktion bzw. von anwesenden fünf vom Hundert der Mitglieder und wenn sie auch vom Sitzungsvorstand nicht einmütig bejaht wird festgestellt werden (§ 45 II GOBT). Der Bundestag kann also auch dann in gültigen → Ab-

stimmungen gültige Beschlüsse fassen, wenn weniger als die Hälfte der → Abgeordneten anwesend ist. Die B. gezielt anzuzweifeln, ist ein gelegentlich angewandtes Mittel parlamentarischer Taktik, das auf die Aufhebung der Sitzung zielt. Diese ist vom → Bundespräsidenten unmittelbar nach der Feststellung der Beschlußunfähigkeit zu vollziehen (§ 45 III GOBT). Zwischen 1949 und Ende 1984 geschah dies insgesamt 46 mal. Die Zahl ist allerdings stark rückläufig (allein auf die erste und zweite Legislaturperiode entfallen 28 Fälle). Der Grund dafür ist, daß bis 1952 die B. von jedem einzelnen Abgeordneten, von 1952 bis 1980 von 5 Abgeordneten angezweifelt werden konnte.

Besitzstandsklauseln
Diejenigen Rechtsgarantien, denen zufolge → Beamte einmal erreichte Positionen (Bezahlung, Versorgung) und Anwartschaften ohne eigenes Verschulden nicht verlieren dürfen.

besonderes Gewaltverhältnis
Das b. begründet eine über die allgemeinen Rechte und Pflichten des → Staatsbürgers hinausgehende, besonders enge Abhängigkeit des einzelnen von der → Hoheitsgewalt des → Staates. B. können aufgrund freiwilligen Eintritts (z.B. Schüler höherer staatlicher Schulen, Studenten, → Beamte, Berufssoldaten) oder aufgrund staatlichen Zwanges (Wehrpflicht, Strafhaft) entstehen. Die Ausgestaltung eines b., die eine Einschränkung der → Grundrechte bedeuten kann, unterliegt dem → Gesetzesvorbehalt.

Beteiligung
⇒ *Partizipation*

Betriebsräte
Bez. sowohl für gewählte Vertreter wie auch Vertretungsorgane der Arbeitnehmer in privatwirtschaftlichen Betrieben auf der Grundlage des → Betriebsverfassungsgesetzes. B. sind in allen Betrieben mit mindestens fünf wahlberechtigten Arbeitnehmern zu bilden, ihre Mitgliederzahl variiert nach der Zahl der Beschäftigten des Betriebs. Die Zuständigkeiten der B. sind

im BetrVG genauestens festgelegt. Sie reichen von qualifizierter → Mitbestimmung (v.a. in sozialen Belangen) über Zustimmungs- bzw. Widerspruchsrechte (v. a. hinsichtlich personeller Entscheidungen) bis zum Recht der Unterrichtung und Anhörung bei wirtschaftlichen Angelegenheiten.

Betriebsverfassung
Gesamtheit der Rechtsnormen, die das Verhältnis zwischen Arbeitgeber und Arbeitnehmer im Betrieb regeln.

Betriebsverfassungsgesetz/ BetrVG
Am 11.10.1952 verabschiedetes, am 15.1.1972 letztmals geändertes → Gesetz, das die Mitwirkung und → Mitbestimmung der Arbeitnehmer in sozialen, personellen und wirtschaftlichen Angelegenheiten in privatrechtlich organisierten Betrieben regelt. Das BetrVG verwirklicht die innerbetriebliche Mitbestimmung nach dem Muster demokratischer → Repräsentation, d.h. über die Wahl von → Betriebsräten.

Bevölkerungspolitik
Gesamtheit staatlicher Maßnahmen zur Beeinflussung und Steuerung der Bevölkerungsbewegung, d.h. der Veränderung des Bestands einer Bevölkerung durch Geburten und Sterbefälle sowie durch Wanderungen und Umzüge. Eine pronatalistische B. will die Bevölkerungszahl steigern (z.B. durch finanzielle Zuwendungen und steuerliche Begünstigungen von Familien, aber auch durch das Verbot von Abtreibungen). Eine antinatalistische B., deren Ziel die Stagnation oder der Rückgang der Bevölkerungszahl ist, wird v.a. von → Entwicklungsländern betrieben. Maßnahmen dazu sind die Freigabe und klinische Durchführung von Abtreibungen, freiwillige Sterilisation sowie Aufklärungskampagnen, die Verteilung von empfängnisverhütenden Mitteln und gesetzlich verordnete Kinderzahlbeschränkungen.

Bezirk
1. Allgemein Bez. für den territorialen Zuständigkeitsbereich einer öffentlichen → Verwaltung (z.B. → Regierungsbezirk).

2. Höhere → Gemeindeverbände in Bayern und Rheinland-Pfalz zur Erfüllung öffentlicher Aufgaben, welche die Zuständigkeit und Leistungsfähigkeit der → Landkreise und kreisfreien → Gemeinden übersteigen (v.a. auf den Gebieten der Wohlfahrtspflege).
3. Selbstverwaltungseinheit in Berlin, die alle Aufgaben, die nicht der Hauptverwaltung (Senatsverwaltung und ihr nachgeordnete → Behörden) vorbehalten sind, als eigene Aufgaben wahrnimmt. Hauptorgane in den 23 B. sind die → Bezirksverordnetenversammlungen.
4. Rechtlich nicht selbständige Untergliederung innerhalb des Verwaltungsaufbaus im → Stadtstaat Hamburg. Die 7 B. erledigen die ihnen zufallenden örtlichen Aufgaben unter → Rechts- und → Fachaufsicht.
5. In der ehemaligen DDR Bez. für die (einschließlich Berlin) 15 Gebietseinheiten, die 1952 bei gleichzeitiger Auflösung der → Länder geschaffen wurden. Die Schaffung der B. diente dem Aufbau eines zentralistischen → Staates (→ Zentralismus).

Bezirkstage
In Bayern die gewählte Vertretung der Bürger der 7 → Regierungsbezirke, in die das → Land aufgeteilt ist. Die B. entscheiden über alle Angelegenheiten der Bezirksverwaltung, die vornehmlich in der als Pflichtaufgabe ausgestalteten Schaffung und Unterhaltung von psychiatrischen und neurologischen Heilanstalten (Bezirkskrankenhäuser) bestehen.

Bezirksverfassung
Im Zuge der → Gebietsreformen in den → Bundesländern erlassene Vorschriften der → Gemeindeordnungen über Stadtteilvertretungen, welche entweder direkt gewählt oder entsprechend dem Ergebnis der Stadtratswahlen zusammengesetzt werden und demgemäß eigene Entscheidungskompetenzen oder nur beratende Funktion haben.

Bezirksverordnetenversammlungen
Vertretungskörperschaften der 23 Berliner → Bezirke, welche die kommunale Ebene

des → Stadtstaates bilden. Die Bezirke verfügen über eine eigene → Verwaltung, an deren Spitze ein → Bürgermeister steht.

Bezirksversammlungen
Vertretungskörperschaften der 7 Hamburger → Bezirke, welche die kommunale Ebene des → Stadtstaates bilden. Die Bezirke verfügen mit den Bezirksämtern über eine eigene → Verwaltung.

BHE
Abk. für → *B*lock der *H*eimatvertriebenen und *E*ntrechteten.

Bias
Bei der → relativen Mehrheitswahl mögliche, zeitweilige Begünstigung einer → Partei, im Extremfall („critical bias") mit dem Ergebnis, daß eine Partei mit weniger Stimmen als eine andere Partei die Mehrheit der Parlamentsmandate erringt. Eine derartige Begünstigung, die bei → Verhältniswahlen nicht auftritt, entsteht z.B. aufgrund von Überschußstimmen der Parteien in → Wahlkreisen, die nicht zum Gewinn weiterer → Mandate verhelfen, oder aufgrund regional unterschiedlicher → Wahlbeteiligung.

Bildungsgesamtplan
Von der → Bund-Länder-Kommission für Bildungsplanung und Forschungsförderung am 15.6.1973 verabschiedete quantitative und qualitativ-inhaltliche Rahmenplanung für die → Bildungspolitik von → Bund und → Ländern bis zum Jahre 1985. Die Zielvorgaben des B., die sich auf Schulwesen, Lehrerbildung und Hochschulen bezogen, wurden nur teilweise verwirklicht, u.a. deshalb, weil die gesamtwirtschaftlichen Annahmen im B. sich als zu optimistisch erwiesen.

Bildungsökonomie
Erforschung der ökonomischen und sozialen Bedingungen und Wirkungen von Bildung, Lehre und Forschung. B. im engeren Sinne geht dem Zusammenhang zwischen Wirtschaftssektor und Bildungsbereich nach mit dem Ziel, verläßliche Prognosen über den Bedarf an qualifizierten Arbeitskräften zu liefern, um der

→ Bildungspolitik eine Planungsgrundlage zu verschaffen.

Bildungspolitik
1. Begriff und Entstehung des öffentlichen Bildungswesens. Unter B. wird i.d.R. die Ordnung und Entwicklung des Schulwesens, des Hochschulwesens und der außerschulischen Erziehung, Bildung und Qualifizierung innerhalb staatlicher → Gemeinschaften und anderer → Gebietskörperschaften mit öffentlich-rechtlichem Bildungsauftrag, auch in ihrem Verhältnis zueinander, verstanden.

Mit der politischen Absicherung des → Bürgertums und der Etablierung eines neuhumanistischen Bildungskanons an den Gymnasien im ausgehenden 18. und im 19. Jh. wandelte sich das Selbstverständnis staatlicher → Administration zeitweise zu „kulturstaatlicher" Selbstbeschränkung in der Vorgabe von inhaltlichen Bildungszielen oder gar weltanschaulichen Postulaten. Davon unberührt setzte sich das staatliche und kommunale Gestaltungsmonopol bei deren Umsetzung z. B. in den äußeren und inneren Schulangelegenheiten (s. u.) so gut wie lückenlos durch. Entsprechend haben die Verfassungsgerichte festgestellt, daß allgemeine Lernziele nur durch die → Legislative festgelegt werden können. Deren Verwirklichung ist in allen → Bundesländern u.a. durch Schulverwaltungsgesetze gesichert. Der → Staat betreibt jedoch nicht B. als eine Art von → Leistungsverwaltung, sondern er ist in einem demokratischen Gemeinwesen wie der Bundesrepublik *Träger* eines *öffentlichen Bildungswesens* (Art. 7 GG).

Die öffentliche Verantwortung für das Bildungswesen ist ihrerseits in einer Staat und Privatsphäre trennenden → Gesellschaft mit einer vielfältigen Bildungstradition bezogen auf den pädagogischen „Freiraum" des Unterrichts und damit die pädagogische Eigenverantwortung der Lehrenden; ebenso wie auf den Bildungsanspruch der Schüler jenseits von Indoktrination.

In der Bundesrepublik ist durch das → Grundgesetz und die Landesverfassungen ein Rahmen für bildungspolitische Initiativen gesetzt, der u.a. das Recht auf Entfaltung der Persönlichkeit, freie Berufsausübung, → Mitbestimmung der Bildungswege durch die Eltern, religiöse Erziehung ebensowohl wie liberale Gleichheitspostulate sowie die institutionelle Garantie des Privatschulwesens umfaßt. Geschichtlich haben sich Desiderate moderner Verfassungen wie der Schutz der Glaubensfreiheit, die Achtung der Menschenwürde, das Toleranzgebot, demokratische Mitbestimmungsrechte und neuerdings die → Gleichberechtigung der Geschlechter und der Schutz der Umwelt als Bildungsziele in den Lehrplänen für die Schule und auch im Selbstverständnis den Lehrer und Lehrerinnen niedergeschlagen.

2. → *Föderalismus und gesamtstaatliche Einheit in der B.* Nach Art. 70 GG obliegt den → Ländern Gesetzgebung und → Verwaltung für das Bildungswesen, soweit nicht dem → Bund bestimmte Aufgaben zugewiesen sind (s.u.), was auch als → „Kulturhoheit" bezeichnet wird. Insofern sind sie die primären staatlichen Initiatoren und Adressaten der B. Die Kulturhoheit der Länder ist eingebunden in die gesamtstaatliche Verantwortung, an deren Ausübung die Länder ohnehin im → Bundesrat beteiligt sind. Dies ist vom → Bundesverfassungsgericht als Handlungsmaxime der Bundesfreundlichkeit umschrieben worden.

Im Grundgesetz erhielt der Bund die Gesetzgebungsbefugnis für die betriebliche Berufsausbildung als integrierenden Bestandteil der → Wirtschaftspolitik (Art. 74 GG), die → konkurrierende Gesetzgebung für die Förderung der wissenschaftlichen Forschung - wegen deren überregionaler Bedeutung - und die Ausbildungsförderung, jeweils aber in Abstimmung mit den Ländern.

Die gesamtstaatliche Mitverantwortung von Bund und Ländern fand ihren Niederschlag in der Statuierung von → Gemeinschaftsaufgaben mit der Grundgesetzänderung von Anfang 1969 (Art. 91a und b), wonach u.a. die Bildungsplanung, die überregionalen Forschungseinrichtungen und der Aus- und Neubau von Hochschulen nun als gemeinsame bildungspolitische Zielsetzungen zu verwirklichen waren.

3. *Rahmenbedingungen der B. in der Nachkriegszeit.* Neben dem Wiederaufbau in Deutschland bestand ein Nachholbedarf aller am Krieg beteiligten Industriestaaten hinsichtlich der → Modernisierung ihrer → Infrastruktur unter Einschluß der Bildungseinrichtungen und damit des Ausbaus des Bildungswesens entsprechend einem gesteigerten Qualifikationsbedarf. Außerdem setzten sich nach der ersten wirtschaftlichen Stabilisierung die nur zeitweilig aufgehaltenen sozialen Umschichtungsprozesse auf dem Weg über das weiterführende allgemeine und berufliche Schulwesen beschleunigt fort. Hinzu kam ein Anstieg der Geburtenrate, der, verschoben um das Einschulungsalter, zu beständig anwachsenden Schülerjahrgängen führte. Dieser als Bildungsexpansion bezeichnete Vorgang übertrug sich entsprechend später auf die Hochschulen, die sich jedoch traditionell eher als Teil des Wissenschaftssystems denn als höhere Qualifikationsstufe des Ausbildungssystems verstanden.

4. *B. und Bildungsreform nach der Wiederaufbauphase.* Bildungspolitische Reformimpulse vornehmlich aufgrund des fortbestehenden „Bildungsgefälles" zwischen den sozialen Schichten, besonders den akademischen Berufen einerseits, der Arbeiterschaft andererseits, führten seit Ende der 50er Jahre zu einer schrittweisen und je nach Regierungsverantwortung der → Parteien in den Ländern und auch → Kommunen unterschiedlich weit vorangetriebenen Verwandlung des vertikal gegliederten Sekundarschulwesens in ein horizontales, d.h. zur *organisatorischen* → Integration der Schulstufen bei gleichzeitiger innerer curricularer Differenzierung. Ausdruck dessen waren die Trennung der Volksschule in Grundschule und Hauptschule mit eigenständigen Bildungszielen, die in der Mehrzahl der Bundesländer als Angebots- oder Regelschule eingeführte schulformunabhängige Förderstufe und die → Gesamtschule, die nach Kern- und Kursprinzip curricular differenziert ist und damit das alte Versetzungsprinzip nach Klassen partiell ablöst. Besonders die Gesamtschule, - in den → Stadtstaaten, in Hessen und in Nord-

rhein-Westfalen als Regel- oder zumindest als Angebotsschule eingeführt -, wurde zum Politikum, weil ihr egalisierende Tendenzen zugeschrieben wurden.

Bildungspolitisch ebenso bedeutsam waren *Ausbau und Differenzierung des berufsbildenden Schulwesens*, worin sich die veränderten Qualifikationsanforderungen in Produktions- und Dienstleistungsbereichen niederschlugen. Markierungspunkte waren: die Stufenausbildung und allgemein fachliche Niveauanhebung sowie die Konzentration der Lernorte in überbetrieblichen Ausbildungsstätten in der dualen Berufsausbildung, die Zusammenfassung und Neuordnung der Ausbildungsberufe nach Qualifikationsstufen, neue Auswahlkriterien für die betrieblichen Ausbilder, die teilweise Einrichtung eines Berufsgrundbildungsjahres und darauf aufbauend ein „flächendeckender" Ausbau eines weiterführenden Berufsausbildungswesens, das hohe Zuwachsraten der Schülerzahl aufwies; ferner der Ausbau der Berufsbildungsforschung (u.a. im Bundesinstitut für Berufsbildungsforschung).

Weitere Innovationen betrafen die → Modernisierung der Curricula, die Öffnung des Schulsystems für Modellversuche und die Differenzierung der Sekundarstufe einschließlich der Anforderungen des Abiturs. Auf der anderen Seite hat die Erweiterung der Ausbildungschancen nicht etwa zu deren sozialer Egalisierung, sondern eher zur „Anhebung der Statuspyramide" in den Anteilen der sozialen Schichten am Besuch von Gymnasien und Hochschulen geführt.

Seit Ende der Reformphase wird der sog. *Quartäre Sektor* der Weiterbildung im Anschluß an allgemeine und berufliche Bildung Gegenstand bildungspolitischer Initiativen und Strukturierungsversuche. Den Kernbereich bilden die öffentlichen Volkshochschulen. Angesichts der Notwendigkeit des beruflichen Umlernens, vielfältigen Bedarfs an Lebenshilfen, allgemein auch zur Bewältigung des gesteigerten gesellschaftlichen Modernisierungstempos, ferner zur Deckung des Qualifikationsnachholbedarfs von Einwande-

rungsgruppen wird dieser Bereich bildungspolitisch offenbar weiterhin an Bedeutung gewinnen; auch ohne daß man ihn zur „Lerngesellschaft" hochstilisieren muß.

5. Bildungsberatung, Bildungsplanung und Bildungsforschung als Mittel der B.

Mit dem Abklingen der Wiederaufbauphase entstand in der → Öffentlichkeit und unter Bildungspolitikern das Bedürfnis, den Ausbau der Bildungseinrichtungen nicht der bloßen Nachfrage und entsprechenden Reaktionen der → Administration zu überlassen, sondern mit Zielvorgaben, u.a. unabhängiger Beratungsgremien, zu legitimieren und gesamtstaatlich zu verantworten.

Die Bildungsplanung, die in den 60er Jahren einsetzte, hat mit der → *Bildungsökonomie* z.T. gemeinsame Grundlagen: Es ging um die gesamtgesellschaftliche Steuerung des Bildungswesens in Gestalt der quantitativen und qualitativen Abstimmung von „sozialer Nachfrage" nach Ausbildungsplätzen mit dem Arbeitskräftebedarf des Beschäftigungssystems an entsprechend qualifizierten Absolventen. Hierfür hatte die Bildungsökonomie, zum Teil initiiert durch die → OECD, die Grundlagen bereitgestellt, indem sie den Zusammenhang zwischen Wirtschaftswachstum und Verwendung von höher qualifizierter „manpower", auch im internationalen Vergleich, ökonometrisch demonstrierte und auch auf die individuellen Erträge der Qualifizierung bezog. Zum anderen suchte die Bildungsökonomie Kriterien funktionaler Effizienz der Qualifikationsprozesse, etwa gemessen am zahlenmäßigen Verhältnis von erreichter Qualifikation und Ressourcenaufwand, bereitzustellen. Auf diesen theoretischen Grundlagen entstand in den 60er und 70er Jahren eine Teildisziplin der Nachfrage- und Bedarfsprognosen, z.T. als bloße Trendberechnungen, z.T. als ökonometrisch integrierte Modelle. Im Ergebnis hat sie schon wegen ihrer Langfristigkeit die um Legitimationsbeschaffung bemühte B. zwar zu informieren, aber nicht nachhaltig zu steuern vermocht.

6. Bildungspolitik nach der Wiederverei-nigung. Auf Grund des → Einigungsver-trages sind die in der ehem. DDR 1953 aufgelösten Länder, z.T. in veränderten Grenzen, wiederhergestellt worden. Die „Kulturhoheit" im Rahmen des Grundge-setzes ist auf sie übergegangen. 1990 sind sie der → Kultusministerkonferenz und danach den → Institutionen der Bildungs-planung und Bildungsberatung der alten Bundesrepublik beigetreten, während der Bund auch hier keine allgemeine politi-sche oder Verwaltungszuständigkeit er-langt hat. In einem einmaligen Prozeß der Reorganisation haben die neuen Bundes-länder die Grundstrukturen des westdeut-schen Bildungswesens übernommen; be-sonders - mit Einschränkungen in einigen Ländern - die dreigliedrige allgemeinbil-dende Sekundarstufe und die Gliederung des Hochschulbereichs in wissenschaftli-che und in Fachhochschulen.

7. Künftige Aufgaben der Bildungspolitik. Nach der Phase der Bestandssicherung, die der Expansion besonders in den 70er Jahren folgte, stellen sich für die B. im wiedervereinigten Deutschland und zu-gleich im Rahmen der europäischen Inte-gration künftig v. a. die folgenden gesamt-staatlichen Aufgaben:

Angesichts struktureller Arbeitslosigkeit für einen Teil der Absolventen aller Quali-fikationsstufen einschließlich der Lehr-amtsanwärter muß mittelfristig ein quan-titativer und qualitativer Ausgleich zwi-schen Angebot und Nachfrage im Be-schäftigungssystem angestrebt werden.

Obgleich sich auf Bundesebene die bil-dungspolitischen gegensätzlichen Positio-nen der → Parteien reproduzieren, muß doch eine gesamtstaatliche Planung, wie sie im Rahmen der Bildungsplanungs-kommission in den 70er Jahren versucht wurde, wieder aufgenommen werden.

Im Zusammenhang damit muß der „Re-formstau" in der Anpassung auch des deutschen Bildungswesens an übergrei-fende Tendenzen der → Globalisierung und → Deregulierung der Wirtschaft (Teilautonomie der Schulen) und an die Internationalisierung bzw. Europäisierung der Qualifikationswege unter Einschluß der national mitgeprägten kulturellen Selbstverständnisse überwunden werden.

B. muß wieder stärker als Bestandteil ei-ner → Sozial- und Gesellschaftspolitik verstanden werden, die nicht zuletzt die Chancen gesellschaftlicher Teilhabe bis-her benachteiligten Gruppen wie z.B. der Frauen, der Ausländer der zweiten Gene-ration, der deutschstämmigen Zuwanderer und auch der Kinder der „neuen Armen" verbessern kann.

Lit.: Becker, Hellmut: Bildungspolitik. In: Benz, Wolfgang (Hg.): Die Geschichte der Bundesrepublik Deutschland, Frank-furt/M. 1989, S. 325f.; *Deutscher Bil-dungsrat*: Strukturplan für das Bildungs-wesen, Stuttgart 1970; *Führ, Christoph/ Furck, Carl Ludwig* (Hg.): Handbuch der deutschen Bildungsgeschichte, Bd. VI: 1945 bis zur Gegenwart, München 1998; *Hüfner, Klaus/ Naumann, Jens*: Konjunk-turen der Bildungspolitik in der BRD. Bd. I: Der Aufschwung (1960-1967). Bd. II: Hochkonjunktur und Flaute. Bildungspo-litik in der BRD (1967-1980). Stuttgart 1977; *Maier, Hans/ Oehler, Christoph*: Wissenschafts- und Bildungspolitik. In: Staatslexikon Recht Wirtschaft Gesell-schaft, Freiburg 1972, S. 722f.; *Reuter, Lutz-Rainer/ Muszynski, Bernhard*: Bil-dungspolitik - Parteien- und Verbändepro-grammatik in Dokumentationen und Analysen. Leverkusen 1980.

Prof. i. R. Dr. Christoph Oehler, Kassel

Bill of Rights
1. 1689 von Wilhelm III. von Oranien an-genommenes und von einem ordentlichen → Parlament bestätigtes, 13 Artikel um-fassendes englisches „Staatsgrundgesetz". Die B. band u.a. Steuererhebung und → Gesetzgebung an die Zustimmung des Parlaments und sicherte das → Petitions-recht und die parlamentarische Rede- und Verfahrensfreiheit.
2. Die 1791 in Kraft getretenen ersten 10 Zusatzartikel (→ amendments) der → Ver-fassung der USA von 1787, die bestimmte → Grundrechte wie z.B. Rede-, → Presse-und → Vereinigungsfreiheit festlegen.

Bizone

Am 1.1.1947 vollzogener Zusammenschluß der amerikanischen und britischen
→ Besatzungszonen zum → "Vereinigten
Wirtschaftsgebiet". Im April 1949 wurde
die B. durch den Anschluß der französischen Besatzungszone zur → Trizone erweitert.

Blauhelme

Bez. für die Friedenstruppe der → Vereinten Nationen. Aus Kontingenten mehrerer UN-Mitgliedsstaaten zusammengesetzte Truppen, die von jenen auf Ersuchen des → Sicherheitsrates zum Zwecke
der Wahrung und Sicherung des Friedens
und der internationalen Sicherheit freiwillig gebildet und mit Billigung des jeweiligen Stationierungslandes eingesetzt werden. Die bedeutendsten B.-Einsätze vollzogen sich im Rahmen des → Nahost-
Konflikts, auf Zypern sowie im ehemaligen Jugoslawien. Der Entscheidung
des → Bundesverfassungsgerichts vom
12.7.1994 zufolge dürfen Einheiten der
→ Bundeswehr an B.-einsätzen beteiligt
werden, wenn der → Bundestag dem zustimmt (BVerfGE 90, S. 286ff.)

**Block der Heimatvertriebenen und Ent-
rechteten/ BHE**

Am 8.1.1950 in Schleswig-Holstein als
Interessenpartei für → Vertriebene und
Kriegsgeschädigte gegründete, lokale
„Notgemeinschaften" vereinigende politische → Partei, die sich 1951 auch bundesweit konstituierte. Die Partei nahm
1952 den Namen Gesamtdeutscher Block
(GB/BHE) an. Sie gewann bei der Wahl
zum 2. → Bundestag 1953 mit 5,9 % der
→ Zweitstimmen 27 → Mandate und
stellte bis 1955 (Austritt wegen Ablehnung des → Saarstatuts) 2 Regierungsmitglieder in der Koalititionsregierung unter
Adenauer. Der GB/ BHE, der zeitweilig
einen relativ hohen Stimmenanteil bei
Landtagswahlen verbuchen konnte, fusio-
nierte 1961 mit der → Deutschen Partei
zur Gesamtdeutschen Partei (GDP); nach
der Bundestagswahl 1961 zerfiel er rasch,
da die fortschreitende Eingliederung der
Flüchtlinge einer gesonderten Flüchtlings-
partei die politische Basis entzog.

Blockade

1. Militärische Absperrung von feindli-
chem Gebiet.
2. Ausdrucksform unkonventionellen Pro-
testverhaltens (z.b. Sitzstreik).

Blockfreie Staaten

Auf der Konferenz von Bandung 1955
proklamierte und 1961 auf der ersten Gip-
fel-Konferenz der B. in Belgrad konstituierte Bewegung, die das Prinzip der
→ Blockfreiheit verfolgt. Die Mitgliederzahl stieg von ursprünglich 21 auf mittlerweile 113 an. Nach der Beendigung des
→ Ost-West-Konflikts befassen sich die B.
auf ihren in dreijährigem Rhythmus stattfindenden Konferenzen v.a. mit weltwirtschaftlichen Problemen.

Blockfreiheit

Im Gegensatz zum völkerrechtlichen Institut der → Neutralität bezeichnet B. ein
politisches Konzept, das im Gefolge des
→ Ost-West-Konfliktes und der → Dekolonisierung entwickelt wurde. B. ist Ausdruck des Strebens nach selbstbestimmter
Entwicklung in Unabhängigkeit von den
beiden großen Bündnissystemen. Auf der
Gründungskonferenz der Bewegung der
→ Blockfreien Staaten wurden 1961 folgende Kriterien für die Aufnahme neuer
Staaten festgelegt (1979 erneut bestätigt):
Führung einer unabhängigen → Politik auf
der Grundlage der → friedlichen Koexistenz der → Staaten; Unterstützung nationaler → Befreiungsbewegungen; keine
Mitgliedschaft in multilateralen Militär-
bündnissen; keine bilateralen militärischen
Vereinbarungen mit einer Großmacht;
keine Zulassung auswärtiger militärischer
Stützpunkte, sofern sie im Zusammenhang
mit den Konflikten zwischen den Großmächten stehen. Während die B. anfangs
ganz im Zeichen der politischen Selbstbestimmung stand, trat in den 70er Jahren
das Streben nach wirtschaftlicher Unabhängigkeit in den Vordergrund. Seit 1973
gehört die Forderung nach einer Neugestaltung der → Weltwirtschaftsordnung
zum Programm der B.

Blockparteien

In sozialistischen → Mehrparteien- bzw.
→ Blocksystemen die unter Führung der
kommunistischen → Partei zusammengeschlossenen nichtkommunistischen Partei-
en. Die B. der DDR, die die ehemalige
Führungsrolle der → Sozialistischen Ein-
heitspartei/SED vorbehaltlos anerkannten,
waren → CDU, → DBD, → LDPD und
→ NDPD.

Blocksystem

→ Mehrparteiensystem in einigen sozialistischen Staaten (Volksrepublik China,
Nordkorea, Vietnam; bis 1989 auch DDR,
Polen, Tschechoslowakei und bis 1990
Bulgarien) innerhalb dessen die einzelnen
→ Parteien nicht miteinander konkurrieren, sondern unter Führung der jeweiligen
kommunistischen Partei zu einem „Block"
zusammengeschlossen sind und bei den
→ Wahlen zu den → Volksvertretungen
mit einer → Einheitsliste auftreten.

Body politic

In der englischen → politischen Theorie
seit der Neuzeit verwandter Begriff für
→ Staat, dem ein organizistisches Verständnis desselben zugrunde lag. Im heutigen anglo-amerikanischen Sprachgebrauch verweist der Begriff auf den für
den Bestand politischer Gemeinwesen unverzichtbaren „Basiskonsens" der Bürger-
gemeinschaft, im Sinne eines Mindestbe-
standes an gemeinsamen Wertüberzeugungen.

Bolschewismus

Bez. für Theorie und Praxis des → Leninismus, welche nach dem 2. Parteitag der
Sozialdemokratischen Arbeiterpartei Rußlands im Jahr 1903 entstand, nachdem Lenin und seine Anhänger bei den Wahlen
zu den leitenden Parteiorganen die Mehrheit erhalten hatten. Seitdem nannten sich
die Leninanhänger Bolschewiki (Mehrheitler). Nach der Trennung von der gegnerischen, → Menschewiki (Minderheitler) genannten Gruppierung 1912 führte
die Partei den Zusatz „(B)" für Bolschewiki hinter ihrem Namen, den sie auch
nach ihrer Umbenennung in Kommunistische Partei Rußlands (1918) bzw.

→ Kommunistische Partei der Sowjetuni-
on/KPdSU (1925) beibehielt und erst 1952
ablegte.

Bonapartismus

Nach der → Herrschaft Napoleon Bona-
partes und besonders Napoleons III. be-
nannte → Autokratie eines politischen
Führers, der zwischen → Bourgeoisie und
→ Proletariat lavierend, die → Macht im
→ Interesse der ersteren ausübt. Nach Karl
Marx ist der B. die „einzig mögliche Re-
gierungsform" in einer Epoche, in der die
→ Bourgeoisie die Fähigkeit zur direkten
Herrschaftsausübung bereits verloren hat
und die Arbeiterschaft dieselbe noch nicht
besitzt.

Bonum Commune
⇒ *Gemeinwohl*

Botschaft

Von einem → Botschafter im Ausland geleitete → Behörde des Entsendestaates, die
in der Regel dem Außenministerium unterstellt ist. B. haben die Aufgabe, den diplomatischen Verkehr zwischen beiden
→ Regierungen zu vermitteln, über Vorgänge im Empfangsstaat zu berichten und
das Schutzrecht über die dort lebenden
Staatsangehörigen des Entsendestaates
auszuüben.

Botschafter

Höchste Rangklasse der diplomatischen
Vertreter, die dem Empfangsstaat gegenüber das heimische Staatsoberhaupt repräsentieren, ihre → Regierung vertreten und
die jeweilige Mission (→ Botschaft) leiten.

Bourgeoisie

Seit der → Französischen Revolution von
1789 Bez. für den → "Dritten Stand" zwischen Adel und Bauernschaft, das → Bürgertum. Im → Marxismus Bez. für die
→ Klasse der Kapitalisten, die im Besitz
der Produktionsmittel ist.

Boykott

Vorenthaltung von Waren und/oder
Dienstleistungen mit dem Ziel, den Boy-
kottierten zu einem bestimmten Verhalten
zu zwingen. B. kommt sowohl als Mittel

des → Arbeitskampfes vor (z.B. Absatz-, Kunden- oder Einstellungsb.) als auch in der → internationalen Politik als Sanktionsinstrument gegen einen oder mehrere → Staaten.

Breschnew-Doktrin

1968 zur Rechtfertigung der militärischen Invasion der UdSSR in die CSSR entwikkelte und vom damaligen Generalsekretär der → KPdSU Breschnew vertretene Doktrin, derzufolge den sozialistischen → Staaten Europas nur beschränkte → Souveränität und beschränktes → Selbstbestimmungsrecht zukamen.

Bretton-Woods(-System)

Am 23.7.1944 in Bretton-Woods geschlossene Verträge über die Gründung des → Internationalen Währungsfonds/ IWF und der → Weltbank. Das B.-System im engeren Sinne bezeichnet die gleichzeitige Einführung des Gold-Devisen-Standards als internationales Währungssystem und die Pflicht zur Genehmigung größerer Korrekturen der Wechselkurse durch den IWF. Das System endete mit der Freigabe der Wechselkurse 1973.

Brief-, Post- und Fernmeldegeheimnis

Durch Art. 10 I GG gewährleistetes → Grundrecht, das als Abwehrrecht gegen das unbefugte Eindringen der öffentlichen → Gewalt in den privaten Nachrichtenverkehr konzipiert ist. Durch Änderung des Art. 10 GG im Jahr 1968 und das dazu ergangene Abhörgesetz (G 10-Gesetz) ist den Verfassungsschutzbehörden, dem Abschirmdienst der → Bundeswehr und dem → Bundesnachrichtendienst das Recht eingeräumt worden, den Postverkehr zu überwachen und Telefongespräche abzuhören, wenn der Verdacht besteht, daß jemand ein Verbrechen des Hoch- oder Landesverrats oder eine andere gegen die → freiheitliche demokratische Grundordnung, den Bestand der Bundesrepublik oder die Sicherheit der Truppen der Verbündeten gerichtete Straftat begangen hat oder plant. Derartige, vom zuständigen Innenminister anzuordnende Beschränkungsmaßnahmen werden den Betroffenen erst nach ihrer Einstellung mitgeteilt

und nur dann, wenn eine Gefährdung des Überwachungszweckes ausgeschlossen werden kann. Die Kontrolle der Beschränkungen des B. obliegt dem sog. → G 10-Ausschuß des → Bundestags.

Briefwahl

Bei den meisten → Wahlen in der Bundesrepublik (bei Bundestagswahlen seit 1957) zugelassene Form der Stimmabgabe, bei der Wahlschein und Stimmzettel in verschlossenen Umschlägen auf dem Postweg an den zuständigen Wahlleiter gesendet werden dürfen, wenn der Wahlberechtigte aus zwingenden Gründen an der persönlichen Stimmabgabe im Wahllokal gehindert ist.

Brüderlichkeit

Neben → Freiheit und Gleichheit Teil der triadischen Revolutionsformel in Frankreich von 1789. Die politische Freiheit und Gleichheit der Staatsbürger (→ Citoyens) sollte nach den Vorstellungen der → Jakobiner durch die vereinigende Kraft der B. verwirklicht werden. Der Gesinnungsbegriff B. wurde in Deutschland von den bürgerlichen Demokraten des → Vormärz aufgenommen. Auch für die frühe → Arbeiterbewegung wurde er zum Leitbegriff. Im heutigen Sprachgebrauch ist B. weitgehend durch → Solidarität ersetzt.

Budgetrecht

Befugnis des → Parlaments, den Staatshaushalt durch → Gesetz verbindlich festzustellen. Das B. als eines der ältesten Elemente → parlamentarischer Kontrolle entwickelte sich aus dem Steuerbewilligungsrecht der Stände.

Bulletin

(Regelmäßige) amtliche Bekanntmachung, Tagesbericht. Z.B. das B. der → Bundesregierung.

Bund

1. Nach dem Sprachgebrauch des → Grundgesetzes Bez. für den Zentralstaat im Unterschied zu den → Ländern. Nach Art. 20 I GG ist die Bundesrepublik ein → Bundesstaat. B. und Länder besitzen je eine eigene, unabgeleitete Staatsgewalt;

zusammen bilden sie den Gesamtstaat Bundesrepublik.

2. Bez. für parteiähnliche politische Zusammenschlüsse (z.B. B. der Gerechten, B. der Kommunisten in der Frühzeit der deutschen → Arbeiterbewegung).

Bund Freier Demokraten
Wahlbündnis zwischen → F.D.P./DDR, → Deutscher Forum Partei und → LDP für die Volkskammerwahlen in der DDR vom 18.3.1990, das unter Mithilfe der bundesdeutschen F.D.P.-Führung am 12.2.1990 geschlossen wurde. Der B. errang mit 5,28 % der Stimmen 21 → Mandate in der → Volkskammer. Die im B. zusammengeschlossenen → Parteien haben sich im August 1990 mit der bundesdeutschen F.D.P. zu einer gesamtdeutschen Partei vereinigt.

Bund für Umwelt und Naturschutz Deutschland/ BUND
1975 als Dachverband gegründeter, seit 1981 in allen → Bundesländern mit einem Landesverband vertretener → Umweltverband, der bundesweit über 1.400 Kreis- und Ortsgruppen verfügt. Der B. als Dachverband bemüht sich um frühzeitigen Einfluß auf die für die → Umweltpolitik wichtigen Entscheidungen von → Bundesregierung und → Bundestag, auf regionaler und lokaler Ebene ist er als einer der nach dem Bundesnaturschutzgesetz anerkannten Verbände häufig bei → Planfeststellungsverfahren beteiligt.

Bund-Länder-Kommission für Bildungsplanung und Forschungsförderung/ BLK
Am 25.6.1970 durch ein auf Art. 91 b GG beruhendes Verwaltungsabkommen geschaffene, gemeinsame Einrichtung von → Bund und → Ländern, der u.a. die Erstellung eines → Bildungsgesamtplans, die Koordinierung von Modellversuchen und (seit 1975) die gemeinsame Forschungsförderung übertragen wurde. Die B. hat 24 Mitglieder: 16 Vertreter der Länder sowie 8 Vertreter des Bundes, mit ebenfalls 16 (einheitlich abzugebenden) Stimmen. Die B. entscheidet mit 3/4-Mehrheit. Ihre Beschlüsse sind nur verbindlich, wenn mindestens 13 der Regierungschefs von Bund

und Ländern zustimmen, und binden nur die Zustimmenden.

Bund-Länder-Kooperation
Formelle und informelle Ausprägung des → kooperativen Föderalismus. Eine B. erfolgt sowohl aufgrund verfassungsrechtlicher Regelungen wie dem Institut der → Gemeinschaftsaufgaben, in Bund-Länder-Ausschüssen, als auch durch verschiedene Verwaltungsabkommen, durch die Arbeit der → Landesvertretungen beim → Bund oder in Form der Besprechungen des → Bundeskanzlers mit den → Ministerpräsidenten (§ 31 GOBReg). Die informelle B. ist v.a. parteipolitisch vermittelt.

Bundesamt für Verfassungsschutz/ BfV
Dem → Bundesministerium des Innern nachgeordnete → Bundesoberbehörde mit Sitz in Köln, welche für die Sammlung und Auswertung von Informationen über sicherheitsgefährdende und verfassungsfeindliche Bestrebungen im Inland zuständig ist. Polizeiliche Befugnisse kommen dem B. nicht zu.

Bundesamt für Wehrtechnik und Beschaffung/ BWB
Dem → Bundesministerium der Verteidigung nachgeordnete → Bundesoberbehörde mit Sitz in Koblenz, welche für die Entwicklung, Erprobung und zentrale Beschaffung des Materials für die → Bundeswehr zuständig ist.

Bundesamt für Zivildienst
Dem → Bundesministerium für Familie, Senioren, Frauen und Jugend nachgeordnete → Bundesoberbehörde mit Sitz in Köln, welche für die Anerkennung und Betreuung der Zivildienststellen und die Heranziehung und Betreuung der Zivildienstpflichtigen zuständig ist. Seit 1984 ist dem B. auch die Entscheidung über die Anträge der ungedienten Wehrpflichtigen auf Anerkennung als Kriegsdienstverweigerer aus Gewissensgründen übertragen.

Bundesamt für Zivilschutz
Dem → Bundesministerium des Innern nachgeordnete → Bundesoberbehörde mit

Sitz in Bonn, welche die zentralen Verwaltungsaufgaben im Zivil- und Katastrophenschutz wahrnimmt.

Bundesanstalt für Arbeit
Unter der Aufsicht des → Bundesministeriums für Arbeit und Sozialordnung stehende → Körperschaft des öffentlichen Rechts mit → Selbstverwaltung. Der B. ist die Durchführung der im → Arbeitsförderungsreformgesetz geregelten Aufgaben übertragen. Sie gliedert sich in die Hauptstelle mit Sitz in Nürnberg, die Landesarbeitsämter und 146 Arbeitsämter mit derzeit knapp 400 Nebenstellen. Die Organe der dreistufigen Selbstverwaltung - Vorstand, Verwaltungsrat in der Hauptstelle und Verwaltungsausschüsse in jedem Arbeitsamt - sind mit Vertretern der Arbeitgeber, Arbeitnehmer und der öffentlichen Hand (→ Bund, → Länder und → Gemeinden) drittelparitätisch besetzt.

Bundesanstalt für vereinigungsbedingte Sonderaufgaben/ BVS
Am 1.1.1995 konstituierte Nachfolgeorganisation der → Treuhandanstalt. Die Aufgaben der B. bestehen im wesentlichen in der Überwachung der von der Treuhandanstalt abgeschlossenen Verträge.

Bundesanwaltschaft
Selbständiges Organ der Staatsanwaltschaft beim → Bundesgerichtshof unter Leitung des → Generalbundesanwalts. Beim → Bundesverwaltungsgericht der Oberbundesanwalt und der Bundesdisziplinaranwalt als Vertreter des öffentlichen → Interesses.

Bundesanzeiger
Vom → Bundesminister der Justiz auf kommerzieller Basis herausgegebenes, tageszeitungsähnliches Publikationsorgan. Der B. enthält u.a. → Verkündungen von → Rechtsverordnungen, behördliche und gerichtliche Bekanntmachungen sowie staatliche Ausschreibungen. Auch die Bilanzen der deutschen Aktiengesellschaften werden im B. veröffentlicht.

Bundesarbeitsgericht/ BAG
Oberster Gerichtshof des → Bundes für den Bereich der → Arbeitsgerichtsbarkeit

mit Sitz in Kassel. Am B. sind neben Berufsrichtern auch ehrenamtliche Richter tätig.

Bundesärztekammer
Zusammenschluß der Landesärztekammern auf Bundesebene. Während diese kraft Landesgesetz errichtete → Körperschaften des öffentlichen Rechts sind, mit dem Recht auf → Selbstverwaltung unter der → Rechtsaufsicht des → Staates und mit Zwangsmitgliedschaft für alle Ärzte, ist die B. ein nichtrechtsfähiger Verein des Privatrechts mit überwiegend berufsständischen Aufgaben.

Bundesaufsicht
Auf den Vollzug von Bundesgesetzen durch die → Länder bezogene Aufsichtsbefugnis des → Bundes. Führen die Länder Bundesgesetze als eigene Angelegenheit aus, kommt dem Bund nur die → Rechtsaufsicht zu. Bei der → Auftragsverwaltung führt der Bund auch die → Fachaufsicht.

Bundesaufsichtsamt für das Kreditwesen/ BAK
Dem → Bundesministerium für Wirtschaft nachgeordnete → Bundesoberbehörde mit Sitz in Berlin, welche nach Maßgabe des → Gesetzes über das Kreditwesen die Bankenaufsicht ausübt.

Bundesaufsichtsamt für das Versicherungswesen/ BAV
Dem → Bundesministerium für Wirtschaft nachgeordnete → Bundesoberbehörde mit Sitz in Berlin, welche die privaten Versicherungen und Bausparkassen beaufsichtigt und die Tarife in der Kraftfahrtversicherung prüft.

Bundesauftragsverwaltung
→ Auftragsverwaltung

Bundesaußenministerium
⇒ *Auswärtiges Amt*

Bundesbank
→ Deutsche Bundesbank

Bundesbeauftragter für den Datenschutz
→ Datenschutz

Bundesbeauftragter für den Zivildienst
→ Zivildienst

Bundesbeauftragter für die Unterlagen des Staatssicherheitsdienstes der ehemaligen DDR
→ Gauck-Behörde

Bundesdisziplinargericht
Am 20.7.1967 aufgrund der Ermächtigung in Art. 96 IV GG errichtetes → Bundesgericht mit Sitz in Frankfurt/Main. Wird als Erstinstanz tätig bei Disziplinarverfahren zwischen dem → Bund und den von diesem beschäftigten → Beamten.

Bundesfinanzhof/ BFH
Oberster Gerichtshof des → Bundes für den Bereich der → Finanzgerichtsbarkeit mit Sitz in München.

Bundesgerichte
Die → rechtsprechende Gewalt ist in der Bundesrepublik zwischen → Bund und → Ländern dergestalt aufgeteilt, daß in jedem der fünf selbständigen Gerichtszweige die obersten Gerichtshöfe B., die übrigen Gerichte Landesgerichte sind. Als oberste Gerichtshöfe sind nach Art. 95 GG eingerichtet der → Bundesgerichtshof, das → Bundesverwaltungsgericht, der → Bundesfinanzhof, das → Bundesarbeitsgericht und das → Bundessozialgericht. Zur Sicherung der Einheitlichkeit der Rechtsprechung bilden diese B. einen Gemeinsamen Senat. Als weitere B. wurden das → Bundespatentgericht und das → Bundesdisziplinargericht geschaffen. Eine herausgehobene Stellung innerhalb der Gerichtsorganisation des Bundes nimmt das → Bundesverfassungsgericht als eines der obersten Verfassungsorgane ein.

Bundesgerichtshof/ BGH
Oberster Gerichtshof des → Bundes für den Bereich der ordentlichen Gerichtsbarkeit (Zivil- und Strafsachen) mit Sitz in Karlsruhe. Der B. umfaßt 12 Zivil- und 5 Strafsenate, sowie mehrere Fachsenate für Sondergebiete (z.B. Anwaltssachen).

Bundesgesetzblatt/BGBl.
Nach Art. 82 I GG ausschließliches Verkündungsblatt für Bundesgesetze und wichtigstes Verkündungsblatt für → Rechtsverordnungen, das vom → Bundesministerium der Justiz herausgegeben wird. Das B. erscheint in zwei getrennt beziehbaren Teilen. Teil II enthält zwischenstaatliche Verträge und Abkommen sowie Rechtsvorschriften auf dem Gebiet des Zolltarifwesens, alle sonstigen Gesetze erscheinen in Teil I.

Bundesgrenzschutz/ BGS
Auf Grundlage des Art. 87 I GG eingerichtete, in → Bundesverwaltung geführte und dem → Bundesministerium des Innern unterstehende Polizei des → Bundes mit der Aufgabe des grenzpolizeilichen Schutzes des Bundesgebiets. Der B. kann zur Katastrophenhilfe (Art. 35 II GG), in Fällen des Inneren Notstandes (Art. 91 GG) und im → Verteidigungsfall im gesamten Bundesgebiet als Polizeitruppe eingesetzt werden. Dem B. obliegt außerdem der Objektschutz von Bundesorganen und → Bundesministerien; zudem fungiert er als Bahnpolizei.

Bundesintervention
Das → Grundgesetz kennt die B. zwar nicht begrifflich, aber der Sache nach als Möglichkeit der Intervention des → Bundes in den Hoheitsbereich der → Länder. Zur Bekämpfung einer Naturkatastrophe oder eines Unglückfalles, die über das Gebiet eines Landes hinausgehen (Art. 35 III GG), oder zur Behebung des Inneren Notstandes (Art. 87a IV und 91 GG) kann der Bund den Einsatz des → Bundesgrenzschutzes und der → Bundeswehr sowie die Unterstellung von Polizeikräften der Länder unter seine Weisungen veranlassen. Derartige Maßnahmen dürfen nur erfolgen, wenn die betroffenen Länder sich nicht selber helfen können oder wollen. Auf Verlangen des → Bundesrates sind sie jederzeit aufzuheben. Bislang sind Fälle von B. nicht erfolgt.

Bundeskanzler
Leitendes Mitglied der → Bundesregierung (Art. 62, 65 GG). Der B. bestimmt die Richtlinien der → Politik und trägt dafür die Verantwortung (Art. 65 GG). Die → Richtlinienkompetenz des B. äußert

sich zum einen darin, daß die → Bundesminister auf seinen Vorschlag vom → Bundespräsidenten ernannt und entlassen werden (Art. 64 GG). Sie wird durch die GOBReg dahingehend konkretisiert, daß alle Vorhaben der einzelnen Bundesminister, die für die Richtlinien der Politik und für die Leitung der Geschäfte von Bedeutung sind, vorab dem B. unterbreitet werden müssen, und daß in Zweifelsfällen die Entscheidung des B. einzuholen ist (§ 1). Darüber hinaus hat der B. das Recht, die Geschäftsbereiche der Ministerien festzulegen (§ 9). Zur Erfüllung seiner Aufgaben bedient sich der B. des → Bundeskanzleramtes. Auch das → Bundespresseamt ist ihm unmittelbar unterstellt. Der B. wird vom → Bundestag auf Vorschlag des Bundespräsidenten mit einfacher Mehrheit gewählt (Art. 63 GG), seine Ablösung vor Ablauf der → Legislaturperiode ist nur auf dem Wege über ein → konstruktives Mißtrauensvotum möglich.

Bundeskanzleramt

Dem → Bundeskanzler zur Erfüllung seiner Aufgaben unterstehende, von einem → Bundesminister für besondere Aufgaben geleitete → Behörde. Das B. hat nach dem Vorwort zum Einzelplan 04 im Bundeshaushalt den Kanzler „über die laufenden Fragen der allgemeinen Politik und die Arbeit in den → Bundesministerien zu unterrichten. Es hat die Entscheidungen des Bundeskanzlers vorzubereiten und auf ihre Durchführung zu achten. Aufgabe des B. ist es auch, die Arbeit der Bundesministerien zu koordinieren." Das B. führt außerdem die Sekretariatsgeschäfte der → Bundesregierung und bereitet die Sitzungen und Beschlüsse des → Kabinetts vor. Dem B. zugeordnet sind der → Bundesnachrichtendienst/ BND und das → Presse- und Informationsamt der Bundesregierung.

Bundeskartellamt

Dem → Bundesministerium für Wirtschaft unterstehende Bundesoberbehörde mit Sitz in Bonn, das die Wirtschaftsaufsicht zur Sicherung des marktwirtschaftlichen Wettbewerbs ausübt. Aufgaben und Orga-

nisation des B. sind im Gesetz gegen Wettbewerbsbeschränkung (GWB) geregelt.

Bundeskriminalamt/ BKA

In → Bundesverwaltung geführte, dem → Bundesminister des Innern unterstehende Polizeibehörde mit Sitz in Wiesbaden, deren Einrichtung auf Art. 87 I GG und Art. 73 Nr. 10 GG beruht. Das B. soll die Zusammenarbeit von → Bund und → Ländern zur Bekämpfung länderübergreifender Verbrechen sicherstellen.

Bundesland

Verbreitete, dem Sprachgebrauch des → Grundgesetzes aber nicht entsprechende Bez. für die → Länder der Bundesrepublik.

Bundesminister

Mitglieder der → Bundesregierung, und als solche i. d. R. Leiter eines → Bundesministeriums (Ausnahme: Berufung eines B. „für besondere Aufgaben" ohne eigenen Geschäftsbereich). Die B. leiten ihre Geschäftsbereiche nach dem sog. → Ressortprinzip im Rahmen der vom → Bundeskanzler gegebenen Richtlinien selbständig und unter eigener Verantwortung. Abgesehen vom Ausgabenveto des Bundesfinanzministers nach Art. 112 GG sind die B. innerhalb des → Kabinetts mit gleichen Rechten und Stimmen ausgestattet. Die Amtsdauer der B. ist an diejenige des Bundeskanzlers gekoppelt, d.h. sie endet mit Ablauf der → Legislaturperiode oder mit „jeder anderen Erledigung des Amtes des Bundeskanzlers" (Art. 69, II GG).

Bundesministerien

Oberste, für einen bestimmten Geschäftsbereich zuständige Verwaltungsbehörden des → Bundes. Die Zahl der B. ist im → Grundgesetz nicht festgelegt, es liegt im Ermessen des → Bundeskanzlers, Geschäftsbereiche und Kompetenzen der B. festzulegen. Die politische Leitung der B. besteht neben dem → Bundesminister aus einem oder zwei → Parlamentarischen Staatssekretären. Die → Ministerialbürokratie wird i. d. Regel von einem beamteten → Staatssekretär geleitet. Die B. gliedern sich in eine Zentralabteilung (für allgemeine Verwaltung und Organisation) und Fachabteilungen, die meist nach Unterabteilungen gegliedert sind. Darunter findet sich die eigentliche „Arbeitsebene", die Referate.

Bundesministerium der Finanzen/ BMF

→ Oberste Bundesbehörde mit der Zuständigkeit für die → Haushalts-, → Steuer-, → Währungs-, Geld- und Kreditpolitik. Das B. steht an der Spitze der Bundesfinanzverwaltung, die mit eigenem Behördenunterbau die Zölle und Verbrauchssteuern erhebt und das Bundesvermögen betreut. Das B. umfaßt folgende Abteilungen: Zentralabteilung/ Finanzpolitik/ Zölle und Vebrauchssteuern/ Geld und Kredit/ Föderale Finanzbeziehungen/ Rechtsangelegenheiten/ Bundesliegenschaften/ Bundesbeteiligungen/ Internationale Rechts- und Finanzbeziehungen/ Volks- und finanzwirtschaftliche Berichte. Im Zuge der Regierungsbildung durch → SPD und → Bündnis 90/ Die Grünen im Jahr 1998 erfuhr das B. insofern eine Aufwertung, als ihm die Zuständigkeiten für die ökonomischen Aspekte der Europapolitik und für die Jahreswirtschaftsberichte, die vordem beim → Bundesministerium für Wirtschaft lagen, übertragen wurde.

Bundesministerium der Justiz/ BMJ

Oberste Bundesbehörde mit der Zuständigkeit für alle das Rechtswesen des → Bundes betreffenden Angelegenheiten, das folgende Abteilungen umfaßt: Zentralabteilung (Justizverwaltung)/ Rechtspflege/ Bürgerliches Recht/ Strafrecht/ Handels- und Wirtschaftsrecht/ Öffentliches Recht. Neben der Federführung bei den das Rechtswesen unmittelbar betreffenden Angelegenheiten ist das B. verantwortlich für die Überprüfung sämtlicher Gesetzes- und Verordnungsentwürfe der anderen → Bundesministerien auf ihre Rechtsförmigkeit; zudem bereitet es die Wahl der Richter am → Bundesverfassungsgericht und den obersten → Bundesgerichten vor.

Bundesministerium der Verteidigung/ BMVg

1955 nach Inkrafttreten der → Pariser Verträge gegründetes Ministerium mit der Zuständigkeit für die äußere Sicherheit. Nach Art. 65a GG übt der → Bundesminister für Verteidigung die → Befehls- und Kommandogewalt über die Streitkräfte aus. Dies bedingt eine enge Integration von Ministerialverwaltung (gegliedert in die Abteilungen Personal, Haushalt, Verwaltung und Recht/ Rüstung/ Unterbringung, Liegenschafts- und Bauwesen/ Sozialabteilung) und militärischer Führung. Der Generalinspekteur der → Bundeswehr und sein Stellvertreter, die Inspekteure des Heeres, der Luftwaffe und der Marine sowie der Inspekteur des Sanitäts- und Gesundheitswesens samt den ihnen unterstellten Führungsstäben, bilden die militärische Spitze unterhalb der politischen Leitungsebene dieses personell mit Abstand größten → Bundesministeriums.

Bundesministerium des Innern/ BMI

→ Oberste Bundesbehörde mit den Zuständigkeiten für alle Angelegenheiten der → Innenpolitik und → Verwaltung, die nicht besonderen Ministerien zugewiesen sind. Das B. gliedert sich in folgende Abteilungen: Innenpolitische Grundsatzfragen, Recht des → öffentlichen Dienstes/ Verwaltungsorganisation, Kommunalwesen, Statistik/ → Verfassung, Staatsrecht und → Verwaltung, Ausländer und Asylangelegenheiten/ Innere Sicherheit/ Polizeiang./ Ang. der Vertriebenen, Flüchtlinge und Kriegsgeschädigten, kulturelle Ang./ Sport, → Medienpolitik/ Katastrophenschutz, Zivilschutz, Notfallversorgung und Zivile Verteidigung. Zu den dem B. nachgeordneten → Behörden gehören u.a. → Statistisches Bundesamt, → Bundeskriminalamt, → Bundesamt für Verfassungsschutz, → Bundesgrenzschutz, → Bundeszentrale für politische Bildung. Das B. gehört zu den „klassischen" Ressorts. Aus seinem Aufgabenbereich haben sich viele Spezialressorts ausdifferenziert; zuletzt im Jahr 1986 das → Bundesministerium für Umwelt, Naturschutz und Reaktorsicherheit.

Bundesministerium für Arbeits- und Sozialordnung/ BMA

Für die Bereiche der → Daseinsvorsorge und der sozialen Sicherung zuständige → oberste Bundesbehörde, die in acht Abteilungen gegliedert ist: Personal, → Verwaltung, Haushalt/ Grundsatz- und Planungsabt./ → Arbeitsmarktpolitik, Arbeitslosenversicherung, → Ausländerpolitik/ → Arbeitsrecht, → Arbeitsschutz/ → Sozialversicherung, → Sozialgesetzbuch/ Gesundheit, Krankenversicherung/ Kriegsopferversorgung, Versorgungsmedizin, Rehabilitation/ Internationale Sozialpolitik. Zum Geschäftsbereich des B., das den größten Einzeletat aller → Bundesministerien verwaltet, gehören u.a.: → Bundesarbeits- und → Bundessozialgericht sowie die Aufsicht über die → Bundesanstalt für Arbeit.

Bundesministerium für Bildung und Forschung/ BMBF

1994 durch Fusion des früheren Bildungs- und des Forschungsministeriums geschaffenes Ressort. Seine Kompetenzen lassen sich zum einen entsprechend der 1969 in das → Grundgesetz eingeführten Art. 91a und 91b als die Wahrnehmung der Mitzuständigkeit des → Bundes bei der → Bildungspolitik der → Länder beschreiben. Zum anderen ist das B. zuständig für die Forschungsförderung und -planung (insbesondere der Grundlagenforschung), welche die wirtschaftliche Leistungs- und Wettbewerbsfähigkeit der Bundesrepublik steigern sollen. Das B. hat neben einer Zentralabteilung sechs Fachabteilungen: Innovation, Strategische Orientierung, Internationale Zusammenarbeit/ Allgemeine und Berufliche Bildung/ Hochschulen und Wissenschaftsförderung/ Grundlagenforschung/ Energie und Umwelt/ Biowissenschaften und Informationstechnik/ Luft- und Raumfahrt, Verkehr.

Bundesministerium für Ernährung, Landwirtschaft und Forsten/ BML

Oberste Bundesbehörde, deren Aufgabenkreis neben den in ihrer Bezeichnung genannten Bereichen auch die Fischerei, die Holzwirtschaft und den Tierschutz umfaßt. Ein Tätigkeitsschwerpunkt des B.,

das 1986 die Kompetenzen für den Naturschutz abgab, liegt in der landwirtschaftlichen → Sozialpolitik. Das B. umfaßt sieben Abteilungen: Zentralabteilung/ Allgemeine Angelegenheiten der → Agrarpolitik/ Agrarische Erzeugung, Veterinärwesen/ Marktpolitik/ Entwicklung des → ländlichen Raumes/ Forst- und Holzwirtschaft, Forschung und Entwicklung/ Allgemeine EG-Agrarpolitik, Internationale Agrarpolitik, Fischereipolitik. Zum Geschäftsbereich des B. gehören neben zwei unmittelbar nachgeordnete → Bundesoberbehörden (Bundesamt für Ernährung und Forstwirtschaft, Bundessortenamt) u.a. auch zwölf Bundesforschungsanstalten.

Bundesministerium für Familie, Senioren, Frauen und Jugend/ BMFSFJ

Im jetzigen Zuschnitt 1994 geschaffenes Ressort, das folgende Fachabteilungen umfaßt: Familie/ Ältere Menschen, Wohlfahrtspflege/ Gleichstellung/ Kinder und Jugend. Daneben existieren eine „Gruppe" für den Bereich Zivildienst. Zum Geschäftsbereich des B. gehört u.a. das → Bundesamt für den Zivildienst.

Bundesministerium für Gesundheit/ BMG

Im Januar 1991 geschaffenes Ministerium, das für alle Belange der → Gesundheitspolitik des → Bundes zuständig ist. Es umfaßt folgende Abteilungen: → Verwaltung, Internationale Beziehungen/ Grundsatz- und Planungsabteilung, Sozialrecht/ Gesundheitsversorgung, Krankenversicherung, Arzneimittel/ Gesundheitsvorsorge, Krankheitsbekämpfung/ Verbraucherschutz, Veterinärmedizin.

Bundesministerium für Umwelt, Naturschutz und Reaktorsicherheit/ BMU

1986 durch Abtretung der in der Ressortbezeichnung genannten Kompetenzen aus dem → BMI, dem → BML und dem → BMJFFG gegründetes Ministerium, das sechs Abteilungen umfaßt. Mit der Zuständigkeit für die gesamte → Umweltpolitik des → Bundes und den Bereich der Reaktorsicherheit ergibt sich ein umfassendes Aufgabenfeld: Luftreinhaltung,

Lärmbekämpfung, Gewässer- und Grundwasserschutz, Wasserversorgung, Bodenschutz, Abfallwirtschaft, Ökologische Schutzziele, Artenschutz, Biotop- und Gebietsschutz, Gesundheitliche Belange des Umweltschutzes, Chemikalienrecht, Schadstoffe in Lebensmitteln, Sicherheit kerntechnischer Anlagen, Aufsicht über Genehmigung, Betrieb und Entsorgung von Reaktoranlagen, Strahlenschutzrecht, Strahlenhygiene, Zusammenarbeit mit → Umweltverbänden, Internationaler Umweltschutz. Das BMU übt die Dienst- und → Fachaufsicht über das → Umweltbundesamt, das Bundesamt für Strahlenschutz und das Bundesamt für Naturschutz aus.

Bundesministerium für Verkehr, Bau- und Wohnungswesen/ BMVBW

→ Oberste Bundesbehörde mit der Zuständigkeit für die in der Kompetenz des → Bundes liegenden Bereiche des Verkehrswesens (Art. 87I, 87d, 89, 90 GG), die im Zuge der Regierungsbildung im Jahr 1998 mit dem ehemaligen Bundesministerium für Raumordnung, Bauwesen und Städtebau fusioniert wurde. Neben den Zuständigkeiten für Eisenbahnen/ Straßenverkehr/ Luft- und Raumfahrt/ Seeverkehr/ Binnenschiffahrt und Wasserstraßen sowie den Straßenbau kommen dem Ressort damit auch die Kompetenzen z.B. für die Städtebauförderung und alle Aspekte der → Wohnungspolitik des → Bundes zu. Daneben fungierte der Verkehrs- und Bauminister als Beauftragter der → Bundesregierung für den Umzug derselben nach Berlin. Dem B. sind mehrere → Bundesoberbehörden unterstellt, darunter die Wasser- und Schiffahrtsverwaltung, das Deutsche Hydrographische Institut, das Kraftfahrt-Bundesamt, das Luftfahrt-Bundesamt und der Deutsche Wetterdienst.

Bundesministerium für Wirtschaft/ BMWi

→ Oberste Bundesbehörde mit der Zuständigkeit für die gesamte → Wirtschaftspolitik der → Bundesregierung. Das B. gliedert sich in folgende Fachabteilungen: Wirtschaftspolitik/ Mittelstandspolitik, Handwerk, Dienstleistungen, Freie Berufe/ Energie/ Gewerbliche Wirtschaft, Industrie, Umweltschutz/ Außenwirtschafts- und Europapolitik/ Technologie- und Innovationspolitik, → Neue Bundesländer/ Telekommunikation und Post.

Bundesministerium für Wirtschaftliche Zusammenarbeit und Entwicklung/ BMZ

1961 gegründetes Ministerium, das für die bundesdeutsche → Entwicklungspolitik zuständig ist. Das drei Abteilungen umfassende Ministerium organisiert und finanziert eigene Entwicklungsprojekte bei der bilateralen finanziellen und technischen Zusammenarbeit, beteiligt sich finanziell an multilateralen Entwicklungsprojekten und unterstützt private Stiftungen und Unternehmungen bei deren auf → Entwicklungsländer bezogenen Aktivitäten. Bei der bilateralen, technischen Zusammenarbeit bedient sich das BMZ halbstaatlicher Organisationen wie der → Deutschen Gesellschaft für Technische Zusammenarbeit (GTZ) und des → Deutschen Entwicklungsdienstes (DED). Die Kapitalhilfe erfolgt über die → Kreditanstalt für Wiederaufbau.

Bundesnachrichtendienst/ BND

Dem → Bundeskanzler unterstellter ziviler Nachrichtendienst mit Sitz in Pullach b. München. Aufgaben des B. sind Sammlung und Auswertung militärischer, politischer, technischer und wirtschaftlicher Informationen aus dem Ausland.

Bundesoberbehörden

In der Bundesrepublik → Behörden der unmittelbaren → Bundesverwaltung, die einer → obersten Bundesbehörde unmittelbar unterstehen und deren Zuständigkeit sich auf das gesamte Bundesgebiet erstreckt (z.B. → Bundesamt für Verfassungsschutz). Der → Bund kann B. gemäß Art. 87 III Satz 1 GG für Angelegenheiten einrichten, für die er die Gesetzgebungskompetenz besitzt.

Bundespatentgericht

Am 1.7.1961 aufgrund der Ermächtigung in Art. 96 I GG gebildetes → Bundesgericht für bestimmte Angelegenheiten des gewerblichen Rechtsschutzes mit Sitz in München.

Bundespflichten

Die sich aus dem → Grundgesetz oder anderen Bundesgesetzen ergebende Verpflichtung der → Bundesländer zur Erfüllung bestimmter Aufgaben oder zur Befolgung von Weisungen des → Bundes.

Bundespräsident

Von der → Bundesversammlung für 5 Jahre gewähltes Staatsoberhaupt, das die Bundesrepublik Deutschland völkerrechtlich vertritt, im Namen des → Bundes Verträge mit auswärtigen → Staaten schließt und die diplomatischen Gesandten beglaubigt und empfängt (Art. 59 GG). Der B. ist mit der → Ausfertigung und → Verkündung der Bundesgesetze betraut (Art. 82 GG). Er wirkt an der Wahl des → Bundeskanzlers durch sein Vorschlagsrecht ebenso mit (Art. 63 GG) wie an der → Auflösung des → Bundestages in den Fällen des Art. 63 IV und 68 I GG. Auf Vorschlag des Kanzlers ernennt und entläßt der B. die → Bundesminister. Er übt das Recht der → Begnadigung für den → Bund aus und ernennt und entläßt die Bundesrichter, Bundesbeamten, Offiziere und Unteroffiziere. Die Anordnungen und Verfügungen des B. bedürfen zu ihrer Gültigkeit der Gegenzeichnung durch den Bundeskanzler oder den zuständigen Bundesminister (Art. 58 GG).

Bundespräsidialamt

Oberste, von einem → Staatssekretär geleitete Bundesbehörde, derer sich der → Bundespräsident zur Erfüllung seiner Aufgaben bedient. Ferner unterrichtet das B. den Bundespräsidenten über Fragen der allgemeinen → Politik sowie über die Arbeit der → Bundesregierung und der gesetzgebenden Körperschaften. Der Chef des B. nimmt an den Sitzungen des → Kabinetts (ohne Stimmrecht) teil.

Bundespresseamt

Alltagssprachlich abkürzende Bez. für das → Presse- und Informationsamt der Bundesregierung

Bundespressekonferenz

Vereinigung von Beliner Korrespondenten deutscher → Staatsangehörigkeit von Zeitungen, Zeitschriften, Nachrichtenagenturen und Rundfunkanstalten. In der Regel finden dreimal wöchentlich Pressekonferenzen mit den Sprechern der → Bundesregierung und der einzelnen Ressorts sowie verschiedenen Politikern als Gästen der B. statt. An diesen Pressekonferenzen können auch die Mitglieder des Vereins der ausländischen Presse teilnehmen.

Bundesrat

1. Bundesorgan, bestehend aus weisungsgebundenen Vertretern der → Landesregierungen, durch welches die → Länder an der → Gesetzgebung und → Verwaltung des → Bundes mitwirken. Die Gesamtzahl der im B. vertretenen Stimmen beträgt derzeit 69. Jedes Land hat mindestens 3 Stimmen, Länder mit mehr als 2 Mio Einwohnern haben 4, Länder mit mehr als 6 Mio Einwohnern haben 5 und jene mit mehr als 7 Mio Einwohnern haben 6 Stimmen, die jeweils einheitlich abgegeben werden müssen. Der größte Einfluß des B. besteht bei → zustimmungspflichtigen Gesetzen in Form eines → Vetos; bei allen übrigen → Gesetzen kann er gegen den Beschluß des → Bundestages Einspruch einlegen, den letzterer nur mit gleicher Mehrheit zurückweisen kann (suspensives Veto). Auch zahlreiche → Rechtsverordnungen der → Bundesregierung oder eines → Bundesministers sind an die Zustimmung des B. (Art. 80 II GG) gebunden. Der B. wählt die Hälfte der Mitglieder des → Bundesverfassungsgerichts.

2. Im Norddeutschen Bund (1867-71) und im Deutschen Reich (1871-1918) oberstes Bundesorgan, bestehend aus Vertretern der Mitglieder des Bundes, dem zusammen mit dem → Reichstag die → Gesetzgebung oblag.
3. Bez. für die schweizerische → Regierung.
4. Zweite Kammer des österreichischen → Parlaments, die - anders als der B. der BRD - dem → Senatssystem entsprechend organisiert ist.

Bundesratspräsident

Der → Bundesrat wählt turnusgemäß für jedes neue Geschäftsjahr einen → Ministerpräsidenten zum B., welcher bei Bedarf als Vertreter des → Bundespräsidenten fungiert.

Bundesrechnungshof/ BRH

Entsprechend Art. 114 II GG eingerichtete, → oberste Bundesbehörde mit Sitz in Frankfurt/ Main, deren Mitglieder richterliche Unabhängigkeit besitzen. Die → Bundesregierung hat gegenüber dem B. keinerlei Weisungsbefugnis. Der B. prüft alle Einnahmen und Ausgaben, das Vermögen und die Schulden des → Bundes sowie die Haushalts- und Wirtschaftsführung der Bundesbehörden. Er hat darüber der Bundesregierung, dem → Bundestag und dem → Bundesrat jährlich zu berichten.

Bundesregierung

Nach Art. 62 GG aus dem → Bundeskanzler und den → Bundesministern bestehendes kollegiales Verfassungsorgan. Zwar ist der Charakter der B. als Kollegialorgan durch die → Richtlinienkompetenz des Bundeskanzlers einerseits, durch das → Ressortprinzip andererseits eingeschränkt, doch nimmt sie die ihr vom → Grundgesetz zugewiesenen Funktionen als Ganzes wahr. Hierbei handelt es sich v.a. um das Recht zur Gesetzesinitiative (Art. 76 GG) und um den Erlaß von → Rechtsverordnungen (Art. 80 GG). Auch über Meinungsverschiedenheiten zwischen den Bundesministern entscheidet die B. kollegial (Art. 65 GG).

Bundessicherheitsrat/ BSR

Kabinettsausschuß unter dem Vorsitz des → Bundeskanzlers, mit der Aufgabe, Fragen der → Sicherheitspolitik zu beraten und entsprechende Entscheidungen des Kanzlers oder der → Bundesregierung vorzubereiten. Mitglieder der B. sind die → Bundesminister der Verteidigung, des Auswärtigen, des Innern, der Justiz, der Finanzen und für Wirtschaft.

Bundessozialgericht/ BSG

Oberster Gerichtshof des → Bundes für den Bereich der → Sozialgerichtsbarkeit mit Sitz in Kassel.

Bundesstaat

1. Zusammenschluß mehrerer → Staaten zu einem Gesamtstaat (i.Ggs. zum → Staatenbund). Auch im B. bleibt die Staatsgewalt der Gliedstaaten erhalten, d.h. letztere leiten ihre Staatsgewalt nicht vom Gesamtstaat ab und sind ihm deshalb auch nicht untergeordnet, wohl aber zur Zusammenarbeit verpflichtet (→ Bundestreue). Dies gilt unabhängig davon, ob der B. durch Staatsvertrag (wie das Deutsche Reich 1871) oder kraft der verfassungsgebenden Gewalt des Volkes (wie die Weimarer Republik 1919 und die Bundesrepublik Deutschland 1949) entstanden ist.
2. Bez. für die Gliedstaaten der USA.

Bundestag

Volksvertretung (→ Parlament) in der Bundesrepublik Deutschland, einziges aus unmittelbaren → Wahlen hervorgehendes Verfassungsorgan des → Bundes. Dem B. gehören - wenn keine → Überhangmandate entstehen - 656 → Abgeordnete an, von denen jeweils die Hälfte direkt in den → Wahlkreisen und über → Landeslisten gewählt werden. Es ist geplant, die Zahl der Mandate anläßlich der Bundestagswahl im Jahr 2002 auf 598 zu verringern. Der B. wird auf 4 Jahre gewählt, unter bestimmten Voraussetzungen ist jedoch eine vorzeitige → Auflösung des B. möglich. Die Aufgaben des B. als zentrales Organ der politischen Willensbildung bestehen v.a. in der → Gesetzgebung, der Beteiligung an der Regierungsbildung durch die Wahl des → Bundeskanzlers sowie der Wahrnehmung der → parlamentarischen Kontrolle gegenüber der → Regierung. Diese Kontrollfunktion wird von → Regierungsmehrheit und → Opposition mit jeweils unterschiedlicher Intention, Intensität und wechselnden Instrumenten ausgeübt (→ parlamentarisches Regierungssystem). Die → Repräsentation der verschiedenen politischen Strömungen in der → Gesellschaft und die Wahrnehmung der Kommunikationsfunktion zwischen

→ Staat und Bürgern gehören zu den übergeordneten Aufgaben des B. Der B. wählt durch den → Wahlausschuß die Hälfte der Mitglieder des → Bundesverfassungsgerichts und ist durch den → Richterwahlausschuß an der Berufung der Richter der obersten → Bundesgerichte beteiligt. Hinsichtlich seines Selbstverständnisses und seiner Arbeitsweise ist der B. als Mischform zwischen → Arbeits- und → Redeparlament einzustufen.

Bundestagspräsident

Traditionell von der stärksten → Fraktion gestellte, nach Absprache im → Ältestenrat von den → Abgeordneten gewählte Vertretung des → Bundestages. Der B. ist oberste Dienstbehörde für die Beschäftigten der Bundestagsverwaltung und übt im Bundeshaus das Hausrecht und die Polizeigewalt aus. Der B. sitzt dem Ältestenrat vor, leitet die Plenarsitzungen des Bundestages (bei längeren Debatten im Wechsel mit den Vizepräsidenten) und ist für die Einhaltung der → Geschäftsordnung verantwortlich. Im Unterschied zum Speaker im englischen → Unterhaus behält der B. seine Fraktionszugehörigkeit und sein Stimmrecht.

Bundestreue

Ungeschriebener, vom → Bundesverfassungsgericht jedoch anerkannter verfassungsrechtlicher Grundsatz der wechselseitigen Verpflichtung von → Bund und → Ländern zur Einhaltung der verfassungsmäßigen Kompetenzverteilung und zur vertrauensvollen Zusammenarbeit (BVerfGE 6, 361; 12, 255; 14, 215).

Bundesverband Bürgerinitiativen Umweltschutz/ BBU

Als eingetragener Verein organisierter, lockerer Zusammenschluß von → Bürgerinitiativen, der sich als Dachverband der für den Umweltschutz engagierten lokalen und regionalen Gruppierungen versteht, deren Anliegen durch die Präsenz in Berlin mehr Durchschlagskraft erhalten sollen.

Bundesverband der Deutschen Industrie/ BDI

1949 gegründeter Dachverband der Industriefachverbände, der die wirtschaftlichen und wirtschaftspolitischen Interessen der bundesdeutschen Industrie im In- und Ausland vertritt.

Bundesvereinigung der Deutschen Arbeitgeberverbände/ BDA

1950 gegründete Spitzenorganisation der → Arbeitgeberverbände in der Bundesrepublik, dem 52 nach Wirtschaftszweigen gegliederte Fachverbände und 15 Landesvereinigungen angehören. Die B. ist satzungsgemäß ausschließlich auf die Wahrung der „gemeinsamen sozialpolitischen Belange" ihrer Mitglieder verpflichtet.

Bundesverfassungsgericht/ BVerfG

Gegenüber allen übrigen Verfassungsorganen selbständiger und unabhängiger Gerichtshof des → Bundes mit Sitz in Karlsruhe, dessen Zuständigkeiten und Zusammensetzung in den Art. 93, 94, 99 und 100 GG sowie im Bundesverfassungsgerichtsgesetz geregelt sind. Die Entscheidungen des B. binden alle übrigen Verfassungsorgane des Bundes und der → Länder sowie alle Gerichte und → Behörden. Das B. besteht aus 2 → Senaten, besetzt mit je 8 Richtern, von denen jeweils 3 aus dem Kreis der Richter der obersten → Bundesgerichte kommen müssen. Die Richter werden je zur Hälfte von → Bundesrat und → Bundestag gewählt (letzterer wählt indirekt durch den → Wahlausschuß). In beiden Gremien ist ein 2/3-Mehrheit erforderlich. Die Amtszeit der Richter dauert 12 Jahre, längstens bis zur Altersgrenze von 65 Jahren. Wiederwahl ist ausgeschlossen. Das B. ist u.a. zuständig für Entscheidungen über verfassungsrechtliche Streitigkeiten zwischen Bund und Ländern, zwischen verschiedenen Ländern oder zwischen Bundesorganen (→ Organstreit), über die Vereinbarkeit von Bundesrecht und Landesrecht mit dem → Grundgesetz und von Landesrecht mit sonstigem Bundesrecht (→ abstrakte und → konkrete Normenkontrolle). Ferner entscheidet das B. über → Verfassungsbeschwerden (von

Bürgern und Kommunen) und über → Parteiverbote. Das B. kann nur auf Antrag tätig werden.

Bundesversammlung

1. Wahlorgan für den → Bundespräsidenten, bestehend aus den Mitgliedern des → Bundestages und einer gleichen Anzahl von Mitgliedern, die von den → Landtagen nach den Grundsätzen der → Verhältniswahl gewählt werden (Art. 54 III GG).

2. Im Deutschen Bund (1815-66) das für die Besorgung der inneren und äußeren Angelegenheiten des Bundes zuständige Organ mit Sitz in Frankfurt/ Main, in welchem alle Gliedstaaten durch weisungsgebundene Bevollmächtigte im Range von → Gesandten vertreten waren.

3. Das aus → Nationalrat und Ständerat (der Vertretung der → Kantone) bestehende → Parlament der Schweiz.

Bundesverwaltung

Nach Art. 30 und 83 GG ist die Ausführung der Bundesgesetze grundsätzlich Länderangelegenheit, so daß die in Art. 87 - 89 GG festgelegten Gegenstände bundeseigener → Verwaltung als Ausnahme zu verstehen sind. Unter die B. fallen Auswärtiger Dienst, Bundesfinanzverwaltung, → Bundesgrenzschutz, → Bundeswehr, Eichwesen, Wasserstraßen, Schiffahrt und Luftverkehr. Neben den → obersten Bundesbehörden (→ Bundesministerien) ist die B. in Form von oberen Bundesbehörden oder Bundesämtern sowie unabhängigen → Anstalten des öffentlichen Rechts organisiert.

Bundesverwaltungsgericht/ BVG (auch BVerwG)

Oberster Gerichtshof des → Bundes für den Bereich der allgemeinen → Verwaltungsgerichtsbarkeit mit Sitz in Berlin. Das BVG umfaßt 8 Revisions-, 3 Disziplinar- und 2 Wehrdienstsenate.

Bundeswahlgesetz

→ Gesetz, das → Wahlrecht, Wählbarkeit und → Wahlsystem für die → Wahlen zum → Bundestag regelt. Das erste, vom → Parlamentarischen Rat beschlossene B.

vom 15.6.1949 ist im Kern - der mit Elementen der Personenwahl verbundenen → Verhältniswahl - noch heute gültig, obwohl das → Zweitstimmensystem erst 1953 eingeführt wurde. Die grundsätzliche Orientierung des B. am → Proporz (die auf die → Parteien entfallenen → Mandate bestimmen sich nach ihrem Anteil an den → Zweitstimmen; die gewonnenen → Direktmandate werden hierauf angerechnet) blieb durch diese und alle folgenden Wahlrechtsänderungen ebenso unberührt wie die Regelung zu den → Überhangmandaten. Deren wichtigste waren: die Ausdehnung der Berechnungsgrundlage für die → Fünfprozentklausel von den einzelnen → Bundesländern auf das gesamte Bundesgebiet (1953), die Erhöhung der → Grundmandatsklausel von einem auf drei Direktmandate (1956), die Einführung der → Briefwahl (1956), die Herabsetzung des Wahlalters auf 18 Jahre (1970) und die Umstellung des Berechnungsverfahrens für die Sitzverteilung vom → Höchstzahlverfahren nach d'Hondt auf die Methode nach → Hare-Niemeyer (1985).

Bundeswehr

Verteidigungsinstrument der Bundesrepublik, bestehend aus den der → NATO unterstellten Streitkräften (Art. 87a GG) und der Bundeswehrverwaltung (Art. 87b GG). An der Spitze der B. steht der → Bundesminister der Verteidigung. Organisation und zahlenmäßige Stärke der B. sind nicht eigens gesetzlich fixiert; sie müssen sich nach Art. 87a I GG aus dem → Haushaltsplan ergeben.

Bundeszentrale für politische Bildung

Dem → Bundesministerium des Innern unterstellte Bundesanstalt mit der Aufgabe der finanziellen Unterstützung und Förderung von politischen Tagungen, Lehrgängen und Veröffentlichungen. Die B. gibt neben einer eigenen Schriftenreihe die Wochenzeitung „Das Parlament" mit der wissenschaftlichen Beilage „Aus Politik und Zeitgeschichte" sowie die „Informationen zur politischen Bildung" heraus.

Bundeszwang

Sicherung des Bundesstaatsprinzips in Art. 37 GG, demzufolge der → Bund mit Zustimmung des → Bundesrates die „notwendigen Maßnahmen" treffen kann, wenn ein → Land die ihm nach dem GG oder einem anderen Bundesgesetz zukommenden Bundespflichten nicht erfüllt. Bislang hat es keinen Fall der Anwendung gegeben.

Bündnis 90

Wahlbündnis der ostdeutschen Bürgerbewegungen bzw. politischen Vereinigungen → Demokratie Jetzt, → Initiative für Frieden und Menschenrechte, → Neues Forum und Unabhängiger Frauenverband, die mit der auf dem Gebiet der ehemaligen DDR konstituierten → Grünen Partei eine → Listenvereinigung für die → Wahl zum → Bundestag eingingen. Aufgrund der für die beiden ehemaligen deutschen → Staaten bei der ersten gesamtdeutschen Wahl getrennt geltenden → Fünf-Prozent-Klausel zog das B. mit einem Zweitstimmenanteil von 1,2 % (bezogen auf das gesamte Wahlgebiet) in den Bundestag ein und stellte 8 → Abgeordnete, denen der → Gruppenstatus zugebilligt wurde. Am 22.9.1991 konstituierte sich das B. zur gesamtdeutschen → Partei, deren „politischethischer Grundwertekatalog" zum Ausdruck brachte, daß das B. sich als „alternative Kraft" verstand und sich der Einordnung in das traditionelle „Links-Rechts"-Schema zu entziehen suchte.

Auf zwei parallel stattfindenden Parteitagen am 16./17.1.1993 beschlossen die Delegierten des B. und der mittlerweile ebenfalls als gesamtdeutsche Partei tätigen → Grünen, zu einer gemeinsamen Partei unter der → Bez. Bündnis 90/ Die Grünen zu fusionieren. Nach Annahme des Assoziationsvertrages im Wege einer Urabstimmung der Mitglieder beider Parteien wurde die Fusion auf einem Vereinigungsparteitag am 15./16.5.1993 endgültig beschlossen.

Bündnis '90: Bürger für Bürger

Wahlbündnis für die Volkskammerwahlen vom 18.3.1990 in der DDR, bestehend aus den politischen Vereinigungen → Demo-

kratie Jetzt, → Initiative für Frieden und Menschenrechte und → Neues Forum. Die dem B. angehörenden Bürgerbewegungen verfolgten für die → Wahlen das gemeinsame Ziel, eine Kopie der bundesdeutschen Parteienlandschaft in der DDR zu verhindern. Anders als die beiden konkurrierenden Wahlbündnisse → Allianz für Deutschland und → Bund Freier Demokraten bestritt das B. den Wahlkampf ohne finanzielle und organisatorische Unterstützung aus der Bundesrepublik. Mit 2,9 % der Stimmen errang das B. 12 → Mandate in der → Volkskammer.

Bündnis 90/ Die Grünen

Aus der Fusion von → Bündnis 90 und → Die Grünen am 15./16.5.1993 hervorgegangene Partei, die im August 1998 50.000 Mitglieder zählte. B. erreichten bei der Bundestagswahl von 1998 mit 6,7% der Zweitstimmen 47 → Mandate und bildeten zusammen mit der → SPD eine Koalitionsregierung, innerhalb derer sie den Außen-, den Gesundheits- und den Umweltminister stellen. B. sind in allen → Landtagen der alten → Bundesländer einschließlich Berlins in Fraktionsstärke vertreten; in den neuen Ländern haben sie derzeit (1998) keine parlamentarische Repräsentanz. In Hamburg, Nordrhein-Westfalen und Schleswig-Holstein bilden sie jeweils mit der SPD Koalitionsregierungen.

Bündnisfall

Sog. „NATO-Klausel" im Art. 80 a III GG, die von den sonstigen Regelungen im → Spannungsfall abweichende Bestimmungen für den Fall enthält, daß einschlägige Bündnisverträge bestehen, auf Grund derer Maßnahmen in Spannungszeiten von einem internationalen Organ beschlossen werden können. Solche sind v.a. vom NATO-Rat beschlossene Mobilmachungsmaßnahmen, für die der an sich geltende Zustimmungsvorbehalt des → Bundestages aufgehoben ist.

Bürger

Im Mittelalter der freie, vollberechtigte Einwohner einer Stadt, der Handel und Gewerbe betreiben und aktiv teilhaben

konnte am politischen Leben der Stadt.
Der wirtschaftliche Niedergang des städtischen Sozialsystems im Zeitalter des
→ Absolutismus leitete eine Entwicklung
ein, im Laufe derer B. als Standesbegriff
seinen politischen Charakter sukzessive
verlor. Die → Demokratisierung (Einführung des allgemeinen → Wahlrechts 1918)
beraubte den B.begriff endgültig seiner
ständischen Beschränkung und bereitete
die Grundlage für das moderne Verständnis von B. als Staatsbürger, d.h. als politisch und sozial vollberechtigten Einwohner eines → Staates, der die → Staatsangehörigkeit durch Geburt oder Naturalisation erwirbt.
Da zu dem Klassenbegriff → Bourgeoisie
im deutschen Sprachgebrauch das entsprechende Adjektiv fehlt, kommt dem Adjektiv „bürgerlich" (anders als dem Begriff B.) bis heute mitunter eine abwertend
sozialkritische, dem Verständnis des
→ Marxismus entspringende Bedeutung
zu.

Bürgerantrag

In den → Gemeindeordnungen einzelner
→ Bundesländer unterschiedlich geregeltes Verfahren, durch das die Gemeindebürger den → Gemeinderat zur Behandlung einer bestimmten Angelegenheit
zwingen können. Meist ist der B. an ein
→ Quorum gebunden.

Bürgerbegehren

Ursprünglich nur in Baden-Württemberg,
mittlerweile in allen → Ländern der BRD
möglicher Antrag der Bürger einer
→ Gemeinde auf Durchführung eines
→ Bürgerentscheides. Ihm muß stattgegeben werden, wenn ein bestimmtes →Quorum erfüllt wird. Die Höhe der Quoren
variiert von Land zu Land und dort meist
nochmals nach Gemeindegröße. Demnach
müssen zwischen 10 % und 15 % der
Stimmberechtigten ihre Zustimmung geben, um einem B. zum Erfolg zu helfen.

Bürgerentscheid

Ursprünglich nur in Baden-Württemberg,
mittlerweile in allen →Ländern der BRD
vorgesehene, direkte Entscheidung einer
wichtigen Gemeindeangelegenheit durch

die Gemeindebürger; wird aufgrund eines
Mehrheitsbeschlusses im → Gemeinderat
oder aufgrund eines erfolgreichen → Bürgerbegehrens durchgeführt. Ein B. hat die
Wirkung eines Gemeinderatsbeschlusses,
wenn ihm mit einer Mehrheit zugestimmt
wird, die ein bestimmtes → Quorum
(meist 25 % der Stimmberechtigten) erfüllt.

Bürgerinitiativen

Begriffliche Klärung: Als B. bezeichnet
man Zusammenschlüsse von Personen, die
das Ziel verfolgen, ein mehr oder weniger
konkretes gesellschaftliches oder politisches Problem einer Lösung zuzuführen.
Diese allgemeine Definition ist zweckmäßig, weil sich ganz verschiedenartige Zusammenschlüsse der Bez. B. bedienen. Sie
unterscheiden sich in ihren konkreten Anliegen, ihren Organisationsformen, ihren
Adressaten, ihrem Aktionsbereich und ihren Strategien beträchtlich voneinander.

2. Typologie der B.: Ein wichtiges Kriterium für die Typisierung von B. stellt die
Abgrenzung zwischen solchen Gruppen
dar, die Problemlösungen auf dem Wege
der → Selbsthilfe anstreben, und solchen,
die - ähnlich wie traditionelle → Interessenverbände - die Erfüllung ihrer Forderungen durch das → politische System
verlangen. In den Vereinigten Staaten
spielen Selbsthilfegruppen traditionell eine große Rolle, in Westeuropa dominieren
auf Grund der andersartigen kulturellen
Bedingungen Initiativgruppen mit Ansprüchen an das politische System. Die
Forderungen der B. richten sich entweder
auf lokale oder auf überlokale Entscheidungsträger. Während sich die ersten in
der Bundesrepublik entstandenen B.
mehrheitlich auf der lokalen Ebene betätigten, ist seit der Mitte der siebziger Jahre
ein deutlicher Bedeutungsgewinn überlokal ausgerichteter Aktionsgruppen feststellbar.

Mit dieser Veränderung in den Adressaten
der Forderungen ging auch ein Wandel in
der Organisationsstruktur und in den Organisationszielen einher. Die Mehrzahl
der B. der ersten Generation (Thaysen)

waren zeitlich befristete Aktionsgruppen mit einer sachlich begrenzten Zielsetzung, einer lockeren, wenig formalisierten Organisationsstruktur und ohne umfassendes ideologisch-programmatisches Fundament. Die überlokal tätigen Initiativen der zweiten Generation sind demgegenüber verbandsförmige Dauerorganisationen, die sich den ideologischen Zielen der Alternativkultur verpflichtet fühlen und sich als Teil einer → sozialen Bewegung verstehen. Dieser Wandel im Selbstverständnis der B. zog eine Verlagerung des Aktionsschwerpunktes und einen Bedeutungsverlust lokaler Einzweck-Aktionen mit konkretem Problembezug zugunsten von Organisationen mit umfassenden und dauerhaften politischen Zielen (Frieden, Umweltschutz, Frauenemanzipation) nach sich.

3. Die Mitarbeit in B. als spezifische Form politischer → Partizipation: Die Betätigung in B. stellt eine spezifische Form politischer Beteiligung, d.h. der Einflußnahme von → Bürgern auf Personal- oder Sachentscheidungen des politischen Systems dar. Im Unterschied zur Teilnahme an → Wahlen vollzieht sie sich als kollektive Aktivität. Von der Betätigung in anderen politischen Organisationen wie den → Parteien oder Interessenverbänden unterscheidet sie sich durch die organisatorischen Besonderheiten der B.: Im Gegensatz zu den politischen Parteien streben die B. i.d.R. keine Kontrolle über die → Regierung und die Parlamentsmehrheit an. Die zwischen den B. und traditionellen Interessenverbänden bestehenden Unterschiede lassen sich nicht allgemein beschreiben. Sie hängen von den sachlichen Zielen und der organisatorischen Beschaffenheit der B. ab. Die meisten überregional agierenden Initiativen weisen den Interessenverbänden vergleichbare Merkmale auf und bieten dem einzelnen Mitglied nur begrenzte unmittelbare Partizipationsmöglichkeiten. Im Unterschied dazu verfügen die Mitglieder von Initiativgruppen mit einem sachlich und zeitlich begrenzten Ziel und einer lockeren Organisationsstruktur i. allg. über größere direkte Einflußmöglichkeiten auf die → Politik ihrer Gruppe.

4. Entstehung: Während B. in den Vereinigten Staaten schon lange zu den etablierten Formen politischer Beteiligung gehören, traten sie in der Bundesrepublik erst gegen Ende der 60er Jahre und Anfang der 70er Jahre in größerer Zahl auf. Wie in den USA war ihr typisches Aktionsfeld zunächst die → Kommunalpolitik. B. bildeten sich zum Zweck der Einflußnahme auf die → Stadtplanung/ → Bauleitplanung, auf die Lösung von Verkehrsproblemen oder mit dem Ziel, Verbesserungen in der sozialen und kulturellen → Infrastruktur von → Kommunen herbeizuführen. Von Anfang an kam umweltpolitischen Zielen im Tätigkeitsfeld der B. eine hervorgehobene Bedeutung zu. Im Bundestagswahlkampf 1972 entstanden die ersten → Wählerinitiativen.

Mit der zunehmenden Sensibilisierung der Bevölkerung für Umweltprobleme konzentrierten sich die Aktivitäten der B. immer mehr auf umweltpolitische Fragen. Damit vollzog sich zunehmend eine Einbindung der zuvor isoliert agierenden lokalen Einzelinitiativen in eine überlokal auftretende Umweltbewegung. Im Juni 1972 wurde in Frankfurt der → Bundesverband Bürgerinitiativen Umweltschutz (BBU) gegründet, der in der Folgezeit v.a. durch seine überregional koordinierten Massenaktionen gegen den Bau von Kernkraftwerken auf sich aufmerksam machte. Die Umweltbewegung fungierte als Kristallisationskern der → „Neuen Sozialen Bewegungen (NSB)", als deren einflußreichste Zweige heute die → Friedensbewegung und die → Frauenbewegung anzusehen sind. Darüber hinaus bemühen sich NSB um die Artikulation außerordentlich heterogener Anliegen, etwa der Probleme der älteren Bevölkerung (→ Graue Panther), der Ausländer, der Arbeitslosen oder der Homosexuellen. Mit der Gründung der → Grünen im Jahre 1980 erhielt die Bürgerinitiativ- und → Alternativbewegung eine parteipolitische Repräsentanz, der seit 1979 der Einzug in den → Bundestag, sämtliche

→ Landtage und zahlreiche Kommunalparlamente gelang.

5. Aktuelle Bedeutung des Engagements in B.: Die ersten empirischen Arbeiten legten sehr unzuverlässige und weit auseinandergehende Schätzungen über das Anhänger- und Aktivistenpotential der B. vor. Mit der zunehmenden Institutionalisierung dieser Form politischer Betätigung interessierte sich auch die professionelle → empirische Sozialforschung für die B. und NSB. Infolgedessen verfügen wir mittlerweile über vergleichsweise zuverlässige Angaben über die Zahl derjenigen Bundesbürger, die sich in Initiativgruppen betätigen oder dazu bereit sind. Im Jahre 1988 gaben in einer national repräsentativen Erhebung zwölf Prozent der Befragten an, in einer B. mitzuarbeiten oder früher schon einmal mitgearbeitet zu haben. 1980 wurde eine aktuelle Mitgliedschaftsrate von einem Prozent ermittelt, jedoch hatten insgesamt sieben Prozent schon einmal in einer B. mitgearbeitet. Siebzig Prozent erklärten sich unter bestimmten Bedingungen zur Mitarbeit in einer Initiativgruppe bereit.

Das Phänomen der kumulativen politischen Beteiligung ist auch für die Mitarbeit in B. typisch. Wer sich zur Betätigung in einer Initiativgruppe entschließt, ist prinzipiell auch zu anderen Formen politischer Partizipation bereit. Die Mitarbeit in B. begünstigt v.a. die Teilnahme an → unkonventionellen politischen Aktivitäten, mit → konventionellen politischen Aktivitäten hängt sie weniger eng, aber gleichfalls positiv zusammen. Relativ umfassende empirische Informationen liegen mittlerweile auch über die Anhänger und Aktivisten der NSB vor. In den Jahren 1986/ 1987 bezeichneten sich in drei aufeinanderfolgenden Erhebungen bis zu achtundzwanzig Prozent der Bundesbürger als Anhänger der Friedensbewegung, bis zu dreiundzwanzig Prozent als Anhänger der Antikernkraftbewegung und bis zu dreizehn Prozent als Anhänger der Frauenbewegung. Die Zahl der aktiven Mitarbeiter liegt in allen drei Fällen bei zwei bis drei Prozent (1982/83) und entspricht damit ungefähr der Mitgliederzahl der politi-

schen Parteien. Zwischen den verschiedenen Zweigen der Alternativbewegung besteht eine enge personelle Verflechtung.

6. Teilnehmerstruktur: Aktives politisches Engagement ist vornehmlich bei Angehörigen höherer Statusgruppen, insbesondere bei Personen mit einem hohen formalen Bildungsniveau, festzustellen. Diese schichtspezifischen Partizipationsmuster gelten im großen und ganzen auch für die B. und NSB. Sie mobilisieren nur in begrenztem Umfange Personen oder Gruppen, die sich nicht auf andere Weise politisch betätigen. In zweierlei Hinsicht unterscheidet sich jedoch die Mitarbeit in B. von wahl- und parteibezogenen Aktivitäten: Sie ist für Frauen und Angehörige jüngerer Altersgruppen offensichtlich besonders attraktiv. Frauen sind unter den B.-Aktivisten praktisch genau so stark vertreten wie Männer, und es gibt in ihren Reihen einen nennenswerten Anteil von Personen unter dreißig Jahren.

7. Erklärung des Auftretens und der Ausbreitung von B.: Nachdem das Auftreten der B. und Alternativbewegung zunächst vorzugsweise auf eine → Krise der kapitalistischen Gesellschaft und ihres politischen Überbaus zurückgeführt wurde, setzte sich mittlerweile eine stärker tatsachenorientierte Auseinandersetzung mit dem Auftreten der B. und der NSB durch, die die Erklärung dieser Phänomene zudem in den Gesamtzusammenhang des Partizipationsverhaltens der Bundesbürger bzw. der → Bürger westlicher → Demokratien stellt. Demnach stellt sich das Engagement in B. als spezieller Aspekt eines umfassenderen politischen Prozesses, der „partizipatorischen → Revolution", dar. Als ihre maßgeblichen Ursachen nimmt man die Zunahme des Bildungsniveaus, die verbesserten Möglichkeiten zum Erwerb und zum Austausch politischer Informationen an. In der Bundesrepublik kam die schrittweise Gewöhnung der Bevölkerung an die → Normen demokratischer → Politik als weiterer Erklärungsfaktor hinzu. Auf Grund dieser sozialen und politischen Veränderungen stiegen das politische Selbstwertgefühl der Bürger, ihr politisches → Interesse, ihre Problemsensibilität und ihre Handlungsbereitschaft. Die Krisentheoreme lassen sich dagegen empirisch allenfalls teilweise bestätigen. Eine überdurchschnittliche Unzufriedenheit der Mitglieder und Anhänger von B. und der NSB ist empirisch allenfalls vereinzelt nachweisbar.

Eine besondere Bedeutung für die Erklärung des → Protestpotentials in westlichen Demokratien - und damit auch der Aktivitäten der B. und der NSB - kommt dem Wandel der politischen Wertorientierungen der Bevölkerung zu. In zahlreichen empirischen Untersuchungen konnte nachgewiesen werden, daß in allen westlichen Demokratien insbesondere die junge akademisch gebildete Bevölkerung den → Werten ‚individuelle Selbstverwirklichung' und ‚politische → Gleichheit' den Vorrang vor traditionellen Leistungs-, Sicherheits- und Ordnungswerten einräumt. Die Differenzierung der sozialen Wertorientierungen führte zu einer Aufwertung der politischen Aktivität, und sie stärkte die Bereitschaft, zur Durchsetzung der eigenen politischen Vorstellungen das gesamte verfügbare Spektrum politischer Aktionsmöglichkeiten auszuschöpfen. Personen mit postmaterialistisch-alternativen Wertvorstellungen bilden die Kerngruppe der B.bewegung.

8. Funktionen der B. im politischen Prozeß: Die Funktionen der B. im politischen System unterscheiden sich nicht grundsätzlich von denen der Interessenverbände. Ihre Teilnahme am politischen Willensbildungsprozeß ist durch das Recht zur freien Meinungsäußerung, das → Versammlungs- und das → Koalitionsrecht abgedeckt. Einen privilegierten Status gegenüber traditionellen politischen Organisationen räumt ihnen die Verfassungsordnung des → Grundgesetzes ebensowenig ein wie das Recht, an Stelle demokratisch gewählter Organe Entscheidungskompetenzen auszuüben. Ihre wichtigsten Aufgaben bestehen in der Thematisierung von Entscheidungsproblemen, in der Information politischer Entscheidungen und in der öffentlichen Kontrolle der politischen Führung. In dieser Hinsicht ergänzen sie das traditionelle System der → Interessen-

politik und bringen Themen auf die politische Tagesordnung, die die politischen Parteien und die Interessenverbände auf Grund ihrer spezifischen Klientelorientierung und ihrer schwerfälligen Organisationsstruktur vernachlässigen oder nur verzögert aufgreifen.

Lit.: O. W. Gabriel: Politische Partizipation und kommunale Politik, in: Aus Politik und Zeitgeschichte. Beilage zur Wochenzeitung Das Parlament B29/88, 15. Juli 1988, S. 3-20; *B. Guggenberger/ U. Kempf* (Hg.): Bürgerinitiativen und repräsentatives System, 2. Auflage, Opladen 1984; *K. D. Opp u.a.*: Soziale Probleme und Protestverhalten, Opladen 1984; *F. U. Pappi*: Die Anhänger der neuen sozialen Bewegung im Parteiensystem der Bundesrepublik, in: Aus Politik und Zeitgeschichte. Beilage zur Wochenzeitung Das Parlament B26/89, 23. Juni 1989, S. 17-27.

Prof. Dr. Oscar W. Gabriel, Stuttgart

Bürger in Uniform
Im Soldatengesetz fixiertes und in den Leitsätzen der → Inneren Führung konkretisiertes Leitbild des Soldaten der → Bundeswehr, welches die soldatische Dienstbeschreibung aus den staatsbürgerlichen Rechten und Pflichten ableitet.

Bürgerkrieg
Bewaffnete innerstaatliche Auseinandersetzung verschiedener Gruppierungen (B.sparteien), mit dem Ziel, die → Herrschaft über diesen → Staat zu gewinnen.

Bürgerliche Gesellschaft
Begriff: Im heutigen Verständnis bezeichnet b. den Typ der liberalen Wirtschaftsgesellschaft, in der jeder → Bürger legitim beanspruchen kann, seine Lebensführung nach den Prinzipien von → Freiheit und Gleichheit autonom zu gestalten, und zwar in einem Rahmen politischer Vorgaben, an deren Entscheidungsprozedur er gleichberechtigt beteiligt ist. Sie setzt sich als horizontal gegliederter Bereich durchgängiger zwischenmenschlicher Beziehungen primär ökonomischen Charakters von dem mit dem Monopol der Zwangsgewalt aus-

gestatteten modernen Anstaltsstaat ab. B. ist damit nicht nur eine vorfindliche soziale Formation, sondern sie ist nur als soziale Formation und normatives Modell zugleich beschreibbar, vermittelt durch die Vorstellungen einer sozialen Schicht, des → Bürgertums, über die „Bürgerlichkeit" ihrer Lebensführung. Sie ist auch nicht als überhistorische Konstante definierbar, sondern unser heutiges Verständnis von b. als die uns immer noch maßgeblich prägende Lebensform ergibt sich aus einer komplexen realhistorischen und ideengeschichtlichen Entwicklung.

1. Im klassischen, alteuropäischen Verständnis ist das „Haus" die maßgebliche ökonomische Einheit und Grundlage gesellschaftlicher Beziehungen; b. ist die politisch-ständische Ordnung des Gemeinwesens, die sich über den Lebenskreis des Bürgers im Haus erhebt und in deren Herrschaftsform der Bürger eingebettet ist. B. ist von der politischen Herrschaftsform, dem → „Staat", nicht abgelöst: *civitas, societas civilis, res publica* bezeichnen gleichermaßen die Gemeinschaft der Bürger, b. ist so im klassischen Verständnis *societas civilis sive politica*. Dieses bereits von Aristoteles formulierte Gesellschaftsmodell blieb, trotz aller Veränderungen der Herrschaftsstruktur, bis weit in die Neuzeit hinein maßgeblich. Erst im 17. und 18. Jh. führte die → Emanzipation des Bürgertums zu einem strukturellen Umbruch. B. als politische Organisationsform der Bürger, in die der private ökonomische Bereich ständisch abgestuft in den politischen Bereich eingelagert war, wird zum primär ökonomischen Betätigungsfeld des sich emanzipierenden Bürgertums, welches der politischen Staatsgewalt gegenübersteht.

Im Zuge der Zentralisierung der Herrschergewalt im neuzeitlichen territorialen Flächenstaat nivelliert der absolutistische Staat, insbesondere auf dem Kontinent, soweit möglich die bestehenden ständisch-feudalen Strukturen mit ihren abgestuften und vielfach selbstgegebenen Rechten, um seine Bürger gleichermaßen zu „Untertanen" zu machen. Das bedeutet zunächst eine Entrechtung der *societas civilis sive politica*, den Verlust ihres *status politicus* und eine Frontstellung der altständischen → Gesellschaft gegenüber dem absolutistischen Staat. Zugleich ergaben sich partielle Interessenidentitäten - einerseits zwischen Adel, Klerus und Krone, um Herrschaftspositionen aufrechtzuerhalten und wechselseitig abzusichern, andererseits aber auch zwischen Bürgertum und Krone, sofern der Abbau feudaler Privilegien der expandierenden Wirtschaftsgesellschaft zugute kommt und sofern diese überdies, wie in England, so stark ist, um nachhaltigen Einfluß auf die Gestaltung der politischen Rahmenbedingungen nehmen zu können.

Seitens des Bürgertums ist entscheidender Stimulus zur Herausbildung der modernen Gesellschaft die Entwicklung umfassender Marktbeziehungen. Gesellschaft als horizontales Interaktionsmuster gegenüber der zentralisierten Staatsgewalt entsteht, wenn die Wirtschaft von dem Prinzip der Eigenversorgung durch vorwiegend häusliche Produktion und regionalen Gütertausch zu einer durch → Arbeitsteilung bedingten, durch Manufakturen und Fabriken forcierten durchgängigen Verflechtung von Märkten gelangt. Diese Entwicklung verläuft regional und sektoral höchst unterschiedlich; zunehmend jedoch setzt sich gesellschaftlich eine neue Sichtweise rationaler Daseinsbewältigung durch, die im Prinzip des wirtschaftlichen Wachstums durch Kapitalakkumulation gegenüber der antiken und alteuropäischen Wirtschaftsauffassung ihren deutlichsten Ausdruck erhält. Die moderne b. konstituiert sich somit durch die Prinzipien von → Eigentum, Markt und Kapital. Die Ökonomie erhält einen zentralen Stellenwert im menschlichen Zusammenleben. Sie ist für die b. mit den Geboten der Religion (insbesondere im Calvinismus) und den Auffassungen der Moral unmittelbar und bruchlos verbunden. Das → Individuum erhält in der b. seinen Eigenwert in den Beziehungen seiner persönlichen Lebensführung, die sich ökonomisch im Eigentum und kulturell in der Bildung manifestiert. Ökonomisches Interesse und eine durch Bildung wiederum auch begründete und gewährleistete Verantwortung für das

Gemeinwesen als ganzes werten die historisch sich herausbildende b. theoretisch zu einem Ordnungskonzept auf, welches schließlich im 18. Jh. geschichtsphilosophisch den Fortschritt der → Zivilisation verkörpert. Dieser Optimismus ist nicht zuletzt deshalb noch ungebrochen, weil nicht nur die Frau in der Familie, sondern auch die anwachsenden Unterschichten für die Problemwahrnehmung der b. noch keine Rolle spielen.

2. Im 19. Jh. ist b. - nach den Entwicklungsschüben der englischen → Revolution im 17. Jh. und der amerikanischen und → französischen Revolution im 18. Jh. - soweit ausgebildet, daß ihre Ordnungsprinzipien in West- und Mitteleuropa, trotz regionaler Unterschiede und historischer Ungleichzeitigkeiten, zu realen politischen und sozialen Bestimmungsfaktoren geworden sind: rechtliche → Gleichheit der Staatsbürger, konstitutionell gesicherte politische Mitwirkungsmöglichkeiten und die Erlangung der gesellschaftlichen Position durch berufliche Leistung. An die Stelle einer berufsständisch oder durch ererbte Privilegien vorgegebenen → Hierarchie tritt ein durch Besitz, Stellung im Produktionsprozeß und Bildungsniveau definiertes, prinzipiell durchlässiges soziales Gefüge. An die Stelle überkommener korporativer Bindungen tritt der → Individualismus als maßgebendes Prinzip sozialer Beziehungen; charakteristische Organisationsform der b. ist der freie Zusammenschluß in → Vereinen, → Assoziationen, Gesellschaften. Mit der Dekorporierung sind für die Individuen neue, durchgängige Orientierungen erforderlich; sie finden sich in gesamtgesellschaftlich auftretenden politischen und → sozialen Bewegungen mit ihren Ideen und → Ideologien (→ Liberalismus, → Konservatismus, → Sozialismus). Mit der Herausbildung der b. ist eine zunehmend organisierte Interessenwahrnehmung miteinander konkurrierender sozialer Großgruppen verbunden, die über das Bürgertum hinausgehend alle Schichten und → Klassen in ihren vielfältigen Frontstellungen umfaßt. Hier liegt der Ursprung des modernen Parteiwesens, das soziale → Interessen in weltanschau-

lich begründeter Programmatik vertritt und auf diese Weise der Allgemeinheit zu dienen beansprucht.

In der b. wird der Begriff des Bürgers doppeldeutig. Ursprünglich „Stadtbürger", bezeichnet er nun einerseits in politischer Verallgemeinerung den „Staatsbürger" (→ citoyen), andererseits spezifiziert er den Bürger als Angehörigen eines besonderen → Standes in Abgrenzung gegen Adel, Geistlichkeit und Bauernstand durch seine „Bürgerlichkeit." Sie drückt sich in → Kultur und Lebensführung des Bürgertums, aber auch in seinen gesellschaftlichen Ordnungsvorstellungen als eine eigene → Identität aus. Bürgerlichkeit als Lebensform, aber auch als leitende utopische Idee einer Gesellschaft der Freien und Gleichen - Grundvorstellung des Liberalismus - ist Kennzeichen des Bürgertums als soziale Formation, vornehmlich des Bildungsbürgertums und der bildungsinteressierten Geschäftsleute. Sie zeigt in den Staaten West- und Mitteleuropas erstaunliche Ähnlichkeiten; in Deutschland grenzt sich das Bürgertum, sei es als Wirtschaftsbürgertum, sei es als Bildungsbürgertum, eher noch stärker vom Adel ab als in Frankreich oder England. Dies gilt auch angesichts der nicht zu übersehenden stärkeren → Bürokratisierung, Staatsorientierung und einer Tendenz zur „Refeudalisierung" des deutschen Bürgertums im Laufe des 19. Jh., wobei freilich der relativ markanten Identität des deutschen Bürgertums ein relativ geringer Erfolg an allgemeiner Verbürgerlichung der Gesellschaft entspricht (Kocka).

Mit der Abstreifung geburtsständischer Privilegien und der Ausprägung einer Identität der „Bürgerlichkeit" ist die b. freilich zugleich Klassengesellschaft. Der Bürger als bourgeois („Wirtschaftsbürger") steht, bedingt durch seine ökonomischen Interessen der Eigentumssicherung und der uneingeschränkten unternehmerischen → Freiheit, aber auch durch sein Bildungsverständnis zunehmend in Defensive gegenüber den zunächst ausgeschlossenen, aber unaufhaltsam nachdrängenden Unterschichten (→ Proletariat). Die b. gerät damit in einen offenen Widerspruch zu ihrem eigenen normativen Anspruch, den das liberale Bürgertum trotz Selbstkorrekturen im 19. Jh. nicht zu lösen vermag. Zudem wird sie gerade in Deutschland durch den weiterbestehenden bürokratisch-militärischen Herrschaftskomplex vorbürgerlicher Prägung eingeengt. Der → Obrigkeitsstaat hat einerseits jene sozialen Probleme erfolgreich in Angriff genommen, mit denen sich das Bürgertum aufgrund seiner ökonomischen Interessenlage aus eigener Initiative nicht hinreichend auseinandergesetzt hatte, andererseits aber damit - gemessen wiederum am normativen Anspruch der b. - eine tiefgreifende Entliberalisierung der Gesellschaft eingeleitet. So erscheint es problematisch, die Kategorie der b. zur Analyse aktueller Probleme von Staat und Gesellschaft einfach weiterzuverwenden; allerdings gibt es auch keinen Grund, auf ihren normativen Gehalt zu verzichten.

3. In der → politischen Ideengeschichte ist das Verhältnis von b. und Staat klassisch von Hegel formuliert worden. Die → politische Philosophie der Neuzeit hatte zunächst, auch wenn sie das besitzbürgerliche → Individuum in den Mittelpunkt stellte, an der Einheit der *societas civilis sive politica* festgehalten, wenn auch in unterschiedlicher Ausprägung ihrer Herrschaftsformen. Hegel (1770-1831) versuchte nun, b. und Staat in ihrer Differenz und darin zugleich als eine - vernunftgemäße - Einheit zu fassen. Dies ist zumeist als bloße Trennung beider Bereiche mißverstanden worden. Was Hegel in der Rechtsphilosophie und deutlicher noch in seinen früheren Entwürfen mit beiden Begriffen analytisch unterscheidet, sind einerseits die ökonomisch-rechtlichen Erscheinungen des sozialen Lebens mit ihrer politischen Vermittlung durch korporative → Selbstverwaltung und staatliche Institutionen der Rechtspflege und der → „Polizei" (= b.), andererseits die → Verfassung und die → Gewalten der → konstitutionellen Monarchie als substantielle, die Herrschaftsausübung mit der subjektiven Gesinnung der Staatsbürger verbindende und objektiv darstellende Einheit (= Staat). Die Bewegung der b. mit ihren negativen Auswirkungen findet im Staat ihre „Aufhebung" und Ruhe.

Marx (1818-1883) hat an diesem Konzept die entscheidende Kritik geübt, wobei es fraglich bleibt, ob er Hegel wirklich „überwunden" hat. Er folgt zunächst dem Hegelschen Ansatz, wonach Rechtsverhältnisse wie Staatsformen nur aus der Gesamtheit gesellschaftlicher, insbesondere ökonomischer Lebensverhältnisse zu begreifen sind. Aber die Verselbständigung des Politischen, der „Überbau", ist nur sinnfälliger Ausdruck der die b. kennzeichnenden Spaltung des Menschen in citoyen und bourgeois. Die → Dialektik der kapitalistischen Warenproduktion treibt zur → Revolution durch das Proletariat, denn der Staat als „Überbau" kann die immanente Zerrissenheit der b. nicht zu realer Identität vermitteln. Er erscheint als illusorische Gemeinschaft, er abstrahiert von den wirklichen Problemen der b., weil seine Existenz gerade auf ihrer Voraussetzung gründet. Würde er sie lösen, könnte er selbst „absterben". Ziel des emanzipatorischen Prozesses ist daher die Rücknahme des Staates in die Gesellschaft, die dadurch ihren „bürgerlichen" Charakter verliert und zur klassenlosen Gesellschaft wird.

4. In der gegenwärtigen → Demokratietheorie erlebt der normative Gehalt von b. eine Renaissance, nicht zuletzt auch in kritischer Absicht. Habermas verwendet das liberale Modell der vernünftig miteinander argumentierenden mündigen Bürger als Grundfigur eines herrschaftsfreien Diskurses über praktische Fragen, welches sowohl verzerrte → Kommunikation offenlegt als auch die Übermacht der System- über die → Lebenswelt durch eine unabhängige öffentliche Diskussion wenigstens kompensiert. In angelsächsischer Tradition wird das Konzept der b. als „civil-society"-Ansatz mit Blick auf die Emanzipation in Osteuropa und die → Neuen sozialen Bewegungen in den westlichen Ländern aktualisiert. Unter Beibehaltung der Differenzierung von Staat, Gesellschaft und Ökonomie und der Idee von Individualität, aber über einen rechtsstaatlich vermittelten Zusammen-

hang von Wirtschaftssubjekten in Locke-
scher Tradition hinausgehend und in Abkehr vom Konzept einer substantiellen
Vernunftintegration von Staat und Gesellschaft insgesamt, werden liberale und (radikal) demokratische Theorie-Elemente zu
einer Neu-Akzentuierung des normativen
Gehalts von b. verbunden. B. wird als
Form einer horizontalen, demokratischen
Selbstvermittlung autonomer Subjekte begriffen. Rechtlich-konstitutionell weiterhin durch den Staat gewährleistet, ist sie
nicht mehr auf marktvermittelte Interaktionen zentriert, sondern der Raum für die
praktisch-politische Vermittlung unterschiedlicher Lebensformen.

Lit.: Cohen, J./ Arato, A.: Civil Society
and Political Theory. Cambridge/Mass.
1992; *Habermas, J.:* Strukturwandel der
Öffentlichkeit. Untersuchungen zu einer
Kategorie der bürgerlichen Gesellschaft.
Neuwied 1962 u.ö.; *Habermas, J.:* Fakti-
zität und Geltung. Beiträge zur Diskurs-
theorie des Rechts und des demokratischen Rechtsstaats. Frankfurt/M. 1992, 4.
Aufl. 1994; *Haltern, U.:* Bürgerliche Gesellschaft. Darmstadt 1985; *Kocka, J.:*
Bürgertum und bürgerliche Gesellschaft
im 19. Jahrhundert. Europäische Entwicklungen und deutsche Eigenarten. In
ds. (Hg.): Bürgertum im 19. Jahrhundert.
München 1988. B. 1, S. 11-76; *Riedel, M.:*
Art. „Gesellschaft, bürgerliche". In: Brun-
ner/ Conze/ Koselleck (Hg.): Geschichtliche Grundbegriffe, Bd. 2. Stuttgart 1975,
S. 719-800.

Prof. Dr. Gerhard Göhler, Berlin

Bürgerliches Gesetzbuch/ BGB
Seit 1900 in Deutschland geltendes Ge-
setzwerk, das - gegliedert in 5 Bücher -
den größten Teil des allgemeinen Privatrechts regelt.

Bürgermeister
Kommunaler Wahlbeamter bzw. ehren-
amtliches Gemeindeoberhaupt. Vorsitzen-
der des → Gemeinde- bzw. Stadtrats oder
Magistrats. Auch: Stellvertreter des
→ Oberbürgermeisters. Während die
(Ober-)B. ursprünglich nur in Baden-
Württemberg und Bayern direkt von der

Bevölkerung gewählt wurden, ist diese
Regelung während der 90er Jahre in allen
→ Flächenländern der BRD eingeführt
worden. In den Stadtstaaten Berlin (Regie-
render B.), Bremen und Hamburg (Erster
B.) entspricht seine Stellung der eines
→ Ministerpräsidenten.

Bürgernähe
Weitgehend unbestrittene Forderung an
→ Politik und besonders die öffentliche
→ Verwaltung, Entscheidungen und Maßnahmen an den konkreten Bedürfnissen
und Problemen der Bürger auszurichten,
was wegen der räumlichen Nähe v.a. für
die kommunale Ebene bedeutsam ist.

Bürgerrecht
Historischer, im Mittelalter begründeter,
besonderer Rechtsstatus der Stadtbürger.
Zunächst hatten v.a. die → Oligarchien
wohlhabender „Geschlechter" volles B.
Erst im ausgehenden Mittelalter erweiterte
sich der Kreis der im Rechtsinn vollwer-
tigen → Bürger. Das v.a. auf städtischen
Grundbesitz gegründete B. war Voraussetzung sowohl für eigenständige wirtschaftliche Betätigung als auch für aktive
Teilnahme am politischen Leben der
Stadt. B. im Sinne einer privilegierten
Rechtsstellung, die aus dem Status als
Bürger (im Unterschied zu dem eines
Einwohners) erwächst, hielt sich in Teilen
bis ins 19. Jh. (z.B. durch den Ausschluß
der Bezieher von Armenunterstützung
vom → Wahlrecht).

Bürgerrechte
Verfassungsmäßig garantierte individuelle
Teilhaberechte, d.h. solche → Grundrechte, welche die Einzelnen nicht nur vor
staatlichem Eingriff in die persönliche
→ Freiheit schützen, sondern auch zur aktiven Einwirkung auf den → Staat berechtigen. Das wichtigste B. ist das Wahlrecht
(Art. 38 GG), das abgesichert wird durch
die → Meinungs- und Pressefreiheit (Art.
5 GG), die → Versammlungsfreiheit (Art.
8 GG) und die → Vereinigungsfreiheit
(Art. 9 GG).

Basierend auf einer anderen Systematik,
werden unter B. diejenigen Grundrechte
verstanden, die nicht jedermann, sondern

nur Staatsangehörigen zuerkannt sind
(Art. 8, 9 I, 11, 12 GG).

Bürgerrechtsbewegungen

1. In den USA die organisierten Bemühungen um Rechtsgleichheit der Farbigen
und Beseitigung der Rassendiskriminie-
rung.
2. In verschiedenen Staaten des Ostblocks
aktive Gruppierungen, die sich - häufig
angestoßen durch die Unterzeichnung der
Schlußakte der → KSZE von 1975 - für
die Gewährung von → Bürger- und
→ Menschenrechten in ihren Heimatstaa-
ten einsetzten.

Bürgerschaft

1. Bez. für die Gesamtheit der Mitglieder
eines politischen Gemeinwesens.
2. Die Landesparlamente in Bremen und
Hamburg.

Bürgertum

Mehrfachem grundlegenden Bedeutungswandel unterlegener Begriff, der im Gegensatz zu den romanischen Sprachen
(→ Bourgeoisie, → Citoyen) politische
und soziale Zuordnung beinhaltet. Nach
antiker Auffassung war das B. die Gruppe
der sich selbst und andere Regierenden.
Seit dem Ende des Hochmittelalters und
der Zeit der europäischen Stadtgründun-
gen bezeichnet B. einen gesonderten,
durch → Bürgerrecht privilegierten Stand.
Die → Revolutionen des 18. und 19. Jh.s
bewirkten die Ausdehnung des politischen
Begriffs B. auf alle Einwohner. Gleichzeitig mit dieser politischen Nivellierung
konstituierte sich mit der Entwicklung des
→ Kapitalismus das B. als soziale
→ Klasse. Heute wird mit B. umgangssprachlich die → Mittelschicht bezeichnet.

Bürokratie(-theorien)

Der B.-Begriff hat eine politisch-
polemische und eine sozialwissenschaftliche Tradition - erstgenannte ist gebräuchlicher und fester in der → Alltagskultur
verwurzelt. Das führt dazu, daß auch heute
noch Autoren, die eine wissenschaftliche
Behandlung des Themas vorgeben, gerne
durch Anleihen beim polemischen Wortverständnis Effekte beim Leser erzielen.

Erhöhte Aufmerksamkeit ist also geboten,
wann immer dieser schillernde Begriff in
die Debatte geworfen wird.

Auch die polemische Verwendung ist nu-
ancenreich: B. kann z. B. eine eigene
Staatsform (im Gegensatz etwa zur
→ „Aristokratie" oder → „Demokratie")
brandmarken - in diesem Sinne brachte
Vincent de Gournay das Wort im 18. Jh.
als Kritik absolutistischer Zentralverwal-
tung auf. Adliges Ressentiment war auch
im 19. Jh. eine häufige Quelle der B.-
Kritik: paradoxerweise mußte der Begriff
gleichermaßen dafür herhalten, übermäßige Regelungswut der Staatsbehörden zurückzuweisen wie auch ihnen Stumpfheit
und Untätigkeit vorzuwerfen. Beide Varianten finden auch heute noch populäre
Resonanz, sie können kombiniert werden
mit „B." als Sammelbez. für die Staatsdie-
ner (bes. auf höheren Rängen).

Die wissenschaftlichen Fassungen des Begriffs finden ihren Ausgangs- und Bezugspunkt immer noch im Werk Max Webers, der sein Interesse auf eine spezifische Form der Herrschaftsausübung und
→ Verwaltung lenkte und demgemäß den
Begriff bevorzugt im Attribut gebrauchte:
„rationale → Herrschaft mit bürokratischem Verwaltungsstab" ist ein typischer
Ausdruck der versachlichten und anstalti-
chen Ordnung in der kapitalistisch geprägten Moderne. Die Herrschaft wird
durch gleichbleibende, allgemeine Regeln
legitimiert, welche von fachgeschulten,
hauptamtlichen → Beamten „ohne Ansehen der Person" in alltägliche Verwaltung
umgesetzt werden. → Hierarchie, Zustän-
digkeitsraster, Aktenförmigkeit und kontinuierliche Geldentlohnung sind andere
Kennzeichen, die von einer solchen Verwaltung fachliche Kompetenz, Kalkulierbarkeit für die → „Bürger", aber auch ge-
horsame Instrumentalisierbarkeit für die
Herrschenden erwarten lassen.

Diese Beschreibung war nicht - wie eil-
fertige Kritiker meinten - eine plumpe Sti-
lisierung des preußischen → Obrigkeits-
staats seiner Zeit, sondern bettete das
Auftreten von B. in universalhistorische
Betrachtungen ein. Darum wurde sie auch
als Idealtyp bestimmt, denn es ging dar-

um, großdimensionierte Wandlungen zu begreifen, die nicht davon tangiert sind, daß es auch einmal in irgendeiner konkreten Behörde ganz anders aussieht.

Die idealtypisch beschriebene B. füge sich - so Weber - v. a. in eine arbeitsteilige Welt, die gleichzeitig durchrationalisiert und „entzaubert" ist. Durch ihre aufgegliederte, fachkompetente Arbeitsweise, die jeder Aufgabe eine - und nur diese - Zuständigkeit beiordnet, entspricht sie den empfindlichen Verflechtungen und Abhängigkeiten einer modernen Erwerbsgesellschaft, mit ihrer Regelbindung der unpersönlichen Berechenbarkeit des Marktes, der sich von Fürstenwillkür und geheiligten Traditionen befreit hat. In diesem Sinne sah Weber die moderne B. als historisch überlegen an - also im Vergleich zu Alternativen wie Lehensverwaltung oder Wahlbeamtentum. Sie verwirklichte stärker als diese das → Leistungsprinzip, die „passive → Demokratisierung" (Gleichbehandlung) und Willkürfreiheit. Deshalb entbehrt aber B. nicht der Gefährdungen: da sie auf die eher reaktive, regelgebundene Funktionsweise festgelegt ist, bedarf sie der Führung durch politischen oder auch unternehmerischen Willen, ansonsten droht gesellschaftliche Erstarrung und Abhängigkeit vom „Dienstwissen" der allgegenwärtigen Apparate.

Die historischen und gesellschaftstheoretischen Dimensionen gingen verloren, als Webers Schriften der Rezeption in den USA anheimfielen. „B." wurde darin gedeutet als ein rationales Modell zweckmäßiger Organisation; das Zusammentreffen seiner Elemente und die Praktikabilität sollte demgemäß empirisch getestet werden. Auch wenn darin ein Unterschieben der eigenen Wissenschaftskonzeption lag, so hat die resultierende Forschung doch Wesentliches für eine empirisch begründete B.-Theorie beigetragen. Wichtige Befunde waren z.B. die Unterscheidung zwischen formaler und informaler Ordnung sowie zwischen positionaler und funktionaler → Autorität, die darauf abhob, daß B.n oft durch soziale Beziehungsgeflechte zusammengehalten werden, die sich im offiziellen Regelwerk nicht ausdrücken

(vgl. z.B. A. Gouldner). Dann verlieren folgerichtig auch die Zielvorgaben einer solchen Organisation ihre dräuende Allgewalt: in Fallstudien (z.B. bei Ph. Selznick) wurde offenbar, daß administrative Untereinheiten dadurch widerstreitende Eigenziele verfolgen können, ohne daß durchaus die Gesamtorganisation zwangsläufig auseinanderbrechen muß. Solche Einsichten paarten sich mit der Aufwertung „latenter" gegenüber „manifesten" Funktionen auch durch die praktischen Managementlehren; modische Schlagworte wie „human relations" und „Betriebsklima" setzten hier die Signale.

Als Folge all dieser Diskussionen aus den dreißiger bis fünfziger Jahren läßt sich festhalten: mit der formalen Regelordnung wurde auch der Gedanke einer Organisationssteuerung allein durch „Befehl" und „Gehorsam" (den man M. Weber zuschrieb) abgewertet, daher trat an ihre Stelle des Zweck- und Hierarchiemodells der B. das „Systemüberlebensmodell". B. wurde damit in der modernen Organisationsforschung zu einem kontingenten Element, das in Anordnung mit anderen, z.T. konkurrierenden Elementen übergeordneten Systemaufgaben zu dienen habe. Konsequenz war eine entschiedene Wendung zur Empirie: der sog. „situative Ansatz" (vgl. Kieser/ Kubicek) verabschiedete sich von einer Deutung des Systemüberlebens in gesamtgesellschaftlichen Werthorizonten, er zog es vor, die Angemessenheit präzis bestimmter Organisationseigenschaften an konkreten Umweltherausforderungen und individuellem Handeln zu testen. „Bürokratische" Kriterien wie → Regelbindung, Standardisierung, Hierarchie und Zentralisation erwiesen sich dabei nur als bedingt verträglich untereinander, und häufig als unverträglich mit Organisationsaufgaben wie Innovation und Mitarbeitermotivation.

Die Vorstellung, daß B. ein austauschbares und ergänzungsbedürftiges Element sei, wurde von der → Politikwissenschaft dankbar aufgenommen und in eine Perspektive gerückt, die mit Webers Werk verträglicher war. Dem Idealtypus wurden nämlich zwei Voraussetzungen beigeordnet, die Weber durchaus vertraut waren: politische Führung und standardisierte Amtsgeschäfte. Als Gegengewicht zur bürokratischen Verselbständigung erhoffte Weber einen professionellen Politiker, der in modernen Großparteien und → Arbeitsparlamenten Fachkompetenz und Durchsetzungskraft erlernt habe. Die vergleichende Betrachtung westlicher → Demokratien (vgl. Page) zeigt nun aber, daß „Politik als Profession" zwar ihren Siegeszug angetreten hat, damit aber bürokratische Intransparenz und Eigengesetzlichkeit keineswegs geschwunden ist. → Parteien und → Parlamente haben sich vielmehr in ihrem Bürokratisierungsgrad häufig den Staatsverwaltungen angepaßt; die Professionalisierung der → Politik bot zwar insofern eine Parallele zur B., als beide sich auf Kosten des überkommenen, begüterten Honoratiorenpolitikers durchsetzten (und daher die soziale Basis der Politik ausweiteten). Die neuen Aufsteiger mußten dafür aber ihren Weg durch die Apparate sich bahnen und fielen einer entsprechenden „bürokratischen Sozialisation" anheim - Bürokrat und Politiker sind daher keine Gegenpole, sondern heute in den meisten entwickelten Demokratien als Abstufungen eines Rollenkontinuums zu denken.

Das bedeutet allerdings nicht, daß in einer solchen Anordnung die von Positionen geprägten Interessenunterschiede ganz verschwinden: → Gewaltenteilung und wechselseitige Kontrolle bleiben v.a. in dem Maße möglich, in dem eine öffentliche Aufmerksamkeit bürokratische und politische → Eliten zwingt, andere → Interessen als die der eigenen Kaste mit wahrzunehmen (→ „Responsivität").

Damit aber ist unterstellt, daß zwischen B. und Umwelt eine kontinuierliche und ungefilterte → Kommunikation sich entfaltet, was die zweite Voraussetzung des Modells tangiert. B. wurde als leistungsfähig v.a. dort vorgefunden, wo Verwaltung auf recht gleichmäßig auftretende Umweltherausforderungen und Aufgaben mit ebenso gleichförmigen Maßnahmen reagiert - nur dort ist es plausibel, von einem festgeschriebenen Regelwerk auszugehen, das

die administrativen Antworten nach dem „wenn/ dann"-Schema reibungslos auswirft. Der moderne → Wohlfahrtsstaat aber hat eine viel reichhaltigere Palette an administrativen Umweltbezügen hervorgebracht: Planung und Gestaltung, soziale Hilfe und Beratung, Tauschbeziehungen und Koordination zwischen gesellschaftlichen Akteuren. All diesen Formen des Verwaltungshandelns ist gemeinsam, daß sie auf gedeihliches Zusammenwirken mit der Außenwelt, auf Neubestimmung der jeweiligen Ziele und für diesen Zweck auch auf Informationen aus der Sicht der „Betroffenen" angewiesen sind. Außensteuerung durch partizipatorische Lösungen wird unter diesen Gesichtspunkten nicht allein zum normativen Gebot in einer Demokratie, sie gerät auch aus organisationstheoretischer Sicht zur notwendigen Ergänzung bürokratischer Innensteuerung bei einer gewandelten Umwelt.

Eine so ansetzende B.-Kritik räumt die Berechtigung bürokratischer Verfahren in vielen Bereichen und unter rechtsstaatlichen Vorgaben ein; sie darf nicht verwechselt werden mit Varianten, die „B." gebrauchen als Synonym für staatliches Entscheiden und Handeln schlechthin. Ökonomische Theoretiker mit einer starken Zuneigung zur Marktfreiheit betonen immer wieder, daß „bürokratisches" (d.i. staatliches) Entscheiden von Natur aus unwirtschaftlich sein müsse, da dem Entscheider hier, anders als dem Marktteilnehmer, nicht die verursachten Kosten und Verluste zu Buche schlügen. Stattdessen seien große, anonyme Kollektive die Kostenträger (z.B. Steuerzahler), deren Einzelmitglieder auch wieder am individualisierten Ertrag (z.B. Sozialleistung) mehr interessiert seien als an der Gesamtfinanzierung.

Eine derartige Argumentation nutzt in der eingangs erwähnten Weise die pejorativen Anklänge des B.-Begriffes, um ein ganz anderes Geschäft zu betreiben: Rückführen der → Staatsquote, Verhindern von Umverteilung etc. Diese Gegenbeispiele lehren, daß es gute Gründe gibt, bei der auf Weber fußenden, wissenschaftlichen Verwendung des B.-Begriffes zu bleiben, also damit eine Form der Staatsorganisation zu sehen, die ihre Rationalität in bestimmten, historischen Kontexten entfaltete. Damit sind weder Fortschritte in der Organisationstheorie unterbunden, noch ist ein unkritisches Verhältnis zum Gegenstand festgeschrieben.

Lit.: *M. Albrow*: Bürokratie, München 1972; *A. Kieser/ H. Kubicek*: Organisationstheorien, 2 Bde., Stuttgart u.a. 1978; *E. C. Page*: Political Authority and Bureaucratic Power, Brighton 1985; *R. Prätorius*: Soziologie der politischen Organisationen. Eine Einführung, Darmstadt 1984; *B. C. Smith*: Bureaucracy and Political Power, Sussex/ New York 1988.

Prof. Dr. Rainer Prätorius, Hamburg

Bürokratisierung
Umgangssprachlich oft abwertende Kennzeichnung von Handlungsmustern der öffentlichen → Verwaltung. Im wissenschaftlichen Sprachgebrauch bezeichnet B. 1. die Regelung der Arbeits- und Kommunikationsbeziehungen in einer Organisation durch Vorschriften, Dienstwege und feste Funktionszuteilungen; 2. im historischen Sinn den Prozeß der Durchsetzung der → Bürokratie als moderne Organisations- und Herrschaftsform, deren überlegene Effizienz nach Max Weber auf ihrer Zweckrationalität und technischen Leistungsfähigkeit beruht.

BVS
Abk. für → *B*undesanstalt für *v*ereinigungsbedingte *S*onderaufgaben.

C

Capitol
1. Burg des alten Rom auf dem Kapitolinischen Hügel mit dem Jupitertempel als religiösem Mittelpunkt der → Republik.

2. Bez. für das Kongreßgebäude der USA in der Bundeshauptstadt Washington. Nach ihm wurden auch die Parlamentsgebäude der → Bundesstaaten C. genannt.

Cäsarismus
Im 19. Jh. aufgekommene, nach Julius Caesar benannte Bez. für eine → Herrschaftsform und -technik, welche die Konzentration der politischen → Macht in den Händen einer Führerperson durch → plebiszitäre Akklamation und scheindemokratische → Institutionen absichert.

Cäsaropapismus
Im 18. Jahrhundert geprägter, polemischer Begriff für die Vereinigung der höchsten weltlichen und kirchlichen → Gewalt in einer - der weltlichen - Hand, die tendenziell z.B. im Kirchenregiment protestantischer Landesherrn zum Ausdruck kam.

Casus belli
Kriegsfall, Kriegsgrund, ein zum Kriege führendes Ereignis.

Catch-all-party
⇒ *Allerweltspartei*
⇒ *Volkspartei*

Caucus
In den USA Bez. für Parteiversammlungen, denen die Nominierung der Kandidaten für die → Wahlen zu öffentlichen → Ämtern obliegt. Erstmals 1796 fungierten die → Fraktionen im → Kongreß als C. für die Bestimmung der Kandidaten für die Präsidentschaftswahlen. Das C.system wurde im 19. Jahrhundert weitgehend durch allgemeine → Vorwahlen (→ primaries) für die Wahlämter aller politisch-administrativen Ebenen ersetzt. Seit 1829 werden z.B. die Präsidentschaftskandidaten von den Nationalkonventen der → Parteien gewählt. Bei der Wahl der → Delegierten zu diesen Nominierungsparteitagen hat sich allerdings in 22 → Bundesstaaten das C.system erhalten.

Caudillo
Eigtl. Häuptling oder Führer. In Lateinamerika allgemeine Bez. für militärische Diktatoren. Von 1936 bis 1975 offizieller Titel des spanischen Staatschefs Franco.

CDA
Abk. für → Sozialausschüsse der Christlich Demokratischen Arbeitnehmerschaft Deutschlands

CDS
Abk. für das 1976 gegründete Centre des démocrates sociaux, eine der der → UDF angehörenden bürgerlichen → Parteien Frankreichs.

CDU
Abk. für → Christlich Demokratische Union

CENTO
Abk. für die aus dem Bagdad-Pakt zwischen dem Irak und der Türkei von 1955 erwachsene Central Treaty Organization, der im gleichen Jahr Großbritannien, Pakistan und Iran beitraten. Nach der → Revolution von 1958 (Sturz der → Monarchie) schied Irak aus. Nach dem Austritt Irans und Pakistans 1979 wurde die C. aufgelöst.

Central Intelligence Agency/ CIA
1947 eingerichtetes Zentralamt des Geheim- und Nachrichtendienstes der USA, welches v.a. in den 70er Jahren wegen rechtlich zweifelhafter Aktivitäten im In- und Ausland politisch stark kritisiert wurde. Dies führte zu verstärkten Kontrollversuchen durch den → Kongreß (z.B. durch das 1975 von ihm ausgesprochene Verbot, Rebellengruppen im Ausland zu unterstützen). Gleichwohl ist die CIA noch immer eines der wichtigsten sicherheitspolitischen Instrumente des Präsidenten.

CFDT
Abk. für Confédération française démo-
cratique du travail, eine der katholischen
→ Arbeiterbewegung entsprungene, heute
sozialistisch orientierte französische
→ Gewerkschaft, die in den 60er und 70er
Jahren das Modell der → Arbeiterselbst-
verwaltung vertrat.

CGT
Abk. für Confédération générale du travail, die 1895 gegründete, bedeutendste
französische → Gewerkschaft, die stark
kommunistisch orientiert ist.

CGT-FO
Abk. für Confédération générale du travail
- Force ouvrière, eine sozialistische fran-
zösische → Gewerkschaft, die 1948 durch
Abspaltung von der kommunistischen
→ CGT entstand.

Chancenausgleich
1984 eingeführte Neuregelung der staatlichen → Parteienfinanzierung in der Bundesrepublik durch Einfügung des Art. 22a
in das → Parteiengesetz, demzufolge
→ Parteien, die bei der jeweils letzten
Bundestagswahl mindestens 5 Prozent der
→ Zweitstimmen erreicht hatten, einen
jährlichen, als C. bezeichneten Betrag aus
Bundesmitteln erhielten. Das → Bundesverfassungsgericht erklärte den C. im Jahr
1992 für verfassungswidrig, weil er nicht
mit dem Recht der Parteien auf Chancengleichheit vereinbar sei (BVerGE 85,
S. 264ff.).

Chancengleichheit
An den Leitbildern der → Demokratie und
des → Sozialstaats orientierte politisch-
gesellschaftliche Wertvorstellung, die - in
Anschauung des Dilemmas, daß die Herstellung gesellschaftlicher Gleichheit tendenziell auf Kosten individueller Freiheit
geht (→ Freiheit und Gleichheit) - die
Realisierung von gleichen Start- und Teilhabechancen, z.B. in der → Bildungspolitik fordert. Die Forderung nach C. gilt
auch für den politischen Prozeß, so für die
Wettbewerbschancen politischer → Partei-
en oder für die Teilnahme von → Interes-

sengruppen an der politischen Willensbildung.

Charisma
Von Max Weber in die → Sozialwissenschaften eingeführter, aus dem Neuen Testament entlehnter Begriff. C. bezeichnet
die als außeralltäglich geltende Anziehungskraft einer Persönlichkeit, um de-
retwillen diese als „Führer" gewertet wird.
Kennzeichnend ist die Anerkennung des
charismatischen Führers durch die Anhängerschaft in Form der „gläubigen Hingabe", die für Weber die charismatische
→ Herrschaft als dritten Idealtypus legitimer Herrschaft (neben der rationalen und
traditionalen) begründet.

Charta 77
Tschechoslowakische → Bürgerrechtsbewegung, die im gleichnamigen Manifest
vom 1.1.1977 den Einsatz für die Respek-
tierung der → Bürger- und → Menschenrechte zu ihrem Ziel erklärte. Die C. hatte
keine feste Organisation, sie verstand sich
selbst als → Bürgerinitiative. Die Unterzeichner der C. waren seitens des
→ Staates immer wieder Repressionen
ausgesetzt. Nach Beendigung der Alleinherrschaft der kommunistischen → Partei
wurde einer der führenden Repräsentanten
der C., der Schriftsteller Vaclav Havel,
vom → Parlament der CSSR am
29.12.1989 zum Staatspräsidenten gewählt. Aufgrund der → Demokratisierung
des Landes erklärte die C. ihre „historische Mission" für erfüllt und löste sich im
November 1992 auf.

Charta der Vereinten Nationen
⇒ UN-Charta

Chartismus
Erste organisierte → Arbeiterbewegung in
England. Ihr in der „People's Charter" von
1839 niedergelegtes Programm zielte v.a.
auf Einführung allgemeiner, gleicher und
geheimer → Wahlen zum → Parlament
und eine wirksame → Gesetzgebung gegen wirtschaftliche Ausbeutung und politische Entrechtung. Der C. hatte 1848 mit
Massendemonstrationen einen letzten Höhepunkt, verlor aber mit dem Erstarken

der → Gewerkschaften bald jeden Einfluß auf die Arbeiterschaft.

Chauvinismus

Kritisch-abwertende Bez. für exzessiven Nationalismus militaristischer Prägung, für extrem patriotische und nationalistische → Einstellungen.

Checks and balances

Der → Verfassung der USA zugrundeliegendes, von den Autoren der → Federalist Papers aus der v.a. durch Montesquieu begründeten Lehre von der → Gewaltenteilung entwickelter Grundsatz der „Hemmungen und Gegengewichte" der Verfassungsorgane. Das Prinzip der C. besteht in der Zuordnung der Staatsfunktionen auf sich gegenseitig kontrollierende und aufeinander einwirkende → Institutionen mit dem Ziel der Machtbeschränkung und Freiheitssicherung, d.h. eine Institution kann nie etwas alleine bewirken, sondern ist immer auf die Unterstützung (zumindest aber Tolerierung) der anderen Institutionen angewiesen. Insofern ist das politische System der USA kein System echter Gewaltenteilung, sondern der → Gewaltenverschränkung.

Chiliasmus

Heilslehre; Bez. für die Erwartung des 1000jährigen Reiches unter der Herrschaft des Messias, eines Reiches des Friedens und der Gerechtigkeit, die bereits von der Prophetie des Alten Testamentes verkündigt wurde. → Aufklärung und → Geschichtsphilosophie setzten den C. ins Weltliche um, indem sie das Ende der Geschichte als ein Reich der Wohlfahrt und Glückseligkeit, des Friedens und der Humanität beschrieben. Ein in dieser Art verweltlichter C. stand und steht hinter vielen politisch-sozialen Reformen und Revolutionsbewegungen seit dem 18. Jahrhundert.

Christlich Demokratische Union/ CDU

Nach dem 2. Weltkrieg auf Initiative ehemaliger Zentrumsmitglieder und christlicher Gewerkschafter entstandene interkonfessionelle → Volkspartei, die den religiös-konfessionellen Konflikt der deutschen Parteiengeschichte zu überwinden suchte. Die Delegierten der zuvor entstandenen zonalen Parteigruppierungen einigten sich - mit Ausnahme der bayerischen → Christlich Sozialen Union/ CSU - auf ihrem Reichstreffen vom 14.-16.12.1945 in Bad Godesberg auf den Namen CDU. Bis 1949/50 war die C. ein Zusammenschluß von Landesparteien. Die Bayern ausnehmende, bundeseinheitliche Organisation entstand erst auf dem 1. Bundesparteitag in Goslar vom 20.-22.10.1950, der → Bundeskanzler Konrad Adenauer zum Parteivorsitzenden wählte. Zu diesem Zeitpunkt war die C. in der DDR bereits zur → Blockpartei umfunktioniert worden.

Die Programmatik der C. ist seit 1949, in Abwendung von anfangs noch einflußreichen antikapitalistischen Tendenzen (→ Ahlener Programm), durch die → Soziale Marktwirtschaft geprägt. Das erste umfassende Grundsatzprogramm gab sich die C. erst 1968. Derzeit gilt das 1994 beschlossene Grundsatzprogramm, das unter dem Leitmotiv „Freiheit in Verantwortung" den Charakter der C. als christliche Volkspartei betont.

Die C. bildet seit 1949 zusammen mit der CSU eine gemeinsame → Fraktion im → Bundestag. Bis 1966 war sie unter den Bundeskanzlern Konrad Adenauer (bis 1963) und Ludwig Erhard (bis 1966) die führende Kraft der bürgerlichen Koalitionsregierungen. Von 1966 bis 1969 bildete sie mit der → SPD die → Große Koalition, nach deren Ende sie bis 1982 im Bundestag die Rolle der → Opposition übernahm. 1982 wurde der Vorsitzende der C., Helmut Kohl, durch ein → konstruktives Mißtrauensvotum zum Bundeskanzler gewählt. Von Oktober 1982 bis Oktober 1998 bildete die Union mit der → FDP eine → Koalition. Nach der Bundestagswahl von 1998, in der sie 28,4 % der Zweitstimmen erreichte, mußte die C. wieder die Oppositionsrolle übernehmen.

Während der 70er Jahre wurde eine umfassende Parteireform durchgeführt, die die vordem fast ausschließlich auf Regierungs- und Parlamentsarbeit fixierte C. in eine organisatorisch gefestigte, professionell geführte → Massen- und Apparat-

Partei umwandelte. Die Mitgliederzahl konnte seinerzeit mehr als verdoppelt werden. Am 1. 10. 1990 erfolgte die Vereinigung der westdeutschen C. mit der CDU der DDR, wodurch die Mitgliederzahl auf 714.000 anwuchs. Seitdem hat die C. wieder an Mitgliedern verloren. Ihre Zahl beträgt derzeit (Ende 1998) 636.000.

Neben den Parteigliederungen der C. auf Orts-, Kreis- und Landesebene sind in der Satzung folgende Vereinigungen verankert: → Junge Union Deutschlands, Frauenvereinigung der C., → Sozialausschüsse der Christlich Demokratischen Arbeitnehmerschaft (CDA), Kommunalpolitische Vereinigung der CDU/ CSU, Mittelstandsvereinigung der CDU/ CSU, Wirtschaftsvereinigung der C., Union der Vertriebenen und Flüchtlinge. Diese Vereinigungen, deren Mitglieder nur zum Teil auch der → Partei angehören, sollen die besonderen Anliegen der von ihnen repräsentierten Gruppen innerhalb der C. wahren. Sie entsenden je einen Vertreter mit beratender Stimme in den Bundesausschuß der C.

Christlich Demokratische Union/ DDR

Ehemalige → Blockpartei in der DDR, die als einzige der dortigen → Parteien während der Zeit des SED-Regimes den gleichen Namen wie eine Partei in der Bundesrepublik trug. Die Partei wurde am 10.7.1945 gegründet. Nach anfänglichem Widerstand, der von der → Sowjetischen Militär-Administration mit der Entmachtung der ersten Parteivorsitzenden beantwortet wurde, ordnete sich die C. der führenden Rolle der → SED unter. Die C. war mit 52 → Abgeordneten in der über die → Einheitsliste gewählten → Volkskammer vertreten und stellte 2 Mitglieder des → Staatsrates. Sie hatte nach eigenen Angaben bis 1989 „über 120.000" Mitglieder. Der Schwerpunkt der Aktivitäten der C. lag auf kulturellem Gebiet; so versuchte sie v.a. in den 70er Jahren Bedenken christlicher Eltern gegen die marxistische Erziehung auszuräumen. Ihre frühere Bedeutung als Mittlerin des Gesprächs zwischen SED und den Kirchen hatte die C. in den 80er Jahren weitgehend verlo-

ren. Am 4.12.1989 trat die C. aus dem → Demokratischen Block aus. Im Vorfeld der → Wahlen zur Volkskammer am 18.3.1990 lehnte sie sich programmatisch weitgehend an ihre bundesdeutsche Schwesterpartei an, von welcher sie im Wahlkampf unterstützt wurde. Die dem Wahlbündnis → Allianz für Deutschland angeschlossene Partei erhielt bei der Volkskammerwahl mit 40,91 % der Stimmen 164 Mandate. Der Vorsitzende der C., Lothar de Maizière, wurde zum Ministerpräsidenten gewählt. Neben ihm war die Partei mit weiteren 10 → Ministern in der bis zum 3.10.1990 amtierenden Regierung vertreten. Im Juni 1990 stimmte der Parteivorstand einem Beitrittsgesuch der → Demokratischen Bauernpartei zu, wodurch sich die Zahl der Mitglieder um ca. 90.000 auf 225.000 erhöhte. Am 1.10.1990 vereinigte sich die C. mit der bundesdeutschen → CDU.

Christlich-Soziale Union/ CSU

1945/46 als christlich-konservative → Volkspartei gegründete, in Organisation und Wählerschaft auf Bayern begrenzte, auch bundespolitisch aktive politische → Partei. Am 8.1.1946 lizenzierte die US-Militärregierung die Gründung der C. als Landesverband, nachdem bereits im Dezember 1945 ein vorläufiger Landesausschuß gebildet worden war. Die Programmatik der C. ist bis heute durch 4 Grundsatzprogramme (1946, 1957, 1968, 1976) dokumentiert. Sie zeichnet sich aus durch eine betont konservative Position. Der → Sozialismus wird als eine „Bewegung der Vergangenheit" bekämpft. Erhaltung und Förderung des Mittelstands, aktive → Familienpolitik, eine industrielle Strukturpolitik der „kleinen Form" und ein betonter → Föderalismus sind besondere Anliegen dieser „Staats- und Ordnungspartei" (Alf Mintzel), deren politisches Profil jahrzehntelang durch den Parteivorsitzenden Franz-Josef Strauß (1961-1988) bestimmt worden ist.

Die Gründungsjahre der C. waren geprägt vom Aufbrechen innerparteilicher Gegensätze zwischen dem „reichstreuinterkonfessionellen" und dem „altbaye-

risch-erzföderalistischen" Flügel, dessen teilweise Sezession in die → Bayernpartei diese als zeitweise beinahe gleichstarke Konkurrenzpartei erwachsen ließ.
Mit Ausnahme der Jahre 1954-57 führte die C. bis 1966 alle bayerischen → Landesregierungen in Form von → Koalitionen. Seit 1966 bildet(e) die C. unter den → Ministerpräsidenten Goppel (1962-1978), Strauß (1978-1988), Streibl (1988-1993) und Stoiber allein die → Regierung. Die C. bildet im → Bundestag mit der → CDU eine gemeinsame → Fraktion. Entsprechend war sie auch in allen unionsgeführten → Bundesregierungen - meist überproportional - vertreten.

Die Beschränkung der Parteiorganisation auf Bayern ist bislang nur einmal ernsthaft in Frage gestellt worden, und zwar durch den am 19.11.1976 in Wildbad Kreuth gefaßten, aber knapp einen Monat später zurückgenommenen Beschluß. Der Parteiaufbau ist dem bayerischen Verwaltungsaufbau angepaßt. Die Orts- und Kreisverbände sind in 10 Bezirksverbänden zusammengefaßt. Daneben bestehen 7 Arbeitsgemeinschaften: Junge Union Bayern, Frauen-Union, Christlich-Soziale Arbeitnehmerschaft, Arbeitsgemeinschaft Landwirtschaft, Kommunalpolitische Vereinigung, Arbeitsgemeinschaft Mittelstand, Union der Vertriebenen. Die C. hat 180.000 Mitglieder (Stand Ende 1998).

Christliche Arbeiterbewegung

An den Grundsätzen der → christlichen Soziallehre orientierte, seit dem Ende des 19. Jh. in verschiedenen Organisationsformen (Arbeitervereine, christliche → Gewerkschaften) auftretende, wertbezogen-christliche Interessenorganisation. Die C. zeichnet sich aus durch die dezidierte Ablehnung des proletarischen → Klassenkampfs und der sozialen → Revolution. Da die katholische A. traditionell geschlossener auftritt als die evangelische, dominiert in interkonfessionellen Gruppierungen die Orientierung an der katholischen Soziallehre mit der Zielvorstellung einer korporativ geprägten Sozialordnung.

Christliche Soziallehre

1. Katholische Soziallehre und evangelische Sozialethik. Die C. soll eine gemeinchristliche Lehre sein. Inhaltlich stimmen sowohl kath. Soziallehre als auch ev. Sozialethik in weiten Bereichen überein. Unterschiede gibt es in der Begründung. Auf ev. Seite wird auf den Terminus Soziallehre verzichtet; man spricht dagegen von Sozialethik. Damit will man verdeutlichen, daß es primär um normative Forderungen an das gesellschaftliche Handeln des Menschen geht. Katholischerseits unterscheidet man zwischen der „Soziallehre der Kirche" (lehramtliche Verlautbarungen) und „katholischer Soziallehre", wozu auch die Erkenntnisse der Sozialwissenschaftler gehören, die sich mit dieser Frage beschäftigen. Die kath. Soziallehre basiert auf philosophischen Überzeugungen und erhebt den Anspruch, von jedermann per Vernunfteinsicht nachvollzogen werden zu können. So spielt naturgemäß das → Naturrecht bei der Begründung eine besondere Rolle.

Dieses Naturrecht wird von einem großen Teil der ev. Sozialethiker abgelehnt. Die ev. Sozialethik wurzelt unmittelbar in der Glaubenslehre, d.h. auf dem Wort Gottes der Heiligen Schrift. Diese Sichtweise hat den Nachteil, daß nur ein beschränkter Interessentenkreis angesprochen wird, der die Bibel als autoritativ anerkennt. Die Frage der Ethik wird damit in die gesamttheologische Diskussion mit einbezogen. Als Schwäche der ev. Sozialethik läßt sich anführen, daß sie keine Kasuistik entwickelt hat. Sie gibt keine direkten Handlungsanweisungen und hat kein geschlossenes gesellschaftliches Ordnungsmodell entwickelt. Stärke ev. Sozialethik ist es andererseits, daß es keine kirchliche → Autorität gibt, die kontroverse Fragen autoritativ entscheidet. Ein ungeschichtlicher Essentialismus wird zugunsten pragmatischer Begründungen abgelehnt. In diesem Sinne nähert sie sich den Prinzipien der kath. Soziallehre: Personalität, Solidarität, → Subsidiarität und → Gemeinwohl an, ohne sie im ontologischen Sinne zu interpretieren. Allein auf dieser Ebene läßt sich der Begriff C. im Sinne einer interkonfessionellen Übereinstimmung überhaupt anwenden. Ansonsten - und dies ist bei den nachfolgenden Ausführungen zu beachten - ist C. in historisch-theologischer Diskussion und als soziales Formprinzip mit kath. Soziallehre identisch.

2. Begriffsklärung. Grundlegend für jede C. ist das Verständnis vom Menschen. Die Frage, welches Menschenbild einem → Staat und seiner → Gesellschaft zugrunde liegt und worin die Menschenwürde gründet, ist von besonderer Relevanz. Die C. ist eine normative Konzeption und zielt auf die Praxis; d.h. aber nicht, daß sie im Dienste einer christlichen → Politik steht, sondern sie macht jene sittlichen Pflichten deutlich, die ein Christ für seine Entscheidungen zugrunde legen sollte. Ziel und Aufgabe der C. ist die Bestimmung der sittlichen Formen einer Gesellschaft, die menschliches Handeln normierend beeinflussen, andererseits aber dessen Beeinflussung entzogen sind. Die C. fragt somit nach der gerechten Gesellschaft und dem rechten Handeln ihrer Glieder.

Bei der C. handelt es sich um eine wissenschaftliche Disziplin. Diese Auffassung ist jedoch heftig umstritten, was nicht zuletzt dadurch zum Ausdruck kommt, daß es selbst im kirchlichen Bereich keine Einheitlichkeit der Benennung des Faches gibt. So herrscht Begriffsverwirrung in bezug auf die Lehrstuhlbenennungen vor. Diese Fakten machen eine theoretische Aufarbeitung dringend notwendig. Der C. sollte es ein Anliegen sein, kirchliche Sozialverkündigung (→ Enzykliken) und theoretisch-wissenschaftliche Reflexion trotz innerer Zuordnung jeweils als eigenständige Bereiche zu betrachten. Ferner müßte es gelingen, ein fundierteres wissenschaftstheoretisches Instrumentarium zu entwickeln, das zur Auseinandersetzung mit anderen Sozialtheorien und zur Analyse der realen Situation geeignet wäre.

3. Geschichte. Die C. erfuhr im Laufe der Geschichte die verschiedensten Ausformungen. Sie setzt nicht erst mit dem Aufkommen der → sozialen Frage des 19. Jh. ein, sondern hat ihre Wurzeln in den Schriften des Alten (AT) und Neuen Testaments (NT). Daneben stellen die Schriften der Kirchenväter eine wichtige Quelle sozialethischer Postulate dar. Schon im AT fordern die Propheten seit Amos → Gerechtigkeit und → Solidarität und wollen die Einheit von Gerechtigkeit und Gottesverehrung aufzeigen. Sie verurteilen aufs schärfste die Reichen, welche die Armen unterdrücken.

Im NT erhält die Idee der Gerechtigkeit zentrale Bedeutung, sie wird nur noch durch die Nächstenliebe überboten. Die Kirchenväter des 2. bis 5. Jh. sorgen sich um die Gerechtigkeit und die Armen. Ihr gesamtes Denken ist von einem „Recht der Armen" durchwirkt. So stellt z.B. Augustinus das Eigentumsrecht radikal in Frage: „quod iuste non tractat, iure non tenet".

Zwei Traditionslinien bestimmen die Entwicklung der C. Die auf Augustinus gründende Richtung betont, daß mit der Erbsünde die geistige Struktur des Menschen völlig zerstört sei. Die harmonische Ordnung der Welt sei damit zerfallen. Welt und Reich Gottes stünden sich antagonistisch gegenüber. Augustinus' „Zwei-Reiche-Lehre" versucht die Existenz des Christen, die in die göttliche und die weltliche Ordnung eingebunden ist, in eins zu bringen. Die Civitas Dei gründet auf der Liebe zu Gott, wohingegen die Civitas terrena auf der Selbstliebe des Menschen beruht.

Aus dieser Engführung weist Thomas von Aquin heraus. Der auf ihn zurückgehende zweite Traditionsstrang rekurriert stärker auf die menschliche Vernunft. Thomas gesteht dem Menschen die Fähigkeit zu, zwischen Gut und Böse kraft Vernunfteinsicht unterscheiden zu können. Der Mensch hat an der Lex aeterna Anteil, die ihm die → Normen für die Gestaltung des Lebens gibt.

Die „klassische" C. beginnt mit der „Sozialen Frage" des 19. Jh., d.h. mit der Arbeiterfrage, und setzt sich fort mit der Frage der → Entwicklungshilfe sowie der Ausbeutung der Arbeit. Diese Fragen werden v.a. in Sozialenzykliken behandelt.

4. Grundlagen der C. Der Mensch in seiner Individualität und Sozialität bildet die Grundlage der C. Erst Individualität und Sozialität machen demnach den ganzen Menschen aus. Die Personalität des Menschen kommt in seiner Angewiesenheit auf andere zum Ausdruck. Aus diesem Sachverhalt heraus hat die C. zwei Grundprinzipien entwickelt: Solidarität und Subsidiarität.

Die solidarische Verbundenheit der Menschen und die personengerechte Struktur der Gesellschaft kulminieren im → Gemeinwohl, das in der C. eine besondere Stellung einnimmt. Daneben tritt noch ein Spezifikum der C. zutage, die transzendente Dimension, d.h. der Bezug zu Gott. Der Mensch ist letztlich soviel „wert", wie er Gott „wert" ist. Nach christlichem Verständnis ist der Mensch mit Vernunft und freiem Willen ausgestattet, er ist Ebenbild Gottes.

5. Prinzipien der C. Die C. begründet die Gesellschaft auf der menschlichen Person. Der Mensch ist „Ursprung, Träger und Ziel allen gesellschaftlichen Lebens" (Johannes XXIII.). Er wird als Träger von Rechten und Pflichten gesehen und wirkt in freier Selbstbestimmung in der Gesellschaft zu seinem und der anderen Wohl.

a. Das Solidaritätsprinzip. Nach der C. ist die Solidarität im Wesen des Menschen begründet und erstreckt sich deshalb auf alle Menschen, unabhängig von ihrer Rasse, Religion, → Klasse etc. Unter Solidarität versteht die C. eine wechselseitige sittlich-rechtliche Verbindung, die sich in Bindung und Rückbindung manifestiert. Diese „Schicksalsverbundenheit" jedes einzelnen mit dem Ganzen zielt auf die Überwindung von Unrecht und Mißständen ab. Das Solidaritätsverständnis der C. ist unvereinbar mit marxistischem Klassenkampfdenken, das nur Klassensolidarität kennt. Ebenso wird ein emanzipatorischer → Individualismus abgelehnt, weil es das „autonome" Wesen Mensch nach Ansicht der C. nicht gibt.

b. Gemeinwohl. Seit mehr als zweitausend Jahren hat die christliche Sozialphilosophie versucht, das Verhältnis von Individuum und Gesellschaft zu bestimmen. Dabei bediente sie sich der Organismus-Analogie (die Gesellschaft wurde als Leib [Corpus politicum mysterium] gedeutet, mit den einzelnen als Gliedern), um einerseits die individualistische Gesellschaftsauffassung zurückzuweisen und andererseits das Gemeinwohlprinzip zu verdeutlichen.

Das Gemeinwohl ist nicht die Summe der Einzelwohle, sondern ein von diesen unterschiedener Wert. Deshalb hat das Individuum eine sittliche Verpflichtung gegenüber dem Gemeinwohl. Die Gesellschaft ist andererseits so zu organisieren, daß den einzelnen volle Entfaltungsmöglichkeit gegeben sein muß. Deshalb muß eine Gesellschaft der → Norm der Gerechtigkeit verpflichtet sein. Und deshalb soll ein Staat nur das anordnen, was um des Gemeinwohls willen erforderlich ist. Anders gewendet heißt das, daß höhere Güter des einzelnen niederen Gütern der → Gemeinschaft untergeordnet werden dürfen. So gelten Gewissensfreiheit und Menschenwürde als grundsätzlich unantastbar. Angesichts der prekären Lage der → Dritten Welt tritt das Weltgemeinwohl immer stärker in den Mittelpunkt. Diese Kategorie ist von der C. bis dato nicht hinreichend gewürdigt worden.

c. Das Subsidiaritätsprinzip. Seine Begründung und Berechtigung hat das Subsidiaritätsprinzip sowohl in der → Freiheit und Würde des Menschen als auch in der Struktur der Gesellschaft. Darum fordert das Prinzip: Was der einzelne aus eigener Kraft leisten kann, darf die Gesellschaft ihm nicht entziehen. Ebensowenig darf das, was kleinere Sozialgebilde leisten können, nicht von größeren übernommen werden. Das Ganze soll dem einzelnen, soweit er Hilfe bedarf, unterstützend zur Seite treten. Diese Hilfe ist nur als Hilfe zur Selbsthilfe gemeint.

6. Erkenntnisquellen der C.
a. Die christliche Offenbarung. Papst Johannes XXIII. hat die C. als einen Bestandteil der christlichen Lehre vom Menschen bezeichnet. Die Heilige Schrift

spielt für die C. eine untergeordnete Rolle. Das NT widmet dem sozialen und politischen Bereich wenig Beachtung. Es appelliert vielmehr an das Wertbewußtsein des einzelnen, mittels der Vernunft das der Situation Angemessene zu tun. Positiv beeinflußt das NT die C. dadurch, daß ein gewisses Vorverständnis vom Menschen, von dem Sinn seines Daseins und Zieles gegeben wird. Dieses „Vorwissen" ist in seiner Bedeutung für eine sittliche Entscheidung nicht zu unterschätzen. Darüber hinaus sind viele Aussagen des NT zeitbezogen (wie z.B. die Sklavenfrage), so daß sie für Christen heute nicht mehr nachvollziehbar sind. Folglich sah sich die kath. Kirche veranlaßt, ihre C. primär als Naturrechtslehre zu konzipieren.

b. Das Naturrecht. Das Naturrecht besitzt lt. kath. Lehre drei Eigenschaften: Allgemeingültigkeit, Unwandelbarkeit und Erkennbarkeit. Es ergibt sich aus der allen Menschen gleichen → Natur, ist also allgemein. Es ist weiterhin dadurch charakterisiert, daß es Normen enthält, die zeitlos und unwandelbar sind. Unwandelbar ist es auch deshalb, weil die metaphysische Menschennatur als unwandelbar angesehen wird. Diese Unwandelbarkeit betrifft jedoch letztlich nur allgemeine sittliche Grundnormen. Daneben gibt es auch wandelbare Naturrechtsnormen sowie das positive Recht, das im Naturrechtssystem der C. immer die prinzipiellen und allgemeinen Normen zu berücksichtigen hat, ohne daß jedoch das positive Recht aus den übergreifenden Normen einfach deduziert werden könnte. Entscheidend ist, daß sich solche Normvorschriften rational begründen lassen. Von dieser Position aus kann die C. auch mit Andersdenkenden in den Dialog treten. Nicht Glaube, Bibel, Kirche oder Papst sind entscheidend, sondern die Einsicht in die soziale Natur des Menschen und die daraus resultierenden (Grund-) Normen.

7. Kontroversen in der C. Das Lager der christlichen Sozialethiker ist gespalten: Man unterscheidet eine C. im traditionellen Sinne und eine solche, die einer → „Theologie der Befreiung" anhängt.

Letztere wird vorwiegend in Lateinamerika vertreten, hat aber ihre Wurzeln in Europa. Die Kontroverse konkretisiert sich z.B. als Unterscheidung zwischen einer geschichts- und einer schöpfungstheologischen Richtung. Erstere wird von der Theologie der Befreiung vertreten. Sie sieht angesichts der großen Herausforderung und der Inhumanität der Welt Gott als Gott der Geschichte und als Gott des Heils dieser Geschichte. Die Befreiung durch Christus liegt gerade in der Befreiung von jenem Übel, dessen Wurzel in Ungerechtigkeit, Unfreiheit und Inhumanität liegt. Es geht um die ganze Befreiung des Menschen. In der Theologie der Befreiung gehören die Umkehr der Herzen, die Subjektwerdung des Menschen und der Einsatz für die Ärmsten zusammen. Was in der Theologie der Befreiung bisher nicht gelungen ist, ist die Rückbindung an die schöpfungstheologische Komponente.

Die schöpfungstheologische Richtung sieht Gottes Heilshandeln und die Humanisierung der Welt als untrennbare Größen an. Christliches Handeln gewinnt durch Gottes Hinwendung zur Welt eine besondere Form. Dieser Liebesbeweis Gottes zu den Menschen macht diesen fähig, gerecht zu handeln. Das zweite Element hier ist die Personwürde des Menschen. Der Mensch gewinnt seine Moralität durch Vernunft. Sie ist Richtschnur des Handelns und damit das entscheidende Element einer universalen Sittlichkeit.

Die großen Herausforderungen der Zeit wie → Gentechnik, Atomkraft, → Ökologie und die Komplexität der modernen Welt können nicht mit einem singulären Ansatz gelöst werden. Beide Richtungen könnten vielleicht vereint zu einem realitätsgerechten Aufbau einer gerechten Welt beitragen.

Lit.: Antoncich, R./ Munárriz, J. M.: Die Soziallehre der Kirche, Düsseldorf 1988; *Katholische Arbeitnehmer Bewegung KAB* (Hg.): Texte zur katholischen Soziallehre, Kevelaer 1985[6]; *Nell-Breuning, O. v.:* Gerechtigkeit und Freiheit, Wien 1980; *Rauscher, A.:* Kirche in der Welt. Beiträge zur christlichen Gesellschaftsverantwortung, 2 Bde., Würzburg 1988. *Sutor, B.:* Politische

Ethik. Gesamtdarstellung auf der Basis der Christlichen Gesellschaftslehre, Paderborn 1991.

Dr. Ludwig Watzal, Bonn

Christlicher Gewerkschaftsbund Deutschlands/ CGB

1959 gegründete Spitzenorganisation von insgesamt 17 christlichen Einzelgewerkschaften in der Bundesrepublik mit derzeit knapp 300.000 Mitgliedern. Vorläufer des C. war die 1955 aufgrund interner Spannungen im → Deutschen Gewerkschaftsbund/ DGB von diesem abgespaltene Christliche Gewerkschaftsbewegung Deutschlands. Die CGB- → Gewerkschaften lehnen den „sozialistischen Kurs des DGB" ab und erstreben gemäß ihrer Leitsätze von 1977 „eine Gesellschaftsordnung, die auf dem in Gott verankerten ewigen Sittengesetz aufbaut."

CIA
Abk. für → *C*entral *I*ntelligence *A*gency

Citoyen
Seit der → Französischen Revolution Bez. für den politisch emanzipierten Staatsbürger, der über → Eigentum verfügt und daher ökonomisch unabhängig ist, und dem als freiem und gleichem Mitglied der → Nation das → Wahlrecht zukommt.

Civic culture
Bürger- bzw. Staatsbürgerkultur. Von den amerikanischen Politologen Almond und Verba in ihrer gleichnamigen Studie von 1963 geprägter Begriff für einen bestimmten Typus → Politischer Kultur, der durch die Ausgewogenheit politischer Aktivität und → Partizipation einerseits und politischer Passivität und traditioneller Werthaltungen andererseits gekennzeichnet ist.

Civil service
Bezeichnung für die öffentliche → Verwaltung Großbritanniens und der USA.

Cleavages
Konfliktlinien, die bei politischen Streitfragen Gegner und Befürworter trennen. Soziale c. spielen für → Wahlsoziologie

und Parteienforschung eine wichtige Rolle. Sie trennen z.B. → Klassen, Konfessionen oder ethnische Minderheiten, deren → Interessen von verschiedenen politischen → Parteien vertreten werden. Somit finden c. - neuestens auch in Form der sog. ökologischen Option - bei → Wahlen u.U. ihren Ausdruck in der überdurchschnittlichen Entscheidung der Angehörigen einer sozialen Gruppe für eine bestimmte Partei. Die Sozialwissenschaftler Rokkan und Lipset nutzten in den 60er Jahren das analytische Raster sozialer c. zur Rekonstruktion der europäischen Parteienentwicklung und behaupteten, daß die modernen → Parteiensysteme sich noch immer um überkommene, aber stabile c. (wie den Konflikt zwischen Kapital und Arbeit) gruppierten und in diesem Sinne „eingefroren" seien.

Closed shop
In Großbritannien und den USA - hier bis zum Verbot des C. durch das Taft-Hartley Gesetz von 1947 - von den → Shop stewards für ihre Betriebe meist in Form einer Unternehmensvereinbarung durchgesetzter Zwang für Betriebsangehörige, vor Aufnahme in den Betrieb („pre-entry"c.) oder im Laufe der Beschäftigungszeit in eine dort aktive → Gewerkschaft einzutreten, bzw. die Verpflichtung des Arbeitgebers, nur Gewerkschaftsmitglieder einzustellen. In Großbritannien wurde das c.-system durch die Employment Acts von 1980 und 1982 gesetzlich eingeschränkt.

CNPF
Abk. für *C*onseil *n*ational du *p*atronat *f*rancais, den 1946 gegründeteten Dachverband der französischen Unternehmer.

Code civil
Zeitweise auch als Code Napoléon bezeichnetes Zivilgesetzbuch Frankreichs von 1804. Trotz zahlreicher Änderungen und intensiver Rechtsfortbildung ist der c. noch heute gültig. Mit seinen der → Französischen Revolution entstammenden Grundgedanken übte der c. großen Einfluß auf den europäischen Rechtskreis aus. Der c. gilt auch in Belgien und Luxemburg. Die Niederlande, Spanien,

Portugal, Rumänien und Italien haben ihn inhaltlich weitgehend übernommen. Der c. wurde nach der Okkupation des Rheinlands in den linksrheinischen Gebieten von Preußen, Bayern und Hessen sowie in Baden eingeführt und galt dort bis zum Inkrafttreten des → Bürgerlichen Gesetzbuches.

Code Napoléon
⇒ *Code civil*

Cohabitation
Bez. für die im → semipräsidentiellen Regierungssystem Frankreichs nach entsprechenden Ergebnissen der Präsidenten- und Parlamentswahlen u.U. notwendige Zusammenarbeit zwischen einem Staatschef und einem → Premierminister, die verschiedenen politischen Lagern entstammen. Bislang kam es dreimal zu einer solchen Konstellation: Von 1986 bis 1988 waren der sozialistische Präsident Mitterrand und der gaullistische Regierungschef Chirac zur C. gezwungen; von 1993 bis 1995 ergab sich dieselbe Situation für Mitterrand und Premierminister Balladur. Seit 1997 steht die C. unter umgekehrten parteipolitischen Vorzeichen, denn dem gaullistischen Präsidenten Chirac steht der sozialistische Regierungschef Jospin gegenüber.

COMECON
Abk. für *C*ouncil for *M*utual *E*conomic Assistance, nur in der westlichen Welt übliche Bez. für den 1949 auf Initiative der Sowjetunion gegründeten → Rat für gegenseitige Wirtschaftshilfe/ RGW.

Common Law
Im Vereinigten Königreich England geltendes „gemeines Recht", das auf jahrhundertelangem Gerichtsgebrauch beruht. Die in Fallsammlungen zusammengefaßten Urteile höherer Gerichte (Kasuistik) haben für die Entscheidung gleichgelagerter Fälle durch niedere Gerichte bindende Wirkung (case law). Auch in Großbritannien hat mittlerweile jedoch das neben dem C. existierende Gesetzesrecht in Form der statutes an Bedeutung gewonnen.

Common sense
Auf Alltagserfahrung beruhender „gesunder Menschenverstand", welcher der schottischen Philosophie des 18. und 19. Jhs. als natürliche Grundlage jeglicher Erkenntnis galt.

Commonwealth
Englisch für → Gemeinwohl, Gemeinwesen. Name der englischen → Republik 1649 - 1660. Offizielle Bez. des → Staates Australien („C. of Australia") und des amerikanischen → Bundesstaats Virginia („C. of Virginia"). Geläufig v.a. als abkürzende Bez. für die 45 Mitglieder umfassende, lockere Verbindung ehemals dem British Empire angehörender, mittlerweile aber unabhängiger und souveräner → Staaten, die in ihrer jetzigen Form Ergebnis der → Dekolonisierung ist. Während zwischen den Weltkriegen noch vom Britisch C. of Nations gesprochen wurde, ist die heutige Bezeichnung C. of Nations, womit koloniale Assoziationen vermieden werden sollen. Der C. hat keine → Verfassung oder → Satzung und keine → Institution, die verbindliche Beschlüsse für die Gesamtheit oder für einzelne Mitglieder fassen könnte. Die Bedeutung des C. als Wirtschaftseinheit ging - bedingt nicht zuletzt durch den britischen Beitritt zur → EG - stark zurück.

Community power-Forschung
In den USA begründeter Forschungszweig zur Analyse kommunaler Machtstrukturen, der v.a. durch die Übertragung der Ergebnisse auf die nationale Ebene zu einer breiten sozialwissenschaftlichen Kontroverse zwischen „Pluralisten" und „Elitisten" führte. U.a. durch Sekundäranalysen konnte im Verlauf der Diskussion gezeigt werden, daß unterschiedliche Untersuchungsmethoden für die stark divergierenden Ergebnisse verantwortlich waren. Die Anwendung von Reputations- und Positionsmethode ergab eine kleine Machtelite, die politische Entscheidungen im eigenen Interesse durchsetzen konnte, während der Entscheidungsansatz eine breitere, pluralistische Machtverteilung ergab. Die zunächst auch in Deutschland rezipierte C. wurde in den 70er Jahren zunehmend

durch den umfasseneren Ansatz der
→ lokalen Politikforschung ersetzt.

Comparative government
→ Vergleichende Regierungslehre

Comparative politics
→ Vergleichende Systemlehre

Conservative and Unionist Party
Name der britischen konservativen
→ Partei; seit ihrem Zusammenschluß mit
den liberalen Unionisten 1912 häufig mit
dem Kurznamen → Tories bezeichnet. Die
C. entstand im Zusammenhang mit den
von den → Whigs 1832 durchgesetzten
Wahlreformen. Die von 1975 bis 1990
von Margaret Thatcher, anschließend von
John Major und heute von William Hague
geführte Partei stellte von 1979 bis 1997
die → Regierung.

Consociational democracy
Von A. Lijphart 1968 in bezug auf die
Niederlande geprägter Begriff für einen
Typus liberaler → Demokratie, in der die
pragmatische Kooperation von → Eliten
politische Stabilität ermöglicht, obwohl
tiefgreifende gesellschaftliche Konfliktlinien (→ cleavages) in → Versäulung erstarrt sind.

Containment-policy
Eindämmungspolitik, von G.F. Kennan
1947 formuliertes außenpolitisches Konzept der USA. Die c. ging von der Überzeugung aus, daß die UdSSR den Status
quo nicht mit militärischen Mitteln zu ändern beabsichtige, sondern daß der einzu-
dämmende sowjetische Einflußbereich
sich durch Umsturzversuche kommunistischer → Parteien erweitern könnte. Ob-

wohl als Eindämmung dieser politischen
Gefahr mit primär wirtschaftlichen und
finanziellen Mitteln konzipiert (→ Marshall-Plan), wurde die c. v.a. durch die Errichtung militärischer Paktsysteme
(→ NATO, → SEATO, → CENTO) praktiziert. Die Berlin-Krise von 1958 markiert
das Ende der c., die durch die Entspan-
nungskonzeption Kennedys ersetzt wurde.

COREPER
Abk. für Comité des Représentants Per-
manents; häufig verwendete Bez. für den
→ Ausschuß der Ständigen Vertreter bei
der → Europäischen Gemeinschaft.

Cortes
In Portugal und Spanien bis zum Beginn
des 19. Jh. die Versammlung der Landstände. Danach in Portugal bis 1911 und
in Spanien bis 1936/39 Bez. für die
→ Volksvertretung. Die während des
Franco-Regimes, das ein generelles Verbot politischer → Parteien aussprach, amtierende C. war zwar Gesetzgebungsorgan,
jedoch mit dem Charakter eines korporativen Organs (→ Korporatismus) ohne parlamentarische → Autonomie.

Critical elections
Kritische → Wahlen. Von dem amerikanischen Wahlforscher V.O. Keys 1955 geprägter Begriff für Wahlen, bei denen
langfristig stabile Umorientierungen der
Parteipräferenzen (→ realignment) der
Wähler in einem Ausmaß auftreten, das
Machtverschiebungen und Umgruppie-
rungen im → Parteiensystem zur Folge
hat.

CSU
Abk. für → Christlich-Soziale Union

d'Hondtsches Verfahren
→ Höchstzahlverfahren

Daseinsvorsorge
Durch die öffentliche → Leistungsverwaltung bereitgestellte Einrichtungen und Leistungen für die Daseinssicherung, die das → Individuum selbst nicht erbringen kann. Zur D. gehören v.a. die Vorsorgeverwaltung (z.B. Verkehrseinrichtungen, Gas-, Wasser-, Elektrizitätsversorgung, Müllabfuhr, aber auch Krankenhäuser, Bildungs- und Kultureinrichtungen), die Sozialverwaltung (Sozialversicherung, → Sozialhilfe) und die Förderungsverwaltung (z.B. Ausbildungsförderung, Förderung von Kunst und Wissenschaft, Subventionen für Landwirtschaft und Bergbau).

Datenschutz
Im Bundesdatenschutzgesetz (BDSG) von 1977 und entsprechenden Landesgesetzen geregeltes Recht einer natürlichen Person auf Schutz vor mißbräuchlicher Verwendung gespeicherter, personenbezogener Daten. Die verfassungsrechtlichen Grundlagen des D. wurden vom → Bundesverfassungsgericht dahingehend präzisiert, daß sich aus dem Persönlichkeitsrecht ein → Informationelles Selbstbestimmungsrecht ergibt (BVerfGE 65, 1ff.) Der D. umfaßt das Speichern, Übermitteln, Verändern und Löschen personenbezogener Daten. Betroffene haben das Recht auf (gebührenpflichtige) Auskunft und können verlangen, daß Daten berichtigt, gesperrt oder gelöscht werden, wenn sie unrichtig, nicht beweisbar oder unzulässigerweise gespeichert sind. Datenschutzbeauftragte des → Bundes und der → Länder kontrollieren die öffentliche → Verwaltung hinsichtlich der D.bestimmungen. Private Unternehmen unterliegen der Aufsicht staatlicher → Behörden, die nach Landesrecht bestimmt werden. Werden personenbezogene Daten automatisch verarbeitet und hierzu mindestens fünf Arbeitnehmer ständig beschäftigt, muß nach 28 BDSG ein Datenschutzbeauftragter bestellt werden, der für die Beachtung der D.bestimmungen zu sorgen hat.

Datenschutzbeauftragte
→ Datenschutz

DBD
Abk. für → Demokratische Bauernpartei Deutschlands.

Dealignment
Lockerung, Rückgang oder Auflösung vorher stabiler Bindungen in der Wählerschaft an politische → Parteien, die u.U. über → critical elections zur Herausbildung neuer, wiederum stabiler Wählerbindungen und Parteigruppierungen (→ realignment) führen.

Decision-making
Bez. für den Interaktionsprozeß zwischen den an einer (politischen) Entscheidung beteiligten Akteuren (Personen, Gruppen, → Parteien, → Verbände). D. bezieht sich nicht nur auf den formalen Entscheidungsakt, sondern auch auf die vorgängige Problemfeststellung und Alternativenauswahl sowie die folgende Phase der → Implementation.

Declaration of Rights
Vorstufe der → Bill of Rights in Form einer Erklärung beider Häuser des englischen → Parlaments vom 13. Februar 1689 über → Grundrechte des Bürgers.

Dekolonisierung
Prozeß der Beseitigung des → Kolonialismus in den kolonialabhängigen → Ländern Asiens und Afrikas nach 1945. Die nationale Unabhängigkeit wurde teilweise in bewaffneten Auseinandersetzungen zwischen nationalen → Befreiungsbewegungen und den ehemaligen Kolonialmächten erstritten (z.B. Vietnam, Algerien, Mozambique, Angola, Simbabwe), häufig war sie aber auch Ergebnis von Verhandlungen, die

von gewaltfreien Aktionen der Befreiungsbewegungen begleitet wurden (z.B. Indien bzw. Pakistan, Ghana, Tansania, Sambia u.a.). Dabei übernahmen nationale Befreiungsbewegungen, die sich meist durch vorherige → Wahlen legitimiert hatten, zunächst die Rolle des Verhandlungspartners, um sich sukzessive in die politische Führungspartei des neuen → Staates zu verwandeln.

Demagogie

Negativ besetzte Bez. für Volksverführung in verantwortungsloser Ausnutzung von Unkenntnis, Gefühlen und Vorurteilen v.a. im Dienst der Erringung und Behauptung politischer → Macht und Herrschaft. Ursprünglich wurde der Begriff D. wertfrei benutzt. Bei Aristoteles z.b. wird ein Demagoge ohne Abwertung als Volksführer charakterisiert, der durch Worte, Taten, Geschenke u.a. den Willen des Volkes zu lenken versteht.

Democratic Party

→ Demokratische Partei

Demographie

Bevölkerungswissenschaft, die im zeitlichen Längsschnitt die Entwicklungsgesetzlichkeiten einer Bevölkerung in einem geographisch abgrenzbaren Gebiet hinsichtlich ihrer Größe, Alters- und Geschlechtsstruktur, ihrer räumlichen Verteilung, Migration und sozialstrukturellen Merkmale (z.B. Nationalität, Familienstand, Haushaltsgröße, Einkommen, Bildungsabschluß) untersucht. Diese Merkmale erhebt die D. unter vorwiegend wirtschaftsstatistischen Fragestellungen. Ihre Ergebnisse sind unentbehrliches Hilfsmittel jeder planenden → Politik und → Verwaltung.

Demokratie

I. *Begriffsbestimmung*. D. ist ein Herrschaftssystem; d.h. es ist begreifbar in Abgrenzung von anderen Formen der → Herrschaft von Menschen über Menschen, die sich im Verlauf der historischen Entwicklung herausgebildet und legitimiert haben. Entscheidend für demokratische Herrschaftssysteme ist, daß sie ihre → Legitimation vom „Volkswillen" ab-

leiten, der in unterschiedlichen institutionalisierten Verfahren Ausdruck finden kann. Dabei ist immer theoretisch, politisch und rechtlich umstritten gewesen, wer „das Volk" konstituiert und in welcher Form es Willensbekundungen artikulieren kann. Die konkrete Ausformung hat in einem über Jahrhunderte währenden Prozeß im europäischen und nordamerikanischen Raum stattgefunden, wobei dieser Prozeß durch die jeweiligen gesellschaftlichen, politischen und kulturellen Bedingungen der sich in der Neuzeit herausbildenden → Nationalstaaten geprägt war. Trotz aller Verschiedenheiten der Formen der Institutionalisierung kann man von einem → Konsens darüber sprechen, worin die wesentlichen Elemente einer demokratischen Herrschaftsordnung bestehen. Von D. kann, nach diesem Verständnis, dann gesprochen werden, wenn alle → Staatsbürger (ab einem bestimmten Alter) das gleiche Recht besitzen, an den sie alle betreffenden gesetzlichen Regelungen in gleicher Weise direkt oder indirekt teilzunehmen, ihre Willensbildung und -ausübung frei von rechtlicher Diskriminierung oder Unterdrückung gestalten zu können. Dies stellt eine Minimaldefinition von D. dar, die sowohl die sozialen Bedingungen ausklammert, die die Bildung und Ausübung des „Volkswillens" ermöglichen, wie auch die Anwendung des Begriffs D. auf Bereiche außerhalb des i.e.S. staatlichen → politischen Systems, wie Wirtschaftsbetriebe, Familie, Schule, usw. In diesen Fällen wird von D. und → Demokratisierung dann gesprochen, wenn die an einem solchen Sub-System beteiligten Mitglieder an den sie betreffenden Entscheidungsprozessen gleichberechtigt beteiligt werden, obwohl diese Sub-Systeme entweder aus funktionalen Gründen ein Über- und Unterordnungssystem erfordern und/oder der Kreis der Betroffenen nicht mit dem der Mitglieder identisch ist. Doch stellen diese gesellschaftlichen Formen der D. keine Voraussetzung für die politische D. dar, können sie erweitern, aber nicht ersetzen. Andererseits ist auch politische D. nicht realisierbar, wo persönliche oder klassenspezifische Abhängigkeitsverhältnisse bestehen, die faktisch eine freie Willensbildung der Unterworfenen verhindern.

Die Definition von D. als Herrschaftssystem basiert auf der Annahme, daß die in einem politischen Zwangsverband (→ Staat) zusammengefaßte → Gesellschaft aus Gruppen und → Individuen besteht, die unterschiedliche → Interessen und Wertvorstellungen haben und dauerhafter Regelungen (→ Gesetze) bedürfen, deren Einhaltung auch gegen die Wünsche eines Teils der Gesellschaft oder die momentanen Präferenzen der → Bürger erzwungen werden muß. D. bedarf daher der Konfliktregelungsmechanismen, deren häufigste die Mehrheitsregel ist. Doch setzt diese voraus, daß die von ihr betroffene → Minderheit bereit ist, sich einer rein numerischen Stimmenzahl zu unterwerfen, was selbst wieder auf einer Reihe von ausgesprochenen (z.B. in → Verfassungen und → Grundrechten verankerten) wie auch impliziten Selbstbeschränkungen der Mehrheit beruht.

II. Historische Entwicklung. Die Stadtgemeinde (→ polis) Athen war die erste uns bekannte politische Einheit, die im 5. vorchristlichen Jh. für sich in Anspruch nahm, eine D. realisiert zu haben; und zwar in der direkten Form einer gesetzgebenden Versammlung aller Bürger aller → Klassen und der → Rotation der von ihr bestimmten Funktionsträger. Doch war der Begriff des „Bürgers" beschränkt, schloß die zahlreichen Sklaven, ansässige Ausländer und auch Frauen aus. Durch ihre zahlenmäßige Beschränktheit kann die polis-D. nicht als Modell für moderne D. in Großflächenstaaten dienen, außer wo es möglich ist, durch radikale → Dezentralisierung von Entscheidungsbefugnissen auf kleinste geographische Einheiten die Zahl der Teilnehmer drastisch zu reduzieren.

Im späten Mittelalter war die herrschende religiöse und weltliche Doktrin geprägt von der Rechtfertigung von Unterwerfung „des Volkes" unter Herrscher, die moralisch verpflichtet waren, für das Wohl der Gesamtheit Sorge zu tragen. Auch diese standen jedoch „unter dem Gesetz". Dies wurde, als Prinzip der Rechtsstaatlichkeit (→ Rechtsstaat) - der Bindung von → Re-

gierung und → Verwaltung an Gesetz und Recht und der Kontrolle durch eine politisch unabhängige → Judikative - zu einem Grundpfeiler liberal-demokratischer Systeme. Aus einer ständischen Ordnung entwickelte sich früh das englische → Parlament, das - im Unterschied zu den Repräsentationskörperschaften auf dem europäischen Kontinent - seine Kontinuität im Wandel zu einer demokratisch legitimierten → Volksvertretung bewahren konnte.

Die Schritte, die zur vollen Entfaltung der spezifisch englischen parlamentarischen D. führten, bestanden darin, daß, zum einen, die Regierung zunehmend nicht mehr der Krone, sondern dem gewählten Parlament verantwortlich gemacht wurde; also einer Mehrheit im Parlament bedurfte, um im → Amt zu bleiben; zweitens verlagerten sich die Gewichte zunehmend von dem nicht gewählten Adelshaus (House of Lords) zum bürgerlichen → Unterhaus (House of Commons), so daß im 20. Jh. das → Oberhaus seine → Vetomacht völlig verlor. Drittens wurde das → Wahlrecht reformiert und (in mehreren Stufen) in ein demokratisches allgemeines umgewandelt. Viertens entwickelten sich im 19. und frühen 20. Jh. → Massenparteien, die den Wählern gegenüber die Verantwortung übernahmen, ein durch Mehrheit der Wählerstimmen gebilligtes Parteiprogramm als Regierung zu realisieren, so daß das englische System wesentliche Züge einer → plebiszitären Demokratie annahm, in der die Mehrheitspartei - und insbesondere ihre (gewählte) Führung - und mit das Parlament zum Zentrum des politischen Entscheidungsprozesses wurde.

III. Liberal-Demokratische Systeme. Unter anderen historischen und gesellschaftlichen Bedingungen entwickelten sich D., die von der englischen parlamentarisch-repräsentativen in wesentlichen Punkten abwichen. Obwohl sie in der Realität alle Mischformen von repräsentativen, direkt-demokratischen und plebiszitären Elementen darstellen, unterscheiden sie sich durch die institutionellen Anordnungen, die direkte Entscheidungsbildung seitens einer Mehrheit der Bürger erschweren oder ermöglichen und damit die Rechte von Minderheiten mehr oder weniger dem Mehrheitsentscheid zur Disposition stellen. Allen gemein ist allerdings das grundgesetzlich geschützte Recht des Einzelnen und von Minderheiten, in Freiheit an der politischen Willensbildung teilnehmen zu können. Im → „Präsidialsystem" der USA wird der „Volkswille" durch Institutionalisierung von Gewaltenteilungs- und Gewaltenverschränkungsmechanismen sowie durch ein System versetzter Wahlen für die verschiedenen Organe des → Bundes fragmentiert. Bewußtes Ziel der amerikanischen Verfassungsgründer war es, dadurch die potentiell repressive Mehrheitsbildung zu erschweren, die pluralen Interessen zum Kompromiß zu zwingen. Zusätzlich soll Willkürhandeln seitens der → Exekutive wie auch der gewählten Volksvertreter durch ein politisch unabhängiges Verfassungsgericht, das die geschriebene Verfassung interpretiert und durch → „Normenkontrolle" Gesetze und → Verordnungen für verfassungswidrig erklären kann, verhindert werden. Dem Prinzip der „Normenkontrolle" durch ein vom Volk nicht gewähltes und den Wählern nicht verantwortliches Gericht ist der Konflikt mit dem Anspruch der gewählten Mehrheit, den „Volkswillen" zu vertreten, immanent. In ihm kommt das „liberale" Element, das den Schutz von Individual- und Minderheitsrechten über das Mehrheitsprinzip stellt, zum Tragen.

Am anderen Extrem des demokratischen Spektrums befindet sich die direkte oder plebiszitäre Demokratie, wie sie heute allerdings hauptsächlich nur in der Schweiz (primär einzelnen → Kantonen), in Einzelstaaten der USA und in israelischen Kibbuzim praktiziert wird. Plebiszitäre Instrumente finden in vielen der gegenwärtigen demokratischen Systeme - allerdings nur als Ergänzung, nicht Ersatz für repräsentative Formen - Anwendung. Sie sind institutioneller Ausdruck der Forderung daß die Bürger selbst - und nicht ihre gewählten Vertreter - sich die Gesetze geben, oder zumindest sie bestätigen oder verwerfen sollen, unter denen sie gezwungen sind zu leben. Das Plebiszit kann in → „Volksbegehren" und → „Volksentscheid" ohne Einschaltung der gewählten → Legislative bestehen; oder im Recht, verabschiedete

Gesetze, Verfassungen oder Verfassungsänderungen durch → Abstimmungen zu billigen oder zu verwerfen. Gegen die Anwendung von Plebisziten gibt es allerdings gravierende Einwände. Volksentscheide erlauben nur Billigung oder Ablehnung vorformulierter Gesetzestexte, führen daher meist zur Vereinfachung und zu demagogischer Verzerrung komplexer Sachverhalte; oder überfordern dort, wo sie komplex formuliert sind, den Sachverstand der Wähler. Sie können nicht in Diskussion abgeändert oder durch Kompromiß konsensfähig gemacht werden, wirken daher potentiell polarisierend. Ihre positiven Funktionen sind v.a. darin zu sehen, daß sie das vorhandene Gefühl der → Entfremdung des Bürgers an der Basis vom politischen Entscheidungsprozeß durch entfernte Repräsentanten mindern und die → Parteien von Zerreißproben entlasten, indem sie eine neue demokratische Legitimationsbasis schaffen.

IV. D. in fragmentierten Gesellschaften. Alle modernen D. sind pluralistische Systeme, d.h. sie bestehen, soziologisch betrachtet, nicht aus einzelnen, unabhängig voneinander rational entscheidenden Bürgern (für die das gleiche individuelle Wahlrecht Ausdruck ihres Beitrags zur politischen Willensbildung ist), sondern aus verschiedenen Gruppen, Schichten, Klassen, die auf unterschiedlichen wirtschaftlichen, religiösen, ethnischen, kulturellen Gemeinsamkeiten beruhen. Theoretische und empirische Voraussetzung für ein liberal-demokratisches System ist, daß die Abgrenzungen und Konflikte zwischen diesen pluralen Gruppierungen nicht so tiefgreifend sind, so daß ihre Mitglieder nicht als permanente Minderheit durch die Mehrheit unterdrückt werden oder ihre gruppenspezifischen Interessen und Anliegen nicht durch Kompromisse im Entscheidungsprozeß berücksichtigt werden können. Durch die Organisation von → Verbänden und → Bürgerinitiativen üben sie, jenseits von dem ihnen zur Verfügung stehenden Wahlrecht, politischen Druck auf die legitimierten Entscheidungsträger aus. Da sie, anders als es in einer Wahl möglich ist, nicht nur die bloße Anzahl von Stimmen reflektieren, sondern Ausdruck des Interesses und der

Betroffenheit sind, bilden sie eine nicht nur unvermeidliche, sondern auch unentbehrliche Ergänzung im demokratischen Willensbildungsprozeß.

Wo es sich um Gesellschaften handelt, in denen die tiefgreifenden Differenzen eine Mehrheitsentscheidung für die Minderheit nicht tragbar erscheinen lassen - sogenannte fragmentierte Gesellschaften - müssen institutionelle Formen der D. entwickelt werden, die das Mehrheitsprinzip (teilweise oder ganz) außer Kraft setzen.

Dort, wo die Minderheit geographisch kompakt ist, kann das Prinzip des → Föderalismus angewandt werden; d.h. Selbstbestimmung in jenen Bereichen, die für die Minderheit von besonderer Bedeutung sind, also Verzicht auf nationalstaatliche Vereinheitlichung durch Mehrheitsentscheid. Wo dies nicht zutrifft, wie bei religiös oder rassisch gemischten - oder durch Klassenkonflikte tief gespaltenen - Gesellschaften, kann politische Macht funktional aufgeteilt werden. Die Gruppen werden durch ihre Vertreter paritätisch oder anteilsmäßig an den Entscheidungsgremien beteiligt. Ihnen werden Plätze in der Legislative und der Exekutive, häufig verbunden mit einem Vetorecht über Entscheidungen, zugesichert. Man spricht dann von → „Proporzdemokratie", → „Konkordanzdemokratie" oder → „consociational" D. Entscheidungen werden in einem Prozeß „politischen Einvernehmens" getroffen, nicht durch eine von der Mehrheit der Wähler legitimierte Regierung. In diesem System fehlt die → Opposition und damit auch die politische Kontrolle, doch ist es in einer fragmentierten Gesellschaft die einzige Alternative zu autoritärer Herrschaft - oder → Bürgerkrieg. Gerade für die aus diversen Stämmen und Rassen entstandenen postkolonialen Staaten ist das Modell der „Proporzdemokratie" eher zu realisieren als das der westlichen liberal-demokratischen Systeme. Da dies jedoch auch einen Minimalkonsens über die Erhaltung des Gesamtsystems voraussetzt und der Kompromißprozeß bei konfliktorischen → Eliten schwerfällig und brüchig ist, sind solche Systeme labil und der Zerstörung ausgesetzt (s. Libanon). Daß die meisten der

→ Nationalstaaten der Gegenwart auf fragmentierten Gesellschaften beruhen, erklärt die relative Seltenheit funktionierender demokratischer Systeme.

V. Probleme der modernen D. Die pluralistische D., die zwar allen Interessen Einflußmöglichkeiten sichert, leidet unter der Ungleichgewichtigkeit der verschiedenen Gruppen. Nicht alle Interessen sind in gleicher Weise organisierbar oder mobilisierbar. Allerdings ist die These von der Machtorganisierbarkeit allgemeiner oder dem Allgemeinwohl verpflichteter Interessen durch die Entwicklung sog. „public interest groups" wie Umweltschutzbewegungen, der → Friedens- oder → Frauenbewegung, der Organisation der Altersrentner (→ „Graue Panther") stark relativiert worden. Es bleibt jedoch unzweifelhaft, daß in kapitalistischen D. - alle funktionierenden liberal-demokratischen Systeme ruhen auf einer kapitalistischen Basis - eine → Gleichheit der Zugangs- und Einflußchancen zum politischen Entscheidungsprozeß nicht besteht und daß dieser immer immanente Grenzen findet an den funktionalen Erfordernissen eines auf die Erhaltung von Profitchancen ausgerichteten Wirtschaftssystems.

Kein demokratisches System kann dem eigenen legitimatorischen Anspruch der → Identität zwischen Herrschenden und Beherrschten gerecht werden. Selbst die Formel „Alle Macht geht vom Volke aus" erweckt Erwartungen, die in repräsentativen D. unerfüllt bleiben und zu Gefühlen der → Entfremdung und Machtlosigkeit der Bürger führen. Denn ein Entscheidungsprozeß, an dem neben gewählten Repräsentanten die → Bürokratie, Expertengremien und Interessenvertreter (mit ungleichen Einflußmöglichkeiten) mitwirken, ist undurchsichtig und weit entfernt von der legitimierenden Wählerbasis. Doch gibt es in der großräumigen D. keine Antwort auf die Frage, wie diese Entfremdung überwunden werden könnte; wie basisnahe, notwendig auf kleine, überschaubare Einheiten und einfache Probleme beschränkte Entscheidungen dem Komplexität und Interdependenz moderner hochindustrialisierter → Flächenstaaten gerecht werden können.

D. darf demnach nicht mit dem vereinfachenden Begriff der → „Volkssouveränität" gefaßt werden. Sie bleibt ein komplexes System, in dem die unterschiedlichen Forderungen nach Effizienz und → Partizipation, nach Gleichheit und Vielfalt, nach individueller Freiheit und kollektiver Verantwortung in einem ständigen Prozeß des Ausgleichs verschränkt werden müssen.

Lit.: E. Fraenkel: Deutschland und die westlichen Demokratien. 2. Aufl., Stuttgart u.a. 1964; *B. Guggenberger/ C. Offe* (Hg.): An den Grenzen der Mehrheitsdemokratie. Opladen 1984; *G. Lehmbruch*: Proporzdemokratie. Tübingen 1967; *C. E. Lindblom*: Jenseits von Macht und Staat. Frankfurt a.M. 1980; *Shell, K. L.*: Liberal-demokratische Systeme; eine politisch-soziologische Analyse. Stuttgart 1981.

Prof. Dr. Kurt L. Shell, Frankfurt/ Main

Demokratietheorie

Die Entwicklung der D. begleitet die Entwicklung der → Demokratie. Ebenso, wie es vielfältige Formen der Demokratie gibt, gibt es auch viele Varianten der D. D. ist ein Überbegriff über verschiedene Demokratietheorien. Diese drücken immer auch Unterschiede im vorwissenschaftlichen Verständnis aus. Dennoch bedeutet die Kontroverse um D. den Versuch, Demokratie nicht nur als bloße Parteinahme für bestimmte → Interessen zu verstehen.

1. Methodischer Zugang. Das Verständnis von Demokratie ist davon abhängig, ob Demokratie normativ oder empirisch erklärt wird. Demokratie kann, ausgehend v.a. vom Wortverständnis „Volksherrschaft", als (mehr oder minder utopische) Zielvorstellung formuliert werden Demokratie kann aber auch beschreibend, eine bestimmte Wirklichkeit reflektierend formuliert werden.

Normativ-ideologische D.: Im Mittelpunkt dieser Theorien steht die Vorstellung von der → Identität zwischen Herrschenden und Beherrschten. Demokratie wird, grundsätzlich abgehoben von bestehenden Verhältnissen, in die Zukunft projiziert, als prinzipiell herrschaftsfreier Zustand definiert. Letztendlich ist daher nur eine konsequent → direkte Demokratie diesem theoretischen

Zugang real entsprechend, werden Abweichungen von der direkten Demokratie als Abweichungen von der Demokratie schlechthin eingeordnet. Die in den beobachtbaren → politischen Systemen vorhandenen Erscheinungsformen, die dieser Projektion widersprechen, werden als vorübergehend und vermeidlich betrachtet. Die in kleineren gesellschaftlichen Einheiten (Town Meetings, Kibbuzim, etc.) stabilisierten Formen einer weitgehend plebiszitären Form der Demokratie gelten als Beleg für die - über die Wünschbarkeit hinaus - vorhandene Machbarkeit einer als direkte Volksherrschaft verstandenen Demokratie.

Empirisch-realistische D.: Der methodische Ansatz dieser Theorien ist die Kritik an der normativ-utopischen Tradition der D. Die Aufgabe einer D. ist demnach, nicht Wunschbilder zu formulieren, sondern Demokratie operationabel zu machen. Demokratie ist letztendlich kein Zustand, sondern ein Prozeß - wobei der in den westlichen Formen der Demokratie etablierte Vorgang der Machtzuweisung, Machtkontrolle und Machtablösung ins Zentrum der Definition rückt. Da die repräsentative Komponente nicht nur als Übergangs-, sondern als Dauerlösung zu akzeptieren ist, kommt dem Bestellungsvorgang, also den → Wahlen, ein zentraler Stellenwert zu. Der Wettbewerb um Wählerstimmen, dem mehrere → Parteien ausgesetzt sind, überträgt das Denkmuster der → Marktwirtschaft auf die Demokratie - diese wird zum Mechanismus des politischen Angebots durch Parteien und der politischen Nachfrage durch Wähler.

2. Inhaltlicher Zugang. Die parallel zur Demokratieentwicklung laufende Entwicklung der D. betrifft auch den Geltungsbereich der Demokratie und den Umfang des Herrschaftssubjekts. Die Frage nach dem Geltungsbereich der Demokratie ist die Frage nach der Abgrenzbarkeit von → Staat und → Gesellschaft; die Frage nach dem Herrschaftssubjekt ist die Frage nach der Aktiv- und Passivlegitimation. Die erste dieser beiden Fragen läßt eine Klassifizierung der D. in zwei Gruppen zu.

Restriktive D.: Demokratie wird hier grundsätzlich auf den Staat bezogen, dieser wird von der gesamten Gesellschaft abgehoben. Die D. konzentriert sich auf Fragen der → Verfassung, der → Grundrechte, der Rechtsstaatlichkeit (→ Rechtsstaat). Gesellschaftliche Bereiche jenseits des Staates werden als tendenziell unpolitisch und daher der Demokratie nicht zugänglich gewertet. Die (politische) Logik des Staates, der Demokratie grundsätzlich offen, wird der grundsätzlich anderen Logik etwa der Ökonomie gegenübergestellt, die prinzipiell der Demokratie fremd ist. Die restriktiven D. begründen somit ein von ihnen durchaus als harmonisch gesehenes Nebeneinander von demokratischem Staat und nichtdemokratischer Gesellschaft.

Expansive D.: Diese sind aus der Kritik am engen Demokratiebegriff der restriktiven D. erklärbar. Die vielfältigen Verflechtungen von Gesellschaft und Staat, die Machtrelevanz etwa v.a. des ökonomischen Teilbereiches für die gesamte Gesellschaft, lassen eine grundsätzliche Abkoppelung des Staates von der Gesellschaft und damit eines demokratischen Bereiches von einem nicht-demokratischen Bereich nicht zu. Demokratie muß für alle gesellschaftlichen Bereiche gelten, die machtrelevant sind - d.h. für die gesamte Gesellschaft. Auch wenn es in allen bisher bekannten Entwicklungsstufen eine Grenze zwischen → „polis" und Gesellschaft gibt, so zeigt allein schon die historische Verschiebbarkeit dieser Grenze deren Relativität auf - mit der Expansion der „polis" expandiert auch die Demokratie als gesellschaftliches Potential. Die Konsequenzen sind Konzepte für die demokratische Gestaltung aller gesellschaftlichen Teilbereiche - also Konzepte für → Wirtschaftsdemokratie, Schuldemokratie, Familiendemokratie, Mediendemokratie, etc.

3. Entwicklungen und Kontroversen. Die Entwicklung der D. läßt eine Kombination verschiedener methodischer und inhaltlicher Elemente zu. So kann, etwa zum Verständnis der vorhandenen Formen von Demokratie, eine empirisch-realistische D. mit einer restriktiven D. gekoppelt werden - ohne daß die in eine mögliche Zukunft weisenden Komponenten einer normativideologischen und einer expansiven D. ausgeschlossen werden müssen. Die methodischen und inhaltlichen Qualifizierungen bedeuten nicht einen Zuordnungszwang, sie lassen vielmehr Kombinationsmöglichkeiten offen.

Realistisch-normative D.: Diese D. sind tendenziell eher expansiv und normativideologisch, sie benützen aber die Ergebnisse der restriktiven und der empirisch-realistischen D. zur besseren Erfassung der vorhandenen Wirklichkeit und zur besseren Entwicklung gesellschaftspolitischer Strategien. Das Vorhandensein von Phänomenen wie → „Macht" und → „Eliten" wird auch in allen beobachtbaren Formen von Demokratie konzediert ebenso wie das Vorhandensein einer Grenze zwischen (offen) politischem und unpolitischem (d.h. potentiell politischem) Bereich. Der Abstand zwischen Ist-Zustand und Soll-Zustand kann, durch diese Kombination der verschiedenen demokratietheoretischen Komponenten, reduziert werden. Instrumente wie → „Rotation" und → „Imperatives Mandat" können und sollen in Richtung der Verringerung dieser Distanz wirken.

Demokratietheoretische Defizite: Unabhängig davon bleiben demokratietheoretische Fragen von der D. selbst unbeantwortet. Dazu zählt die Frage nach dem Faktor „Raum". D. haben sich, eben weil parallel zur Demokratie entwickelt, im wesentlichen auf die theoretische Verarbeitung von Demokratie in einem räumlich begrenzten Zustand - d.h. vor allem im → Nationalstaat - konzentriert. Es fehlen überzeugende demokratietheoretische Anwortversuche auf die Fragen nach globaler Demokratie. Ebenso haben die D. bisher die Betroffenheit ausschließlich bei den aktuell Betroffenen gesehen und den Faktor „Zeit" vernachlässigt; eine generationsübergreifende, in die Zukunft weisende Betroffenheit v.a. der noch nicht Geborenen ist erst durch die ökologischen Diskussionen ins Blickfeld der → Sozialwissenschaften gerückt und demokratietheoretisch kaum aufgearbeitet.

Lit.: G. *Duncan* (ed.): Democratic Theory and Practice. Cambridge 1983; W. D. *Narr/ F. Naschold*: Theorie der Demokratie. Stuttgart 1971; A. *Pelinka*: Dynamische

Demokratie. Zur konkreten Utopie gesellschaftlicher Gleichheit. Stuttgart 1974; *G. Sartori*: The Theory of Democracy Revisited. Chatham, N. J. 1987, 2 Bde.

Prof. Dr. Anton Pelinka, Innsbruck

Demokratische Bauernpartei Deutschlands/ DBD

Ehemalige → Blockpartei in der DDR, die am 29.4.1948 unter maßgeblicher Beteiligung ehemaliger → Funktionäre der → KPD bzw. → SED mit dem Ziel gegründet wurde, das „Bündnis von Arbeitern und Bauern" zu entwickeln und die „werktätige Bevölkerung auf dem Lande" politisch in das SED-Regime zu integrieren. Die D. erkannte die Führungsrolle der SED vorbehaltlos an und bezeichnete sich in ihrem Parteistatut von 1977 als deren engster Bündnispartner. In der über die → Einheitsliste gewählten → Volkskammer stellte die D. 52 → Abgeordnete. Am 5.12.1989 trat die D. aus dem → Demokratischen Block aus. Auf der Grundlage eines neuen Programms und Parteistatuts sowie der Absage an eine künftige Zusammenarbeit mit der → SED/ PDS bemühte sich im Vorfeld der Volkskammerwahlen vom 18.3.1990, bei denen sie mit 2,19 % der Stimmen 9 → Mandate errang, um ein neues Profil als ökologisch orientierte, bäuerliche → Interessenpartei. Im Juni 1990 stellte die noch 90.000 Mitglieder umfassende Partei ein Beitrittsgesuch an die → CDU der DDR, das von deren Vorstand positiv beschieden wurde. Damit endete die Existenz der D. als eigenständige → Partei.

Demokratische Partei

Politische → Partei in den USA (Democratic Party), die ihre Vorläufer in der Gruppierung der sog. Antiföderalisten hatte, welche als Gegner der → Verfassung von 1787 die Kompetenzen der Einzelstaaten stärken wollten. Die eigentliche D. konstituierte sich unter Führung von A. Jackson 1828. Die Vorherrschaft der → Republikanischen Partei konnte die D. nur vorübergehend brechen, 1885 und 1893 unter Präsident Cleveland, 1913 unter Präsident Wilson. Erst die → Weltwirtschafts-krise brachte eine Wende zugunsten der D. Sie stellt(e) im 20. Jh. sieben Präsidenten:

Wilson, Roosevelt, Truman, Kennedy, Johnson, Carter und seit 1993 Clinton. Zwar endeten die Präsidentschaftswahlen von 1980, 1984 und 1988 zugunsten der republikanischen Kandidaten Reagan und Bush, doch verteidigten die D. ihre Mehrheit im → Kongreß. Seit 1994 hat sie diese jedoch wieder an die Republikanische Partei verloren. Obwohl die D. über einen zentralen Nationalausschuß (National Comitee) verfügt, tritt sie auf nationaler Ebene im Grunde nur anläßlich der Präsidentschaftswahlen in Erscheinung. Auf lokaler Ebene ist die Partei vielerorts zwar fester organisiert, doch gibt es keine den europäischen Parteien vergleichbare Organisationsstruktur (die D. kennt weder eine formale Mitgliedschaft noch ein einheitliches, verbindliches Programm). Die ideologischen Unterschiede zur Republikanischen Partei sind gering bzw. wegen der innerparteilichen und regionalen Heterogenität nicht festzumachen. Allgemein gilt die D. als die eher zu einer aktiven → Sozialpolitik bereite politische Kraft, die traditionell auf Stimmen v.a. der gewerkschaftlich organisierten Arbeitnehmer und der ethnischen Minderheiten rechnen kann.

Demokratischer Aufbruch

Politische → Partei in der DDR, die aus einer Initiative politisch engagierter Geistlicher und kirchlich aktiver Laien hervorging und sich am 1.10.1989 zunächst als politische Vereinigung konstituierte. Die Mehrzahl der Gründungsmitglieder war sozialdemokratisch orientiert; nach Gründung der → Sozialdemokratischen Partei in der DDR geriet der D. in eine Identitätskrise. Diese dokumentierte sich u.a. darin, daß der vorläufigen Konstituierung als politische Partei vom 30.10.1989 erst am 16./17.12.1989 der eigentliche Gründungskongreß folgte, welcher jedoch noch von grundsätzlichen programmatischen Auseinandersetzungen zwischen „rechtem" und „linkem" Parteiflügel geprägt war. In den folgenden Wochen setzten sich die Befürworter einer Neuorientierung auf die „bürgerliche Mitte" durch. Bereits im Januar 1990 bezeichnete sich der D. selbst als „natürlichen Partner der → CDU", am 5. Februar schloß er sich dem konservativen Wahlbündnis → Allianz

für Deutschland an. Bei den → Wahlen zur
→ Volkskammer am 18.3.1990 errang der
D. mit 0,92% der Stimmen 4 → Mandate.
In der von Lothar de Maizière (CDU) geführten, bis 3.10.1990 amtierenden → Regierung war der Vorsitzende des D., Rainer
Eppelmann, als → Minister für → Abrüstung und Verteidigung vertreten. Auf
einem Sonderparteitag am 5.8.1990 wurde
der Zusammenschluß mit der CDU beschlossen.

Demokratische Volkspartei/ DVP
Bez. des Landesverbandes Baden-Württemberg der → F.D.P.

Demokratischer Sozialismus
An den sozialistischen → Grundwerten
→ Freiheit, → Gerechtigkeit und → Solidarität orientierte, gesellschaftstheoretische
Position, die u.a. im → Godesberger Programm der → SPD vertreten wurde. Der D.
hebt sich ab von zentralen Vorstellungen
des → Marxismus-Leninismus und kritisierte den „realen Sozialismus" in Osteuropa als undemokratisch. Die vom D. angestrebte solidarische → Gesellschaft soll über
Reformen erreicht werden. Zentral ist dafür
eine umfassende → Demokratisierung auf
der Basis der parlamentarischen → Demokratie und des gesellschaftlichen und weltanschaulichen → Pluralismus. Der D. war
programmatischer Kernpunkt auch der erneuerten → SED, die sich am 24.2.1990 in
→ Partei des Demokratischen Sozialis-
mus/ PDS umbenannte.

Demokratischer Zentralismus
Von Lenin zunächst für die illegale Arbeit
der bolschewistischen → Partei vor 1917
entwickeltes Organisationsprinzip, das nach
seiner Aufnahme in das Parteistatut der
→ Bolschewiken und seiner Annahme
durch den 2. Kongreß der → Komintern
1920 für alle kommunistischen Parteien
verbindlich wurde. Der D. beinhaltet einerseits die Wählbarkeit aller leitenden Organe
von unten nach oben und deren periodische
Rechenschaftspflicht vor ihren Organisationen; andererseits die straffe Disziplin und
Unterordnung der Minderheit unter die
Mehrheit sowie die unbedingte Verbind-

lichkeit der Beschlüsse der höheren für die
unteren Organe.

Demokratisierung
Bez. für Bestrebungen, demokratische
Strukturen und Verfahren im Sinne einer
möglichst umfassenden → Partizipation von
→ Bürgern an der Entscheidungsfindung in
relevanten gesellschaftlichen Bereichen zu
verankern. D.forderungen, die in der Bundesrepublik speziell im Gefolge der antiautoritären Bewegung der 60er Jahre erhoben wurden, gehen über die → Wahlen in
der → repräsentativen Demokratie hinaus
und richten sich v.a. auf Wirtschaftsunternehmen, → Verwaltungen, Schulen und
Hochschulen sowie politische → Parteien
und Verbände.

Demoskopie
Begriffsgeschichte: Der Begriff D. wurde
1946 vorgeschlagen von dem amerikanischen Sozialforscher Stuart C. Dodd anstelle des zu engen „public opinion research", der sich in den USA durchgesetzt
hatte mit der Gründung des „American
Institute for Public Opinion" durch George Gallup 1934 und dem Triumph der
neuen Methode der Befragung von repräsentativen Bevölkerungsquerschnitten und
Verallgemeinerung der Ergebnisse auf die
ganze erwachsene Bevölkerung bei der
Wahl Roosevelts 1936. Allerdings bür-
gerte sich der Begriff D. bis heute in den
USA nicht ein, aber in Europa durch die
Übernahme in den Namen Institut für
Demoskopie Allensbach 1947, und seit
den sechziger Jahren auch in Institutsna-
men und Alltagssprache u.a. in Frankreich, Italien, Spanien, Südamerika. Der
Begriff D. bezeichnet eine statistische, also zählende Untersuchungsmethode, mit
der menschliche Gruppen beobachtet und
analysiert werden.

Methode: Drei Arbeitsgänge sind zu unterscheiden:
1. das durch einen Fragebogen standardisierte, meist mündliche - persönliche oder
telefonische - Interview, das vom Befragten
aus gesehen ein lebendiges, persönliches
Gespräch ist, vom Interviewer aus eine in
jeder Einzelheit festgelegte „schematische"
Befragung, und aus der Perspektive des

Forschers, in dessen Auftrag die (nebenberuflichen) Interviewer fragen, eine möglichst einheitlich angelegte experimentelle Situation, in der die Befragten reagieren;

2. die Anwendung repräsentativ-statistischer Stichprobenverfahren, um von einer kleinen Befragtengruppe auf die Gesamtheit, die untersucht werden soll, schließen zu können. Die Schwierigkeit, eine statistisch-repräsentative Stichprobe zu sichern, ist einer der Gründe, warum schriftliche Umfragen vom Sachkundigen möglichst vermieden werden. Der Leitgedanke für die Auswahl der Befragten lautet: Jedes Mitglied der Gesamtheit, über die eine Aussage gemacht werden soll, muß die gleiche oder eine berechenbare Chance haben, in die Stichprobe zu gelangen. Das ist das „Zufallsprinzip", die Voraussetzung, um Ergebnisse einer Stichprobenerhebung verallgemeinern zu können. Neben der einmaligen Befragung eines repräsentativen Bevölkerungsquerschnitts wird zur Untersuchung von Prozessen, beispielsweise der Herausbildung einer Wahlentscheidung, die wiederholte Befragung derselben Befragten angewandt, die Panel-Methode;

3. die Analyse mit Hilfe mathematisch-statistischer Verfahren unter Anwendung elektronischer Datenverarbeitung, um die Antworten auf Ausgangsfragen („Programmfragen") zu gewinnen.

Geschichte: Wann zum ersten Mal Fragebogen zur Einholung von Informationen benutzt wurden, ist nicht bekannt. Von Karl dem Großen ist belegt, daß er in den letzten Jahren vor seinem Tod (809-812) Fragebogen aufstellte und an viele Bischöfe seines Reiches verschickte, zum Beispiel über ihre Auffassung von der Taufe, und auch Antworten bekam, die erhalten sind (L. Ganshof 1958).

Den entscheidenden Schritt tat der Engländer Arthur Bowley, als er 1912 für seine Erhebung in fünf Städten nach dem Random-Prinzip aus alphabetisch geordneten Haushaltslisten jeden 20. Haushalt zur Befragung auswählte. Seine 1915 veröffentlichte Studie „Livelihood and Poverty" wiederholte Bowley 1923/24 in vergleichbarer Form - veröffentlicht unter dem Titel

„Has Poverty Diminished?". Damit war auch das Beispiel einer Trenderhebung gegeben.

Neben der Random-Methode entwickelte sich zuerst in den USA die „Quota-Methode" (Stroh-Wahlen des Columbus Dispatch, Ohio), bei der die Interviewer die Befragten nach statistischen Merkmalen, wie Geschlecht, Alter und Beruf, auswählten, um einen „Miniatur-Querschnitt" der Bevölkerung anzusprechen. Hier schloß sich George Gallup Ende der zwanziger Jahre erst mit Leserbefragungen, dann 1934 mit Umfragen zur Ermittlung der → öffentlichen Meinung über Tagesfragen an.

Die landläufige Vorstellung, die D. sei eine in den USA entwickelte Methode, die nach Europa, nach Deutschland importiert worden sei, trifft nicht zu. Speziell für Deutschland hat eine von Paul F. Lazarsfeld betreute amerikanische Dissertation die zahlreichen vielversprechenden Ansätze für Umfrageforschung im 19. Jh. belegt, die sich aber in einem feindseligen akademischen Klima nicht entwickeln konnten (Oberschall 1962).

Aber eine bestimmte Art der Anwendung der D., die von besonderer Tragweite für die → Demokratie ist, hat sich ohne Zweifel zuerst in den USA entwickelt und von dort aus weltweit durchgesetzt: die D. als aktuelle, in den Medien veröffentlichte Information über Meinungen, Kenntnisse, Verhaltensweisen und Absichten der Bevölkerung und bestimmter Bevölkerungsgruppen. 1946 gab es schon in zehn Ländern der Welt Gallup-Institute.

Anwendungen: Unter den vielfältigen Anwendungen der demoskopischen Methode in der Sozialforschung, Medienforschung, Marktforschung, oder umfassender Marketingforschung", → politischen Umfrageforschung, populär „Meinungsforschung", interessiert den Politikwissenschaftler besonders die Anwendung als fortlaufendes, veröffentlichtes, informelles → Plebiszit sowie zur Information des Gesetzgebers, der → Parteien und → Regierungen, Ministerien, der → Verbände und → Institutionen und schließlich der → empirischen Sozialforschung, beispielsweise als → Wahlforschung oder Kommunikationsforschung.

Dabei läuft eine Trennlinie zwischen der Anwendung der D. als Erkenntnismittel einerseits und andererseits als Mittel der Propaganda, der Beeinflussung von Meinungen, als Machtgewinn. Die letztere kann rasch in einen Mißbrauch ausarten: statt Information der → Öffentlichkeit Irreführung der Öffentlichkeit - ein Feld, auf dem bisher noch jeder Rechtsschutz fehlt.

Qualitätskriterien, Verläßlichkeit: Die D. hat sich als Informationsmittel erst durchgesetzt, als die Verläßlichkeit der Methode innerhalb statistischer Toleranzspannen konkret nachgewiesen wurde, z.B. bei der amerikanischen Präsidentschaftswahl von 1936 und in der Bundesrepublik, wo seit 1957 bei neun aufeinander folgenden Bundestagswahlen die vor amtlichen Wahlergebnissen veröffentlichten Wahlprognosen des Allensbacher Instituts durchschnittlich nicht mehr als ein Prozent Abweichung zeigten. Aber damit ist das Problem der Qualitätskontrolle nicht erledigt.

„Schlechte Umfragen verdrängen gute Umfragen" (Daniel Yankelovich 1990). Dieser Vorgang, der überall zu beobachten ist, hat zu tun mit dem Mißbrauch von D. für Propaganda sowie für möglichst große geschäftliche Gewinne, aber auch mit dem Zurückbleiben der Entwicklung von Qualitätskriterien. Am besten entwickelt sind Qualitätskriterien für die Stichproben, wobei leider an der Wirklichkeit wenig geprüfte Theorien überwiegen. Die im allgemeinen genannte statistische Fehlerspanne zu Umfrageergebnissen, z.B. bei einer Basis von 1000 Befragten etwa $\pm$ 3 Prozent bei einer Verteilung von 50 zu 50 und bei 2000 Befragten etwa $\pm$ 2 Prozent, jeweils auf dem 95-Prozent-Niveau, geben zwar einen Anhaltspunkt. Aber einen ungleich größeren Einfluß auf die Validität, Gültigkeit, Verläßlichkeit in dem Sinn: Zeigen die Umfrageergebnisse die Wirklichkeit? haben Aufbau, Formulierung, Wahl der Indikatoren des Fragebogens (Tennstädt 1979) und die Untersuchungsanlage.

Gute Indikatoren für Qualität (Indikatoren im Sinne von Durkheims ‚Regeln der soziologischen Methode', 1895 - beobachtbare, feststellbare Anzeichen) sind Übersetzungsleistungen im Fragebogen (statt direkt auf das Untersuchungsziel gerichteter Fragen), anschauliche, spontan verständliche Formulierungen des Fragebogens, Untersuchungsanlagen nach dem Modell des naturwissenschaftlichen, kontrollierten Experiments, Verdichtung der Zahlenbefunde durch mathematisch-statistische Verfahren, Sprache der Berichterstattung, Prognoseleistung der Quelle, aus der eine Untersuchung stammt (Forschung, Institut) und Zustand des Archivs eines Instituts.

Daß schlechte Umfragen gute Umfragen verdrängen, erklärt Yankelovich auch aus dem Einfluß journalistischer → Werte auf die D.: Schnelligkeit, punktuelle Darstellung, mühelos zu verstehen, interessant im Sinn von Überraschungswert, eine redaktionelle Linie oder Voraussage bestätigend.

D. und Demokratie: Wie durch jedes neuentwickelte wissenschaftliche Instrument, mit dem man etwas wiederholbar und überprüfbar beobachten kann, was man vorher nicht beobachten konnte, veränderte sich durch die D. für die Menschen die Welt, und so veränderte sich damit auch die Demokratie.

Das hat bisher weniger mit den Forschungsergebnissen der D. i.e.S. - z.B. Ergebnissen der Wahlforschung - zu tun, als mit der Verstärkung des plebiszitären Elements, d.h. die fortwährende Bekanntgabe der Größe der Parteianhängerschaft und Popularität von Politikern (Polit-Barometer des ZDF) sowie durch die „Abstimmungs-Demoskopie", die laufende Veröffentlichung von demoskopisch ermittelter Zustimmung und Ablehnung von politischen Maßnahmen. Es sind zwar nur „Stroh-Abstimmungen" (gesetzliche Folgen haben sie nicht), aber sie beeinflussen die Politiker, die Parteien, man befürchtet, daß die D. zu → Populismus führt. Tatsächlich ist das überwiegend ein Trugschluß. Was von der D. als öffentliche Meinung ermittelt wird, ist oft nicht die Meinung des → Volkes, sondern die Meinung der Medien. Die D. ist überwiegend eine Vermittlungsinstanz, die anzeigt, wieviel Medieninhalte, -bewertungen von der Bevölkerung übernommen werden, insbesondere bei Themen, über die sich die Bevölkerung aus eigener Erfahrung kein Urteil bilden kann. Wenn es zu einer Kluft zwischen - in traditionellen Wertesystemen, religiösen Überzeugungen, politischen Bindungen, → Interessen und Bedürfnissen verankerten - Einstellungen der Bevölkerung und dem Medientenor kommt, dann tendieren Politiker eher dazu, den Medientenor zu respektieren. Die jahrelange Debatte um das „Vermummungsverbot", bei dem Mehrheiten von 70, 80 Prozent der Bevölkerung eine schärfere Durchsetzung forderten, die Politiker sich aber so sehr wie möglich zurückhielten, illustriert die Situation.

D. und Medien: Das Verhältnis zwischen D. und Medien ist zweischneidig. Einerseits verstärkt D. die Medienwirkung, indem sie wie ein Echo die Wirkung der Medienberichterstattung zeigt und diese demoskopischen Stimmungswerte zugleich in den Medien als Bestätigung durch die öffentliche Meinung ausführlich berichtet werden. So trägt die D. dazu bei, daß sich herausbildet, was man als „Stimmungs-Demokratie" bezeichnet hat und der klassischen Idee von Demokratie, in der die beste Entscheidung durch öffentlichen Austausch aller Argumente gefunden wird, Hohn spricht. Andererseits verringert D. auch die Medienwirkung, indem sie Themen und Argumente, die in den Medien vernachlässigt werden („blockierte Kommunikation"), durch den Einschluß in Umfragen zum Thema macht, „auf die Tagesordnung bringt" und damit dazu beiträgt, daß aus → Ideologie-Fragen Sach-Fragen werden. Allerdings führt diese Situation zu einer latenten Spannung zwischen Medien und D. um den Einfluß der „Thematisierungs-Funktion".

Demoskopie und Manipulation: Die Spannung spitzt sich zu in dem Vorwurf der Manipulation durch D. insbesondere vor Wahlen. Dies führt zu Forderungen, die Veröffentlichung von demoskopisch ermittelten Parteizahlen vor Wahlen zu verbieten. Die Prüfung der Rechtslage hat allerdings in England und in Deutschland (Rudolf 1980) ergeben, daß sich ein solches Verbot mit den Verfassungsgrundsätzen der → Presse- und Informationsfreiheit nicht verträgt. Sorgfältige Untersuchungen in

verschiedenen → Ländern haben bisher zu dem Ergebnis geführt, daß sich kein Einfluß von veröffentlichten Parteizahlen auf die Wahlentscheidung zeigt (Donsbach 1984). Aber selbst wenn ein solcher Einfluß nachweisbar wäre, wäre dagegen nicht mehr einzuwenden als gegen einen Einfluß der → Massenmedien auf die Wahlentscheidung.

Der beste Schutz gegen Manipulation durch D. liegt in der Existenz einer größeren Zahl von unabhängigen D.-Instituten, die auch finanziell nicht von einem oder wenigen Auftraggebern abhängig sind, außerdem in den auch von Politikern und Journalisten beachteten Regeln für die Veröffentlichung seriöser D.: Angabe der Frageformulierung und Antwortvorgaben im Wortlaut, Angabe der Zahl der Befragten, Angabe des Universums, das repräsentiert wird, Zeitpunkt der Interviews und ganz allgemein Quellenkritik.

D. und öffentliche Meinung: Die in den USA verbreiteten Bez.en „public opinion research" und „public opinion poll", im Deutschen verballhornt zu „Meinungsforschung", werfen die Frage auf, was D. mit öffentlicher Meinung zu tun hat. Gewiß, die Summe der Antworten der Befragten, die einen repräsentativen Querschnitt bilden, auf Fragen in einem demoskopischen Interview ist nicht gleichzusetzen mit öffentlicher Meinung. Wie verwandelt sich diese Summe unter bestimmten Umständen in jenen mächtigen Meinungsdruck, den Regierungen ebenso respektieren müssen wie das einzelne Mitglied der Gesellschaft? In jenes mächtige Phänomen, das die Griechen „ungeschriebene → Gesetze" nannten und das schon in einem Brief Ciceros 50 v. Chr. als öffentliche Meinung („publicam opinionem") bezeichnet wird?

Erst mit der Methode der D. wurde es möglich, Meinungsbildungsprozesse - u.a. die → „Schweigespirale" - zu beobachten, von denen dieser mächtige Druck an einem bestimmten Ort zu einer bestimmten Zeit ausgeht. Unter vielen menschlichen Verhaltensweisen, Umständen, Meinungen, die D. messen kann, sind jene Verhaltensweisen, Umstände, Meinungen, von denen im Sinn der öffentlichen Meinung Konformitätsdruck ausgeht, sicher die politisch wichtigste Größe.

Lit.: *M. Jahoda/ P. F. Lazarsfeld/ H. Zeisel*: Die Arbeitslosen von Marienthal. Leipzig 1933/ Allensbach u. Bonn 1960; *H. Zeisel*: Say It With Figures. New York 1947; *E. Noelle*: Umfragen in der Massengesellschaft. Reinbek 1963, 7. Aufl. 1976; *W. Schulz*: Kausalität und Experiment in den Sozialwissenschaften. Mainz 1970; *E. Noelle-Neumann*: Öffentliche Meinung, Die Entdeckung der Schweigespirale. Frankfurt/ Berlin 1989; *M. Kaase/ H.-D. Klingemann* (Hg.): Wahlen und Wähler. Opladen 1990; *E. Noelle-Neumann/ E. P. Neumann/ E. Piel/ R. Köcher* (Hg.): Allensbacher Jahrbücher der Demoskopie 1947-1997 (10 Bd.), Allensbach/ Wien/ München/ New York/ London/ Paris.

Prof. em. Dr. Elisabeth Noelle-Neumann, Allensbach

Demonstration/ Demonstrationsrecht

Durch das Grundrecht auf → Versammlungsfreiheit (Art. 8 GG) geschütztes Recht, öffentliche Kundgebungen zu veranstalten. Für D. unter freiem Himmel ist dieses Recht entsprechend Art. 8 II GG durch das Versammlungsgesetz insofern beschränkt worden, als D. 48 Stunden vorher angemeldet werden müssen, um den → Behörden Gelegenheit für notwendige Ordnungsmaßnahmen zu geben.

Departement

Von der Nationalversammlung 1790 geschaffene Gebietskörperschaften in Frankreich. Heute existieren 96 D., davon 6 in Übersee, D. d'Outre-Mer (DOM) genannt. Seit der → Dezentralisierung von 1982/83 sind die Organe der D. ein gewählter → Generalrat und ein von diesem gewählter Präsident. Letzterem sind als Vertreter des → Staates und Chef der → Exekutive die Aufgaben übertragen, die früher der Präfekt wahrnahm. Die Hauptaufgaben der D. liegen im Gesundheits-, Bildungs- und Wohnungswesen.

Department

In den USA Bez. für Ministerium (untergliedert in „bureaus"). Z.B. Department of State (Außenministerium).

Dependencia

⇒ *Dependenztheorien*

Dependenztheorien

In Auseinandersetzungen mit und Abgrenzung von → Modernisierungstheorien entstandene Theorierichtung zur Erklärung von → Unterentwicklung in der → Dritten Welt. Gemeinsam ist allen D. die Behauptung, daß Unterentwicklung exogen verursacht wird, d.h. als Folge der Expansion des → Kapitalismus und der Abhängigkeit der → Entwicklungsländer von den Industrienationen zu verstehen ist. Strittig ist, ob Unterentwicklung als Resultat direkter oder indirekter Ausbeutung (durch „ungleichen Tausch" oder den Verfall der → Terms of Trade) oder „strukturell" mit der Integration der Entwicklungsländer in den Weltmarkt erklärt werden kann. Entsprechend unterschiedlich fallen die jeweiligen Konsequenzen für die künftige → Entwicklungspolitik aus.

Député

→ Abgeordnete(r) der französischen Nationalversammlung (→ Assemblée nationale).

Deputierter

Mitglied einer Abordnung (Deputation), das im Namen und im Auftrag des oder der Entsendenden handelt. In einigen → Ländern (z.B. Frankreich) Bez. für die → Abgeordneten im → Parlament.

Deregulierung

Aufhebung staatlicher Vorschriften und Auflagen für Wirtschaftsmärkte, in den USA z.B. durch die Liberalisierung des Flugverkehrs praktiziert. Die Möglichkeiten zum Abbau von Marktregulierungen wurden in der Bundesrepublik seit Ende 1987 von einer von der → Bundesregierung eingesetzten D.kommission geprüft. In ihrem im Mai 1991 vorgelegten Abschlußbericht schlug die Kommission D.-Maßnahmen in den Bereichen Stromwirtschaft, Sachverständigenwesen, Rechts- und Steuerberatung, Handwerk sowie auf dem Arbeitsmarkt vor. In Form z.B. der Liberalisierung der Strommärkte oder der Zulassung privater Arbeitsvermittlung wurde ihren Vorschlägen z.T. entsprochen.

Despotie
Regierungsform, in der ausschließlich der persönliche, unumschränkte Wille des Machthabers entscheidet. In der klassischen → Staatsformenlehre neben der → Tyrannis Entartungsform der → Monarchie.

Despotismus
Zustand schrankenloser Gewalt- und Willkürherrschaft (→ Despotie).

Deutsch-deutsche Beziehungen
Bez. für die Beziehungen zwischen der Bundesrepublik und der DDR seit der Unterzeichnung des → Grundlagenvertrages vom 21.12.1972, die im westdeutschen Sprachgebrauch den Begriff „innerdeutsche Beziehungen" ablöste. Die Besonderheiten der D. lagen in fortbestehenden Rechten und Verantwortlichkeiten der Vier Mächte und in der Tatsache, daß die Bundesrepublik im Gegensatz zur DDR an der These vom Fortbestand der einen deutschen → Nation festhielt. Daraus resultierte die staats-, nicht aber völkerrechtliche Anerkennung der DDR und die Nichtanerkennung einer eigenen DDR-Staatsbürgerschaft seitens der Bundesrepublik. Diese Besonderheiten kamen u.a. zum Ausdruck im Austausch → ständiger Vertretungen anstatt diplomatischer Missionen. Mit Gültigwerden des Einigungsvertrages von 1990 wurde die Phase der D. beendet.

Deutsch-Französischer Vertrag
Auch Elysée-Vertrag genannter, am 22.1.1963 unterzeichneter Freundschaftsvertrag, in dem neben regelmäßigen, engen Konsultationen beider → Regierungen u.a. die Gründung des Deutsch-Französischen Jugendwerks vereinbart wurde.

Deutsche Angestellten-Gewerkschaft/ DAG
1949 gegründeter Dachverband, der in 8 Berufsgruppen gegliedert ist und dem 11 Landesverbände angehören. Durch eine Arbeitsgemeinschaft mit der D. verbunden ist der Marburger Bund - Verband der angestellten und beamteten Ärzte Deutschlands. In der D., die v.a. mit dem → Deutschen Gewerkschaftsbund (DGB) um die Organisierung der Angestellten

konkurriert, sind 489.266 Mitglieder erfaßt (Stand Ende 1997).

Deutsche Arbeitsfront/ DAF
Nationalsozialistische Organisation, die nach der Zwangsauflösung der → Gewerkschaften am 10.5.1933 an deren Stelle trat. Auf die Arbeitnehmer wurde starker Druck zum Beitritt ausgeübt. Auch Angehörige der Unternehmervereinigungen konnten Mitglieder der D. werden. Die gesetzlich anerkannten ständischen Organisationen (z.B. Reichsnährstand, Reichskulturkammer) gehörten der D. korporativ an. Die D. stützte sich auf das Vermögen der ehemaligen Gewerkschaften und war u.a. Trägerin der Organisation „Kraft durch Freude", des Heimstättensiedlungswerks und der Bank der Deutschen Arbeit.

Deutsche Bundesbank
Zentralbank der Bundesrepublik, errichtet auf der Grundlage des Art. 88 GG durch das → Gesetz über die Deutsche Bundesbank vom 26.7.1957. Die D. regelt mit Hilfe ihrer im Gesetz festgelegten währungspolitischen Befugnisse den Geldumlauf und die Kreditversorgung der Wirtschaft mit dem Ziel der Währungssicherung, sorgt für die Abwicklung des Zahlungsverkehrs im Inland und mit dem Ausland; zudem dient sie dem → Bund und den Geschäftsbanken als Bank. Sie ist verpflichtet, unter Wahrung ihrer Aufgaben (Geldwertstabilität), die allgemeine → Wirtschaftspolitik der → Bundesregierung zu unterstützen, ist aber von deren Weisungen unabhängig. Organe der D. sind der Zentralbankrat, das Direktorium und die Vorstände der Landeszentralbanken. Präsident, Vizepräsident und die bis zu 6 weiteren Mitglieder des Direktoriums werden vom → Bundespräsidenten auf Vorschlag der Bundesregierung i.d.R. für 8 Jahre bestellt. Durch Änderung des Art. 88 GG wurde sichergestellt, daß ein Teil der Aufgaben und Befugnisse der D. an die → Europäische Zentralbank übertragen werden konnte, die ihre Tätigkeit am 1.1.1999 aufnahm.

Deutsche Frage
Im weiteren historischen Sprachgebrauch Umschreibung für die besondere Rolle

Deutschlands und der Deutschen in Auseinandersetzung mit dem übrigen Europa, insbesondere im Zusammenhang mit der im 19. Jh. nicht bzw. nur unvollkommen oder „verspätet" erreichten nationalstaatlichen Selbstverwirklichung.

Im spezielleren Sinne Bez. für die Probleme der Behandlung der territorialen und politisch-sozialen Ordnung Deutschlands nach dessen militärischer Niederlage im 2. Weltkrieg seitens der Alliierten. Die D. wurde von den Alliierten seit 1943 diskutiert. Die auf den Kriegskonferenzen (→ Konferenz von Teheran, → Konferenz von Jalta) der „Großen Drei" erörterten Pläne zur „Zerstückelung" (Dismemberment) Deutschlands wurden fallengelassen. Das → Potsdamer Abkommen ging von der Erhaltung Deutschlands „als Ganzes" zumindest in wirtschaftlicher Hinsicht aus. Das Scheitern des → Alliierten Kontrollrats im Gefolge des → Kalten Krieges führte jedoch zur deutschen Spaltung und zur Gründung zweier deutscher → Staaten. Seither wurde als D. auch die Perspektive der Wiedergewinnung der verlorengegangenen Einheit Deutschlands definiert.

Deutsche Gesellschaft für Politikwissenschaft/ DGfP

1983 in Konkurrenz zur → Deutschen Vereinigung für Politische Wissenschaft (DVPW) gegründeter Zusammenschluß von Politikwissenschaftlern, die in Zusammenarbeit mit der Hochschule für Politik München die wissenschaftliche „Zeitschrift für Politik" (ZfP) herausgibt.

Deutsche Gesellschaft für Technische Zusammenarbeit GmbH/ GTZ

Bundeseigene Gesellschaft, die auf der Grundlage eines mit dem → Bundesministerium für wirtschaftliche Zusammenarbeit am 20.12.1974 geschlossenen Vertrages für den → Bund im Bereich der → Entwicklungspolitik tätig wird, bes. bei Projekten, die der technischen (im Unterschied zur finanziellen) Zusammenarbeit dienen. Die GTZ führte im Jahr 1996 Projekte in 135 Ländern durch und wickelte dabei Aufträge in einer Gesamthöhe von ca. 2 Mrd. DM ab.

Deutsche Kommunistische Partei/ DKP

Am 25.9.1968 gegründete → Partei in der Bundesrepublik, die in der ideologischen Tradition der 1956 vom → Bundesverfassungsgericht verbotenen → Kommunistischen Partei Deutschlands/ KPD steht. Die Gründung der D. erfolgte, nachdem eine Wiederzulassung der KPD politisch nicht durchsetzbar (und rechtlich nicht möglich) war, die → Bundesregierung und die Landesregierungen die Gründung einer *neuen* kommunistischen Partei aber für möglich erklärten. Zunächst unterstützte die D. bei der Bundestagswahl 1969 die „Aktion Demokratischer Fortschritt", entschloß sich jedoch nach deren Mißerfolg zu eigenen Kandidaturen, die zwischen 1972 und 1983 einen Zweitstimmenanteil zwischen 0,3 und 0,2 % erbrachten. 1987 verzichtete die D. wieder auf eigene Kandidaten und gab eine Wahlempfehlung zugunsten der unter dem Kennwort „Frieden" bzw. „Friedensliste" firmierenden Wahlvorschläge. Die D. strebte - bei grundsätzlicher Anerkennung des → Grundgesetzes - den Übergang zum → Sozialismus an, wobei die UdSSR und die DDR als vorbildhaft angesehen wurden. Aufgrund der mit dem Begriff → Perestroika verknüpften Reformbewegungen im Ostblock und insbesondere infolge der Umwälzungen in der DDR, deren SED-Regime die D. auch finanziell beträchtlich unterstützt hatte, geriet die Partei seit 1988 in einen rasch fortschreitenden Prozeß der Selbstauflösung. So sank z.B. ihre Mitgliederzahl binnen Jahresfrist von ca. 45.000 auf (geschätzte) 27.000 (Anfang 1990). Seit der deutschen → Wiedervereinigung ist die DKP nur noch eine Splittergruppe. Im Jahr 1998 organisierte sie nach Schätzungen des Verfassungsschutzes noch 6.200 Mitglieder.

Deutsche Partei/ DP

1945 unter dem Namen Niedersächsische Landespartei (in Anknüpfung an die frühere, aus der Welfenbewegung hervorgegangene Deutschhannoversche Partei) gegründete politische → Partei, die sich am 4.6.1947 in D. umbenannte. Die D. war protestantisch-konservativ orientiert, vertrat teilweise zwar rechtsextremistische Positionen, hatte v.a. aber programmatische Gemeinsamkeiten mit der → CDU. Aufgrund von Wahlabsprachen mit der Unionspartei (Überlassung von Wahlkreiskandidaturen) zog die D. 1949, 1953 und 1957 mit 17 (1949 und 1957) bzw. 15 (1953) → Abgeordneten in den → Bundestag ein und stellte in den → Koalitionsregierungen unter → Bundeskanzler Adenauer während der ersten drei → Legislaturperioden jeweils 2 → Bundesminister. Die 1957 einsetzenden Abwanderungsbewegungen zur CDU gipfelten im Übertritt des Bonner „Ministerflügels" am 1.7.1960. Der politischen Bedeutungslosigkeit versuchte die D. durch Fusion mit dem → Gesamtdeutschen Block/ BHE zur → Gesamtdeutschen Partei/ GDP zu entgehen. Nach dem Scheitern bei der Bundestagswahl 1961 (2,8 % der → Zweitstimmen) zerfiel die GDP.

Deutsche Reichspartei/ DRP

1946 in Niedersachsen gegründete rechtsradikale → Partei, die bei der Wahl zum 1. Deutschen Bundestag 5 → Mandate errang. Im Oktober 1949 konstituierte sich ihr extremistischer Flügel als → SRP, woraufhin sich die D. durch Zusammenschluß mit Teilen der Deutschen Rechtspartei im Januar 1950 neu formierte. Bei den folgenden Bundestagswahlen schwankte ihr Stimmenanteil zwischen 0,7 und 1,1 %. Im November 1964 ging die D. in der neugegründeten → NPD auf, deren Mitgliederstamm und Führungskern sie bildete.

Deutsche Soziale Union/ DSU

Politische → Partei in der DDR, die sich am 20./21.1.1990 als Zusammenschluß von zwölf liberal-konservativen Parteien - welche ihrerseits sämtlich Neugründungen aus der Zeit nach Zusammenbruch des → SED-Regimes waren - konstituierte. Die D. versteht sich als Schwesterpartei von → CDU und → CSU der Bundesrepublik, ist programmatisch jedoch v.a. an der bayerischen Unionspartei orientiert. Bei der Volkskammerwahl am 18.3.1990 errang sie mit 6,32 % der Stimmen 25 → Mandate. Nach der deutschen → Wiedervereinigung versank die D. in die politische Bedeutungslosigkeit.

Deutsche Vereinigung für Politische Wissenschaft/ DVPW

1951 unter dem Namen „Deutsche Vereinigung für die Wissenschaft von der Politik" gegründete, später umbenannte Vereinigung von Politikwissenschaftlern, deren Ziel laut Satzung in der Förderung von Forschung und Lehre der → Politikwissenschaft besteht. Im Auftrag der D. wird das wissenschaftliche Fachorgan „Politische Vierteljahresschrift" (PVS) herausgegeben.

Deutsche Volksunion/ DVU

1971 von dem Münchener Verleger Gerhard Frey gegründete und finanzierte, rechtsextreme Organisation, die zunächst als überparteiliches Bündnis gegen die „verfassungswidrigen Ostverträge" auftrat und als Auffangbecken für die ab 1969 zerfallende → NPD gedacht war. Die Mitgliederzahl stieg von anfangs 4.000 auf ca. 15.000 im Jahr 1987. Für 1998 schätzten die Verfassungsschutzbehörden den Mitgliederstand auf 18.000; nach Angaben der Partei selbst ist er bedeutend höher. Bei den → Wahlen zur Bremer → Bürgerschaft im Jahr 1991 erreichte die D. einen Stimmenanteil von 6,2 % und stellte 6 → Abgeordnete. Ebenfalls 6 Abgeordnete stellte die D. im → Landtag von Schleswig-Holstein, nachdem sie bei den Wahlen von 1992 6,3 % der Stimmen gewonnen hatte. Bei den folgenden Landtagswahlen in den genannten Ländern konnte die D. ihre Erfolge nicht wiederholen. Sie ist in der Bremer Bürgerschaft nurmehr mit einem Bremerhavener Mandat vertreten. Bei den Landtagswahlen in Sachsen-Anhalt 1998 erreichte die D. ihr bislang bestes Wahlergebnis mit 12,9 % der Stimmen und zog mit 16 Abgeordneten in den Landtag ein. Bei der Bundestagswahl im selben Jahr erreichte sie 1,2 % der Zweitstimmen. Bei den Landtagswahlen in Brandenburg kam sie auf 5,3 % und 5 Mandate

Deutsche Zentrums-Partei

1870 gebildete politische → Partei, die sich als politische Interessenvertretung des deutschen Katholizismus verstand und sich in der Zeit der sog. Kulturkampfes (1871-87) konsolidierte und einen festen Wählerstamm sicherte. 1881 erreichte die D. eine Stimmenquote von 86,3 % aller katholischen Wähler. Dieser Anteil sank zwischen 1900 und 1933 auf ca. 60 - 70 %. An der Ausarbeitung der → Weimarer Reichsverfassung war die D. maßgeblich beteiligt (v.a. bezüglich der → Grundrechte, der Kirchen- und Schulartikel). Bis 1932 gehörte sie allen Reichsregierungen an und stellte mit Fehrenbach, Marx, Wirth und Brüning insgesamt 4 → Reichskanzler in 9 von 20 → Regierungen. Im Juli 1933 löste sich die D. im Zuge der Etablierung des NS-Staates zwangsweise selbst auf. Nach 1945 setzte sich die Mehrzahl der ehemaligen Zentrumspolitiker für die Gründung der überkonfessionellen → CDU und → CSU ein. Die Wiedergründung der D. am 14.10.1945 stand damit im Schatten des übermächtigen, auch vom katholischen Episkopat geförderten interkonfessionellen Sammlungsgedankens. Bei der Bundestagswahl 1949 erhielt die D. bundesweit 3,1 % der Stimmen - in Nordrhein-Westfalen jedoch 8,9 % - und damit 10 → Mandate im → Bundestag. Über ein Wahlbündnis mit der CDU, das der D. ein Direktmandat im → Wahlkreis Oberhausen sicherte, zog die D. nach den → Wahlen von 1957 nochmals mit 3 → Abgeordneten in den Bundestag ein. Den durch Überalterung und Schwund der Mitgliederschaft sowie Abwanderung der Wählerschaft zu den Unionsparteien drohenden politischen Bedeutungsverlust versuchte die D. in der Folgezeit durch verschiedene Wahlbündnisse - allerdings vergeblich - entgegenzuwirken.

Deutscher Bauernverband/ DBV

1948 als Dachverband gegründete Interessenorganisation der Landwirtschaft, dem 15 Landesbauernverbände und der Bund der deutschen Landjugend angehören. Daneben sind dem D. noch 41 Fachverbände assoziiert. Der D. hat ca. 550.000 Einzelmitglieder; er vertritt ca. 90% aller Voll- und Nebenerwerbsbauern mit dem vorrangigen Ziel, die Landwirte an der allgemeinen Einkommensentwicklung teilhaben zu lassen. Hierzu sollen v.a. Absatz- und Preisgarantien dienen.

Deutscher Beamtenbund/ DBB

1950 als Dachverband konstitutierte gewerkschaftliche Interessenvertretung der Beamten, dem 11 Landesverbände, 13 Berufsbeamtenverbände (z.B. Deutscher Postverband, Bundesgrenzschutz-Verband) und 20 Bundesfachverbände (z. B. Deutsche Steuer-Gewerkschaft, Deutscher Philologen-Verband) mit insgesamt ca. 1,1 Mio Mitgliedern angehören. Der D. selbst ist nicht tariffähig, doch gehört ihm eine Reihe tariffähiger Verbände an. Zentrale verbandspolitische Grundlage ist das Bekenntnis zu den hergebrachten Grundsätzen des → Berufsbeamtentums.

Deutscher Bund

1815 auf dem Wiener Kongreß gegründeter Zusammenschluß der souveränen deutschen Fürsten und freien Städte zu einem → Staatenbund, dessen Mitglieder an Mehrheitsbeschlüsse gebunden waren. Organ des D. war die in Frankfurt/ Main tagende → Bundesversammlung aller Gesandten, die in der Praxis nur bei österreichisch-preußischer Kooperation arbeitsfähig war. Der D. entwickelte sich ab 1819 in der Ära Metternich zum Instrument der Unterdrückung der Einheits- und Verfassungsbewegung. Er wurde 1866 nach dem Deutschen Krieg zwischen Preußen und Österreich aufgelöst.

Deutscher Entwicklungsdienst/ DED

1963 von der → Bundesregierung gegründete, gemeinnützige GmbH mit der Aufgabe der Entsendung von Entwicklungshelfern, vorwiegend in den Bereichen Bildung und Gesundheit, Sozialarbeit, landwirtschaftliche Entwicklung, technisch-handwerkliche Programme.

Deutscher Frauenrat

Am 8.12.1951 unter dem Namen „Informationsdienst für Frauenfragen" gegründeter, 1970 in D. umbenannter Dachverband von mittlerweile 39 Mitgliedsverbänden. Der D., der die Monatsschrift „Informationen für die Frau" herausgibt, ist weniger auf eine direkte Einflußnahme auf die → Gesetzgebung hin orientiert, als auf die Information der Mitgliedsverbände untereinander und der → Öffentlichkeit über frauenspezifische Belange. Ziel ist der Abbau der allgemeinen Benachteiligung von Frauen, u.a. durch Förderung der politischen Bildung der Frauen, wodurch ihre Bereitschaft zu politischem Engagement gesteigert werden soll.

Deutscher Gewerkschaftsbund/ DGB
1949 gegründeter Spitzenverband von zunächst 16, durch die Aufnahme der Gewerkschaft der Polizei zwischenzeitlich 17, seit der Fusion der Gewerkschaft Kunst und der Industriegewerkschaft (IG) Druck und Papier zur IG Medien sowie der Zusammenführung der Bereiche Bauen, Agrar und Umwelt mittlerweile 13 Einzelgewerkschaften. Im DGB sind 8,62 Mio. Mitglieder organisiert, von denen ein Drittel auf die IG Metall entfällt. Ca. 60 % sind Arbeiter, 28 % Angestellte und 7,3 % Beamte (Stand Ende 1997). Maßgabe bei der Gründung des DGB war das Ziel, die → Richtungsgewerkschaften der Weimarer Zeit durch eine am Industrieverbandsprinzip (ein Betrieb - eine Gewerkschaft) orientierte → Einheitsgewerkschaft zu ersetzen. Als Dachverband ist der DGB nicht tariffähig. Ihm obliegt die Wahrnehmung der übergreifenden wirtschaftlichen, sozialen und kulturellen Interessen der Arbeitnehmer.

Deutscher Industrie- und Handelstag/ DIHT
1918 unter diesem Namen konstituierte, nach Auflösung durch die Nationalsozialisten 1949 neu gegründete Dachorganisation der → Industrie- und Handelskammern in der Bundesrepublik. Im Gegensatz zu seinen Mitgliedsorganisationen ist der D. keine öffentlich-rechtliche Körperschaft, sondern hat die Rechtsform eines eingetragenen Vereins. Seine Aufgabe besteht v.a. in der Vertretung der Belange der gewerblichen Wirtschaft gegenüber → Öffentlichkeit und → Politik.

Deutscher Paritätischer Wohlfahrtsverband/ DPWV
1924 gegründeter, von den → Nationalsozialisten 1934 aufgelöster und 1949 wiedergegründeter, konfessionell und politisch neutraler Dachverband der freien Wohlfahrtspflege. Dem D. gehören ca. 3000

rechtlich selbständige Organisationen an. Er unterhält zwar eine Vielzahl eigener Einrichtungen wie Heime, Tagesstätten und Beratungsstellen. Als Grundsatz der Arbeit gilt jedoch die Priorität der Aktivitäten der Mitgliedsverbände.

Deutsches Reich
Offizielle Bez. des deutschen → Staates zwischen 1871 und 1945, also für das → Kaiserreich, für die → Weimarer Republik und für den Staat in der Zeit der → Diktatur des → Nationalsozialismus, der häufig als → Drittes Reich bez. wird.

Deutschlandpolitik
Vorbemerkung. Die Grundlage jeglicher D. bildet die → „Deutsche Frage", worunter bis Ende 1989 je nach Interessenlage entweder die Wiederherstellung der in der Folge des Zweiten Weltkriegs verlorengegangenen Einheit Deutschlands (einschließl. der künftigen Stellung Dl. s in Europa) oder die förmliche Fixierung des Status quo der Teilung verstanden wurde. Der Begriff D., wie im folgenden dargelegt, bezeichnet die Gesamtheit der - inzwischen historischen - politischen Bemühungen zur Lösung der Dt. Frage (Friedensvertrag, Grenzregelung, Berlin-Problematik, → Wiedervereinigung bzw. Teilung Dl.s) sowohl auf internationaler Ebene (Vier Mächte) als auch auf nationaler Ebene (zwei Teilstaaten in Dl.) unter Berücksichtigung rechtl. Rahmenbedingungen.

1. Internationale Ebene: Vier Mächte
1.1 Rechtl. Grundlagen. Nach der bedingungslosen Kapitulation (7./8.5.1945) der dt. Wehrmacht übernahmen die *Vier Mächte*, die USA, Großbritannien, Frankreich und die UdSSR, mit der Berliner Erklärung vom 5.6.1945 die Oberste Regierungsgewalt in Deutschland (→ Deutsches Reich), stellten den dt. Gesamtstaat unter ein Besatzungsregime und teilten ihn zum Zwecke der Besetzung in vier Zonen und Berlin in vier Sektoren auf. Für alle Dl. betreffenden Fragen waren die Vier Mächte zur gesamten Hand zuständig. Konstitutiv für die *Rechte und Verantwortlichkeiten der Vier Mächte* für Dl. waren die originären Besatzungsrechte im Rahmen der 1944/45

begründeten Vier-Mächte-Regelungen. Objekt der Vier-Mächte-Verantwortung war *Dl. in den Grenzen vom 31.12.1937* bzw. *Dl. als Ganzes.* Die Tatsache, daß die alliierten Dokumente keine Annektierung vorsahen und Dl. als Ganzes zum Ausgangspunkt künftiger Lösungen im Rahmen der angestrebten friedensvertragl. Regelung machten, wies darauf hin, daß die Vier Mächte vom Fortbestand des Dt. Reiches ausgingen. Nach Gründung der beiden Teilstaaten in Dl. - Bundesrepublik Deutschland, Deutsche Demokratische Republik - 1949 blieb die Vier-Mächte-Verantwortung für Dl. als Ganzes bestehen. Beide Teilstaaten unterstanden weiterhin dem Besatzungsregime (der drei Westmächte auf der einen, der UdSSR auf der anderen Seite). Auch nach Beendigung der Besatzungsherrschaft 1955 in der BRep. und der DDR gaben die Vier Mächte ihre Rechte und Verantwortlichkeiten für Dl. und Berlin nicht auf. Im → Deutschlandvertrag (am 5.5.1955 in Kraft getreten) zur Beendigung des Besatzungsregimes in der BRep. behielten die Drei Mächte „die bisher von ihnen ausgeübten oder innegehabten Rechte und Verantwortlichkeiten in bezug auf Berlin und auf Deutschland als Ganzes einschließlich der Wiedervereinigung Deutschlands und einer friedensvertraglichen Regelung" (Art. 2). Diese Vorbehaltsrechte galten bis zur Ratifizierung des sog. 2+4-Vertrages Ende 1990. Im Zusammenhang mit der → *neuen Ostpolitik* der BRep. (1970-73) bestanden die drei Westmächte auf Berücksichtigung ihrer Vorbehaltsrechte, was mit den „Unberührtheitsklauseln" (Art. 4 → Moskauer Vertrag; Art. IV → Warschauer Vertrag, Art. 9 → Grundlagenvertrag), dem Notenwechsel der Bundesrepublik mit den Westmächten vom 7./11.8. bzw. 19.11.1970 und dem Briefwechsel zu Art. 9 Grundlagenvertrag vom 21.12.1972 geschah. Obwohl die UdSSR ab Mitte der 50er Jahre den Fortbestand der Vier-Mächte-Verantwortung zeitweilig in Abrede stellte, legte sie in mehreren Dokumenten doch Vorbehaltsrechte bezügl. Dl.s fest, so in der Erklärung über die Gewährung der → Souveränität an die DDR vom 25.3.1954 und im Vertrag über die Beziehungen zwischen DDR und UdSSR vom

20.9.1955. Gemeinsam brachten alle Vier Mächte den Fortbestand der Vier-Mächte-Rechte und -Verantwortlichkeiten nochmals mit dem Vier-Mächte-Abkommen über Berlin vom 3.9.1971 und in der Erklärung vom 9.11.1972 anläßlich des Beitritts der beiden → Staaten in Dl. zu den → Vereinten Nationen zum Ausdruck (allerdings ohne das Bezugsobjekt „Deutschland" zu nennen).

1.2 Deutschlandpolitische Bemühungen. Die Potsdamer Beschlüsse (Aug. 1945) waren keine endgültigen Friedensregelungen für Dl. Sie legten Leitsätze für die künftige Gestaltung Dl.s fest, bestimmten die Behandlung Dl. s als eine ungeteilte ökonomische und politische Einheit und sahen die Einsetzung eines Außenministerrates zur Vorbereitung einer *friedensvertraglichen Regelung* mit Dl. vor. Die unterschiedl. Auffassungen der USA, Großbritanniens und Frankreichs einerseits und der UdSSR andererseits über die künftige politische und ökonomische Struktur Dl.s, die Grenzregelung, die → Reparationen und die sich abzeichnenden Gegensätze zw. Ost und West (→ Kalter Krieg) ließen die Beratungen des Außenministerrates (1945-49) ergebnislos bleiben und führten 1949 zur Errichtung von zwei Teilstaaten in Dl. Nach 1949 ging es nicht mehr nur um eine friedensvertragl. Regelung, sondern in erster Linie um die *Wiederherstellung der Einheit Deutschlands (Wiedervereinigung).* Erstmalig behandelten die Vier Mächte diese Frage 1954 auf der Berliner Außenministerkonferenz (Jan./ Febr.). Zwei kontroverse Fragenkreise beherrschten diese Gespräche: die Wiederherstellung der Einheit Dl. s und die (von der UdSSR erstmals in den Mittelpunkt gerückte) *Verklammerung des Deutschlandproblems mit der Gewährleistung der Europäischen Sicherheit.* Die Westmächte räumten der Lösung der Wiedervereinigung Dl.s Priorität *vor* Schaffung eines Europäischen Sicherheitssystems ein und strebten die Aushandlung eines Friedensvertrages mit Dl. erst *nach* Bildung einer gesamtdt. Regierung an, die auf der Grundlage freier → Wahlen gebildet werden und innen- und außenpolitische Handlungsfreiheit besitzen sollte. Die UdSSR forderte die Schaffung eines kollektiven Sicherheitssystems in Europa *vor* der Wiedervereinigung, die Ausarbeitung eines Friedensvertrages unter Beteiligung von Regierungsvertretern beider dt. Staaten, die Neutralisierung Dl.s und sah gesamtdt. Wahlen erst nach Abzug der Besatzungstruppen vor. Die Berliner Konferenz ging ohne Ergebnis zu Ende. Auf den Genfer Konferenzen 1955 (der Regierungschefs, Juli; der Außenminister, Okt./Nov.) widmeten sich die Vier Mächte erneut der Deutschlandproblematik. Die Westmächte griffen die Frage der Europäischen Sicherheit auf, verknüpften sie jedoch förmlich mit der Frage der Wiederherstellung der staatl. Einheit Dl.s. Die UdSSR wies das westliche Junktim zurück, lehnte freie Wahlen ab, machte eine Annäherung beider dt. Staaten zur Voraussetzung jegl. Lösung der Dt. Frage (Zwei-Staaten-These) und forderte im Falle der Wiedervereinigung die Beibehaltung der „sozialistischen Errungenschaften" in der DDR. Beide Genfer Treffen blieben ohne Ergebnis. Auch die letzte Deutschlandkonferenz der Vier Mächte, das Außenministertreffen (Mai-August) 1959 in Genf, endete ohne Einigung. Die UdSSR lehnte den westl. Friedensplan (Stufenplan für die Wiedervereinigung Dl.s und die Europäische Sicherheit, Junktim) ab. Die Westmächte wiesen die sowj. Vorschläge zurück, da sie auf der Basis einer friedensvertragl. Regelung die förmliche Teilung Dl.s (Drei-Staaten-These: West-Berlin, Bundesrepublik, DDR einschließl. Ost-Berlin) vorsahen. Im Zuge der allg. Ost-West-Entspannung verschwand das Deutschlandproblem gänzlich von der Tagesordnung der intern. Politik. Ende der 80er Jahre aber rückte die Dt. Frage - als Folge des „Neuen Denkens" in der UdSSR u. der damit verbundenen Auswirkungen auf die Warschauer Vertragsstaaten, v.a. die DDR - erneut in das Blickfeld des intern. Interesses.

2. Nationale Ebene: Zwei Teilstaaten in Dl.
2.1. Rechtl. Grundlagen. Verhältnis der BRep. zu Gesamtdl. und zur DDR: Im Verständnis der BRep. überdauerte das Dt. Reich den Zusammenbruch 1945, ging der dt. Gesamtstaat weder mit der Kapitulation noch durch Ausübung der „supreme authority" durch die Alliierten unter und wurde 1949 mit der Errichtung der BRep. kein neuer dt. → Staat gegründet, sondern ein Teil Dl.s neu organisiert. Es setzte sich die Auffassung durch, daß die BRep. als Staat mit dem fortbestehenden, aber handlungsunfähigen Staat „Deutsches Reich" identisch sei - rechtlich, nicht jedoch territorial, da die Hoheitsgewalt auf den „Geltungsbereich des → Grundgesetzes" beschränkt ist. Die BRep. war als Provisorium gedacht, mit einem „Grundgesetz" als rechtl. Grundordnung für eine Übergangszeit. Die Ziele der D. der BRep. wurden in der Präambel des Grundgesetzes vorgegeben: „Das gesamte Deutsche Volk bleibt aufgefordert, in freier Selbstbestimmung die Einheit und Freiheit Deutschlands zu vollenden" (Wiedervereinigungsgebot). Das Staatsangehörigkeitsrecht der BRep. knüpfte an das 1949 geltende dt. Staatsangehörigkeitsrecht (Reichs- und Staatsangehörigkeitsgesetz von 1913) an und ging seitdem unverändert von einem einheitlichen, auch die → Bürger der DDR umfassenden Begriff der *deutschen → Staatsangehörigkeit* aus. Jeder Bürger der DDR, der in den Schutzbereich der BRep. und ihrer Verfassung geriet, mußte als Deutscher wie jeder Bürger der BRep. behandelt werden (Grundvertrags-Urteil d. BVerfG v. 31.7.1973). Zu den wichtigsten deutschlandpol. Grundsätzen der BRep. gehörten von 1949 bis 1970 die *Nichtanerkennung* der DDR (fehlende → Legitimität der Regierung mangels freier Wahlen und Abhängigkeit von der UdSSR) und der → *Alleinvertretungsanspruch* (allein befugt zu sein, für das dt. Volk in intern. Angelegenheiten zu handeln). Bestimmend für die D. war außerdem das Fortbestehen der Vier-Mächte-Verantwortung, die von der BRep. stets nicht nur rechtlich anerkannt, sondern auch politisch bejaht wurde. Im Rahmen der → neuen Ostpolitik modifizierte die BRep. ihre D., gab aber wegen der fortdauernden Vier-Mächte-Verantwortung und der verfassungsrechtl. Verpflichtungen, aber auch ihrer deutschlandpol. Interessenlage grundsätzliche Positionen nicht auf. Sowohl der Moskauer und Warschauer Vertrag (1970) als auch der Grundlagenvertrag (1972) be-

rücksichtigten die rechtliche und politische Gesamtlage. Da es keinen Friedensvertrag gab und wesentl. Rechtspositionen für Dl. als Ganzes nicht gefährdet werden sollten, war die BRep. an der Sicherstellung der alliierten Vorbehaltsrechte interessiert (Unberührtheitsklauseln, Notenwechsel, Briefwechsel) und darauf bedacht, keine Regelungen zu Lasten des dt. Gesamtstaates zu treffen. Mit der Vertragspolitik war sie bereit, auf der Grundlage eines Modus vivendi Kontroversen in grundsätzl. Streitfragen beizulegen, d.h. die Existenz eines zweiten Staates in Dl. nicht mehr zu bestreiten und das Prinzip der Unverletzlichkeit der Grenzen in Europa als verpflichtend zu betrachten, lehnte jedoch eine völkerrechtl. Anerkennung der DDR und der Grenze zwischen beiden dt. Staaten (wie auch der → Oder-Neiße-Linie als Westgrenze Polens) ab und weigerte sich, die DDR als Ausland zu betrachten („faktische Anerkennung besonderer Art"). An dieser Position hielt die BRep. bis zu den Einigungsverträgen von 1990 fest. Mit dem *Brief zur deutschen Einheit* und der Gemeinsamen Entschließung des Dt. → Bundestages (17.5.1972) wollte sie die Deutsche Frage „offenhalten".

Verhältnis der DDR zu Gesamtdl. und zur BRep. (bis zur Wiedervereinigung 1990): Ihrem deutschlandrechtl. Verständnis entsprechend ging die DDR nach 1949 ebenfalls vom Fortbestand des dt. Gesamtstaates aus, bei gleichzeitiger → Identität mit der DDR. In den 50er Jahren gab sie die Identitäts-These auf und vertrat die Auffassung, daß beide dt. Staaten Rechtsnachfolger des 1945 untergegangenen dt. Gesamtstaates seien. Während die → Verfassung der DDR von 1949 noch auf die dt. Einheit ausgerichtet war und die Verfassung von 1968 noch einen Bezug auf die dt. → Nation enthielt, fehlte in der Verfassung von 1974 jegl. Hinweis auf Dl. und die dt. Nation. Die Verfassung von 1949 legte noch fest: „Es gibt nur eine deutsche Staatsangehörigkeit"; 1967 führte die DDR dann aber die *Staatsbürgerschaft der Deutschen Demokratischen Republik* ein. Für die DDR gab es spätestens seit den 70er Jahren keine offene dt. Frage mehr, stellte die Forderung nach einem Friedensvertrag eine Völker-

rechtswidrigkeit dar und gehörte die Etablierung völkerrechtl. Beziehungen zw. beiden dt. Staaten sowie die Anerkennung der Staatsbürgerschaft der DDR durch die BRep. (Geraer Forderungen 1980) zu den vorrangigen außenpol. Zielen.

2.2 Deutschlandpolitische Bemühungen. Beide dt. Staaten betrachteten nach ihrer Errichtung 1949 die Wiederherstellung der Einheit Dl.s als politisches Anliegen; ihre Auffassungen über die künftige Gestalt Dl.s und die Wege zur Lösung des Problems gingen jedoch von Anfang an auseinander. Ausgangs der 60er Jahre setzte die BRep in der D. neue Akzente und strebte im Rahmen der *neuen Ostpolitik* (1970-73) einen vertragl. Modus vivendi mit der DDR an. Der *Grundlagenvertrag* (21.12.1972) mit dem sich daraus ergebenden Vertragsnetz (u.a. Handel, Kultur, Gesundheit) bildete in der Folgezeit die Basis für die Beziehungen beider Staaten in Dl. Aus der Sicht der BRep. waren diese → *Innerdeutschen Beziehungen* ein Teilbereich ihrer D., die darauf gerichtet blieb, „auf einen Zustand des Friedens in Europa hinzuwirken, in dem das deutsche Volk in freier Selbstbestimmung seine Einheit wiedererlangt" (Brief zur deutschen Einheit). In diesem grundsätzl. Positionen (dt. Einheit, Selbstbestimmung, Kompetenz der Vier Mächte) wahrten alle BReg. seit 1949 in ihrer D. Kontinuität. Aus der Sicht der DDR handelte es sich bei den Beziehungen beider Staaten nicht um innerdeutsche, sondern um normale intern. Beziehungen und stellte der Grundlagenvertrag den Schlußpunkt bei der Lösung der Dt. Frage dar.

3. 1989/90: Auf dem Weg zur dt. Einheit
Die unerwarteten Veränderungen in der UdSSR (Neues Denken: → Glasnost, → Perestroika, Abkehr von der „Breschnew-Doktrin") in der 2. Hälfte der 80er Jahre leiteten das Ende der europ. Nachkriegsordnung ein u. eröffneten erstmals Chancen für die Lösung der Dt. Frage. Die Dynamik des Umbruchs in der DDR (Machtverfall des SED-Regimes, Drängen der Menschen nach Wiedervereinigung) um die Jahreswende 1989t90 brachte die Vier-Mächte-Verantwortlich-keiten für Dl. als Ganzes erneut in Diskussion. Die Vier Mächte

stimmten der Herstellung der dt. Einheit unter gewissen Bedingungen grundsätzlich zu. Im Februar 1990 einigten sich Vertreter der Vier Mächte u. beider dt. Staaten auf „Zwei-plus-Vier"-Gespräche u. - die „inneren" u. „äußeren" Aspekte betreffend - auf einen Zwei-Stufen-Plan zur Wiedervereinigung Dl.s. Diesen Absprachen zufolge haben die beiden dt. Staaten zunächst unter sich die *inneren* Bedingungen einer Wiedervereinigung ausgehandelt. Nach Schaffung notwendiger Voraussetzungen in der DDR (freiheitl. demokr. → Rechtsstaat, Abschaffung der Verpflichtung zum → Sozialismus: freie Wahlen am 18.3.1990 u. Verfassungsänderung am 17./18. Juni d.J.), unterzeichneten beide dt. Regierungen als „ersten bedeutsamen Schritt in Richtung auf die Herstellung der staatlichen Einheit nach Artikel 23 des Grundgesetzes der Bundesrepublik Deutschland" den *Vertrag über die Schaffung einer → Währungs-, Wirtschafts- und Sozialunion* (auf DM-Basis; Inkrafttreten 1.7.1990), leiteten (Juli d.J.) Verhandlungen über einen 2. Staatsvertrag („Einigungsvertrag" u.a. über die Rechtseinheit zw. BRep. u. DDR, den Beitritt der DDR nach Art. 23 Grundgesetz, ein Wahlgesetz) ein u. setzten den 2. Dezember 1990 als Termin für gesamtdt. Wahlen u. den Beitritt der DDR zur BRep. (nach Art. 23 GG) für den 3. Oktober d. J. fest. Bezügl. der *äußeren* Aspekte eines gesamtdt. Staates vereinbarten die 6 Regierungen „Zweiplus-Vier"-Gespräche auf Außenministerebene (Vorbehaltsrechte; Truppenstationierung; Berlin; Dl. u. seine Stellung zu → NATO/ → WP, d.h. künftig pol.-militär. Status; Grenzgarantie für Polen; Sicherheitsinteressen der UdSSR; neue Strukturen für die künftige Sicherheitsordnung für Europa durch Fortentwicklung der → KSZE) im Sinne einer friedensvertragl. Regelung zu klären (den Abschluß eines förml. Friedensvertrages lehnten beide dt. Regierungen ab). Die entsprechenden Verhandlungen wurden mit der Unterzeichnung des Vertrages betr. die äußeren Aspekte der dt. Einheit (2+4-Vertrag) am 12.9.1990 in Moskau, der dem vereinten Deutschland volle Souveränität gibt, erfolgreich abgeschlossen. Mit einer „Suspendierungserklärung" haben die 4 Siegermächte auf ihre

Rechte und Verantwortlichkeiten für Deutschland und Berlin am 1.10.1990 vorzeitig verzichtet.

Lit.: E. Deuerlein: Die Einheit Deutschlands, Bd. I. Die Erörterungen und Entscheidungen der Kriegs- und Nachkriegskonferenzen 1941-1949. Darstellung und Dokumente, Frankfurt/ M., Berlin 2. Aufl. 1961; *Deutschland als Ganzes*: Rechtliche und historische Überlegungen. Hg. v. *G. Zieger, B. Meissner, D. Blumenwitz*, Köln 1985; *J. Hacker*: Der Rechtsstatus Deutschlands aus der Sicht der DDR, Köln 1974; *R. Löwenthal*: Vom Kalten Krieg zur Ostpolitik, Stuttgart-Degerloch 1974; *K.-M. Wilke*: Bundesrepublik Deutschland und Deutsche Demokratische Republik, Berlin 1976; *Bibliographie zur Deutschlandpolitik 1941-1974*: (bearb. v. M.-L. Goldbach u.a.) und 1975-1982 (bearb. v. K. Schröder). Hg. v. Bundesministerium für innerdeutsche Beziehungen, Frankfurt/ M. 1975,1983.

Dr. Margit Roth, Salzburg

Deutschlandvertrag

Vertrag über die Beziehungen zwischen den drei (westlichen Besatzungs-) Mächten und der Bundesrepublik Deutschland vom 26.5.1952 (auch: Generalvertrag), der in der Fassung des am 23.10.1954 in Paris unterzeichneten Protokolls über die Beendigung des Besatzungsregimes am 5.5.1955 in Kraft trat. Entstanden im Zusammenhang mit den Bemühungen um einen westdeutschen Verteidigungsbeitrag im Rahmen der projektierten → Europäischen Verteidigungsgemeinschaft (EVG), regelte der D. die Beendigung des Besatzungsregimes, die Aufhebung des → Besatzungsstatuts und der → Alliierten Hohen Kommission sowie die Übertragung der → Souveränität auf die Bundesrepublik, vorbehaltlich der Rechte und Verantwortlichkeiten der drei Mächte „in bezug auf Berlin und auf Deutschland als Ganzes einschließlich der Wiedervereinigung Deutschlands und einer friedensvertraglichen Regelung" (Art. 2). Zur Wahrung dieser Verantwortlichkeiten sah Art. 4 des D. das Recht der Alliierten zur Stationierung von Streitkräften in der Bundesrepublik vor. Die Gültigkeit des D. endete mit dem → Zwei plus Vier-Vertrag von 1990.

Dezentralisation/ Dezentralisierung

Verteilung von Entscheidungs- und Handlungskompetenzen innerhalb eines politisch-administrativen Systems auf autonome oder teilautonome Subsysteme; in der Praxis meist auf Gliedstaaten (→ Föderalismus) oder Körperschaften mit dem Recht auf → Selbstverwaltung (z.B. → Gemeinden). D. basiert i. d. R. auf dem Prinzip der → Subsidiarität. Ein umfassender D.prozeß zugunsten der → Gebietskörperschaften wurde in Frankreich durch die Gesetze vom 2.3.1982 und 7.1.1983 eingeleitet.

Dezisionismus

Von dem Staatsrechtler Carl Schmitt systematisch ausformulierte Position der Legitimation durch Entscheiden. Während das Gesetzesdenken (Normativismus) jedes Urteil aus gesetzlich festgelegten Normen ableiten will, erfordert nach dem D. jedes Urteil eine normativ nicht ableitbare, d.h. nicht weiter begründbare Entscheidung: Recht hat, wer, v.a. im Ausnahmefall, entscheidet. In der neueren Diskussion verallgemeinert, bedeutet D. die Weigerung, für unser Handeln erforderlichen Entscheidungen zu begründen (praktischer D.), bzw. die Behauptung, daß eine solche Begründung unmöglich sei (theoretischer D.).

DGfP

Abk. für → Deutsche Gesellschaft für Politikwissenschaft.

Diadochenkämpfe

In Anlehnung an die Kriege, die innerhalb der auf Alexander den Großen folgenden hellenistischen Herrschergeneration Ende des 4. Jh.s v.Chr. ausbrachen, geprägte Bez. für Auseinandersetzungen und Machtkämpfe zwischen Politikern, die die Nachfolge einer durch Tod, Rücktritt oder Abwahl des vorherigen Amtsinhabers vakanten Position beanspruchen.

Dialektik

In der griechischen Philosophie verwandte Kunst (und Lehre von ihr), vorgetragene Meinungen im Gespräch auf ihre Gründe hin zu prüfen. D. untersucht nicht formallogische Schlüsse, sondern begriffliche Zu-sammenhänge. Die Diskussion widersprüchlicher Meinungen erlaubt das Zusammen-Denken von (widersprüchlichen) Begriffen. Die Wahrheit ist nur in einem thetisch-antithetischen Satzgefüge formulierbar, denn die D. geht von der Einsicht aus, daß beide Beschreibungsweisen - These und Antithese - zutreffend sind bzw. sein können.

Kant problematisierte die D. nicht mehr nur hinsichtlich der Prüfung bestimmter Erkenntnisse, sondern bezog auf den Grund der Erkenntnis überhaupt. D. definiert für ihn ein bestimmtes Verhältnis von Subjekt und Objekt im Erkenntnisprozeß. Als „Logik des Scheins" bezeichnet sie die Widersprüche, in die sich ein Subjekt verwickelt, wenn es sich nicht auf den Bereich erfahrbarer Objekte beschränkt. Andererseits kann sie als transzendentale D. gerade als Instrument der Kritik an jener „Logik des Scheins" dienen, indem sie die Grenzen des Erkennens durch die Unterscheidung von Erscheinung und Wirklichkeit eines Objekts („Ding an sich") aufzeigt.

Hegel erklärte im Anschluß an Fichte die D. zur absoluten Methode des Erkennens als innerer Gesetzmäßigkeit von Denken und Sein. D. wird zum inneren Bewegungsgesetz - von der These über die Antithese zur beide aufhebenden Synthese - nicht nur der Begriffe, sondern auch des historisch-gesellschaftlichen Seins.

Marx übernahm zwar das formale Schema der Hegelschen D., befreite sie jedoch von ihrem idealistischen Gehalt: „Bei mir ist umgekehrt das Ideelle nichts anderes als das im Menschenkopf umgesetzte und übersetzte Materielle" (MEW 23, S. 27). Nicht die Begriffe sind für Marx also Ausgangspunkt, sondern die durch die menschlichen → Bedürfnisse und die gesellschaftlichen Organisationen zu ihrer Befriedigung bestimmte Wirklichkeit. Widersprüche existieren zwischen dem gesellschaftlichen Sein und dem Bewußtsein schon deswegen, weil auch zwischen Produktivkräften und den Produktionsverhältnissen Widersprüche bestehen.

Engels erweiterte die subjektive D. des Begreifens von Marx zu einer objektiven D.

der allgemeinen Bewegungs- und Entwicklungsgesetze der Natur und der → Gesellschaft. Hierfür formulierte er als Hauptgesetze: „Umschlagen von Quantität in Qualität und umgekehrt" - „Durchdringung der Gegensätze" - „Negation der Negation" (MEW 20, S. 348).

Dialektischer Materialismus

Von Marx begründetes, von Engels systematisch ausgearbeitetes und von Lenin weiterentwickeltes philosophisches System; die Grundanschauung des sich selbst so bezeichnenden „wissenschaftlichen Sozialismus". Grundthese ist, daß sich die vom Menschen unabhängige materielle Wirklichkeit im menschlichen Bewußtsein widerspiegele (Abbildtheorie). Sie sei nur in ihrem Gesamtzusammenhang (Totalität) mittels der dialektischen Methode als ständige Bewegung von quantitativer zu qualitativer Veränderung erkennbar. Diese Veränderung entstehe aus dem Kampf der Gegensätze und ihrer Vereinigung in der Weise, daß in der „Negation der Negation" das Vergangene auf „höherer Ebene" erhalten bleibe.

Diäten

Finanzielle Entschädigung für die → Abgeordneten der → Parlamente, ursprünglich als Ersatz für entgangene anderweitige Verdienstmöglichkeiten zur Sicherung der Unabhängigkeit der Abgeordneten eingeführt. Art. 48 III GG schreibt deren „Anspruch auf eine angemessene, ihre Unabhängigkeit sichernde Entschädigung" fest. Nach dem Urteil des → Bundesverfassungsgerichts vom 5.11.1975 sind die D. nicht mehr als bloße Aufwandsentschädigung anzusehen, sondern als „Entgelt für die Inanspruchnahme des Abgeordneten durch sein zur Hauptbeschäftigung gewordenes → Mandat." (BVerfGE 40, S. 296) D. sind seitdem steuerpflichtiges Einkommen.

Didaktik der Politik

Wissenschaft von den Voraussetzungen, Zielen, Inhalten und Methoden des politischen bzw. politikwissenschaftlichen Unterrichts an Schulen und Hochschulen und in der allgemeinen → politischen Bildung. Die verschiedenen D. lassen sich, nach ihrer

politischen Herkunft bzw. ihrer demokratietheoretischen Ausrichtung, grob in harmonistische und konfliktorientierte Konzeptionen unterscheiden.

Die Grünen

Politische → Partei in der Bundesrepublik, im Januar 1980 konstituiert. Die Partei entwickelte sich aus den → Bürgerinitiativen im Umweltbereich, der → Anti-Atomkraft-Bewegung und der → Alternativbewegung. Die Parteigründung erfolgte durch Zusammenschluß verschiedener regionaler Gruppierungen, deren politische Heterogenität durch Gemeinsamkeiten hinsichtlich des Eintretens für basisdemokratische Politikformen, der Ablehnung der Kernenergie und des ungehemmten Wirtschaftswachstums sowie der Forderung nach verstärktem Umweltschutz und einer durch radikale → Abrüstung geprägten → Außen- und Sicherheitspolitik zeitweise überlagert wurde. Bereits ein halbes Jahr nach der Parteigründung kam es anläßlich der Verabschiedung der Wahlplattform für die → Wahlen zum → Bundestag zum Austritt der „wertkonservativen" Gruppen (→ ÖDP). Während die Bundestagswahl 1980 für D. mit 1,5 % der → Zweitstimmen enttäuschend verlief, konnten sie in den beiden folgenden Jahren durch Einzug in mehrere Landesparlamente ihre Stellung im → Parteiensystem festigen. 1983 zog die Partei mit 5,6 % der Zweitstimmen in den Bundestag ein, 1987 verbesserte sie ihren Stimmenanteil auf 8,3 %. Bei der Wahl zum ersten gesamtdeutschen Bundestag am 2.12.1990 scheiterten D. mit einem Zweitstimmenanteil von 3,8% (bezogen auf das gesamte Wahlgebiet), weil sie auf dem Gebiet der „alten" Bundesrepublik die → Fünf-Prozent-Hürde mit 4,6% der Zweitstimmen nicht überwanden. Am 17.1.1993 beschloß ein Parteitag der G., im Dezember 1990 mit der ostdeutschen → Grünen Partei verschmolzen, mit dem → Bündnis 90 zu einer gemeinsamen Partei zu fusionieren. Nach Annahme des Assoziationsvertrages im Wege einer Urabstimmung der Mitglieder beider Parteien wurde die Fusion auf einem Vereini-

Diktatur

gungsparteitag am 15./16. Mai 1993 endgültig beschlossen. Die Partei trägt seitdem den Namen → Bündnis 90/ Die Grünen.

Diktatur

Unbeschränkte bzw. kaum eingeschränkte politische → Herrschaft einer Einzelperson oder Personengruppe. D. treten als zeitlich befristete verfassungsmäßige Ausnahmeregime zur Überwindung innerer oder äußerer Krisenlagen oder als uneingeschränkte usurpierte Herrschaft ohne zeitliche Begrenzung auf. Beide Typen entwickelten sich in „klassischer" Form im republikanischen Rom. In der Moderne findet sich die erste Variante z.B. in Form der „kommissarischen D." (Carl Schmitt) des Weimarer Reichspräsidenten oder der Vollmachten des britischen Premierministers während des 2. Weltkriegs. Der zweite Typ, der nur schwer von anderen Formen des → Autoritarismus unterscheidbar ist, ist die totalitäre D. z.B. des → Nationalsozialismus und → Stalinismus. Im Gefolge der → Dekolonisierung bildeten sich in vielen Ländern der → Dritten Welt Militärd. heraus.

Diktatur des Proletariats

Politische → Herrschaft der → Arbeiterklasse in der Übergangsphase von der kapitalistischen in die klassenlose → Gesellschaft. Karl Marx benutzte den von L.A. Blanqui geprägten Begriff zur Kennzeichnung der „Periode der revolutionären Umwandlung..., deren → Staat nichts anderes sein kann als die revolutionäre D." (MEW 19, S. 28). Lenin verwandelte das ursprünglich massendemokratische Konzept in ein Programm der Erziehungsdiktatur durch eine → Elite von Berufsrevolutionären, die als → Avantgarde des → Proletariats den revolutionären Kampf anleiten sollte. Die kommunistischen → Parteien Italiens, Spaniens und Frankreichs strichen in den 70er Jahren im Zeichen des → Eurokommunismus den Begriff D. aus ihren Programmen.

Diplomatie

Allgemein-Bez. für → Außenpolitik und → internationale Beziehungen. Im engeren Sinn alle der Vorbereitung außenpolitischer Entscheidungen und ihre Durchführung auf friedlichem Wege dienenden Tätigkeiten, insbesondere durch Verhandlungen mit bzw. Vertretung in anderen → Staaten und bei → internationalen Organisationen. Der diplomatische Dienst - → Botschaften, → Konsulate, ständige Vertretungen - als offizielle Repräsentanz der → Regierung ist v.a. mit der Durchführung von Verhandlungsaufträgen und mit der Informationsbeschaffung befaßt. Durch die Fortentwicklung der Kommunikationsmittel hat die D. gegenüber ihrem „klassischen" Zeitalter vom 17. bis 19. Jh. stark an Bedeutung verloren.

Direkte Aktion
→ Syndikalismus

Direkte Demokratie

Die Idee der d. zielt auf eine möglichst ungebrochene und unmittelbare Umsetzung des politischen Willens von → Bürgern in politische Entscheidungen. Im Gs. zur → repräsentativen Demokratie, die durch ein differenziertes und gestuftes Modell institutionell vermittelter Willensbildungs- und Entscheidungsfindung das → Volk nur sehr indirekt in den politischen Prozeß einbindet, sucht d. die → „Identität von Regierenden und Regierten" (Carl Schmitt) auch institutionell herzustellen. Auf dem Hintergrund der von Rousseau formulierten Differenz von → ‚volonté de tous' und → ‚volonté générale' - der Differenz also zwischen dem Willen einer Mehrheit und dem Willen aller Bürger - nehmen die Vorstellungen von d. für sich in Anspruch, nicht nur Mehrheitsmeinungen, sondern den - zumeist hypothetisch unterstellten - Willen aller Bürger in → Politik transformieren zu können. Sie wenden sich damit gegen liberal-repräsentatives Demokratieverständnis, v.a. gegen dessen vermeintliche Folgen, die in der Verselbständigung politischer → Eliten sowie der → Bürokratisierung der → Gesellschaft lokalisiert werden, und gewinnen aus der herrschaftskritischen Position dieser Entwicklungen ihre eigenen konzeptionellen Elemente, ohne dadurch selbst allerdings zu einem eindeutigen und einigermaßen scharf umrissenen Modell politischer Organisation sich zu verdichten.

Organisationstechnisch relativ weit ausgearbeitet sind rätedemokratische Modelle als eine besondere (sozialistische) Form der d. Ihren verschiedenen Varianten, die alle mehr oder weniger auf das Vorbild der → Pariser Kommune von 1871 - und deren Analyse durch Marx - zurückgehen, sind die folgenden grundlegenden Organisationsprinzipien gemeinsam:

1. Die Idee der Basisorganisation, d.h. die Vorstellung, daß die Gesellschaft sich in etwa gleich große, überschaubare Betriebs-, Wohn- oder Verwaltungseinheiten organisiert, in denen die politische → Souveränität ihren Sitz hat;

2. Die Vorstellung, daß der Willensbildungsprozeß und die damit gekoppelten Entscheidungen in diesen Basisorganisationen sich zu vollziehen haben, zentrale politische → Institutionen also nur Exekutoren der Basis sind;

3. Das Prinzip, alle → Ämter durch direkte Wahl seitens der Urwählerschaft besetzen zu lassen;

4. Die Verankerung eines → imperativen Mandates, d.h. alle politischen Amtsinhaber sind an Aufträge und Weisungen ihrer Basis gebunden, unterliegen einer permanenten Kontrolle und damit verbundener Rechenschaftspflicht und können jederzeit aus ihrem Amt per Abstimmung zurückberufen werden (→ recall);

5. Die Intention, politische Tätigkeit nicht höher zu besolden, als dies einem gesellschaftlichen Durchschnittseinkommen entspricht, um so die wirtschaftliche Verselbständigung von ‚Eliten' zu verhindern;

6. Die Einführung von → Ämterrotation, also zeitlicher Befristung von Funktionen, sowie das Verbot von Wiederwahl als ein Mittel, einer drohenden Bürokratisierung zu begegnen;

7. Der Versuch, die soziale Differenzierung einer Gesellschaft in den politischen Institutionen zur Geltung zu bringen, um Privilegierungen ökonomisch, sozial oder kulturell ausgezeichneter Gruppen zu verhindern;

8. Die Aufhebung aller Prinzipien, die eine anzustrebende Homogenisierung der Gesellschaft bedrohen, so etwa → Parteien und Organisationen von partikularen → Interessen, aber auch → Gewaltenteilung als Ausdruck sozial konkurrierender Machtansprüche;

9. Schließlich die Überlegung, daß diese Prinzipien nicht nur auf den Bereich des Politischen begrenzt sein dürfen, sondern als universelle Prinzipien einer gesellschaftlichen Organisation verstanden und praktiziert werden müssen.

In den Modellen von → Räte-Demokratie konzeptualisiert sich die herrschaftskritische Idee einer Selbstorganisation von Bürgern, in der → Gleichheit und Freiheit zusammengedacht werden, ohne daß freilich auf der organisatorischen Ebene eine widerspruchsfreie und überzeugende Synthese gelingt. Dort, wo räteähnliche Organisationen historisch aufgetreten sind, sind sie sehr rasch durch traditionelle Formen einer repräsentativ strukturierten und institutionell vermittelten Willensbildung paralysiert worden und haben sich als nicht überlebensfähig gezeigt. Das hängt u.a. mit real kaum einlösbaren Annahmen zusammen, die das Räte-Konzept machen muß: auf der Ebene der Bürger hohe Informiertheit und Engagementbereitschaft, gekoppelt mit der Einsicht, die eigenen Interessen an universellen gesellschaftlichen Entwicklungsimperativen zu orientieren; auf der Ebene der Organisation das Negieren der Tatsache, daß die Notwendigkeit besteht, Handlungs- und Entscheidungsalternativen zu selektieren - was unweigerlich zur Fraktionierung und damit zum Durchschlagen partikularer Interessen führen muß; darüber hinaus das Verkennen eines privilegierten Zugangs zu Informationsnutzung und der damit verbundenen selektiven Steuerungs- und Manipulationsmöglichkeiten durch Amtsträger; schließlich die mangelhafte Beachtung des Verhältnisses von Zentral- und Basisorganisation sowie die fast vollständige Vernachlässigung des Faktums, daß alle heutigen Gesellschaften in hohem Maße international verbunden und eingebunden sind - um nur einiges zu nennen.

Gegenüber dem umfassenden Anspruch der Räte-Demokratie auf vollständige organisationstechnische Neustrukturierung bestehender → bürgerlicher Gesellschaften gibt es reduzierte Formen einer d., die sich primär unter dem Aspekt der institutionellen Korrektur und Verbesserung gegebener liberal-repräsentativer Demokratien verstehen lassen: so etwa → Bürgerbegehren, → Referendum und → Volksabstimmung; Entwicklung flexibler gesellschaftlicher Organisationsformen wie z.B. → Bürgerinitiativen, die sich auf ein bestimmtes, zu lösendes Problem konzentrieren und lediglich zeitlich befristet existieren, deren Kooperation und → Assoziation in einem Netzwerk zeitlich beschränkter Verdichtung sich entwickelt, entfaltet und jeweils wieder verändert; zumindest aber → Demokratisierung der Kandidatenaufstellungen in politischen → Parteien (→ Vorwahlen), zeitliche Begrenzung von Wiederwahl in ein politisches Amt oder auch Rotation, Herstellung von weitestgehender → Öffentlichkeit in allen politisch-gesellschaftlich relevanten Bereichen und besonders innerhalb des politischen Entscheidungssystems.

Die Einwände, die gegen die verschiedenen Formen der d. immer wieder vorgetragen worden sind, liegen hauptsächlich auf zwei Ebenen: einmal in Vorbehalten gegenüber einer zum → Totalitarismus gehenden Tendenz, zum anderen gegenüber der Möglichkeit, die d. Intentionen angesichts hochkomplexer und weit ausdifferenzierter → Industriegesellschaften einlösen zu können. Ideengeschichtlich ist die Einbindung des individuellen Willens in einen allgemeinen Willen, der - wie etwa bei Rousseau - nicht aus der Addition vieler einzelner Willen hervorgeht, sondern vielmehr eine eigene, kollektive Substanz besitzt, als konstitutive Prämisse für eine ‚totalitäre Demokratie' (Talmon) begriffen worden; wesentlich für dieses Urteil war und ist die Überzeugung, daß ohne → Pluralismus und entsprechend plurale Konfliktregelungsmuster, verbunden mit einem abgesicherten und wirksamen Minderheitenschutz, jedes d. Organisationsschema unweigerlich einen antiliberalen Charakter annehmen muß.

Hinsichtlich der praktischen Einlösung einer engen Verkoppelung von Regierenden und Regierten wird i. allg. darauf verwiesen, daß d. Organisationsformen - wie etwa das Rätesystem - infolge ihrer angeblichen Unterkomplexität - die sich in der Gegenwart stellenden Entscheidungs- und Steuerungsprobleme hochtechnisierter Gesellschaften, die vielfältig international verflochten sind, nicht zu lösen vermögen; daher auch keine zusätzliche → Legitimation beschaffen können, was angesichts unterstellter Legitimationsprobleme von repräsentativ-parlamentarischen Regierungssystemen immer wieder ein zentrales Motiv für die Forderung nach d. ist.

So konzentriert sich die Diskussion schon seit längerem im wesentlichen darauf zu überlegen, ob einzelne d. Elemente in die bestehenden parlamentarischen Repräsentativsysteme eingebaut werden sollen, damit der beobachtbaren Verselbständigung von politischen Führungseliten sowie der Bürokratisierung der Politik besser begegnet werden kann. Damit ist die Absicht verbunden, vornehmlich die politischen Parteien und deren → Abgeordnete in → Regierung und → Opposition stärker an die Wähler rückzubinden und letzteren zugleich einen möglichst unmittelbaren Einfluß auf die Politikgestaltung - etwa durch Zugriffe auf → Gesetze und deren Formulierung - wie auf die Kontrolle der → Exekutive zu sichern.

Von den Befürwortern eines strikt repräsentativen Demokratieverständnisses wird dagegen i.d.R. eingewandt, daß direkte → Beteiligung des Volkes, etwa bei der Wahl des Staatsoberhaupts oder der Aufstellung von Kandidaten zu Parlamentswahlen, aber auch in Fragen der → Gesetzgebung durch Referenden und Volksbegehren, zu einer populistischen, an Augenblicksinteressen orientierten Politik führe, die nicht nur die Manipulationschancen durch die herrschenden Eliten erhöhe, sondern auch infolge einer stets latenten Radikalisierungsgefahr zur Verschärfung von → Konflikten beitrage und so die Politik fundamentalistisch auflade.

Über solche Prozesse der Entrationalisierung gerate das unter knappen Zeitressourcen stehende → politische System in die Gefahr einer zunehmenden Effektivitätsschwäche, so daß de facto der politische Prozeß ins administrative System verlagert werde und damit - entgegen den Absichten - gerade die → Bürokratie stärke.

Solche Einwendungen sind nicht unberechtigt, verkennen jedoch den selbstregulativen Charakter systemischer Strukturen. Sie verkennen überdies, daß die Prinzipien der d. immer nur im Medium der → Repräsentation konkretisiert werden können, also immer auch den institutionellen Transfers unterliegen. Das Modell der d. wird sinnvollerweise wohl als eine ‚regulative Idee' (Kant) zu verstehen sein, deren praktische Konsequenz darin besteht, daß lediglich einzelne Elemente davon sich realisieren lassen; daß v.a. aber die repräsentative Demokratie sich hinsichtlich ihrer → Legitimität daran messen lassen muß, inwieweit die in ihr politisch Handelnden sich so verstehen, als stünden sie unter den Bedingungen einer die ‚Identität von Regierenden und Regierten' herstellenden und diese sichernden d.

Lit.: U. Bermbach: Theorie und Praxis der direkten Demokratie, Opladen 1973; *B. Guggenberger/ C. Offe:* Grenzen der Mehrheitsdemokratie, Opladen 1984; *K. Hornekamp:* Formen und Verfahren direkter Demokratie, Frankfurt/ M. 1979; *C. H. Obst:* Chancen direkter Demokratie in der Bundesrepublik Deutschland. Zulässigkeit und politische Konsequenzen, Köln 1986.

Prof. Dr. Udo Bermbach, Hamburg

Direktmandat

Durch die Mehrheit der → Erststimmen in einem → Wahlkreis erworbenes → Mandat im → Bundestag (→ Wahlkreisabgeordneter).

Direktorialsystem

Bez. für eine Regierungsform, bei der ein Kollegium untereinander gleichberechtigter Mitglieder an der Spitze der → Exekutive steht. Das D. kennt also keinen Regierungschef im eigentlichen Sinne. Als historischer „Urtyp" gilt das französische Direktorium von 1795-99. Heute wird nur noch die Schweiz durch den von der Vereinigten → Bundesversammlung gewählten → Bundesrat nach dem D. regiert.

Diskontinuität

Grundsatz der parlamentarischen Arbeit des → Bundestages, demzufolge alle Vorlagen (mit Ausnahme von → Petitionen) mit Ende der Wahlperiode oder bei → Auflösung des Bundestages als erledigt gelten (§ 125 GOBT). Soll sich das neugewählte → Parlament mit ihnen beschäftigen, müssen sie erneut eingebracht werden.

Disparitätenthese

Der → kritischen Theorie verpflichteter soziologischer Ansatz (insbes. Claus Offe; aus konservativer Sicht übrigens ähnlich Ernst Forsthoff), demzufolge die Lebenschancen der einzelnen nicht mehr allein durch ihre Klassenlage, sondern auch durch die vom Grad der Organisations- und Konfliktfähigkeit abhängige politische Durchsetzungsfähigkeit bestimmt werden. Über die Klassenlage habe sich eine - alle betreffende - Ungleichheit der Lebensbereiche geschoben, da infolge der Abhängigkeit politischer Entscheidungen von gesellschaftlichen Machtgruppen bestimmte partikulare → Interessen vorrangig zu Lasten kollektiver Güter des Reproduktionsbereiches (Bildung, Gesundheit, Umweltschutz) behandelt würden.

Dissidenten

Ursprüngliche Bez. für Personen, die keiner staatlich anerkannten Kirchengemeinschaft angehörten. Heute üblich als Bez. für Personen oder Gruppen, die von einer offiziellen politischen Doktrin abweichen, hauptsächlich für Oppositionelle in den → Staaten des ehemaligen Ostblocks.

DKP

Abk. für → *Deutsche Kommunistische Partei.*

Dogma

Philosophische Meinung, religiöse Lehre. In der Theologie eine als verbindlich erachtete Glaubensaussage. Im allgemeinen Sprachgebrauch ungeprüft übernommene bzw. festgefügte, starr verteidigte Lehrposition.

Dogmatismus
1. Bez. für religiöse, philosophische und politische Einstellungen, die ihre Behauptungen nicht begründen bzw. eine Begründungspflicht bestreiten.
2. Von Vorurteilen und starker Autoritätsgläubigkeit geprägte Einstellungen.
3. Unkritische und unhistorische Denkweise, die praktische Erfahrungen und konkrete Bedingungen ignoriert.
4. In der marxistisch-leninistischen Denktradition Abweichung von der von der kommunistischen Führung nach den jeweiligen Erfordernissen festgelegten Generallinie der → Partei.

Downing Street
Synonym für Residenz der britischen → Regierung; Straße in London, in der sich der Amtssitz des Premierministers (Nr. 10), das Schatzamt und das Foreign Office befinden.

Dreiklassenwahlrecht
Form ungleichen → Wahlrechts, bei dem die Zahl der auf die Wähler entfallenden Stimmen von den Vermögensverhältnissen bzw. dem Steueraufkommen der → Bürger abhängt. Bis 1918 war das D. in zahlreichen deutschen Bundesländern auf Landes- und Gemeindeebene gültig, während für die → Wahlen zum → Reichstag das gleiche Wahlrecht galt. Beim preußischen D. (1849-1918) wurde die Wahlbevölkerung jedes Wahlbezirks so in 3 Gruppen aufgeteilt, daß auf jede Gruppe 1/3 des gesamten Steueraufkommens entfiel. Jede Gruppe stellte eine gleich große Anzahl (→ Mandate). So war die zahlenmäßig kleine 1. Gruppe überproportional repräsentiert.

Dritte Ebene
Die freiwillige - vom Grundgesetz nicht vorgesehene - Selbstkoordination der Landesregierungen in Entscheidungsbereichen, für die ausschließlich die → Bundesländer zuständig sind. Herausragendes Beispiel für die D. ist die Tätigkeit der → Ständigen

Konferenz der Kultusminister der Länder/ KMK. Die für den → Föderalismus im Nachkriegsdeutschland charakteristische D. schwächt die Position der → Landesparlamente.

Dritte Gewalt
Die rechtsprechende Gewalt, → Judikative.

Dritte Welt
Sammelbez. für die Gesamtheit der → Entwicklungsländer Afrikas, Asiens und Lateinamerikas. In den 50er Jahren wurden mit D. nur jene → Staaten bezeichnet, die den → Dritten Weg der → Blockfreiheit einschlugen. Die zunehmende Bedeutung wirtschaftlicher Ungleichheiten führte in den 60er Jahren zur Ausdehnung des Begriffs, dessen Schwäche in der Vernachlässigung der unterschiedlichen Strukturen in den verschiedenen Entwicklungsländern liegt.

Dritter Sektor
Bez. für die Organsationen, die weder zum staatlichen noch zum privatwirtschaftlichen Sektor gehören, gleichwohl aber als nonprofit-Organisationen einen Beitrag zur Bewältigung gesellschaftlicher und politischer Problemlagen leisten (z.B. Kirchen, gemeinnützige Unternehmen und im Sozialbereich tätige → Verbände).

Dritter Stand
In Frankreich („tiers état") vor der → Revolution von 1789 Bez. für die (im Gegensatz zu Adel und Geistlichkeit) nicht privilegierte Schicht der → Bürger, Handwerker und Bauern; seit 1462 Bez. für deren Vertreter in den Ständeversammlungen. Am 17. Juni 1789 erklärte sich der D. zur Nationalversammlung (→ Französische Revolution). Die → Industrielle Revolution setzte eine Differenzierung in Gang, in deren Verlauf sich das → Proletariat als sog. vierter Stand herausbildete.

Dritter Weg
Zusammenfassende Bez. für i.d.R. dem → Demokratischen Sozialismus verpflichtete wirtschafts- und gesellschaftspolitische Modelle, welche die Überwindung der wesentlichen Mängel sowohl des kapitalisti-

schen wie des real-sozialistischen Systems zum Ziel haben. Ökonomisch ausgerichtete Entwürfe behandeln vorrangig eine Verbindung von Markt- und Planwirtschaft, während die sozialwissenschaftlichen Varianten des D. Überlegungen zur → Demokratisierung des politischen und wirtschaftlichen Lebens in den Vordergrund stellen. Das Schlagwort vom D. wird neuerdings als „Third Way" von der 1997 ins Amt gekommenen Labour-Regierung wieder aktiviert. In dieser Variante bezeichnet es einen Mittelweg zwischen rein marktgesteuerten Modellen und der umfassenden Wohlfahrtsstaatlichkeit etwa der skandinavischen Prägung.

Drittes Reich
Der Ideenwelt des → Chiliasmus entstammender Begriff, dem die (ursprünglich religiös inspirierte, später in die → Geschichtsphilosophie übernommene) Vorstellung der Abfolge dreier Reiche oder Zeitalter zugrundeliegt. Zum politischen Schlagwort wurde der Begriff durch das gleichnamige, 1923 erschienene Buch von A. Moeller van den Bruck, der ein D. „aus dem Geist der Rassenseele" prophezeite, das dem Heiligen Römischen Reich und dem → Kaiserreich nachfolgen sollte. Von Hitler zeitweilig in die → Propaganda für die vom → Nationalsozialismus zu errichtende „neue Ordnung" übernommen, wurde D. zu einer allgemei-

nen Bez. für die Zeit der nationalsozialistischen → Herrschaft in Deutschland.

Drittwirkung der Grundrechte
Geltung der → Grundrechte, die nach Art. 1 III GG als unmittelbar geltendes Recht nur die öffentliche Gewalt binden, auch für den Privatrechtsbereich. Ausdrücklich angeordnet ist eine D. nur im Art. 9 III GG für die Garantie der → Koalitionsfreiheit. Darüber hinaus wird eine unmittelbare D. überwiegend verneint. Das → Bundesverfassungsgericht erkennt durch die Formel von den Grundrechten als „objektiver Wertordnung" jedoch eine mittelbare D. an. D.h., daß die Grundrechte bei der Anwendung und Auslegung von Privatrechtsnormen durch den Richter zu beachten sind. Bedeutsame Konsequenzen ergeben sich daraus v.a. für das → Arbeitsrecht.

Duma
Ugspr. Bez. für die russische → Staatsduma.

DVP
Abk. für → Demokratische Volkspartei.

DVPW
Abk. für → Deutsche Vereinigung für Politische Wissenschaft.

DVU
Abk. für → Deutsche Volksunion.

E.N.A.
Ecole nationale d'administration, französische Elitehochschule (Grande école) für → Verwaltung in Paris, gegründet 1945 zur zentralen Rekrutierung und Ausbildung der Spitzenbeamten und Diplomaten. Die „Grands commis", die Spitzenbeamten der → Ministerialbürokratie und der zentralen Verwaltungsbehörden, gehen fast durchweg aus den Absolventen der E.N.A. und der Ecole polytechnique hervor.

ECPR
Abk. für → *European Consortium for Political Research.*

ECU
Abk. für *European Currency Unit.* Seit 1979 die Währungseinheit im → Europäischen Währungssystem/ EWS, deren Wert sich nach einem „Währungskorb" bestimmte, in dem die Währungen aller EG-Mitgliedsländer mit einem ihrer wirtschaftlichen Bedeutung entsprechenden Gewicht vertreten waren. E. war eine Recheneinheit und keine selbständige Währung. Sie diente als Bezugsgröße für die Leitkurse im EWS, wurde im Zahlungsverkehr zwischen EWS-Notenbanken verwendet und war seit 1987 in der Bundesrepublik auch für private Geschäfte zugelassen. Mit Beginn der 3. Stufe der europäischen → Wirtschafts- und Währungsunion am 1.1.1999 wurde der E. zu einer eigenständigen Währung, genannt → Euro, umgewandelt (vgl. Art. 109 l Abs. 4 EG-Vertrag).

EFTA
Abk. für *European Free Trade Association* (Europäische Freihandelszone), die am 20.11.1959 von Dänemark, Großbritannien, Norwegen, Österreich, Portugal, Schweden und der Schweiz als Reaktion auf die Gründung der → Europäischen Wirtschaftsgemeinschaft geschaffen wurde. 1970 trat Island der E. bei, Finnland war seit 1961 assoziiert. 1973 traten Großbritannien und Dänemark, 1986 Portugal der → Europäischen Gemeinschaft/ EG bei und damit aus der E. aus. Seit 1973 besteht zwischen der EG und den restlichen Mitgliedsländern der E. ein Freihandelsabkommen, das die stufenweise Beseitigung der Zölle und mengenmäßigen Beschränkungen für gewerbliche Produkte im Handel zwischen EG und E. bis 1977 vorsah und damit die größte Freihandelszone der Welt schuf. Die wirtschaftliche Verflechtung zwischen E.-Mitgliedsländern und der EG ist stärker als die unter den Mitgliedsländern der E., die im Gegensatz zur EG keine Zollunion bildet, keine gemeinsame Außenhandelspolitik betreibt und in der Finanz- und Wirtschaftspolitik nur lose kooperiert. Nach dem Beitritt Finnlands, Österreichs und Schwedens zur → Europäischen Union, der zum 1.1.1995 wirksam wurde, gehören der E. nur noch Island, Liechtenstein, Norwegen und die Schweiz an; sie ist damit praktisch bedeutungslos geworden.

EG
Abk. für → Europäische Gemeinschaft.

Egalitarismus
1. Der Idee des → Wohlfahrtsstaates zugrundeliegende Position, welche die → Legitimität sozialer Unterschiede von Menschen verneint und deren weitestmögliche Aufhebung fordert.
2. Abwertende Bez. für politisches und soziales Gleichheitsstreben („Gleichmacherei").

Egalität
⇒ *Gleichheit*

Eidgenossenschaft
Amtliche Bez. des schweizerischen → Bundesstaates, zurückgehend auf den 1291 auf dem Rütli beschworenen Bund, in dem sich die Eidgenossen aus Uri, Schwyz und Nidwalden gegenseitig Hilfe gelobten und im sog. Bundesbrief Regeln für den Fall innerer Streitigkeiten und grundlegende Rechtssätze festlegten.

Eigentum

Verfügungsrecht über materielle Güter und vermögenswerte Ansprüche. Die unbeschränkte → Herrschaft über eine Sache, mit ihr nach Belieben zu verfahren, wird problematisch - insbesondere bei knappen Gütern - durch den Ausschluß entsprechender Nutzungsrechte anderer Menschen. Dies führt in Theorie und Praxis zu E.beschränkungen. Auch John Locke, der das E. auf die menschliche Arbeit zurückführte, über die als Teil seiner Person jeder frei verfügen dürfe, begründete solche Einschränkungen naturrechtlich mit den „Bedürfnissen des Lebens", d.h. jeder Mensch dürfe nur über so viel E. verfügen, wie er selbst verwenden könne, ohne etwas verderben zu lassen.

Auf Karl Marx aufbauende sozialistische und kommunistische E.theorien streben die → Vergesellschaftung zumindest des Privat-E. an Produktionsmitteln an, weil sie dieses für die Spaltung der → Gesellschaft in → Klassen, für Ausbeutung und Unterdrückung verantwortlich machen. Das geltende Recht nimmt im Streit um das Recht auf E. eine vermittelnde Position ein, indem es zwar das E. als Freiheitsrecht anerkennt, es aber zugleich für dem „Wohl der Allgemeinheit" verpflichtet erklärt (Art. 14 GG). Dieser Sozialpflichtigkeit des E. entspricht, daß Inhalt und Schranken durch → Gesetze bestimmt werden und → Enteignungen zum Wohle der Allgemeinheit gegen Entschädigung zulässig sind.

Einbürgerung

Erwerb der → Staatsangehörigkeit durch Ausländer oder Staatenlose. In der BRD war die E.-problematik dadurch geprägt, daß die Staatsangehörigkeit ausschließlich nach dem Abstammungsgrundsatz und nicht nach dem Prinzip der Geburt im deutschen Staatsgebiet geregelt war. Die E. ist an gesetzlich näher bestimmte Voraussetzungen gebunden, die ein im Inland ansässiger Ausländer erfüllen muß. Sie ist ein Verwaltungsakt, der im → Ermessen der zuständigen → Behörden steht. Nach geltender Rechtslage ist hierbei maßgebend, ob die E. im → Interesse der BRD liegt. Im Inland geborenen „Gastarbeiterkindern"

wird seit 1999 die doppelte Staatsangehörigkeit bis zur Volljährigkeit gewährt.

Eingriffsverwaltung

Gegenstück der → Leistungsverwaltung; die ordnende → Verwaltung, die durch Gebote, Verbote oder Auferlegung von Leistungspflichten (belastende Verwaltungsakte) in die Rechtsstellung der → Bürger eingreift (z.B. → Polizei). Die Tätigkeit der E. bedarf ausnahmslos der gesetzlichen Grundlage.

Einheitliche Europäische Akte/ EEA

Erste grundlegende Revision der Verträge der → Europäischen Gemeinschaft/ EG seit ihrer Gründung, die am 17. und 28.2.1986 unterzeichnet wurde und am 1.7.1987 in Kraft trat. Die E. bezog diejenigen Bereiche in die Verträge ein, in denen die EG bis dahin eine gemeinsame → Politik verfolgte oder die in Zukunft Gegenstand europäischer Politik sein sollten. Dies waren v.a. → Forschungs- und Technologie-, → Umwelt- und → Regionalpolitik, das → Europäische Währungssystem und die → Europäische Politische Zusammenarbeit/ EPZ. Im Zentrum stand die Vollendung des → Europäischen Binnenmarktes, wozu Mehrheitsentscheidungen im → Europäischen Rat zugelassen wurden. Zudem wurden die Mitwirkungsrechte des → Europäischen Parlaments in einigen Punkten erweitert. Die durch die E. eingeleitete Entwicklung wurde durch den → Maastrichter Vertrag und den → Amsterdamer Vertrag fortgeschrieben.

Einheitsgewerkschaft

Gewerkschaftliche Organisation von Arbeitnehmern, die das Prinzip einer einheitlichen → Gewerkschaft anstelle weltanschaulich/ politisch miteinander konkurrierender → Richtungsgewerkschaften zu verwirklichen sucht. E. wie die im → Deutsche Gewerkschaftsbund zusammengeschlossenen Gewerkschaften praktizieren zumeist auch das Industrie- anstatt des Berufsverbandsprinzips („ein Unternehmen bzw. eine Branche - eine Gewerkschaft").

Einheitsliste

In sozialistischen Ländern, die formal zwar → Mehrheitsparteiensysteme, de facto aber → Einheitsparteiensysteme mit lediglich → Blockparteien aufweisen bzw. aufwiesen, bei allgemeinen → Wahlen übliche Kandidatenliste. Nach festgelegtem Schlüssel werden die Kandidaten aller zugelassenen → Parteien und → Massenorganisationen auf einer einzigen Liste zur Wahl angeboten. Die Kandidatur oppositioneller Parteien ist damit ausgeschlossen, der Wählereinfluß auf die Kandidatennominierung und die Möglichkeit, einzelne Kandidaten von der Liste zu streichen, ist begrenzt.

Einheitspartei

→ Partei, die i.d.R. durch freiwillige oder erzwungene Vereinigung vormals selbständiger Parteien entstanden ist (z.B. → Sozialistische Einheitspartei Deutschlands). Eine E. kann sich auch konstituieren durch die Eliminierung eines existierenden → Mehrparteiensystems, d.h. durch Verbot und Ausschaltung vormals selbständiger Parteien (z.B. → Nationalsozialistische Deutsche Arbeiterpartei). Typischerweise errichten E. → Einpartei(en)systeme autoritären und totalitären Charakters. Ihr Auftreten ist aber nicht notwendig an ein Einparteisystem gebunden.

Einheitsstaat

→ Staat, der im Unterschied zu → Bundesstaat und → Staatenbund nur eine Staatsgewalt, eine Rechtsordnung und ein → Regierungssystem kennt, d.h. in dem es unterhalb der gesamtstaatlichen Ebene keine „souveräne", staatliche Eigenständigkeit von → Gebietskörperschaften gibt. Ein E. ist entweder zentral organisiert oder die Staatsaufgaben sind zum Teil dezentralen Organen der → Selbstverwaltung übertragen und werden von ihnen unter der → Rechts- und/oder → Fachaufsicht des → Staates erledigt (dezentralisierter E.).

Einigungsvertrag

Vertrag, geschlossen am 31.8.1990 zwischen der Bundesrepublik Deutschland und der Deutschen Demokratischen Republik, ratifiziert am 20.9.1990 von → Bundestag und → Volkskammer, über die Herstellung der Einheit Deutschlands. Gemäß dem E. erfolgte am 3.10.1990 der Beitritt der DDR zur Bundesrepublik gemäß Art. 23 GG. Der E. enthält detaillierte Regelungen zur Rechtsangleichung sowie zur erstrebten Vereinheitlichung der Lebensverhältnisse in politischer, sozialer, wirtschaftlicher und kultureller Hinsicht. Er regelt „beitrittsbedingte" Änderungen des → Grundgesetzes ebenso wie finanzwirksame Bestimmungen (z.B. daß bis Ende 1994 ein gesamtdeutscher → Finanzausgleich nicht stattfand, den neuen Ländern stattdessen jedoch Mittel aus dem Fonds „Deutsche Einheit" zuflossen). Das gesamte Vertragswerk besteht aus dem 45 Artikel umfassenden eigentlichen E., einem Protokoll und drei Anlagen, deren erste, gewidmet „Besonderen Bestimmungen zur Überleitung von Bundesrecht", den weitaus größten Umfang einnimmt.

Einkommenspolitik

Summe aller Maßnahmen staatlicher und gesellschaftlicher Entscheidungsträger mit dem Ziel, die Entwicklung der Einkommen zu beeinflussen. Weithin unbestritten ist die Forderung, daß E. stabilitätspolitische Zielsetzungen einbeziehen, d.h. der Bekämpfung von → Inflation und → Arbeitslosigkeit dienen soll. E. umfaßt sowohl die auf das Niveau der Einkommen gerichtete Wachstumspolitik als auch die auf die Einkommensverteilung gerichtete Verteilungspolitik. In der Bundesrepublik ist eines der zentralen Elemente der E., nämlich die Festsetzung der Löhne und Gehälter, durch die → Tarifautonomie staatlicher Einflußnahme weitgehend entzogen. Staatliche E. wird daher v.a. betrieben als Verteilungspolitik in Form von → Steuerpolitik, der Gewährung von Sozialleistungen und durch Maßnahmen zur Sparförderung und Vermögensbildung.

Einpartei(en)system

Bez. für ein → Parteiensystem, in dem im Unterschied zu → Zwei-, → Mehr- und → Vielparteiensystemen nur eine einzige → Partei existiert (z.B. → Kommunistische Partei der Sowjetunion, → Nationalsozialistische Deutsche Arbeiterpartei). Auch wenn formal mehrere Parteien auftreten, diese aber als Satelliten- oder → Blockparteien einer führenden „Staatspartei" untergeordnet und gleichgeschaltet sind (z.b. DDR während des SED-Regimes), wird das Parteiensystem i.d.R. als (autoritäres oder hegemoniales) E. klassifiziert.

Einspruchsgesetz

Vom → Bundestag verabschiedete → Gesetze, die nicht an die Zustimmung des → Bundesrates gebunden sind (→ Zustimmungsgesetz). Nach Art. 77 III und IV GG kann der Bundesrat gegen diese Gesetze binnen zwei Wochen Einspruch einlegen, der vom Bundestag nur mit gleicher Mehrheit, mit welcher der Einspruch im Bundesrat beschlossen wurde, zurückgewiesen werden kann.

Einstellung

In der → empirischen Sozialforschung Bez. für im Prozeß der → Sozialisation erlernte, relativ dauerhafte Orientierungen einer Person gegenüber bestimmten Objekten (Personen, Gegenstände, Ideen), d.h. die Disposition, auf bestimmte Objekte mit bestimmten Gefühlen, Vorstellungen und Verhaltensweisen zu reagieren.

Einzelfallgesetz

⇒ *Maßnahmegesetz*

→ Gesetz, das nicht allgemeine Tatbestände regelt, sondern aus bestimmtem Anlaß zur Bewältigung eines konkreten Sachverhaltes ergeht. E. sind nur unter engen Voraussetzungen zulässig; insbesondere darf ein grundrechtseinschränkendes Gesetz nach Art. 19 I GG nicht als E. verabschiedet werden, sondern muß allgemein gelten. Andererseits ist z.B. eine Enteignung nach Art. 14 III nur „zum Wohle der Allgemeinheit zulässig." Zuletzt hat das → Bundesverfassungsgericht im sog. „Boxberg-Urteil" vom 24.3.1987 (BVerfGE 74, S. 297) dem Gesetzgeber deshalb die Möglichkeit „eines auf dieses Projekt beschränkten Gesetzes" zugebilligt, um die notwendige gesetzliche Konkretisierung des Enteignungszwecks zu ermöglichen.

EKD

Abk. für → *E*vangelische *K*irche in *D*eutschland.

Elite

Bez. für eine soziale Gruppe („Auslese"), deren Angehörige sich von der übrigen → Gesellschaft durch ihre herausragende, einflußreiche oder privilegierte, mit Prestige verbundene Stellung abheben; Inhaber von sozialen und politischen Führungs- und Herrschaftspositionen. Die Maßstäbe, nach denen sich E. bilden bzw. nach denen zu E. zugeordnet wird, unterliegen dem Wandel gesellschaftlicher Anschauungen und der gesellschaftlichen Akzeptanz bestimmter Qualifikationen, Talente und Qualitäten. Zu unterscheiden sind Geburts-E. (z.B. Erbadel), Wert-E. (Inhaber von staatlichen/ sozialen Positionen mit werttragendem Ansehen), Macht-E. (Inhaber von Machtpositionen) und Funktions-E. (Personen, die für bestimmte Spitzenpositionen fachlich besonders qualifiziert sind).

Elitenherrschaft

→ Elitentheorie

Elitentheorie

Zusammenfassende Bez. für wissenschaftliche Erklärungen, Beschreibungen, Rechtfertigungen und Kritiken der politischsozialen → Herrschaft von → Eliten.

E. sind seit der Antike wichtiger Bestandteil der → Politischen Theorie. Älteren E. ist ein qualitativer Elitenbegriff gemeinsam, demzufolge „natürliche" Merkmale wie Begabung, Geburt o.ä. über die Zugehörigkeit zu einer Elite entscheiden. Solche normativen E. fordern z.B. die → Aristokratie als Herrschaft der „Besten" (Aristoi). Auch die Elitevorstellungen des → Sozialdarwinismus (Herrschaft der „Stärksten"), des → Faschismus (Herrschaft der rassisch „Wertvollsten") und des → Marxismus-Leninismus (Herrschaft der kommunistischen → Partei als der → Avantgarde der → Arbeiterklasse) sind durch eine wertmäßige Bestimmung des Elitebegriffs charakterisiert. Für die modernen „Klassiker" der E., wie G. Mosca, V. Pareto und R. Michels, deren Hauptwerke um die Wende zum 20. Jh. bzw. kurz danach erschienen, ist der Versuch kennzeichnend, sich vom normativen Elitebegriff zu lösen. Ihnen ging es um die empirische Widerlegung der demokratischen „Illusion", die Massen in den politischen Entscheidungsprozeß einbeziehen zu können. Ihre Gegenthesen lauteten: Alle → Gesellschaften sind in zwei → Klassen geteilt, eine herrschende („politische") und eine beherrschte Klasse (Mosca). Die Geschichte ist nur als ständiger Kampf von Eliten und Gegeneliten um die politische Macht, als „Elitenzirkulation", zu verstehen (Pareto). Und: Alle politisch-sozialen Organisationen unterliegen dem „ehernen Gesetz der → Oligarchie" (Michels).

Auch die neuere Forschung bemüht sich um einen wertneutralen Elitebegriff. Weitgehend akzeptierte Befunde sind a) die Unvereinbarkeit von → Demokratie und der Herrschaft „natürlicher" Eliten; b) die Tatsache, daß sich trotz der rechtlichen und politischen Gleichberechtigung der Staatsbürger stets politische, wirtschaftliche, soziale usw. Eliten herausbilden und, im Institut der → Funktionseliten, auch rekrutiert werden müssen. Infolge dessen bemühen sich Theorien demokratischer Elitenherrschaft um eine „Versöhnung" des Demokratiegedankens mit der beobachtbaren Tatsache bzw. der funktionalen Erfordernis der Herausbildung von Eliten. Im Mittelpunkt steht dabei ein funktionaler Elitebegriff. Die für den modernen → Staat unentbehrlichen Funktionseliten werden als z.T. miteinander konkurrierend und prinzipiell offen gegenüber der Gesamtgesellschaft vorgestellt. Aufgabe demokratischer → Politik ist es sicherzustellen, daß diese Funktionseliten, im Unterschied zu „natürlichen" Eliten, politisch legitimiert, kontrolliert und personell „durchlässig" sind und bleiben.

Elternrecht
In Art. 6 II GG garantiertes → Grundrecht der Eltern auf Pflege und Erziehung ihrer Kinder. Das E. ist zwar als Abwehrrecht gegenüber staatlichen Eingriffen konzipiert, ist aber auch pflichtgebunden und weist der staatlichen Gemeinschaft eine Überwachungsfunktion zu.

Elysée-Palast
Amtssitz des Präsidenten der Französischen Republik seit 1873.

Emanzipation
(Selbst-)Befreiung von → Individuen oder sozialen Gruppen aus rechtlicher, sozialer oder politischer Abhängigkeit bei gleichzeitiger Erlangung von Mündigkeit und Selbstbestimmung. Der im römischen Recht die Entlassung des Sohnes aus der väterlichen Herrschaft bezeichnende Begriff erlangte in der Neuzeit erweiterte Bedeutung durch die in der → Französischen Revolution 1789 durch Beseitigung der Privilegien des Adels und der Geistlichkeit erkämpfte E. des → Dritten Standes. Mit dem Übergang zur industriellen → Klassengesellschaft wurde der Begriff ausgedehnt auf die politisch-soziale Gleichstellung der → Arbeiterklasse und die Beseitigung rechtlicher und materieller Benachteiligung anderer gesellschaftlicher Gruppen (so z.B. bis heute der Frauen). Verschiedene → Demokratietheorien der Gegenwart bezeichnen mit E. allgemein die Zielsetzung, → Macht und Herrschaft in einer → Gesellschaft weitmöglichst zugunsten der Selbstbestimmung der → Individuen abzubauen.

Embargo
Im → Völkerrecht Repressalie bzw. Sanktion gegen einen anderen → Staat, um diesen zu einem bestimmten Verhalten zu veranlassen (z.B. durch Zurückhaltung seiner Handelsschiffe oder Unterbindung des Handels).

Empirie
Erfahrung; in modernen → Sozialwissenschaften die Ebene der Daten, die über Tatbestände und Vorgänge meßbar erhoben werden.

Empirisch-analytische Theorien
Wissenschaftsverständnis, das analog zu den Natur- auch für die Gesellschaftswissenschaften die Anwendung exakter erfahrungswissenschaftlicher Verfahren fordert. Wissenschaftliche Aussagen müssen auf empirisch nachprüfbaren Tatsachen beruhen und auf kontrollierte Beobachtung zurückführbar sein. Die soziale Wirklichkeit soll deskriptiv erfaßt, erklärt und prognostiziert werden. Werturteile können zwar Gegenstand der wissenschaftlichen Analyse, nicht aber ihr Produkt sein.

Empirische Sozialforschung

1. Begriffliche Erklärungen: E. ist die systematische Erfassung und Deutung sozialer Erscheinungen. Empirisch bedeutet, daß theoretisch formulierte Annahmen an spezifischen Wirklichkeiten überprüft werden. Systematisch weist darauf hin, daß dies nach genauen Regeln vor sich gehen muß. Theoretische Annahmen und die Beschaffenheit der zu untersuchenden sozialen Realität sowie die zur Verfügung stehenden Mittel bedingen den Forschungsablauf.

Unter Methoden der e. versteht man die geregelte und nachvollziehbare Anwendung von Erfassungsinstrumenten wie Befragung, Beobachtung, Inhaltsanalyse. Je nach dem Grad des Forschungsablaufes spricht man von Experimenten.

In der Anwendung überwiegen die sog. quantitativen Methoden, d.h. Meßvorgänge. Die meist als repräsentative Umfragen gekennzeichneten Anwendungen sind nicht wissenschaftlicher als die immer bedeutender werdenden qualitativen Erhebungsmethoden. Beide schließen sich keineswegs aus, sondern bedingen sich oft gegenseitig. Ihr Einsatz hängt neben theoretischen Annahmen v.a. vom Forschungsziel, der Beschaffenheit des Forschungsgegenstandes und von den je aktuellen Gegebenheiten ab. So sind Fragen zu klären: Stehen genügend ausgebildete Forscher zur Verfügung? Ist ausreichend Zeit gegeben? Lassen die Menschen eine Untersuchung zu? Ist umfassende Repräsentativität gewährleistet?

Die wachsende Komplexität moderner → Gesellschaften erhöht den Bedarf an Informationen über ihre Funktionen und Strukturen. Der einzelne erfährt zwar seine primäre Umwelt direkt, ist aber immer mehr Informationen über Vorgänge ausgesetzt, die er selbst nicht mehr kontrollieren kann. Sie sind immer häufiger durch Umfrageergebnisse gestützt, erreichen den Empfänger durch → Medien verkürzt und vermittelt. Dergestalt vorstrukturiert erschweren sie die Orientierung. Mittels der e. soll die Unübersichtlichkeit komplexer Vorgänge durch Reduktion auf wesentliche Zusammenhänge wenigstens teilweise behoben werden.

2. Empirie-Empirizismus. Unter e. sind nicht bloße subjektive Beschreibungen von sozialen Verhältnissen, nicht einfach Erfahrungsberichte einzelner Menschen zu verstehen, sondern sie muß bestimmten Kriterien der Wissenschaftlichkeit genügen. Das heißt, daß das Vorgehen intersubjektiv nachvollziehbar sein muß. Unabhängig von einzelnen Forschern, ihren Neigungen und Fähigkeiten, müssen die einzelnen Schritte der Erfassung sozialer Tatbestände sowie ihre Deutung durch Dritte kontrollierbar sein und zu gleichen Ergebnissen führen.

Wer lediglich einzelne Techniken der e., etwa einen Fragebogen, verwendet, wird wohl Antworten erhalten, die er auch auszählen kann. Liegen der Befragung aber keine theoretischen Konzepte zugrunde, sind die so gewonnenen Ergebnisse im Grunde willkürlich, weder verläßlich noch gültig. Ein Befragungsinstrument ist dann verläßlich, wenn es exakt mißt, so daß bei Wiederholungen unter gleichen Bedingungen identische Ergebnisse erzielt werden.

Die Gültigkeit betrifft die Frage, ob ein Meßinstrument auch das mißt, was es messen soll. Sind diese beiden Kriterien nicht klärbar, muß von Empirizismus gesprochen werden.

Empirizismus ist in diesem Sinne entweder Unverständnis der Kriterien der e. oder mehr oder minder bewußter Mißbrauch. Er liegt immer da vor, wo ein Theoriebezug nicht nachvollziehbar ist, wo knappe Mittel entscheidende Erhebungen verhindern, wo empirizistisch zusammengestellte Daten unter dem falschen Etikett der Wissenschaftlichkeit verwertet werden.

Von Empirizismus muß in vielen Anwendungen politischer Meinungsforschung gesprochen werden. Er liegt immer dann vor, wenn das Forschungsinstrument, etwa der Fragebogen, nicht validiert wurde und umfassende Repräsentativität nicht gesichert oder auch nicht nachvollziehbar ist. Als Beispiel dafür kann gelten die unkontrollierte Übernahme von Fragebogen aus der Bundesrepublik Deutschland in Befragungen von DDR-Bürgern knapp vor den ersten freien Wahlen 1990. Die unterschiedliche geschichtliche Entwicklung führte dazu, daß Begriffen unterschiedliche Bedeutung zugemessen wurde. Auch ist es fraglich, ob man isolierte Fragen, die vor Jahrzehnten gestellt wurden, mit heute Erfragtem ohne weiteres auswerten kann.

3. *Hauptsächliche Anwendungsbereiche.* Weltweit werden die meisten Mittel in die *Marktforschung i.w.S.* investiert. Im überwiegenden Maße wird diese auch durch marktwirtschaftlich orientierte → Institutionen durchgeführt. Forschungsziele und Forschungsumfang werden weitgehend durch Kriterien der Wirtschaftlichkeit geprägt. Zu nennen sind die immer wichtiger werdenden Forschungsinstitute, die sich der Nutzungsforschung von → Massenmedien, v.a. dem Fernsehen widmen. Einschaltquoten bestimmen über Werbeaufträge und diese wiederum direkt oder mittelbar die Programme. Es gibt demgegenüber relativ wenige Forschungsinstitutionen, die, öffentlich-rechtlich organisiert, von äußeren → Interessen unabhängig forschen können.

Als weiterer wichtiger Anwendungsbereich ist die *Meinungsforschung* (→ Demoskopie) zu betrachten. Sowohl → Regierungen wie → Parteien sichern sich regelmäßig die Dienste von Meinungsforschungsinstituten. Demgegenüber ist die unabhängige e. beispielsweise an den Universitäten vergleichsweise ungenügend entwickelt. Als Kontrollinstanz fällt sie - im Gegensatz etwa zu den USA - weitgehend aus.

4. *Empirisch-analytische oder gesellschaftskritisch-dialektische Sozialforschung?* Gegenwärtig sind auf verschiedenen Ebenen Kontroversen über Sinn und Notwendigkeit der e. zu vermerken. Obwohl gerade Grundlagenforschung als Voraussetzung für die Anwendung von Untersuchungsmethoden zu prognostischen Zwecken unabdingbar notwendig wäre, gerät die Anwendung einzelner Methoden in bedenkliche Nähe eines unverantwortbaren Empirizismus.

Unfruchtbar ist der bis heute unüberbrückte Gegensatz zwischen empirisch-analytischen Ansätzen und ihren gesellschaftskritisch-dialektischen Kontrahenten. Dieser (künstliche) Gegensatz entsteht aus der Annahme völlig gegensätzlicher Bestimmungen des Verhältnisses von Theorie und Empirie. Einerseits wird so getan, als würden empirisch-analytische Ansätze den Anspruch erfüllen, entweder zu beweisen oder zu falsifizieren. Bei den empirisch-analytischen Ansätzen sei die (vorläufige) Wahrheit von Aussagen durch die empirische Überprüfung vermittels der Techniken der empirischen Forschung unverbrüchlich erwiesen. Gesellschaftskritisch-dialektische Ansätze, die ebenfalls empirisch erhobene Daten verwenden, werden dagegen als Interpretationswissenschaft charakterisiert. Ihnen wird oft eine nicht mehr zu hinterfragende Geltung für soziales Erleben und Handeln zugebilligt. Ihre Aussagen sind durch die Methoden der e. weder beweisbar noch falsifizierbar, sondern durch Aufklärung „bewahrheitet". Es wird zwar nicht auf Empirie verzichtet, sie hat aber nicht das Gewicht des Beweises, sondern allenfalls das Unverbindliche einer Illustration.

Dieser oft verbittert ausgetragene Konflikt zwischen beiden Richtungen ist in sich selbst weitgehend ein intellektuelles Konstrukt: Während bei den gesellschaftskritisch-dialektischen Ansätzen durchaus Probleme der intersubjektiven Nachvollziehbarkeit bestehen, ist andererseits bei der empirisch-analytischen Vorgehensweise nicht die Anwendung von empirischen Forschungsmethoden Falsifikationsinstanz, sondern die theoretisch erfaßte Empirie insgesamt; denn Daten haben auch hier weitgehend die Funktion der Illustration.

Weder ist also dem Methodenfetischismus zu huldigen noch einem Erklärungsfetischismus. Bei den immer knapperen Mitteln zur Erforschung menschlichen Zusammenlebens bleibt also die Frage, ob der Exaktheit von Methoden oder der Erkenntnis über Problemzusammenhänge der Vorzug zu geben ist, oder ob nicht vielmehr als Ziel jeglicher e. die Ausgewogenheit zwischen Mitteln und Zielen, zwischen Theorie und Empirie, anzustreben sei. Dabei ist eine Reihe von Regeln zu beachten.

5. *Forschungsregeln.* Forschung ohne Theorie ist Empirizismus. Eine umfassende Theorie über die Gesellschaft gibt es bis heute nicht, und es ist fraglich, ob es je eine geben wird. So ist es vernünftiger, von

Theorien oder von theoretischen Konzepten zu sprechen.

Ein Konzept ist die sprachliche Abstraktion der beobachteten Welt. Eine totale Beobachtung bzw. Erfassung ist praktisch undenkbar. Also ist Auswahl nötig, die immer auch Gewichtung bedeutet. So gibt es etwa Konzepte von → Macht, von → Herrschaft, von → Demokratie u.a.m.

Ziel der Verbindung und der empirischen Überprüfung von Konzepten ist es, zu immer allgemeineren Aussagen zu gelangen. Unter den allgemeineren Konzepten (etwa Demokratie) werden speziellere Konzepte (etwa → Parteiidentifikation, Kandidatenpräferenz, One-Issue-Verhalten) miteinander in Verbindung gebracht. Die beobachteten und erhobenen Daten sind mit den Konzepten in Verbindung zu bringen. Nur der theoretische Bezugsrahmen läßt eine von subjektiven Werthaltungen weitgehend freie Bewertung zu.

Bei der Erstellung theoretischer Konzepte ist auf die Klarheit und Widersprüchlichkeit von Begriffen zu achten. Zu untersuchende Tatbestände sind zunächst durch eindeutige Definitionen zu umreißen. Es wird dabei unterschieden zwischen konzeptionalen und operationalen Definitionen.

Unter konzeptionalen Definitionen ist zu verstehen, daß Konzepte unter Zuhilfenahme anderer Konzepte beschrieben werden, etwa wenn Parteiidentifikation und Kandidatenpräferenz noch auf derselben abstrakten Ebene in Beziehung zueinander gebracht werden. Operationale Definitionen sollen theoretische Konzepte mit der empirisch beobachtbaren Wirklichkeit verbinden.

Begriffe, die wir in der e. verwenden, müssen zugleich theoretisch sinnvoll und praktisch anwendbar sein. Sie entstehen im Forschungsprozeß als Übereinkunft, sind dementsprechend je nach Forschungssituation neu zu formulieren.

Diesen Vorgang nennt man allgemein *Operationalisierung*. Gerade bei den Versuchen, die logische mit der empirischen Ebene in Verbindung zu bringen, entstehen bis heute in vielen Fällen ungelöste, vielleicht unlösbare Probleme. Aus diesem Grund vertreten die Anhänger empirischanalytischer Ansätze die Auffassung, daß empirische Überprüfungen immer nur vorläufige Bestätigungen zu erbringen in der Lage sind.

Falsifikationen sind andererseits nur dann endgültig, wenn sie nicht etwa künstlich durch unzureichende Operationalisierung entstanden sind. Begriffe sind semantisch oft identisch mit theoretischen Konzepten. Im Forschungsprozeß ist deshalb nicht die einzelne Definition wichtig, sondern die Art ihrer Verwendung in der empirischen Überprüfung. Einzelne Begriffe werden so als Variablen verwendet.

Soll beispielsweise das theoretische Konzept „soziale Ungleichheit" untersucht werden, so wäre die soziale Ungleichheit operational zu definieren durch „ungleiche Einkommensverteilung". Eine Variable „Einkommensverteilung" kann aber ihrerseits in verschiedene Werte unterteilt werden; so kann z.B. von niedrigem, mittlerem und hohem „Einkommen" gesprochen werden.

Variablen können also verschiedene Werte aufweisen. Einige davon, z.B. Geschlecht, haben dagegen nur zwei (sie werden allgemein als „Dichotome Variablen" bezeichnet).

Des weiteren ist zu unterscheiden zwischen unabhängigen, abhängigen und intervenierenden Variablen. Zwischen diesen Typen besteht eine „Grund-Folge-Beziehung". Die unabhängige Variable ist die erklärende, die abhängige ist die zu erklärende, während die intervenierende verdeutlicht, daß zwischen der abhängigen und der unabhängigen Variablen nur unter ganz bestimmten Bedingungen eine Beziehung besteht.

Nimmt man einmal an, man wolle das theoretische Konzept des → Staatsinterventionismus mit den Staatsausgaben pro Kopf der Bevölkerung (abhängige Variable) durch eine zunehmende → politische Partizipation erklären (unabhängige Variable - operationalisiert durch → Wahlbeteiligung), würde deutlich, daß sich dieser Vorgang nur unter Bedingungen eines dauernden Wirtschaftswachstums verwirklichen ließe.

In diesem Falle wäre der Grad der ökonomischen Entwicklung (z.B. durch das → Bruttosozialprodukt) die intervenierende Variable. Intervenierende Variablen lassen eine Prüfung von beobachteten Beziehungen zwischen unabhängigen und abhängigen Variablen zu.

In der Literatur wird zwischen theoretischen Annahmen, zwischen Theorie und Hypothesen oft nicht unterschieden.

In Verbalform spezifizieren Hypothesen Beziehungen zwischen der abhängigen und der unabhängigen Variablen. Es kann unterschieden werden zwischen von Theorien abgeleiteten Hypothesen (deduktive Hypothesenbildung) und solchen, die aus direkten Beobachtungen und Erfahrungen der sozialen Wirklichkeit abgeleitet werden (induktive Hypothesenbildung).

Beispiel: Innerhalb der theoretischen Konzepte moderner Industriestaaten sollen Gründe für → Streiks durch Arbeitnehmer erforscht werden. Als allgemeine Hypothese wird formuliert: Streiks werden durch ökonomische Krisen bestimmt.

Spezifische Hypothesen: Je mehr Arbeitslosigkeit (Prozentanteil von Arbeitslosen an Erwerbspersonen, sei es durch Verlust von Arbeitsplätzen oder durch die Unmöglichkeit, Arbeit zu finden - etwa bei Schulentlassenen) zu einem bestimmten Zeitpunkt, desto mehr Streiks sind zu verzeichnen. Oder: Je weniger der relative Zuwachs bei Nettolöhnen, desto eher entstehen Streiks.

6. Forschungsinstrumente. Die häufigsten Instrumente sind Befragung, Beobachtung und Inhaltsanalyse. In den überwiegenden Fällen der e. werden die Instrumente nicht ausschließlich strukturiert oder unstrukturiert, sondern vielmehr in Kombinationen angewendet.

Der Ausdruck ‚strukturiert' oder ‚unstrukturiert' bezieht sich auf die Art und Weise der Anwendung von Methoden. Will man eine repräsentative Untersuchung über politische → Einstellungen durchführen, wird man, nach Feststellung des Auswahlverfahrens, alle zu Befragenden mit dem gleichen Fragebogen interviewen. Die Art der einzelnen Fragen, aber auch ihre Reihenfolge, ist vorgeschrieben; auch das Überspringen

einzelner Fragenkomplexe. Die Interviewsituation ist dadurch vorgegeben, strukturiert.

Unstrukturiert ist der Ablauf eines Gespräches oder einer Beobachtung dann, wenn der Forschungsgegenstand noch nicht genau bekannt ist, also explorativ Meinungsstrukturen und Sprachgewohnheiten zu erkunden sind. Das Interview hängt deshalb v.a. vom Befragten ab. Die Gesprächsführung muß flexibel sein, allenfalls dient dazu ein Gesprächsleitfaden. Die Fragen können in unterschiedlicher Reihenfolge gestellt werden. Wenn beispielsweise Kinder in ihrem Spielverhalten zu beobachten sind, muß möglicherweise eine lange Phase von allgemeinen Beobachtungen vorausgehen, kombiniert mit einzelnen Fragen, um überhaupt die Bedeutung von Verhaltensweisen feststellen zu können, die erst dann, wenn überhaupt, strukturiert erfaßbar werden.

Die e. wird oft mit repräsentativen Meinungsumfragen gleichgesetzt. In der Tat sind sie in Zahl und Investition die häufigste Art der Verwendung von Methoden der e. Die angestrebte Repräsentativität bedeutet, daß die erhobenen Meinungsstrukturen der Gesamtheit einer angegebenen Bevölkerung entsprechen sollen - mit den oft angegebenen sogenannten statistischen Fehlermargen.

Neuerdings wird die Repräsentativität wissenschaftlich immer stärker in Frage gestellt. Wenn es noch einsichtig ist, daß die Einkommensverteilung Rückschlüsse auf Kauf- und Konsumverhalten erlaubt, wird es schwieriger, bei komplexen Fragestellungen relativ einfache Auswahlkriterien festzusetzen. Was bedeutet repräsentativer Querschnitt, wenn es darum geht, politisches Engagement zu erfassen oder wenn wir beispielsweise Einstellungen zu Gesundheit erheben wollen? Welche Zentralität schreiben die Befragten dem Gegenstand zu?

In der Folge wird das am meisten verwendete Forschungsinstrument, nämlich das Interview, beschrieben: Während bei explorativer Anwendung von Forschungsinstrumenten, bei Befragung und Beobachtung, der physische Kontakt zwischen Forscher und Versuchsperson unabdingbar ist, sind bei strukturierten und repräsentativen Befragungen die Kontakte in steigendem Maße mittelbar. Die Befragung mittels Fragebogen wird mittlerweile überwiegend telefonisch, in geringerem Maß schriftlich durchgeführt. Die persönlichen Kontaktnahmen stoßen insbesondere in städtischen Agglomerationen auf steigende Schwierigkeiten. Angezeigt sei hier lediglich, daß dabei erhebliche Probleme der Kontrolle der Abläufe entstehen. Vermutete Verzerrungen sind weder theoretisch noch empirisch genügend geklärt.

Werden einzelne Instrumente ohne ersichtlichen oder nachvollziehbaren Bezug zu den theoretischen Konzepten eingesetzt, ist, wie eingangs erläutert, die Gefahr groß, daß es sich um ein empirizistisches Vorgehen handelt. Der Aussagewert einzelner Datenzusammenstellungen, die als Ergebnisse präsentiert werden, ist gering - ganz abgesehen davon, daß solche Zahlen möglicherweise den Untersuchungsgegenstand selbst zu beeinflussen vermögen. So etwa die sog. Wahlvoraussagen aufgrund demoskopischer Umfragen, die oft verkürzt in die Massenmedien gelangen, ohne daß dabei die notwendigen Relativierungen ins öffentliche Bewußtsein dringen können.

7. Zusammenfassung. Im überwiegenden Ausmaß werden die Ergebnisse von e. in Form von quantifizierten statistischen, mehr oder weniger ausführlich kommentierten Tabellen dargeboten. Um diese Ergebnisse beurteilen zu können, ist eine Reihe von Fragen zu beantworten. Isolierte Daten sagen verläßlich nichts aus.

Es ist ebenso wichtig, Hinweise auf das Entstehen von Daten zu erhalten, wie auch Hinweise auf die Art und Weise ihrer Aufbereitung:

- In welcher Situation, mit welchem Ziel, von wem beauftragt ist die e. durchgeführt worden?

- Welche theoretischen Grundannahmen wurden empirisch überprüft? Wie wurden die Begriffe definiert?

- Gibt es Hinweise auf den Operationalisierungsvorgang?

- In welchem Zusammenhang stehen die Daten? Welche waren notwendig?

Weist ein Forschungsbericht wesentliche Lücken in Beantwortung dieser Fragen auf, ist der Aussagewert erheblich zu relativieren.

Weiteres Kriterium der Bewertung ist die Analyse von Entdeckungs-, Begründungs- und Verwertungszusammenhang. *Entdeckungszusammenhang* heißt: Ziel der Untersuchung, Motivation, Auftrag; *Begründungszusammenhang* heißt: - Forschungsregeln, Einsatz der Instrumente, Datenverarbeitung; *Verwertungszusammenhang* heißt: - Publikation, Pressebericht, unveröffentlichte Handlungsanweisungen z.B. für Unternehmensführung oder Wahlstrategien.

Nur in diesen Zusammenhängen ist ein Urteil darüber möglich, ob vorliegende Daten über gesellschaftliche Erscheinungen qualitativer Bewertung entsprechen, oder ob es sich hier um Messungen, also quantitative Aussagen, handelt. Alle drei Bereiche sind im Zusammenhang zu analysieren, um Berichte oder Daten bewerten zu können.

Die e. hat auch in Zukunft die Aufgabe, Informationen über gesellschaftliche Strukturen, Zusammenhänge und Abläufe zu erheben, die auf andere Weise nicht gewonnen werden können. Alle Ergebnisse von e. sind als vorläufig zu betrachten und dienen deshalb v.a. gesellschaftlicher Orientierung. In diesem Sinne hat sie wesentliche aufklärerische Funktionen zu erfüllen.

Lit.: Atteslander, P.: Methoden der empirischen Sozialforschung, Berlin/ New York 1999; *Atteslander, P./ Kneubühler, H.-U.*: Verzerrungen im Interview, Opladen 1975; *König, R.* (Hg.): Handbuch der empirischen Sozialforschung. Bd. 1-4. Stuttgart 1973; *Roth, E.* (Hg.): Sozialwissenschaftliche Methoden, München/ Wien 1996, 3. Auflage; *Dieckmann, A.*: Empirische Sozialforschung, Hamburg 1995.

Prof. Dr. Peter Atteslander, Augsburg

Empirismus

Mit dem Ausgang des Mittelalters einsetzende philosophische Strömung, die in der Erfahrung die alleinige Quelle allen Wissens sieht und damit Ansprüchen entgegentritt, die rein über Nachdenken ohne empirische Beobachtung zu Aussagen über die Wirklichkeit gelangen. Der E. will allgemeine Gesetzlichkeiten durch induktive Schlüsse von unmittelbar gegebenen Wahrnehmungen her erschließen. Neuere Formen wie der logische E. lassen Erfahrung nicht mehr als Erkenntnisquelle, sondern lediglich als Bestätigungsinstanz für Aussagen gelten. Erfahrungswissenschaftlich gewonnenen Aussagen kommt hier nur noch der Status von Hypothesen mit Wahrscheinlichkeitscharakter zu, weil sie empirisch nicht verifizierbar, aber prinzipiell falsifizierbar sind.

Energiepolitik

I. Begriff und Abgrenzung: Der Begriff E. umfaßt alle politischen Handlungen, die sich auf die Struktur und Entwicklung des Energiesystems beziehen. Als Energiesystem bezeichnet man die Gesamtheit der technischen Einrichtungen und wirtschaftlichen Tätigkeiten, die auf die Bereitstellung und Verwendung von Energie gerichtet sind. Energie - definiert als die Fähigkeit, Arbeit zu leisten - ist eine unentbehrliche Bedingung für das Überleben jedes Gesellschaftssystems. Moderne → Industriegesellschaften sind für die Erzeugung von Kraft, Licht, Wärme und → Kommunikation auf den kontinuierlichen Einsatz sehr großer Mengen hochwertiger Energie angewiesen. Für die privaten Haushalte, für den Verkehr und die gewerbliche Produktion spielt die Energieversorgung eine zentrale Rolle. In industriellen Volkswirtschaften hat E. deshalb einen wichtigen Stellenwert nicht nur für die → Wirtschaftspolitik, sondern auch für viele andere Bereiche der gesellschaftlichen Bestandserhaltung und Zukunftsgestaltung.

E. hat im Sprachgebrauch eine doppelte Bedeutung. I.e.S. bezeichnet sie die politische Gestaltung des Energiesystems, namentlich durch staatliche Zielvorgabe, Intervention und Lenkung (→ „policy"). I.w.S. gehört zur E. jede Interaktion der dafür relevanten politischen Kräfte (→ „politics").

II. Politische Akteure: Akteure der E. sind alle → Institutionen und Gruppen, deren

→ Interessen auf irgendeine Weise vom Energiesystem berührt werden. Hierzu zählen Wirtschaftsunternehmen und → Verbände, die in der Energieerzeugung -verarbeitung oder -anwendung tätig, als Zulieferer oder Verbraucher mit der Energiewirtschaft verbunden oder von ihr abhängig sind; → Gebietskörperschaften (→ Bund, → Länder, → Gemeinden und Regionalverbände), Verwaltungsbehörden, → Parlamente und Gerichte, die mit der Regulierung der Energiewirtschaft befaßt sind; Organe der öffentlichen Meinungsbildung (→ Parteien, Medien, Kirchen, Forschungs- und Bildungseinrichtungen) und andere gesellschaftliche Gruppierungen (z.B. → Bürgerinitiativen, → Protestbewegungen), die auf die Entwicklung des Energiesystems Einfluß zu nehmen suchen. Oft sind diese Akteure funktional ineinander verschachtelt (z.B. Stadtwerke, öffentliche Unternehmen der Energieversorgung, Aufsichts- und Genehmigungsbehörden, Industriekonzerne). In dem Maße, wie nationale Energiesysteme über Staatsgrenzen hinauswachsen - und das ist überall auf der Welt zunehmend der Fall -, gewinnen außerdem die Interessen ausländischer Akteure an Bedeutung. Innerstaatliche E. verbindet sich dadurch mehr und mehr mit transnationaler und internationaler E.

Je gewichtiger die Interessen einzelner Akteure im Energiesystem, desto stärker ist ihr Bestreben, auf seine Gestaltung politischen Einfluß zu nehmen. Je größer die Zahl der Akteure und je vielfältiger ihre Interessen, desto strittiger werden die Ziele und Inhalte der E. In der Bundesrepublik und in vielen fortgeschrittenen Industriestaaten zählt die E. heute zu den konfliktreichsten politischen Entscheidungsbereichen. Allerdings ist es bezeichnend, daß die politischen Auseinandersetzungen sich in den meisten Fällen nur an einzelnen Teilaspekten des Energiesystems entzünden (z.B. Sicherheit von Kernkraftwerken, Schadstoffemissionen von Verbrennungsmotoren, Subventionierung des Kohlebergbaus), während der Gesamtzusammenhang der E. nur selten ins Blickfeld rückt. Entsprechend gilt, daß in keinem Land der Welt bisher ein umfassendes energiepolitisches Konzept verwirklicht wurde. Die E. stellt sich fast überall als Addition widersprüchlicher Einzelmaßnahmen in inkohärenten Teilbereichen dar.

III. Ziele und Interessen: Trotz aller Uneinheitlichkeit lassen sich energiepolitische Auseinandersetzungen meist auf wenige grundsätzliche Zielkonflikte und Interessengegensätze zurückführen. Umstritten ist sowohl die inhaltliche Ausgestaltung der energiepolitischen Ziele wie auch ihre relative Gewichtung und Priorität.

1. Versorgungssicherheit: Da jede Unterbrechung des Energieflusses mit schweren Funktionsstörungen der arbeitsteiligen Industriegesellschaft verbunden ist, herrscht über die Notwendigkeit einer gesicherten Energieversorgung weitgehende Einigkeit. Strittig ist, wie sie am zuverlässigsten gewährleistet werden kann (z.B. durch Vorratshaltung, technische Redundanz, Eigenversorgung, Diversifizierung der Bezugsquellen) und wer die Verantwortung und Kosten dafür tragen soll.

2. Wirtschaftlichkeit: Die Energieversorgung soll für die Verbraucher preisgünstig und zugleich für die Erzeuger profitabel sein. Strittig ist, wie dieses Gleichgewicht definiert, hergestellt und gewahrt werden kann (z.B. durch Preis- und → Investitionskontrollen, Beihilfen, Mengenkontingentierung, → Steuern und → Abgaben, Wettbewerbsbeschränkungen oder andere ordnungspolitische Eingriffe in das Marktgeschehen), wenn weder die Energieverbraucher noch die Energieproduzenten eine stabile und homogene Gruppe bilden.

3. Umweltverträglichkeit: Das Energiesystem soll in allen seinen Teilen und Phasen das menschliche Wohlbefinden und die natürliche Umwelt möglichst wenig beeinträchtigen. Strittig ist, welche negativen Auswirkungen (z.B. Störfallrisiken, Schadstoffe, Ressourcenverbrauch) als unvermeidlich hingenommen werden müssen und wie die ökologische Schadensverhütung optimiert werden kann.

4. Sozialverträglichkeit: Jedes Energiesystem begünstigt oder belastet einzelne Gruppeninteressen (z.B. Anwohner, → Regionen, Beschäftigte, Konsumenten) mehr als andere. Strittig ist, welches gesellschaftliche Konfliktpotential bestimmten energiewirtschaftlichen oder energietechnischen Alternativen (z.B. Kohle-, Kern-, Blockheiz- oder Wasserkraftwerken) innewohnt und welche politischen Konsensdefizite dabei in Kauf genommen werden müssen.

5. Internationale Verantwortung: Durch vielfältige Einflußfaktoren (z.B. Versorgungsabhängigkeit, Transportwege, Kapitalverflechtungen, Umweltschäden) sind die Energiesysteme vieler Länder miteinander verbunden. Dadurch entstehen internationale Kooperationszwänge und Harmonisierungsbedürfnisse, aber auch Reibungsflächen und Konfliktstoffe. Strittig ist, in welchem Maße die energiepolitische Interdependenz durch friedlichen Interessenausgleich oder durch machtpolitische Übervorteilung zwischen den → Staaten geregelt werden soll.

6. Zukunftsvorsorge: Moderne Energiesysteme sind durch sehr weite Zeithorizonte (z.B. bei Planung, Forschung und Entwicklung, Bau und Betrieb, Amortisation, Entsorgung, Umweltveränderungen) gekennzeichnet. Strittig ist, welche Zeiträume realistisch in Rechnung zu stellen sind und wie kurzfristige Bedürfnisbefriedigung mit langfristiger Risikobewältigung in Einklang gebracht werden kann.

IV. Historische Entwicklungstendenzen: Die E. hat in den vergangenen Jahrzehnten mehrere deutlich unterscheidbare Phasen durchlaufen. Bis in die Mitte des 20. Jh. war Energie in allen Industriestaaten (mit Ausnahme der USA) ein knappes Gut. Eine ausreichende und gesicherte Energieversorgung, hauptsächlich auf der Basis von Steinkohle, galt deshalb lange Zeit als unumstritten vorrangiges Ziel der E. Die Bundesrepublik war noch in den 50er Jahren in ihrer Energieversorgung weitgehend autark.

In den 60er Jahren wurde die Bereitstellung möglichst preisgünstiger Energie zum wichtigsten Ziel der E. Mit dem wirtschaftlichen Aufschwung ging eine erhebliche Ausweitung des Energiebedarfs einher. Teure inländische Steinkohle wurde durch billiges Erdöl aus dem Nahen und Mittleren Osten verdrängt. Die Abhängigkeit von Energieeinfuhren stieg rasch an; sie erreichte in den 70er Jahren mehr als 60% des deutschen Primärenergieverbrauchs und lag Mitte der 90er Jahre immer noch über 50%. Für andere westliche Industrieländer gelten ähnliche Zahlen.

Wie riskant diese Abhängigkeit sein kann, erwies sich in den 70er Jahren, als eine Verknappung auf dem Weltölmarkt mit rapiden Preissteigerungen und zeitweiligen Lieferunterbrechungen durch kriegerische Ereignisse im Mittleren Osten zusammentraf. Die „Energiekrisen" von 1973/74 und 1979/80 führten zu einer Neuorientierung der E. Die westlichen Industriestaaten beschlossen gemeinsam eine verstärkte Vorratshaltung für Erdöl, den beschleunigten Ausbau der Kernenergie, Programme zur effizienteren Energienutzung und zur Erschließung alternativer Energiequellen (Erdgas, Kernfusion und erneuerbare Energien, namentlich Sonnenenergie).

Ein Erfolg dieser Bestrebungen zeigte sich in der zweiten Hälfte der 80er Jahre: fallende Energiepreise und stagnierender Energieverbrauch bei kräftigem Wirtschaftswachstum in den meisten westlichen Industrieländern. Gleichzeitig verlagerte sich jedoch die energiepolitische Aufmerksamkeit erneut auf andere Themen: Umwelt- und Sozialverträglichkeit der Kernenergie (v.a. seit dem Reaktorunfall von Tschernobyl 1986), Luftverschmutzung und Klimaveränderung durch fossile Energieträger (Waldsterben, saurer Regen, Treibhauseffekt). Das Interesse an Versorgungssicherheit und Wirtschaftlichkeit des Energieangebots trat wieder in den Hintergrund.

V. Aktuelle Perspektiven: Die E. befindet sich derzeit in einem schwierigen Übergang. Der bis in die 70er Jahre bestehende Konsens über die wichtigsten energiepolitischen Ziele ist zerbrochen. In der E. bündeln sich heute die Strukturprobleme der Industriegesellschaften. Energiefragen haben in der öffentlichen Diskussion einen hohen Symbolwert, sie werden stellvertretend für viele ungelöste Fragen der modernen Lebenswelt (→ Ethik und soziale Kontrolle der Großtechnik, Risikoakzeptanz, individuelle Selbstbestimmung und kollektive Funktionszwänge) diskutiert. Ihre zunehmende Komplexität und Widersprüch-

lichkeit hat in der Bundesrepublik wie in vielen anderen Ländern zu einer Verlangsamung und teilweisen Entscheidungslähmung der E. geführt.

Hinzu kommt, daß die E. in den letzten Jahrzehnten mehr und mehr über die nationalstaatliche → Autonomie hinausgewachsen ist. Durch die Vernetzung mit kontinentalen und globalen Interessen und Problemlagen (europäische Integrationspolitik, internationale → Handels- und → Währungspolitik, → Sicherheitspolitik, → Entwicklungspolitik, → Umweltpolitik) ist auch die deutsche E. unwiderruflich in einen übernationalen Handlungsrahmen eingebunden.

Lit.: W. Fischer/ E. Häckel: Internationale Energieversorgung und politische Zukunftssicherung, München 1987; *H. Michaelis/ C. Salander* (Hg.): Handbuch Kernenergie, 4. Aufl., Frankfurt/ M. 1995; *D. Schmitt/ H. Heck* (Hg.): Handbuch Energie, Pfullingen 1990; Zeitschriften: Energiewirtschaftliche Tagesfragen, 1951ff.; Energy Policy, 1973ff; Energy in Europe, 1978ff.

Prof. Dr. Erwin Häckel, Bonn

Enquête-Kommission
Durch die sog. → „kleine Parlamentsreform" von 1969 in die → Geschäftsordnung des → Bundestages eingeführte Einrichtung. Eine E. muß einberufen werden, wenn ein Viertel der Mitglieder des Bundestages dies beantragt. Im Gegensatz zu den → Untersuchungsausschüssen, die der Aufdeckung von Mißständen oder Skandalen dienen, sollen E. die eigenständige Informationsgewinnung des → Parlaments in komplexen Themenfeldern (in jüngster Zeit z.B. Vorsorge zum Schutz der Erdatmosphäre, Gefahren von Aids und wirksame Wege zu ihrer Eindämmung oder Aufarbeitung von Geschichte und Folgen der SED-Diktatur in Deutschland) sichern. Zu Mitgliedern werden nicht nur → Abgeordnete, sondern regelmäßig auch unabhängige Experten berufen.

Enteignung
Staatlicher Hoheitsakt, der zwangsweise in das → Eigentum oder andere vermögens-

werte Rechte von einzelnen oder Gruppen eingreift. Nach Art. 14 III GG ist eine Enteignung nur zum Wohle der Allgemeinheit zulässig und darf nur durch → Gesetz oder aufgrund eines Gesetzes erfolgen, das Art und Ausmaß der Entschädigung regelt.

Entfremdung

Auf gesellschaftliche Prozesse und/ oder psychische Befindlichkeit bezogener, theoretisch unterschiedlich akzentuierter Begriff, der allgemein einen Zustand kennzeichnet, in dem eine als natürlich gedachte Beziehung von Menschen zu sich selbst und untereinander, zu ihrer Arbeit bzw. deren Produkt als verloren oder beschädigt erfahren wird. Mit E. (auch: Alienation) werden (subjektive) Gefühle der Macht- und Sinnlosigkeit ebenso beschrieben wie (objektive) Zustände der Normlosigkeit und Isolierung von → Individuen oder Gruppen. Die bis heute einflußreichste Fassung des Begriffs stammt von Karl Marx, der die E. als notwendige Folge der kapitalistischen Produktion ansah (MEW, Ergänzungsband 1, S. 510ff.). Die E. der Arbeit besteht demnach darin, daß der Gegenstand der Arbeit, das Arbeitsprodukt, für den Produzenten, d.h. den Lohnarbeiter, zu etwas Fremdem und Äußerlichem, nämlich zur Ware wird. Dies führt zur E. von der Arbeit selber, denn diese verliert als Warenproduktion ihren Charakter, unmittelbarer Befriedigung menschlicher → Bedürfnisse zu dienen. E. von der Arbeit und vom Arbeitsprodukt führt in letzter Konsequenz zur E. des Arbeiters von sich selbst.

Entnazifizierung

Politische Säuberungsmaßnahmen der alliierten Siegermächte in Deutschland nach 1945 mit dem Ziel der Ausschaltung von Nationalsozialisten aus dem politischen und wirtschaftlichen Leben und der dauerhaften Ausmerzung nationalsozialistischen Ideenguts. Die E. wurde auf den → Konferenzen von Jalta und Potsdam grundsätzlich beschlossen und in den einzelnen → Besatzungszonen mit unterschiedlicher Intensität und mit unterschiedlicher Beteiligung deutscher E.-Ausschüsse (Spruchkammern) betrieben. Vorbild war ein am 5.3.1946 vom Länderrat der amerikanischen Zone beschlossenes → Gesetz, das durch die Kontrollratsdirektive Nr. 38 vom 12.10.1946 auf die anderen Besatzungszonen übertragen wurde. Mittels eines Fragebogens, sowie im Falle schwer belasteter Personen nach einem gerichtsförmigen Verfahren, sollten alle Einwohner über 18 Jahre in eine der fünf Kategorien eingestuft werden: Hauptschuldige/ Belastete (Aktivisten)/ Minderbelastete/ Mitläufer/ Entlastete. Als Sanktionen wurden u.a. vorgesehen: Freiheitsstrafen, Vermögenseinziehung, → Berufsverbot, Amts- oder Pensionsverlust, Geldbuße, Verlust des → Wahlrechts. Nur für weniger als 1 % der damaligen Bevölkerung erwuchsen aus der E. bleibende Rechtsfolgen. Diese geringe Quote erklärt sich einmal daraus, daß politische Überzeugungstäter, soweit sie nicht nachweisbare Vergehen oder Verbrechen begangen hatten, mit dem Kriterium formaler Organisationsmitgliedschaft und mit rechtsstaatlichen Verfahrensgarantien nur sehr schwer faßbar waren. Zum anderen entwickelten sich die E.-Ausschüsse zu „Mitläuferfabriken" (L. Niethammer), die zunächst massenhaft Bagatellverfahren zum (meist rehabilitierenden) Abschluß brachten, während zahlreiche schwer Beschuldigte von der Verzögerung ihrer Verfahren bis in die Zeit des beginnenden → Kalten Krieges profitierten, als die westlichen Besatzungsmächte die E. längst in deutsche Hände übergeben hatten. Zu dieser Zeit war die E. in der SBZ, wo sie willkürlicher, aber im Bereich staatlicher Funktionseliten (z.B. der Justiz) auch wirksamer erfolgte, bereits abgeschlossen (SMAD-Befehl Nr. 35 vom 26.2.1948), während die E. in Westdeutschland erst durch sog. Abschlußgesetze der → Länder zwischen 1949 und 1954 formal endete.

Entspannungspolitik

Bemühungen um einen Abbau politischer Spannungen zwischen Machtblöcken und → Staaten unterschiedlicher politischer und gesellschaftlicher Ordnung zur Vermeidung militärischer Konfrontationen und zur friedlichen Regelung andauernder Systemkonflikte. Die Ende der 50er Jahre einsetzende E. zwischen Ost und West markiert das Ende des → Kalten Krieges. Mittel der

E. waren und sind: 1. → Rüstungskontrolle und → Abrüstung, 2. Krisenmanagement (z.B. durch „heiße Drähte"), 3. wirtschaftliche und technische Zusammenarbeit, 4. kultureller Austausch. Grob lassen sich drei Konzepte und Interpretationen von E. unterscheiden, die bis in die 80er Jahre handlungsleitend waren. Die kommunistische E. leitete sich ab vom Konzept der → Friedlichen Koexistenz, d.h. der Ausweitung beiderseitig vorteilhafter Beziehungen bei prinzipieller Fortgeltung der Prinzipien des internationalen → Klassenkampfes. Die E. der USA richtete sich v.a. auf das zwischenstaatliche Verhältnis zur UdSSR und wollte durch Vermeidung von Konfrontationen, beiderseitige Zurückhaltung und durch Rüstungskontrolle den Frieden zwischen den Supermächten sicherer machen. Das zusammen mit der → „neuen Ostpolitik" in der Bundesrepublik entwickelte Konzept von E. basierte dagegen auf einem langfristigen „Wandel durch Annäherung", d.h. durch eine sich verstärkende intersystemare Kooperation und friedlichen Wettbewerb sollten auf beiden Seiten → Demokratie und → Grundrechte gestärkt werden. Da die angestrebte Entspannung eher einen Zustand des politischen Klimas denn ein fest umrissenes Konzept der → internationalen Beziehungen darstellte, war die E. durch stete Wandlungen charakterisiert.

Entstaatlichung
Von konservativer Seite vorgeschlagenes Konzept zur Entlastung des → Staates von der Erfüllung sozialstaatlicher Aufgaben, die ihm im hoheitlichen Bereich zu mehr Durchschlagskraft verhelfen soll. Wesentliche Elemente sind die Privatisierung vordem öffentlicher Aufgaben und die → Deregulierung der Wirtschaft.

Entstalinisierung
Durch Chruschtschow auf dem XX. Parteitag der → KPdSU 1956 in der Sowjetunion eingeleitete - später auch von anderen Ostblockstaaten befolgte - Abkehr vom → Stalinismus. Die E. umfaßte v.a. die Ablehnung des Personenkults, die Verurteilung der Schauprozesse, die Rehabilitierung prominenter Terroropfer und die Rückkehr zu Lenins Thesen der kollektiven Führung.

Entwicklungshilfe
Zusammenfassende Bez. für alle Maßnahmen zur Unterstützung und Förderung der → Entwicklungsländer. Nach Art und Trägern sind zu unterscheiden private und öffentliche, bi- und multilaterale, technische und finanzielle E. sowie handelspolitische Maßnahmen.

Entwicklungsländer
In den 50er Jahren geprägte Bez. für diejenigen Länder, die nach unterschiedlich verwandten Maßstäben hinter den „entwickelten" (Industrie-)Ländern zurückstehen; häufig synonym mit → Dritte Welt gebraucht. Die → Vereinten Nationen und ihre Organisationen benutzen als Maßstab v.a. das Pro-Kopf-Einkommen der Bevölkerung und unterscheiden danach zwischen der Gesamtheit der E. (→ LDC) und den am wenigsten entwickelten Ländern (→ LLDC). Dieses Kriterium ist jedoch unbefriedigend, da z.B. erdölproduzierende Länder z.T. ein weit höheres Pro-Kopf-Einkommen erzielen, angesichts der höchst ungleichen Einkommensverteilung jedoch für E. typische Merkmale aufweisen. Deren wichtigste sind: ungenügende Versorgung mit Nahrungsmitteln, schlechter Gesundheitszustand und niedriger Bildungsstandard (Analphabetismus) der Bevölkerung, ungleiche Verteilung von Einkommen, Gütern und Dienstleistungen, geringer Beschäftigungsgrad, Konzentration der Beschäftigten auf die Landwirtschaft, monokulturelle Produktionsstrukturen, geringe Arbeitsproduktivität, niedrige Spar- und Investitionsquote.

Entwicklungspolitik
1. E. ist mehr als → Entwicklungshilfe
In Diplomatie und Amtssprache wurde der mit allerhand Mißverständnissen belastete Begriff der Entwicklungshilfe (EH) durch die weniger anstößige Formel der „Entwicklungszusammenarbeit" oder „internationalen Kooperation" ersetzt. Im alltäglichen Sprachgebrauch werden jedoch die Begriffe EH und E. nach wie vor ziemlich unterschiedslos gebraucht. Diese begriffliche Vermengung verengt jedoch den wesentlich umfassenderen Begriff der E. Der Begriff EH umfaßt nur die von den „Ge-

berländern" oder von multilateralen Entwicklungsagenturen (→ Weltbank, UN-Sonderorganisationen, regionale Entwicklungsbanken, → EG) zu marktabweichenden Bedingungen erbrachten Finanz-, Sach- und Dienstleistungen.

E. ist wesentlich umfassender: Sie umfaßt erstens alle Ziele und Strategien, Maßnahmen und Instrumente, die von den Industrie- und → Entwicklungsländern eingesetzt werden, um den wirtschaftlichen und sozialen Fortschritt in den „weniger entwickelten Ländern" zu fördern. Sie hat zweitens mit den internationalen Macht- und Wirtschaftsstrukturen, mit Handels-, Rohstoff- und → Währungspolitik, mit → Technologie- und → Kommunikationspolitik, also mit internationalen Rahmenbedingungen zu tun, deren Veränderung entwicklungspolitisch wichtiger ist als etwa die Erhöhung der EH, die vielfach nicht einmal die durch unfaire Handelsbedingungen (Zerfall der Rohstoffpreise, Verschlechterung der → terms of trade) aufgerissenen Löcher in der Leistungsbilanz stopfen kann. Seit Beginn der 60er Jahre stand deshalb die Herstellung einer Neuen Weltwirtschaftsordnung im Mittelpunkt des → „Nord-Süd-Dialogs" und der entwicklungspolitischen Kontroversen. Sie wurde von den Entwicklungsländern, vertreten durch die „Gruppe der 77", auf einer Serie von Nord-Süd-Konferenzen lautstark gefordert, von den westlichen Industrieländern hartnäckig und erfolgreich abgewehrt. Die entwicklungspolitisch sinnvolle Alternative zu EH, nämlich „Handel statt Hilfe", konnte deshalb nicht greifen. Die Überschuldung wuchs zum entwicklungspolitischen Schlüsselproblem heran, v.a. im Fall der „hoch verschuldeten ärmsten Länder" (HIPC), auf deren Zahlungsunfähigkeit die G7 mit einer Reihe von Entlastungsoperationen reagieren mußte.

E. hat drittens mit den Sozial- und Herrschaftsstrukturen in den Entwicklungsländern zu tun. Ohne Veränderung dieser Strukturen können weder mehr EH noch bessere Handelsbedingungen die soziale Situation der Mehrheit der Bevölkerung verbessern. Die → Dritte Welt ist keineswegs nur eine arme Welt, sondern vielfach

durch die Anhäufung eines obszönen Reichtums in den Händen von kleinen → Minderheiten gekennzeichnet. Es ist entwicklungspolitisch kontraproduktiv, solche Strukturen durch EH zu stabilisieren. Viertens muß E. auf eine zunehmende Differenzierung innerhalb der Dritten Welt reagieren, die aus sehr unterschiedlich entwickelten „Welten" mit verschiedenen → Interessen und → Bedürfnissen besteht. Für diese verschiedenen „Entwicklungswelten" gibt es keine entwicklungspolitischen Patentrezepte.

E. soll - nach vielen internationalen Grundsatzerklärungen - auf den Abbau des friedensgefährdenden, politisch und ökonomisch unvernünftigen und moralisch unakzeptablen → Nord-Süd-Gefälles an Lebenschancen, von wirtschaftlicher Abhängigkeit und Ungleichheit, von politischer Fremdbestimmung und kultureller → Entfremdung abzielen. Sie soll durch Hilfe zu einer eigenständigen und dauerhaften Entwicklungsfähigkeit in letzter Konsequenz EH überflüssig machen. Das ist die Lyrik der E. Ihre Praxis und ihre Wirkungen sind ganz andere.

E. ist Interessenpolitik

E. wird größtenteils von → Staaten gemacht, nur in kleinen Mengen von → Nicht-Regierungsorgani-sationen (NGO), die vielfach durch staatliche Subsidien in staatliche Zwecke eingebunden sind. Als Teil zwischenstaatlicher → Politik ist sie mit außenpolitischen und geo-strategischen, außenwirtschafts- und rohstoffpolitischen Interessen verbunden und zwischen mächtige Ressortinteressen eingekeilt. Diese Interessen schlagen mittels Stimmrechten auch in → internatio-nalen Organisationen durch. In einigen westlichen → Staaten scheint sich die E. durch die Einrichtung von Fachministerien als eigenständiger Politikbereich herausgebildet zu haben; in den meisten → OECD-Staaten blieben die Entwicklungsbehörden dem Außenministerium unterstellt. Aber auch im Falle der Bundesrepublik entscheidet nicht das BMZ, sondern das Wirtschaftsministerium über die Handels- und Rohstoffpolitik sowie über die Absicherung von Exportkrediten („Hermes-Kredite"), das Finanzministerium über das

Schuldenmanagement, das → Auswärtige Amt über politische Vergabebedingungen. Auf den Weltkonferenzen der 90er Jahre, die allesamt entwicklungspolitische Weltprobleme behandelten, lag die Leitung der deutschen Delegationen niemals beim BMZ. Dieser Kompetenzwirrwarr ist für die Kohärenz eines Politikbereiches höchst abträglich und Ansatzpunkt von administrativen Reformforderungen.

E. ist in einen vielfältigen innen- und außenpolitischen Ziel- und Begründungszusammenhang eingebunden: Sie ist ein Mehrzweckinstrument, das mehrere und je nach besonderen Interessenlagen gewichtete Aufgaben erfüllen soll. Es gibt unter akademischen Interpreten einen langen Streit, ob E. einem „Primat der Ökonomie" oder → „Primat der Politik" unterliegt, aber weitgehende Übereinstimmung, daß Geberländer mit E. handfeste politische und wirtschaftliche Eigeninteressen und allenfalls nebenbei auch ein „Entwicklungsinteresse" verfolgen:

1. „EH" ist ein außen- und sicherheitspolitisches Instrument. Sie war ein Kind des → Ost-West-Konflikts und ein Mittel der globalen Eindämmungspolitik. Deshalb enthielt die US-amerikanische „Auslandshilfe" seit der → „Truman-Doktrin" immer einen hohen Anteil an Militärhilfe. Die Bundesrepublik setzte sie bis zum Abschluß der → Ostverträge als deutschlandpolitischen Hebel ein, um eine Anerkennung der DDR in der Dritten Welt zu verhindern. Nach Ost-West-Entspannungsphasen, in denen die E. ein eigenes Profil gewinnen konnte, holte sie die Ost-West-Konfrontation zu Beginn der 80er Jahre wieder in das Arsenal der antikommunistischen Eindämmungspolitik zurück. Das Ende des Ost-West-Konfliktes befreite sie zwar von diesem Ballast des → Kalten Krieges, nahm ihr aber zugleich die wichtigste strategische Schubkraft. Die Folge war, daß sie noch mehr in das politische Abseits geriet und die öffentlichen Leistungen sich weiter vom 0,7%-Ziel (d.h. vom Versprechen der Industrieländer, mindestens 0,7% vom BSP für öffentliche EH aufzubringen) entfernten.

2. Alle Industrieländer setzen EH als Mittel der Exportförderung und Erschließung neuer Absatzmärkte ein, teilweise mit dem Mittel der Lieferbindung, die die Empfängerländer daran hindert, die Preisvorteile des Weltmarkts zu nutzen: Sie ist zu einem Gutteil staatlich subventionierte Exportförderung. Auch die Bundesrepublik verzichtet trotz ihrer hohen Exportüberschüsse nicht ganz auf das Instrument der Lieferbindung, vor allem zugunsten wettbewerbsschwacher Branchen.

3. Alle Industrieländer sind von Rohstoffimporten aus den Entwicklungsländern abhängig, besonders die beiden rohstoffarmen industriellen Großmächte BRD und Japan. Angesichts des Überangebots an billigen Rohstoffen steht zwar das Interesse an der Rohstoffsicherung heute nicht mehr im Vordergrund, hat aber als langfristiges Interesse seine Bedeutung keineswegs verloren.

4. Mit Geld, Gütern und Beratern werden immer auch Interessen und Ordnungsmodelle von Wirtschaft und → Gesellschaft, Wert- und Konsummuster exportiert. Während der *Brandt-Bericht* von 1979 in der Ablehnung fremder Modelle noch eine zweite Phase der → Dekolonisierung erkannte, bot die → Verschuldungskrise in den 80er Jahren einen Hebel für Rekolonisierung. → IWF und → Weltbank zwangen den ohnmächtigen Schuldnerländern mit ihrer Politik der Strukturanpassung marktwirtschaftliche Strukturreformen auf. Mehr Markt ist entwicklungspolitisch durchaus heilsam, weil er die entwicklungshemmenden Fesseln des Bürokratismus und Staatsinterventionismus lockern kann, aber die vom IWF diktierte und am Neoliberalismus orientierte Auflagenpolitik erzeugt nicht nur hohe soziale Kosten, sondern macht auch → Souveränität zur Schimäre.

5. → Ordnungspolitik ist kein Zweck an sich, sondern auch Mittel zum Zweck, dem auf weltweite Expansion drängenden Privatkapital die notwendigen Verwertungsbedingungen zu schaffen. Obwohl es heute das Problem der meisten Entwicklungsländer ist, daß sie aufgrund ihrer geringen wirtschaftlichen Attraktivität oder politischen Instabilität Privatinvestoren mehr ab-

schrecken als anziehen, dient eine als Vorhut und Flankenschutz des Privatkapitals instrumentalisierte EH zunächst einmal privaten Geschäftsinteressen.

6. E. wird auch von humanitären Motiven bewegt, aber sie sind außenpolitischen und außenwirtschaftlichen Interessen nachgeordnet. Solange E. das Geschäft von Staaten und Diplomaten ist, wird sie sich nicht aus dem Interessengeflecht befreien können, in das staatliches Handeln eingebunden ist. Private Hilfswerke wurden zu wichtigen Akteuren in der E., im Gefolge der wachsenden Kritik an der staatlichen E. zu neuen Hoffnungsträgern einer partnerschaftlichen und armutsorientierten E.

Entwicklungstheorie und E.
Weil E. ein fremdbestimmter Politikbereich ist, orientierte sie sich allenfalls teilweise am entwicklungstheoretischen Paradigmenwechsel. Mit Definitionen von Entwicklung werden Entwicklungsstrategien begründet und zugleich wissenschaftliche Kompetenzbereiche abgesteckt. Wird Entwicklung auf wirtschaftliches Wachstum verkürzt, wie in der entwicklungspolitischen Frühzeit geschehen, bedeutet E. den Versuch, durch Kapital- und Technologietransfer das als Schlüsselproblem vermuteten Kapitalmangel zu überwinden. Die Wirtschaftswissenschaft, die die Wachstumstheorien lieferte, rückte in die Rolle der „Königswissenschaft". Dieser Ökonomismus blendete aber wesentliche Dimensionen von Entwicklung und damit auch von E. aus: Entwicklung beginnt nicht mit Kapital, sondern mit Humankapital, kultureller Dynamik und einem handlungsfähigen „Entwicklungsstaat".

Als am Ende der 60er Jahre offensichtlich wurde, daß auch hohe Wachstumsraten das gleichzeitige Wachstum des Massenelends nicht verhindern konnten, gab die sogenannte Grundbedürfnisstrategie der E. neue Zielvorgaben: nämlich die Orientierung an den Grundbedürfnissen der verarmten Bevölkerungsmehrheiten durch Konzentration der Hilfsprogramme auf elementare Lebensbereiche. Diese Zielvorgabe spiegelte sich auch in den Programmen der internationalen Organisationen wider („Gesundheit für alle", „Bildung für alle" etc.). Als der

Brandt-Bericht die ständige Verwechslung von Wachstum und Entwicklung kritisierte, rannte er bereits offene Türen ein. In den 90er Jahren versuchten die Jahresberichte von → UNDP, der Wachstumsfixierung das Konzept der „menschlichen Entwicklung" und die entwicklungspolitische Priorität der sozialen Entwicklung entgegenzusetzen. Der Kopenhagener „Weltgipfel für soziale Entwicklung" von 1995 propagierte wieder die Armutsbekämpfung als eigentliches Ziel der E.

Entwicklungspolitischer Paradigmen- und Orientierungswechsel
Der von der „Weltkommission für Umwelt und Entwicklung" 1987 vorgelegte Brandt-Bericht und die von der Rio-Konferenz über Umwelt und Entwicklung (UNCED) von 1992 verabschiedete Agenda 21 rückten das Konzept der → „nachhaltigen Entwicklung" (sustainable development) in den Mittelpunkt der entwicklungspolitischen Agenda. Dieses Konzept hat neben dem doppelten Imperativ der Umwelt- und Sozialverträglichkeit von Wachstum auch eine planetarische Dimension, weil es auch den Industrieländern einen ökologischen Strukturwandel abverlangt. Folgerichtig benannten sich „Dritte Welt-Gruppen" in „Eine Welt-Gruppen" um und verknüpften umwelt- und entwicklungspolitische Aktivitäten. Die Globalisierungsdebatte verstärkte diesen Paradigmenwechsel.

Die Serie von Weltkonferenzen, die in den 90er Jahren unter starker Beteiligung der zunehmend transnational vernetzten → NGOs veranstaltet wurde, verabschiedete zu allen Weltproblemen Diagnosen und Aktionsprogramme. Die darauf schließen lassen, daß es zur Lösung dieser Weltprobleme nicht an Wissen, sondern am politischen Wollen mangelt. Am Ende des 20. Jhs. steckt zwar die seit einem halben Jahrhundert betriebene „Projektitis" in einer tiefen Sinn- und Rechtfertigungskrise, aber eine E., die auf eine Veränderung von Strukturen und Verhaltensweisen in allen Weltregionen setzt, bleibt ein Gebot der politischen Vernunft und der planetarischen Zukunftssicherung.

Lit.: Deutscher, E./ Holtz, U./ Röscheisen, R. (Hg.): Zukunftsfähige Entwicklungspo-

litik, Bad Honnef 1998; *Messner, D./ Nuscheler, F.* (Hg.): Weltkonferenzen und Weltberichte. Ein Wegweiser durch die internationale Diskussion, Bonn 1996; *Müller, J.*: Entwicklungspolitik als globale Herausforderung, Stuttgart 1997; *Nohlen, D.* (Hg.): Lexikon Dritte Welt, 2. Aufl. Reinbek 1998; *Nuscheler, F.*: Lern- und Arbeitsbuch Entwicklungspolitik, 4. Aufl., Bonn 1995; *Pinger, W.*: Die Neue Entwicklungspolitik, Baden-Baden 1997; *Thiel, R. E.* (Hg.): Entwicklungspolitiken-33 Geberprofile, Hamburg 1996; *UNDP*: Bericht über die menschliche Entwicklung (Jahresberichte) *Weltbank*: Weltentwicklungsbericht (Jahresberichte).

Prof. Dr. Franz Nuscheler, Duisburg

Entwicklungstheorien

Zusammenfassende Bez. für die unterschiedlichen wissenschaftlichen Ansätze zur Erforschung der wesentlichen Elemente sozio-ökonomischer Entwicklungsprozesse, zur Erklärung der Ursachen von → Unterentwicklung und zur daraus abgeleiteten Begründung von Entwicklungsstrategien. Als wichtigste, miteinander konkurrierende entwicklungstheoretische Schulen gelten die → Modernisierungs- und → Dependenztheorien, die sich hinsichtlich der Erklärung von Unterentwicklung v.a. in der Betonung endogener bzw. exogener Faktoren unterscheiden. Beiden Theorieansätzen werden heute Erklärungsdefizite vorgehalten: ersteren wegen der großen Entwicklungsdefizite in der → Dritten Welt, letzteren wegen der theorieimmanent nicht erklärbaren Entwicklungserfolge verschiedener → Schwellenländer. Ob der sog. → Weltsystemansatz den Dependenztheorien an Erklärungskraft voraus ist, ist noch umstritten. Allen genannten Varianten wird jedenfalls der ihnen gemeinsame, globale Erklärungsanspruch vorgeworfen, da dieser den durchaus unterschiedlichen „Entwicklungspfaden" in verschiedenen Ländern und → Regionen nicht gerecht zu werden vermöge.

Ermächtigungsgesetz

Ausnahmegesetz, das unter Durchbrechung des Prinzips der → Gewaltenteilung einem an sich nicht zuständigen Staatsorgan die Befugnis einräumt, Rechtssätze außerhalb des ordentlichen Verfahrens der → Gesetzgebung zu erlassen. Obwohl in der → Weimarer Reichsverfassung nicht ausdrücklich vorgesehen, wurden E. mehrfach vom → Reichstag auf Grund des parlamentarischen Rechts zu verfassungsändernden Gesetzen mit Zweidrittel-Mehrheit verabschiedet. Das gegen die Stimmen der → SPD am 23.3.1933 verabschiedete E. („Gesetz zur Behebung der Not von Volk und Reich") bot die scheinlegale Grundlage für die nationalsozialistische → Diktatur. E. sind in der Bundesrepublik nach Art. 80 I GG verboten.

Ermessen

Der öffentlichen → Verwaltung vom Gesetzgeber eingeräumte Befugnis, bei Vorliegen eines bestimmten Tatbestandes die ihr zweckmäßig und geeignet erscheinende Rechtsfolge eigenständig nach „pflichtgemäßem E." zu bestimmen. Das E. kann sich auf die Entscheidung beziehen, ob die Verwaltung überhaupt tätig werden soll (Entschließungse.), oder auf die Frage, welche von mehreren gesetzlich zulässigen Entscheidungen sie treffen will (Auswahle.).

ERP-Fonds

Sondervermögen des → Bundes, gebildet aus Rückzahlungen im Rahmen des → Marshall-Plans. Das ERP (*European Recovery Program*)-Sondervermögen wird getrennt vom übrigen Bundesvermögen vom Bundeswirtschaftsminister verwaltet. Die Mittel werden i.d.R. als verzinsliche Darlehen v.a. für regionale Förderungsmaßnahmen und die Mittelstandsförderung gewährt.

Erststimme

Die den Wählern bei Bundestags- und Landtagswahlen verfügbare Stimme zur → Wahl des Direktkandidaten (→ Wahlkreisabgeordneten) im jeweiligen → Wahlkreis.

Eschatologie

Lehre von den letzten Dingen. Bez. für das Endschicksal der einzelnen Menschen sowie die endzeitliche Entwicklung des Weltganzen betreffende, v.a. religiöse Lehren.

ESZB
Abk. für → Europäisches System der Zentralbanken.

ETA
Abk. für Euskadi ta askatasuna, d.h. Baskenland und Freiheit; 1959 in Abspaltung von der baskischen Nationalpartei gegründete Gruppierung, die für die Einheit und → Autonomie der von den Basken bewohnten → Regionen im Nordwesten Spaniens und Südosten Frankreichs kämpft. Die ETA tritt mittlerweile im wesentlichen nur noch in Spanien auf, wo sie versucht, die Autonomie der spanischen Provinzen Navarra, Alava, Vizcaya und Guipuzcon v.a. mit Hilfe terroristischer Aktionen zu erzwingen.

Etat
1. → Staat.
2. Stand (z.B. Tiers Etat, → Dritter Stand).
3. → Haushaltsplan.

Etatismus
Ursprünglich die Einschränkung föderativer → Verfassungen durch Erweiterung der zentralstaatlichen Kompetenzen zu Lasten der Gliedstaaten und die Ausdehnung staatsunmittelbarer → Verwaltung.
Heute (zumeist abwertende) Bez. für Tendenzen, die staatliche Machtsphäre im wirtschaftlichen und gesellschaftlichen Bereich auf Kosten der → Freiheit der → Individuen auszudehnen.

Ethik
→ politische Ethik

Ethnien
Familienübergreifende Gruppen, die sich durch Selbstzuschreibung bestimmter Kriterien wie Rasse, Religion, Kaste und/ oder Sprache gegenüber ihrer sozialen Umwelt abgrenzen und sich selbst eine gemeinschaftsbildende kollektive Identität zusprechen.

Ethnizität
Das Bewußtsein, einer bestimmten → Ethnie anzugehören.

EU
Abk. für Europäische Union.

Euratom
Abk. für → Europäische Atomgemeinschaft.

Euregio
Abk. für Europäische Region. Deutsch-niederländisches Grenzgebiet, in dem seit 1965 Städte und → Gemeinden grenzübergreifend zusammenarbeiten. Seit 1978 existiert als erste parlamentarische Versammlung dieser Art der Euregio-Rat mit je 25 Mitgliedern beider Seiten.

Euro
Bez. der gemeinsamen Währung, die mit Wirkung vom 1.1.1999 in den Mitgliedsstaaten der → Europäischen Union (vorerst mit Ausnahme Dänemarks, Griechenlands, Großbritanniens und Schwedens) eingeführt wurde. Die Vollendung der → Währungsunion in Form der Ausgabe von Münzen und Banknoten soll im Jahr 2002 erfolgen.

Eurokommunismus
1975 entstandener Begriff zur Bez. des Prozesses der Loslösung v.a. der drei großen kommunistischen → Parteien Westeuropas (Frankreich, Italien, Spanien) vom sowjetkommunistischen Modell und der Ablehnung des Führungsanspruchs der → KPdSU in der kommunistischen Weltbewegung. Entsprechende Positionen vertraten z.B. auch die kommunistischen Parteien Griechenlands und Schwedens. Trotz programmatischer Unterschiede infolge nationalspezifischer Rahmenbedingungen war dem E. gemeinsam das Bekenntnis zu einem pluralistischen → Sozialismus, die Anerkennung der → Grundrechte und –freiheiten der liberalen → Demokratie als prinzipielle Werte, sowie der Verzicht auf die → Diktatur des Proletariats als Form der Herrschaftsausübung im → Sozialismus.

Europäische Atomgemeinschaft/ EAG
⇒ Euratom
Eine der drei → Europäischen Gemeinschaften, die durch die → Römischen Verträge vom 25.3.1957 gleichzeitig mit der → Europäischen Wirtschaftsgemeinschaft gegründet wurde. Die E. sollte nach dem Gründungsvertrag dazu beitragen, die Voraussetzungen für die „schnelle Bildung und

Entwicklung von Kernindustrien" zu schaffen. Die Organe der E. wurden durch den Fusionsvertrag mit Wirkung vom 1.7.1967 zu denen der → Europäischen Gemeinschaften/ EG verschmolzen.

Europäische Gemeinschaft (EG)/ Europäische Union (EU)

Mit dem Sammelbegriff EG werden die folgenden drei Organisationen bezeichnet: die 1951 gegr. → Europäische Gemeinschaft für Kohle und Stahl (EGKS) sowie die durch die → Römischen Verträge von 1957 errichtete → Europäische Wirtschaftsgemeinschaft (EWG) und die → Europäische Atomgemeinschaft (Euratom), deren Organe 1967 zu den Organen der Europ. Gemeinschaften zusammengeschlossen wurden. Die durch den → Maastrichter Vertrag von 1992 begründete Europäische Union (EU) ist ein Verbund aus den drei Europ. Gemeinschaften (von denen die Europäische Wirtschaftsgemeinschaft, neu bezeichnet als Europäische Gemeinschaft, mit erweiterten Kompetenzen und neuen → Institutionen ausgestattet worden ist) und der → Gemeinsamen Außen- und Sicherheitspolitik (GASP) sowie der Zusammenarbeit in den Bereichen Justiz und Inneres (ZJIP). Diese Drei-Säulen-Konstruktion ist durch den → Amsterdamer Vertrag von 1997 insoweit modifiziert worden, als einige Materien der dritten Säule, der ZJIP, in die erste Säule, den EG-Vertrag, überführt worden sind. Als Zusammenschluß von → Nationalstaaten, der die Integration der Volkswirtschaften der Mitgliedsländer und „eine immer engere Union der Völker Europas" verwirklichen will, entzieht sich die EG/ EU einer einfachen Kategorisierung. Sie ist mehr als ein → Staatenbund, weil sie ihren Mitgliedern eine weitreichende Übertragung von Souveränitätsrechten abverlangt und sich supranationaler Institutionen bedient, die Gemeinschaftsrecht setzen, aber weniger als ein → Bundesstaat, da die Mitglieder am Primat des Nationalstaates festhalten und die Schaffung föderaler Institutionen bisher verweigert haben. Die EG ist deshalb als „Zweckverband funktioneller Integration" (Ipsen), als „unvollendeter Bundesstaat" (Hallstein), als „Konkordanzsystem" (Puchala) oder als → „Mehrebenensystem" der → Politikverflechtung (Hrbek) bezeichnet worden.

Entstehung. Nachdem die Erfahrung zweier Weltkriege bei den politischen → Eliten Westeuropas die Bereitschaft zu einem engen Zusammenschluß ihrer → Staaten geweckt hatte, gewann die von Philosophen, Dichtern und Staatsdenkern über Jahrhunderte hinweg propagierte Europaidee reale politische Wirkungskraft und nahm institutionelle Gestalt an. Mit der Gründung des → Europarates (1949) verzeichnete die europäische Einigungsbewegung einen ersten Erfolg, wenngleich sich die Anhänger einer föderalistischen Lösung gegenüber den Verteidigern nationalstaatlicher → Souveränität nicht durchsetzen konnten. Die Anstöße für eine wirtschaftliche Integration Westeuropas kamen zuerst von außen: 1948 wurde zur Durchführung des amerikanischen Wiederaufbauprogramms für Europa (→ Marshall-Plan) die → Organisation für Europäische Wirtschaftliche Zusammenarbeit (OEEC) gegründet. Die OEEC und die Europäische Zahlungsunion (EZU, gegr. 1950) leiteten eine Liberalisierung des Handels und des Zahlungsverkehrs unter den 17 Mitgliedsstaaten ein. Auf Initiative des französischen Außenministers Schuman, der einen deutsch-französischen Ausgleich über die Integration des Montansektors anstrebte, vereinbarten die sechs Gründungsmitglieder der EGKS 1951, ihre Montanindustrie der Kontrolle einer supranationalen → Behörde zu unterstellen. Das Projekt einer → Europäischen Verteidigungsgemeinschaft (EVG), die als Rahmen und Kontrollmechanismus für einen westdeutschen Verteidigungsbeitrag dienen sollte, scheiterte 1954 in der französischen → Nationalversammlung. Auch der Plan einer Europäischen Politischen Gemeinschaft wurde damit hinfällig. Nach diesen Rückschlägen eröffnete die Gründung der EWG eine neue Phase des europäischen Einigungsprozesses. Die Architekten der Römischen Verträge setzen sich die Schaffung eines gemeinsamen Marktes zum Ziel, der eine immer engere Verflechtung der beteiligten Volkswirtschaften herbeiführen sollte und spätere Fortschritte bei der politischen Einigung nicht ausschloß.

Organe. Während die EG durch supranationale Organe gelenkt wird, sind die GASP und die Kooperation in den Bereichen Justiz und Inneres innerhalb der dritten Säule eine Domäne vertraglich geregelter Zusammenarbeit zwischen den → Regierungen der Mitgliedsstaaten (intergouvernementale Zusammenarbeit). Das Institutionensystem der EG entspricht nicht dem auf der Ebene der Mitgliedsstaaten realisierten Modell einer → parlamen-tarischen Demokratie. Die Gesetzgebungskompetenz liegt beim Rat (auch → Ministerrat genannt), der sich aus den Außenministern bzw. den jeweils zuständigen Fachministern der Regierungen der Mitgliedsstaaten zusammensetzt. Es gilt zu beachten, daß der Rat als Gemeinschaftsorgan, nicht als permanente Regierungskonferenz handelt. Die Kommission, vielfach als Motor der Integration angesehen, besitzt das Initiativrecht, d.h. der Rat kann nur auf Vorschläge der Kommission hin tätig werden. Als Hüterin der Verträge hat sie über die Einhaltung des Gemeinschaftsrechts zu wachen. Als Exekutivorgan der Gemeinschaft führt sie Beschlüsse aus, verwaltet den gemeinsamen Agrarmarkt und führt die Verhandlungen mit Drittländern im Rahmen der gemeinsamen Handelspolitik. Das → Europäische Parlament, seit 1979 direkt gewählt, hat seine ursprünglich schwache Stellung im Entscheidungsprozeß der EG nach und nach ausbauen können und ist mit der Ausdehnung des → Mitentscheidungsverfahrens im Amsterdamer Vertrag als Instanz der Gesetzgebung gestärkt worden. Die Bildung transnationaler → Fraktionen hat der Parteienkooperation im europäischen Rahmen wichtige Impulse gegeben. Dem → Europäische Gerichtshof kommt die zentrale Rolle bei der Durchsetzung und Fortbildung des Gemeinschaftsrechts zu. Der 1977 errichtete Europäische Rechnungshof fungiert als Organ der Haushaltskontrolle. Der aus Vertretern von Wirtschaftsverbänden (Arbeitgeber, → Gewerkschaften, Verbraucher usw.) zusammengesetzte → Wirtschafts- und Sozialausschuß wirkt beratend am gemeinschaftlichen Entscheidungsprozeß mit. Dies tut auch der auf Initiative der deutschen → Länder mit dem Maastrichter Vertrag geschaffene → „Aus-schuß der Regionen", welcher der Idee eines „Europas der Regionen" Konturen verleihen soll. Für den ursprünglich in den Verträgen nicht vorgesehenen → Europ. Rat, die mindestens zweimal jährlich tagende Konferenz der Staats- und Regierungschefs, wurde durch die → Einheitliche Europ. Akte (1986) und den Maastrichter Vertrag (1992) eine vertragliche Grundlage geschaffen. Er fungiert als das eigentliche politische Führungsorgan der Union.

Entwicklung. Die Entwicklung der EG stellt sich als ein Prozeß dar, in dem Integrationsschübe, Krisen und Stagnationsphasen einander abwechseln und der sich im Spannungsfeld zwischen den Anforderungen bewegt, die sich aus den Zielen „Erweiterung" und „Vertiefung" der Gemeinschaft ergeben. Der Erfolg der EG läßt sich an ihrer Anziehungskraft nach außen ablesen. Die ursprüngliche Sechser-Gemeinschaft wurde 1973 durch den Beitritt Großbritanniens, Irlands und Dänemarks erweitert. Der Zusammenbruch der → Diktaturen in Südeuropa eröffnete Griechenland (1981), Spanien und Portugal (1986) den Weg zur EG-Mitgliedschaft. Die Magnetwirkung des Binnenmarktes und eine Neubewertung der → Neutralität nach dem Ende des → Ost-West-Konflikts veranlaßten Österreich, Finnland und Schweden, der EU beizutreten (1995). Die drei Erweiterungsrunden haben nicht nur die Heterogenität der Wirtschaftsstrukturen und Interessenlagen vergrößert und so die Verteilungskämpfe zwischen den Mitgliedsstaaten verschärft, sondern auch die Unterschiede in den integrationspolitischen Fernzielen („politische Finalität") akzentuiert. Dennoch hat eine Vertiefung der Integration stattgefunden, die v.a. in der Aufgabenexpansion der EG bzw. der Entwicklung von neuen Gemeinschaftspolitiken zum Ausdruck kommt und in der Errichtung der Wirtschafts- und Währungsunion ihre Krönung findet.

Schon vor dem Ende der zwölfjährigen Übergangsphase nach Inkrafttreten des EWG-Vertrags (1958) wurden Zölle und Kontingente im Handel zwischen den Mitgliedsstaaten abgeschafft (1968) und mit der Einführung eines gemeinsamen Außenzolls die Zollunion verwirklicht. Die für einen Gemeinsamen Markt ebenfalls konstitutive Freizügigkeit der Arbeitnehmer wurde weitgehend hergestellt, während sich die Verwirklichung der Niederlassungsfreiheit und die Liberalisierung des Kapitalverkehrs verzögerten. Mit der Einführung der gemeinsamen → Agrarpolitik wurden die nationalen Mechanismen zum Schutz der Landwirtschaft abgelöst und durch ein System ersetzt, das auf den Prinzipien der Markteinheit (freier Verkehr für Agrarprodukte, gemeinsame Preise innerhalb der EG), der Gemeinschaftspräferenz (Außenschutz durch Belastung von Agrarimporten aus Drittländern mit Abschöpfungen) und der finanziellen Solidarität (gemeinsame Finanzierung) beruht und die Einkommen der Landwirte mit Hilfe der Markt- und Preispolitik zu sichern sucht. Die staatliche Abnahmegarantie für landwirtschaftliche Erzeugnisse zu festgelegten Preisen hat hohe Überschüsse verursacht und die Aufwendungen für die GAP zum größten Ausgabenposten des EG-Haushalts gemacht. Am Ende der Aufbauphase setzten die Staats- und Regierungschefs auf dem Haager Gipfel von 1969 der Gemeinschaft das Ziel, eine → Wirtschafts- und Währungsunion (WWU) zu errichten. Durch die Beseitigung der Bandbreiten der Wechselkurse und die unwiderrufliche Festsetzung der Paritäten sollte ein eigenständiger Währungsraum entstehen, in dem die Geldpolitik von einem gemeinschaftlichen Zentralbanksystem gesteuert würde. Ferner sollte ein starkes wirtschaftspolitisches Entscheidungsgremium auf EG-Ebene geschaffen werden. Der Prioritätenstreit zwischen „Ökonomisten" und „Monetaristen" (Konvergenz der → Wirtschaftspolitik vs. Lokomotivfunktion der Währungsintegration) und mehr noch die weltwirtschaftlichen Krisenprozesse der siebziger Jahre brachten schon die erste Stufe der WWU, den Währungsverbund der „Schlange", zum Scheitern. Erst mit der Schaffung des → Europ. Währungssystems (1979) gelang es, die währungspolitische Zusammenarbeit zu stärken.

Sieht man von der Errichtung des EWS ab, so war die Entwicklung der EG im Zeitraum 1974-84 dadurch gekennzeichnet, daß die Vertiefung der Integration durch die Folgeprobleme der Erweiterung erschwert wurde. 1974/75 setzte ein jahrelanger Streit um den Finanzierungsanteil Großbritanniens am EG-Haushalt ein. Die Einrichtung des Regionalfonds (1975) sollte die Mittel für eine Verringerung des Entwicklungsgefälles zwischen fortgeschrittenen und rückständigen → Regionen der EG bereitstellen. Seine Ausstattung wurde indessen zwangsläufig zum Gegenstand von Verteilungskämpfen (Problem des „Nettotransfers" zwischen den Mitgliedsstaaten), die sich durch die Süderweiterung noch verschärften. Die verfassungspolitische Initiative des Europ. Parlaments, die 1984 in den „Entwurf eines Vertrages zur Gründung der Europäischen Union" mündete, scheiterte am Widerstand der Regierungen gegenüber weitreichenden institutionellen Veränderungen.

Mit ihrem Weißbuch „Vollendung des Binnenmarktes" (1985) gewann die Kommission unter Führung von J. Delors ihre vom Rat immer stärker beschnittene Initiativfunktion zurück und eröffnete der EG eine langfristige Perspektive, die einem verbreiteten Krisenbewußtsein entgegenwirken sollte. Mit der Annahme der Einheitlichen Europäischen Akte (1986) verpflichteten sich die Mitgliedsstaaten auf die Verwirklichung des Binnenmarkt-Programms. Das Ziel der Beseitigung der materiellen, technischen und steuerlichen Schranken, welche den freien Verkehr von Personen, Waren, Dienstleistungen und Kapital behindern, wurde zwar bis zum 31.12.1992 nicht vollständig realisiert, doch wurden die meisten der dafür erforderlichen Rechtsakte vom Rat verabschiedet. Der Versuch, die Marktintegration durch Fortschritte bei der Politikintegration zu ergänzen, und die Bemühungen um eine feste Einbindung des wiedervereinigten Deutschlands in einen institutionell verstärkten Integrationsverband führten zum Maastrichter Vertrag über die Europäische Union (1992). Damit entschieden sich die Mitgliedsstaaten für die Errichtung einer Wirtschafts- und Währungsunion, eine gemeinsame Währung, eine einheitliche Geld- und Wechselkurspolitik und eine → Europäische Zentralbank einschließen würde. Nach teilweise heftigen Kontroversen über die Bedingungen, den

Zeitplan und den Teilnehmerkreis für die dritte Stufe der Währungsunion begann diese vertragsgemäß am 1. Januar 1999, als sich 11 der mittlerweile 15 Mitgliedsstaaten (d.h. ohne Großbritannien, Dänemark, Griechenland und Schweden) zum „Euroland" zusammenschlossen. Zur Überarbeitung des Maastrichter Vertrages wurde 1996 eine Regierungskonferenz einberufen, die zum Amsterdamer Vertrag (1997) führte. Dieser hat einige wichtige Neuerungen und Fortschritte in Bereichen wie der GASP, dem „Europa der Bürger" und den Rechten des Europäischen Parlaments gebracht, aber die für die Osterweiterung der EU notwendige Reform der Institutionen, die deren Handlungsfähigkeit sichern soll, vertagt. Gleichwohl beschloß der Europäische Rat in Luxemburg im Dezember 1997, im Frühjahr 1998 einen alle zehn assoziierten Staaten Mittel- und Osteuropas sowie Zypern umfassenden „Beitrittsprozeß" einzuleiten. Förmliche Beitrittsverhandlungen wurden im November 1998 mit fünf → MOE-Staaten und Zypern eröffnet. Unter der deutschen Ratspräsidentschaft im ersten Halbjahr 1999 wurde eine Einigung über die Agenda 2000, ein Paket von Maßnahmen zur Reform der Gemeinsamen Agrarpolitik, der Strukturfonds und des Haushalts, erzielt und die Vorbereitung einer Regierungskonferenz zur Reform der Institutionen in Angriff genommen. In diesem Zusammenhang wurde die Debatte über eine europäische → Verfassung und die Aussichten für eine Föderalisierung Europas wiederbelebt.

Lit.: *B. Beutler/ R. Bieber/ J. Pipkorn/ J. Streil*: Die Europ. Union - Rechtsordnung und Politik, Baden-Baden, 4. Aufl., 1993; *M. Jachtenfuchs/ B. Kohler-Koch* (Hg.): Europäische Integration, Opladen 1996; *M. Kreile* (Hg.): Die Integration Europas, Opladen 1992; *F.R. Pfetsch,* Die Europäische Union, München 1997; *E. Thiel*: Die Europäische Union, Opladen 1998; *W. Weidenfeld/ W. Wessels* (Hg.): Jahrbuch der Europ. Integration 1980ff., Bonn 1981ff.

Prof. Dr. Michael Kreile, Berlin

Europäische Gemeinschaft für Kohle und Stahl/ EGKS
⇒ Montanunion

Durch Vertragsbeschluß am 18.4.1951 zwischen Frankreich, Italien, der Bundesrepublik Deutschland und den Benelux-Ländern gegründeter Zusammenschluß zur Schaffung eines gemeinsamen Marktes für Kohle und Stahlprodukte, mit dem Zweck der Förderung des Wettbewerbs, der Modernisierung der Produktion und einer gemeinsamen → Energiepolitik. Die Organe der E. wurden durch den Fusionsvertrag mit Wirkung vom 1.7.1967 zu denen der → Europäischen Gemeinschaft/ EG verschmolzen.

Europäische Kommission
⇒ *Kommission der Europäischen Gemeinschaften*

Europäische Kommission für Menschenrechte
1954 durch die → Europäische Konvention zum Schutz der → Menschenrechte und Grundfreiheiten konstituierte Einrichtung des → Europarates. Die nebenamtlich tätigen Mitglieder der E. werden vom Ministerkomitee des Europarates gewählt. Die E. befaßt sich mit Individualbeschwerden gegen Verletzungen der Menschenrechtskonvention, die nach Ausschöpfung des innerstaatlichen Rechtsweges möglich sind. Es liegt im Ermessen der E., ob ein Fall dem → Europäischen Gerichtshof zum Schutz der Menschenrechte vorgelegt oder die endgültige Entscheidung dem Ministerkomitee überlassen wird.

Europäische Konvention zum Schutz der Menschenrechte und Grundfreiheiten
Völkerrechtliche Garantie der → Menschenrechte, die am 4.11.1950 von den → Regierungen der damals 10 Mitgliedsstaaten des → Europarates verabschiedet wurde und am 3.9.1953 in Kraft trat. Mittlerweile wurde sie von allen 40 Staaten des Europarats, die bis 1998 Mitglied waren - teilweise allerdings mit Einschränkungen -, unterzeichnet.

Europäische Politische Zusammenarbeit/ EPZ
Außenpolitisches Koordinationsinstrument der → Europäischen Gemeinschaft, das auf eine Entscheidung des Gipfeltreffens von Den Haag im Dezember 1969 zurückging.

Die E. hatte keine eigene Behörde, sondern vollzog sich in Form jährlich sechsmal stattfindender Sitzungen der Außenminister und der vorbereitenden Treffen der Fachreferenten aus den nationalen Außenministerien. Der → Maastrichter Vertrag entwickelte die E. weiter zur → Gemeinsamen Außen- und Sicherheitspolitik (GASP), der sog. Zweiten Säule der → Europäischen Union.

Europäische Sozialcharta

1. Gegenstück zur → Europäischen Konvention zum Schutz der Menschenrechte und Grundfreiheiten. Die E. wurde am 18.10.1961 unterzeichnet und trat am 26.2.1965 in Kraft. Ihre Zielsetzung ist der Schutz der wirtschaftlichen und sozialen → Grundrechte, basierend auf dem Prinzip der Nichtdiskriminierung. In 19 Artikeln werden Grundrechte wie → Koalitions- und Streikrecht, gleicher Lohn für Männer und Frauen bei gleichwertiger Arbeit sowie verschiedene Schutzrechte für bestimmte Bevölkerungsgruppen (z.B. Kinder und Jugendliche, Frauen, Wanderarbeiter) garantiert. Wie die Menschenrechtskonvention sieht auch die E. ein Rechtsschutzsystem vor, das jedoch noch nicht voll ausgebildet ist. Bislang wird die Einhaltung der E. durch einen Sachverständigenausschuß des → Europarates kontrolliert.

2. Verbreitete Bez. für die vom → Europäischen Rat am 9.12.1989 beschlossene „Gemeinschaftscharta der sozialen Grundrechte", in der soziale Mindestanforderungen genannt werden und in 30 Punkten Grundrechte in bezug auf Freizügigkeit, Gleichbehandlung, sozialen Schutz und angemessene Einkommen für alle EG-Bürger vorsieht. Obwohl die S. keine Rechtsverbindlichkeit besitzt, trat Großbritannien ihr zunächst nicht bei. Erst im Jahr 1998 unterzeichnete der britische → Premierminister Blair die S.

Europäische Verteidigungsgemeinschaft/ EVG

Auf einen Vorschlag des französischen → Premierministers Pleven von 1950 zurückgehendes Vorhaben zur Schaffung einer gemeinsamen (west)europäischen Armee, an deren Spitze ein europäischer Verteidigungsminister stehen sollte. Mitgliedsstaaten, die bereits über Streitkräfte verfügten, sollten Teile davon dem neuen Kommando unterstellen, während neu aufzustellende Streitkräfte - insbesondere die westdeutschen - zur Gänze in der EVG-Armee aufgehen sollten. Zwar wurde der EVG-Vertrag am 27.5.1952 unterzeichnet, doch scheiterte das Vorhaben am 30.8.1954 am Veto der französischen → Nationalversammlung.

Europäische Wirtschaftsgemeinschaft/ EWG

Durch die → Römischen Verträge vom 25.3.1957 gegründete Wirtschaftsgemeinschaft, deren Organe durch den Fusionsvertrag mit Wirkung zum 1.7.1967 zu denen der → Europäischen Gemeinschaften verschmolzen wurden.

Europäische Zentralbank

Organ der → Europäischen Gemeinschaft mit Sitz in Frankfurt/ Main, das in der Nachfolge des → Europäischen Währungsinstituts am 1.1.1999 seine Tätigkeit aufnahm. Die E. hat nach Art. 105a EG-Vertrag das ausschließliche Recht, die Ausgabe von Banknoten innerhalb der europäischen Währungsunion zu genehmigen. Sie ist dem Modell der → Deutschen Bundesbank nachgebildet. Dies kommt zum Ausdruck v.a. durch die Festschreibung der Preisstabilität als vorrangiges Ziel ihrer Tätigkeit (Art. 105 EG-Vertrag) und ihre in Art. 107 EG-Vertrag garantierte Weisungsunabhängigkeit. Präsident, Vizepräsident und die vier weiteren Mitglieder des Direktoriums der E. (→ Zentralbankrat) werden von den → Regierungen der Mitgliedsstaaten für eine Amtszeit von 8 Jahren einvernehmlich ernannt. Eine Wiederernennung ist nicht möglich.

Europäischer Agrarmarkt

Der E. basiert auf dem Grundsatz des freien Warenverkehrs innerhalb der Gemeinschaft, der Präferenz EG-interner Produkte vor der Einfuhr aus Drittländern und der gemeinsamen Finanzierung. Letztere wird über den „Europäischen Ausrichtungs- und Garantiefonds für die Landwirtschaft" abgewickelt, auf den gut zwei Drittel des Ge-

samthaushalts der → Europäischen Gemeinschaft entfallen. Überwiegend handelt
es sich dabei um Ausgaben zur Stützung
der Agrarpreise, denn der Kern der
Marktordnung besteht in der Stützung der
Preise durch Interventionskäufe und Beihilfen, wodurch das Einkommen der Landwirte geschützt werden soll. Das System
der vom → Rat der Europäischen Gemeinschaften festzusetzenden Richt-, Garantie-
und Schwellenpreise führt zu Überproduktion, weshalb der E. seit Jahren heftig kritisiert wird. → *Agrarpolitik*

Europäischer Binnenmarkt
Die → Einheitliche Europäische Akte von
1986 schrieb die Absicht der → Regierungen der Mitgliedsländer der → Europäischen Gemeinschaft fest, bis Ende 1992
einen gemeinsamen E. zu schaffen. Dies
bedeutete die Abschaffung der trotz der Beseitigung der Zollschranken seit 1968 noch
bestehenden Handelshemmnisse zugunsten
des ungehinderten Austausches von Gütern,
Dienstleistungen, Kapital und Personen.
Die → Europäische Kommission faßte die
hierfür erforderlichen Maßnahmen 1985 in
einem Weißbuch zusammen, das knapp 300
Richtlinien aufführte, die vom → Europäischen Rat verabschiedet werden mußten.

Europäischer Gerichtshof/ EuGH
Durch die → Römischen Verträge geschaffenes gemeinsames Organ der → Europäischen Gemeinschaft/ EG. Der E. besteht
aus 15 unabhängigen Richtern, die im Einvernehmen durch die nationalen → Regierungen für 6 Jahre ernannt werden,
9 Generalanwälten und einem Kanzler. Der
E. prüft auf Antrag die Recht- bzw. Ver-
tragsmäßigkeit des Handelns der Organe
der EG sowie die Auslegung der Gemein-
schaftsverträge durch dieselben. Er entscheidet über Verstöße von Mitgliedsstaaten gegen ihre aus den Gemeinschaftsver-
trägen resultierenden Verpflichtungen.

Europäischer Gerichtshof zum Schutz der Menschenrechte
Zur Wahrung der → Europäischen Kon-
vention zum Schutz der → Menschenrechte
und Grundfreiheiten 1959 eingesetztes internationales Gericht. Die Zahl der unab-

hängigen, nebenamtlich tätigen Richter entspricht der Zahl der Mitgliedsstaaten des
→ Europarats (41). Sie werden von dessen
Parlamentarischer Versammlung gewählt.
Der E. wird nur mit Fällen befaßt, die ihm
von der → Europäischen Kommission für
Menschenrechte vorgelegt werden oder in
denen ihn ein beteiligter → Staat nach vor-
heriger Befassung der Kommission anruft.

Europäischer Rat
1974 durch Beschluß der Staats- und Regierungschefs der Mitgliedsstaaten der
→ Europäischen Gemeinschaft/ EG entstandene und durch die → Einheitliche Europäische Akte von 1986 vertraglich festgeschriebene → Institution der EG. Der E. besteht aus den Staats- und Regierungschefs
und dem Präsidenten der → Kommission
der Europäischen Gemeinschaften, die von
den Außenministern „unterstützt" werden.
Der. E. tritt mindestens zweimal jährlich
zusammen. Er befaßt sich mit der Vorbereitung wichtiger Beschlüsse und soll Ziele
und Leitlinien für die EG und die
→ Gemeinsame Außen- und Sicherheitspolitik setzen.

Europäischer Wirtschaftsraum/ EWR
Zwischen der → Europäischen Gemeinschaft und den Mitgliedsstaaten der
→ EFTA vertraglich vereinbarter Zusammenschluß zu einem gemeinsamen Wirtschaftsraum, in dem im wesentlichen die
Regelungen des → Europäischen Binnenmarktes (mit Ausnahme allerdings des
Agrarsektors) gelten. Der E.-Vertrag, der
am 1.01.1993 in Kraft trat, wurde von allen
Mitgliedsstaaten der EFTA mit Ausnahme
der Schweiz ratifiziert. In der Schweiz
scheiterte der Beitritt zum E. an der
→ Volksabstimmung vom 6.12.1992.

Europäisches Parlament
Durch die → Römischen Verträge vom
25.3.1957 geschaffenes parlamentarisches
Organ der → Europäischen Gemeinschaft/
EG, das im Vertrag als Versammlung bezeichnet, seit 1962 aber in allen „Amtsspra-
chen" der EG als → Parlament bezeichnet
wird. Das E. wird seit 1979 von den
→ Bürgern der Mitgliedsstaaten direkt gewählt. Bislang gibt es noch kein gemeinsa-

mes Wahlgesetz, so daß die → Europawahlen auf der Grundlage nationaler Wahlgesetze mit unterschiedlichen → Wahl- und Verrechnungssystemen durchgeführt werden. In Orientierung an der jeweiligen Bevölkerungszahl entfallen auf die Mitgliedsstaaten unterschiedlich viele → Mandate. Die Abgeordnetenzahl beträgt seit dem 1.1.1995 626, davon entfallen auf die BRD 99. Die → Abgeordneten des E. haben sich fast ausnahmslos in derzeit 8 übernationalen, parteipolitischen → Fraktionen zusammengeschlossen.

Das E. besitzt relativ umfassende Kontrollrechte, insbesondere gegenüber der → Europäischen Kommission. Fundament der Parlamentskontrolle ist die Möglichkeit eines → Mißtrauensvotums; mit einer Mehrheit von 2/3 der abgegebenen Stimmen kann die Kommission zum Rücktritt gezwungen werden. Darüber hinaus ist seit dem Inkrafttreten des → Maastrichter Vertrages die Einsetzung einer neuen Kommission an die Zustimmung des E. gebunden. Gegenüber der Kommission und dem → Rat der Europäischen Gemeinschaften (Ministerrat) besteht zudem ein - intensiv genutztes - Fragerecht. Bezüglich der Rechtsetzung waren die Befugnisse des E. bis in die 80er Jahre hinein nur rudimentär entwickelt, denn die eigentliche → Legislative war der Ministerrat. Am weitesten gingen diese Rechte bei der Verabschiedung des → Haushalts. Bei den fakultativen Ausgaben (ca. 20 % des Gesamtetats) hatte (und hat) das E. die Letztentscheidung. Es kann den Gesamthaushalt ablehnen, wenn „schwerwiegende Gründe" vorliegen. Durch die → Einheitliche Europäische Akte von 1986 wurde die Position des E. im Gesetzgebungsverfahren mit der Einführung zweier Lesungen in Parlament und Rat verbessert. Übernimmt nämlich die Kommission vor der 2. Lesung im Rat die Änderungsvorschläge des E., können diese vom Rat nur noch einstimmig abgelehnt werden. Eine weitere Aufwertung des E. brachte der Maastrichter Vertrag durch die Einführung des → Verfahrens der Mitentscheidung. Die Anwendungsbereiche dieses Verfahrens wurden durch den → Amsterdamer Vertrag nochmals ausgeweitet, so daß sich die legislativen Kompetenzen des E. denen nationaler Parlamente anzunähern beginnen.

Europäisches System der Zentralbanken/ ESZB
Aus der → Europäischen Zentralbank und den nationalen Zentralbanken bestehendes Organ der → Europäischen Gemeinschaft, das am 1.1.1999 seine Tätigkeit aufnahm. Die Entscheidungen über die Geldpolitik des E. trifft der Europäische Zentralbankrat. Er besteht aus dem Präsidenten, dem Vizepräsidenten und den 4 weiteren Mitgliedern des Direktoriums der Europäischen Zentralbank sowie den Präsidenten der nationalen Zentralbanken.

Europäisches Währungsinstitut
Für die 2. Stufe der europäischen → Wirtschafts- und Währungsunion am 1.1.1994 errichtetes Organ der → Europäischen Gemeinschaft mit Sitz in Frankfurt/ Main. Hauptfunktion des E. war die Koordination der Geldpolitik der EU-Mitgliedsstaaten sowie die Entwicklung der für die einheitliche Europäische Währungspolitik erforderlichen Instrumente und Verfahren. Mit Eintritt in die 3. Stufe der Wirtschafts- und Währungsunion wurde das E. aufgelöst und in die → Europäische Zentralbank überführt.

Europäisches Währungssystem/ EWS
Zum 1.1.1979 in Kraft getretene, währungspolitische Zusammenarbeit innerhalb der → Europäischen Gemeinschaft, die der Sicherung der Währungsstabilität in Europa dienen sollte. Kernpunkt des E. war das Paritätengitter, ein System wechselseitig gegeneinander festgeschriebener Wechselkurse mit bestimmten Schwankungsbreiten. Das E. führte darüber hinaus eine gemeinsame Währungseinheit ein (→ European Currency Unit/ ECU), deren Wert sich nach einem gemeinsamen Währungskorb bestimmte, in dem die Mitgliedswährungen mit einem ihrer wirtschaftlichen Bedeutung entsprechenden Gewicht enthalten waren. Der Eintritt in die 3. Stufe der europäischen → Wirtschafts- und Währungsunion am 1.1.1999 bedeutete das Ende des E. in seiner bisherigen Form.

Europarat

Durch Vertrag vom 5.5.1949 gegründete Vereinigung von mittlerweile (1999) 41 europäischen → Staaten. Satzungsgemäß hat der E. die Aufgabe, auf eine engere Verbindung der europäischen Länder, die Verbesserung der Lebensbedingungen und die Entfaltung der humanitären Werte hinzuwirken sowie für die parlamentarische → Demokratie, die → Menschenrechte und die → Rechtsstaatlichkeit einzutreten. Organe des E. sind das Ministerkomitee (die Außenminister der Mitgliedsstaaten) und die Parlamentarische (früher: Beratende) Versammlung (von den nationalen → Parlamenten entsandte → Abgeordnete). Ihnen arbeitet als ständige Einrichtung das Generalsekretariat zu. Sitz des E. ist Straßburg.

Europawahlen

→ Wahlen zum → Europäischen Parlament, das seit 1979 für jeweils 5 Jahre direkt von den → Bürgern der EG-Mitgliedsländer gewählt wird. Bislang (1979, 1984, 1989, 1994) galten bei den E. unterschiedliche nationale → Wahlsysteme. Ein einheitliches Wahlsystem wird seit langem angestrebt, konnte jedoch auch für die E. von 1999 noch nicht realisiert werden.

European Consortium for Political Research/ ECPR

Seit 1970 bestehender Verbund von über 100 Forschungsinstituten der → Politikwissenschaft in Westeuropa, dessen Ziele in der Förderung international vergleichender Forschung und der Intensivierung internationaler Wissenschaftskontakte bestehen. Das E. gibt die wissenschaftliche Zeitschrift „European Journal of Political Research" heraus, veranstaltet jährlich sog. „Joint Sessions Workshops" und organisiert ein Programm zum Austausch von Nachwuchswissenschaftlern.

Euthanasie

Sterbehilfe für Schwerstkranke. Die E. ist ethisch und rechtlich umstritten, wenn sie über die Linderung von Leiden hinausgehend eine Lebensverkürzung in Kauf nimmt oder bewußt herbeiführt. Während die sog. „Tötung auf Verlangen" eines

Schwerstkranken als Tötungsdelikt strafbar ist, gilt das „Sterbenlassen" durch Verzicht auf den Einsatz lebensverlängernder Maßnahmen bzw. Medikamente i.d.R. als nicht rechtswidrig. Das vom → Nationalsozialismus durchgeführte Programm zur Vernichtung sog. „lebensunwerten Lebens" kann nicht als E. bezeichnet werden, weil es nicht auf Sterbehilfe, sondern auf bewußte Tötung zielte.

Evaluierung

auch: Evaluation. Systematische Untersuchung und Bewertung wissenschaftlichpraktischer Projekte und Programme zur Feststellung und Bewertung ihrer Ergebnisse. Die E. wird i.d.R. als begleitende Untersuchung, d.h. mit der Planungsphase beginnend, angelegt. E. haben sich insbesondere bei Lehrplänen und Unterrichtsprogrammen sowie bei Projekten der → Entwicklungshilfe eingespielt.

Evangelische Denkschriften

Vom → Rat der Evangelischen Kirchen Deutschlands (→ EKD) veröffentlichte Stellungnahmen zu politisch und sozialethisch aktuellen Fragen, die sich nicht nur an die Gemeinden, sondern auch an die außerkirchliche → Öffentlichkeit wenden.

Evangelische Kirche in Deutschland/ EKD

Zusammenschluß von 24 lutherischen, reformierten und unierten Kirchen in der Bundesrepublik mit der Aufgabe, die Gemeinschaft unter den Gliedkirchen zu fördern und gesamtkirchliche Anliegen gegenüber der → Öffentlichkeit zu vertreten. Leitung, → Verwaltung und Außenvertretung obliegen dem → Rat der EKD. Oberstes Beschlußorgan ist die → Synode, das Kirchenparlament des EKD.

Evangelischer Arbeitskreis der CDU/ CSU/ EAK

1952 konstituierter, lockerer Zusammenschluß evangelischer Parteimitglieder innerhalb der Unionsparteien, der i.Gs. etwa zu den → Sozialausschüssen nicht als Vereinigung nach den Parteistatuten fungiert. In jedem Landesverband der → CDU und in der → CSU existiert ein Landesarbeitskreis,

Orts- und Kreisgruppen gibt es nur zum Teil. Der Bundesarbeitskreis besteht aus je drei Vorstandsmitgliedern der Landesarbeitskreise und aus weiteren führenden evangelischen Unionspolitikern; sein offizielles Organ ist die Zeitschrift „Evangelische Verantwortung".

Evolutionstheorien

Bez. für Theorien über Ursachen und Verlauf der Entwicklung der Systeme menschlichen Zusammenlebens, allgemein für Theorien des sozialen, kulturellen und politischen Wandels. Biologisch-soziale E. gehen aus von der humanbiologischen Entwicklung, die naturgesetzlich-kausal auf bestimmte Faktoren zurückgeführt wird, so daß die Evolution als determinierter Prozeß verstanden werden kann. Moderne soziokulturelle E. operieren mit dem Ansatz der → Systemtheorie. Sie bestimmen die Entwicklungsmöglichkeiten einer → Gesellschaft anhand der Analyse der Funktionen des politisch-sozialen Systems und des Grades ihrer Erfüllung.

EWI

Abk. für → Europäisches Währungsinstitut.

Ewigkeitsklausel

Verbreitete, wenngleich nicht dem verfassungsrechtlichen Sprachgebrauch entsprechende Bez. für die Bestimmung des Art. 79 III GG, derzufolge jede Änderung des → Grundgesetzes unzulässig ist, „durch welche die Gliederung des → Bundes in → Länder, die grundsätzliche Mitwirkung der Länder bei der → Gesetzgebung oder die in den Artikeln 1 und 20 niedergelegten Grundsätze berührt werden".

Exekutive

Vollziehende Gewalt, d.h. der Teil der Staatsgewalt, dem die Ausführung staatlicher Anordnungen, insbesondere der von der → Legislative beschlossenen → Gesetze, obliegt. Zur E. zählen die → Behörden der öffentlichen → Verwaltung. Eine an der Theorie der → Gewaltenteilung orientierte Zuordnung der → Regierung zur E. ist problematisch, da diese an der → Gesetzgebung selbst maßgeblich beteiligt ist.

Exequatur

Vom Empfangsstaat einem → Konsul erteilte, förmliche Erlaubnis zur Wahrnehmung seiner Aufgaben.

Exil

Meist durch politische oder religiöse Gründe bedingter, freiwilliger oder erzwungener, ständiger Aufenthalt im Ausland von Personen oder Personengruppen infolge von Verbannung, → Ausbürgerung, Flucht oder Emigration.

Exterritorialität

Unanwendbarkeit der innerstaatlichen Rechtsordnung im eigenen Hoheitsbereich, d.h. die völkerrechtlich garantierte → Immunität für bestimmte Personen, z.B. für diplomatische Vertretungen und deren Hoheitsakte sowie für Staatsoberhäupter bei Auslandsreisen.

Extremismus

Politische Einstellungs- und Verhaltensmuster, die auf der für die Operationalisierung politischer Orientierungen üblichen Links-Rechts-Skala an den äußeren Polen (→ Linke. bzw. → Rechte.) angesiedelt sind. Unscharf ist die begriffliche Unterscheidung von E. und → Radikalismus. Im allgemeinen politischen Sprachgebrauch werden in der Bundesrepublik mit E. gegen den Kernbestand der → Verfassung, die → freiheitliche demokratische Grundordnung, gerichtete → Einstellungen bezeichnet.

Extremistenbeschluß

Auch als Radikalenerlaß bezeichneter Beschluß des → Bundeskanzlers und der Regierungschefs der → Länder vom 28.1.1972 hinsichtlich der Überprüfung von Bewerbern für den → öffentlichen Dienst und der Mitgliedschaft von → Beamten in extremistischen Organisationen. Aufgrund der Verpflichtung der Angehörigen des öffentlichen Dienstes, sich positiv zur → freiheitlich-demokratischen Grundordnung zu bekennen und aktiv für ihre Erhaltung einzutreten, entscheidet der Dienstherr über Maßnahmen, die bei einem entsprechenden Pflichtverstoß gegen den Betreffenden zu verhängen sind. Bei Bewerbern für den öffentlichen Dienst führte der E. zur sog. Regelanfrage bei den Verfassungsschutzämtern. Ergaben sich begründete Zweifel an der Verfassungstreue der Bewerber, führte dies i.d.R. zur Ablehnung. Nicht zuletzt die heftige Kritik am E. im In- und Ausland, die eine Einschränkung der Freiheitsrechte und die Verhängung von → Berufsverboten monierte, führte zur Aufgabe der Regelanfrage in den meisten → Bundesländern.

EZB
Abk. für → *E*uropäische Zentral*b*ank.

F

F.D.P
Abk. für → *Freie Demokratische Partei.*

Fachaufsicht
Kontrolle des Verwaltungshandelns einer nachgeordneten → Behörde durch die zuständige Aufsichtsbehörde, die nicht nur die Recht-, sondern auch die Zweckmäßigkeit der Maßnahmen und die mögliche Erteilung von Weisungen umfaßt. Der F. unterliegen z.B. Städte und → Gemeinden im übertragenen Wirkungskreis und die Landesbehörden, soweit sie Bundesgesetze als → Auftragsangelegenheiten ausführen (Art. 85 GG).

Fachausschüsse
Bez. für die → Ständigen Ausschüsse des → Bundestages, die deren fachliche Spezialisierung hervorheben soll. Allerdings kennt der Bundestag auch Ausschüsse, für die Bez. F. nicht zutrifft (z.B. Petitionsausschuß).

Fachministerkonferenz
Regelmäßige Zusammenkünfte der jeweils zuständigen Länderminister zur freiwilligen und verfassungsrechtlich nicht vorgesehenen Koordinierung landespolitischer Entscheidungen (sog. → Dritte Ebene). Bekanntestes Beispiel ist die → Ständige Konferenz der Kultusminister der Länder (KMK). Die Praxis der Vorab-Festlegung einheitlicher Lösungen ist ein prägendes Merkmal des → kooperativen Föderalismus. Sie führt zu einer Bedeutungsminderung des → Länderparlamentarismus.

Faction
Ursprünglich Bez. für interessenegoistische und deshalb gemeinwohlgefährdende Gruppierungen (z.B. in den → Federalist Papers). Heute Bezeichnung für Subgruppen oder Flügel innerhalb politischer → Parteien, die sich durch ein bestimmtes Maß an Organisationsfähigkeit und Kontinuität auszeichnen.

Falange
Spanische Staatspartei während der Zeit des → autoritären Regimes unter Führung General Francos. Die F. wurde am 28.10.1933 von Primo de Rivera gegründet und am 13.2.1934 mit der J.O.N.S. (nationalsyndikalistische Angriffsgruppen) vereinigt. Im Herbst 1934 proklamierte sie ihr den Ideen des → Faschismus und → Nationalsozialismus verhaftetes 27-Punkte-Programm. Nach dem Wahlsieg der → Volksfront 1936 wurde die F. als → Partei faschistisches Typs verboten. Sie gehörte zwar nicht zu den Initiatoren des Militärputsches vom Juli 1936, schloß sich ihm aber sofort an. Franco vereinigte die F. am 19.4.1937 zwangsweise mit den ihm ergebenen Gruppierungen zu einer → Einheitspartei als „Sammelbecken aller patriotischen Kräfte". Nach Beendigung des → Bürgerkriegs 1939 bis zum Ende des Franco-Regimes 1975 erfüllte die F. (trotz Verankerung ihres Führungsauftrags im Staatsorgangesetz vom 10.1.1967) nur noch formale Funktionen und war politisch weitgehend einflußlos.

Familienlastenausgleich
→ Familienpolitik

Familienpolitik
Begriff: Der Familienbegriff ist keineswegs eindeutig, weil er einmal Familie als Verwandtschaft, ein andermal Familie als kleinste Lebensgemeinschaft von Erwachsenen und Kindern meint. Ohne auf die geschichtliche Entwicklung des „Objektes" der F. einzugehen, definiert sich Familie heute als eine durch Geburt oder Adoption von Kindern entstehende Kleingruppe von Erwachsenen und Kindern, der sog. „Normalfamilie". Von diesen „Normalfamilien" gibt es Abweichungen verschiedenster Art, so z.B. die Familie, die aus alleinerziehenden Müttern bzw. Vätern mit ihrem Kind bzw. Kindern besteht. Es handelt sich hier also um eine relativ weit gefaßte Definition

von Familie, die nicht deckungsgleich mit dem Begriff „Ehe und Familie" ist, wie er im → Grundgesetz (Artikel 6) festgeschrieben wurde. Dieser weite Familienbegriff wird deswegen verwendet, weil Adressaten der heutigen F. im wesentlichen ein oder mehrere Erwachsene zusammen mit einem oder mehreren Kindern sind, unabhängig davon, ob es sich um Lebensgemeinschaften mit oder ohne Trauschein handelt oder um alleinstehende Personen mit Kindern.

Funktionen der Familie: Wenn es auch ein sehr differenziertes duales System f. Leistungen gibt, so kann man in allen Fällen sagen, daß sich f. Maßnahmen immer auf die verschiedenen Funktionen beziehen und beziehen müssen, die von den Familien wahrgenommen werden. Zusammengefaßt ergeben sich folgende Funktionen:
1. die generative Funktion, d.h. die Funktion der Familie, für die Erhaltung der → Gesellschaft zu sorgen;
2. die Haushaltsfunktion, d.h. die Bereitstellung eines Rahmens für die Familie, innerhalb dessen sämtliche andere Funktionen überhaupt erst erfüllt werden können, wobei es sich z.B. um Kleidung, Ernährung und Wohnung handelt;
3. die Erziehungsfunktion, die v.a. die Normübermittlung der Gesellschaft an die Kinder meint;
4. die Plazierungsfunktion, wobei im wesentlichen an die Verantwortung der Eltern für die schulische und berufliche Entwicklung der Kinder gedacht ist; und
5. die Erholungsfunktion, die alle die Aktivitäten der Familie einschließt, die der Erholung im Alltag dienen.

Maßnahmen und Leistungen: Bei der Durchsicht der einzelnen f. wirksamen Maßnahmen zeigt sich, daß diese nach sehr unterschiedlichen Kriterien gegliedert werden können. Es besteht hier die Schwierigkeit, daß es erstens unterschiedliche Träger verschiedener f. Maßnahmen gibt (so z.B. direkte und indirekte Maßnahmen, öffentliche Maßnahmen und Maßnahmen der → freien Träger usw.); zweitens gibt es - geht man einmal von den Familien aus - sehr unterschiedliche Maßnahmen in bezug auf Leistungsformen: bezahlte Leistungen

und solche, die Belastungen einschränken (Steuervergünstigungen), außerdem Geld- und Sachleistungen; drittens sind auch die Wirkungen der verschiedenen Leistungen für die Familie sehr unterschiedlich, so daß f. Maßnahmen - je nachdem, wie man sie im Einzelfall zuordnet - sehr verschiedenen Zielen zu entsprechen scheinen.

Wie immer man aber die f. Leistungen auch gliedert, es fallen die grundlegenden Rechtsnormen generell heraus. Das liegt daran, daß diese einerseits keine unmittelbaren und spezifischen Wirkungen auf die Familien haben, andererseits aber prinzipiell, d.h. für alle Einzelmaßnahmen Geltung besitzen. So legen z.B. Art. 2 Abs. 3 GG sowie das 4. Buch des → BGB die grundsätzliche → Gleichberechtigung der Frau fest. Diese → Norm ist aber einerseits nicht überprüfbar, andererseits ändert sich durch sie keineswegs die reale Situation der Frauen in Familie und Gesellschaft.

Schon ein knapper Überblick über die ökonomisch relevanten f. Maßnahmen zeigt die Vielfalt der Leistungen. Einmal setzen Leistungen an verschiedenen Tatbeständen, z.B. an der Existenz von Kindern an. Zum anderen handelt es sich um verschiedene Formen von Leistungen, nämlich sowohl um direkte Ansprüche wie z.B. das Kindergeld oder das Erziehungsgeld, als auch um indirekte Leistungen im Sinne von Steuerersparnissen. Außerdem bestehen arbeitsrechtliche Schutzbestimmungen im Bereich des Mutterschutzes, und es gibt schließlich Sachleistungen für die Familien, wie z.B. diejenigen der Krankenversicherungen.

Erziehungsgeld, Kindergeld und Kinderfreibeträge zusammen werden in der Literatur zumeist als „Familienlastenausgleich" bezeichnet. Während das Kindergeld - in verschiedenen Formen und in verschiedener Höhe - bereits seit Mitte der 50er Jahre gezahlt wird, gibt es das Erziehungsgeld erst seit 1986, obwohl schon Ende der 60er Jahre über seine Einführung nachgedacht wurde. Das zeigt die lange „Inkubationszeit" sozialpolitischer, hier f. Maßnahmen. Neben diesen beiden genannten wichtigsten, direkten f. Maßnahmen sind als bedeutendste indirekte f. Einrichtung die Kinderfreibeträge zu nennen; über sie ist allerdings in den letzten Jahren eine scharfe Kontroverse entbrannt: Kinderfreibeträge werden vom steuerpflichtigen Einkommen abgesetzt und sind deswegen um so höher, je größer das Einkommen ist, weil der Gesamtsteuersatz progressiv gestaffelt wird.

Neben dem genannten „Familienlastenausgleich" existiert noch eine Vielzahl weiterer familienrelevanter Leistungen, von denen hier nur einige exemplarisch aufgeführt werden können, wie z.B. Haushaltsfreibetrag für Alleinerziehende, → BAföG, Ausbildungsfreibeträge, Wohngeld, 7b-Baukindergeld usw.

Umfeldbedingungen: Von gleicher Wichtigkeit wie die genannten Maßnahmen für die Familie sind auch die Umwelt, in der sie lebt, und die vielfältigen Einrichtungen, die den Familien zur Verfügung stehen. Diese Faktoren werden zumeist im öffentlichen Bewußtsein unterschätzt. Hierbei handelt es sich um soziale Zusammenhänge und Lebensvoraussetzungen, die allen Menschen in gleicher Weise zuzurechnen sind und nicht - wie die finanziellen Leistungen für die Familie - einzelnen Familien zugeordnet werden können; Wohnumfeld, familienfreundliche Bedingungen am Arbeitsplatz und das allgemeine Netz der sozialen Sicherheit seien hier beispielhaft genannt.

Ein wichtiger Umweltfaktor sind die Wohnung und das Wohnumfeld. Wohnungen und Umfeld haben besondere Bedeutung für die Sozialisation von Kindern und Jugendlichen. Erwachsene sind demgegenüber aufgrund ihrer → Partizipation in anderen Handlungsfeldern nicht in gleicher Weise zur Gestaltung ihrer sozialen Beziehungen von der Wohnung abhängig. Bedeutsam für den Verlauf und das Ergebnis der Sozialisation sind - bezogen auf die Wohnung - zunächst einmal die Belegungsdichte von Wohnungen, Art bzw. Nutzungsmöglichkeiten der verfügbaren Räume, bautechnische Qualität, Ausstattung, Siedlungsstruktur und insbesondere die Lage der Wohnung sowie die Verfügbarkeit von Dienstleistungen in der Nähe der Wohnung, die soziale Struktur und die Verkehrsanbindung des Wohnbereiches.

Neben den Wohnungen und dem Wohnumfeld sind Arbeitsmarkt und Arbeitsbedingungen wichtige, das Familienleben beeinflussende Faktoren. Im Bereich der Arbeitsbedingungen sind verschiedene familienfreundliche Maßnahmen zu erwähnen. Tarifliche Vereinbarungen sehen gleitende Arbeitszeit und Teilzeitarbeit vor, wobei besonders für letztere noch familiengerechtere Erweiterungen vorstellbar sind. Im Bereich betrieblicher Vereinbarungen kann von den Arbeitgebern eine Reihe von Maßnahmen gewährt werden. Es handelt sich dabei um die Möglichkeit, Kinder in den Betrieb mitzunehmen; die Einrichtung von Betriebskindergärten; Mittagstisch für Kinder; die Gewährung zusätzlicher Urlaubstage für Elternteile; spezielle Arbeitszeitregelungen für Mütter und Väter von Kindern unter 15 Jahren; längerfristige Beurlaubung mit Arbeitsplatzgarantie; vorübergehende Verringerung der Arbeitszeit; Schichtwechsel und weitere individuelle Einzelabsprachen.

Allerdings werden die hier aufgezählten Einrichtungen seitens der Betriebsleitungen bislang recht selten angeboten. Außerdem setzen alle familienfreundlichen Interventionen auf dem Arbeitsmarkt voraus, daß die Kinder berufstätiger Eltern während der Arbeitszeit versorgt sind. Für die Betreuung von Säuglingen und Kleinstkindern sowie von jungen Schulkindern wirft die bestehende Versorgungslücke an Krippen und Kinderhorten jedoch Probleme auf.

Eine weitere Rahmenbedingung für Familien ist das System der sozialen Sicherheit, das die alte, aus dem Berufsleben ausgeschiedene Generation von der Kleinfamilie abkoppelt. Dies liegt daran, daß die Alterssicherung durch die gesetzliche Rentenversicherung bzw. die Beamtenversorgung weitestgehend kollektiviert worden ist, während die Versorgung der noch nicht erwerbstätigen Kinder und Jugendlichen zwar individualisiert bleibt, aber durch f. Leistungen korrigiert wird. Die Bedeutung des Netzes der sozialen Sicherheit für die Familien zeigt sich im übrigen am sog. „unsichtbaren Familienlastenausgleich". Dieser ergibt sich aus der gesetzlichen Krankenversicherung, die durch lohnbezogene Beiträge finanziert wird, denen Leistungen gegenüberstehen, die von Familienstand und -größe unabhängig sind und allen Familienmitgliedern in gleicher Weise gewährt werden.

Familien- und Bevölkerungspolitik: Im Zusammenhang mit der F. wird häufig die → Bevölkerungspolitik erwähnt. Unter Bevölkerungspolitik versteht man ein zielgerichtetes begründetes Handeln zum Zwecke der planmäßigen Beeinflussung demographischer Tatbestände wie Größe, Altersaufbau, regionale Verteilung und Wachstumsintensität der Bevölkerung. Es ist einleuchtend, daß sich Bevölkerungspolitik und F. gegenseitig bedingen. In der Bundesrepublik besteht vielfach das Mißverständnis, daß die F. die Bevölkerungspolitik umschlösse. Moderne F. bezweckt aber keineswegs bevölkerungspolitische Wirkungen, sondern beschränkt sich prinzipiell darauf, die Aufgabenerfüllung der Familien sicherzustellen. Allerdings haben bestimmte f. Maßnahmen bevölkerungspolitische Wirkungen und umgekehrt. Von der F. gehen keine allgemeinen, sondern nur spezielle Wirkungen aus; dennoch ist F. als Ergänzung zur Bevölkerungspolitik zu sehen. F. ist - geht man von einer wachstumsorientierten Bevölkerungspolitik aus - demnach diejenige → Politik, die zu Gunsten benachteiligter Gruppen zu betreiben wäre, während die Bevölkerungspolitik jenen Rahmen zu schaffen hätte, der es für alle Bevölkerungskreise erstrebenswert erscheinen ließe, Familien zu gründen bzw. Kinder großzuziehen.

Lit.: Bethusy-Huc, V. Gräfin v.: Familienpolitik, Tübingen 1987; *Bundeszentrale für politische Bildung* (Hg.): Aus Politik und Zeitgeschichte (Beilage zur Wochenzeitung Das Parlament), Ausgaben B 20/84, B 13/88, B 18/89; *Deutscher Bundestag* (Hg.): 3. Familienbericht der Bundesregierung vom 20.8.1979, BT-Ds. 8/3121; *Kaufmann, F.-X.* (Hg.): Staatliche Sozialpolitik und Familie, München, Wien, 1982; *Lampert, H.:* Sozialpolitik, Berlin, Heidelberg, New York 1980; *Weigelt, K.:* (i.A.d. Konrad-Adenauer-Stiftung, Hg.), Familie und Familienpolitik, Forschungsbericht 44,

Melle 1980; *Wingen, M.* (Hg.): Familie im Wandel. Situation, Bewertung, Schlußfolgerungen, Bad Honnef 1989.

Prof. Dr. Viola Gräfin v. Bethusy-Huc, Münster

FAO

Abk. für *F*ood and *A*griculture *O*rganization of the United Nations. 1945 gegründete Ernährungs-und Landwirtschaftsorganisation der → Vereinten Nationen mit Sitz in Rom („Welternährungsorganisation"). Die FAO bemüht sich v.a. um eine Steigerung der landwirtschaftlichen Produktivität in den → Entwicklungsländern mittels technischer Hilfe.

Faschismus

Von B. Mussolini 1922 an die Macht geführte politische Bewegung, deren Symbol die Rutenbündel („fasces") der altrömischen Liktoren waren. Das von ihr mit den Mitteln systematischen Terrors verbreitete und bis 1943 ausgeübte Herrschaftssystem war gekennzeichnet durch die Ausschaltung aller konkurrierenden → Parteien, der Kontrolle des öffentlichen Lebens durch die Partei und die Konzentration der Staatsgewalt beim Führer (Duce).

Im weiteren Sinne Bez. für extrem nationalistische Bewegungen und Herrschaftssysteme in Europa nach dem 1. Weltkrieg mit autoritärem bzw. totalitärem Aufbau, der Organisation nach dem Führerprinzip und einer antidemokratischen, antiliberalen und antimarxistischen → Ideologie, welche die Krise der demokratischen Systeme im Europa der Zwischenkriegszeit spiegelten und beschleunigten. Seine stärkste totalitäre Ausprägung erreichte der F. als → Nationalsozialismus in Deutschland.

Faschismus(theorien)

1. Begriffsgeschichte. Der Begriff F. geht auf das lat. Wort „fascis" zurück, das das Rutenbündel der Liktoren, der Amtsdiener höherer römischer Staatsbeamter, bzw. im übertragenen Sinn ein Zeichen für Einheit, einen → Bund, bezeichnet. Im Italienischen bezeichnet „fascio" ein Bündel und metaphorisch den Bund bzw. → Verband.

Sizilianische Sozialbanditen, Syndikalisten und parteiunabhängige Sozialisten bezeichneten sich als „fasci". Als „Bewegung" und „wirkliche Tat" (L. v. Stein) grenzten sie sich mit diesem Begriff von → Parteien und → Gewerkschaften ab („fasci dei lavoratori"). Im Verlauf des Ersten Weltkrieges griff die italienische Rechte den Begriff auf, um den kriegsinterventionistischen Parlamentsflügel zu kennzeichnen („fascio parlamentare", „fascio per la diffensa nationale"). 1915 gründete Mussolini den „fascio d'azione rivoluzionaria", einen Zirkel kriegsbegeisterter Syndikalisten und Sozialisten; 1919 entstanden hieraus die Bünde ehemaliger Frontsoldaten („fasci di combattimento"). Damit wurde der „fascio"-Begriff auf die extreme politische Rechte bezogen. Die Mitglieder dieser Bünde bezeichneten sich als „fascisti" und ihre Bewegung als „fascismo". Mit „unerbittlichem totalitären Willen" wollten sie, so Mussolini, „die → Nation faschistisieren", ausgehend von einem bewußt illiberal-antihumanistischen Menschenbild („Libro e moschetto - fascista perfetto") bzw. vom „Kampf gegen bürgerliche Feigheit und marxistischen Terror".

Die zunächst dezentralen „fasci di combattimento" (jeweils mit einem „Ras" an der Spitze) bildeten am 7.11. 1921 die „Partito Nazionale Fascista", deren „Verstaatlichung" (I. Silone) 1923 begann. Der ursprünglich auf sozialrevolutionäre lokale Bünde bezogene Begriff der „fasci" wurde jetzt nur noch auf diese → Staatspartei und deren Konzept eines total starken → Staates bezogen, so daß liberale und sozialistische Kritiker seit 1920 vom totalitären System („sistema totalitario") redeten, um den mit Mussolinis „stato totalitario" identifizierten F. zu kritisieren.

Mussolini und Goebbels betonten sowohl den auf Italien bezogenen Charakter des Begriffs („nationalfascismo") als auch dessen universale Ausstrahlung als „Bezugspunkt" für vielfältige anti-liberale und -sozialistische nationale Bewegungen. 1934 betonte J. Goebbels, diese „Politik werde „in Italien mit dem Namen ‚Faschismus' und ... in Deutschland mit dem Namen ‚Nationalsozialismus' (belegt und durchdringt) nach und nach ganz Europa."

„Trotz der Existenz einer „Faschistischen Internationale" (1928-1936) der „schwarzen und braunen Faschisten" gewann der Begriff seinen universalistischen Charakter v. a. durch die liberale, katholische, sozialistische und kommunistische F.-kritik. So redete z.B. der Vorsitzende der → Kommunistischen Internationale (KI), G. J. Sinowjew, im Anschluß an den „Marsch auf Rom" (28.10.) schon im November 1922 von der „Epoche des Faschismus", und 1926 schlug der liberale, ehemalige Ministerpräsident F. Nitti vor, → „Bolschewismus, Faschismus und → Demokratie" als universelle korrespondierende Prozesse zu betrachten.

2. F.-deutungen und -analysen. „Faschismus" avancierte im faschistischen Selbstverständnis und in der Optik seiner Kritiker zum Gattungsbegriff des Vergleichs rechtsextremer antiparlamentarischer, antiliberaler und antihumaner Bewegungen, Parteien und Systeme. Der Begriff bezieht sich auf politische Organisationen der Zwischenkriegszeit z.B. in Italien, Deutschland, Österreich, Spanien, Belgien, Norwegen, Rumänien, Finnland und Frankreich sowie auf die Macht- und Herrschaftssysteme insbesondere in Italien und Deutschland. Besondere Probleme für die Aussagenreichweite und politische Verwertung ergeben sich entweder aus der Begrenzung des Begriffs nur auf historische Gegebenheiten und heute aus der „Historisierung" bzw. „Normalisierung" einer diachronen Forscherhaltung, die von politischen Bezügen zur Gegenwart befreit werden soll, oder aus der strukturell begründeten zeitlichen Ausweitung des Begriffs (→ „Neofaschismus") auch auf gegenwärtige politische Organisationen.In analytischer Hinsicht ist der Begriff (ebenso wie die → Totalitarismus- und Extremismusanalyse) gefährdet, wenn (unausgewiesene) politische Implikate und Werturteile die Analyse beherrschen. - Ein Beispiel für die Dominanz einer politischen Wertung über ein analytisches Urteil ist z.B. der kommunistische Begriff → „Sozialfaschismus", demzufolge die „Kampforganisation der Bourgeoisie" und die → Sozialdemokratie als „Zwillingsbrüder" galten.

Jede bedeutende politische Grundhaltung („Ismus") hat Interpretationen des F. hervorgebracht, hat dessen Aufstieg politisch und interpretativ verfolgt. Liberale und konservative Deutungen - ebenso wie die in Italien bedeutende katholische - betonten den faschistischen „Totalitätsanspruch" und bereiteten die pluralismus- und totalitarismustheoretische Demokratiekonzeption der Nachkriegszeit vor. Sozialistische und sozialdemokratische Interpretationen unterstrichen den Massencharakter der faschistischen Bewegungen und die politische Arbeitsteilung und Kooperation des → Systems mit Teilen der traditionellen → Eliten in Industrie, → Verwaltung, Armee und Wissenschaft.

Alle Interpretationen hatten Schwierigkeiten, die Bedeutung bewegungsorientierter und systemischer Aspekte für die Faschisierungsprozesse und für den zur Macht gekommenen F. gegeneinander abzuwägen. Eine verbindliche Definition wurde deshalb von diesen politisch-wissenschaftlichen Ansätzen nicht entwickelt. Auch die seit Mitte der 60er Jahre vorgelegten universalgeschichtlichen, sozialgeschichtlichen und regimevergleichenden F.analysen entbehren der Allgemeinverbindlichkeit.

Ein fester Kanon unterlag im Kontext von „Stalinisierung" der kommunistischen F.interpretation. Sie befaßte sich bevorzugt mit Fragen der ökonomischen Beziehung von F. und kapitalistischen → Eliten und vernachlässigte Probleme der faschistischen Massenbasis, der politischen Form und der Verfassungsnormen. Als autoritative Definition charakterisierte 1933 das XIII. Exekutivkomitee der KI den Klassencharakter des F. als „die offene terroristische Diktatur der am meisten reaktionären, chauvinistischen und imperialistischen Elemente des Finanzkapitals". Der VII. Weltkongreß der KI bestätigte diese Definition 1935 für den „F. an der Macht" und zeichnete damit eine bis heute auch für Forschungen aus diesem Interpretationsfeld geltende Leitlinie.

Die kommunistischen Forschungen hielten am universellen F.begriff fest, während ihn die anderen Richtungen schon während des Zweiten Weltkrieges, erst recht aber während des → „Kalten Krieges" aufgaben, um zumeist die Position der „rot" und „braun" vergleichenden bzw. sogar identifizierenden Totalitarismustheorie einzunehmen.

Erst ab Mitte der 60er Jahre knüpften, besonders in der Bundesrepublik und Italien, geistes- und sozialgeschichtliche sowie im angelsächsischen Bereich politischvergleichende Studien wieder an einen universellen F.-Begriff an. Als Minimalnenner schälten sich folgende Charakteristika heraus:

F. setzt eine Legitimitäts-, Wert- und ökonomische → Krise voraus, die meist mit hoher sozialer Mobilität, mit massenhaften Auf- und Abstiegsprozessen, mit entsprechender Deprivation und Statusunsicherheit verbunden ist. Im Gegensatz zu traditioneller bürgerlicher Politik stellt F. eine Form der Massenpolitik dar. Die Massenbewegung wird aber nicht demokratisch bestimmt, sondern → Autorität, → Hierarchie, Führung und → Charisma spielen die bedeutende Rolle, dennoch eröffnet F. neuen politischen Eliten und Schichten den Weg zur Teilhabe an politischer → Macht und sozialer → Herrschaft. Als System instrumentalisiert der F. die Wirtschaft für Kriegszwecke. Eroberte und besetzte Gebiete werden ohne Rücksicht auf rechtliche Konventionen ausgebeutet und in den Dienst der eigenen Reproduktion gestellt.

Ideologisch gründet sich F. auf ein heterogenes Bündel älterer antihumanistischer und antiliberaler → Ideologien. Er beinhaltet eine rassistisch-fremdenfeindliche Programmatik (wobei der → Antisemitismus in Deutschland eine bedeutendere Rolle spielt als in Italien) und propagiert Kampf, → Gewalt und Vernichtungswillen als legitime Mittel gegen innere wie äußere politische Feinde. Sozial werden faschistische Regime und Parteien überwiegend von Mittelschichten getragen, aber im Unterschied zu liberalen und konservativen Parteien charakterisierten sie ein höherer Jugendanteil, die → Integration unterschiedlicher Sozialschichten und insbesondere ein größerer Arbeiteranteil. Kontinuierliche Organisation und der Parteiapparat spielen ebenfalls eine viel größere Rolle als in den bürgerlichen Parteien, militante Unterorganisationen sind in die faschistische Gesamtorganisation eingebunden. Dies unterscheidet den F. von Wehrbünden und Geheimorganisationen, führt aber häufig zu → Konflikten zwischen dem militanten und dem politischen Organisationsflügel. Die Entscheidung erfolgt entsprechend formellen Legalitätsüberlegungen, die einen Machterwerb der politischen „new-comer"-Elite in Kooperation mit Teilen der traditionellen Eliten ermöglicht.

Gleich ob faschistische Parteien stärker agrarisch orientiert sind (Rumänien, Finnland), ob sie sozial eher als „links" (England), „ausgewogen" (Deutschland, Belgien) oder „rechts" (Holland) gelten, ob es eine Konkurrenz faschistischer Parteien gibt (Österreich, Frankreich, Ungarn) oder ob sie sich erfolgreich an Wahlen beteiligen (Belgien, Ungarn, Rumänien, Schweiz, Deutschland): keine faschistische Partei kommt mit → absoluter Mehrheit, nur aus eigener Kraft zur politischen Macht. Maßgeblich ist die Zusammenarbeit mit entscheidenden Teilen der traditionellen Eliten.

Die Spannung zwischen Sigularität und → Universalismus, die entweder das Besondere oder das All-gemeine des F.begriffs unterstreicht, prägt von den 20er Jahren bis heute politisch und wissenschaftlich die Begriffsgeschichte. Diese Einordnungen des F. bestimmte z.B. die raum- und zeitunabhängige, allgemein an → Kapitalismus gebundene Interpretation durch die KI, die sozialdemokratische Sonderwegthese gegen Ende der → Weimarer Republik („Deutschland ist nicht Italien"), die während des Zweiten Weltkrieges verwendete Personalisierung („Hitlerfaschismus"), die zeitgeschichtliche Kontroverse „um Faschismus, Totalitarismus, Demokratie" (K. D. Bracher) seit Mitte der 70er Jahre und letztlich den „Historikerstreit". Nichts deutet darauf hin, daß dieser politisch-wissenschaftliche Streit um das Für und Wider von „F." und einer „antifaschistischen", demokratischen Politik abgeschlossen ist.

3. Probleme und Kontroversen. Schon dieser flüchtige Blick auf die Begriffsgeschichte verdeutlicht, daß es angesichts der tiefgreifenden sozialen wie politischen Polarisierung keinen einvernehmlichen F.-begriff gibt. Zu sehr unterliegt dem Begriff von Anfang an eine politische und analytische Haltung, die beide unterschiedlich ausgeprägt und auch unterschiedlich vermittelt werden.

Ein Begriff „F." erfährt sowohl wissenschaftlich als auch politisch eine differenzierte Ausprägung, je nachdem wie er (1.) auf seinen Bezugsebenen (Zeit, Verallgemeinerung) ausgeprägt wird [dies betrifft die Felder 2, 4, 6, 8 der Matrix], und (2.) die Spezifika dieser Bezugsebenen aufeinander bezogen werden [dies betrifft die Kombination der Felder 1 und 3 oder 7 bzw. 5 und 3 oder 7].

	Verallgemeinerung		Zeit	
Abstraktion:	F. als Gattungsbegriff	*Kontinuität:*	strukturell bedingte F.potentiale und Faschisierungsprozesse
	(1)	(2)	(3)	(4)
Konkretum:	Empirische Besonderheit Italiens oder bedeutende Besonderheiten der „Nationalfaschismen"	*Diskontinuität:*	F. begrenzt auf seine Epoche (vornehmlich in der Zwischekriegs-zeit)
	(5)	(6)	(7)	(8)

Zusätzlich ergeben sich weitere Unterscheidungen, wenn verschiedene Dimensionen des umfangreichen Gegenstandes „F." unterschiedlich intensiv bearbeitet werden. Hierbei handelt es sich zumeist um die Akzentuierung von F. als → „System" (Macht- und Herrschaftsverteilung, institutionelle Ordnung) und/oder als „Bewegung" (soziale Befindlichkeit, kollektive Deutungsmuster, organisatorische und sozialpsychologische Ordnung). Schließlich führt die Einordnung „des F." in eine Geschichte von → „Aufklärung" oder (selbstverschuldeter) „Unmündigkeit" zur unterschiedlichen geschichtsphilosophischen Akzentuierung der Singularisierung oder des Universalismus.

Von den genannten vielfältigen Hemmnissen gegenüber einem weitgehenden → Konsens über einen „F."-Begriff ist es forschungspraktisch am bedeutsamsten, daß der synthetisierende Gattungsbegriff „F." überwiegend auf Grundlage besonderer (zumeist nur Italien und Deutschland betreffender) Ländermonographien, mehrheitlich also nicht als integrierter Vergleich, vorgestellt wird.

Das Auseinanderfallen politischer und analytischer sowie geschichtsphilosophisch-totalitäts-bezogener und empirischer Aufmerksamkeitshaltungen führt dazu, daß die quantifizierende, vergleichende Organisationssoziologie faschistischer Parteien und die demokratietheoretisch vergleichende Regimelehre faschistischer und → autoritärer Systeme unvermittelt neben totalitätsbezogenen hermeneutischen Untersuchungen stehen. M. Horkheimers Monitum (1939): „Wer ... vom Kapitalismus nicht reden will, sollte auch vom Faschismus schweigen", ist deshalb bis heute nicht in einen theoriegeleiteten empirischen Forschungsprozeß zur komparativen Analyse von→ „autoritärer Persönlichkeit", „autoritärem Staat" und der „totalitären Form des Staatskapitalismus" eingeflossen. Ein derartiger komparativer Zugriff beinhaltet dabei zunächst den Vergleich der genannten Untersuchungsbereiche in einem „Nationalfaschismus" und sodann den Vergleich verschiedener F., um so den gemeinsamen Minimalnenner eines analytischen F.-begriffs zu bestimmen. Analytisch kann die geschichtsphilosophische Aussagedimension diskutiert werden, indem sie auf eine vergleichende Modernisierungsdiskussion bezogen wird. Die Überprüfung des Effekts faschistischer Machtausübung im Rahmen einer längerfristigen Betrachtung sozialer und soziopolitischer Indikatoren (zu Fragen der Bildung, → Urbanisierung, Tertiarisierung) sowie der sozioökonomischen Bedeutung von technischem Fortschritt und Arbeitsorganisation relativiert im deutschen Fall die Annahme einer „braunen Revolution" (D. Schoenbaum) und weist auf bedeutende Unterschiede zu Italien hin. Eine derartige vergleichende empirische F.forschung befindet sich immer noch im

Anfangsstadium, der primär politischlegitimatorisch geführte „Historikerstreit" hat ihre Entwicklung eher behindert, auf keinen Fall aber beflügelt. Gleichwohl verweist gerade der „Historikerstreit" auf die Fülle bis heute ungelöster Forschungsfragen.

Lit.: R. De Felice: Die Deutungen des Faschismus. Göttingen/ Zürich 1980; *E. Hennig:* Zum Historikerstreit. Frankfurt 1988; *I. Kershaw:* Der NS-Staat. Reinbek b. Hamburg 1988; *S. U. Larsen u.a.* (Hg.): Who were the Fascists? Bergen/ Oslo/ Tromsø 1980; *J. B. Linz:* Some Notes toward a Comparative Study of Fascism in Sociological Historical Perspective, in: W. Laqueur (Hg.), Fascism: A Reader's Guide. Harmondsworth 1976, S. 13-78.

Prof. Dr. Eike Hennig, Kassel

FDGB
Abk. für → *F*reier *D*eutscher *G*ewerkschafts*b*und.

FDJ
Abk. für → *F*reie *D*eutsche *J*ugend.

Federalist Papers
Sammlung von 85 Aufsätzen, die ursprünglich 1787/88 in New Yorker Zeitungen erschienen waren. In ihnen erläuterten und verteidigten die Autoren A. Hamilton, J. Madison und J. Jay unter dem Pseudonym „Publius" den Entwurf der → Verfassung der Vereinigten Staaten, um die → Ratifizierung durch den Verfassungskonvent des → Staates New York zu erreichen.

Feminismus
Zusammenfassende Bez. für Bestrebungen zur Beseitigung der Benachteiligung und Unterdrückung von Frauen. F. ist keine geschlossene Theorie, auch kein einheitliches Handlungskonzept, und wird daher meist recht allgemein, z.B. als „Kampf für die speziellen Forderungen der Frau", gefaßt, dem die Einsicht zugrundeliegt, daß Frauen -in verschiedenen → Gesellschaften auf unterschiedliche Weise - aufgrund ihres Geschlechts benachteiligt und/ oder unterdrückt werden.

Fernmeldegeheimnis

→ Brief-, Post- und Fernmeldegeheimnis

Feudalismus

→ Lehnswesen; Staats- und Gesellschaftsordnung, in der die politischen, sozialen und wirtschaftlichen Verhältnisse auf gegenseitigen Treue- und Schutzversprechen zwischen Lehnsherr und Lehnsträger (Vasall) beruhen. Kennzeichen des F. ist die Personalität der Herrschaftsausübung, der Ersatz öffentlich-rechtlicher durch privatrechtliche → Normen und Organisationsformen.

In Zentraleuropa lag die Blütezeit des F. zwischen dem 10. und 13. Jahrhundert; parallele Entwicklungen fanden sich in Rußland, China, Japan und in den islamischen Ländern.

Die Lehnsherren (König, hohe Adlige und Kirchenfürsten) übertrugen dem Vasallen ein Lehen (Güter oder Rechte) gegen entsprechende Leistungen (z.B. Kriegsdienst). Mit der Möglichkeit der Weiterverleihung der Lehen und ihrer Erblichkeit entwickelte sich ein abgestuftes Herrschaftssystem („Lehnspyramide"). Charakteristisch ist für den F. trotz seines pyramidalen Aufbaus die Zersplitterung der → Herrschaft. Zwar stand an der Spitze ein Monarch, dem der Hochadel lehnsrechtlich verbunden war. Wegen der Gegenseitigkeit des Treueverhältnisses und des darin begründeten → Widerstandsrechts der adligen Vasallen fehlte es jedoch an einer durchgängig wirksamen Zentralgewalt, so daß die Qualität des staatlichen Verbands letztlich abhängig war von der Ausprägung persönlicher Loyalitäten. Entsprechend entwickelten sich aus dem F. entweder flächenstaatliche → Monarchien, in die der Adel eingebunden wurde (Frankreich, England), oder monarchische Kleinstaaten und Territorialfürstentümer wie in Deutschland.

Filibustering

Bez. für parlamentarische Obstruktionsbzw. Verschleppungstaktiken, mit Hilfe derer → Minderheiten die Mehrheit daran zu hindern suchen, Gesetzesbeschlüsse zu fassen. Der Begriff leitet sich ab von der im amerikanischen → Senat früher häufig genutzten Möglichkeit, aufgrund fehlender Redezeitbeschränkungen durch Dauerreden und Einbringen von - oft sinnlosen - Änderungsanträgen (Filibuster) die → Abstimmung über einen Gesetzesentwurf zu verzögern oder zu verhindern. Das F. im Senat kann seit 1977 durch Antrag auf Schluß der Debatte unterbunden werden, wenn drei Fünftel der Mitglieder zustimmen.

Finanzausgleich

Verteilung der öffentlichen Einnahmen auf die → Gebietskörperschaften unter Berücksichtigung der ihnen übertragenen Aufgaben und ihrer Finanzkraft. Hierbei muß gesetzlich sichergestellt werden, „...daß die unterschiedliche Finanzkraft der → Länder angemessen ausgeglichen wird" (Art. 107 II GG). Der *vertikale* F. regelt die Finanzierung von Aufgaben, die auf den verschiedenen Ebenen zu erfüllen sind, v.a. als F. zwischen → Bund und Ländern. Ein *horizontaler* F. erfolgt zwischen den finanzstarken und -schwachen → Bundesländern. Der *kommunale* F. erfolgt als Ausgleich zwischen Bundesland und → Gemeinden und vom → Kreis zu den kreisangehörigen Gemeinden. Von *vertikalem* F. mit *horizontalem Effekt* spricht man, wenn eine Differenzierung des ersteren nach der Leistungsfähigkeit der betroffenen Gebietskörperschaften vorgenommen wird, wie es beim Länderund z.T. beim kommunalen F. der Fall ist.

Finanzgerichtsbarkeit

Gerichtsbarkeit zur Entscheidung in öffentlich-rechtlichen Streitigkeiten in Abgaben-, insbesondere Steuerangelegenheiten, soweit die Abgaben der → Gesetzgebung des → Bundes unterliegen, sowie in anderen, ihr durch → Gesetz zugewiesenen Fällen und in Streitigkeiten aus dem Berufsrecht der Steuerberater und -bevollmächtigten. Im Unterschied zu den anderen Gerichtsbarkeiten ist die F. nur zweistufig: in den → Ländern bestehen Finanzgerichte, im Bund der → Bundesfinanzhof.

Finanzkapital

V.a. im Sprachgebrauch des → Marxismus-Leninismus üblicher Begriff für das miteinander verflochtene Kapital von Großindustrie und Banken. Infolge der Bildung von Monopolen in den Händen Weniger konzentriert, prägt das F. nach Lenin den → Kapitalismus in der Epoche des → Imperialismus.

Finanzplanung

Planung der eine Haushaltswirtschaft bestimmenden Größen für einen bestimmten Zeitraum. In der Bundesrepublik wurde die F. 1967 durch Erlaß des → Stabilitätsgesetzes institutionalisiert. § 9 schreibt eine 5jährige „mittelfristige" F. des → Bundes vor, die jährlich anzupassen ist. In ihr sind Umfang und Zusammensetzung der voraussichtlichen Ausgaben und der Deckungsmöglichkeiten in Beziehung zur mutmaßlichen Entwicklung der Gesamtwirtschaft darzustellen. Der Finanzplan ist vom → Bundesminister der Finanzen zu erstellen und zu begründen. Er wird von der → Bundesregierung beschlossen und → Bundestag und → Bundesrat vorgelegt. Diese Vorschriften gelten sinngemäß auch für die → Länder.

Finanzplanungsrat

Seit 1968 bestehendes Gremium zur Koordinierung der → Finanzplanung des → Bundes, der → Länder und → Gemeinden. Der F. besteht aus den Finanzministern des Bundes und der Länder und 4 Vertretern der Gemeinden und → Gemeindeverbände; die → Deutsche Bundesbank hat das Recht zur beratenden Teilnahme. Die Beratungsergebnisse haben den Charakter rechtlich nicht verbindlicher Empfehlungen.

Finanzpolitik

1. Begriff: Geld und Recht gelten als die dominanten Steuerungsmedien des modernen → Staates. Die öffentliche Finanzwirtschaft umfaßt alle Dispositionen über Geld (Zahlungen), bei denen ein oder beide Partner zum → öffentlichen Sektor gehören, und alle internen Dispositionen über geldwerte Ressourcen (z.B.: Grundstücke, Per-

sonal). Die F. betrifft die Gestaltung der öffentlichen Finanzwirtschaft durch legitimierte Entscheidungsträger. Diese Gestaltung bedient sich aller Ebenen der Normenhierarchie, von der → Verfassung (vgl. Art. 104a - 115 GG) über das → Gesetz bis zur → Verwaltungsvorschrift.

2. Systematik: a) Nach den Ebenen der Entscheidungsträger läßt sich die F. der → EU (z.B. Zollpolitik), des → Bundes (z.B. → Steuerpolitik), der → Länder (z.B. Finanzausgleichspolitik) und der → Kommunen, d.h. der → Kreise und → Gemeinden (z.B. Gebührenpolitik), unterscheiden. Bei einem weiten Begriff von „öffentlichem Sektor" sind die sog. Parafisci (Sozialversicherungsträger, Kirchen, → Kammern etc.) einzubeziehen.

b) Nach dem Gegenstand läßt sich die F., wenn auch nur mit Überlappungen, einteilen in:

- Finanzausgleichspolitik: → Finanzausgleich i.w.S. betrifft die (vertikale und horizontale) Verteilung von Aufgaben, Ausgaben und Einnahmen in einem föderativen Staat (→ Föderalismus); Finanzausgleich i.e.S. betrifft Geldzahlungen zwischen öffentlichen → Körperschaften.

- Einnahmenpolitik: z.B. Steuerpolitik, Kreditpolitik.

- Ausgabenpolitik: Hier ist eine Unterscheidung nach Ausgabearten (z.B. Investitionspolitik) oder Aufgabenbereichen (z.B. Politik der Verkehrsausgaben) möglich.

- → Haushaltspolitik (Budgetpolitik): Diese umfaßt die Gesamtheit der politisch-administrativen Entscheidungen (und Vorbereitungsentscheidungen: vgl. mehrjährige → Finanzplanung), die im periodischen Prozeß der Haushaltsplanung und des Haushaltsvollzugs fallen, im Unterschied zur nachfolgenden Finanzkontrolle, z.B. durch Rechnungshöfe, der der politische Charakter fehlt, auch wenn sie - wegen ihrer präventiven Wirkung - politische Konsequenzen hat.

c) Bei einer Einteilung der F. nach ihren Zielen stößt man zumeist auf eine Einteilung in:

- Allokationspolitik: Steuerung der Nutzung der volkswirtschaftlichen Ressourcen für die effiziente Produktion der verschiedenen öffentlichen und privaten Güter und Dienste.

- Stabilisierungspolitik: Sicherung eines möglichst konstanten, hohen Auslastungsgrades des volkswirtschaftlichen Produktionspotentials, Vermeidung von → Arbeitslosigkeit, → Inflation und Zahlungsbilanzungleichgewichten.

- Distributionspolitik: Beeinflussung der (interpersonalen, interregionalen, intertemporalen u.a.m.) Verteilung von Geld und Gütern und Diensten entsprechend konkreten Gerechtigkeitsvorstellungen.Weitere oft genannte Ziele wie Wirtschaftswachstum oder Umweltschutz lassen sich diesen Zielen zuordnen oder als instrumentelle Zwischenziele (Haushaltsausgleich) interpretieren.

d) Nach der Bedeutung sind weitreichende (Finanzreform, Haushaltsreform, Steuerreform) und unbedeutende Maßnahmen, nach dem Auftreten periodische (Haushaltsplanung) und aperiodische (Steuergesetzänderung) Maßnahmen zu unterscheiden.

3. Charakteristika: F. unterscheidet sich von anderen Politikfeldern durch ein bestimmtes Bündel von Charakteristika:
a) *Relevanz*: F. als Finanzausgleichspolitik bestimmt mit über Gewicht, → Autonomie und Abhängigkeit der Ebenen im föderativen Staat. F. als Einnahmepolitik definiert den Staat als „Steuerstaat", der gerade im → Kapitalismus darauf angewiesen ist, die Quellen seiner Steuerkraft zu pflegen und so in Abhängigkeit von der privaten Wirtschaft, ihren Konjunkturen und → Krisen, gerät. F. als Ausgabenpolitik ist Handlungsform des → „Wohlfahrtsstaates", der versucht, die Unterstützung seiner → Bürger auch durch die Gewährung von Geld und Leistungen („Daseinsvorsorge") zu sichern. F. als Haushaltpolitik dient intern der Steuerung der wachsenden → Verwaltung, deren Handeln mehr oder weniger als Haushaltsvollzug interpretiert werden kann.
b) *Querschnittscharakter*: Durch den definitorischen Bezug der F. auf Geld und durch die Angewiesenheit aller übrigen → Politikfelder auf Geld ist F. (stärker noch als → Raumplanung) die „Querschnittspolitik" par excellence. Zwar variiert die „Ausgabenintensität" der Aufgabenerfül-

lung" in den Politikfeldern, doch zumindest über ihren Verwaltungsstab haben selbst → Außenpolitik und → Rechtspolitik Bezüge zur F.
c) *Konflikthaltigkeit*: Die Konkurrenz der → Verbände um Steuervergünstigungen oder Subventionen, die Konkurrenz der → Gemeinden um Zuweisungen, die Konkurrenz der Ressorts um wachsende Anteile am Haushaltsvolumen sind Beispiele für das hohe Maß an Konflikthaltigkeit der F.
d) *Kommunizierbarkeit*: die Zählbarkeit des Geldes erleichtert die → politische Kommunikation. Mit Zahlen über Ausgaben und Einnahmen und anderen „objektiven" Daten bestreiten → Parteien in der → Demokratie wesentliche Teile ihres politischen Wettbewerbs.
e) *Wissenschaftliche Kontroverse*: Der Informationswert der Zahlen ist aber vordergründig, solange die Wirkungen - auch wissenschaftlich - strittig sind. Der Beschäftigungseffekt eines kreditfinanzierten Arbeitsbeschaffungsprogramms wird von Keynesianern und Monetaristen unterschiedlich eingestuft.
f) *Ideologienähe*: Über ihre Relevanz ist F. besonders anfällig für ideologische Aufladungen. Eine wachsende → Staatsquote wird - wegen „Marktversagen" - mit der Hoffnung auf eine gerechtere → Gesellschaft und - wegen „Politikversagen" - mit der Sorge vor öffentlicher Verschwendung und fortschreitender Entmündigung der → Staatsbürger verknüpft.

Relevanz, Kommunizierbarkeit, wissenschaftliche Kontroverse und Ideologienähe schaffen günstige Voraussetzungen für den Einsatz der F. als → „symbolische Politik" in einem doppelten Sinne:
- Problematische quantitative Indikatoren, wie die Staatsquote oder das Haushaltsdefizit, werden zu zentralen Symbolen für „gute" und „schlechte" Politik.
- Besonders die Ausgabenpolitik symbolisiert Regierungsaktivität und zwar unabhängig von ihren oft geringen Nettowirkungen und von der Effizienz der Geldverwendung (spending-service-cliché).

4. Phasen der F. in der BRD: In der Geschichte der Bundesrepublik lassen sich grob drei Phasen der F. unterscheiden:

Aufbauphase (1949-1965): Das → „Wirtschaftswunder" stattet den Staat kontinuierlich mit zunehmenden Finanzmitteln aus. Bei konstanter Staatsquote werden gleichzeitig Wiederaufbau und Verbesserung der → Infrastruktur, die Finanzierung eines Systems der sozialen Sicherung und die Übernahme erheblicher Verteidigungslasten möglich.

Reformphase (1966-1980): Externe Wirksamkeit der F. und interne Effizienz der Entscheidungsfindung werden nun höheren Ansprüchen unterworfen. Die → Finanzreform (1969) führt zur größten Umverteilung in der Ertragshoheit für einzelne Steuern zwischen Bund, Ländern und Gemeinden. Die → Gemeinschaftsaufgaben (Art. 91a, b GG) und → Finanzhilfen (Art. 104a IV GG) sind Ansatzpunkte mehrjähriger Ausgabenplanung und Aktionsformen des → „kooperativen Föderalismus". Im → Stabilitätsgesetz (StWG, 1967) beginnt die Orientierung der F. an dem damals wissenschaftlich dominierenden keynesianischen Konzept der Stabilisierungspolitik. Die Haushaltsreform, u.a. durch das Haushaltsgrundsätzegesetz (HGrG, 1969), greift diese Tendenzen auf (Orientierung am gesamtwirtschaftlichen Gleichgewicht, mehrjährige → Finanzplanung) und modernisiert den gesamten Prozeß von Haushaltsaufstellung und -vollzug bei Bund, Ländern und (später) Gemeinden. Zur Koordination zwischen den Ebenen werden der Konjunkturrat (§18 StWG), der → Finanzplanungsrat (§§ 51, 52 HGrG) und weitere Planungsgremien geschaffen. Bei rückläufigen Wachstumsraten des Bruttosozialproduktes wachsen Staatsquote und Verschuldungsquote rascher und kommt es bei den Ausgaben zu einer Verlagerung zugunsten der Personalausgaben und der sozialen Leistungen. Die neuen → Institutionen und Programme erfüllen nicht die hochgesteckten Erwartungen.

Konsolidierungsphase (ab 1981): Schon vor der politischen „Wende" in Bonn (1982) wird, beginnend mit der sog. „Operation '82", der Haushaltskonsolidierung auf allen Ebenen Vorrang eingeräumt. Das aufkommende Ziel vom Abbau der Staatsquote (u.a. durch Privatisierung) gibt vor, daß diese Konsolidierung nicht über zusätzliche

Einnahmen, sondern über Ausgabenabbau (Sparpolitik) erfolgt. Bei wachsender → Arbeitslosigkeit steigen trotz Reduktion einzelner Leistungen die Sozialausgaben insgesamt, vor allem auf der kommunalen Ebene. Der Anteil der öffentlichen Investitionen an allen Ausgaben sinkt. Die keynesianisch inspirierten Institutionen und Instrumente der Reformphase spielen in diesem Prozeß kaum mehr eine Rolle.Die Wiedervereinigung 1990 führte zu einem Anstieg der Staatsquote und der Kreditfinanzierung für die erforderlichen West-Ost-Transfers („→ Fonds Deutsche Einheit", „Erblastentilgungsfonds"), deren Abbau dann zentrale Themen der Folgejahre werden. Im → „Föderalen Konsolidierungsprogramm" (1993) werden die neuen Länder in den Länderfinanzausgleich ab 1.1.1995 integriert. Konsolidierend wirken auch die kreditpolitischen Konvergenzkriterien für die dritte Stufe der → Wirtschafts- und Währungsunion in Europa: Im Verhältnis zum Bruttoinlandsprodukt zu Marktpreisen sollen das öffentliche Defizit 3 Prozent und der öffentliche Schuldenstand 60 Prozent nicht übersteigen.

5. Politikwissenschaftliche Forschungsansätze: Finanzwissenschaftliche und rechtswissenschaftliche Untersuchungen der F. haben eine lange Tradition. Die empirische politik- und verwaltungswissenschaftliche Analyse der F. betrifft v.a. die Entscheidungszusammenhänge (Determinanten) finanzpolitischer Entscheidungen. Dabei sind die periodischen und quantifizierbaren Haushaltsentscheidungen einer Analyse eher zugänglich als etwa die Bedingungen und Prozesse, die zu Finanz- oder Steuerreformen führen.

- Haushaltsplanung kann verwaltungsintern als ein „Rollenspiel" interpretiert werden zwischen den konkurrierenden expansiven → Interessen der Fachressorts (und ihrer Klientel) und dem kontraktiven Interesse des Finanzressorts. Geltende Gesetze über Einnahmen und Ausgaben engen den Handlungsspielraum ein. Komplexität, Zeitdruck und Informationsrestriktionen begrenzen auch die Rationalität der verbleibenden Wahlentscheidung in Verwaltung und → Parlament. Sie beeinflussen das

Verhalten aller Akteure, nur Problemlösungen in der Nähe der bestehenden Zustände anzustreben, und bewirken, daß es i.d.R. nur zu marginalen, weitgehend parallelen Veränderungen in den Budgetansätzen kommt (→ „Inkrementalismus").

- In vergleichenden (statistischen) Analysen, vor allem der Gemeindeausgaben, sog. Policy-Output-Studien, wird versucht, die relative Bedeutung von sozioökonomischen Determinanten (Wirtschaftskraft, Bevölkerungswachstum) und politischen Determinanten (Typ der → Gemeindeverfassung, Intensität des Parteienwettbewerbs, politische Richtung der dominanten → Partei) auf Niveau und Struktur der Ausgaben (und Einnahmen), aber auch auf die Wahl zwischen alternativen Sparstrategien zu ermitteln.

- Besonderes politikwissenschaftliches → Interesse hat innerhalb des Finanzausgleichs die sog. → Politikverflechtung gefunden, vorrangig bei den Gemeinschaftsaufgaben zwischen Bund und Ländern, seltener bei anderen Aufgaben und zwischen Ländern und Gemeinden. Hier existieren - oft fachpolitisch separierte – Handlungsnetze, in denen sich die Interessen von Bundes- und Landespolitik sowie von Fachpolitik und F. überlagern und Entscheidungsprozesse durch die parteipolitischen Konflikte zusätzlich erschwert werden. Diese Handlungssysteme haben sich - trotz nachweisbarer Mängel - als politisch sehr stabil erwiesen.

Es gibt schließlich Versuche, wirtschaftswissenschaftliche und politikwissenschaftliche Analyse in politisch-ökonomischen Gesamtmodellen zu integrieren. Bei diesen wird das finanzpolitische Handeln vermittelt über die Regierungspopularität - u.a. durch wirtschaftliche Indikatoren (Arbeitslosenquote, Inflationsrate, Einkommenswachstum) - bestimmt und werden die wirtschaftlichen Indikatoren - vermittelt über ein makroökonomisches Modell - u.a. durch das finanzpolitische Handeln erklärt. Grundlage dieser „Endogenisierung des Staates" sind Konzepte der → ökonomischen Theorie der Politik, die das Regierungshandeln, hier also die F., als optimale Anpassung an vorherrschende Wählerwünsche auffassen.

Lit.: *M. G. Schmidt*: Staatsfinanzen, in: K. v. Beyme/ M. G. Schmidt (Hg.): Politik in der Bundesrepublik Deutschland, Opladen 1989, S. 36-73; *H. Mäding* (Hg.): Haushaltsplanung - Haushaltsvollzug - Haushaltskontrolle, Baden-Baden 1987, *V. Arnold/ O.-E. Geske* (Hg.): Öffentliche Finanzwirtschaft, München 1988.

Prof. Dr. Heinrich Mäding, Berlin

Finanzreform

Bestrebungen, durch Umgestaltung der → Finanzverfassung ein einheitliches und übersichtliches Steuersystem sowie eine Neuverteilung der Steuereinnahmen zwischen den → Gebietskörperschaften (→ Finanzausgleich) herzustellen. Die F. von 1969 in der Bundesrepublik führte die von → Bund und → Ländern gemeinsam zu finanzierenden → Gemeinschaftsaufgaben ein (Art. 91 a GG) und gab dem Bund das Recht, unter bestimmten Voraussetzungen Investitionen von Ländern und Gemeinden mitzufinanzieren (Art. 104 a IV GG). Der sog. Steuerverbund wurde dahingehend erweitert, daß Lohn-, Einkommen-, Körperschaft- und Umsatzsteuer Bund und Ländern gemeinsam zustehen. Der Finanzausgleich zwischen den Ländern wurde z.T. neu geregelt und die Gemeindefinanzierung durch Einführung eines Gemeindeanteils an der Lohn- und Einkommensteuer (Art. 106 V GG) reformiert.

Finanzverfassung

Gesamtheit der gesetzlichen Bestimmungen für das öffentliche Finanzwesen. Die F. der Bundesrepublik ist in ihren Grundzügen in den Art. 104 a - 115 GG geregelt. Danach tragen → Bund und → Länder grundsätzlich gesondert die Ausgaben für die Wahrnehmung ihrer Aufgaben. Handeln die Länder im Auftrag des Bundes, trägt dieser die Ausgaben. Das → Grundgesetz regelt weiterhin u.a. die Gesetzgebung über Zölle und Steuern (Art. 105), die Verteilung des Steueraufkommens (Art. 106), die Grundsätze des → Finanzausgleichs (Art. 107) und der Finanzverwaltung (Art. 108).

Flächennutzungsplan

Bestandteil kommunaler → Bauleitplanung. Der F. ist ein vorbereitender Bauleitplan. In ihm „ist für das ganze Gemeindegebiet die sich aus der beabsichtigten städtebaulichen Entwicklung ergebende Art der Bodennutzung nach den voraussehbaren Bedürfnissen der → Gemeinde in den Grundzügen darzustellen" (Baugesetzbuch § 5 I).

Flexible Response

Seit 1967 offiziell gültige → NATO-Militärstrategie, welche die bis dahin geltende Doktrin der „Massiven Vergeltung" ablöste. Die F. soll → Abschreckung dadurch gewährleisten, daß sie die Beantwortung jeder Art militärischer → Aggression mit angemessenen Mitteln, aber gestuft unterhalb der Nuklearschwelle ermöglicht, zugleich jedoch die jederzeit mögliche Anhebung der Verteidigungsebene einschließlich des Einsatzes von Kernwaffen („kontrollierte Eskalation") glaubhaft macht.

Flick-Affäre

Bez. für die Steuerhinterziehungen durch Geber und Empfänger von Parteispenden, die aufgedeckt wurden im Zusammenhang mit der Gewährung steuerlicher Vergünstigungen für die Einnahmen, die der Flick-Konzern aus der Veräußerung seiner Daimler-Benz-Beteiligung aufgrund „volkswirtschaftlich besonders förderungswürdiger" Reinvestitionen hatte erzielen können. Mit der F. beschäftigte sich ein → Untersuchungsausschuß des → Bundestages in der Zeit vom 9.6.1983 bis 12.3.1986. Strafrechtlich führte die F. zur Verurteilung der beiden früheren → Bundesminister Lambsdorff und Friderichs (in ihrer Eigenschaft als FDP-Schatzmeister) sowie mehrerer Unternehmer und Manager wegen Steuerhinterziehung.

Flurbereinigung

Zusammenlegung und wirtschaftliche Gestaltung von zersplittertem und unwirtschaftlich geformtem ländlichen Grundbesitz zur Förderung der land- und forstwirtschaftlichen Produktion, geregelt durch das F.gesetz vom 14.7.1953 in der Fassung vom 16.3.1976 und entsprechende Ausführungsgesetze der → Länder. Die F. wird unter Mitwirkung der beteiligten Grundeigentümer und der landwirtschaftlichen Berufsvertretung in einem behördlich geleiteten Verfahren durchgeführt. Die F., die in der Bundesrepublik bislang ca. 8,5 Mio. Hektar erfaßte, ist in der → Öffentlichkeit seit langem heftig umstritten, weil sie häufig zur Zerstörung von Kulturlandschaften und des ökologischen Gleichgewichts führte.

Föderalismus

1. Begriff: F. (von lat. *foedus* = Bund) bezeichnet ein Struktur- und Organisationsprinzip, mit dem die innere Ordnung eines → politischen Systems umschrieben wird, das als gegliedertes Gemeinwesen auftritt: Grundsätzlich gleichberechtigte und eigenständige Glieder sind zu einer übergreifenden politischen Gesamtheit zusammengeschlossen. Zu den Merkmalen von F. gehört, daß sowohl die Glieder als auch die übergreifende Gesamtheit einerseits eigenständig sind und andererseits gleichzeitig miteinander in enger Verbindung stehen („Vielfalt in der Einheit").

1.1. Erscheinungsformen: Die unterschiedlichen Erscheinungsformen von F. lassen sich darauf zurückführen, daß in manchen föderativen Systemen die Vielfalt stärker betont wird (zentrifugaler F.), während anderen die Einheit mehr Bedeutung beimessen (zentripetaler F.). Aufgrund der Dynamik, die prinzipiell jedem föderativen System innewohnt, kann auch das einzelne föderative System phasenweise verschiedene Erscheinungsformen durchlaufen. Generell setzt F. eine gewisse Homogenität der Mitglieder voraus; ohne ein Mindestmaß an gemeinsamen Eigenarten und → Interessen kann sich keine Einheit bilden. Umgekehrt darf diese Gleichartigkeit nicht zu weit gehen - es müssen auch Besonderheiten der einzelnen Glieder bestehen. Während F. ein sog. Organisationsprinzip beschreibt, bezieht sich die Bez. → Bundesstaat auf die staatliche Gliederung als solche. Der Bundesstaat ist die staatsrechtliche Verbindung nicht-souveräner Gliedstaaten, bei der zwar die völkerrechtliche → Souveränität allein beim Zentralstaat liegt, aber sowohl der Gesamtverband als auch die Teilverbände Staatscharakter besitzen. Im Unterschied zum Bundesstaat behalten die Gliedstaaten im → Staatenbund (z.B. der → Deutsche Bund von 1815 oder die amerikanische Konföderation unter den „Articles of Confederation" von 1777 zwischen 1781 und 1787) ihre völkerrechtliche Souveränität. Es handelt sich hier um eine Form von zwischenstaatlichem F., bei dem die Gliedstaaten durch einen völkerrechtlichen Vertrag zusammengeschlossen sind und mittels gemeinsamer Organe ihre gemeinsamen Aufgaben erledigen. Zwischen Staatenbund und Bundesstaat gibt es Mischformen, wie z.B. die → Europäische Union (EU), die vom → Bundesverfassungsgericht in dessen sog. „Maastricht-Urteil" vom 12. Oktober 1993 als „Staatenverbund" bezeichnet wurde. Das politische Gegenprinzip zum F. ist der → Unitarismus, in dem die staatliche Organisation nicht aufgeteilt, sondern auf einer Ebene konzentriert ist. Es gibt nur einen einheitlichen Gesamtstaat ohne verfassungsrechtlich verankerte und politisch wirksame Gliederung von oben nach unten (→ Einheitsstaat).

1.2. Begründung, Funktionen: F. kann historisch, geographisch oder ethnisch begründet werden, aber auch die Folge einer politischen Willensentscheidung sein. Eine historische Begründung liegt dann vor, wenn die föderative Organisation das Mittel war, um überhaupt zur nationalen Einheit zu gelangen, oder wenn die föderative Tradition eines Landes die Bundesstaatlichkeit als unantastbare Größe erscheinen läßt. Dagegen gelten die Schweiz, Kanada oder Indien als Beispiele für einen F., der mit der ethnischen Struktur einer → Gesellschaft gerechtfertigt wird. Dort besteht die Bevölkerung jeweils aus unterschiedlichen ethnischen Gruppen, die relativ geschlossen siedeln und die zur staatlichen Gemeinsamkeit nur bereit sind, wenn ihrer ethnischen Differenzierung durch einen föderativen Staatsaufbau entsprochen wird. Hintergrund ist die Funktion von F., heterogene Gesellschaften integrieren zu können, indem er die wirtschaftliche, politische, aber auch militärische Verbindung ihrer einzelnen Elemente ermöglicht und gleichzeitig ein gewisses Maß an soziokultureller Eigen-

ständigkeit sowie politischer → Autonomie der Gliedstaaten zuläßt. Von einer geographischen Rechtfertigung des F. kann man dann sprechen, wenn ein Staatsgebiet von derartigen territorialen Ausmaßen ist, daß eine Zentralregierung - ungeachtet der inzwischen bestehenden technischen Möglichkeiten - gar nicht in der Lage wäre, angemessen und rasch den jeweiligen regionalen Erfordernissen entsprechend zu handeln (z.B. Australien, Indien, USA).

Noch wichtiger erscheinen die weiteren Begründungen für F.: in erster Linie handelt es sich dabei um demokratietheoretische Überlegungen. Sie basieren auf der Grundüberzeugung, daß F. die → Demokratie fördert, indem er den → Bürgern zusätzliche Partizipationsmöglichkeiten bietet. Je mehr institutionelle und verfahrensmäßige Möglichkeiten die Demokratie zur Konsensbildung, zum Engagement und zur Identifikation eröffnet, desto größer sind einerseits die Chancen für ihre Funktionsfähigkeit und Stabilität und desto eher können andererseits Bürger, Ämter und politisches Personal in einem engeren Kontakt zueinander stehen. Dies gilt zumindest dann, wenn auch die Gliedstaaten dezentral organisiert sind. In föderativ organisierten Systemen wird die sog. horizontale → Gewaltenteilung durch die vertikale Gewaltenteilung ergänzt. Dadurch, daß Zentralstaat und Gliedstaaten nur über wenig ausschließliche Kompetenzen verfügen, die sie allein, ohne Mitwirkung von Amtsträgern anderer politischer Organisationsebenen, wahrnehmen können, werden beide politischen Ebenen in ihren Machtbefugnissen begrenzt. Aufgrund der sich daraus ergebenden Verhinderungs- und Hemmungsmöglichkeiten sind sie aufeinander angewiesen, wenn sie wirksam → Politik betreiben wollen. Dieses System von → „checks and balances" verhindert Machtmißbrauch und ist somit ein ganz wesentliches Element der Rechtsstaatlichkeit. Die verschiedenen Vorteile von F. können sich nach ihrer Ausgestaltung, aber auch entsprechend der Sichtweise des Betrachters leicht in einen Nachteil verkehren. Aus einer Struktur, die dadurch, daß sie verschiedene Reibungsflächen bietet, den Mißbrauch von → Macht verhindert, wird dann ein uneffizienter und kostenintensiver Apparat mit einem schwerfälligen Entscheidungsprozeß. In diesem Fall wird nicht mehr die Vielfalt gepriesen, sondern die Unübersichtlichkeit der Staatstätigkeit bemängelt und die Schwierigkeit beklagt, in Anbetracht der Vielzahl von Akteuren klare Verantwortlichkeiten festzustellen. Aus der Perspektive der Bürger werden häufig die in bundesstaatlichen Ordnungen zwangsläufig auftretenden Mobilitätskosten (z. B. unterschiedliche Schulsysteme) als Argument gegen F. vorgebracht. Generell gilt, daß dann, wenn die bundesstaatlichen Strukturen und Prozesse lediglich als Vervielfachung, nicht aber als Vielfalt erscheinen, die Bereitschaft, auch die Nachteile von F. in Kauf zu nehmen, schwach ausgeprägt ist.

1.3. Normierung: Da gerade in einem Bundesstaat weder die Aufgabenverteilung zwischen Zentralstaat und Gliedstaaten noch die institutionelle Ordnung willkürlich erfolgen darf, sind verfassungsrechtliche Normierungen von F. unverzichtbar. Für die BRD ist dies durch Art. 20 Abs. 1, Art. 28 sowie Art. 79 Abs. 3 GG geschehen. Danach ist die BRD ein Bundesstaat, in dem die Grundsätze des republikanischen, demokratischen und sozialen → Rechtsstaates sowohl im → Bund als auch in den → Ländern gelten müssen. Die BRD muß in Länder gegliedert sein, die an der → Gesetzgebung zu beteiligen sind. Diese letztgenannten Bestimmungen bilden zusammen mit der verfassungsrechtlichen Grundentscheidung für den Bundesstaat ein unantastbares Kernelement des GG, das nicht einmal durch eine → Verfassungsänderung beseitigt werden kann.

2. Organisation: Föderative Staaten setzen sich zusammen aus dem Zentralstaat und den Gliedstaaten. Während die BRD aus dem Bund und den Ländern besteht und die Schweizer Eidgenossenschaft aus dem Bund und den → Kantonen, sind es in den Vereinigten Staaten von Amerika die → Union und die Einzelstaaten, die gemeinsam den Gesamtstaat bilden. Die Besonderheit von Bundesstaaten - etwa im Vergleich zu Staaten, in denen → Regionalismus eine Rolle spielt - ist in der „Staatsqualität" ihrer

Gliedstaaten zu sehen, d.h. auch wenn ihre staatliche Hoheitsmacht zwar beschränkt ist, leitet sie sich nicht vom Zentralstaat ab, sondern wird von diesem nur anerkannt. Die Staatsqualität der deutschen Länder äußert sich in mehrfacher Hinsicht: ihre eigenständigen Rechte sind nur mit ihrem Einverständnis veränderbar; sie müssen über bestimmte eigene Herrschaftsbereiche verfügen können und nicht nur als Vollzugsorgane des Zentralstaats fungieren; um als Gliedstaaten wirksame Herrschaft ausüben zu können, verfügen sie ebenso wie der Zentralstaat über eigene exekutive, legislative und judikative Institutionen, deren Amtsträger auch über Entscheidungskompetenzen verfügen.

2.1. Aufgabenverteilung: In der BRD erfolgt die Aufgabenverteilung zwischen Bund und Ländern überwiegend nach Kompetenzarten: die Gesetzgebung ist weitgehend Sache des Bundes; den Ländern bleiben als ausschließliche Gesetzgebungskompetenz die Bereiche, in denen das GG überhaupt keine Regelung trifft (z.B. das Kommunalrecht oder das Kulturwesen). Zweitens können sie nach Art. 75 GG bei der → Rahmengesetzgebung den vom Bund gesetzten Rahmen durch eigene → Gesetze ausfüllen. Drittens ist es ihnen nach Art. 72 GG möglich, in den Bereichen der → konkurrierenden Gesetzgebung tätig zu werden, in denen der Bund seine konkurrierende Gesetzgebungsbefugnis nicht genutzt hat. Im Zuge der → Verfassungsreform 1994 bemühten sich die Länder, die Kompetenzverteilung des GG zu ihren Gunsten zu modifizieren: sie erreichten u.a. eine Neufassung von Art. 72 GG, der regelt, unter welchen Voraussetzungen der Bund bei der konkurrierenden Gesetzgebung das Gesetzgebungsrecht besitzt. Zugleich gilt der neu geschaffene Art. 125 a Abs. 2 GG als Möglichkeit, geltendes Bundesrecht teilweise der Gesetzgebungskompetenz der Länder zu öffnen. Während die deutschen Länder nur über wenige Gesetzgebungskompetenzen verfügen, fällt der Vollzug der Bundesgesetze fast ausschließlich in ihren Aufgabenbereich. Diese bundesdeutsche Zuständigkeitsaufteilung nach Kompetenzarten bildet ein Element des sog. „Verbundmodells", das sich dadurch vom „Trennmodell" US-amerikanischer Prägung unterscheidet, daß die beiden bundesstaatlichen Ebenen allein schon durch die Aufgabenverteilung gezwungen sind, eng zusammenzuarbeiten.

2.2. Funktionsweise: Um diese enge Zusammenarbeit im deutschen Bundesstaat zu sichern, arbeiten zwischen Bund und Ländern eine Vielzahl von Kooperations- und Koordinationsinstanzen, die mittels formeller wie informeller Kontakte darum bemüht sind, die notwendige Abstimmung und Zusammenarbeit herbeizuführen. In der BRD ist das wichtigstes Verbindungsorgan zwischen Bund und Ländern der → Bundesrat. Auch die anderen föderativen Systeme weisen Organe auf, die es den Gliedstaaten erlauben, an der Willensbildung des Zentralstaates mitzuwirken. Dabei können die verschiedenen Ausprägungen von F. auch danach unterschieden werden, ob die Bedeutung der Gliedstaaten eher im Bereich der eigenen Gestaltungsmöglichkeiten (z.B. durch Gesetzgebung) liegt oder daraus folgt, daß die Gliedstaaten ihre Interessen, die sich aus ihrer Stellung im Bundesstaat ergeben, durch ihre Mitgestaltung der Bundespolitik einzubringen versuchen. Im sog. → Senatssystem, wie es die USA kennen (aber auch die Schweiz: Ständerat), ergibt sich die föderative Wirksamkeit des → Zweikammersystems spätestens seit der Einführung der unmittelbaren Volkswahl der Senatoren im Jahr 1913 eher indirekt: aus dem größeren proportionalen Gewicht einzelner Staaten im Vergleich zum → Repräsentantenhaus oder aus der Nachrangigkeit von parteipolitischen Interessen im Vergleich zur regionalen Orientierung der Senatoren.

Anders beim deutschen Bundesrat: Durch ihn wirken nach Art. 50 GG die Länder bei der Gesetzgebung und → Verwaltung des Bundes und in Angelegenheiten der → Europäischen Union mit. Der Bundesrat ist ein Bundesorgan, bestehend aus insg. 69 Mitgliedern der Regierungen der Länder, in dem jede → Landesregierung je nach Bevölkerungsstärke des Landes zwischen drei und sechs Stimmen führt (Art. 51 Abs. 2 GG). Obwohl v.a. bei divergierenden

Mehrheitsverhältnissen in → Bundestag und Bundesrat häufig die parteipolitische Überlagerung des Bundesrates beklagt wird, gelingt es dem Bundesrat insgesamt, Länderinteressen zur Geltung zu bringen und damit auch den Anforderungen des F. gerecht zu werden. Gleichzeitig aber trägt die Zusammensetzung und Arbeitsweise des Bundesrates dazu bei, daß im deutschen F. die Verschränkung zwischen Zentralstaat und Gliedstaaten noch stärker ausgeprägt ist, als dies inzwischen auch in anderen föderativen Systemen der Fall ist: Einerseits gelingt es den beim Bundesratsprinzip herausgehobenen Landesregierungen häufiger, die Landesinteressen auch gegen parteipolitische Orientierungen zu mobilisieren, als dies etwa beim Senatsprinzip der Fall wäre, wo die Senatoren ausschließlich nach parteipolitischen Kriterien rekrutiert werden. Auf diese Weise sichert die Zusammensetzung und Funktion des Bundesrates die Belange der Länder. Andererseits trägt seine Zusammensetzung gemeinsam mit dem System der Kompetenzverteilung auch dazu bei, daß sich der deutsche F. tendenziell als sog. „Exekutiv-F." darstellt. Während die Regierungen der Länder sowohl auf nationaler Ebene als auch gegenüber der EU nicht nur wesentliche Mitgestaltungsrechte besitzen, sondern auch Vetopositionen einnehmen können, ist der Handlungsspielraum der → Parlamente in den Ländern deutlich beschränkt. Für sie wirkt sich nicht nur der Mangel an relevanten Gesetzgebungskompetenzen der Länder besonders gravierend aus, sondern sie können - im Unterschied zu den jeweiligen Landesregierungen - dieses Defizit nicht einmal ansatzweise durch eine Mitwirkung an der Willensbildung der nationalen bzw. supranationalen Ebene kompensieren.

2.3. Finanzordnung im F.: Zur Erfordernis eines funktionsfähigen F. gehört, daß Zentralstaat und Gliedstaaten jeweils über eine angemessene finanzielle Ausstattung verfügen, die ihnen erlaubt, ihre Aufgaben zu erfüllen. Zu diesem Zweck regelt die → Finanzverfassung u.a. die Gesetzgebungskompetenzen für die Steuern, legt fest, wie die Steuererträge zwischen den staatlichen Ebenen verteilt werden und trifft Vorkehrungen, um ggf. die ursprüngliche

Steuerverteilung zu korrigieren. Der → Finanzausgleich ist demzufolge Ausdruck für das Grundprinzip des F., nämlich das bündische Prinzip des Einstehens füreinander. Das damit verbundene Prinzip der → Solidarität steht aber in einem Spannungsverhältnis zum Wunsch der leistungsfähigeren Einheiten nach mehr Eigenverantwortlichkeit. Dies zeigt sich in der deutschen F.-Debatte u.a. an der Position der sog. Geberländer im Finanzausgleich, die sich gegen die nivellierenden Effekte des Finanzausgleichs aussprechen, die sog. Einheitlichkeit bzw. Gleichwertigkeit der Lebensverhältnisse abbauen und statt dem bisherigen auf Ausgleich zwischen den Ländern bedachten F. in der BRD einen sog. „Wettbewerbs-F." erreichen wollen.

Lit.: Deuerlein, E.: Föderalismus. Die historischen und philosophischen Grundlagen des föderativen Prinzips. München 1972; *Frenkel, M.*: Föderalismus und Bundesstaat. 2 Bde. Bern 1984, 1986; *Laufer, H./ Münch, U.*: Das föderative System der BRD Deutschland. München bzw. Bonn 1997 sowie Opladen 1998; *Schultze, R.-O.*: Föderalismus. In: Schmidt, M. G. (Hg.): Die westlichen Länder. Lexikon der Politik. Bd 3. München 1992, S. 95-110.

Prof. Dr. Heinz Laufer (†)/
Prof. Dr. Ursula Münch, München

Föderative Gewalt

In dem von John Locke in seiner „Zweiten Abhandlung über die Regierung" (1690) entworfenen Modell der → Gewaltenteilung das der Krone zugeordnete Recht zur Bestimmung der auswärtigen → Politik.

Folketing

Das dänische → Parlament.

Fonds Deutsche Einheit

Auf der Grundlage des → Gesetzes zum → Einigungsvertrag geschaffenes → Sondervermögen des → Bundes zur Mitfinanzierung der auf dem Gebiet der ehemaligen DDR angefallenen Folgekosten der deutschen Einheit. Die Schaffung des F. gründete darauf, daß eine sofortige Einbeziehung der neuen → Länder in das System des → Finanzausgleichs aufgrund der dortigen wirtschaftlichen Probleme nicht durchsetzbar war. Sie erfolgte erst zum 1.1.1995. Bis dahin wurde sie ersetzt durch die Zahlungen aus dem F., dessen Gesamtumfang anfänglich 115 Mrd. DM betrug. Für 1993 und 1994 wurde er auf ca. 160 Mrd. DM aufgestockt. Der F. wurde zunächst mit 20 Mrd. DM aus dem → Haushalt des Bundes finanziert; die übrigen Mittel stammten hauptsächlich aus Krediten, die hälftig von Bund und Ländern aufgenommen wurden. Die zur späteren Aufstockung erforderlichen Mittel wurden v.a. durch Zuschüsse des Bundes aufgebracht.

Fordismus

Theoretisches Konzept, das der analytischen Erfassung einer bestimmten Phase in der Entwicklung der modernen → Kapitalismus dient. Die Bez. F. leitet sich ab vom Namen des Automobilbauers Henry Ford, dessen Betriebsgrundsätze Massenproduktion und Fließbandfertigung umfaßten. F. bezeichnet dementsprechend die auf → Taylorismus und Massenproduktion von Konsumgütern basierende kapitalistische Formation, die sich in der Zwischenkriegszeit in den USA herausbildete und sich nach dem 2. Weltkrieg in den entwickelten kapitalistischen Ländern weitgehend durchsetzte. Kennzeichnend für den F. sind die „Durchkapitalisierung" der → Gesellschaft mit der Konsequenz der weitgehenden Auflösung tradierter Lebensweisen und → Milieus sowie der zunehmende → Staatsinterventionismus - die „Durchstaatlichung" der Gesellschaft.

Forschungs- und Technologiepolitik

1. Definition. F. bezeichnet die staatliche Intervention in wirtschaftliche und wissenschaftliche Prozesse zur Förderung und v. a. Beschleunigung von - i.d.R. - naturwissenschaftlich-technischen Innovationen.F. zielt dabei vor allem auf Innovationen, die geeignet erscheinen, die Wettbewerbssituation der nationalen gegenüber anderen Volkswirtschaften zu stärken und zu verbessern.

2. Problemlagen. Zentrales Moment der Entwicklungsdynamik moderner Ökonomien ist die permanente Verbesserung und

Neuentwicklung von Produkten, Produktqualitäten und Produktionsverfahren. Diesem Innovationsdruck unterziehen sich in erster Linie die einzelnen Unternehmen, indem sie - etwa über innerbetriebliche Forschungs- und Entwicklungsabteilungen, aber auch über vielfältige Formen der zwischen- und überbetrieblichen Kooperation - versuchen, ihre jeweilige Position im nationalen und internationalen Wettbewerb zu halten und gegebenenfalls auszubauen.

Der Innovationsfähigkeit nationaler Ökonomien kommt darüber hinaus jedoch auch eine i.e.S. politische Bedeutung zu. Die Bereitschaft und Fähigkeit, im internationalen Innovationswettbewerb mitzuhalten, bestimmt mittel- und langfristig nicht nur die komparative Leistungsfähigkeit nationaler Ökonomien, sondern darüber hinaus vermittelt sie auch die Leistungsfähigkeit des modernen → Wohlfahrtsstaates. Da die Sicherheit und der Ausbau wohlfahrtsstaatlicher Standards ein wichtiges Element der → Legitimität moderner → Massendemokratien darstellt, erhält die staatliche Intervention zugunsten einer hohen Innovationsfähigkeit der gesamten Wirtschaft zentrale politische Relevanz.

Der internationale Innovationswettbewerb - und damit verbunden das Ausmaß staatlicher F. - fällt aufgrund einer Reihe von Faktoren in jüngster Zeit besonders gravierend aus. Das Aufkommen neuer Industrieländer und das Vordringen industrieller → Schwellenländer führt (1) zu einer erheblichen Konkurrenz hinsichtlich der Produktionskosten, insbesondere der Lohnkosten. In dieser Konkurrenz versuchen sich die führenden Industriestaaten durch kostensparende, i.d.R. hoch- und vollautomatisierte, zumindest aber hochtechnisierte Produktionsverfahren und hohe Produktqualitäten zu behaupten. Die hochgradige internationale → Arbeitsteilung schafft (2) gegenseitige Abhängigkeiten, welche die technisch-ökonomische Entwicklung eines → Landes an die entsprechende Entwicklung in den anderen Ländern anbindet und somit intern den internationalen Innovationsdruck fortsetzt und erzeugt. Die internationale Arbeitsteilung führt (3) auch dazu, daß die entsprechenden Weltmarkt-

anteile durch Spezialisierungs- und Flexibilisierungsstrategien gehalten oder erworben werden. Dies hat beispielsweise zur Konsequenz, daß Märkte für innovative und forschungsintensive Produkte und Dienstleistungen entstehen, die zu kleinen und kleinsten Serien und Einzelfertigungen führen. Diese unter dem Schlagwort ‚Ende der Massenproduktion' subsumierte Entwicklung wird nicht notwendigerweise von kleinen und mittleren Unternehmen vorangetrieben. Aufgrund neuer Organisations-, Produktions- und Verfahrenstechniken sind es oft die großen, mit dem notwendigen Kapital für hochflexible Fertigungssysteme ausgestatteten Unternehmen, die hier Standards setzen. Der solchermaßen aufgenommene, aber auch selbst erzeugte Innovationsdruck führt schließlich zu immer kürzeren Produktzyklen, d.h. zu immer kürzeren Phasen zwischen Erfindung, Entwicklung, Aufbau der Fertigung und Vermarktung von Produkten.

Diese Dynamik moderner kapitalistischer Volkswirtschaften beschrieb Josef A. Schumpeter bereits 1942. Staatliche Interventionen zur Stützung dieses Prozesses sind aus seiner Sicht aus mehreren Gründen unumgänglich. Die permanente Entwicklung und Verbesserung neuer Produkte und Technologien verlangt (1) einen hohen und ständig steigenden finanziellen Aufwand bei gleichzeitig erheblichen Unsicherheiten und Risiken hinsichtlich der Erfolgschancen und ökonomischen Verwertbarkeit der jeweiligen Forschungsergebnisse und Produkte. Staatliche Intervention und Unterstützung reicht hier etwa von der gezielten Finanzierung der notwendigen Grundlagenforschung bis zur Subventionierung von marktfähigen Prototypen, von der Übernahme von Bürgschaften bis zur Bereitstellung und der Subventionierung von Risikokapital. Staatliche Interventionen sind aber (2) auch für die Absicherung der ökonomischen Verwertbarkeit erfolgreicher Innovationen notwendig. Die Erteilung von Patenten und Einfuhrbeschränkungen sichern beispielsweise temporäre Monopole, mit denen, ebenso wie etwa mit staatlichen Großaufträgen, die Rentabilität von Innovationen über den Verkauf der Produkte abgesichert, insbesondere die hohen Kosten für Forschung und Entwicklung wieder erzielt werden können.

Die Wirkung der so erzeugten und forcierten Innovationskraft moderner Industriestaaten beschreibt Schumpeter als einen ‚Prozeß schöpferischer Zerstörung‘, da durch ihn die Grundlage kapitalistischen Wirtschaftens - (staats-)freie Entscheidungen der Unternehmen, (staatsfreie) Kapitalrestitution durch Preise und Gewinne - aufgehoben wird.

Die international sehr unterschiedliche inhaltliche Ausgestaltung und Handhabung staatlicher F. verweist aber auch auf die zentrale Bedeutung von i.e.S. politischen Faktoren. Außenpolitisch handelt es sich v.a. um politische Macht- und Großmachtinteressen, die sich beispielsweise in Großprogrammen der Luft- und Raumfahrt, Atom- und Militärtechnologie äußern.Die F. der USA wird traditionell über den sogenannten → militärisch-industriellen Komplex vermittelt. Der Ursprung dieses kartellartigen Beziehungsgeflechtes zwischen staatlichen Rüstungsinteressen, Militär(-Wissenschaft) und einschlägiger Industrie liegt im militärisch-technologischen Wettlauf des → ‚Kalten Krieges‘ mit der UdSSR. Der militärisch-industrielle Komplex reicht weit über die Waffentechnologie i.e.S. hinaus, dient vielmehr über immense staatliche Auftragsvergaben als Motor eines weiten Bereiches vorwiegend naturwissenschaftlich-technischer Forschung und Entwicklung, insbesondere in der Luft- und Raumfahrt.

Hier entwickelte sich ein Spannungsfeld zwischen den USA und einigen europäischen Staaten, welches zu den ersten, politisch induzierten, europäischen (Groß-) Forschungs-, Entwicklungs- und Produktionszusammenschlüssen führte (z.B. Airbus Konsortium, Europäische Weltraumfahrtforschung/ ESA).Die Grundlage staatlicher F. in der Bundesrepublik Deutschland wurde in den 50er Jahren mit der Gründung des Atomministeriums geschaffen. Das wichtigste politische Ziel dieses Vorgängers des heutigen → Bundesministeriums für Bildung, Wissenschaft, Forschung und Technologie (BMBF) war es, in der unmittelbaren Nachkriegszeit die Leistungsfähigkeit

der bundesdeutschen Wirtschaft und Wissenschaft unter Beweis zu stellen und somit der deutschen Industrie international wieder einen angemessenen Platz zu verschaffen. Während sich die technisch-industrielle Nutzung der Kernkraft bis heute zu einem zentralen politischen Spannungsfeld entwickelt hat, ist der Tätigkeitsbereich des BMBF wesentlich erweitert worden. Dieser erstreckt sich heute praktisch auf alle, für eine zukünftige industrielle Nutzung in Frage kommenden Bereiche von Forschung und Technologie.

Ein genereller Kritikpunkt staatlich alimentierter (Groß-) Forschung bezieht sich auf die äußerst geringe Wirtschaftlichkeit solcher Projekte. Dieser Kritik wurden allerdings technologische und wirtschaftliche ‚spin-offs‘ entgegen gehalten, welche die enormen finanziellen und personellen Aufwendungen - zumindest eine Zeit lang - politisch legitimieren ließen. Das Beispiel Japans zeigt allerdings, daß eine rapide wirtschaftliche und v.a. technologische Entwicklung keineswegs von staatlichen (Groß-) Forschungsprojekten oder der Militärforschung i.e.S. abhängig ist. In Japan werden Forschung und Entwicklung ganz überwiegend von der Privatwirtschaft getragen. Obwohl die Aufwendungen in letzter Zeit gestiegen sind, hat die direkte staatliche F. eine vergleichsweise geringe Bedeutung. Staatlicher Einfluß wird in Japan eher indirekt über das Ministerium für Internationalen Handel und Industrie (MITI) vermittelt. Dessen Funktion besteht v.a. darin, über verbindliche Orientierungsdaten und Absprachen die gesamte ökonomische Expansion und sämtliche Verwertungsinteressen zu koordinieren. Hierdurch übernimmt das MITI allerdings auch eine wichtige Steuerungsfunktion im Bereich Forschung und Entwicklung.

Im internationalen Vergleich steht staatliche F. also in sehr unterschiedlichen Bezügen. In der Bundesrepublik ist sie ein vergleichsweise selbständiges Politikfeld mit speziellen institutionellen Einrichtungen (z.B. dem BMBF und entsprechenden → Behörden auf Landesebene). In anderen Ländern wird F. sehr breit im Rahmen der generellen Modernisierungspolitik (z.B.

Frankreich) oder als Forschungs- und → Entwicklungspolitik (research and development/ R & D) im Rahmen staatlicher → Wirtschaftspolitik (z.b. industrial policy in GB) betrieben. Während F. in den USA in direktem Zusammenhang mit den außen- und sicherheitspolitischen Aufgaben des → Staates steht, dient das japanische MITI eher als staatlicher Koordinator privatwirtschaftlicher → Interessen.

Im Hinblick auf innenpolitische Wirkung wird F. oft damit begründet, daß - bei allen Vorbehalten der Meßbarkeit - die sozialen Erträge und Verbesserungen staatlicher F. höher ausfallen als die privaten Erlöse. Umstritten bleibt dabei allerdings, in welchem Maße staatliche F. zur Bewältigung der Massenarbeitslosigkeit beiträgt bzw. beitragen kann. Weniger umstritten ist dagegen der Nutzen der F. für die allgemeinen Verbesserungen der Arbeits- und Lebensbedingungen.

Bezogen auf die Bundesrepublik zeigen sich hinsichtlich der generellen Ziele und Vorgehensweise staatlicher F. interessanterweise kaum parteipolitische Unterschiede. Diese bestehen v.a. bei Fragen der Verteilung der durch staatliche F. erzielten, höheren erwirtschafteten Ergebnisse. Instrumente staatlicher F. sind v.a. die (1) direkte oder indirekte Finanzierung (Forschungsprojektmittel und Subventionierung konkreter Projekte; steuerliche Erleichterungen), (2) staatliche Großaufträge, die Bereitstellung von (3) → Infrastrukturen (Forschungs- und Kommunikationseinrichtungen, Bibliotheken, Datenbanken), (4) Einrichtungen von (üblicherweise zeitlich begrenzten Forschungs-) Personalstellen, (5) Induzierung, Unterstützung und Beratung von Kooperationen zwischen Privatwirtschaft, Wissenschaft und Forschung, → Verbänden und staatlichen/ kommunalen Einrichtungen im Rahmen sogenannter ‚weicher' Förderstrategien. Die Förderung kann sowohl seitens des → Bundes, des Landes, der regionalen und kommunalen Ebene, in Abhängigkeit vom jeweiligen Volumen auch in allen Kombinationen dieser Ebenen erfolgen.

3. Forschungsfragen. Technisch-ökonomische Entwicklungen unterliegen aus ökonomischen und politischen Zusammenhängen heraus oft sehr unterschiedlichen Zielen, Strategien und Instrumenten wirtschaftlicher, wissenschaftlicher und politischer Akteure. Durch diese werden wichtige Rahmenbedingungen gesetzt, die über die allgemeinen technisch-ökonomischen Entwicklungen hinaus sich auf die konkrete Realisierbarkeit, den Einsatz und die Nutzung neuer Technologien beziehen. Moderne F. unterscheidet sich daher deutlich von der öffentlichen Finanzierung von Forschung und Bildung in Hochschulen und Universitäten. Ist letztere traditionell eher auf Grundlagenforschung gerichtet, will erstere anwendungsorientiert wirtschaftliche und wissenschaftliche Prozesse beeinflussen und dabei v. a. die Über- und Umsetzung von generellem (Grundlagen-) Wissen zur Erzeugung neuer Produkte und Produktionsverfahren beschleunigen. Hierbei werden immer wieder sogenannte Schlüsseltechnologien (z.B. Mikroelektronik, Bio-, insbesondere → Gentechnologie, Neue Werkstoffe, Energie-, Umwelt-, Meß- und Regelungstechnologien) angesprochen.

Der rapide technische Wandel führte bisher zur intensiven Erforschung der Technikfolgen, in der Bundesrepublik etwa unter den Stichworten → ‚Humanisierung der Arbeitswelt' und ‚Sozialverträglichkeit'. Diese richtete sich v.a. auf soziale und psychologische Akzeptanz sowie technisch-ökonomische Adaptionsprozesse und bezog sich bisher noch zuwenig auf die Technikgenese und die diffizilen Diffusionsprozesse moderner Technologien. Ein generelles Defizit wird im Mangel an geeigneten ökonomischen und sozialen, insbesondere organisatorischen Innovationen gesehen. Technisch-industriell sind beispielsweise hochgradig flexible, dezentrale Produktionsverfahren möglich, deren effizienter Einsatz allerdings organisatorischer Innovationen und solchen in der (Unternehmens-)Führung bedarf. Solche Produktionsverfahren bedingen i.d.R. ein hohes Maß an Aufgabendelegation, eine höhere → Autonomie und Eigenverantwortung unterer betrieblicher Ebenen und insofern eine Abnahme von hierarchischen und (innerbetrieblichen) Befehlsstrukturen zugunsten einer hohen (im Rahmen des Gesamtzieles) Selbstdefinition.

Die zunehmende Bedeutung von Fragen der Unternehmenskultur, -philosophie, ‚corporate identity' etc. kann aus dieser Perspektive als neue, ‚weiche' Steuerungsversuche gewertet werden.

Lit.: Bruder, W. (Hg.): Forschungs- und Technologiepolitik in der Bundesrepublik Deutschland. Opladen 1986; *Hucke, J./ Wollmann, H.* (Hg.): Dezentrale Technologiepolitik? Technikförderung durch Bundesländer und Kommunen. Basel/ Boston/ Berlin 1989; *Keck, O.*: Der Schnelle Brüter. Eine Fallstudie über Entscheidungsprozesse in der Großtechnik. Frankfurt/ M. 1984; *Ronge, V.*: Forschungspolitik als Strukturpolitik. München 1977; *Weber, H.*: Technokorporatismus: Die Steuerung des technologischen Wandels durch Staat, Wirtschaftsverbände und Gewerkschaften, in: Hartwich, H.-H. (Hg.), Politik und die Macht der Technik. Opladen 1985. S. 278-297.

Dr. Klaus Schubert, Bochum

Fragestunde

Teil jeder Sitzungswoche des → Bundestages, bei dem die → Bundesregierung bis zu dreimal 60 Minuten lang Fragen der → Abgeordneten mündlich beantworten muß. Jedes Mitglied des Bundestages kann pro Sitzungswoche zwei Fragen zur mündlichen Beantwortung einreichen. Sie müssen Bereiche betreffen, für welche die Bundesregierung unmittelbar oder mittelbar verantwortlich ist. Die Fragen müssen der Regierung drei Tage vor der Beantwortung zugestellt werden können. Bei der Beantwortung durch den zuständigen → Bundesminister oder → Staatssekretär kann der Fragesteller bis zu zwei Zusatzfragen stellen. Zusätzlich haben alle Abgeordneten das Recht, pro Sitzungswoche zwei → schriftliche Anfragen an die Regierung zu stellen, die auch schriftlich beantwortet werden.

Fraktion

Zusammenschluß gleichgesinnter → Abgeordneter in einem → Parlament. Die → Geschäftsordnung des → Bundestages erlaubt die Bildung von F. nur für Abgeordnete, die derselben → Partei oder solchen Parteien angehören, die aufgrund

gleichgerichteter politischer Ziele in keinem → Land miteinander konkurrieren (z.z. → CDU und → CSU). Die Bildung einer F. erfordert die Mindestzahl von 5 % der Abgeordneten des Bundestages. Die Besetzung der → Ausschüsse wird im Verhältnis der Stärke der einzelnen F. vorgenommen; fraktionslose Abgeordnete sind in den Ausschüssen nicht vertreten, haben aber nach einer Entscheidung des → Bundesverfassungsgerichts das Recht auf nichtstimmberechtigte Ausschußzugehörigkeit (BVerfGE 80, S. 222). In den Fällen, in denen eine größere Gruppe von Abgeordneten die Fraktionsmindeststärke verfehlt, hat der Bundestag die Möglichkeit, ihnen den → Gruppenstatus zuzubilligen.

Fraktionsdisziplin

Freiwillige Unterordnung von → Abgeordneten unter die Beschlüsse ihrer → Fraktion, v.a. hinsichtlich ihres Abstimmungsverhaltens. Angesichts der arbeitsteiligen Organisation der Fraktionen im → Bundestag gilt die F. als unumgänglich.

Fraktionszwang

Verpflichtung von → Abgeordneten zur Einhaltung von Fraktionsbeschlüssen; v.a. durch Androhung von Sanktionen seitens der Fraktionsführung erzwungenes Abstimmungsverhalten. Die Ausübung von F. ist mit dem in Art. 38 I GG garantierten → freien Mandat unvereinbar und daher verfassungswidrig. Zwar ist der Ausschluß eines Abgeordneten aus einer → Fraktion unter bestimmten Umständen erlaubt, ein Mandatsverzicht kann von der Fraktion jedoch nicht erzwungen werden.

Frankfurter Dokumente

Von den drei westlichen Militärgouverneuren am 1.7.1948 den elf westdeutschen → Ministerpräsidenten in Frankfurt/ Main übergebene, verfassungspräformierende Dokumente. Die F. beruhten auf der von der Londoner Sechsmächtekonferenz im Juni 1948 verabschiedeten Empfehlung, die Ministerpräsidenten der westdeutschen → Länder zur Einberufung einer verfassungsgebenden Versammlung zu ermächtigen. Sie enthielten 1. Vorschläge für die Einberufung einer verfassungsgebenden Versammlung zwecks Gründung eines westdeutschen → Staates, 2. Anregungen für eine Neugliederung der Ländergrenzen in den Westzonen, 3. Leitsätze für ein → Besatzungsstatut. Im Juli 1948 kamen die Länderchefs nach drei Konferenzen überein, den in den F. formulierten Auftrag anzunehmen.

Frankfurter Nationalversammlung
Vom 18.5.1848 bis Ende Mai 1949 in der Paulskirche in Frankfurt/Main tagendes, verfassungsgebendes → Parlament, das sich die Aufgabe gestellt hatte, einen deutschen → Nationalstaat zu schaffen und hierfür einen Verfassungsentwurf (→ Paulskirchenverfassung) vorzulegen. Die F. wird allgemein als Geburtsstunde des späteren deutschen → Parteiensystems angesehen. Die F. setzte am 27.12.1848 ein → Gesetz über die → Grundrechte des deutschen Volkes in Kraft, das ein umfassendes System des Freiheitsschutzes nach bürgerlich-liberalem Verständnis beinhaltete. Uneinigkeit herrschte hinsichtlich des möglichen Einschlusses Gesamtösterreichs in den zu konzipierenden deutschen → Bundesstaat. Hier setzte sich die sog. kleindeutsche Lösung durch, und am 27./28.3.1849 wurde der preußische König Friedrich Wilhelm IV. mit 290 Stimmen bei 248 Enthaltungen zum kaiserlichen Oberhaupt eines kleindeutschen Reiches gewählt. Seine Weigerung, die Erbkaiserkrone anzunehmen, bedeutete das Scheitern der F. hinsichtlich ihrer unmittelbaren Zielsetzung. Viele ihrer verfassungsrechtlichen Überlegungen gingen jedoch in die spätere politische Diskussion ein.

Frankfurter Schule
Nach dem 2. Weltkrieg aufgekommene Bez. für einen Kreis von Sozialwissenschaftlern am Frankfurter Institut für Sozialforschung (gegründet 1924), das seit 1930 von Max Horkheimer geleitet wurde. Der Begriff steht auch für die von ihnen repräsentierte theoretische Ausrichtung (→ Kritische Theorie). Nach Vertreibung durch die Nationalsozialisten emigrierten fast alle Mitglieder der F. in die USA.

1950 wurde das Institut von Max Horkheimer, Friedrich Pollock und Theodor W. Adorno wiedergegründet. Es gewann zentrale Bedeutung für die deutsche Nachkriegssoziologie. Heute werden zur F. die in den 50er und 60er Jahren dort ausgebildeten Sozialwissenschaftler gezählt, die sich der Kritischen Theorie zurechnen (wie z.B. Jürgen Habermas).

Französische Revolution
Aufstand des französischen → Bürgertums (→ Dritter Stand) gegen Adel, höheren Klerus und die absolutistische → Monarchie, der den Zusammenbruch des → Ancien Régime bewirkte.
Am 17.6.1789 erklärten sich die Vertreter des Dritten Standes zur → Nationalversammlung, die den Anspruch erhob, alleiniger Repräsentant des Volkswillens zu sein. Der Pariser Volksaufstand mit der Erstürmung der Bastille am 14.7.1789 zwang Ludwig XVI. zur öffentlichen Anerkennung der → Revolution in Paris. Die Nationalversammlung beschloß am 26.8.1789 die Erklärung der → Menschen- und → Bürgerrechte, die in die im September 1791 proklamierte → Verfassung einging. Gegen diese liberale Verfassung, die eine → konstitutionelle Monarchie auf Grundlage der → Gewaltenteilung vorsah, setzten sich in der Folgezeit die radikaldemokratischen Vorstellungen der → Jakobiner durch. Diese errichteten nach der Ausrufung der → Republik am 25.9.1792, der Hinrichtung Ludwig XVI. am 21.1.1793 und der Verhaftung der führenden → Girondisten am 2.6.1793 die sog. Schreckensherrschaft (→ terreur) im Namen des Wohlfahrtsausschusses des → Konvents. Sie dauerte bis zum Sturz und der Hinrichtung Robespierres am 27.7.1794. In der Folge etablierte sich das Großbürgertum als herrschende → Klasse. Die gemäß der am 23.9.1795 proklamierten liberalen Verfassung beginnende → Herrschaft des → Direktoriums konnte weitere innere Unruhen nicht verhindern. Dies führte mit dem Staatsstreich Napoléon Bonapartes am 18. Brumaire (9.11.1799) zur gewaltsamen Beendigung der F.

Frauenbeauftragte
→ Gleichstellungsstellen

Frauenbewegung

Bez. für → soziale Bewegungen vom 18. Jh. bis heute, die sich dem Kampf um die politische, soziale und kulturelle Gleichstellung der Frauen widmen. Die Geschichte der F. beginnt mit der → Französischen Revolution: 1791 wurde eine erste „Deklaration der Rechte der Frau und Bürgerin" verfaßt. In den USA und Großbritannien, seit der bürgerlichen → Revolution von 1848 auch in Deutschland, war der Kampf um das aktive und passive → Wahlrecht für Frauen Kristallisationspunkt der F. Trotz Spaltung in bürgerliche und proletarisch-sozialistische F. - erkennbar z.B. am Ausschluß der Arbeiterinnenvereine aus dem 1894 gegründeten Bund deutscher Frauenvereine - blieb dies das der F. gemeinsame Ziel, das in Deutschland 1918 erreicht wurde.

Die F. erfuhr durch den → Nationalsozialismus und seine Überbetonung der Mutterrolle der Frauen einen starken Rückschlag. Nach dem 2. Weltkrieg schlossen sich in der Bundesrepublik verschiedene Frauenverbände im → Deutschen Frauenrat zusammen, der sich im vorparlamentarischen Raum als klassische → pressure-group einrichtete, ohne jedoch wirklich Bedeutung zu erlangen. Der offenkundige Widerspruch zwischen der Verfassungsgarantie der Gleichstellung von Männern und Frauen und der sozialen Realität führte in der Bundesrepublik wie in den meisten anderen Industrienationen zur Herausbildung einer „neuen" F. Diese feministisch orientierte → neue soziale Bewegung (→ Feminismus) entstand 1968 durch Abspaltung von Frauengruppen aus der Studentenbewegung und erhielt Anfang der 70er Jahre eine breitere Basis durch die Protestaktionen gegen den Abtreibungsparagraphen (§ 218 StGB). Die F. gruppiert sich heute v.a. um Selbsterfahrungsgruppen, Frauenzentren und verschiedene Selbsthilfeprojekte wie z.B. Frauenhäuser.

Frauenfrage

Problemfeld geschlechtsspezifischer gesellschaftlicher Ungleichheit und der diskutierten Möglichkeiten ihrer Überwindung. Trotz der in Art. 3 II GG verbürgten Gleichberechtigung von Männern und Frauen sind letztere in der Bundesrepublik wie in anderen Industrienationen in Bildungsgang, Beruf und → Politik unterrepräsentiert bzw. benachteiligt. V.a. sozialkulturelle Rollenzuschreibungen (Hausfrauen- und Mutterrolle) tragen zum ungleichen Zugang zu weiterführenden Schulen und Ausbildungsgängen bei; das ungleiche Qualifikationsniveau wiederum ist mitverantwortlich für die Lohndiskriminierung von Frauen in vielen Erwerbsbereichen und ihre Unterrepräsentanz in Führungspositionen. Die noch immer ungelöste F. bewirkte u.a., daß viele → Kommunen und andere öffentliche Einrichtungen (z.B. Universitäten) in den letzten Jahren Stellen für → Frauenbeauftragte geschaffen haben.

Frauenpolitik/ Geschlechterpolitik

1. Frauenpolitik (F.) Unter dem Begriff der F. werden die Bereiche der → Politik gefaßt, in denen Frauen agieren, sei es als - strukturell begrenzt - handlungsfähige Subjekte oder als von staatlichen Politiken Betroffene, deren ökonomische, politische oder gesellschaftliche Stellung zur Disposition steht. Analysen zur „Politik von Frauen" - in → Frauenbewegungen, → Verbänden und → Parteien, in der → Öffentlichkeit oder staatlichen → Institutionen - ebenso wie Studien öffentlicher „Politiken für Frauen" können kritisch angelegt sein: zum einen, wenn sie gegenüber dem *mainstream* der → Politikwissenschaft darauf insistieren, „weibliche" Erfahrungen, Perspektiven, → Interessen, Identitäten und moralische → Normen dürften nicht durch scheinbar geschlechtsneutrale Kategorien und empirische Generalisierungen überdeckt werden. Zum anderen bezieht Frauenforschung ihr kritisches Potential aus feministischen Normen und Werten, etwa wenn sie Frauen-, → Familien-, → Sozial- oder → Arbeitsmarktpolitiken an Werten wie → „Gleichheit" oder am Ziel der → „Emanzipation von Frauen" als politischen Subjekten mißt.

Der Forschungsstand zur F. stieg zwar explosionsartig und weltweit seit den 70er Jahren an (vgl. B. Nelson/ N. Chowdhury Hg. 1994), angefangen bei vergleichenden

Studien zu Frauenbewegungen in und außerhalb von Parteien und → Institutionen (Katzenstein, M./ C. McClurg Mueller 1992; Lovenduski, J./ P. Norris [Hg.] 1993; M. Katzenstein 1998) über politische Einstellungs-, Partizipations- und Repräsentationsanalysen (vgl. B. Hoecker Hg. 1998) bis hin zu vergleichenden Studien nationaler und supranationaler, einschließlich europäischer Politiken (Elman Hg. 1996). Doch trotz ihrer beträchtlichen empirischen Erkenntnisfortschritte mußten Frauenforscherinnen bislang zur Kenntnis nehmen, daß eine Resonanz seitens der etablierten Politikwissenschaft auf ihre Befunde zumeist ausblieb. Eine Erklärung für dieses Defizit verweist darauf, daß es dem kanonisierten Forschungsbetrieb um universelle, kausale Erklärungen geht und ihm Grundkategorien wie die des autonom handlungsfähigen, rationalen, aber geschlechtslosen politischen Subjekts selbstverständlich sind - beides Prämissen, die Frauenforscherinnen gerade für problematisch halten.

2. Von der F. zur Geschlechterpolitik (G.). Um aus der Sackgasse der entweder deskriptiv und normativ angelegten F. herauszukommen, wandten sich Frauenforscherinnen in der Politikwissenschaft - ähnlich wie in anderen Disziplinen zuvor - in den 90er Jahren den *gender studies* zu (Kreisky, E./ B. Sauer Hg. 1997). Der G.-Forschung geht es um mehr, als nur den zuvor auf Frauen begrenzten Gegenstandsbereich um den des männlichen „Gegenpols" zu erweitern. Das durch den Gegenstand definierte Forschungsfeld - die „gender gaps" in politischen Wahl-, Partizipations- und Einstellungsmustern - soll durch den Grundbegriff des „Geschlechts" zu einem theoretisch fundierten Forschungsprogramm führen. Es gilt, die im historischen und internationalen Vergleich feststellbaren Kontinuitäten und Diskontinuitäten und radikal unterschiedlichen sozialen Erfahrungen von Körper und Geschlecht zu erfassen und die ihnen zugrundeliegenden politischen Prozesse aufzudecken (vgl. A. Phillips Hg. 1998). Die in den feministischen Debatten vorangetriebenen Theoretisierungen des Politischen (J. Butler/ J. W. Scott 1992) eröffnen zahlreiche neue Forschungsfragen

ebenso wie Ansatzpunkte für kritische Dialoge mit dem *mainstream.*

3. Der Begriff der G. soll also nicht als Gegenstandsbeschreibung dienen, sondern als analytische Kategorie verstanden werden. Während sich die F. mit dem Terminus „Frauen" auf eine Gesamtheit von Individuen bezieht, die allein über ihr biologisch-anatomisches Geschlecht abgegrenzt wird, wird „Geschlecht" im Sinne der Beziehungen zwischen den binär konstruierten Geschlechtskategorien Frau/ Mann definiert. Die Kritik am Essentialismus eines Teils der Frauenforschung geht von dem Argument aus, „Geschlecht" dürfe nicht als ein natürlich gegebenes Merkmal betrachtet werden. Vielmehr handele es sich dabei um ein Korrelat sozialer und politischer Ungleichheiten und der Verweigerung von Rechten - und insofern um ein sozial konstruiertes Nebenprodukt und eine Grundlage von → Macht (R. Braidotti).

Einem solchen sozial-konstruktivistischen und diskurs-theoretischen Ansatz folgend, lassen sich in der Analyse von G. vier Komponenten unterscheiden (vgl. J. W. Scott 1988: S. 42ff.): (1) die symbolischen Ordnungen und strategisch einsetzbaren kulturell verfügbaren, symbolischen → Repräsentationen und Mystifikationen von Geschlecht; (2) die in religiösen, wissenschaftlichen, rechtlichen und politischen Doktrinen festgeschriebenen Normen, welche die Bedeutungen von männlich und weiblich, maskulin und feminin in Form binärer Gegensätze kodifizieren; (3) die Institutionalisierungen und Organisationsstrukturen von Geschlechter-Beziehungen, im Bereich von Verwandtschaft und Familie, im Arbeits- und Berufsleben, Erziehungswesen und → politischen System; und (4) die Identitätspolitiken in den Prozessen der Konstruktion geschlechtlich konnotierter, individueller und kollektiver → Identitäten. Ein solcher mehrdimensionaler Begriff von G. ist interdisziplinär und multimethodisch angelegt: er erfordert sowohl die Untersuchung der sozialen und politischen Handlungspraxen, als auch die Analyse von Diskursen, in denen Leit- und Selbstbilder von „Körper" und „Geschlecht" geformt werden.

„Geschlecht" als Grundkategorie verbindet sich in der neueren G.-Forschung mit theoretischen Traditionen, welche vom → Klassen- und vom Rassenbegriff als sozialen Strukturkategorien ausgehen. Demzufolge bezeichnet „Geschlecht" nur eines neben anderen sozialen Beziehungsfeldern, auf denen sich Machtbeziehungen konstituieren und über die sich unterschiedliche Zugangsmuster zu den materiellen und symbolischen gesellschaftlichen Ressourcen - „money, sex and power" (N. M. Hartsock) - legitimieren. Als weitere, mit „Geschlecht" interagierende Strukturachsen werden „Klasse" und „Rasse" einbezogen, und in der neueren Gay- und Lesbenforschung (u.a. B. Martin) neuerdings auch „sexuelle Orientierung". Mit ihrem nunmehr überwiegend an der „Politik der Differenz" und immer weniger an der „Identitätspolitik" orientierten Erkenntnisinteresse beschreibt die G.-Forschung sozial benachteiligte und politisch unterdrückte Gruppen von Frauen und Männern also sowohl anhand ihrer Geschlechtsidentität als auch von klassen- und rassenbedingten Merkmalen (I. M. Young 1990).

4. Theorien der G. Während sich die *gender studies* allgemein mit den Geschlechterdifferenzen in Sprache und Literatur, Medien, Wissenschaft und Gesellschaft befassen, zielt das Erkenntnisinteresse der G.-Forschung auf die symbolischen Politiken, Normen und rechtlichen Regelungen, Institutionen und Organisationen, sowie politischen Identitäten, die geschlechtlich bestimmte Differenzen und Asymmetrien in und durch die Sphäre der Politik begründen und reproduzieren. Zu den erklärungsbedürftigen Disparitäten gehören das weltweit in allen politischen Regimen vorfindbare Machtgefälle und die Strukturen der Unterdrückung und Abhängigkeit zwischen den Geschlechtern, welche die „geschlechtsblinden" Theorien und Modelle in der Politikwissenschaft weder in ihrer Relevanz zu erkennen noch zu erklären vermögen. Die im Bereich der G. bislang prominentesten theoretischen Ansätze, die zur Erklärung der internationalen Variationen in den politischen Geschlechterbeziehungen herangezogen werden, finden sich v.a. in feministi-

schen → Wohlfahrtsstaats-, Patriarchats- und Geschlechter-Vertrags-Analysen:

I. Feministische wohlfahrtsstaatliche Analysen und Typologien suchen nach den historischen Konstellationen, Bedingungen und Folgewirkungen nationalstaatlicher bzw. supranationaler sozial- und wohlfahrtsstaatlicher → policies, auf welche sich die im historischen und internationalen Vergleich variierenden „gender regime" mit ihren ungleichen Verteilungsmustern von Status und Ressourcen wirtschaftlicher, gesellschaftlicher und politischer Art zwischen den Geschlechtern zurückführen lassen (vgl. T. Skocpol; A. S. Orloff, D. Sainsbury; I. Ostner u.a.);

II. Patriarchats-Analysen geht es um die Aufdeckung traditioneller und modernerer geschlechtsspezifischer Strukturen und Formen männlicher → Herrschaft über Frauen und deren sexuelle Unterdrückung bzw. Ausbeutung. Die These, daß der im feministischen Sinne „männliche Staat" Frauen öffentlich so behandle, wie Männer sie in der Privatsphäre behandelten, stützt sich dabei auf zahlreiche Analysen zur Politik und Rechtsprechung im Bereich von Vergewaltigung, Schwangerschaftsabbruch, Pornographie und sexueller Belästigung (vgl. C. MacKinnon und S. Walby);

III. Geschlechtervertrags-Theorien richten sich primär auf die diskursiven, kulturtheoretischen und psychoanalytischen Prozesse, die der Konstitution geschlechtsspezifischer kollektiver Identitäten zugrunde liegen. „G." in diesem Sinne wird verstanden im Sinne der Auseinandersetzungen über Macht und Wissen auf gesellschaftlicher oder politischer, nationaler oder internationaler Ebene. Dabei kann das Spektrum der Themen prinzipiell von Fragen sexueller oder Familienbeziehungen über Arbeits- und → Wahlrecht, Verfassungsgebung bis zur europäischen Integrations-, Globalisierungs- oder → internationalen Politik reichen (vgl. C. Pateman).

5. Revision der Grundbegriffe → politischer Theorie. Mit der Wahl von „gender" als Grundbegriff verbindet sich nicht zuletzt der Anspruch, die Prämissen und Konzepte etablierter politischer Theorien in einem geschlechtersensiblen Bezugsrahmen einer kritischen Revision zu unterziehen. Versuche dieser Art finden sich mittlerweile zu so gut wie allen zentralen Grundbegriffen aus der liberalen politischen Theorietradition (vgl. N. Hirschman/ C. Di Stefano, 1996): Macht, → Freiheit, → Autonomie, → Demokratie, → Bürgerrechte und -pflichten, → Öffentlichkeit und Privatsphäre etc. Darüberhinaus geht es einigen Theoretikerinnen um die Begründung einer feministischen politischen Moraltheorie, die etwa vom zentralen Konzept der „Fürsorge" (care) ausgeht. Ziel dieses theoretischen Stranges in der G.-Forschung ist es, die Politikwissenschaft auf eine Weise zu begründen, daß es möglich wird, die verschiedenen nationalen, supranationalen und transnationalen Institutionen und deren Transformationsprozesse aus einer „geschlechtersensiblen" Perspektive neu zu denken .

Lit.: Butler, J./ J.W. Scott (Hg.): Feminists Theorize the Political, 1992; *Elman* (Hg.): Sexual Politics in the European Union, 1996; *Fraser, N.*: Justice Interruptus, 1997; *Hoecker, B.* (Hg.): Handbuch politischer Partizipation von Frauen in Europa, 1998; *Katzenstein, M.*: Faithful and Fearless: Moving Feminist Protest Inside the Church and Military 1998; *Kreisky, E./ B. Sauer* (Hg.): Geschlechter-Verhältnisse im Kontext politischer Transformation, 1997; *Lovenduski, J./ P. Norris* (Hg.): Gender and Party Politics, 1993; *Martin, B.*: Feminity Played Straight. The Significance of Being Lesbian, 1997; *Nelson, B. J./ N. Chowdhury* (Hg.): Women and Politics Worldwide, 1994; *Phillips, A.* (Hg.): Feminism & Politics, 1998; *Sainsbury, D.*: Gender Equality and Welfare States, 1996. *Scott, J.* (Hg.): Feminism & History, 1996; *Young, I. M.*: Justice and the Politics of Difference, 1990.

Prof. Dr. Ulrike Liebert, Bremen

Freiburger Thesen

Auf dem 22. Parteitag der → F.D.P. in Freiburg (22.-27.10.1971) beschlossenes Programm zur → Gesellschaftspolitik. Die Bedeutung der F. lag in einer Öffnung der → Partei nach links und damit der programmatischen Absicherung der → Koalition mit der → SPD im → Bund. Sie kam

zum Ausdruck z.B. in der Forderung nach einer „Reform des → Kapita-lismus". Die F. wurden fortgeschrieben in den Kieler Thesen von 1977, die sich v.a. auf die → Wirtschafts-, → Rechts- und → Innenpolitik bezogen und dabei den traditionellen Wirtschaftsliberalismus wieder stärker betonten.

Freie Demokratische Partei/ F.D.P.

Am 10./11.12.1948 als Vereinigung mehrerer, seit 1945 in den → Bundesländern bereits aktiver liberaler → Parteien gegründete politische Partei, welche die traditionelle Spaltung in National- und Linksliberalismus überwand und sich als politische Organisation des → Liberalismus in der Bundesrepublik versteht.

Bis 1998 gehörte die F. im → Bund nur in den Jahren 1956-61 und 1966-69 nicht der Regierungskoalition an, was ihren großen Einfluß als „Mehrheitsbeschafferin" und „Korrektiv" für bürgerliche bzw. sozialliberale → Koalitionen verdeutlicht. Nach 7 Jahren Regierungsbeteiligung schied sie 1956 infolge von Meinungsverschiedenheiten bezüglich des → Saar-Statuts, der Drohung der → CDU mit einem → Mehrheitswahlsystem und der Aufkündigung der CDU/ FDP-Koalition in Nordrhein-Westfalen durch die sog. „Jungtürken" aus der Bonner Koalition aus, mußte dies allerdings mit der Abspaltung des rechten Parteiflügels bezahlen, der sich - erfolglos - als Freie Volkspartei/ FVP konstituierte. Der Wiedereintritt in eine Koalition mit der CDU unter Konrad Adenauer 1961 brachte der F., die sich im Wahlkampf noch gegen Adenauer als → Bundeskanzler ausgesprochen hatte, das Etikett „Umfallerpartei" ein. Von 1966-69 stellte sie als einzige Partei die parlamentarische → Opposition zur → Großen Koalition. Von 1969-82 bildete sie zusammen mit der → SPD im Bund eine Koalitionsregierung, programmatisch abgesichert durch die → Freiburger Thesen von 1971. Mit der Wahl Helmut Kohls zum → Bundeskanzler auf dem Wege eines → konstruktiven Mißtrauensvotums im Herbst 1982 leitete die F. eine erneute Koalition mit der CDU/ CSU ein, die bis zum Oktober

1998 Bestand hatte. Seither befindet sich die F. in der Opposition.

Die Partei stellte mit Theodor Heuss (1949-59) und Walter Scheel (1974-79) zwei → Bundespräsidenten.

Die Wahrung der → Bürgerrechte gegenüber vermeidbaren staatlichen Eingriffen und eine liberale Wirtschaftsverfassung auf der Grundlage eines freien Unternehmertums sind programmatische Eckpfeiler der F., die in den Wahlkämpfen der letzten Jahre v.a. ihre Verdienste um die Kontinuität der bundesdeutschen → Außenpolitik hervorhob.

Die soziale Basis der Wähler- und Mitgliedschaft der F.D.P. bilden Angehörige des alten und neuen → Mittelstandes mit schwach ausgeprägter Konfessionsbindung.

Im August 1990 vereinigte sich die F. mit den im → Bund Freier Demokraten zusammengeschlossenen Parteien der DDR. Die Mitgliederzahl beträgt ca. 70.000 (Stand Ende 1998).

Freie Demokratische Partei/ F.D.P. - DDR

Am 4.2.1990 gegründete Schwesterpartei der bundesdeutschen F. in der DDR, welche sich zunächst als politische Konkurrenz zur ehemaligen → Blockpartei → LDPD verstand. Nach der programmatischen Erneuerung und Umbenennung letzterer in LDP ging die F. mit ihr für die Volkskammerwahlen am 18.3.1990 das Wahlbündnis → Bund Freier Demokraten ein, welcher mit 5,28 % der Stimmen 21 → Mandate in der → Volkskammer errang.

Freie Deutsche Jugend/ FDJ

Während des SED-Regimes einzige offiziell zugelassene Jugendorganisation in der DDR mit ca. 2,3 Mio Mitgliedern. Wichtigste Aufgabe war die Heranbildung des Nachwuchses für die → SED. Die FDJ beanspruchte eine Leitungs- und Erziehungsfunktion für alle Kinder und Jugendlichen in der DDR; ihre 40 → Abgeordnete umfassende → Frak-tion in der → Volkskammer sollte die → Interessen dieser Altersgruppe vertreten.

Freie Träger

Bez. für die → Verbände, die einen Großteil der öffentlichen Wohlfahrtspflege in der Bundesrepublik tragen; im wesentlichen die in der Bundesarbeitsgemeinschaft der Freien Wohlfahrtspflege zusammengeschlossenen Spitzenverbände (bzw. die diesen angehörenden Organisationen): Arbeiterwohlfahrt, Deutscher Caritasverband, → Deutscher Paritätischer Wohlfahrtsverband, Deutsches Rotes Kreuz, Diakonisches Werk der Evangelischen Kirche in Deutschland und Zentralwohlfahrtsstelle der Juden in Deutschland. Die F. unterhalten ca. 70 % der Kindergärten, Kinder- und Jugendheime, ca. 60 % der Alten-und Pflegeheime und stellen ca. 40 % der Gesamtbettenkapazität der Krankenhäuser.

Freie Wählergemeinschaften

Mitunter auch als „Rathausparteien" bez. Wählervereinigungen, die sich von → Parteien durch die Beschränkung ihres politischen Engagements auf die kommunale Ebene und weniger fest gefügte Organisationsstrukturen unterscheiden. Durch ihre Kandidaturen bei den Kommunalwahlen wollen die (großenteils dem konservativ-mittelständischen Lager zuzurechnenden) F. zu einer „Versachlichung" der → Kommunalpolitik beitragen. Meist betonen sie den ihrer Auffassung nach unpolitischen Charakter der → kommunalen Selbstverwaltung, der durch Parteipolitisierung verfälscht werde. F. sind v.a. in den süddeutschen Ländern (u.a. bedingt durch das personalisierte → Wahlsystem) erfolgreich. Nach einem Urteil des → Bundesverfassungsgerichts vom 21.6.1988 müssen F. hinsichtlich der steuerlichen Absetzbarkeit von Spenden künftig so wie Parteien behandelt werden (BVerfGE 78, S. 350ff.). Die vom Gericht geforderte Einbeziehung der F. in das System staatlicher → Parteienfinanzierung (BVerfGE 85, S. 328) hat der Gesetzgeber bislang noch nicht realisiert. Einem Urteil des BVerfG vom 11.11.1998 zufolge müssen die F. künftig auch hinsichtlich der Besteuerung ihres Vermögens den Parteien gleichgestellt werden.

Freier Deutscher Gewerkschaftsbund/ FDGB

Während des SED-Regimes größte → Massenorganisation in der DDR mit ca. 9 Mio Mitgliedern, das waren ca. 97 % der arbeitenden Bevölkerung außerhalb von Handwerk, Landwirtschaft und der freien Berufe. Der F. war nach dem Prinzip der → Einheits-und → Industriegewerkschaft organisiert; die 16 Einzelgewerkschaften waren der Finanz-und Beschlußhoheit des dem → demokratischen Zentralismus verpflichteten Dachverbandes unterworfen. Der F. erkannte die Führungsrolle der → SED an. Er half deren → Politik einerseits mit durchzusetzen, wachte nach seinem Selbstverständnis andererseits aber auch über die Wahrung der inner- und überbetrieblichen, unmittelbaren → Interessen der „Werktätigen". Der F. war eingebunden in die → Nationale Front und stellte eine 68 → Abgeordnete umfassende → Fraktion in der → Volkskammer. Nach Ende des SED-Regimes verlor der F. bis Anfang 1990 fast 10 % seiner Mitglieder. Am 30.9.1990 löste er sich auf.

Freies Mandat

Den → Abgeordneten des → Bundestages durch Art. 38 I GG als Vertretern des ganzen Volkes garantiertes Recht, frei von Aufträgen und Weisungen und nur ihrem Gewissen unterworfen zu handeln. Das F. steht in einem Spannungsverhältnis zu der aus Art. 21 I GG abzuleitenden, zentralen Rolle der → Parteien und dem Erfordernis des geschlossenen Handelns der → Fraktionen (→ Fraktionsdisziplin) im → Parlament.

Freihandelszone

Durch Zusammenschluß mehrerer Länder entstandener Wirtschaftsraum, in dem der Handel der beteiligten Länder untereinander keinerlei Zöllen und sonstigen Beschränkungen unterliegt, wie z.B. die → EFTA.

Freiheit und Gleichheit

„Eine der wichtigsten Fragen, welche der Mensch sich vorzulegen hat, ist die Frage: welche Rechte er, als Mensch, besitze?", heißt es im maßgeblichen Staats-Lexikon der Professoren Carl von Rotteck und Carl Welcker, das vor 150 Jahren den liberalen → Common sense seiner Zeit festschreiben wollte. Damals war diese Frage für den bürgerlichen Geist beileibe nichts neues mehr - häufig genug noch durch unbürgerliche Köpfe wehend, hatte er bereits zahllose Antworten gegeben. Etwa jene John Lockes: „Im Naturzustand herrscht ein vernünftiges → Gesetz", das besagt, „daß niemand einem anderen, da alle gleich und unabhängig sind, an seinem Leben, seiner Gesundheit, seiner Freiheit oder seinem Besitz Schaden zufügen soll." Eine andere Variante des Grundrechtskatalogs haben unter Thomas Jeffersons Anleitung die amerikanischen Kolonialisten verkündet, um im Jahre 1776 ihren Abfall vom englischen Mutterland zu rechtfertigen: „Wir halten diese Wahrheiten für selbstverständlich: daß die Menschen als Gleiche erschaffen worden sind; daß der Schöpfer sie mit bestimmten unveräußerlichen Rechten ausgestattet hat; daß unter diesen Leben, Freiheit und das Streben nach Glück sind...". Von allen Proklamationen die berühmteste ist natürlich jene der → Französischen Revolution: „Liberté, Egalité, Fraternité" - ein Motto, welches sich in den Revolutionsverfassungen aber nicht niedergeschlagen hat. Dort stand stattdessen 1791: „Die Menschen werden frei und gleich an Rechten geboren und bleiben es"; zustehen sollten ihnen „die Freiheit, das Eigentum, die Sicherheit, der Widerstand gegen Unterdrükkung"; 1793 wurde daraus: „Die Regierung ist eingesetzt, um dem Menschen den Gebrauch seiner natürlichen Rechte zu verbürgen. Die Rechte sind Gleichheit, Freiheit, Sicherheit, Eigentum."

Bemerkenswert an den wechselnden Formeln, gleichzeitig aufschlußreich für ihren gemeinsamen „Wertehimmel", sind zwei Aspekte. Erstens enthüllt sich der enge Zusammenhang von F.: diese bedeutet im Kern nichts anderes, als daß jene prinzipiell allen Menschen zukommt. Freiheitsphilosophien waren schon früher in vogue, aber, wie v. Rotteck/ Welcker auch feststellen: „Solange es noch Sklaven und Leibeigene gab und die Zahl dieser Opfer [...] sogar noch größer war als die Zahl der Freien, war es kaum möglich, daß die Frage nach den Rechten des Menschen als solchen mit Tiefe ergründet werden konnte." Wobei der neuen Tiefsinnigkeit häufig genug genügt hat, wenn fortlaufende Diskriminierungen (etwa von Frauen) mit schlechtem Gewissen oder guten Gründen hingenommen wurden.

Zweitens fällt die Bandbreite dritter oder vierter → Grundwerte auf. Wahlweise gehen F. zusammen mit (erstrebtem) Glück, (gesundem) Leben, (ausgleichender) Brüderlichkeit, (garantierter) Sicherheit, (bescheidenem) → Eigentum. Indes, dem bürgerlichen Blick ordnet sich diese beliebige Vielfalt zur sinnvollen Reihe: Das Glück seines Lebens unter Brüdern liegt in der Sicherheit des Eigentums. Vom Überschwang revolutionärer Parolen beeindruckt, mag man höhere Ideale vermuten, sie manchmal, aus „verrückten Augenblicken" geboren, auch finden; doch am Ende ist es nicht mehr gewesen - eher weniger, denn „fraternité", „das fast vergessene Ideal der → Demokratie", sollte schon sehr früh aufhören, den privaten Aktionsradius solidarisch zu begrenzen.

Daß es mit dem prosaischen Eindruck seine Richtigkeit hat, dafür steht als Kronzeuge Benjamin Constant. In einer berühmt gewordenen Schrift zur „Freiheit der Antike, verglichen mit jener der Moderne" (1819) kontrastiert er altes und neues Denken so: „Das antike Ideal war, die öffentliche Macht unter allen → Bürgern einer → Nation aufzuteilen. Dies hat man damals Freiheit genannt. Das moderne Ideal besteht darin, für einen sicheren Gang der privaten Geschäfte zu sorgen. Diese Garantie, durch → Institutionen abgesichert, heißt heute Freiheit." Zwar soll auch der moderne Bürger am öffentlichen Leben teilnehmen, doch nur, um darauf zu achten, daß von dort seine Kreise nicht gestört werden - Gedanken-, Rede-, → Versammlungsfreiheit dienen dem Schutzbedürfnis, nicht der Selbstfindung (oder wenn schon, dann, wie bei Hegel, im Sinne eines harmlosen Zeitvertreibs kleiner Geister).Im philosophisch heiß diskutierten Gegensatz von „positiver" Freiheit (zur Teilnahme am politischen Leben zusammen mit anderen) und „negativer" Freiheit (zur Entfaltung des persönli-

chen Lebens ohne, ja gegen andere) lebt Constants Ideenwelt bis heute fort. Auch sein Plädoyer für den „modernen" Ansatz hat sich gehalten - aus gutem Grund; gelingt es ihm doch, einen riskanten Freiheitsüberschwang, wie er seit Rousseau wieder gesellschaftsfähig geworden war, systematisch auszurangieren: als hoffnungslos altmodische Reminiszenz, deren Unwert auch dann feststehen würde, wenn der französische Revolutionsterror sie nicht diskriminiert hätte.

Solchermaßen freigesetzt und gleichgestellt, dachten die Bürger ihr - aller Menschen - Glück zu machen: „Wenn", versprach das Staats-Lexikon, „einmal die ewigen und unveräußerlichen Rechte der Menschheit in größeren und kleineren Kreisen des Lebens werden Anerkennung gefunden haben, dann wird das goldene Zeitalter beginnen ...". Doch die Ernüchterung sollte bald folgen.

Die *erste Bruchstelle* des Fortschritts liegt darin: Das bürgerliche Freiheitsgefühl entließ eine ökonomische Dynamik von so gewaltiger Schub- und Spaltkraft, daß sich Menschheitsideale binnen kurzem in Klassenprivilegien rückverwandelten: Sicherheit, Eigentum, Glück, ja sogar Leben blieben wie einst den Vielen vorenthalten. Statt Sklaven oder Leibeigenen litten jetzt Lohnarbeiter an der → Gesellschaft, deren „massenhafte" Stütze sie waren. Fortan rückten Reformgeister aller Lager, die „gefährlichen Klassen" vor Augen, dem sozialen Elend zu Leibe: mit Hilfe des modernen → Wohlfahrtsstaats (einer europäischen Erfindung - Amerika hatte es „besser" und zog mit seinem → „New Deal" erst Jahrzehnte später nach, halbherzig bis heute).So beantwortet diese → Gesellschaft das soziale Risiko der formellen Gleichheit mit dem politischen Angebot des materiellen Ausgleichs - organisiert von → Staats wegen und immer deutlicher auch auf seine Rechnung, sind doch Betreuungsleistungen gleichzeitig Herrschaftschancen. Die Liste staatlicher Dienste ist lang geworden - „in Energie- und Wasserversorgung, Entwässerung, Verkehrswegen, Verkehrsmitteln und Nachrichtenmitteln, in Bildungs- und Berufseinrichtungen sowie Berufsförderung, in Sport- und Erholungsstätten, in Krankenhäusern und Gesundheitseinrichtungen, in Rundfunk, Fernsehen, Konzerten, Theatern, Museen, Bibliotheken, in Heimen für Kranke und Schwache, in Kreditanstalten und Sozialversicherungsträgern, in Wohnungsbau und Wirtschaftsförderung, in Jugendwohlfahrtspflege und Sozialhilfe" (Werner Weber) schlägt sich die hoheitliche Daseinsvorsorge nieder.gerade erst losgetreten, hat diese Leistungslawine frühe „Laissez faire"-Apostel, voran Herbert Spencer, auf den Plan gerufen. Sie haben schon dazumal (um 1850) jenen Standpunkt in die Welt gesetzt, der heutzutage, angesichts des ausgebauten Systems, selbst dem kleinen Mann (und großen Profiteur) einzuleuchten scheint: daß Gleichheitsgewinne für einige mit Freiheitsverlusten für alle teuer erkauft werden. So bewegend wie später seine vielen Epigonen, lamentiert Spencer, die „kommende Sklaverei" vor Augen, über den historischen Irrtum zeitgenössischer (Sozial-) Staatsfreunde: „Ein wenig Überlegung müßte ihnen klar machen, daß ihre Reformvorschläge in dem Maße Freiheit vernichten wie sie materielle Wohlfahrt erzeugen." Verwaltungsvorschriften, Verteilungskalküle, Versorgungsansprüche beschnitten damals und ersticken heute ein „freiheitlich" pulsierendes Leben, das eigentlich nur vorsichtig in (rechtliche) Bahnen hätte gelenkt werden sollen. Den → Sozialstaat sieht diese Klage als Perversion, nicht Perfektion des bürgerlichen Projekts.

Der Gegenzug ist nicht ausgeblieben. Im bürgerlichen Fortschritt hat er früh eine *zweite Bruchstelle* plaziert, und dem „übertriebenen" Gleichheitsdrang antwortet die radikalisierte Freiheitsidee. Schon vom normal-prosaischen Bürgeralltag abgestoßen, verachtet sie den sozialbürokratischen vollends. Ihr Wortführer bis heute, Friedrich Nietzsche, geißelt das bürgerliche Ideal als schäbiges Muster ohne freiheitlichen Wert: „Die liberalen Institutionen hören alsbald auf, liberal zu sein, sobald sie erreicht sind: es gibt später keine ärgeren und gründlicheren Schädiger der Freiheit als liberale Institutionen. Man weiß ja, was sie zuwege bringen: sie unterminieren den Willen zur → Macht, sie sind die zur Moral

erhobene Nivellierung von Berg und Tal, sie machen klein, feige und genüßlich, - mit ihnen triumphiert jedesmal das Herdentier. → Liberalismus: auf deutsch Herden-Vertierung ...".

Die Botschaft ist eindeutig, eindeutig auch jener anderen diametral entgegengesetzt. Sie huldigt dem „darwinistischen" Effekt des Freiheitsdrangs und brandmarkt das „egalitäre" Moment als sanfte → Gewalt - im Namen ihrer fortschrittlichen Humanität beschneiden moderne Verhältnisse den „authentischen" Menschen bis zur Unkenntlichkeit, heißt es nun. Von eben dieser Erfahrung aus landet man letztendlich, über manchen Umweg, beim allerjüngsten Zeitgefühl: der Proklamation einer *„postmodernen"* Freiheit.

Ihre zentrale Idee: eine *radikalisierte Pluralität* verstanden als gleichberechtigte Koexistenz unterschiedlicher Lebensformen - neben bürgerlichen Entwürfen (in → Politik, Kunst etc.) sollen andere florieren dürfen; allgemein verbindliche Prinzipien (Fortschritt oder Moral) haben ausgedient; „anything goes", jedenfalls alles, was miteinander auskommen kann.

So gesehen erweist sich das postmoderne Emanzipationsmotiv als Fortsetzung des modernen auf höherer Stufe: Freiheit für und Gleichheit von Kulturen innerhalb einer Gesellschaft, nicht nur für und von Individuen innerhalb einer → Kultur, der bürgerlichen nämlich. Deutlich wird auch, wo die Grauzone liegt: Es könnte sein, daß diese Bewegung, statt den gesellschaftlichen Status quo radikal zu „dekonstruieren", ganz auf seinem Boden befriedete Minderheiten ausdifferenziert (Herbert Marcuses „repressive Toleranz").Was für die überbordende Gleichheit moderner Daseinsvorsorge gilt, trifft so auch den Fall der ausschweifenden Freiheit postmodernen Zuschnitts: Stritig bleibt, ob das Terrain des bürgerlichen „Anstands" wirklich verlassen wird. Falls sich nur harmlos Horizonte weiten, zeigt dies, wie ungebrochen elastisch, ja unvermindert attraktiv jenes bürgerlich kombinierte Angebot von F. immer noch ist. Dazu paßt, mit welchem Elan es „real [nicht mehr] existierende" Menschenrechts-Alternativen in seinen Sog zieht.

Lit.: *Arblaster, A.*: The Rise and Decline of Western Liberalism, Oxford/ New York 1984; *Dworkin, R.*: Bürgerrechte ernstgenommen. Frankfurt 1984; *Rödel, U./ Frankenberg, G./ Dubiel, H.*: Die demokratische Frage. Frankfurt 1989; *Rorty, R.*: Kontingenz, Ironie und Solidarität. Frankfurt 1989, *Sandel, M.* (Hg.): Liberalism and its Critics, New York 1984.

Prof. Dr. Wolfgang Fach, Leipzig

Freiheitliche demokratische Grundordnung/ FDGO

In Art. 18 und 21 II GG enthaltener Begriff, der den schutzwürdigen Kernbestand der staatlichen Ordnung in der Bundesrepublik und ihrer obersten → Grundwerte und insoweit den normativen Bezugspunkt der → streitbaren bzw. → wehrhaften Demokratie beschreibt. Das → Bundesverfassungsgericht hat die F. als eine Ordnung bestimmt, „die unter Ausschluß jeglicher Gewalt- und Willkürherrschaft eine rechtsstaatliche Herrschaftsordnung auf der Grundlage der Selbstbestimmung des Volkes nach dem Willen der jeweiligen Mehrheit und der → Freiheit und Gleichheit darstellt. Zu den grundlegenden Prinzipien dieser Ordnung sind mindestens zu rechnen: die Achtung vor den im → Grundgesetz konkretisierten → Menschenrechten, vor allem dem Recht der Persönlichkeit auf Leben und freie Entfaltung, die → Volkssouveränität, die → Gewaltenteilung, die Verantwortlichkeit der → Regierung, die Gesetzmäßigkeit der → Verwaltung, die Unabhängigkeit der Gerichte, das Mehrparteienprinzip und die Chancengleichheit für alle politischen → Parteien mit dem Recht auf verfassungsmäßige Bildung und Ausübung einer → Opposition" (BVerfGE 2, S. 12f.) Parteien, die darauf gerichtet sind, diese Ordnung zu beeinträchtigen oder zu beseitigen, können vom Bundesverfassungsgericht verboten werden.

Friedensbewegung

Sammelbez. für anfangs der 80er Jahre in den westlichen Staaten entstandene → neue soziale Bewegung, die angesichts weltweiter konventioneller und nuklearer Aufrüstung auf eine Sicherung des Frie-

dens durch Rüstungsstop, → Rüstungskontrolle und → Abrüstung drängte. Auch in verschiedenen Staaten des Ostblocks, namentlich in der DDR, waren Gruppen aktiv, die sich zur F. rechneten.

Die F. in der Bundesrepublik entstand in Reaktion auf den Ende 1979 verabschiedeten → NATO-Doppelbeschluß. Sie umfaßte ein breites Spektrum sozialer und politischer Gruppierungen, wie kirchliche und gewerkschaftliche Gruppen, Wissenschaftler- und Ärzteinitiativen sowie in den politischen → Parteien (v.a. in den → Grünen, der → SPD und der → DKP) beheimatete Gruppierungen. Starke Verflechtungen und personelle Identitäten bestanden zu → Alternativ-, → Frauen- und → Ökologiebewegung. Wie diese hatte auch die F. keine feste Organisationsstruktur. Sie äußerte sich v.a. durch öffentlichkeitswirksame Aktivitäten wie → Demonstrationen und Formen unkonventionellen → politischen Protestes (Sitzblockaden, Menschenketten etc.). Diese wurden angesichts der v.a. durch den Systemwandel im Ostblock ermöglichten Fortschritte bei der Rüstungskontrolle und Abrüstung eingestellt. Der weitgehende Abbau des → Ost-West-Konfliktes bewirkte die stillschweigende Auflösung der F.

Friedenspflicht

Pflicht der Tarifparteien, für die Dauer des Tarifvertrages den Arbeitsfrieden zu wahren, d.h. auf Maßnahmen des → Arbeitskampfes zu verzichten.

Friedens- und Konfliktforschung

1. Der Gegenstand. Im Gebrauch des Begriffes „Frieden" artikulieren sich elementare Erfahrungen und → Bedürfnisse der Menschen und ihres Verhältnisses zur außermenschlichen Natur. Davon sind → Individuen und gesellschaftliche wie politische Organisationen gleichermaßen bestimmt. Ausgehend von Situationen, die als unfriedlich erlebt werden, streben sie nach Lebensbedingungen in gewaltärmeren oder gewaltfreieren Verhältnissen, gepaart mit der Verringerung von Not, Angst und Unfreiheit. Vorstellungen von Frieden stützen sich auf unterschiedliche anthropologische, theologische oder philosophische Traditionen, sind sich aber in der Suche nach normativer Fixierung einig. Frieden als Begriff entzieht sich einer Definition i. S. neuzeitlicher Wissenschaften und rückt in den Rang eines zentralen → Wertes menschlichen Zusammenlebens.

Die Komplexität von Friedensvorstellungen erschließt sich in den Bedeutungsfeldern von „eirene", „pax" und „shalom": Das griechische Wort „eirene" gilt dem Frieden als Zwischenkriegszeit in einer Welt, in der Krieg als eine Konstante gesellschaftlicher und zwischenstaatlicher Beziehungen angesehen wird. Mit der römischen Tradition, der lateinischen „pax", wird auf den Frieden als Herrschaftsordnung verwiesen, in der eine funktionsfähige Rechtsordnung Sicherheit, Wohlergehen und Eintracht garantiert. Der hebräisch-arabische „shalom" lenkt den Blick auf den Frieden als Lebensform, die den Menschen und die → Gemeinschaft ebenso einschließt wie die natürliche Mitwelt und die Beziehung zu Gott. Gerade „shalom" signalisiert, daß Frieden nicht nur in der Gegenwart gilt, sondern auch eine Hoffnung für die Zukunft beinhaltet. Frieden erweist sich als zukunftsorientierter Prozeß, der künftiges Leben und das Leben künftiger Generationen ermöglicht.

2. Profil der F. Unter der Annahme, daß Frieden eine unverzichtbare Lebensbedingung ist, versteht sich die F. als Beitrag der Wissenschaft(en), daran mitzuwirken. F. ist in den 60er Jahren als Forschungsprogramm gegen → Gewalt, Not und Unfreiheit - den Parametern des Friedens (Georg Picht) - entworfen worden. Sie geht dem Zusammenwirken von gewaltträchtigem Handeln und Gewaltstrukturen (Johan Galtung) in und zwischen modernen → Staaten und → Gesellschaften nach und öffnet diese Erkenntnisse einem gesellschaftlichen Reflexionsprozeß. Den Anlaß dazu hatten Naturwissenschaftler (so Albert Einstein und Bertrand Russell) unter dem Eindruck der Gefahr eines Nuklearkriegs im Zusammenhang mit dem → Ost-West-Konflikt gegeben, mit dem Wissen darum, welchen großen Anteil die moderne Wissenschaft an den globalen Zerstörungsmög-

lichkeiten hat. Mit der Erkenntnis, daß unterhalb der Glocke der nuklearen Gewaltandrohung herkömmliche Kriege sowie Konfliktpotential auf Grund wirtschaftlicher und sozialer Ungerechtigkeit und nicht eingelöster Autonomieansprüche von Menschen, Gesellschaften und Staaten vor allem im Süden allgegenwärtig sind, differenzierten sich die Forschungsansätze: Neben der Rüstungsdynamik und den militärisch ausgetragenen Konflikten begann die F., sich außerdem mit der - weltweit gesehen - zunehmend prekären Lage bei der Befriedigung der → Grundbedürfnisse, einschließlich der → Menschenrechte, und den globalen Gefährdungen der Umwelt zu beschäftigen.

Die Chance, mit der integrierenden Frage nach den Bedingungen des Friedens verschiedene Disziplinen zusammenzuführen, gipfelt nicht in dem Anspruch, mit der F. sei eine neue, umfassende Grundlagenwissenschaft entstanden. Denn wenn sich die F. mit dem magischen Wort „Interdisziplinarität" verbindet, dann in der Absicht, Fragestellungen so zu formulieren, daß sie die Horizonte der einzelnen Fachrichtungen übergreifen, sich aber gemessen an den Standards der jeweiligen Einzeldisziplin sinnvoll bearbeiten lassen. So finden sich in der F. politikwissenschaftliche, völkerrechtliche, historische, sozialpsychologische und in zunehmendem Maße auch natur- und technikwissenschaftliche Ansätze zusammen und untersuchen einerseits Hemmnisse und Bedingungen des Friedensprozesses, andererseits Beispiele und Modelle einer Friedensordnung.

Man spricht heute allgemein von F. In Erweiterung sind unterschiedliche Vorstellungen von Frieden eingegangen. Dazu zählt das Bild vom „negativen Frieden" im Sinne der Abwesenheit von Gewalt und Krieg ebenso wie das des „positiven Frieden", das die Bedingungen und Formen gelingenden Lebens zwischen Menschen, Gesellschaften und Staaten beschreibt. Eine Wissenschaft, die sich mit → Konflikten beschäftigt, erscheint vielfach angesichts der Fülle von → Krisen und Konflikten innerhalb oder zwischen Staaten und Gesellschaften sinnvoller. Im Holländischen und im Französischen hat dieser Zweig der F. die Bezeichnung „Polemologie" erhalten, um die Nähe zur Kriegsursachenforschung zum Ausdruck zu bringen. In dem Präfix „Frieden" dagegen werden die normativen Ansprüche festgehalten. Der nordamerikanische Ökonom und Nestor der F. Kenneth E. Boulding hat vorgeschlagen, diesem Forschungszweig, parallel zur Polemologie, den Namen „Irenologie" zu geben.

In Deutschland beschäftigen sich etwa 600 Wissenschaftlerinnen und Wissenschaftler mit Problemen der F. Dabei dominieren die → Politik-, → Sozial- und Rechtswissenschaft, gefolgt von der Ökonomie, Geschichte, Psychologie und Pädagogik. In jüngerer Zeit engagieren sich wieder verstärkt Natur- und Technikwissenschaften, von denen die F. ursprünglich wichtige Anregungen empfangen hatte. Der Aufwand an Mitteln für die F. war und ist in Deutschland im Vergleich zu den Niederlanden, Großbritannien, den skandinavischen Ländern oder den USA als den Zentren der F. relativ gering. Jährlich werden hierzulande circa 6 Millionen DM von öffentlichen wie privaten Stellen für die F. zur Verfügung gestellt. Neben einzelnen Hochschulen (z.B. Berlin, Fernuniversität Hagen, Hamburg, Marburg, Osnabrück, Tübingen) konzentriert sich die F. auf außeruniversitäre Institute und Stiftungen: z. B. Hessische Stiftung Friedens- und Konfliktforschung (HSFK), Frankfurt - Institut für Sicherheitspolitik und Friedensforschung an der Universität Hamburg (IFSH) - Forschungsstätte der Evangelischen Studiengemeinschaft (FEST), Heidelberg - Schleswig-Holsteinisches Institut für Friedenswissenschaften, Kiel (SCHIFF) - Berghof Forschungszentrum für konstruktive Konfliktbearbeitung, Berlin Internationales Konversionszentrum Bonn - Stiftung Entwicklung und Frieden, Bonn. Mit der Arbeitsgemeinschaft für Friedens- und Konfliktforschung (AFK) besteht ein übergreifender wissenschaftlicher Arbeits- und Diskussionszusammenhang. Einen zentralen Informationsdienst bietet die Arbeitsstelle Friedensforschung Bonn (AFB). Entsprechend dem Postulat, die F. sowohl global, als auch regional und lokal zu betreiben (J. Galtung), bewegt sich die deutsche F. in

vielfältigen internationalen Kontakten, teilweise gefördert durch die → UNESCO. Neben der Grundlagenforschung hat sich die F. heute in den Herausforderungen durch die Konversion, die Beilegung ethnischer Konflikte, die wachsende Bedeutung über- und zwischenstaatlicher Organisationen oder durch den globalen Streit verschiedener, miteinander konkurrierender Wert- und Normenvorstellungen zu bewähren.

3. Kontroversen und Perspektiven. Im Rückblick auf die bisherigen Arbeitsergebnisse zeigt sich die Leistung der F. darin, Aufmerksamkeit für Zusammenhänge geweckt zu haben, die bis dahin nicht erkannt oder als solche nicht anerkannt waren, so bei der Rüstungsdynamik, in der Kritik am Abschreckungssystem, in der Erforschung von Ursachen und Folgen politischer und ethnischer Konflikte oder bei den Beziehungen zwischen Entwicklungsstrategien und der → Weltwirtschaftsordnung. Argumente und Theoreme der F. sind in die → Abrüstungs- und → Sicherheitspolitik eingegangen, so die Vorstellungen des Gradualismus, das Modell der Vertrauensbildenden Maßnahmen, die Konzepte der → Entspannung oder der → Sicherheitspartnerschaft bzw. der Gemeinsamen Sicherheit. Ihre Beiträge zum Verständnis von Sicherheit und Frieden geraten allerdings vielfach in den Sog damit verbundener Kontroversen im politischen Alltag, so daß die F. die Auseinandersetzungen über das Wie und Wofür des Friedens selbst austragen muß.

Stand in der Aufschwungphase der F. in den 60er und 70er Jahren das Postulat der Interdisziplinarität im Vordergrund, so traten im weiteren Verlauf Tendenzen der Akademisierung und der Rückkehr zu vertrauten „Mutterdisziplinen", vor allem der Politikwissenschaft, zutage und damit die Dominanz strukturbezogener Ansätze gegenüber hermeneutisch-heuristischen Zugängen. Die F. tat sich darüber hinaus mit der Einsicht schwer, daß Frieden auch ein Problem des Alltages ist, weil die wissenschaftliche Arbeitsweise sich nicht unmittelbar mit den Alltagserfahrungen → sozialer Bewegungen in Verbindung bringen läßt, zumal der F. in den 70er Jahren mit der → Friedensbewegung ein Gegenüber erwachsen war, das Forschungsergebnisse unmittelbar in die politischen Auseinandersetzungen um Frieden und Sicherheit hineingetragen hat. Ein Kompromiß wird nicht in der Mitte der Positionen liegen, sondern in der Einsicht in die Mehrdimensionalität und den Prozeßcharakter des Friedens.

Im Blick auf weitere Perspektiven stellt sich der F. die Aufgabe, sich mit ihrer grundlegenden Begrifflichkeit und der Spannung zwischen einer wissenschaftlichen Fragerichtung und dem Anspruch, eine angewandte Wissenschaft zu sein, auseinanderzusetzen. Ihr bleibt aufgetragen, die Destruktivität verschiedener politischer, wirtschaftlicher und sozial-psychologischer Faktoren zu untersuchen. Die Kategorie des Konfliktes und das Problem der Gewalt haben nicht an Bedeutung verloren. Das schließt auch ein, über die Zukunft des Militärs als des legitimen Inhabers des staatlichen → Gewaltmonopols nachzudenken, denn die Aussichten auf Abrüstung und → Rüstungskontrolle und die sich wandelnden ökonomischen Bedingungen in Industriestaaten wie → Entwicklungsländern haben die Beziehungen zwischen Militär und Sicherheit, Krieg und → Politik erheblich verändert. Das Verständnis von Sicherheit befindet sich in einem tiefgreifenden Umbruch, indem es sich von der Fixierung auf die militärisch garantierte Sicherheit löst und den Blick auf wirtschaftliche und ökologische Voraussetzungen des Lebens öffnet. Die F. profitiert von solchen Trends, liegt doch darin die Chance, die Wechselbeziehung zwischen Wertorientierung einerseits und praktischem Handeln andererseits wissenschaftlich fruchtbar zu machen. Schließlich bleiben die → Nord-Süd-Beziehungen, das Verhältnis der Entwicklungsländer untereinander sowie die Folgen der ökologischen Krise auf der Forschungsagenda, wenn sich auch die bislang weitgehend politikwissenschaftlich dominierte F. schwer tut, mit ökonomischen Entwicklungen umzugehen. Entwicklungsländerforschung und Rechtsphilosophie haben hier auf unterschiedliche Weise mit dem Stichwort der sozialen und ökonomischen Gerechtigkeit der F. einen. sinnvollen Weg gewiesen.

Lit.: FEST/ HSFK/ IFSH. Friedensgutachten, Hamburg, Münster jährlich; *J. Galtung:* Strukturelle Gewalt, Reinbek 1975; *C. Hauswedell:* Friedenswissenschaft im Kalten Krieg, Baden-Baden 1997; *P. Imbusch/ R. Zoll:* Friedens- und Konfliktforschung, 3 Bde., Opladen 1996/97; *E. Krippendorff:* Friedensforschung, Köln 1968; *R. Mevers:* Begriffe und Probleme des Friedens, Opladen 1994; *D. Senghaas:* Kritische Friedensforschung, Frankfurt a. M. 1971; *D. Senghaas:* Den Frieden denken, Frankfurt a. M. 1995; *D. Senghaas:* Frieden machen, Frankfurt a. M. 1997; *W. R. Vogt:* Kultur des Friedens, Darmstadt 1997; *U. C. Wasmuht:* Friedensforschung, Darmstadt 1991.

Dr. Bernhard Moltmann, Frankfurt a. M.

Friedliche Koexistenz

Seit dem XX. Parteitag der → KPdSU 1956 geltendes Leitprinzip für das Verhältnis der UdSSR und der mit ihr verbundenen → Staaten zur kapitalistischen Staatenwelt. Die F. gab die Auffassung unvermeidbarer Kriege zwischen den antagonistischen Systemen auf zugunsten einer selektiven Teilnahme der kommunistischen Staaten an der internationalen → Arbeitsteilung und einer friedlichen Zusammenarbeit. Sie hielt jedoch fest an der Fortdauer des Kampfes zwischen den unversöhnlichen → Ideologien und dem entsprechenden Antagonismus der gegnerischen Systeme.

Front National

Rechtsextreme → Partei in Frankreich, bis Januar 1999 geführt von Jean-Marie Le Pen, die erstmals im Jahre 1978 bei den → Wahlen zur → Nationalversammlung in Erscheinung trat. Der F., der sich v.a. mit der Propagierung einer restriktiven Ausländerpolitik zu profilieren sucht, profitierte von einem „Rechtsruck" der französischen Wählerschaft und der Einführung des → Verhältniswahlrechts für die Parlamentswahlen im Jahre 1986: mit 9,9 % der gültigen Stimmen stellte er 35 → Abgeordnete in der Nationalversammlung.

Zwar konnte der F. bei den Parlamentswahlen im Jahre 1988 seinen Stimmenanteil halten (9,8 %); die Rückkehr zur → romanischen Mehrheitswahl bewirkte jedoch, daß er nur noch mit einer Abgeordneten vertreten war. Bei der Präsidentschaftswahl im selben Jahr kam Le Pen auf 14,4 % der Stimmen. Nach der Wahl zum → Europäischen Parlament zog der F. mit 10 Abgeordneten (an ihrer Spitze Le Pen) ins Straßburger Parlament ein. Bei den Präsidentschaftswahlen des Jahres 1995 erzielte Le Pen im ersten Wahlgang 15 % der Stimmen; die Parlamentswahlen von 1997 brachten dem F. einen Stimmenanteil von 15,1 % (1 Mandat); ein Stimmanteil, den der F. auch bei der Regionalwahlen von 1998 erreichte. Parteiinterne Auseinandersetzungen bewirkten die Spaltung des F., die auf einem Parteitag am 24.1.1999 vollzogen wurde. Der mit großer Mehrheit gewählte neue Vorsitzende benannte aufgrund eines Streits um die Namensrechte die Partei in „Nationale Front - Nationale Bewegung" (FN-MN) um, während sich der ehemalige Parteiführer Le Pen seitdem auf den ursprünglichen Namen „Nationale Front für die Einheit Frankreichs" (FNUF) beruft.

Führerstaat
Bez. für einen nach dem Führerprinzip organisierten, zentralistischen und hierarchischen → Staat, welcher durch bedingungslose Unterordnung der in die „gleichgeschaltete" → Gesellschaft (zwangsweise) eingegliederten → Individuen unter die Befehlsgewalt eines Führers gekennzeichnet ist („ein Volk - ein Führer"). Beispiele sind Deutschland und Italien zwischen den beiden Weltkriegen.

Fundamentalismus
Ursprünglich innerkirchliche Bewegung des amerikanischen Protestantismus, die durch strenge Bibelgläubigkeit sowie die Abwehr „liberaler" theologischer Positionen und naturwissenschaftlicher Erklärungen (z.B. hinsichtlich der Entstehung der Welt: Schöpfungsgeschichte versus Evolutionstheorie) gekennzeichnet ist. In Anlehnung daran Bez. für religiöse (v.a. islamischer F.) und politische Positionen,

die sich durch das Festhalten an einer „reinen Lehre" auszeichnen; in der Bundesrepublik v.a. für die „evangelikale" Strömung im Protestantismus („Kein anderes Evangelium") sowie für den „fundamentalistischen" Flügel innerhalb der → Partei → Die Grünen.

Fundamentalopposition
Politische Bewegung, die sich nicht nur gegen die jeweils aktuelle Regierungspolitik wendet, sondern das bestehende politische und/oder soziale System grundsätzlich ablehnt, d.h. sich dem von der parlamentarischen → Opposition i.d.R. geteilten → Konsensus über die Grundlagen der → Verfassung entzieht. Als F. verstanden sich z.B. Teile der → Außerparlamentarischen Opposition in der Bundesrepublik Ende der 60er Jahre.

Fünfprozent-Klausel
Wahlgesetzliche Bestimmung (→ Sperrklausel), derzufolge bei → Verhältniswahlen nur solche → Parteien in die Verteilung der → Mandate einbezogen werden, die mindestens 5 Prozent der abgegebenen gültigen Stimmen erhalten haben. Das vom → Parlamentarischen Rat verabschiedete 1. → Bundeswahlgesetz enthielt ursprünglich keine F. Sie wurde erst nachträglich von den → Ministerpräsidenten der westdeutschen → Länder mit Genehmigung der Militärgouverneure eingefügt und galt gesondert für die einzelnen → Bundesländer. Das 2. Bundeswahlgesetz vom 25.6.1953 dehnte die F. auf die Bundesebene aus und führte eine Alternativklausel ein, nach der die Erringung eines → Direktmandats ebenfalls zur Berücksichtigung der → Zweitstimmen bei der Mandatsverteilung berechtigte. Das am 15.3.1956 verabschiedete 3. Bundeswahlgesetz brachte die bis heute gültige Fassung der F. mit einer Verschärfung der Alternativklausel auf 3 Direktmandate. Einen Sonderfall stellte die erste gesamtdeutsche Bundestagswahl vom 2.12.1990 dar. Bei ihr kam die F. getrennt für die Gebiete der ehemaligen DDR und der „alten" Bundesrepublik zur Anwendung. Die F. gilt auch bei allen Landtagswahlen (mit unterschiedlichen Alternativklau-

seln). Bei Kommunalwahlen gilt sie in Hessen, Mecklenburg-Vorpommern, dem Saarland, Schleswig-Holstein und Thüringen.

Funktionalreform

Neuverteilung der Zuständigkeiten innerhalb der öffentlichen → Verwaltung. Die Notwendigkeit einer F. wurde im Sinne der Übertragung weiterer Kompetenzen auf die → Gemeinden vielfach als der eigentliche Grund für die Durchführung der → Gebietsreformen zu Anfang der 70er Jahre genannt, blieb jedoch nach deren Abschluß weitgehend aus.

Funktionär

Alltagssprachlich häufig abwertend gemeinte Bez. für Mandats- und/ oder Funktionsträger einer politischen → Partei oder eines → Verbandes. Zu unterscheiden sind hauptberufliche und ehrenamtliche F. Ämterhäufung, Informationsüberlegenheit und Professionalisierung der F. können zu einer Konzentration der → Macht und damit zu einer Gefährdung → innerparteilicher bzw. → innerverbandlicher Demokratie führen.

Funktionseliten

Personen oder Gruppen, die für die Übernahme bestimmter gesellschaftlicher Spitzenpositionen in besonderer Weise qualifiziert sind. Ihre Überlegenheit gegenüber anderen Mitgliedern der → Gesellschaft dokumentiert sich in der → Steuerung bzw. Beeinflussung wichtiger politischer und sozialer Prozesse. Die Vereinbarkeit von F. mit der → Demokratie ist ein Diskussionsschwerpunkt moderner → Elitetheorien.

Fürstenspiegel

Schriften, die als Lebensbeschreibung berühmter Fürsten oder als dichterisches Ideal ein Musterbild eines Fürsten aufstellen. F. handeln über Befugnisse und Begrenzungen fürstlicher → Macht, über die Rechte und Pflichten eines politischen Herrschers. F. sind seit den Schriften Platons und Aristoteles' bekannt. Mit dem bis ins Spätmittelalter in den F. gepflegten Bild des christlichen Fürsten brach Macchiavelli mit seiner Abhandlung „Il principe" (1532).

G

G 10-Ausschuß

Aus 5 vom → Bundestag bestimmten → Abgeordneten bestehendes Gremium, eingerichtet aufgrund des „Gesetzes zu Art. 10 Grundgesetz (G 10)" vom 13.8.1968. Das G 10 räumt den Verfassungsschutzbehörden, dem → Bundesnachrichtendienst und dem Amt für Sicherheit der → Bundeswehr zur Abwehr von drohenden Gefahren für die → freiheitliche demokratische Grundordnung oder für den Bestand der Bundesrepublik die Möglichkeit zur Beschränkung des → Brief-, Post- und Fernmeldegeheimnisses ein. Die entsprechenden Maßnahmen unterliegen einer zweistufigen Kontrolle, nämlich 1. der Berichtspflicht des zuständigen → Bundesministers vor dem o.g. Fünfergremium, das mindestens alle 6 Monate zusammentrifft, und 2. der für den Minister bindenden Entscheidung über die Zulässigkeit und Notwendigkeit der Beschränkungsmaßnahmen, die i.d.R. (außer bei Gefahr im Verzuge) vor deren Vollzug von einer parlamentarischen Dreierkommission getroffen wird. Diese Kommission wird nach Anhörung der → Bundesregierung vom Fünferausschuß bestellt.

GATT

Abk. für *G*eneral *A*greement on *T*ariffs and *T*rade; 1948 in Kraft getretenes allgemeines Zoll- und Handelsabkommen, das am 1.1.1995 durch die → World Trade Organization (WTO) ersetzt wurde. Die Bundesrepublik gehörte dem G. seit 1951 an, es hatte zuletzt 125 Mitglieder. Das G. sollte durch Liberalisierung und Ausweitung des Welthandels, v.a. durch schrittweisen Zollabbau, zur Hebung des Lebensstandards und zur → Vollbeschäftigung in den beteiligten Ländern führen. Wichtigstes Instrument war die Meistbegünstigungsklausel, d.h. die Verpflichtung, dem Vertragspartner all diejenigen Einfuhrerleichterungen zu gewähren, die auch Drittländern eingeräumt werden.

GASP

Abk. für → *G*emeinsame *A*ußen- und *Si*cherheits*p*olitik

Gauck-Behörde

Im Dezember 1991 aufgrund des „Gesetzes über die Unterlagen des → Staatssicherheitsdienstes der ehemaligen DDR" eingerichtete obere Bundesbehörde, die in der politischen Alltagssprache meist nach ihrem Leiter, dem Bundesbeauftragten für die Unterlagen des Staatssicherheitsdienstes (Stasi) der damaligen DDR, Joachim Gauck, benannt wird. Mitunter findet sich auch die ebenfalls abkürzende Bez. „Stasi-Unterlagenbehörde". Durch Erschließung der Unterlagen soll die G. zur Aufarbeitung und Bewältigung der DDR-Vergangenheit beitragen. Die G. ist verpflichtet, Informationen über eine Stasi-Mitarbeit von führenden Persönlichkeiten des öffentlichen Lebens von sich aus der zuständigen Stelle mitzuteilen und Bewertungskriterien für derartige Tätigkeiten aufzustellen. Auf Antrag gewährt die G. Personen, die von der Tätigkeit der Stasi betroffen waren, Akteneinsicht. Im ersten Jahr ihres Bestehens gingen bei der G. 1,6 Mio entsprechende Anträge ein.

Gaullismus

Sammelbez. für politische, soziale, wirtschaftliche und kulturelle Ordnungsauffassungen, die Charles de Gaulle seit 1940 zur Wiederherstellung und Wahrung der nationalen Größe und Unabhängigkeit Frankreichs verfocht und die zur Grundlage der die Ziele de Gaulles unterstützenden → politischen Bewegungen und → Parteien wurden (zur heutigen gaullistischen Partei → RPR). Nach der Rückkehr de Gaulles zur → Macht 1958 wurde der G. vielfach mit der → Politik der V. Republik gleichgesetzt. Innenpolitisch gestützt auf ein → semi-präsidentielles Regierungssystem mit plebiszitärem Charakter und bis 1969 auf das persönliche Regiment de Gaulles, repräsentierte der G. die

Idee einer von äußeren Einflüssen unabhängigen Kooperation im „Europa der Vaterländer".

Gebietshoheit
Befugnis eines → Staates zur Ausübung hoheitlicher Gewalt innerhalb eines Territoriums, das sich i.d.R. mit dem eigenen Staatsgebiet deckt (Ausnahme z.b. die Ermächtigung durch völkerrechtlichen Vertrag, in fremdem Hoheitsgebiet Hoheitsakte zu erlassen). Die G. erstreckt sich auf die Hoheitsgewalt über alle in dem Gebiet befindlichen Personen (ohne Rücksicht auf ihre → Staatsangehörigkeit) und Sachen.

Gebietskörperschaften
→ Körperschaften des öffentlichen Rechts, deren Hoheitsbereich sich auf ein bestimmtes Gebiet und seine Einwohner erstreckt (z.B. → Gemeinden und → Landkreise). I.w.S. werden auch → Bund und → Länder als G. bezeichnet.

Gebietsreform
Von den alten → Bundesländern in den 70er Jahren im wesentlichen abgeschlossene und in Ostdeutschland in den 90er Jahren nachgeholte territoriale Neugliederung der kommunalen → Gebietskörperschaften und Verwaltungseinheiten. Die G., der eine entsprechende → Funktionalreform nur z.T. gefolgt ist, führte zu einer Reduzierung der → Landkreise auf insgesamt 237 und der → Gemeinden auf 8504 (darunter 91 kreisfreie Städte) in den „alten Ländern" der Bundesrepublik.

Gebühren
Entgelte für in Anspruch genommene öffentliche Leistungen, deren Höhe gesetzlich oder durch Satzung der → Gebietskörperschaften (Gebührenordnungen) normiert ist.

Gebundenes Mandat
⇒ *Imperatives Mandat*

Gegenzeichnung
Für die → Ausfertigung von → Gesetzen durch den → Bundespräsidenten erforderliche Unterzeichnung durch den → Bun-

deskanzler und den zuständigen → Bundesminister.

Geheime Staatspolizei/ Gestapo
Im Frühjahr 1933 entstandene politische Polizei im NS-Staat, die 1936 reichseinheitlich organisiert und 1939 mit dem Sicherheitsdienst (SD) des Reichsführers → SS zusammengeschlossen wurde und seitdem als Amt IV im Reichssicherheitshauptamt fungierte. Aufgabe der G. war die Verfolgung aller vom NS-Regime als politische Verbrechen definierten Handlungen sowie die vorbeugende Bekämpfung aller Gegner des → Nationalsozialismus. Aufgrund ihrer tätigen Mitwirkung an Willkür- und Terrorakten sowie der Beteiligung ihrer „Einsatzgruppen" an der Massenvernichtung der Juden wurde die G. bei den → Nürnberger Prozessen zur verbrecherischen Organisation erklärt.

Gemeinde
→ Gebietskörperschaft, welche die örtlichen Angelegenheiten im Wege der durch Art. 28 II GG institutionell garantierten → kommunalen Selbstverwaltung autonom regelt und verwaltet. Die von den G. wahrgenommenen Aufgaben teilen sich in solche des übertragenen Wirkungskreises (die den G. kraft → Gesetz von → Bund und → Land zugewiesen werden und deren Erledigung der → Fachaufsicht untersteht) sowie in freiwillige und Pflichtaufgaben des - nur der → Rechtsaufsicht unterworfenen - eigenen Wirkungskreises. Kreisfreie G. nehmen die kommunalen Aufgaben insgesamt wahr, kreisangehörige G. nur diejenigen, die ihre Verwaltungs- und Wirtschaftskraft nicht übersteigen, während die umfassenderen Aufgaben vom → Kreis erledigt werden. Die innere administrative und politische Ordnung der G. wird von den → Gemeindeordnungen der Länder geregelt.

Gemeindedirektor
In Niedersachsen und Nordrhein-Westfalen vormals Amtsbez. der kommunalen Wahlbeamten, die von den Vertretungskörperschaften als Leiter der Gemeindeverwaltung gewählt wurden. In Städten trugen sie die Bez. → Stadt- bzw.

(in kreisfreien Städten) → Oberstadtdirektor. Infolge der Änderung der Gemeindeordnungen trat anstelle des G. der direkt gewählte → (Ober-)Bürgermeister, der gleichzeitig als Ratsvorsitzender und Hauptverwaltungsbeamter fungiert.

Gemeindefinanzreform

Teil der → Finanzreform von 1969, die den → Gemeinden einen Anteil von ursprünglich 14, heute 15 Prozent am örtlichen Aufkommen der Lohn- und Einkommensteuer im Tausch gegen einen an → Bund und → Länder abzuführenden Gewerbesteueranteil brachte. Die G. sollte die einseitige finanzielle Abhängigkeit der Gemeinden von der Gewerbesteuer beseitigen.

Gemeindeordnungen

Landesgesetzliche Regelungen zu Aufgaben und Rechten der → Gemeinden, ihrer → Verfassung und → Verwaltung, ihrer Wirtschafts- und Haushaltsführung sowie über die Staatsaufsicht.

Gemeinderat

Durch Art. 28 I Satz 2 GG vorgeschriebene → Volksvertretung in den → Gemeinden (in Städten Stadtrat genannt), die aus allgemeinen, unmittelbaren, freien, gleichen und geheimen → Wahlen hervorgehen muß. Die einzelnen Mitglieder werden ebenfalls G. genannt. Der G. ist das oberste Organ der Willensbildung der Gemeinde, dem u.a. die Satzungshoheit zukommt. Seine Stellung im einzelnen ist in den → Gemeindeordnungen unterschiedlich ausgestaltet.

Gemeindeverbände

Selbständige → Gebietskörperschaften, denen durch Art. 28 II GG das Recht auf → Selbstverwaltung garantiert ist. G. sind v.a. die → Kreise. In den → Ländern mit dreistufigem Verwaltungsaufbau treten die → Bezirke bzw. → Landschaftsverbände als sog. „höhere" G. hinzu. G. besonderer Art sind die in mehreren Ländern als Zwischenstufe zwischen → Gemeinden und Kreis existierenden → Ämter bzw. Samtgemeinden oder Verwaltungsgemeinschaften (Zusammenfassungen mehrerer Gemeinden zu rechtsfähigen G.) Keine G.

im eigentlichen Sinne sind die kommunalen Zweckverbände (z.B. zur Abfallbeseitigung).

Gemeindeverfassungstypen

Die von den Ländern in den → Gemeindeordnungen unterschiedlich normierte innere → Verfassung der politischen → Gemeinden. Allen G. gemeinsam ist der → Gemeinderat als oberstes Organ; die Unterschiede beziehen sich v.a. auf die Organisation der Verwaltungsführung, auf die Verteilung der Entscheidungskompetenzen zwischen den Gemeindeorganen sowie die institutionalisierten Beteiligungsrechte der → Bürger. In der Bundesrepublik gibt es 4 G.: → Bürgermeister-, (unechte) → Magistrats-, süddeutsche und norddeutsche → Ratsverfassung. Durch die Einführung der Direktwahl der → (Ober-)Bürgermeister sowie von → Bürgerbegehren und → Bürgerentscheid in allen Flächenländern der BRD haben sie sich in den 90er Jahren einander stark angenähert.

Gemeinsame Außen- und Sicherheits politik/ GASP

Durch den → Maastrichter Vertrag vollzogene Aufwertung der → Europäischen Politischen Zusammenarbeit zur „Zweiten Säule" der → Europäischen Union. Ziele der G. sind laut EU-Vertrag v.a. die Wahrung der gemeinsamen → Werte, → Interessen und der Unabhängigkeit der EU sowie die Stärkung der Sicherheit der Union und ihrer Mitgliedsstaaten. Die Besonderheit der G. besteht darin, daß die Mitgliedsstaaten ihre außenpolitischen Kompetenzen nicht an die → Europäische Kommission abgegeben haben. Alleinige Entscheidungsinstanz für die G. ist deshalb der aus den Außenministern bestehende „Allgemeine Rat": Seine grundsätzlichen Entscheidungen bedürfen der Einstimmigkeit. Durch den → Amsterdamer Vertrag wurde die G. in zweifacher Hinsicht weiterentwickelt. Man einigte sich darauf, das Amt eines G.-Generalsekretärs zu schaffen und definierte ein neues Entscheidungsverfahren, demzufolge über die Umsetzung vorab einstimmig verabschiedeter Strategien künftig mit qualifizierter Mehrheit entschieden werden soll.

Gemeinsame Verfassungskommission

Die G. von → Bundestag und → Bundesrat, eingerichtet aufgrund einer entsprechenden Empfehlung in Art. 5 → Einigungsvertrag, diskutierte die verfassungsrechtlichen Folgen der deutschen → Wiedervereinigung und unterbreitete verschiedene Vorschläge für Grundgesetzänderungen. Inhaltlich setzte sie sich dabei v.a. mit der Ausgestaltung des föderativen Systems, → Staatszielen, Bürgerbeteiligung, sowie dem Parlaments- und → Wahlrecht auseinander. Die 64 Mitglieder der G. kamen zu gleichen Teilen aus Bundestag und Bundesrat. Der Abschlußbericht der G. ist veröffentlicht in: Zur Sache. Themen parlamentarischer Beratung, Nr. 5/1993.

Gemeinsamer Ausschuß

Aus 32 entsprechend dem Stärkeverhältnis der → Fraktionen bestimmten → Abgeordneten des → Bundestages und 16 Mitgliedern des → Bundesrates bestehender Ausschuß. Im Normalfall besitzt der G. nur das Recht auf Unterrichtung durch die → Bundesregierung über deren Planungen für den → Verteidigungsfall (Art. 53a GG). Im Verteidigungsfall nimmt der G. die in Art. 115 e GG geregelten Funktionen eines Notparlaments wahr.

Gemeinsamer Markt

→ Europäische Gemeinschaft
→ Europäischer Agrarmarkt
→ Europäischer Binnenmarkt

Gemeinschaft und Gesellschaft

Von Ferdinand Tönnies ursprünglich als soziologische Abgrenzungsbegriffe historischer Formen des menschlichen Verbundenseins konzipiert, werden Gemeinschaft und Gesellschaft (künftig: Gm und Gs) verstanden und verwendet als politisch-soziale Dichotomie von positiver organischer „Natürlichkeit" vs. negativ mechanischer „Künstlichkeit". Ihren Niederschlag findet diese spannungsgeladene Dichotomie dann als vermeintliche theoretische → Legitimation inhaltlich unterschiedlich gefüllter Gm-ideologien.

1. F. Tönnies: Gemeinschaft und Gesellschaft. Tönnies zufolge entstand die Schrift zwischen 1880 und 1887, also zur Zeit der → „Großen Depression", der bis 1886 das sozioökonomische und politische Leben des → Kaiserreiches bestimmenden Wirtschaftskrisen. Gegen den damit verbundenen ‚Verlust des Fortschrittsglaubens' (O. Rammstedt) und die Erfahrung des Auseinanderfallens der Ziel- und Zwecksetzungen des Ganzen und der Einzelnen zugunsten der rapiden → Industrialisierung und Kapitalisierung des sozialen Lebens, bildet Gm in der sich neu konstituierenden → Soziologie die ständisch verbleibende Hintergrundvorstellung von organisierten Gleichen, vor der sich Gs als das Neue, das Moderne abhebt und so analysierbar wird.

Tönnies attribuiert Gm und Gs mit einer Fülle dichotomischer Merkmale, die durch ihre Verallgemeinerung die ursprünglich intendierte Bestimmtheit verlieren. So ist Gm für Tönnies das „dauernde und echte Zusammenleben, Gesellschaft nur ein vorübergehendes und scheinbares." Dem entspricht, „daß Gemeinschaft selber als ein lebendiger Organismus, Gesellschaft als ein mechanisches Aggregat und Artefakt verstanden werden soll." Denn „Gemeinschaft ist alt, Gesellschaft ist neu, als Sache und Namen." Dies unterstreicht Tönnies auch mittels seiner Begrifflichkeit: *Wesenwillen* bedeutet ein unmittelbare subjektive Bejahung der sozialen Verhältnisse, sozialen → Werte und sozialen Verbindungen. Er ist Grundlage eines nicht-entfremdeten Verhältnisses zu sich, seiner Tätigkeit und damit zu dem Anderen. Sein Denken schöpft aus der Tradition, aus der Vergangenheit. Der Gs hingegen ist das zweckrationale Denken, der *Kürwillen* eigen. Seine Gesamtformen, die „Elemente der Wesenwillen in sich enthalten", sollen „begriffen werden als Systeme von Gedanken, nämlich Absichten, Zwecken und Mitteln, welche ein Mensch als seinen *Apparat* im Kopfe trägt". Kürwillen ist auf Zukünftiges bezogen, Reflexion und Berechnung zeichnen ihn aus, die → Individuen verhalten sich als Machtsubjekte, deren Gemeinsames ein fingierter Sozialwille ist: der Tausch.

Den drei Arten „innerlicher Gemeinschaft": Verwandtschaft, Nachbarschaft, Freundschaft - entsprechen solche der gemeinschaftlichen Verbindungen: Familie, → Gemeinde, → Genossenschaft, denen die Kälte der gesellschaftlichen → „Öffentlichkeit" gegenübergestellt wird. Tönnies gibt zwischen 1912 und 1931 verschiedene Selbstinterpretationen des theoretischen Status von Gm und Gs. Scheint es sich anfangs um einen irreversiblen historischen Prozeß zu handeln, so verschiebt sich mit der Erweiterung der Aussage der Akzent der Interpretation: Sollen Gm und Gs nicht mehr konkrete „empirische Kulturformen", sondern wesentliche „Grundbegriffe der reinen Soziologie" bezeichnen, sollen in einem Max Weber angenäherten Sinne Wesen- und Kürwillen „Normalbegriffe oder Richtungsbegriffe" sein, die „ideelle Typen" darstellen, ergibt sich ein Verhältnis der Gleichzeitigkeit beider Formen, der graduellen Abstufungen, der Möglichkeit, mittels der Freiheit der Reflexion zu neuen Formen menschlicher Verbindungen zu gelangen. Bleibt dieses Ziel für Tönnies 1919 noch inhaltlich unbestimmt, konkretisiert er es 1931 angesichts der politischen und sozialen Lage der → Weimarer Republik im Sinne einer → „bürgerlichen Gesellschaft" mit deutlichen Zügen eines → demokratischen Sozialismus. Doch waren die Konnotationen für die Rezeption gesetzt: Gm meinte Natürlichkeit, Emotionalität, Überschaubarkeit, damit auch Ordnung und → Autorität, Gs hingegen Künstlichkeit, Zweckrationalität, Unüberschaubarkeit, kalter Verstand.

2. *Wissenschaftliche und politische Rezeption.* Tönnies' Wirkung in der Weimarer Republik kann nur exemplarisch referiert werden. Angesichts der katastrophischen Erfahrung der Kriegsniederlage und der politischen wie sozioökonomischen Situation der Anfangsjahre der Republik, erfuhr der Begriff der Gm eine ideologische Hochbesetzung. Gm als dichotomischer Begriff zu Gs wird ein aus unterschiedlichen Quellen und mit unterschiedlichen Erwartungen befrachteter gemeinsamer Name für Gegenvorstellungen bür-

gerlicher Opponenten gegen die als Bedrohung empfundene gesellschaftliche Wirklichkeit. Eine Fülle von politischen, philosophischen, psychologischen, soziologischen, pädagogischen und religiösen Schriften beschäftigt sich vornehmlich mit dem Verhältnis des → Individuums zur Gm, die sich damit zum gesellschaftlichen → „System" der „Mechanisierung" und „Atomisierung" des sozialen Lebens abgrenzt. Th. Geiger sieht 1931 darin einen „neuromantischen Zivilisationspessimismus", in dem sich → Jugendbewegung, → Bürgertum und völkische Bewegungen aller Schattierungen „im Kampf gegen die bürgerliche → Zivilisation des 19. Jh." träfen, so daß man wünschen möge, den Begriff Gm für einige Zeit aus der Fachsprache streichen zu können. „Im übrigen pflegte die Literatur Tönnies' Begriffe mehr auf ihre Weise umzudeuten, ja zu verballhornen, als sich mit ihnen kritisch auseinanderzusetzen oder ihre Weiterbildung anzustreben" (Geiger). So unternahmen Staudinger (1907/1912) und H. Schmalenbach (1922) Versuche, Tönnies' Kategorien durch die der → ‚Herrschaft' bzw. des → ‚Bundes' zu modifizieren. A. Vierkandt suchte sie in seine „Gesellschaftslehre" 1922 zu übersetzen, um aber bereits 1928 sich den phänomenologischen Adaptierungsversuchen anzuschließen. Bei M. Weber veränderte sich die Begrifflichkeit, denn er bereitete mit seiner Gegenüberstellung von „Vergemeinschaftung" und „Vergesellschaftung" als Typen sozialer Beziehungen die Reformulierung von Tönnies' Konzeption vor. Während *Vergesellschaftung* „auf rational (wert- und zweckrational) motiviertem Interessenausgleich oder auf ebenso motivierter Interessenverbindung beruht", basiert *Vergemeinschaftung* „auf subjektiv gefühlter (affektueller und traditionaler) Zusammengehörigkeit der Beteiligten" (1922).

So sind die fruchtbarsten wissenschaftlichen Versuche auf dem vorsoziologischen Gebiet strukturanalytischer Phänomenologie zu sehen, wie sie neben Th. Geiger v.a. der auf philosophischem und pädagogischem Gebiet wirkungsvolle Th. Litt (1924) unternahm. Dieser Ansatz begreift

Gm als primäre Evidenz für das Bewußtsein: ähnlich H. Plessner (1928), der dieses Verfahren in die Philosophische → Anthropologie einführt. Plessner aber war es auch, der die Antithetik wieder soziologisch, philosophisch und politisch aufnahm und frühzeitig der „Verschlagwortung" und „schwärmerischen Romantisierung der Gemeinschaft" entgegentrat (Th. Geiger), wofür ihn Tönnies in der Vorrede zur 6./7. Aufl. von „Gemeinschaft und Gesellschaft" lobend erwähnte. Plessner zeigt die „Grenzen der Gemeinschaft" i.S. einer „Kritik des sozialen Radikalismus" auf in einer 1924 noch unvollständig ausgearbeiteten phänomenologisch geleiteten philosophischen Anthropologie, mittels derer er polemisch rationalistischen Gm Unmenschlichkeit unterstellt, gleichzeitig „Liebesgemeinschaften" für größere Populationen sowie längere Dauer als sozialpsychologisch unmöglich erweist. Damit setzt er sich nicht nur gegen → „Kommunismus und → Sozialismus als empirische Kulturformen" (Tönnies) kritisch ab, sondern auch gegen die Verallgemeinerbarkeit des Gm-konzeptes des Philosophen M. Scheler. In ungenannter Adaption der Argumentation G. Simmels, eine quantitativ wachsende Gm differenziere sich notwendig in eine arbeitsteilige Gs, die für den einzelnen neue Pflichten, nachlassende Bindungen, damit aber auch größere persönliche → Freiheit und Chancen biete, vertritt Plessner vehement das Konzept einer Gs freier Konkurrenz, die einen starken → Staat als Herrn und Schutzmacht benötigt. Die Apologie eines anti-demokratischen → Etatismus führt Plessner in Abwehr der Gm-ideologie zu einer gelungenen Wahlverwandtschaft mit C. Schmitt (R. Kramme).

Doch Tönnies' inhaltliche Bestimmungen der Antithetik von Gm und Gs waren so reichhaltig, daß vereinzelte Kritiken dagegen nicht zu wirken vermochten. O. Spann (1923) griff Tönnies' aristotelische Bestimmung der Gm auf, das Ganze sei vor dem Teile, und integrierte eine Gm-lehre in seine „Gesellschaftslehre". Die Deutsche Philosophische Gesellschaft widmete 1928 der „Philosophie der Gemeinschaft" eine besondere Tagung, auf der auch H.

Freyer sprach. Dieser wiederum beschrieb 1930 Gm und Gs als historisch notwendige Abfolge, wobei aber Gm als → ‚Volk' in die Gs eingelagert bleibe. Freyers Volksbegriff bleibt ambivalent, aber deutlich gegen „individualistische Ordnungsprinzipien" gerichtet. - Die Verbindung von Gm und Volk wird in der NS-Zeit zur → Ideologie der → Volksgemeinschaft mit anti-individualistischer Stoßrichtung interpretiert. Tönnies' griffige Bestimmungen, gleichsam „Substanz" „für das Zusammenwesen ist das Blut, für das Zusammenwohnen der Boden, für das Zusammenwirken der Beruf" (1919), wurden entgegen seinen Intentionen nun zu politischen Ideologemen. R. Höhn, Soziologe, Herausgeber der Schriftenreihe „Das Wissen um die Gemeinschaft", der seine Karriere 1945 im Rang eines Generalleutnants der Waffen-SS beendete, führte 1933/34 anderenorts exemplarisch aus: Eine zeitgemäße und richtungsweisende Soziologie müsse „von Gemeinschaftsboden ausgehen ... die Gemeinschaft als primären Gegenstand soziologischer Betrachtung ansehen und das Individuum nur als eine aus der Gemeinschaft losgelöste Erscheinung des sozialen Lebens betrachten, die aus der Zersetzung des Gemeinschaftslebens zu erklären ist."

3. Neuere Formen der Vergemeinschaftung. Nach 1945 wurde die Tönniessche Begrifflichkeit nicht mehr zur Unterscheidung von *Gesellschaftstypen*, d.h. auf einer makrosozialen Ebene, angewandt. Diese Abkehr wurde noch durch den in der NS-Ideologie kompromittierten Begriff der „Volksgemeinschaft" verstärkt (R. Dahrendorf). Statt gesamtgesellschaftliche Transformationsprozesse zu erfassen, wurde die Unterscheidung auf die Analyse von *Gruppenprozessen* auf der mikro- und mesosozialen Ebene übertragen, wie dies von M. Weber schon vorbereitet worden war. Demnach hängt es von der Qualität des *Gruppenzusammengehörigkeitsgefühls* ab, ob von einer Vergemeinschaftung auf mikro- oder mesosozialer Ebene gesprochen werden kann, d.h. ob eine Gruppe von ihren individuellen Mitgliedern als eine Gm. „empfunden" wird. Die Tendenz zur Bildung von Gm.

innerhalb einer Gs. wird in den heutigen Massengesellschaften v.a. dadurch bewirkt, daß aus individueller Perspektive „die" Gs. unorganisiert als „einsame Masse" (D. Riesman) oder die „sozialen Beziehungen in einem institutionellen Kontext (Staat, → Verwaltung, → Betrieb, → Verbände u.a. Groß-Organisationen) als außengeleitet, zweckrational, rollenspezifisch-formalisiert usw. wahrgenommen werden. Für vergemeinschaftende Gruppen sind dagegen kennzeichnend eine quantitative Begrenztheit der Mitglieder („face-to-face" - → Kommunikation), ein für alle als verbindlich betrachtetes → Normen- und Verhaltensmuster (oft in bewußter Abgrenzung zu den jeweils als gesellschaftlich dominant angesehenen Wertesystemen), die Annahme äußerer Symbole zur Kennzeichnung der Gruppenmitgliedschaft (z.B. Embleme oder Kleidung) u.a. Diese Merkmale sind aber weder vollständig noch notwendig, denn Vergemeinschaftung kann in ihrem Entstehungskontext und ihrer Intensität höchst unterschiedlich geformt sein. Ihr zugeordnet werden müssen z.B. die durch räumliche Nähe begründete Nachbarschaftshilfe, informelle Gruppen innerhalb von Groß-Organisationen (z.B. → Gewerkschaften, → Parteien, Betriebe), die formal über ein gemeinsames Freizeitinteresse zusammengehaltenen → Vereine, religiöse Glaubensgemeinschaften oder die der → Alternativ- und Ökologiebewegung entspringenden Arbeits- und Wohnformen.

In der *Mikrosoziologie* und *Sozialpsychologie* sind verschiedenste Ansätze entwickelt worden, um das Phänomen der Vergemeinschaftung in Gruppen zu erfassen: die „Beziehungslehre" von L. von Wiese, die „Menschliche Gruppe" von G. C. Homans, die „pattern variables" (Orientierungsalternativen sozialen Handelns) von T. Parsons, „Masse, Gemeinschaft und Kommunion" von Georges Gurvitch u.a. Die z.T. empirisch angelegten Untersuchungen haben gezeigt, daß der Gegensatz zwischen Vergemeinschaftung und Vergesellschaftung kein absoluter ist: Z.B. werden Individuen einerseits zu Funktionsträgern innerhalb einer Gm, andererseits

werden sie von den anderen Gruppenmitgliedern nicht ausschließlich über die Erfüllung dieser Funktion, sondern aufgrund der sozialen Nähe darüber hinaus in ihrer individualisierten Gesamtpersönlichkeit wahrgenommen. Auch wurde deutlich, daß gruppeninterne Prozesse der *sozialen Kontrolle* ablaufen können mit der Folge, daß vergemeinschaftende Gruppen den Individuen nicht nur emotionale Geborgenheit bieten, sondern von ihnen auch autoritäre Unterwerfung unter gruppenspezifische Normen- und Verhaltensmuster fordern (z.B. Jugendbanden („gangs"), religiöse Sekten).

Die Pluralität an Wertesystemen und Lebensstilen, die die hoch entwickelten ausdifferenzierten Industriegesellschaften hervorbringt, scheint ihr gegenüber das Bedürfnis nach überschaubaren kleinen Lebensgemeinschaften neu zu wecken. Die damit verbundenen Problematiken für das Individuum wie auch für die Gs sind noch nicht abzusehen.

Lit.: Tönnies, F. [1887]: Gemeinschaft und Gesellschaft. Neudruck der 8. Aufl. 1935, Darmstadt 1979; *Weber, M.* (1922): Soziologische Grundbegriffe; in: ders.: Wirtschaft und Gesellschaft, Tübingen 1980, 5. Aufl.; *Plessner, H.*: Grenzen der Gemeinschaft. Bonn 1924; *Dahrendorf, R.*: Gesellschaft und Demokratie in Deutschland 1965; *Bickel, C.*: Ferdinand Tönnies' Weg in die Soziologie; in: Simmel und die frühen Soziologen. Hg. v. O. Rammstedt, Frankfurt/ M. 1988; *Kramme, R.*: H. Plessner u. C. Schmitt. Berlin 1989.

Dr. Christian Gülich, Potsdam/
Dr. Rüdiger Kramme, Bielefeld

Gemeinschaftsaufgaben

Länderaufgaben, an deren Erfüllung der → Bund mitwirkt, wenn diese Aufgaben für die Gesamtheit bedeutsam sind und die Mitwirkung des Bundes zur Verbesserung der Lebensverhältnisse erforderlich ist (Art. 91 a GG). G. sind demnach 1. der Ausbau und Neubau von Hochschulen einschließlich der Hochschulkliniken, 2. die Verbesserung der regionalen Wirtschaftsstruktur, 3. die Verbesserung der Agrarstruktur und des Küstenschutzes.

Der Bund trägt bei 1. und 2. die Hälfte, bei 3. mindestens die Hälfte der Kosten. Die Aufnahme einer G. in die Rahmenplanung ist von der Zustimmung des betreffenden → Bundes-landes abhängig. Nach Art. 91 b können Bund und → Länder auch bei der Bildungsplanung und bei der Förderung der wissenschaftlichen Forschung aufgrund von Vereinbarungen zusammenwirken.

Gemeinschaftscharta der sozialen Grundrechte

→ Europäische Sozialcharta 2

Gemeinschaftsschule

Konfessionell und weltanschaulich neutrale, nach Bekenntnissen der Lehrer und Schüler nicht getrennte, „simultane" Schule. Im Hinblick auf die in den meisten Landesverfassungen verankerten christlichen Erziehungsziele spricht man auch von christlicher G., die in der Bundesrepublik heute die vorherrschende Schulform ist.

Gemeinschaftssteuern

Diejenigen Steuern, deren Aufkommen zwischen → Bund und → Ländern geteilt und von letzteren z.T. an die → Gemeinden weitergeleitet wird. Die G. machen mehr als 70 % der in der BRD insgesamt eingehobenen Steuern aus. Art. 106 III GG bestimmt als G. die Einkommen-, Körperschaft- und Umsatzsteuern. Das Körperschaftsteueraufkommen wird den Bestimmungen des → Grundgesetzes zufolge hälftig zwischen Bund und Ländern geteilt. Die Anteile beider an der Umsatzsteuer werden durch → zustimmungspflichtiges Gesetz festgelegt. Seit dem 1.1.1995 beträgt der Anteil des Bundes 56 %, derjenige der Länder 44 %. Das Aufkommen aus der Einkommensteuer geht zu jeweils 42,5 % an Bund und Länder, die restlichen 15 % werden von den Ländern an die Gemeinden weitergegeben. Im Ausgleich dafür führen letztere wiederum 15 % der von ihnen vereinnahmten → Gewerbesteuern an Bund und Länder ab.

Gemeinwirtschaft

Wirtschaftsform, die das Ziel wirtschaftlicher Bedarfsdeckung verfolgt und bei der Festlegung der Preise für Güter und Dienstleistungen nicht nach Gewinnerzielungsgrundsätzen, sondern nach dem Prinzip der Kostendeckung verfährt.

Gemeinwohl

In der → politischen Philosophie seit der Antike verwendeter Begriff zur Kennzeichnung des allgemeinen Zweckes oder der gemeinsam erwünschten Ziele und → Werte, um derentwillen Menschen sich in einer (politischen) → Gemeinschaft zusammenschließen bzw. zusammengeschlossen sind. G. wird zwar übereinstimmend als Gegenbegriff zu egoistischen Partikularinteressen definiert, im übrigen aber höchst unterschiedlich besetzt. Zwei im Ansatz verschiedene Konzeptionen sind zu unterscheiden: 1. Die Behauptung eines vorgegebenen, objektiven allgemeinen Wohls, das nicht an die Zustimmung der Mitglieder der Gemeinschaft gebunden ist, dem sich jene aber gleichwohl zu unterwerfen haben. Die Annahme eines präexistenten, durch den → Staat zu verwirklichenden G. teilen bei unterschiedlicher Begründung z.B. die → katholische Soziallehre und Vertreter → normativer Theorien der → Politik. Auch dem Versuch Rousseaus, das G. als den durch einen allgemeinen vernünftigen Willen gewollten Zustand aufzufassen (→ volonté générale), liegt letztlich ein apriorisches G.verständnis zugrunde. 2. Im Gegensatz dazu verstehen v.a. moderne → Pluralismustheorien das G. als empirisches und veränderbares Resultat des politischen Prozesses, das sich gleichsam naturwüchsig aus den Konfliktaustragungsabläufen ergibt, wenn und solange bestimmte „Spielregeln" beachtet und die Wettbewerbsbedingungen nicht verzerrt werden. Kritisiert wird an beiden G.konzeptionen v.a. ihre harmonistische Grundannahme, die tendenziell die ungleichen Durchsetzungschancen verschiedener gesellschaftlicher → Interessen ausblende.

Gemischte Verfassung

Aus der v.a. von Aristoteles entwickelten → Staatsformenlehre abgeleitete Forderung nach einer Mischung von → Monarchie, → Aristokratie und → Demokratie, die durch eine Vermittlung der sozialen Gegensätze zwischen „Armen" und „Reichen" einen stabilen → Staat garantieren sollte. Die von Polybios im 2. Jh. v. Chr. am Beispiel Roms erläuterten Vorzüge der G. wurden während der frühen Neuzeit z.B. von Machiavelli auf seiner Suche nach einer stabilen → Verfassung wieder thematisiert. Die der G. innewohnende Vorstellung gegenseitiger Kontrolle der Machtträger ist eine der Wurzeln der v.a. im 18. Jh. entwickelten Theorie der → Gewaltenteilung.

General Agreement on Tariffs and Trade

→ GATT

Generalbundesanwalt

→ Bundesanwaltschaft

Generalklausel

Rechtsnorm, die einen eine Rechtsfolge auslösenden Tatbestand in allgemeiner Formulierung umschreibt (z.B. „Verstoß gegen die guten Sitten") und der → vollziehenden Gewalt damit einen → Ermessensspielraum einräumt.

Generalkonsul

Höchste von 4 Rangklassen des Leiters einer konsularischen Vertretung (→ Konsulat).

Generalrat

Conseil général; aus → Wahlen hervorgehendes, kollektives Vertretungsorgan der französischen → Départements, verantwortlich v.a. für Schaffung, Betrieb und → Verwaltung öffentlicher Dienstleistungsbetriebe im Département und für die Verabschiedung und Überwachung des → Haushalts.

Generalsekretär

Oberste Geschäftsführer politischer → Parteien, oft auch wirtschaftlicher und wissenschaftlicher → Verbände sowie → internationaler Organisationen (z.B. G. der → Vereinten Nationen, G. der → NATO). In kommunistischen Parteien des Ostblocks wurde der Parteiführer als G. (des → Zentralkomitees) bez.

Generalstaatsanwalt

Amtsbez. der Leiter der Staatsanwaltschaften bei den Oberlandesgerichten.

Generalstreik

Ausgedehnteste Form des → politischen Streiks, bei dem durch Arbeitsniederlegung der gesamten oder zumindest des größten Teils der arbeitenden Bevölkerung und der dadurch bewirkten Lahmlegung des Wirtschaftslebens auf politische Entscheidungen v.a. von → Parlament und → Regierung eingewirkt werden soll. Das → Grundgesetz sieht kein politisches Streikrecht vor und legitimiert den G. daher nur implizit für den Extremfall des → Widerstandsrechts gegen Versuche zur Beseitigung der verfassungsmäßigen Ordnung (Art. 20 IV GG).

Generationenvertrag

Dem System der Alterssicherung zugrundeliegendes Prinzip, nach dem die auszuzahlenden Renten durch die Beitragsleistungen der noch im Erwerbsleben stehenden jüngeren Folgegeneration finanziert werden. Die Rentenbezüge der ausgeschiedenen Arbeitnehmer sind daher abhängig von Zahl, Arbeitsleistung und Arbeitsmöglichkeiten der beschäftigten (sozialabgabenpflichtigen) Arbeitnehmer.

Genfer Konventionen

Zusammenfassende Bez. für mehrere in Genf abgeschlossene völkerrechtliche Verträge. Die erste G. von 1864, die zur Verbesserung des Loses verwundeter Soldaten im Felde beschlossen, 1899 auf den Seekrieg ausgeweitet und 1906 und 1929 inhaltlich wesentlich erweitert wurde, war Vorläuferin der am 12.8.1949 abgeschlossenen vier G., die auch als Rotkreuz-Abkommen bez. werden. Die vier Einzelabkommen beziehen sich auf die Verbesserung des Loses der Verwundeten und Kranken der Streitkräfte im Felde, der Streitkräfte zur See, auf die Behandlung der Kriegsgefangenen und auf den Schutz von Zivilpersonen in Kriegszeiten. Das 1. Zusatzprotokoll von 1977 diente zur Anpassung des humanitären Kriegsrechts an die gewandelten Verhältnisse. Die G. sind mittlerweile von nahezu allen → Staaten ratifiziert.

Genossenschaften

Gesetzlich definiert als Personenvereinigungen, die den Erwerb oder die Wirtschaft ihrer Mitglieder mittels gemeinschaftlichen Geschäftsbetriebes zu fördern bezwecken. G. müssen im G.sregister eingetragen sein und über die Organe Generalversammlung, Aufsichtsrat und Vorstand verfügen. Zu unterscheiden sind Haushaltsg. (v.a. → Konsum- und Wohnungsg.), Betriebsg. (landwirtschaftliche und gewerbliche G.) und Produktionsg., bei welcher alle im Betrieb Tätigen Miteigentümer des Unternehmens sind. Das allen gemeinsame Prinzip besteht darin, daß die Mitglieder der G. gleichzeitig deren Kunden oder die Nutzer ihrer Einrichtungen sind. Die moderne G.sbewegung entstand im 19. Jh. unter dem Eindruck wirtschaftlicher und sozialer Ungleichheitserfahrungen als demokratisch organisierte Zusammenschlüsse zur solidarischen Selbsthilfe. Die mit der G.sidee verbundenen gesellschaftsreformerischen Vorstellungen haben ihre Stoßkraft heute weitgehend verloren. Dies nicht zuletzt, weil die G. durch die Ausweitung der Nicht-Mitgliedergeschäfte (z.B. Verkauf an jedermann durch die Konsumgenossenschaften) sich dem Typ des erwerbswirtschaftlichen Privatbetriebs stark angenähert haben.

Gentechnik

Erforschung und gezielte Beeinflussung pflanzlichen, tierischen und menschlichen Erbguts, die durch das am 1.7.1990 in Kraft getretene G.-Gesetz gesetzlichen Regelungen unterworfen ist. Das G.gesetz beruht z.T. auf dem Bericht der → Enquête-Kommission „Chancen und Risiken der Gentechnologie" vom Januar 1987. Es regelt im Rahmen von Anmelde- und Genehmigungsverfahren, ob und unter welchen Voraussetzungen gentechni-

sche Verfahren durchgeführt werden dürfen, wobei eine förmliche Genehmigungspflicht nur für Versuche im „freien Feld", d.h. für die Freisetzung gentechnisch veränderter Organismen, erforderlich ist. Die Anwendung gentechnischer Methoden am Menschen ist in dem → Gesetz nicht geregelt.

Geopolitik

Von dem schwedischen Staatswissenschaftler R. Kjellén geprägter Begriff für die Anschauung und Lehre vom → Staat als „geographischer Organismus". G. stellt sich in historischer Perspektive v.a. dar als der → Ideologie des → Nationalsozialismus vom „Volk ohne Raum" dienende Pseudowissenschaft, der in Propaganda und Schulungsarbeit der → NSDAP eine wichtige Stellung zukam.

Gerechtigkeit

Grundsatz der vorurteilsfreien bzw. nicht unbillig bevorteilenden Behandlung von Personen, Lebenschancen und materiellen Gütern. Als solche Grundtugend hat G. stets eine soziale Dimension und ist Prinzipien wie „gleich", „gesetzlich", „rechtlich" eng verwandt. Die Idee der G. bildet den Maßstab für die Beurteilung sowohl individuellen Handelns nach Maßgabe der → Gesetze als auch für die Aufstellung und Beurteilung der Gesetze selbst. Seit Aristoteles wird unterschieden zwischen „austeilender" G. im Privatverkehr (z.B. bei Kauf, Miete, Schadensersatz) und „ausgleichender" G. hinsichtlich des Verhältnisses zwischen → Staat und Individuen bei der Verteilung von Gütern und Befugnissen (z.B. politischen → Ämtern). Kriterium der ausgleichenden G. ist nach Aristoteles die Gleichwertigkeit bzw. „arithmetische" Gleichheit ohne Berücksichtigung persönlicher Verschiedenheiten, während die austeilende G. eben diese als „proportionale" Gleichheit (im Sinne z.B. der Tüchtigkeit einer Person) berücksichtigen soll.

Die Vorstellung, daß G. konstitutives Merkmal und unabdingbares Regulativ politischer → Herrschaft sein soll, ist unbestritten. Der Begriffsinhalt unterliegt jedoch der gesellschaftlichen Dynamik, seine Deutung spiegelt konkurrierende bzw. konträre Interessenlagen wider. Sichtbar wird dies z.B. an der „Doppelgesichtigkeit" der G., denn sie bezieht sich sowohl auf die Bewahrung tradierter Rechte als auch auf die Überwindung überkommener, mittlerweile als ungerecht empfundener Verhältnisse.

Gerichtsverfassung

Zusammenfassender Begriff für Aufbau, Funktionen und Zuständigkeiten der Gerichte und der im Rahmen der → Gerichtsbarkeit tätigen Rechtspflegeorgane (Richter, Staatsanwälte, Rechtsanwälte, Rechtspfleger). Die G. ist im wesentlichen durch die Art. 92-104 GG, das Gerichtsverfassungsgesetz und die verschiedenen Prozeßordnungen geregelt. Die organisatorische Regelung der rechtsprechenden Gewalt ist in Art. 92 GG enthalten. Sie wird ausgeübt durch das → Bundesverfassungsgericht, die im → Grundgesetz vorgesehenen → Bundesgerichte und die Gerichte der → Länder, d.h. sie gilt materiell als Einheit und ist nur hinsichtlich ihrer technisch-organisatorischen Wahrnehmung auf → Bund und Länder verteilt.

Gerontokratie

Griech. für → Herrschaft der Alten; Herrschaftsform eines sozialen Systems, bei der die Entscheidungsbefugnisse in Händen der älteren Mitglieder liegen. Dabei besteht das Auswahlkriterium oft nicht nur in den Lebensjahren, sondern auch in Erfahrung oder Leistung. Eine G. bestand z.B. in der Antike in Sparta mit der „Gerusia" (→ Ältestenrat). G. wird im modernen politischen Sprachgebrauch mitunter ironisch für → politische Systeme mit einer überalterten politischen → Elite verwandt.

Gerrymandering

Manipulation der → Wahlkreiseinteilung in Systemen mit → Mehrheitswahl durch bewußte Zuschneidung der Wahlkreisgrenzen nach der Streuung der Wählerschaft eines Bewerbers oder einer → Partei in der Art, daß die potentiellen Wähler des Konkurrenten über so viele → Wahlkreise verstreut werden, daß sie keine Chance haben, dort die Mehrheit zu gewinnen.

Gesamtdeutsche Partei/ GDP

Am 15./16.4.1961 als Fusion der → Deutschen Partei und des → Gesamtdeutschen Blocks/ BHE entstandene politische → Partei, die sich nach ihrer Niederlage bei der Bundestagswahl 1961 (2,8 % der Zweitstimmen) durch Rückzug des überwiegenden Teils der Anhänger der Deutschen Partei als „Doppelpartei" wieder auflöste und damit faktisch als organisatorische Fortsetzung des → BHE unter anderem Namen weiterexistierte. Durch Wahlbündnisse sowohl mit → CDU als auch → SPD war die G. im → Bundestag der 5. Wahlperiode (1965-69) mit 4 → Abgeordneten vertreten (2 Abgeordnete als Gäste der → Fraktion der SPD, 2 Abgeordnete als Mitglieder der CDU/ CSU-Fraktion). Diese Wahlbündnisse beschleunigten den weiteren Zerfall der G. (Bundestagswahl 1969: 0,1 % der Zweitstimmen).

Gesamtdeutscher Block/ BHE

→ Block der Heimatvertriebenen und Entrechteten

Gesamtschule

Schule, in der die herkömmlichen Schularten (Haupt- und Realschule, Gymnasium) zu einer Einheit zusammengefaßt sind. In der kooperativen G. werden die drei Schultypen zu einem Schulzentrum zusammengefaßt und die Lehrpläne zur Erleichterung der Durchlässigkeit aufeinander abgestimmt. In der integrierten G. dagegen wird die vertikale Gliederung nach Schularten aufgegeben. Obwohl die G. 1970 vom Bildungsrat als Regelsystem für die Zukunft empfohlen wurde, werden derzeit v.a. aufgrund von Protesten aus der Eltern- und Lehrerschaft nur ca. 1. Prozent aller allgemeinbildenden Schulen als integrierte G. geführt. Am höchsten ist ihr Anteil in Berlin, Hessen und Nordrhein-Westfalen.

Gesandter

Missionschef der zweiten Rangklasse, Leiter einer → Gesandtschaft.

Gesandtschaft

In Organisation und Aufgabenbereich einer → Botschaft entsprechende → Behörde eines Entsendestaates im Ausland, die gemäß der zwischen den beteiligten → Staaten vereinbarten Rangklasse ihres Leiters als G. bezeichnet wird.

Geschäftsordnungen

Bestimmungen über die Verfahren, nach denen die einer → Regierung, einem → Parlament (auch kommunalen → Volksvertretungen) oder einer → Behörde zugewiesenen Aufgaben zu erledigen sind. Von allgemeiner Bedeutung sind die G. der Verfassungsorgane. So regelt die G. des → Bundestages u.a. verschiedene Wahlverfahren (z.B. des → Bundeskanzlers und des → Bundestagspräsidenten), die Rechte und Pflichten der → Abgeordneten, die Stellung der → Fraktionen, die Zahl und die Besetzung der → Ausschüsse sowie den Ablauf der Sitzungen. Die G. der → Bundesregierung regelt die Verteilung der Aufgaben zwischen Bundeskanzler, → Bundesministern und der Regierung als Kollegialorgan, insb. auch die Beratung und Beschlußfassung des → Kabinetts. Eine „Gemeinsame G. der Bundesministerien" legt die Grundsätze des regierungsinternen Geschäftsganges fest. Eine G. kann bei Staatsbehörden durch die übergeordnete Behörde als Verwaltungsvorschrift erlassen werden; meist ergeht sie jedoch als autonome Regelung aufgrund verfassungsrechtlicher oder gesetzlicher Ermächtigung.

Geschichtsphilosophie

Deutung der Geschichte auf ihren Sinn, ihr Wesen und ihr Ziel. G. fragt nach dem ganzheitlichen, auch zukünftigen Geschichtsverlauf und der Möglichkeit seiner Erklärung. Die neuzeitliche G. konkurriert mit der Geschichtstheologie, die von einer heilsgeschichtlichen Konzeption der göttlichen Offenbarung und Vorsehung in der Geschichte ausgeht (→ Eschatologie). Sie beginnt mit G.B. Vico, für den sich Geschichte - der Erkenntnis zugänglich, weil Produkt menschlichen Handelns - darstellt als eine Abfolge von Epochen kulturellen Wachstums und Verfalls, die sich auf jeweils höherer Ebene wiederholt. Die → Aufklärung versteht Geschichte als

Fortschritt der Vernunft aus Aberglauben und Barbarei. G.W.F. Hegel, wichtigster Vertreter der idealistischen G., interpretiert die Geschichte als dialektisch sich vollziehende Selbstverwirklichung des Geistes zu immer größerer → Freiheit. Marx und Engels übernahmen zwar die dialektische Schrittfolge als allgemeines Bewegungsgesetz der Geschichte; in ihrer materialistischen G. ist es jedoch die revolutionäre Praxis (→ Klassenkampf), welche die Geschichte an ihr Ziel, die klassenlose → Gesellschaft, führt. Nicht dialektisch, sondern als linearen Fortschritt stellte Comte in seinem Dreistadiengesetz den Geschichtsverlauf dar. Die G. des 20. Jh. ist den dargestellten Entwürfen gegenüber allgemein durch die Aufgabe bzw. Relativierung des Fortschrittsgedankens geprägt, an dessen Stelle z.T. wieder Gesetze von Blüte und Verfall der Kulturen formuliert wurden (z.B. in O. Spenglers Werk „Der Untergang des Abendlandes"). Die G. der Gegenwart beschränkt sich nicht mehr auf Spekulationen über künftige Geschichte, sondern versteht sich eher als Reflexion und Diskussion historischer Methoden.

Gesellschaft

→ Gemeinschaft und Gesellschaft

Gesellschaftspolitik

In den 20er Jahren von Vertretern der → katholischen Soziallehre geprägter Begriff, mit dem zunächst die über die herkömmliche Armenfürsorge hinausgehenden sozialpolitischen Aktivitäten des → Staates bezeichnet wurden. Vom Sammelbegriff für Maßnahmen und Instrumente der → Sozialpolitik wandelte sich G. zum Oberbegriff für die die Lebensverhältnisse der gesamten Bevölkerung prägenden Einzelpolitiken, für bewußte und planmäßige Gestaltung der sozialen Verhältnisse durch → Politik. In diesem Sinne ist v.a. die adjektivische Verwendung des Begriffs („gesellschaftspolitische Forderungen") zu verstehen.

Gesellschaftsvertrag

→ Vertragstheorien

Gesetz

1. Im formellen Sinn jeder im verfassungsmäßig vorgeschriebenen → Gesetzgebungsverfahren ergangene, ordnungsgemäß ausgefertigte und verkündete Beschluß der zur → Gesetzgebung befugten Organe. Im materiellen Sinn jede generell-abstrakte Rechtsnorm, d.h. jede hoheitliche Anordnung, die für eine unbestimmte Vielzahl von Personen und Anwendungsfällen eine allgemein verbindliche Regelung enthält. Damit sind auch → Rechtsverordnungen und → Satzungen eingeschlossen, die nicht im förmlichen Gesetzgebungsverfahren ergehen. Die meisten formellen G. sind auch G. im materiellen Sinn. Allerdings tendiert die Gesetzgebung zunehmend dazu, Materien konkret und befristet zu regeln, ohne daß dies als Durchbrechung des Rechtsstaatsprinzips angesehen wird (→ Einzelfallg., → Haushaltsplan).

2. Sprachliche oder mathematische Formulierung eines Zusammenhangs zwischen bestimmten Dingen und Erscheinungen bzw. Vorgängen in Natur, → Gesellschaft und Wissenschaft, durch den ein Ablauf bzw. ein Verhalten eindeutig bestimmt und unter gleichen Bedingungen in gleicher Weise wiederholend feststellbar ist. Zu unterscheiden ist zwischen erfahrungswissenschaftlich ermittelten und bewährten G. und logischen (Denk)g., welche die allgemeinen Verfahrensweisen bei der Bildung von Begriffen, Urteilen und Schlüssen beschreiben.

3. Ethisches oder moralisches Prinzip („Sittengesetz"), das für alle Menschen verbindlich sein soll.

Gesetz der Oligarchie

Von Robert Michels 1911 geprägter Ausdruck (auch: „Ehernes G.") für die seiner Meinung nach für alle Großorganisationen empirisch nachweisbare zwangsläufige Tendenz zur → Herrschaft kleiner Führungsgruppen (→ Oligarchie). Die Ursache für das G. sah Michels im Anwachsen und der Differenzierung der verbandlichen Massenmitgliedschaft, die eine → Bürokratisierung und Professionalisierung der Verbandsführung erforderlich machten; in der Folge wachse die Distanz zwischen Parteispitze und der Masse der einfachen Mitglieder.

Gesetzesinitiative

Einbringung einer → Gesetzesvorlage in das → Gesetzgebungsverfahren. Das Recht der G. für Bundesgesetze haben nach Art. 76 I GG → Bundesregierung, → Bundesrat und → Bundestag (hier muß die G. nach → 76 GOBT von mindestens 5 Prozent der Mitglieder unterstützt werden).

Gesetzesvorbehalt

1. Grundsatz, derzufolge das Tätigwerden der öffentlichen → Verwaltung für die betreffende Materie einer gesetzlichen Grundlage bedarf (⇒ *Gesetzmäßigkeit der Verwaltung*).

2. Von der → Verfassung vorgesehene Möglichkeit, → Grundrechte durch → Gesetz einzuschränken. Ein grundrechtsbeschränkendes Gesetz muß allgemein und nicht nur für den Einzelfall gelten und darf das entsprechende Grundrecht nicht in seinem Wesensgehalt antasten (Art. 19 I, II GG).

Gesetzesvorlagen

Gegenstand der → Gesetzesinitiative, geregelt in Art. 76 GG. G. der → Bundesregierung sind zuerst dem → Bundesrat zuzuleiten, der innerhalb von sechs Wochen Stellung nehmen kann. Wenn die Regierung die Eilbedürftigkeit einer G. erklärt, kann die G. bereits nach drei Wochen an den → Bundestag weitergeleitet und die Stellungnahme des Bundesrates nachgereicht werden. Bei G. aus der Mitte des Bundestages entfällt die Vorab-Stellungnahme des Bundesrates. G. des Bundesrates werden über die Bundesregierung, die innerhalb von drei Monaten ihre Auffassung hierzu darlegen muß, an den Bundestag geleitet.

gesetzgebende Gewalt

⇒ *Legislative*

Gesetzgebung

Die im Rahmen der → Gewaltenteilung der → Legislative vorbehaltene Kompetenz zur Setzung von Rechtsnormen.

Gesetzgebungsnotstand

Außerordentliches, in Art. 81 GG geregeltes → Gesetzgebungsverfahren zur Behebung der Aktionsunfähigkeit einer → Bundesregierung, die sich nicht mehr auf eine Mehrheit im → Bundestag stützen kann (nicht zu verwechseln mit der sog. → Notstandsverfassung). Der G. kann vom → Bundespräsidenten auf Antrag der Bundesregierung mit Zustimmung des → Bundesrates für eine → Gesetzesvorlage erklärt werden, wenn der → Bundeskanzler zuvor im Bundestag mit einer → Vertrauensfrage unterlegen, der Bundestag gleichwohl nicht aufgelöst worden ist und die Gesetzesvorlage vom Bundestag abgelehnt wird, obwohl sie seitens der Bundesregierung als dringlich bezeichnet ist. Das → Gesetz gilt als zustande gekommen, wenn der Bundesrat ihm zustimmt. Innerhalb einer Frist von 6 Monaten nach Erklärung des G. kann während der Amtszeit desselben Bundeskanzlers auch jede andere Gesetzesvorlage - soweit sie nicht verfassungsändernd ist - nach Ablehnung im Bundestag durch Zustimmung des Bundesrates Gesetzeskraft erlangen. Der G. ist bislang noch nicht angewendet worden.

Gesetzgebungsverfahren

Verfahren, in dem → Gesetze entstehen. Das G. für den → Bund ist in Art. 76ff. GG geregelt (die Landesverfassungen enthalten entsprechende Vorschriften). Bundesgesetze werden vom → Bundestag beschlossen. Nach ihrer Annahme werden sie dem → Bundesrat zugeleitet, der zustimmen oder binnen drei Wochen den → Vermittlungsausschuß anrufen kann. Erzielen Bundestag und Bundesrat keine Übereinstimmung, kann der Bundesrat bei Gesetzen, die nicht seiner Zustimmung bedürfen, Einspruch einlegen. Ein Einspruch kann vom Bundestag mit gleicher Mehrheit, die dieser im Bundesrat gefunden hat, zurückgewiesen werden. Bei → Zustimmungsgesetzen ist keine Zurückweisung möglich. Ist das Gesetz zustandegekommen, wird es vom → Bundespräsidenten nach → Gegenzeichnung des → Bundeskanzlers und des zuständigen → Bundesministers ausgefertigt und im → Bundesgesetzblatt verkündet.

Gesetzlicher Richter

Durch Art. 101 I GG normierter Schutz der einzelnen vor justizieller Willkür. Ausnahmegerichte sind unzulässig; niemand darf seinem G. entzogen werden. Dies bedeutet, daß aufgrund . eines → Gesetzes und unabhängig von konkreten Fällen durch innergerichtlichen Geschäftsverteilungsplan festgelegt sein muß, welches Gericht und welcher Richter in einer bestimmten Sache zuständig sind.

Gesetzmäßigkeit der Verwaltung

In Art. 20 III GG niedergelegter Grundsatz, der die → vollziehende Gewalt an → Gesetz und Recht bindet. G. bedeutet zweierlei: die öffentliche → Verwaltung darf bei ihrem Handeln nicht gegen geltendes Recht verstoßen (Vorrang des Gesetzes) und darf in die Rechte des einzelnen nur aufgrund eines Gesetzes oder einer darauf beruhenden → Rechtsverordnung bzw. öffentlich-rechtlicher → Satzung eingreifen (→ Gesetzesvorbehalt).

Gesinnungsethik

Von Max Weber in Entgegensetzung zur → Verantwortungsethik entwickelter Begriff. Die G. charakerisiert nach Weber eine politische Grundeinstellung, die sich bedingungs- und kompromißlos von vorgegebenen → Normen und Idealen leiten läßt. Damit verbunden sei die Verkennung der ethischen „Irrationalität der Welt", d.h. ungewollter bzw. unvorhersehbarer Folgen eines rigoros moralgeleiteten Handelns. Ebenso ermangele die G. der notwendigen Entschlossenheit, in der → Politik mitunter auch → Macht und Gewaltmittel einzusetzen.

Gestapo

Abk. f. → *Ge*heime *Sta*ats*po*lizei.

Gesundheitspolitik

1. Begriff. In der G. wirken → Staat, Selbstverwaltung und private Organisationen zusammen, um die Gesundheit der Bevölkerung zu sichern bzw. wiederherzustellen sowie die finanziellen Risiken des Krankheitsfalles abzumildern. In ihrer nicht unumstrittenen und mittlerweile relativierten Definition hat die World Health Organization Gesundheit beschrieben als einen „Zustand des völligen körperlichen, geistigen und sozialen Wohlbefindens und nicht nur das Freisein von Krankheit". Die Praxis orientiert sich an weniger anspruchsvollen Zielen, bei denen insbesondere die Sicherung des medizinischen Angebots und die Bewahrung und Wiederherstellung der Arbeitsfähigkeit im Vordergrund stehen. Gegenüber dieser stark kurativen Ausrichtung der G. hat seit einiger Zeit die Forderung nach mehr Prävention und Gesundheitsvorsorge an Gewicht gewonnen und als Strategie etwa gegen die AIDs-Erkrankung beindruckende Erfolge errungen.

Die G. in der Bundesrepublik wird insbesondere von drei normativen Eckpfeilern geprägt. (1) Eine relativ weitgehende staatliche Leistungsverpflichtung wird aus dem → Sozialstaatspostulat (Art. 20 1 GG) abgeleitet, welches Gesundheit in die Nähe eines „öffentlichen Guts" rücken ließ, ohne daß allerdings ein Recht auf Gesundheit bestünde, wie z.B. in Italien. (2) Gesundheit gilt als „besonderes Gut", dessen Produktion schärferen Regeln der Verantwortung, der → Ethik und der Verteilungsgerechtigkeit zu unterliegen hat als andere Wirtschaftsgüter. Daher sind die Gesundheitsberufe besonderen Ausbildungs- und Qualitätsstandards unterworfen, ebenso wie die Zulassung und der Vertrieb von Arzneimitteln an vielfältige gesetzliche Regelungen gebunden ist. (3) Wichtige Steuerungsleistungen sind in der Bundesrepublik an öffentlich-rechtliche → Verbände delegiert, in deren Aufgabenkreis staatliche Eingriffe primär der Schaffung von Rahmenbedingungen für eigenverantwortliches Handeln dienen sollen. Dieser „Vorrang der Selbstverwaltung" ist politisch zwar anerkannt, was jedoch nicht ausschließt, daß die Selbstregulierungskompetenzen durch staatliche Eingriffe beschnitten bzw. das Kräftegleichgewicht zwischen den Akteuren verändert wird, wie dies in allen Kostendämpfungs- bzw.

„Gesundheitsreform"-Gesetzen seit 1977 geschehen ist.

2. Institutionen und Akteure. G. findet in der Bundesrepublik innerhalb eines engmaschigen Geflechts von → Institutionen und Akteuren statt, das von einer starken historischen Kontinuität gekennzeichnet ist. Seit der Einführung der gesetzlichen Krankenversicherung (GKV) unter Bismarck im Jahr 1883 blieben wesentliche Strukturprinzipien erhalten, woran auch die → Wiedervereinigung kaum etwas änderte. Zu nennen sind hier das Prinzip der gegliederten Krankenversicherung, das eine Unterteilung in mehrere Kassenarten (z.B. Orts-, Betriebs- und Innungskrankenkassen) sowie in rund 500 einzelne Kassen zur Folge hat, deren Zahl aber infolge von Fusionen rasch sinkt. In den Kassen und ihren Landes- bzw. Bundesverbänden gilt das Prinzip der paritätischen Selbstverwaltung, demzufolge die Entscheidungsgremien (Vertreterversammlung und Vorstand) mit gewählten Vertretern der Versicherten und der Arbeitgeber, die je zur Hälfte die Beiträge aufbringen, besetzt werden. Für die Finanzierung ist das Solidarprinzip konstitutiv, das auf der Basis einer am individuellen Einkommen bemessenen Beitragserhebung zu Umverteilungsprozessen zugunsten der Kranken, der sozial Schwachen, der Rentner und der Familienmitglieder führt. Knapp 90 Prozent der bundesdeutschen Bevölkerung sind als Pflichtmitglieder in der GKV versichert, während rund zehn Prozent freiwillig der privaten Krankenversicherung angehören.

Die gesetzlichen Krankenkassen bilden den institutionellen Kern des bundesdeutschen Gesundheitssektors, da sie in der Finanzierung und der Sicherstellung des Angebots an medizinischen Leistungen eine zentrale Rolle spielen. Als wesentliches Steuerungsinstrument hat sich das Modell der Kollektivverhandlung herauskristallisiert, welches durch die Einführung der Kassenärztlichen Vereinigungen (KVen) im Jahr 1931, in denen alle Ärzte, die an der kassenärztlichen Versorgung teilnehmen, Zwangsmitglieder sind, eine organisatorische und rechtliche Institutionalisierung erfahren hat. Die auf regionaler Ebene stattfindenden Honorarverhandlungen zwischen KVen und Kassenverbänden hatten für den Gesundheitssektor in mehrfacher Hinsicht Modellcharakter, was sich u.a. daran zeigt, daß auch im Krankenhaussektor zunehmend Kollektivverhandlungen stattfinden. Ärzte- und Kassenverbände verhandeln aber nicht nur über Kosten, sondern auch über Angebots- und Leistungsparameter wie die regionale Ärzteverteilung oder die Richtlinien der kassenärztlichen Versorgung. Es läßt sich daher als systemkonforme Fortsetzung eines spezifischen Steuerungsprinzips begreifen, daß seit 1978 unter Anleitung des → Bundesministers für Arbeit und Sozialordnung im Rahmen der → Konzertierten Aktion im Gesundheitswesen versucht wird, einen → Konsens bei den beteiligten Verbänden über die Zuwächse für Gesundheitsausgaben herzustellen. Die Bedeutung der Konzertierten Aktion hat seither deutlich abgenommen. Statt dessen rückt der Bundesausschuss der Ärzte und Krankenkassen zunehmend in den Vordergrund. Die ausgeprägte Indienstnahme der Verbände für staatliche Ziele der G. und die Dominanz von Aushandlungsprozessen rechtfertigen es, den bundesdeutschen Gesundheitssektor als korporatistisch zu charakterisieren.

Eine originär staatliche Aufgabe, die vom Bundesinstitut für Arzneimittel und Medizinprodukte wahrgenommen wird, stellt die Zulassung von Arzneimitteln dar, die seit 1995 von der Europäischen Arzneimittelagentur durchgeführt werden kann. Als zumindest partiell staatliche Funktion wird die Krankenhausfinanzierung betrachtet, die seit 1972 unter Beteiligung der → Bundesländer erfolgt. Aus deren Finanzierungspflichten ist die → Planungshoheit der → Länder für den Krankenhausbau hervorgegangen. Seit Beginn der 90er Jahre setzt sich allerdings zunehmend eine politische Mehrheit zur Stärkung der Kassen in der Krankenhausfinanzierung durch. Der öffentliche Gesundheitsdienst, der auf kommunaler bzw. auf Länderebene organisiert ist und als „dritte Säule" der Gesundheitsversorgung galt, hat indes stark an Bedeutung verloren. Trotz eines insgesamt noch immer beachtlichen staatlichen Engagements können die Verbände als wichtigste Akteure der bundesdeutschen G. betrachtet werden.

3. Probleme der G. Die den Politikverlauf bestimmenden Problemlagen und Konfliktlinien haben sich im Laufe der Zeit mehrfach deutlich verschoben. Im ersten Drittel des 20. Jhs. standen heftige Verteilungskonflikte zwischen Krankenkassen und Ärzteschaft im Mittelpunkt der G. Zu Beginn der 30er Jahre wurden diese Auseinandersetzungen durch eine staatlich verordnete Befriedung beendet, die die Gründung der KVen als organisatorisches Gegengewicht zu den Krankenkassen vorsah. Den KVen wurde die Sicherstellung der ambulanten Versorgung überantwortet, wodurch sie eine monopolartige Stellung einnehmen konnten. Während des → Dritten Reichs wurde die Selbstverwaltung der Kassen- und Ärzteverbände vollständig ausgeschaltet, und es setzte eine spürbare Zentralisierung ein, ohne daß allerdings tiefgreifende Strukturbrüche zu verzeichnen waren. In den Nachkriegsjahrzehnten stand dann der weitgehend konfliktfreie Ausbau der medizinischen → Infrastruktur im Vordergrund, der erst Mitte der 70er Jahre durch die Kostenentwicklung gebremst wurde, mit der auch die Auseinandersetzung um ordnungspolitische Alternativen an politischer Schärfe zunahm.

Die als „Explosion" perzipierte Ausgabensteigerung konfrontierte die G. mit einem neuen Steuerungsproblem, zu dessen Lösung die etablierten Regelungen und → Institutionen scheinbar kaum geeignet waren. So wuchsen seit Ende der 70er Jahre Forderungen nach einer verstärkten Marktsteuerung des Gesundheitssektors, deren politische Realisierung jedoch auf wenige Bereiche beschränkt blieb. Die Einbindung gesellschaftlicher → Interessengruppen in die Selbstverwaltung der Krankenkassen, das mit ständischen Wettbewerbsbeschränkungen durchsetzte Verbandswesen der Ärzte sowie die föderalen Eigeninteressen der Länder wirkten einer politischen Mobilisierung für mehr Markt entgegen. Sowohl unter der christlich-liberalen wie auch der rot-grünen → Koalition ist eine Ausweitung von Verhandlungselementen und der Einsatz der Budgetierung in der Kostendämpfungspolitik zu beobachten. Diese „Korporatisierung" weist als Problemregelungsmuster ein hohes Maß an ordnungspolitischer Kompatibilität mit den bestehenden Organisationsstrukturen des Gesundheitswesens auf. Das Kostenproblem ist dadurch zwar keineswegs gelöst, aber die Zuwachsraten bewegen sich seit Ende der 70er Jahre auf einem sehr niedrigen Niveau. Wenn die Kostenentwicklung noch immer das zentrale gesundheitspolitische Problem darstellt, dann ist dies nicht nur auf die Kostenfaktoren medizinisch-technischer Fortschritt und demographische Entwicklung zurückzuführen, sondern auch auf die anhaltend hohen Arbeitslosenzahlen, die der Sozialversicherung insgesamt gravierende Einnahmeausfälle bescheren.

4. G. in anderen Ländern. Die Bundesrepublik nimmt im Hinblick auf die ordnungspolitischen Alternativen Markt oder Staat im internationalen Vergleich eine mittlere Position ein. Bezogen auf die verschiedenen Organisations- und Finanzierungsmodelle der Gesundheitsversorgung entspricht die Struktur der GKV dem auch in anderen europäischen Ländern verbreiteten Typ der Pflichtversicherung mit parafiskalischen Finanzierungs- und Organisationsstatus, der zwischen verstaatlichten Versorgungssystemen und Systemen ohne Versicherungszwang angesiedelt ist. In Ländern wie Großbritannien, Italien und Schweden erfolgt die medizinische Versorgung durch einen nationalen Gesundheitsdienst, der sich durch Steuerfinanzierung, umfassenden Leistungsanspruch und weitgehende staatliche Organisationsgewalt auszeichnet. Eine vergleichsweise geringe staatliche Durchdringung des Gesundheitssektors ist demgegenüber in den USA oder der Schweiz anzutreffen, wo private Krankenversicherungen dominieren, die lediglich durch staatliche Subventionen ergänzt werden.

Die Intensität des staatlichen Engagements in der G. läßt aber nur bedingt Schlüsse über die Leistungsfähigkeit der jeweiligen Gesundheitsversorgung zu. Internationale Vergleiche haben u.a. gezeigt, daß zwischen dem Gesundheitszustand der Bevölkerung und der → Staatsquote in der Gesundheitsversorgung kein systematischer Zusammenhang besteht. Länder mit einem größeren staatlichen Gesundheitssektor waren allerdings erfolgreicher bei der Herstellung einer gleichmäßigen Versorgung und verzeichneten überdies auch geringere Kostenzuwächse, während in Ländern mit mehr marktgesteuerten Versorgungssystemen eine raschere Diffusion von medizinischen Innovationen zu beobachten ist. Da sich länderspezifische Eigenheiten in beachtlichem Umfang erhalten haben, ist der Schluß zulässig, daß Konvergenzentwicklungen im Gesundheitssektor eine geringere Rolle spielen als in anderen Politiksektoren. Obwohl zu erwarten ist, daß der europäische Integrationsprozess nicht zu einer Einebnung unterschiedlicher Strukturmodelle der Gesundheitsversorgung führen wird, werden EU-Standards, Arbeitskräftewanderungen und die immer weniger an nationale Grenzen gebundene Inanspruchnahme medizinischer Leistungen spürbare Auswirkungen für die Finanzierung nationaler Versorgungssysteme haben.

Lit.: *J. Alber/ B. Bernardi-Schenkluhn*: Westeuropäische Gesundheitssysteme im Vergleich, Frankfurt/ M. 1992; *N. Bandelow*: Gesundheitspolitik, Opladen 1998; *M. Döhler/ P. Manow*: Strukturbildung von Politikfeldern, Opladen 1997; *G. Gäfgen* (Hg.): Neokorporatismus im Gesundheitswesen, Baden-Baden 1988.

Dr. Marian Döhler, Potsdam

Gewalt
1. Anwendung physischen und/ oder psychischen Zwanges gegenüber Personen mit dem Ziel, diesen Schaden zuzufügen oder ihnen gegenüber den eigenen Willen durchzusetzen, insbesondere um andere der eigenen → Herrschaft zu unterwerfen, bzw. sich selbst einem solchen Fremdan-

spruch zu entziehen. Im Strafrecht häufig Tatbestandsmerkmal einer Straftat.
2. Bezogen auf den gesamtgesellschaftlichen Bereich Bez. der Konkretion von → Macht und Herrschaft; z.B. Amtsg., Staatsg., → Gewaltenteilung. Jeder → Bürger steht zum → Staat in einem öffentlich-rechtlichen Gewaltverhältnis, dessen Inhalt von der Gesamtheit der staatsbürgerlichen Rechte und Pflichten bestimmt wird.

Gewaltenkonzentration

Der Theorie der → Gewaltenteilung entgegengesetztes Prinzip der → Staatslehre des → Marxismus-Leninismus, das von der „Einheitlichkeit der Staatsmacht" in einem nach den Grundsätzen des → demokratischen Zentralismus organisierten Staatswesen ausgeht. Die G. bei einer obersten → Volksvertretung (z.B. der → Volkskammer der DDR), die zur ergänzenden Wahrnehmung der Staatsaufgaben vollziehende und rechtsprechende Organe einsetzte, war in der Praxis überlagert von der führenden Rolle der kommunistischen → Partei.

Gewaltenteilung

1. Zum Begriff. Im freiheitlich demokratischen Verfassungsstaat ist der Gedanke der G. (auch -gliederung, -scheidung, -trennung, besser: Gewaltenhemmung und -kontrolle) ein unverzichtbarer Bestandteil. Er drückt ein politisches Ordnungsdenken aus, das die Mäßigung der → Herrschaft und die Sicherheit der → Bürger zum Ziele hat: Die Staatsaufgaben werden, funktional unterschieden, auf sich gegenseitig beeinflussende Organe aufgeteilt.

Positiv-rechtlich stellt sich die G., auch im → Grundgesetz der Bundesrepublik, als Dreiteilung in → Gesetzgebung, → Rechtsprechung und → Verwaltung dar. Nach Art. 20 II Satz 2 GG wird nämlich die vom → Volk ausgehende Staatsgewalt „durch besondere Organe der Gesetzgebung, der vollziehenden Gewalt und der Rechtsprechung ausgeübt."

2. Geschichte. Im Ablauf der → *politischen Ideengeschichte* ist ein Bemühen

um die Mäßigung der Herrschaft durchgehend festzustellen. Es schlug sich in der Suche nach einer Idealverfassung nieder, um ein geordnetes Gemeinwesen herzustellen. Diese führte bald zur Erkenntnis, daß nur eine „mittlere" → Verfassung ideal sei: Die Idee der → gemischten Verfassung ist daher „so alt wie die → politische Theorie selbst"; sie ist die Ahnherrin aller Gewaltenhemmungslehren.

Bereits bei Aristoteles findet sich so eine funktionale Gliederung der Staatsaufgaben. Danach gibt es „in jeder Verfassung drei Bestandteile, bezüglich deren der tüchtige Verfassungsgeber erwägen muß, was einer jeden frommt. Sind diese drei wohl bestellt, so muß es auch die Verfassung sein ... Von diesen dreien ist eine die über gemeinsame Angelegenheiten beratende Gewalt, die zweite betrifft die Magistratur ...; das dritte ist die Rechtspflege." (Politik IV, 14)

Die Idee der Mischverfassung war in England nie verlorengegangen und bewegte das politische Denken des 17. Jh. Es war also nicht nur John Locke, der allerdings bekannteste Vertreter einer rational-naturrechtlichen und mechanistisch-naturwissenschaftlichen Vorstellung einer Funktionendifferenzierung, der eine „moderated monarchy" anstrebte. Gewaltentrennung und Mischverfassung schaffen vielmehr die Grundlagen für einen ständischen Machtausgleich von König, Adel und Volk, eine „constitutio mixta", deren Gewichte im 19. Jh. zugunsten des → parlamentarischen Regierungssystems verschoben wurden, ohne bis heute völlig verdrängt worden zu sein. Im ordnungspolitischen Entwurf *Lockes* dienen die säkular-naturrechtlich begründeten → Gesellschafts- und Herrschaftsverträge dem Schutz des → Eigentums (verstanden als Gesamtheit von Leben, → Freiheit und Besitz). Deshalb liegt die Gesetzgebung und vornehmlich die Steuerbewilligung beim → Parlament und damit bei den → Ständen; sie sollen einer Verselbständigung der → Exekutive, die in den Händen der Krone bleibt, entgegenwirken. Ihr bleiben auch zwei weitere Gewalten zugeordnet: die Föderative (auswärtige → Politik), frei von jeder Gesetzesbindung, und die → Prärogative, eine Art ungebundenes Notstandsrecht.

Eine Ordnungskonzeption gegen die Machtausübung eines einzelnen oder mehrerer, den Entwurf einer „Verfassung der Freiheit", will auch *Montesquieu* vorlegen. Er übernahm dabei die *funktionale* Gewaltenunterscheidung, verband sie mit einer *organisatorischen* und baute sie in eine soziale ein: Das Ergebnis ist eine Gewaltenverflechtung (und gerade nicht eine Teilung!) innerhalb einer gemischten Verfassung, um das rechte Maß herzustellen, Ausgeglichenheit zu sichern. Moderation, Mäßigung, ist der Schlüsselbegriff, le gouvernement modéré das Ziel, mit dessen Hilfe liberté, Freiheit, herzustellen und zu sichern sei.

Montesquieu entwickelt demnach eine Lehre vom Gleichgewicht der Gewalten, eine Lehre von ihrer gegenseitigen Abhängigkeit und Beschränkung. Autonome soziale Gewalten tragen entscheidend dazu bei, daß → Macht der Macht Schranken setzt: Le pouvoir arrête le pouvoir. Nach Montesquieu kann dies dadurch geschehen, daß die drei sozialen Kräfte seiner Zeit, König, Adel und Volk, die Staatsfunktionen ausüben - nämlich Exekutive und → Legislative. Wenn von drei Gewalten gesprochen wird, dann von sozialen, die zwei staatliche Funktionen in unterschiedlichen Organen, aber in wechselseitiger Verschränkung und unter gegenseitiger Einflußnahme ausüben.

Wo aber ist die richterliche Gewalt angesiedelt? Montesquieu will sie ihrer „schrecklichen Macht" berauben, indem er sie - vorwiegend an der Strafgerichtsbarkeit orientiert - aus dem sozialen Kräftespiel ausscheidet: Im Idealfall sucht sich der Angeklagte seine Richter unter seinesgleichen aus. Dann erscheint die richterliche Gewalt unsichtbar und ist „in gewisser Weise gar nicht vorhanden". Als sichtbare Staatsgewalten bleiben zwei übrig: Legislative und Exekutive. Montesquieus „gouvernement modéré" ist so der politische Ordnungsentwurf einer gemäßigten, weil sozial gemischten Verfassung - nicht jedoch eine Verfassung der G., in der drei

Staatsfunktionen durch gesonderte Organe wahrgenommen und jedes auf seine eigene Funktion beschränkt ist.

Diese Vorstellung ist der „mißverstandene" Montesquieu, gegen den sich auch die amerikanischen Verfassungsväter in den → *„Federalist Papers"* wenden. Sie interpretierten ihn richtig, wenn sie seine Vermischungen und Verschränkungen hervorhoben und eine gemischte Verfassung unter den Bedingungen der → Gleichheit anstrebten: ein System der → *„checks and balances"*. Das letztlich gefundene Ergebnis ist eine Mischverfassung auf neuer Grundlage: ein System von Interorgankontrollen und -einwirkungen zwischen → Institutionen, die allesamt über Kompetenzen verfügen, die aus der → Souveränität des Volkes abgeleitet sind - und daher allesamt auf der gleichen sozialen Basis beruhen. Jedem Zweig ist nur untersagt, die Ausübung der Befugnisse eines anderen in seiner Gesamtheit innezuhaben, nicht jedoch Teile davon selbst wahrzunehmen oder darauf einzuwirken: Hemmungen und Gegengewichte. Diese Konstruktion ermöglichte auch die Ausdehnung der Rechtsprechung, die erst aufgrund der Balance von Exekutive und Legislative auf die Ebene delegierter Vollmacht durch das Volk erhoben werden konnte und in der richterlichen Nachprüfung von Akten beider gipfelte. Dort allerdings, wo unter dem Erbe der Gleichheits- und Harmonievorstellung der Großen Revolution die Einheit der → Staatsbürger zur einzigen Form legitimierter Herrschaft geworden ist (wie im → Nationalsozialismus oder → Kommu-nismus), dort konnte kein Platz mehr sein für Mischverfassung als sozialer Ausgleich (Pluralität) oder Gewaltenhemmung im Zusammenspiel von Staatsorganen. Die großen Theoretiker der Souveränität - von Bodin über Hobbes bis Rousseau - waren denn auch durchweg Gegner kontrollierter Macht.

3. G. und parlamentarisches System. Die Theoretiker der Großen Revolution erhoben den mißverstandenen Montesquieu in Verfassungsrang: Eine „repräsentative Verfassung" - so die neue Bezeichnung gegenüber der alten → Staatsformenlehre von → Monarchie, → Aristokratie und → Demokratie - ist nur gegeben unter der Herrschaft des Rechts und bei funktionaler und organisatorischer Trennung der Staatsgewalten. Diese Triviallehre tritt als „liberale Idee" den Siegeszug auf dem Kontinent an, als durch → Menschen- und → Bürgerrechte abgesicherte freie Entfaltung des Staatsbürgers, als rechtlich gebundener → Staat, dem Rechtswahrung, Rechtsetzung, Rechtsvollzug obliegt. Die Form siegte über den Inhalt.

Dieses Bild prägte die deutsche Vorstellung des → Parlamentarismus. Sie konstituierte einen Verfassungsdualismus im strikten Gegenüber eines verhältnismäßig machtlosen Parlamentes und einer nur im Vollzug durch den Verwaltungsrechtsweg überprüfbaren, ansonsten unbeschränkt dominierenden Exekutive: Nicht Macht sollte geteilt, sondern die Teilung der Macht verhindert werden! Das Erbe dieser Konstruktion lebt bis heute weiter in einer dogmatischen G.-lehre.

Deshalb findet das parlamentarische Regierungssystem noch immer Kritiker. Was Bagehot 1867 als das wirkende Geheimnis der britischen Verfassung bezeichnet hat, nämlich die enge Verschmelzung von Legislative und Exekutive (und damit die → Demokratisierung der → Regierung), wird zur Fehlentwicklung - die Tatsache verwischend, daß dadurch nur die fragwürdige politische Hinterlassenschaft des → Obrigkeitsstaates gepflegt wird. Im parlamentarischen Regierungssystem ist eine andere Form des Gewaltenausgleiches aufgetreten, die vitale Konkurrenz von Regierung und den sie tragenden → Fraktionen einerseits und → Opposition andererseits, die dazu Anlaß gibt, der dogmatischen Lehre der G., nicht jedoch dem politischen Ordnungskonzept der Gewaltenhemmung abzuschwören. Darum ist die Wissenschaft seit längerem bemüht, sei es in Form der Dreiteilung, sei es in einem umfassenden Konzept von Machthemmungen und Interessengegengewichten.

Ein anderer Weg ist die Wiedergewinnung der Grundidee einer gemischten Verfassung. E. Fraenkel hat stets betont, daß ein demokratisches Regierungssystem repräsentativ und plebiszitär gemischt sein müsse; D. Sternberger läßt die → repräsentative Demokratie zusammengesetzt sein aus Parteienparlament, Wählerschaft, Repräsentation und Demokratie; R. A. Dahls Konzept der „Polyarchie" besteht aus breiter Wählerschaft und freier Opposition. Im Grunde sind alle westlichen → politischen Systeme Mischsysteme mit dem Ziel des Ausgleichs. Ihren Anspruch gilt es neu zu aktivieren und zu aktualisieren, im Bereich der → Institutionen wie in den sozialen Schichten.

Lit.: Haeberle, P.: Die Verfassung des Pluralismus. Studien zur Verfassungstheorie der offenen Gesellschaft. Königstein 1980; *Haungs, P.* (Hg.): Res publica. Studien zum Verfassungswesen. Dolf Sternberger zum 70. Geburtstag. München 1977; *Imboden, M.:* Montesquieu und die Lehre der Gewaltentrennung. Berlin 1959; *Kägi, O.:* Zur Entstehung, Wandlung und Problematik des Gewaltenteilungsprinzips. Zürich 1937; *Loewenstein, K.:* Verfassungslehre. Tübingen 21969; *Rausch, H.* (Hg.): Zur heutigen Problematik der Gewaltentrennung. Darmstadt 1969; *Rostock, M.:* Die Lehre von der Gewaltenteilung in der politischen Theorie von John Locke. Meisenheim/ Gl. 1974; *Vile, M. J. C.:* Constitutionalism and the Separation of Powers. Oxford 1967.

Prof. Dr. Heinz Rausch (†), Nürnberg

Gewaltenverflechtung

Die v.a. von Montesquieu entwickelte Theorie der → Gewaltenteilung als Zuordnung bestimmter politischer Funktionen zu bestimmten → Institutionen enthält zugleich ein Element der G. in dem Sinne, daß die einzelnen → Gewalten sich gegenseitig beeinflussen und dadurch in ihrer Machtausübung hemmen sollen.

Gewaltenverschränkung
⇒ *Gewaltenverflechtung*

Gewaltmonopol
Nach Max Weber das den → Staat definierende instrumentelle Merkmal, das diesem

die legitime Anwendung physischen Zwanges gegenüber Personen vorbehält. Das verfassungsmäßigen und gesetzlichen Beschränkungen und Regelungen unterliegende G. des Staates ist nach westlich-liberalem Demokratieverständnis als Schutz gegen Willkürherrschaft und als Grundlage der Verwirklichung von sozialen und Freiheitsrechten unabdingbar.

Gewerbefreiheit
Nach § 1 Gewerbeordnung jedermann zustehendes Recht zum Betrieb eines Gewerbes. Die G. steht jedoch unter dem Vorbehalt abweichender gesetzlicher Regelungen, insbesondere der Gewerbeordnung selbst, die für verschiedene Gewerbearten eine behördliche (u.a. qualifikationsgebundene) Erlaubnis voraussetzt. Derartige Einschränkungen sind aber nur in den durch Art. 12 I GG (→ Berufsfreiheit) gezogenen Grenzen zulässig.

Gewerbesteuer
Steuer, die auf den Gewinn von Gewerbebetrieben erhoben wird. Die G. wird von den → Gemeinden erhoben und bildet deren wichtigste eigenständige Einnahmequelle. 15 % der G.-aufkommens werden von den Gemeinden im Rahmen des → Finanzausgleichs an → Bund und → Länder abgeführt. Im Ausgleich dafür erhalten sie 15 % der von ihren Einwohnern gezahlten Einkommensteuern.

Gewerkschaften
1. Begriff: G. sind auf Dauer angelegte → Vereinigungen von abhängigen Erwerbspersonen, um deren wirtschaftliche und soziale Lage abzusichern und zu verbessern. Als auf Dauer angelegte Vereinigungen sind sie Organisationen, die sich der Form einer bürokratischen Organisation annähern. Sie basieren auf individueller Mitgliedschaft. Als Mitgliederverbände müssen sie das Problem lösen, Mitglieder zu rekrutieren und von ihnen Beiträge und Unterstützung zu erhalten. Als Verbände von Arbeitnehmern müssen sie deren → Interessen in einem innerverbandlichen Prozeß definieren. Solange keine verbindlichen Interessendefinitionen vorliegen, wird i.d.R. beansprucht, daß dieser Defi-

nitionsprozeß demokratisch abzulaufen hat (→ Demokratie). G. sind somit dem Anspruch nach demokratische Organisationen.

Der Schwerpunkt gewerkschaftlicher Tätigkeit besteht in der Interessenvertretung nach außen, die sich direkt oder vermittelt über politische Forderungen auf das Beschäftigungsverhältnis und seine Folgen bezieht. Als unabhängiger → Interessenverband müssen sie gegnerfrei sein, d.h. sie können nicht gleichzeitig Arbeitgeber organisieren. G. als Organisationen in einer sich verändernden → Gesellschaft müssen sich an ökonomische (strukturelle und konjunkturelle), an beschäftigungsstrukturelle und an politische Veränderungen (institutioneller Wandel, Veränderung von Machtverteilungen, Regierungswechsel) anpassen. Freilich können sie auch selbst durch ihre → Politik diese Veränderungen teilweise mitbestimmen.

G. können Problemerzeuger und -bewältiger sein. In sozialer Hinsicht können sie einen Beitrag zur Integration von Individuen in die Arbeitswelt und zu einer friedlichen und effizienten Regulierung struktureller Konflikte zwischen Unternehmer und Arbeitnehmer leisten. Andererseits können sie Konflikte innerhalb der Arbeitnehmerschaft (bspw. zwischen Arbeitslosen und Arbeitsplatzbesitzern) verschärfen, einzelne Gruppen marginalisieren und durch konfliktuelle Strategien sozial disruptiv wirken. In bezug auf die Wirtschaft können sie bewirken, daß die unternehmerische Personalpolitik rationaler und langfristiger wird, die Entwicklung der Lohnkosten besser langfristig kalkulierbar wird, die Arbeiter und Angestellten proportional oder überproportional am wirtschaftlichen Wachstum teilhaben, die Arbeitsmotivation erhöht wird und keine ‚überzogenen‘ Forderungen mit nachteiligen wirtschaftlichen Folgen aufgestellt werden. Andererseits können sie die Anpassung der Löhne an verschlechterte wirtschaftliche Bedingungen verhindern oder Politiken verfolgen, die Arbeitslosigkeit und wirtschaftliche Instabilität zur Folge haben. In politischer Hinsicht können sie zur unverfälschten → Repräsentation der Ansichten und Ziele der Arbeitnehmer beitragen und die Wirksamkeit der staatlichen → Wirtschafts- und → Sozialpolitik durch ihre Kooperation steigern. Auf der anderen Seite können oligarchische Strukturen die Vertretung der Arbeitnehmerinteressen behindern und können G. dazu beitragen, daß abhängig Erwerbstätige im politischen Prozeß privilegiert werden, während andere Bevölkerungsgruppen, die nur über politische → Parteien und nicht auch verbandsförmig politisch repräsentiert werden, benachteiligt werden.

2. Unterschiede im internationalen Vergleich: G. sind seit der Mitte des 19. Jh. entweder in Anknüpfungen an vorindustrielle Vereinigungen oder als Neugründungen entstanden. Diese Neugründungen vollzogen sich auf breiter Ebene nach der Lockerung staatlicher Repression. In demokratischen Ländern, auf die sich diese Darstellung beschränkt, lassen sich folgende hervorstechende Unterschiede beobachten, die zum Teil auf die Gründungsphase der G. zurückgehen:

Die *Mitgliederstärke* (G.mitglieder in % aller Arbeitnehmer) variiert um 1995 zwischen 9 % (Frankreich), 14 % (USA) 19 % (Spanien) und 79 % (Finnland), 80 % (Dänemark), 83 % (Island) und 91 % (Schweden). Der Organisationsgrad für die BRD beträgt 29 % (1995), wobei 1993 die Organisationsquote in den neuen Bundesländern (42 %) um ca. ein Drittel höher lag als in der alten BRD. In den mitteleuropäischen Ländern sind zwischen 34 % (Polen) und 60 bzw. 62 % aller Arbeitnehmer (Ungarn, bzw. Slowakei) in G. zusammengeschlossen. Eine wichtige Erklärungsgröße für die Niveauunterschiede besteht in selektiven Anreizen (→ Ökonomische Theorie der Politik), die G. zu bieten haben. Wo sie Träger der Arbeitslosenversicherung sind, ist die Mitgliederdichte höher (Belgien, Dänemark, Finnland, Island, Schweden). Diese Statistiken zum Organisationsgrad übertreiben jedoch den Anteil der G.mitglieder unter den Arbeitnehmern, weil viele Arbeitslose, Studenten/ Schüler und Rentner ihre Mitgliedschaft auch nach dem vorübergehen-

den oder dauernden Ausscheiden aus der Erwerbstätigkeit beibehalten. Eine Auswertung der Eurobarometer-Umfragen zeigt, daß sich im Zeitraum 1990-94 zwischen 37 % (Belgien) und ca. 15 % (Irland, Portugual, Griechenland) der Gewerkschafter gar nicht in einem Arbeitsverhältnis befanden. In der alten BRD waren 16 % der Mitglieder Rentner und 4 % Hausfrauen/ -männer, Arbeitslose oder Schüler/ Studenten; in den neuen Bundesländern war in dieser Zeitspanne jedes achte G.mitglied arbeitslos, zusammen mit den anderen Nicht-Erwerbstätigen war damit fast ein Drittel der Mitgliedschaft im Osten Deutschlands nicht abhängig beschäftigt.

Die *Grundsätze der Mitgliederrekrutierung* schaffen a) Verbände, die nur bestimmten Berufsgruppen vorbehalten sind (besonders in den angelsächsischen Ländern und Dänemark; marginal auch in der BRD; z.B. G. für Hebammen und Straßenarbeiter), b) statusspezifische Vereinigungen (für Angestellte und → Beamte in allen Ländern), c) Fraueng. (Dänemark), d) Industrieg., die allen Beschäftigten innerhalb eines Industriezweiges offenstehen (besonders BRD, Schweden, Finnland, Norwegen, Belgien, Niederlande) und e) allgemeine G., in die jeder Arbeitnehmer eintreten kann (z.B in Großbritannien). Die *politische Ausrichtung* reicht von Elementen einer syndikalistischen Orientierung (bspw. im Falle der französischen → CFDT) über eine klare parteipolitische Zuordnung der → Richtungsgewerkschaften (besonders Frankreich, Spanien, Italien) zur parteipolitischen Unabhängigkeit der → Einheitsgewerkschaften, auch wenn sich diese Neutralität vor allem auf das Fehlen institutionalisierter Verbindungen zu → Parteien beschränkt (Deutschland). In der gewerkschaftlichen Entwicklungsgeschichte lockerten sich die institutionalisierten Bindungen (aber nicht notwendigerweise die politische Ausrichtung) der G. Dies betraf zunächst die christlichen und sozialdemokratisch ausgerichteten Organisationen; spätestens seit Beginn der 90er Jahre haben die kommunistisch orientierten G. Westeuropas Distanz zu den kommunistischen Parteien bzw. deren Nachfolgeorganisationen eingenommen. In den mittelosteueropäischen Ländern entstanden G., wie insbesondere die polnische → Solidarność aus der Opposition gegen die alten kommunistischen → Staatsparteien. In einigen Fällen, v.a. in Osteuropa, sind große Teile der G.bewegung Nachfolgeorganisationen der früheren Staatsgewerkschaften und weisen entsprechende politische Orientierungen auf. G.mitglieder in Westeuropa unterscheiden sich gegenüber ihren nichtorganisierten Kollegen durch ihre politische Einstellung und ihre stärkere Neigung zu den traditionellen → Arbeiterparteien. Die Auflösung dieser Bindungen verlief in den letzten zwei Jahrzehnten weniger dramatisch, als dies in modernisierungstheoretischen Arbeiten angenommen wurde. Dies lag auch daran, daß schon in den 70er Jahren die Unterschiede zwischen den politischen Auffassungen von G.mitgliedern und anderen Arbeitnehmern nicht sonderlich ausgeprägt waren. Weder stimmte das Bild der politisch homogenen G.mitgliedschaft für die 70er Jahre noch jenes der politischen Konturenlosigkeit der organisierten Arbeitnehmer der 90er Jahre.

Kulturell-religiöse Konfliktlinien spiegeln sich besonders in den G.systemen der Niederlande, Belgiens und der Schweiz wider, während sich davon in anderen Ländern nichts oder kaum etwas bemerken läßt. In der BRD hat sich die Einheitsgewerkschaft nicht vollkommen durchsetzen können. Mit der Gründung des → Christlichen G.bundes wurde die Spannung zwischen christlicher (bes. katholischer) und sozialdemokratischer G.bewegung vom G.system vor 1933 stark abgeschwächt wieder in das der BRD übertragen. Der *Zentralisationsgrad* (d.h. die Verteilung von Entscheidungskompetenzen innerhalb der Organisation) reicht von stark zentralistisch (Schweden, Österreich) über eine föderative Organisation (DGB) bis zur (faktisch) dezentralen Organisationsform in den USA, Frankreich, Schweiz und Großbritannien. Der *Konzentrationsgrad* (die Verteilung der Mitglieder über einzelne G. und G.dachverbände) ist - bezogen auf die

Mitgliederkonzentration in Dachverbänden - in jenen Systemen am höchsten, bei denen es faktisch nur einen Verband gibt (Österreich); bei politisch und religiöskulturell fragmentierten Systemen ist er niedrig (Niederlande, Belgien, Schweiz, Spanien, Frankreich, Italien). Er fällt, wenn die Angestelltenschaft sich in Statusg. organisiert. Das G.system der BRD ist im internationalen Vergleich hoch konzentriert (ca. 80 % der G.mitglieder gehören einem → DGB-Verband an).

In der *Politik gegenüber den Unternehmern* werden in unterschiedlichem Maße Tarifverträge abgeschlossen. In einigen westeuropäischen Ländern (Frankreich, Deutschland, Griechenland, Irland, Niederlande, Spanien und Schweden) unterlagen die Arbeitsbedingungen von mindestens 80 % aller abhängig Erwerbstätigen einem Kollektivvertrag. In den USA, Großbritannien und Neuseeland genoß hingegen höchstens ein Viertel der Arbeitnehmer den Schutz des Tarifabkommens. → Streik als Mittel der Konfliktregulierung wird im unterschiedlichen Maße eingesetzt. Zwischen 1990 und 1994 gingen im Jahresdurchschnitt in Italien, Finnland und Kanada zwischen 150 und 200 Arbeitstage (pro 1.000 Erwerbspersonen) verloren; in Österreich waren es im selben Zeitraum 6 Tage und in der Schweiz 1 Tag. Im *Verhältnis zu → Regierungen* verfolgen einige G. zumindest zeitweise eine Politik enger und auch vertragsförmiger Kooperation, bspw. in Form einkommenspolitischer Tauschgeschäfte (Finnland, Australien, Irland). In anderen Ländern hingegen herrscht bitterer → Konflikt (z.B. USA während der Präsidentschaft von Reagan). In einigen Ländern versuchen G. ihre Ziele über die - ihnen meist politisch nahestehende - Regierung politisch zu verwirklichen (→ Sozialpolitik). Grund dafür ist (relative) Erfolglosigkeit der G. bei der Interessendurchsetzung in direkten Auseinandersetzungen mit den Unternehmern. Im *Verhältnis zu staatlichen → Verwaltungen* sind G. in unterschiedlichem Ausmaß inkorporiert. Besonders weitgehend ist dies in Schweden, Dänemark und Österreich der Fall. Die wenigen empirischen Studien zu diesem

Aspekt zeigen, daß auch in der BRD die G. stark eingebunden sind.

3. Herausforderungen: G. sind in den letzten 20 Jahren mit verschiedenen Herausforderungen konfrontiert gewesen. Sie haben sie in unterschiedlichem Maße bewältigt. Im Extremfall ist es zu einer → Krise der Interessenvertretung gekommen; im anderen Extrem gelang es den Arbeitnehmerverbänden, ihre ökonomischen und politischen Machtpositionen zu halten, die sie in den 70er Jahren eingenommen hatten. Ein Indikator für die Krise der Interessenvertretung ist ein starker Rückgang des Organisationsgrades. Dies trifft bspw. auf Neuseeland, Australien, Tschechien, Estland, Frankreich, Griechenland, Israel, Polen, Portugal, Ungarn oder Großbritannien zu. Dort ist die Mitgliederstärke innerhalb von 10 Jahren um mindestens 25 % zurückgegangen. In Frankreich und den USA waren Mitte der 90er Jahre nur noch zwischen 5 und 15 von 100 Arbeitnehmern gewerkschaftlich organisiert. Eine der Herausforderungen bestand in einem Anstieg der Arbeitslosigkeit und verengten Verteilungsspielräumen. G. konnten sich gegenüber ihren Mitgliedern nicht mehr durch die Sicherung von Arbeitsplätzen und Lohnzuwächse auszeichnen.

Eine zweite Herausforderung bildeten der Strukturwandel des sekundären und tertiären Sektors und Veränderungen der Einstellungen zur Arbeit. G. waren in Europa in der Regel historisch Vertretungen der hoch qualifizierten Facharbeiter in handwerklich strukturierten Industriezweigen (z.B. in der Druckindustrie). Erst nach der Jh.wende gelang die Verankerung in der Großindustrie. Die stark regulierte Massenproduktion dieser Branchen prägte die Organisationsweisen und Programmatiken der heutigen G. Mit dem Übergang zur Dienstleistungsgesellschaft, der zunehmenden Frauenerwerbstätigkeit, dem Rückgang der industriellen Massenproduktion, dem Aufkommen neuer Arbeitsmodelle (z.B. Teilzeitarbeit; temporäre, ‚prekäre' Arbeitsverhältnisse) und der Veränderung der Einstellungen zur Arbeit veränderten sich die Rahmenbedingungen

der gewerkschaftlichen Interessenvertretung. Dies betrifft die rein technischen Probleme der Organisierung der Arbeitnehmer, weil diese nicht mehr – wie im Falle der traditionellen Massenproduktion – in hoher zahlenmäßiger Konzentration zum selben Zeitpunkt am selben Ort zu erreichen sind. Darüber hinaus wird es schwieriger, die heterogene Interessen von unterschiedlich qualifizierten Arbeitnehmern an stark unterschiedlichen Arbeitsplätzen in derselben Organisation zu aggregieren.

Eine dritte Herausforderung bildet die Internationalisierung der Ökonomie. Die Vertretung von Arbeitnehmern in unterschiedlichen Ländern, die in derselben Branche oder gar demselben Unternehmen arbeiten, stellen G. ebenso vor Probleme wie die gewachsene Kapitalmobilität. Durch sie kann sich eine gewerkschaftliche Errungenschaft in einem Land schnell als Pyrrhussieg entpuppen, wenn die Unternehmensleitung im Gegenzug Arbeitsplätze ins Ausland verlagert. Eine vierte Herausforderung bilden aggressive Strategien der Unternehmer, die auf die Kooperation der geschwächten g. nicht mehr angewiesen sind oder nicht ernsthaft eine gewerkschaftliche Mobilisierung befürchten müssen. So haben sich in Schweden die Unternehmer aus den Gremien der Zusammenarbeit zurückgezogen, und in der → Europäischen Union hat es lange Zeit gedauert, bis sich der → Unternehmerverband mit Kollektivabmachungen einverstanden erklären konnte. Schließlich wurden G. auch von Regierungen angegriffen. Gewerkschaftliche Vorrechte und Machtpositionen wurden insbesondere in Neuseeland, Großbritannien und den USA durch staatliche Politiken vermindert. Freilich erwies es sich als überzogen, diese Herausforderungen als Ende der G.bewegung zu interpretieren. Zum einen vermochten sich die G. in unterschiedlichem Ausmaß an diese neuen Problemlagen anzupassen. Zum anderen kamen sie nicht überall unter derart starken Druck wie bspw. in Großbritannien. Schließlich erwies sich die institutionelle Trägheit der privaten und staatlichen Regeln der kollektiven → Arbeitsbeziehungen als Schutz vor den Folgen von sozio-ökonomischen und politischen Veränderungen.

Lit.: Armingeon, K.: Staat und Arbeitsbeziehungen. Ein internationaler Vergleich. Opladen 1994; *Crouch, C.*: Industrial Relations and European State Traditions. Oxford 1993; *Crouch, C. and F. Traxler*, (Ed.): Organized Industrial Relations in Europe: What Future?; Aldershot 1995; *ILO, International Labour Office*: World Labour Report. Industrial relations, democracy and social stability. 1997-98. Geneva 1997; *Visser, J.*: In Search of Inclusive Unionism (Bulletin of Comparative Labour Research 18-1990). Deventer, Boston 1990; *Van Ruysseveldt, J. and J. Visser* (Ed.): Industrial Relations in Europe. Traditions and Transitions. London, Thousand Oak, New Dehli.

Prof. Dr. Klaus Armingeon, Bern

Gewerkschaftsstaat
Kampfbegriff zur polemischen Kennzeichnung des Einflusses der → Gewerkschaften auf die → Politik, mit welchem ein angeblich gemeinwohlgefährdender Totalanspruch der organisierten Arbeitnehmerschaft auf Gestaltung von Wirtschaft, → Staat und → Gesellschaft umschrieben wird.

Girondisten
Nach dem → Département Gironde benannte Gruppierung in der französischen → Nationalversammlung zur Zeit der → Französischen Revolution. Die G. − Vertreter des wohlhabenden → Bürgertums - stürzten zusammen mit den radikalrevolutionären → Jakobinern das Königtum, gerieten jedoch bald in Gegensatz zu letzteren und fielen großteils der Schreckensherrschaft von 1793/94 (→ Terreur) zum Opfer.

Glasnost
Russisch: „Offenheit"; von Michail Gorbatschow im Zusammenhang der Debatte um die innere Umgestaltung der Sowjetunion (→ Perestroika) geprägtes Schlagwort, das die Bedeutung einer offenen gesellschaftlichen Diskussion und einer freien Berichterstattung durch die → Massenmedien für die angestrebte → Demokratisierung bezeichnet.

Gleichberechtigung
In Art. 3 II GG als Unterfall der allgemeinen → Gleichheit vor dem → Gesetz garantierte G. von Mann und Frau. Dieses Verfassungsgebot erforderte die Anpassung zahlreicher zivilrechtlicher Vorschriften durch das G.sgesetz von 1957. Das in Art. 3 II GG enthaltene Differenzierungsverbot gilt jedoch nicht uneingeschränkt: „Insbesondere ist im Hinblick auf die objektiven biologischen oder funktionalen Unterschiede von Mann und Frau nach der Natur des jeweiligen Lebensverhältnisses auch eine besondere rechtliche Regelung erlaubt oder sogar notwendig." (BVerfGE 5, S. 12). Art. 3 II GG wurde im Jahr 1994 dahingehend ergänzt, daß der → Staat die tatsächliche G. von Mann und Frau fördert und auf die Beseitigung bestehender Nachteile hinwirkt. Der Grundsatz der G. bindet nach ständiger Rechtsprechung des → Bundesarbeitsgerichts auch die → Tarifparteien, die u.a. das Prinzip der Lohngleichheit bei gleicher Arbeit zu beachten haben.

Gleichheit
→ Freiheit und Gleichheit

Gleichstellungsstellen
Sammelbez. für in → Behörden des → Bundes, der → Länder und → Gemeinden sowie in verschiedenen → Körperschaften des öffentlichen Rechts eingerichtete Dienststellen, die sich mit Fragen der rechtlichen und tatsächlichen → Gleichberechtigung von Frauen und Männern, Frauen betreffenden Fragen innerhalb eines politisch-adminstrativen Gebiets und/oder der → Chancengleichheit von Frauen in der Personalpolitik der jeweiligen → Institution befassen. In der → Bundesregierung fungiert das um entsprechende Kompetenzen erweiterte → Bundesministerium für Familie, Senioren, Frauen und Jugend als G. Bei den Landesregierungen gibt es vier unterschiedliche Organisationsformen: (1) Eigenständige Ministerien in Schleswig-Holstein (Frauenministerin) und Berlin

(Senatorin für Frauen, Jugend und Familie); (2) eigenständige Landesbehörden in Bremen und Hessen; (3) G. als der Regierungsspitze zugeordnete Stabsstellen in Hamburg, Niedersachsen, im Saarland und in Nordrhein-Westfalen (hier ist eine → parlamentarische Staatssekretärin eingesetzt) oder (4) als in Fachministerien integrierte Arbeitseinheiten in Baden-Württemberg, Bayern und Rheinland-Pfalz. V.a. in den größeren und Großstädten gibt es meist der → Verwaltung, selten dem Rat zugeordnete G. Die an das 1987 novellierte → Hochschulrahmengesetz angepaßten Landes-Hochschulgesetze sehen sämtlich Frauenbeauftragte in den Hochschulen vor, da Art. 2 II HRG vorschreibt, auf die Beseitigung der für Wissenschaftlerinnen bestehenden Nachteile hinzuwirken. Die Kompetenzen der G. sind unterschiedlich geregelt. Sie reichen von der einer allgemeinen Ansprechstelle für Frauen über die beratende Beteiligung an frauenrelevanten Entscheidungen hin zur Mitwirkung an der Personalpolitik.

Globalisierung

als *1. Kommunikationsrevolution, 2. Anwachsen internationaler Finanztransaktionen, 3. Intensivierung der internationalen* → *Arbeitsteilung* wird G. mit wachsendem Druck auf Homogenisierung, Aushöhlung der Regelungskompetenz der → Nationalstaaten und Fragmentierung innerhalb nationaler → Gesellschaften in Verbindung gebracht. Von der weltweiten Konkurrenz von Produktionsstandorten wird Zwang zu Kostenwettbewerb abgeleitet, der Umverteilungsprozesse blockiert, die bisher Kohäsion nationaler Gesellschaften sicherten. Die internationale Mobilität von Kapital (ausländische Direktinvestitionen multinationaler Unternehmen, Wachstum globalisierter Finanzmärkte) zwingen die beiden immobilen Akteure, Staat und Arbeit, dem mobilen Akteur Kapital möglichst günstige Standortbedingungen anzubieten. Der Druck auf Uniformisierung erlaubt auch in allen anderen Bereichen keine eigenständigen Gestaltungsmöglichkeiten.

Tatsächlich ist G. nur die Fortsetzung der in der → Imperialismustheorie beschriebe-

nen weltweiten Expansion von Kapital, die durch die internationalen politischen Verwerfungen in der ersten Hälfte des 20. Jhs. vorübergehend unterbrochen wurde, aber schon in den 30er Jahren in der Form der amerikanischen Handelsvertragspolitik wiederbelebt wurde. Auf ihren Prinzipien fußt die internationale Wirtschaftsordnung der Nachkriegszeit, die zum Abbau der Restriktionen gegen Handel und Kapitalverkehr führte.

Das heute erreichte Ausmaß an internationaler Wirtschaftsverflechtung zwischen den fortgeschrittenen Industrieländern überschreitet das vor 1914 erreichte Niveau beim Handel nicht wesentlich und unterschreitet es im Bereich der langfristigen Auslandsinvestitionen. Neu ist die gegenüber dem 19. Jh. stärkere internationale Wettbewerbsfähigkeit einer wachsenden Zahl von Produktionsstandorten in der bisherigen → Dritten Welt.

Erklärungsbedürftig sind deshalb die Formen, unter denen G. sich heute vollzieht. Im 19. Jh. und in den Beziehungen zwischen den fortgeschrittenen Industrieländern (→ EG, EG - → EFTA, Westeuropa – USA, USA – Japan) herrschte Konvergenz vor. Mit der Einbeziehung von Wirtschaftsstandorten in der Dritten Welt treten hingegen starke unterkonsumtive Tendenzen auf, die in den inneren wirtschaftlichen Strukturen der Wirtschaften des Südens begründet sind.

Konvergenz durch G. kann als „Geleitzugmodell" des technischen Fortschritts beschrieben werden: Die an der internationalen Arbeitsteilung beteiligten Wirtschaften verfügen über ähnliche Innovationspotentiale und können auch bei unterschiedlichem Produktivitätswachstum Vollbeschäftigung erreichen. Dabei verleiht → Vollbeschäftigung über weniger innovative Branchen in technisch zurückliegenden Wirtschaften (TZW) dem Geleitzugmodell Stabilität: Innovation in einer technisch führenden Wirtschaft (TFW) verändert die komparativen Kostenvorteile führender und zurückliegender Wirtschaften. Die TZWen verlieren durch Innovation in TFWen entsprechende Produktionspotentiale, haben aber neue komparative Kostenvorteile. Sie können Vollbeschäftigung bei noch niedrigen Abwertungssätzen erreichen, wenn der Rückstand in den nicht innovativen Branchen gegenüber den TFWen gering ist; je geringer ihre Rückstände in den rückständigen Branchen, desto rascher können sie neue komparative Kostenvorteile durch (geringe) Abwertung in preisliche Wettbewerbsfähigkeit in rückständigen Branchen verwandeln und damit ihre Beschäftigung über die weniger innovativen Branchen ausweiten.

Jeder Versuch von TZWen, gegenüber den TFWen durch weitere Abwertungen auch in der innovativen Branche aufzuholen, würde zur Aktivierung ihrer Handelsbilanz führen. Dies verhindert die Manipulation der Wettbewerbsfähigkeit über die Wechselkurspolitik. Konvergenz auch in den innovativen Branchen wird weniger über Abwertung als durch eigene Erfolge bei Innovation (und Imitation) erreicht. Sie wird durch eine breite, durch Vollbeschäftigung entsprechend dem Wachstum der durchschnittlichen Produktivität expandierende Binnennachfrage gestützt, insbesondere wenn TFWen bei ihren innovativen Produkten steigende Grenzkosten hinzunehmen haben.

Kapitalbewegungen modifizieren das Geleitzugmodell nur unwesentlich: Eine TFW kann die Aufwertung ihrer Währung und damit die internationale Verteuerung ihrer Produktionsfaktoren durch Kapitalexport verhindern, trägt aber dadurch zumindest zur Steigerung der Beschäftigung in TZWen (wenn der technische Fortschritt nicht übertragbar ist), meist aber auch zur Übertragung von technischem Fortschritt bei.

TZWen können nur begrenzt gegenüber TFWen zurückfallen, weil der geringere Rückstand in den nicht innovativen Branchen bei niedrigen Abwertungssätzen zu steigenden Exporterlösen von TZWen führt. Auf dem Weltmarkt steigen die Preise der nicht innovativen Produkte relativ, ähnlich den Veränderungen der Preise für Produkte zwischen nicht innovativen und innovativen Branchen innerhalb

einer nationalen (= durch Mobilität von Arbeit gekennzeichneten) Wirtschaft.

Die für das Geleitzugmodell konstitutive Bedingung einer relativ geringen Differenz der Grenzproduktivität von Arbeit gilt im Verhältnis zwischen dem Westen und dem Süden deshalb nicht, weil → Unterentwicklung durch die Existenz einer großen Zahl von Arbeitskräften definiert ist, die weniger als die Kosten ihrer Subsistenz (einschließlich der Kosten ihrer Kleinfamilien) erwirtschaften, so daß Marginalität besteht. Dadurch können zum Beispiel Löhne nicht entsprechend dem durchschnittlichen Produktivitätswachstum steigen, weil durchschnittlich qualifizierte Arbeit nie knapp werden kann. Übergang zu → Kapitalismus war ohne Anstieg der Grenzproduktivität von Arbeit über die Kosten der Subsistenz nicht möglich. Es gab keine aufgrund eigener Dynamik zum Kapitalismus übergehende Wirtschaften, die das Marginalitätsproblem nicht bewältigen konnten.

Auch unterentwickelte, durch Marginalität gekennzeichnete Wirtschaften haben allein durch Innovation in den TFWen im Verlauf der → Industrialisierung laufend neue komparative Kostenvorteile erhalten, z. B. weil der technische Fortschritt in den TFWen unterschiedlich rasch zunahm. Wiederum entscheidet der absolute Rückstand in den Branchen mit komparativen Kostenvorteilen über die notwendige Höhe der Abwertung der Währung, um preislich Wettbewerbsfähigkeit zu erreichen.

Für Abwertungen gibt es Grenzen. Beschäftigung kann durch Abwertung nur gesteigert werden, wenn eine der folgenden Bedingungen gilt: 1) Zusätzlich im Exportsektor beschäftigte Arbeitskräfte beziehen ihre Lohngüter aus lokaler Produktion, so daß bei niedrigen Reallöhnen Selbstversorgung bei Nahrungsmitteln beliebig niedrige Kosten der Arbeitskräfte in internationaler Währung zuläßt. Die Wechselkurse der „Tigerländer" Ostasiens entsprechen nur Bruchteilen der Kaufkraftparität, weil ihre Grüne Revolution die Versorgung zusätzlicher im Export beschäftigter Arbeitskräfte aus dem Überschuß der lokalen Landwirtschaft erlaubt. 2) Die → Terms-of-Trade für technisch wenig anspruchsvolle industrielle Produkte gegenüber Nahrungsmitteln verbessern sich, weil seit den 30er Jahren die Produktivität in der Landwirtschaft in der Folge der Grünen Revolution in den TFWen parallel zur Produktivität in der Industrie anstieg und damit rascher als in den durch geringes Wachstum der Produktivität gekennzeichneten Industriebranchen zunahm. Für eine gleiche Menge technisch wenig anspruchsvoller Produkte können vom aufholenden Land mehr Nahrungsmittel aus den TFWen gekauft werden als zuvor. 3) Technologie wird übertragbar, entweder als Folge von Direktinvestitionen von multinationalen Unternehmen oder von entwicklungspolitischen Anstrengungen von → Regierungen.

Exportwachstum führt zu produktivitätsbedingt steigenden Reallöhnen nur, wenn Arbeit knapp wird. Bleibt das Produktivitätswachstum auf den Exportsektor begrenzt, kann dieser stets auf ein (Über-) Angebot billiger Arbeitskräfte zurückgreifen. Technischer Fortschritt springt nicht auf andere Sektoren über, weil hier wegen der fehlenden Binnennachfrage keine Anreize zu Innovation bestehen. Würden durch steigende Exporte auch Produktivität und Beschäftigung im Rest der Wirtschaft nachhaltig steigen, nähmen die lokalen Arbeitskosten zu und aktivierte sich die Handelsbilanz (wegen Wettbewerbsfähigkeit neuer Sektoren), mit der Folge einer wachsenden Nachfrage einer solchen Wirtschaft auch für importierte Produkte und zunehmend eingeschränkten Möglichkeiten zur Abwertung.

Das Geleitzugmodell zerbricht, weil Wirtschaften in die internationale Arbeitsteilung eingegliedert werden, die über hohe Abwertungssätze preislich wettbewerbsfähig werden, ohne Vollbeschäftigung und breites Produktivitätswachstum zu erreichen.

Die Arbeitskostenunterschiede zwischen führenden und aufholenden Ländern sind allerdings nicht Folge der Differenzen der Reallöhne, sondern der Abwertungsmöglichkeiten der aufholenden Wirtschaften.

Sie werden von der Kostenseite her durch die Möglichkeiten, zusätzliche Arbeitskräfte aus dem Überschuß der eigenen Landwirtschaft zu versorgen, von der Nachfrageseite her von der geringen Grenzproduktivität von Arbeit bestimmt. Abwertungsbedingte Verbilligung der Exporte der aufholenden Wirtschaften ist demnach Folge einer unzureichenden G., nämlich ihrer Beschränkung auf Produktivitätssteigerungen in begrenzten Exportsektoren.

Die wegen niedriger Grenzproduktivität von Arbeit auftretenden unterkonsumtiven Tendenzen werden durch Versuche der TFWen verschärft, Wettbewerbsfähigkeit durch Reallohnsenkungen zuhause zu erreichen: Sie vermindern die reale Nachfrage, auch für Importe aufholender Länder, ohne die Wettbewerbsfähigkeit zu verbessern, weil weitere Handelsbilanzüberschüsse nur zum Anstieg der Wechselkurse führen.

Zur langfristigen Abwehr der Wettbewerbsfähigkeit aufholender Länder versuchen die TFWen, ihre Spezialisierungsmuster zu verändern. Sie erhoffen sich Vollbeschäftigung durch Spezialisierung auf Produkte, deren technische Komplexität den Wettbewerb von seiten von „Niedriglohnländern" selbst bei höchsten Abwertungssätzen ausschließt. Solche Produkte werden als hochtechnologisch bezeichnet.

Zur Rechtfertigung des Einsatzes staatlicher Instrumente der → Industriepolitik für neue Muster der Spezialisierung sind heute zwei Theorieansätze wichtig, die lange schon bekannte Entwicklungstendenzen kapitalistischen Wachstums in die dominante neoklassische Außenhandels- und Wachstumstheorie eingliedern, die solche Befunde bisher geleugnet hatte.

Weil im Kapitalismus Konkurrenz für die Kapitalbesitzer gilt, sind der Kapitalintensivierung enge Grenzen gesetzt. Produktivitätssteigerungen hängen von technischem Fortschritt ab, also Innovation, die v.a. durch Entwicklung neuer Produkte für neue → Bedürfnisse (und damit Voraussetzung: steigende Masseneinkommen) erfolgt. Die in der Theorie endogenen Wachstums als Quellen der Produktivitätssteigerung genannten Faktoren (Wissen, Humankapital) werden um so eher als Nebenprodukt von Wachstum erzielt, als eine Wirtschaft sich auf neue Produkte spezialisiert. Bei neuen Produkten sind gleichzeitig die Kostenersparnisse um so größer, als ihre Entwicklungskosten im Verhältnis zu ihren späteren Produktionskosten hoch sind (Beispiel Software). Die Theorie strategischen Handels zeigt, daß wer ein neues Produkt vor anderen auf den Weltmarkt bringt, Wettbewerbern später den Marktzutritt verwehren kann, weil seine Grenzkosten niedriger als die Startkosten der Wettbewerber sind.

Angesichts der abwertungsgetriebenen neuen Wettbewerbsfähigkeit von unterentwickelten Ländern, die sich durch zusätzliche Industriewarenexporte nicht automatisch in kapitalistische Wirtschaften mit wachsenden Binnenmärkten verwandeln, kommt auch der politischen Förderung der zukünftige Wettbewerbsvorsprünge sichernden nichtmateriellen Faktoren entscheidende Bedeutung zu. Die in den derzeitigen Formen des G.sprozesses begründeten unterkonsumtiven Gefahren führen trotz wachsender weltwirtschaftlicher Verflechtung zu einer verstärkten Politisierung der Weltwirtschaft durch Industriepolitik im Inneren und strategische Handelspolitik nach außen.

Mit der Ausschaltung des im Geleitzugmodell wirksamen Umverteilungsmechanismus zugunsten der nicht innovativen Wirtschaft durch Vordringen nur sektoral wettbewerbsfähiger Wirtschaften mit niedriger Grenzproduktivität von Arbeit entwickelt sich also einerseits ein Wettlauf um Lohnbegrenzung, andererseits ein Wettlauf um Subventionen. Beide untergraben eine freie Weltwirtschaft durch Unterkonsumtion und staatliche Eingriffe in den Wettbewerb.

Lit.: Bergeljik, P.; Mensik, N. W.: Measuring Globalization, in: Journal of World Trade, 31, 3 (Juni 1997); S. 159-168. *Bovenberg, A. L.; Gordon, R. H.:* Why Is Capital so Immobile Internationally? Possible Explanations and Implications for Capital Income Taxation, in: American Economic Review, 86, 5 (Dezember 1996); S. 1057-1076. *Crafts, N. F.R.:* The First Industrial Revolution: A Guided Tour for Growth Economists, in: American Economic Review, 86, 1 (Mai 1996); S. 197-206. *Elsenhans, H.:* Social Consequences of the NIEO. Structural Change in the Periphery as Precondition for Continual Reforms in the Centre, in: Jahn, E.; Sakamotu, Y. (Hg.): Elements of World Instability: Armaments, Communication, Food, International Division of Labour. Proceedings of the International Peace Research Association. Eighth General Conference (Frankfurt a. M., 1981); S. 86-95. *Elsenhans, H.:* Globalization or Dutch Disease: Its Political and Social Consequences, in: Singer, H. W.; Hatti, N.; Tandon, R. (Hg.): New World Order Series, Volume 16: Technology Diffusion in Third World Contents (D.K.Publishers, 1998); i.E. *Gill, S.:* Globalisation, Market Civilisation and Disciplinary Neoliberalism, in: Millennium, 24, 3 (1995); S. 399-423. *Gosh, A. R.:* International Capital Mobility Amongst the Major Industrialized Countries: Too Little Or Too Much, in: Economic Journal, 105, 428 (Januar 1995); S. 107-128. *Irwin; D. A.:* The United States in a New Global Economy? A Century's Perspective, in: American Economic Review, 86, 2 (März 1996); S. 41-46. *Williamson, J. G.:* Globalization, Convergence and History, in: Journal of Economic History, 56, 2 (Juni 1996); S. 277-306. *Wolff, E. N.:* Capital Formation and Productivity Convergence Over the Long Term, in: American Economic Review, 81, 3 (Juni 1991); S. 565-579.

Prof. Dr. Hartmut Elsenhans, Leipzig

Gnosis
Begriff, der in verschiedenen Bedeutungsvarianten die Gotteserkenntnis durch den Menschen bezeichnet; insbesondere Bez. für a) theologisches Wissen, das auf Glauben basierend, dennoch Anspruch auf rationale Einsehbarkeit erhebt und b) religiöses, nur einer → Elite zugängliches Geheimwissen. In der zweiten Bedeutungsvariante ist G. geläufig als Bez. für eine religiös-philosophische Position (ein-

flußreich v.a. im 2.Jh.), welche die Erlösung des Menschen von einer durch eigene Kraft erreichbaren Erkenntnis Gottes abhängig macht. In dieser Bedeutung verwandte z.b. Eric Voegelin den Begriff, um bestimmten neuzeitlichen Weltanschauungen und Theorien (z.B. dem → Marxismus und dem → Nationalsozialismus) gnostisch-irrationale Momente nachzuweisen.

Godesberger Programm

Im November 1959 beschlossenes Grundsatzprogramm der → SPD, mit dem sich diese als → Volkspartei bekannte, deren Ziele durch die → Grundwerte des → demokratischen Sozialismus definiert sind. Mit dem G. wurde die marxistische Grundlegung der wirtschaftspolitischen Vorstellungen der SPD förmlich aufgegeben zugunsten der Bejahung zur - durch soziale Reformen stetig zu verbessernden - → Marktwirtschaft. Ausdrücklich anerkannt wurde die pluralistische Bandbreite der Auslegung sozialdemokratischer Grundwerte.

Golfkrieg

1. G.: Kriegerische Auseinandersetzungen zwischen Irak und Iran, die 1980 begannen und am 20.8.1988 durch einen offiziellen Waffenstillstand beendet wurden.

2. G.: Kampfhandlungen zwischen dem Irak und alliierten Truppen unter Führung der USA (Kontingente aus 26 Nationen, darunter 530.000 amerikanische Soldaten), die aufgrund einer Ermächtigung des → Sicherheitsrates der → Vereinten Nationen (Resolution 678 vom 29.11.1990) eingriffen, mit dem Ziel, die irakische Annexion Kuwaits vom August 1990 rückgängig zu machen.

Der „Operation Wüstensturm" genannte Angriff auf den Irak begann am 17.1.1991 mit massiven Bombenangriffen. Der Irak reagierte mit - weitgehend folgenlosen - Raketenangriffen auf Israel und Saudi-Arabien, dem Einlassen von Erdöl in den Golf und der Anzündung von ca. 600 Erdölquellen in Kuwait. Am 24.2.1991 begannen die Alliierten mit einer Offensive am Boden, die bereits nach 3 Tagen zur

Kapitulation des Irak führte. Präsident Saddam Hussein erklärte sich bereit, alle Resolutionen des UN-Sicherheitsrates zu befolgen, woraufhin am 28.2.1991 die Kampfhandlungen eingestellt wurden. Am 21.3.1991 erklärte das irakische → Parlament die Annexion Kuwaits formell für beendet. Offiziell wurde der G. durch die Annahme einer Waffenstillstandsresolution durch den UN-Sicherheitsrat und das irakische Parlament am 3.4.1991 beendet.

Gottesgnadentum

Im → Absolutismus erhobener Anspruch der unmittelbaren → Legitimation des Herrschers durch Gott. Der Anspruch auf G. ist die der Idee der → Volkssouveränität entgegengesetzte Position metaphysischer Letztbegründung politischer → Herrschaft.

Governance

Aus dem Englischen übernommener, politikwissenschaftlicher Fachbegriff, der auf die politische Steuerung von Wirtschaft und → Gesellschaft abhebt und deutlich machen soll, daß sich diese auch jenseits der traditionellen Formen des → Regierens (wie der Verabschiedung von → Gesetzen) vollzieht. Darauf verweist insbesondere die Rede von „G. without government".

GPU

Abkürzende Bez. der politischen Staatspolizei in der Sowjetunion, die 1922 durch Umwandlung der 1918 eingerichteten politischen Geheimpolizei Tscheka zur Bekämpfung der inneren Konterrevolution und ausländischer Agenten entstand. Seit 1923 unmittelbar dem Rat der Volkskommissare unterstellt, ging sie 1934 im → NKWD auf und wurde 1953 zum → KGB umgewandelt. Die GPU war Hauptinstrument des stalinistischen Terrors in der UdSSR.

Greenpeace

1971 aus einer Protestaktion gegen einen Atombombenversuch der USA in Alaska entstandene, internationale Umweltschutzorganisation mit weltweit ca. 3 Mio Mitgliedern und Büros in 19 Ländern. G. betreibt keinen herkömmlichen Lobbyismus, sondern versucht gezielt mit gewaltlosen und unkonventionellen Methoden auf bestimmte umweltgefährdende Fälle aufmerksam zu machen und so die → Politik unter Handlungsdruck zu setzen.

Große Anfrage

In der → Geschäftsordnung des → Bundestages (§§ 100ff.) geregeltes → Minderheitenrecht zur → parlamentarischen Kontrolle, das → Abgeordneten in Fraktionsmindeststärke erlaubt, schriftliche Anfragen an die → Bundesregierung zu richten. Nach Eingang der Antwort wird die G. auf die Tagesordnung gesetzt und auf Verlangen einer → Fraktion (bzw. 5 % der Mitglieder des Bundestages) im Plenum beraten.

große Depression

Bez. für die Periode verlangsamten Wirtschaftswachstums in Europa, die mit dem Wiener Börsenkrach 1873 begann und mit der 1895/96 einsetzenden, bis zum Vorabend des 1. Weltkriegs anhaltenden Aufschwungperiode endete. In Deutschland hatten die industriellen Wachstumsschwächen innenpolitische Rückwirkungen, die sich u.a. in einer zum → Sozialistengesetz führenden Revolutionsfurcht äußerten. Inwieweit die g. in ursächlicher Beziehung zur Kolonialexpansion der 1880er Jahre stand und somit zu den ökonomischen Ursprüngen des → Imperialismus zählt, ist nach wie vor umstritten.

Große Koalition

Regierungsbündnis zwischen → Parteien im → Parlament, bei dem nur eine kleine → Minderheit in der → Opposition bleibt. In der Bundesrepublik gab es auf Bundesebene eine G. zwischen → CDU/ → CSU und → SPD in der 5. Wahlperiode zwischen 1966 und 1969. Der politische Gewichtsverlust der nur von der → FDP wahrgenommen Opposition, die z.B. keine Sperrminorität gegen → Verfassungsänderungen hatte, bewirkte eine vorübergehende Legitimationseinbuße des Parlaments, welche die Herausbildung der → Außerparlamentarischen Opposition zwar nicht allein bewirkte, aber begünstigte.

Großer Lauschangriff

Bez. für die akustische Überwachung von Wohnungen. Durch Ergänzung des Art. 13 GG um die Absätze 3 - 6, beschlossen vom → Bundestag am 16.1.1998 mit der vom → Bundesrat am 6.2.1998 erteilten Zustimmung, ist der G. dann zulässig, wenn bestimmte Tatsachen den Verdacht begründen, daß jemand eine besonders schwere Straftat begangen hat. Er kann sich nicht nur auf die eigene Wohnung des Beschuldigten beziehen, sondern auch auf solche, in denen er sich *vermutlich* aufhält. Der G. bedarf i.d.R. der Anordnung durch einen mit 3 Richtern besetzten Spruchkörper. Die einfachgesetzlichen Regelungen zum G. enthält das Gesetz zur Verbesserung der Bekämpfung der organisierten Kriminalität, das u.a. zahlreiche Änderungen der Strafprozeßordnung und den Katalog derjenigen Straftaten enthält, die einen G. zulässig machen. Durch dieses Gesetz werden Personen, denen ein Zeugnisverweigerungsrecht zukommt, vom G. ausgenommen.

Grün-Alternative

→ Alternativbewegung, → Die Grünen

Grundbedürfnisbefriedigung

Von → internationalen Organisationen (z.B. → WHO, → UNICEF) und westlichen Industrieländern vertretene entwicklungspolitische Strategie, deren Hauptziel die Befriedigung der → Grundbedürfnisse aller Menschen in der kürzestmöglichen Zeit ist. Die G. umfaßt sowohl Mindestanforderungen für den privaten Konsum als auch die Bereitstellung elementarer öffentlicher Dienstleistungen (z.B. Trinkwasser, sanitäre Anlagen, Verkehrsmittel, Gesundheits- und Bildungseinrichtungen).

Grundbedürfnisse

→ Bedürfnisse, deren Befriedigung für die menschliche Existenz lebensnotwendig sind. Eine trennscharfe Unterscheidung zwischen G. und sekundären, z.B. auf Wohlbefinden oder Selbstverwirklichung gerichteten Bedürfnissen ist schwer zu ziehen. Zu den G. gehören aber mindestens ausreichende Ernährung, Kleidung, Wohnung, ein elementarer Gesundheitsschutz sowie die Erfüllung des Geschlechtstriebs und Teilhabe an sozialen Beziehungen.

Grundgesetz/ GG

→ Verfassung der Bundesrepublik Deutschland, die vom → Parlamentarischen Rat am 8.5.1949 beschlossen und nach ihrer Annahme durch die → Landesparlamente (mit Ausnahme des bayerischen → Landtages, der das G. zwar mehrheitlich ablehnte, nicht aber seine Geltung bestritt) am 23.5.1949 verkündet wurde. Angesichts der Teilung Deutschlands sollte das G. nur provisorischen Charakter haben; es trägt deshalb auch nicht die förmliche Bez. „Verfassung". Durch die deutsche → Wiedervereinigung gilt der Provisoriumscharakter des G. als erledigt. Dies kommt zum Ausdruck in einer geänderten Präambel und einer Ergänzung des Art. 146. Das G. kodifiziert in Art. 1 - 19 die → Grundrechte und legt in Art. 20 als Staatsform den demokratischen und sozialen → Bundesstaat fest, der auf der → Volkssouveränität, der → Gewaltenteilung und der Wesenskerngarantie der Grundrechte beruht. Die folgenden Artikel regeln die Aufgaben und Kompetenzen der Verfassungsorgane, das Verhältnis von → Bund und → Ländern sowie weitere Materien von gesamtstaatlicher Bedeutung (wie z.B. den Verteidigungsfall).

Grundgesetzänderung

Das → Grundgesetz kann nach Art. 79 GG nur durch ein → Gesetz geändert werden, das die Zustimmung von mindestens zwei Dritteln der Mitglieder des → Bundestages und zwei Dritteln der Stimmen des → Bundesrates erhält. Nicht zulässig ist eine G. „durch welche die Gliederung des → Bundes in → Länder, die grundsätzliche Mitwirkung der Länder bei der → Gesetzgebung oder die in den Artikeln 1 und 20 niedergelegten Grundsätze berührt werden" (Art. 79 III GG). Von 1949 bis 1998 wurden insgesamt 43 Gesetze zur G. verabschiedet.

Grundlagenvertrag

⇒ *Grundvertrag*

Grundmandatsklausel

Alternativbestimmung zur → Fünfprozent-Klausel im → Bundeswahlgesetz, derzufolge → Parteien, die mindestens 3 → Direktmandate errungen haben, auch bei Unterschreiten der Fünfprozent-Hürde bei der auf Basis der → Zweitstimmen vorzunehmenden Mandatsverteilung berücksichtigt werden.

Grund- und Menschenrechte

1. Geschichte. Die grundlegende Wandlung, die das europäische Staatsdenken im 17. und 18. Jh. erfahren hat und die noch heute für das Verhältnis von → Individuum und → Gemeinschaft bestimmend ist, vollzog sich in der Auflehnung gegen den Feudalstaat monarchisch-aristokratischer Prägung. Aus der Absage an den absoluten Herrschaftsanspruch der Fürsten („princeps legibus solutus") und teilweise noch der Kirchen erwuchs die Gegengewalt der in rechtlicher und wirtschaftlicher Unmündigkeit gehaltenen Völker. Es war nicht zuletzt die Erfahrung obrigkeitlicher Willkür, die immer mehr Menschen auf Abhilfe dieses Zustands sinnen und drängen ließ.

Namentlich das mittelständische Bildungsbürgertum dieser großen geistesgeschichtlichen Epoche der → Aufklärung war entschlossen, die unerträglich gewordene Spannung zwischen dem → Staat und seinen Untertanen zu lösen und jenes Maß an persönlicher → Selbstbestimmung und politischer Mitverantwortung einzufordern, das wenig später die Tore zum demokratischen Zeitalter endgültig aufstoßen sollte. Mögen dabei auch starke ökonomische Antriebskräfte mit im Spiel gewesen sein, so lagen diesen überall in Europa und bald auch in Nordamerika zur Wirkung kommenden Bestrebungen doch vorrangig „übermächtige ideelle → Bedürfnisse des freiheitsdurstigen Individuums" (Friedrich Meinecke) zugrunde.

Es galt, der hergebrachten Omnipotenz der Regierenden Schranken zu setzen und den Regierten einen „staatsfreien Raum" zu sichern, in den ohne rechtlichen Grund einzudringen auch der Obrigkeit verwehrt war. Dieses Ziel konnte freilich nur erreicht werden, wenn es gelang, (1) der revolutionären Lehre von der Existenz unantastbarer Menschenrechte allgemeine Geltung zu verschaffen sowie (2) die Rechte selbst in gehöriger Form verbindlich zu machen. Das aber hieß, sie staatsvertraglich zu verbriefen. Aus diesem Konflikt entstand die konstitutionell gebundene → Monarchie und mit ihr die moderne → Verfassung, deren ursprünglicher Sinn es ist, die dem → Volk „gewährten" Menschen- und → Bürgerrechte festzuschreiben und zugleich den Staat auf ihren Schutz zu verpflichten. Daß den Grundrechten auch Grundpflichten zugeordnet blieben, verstand sich damals wie heute von selbst.

England, von dessen Kampf gegen das absolute Königtum schon die → Magna Charta von 1215 ein erstes Zeugnis gibt, ging allen anderen Ländern in der neuzeitlichen Gewähr von G. voraus. Der Petition of Rights von 1628 und der nicht minder berühmten → Habeas corpus-Akte von 1679, die jedermann Schutz gegen willkürliche Verhaftung bietet, folgte nach der „Glorreichen Revolution" von 1688 die → Declaration of Rights, deren feierliche Verkündung in ganz Europa den stärksten Eindruck hinterließ. Dieses erste Dokument verfaßter Bürgerrechte legte in England überdies den Grundstein der parlamentarischen → Demokratie.

Durch die Auswanderer gelangte das liberale Gedankengut nach Amerika, wo es in den Verfassungen der nordamerikanischen Republiken und in der Unabhängigkeitserklärung vom 4. Juli 1776 seinen Niederschlag fand. Der Verfassung der Vereinigten Staaten von 1789 wurde zwei Jahre später ein umfassender Grundrechtskatalog (→ Bill of Rights) angefügt, der seit nunmehr zweihundert Jahren fast unverändert in Kraft geblieben ist.

Auf dem europäischen Kontinent war es Frankreich, das mit der Revolution von 1789 die überkommene monarchische Ordnung erschütterte und den Weg zur politischen Neugestaltung wies. Das in Artikel 1 der „Erklärung der Menschen- und Bürgerrechte" von 1791 (*Déclaration des Droits de l'Homme et du Citoyen*) abgelegte Bekenntnis zum natürlichen Ur-

sprung der Grundrechte (→ Naturrecht) wirkte als Fanal; sein knapper Wortlaut („Les hommes naissent et demeurent libres et égaux en droits") war bald ebenso geflügelt wie sein transatlantisches Vorbild von 1776: „We hold these truths to be selfevident, that all men are created equal, that they are endowed by their Creator with certain unalienable Rights, that among these are Life, Liberty and the pursuit of Happiness."

Die erste von einer deutschen → Nationalversammlung beratene und verabschiedete Reichsverfassung, die sogenannte → Paulskirchenverfassung vom 28. März 1849, widmet den „Grundrechten des deutschen Volkes" nicht weniger als sechzig Paragraphen. Ihr Inkrafttreten scheiterte am Widerstand der um → Souveränität und Privilegien fürchtenden deutschen Fürsten. Immerhin setzte Preußen schon ein knappes Jahr später mit dem Grundrechtsteil der (oktroyierten) Verfassung von 1850 ein neues Zeichen; trotz ihrer unverkennbar restaurativen Tendenzen war die vom Zeitgeist beflügelte → Emanzipation des Individuums nicht mehr aufzuhalten.

In die Verfassung des Norddeutschen Bundes von 1867 und die des (wilhelminischen) → Deutschen Reichs von 1871, die das Einigungswerk Bismarcks besiegelte, fanden Grundrechte zwar keine Aufnahme, doch galten die wichtigsten der 1789 jenseits des Rheins proklamierten persönlichen und staatsbürgerlichen Freiheiten (z.B. die → Meinungs-, → Presse- und Vereinsgründungsfreiheit) fortan auch in Deutschland; sie waren in Reichsgesetzen niedergelegt und im Rahmen einer engherzigen → Staatsräson rechtsstaatlich gesichert.

Der Zusammenbruch des Deutschen Reichs in den revolutionären Wirren vom November 1918 führt zur Umwandlung der überlebten monarchischen Ordnung in eine demokratische → Republik. Die → Weimarer Reichsverfassung vom 11.8.1919 legt in ihrem zweiten Hauptteil „Grundrechte und Grundpflichten der Deutschen" umfassend fest. Im Vordergrund stehen die Freiheitsrechte des einzelnen, wobei endlich auch die rechtliche Gleichstellung von Mann und Frau (Art. 109) verankert wird. Erstmals zeichnet sich die förmliche Anerkennung der von Bismarck eingeleiteten Entwicklung zum → Sozialstaat ab: ein Abschnitt ist dem Wirtschafts-, ein anderer dem Gemeinschaftsleben gewidmet. „Die Arbeitskraft steht unter dem besonderen Schutze des Reichs", heißt es in Art. 157. 1933 hebt der nationalsozialistische → Führerstaat die Grundrechtsordnung auf. An ihre Stelle treten - übrigens nicht nur in Deutschland - Willkür, Rechtlosigkeit und Terror. Der scheinbare Siegeszug totalitärer → Ideologien und menschenverachtender Regime sowie die blutigen Exzesse ihrer Führer haben aber zugleich das Gewissen der zivilisierten Welt für das menschenrechtliche Vermächtnis der Vergangenheit geschärft.

2. Gegenwärtige Geltung. Die Erkenntnis, daß letztlich nur demokratisch verfaßte Gemeinwesen die natürlichen Rechte des Individuums wirksam und dauerhaft zu schützen vermögen, findet sich auch in der zweiten Hälfte des 20. Jh. durchgängig bestätigt. Noch 1986 lebten nur gut 36 Prozent aller Menschen in freien Ländern; die Mehrzahl der Völker sah sich von den Segnungen einer auf G. verpflichteten Ordnung ausgeschlossen. Auch wenn dieses Verhältnis sich im Zuge des Zerfalls marxistisch-leninistischer → Diktaturen umgekehrt haben sollte, kann von einer weltweiten Erfüllung des Anspruchs auf unverletzliche Rechte der Person noch immer keine Rede sein.

Diese ernüchternde Bilanz erscheint in einem noch trüberen Licht, wenn man bedenkt, welche Anstrengungen die internationale Staatengemeinschaft seit dem Ende des Zweiten Weltkriegs auf diesem Felde unternommen hat. Da ist zunächst auf eine stattliche Reihe von feierlichen Entschließungen der Generalversammlung der → Vereinten Nationen zu verweisen. An ihrer Spitze steht die „Allgemeine Erklärung der Menschenrechte" vom 10.12.1948, die jedem Menschen das Recht auf Leben und Freiheit, Sicherheit und Rechtsschutz, Arbeit und Wohlfahrt

zuspricht und in Art. 2 jegliche Diskriminierung („nach Rasse, Farbe, Geschlecht, Sprache, Religion, politischer oder sonstiger Überzeugung, nationaler oder sozialer Herkunft, nach Eigentum, Geburt oder sonstigen Umständen") verbietet.

Zwanzig Jahre später, in ihrer Erklärung vom 13.5.1968, bekräftigt die Internationale Menschenrechtskonferenz der Vereinten Nationen „das gemeinsame Einverständnis der Völker der Welt über die Unveräußerlichkeit und Unverletzlichkeit der Rechte aller Mitglieder der menschlichen Familie" und wendet sich namentlich gegen Krieg, → Apartheid, → Unterentwicklung, Analphabetismus und die Diskriminierung der Frau. In den siebziger Jahren folgen Resolutionen der Generalversammlung gegen die Folter, für die Einschränkung der Todesstrafe sowie zur Sicherung einer effektiven Ausübung der Menschenrechte und Grundfreiheiten.

Haben diese Erklärungen auch nicht die Verbindlichkeit von → Normen des → Völkerrechts, so kommt ihnen doch eine erhebliche politisch-moralische Signalwirkung zu. Unmittelbar geltendes Recht wird, allerdings beschränkt auf den Kreis der Teilnehmerstaaten, allein durch den Abschluß (bzw. die ihm folgende Ratifikation) internationaler Verträge und vergleichbarer Vereinbarungen gesetzt. So gilt etwa die → „Europäische Konvention zum Schutze der Menschenrechte und Grundfreiheiten" vom 4.11.1950 seit 1952 im Geltungsbereich des → Grundgesetzes. Dieser multilaterale Vertrag listet die unter seinen Schutz gestellten Grundrechte nicht nur detailliert auf, sondern hat erstmals auch ein supranationales Instrumentarium geschaffen, das über die Einhaltung der verbürgten Rechte wacht, darunter vor allem den → „Europäischen Gerichtshof für Menschenrechte" in Straßburg, der von jedem → Bürger eines Mitgliedstaates angerufen werden kann. Die Wirksamkeit dieser Konvention beruht nicht zuletzt auf der einheitlichen Kultur- und Wertegemeinschaft, zu der die europäischen Partnerländer zusammengewachsen sind. Weltweiten internationalen Konventionen, die unter Federführung der Vereinten Nationen entstanden und von ihrer Charta inspiriert sind, pflegt regelmäßig nur ein Teil der UN-Mitgliedstaaten beizutreten. So konnte der „Internationale Pakt über die wirtschaftlichen, sozialen und kulturellen Rechte" vom 19.12.1966 erst neun Jahre später mit der Hinterlegung der 35. Ratifikationsurkunde in Kraft treten. Inzwischen hat sich die Zahl der beigetretenen Staaten zwar verdoppelt, aber jeder zweite steht noch immer abseits. Davon abgesehen veranlaßt das Fehlen von Sanktionsmöglichkeiten nicht selten auch solche → Regierungen zum Beitritt, die den vereinbarten Rechtsstandard nicht ernstlich zu gewähren gedenken. So ist beispielsweise das in dem genannten Pakt verbriefte Recht zur freien Bildung und Betätigung von → Gewerkschaften in zahlreichen Unterzeichnerstaaten (UdSSR, Polen, DDR usw.) lange Zeit nicht verwirklicht worden.

Ohne eine freiheitlich-demokratische Verfassungsordnung, die auf dem Prinzip der Teilung und Kontrolle von → Macht beruht, bleibt der Schutz der G. unsicher und brüchig. Aus leidvoller historischer Erfahrung entstanden, ist das Grundgesetz der Bundesrepublik neue Wege gegangen, um diesen Schutz so effizient wie möglich zu machen: (1) Alle Grundrechte binden → Gesetzgebung, → vollziehende Gewalt und → Rechtsprechung als unmittelbar geltendes Recht (Art. 1 III GG); (2) mit einer → Popularklage in Gestalt der → Verfassungsbeschwerde (Art. 93 IVa GG) ist der Rechtsweg entscheidend verbreitert worden; (3) auch das unter → Gesetzesvorbehalt stehende Grundrecht darf nicht in seinem Wesensgehalt angetastet werden (Art. 19 II GG); (4) die Grundrechtsordnung ist selbst dem Zugriff verfassungsändernder Mehrheiten entzogen (Art. 79 III GG); (5) gegen Versuche, die verfassungsmäßige Ordnung und damit die Geltung der Grundrechte zu beseitigen, haben alle Deutschen das „Recht zum Widerstand, wenn andere Abhilfe nicht möglich ist" (Art. 20 IV GG).

Zumindest die klassischen G. verdanken einer heute weithin akzeptierten Rechtsauffassung zufolge ihre Geltung keiner staatlichen Anerkennung oder Gewähr, sondern leiten diese Geltung unmittelbar aus Würde und Wert des selbstverantwortlichen Individuums ab. Grundrechte können daher ihrer Natur nach nicht Gegenstand von Mehrheitsentscheidungen sein. Daraus folgt ferner, daß Grundrechte als einklagbare subjektive öffentliche Rechte ausgestaltet sein müssen, wenn sie nicht leerlaufen sollen. Übermäßig gemeinschaftslastig (kollektivistisch) angelegte Ordnungen sind deshalb auch dann selten grundrechtsfreundlich, wenn sie freiwillig begründet und aufrechterhalten werden.

Unabhängig davon mißt der moderne Sozialstaat, zu dem auch das Grundgesetz sich bekennt, neben den tradierten Grundfreiheiten mannigfaltigen → sozialen Grundrechten eine immer noch wachsende Bedeutung zu. Die lange umstrittene Frage, ob denn nicht auch die private Wohlfahrt - die Garantie von Arbeitsplatz, Wohnung und gesichertem Mindesteinkommen - zu den Menschenrechten zähle, wird heute allgemein bejaht, ohne daß ein überzeugendes Rezept zu ihrer Realisierung bislang gefunden worden wäre. Die Aufgabe einer umfassenden, über den etwa in der Bundesrepublik erreichten Standard hinausgehenden staatlichen oder kommunalen → Daseinsvorsorge ist nach wie vor mit schwer kalkulierbaren Risiken behaftet. Zumal das Recht auf Arbeit, dessen „Phrasenhaftigkeit" schon August Bebel beklagt hat, wird sich in stringenter Form allein im Rahmen einer staatlich gelenkten und ihrer → Tarifautonomie beraubten Wirtschaft verwirklichen lassen. Wird dadurch, was schwerlich auszuschließen ist, die Leistungskraft der Wirtschaft insgesamt geschwächt, erweist sich der vermeintliche Fortschritt unversehens als kontraproduktiv.

Anders verhält es sich nach allgemeiner Rechtsüberzeugung mit dem neuentdeckten Menschenrecht auf einen angemessenen Schutz der Umwelt und der natürlichen Lebensbedingungen. Mag auch die individuelle Einklagbarkeit dieses Rechts selbst dort, wo es in Verfassungstexte Eingang gefunden hat, nur in Ausnahmefällen möglich sein, so besteht über die Pflicht der staatlichen Organe, in diesem Bereich entschlossen zu handeln, doch kein Zweifel mehr. Wenn sich die Lebensqualität der Menschen in einer zerstörten Natur dem Nullpunkt zubewegt, ist schließlich auch die Wahrnehmung der allgemeinen Freiheits- und Bürgerrechte nicht mehr viel wert.

Lit.: K. A. Bettermann u.a. (Hg.): Die Grundrechte. Handbuch der Theorie und Praxis der Grundrechte, Berlin 1954 bis 1967; *W. Hassemer* u.a. (Hg.): Grundrechte und soziale Wirklichkeit, Baden-Baden 1982; *H. Jäckel*: Grundrechtsgeltung und Grundrechtssicherung, Berlin 1967; *M. Kriele*: Die Menschenrechte zwischen Ost und West, Köln 1977; *J. Perels* (Hg.): Grundrechte als Fundament der Demokratie, Frankfurt a.M. 1979; *R. Schnur* (Hg.): Zur Geschichte der Erklärung der Menschenrechte, Darmstadt 1964.

Prof. Dr. Hartmut Jäckel, Berlin

Grundvertrag

auch: Grundlagenvertrag; Kurzbez. für den Vertrag über die Grundlagen der Beziehungen zwischen der Bundesrepublik Deutschland und der DDR, der am 8.11.1972 in Bonn paraphiert und am 21.12.1972 in Ostberlin unterzeichnet wurde. Nach Abschluß der Ratifikationsverfahren (im → Bundestag stimmten 268 → Abgeordnete dem → Gesetz zum G. zu, 217 stimmten dagegen) trat der G. am 21.6.1973 in Kraft. Im G. verpflichten sich beide Seiten, „normale gutnachbarliche Beziehungen zueinander auf der Grundlage der Gleichberechtigung" zu entwickeln und sich von den Prinzipien der → UN-Charta leiten zu lassen. Bekräftigt werden die Unverletzlichkeit der beiderseitigen Grenzen und die gegenseitige Achtung der Selbständigkeit beider → Staaten in ihren inneren und äußeren Angelegenheiten. Weitere Einzelfragen (z.B. Familienzusammenführung, Reiseerleichterungen) wurden in zum Vertragswerk gehörenden Protokollen, Erklärungen und Briefwechseln geregelt bzw. als zu regeln in Aussicht genommen. Mit Urteil vom

31.7.1973 erklärte das → Bundesverfassungsgericht den G. als mit dem → Grundgesetz vereinbar, da er so ausgelegt werden könne, daß er nicht mit dem Gebot der → Wiedervereinigung in Widerspruch gerate (BVerfGE 36, S. 1ff.).

Grundwerte

Überpositive Normen, die als leitende Prinzipien politischen Handelns allgemeine Geltung beanspruchen. Zu diesen gehören fundamentale Werthaltungen wie Menschenwürde, → Freiheit, → Gerechtigkeit, → Solidarität. Wie die sog. G.diskussion Mitte der 70er Jahre, angestoßen durch die umstrittenen Reformen der strafrechtlichen Bestimmungen zum Schwangerschaftsabbruch und des Ehescheidungsrechts, exemplarisch zeigte, besteht im freiheitlichen Verfassungsstaat ein nicht restlos aufhebbares Spannungsverhältnis zwischen der Forderung nach offener, d.h. konkurrierende ethische Grundüberzeugungen akzeptierender G.interpretation einerseits und dem Einfordern eines allgemeinverbindlichen sittengesetzlichen Grundkonsenses andererseits.

Grüne

→ Die Grünen

Grüne Partei

Am 24.11.1989 konstituierte politische → Partei in der DDR, die anders als viele Parteineugründungen bewußt nicht den Namen ihrer bundesdeutschen Schwesterpartei (→ Die Grünen) übernahm. Trotz programmatischer Verwandtschaft wollte die G. das eigenständige Profil der → ökologischen Bewegung in der DDR bewahren. Die G., die für einen „ökologischen Umbau" in einer → sozialen Marktwirtschaft und für die Auflösung von → NATO und → Warschauer Pakt als Voraussetzung für die Schaffung einer „einheitlichen deutschen → Republik" eintrat, errang bei den Volkskammerwahlen vom 18.3.1990 mit 1,96 % der Stimmen 8 → Mandate. Im September 1990 erfolgte die Umbenennung in → „Die Grünen", zugleich wurde die Vereinigung mit der bundesdeutschen Schwesterpartei zum Jahresende 1990 beschlossen.

Gruppenstatus

Nach § 10 Abs. 4 der → Geschäftsordnung des → Bundestages mögliche Anerkennung eines Zusammenschlusses von Mitgliedern des Bundestages, welcher nicht die für die Bildung einer → Fraktion erforderliche Mindeststärke von 5 % der → Abgeordneten erreicht. Die Anerkennung als Gruppe und die Gewährung parlamentarischer Rechte ist - anders als bei Fraktionen - von einem gesonderten Beschluß des Bundestages abhängig. Der 12. Deutsche Bundestag gewährte den Abgeordneten von → Bündnis 90/ Die Grünen und denen der → PDS den G. und beschloß weiter, ihnen das Recht einzuräumen, für jeden → Fachausschuß ein ordentliches und ein stellvertretendes Mitglied mit Antrags-, Rede- und Stimmrecht zu benennen. Beide Gruppen waren mit je einem Mitglied im → Ältestenrat vertreten. Sie hatten das Recht, Gesetzesentwürfe und Anträge sowie → Große und → Kleine Anfragen einzubringen. Ihre Redezeit im Plenum regelte sich im Verhältnis ihrer Stärke zu den Fraktionen. Der G., verbunden mit den o.g. Rechten, wurde vom 13. Bundestag für die Abgeordneten der PDS bestätigt. Für den 1998 gewählten 14. Bundestag gab es keine Notwendigkeit, sich mit dem G. zu befassen, weil alle im Bundestag vertretenen → Parteien die Fraktionsmindeststärke überschritten.

Gruppenuniversität

Durch das → Hochschulrahmengesetz (HRG) normiertes, aus der Hochschulreform der 70er Jahre herrührendes Organisationsprinzip der Universitäten, demzu-

folge die Professoren, die Studenten, die wissenschaftlichen Mitarbeiter sowie das sonstige (nichtwissenschaftliche) Personal in den Hochschulgremien jeweils als eigene Gruppe mit gestuften Mitwirkungsrechten vertreten sind. Dabei schreibt das geltende Hochschulrecht den bestimmenden Einfluß der Hochschullehrer in Personal- und Sachfragen fest: Entscheidungen, die Forschung, künstlerische Entwicklungsvorhaben und die Berufung von Professoren unmittelbar berühren, bedürfen außer der Mehrheit des Gremiums auch der Mehrheit der dem Gremium angehörenden Professoren (§ 38 HRG).

GTZ

Abk. für → Deutsche Gesellschaft für Technische Zusammenarbeit GmbH

Guerilla

Kampf irregulärer einheimischer Truppen oder bewaffneter Gruppen gegen eine fremde Besatzungs- oder Kolonialmacht oder im → Bürgerkrieg gegen die eigene → Regierung. Kennzeichnend für den G.krieg ist v.a. der für die Erfolgschancen ausschlaggebende Versuch, die Unterstützung der Zivilbevölkerung zu gewinnen, sowie das Bemühen, durch Beweglichkeit und Ausnutzung von Überraschungseffekten das (meist gegebene) militärische Übergewicht der Gegenseite auszugleichen. Während Mao Tse Tung in seiner G.strategie v.a. den ersten Aspekt betonte, hob die von Che Guevara erarbeitete Kampfführung v.a. auf den Einsatz kleiner bewaffneter Gruppen ab, die als Kern der → Befreiungsbewegung den Kampf v.a. vom Lande aus führen sollte.

Haager Landkriegsordnung/ HLKO

Auf den Haager Friedenskonferenzen von 1899 und 1907 erarbeitetes und verabschiedetes Abkommen über die → Gesetze und Gebräuche des Landkrieges. Die bis heute gültige, durch die → Genfer Konventionen z.T. ergänzte H. unterscheidet im 1. Abschnitt zwischen Kombattanten und Nichtkombattanten (Zivilpersonen) und regelt den Status von Kriegsgefangenen. Im 2. Abschnitt werden bestimmte Mittel zur Schädigung des Feindes, z.B. Giftgas, verboten. Die im 3. Abschnitt enthaltenen Regelungen für die militärische Besetzung von Feindgebiet beziehen sich auf Rechte und Pflichten der Besatzungsmacht, die zur Schonung der Bevölkerung und ihres → Eigentums verpflichtet ist.

Habeas-Corpus-Akte

Englisches Staatsgrundgesetz von 1679, das den → Bürgern Schutz vor willkürlicher Verhaftung durch die Bestimmung gewährleistet, daß niemand ohne richterlichen Befehl in Haft gehalten werden darf. Der Grundgedanke der H. hat in alle modernen demokratischen → Verfassungen Eingang gefunden (vgl. z.B. Art. 104 GG).

Hallstein-Doktrin

Nach dem früheren → Staatssekretär im → Auswärtigen Amt Walter Hallstein benannter, 1955 formulierter Grundsatz der → Außenpolitik der Bundesrepublik zur Absicherung ihres → Alleinvertretungsanspruchs. Die H. sah den Abbruch der diplomatischen Beziehungen zu allen → Staaten (mit Ausnahme der UdSSR) vor, welche die DDR völkerrechtlich anerkannten. Mit der Entwicklung der → neuen Ostpolitik wurde die H. aufgegeben.

Hamas

Arabische Abk. für „Bewegung des islamischen Widerstands". 1987 gegründete palästinensische Untergrundorganisation, die eng mit der im selben Jahr begonnenen → Intifada verknüpft war. Im Gegensatz zur → PLO, die sich zur Anerkennung des → Staates Israel entschloß, um dafür Autonomierechte für die Palästinenser im Gazastreifen und im Westjordanland einzuhandeln, ruft die H. nach wie vor zum „Heiligen Krieg" („Dschihad") gegen das „Judentum" auf. Die H. ist für eine Vielzahl von Bombenanschlägen in Israel verantwortlich.

Hammelsprung

Parlamentarisches Abstimmungsverfahren, bei dem die → Abgeordneten den Plenarsaal verlassen und durch drei mit „Ja", „Nein" und „Enthaltung" bezeichnete Türen wieder betreten, wobei sie gezählt werden (vgl. § 51 II GOBT).

Handwerkskammern

→ Körperschaften des öffentlichen Rechts, denen als Pflichtmitglieder die selbständigen Handwerker sowie die Gesellen und Lehrlinge angehören. Die H. werden von den Landeswirtschaftsministern jeweils für einen bestimmten → Bezirk errichtet. Sie regeln u.a. die Berufsausbildung einschließlich der beruflichen Fortbildung und Umschulung und werden gutachtlich für Gerichte und → Behörden tätig.

Hare-Niemeyer-Verfahren

Verfahren zur Berechnung der → Mandate, die bei der → Verhältniswahl auf die → Parteien entfallen. Für jede Partei wird die Zahl der für sie abgegebenen Stimmen durch die Gesamtzahl der abgegebenen Stimmen dividiert und mit der Gesamtzahl der zu vergebenden Mandate multipliziert. Das Ergebnis in den Ziffern vor dem Komma ergibt die Mindestzahl der errungenen Mandate. Hinzu kommen evtl. noch Restmandate, die an die Parteien vergeben werden, deren Ergebnis die höchsten Zahlen nach dem Komma aufweist. Dieses Verfahren wurde erstmals bei der Wahl des 11. → Bundestages (1987) angewandt (vgl. § 6 BWG); es ersetzte das die kleineren Parteien geringfügig benachteiligende d'Hondtsche → Höchstzahlverfahren.

Harzburger Front

Bündnis von → NSDAP, Deutschnationaler Volkspartei, Stahlhelm und Vereinigung Vaterländischer Verbände, benannt nach dem Ort des Gründungstreffens vom 11.10.1931. Ziel der H., deren Mitglieder bereits 1929 das → Volksbegehren gegen den Young-Plan initiiert hatten, war die öffentliche Demonstration von Einigkeit der sog. „nationalen → Opposition" gegen die → Regierung Brüning. Die H. scheiterte an der Rivalität ihrer Führer. Ihre Wiederbelebung im Jahr 1933 diente Hitler lediglich als bürgerliche „Kulisse" für seine scheinlegale Machtergreifung.

Hauptstadtfrage

Nach der → Wiedervereinigung Deutschlands aufgekommene Frage nach dem künftigen Sitz von → Parlament und → Regierung, die durch Beschluß des → Bundestages zugunsten von Berlin entschieden wurde. Neben Bundestag und → Bundesrat haben auch das → Bundeskanzleramt sowie das → Presse- und Informationsamt der → Bundesregierung ihren Sitz in Berlin genommen. Weiterhin sind neun → Bundesministerien künftig mit einem sog. 1. Dienstsitz in Berlin vertreten. Die übrigen Ressorts sollen in Bonn verbleiben und haben in Berlin lediglich einen 2. Dienstsitz für ihren Leitungsbereich eingerichtet.

Haushalt

1. Zusammen wohnende und wirtschaftende Personengruppe, meist eine Familie. Allein wohnende und wirtschaftende Personen führen einen Einzelhaushalt. Die Zahl der Einzelhaushalte nimmt in den letzten Jahren stetig zu.

2. ⇒ *Haushaltsplan*

Haushaltsgrundsätzegesetz

→ Gesetz vom 19.8.1969, das die Grundsätze für die Haushaltsgesetzgebung des → Bundes und der → Länder festschreibt. Deren wichtigste sind Wirtschaftlichkeit und Sparsamkeit, Gesamtdeckung (alle

Einnahmen dienen als Deckungsmittel für alle Ausgaben), Vollständigkeit und Einheitlichkeit sowie Fälligkeit (für jedes Haushaltsjahr ist ein → Haushaltsplan aufzustellen).

Haushaltsplan

Zusammenstellung aller für die Dauer einer Haushaltsperiode zu erwartenden Einnahmen und vorgesehenen Ausgaben sowie der Verpflichtungsermächtigungen in → Bund, → Ländern und → Gemeinden. Aufstellung und Vollzug der H. sind durch das → Haushaltsrecht geregelt. Ein H. besteht aus Einzelplänen und dem Gesamtplan. Die Einzelpläne, die für einzelne Verwaltungszweige gelten, sind in Kapitel, Titel und Titelgruppen unterteilt. Der Gesamtplan enthält eine Zusammenfassung der Einzelpläne als sog. Haushaltsübersicht, eine Finanzierungsübersicht und einen Kreditfinanzierungsplan. Der Entwurf des H. wird von der → Regierung im → Parlament vorgelegt und von diesem in Form eines → Gesetzes beschlossen (→ Budgetrecht). Bei nachträglichen Änderungen müssen → Nachtragshaushalte vorgelegt werden.

Haushaltspolitik

Gesamtheit der politischen Maßnahmen, die in isolierten oder kombinierten Veränderungen der öffentlichen Einnahmen bzw. Ausgaben bestehen. Während die klassische H. auf einen unbedingten Ausgleich der laufenden Einnahmen und Ausgaben zielt, ist die heutige H. auch konjunkturpolitisch motiviert, d.h. auf eine Beeinflussung der Höhe des Volkseinkommens, der Preise und der Beschäftigung hin gerichtet.

Haushaltsrecht

Gesamtheit der Rechtsnormen, welche die Haushaltswirtschaft des → Bundes, der → Länder und → Gemeinden sowie der sonstigen juristischen Personen des öffentlichen Rechts regeln; insbesondere Art. 109 - 115 GG, entsprechende Bestimmungen der Landesverfassungen, das → Haushaltsgrundsätze- und das → Stabilitätsgesetz sowie die Haushaltsordnungen des Bundes und der Länder.

Bund und Länder sind in ihrer Haushaltswirtschaft selbständig und voneinander unabhängig. Allerdings können durch ein → zustimmungspflichtiges Gesetz für Bund und Länder gemeinsam geltende Grundsätze für das H., für eine konjunkturgerechte Haushaltswirtschaft und für eine mehrjährige → Finanzplanung aufgestellt werden. Auch können zur Abwehr einer Störung des gesamtwirtschaftlichen Gleichgewichts bundesgesetzliche Bestimmungen über die Aufnahme von Krediten durch → Gebietskörperschaften erlassen werden. Die Ausgaben und Einnahmen des Bundes sind in einen → Haushaltsplan einzustellen. Über- und außerplanmäßige Ausgaben sind nur mit Einwilligung des Finanzministers zulässig, die dieser lediglich im Falle eines unvorhergesehenen und unabweisbaren → Bedürfnisses erteilen darf. → Gesetze, die gegenüber dem Haushaltsentwurf der → Bundesregierung ausgabenerhöhend oder einnahmenmindernd wirken, sind an die Zustimmung derselben gebunden. Der Bundesfinanzminister muß dem → Bundestag und dem → Bundesrat über alle Ausgaben und Einnahmen sowie über das Vermögen und die Schulden Rechnung legen. Diese wird vom → Bundesrechnungshof geprüft.

Hearing
Öffentliche Anhörung von Sachverständigen und Interessenvertretern durch einen Parlamentsausschuß, für den → Bundestag geregelt in § 70 GOBT.

Hedonismus
Anschauung, nach welcher die dauerhafte Erfüllung individueller, physischer oder psychischer Lust das höchste Gut, bzw. das Streben nach Lustgewinn der entscheidende Beweggrund menschlichen Handelns ist.

Hegelianismus
Sammelbegriff für die sich an Hegel anschließenden philosophischen Strömungen. Die Hegelsche Schule zerfiel bald nach dessen Tod (1831) in zwei sich befehdende Richtungen, den Rechtsh. und den Links- oder Jungh. Hinsichtlich der → politischen Philosophie orientierte sich der Rechtsh. an Hegels konstitutionellmonarchistischer Staatsphilosophie, während der Linksh. (am bekanntesten Karl Marx) die Behauptung Hegels kritisierte, daß die bestehende politische Ordnung die gesellschaftlichen Gegensätze in der „Sittlichkeit des → Staates" bereits aufgehoben habe. Hegels Ausführungen über die → bürgerliche Gesellschaft dienten für den Linksh. als Begründung für die von ihnen eingeforderte gesellschaftsverändernde Praxis.

Hegemonie
V.a. hinsichtlich des europäischen Staatensystems des 19. Jh.s verwendete Bez. für die Vorherrschaft eines → Staates gegenüber einem (oder mehreren) anderen, die auf einer faktischen Überlegenheit in militärischer, wirtschaftlicher und/oder kultureller Hinsicht beruhen oder aufgrund völkerrechtlicher Vereinbarungen bestehen kann. H. kann offen oder verdeckt ausgeübt werden. Sie geht über bloßen Einfluß hinaus, bleibt aber unterhalb der Schwelle direkter Herrschaftsausübung, d.h. der unter H. stehende Staat behält zumindest seine formelle → Souveränität, evtl. auch realen politischen Handlungsspielraum.

Herrenchiemseer Verfassungskonvent
Von den → Ministerpräsidenten der westdeutschen → Länder berufener Ausschuß von Sachverständigen für Verfassungsfragen, der vom 10. bis 23.8.1948 in Herrenchiemsee zusammentrat, um auf Grundlage der → Frankfurter Dokumente Richtlinien für das → Grundgesetz auszuarbeiten. Die Beratungsergebnisse, die bei politisch umstrittenen Fragen mehrere Lösungsvorschläge enthielten, bildeten die Grundlage für die Arbeit des → Parlamentarischen Rates.

Herrschaft
→ Macht und Herrschaft

Herrschaftsformen
Unterscheidung verschiedener Formen politischer → Herrschaft nach bestimmten Kriterien. Die von Aristoteles begründete,

klassische H.lehre unterschied nach der Zahl der Herrschenden und der Frage, ob diese dem → Gemeinwohl oder nur den eigenen → Interessen dienten. So wurden die „guten" H. → Monarchie, → Aristokratie und → Politie ihren Entartungsformen → Tyrannis, → Oligarchie und → Demokratie (als interessengebundene Herrschaft der Armen) gegenübergestellt. Die heutige → Politikwissenschaft geht bei der Untersuchung von H. großteils auf Max Webers Definition von Herrschaft - als Chance, für einen bestimmten Befehl bei angebbaren Personen Gehorsam zu finden - und auf seine Unterscheidung verschiedener Typen legitimer Herrschaft - charismatische, traditionale und rationale (legale) - zurück. Untersucht werden Vorgaben und Regelungen politischer Herrschaft, zentral ist die Frage nach der Art ihrer → Legitimation. Ihre Beantwortung erlaubt es, die politische Ordnungsform der (im einzelnen unterschiedlich ausgeprägten) Demokratie von verschiedenen Formen des → Autoritarismus und des → Totalitarismus zu unterscheiden.

Heteronomie

Fremdgesetzlichkeit, Fremdbestimmung; Abhängigkeit zentraler → Werte und → Normen einer Person, Gruppe, Organisation oder eines → Staates von fremdem Einfluß.

Hierarchie

I.d.R. pyramidenförmig aufgebautes Gefüge von Positionen, welches durch Über- und Unterordnung, Vorgesetzte und Untergebene, Befehl und Gehorsam gekennzeichnet ist. Die Befugnisse der unter der Spitze liegenden Ebenen nehmen zur untersten Stufe hin stetig ab. H. sind charakteristisch für Organisationen mit langfristig gleichbleibenden Aufgaben, z.B. für Militär, öffentliche → Verwaltung und große Wirtschaftsunternehmen.

Hinterbänkler

Vergleichsweise einflußlose → Abgeordnete, die weder bei bedeutenden Debatten des → Parlaments in Erscheinung treten noch in wichtigen → Ausschüssen vertreten sind. Als Begriff entstanden im englischen Parlament, in dem die Sitzposition der Abgeordneten sich nach ihrer Wichtigkeit bestimmt. Auch im deutschen → Bundestag sitzen die wichtigsten Abgeordneten vorne.

Hirtenbriefe

Rundschreiben der katholischen Bischöfe an ihre Diözese, die vor den Pfarrgemeinden verlesen werden. H. befassen sich mit seelsorgerischen und (kirchen)politischen Fragen. Umstritten sind die H. hinsichtlich der in ihnen gelegentlich enthaltenen Wahlempfehlungen an die Gläubigen.

Hisbollah

1982 unter dem Einfluß der islamischen → Revolution im Iran als unmittelbare Reaktion auf die Besetzung des Südlibanon durch israelische Truppen gegründete, libanesische „Partei Gottes". Die schiitische H., deren Mitgliederzahl auf 3000 geschätzt wird, kämpft gegen die von Israel im Jahr 1984 im Südlibanon eingerichtete Sicherheitszone, die sie als unrechtmäßige Besatzung ansieht. Die H., ursprünglich eine reine → Guerilla-Truppe, ist mittlerweile eine etablierte Kraft in der libanesischen → Innenpolitik, die an Kommunal- und Parlamentswahlen teilnimmt und sich v.a. im Gesundheits- und Sozialwesen engagiert.

Historische Wahlforschung

Untersuchung von → Wahlen und → Wählerverhalten der Vergangenheit, meist mit dem Ziel betrieben, Erklärungsvariablen für gegenwärtiges Wahlverhalten zu gewinnen. Dies kann z.B. durch den Aufweis von Kontinuität oder Wandel wahlrelevanter → Einstellungen oder gesellschaftlicher Konfliktstrukturen (→ cleavages) gelingen. Das besondere methodische Problem der h. besteht darin, daß i.d.R. nur auf Gebietseinheiten (z.B. → Wahlkreise) bezogene Aggregatdaten vorliegen, von denen nicht ohne weiteres auf die Individualebene geschlossen werden kann.

Historischer Kompromiß (Compromiso Storico)

Kernpunkt des eurokommunistischen Programms der kommunistischen Partei Italiens (PCI). Der H. bekundete den Verzicht auf sofortige radikale Veränderung von → Staat, Wirtschaft und → Gesellschaft zugunsten eines Bündnisses mit reformorientierten nichtkommunistischen Kräften. Letzte Stufe sollte ein festes Regierungsbündnis zwischen den drei großen politischen Strömungen Italiens (Kommunisten, Christliche Demokraten, Sozialisten) sein.

Historischer Materialismus

Von Marx und Engels v.a. in Auseinandersetzung mit Hegel und Feuerbach entwickelte Gesellschafts- und Geschichtstheorie. Hauptforderung des H. ist, die Geschichte nicht als Entwicklung von Ideen oder Begriffen zu verstehen (→ Idealismus), sondern als Handlungen bzw. Handlungsresultate „wirklicher" Menschen, die zur Befriedigung ihrer → Bedürfnisse arbeiten und durch die Organisation der Arbeit die sozialen Verhältnisse schaffen, welche sich wiederum im gesellschaftlichen Bewußtsein widerspiegeln: „Nicht das Bewußtsein bestimmt das Leben, sondern das Leben bestimmt das Bewußtsein." (MEW 3, S. 27) Als treibende Kraft der geschichtlichen Entwicklung wird der Widerspruch zwischen den sich entfaltenden Produktivkräften und den unter bestimmten Bedingungen hinter diesen zurückbleibenden Produktions- (d.h. Eigentums-)verhältnissen verstanden. Die Geschichte stellt sich für den H. mithin als Abfolge von durch Klassengegensätze bestimmten Gesellschaftstypen dar, sie ist die Geschichte von → Klassenkämpfen bzw. → Revolutionen, die ihr Ende durch die Überwindung des → Kapitalismus und nach einer Übergangsphase (→ Sozialismus) in der klassenlosen Gesellschaft (→ Kommunismus) findet.

Hitler-Stalin-Pakt

Bez. für den am 23.8.1939 in Moskau von den Außenministern v. Ribbentrop und Molotow unterzeichneten und sofort in Kraft gesetzten, deutsch-sowjetischen Nichtangriffsvertrag mit einem geheimen Zusatzprotokoll. Im eigentlichen Vertrag

sicherten sich die Partner auch für den Fall eines eigenen Angriffs auf einen Dritten wechselseitig → Neutralität zu. Das Zusatzprotokoll steckte die Interessenssphären Hitlerdeutschlands und Stalins in Osteuropa ab. Für den Fall einer „territorialpolitischen Umgestaltung" Osteuropas war die Teilung Polens zwischen beiden Mächten sowie die Errichtung einer deutschen und einer sowjetischen Einflußzone in den Baltenländern vorgesehen. Der H. erleichterte dem → Nationalsozialismus die Entfesselung des 2. Weltkriegs und öffnete der Sowjetunion den Weg nach Mitteleuropa.

Hochburgen

Diejenigen → Gemeinden, → Land- oder → Wahlkreise, → Bezirke oder → Regionen, in denen eine → Partei ihre durchschnittlichen Wahlergebnisse traditionell deutlich übertrifft. In der Bundesrepublik liegen die H. der → CDU/ → CSU in katholischen Agrargebieten, die der → SPD in evangelischen Industrieregionen, die der → F.D.P. und der → Grünen in städtischen Dienstleistungszentren. Die tendenzielle Einebnung von H. in den letzten Jahren wird v.a. auf den nachlassenden Einfluß soziodemographischer Faktoren auf das → Wählerverhalten zurückgeführt.

Hochrechnung

Statistisches Schätzverfahren, mit dem von Eigenschaften einer Teilmenge auf die Gesamtheit geschlossen wird; bekannt besonders als frühzeitige Vorhersage des Ergebnisses politischer → Wahlen am Wahlabend. Die H. erfolgt auf der Basis von Stichproben, d.h. nach Auszählung ausgewählter repräsentativer Wahlbezirke.

Die Prognose von Wahlergebnissen erfolgt auf der Basis von Nachwahl-Umfragen in ausgewählten Stimmbezirken.

Hochschulpolitik

Auf die Gestaltung des → Hochschulwesens gerichtete → Politik. Die H. unterliegt im Prinzip der → Kulturhoheit der → Länder, doch steht dem → Bund das Recht zu, Rahmenvorschriften zu erlassen

(→ Hochschulrahmengesetz), während der Aus- und Neubau von Hochschulen zum Bereich der → Gemeinschaftsaufgaben gehört.

Hochschulrahmengesetz/ HRG

Aufgrund der Gesetzgebungskompetenz des → Bundes nach Art. 75 Nr. 1a GG am 26.1.1976 erlassenes, bisher letztmals zum 20.8.1998 novelliertes → Gesetz, das Rahmenvorschriften über die allgemeinen Grundsätze des → Hochschulwesens enthält. Diesen müssen die Landeshochschulgesetze angepaßt werden. Mit dem H. wurde das Prinzip der → Gruppenuniversität anstelle der überkommenen „Ordinarienuniversität" eingeführt.

Hochschulwesen

Teilbereich des Bildungswesens, dessen Einrichtungen, den Hochschulen, Aufgaben wissenschaftlicher Forschung und Lehre sowie des Studiums übertragen sind. Das H. in der Bundesrepublik gliedert sich in Universitäten, Pädagogische Hochschulen, Kunst- und Fachhochschulen. Grundlegend für die Organisation des H. ist die durch Art. 5 III GG garantierte Freiheit von Kunst und Wissenschaft, Forschung und Lehre. Die Hochschulen sind mit wenigen Ausnahmen → Körperschaften des öffentlichen Rechts und zugleich staatliche Einrichtungen, unterliegen also auch der staatlichen Aufsicht. Sie haben das Recht auf → Selbstverwaltung im Rahmen des Bundes- und Landesgesetze. Die Hochschulgremien sind nach dem Prinzip der → Gruppenuniversität besetzt. Organisatorische Grundeinheit ist der Fachbereich mit Fachbereichsrat und Fachbereichssprecher (Dekan). Geleitet wird die Hochschule durch einen Rektor bzw. Präsidenten, der von einem zentralen Kollegialorgan (Konzil oder Versammlung) gewählt wird.

Höchstzahlverfahren

Von dem belgischen Mathematiker Victor d'Hondt im 19. Jh. entwickeltes Verfahren zur Berechnung der Zahl der Mandate, die bei der → Verhältniswahl auf die → Parteien entfallen. Die den Parteien zufallen-den Stimmen werden fortlaufend durch 1,2,3 usw. dividiert, die → Mandate in der Reihenfolge der jeweils höchsten Quotienten verteilt. Da das H. Parteien mit größeren Stimmenanteilen begünstigt, wurde es für die Bundestags- und die meisten Landtagswahlen durch das Verfahren nach → Hare-Niemeyer ersetzt.

Hoheitsrechte

Gesamtheit der dem → Staat (oder dessen beauftragten Trägern) zustehenden Befugnisse, die nach außen im Rahmen des → Völkerrechts, innerstaatlich im Rahmen von → Verfassung und → Gesetzen wirksam werden. Nach Art. 24 I GG kann der → Bund H. auf zwischenstaatliche Einrichtungen übertragen.

Holocaust

Dem Alten Testament entlehnte, englische Bez. für (vollständig vernichtete) Brandopfer. Davon abgeleitet Bez. für Völkermord, insbes. für die Verfolgung und Vernichtung der Juden unter dem Regime des → Nationalsozialismus.

Homogenitätsklausel

Bestimmung des Art. 28 I GG, derzufolge die verfassungsmäßige Ordnung in den → Ländern den Grundsätzen des republikanischen, demokratischen und sozialen → Rechtsstaates im Sinne des → Grundgesetzes entsprechen muß.

Honoratiorenpartei

Für den liberalen → Parlamentarismus des 19. Jh.s kennzeichnender Typus einer politischen → Partei. Die H. waren Parteien des wohlhabenden → Bürgertums, das aufgrund seiner finanziellen Ausstattung und seiner Abkömmlichkeit vom Erwerbsleben in der Lage war, → Politik ehrenamtlich zu betreiben. Organisatorische Grundlage waren lose miteinander verbundene Wahlkreiskomitees, die aus dem → Parlament heraus gegründet und geleitet wurden und nur zu Wahlkampfzeiten öffentlich in Erscheinung traten. Erst unter dem Druck der → Arbeiterbewegung und ihrer Parteien entwickelten sich die H. zu festen Organisationen.

Hôtel Matignon
Sitz der Dienststellen des französischen → Premierministers; häufig als Synonym für die Regierungszentrale gebraucht.

Humanisierung der Arbeit
V.a. von den → Gewerkschaften vertretenes sozialpolitisches Leitbild zur Verbesserung der Arbeitsbedingungen. Schwerpunkt ist die Forderung nach einer menschengerechten und -würdigen Gestaltung innerbetrieblicher Arbeitsbedingungen, u.a. durch Ersetzung der Fließbandarbeit.

IAO
Abk. für → *I*nternationale *A*rbeitsorgani-
sation.

IBCG
Abk. für → *I*nternationaler *B*und *C*hristli-
cher *G*ewerkschaften.

IBFG
Abk. für → *I*nternationaler *B*und *F*reier
*G*ewerkschaften.

Idealismus
1. Bez. für philosophische Grundpositio-
nen, die i. Ggs. zum → Materialismus in
der Behauptung gründen, daß „Ideen"
seins- und erkenntnismäßig die letzte
Realität ausmachen. Während der erkenntnistheoretische I. behauptet, daß die
Außenwelt nur als Objekt des Bewußtseins existiert, unterscheidet der von Kant
begründete kritische I. die unerkennbaren
Dinge „an sich" von deren raumzeitlich
erfaßbaren Erscheinungen. Der auf Platon
zurückgehende metaphysische I. behauptet, daß alles Wirkliche nur Idee im Sinne
von Widerspiegelung oder Entfaltung geistiger Gehalte sei.

2. Bez. für eine durch altruistische Ideale
geprägte, „gutwillige" Lebensanschauung
und Lebensführung.

Identitäre Demokratie
Auf Rousseau zurückgehende Variante der
→ Demokratietheorie, welche die → Identität von Herrschenden und Beherrschten,
von Regierenden und Regierten auf der
Grundlage der Anerkennung eines allgemeinen Willens (→ Volonté générale)
durch die → Bürger verlangt. I. schließt
die stellvertretende Wahrnehmung der
→ Volkssouveränität durch → Repräsentation aus und postuliert statt dessen deren
unmittelbare Verwirklichung durch das
→ Volk.

Identität
Übereinstimmung, Einssein mit sich
selbst.

1. → Integration der an ein → Individuum
gestellten Rollenerwartungen zu einer einheitlichen Persönlichkeit; Ausbildung eines klar umrissenen „Ich" innerhalb der
sozialen Realität, welches sich in der Dau-
erhaftigkeit grundlegender Verhaltensmuster und Selbstdeutungen eines Individuums darstellt.

2. Das „Ineinsfallen" verschiedener Funktionen bzw. die Einheit des gemeinschaftlichen Willens in der → Identitären Demokratie.

3. Als kollektive I. die zeit- und genera-
tionenübergreifende Beständigkeit von
→ Institutionen, Symbolen, Werthaltungen
und Zielen einer Gruppe oder staatlich
verfaßten → Gesellschaft, wie sie z.B. im
„Nationalbewußtsein" präsent gehalten
wird.

Ideologie
1. Bedeutungen. I. gehört wie → Kapitalismus, → Imperialismus, → Kolonialismus, → Konservatismus zu jenen Begriffen,
die in der → Kommunikation auf der Be-
deutungsskala vom wissenschaftlichen
Strukturbegriff bis hin zum Fahnen-,
Kampf- oder Feindwort, von der Erkenntnistheorie bis zur Vulgarisierung als
Schlag- oder Schimpfwort in agitatorischer
Polemik gebraucht, mißbraucht oder ver-
schlissen wurden und werden. Das ist darin
begründet, daß im Augenblick seiner Prägung als kritischer Einwand der Begriff I.
schon beides war: analytisches Instrument
und politische Angriffswaffe. Dementsprechend stehen in Wissenschaft, Publizistik
und Agitation heute folgende Bedeutungen
nebeneinander:

- I. als ein relativ *geschlossenes Dogmensy-
stem von Wert- und Ordnungsvorstellun-*

gen, das als kollektives gesellschaftliches Bewußtsein die soziale und politische → Herrschaft von → Klassen, Schichten, Machtgruppen rechtfertigt oder verhüllt, und das damit also im Sinne der Herrschenden objektiv notwendiges, im → Interesse der Herrschaftsunterworfenen aber falsches Bewußtsein ist (z.B. *Marx/ Engels*).

- I. als grundsätzlich *allem Denken anhaftendes Charakteristikum* aufgrund der sozialen Seinsgebundenheit allen Denkens (z.B. *totaler I.-Begriff* bei *Mannheim*).

- I. als *magische Formel zur Entwertung gegnerischer Behauptungen* in der Weise, daß die eigene Ideenkonzeption stets die richtige, die der Gegner immer die falsche sei, wobei dann Theorie, Weltanschauung und I. verschmolzen werden zum bewußt agitatorisch und propagandistisch angewandten Instrument der Bewußtseinsmanipulation (z.B. → *Leninismus,* → *Nationalsozialismus*).

Diese Bedeutungsverschiebungen sind jeweils in bestimmten historischen Situationen und Konstellationen zustande gekommen, haben sich dann aber im Laufe der Zeit nebeneinander erhalten oder übereinandergeschoben, was sowohl mit ihrem politischen Instrumentalcharakter als auch mit der jeweils gleichzeitig einsetzenden I.-Kritik zusammenhängt, die besonders von der Wissenssoziologie und der Vorurteilsforschung geübt wird. D.h.: über I. sprechen ist gleichzeitig immer auch ein Sprechen über I.-Kritik.

2. Vorläufer. In seinem Werk *Novum Organon scientiarum* (1620) sucht der englische Philosoph und Politiker *Francis Bacon* (1561-1626) eine Antwort auf die Frage, wie der menschliche Verstand die Gesetzmäßigkeiten der Natur besser erkennen kann, weil Wissen über die Natur → Macht des Menschen über die Natur bedeutet. Unter diesem erkenntnistheoretischen Aspekt seines naturwissenschaftlichen Denkens gelangt er u.a. zu dem, was man seine *Idolenlehre* nennt: Grundsätzlich trüben immer wieder die Erkenntnisgewinnung *vier Idola* (Götzenbilder im Sinne von Vorurteilen), die *idola tribus* (Götzenbilder des Stammes im Sinne der in der Natur des

Menschen begründeten Vorurteile), die *idola specus* (Götzenbilder der Höhle im Sinne der sich in der individuellen Eigenart niederschlagenden Vorurteile aus Erziehung und Sozialisation), die *idola fori* (Götzenbilder des Marktes im Sinne der durch die gesellschaftliche Kommunikation entstehenden Vorurteile) und die *idola theatri* (Götzenbilder des Theaters oder der Bühne im Sinne der durch tradierte Rollenübernahmen in der Kommunikation mit Hilfe der Sprache entstehenden Vorurteile). Zwar sind *Bacons* Überlegungen erkenntniskritisch darauf gerichtet, wie man bei dem Erkennen der Natur durch bewußte Überprüfung der Idola ihre Eintrübungen vermeiden kann; doch enthalten seine Beschreibungen bereits jene Sachhinweise und Zusammenhänge, die für die I. und die I.-Kritik konstitutiv sind: → Gesellschaft, Bewußtsein, Erkenntnis.

Mit der Heraufkunft der → bürgerlichen Gesellschaft aus dem Widerspruch der sozioökonomischen Entwicklung zur politischen, religiösen und kulturellen Tradition wird der Zusammenhang zwischen Gesellschaft und Bewußtsein zum Thema aufklärerischen Denkens. Nun wird naturwissenschaftliches Erkenntnisstreben gleichzeitig machtkritisch und sozialkritisch gewendet. So haben die französischen Aufklärungsphilosophen *Claude Adrien Helvétius* (1715-1771) und *Paul Thiery v. Holbach* (1723-1789) die Lehre von den Vorurteilen (préjugés) entwickelt, die zur subjektiven Verzerrung der Erkenntnis führen, weil die Vorstellungen der Menschen über die sozialen und politischen → Institutionen, Prozesse und Zusammenhänge selbst wieder auf Einfärbungen durch gesellschaftliche Faktoren zurückgehen. Der weithin bekannt gewordene Gegner der Aufklärungsphilosophie und der → Französischen Revolution, der Engländer *Edmund Burke* (1729-1797), hat übrigens in seinem Protest eine Art Gegenlehre von den Vorurteilen (prejudices) als den geheiligten, positiven und durch die Tradition gerechtfertigten Notwendigkeiten zur Aufrechterhaltung gesellschaftlicher Ordnung zu begründen versucht, was man im modernen Sinne - wenigstens im sachlichen Ansatz - als Versuch zur Konstituierung einer *Gegen-I.* bezeichnen könnte. *Helvetius* ist der Auffassung, daß die Herrschenden bewußt die Vorurteile zu Gunsten ihrer Macht verbreiten und konsolidieren, die ihrer Herrschaft Unterworfenen aber das nicht durchschauen, sondern die Rechtfertigung von Herrschaft als Gesetzmäßigkeit des sozialen Lebens akzeptieren. *Holbach* geht dann im Generalthema der → Aufklärung, der Religionskritik, noch einen Schritt weiter. Er ist der Auffassung, daß die Priester bewußt die ungerechte Ordnung der Herrschenden mit Hilfe der Religion metaphysisch zu rechtfertigen suchen.

Diese Kritik der Aufklärungsphilosophie enthält zentrale Substanzen dessen, was die sich danach herausbildende „klassische" I.-Kritik aufnimmt: wie bei *Bacon* gesellschaftliche Faktoren, die Erkenntnis erschweren; objektiv zutreffendes und notwendiges Bewußtsein der Herrschenden, das zum allgemeinen Bewußtsein wird und damit falsches Bewußtsein der sozial Unterworfenen ist. Aber der - im modernen Sinne - Irrtum über den tatsächlichen Wirkungszusammenhang von I. verfärbt diese Vorurteilslehre selbst zur I.: I. ist immer nur dann voll wirksam, wenn sie nicht der Kritik von Subjekten, Klassen, Machtgruppen zugänglich ist, sondern als die zutreffende Interpretation von Gesellschaft, → politischem System und Welt *geglaubt* wird.

3. Namensfindung und „klassische" Definition. Am 21. April 1796 prägte *Antoine Louis Claude Destutt de Tracy* (1754-1836) in einem Vortrag im Pariser „Institut National" den Begriff, der ganz anders, als er ihn gemeint hatte, zu einem Schlag- und Schlüsselwort der politischen Auseinandersetzungen des 20. Jh. werden sollte. Er verstand unter der *science des idées* eine Wissenschaft von den Ideen (*Eléments d'idéologie*), ein materialistisch-sensualistisches Philosophie-System, das alle Ideen auf ihren sinnlich-materialistischen Ursprung zurückführte und zur allumfassenden Oberwissenschaft (entsprechend der heutigen *Science of Science*) erklärt wurde. I. sollte die erste und grundlegende Wissenschaft über allen Wissenschaften sein. *Napoleon I.* hat einige Zeit mit dieser Philosophie sympathisiert. Aber als er wahrnahm,

daß diese Form philosophischer Argumentation sein eigenes Machtstreben enthüllte, wurde er (seit etwa 1800) nicht nur zum schärfsten Gegner dieser Philosophie, sondern beschimpfte ihre Vertreter als „Ideologen", als „Metaphysiker und Fanatiker", als Verkünder von „Hirngespinsten". Er übernahm damit in die Bezeichnungen hinein die Terminologie, der sich *Edmund Burke* gegenüber der französischen Revolution und der Aufklärung bedient hat.

Karl Marx und *Friedrich Engels* knüpfen in ihrer *Deutschen Ideologie* (1845/46, in Auszügen 1903, vollständig erst 1932 veröffentlicht) an den denunziatorischen Gebrauch des Begriffes bei *Napoleon* an, was bis in die → Identität des Schimpfwortvokabulars gegen jene Kritiker *Hegels* geht, die durch die Loslösung der Vorstellungen und Ideen von der empirischen gesellschaftlichen Basis das Bewußtsein verselbständigen und damit als ein falsches etablieren. Damit ist für *Marx* wie auch für *Engels* jenes Denken ideologisch, das nicht die unmittelbare Form der Widerspiegelung der ökonomischen Basis des Bewußtseins einer Klasse, besonders aber des Bewußtseins der letzten Klasse der Gesellschaft, der → Arbeiterklasse, darstellt. Daraus ist fälschlich auf eine platte Widerspiegelungstheorie geschlossen worden. *Marx und Engels* haben in ihrem Briefwechsel miteinander - und besonders *Engels* in seinem bekannten Brief vom 14.7.1897 an *Franz Mehring* - bedauert, daß sie nie zur systematischen Entwicklung einer I.-Theorie gekommen sind, um damit Fehlinterpretationen vorbeugen zu können. Sie haben durchaus das Bewußtsein- und I.problem nicht an den Vorgang bloßer Widerspiegelung, sondern gerade an den Verselbständigungsprozeß ideologischen Denkens geknüpft, womit dann I. eine eigenständige gesellschaftsgestaltende Funktion zugewiesen erhielt. Für *Marx* war eine Theorie „wahr" und „wirklich", wenn sie ihre Wahrheit im praktischen Prozeß der Verwirklichung erwies. Genau das aber bleibt weiterhin eine erkenntnistheoretisch ungelöste Aufgabe.

4. I.-Kritik nach Marx. In immer neuen Anläufen versucht die Wissenssoziologie diese erkenntnistheoretische Aufgabe zu lösen, von *Max Webers* (1864-1920) Wertfreiheitsüberlegungen über *Max Schelers* (1874-1925) und *Karl Mannheims* (1893-1947) Ablösungen des Denkens von der Basis, seiner Verselbständigung und totalen Ideologisierung bis hin zu *Theodor Geigers* (1891-1952) Antikritik des „Panideologismus" und bis zur seit den 60er Jahren die Dispute lange beherrschenden Kontroverse zwischen → *Kritischem Rationalismus (Karl Popper, Hans Albert, Ernst Topitsch)* und → *Kritischer Theorie (Max Horkheimer, Theodor W. Adorno, Jürgen Habermas)*, in der es nicht so sehr - wie vordergründig oft argumentiert - um eine Neuauflage der Wertfreiheitsdiskussion unter dem Schlagwort des Positivismus-Streits geht, sondern um das Zentralthema, inwieweit Aufklärung über Aufklärung möglich ist oder Aufklärung selber zur I. wird. Dieweil ist der → *Marxismus-Leninismus* in der Selbstbespiegelung seiner Widerspiegelungsvorstellungen verblieben, wobei er sich selber in eine politisch manipulierbare Theorie zu ideologischen Zwecken abgewertet hat.

Im historisch-politisch-publizistischen Zusammenhang ist das I.-Thema häufig selbst ideologische Manövriermasse geworden, etwa in den Behauptungen im Anschluß an Ausführungen von *Helmut Schelsky* oder *Daniel Bell* über den Prozeß der *Entideologisierung* im Zeichen der Sachzwänge oder auch der Entspannung, um schon bald darauf wieder mit der These von den *Reideologisierung* konfrontiert zu werden. Es handelt sich dabei um kurzatmige, kurzgreifende, ahistorische, auf Effekt zielende Äußerungen. Zwar sind die klassischen *Hochideologien* des → *Konservatismus,* → *Lieberalismus* und → *Marxismus* Verflachungsprozessen anheimgefallen (*Kurt Lenk*); aber ihre Kraft wirkt nach wie vor voll in den Ideologemen medial gerechter Werbezeichen und Schlagwörter, die soziales, kulturelles und politisches Konsumbewußtsein als neuer I. stabilisieren.

Lit.: K. Mannheim: Ideologie und Utopie, Frankfurt [³1952], ⁶1978; *H. Barth*: Wahrheit und Ideologie [Zürich 1945], Frankfurt ³1974; *Th. Geiger*: Ideologie und Wahrheit

[Wien 1953], Neuwied ²1969; *K. Lenk*: Ideologie, Ideologiekritik und Wissenssoziologie [Neuwied 1961], Frankfurt ⁹1984; *D. Bell*: The End of Ideology, New York 1960; *K.-O. Apel* u.a.: Hermeneutik und Ideologiekritik, Frankfurt 1971; *E. Topitsch/ K. Salamun*: Ideologie. Herrschaft des Vorurteils, München 1972; *P. Ch. Ludz*: Ideologiebegriff und marxistische Theorie, Opladen [1976] ³1977; *R. Sorg*: Ideologietheorien, Köln 1976; *K. D. Bracher*: Zeit der Ideologien, Stuttgart [1982], ²1985; *U. Dierse*: Art. Ideologie in: Geschichtliche Grundbegriffe. Hg. von O. Brunner u.a., 3. Bd. (Stuttgart 1982), S. 131-169; *H. J. Lieber*: Ideologie, Paderborn 1985; *R. Boudon*: Ideologie. Geschichte und Kritik eines Begriffs, Reinbek 1988; *N. O'Sullivan* (Hrsg.): The Structure of Modern Ideology, Vermont 1989; *P. V. Zima*: Ideologie und Theorie, Tübingen 1989.

Prof. Dr. Hans Gerd Schumann (†),
Darmstadt

Ideologiekritik
Aufweis bzw. Versuch des Aufweises, daß bestimmte Aussagen über die Wirklichkeit die Wahrheit bewußt oder unbewußt verfälschen; insbesondere der (versuchte) Nachweis eines interessen- oder standortbegründeten „falschen" Bewußtseins, welches der Rechtfertigung eines gesellschaftlichen Status quo diene. Im → Marxismus das erkenntnisleitende Verfahren, das die sog. bürgerliche → Ideologie nicht nur als interessenbedingt und daher falsch enthüllen, sondern auch die materielle Notwendigkeit solch' falschen Bewußtseins als Ausdruck von → Klasseninteressen nachweisen soll.

IHK
Abk. für → *I*ndustrie- und *H*andelskammer.

ILO
Abk. für *I*nternational *L*abour *O*rganization.
⇒ Internationale Arbeitsorganisation

IMF
Abk. für *I*nternational *M*onetary *F*und,
→ Internationaler Währungsfonds.

Immunität

Beschränkung der Strafverfolgung gegenüber → Abgeordneten, die historisch auf die Sicherung der Unabhängigkeit des → Parlaments gegenüber der Krone zurückgeht. Nach Art. 46 II GG darf ein → Abgeordneter wegen einer mit Strafe bedrohten Handlung nur mit Genehmigung des → Bundestages zur Verantwortung gezogen oder verhaftet werden, es sei denn, er wird bei der Begehung der Tat oder im Laufe des folgenden Tages festgenommen. Die → Landesverfassungen enthalten entsprechende Bestimmungen.

Impeachment

Antrag einer parlamentarischen Körperschaft auf Amtsenthebung oder Bestrafung einer Person, über den eine andere parlamentarische Körperschaft entscheidet. Das I. entstand im England des 14. Jhs.; das → Unterhaus kann jedermann wegen einer Straftat sowie Inhaber öffentlicher → Ämter wegen rechtswidriger Amtsführung vor dem → Oberhaus anklagen. Die → Verfassung der USA sieht das I. vor als Verfahren zur Amtsenthebung des Präsidenten, des Vizepräsidenten und der Zivilbeamten des → Bundes wegen Landesverrats, Bestechung oder anderer schwerer Verbrechen oder Vergehen. Das Recht zur Einleitung des I. liegt ausschließlich beim → Repräsentantenhaus, das die Anklage mit → absoluter Mehrheit erheben kann. Als Gericht fungiert der → Senat, der für die Amtsenthebung eine Zweidrittel-Mehrheit benötigt.

Imperatives Mandat

Im Gegensatz zum → freien Mandat Bindung eines → Abgeordneten an Aufträge und Weisungen. Ein i. kann sowohl „von oben", d.h. von der → Partei oder → Fraktion, der der Abgeordnete angehört, erteilt werden, als auch, wie z.B. im → Rätesystem vorgesehen, „von unten" durch die Wählerschaft.

Imperialismus

→ Imperialismustheorien

Imperialismustheorien

I. entstanden in der Folge der zweiten Welle der europäischen Kolonialexpansion im letzten Fünftel des 19. Jh. Diese führte zur Aufteilung der außereuropäischen Welt unter die führenden kapitalistischen Industrieländer. Politisch unabhängig blieben nur schon europäisch kolonisierte Gebiete in Lateinamerika, die sich einem „informellen" Imperialismus der Industrieländer unterordneten, und Länder/ Gebiete, über deren Aufteilung sich diese nicht oder zunächst nicht einigen konnten (China, Thailand, Persien, Türkei). I. versuchen die Gründe für diese Kolonialexpansion zu erklären. Zwei Hauptgruppen lassen sich unterscheiden: I., die den europäischen Imperialismus als notwendige Folge der sich in dieser Epoche entfaltenden Widersprüche in der Akkumulationsdynamik des → Kapitalismus erklären, und I., die den europäischen Imperialismus aus anderen, dann eher zufälligen Faktoren erklären. Auch die marxistische Theorie muß zu einer solchen eklektischen Analyse übergehen, als nach Ende der Aufteilung der Welt der Imperialismus weder zum Zusammenbruch der kapitalistischen Industrieländer noch zu kriegerischen Konflikten zwischen ihnen führt.

Die beiden marxistischen Theorien, die Imperialismus (= europäische Kolonialexpansion) als Folge der Widersprüche der Akkumulationsdynamik kapitalistischer Industrieländer begreifen, knüpfen an eine nichtmarxistische Formulierung der ökonomischen Grundlagen für Kapitalexport an. Für Hobson (1902) kommt es zum Kapitalexport, weil aufgrund einer stark ungleichen Einkommensverteilung in Großbritannien einerseits der Umfang der für Investitionen verfügbaren Geldmasse steigt, andererseits wegen im Vergleich zu den Möglichkeiten der Produktion nicht ausreichender Expansion der Konsumgüternachfrage (aus Masseneinkommen) Möglichkeiten zur Verwendung dieser Geldmasse für Investitionen im Inland fehlen. Für ihn liegt deshalb die Lösung in einer verstärkten → Sozialpolitik. Die Gewinnmasse würde reduziert, während die Anlagemöglichkeiten zunähmen.

In scharfer Abgrenzung gegen die reformistische Kernaussage Hobsons nimmt Lenin (1917) die These des Gewinnmangels auf. Er leitet zwar den Gewinnmangel nicht explizit her, sondern analysiert die Formen des Kampfs des Kapitals gegen diesen, wobei er auch an Hilferding (1909) anknüpft. Gewinnmangel ergibt sich in der marxistischen Theorie aufgrund des Gesetzes des tendenziellen Falls der Profitrate. Behauptet wird, daß Wirtschaftswachstum im Kapitalismus durch eine raschere Steigerung des konstanten Kapitals (Fixkapital und verbrauchte Vorprodukte) im Verhältnis zum variablen Kapital (für die Bezahlung von Arbeitskräften verauslagtes Kapital) gekennzeichnet sei. Da nur das variable Kapital → Mehrwert schafft, sinke die Mehrwertmasse im Verhältnis zum eingesetzten Kapital. Ein Teil der Kapitalisten kann sich dem daraus folgenden gesamtwirtschaftlichen Fall der Profitrate (= Verhältnis zwischen dem gesamtwirtschaftlichen Mehrwert und dem gesamten eingesetzten Kapital) durch Konzentration und Zentralisation entziehen, zu Lasten weniger konzentrierter Kapitale. Hilferding sieht in der Kontrolle eines großen Wirtschaftsgebiets und damit in der territorialen Expansion die Möglichkeit, solche Monopole abzusichern. Lenin geht von dieser Tendenz zur Monopolisierung aus. Er nimmt die Form der Verflechtung von Industrie- und Bankkapital zum → Finanzkapital als neuer Form der Monopolisierung an. Dies führt zur Ergänzung des Warenexports durch den Kapitalexport, bei dem sich → Assoziationen von Kapitalisten Investitionsmöglichkeiten weltweit aufteilen. Dazu brauchen sie günstige politische Bedingungen. Deshalb erzwingen sie die Aufteilung der Welt unter die Großmächte.

Aufgrund der Unmöglichkeit, für wachsende Mengen eingesetzten Kapitals ausreichende Profitmengen in den kapitalistischen Industrieländern zu erwirtschaften, folgt die allmähliche Eingliederung der weniger entwickelten Welt in den Imperialismus, weil dort Arbeit zunächst mit geringeren Mengen von Kapital (niedrigere organische Zusammensetzung des Kapitals) eingesetzt wird, durch die das Verhältnis von

Mehrwert und eingesetztem Kapital günstiger wird. Die durchschnittliche Profitrate, vor allem aber die Profitrate der in den weniger entwickelten Gebieten tätigen Kapitale (überdurchschnittlicher Anteil der Monopole am Kapitalexport) steigt. Die Leninsche I. hängt vom Marxschen Gesetz des tendenziellen Falls der Profitrate ab, das logisch nicht widerspruchsfrei formuliert ist (Elsenhans 1979).

Luxemburg (1912) nimmt das andere Element der Hobsonschen Argumentation, nämlich fehlende Absatzmärkte, auf. Ausgehend von den Marxschen Reproduktionsschemata behauptet sie, daß die steigende Produktion von Investitionsgütern (als Folge der Tendenz der Kapitalisten zur Akkumulation) nicht realisiert (= an andere Kapitalisten verkauft) werden kann, wenn sich deren Märkte nicht erweitern. Sie unterstellt, daß im Kapitalismus die Reallöhne nicht steigen können. Auch andere gesellschaftliche → Klassen können ihren Konsum nicht erhöhen; Kapitalisten verlören bei steigendem Eigenkonsum ihre Konkurrenzfähigkeit, von ihnen abhängige Mittelklassen würden bei steigendem Konsum die Kosten der Produktion für die Kapitalisten erhöhen. Eine Erweiterung der Märkte ist nur über das Wachstum der vom kapitalistischen Sektor eingesetzten Arbeitsbevölkerung oder der Nachfrage nichtkapitalistischer Sektoren möglich. Das Wachstum der eingesetzten Arbeiterbevölkerung findet seine Grenze durch die Auflösung nichtkapitalistischer Sektoren. Der Absatz im nichtkapitalistischen Sektor ist gleichermaßen durch seine allmähliche Eingliederung in das kapitalistische Weltsystem begrenzt. Gegen Luxemburg ist einzuwenden, daß alle Nachfrage aus nichtkapitalistischen Sektoren für Waren des kapitalistischen Sektors nicht größer als die Erlöse des nichtkapitalistischen Sektors aus Verkäufen an den kapitalistischen ist und in Höhe dieser Erlöse Kaufkraft von Arbeitern (für Konsumgüter) und/oder von Unternehmern (für Rohstoffe) dem kapitalistischen Sektor (in dem diese Nachfrage als Einkommen und Element der Wertbildung entstanden ist) entzieht. Nur die Gewährung von Krediten, also eine exponentiell wachsende Verschuldung der nichtkapitalistischen

Welt, würde einen Zuwachs von Kaufkraft erlauben, solange das Wachstum der Reallöhne und damit auch der übrigen dem Konsum dienenden Einkommen ausgeschlossen wird.

Die beiden Imperialismus als letzte Phase des Kapitalismus verstehenden Theorien sind mit empirischen Argumenten angegriffen worden, die in Theorien mündeten, die die Unausweichlichkeit der europäischen Kolonialexpansion bestreiten und sie aus konkreten gesellschaftlichen und ökonomischen Prozessen ableiten. Eine erste Gruppe hebt darauf ab, daß die Initiatoren kolonialer Eroberungen kleine Gruppen waren, die die → Regierungen in den europäischen Hauptstädten durch lokale Eroberungen in Zugzwang brachten. Schumpeter (1951) weist explizit auf vorkapitalistische Verhaltensmuster als Ursachen für solche Initiativen hin. Ähnlich hat Fieldhouse (1961) unter stärkerer Berücksichtigung von ökonomischen Faktoren argumentiert, daß die Ursache für die Kolonialexpansion in sich verschärfenden Konflikten zwischen den europäischen Handelshäusern und den lokalen Produzenten von Rohstoffen in Afrika während der Depression der 70er Jahre des 19. Jh. zu suchen seien. Dem krisenbedingten Verfall ihrer Exportpreise versuchten sich die lokalen Produzenten durch Angebotsmonopole zu widersetzen, die die europäischen Händler durch Umgehung der lokalen Staatsgewalten zu unterlaufen trachteten. → Konflikte über den ungehinderten Zugang zu Routen und damit territoriale Konflikte waren die Folge. Lokale Initiativen, durchaus ausgelöst auch von Militärs (entsprechend der Schumperterschen Theorie), führten zu Konflikten, bei denen die Regierungen in Europa aus Prestigegründen Unterstützung leisten mußten. Dies ist vereinbar mit dem kleinen Umfang der Koloniallobbies in allen europäischen Ländern. Zuletzt Ziebura (1971) hat daraus abgeleitet, daß imperialistische Expansion durch im Entscheidungsprozeß strategisch plazierte „strategische Cliquen" verursacht wurde.

Daß solche strategischen Cliquen koloniale Eroberungskriege auslösen konnten, setzt allerdings voraus, daß nationales Prestige-denken diesen Cliquen erlaubte, im Fall kolonialer Konflikte breitere politische Kräfte in der Metropole zu mobilisieren. Dies setzt starke nationalistische Strömungen voraus. Die Theorie des Sozialimperialismus (schon bei Lenin in Form ökonomischer Vorteile aus der Ausbeutung von Kolonien) behauptet, daß durch imperialistische Expansion soziale Spannungen in den → Metropolen abgebaut wurden, so daß soziale Reformen und die Abweisung weiteren Strukturwandels durch Kolonialprofite und nationalistische Integration der Unterschichten in die → Gesellschaft zur Ableitung innergesellschaftlicher Spannungen in Aggressivität nach außen führten (Semmel 1960). Hobsbawn (1987) hat daraus allgemein, Wehler (1969) in besonderen für das Bismarckreich Sozialimperialismus als Strategie zur Herrschaftssicherung aus den gesellschaftlichen (und nicht den ökonomischen) Problemen der kapitalistischen Industrieländer am Ende des 19. Jh. abgeleitet.

Von hier aus läßt sich eine Brücke zu den I. der traditionellen, am Begriff des Gleichgewichts orientierten Theorien der → internationalen Politik herstellen, die aus einer Verschiebung der relativen Stärke der europäischen Großmächte im Gefolge der gegenüber Großbritannien und Frankreich überholenden → Industrialisierung den USA und Deutschland die Ausdehnung der traditionellen Großmachtkonflikte auf die Überseegebiete ableiteten (Langer 1936). Unterschiedliche Wachstumsraten von Bevölkerung und Produktion lösten Befürchtungen über drohende Dekadenz oder vorenthaltene Plätze an der Sonne aus, die sich in verstärkter außenpolitischer Aggressivität niederschlugen.

Der I. Weltkrieg und die Zwischenkriegszeit zerschlugen die Einheit des Gegenstands der I.: Die koloniale Aufteilung der Welt war keine Ursache des Kriegs gewesen. Die → Weltwirtschaftskrise führte zu einer drastischen Verringerung des Kapitalexports (statt zu zunehmender Ausbeutung), die führenden Kolonialmächte Großbritannien und Frankreich wandten eher reformistische Strategien an, die den Kolonien zusätzliche Absatzmärkte in den Metropolen schufen. In einer wichtigen Kritik der marxistischen Wachstumstheorie zeigte Großmann (1929), daß die Auslagerung von Produktion in Gebiete mit niedrigerer organischer Zusammensetzung des Kapitals nicht zu einer Steigerung der Mehrwertrate führen konnte.

In der Reaktion auf diese neuen Entwicklungen haben die sowjetmarxistischen Autoren Imperialismus reduziert auf eine Phase des kapitalistischen Prozesses der Monopolisierung und Imperialismus und → staatsmonopolistischen Kapitalismus nahezu als Synonyme behandelt, ohne weiterhin auf die außenpolitischen Aspekte Nachdruck zu legen. Auf den realen Prozeß der Gewinnung der nationalen Unabhängigkeit der kolonial abhängigen Gebiete antworteten I. zunächst mit einer Theorie des → Neokolonialismus, die die Fortdauer der ökonomischen Vorteile für die Metropolen behauptete. Ausdifferenzierungen einer solchen Benachteiligung der → Dritten Welt trotz politischer Unabhängigkeit sind die Theorie des ungleichen Tausches (Emmanuel 1969), die marxistisch die Theorie der säkularen Verschlechterung der → Terms of Trade (Singer 1950, Prebisch 1962) formuliert, die empirisch umstritten ist. Ähnlich wird in der Kontroverse über die Tätigkeit der multinationalen Unternehmen aus deren begrenzter Akkumulation in der Dritten Welt eine Benachteiligung des Südens im Bereich der Zahlungsbilanzen, der Produktionsstrukturen, der Technologieproduktion und der gesellschaftlichen Integration abgeleitet. Zum Teil überlappend versucht die → Dependenciatheorie interne Wachstumshindernisse aus den Interessen des Kapitals in den Zentren abzuleiten, durch die Abhängigkeit und Wachstumsblockierung vertieft werden.

Angesichts der Ölpreissteigerungen der 70er Jahre, des raschen Wachstums in (wenigen) → Schwellenländern, der zunehmenden Reglementierung der Tätigkeit multinationaler Unternehmen in den Gastländern (wobei sich die Unternehmen diesen Regelungen auch unterwerfen) können I. nur noch in einseitiger Interpretation an ihren kapitalismuskritischen Aussagen festhalten. Mit Warren (1980) wird Imperialismus als Pionier kapitalistischer Überwin-

dung von → Unterentwicklung begriffen und an die Theorie einer progressiven Rolle des Kapitalismus in der Dritten Welt von Marx (1853) angeknüpft.

Letztlich sind I. Folge der Vernachlässigung der Bedeutung steigender Masseneinkommen als Vorbedingung für kapitalistisches Wachstum (Elsenhans 1979) in der Leninschen und Luxemburgischen Fassung der Marxschen Theorie und des realen Fehlens dieser Voraussetzung in den Ländern der Peripherie, aufgrund dessen diese Gesellschaften einerseits bei der Entwicklung der Produktivkräfte Ende des 19. Jh. zurückhinkten und andererseits durch bloßes Eindringen kapitalistischer Unternehmen von außen ohne innere gesellschaftliche Reformen nicht Prozesse der nachholenden Industrialisierung in Gang setzen konnten (Elsenhans 1987).

Lit.: Hobsbawn, E. J. (1987): The Age of Empire, 1875-1914. London 1987; *Marx, K.* (1853): Die künftigen Ergebnisse der britischen Herrschaft in Indien, MEW 9. Berlin 1972; 220-226; *Marx, K.* (1853): Die britische Herrschaft in Indien, MEW 9. Berlin 1972; 127-133; *Ziebura, G.*: Interne Faktoren des französischen Hochimperialismus 1871-1914, in: Mommsen, W. J. (Hg.): Der moderne Imperialismus. Stuttgart 1971; S. 85-130.

Prof. Dr. Hartmut Elsenhans, Leipzig

Implementationsforschung

Forschungszweig der → Politikwissenschaft, welcher die verschiedenen Stadien der Umsetzung (Implementation) politischer Vorhaben (Programme) untersucht. Die ersten der I. zuzurechnenden Untersuchungen in der Bundesrepublik entstanden in der 2. Hälfte der 70er Jahre. Kennzeichnend war ihre reformpolitische Orientierung, d.h. die Frage nach Abweichungen und Vollzugsdefiziten im „Programmvollzug" und dadurch zu erklärenden Zielverfehlungen, z.B. in der → Umweltpolitik. Spätere Untersuchungen nahmen diesen steuerungstheoretischen Ausgangspunkt zurück. Im Mittelpunkt der gegenwärtigen I. steht die Frage nach den Zusammenhängen zwischen bestimmten

Programmerkmalen (z.B. Gebote und Verbote, finanzielle Anreize) und der jeweiligen Implementationsstruktur, d.h. der jeweils spezifischen Zusammensetzung und dem Zusammenwirken der beteiligten öffentlichen und gesellschaftlichen Akteure (z.b. → Verwaltung und → Interessengruppen) und dem Adressatenfeld.

Implied Powers
Auf die Kompetenzverteilung zwischen Union und → Bundesstaaten der USA bezogene Verfassungdoktrin, mit welcher die Ausweitung der Kompetenzen des → Bundes über die ihm in der → Verfassung explizit zugewiesenen Zuständigkeiten hinaus begründet wird. Theorie und Praxis der I. nahmen ihren Ausgang im Jahre 1791 mit dem Vorschlag des damaligen Schatzsekretärs Hamilton zur Gründung einer Nationalbank. Die Verfassung, so argumentierte er, habe dem Bund die Zuständigkeit für das Bankwesen zwar nicht explizit eingeräumt, sie ergebe sich jedoch aus anderen Zuständigkeiten, v.a. der für die → Währungspolitik, in welcher das Bankwesen mit inbegriffen („implied") sei. Die I.-Theorie stützt sich v.a. auf eine Generalklausel in Art. I der Verfassung, die dem → Kongreß das Recht gibt, alle → Gesetze zu erlassen, die „notwendig und angemessen" sind, um die dem Bund zugewiesenen Kompetenzen auszuüben.

Indemnität
Strafrechtliche Verantwortungsfreiheit von Mandatsträgern, im Gegensatz zur → Immunität, die ein Prozeßhindernis begründet. Nach Art. 46 I GG darf ein → Abgeordneter zu keiner Zeit - also auch nicht nach Ablauf seines → Mandats - wegen seines Abstimmungsverhaltens oder einer Äußerung, die er im → Bundestag oder in einem → Ausschuß getan hat, gerichtlich oder dienstlich verfolgt oder sonst außerhalb des Bundestages zur Verantwortung gezogen werden; ausgenommen sind verleumderische Beleidigungen.

Individualismus
1. Betrachtungsweise, die das → Individuum, seine Fähigkeiten, → Interessen und Rechte -meist unter Betonung der individuellen Selbständigkeit und → Freiheit - in den Mittelpunkt stellt bzw. zur Begründung ethischer und gesellschaftlicher Wertvorstellungen heranzieht, wie insbesondere der → Liberalismus.
2. Als methodologischer I. werden sozialwissenschaftliche Forschungsrichtungen bezeichnet, die vom Individuum ihren Ausgang nehmen, d.h. die Behauptung aufstellen, daß sich individuelles Verhalten nicht durch gesellschaftliche Faktoren erklären lasse und alle Aussagen über gesellschaftliche Gruppen auf Aussagen über Individuen reduzierbar seien.

Individuum
Der einzelne Mensch, verstanden als „einzigartige", von anderen unterscheidbare Person.

Indochina-Konflikt
Bez. für die Kriege in Indochina seit dem 2. Weltkrieg, beginnend mit dem → Vietnam-Krieg 1946. Nach dem Waffenstillstandsabkommen zwischen Nordvietnam und den USA am 27.1.1973 aktualisierte sich der I. in Kämpfen zwischen Nord- und Südvietnam, die mit dem Zusammenbruch der südvietnamesischen Armee Anfang 1975 und mit der Vereinigung beider Landesteile als Sozialistische Republik Vietnam am 2.7.1976 endeten. Nach 1975 äußerte sich der I. in bewaffneten Auseinandersetzungen zwischen den → Staaten der Region, wobei dem Verhältnis von Vietnam und Kambodscha zentrale Bedeutung zukam. Im Dezember 1977 führte Vietnam den ersten militärischen Großangriff gegen das unter der → Herrschaft der → Roten Khmer stehende Kambodscha. Im Januar 1979 eroberte es die Hauptstadt Phnom Penh, ersetzte die amtierende → Regierung durch ein provietnamesisches → Regime und stationierte vietnamesische Truppen in Kambodscha. Der I. der folgenden Jahre war gekennzeichnet durch die Konkurrenz zwischen der Volksrepublik China und Vietnam, das jahrelang durch die Sowjetunion unterstützt wurde, um die Ordnungsvormacht in Indochina. Die → Entspannungs-politik zwischen der UdSSR und China führte zur Aufnahme eines direkten chinesisch-

vietnamesischen Dialogs, dessen Resultat der Abzug der vietnamesischen Truppen aus Kambodscha im Herbst 1989 war.

Industrialisierung

Epoche des Übergangs von einer überwiegend agrarisch und handwerklich bestimmten zu einer durch die industrielle (maschinenorientierte) Produktion dominierten Wirtschaftsgesellschaft, in welcher die Betriebsformen des Handwerks, der Manufaktur und des Verlagswesens weitgehend durch die der Fabrik abgelöst werden. Die I. geht historisch einher mit der Herausbildung kapitalistischer Produktionsverhältnisse (→ Kapitalismus), der Urbanisierung, dem Entstehen eines industriellen → Proletariats und einer verstärkten technologischen Entwicklung (→ industrielle Revolution); sie setzte zuerst ein in Großbritannien gegen Ende des 18. Jh.s und griff in der ersten Hälfte des 19. Jh.s auch auf Deutschland über.

Industrie- und Handelskammern/ IHK

Regionale Selbstverwaltungskorporationen aller gewerblichen Unternehmen mit Ausnahme des Handwerks (→ Handwerkskammern), die in 69 Bezirken als → Körperschaften des öffentlichen Rechts mit Zwangsmitgliedschaft organisiert sind. Aufgaben der I. sind neben der Interessenvertretung nach außen u.a. Schiedsgerichtsbarkeit, Erstellung von Gutachten, Organisierung von Messen und Börsen, Errichtung eigener Schulen, Aufsicht über die Lehrlingsausbildung und Durchführung der Lehrabschlußprüfungen. Organe sind die von den Mitgliedern gewählte Vollversammlung und - von dieser bestellt - Präsident und Hauptgeschäftsführer. Spitzenorganisation ist der → Deutsche Industrie- und Handelstag.

Industriegesellschaft

Gesellschaftsform, die sich mit Auflösung der Ständegesellschaft und im Zuge der → Industrialisierung herausbildete. Mit dem Begriff I. wird auf eine grundlegende Dimension moderner gesellschaftlicher Wirklichkeit verwiesen, nämlich auf die Prägung gesamtgesellschaftlicher Strukturen, Erfahrungs- und Handlungszusammenhänge durch Industrialisierungsprozesse. Die I. entsteht im Kern durch Veränderungen im Handlungsfeld des arbeitenden Menschen als neue Form der → Arbeitsteilung infolge umfassenden Einsatzes von Maschinen. Neue soziale Organisationsformen entstehen nicht nur im Produktionsbereich, sondern auch im Bereich der Verteilung von Gütern und Dienstleistungen sowie im Bereich der Reproduktion. Die lebenszeitlichen und lebensräumlichen Bedingungen der I. sind durch Trennung von Arbeit und Freizeit, von Arbeitsstätte und Wohnung gekennzeichnet. Der Veränderung von Soziallagen gehen umfassende Mobilisierungsprozesse voraus, die sich geographisch als Urbanisierung, soziologisch in der Herausbildung des → Proletariats und später der neuen Mittelschicht darstellen. Die I. bildet alle Lebensbereiche umfassende → Institutionen aus, deren Abstraktions- und Rationalisierungsgrad zunimmt (v.a im Bereich der öffentlichen → Verwaltung und im Bildungs- und Erziehungswesen). Zum bestimmenden Faktor des Alltagsbewußtseins wird der Gesichtspunkt der (marktabhängig bestimmten) Leistung. In kritisch-sozialphilosophischer Sicht gewinnt die I. daher häufig unter dem Vorzeichen der → Entfremdung Gestalt. Die aus der Übernahme sozialer Sicherungs- und ökonomischer Interventionsfunktionen durch den → Staat resultierenden Interessenkonflikte, Steuerungs- und Legitimationsprobleme werden bis heute kontrovers diskutiert.

Industriegewerkschaft/ IG

→ Gewerkschaft, die nach dem Organisationsprinzip „ein Betrieb, eine Gewerkschaft" im Unterschied zur → Berufsgewerkschaft als Interessenvertretung aller in einem bestimmten Wirtschaftszweig (z.B. Metallindustrie) beschäftigten Arbeitnehmer auftritt.

Industrielle Beziehungen

⇒ Arbeitsbeziehungen

Industrielle Revolution

I. e. S. die historische Phase beschleunigter technologischer Entwicklungen und deren Einsatz in der industriellen Produktion (zuerst in Großbritannien), mit der Kernzeit zwischen etwa 1760 und 1780 (v.a. Einsatz der Dampfmaschine und Mechanisierung zunächst der Textilindustrie). I. w. S. auch die damit verbunden ökonomischen und sozialen Veränderungen, die den Wandel zuerst Großbritanniens und später der meisten europäischen und der nordamerikanischen → Staaten sowie Japans zur → Industriegesellschaft markieren.

Industriepolitik
Gesamtheit aller politischen Bestrebungen und Maßnahmen zur Beeinflussung der ökonomischen Gegebenheiten und Prozesse im industriellen Sektor; nach Aufgaben, Zielen und Mitteln nicht eindeutig abgrenzbarer Teilaspekt der → Wirtschaftspolitik. In der Bundesrepublik ist die I. generell den im → Stabilitätsgesetz (1967) verankerten Zielen, v.a. der Sicherung von Wirtschaftswachstum und Beschäftigung, verpflichtet. Die Sicherung des Wettbewerbs wird i.d.R. dem Bestreben nachgeordnet, diejenigen Bereiche vorrangig zu fördern, die über besondere Produktivitätspotentiale verfügen. Die in diesem Zusammenhang stehenden Versuche zur Sicherung der internationalen Wettbewerbsfähigkeit bringen die I. in engen Zusammenhang mit der → Forschungs- und Technologiepolitik, verweisen aber gleichzeitig auf mögliche Konflikte mit Zielen der → Umweltpolitik.

Industrieverbandsprinzip
→ Arbeitsbeziehungen

INF-Vertrag
Am 8.12.1987 unterzeichneter, am 27.5.1988 vom → Senat der USA ratifizierter Vertrag zwischen den USA und der UdSSR über die beiderseitige Abschaffung („Null-Lösung") der landgestützten Mittelstrecken-Atomwaffen („*Intermediate Range Nuclear Forces*"), d.h. der nuklearen Waffensysteme mit einer Reichweite von 500 bis 5500 Kilometern.

Inflation
Beschleunigte Steigerung des Preisniveaus bzw. entsprechendes Sinken der Kaufkraft

des Geldes. Eine I. kann verursacht werden durch 1. übermäßige Erhöhung der Geldmenge durch den → Staat (z.B. zur Finanzierung der → Sozialpolitik oder von Rüstungsausgaben); 2. eine das Angebot übersteigende Nachfrage nach Gütern, die den Anbietern Preiserhöhungen ermöglicht; 3. eine Preis-Lohn-Spirale; 4. Preissteigerungen im Ausland, die über Verteuerung der Einfuhren „importiert" werden. Bei Verhinderung einer Preisniveausteigerung durch staatliche Maßnahmen (z.B. Festsetzung von Höchstpreisen) spricht man von zurückgestauter I.

Informationelles Selbstbestimmungsrecht
Vom → Bundesverfassungsgericht im Urteil zum Volkszählungsgesetz von 1983 entwickelter Begriff für die aus dem → Grundrecht auf freie Entfaltung der Persönlichkeit (Art. 2 I GG) abgeleitete Gewährleistung der „Befugnis des Einzelnen, grundsätzlich selbst über die Preisgabe und Verwendung seiner persönlichen Daten zu bestimmen" (BVerfGE 65, S. 1). Einschränkungen des i. sind nur in „überwiegendem Allgemeininteresse" und auf gesetzlicher Grundlage zulässig.

Infrastruktur
Materielle und institutionelle Grundausstattung einer Volkswirtschaft oder Region. Die I. wird aufgrund fehlender Marktpreise, hoher Investitionskosten und ihrer „Unteilbarkeit" meist in Form „öffentlicher Güter" vom → Staat als Vorleistung für die private Wirtschaft erbracht. Unterschieden werden materielle I. (z.B. Verkehrs- und Kommunikationseinrichtungen, Energieversorgung, Bildungs- und Gesundheitswesen), institutionelle I. (Gesamtheit der gewachsenen und gesetzten Normen, v.a. des Rechtswesens) und personelle I. (geistige, unternehmerische, handwerkliche und ähnliche Fähigkeiten der Bevölkerung).

Initiative für Frieden und Menschenrechte
Bürgerbewegung in der DDR, die zusammen mit dem → Neuen Forum zu den die Oppositions- und Protestbewegung gegen

das SED-Regime im Herbst 1989 tragen-
den Kräften gehörte. Die I. bildete für die
Volkskammerwahlen vom 18.3.1990 mit
dem Neuen Forum und der politischen
Vereinigung → Demokratie Jetzt das
Wahlbündnis → Bündnis '90: Bürger für
Bürger, welches mit 2,9 % der Stimmen
12 Mandate errrang.

Initiativrecht

Recht zur → Gesetzesinitiative, d.h.
→ Gesetzesvorlagen bei den gesetzgebenden Körperschaften einbringen zu dürfen.

Inkompatibilität

Aus dem Grundsatz der → Gewaltenteilung abgeleitete Unvereinbarkeit der
gleichzeitigen Ausübung öffentlicher
Funktionen in verschiedenen → Gewalten
bzw. eines öffentlichen → Amtes und privater (beruflicher) Tätigkeit. Während im
→ präsidentiellen Regierungssystem (z.B.
der USA) eine strikte I. zwischen Regie-
rungsmitgliedschaft und Abgeordnetenmandat herrscht, geht die → Regierung in
→ parlamentarischen Regierungssystemen
(wie in der Bundesrepublik) aus dem
→ Parlament hervor, d.h. die Minister sind
meist zugleich auch → Abgeordnete. Das
→ Grundgesetz enthält Regelungen zur I.
in Art. 55 (der → Bundespräsident darf
weder der Regierung noch dem Parlament
des → Bundes oder eines → Landes angehören und kein anderes besoldetes Amt
und keinen Beruf ausüben), in Art. 66
(→ Bundeskanzler und → Bundesminister
dürfen kein anderes besoldetes Amt und
keinen Beruf ausüben) und in Art. 94 (die
Mitglieder des → Bundesverfassungsgerichts dürfen weder dem → Bundestag,
dem → Bundesrat, der → Bundesregierung
noch entsprechenden Organen eines Landes angehören). Nach den Bestimmungen
des Abgeordnetengesetzes ruhen die
Rechte und Pflichten eines in den Bundestag gewählten Angehörigen des
→ Öffentlichen Dienstes während der
Ausübung des → Mandats. Kraft unge-
schriebenen Verfassungsrechts gilt die
gleichzeitige Mitgliedschaft in Bundestag
und Bundesrat als unvereinbar.

Inkrementalismus

Reformstrategie der „kleinen Schritte",
v.a. in dezentralisierten politisch-administrativen Systemen pluralistischer → Gesellschaften. Der I. ist gekennzeichnet v.a.
durch Anpassung der Ziele an die vorhandenen Mittel, woraus eine nur schrittweise
Bearbeitung anstehender Probleme mittels
kleiner Veränderungen resultiert.

Innenpolitik

Als Lehr- und Forschungsbereich zählt im
Verbund mit → „Außenpolitik" und der
→ „Politischen Theorie" die I. zur klassischen Trias der → Politikwissenschaft. Sie
hat sich dabei in den letzten Jahrzehnten
über ihren traditionellen Gegenstandsbereich hinaus - die klassische → Regierungslehre, die sich im wesentlichen auf Strukturen und Prozesse innerhalb von → Regierung, → Verwaltung und → Judikative konzentrierte und sehr stark aus staatsrechtlichen Perspektiven heraus analysierte - zu
einem umfassenden Forschungsfeld entwickelt.

Diese Entwicklung ist u.a. dadurch bedingt,
daß bei einer Betrachtung der Prozesse in
heutigen → politischen Systemen mit einer
international verflochtenen politisch-
ökonomischen Struktur die traditionelle
Blickfixierung auf politische → Institutionen nur unzureichende Eindrücke vermitteln kann.

Definitionsgemäß hat I. weiterhin die politischen Strukturen und Prozesse innerhalb
eines staatlichen Systems zum Untersuchungsgegenstand, bezieht aber heute sehr
viel stärker gesellschaftliche, sozioökonomische und soziokulturelle Entwicklungen
und Machtkonstellationen in ihre For-
schungstätigkeiten mit ein, die daher zunehmend interdisziplinär basiert sind. Ihr
Untersuchungsfeld sind nicht mehr allein
die Institutionen des → Staates und darüber
hinaus z.B. Fragen der politischen Willensbildung und der Steuerung politischer Prozesse. Sie begreift vielmehr ihren Erkenntnisgegenstand als ein komplexes → System,
in dem → Politik nur in ihrer Interdependenz mit der Ökonomie und der Gesamt-
struktur einer → Gesellschaft erfaßt werden
kann. Diese weitgehend auf wissenschaftli-

chem Konsens beruhende Auffassung vom → *politischen System* als Untersuchungsfeld der I. stellt eine gewisse Relativierung des traditionellen I.-verständnisses mit seiner Konzentration auf die „Staatsaufgaben" dar, und auch die erwähnte klassische Trias verliert als starres Abgrenzungsmuster an Relevanz. Denn neben der inhaltlichen Erweiterung ist von zentraler Bedeutung, daß eine Konzentration auf primär nationalstaatliche Entwicklungen dem Erkenntnisbedarf in der I. nicht mehr gerecht wird. Dies wird z. B. an einem der originären Gegenstandsbereiche der I., der Entstehung und Entwicklung des politischen Systems der Bundesrepublik und der Parallelität zweier deutscher Staaten bis zur 1990 erfolgten „Deutschen Einheit" mit ihren komplexen Prozessen, deutlich, die ohne die explizite Berücksichtigung internationaler Rahmenbedingungen und Machtkonstellationen nicht analysierbar sind. Ähnliches gilt auch für aktuelle, auf den ersten Blick ausschließlich innenpolitische Themenstellungen wie → Sozial-, → Technologie- oder → Wirtschaftspolitik. I. ist demnach sinnvoll nicht mehr als ein eingrenzbares Forschungsgebiet zu betrachten, bildet aber weiterhin im Rahmen der heute gebräuchlichen Differenzierung in *Politische Theo*rie/ Ideengeschichte, → Vergleichende Regierungslehre und → Internationale Politik einen komplexen Kernbereich der Politikwissenschaft. Vor diesem Hintergrund lassen sich zentrale Fragestellungen und Erkenntnisinteressen der I. ehestens in einem Überblick beschreiben, der sich an einer Auswahl von Schwerpunkten des Faches orientiert.

In der Aufbauphase nach 1945 war das Feld I. wie die gesamte Politikwissenschaft stark von zurückkehrenden Emigranten und den mit diesen Wissenschaftlern verbundenen geistes- und ideengeschichtlichen oder staatsrechtlichen Analyseperspektiven geprägt. Integriert ist das Konzept der → Demokratisierung und der damit verbundene Auftrag zur → Politischen Bildung. In der bundesdeutschen Gesellschaft standen anfangs Konzeption und Funktionsmechanismen des → Parlaments, der → Judikative und der → Bürokratie sowie Fragen der → Wahlsysteme im Vordergrund. Überwie-

gend aus staatsrechtlichen und ideengeschichtlichen Perspektiven wurden Entstehung, Ausformung und Kernelemente der neuen bundesdeutschen → Verfassung diskutiert und etwa am Beispiel der Kontroverse um das Verhältnis der Staatszielbestimmungen → Rechtsstaat und → Sozialstaat grundsätzliche Fragen in der I. mit bis heute geltender Relevanz aufgeworfen. Hinzu traten Forschungslinien, die die Rolle und Funktion der politischen → Parteien und → Verbände und den Prozeß der politischen Willensbildung umfaßten. In diesem Zusammenhang wurden wichtige Fragen bezüglich der Ursachen des → Nationalsozialismus und des Endes der → Weimarer Republik diskutiert und hier auch gesellschaftliche und soziostrukturelle Aspekte in Verbindung mit Ausformungen einer → politischen Kultur thematisiert. Vor diesem Hintergrund gewannen in den 60er Jahren auch demokratietheoretische Fragenkomplexe als integraler Bestandteil in innenpolitischen Diskussionen stärkeren Einfluß. Nicht nur Aufbau und Funktionen politischer Institutionen und die Rekrutierung ihrer Entscheidungsträger, sondern ebenso Fragen nach der → Legitimation politischer → Herrschaft, der Rechtmäßigkeit und Rechtfertigung des Gebrauchs von → Macht in einem Sozialgefüge wurden zu zentralen Lehr- und Forschungsgebieten der I.

In diesem Zusammenhang wurden Probleme der → Demokratie und der Entwicklungslinien eines politischen Gefüges nicht mehr überwiegend unter *normativen,* stark ideengeschichtlich und staatsrechtlich orientierten Perspektiven betrachtet, sondern es kam - nicht zuletzt aufgrund der Rezeption angelsächsischer Ansätze - zu einer Ausdifferenzierung des Faches in *empirisch-analytische* und später auch *polit-ökonomische ("kritische") Theorieansätze.* Es bildete sich eine Fragmentierung oder besser Vielfalt des Gesamtfaches heraus, die sich auch sehr ausgeprägt in der I. als Nebeneinander der genannten Wissenschaftsprogramme mit ihren methodologischen Zugriffen sowie neuen integrativen Ansätzen aus den verschiedenen Perspektiven widerspiegelt. Von der Analyse des → politisch-administrativen Systems i.e.S.

wandte sich die Forschung mit einer Vielfalt von theoretisch-methodisch eigenständigen Ansätzen Fragen der Interessenartikulation und -aggregation in der Gesellschaft und ihrer Wahrnehmung und Umsetzung in politischen Entscheidungsprozessen zu. Eine der wesentlichen, sehr früh entwickelten und immer noch aktuellen Konzeptionen stellt hierbei der → *Pluralismus* dar, der die Diskussion um die Stellung der Individuen und Gruppen im Prozeß der politischen Meinungsbildung und v.a. Interessenumsetzung im Staat, im Institutionsgefüge des politischen Entscheidungsbereichs sehr beeinflußt hat. Der Staat oder das politische System standen nun nicht mehr quasi autonom über der Gesellschaft, sondern galten als integraler Bestandteil eines - modellhaften - Gefüges aus politischen, ökonomischen und soziokulturellen Systemen. Anders als im traditionellen Konzept der Regierungslehre wurde der Blick stärker auf Einflußformen, wechselseitige Beziehungen und Partizipationskanäle zwischen den verschiedenen Bereichen des Gesamtkomplexes von Staat und Gesellschaft gelenkt und unter Rezeption der Forschungsansätze aus der → Systemtheorie und der → Kybernetik eine inhaltliche und methodisch-theoretische Ausweitung des Faches I. geleistet. Mit der erweiterten Begrifflichkeit des politisch-administrativen Systems war nun nicht mehr nur der Verfassungsstaat mit seinen Institutionen im Mittelpunkt, sondern auch der Interventionsstaat, der in engen wechselseitigen Beziehungen zu den soziokulturellen und dem ökonomischen System steht, wurde relevanter Erkenntnisgegenstand der I.

Wenn politische → Partizipation analysiert wurde, standen nicht mehr wichtige Einzelproblemstellungen wie die Rolle des → Abgeordneten im → Parlamentarismus oder Fragen der Wahlsysteme und der Funktion von Parteien im Vordergrund, sondern der Gesamtkomplex der verschiedenen Einflußformen und Interessendurchsetzungen in den Beziehungen des soziokulturellen zum politischen System wurde Erkenntnisgegenstand. Ähnliches gilt für das komplexe Wechselspiel im Verhältnis der Systeme von Politik und Ökonomie, wo Steuerungsleistungen und Einflußnahmen der

Politik neben der Ressourcenaufbringung wirtschaftlicher Einheiten erst in der Zusammenschau ein Bild der komplexen Realität vermitteln. Gewachsene Handlungsanforderungen, realisierte Steuerungsleistungen und politische Reformvorhaben v.a. seit Ende der 60er Jahre führten im Bereich der I. nicht nur zu erheblichen wissenschaftlichen Kontroversen um den demokratischen Charakter von Staat und Gesellschaft und Interventionsleistungen und -möglichkeiten einer mehr *aktiven Politik*, sondern gaben als realpolitische Prozesse mit den Anstoß zur weiteren Ausformung und Differenzierung der I.

Zum einen trat das Verhältnis von Wissenschaft und Politik mehr in den Blickpunkt, zum anderen etablierte sich vor allem angesichts der Erweiterung der → politischen *Planung* in → Bund und → Ländern ein Untersuchungsfeld, das sehr stark anhand einzelner Politikbereiche und konkreter Politikfelder auch die Prozesse der Zielfindung, Formulierung und Umsetzung etwa politischer Programme und Reformvorhaben erforschte. Die → Policy-Forschung trug dabei wesentlich zu einer Ausdifferenzierung des Faches bei. I. war in dieser Phase sowohl ausgesprochen praxisorientiert, v.a. im Rahmen wissenschaftlicher Politikberatung, als auch sehr kritisch gegenüber den in dieser Phase bundesdeutscher Entwicklung realisierten Politikmustern bzw. der gesamten Gesellschaftsformation.

Die Realisierungsgrenzen, die Politikmuster einer aktiven Reformpolitik in einer Anzahl von Restriktionen und Widerständen in den verschiedenen gesellschaftlichen Subsystemen fanden, und die massiven Krisenerscheinungen im ökonomischen System ab Mitte der 70er Jahre führten dazu, daß staatliche Handlungsschwächen trotz allgemeiner politischer Stabilität von unterschiedlichen Positionen her zunehmend unter dem Stichwort → „Unregierbarkeit" thematisiert wurden. Probleme des politisch-administrativen Systems (selektive Problemwahrnehmung, umfassende Programmentwicklung behindernde Konfliktlösungs- und Kontliktvermeidungsstrategien) traten ebenso in das Zentrum innenpolitischer Analysen wie die föderalistischen Strukturen (→ Politikverflechtung) und die Machtbeziehungen zwischen Ökonomie und Politik. Während linke Positionen im Blick auf das Stichwort „Unregierbarkeit" auf krisenhafte, soziale Kosten verursachende kapitalistisch organisierte Wirtschaft verwiesen, sahen neoliberale bzw. konservative Positionen die Ursachen für eingeschränkte Handlungsspielräume in zunehmenden Eingriffen der staatlichen → Administration in das ökonomische System bzw. in der Konkurrenz demokratisch organisierter Politik und der daraus resultierenden Steigerung der Ansprüche gesellschaftlicher Gruppen an den Staat begründet. Zunehmend wurde erkannt, daß → Konsens zu einer extrem knappen Ressource geworden war. Die Entwicklung seit den 70er Jahren hat deutlich gemacht, daß ein zentrales Problem für die westlichen Demokratien darin liegt, innerhalb der vielgestaltigen Interessen- und Konfliktstrukturen der Gesellschaft zu einem verträglichen Ausgleich zu kommen, v.a. dort, wo die alten Rezepte nicht mehr greifen und für neue noch kein Konsens vorhanden ist.

Für die I. wurden deshalb auch Versuche, angesichts wachsenden Konsensbedarfs und mangelnder Durchsetzungsmacht die Durchsetzungsprobleme staatlichen Handelns u.a. durch eine stärkere Einbeziehung der in den jeweiligen Politikfeldern dominierenden → Verbände in staatliche Handlungen zu entschärfen, zu zentralen Gegenstandsbereichen. Die gewachsene Einflußkompetenz der Verbände wurde dabei zu einem breiten Forschungsfeld, wobei v.a. auch auf die Rolle von → Gewerkschaften und → Unternehmerverbänden im Rahmen einer inhaltlichen und institutionellen Neuorientierung der Wirtschafts- und Gesellschaftspolitik im keynesianischen Interventionsstaat („Globalsteuerung") ein großes Gewicht gelegt wurde. → Neokorporatismus avancierte zum wichtigen Erkenntnisgegenstand und stand für die freiwillige, auf Aushandlungsprozessen beruhende Zusammenarbeit von Staat, Kapital und Arbeit zwecks Realisierung konsensfähiger wirtschafts- und gesellschaftspolitischer Zielsetzung. Dabei gilt auf der einen Seite die Beteiligung gesellschaftlicher Gruppen bei der Findung, Formulierung und Umsetzung von Politikzielen und konkreten Handlungsmustern als Erweiterung der Partizipationschancen der Gesellschaft, andererseits trägt ein solcher Aushandlungsmechanismus politischer Entscheidungsfindung zum fortschreitenden Bedeutungsverlust parlamentarischer Institutionen bei. Mangelnde Transparenz derartiger Konfliktlösungsmuster für Parlament und → Öffentlichkeit charakterisiert ein erhebliches Legitimationsdefizit korporatistischer Tendenzen.

Im Beziehungsgeflecht der Subsysteme von Ökonomie, Politik und Gesellschaft waren insbesondere seit den frühen 70er Jahren jedoch nicht nur neuere Steuerungsformen zu analysieren, sondern die Ausweitung und partielle Innovation der Partizipationskanäle, die Frage nach größeren politischen Teilhabechancen wurden zu wichtigen Forschungsfeldern der I. Eingebettet in den Entwicklungslinien der politischen Kultur, nicht zuletzt unter dem Einfluß der → Studentenbewegung Ende der 60er Jahre und der Phase der Reformpolitik, erweiterte sich das Spektrum der Interessenartikulations- und Partizipationskanäle. → Bürgerinitiativen, die oft massive Vetopositionen gegenüber industriegesellschaftlichen Großprojekten geltend machten, → Neue Soziale Bewegungen, die übergreifende Themen und Problemkonstellationen in der Gesellschaft thematisierten und auf die Veränderung tradierter → Werte und → Normen drängten, traten neben die Parteien und Verbände als Agenten politischer Artikulation und Mitgestaltung. Nicht zuletzt ihre Rolle im Verhältnis zu den Parteien und neuere Entwicklungen im → *Parteiensystem* rückten die Parteien wieder stärker ins Zentrum der I. Fragen nach der generellen Problemlösungskapazität der *Parteien* (v.a. der → Volksparteien) und der damit verbundene Einfluß auf die Handlungsoptionen des Gesamtsystems gewannen an Bedeutung.

Insbesondere im Rahmen der seit Mitte der 70er Jahre verstärkt ablaufenden Prozesse des sozioökonomischen Strukturwandels mit seinen innergesellschaftlichen und globalisierungsbedingten Ursachen und weitreichenden Folgen stellt sich auf einer Vielzahl von Forschungsfeldern immer wieder die Frage nach der prinzipiellen Problemlösungskompetenz des politischen Systems und seiner Akteure. So finden sich auch im Bereich aktueller Fragestellungen eine Fülle von Untersuchungsgegenständen wie etwa die soziale Polarisierung der Arbeitsgesellschaft, die Herausbildung einer Neuen Armut und die damit verbundenen Konsequenzen für den → Sozialstaat, die verdeutlichen, daß nur eine integrative Analyse von Prozessen, Handlungsorientierungen und institutionell-organisatorischen Strukturen der Komplexität innenpolitischer Themenstellungen gerecht werden kann. Dies gilt im besonderen Maße auch für aktuelle gesellschaftliche Problemkonstellationen sowohl im Rahmen des sozioökonomischen Strukturwandels der Arbeitsgesellschaft als auch etwa für die Strukturveränderungen im Parteiensystem der neuen Bundesrepublik. Sie werden erst verständlich, wenn das Zusammenwirken sozialer Prozesse, veränderter ökonomischer Rahmenbedingungen und Handlungs- und Reaktionsmechanismen des politisch-administrativen Systems dem Erkenntnisprozeß zugrundegelegt wird.

Dies wird exemplarisch deutlich bei der Analyse der komplexen Prozesse und Probleme der Deutschen Einheit mit den auslösenden DDR-internen politischen Strukturbrüchen und der Rolle der Bürgerbewegungen, den internationalen Entwicklungskontexten, die ein Ende der Zweistaatlichkeit ermöglichten, der Herausbildung neuer (bzw. wiederentstandener) Länder in Ostdeutschland mit ihren besonderen politischen Partizipationsproblemen, nicht zuletzt im Parteiensystem, sowie den weitreichenden ökonomischen, sozialen und politisch-kulturellen Folgen und Disparitäten, die im Rahmen des Transformationsprozesses das politische System der neuen Bundesrepublik nicht nur mit finanziellen Transferlasten, sondern auch mit Integrations- und Legitimationsproblemen konfrontieren.

Neben der deutsch-deutschen Integration hat aktuell in der I. die Diskussion um die abnehmende Handlungskompetenz und politische Steuerungsfähigkeit des → Nationalstaates ein besonderes Gewicht. Während einerseits im Kontext der → Globa

lisierung, aber auch der europäischen Souveränitätsverflechtung das politische System Handlungskompetenzen verliert bzw. delegiert, erfolgen andererseits Gestaltungszuwächse durch Integration gesellschaftlicher Ressourcen und Akteure, etwa im Rahmen verhandlungsdemokratischer Politikmuster und der bedeutsam gewordenen → Regionalisierung → politischer Steuerung v.a. in sozioökonomischen Aufgabenfeldern. Mit den grundlegenden gesellschaftlichen Problemstellungen und gestaltungspolitischen Verschränkungen verbinden sich auch Legitimationsfragen, die das bisherige Demokratiemodell und die Integrationspotentiale des politischen Systems berühren.

Insgesamt hat sich in der I. zwar eine Fragmentierung der Gegenstandsbereiche in so unterschiedliche Forschungsfelder wie → Arbeitsmarkt- und Wirtschaftspolitik, Bürokratieforschung und Strukturen politischer Willensbildungs- und Partizipationsprozesse oder aber Fragen der Gestaltbarkeit des technologischen Wandels und der hierbei zentralen Strukturen des Beziehungsgeflechts von Wissenschaft, Wirtschaft und Politik herausgebildet. Aber in der Wissenschaft besteht weitgehender Konsens darüber, daß einzelne Politikbereiche nicht allein über ihre spezifischen Inhalte und Gegenstandsfelder erfragbar sind. Vielmehr müssen für die fruchtbare wissenschaftliche Bearbeitung sowohl die gesellschaftlichen und politischen Prozesse mit den ihnen zugrundeliegenden Interessen und Machtkonstellationen als auch die jeweils wirksamen institutionellen Ausformungen des Gesamtkomplexes politisches System berücksichtigt werden.

Für die I. zeigt sich so auch, daß bei aller Ausdifferenzierung des Faches viele der bisher erarbeiteten Fragestellungen und Erkenntnisgegenstände als fruchtbarer Fundus und Basis aktueller Forschung genutzt werden können. Bei aller Vielfalt der hier ansatzweise skizzierten Untersuchungsfelder finden sich mehr oder minder gesicherte Analyseperspektiven, die die heterogenen Methoden und Theorieansätze für die I. als Lehr- und Forschungsfeld fruchtbar werden lassen.

Lit.: Gabriel, O.W./ Holtmann, E. (Hg.): Handbuch politisches System der Bundesrepublik Deutschland. München, Wien, 2. Aufl. 1999; *Böhret, C./ Jann, W./ Kronenwett, E.*: Innenpolitik und politische Theorie. 3. Aufl., Nachdruck. Opladen 1997; *Lompe, K.*: Sozialstaat und Krise. Bundesrepublikanische Politikmuster der 70er und 80er Jahre. Frankfurt/ M., Bern, New York 1987; *Lompe, K./ Blöcker, A./ Lux, B./ Syring, O.*: Regionalisierung als Innovationsstrategie. Berlin 1996; *Simonis, G.* (Hg.): Deutschland nach der Wende. Neue Politikstrukturen. Opladen 1998.

Prof. Dr. Klaus Lompe, Braunschweig/
Dr. Klaus-Bernhard Roy, Magdeburg

Innerdeutsche Beziehungen
⇒ *deutsch-deutsche Beziehungen*

Innere Führung
Konzept militärischer Ausbildung und Menschenführung der → Bundeswehr, welches von der Notwendigkeit der gesellschaftlichen → Integration der Streitkräfte in der freiheitlichen → Demokratie ausgeht und diese durch die Orientierung am Leitbild des → Bürgers in Uniform zu verwirklichen sucht.

Innere Sicherheit
Zusammenfassende Bez. für die Erfüllung staatlicher Ordnungs- und Schutzfunktionen, d.h. i.d.R. die Sicherung der Unversehrtheit von Leben und Gesundheit, von → Freiheit und → Eigentum der → Bürger sowie die Gewährleistung des Bestandes der Rechtsordnung und der Einrichtungen des → Staates.

Innerparteiliche Demokratie
Partizipatorische Organisationsnorm für politische → Parteien. Nach Art. 21 I GG muß die „innere Ordnung" der Parteien „demokratischen Grundsätzen" entsprechen. Nähere Regelungen enthält das an den Grundsätzen der → repräsentativen Demokratie orientierte → Parteiengesetz vom 24.7.1967 in den §§ 6 - 16. Diese enthalten u.a. Vorschriften über die demokratische → Wahl aller Parteiorgane und die satzungsmäßige Festlegung ihrer Kompetenzen, die Rolle des Parteitags als

oberstes Organ sowie die Rechte der Mitglieder (gleiches Stimmrecht, Ausschluß nur durch Schiedsgerichte).

Vorschriften für die → Kandidatenaufstellung bei → Wahlen zu → Volksvertretungen sind in den jeweiligen Wahlgesetzen niedergelegt. Die Ergebnisse der u.a. durch das → „Gesetz der Oligarchie" inspirierten empirischen Untersuchungen zur Organisationswirklichkeit von Parteien haben wiederholt bestätigt, daß nur eine Minderheit der Parteimitglieder aktiv an der innerparteilichen Willensbildung und Entscheidungsfindung beteiligt ist. Die demokratietheoretische Einordnung derartiger Befunde fällt unterschiedlich aus; umstritten ist v.a. die Frage, inwieweit der allen Parteien auferlegte Sachzwang zur Effizienz im demokratischen Machtkampf und die (daraus resultierende) innerparteiliche → Herrschaft von → Eliten das Demokratiepostulat aushöhlen.

Innerverbandliche Demokratie
Partizipatorische Organisationsnorm für → Verbände. Während die innere Ordnung der → Parteien nach dem → Grundgesetz demokratischen Grundsätzen entsprechen muß (Art. 21 I GG), die im → Parteiengesetz näher spezifiziert werden, unterliegen → Verbände nur den Bestimmungen des → BGB über (rechtsfähige) Vereine sowie den von der Rechtsprechung entwickelten Grundsätzen für nichtrechtsfähige Vereine (v.a. → Gewerkschaften und Wirtschaftsverbände). In Anbetracht des großen Einflusses von Verbänden auf die → Gesetzgebung und auf das Verhältnis von → Staat und Wirtschaft wurde von der → F.D.P. 1976 ein Verbändegesetz in die Diskussion gebracht, das, ähnlich wie das Parteiengesetz, die innere Ordnung der Verbände regeln und damit deren innere Willensbildung „transparenter" machen sollte. Das v.a. auf eine Eindämmung des gewerkschaftlichen Einflusses zielende Verbändegesetz scheiterte jedoch nicht nur wegen seiner politisch umstrittenen Stoßrichtung, sondern auch an grundsätzlichen verfassungsrechtlichen Bedenken hinsichtlich einer weiteren Ausdehnung staatlichen Einflusses auf freie gesellschaftliche Vereinigungen und einer damit

verbundenen möglichen Einschränkung der grundgesetzlich garantierten → Koalitionsfreiheit.

Input

Funktionsbegriff der → Systemtheorie, welcher die Einflüsse der Umwelt auf ein System oder auf Teile desselben bezeichnet. Der korrespondierende Begriff ist der des → output. Die Verwendung des Begriffspaares für die Analyse des → politischen Systems geht v.a. auf die amerikanischen Sozialwissenschaftler G.A. Almond und D. Easton zurück. Easton unterscheidet beim i. Forderungen (demands) und Unterstützungsleistungen (supports), während Almond vier I.-Funktionen benennt: 1. politische → So-zialisation und Rekrutierung 2. → Interes-senartikulation 3. → Interessenaggregation 4. → politische Kommunikation.

Input-output-Analyse

1. Verfahren zur Darstellung und Prognose der Ströme zwischen den Sektoren, Unternehmen und Haushalten einer Volkswirtschaft, welches den Zusammenhang zwischen Mitteleinsatz und Produktionsergebnis aufschlüsselt, u.a. im Hinblick darauf, wie sich Schwankungen in der Endabnahme eines Wirtschaftszweiges auf andere volkswirtschaftliche Größen auswirken.

2. Von dem amerikanischen Sozialwissenschaftler D. Easton entwickelter Ansatz zur Analyse der Austauschprozesse des → politischen Systems mit seiner Umwelt. Die auf hohem Abstraktionsniveau angesiedelte i. geht letztlich der Frage nach, welche → inputs das politische System zu → outputs verarbeiten muß, um den eigenen Bestand zu sichern.

Institution

Bez. für stabile und relativ dauerhafte Handlungsregelmäßigkeiten und Gleichförmigkeiten wechselseitigen Verhaltens von Menschen, Gruppen und Organisationen. I. werden interpretiert sowohl als gesellschaftlicher Instinktersatz, welcher das menschliche Zusammenleben stabilisiert und die Menschen vom Entscheidungsdruck entlastet, als auch als dem Men-

schen äußerliche (und ihn u.U. unterdrükkende) Ordnungs-, Herrschafts- und Sanktionsmechanismen. Im traditionellen Verständnis werden als politische I. v.a. die Staats- und Verfassungsorgane (z.B. → Parlament und → Regierung), bestimmte Organisationen (z.B. → Parteien und → Gewerkschaften) und bestimmte Verfahrensregeln (z.B. → Wahlen) bezeichnet. Die → Systemtheorie versteht unter politischen I. diejenigen Einrichtungen und Verfahren, welche der Herstellung und Durchsetzung allgemein verbindlicher Entscheidungen dienen.

Institutionelle Garantie

Verfassungsrechtliche Gewährleistung des Bestandes bestimmter Einrichtungen, im Unterschied zum subjektiv-rechtlichen Gehalt von → Grundrechten, welcher eine individuelle Rechtsstellung verbürgt; so schützt z.B. Art. 5 GG gleichermaßen das Institut freie Presse wie die individuelle Informationsfreiheit. Das → Grundgesetz garantiert sowohl den Bestand öffentlich-rechtlicher (z.B. → Kommunale Selbstverwaltung nach Art. 28 II, → Berufsbeamtentum nach Art. 33 V GG), als auch privatrechtlicher Einrichtungen (z.B. Ehe und Familie nach Art. 6, → Eigentum und Erbrecht nach Art. 14 GG). Z.T. wird nur die Gewährleistung ersterer als i. bezeichnet und von letzterer als Institutsgarantie unterschieden; meist werden beide Begriffe jedoch synonym gebraucht.

Institutsgarantie

⇒ *institutionelle Garantie*

Integration

Mehrdeutiger Begriff, welcher allgemein die (Wieder)Herstellung eines Ganzen, einer Einheit durch Einbeziehung außenstehender Elemente bezeichnet. Folgende Begriffsvarianten können unterschieden werden:

1. Gemeinschaftsfördernde Prozesse oder Leistungen, die der Eingliederung von → Individuen oder Gruppen in eine umfassende Einheit dienen (z.B. gesellschaftliche I. von Ausländern, I.kraft eines Politikers).

2. Einheit des Sozialsystems, gesichert durch allgemein verbindliche Definition der sozialen Positionen sowohl in horizontaler (Stellung im System der → Arbeitsteilung) als auch in vertikaler (Stellung im Herrschaftsgefüge) Hinsicht. Die I. einer → Gesellschaft ist demnach nur gewährleistet, wenn breiter → Konsens über gemeinsame → Grundwerte, Ziele und Verhaltensregeln besteht.

3. Zusammenführung und Bündelung gesellschaftlicher → Interessen und ihre Einbindung in den politischen Entscheidungsprozeß v.a. durch → Parteien und staatliche → Institutionen.

4. Der → Staat als „Lebensprozeß" und die → Verfassung als „Lebensform", welche durch die ständige Einbeziehung der einzelnen erst wirklich werden (so die in den 20er Jahren von R. Smend entwickelte I.lehre).

5. Einbeziehung „außenstehender" gesellschaftlicher Gruppen in das → politische System auf dem Wege über → politische Beteiligung, wobei die Eröffnung neuer Chancen der → Partizipation durch Anerkennung des → politischen und gesellschaftlichen Systems „erkauft" werden muß (→ Arbeiterbewegung, → neue soziale Bewegungen).

6. Inter- oder supranationaler Zusammenschluß von Staaten in politischer, wirtschaftlicher und/oder militärischer Hinsicht (z.B. Europäische Integration).

Integrationsgewalt
Die dem → Bund nach Art. 24 I GG zukommende Befugnis, durch → Gesetz → Hoheitsrechte auf zwischenstaatliche Einrichtungen zu übertragen.

Integrationspartei
→ Partei, die sich nicht mit der → Repräsentation von → Interessen begnügt, sondern darüber hinaus einen über den parlamentarischen Raum hinausgehenden, ideellen und sozialen Zusammenhalt ihrer Mitglieder anstrebt.

Interesse
1. Definition und begriffliche Entwicklung.
Das I. - eines der meist gebrauchten

Fremdwörter in der deutschen Sprache und zugleich ein Schlüsselbegriff sozialwissenschaftlicher Empirie und Theoriebildung - kann aufgrund seines universalen Vorkommens als genuin anthropologische Kategorie betrachtet werden. Als „das interessierte Mängelwesen" orientiert der Mensch sein Verhalten vornehmlich an → Bedürfnissen und Erwartungen, die sich ihm als bedeutungs- und wertvoll darstellen. Weil die I. das Handeln bestimmen, entfalten sie in der → Gesellschaft eine Art unsichtbares Kräftefeld, in dem Wünsche und Ziele, aber auch Ideen in Konkurrenz zueinander treten oder sich wechselseitig verstärken.

Eine wechselvolle Geschichte hat dazu geführt, daß es über hundert verschiedene Bez. für den Bedeutungsgehalt des Wortes I. gibt, darunter Streben, Neigung, Lust, Aufmerksamkeit, Wille und Wohlgefallen. Das Wort selbst taucht erstmals im römischen Corpus iuris civilis auf, erhält in der Rechtssprache des 13. Jh. die Bedeutung von (Kapital-)Zins und wird im 16. Jh. zunehmend im Sinne von Vorteil und Nutzen verstanden. Eine Sonderentwicklung ist in der damaligen religiösen Terminologie Spaniens zu sehen, die das I. als Synonym für sündige Egozentrik gebraucht. Diese Semantik wirkt sich aus auf die Staats- und Morallehren des 17. und 18. Jh., tritt dort aber in Konkurrenz zu dem im übrigen Westeuropa dominierenden positiven Verständnis, welches im I. die Gesamtheit der Antriebe des selbständig handelnden → Bürgers sieht.
Im 20. Jh. schließlich verblaßt mit dem Aufkommen von → Parteien und → Verbänden der bis dahin auf das bürgerliche → Individuum bezogene I.begriff. Es setzt sich zunehmend eine partei-, klassen- oder gruppenspezifische Verwendung durch. Beibehalten wird aber in der Regel die mit jedem I. verbundene Partikularität.

2. Zur Ideengeschichte des I. Die Karriere des I.begriffs beginnt mit der europäischen → Aufklärung und ist eng gekoppelt an das bürgerliche Emanzipationsstreben. Der Begriff wird empirisch verwendet und ist deutlich hedonistisch und diesseitig orientiert. Mit diesen Merkmalen repräsentiert er das Selbst- und Weltverständnis des bürgerlichen Subjekts, das auf autonome Selbstbestimmung und possessiven → Individualismus gerichtet ist. Es verwundert nicht, daß ein so verstandenes I. im Gegensatz zur klassischen naturrechtlichen Tradition bspw. eines Thomas von Aquin steht, gemäß der bei ausschließlicher Geltung des Individualinteresses jede soziale Ordnung gesprengt würde. Diese Tradition sieht nicht in der Selbstliebe und im wohlverstandenen Eigeninteresse die Basis der Moral; sie lehnt zwar nicht die Selbstliebe oder das Privatinteresse ab, bindet dieses Streben aber in das → Gemeinwohl ein, was den Vorrang der Tugend der Gemeinwohlgerechtigkeit vor dem Selbstinteresse impliziert. Daß die gemeine Wohlfahrt der besonderen vorgeht, ist eine auch heute gültige Einsicht. Unter der Ägide des I.-prinzips ergibt sich folglich die politische Paradoxie, daß einerseits die Prägung des Menschen durch sein Einzelinteresse unterstellt wird, andererseits aber als unerläßlich postuliert wird, die vereinzelten Menschen staatlich oder gesellschaftlich in ein überindividuelles Gemeingut zu integrieren. In der Auflösung dieses Dilemmas unterscheiden sich die Vertreter der neuzeitlichen → politischen Philosophie. Zugleich beziehen sie damit auch Position zur Zulässigkeit eines gesellschaftlichen → Pluralismus der I.

Der radikal mit dem klassischen politischen Denken brechende Engländer Thomas Hobbes (1588-1679) sieht im Streben nach Selbsterhaltung die Grundlage allen gesellschaftlichen Lebens. Als Handlungsantrieb spielt das I. aber nur ein einziges Mal eine politisch legitime Rolle, nämlich bei der aus Gründen der Selbsterhaltung erfolgenden Staatsgründung, die den aus der urwüchsigen Selbsterhaltung resultierenden Kampf aller gegen alle beenden soll. Danach gilt jede weitere I.-betätigung als verderblich. Denn die „systems of interests" bedrohen den Allgemeinheitscharakter der souveränen Staatsherrschaft.

Die → Dialektik des I. als eines staatsbildenden und zugleich staatszerstörenden Faktors findet bei Hobbes' Landsmann John Locke (1632-1704) keine Resonanz. Zwar vermag nach Locke das I. kein Recht zu begründen - er folgt hier dem klassi-

schen → Naturrecht -, aber er bereitet dennoch einen positiven I.-begriff dadurch vor, daß er das persönliche → Eigentum und das Streben danach als gesellschaftliches Gut rechtfertigt, in dem Privates und Allgemeines zur Deckung gelangen.

Die im Zeichen des Wirtschaftsliberalismus und → Utilitarismus stehende englische → Sozialphilosophie des späten 18. Jh. entwickelt eine äußerst positive Einstellung zum Individualinteresse. Für Adam Smith (1723-1790) trägt und steuert die freie Konkurrenz rivalisierender Einzelinteressen den Lebensprozeß der Gesellschaft. Einzel- und Gesamtinteresse bilden in diesem harmonistischen Konzept keinen Gegensatz. Vielmehr ergibt sich der größte Nutzen für alle dadurch, daß jeder nur den größten eigenen Vorteil sucht. Auch Jeremy Bentham (1748-1832) sieht im „self-interest" das primäre Bewegungsmoment jeglicher wirtschaftlichen Tätigkeit, das freilich reguliert werden muß zugunsten langfristiger und größerer I. Mit Hilfe des I.-prinzips läßt sich jedenfalls das größte Glück der größten Zahl erreichen.

Der von Locke beeinflußte französische Aufklärer Claude Helvétius (1715-1771) erblickt im I. die Grundlage aller zweckrationalen Tätigkeit. Moral zu predigen diene daher zu nichts. Mit Hilfe des I.-begriffes will Helvétius auch die verstandesmäßigen und moralischen Leistungen des Individuums und der Gesellschaft auf ein materielles Substrat zurückführen.

Die Hauptbegriffe des wohl einflußreichsten Theoretikers der Neuzeit, Jean Jacques Rousseau (1712-1778), werden ebenfalls durch das I. strukturiert. Rousseau hält die natürliche Selbsthilfe, den „amour de soi", für das universale Gefühl menschlichen Seins. Dieses Gefühl könne sich entgegengesetzt entwickeln, einmal depravierend hin zur egoistischen Selbstsucht, dem „amour propre" oder „intérêt privé", zum anderen sich veredelnd hin zur Liebe zur Ordnung, zum „amour de l`ordre" oder „intérêt moral". In den Gesellschaften seiner Zeit diagnostiziert Rousseau die Vorherrschaft der entarteten Selbstsucht. Mit grundsätzlicher Skepsis betrachtet er auch die privaten I. der → Bürger, da er bezweifelt, daß diese sich gegenseitig zum Allgemeininteresse ergänzen können. Wie bei Hobbes erscheinen die kollektiv geltend gemachten I. der Bürger als Fremdkörper, die den Allgemeinwillen unterdrücken und letztlich die Gesellschaft sprengen können. Rousseau erhebt das gemeinsame I. zum obersten Steuerungsprinzip und beurteilt alle partikularen I. negativ.

Ganz andere Schlußfolgerungen ziehen die amerikanischen Verfassungsväter aus dem I.-pluralismus. In den 1787 und 1788 von Alexander Hamilton, James Madison und John Jay verfaßten → Federalist Papers wird zunächst Rousseaus Einsicht anerkannt, daß machtvoll vorgetragene Partikularinteressen die Durchsetzung des öffentlichen Wohles beeinträchtigen oder gar verhindern können. Gegen Rousseau heißt es dann aber, daß man die auf selbstsüchtigen I. und Leidenschaften basierenden → „factions" solange ertragen müsse, wie das Prinzip der politischen → Freiheit gelte und sich der - totalitäre - Oktroi gleicher Ansichten und I. moralisch verbiete. Also nicht eine Erziehungsdiktatur im Namen des Allgemeininteresses, wie sie Rousseau befürwortet, sondern die durch eine Vervielfältigung von I. ermöglichten → „checks and balances" sowie ein dem unmittelbaren I.-druck entzogenes → repräsentatives Regierungssystem stellen die geeignete Antwort auf das I.-problem dar.

Eine ganz eigenständige - ideologiekritische - I.-theorie entwirft Karl Marx (1818-1833). Er betont die gesellschaftliche Bedingtheit des I. und weist das bis dahin vorherrschende Verständnis zurück, das im I. einen individuellen, subjektiven und egoistischen Handlungsantrieb sieht. Die I. seien Ausdruck der Klassenlage der Menschen. In den durch Ausbeutung gekennzeichneten entfremdeten Gesellschaften komme ein Allgemeininteresse in den → Institutionen und Akten des → Staates nicht zustande. Denn wenn jeder sein Privatinteresse verfolge, könne daraus kein Allgemeinwohl entstehen. Was beispielsweise in der → bürgerlichen Gesellschaft als solches ausgegeben werde, sei nichts anderes als die Allgemeinheit der selbstsüchtigen I. In weltgeschichtlicher Perspektive stünden sich schließlich die auf dem Egoismus basieren-

den „unwahren" → Klasseninteressen der → Bourgeoisie und die das I. der Menschheit repräsentierenden revolutionären und „wahren" Klasseninteressen des → Proletariats gegenüber.

3. Pluralistische versus monistische I.-theorie. In der → Politikwissenschaft wird kontrovers diskutiert, ob das I. ein subjektives Handlungsmotiv oder ein objektiver Sachverhalt sei. Ralf Dahrendorfs Gegenüberstellung von manifesten und latenten I. hat die Diskussion angeregt: Manifeste I. sind hiernach die ausdrücklichen Ziele organisierter Gruppen; latente I. haben stärker objektiven Charakter, da sie sich aus Arbeits- und Lebensbedingungen herleiten, ohne ständig bewußt zu sein.

Von politischer und nicht lediglich akademischer Brisanz ist dagegen die Auseinandersetzung zwischen dem liberalen Pluralismus und dem orthodoxen Monismus marxistisch-leninistischer Prägung. Die → Pluralismustheorie sieht in der Verfolgung von subjektiven I. einen essentiellen Bestandteil der menschlichen Natur. Die Anerkennung der gruppenmäßig organisierten gesellschaftlichen I.-vielfalt bilde daher eine Grundlage der Herrschaftslegitimierung. Behauptet man aber wie der Marxismus-Leninismus die Bestimmbarkeit eines objektiven, „wahren" I. ungeachtet seiner Verankerung in der menschlichen Psyche, so kann das im Extremfall zur dogmatisch bestimmten Deformation des Gemeinwesens führen, indem nämlich „falsche" I. bekämpft werden, die gesellschaftliche Homogenität im Namen des „richtigen" I. mit → Gewalt hergestellt wird und sich unter der diktatorischen Anleitung einer das Objektive verkörpernden → Staatspartei ein politischer Monismus etabliert. Seit dem weltpolitischen Umbruch Anfang der 90er Jahre führt der Marxismus-Leninismus ein Schattendasein in der Politik wie in der politischen Diskussion. Es gibt aber keine Gewähr dafür, daß damit die von einem monistischen Interessenverständnis ausgehenden Gefahren auf Dauer beseitigt sind.

4. Allgemeininteresse versus Gemeinwohl. Daß die Menschen nicht in erster Linie um des Wohles des Ganzen willen arbeiten, sondern aus Eigeninteresse an einer reichen Lebenserfüllung, läßt sich wohl genausowenig bestreiten wie das Prinzip, daß dem Gemeinwesen allgemeine, das Wohlergehen der Bürger fördernde Ziele aufgegeben sind, die üblicherweise unter den Bez. Gemeinwohl und Allgemeininteresse zusammengefaßt werden. Man kann diese Bez. synonym verwenden und tut es im politischen Alltag häufig auch, bei genauerer Betrachtung verbergen sich dahinter jedoch grundlegende Unterschiede.

Der Name Allgemeininteresse ist eigentlich nur unter der Maßgabe sinnvoll, daß politisches Handeln immer und ausschließlich auf I. zurückgeführt werden kann. I. in der pluralistischen Gesellschaft artikulieren aber kollektivierte individuelle Bedürfnisse und sind deshalb vom Staat her gesehen immer partiell und konfliktträchtig, keinesfalls jedoch allgemein. Der Name suggeriert also etwas Unzutreffendes.

Hält man dennoch am I.prinzip fest, dann ist das Allgemeininteresse als Maxime nur zu retten, wenn im Partikularen das Allgemeine enthalten ist. Daß dieses zutrifft, behauptet der Politikwissenschaftler Peter Massing. Er schlägt in Anlehnung an Jürgen Habermas das Vernunftverfahren eines praktischen Diskurses vor, in dem die Gesamtheit möglicher I. geschieden wird nach rational-allgemeinen und irrational-partikularen I. Die gegen den Diskurs erhobenen philosophischen Bedenken brauchen hier nicht wiederholt zu werden, es genügt der Hinweis auf die Lebensferne des Konzeptes.

Der Gemeinwohlgedanke vermeidet die Verabsolutierung des I. Das Gemeinwohl besteht zwar wesentlich aus vorgebrachten partikularen I., es enthält aber auch eine I.-abwägung, die wiederum einen Maßstab voraussetzt, der nicht das I. sein kann. Hier ist zu denken an eine teleologisch verstandene menschliche → Natur oder an die Würde des Menschen, mithin an metaphysisch-naturrechtliche Vorstellungen, die das - empirische - I. übersteigen.

Lit.: Artikel „Interesse", in: Geschichtliche Grundbegriffe. Historisches Lexikon zur politisch-sozialen Sprache in Deutschland.

Hg. v. *O. Brunner, W. Conze, R. Koselleck.* Band 3. Stuttgart 1982, S. 305-365; *W. Hirsch-Weber:* Politik als Interessenkonflikt. Stuttgart 1969. Interesse und Gesellschaft. Definitionen-Kontroversen-Perspektiven. Hg. v. *P. Massing/ P. Reichel.* München 1977; *P. Massing*: Interesse und Konsensus. Zur Rekonstruktion und Begründung normativ-kritischer Elemente neopluralistischer Demokratietheorie. Opladen 1979; *H. Neuendorff:* Der Begriff des Interesses. Eine Studie zu den Gesellschaftstheorien von Hobbes, Smith und Marx, Frankfurt/ M. 1973.

Prof. Dr. Joachim Detjen, Eichstädt

Interessenaggregation

Funktion von → Parteien und → Interessengruppen, welche die Zusammenführung und Bündelung der → Interessen der Mitglieder bzw. der politischen Zielgruppe in der Wählerschaft sowie deren Überführung in partei- bzw. verbandspolitische Ziele beschreibt.

Interessenartikulation

Funktion der → Interessengruppen und der politischen → Parteien im politischen Willensbildungs- und Entscheidungsprozeß. I. besteht in der Formulierung der → Interessen der Mitglieder als möglichst konkrete und sachbezogene Forderungen und im Versuch, diese im politischen Prozeß zur Geltung zu bringen.

Interessengruppen

Im Zuge der → Industrialisierung zum Zweck der Vertretung gemeinsamer politischer, wirtschaftlicher oder sozialer → Interessen entstandener Typus gesellschaftlicher (Selbst-) Organisation auf der Basis formeller Mitgliedschaft. I. nehmen die Interessen ihrer Mitglieder sowohl gegenüber anderen gesellschaftlichen → Vereinigungen wahr (z.B. im Rahmen der → Sozialpartnerschaft), als auch und v.a. durch Einwirkung auf → Regierung, → Parlament, → Parteien und → Öffentlichkeit. Damit unterscheiden sie sich sowohl von Vereinigungen, deren Ziele nach „innen" gerichtet sind (z.B. kulturelle und Freizeitvereinigungen), als auch von den

Parteien, die eine Vertretung im Parlament und die Übernahme der Regierungsverantwortung anstreben.

Interessenpartei
Bez. für eine → Partei, deren primäres Organisationsziel in der Vertretung der → Interessen einer bestimmten gesellschaftlichen Gruppe besteht. I. wird häufig als Gegenbegriff zu → Volkspartei benutzt. Normativ akzentuiert dient er nicht selten dazu, einer Partei die Orientierung auf das → Gemeinwohl abzusprechen und des (Gruppen-)Egoismus zu zeihen. Als „Prototyp einer I., welche die von ihr vertretenen Belange nur durch Regierungsbeteiligung befriedigen kann" (Thomas Ellwein), gilt in der Bundesrepublik der → BHE.

Interessenpolitik
Grundkonstante der freiheitlichen → Gesellschaft ist die Anerkennung der Individualität eines jeden Menschen und seiner → Menschen- und → Bürgerrechte als → Grundrechte. Jeder soll nach seinen → Bedürfnissen und → Interessen leben können. Damit sind die persönlichen Bestrebungen und Werthaltungen sowie die individuellen Handlungs- und Nutzenvorstellungen der Menschen Ausgangspunkte jeder politischen Gestaltung der freiheitlichen Gesellschaft.
Der Ausgangspunkt der I. liegt darin, daß individuelle Interessen angesichts der Komplexität gesellschaftlicher Zusammenhänge nicht allein individuell im → politischen System durchgesetzt werden können, sondern auch einer kollektiven Organisation bedürfen, um im politischen Entscheidungsprozeß wirksam werden zu können. Sie müssen in der Vielfalt und Gegnerschaft aller potentiellen Interessen gesamtgesellschaftlich organisations-, repräsentations- und durchsetzungsfähig sein. I. hat also die Aufhebung der Interessenvereinzelung, die Hervorhebung besonderer Interessen von vielen und die Privilegierung bestimmter Interessen vor anderen zum Ziel.
Die unübersehbare Vielfalt und Gegnerschaft der verschiedenen individuellen Interessen muß allerdings gesamtgesell-

schaftlich zugleich in eine zuverlässige und doch stets wandlungsfähig bleibende Ordnung gebracht werden, damit sich eine einigermaßen „faire" Balance der unterschiedlichen Interessen in einer demokratischen Gesellschaft herstellen kann.

Neben den politischen → Parteien, den Medien und den → Institutionen von → Gesetzgebung, → Rechtsprechung und → Verwaltung sind es v.a. die → Interessenverbände, die zu einer Ordnung der Interessen in der Gesellschaft beitragen. Die Interessenverbände dienen der organisatorischen Zusammenfassung bestimmter Interessen in einer komplexen Gesellschaft sowie der öffentlichen Interessenartikulation und dem Interessentransport in die politischen Entscheidungsgremien. Die Interessenverbände sind damit die entscheidenden Träger der I. Sie können als Transmissionsriemen individueller Interessen in das Räderwerk der politischen Entscheidungsinstanzen angesehen werden.

Nicht alle Interessen sind jedoch in gleicher Weise verallgemeinerungs-, mobilisierungs- und organisationsfähig. Dauerhafte und sozial relativ homogene Interessen lassen sich am wirkungsvollsten in Organisationen zusammenfassen. Nicht alle Interessenorganisationen sind wiederum in gleicher Weise aktions-, konflikt- und durchsetzungsfähig. V.a. organisierte Interessen in gesellschaftlichen Schlüsselbereichen mit hohem Sachverstand und einem großen Personal- und Verwaltungsapparat sowie finanziell starke Interessenverbände verfügen über ein erhebliches politisches Durchsetzungsvermögen.

Es besteht also kein Machtgleichgewicht und keine Chancengleichheit unter den Interessenorganisationen. Politische → Macht leitet sich heute nicht mehr allein vom Kapitalbesitz ab, wie die ältere marxistische Interpretation der I. nahelegt, sondern ist eher eine Funktion der Verfügung über eine effektive Organisationsmacht in der gesellschaftlichen Kräftebalance der unterschiedlichen Interessen.

Im Gegensatz zu den politischen Parteien streben Interessenverbände nicht nach Macht im Sinne der Regierungsübernahme, sondern nach Macht im Sinne der Entscheidungsbeeinflussung im politischen Prozeß. Letztlich liegt das Ziel der I. in der interessenbedingten Prägung von → Gesetzgebung und Verwaltungsentscheidungen sowie in der möglichst privilegierten Teilhabe an der Verteilung von öffentlich verfügbaren Geldmitteln. Die Spitze seiner Macht hat ein Interessenverband dann erreicht, wenn er eine → Veto-Position im → politisch-administrativen System erlangt hat, die ihn zur Ablehnung jeder unliebsamen anderen Entscheidung und damit zur Blockierung gegnerischer Interessen befähigt.

In der Praxis vollzieht sich I. dreistufig, zunächst im klassischen Sinn als „Lobbying". Lobby heißt ursprünglich der Vorraum des → Parlaments, in dem einzelne Interessenvertreter durch „Gespräche" und „Beratung" auf einzelne → Abgeordnete Einfluß zu nehmen suchen. Längst geht die Einflußnahme der Interessenverbände über einzelne Abgeordnete und über den Vorraum des Parlaments hinaus. „Vorsprache" wird in den Ministerien selbst gehalten. „Absprachen" mit Ministern oder „Spitzengespräche" beim → Bundeskanzler dienen in gleicher Weise der Beeinflussung der Regierungspolitik. Auch die Teilnahme von Verbandsvertretern an Fachgesprächen der → Fraktionen oder die Beteiligung an → Hearings oder → „konzertierten Aktionen" zur Gesetzesvorbereitung geben den Interessenverbänden Einwirkungsmöglichkeiten. Die Veranstaltung eigener Gesprächsrunden, besonderer Verbandsabende oder von internen „Kamingesprächen" sollen die Einbindung der Entscheidungsträger in die I. ergänzen.

I.w.S. umfaßt die I. eine aktive „Pressure"-Politik. Dabei wird öffentliche Aufmerksamkeit erzeugt durch Kundgebungen und Großdemonstrationen. Die Mobilisierung der → öffentlichen Meinung in Funk, Presse und Fernsehen spielt hier eine besondere Rolle. Die moralische Skandalisierung bestimmter Vorgänge setzt gegnerische Interessen ins moralische Unrecht. Sie kann einhergehen mit Androhung von Gegenmaßnahmen, von → Streik, → Boykott und Entzug von Parteienmitgliedschaften oder Wählerstimmen. Die Adressaten dieser

Pressure-Politik können in gleicher Weise die Abgeordneten, die Parteien, die Verwaltungsinstanzen oder die Regierungsspitzen sein. Immer geht es darum, gegnerische Interessen zu neutralisieren oder gar zu diskreditieren und die eigenen Interessen als gemeinwohlfördernd oder doch zumindest als gemeinwohlverträglich darzustellen.

Internes Lobbying und Pressure-Politik gehen ineinander über, wenn direkt oder indirekt die Gewährung oder der Entzug von Finanzmitteln von bestimmten Entscheidungen oder Nichtentscheidungen (→ nondecisions) abhängig gemacht werden. Dies reicht von normalen und legalen Spenden – v.a. an Parteien und einzelne Abgeordnete – bis hin zu illegaler Korruption und Bestechung (→ Politische Korruption). Insgesamt variieren die Methoden der Entscheidungsbeeinflussung durch „Pressure" in vielfältigster Art. Selektive Informationsvergabe gehört ebenso dazu wie Informationsvorenthaltung, Gewährung oder Entzug von „Unterstützung", Vergabe von gutdotierten Positionen oder direkte oder indirekte Positionen oder direkte oder indirekte Täuschung, Androhung von Nachteilen sowie Nötigung.

Die dritte Stufe nach Lobbying und Pressure erreicht die I. dann, wenn es ihr gelingt, durch „Patronage" den bestehenden Einfluß zu mehren und abzusichern (→ Ämterpatronage). Patronage zielt darauf ab, bestimmte Positionen im politisch-administrativen System mit eigenem Fachpersonal zu besetzen. Dabei bildet die Verknüpfung von ehrenamtlicher Verbands- und beruflicher Verwaltungstätigkeit in politische Spitzenpositionen noch eine milde Form der I. Gezielt wahrgenommen, führt Patronage jedoch zur höchsten Dichte der wechselseitigen Verflechtung von politischen Entscheidungsträgern und organisierter I. Die personelle Durchdringung der Parteien und ihrer Untergliederungen, der Fraktionen und ihrer → Ausschüsse sowie der Fachreferate in den Ministerien kann bis zur Übernahme eines Ministeramtes durch einen Verbandsvertreter gehen.

Auf der anderen Seite erreichen Interessenverbände auch dann einen offiziellen Status als Mitentscheidungsträger, wenn sie etwa in der → „Sozialen Selbstverwaltung" oder in den → Kammern von Handwerk, Handel und Industrie „öffentliche Belange" in eigener Verantwortung regeln können.

Die Außenwirkung, die die I. durch Lobbying, Pressure oder Patronage für Interessenverbandsmitglieder erzielen kann, kommt freilich in aller Regel auch Nichtmitgliedern zugute. Um ihre spezifische Mitgliederbasis zu festigen, zielt verbandlich organisierte I. auch auf selektive Anreize, auf die Förderung der Geselligkeit unter den Mitgliedern, auf die Bereitstellung von spezifischen Fachinformationen, auf die Gewährung von Rechtshilfen, das Angebot von Steuerberatung sowie die Organisation von Berufsberatung, Fortbildung und Umschulung. Die Information in eigenen Verbandszeitschriften über Absichten des Gesetzgebers und Maßnahmen der Verwaltung sowie die Hilfe bei der Handhabung von Verwaltungsvorschriften gehört ebenfalls in diese Form der innerverbandlichen I.

Die wissenschaftliche Behandlung und Bewertung der verbandlich organisierten I. stellt sich insgesamt kontrovers dar. Nach der Parteienprüderie in der → Weimarer Republik ist allerdings auch die anfängliche „Verbandsprüderie" in der Bundesrepublik überwunden. I. wird heute als originärer Teil des pluralistischen Politikmodells angesehen. Insbesondere Ernst Fraenkel hat mit Rückgriff auf Arthur Bentley, Otto von Gierke und Harold Laski der Theorie des → Pluralismus in Deutschland Anerkennung verschafft. Gleichwohl blieb das von Ernst Fraenkel postulierte „Kräfteparallelogramm" der organisierten I. i. S. der gegenseitigen Neutralisierung nicht unwidersprochen.

War in den 50er Jahren noch von der Gefahr nicht legitimierten → „Herrschaft der Verbände" (Theodor Eschenburg, 1955) die Rede, so verlagerte sich die Diskussion in den 70er Jahren auf die Probleme der „Ohnmacht der → Demokratie" (Warnfried Dettling, 1976), der → „Unregierbarkeit" des → Staates (Wilhelm Hennis, 1977) und des inneren „Souveränitätsverlustes" der formalen Herrschaftsträger (Kurt Bieden-

kopf, 1977). Diese konservative Kritik an der organisierten I. wurde von kritischen Autoren ergänzt: Die organisierte I. führe im gegebenen Wirtschaftssystem zu einer geschlossenen → „Machtelite" (C. Wight Mills, 1962). Die Disparität der Interessenrepräsentanz und die ungleiche Durchsetzungsfähigkeit der Interessen wurde kritisiert (Claus Offe, 1969 → Disparitätenthese).

Demgegenüber haben Vertreter der → Systemtheorie immer wieder auf den Beitrag der organisierten I. zur Selbstregulierung der Gesellschaft, zur Integration der unterschiedlichsten Interessen in die Gesellschaft und zur Mobilisierung ihres Sachverstandes angesichts einer sich immer stärker ausdifferenzierenden Gesellschaft betont (Heribert Schatz, 1984). Auch die politische Rekrutierungs- und Sozialisationsfunktion der organisierten I. blieb nicht unerwähnt (Jürgen Weber, 1977). Kritische Autoren haben in der → „Neo-Korporatismus"-Debatte im Gegenzug auf die erneute Formierung eines quasi ständischen Herrschaftssystems durch eine zu starke Einbindung der I. in das formale Herrschaftssystem aufmerksam gemacht (Wolfgang Streeck/ Philippe Schmitter, 1985). In neuerer Zeit wird dagegen der „Netzwerkansatz" besonders hervorgehoben, da die „Interessenverflechtung" der unterschiedlichen Interessen in regelrechten „Politik-Netzwerken" die Findung von Kompromissen und Konsens erleichtere (Fritz W. Scharpf, 1993) und damit die Entscheidungsfähigkeit der politischen Entscheidungsträger erhöhe. Gegner dieses Ansatzes argumentieren jedoch, daß die Interessenverflechtung das politische Entscheidungssystem blokkiere und damit zur Verkrustung in der Gesellschaft beitrage. Eine ökonomische Interpretation der organisierten I. führt schließlich zu dem Ergebnis, daß der Aufstieg und der Fall von → Nationen ganz wesentlich von der I. in verfestigten Verteilungskoalitionen abhänge (Mancur Olson, 1985), weil die produktiven Kräfte einer Gesellschaft durch starke, ausschließlich auf Verteilung ausgerichtete Interessenverbände erlahmten.

Lit.: Alemann, U. v.: Organisierte Interessen in der Bundesrepublik Deutschland, Opladen 1987; *Olson, M.*: The Rise and Decline of Nations, New York 1982, deutsch: Aufstieg und Niedergang von Nationen, Tübingen 1985; *Schütt-Wetschky, E.*: Interessenverbände von Staat, Darmstadt 1997; *Streeck, W.* (Hg.): Staat und Verbände, PVS-Sonderheft 25, Opladen 1994; *Weber, J.*: Interessengruppen im politischen System der Bundesrepublik Deutschland, Stuttgart 1977.

Prof. Dr. Gerhard Himmelmann/
Braunschweig

Interessenverbände
→ Interessengruppen, → Verbände.

Intergouvernementale Beziehungen
Formelles oder informelles Zusammenwirken zweier oder mehrerer → Regierungen. Es können drei Formen von I. unterschieden werden:
1. innerhalb von → Bundesstaaten die Koordination der Regierungen der Gliedstaaten untereinander (→ Dritte Ebene) und ihr Zusammenwirken mit der Zentralregierung (→ Vierte Ebene);
2. in den → internationalen Beziehungen z.B. auf Regierungskonferenzen oder innerhalb internationaler Organisationen;
3. innerhalb der Europäischen Union (v.a. im → Ministerrat).

Interministerielle Ausschüsse
Aufgrund eines Kabinettsbeschlusses oder (häufiger) durch Vereinbarungen der betroffenen → Bundesminister eingesetzte, mit Vertretern der → Ministerialbürokratie besetzte Ausschüsse zur Koordination der Arbeit verschiedener → Bundesministerien. Die I. sind nicht als eigenständige Organe in den → Geschäftsordnungen verankert. Sie haben demgemäß auch keine Entscheidungsbefugnis, sondern dienen i.d.R. der vorbereitenden Aussprache und gegenseitigen Information auf der Ebene der → Referate. I. treten z.T. ad hoc zusammen, z.T. sind sie zu Dauereinrichtungen geworden, die auch die → Legislaturperioden überdauern (z.B. der I. für → Entwicklungspolitik).

International Political Science Association/ IPSA
1949 mit Unterstützung der → UNESCO gegründeter Weltverband für die → Politikwissenschaft zur Förderung der internationalen Wissenschaftskooperation, der die ständige Arbeit in sog. Research Comittees und Study Groups organisiert und in dreijährigem Turnus wissenschaftliche Weltkongresse veranstaltet.

Internationale
Übernationaler Zusammenschluß sozialistischer → Parteien und → Gewerkschaften im Rahmen der → Arbeiterbewegung. Die 1864 gegründete Erste I. zerbrach 1872/76 am Gegensatz zwischen Marx und Bakunin. Die Zweite, marxistisch orientierte I. wurde 1889 in Paris gegründet. Sie zerfiel nach Ausbruch des 1. Weltkriegs aufgrund der „Burgfriedenspolitik" vieler Mitgliedsparteien mit ihren kriegführenden → Regierungen. 1919 wurde die Zweite I. von gemäßigten Sozialdemokraten wiedergegründet. Daneben trat die (links)sozialistische Wiener I. (auch: I. Zweieinhalb). Beide vereinigten sich 1923 zur → Sozialistischen Arbeiter-Internationale (S.A.I.), die bis 1940 Bestand hatte. Als kommunistisches Gegenstück schuf Lenin 1919 die kommunistische I. als Dritte I. (→ Komintern). Sie wurde im Interesse des Bündnisses der UdSSR mit den Westmächten 1943 aufgelöst. 1938 wurde auf Initiative von Trotzki (→ Trotzkismus) die Vierte I. gegründet. Als Nachfolgeorganisation der S.A.I. versteht sich die 1951 konstituierte → Sozialistische Internationale (SI), welche die sozialdemokratischen und sozialistischen Parteien auf der Grundlage des Bekenntnisses zum → demokratischen Sozialismus vereinigt.

Internationale Arbeitsorganisation/ IAO, ILO
1919 mit dem → Völkerbund entstandene Organisation, seit 1946 Sonderorganisation der → Vereinten Nationen mit der Aufgabe der Verbesserung und Abstimmung der Arbeitsbedingungen in den Mitgliedsländern.

Internationale Arbeitsteilung

Spezialisierung einzelner Volkswirtschaften auf die Herstellung bestimmter Produkte bzw. Produktgruppen. Als „klassische" I. wird diejenige zwischen Rohstofflieferanten und Kapital- und Konsumgüterproduzenten bezeichnet, die gleichzusetzen ist mit der Aufteilung der Welt in Industrie- und → Entwicklungsländer, wobei letztere durch → Kolonialismus und → Imperialismus in diese → Arbeitsteilung häufig hineingezwungen wurden. Die Verfügbarkeit billiger Arbeitskräfte, welche nicht selten einer scharfen politischen und sozialen Kontrolle durch → autoritäre Systeme unterlagen und unterliegen, die Zerlegbarkeit der Fertigungsprozesse von Gütern sowie Fortschritte in der Transport- und Kommunikationstechnologie ließen eine partielle Auslagerung der Industrieproduktion in die Entwicklungsländer profitabel erscheinen. Damit ist die klassische I. zwar z.T. durchbrochen, ohne daß damit aber das globale Problem der → Unterentwicklung gelöst wäre (Ausnahme → Schwellenländer).

Internationale Beziehungen/ Internationale Politik

1. Int. Beziehungen (IB), Int. Politik (IP) ist neben der → Politischen Theorie und der (vergleichenden) Verfassungs- und Regierungslehre bzw. der Analyse → Politischer Systeme einer der drei großen Teilbereiche der → Politikwissenschaft; in den angelsächsischen → Ländern hat er sich zu einem eigenständigen Fach, dem der „international relations" entwickelt.

2. Die Vielfalt unterschiedlicher Bezeichnungen - IB, IP, Weltpolitik, Weltgesellschaft, int. System - verweist darauf, daß bislang kein → Konsens über die angemessene begriffliche Fassung des Erkenntnisgegenstandes besteht. Als allgemein anerkannte Nominaldefinition gilt, daß es sich um das Beziehungsgeflecht grenzüberschreitender Interaktionen von staatlichen und nichtstaatlichen Akteuren handelt. Die Analyse von → Außenpolitik wird zwar als wichtige Ergänzung der politikwissenschaftlichen Befassung mit IB/ IP gewertet, kann aber die spezifischen Wesensmerk-male der IB/ IP nicht erfassen, weil diese sich nicht lediglich aus der Addition einzelner Aktionen und Relationen ergibt. Soweit die Begriffe von IB/ IP nicht synonym verwandt werden, wird „IB" als Bezeichnung für die politikwissenschaftliche Teildisziplin, „IP" als Benennung ihres Gegenstandes gewählt. Als Selektionskriterium für die Ausgrenzung jener Wirklichkeitsausschnitte aus der Vielfalt des int. Geschehens, die für die politikwissenschaftliche Analyse als bedeutend gewertet werden, dient das Charakteristikum des „Politischen". Gegenstand der IB als Fach ist damit die autoritativ oder durch → Macht erfolgende Werteverteilung, die von den politischen Systemen und von gesellschaftlichen Akteuren in der internationalen Umwelt vorgenommen werden. (E. O. Czempiel 1981).

3. Das Teilgebiet der IB ist mit dem gleichen methodologischen Problem wie andere → Sozialwissenschaften konfrontiert, das sich aus der angemessenen Konzeptionalisierung des Wechselverhältnisses von Teil und Ganzem ergibt: die Akteure der IP reproduzieren und verändern als (zielgerichtet) Handelnde die int. Umwelt, in der sie leben; das int. System selbst besteht aus Beziehungen, welche die Interaktion der Handelnden strukturieren. Somit erfordert die theoretische Konzeptionalisierung der strukturbildenden Faktoren von IP ein zumindest implizites Verständnis der jeweiligen Eigenschaften der Akteure und des int. Systems sowie deren wechselseitiger Bedingtheit.

Wenn auch in allen Analyseansätzen die Wechselbeziehung von Akteur und → System zumindest implizit anerkannt wird, so wird sie doch vornehmlich dergestalt theoretisch rekonstruiert, daß die Eigenschaften des einen Analyseelements als Derivat der Eigenschaften des anderen behandelt werden. Eine solche Reduktion kann in beiden Richtungen vorgenommen werden. Dabei überwiegen die Ansätze, in denen davon ausgegangen wird, daß die Strukturierung des internationalen Systems durch die Eigenschaften der Akteure zu erklären ist. Nur in wenigen Ansätzen wird die Konstellation und Verfaßtheit der Akteure als Ausdruck der spezifischen

Strukturgegebenheiten des int. Systems betrachtet. Welche dieser jeweils unterschiedlichen Sichtweisen gewählt wird und welche Akteurs- bzw. Systemmerkmale als prägend erachtet werden, hängt von dem jeweiligen theoretischen Vorverständnis der Autoren, ihrem Erkenntnisinteresse und der konkreten Fragestellung ab. Dies spiegelt sich in dem Nebeneinander und der Abfolge der verschiedenen Modellvorstellungen der IB wider.

4. In den zurückliegenden Jahrzehnten orientierten sich Wissenschaft und politische → Öffentlichkeit an dem von der „Realistischen Schule" entwickelten Modell der „Staatenwelt". Diese Denkrichtung entstand vornehmlich in den USA als intellektuelle Gegenbewegung zum „Idealismus", der sich als Hauptströmung der IB nach dem 1. Weltkrieg etabliert hatte und dessen Vertreter ihren Beitrag zur Friedenssicherung in der Entwicklung normativer Entwürfe einer staatenübergreifenden Friedensordnung, → internationaler Organisationen und einer Stärkung des → Völker-rechts sahen. Das realistische Weltbild geht von den → Staaten als konstituierendem Element des internationalen Systems aus (H. J. Morgenthau 1948, K. N. Waltz 1979).

Mangels eines verbindlichen Rechtssystems und bedingt durch die Abwesenheit eines legitimierten → Gewaltmonopols ist das int. System als anarchisches zu kennzeichnen, das seinen einzelnen Mitgliedern die Aufgabe der Existenzsicherung überantwortet, die entsprechend der Systemlogik der → Selbsthilfe die Maximierung staatlicher Macht anstreben. Nur ein Gleichgewicht der Mächte vermag die Stabilität und damit die Abwesenheit von Krieg im internationalen System zu garantieren. Die Entwicklung einer funktionsadäquaten außenpolitischen Strategie wird jedoch durch das „Sicherheitsdilemma" verhindert, das jeden Staat angesichts der Unsicherheit über das Verhalten des Gegners sein Sicherheitspotential so ausbauen läßt, daß dieses wiederum als Bedrohung von der Gegenseite wahrgenommen wird. Staaten werden in diesem Modell als geschlossene Einheiten aufgefaßt, Billardkugeln gleich (A. Wol-

fers), deren innere Verfaßtheit ohne Belang für den Verlauf der IP ist.

Die Übernahme behavioristischer Ansätze in den IB (→ Behaviorismus) und der methodische Rigorismus im Zuge der szientistischen Wende der 60er Jahre hat zentrale Annahmen dieses Modells in Frage gestellt. Schließlich führte die Thematisierung transnationaler Beziehungen, d.h. die Teilnahme nichtstaatlicher Akteure an der IP, zur Entwicklung eines konkurrierenden Modells, dem der „komplexen Interdependenz" (R. O. Keohane/ J. S. Nye 1977). In ihm wird der Staat in verschiedene Akteure des → politischen Systems ausdifferenziert, die über „transgouvernementale" → Koalitionen ebenso wie die unterschiedlichen gesellschaftlichen Akteure - Konzerne, → Parteien, → Verbände, Kirchen, etc. - über ihre „transnationalen" Interaktionen sich eigene Beziehungsnetze und politische Einflußmöglichkeiten aufgebaut haben, die die Handlungsspielräume staatlicher Außenpolitik erheblich verändern können. Gleichzeitig wird die Fiktion IP als „hoher" → Politik, d.h. von Macht und Sicherheitsinteressen dominierter Politik, aufgegeben, um der beobachteten wechselseitigen Verschränkung von politischen, wirtschaftlichen und militärischen Handlungsfeldern Raum zu geben. Schließlich wird als weiteres Charakteristikum die abnehmende Bedeutung militärischer Gewalt bei der Gestaltung IP festgestellt und somit ein neuer Zugang zur analytischen Fassung von Macht und Abhängigkeit eröffnet: Macht erwächst nicht aus einem quantitativ zu bestimmenden (Militär) Potential, sondern ist eine Beziehungsgröße, die sich aus dem Maß an wechselseitiger Verwundbarkeit, d.h. den nach der Entwicklung von Abwehrstrategien verbliebenen Kosten, ergibt. Internationale Verflechtung wird damit keineswegs als ein Prozeß der zunehmenden Parallelisierung von → Interessen oder der Aufhebung von Abhängigkeitsverhältnissen gesehen, sondern lediglich als Impuls für veränderte Formen von Machtausübung und Konfliktregelung.

Wie im klassischen Staatenmodell sind es Änderungen auf der Ebene der Akteure, die zu einer Veränderung der Struktureigenschaften der IP führen. Soweit überhaupt thematisiert, werden als exogene Faktoren v.a. der technologische Wandel angeführt. Das Forschungsinteresse der „Neorealistischen Schule" konzentriert sich auf die Analyse des Entscheidungshandelns von (staatl.) Akteuren unter diesen gewandelten Interaktionsbedingungen. Auch wenn der Blick auf die Möglichkeit von „Kooperation unter den Bedingungen von Anarchie" (K.A. Oye 1986) gerichtet ist und regelhaftes Verhalten sowie die Bereitschaft zur normgeleiteten Konfliktregelung in der IP im Rahmen internationaler Regime (B. Kohler-Koch 1989, Hasenclever/ Mayer/ Rittberger 1997) zum Gegenstand der Analyse erhoben wird, ist die Akteurszentriertheit und die Prämisse rationaler Nutzenmaximierung Kern auch dieses Modellansatzes.

5. Die umgekehrte Perspektive nehmen → Weltsystem-Ansätze ein. Ihnen ist gemeinsam, daß sie das internationale System nicht als Summe der Eigenschaften der in ihm auftretenden Akteure und ihrer wechselseitigen Interaktionen auffassen, sondern ihm eine eigene Entwicklungslogik beimessen, die ihrerseits die sozialen Teileinheiten des Systems beeinflußt. Das Weltsystem wird als ein die staatlich organisierten → Gesellschaften umfassendes soziales System begriffen; nur auf dieser Analyseebene erschließen sich jene Wirkungskräfte, die für die Gestalt und das Verhalten seiner Teileinheiten bestimmend sind. Diese Art der Strukturanalyse ist charakteristisch für den polit-ökonomischen Erklärungsansatz von IP. Über die äußere Erscheinungsform einer durch Vielfalt geprägten Staatenwelt hinweg hat die Organisation der Ökonomie eine Integration globaler Natur in Form des Weltmarktes bewerkstelligt. Die ökonomischen Systeme der einzelnen Länder werden als so untereinander verzahnt betrachtet, daß sie wie eine wirtschaftliche Einheit anzusehen sind, deren Entfaltungslogik den politischen Geltungsanspruch der Staaten auf die möglichst optimale Gewährleistung einer produktiven → internationalen Arbeitsteilung reduziert.

Die horizontale Gliederung der Welt in souveräne, formal gleichberechtigte Staaten wird de facto überlagert von der globalen Organisation des Weltmarktes, die als „vertikale Verstrebung" der Weltgesellschaft deren politische und sozio-ökonomische Verfaßtheit bestimmt (J. Wallerstein 1974, E. Krippendorff 1975). Der Wirklichkeitsausschnitt, der mit diesem Theorieansatz vornehmlich ins Visier genommen wurde, ist der der internationalen Wirtschaftsbeziehungen und des Verhältnisses zwischen den westlichen Industrieländern und den Ländern der → Dritten Welt. Den gleichen Fokus haben die Dependenzansätze, deren vornehmliches Erkenntnisziel auf die Erhellung und Erklärung der Nord-Süd-Beziehungen als Gestaltungsfaktor für die Entwicklungschancen des Südens gerichtet ist.

6. Untersucht man den empirischen Anwendungsbereich der verschiedenen Theorieansätze der IB, so ist auffallend, daß der Versuch zur Einordnung globaler Geschehnisse immer weiter in den Hintergrund getreten ist im Vergleich zu den zahlreichen Bemühungen, zu Teilaspekten der IP generalisierbare Aussagen zu gewinnen. Etliche Modellkonstruktionen erfassen nur bestimmte Akteursgruppen und sind auf spezifische Handlungsfelder zugeschnitten. So können lediglich der → OECD-Raum und die in ihm entwickelten Wirtschaftsbeziehungen als reale Annäherung an das idealtypische Modell der „komplexen Interdependenz" begriffen werden. Die Bescheidung mit Theorien begrenzter Reichweite ist zum einen Ausdruck des Unvermögens, die Komplexität von IP auch nur modellhaft zu erfassen; zum anderen spiegelt sich darin die wechselnde Konjunktur dessen wider, was im Zeitverlauf als Kernfrage des Faches betrachtet wurde. Die Beschäftigung mit den Ursachen von Krieg und den Bedingungen von Frieden stand von Anfang an im Mittelpunkt der wissenschaftlichen Reflexionen über IP. Je nach theoretischen Grundannahmen, fachwissenschaftlichem Diskussionsverlauf und realpolitischen Veränderungen konzentrierte sich die Aufmerksamkeit auf unterschiedliche Aspekte dieser Thematik. Dies ist sowohl an der Entwicklung des Friedensbegriffs als auch an der Verankerung der → Friedens- und

Konfliktforschung als eigenständigem Bereich in Forschung und Lehre abzulesen.

Gleiches gilt für den zweiten Kernbereich von IP, den Fragen nach Wohlfahrt und politisch-ökonomischen Entfaltungsmöglichkeiten, die - von der marxistischen Analyse abgesehen - erst spät in das Blickfeld der IB rückten. - Der grenzüberschreitende Charakter und die zunehmende Wahrnehmung der existenziellen Bedeutung der Umwelt legen es nahe, daß die Umwelterhaltung ein weiteres Kernthema der IB wird.

Lit.: *A. Boeckh* (Hg.): Internationale Beziehungen, (Lexikon der Politik, Bd. 6) München 1994; *E. O. Czempiel*: Internationale Politik. Ein Konfliktmodell, Paderborn 1981; *M. Knapp/ G. Krell* (Hg.): Einführung in die Internationale Politik, München/ Wien 1996; *A. Hasenclever/ P. Mayer/ V. Rittberger* (Hg.): Theories of international Regimes. Cambridge 1997; *D. Senghaas*: Konfliktformationen im internationalen System, Frankfurt 1988.

Prof. Dr. Beate Kohler-Koch, Mannheim

Internationale Organisationen

Der international-gemeinschaftlichen Regelung von politischen, wirtschaftlichen, militärischen und kulturellen Angelegenheiten dienende Organisationen. I. beruhen meist auf einem Vertrag völkerrechtlichen oder privatrechtlichen Charakters, in welchem die Ziele und Prinzipien der Zusammenarbeit sowie i.d.R. Bestimmungen über dauerhaft und regelmäßig arbeitende Willensbildungs- und Beschlußorgane festgelegt sind. Das durch eine I. erzielte Ausmaß der → Integration der Mitglieder bemißt sich an der Möglichkeit einer auch vom Willen einzelner Mitglieder abweichenden Willensbildung und der Bindungswirkung ihrer Entscheidungen für die Mitglieder. I., die einen hohen Integrationsgrad mit entsprechender Beeinträchtigung der → Souveränität ihrer Mitglieder aufweisen, werden als → supranationale Organisationen bezeichnet. Zu unterscheiden sind ferner „International Government Organisations" (IGO), deren Mitglieder Völkerrechtssubjekte, d.h. i.d.R. → Staaten sind (wie die → Vereinten Nationen), von I. als Zuammenschlüssen

privatrechtlicher innerstaatlicher Organisationen „International Non-Governmental Organisations" (INGO).

Internationale Regime

Bez. für die internationale Verregelung eines bestimmten Problemfeldes. Nach einer weitgehend akzeptierten Definition des amerikanischen Politikwissenschaftlers Stephen D. Krasner, dessen 1983 hrsg. Band „International Regimes" dem I.-Ansatz zum wissenschaftlichen Durchbruch verhalf, umfaßt ein I. ein Set von Prinzipien, → Normen, Regeln und zugehörigen Entscheidungsprozeduren, welches das Verhalten internationaler Akteure in einem Problemfeld dauerhaft steuert und die Erwartungen der Akteure in Übereinstimmung bringt. Die Begriffe I. und → Internationale Organisationen sind nicht deckungsgleich, stehen aber im engen Zusammenhang, denn häufig sind es gerade letztere, die die Entstehung eines I. erst ermöglichen, zumindest aber befördern. Als Vorteil des I.-Ansatzes bei der Analyse → Internationaler Beziehungen gilt v.a. die Tatsache, daß über das formale → Völkerrecht hinaus alle Möglichkeiten und Bedingungen des tatsächlichen Handelns internationaler Akteure ins Blickfeld geraten. Intensiv mit dem I.-Ansatz arbeitet z.B. die Forschung über internationale → Umweltpolitik. Als Beispiel für ein funktionierendes I. in diesem Bereich wird häufig dasjenige zum Schutz der Ozonschicht angeführt, das schrittweise bis zu einer Vereinbarung über den Ausstieg aus der Produktion von FCKW ausgebaut wurde.

Internationaler Bund Christlicher Gewerkschaften/ IBCG

1920 gegründeter, 1968 in → Weltverband der Arbeitnehmer umbenannter, internationaler Zusammenschluß christlicher → Gewerkschaften.

Internationaler Bund Freier Gewerkschaften/ IBFG

1949 in Auswirkung des → Kalten Krieges gegen den → Weltgewerkschaftsbund vollzogener Zusammenschluß nichtkommunistischer → Gewerkschaften, dem seit

Beginn der 90er Jahre über 150 Gewerkschaften aus mehr als 100 → Ländern angehören (u.a. auch der → DGB).

Internationaler Gerichtshof/ IGH

Rechtsprechungsorgan der → Vereinten Nationen mit Sitz in Den Haag (daher auch: Haager Gerichtshof), bestehend aus 15 von der Generalversammlung und dem → Sicherheitsrat auf neun Jahre gewählten Richtern. Der I. entscheidet nach → Völkerrecht über ihm von zwei oder mehreren → Staaten vorgelegte Rechtsstreitigkeiten. Er ist nur zuständig, wenn sich die beteiligten Staaten generell oder für den konkreten Fall seiner Gerichtsbarkeit unterwerfen.

Internationaler Währungsfonds/ IWF

1944 durch das Abkommen von → Bretton Woods gegründete Sonderorganisation der → Vereinten Nationen, die eine Ausweitung des Welthandels auf der Basis fester Wechselkurse zwischen konvertiblen Währungen ermöglichen sollte. Die Struktur des I. wird im wesentlichen durch die aufgrund eines komplizierten Schlüssels festgelegten Quoten der Mitgliedsländer bestimmt, an welche die Höhe des zu leistenden Beitrags, an welche die Kreditmöglichkeiten und die Stimmrechte der Mitgliedsländer gebunden sind. Zwar ist das System fester Wechselkurse seit 1973 außer Kraft und sind bislang alle Verhandlungen über eine grundlegende Reform des Weltwährungssystems gescheitert, doch spielt der I. noch immer eine wichtige Rolle. Die Basis bildet die 1967 beschlossene und 1969 in Kraft getretene Einführung von Sonderziehungsrechten (SZR). Die SZR stellen Bezugsscheine dar, die im Rahmen bestimmter Quoten auf befristete Zeit zum Erwerb konvertierbarer Währungen berechtigen, d.h. diese werden gegen Abgabe von SZR „gezogen". V.a. mit Hilfe dieses Instrumentariums versucht der I., die ihm durch die → Verschuldungskrise der → Dritten Welt seit Anfang der 80er Jahre zugefallene Rolle eines Krisenmanagers zu meistern.

Internationales Arbeitsamt

Sekretariat der → Internationalen Arbeitsorganisation/ IAO (ILO).

Internationalismus

Bereits von Karl Marx im → Kommunistischen Manifest formuliertes Prinzip der internationalen → Solidarität der Arbeiterschaft („Proletarier aller Länder, vereinigt Euch"), welches anstelle des (als tendenziell auf → Hegemonie gegenüber anderen Völkern gerichtet) abgelehnten → Nationalismus treten sollte. I. bedeutet die Unterordnung der → Interessen des revolutionären Kampfes in einem Lande unter die Ziele der → Revolution im Weltmaßstab. Als Unterstützung der Errungenschaften der russischen → Oktoberrevolution wurde der I. im Statut der → Komintern verankert. Nach dem 2. Weltkrieg wurde seitens der Sowjetunion in einen proletarischen I. (Anerkennung der führenden Rolle der → KPdSU für die kommunistische Weltbewegung) und einen sozialistischen I. (gegenseitige Hilfe der sozialistischen Länder untereinander) unterschieden. Davon hob sich die Auffassung des → Eurokommunismus ab, für den I. auf der Unabhängigkeit der sozialistisch-kommunistischen → Parteien beruhte.

Interpellation

An die → Regierung gerichtetes Ersuchen des → Parlaments um Auskunft in einer bestimmten Angelegenheit.

Interpellationsrecht

Recht des → Parlaments (bzw. einzelner → Abgeordneter oder → Fraktionen), Fragen an die → Regierung zu stellen. Das I. als wichtiges Instrument → parlamentarischer Kontrolle wurde erstmals während der → Französischen Revolution in der → Verfassung von 1791 verankert. In der Bundesrepublik ist das I. in die → Geschäftsordnung des → Bundestages in Form der → Großen und → Kleinen Anfrage sowie der → Fragestunde aufgenommen. Im → Grundgesetz ist das I. nicht ausdrücklich erwähnt, es wird allerdings verschiedentlich aus der Verpflichtung der → Bundesregierung, auf Verlangen des Parlaments anwesend zu sein, verfassungsrechtlich abgeleitet (Art. 43 I GG).

Intervention

Einmischung von → Staaten oder → Internationalen Organisationen in die inneren Angelegenheiten eines anderen Staates. Das geltende → Völkerrecht verbietet die I. durch Art. 2 § 4 der → UN-Charta.

Interventionsstaat

→ Staat, dessen → Wirtschafts- und → Sozialpolitik gekennzeichnet ist durch politisch-administrative Eingriffe in eine im Grundsatz freie → Marktwirtschaft (→ Staatsinterventionismus), mit dem Ziel, deren soziale oder ökonomisch unerwünschte Folgen zu korrigieren.

Intifada

Aufstandsbewegung der Palästinenser in den von Israel besetzten Gebieten Westjordanland und Gazastreifen, die im Dezember 1987 begann. Die I. („Erhebung") richtete sich unmittelbar gegen die von Israel seit 1985 verschärft betriebene „Politik der eisernen Faust" gegenüber der ca. 1,5 Millionen Menschen umfassenden palästinensischen Bevölkerung in den besetzten Gebieten. Ihre eigentliche Zielsetzung war die Errichtung eines eigenständigen palästinensischen → Staates.

Investitionslenkung

Staatliche Einflußnahme auf die Investitionstätigkeit privater Unternehmer. In der Bundesrepublik wurden verschiedene Modelle der I. (bzw. Investitionskontrolle) diskutiert (z.B. im Orientierungsrahmen ´85 der → SPD und im Grundsatzprogramm 1963 des → DGB), welche die an Gewinnerwartungen der Unternehmen orientierten Investitionsentscheidungen durch eine an „gesamtgesellschaftlichen Bedürfnissen" ausgerichtete Planung ersetzen und an eine behördliche Genehmigung binden sollten. Eine derartige, direkte I. konnte sich nicht durchsetzen. Eine indirekte I. ergibt sich allerdings aus staatlichen Subventionen oder auch durch Auflagen zum Umweltschutz.

IPSA

Abk. für → *I*nternational *P*olitical *S*cience *A*ssociation.

Irredenta

Bez. für dem → Irredentismus verschriebene Gruppen und Bewegungen bzw. für an diesem orientierte, „unerlöste" Gebiete.

Irredentismus

1. Nach der Einigung Italiens 1861/66 entstandene Bewegung, welche die Gewinnung der „terre irredente", d.h. der „unerlösten", in österreichisch-ungarischem Besitz verbliebenen, z.T. italienischsprachigen Gebiete anstrebte.

2. Daraus hervorgehend wurde I. später zu einem allg. Begriff für das Bestreben ethnischer Minderheiten, sich mit einem benachbarten → Nationalstaat gleicher Sprache und Kultur zu vereinigen.

Islamisierung

Bez. für den in den 60er Jahren beginnenden Prozeß der politisch-soziale Wiedererwerkung des Islam im arabischen Raum, v.a. des Nahen Ostens. Die I. begann konkret mit dem Aufruf zu einer „Islamischen Konferenz" durch den saudi-arabischen König Feisal 1965; dieser Appell wurde 1969 mit einem ersten Treffen realisiert und mündete in die Gründung der mittlerweile 53 Länder (einschließlich der → PLO) umfassenden „Organisation der Islamischen Konferenz"/ OIC. Die I. gewann v.a. durch die iranische Revolution von 1979 mit der Übernahme der Regierungsgewalt durch konservativ-traditionalistische Klerikale unter Revolutionsführer Ayatollah Khomeini an Bedeutung. Die I. wird interpretiert als Absage an die Entwicklungsstrategie der am Vorbild der westlichen Industrienationen orientierten → Modernisierung, die durch die Rückbesinnung auf eine eigene kulturelle und politische → Identität und deren Durchsetzung ersetzt werden soll.

Isolationismus

Außenpolitischer Grundsatz freiwilliger Abschließung eines → Staates von der → internationalen Politik. Der in der Monroe-Doktrin von 1823 verkündete I. war bis 1917 und bis 1. Weltkrieg bis 1945, unbeschadet des handels- und finanzpolitischen Engagements, eine die

→ Außenpolitik der USA prägende Tendenz.

Ius ad bellum
Lat. für Recht zum Kriege, das im klassischen → Völkerrecht als Ausdruck staatlicher → Souveränität gewertet und damit als politisches Faktum hingenommen wurde. Das i. wurde nach dem 1. Weltkrieg durch völkerrechtliche Kriegsverbote ersetzt (zuerst in der Satzung des → Völkerbundes, umfassender im Briand-Kellogg-Pakt von 1928), welche in Art. 2 § 4 der → UN-Charta zu einem umfassenden Gewaltverbot weiterentwickelt wurden.

IWF
Abk. für → *I*nternationaler *W*ährungsfonds.

Jahresgutachten

Vom → Sachverständigenrat zur Begutachtung der gesamtwirtschaftlichen Entwicklung (den sog. „Fünf Weisen") jährlich bis zum 15. November zu erstellendes Gutachten zur gesamtwirtschaftlichen Entwicklung, welches v.a. untersucht, wie die im → Stabilitätsgesetz genannten Ziele erreicht werden können.

Jakobiner

Im Mai 1789 gegründeter, wichtigster politischer Klub der → Französischen Revolution, der nach der Flucht des Königs zunächst vom rechten Flügel, den → Girondisten, beherrscht wurde. Gegen diese setzten sich 1792/93 die radikalen Republikaner innerhalb der J. unter Robespierre durch. Die J. organisierten 1793/94 die → Diktatur des → Wohlfahrtsausschusses, bevor der Sturz Robespierres zur Schließung des Klubs führte.

Judicial-self-restraint

Richterliche Selbstbeschränkung, die vom → Supreme Court der USA in Form der → political-question-doctrine ausgeübt wird. Das → Bundesverfassungsgericht (BVerfG) übt j. durch die (wiederholt formulierte) Betonung eines weiten Gestaltungsspielraums für den Gesetzgeber und eines ausreichenden Ermessens der → Exekutive. Zum j. gehört auch der Grundsatz der verfassungskonformen Gesetzesauslegung, demzufolge ein → Gesetz vom BVerfG nicht beanstandet wird, wenn von mehreren möglichen Auslegungen auch nur eine verfassungskonform ist. Bei einem (die Kompetenzen des BVerfG u.U. überschreitenden) Eingriff in den politischen Prozeß - z.B. durch die Formulierung von Maßgaben für künftige Gesetze - spricht man von judicial activism.

Judikative

Rechtsprechende, im gewaltenteiligen → Rechtsstaat neben → Legislative und → Exekutive die „dritte" Gewalt. Die Aufgabe der J. besteht in der verbindlichen Entscheidung privatrechtlicher und öffentlich-rechtlicher Streitsachen. Sie ist in der Bundesrepublik nach Art. 92 GG unabhängigen Richtern anvertraut und wird durch die → Bundesgerichte und die Gerichte der → Länder ausgeübt.

Jugendbewegung

Um die Jahrhundertwende im deutschsprachigen Raum entstandene, v.a. von der bürgerlichen Jugend der Großstädte getragene → soziale Bewegung. Die J. nahm die zeitgenössische Kulturkritik und die Ideenwelt der → politischen Romantik auf. Ihrer Kritik an der → Industriegesellschaft entsprach die romantisch verklärte Hinwendung zur Natur und zum Gemeinschaftserlebnis.

Ihre Anfänge nahm die J. im 1901 konstituierten „Wandervogel". Bedeutsam war auch die „Freideutsche Jugend", die sich 1913 in → Opposition zu den studentischen Korporationen auf dem Hohen Meißner formierte. Das ursprüngliche Selbstverständnis der J. als unpolitischer → Protest gegen eine → Gesellschaft ohne Zukunftsperspektive verlor mit dem 1. Weltkrieg die Grundlage. Anstelle der in lockeren Gruppen auftretenden J. der Vorkriegsphase traten konfessionell (z.B. „Quickborn") und politisch gebundene Gruppen (z.B. Sozialistische Arbeiterjugend) sowie die völkisch orientierten, straff organisierten Bünde (z.B. „Jungnationaler Bund"). Ihre Volkstumsideologie in Verbindung mit ihrer autoritärhierarchischen Binnenstruktur schufen die Dispositionen für den Übergang vieler

Mitglieder der J. zum → Nationalsozialismus.

Jugendkultur

Jugendspezifische Vorstellungen, Werte und Verhaltensweisen, Lebens- und Umgangsformen, welche die jugendliche von der Welt der Erwachsenen unterscheiden. Zwar gibt es schon aufgrund von Klassen- und Schichtzugehörigkeiten keine einheitliche J., doch weisen empirische Studien auf generationsspezifische Gemeinsamkeiten und Übereinstimmungen innerhalb der Jugend hin. Der allgemeine → Wertewandel hin zum → Postmaterialismus wurde von der Jugend stärker vollzogen als von der älteren Generation. Die aufgrund zahlreicher Jugendproteste um die Jahreswende 1980/81 eingesetzte → Enquête-Kommission „Jugendprotest im demokratischen Staat" kam gleichwohl zu dem Ergebnis, daß der Jugendprotest nicht als klassischer Generationenkonflikt zu verstehen sei, sondern als Ausdruck eines Wertewandels in weiten, über die Jugendlichen hinausgehenden Teilen der → Gesellschaft.

Jugendpolitik

Gesamtheit aller außerschulischen Bestrebungen, Einrichtungen und Maßnahmen, die auf die Beeinflussung der Lebenssituation der Jugendlichen gerichtet sind. Die der Jugendwohlfahrt dienenden → Gesetze und → Institutionen werden mit dem Begriff der Jugendhilfe zusammengefaßt, welche im wesentlichen der → konkurrierenden Gesetzgebung des → Bundes unterworfen ist. Innerhalb der Jugendhilfe wird unterschieden zwischen Jugendförderung, die mit vorbeugender Gesundheitspflege, Sportförderung etc. auf die gesamte Jugend abzielt, und der Jugendfürsorge, die sich der Lebenshilfe für gefährdete Jugendliche annimmt. Gefährdungen der körperlichen und seelischen Gesundheit sollen gesetzliche Bestimmungen zum Jugendschutz vorbeugen (Gesetz zum Schutz der Jugend in der Öffentlichkeit, Jugendarbeitsschutzgesetz). Die Umsetzung der J. einschließlich der Unterstützung der freien Jugendarbeit von Verbänden obliegt in erster Linie den kommunalen Jugendämtern, denen Jugendwohlfahrtsausschüsse beigegeben sind.

Junge Liberale/ Julis

1981 gegründeter Bundesverband, der mit Beschluß des Bundesvorstandes der → F.D.P. vom November 1982 und des Bundesparteitages vom Januar 1983 als einzige Jugendorganisation der → Partei anerkannt wurde und damit an die Stelle der Deutschen Jungdemokraten trat, die sich im November 1982 von der F.D.P trennten.

Junge Union Deutschlands/ JU

Gemeinsame Jugendorganisation von → CDU und → CSU, in der eine Mitgliedschaft auch ohne Parteizugehörigkeit zwischen dem 16. und 35. (für parteiangehörige Amtsträger bis zum 45.) Lebensjahr möglich ist.

Jungsozialisten/ Jusos

Nachwuchsorganisation der → SPD für alle Mitglieder bis zum 35. Lebensjahr. Die traditionell dem linken Parteiflügel zuzurechnenden J. formulierten seit der → Großen Koalition zunehmend kritische Positionen innerhalb der → Partei und vertreten seit 1969 ein Programm systemüberwindender Reformen, welche sie durch die sog. Doppelstrategie, d.h. über parteiinterne Arbeit und die Mobilisierung der Bevölkerung, erreichen wollen.

Junta

Spanische Bez. für kollektive Entscheidungsorgane (z.B. Versammlung, Rat). Weithin üblicher Begriff für Militärregierungen.

Juristenmonopol

Auf die Tatsache bezogenes Schlagwort, daß höhere Positionen in der öffentlichen → Verwaltung, insbesondere in der → Ministerialbürokratie, traditionell fast ausschließlich mit Juristen besetzt werden.

Justiz und Politik

1. *Begriffsverwendungen*: Als Justiz wird zum einen die behördliche Organisation des Gerichtswesens, zum anderen die Recht-

sprechung der verschiedenen Gerichtszweige und -instanzen bezeichnet. Im klassischen bürgerlichen → Rechtsstaat wurden J., ebenso wie → Staat und Gesellschaft, als getrennte Sphären betrachtet. Die Justiz sollte lediglich das vom Gesetzgeber gesetzte Recht anwenden. Aus heutiger politikwissenschaftlicher Sicht ist Rechtsprechung demgegenüber die Ausübung von → Herrschaft durch bestimmte → Institutionen und Akteure in rechtlich regulierten Verfahren. Die Rechtspolitologie fragt darüber hinaus, ob dabei stärker die Konkretisierung eines vorgegebenen Entscheidungsrahmens (→ Gesetz) oder die Durchsetzung eigener Steuerungsintentionen (sog. Richterliche Rechtsfortbildung) im Vordergrund stehen. Gerichte können allerdings im Regelfall nicht von sich aus tätig werden, sondern werden angerufen, z.B. durch Zivilklage oder durch strafrechtliche Anklageerhebung. Der Geltungsbereich gerichtlicher Entscheidungen (v.a.: Urteile) differiert je nach Gerichtszweig bzw. -instanz.

Neben der → Verfassungsgerichtsbarkeit, die eine Sonderstellung innehat, gibt es in der Bundesrepublik die sog. Ordentliche Gerichtsbarkeit (Zivil- und Strafgerichtsbarkeit), sowie die → Arbeits-, → Verwaltungs-, → Sozial- und → Finanzgerichtsbarkeit. Die für alle Gerichte geltenden Vorschriften, insbesondere die Verteilung der Zuständigkeiten, enthält das Gerichtsverfassungsgesetz; darüber hinaus hat jede Gerichtsbarkeit eine eigene Prozeßordnung (z.B. ZPO, StPO etc.). Jede Gerichtsbarkeit hat i.d.R. drei, Zivil- und Strafgerichte haben vier, Finanzgerichte zwei Instanzen. Die Gerichte der höchsten Instanz, die Obersten Gerichtshöfe, sind → Bundes-gerichte, die der anderen Instanzen Landesgerichte. Die Anrufung der nächsthöheren Instanz (Berufung bzw. Revision) ist zumeist an bestimmte Voraussetzungen gebunden, z.B. an einen Zulassungsbeschluß, die Höhe des Streitwertes oder die besondere Bedeutung des Falles für die Allgemeinheit. Anders als im angelsächsischen Rechtssystem sind die ober- und höchstgerichtlichen Entscheidungen für die unteren Gerichte der Bundesrepublik keine bindenden Präjudizien, sie wirken aber als Leitentscheidun-

gen (sog. herrschende Rechtsprechung), von denen nur selten abgewichen wird.

Bis auf wenige Ausnahmen (z.B. Einzelrichter an Amtsgerichten) sind die Gerichte Kollegialgerichte, in denen oft neben Berufsrichtern gleichberechtigt Laienrichter (vor allem: Schöffen, Geschworene) mitwirken, die durch einen Wahlausschuß aus einer von der Gemeindevertretung aufgestellten Vorschlagsliste ausgewählt werden. Die Berufsrichter werden i.allg. nach der Wahl durch einen → Richterwahlausschuß vom zuständigen (Justiz-) Minister ernannt. Sie stehen in einem besonderen öffentlich-rechtlichen Dienstverhältnis des → Landes oder des → Bundes. Im Hinblick auf ihre verfassungsmäßig garantierte richterliche Unabhängigkeit (Art. 97 GG) dürfen Berufsrichter nur unter ganz bestimmten Voraussetzungen gegen ihren Willen versetzt werden. Sie haben eine besondere Besoldungsordnung (gemeinsam mit den Staatsanwälten) und eigene Amtsbezeichnungen (z.B. Richter am Landgericht). In Bund und Ländern gibt es (1985) insgesamt ca. 17.000 Berufsrichter, davon allein rund 13.000 in der ordentlichen Gerichtsbarkeit, sowie 3.646 Staatsanwälte an den Gerichten.

2. Politische Bedeutung der Verfassungsgerichtsbarkeit: Wegen ihrer Einflußmöglichkeiten auf das → politische System spielt die Verfassungsgerichtsbarkeit eine besondere Rolle. Ihr Standort innerhalb der klassischen → Gewaltenteilung ist nicht eindeutig. Als Gerichte gehören sie zwar zur Judikative, soweit sie über die Bestandskraft von Gesetzen entscheiden und dabei selbst gesetzgeberisch tätig werden, übernehmen sie aber auch Funktionen der → Legislative. Neben dem → Bundesverfassungsgericht (BVerfG) gibt es in den meisten Bundesländern eigene Verfassungsgerichte (→ Verfassungsgerichtshöfe bzw. → Staatsgerichtshöfe). Wo es kein Landesverfassungsgericht gibt (z.B. in Schleswig-Holstein), übernimmt das BVerfG dessen Aufgaben.

Das BVerfG in Karlsruhe entscheidet ganz allgemein über die Auslegung des → Grundgesetzes (Art. 93 GG), z.B. über die Vereinbarkeit eines Gesetzes mit dem

Grundgesetz (→ abstrakte Normenkontrolle) oder über die Verletzung von Rechten einzelner (→ Verfassungsbeschwerde). Seine beiden Senate sind mit je acht Richtern besetzt, die für zwölf Jahre je zur Hälfte von → Bundestag und → Bundesrat mit Zwei-Drittel-Mehrheit gewählt werden. Eine Wiederwahl ist nicht möglich. Drei Richter jedes Senats müssen ehemalige Richter der obersten Gerichtshöfe des Bundes sein. Präsident und Vizepräsident sitzen je einem der Senate vor.

Als Ausdruck besonders ausgereifter Rechtsstaatlichkeit gilt das Recht auf Verfassungsbeschwerde. Danach kann jedermann mit der Behauptung das BVerfG anrufen, er sei in seinen → Grundrechten verletzt. Voraussetzung für die Zulässigkeit dieser Klage ist jedoch, daß entweder der Rechtsweg erschöpft oder der Fall von allg. Bedeutung ist oder dem Beschwerdeführer sonst ein schwerer Nachteil entstehen würde. Ein dreiköpfiger Richterausschuß nimmt allerdings eine Vorprüfung der Beschwerden nach Zulässigkeit und Erfolgsaussicht vor, die zu einer Vorab-Erledigung von rund 95 % der insgesamt etwa 55.000 Verfassungsbeschwerden geführt hat. Noch stärker im Mittelpunkt politikwissenschaftlichen → Interesses steht hingegen die abstrakte Normenkontrolle, da hier das BVerfG direkten Einfluß auf die politische Entscheidungssetzung nehmen kann, indem es z.B. ein Gesetz für verfassungswidrig erklärt oder eine bestimmte verfassungskonforme Auslegung vorschreibt. Spektakuläre Fälle, wie das Urteil zum → Grundlagenvertrag oder zum → Parteienfinanzierungsgesetz, sind auf z.T. harte Kritik gestoßen, obgleich die Gesamtzahl der abstrakten Normenkontrollverfahren (79) sehr gering ist.

3. Sozialwissenschaftliche Justizforschung:
Die naive Vorstellung, die Justiz sei als unabhängige → Dritte Gewalt ein neutrales Element der Machthemmung und –kontrolle, ist in der modernen sozialwissenschaftlichen Justizforschung einer skeptischen Einschätzung gewichen. Zwar wird der Vorwurf der → Klassenjustiz, der die Justizkritik im → Kaiserreich und in der → Weimarer Republik geprägt hat, gegen-

über den Richtern der Bundesrepublik heute kaum noch erhoben; um so mehr interessiert jedoch der sozio-kulturelle Hintergrund der Richter, der für das einzelne Gerichtsverfahren wie für die Rechtsprechung insgesamt eine bedeutende Rolle spielt. Eine zentrale Forderung der → Studentenbewegung Ende der 60er Jahre war daher folgerichtig die Juristenausbildungsreform, die den künftigen Richtern v.a. auch sozialwissenschaftliche Kenntnisse vermitteln sollte. Durch Änderung des Richtergesetzes wurde die sog. Einphasige Juristenausbildung zeitlich befristet zugelassen und an einigen deutschen Universitäten (v.a. Bremen und Hamburg) durchgeführt, inzwischen jedoch wieder abgeschafft.

Das besondere Interesse der → Politikwissenschaft gilt neben den Ergebnissen der Tätigkeit des BVerfG auch seinen Organisationsstrukturen und Akteuren. In neueren Untersuchungen werden daher das Sozialprofil sowie die sozialen und politischen Wertvorstellungen der Bundesverfassungsrichter analysiert, die in die Entscheidungsfindung der Richter eingehen. Gegenstand der rechts- wie der politikwissenschaftlichen Analyse sind neben den Urteilen des BVerfG auch die → Sondervoten, die die abweichende Meinung der (unterlegenen) Senatsminderheit enthalten. Beide sind in der Amtlichen Entscheidungssammlung abgedruckt. Demgegenüber ist die Rolle der sog. Wissenschaftlichen Mitarbeiter am BVerfG - besonders qualifizierten Richtern und Wissenschaftlern, die den Verfassungsrichtern von der → Öffentlichkeit unbemerkt zuarbeiten - trotz ihrer großen Bedeutung noch immer weitgehend unerforscht.

4. Rechtspolitologische Steuerungsforschung: Die Politikwissenschaft zeigte sich lange desinteressiert an der Justiz und überließ das Feld den Staatsrechtslehrern. Erst in jüngster Zeit geraten die Gerichte in das Blickfeld von Politologen, seit die unmittelbare politische Bedeutung ihrer Urteile augenfällig wird, z.B. wenn ein Verwaltungsgericht über die Genehmigung eines Atomkraftwerkes oder ein Arbeitsgericht über die Rechtmäßigkeit eines → Streiks entscheidet. Die Erkenntnis beginnt sich durchzusetzen, daß der Justiz - vor allem dem BVerfG - eine besondere Rolle bei der → politischen Steuerung der Gesellschaft zukommt. Die Rechtspolitologie thematisiert diesen Zusammenhang, indem sie die Rechtsprechung als Setzung von Steuerungsentscheidungen für konkrete Einzelfälle durch bestimmte → Institutionen in abgegrenzten Kompetenzbereichen definiert. Von einer Ausweitung der (verwaltungswissenschaftlichen) → Implementationsfragestellung auf Gerichtsentscheidungen, mit deren Hilfe die Umsetzung von Urteilen in die gesellschaftliche Realität analysiert werden kann, sind darüber hinaus neue Erkenntnisse über den Zusammenhang zwischen J. zu erwarten.

Lit.: E. Blankenburg/R. Voigt (Hg.): Implementation von Gerichtsentscheidungen. Opladen 1987; *B. O. Bryde*: Verfassungsentwicklung. Stabilität und Dynamik im Verfassungsrecht der Bundesrepublik Deutschland. Baden-Baden 1982; *I. Ebsen*: Das Bundesverfassungsgericht als Element gesellschaftlicher Selbstregulierung. Berlin 1985; *A. Görlitz/R. Voigt*: Rechtspolitologie. Eine Einführung. Opladen 1985; *Chr. Landfried*: Bundesverfassungsgericht und Gesetzgeber. Wirkungen der Verfassungsrechtsprechung auf parlamentarische Willensbildung und soziale Realität. Baden-Baden 1984; *H. Lietzmann*: Das Bundesverfassungsgericht: Eine sozialwissenschaftliche Studie über Wertordnung, Dissenting Votes und funktionale Genese. Opladen 1988; *O. Massing*: Die Rolle der wissenschaftlichen Mitarbeiter im Verfahren vor dem Bundesverfassungsgericht. In: Th. Gawron/R. Rogowski (Hg.): Verfassungsgerichte im Vergleich. Gummersbach 1988; *R. Voigt*: Rechtsprechung und politische Entscheidungen. Bundesverfassungsgericht und Gerichtswesen in der Regierungslehre. In: S. v. Bandemer/G. Wewer (Hg.): Regierungssystem und Regierungslehre. Opladen 1989; *R. Wassermann*: Justiz und Politik. In: W. W. Mickel (Hg.): Handlexikon zur Politikwissenschaft. München 1983.

Prof. Dr. Rüdiger Voigt, München

Justizstaat

Bez. für die tendenziell von der → Politik auf die Justiz übergehende Kontrolle der → Verwaltung, bedingt v.a. durch Zunahme der Einlegung von Rechtsmitteln gegen behördliche Entscheidungen („Rechtsmittelstaat"). Der J. wird teilweise als Entartung des → Rechtsstaates gewertet, weil die Gerichte häufig nicht nur die Gesetzeskonformität des Verwaltungshandelns beurteilen, sondern darüber hinaus auch die „richtige" Rechtsanwendung definieren und damit das → Ermessen der Verwaltung einschränken.

K

Kabinett

Urspr. Beratungsorgan eines absolutistischen Herrschers. Heute Bez. entweder für die Gesamtheit der Minister einer → Regierung, für die Regierung als Kollegialorgan (wie in der Bundesrepublik) oder für einen „privilegierten" Teil der Regierung (wie in Großbritannien, wo nur die wichtigsten Minister im K. vertreten sind).

Kabinettsprinzip

→ Kollegialprinzip

Kader

Im kommunistischen Sprachgebrauch Bez. für Kerngruppen, deren Mitglieder aufgrund politischer Zuverlässigkeit und/ oder fachlicher Fähigkeiten auf allen Ebenen von (Staats)→ Partei, Wirtschaft und → Gesellschaft Leitungsfunktionen innehaben, bzw. als Nachwuchskräfte darauf vorbereitet werden.

Kaderpartei

Parteityp, der auf das von Lenin in seiner Schrift „Was tun?" 1902 - ohne Gebrauch des Begriffs → Kader - entwickelte Organisationsmodell der revolutionären → Partei zurückgeht. Kennzeichnend ist eine am Prinzip des → Demokratischen Zentralismus ausgerichtete, zentral und straff geleitete Kaderorganisation.

Kaderpolitik

Instrument zentralistischer Herrschaftssteuerung der kommunistischen → Parteien in → Einparteisystemen des Ostblocks über → Staat, Wirtschaft und gesellschaftliche Organisationen. Organisatorische Grundlage der K. war die gezielte Auswahl, Ausbildung und Einsatzplanung der → Kader mit Hilfe der → Nomenklatur.

Kaiserreich

Bez. für das Deutsche Reich in der Zeit vom 18.1.1871 (Proklamation Wilhelms I. von Preußen zum Deutschen Kaiser) bis zum 9.11.1918 (Ausrufung der → Weimarer Republik) bzw. zum 28.11.1918 (Abdankung Kaiser Wilhelms II.)

Kalter Krieg

1947 geprägtes Schlagwort für den → Ost-West-Konflikt, d.h. die Konfrontation zwischen den beiden durch die Supermächte USA und UdSSR geführten → politischen Systemen unterhalb der Schwelle direkter militärischer Auseinandersetzungen. Der K. ging aus Interessengegensätzen der Siegermächte des 2. Weltkriegs hervor. Er erreichte seinen Höhepunkt in der → Berlin-Blockade und im → Korea-Krieg, bevor er ab Mitte der 50er Jahre (mit Unterbrechungen u.a. durch die → Kuba-Krise) von der → Entspannungspolitik abgelöst wurde.

Kameralismus

System von Lehrsätzen rationaler Staatskunst; Sonderform des → Merkantilismus im deutschsprachigen Raum in der Zeit des → Absolutismus. Der K. war zentralistisch orientiert, erstrebte → Autarkie und hohe Staatseinkünfte und diente v.a. der → Verwaltung und Stärkung der fürstlichen Kammergüter. Die im 18. Jh. an den Hochschulen vertretenen Kameralwissenschaften umfaßten Verwaltungs- und Wirtschaftslehre, Polizei- und Verwaltungswissenschaft, Naturkunde sowie Kenntnisse in Landwirtschaft, Bergbau, Handwerk und im Fabrik- und Manufakturwesen.

Kammern

1. Berufsständische Selbstverwaltungs-Träger. Als → Körperschaften des öffentlichen Rechts üben sie auch hoheitliche Befugnisse aus (z.B. die → Handwerksk. bei der Lehrlingsausbildung). Nach Art der Mitgliedschaft zählen die K. entweder zu den Realkörperschaften (Mitgl. kraft Betriebssitz, z.B. → IHK), oder zu den

Personalkörperschaften (Mitgl. kraft Berufszugehörigkeit, z.B. Ärztek., Rechtsanwaltsk.).

2. Kollegialorgane der Gerichtsbarkeit (z.B. Strafk.)

3. Bez. für die Teile eines → Parlaments, wenn sich dieses aus mehreren K. zusammensetzt (→ Zweikammersystem).

Kandidatenaufstellung

Durch Wahlgesetze normierte Benennung von Bewerbern für die durch → Wahlen zu besetzenden → Mandate in → Bundestag, → Landtagen und kommunalen Vertretungskörperschaften. Mit Ausnahme der Kommunalwahlen (→ Freie Wählergemeinschaften) ist die Kandidatenauswahl faktisch zu einem Monopol der → Parteien geworden. Bei der K. für die Bundestagswahlen ist zu unterscheiden zwischen der Aufstellung der Bewerber um ein → Direktmandat und den auf den → Landeslisten erscheinenden Kandidaten. Die Nominierung von Direktkandidaten erfolgt in sog. Kreiswahlvorschlägen (§§ 19 - 26 BWahlG), welche bei parteiunabhängigen Bewerbern von mindestens 200 Wahlberechtigten des → Wahlkreises unterzeichnet sein müssen. Die Kreiswahlvorschläge von Parteien bedürfen des Beschlusses von Mitgliederversammlungen bzw. eigens bestellten Vertreterversammlungen („Wahlkreisdelegiertenkonferenzen"). Landeslisten können nur von Parteien eingereicht werden (§ 27 BWahlG). Analog zur Wahlkreisnominierung bedürfen sie eines Votums von Landesmitglieder- bzw. Vertreterversammlungen, was i.d.R. durch (außerordentliche) Parteitage geschieht. Landeslisten „neuer" Parteien müssen von 1 vom Tausend, höchstens jedoch von 2.000 Wahlberechtigten unterzeichnet sein.

Kantone

Gemäß Art. 1 der Bundesverfassung die Gliedstaaten der Schweiz. Es gibt 20 Voll- und 6 sog. Halbkantone. Letztere sind durch Teilung eines ehemaligen Vollkantons entstanden und ihnen verfassungsrechtlich gleichgestellt.

Kanzlerdemokratie

In den 50er Jahren geprägtes, bald in den wissenschaftlichen Sprachgebrauch übernommenes Schlagwort, das, unter dem Eindruck der Effektivität und Stabilität der → Bundesregierung in der „Ära Adenauer", seither zur Kennzeichnung des Regierungstyps und der Regierungstechnik in der Bundesrepublik dient. Der verfassungsrechtliche Kern der K. besteht im → Kanzlerprinzip und darin, daß die → Regierung nur durch ein → konstruktives Mißtrauensvotum gegen den Kanzler gestürzt werden kann (Art. 67 GG). Die grundgesetzlichen Bestimmungen zur → Richtlinienkompetenz werden durch die → Geschäftsordnung der Bundesregierung noch zu Gunsten des Kanzlers verstärkt. Obwohl die „Amtsausstattung" (Wilhelm Hennis) des Bundeskanzlers noch durch seine Direktionsgewalt über → Bundeskanzler- und → Presse- und Informationsamt ergänzt wird, ist umstritten, ob die K. eine an die Ausgangsbedingungen der Bundesrepublik, den Führungsstil und die Person Adenauers gebundene, zeittypische Entwicklungsphase war, oder ob K. als ein systemtypisches Element des Regierens anzusehen ist. Vertreter der Zeitphasen-These skizzieren eine Entwicklung hin zur „Koalitions-" oder „Koordinationsdemokratie", in welcher die Einflußpotentiale der Koalitionspartner den Handlungsspielraum der späteren Bundeskanzler spürbar eingeengt hätten.

Kanzlerprinzip

Organisationsprinzip von → Regierungen, demzufolge der Regierungschef (Kanzler) wichtige politische Entscheidungen allein verantwortlich fällen kann und die Minister von ihm abhängig und weisungsgebunden sind. Das K. besteht für die → Bundesregierung insofern, als dem → Bundeskanzler die → Richtlinienkompetenz zukommt (Art. 65 Satz 1 GG) und die → Bundesminister auf seinen Vorschlag vom → Bundespräsidenten ernannt und entlassen werden. Begrenzt wird das K. vom → Kollegial- und → Ressortprinzip.

Kapitalismus

Begriff: Karl Marx gilt als der bedeutendste K.-Theoretiker. Doch hat er den Begriff „K." in seinem Hauptwerk nie benutzt. Dort findet man die Begriffe „kapitalistische Produktionsweise" oder „kapitalistische Gesellschaftsformation"; „kapitalistisch" ist ein Attribut, das auf die formspezifische Weise von Produkten und gesellschaftlicher Regulation verweist. Auch bei Adam Smith oder David Ricardo, den wichtigsten Repräsentanten der klassischen → Politischen Ökonomie, wird man nach der Bez. K. vergebens suchen. Von K. sprach zuerst Mitte des 19. Jh. in einem durchaus pejorativen Sinne Louis Blanc, um eine Gesellschaftsordnung der Ausbeutung zu bezeichnen, die auf Privateigentum an den Produktionsmitteln, dem Streben der Privateigentümer nach Profit beruht und über den Markt die vielen individuellen, freien Entscheidungen auf anarchische Weise reguliert. Doch auch wenn der Begriff nicht gebräuchlich war, wurden doch in der klassischen Politischen Ökonomie und ihrer Kritik wichtige Elemente der Funktionsweise kapitalistischer Produktionsweisen herausgearbeitet: Die Arbeiter produzieren den gesellschaftlichen Reichtum, einen Teil eignen sich die Kapitalisten in der Form des Mehrwerts an. Marktgesetze steuern sowohl die Höhe der Löhne als auch die Verteilung des Mehrwerts innerhalb der Kapitalistenklasse in der Form des Profits. Die Akkumulation von Kapital ist von der Profitrate (Profit bezogen auf den Kapitalvorschuß) abhängig, und je nach der Technikwahl werden im Verlauf der Kapitalakkumulation Produktionsmittel oder Arbeitskräfte eingestellt.

K.-analysen: In der klassischen Politischen Ökonomie von Petty über Adam Smith bis Ricardo und Mill wurde i. Ggs. zur physiokratischen Lehre von der Produktivität des Bodens und von der daher hervorgehobenen Bedeutung der agrarischen Produktion die Erkenntnis entwickelt, daß jegliche produktive Arbeit, gleichgültig in welchen Bereichen, Werte und damit den „Reichtum der → Nationen" erzeuge. Die klassische „Arbeitswertlehre" konnte nur als Folge der historischen Verbreitung von Lohnarbeits-

beziehungen entstehen. Das Motiv derjenigen, die Lohnarbeit anwendeten, war die Erzielung von Profit. Erwerbsstreben ist also die subjektive Seite der kapitalistischen → Vergesellschaftung. Dieses findet eine Rechtfertigung in moralphilosophischen Sätzen über die „ruhigen" und „angeborenen" (Adam Smith) Leidenschaften des → Individuums, die es zum Erwerb antreiben. Max Weber hat in seiner Begründung des „kapitalistischen Geistes" auf die Ursprünge dieses Erwerbsstrebens im Protestantismus (und im Konfuzianismus) verwiesen. Dem Erwerbsstreben können nur freie Individuen nachgehen, und daher ist K. ohne individuelle → Freiheit und ohne das Privateigentum als Attribut individueller Verfügungsmacht unvorstellbar. Das Eigentumsrecht seinerseits ist aber ein Ausschlußrecht, d.h. nicht alle können Privateigentümer an Produktionsmitteln sein, da es sonst kein Angebot von Lohnarbeit geben und mithin das Erwerbsstreben nicht realisiert werden könnte. Die bürgerliche → Revolution setzt den gesellschaftlichen Rahmen für kapitalistische Entwicklung, ebenso wie kapitalistische → Interessen zur Errichtung der ihnen entsprechenden gesellschaftlichen Rahmenbedingungen streben.

Vordergründig wird der Rahmen ökonomischen Handelns als Marktwirtschaft konzipiert. Wenn, wie Bernhard de Mandeville meinte, private Laster sich durch die „unsichtbare Hand" in öffentliche Tugenden verkehren, kann kapitalistische Vergesellschaftung nur positive Resultate zeitigen, da ja allein die individuelle Verfolgung von eigenen Interessen den Wohlstand der gesamten → Gesellschaft zu steigern vermag. Diese Tradition der Interpretation kapitalistischen Erwerbsstrebens als gesellschaftsstrukturierendes Prinzip hat sich von der Klassik auf die heutige Neoklassik (zu der in dieser Hinsicht auch Neoliberale und Monetaristen zu zählen sind) vererbt: Die kapitalistische Gesellschaft ist Marktwirtschaft, die zu einer „kosmischen" (F.A. v. Hayek) Ordnung (im Gegensatz zu taxis) ausgelegt sei: Spontanes Streben nach Erwerb und Nutzenmaximierung werden durch den Marktmechanismus so gesteuert, daß ein gesellschaftliches Wohlstandsoptimum resultiert. Diese Vorstellungen basieren in der einen oder anderen Weise auf Max Webers Identifikation instrumenteller Rationalität und auf einer Walrasianischen Vorstellung von totalem Gleichgewicht: Die Relation von → Input und → Output beinhaltet Überschüsse; das Streben danach ist im Umkehrschluß rational, ermöglicht ein Gleichgewicht in dem Sinne, daß Individuen keine Veranlassung sehen, ihre Pläne zu ändern, und ist Motor der ökonomischen Entwicklung und gesellschaftlichen Rationalisierung. Solange nicht danach gefragt wird, wo denn der Überschuß herkomme, legitimiert sich ein solches Gesellschaftssystem durch die marktwirtschaftlichen Prozeduren der Abstimmung individueller Entscheidungen und Pläne; es bedarf keiner substantiellen → Legitimation.

Hier setzt die Kritik der Politischen Ökonomie ein, wie sie seit Marx gegen die klassische politische Ökonomie und die nachfolgenden Schulen gerichtet wird. Marx fragt zunächst in Anknüpfung an die „Arbeitswerttheorie" nach der Form des Werts, um darin die verborgenen (fetischisierten, mystifizierenden) Gestalten zu entziffern, die die Menschen in kapitalistischen Gesellschaften hervorbringen: in erster Linie das Geld. Während in der klassischen Ökonomie das Geld einfach als existent vorausgesetzt und später als „Geldschleier" über der realen Ökonomie konzipiert wird, zeigt Marx, daß es in der Ware und in der Warenzirkulation enthalten ist: Die Ware verdoppelt sich in Gebrauchswert und Wert, der Wert nimmt die Form des Geldes an, das Geld vermittelt nun den Austausch von Waren, und schließlich verselbständigt es sich, um losgelöst von den menschlichen Bedürfnissen seine ihm eigene Bewegung als Kapital (als ein „automatisches Subjekt") zu vollführen, die ihren Sinn lediglich in quantitativer Ausdehnung finden kann. Unabhängig von den immer begrenzten menschlichen Bedürfnissen ist auf quantitativen Zuwachs hin vorgeschossenes Geld ein Medium der enormen Beschleunigung der Entwicklung - daher die in anderen Produktionsweisen unbekannte Dynamik kapitalistischer Gesellschaften - und der Institutionalisierung einer lediglich formalen, an den Inhalten nicht mehr reflektierten

Rationalität. Soweit treffen sich Marx und Max Weber.

Doch Marx geht entscheidende Schritte weiter. Er fragt danach, woher der quantitative Überschuß bzw. der Mehrwert in der Zirkulation komme, und schlußfolgert unter Berücksichtigung der Regel des Äquivalententausches, daß er in der Produktionssphäre erzeugt worden sein müsse. Nur die Arbeitskraft allerdings sei dazu in der Lage. Diese kann es aber nur geben, wenn es doppelt freie Arbeiter gebe: das zum gleichberechtigten Vertragsabschluß freie → Individuum, das aber auch frei von Produktionsmitteln ist; der Abschluß eines Vertrags über den Verkauf der Arbeitskraft erfolgt in der Sphäre der Zirkulation, auf dem Arbeitsmarkt; aber daraus ergibt sich die Verpflichtung, in der Produktion unter dem Kommando des Kapitals zu arbeiten. Die Analyse des Produktions- und Reproduktionsprozesses und seiner Dynamik wird infolgedessen Kernbestandteil jeder K.-analyse.

Im Produktionsprozeß kommen die widersprüchlichen Interessen von Arbeit und Kapital zum Tragen: Gegensätze bei der Lohnhöhe, der Arbeitszeit und der Technikwahl. Die Austragung der Gegensätze ist Kampf zwischen → Klassen. Aber dadurch, daß die → bürgerliche Gesellschaft institutionelle Formen der Regulation hervorbringt, wird der → Klassenkampf nicht nur „institutionalisiert" (Dahrendorf), sondern ein Moment der Dynamisierung der gesellschaftlichen Entwicklung: Gramsci hat mit seiner Beschreibung des „Transformismus" gezeigt, daß es den herrschenden Klassen gelingen kann, die durch Klassenauseinandersetzungen notwendig werdenden historischen Anpassungen an veränderte technische und soziale Gegebenheiten gerade durch die „subalterne Integration" zu einer Ressource für die Reproduktion ihrer → Macht zu wenden.

K. als Weltsystem. Die Dynamik der kapitalistischen Produktionsweise äußert sich nicht nur in hohen Akkumulationsraten, sondern auch in der Expansion ihrer Prinzipien über den gesamten Globus. Seit dem „langen 16. Jahrhundert" (seit den großen Entdeckungen Ende des 15. Jh. bis zum

Ende des 30jährigen Krieges Mitte des 17. Jh.), so die historisch orientierten Untersuchungen der „Weltsystemtheorie" von Braudel oder Wallerstein, existierte der K. als → Weltsystem. Doch hat dieses in der 500jährigen Geschichte tiefgreifende Änderungen erfahren. Nach der Phase der Raubzüge der europäischen Mächte in der Neuen Welt folgten die koloniale Eroberung und Beherrschung ganzer Kontinente; Lenin bezeichnete diese Entwicklungsphase als „Raub- und Plünderungskapitalismus". Diese wurde durch den modernen → Imperialismus des 19. Jh. abgelöst, als die „weißen Flecken" der Landkarte zwischen den Großmächten Europas aufgeteilt waren. Während Kautsky sich davon eine „ultraimperialistische" Konstellation → friedlicher Koexistenz versprach, betonte Lenin in seiner während des Ersten Weltkrieges geschriebenen → „Imperialismustheorie" die Gegensätze zwischen imperialistischen Mächten, die sich bis zum Krieg, und da inzwischen das kapitalistische Weltsystem entstanden war: bis zum Weltkrieg zuspitzen mußten.

Diese Tendenz zum Konflikt und Krieg wird durch die Akkumulationsdynamik selbst gefördert. Wachstum ist ungleichmäßig, und daher entwickeln sich große Unternehmen (Konzentration), die mit ihrer finanziellen Kraft auch in der Lage sind, andere Unternehmen aufzukaufen (Zentralisation). Da diese Prozesse durch das Bankensystem erleichtert und vermittelt werden, entsteht das von Hilferding so bezeichnete → „Finanzkapital" als Konglomerat von industriellem Kapital und Bankensystem. Hilferding erblickte in dieser Verbindung die Möglichkeit der Stabilisierung („Generalkartell") und der Organisierung des K., der die „Durchstaatlichung" (Renner) entspricht: Der → Staat entwickelt Regulierungskompetenzen, und die Ökonomie verliert im Zuge der Organisierung die durch die Konkurrenz provozierten anarchischen Züge, so daß Subjekt (Staat) und Objekt (Wirtschaft) der Regulierung im Interesse der Stabilisierung und des sozialen Ausgleichs zusammenwirken können. Lenin und die Theoretiker des → „staatsmonopolistischen Kapitalismus" hingegen interpretieren die Tendenz der Konzentrati-

on und zunehmenden staatlichen Intervention als eine Ursache für die Verschärfung von Krisen und Konflikten. Heute wird von keynesianisch orientierten Ökonomen der Bedeutungszuwachs des Kredits eher als ein Grund für „financial instabilities" (Hyman Minsky) gesehen, ohne allerdings die Schlußfolgerungen der „Stamokap-Theorie" zu teilen.

Krisentendenzen. Der Akkumulationsprozeß in kapitalistischen Gesellschaften ist, wie schon Marx begründete, nicht krisenfrei. Um die Analyse der seit dem zweiten Jahrzehnt des 19. Jh. in England empirisch feststellbaren zyklischen Schwankungen von Produkten und Beschäftigung und der finanziellen Krisen gibt es eine lange kontroverse Debatte. Die einzelnen Beiträge lassen sich gruppieren: Unterkonsumtions- oder Überproduktionskrisen begründen jeweils ein Mißverhältnis zwischen Entwicklung der Produktivität und effektiver Nachfrage, das Anlaß zur Krise gibt. Moderne Unterkonsumtionstheoretiker wie Baran und Sweezy verweisen auf die vielfältigen Techniken moderner kapitalistischer Gesellschaften zur „Vergeudung" des Surplus durch Werbung, Militärausgaben etc. Krisen sind also immer ein doppelter Prozeß: in ihnen „eklatieren" Widersprüche, die in den Krisen wiederum „bereinigt" werden.

Überakkumulationstheoretiker hingegen verweisen auf die - im Marxschen Sinne organische - Kapitalzusammensetzung, deren Entwicklung für den Fall der Profitrate verantwortlich sei. Wenn die Profitrate unter die Zinsrate sinkt, stagnieren die produktiven Investitionen, Arbeitskräfte werden entlassen, die effektive Nachfrage sinkt. Die „Bereinigung" erfolgt, wenn und insofern Bedingungen gesetzt werden, durch welche ein Anstieg der Profitrate möglich ist: Senkung der Zuwächse der Lohnstückkosten, technische Neuerungen, Veränderungen des Verhältnisses von Staat und Ökonomie.

Krisen sind also nicht nur der kapitalistischen Produktionsweise inhärent, sondern zugleich auch die historischen Brüche, in denen kapitalistische Gesellschaften sich reorganisieren; die Krisen haben folglich eine „Bereinigungsfunktion". Hier knüpft die Regulationstheorie an, die zwischen „kleinen" und „großen" Krisen unterscheidet: Kleine Krisen haben keinen Einfluß auf die gesellschaftlichen Formen von Reproduktion und Akkumulation, während „große" Krisen gerade diese in Frage stellen. Immer bildet sich in den Konflikten zwischen Lohnarbeit und Kapital eine Art „Normalverhältnis" heraus: bei der Regulation von Arbeitszeiten, Lohnfindung, Qualifikationsbedingungen, Leistungsnormen etc. Kleine Krisen sind dann jene, die sich innerhalb der tradierten Normalität bewältigen lassen, und große Krisen sind jene gesellschaftlichen Brüche, in deren Verlauf das „Normalverhältnis" nicht mehr trägt und durch ein neues ersetzt werden muß.

In der Geschichte der kapitalistischen Gesellschaftsformation sind die Weisen der Regulation, d.h. die soziale Bestimmung der Regulation, mehrfach ausgetauscht worden. K. existiert also nicht ein für allemal, sondern als historisch flexibles gesellschaftliches System. In den K.-theorien ist dem vielfältig Rechnung getragen worden, zumal darin auch methodische Probleme der K.-analyse enthalten sind: Was ist das „Wesen" des K., wenn dieses sich in verschiedenen historischen Formen (Formationen) manifestiert?

Insbesondere die Regulationstheorie hat den Versuch gemacht, eine historische K.-analyse zu entwickeln, indem in der Geschichte verschiedene Akkumulationsregime und Regulationsweisen identifiziert worden sind. Die Grundidee ist, daß Stabilität der Entwicklung nur möglich ist, wenn und sofern sich die Bedingungen der Akkumulation (Lohn, Profit, Produktivität, Nachfrage etc.) entsprechen und gleichzeitig ein System gesellschaftlicher → Institutionen die Reproduktion reguliert. Die Dynamik der kapitalistischen Entwicklung nach dem Zweiten Weltkrieg ist im Rahmen dieser Theorie damit zu erklären, daß durch geeignete gesellschaftliche Regulation Produktivitätsentwicklung und Steigerung der Massennachfrage verkoppelt worden sind (→ „Fordismus"): durch die Systeme der industriellen Beziehung, durch staatliche (keynesianische) Interventionen

zur Stützung der effektiven Nachfrage, durch die Errichtung eines damit kompatiblen Systems der internationalen Arbeitsteilung etc. Wenn die Dynamiken von Produktivität und Lohnentwicklung aber auseinanderdriften, kommt es unweigerlich zur Krise, in deren Verlauf institutionelle Formen einer neuen, „postfordistischen" Regulationsweise gebildet werden müssen. Gegen eine funktionalistische Deutung dieses Ansatzes wird darauf verwiesen, daß „kompatible" gesellschaftliche und ökonomische Verhältnisse von Lohn, Geld, Arbeit eine „historische Fundsache" sind, also weder prognostiziert noch geplant, sondern nur ex post analysiert werden können.

Lit.: Aglietta, M.: A Theory of Capitalist Regulation. The US Experience, London 1979; Armstrong, Ph./ Glyn, A./ Harrison, J.: Capitalism since World War II, London 1984; Mahnkopf, B. (Hg.): Der gewendete Kapitalismus, Münster/ Westf. 1988; Marx, K.: Das Kapital, Band 1, 2, 3 in: Marx Engels-Werke, Bände 23, 24, 25 (MEW); Polanyi, K.: The Great Transformation, Frankfurt/ Main 1978; Rosdolsky, R.: Zur Entstehungsgeschichte des Marxschen ‚Kapital‘, 2 Bände, Frankfurt/ Main 1968; Stanger, M.: Krisentendenzen der Kapitalakkumulation - Theoretische Kontroversen und empirische Befunde, Berlin 1988; Varga, E.: Die Krise des Kapitalismus und ihre politischen Folgen, Frankfurt und Wien 1969.

Prof. Dr. Elmar Altvater, Berlin

Kapitulation

Vertrag zwischen militärischen Befehlshabern, in dem der Unterlegene sich dem siegreichen Gegner unterwirft. Die K. ist militärischen Inhalts; sie wird mit Wirkung für die beteiligten Streitkräfte abgeschlossen und hat die Einstellung der Kampfhandlungen zur Folge. Die K. ist unterscheiden von einem zwischenstaatlichen Friedensvertrag, welcher den Kriegszustand völkerrechtlich beendet.

Karlsbader Beschlüsse

Von Preußen und Österreich auf den Karlsbader Konferenzen (6.-31.8.1819) vorbereitete und von der → Bundesversammlung des → Deutschen Bundes am 20.9.1819 einstimmig beschlossene Maßnahmen zur Unterdrückung der nationalen und liberalen Bewegung. Die bis 1848 gültigen K. bildeten die Grundlage der sog. Demagogenverfolgung (Überwachung der Universitäten, Verbot studentischer Verbindungen, verschärfte Zensur politischer Druckschriften), womit der liberalen → Opposition die legale Basis entzogen wurde.

Kartellrecht

Gesamtheit der Rechtsnormen, die den freien wirtschaftlichen Wettbewerb vor Beeinträchtigungen durch Kartelle, d.h. Abreden von Unternehmen über gemeinsames Marktverhalten (z.B. über Preise oder Absatzmengen), schützen soll. Von besonderer Bedeutung ist das Gesetz gegen Wettbewerbsbeschränkung (GWB). § 1 GWB formuliert ein grundsätzliches Kartellverbot, von dem jedoch (nach §§ 2 - 8) Ausnahmen möglich sind (z.B. für sog. Strukturkrisen- und Rationalisierungskartelle). Erlaubte Kartellvereinbarungen erscheinen in dem beim → Bundeskartellamt geführten Kartellregister. Unternehmenszusammenschlüsse, die eine marktbeherrschende Stellung nach sich ziehen, sind vom Bundeskartellamt zu untersagen; Ausnahmen bedürfen einer → Ministererlaubnis.

Katholische Soziallehre

→ Christliche Soziallehre

Keynesianismus

Auf J.M. Keynes zurückgehende Schule der Nationalökonomie und → Wirtschaftspolitik. Der K. erklärt es aufgrund der Erfahrungen in der → Weltwirtschaftskrise (1929-32) zur Aufgabe des → Staates, steuernd in die Wirtschaft einzugreifen und für einen hohen Beschäftigungsstand zu sorgen. Der K. leugnet die von der klassischen Wirtschaftstheorie behauptete Selbststeuerungsfähigkeit der Wirtschaft, insbesondere jene Marktautomatik, die eine permanente Massenarbeitslosigkeit verhindern können soll. Wirtschaftliche Depression stellt sich für den K. als Folge unzureichender Neuinvestitionen dar, de-

nen der Staat durch die Belebung der öffentlichen Nachfrage - ggf. unter Inkaufnahme von Haushaltsdefiziten ("deficit spending") - entgegenzutreten habe. Lange Zeit wichtigste theoretische Grundlage v.a. sozialdemokratischer Wirtschaftspolitik, verlor der K. in den 70er Jahren an Einfluß durch das Auftreten der Stagflation, d.h. der Erfahrung, daß auch mit inflationärer Politik wirtschaftliche Stagnation nicht zwangsläufig überwunden wird.

KGB

Komitee für Staatssicherheit der Sowjetunion, 1953 nach vielfacher Umorganisation aus dem Geheimdienst → NKWD hervorgegangen. Dem KGB oblagen neben der nachrichtendienstlichen Tätigkeit im Ausland und der Spionageabwehr auch innergesellschaftliche Aufgaben, welche sich v.a. auf die Aufklärung und Kontrolle politischer und ethnischer Oppositionsgruppen bezogen. 1992 ging der KGB im → MBRF auf.

Kirche und Politisches System

a) *Begriffliche Klärung*: Die traditionelle Analyse der Beziehung zwischen den christlichen Religionsgemeinschaften und der → Politik stellt auf die vorwiegend rechtlich fixierten Beziehungen zwischen *Kirche und* → *Staat* ab. Im Mittelpunkt stehen dabei unterschiedliche Ordnungsmodelle: 1. → Identität von Staat und Kirche, mit einer Beamtenschaft, die Funktionen in beiden Bereichen ausführt, 2. Staatskirche unter Kontrolle des Staates, aber mit eigenem Funktionsapparat, 3. Universalkirche, die jedoch innerhalb eines Staates gegenüber anderen Religionsgemeinschaften in unterschiedlicher Weise privilegiert sein kann, mit universalem Anspruch, ohne Bindung an staatliche Einheiten, wobei sich allerdings häufig als Mischformen staatskirchliche Elemente und Kontrollen trotz des Anspruchs auf Universalität durchsetzen; 4. Freikirchen, die vom Staat und von den Staatskirchen frei sein wollen.

Stehen im Staatskirchenrecht die rechtlichen Grundlagen der institutionalisierten Beziehung zwischen Staat und kirchlichen Gemeinschaften im Vordergrund, so analysiert die → Politikwissenschaft die Stellung der Kirchen im → politischen System, und zwar unter dem Gesichtspunkt des Einflusses von Religion und Kirche auf die → politische Ordnung und → politische Kultur (→ polity-Aspekt), auf politische Entscheidungsprozesse (→ politics-Aspekt) und auf politische Inhalte, wobei insbesondere der Bildungsbereich, die → Familien- und → Sozialpolitik im Vordergrund stehen (→ policy-Aspekt). Dabei können die Kirchen Teil des politischen Systems, zumindest i.w.S. werden. Aufgrund ihrer Einflußstärke und der ihnen gewährten Rechtsposition stehen sie dann neben den großen → Verbänden (Arbeitgeber/ Unternehmer, → Gewerkschaften, Landwirtschaft u.a.). Auf jeden Fall stellen sie eine wichtige Größe im → input-Bereich ebenso wie im → output-Bereich des politischen Systems dar. Ihre Bedeutung liegt insbesondere in der Sicherung des allgemeinen Wertkonsenses und der → Legitimation des politischen Systems. Sie können jedoch, gerade im Wertbereich, auch eine Quelle des Widerstandes und der Machtbegrenzung darstellen, wie es sich z.B. im Verlauf des Prozesses der Destabilisierung der real existierenden sozialistischen Systeme, etwa in Polen oder in der DDR, erwiesen hat.

b) *Historischer Aufriß*: Im weltlich-heidnischen Staat der Antike existierte die Kirche getrennt vom Staat, betonte ihre Selbständigkeit und verweigerte den geforderten Herrscherkult. Im konstantinischen Zeitalter wurde die Kirche Staatskirche; sie beanspruchte ein christliches Regiment im Staat, wurde privilegiert, verlor aber die Selbständigkeit vom Staat. Das Mittelalter war gekennzeichnet durch das dualistische Miteinander von Kirche und Staat und den beherrschenden Einfluß der Kirche und kirchlichen Jurisdiktion. Vermittelt wurde dieser Einfluß über Kleriker sowie die kirchlichen Institute von Ehe, Unterricht und Bildung, bei gleichzeitiger Zuerkennung, daß der christliche Herrscher der Kirche Schutz und Hilfe zu gewähren habe.

In der frühen Neuzeit wurde, auch infolge der Reformation und des jus reformandi des Landesherrn, die Kirchenhoheit ein Teil der Landeshoheit im sich ausbildenden absolutistischen → Territorialstaat. Im Zeichen des

rationalen → Naturrechts, das den Staat als Zweckgemeinschaft von Individuen und nicht als zweite ,societas perfecta' neben der Kirche in der Schöpfungsordnung Gottes zu sehen lehrte und diesem Staat die oberste → Souveränität zuerkannte, wurde das mittelalterliche Nebeneinander von Staat und Kirche zugunsten einer Überordnung des Staates zurückgedrängt. Der universale Anspruch der katholischen Kirche wurde territorialistisch eingeschränkt, die protestantischen Kirchen wurden durch die Bindung von Thron und Altar zu Staatskirchen.

Das 19. Jh. brachte mit der Proklamation von Glaubens-, Gewissens- und Gedankenfreiheit eine zunehmende → Autonomie der Kirchen innerhalb des Staatsapparates sowie die Zurückdrängung kirchlicher Jurisdiktion (Eherecht). Die endgültige Beseitigung der Staatskirche verzögerte sich in Deutschland bis 1918, während in Frankreich mit stark laizistischen Akzenten die Trennung von Staat und Kirche 1904-1908 durchgesetzt wurde. In den skandinavischen Ländern und Großbritannien blieben staatskirchliche Elemente bis heute erhalten, während in den USA seit der Gründungsphase die Trennung der politischen Instanzen von den Kirchen - no establishment-Klausel der → Verfassung - von Anfang an verankert ist, was zu einer Fülle freikirchlicher Organisationen geführt hat. Im 20. Jh. versuchten die totalitären Staaten mit ihren ideologisch monopolisierten Ansprüchen im nationalsozialistischen Deutschland ebenso wie im Bereich des zur → Herrschaft gelangten → Marxismus/ Leninismus, den Einfluß der Kirche zurückzudrängen und sie allenfalls in den Nischen privater Frömmigkeit zu dulden.

c) *Das kirchenpolitische System des* → *Grundgesetzes*: Grundlage der heutigen rechtlichen Ordnung des Verhältnisses von Staat und Kirche in der Bundesrepublik sind die ins GG übernommenen Regeln der → Weimarer Verfassung, die zwar die Staatskirche beseitigten und die Religions- und Gewissensfreiheit verankerten, aber dennoch keine vollkommene Trennung zwischen Staat und Kirche, sondern mit der Garantie des öffentlich-rechtlichen Status der Kirche eine „hinkende Trennung" verwirklichten. Die überkommene Verankerung der Kirche in den → Institutionen der Bildung führte zur verfassungskräftigen Garantie des Religionsunterrichtes an den staatlichen Schulen, zur Möglichkeit staatlicher → Bekenntnisschulen, zur Aufrechterhaltung der Theologischen Fakultäten an den staatlichen Universitäten, zur gesetzlich verankerten Sonntagsruhe, zu staatlich garantierter und finanzierter Anstaltsseelsorge in Krankenhäusern, Gefängnissen und beim Militär sowie zum Kirchensteuerprivileg, d.h. der Einziehung der „Mitgliedsbeiträge" durch die staatliche Finanzverwaltung. Der Charakter der deutschen Kirchen als „Volkskirchen" - im Unterschied zur Freiwilligkeitskirche - wurde so in der Verfassung faktisch vorausgesetzt und stabilisiert.

Verfocht man in den 20er und 30er Jahren - trotz Anerkennung des Rechtes der Kirche, ihre Angelegenheiten selbständig zu regeln - nach wie vor Forderungen staatlicher Kirchenhoheit, so sind nach den Erfahrungen des Kirchenkampfes im → Nationalsozialismus diese Elemente völlig in den Hintergrund getreten zugunsten einer anfangs stark koordinationsrechtlich begriffenen „Partnerschaft" zwischen Staat und Kirche, die in → Konkordaten und Kirchenverträgen die gemeinsamen Probleme regelte. Die gegenwärtige Situation der Kirchen in der Bundesrepublik ist demgegenüber stärker dadurch gekennzeichnet, daß an die Stelle der Vereinbarungen zwischen Staat und Kirche und einer rechtlich institutionellen Privilegierung der christlichen Kirchen, die in den Anfangsjahren der → Republik bis zum Postulat der Rechristianisierung des Staates ging, nunmehr die weltanschauliche Neutralität des säkularen, grundrechtsgebundenen, demokratisch-pluralistischen Staates hervorgehoben wird, der den Kirchen, in Respekt vor der Religions- und Gewissensfreiheit, den Raum zu öffentlicher Wirksamkeit garantiert.

In der ehemaligen DDR wurden dagegen der Einfluß der Kirche zurückgedrängt, Religion zur Privatsache erklärt, staatlicher Religionsunterricht abgeschafft, der kirchliche Raum kontrolliert und eingeengt, und

staatskirchenrechtliche Beziehungen als Elemente staatlicher Steuerung benutzt, z.B. bei den staatlichen Theologischen Fakultäten.

Der Einfluß der Kirche blieb jedoch trotzdem groß; als einzige eigenständige Organisation konnte sie – trotz aller Anpassungen – als Rückzugsbasis und als Dach für → Opposition wirken, was sich insbesondere in der Phase der friedlichen Wende in der DDR bewies.

Nach der Wiedervereinigung verloren die Kirchen in den neuen → Bundesländern an Einfluß. Die Ausdehnung des staatskirchenrechtlichen Systems des Grundgesetzes auf die neuen Bundesländer führte zwar zu mancher Restitution (Kirchensteuer, Religionsunterricht), konnte die in der Zeit der DDR eingeleitete Entwicklung jedoch nicht aufhalten. Der Anspruch, Volkskirche zu sein, lief zunehmend leer, und es bleibt zu fragen, inwieweit die alten Bundesländer im Zeichen von → Säkularisierung und Individualisierung diesem Trend folgen.

Das Gebot des Grundgesetzes, Religions- und Gewissensfreiheit zu gewährleisten und Raum zu öffentlicher Wirksamkeit zu geben, gewinnt angesichts von Millionen in Deutschland lebenden Muslimen eine zusätzliche Dimension, wenn es z.B. um eine Garantie der Möglichkeit Moscheen zu bauen, Muezzin-Rufe erklingen zu lassen oder muslimischen Kindern an staatlichen Schulen muslimischen Religionsunterricht zu bieten, geht; die christlichen Kirchen, die eine durch Tradition legitimierte Privilegierung genießen, müssen als „Kirchen unter dem Grundgesetz" diese Entwicklung prinzipiell akzeptieren.

Lit.: Abromeit, H./ Wewer, G (Hg.): Die Kirchen und die Politik, Opladen 1989; *Besier, G.*: Der SED-Staat und die Kirche 1969–1990. Die Vision vom „Dritten Weg", Berlin/ Frankfurt a.M. 1995; *Kühr, H.* (Hg.): Kirche und Politik, Berlin 1983; *Listl, J./ Pirson, D.* (Hg.): Handbuch des Staatskirchenrechts der Bundesrepublik Deutschland, grundlegend neubearbeitete 2. A., Bd. 1 (1994) u. 2 (1995), Berlin; *Spotts, F.*: Kirchen und Politik in Deutschland, Stuttgart 1976; *Zippelius, R.*: Staat und Kirche. Eine Geschichte von der Antike bis zur Gegenwart, München 1997.

Prof. Dr. Gotthard Jasper, Erlangen

Kirchensteuer

Steuer, die nach Art. 137 VI der → Weimarer Reichsverfassung (durch Art. 140 GG Bestandteil des → Grundgesetzes) seitens der Religionsgemeinschaften, welche → Körperschaften des öffentlichen Rechts sind, erhoben werden kann. Während das Recht auf Erhebung der K. den Kirchen zukommt, ist die Eintreibung Angelegenheit des → Staates.

Klasse

Soziale Formation, die durch gleiche Besitz-, Erwerbs- und Einkommensverhältnisse gekennzeichnet ist. Nach der Auflösung feudaler Abhängigkeiten und ständischer Strukturen sowie deren Ersetzung durch Gewerbefreiheit, private Verfügung über → Eigentum und das Recht auf freien Arbeitsvertrag bestimmte sich die gesellschaftliche Stellung der Sozialgruppen primär durch die Eigentums- und Einkommensverhältnisse. In der Folge wurde der Begriff K. zur Schlüsselkategorie für die Analyse der sozioökonomischen und politischen Verhältnisse in der bürgerlichen industriellen → Gesellschaft.

Klassenbewußtsein

Gemeinsames Verständnis der Angehörigen einer → Klasse von sich selbst, über ihre grundlegenden → Interessen und ihre Rolle in der → Gesellschaft. Nach marxistischer Auffassung werden die Angehörigen einer nach „objektiven" Kriterien (der Stellung zu den Produktionsmitteln) bestimmten Klasse nur durch einen kollektiven Lern- und Bewußtwerdungsprozeß zur politisch handelnden Klasse, von der „Klasse an sich" zur „Klasse für sich".

Klassengesellschaft

→ Gesellschaft, deren prägendes Merkmal ihre Gliederung in → Klassen ist. Im → Marxismus Bez. für in antagonistische Sozialformationen gespaltene Gesellschaften (im wesentlichen Sklavenhaltergesellschaft, → Feudalismus, → Kapitalismus), im Gegensatz zur klassenlosen Ge-

sellschaft (→ Kommunismus). Der → Sozialismus, verstanden als Übergangsphase zum Kommunismus, kennt nach der marxistischen Theorie zwar noch Klassen, diese stehen jedoch nicht mehr in einem antagonistischen Verhältnis zueinander.

Klassenherrschaft

→ Herrschaft einer sozialen → Klasse über die gesamte → Gesellschaft. Nach marxistischer Auffassung ist diese Herrschaft Ausdruck und zwangsläufige Folge des grundlegend gegensätzlichen Verhältnisses der Klassen in bezug auf die Aneignung der gesellschaftlichen Produktion. Ziel der K. ist demnach die Aufrechterhaltung der die herrschende Klasse privilegierenden Produktionsverhältnisse. Der → Staat, entstanden aus dem Bedürfnis, Klassengegensätze im Zaum zu halten, sei „in der Regel Staat der mächtigsten, ökonomisch herrschenden Klasse" (MEW 21, S. 166), mithin Instrument der K.

Klasseninteresse

Gesamtheit der → Bedürfnisse einer sozialen → Klasse, welche nach marxistischer Auffassung objektiv durch die Stellung zu den Produktionsmitteln bestimmt sind.

Klassenjustiz

In marxistischer Terminologie das Rechtssystem und die Rechtsanwendung einer → Klassengesellschaft, welche die → Interessen der herrschenden → Klasse schützen und ihre → Herrschaft stabilisieren. K. Liebknecht wies 1907 mit dem Begriff K. darauf hin, daß die Richter sich ausschließlich aus Angehörigen der herrschenden Klassen rekrutierten. Unabhängig von seiner polemischen Verwendung als politischer Kampfbegriff steht der Begriff K. für den rechtssoziologischen Befund, daß Angehörige unterer sozialer Schichten von der Rechtsprechung tendenziell benachteiligt werden.

Klassenkampf

Auseinandersetzung zwischen antagonistischen → Klassen um die politische und wirtschaftliche Entscheidungsgewalt in einer → Gesellschaft. Nach Auffassung des → Marxismus-Leninismus ist der K. die entscheidende Triebkraft der gesellschaftlichen Entwicklung in allen → Klassengesellschaften durch Austragung der sozialen Widersprüche mit dem Resultat ihrer „Aufhebung" auf höherer gesellschaftlicher Entwicklungsstufe. Der K., der demnach im → Kapitalismus vom → Proletariat um die Befreiung von Ausbeutung und Unterdrückung geführt wird, kennt drei einander ergänzende Formen: den ökonomischen K. zur Verbesserung der materiellen Lebensbedingungen, den ideologischen K. zur Entwicklung des → Klassenbewußtseins und den politischen K. mit dem Ziel der Errichtung der → Diktatur des Proletariats.

Klassenkonflikt
Interessengegensätze und daraus resultierende Auseinandersetzungen zwischen sozialen → Klassen. Nach Auffassung des → Marxismus-Leninismus treibendes Moment gesellschaftlicher Entwicklung, da erst im K. sich das → Klassenbewußtsein als Voraussetzung des → Klassenkampfes bilde.

Klassenpartei
→ Partei, welche die → Interessen einer bestimmten gesellschaftlichen → Klasse politisch vertritt und ihre Mitglieder überwiegend aus derselben Klasse rekrutiert (historisch v.a. → Arbeiterparteien). Der Typus der K. wurde nach dem 2. Weltkrieg in den westlichen Industrienationen - mit Ausnahme der traditionell starken kommunistischen Parteien in Frankreich und Italien - weitgehend von dem der → Volkspartei abgelöst.

Kleinbürgertum
Urspr. sozialhistorische Bez. für diejenigen Angehörigen des frühindustriellen → Bürgertums, welche über nur begrenzten Grund- und Kapitalbesitz verfügten. Dieser Besitzstand reichte, im Unterschied zu dem des Großbürgertums, als Grundlage für politisch-sozial bestimmenden Einfluß nicht aus. Kennzeichnend für die Mentalität des K. war eine auf die Sicherung eigener Vermögensvorteile beschränkte, defensive und „kleinliche"

Wirtschaftsgesinnung. Daraus entwickelte sich die heutige, abwertende Bedeutung des Begriffs K. als Beschreibung eines Habitus, welcher auf die Sicherung des persönlichen materiellen Auskommens fixiert ist und diese „Rentiers-Mentalität" mit einem Status quo-orientierten und sozial vorurteilsbehafteten Denken verbindet.

Kleine Anfrage
In der → Geschäftsordnung des → Bundestages (§ 104) geregeltes → Minderheitenrecht zur → parlamentarischen Kontrolle, das → Abgeordneten in Fraktionsmindeststärke erlaubt, schriftliche Anfragen an die → Bundesregierung zu richten. Im Gegensatz zur → Großen Anfrage kann die K. nicht auf die Tagesordnung gesetzt werden, sondern gilt mit der schriftlichen Beantwortung als erledigt.

Kleine Parlamentsreform
Bez. für die 1969 vom → Bundestag beschlossenen Veränderungen seiner Zuständigkeit, Organisation und Arbeitsweise, welche seinen Charakter als → Arbeitsparlament verstärkten. U.a. wurden den → Abgeordneten Mittel zur Beschäftigung von Mitarbeitern bewilligt, die Beratungen der Gesetzesentwürfe geändert, den → Ausschüssen das Recht zur Selbstbefassung zugestanden, der → Ältestenrat neu organisiert und die Möglichkeit geschaffen, → Enquête-Kommissionen einzusetzen. Die eingeführte Redezeitverkürzung sollte die Plenardebatten beleben. Die K. ist die bislang umfassendste Reform des Bundestages. Die insofern irreführende Bez. stammt von den Initiatoren aus den → Fraktionen der → CDU/ → CSU und → SPD selbst, welche weitergehende Reformen in Aussicht stellten, aber nicht verwirklichten.

Klerikalismus
Abwertende Bez. für Bestrebungen nach kirchlicher Vormachtstellung bzw. kulturellem Gestaltungsanspruch im politisch-sozialen Bereich, welcher mit Berufung auf die → Autorität der Kirche erhoben wird und den gesellschaftlichen Wertepluralismus negiert.

Klientelismus

Informelles Machtverhältnis, das auf dem Tausch von Vergünstigungen zwischen zwei Personen oder Gruppen in ungleicher Position zur Befriedigung beiderseitiger → Interessen gründet. K. wird näher definiert als Beziehung zwischen einer höhergestellen Person (Patron), welche ihren Einfluß und ihre Mittel geltend macht, um einer niedriger gestellten Person (Klient) Schutz oder Vorteile zu verschaffen und von dieser im Austausch dafür Unterstützung oder Gefolgschaft erhält (z.B. Wählerstimmen gegen materielle Ressourcen). K. dient der → Politikwissenschaft v.a. zur Erklärung → politischer Systeme in vielen → Entwicklungsländern.

KMK

Abk. für *Kultusministerkonferenz*, ⇒ *Ständige Konferenz der Kultusminister der Länder*.

Knesset

Hebräisch: Versammlung; das nationale → Parlament in Israel.

Koalition

1. Zweckgerichtetes, befristetes oder unbefristetes Bündnis unabhängiger Partner. Im 18./19. Jh. Bez. für Allianzen zwischen → Staaten (z.B. die Koalitionskriege zwischen den europäischen Mächten des → Ancien régime und dem revolutionären bzw. napoleonischen Frankreich). In → parlamentarischen Regierungssystemen Bez. für die enge Zusammenarbeit zweier oder mehrerer Parlamentsfraktionen zum Zwecke der Bildung und Stützung der → Regierung. K. werden notwendig, wenn eine → Fraktion allein nicht über die → absolute Mehrheit im → Parlament verfügt und eine → Minderheitsregierung vermieden werden soll.

2. Arbeitsrechtlich Bez. für Zusammenschlüsse der Arbeitgeber und Arbeitnehmer (→ Koalitionsfreiheit).

Koalitionsausschüsse

Informelle, mitunter durch → Koalitionsvereinbarungen geschaffene Gremien mit der Aufgabe, über die Einhaltung der Absprachen zwischen den Koalitionsfraktio-

nen zu wachen, Gesetzesvorhaben vorzuklären und die parlamentarische Arbeit zu koordinieren. Offiziell wurde ein K. erstmals 1961 durch das Koalitionsabkommen zwischen → CDU/ → CSU und → FDP eingerichtet.

Koalitionsfreiheit

Durch Art. 9 III GG für jedermann und für alle Berufe gewährleistetes → Grundrecht, zur Wahrung und Förderung der Arbeits- und Wirtschaftsbedingungen Vereinigungen zu bilden. Die individuelle K. bezeichnet das Recht des einzelnen Arbeitnehmers oder Arbeitgebers, → Koalitionen (→ Gewerkschaften, → Arbeitgeberverbände) zu gründen, ihnen beizutreten und in ihnen zu verbleiben. Diese positive individuelle K. wird durch die negative - dem Recht des Nichtbeitritts - ergänzt. Die kollektive K. garantiert den freien Bestand und die freie Betätigung der Koalitionen (v.a. → Tarifautonomie und → Arbeitskampf).

Koalitionsregierung

Auf ein parlamentarisches Bündnis von → Parteien bzw. → Fraktionen (→ Koalition) gestützte → Regierung. K. sind in → parlamentarischen Regierungssystemen, in denen das → Parlament nach den Grundsätzen der → Verhältniswahl gewählt wird, die Regel, weil eine einzelne Partei nur selten über die zur Bildung und Unterstützung der Regierung notwendige → absolute Mehrheit verfügt. In der Bundesrepublik waren alle bisherigen → Bundesregierungen K.

Koalitionstheorien

Verallgemeinernde Aussagen über die Bedingungen des Zustandekommens und der Stabilität parlamentarischer → Koalitionen. K. bemühen sich darüber hinaus um die Erarbeitung einer Typologie von Koalitionen. Verschiedene Theoremen zufolge lassen sich unterscheiden:

1. *minimum range-Koalitionen* (Bündnisse solcher Koalitionsformationen, innerhalb derer die geringste politisch-ideologische Spannweite besteht);

2. *minimum connected winning-Koalitionen* (Bündnisse, die die kleinstmögliche parlamentarische Mehrheit und den kleinstmöglichen politisch-ideologischen Abstand zwischen den Partnern verbinden);
3. *minimal winning-Koalitionen* (Bündnisse, die bei Austritt eines ihrer Mitglieder die Mehrheit verlieren würden);
4. *minimum winning-Koalitionen* (die jeweils kleinstmöglichen Mehrheitskoalitionen);
5. *surplus majority-Koalitionen* (eine überdimensionierte → Große Koalition).

Koalitionsvereinbarungen

Übereinkünfte, in denen die Koalitionspartner (→ Parteien bzw. → Fraktionen) in → parlamentarischen Regierungssystemen die personellen und sachlichen Bedingungen für ihre Beteiligung an der → Regierung festlegen. K. können in Form mündlicher Absprachen und entsprechender Gedächtnisprotokolle oder als vertragsähnliche Dokumente fixiert werden. In der Bundesrepublik haben K. unter den Bedingungen der → Verhältniswahl, welche die Mehrheits- bzw. Regierungsbildung in das → Parlament verlagert, an Gewicht gewonnen. Obwohl die rechtliche Bindungswirkung von K. sich allenfalls auf die Vertragspartner, d.h. die Fraktionen erstreckt und gerichtlich nicht erzwingbar ist, schränken sie faktisch sowohl das Vorschlagsrecht des → Bundeskanzlers für die → Bundesminister als auch seine → Richtlinienkompetenz stark ein.

Kolchose

Bez. für landwirtschaftliche Großbetriebe in der Sowjetunion. K. wurden seit 1917 zunächst als freiwillige Zusammenschlüsse geschaffen, welchen im Unterschied zur → Sowchose Selbstverwaltungsbefugnisse zukamen. Ab 1929 erfolgte der zwangsweise Zusammenschluß einzelner bäuerlicher Betriebe, nachdem bis dahin nur 1,7 % der Betriebe genossenschaftlich organisiert waren. Die K. waren Vorbild für die → Landwirtschaftlichen Produktionsgenossenschaften in der DDR.

Kollegialprinzip

Organisationsprinzip von → Regierungen, demzufolge wichtige politische Entscheidungen vom → Kabinett kollegial gefällt werden. Das K. findet in der → Bundesregierung v.a. bei der Entscheidung über Meinungsverschiedenheiten zwischen → Bundesministern Anwendung (Art. 65, Satz 3 GG). Nach § 15 der → Geschäftsordnung der Bundesregierung berät das Kabinett darüber hinaus alle wesentlichen politischen Fragen. Neben dem K. gelten für die Bundesregierung auch das → Kanzler- und das → Ressortprinzip.

Kollektive Sicherheit

Internationale Friedenssicherung durch ein vertragliches Verfahren, das im Falle der Verletzung des Gewaltverbots durch einen → Staat alle übrigen Staaten zu gemeinsamer Aktion gegen den Angreifer zusammenführt. Mit Gründung des → Völkerbundes (1920) sollte die K. als konstitutives Prinzip der internationalen Ordnung etabliert werden. Nach dessen Scheitern im 2. Weltkrieg wurde mit Gründung der → Vereinten Nationen erneut versucht, ein System k. zu schaffen (vgl. Art. 52 ff. der → UN-Charta). Das Konzept ist in der Praxis weitgehend gescheitert, schon weil seine Grundvoraussetzung - die Übermacht friedenssichernder Staaten gegenüber einem potentiellen Angreifer und ihre Bereitschaft, ihr Militärpotential zugunsten des Angegriffenen einzusetzen - im Atomzeitalter nicht erfüllbar ist.

Kollektivgut

⇒ *öffentliches Gut*
Bez. für ein Gut (oder eine Dienstleistung), das unteilbar ist und von dessen Nutzung Dritte nicht ausgeschlossen werden können. Ein K. ist also ein Gut, das entweder grundsätzlich jeder Person frei zur Verfügung steht (wie z.B. Luft) oder das durch politische Entscheidungen zu diesem Zweck geschaffen wird (z.B. innere Sicherheit). Die besondere Problematik von K. besteht darin, daß sie sich nicht marktvermittelt handeln lassen. Zudem besteht die Gefahr, daß nicht ausreichend zu ihrer Produktion beigetragen wird, weil

ihr Nutzen sich nicht auf einzelne → Individuen oder Gruppen beschränken läßt. So profitieren z.b. alle von einer gesunden Umwelt, unabhängig davon, ob sie einen Beitrag zum → Umweltschutz geleistet haben oder nicht (sog. free rider- oder Trittbrettfahrerproblematik).

Kollektivierung

Zwangsweiser Zusammenschluß landwirtschaftlicher Betriebe zu genossenschaftlichen oder staatlichen Großbetrieben, in der Sowjetunion zu → Kolchosen und → Sowchosen, in der DDR zu → Landwirtschaftlichen Produktionsgenossenschaften (LPG).

Kolonialismus

Direkte und i.d.R. gewaltsame Gebietsherrschaft über fremdes Territorium bei weitestgehendem Ausschluß der einheimischen Bevölkerung von der politischen Willensbildung; historischer Prozeß der Ausdehnung der europäischen Macht- und Einflußsphäre in den außereuropäischen Ländern. Der frühe (Handels)k. des 16. bis 18. Jh.s zielte v.a. auf Aneignung von Luxusgütern (Gewürze, Seide, Felle), hochwertigen Edelmetallen (Gold, Silber) und Arbeitskräften (Sklaven) durch die Kolonialmächte. Dem diente die Errichtung und militärische Sicherung von Handelsstützpunkten. Eine qualitative Veränderung erfuhr der K. durch die → industrielle Revolution im Zeitalter des → Imperialismus. Es entwickelte sich eine den Kolonien aufgezwungene internationale → Arbeitsteilung, welche die Kolonien zu monokulturell strukturierten Rohstofflieferanten degradierte und damit die Grundlage der bis heute andauernden → Unterentwicklung in der → Dritten Welt legte.

Kominform

Abk. für *Inform*ationsbüro der *kom*munistischen und Arbeiterparteien; 1947 auf Betreiben Stalins, als Nachfolgeorganisation der → Komintern gegründeter internationaler Zusammenschluß der kommunistischen → Parteien Jugoslawiens (bis 1948), Bulgariens, Polens, Rumäniens, der Sowjetunion, Ungarns, der CSSR, Frankreichs und Italiens. Das K. demonstrierte

zwar formell die Gleichstellung der Mitgliedsparteien, sollte aber letztlich den Führungsanspruch der → KPdSU sichern und der Disziplinierung (bzw. nach 1948 der Bekämpfung) der jugoslawischen Kommunisten dienen. Im Zuge der → Entstalinisierung wurde das K. 1956 aufgelöst.

Komintern

Abk. für → *Kom*munistische *Intern*ationale.

Kommandogewalt

→ Befehls- und Kommandogewalt

Kommission der Europäischen Gemeinschaften

Nach wie vor die juristisch korrekte Bez. für den zentralen Verwaltungsapparat der → EU/ EG, für den man zur Vereinfachung im Jahr 1993 auch die Bez. „Europäische Kommission" eingeführt hat. Die K. ist ein aus 20 von den → Regierungen der Mitgliedstaaten der → Europäischen Gemeinschaft/ EG einvernehmlich für eine Amtszeit von fünf Jahren ernannten Mitgliedern bestehendes Organ. Die K. wird geleitet von einem Präsidenten, der ebenfalls einvernehmlich von den mitgliedsstaatlichen Regierungen benannt wird. Seit 1995 ist das → Europäische Parlament an der Ernennung des Präsidenten und der Kommissare beteiligt. Es hat zunächst Gelegenheit, sich im Rahmen einer Anhörung über den Präsidentschaftskandidaten zu äußern. Unter Mitwirkung des designierten Präsidenten erfolgt sodann die Benennung der übrigen Kommissionsmitglieder. Nach einer Anhörung derselben erfolgt dann eine Abstimmung des Parlaments über die K. als Ganzes. Die K. ist in 24 Generaldirektionen untergliedert und beschäftigt mehr als 16.000 Verwaltungsbeamte. Sie ist eine von den nationalen Regierungen unabhängige → Institution, die allein den → Interessen der EG und deren Verträgen verpflichtet ist. Sie hat für die Einhaltung der Gemeinschaftsregeln zu sorgen und fungiert als → Exekutive der EG, d.h. führt die Gemeinschaftspolitiken auf der Grundlage der Beschlüsse des → Rates der

EG oder in direkter Anwendung der Verträge durch. Die K. ist außerdem das einzige Organ der EG, dem das → Initiativrecht zukommt: der Rat kann nur auf Vorschlag der K. entscheiden, kann diese allerdings mit der Ausarbeitung von Vorschlägen für eine gemeinsame → Politik beauftragen. Vorschläge der K. können vom Rat nur einstimmig abgeändert werden, während für ihre Annahme in vielen Fällen eine qualifizierte Mehrheit ausreicht.

Kommunale Selbstverwaltung

Durch Art. 28 II GG institutionell garantiertes Recht der → Gemeinden und → Gemeindeverbände, „alle Angelegenheiten der örtlichen → Gemeinschaft im Rahmen der → Gesetze in eigener Verantwortung zu regeln." Die Gemeinden, → Kreise und → Bezirke nehmen dementsprechend die auf ihr Gebiet beschränkten Angelegenheiten als Aufgaben des eigenen Wirkungskreises wahr, welcher sowohl pflichtige als auch freiwillige Aufgaben umfaßt. Hierbei untersteht die K. der → Rechtsaufsicht des → Staates. Hinsichtlich des vom Staat übertragenen Wirkungskreises unterstehen die Gemeinden auch der → Fachaufsicht, welche die Möglichkeit der Zweckmäßigkeitsprüfung und der → Erteilung von Weisungen einschließt.

Kommunalpolitik

K., auch → kommunale Selbstverwaltung, kommunale Steuerung; bezeichnet Handlungen, die darauf gerichtet sind, für räumlich begrenzte Teileinheiten des → politisch-administrativen Systems (→ Kommunen: → Städte, → Gemeinden oder → Kreise) durch Wahl zwischen Alternativen verbindliche Entscheidungen vorzubereiten, zu beschließen und zu implementieren.

Die einzelnen Kommunen sind Ergebnis von historischen und siedlungsstrukturellen Zusammenhängen, v.a. aber von politischen Entscheidungen auf Landes- (Einzelstaats-, → Provinz-, → Kantons-)Ebene oder gesamtstaatlicher Ebene, je nachdem, ob es sich um einen → Bundesstaat oder einen → Einheitsstaat handelt (→ Gebiets-

reformen). Dies gilt auch für die Zuweisung von Entscheidungskompetenzen an die Kommunen, die einem Wandel unterliegen (→ Funktionalreformen). Der K. zugänglich sind die Selbstverwaltungsangelegenheiten. Sie werden zuweilen in der → Verfassung (BRD, Dänemark) oder in Landesgesetzen (Schweiz) ausdrücklich genannt. In anderen → Staaten beruhen die Entscheidungskompetenzen auf einzelnen → Gesetzen, die den Gemeinden mehr oder weniger große Entscheidungsfreiheit geben können (Großbritannien, USA, Schweden). Für weitere Aufgaben sind die Kommunen in Europa Ausführungsebene von Entscheidungen, die überörtlich getroffen wurden (Pflichtaufgaben, Aufgaben im übertragenen Wirkungskreis). V.a. in den USA, aber auch in Kanada gibt es auf der unteren Ebene des → politischen Systems viele selbständige Verwaltungseinheiten für einzelne Aufgaben, wobei die Schulbehörden mit eigener parlamentarischer Vertretung die wichtigsten sind. Aber auch in anderen politischen Systemen bestehen nach der Funktionalreform neben Kommunen noch staatliche → Verwaltungen fort, die für Einzelaufgaben zuständig sind (z.B. Gewerbeaufsicht in der BRD).

In der Praxis ist die juristisch eindeutige Abgrenzung der Zuständigkeiten nicht einfach. Dies hängt auch damit zusammen, daß das Aufgabenverständnis in einem modernen → Sozialstaat langfristig und kurzfristig einem ständigen Wandel unterliegt. So werden Aufgaben, die noch vor kurzem reine Ordnungsaufgaben waren, zu Gestaltungsaufgaben mit erheblicher politischer Brisanz (ein Beispiel dafür ist der Verkehr). Das Recht schreibt aber die Problemsicht der Vergangenheit fest.

Weiterhin ist festzustellen, daß kommunale Aufgaben immer intensiver in einen öffentlichen Aufgaben-, Planungs- und Finanzverbund aller Ebenen des politischen Systems einbezogen werden. Dadurch sollen sich die Lebensbedingungen im Rahmen des politischen Gesamtsystems einander annähern. Überörtliche Entscheidungsträger sehen für viele Bereiche (z.B. Gesundheitsvorsorge, Bildung, Umweltschutz) einen Regelungsbedarf. K. kann dann nur im Rahmen der gesetzlichen Vorgaben wirken.

Die Aufgaben von K. lassen sich zwei Bereichen zuordnen: es geht zum einen darum, mit welchen öffentlichen Dienstleistungen die → Bürger versorgt werden sollen, und zum anderen darum, wie sich die Stadtentwicklung vollziehen soll, also um die kleinräumige Steuerung der Umweltgestaltung. Zu den traditionellen Dienstleistungen gehören (mit unterschiedlichen Schwerpunkten in einzelnen Staaten) soziale Einrichtungen, Schulen, Wohnungen, Versorgung mit Wasser und Energie sowie die Entsorgung bei Müll und Abwasser. Weiterhin geht es v.a. um das ‚Wie‘ der Versorgung. Dabei konkurrieren die Kommunen mit privaten Anbietern, deren Angebote manchmal als kostengünstiger erscheinen (Privatisierungsdebatte). → Verbände haben zuweilen ein Recht darauf, Leistungen anzubieten, z.B. Kindergärten, Krankenhäuser (→ Subsidiaritätsprinzip).

Bei der Stadtentwicklung müssen durch politische Entscheidungen (Bereitstellen von Neubauflächen für Wohnen und Wirtschaft, Sicherung von Grünflächen, Sanierung von Altbaugebieten) und öffentliche Investitionen (z.B. für die → Infrastruktur) private Investitionen ermöglicht werden. Wichtigstes Instrument zur kleinräumigen Umweltgestaltung ist die → Bauleitplanung. Aber auch direkte und indirekte (infrastrukturelle) Anreize sind von erheblicher Bedeutung.

Die Handlungsmöglichkeiten der K. werden von den finanziellen Mitteln beeinflußt. Den Kommunen stehen meistens eigene Einnahmen zu. Neben → Gebühren, Entgelten und Beiträgen für eigene Leistungen, die allerdings in den seltensten Fällen kostendeckend abgewickelt werden können, erhalten die Kommunen Einnahmen als Gegenleistungen für die Wirtschaftstätigkeit am Ort: Grundsteuer, Gewerbesteuer und z.T. Einkommensteuer oder Anteile daran (BRD, Österreich). Solche eigenen Einnahmen haben ein recht unterschiedliches Gewicht. In Groß-

britannien und Irland (hier stehen den Gemeinden nur die Grundsteuern zu) sind die allgemeinen Finanzzuweisungen von höherer Bedeutung. Die nordamerikanischen Kommunalsysteme kennen (neben Grundsteuern als eigener Einnahmequelle) v.a. die Finanzausstattung entsprechender Aufgaben. Auch in Systemen, die den Kommunen eigene Einnahmen garantieren, wird die wachsende Bedeutung von zweckgebundenen Zuweisungen für laufende Aufgaben oder Investitionsvorhaben beklagt und in diesem Zusammenhang auf die Abhängigkeit der K. von überörtlichen Entscheidungsträgern hingewiesen. Die Akteure in den Kommunen würden es lieber sehen, wenn Ausgleichszahlungen ohne Zweckbindung einen höheren Stellenwert erhalten könnten.

Die zentralen Entscheidungsträger vor Ort sind in den unterschiedlichen → Gemeindeverfassungstypen durchaus ähnlich. Teile der kommunalen Vertretungskörperschaft (als parlamentsähnliches Repräsentationsorgan der Bürger) und die Spitze der kommunalen Verwaltungsbehörde (Verwaltungschef und die Leiter der einzelnen Ressorts der Verwaltung) bilden das kommunalpolitische Entscheidungszentrum. Unterschiede bestehen je nach Kommunalverfassungstypus darin, durch wen die Leitung der parlamentarischen Gremien erfolgt, wie die Verwaltungsspitze eingesetzt wird und welche Entscheidungskompetenzen sie hat. Danach lassen sich die Gemeindeverfassungstypen – orientiert an den bis in die 90er Jahre in der BRD geltenden – auf einem Kontinuum anordnen, wobei die → Norddeutsche Ratsverfassung (bis dahin in Nordrhein-Westfalen, Niedersachsen, auch in Großbritannien angewandt; ähnlich Italien und Schweden) das eine Extrem bildet, die → Süddeutsche Ratsverfassung (Baden-Württemberg, Bayern; auch in Spanien, z.T. Österreich, Belgien und Finnland) das andere Extrem. Selbst die in den USA und Kanada vorzufindenden Grundtypen lassen sich hier zuordnen: die Council-Manager-Verfassung ist der Norddeutschen Ratsverfassung ähnlich und die Mayor-Council-Verfassung der Süddeutschen Ratverfassung.

Typisch für die Norddeutsche Ratsverfassung ist, daß es neben dem obersten, ehrenamtlich tätigen Repräsentanten (→ Bürgermeister) – auch Vorsitzender des Gemeinderats – den hauptamtlichen Leiter der Verwaltung (→ Gemeinde-direktor) gibt. Beide Positionen werden durch Wahl des Gemeinderates besetzt. Die Süddeutsche Ratsverfassung vereint Verwaltung und Vorsitz im Gemeinderat (und in den Ratsausschüssen) in der Position des direkt vom Volk gewählten hauptamtlichen Bürgermeisters. In anderen Verfassungstypen wurde dieser Bürgermeister (früher Rheinland-Pfalz, neue Bundesländer; Frankreich, Spanien, Dänemark, z.T. Österreich) durch Wahl des Rates eingesetzt. Typisch für die → Magistratsverfassung ist schließlich, daß der Bürgermeister als hauptamtlicher Verwaltungschef von einem Magistrat (= kollegiales Gremium von haupt- und ehrenamtlichen Leitern einzelner Verwaltungseinheiten) eingebunden wird (Hessen, Niederlande). Im Hinblick auf die Leitungsposition in Rat und Verwaltung gibt es in Deutschland eine Angleichung der Gemeindeordnungen, wobei die Süddeutsche Ratsverfassung als Orientierung diente.

Wesentliche Aufgabe der Vertretungskörperschaft ist es überall, Beschlüsse zu Selbstverwaltungsangelegenheiten der Gemeinde zu fassen. Mit wachsender Gemeindegröße verschärft sich allerdings das Dilemma zwischen (formal) ehrenamtlicher Tätigkeit und dem dafür (tatsächlich) erforderlichen Zeitaufwand. In Großstädten entspricht die durchschnittliche Zeitbelastung der kommunalen Mandatsträger zumindest einer Halbtagsstelle (BRD, Schottland). Folgen für die Arbeitssituation der Mandatsträger dürften auch die wesentlich kleineren Vertretungskörperschaften in den USA und Kanada haben. (Teilzeit-) Berufspolitiker nehmen eine zentrale Stellung in den → Ausschüssen und → Fraktionen ein. Aus ihren Reihen stammen auch jene Mandatsträger, die als „Vorentscheider" eine zentrale Rolle im Kommunikationsprozeß zwischen Rat und Verwaltung spielen. Denn zwischen den planenden Teilen der Verwaltung und den führenden Personen der Kommunalvertretung bestehen vielfältige informelle Beziehungen: „Der politisch einflußreiche Ratsvertreter braucht Informationen und findet sie in der Verwaltung. Der Verwaltungsmanager andererseits sucht den Kontakt, um sein Vorhaben rechtzeitig politisch abzusichern" (Banner, in: Grauhan, R.-R., Großstadt-Politik, Gütersloh 1972, S. 165). Die Vorentscheider sind zugleich Meinungsführer der Ratsfraktionen, Repräsentanten lokaler → Parteien, je nach Wirtschafts- und Sozialstruktur der Stadt unterschiedlicher Organisationen, Informanten und Bezugspersonen der Lokalpresse sowie Funktionäre örtlicher → Vereine.

Je größer Verwaltung und Vertretungskörperschaft sind, um so eher ergibt sich eine Differenzierung der einzelnen Rollen (Steuerungs-, Fachpolitiker), wobei sich Verwaltungs- und Ratsspitze in ihren Aufgabenprofilen durchaus angleichen. Nach wie vor ist allerdings umstritten, ob nicht die unterschiedlichen Kommunalverfassungssysteme die Entscheidungsstrukturen stärker beeinflussen, als die hier referierten empirischen Forschungsergebnisse (Naßmacher, in: Schimanke, 1989) ergeben. Manche Beobachter (Banner) schätzen den Einfluß der Vertretungskörperschaften (und damit der Parteien) auf die Verwaltung in der Norddeutschen Ratsverfassung als problematisch ein. Dies spielte bei der Abkehr von diesem Typus der Gemeindeordnung eine Rolle. Haushaltsdefizite, Entscheidungsverzögerung, Mangel an Effizienz und → Patronage sind Stichwörter, die Mißstände benennen sollen. Diese können aber im einzelnen durch empirische Ergebnisse noch nicht belegt werden.

In diesem Zusammenhang wird auch häufig die Funktion der Parteien in der K. grundsätzlich in Frage gestellt. Die Vorstellung von der Kommunal"verwaltung", die effizient Aufgaben zum Wohle der Allgemeinheit ausführt, ist unausrottbar. In den USA und Kanada, wo in den meisten Kommunen zur Entmachtung der Parteien vor Jahrzehnten die non-partisan-elections eingeführt wurden, zeigt sich im

Umkehrschluß die Bedeutung der Parteien vor Ort. Nichtparteibindung scheint zu geringerer Wahlbeteiligung, zu einem Orientierungsverlust für den Wähler geführt zu haben; eine stärkere mittelständische Herkunft der Ratsmitglieder und die Herausbildung von „Ersatzparteien" (Lokalparteien, Gruppierungen der → Gewerkschaften mit kommunalpolitischem Engagement) waren die Folge.

Die → Community-Power-Forschung hatte sich dafür interessiert, wer über die offiziellen Entscheidungsträger hinaus → Macht in der Gemeinde ausübt. Inzwischen sind dazu v.a. durch viele → Policy-Studien empirisch belegte Hypothesen möglich. Offenbar werden die Wünsche von → Verbänden, welche die dominante Wirtschaftsstruktur widerspiegeln, und solche eines dominanten Unternehmens bei Entscheidungen antizipiert. Dagegen konnten in der → Sozialpolitik korporatistische Strukturen aufgedeckt werden.

Weiterhin stehen die Fragen nach der Stellung der Kommunen im Gesamtstaat und nach der kommunalen → Identität zur Diskussion. Zunehmend muß auch die europäische Ebene als relevanter Entscheidungsträger mit in die Betrachtung einbezogen werden. Häufig wird die Hypothese formuliert, daß sich die kommunalpolitischen Handlungsmöglichkeiten im Zeitablauf verringert hätten. Diese Frage ist empirisch genauso schwer zu beantworten wie die nach den unterschiedlichen Handlungsmöglichkeiten der Gemeinden in verschiedenen politischen Systemen. Die Implementationsforschung erbrachte immerhin das Ergebnis, daß die Kommunen im Gegenstromprinzip ihre Vorstellungen in politische Prozesse einbringen. In vielen Bereichen konkretisieren kommunale Entscheidungsträger überörtliche Programme (→ Gesetze, → Verordnungen). Im Rahmen der wachsenden Komplexität des politischen Gesamtsystems bleibt so die K. für legitimatorische und partizipative Zwecke von erheblicher Bedeutung.

Lit.: Naßmacher, H./ Naßmacher, K.-H.: Kommunalpolitik in Deutschland, 2. Aufl., Opladen 1999*; Schimanke, D.*

(Hg.): Bürgermeister oder Oberstadtdirektor, Basel 1989; *Hesse, J. J.* (Hg.): Local Government and Urban Affairs in International Perspective, Baden-Baden 1991; *Chandler, J. A.* (Hg.): Local Government in Liberal Democracies, London and New York 1993; *Norton, A.* (Hg.): International Handbook of Local and Regional Government, Cheltenham, UK, Lyme, US 1993.

Prof. Dr. Hiltrud Naßmacher, Oldenburg

Kommune
⇒ *Gemeinde*

Kommunikation
Austausch von Informationen zwischen zwei oder mehreren Personen. Der Informationsaustausch erfolgt über bestimmte Zeichensysteme, in vielen Fällen über Sprache oder Schrift, doch sind auch nonverbale K.formen (v.a. der visuelle Bereich) von Bedeutung. Eine Schlüsselrolle für die → politische K. in modernen, großflächigen → Industriegesellschaften kommt den medialen, d.h. technische Übertragungsverfahren nutzenden K.-strukturen (→ Massenmedien, → Presse, Rundfunk) zu.

Kommunismus
1. Historische und theoretische Grundlagen. Vorstellungen von einer kollektiven Lebensführung und einer Gütergemeinschaft finden sich schon früh in der Geschichte menschlicher → Zivilisation. Ende des 18. Jh. nahm der Begriff K. in den Gesellschaftsentwürfen utopischer Denker und revolutionärer Geister Gestalt an. Die Erreichung einer kommunistischen → Gesellschaft wurde jedoch unterschiedlich konzipiert. François-Noel (Gracchus) Babeuf ging von der Errichtung einer Volksdiktatur zu ihrer Durchsetzung aus, und Louis-Auguste Blanqui konzipierte einen planmäßigen revolutionären Umsturz mit Hilfe einer → Elite von Berufsrevolutionären. Demgegenüber setzte Etienne Cabet auf die Kraft der Überzeugung und plädierte für einen gewaltlosen K. In seinem utopischen Roman „Voyage en Icarie" gab er seinen Vorstellungen von der „Brüderlichkeit aller Menschen" konkrete organisatorische Ge-

stalt. Louis Reybaud sah in diesem Entwurf jedoch v.a. die mächtig wirkende Hand des → Staates, „der alles macht". Ähnliche Orientierungen waren für den „deutschen Cabet", Wilhelm Weitling, charakteristisch. Dieser konzipierte eine geld- und eigentumslose Gesellschaftsordnung mit zentralistischer Produktions- und Konsumtionsplanung. Im Unterschied zu Cabets gewaltfreier Vision sollte dieses System, in dem nur noch „verwaltet" und nicht mehr „regiert" werde, mit Hilfe der „revolutionären Organisation des Proletariats" hergestellt werden.

Weitlings Vorstellungen wurden von dem „Bund der Gerechten", der sich seit 1847 „Bund der Kommunisten" nannte, rezipiert. Karl Marx und Friedrich Engels erhielten nach ihrem Beitritt zu jenem → Bund den Auftrag, sein Programm zu verfassen. Da sie der „dogmatischen Abstraktion" des frühen K. abhold waren, bemühten sie sich, in dem im Februar 1848 fertiggestellten → „Kommunistischen Manifest" von konkreten → Utopien Abstand zu nehmen. Der K. wurde ganz generell als Aufhebung der → Entfremdung des Menschen gegenüber der Natur und gegenüber dem Mitmenschen gesehen. Voraussetzung dafür war zunächst die Aufhebung des Privateigentums, mit welcher Vorstellung die Autoren des Manifests an frühsozialistische Gedanken anknüpften. Dem Manifest zufolge sollten die Kommunisten keine eigene, von den anderen → Arbeiterparteien getrennte → Partei bilden.

In der → Pariser Kommune von 1870 sah Marx den Vorboten einer neuen Gesellschaft. „Wenn die Gesamtheit der Genossenschaften die nationale Produktion nach einem gemeinsamen Plan" regele, könnte von einer Realisierung des K. gesprochen werden (MEW, Bd. 17, S. 343). Später erwähnte er eine „erste Phase" und „eine höhere Phase der kommunistischen Gesellschaft" (MEW, Bd. 19, S. 21). In letzterer sollten die → Arbeitsteilung und der Gegensatz zwischen geistiger und körperlicher Arbeit verschwinden und „mit der allseitigen Entwicklung der Individuen auch ihre Produktivkräfte" wachsen, so daß das Prinzip „Jeder nach seinen Fähigkeiten, jedem

nach seinen Bedürfnissen!" Geltung erlangen könnte. Die Vorstellung, daß der Staat in einer von Klassengegensätzen befreiten kommunistischen Zukunftsgesellschaft absterben werde, hatte Engels 1878 formuliert. Wenn der Staat „Repräsentant der ganzen Gesellschaft" sei, mache er sich überflüssig (Antidühring, MEW, Bd. 20, S. 262)

2. Der K. in der marxistisch-leninistischen → Ideologie. Lenin reaktivierte den Begriff des K., um sich damit von der reformistisch orientierten → Sozialdemokratie Westeuropas abzugrenzen. Durch Umbenennung der Russischen Sozialdemokratischen Arbeiterpartei (RSDAPR) 1918 in „Kommunistische Partei (der Bolschewiken)" sollte der Bruch mit dem „alten offiziellen Sozialismus" und das Anknüpfen an den Geist des „Kommunistischen Manifests" anschaulich werden. Während für Marx und Engels generell → Sozialismus und K. synonyme Begriffe blieben, unterschied Lenin - durchaus in Anknüpfung an die schon erwähnte Formulierung von Marx - zwischen einer niederen und einer höheren Phase der kommunistischen Gesellschaft, wobei die erstere als Sozialismus und die zweite als K. bezeichnet wurde. In der Schrift „Staat und Revolution" (August 1917) ordnete er der sozialistischen Phase das Leistungs- und folglich ungleiche Verteilungsprinzip sowie die → Vergesellschaftung der Produktionsmittel zu, der kommunistischen Phase das Bedürfnisprinzip.

Das institutionelle Modell für die erste Phase boten die revolutionären → Sowjets und die Pariser Kommune. Die Errungenschaften der bürgerlichen → Demokratie, zumal ein ständiges → Parlament als Repräsentativkörperschaft und eine gewaltenteilige Ordnung, wurden abgelehnt. Um die alte Ordnung abzulösen, sollen die bürgerliche Staatsmaschinerie zerschlagen, das stehende Heer und das Beamtentum durch das bewaffnete → Volk, durch wählbare und jederzeit absetzbare Amtspersonen ersetzt werden. Die neuen Staatsbeamten sollten vornehmlich die Funktionen der „Rechnungslegung und Kontrolle" wahrnehmen, denn diese wären „das *Wichtigste* zur Ingangsetzung der kommunistischen Gesellschaft" (Lenin, Berlin 1961, Bd. 65, S. 433 und 488).

Als eine der Hauptaufgaben der Bolschewiki und der 1919 in Moskau gegr. → Komintern wurde die rasche → Industrialisierung Rußlands angesehen. Diese Zielsetzung brachte Lenin 1920 auf eine kurze Formel, in der die Zweiphasengliederung übrigens wieder aufgehoben wurde: „Der Kommunismus = Sowjetmacht + Elektrifizierung des ganzen Landes". In der forcierten Entwicklung der Infrastrukturen erblickte Lenin eine ebenso wesentliche Voraussetzung für die Umgestaltung wie in der → Kulturrevolution der Bauern und der → Verstaatlichung der Großindustrie. Als die Maßnahmen des „Kriegskommunismus" jedoch wenig Fortschritte zeitigten, sah sich Lenin zur Wiederzulassung marktwirtschaftlicher Elemente im Rahmen der Neuen Ökonomischen Politik (NEP 1921) veranlaßt.

Stalin hielt 1936 den „Sozialismus im wesentlichen schon für verwirklicht", nachdem der erste Fünfjahresplan bereits dessen „materiell-technische Basis" geschaffen habe. Auf dem XVIII. Parteikongreß 1938 wurde der „allmähliche Übergang vom Sozialismus zum Kommunismus" schon als Nahziel bezeichnet. Diese Absicht wurde auf dem XIX. Parteikongreß 1952 bekräftigt. Daß ungeachtet der theoretischen Vorgaben ein ständiges Erstarken des Staates zu verzeichnen war, wurde zunächst mit der Bedrohung der UdSSR durch die imperialistischen Länder („Einkreisungstheorie"), später durch die wachsende Rolle der staatlichen Aufgaben im Sozialismus begründet. Den „vollständigen und endgültigen Sieg des Sozialismus" hielt man Ende der fünfziger Jahre für erreicht. Es wurde behauptet, daß die → „Diktatur des Proletariats" nach innen abgestorben sei; an ihre Stelle sei der „Staat des ganzen Volkes" getreten, der alle → Klassen und Schichten repräsentiere.

Auf dem XXI. Parteitag der KPdSU verkündete Chruschtschow den Anbruch der „Periode des entfalteten Aufbaus der kommunistischen Gesellschaft". Die wichtigste Aufgabe der Epoche wurde in der Schaffung der materiell-technischen Basis des K. gesehen. Das auf dem XXI. Parteitag 1961

verabschiedete Programm der KPdSU stellte das Erreichen jener Basis bereits für 1980 in Rechnung. Die dann gewährleistete Überflußproduktion sollte eine „Verteilung nach den Bedürfnissen" ermöglichen. Das Parteiprogramm befaßte sich auch mit dem kraft Erziehung entstehenden „neuen Menschen", für den die Arbeit oberstes Lebensbedürfnis sei. Weiter wurde durch den zunehmenden Übergang staatlicher Aufgaben auf gesellschaftliche Organisationen, in erster Linie auf die → Partei selbst, ein „Absterben des Staates" prognostiziert. Alle Entwürfe, die sich mit dem Übergang zum K. beschäftigen, ordnete man seit 1962 dem „wissenschaftlichen K." zu, welche Disziplin 1963/64 als neues Lehr- und Forschungsgebiet an den Universitäten eingeführt wurde. Nach Chruschtschows Ausscheiden aus der → Politik wurden die utopischen Aussagen des Parteiprogramms von 1961 tabuisiert. Auf dem XXIV. Parteikongreß 1971 hieß es nur noch, daß die UdSSR in die Epoche des „entwickelten Sozialismus" eingetreten sei. Diese wurde in der neuen Unionsverfassung von 1977 als „eine gesetzmäßige Etappe auf dem Weg zum Kommunismus" deklariert.

3. Gorbatschows → Perestrojka und der Niedergang des K. Nach der Wahl Michail Gorbatschows (März 1985) zum → Generalsekretär des → ZK der KPdSU wurde eine Öffnung des unter Breschnew verkrusteten und stagnierenden Sowjetsystems in Gang gebracht. Auf dem 27. Parteikongreß im Februar/ März 1986 revidierte man Chruschtschows utopisches Parteiprogramm; die Partei löste sich von ihrem angestammten Wahrheitsmonopol. → Glasnost, eine neue kritische → Öffentlichkeit und ein Meinungspluralismus, sollten die Sowjetunion auf den Weg einer moderneren Informationsgesellschaft bringen und gleichzeitig Konzepte zur Erneuerung der Ökonomie, zur radikalen Umgestaltung des → politischen Systems und seiner ideologischen Grundlagen zutage fördern.

Im Zuge des Glasnostvorgangs wurde das Sowjetsystem als „befehlsadministrativer" Herrschaftstyp und „parteistaatliche Machtstruktur" beschrieben und verurteilt. Als hauptsächliches Merkmal dieses „Kasernenhofsozialismus" (Anatoli Butenko) wurden die „Verstaatlichung" der Gesellschaft und die vielfachen Entfremdungserscheinungen der → Bürger beklagt, etwa die → Entfremdung der Arbeiter von den Produktionsmitteln, der Bauern von der Scholle und der Massen von der → Macht. All dies verlange ein neues Sozialismus-Konzept, in dem v.a. „der Mensch das Maß aller Dinge" sein müsse. Um die Würde des Menschen wiederherzustellen, ihn zum „Subjekt" der Politik zu machen, die Demokratie zu entwickeln, Rechtssicherheit zu gewährleisten und den Möglichkeiten des Machtmißbrauchs zu begegnen, sollten ein → „Rechtsstaat" gebildet werden, die → Volkssouveränität im Rahmen eines „ständigen" Parlaments zum Ausdruck gelangen, eine → „Zivilgesellschaft" und der ihr eigene Meinungspluralismus gedeihen, gewaltenteilige Strukturen entstehen und die Parteifunktionen von den staatlichen getrennt werden.

Anfang Februar 1990 verabschiedete sich das ZK der KPdSU vom Machtmonopol der Staatspartei. Dieser Schritt und der augenscheinliche Schwenk der KPdSU zu sozialdemokratischen Positionen waren ein Ergebnis des Glasnost-Prozesses und der Herausbildung eines rudimentären politischen → Pluralismus in der Sowjetunion. Hinzu kam die Rückwirkung der „Revolutionen" vom Spätherbst 1989, die in den vormaligen sozialistischen Bruderländern das kommunistische Regime zu Fall gebracht hatten. Während der ideologische, institutionelle und ökonomische Verschleiß der realsozialistischen Systeme in diesen Ländern bewirkte, daß die Idee des K. praktisch erlosch und die K.-Terminologie verschwand, ging die Entwicklung in der Sowjetunion und einer Reihe ihrer Nachfolgestaaten in eine weniger eindeutige Richtung. Als konservative Kommunisten aus der Umgebung Gorbatschows im August 1991 versuchten, durch einen Putsch die Macht an sich zu ziehen, stellte sich der unterdessen vom Volk gewählte russische Präsident Jelzin diesen Bestrebungen entschieden und erfolgreich entgegen. Er veranlaßte ein Verbot der Parteiaktivitäten der KPdSU. Ende November 1992 erklärte das russische Verfassungsgericht nur das Ver-

bot der Führungsgremien der KPdSU für rechtmäßig, nicht jedoch die Aktionsfreiheit der kommunistischen Grundparteiorganisationen.

Mit dem Zusammenbruch der realsozialistischen Systeme in den Satellitenstaaten verschwanden dort die vormaligen kommunistischen Staatsparteien. An die Stelle der Kräfte des alten Regimes traten neue politische Parteien, darunter die Nachfolgeorganisationen der vormaligen Staatsparteien, die sich - mehr oder weniger ausgeprägt - in Parteien mit sozialdemokratischer Ausrichtung verwandelten. Demgegenüber kam es in einer Reihe der Nachfolgestaaten der UdSSR lediglich zu einem Namenswechsel der vormaligen Staatsparteien, während die Führungsriegen, die Mitgliederklientel und selbst ideologische Optionen des K. fortbestehen.

Im postsowjetischen Rußland hat sich neben verschiedenen kommunistischen Splitterparteien v.a. die Kommunistische Partei der Rußländischen Föderation (KPRF) als diejenige politische Kraft behauptet, die versucht, das kommunistische Vermächtnis hochzuhalten. Bei den ersten freien Parlamentswahlen im Dezember 1993 erreichte die KPRF 12,4 Prozent des Wählervotums. Die den Kommunisten nahestehenden Agrarier konnten 8 Prozent der Wählerzustimmung für sich verbuchen. Bei den → Duma-Wahlen 1995 erlangte die KPRF ein Wählervotum von über 22 Prozent. Allerdings gelang es jetzt den Agrariern nicht mehr, die → Fünf-Prozent-Hürde zu überwinden. Das Programm der KPRF zeichnet sich durch ein hohes Maß an Widersprüchlichkeit aus. Es koppelt Grundsätze des → Marxismus-Leninismus mit Optionen für Demokratie und nationalpatriotische Werte mit einer deutlichen Hinwendung zur Russisch-Orthodoxen Kirche. Eine starke, zentrale Staatsmacht und Selbstverwaltungskonzepte werden gleichzeitig hochgehalten. Gegenüber der „Partei der Macht" verkörpert die KPRF die maßgebliche Oppositionsrolle. Bei den Präsidentschaftswahlen im Sommer 1996 unterlag der kommunistische Herausforderer dem amtierenden Präsidenten Boris Jelzin. Gennadij Sjuganow erhielt 40,24 Prozent des Wählervotums, während Boris Jelzin sich mit 53,7 Prozent der abgegebenen Stimmen für eine weitere Amtsperiode profilieren konnte. Der Ausgang der Wahlen bedeutete, daß eine Mehrheit der wahlberechtigten Bürger die mögliche Rückkehr sowjetischer Verhältnisse unterbinden wollte.

4. Tendenzen des Wandels und der Beharrung des K. in China, Kuba und Nordkorea.
In der → Volksrepublik China sind in den neunziger Jahren grundlegende strukturelle Veränderungen in der → Wirtschaftspolitik eingetreten. Der Übergang zu marktwirtschaftlichen Prinzipien vollzieht sich in großem Umfang. Auf dem Nationalen Volkskongreß im März 1999 wurde der → Kapitalismus auch förmlich legalisiert. Das Privateigentum wurde sogar unter den Schutz der → Verfassung gestellt. Die heutige kommunistische Führungsschicht in China besteht weitgehend aus Technokraten, die sich durch eine gute Ausbildung in technischen Disziplinen und durch reiche Erfahrungen in der Wirtschaftsbürokratie auszeichnen. Ein weiteres Merkmal des neuen China liegt darin, daß an die Stelle der Kommandohierarchie ein mehrstufiges Verhandlungssystem getreten ist. Innerhalb der kommunistischen → Staatspartei machen sich Orientierungs- und Identitätsprobleme bemerkbar. In der weitverbreiteten Korruption kommt der moralische Verfall der politischen Führungsmacht zum Ausdruck. Zu den Folgen dieser Entwicklungen gehören deutliche Legitimitätsverluste der herrschenden Kommunistischen Partei. Gesellschaftliche Initiativen in Richtung politischer → Partizipation und Demokratie werden immer wieder unterdrückt.

Die kommunistische Inselrepublik Kuba steht weiterhin unter dem kommunistischen Regiment des Maximo Leader Fidel Castro. Weder in wirtschaftlicher noch in politischer Hinsicht sind grundlegende Veränderungen erkennbar. Die politische Führung Kubas hält an der Vorstellung fest, daß der Marxismus-Leninismus das politische System der Zukunft bedeute. Allerdings ist die außenpolitische Isolation Kubas beendet. Aufgrund des Papstbesuches wurde die katholische Kirche gestärkt. Die Kirche sorgt für die Entstehung einer rudimentären

Zivilgesellschaft und für die Verbreitung politisch liberaler Positionen und der Idee der → Menschenrechte.

Im Übergang zum Jahr 2000 erweist sich Nordkorea nach wie vor als letzte Bastion des K. Angesichts der Herausforderungen des wirtschaftlich florierenden und demokratischen Südkoreas bleibt die Tendenz zur Selbstisolierung vorherrschend. Über die unterschiedlichsten Entwicklungsszenarien Nordkoreas, ob in Richtung grundlegender Reformen, eines weiteren „Durchwurstelns" oder eines völligen Zusammenbruchs und der Vereinigung mit Südkorea, kann ausgangs des 20. Jh. nur spekuliert werden.

Lit.: Heilmann, S.: Modernisierung ohne Demokratie? Zukunftsperspektiven des politischen Systems und der Kommunistischen Partei. In: Herrmann-Pillath, C./ M. Lackner (Hg.): Länderbericht China. Politik, Wirtschaft und Gesellschaft im chinesischen Kulturraum. Bonn 1998, S. 186-205; *Löwenhardt, J.* (Hg.): Party Politics in Post-Communist Russia. London und Portland/ Oregon 1998; *Mommsen, M.:* Wohin treibt Rußland? Eine Großmacht zwischen Anarchie und Demokratie. München 1996; *Sakwa, R.:* Russian Politics and Society. London und New York 1996 (2. Aufl.); *Segert, D./ R. Stöss/ O. Niedermayer* (Hg.): Parteiensysteme in postkommunistischen Gesellschaften Osteuropas. Opladen 1997.

Prof. Dr. Margareta Mommsen, München

Kommunistische Internationale/ Komintern

Auf Initiative Lenins im März 1919 in Moskau gegründeter internationaler Zusammenschluß von → Parteien und Gruppen der äußersten Linken zur Dritten → Internationale. Die K. war konzipiert als nach den Grundsätzen des → demokratischen Zentralismus straff geführte Organisation zur Vorbereitung und Durchführung der sozialistischen Weltrevolution. Sie war weitgehend auf die (außenpolitischen) → Interessen der Sowjetunion hin ausgerichtet und wurde 1943 nach Abschluß des Kriegsbündnisses mit den Westmächten aufgelöst. 1947 wurde sie durch die → Kominform ersetzt.

Kommunistische Partei der Sowjetunion/ KPdSU

→ Einheitspartei in der Sowjetunion; 1903 durch die von Lenin betriebene Abspaltung der → Bolschewiki („Mehrheitler") von der Sozialdemokratischen Arbeiterpartei Rußlands auf deren 2. Kongreß in Brüssel und London entstanden und 1912/13 als eigenständige → Partei konstituiert. Bis zur → Oktoberrevolution spielte die K. im politischen Leben Rußlands eine eher unbedeutende Rolle. Durch Ausschaltung aller anderen Parteien wurde sie im März 1918 alleinige Inhaberin der Regierungsgewalt. Von 1925-1952 firmierte sie als KPdSU/ B (= Bolschewiki). Die nach den Prinzipien des → Demokratischen Zentralismus organisierte → Kaderpartei beschloß auf ihrer 19. Parteikonferenz vom 28.6. bis 1.7.1988 eine Reform des → politischen Systems, die ihr Machtmonopol beschnitt (v.a. durch das Wahlgesetz für den → Volksdeputiertenkongreß). Dem folgte die endgültige Abschaffung des Machtmonopols der K. durch verfassungsändernden Beschluß des Volksdeputiertenkongresses am 13.3.1990. Nach der Auflösung der UdSSR ordnete der russische Präsident Jelzin am 6.11.1991 ein Verbot der K. in Rußland an, das jedoch im November 1992 vom neugeschaffenen Verfassungsgericht teilweise wieder aufgehoben wurde. Seinem Urteil zufolge war der Verbotserlaß nur hinsichtlich der zentralen Führungsstrukturen der K. verfassungskonform, weshalb die regionalen und lokalen Parteiorganisationen weiterhin tätig sein konnten. Im Frühjahr 1993 vereinigten sie sich zu einer Nachfolgepartei, die den Namen „Kommunistische Partei der russischen Föderation" (KPRF) trägt. Unter den Parteien im postsowjetischen Rußland behauptet sich die KPRF bislang als mächtige Oppositionspartei.

Kommunistische Partei Deutschlands/ KPD

Aus radikalen Strömungen der sozialistischen deutschen → Arbeiterbewegung 1918/19 entstandene → Partei, die sich durch Vereinigung mit dem linken Flügel der → USPD bis Ende 1920 zu einer re-volutionären → Massenpartei entwickelte. Die KPD wurde 1933 vom → Nationalsozialismus zerschlagen; viele Mitglieder und Funktionäre ließen im Widerstand gegen Hitler ihr Leben. Die 1945 wiedergegründete Partei verschmolz in der Sowjetischen → Besatzungszone am 21.4.1946 durch Zwangsvereinigung mit der → SPD zur → SED. In Westdeutschland existierte die KPD zunächst als selbständige Partei weiter; sie errang bei den → Wahlen zum 1. → Bundestag 5,7 % der → Zweitstimmen. Durch ihre ideologische Anlehnung an die SED isolierte sich die KPD in der Folgezeit zunehmend und erreichte bei der Bundestagswahl 1953 nur noch 2,2 % der Zweitstimmen, so daß sie, noch bevor sie am 17.8.1956 vom → Bundesverfassungsgericht verboten wurde, nicht mehr im Bundestag vertreten war.

Unter der Bez. KPD/ ML (= Marxisten-Leninisten) entstand im Dezember 1968 eine maoistisch orientierte Partei, die als „Volksfront" an der Bundestagswahl 1980 teilnahm, über den Status einer sektiererischen Splittergruppe jedoch nicht hinauskam.

Kommunistisches Manifest

Von Karl Marx und Friedrich Engels im Auftrag des Bundes der Kommunisten 1847 verfaßte und 1848 unter dem Titel „Manifest der Kommunistischen Partei" veröffentlichte Schrift, welche die Bedeutung des → Klassenkampfs und des → Internationalismus hervorhebt und eine erste Zusammenfassung der marxistischen Theorie gibt.

Kommunitarismus

Sammelbegriff für eine seit den 80er Jahren dieses Jh. identifizierbare politisch-philosophische Strömung, die sich v.a. durch ihr Postulat einer Rückbesinnung auf ein Fundament gemeinsamer Werte auszeichnet. Indem der K. den Menschen als soziales Wesen begreift, das notwendig von Kultur und Tradition seines Gemeinwesens geprägt ist, setzt er sich ab von dem Streben nach individueller Selbstverwirklichung und ökonomischer Nutzenmaximierung, das nach Auffassung der

Kommunitaristen v.a. den → Liberalismus prägt. An ihre Stelle setzt der K. einen (unterschiedlich definierten) Wertekonsens im Sinne gemeinschaftlicher Vorstellungen vom Guten. Erst auf dieser Basis sei eine wirklich am → Gemeinwohl orientierte → Politik, die sich u.a. durch ein verstärktes staatsbürgerliches Engagement auszeichnen soll, möglich.

Komparative Kostenvorteile

Auf D. Ricardo zurückgehender Lehrsatz der Außenwirtschaftslehre, der begründet, daß auch eine produktiv überlegene → Nation, die alle ihre Güter billiger erzeugen kann als das Ausland, dennoch bestimmte Güter aus kostenteureren Ländern einführen soll. Die zentrale Aussage des Theorems besteht darin, daß es zu einem beiderseits vorteilhaften Handel kommt, wenn sich jedes Land auf die Produktion und den Export der Güter spezialisiert, die es zu den geringsten relativen Kosten herstellen kann. Die Vertreter der → Dependenztheorien halten dem jedoch die Verschlechterung der → Terms of Trade im Verhältnis der Austauschbeziehungen zwischen Industrie- und → Entwicklungsländern entgegen, aus der sich die → Unterentwicklung letzterer z.T. erkläre.

Konferenz über Sicherheit und Zusammenarbeit in Europa/ KSZE

Konferenz der Außenminister - bzw. von diesen eingesetzter Kommissionen - von ursprünglich 35 → Staaten Europas, der USA und Kanadas vom 3.7.1973 bis 1.8.1975 in Genf und Helsinki. Die auf einer Gipfelkonferenz in Helsinki unterzeichnete Schlußakte enthält in vier sog. „Körben" Prinzipien, welche die Teilnehmerstaaten bei ihren künftigen Beziehungen untereinander leiten sollen. Dabei wurden folgende Themenbereiche erfaßt: Fragen der europäischen Sicherheit; Zusammenarbeit in Wirtschaft, Technik und Umwelt; Sicherheit und Zusammenarbeit im Mittelmeerraum; Zusammenarbeit in humanitären Angelegenheiten und Menschenrechtsfragen. Die Schlußakte bildete den Auftakt zu einer Reihe von Folgekonferenzen, deren erste (vom Oktober 1977 bis März 1978 in Belgrad) wegen unterschiedlicher Auffassungen über die → Bürger- und → Menschenrechte keine Fortschritte brachte. Das zweite Folgetreffen in Madrid vom 11.11.1980 bis 9.9.1983 endete mit der Einigung auf ein „Abschließendes Dokument", in welchem die Teilnehmerstaaten ihre Entschlossenheit bekräftigten, Prinzipien wie den Gewaltverzicht, die Verurteilung und Bekämpfung des → Terrorismus und die Anerkennung der Menschenrechte zu achten und anzuwenden. Ferner einigte man sich auf die Einberufung der → Konferenz über vertrauens- und sicherheitsbildende Maßnahmen und Abrüstung (KVAE). Das Schlußdokument der am 4.11.1986 in Wien eröffneten dritten Folgekonferenz wurde am 15.1.1989 unterzeichnet. Eines der wichtigsten Ergebnisse war die Erteilung eines „Mandats über konventionelle → Abrüstung vom Atlantik bis zum Ural" an die 23 Staaten von → NATO und → Warschauer Pakt. Nach dem Ende des → Ost-West-Konflikts erlangte die K. mit der „Charta von Paris für ein neues Europa" den Status einer → Internationalen Organisation. Zu ihren wichtigsten Organen zählen die in zweijährigem Turnus stattfindenden Konferenzen der Staats- und Regierungschefs der Mitgliedsstaaten, deren Zahl auf 53 gestiegen ist, sowie der jährlich mindestens einmal tagende Rat der Außenminister. Im Jahr 1995 wurde die K. in die → Organisation für Sicherheit und Zusammenarbeit in Europa/ OSZE umgewandelt.

Konferenz von Jalta

Zweites Gipfeltreffen der drei führenden Staatschefs der Anti-Hitler-Koalition (Churchill, Roosevelt, Stalin) vom 4.2. bis 11.2.1945, welches gemeinsamen Planungen zur Beendigung des 2. Weltkriegs und v.a. zur Nachkriegspolitik in Europa diente. Man einigte sich auf „die vollständige Entwaffnung, Entmilitarisierung und Zerstückelung Deutschlands", die Errichtung auch einer französischen → Besatzungszone in Deutschland und die Beteiligung der französischen provisorischen → Regierung am → Alliierten Kontrollrat. Die sowjetische Forderung nach von

Deutschland zu zahlenden → Reparationen in Höhe von 20 Mrd. Dollar (davon die Hälfte an die UdSSR) wurde von Roosevelt als „Verhandlungsgrundlage" gewertet, die endgültige Klärung der Frage an eine Reparationskommission verwiesen. Die Ostgrenze Polens sollte durch die sog. Curzon-Linie markiert, die Westgrenze endgültig erst auf einer Friedenskonferenz festgelegt werden, wobei die → Oder-Neiße-Linie bereits gesprächsweise skizziert war. Polen und Jugoslawien sollten demokratische Regierungen unter Beteiligung nichtkommunistischer Kräfte erhalten; grundsätzlich sollte allen → Staaten ein demokratischer Weg eigener Wahl ermöglicht werden. Die Konferenzergebnisse verhinderten jedoch nicht, daß die Sowjetunion in der Folgezeit ihre Einflußsphäre auf Ostmittel- und Südosteuropa (mit Ausnahme Griechenlands) ausdehnte.

Konferenz von Teheran

Erstes Gipfeltreffen der drei führenden Staatsmänner der Anti-Hitler-Koalition (Churchill, Roosevelt, Stalin) vom 28.11. bis 1.12.1943, das sich an vorbereitende Gespräche der Außenminister in Moskau (vom 18.10. bis 30.10.1943) anschloß. Beraten wurden Fragen der weiteren Kriegsführung und anzustrebenden Nachkriegspolitik. Churchill und Roosevelt sagten die Errichtung einer zweiten Front durch militärische Landungen in Frankreich für Mai 1944 zu, Stalin versprach eine gleichzeitige Offensive an der Ostfront und die Beteiligung der UdSSR am Kampf gegen Japan nach einem Sieg in Europa. In bezug auf die Ordnung Nachkriegseuropas wurden v.a. die polnische und die → deutsche Frage diskutiert. Polen sollte für das von der Sowjetunion beanspruchte Ostpolen im Westen mit deutschem Gebiet entschädigt werden. Hinsichtlich einer Aufteilung Deutschlands bestand grundsätzliche Übereinstimmung, nicht jedoch über deren genauen Zuschnitt. Das „deutsche Problem" wurde daher der am Ende der Konferenz eingesetzten „Europäischen Beratenden Kommission" (EAC) zur Behandlung überwiesen.

Konfessionelle Bindung

Wichtige Einflußgröße des → Wählerverhaltens, welche das → Parteiensystem der → Weimarer Republik präformierte, aber auch für das der Bundesrepublik noch bestimmend ist. Konfessionell geprägtes Wahlverhalten beruht heute, anders als zur Zeit des Bismarck'schen Kulturkampfes, nicht mehr auf dem in → Politik übersetzten Gegensatz zwischen den beiden großen Konfessionen, sondern in der Beeinflussung der Wahlentscheidung durch Kirchenbindung. K., empirisch gemessen durch Kirchgangshäufigkeit, äußert sich im bundesdeutschen Wählerverhalten v.a. durch die traditionelle Bevorzugung der → CDU/ → CSU seitens katholischer Wähler. Die Bedeutung der k. für das Wählerverhalten ist zwar aufgrund fortschreitender „Säkularisierung" von Wertebindungen zurückgegangen, ist jedoch immer noch prägender als die Schichtzugehörigkeit.

Konflikt

Interessengegensatz und daraus folgende Auseinandersetzungen zwischen → Individuen, Gruppen, Organisationen oder → Staaten. Soziale K. sind charakterisiert durch das Bestreben der Beteiligten, durch Einsatz von Macht- und Einflußmitteln eine Niederlage des Gegners herbeizuführen, zumindest aber eine eigene Niederlage zu verhindern. Die Austragung von K. verläuft jedoch nicht zwangsläufig ungeregelt, sondern ist in vielen Fällen sozial normiert (so z.B. die gesetzlich und vertraglich geregelten Tarifauseinandersetzungen).

Konfliktforschung

→ Friedens- und Konfliktforschung

Konfliktlinien

→ Cleavage

Konflikttheorie

I.w.S. Bez. für Theorien, die den gesellschaftlichen Prozeß mit Hilfe der analytischen Kategorie → Konflikt zu erklären suchen. „Klassische" K. in diesem Verständnis ist die marxistische Theorie, die den → Klassenkonflikt und den aus ihm entwachsenden → Klassenkampf als die entscheidenden Bewegungskräfte der gesellschaftlichen Entwicklung versteht. Speziell bezeichnet K. eine im deutschen Sprachraum v.a. durch R. Dahrendorf seit den 50er Jahren vertretene Auffassung, die den sozialen Konflikt als natürliches und nicht notwendig systemgefährdendes, sondern im Gegenteil integrierendes Moment versteht, welches dem sozialen Wandel entscheidende Impulse verleiht. Abweichend vom Ansatz des → Marxismus gilt in diesem Konzept der Klassenkonflikt als seiner Sprengkraft beraubt, da keine der Konfliktparteien mehr ein → Interesse an einer revolutionären Umgestaltung der → Gesellschaft habe und der Klassenkampf dem verfahrensmäßig geregelten, „industriellen Konflikt" des 20. Jh.s gewichen sei.

Konföderation
⇒ *Staatenbund*

Kongreß
Bez. für das → Parlament der USA, bestehend aus → Repräsentantenhaus und → Senat sowie für die → Volksvertretungen in den → präsidentiellen Regierungssystemen Lateinamerikas.

Konjunkturpolitik
Gesamtheit der auf Dämpfung der konjunkturellen Schwankungen und Verstetigung der Entwicklung von Produktion, Einkommen und Beschäftigung gerichteten Maßnahmen des → Staates. K. geht aus von der Annahme, daß Konjunkturschwankungen keine notwendige Begleiterscheinung der wirtschaftlichen Entwicklung sind, sondern durch wirtschaftspolitische Maßnahmen vermieden oder zumindest in ihren Auswirkungen gebremst werden können.

Aufgaben und Ziele der K. in der Bundesrepublik werden im → Stabilitätsgesetz durch das sog. → magische Viereck beschrieben. Ihre konkrete Ausgestaltung ist abhängig von der wirtschaftstheoretischen Position der jeweiligen Entscheidungsträger. Während die Anhänger des → Monetarismus einkommenspolitische Maßnahmen für überflüssig halten und fallweise Eingriffe in den Wirtschafts-

kreislauf zur Bekämpfung von → Inflation und → Arbeitslosigkeit ablehnen, bezieht der → Keynesianismus die entgegengesetzte Position. Er setzt auf eine antizyklische Fiskalpolitik, welche inflationären Tendenzen durch einen Überschuß der öffentlichen Einnahmen über die Ausgaben begegnen soll, während in der Depression die Ausgaben die Einnahmen übersteigen sollen, um die gesamtwirtschaftliche Nachfrage anzukurbeln. Ergänzend wird der Einsatz des geldpolitischen Instrumentariums zur Regelung des Zinsniveaus gefordert; einige Keynesianer befürworten zusätzlich auch einkommenspolitische Maßnahmen zur Bekämpfung der Inflation (im Extremfall: Lohn- und Preisstopps). Geld- und tarifpolitische Maßnahmen stehen wegen der Entscheidungsunabhängigkeit der → Deutschen Bundesbank bzw. der → Europäischen Zentralbank und der → Tarifautonomie in der Bundesrepublik allerdings nur sehr eingeschränkt zur Disposition der Regierungspolitik. Die für die K. erforderliche Koordinierung der öffentlichen Haushaltswirtschaft obliegt dem Konjunkturrat, welchem unter Vorsitz des → Bundesministers der Wirtschaft je ein Vertreter jedes → Landes und vier der → Gemeinden und → Gemeindeverbände angehören.

Konkordanzdemokratie
Bez. für politisch-soziale Systeme, in welchen nicht der über das Wählervotum ermittelte Mehrheitswille, sondern institutionalisierte Kompromiß- und Proporzregeln bei der politischen Entscheidungsbildung ausschlaggebend sind. Kennzeichnend für K. ist die Herbeiführung einer Übereinstimmung zwischen demokratisch legitimierten Vetetern verschiedener Bevölkerungsgruppen durch formalisierte Einigungsprozesse bzw. durch → Institutionen, die einen „Zwang" zur Kompromißbildung beinhalten, wie z.B. die nach parteipolitischem → Proporz zusammengesetzte → Regierung der Schweiz.

Konkordat
Staatsvertrag zwischen der katholischen Kirche, repräsentiert durch den Heiligen Stuhl, und einem → Staat (bzw. anderen →

Gebietskörperschaften mit → Kulturhoheit) zur Regelung der gegenseitigen Beziehungen. Dem K.begriff nicht zuzuordnen sind Verträge, die der Heilige Stuhl im Rahmen seiner allgemeinen Mitarbeit in der Völkerrechtsgemeinschaft eingeht, ferner nicht solche, die für den Staat der Vatikanstadt abgeschlossen werden. Der Versuch, für evangelische Kirchenverträge die Bez. „Evangelisches K." einzuführen, hat sich nicht durchgesetzt. In der Bundesrepublik gelten derzeit sechs K.: Bayerisches K. vom 29.3.1924 mit Änderungsverträgen vom 7.10.1968, 4.9.1974 und 7.7.1978; Preußisches K. vom 14.6.1929; Badisches K. vom 12.10.1932; Reichsk. vom 20.7.1933; Niedersächsisches K. vom 26.2.1965 und das K. Sachen-Anhalts vom 15.1.1998.

Konkrete Normenkontrolle

Überprüfung der Verfassungskonformität eines → Gesetzes auf Antrag eines Gerichts durch das zuständige Verfassungsgericht. Grundsätzlich ist es Sache jedes Gerichts, über die Gültigkeit einer von ihm anzuwendenden Vorschrift zu befinden. Hinsichtlich der Prüfung der Verfassungswidrigkeit besteht jedoch ein verfassungsgerichtliches Verwerfungsmonopol. Hält ein Gericht ein Gesetz, das in einem anhängigen Verfahren entscheidungsbedeutsam ist, für verfassungswidrig, ist es daher verpflichtet, das Verfahren auszusetzen und die Entscheidung des zuständigen Verfassungsgerichts einzuholen: des → Bundesverfassungsgerichts bei vermuteter Verletzung des → Grundgesetzes, des Landesverfassungsgerichts bei angenommenem Verstoß gegen die → Landesverfassung (Art. 100 I GG).

Konkurrenzdemokratie

→ Politisches System, das durch freie Konkurrenz zweier oder mehrerer → Parteien um die Wählerstimmen gekennzeichnet ist. In der → Demokratie-theorie steht K. für die Auffassung, daß die → Demokratie als „Methode" verstanden werden muß und der demokratische Charakter eines politischen Systems dann gewährleistet ist, wenn freie und gleiche → Wahlen einen Regierungswechsel prinzipiell ermöglichen, wobei als notwendige Bedingung die Gewährleistung politischer Grundfreiheiten (u.a. → Meinungs-, → Presse- und → Vereinigungsfreiheit) gilt. Als „Klassiker" der Theorie der K. gilt Joseph A. Schumpeter, dessen Hauptwerk „Kapitalismus, Sozialismus und Demokratie" erstmals 1942 erschien.

Konkurrierende Gesetzgebung

Bereich der → Gesetzgebung, in welchem die Gesetzgebungskompetenz weder ausschließlich dem → Bund noch den → Ländern zugewiesen ist (→ Ausschließliche Gesetzgebung). In der Bundesrepublik haben im Bereich der K. die Länder die Befugnis zur Gesetzgebung, solange und soweit der Bund von seinem Gesetzgebungsrecht keinen Gebrauch macht (Art. 72 I GG), während der Bund hier → Gesetze nur erlassen darf, wenn aus bestimmten, in Art. 72 II GG aufgeführten Gründen ein – wie es bis 1994 hieß - „Bedürfnis" nach bundeseinheitlicher Regelung besteht. Diese „Sperre" zugunsten der Länder blieb in der Praxis aufgrund der unbestimmten Formulierungen im → Grundgesetz wirkungslos; allein mit der „Wahrung der Einheitlichkeit der Lebensverhältnisse" ließ sich fast jedes Gesetz des Bundes im Bereich der K. begründen, so daß der in Art. 74, 74 a und 105 II GG aufgeführte Katalog der K. des Bundes weitgehend ausgeschöpft wurde. Deshalb wurde auf Druck der → Länder der Art. 72 II im Jahr 1994 dahingehend geändert, daß aus der „Bedürfnis-" eine „Erforderlichkeitsklausel" wurde und nicht mehr von der Einheitlichkeit der Lebensverhältnisse, sondern von deren Gleichwertigkeit die Rede ist. Zusätzlich wurde festgelegt, daß das → Bundesverfassungsgericht auf Antrag des → Bundesrates, einer → Landesregierung oder eines → Landesparlamentes zu prüfen hat, ob ein Gesetz den Voraussetzungen des Art. 72 II GG entspricht (Art. 93 I Nr. 2a GG). In den Bereich der K. gehören u.a.: Bürgerliches Recht, Strafrecht, das gesamte Justizrecht, Vereins- und Versammlungsrecht, öffentliche Fürsorge, Wirtschaftsrecht, Erzeugung und Nutzung der Kernenergie zu friedlichen Zwecken, → Arbeitsrecht, Grundstücksverkehr und Bodenrecht, Straßenverkehr und Kraftfahrwesen, Abfallbeseitigung, Luftreinhaltung und Lärmbekämpfung.

Konnexitätsprinzip

Verfassungsrechtlicher Lastenverteilungsgrundsatz, nach dem sich die Finanzierungsverantwortung aus der Aufgabenwahrnehmung ergibt, normiert in Art. 104a Abs. 1 GG: „Bund und Länder tragen gesondert die Ausgaben, die sich aus der Wahrnehmung ihrer Aufgaben ergeben, soweit dieses Grundgesetz nichts anderes bestimmt." Grundsätzlich kommt es für die Finanzierung öffentlicher Aufgaben also nicht darauf an, wer dieselbe veranlaßt hat, sondern lediglich darauf, welche → Gebietskörperschaft sie ausführt. Für die → Bundesauftragsverwaltung normiert Art. 104a Abs. 2 GG allerdings eine Ausnahme vom K., denn die aus ihr resultierenden Ausgaben trägt der → Bund. Auch die Finanzierung der → Gemeinschaftsaufgaben stellen eine grundgesetzlich zulässige Ausnahme vom K. dar.

Konsens

Übereinstimmung zwischen den Mitgliedern einer sozialen Einheit über gemeinsame Ziele, Werte und → Normen. Ein Minimum an → Integration und damit K. gilt als Existenzvoraussetzung für jedes soziale System, besonders aber für die sich auf das Prinzip → Freiheit berufenden, demokratisch-pluralistischen Systeme, welche dem Anspruch nach auf freiwilliger Zustimmung gründen. Den → Demokratie- und → Pluralismustheorien stellt sich damit die Aufgabe, Reichweite und Inhalte des für den Bestand der politisch-sozialen Ordnung erforderlichen K. (auch Grundk.) zu bestimmen. Ausgehend davon, daß es einen universellen K. (d.h. einen K. aller über alles) nicht gibt, kann als unterste Schwelle ein K. über die Verfahren zur (gewaltfreien) Regelung von → Konflikten angesehen werden. Wird der bestandsnotwendige K.bedarf höher angesetzt, entsteht das Problem der Begründung des Geltungsanspruchs entsprechender „Kataloge" bzw. deren Willkürlichkeit. Mitunter wird versucht, dieses Problem durch einen Rückgriff auf das → Na-

turrecht zu bewältigen, mit dessen Hilfe eine der → Gesellschaft vorgegebene - v.a. auf → Gemeinwohl und → Gerechtigkeit bezogene - Wertebasis konstruiert wird.

Konsensdemokratie

Bez. für demokratisch verfaßte → politische Systeme, in welchen die politischen Entscheidungsprozesse weniger vom → Mehrheitsprinzip als von der Suche nach → Konsens zwischen den Entscheidungsbeteiligten gekennzeichnet sind. Der Idealtypus der K. ähnelt dem der → Konkordanzdemokratie; im Unterschied zu letzterer ist sie allerdings mehr von informellen Entscheidungsmechanismen als von institutionalisierten Kompromiß- und Proporzregeln geprägt.

Konservatismus

Begriff: Im neuzeitlichen Verständnis ist K. als eine → Ideologie zu begreifen, die im Gefolge der → Französischen Revolution gegen die fortschrittlichen Ideen von → Freiheit und Gleichheit gerichtet war. Konservative Ideologien, z.B. von Burke in England oder der Legitimisten in Frankreich, verwiesen auf den religiös, organisch oder historisch-evolutionär begründeten Charakter von → Staat und → Gesellschaft. Sie waren damit gegen rationale Gesellschaftsentwürfe der Neuzeit, die den Vertragscharakter betonten, gerichtet, insbesondere gegen Hobbes, Locke, Montesquieu und die sich ausbildenden wirtschaftsliberalen Schulen (Smith, Ricardo, schottische Moralphilosophie). Konservative Ideologie war der Versuch, eine konsistente Argumentation gegen den „Fortschritt" und gegen die → Demokratie zu errichten. Deshalb sind die jeweiligen Strömungen in der ersten Hälfte des 19. Jh. als Gegenbewegung zu fortschrittlichen Ideologien, insbesondere des → Liberalismus, zu verstehen. Die Dynamik ging dabei weitgehend von letzterem aus. John Stuart Mill meinte deshalb, daß der K. „the stupid party" repräsentiere.

Geschichte: Zu Beginn seiner Entstehung in der Französischen Revolution gegen die Ideen der → Aufklärung, des Fortschritts und der Demokratie gerichtet, verstand sich K. in Preußen-Deutschland anfänglich als

Bollwerk gegen Veränderung und stärkte das System der „Heiligen Allianz", das eine Festschreibung des politischen Status Quo in Europa auf der Basis der gegenseitigen Stützung von Preußen, Rußland und Österreich gegen die französischen Ideen beinhaltete.

Der sich seit 1848 unaufhaltsam ausbreitende → Konstitutionalismus veränderte Ideen und Funktion des K. Hatten preußische Junker noch gegen das → Wahlrecht polemisiert: „Vox populi, vox Rindvieh", so erkannten sie bald, daß das allgemeine Männerwahlrecht ihnen die Möglichkeit bot, den ängstlichen Liberalismus, der das eigentumschützende → Dreiklassenwahlrecht durchsetzen wollte, auszumanövrieren. Der K. wandelte sich von einer defensiven und elitistischen vordemokratischen Ideologie zu einer populistisch und nationalistisch angereicherten Strategie, um im Zeitalter der beginnenden → Massendemokratie überlebensfähig zu werden. Louis Napoleon III. in Frankreich, Disraeli in England und Bismarck in Deutschland stellten hierfür die Weichen. Mit nationalistischer (Frankreich), imperialistischer (England) und schutzzöllnerischer (Deutschland) → Politik gelang es dem K., den Liberalismus seines historischen Schwungs zu berauben und gleichzeitig die heraufziehende „Bedrohung" durch den → Sozialismus öffentlich zu thematisieren.

Diesen Tatbestand eines dynamischen K. hat Robert Michels (Zur Soziologie des Parteiwesens in der modernen Demokratie. Einleitung, 2. Aufl., 1925) verdichtet: „Indes ist das Prinzip der Beharrung mitnichten als konservativ im Sinne des jedesmaligen Status quo aufzufassen. Das „konservative Prinzip" [Hervorheb. R. M.] würde zur Selbstzerstörung führen, bestände es lediglich in der Anerkennung des Bestehenden, zumal der bestehenden Rechtsformen. In Epochen und bei Völkern, in denen nach erfolgtem Bruch mit der Stabilität die altkonservativen Elemente von der direkten → Herrschaft verdrängt und durch junge, unter dem Prinzip der Demokratie stehende Schichten ersetzt worden sind, trägt die konservative → Partei ein gegenwartsstaatsfeindliches, bisweilen selbst revolutionäres

Gepräge. Oder konter-revolutionäres?" Aufgrund der Verhältnisse in der → Weimarer Republik und aus der Sicht seiner Zeit betrachtete Michels den K. unter moralisch-kritischen Kategorien und unterstellte ihm direkt oder indirekt manipulative Absichten. Strukturell gesehen war der K. aber schon Teil der → politischen Systeme geworden, wenngleich dies in den kontinentaleuropäischen Demokratien durch rückständige Politikverfahren verdeckt wurde. Michels hat aber zu Recht darauf hingewiesen, daß der K. nicht länger das reagierende, sondern bereits ein agierendes politisches Prinzip geworden war. Dies wurde gegen Ende der Weimarer Republik in Deutschland deutlich, als prominente konservative Denker (Carl Schmitt, Hans Freyer) symbiotisch Ideen aus dem → Nationalsozialismus übernahmen. → Faschismus und Nationalsozialismus (Italien und Deutschland) bewirkten die schwerwiegendsten Strukturverwerfungen für den kooperierenden K. in konstitutionellen Staaten (wenngleich auch Liberale hier ebenfalls mitbeteiligt waren).

Nach 1945 wurde es für den K. schwierig, wieder eine eigenständige Ideologie aufzubauen. Dazu war sein Traditionsbestand zu sehr durch geistige Verbindungen mit dem Nationalsozialismus entlegitimiert. Der neue, nachtotalitäre K. etablierte sich als unideologische → Volkspartei, auf der Basis christlicher Weltanschauungen, kulturbürgerlichen Selbstverständnisses, eines sozialliberalen Prinzips von Wirtschaftsgesellschaft, rechtsstaatlicher→ Verfassung und sozialstaatlicher → Gesellschaftspolitik. Dieses Konglomerat unterschiedlicher Ideen, Prinzipien, Stile, Haltungen und mehr oder minder vager Überzeugungen kann nicht mehr als Ideologie bezeichnet werden. Es ist vielmehr als Koalitionsplattform einer modernen Parteiformation zu verstehen, dem Typus der Volkspartei, welche die → Weltanschauungspartei der Weimarer Republik ablöste.

Nur noch marginal war der moderne K. als Gegenbewegung zum Liberalismus definiert. In erster Linie bestand der Gegenpol nunmehr gegenüber der → Sozialdemokratie als der „anderen" Volkspartei. Die

Gegnerschaft zur Sozialdemokratie bedeutete, daß die Konservativen nunmehr zur Sammlungspartei im industriellen Interessenkonflikt wurden und von daher religiöse und industrielle (Besitz-)Interessen unter ihrem Dach vereinigen mußten. Daß dies weitgehend gelungen ist, hat die Sozialdemokratie eines strukturellen Vorteils, nämlich virtuell die → Interessenpartei aller abhängig Beschäftigten sein zu können, beraubt. In den fünfziger und sechziger Jahren wurden die Konservativen auf der Basis christlicher Weltanschauung zur dominierenden gesellschaftlichen und geistigen Kraft in der Bundesrepublik. Der wirtschaftliche Aufschwung der nachtotalitären Demokratien sowie der → Ost-West-Konflikt bewirkten einen sozial-technokratischen K., dessen Ende freilich mit einem Aufbrechen dieser Formation (Ende der Ideologien) gekommen war.

Entwickelte → Sozialstaaten bauten den Bildungssektor aus, erweiterten den Dienstleistungssektor und perfektionierten das „Netz der sozialen Sicherheit". Diese Strategien zusammengenommen zersetzten die gesellschaftlichen und politischen Formationen des Volksparteiensystems: Es ergab sich daraus eine „Revolution der Ansprüche". V.a. zwei Dimensionen wurden dabei bedeutsam: individualistisch konzipierte Selbstverwirklichung und „Neues Politikverständnis" (nachindustrielles Paradigma: Umwelt, Frieden). Diese neuen Anforderungen haben die Dominanz konservativer Mehrheiten zwar nicht brechen können, haben aber die kulturelle Definitionsmacht der Konservativen in der Bundesrepublik seit den siebziger Jahren gelockert. In der größtenteils unartikulierten Sozialkultur dominieren in Stilen, im Alltagshandeln und Wahlverhalten konservative Muster; auf der Ebene der medial definitionsmächtigen Ideen hingegen dominieren Selbstverwirklichungswerte und „neue Politik" als mächtigste Teile der Deutungskultur (K. Rohe). Sozialdemokratie und Liberalismus konnten sich z.T. den neuen Trends anpassen, während die Orientierungsmuster und Instinkte der „neuen Schichten" stabil gegen den K. gerichtet bleiben.

Gegenwärtige Situation: Die Krise des Volksparteien-K. wurde zuerst in den USA überwunden. Aufgrund der starken innenpolitischen Kritik des politischen Systems der USA während des → Vietnamkrieges entwickelte sich dort eine besonders starke politische und kulturelle Gegenbewegung (Counter oder Adversary Culture), die z.T. Eingang in die → Demokratische Partei fand. Dadurch wurde eine populistische und konservative Gegenströmung ausgelöst, die seit den späten sechziger Jahren zunehmend an Kraft gewann. Mit dem Ende des Vietnamkrieges 1975 sowie mit dem Niedergang amerikanischer Wirtschaftsmacht Ende der siebziger Jahre wurde dieser neue K. definitionsmächtig (Wahl v. R. Reagan). Die intellektuellen amerikanischen Neokonservativen traten für verstärkte Verteidigung ein, für politische → Autorität im Inneren, Kritik der „Auswüchse" des → Sozialstaates, „Supply-Side-Economics", Steuerkürzungen, Kampf gegen Counterculture und Teile der kulturellen → Avantgarde, Stärkung von Religion, nationaler → Identität und protestantischer Arbeitsethik, gegen Abtreibung und Frauenemanzipation, gegen Homosexuelle und für die traditionalen Familienwerte. In lebhafter Auseinandersetzung mit den Tendenzen der Zeit und mit den Liberalen (nach amerikanischem Verständnis) konnten die (Neo-)Konservativen den Zeitgeist in unterschiedlicher Weise bis zu Beginn der neunziger Jahre dominieren, ohne freilich übermächtig zu werden.

Als wesentlich radikaler als der amerikanische K. erwies sich der englische: Die englische → Premierministerin Thatcher hatte den Problemen der englischen Gesellschaft und Industriekultur, die gravierender waren als in vergleichbaren Staaten, radikale Therapien verordnet. Ihr konservatives Markenzeichen war ein auf Effektivität bezogener Staat, der soziale Strukturen (Sozialbeziehungen, Krankenversorgung u.ä.) radikal veränderte und effektivierte zum Preis vorübergehender Ausgliederung ganzer Segmente der englischen Industriekultur, v.a. in Mittelengland und im Norden (Schottland). Das spezifisch englische Konsenssystem des Sozialkonservatismus wurde damit von Thatcher zerschlagen („There is no society, there is only the individual and the familiy. And the Government"). Ihr radikaler libertärer K. hat viel Bewunderung und Ablehnung weltweit erfahren und galt bis in die sich modernisierenden sozialistischen Gesellschaften hinein als ein Erfolgsrezept. Überhaupt erfuhr der K., auch die „Ideen" der Reagan-Revolution, mit den Wandlungen im → Sozialismus und mit der These vom → „Ende der Geschichte" (Fukuyama) kurzfristig eine weltweite Popularität.

Formbestimmung: Geschichtsphilosophische Merkmale reichen nicht länger aus, um die Differenz zwischen Ideologien der Beharrung und der Bewegung zu unterscheiden. Mit der Verwirklichung des Sozialstaates sind in die Realität viele Merkmale früherer sozialistischer und liberaler Programmforderungen eingegangen. Bei der Verteidigung des Sozialstaates kann es somit geschehen, daß sozialdemokratische oder sozialistische Parteien konservative Vorstellungen vertreten, während konservative Parteien für die progressive Überwindung stagnierender sozialstaatlicher Strukturen unter dem Postulat des (technologischen) Fortschritts eintreten.

Sozialdemokraten wie Erhard Eppler unterschieden deshalb zwischen Struktur- und Wertekonservatismus; letzterer solle von der Sozialdemokratie vertreten werden. Die Unterscheidung ist jedoch nicht hilfreich, weil konservative Parteien selbst ein Gemisch aus beiden Dimensionen vertreten.

Man kann nicht mehr von konservativen Ideologien, sondern muß von Aspekten konservativer Ideologien und von Ideen, die konservativ verwendet werden können, sprechen. Der Begriff „Verwendung" von K. bezieht sich auf Konstellationen im politischen Prozeß und ist somit nur noch in Kontexten ausmachbar. „An sich" sind Positionen weder konservativ noch progressiv. Die Moderne ist durch Auflösungen starrer Positionen gekennzeichnet und produziert „free floating signifiers" (Derrida). Die Verortung dieser nach-ideologischen Elemente von K. erfolgt symbolisch, d.h. sie werden im Bewußtsein der Menschen relativ differenziert nach dem jeweiligen Stand des öffentlichen Diskurses zugeordnet. Konservativ sind danach solche symboli-

schen Codes, die von der Gegenseite als konservativ angesehen werden.

Für eine → Restauration einer konservativen Ideologie gibt es aber in der Moderne anscheinend keine Basis. Eine Position wie die von Allan Bloom, der den Relativismus der Moderne kritisiert, den er auf Hobbes und auf Nietzsche zurückführt, und der eine generelle → „Krise" konstatiert, aus der heraus nur eine feste Werteordnung (Plato) herausführe, ist weder umsetzbar, noch ein Ideal, das in sich selbst widerspruchsfrei wäre.

Lit.: T. Kreuder u.a. (Hg.): Konservatismus in der Strukturkrise, Frankfurt a.M. 1987; *W. Lorig*: Neokonservatives Denken in der Bundesrepublik Deutschland und in den Vereinigten Staaten, Opladen 1988; *K. Mannheim*: Konservatismus, Ausg. Frankfurt a.M. 1984; *R. A. Nisbet*: Conservatism: dream and reality, Minneapolis 1986; *K. L. Shell/ E. Dröse/ K. D. Frankenberger/ J. Schissler*: Konservative Ideologie und politische Praxis. Koalitionsbildungen im amerikanischen Kongreß 1972-1984, Frankfurt a.M. 1988.

Priv. Doz. Dr. Jakob Schissler, Frankfurt/ M.

Konservative Partei
→ Conservative and Unionist Party.

Konstituante
Verfassunggebende Versammlung.

Konstitutionalismus
Politische Verfassungsbewegung des ausgehenden 18. und des 19. Jh.s, welche eine Einschränkung der erblichen Gewalt des Herrschers mittels ihrer Bindung an eine geschriebene → Verfassung (Konstitution) anstrebte. Dementsprechend wird der Begriff auch für die → konstitutionelle Monarchie verwendet. Geprägt vom Denken der → Aufklärung, einen → Staat gemäß den Prinzipien der Vernunft organisieren zu können, ging es dem K. um eine Staatsorganisation im Sinne des → Liberalismus, um die Idee einer freien, die → Grundrechte respektierenden → Gesellschaft, welche geschützt wird durch einen → Staat mit sich gegenseitig kontrollie-

renden → Gewalten. In diesem Sinne bezeichnet K. das Selbstverständnis moderner westlicher → Demokratien in Abgrenzung zu → Autokratie, → Diktatur und → Totalitarismus.

Konstitutioneller Dualismus

Bez. für den die → Konstitutionelle Monarchie charakterisierenden Gegensatz zwischen „staatlichem Prinzip", verkörpert durch die Krone, und dem → Parlament als „gesellschaftlicher Vertretung". In übertragener Bedeutung wird k. gelegentlich verwendet zur Kennzeichnung des in der → Weimarer Reichsverfassung verankerten Nebeneinander zweier durch unmittelbare Volkswahl legitimierter Staatsorgane, des → Reichspräsidenten und des → Reichstages.

Konstitutionelle Monarchie

Staats- bzw. Regierungsform, die sich im Übergang vom → Absolutismus zu bürgerlichen → Demokratien - zuerst in England nach der Glorious Revolution von 1689 - herausbildete. In ihr steht der Monarch zwar noch an der Spitze des → Staates und führt die Regierungsgeschäfte mit Hilfe des → Kabinetts, doch ist seine Herrschaftsgewalt durch die → Verfassung eingeschränkt. Die k. verwirklicht die → Gewaltenteilung durch das → Haushalts- und Gesetzgebungsrecht des → Parlaments, durch die Unabhängigkeit der Justiz und die → Gesetzmäßigkeit der → Verwaltung.

Konstruktives Mißtrauensvotum

Vorschrift des Art. 67 GG, derzufolge der → Bundestag dem → Bundeskanzler das Mißtrauen nur dadurch aussprechen kann, „daß er mit der Mehrheit seiner Mitglieder einen Nachfolger wählt und den → Bundespräsidenten ersucht, den Bundeskanzler zu entlassen. Der Bundespräsident muß dem Ersuchen entsprechen und den Gewählten ernennen." Das k. bindet also die Abwahl einer amtierenden → Regierung an das Zustandekommen einer neuen → Regierungsmehrheit im Bundestag. Es wurde bislang zweimal zur Anwendung gebracht. Der erste Antrag mit dem Ziel der Wahl Rainer Barzels gegen Willy

Brandt scheiterte am 27.4.1972. Der zweite Anwendungsfall verlief mit der Wahl Helmut Kohls gegen Helmut Schmidt am 1.10.1982 erfolgreich.

Konsul

Leiter einer konsularischen Vertretung (→ Konsulat) und als solcher ständiger Vertreter eines → Staates bes. zur Wahrung seiner wirtschaftlichen → Interessen in einem anderen Staat ohne vollen diplomatischen Status. Das Wiener Übereinkommen über konsularische Beziehungen vom 24.4.1963 teilt die konsularischen Vertreter in vier Klassen ein: → Generalk., K., Vizek. und Konsularagenten.

Konsulat

→ Amt und Dienststelle eines konsularischen Vertreters (→ Konsul) eines → Staates in einem anderen Staat.

Konsumgenossenschaften

Zusammenschlüsse von Verbrauchern mit dem Ziel, durch Großeinkauf von Waren, bei Umgehung des Zwischenhandels, den Mitgliedern niedrigere Preise zu ermöglichen. K. entstanden als Selbsthilfeorganisationen der → Arbeiterbewegung im 19. Jh. zuerst in England. In der Bundesrepublik ist seit 1954 der Warenverkauf auch an Nichtmitglieder erlaubt. Beim „Verkauf an jedermann" werden die erzielten Gewinne an die Mitglieder in Form einer Rückvergütung teilweise ausgeschüttet.

Konventionelle Partizipation

Form der politischen Beteiligung (→ Partizipation), welche sich an die in einer → Gesellschaft gültigen Verhaltensstandards und Rechtsnormen hält und die institutionalisierten Beteiligungsnormen (v.a. → Wahlen, Mitgliedschaft und Mitarbeit in → Parteien) nutzt.

Konvergenztheorie

V.a. durch die → Modernisierungstheorie angeleitete Prognose, daß sich alle modernen → Gesellschaften in ähnlicher Weise entwickeln und ähnliche Eigenschaften aufweisen werden. Relevant war die K. insbesondere für die vorhergesagte Annäherung kapitalistischer und sozialistischer

Gesellschaftsordnungen. Die Gründe für die Konvergenz beider Systeme wurden in identischen „Umweltbedingungen" des politisch-sozialen Systems, wie → Industrialisierung und Technokratisierung, gesehen. Als Argument für die Stimmigkeit der K. wurden für die westlichen Gesellschaften angeführt die Entwicklung zum → Sozial- und → Wohlfahrtsstaat, verstärkter → Staatsinterventionismus sowie die Trennung von Management und Eigentum in Großfirmen; für die Gesellschaften des Ostens Dezentralisierungstendenzen, marktwirtschaftliche Experimente und die Zulassung pluralistischer Formen der politischen Willensbildung.

Konversion

Überführung von zur Herstellung von Rüstungsgütern genutzten Produktionsfaktoren (Kapital, Arbeit, Technisches Wissen) in die Produktion ziviler Güter sowie die Nutzung der für militärische Forschungs- und Entwicklungsarbeit aufgebrachten Ressourcen für zivile Zwecke. Die Diskussion um K. intensivierte sich nach der Auflösung des ehem. → Ostblocks und dem Abschluß konkreter internationaler Vereinbarungen zur → Abrüstung mit der erhofften Folge einer Senkung der Rüstungsausgaben. Abnehmende staatliche Aufträge zur Entwicklung und Produktion von Rüstungsgütern zwingen die betroffenen Unternehmen zur K., die - so ihre Befürworter - auch ökonomisch positiv zu bewerten sei, weil staatliche Rüstungsausgaben die gesamtwirtschaftliche Produktivitätsentwicklung nicht begünstigten. Zudem habe die zivile Nutzbarkeit militärischer Forschungs- und Entwicklungsarbeit (sog. „spin-offs") seit den 70er Jahren stetig an Bedeutung verloren.

Konzertierte Aktion

1. Nach § 3 → Stabilitätsgesetz „gleichzeitiges, aufeinander abgestimmtes Verhalten der → Gebietskörperschaften, → Gewerkschaften und → Unternehmerverbände", welches die Erreichung der im → Gesetz genannten Ziele (→ "magisches Viereck") sicherstellen soll. Die Gewerkschaften schieden 1977 aus der k. aus, nachdem die → Arbeitgeberverbände vor

dem → Bundesverfassungsgericht Klage gegen das Mitbestimmungsgesetz vom 4.5.1976 erhoben hatten.

2. Die K. im Gesundheitswesen wurde mit dem Kostendämpfungsgesetz vom 30.6.1977 gebildet. Durch Berufung des Bundesministers für Arbeit und Sozialordnung gehören dem als Beratungs- und Steuerungsinstrument für die → Gesundheitspolitik konzipierten Gremium Vertreter der an der gesundheitlichen Versorgung der Bevölkerung Beteiligten an. Trotz gesetzlicher Festlegung der Aufgaben der k. in der Reichsversicherungsordnung (§ 405) hängt ihre Funktionsfähigkeit von der freiwilligen Zustimmung aller Beteiligten ab.

kooperativer Föderalismus

Bez. für eine Aufgabenwahrnehmung im → Bundesstaat, bei der Zentralstaat und Gliedstaaten ihre Aufgaben nicht getrennt voneinander erfüllen, sondern - vermittelt durch verschiedene → Institutionen - zusammenwirken und sich gegenseitig beeinflussen. Der k. ist prägendes Merkmal des → Föderalismus in der Bundesrepublik.

Korea-Krieg

Nach dem Abzug sowjetischer und amerikanischer Truppen aus Korea begann der K. mit einem Angriff nordkoreanischer Streitkräfte, die später durch 300.000 „Freiwillige" aus der Volksrepublik China verstärkt wurden, auf Südkorea am 25.6.1950. Die südkoreanischen Truppen wurden ab 27.6.1950 durch Streitkräfte der USA unterstützt. Durch Beschluß des → Sicherheitsrates der Vereinten Nationen vom gleichen Tag (in Abwesenheit des sowjetischen Delegierten) kamen UN-Truppen den Amerikanern und Südkoreanern zu Hilfe. Nach Stabilisierung der Front unmittelbar nördlich des 38. Breitengrades - der Demarkationslinie zwischen beiden Landesteilen - begannen am 10.7.1951 zweijährige Waffenstillstandsverhandlungen, in deren Ergebnis die Grenze zwischen Nord- und Südkorea auf den 38. Breitengrad festgelegt und eine entmilitarisierte Zone geschaffen wurde (Abkommen von Panmunjon vom

27.7.1953). Der K. verstärkte in den USA und Westeuropa den → Antikommunismus. Er erleichterte die Bestrebungen zur Wiederbewaffnung Deutschlands und führte zu einer konventionellen Wiederaufrüstung der USA.

Körperschaften des öffentlichen Rechts

Mitgliedschaftlich verfaßte und unabhängig vom Wechsel ihrer Mitglieder bestehende Organisationen. K. werden durch → Gesetz oder aufgrund eines Gesetzes eingerichtet. Sie dienen öffentlichen Zwecken und verfügen im allgemeinen über hoheitliche Befugnisse. Die als unterstaatliche Verwaltungsträger eingerichteten K. (z.B. → Gemeinden, Hochschulen) erfüllen ihre Angelegenheiten im Wege der → Selbstverwaltung. Nach Art der Mitgliedschaft werden unterschieden: → Gebietsk. (Mitgliedschaft kraft Wohnsitz, z.B. Gemeinden), Personalk. (Mitgliedschaft durch freiwilligen Beitritt oder Zwangsmitgliedschaft kraft Zugehörigkeit zu einer bestimmten Gruppe, insbes. zu einem bestimmten Beruf, z.B. → Handwerkskammern) und Verbandsk. (Mitglieder sind nur juristische Personen des öffentlichen Rechts, z.B. kommunale Zweckverbände). Auch die Kirchen sind K., ohne in den Staatsverband eingegliedert zu sein.

Korporation

Historisch überkommene Bez. für Körperschaft, → Verband, die sich in der (Selbst)Bez. studentischer Verbindungen als K. erhalten hat.

Korporatismus

Bez. für die Einbindung gesellschaftlicher Organisationen in die → Politik in Form einer häufig „symbiotischen" Verbindung von Staatsorganen und → Interessengruppen, welche politische Entscheidungen nur als gemeinsame möglich macht. Folgende Bedeutungsvarianten, die sämtlich an den - ständestaatlichen Vorstellungen verpflichteten - Begriff - "Korporativismus" anknüpfen und sich gegen den normativen und/ oder deskriptiven Gehalt der → Pluralismustheorie wenden, lassen sich unterscheiden:

1. Die v.a. in der → katholischen Soziallehre erhaltene Sympathie für berufsständische → Repräsentation anstelle oder mindestens neben dem egalitären → Parlamentarismus, wie sie insbesondere in der päpstlichen → Enzyklika Quadrogesimo Anno (1931) zum Ausdruck kommt.

2. Der K. autoritärer bzw. faschistischer Prägung, der durch die erzwungene Einbindung von zwangsmitgliedschaftlichen, „gleichgeschalteten" → Verbänden in die staatliche Politik charakterisiert ist. Diese Variante wird z.T. auch als (faschistischer) Korporativismus bezeichnet.

3. K. als freiwillige Einbindung frei gebildeter Vereinigungen in die Prozesse staatlicher Entscheidungsbildung und –durchsetzung in liberal-demokratischen, kapitalistischen Industriestaaten (liberaler oder → Neok.).

Korporativismus

Auf den → Ständestaat des Mittelalters bezogener Begriff zur Kennzeichnung seiner festgefügten → Hierarchie von Ständen samt ihrer Vertretungsorgane und der Übertragung → öffentlicher Gewalt auf gesellschaftliche Organisationen (→ „Korporation").

Korruption
→ Politische Korruption

KPD-Verbotsurteil
→ Parteiverbot

KPdSU
Abk. für → Kommunistische Partei der Sowjetunion.

Kreationsfunktion
In vielen → parlamentarischen Regierungssystemen dem → Parlament zukommende Aufgabe der Hervorbringung einer → Regierung durch → Wahl; in der Bundesrepublik geregelt durch die Vorschriften zur Wahl und Ernennung des → Bundeskanzlers in Art. 63 GG.

Kreditaufnahme
Finanzierung von Ausgaben durch Kredite, d.h. der Überlassung von Kaufkraft seitens des Kreditgebers an den Kredit-

nehmer gegen den Preis der Zahlung eines Zinses. K. durch → Bund und → Länder wird auch als „Staatskredit" bezeichnet. Art. 115 I GG beschränkt die Höhe der K. des Bundes auf die Summe der Investitionsausgaben; Ausnahmen sind nur zulässig zur Abwehr einer Störung des gesamtwirtschaftlichen Gleichgewichts. Wegen der Unschärfe des Investitionsbegriffs verlangte das → Bundesverfassungsgericht in seinem Urteil vom 18.4.1989 eine gesetzlich fixierte Definition. In einer → Gesetzesvorlage zur Änderung des Bundeshaushaltsgesetzes und der Bundeshaushaltsordnung kam die → Bundesregierung im Februar 1990 diesem Verlangen durch Übernahme einer bislang nur in einer → Verwaltungsvorschrift enthaltenen Definition nach. Das → Gesetz sieht darüber hinaus vor, daß der Haushaltsgesetzgeber künftig bei Überschreitung der Kreditobergrenze entsprechend Art. 115 GG zur Darlegung der Gründe für die erhöhte K. verpflichtet ist.

Kreditanstalt für den Wiederaufbau/ KfW
1949 gegründete → Körperschaft des öffentlichen Rechts mit Sitz in Frankfurt a.M. Ihre ursprüngliche Aufgabe war die Finanzierung des Wiederaufbaus der deutschen Wirtschaft mit den durch den → Marshall-Plan verfügbaren Mitteln. Heute vergibt die K. zinsverbilligte Kredite und gewährt Bürgschaften für Exporte und Investitionen vorwiegend an kleine und mittelständische Unternehmen. Im Auftrag der → Bundesregierung gewährt sie Kredite und Zuschüsse im Rahmen der Zusammenarbeit mit den → Entwicklungsländern und ist zentrale finanzielle Abwicklungsstelle für die bundesdeutsche → Entwicklungshilfe. Die erforderlichen Mittel hierfür stammen u.a. aus Darlehen der K. beim → ERP-Fonds.

Kreis
Kommunale → Gebietskörperschaft mit dem Recht auf → Selbstverwaltung, welcher die Erfüllung von gemeindlichen Aufgaben obliegt, die über den räumlichen Bereich bzw. die Leistungsfähigkeit der kreisangehörigen → Gemeinden hinausgehen. K. bestehen in allen → Ländern mit Ausnahme der → Stadtstaaten. Außer im Saarland und in Schleswig-Holstein nehmen sie neben Selbstverwaltungsaufgaben auch die der unteren staatlichen Verwaltungsbehörde wahr. Organe des K. sind → Landrat (bzw. → Oberkreisdirektor), → Kreistag und → Kreisausschuß. Zu den Pflichtaufgaben der K. gehören die Sorge für die öffentliche Sicherheit und Ordnung (z.B. Straßenverkehrs- und Gewerbeaufsicht, Staatsangehörigkeits- und Paßwesen). Die K. sind Träger der örtlichen → Sozialhilfe, von allgemeinen und berufsbildenden Schulen sowie der Jugendwohlfahrt und -fürsorge. Sie sind verantwortlich für Bau und Unterhalt der Kreisstraßen, die Bauaufsicht und das Gesundheits- und Veterinärwesen.

Kreisausschuß
Kollegiales Verwaltungsorgan der → Kreise, dessen Mitglieder vom → Kreistag gewählt werden. Dem K. obliegt die → Verwaltung des Kreises, soweit nicht Kreistag oder → Landrat zuständig sind.

Kreisfreie Städte
→ Gemeinden, die wegen ihrer Größe und Bedeutung sowie ihrer Verwaltungs- und Finanzkraft nicht in einen → Kreis eingegliedert sind, sondern die kommunalen Aufgaben der Kreise und die der unteren staatlichen Verwaltungsbehörde selbst wahrnehmen.

Kreistag
→ Volksvertretung in den → Kreisen, die nach Art. 28 I GG aus demokratischen → Wahlen durch die wahlberechtigten → Bürger der kreisangehörigen → Gemeinden hervorgehen muß.

Kreml
Synonym für die frühere Staats- und Parteiführung der Sowjetunion und die heutige → Regierung der russischen Föderation, gebildet nach dem gleichnamigen, festungsartigen Bauwerk - der ehemaligen Zarenburg - im Zentrum Moskaus.

327

Kriegsdienstverweigerung

Durch Art. 4 III GG gewährleistetes → Grundrecht, den Kriegsdienst mit der Waffe aus Gewissensgründen zu verweigern. Nach Einführung der Wehrpflicht 1956 wurde die K. näher geregelt durch ein → Gesetz, das die Anerkennung von Kriegsdienstverweigerern von einem behördlichen Verhandlungsverfahren abhängig machte. Ein 1977 verabschiedetes Gesetz, das dieses Verfahren durch eine einfache schriftliche Erklärung ersetzte (sog. „Postkartengesetz"), wurde vom → Bundesverfassungsgericht für nichtig erklärt, weil der → Staat nicht darauf verzichten könne, „im Rahmen des Möglichen die in Anspruch genommene Gewissensposition festzustellen." (BVerfGE 48, S. 168f.) Das daraufhin erlassene Gesetz zur Neuordnung des Rechts der K. und des → Zivildienstes vom 28.2.1983 sieht deshalb für den Regelfall eine Entscheidung des Bundesamtes für den Zivildienst aufgrund eines die Darlegung der persönlichen Motive zur K. enthaltenden schriftlichen Antrags, ohne persönliche Anhörung des Betroffenen, vor. Diese Neuregelung wertet neben der individuellen Begründung die Bereitschaft der Antragsteller, einen gegenüber dem Wehrdienst um drei Monate verlängerten Zivildienst zu leisten, als tragendes Indiz für das Vorliegen einer Gewissensentscheidung. Anträge von Soldaten, gedienten und einberufenen Wehrpflichtigen werden von bei den Kreiswehrersatzämtern gebildeten Ausschüssen, in zweiter Instanz von → Kammern bei den zuständigen Wehrbereichsverwaltungen entschieden.

Kriegsfolgelasten

Materielle Aufwendungen für die Besatzungskosten und für die Regelung der durch den 2. Weltkrieg und den Zusammenbruch des Deutschen Reiches entstandenen Lasten, welche nach Art. 120 GG und der näheren Regelung durch das Allgemeine Kriegsfolgengesetz vom 11.5.1957 der → Bund trägt. Soweit Aufwendungen von → Ländern und → Gemeinden oder anderen Körperschaften getragen wurden oder werden, gelten ge-

setzliche Sonderregelungen über die Erstattungsansprüche.

Kriegsrecht

Im objektiven Sinn die völkerrechtlichen Grundsätze, die während eines Krieges für die kriegführenden Parteien untereinander und gegenüber neutralen → Staaten gelten, kodifiziert v.a. in der → Haager Landkriegsordnung und den → Genfer Konventionen.
Im subjektiven Sinn das Recht von Völkerrechtssubjekten zur Kriegsführung. Nach der → UN-Charta ist Krieg nur zur Verteidigung zulässig.

Kriegsverhütung

Übergeordnete Zielsetzung der → internationalen Beziehungen, zentrale Aufgabe der → Sicherheitspolitik, welche die Begründung sämtlicher sicherheitspolitischer Strategien und Konzepte (→ Abrüstung, → Abschreckung, → Entspannungspolitik, → Rüstungskontrolle) liefert.

Krise

Allgemein Bez. für das plötzliche Auftreten oder die Zuspitzung von Störfällen bzw. Gefahrensituationen, die mit den herkömmlichen, erprobten Techniken zur Problemlösung nicht bewältigt werden können. Im Bereich der → internationalen Beziehungen ist der Begriff üblich für Spannungszustände zwischen zwei oder mehreren → Staaten, mit der potentiellen Gefahr einer bewaffneten Auseinandersetzung. Als Wirtschaftsk. wird eine Phase im Konjunkturablauf bezeichnet, die durch Preis- und Zinssatzsteigerungen, geringe Investitionen und hohe → Arbeitslosigkeit gekennzeichnet ist.

Krisentheorien

Theoretische Bemühungen um die Klärung des Bedeutungsgehalts des Begriffs → Krise sowie um die Erklärung der Ursachen und Folgen ökonomischer und politischer Krisen. Volkswirtschaftliche Theorien begreifen die Krise als (vorübergehende) Phase eines natürlichen Zyklus, den die Konjunktur durchläuft. Orthodoxmarxistische Theorien deuten den Verlauf der kapitalistischen Produktionsentwicklung als durch das „Gesetz der tendenziell fallenden Profitrate" bestimmten Krisenzyklus, der durch zwangläufige Überproduktionskrisen letztlich zum Zusammenbruch des → Kapitalismus führe. Theoretiker des → Spätkapitalismus (v.a. J. Habermas, C. Offe) gehen über die ökonomische Krisenerklärung hinaus. Unter Verwendung der Begrifflichkeit der → Systemtheorie behaupten sie die Verlagerung systemrelevanter Krisen aus dem ökonomischen in das → politische System, die sich letztlich zu einer → Legitimationskrise bündeln. Dieser systembezogene Krisenbegriff verweist auf eine Situation, in welcher ohne erfolgreiche Intervention der Bestand des Systems gefährdet ist. Er wird im Prinzip auch von konservativer Seite bei der Diagnose der → „Unregierbarkeit" moderner → Gesellschaften verwendet. Auch wenn beide Seiten auf mehr oder weniger abstrakte Funktionserfordernisse des politischen Systems abheben, unterscheiden sie sich dahingehend, daß die einen Krise als Chance zur politischen Veränderung, die anderen als Gefährdung der Stabilität einer im Prinzip bewährten Ordnung interpretieren.

Kritische Theorie

Von der → Frankfurter Schule entwickelte sozialwissenschaftliche Theorie, welche auf einer charakteristischen Verbindung dreier Denktraditionen beruht: der rationalen Philosophie von Rousseau bis Hegel, der → Politischen Ökonomie (bzw. ihrer Kritik) von Marx und der Psychoanalyse Freuds. Die k. wurde von M. Horkheimer 1937 der „traditionellen Theorie" mit ihrem naturwissenschaftlichen Erkenntnisideal gegenübergestellt und bestimmt als eine an der praktischen Vernunft orientierte Theorie, die auf der Vermittlung wissenschaftlichen und politischen Handelns besteht. Folgerichtig wendet sich k. gegen das Postulat der Wertfreiheit der Wissenschaft, welches eine Trennung von Wissenschaft und praktischem Handeln in → Politik und → Gesellschaft einschließt. Dagegen setzt sie ein an der menschlichen → Emanzipation interessiertes Wissenschaftskonzept, welches mittels einer Strategie ver-

nünftiger Argumentation die Emanzipation als objektives → Interesse aufzuweisen sucht. Der → Systemtheorie wirft die k. eine Beschränkung auf die Analyse der Funktionen des → politischen und sozialen Systems vor und klagt demgegenüber die normativen Gehalte demokratischer Denktraditionen ein. In neueren Arbeiten bediente sich jedoch J. Habermas, der prominenteste Vertreter der k. in der Gegenwart, gerade der Begrifflichkeit und des Instrumentariums der Systemtheorie zur Aufdeckung einer latenten → Legitimationskrise im → Spätkapitalismus.

Kritische Wahlen
⇒ *Critical elections*

Kritischer Rationalismus

Von K.R. Popper in seiner Schrift „Logik der Forschung" (1936) aus der Kritik des logischen → Empirismus entwickelte philosophische und wissenschaftstheoretische Schule. Den k. charakterisiert v.a. sein prinzipieller Zweifel an den zur Verifikation empirischer Behauptungen benutzten Induktionsschlüssen. Demgegenüber macht er die grundsätzliche Widerlegbarkeit (Falsifizierbarkeit) einer Aussage zum Kriterium wissenschaftlicher Sätze und erhebt die ständige Überprüfung von Theorien, die für ihn nur vorläufigen (hypothetischen) Charakter haben, zum Programm der Wissenschaft. Diese Wende von einer wissenschaftlichen Begründungs- und Rechtfertigungsstrategie zu einer Strategie der (durchaus fehlbar) fortschreitenden Kritik an wissenschaftlichen Aussagen, des „Lernens aus Irrtum", schließt einen methodologischen und wissenschaftstheoretischen → Pluralismus ein, der im Konzept der „offenen", pluralistischen → Gesellschaft seine sozialphilosophische Entsprechung findet.

KSE-Vertrag
→ Mutual Balanced Force Reduction

KSZE
Abk. für → *K*onferenz über *Si*cherheit und *Zusammenarbeit* in *E*uropa.

Kuba-Krise

Höhepunkt des → Kalten Krieges im Herbst 1962, resultierend aus der Errichtung sowjetischer Raketenbasen auf Kuba, welche die USA am 22.10.1962 mit einer Seeblockade Kubas und dem ultimativen Verlangen nach Abbau und Rückführung aller Raketen und Abschußrampen beantwortete. Am 28.10.1962 lenkte die Sowjetunion ein und entsprach dem Ultimatum. Offiziell wurde die K. durch eine gemeinsame Note der beiden → Regierungen an den → Generalsekretär der → Vereinten Nationen im Januar 1963 beigelegt.

Kubusregel

Für die → relative Mehrheitswahl gültige Faustregel, die besagt, daß sich die Mandatszahlen der → Parteien i.d.R. zueinander verhalten wie die dritten Potenzen der von ihnen erzielten Stimmzahlen. Danach wäre es nicht möglich, daß eine nach Stimmen schwächere Partei mehr → Mandate erreichen kann als die stimmenstärkste Partei. Tritt dieser Fall dennoch ein, spricht man von einem kritischen → bias.

Kulturhoheit

Zuständigkeit von → Staaten in kulturellen Angelegenheiten, v.a. für Schule und Erziehung, Wissenschaft und Kunst. Das → Grundgesetz der Bundesrepublik sah ursprünglich eine ausschließliche Verantwortung der → Länder für die → Kulturpolitik vor, die lediglich durch einige Zuständigkeiten des → Bundes bei der → konkurrierenden Gesetzgebung (Förderung der wissenschaftlichen Forschung, Schutz deutschen Kulturgutes gegen Abwanderung ins Ausland) und bei der → Rahmengesetzgebung (allgemeine Rechtsverhältnisse der Presse und des Films, Naturschutz und Landschaftspflege) ergänzt wurde. Nach der Verfassungsreform von 1969 erhielt der Bund zusätzlich die Regelungskompetenz für die allgemeinen Grundsätze des → Hochschulwesens (Art. 75 Nr. 1a GG) und die Möglichkeit, mit den Ländern bei der Bildungsplanung und der Forschungsförderung zusammenzuarbeiten (Art. 91b GG). Geblieben ist jedoch die ausschließliche

Zuständigkeit der Länder im Schul- und Rundfunkwesen. Nachteiligen Folgen der daraus resultierenden Zersplitterung des Ausbildungswesens versuchen die Landesregierungen durch freiwillige Selbstkoordinierung (→ Dritte Ebene; → *Ständige Konferenz der Kultusminister der Länder*) entgegenzuwirken. Zur effektiveren Wahrnehmung der Bundeskompetenzen im Bereich der K. bestellte der → Bundeskanzler im Oktober 1998 einen → "Beauftragten der Bundesregierung für Angelegenheiten der Kultur und der Medien".

Kulturpolitik

Begriffsverständnis in der neueren deutschen Geschichte. Das Wort K. verbindet zwei Begriffe von hoher Allgemeinheit und Abstraktion. Da die beiden Bez. in der neueren deutschen Geschichte sehr unterschiedlich interpretiert wurden, variierte bislang entsprechend stark auch das Verständnis von K. Vor dem Ersten Weltkrieg bezeichnet K. „Kulturpropaganda" als Ziel und Element der auswärtigen → Politik (→ Außenpolitik). Auf innerstaatliche Verhältnisse wurde der Begriff erst während der → Weimarer Republik angewendet, und zwar im Sinne der kulturstaatlich verstandenen Aufgaben des Schutzes und der Förderung der kulturellen Pflege und Kreativität. Der → Nationalsozialismus verwandelte K. in ein Instrument der politischen und sozio-kulturellen „Gleichschaltung" der Bevölkerung. Das außenpolitische Verständnis von „Kulturpropaganda" wurde auf den innerstaatlichen Bereich und die → Gesellschaft übertragen. K. diente der Durchsetzung des weltanschaulich und politisch formulierten Kultur- und Politikkonzepts des Nationalsozialismus.

In der Nachkriegszeit knüpfte man in den vier → Besatzungszonen an das kulturstaatliche Konzept erneut an, bevor die Gründung zweier deutscher → Staaten die DDR von der kulturpolitischen Entwicklung in den westeuropäischen → Ländern stärker isolierte. Bis in die 60er Jahre hinein bestand der kulturpolitische → Konsens der großen → Parteien in der Bundesrepublik Deutschland darin, die traditionellen Künste als Kern der professionellen Kultur - Theater- und Opernhäuser, Museen, Orchester, Bibliotheken - durch die verfassungsrechtliche Garantie der Kunstfreiheit (Art. 5 III GG) und durch staatliche Subventionen zu schützen. Wurde die Kunstfreiheitsgarantie in den ersten Jahren der Bundesrepublik staatlicherseits ausschließlich als Abwehrrecht - als Schutz vor staatlichen Eingriffen - gesehen, so gewann danach die Ansicht an Bedeutung, die Kunstfreiheitsgarantie auch als Gestaltungsauftrag zu begreifen. Das → Bundesverfassungsgericht bekräftigte diesen Trend, als es 1974 aus Art. 5 III GG neben dem Freiheitsrecht aller Kunstschaffenden zugleich die aktive Verpflichtung des Kulturstaats ableitete, ein freiheitliches Kunstleben zu erhalten und zu fördern. Den Verzicht auf aktive K. als dem Ausdruck kulturstaatlicher → Neutralität gegenüber dem künstlerischen Schaffen war damit die verfassungsrechtliche Grundlage genommen.

Unter dem Einfluß internationaler Diskussionen im Rahmen der → UNESCO (UNESCO-Konferenz von Venedig, 1970, Helsinki, 1972) und des → Europarats, sowie getragen von einer neuen Generation von mehrheitlich sozialdemokratisch orientierten städtischen Kulturdezernenten, setzte sich - in den 60er Jahren beginnend - ein „erweiterter Kulturbegriff" durch. In ihm war angelegt, Kultur stärker mit Politik verknüpft und als Ausdruck gesellschaftlicher Beziehungen zu sehen. Neben das kulturstaatliche Paradigma der K. trat damit das der „Soziokultur". Danach sieht sich K. nicht allein der Kunstpflege und -förderung verpflichtet, sondern will aus demokratie- und gesellschaftstheoretischen Motiven heraus auf die kulturelle Entwicklung der Bevölkerung aktiv Einfluß nehmen. Ziel ist die → Demokratisierung der Gesellschaft durch Kultur. In dem Paradigma der „Soziokultur" ist eine Fülle gesellschaftstheoretischer Problematisierungen einbegriffen, die von der Krise des → Spätkapitalismus bis zu den einzelnen Bedingungen der kulturellen Chancenungleichheit und der Kommunikationsbarrieren im sozialen Raum reicht. Mit dieser „alternativen" Kulturkonzeption war eine Ausweitung des Politikgegenstands verbunden. Seitdem bezieht sich K. nicht nur auf die traditionellen ästhetischen Produktions- und Vermittlungsformen, sondern auch auf die sozialen und individuellen Kräfte und Formen der Lebensweise und des Alltags. War in der Vergangenheit das → politisch-administrative System - die Öffentliche Hand - mehr oder weniger alleiniger kulturpolitischer Akteur, so sind es nunmehr potentiell alle gesellschaftlichen Gruppen.

Die 80er Jahre führten in der Bundesrepublik zu einer weiteren Variante von K. Programmatisch und personell vor allem auf den „Modernisierungsflügel" innerhalb der → CDU gestützt, drangen wirtschafts- und machtpolitische Kalküle in die Zielbestimmung von K. ein. Dies sind jene Kalküle, die auf Kultur als Tourismusbranche, als eigenständigen Wirtschaftszweig und als Standortfaktor zielen und K. darüber hinaus als Medium der Herrschaftsrepräsentation, der → symbolischen Politik sowie als Instrument der sozialen → Integration erkennen. Kulturökonomische Überlegungen und Verfahren gewannen an Bedeutung.

Praxis der K. Die praktische K. in der Bundesrepublik wird durch zwei Eigentümlichkeiten gekennzeichnet. Trotz der intensiven Konzept- und Programmdiskussion um einen erweiterten Kulturbegriff und eine alternative K. dominiert in der praktischen K. nach wie vor der traditionelle Kulturbegriff und die entsprechende politische Aufgabenstellung. Damit hängt zweitens zusammen, daß ein ausdifferenziertes Politikfeld K. erst noch im Entstehen begriffen ist.

Aktuelle Konturen des Politikfeldes K. Die Öffentliche Hand kann auf der Grundlage des Art. 5 III GG gestaltend handeln, indem entweder eigene kulturelle Einrichtungen unterhalten oder aber gesellschaftliche Organisationen und → Institutionen sowie einzelne Personen gefördert werden. Im Sinne eines „kooperativen Kulturföderalismus" sind daran auf staatlicher Seite → Bund, Länder und → Gemeinden sowie auf nichtstaatlicher Seite Kirchen, → Parteien, → Verbände und → Vereine beteiligt. Die staatlichen Kompetenzen sind vertikal - Bund, Länder, Gemeinden - und horizontal - verschiedene Ressorts - verteilt. Die staatliche K. hat eine große Vielfalt regionaler und lokaler Traditionen sowie die Konkurrenz verschiedener „Kulturmetropolen" zu respektieren. Von der speziellen Gesetzgebungskompetenz her gesehen sind die kulturpolitischen Kompetenzen des Bundes schwach ausgeprägt. Sie ergeben sich aus der Zuständigkeit für auswärtige Kulturangelegenheiten, den Schutz deutschen Kulturgutes gegen Abwanderung in das Ausland, die Fragen der Flüchtlinge und → Vertriebenen, die allgemeinen Rechtsverhältnisse der → Presse und des Films sowie für die rechtlichen und sozialen Rahmenbedingungen der künstlerischen und publizistischen Berufe. Hinzu kommen Aufgaben der gesamtstaatlichen → Repräsentation. Steigendes Gewicht erhielten in jüngster Zeit die mittelbaren Auswirkungen der allgemeinen Gesetzgebung und → Verwaltung z.b. der → Wirtschafts- und → Sozialpolitik, der Stadtentwicklung und des Steuerrechts sowie der internationalen Zusammenschlüsse, insbesondere der → Europäischen Gemeinschaft.

Wenn die eigentliche → „Kulturhoheit" bei den Bundesländern liegt, so zunächst deshalb, um Traditionen und eigenständige Entwicklungen unter den Ländern abzusichern, zunehmend auch als Schutz gegenüber dem Bund. Die Länder kooperieren einerseits mit dem Bund - z. B. bei der „Stiftung Preußischer Kulturbesitz" und der „Kulturstiftung der Länder" - sowie mit den Gemeinden.

Trotz der Kulturhoheit der Länder liegt das Schwergewicht der traditionellen Kulturpflege und -förderung bei den Gemeinden. Sie leiten ihre Zuständigkeit aus Art. 28 II GG ab. Da spezielle gesetzliche Normierungen weitgehend fehlen, gilt die gemeindliche Kulturarbeit als Residuum → kommunaler Selbstverwaltung. Die plurale Kulturarbeit setzt das kulturelle Engagement von Gruppen und Vereinen sowie ein öffentliches Kulturkonzept voraus.

Aktuelle Handlungsfelder der K. Die einzelnen Handlungsfelder der K. bemessen sich einerseits nach der traditionellen Struktur der finanziellen Kulturförderung. Die institutionelle Förderung dominiert beim Bund - z.B. Bundesarchiv, Koblenz; Deutsche Bibliothek, Frankfurt a.M. - und

den Ländern - Theater, Orchester-, weniger ausgeprägt bei den Städten und Gemeinden.

Andererseits ergeben sich kulturpolitische Handlungsfelder aus den Arbeitsbedingungen künstlerischer und publizistischer Berufe als Gestaltungsaufgaben:
– des Arbeitsmarktes,
– der Aus- und Weiterbildung,
– der sozialpolitischen Sicherung,
– des Urheber- und Steuerrechts,
– der Technik- und Medienentwicklung.

Zudem hat sich K. mit der kulturellen Chancengleichheit einzelner bisher benachteiligter Gruppen - z.B. der Frauen und der Ausländer - sowie mit den Fragen der Mitwirkung von Künstlern, Publizisten und Laien im → politisch-administrativen System zu befassen.

Nicht zuletzt ist K. in Konflikte und die anhaltende grundsätzliche Auseinandersetzung um die verfassungsrechtlich fixierte Kunst- und Publikationsfreiheit involviert, wie etwa im Falle des Goethe-Instituts, und beeinflußt damit das allgemeine Kultur- und Politikklima.

Lit.: J. Grabbe (Bearb.): Stadt und Kultur, Stuttgart 1986; *H. Hoffmann*: Kultur für alle, Frankfurt a.M. 1981; *W. R. Langenbucher/ R. Rytlewski/ B. Weyergraf* (Hg.): Kulturpolitisches Wörterbuch Bundesrepublik Deutschland/ Deutsche Demokratische Republik im Vergleich, Stuttgart 1983; *O. Schwencke/ N. Sievers* (Hg.): Kulturpolitik ist Gesellschaftspolitik, Hagen 1988; *P. Häberle*: Kulturpolitik in der Stadt - ein Verfassungsauftrag, Heidelberg/ Hamburg/ Karlsruhe 1979.

Prof. Dr. Ralf Rytlewski, Berlin

Kulturrevolution

I.e.S. Bez. für Konzepte (und deren Umsetzung) zur Beseitigung des Einflusses der bürgerlichen Kultur in Übergangsgesellschaften zum → Kommunismus dadurch, daß das → Proletariat zur Aneignung und Hervorbringung fortschrittlicher Kulturinhalte, Lebensformen und –gewohnheiten befähigt wird. Das ursprünglich von Lenin entwickelte Konzept wurde von Mao Tse-tung in der Volksrepublik China 1965 neu aufgegriffen durch die Initiierung einer Bewegung zur breiteren Beteiligung der Massen an politischen Entscheidungen. Die auf die Zurückdrängung von Bürokratisierungstendenzen gerichtete K. scheiterte jedoch schon zwei Jahre später am Widerstand regionaler Führungsgruppen in → Partei und Armee. I.w.S. werden unter den Begriff K. alle Bewegungen gefaßt, die auf eine durchgreifende Veränderung sozialer Normen ausgerichtet sind, sei es in Form der Überwindung entwicklungshemmender Verhaltensformen in → Entwicklungsländern oder in Form des Versuchs, die „bürgerliche" Kultur in kapitalistischen → Gesellschaften zu überwinden, wie es z.B. die Studentenbewegungen in der Bundesrepublik und Frankreich Ende der 60er Jahre anstrebten.

Kultusministerkonferenz/ KMK
⇒ *Ständige Konferenz der Kultusminister der Länder.*

Kumulieren
Stimmabgabeverfahren, das dem Wähler die Möglichkeit gibt, mehrere (Teil)Stimmen auf einzelne Kandidaten zu häufen; in der Bundesrepublik enthalten in den Kommunalwahlgesetzen der süd- und ostdeutschen Länder.

Labour Party

Bez. für die sozialdemokratischen Arbeiterparteien in einigen → Commonwealth-
Ländern. In Großbritannien sind → Conservative Party und L. die beiden großen, in
der → Regierung alternierenden → Parteien
(mit dem Aufkommen der L. wurde, unter
den Bedingungen der → relativen Mehrheitswahl, die Liberal Party als Gegenspie-
lerin zur Conservative Party zurückgedrängt). 1900 von → Gewerkschaften und
einigen sozialistischen Gruppen als parlamentarische Vertretungskörperschaft der
→ Arbeiterbewegung gegründet, nahm die
Bedeutung der L. mit der Zunahme der Arbeiterschaft und dem Abbau der Wahlrechtsbeschränkungen stetig zu.

Die Dominanz der Gewerkschaften über die
L. verringerte sich seit Ende der 80er Jahre:
Hatten sie vorher einen Stimmenanteil von
ca. 90 % auf den Labour-Parteitagen, so
wurde dieser stufenweise auf 50 % gesenkt;
die Stimmenpakete bzw. -blöcke der Ge-
werkschaftsführer wurden abgeschafft; nur
noch etwa die Hälfte der im TUC (Trade
Union Congress) zusammengeschlossenen
Gewerkschaften sind kollektive Mitglieder
der L. Mehreren Mio Kollektivmitgliedern
stehen lediglich einige hunderttausend Einzelmitglieder gegenüber.

Die vormals starke Ausrichtung auf eine
sozialistische → Ideologie (mit → Verstaat-
lichungen, Abbau der Einkommensunterschiede etc.) von Parteiprogrammen und
Regierungspolitik existiert nicht mehr.
Nach heftigen innerparteilichen Kontroversen und schweren Wahlniederlagen verfolgt
die Partei seit Ende der 80er Jahre einen
gemäßigten, pragmatischen Kurs; auf dem
Parteitag 1995 bekannte sie sich zu Marktwirtschaft, gesellschaftlicher sowie wirtschaftlicher → Modernisierung und europäischer Einigung.

Länderfinanzausgleich

→ Finanzausgleich - geregelt in Art. 107 II
GG - zwischen finanzstarken und –schwachen deutschen → Bundesländern (horizontaler Finanzausgleich) mit dem Ziel, deren unterschiedliche Finanzkraft angemessen auszugleichen und so die Gleichwertigkeit der Lebensverhältnisse zu gewährleisten. Der L. ist somit ein Kernstück des
→ kooperativen Föderalismus der Bundesrepublik. Im Zuge des Regelungszwanges
für die finanziellen Folgen der → Wiedervereinigung geriet der L. in seine bislang
schwerste Belastungsprobe. Zwar gelang es
mit Abschluß des Föderalen Konsolidie-
rungsprogrammes (1992), den Verteilungs-
konflikt zwischen → Bund und → Ländern
einerseits sowie zwischen finanzstärkeren
und finanzschwächeren Ländern andererseits mit einem bis 2004 geltenden Kompromiß, unter Fortschreibung der Kriterien
des Systems der L., vorläufig beizulegen.
Die beim → Bundesverfassungsgericht
1998 eingereichten Klagen der Länder Baden-Württemberg, Bayern und Hessen gegen das Übermaß an Nivellierungseffekten
zeigen indes einen latenten Konflikt an, der
eine Reform des geltenden L. unabweisbar
macht.

Länderparlamentarismus

Das parlamentarische → System in den
→ Ländern der Bundesrepublik entspricht
weitgehend dem gewaltenteiligen Aufbau
der Bundesebene. Eine zweite → Kammer,
mit stark eingeschränkten Mitwirkungsmöglichkeiten, gab es jedoch nur in Bayern
1947-99 (→ Senat). Noch vor Gründung der
Bundesrepublik fanden in den Ländern der
3 westlichen → Besatzungszonen 1946/47
die → Wahlen zu den → Landesparlamenten statt. Die meisten → Verfassungen der
alten → Bundesländer entstanden vor dem
→ Grundgesetz. Seit den → Verfassungs-

änderungen von Mitte der 90er Jahre sind alle → Landesverfassungen u.a. durch mehr Möglichkeiten der → plebiszitären Demokratie gekennzeichnet (→ Volksbegehren, → Volksentscheid). Die meisten Landesverfassungen weisen den → Parlamenten (im Vergleich zur Bundesebene) eine stärkere Position gegenüber der → Exekutive zu. Die Machtverteilung im bundesdeutschen → Föderalismus hat jedoch die Kompetenzen der → Landesregierungen gestärkt, da sie in den Willensbildungsprozeß der Bundespolitik (→ Bundesrat) eingebunden sind und da die Länder die Bundesgesetze „als eigene Angelegenheiten" oder „im Auftrag des → Bundes" (Art. 83, 85 GG) ausführen.

Länderrat

1. Ländervertretung in den Westzonen während der Besatzungszeit vor Gründung der Bundesrepublik Deutschland:
a.) In der amerikanischen → Besatzungszone fungierte der L., bestehend aus den → Ministerpräsidenten, als Koordinationsgremium der einzelnen → Länder; er sollte → Gesetzgebung und → Verwaltung aufeinander abstimmen.
b.) ⇒ Wirtschafts- und Länderrat

2. Im Zuge der Reformdiskussion über das föderative → System der Bundesrepublik Deutschland tauchte wiederholt der Vorschlag auf, den → Bundesrat auch als L. aufzufassen oder einen separaten L. zu konstituieren. In beiden Fällen hätte er die Länderaufgaben koordinieren und einheitlich regeln sollen, auch wenn diese außerhalb der → Bundeskompetenz lägen.

ländlicher Raum

Gemäß dem räumlichen Analyseraster der Bundesforschungsanstalt für Landeskunde und Raumordnung lassen sich folgende Grundtypen der Siedlungsstrukturkategorien für Deutschland unterscheiden: 1. Agglomerationsräume, 2. verstädterte Räume, 3. ländliche Räume; letztere stellen den l. i.e.S. dar. I.w.S. umfaßt der l. auch das ländliche Umland der verstädterten Räume. Der l. i.e.S./ i.w.S. macht 30,4/ 59,9 % der Fläche des Bundesgebietes mit 13,1/ 27 % der Gesamtbevölkerung (1996) aus. Insbesondere periphere l. haben erhebliche Strukturprobleme zu bewältigen. Aufgabe

der → Politik ist es, einerseits die endogenen Entwicklungskräfte des l. im Sinne eines attraktiven Arbeits- und Wohnstandorts zu stärken, andererseits die ökologische Ausgleichsfunktion dieser → Region zu erhalten.

Land

1. Bundesland
Gliedstaat eines → Bundesstaates. In der Bundesrepublik Deutschland die 16 L., die an der → Gesetzgebung (und Gesetzesausführung) des → Bundes über den → Bundesrat mitwirken. Unabhängig von den Zentralorganen üben die L. als → repräsentative Demokratien die → Staatsgewalt in ihrem jeweiligen Gebiet aus (insbes. durch → Landesregierung und → Landesparlament). Im Verhältnis zum Bund gilt der Grundsatz der → Bundestreue (s. ausführlich unter → Föderalismus).

2. Umgangssprachlich synonym für ⇒ Staat
3. ⇒ ländlicher Raum

Landesanwalt

Spezifisch bayerische → Institution, die den Freistaat Bayern und seine Landesbehörden in Prozessen vor den bayerischen Verwaltungsgerichten und dem Bayerischen Verwaltungsgerichtshof vertritt. Die Rolle des L. beschränkt sich nicht, wie ähnliche Institutionen in anderen → Bundesländern, auf die Vertretung des öffentlichen → Interesses im Verwaltungsprozeß; er hat somit eine Doppelrolle inne. Primär muß der L. aber am → Gemeinwohl orientiert sein und daher auch Gesichtspunkte zugunsten eines Individualklägers berücksichtigen.

Landesliste

Die → Parteien stellen (auf der Ebene des → Bundeslandes) für die → Wahlen zu den → Landtagen (in Baden-Württemberg in modifizierter Form), zum → Bundestag und zum → Europäischen Parlament (→ CDU/ CSU: verbundene L.; alle anderen Parteien: Bundesliste) L. mit (Listen-)Kandidaten auf (bei Kommunalwahlen wird analog verfahren). Diesen L. gilt dann die Parteistimme bzw. → Zweitstimme; seit 1953 gibt es in den Wahlen zum Bundestag → Erst- und Zweitstimme (→ personalisierte Verhältniswahl). Mit Ausnahme des Landtagswahlverfahrens in Bayern, Baden-Württemberg und Rheinland-Pfalz kann die Plazierung auf der L. vom Wähler nicht verändert werden. Entscheidend für das Wahlergebnis einer Partei ist die Gesamtzahl der auf der Landesebene für sie abgegebenen Parteistimmen (Bundestagswahl: Zweitstimmen, die auf der Bundesebene addiert werden); lediglich in Bayern werden bei Landtagswahlen Erst- und Zweitstimmen zusammengerechnet. Die Bewerber auf den L. kommen bei Bundestagswahlen sukzessive erst dann zum Zuge, nachdem die aufgrund der Erststimmen in den → Wahlkreisen erzielten → Direktmandate abgezogen wurden.

Hauptfunktion der L. ist die Absicherung von Kandidaten, die nicht in aussichtsreichen Wahlkreisen aufgestellt wurden. Die Verteilung der Listenplätze erfolgt nach den Kriterien von Prominenz, Expertenstatus, regionaler und soziodemographischer Ausgeglichenheit. Die Aufstellung der L. obliegt der Parteiorganisation auf der Landesebene.

Landesparlamente

Die in den → Ländern der Bundesrepublik aus demokratischen → Wahlen hervorgegangenen → Volksvertretungen. Die → Abgeordneten werden durch → Verhältniswahl auf 4 bzw. 5 Jahre gewählt. Die Mitgliederzahl der L. liegt - ohne → Überhangmandate - zwischen 51 und 204 (in Bayern kam bis 1999 noch der → Senat als berufsständisch organisierte zweite → Kammer - mit stark eingeschränkten Mitwirkungsrechten - hinzu). Die L. sind in das → System des → Länderparlamentarismus eingebunden; sie wählen die → Landesregierung und sind als gesetzgebendes Organ im politischen Gestaltungsbereich der → Bundesländer aktiv. Im Unterschied zum → Bundestag verfügen (seit 1995 alle) L. über ein Selbstauflösungsrecht. Die zunehmende Gesetzgebungszuständigkeit des → Bundes (einschließlich der → Gemeinschaftsaufgaben) engtn den Gesetzgebungsspielraum der L. ein, verstärkt hingegen die Mitsprachemöglichkeiten - und damit die → Macht - der → Landesregierungen.

Landesplanung

Landesbezogene Raumordnung bzw. Raumplanung, die, basierend auf den entsprechenden Landesplanungsgesetzen, die Entwicklung des betreffenden → Bundeslandes in sozial-räumlicher, ökonomischer und kultureller Hinsicht konzeptualisiert.

Landesregierungen

Die → Landesparlamente wählen entweder die gesamte L. (die → Stadtstaaten Berlin und Bremen; Hamburg bis 1996) oder den → Ministerpräsidenten, der in einigen → Ländern der Zustimmung des → Landtages für die Ernennung und/ oder Entlassung der Regierungsmitglieder bedarf. Der Regierungschef heißt in den Flächenstaaten Ministerpräsident, in Berlin Regierender Bürgermeister, in Bremen Senatspräsident und in Hamburg 1. Bürgermeister. Von den meisten → Landesverfassungen mit weniger → Macht ausgestattet als die Landesparlamente, wurden durch die föderalistische → Gewaltenteilung die Kompetenzen der L. (durch ihre zunehmenden Mitsprachemöglichkeiten auf der Bundesebene) gestärkt.

Die L. entsenden ihre Vertreter in den → Bundesrat; ein Regierungsmitglied ist für Bundesratsangelegenheiten zuständig.

Außer den → Ministern haben in Bayern alle → Staatssekretäre und in Baden-Württemberg u.U. einige Staatssekretäre und → Staatsräte Sitz und Stimme im → Kabinett.

Landesverfassungen

Nach Art. 28 I GG muß die verfassungsmäßige Ordnung in den → Bundesländern den Grundsätzen des republikanischen, demokratischen und sozialen → Rechtsstaats im Sinne des → Grundgesetzes entsprechen (→ Homogenitätsklausel). Diese Verfassungshomogenität wird vom → Bund gewährleistet. Gemäß dem Grundsatz „Bundesrecht bricht Landesrecht" (Art. 31 GG) sind dem Grundgesetz widersprechende Bestimmungen der L. (teils vor Inkrafttreten des Grundgesetzes entstanden) verfassungswidrig und damit ungültig. Den → Ländern verbleibt nur ein geringer Spielraum für eigenständige Verfassungsregelungen, z.B. im Rahmen ihrer → Kulturhoheit.

Landesverfassungsgericht
→ Staatsgerichtshof

Landesvertretung
Aus den Gesandtschaften und Bevollmächtigten der Herrscher der einzelnen → Staaten des deutschen → Kaiserreiches (1871-1918) haben sich die L. in der Bundeshauptstadt entwickelt. Sie finden sich daher in keinem anderen → Bundesstaat. Sie vertreten die → Interessen ihres jeweiligen → Landes bei den einzelnen Bundesinstitutionen und nehmen an der gesetzgeberischen Arbeit im → Bundesrat teil.

Landesverwaltung
Gesamtheit der → Behörden eines → Bundeslandes. In den Flächenstaaten der Bundesrepublik ist die L. nach dem dreistufigen Organisationsmodell aufgebaut: 1. → Landesregierung mit → Ministerien (samt Einrichtungen der oberen L., z.B. Landesgewerbeamt) als oberste Landesbehörden; 2. die mittlere Ebene, insbes. die → Bezirksregierungen (außer → Stadtstaaten, Brandenburg, Mecklenburg-Vorpommern, Saarland, Schleswig-Holstein) bzw. in Thüringen das → Landesverwaltungsamt; 3. die untere Behördenebene. Diese ist nur z.T. in Form von Behörden unmittelbarer Staatsverwaltung vorhanden (Beispiel: Finanzamt, Forstamt). Daneben führen die Organe der → kommunalen Selbstverwaltung (→ Gemeinden, → Landkreise) Aufgaben als unterste staatliche Verwaltungsbehörde aus.

Gemäß Art. 30 GG ist die Ausübung staatlicher Befugnisse und Erfüllung staatlicher Aufgaben grundsätzlich Sache der → Länder. Soweit das → Grundgesetz nichts anderes bestimmt, führen sie auch → Bundesgesetze als eigene Angelegenheiten aus. Der Großteil der Verwaltungszuständigkeit liegt damit bei den Ländern.

Landesverwaltungsamt
Von der thüringischen → Landesregierung errichtete Landesbehörde (L., offz. Bez.: Thuringium). Eine Art → Mittelbehörde der → Verwaltung, ehestens mit einem (Über-) → Regierungsbezirk vergleichbar. Der Leiter wird von der Landesregierung berufen; → Kreise und → Städte haben weder personell noch sachpolitisch ein Mitspracherecht. Die kommunalen Spitzenverbände sehen im L. eine Beschneidung der → kommunalen Selbstverwaltung und lehnten daher seine Errichtung von Anfang an ab. Eine Abschaffung des L. wurde wiederholt diskutiert; es kam aber lediglich zur Ausgliederung von Vollzugsbereichen aus dem L.

Landkreis
In den meisten → Bundesländern die offz. Bez. für den → Kreis.

Landrat
1. Als Vorsitzender des → Kreistages politischer Repräsentant und zugleich Leiter der → Verwaltung eines → Landkreises (in den → Bundesländern mit Norddeutscher → Ratsverfassung, die es in Niedersachsen bis 1996 und in Nordrhein-Westfalen bis 1994 gab, amtierte der → Oberkreisdirektor als Hauptverwaltungsbeamter, sprich Leiter der Verwaltung). Vormals überwiegend vom Kreistag gewählt, findet nach den → Verfassungsänderungen der 90er Jahre nunmehr - mit Ausnahme von Baden-Württemberg und Brandenburg, wo der L. weiterhin vom Kreistag gewählt wird - in allen → Bundesländern die Urwahl des L. (auf Zeit) statt; vordem war dies nur in Bayern der Fall; staatlich bestellt wurden sie in Rheinland-Pfalz bis zur Verfassungsänderung von 1990 und im Saarland bis zur Änderung des Kommunalselbstverwaltungsgesetzes von 1993. Eine vorzeitige Abwahl (→ Recall) des L. durch die Wähler ist in 10 Bundesländern möglich; nur in Baden-Württemberg und Bayern ist eine Abberufung des L. überhaupt nicht möglich; in Brandenburg kann der L. lediglich durch den Kreistag (der ihn auch wählt) abberufen werden.

2. In den schweizer (Halb-)→ Kantonen trägt die aus → Abgeordneten bestehende → Volksvertretung die Bez. L., Kantonsrat oder Großer Rat.

Landsgemeinde
Im schweizerischen Demokratieverständnis hergebrachte Praxis, daß alle freien waffenfähigen Männer eines → Kantons in einer Versammlung unter freiem Himmel - der L.

- unmittelbare Volksherrschaft (für alle Angelegenheiten des Kantons) ausüben: Über Gesetzesentwürfe, → Verfassungsänderungen und Wahl der → Regierung (sowie z.T. des Regierungschefs) wird an einem Tag im Jahr entschieden; in dieser „Urform" der → direkten Demokratie - der → Versammlungsdemokratie - hat jeder Aktivbürger Rede-, Antrags- und Stimmrecht. Daneben existieren auch für die Kantonsebene einige Referendumsbestimmungen. Die L. sperrten sich lange gegen das Frauenstimmrecht. Ursprünglich in den Waldstätten der Innerschweiz sowie in Graubünden und im Wallis praktiziert, findet sich die L. heute nur noch (bei insges. 20 Voll- und 6 Halbkantonen) im Vollkanton Glarus sowie im Halbkanton Appenzell-Innerrhoden (im Halbkanton Obwalden wurde sie Ende 1998 abgeschafft).

Landtag

Bez. für die → Landesparlamente der 13 Flächenstaaten der Bundesrepublik Deutschland (Bremen und Hamburg: → Bürgerschaft; Berlin → Abgeordnetenhaus) und in Österreich.

Landwirtschaftliche Produktionsgenossenschaft/ LPG

Kernstück der „sozialistischen Landwirtschaft" der DDR waren die L. als vergesellschaftete Großbetriebe mit industriellen Produktionsmethoden. Sie bewirtschafteten über 90 % der landwirtschaftlichen Nutzfläche; die Durchschnittsgröße betrug ca. 4500 Hektar für die L.-Pflanzenproduktion. Daneben existierten noch „Volkseigene Güter" (VEG) mit je ca. 5000 Hektar sowie einige andere quantitativ weniger bedeutsame Betriebsformen. Die gesamte Landwirtschaft war bis zum Umbruch in der DDR in die zentrale → Planwirtschaft integriert. Mit diesen landwirtschaftlichen Betriebsformen sollten die Unterschiede zwischen → Arbeiterklasse und Bauern sowie die Unterschiede in den Lebensbedingungen → Stadt - → Land beseitigt werden; Endziel war der Agrar-Industrie-Komplex.

In der 1. Phase der Entwicklung (1945-51) wurden Großgrundbesitzer, NS-Aktivisten und Flüchtlinge entschädigungslos enteignet; ihr Besitz wurde in kleinen Einheiten an sog. Neubauern verteilt oder in VEGs umgewandelt. Die 2. Phase (1952-60) war durch → Kollektivierung gekennzeichnet (fast vollständige - meist zwangsweise - Überführung privater bäuerlicher Betriebe in L. und VEGs). Nach dem Grad der → Vergesellschaftung von Boden und Inventar und der Verteilung der Gesamteinkünfte wurden 3 Typen von L. unterschieden. In der „LPG Typ III" war (analog zur sowjetischen → Sowchose) alles vergesellschaftet, wenngleich die Eigentumsrechte formell bestehen blieben; Wohnhaus und 0,5 Hektar Nutzfläche verblieben für die Privatnutzung. In der 3. und letzten Phase (1960-90) gingen die Typen I und II zugunsten von III zurück, deren Betriebsgröße weiter stieg. 1968 begann die Periode der Spezialisierung von L. und VEGs auf - getrennte - Pflanzen- oder Tierproduktion. Agrochemische Zentren versorgten jeweils 4 - 5 Pflanzenproduktionsbetriebe.

Mit dem Umbruch in der DDR 1989/90 und der Öffnung des DDR-Binnenmarkts für westliche Agrarprodukte verschlechterte sich die Wirtschaftssituation der (z.T. personell übersetzten und wenig rentabel wirtschaftenden) L. sichtlich. Nach der → Wiedervereinigung wurden die L. gemäß dem Landwirtschaftsanpassungsgesetz umgewandelt in privatwirtschaftlich arbeitende → Genossenschaften, Kapitalgesellschaften, Personengesellschaften oder Einzelgehöfte (Familienbetriebe); Ende 1991 war dieser Prozeß fast vollständig abgeschlossen. Der Personalbestand der ostdeutschen Landwirtschaft wurde stark reduziert.

Lastenausgleich

Verfahren zur möglichst gleichmäßigen Verteilung der Schäden und Verluste, die durch den 2. Weltkrieg und seine Folgen entstanden. Hierunter fielen unmittelbare Kriegseinwirkungen, Vertreibung und → Währungsreform von 1948. V.a. den durch Verlust ihrer Heimat Betroffenen sollte Hilfe für die Eingliederung gegeben werden. Erste gesetzliche Teilregelungen entstanden bereits 1949. Das Gesetz über den Lastenausgleich von 1952 schuf einen Lastenausgleichsfonds, in den die vergleichsweise verschont Gebliebenen einzahlten (insbes. Vermögensabgaben) und für den → Bund und → Länder Zuschüsse leisteten, aus dem die besonders Betroffenen einen (teilweisen) Ausgleich ihrer Lasten (Besitz, Vermögen, Altersversorgung) erhielten. Mit Ausnahme von Rentenzahlungen ist der L. abgeschlossen.

Laufbahnprinzip

Einstufungs- und Beförderungsprinzip im → öffentlichen Dienst, v.a. für → Beamte. Je nach beruflicher Qualifikation erfolgt die Einstufung in die sog. Eingangsstufe einer Laufbahn des (in der Bundesrepublik) einfachen, mittleren, gehobenen und höheren Dienstes. Jede dieser Laufbahngruppen ist in mehrere Rangstufen mit jeweils unterschiedlichen Amtsbezeichnungen (und Besoldungsgruppen) unterteilt. Der im Laufe eines Berufslebens mögliche Aufstieg erfolgt i.d.R. innerhalb des Beförderungsganges der jeweiligen Laufbahngruppe.

Lauschangriff

⇒ *Großer Lauschangriff*

Law and Order

Dt.: Recht und Ordnung; der Ausdruck symbolisiert eine konservative, tendenziell autoritäre Grundeinstellung, deren Träger die Einhaltung von „Ruhe und Ordnung" als erste Bürgerpflicht ansehen. Die Toleranz für „abweichende" → Einstellungen und Verhaltensweisen (solche, die nicht jene der Mehrheit bzw. durch vorherrschende → Normen und Konventionen sanktioniert sind) ist entsprechend gering ausgebildet.

LDC

Abk. für least developed countries (am wenigsten entwickelte Länder); bis Mitte der 90er Jahre gebräuchliche Abk. für less developed countries (→ Entwicklungsländer). Der Begriff least developed countries/ LDC steht also für eine bestimmte Fallgruppe in der Gesamtheit der Entwicklungsländer. Zu den L. zählen z.Z. knapp 50 (meist afrikanische) der ca. 130 Entwicklungsländer, mit insges. ca. 500 Mio Einwohnern. Maßgebend für die Einstufung als L. sind seit 1991 4 Kriterien: Neben dem Pro-Kopf-Einkommen werden langfristige Beeinträchtigungen von Entwicklungsmöglichkeiten berücksichtigt, wobei auf eine gerin-

ge Entwicklung menschlicher → Ressourcen (Index für Lebensqualität: Lebenserwartung, Kalorienversorgung pro Kopf, Einschulungsrate, Erwachsenenalphabetisierungsrate) und schwerwiegende Schwächen der Wirtschaftsstruktur (Index für wirtschaftliche Diversifizierung: Industriequote am Bruttoinlandsprodukt, Beschäftigtenanteil der Industrie, Stromverbrauch pro Kopf, Exportorientierung der Wirtschaft) abgehoben wird; einbezogen werden nur Länder mit max. 75 Mio Einwohnern.

LDP(D)

Abk. für → *L*iberal-*D*emokratische *P*artei (*D*eutschlands)

least developed countries/ LDC

⇒ *LDC*

Lebensqualität

Aus der Kritik an nur materiell definierten Lebensstandard-Maßstäben entstandene Vorstellung einer neuen, d.h. humanen, ökologischen und sozialverträglichen Daseinsfunktion. Statt quantitativem Wachstum sollen v.a. soziale Indikatoren den Entwicklungsstand der allgemeinen Lebensbedingungen - eben die L. - anzeigen. Dies meint u.a.: → Humanisierung der Arbeit, Wohnzufriedenheit, → soziale Sicherheit, Versorgung mit öffentlichen Gütern, → Demokratisierung, → Umweltschutz.

Lebenswelt

Zentraler Begriff der phänomenologischen → Soziologie und der von ihr beeinflußten Richtungen der neueren Soziologie, der den subjektiven Erfahrungsraum eines → Individuums bezeichnet. L. umfaßt u.a. Wertvorstellungen, Gewohnheiten, Ereignisse, Personen und Interaktionsmuster, mit denen das Individuum in seinem Alltagsleben konfrontiert wird und die für es aufgrund wiederholter Erfahrung „kenntlich" sind. In der neueren Soziologie wird deshalb auch von alltäglicher L. (world of everyday life) gesprochen. Die auf der L. basierende sozialwissenschaftliche Forschung ist nicht auf die Analyse sozialer → Systeme und Strukturen ausgerichtet, sondern untersucht vorrangig individuelle Verhaltensdispositionen, deren Ursprung in der L. der Untersuchten liegt. Nach Alfred Schütz (1953) ist es das Ziel des Sozialwissenschaftlers, die politische und soziale Wirklichkeit aus der Erfahrung des Menschen, der seinen Alltag in einer „Sozialwelt" erlebt, zu erklären. Als Erklärungshilfe dienen typische, modellhafte Handlungsmuster, welche der wissenschaftliche Beobachter anhand des beobachteten Handelns für den jeweils untersuchten „Sektor der Sozialwelt" konstruiert. Mit diesem Theorieansatz geht eine Aufwertung der qualitativen → empirischen Sozialforschung einher.

Legalität

Lat. „Gesetzmäßigkeit" (in Abgrenzung zu → Legitimität = Rechtmäßigkeit); Bindung staatlichen oder privaten Handelns an die formalen Setzungen von Recht und → Gesetz, unabhängig von den Motiven des Handelns und seiner sittlichen Begründung. Aus der gegen monarchische Willkür gerichteten Legalitätsforderung des politisch erwachenden → Bürgertums im Zeitalter des → Liberalismus entwickelte sich der Begriff des → Rechtsstaates, der auch Herrscher, → Verwaltung und → Rechtsprechung unter das Gesetz stellte. Dieser Legalitätsgrundsatz garantiert langfristige Rechtssicherheit, ohne die moderne → Gesellschaften nicht existieren können. Andererseits hat das Verhalten großer Teile von Beamtenschaft und → Justiz im → Dritten Reich deutlich gemacht, daß eine Haltung formaler Gesetzestreue, die Fragen nach der materiell-rechtlichen Legitimität der Setzung solcher → Normen ausblendet, in letzter Konsequenz die fügsame Vollstreckung willkürlicher Hoheitsakte zuläßt.

Legislative

⇒ *gesetzgebende Gewalt*
→ Volksvertretung
Bez. für die staatlichen → Institutionen, welchen verfassungsrechtlich die → Gesetzgebung und Kontrolle der → Regierung übertragen ist. In demokratischen → Systemen wird die frei gewählte parlamentarische Körperschaft (→ Parlament oder → Kongreß) heute allg. als L. bezeichnet. Die Lehre von der → Gewaltenteilung unterscheidet zwischen L., → Exekutive (ausführende → Gewalt) und → Judikative

(→ rechtsprechende Gewalt) als eigenständigen, wenngleich funktional aufeinander bezogenen staatlichen Institutionen. In der L. verkörpert sich der Gedanke von der → Repräsentation des souveränen → Volkes und des ihm zustehenden Primats der Normsetzung. Im → parlamentarischen Regierungssystem wählt die L. (im Unterschied zum → präsidentiellen Regierungssystem) die Regierung.

Legislaturperiode

Zeitraum von zumeist 4 (z.B. → Bundestag) oder 5 (z.B. → Landtag NRW) Jahren, für den ein → Parlament gewählt ist (= ⇒ Wahlperiode) oder in dem es seiner verfassungsmäßigen Aufgabe als Gesetzgeber nachgeht (= Gesetzgebungsperiode). In den meisten → Demokratien endet mit der L. auch die Amtszeit der → Regierung, alle nicht förmlich verabschiedeten Gesetzesentwürfe verfallen (→ Diskontinuitätsprinzip).

Legitimation

Politische L. ist eng verwandt mit dem Begriff der politischen → Legitimität und wird gelegentlich identisch verwendet. Sofern zwischen beiden Begriffen differenziert wird, kann sich dies auf unterschiedliche Aspekte beziehen. Eine in der → Sozialwissenschaft gängige Unterscheidung ist die zwischen Legitimität als Rechtmäßigkeit eines → politischen Systems und L. als den Verfahren zur Herstellung von Legitimität. Davon abgeleitet kann auch die subjektive Komponente von Legitimität, d.h. nicht die Anerkennungswürdigkeit (objektive Komponente), sondern die Überzeugung der Mitglieder eines politischen Systems von seiner Rechtmäßigkeit, also empirisch beobachtbare Anerkennung eines politischen Systems als L. bezeichnet werden.

Daneben findet sich in der neomarxistischen → Spätkapitalismustheorie noch die Verwendung des Begriffs Massenl. zur Bez. der Herstellung ‚oberflächlichen, falschen' Legitimitätsglaubens. Durch die Erzeugung und wohlfahrtsstaatliche Befriedigung ‚falscher → Bedürfnisse' würde von dem Grundwiderspruch des → Kapitalis-

mus – der privaten Aneignung gesellschaftlicher Produktion - abgelenkt und mittels
gleichzeitiger Verbreitung integrativer
→ Ideologien und strukturell gewaltsamer
Unterdrückung abweichender Bedürfnisar-
tikulation eine Legitimitätskrise verhindert.
‚Echte', objektive Legitimität kann in diesem Verständnis in spätkapitalistischen Systemen nicht vorhanden sein, und ihr subjektives Korrelat sei daher weder theoretisch noch empirisch von Bedeutung. Allerdings sei den wohlfahrtsstaatlichen → Demokratien aufgrund begrenzter Ressourcen
zur Bereitstellung der ‚system-konformen
Entschädigungen' ein strukturelles Dilemma immanent, das bei ökonomischen Ein-
brüchen zur Aufdeckung des Grundwider-
spruchs und somit zum Entzug der Anerkennung dieser politischen Systeme durch
ihre → Bürger führen müsse.

Vorstellungen von Legitimität können sich
sowohl innerhalb als auch zwischen
→ Gesellschaften unterscheiden und unterliegen historischem Wandel. Für westliche
Demokratien hat sich eine Legitimitätsauf-
fassung entwickelt, die sich auf die Kombination von Wertüberzeugungen und Grundnormen (z.B. → Menschen- und Grundrechte), konstitutiven Verfahren zur politischen → Partizipation, Entscheidungsbildung und Kontrolle von → Herrschaft (z.B.
periodische → Wahlen und → Mehrheitsregel, → Mehrparteiensystem, → Gewaltenteilung) und das Prinzip der → Rechtsstaatlichkeit (Übereinstimmung der politischen Herrschaftsausübung mit den bestehenden → Gesetzen) stützt. Damit soll keine politische Zielrichtung als verbindlich
vorgegeben, sondern Offenheit für vielfältige, konkurrierende → Interessen und Ziele
(→ Pluralismus) gewährleistet werden.

Die empirische Anerkennung des politischen Systems durch seine Mitglieder ist
für alle Herrschaftsformen von Bedeutung,
da sie Einfluß auf die → Regierbarkeit und
Stabilität des Gemeinwesens hat. Im Gegensatz zu anderen politischen Herrschaftsformen begeben sich Demokratien jedoch
von ihrem eigenen Anspruch her in direkte
Abhängigkeit von der Zustimmung ihrer
Bürger. Entsprechend hat sich eine reich-
haltige Forschung zur L. entwickelt, deren

wohl bekanntester Zweig, die → Wahlforschung, sich mit einem der wichtigsten
L.mechanismen der Demokratie befaßt, den
Formen des → Wahlsystems, den Bestim-
mungsgründen der Wahlentscheidung und
dem Funktionieren der institutionell vorgesehenen Möglichkeit des Regierungswech-
sels nachgeht. Jedoch ist die Anerkennung
eines politischen Systems durch seine Bürger nicht allein an → Wahlbeteiligung und
Wahlentscheidung ablesbar. Vielmehr ist zu
fragen, inwieweit die Bürger die → Grundwerte und –normen des politischen Systems
teilen und inwieweit sie der Überzeugung
sind, daß die politischen Verfahren zur
Verwirklichung dieser Grundwerte geeignet
sind und auch entsprechend von den politischen Akteuren angewendet werden.

Die Untersuchung dieser Fragen basiert
zumeist auf der Messung von → Einstellungen und Meinungen beim → Individuum
(→ Demoskopie). Da die Bildung, Stabilisierung und Veränderung individueller Orientierungen jedoch nicht ausschließlich in-
traindividuell erfolgt, sondern in Interaktion
mit dem sozialen Umfeld, wäre darüber
hinaus ein Einbezug anderer Ebenen wünschenswert. Zu denken ist hier besonders an
die Gruppenebene (bspw. informelle Kom-
munikationsgruppen, → ‚Milieus', → soziale Bewegungen und intermediäre → Organisationen als normative Bezugsgruppen,
die politische Urteile und Bewertungen artikulieren) und an die Makroebene des politischen Systems selbst (Kontinuität und
Wandel politischer Institutionen). Zur umfassenderen Erklärung von L. wären außerdem Analysen erforderlich, die die Interak-
tionsprozesse zwischen Makro-, Meso- und
Mikroebene erfassen und über die Zeit
hinweg abbilden. Trotz einiger jüngerer
vielversprechender Ansätze zur Verknüpfung von Merkmalen und Prozessen auf der
Ebene der politischen Institutionen mit der
Ebene der Bevölkerungsorientierungen
(z.B. Putnam 1992) bleibt dies nach wie vor
ein Forschungsdesiderat.

Die gegenwärtige empirische Forschung ist
primär auf die Deskription und Analyse
politischer L. auf Individualebene konzentriert, zum Teil in longitudinaler und/ oder

international vergleichender Perspektive. Ein konzeptueller Ansatz, der in der Sozialwissenschaft zunehmend Verbreitung als Grundlage für die empirische Legitimitätsforschung erfahren hat, ist Eastons Modell politischer Unterstützung (1965). Er unterscheidet zwischen den Unterstützungsarten spezifisch und diffus sowie zwischen den Unterstützungsobjekten politische → Gemeinschaft, → politische Ordnung und politische Herrschaftsträger. Spezifische Unterstützung ist definiert als zweckrationaler Vergleich zwischen primär materiellen Leistungserwartungen und Leistungsoutput des politischen Systems, insbesondere der jeweiligen Inhaber politischer Herrschaftspositionen (instrumentelle Komponente). Daher ist zu erwarten, daß sie kurzfristige Schwankungen aufweist und in enger Beziehung mit einer Präferenz der Bürger für oder gegen die je amtierenden Regierungsparteien steht. Diffuse Unterstützung dagegen ist definiert als eine im Überzeugungssystem tiefer verankerte, in Grundsätzen und Werten wurzelnde und/ oder affektiv geprägte Einstellung, die sich primär auf die politische Ordnung (die Systemform allgemein, ihre Grundwerte, → Normen und institutionellen Strukturen) und die politische Gemeinschaft (z.B. die Gemeinschaft der Bürger eines → Nationalstaats) richtet (ideologische und affektive Komponente). Entsprechend sollte sie dauerhaft stabil sein und so als „Puffer" gegenüber kurzfristigen L.defiziten der Tagespolitik dienen. Darüber hinaus kann eine Zwischenform dieser Unterstützungsdimensionen (diffus-spezifisch) ausdifferenziert werden, die sich weder auf die grundsätzliche Haltung zu der politischen Ordnung und Gemeinschaft (diffus) noch auf die tagespolitischen Leistungen der Herrschaftsträger (spezifisch) bezieht, sondern auf unterschiedliche und veränderliche Interpretationen und die reale Umsetzung der Systemwerte und Normen im politischen Prozeß. Entsprechend ihrer gemischten Eigenschaftskombination (Bezug auf Grundsätze, aber auch auf → Outputs) sollte sie hinsichtlich Niveau und Stabilität zwischen der spezifischen Unterstützung der Herrschaftsträger und der diffusen Unterstützung der politischen Ordnung liegen (Westle 1989).

Empirische Forschungen belegen, daß die Bürger in entwickelten Demokratien durchaus – wenn auch mit einigen Einschränkungen – zwischen diesen unterschiedlichen Unterstützungsdimensionen differenzieren. Europaweit zeigt sich eine umfassende und stabile diffuse Unterstützung der politischen Gemeinschaft und des Ordnungstypus Demokratie, während die Zufriedenheit mit der Realisierung der Demokratie (diffus-spezifisch) größeren Schwankungen ausgesetzt ist, erhebliche Nivauunterschiede zwischen den europäischen Ländern zeigt und deutlich stärker mit der ebenfalls geringeren und variableren spezifischen Unterstützung der jeweils amtierenden Herrschaftsträger korrespondiert. So hielt sich die Demokratiezufriedenheit bspw. in Italien und Frankreich lange Zeit auf relativ geringem, in den Benelux-Ländern und der BRD auf recht hohem Niveau. Jedoch ließen sich bis Ende der 80er Jahre keine eindeutigen Auf- oder Abwärtstrends der Zufriedenheit feststellen. Angesichts der seit Mitte der 70er Jahre angewachsenen ökonomischen Probleme der EG-Länder zeigen diese Befunde, daß die Bewertung der demokratischen Realität nicht allein von den tagespolitischen Wirtschaftsleistungen der Herrschaftsträger abhängig ist. In der regelmäßig größeren Demokratiezufriedenheit der Regierungs- als der Oppositionsanhänger kommt nicht nur ihre größere Zufriedenheit mit dem materiellen Output zum Ausdruck, sondern auch eine geringere ideologische Differenz zwischen dem Demokratieverständnis der Befragten und der von ihnen wahrgenommenen Demokratieinterpretation und -realisierung durch die aktuellen Herrschaftsträger (Fuchs 1989, Westle 1989, Klingemann/ Fuchs 1995, Westle 1998).

Für die Bundesrepublik Deutschland stellten sich angesichts ihrer unter dem Aspekt demokratischer Legitimität problematischen Gründungsbedingungen v.a. die Fragen, ob die Teilung Deutschlands in zwei politische Gemeinschaften mit unterschiedlichen Ordnungsformen akzeptiert und inwieweit die ohne wesentliche Beteiligung der Bürger eingeführte neue politische Ordnungsform von den Westdeutschen unterstützt werden würde. So war in der unmittelbaren Nachkriegszeit der Wunsch nach → Wiedervereinigung weit verbreitet und es wurden noch beträchtliche Präferenzen für nicht-demokratische Ordnungsformen beobachtet. Gleichzeitig dominierte jedoch politische Verunsicherung und Zurückhaltung der Bevölkerung gegenüber der Politik, die keine aktive Gegnerschaft aufkommen ließ, sondern sich zunächst zu einer passiven Akzeptanz des neuen politischen Ordnungsgefüges entwickelte. Eine internalisierte und aktive Akzeptanz der demokratischen Ordnungsform entwickelte sich erst langsam. Zurückgeführt wird diese Entwicklung im allgemeinen auf einen „overflow" der als positiv bewerteten Wirtschaftsentwicklung und –politik (spezifisch) über die Zufriedenheit mit der Demokratie (diffus-spezifisch) auf die diffuse Unterstützung der politischen Ordnung. Ein weiterer Faktor dafür dürfte der zunehmende Anteil von in der BRD sozialisierten Generationen gewesen sein. Die fehlende freiheitliche politische und schleppende ökonomische Entwicklung in der DDR wirkte zudem zunehmend als negative Vergleichsfolie. Das Fehlen attraktiver alternativer Konzeptionen zur Demokratie sowohl im konkreten Ländervergleich als auch ideell zeigt sich auch in Studien zur USA als wesentlicher Faktor gegen Transformationswünsche selbst bei politisch Unzufriedenen und Entfremdeten (Sniderman 1981).

Befunde zur Einstellung gegenüber der politischen Gemeinschaft erschienen allerdings lange Zeit widersprüchlich. So war die affektive Bindung an die eigene → Nation in Form des Nationalstolzes mit nur ca. 60% stolzen Bürgern im internationalen Vergleich außerordentlich gering, die Verbundenheit mit der Bundesrepublik jedoch etwas verbreiteter, und der „harte" Indikator des Auswanderungswunsches bzw. der realen Auswanderung sprach für eine hohe Unterstützung der politischen Gemeinschaft der Bundesrepublik. Eine Wiedervereinigung der beiden deutschen Staaten wurde zwar vom überwiegenden Teil der Bundesbürger gewünscht, erschien ihnen aber zunehmend unrealistisch und verschwand im Lauf der Zeit fast vollständig vom Spektrum akuter politischer Themen. Eine Vereinigung zu der Kondition einer

Übernahme der sozialistischen Ordnung oder eines → „Dritten Wegs" zwischen → Sozialismus und Demokratie sowie → Marktwirtschaft kam für die große Mehrheit der Bundesbürger nicht in Frage. Ein in allen westlichen Demokratien einsetzender → Wertwandel (vgl. Inglehart 1977) trug auch in der Bundesrepublik zu einem kritischeren und partizipationsorientierten Demokratieverständnis bei, das sich u.a. in verstärkter Kritik gegenüber den etablierten politischen Akteuren erwies (vgl. Barnes/ Kaase 1979). Trotz ökonomischer Einbrüche und Krisen seit den 70er Jahren erwies sich die in der Forschung zunächst mit Skepsis betrachtete diffuse Unterstützung der Demokratie als weitgehend stabil. Auch in dem geringen Nationalstolz kam keine Ablehnung der eigenen politischen Gemeinschaft infolge der staatlichen Teilung zum Ausdruck, sondern eine durch die Erfahrung der nationalsozialistischen Schuld (→ Nationalsozialismus) bedingte Reflexion über die Gefahren von übersteigertem → Nationalismus und daraus resultierende Vorsicht im Umgang mit Nationalgefühlen, die nicht unwesentlich zur Entwicklung verfassungspatriotischer und postnationaler Identitätselemente bei großen Teilen der Bevölkerung beitrug (vgl. Westle 1998).

Mit den für den Westen überraschenden Ereignissen in der DDR seit dem Herbst 1989, der Ablösung des → SED-Regimes, der Aufgabe der Ordnungsform des Sozialismus und dem bald darauf folgenden Beitritt der → Länder der ehemaligen DDR zur Bundesrepublik wurde eine Vielzahl von Fragen nach der Akzeptanz dieses neuen politischen Gemeinwesens durch die Bürger in beiden Teilen Deutschlands aufgeworfen, zu denen sich eine umfangreiche Forschung entwickelte. Während die Ergebnisse der letzten Wahlen in der DDR als eindeutiges Votum der großen Mehrheit der DDR-Bevölkerung für die staatliche Einheit, Demokratie und Marktwirtschaft betrachtet werden konnten, war doch offen, welche inhaltlichen Vorstellungen die in einem anderen politischen System sozialisierten Bürger damit verbanden. Die Befunde hierzu sind nach wie vor ambivalent und teilweise widersprüchlich. So war die diffuse Unterstützung der Demokratie und demokratischer Grundprinzipien in Ostdeutschland schon bald nach der Vereinigung nahezu gleich stark ausgeprägt wie in Westdeutschland und auch kaum outputabhängiger. Jedoch bestehen gleichzeitig höhere Erwartungen an soziale → Gleichheit, wohlfahrtsstaatliche Versorgung und teilweise auch an Möglichkeiten direkter politischer Partizipation. Bei dem Niveau westlicher Demokratien durchaus vergleichbarem politischem Interesse und subjektiver politischer Kompetenz ist das Engagement in politischen → Parteien jedoch nach wie vor gering und eher rückläufig, der Aufbau intermediärer gesellschaftlicher Organisationen schleppend, die Wahlabstinenz zeitweise hoch. Die bei den Ostdeutschen mit der Vereinigung verbundenen Erwartungen an schnell erreichbaren Wohlstand wurden angesichts der anhaltend gravierenden Probleme bei der Umstrukturierung der ostdeutschen Wirtschaft erheblich enttäuscht, was zu massiver Unzufriedenheit mit den Leistungen der politischen Herrschaftsträger und auch mit der Demokratie bundesrepublikanischer Prägung und einem Abrücken von marktwirtschaftlichen Prinzipien beigetragen hat. Nicht zuletzt das ökonomische Gefälle zwischen West und Ost, die von den Ostdeutschen immer wieder geforderte Geduld und die den Westdeutschen auferlegten finanziellen Lasten zum Ausgleich dieses Gefälles haben eine Annäherung von West- und Ostdeutschen behindert und zum Problem der sog. inneren Einheit erheblich beigetragen. Eine seit der Vereinigung recht hohe und noch anwachsende Befürwortung der Idee des Sozialismus und Anzeichen einer „(N-)Ostalgie" sind Spiegel dieser enttäuschten Einheitserwartungen, aber bei Teilen der Ostdeutschen auch grundsätzlich zum westdeutschen Demokratieverständnis abweichender Ordnungsvorstellungen, die ihren Ausdruck im Erstarken der → PDS als spezifischer Ostinteressenvertretungspartei gefunden haben. Auch im Westen wirkten sich die ökonomischen Problemlagen und die hohe Arbeitslosigkeit in einem deutlichen Rückgang der Zufriedenheit mit den Herrschaftsträgern und der Demokratie aus. Darüber hinaus wird schon seit Jahren eine nachlassende Integrationskraft der etablierten Parteien

beobachtet. Trotz mancher – nicht zuletzt durch gewalttätige Ausschreitungen gegenüber Ausländern kurz nach der Vereinigung geschürten – Befürchtungen hat sich in der Gesamtbevölkerung aber kein überbordender Nationalismus infolge der Vereinigung entwickelt. Vielmehr ist im Westen eine Aufrechterhaltung des Gemischs aus politikferner, verfassungspatriotischer und postnationaler → Identität zu beobachten, im Osten deutlich höhere und seit der Vereinigung noch gestiegene Anteile politikferner nationaler Identifikation v.a. auf Kosten verfassungspatriotischer Elemente und des zu Anfang stark verbreiteten Stolzes auf die Wirtschaft (Kaase 1995, Gabriel 1997, Westle 1998). Die in West und Ost immer wieder, bislang nur kurzfristigen Wahlerfolge rechtsextremer Parteien sind jedoch – selbst wenn sie als Protestwahl verstanden werden mögen - ein Alarmzeichen für eine nicht in allen Teilen der Bevölkerung gefestigte demokratische Identität. Vor dem Hintergrund dieser Befunde und der europaweit anhaltenden ökonomischen Probleme muß zwar nicht von einem akuten L.verfall in Deutschland die Rede sein, jedoch besteht eine deutliche Herausforderung an die Phantasie der politischen Akteure zu institutioneller Innovation und zu einem Politikangebot, das reale Alternativen und politische → Responsivität erkennen läßt.

Lit.: Barnes, S. H./ Kaase, M.: Political Action, Beverly Hills/ London 1979; *Easton, D.*: A Systems Analysis of Political Life, Chicago 1965; *Friedrich, C.*: Die Legitimität in politischer Perspektive, PVS, 1, 1960, S.119-132; *Fuchs, D.*: Unterstützung des politischen Systems in der Bundesrepublik Deutschland, Opladen 1989; *Inglehart, R.*: The Silent Revolution, Princeton 1977; *Gabriel, O. W.* (Hg.): Politische Orientierungen und Verhaltensweisen im vereinigten Deutschland, Opladen 1997; *Kaase, M.*: Die Deutschen auf dem Weg zur inneren Einheit, in: Rudolph, H. (Hg.): Geplanter Wandel, ungeplante Wirkungen, Berlin 1995, S.160-181. *Klingemann, H.-D./ Fuchs D.* (ed.): Citizens and the State, Oxford 1995; *Putnam, R. D.*: Making Democracy Work, Princeton 1992; *Sniderman,*

P. M.: A Question of Loyalty, Berkeley 1981; *Westle, B.*: Politische Legitimität, Baden-Baden 1989; *Westle, B.*: Kollektive Identität im vereinten Deutschland, Opladen 1998.

Priv. Doz. Dr. Bettina Westle, Mannheim

Legitimationskrise

Wird die Machtausübung und Regierungsleistung der herrschenden politischen Akteure bzw. bestimmter → Eliten den in sie gesetzten Erwartungen auf ökonomischem und politischem Gebiet in gravierendem Ausmaß auf Dauer nicht gerecht, kann es zu einer L. kommen. Diese äußert sich darin, daß die Beherrschten die Rechtmäßigkeit (→ Legitimität) ihres Herrschaftssystems nicht mehr anerkennen. Eine solche L. ist angesichts wirtschaftlicher Rezessionserscheinungen, der → Krise des → Sozialstaates und der zunehmend skeptischeren Beurteilung der → Parteien für moderne → Industriegesellschaften verschiedentlich behauptet worden (s.a. → Unregierbarkeit); eine empirische Evidenz für eine (weitverbreitete) L. gibt es bisher jedoch nicht, die Umfragen können keinen Verlust an → Massenloyalität aufzeigen.

Legitimität

Die Frage politischer L. findet sich schon bei den Vorsokratikern und ist seit Platons Suche nach dem „besten → Staat" das übergreifende, zentrale Thema der europäischen → politischen Philosophie und → Demokratietheorie. Während sich die empirische → Politikwissenschaft primär mit der tatsächlichen Anerkennung eines → politischen Systems durch seine Mitglieder (→ Legitimation) beschäftigt, also von dem ‚immanenten' Maßstab der Werte und → Normen der Angehörigen eines politischen Systems ausgeht, fußt die normativ orientierte Politikwissenschaft stärker auf den ‚externen' Vorstellungen des jeweiligen Beobachters darüber, wie menschliches Zusammenleben organisiert sein sollte (wobei diese Vorstellungen ihrerseits historisch, philosophisch, ideologisch und nicht zuletzt durch die Zugehörigkeit zu bestimmten Kulturkreisen und Gesellschaftssystemen geprägt sind).

L. kann insofern als universelles Phänomen bezeichnet werden, als aufgrund ihrer hohen Bedeutung für Funktionsfähigkeit und Stabilität politischer Systeme nahezu jede politische → Herrschaft, wenn auch in deutlich unterschiedlichem Ausmaß, versucht, sich zu rechtfertigen. Ideengeschichtlich kann im 20. Jh. die → Demokratie, die sich institutionell in direkte Abhängigkeit von der Zustimmung der Herrschaftsunterworfenen begeben hat, als dominant für entwickelte westliche → Gesellschaften bezeichnet und formen des → Autoritarismus sowie des → Totalitarismus gegenüber gestellt werden. Als Gegenbegriff zur Demokratie ist die Idee politischer → Anarchie zu nennen, die jegliche Herrschaft ablehnt. Auch für die Ideen des → Marxismus gilt der Versuch einer Herrschaftsrechtfertigung nur eingeschränkt, da das Primat von → Politik und Recht im Namen der Ökonomie in Frage gestellt wird, was die Identifikation von → Sozialismus/ → Kommunismus mit L. und → Kapitalismus mit Illegitimität zur Folge hat und → Freiheit von Herrschaft und Staat als historisch vorbestimmtes Entwicklungsziel unterstellt wird. Tatsächlich entwickeln jedoch auch diese Gesellschaftsordnungen bspw. mit den Ideen der → Gleichheit u.ä. Werte und Normen der Rechtfertigung, die nicht ausschließlich gegenwartstranszendent sind. Der Versuch zur ideellen Rechtfertigung ihrer Herrschaft gilt auch für fast alle → Diktaturen; (so sollten bspw. im → Nationalsozialismus, neben Terror und Zwang, die Ideen der Rasse, → Nation, des Bodens und der Pflicht zur ideologischen Herrschaftssicherung beitragen). Empirische Ausnahmen von diesem Universalitätsprinzip politischer L. sind bislang ausschließlich aus Gesellschaften der → Dritten Welt bekannt, in denen das institutionalisierte Verhältnis von Starken zu Schwachen normative Kriterien der Herrschaftsanerkennung bzw. -ablehnung zu ersetzen scheint (Spittler 1976).

Historisch betrachtet bezeichnete L. im Mittelalter den gegen Usurpation und Tyrannei gerichteten Anspruch, Herrschaft auf → „Gottesgnadentum" und „legitime Erbfolge" (nach dem Prinzip der Primogenitur) zurückzuführen. Mit dem Wiener Kongreß

von 1814/15 und der „Heiligen Allianz"
(1815) erlangte das monarchistische
L.sprinzip (Begriff geprägt durch den frz.
Außenminister Talleyrand, 1754-1838), auf
das sich die europäischen Großmächte erneut zur Rechtfertigung, Erhaltung bzw.
Wiederherstellung der überlieferten europäischen Staatenordnung verpflichtet hatten, staats- und völkerrechtliche Bedeutung.
Als legitim galt ausschließlich das weder
durch Machtunterwerfung von Außen (Annexion) noch durch Machtumsturz im Inneren (→ Staatsstreich, → Revolution) verlier-
bare, historisch angestammte Herrschafts-
recht der Dynastien. Dieses Prinzip bildete
die ideologische Grundlage der → Monarchien im Kampf gegen die seit der
→ französischen Revolution (1789) bestehenden republikanischen und demokratischen Bewegungen, konnte jedoch die revolutionären Bestrebungen um 1830 nicht
unverändert überstehen. Im → Konstitutionalismus ist ein Kompromiß von monarchi-
schem und demokratischem L.sprinzip entstanden, indem die monarchische → Gewalt
durch verfassungsmäßige Rechte der Bevölkerung vor willkürlichen Übergriffen
staatlicher Gewalt und Rechte zur politischen → Mitbestimmung begrenzt wurde.
Mit dem Ende der auf göttlichen Willen re-
kurrierenden Herrschaftslegitimation und
dem Übergang zur Rechtfertigung von
Herrschaft mittels freier Vereinbarung über
allgemeinverbindliche Werte und Grundsätze entwickelte sich eine prinzipielle Offenheit für die Pluralität und Konkurrenz
unterschiedlicher L.sprinzipien, d.h. L. wird
in der Nachfolge von Max Weber und Hans
Kelsen überwiegend „wertrelativistisch"
definiert (mit Mitteln menschlicher Vernunft nicht zwingend als „wahr" erkennbar
und begründbar, aber durch Übereinkunft
intersubjektiv bindend). Dies führte gemeinsam mit der Notwendigkeit der Lega-
litätsbindung politischer Herrschaft in der
Tendenz zur Konfliktentschärfung politischer Gegensätze, wobei die Beachtung der
rechtsstaatlichen Formen des politischen
Konfliktaustrags selbst zu einem wesentlichen L.skriterium wurden.

Nach dem demokratischen L.sprinzip, dessen Kernbegriff die → „Volkssouveränität"

darstellt („Alle Staatsgewalt geht vom Volke aus"), gilt eine Herschaftsordnung nur
dann als legitim, wenn sie unmittelbar vom
→ Volk ausgeübt wird (→ direkte Demokratie) oder mittelbar durch vom Volk gewählte Vertretungen und eine durch sie
kontrollierte → Regierung (→ repräsentative Demokratie). Die L.sauffassung der
heutigen westlichen Demokratien stützt
sich auf eine Kombination von Werten und
Grundnormen (z.B. allg. → Menschenrechte wie Recht auf Unversehrtheit,
→ Freiheit, → Gleichheit vor dem → Gesetz
und politische Mitbestimmung) und konstitutiven Verfahren zur politischen Entscheidungsbildung (zentral dabei sind periodische, allgemeine, freie und gleiche
→ Wahlen, → Gewaltenteilung, → Mehrheitsprinzip und → Minderheitenschutz).
Sie werden als einander ergänzend und
nicht gegeneinander aufrechenbar betrachtet: So stehen zwar bspw. die Werte Freiheit
und Gleichheit in Spannung zueinander,
sind jedoch als gleichrangige politische
Zielbalance gedacht. Ebensowenig soll eine
verbesserte Verwirklichung eines Grund-
wertes auf Kosten einer konstitutiven Norm
oder eines Verfahrens erfolgen (z.B. Aufgabe von Wahlen zugunsten der Sicherung
des Friedens; eine Ausnahme bildet hier
allerdings bspw. die Notstandsgesetzgebung in der BRD; oder die Relativierung
des Mehrheitsprinzips und Umdefinition
des Minderheitenschutzes, wie sie angesichts lebensbedrohender Entwicklungen
im Bereich der Waffentechnologie und der
Umweltverschmutzung als akutele Kritik
am demokratischen → Verfassungsstaat
vorgetragen wurde; vgl. Guggenberger/ Offe 1984). Vielmehr stehen die grundlegenden Verfahren in Korrespondenz zu den
wichtigsten inhaltlichen Werten, so z.B.
Wahlen, Mehrheitsregel und Minderheitenschutz zu den Postulaten von Freiheit und
Gleichheit, ohne jedoch eine als „wahr" und
allgemeinverbindlich definierte politische
Zielrichtung zu präjudizieren, sondern gerade Offenheit für plurale → Interessen und
Ziele zu gewährleisten. Die Grenze dieses
Prinzips bildet i.allg. die Gefahr einer
Selbstaufhebung der → Verfassung bzw.
einer Systemtransformation (vgl. Friedrich
1960).

Inzwischen gibt es eine Vielzahl von Versuchen, den Demokratiegehalt politischer Systeme zu messen. Diesen Skalen liegen zwar teilweise unterschiedliche Demokratiedefinitionen zugrunde; auch richten sich die Indikatoren primär auf die institutionelle → Inputdimension und vernachlässigen damit den politischen → Output und seine Resultate sowie die Ebene der L.süberzeugungen der Bevölkerung und mögliche Diskrepanzen zwischen formaler Verfassung und Verfassungswirklichkeit. Dennoch kommen diese Messungen im internationalen Vergleich zu ähnlichen Befunden und bieten damit zumindest ein grobes Beurteilungsraster zur Verbreitung des demokratischen Systemtypus. Danach qualifizierten sich zu Beginn des 20. Jh. nur drei Staaten als demokratisch, während Mitte der 80er Jahre etwa 30 Staaten v.a der westlichen Welt als Demokratien bezeichnet werden konnten. Nach dem Zusammenbruch des Kommunismus in Mittel- und Osteuropa ist die Zahl der Halb-Demokratien und Demokratien noch etwas weiter angestiegen. Dennoch lebte nach dem Freedom-House-Index auch 1994 nur etwa ein Fünftel der Weltbevölkerung in demokratischen politischen Systemen (vgl. Schmidt 1995).

Die in der → Sozialwissenschaft wohl einflußreichste L.stypologie wurde von Max Weber entwickelt, der in seiner Lehre legitimer Herrschaftsformen und ihnen entsprechender Gehorsamkeitsgründe unterscheidet: traditionelle L., die auf dem „Alltagsglauben an die Heiligkeit von jeher geltender Traditionen und die L. der durch sie zur Autorität Berufenen" beruht, charismatische L., die aus der „außeralltäglichen Hingabe an die Heiligkeit oder die Heldenkraft oder die Vorbildlichkeit einer Person und der durch sie offenbarten oder geschaffenen Ordnungen" entsteht und die den modernen rechtsstaatlichen Demokratien am ehesten entsprechende rationale L., die auf dem „Glauben an die Legalität gesatzter Ordnungen und des Anweisungsrechts der durch sie zur Ausübung der Herrschaft Berufenen" (1956) gründet. Unter dem Eindruck verfassungsrechtlich zwar legaler, aber gegen die Idee der → parlamenta-

rischen Demokratie verstoßender Maßnahmen in der → Weimarer Republik wurde diese wertrelativistische Position bzw. die normative Gleichsetzung von → Legalität und L. insbesondere von Carl Schmitt kritisiert. In Anknüpfung an Kant und Fichte, die Legalität als bloße Übereinstimmung mit dem → Gesetz ohne Rücksicht auf die Motivation des Handelns der L. als (zusätzlich vorhandener) Moralität und sittlicher Überzeugung gegenüberstellen, bringt Schmitt Legalität und L. in einen scharfen Gegensatz. Gerade die Fixierung auf Rechtsstaatlichkeit dränge das eigentliche Politische, allen Gemeinsame zurück. Der wirkliche politische Volkswille müsse unbeeinflußt von privaten oder ökonomischen Sonderinteressen einheitlich sein, außer und über jeder verfassungsrechtlichen Normierung stehen (1980). In dieser extremen Absolutsetzung des Prinzips der → Volkssouveränität wird allerdings nicht nur eine hohe soziale, ideologische, konfessionelle und ethnische Homogenität als unabdingbare Voraussetzung des Mehrheitsprinzips propagiert, die eng verbunden ist mit einem klaren Freund-Feind-Denken, sondern werden auch Möglichkeiten des manipulativen Mißbrauchs offenbart, für die gerade die (scheinlegale, illegitime) Machtergreifung Hitlers 1933 und die nationalsozialistische → Diktatur als abschreckendste Ereignisse stehen. Nicht die Entgegensetzung von Legalität und L., sondern vielmehr die innere Verknüpfung beider Prinzipien sind Grundlage und Ziel der demokratischen Idee. D.h. die empirische Anerkennung der Verfassungsgrundsätze und -strukturen durch die Bevölkerung erfordert ihre ethische Begründung, Übereinstimmungsfähigkeit und materiale Bewährung, und umgekehrt bedarf L. der Legalität, um Willkürfreiheit und Rechtssicherheit zu gewährleisten.

In der neueren L.sdiskussion in der Bundesrepublik findet sich die wohl deutlichste Reduktion der L.sfrage in der systemtheoretischen Betrachtung durch Luhmann (1983), der L. als generalisierte Gehorsamsbereitschaft inhaltlich noch offener Entscheidungen bei Einhaltung konsensualer, verfassungsmäßiger Verfahren behandelt. Gegen diese Auffassung, ebenso wie gegen die Konzentration auf die tatsächliche Anerkennung einer → politischen Ordnung durch die Bevölkerung in der empirischen Sozialwissenschaft, richteten sich normativ orientierte Politikwissenschaftler sowohl neokonservativ-liberaler als auch neomarxistischer Provenienz, die - mit unterschiedlichen Vorzeichen - jeweils die Frage nach der Anerkennungswürdigkeit einer politischen Ordnung in den Vordergrund stellen. So ist bspw. einerseits für Hennis (1976) legitime Herrschaft an den historisch gewachsenen demokratischen Verfassungsstaat geknüpft. Andererseits ist für Habermas die neuzeitliche L. an verallgemeinerungsfähige → Interessen gebunden, die unter den idealen Bedingungen des freien Diskurses, der Vereinbarung Freier und Gleicher, zu ermitteln sind (1976). Von dieser Position aus werden die westlichen Demokratien als rein formal kritisiert, da aufgrund des Widerspruchs zwischen administrativ vergesellschafteter Produktion und privater Aneignung des → Mehrwerts die legitimitätsverbürgende → Autonomie des politischen Subjekts bzw. des gesamten politischen Systems im → Spätkapitalismus nicht mehr gegeben sei, sondern nur diffuse → Massenloyalität hergestellt werde, die in längerfristiger Perspektive jedoch aufbrechen und damit zu einer L.krise führen müsse. Ähnliche Prognosen wurden von neokonservativer Seite erstellt, die eine ausschließlich an materiellen Leistungen des politischen Systems verankerte L. kritisierten und aufgrund begrenzter materieller Ressourcen sowie begrenzter menschlicher Planungs- und Organisationskapazität eine Rücknahme wohlfahrtsstaatlicher Leistungen zur Vermeidung von → Unregierbarkeit forderten (Hennis et al. 1977, 1979). Dem ist von der empirisch-analytischen Sozialwissenschaft entgegengehalten worden, daß keine praktikablen Wege zur Herstellung der Bedingungen des freien Diskurses und damit zur Ermittlung verallgemeinerungsfähiger Interessen aufgezeigt werden und sich die Thesen sowohl der neomarxistisch als auch der neokonservativ inspirierten L.skritik und –krisenprognosen einer eindeutigen empirischen Überprüfbarkeit zu entziehen versuchen. Vielmehr deutet die empirische L.sforschung darauf hin, daß neben materiellen, an der Leistungsfähig-

keit politischer Systeme orientierten L.skriterien auch ideelle Motive und affektive Bindungen eine wesentliche Rolle bei der L.sgewährung einnehmen und vermutlich die prognostizierten L.skrisen bislang verhinderten (Klingemann/ Fuchs 1995).

Während sowohl die schlechtere ökonomische Performance als auch die politische Unfreiheit in den Staaten Osteuropas bis Ende der 80er Jahre – wenn auch nicht unbedingt für die Idee, so doch für die Realität des Sozialismus/ Kommunismus – ein „negatives Gegenmodell" zu den westlichen Demokratien gebildet haben, lassen die aktuellen Entwicklungen in diesen Staaten in Richtung Demokratie und → Marktwirtschaft diese politische Ordnungsform auch ideell weitgehend alternativlos erscheinen. Dies dürfte in den westlichen Demokratien nicht nur zu einer – eher kurzfristigen – Verstärkung ihrer empirischen Anerkennung geführt haben, sondern läßt in langfristiger Perspektive v.a. eine demokratieinterne Ausdifferenzierung und Weiterentwicklung der L.sauffassungen und –rechtfertigungsgründe erwarten. So hat sich in den letzten Jahren bereits eine neue L.sdebatte entwickelt, in der vielfältige Krisenerscheinungen auf die zunehmende Individualisierung und Atomisierung der liberalen Gesellschaften zurückgeführt werden (→ Liberalismus). Die liberale Gesellschaft setze die Individuen frei von jeglicher gemeinschaftlichen Bindung und berge somit die Gefahr, sich selbst zu zerstören. Dem setzt der → Kommunitarismus eine Konzeption entgegen, in der die Gesellschaft umfassend durch den Vorrang gemeinschaftlicher Werte vor individuellen Rechten integriert sein soll (Honneth 1993). Aktuelle Probleme für die L. westlicher Demokratien zeichnen sich aber auch im internationalen Kontext auf vielen Feldern ab, so besonders: in der Friedenssicherung vor dem Hintergrund der Notwendigkeit einer gleichzeitigen Unterstützung der Transformationsländer in Ost- und Ostmitteleuropa, eines Ausgleichs des ökonomischen Gefälles zur → Dritten Welt und der Sicherung und Verbesserung des materiellen Lebensstandards und der physischen Umweltbedingungen sowie der psychischen, kulturellen und sozialen Lebensqualität der eigenen Bevölkerung, in der Auseinandersetzung mit einem erstarkenden → Fundamentalismus des Islam und in der infolge vermehrter Migrationen zunehmenden kulturellen Pluralität auch der westlichen Gesellschaften. Herausgefordert ist damit sowohl die politisch-kulturelle als auch die institutionelle Innovationsfähigkeit der demokratischen Gesellschaften.

Lit.: Guggenberger, B./ Offe, C. (Hg.): An den Grenzen der Mehrheitsdemokratie, Opladen 1984; *Habermas, J.*: Legitimitätsprobleme im modernen Staat, in: Kielmansegg, P. Graf (Hg.): Legitimationsprobleme politischer Systeme, Opladen 1976; S. 39-61; *Honneth, A.* (Hg.): Komunitarismus, Frankfurt/ New York 1993; *Hennis, W.*: Legitimität – Zu einer Kategorie der bürgerlichen Gesellschaft, in: Kielmansegg, P. Graf (Hg.): Legitimationsprobleme politischer Systeme, Opladen 1976; S. 9-38, *Hennis, W./ Kielmansegg, P. Graf/ Matz, U.* (Hg.): Regierbarkeit, Stuttgart 1977 u. 1979; *Klingemann, H.-D./ Fuchs D.* (ed.): Citizens and the State, Oxford 1995; *Luhmann, N.*: Legitimation durch Verfahren, Frankfurt 1983; *Schmidt, M. G.*: Demokratietheorien, Opladen 1995; *Schmitt, C.*: Legalität und Legitimität, Berlin 1980; *Spittler, G.*: Herrschaftsmodell und Herrschaftspraxis, in: Kielmansegg, P. Graf (Hg.): Legitimationsprobleme politischer Systeme, Opladen 1976; S. 270-288; *Weber, M.*: Staatssoziologie, Berlin 1956.

Priv. Doz. Dr. Bettina Westle, Mannheim

Lehnswesen

Bez. für das historische Feudalsystem (→ Feudalismus); Herrschafts- und Gesellschaftsordnung, die auf dem gegenseitigen Schutz- und Treueverhältnis zwischen Lehnsherr (oberster Lehnsherr war der Kaiser) und Vasall beruhte. Auf allen Stufen dieser Lehnspyramide bildete sich ein → System von persönlichen Rechtsverhältnissen heraus, kraft dessen die jeweiligen Lehnsherren ihren unmittelbaren Lehnsmännern Schutz gewährten, Lehnsgüter und andere Privilegien übertrugen und dafür jederzeit Treue- und Gefolgschaftspflichten (insbesondere Kriegsdienst) erwarten konn-

ten. Historisch am bedeutsamsten war das L. im mittelalterlichen Europa (insbes. im 10.-13. Jh.) sowie bis in die neuere Zeit in China, Indien, Japan und Lateinamerika. Das L. war die damals zeitgemäße Möglichkeit, großräumige Gebilde über ein System personaler Herrschaftsbeziehungen zu regieren (s.a. → Personenverbandsstaat).

Leistungsprinzip

Mit der Entstehung industriell geprägter → Gesellschaften sich durchsetzendes Kriterium beruflicher bzw. öffentlicher Anerkennung, das der Intention nach die → Bürger nicht mehr nach Erbe und Abstammung beurteilt, sondern nach den von ihnen individuell erbrachten Leistungen. Für dynamische Gesellschaften ist das L. Richtgröße, um das Ansehen und die Plazierung in der Statushierarchie für Einzelpersonen und Gruppen zu determinieren. Das L. bezieht seine → Legitimation aus der Verwirklichung des Prinzips (formaler) → Chancengleichheit, die gleichermaßen Anreize zur Entfaltung der Produktivkräfte einer Gesellschaft wie auch zu persönlicher Selbstverwirklichung biete. Angesichts faktisch ungleich verteilter Lebens- und Teilhabechancen ist politisch strittig, inwieweit das L. sozial ausgleichender Korrekturen (→ Sozialpolitik, → Sozialstaat, → Wohlfahrtsstaat) bedarf.

Leistungsverwaltung

Eine der Funktionen der öffentlichen → Verwaltung (s.a. → Eingriffsverwaltung, → Ordnungsverwaltung). Die L. nimmt Dienstleistungs-, Versorgungs- und Entwicklungsaufgaben wahr. Dazu gehören öffentliche Versorgungsunternehmen, Sozial- und Gesundheitswesen, Bildung und Kultur sowie wirtschaftspolitische Maßnahmen; teilweise wird die planende Verwaltung als ein selbständiger Aufgabenbereich aufgefaßt. Die Ausgaben für die L. haben sich in den zurückliegenden Jahrzehnten (in absoluten Zahlen wie auch als Anteil an den Gesamtausgaben) fortlaufend erhöht.

Leninismus

Von W.I. Lenin zur Theorie des Weltkommunismus weiterentwickelte Lehre von

Marx/ Engels (→ Marxismus). Sie diente der wissenschaftlich-theoretischen Begründung und politisch-praktischen Anwendung der → Politik der → Bolschewiki, sodann der → KPdSU unter den Verhältnissen des vor- und nachrevolutionären, weitgehend agrarisch geprägten Rußland. In der Zwischenkriegszeit wurde die von Moskau jeweils vorgegebene Sprachregelung des L. zur verpflichtenden Doktrin der → Kommunistischen Internationale. Unter dem Einfluß von Lenins → Imperialismustheorie wurde der L. richtungsweisend für kommunistische Bewegungen in → Entwicklungsländern. Die → Partei hält die Rolle einer → Avantgarde des → Proletariats und ist Motor des revolutionären Bewußtseins; die Organisation von Partei und → Staat erfolgt nach dem Prinzip des → demokratischen Zentralismus. Nach einer Übergangsperiode sollte der Staat in einer höheren kommunistischen Phase der Entwicklung des → Sozialismus zum Absterben kommen; jedoch bedürfen die Werktätigen weiterhin der Führung durch die Partei. Da nach dem 1. Weltkrieg die erhoffte Weltrevolution ausblieb, proklamierte die Sowjetführung den Aufbau des → Kommunismus in einem → Land.

Im Anschluß an J.W. Stalins Deutung von Marxismus und L. (s.a. → Stalinismus) sowie deren dogmatische Fixierung wurde der L. in der ehem. UdSSR als → Marxismus-Leninismus bezeichnet. Für Stalin war der L. „der Marxismus in der Epoche des → Imperialismus und der proletarischen → Revolution". Marxismus-Leninismus war bis zum Übergang zu einem → Mehrparteiensystem (ab Sommer 1990) die offizielle Bezeichnung für die gültige Staatsdoktrin der vormaligen UdSSR wie auch des gesamten ehem. → Ostblocks.

less developed countries

Früher gültige engl. Bez. für → Entwicklungsländer (mit der vorm. Abk. → LDC), die Mitte der 90er Jahre durch developing countries ersetzt wurde.

Leviathan

Alttestamentarisches Ungeheuer; Titel des Hauptwerkes (1642) des englischen Staatslehrers Thomas Hobbes. Im L. entwirft Hobbes den Grundriß einer → Staatslehre, die v.a. auf 2 Prämissen beruht: 1. Der Mensch des → Naturzustandes ist ein trieb- und affektgeleitetes Wesen, das um seine Selbsterhaltung gleichermaßen rücksichtslos kämpft und fürchtet; 2. der → Gesellschaftsvertrag ist zugleich „Unterwerfungsvertrag" (H. Maier), denn der Übertritt aus dem vorstaatlichen, rechtlosen Zustand des Kampfes aller gegen alle in den geordneten Zustand staatsgeschützter bürgerlicher Existenz bedeutet notwendig, daß die Beteiligten sich aller Rechte gegenüber dem Inhaber staatlicher → Gewalt, dem L., begeben. Alle → Macht wird dem → Staat übertragen, der die Menschen nach außen und voreinander schützt. Nur dann, wenn der Staat in seiner inneren und äußeren Schutzfunktion versagt, können die → Bürger ein → Widerstandsrecht aktivieren.

Liberal-Demokratische Partei (Deutschlands)/ LDP(D)

Ehem. → Blockpartei der DDR, deren „Arbeitsbereich" z.Z. des kommunistischen → Regimes der verbliebene → Mittelstand und die nicht der → Arbeiterklasse entstammenden Angehörigen der Intelligenz waren. 1945 als liberale → Partei unter dem Namen LDP gegründet (analog zur → FDP), wurde sie 1949 von der → SED gegen Widerstand gleichgeschaltet. In den Gemeinde- und Landtagswahlen 1946 war sie - trotz Behinderungen - mit jeweils über 20 % nach der SED die zweitstärkste Partei geworden. 1952 bekannte sie sich zum „planmäßigen Aufbau des → Sozialismus" und ordnete sich dem → demokratischen Zentralismus der SED unter, ihre Aufgabe reduzierte sich auf die Beeinflussung ihrer Klientel im Sinne der SED-Linie; sie reklamierte für sich die „geistigen Überlieferungen fortschrittlicher Vertreter des → Bürgertums" und lehnte andere Wertvorstellungen des klassischen wie modernen → Liberalismus ab. Sie hatte ca. 100.000 Mitglieder und stellte einen kleinen Teil der Mandatsträger in legislativen und exekutiven Funktionen (darunter den amtierenden Vorsitzenden des → Staatsrates nach der Wende 1989 bis zur Neukonstituierung der → Volkskammer nach den → Wahlen vom 18.3.1990).

Ursprünglich LDP genannt, mußte sie sich auf Geheiß der SED in LDPD umbenennen; nach dem Umbruch 1989 löste sie sich vom Sozialismus und nannte sich seit Anfang 1990 wieder LDP. Mit der → FDP der DDR und der → „Deutschen Forum Partei" (DFP) ging sie für die Wahl zur Volkskammer (18.3.90) das Wahlbündnis → „Bund Freier Demokraten" ein (Listenvereinigung mit gemeinsamen Kandidatenlisten). Das Wahlbündnis errang 5,28 % und 21 von 400 Sitzen. Nach der Wahl strebten die im Wahlbündnis „Bund Freier Demokraten" vertretenen Parteien den Zusammenschluß unter dem Namen „Freie Demokratische Partei - Die Liberalen" an; inhaltliche Konflikte sowie die Gegensätze zwischen alten und neuen Mitgliedern verzögerten dies aber zunächst. Ende März nannte sich die L. in „Bund Freier Demokraten - Die Liberalen" um, dem sich nur einen Tag später die → NDPD (aufgrund ihres Scheiterns in den Volkskammerwahlen) anschloß (die neue Partei nannte sich nur noch „Bund Freier Demokraten"), sowie Ende Juni die DFP. Alle liberalen Parteien gehörten der von Lothar de Maizière (→ CDU) geführten neuen → Regierung an, die sich aus der → „Allianz für Deutschland" (CDU, → Demokratischer Aufbruch, → DSU), den in einer → Fraktion zusammengeschlossenen Parteien des Wahlbündnisses „Bund Freier Demokraten" (der Partei „Bund Freier Demokraten", vorm. L. und NDPD; FDP der DDR; DFP) und der → SPD der DDR zusammensetzte. Am 11./12.8.1990 wurde auf dem Vereinigungsparteitag in Hannover der Zusammenschluß der westdeutschen FDP mit den 2 bzw. 3 liberalen DDR-Parteien („Bund Freier Demokraten", inzwischen incl. DFP; FDP der DDR) vollzogen. Der gesamtdeutschen FDP gehörten damals über 200000 Mitglieder an, jedoch ging die Mitgliederzahl in den neuen → Bundesländern stark zurück (31.12.1998: von insges. 67897 FDP-Mitgliedern 14608 in den 5 neuen Bundesländern, ohne Berlin).

Liberalismus

Der L., eine der großen Bewegungen der Moderne, hat seine Ursprünge in einer facettenreichen europäischen Ideengeschichte. Seine politische Wirksamkeit zeichnete sich im Laufe des 17. Jh. ab und gipfelte in der „Glorious Revolution" (1688). Ein nächster säkularer Ideenschub, der die englischen Erfahrungen verarbeitete und vernunftgeleitete Erkenntnisse und Forderungen in den Mittelpunkt von Kritik und Reform staatlicher → Herrschaft rückte, prägte sich kontinental-europäisch aus und ging in die geistige Fundierung der → Französischen Revolution ein (M. Salvadori u.a.). Ihre „Déclaration des droits de l'homme et du citoyen" präzisierte die erstmals in der „Virginia → Bill of Rights" und der amerikanischen Unabhängigkeitserklärung (1776) aufgezählten individuellen und kollektiven → Menschenrechte.

In Europa nahmen liberale Ideen und Konzepte früh nationale Motive auf. Wo die nationalstaatliche Einheit noch Programm war, zählte deren Gestaltung zu ihren Beweggründen. Die → „Grundrechte des deutschen Volkes" in der → Verfassung der Frankfurter Paulskirchenversammlung (1848/49) sollten nicht zuletzt den (mißglückten) Einigungsversuch beflügeln und rechtfertigen.

Im Europa des 19. Jh. gelangte der L. zu seiner nachhaltigsten Bedeutung. Unter den → Verfassungen seiner Observanz galt die bis heute gültige des Königreichs Belgien (1831) als vorbildlich. Frankreich durchschritt seit der „Julimonarchie" (1830) mehrere Stationen des Wandels, die → Revolution von 1848 und den Übergang zum Kaiserreich (1851), das sich vom → allgemeinen Wahlrecht eine populistische Abstützung erwartete, sich aber auch liberalen Forderungen öffnete. In der Dritten Republik steuerten die Liberalen über die Parlamentsherrschaft die → Politik und überstanden mehrere Staatskrisen. Sie rechneten zu ihren Errungenschaften die Trennung von Kirche und → Staat. Wahlrechtsänderungen in Etappen, Parlamentsreformen, das weltweit ausstrahlende Gesetz gegen die Sklaverei (1833) und Entscheidungen in der → Innenpolitik, durch die sich bürgerliche Kräfte von der konservativen → Aristokratie distanzierten und der industriellen Arbeiterschaft näherten, markierten den Weg des englischen L. Seine Ära klang mit Gladstones Sturz (1874) aus.

Der L. hat selten politische Geschlossenheit erreicht. Immer auf die Veränderung überkommener Herrschaftssysteme bedacht, reichten seine Grundanschauungen und Ziele von der Reform eines → Systems bis zu seiner Überwindung. Der soziale Wandel infolge der → Industrialisierung und die partei- und verbandsmäßig aufsteigende → Arbeiterbewegung forcierten seine organisatorische, programmatische, soziale und handlungsmäßige Binnendifferenzierung. Sowenig der L. insgesamt aufhörte, um Wähleranteile in der Arbeiterschaft zu werben, so sehr unterschieden sich gegen Ende des Jahrhunderts seine Formationen im praktischen Umgang mit der → Sozialdemokratie und den → Gewerkschaften.

Von dem früher industrialisierten England ausgehend, hatte sich mittlerweile auf dem Kontinent die Wirtschaftsauffassung ausgebreitet, die das kapitalistische → Bürgertum zu seiner Orientierung und Rechtfertigung nutzte. Der ökonomische L. setzte im Kern auf die → Freiheit des Unternehmers, die sich auf privates → Eigentum stützt, durch Innovationskraft und rationales Gewinnstreben die Produktivität steigert, den Wettbewerb fördert und zu einem freien Spiel der Kräfte im arbeitsteiligen Wirtschaftsleben beiträgt. Die meisten Staaten haben es aber in ihren Außenwirtschaftsbeziehungen durch protektionistische Interventionen immer wieder eingeschränkt oder aufgehoben.

Ein Weg, Profile des deutschen L. zu erfassen, führt über die Rollen, die für ihn der Staat als vielthematisierte und reale Größe spielte. Ungeachtet aller Einflüsse aus der amerikanischen und europäischen Politik- und Ideengeschichte, zeigt die Genesis des deutschen Frühl. eine charakteristische, vornehmlich preußische Variante: die starke Rolle des absolutistischen Staates, der sich Elemente der → Aufklärung zu eigen macht und sie für Reformen „von oben" einsetzt. In den preußischen Reformen werden der monarchische Staat und seine → Verwaltung tätig. Der L. ist daran ideell und personell beteiligt, aber er hat keinen anderen institutionellen Ort als den Staat. Gleichzeitig reformierte sich der Staat in seiner eigenen Verwaltung und verhalf seinen → Beamten zu einem Ethos und Ansehen, wofür die Hegelsche Rechtsphilosophie die legitimatorischen Kategorien lieferte. Die dortige Betonung des Pflichtgedankens führte auch dazu, daß die Rechte des → Individuums - anders als in der angelsächsischen Tradition - stärker mit seinen staatsbürgerlichen Pflichten verknüpft wurden (G. Birtsch).

Gab es im klassischen L. noch - zumindest in der Theorie - den Dualismus von Staat und → Gesellschaft, so boten die aufbrechenden Interessenkonflikte zwischen Kapital und Arbeit Grund genug, die Positionen fortzubilden oder zu korrigieren. Robert von Mohl ergänzte sein dichotomisches Modell von Individual- und Staatssphäre durch eine „Sozialsphäre" und insistierte später darauf, daß die „Arbeiterfrage" und somit die → „soziale Frage" innergesellschaftlich, ohne den Staat, lösbar seien. Die alternative Auffassung sollte auch von Liberalen fortgebildet werden: Der Staat verliert seine enge Bestimmung und wird auf vielfältige Weise Adressat, Initiator, Garant und Repräsentant liberaler Ideen, Ziele und Forderungen. Bei Lorenz von Stein wird der Staat durch seine „soziale Verwaltung" für den Fortschritt der Freiheit und den sozialen Fortschritt zuständig - gegen den Ansturm der → Interessen (E. Pankoke). Die Rezeption des 20. Jh. hat darin die Verbindung des sozialen Auftrags mit dem → Rechtsstaat gesehen (E. Forsthoff). In Fortbildung des frühliberalen Vereinsbegriffs (der bei Hegel nur ein Moment seiner Staatsidee war) hat Hermann Schultze-Delitzsch wiederum ganz auf das freie Genossenschaftswesen gesetzt. Es sollte dem mittelständischen Handwerk die Behauptung und Anpassung im Rahmen industriekapitalistischer Strukturen ermöglichen. Ferdinand Lassalle hat darauf heftig reagiert. Bei ihm finden sich auch die simplen, polemisch zugespitzten Aussagen über den → „Nachtwächterstaat" des L., den es in Wirklichkeit nie so gegeben hat, der aber zum agitatorischen Arsenal der zeitgenössischen Auseinandersetzung gehörte.

Welche Rolle haben die deutschen Liberalen im → Kaiserreich, welche in den → Republiken nach den beiden Weltkriegen gespielt? Die Einheit des Reiches von 1871 hat sie in ihrer großen Mehrheit fasziniert, die Frage, wie dieses nunmehr freiheitlich gestaltet werden sollte, immer wieder getrennt. War die Parlamentarisierung ihr gemeinsames Ziel, so verfolgten sie dies mit unterschiedlicher Konsequenz. Ihre Repräsentanten und Anhänger blieben überwiegend einem Staatsbild verhaftet, in dem die → Souveränität obrigkeitlicher → Gewalt und die Sphäre hoheitlicher Tätigkeiten politisch und gesellschaftlich ein höheres Ansehen genossen als die Stellung und die Funktionen des → Parlaments. Der Deutsche → Reichstag behielt konstitutionelle und praktische Schwächen bis zum Ende der → Monarchie.

Der → Politisierung von Massen durch → Verbände und → Parteien seit dem letzten Jahrzehnt vor der Jahrhundertwende waren die liberalen Parteien nicht mehr gewachsen. Der → Demagogie antisemitistischer Hetze haben sie nur mit minoritärer Entschlossenheit die Stirn geboten. Während sich die nationalen Stimmungen mit imperialistischen und militaristischen Elementen aufluden (W. J. Mommsen, H. U. Wehler, H. A. Winkler), blieb die entschiedene Gegensteuerung auf linksliberale Kräfte beschränkt. Die liberalen Pazifisten wollten aber dem Frieden dienen, ohne die Massen zu bewegen. Gegen eine Allianz mit der Sozialdemokratie sprachen schon die eigenen Interessen und Berührungsängste.

Erfolgreicher fiel die Bilanz des deutschen L. in der städtischen → Selbstverwaltung aus. Der mit der Industrialisierung verbundene Urbanisierungsdruck, die organisatorische und professionelle Ausdifferenzierung kommunaler Verwaltungen und das offene Meinungsklima in vielen → Städten boten qualifizierten Liberalen, denen wegen ihrer Kritikfähigkeit und aus anderen Gründen der Staatsdienst verschlossen blieb, berufliche und politische Karrieren. Sie waren hier an bedeutenden Leistungen der Städte beteiligt, an vorbildlichen Programmen in der → Sozialpolitik, im Gesundheitswesen, im Bau- und Verkehrswesen, in der Kulturförderung und schließlich in der umfassenden Stadtentwicklungspolitik.

Der Neubeginn liberaler Kräfte am Anfang der → Weimarer Republik stand im Zeichen der Kritik des vergangenen Systems. Konsequent war darin die Deutsche Demokratische Partei. Ihre räumliche Ausdehnung und ihre Wählerstärke, wie auch die anfängliche Beitrittsbewegung, spiegelten den gelungenen Start einer neuen, sozial weitgespannten Partei, die sich rasch für die beiden großen Aufgaben der → Nationalversammlung, Verfassung und Friedensvertrag, mit starken ideellen und personellen Ressourcen präsentierte. Ihr Niedergang setzte aber in sichtbarer Weise bereits in den Reichstagswahlen 1920 ein. Beide liberale Parteien (DDP und DVP) denaturierten politisch unter dem Druck ihrer → Interessengruppen.

Der Nachfolgeorganisation der DDP, der Deutschen Staatspartei, gelang es dann nicht mehr, liberales Wählerpotential aus dem Sog nationalsozialistischer Agitation zu befreien.

In den meisten europäischen → Demokratien ist der parteimäßig organisierte L. seit dem Zweiten Weltkrieg noch schwächer geworden (E. J. Kirchner, G. Smith). Er stellt nicht mehr große Parteien, ist oft gespalten oder zersplittert und seines Anhangs weniger sicher. Seine internationale Zusammenarbeit - etwa im Rahmen der → Europäischen Gemeinschaft - ist wenig ausgebildet.

Der Neubeginn des organisierten L. in Deutschland ab 1945 mußte als ein waghalsiges Vorhaben erscheinen. Die → CDU besetzte rasch - dank ihrer interkonfessionellen Gründungsidee - einen Großteil des nichtsozialistischen, protestantischen Wählerpotentials. Mit der Gunst mächtiger Verbände, die Stimmen zuführten, konnten die Initiatoren nach allen Erfahrungen nicht rechnen. Liberale → „Milieus" waren größtenteils verschüttet (D. Hein, K. H. Naßmacher). Die wesentliche Frage, der sie sich zu stellen hatten (und die bis heute die Forschung nicht ruhen läßt) zielte auf die historische Substanz des L. War nicht sein Ideengut in der europäischen und amerikanischen Demokratiegeschichte realisiert worden? Oder hielt es noch Antworten für die Probleme in der veränderten Welt nach 1945 bereit?

Die Rechtfertigung erneuter parteimäßiger Existenz konnte nur in der kritischen Fortschreibung liberaler Ideen und Erfahrungen liegen. Immerhin gelang diesmal der parteiorganisatorische Einigungsversuch. Die → FDP hat den historisch authentischen Gründungscharakter der einheitlichen Partei seitdem behaupten können. Die → LDPD der SBZ und späteren DDR verlor früh ihre Eigenständigkeit unter den Zwängen der Blockbildung und kehrte in den Kreis demokratischer Parteien erst seit den revolutionären Herbstereignissen 1989 zurück, um sich, in Verbindung mit weiteren Formationen, im August 1990 mit der FDP zu vereinigen.

Nach ihrer historischen Bedeutung ist die FDP aus der Geschichte der Bundesrepublik nicht mehr fortzudenken. Zu deren verfassungspolitischer Grundlegung hat sie wesentlich beigetragen. Liberale Tradition zu bemühen, um unaufgebbare Grundsätze des → Rechtsstaates, der grundrechtlichen Sicherung des Freiheitsbegriffs, der Gewaltentrennung und der Völkerverständigung zu bekräftigen, war nach der menschenverachtenden Schreckensherrschaft des → Nationalsozialismus eine gleicherweise verfassungspolitische wie pädagogische Aufgabe.

Die → „soziale Marktwirtschaft" haben auch die Liberalen - nicht ohne interne Spannungen - gestaltet.

Die FDP hat durch ihre Koalitionspolitik zur Funktionsfähigkeit der parteienstaatlichen Demokratie beigetragen (H. Kaack). Sie hat an der sozial- und rechtsstaatlichen Ausformung der Bundesrepublik mitgewirkt und mit den großen Parteien auch die Planungseuphorie seit Mitte der sechziger Jahre geteilt. Sie ist später aber auch gegen ein perfektionistisches Übermaß staatlicher → Daseinsvorsorge aufgetreten. Sie lernte mit der Zeit, daß es möglich war, auf „neue Fragen" durch „Fragmente eines neuen L." (Ralf Dahrendorf) einzugehen. Die von Werner Maihofer formulierte Maxime für die notwendige Präsenz des politischen L. in der Gegenwart verstetigte eine seiner historischen Leitideen, die Aufgabe nämlich, „jede Idee, jedes Konzept, jede Utopie, jedes Gesetz" darauf abzuklopfen, „ob sie in der Praxis wirklich mehr Freiheit für Menschen bringen".

Eine programmatische und koalitionspolitische Wende leitete das „Memorandum" Otto Graf Lambsdorffs vom 9.9.1982 ein. Es verlangte die Verminderung des staatlichen Handlungsgebots zugunsten marktwirtschaftlicher Politik. Der sozialliberale und bürgerrechtliche Flügel verlor an Geltung und Einfluß; er artikuliere seine innerparteiliche → Opposition seit 1992 verstärkt im „Freiburger Kreis". In der öffentlichen Wahrnehmung erschien die FDP mit ihrem Grundsatzprogramm 1997 und ihrem Wahlprogramm 1998 sowie ihrer praktischen Politik als konsequente Befürworterin einer leistungsorientierten Marktwirtschaft. Die schweren Einbrüche an Mitgliedern, Wählern und Mandaten ließen sie zu einer → „Honoratiorenpartei" schrumpfen. (P. Lösche, F. Walter) Ob sie ihre parlamentarische Oppositionsrolle seit den Bundestagswahlen 1998 zu einem programmatischen Aufbruch des politisch organisierten L. nutzen kann, wird auch vom Bedarf zukunftsfähiger Gesellschaftsentwürfe abhängen.

Lit.: Albertin, L.: Liberalismus und Demokratie am Anfang der Weimarer Republik. Eine vergleichende Analyse der Deutschen Demokratischen Partei und der Deutschen Volkspartei, Düsseldorf 1972; Linksliberalismus in der Weimarer Republik. Die Führungsgremien der Deutschen Demokratischen Partei und der Deutschen Staatspartei 1918-1933. Eingeleitet von L. Albertin. Bearb. von K. Wegner in Verbindung mit L. Albertin, Düsseldorf 1980; Politischer Liberalismus zwischen Tradition und Reform; ferner: Die koalitionspolitische Umorientierung der FDP 1966-1969: Fall oder Modell?, in: *Ders.* (Hg.), Politischer Liberalismus in der Bundesrepublik, Göttingen 1980; *Kirchner, E. J.* (Ed.): Liberal Parties in Western Europe, Cambridge 1988; *Langewiesche, D.* (Hg.): Liberalismus im 19. Jahrhundert. Deutschland im europäischen Vergleich, Göttingen 1988; *Lösche, P./ Walter, F.*: Die FDP. Richtungsstreit und Zukunftszweifel, Darmstadt 1996; *Sheehan, J. J.*: Der deutsche Liberalismus. Von den Anfängen im 18. Jahrhundert bis zum Ersten Weltkrieg. 1770-1914, München 1983; Jahrbuch zur Liberalismus-Forschung 1989 ff.

Prof. Dr. Lothar Albertin, Bielefeld

Linke Liste/ PDS

In Reaktion auf das für die ersten gesamtdeutschen Bundestagswahlen verabschiedete Wahlgesetz, das die → Fünfprozentklausel - bezogen auf Gesamtdeutschland - festschrieb, aber auch → Listenverbindungen nichtkonkurrierender politischer Gruppierungen ermöglichte, begründetes taktisches Wahlbündnis der → PDS mit linkssozialistischen Gruppen und Einzelpersonen in alten und neuen → Bundesländern. Nach der Revision der wahlgesetzlichen Bestimmungen, der zufolge Listenvereinigungen - d.h. gemeinsame Listen (mit gemeinsamen Kandidaten) von ansonsten miteinander konkurrierenden politischen Gruppierungen - nur auf dem Gebiet der ehem. DDR zulässig waren und die → Sperrklausel getrennte Anwendung fand (vgl. BVerfGE vom 29.9.1990), wurde das Bündnis für die PDS gegenstandslos; sie trat bundesweit selbständig auf. Die Landesverbände der Linken Liste bildeten sich in PDS-Landesverbände um.

Linksextremismus

1. Begriffliche Klärung. Der Begriff ist aus den verschiedensten Gründen umstritten. Bereits der Terminus „Extremismus" wirft Probleme auf, weil darunter ganz unterschiedliche politische Richtungen fallen. Als extremistisch müssen jene Bewegungen gelten, die dem demokratischen → Verfassungsstaat den Kampf angesagt haben - sei es durch → Gewalt, sei es durch Gewaltandrohung, sei es auch durch Legalitätstaktik. Eine Gruppierung ist nicht erst dann extremistisch, wenn sie undemokratische Methoden anwendet. Auch die Ziele können verfassungsfeindlich und damit extremistisch sein. Wer sich am demokratischen Verfassungsstaat ausrichtet, kommt nicht ohne den Begriff des Extremismus als eine Art Antithese aus. Bei allen Unterschieden zeichnen sich Extremismen durch die wie auch immer motivierte Ablehnung des demokratischen Verfassungsstaates aus. Daß es dabei Abgrenzungsprobleme geben

kann, liegt in der Natur der Sache, spricht aber nicht gegen die Verwendung des Extremismusbegriffs. Der L. sieht in der „kapitalistischen Klassengesellschaft" die Wurzel allen Übels. Zwischen den folgenden Varianten muß unterschieden werden:

Unter die Sammelbez. L. fallen Anarchisten, für die zentrale Organisationsformen generell von Übel sind, „autonome" Gruppierungen, die sich nicht an Autoritäten ausrichten und ein hohes Maß an Subjektivismus predigen - die Grenzen zum → Terrorismus sind fließend - sowie verschiedenartige Spielarten des → Kommunismus. Diese berufen sich in unterschiedlicher Ausprägung auf Marx, Engels, Lenin, Stalin, Trotzki oder Mao Tsetung. Dabei ließen sich in der Vergangenheit grob drei Hauptströmungen voneinander unterscheiden: der an der Sowjetunion orientierte Kommunismus, der → Maoismus und der → Trotzkismus. Die erste Variante strebte mit Hilfe des Konzepts der → friedlichen Koexistenz einen allmählichen Sieg des Kommunismus an. Der Zusammenbruch des Moskauer Kommunismus hat diese Strömung massiv erschüttert. Der Maoismus warf dem Kommunismus der sowjetischen Prägung vom Ende der fünfziger Jahre an → „Revisionismus" vor: Die Weltrevolution sei aufgegeben worden. Der in viele Richtungen zersplitterte Trotzkismus erteilte der → Politik des „real existierenden → Sozialismus" in der Sowjetunion und in China eine entschiedene Absage und beklagt(e) deren „bürokratische Entartung".

2. Entwicklung seit 1945. Diese verschiedenen Richtungen spiegelten sich auch im linksextremistischen Spektrum in der Bundesrepublik wider. Die weitaus stärkste Kraft ist dabei der L. der Moskauer Richtung gewesen. Maoistische Strömungen spielten in den 70er Jahren eine gewisse Rolle, trotzkistische konnten niemals reüssieren. Aufgrund des Wandels der → politischen Kultur erregen „autonome" Gruppierungen seit den 80er Jahren ein gewisses Aufsehen, weniger anarchistische. In der Gegenwart ist die → PDS von Bedeutung, zumal in den neuen Bundesländern.

Die → KPD, eine der vier Lizenzparteien, war gleich nach 1945 auch in den westlichen → Besatzungszonen stark und sogar an den ersten → Landesregierungen beteiligt. Aber das Vorgehen der Sowjetunion in ihrer Besatzungszone und ebenso die gleichgerichtete Politik der → SED führten schnell zu einem Niedergang der KPD, die im → Dritten Reich einen hohen Blutzoll entrichten mußte. Erreichte sie bei der Bundestagswahl im Jahre 1949 noch 5,7 %, so waren es 1953 nur noch 2,2 %. Zuvor, im Jahre 1951, stellte die → Bundesregierung einen Verbotsantrag gegen die KPD beim → Bundesverfassungsgericht. Diesem wurde 1956 stattgegeben. Die ohnehin dahinsiechende KPD konnte sich nicht mehr öffentlich betätigen, ihr Führer Max Reimann ging in die DDR. Verschiedene Tarn- und Ersatzorganisationen vermochten nicht sonderlich zu reüssieren.

Im Herbst 1968 - inzwischen hatte sich das politische Klima liberalisiert - kam es zu einer „Neukonstituierung" einer kommunistischen → Partei, der → DKP. Sie blieb bis zum Ende der SED in der DDR von ihr ganz abhängig. Damit war ihr Mißerfolg programmiert. Bei → Wahlen scheiterte sie völlig; die Ergebnisse bewegten sich im Promillebereich - zwischen 0,2 (1980 und 1983) und 0,3 Prozent (1972 und 1976). Allerdings war ihr Einfluß dank ihrer organisatorischen und finanziellen Kraft stärker, als es diese Zahlen ausweisen.

Anfang der siebziger Jahre entstanden - als ein Spätprodukt der → Studentenbewegung - sog. → K-Gruppen. Mit dieser Sammelbez. sind jene Organisationen gemeint, die eine revolutionäre Veränderung der → Gesellschaft anstrebten. Während die DKP eigens vorgibt, auf dem Boden des → Grundgesetzes zu stehen, machten die K-Gruppen kein Hehl aus ihrer Ablehnung des demokratischen Verfassungsstaates. Sie waren nur in Teilen der akademischen Jugend verankert, ansonsten blieben sie völlig isoliert, zumal sie einander heftig befehdeten. Heutzutage spielen sie eine ganz marginale Rolle, soweit sie sich nicht aufgelöst haben.

Von größerer Bedeutung als die K-Gruppen sind sog. „Autonome", die über keine feste → Ideologie verfügen. Sie erweisen sich als aktionistisch und extrem organisationsfeindlich. Bei militanten Häuserbesetzungen treten sie ebenso in Erscheinung wie bei unfriedlich verlaufenden → Demonstrationen („Schwarzer Block"). An den Rändern der „Autonomen", die sich nicht an irgendwelchen staatlichen Vorbildern orientieren, ist einerseits das linksalternative → Milieu, andererseits das terroristische Umfeld anzusiedeln.

Der Zusammenbruch des kommunistischen → Systems in der DDR und in anderen osteuropäischen Ländern hat in vieler Hinsicht das politische Koordinatensystem durcheinandergebracht. Die extreme Linke ist von dieser Entwicklung besonders betroffen. Zum Teil vollzog sich bei der DKP, die 1989/90 in die größte Existenzkrise ihrer Geschichte geraten ist, und den mit ihr verbündeten Organisationen ein regelrechter Ver- und Zerfallsprozeß. Nicht zuletzt das Bekanntwerden der massiven finanziellen Unterstützung durch die DDR hat in den eigenen Reihen ebenso für Bestürzung gesorgt wie die Enthüllung über eine paramilitärische Organisation, die in der DDR zu Übungen zusammengekommen war. Auch wenn Herbert Mies im Frühjahr 1990 als Parteivorsitzender abgelöst wurde, hält die Partei unter Heinz Stehr weiterhin am „Klassenkampf" fest.

Die DKP unterstützte bei den Bundestagswahlen 1990, 1994 und 1998 die aus der SED hervorgegangene PDS, die Ende 1989/ Anfang 1990 für kurze Zeit SED/PDS hieß. Hatte die SED im Herbst 1989 2,3 Millionen und Ende Dezember 1990 rund eine Million Mitglieder, so ist der Mitgliederrückgang der PDS kontinuierlich (Ende 1990: 284.000; Ende 1992: 147.000; Ende 1994: 124.000; Ende 1996: 110.000; Ende 1998: ca. 90.000). Gleichwohl ist die PDS in den neuen Bundesländern die weitaus mitgliederstärkste Partei, obwohl sie von 1990 an kaum neue Personen gewinnen konnte. Von den Mitgliedern der PDS ist nur ein winziger Teil in den alten Bundesländern beheimatet (Ende 1998: ca. 3.000). Diese Mitgliedschaft rekrutiert sich vornehmlich aus den Reihen (ehemaliger) kommunistischer Sekten.

Die PDS ist zwar keine kommunistische Partei, aber gleichwohl weit davon entfernt, demokratisch zu sein. Sie betreibt nur eine halbherzige Vergangenheitsbewältigung, spricht von „Siegerjustiz", distanziert sich nicht ausreichend von leninistischen Politikkonzepten, zeigt ein unklares Verhältnis zur Gewalt, duldet in ihren Reihen offen linksextremistische Strömungen (neben der „Kommunistischen Plattform" etwa das „Marxistische Forum" und die „Arbeitsgemeinschaft Junge Genossinnen") und versteht sich nach wie vor als „Systemopposition" (Helmut Holter, PDS-Vorsitzender in Mecklenburg-Vorpommern). Auch nach der Innenministerkonferenz im November 1998 wird an der Überwachung der PDS festgehalten, allerdings nur durch Auswertung offenen Materials. Gleichwohl gibt es Unterschiede zwischen den Ländern. In Brandenburg taucht die PDS im Verfassungsschutzbericht nicht einmal auf, in Bayern gilt die gesamte Partei als verfassungsfeindlich.

3. Verbreitung des L. Wer nur die Wahlergebnisse einbezieht, kann zu dem Ergebnis kommen, der L. sei - bis auf die PDS - in der Bundesrepublik eine zu vernachlässigende Größe. Die mageren Wahlresultate ergeben kein realistisches Bild von der Verbreitung linksextremistischer Strömungen. Der L. insbesondere in Form der DKP-Richtung hatte es immer wieder verstanden, Bündnisse mit demokratischen Gruppierungen herzustellen. Insbesondere im gewerkschaftlichen Bereich sind der DKP in der Vergangenheit zeitweilig beträchtliche Einbrüche gelungen. Unter dem Signum des → Antifaschismus fanden sich unterschiedliche Kreise zusammen. Man denke etwa an den wirksamen „Kampf gegen die → Berufsverbote". Als besonders nützlich erwiesen sich für die DKP ihre Vorfeldorganisationen wie VVN und DFU, die durch die Entwicklung in der DDR allerdings in eine tiefe Krise geraten sind. Es ist das besondere Interesse des L., sein Pendant, den → Rechtsextremismus, als besonders gefährlich und mächtig erscheinen zu lassen. Auf diese Weise soll der Eindruck erweckt werden, man benötige den L. bei der Verteidigung des demokratischen Verfassungsstaates. Umgekehrt gilt das ebenso.

In einer Einstellungsuntersuchung haben Erp Ring und Elisabeth Noelle-Neumann im Jahre 1984 bei den 16- bis 25jährigen insgesamt 12,4 Prozent Linksextremisten ermittelt (9,4 Prozent aktive, 3,0 Prozent passive). Natürlich kann man sich über die Quantifizierung des linksextremistischen Potentials streiten, aber die Größenordnung dieser Quote verdeutlicht, daß die Zahl prinzipieller Systemkritiker auf der Seite der politischen Linken beträchtlich ist. Hinzu kommt, daß der L. eher bei meinungsbildenden Personen anzutreffen ist als im Unterschichtenmilieu. Daran hat sich fünfzehn Jahre später nichts geändert. Von einer Gefahr für die Stabilität der → Demokratie kann aber nicht gesprochen werden.

Den jährlichen Verfassungsschutzberichten des → Bundes und einiger → Bundesländer sind die Größenverhältnisse zu entnehmen. In den 70er und 80er Jahren verfügte die DKP (seinerzeit ca. 40.000 Mitglieder) zusammen mit ihren Nebenorganisationen (z.B. der Sozialistischen Deutschen Arbeiterjugend) nach Abzug von Mehrfachmitgliedschaften über etwa 60.000 bis 70.000 Mitglieder. Hinzu kamen - wiederum nach Abzug von Mehrfachmitgliedschaften - etwa 50.000 Personen in kommunistisch beeinflußten Organisationen (z.B. im „Komitee für Frieden, Abrüstung und Zusammenarbeit"). Heute dagegen besitzt die DKP nicht einmal mehr 7.000 Mitglieder. Die Vorfeldorganisationen sind zunehmend geschwächt. Die stärkste Gruppe im Umfeld der DKP ist nach wie vor die „Vereinigung der Verfolgten des Naziregimes - Bund der Antifaschistinnen und Antifaschisten" mit etwa 7.000 Personen. Auch der 1990 in der DDR gegründete „Bund der Antifaschisten" ist mit seinen 6.000 Mitgliedern ideologisch ähnlich ausgerichtet. Im Vergleich zu anderen Strömungen ist das noch immer viel: Die K-Gruppen sind längst aufgerieben (die größte, die Marxistisch-Leninistische Partei Deutschlands, umfaßt 2.500 Mitglieder), die trotzkistischen Zirkel mit ihren insgesamt knapp 2.000 Mitgliedern weiter zersplittert. In der subkulturellen Szene spielen die sog. militanten „Autonomen" zunehmend eine beträchtliche Rolle. Sie tummeln sich auf verschiedenen Feldern (z.B. in der „antifaschistischen Selbsthilfe" oder in

Kampagnen gegen Atommülltransporte).
Über ihre Zahl - ca. 7.000 - läßt sich angesichts des Fehlens formeller Mitgliedschaften nur spekulieren. Der Verfassungsschutzbericht verzeichnet für das Jahr 1997 833 Gewalttaten. Diese Zahl ist niedriger als in den achtziger Jahren. Insgesamt gehören zu Beginn des Jahres 1998 keine 50.000 Mitglieder linksextremistischen oder linksextremistisch beeinflußten Gruppierungen an (von der PDS einmal abgesehen). Die Zahl der PDS-Mitglieder wird von den Verfassungsschutzbehörden gesondert ausgewiesen, da nicht alle linksextremistische Ziele verfolgen dürften.

4. Möglichkeiten der Bekämpfung. Das → Grundgesetz bekennt sich zum Konzept der → streitbaren Demokratie. Allerdings hat dieses gewisse Wandlungen erfahren. In den 50er Jahren wurde versucht, den L. (und auch den Rechtsextremismus) auf administrativem Weg zu bekämpfen. Es kam nicht nur zum Verbot der KPD, sondern auch zum Verbot einer Vielzahl von linksextremistischen Vereinigungen (z.B. → Freie Deutsche Jugend, Demokratischer Frauenbund Deutschlands). Später trat an die Stelle des Legalitätsprinzips das Opportunitätsprinzip: Gruppierungen, die gegen die → Verfassung verstoßen, müssen nicht verboten werden. Die politische Auseinandersetzung sollte Vorrang haben. Daß administrative Vorkehrungen ambivalenter Natur sind und auch eine „Erosion der Abgrenzung" (Wolfgang Rudzio) erkennen lassen, hat die Auseinandersetzung um den → „Extremistenbeschluß" vom 28. Januar 1972 erhellt.

Die → Ministerpräsidenten der Länder erinnerten in ihm daran, daß in den → öffentlichen Dienst nur eingestellt werden dürfe, wer die Prinzipien der → freiheitlichen demokratischen Grundordnung befürwortet. Dieser unter dem fälschlichen Namen bekanntgewordene „Radikalenerlaß" hatte die → Regelanfrage zur Folge. Es wurde überprüft, ob der Bewerber Mitglied einer extremistischen Partei ist. Insbesondere Mitglieder der DKP hatten es schwer, in den öffentlichen Dienst zu gelangen. Heftige Proteste führten zu einer Abkehr vom Extremistenbeschluß - zunächst in den SPD-

Ländern, später in den unionsregierten. Nach der deutschen Einheit bedeutete die Tätigkeit für die Staatssicherheit als „Inoffizieller Mitarbeiter" (IM) vielfach die Entlassung aus dem öffentlichen Dienst für die Betroffenen. Mittlerweile wird jedoch in Brandenburg, Mecklenburg-Vorpommern und Sachsen-Anhalt bei der Gauck-Behörde nicht mehr nachgefragt, wenn Einstellungen anstehen. Wie die Beispiele zeigen, herrscht in der Auseinandersetzung gegenüber dem L. innerhalb des demokratischen Spektrums nicht immer → Konsens. Das gilt z.B. auch für die Frage, ob die PDS als extremistisch zu gelten hat. Die Gesellschaft ist liberaler geworden, mit der Konsequenz, daß der antitotalitäre Konsens der 50er Jahre zum Teil geschwunden ist.

Allerdings dürfte der cordon sanitaire gegenüber dem L. durch den Zusammenbruch des kommunistischen Systems in der DDR wieder gestärkt worden sein. Das trifft aber nur auf bestimmte Formen des L. zu. Hingegen läßt sich in Sachsen-Anhalt eine → Minderheitsregierung (von 1994-1998 der → SPD und des → Bündnis 90/ Die Grünen, seit 1998 nur der SPD) durch die PDS tolerieren, und in Mecklenburg-Vorpommern ist die PDS nach der Landtagswahl vom 27.9.1998 sogar Koalitionspartner der SPD. Diese Entwicklung war Anfang der neunziger Jahre nicht abzusehen. Allerdings hält die SPD die PDS auf Bundesebene nicht für koalitionsfähig.

Lit.: U. Backes: Politischer Extremismus in demokratischen Verfassungsstaaten. Elemente einer normativen Rahmentheorie, Opladen 1989; *U. Backes/ E. Jesse*: Politischer Extremismus in der Bundesrepublik Deutschland, Berlin 1993; *dies.* (Hg.): Jahrbuch Extremismus Demokratie, Bonn 1989-1995, Baden-Baden 1995ff.; *G. Fülberth*: KPD und DKP 1945-1990. Zwei kommunistische Parteien in der vierten Periode kapitalistischer Entwicklung, Heilbronn 1992; *J. U. Klocksin*: Kommunisten im Parlament. Die KPD in Regierungen und Parlamenten der westdeutschen Besatzungszonen und der Bundesrepublik Deutschland (1945-1956), Bonn 1994; *G. Langguth*: Protestbewegung. Entwicklung-Niedergang-Renaissance. Die Neue Linke seit 1968, Köln 1983; *P. Moreau/ J. Lang*: Linksextremismus. Eine unterschätzte Gefahr, Bonn 1996; *P. Moreau u.a.*: Die PDS: Profil einer antidemokratischen Partei, München 1998; *E. Noelle-Neumann/ E. Ring*: Das Extremismus-Potential unter jungen Leuten in der Bundesrepublik Deutschland 1984, Bonn 1984; *W. Rudzio*: Die Erosion der Abgrenzung. Zum Verhältnis der demokratischen Linken und Kommunisten in der Bundesrepublik Deutschland, Opladen 1988; *R. Stöss* (Hg.): Parteien-Handbuch. Die Parteien der Bundesrepublik Deutschland 1945-1980, 2 Bde., Opladen 1983/84; *M. Wilke/ H.-P. Müller/ M. Brabant*: Die Deutsche Kommunistische Partei (DKP). Geschichte, Organisation, Politik, Köln 1990.

Prof. Dr. Eckhard Jesse, Chemnitz

Linksradikalismus

Umgangssprachliches bzw. polemisches Schlagwort zur Bez. einer nach gängigem Links-Rechts-Schema äußerst links angesiedelten politischen → Einstellung (wird weitgehend synonym mit → Linksextremismus - s. → Extremismus; → Radikalismus - verwandt).

In der Terminologie des orthodoxen → Marxismus bzw. → Kommunismus wird nach Lenin als „linker Radikalismus" das Verhalten „sektiererischer" marxistischer Gruppen bezeichnet, die alle formaldemokratischen Mittel politischer Betätigung in nichtkommunistischen → Ländern ablehnen.

Nach dem Schisma im kommunistischen Lager wurden als „linker Radikalismus" auch Erscheinungen brutaler → Diktatur (→ Kulturrevolution in China unter Mao) sowie des Staatsterrorismus und -genozids (→ Rote Khmer in Kambodscha) bezeichnet.

Listenmandat

Über eine → Landesliste errungenes Parlamentsmandat einer → Partei. In → Systemen mit → reiner Verhältniswahl (s.a. → Wahlen und Wahlsysteme) werden alle Parlamentssitze lediglich über die Parteilisten errungen. Die in der Bundesrepublik geltende → personalisierte Verhältniswahl nimmt zwar eine Aufteilung der Bun-

destagssitze nach je 328 (ab 2002: 299) in → Wahlkreisen gewonnenen → Direktmandaten und über L. (ohne → Überhangmandate) vor. Aber für die Sitzverteilung maßgebend sind die Anteile der für die Parteien abgegebenen → Zweitstimmen.

Listenverbindung

Bei → Wahlen zulässige Möglichkeit, daß mehrere → Parteien ein „arithmetisches Wahlbündnis" in Form einer Verbindung ihrer Wahllisten schließen. Je nach → Wahlrecht kann sich die L. auf einen, mehrere oder alle → Wahlkreise beziehen. Eine L. ist nur bei → Verhältniswahl möglich. Bei der Mandatszuteilung wird die L. wie eine Einheit behandelt; die Aufteilung auf die Parteien der betr. L. erfolgt nach ihren jeweiligen Stimmenanteilen. Beispiele für L. sind: III. Republik in Frankreich, → Weimarer Republik, Bayerisches Kommunalwahlrecht.

LLDC

Bis Mitte der 90er Jahre gebräuchliche Abk. für → least developed countries (jetzt abgekürzt → LDC); das Doppel-L stand als Verstärkung des L im damals gebräuchlichen Ausdruck LDC = less developed countries (= → Entwicklungsländer).

Lobbyismus

Versuchte oder erfolgreiche Beeinflussung von Gesetzgebung und Gesetzesausführung durch Interessenvertreter (→ pressure group). Der Begriff L. leitet sich aus dem englischen Wort Lobby (Vorraum bzw. Wandelhalle des → Parlaments); dort hielten sich die Vertreter von → Interessengruppen auf. Ansatzpunkte für die Lobbytätigkeit sind → Parteien, Parlament, → Regierung und → Verwaltung (→ Ministerialbürokratie). Lobbytätigkeit kann auch durch Parlamentarier, die mit Interessengruppen verbunden sind, und durch → Ministerien bzw. → Behörden, die als Domänen bestimmter Interessengruppen gelten (insbes. Arbeit, Landwirtschaft und Wirtschaft) ausgeübt werden. In pluralistischen → Demokratien (→ Pluralismus) besitzen Interessenvertreter die Möglichkeit, bei öffentlichen Anhörungen (→ Hearings) etwa von → Parlamentsausschüssen geladen zu werden. Bereits bei der Vorbereitung von → Gesetzen können die Ministerien bei beteiligten → Verbänden Sachverstand (Unterlagen) und Stellungnahme abrufen (vgl. Gemeinsame Geschäftsordnung der → Bundesregierung, § 24).

Lohnpolitik

Gesamtheit der Maßnahmen und wirtschaftspolitischen Aktivitäten des → Staates und der an der Lohnbildung beteiligten Parteien zur Beeinflussung der Einkommen der Arbeitnehmer. Die staatliche L. beschränkt sich weitgehend auf die → Einkommenspolitik und auf Möglichkeiten indirekter Einflußnahme auf die autonomen → Tarif(vertrags)parteien (→ Arbeitgeberverbände, → Gewerkschaften). Die L. der Tarifvertragsparteien zielt auf den Abschluß von → Tarifverträgen, mit denen generelle Regelungen über die Gestaltung der Arbeits- und Lohnbedingungen periodisch fixiert werden. Die betriebliche L. umfaßt die betriebsinterne Gestaltung der Lohnstruktur (u.a. übertarifliche Lohnzuschläge).

Lohnsteuer
→ Einkommensteuer

lokale Eliten

Mit der Untersuchung von Machtstrukturen in US-amerikanischen → Gemeinden, der → community power-Forschung, rückten l. stärker ins Blickfeld empirischer Politikforschung. Dabei zeigt sich auch für die Bundesrepublik, daß trotz eingeschränkter Handlungs- und Finanzspielräume der → kommunalen Selbstverwaltung (→ Poli-tikverflechtung) der lokalen Ebene eine eigenständige politische Qualität zukommt. Diese Eigenheit des kommunalen Lebens ist auch in der Existenz von l., ihren speziellen Rekrutierungsmustern, sozialen Merkmalen, Karriereverläufen und Machtpraktiken manifest. Nach dem Ende des herkömmlichen Regiments lokaler → Honoratioren (d.h. einer durch Besitz, Bildung bzw. soziale Schätzung ausgewiesenen örtlichen Oberschicht) hat sich die l. zu einem typischen Mittelschichtphänomen entwickelt. Dies trifft insbes. zu für die soziale Zusammensetzung der ehrenamtlichen Gemeindever-

tretungen. Dessen Mitglieder sind Teil der lokalen politischen → Positionselite, zu welcher außerdem die Spitzen der Gemeindeverwaltung (→ Bürgermeister, leitende → Beamte) sowie der Ortsparteien gehören. Gemeinsam mit den Vertretern lokaler → Medien, den Repräsentanten der örtlichen Wirtschaftsinteressen und mitunter auch Angehörigen sog. Werteliten (Geistlichkeit, Kulturfunktionäre) gruppieren sich die lokalpolitischen Amts- und Mandatsträger zur lokalen → Machtelite.

lokale Öffentlichkeit

3 Dimensionen von l. lassen sich unterscheiden: 1. nach außen gerichtete (d.h. nichtprivate) Äußerungen, Kontakte und Aktionen einzelner oder Gruppen der örtlichen Sozialgemeinde; 2. die Umsetzung bzw. Transformation solcher öffentlichen Artikulationen und Handlungen in Gemeinschaftsbezüge (Freizeit, Geselligkeit) oder (interessen-)politische Willensbekundungen durch örtliche → Vereine, Ortsparteien, → Bürgerinitiativen; 3. die publizistische Spiegelung und Formung der genannten Erscheinungsformen lokaler → Kommunikation durch die fortlaufende Berichterstattung der lokalen Medien (insbes. Lokalpresse).

Die Wahrnehmung von Vorgängen des öffentlichen Lebens auf der lokalen Ebene ist durch die spezifischen lokalen politischen und sozialen Strukturen geprägt (diese Strukturen variieren allerdings mit der Größe der kommunalen Einheit). Kennzeichen der l. ist eine gewisse Nähe, Konstanz und Intensität sozialer Beziehungen, ferner die teilweise Verschränkung von privater und öffentlicher Sphäre; die Rollendifferenzierung zwischen politischen und „nichtpolitischen" Bereichen ist geringer als auf den überörtlichen Ebenen von → Politik und → Gesellschaft.

Die Konzentration auf dem Zeitungsmarkt hat sich insbes. für die l. nachteilig ausgewirkt, die Zahl der konkurrierenden Lokalausgaben ist seit Beginn der 50er Jahre kontinuierlich gesunken: Infolge der kommunalen → Gebietsreform haben sich die Gewichte der lokalen Berichterstattung von ehedem selbständigen Altgemeinden hin zu den neuen Verwaltungszentren verlagert.

Inwieweit lokale Pressemonopole die Vielfalt örtlicher Information einschränken, ist umstritten. Generell zeichnet sich die Berichterstattung der marktbeherrschenden lokalen „Forumszeitung" durch „ausgewogene Überparteilichkeit" aus. Die seit den 80er Jahren stark gestiegene Zahl von Stadtteilausgaben ist Ausdruck der Marktstrategie von Presseverlagen, über vermehrte Information aus der örtlichen → „Lebenswelt" die Leserbindung (und Anzeigennachfrage) zu stabilisieren.

lokale Politikforschung

Im Gefolge der Rezeption und Kritik der → community power-Forschung anfangs der 70er Jahre in der Bundesrepublik entwickelter Forschungszweig der angewandten → Sozialwissenschaft, welcher die spezifischen Entscheidungsprozesse und Handlungsspielräume in lokalen Politikfeldern (v.a. kommunale → Sozial-, → Wohnungs- und Infrastrukturpolitik) untersucht. Von daher (und angeregt durch die Probleme der Abhängigkeit → kommunaler Selbstverwaltung von gesamtsystemischen Vorgaben, insbes. finanzielle Vergabepraktiken) bewegt sich l. heute vorzugsweise im Feld der → Implementationsforschung und → Politikverflechtung.

Lokalpolitik

⇒ *Kommunalpolitik*

Lomé-Abkommen

⇒ *AKP-Abkommen*
Kooperationsabkommen zwischen der → EG und den → AKP-Staaten Afrikas, der Karibik und des pazifischen Raumes in den Jahren 1975, 1979, 1984 und 1989. Damit werden für jeweils 5 (seit 1989: 10) Jahre Entwicklungshilfeleistungen festgelegt, die aus finanzieller und technischer Hilfe, Handelspräferenzen, Ausbau der Wirtschaftsstruktur, Förderung der → Industrialisierung und Hilfe bei der Stabilisierung der Rohstofferlöse bestehen. Seit Lomé III (1984) wird ein größeres Gewicht auf die Entwicklung der Landwirtschaft (Selbstversorgung, Weiterverarbeitung), Förderung der mittelständischen Industrie und → Umweltschutz gelegt. Der umfassende Ansatz der L. (Arten der Hilfeleistung, Zahl der Vertragsparteien) ist in der → Entwicklungshilfe beispiellos. Eine Besserung der ökonomischen Situation der → Entwicklungsländer ist bisher nicht eingetreten, ihre Position hat sich jedoch immerhin stabilisiert.

Loyalität

Treueverhältnis gegenüber Personen und überpersonellen Einrichtungen. Im politischen Bereich wird mit L. die Treue gegenüber der herrschenden staatlichen Ordnung bezeichnet, d.h., gegenüber → Gesetzen und der → Verfassung. In der Bundesrepublik gehört die besondere Treuepflicht des → Beamten gegenüber dem → Staat zu den „hergebrachten Grundsätzen des → Berufsbeamtentums"; insbesondere ist der öffentlich Bedienstete zum aktiven Eintreten für die → freiheitliche demokratische Grundordnung verpflichtet.

LPG

Abk. für → *L*andwirtschaftliche *P*roduktionsgenossenschaft.

M

Maastrichter Vertrag

Kurzbez. für den „Vertrag über die
→ Europäische Union"; Beschluß der Regierungschefs der EG-Staaten im Dezember 1991 (in Maastricht, Niederlande) zur
Vertiefung der → EG (unterzeichnet Februar 1992): Zum 1.1.1993 wurde die
→ Wirtschaftsunion verwirklicht. Am
1.1.1999 begann die → Währungsunion
mit gemeinsamer Währung und unabhängiger → Europäischer Zentralbank; für den
Eintritt in die Währungsunion sollten
strenge ökonomische Kriterien gelten. Die
vom → Ministerrat Ende 1989 beschlossene (→ Europäische) Sozialcharta sollte als
Vorstufe einer gemeinsamen → Sozialpolitik in gesetzliche Maßnahmen umgesetzt
werden. In der Justiz- und → Innenpolitik
wurde enge Zusammenarbeit vereinbart.
Das aktive und passive → Wahlrecht bei
Kommunal- und Europawahlen wird allen
EU-Bürgern in jedem Mitgliedstaat geöffnet. Dem → Europäischen Parlament wurden gegenüber dem Ministerrat mehr Mitentscheidungsrechte zugestanden. Bis
1994 sollte die EG in eine Europäische
Union mit gemeinsamer → Außen- und
→ Sicherheitspolitik umgewandelt werden, unter Ausbau der → WEU zum
Handlungsorgan der Europäischen Union;
allerdings besitzen die EU-Organe auf den
Gebieten „Justiz- und Innenpolitik" sowie
→ „Gemeinsame Außen- und Sicherheitspolitik" keine eigenen Zuständigkeiten, so daß die EU nur einen Rahmen für
die Abstimmung der nationalen Regierungen bietet. Erst mit dem → Amsterdamer
Vertrag (unterzeichnet am 2.10.1997) wird
eine Einbeziehung wichtiger Gebiete des
Justiz- und Innenpolitik in das Gemeinschaftsrecht angestrebt; die neue britische
Regierung (→ Labour Party) stimmte der
Einbeziehung des Sozialabkommens in
diesen Vertrag zu; die legislativen Funktionen des Europäischen Parlaments sollen
gestärkt werden.

Diese Vertiefung der EG stieß 1992 auf
ernste Schwierigkeiten. Die damalige britische → Regierung (→ Conservative Party)
stimmte (schon in Maastricht) einigen
Punkten nicht zu; in Dänemark wurde der
M. im ersten → Referendum (1992) knapp
abgelehnt (im zweiten Referendum 1993
hingegen, das einige Bestandteile des M.
jedoch vorerst ausblendete, mehrheitlich
angenommen), in Frankreich nur knapp angenommen; auch in anderen Mitgliedsstaaten wurden Befürchtungen laut über zu viel
→ Zentralismus, ein zu großes Demokratiedefizit der EU-Institutionen und eine zu geringe Beachtung marktwirtschaftlicher
Kriterien beim Einigungsprozeß. Die Regierungschefs besserten das Vertragswerk
im Dezember 1992 in Edinburgh nach, v.a.
durch eine stärkere Beachtung des Subsidiaritätsprinzips (→ Subsidiarität). Nach der
Ratifizierung durch alle Mitgliedsländer trat
der M. am 1.11.1993 in Kraft.

Machiavellismus

Auf Niccolo Machiavelli (1469-1527) zurückgeführte (von diesem selbst nicht so
verstandene) Machtlehre (→ Macht und
Herrschaft). M. beschreibt einen Machtgebrauch zu politischen Zwecken ohne Bindung an ethische Werte; → Politik setzt
sich, mit dem vorrangigen Ziel der
Machterhaltung (→ Staatsraison), rücksichtslos über → Gesetz und Moral hinweg.
Machterhalt und Staatsraison werden zum
Selbstzweck.

Macht

→ Macht und Herrschaft

Machtelite

In Anlehnung an C. Wright Mills' Publikation „The Power Elite" (1956) Bez. für eine
relativ geschlossene Gruppierung, deren
Angehörige in den einzelnen hierarchisch
bzw. funktional geordneten Bereichen eines
→ Systems Schlüsselpositionen der → Macht

einnehmen. Nach Mills gibt es keinen Elitenpluralismus und demzufolge kein Kräftegleichgewicht, sondern eine Zusammenballung der Macht durch eine kohärente M. Die Inhaber der Machtpositionen in den einzelnen Bereichen (wirtschaftliche, politische, militärische → Institutionen) entstammen dem Erklärungsansatz zufolge derselben Oberschicht, sie weisen ähnliche Bildungsgänge und Lebensstile auf. Als soziale und psychologische Einheit gelingt dieser → Elite die Verschränkung wirtschaftlicher und politischer Macht, welche die gesamte → Gesellschaft dominiert.

Machtpolitik

Muster einer konfrontativen, die eigene politische bzw. wirtschaftliche Stärke ausspielenden Konfliktaustragung. Kennzeichen von M. ist der Wille zur Durchsetzung eigener (nationalstaatlicher) Ziele, unter kalkulierter Androhung und demonstrativem Einsatz von → Macht.

Machttheorien

Denkansätze und Modelle, inbes. der sozialwissenschaftlichen Handlungs- und → Systemtheorien, das komplexe Phänomen der → „Macht" unter Aspekten ihrer → Ressourcen, Bereiche und Anwendungsprozesse, ihrer soziopolitischen Bestimmungsfaktoren und Folgen systematisch und generalisierend zu erschließen (s.a. → Macht und Herrschaft). Dabei wird die seit Max Weber eingeführte Sichtweise, Macht als eine soziale Kategorie zu begreifen, anhand welcher Vorgänge der - unter Einsatz exklusiver Zwangs- und Überzeugungsmittel erfolgenden - Durchsetzung verbindlicher (Wert-)Entscheidungen durchschaubar werden, vielfach variiert.

Macht und Herrschaft

Das vieldeutige Wort *Macht* (M) bezeichnet in der Umgangssprache ein universelles Phänomen. In allen Formen der → Vergesellschaftung, auf allen Ebenen und in allen sozialen Beziehungen gibt es M. Der gemeinte Sachverhalt ist von sehr allgemeiner Art, zugleich diffus, so daß sich partielle Bedeutungsüberschneidungen mit Worten wie Einfluß, Überlegenheit oder → Autorität ergeben. Unter Hinweis auf die Allge-

genwart des Faktums hat Bertrand Russell M. als Fundamentalbegriff der → Sozialwissenschaften bezeichnet, vergleichbar der Bedeutung des Begriffs Energie in der Physik. In der sozialwissenschaftlichen Literatur wird das Thema i.d.R. unter Rückgriff auf die Definition Max Webers behandelt, die sich immer noch als zweckmäßiger Ausgangspunkt bewährt: M. soll heißen „jede Chance, innerhalb einer sozialen Beziehung den eigenen Willen auch gegen Widerstreben durchzusetzen, gleichviel worauf diese Chance beruht".

Mit der Wahl dieses Begriffs ist die Vorentscheidung für eine deskriptiv analytische Betrachtungsweise des Gegenstandes gefällt. Das wird verdeutlicht, wenn zur Ausdifferenzierung politischer M. auch der → Politikbegriff Max Webers bemüht wird. Er definiert → Politik durch ihr spezifisches Mittel als „Technik des M.-erwerbs, der M.-behauptung und der Gefolgschaftswerbung". Das in allen sozialen Bezügen gebrauchte Instrument M. wird so für das Subsystem Politik zum Zweck erklärt, bzw. Mittel und Zweck werden identisch. M. ist aber eine sehr generelle und demgemäß unbestimmte Kategorie. Weber selbst nennt sie „soziologisch amorph". Um zu einem differenzierenden Begriff zu kommen, wird der universelle Sachverhalt eingegrenzt, spezifiziert und präzisiert. Dadurch ergibt sich der engere und stärker normierte Begriff der *Herrschaft* (H) als „Chance, für einen Befehl bestimmten Inhalts bei angebbaren Personen Gehorsam zu finden". Das allgemeinere Phänomen M. ist notwendige Voraussetzung des spezielleren Tatbestands H.

Der M.-begriff Webers ist formal, instrumentell, konstatierend, wertneutral. Er unterscheidet nicht zwischen innerer - auf Anerkennung beruhender - und äußerer - durch Zwang, → Gewalt oder Drohung begründeter - M. Es wird nicht zwischen „auctoritas" und „potestas" unterschieden, es gibt keine moralische Bewertung „gerechter" oder „ungerechter" M. Diese nüchtern objektivierende Beschreibung der sozialen Wirklichkeit ist weder selbstverständlich noch unumstritten. Das wertfrei pragmatische Urteil über den zweckmäßigen Gebrauch aller Mittel im M.kampf ist erst im 16. Jh. durch Machiavelli in das politische Denken eingeführt worden. Diese „realistisch" genannte Betrachtungsweise wird bis in die Gegenwart von Vertretern eines normativen Politikbegriffs als vordergründig und moralisch blind verworfen und mit der Forderung konfrontiert, das Sein am Sollen zu messen.

Auch die Frage nach möglichen Quellen von M. wird durch Webers Definition nicht erfaßt bzw. ausgeklammert („...jede Chance, ... gleichviel worauf diese Chance beruht"). Attribute wie körperliche Überlegenheit, Intelligenz, Talent, Überredungsgabe, Geld, Autorität oder Fachwissen lassen sich in eine von A. Etzioni formulierte Trias der M.-mittel einordnen: Er unterscheidet physische (z.B. Waffen), materielle (z.B. knappe Güter und Dienstleistungen) und symbolische M.-instrumente (z.B. → Normen), die Anerkennung und Prestige vermitteln. Unter Hinweis auf „Prozesse der M.-bildung", insbesondere in ursprünglich unstrukturierten Situationen, betont H. Popitz das ausschlaggebende Gewicht der Organisationsfähigkeit von Gruppen und der daraus erwachsenden Legitimitätsvermutung für deren M.-anspruch.

Dauerhafter M.-besitz ist Ausdruck vorhandener sozialer Ungleichheit und zugleich Kristallisationskern neu entstehender Privilegien. Inhaber von M.-positionen können Verteilungskämpfe zu ihrem Vorteil entscheiden oder zumindest beeinflussen und damit weitere M.-ressourcen anhäufen. Die Aufgabe der M.-begrenzung und M.-kontrolle stellt sich somit nicht nur im Interesse der Gewährleistung von → Freiheit, sondern auch mit Rücksicht auf die distributive → Gerechtigkeit. Zur Sicherung materiell demokratischer → Werte wäre demnach eine „ausgewogene" M.-verteilung - was immer das im Einzelnen bedeuten mag - wünschenswert. Über die tatsächliche M.-verteilung in historisch konkreten Vergesellschaftungen gibt es empirisch gesicherte und überprüfbare Forschungsergebnisse nur für die Ebene der → Gemeinde bzw. der → Kommunalpolitik (Laswell/ Kaplan). Aussagen, die bezogen sind auf die gesamtgesellschaftliche Ebene,

haben allenfalls den Charakter plausibler Hypothesen. C. Wright Mills behauptete für die Vereinigten Staaten der 60er Jahre die eindeutige Dominanz einer → Machtelite, die sich zusammensetzte aus den Inhabern von Schlüsselpositionen der → Administration, der großen Wirtschaftsunternehmen und des Militärs. David Riesman konstatierte in bezug auf die amerikanische Gesellschaft in etwa dem gleichen Zeitabschnitt einen Zustand, in dem die großen → Interessengruppen sich in ihrem Einfluß auf das Gesamtsystem wechselseitig blokkieren. Keine der organisierten Gruppen sei stark genug, um das → System den eigenen Zielsetzungen gemäß zu steuern und zu prägen, aber fast alle wären je für sich stark genug, als Vetogruppe eine Politik gegen ihre jeweiligen Partikularinteressen zu verhindern. Widersprüchliche Feststellungen - keine davon trifft das Ideal der „ausgewogenen", aber nicht zum Immobilismus führenden M.-verteilung.

St. Hradil teilt die in der Literatur verwendeten M.-begriffe in zwei Gruppen ein. Solche, die M. vorwiegend an objektiv zurechenbare Merkmale binden, durch soziale Positionen, wie z.B. → Amt oder Besitz, strukturell vorgegeben, bezeichnet er als Typus der Positionsmacht. Ein solches, von den subjektiven Eigenschaften der Positionsinhaber weitgehend unabhängiges M.-gefüge kann als relativ stabil gelten und ist durch institutionelle Regelungen kontrollierbar. Der die zweite Gruppe verbindende M.-begriff setzt mehr auf die individuellen Qualitäten von Personen, aus denen sich Überlegenheit und Durchsetzungsvermögen ableiten lassen. Diesen zweiten Begriffstyp nennt Hradil persönliche M. So begründete M.-lagen sind unbestimmt, zufälliger und schwerer durch systematische Maßnahmen oder Regeln kontrollierbar.

Der M.-gebrauch im Sinne bloßer Gewaltanwendung bzw. Gewaltandrohung ist eher Ausnahme und instabile Randerscheinung. Im Regelfall werden die Inhaber von M.-positionen versuchen, ihre faktische M. als Recht zu deklarieren und ihr zumindest den Anschein moralischer Rechtfertigung zu verleihen. Die Fähigkeit, Recht zu setzen, ist nur auf der Grundlage vorhandener und respektierter M. denkbar. Andererseits werden insbesondere im zwischenstaatlichen Verkehr die Normen des → Völkerrechts immer wieder durch die Praxis der M.-politik mißachtet. Es gibt keine transnationale Sanktionsinstanz, die Rechtsbrüche auf diesem Feld ahnden könnte, und im Staatshandeln nach innen und nach außen werden die Gebote von Recht und Moral durch Berufung auf die → Staatsräson häufig außer Kraft gesetzt bzw. für unverbindlich erklärt. Zur Beschreibung und Erklärung von Abhängigkeitsbeziehungen zwischen → Staaten (→ Hegemonie), die im allgemeinen nicht rechtlich normiert sind, d.h. für das gesamte Spektrum der → internationalen Beziehungen taugt der M.-begriff gerade wegen seiner Unbestimmtheit und Streubreite. In seinem nach außen gerichteten Handeln bedient sich der Staat der ihm zur Verfügung stehenden M., die Regelung seiner inneren Angelegenheiten und die Durchsetzung der ihm zugrundeliegenden Rechtsordnung erfolgt durch die Ausübung von H.

H. ist eine dauerhafte, institutionalisierte, durch Regeln eingegrenzte und zugleich intensivierte M.-ausübung. Im Vergleich zum universell verbreiteten, dehnungs- und wandlungsfähigen, oft zufallsabhängigen Produkt M. ist der als H. bezeichnete Sachverhalt eindeutiger, strukturierter und berechenbarer (Angebbare Personen gehorchen Befehlen bestimmten Inhalts). H.-verhältnisse sind stärker standardisiert, verstetigt und beständiger als häufig wechselnde M.-konstellationen. Dabei beschränkt sich das Auftreten von H. nicht auf den Wirkungsbereich politischer → Institutionen und → Verbände. Auch ein Wirtschaftsunternehmen ist in bezug auf seine Arbeiter und Angestellten ein H.-verband, und eine Betriebsordnung fordert Gehorsam für bestimmte Befehle. Wenn das Subsystem Politik charakterisiert wird durch die Funktion, allgemeinverbindliche, rechtswirksame Entscheidungen für die Gesamtgesellschaft zu fällen, dann ist politische H. beschränkt auf das Handeln der Staatsorgane. Der Prozeß der politischen Willensbildung wird aber maßgeblich beeinflußt durch gesellschaftliche Kräfte,

→ Parteien, Interessenverbände, Banken usw., alle ausgestattet mit M., aber ohne die Befugnis politischer H. Im Bereich der → Innenpolitik kreuzt sich das Handeln unterschiedlicher Akteure, deren Wirkung je nach Absender als M. oder H. einzuordnen ist.

Während M.-beziehungen auch als einseitige Abhängigkeitsverhältnisse denkbar sind, schafft H. eine wechselseitige Beziehung. In der Feudalgesellschaft wird dieser Zusammenhang sichtbar in der Äquivalenz von Schutz und Gehorsam, im modernen → Rechtsstaat in der Koppelung von Leistungspflicht und Leistungsanspruch, durch die das Verhältnis des → Bürgers zum Staat geprägt wird. Der H.-begriff Max Webers impliziert ein wie auch immer begründetes → Interesse der Beherrschten am Gehorchenwollen, d.h. H. entspricht - wenn auch in unterschiedlichem Ausmaß - dem Bedürfnis beider Parteien, auch die H.-unterworfenen haben ein grundsätzliches Interesse am Fortbestand von H. Das veranlaßt sie, den Tatbestand als prinzipiell gerechtfertigt, mit anderen Worten als legitim anzuerkennen. Diese als plausibel zu unterstellende Bereitschaft der Beherrschten zur mindestens abstrakten Anerkennung des Prinzips H. hebt den aus der Ungleichheit der Rollen von Regierenden und Regierten resultierenden Interessengegensatz nicht auf. Der Regierende beansprucht das → Gewaltmonopol und hält im Konfliktfall sich allein für berechtigt, auf die Anwendung physischen Zwangs als ultima ratio zurückzugreifen.

Die ausdrückliche oder stillschweigende Anerkennung der Beherrschten gilt als notwendige Voraussetzung für stabile, auch mental verankerte H. Demgemäß wird i.d.R. jede H.-partei, auch die durch Eroberung oder Usurpation ans Ruder gekommene, dahin tendieren, die blanke M. der Bajonette dadurch zu ergänzen, daß sie sich als rechtmäßig, uneigennützig und hehren Zielen verpflichtet darstellt. Um das mit größerer Überzeugung tun zu können, wird sie sich gelegentlich sogar in der Wahl ihrer Zwangsmittel selbst begrenzen und somit andeutungsweise einen Bruchteil ihrer „gemeinnützigen" Ankündigungen einlösen. Unabhängig von ideologischen Rechtfertigungen hat über längere Zeit stabile H. aus der bloßen Tatsache ihrer Dauer eine gewisse Legitimitätsvermutung für sich.

M. Weber unterscheidet drei „reine Typen legitimer H." durch die Besonderheit des jeweils anders begründeten Legitimitätsglaubens, bzw. der je anders akzentuierten Überzeugung der H.-unterworfenen von der Rechtmäßigkeit der H.-gründe. Traditionale H. basiert auf der Annahme der Berechtigung überlieferter und ererbter Ordnungen, gehorcht wird nicht zuletzt kraft der Gewöhnung. Charismatische H. findet Anerkennung durch den Glauben an die außeralltägliche Begnadung und Befähigung des Herrschers oder der herrschenden Gruppe, Familie oder Kaste. Legale H. beruht darauf, daß die H.-befugnis abgeleitet wird aus formal korrekter → Satzung. Die Beherrschten halten die Unterwerfung unter das rechtmäßig zustandegekommene und ordnungsgemäß beratene → Gesetz für vernünftig. Jedem H.-typus entspricht ein jeweils spezifischer, funktional angemessener Verwaltungsstab. Entwickelte → Industriegesellschaften, insbesondere liberaldemokratisch verfaßte Gesellschaften, werden im Typus der legalen H. mit bürokratischem Verwaltungsstab abgebildet.

Die Begriffskombination liberaldemokratische Staatsverfassung impliziert die Vereinbarung von → Demokratie und H. Legale H. hebt die grundsätzlich gegebene formal-rechtliche und politische → Gleichheit zwischen Herrschenden und Beherrschten nicht auf. Der Parlamentsabgeordnete ist als Bürger der H. des Gesetzes ebenso unterworfen wie jeder seiner Wähler. Der eindimensionale Zusammenhang von Befehl und Gehorsam reicht nicht mehr aus, um alle H.-funktionen, z.B. die der Normsetzung vorangehende Diskussion und Beratung (Dahrendorf), zu erfassen.

Die Rechtsgleichheit der Regierenden und Regierten, ihre formaljuristische → Identität, hat also nicht die Aufhebung von H. schlechthin zur Folge, sondern nur die zwingende Notwendigkeit der H.-begrenzung, der Herstellung von → Öffentlichkeit und Kontrolle; darüber hinaus die Gewährleistung gleicher Chancen des Zugangs zu Staatsämtern und → Mandaten. Die Utopie der herrschaftsfreien Gesellschaft ist aus historischer Erfahrung schwerlich zu begründen. Sie wird von ihren Verfechtern (Marx, → Anarchismus) entweder abgeleitet aus geschichtsphilosophischen Prämissen oder aus solchen der philosophischen → Anthropologie. Entweder wird monokausal als Ursache sozialer Ungleichheit der Privatbesitz an Produktionsmitteln und daraus folgend dann Klassenantagonismus und die H. der besitzenden → Klasse genannt (mit der Aufhebung des Privateigentums verschwindet die H.); oder es wird die ursprüngliche Unverderbtheit des archaischen Menschen im → Naturzustand behauptet, und Disziplinierung, Zwang und Strafe für prinzipiell schädlich und der Wesensbestimmung des Menschen widersprechend erklärt.

Die die unaufhebbare Notwendigkeit von H. behauptenden Vertreter der Gegenposition (z.B. Hobbes, Locke, die Autoren des Federalist) stützen sich ebenfalls auf anthropologische Setzungen, die abgeleitet aus einem pessimistischen Menschenbild den Vorzug der Vereinbarkeit mit historischer Erfahrung haben: „Warum ist es zur Einrichtung von Herrschaft überhaupt gekommen? Weil die Leidenschaften der Menschen sich nicht ohne Zwang den Geboten der Vernunft und Gerechtigkeit fügen wollen.... Was ist Herrschaft selbst, als die großartigste Reflexion über die menschliche Natur? Wenn die Menschen Engel wären, so bedürften sie keiner Regierung. Wenn Engel über die Menschheit herrschten, dann wäre weder eine innere noch eine äußere Kontrolle der Regierung notwendig" (→ Federalist Papers, No. 15/1787).

Lit.: A. Gehlen: Macht, in: Handwörterbuch der Sozialwissenschaften Bd. 7, Stuttgart 1961; *St. Hradil*: Die Erforschung der Macht, Stuttgart 1980; *H. Mandt*: Politische Herrschaft und Macht, in: Handlexikon zur Politikwissenschaft (W. W. Mickel, Hg.) München 1983; *H. Popitz*: Prozesse der Machtbildung, Tübingen 1969; *M. Weber*: Wirtschaft und Gesellschaft, Tübingen 1972.

Prof. Dr. Peter Hanke, Neubiberg

Mafia

Entstanden im 19. Jh als eine eigentümliche sizilianische Nebenkultur, in der sich Elemente privater Gewaltanwendung, soziale Schutz- und Mittlerfunktionen sowie Klientel- und Patronagebeziehungen miteinander verbunden haben, wird M. heute synonym gesetzt mit international organisiertem Verbrechen. Der klassische „mafiöse" Verhaltenstypus, wie er in Süditalien immer noch verankert ist, erwächst aus einem Netz von (lokalen) Sozialbeziehungen, die auf einer durch → physische Gewalt begründeten → Macht basieren und folglich das staatliche → Gewaltmonopol unterlaufen. Zudem pflegt der Mafioso ein Netz von auf Gegenleistung beruhenden Beziehungen zu Trägern formell-institutionalisierter, d.h. staatlicher Macht. Insbesondere das Gewaltmoment setzt mafiöses Verhalten von „bloßer" → Korruption ab. Mit der italienischen Einwanderung breitete sich die M. über andere → Länder aus, insbes. in den USA (Cosa Nostra).

Magisches Viereck

Populärbezeichnung für das Bündel der laut → Stabilitätsgesetz (1967) wichtigsten wirtschaftlichen Ziele: Preisstabilität, → Vollbeschäftigung, außenwirtschaftliches Gleichgewicht (→ Zahlungsbilanz) sowie stetiges und angemessenes Wirtschaftswachstum. Das Viereck heißt magisch, weil sich diese einzelnen Ziele widersprechen; hieraus resultiert die Notwendigkeit staatlicher → Wirtschaftspolitik. Die gleichzeitige, weitgehende Erreichung aller Ziele bzw. deren optimale Kombination wird als gesamtwirtschaftliches Gleichgewicht angesehen. Wurde in den 60er Jahren von Gewerkschaftsseite die Einbeziehung einer „gerechten Einkommens- und Vermögensverteilung" in ein Magisches Fünfeck gefordert, so rückte in den 80er Jahren der → Umweltschutz als postulierte gesamtwirtschaftliche Zielgröße in die Diskussion.

Magistrat

In Deutschland in → Gemeinden mit → Magistratsverfassung das kollegiale Leitungsorgan der Kommunalverwaltung. Der M. besteht aus dem → (Ober-)Bürgermeister als Vorsitzendem sowie weiteren ehren- und hauptamtlichen Mitgliedern (→ Stadtverordneten bzw. → Beigeordneten).

Magistratsverfassung

Vor den Änderungen der → Gemeindeordnungen in den 90er Jahren gab es in den deutschen Bundesländern 4 → Gemeindeverfassungstypen, welche die innere Ordnung der → kommunalen Selbstverwaltung regeln. Neben der → Bürgermeisterverfassung, der Norddeutschen und der Süddeutschen → Ratsverfassung war dies die M. Die (unechte) M. galt in Hessen, Bremerhaven und den → Städten Schleswig-Holsteins sowie in größeren Städten von Rheinland-Pfalz. Der von den → Bürgern direkt gewählte → Gemeinderat (in Städten: Stadtvertretung bzw. Stadtverordnetenversammlung) wählt den → Magistrat als kollegiales Leitungsorgan der Kommunalverwaltung. Dieser besteht aus dem → (Ober-)Bürgermeister, als Vorsitzendem des Magistrats, sowie weiteren ehren- und hauptamtlichen Mitgliedern (→ Stadtverordneten bzw. → Beigeordneten). Nach den o.g. Änderungen der Gemeindeordnungen existiert die M. in Reinform nur noch in Bremerhaven. In Hessen gibt es seit 1992 eine M. mit Direktwahl des - hauptamtlichen - (Ober-)Bürgermeisters; somit blieb der kollegiale Gemeindevorstand (Magistrat) erhalten. Der direkt gewählte (Ober-)Bürgermeister kann mithin von den (vom Gemeinderat in den Gemeindevorstand gewählten) Beigeordneten überstimmt werden.

Magna Charta

Vollständiger Name: Magna Charta libertatum, lat. für „großer Freiheitsbrief"; eine der wichtigsten Urkunden der englischen Verfassungsregeln, die gemeinhin als → ungeschriebene Verfassung bezeichnet werden. Die M. wurde 1215 von → Adel und (hoher) Geistlichkeit dem König Johann I. („ohne Land") als Privilegienbrief abgenötigt; sie gab dem Adel besondere Rechte und sicherte ihn damit vor der Willkür des Königs, garantierte der Kirche gewisse → Freiheiten und stellte jeden Freien unter den Schutz des → Gesetzes. Ursprünglich eine Kodifizierung des → Lehnswesens, wurde sie später zu einem Dokument des beginnenden → Parlamentarismus, das die → Macht des Königs beschränkte.

Majorz

Aus dem Lat. entlehnte Bez. für das → Mehrheitsprinzip als

1. Regelungsmechanismus zur Austragung sozialer und politischer → Konflikte in demokratisch verfaßten Gruppen und → Gesellschaften,
2. Wahlmechanismus für Repräsentativkörperschaften.

Im Gegensatz dazu: → Proporz/ Proporzprinzip.

Mandat

Wahrnehmung einer (un-)befristeten, übertragenen Vertretungsbefugnis; bei politischen → Ämtern eine Form der „verantwortlichen" Mitsprache von Repräsentanten oder Delegierten in (gewählten) Repräsentativorganen. Beim → *freien* (bzw. repräsentativen) M. ist der Repräsentant für die Dauer seiner Amtszeit niemandem rechenschaftspflichtig, an Weisungen nicht gebunden (vgl. Art. 38 I GG) und kann während der → Wahlperiode nicht abberufen werden. Beim → *imperativen* (gebundenen) M. ist der Mandatsträger von der ständigen Zustimmung seiner Wähler abhängig, an ihre Beschlüsse und Weisungen gebunden und jederzeit abrufbar (→ Recall).

Die Art des M. bestimmt sich nach dem jeweils gegebenen System- bzw. Demokratiemodell. Es sind auch Zwischenstufen möglich, z.B. wenn in einer → repräsentativen Demokratie mit freiem M. auch direktdemokratische Mitwirkungsmöglichkeiten (→ plebiszitäre Demokratie) existieren, die dem Willen des Repräsentativorgans gleich- bzw. übergeordnet sind, mithin das freie M. einengen.

Manipulation

Lat. für Handhabung; außengesteuerte, systematische und zielgerichtete Lenkung und Beeinflussung von Meinungs- und Entscheidungsbildungen mit psychologischen Methoden, ohne daß die Betroffenen die Beeinträchtigung ihrer Willensfreiheit erkennen könnten. M. als Herrschaftstechnik ist v.a. in nichtdemokratischen (→ autori-

tären bzw. → totalitären) → Systemen möglich, in denen der manipulativen → Propaganda keine wirkungsvolle (interpersonale) Primärkommunikation oder pluralistische → Massenkommunikation entgegensteht. Die M. arbeitet mit vorgegebenen Denkstrukturen, parteiischen Deutungen von sozialen und politischen Problemstellungen sowie gezielten Täuschungen. Ergebnis der M. ist eine geistige Bevormundung, die bis zur systematischen Zerstörung der Persönlichkeit gehen kann.

Maoismus

Von Mao Tse-tung auf die besonderen Verhältnisse in China zugeschnittene, theoretische Fortentwicklung des → Marxismus bzw. → Marxismus-Leninismus. Die sog. Mao Tse-tung-Ideen (so der chin. Terminus) wurden im China der Regentschaft Maos (1949-76) v.a. durch Einführung agrarkommunistischer Arbeits- und Lebensformen auf dem Lande (bei gleichzeitig forcierter → Industrialisierung) sowie eine radikal traditionsfeindliche → Kulturrevolution in die Tat umgesetzt. Zentrales Element des M. ist die Theorie des Guerillakrieges, zur Machterringung und Herbeiführung der → Revolution, die durch die Bevölkerungsmassen der Bauern vom → Land in die → Städte bzw. Industrienationen getragen werden soll. Als Theorie einer antibürokratischen, den Befreiungskampf der → Dritten Welt vorantreibenden Revolution wurde der M. in den 60er und 70er Jahren von Teilen der westlichen → Neuen Linken rezipiert. Daß das Herrschaftssystem des kommunistischen China selbst zu bürokratischer Erstarrung und diktatorischer Machtsicherung tendiert, hat zuletzt die blutig erstickte Studenten- und Volksbewegung von 1989 gezeigt.

Marginalität

Bez. für soziale oder ökonomische Randpositionen von → Individuen oder Gruppen.

1. *Soziale M.* bezieht sich auf Personen oder (Unter-)Gruppen, die im Grenzbereich zwischen 2 Gruppen oder → Klassen stehen und in keine von beiden integriert sind. Desorientierung und Diskriminierung sind häufige Folgen.

2. *Ökonomische M.* umfaßt sozial desintegrierte und ökonomisch benachteiligte Randgruppen in modernen → Industriegesellschaften (Arbeitslose, Obdachlose, Gastarbeiter, → Minderheiten). Das Konzept der M. wird teilweise auf ökonomisch unterentwickelte → Länder (→ Entwicklungsländer; s.a. → Entwicklungspolitik) oder auf die Bevölkerungsmehrheit in diesen Ländern angewandt.

Marginalparteien

→ Parteien von nur geringer (also marginaler) Bedeutung (→ Splitterparteien) im → Parteiensystem eines → Landes. Der Begriff der M. verweist auf geringe Mitgliederzahlen und Wähleranteile, aber auch auf eine evtl. Ausgrenzung seitens anderer Parteien aus dem koalitions- bzw. kooperationsfähigen Spektrum.

Marktwirtschaft

Bez. für ein → Wirtschaftssystem mit dezentralen Planentscheidungen, deren Koordinierung durch die freie Preisbildung auf den Märkten erfolgt. Der Begriff wird synonym verwandt mit Wettbewerbswirtschaft, Verkehrswirtschaft und → Kapitalismus. Der → Staat legt mit seiner → Wirtschaftspolitik lediglich den rechtlichen Rahmen fest, sichert den Wettbewerb und tritt als Anbieter von kollektiven Gütern auf. Im Laufe der Entwicklung der Theorie der M. sind als Staatsaufgaben auch die → Verteilungspolitik (Einkommen und Vermögen) sowie wirtschaftspolitische Instrumente einer gewissen staatlichen Rahmenplanung, insbesondere zum Ausgleich von Boom- und Rezessionsphasen, hinzugekommen. Die Einfügung sozialer Komponenten führte in der Bundesrepublik nach 1948 zur → sozialen Marktwirtschaft.

Der Begriff M. wird sowohl als Idealtypus als auch als Realtypus verwandt. Die realen → Systeme stellen alle mehr oder minder Mischsysteme dar (z.B. soziale Marktwirtschaft, → Planification). Den Gegentypus zur M. bildet die → Planwirtschaft bzw. → Zentralverwaltungswirtschaft. Mit dem Zusammenbruch des → Kommunismus in Osteuropa wurde die M. - v.a. als → soziale Marktwirtschaft - zum weltweit dominierenden Wirtschaftstypus, der auch in sozialistischen und kommunistischen → Staaten (z.B. China) an Einfluß gewinnt.

Marshall-Plan

Nach dem ehem. amerikanischen Außenminister George C. Marshall benannter Plan, durch ein einheitliches Hilfsprogramm zum wirtschaftlichen Wiederaufbau der durch Krieg zerstörten → Länder Europas beizutragen. Der am 3.4.1948 in Kraft getretene Plan sah v.a. amerikanische Warenkredite vor, die über den → ERP-Fonds (*E*uropean *R*ecovery *P*rogram) gewährt wurden; ferner wurden erste Schritte eingeleitet, über die Europäische Zahlungsunion (EZU) die Währungskonvertibilität herzustellen und so den Handel innerhalb Europas zu erleichtern. Der Druck der Sowjetunion verhinderte, daß die Länder Osteuropas in den M. einbezogen werden konnten. Die Bundesrepublik erhielt 1,7 Mrd Dollar; 0,7 Mrd Dollar waren Zuschuß, 1 Mrd Dollar mußte innerhalb von 30 Jahren zurückgezahlt werden.

Marxismus

I. Begriff:
Sammelbegriff für weltanschauliche, politische und erkenntnistheoretische Strömungen und Positionen, die sich auf die von Karl Marx und Friedrich Engels begründete Gesellschaftstheorie berufen oder beziehen lassen. Der Begriff M. wurde lange Zeit nach der Veröffentlichung des → „Kommunistischen Manifests" durch Marx und Engels (1848) von der sozialistischen → Arbeiterbewegung selbst nicht zur Markierung eigener theoretischer Positionen oder eines praktischen Programms verwendet. Erst in der Endphase der Ersten → Internationale (1864-76) führten die Anhänger Bakunins die Bezeichnung M. als polemische Spitze in die Auseinandersetzung zwischen → Anarchisten und den von diesen in der Folgezeit so genannten „Marxisten" ein. Das Schlagwort M. blieb somit vorerst seiner personalisierten Verwendung verhaftet. Als systematisierte Weltanschauung findet es in den 1880er Jahren im Zuge der Popularisierung marxistischer Ideen durch Karl Kautsky in den politischen Sprachgebrauch Eingang.

Der M. stellt sich in seiner historischen Weiterentwicklung keineswegs als in sich abgeschlossenes, homogenes Konzept zur Deutung und Gestaltung der gesellschaftlichen und politischen Realität dar. Die einzelnen Entwicklungsetappen innerhalb der marxistischen Lehre und deren abstrakte Begrifflichkeiten bieten eine Vielzahl von Anknüpfungspunkten, die oftmals nur eklektisch verarbeitet wurden, zudem in unterschiedliche nationale Kontexte integriert werden mußten und neue historische Fragestellungen zu beantworten hatten. Nach über einem Jahrhundert Begriffsgeschichte bezieht sich heute somit eine breite Palette theoretischer Ansätze, von denen wiederum eine entsprechende Vielfalt politischer Positionen abgeleitet werden kann, auf die Lehre von Karl Marx.

II. Die Lehre von Karl Marx:
1. → Entfremdungstheorie: Unter dem Einfluß frühsozialistischen Gedankenguts (→ Sozialismus) erarbeitete Marx Anfang der 1840er Jahre eine Konzeption, welche die „freie bewußte Tätigkeit" als Wesensbestimmung des Menschen auswies und die Aufhebung entfremdeter Arbeit in den Mittelpunkt der praktischen Überlegungen stellte.

2. Historischer Materialismus: Um das wachsende Selbstbewußtsein der → Arbeiterklasse (→ Klassenbewußtsein) in einen umfassenden theoretischen Rahmen einordnen zu können, entwickelten Marx und Engels ausgangs der 1840er Jahre die Prinzipien des → Historischen Materialismus. Als dessen Kernstück erklärt die Basis-Überbau-Theorie die ökonomischen Verhältnisse einer → Gesellschaft zur letztlich bestimmenden Kraft im Geschichtsverlauf: Die → Dialektik zwischen Produktivkräften (Werkzeuge, menschliche Arbeitsfertigkeit) und Produktionsverhältnissen (Eigentums-, Staatsformen und Rechtsverhältnisse) finde ihre gesellschaftliche Entsprechung im Interessenkonflikt zwischen der ausbeutenden → Bourgeoisie und dem ausgebeuteten → Proletariat. Dieser Widerspruch entlade sich notwendig in → Klassenkämpfen, die den Geschichtsprozeß entscheidend vorantreiben. Subjekt dieses Prozesses sei im historischen Entwicklungsstadium des Industriekapitalismus das Proletariat, das mittels der → Revolution den Widerspruch zwischen seinem gesellschaftlichen Sein und seinem Selbst-Bewußtsein aufzuheben suche. Dieses Bestreben münde notwendig in die der sozialistischen „Gesellschaft freier Menschen" vorausgehende historische Etappe der → Diktatur des Proletariats.

Die marxistische Dialektik beinhaltet somit keine objektive wissenschaftliche Methode, sondern umfaßt das theoretische Bewußtsein des gesellschaftlichen Subjekts, das die gegebenen Verhältnisse zu revolutionieren sucht. Die marxistische Theorie bescheidet sich somit nicht mit dem Status eines rein analytischen Instruments; sie sucht darüber hinaus die gesellschaftliche Realität im Sinne der selbstentwickelten dialektischen Entwicklungsgesetze zu transformieren.

3. Kritik der → politischen Ökonomie: Seit Ende der 1850er Jahre versuchte Marx, anhand einer Kritik der klassischen Nationalökonomie (A. Smith, D. Ricardo) streng dialektisch die → Gesetze nachzuzeichnen, die den Charakter des → Kapitalismus als entfremdetes Verhältnis des Menschen offenlegten. Alle gesellschaftlichen Phänomene sollten letztlich als materialisiertes Substrat ökonomischer Zwänge enthüllt werden. Als Triebfeder dieses Zwangs identifizierte Marx den „Fetischismus der Ware" und das „Kapitals": Der Wert der Arbeitskraft werde im Verwertungsprozeß des Kapitals nicht angemessen entlohnt. Diese Wertdifferenz, vom Kapitalisten im Warenverkauf als → Mehrwert (Profit) eingelöst, ermögliche die Akkumulation seines Kapitals. Der erwirtschaftete Profit wiederum speise den technisch-industriellen Fortschritt, der einerseits zwar den Reichtum der Kapitalistenklasse steigere, gleichzeitig aber zur Freisetzung überflüssiger Arbeitsbevölkerung führe, den Lohndruck erhöhe und im Ergebnis die Verelendung des Proletariats befördere. In dieser Zuspitzung des Klassengegensatzes seien jedoch bereits die Widersprüche angelegt, die den Kapitalismus letztlich als begrenztes historisches Phänomen dem Untergang preisgeben: Da das konstante Kapital (Produktionsmittel) schneller wachse als das variable (Arbeitskräfte), sinke die Profitrate. Dieses Dilemma suche der Kapitalist durch eine Multiplikation seines Gesamtkapitals auszugleichen. Die daraus entstehende Konkurrenz innerhalb der Kapitalistenklasse beschleunige Kapitalkonzentration und Überproduktion; letztere werde durch die sinkende Kaufkraft der Massen zusätzlich angeheizt. Die sich zuspitzenden Gegensätze münden schließlich in eine Revolution mit dem Ergebnis der „Expropriation der Expropriateure": Der Staat, bis dahin als Agent der herrschenden Bourgeoisie deren Aufgaben verwaltend, wird von der Diktatur des Proletariats abgelöst, welche die → Enteignung der Produktionsmittel vornimmt, den Klassengegensatz auflöst und damit dem → Kommunismus den Weg bahnt.

Die Kritik der politischen Ökonomie vermochte die Gesetzmäßigkeiten der historischen Etappe jedoch nur allgemein-abstrakt zu erklären. Marx selbst gelang es nicht mehr, zu den konkreten Besonderungen der bürgerlichen Gesellschaft - einer detaillierten Analyse der → Klassenstruktur und den ihr zugrundeliegenden Produktionsverhältnissen - vorzudringen. Sein Bemühen um eine strenge Anwendung der dialektischen Methode blieb deshalb auf halben Wege stehen und bedurfte fortan der Interpretation und Weiterentwicklung durch seine theoretischen Erben.

4. Nach Marx' Tod 1883 bemühte sich Engels um die Fortführung und Verbreitung des marxistischen Werkes. Im „Anti-Dühring" (1878) weitete er den Begriff der → Dialektik auf objektive Entwicklungsgesetze in der → Natur aus und näherte Geschichts- und Naturprozeß gleichsam einander an. Engels leistete damit einer mechanischen bzw. darwinistischen Interpretation des M. Vorschub, welche die marxistische Dialektik letztlich ihres revolutionären Charakters entkleidete.

III. Entwicklung des M. bis zu den 30er Jahren
1. In Deutschland hatten bis 1878 nur Bruchstücke marxistischer Theorie in die → Sozialdemokratie Eingang gefunden. Erst nach dem Erscheinen von Engels' „Anti-Dühring" bekannten sich einzelne

Parteitheoretiker ausdrücklich zum M. 1891 konnte Engels schließlich befriedigt feststellen, der M. habe nun, im Erfurter Programm der → SPD, „komplett durchgeschlagen". E. Bernstein und K. Kautsky, die beiden Autoren des Erfurter Programms, entwickelten in der Folgezeit konträre Auffassungen über den richtigen Weg zum Sozialismus. Während Kautsky in Anlehnung an die Engelssche „Naturdialektik" auf einen evolutionären Selbstlauf der Geschichte vertraute (Ökonomismus), an dessen Ende der „große Kladderadatsch" das kapitalistische System „naturnotwendig" hinwegfege, unterzog Bernstein 1896 den M. angesichts der Anpassungsfähigkeit des Kapitalismus einer grundlegenden Kritik (→ Revisionismus). Dem Kautskyschen Determinismus stellte Bernstein das ethische Sollen als treibende Kraft im Geschichtsprozeß gegenüber und verwarf damit letztlich die marxistische Dialektik als Grundpfeiler des Historischen Materialismus. Die offizielle Parteiideologie der SPD ging in der Folgezeit zu einer positiven Beantwortung der Staatsfrage über und erstrebte eine parlamentarische → Demokratie, die den Rahmen für eine Entwicklung sozialistischer Produktionsformen abstecken sollte. Mit der Ausrufung der → Republik im November 1918 avancierte die Sozialdemokratie zur Mitinhaberin politischer → Macht und beschritt fortan den Weg der sozialen Reformpartei.

2. In Rußland vollzog sich die Rezeption des M. in den 1880er und 90er Jahren gegen den Widerstand der agrarsozialistisch geprägten Volkstümler (Narodniki), die nicht die kapitalistische Produktionsweise, sondern die russische Bauerngemeinde (obščina) als Ausgangspunkt der kommunistischen Entwicklung werteten. Sowohl Marxisten als auch Narodniki vermochten sich in ihrer Argumentation auf die Autorität von Marx zu stützen, hatte doch dieser selbst die Möglichkeit einer eigenständigen russischen Entwicklung bestätigt. Mit dem allmählichen Zerfall der Volkstümler-Bewegung in den 90er Jahren und deren Hineinwachsen in marxistische Anschauungen ersetzten jedoch breite Kreise der Narodniki agrarsozialistisches Gedankengut durch einen dogmatischen Ökonomismus.

Die Diskussion von der Jh.wende bis 1917 wurde von der Auseinandersetzung zwischen den nunmehr „orthodoxen" (Plechanov, Lenin, Aksel'rod u.a.) und „legalen" M. (Struve, Tugan-Baranovskij) geprägt. Während erstere einen strengen Kausalzusammenhang zwischen Basis und Überbau vertraten und unter dem Motto „Je schlimmer, desto besser" die Verelendung breiter Massen begrüßten, relativierten die legalen M. die Bedeutung der ökonomischen Basis und unterstrichen den Wert des subjektiven Faktors im Geschichtsprozeß.

In Fortführung der fragmentarisch hinterbliebenen Marxschen Dialektik bemühten sich die Bolschewiki, marxistisches Gedankengut durch eine „konkrete Analyse" auf den Entwicklungsstand des ökonomisch zurückgebliebenen Rußland zurechtzuschneiden. In einer ersten Etappe sollte die zaristische → Herrschaft durch ein → Rätesystem (Sowjets) abgelöst werden. Indem der → Bolschewismus nach der → Oktoberrevolution 1917 den real existierenden sozialistischen → Staat als Hebel zur Transformation der Produktionsverhältnisse ansah, stellte er die von Marx entwickelte Abhängigkeit des Überbaus von seiner ökonomischen Basis in Angleichung an die empirische Realität auf den Kopf (→ Leninismus).

3. Der → Austromarxismus (M. Adler, O. Bauer, R. Hilferding u.a.) versuchte, in einem „dritten Weg" zwischen Sozialdemokratie und Bolschewismus, unter Verzicht auf einen starren Ökonomismus, praktische Reformpolitik als Mittel einer revolutionären Entwicklung auszuweisen.

4. Auch der *„Hegelmarxismus"* K. Korschs und G. Lukács' wendet sich gegen eine streng deterministische Interpretation des → Basis-Überbau-Schemas, indem er, in Anlehnung an die marxistische Dialektik der 1840er Jahre, den Erkenntnis- bzw. Bewußtwerdungsprozeß des Subjekts selbst als Bestandteil der Umgestaltung des Objekts im historischen Prozeß identifizierte: Die Realität fällt demnach mit den sie ausdrückenden Bewußtseinsformen zu einer „Totalität" zusammen. Die Überwindung der menschlichen → Entfremdung fordere die Aufhebung der „verdinglichten" Lebensformen, welche die Individuen an der Herstellung der → Identität ihres Bewußtseins mit der Totalität hinderten.

IV. Die Entwicklung von den 30er bis zu den 70er Jahren.
Seit Ende der 20er Jahre leitete der → Stalinismus eine weitreichende Ausdifferenzierung marxistischer Positionen ein. Während in der UdSSR der M. als → *Marxismus-Leninismus* die → Diktatur Stalins ideologisch zu verbrämen hatte, konnte sich der M. in westlichen Ländern - unbelastet von der Einbindung in eine real existierende sozialistische Herrschaft - als kritische Instanz verstehen.

In Italien versuchte *A. Gramsci*, unter dem Vorzeichen einer Verschmelzung von Basis und Überbau, das Phänomen des → Faschismus bzw. Stalinismus mit seinem „Hegemonie"-Konzept umfassend zu deuten: Im Laufe der → Konflikte zwischen den → Klassen fügten sich politische, kulturelle und ökonomische Strukturen zu einem einheitlichen Komplex zusammen. Dieser werde von der jeweils herrschenden Klasse mit Hilfe staatlicher → Institutionen dominiert. Eine Änderung gesellschaftlicher Verhältnisse sei nur durch die Bewußtwerdung der eigenen Lage in den Bereichen des Überbaus zu erreichen: Der Sieg der Arbeiterklasse setze deshalb ihre geistige Herrschaft voraus.

In Deutschlands verschmolz die → *Kritische Theorie* der → „Frankfurter Schule" verschiedene Disziplinen der Sozialforschung zu einem umfangreichen Konzept. Der Versuch, die empirische Wirklichkeit theoretisch einzubinden, veränderte entscheidende Grundpfeiler marxistischen Denkens. Horkheimer und Adorno enthüllten in ihrer „Dialektik der Aufklärung" (1947) den marxistischen Glauben an die emanzipatorische Kraft des technischen Fortschritts, der sich inzwischen jedoch zum Element der Legitimierung kapitalistischer Herrschaft gewandelt habe, als historischen Trugschluß. Fromm deutete das Problem autoritärer Herrschaft mit Hilfe einer Verknüpfung sozialpsychologischer und marxistischer Denkansätze, welche die gesellschaftlich relevanten Verhaltensmuster aus der Einwirkung der Produktionsverhältnisse auf die Libido ableiteten. Im Bemühen, das praktische → Interesse selbst als erkenntnisleitende Triebkraft in die Theorie zu integrieren, verzichtete die Kritische Theorie jedoch weitgehend auf den Entwurf einer neuen sozialen Realität.

Das nach dem XX. Parteitag (1956) der KPdSU einsetzende „Tauwetter" in der UdSSR wurde innerhalb des sozialistischen Lagers unterschiedlich gewertet. Während in Osteuropa (L. Kolakowski, A. Schaff, P. Vranicki u.a.) der Humanismus des marxistischen Frühwerks nach der von Chruščev eingeleiteten Entstalinisierung eine Renaissance erfuhr, setzte der → Maoismus der sowjetischen Konzeption der → „friedlichen Koexistenz als höchster Form des → Klassenkampfs" seine Theorie der „permanenten Revolution" entgegen. Im Rückgriff auf Lenin suchte der → *Staatsmonopolistische Kapitalismus* in den 60er Jahren erneut einen strengen Kausalnexus zwischen ökonomischer Basis und ihrem politischen Überbau zu konstruieren.

Im Gefolge der sich mehrenden Steuerungskrisen westlicher politischer Systeme begann die → *Neue Linke* ausgangs der 60er J. den M. als Instrument einer kritischen Analyse wiederzubeleben (vgl. auch: → Neo-Marxismus). Mit dem Zerfall der westeuropäischen Linken in zahlreiche Kleingruppen sind von den westlichen → Sozialwissenschaften seit den 70er Jahren keine nennenswerte Impulse für eine neue Interpretation des M. mehr ausgegangen.

V. Die M. -Interpretation der sowjetischen → Perestrojka.
Die Eigendynamik des seit 1985 von Gorbačev eingeleiteten Reformprozesses hat dessen ursprüngliche Zielsetzung, die Modernisierung einzelner Deformationserscheinungen des verkrusteten Plansystems, sehr rasch gesprengt. Das Bemühen Gorbačevs um eine Entflechtung von Partei und Staat, die Aufgabe des Wahrheitsmonopols der → KPdSU, die Zulassung eines Mehrparteiensystems sowie die Einführung einer „regulierten Marktwirtschaft" bedurften angesichts der sich zuspitzenden Identitätskrise des Sowjetstaates mehr denn je einer le-

gitimatorischen Rückbindung an die Prinzipien des Marxismus-Leninismus. Im Rückgriff auf den Humanismus des jungen Marx wies Gorbačev jedoch nicht mehr die kapitalistische Produktionsweise, sondern den Stalinismus und das „administrative Weisungssystem" unter Brežnev als → „Entfremdung" aus, die es durch einen radikalen Umbau (Perestrojka) zu überwinden galt: Die Perspektive eines realisierten Sozialismus, von Chruščev bereits in den 50er Jahren als erreicht deklariert, verschob sich somit als fernes Endziel in eine ungewisse Zukunft. Die Perestrojka selbst wurde in diesem Rahmen lediglich als eine vorübergehende revolutionäre Etappe umrissen, die, wie bereits die → Neue Ökonomische Politik Lenins, von einer Pluralität verschiedenartiger Gesellschafts- und Eigentumsformen geprägt sein sollte. Auch das Fehlen eines detaillierten Reformkonzepts wies Gorbačev unter Berufung auf Lenin als Qualitätsmerkmal aus: Allein die Realität könne als Ausgangspunkt der weiteren Entwicklung gelten, denn der Kommunismus sei „kein Ideal, sondern eine reale Bewegung". Dieser - beinahe klassische - Revisionismus erlaubte es Gorbačev, mit marxistischem Gedankengut genuin unverträgliche Maßnahmen, wie die Akzeptanz des Eigentums an Produktionsmitteln, noch mit dem Etikett „sozialistisch" zu versehen. Der M. Gorbačevs konnte dennoch, wenngleich die Perestrojka das Attribut „revolutionär" mit sich führte, nicht mehr als Antriebsideologie einer gesellschaftlichen Umwälzung im marxistischen Sinne verstanden werden.

Nach dem Zerfall der sozialistischen Systeme in Osteuropa besitzt der M. als legitimierende → Ideologie nur noch in wenigen Staaten Bedeutung (u. a. China, Kuba, Nordkorea). Gleichwohl bieten, vor dem Hintergrund einsetzender Privatisierung des Staatseigentums und damit einhergehender zunehmende Ausdifferenzierung der gesellschaftlichen Struktur, m. Positionen in den GUS-Staaten (v.a. in Rußland) zusehends Anknüpfungspunkte für ein diffuses Unzufriedenheitspotential.

Lit.: Fetscher, I. (Hg.): Grundbegriffe des Marxismus, Hamburg 1976; *Gorbačev, M.*

S.: Socialističeskaja ideja i revolucionnaja perestrojka. In: Pravda, 26.11.1989; *Kolakowski, L.*: Die Hauptströmungen des Marxismus. Entstehung, Entwicklung, Zerfall, 3 Bde. München, Zürich 1981/ 2; *Vranicki, P.*: Geschichte des Marxismus, 2 Bde. Frankfurt a.M. 1972; *Wagenlehner, G.*: Die ideologische Basis der Perestrojka. In: Adomeit, H. u.a.: Die Sowjetunion unter Gorbatschow, Stuttgart usw. 1990.

Dr. Sabine Kropp, Erlangen

Marxismus-Leninismus
→ Leninismus

Massendemokratie
Im Unterschied zu der auf relativ wenige, durch Klassen- bzw. Zensuswahlrecht Privilegierte beschränkten Frühform → repräsentativer Demokratie (insbes. des 19. Jh.) verfügen in der M. alle → Bürger im politischen Entscheidungsprozeß über gleiche Teilhaberechte. Grundlage dieser politischen → Gleichheit ist das allg. und gleiche → Wahlrecht. Kennzeichen der M. sind v.a. die Existenz konkurrierender → Massen- und Apparatparteien, ein starker Verbändeeinfluß (→ Pluralismus), die gegenseitige Durchdringung von → Staat und → Gesellschaft sowie sozial- bzw. interventionsstaatliche Steuerungselemente.

Massenintegrationspartei
Auf die Bindungen zwischen Mitgliedern und → Partei abzielender Begriff, der weiter greift als der verwandte Begriff → Massenpartei. Letzterer kennzeichnet die moderne Partei mit breiter Mitgliederbasis und gut ausgebauter Organisationsstruktur mit haupt- und ehrenamtlichen → Funktionären. Massenparteien waren historisch die Antwort der → Arbeiterbewegung mit ihren begrenzten zeitlichen und finanziellen → Ressourcen zur (groß-)bürgerlichen → Honoratiorenpartei (vgl. → Parteientypologie) unter den Bedingungen der → Massendemokratie.

Die weltanschaulich geschlossene M. ist gekennzeichnet durch ein enges, mit ihr verbundenes Vereinswesen, das die Parteimitglieder in allen Lebensbereichen erfaßt und umsorgt („von der Wiege bis zur Bahre") und sich wesentlich dadurch die unverbrüchliche → Loyalität der Gefolgschaft sichert. Die westeuropäischen sozialdemokratischen Parteien und die betont katholische → Deutsche Zentrums-Partei sind hierfür exemplarisch. M. entstehen in soziodemographischen Großgruppen, die sich im politischen Entscheidungsprozeß und in der → Gesellschaft eklatant benachteiligt fühlen, aus dem Bestreben, diese Benachteiligung durch parteipolitische Aktivitäten zu überwinden.

Massenkommunikation
Im Unterschied zur direkten, interpersonalen → Kommunikation (Primärkommunikation) bezeichnet M. die öffentliche Verbreitung von Mitteilungen (Nachrichten, Symbole). Diese erfolgt über ein mit größerer Reichweite ausgestattetes technisches Medium (→ Massenmedien) an einen verstreuten, nicht eindeutig bestimmbaren Empfängerkreis (Publikum), dem die Vorinformation zur Interpretation der Mitteilungen weithin fehlt. Die über die M. verteilten Mitteilungen sind leicht zugänglich, für die Empfänger aber kaum zu kontrollieren und durch verstreut agierende → Individuen nur schwer zu diskutieren. Die Wirkung der M. wird jedoch durch die den Individuen eigenen Filter selektiver Wahrnehmung schon bei der Informationsaufnahme und -verarbeitung reduziert sowie in → Demokratien durch ein pluralistisches Massenmedienangebot ausbalanciert.

Massenlegitimation
→ Legitimation

Massenloyalität
In der Theorie des → Spätkapitalismus und der diesem als inhärent zugeschriebenen politischen und ökonomischen → Krisen (→ Krisentheorien) wird auf den zunehmenden Zwang zum → Staatsinterventionismus in den ökonomischen Prozeß zwecks Abschwächung ökonomischer und gesellschaftlicher Widersprüche und auf den zunehmenden Legitimationsbedarf des → Staates verwiesen. Der spätkapitalistische Staat sei gezwungen, → Legitimität selbst zu erzeugen; gelinge ihm die → Integration der Bevölkerung in das öko-

nomische und → politische System weitgehend bruchlos, sei M. gewährleistet. Eine weitverbreitete → Apathie werde dabei als systemfunktional in Kauf genommen. Die Vertreter dieser Theorie sehen die durch → Manipulation erzeugte M. im Gegensatz zu solcher Legitimität eines politischen Systems, die auf gesicherter demokratischer Basis beruht und daher im Spätkapitalismus nicht möglich sei. Anzeichen für eine solche → Legitimationskrise moderner → Gesellschaften konnten jedoch bisher empirisch nicht belegt werden.

Massenmedien

Auch: Massenkommunikationsmittel; im Prozeß der → Massenkommunikation eingesetzte Mittel (=Medien) der - kontinuierlichen - Informationsübermittlung an ein breites, nicht eindeutig bestimmbares Publikum. Der Begriff M. ist eine Sammelbezeichnung für → Presse (Print-M.: Zeitungen, Zeitschriften, Bücher), Radio, Fernsehen sowie Bild- und Tonträger der Unterhaltungselektronik. Die → Kommunikation zwischen Sendern und Empfängern von Informationen erfolgt indirekt (medial vermittelt) - und (abgesehen von einigen Versuchen mit „offenem Kanal" und Rückkanal bei den → neuen Medien) einseitig hin zum Publikum. Als Hauptquelle gesellschaftlicher Informationen und damit wichtiger Faktor der Meinungsbildung kommt den M. als ein Steuerungsinstrument komplexer → Gesellschaften empirisch wie normativ große Bedeutung zu. M. stellen politische → Öffentlichkeit her und übernehmen dabei Funktionen der Aufklärung, Machtkontrolle, Konsensbildung und sozialkulturellen → Integration. Sie sind deshalb für das Funktionieren demokratischer → Systeme unerläßlich und stehen in → Demokratien unter dem Schutz der → Meinungs-, Informations- und Pressefreiheit.

Massenorganisationen

1. Im Zuge der Entwicklung der modernen → Industriegesellschaften im 19. Jh. entstandene Großorganisationsform der → Parteien, → Vereine und → Verbände, die als „Agenturen" politischer, sozialökonomischer und kultureller → Interessen

größerer Bevölkerungsteile gegenüber dem → Staat wie auch konkurrierenden Interessenträgern fungieren.

2. In vormals wie in den noch existierenden orthodoxen kommunistischen → Systemen dien(t)en M. bzw. „gesellschaftliche Organisationen" nicht nur der Interessenartikulation für die Mitglieder. Sie sind vielmehr primär als „Transmissionsriemen" (Lenin) - teilweise mit Zwangsmitgliedschaft - Herrschaftsinstrument der → Partei zur politischen Beeinflussung und Lenkung der nicht parteiangehörigen Bevölkerungsmehrheit (→ Gewerkschaften, → Bauernverbände, Frauenverbände, Jugendorganisationen etc.).

Massenpartei

Wird weitgehend synonym verwandt mit → Massenintegrationspartei.
I.e.S. bezeichnet der Begriff M. eine mitgliederstarke → Partei mit einem gut ausgebauten Organisationsapparat aus haupt- und ehrenamtlichen Parteifunktionären. Als Organisationsprinzip (vgl. → Parteientypologie) kontrastieren M. zu → Honoratiorenparteien. Die Interaktion zwischen Mitgliedern und Inhabern von Parteiämtern ist hoch; der Parteiapparat tendiert nicht in dem Maße, wie dies etwa Robert Michels in seinem „ehernen → Gesetz der Oligarchie" (1911) noch unterstellt hat, zur Verselbständigung gegenüber der Mitgliederbasis. Die M. sind aus der → Arbeiterbewegung hervorgegangen als Gegenmodell zu den (groß-)bürgerlichen Honoratiorenparteien; da der einzelne Arbeiter seine Zeit nicht für die Partei einsetzen konnte, übernahm der Parteiapparat der M. diese Aufgabe. Die Parlamentsfraktion unterlag von Anfang an der Kontrolle durch die Parteiorganisation.

Maßnahmegesetz

Gesetzliche Regelung, die situationsbezogen - konkret zweckbestimmt, aus spezifischem Anlaß, für befristete Zeit, für einzelne Personen bzw. Fälle (→ Einzelfallgesetz) - getroffen wird. M. weichen insofern von der Grundidee der → Gesetze ab, deren Formprinzip die abstrakt-generelle Regelung von Lebenssachverhalten für eine unbegrenzte Zahl von Personen ist. Ursprünglich ein typisches Machtmittel → totalitärer Staaten, entsprechen M. dem heutigen staatlichen Bestreben nach flexibler administrativer Steuerung und Problemlösung, begünstigen jedoch die Verlagerung der Gewichte innerhalb des gewaltenteiligen → Systems zugunsten der → vollziehenden Gewalt, da die Erledigung von Einzelfällen prinzipiell bei der → Exekutive liegt.

Materialismus

1. *Philosophie*: In Entgegensetzung zu idealistischen Erklärungsansätzen, bereits in antiker Philosophie vorhandene Denkrichtung bzw. Erkenntnistheorie, welche die diesseitige Wirklichkeit, in ihrer Ausprägung als Natur, Leben, Geschichte, Geist und Seele auf stoffliche („materielle") Elemente zurückführt.

2. → *Marxismus*: Der → historische und → dialektische M. von Marx/ Engels greift diesen philosophischen Ansatz auf, kritisiert jedoch die bis dahin existierende Vorstellung eines allg., absoluten und unveränderlichen Seins. Für Marx/ Engels ist das Bewußtsein ein Reflex des materiellen Seins („Das Sein bestimmt das Bewußtsein"), es wirkt auf dieses aber auch schöpferisch und qualitativ verändernd zurück (→ Dialektik: → Basis und Überbau). Die sich wandelnde materielle Lebenslage (der sozioökonomische Prozeß) des Menschen verändert fortwährend sein Bewußtsein und die Strukturen seines sozialen Denkens. Treibendes Moment der Geschichte ist der Widerspruch zwischen den sich entfaltenden Produktivkräften und den bei Erreichen eines bestimmten historischen Entwicklungsstandes diese Entfaltung hemmenden Produktionsverhältnissen. In der → Krise des → Kapitalismus, die den Zusammenbruch der auf privater Verfügung und Profitmaximierung basierenden Produktionsweise einläutet, findet die → Klasse der ausgebeuteten Lohnarbeiter in der Ausformung eines revolutionären → Klassenbewußtseins „zu sich selber".

3. → *Wertwandel*: Als Kennzeichen des Wertwandels in modernen → Industriegesellschaften sieht Ronald Inglehart den Übergang vom M. (primär ökonomische Wertprioritäten) zum → Postmaterialismus (nichtmaterielle Wertpräferenzen) an. Theoretischer Hintergrund seines Ansatzes ist die Maslow'sche Bedürfnishierarchie, derzufolge „höhere" → Bedürfnisse erst nach Absättigung „niedrigerer" Bedürfnisse realisiert werden. Zur materialistischen Wertdimension gehören nach Inglehart physiologische (Essen, Kleidung, Wohnen) und sicherheitsbezogene (körperliche Unversehrtheit, Schutz vor innerer und äußerer Bedrohung) Bedürfnisse. Dem → Staat fallen v.a. die Aufgaben der Sicherheit und des wirtschaftlichen Wachstums zu. Derzeit dominieren noch die materiellen → Werte in den Industriegesellschaften.

MBFR

Abk. für → *M*utual *B*alanced *F*orce *R*eductions

MEDEF

Abk. für *M*ouvement *d*es *e*ntreprises *de France*; 1998 umbenannter französischer Dachverband der Unternehmer → CNPF.

Mediation

Lat./ engl. für Vermittlung; vermittelt wird im Kommunikationsprozeß zwischen Adressant und Adressat. Die Streitparteien suchen mit Hilfe eines neutralen Vermittlers (Mediators) in einem partnerschaftlichen Verfahren nach einem für alle Seiten akzeptablen Kompromiß und vermeiden so unproduktive → Konflikte (in Form von hierarchischen Steuerungseingriffen des → Staates oder Rechtsstreitigkeiten). Der Mediator verfolgt keine eigenen → Interessen und ist offen für alle Lösungsvorschläge der Beteiligten. Das (aus den USA stammende) flexible, kooperations- und konsensfördernde Verhandlungs- und Vermittlungsverfahren gewinnt in Deutschland im Verhältnis der → Bürger gegenüber Staat und Unternehmen zunehmende Bedeutung.

Medienpolitik

1. *Definition*. M. umfaßt die Gesamtheit der Maßnahmen des → politisch-administrativen Systems (→ Parteien, → Parlamente, → Regierungen und Ministerialverwaltungen auf allen staatlichen Ebenen), die direkt oder indirekt auf die Produktion, die Distribution und den Konsum

(Rezeption) massenmedial verbreiteter Inhalte einwirken.

Im Mittelpunkt des medienpolitischen Interesses stehen → Presse und Rundfunk, und hier in erster Linie das als besonders massenwirksam geltende Fernsehen. M. ist in ihren Erscheinungsformen so vielfältig wie kaum ein anderer Politikbereich. Sie wirkt gleichermaßen ein auf die strukturellen Voraussetzungen medialer Kommunikation wie auch auf deren Inhalte.

M. gliedert sich in:

1. → Ordnungspolitik (verfassungsmäßige und rechtliche Grundlagen für Produktion, Distribution und Rezeption von → Massenkommunikation),

2. Infrastruktur- und Ressourcenpolitik (technische und soziale → Infrastruktur, Forschung und Entwicklung, Personal, Finanzmittel, Organisation) und

3. Programm- und Informationspolitik.

Zur Umsetzung medienpolitischer Zielsetzungen stehen der → Politik verschiedene Instrumente zur Verfügung:

- Regulative Maßnahmen, insbesondere Ge- und Verbote in der Form von → Gesetzen, → Staatsverträgen, → Rechtsverordnungen, Verwaltungsrichtlinien usw.

- Staatliche (Vor-)Leistungen, insbesondere in Form von Infrastrukturinvestitionen der öffentlichen Hand.

- Materielle Anreize wie z. B. direkte Subventionen und Finanzzuweisungen oder indirekte Anreize durch Steuervorteile.

- Einflussnahmen auf die Besetzung von Führungspositionen im Medienbereich.

- Informationelle Beeinflussung der → Massenmedien, z. B. durch „Öffentlichkeitsarbeit".

2. Bestimmungsfaktoren der M. in verschiedenen massenkommunikationstheoretischen Ansätzen.

2.1 Zum Stand der Forschung. M. ist bislang in der sozialwissenschaftlichen Forschung nur ausschnitthaft thematisiert worden. Die vorhandenen Ansätze lassen sich im wesentlichen in drei Gruppen gliedern: normativ-demokratietheoretische, kritische und systemtheoretische Ansätze.

2.2 Normativ-demokratietheoretische Ansätze. Ausgangspunkt dieser Ansätze ist

meist eine gruppenpluralistische Variante der → Demokratietheorie, wonach sich alle relevanten gesellschaftlichen → Bedürfnisse und → Interessen verbandsförmig organisieren können, wenn sie am → politischen Prozess der verbindlichen Entscheidung über die Verteilung immaterieller und materieller → Werte und Güter in der → Gesellschaft partizipieren wollen. Den Massenmedien wird in diesem Zusammenhang in einer Mischung von funktionalistischer Deduktion und idealistischer Überhöhung beobachtbarer Wirklichkeit ein Katalog politischer Funktionen zugewiesen. Danach haben die Medien eine Informations-, Artikulations-, Kritik-/ Kontrollfunktion sowie eine Sozialisations-(Erziehungs-) und Bildungsfunktion. Zur Rolle des Staates wird bei diesen Ansätzen in der Regel wenig gesagt: Eher implizit wird dem als neutral gedachten Staat die Aufgabe zugedacht, durch ordnungspolitische und infrastrukturelle Maßnahmen die Funktionsfähigkeit der Massenkommunikation als „Medium und Faktor der öffentlichen Meinungsbildung" (→ Bundesverfassungsgericht) zu gewährleisten.

2.3 Kritische Ansätze. Vertreter dieser in der Tradition der → „Frankfurter Schule" stehenden Ansätze bemängeln an den demokratietheoretisch inspirierten Konzepten den auf Systemstabilisierung und Wahrung des politischen „Legitimationsscheins" (Offe) ausgerichteten ideologischen Charakter. Auch wird kritisiert, dass die Massenmedien zu wenig als Teil der für den → Kapitalismus ebenso typischen wie unverzichtbaren Kulturindustrie gesehen werden, in der Profitinteressen oberste Handlungsmaxime sind. Dementsprechend wird den Massenmedien in erster Linie ein Katalog manipulativer Funktionen zugeschrieben. Der Staat als Vertreter des Gesamtkapitalinteresses hat in diesem Kontext die Aufgabe, jede Verselbständigung der Massenmedien zu verhindern, was am zuverlässigsten dadurch gelingt, dass er sie den Gesetzmäßigkeiten der kapitalistischen Wirtschaft aussetzt.

2.4 Systemtheoretische Ansätze. Die ersten systemtheoretischen Ansätze konzipierten das Verhältnis von Politik und Massenkommunikation noch in der Sichtweise der

→ „politischen Kybernetik" von Karl W. Deutsch. Ausgangspunkt war die Vorstellung, dass Massenkommunikation integrales Funktionserfordernis aller Teilsysteme moderner Gesellschaften ist, dass Massenmedien neben den politischen und ökonomischen also auch noch genuin gesellschaftliche und soziale Funktionen haben (→ Integration, Sozialisation und Enkulturation, Mobilisierung im Hinblick auf den sozio-ökonomischen Wandel usw.). Aus diesem erweiterten Funktionskatalog erwachsen spezifische und in sich oft widersprüchliche Anforderungen an die M. Sie komplizieren sich zusätzlich durch die Annahme, dass der Staat nicht neutraler Sachwalter gesellschaftlicher → Interessen ist, sondern - als → Parteienstaat - seinerseits bestimmte Eigeninteressen ins Spiel bringt. Daraus wurde ein starkes Instrumentalisierungsbestreben des politischen gegenüber dem Mediensystem abgeleitet.

Neuere, insbesondere auf Luhmann rekurrierende systemtheoretische Ansätze verweisen auf die historische Bedingtheit dieser „Instrumentalisierungsthese" und betonen stattdessen die → Autonomie und „operationelle Schließung" des Mediensystems, das gleichwohl mit allen anderen gesellschaftlichen Funktionssystemen durch intensive Austauschprozesse verbunden ist. Allerdings dominiert dabei die eigene Handlungsrationalität des Mediensystems, die ganz auf die Interessen seiner je spezifischen Publika als „interner Umwelt" ausgerichtet ist. Interventionsversuchen des politischen Systems wird dementsprechend nur der Status von „Irritationen" zugemessen - ohne vorhersagbare Resonanz im „autopoietischen" System Publizistik (vgl. Marcinkowski 1993).

3. Erscheinungsformen der M.

3.1 M. in der Bundesrepublik Deutschland bis zur „Dualisierung" des Rundfunks. In dem schon vor Gründung der Bundesrepublik mit tätiger Hilfe der Alliierten entstandenen System von privatwirtschaftlich organisierter Presse und öffentlich-rechtlichem Rundfunk hat der → Bund lediglich Kompetenzen im Bereich des Verlagsrechts, der → Rahmengesetzgebung für Presse und Film sowie der auf die Außen-

darstellung der Bundesrepublik beschränkten Rundfunkanstalten (Deutschlandfunk und Deutsche Welle), ferner im Post- und Fernmeldesektor. Im übrigen ist M. Ländersache. Die mit der Einführung des Fernsehens rasch ansteigenden Begehrlichkeiten der → Bundesregierung, sich dieses neuen Mediums zu bemächtigen, veranlassten Adenauer 1960 zur Gründung der „Deutschland-Fernsehen GmbH", die jedoch im Folgejahr vom → Bundesverfassungsgericht wegen ihrer Konzipierung als Bundesfernsehen und wegen der zu großen Staatsnähe für verfassungswidrig erklärt wurde.

Nach dem Scheitern dieses Versuches verlagerten sich Aktivitäten der → CDU/ → CSU und im Gefolge die aller übrigen → Parteien zunächst von der Ordnungs- auf die Personalpolitik. Die Folge war eine Parteipolitisierung der Kontroll- und Entscheidungsgremien der Rundfunkanstalten; Führungspositionen wurden zunehmend nach parteipolitischem → Proporz besetzt. Die aktuelle politische Berichterstattung im Fernsehen nahm ihren typisch deutschen Verlautbarungs- und Ausgewogenheitscharakter an.

3.2 M. in Deutschland und anderen westlichen Demokratien in den 80er Jahren. Seitdem neue Übertragungstechniken (Satellit, Kabel), die Erschließung neuer Frequenzbereiche und neue Aufzeichnungstechniken die früher bestehenden Zugangsschwellen drastisch abgesenkt haben, hat sich die Lage grundlegend verändert. Unter dem Druck von Medienindustrie, Werbewirtschaft, unterhaltungssuchendem Massenpublikum und nicht zuletzt dem Druck der → EU-Kommission, dem europaweiten „freien Fluss der Informationen" die Wege zu öffnen, bröckelte die Legitimationsbasis für eine Fortführung der bisherigen interventionsstarken M. zunehmend ab. In Reaktion auf diese Entwicklungen haben sich in den letzten Jahren die deutsche wie zuvor schon andere westeuropäische Regierungen deutlich auf einen Kurs der → "Deregulierung" im Rundfunkbereich begeben (besonders deutlich zunächst Italien, später Großbritannien). Kernstück dieser „neuen M." war die „Dualisierung" des Rundfunks durch die Zulassung privat-kommerzieller Rundfunkanbieter und die Eröffnung verbesserter Einstiegs- und Wachstumschancen durch entsprechende Mediengesetze und → Staatsverträge.

3.3 Aktuelle Tendenzen der M. Stellenwert und Erscheinungsformen der M. haben sich zum Ende der 90er Jahre erneut deutlich verändert. Ursache hierfür sind - einmal mehr - technologische und ökonomische Entwicklungen im internationalen Mediensystem. Zu nennen ist hier an erster Stelle der als „technische Konvergenz" bezeichnete Prozess des Zusammenwachsens von Rundfunk, Telekommunikation und Computertechnologie. Er wird ermöglicht durch die „Digitalisierung" der kommunizierten Daten- und Informationsströme und ihren weltweiten Austausch über vernetzte Netze, insbesondere das Internet. An zweiter Stelle ist auf die der technologischen Entwicklung folgende ökonomische Entwicklung zu verweisen, gekennzeichnet durch globale Konzentrations- und Fusionsprozesse der Telekommunikations- und Medienindustrie und einen enormen Anstieg ihrer Dienstleistungsangebote. Schon beginnen diese neuen Möglichkeiten der „Multimedia-Welt" herkömmliche Angebots- und Nutzungsstrukturen im Dienstleistungssektor zu verdrängen, so v. a. im Banken- und Börsenbereich, im Versandhandel, im Versicherungswesen, in der Touristik, der Unterhaltungsindustrie und nicht zuletzt in der → politischen Kommunikation.

Dieser rasche Strukturwandel stellt die M. aller betroffenen politischen Systeme vor neue Herausforderungen. Bisher funktionierende politische und rechtliche Regulierungsvorkehrungen in Bereichen wie dem Urheberrecht, der Datensicherung, dem Verbraucherschutz, dem Wettbewerbsrecht, dem Jugendschutz und dem weiten Feld der → Menschen- und → Bürgerrechte verändern sich grundlegend in ihren sozioökonomischen und technologischen „Geschäftsgrundlagen". Gefordert ist insbesondere eine neue M. als Ordnungspolitik. Wie eine solche Politik aussehen und wie sie inhaltlich so koordiniert werden könnte, dass sie formgebend auf die → Globalisierung und Vermachtung

der Märkte und Kapitalströme einwirken könnte, ist derzeit allerdings erst in Ansätzen erkennbar. Angesichts der schwindenden Interventionskraft nationalstaatlicher Regulierungsversuche kann die Lösung nur in supra- bzw. internationalen Ansätzen gesucht werden. Und das heißt unter den Bedingungen des sozial-entfesselten Neo-Kapitalismus tendenziell: eine Einigung auf dem kleinsten gemeinsamen Nenner der involvierten ökonomischen und politischen Interessen. Mit dem Dritten Rundfunkänderungs-Staatsvertrag von 1996 und dem „Telekommunikationsgesetz" vom selben Jahr wurden in der Bundesrepublik Deutschland erste Versuche unternommen, den neuen Entwicklungen in diesem turbulenten Feld Rechnung zu tragen. Der gewählte Ansatz ist aber, wie man schon heute erkennt, viel zu vage. Nach Meinung von Experten bietet er sehr viel Spielraum für eine weitere Konzentration und neue Kapitalverflechtungen im Multimedia-Sektor. Auch sind die Vorkehrungen zur Sicherung eines für die politische Kommunikation in der Demokratie hinreichend vielfältigen Medienangebots deutlich zu schwach. Die herkömmliche Idee des Rundfunks als „public service" verliert an Rückhalt. Stattdessen wächst die Akzeptanz der EU-Konzeption von Rundfunk als Ware und Dienstleistung (zum Überblick vgl. Medienbericht '98, Abschnitt G., S. 232 ff.). Praktisch begünstigt das die weitere Ausdehnung der Unterhaltungs- und Werbeangebote zulasten der Informations- und Bildungsprogramme. Und auch diese unterliegen der „Entertainisierung" , nachweisbar an der wachsenden Zahl von Human touch-Elementen in der politischen Berichterstattung, dem Trend zu mehr Sensationalismus, Negativismus und Gewaltdarstellung. Immer mehr Special interest-Angebote zerlegen das Publikum in „bewerbungsgerechte" Zielgruppen. Politisch erhebliche Anschlusskommunikation kommt unter diesen Umständen immer seltener zustande und die Wahrnehmung der „Medien- und Faktorfunktion" des Rundfunks wird erschwert.

Lit.: (Zu 2.2): *Wildenmann, R./ Kaltefleiter, W.*: Funktionen der Massenmedien, Frankfurt, Bonn 1965; (Zu 2.3): *Holzer, H.*: Massenkommunikation und Demokratie in der Bundesrepublik Deutschland, Opladen 1969; (Zu 2.4): *Marcinkowski; Frank*: Publizistik als autopoietisches System, Opladen 1993; (Zu 3.1): *Schatz, H. u.a.*: Medienpolitik, in: Beyme, K. von/ Schmidt, M. G. (Hg.): Politik in der Bundesrepublik Deutschland, Opladen 1990. (Zu 3.2): *Kleinsteuber, H. J. et al. (ed.)*: Electronic Media and Politics in Western Europe, Frankfurt 1986; (Zu 3.3): *Bertelsmann-Stiftung* (Hg.): Kommunikationsordnung 2000. Grundsatzpapier der Bertelsmann-Stiftung zu Leitlinien der zukünftigen Kommunikationsordnung, Gütersloh 1997; *Leggewie, C./ Maar, Chr.* (Hg.): Internet und Politik. Von der Zuschauer- zur Beteiligungsdemokratie? Köln 1998; ferner Medienbericht '98, *hrsg. vom Presse- und Informationsamt der Bundesregierung*, Bonn 1998.

Prof. Dr. Heribert Schatz, Duisburg

Mehrebenensystem
Bez. für übergreifendes Zusammenwirken mehrerer politischer Ebenen, die jeweils über eigenständige bzw. zugewiesene Zuständigkeiten verfügen. M. existieren sowohl innerhalb von - i.d.R. föderalistisch gegliederten - → Nationalstaaten als auch in Form supranationaler Zusammenschlüsse (z.B. → EU). M. sind Ausdruck einer vertikalen → Politikverflechtung, die institutionell verstetigt ist (durch → Verfassung, Rechtsnormen, Organisationen) und/ oder informell praktiziert wird (durch regelmäßige Konferenzen u.ä.).

Mehrheitsdemokratie
Typisierende Bez. der vergleichenden → Politikwissenschaft für demokratische → politische Systeme, die durch eine Dominanz des → Mehrheitsprinzips im → Regierungssystem gekennzeichnet sind. Gemäß Arend Lijphart zeichnet sich das „majoritarian model" idealtypisch durch eine Kombination von 9 Merkmalen aus: Einparteiregierung; Gewaltenmonismus bei faktischer Dominanz der → Regierung über das → Parlament; Unikameralismus oder eindeutiges Übergewicht der ersten über die zweite → Kammer (→ Zweikammersy-

stem); (zumindest faktisches) → Zweiparteiensystem; eindimensionale politische → Konfliktlinien (rechts/ links) von Bevölkerung und → Parteiensystem; → Mehrheitswahl; → Zentralismus; → ungeschriebene Verfassung und Parlamentssouveränität; Instrumente der → direkten Demokratie sind ohne realen Einfluß. Der M. gegenüber stellt Lijphart das „consensual model" (→ Konsens- bzw. → Konkordanzdemokratie). Die M. weist somit ähnliche Züge auf wie der Typus der → Konkurrenzdemokratie. Dem Idealtypus der M. entspricht ehestens noch Großbritanniens „Westminster Model". Die meisten → Staaten sind Mischformen zwischen „majoritarian" und „consensus model".

Mehrheitsprinzip
1. Regelungsmechanismus zur Austragung sozialer und politischer → Konflikte in demokratisch verfaßten Gruppen und → Gesellschaften. Die in der → Abstimmung unterlegene → Minderheit (s.a. → Minderheitenschutz) ist zwar an die Entscheidung der Mehrheit gebunden, behält jedoch die Möglichkeit, in den folgenden Abstimmungen die Mehrheit zu erringen (vgl. im Gegensatz dazu → Proporz).

Es wird unterschieden: 1. → relative Mehrheit (mehr Stimmen als jede andere Alternative); 2. → absolute Mehrheit (mehr als 50 %); 3. → qualifizierte Mehrheit (z.B. Erfordernis der 2/3-Zustimmung). Noch weiter als die qualifizierte Mehrheit reicht das Konsensprinzip, das eine - u.U. nach Problemwichtigkeit abgestufte - weitgehende Übereinkunft aller Gruppenmitglieder bzw. Betroffenen verlangt als Voraussetzung dafür, eine gefällte Entscheidung allgemein anzuerkennen. Das Konsensprinzip enthält somit einen ausgeprägten Minderheitenschutz, indem es der Minderheit eine Sperr- oder sogar Vetomöglichkeit einräumt; es ist v.a. in stark fraktionierten Gesellschaften mit strukturellen Minderheiten dem M. überlegen. Das M. hat gegenüber dem Konsensprinzip und der Einstimmigkeitsregel nicht nur den Vorteil der Praktikabilität, sondern auch der demokratischen → Legitimität; denn da sich bei Abstimmungen vormalige Minderheiten prinzipiell zu neuen Mehrheiten formieren können, ist die

Mehrheitsregel

Durchsetzung des Mehrheitswillens gerechter als andere Regelungsmechanismen.
2. Als Wahlverfahren zu Repräsentativkörperschaften entspricht dem M. die → Mehrheitswahl und steht so dem Proporz bzw. der → Verhältniswahl gegenüber.

Mehrheitsregel

⇒ Mehrheitsprinzip

Mehrheitswahl

M. und → Verhältniswahl sind die beiden Grundtypen der → Wahlsysteme (→ Wahlen und Wahlsysteme). Das Wahlgebiet wird bei M. in (möglichst gleich große) → Wahlkreise eingeteilt, in denen i.d.R. jeweils ein → Abgeordneter (→ Wahlkreisabgeordnete) direkt gewählt wird. Je nach Art der M. genügt zur Erringung eines → Mandats die → relative Mehrheit (mehr Stimmen als jeder andere Mitbewerber), oder es bedarf im ersten Wahlgang der → absoluten Mehrheit (mindestens 50 % plus eine Stimme). Wird diese verfehlt, findet ein zweiter Wahlgang statt, in dem es entweder zu einer → Stichwahl zwischen den beiden Kandidaten mit den meisten Stimmen kommt (Normalfall der absoluten M.), oder bei dem alle Kandidaten des ersten Wahlganges nochmals (und evtl. neue) antreten und wobei dann die einfache (also relative) Mehrheit ausreicht (→ romanische M.). Bei vorzeitigem Ausscheiden von Gewählten findet eine → Nachwahl statt. Im Vergleich zur Verhältniswahl entfalten Systeme der M. eine Konzentrationswirkung im → Parteiensystem und eine erhöhte Wahrscheinlichkeit regierungsfähiger Mehrheiten.

Mehrparteiensystem

→ Parteiensysteme werden (gemäß einem üblichen Klassifizierungskriterium) anhand der Anzahl der → Parteien nach den beiden Haupttypen → Einparteiensystem und M. unterschieden. Das M. wird wiederum in → Zweiparteiensystem und → Vielparteiensystem unterteilt. Ein anderes Gliederungsschema unterscheidet die 4 gleichgewichtigen Haupttypen Einparteiensystem, Zweiparteiensystem, M. und Vielparteiensystem; M. bestehen hierbei aus 3 bis 5 Parteien, die im Parteienwettbewerb eine relevante Rolle

Meinungs-, Informations- und Pressefreiheit

spielen (diese Abgrenzung zum Vielparteiensystem ist jedoch nicht unproblematisch). Beide Gliederungsschemata verwenden lediglich die Zahl der Parteien als Einteilungskriterium.

M. als eigenständiger Haupttypus mit 3 bis 5 relevanten Parteien weisen i.d.R. → Koalitionsregierungen auf, da nur selten eine Partei die → absolute Mehrheit erringen kann. Parteienvielzahl und Koalitionszwang sind primär darauf zurückzuführen, daß als → Wahlsystem die → Verhältniswahl angewandt wird. Modifikationen im → System der Verhältniswahl, die → politische Kultur eines → Landes und andere Faktoren verhindern jedoch eine weitergehende Fragmentierung zu einem Vielparteiensystem. M. sind meist durch Bipolarität konkurrierender „Lager" bzw. Parteienblöcke gekennzeichnet, was auch die Koalitionsmöglichkeiten der einzelnen Parteien einschränkt.

Mehrwertsteuer/ MWSt

→ Umsatzsteuer

Mehrwerttheorie

Zentraler Bestandteil der marxistischen Ausbeutungstheorie (→ Marxismus). Im → Kapitalismus werde die Arbeitskraft zur Ware, deren Wert durch die Kosten zu ihrer Wiederherstellung bestimmt sei (Reproduktionskosten). Da der Kapitalist dem Arbeiter nicht das Äquivalent des Marktwertes der von diesem geschaffenen Produkte bezahle, sondern nur den Tauschwert der Arbeit (d.h. die Reproduktionskosten), stelle die Differenz zwischen beiden Positionen den Mehrwert des Kapitalisten (seinen Profit) dar.

Meinungsforschung

Im Deutschen gebräuchliche Bez. für ⇒ Demoskopie.

Meinungs-, Informations- und Pressefreiheit

Lt. grundrechtlicher Normierung in Art. 5 GG die → Freiheit, die eigene Meinung in Wort, Schrift und Bild zu äußern und sich ungehindert aus allgemein zugänglichen Quellen zu unterrichten; Oberbegriff: Meinungsfreiheit. Als fundamentales → Grund-

und Freiheitsrecht eine Grundvoraussetzung aller politischen und persönlichen Selbstbestimmung. M. ist unabdingbar für die Entstehung → öffentlicher Meinung, für demokratische Willensbildungs- und Entscheidungsprozesse sowie als wirksamer Schutz gegen die Ausgrenzung von → Minderheiten. Eine Einschränkung des → Grundrechts ist nur durch allgemeine → Gesetze möglich, die aber nicht den Wesensgehalt der M. antasten dürfen.

1. *Freiheit der Meinungsäußerung* umfaßt die Meinungsäußerung und Meinungsbildung in jeder Form.

2. *Informationsfreiheit* als Voraussetzung zur Freiheit der Meinungsäußerung erfordert die ungehinderte Aufnahme von Informationen, insbes. aus → Massenmedien.

3. → *Pressefreiheit* ist eine Konkretion von Meinungsäußerungs- und Informationsfreiheit, die für ein demokratisches Gemeinwesen konstitutiv ist.

Meinungsklima
Von Elisabeth Noelle-Neumann 1976 in die öffentliche Diskussion eingeführter sozialpsychologischer Faktor zur Erklärung insbes. medienvermittelter Einflüsse auf das → Wahlverhalten. Lt. Noelle-Neumann entsteht (und verändert sich) M. infolge der menschlichen Fähigkeit, „Häufigkeitsverteilung von Meinung in der Umwelt abzuschätzen". Werde das M. in der öffentlichen Wahrnehmung stark genug von einer politischen Richtung geprägt, neigten insbes. unsichere Menschen - aus Furcht, sich zu isolieren - dazu, ihre Meinung (und Wahlabsicht) der - vorgeblich - herrschenden Meinung anzupassen. Auf die Annahme des Wirkungsmechanismus der M. baut die Theorie der → Schweigespirale, als des Einflusses des Fernsehens auf Wähler, auf.

Menschenrechte
Vorstellung von natürlichen, übergesetzlichen und unverlierbaren Freiheitsrechten der einzelnen. Unter M. wird somit derjenige Teil der Grundrechte (s.a. → Grund- und Menschenrechte) verstanden, der allen Menschen zu eigen ist; → Bürgerrechte hingegen sind den jeweiligen Staatsangehörigen vorbehalten.

Menschenrechtsbewegungen
Die Verweigerung elementarer persönlicher und politischer Freiheitsrechte (→ Grund- und Menschenrechte) in → Ländern der → Dritten Welt, in → Militärregimen und im ehem. → Ostblock führte zur Entstehung von Bewegungen, deren Ziel die Einforderung der → Menschenrechte ist. M. treten vornehmlich für eine Verwirklichung der UNO-Menschenrechtskonvention und anderer supranationaler Abkommen (z.B. die Schlußakte der → KSZE von 1975) ein. M. haben sich in undemokratischen → Systemen immer wieder als ein Instrument moralischer Anklage der staatlichen Repression erwiesen, den Legitimationsdruck auf die → Regierungen verstärkt und als Katalysator oppositioneller Gruppen fungiert.

Menschenrechtskonventionen
Seit dem 2. Weltkrieg sind eine Reihe von supranationalen Abkommen zur allseitigen Garantierung der → Menschenrechte in Kraft getreten. Hierzu zählen auf UNO-Ebene - neben der → UN-Charta - vornehmlich die Allgemeine Erklärung der Menschenrechte (1948), der Internationale Pakt über bürgerliche und politische Rechte (1966) und der Internationale Pakt über wirtschaftliche, soziale und kulturelle Rechte (1966). Ferner existieren regionale Abkommen zur Verwirklichung der Menschenrechte, z.B. die Schlußakte der → KSZE von 1975. Diese M. wurden auch von → Staaten unterzeichnet, die selbst die elementaren persönlichen und politischen Freiheitsrechte in ihrem → Lande verletzten. Die M. gaben in vielen dieser Länder den Anstoß zur Gründung von → Menschenrechtsbewegungen. Als Mittel zur Durchsetzung der M. bleibt meist nur der moralische Druck über öffentliche Kampagnen. Materielle Sanktionen (→ Boykotte, → Embargo) sind sehr viel seltener (und meist ebensowenig erfolgreich).

Menschewiki
Russ. für Minderheitler; sozialdemokratisch-reformerischer Flügel der russ. → Arbeiterbewegung, der den radikal-revolutionären Anhängern W.I. Lenins (→ Bolschewiki = Mehrheitler) auf dem 2. Parteitag der Russischen Sozialdemokratischen Ar-

beiterpartei (1903 in London) bei der → Abstimmung über das Parteiprogramm als zufällige → Minderheit unterlag. Die M. wandten sich gegen Lenins revolutionäre Prinzipien der → Kaderpartei, → Avantgarde, des → demokratischem Zentralismus und der → Diktatur des Proletariats. Nach der → Oktoberrevolution wurden die M. bereits Anfang der 20er Jahre von den Bolschewiki politisch entmachtet; ihre Führung wurde verfolgt und z.T. liquidiert.

Meritokratie
→ Merit-System

Merit-System
Aufstiegssystem in Organisationen, das sich an Leistungen für und Verdienste (Meriten) um die betreffende Organisation ausrichtet. Die organisationsinterne Statushierarchie basiert hierbei allein auf Begabung und Leistungsfähigkeit (s.a. → Leistungsprinzip). Das M. steht im Gegensatz zu Karrieresystemen, in denen Aufstieg primär aufgrund von Abstammung (z.B. Adel), Anciennität (Dienstalter entsprechend dem → Laufbahnprinzip) oder → Wahl erfolgt. Als Extremform des M. gilt die Meritokratie, eine auf Begabung, Leistungen und Verdiensten beruhende Herrschaftsordnung.

Merkantilismus
→ Wirtschaftssystem absolutistischer → Staaten im Westeuropa des 16. bis 18. Jh., das die inländische Güterproduktion förderte. Nach staatlichen Vorschriften sollte die inländische Wirtschaft ausgebaut und nach außen u.a. mit → Schutzzöllen abgesichert werden. Frühe Form von → Protektionismus, die Außenhandel lediglich zur Erzielung von Außenhandelsüberschüssen betrieb.

Metropole
Griech. für Mutterstadt; ursprünglich Bez. für die Hauptstadt eines → Staates. Heute i.w.S. gebraucht für städtische Verdichtungsräume, die als Ballungszentren den Mittelpunkt angrenzender → Regionen darstellen.

Mieterschutz
Gesamtheit zivilrechtlicher Vorschriften, welcher die Mieter von Wohnungen gegen ungerechtfertigte Kündigungen, unbillige Mieterhöhungen etc. schützen sollen. Die Vertragsfreiheit wird zugunsten des Mieters erheblich eingeschränkt. Die Vorschriften sind in → BGB, Wohnraumkündigungsgesetz und „Gesetz zur Regelung der Miethöhe" fixiert.

Migration
Wanderungsbewegungen von → Individuen, Gruppen oder → Gesellschaften. M. führt als grenzüberschreitende räumliche (regionale, geographische) Mobilität zu einer längerfristigen oder endgültigen Wohnsitzverlagerung. Man unterscheidet intra- (z.B. → Land - → Stadt), interregionale und internationale Wanderungsbewegungen. Ursachen der M. waren und sind v.a. Machtverschiebungen, Bevölkerungsexplosion, Unterdrückung politischer, ethnischer und religiöser → Minderheiten, kriegsbedingte Vertreibung, wirtschaftliche Anreize bzw. Ungleichheiten.

Milieu
Franz. für „Umwelt"; in den → Sozialwissenschaften Bez. für die Gesamtheit des natürlichen und v.a. sozialen Umfelds eines → Individuums oder einer Gruppe. Gegenstand bzw. Grundannahme wissenschaftlicher Untersuchungen sind die Einflüsse sozialer Lebensumstände (z.B. Erziehung) auf die Entwicklung sozialen Handelns und auf aktuelle Entscheidungen; der Mensch wird primär als Produkt seiner Umwelt aufgefaßt, von der er in seinem sozialen Verhalten geprägt ist. Das M. beeinflußt dabei, als eine sozialkulturell spezifische und historisch tradierte Daseinsform innerhalb der Gesamtgesellschaft, positiv oder negativ den Lebensweg (aufgrund der jeweils durchlaufenen → Sozialisation). Es wirkt sich als „Sozialmilieu" auch auf das → politische Verhalten von Individuen und sozialen Gruppen aus.

Militärattaché
Als Offizier und Angehöriger der → Gesandtschaft eines → Staates zuständig für die Pflege der militärischen Seite der diplomatischen Beziehungen zwischen Entsendungs- und Gastland.

Militärhilfe

Unterstützung befreundeter → Staaten bzw. → Regime durch Lieferung von Waffen und sonstigem militärischem Gerät, Leistungen für die militärische → Infrastruktur und die Ausbildung militärischen Personals. M. wird i.d.R. zusammen mit wirtschaftlicher → Entwicklungshilfe geleistet. M. dient der Stabilisierung eigener wirtschafts- oder machtpolitischer Interessensphären. Die deutsche M. wird größtenteils an NATO-Mitgliedsländer vergeben; sie darf nicht in Spannungsgebiete gehen.

Militärischer Abschirmdienst/ MAD

Im Zuständigkeitsbereich des Amtes für die Sicherheit der → Bundeswehr angesiedelte → Behörde. Ihr obliegt der Schutz der eigenen Streitkräfte gegen fremde Ausspähung, Sabotage und Subversion.

militärisch-industrieller Komplex

Engl.: military-industrial complex; vom US-amerikanischen → Präsidenten Eisenhower (einem ehem. General) in seiner Abschiedsrede 1961 kreierter Begriff für die der → Öffentlichkeit nicht sichtbare und unkontrollierte Interessenverflechtung zwischen Militär und Rüstungsindustrie. Die Ausdifferenzierung in einzelne, weitgehend autonome Politikfelder (subsystems), die eine Zusammenarbeit zum gegenseitigen Vorteil ermöglicht, ist ein Kennzeichen des → Regierungssystems der USA. Der m. erlangt sein besonderes Gewicht durch den Umfang der in den Rüstungssektor fließenden öffentlichen Haushaltsmittel, den häufigen Rollenwechsel zwischen Staatsdienst im → Pentagon und privatwirtschaftlichen Rüstungsberatern (consultants) sowie des „Eisernen Dreiecks" (Iron Triangle), in welchem militärische Administration, Rüstungsindustrie und Verteidigungsausschüsse des → Kongresses bei der Vergabe von Rüstungsaufträgen zusammenwirken. Im Bereich der → politischen Theorie wurde die Diskussion um den m. mit der Theorie des → Monopolkapitalismus verwoben.

Militarismus

Dominanz militärischer Wertvorstellungen, Denk- und Verhaltensweisen in nichtmilitärischen Bereichen von → Politik und → Gesellschaft. Nach 1860 tauchte der Begriff im französischen und deutschen Schrifttum auf. Kennzeichen des „klassischen" M. sind u.a. die bevorzugte Stellung des Militärs in → Staat und Gesellschaft, Vorrang der Wehrpolitik gegenüber anderen Politikfeldern, positive Bewertung des Krieges, Adaption hierarchischer Kommandostrukturen und sog. soldatischer Tugenden (Gehorsam, Manneszucht etc.) in Wirtschaftsleben und sozialen Beziehungen; M. entsteht i.d.R. als Produkt eines innen- oder außenpolitischen Bedrohungssyndroms. In der älteren marxistischen und kommunistischen → Ideologie bezeichnet M. die inneren Ausbeutungs- und Unterdrückungsmechanismus von kapitalistischen Klassenstaaten sowie deren imperialistischen Expansionsdrang nach außen. Von der wissenschaftlichen Forschung wurden militaristische Staats- bzw. Gesellschaftsstrukturen v.a. in Preußen gesehen, nach dem 2. Weltkrieg auch in → Entwicklungsländern und in kommunistischen Staaten. Mit Verweis auf die strukturelle Verflechtung zwischen Armee und Wirtschaftsinteressen, militärischer Technologieforschung und politischer Rüstungslobby (insbes. in den USA) plädierten v.a. in den 70er und 80er Jahren Vertreter der → Friedensforschung für einen erweiterten M.-Begriff (s.a. → militärisch-industrieller Komplex). Zumindest für die Analyse entwickelter industrieller → Systeme erscheint der M.-Ansatz heute unergiebig.

Militärpolitik

Eingebettet in (inter-)nationale → Sicherheitspolitik, umfaßt M. den Sektor militärischer Ausgaben, Aufgabenplanung und Rüstungspraxis.

Militärregime

1. Innerstaatlich: Militärdiktatur; von einzelnen Armeeangehörigen oder einem Offizierskollektiv (→ Junta) geführtes → autoritäres Regime, das, den Vorteil des bewaffneten → Gewaltmonopols ausspielend, oft in → Krisen oder Schwächeperioden parlamentarischer → Systeme durch → Staatsstreich an die → Macht kommt und → Politik und → Gesellschaft ein i.d.R. undemokratisches Ordnungsprinzip aufnötigt.

2. Zwischenstaatlich: Ausübung der obersten → Gewalt in besetzten Gebieten eines anderen → Staates durch militärische Organe des Siegerstaates.

Minderheit

→ Minorität

Im allg. Sinne eine in der Minderzahl befindliche Teilgruppe, die sich deshalb (etwa bei → Abstimmungen) nicht durchsetzen kann; im (engeren) politischen Sinne eine gesellschaftliche Teilformation, die sich aufgrund soziodemographischer Merkmale (z.B. Rasse, Religion, Sprache) oder politischer Überzeugungen von der Mehrheit (→ Mehrheitsprinzip) abhebt. Minderheitenpositionen werden anhand der Werte und → Normen sozial und politisch herrschender Gruppen definiert und häufig entsprechend diskriminiert. So können auch numerische Mehrheiten (z.B. bis 1993 Schwarze in Südafrika [→ Apartheid]) benachteiligt werden. Die Begriffe M. und benachteiligte Gruppen werden deshalb meist synonym verwandt.

Minderheitenschutz

→ Minderheiten unterliegen oft der sozialen Diskriminierung, politischen Unterdrückung und politischen Verfolgung, im Extremfall sogar der systematischen physischen Ausrottung (Genozid). Mitunter dient die Ausgrenzung von Minderheiten seitens der Mehrheit dazu, von internen → Konflikten abzulenken und so die Geschlossenheit der eigenen Gruppe zu sichern. Ein M. sichert die Existenzrechte v.a. solcher Teilpopulationen, die aufgrund soziodemographischer Merkmale (z.B. → Ethnie, Rasse, Religion, Sprache) permanente Minderheiten bilden. Der historische Prozeß nationalstaatlicher Formierung (→ Nation/ Nationalismus) zeigt Beispiele solcher Kulturkonflikte v.a. allem dort, wo ein Staatswesen unterschiedliche → Nationalitäten vereint(e).

Die meisten → Verfassungen demokratischer → Gesellschaften garantieren den M. durch die Verankerung von → Grund- bzw. Menschenrechten. Innerstaatliche institutionelle Vorkehrungen des M. sind u.a.: → Föderalismus, Konsens- statt → Mehrheitsprinzip im politischen Entscheidungs-

prozeß, Veto- oder Blockademöglichkeiten von Minderheiten, unabhängige Gerichtsbarkeit.

Minderheitsregierungen

M. entstehen in → parlamentarischen Regierungssystemen dann, wenn eine → Regierung im → Parlament nicht über die notwendige Mehrheit an → Mandaten verfügt. In → präsidentiellen Regierungssystemen kommen sie nicht vor, weil dort die Regierung nicht vom Vertrauen der Parlamentsmehrheit abhängig ist. M. sind darauf angewiesen, daß andere Parlamentsfraktionen sie entweder punktuell tolerieren und damit wechselnde Mehrheiten schaffen, oder aber die Regierung dauerhaft stützen. Letzteres geschieht häufig auf der Grundlage von festen Kooperationsabsprachen. Das Entstehen von M. wird durch institutionelle Faktoren begünstigt, z.B. wenn eine Regierung keiner förmlichen Investitur durch das Parlament bedarf, um ins → Amt zu kommen. Daneben spielen Faktoren → politischer Kultur eine Rolle. M. werden als typisches Phänomen vor allem → Konsensdemokratien zugeordnet, wenn diese von → Parteiensystemen geprägt sind, die stark fragmentiert und wenig polarisiert sind.

M. wurden in frühen Koalitionsanalysen als Anomalien bewertet, weil tolerierende oder stützende → Fraktionen auf ihren „Gewinn" in Form von Regierungsämtern verzichten. Gleichwohl sind M. keine Ausnahmeerscheinung, sondern stellen in westlichen parlamentarischen Regierungssystemen rd. 1/3 aller Fälle dar. M. sind keineswegs immer „defekte" Regierungen, die im Parlament ihre Mehrheit verloren oder lediglich knapp verfehlt haben. Viele M. verfügen über weit weniger als 45 % der Mandate. Erklärt wurden M. deshalb dadurch, daß tolerierende oder stützende → Parteien ihren „Gewinn" dadurch realisieren, daß sie politische Inhalte auch aus der Oppositionsrolle heraus beeinflussen können. M. begünstigende Faktoren sind ein einflußreiches parlamentarisches Ausschußwesen oder korporatistische Strukturen. Oppositionsparteien sparen sich gleichzeitig die „Kosten des → Regierens", weil amtierende Regierungen zumeist eine rückläufige Zustimmung durch die Wähler zu verzeichnen haben.

M. wird oftmals eine verminderte Leistungsfähigkeit und Stabilität zugeschrieben. Vergleichende Untersuchungen haben jedoch gezeigt, daß die Stabilität von M. weniger stark von anderen Koalitionstypen abweicht als gemeinhin angenommen. Auch die Leistungsfähigkeit hängt nicht vorrangig vom Format einer Regierung ab, sondern von der Kooperationswilligkeit der politischen Akteure und deren Orientierung am gemeinen Nutzen. Grundsätzlich sind auch M. in der Lage, redistributive Maßnahmen durchzuführen.

Minister

Mitglied der → Regierung (mit landes- bzw. regionalspezifischer Bez.). I.d.R. mit politischer Leitungsbefugnis einer obersten Verwaltungsbehörde (→ Ministerium) versehen (Ausnahmen: M. ohne Geschäftsbereich, Sonder-M., → Staatsminister der → Bundesregierung), mit Sitz und Stimme im → Kabinett. In → parlamentarischen Regierungssystemen ist der M. gegenüber dem → Parlament rechenschaftspflichtig und für die Amtsführung politisch verantwortlich (→ Ministerverantwortlichkeit).

Ministeranklage

Möglichkeit, → Minister wegen Verstoßes gegen → Verfassung oder → Gesetze rechtlich belangen zu können. Die M. erfolgt entweder vor einem Gericht (als Regelfall) oder vor einer → Kammer des → Parlaments; als ein unpolitischer Gerichtsprozeß kann sie in keinem Fall angesehen werden, da sie in der Realität letztendlich der politischen → Ministerverantwortlichkeit dient. Die M. erfolgt aufgrund eines mehrheitlich gefaßten Parlamentsbeschlusses. Im Zuge der Ausbildung des → Parlamentarismus entwickelt, handelt es sich bei der M. historisch um eine Vorform der parlamentarischen Ministerverantwortlichkeit, die mit dem Ziel der Amtsenthebung oder der gerichtlichen Sanktionierung durchgeführt wurde; sie war den Bedingungen der damaligen → Monarchien angepaßt. Heute hat sie keine Bedeutung mehr, sie fehlt in fast allen Verfassungen, auch im → Grundgesetz; in den Verfassungen der

meisten → Bundesländer ist sie jedoch in unterschiedlichen Formen vorgesehen.

Ministererlaubnis

1. Gemäß Art. 112 GG bedürfen über- und außerplanmäßige Ausgaben der Zustimmung des Bundesfinanzministers. Diese darf nur im Falle eines unvorhergesehenen und unabweisbaren Bedürfnisses erteilt werden.

2. Das → Bundeskartellamt kann einen Antrag auf Firmenfusion ablehnen (Abmahnung), sofern das neue Unternehmen eine marktbeherrschende Stellung einnehmen würde. Die betroffenen Firmen können dann beim Bundeswirtschaftsminister einen Antrag auf die sog. M. stellen. Voraussetzung für diese ist gemäß dem Gesetz gegen Wettbewerbsbeschränkungen (GWB), daß im Antragsfall die Wettbewerbsbeschränkung von den gesamtwirtschaftlichen Vorteilen der Fusion aufgewogen wird oder diese durch ein überragendes → Interesse der Allgemeinheit gerechtfertigt ist. Die M. kann mit Auflagen verbunden werden.

Ministerialbürokratie

Die M. bildet die Leitungsebene der öffentlichen → Verwaltung in → Bund und → Ländern. Sie kann gegenüber der politischen Spitze (→ Regierung, zuständiger → Minister) und gegenüber dem → Parlament als eigenständiger politischer Faktor agieren, einmal aufgrund ihrer fachlichen Spezialisierung, zum anderen aufgrund der zunehmenden Tendenz zur Übernahme von Programmentwicklungsfunktionen. Sie überschreitet damit faktisch die Grenze der ihr formal zugewiesenen Funktionen, die in der Vorbereitung, Planung, Ausführung und Vollzugskontrolle parlamentarischer Entscheidungen bestehen.

Ministerium

Oberste → Behörde der öffentlichen → Bundes- oder → Landesverwaltung, mit eigenständigem Sachbereich. Sie wird geleitet von einem Regierungsmitglied, dem → Minister; dieser wird durch beamtete → Staatssekretäre in der Leitung des M. unterstützt. Das M. gliedert sich in (Haupt-) Abteilungen, Unterabteilungen und → Referate. Zu den Aufgaben eines M. gehören die vorbereitende Mitwirkung an der gesetzgebenden Tätigkeit sowie die Ausführung und Vollzugskontrolle der verabschiedeten → Gesetze.

Ministerium für Staatssicherheit/ MfS
1950-53 und 1955-89 war der → Staatssicherheitsdienst der DDR als eigenständiges M. organisiert.

Ministerpräsident
Chef der → Regierung in → parlamentarischen oder → semi-präsidentiellen Regierungssystemen; auch: Kanzler (→ Bundeskanzler) oder → Premierminister. In der Bundesrepublik werden die Regierungschefs der Flächenstaaten M. genannt. I.d.R. beruft und entläßt der M. die Mitglieder seiner Regierung, er allein bestimmt die Richtlinien der → Politik; Ausnahmen sind die semi-präsidentiellen Regierungssysteme und die Kollegialsysteme in parlamentarisch organisierten → Ländern.

Ministerpräsidentenkonferenz
In der Phase der Vorgeschichte der Bundesrepublik 1946-49 als Koordinationsgremium der deutschen Regionalverwaltungen (→ Länder, Provinzen) gegenüber den Militärgouverneuren der 3 westlichen → Besatzungszonen konstituiert, wurde die M. Ende 1952 wiederbelebt als Gegengewicht zur zunehmenden Kompetenzausweitung des → Bundes. V.a. die Zunahme der → konkurrierenden Gesetzgebung führte (ab 1954) zu einer Verstetigung dieser Treffen, die mindestens einmal im Jahr stattfinden. Die M. ist - neben den → Fachministerkonferenzen - zu einer wichtigen Einrichtung der Interessenabstimmung der → Bundesländer gegenüber dem Bund geworden.

Ministerrat
1. *allg.*: Bez. für → Regierung als Kollegialorgan (z.B. in Frankreich).

2. *M. der DDR*: Unter dem 1952 eingeführten Begriff „M." war dieser bis 1989/90 Teil der kollektiven Staatsführung der DDR. Nach 1960, mit der Gründung des → Staatsrates (sowie des → Nationalen Verteidigungsrates), gingen auf diesen zunehmend Regierungsfunktionen (und Parlamentsfunktionen) über. Der M. wurde zum „Exekutivorgan der → Volkskammer und des Staatsrates" mit Koordinierungs- und Führungsaufgaben der staatlichen → Verwaltung, v.a. im volkswirtschaftlichen Sektor. Bestimmende Kraft war - direkt oder über den Staatsrat - aufgrund des Prinzips des → demokratischen Zentralismus die → SED, die von Anfang an den Vorsitzenden und die Mehrheit der Mitglieder stellte.

Der Vorsitzende des M. wurde auf Vorschlag der stärksten → Fraktion - bis Anfang 1990 die SED - von der Volkskammer gewählt; er schlug die anderen Mitglieder vor. Von den (vor der Wende 1989) über 40 Mitgliedern waren die meisten mit Wirtschafts- und Industriefragen befaßt; hinzu kamen viele → Ämter und Komitees, z.B. die Staatliche Plankommission. Um den M. arbeitsfähig zu erhalten, wurde ein 16 Personen umfassendes Präsidium des M. gebildet.

Nach dem Wandel in der DDR Ende 1989 wurden Anfang 1990 Vertreter aller → Parteien und Basisbewegungen des → Runden Tisches als → „Minister ohne Geschäftsbereich" (d.h., mit Aufsichts- und Kontrollfunktionen namens der neuen demokratischen Bewegungen) in den M. berufen. Nach der ersten freiem Wahl vom 18.3.1990 wurde der M. ausführendes Organ der Regierungskoalition, der demokratisch legitimierten Volkskammermehrheit.

Mit der → Wiedervereinigung am 3.10.1990 endeten die staatlichen → Institutionen der DDR.

3. *M. der Europäischen Union*
Offiz. Bez. seit Ende 1993: Rat der Europäischen Union.
Setzt sich zusammen aus den jeweiligen Fachministern der Mitgliedsstaaten der → EU (daher auch heute noch gelegentlich M. genannt); an den Sitzungen nehmen Vertreter der → Europäischen Kommission teil. Trotz zunehmender Bedeutung des → Europäischen Parlaments für die → Gesetzgebung hat der M. weiterhin eine dominante Position als → Legislative (das Initiativrecht liegt überwiegend bei der Europäischen Kommission). Das Parlament kann in den meisten Fällen lediglich seine

Zustimmung verweigern oder den Wortlaut ändern (→ Verfahren der Zusammmenarbeit); darüber kann sich der Rat nur mit einer einstimmigen Entscheidung hinwegsetzen. Es gibt also eine doppelte → Legitimität von Rat und Parlament. Der den → Maastrichter Vertrag weiterführende → Amsterdamer Vertrag stärkt die Position des → Parlaments gegenüber dem M. bzw. Rat der EU (→ Verfahren der Mitentscheidung). Der Rat tagt fast wöchentlich in unterschiedlicher ressortspezifischer Zusammensetzung (z.B. Agrarminister, Außenminister, Finanzminister, Wirtschaftsminister). Die einzelnen → Länder besitzen ein an ihre Einwohnerzahl angelehntes Stimmengewicht.

Ministerverantwortlichkeit

Verantwortlich gegenüber dem → Parlament ist in der Bundesrepublik allein der → Bundeskanzler, der die Richtlinien der → Politik bestimmt. Innerhalb dieser → Richtlinienkompetenz leitet jeder → Bundesminister seinen Geschäftsbereich selbständig und unter eigener Verantwortung (Ressortprinzip), ohne (unmittelbar) vom Vertrauen des → Bundestags abhängig zu sein. Er ist gegenüber dem Parlament aber rechenschaftspflichtig und für seine Amtsführung politisch verantwortlich. Mit der Abhängigkeit vom Regierungschef statt vom Parlament wurde die Stabilität der → Regierung und die Position des Regierungschefs gestärkt.

Minorität
⇒ *Minderheit*

MIRV
Abk. für engl. *M*ultiple *I*ndependently Targetable *R*eentry *V*ehicle (= unabhängig zielfähige Mehrfachgefechtsköpfe). Mit einer Trägerwaffe (Rakete) können mehrere Gefechtsköpfe abgeschossen werden, die sich nach einer gewissen Flugzeit von der Trägerwaffe lösen und unabhängig voneinander ihre jeweils vorgegebenen Ziele ansteuern. So konstruiert sind v.a. (strategische) Interkontinentalraketen, die in den Weltraum geschossen werden und dann wieder in die Erdatmosphäre eintreten. M. wurden Gegenstand von → SALT und → START.

Gemäß dem START II-Vertrag zwischen Rußland und den USA von 1993 sollen bis zum Jahre 2003 alle landgestützten (strategischen) Raketen mit Mehrfachsprengköpfen verschrottet werden.

Mißtrauensvotum
Durch ein M. wird der Regierungschef (und damit die gesamte → Regierung) oder ein einzelner → Minister gestürzt. Eine solche Regelung ist nur möglich in → parlamentarischen Regierungssystemen.

Beim *konstruktiven M.* kann eine Regierung nur gestürzt werden, indem zugleich ein neuer Regierungschef gewählt wird. So schreibt das → Grundgesetz in Art. 67 die → absolute Mehrheit der abstimmungsberechtigten Bundestagsabgeordneten für ein erfolgreiches M. vor. Das konstruktive M. soll Regierungsstabilität durch Erschwerung des Regierungssturzes garantieren.

Beim sog. *destruktiven M.* hingegen kann die Regierung oder ein einzelner Minister durch Mißtrauensabstimmung gestürzt werden, ohne daß es gleichzeitig zur → Wahl eines Nachfolgers kommt. Je nach Verfassungsvorschrift genügt dazu die (absolute) Mehrheit aller Abstimmungsberechtigten oder die → (relative) Mehrheit aller abstimmenden Parlamentarier.

Ein erfolgreiches Mittel zur Verhinderung von M. ist die Möglichkeit zur → Parlamentsauflösung, über die der Regierungschef in den meisten → parlamentarischen Demokratien verfügt. Parlamentsauflösung und M. verhalten sich komplementär zueinander, Regierungschef und Regierungsmehrheit sind permanent aufeinander angewiesen. Das Grundgesetz kennt jedoch lediglich die → Vertrauensfrage des → Bundeskanzlers an den → Bundestag (Art. 68).

Mitbestimmung
Beteiligung von bisher ausgeschlossenen Gruppen an ökonomischen, gesellschaftlichen oder politischen Entscheidungsprozessen. Als eine Form der Herrschaftsteilhabe (s.a. → Arbeitsbeziehungen) dient M. der → Demokratisierung dieser Bereiche. V.a. die gewerkschaftlich organisierten Arbeitnehmer sind historisch und gegenwärtig die Träger des M.gedankens. Stationen seiner

(partiellen) Durchsetzung und Verrechtlichung in der Arbeits- und → Wirtschaftsordnung der Bundesrepublik markieren das → Personalvertretungsgesetz (1955) für den → öffentlichen Dienst sowie das → Betriebsverfassungsgesetz (1952), das → Mitbestimmungsgesetz (1976) und das Montanmitbestimmungsgesetz (1951) für die Privatwirtschaft. Ziel der M. i.e.S. ist die Berücksichtigung von Arbeitnehmerinteressen bei Unternehmensentscheidungen sowie der innerbetrieblichen Organisation der Arbeit. Die überbetriebliche Perspektive der M. schließt aus gewerkschaftlicher Sicht auch die Forderung nach Transparenz und Kontrolle des Kapitaleinflusses auf die staatliche → Wirtschaftspolitik mit ein.

Mitbestimmungsgesetz

Außerhalb des Bereichs der → Montanmitbestimmung gilt seit 1976 für alle Kapitalgesellschaften mit mehr als 2000 Arbeitnehmern (ausgenommen sog. Tendenzbetriebe) sowie für Holding-Gesellschaften das M. für die Besetzung des Aufsichtsrates (s.a. → Mitbestimmung). Dieser besteht jeweils zur Hälfte aus Vertretern der Anteilseigner und der Beschäftigten. Bei einer Höchstzahl von 20 Aufsichtsratsmitgliedern stehen den → Gewerkschaften 3 der 10 Arbeitnehmersitze zu, die anderen 7 besetzen Angestellte und Arbeiter gemäß ihren Anteilen an der Gesamtbelegschaft; mindestens 1 Aufsichtsratssitz geht an die leitenden Angestellten. Der Aufsichtsrat wählt den Vorsitzenden und seinen Stellvertreter mit 2/3-Mehrheit; kommt diese nicht zustande, wählen die Anteilseigner den Vorsitzenden, die Vertreter der Arbeitnehmer den Stellvertreter. Bei Stimmengleichheit im Aufsichtsrat verfügt der Vorsitzende über eine zweite Stimme, die den Ausschlag gibt. Ein Vorstandsmitglied ist Arbeitsdirektor, der jedoch - im Unterschied zur → Montanmitbestimmung - gegen das Votum der Arbeitnehmervertreter bestimmt werden kann. Umstritten ist, ob der Verteilungsschlüssel das Prädikat paritätisch verdient.

Mitentscheidungsverfahren

Kurzbez. für → Verfahren der Mitentscheidung.

Mitgliederpartei

1. In der → Parteientypologie wird die M. der Wählerpartei (→ Honoratiorenpartei) gegenübergestellt. Aufgrund der begrifflichen Unschärfe von M. wird stattdessen der Begriff → Massenpartei gewöhnlich bevorzugt. M. wie Massenpartei bezeichnen eine moderne → Partei mit breiter Mitgliederbasis und gut ausgebauter Parteiorganisation, die auch zwischen den → Wahlen aktiv ist und in vielen gesellschaftlichen Bereichen durch Mitglieder, → Funktionsträger und inhaltliche Gestaltungsvorschläge präsent ist.

2. In den Kategorien der Willensbildung bzw. → innerparteilichen Demokratie ist Kennzeichen der M. die weitgehende Bestimmung der inner- und außerparteilichen, personellen wie programmatischen Angelegenheiten durch die Mitglieder selbst.

Mittelbehörden

Auch: mittlere → Behörden. Im dreistufigen Aufbau der Landesverwaltungen identisch mit der → Bezirksregierung (→ Regierungspräsident) als Teil der allg. inneren → Verwaltung. Im Bereich der bundesunmittelbaren Verwaltung beschränken sich die M. auf Bundesbahn-, Oberfinanz-, Wasser- und Schiffahrtsdirektionen sowie die Wehrbereichsverwaltung (Art. 87, 87 b GG).

mittelfristige Finanzplanung

Gemäß § 9 des → Stabilitätsgesetzes von 1967 zu erstellende fünfjährige → Finanzplanung für den → Etat des → Bundes; sie ist jährlich den Entwicklungen des volkswirtschaftlichen Leistungsvermögens anzupassen und fortzuschreiben. Die m. soll eine größere Kontinuität des Finanzgebarens (s.a. → Finanzpolitik) der öffentlichen Hand (als Rahmenplan der jährlichen → Haushalte), die Abstimmung der Ausgabenwünsche des Bundes mit der Leistungskraft der Wirtschaft und Prognosen über die finanziellen Auswirkungen von Gesetzesvorhaben gewährleisten.

Mittelklasse

Der Klassenterminologie entlehnte Bez. für → Mittelschicht bzw. → Mittelstand.

Mittelschicht

Derjenige Bevölkerungsteil in einer hierarchisch strukturierten → Gesellschaft, dem nach sozialem Status (Berufsprestige, Bildung, Einkommen) ein mittlerer Rangplatz zuerkannt wird. Die M. kann in eine untere, mittlere und obere M. noch weiter unterteilt werden. Eine feste Abgrenzung zur Unter- und Oberschicht wie auch innerhalb der M. existiert nicht. Nach ihrer historischen Entwicklung und ihrer Position im Wirtschaftsprozeß kann die M. unterteilt werden in: 1. alter (selbständiger) → Mittelstand: Bauern, Handwerker, Kaufleute, freie Berufe; 2. → neue Mittelschicht: → Beamte, Angestellte, teilweise auch Facharbeiter. Ihr numerischer Umfang in Kombination mit ihrer sozialen wie politischen Mittelposition verhilft der M. zu einem prägenden Einfluß in modernen Gesellschaften.

Mittelstand

1. Teilweise synonym verwandt mit dem soziologischen Terminus → *Mittelschicht*.

2. I.e.S.: der alte (selbständige) M. Dieser umfaßt die Berufsgruppen der Bauern, Handwerker, Kaufleute und freien Berufe (letztere werden in manchen Klassifikationen der → neuen Mittelschicht zugerechnet).

Vor der Ausweitung der Angestellten- und Beamtenberufe im Gefolge der → Industrialisierung nahm der selbständige M. eine Mittelposition in der Gesellschaftshierarchie ein, zwischen Unternehmern und Arbeitern (daher die Bez. als M.); diese Mittellage, nämlich Mittler und Mittelpunkt zu sein, beschrieb auch sein politisches Selbstbild. In den meisten → Industriegesellschaften ist der selbständige M. jedoch eine Verbindung mit konservativen → Parteien bzw. autoritären Bewegungen eingegangen, um seine gefährdete soziale bzw. ökonomische Lage durch ein Festhalten an der bestehenden → Sozialstruktur zu bewahren.

Anders als die klassische marxistische Theorie (→ Marxismus) prophezeite, ist der selbständige M. keineswegs durch die großen Unternehmen verdrängt worden. Mit dem Rückgang der Landwirtschaft verlagerte sich lediglich der Schwerpunkt des selbständigen M. in den tertiären Sektor (Dienstleistungsbereich).

Mitzeichnung

Die M. zählt, zusammen mit u.a. der → Gegenzeichnung (s.a. → Zeichnungsrecht), zu den mitentscheidenden → Verwaltungsakten, durch die vor Erlaß einer Rechtshandlung das Einverständnis eines Organs oder → Amtes herbeigeführt wird. Die M. obliegt einem Amt bzw. → Referat innerhalb einer → Behörde; die zeichnende Stelle (Zeichnungsrecht) trägt die formale Verantwortung, die mitzeichnende Stelle gibt ihr Einverständnis, übernimmt aber nur die Verantwortung für die Rechtmäßigkeit und Zweckmäßigkeit von Anordnungen innerhalb ihres Arbeitsgebietes.

Modernisierung

Bez. für den ökonomischen, politischen und sozialen Wandel in → Gesellschaften, die sich von traditionellen Agrargesellschaften zu hochentwickelten und demokratischen → Industriegesellschaften entwickeln. Dieser Wandel wird im internationalen Vergleich durch Veränderung und Höhe des Sozialproduktes sowie durch verschiedene Indikatoren der gesellschaftlich-demokratischen Entwicklung gemessen. Eine Theorie der M. im umfassenden Sinne gibt es nicht, nur theoretische Ansätze und Modelle; der Begriff → Modernisierungstheorie bezieht sich auf einen Ansatz in der → Entwicklungstheorie, und zwar auf die Entwicklung von → Ländern der → Dritten Welt zu Industrieländern.

Modernisierungstheorie

1. Bez. für einen Ansatz in der traditionellen → Entwicklungstheorie, der sich mit der Entwicklung von → Ländern der → Dritten Welt zu Industrieländern befaßt. Die Untersuchung der ökonomischen, sozialen und politischen Verhältnisse dieser Länder soll die Faktoren aufzeigen, die eine → Modernisierung hemmen oder fördern können. Als Voraussetzung jeder Modernisierung gilt die Auflösung traditionaler sozialer und politischer Strukturen. Die westlich-industriegesellschaftliche Sichtweise der M. für → Entwicklungsländer rief jedoch auch Kritik hervor.

2. Im Zuge des Zerfalls und der Transformation der → politischen Systeme des ehem. kommunistischen → Ostblocks ge-

wann die M. für die Analyse von Prozessen des Systemwechsels neuerlich Bedeutung (→ Transformationstheorien). Die systemtheoretisch angeleitete M. versteht Modernisierung als einen Prozeßbegriff, mit welchem die Fähigkeit eines politischen Systems zu politischem und sozialem Wandel, u.a. zum Wandel durch Eingliederung (Inklusion), untersucht werden kann. Allgemeine Systemziele (die von Talcott Parsons so bez. „evolutionären Universalien") geben hierfür die Entwicklungsrichtung vor. Solche Systemziele werden mit Zielgrößen wie → Konkurrenzdemokratie, Marktwirtschaft, Wohlstandsgesellschaft mit Massenkonsum und Wohlfahrtsstaatlichkeit (so z.B. Wolfgang Zapf) benennbar.

Monarchie
Griech. für Einzelherrschaft; Bez. für politische → Herrschaftsform auf der Ebene von → Staaten, in der ein einzelner aufgrund besonderer Vorrechte oder zugeschriebener herausragender Befähigungen herrscht. Im Gegensatz zu → Diktatur, → Tyrannis etc. ist die M. nicht ihrem Wesen nach ungesetzliche Willkür- bzw. Gewaltherrschaft. Je nach Bestallungsmodus unterscheidet man zwischen Erbmonarchie (festgelegte Rangfolge innerhalb eines adligen Geschlechts, der Dynastie) und Wahlmonarchie (Wahl durch Adelsversammlung); nach den Herrschaftsbefugnissen ist die M. unterteilt in → Absolutismus (lediglich durch gewisse Rechtsnormen beschränkte und durch Gottesgnadentum legitimierte Einzelherrschaft), Ständemonarchie (die → Stände sind in vielen Bereichen, insbes. hinsichtlich der Steuererhebung, an der → Staatsgewalt beteiligt), → konstitutionelle M. (die → Herrschaft des Monarchen ist durch die → Verfassung begrenzt, das → Parlament verfügt über → Budget- und Gesetzgebungsrecht) sowie, als gegenwärtige Form in den → Demokratien, die parlamentarische M. (der Monarch übt lediglich die repräsentative Funktion eines → Staatsoberhauptes aus, die → Regierung wird von Parlament gewählt).

Monetarismus
Bez. für eine volkswirtschaftliche Theorie, die als „Gegenrevolution" in der Geldtheorie gegen den → Keynesianismus gerichtet ist. Sie wurde von Milton Friedman an der University of Chicago entwickelt („Chicago Schule"). Die monetaristische Theorie beschränkt die → Wirtschaftspolitik (und damit auch die → Finanzpolitik als deren Teil) auf die Beeinflussung der Geldmenge und auf die Anwendung rein geldpolitischer Instrumente. Nur wenn sich die konstante Änderung der Geldmenge entsprechend der Zunahme der Produktion verhalte, seien Wirtschaftswachstum und Preisstabilität zu gewährleisten; gehe die Ausdehnung der Geldmenge darüber hinaus, seien lediglich kurzfristige Auswirkungen auf Produktion und Beschäftigung möglich. Fehlentwicklungen und Ungleichgewichte in der Wirtschaft sieht der M. als die zwangsläufigen Folgen von Verstößen gegen den Marktmechanismus an. Von den wirtschaftspolitischen Entscheidungsträgern wird ein möglichst niedriges und ausgeglichenes → Budget gefordert.

Monopolgruppentheorie
Variante der kommunistischen → Faschismustheorie nach 1945, derzufolge der → Faschismus lediglich das mehr oder weniger unselbständige Werkzeug der ökonomisch mächtigsten Gruppe darstellt. Im Unterschied zur personalisierenden Überzeichnung der mächtigsten Familien (z.B. Thyssen, Krupp) geht die M. davon aus, daß sich im oligopolistischen Wirtschaftssystem ein Industrie- und Finanzkomplex als Führungsgruppe etabliert habe; es komme jedoch immer wieder zu Konkurrenzkämpfen zwischen den einzelnen Wirtschaftszweigen (Monopolgruppen) um die Führung. Eine oder mehrere dieser Monopolgruppen setzen faschistische Bewegungen für ihre ökonomischen Interessen ein, um die → Arbeiterbewegung durch eine faschistische → Diktatur zerschlagen zu können und die eigene ökonomische und politische → Macht zu sichern.

Monopolkapitalismus
Bez. der marxistischen Theorie (→ Marxismus) für die Entwicklungsform des → Kapitalismus nach dem 1. Weltkrieg. Diese Phase ist demnach gekennzeichnet durch die Konzentration allen Produktions-

kapitals in den Händen weniger Monopole, die den Marktmechanismus bei Anbietern und Nachfragern außer Kraft setzen. Bankkapital und Produktionskapital verschmelzen miteinander zum → Finanzkapital (Finanzoligarchie), da selbst die großen Konzerne ihren Finanzbedarf nicht mehr allein befriedigen können. Die gesamte Wirtschaft und letztlich die gesamte Bevölkerung ist von diesem M. abhängig. Die staatliche → Wirtschafts- und → Finanzpolitik wird in die Erhaltung und Erweiterung der Profitchancen der Monopolunternehmen einbezogen (→ staatsmonopolistischer Kapitalismus).

Monopol physischer Gewaltsamkeit
⇒ *Gewaltmonopol*

Monroe-Doktrin
Von Präsident Monroe 1823 proklamierter Grundsatz der US-Außenpolitik, der gemäß dem Prinzip „Amerika den Amerikanern" die ehem. europäischen Kolonialmächte vor jeglicher Einmischung in die Angelegenheiten unabhängiger (latein-)amerikanischer → Staaten warnte; im Gegenzug wollten sich die USA jeglicher Intervention in Europa enthalten. Statt gleichberechtigter Partnerschaft USA - Lateinamerika entwickelte sich daraus bereits im 19. Jh. eine direkte oder indirekte Hegemonialstellung der USA in Lateinamerika.

Montanmitbestimmung
Gemäß Montanmitbestimmungsgesetz vom 21.5.1951 wurde in allen Kapitalgesellschaften der Montanindustrie (→ Montanunion) mit mehr als 1000 Beschäftigten die paritätische → Mitbestimmung eingeführt. Der Aufsichtsrat der Unternehmen besteht (je nach Unternehmensgröße) aus 11, 15 oder 21 Mitgliedern. Ein Mitglied wird - als „Neutraler" - vorgeschlagen von der Mehrheit beider Gruppen, welche die übrigen Aufsichtsratsmandate paritätisch besetzen. Die Arbeitnehmerseite besteht aus Vertretern der Belegschaft, der → Gewerkschaften und sonstigen Externen; die Anteilseigner haben ebenfalls ein bis zwei „weitere Mitglieder" in ihrer Gruppe, die weder zu den Anteilseignern noch zum → Arbeitgeberverband zählen dürfen. Die Aufsichtsrats-

mitglieder werden sämtlich von der Hauptversammlung (den Anteilseignern) gewählt; diese ist aber bei der → Wahl der Arbeitnehmervertreter an die Vorschläge von Betriebsrat und Gewerkschaften gebunden. Zum Vorstand gehört ein Arbeitsdirektor, dessen Bestellung und Abberufung nicht gegen die Stimmen der Mehrheit der Arbeitnehmervertreter im Aufsichtsrat erfolgen kann.

Montanunion
Umgangssprachliche Bez. für ⇒ *Europäische Gemeinschaft für Kohle und Stahl/ EGKS*

Moskauer Vertrag
Der deutsch-sowjetische Vertrag (M. genannt) vom 12.8.1970 und der deutschpolnische Vertrag (auch: → Warschauer Vertrag) vom 7.12.1970 bildeten die Kernstücke der → „neuen Ostpolitik" (s.a. → Ostpolitik) der → SPD/ → FDP-Bundesregierung. In beiden Verträgen wurde ein konkretisierter Gewaltverzicht vereinbart. Vorrang hatten die Verhandlungen mit der Supermacht UdSSR. Die → Bundesregierung erhoffte sich vom M. eine Entspannung der Beziehungen auch zu den anderen Ostblockstaaten sowie Konzessionen der DDR in den → innerdeutschen Beziehungen (→ Deutschlandpolitik). Im M. erklärte die Bundesregierung die bestehenden Grenzen in Europa für unverletzlich (wenngleich nicht für endgültig) und verzichtete auf territoriale Ansprüche, die UdSSR nahm durch widerspruchslose Entgegennahme des vertragsbegleitenden „Briefes zur deutschen Einheit" (und dessen späteren Einschluß in die Ratifizierung des Vertrages) den Wiedervereinigungsvorbehalt zur Kenntnis.

Mouvement Républicain Populaire
→ MRP

MRP
Abk. für *M*ouvement *R*épublicain *P*opulaire (Volksrepublikanische Bewegung); christlich-demokratische → Partei im Frankreich der IV. Republik (1944-58), gegründet 1944. In dieser Periode eine bestimmende politische Kraft. Verlor gegen Ende der IV.

Mudjaheddin

Republik mit dem Aufstieg des → Gaullismus rasch an Bedeutung. Umbenennungen, Spaltungen und Zusammenschlüsse führten schließlich 1976 zum → CDS (1995 umbenannt in Force démocrate).

Mudjaheddin

Plural von arab. mudjahed, hist. Bez. für „Kämpfer im heiligen Krieg"; neuestens gebräuchliche Bez. auch für nationale → Befreiungsbewegungen in islamischen → Ländern in ihrem Kampf gegen (andersgläubige) Kolonialmächte. In Afghanistan Bez. für Gruppen, die gegen das 1978 in einem → Staatsstreich an die → Macht gelangte kommunistische → Regime einen erfolgreichen Kampf führten.

Multinationale Konzerne

Wirtschaftlicher Verbund von Unternehmen unter der einheitlichen Leitung einer Obergesellschaft, deren Tätigkeiten sich über mehrere → Länder erstrecken und die in diesen Ländern eine bedeutende Marktposition errungen haben. Die Unternehmenspolitik der M. wird weniger durch die nationalen → Interessen der einzelnen → Staaten (Arbeitsplätze) oder die unternehmerischen Interessen der dortigen Tochterunternehmen (Gewinne) bestimmt als vielmehr durch die unternehmerischen Interessen der Muttergesellschaft.

Mutual Balanced Force Reductions/ MBFR

Engl. für: Gegenseitige und ausgewogene Truppenreduzierungen; dt. Bez.: Konferenz über konventionelle Rüstungskontrolle; nach seit 1971 laufenden Sondierungsgesprächen fanden von 1973 bis 1989 „Verhandlungen über gegenseitige Verminderungen von Streitkräften und Rüstungen und damit zusammenhängende Maßnahmen in Mitteleuropa" zwischen → NATO und → Warschauer Pakt statt (vom Westen kurz M. genannt). Während der gesamten Zeit gab es konträre Zielvorstellungen: Die NATO drängte auf einen überproportionalen Abbau der zahlenmäßig überlegenen östlichen Landstreitkräfte (insbes. Panzer und Artillerie); der Warschauer Pakt wünschte für beide Militärblöcke zahlen-

mäßig oder prozentual gleiche Reduzierungen für alle Streitkräfte und alle Waffen (incl. Atomwaffen). Die in Europa gewachsene Sicherheitsstruktur sollte nach allgemeinem Verständnis durch M. nicht gestört werden. Unterschiedliche Auffassungen über Mannschafts- und Materialstärken sowie die unterschiedlichen Verifikationsvorschläge beider Blöcke behinderten den Gang der Verhandlungen zusätzlich; die Aufrüstung nahm sogar noch zu.

Erst mit Gorbatschows Amtsantritt und den Auflösungserscheinungen im → Ostblock kam die Entspannungspolitik entscheidend voran. Die Bemühungen um konventionelle Abrüstung wurden seit 1989 im Rahmen der „Verhandlungen über konventionelle Streitkräfte in Europa/ VKSE" fortgeführt. Der am 19.11.1990 geschlossene „Vertrag über konventionelle Streitkräfte in Europa/ KSE-Vertrag" sah für die Zone vom Atlantik bis zum Ural Obergrenzen für die Hauptwaffenkategorien konventioneller Land- und Luftstreitkräfte (Panzer, Artillerie, Kampfflugzeuge und andere schwere Waffen) vor. Erreicht werden sollte ein Gleichgewicht auf niedrigerem Niveau, das Überraschungsangriffe ausschloß. Das Verifikations- und Inspektionssystem führte zu einer vormals nicht vorstellbaren Transparenz. Von der Reduzierung von Personal und Gerät waren v.a. die UdSSR und Deutschland betroffen. In einem Zusatzdokument zum KSE-Vertrag verpflichteten sich die Nachfolgestaaten der UdSSR im Juni 1992, deren Verpflichtungen einzuhalten.

In Folgeverhandlungen bemühten sich die Vertragsstaaten, die Defizite des KSE-Vertrages auszuräumen sowie den Vertrag an die gewandelten Verhältnisse in Europa anzupassen. Am 6.7.1992 einigten sich die NATO-Mitgliedsländer und die → Staaten des ehem. Warschauer Paktes in Wien (→ Paraphierung; ratifiziert am 9./10.7. in Helsinki) auf eine Reduzierung der konventionellen Rüstung und der Mannschaftsstärken. Diese „Abschließende Akte der Verhandlungen über Personalstärken der konventionellen Streitkräfte in Europa" (KSE-Ia-Abkommen) stellt eine wesentliche Erweiterung des „Vertrages über konventionelle Streitkräfte in Europa/ KSE-Vertrag" dar; Ost und West beendeten ihre Konfrontation endgültig. Rußland will seine Land- und Luftstreitkräfte auf max. 1,45 Mio. Soldaten beschränken, die USA wollen max. 250000 Mann in Europa stationieren. Die vormals nicht den Militärblöcken angehörenden europäischen Staaten werden im Rahmen der → OSZE in die Regelungen des Wiener Vertrages einbezogen.

In einer Einigung vom Juli 1997 ersetzten die KSE-Vertragsstaaten den nach dem Zerfall des Ostblocks überholten Block-Ansatz durch ein System nationaler und territorialer Obergrenzen für konventionelle Rüstung.

N

Nachbarschaftsverträge

Bez. für die Verträge Deutschlands mit seinen ost- und südosteuropäischen Nachbarn in den Jahren 1990-92: UdSSR (9.11.1990), Polen (17.6.1991), Ungarn (6.2.1992) und CSFR (27.2.1992).

UdSSR: „Vertrag über gute Nachbarschaft, Partnerschaft und Zusammenarbeit zwischen der Bundesrepublik Deutschland und der Union der Sozialistischen Sowjetrepubliken". Der Vertrag gilt auch für die Rechtsnachfolger der UdSSR, die GUS-Staaten; mit diesen wurden „Gemeinsame Erklärungen" (z.B. Rußland: 21.11.1991) und weitere Vereinbarungen abgeschlossen.

Polen: „Vertrag zwischen der Bundesrepublik Deutschland und der Republik Polen über gute Nachbarschaft und freundschaftliche Zusammenarbeit".

Ungarn: „Vertrag zwischen der Bundesrepublik Deutschland und der Republik Ungarn über freundschaftliche Zusammenarbeit und Partnerschaft in Europa".

CSFR: „Vertrag zwischen der Bundesrepublik Deutschland und der Tschechischen und Slowakischen Föderativen Republik über gute Nachbarschaft und freundschaftliche Zusammenarbeit" (und damit mit den Rechtsnachfolgern der CSFR: Tschechische Republik, Slowakische Republik).

Die N. bilden die Basis für bilaterale Vereinbarungen zur verbesserten Zusammenarbeit auf bestimmten Gebieten, z.B. Jugendaustausch und → Umweltschutz.

nachhaltige Entwicklung

⇒ dauerhafte Entwicklung
Engl.: sustainable development; eine die Bedürfnisse der Gegenwart befriedigende Entwicklung, die jedoch nicht die Lebensmöglichkeiten zukünftiger Generationen durch übermäßige Beanspruchung von Umweltressourcen gefährdet. Von der „Weltkommission für Umwelt und Entwicklung" (Brundtland-Kommission) 1987 zur Handlungsmaxime erhoben, wurde dieses Prinzip von der Rio-Konferenz (→ UNCED) 1992 als Entwicklungskonzept festgeschrieben. Bisher besteht Einigkeit lediglich weitgehend über die Mindestbedingungen: Befriedigung der → Grundbedürfnisse bei gleichzeitiger Schonung der Umwelt für die derzeitigen und zukünftigen Generationen.

Nachrichtendienste

Moderne Bez. für Geheimdienste. Als staatliche → Behörde dienen sie der Beschaffung und Auswertung offener und v.a. geheimer Informationen aus dem militärischen, politischen, wirtschaftlichen und wissenschaftlichen Bereich anderer → Staaten (Spionage), der Sabotage und Subversion, aber auch der Abwehr entsprechender fremdstaatlicher Aktivitäten. In der Bundesrepublik besteht folgende Organisation und Arbeitsteilung der Dienste: Dem → Bundesnachrichtendienst (BND) obliegt die Auslandsaufklärung. Das → Bundesamt sowie die Landesämter für Verfassungsschutz sind beauftragt mit der Abwehr fremder nachrichtendienstlicher Aktivitäten sowie dem Schutz der verfassungsmäßigen Ordnung (→ Staatsschutz) gegenüber verfassungsfeindlichen (politischen) Bestrebungen (→ Verfassungsschutz). Der → Militärische Abschirmdienst (MAD) ist zuständig für die Abwehr fremder N. im Bereich der → Bundeswehr. Polizeiliche Befugnisse besitzen die bundesrepublikanischen N. nicht.

Nachrüstung

Rechtfertigende Bez. für eigene Rüstungsanstrengungen; deren Ziel sei allein, vorangegangene Rüstung des Gegners auszugleichen. Grundlage dieser Auffassung ist eine → Politik des Gleichgewichts der militärischen Kräfte, das durch waffentechnische

Modernisierung des Gegners oder quantitative Zunahme seiner militärischen Kapazitäten als gefährdet angesehen wird - so z.B. die Begründung für den → NATO-Doppelbeschluß, der in der Bundesrepublik Ende der 70er Jahre eine breite innenpolitische Kontroverse um die N. auslöste.

Nachtragshaushalt

N. sind fester Bestandteil des parlamentarischen → Budgetrechts. → Haushalte der öffentlichen → Körperschaften werden von den jeweiligen → Parlamenten im Rahmen ordentlicher Beschlußverfahren rechtsgültig verabschiedet. Auf Bundes- und Landesebene geschieht dies in der Bundesrepublik in Form von Haushaltsgesetzen (vgl. Art. 110 - 115 GG). Außer- und überplanmäßigen Ausgaben des → Bundes, welche die bewilligten Ansätze erhöhen oder neue Posten darstellen, darf der → Bundesfinanzminister nur im Falle eines unvorhergesehenen und unabweisbaren Bedürfnisses zustimmen; ansonsten bedürfen all diese Ausgaben einer besonderen Bewilligung des Gesetzgebers als N. oder Ergänzungshaushalt in Gesetzesform. Das → Bundesverfassungsgericht ist hier noch weiter gegangen; es fordert, abgesehen von Bagatellsummen, bei Überschreitung der Ausgabenansätze oder der Kreditansätze in jedem Fall die Verabschiedung eines N.

Nachtwächterstaat

Auf Ferdinand Lassalle zurückgehende, ursprünglich karikierende, idealtypische Bez. der → Staatstätigkeit im Frühkapitalismus (→ Kapitalismus, → Marktwirtschaft), die sich lediglich auf den Schutz der inneren und äußeren Sicherheit beschränkte. Ökonomische und soziale Fragen wurden der Handlungsfreiheit der wirtschaftlichen Subjekte und der Ordnungsfunktion des Marktes überlassen.

Nachwahl

Scheidet in → Systemen der → Mehrheitswahl der Inhaber eines → Direktmandates aus (z.B. durch Rücktritt oder Tod), so wird dieses einzelne → Mandat außerhalb einer generellen Parlamentswahl in einer sog. N. im betreffenden → Wahlkreis neu vergeben (z.B. die by-elections in Groß-

britannien). Abweichend davon kann in einigen → Staaten durch eine von einer legislativen Körperschaft bestimmte Person das Mandat übernommen werden (so in den USA) oder ein zusammen mit dem Direktkandidaten gewählter Ersatzmann (der suppléant im Frankreich der V. Republik) nachrücken. Die → personalisierte Verhältniswahl der Bundesrepublik kennt keine N.

NAFTA

Abk. für → North American Free Trade Agreement

Nahost-Konflikt

Eine eindeutige Definition der → Region, die als der Nahe Osten (NO) bezeichnet wird, gibt es nicht. Andere Ausdrücke wie „Mittlerer Osten", „Vorderer Orient", „Levante", usw. sind ähnlich ungenau und werden heute meist als Synonyme benutzt.

Obwohl die Araber und der Islam eine ganz wesentliche Rolle in → Gesellschaft und → Politik des NO spielen, können jedoch weder Religion noch Sprache als adäquate Kriterien für die Definition des NO gelten. Der Islam erstreckt sich über ein weiteres Gebiet und findet seinen Bevölkerungsschwerpunkt außerhalb des NO. Auch die arabische Sprache erstreckt sich einerseits über den NO hinaus, andererseits deckt sie nicht den ganzen NO ab. Wichtige andere Sprachgruppen - Persisch, Türkisch, Kurdisch, Hebräisch - gehören ebenfalls zu der Region des NO.

Ohne sich auf eine zu scharfe Grenzziehung festlegen zu wollen, sollten in dem Begriff alle die Gebiete eingeschlossen werden, die die Landbrücke zwischen den drei Kontinenten Europa, Asien, Afrika bilden und gleichzeitig die Verbindung zwischen Mittelmeer und Indischem Ozean darstellen. Diese geographische Lage hat globalstrategische Bedeutung und macht die Region zu einem Knotenpunkt internationalen Handels. Beide Umstände haben Politik und Gesellschaft der Region bleibend geprägt. Seit dem Anfang des 20. Jhs. kommt als weiterer globalstrategischer Faktor hinzu, daß zwei Drittel der Weltölreserven sich in dieser Region befinden.

Wenn hier von einem typischen N. die Rede sein soll, so ist damit weder jede feindselige Auseinandersetzung im NO gemeint, noch wird man diesen Typ des Konfliktes auf den NO beschränkt finden; sicherlich aber hat er sich als Typus hier am frühesten entwickelt und seine stärkste Verbreitung gefunden.

Eine Definition der spezifischen Eigenart des N. muß hauptsächlich in dem Zusammenhang zwischen globalen Machtsystemen und regionalem Subsystem gesucht werden. Konflikte im NO im Rahmen des → kalten Krieges zu erklären, bleibt unbefriedigend, weil Konflikte im NO unabhängig vom kalten Krieg weitergehen und die Teilnehmer sich oft nicht einfach auf der einen oder anderen Seite der globalen Machtblöcke einordnen lassen (s. B. Tibi 1989).

Auch eine Zuordnung der Region zu den → blockfreien Staaten - ein Ziel, um das sich Nasser sehr bemühte - überzeugt nicht. Zwar haben einige Nahoststaaten mindestens zeitweise versucht, unabhängig zwischen den Blöcken zu bestehen, andere waren aber in enge Beziehungen mit der einen oder der anderen Großmacht eingebettet. Gleichzeitig waren die Weltmächte in fast allen lokalen Konfliktsituationen im NO mehr oder weniger direkt beteiligt.

Eines der hilfreichsten Konzepte zur Beschreibung und Analyse der nahosttypischen Konflikte ist der Begriff „penetrated system" (L. C. Brown 1984), ein → System der Durchdringung, da es die Ambivalenz in den Beziehungen zwischen globalen Machtsystemen und regionalen Subsystemen in die Analyse mit einbezieht.

Folgende Umstände sind entscheidend für die Durchdringung eines regionalen Subsystems:

a) Aus strategischen, wirtschaftlichen oder anderen Gründen finden globale Mächte eine gewisse Region derart bedeutend, daß sie ihre eigene Einflußnahme auf die Region als wesentlich für die eigene Machterhaltung betrachten.

b) Der → Staat bzw. die Staaten der Region sind so schwach, daß sie sich einer Einmischung von außen nicht widersetzen können.

c) Gleichzeitig sind diese Staaten aber so stark, daß ihre direkte Absorbierung durch die Großmächte unmöglich oder mindestens politisch zu kostspielig wäre.

Die nach dem Ersten Weltkrieg für weite Teile des NO eingerichteten → Mandate waren ein Versuch direkter Machtausübung seitens der Großmächte. Aber die → Institution der Mandate selbst spiegelte eher die Wirklichkeit eines penetrierten Systems wider, da - anders als im Fall der Kolonien - die Mandatsverträge grundsätzlich das Recht auf Unabhängigkeit und → Souveränität der betroffenen Regionen anerkannten. Die Region wurde also nicht einfach in Kolonien aufgeteilt und von den Weltmächten absorbiert. Seit dem Ersten Weltkrieg ist die politische Mobilisierung in den einzelnen Teilen der Region so intensiv geworden, daß eine direkte militärische Unterwerfung durch die Großmächte politisch zu kostspielig geworden ist. Auch der Begriff des Klientenstaates bewährt sich nicht, um die Beziehung zwischen Großmacht und einem Teil des regionalen Subsystems zu beschreiben, weil es in einseitiger Weise ein unilineares Abhängigkeitsverhältnis beschreibt, das in der Realität nicht zutrifft. Vielmehr verschafft schon die Wahlmöglichkeit, sich in ein Abhängigkeitsverhältnis mit der einen oder anderen Großmacht zu begeben, den Teilnehmern des regionalen Subsystems einen gewissen Freiraum, den sie ausnutzen können.

Es hat sich also eine ambivalente Beziehung entwickelt, in der einerseits die Staaten des Subsystems sich keineswegs dem durch Waffenlieferungen und Wirtschaftshilfe ausübbaren Druck der Großmächte entziehen können, in der andererseits aber die Großmächte ihren Willen nicht einfach den Staaten des Subsystems aufzwingen können.

Die Staaten sind zu schwach, um politisch völlig unabhängig zu handeln, aber stark genug, um durch ihre Aktion die Großmächte in Zugzwang zu bringen. Daher werden in einem System der Durchdringung „Grenzen zwischen lokaler, nationaler, regionaler und internationaler Politik immer verwischter" (Brown). Jede politische Handlung auf internationaler Ebene hat Auswirkungen auf lokaler Ebene, aber auch umgekehrt steht lokale Politik immer in Beziehung zu Großmachtpolitik.

Mit Hilfe des von Brown geprägten Begriffes des penetrierten Systems kann nun auch eine schärfere Definition des Begriffes „NO" versucht werden, die ihn gegen benachbarte, kulturell und sprachlich verwandte Gebiete absondert. Der moderne NO ist von seiner geschichtlichen Erfahrung her als Subsystem, und zwar als penetriertes Subsystem gekennzeichnet. Das grenzt ihn ab gegen a) das arabomuslimische Nordafrika, das von Frankreich direkt kolonisiert wurde und auch heute noch eine exklusive Beziehung mit Frankreich hat, b) Indien und Pakistan, die früher britische Kolonie waren, heute aber zusammen mit Sri Lanka und Bangladesch ein eigenes Subsystem bilden und c) türkisch- und persisch-muslimische Gebiete in der ehem. Sowjetunion, die meist als Sowjetrepubliken direkt unter dem ausschließlichen Einfluß der russischen Zentralmacht stehen. Alle drei Regionen sind (oder waren) durch eine ausschließliche Abhängigkeitsbeziehung an eine Großmacht alleine gebunden.

Den Bedingungen eines auf Grund internationaler politischer Beziehungen penetrierten Systems sollte noch ein innenpolitischer Umstand hinzugefügt werden, der für die Dauer und die „Unlösbarkeit" der N. von Wichtigkeit ist, und besonders seit dem Ersten Weltkrieg eine Rolle spielt: Die herrschenden → Eliten in den Staaten der Region haben meist nur ein geringes Maß an → Legitimität und genießen wenig Unterstützung und → Loyalität seitens der breiten Bevölkerungsmassen. Der Kampf gegen äußere Feinde legitimiert den Herrschaftsanspruch und lenkt von inneren politischen Problemen, wirtschaftlichen Mißständen und gesellschaftlichen Spannungen ab oder rechtfertigt sie sogar. Die herrschenden Eliten sind zu unsicher in ihrer Position, um echte konfliktlösende Kompromisse und Verzichte einzugehen. In der Tat sind oft maximalistische Forderungen Teil der → Legitimation der Herrschaft. Das führt zu

einer Situation, in der es den herrschenden Eliten wünschenswert erscheint, Konflikte nicht zu lösen, sondern sie zu manipulieren, sie je nach innenpolitischem Bedarf zum Überkochen zu bringen oder sie auf kleiner Flamme brodeln zu lassen. Ihre Lösung wäre der Machterhaltung der herrschenden Elite nicht dienlich.

Spätestens seit der Besetzung Ägyptens durch Frankreich 1798-1800 können wir von einem penetrierten System und von typischen N. sprechen: Ägypten wurde Gegenstand konkurrierender Ambitionen der Großmächte Frankreich und Großbritannien (im 20. Jh. durch die USA und UdSSR abgelöst) und Regionalkonflikte wurden Teil → internationaler Politik, so z.B. der griechische Aufstand und Unabhängigkeitskrieg oder der Konflikt zwischen dem Herrscher Ägyptens, Muhammad Ali, und der Osmanischen Zentralregierung während der ersten Hälfte des 19. Jh., oder die drusisch-maronitischen Auseinandersetzungen im Libanon-Gebirge, bis hin zu dem arabischen Aufstand während des Ersten Weltkrieges. In allen Fällen verbündeten sich regionale Kräfte mit der einen oder der anderen Großmacht: Jeder lokale Konflikt hatte eine internationale Dimension, und beide Konfliktebenen beeinflußten sich gegenseitig. Das Thema „The Near Eastern Question" und der Ausdruck vom „kranken Mann am Bosporus" beschreiben deutlich diese Situation. Das Osmanische Reich war noch am Leben, aber nicht stark genug, um unabhängig zu handeln. Jeder Krieg Rußlands gegen das Osmanische Reich führte nicht zum erwarteten Zusammenbruch des letzteren, sondern zu diplomatischen Auseinandersetzungen mit Großbritannien.

Der lang hinausgezögerte Zusammenbruch des Osmanischen Reiches kam mit dem Ende des Ersten Weltkrieges. Das dadurch entstandene Vakuum wurde durch eine Zahl - zumindest dem Programm nach nationaler - → Territorialstaaten gefüllt, die spätestens nach dem Zweiten Weltkrieg alle ihre völlige Unabhängigkeit erhalten hatten. Zur selben Zeit wurden die Großmächte Frankreich und Großbritannien durch die USA und die UdSSR abgelöst.

Trotz dieser tiefgreifenden Veränderung der politischen Landkarte und der Ablösung der meisten politischen Eliten durch neue ist der NO weiterhin ein Subsystem geblieben, das durch den Prozeß der Durchdringung gekennzeichnet ist und in dem Beziehungen zwischen den lokalen Teilen des Systems miteinander und mit den Weltmächten multilateral und labil bleiben und jeder regionale Konflikt internationale Auswirkungen hat und umgekehrt. Der Jemen-Krieg Anfang der 60er Jahre, der Irak-Iran-Krieg in den achtziger Jahren sind beides typische N.

Der beinahe hundertjährige arabisch-israelische Konflikt bleibt der N. par excellence. Obwohl viele der ursprünglichen Akteure von der politischen Bühne abgetreten sind (das Osmanische Reich, Großbritannien, Frankreich) und neue hinzugekommen sind (die USA, lange die UdSSR, die Palästinenser) und obwohl sich der politische Organisationsrahmen von Reichsprovinzen in Mandatsregierungen und schließlich in unabhängige Staaten gewandelt hat, bleibt die multilaterale Interdependenz und die Verflechtung regionaler und Großmachtsinteressen bestehen. Keiner der lokalen Kontrahenten ist einfach ausführendes Organ der einen oder anderen Großmacht, aber keiner kann sich dem Druck einer Großmacht entziehen. Gleichzeitig können Regionalmächte unter bestimmten Bedingungen sogar auf die Entscheidungen und Handlungsweisen der Großmächte Einfluß nehmen. Außerdem scheinen bisher die meisten → Regierungen der lokalen Konfliktteilnehmer zu schwach zu sein, um durch Kompromisse und Verzichte eine friedliche Lösung herbeiführen zu können.

Seit dem zweiten Weltkrieg war die politische Durchdringung des politischen Subsystems des NO durch den → kalten Krieg, d.h. Bipolarität der politischen Weltordnung gekennzeichnet. Das trifft für den arabisch-israelischen Konflikt zu, wo eine Allianz der USA mit Israel einerseits - Ägypten, Syrien u.a. mit der UdSSR andererseits - deutlich erkennbar ist. Aber auch andere Konflikte, wie z.B. der Jemenkonflikt Anfang der 60er Jahre, waren durch dieses Grundmuster charakterisiert.

Das Ende des kalten Krieges und damit der konkurrierenden Einflußnahme der beiden Weltmächte im NO hat aber nicht zu einer Reduzierung des Konfliktpotentials in der Region geführt. Die oben erwähnten Faktoren der eigenen Machterhaltung der politischen Eliten und der nationalen Konflikte in der Region blieben nach wie vor bestehen. Auch hat die einzige bestehende Weltmacht, die USA, keineswegs das Interesse an der Region verloren. Die Sicherung der globalen Kommunikationswege der Region und die Kontrolle über die Ölproduktion blieben weiterhin Ziel amerikanischer → Außenpolitik. Die Erstarkung einer regionalen Macht zu dem Punkte, wo sie möglicherweise eines dieser beiden Ziele gefährden könnte, muß daher verhindert werden. Das Ausspielen verschiedener regionaler Mächte gegeneinander soll eine derartige Machtzunahme eines einzelnen Staates verhindern. Allianzen mit einigen Staaten gegen andere, militärische Aktionen, wie im 2. Golfkrieg, und die Betonung ethnischer Konflikte, wie die Sicherheitszone für die Kurden, soll dieses Gleichgewicht regionaler Schwäche garantieren.

Lit.: Ben-Dor, G.: State and Conflict in the Middle East, New York 1983; *Binder, L.*: Transformation in the Middle East Subordinate System after 1967, in: Confino, M. et Shamir, Sh. (Ed.): USSR and the Middle East, Jerusalem 1972; *Brown, L. C.*: International Politics and the Middle East, London 1984; *Hurewitz, J. C.* (Ed.): Soviet-American Rivalry in the Middle East, N.Y. 1969; *Kerr, M.*: The Arab Cold War, London 1971, Oxford U. Press; *Lang, W.*: Der internationale Regionalismus, Wien/ New York 1982; *Tareq, Y. I.*: International Relations of the Contemporary Middle East, Syracuse 1986; *Tibi, B.*: Konfliktregion Naher Osten, München 1989.

Prof. Thomas Philipp, Ph. D., Erlangen

namentliche Abstimmung

Eines der Abstimmungsverfahren (→ Abstimmungen) legislativer Körperschaften, mit dem das individuelle Abstimmungsverhalten der → Abgeordneten transparent gemacht werden soll. Es ist in der → Geschäfts ordnung der → Legislative entweder für bestimmte Abstimmungen vorgesehen oder muß durch eine bestimmten Mindestzahl von Abgeordneten beantragt werden.

Nation/ Nationalismus/ Nationalstaat

Der Begriff *Nation* ist nicht eindeutig definiert, weil er sich mit anderen Begriffen - wie → Staat oder → Volk - überschneidet. Er hat seinen Ursprung im lat. natio (nasci = geboren werden) und überlagert sich mit dem Begriff gens (Geschlecht, Sippe). Zunächst wird er im Sinne des Begriffs „Volksstamm" verwendet und von „civitas/ → polis" unterschieden. Vereinzelt bezeichnet natio bereits eine Gruppe des Volkes, etwa eine → Klasse oder die Angehörigen der → Aristokratie. In der Antike bildet sich die Vorstellung aus, daß die Angehörigen einer Nation durch gemeinsame Merkmale bestimmt werden können: Herkunft, Sitte, Sprache, Gebräuche. H.-D. Kahl faßt deshalb zutreffend unterschiedliche Anschauungen in der Feststellung zusammen, daß die Nation Menschen vereinigt, „die eine wie auch immer geartete Gemeinsamkeit verbindet". Bis heute entspricht unser Verständnis von Nation der Vorstellung von Homogenität, v.a. im Hinblick auf Sprache, Geschichte und staatliche Wertvorstellungen.

Im Spätmittelalter bezeichnet „Nation" zunehmend einen landsmannschaftlichen Zusammenhang. Die Herkunftsbez. geht mit der Betonung von Wertvorstellungen einher, die nicht nur ,Nation' prägen, sondern auch rechtfertigen. Diese Entwicklung beschleunigt sich mit der Ausbildung von Nationalstaaten, die sich nicht selten durch ihren Gegensatz zu Fremden bestimmen. I.d.R. wird natio aber weiterhin als Synonym für Volk und Stamm verwendet. Im Übergang von der Reformation zur Ausbildung von → Territorialstaaten bildet sich zunehmend ein Gegensatz zwischen Nation und Herrscher aus. Besonders deutlich wird dies in der englischen Revolutionszeit, als die Rechte der Nation gegen Tendenzen absoluter → Herrschaft hervorgehoben werden. Die Nation scheint sich ihren Ausdruck in Vertretungskörperschaften zu geben, in denen sich die → Opposition gegen zentrale Herrschaftsinstanzen ausdrückt. Der

Begriff erhält zunehmend eine politische Bedeutung und wird mit → „etat", → bürgerlicher Gesellschaft (civil society) oder Gemeinwesen (→ body politic, kingdom) gleichgesetzt.

Seit der Neuzeit gilt eine durch feste und dennoch flexible Merkmale geprägte, auf diese Weise nach außen hin abgrenzbare Großgemeinschaft als „Nation". Das Gemeinschaftsgefühl der zur Nation gehörenden Gruppen, regionalen Bevölkerungsteile oder auch → Individuen grenzt sie von ihrer Umwelt ab und bestimmt sowohl die räumliche Ausdehnung als auch die Vorstellung innerer Ordnung. Weil Vorstellungen häufig das Ergebnis von Weltdeutungen sind, gehört der *Nationalismus* zu den von einer → Elite geprägten politischen Bewegungen. Zu seinen Voraussetzungen gehören der Nationalgedanke und das Nationalbewußtsein. Im Unterschied zum → Patriotismus, der stark von landsmannschaftlichen und institutionenbezogenen Vorstellungen geprägt ist, begründet sich der Nationalismus aus dem in der Nation gedachten höchsten Wert: Nationalismus wird so im 19. Jh. vielfach zur „Säkularreligion". In höchster Steigerung nationaler Eigeninteressen wird der Nationalismus zum → Chauvinismus: der Gedanke der Nation wird zum höchsten Wert und bedroht so den internationalen Frieden. Ziel nationalistischer Bestrebungen des 19. Jh. ist die Schaffung eines *Nationalstaats.* Die Geschichte der modernen Welt ist so entscheidend durch Bestrebungen nationaler Bewußtseinsbildung, Konsolidierung und Nationalstaatsbildung geprägt, sich nach der → Französischen Revolution in Europa, nach dem 1. Weltkrieg zunehmend in allen Teilen der Welt entfalten und ihren letzten Höhepunkt im Prozeß der Entkolonisierung erleben. Gleichzeitig machen sich aber auch Bestrebungen breit, den Nationalismus zu überwinden und an seine Stelle übernationale Zusammenschlüsse von Staaten oder internationalistische Bestrebungen zu setzen.

Nationalbewußtsein und Nationalbewegungen prägen entscheidend den säkularen Nationalismus. Beeinflußte v.a. die Geschichtswissenschaft das Nationalgefühl, so verbanden sich unterschiedliche politische Bestrebungen - vom → Konservatismus über den → Liberalismus bis zur → Sozialdemokratie und dem → politischen Katholizismus - mit nationalbewußten Bewegungen, die immer wirkungsvoller das kollektive Selbstgefühl von „Nationen" beeinflussen und mit sozialen, verfassungspolitischen oder wirtschaftlichen Entwicklungen verbinden konnten. Die vergleichende Nationalismusforschung hat dazu beigetragen, daß heute Prozesse der Nationalstaatsbildung in vergleichender Perspektive dargestellt und bewertet werden können. Während in Frankreich die Zugehörigkeit zur Nation als Ausdruck einer politischen Willensentscheidung galt, in Deutschland das Spannungsverhältnis zwischen Staats- und Kulturnation entscheidend blieb und v.a. in osteuropäischen Staaten der Gesichtspunkt objektiv gegebener Zugehörigkeit zu einer Nation von zentraler Bedeutung für die historische Gesamtbewertung des Phänomens „Nationalismus/ Nationalstaat" war, macht sich heute eher eine funktionale Betrachtung breit, die Nationalismus mit allgemeiner → Modernisierung von → Gesellschaft und → politischem System verbindet.

Bahnbrechend für die Nationalismusforschung wurde der Versuch des amerikanischen Historikers C. J. H. Hayes, unterschiedliche Nationalismen voneinander abzugrenzen. Hayes erwähnte dabei den humanitären, aus der→ Aufklärung stammenden Nationalismus, den jakobinischen, von der Französischen Revolution geprägten, den traditionellen der Restaurationszeit, schließlich den liberalen der konstitutionellen Verfassungsbewegungen und den integralen Nationalismus, der sich in der nationalsozialen Bewegung zeigte und sich im 20. Jh. in totalitäre oder autoritäre Bewegungen steigern konnte. Diese Vielfalt reduzierte H. Kohn, als er dem subjektiv-politischen Nationalismus des Westens einen objektiv-kulturellen gegenüberstellte, der v.a. in Mittel- und Osteuropa verbreitet sei.

Dadurch gelang es, die voluntaristische Dimension der Zugehörigkeit zu einer Nation als Ergebnis der Französischen

Revolution zu erkennen, die als Ausgangspunkt des modernen Nationalismus gilt. Seine Grundgedanken breiteten sich im 19. Jh. derart aus, daß man mit Th. Schieder die Entstehung von Nationalstaaten als Grundzug der modernen Geschichte empfinden kann. Die vorgeschlagenen Definitionen und Unterscheidungen wurden durch die historische Nationalismusforschung korrigiert, denn es stellte sich heraus, daß die Begründungen nationaler Zusammengehörigkeit häufig von gesellschaftlichen → Interessen abhängig waren und deshalb innerhalb von Kulturräumen und Epochen wechseln konnten. Offensichtlich verband sich der Begriff von nationaler Zusammengehörigkeit mit sozialen Zielvorstellungen einzelner Bevölkerungsgruppen. Hatte sich zunächst das → Bürgertum zum Träger des Nationalgedankens erklärt, so verbanden sich bald auch innerhalb der → Arbeiterbewegung nationale mit sozialen Vorstellungen.

Nationalbewußtsein und nationalistische Ziele verbanden sich mit dem Liberalismus, Sozialismus, schließlich sogar mit dem Konservatismus, der zunächst weitaus stärker patriotisch-institutionenbezogen empfunden hatte. Der politische Nationalismus wurde so zur wichtigen Bewegungsideologie, mit der sich ganz andere Ziele verbinden konnten. Er hatte disparate Bevölkerungsgruppen zu integrieren, Wandlungsprozesse zu entschärfen und eine angeblich über Parteiinteressen lagernde Vorstellung von Gemeinverpflichtung und → Konsens zu entwickeln, die geeignet schien, soziale Interessengegensätze und → Konflikte zu überwinden. Eine integrative Wirkung konnte der Nationalismus aber nur in bereits konsolidierten Nationalstaaten entfalten. Vielvölkerstaaten wie die österreichisch-ungarische → Monarchie oder das osmanische Reich mußten durch nationalistische Bewegungen stärksten Belastungen ausgesetzt werden, an denen sie schließlich zerbrachen.

Läßt sich das 19. Jh. als Epoche der Nationalstaatsgründungen auch als Ausdruck von breiten Nationalbewegungen charakterisieren, so erfolgen die Staatsgründungen des 20. Jh. i.d.R. im Zusammenhang mit internationalen Entwicklungen. Nach dem 1. Weltkrieg werden die Staaten Zwischeneuropas als Nationalstaaten gegründet. Nach dem 2. Weltkrieg setzt ein neuer Schub von Nationalstaatsgründungen in der → Dritten Welt ein. Dieser Prozeß gründet sich zum einen auf das Ziel politischer Unabhängigkeit und nationaler → Souveränität, zum anderen auf den Wunsch, durch die enge Verbindung von gesamtgesellschaftlicher Modernisierung und nationaler Konsolidierung sozialen Wandel als umfassende Entwicklung erleichtern zu können. Die Verbreitung nationaler Vorstellungen wird Teil eines Versuchs, mit Hilfe von → Eliten die Staaten der Dritten Welt sozial und territorial zu integrieren. So umstritten heute das Modernisierungskonzept ist, weil es vielfach gleichgesetzt wurde mit der Entwicklung westlicher Wertvorstellungen („Verwestlichung"), so einhellig wird die Meinung vertreten, daß in den meisten Staaten der Dritten Welt Ansätze eines Nationalbewußtseins ausgebildet wurden, welches Ausdruck partieller Modernisierung und staatlicher Territorialisierung war: Nur selten wurden staatliche Grenzen aus der Kolonialzeit korrigiert oder Staaten geteilt bzw. gar okkupiert.

Der Ausbreitung nationalistischer Vorstellungen in der Dritten Welt stand auf der anderen Seite die Erschöpfung des Nationalgedankens in vielen Staaten Europas entgegen. Das deutsche Nationalbewußtsein etwa wurde durch mehrfache Teilungen des ehemaligen → Deutschen Bundes und Reiches, aber auch durch die Übersteigerung des deutschen Nationalismus durch den → Nationalsozialismus berührt und geschwächt. Die durch die → Ostverträge übernommene Verpflichtung, die Grenzen in Europa nicht mehr gewaltsam zu verändern, förderte die Entwicklung zweier deutscher Staaten und führte zur Erneuerung von Versuchen, nationale Gemeinsamkeit kulturell und geschichtlich zu begründen. Mit dem nach dem demokratischen Umbruch in der DDR Ende 1989/ Anfang 1990 eingeleiteten Prozeß der → Wiedervereini-gung beider deutscher Staaten erhielten „Na-

tion" und „Nationalbewußtsein" als Momente kollektiver Selbstdeutung neue Aktualität - entgegen mancher zuvor geäußerten Auffassung, deutsche nationale → Identität habe sich endgültig teilstaatlich gespalten.

Die deutsche Geschichte bezeichnet jedoch einen besonderen Fall der Nationalismusforschung und eignet sich nicht, um vergleichende oder auf eine Funktionsanalyse des Nationalismus zielende Fragestellungen zu entwickeln. Empirische Nationalismus-studien haben sich entweder um interdisziplinäre Zugangsweisen bemüht und insbesondere die sozialpsychologischen und sozialisationstheoretischen Ansätze einbezogen oder nach der Funktion nationalistischer Bestrebungen für politische Prozesse gefragt. Dabei stellte sich die außerordentliche Bedeutung von Elitenhandeln heraus. So konnte Hroch feststellen, daß v.a. Intellektuelle ausgreifende Vorstellungen von nationalen Kommunikationseinheiten entwerfen, die anschließend den Resonanzboden für massenpolitische Phänomene abgeben. Mit dieser Unterscheidung hängt auch die Differenzierung in einen progressiven und reaktionären, einen kritisch-emanzi-patorischen und kompensierend wirkenden Nationalismus zusammen. Moderne Studien streben so nicht nur nach soziostruktureller Differenzierung der Nationalismusphänomene, sondern auf die Darstellung epochenspezifischer Ausprägungen. Auf diese Weise lassen sich sowohl die generellen Systematisierungsversuche moderner Nationalismusforschung wie auch die Differenzierungsbestrebungen einer stärker geschichtswissenschaftlich geprägten Nationalismusgeschichte in Einklang bringen.

Trotz mancher Vorarbeiten ist die Verbindung zwischen sozial- und geschichtswissenschaftlicher Nationalismusforschung noch nicht gefestigt - dies zeigt sich nicht zuletzt daran, daß die Forschungsergebnisse beider Richtungen stets unter Hinweis auf Einzelfälle oder zu geringe Generalisierbarkeit diskutiert werden. Ein Ausweg aus diesem Dilemma ist wohl nur zu erwarten, wenn es gelingt, interdisziplinäre Konzeptionen zu entwickeln, die sozialwissenschaftliche Systematisierung der Fragestellungen mit der Möglichkeit verbinden, auch materialreich unterschiedlichste Geschichten nationaler Bewegungen, Nationalstaatsentstehungen und Überwindungen nationaler Begrenzungen zu analysieren. Dies scheint umso wichtiger zu sein, als die Konzentration auf westlich-europäische Nationalstaaten kaum mehr gestatten wird, die gegenwärtig aufbrechenden Nationalitätenkonflikte angemessen zu erfassen.

Lit.: P. Alter: Nationalismus, Frankfurt/ M. 1985; *C. J. H. Hayes*: The Historical Evolution of Modern Nationalism, New York 1963[3]; *H. Kohn*: Die Idee des Nationalismus, Frankfurt/ M. 1962; *H. A. Winkler* (Hg.): Nationalismus, Königstein/ Ts. 1978.

Prof. Dr. Peter Steinbach, Berlin

Nationalbewußtsein
→ Nation/ Nationalismus/ Nationalstaat

Nationalbolschewismus
In der → Weimarer Republik von radikalen Rechten wie kommunistischen Linken ausgehende politische Bestrebungen, die extremen Flügel-Ideologien durch einen „völkisch-kommunistischen" Brückenschlag zu verbinden. Nationalistische → Opposition gegen den → Versailler Vertrag, gepaart mit Sympathien für das leninistische Organisationsprinzip gaben den Boden ab für solche ideelle Annäherung, die freilich über sektiererische Zirkel nicht hinausging. Teile der nationalbolschewistischen Strömung (so der Kreis um Ernst Niekisch) schlossen sich dem → Widerstand gegen den → Nationalsozialismus an.

National-Demokratische Partei Deutschlands/ NDPD (DDR)
Ehem. → Blockpartei der DDR, deren soziales Betreuungsfeld z.Z. des kommunistischen SED-Regimes ursprünglich ehem., weniger belastete NSDAP-Mitglieder und Wehrmachtsoffiziere, später v.a. Angestellte und Teile des selbständigen → Mittelstandes waren. Die → Partei wurde eigens zu diesem Zweck 1948 von der → SED gegründet, als Assistenzorganisation zur Einbindung dieser Gruppierungen in die „neue Ordnung", in Konkur-

renz zu den damals noch nicht gleichgeschalteten bürgerlichen Parteien → CDU (der DDR) und → LDP(D). Vor dem Systemwechsel (Ende 1989) verfügte die N. über ca. 100.000 Mitglieder und stellte auf allen Ebenen einen kleinen Teil der Mandatsträger in legislativen und exekutiven Positionen. Auf ihrem Parteitag Anfang 1990 sprach sich die N. für eine demokratische, marktwirtschaftliche und neutralistische → Politik aus, es kamen aber auch einige nationalistische Strömungen in der Mitgliederschaft zum Vorschein. In der Volkskammerwahl vom 18.3.1990 errang die N. nur 0,38 % der Stimmen (und 2 von 400 Sitzen). Zur Bedeutungslosigkeit verurteilt, vollzog die N. Ende März 1990 den Beitritt zur Partei → „Bund Freier Demokraten - Die Liberalen" (ehem. LDP); die neue Partei nannte sich nur noch „Bund Freier Demokraten".

Nationaldemokratische Partei Deutschlands/ NPD
Bis zur Gründung der → Republikaner (REP) und dem Auftreten der → Deutschen Volksunion (DVU) war die N. die führende Gruppierung innerhalb des bundesdeutschen → Rechtsextremismus. 1964 als Sammlungspartei des rechten Lagers gegründet, stand sie in der personellen und ideologischen Tradition der → Deutschen Reichspartei (DRP). Wachsende ökonomische (Wirtschaftskrise) und politische (→ Große Koalition) Unzufriedenheit führten 1966/67 zu ihrem Einzug in 7 → Landesparlamente; sie scheiterte jedoch in der Bundestagswahl 1969 mit 4,3 %. Danach sank sie, bei kontinuierlichem Wähler- und Mitgliederrückgang, zu einer → Splitterpartei ab. Vor dem Hintergrund wachsender wirtschaftlicher Probleme und ausländerfeindlicher Tendenzen ist seit Ende der 80er Jahre ein neues Erstarken rechtsextremistischer Parteien festzustellen. Aufgrund der Konkurrenz von DVU und REP konnte die N. davon kaum profitieren. Ihre Mitgliederzahl betrug Ende 1998 ca. 6000. Sofern sie überhaupt an Wahlen teilnahm, erwies sie sich als bedeutungslos (Bundestagswahl 1998: 0,3 %). Andererseits ist seit Anfang der 90er Jahre eine Radikalisierung der N.

festzustellen, die sich in → Antisemitismus, positiver Bewertung der NS-Zeit und Verunglimpfung des demokratischen → Rechtsstaates ausdrückt. Mit → Neonazis findet stellenweise eine themen- und aktionsbezogene Zusammenarbeit statt. Die N. hat nach dem Verbot diverser neonazistischer Organisationen Neonazis als Mitglieder aufgenommen (u.a. wurden 1998 mehrere Neonazis in den Bundesvorstand der N. gewählt); dies ist eine Erklärung für ihre in den letzten Jahren gestiegenen Mitgliederzahlen.

nationale Befreiungsbewegungen
→ Befreiungsbewegungen

Nationale Front
1. Zusammenschluß der „bürgerlichen" → Parteien (→ Blockparteien) unter Führung der jeweiligen kommunistischen Partei in den sog. → Volksdemokratien, z.B. die → N. der DDR.
2. → Front national (Frankreich)

Nationale Front der DDR
Zusammenfassung aller → Parteien, → Massenorganisationen und sonstiger → Vereinigungen unter Führung der ehem. → Staatspartei → SED. Die N. ging 1949 aus dem 1945 gegründeten Block der antifaschistisch-demokratischen Parteien hervor, der bereits durch SED und sowjetische Besatzungsmacht dominiert war. Analog zu den Volksfrontbestrebungen (→ Volksfront) im Westen war die N. Teil der SED-Bündnispolitik, Plattform einer sozialistische Volksbewegung als Bündnis aller Kräfte des werktätigen → Volkes unter Führung der → Arbeiterklasse und ihrer Partei. Die anderen Kräfte sollten an den → Sozialismus herangeführt werden, und zwar mit Hilfe der → Blockparteien (→ Demokratische Bauernpartei Deutschlands, → CDU-Ost, → LDPD, → NDPD) und Massenorganisationen (z.B. → FDGB). Gliederungen der N. gab es auf allen administrativen Ebenen. Agitation, Kandidatennominierung für → Wahlen (auf → Einheitslisten), Mithilfe bei der Planerfüllung und Zusammenwirken mit der Zivilverteidigung waren die wichtigsten Aufgaben der N., die damit einen Beitrag zur Entfaltung

der → sozialistischen Demokratie leisten sollte. Nach dem Umbruch in der DDR traten die Blockparteien aus, die N. wurde damit weitgehend funktionslos; Anfang 1990 erfolgte die Auflösung.

nationale Minderheiten
Ethnische → Minderheit, die sich nach Abstammung, Kultur, Religion oder Sprache von der Mehrheit des Staatsvolks unterscheidet. Wo in → Nationalstaaten der Begriff → Nation ein wichtiges Identifikationsmoment ist bzw. Landes- und Nationalitätengrenzen nicht übereinstimmen, wächst n. fast automatisch eine Außenseiterrolle zu.

Nationale Volksarmee/ NVA
Bez. für die Streitkräfte der DDR. 1956 geschaffen durch Umbenennung der Kasernierten Volkspolizei (KVP). Die N. unterstand zur Gänze dem → Warschauer Pakt; DDR-Kommandobehörde war das Ministerium für nationale Verteidigung. Ihre 216.000 Mann (Stand 1989) verteilten sich auf Heer, Marine, Luftwaffe und Grenztruppen. Seit 1962 herrschte die allg. Wehrpflicht für 18 Monate (1990 reduziert auf 12 Monate). Ein → ziviler Ersatzdienst (→ Wehrdienstverweigerung) wurde ebenfalls erst 1990, nach dem Umbruch, eingeführt. Zum Zeitpunkt der → Wiedervereinigung betrug die Truppenstärke noch 90.000 Mann (davon 50.000 Zeit- und Berufssoldaten). Nach der Verschmelzung von N. und → Bundeswehr wurden 1991 in die gesamtdeutsche Bundeswehr vom Stammpersonal der N. zunächst 12.000 Unteroffiziere und 6.000 Offiziere übernommen. Von diesen wurden 1993 3.000 Offiziere und 7.600 Unteroffiziere in ein Dienstverhältnis als Berufssoldat oder längerdienender Soldat auf Zeit überführt.

Nationaler Sicherheitsrat
Engl.: National Security Council. Gegründet 1947, gehört der N. zum US-Präsidialamt (→ Weißes Haus). Ihm gehören gewöhnlich an: → Präsident, Vizepräsident, Außenminister, Verteidigungsminister, Sicherheitsberater des Präsidenten, Vorsitzender der Vereinigten Generalstäbe

der Streitkräfte, Chef des Geheimdienstes → CIA und weitere enge Vertraute des Präsidenten. Im N., der ursprünglich als Koordinations- und Beratungsgremium geschaffen wurde, hat der Sicherheitsberater (dem der N. untersteht) heute eine politische Lenkungsfunktion inne.

Nationaler Verteidigungsrat der DDR/ NVR

Neben → Staatsrat und → Ministerrat eines der obersten Entscheidungsorgane der DDR, dem im Falle inneren oder äußeren Notstandes alle legislativen und exekutiven Vollmachten übertragen werden sollten. Mit dem Umbruch in der DDR wurde er Ende 1989 funktionslos und Anfang 1990 aufgelöst. Dem Staatsrat waren grundsätzliche Fragen der Landesverteidigung und Sicherheit übertragen, die er mit Hilfe des N. organisierte. Der N. konnte im Falle einer „bedrohlichen Lage" auch ohne Verkündung des Verteidigungszustandes durch die → Volkskammer die teilweise oder allg. Mobilmachung anordnen. Sein Vorsitzender war im Verteidigungsfall Oberbefehlshaber aller bewaffneten Kräfte. Die Anordnungen des N. konnten von → Gesetzen und Rechtsvorschriften abweichen. Der Vorsitzende des N. wurde von der Volkskammer gewählt, die Mitglieder vom Staatsrat berufen. Die Parteichefs und Staatsratsvorsitzenden Ulbricht, Honecker und Krenz waren auch Vorsitzende des N.

Nationalisierung

In nicht-marxistischer (bzw. nicht-kommunistischer) Terminologie synonym für → Verstaatlichung von Privateigentum (insbesondere des → Eigentums an Produktionsmitteln).

Nationalismus

→ Nation/ Nationalismus/ Nationalstaat

Nationalität

1. Identisch mit dem Rechtsstatus der → Staatsangehörigkeit.

2. Zugehörigkeit zu einer → Nation als einer durch bestimmte gemeinsame Merkmale oder Willensbekundung verbundenen → Gemeinschaft eines → Volkes. Die-

ses Volk kann die gesamte Bevölkerung umfassen oder nur eine Teilpopulation (Volksgruppe) in einem → Staat darstellen.

Nationalitätenpolitik

Innerstaatliche → Politik gegenüber → nationalen Minderheiten, mit der der aus mehreren Volksgruppen bzw. Kulturnationen bestehende → Nationalitätenstaat die ihm inhärenten Nationalitätenprobleme bzw. -konflikte verhindern oder lösen will. Ziel ist die Gleichberechtigung von → Nationalitäten bzw. die Entschärfung nationaler Gegensätze. Hierzu ist v.a. die Organisation des → Staates als → Bundesstaat und/ oder als → Konkordanzdemokratie geeignet, um so den einzelnen Nationalitäten eine gewisse → Autonomie zu gewähren. Die N. in den kommunistischen → Diktaturen Osteuropas reichte von einer Föderalisierung des Staates (Jugoslawien, Tschechoslowakei) über eine Politik gezielter Vereinheitlichung, die die Assimilierung der nationalen Minderheiten in die dominierende Gruppe anstrebte (UdSSR), bis zu reiner Zwangsassimilierung (Bulgarien, Rumänien); die nach der Ablösung der Diktaturen aufbrechenden Nationalitätenkonflikte mündeten teilweise in einen Zerfall des Staates. In der → Dritten Welt ist die N. oft damit konfrontiert, daß die von den Kolonialmächten gezogenen Grenzen die Stammes-, Sprachen-, Religions- und Kulturgrenzen überlagern; sie zielt daher auf ein gemeinsames Nationalbewußtsein ab.

Nationalitätenstaat

→ Vielvölkerstaat

Nationalkomitee Freies Deutschland/ NFD

In der UdSSR 1943 von deutschen Kriegsgefangenen (v.a. Überlebenden der Stalingrad-Armee) und in die Sowjetunion emigrierten deutschen Kommunisten (u.a. Walter Ulbricht) gegründetes Widerstandsbündnis gegen Hitler; von der UdSSR initiiert und kontrolliert. Ebenfalls 1943 Vereinigung mit dem Bund deutscher Offiziere. Das N. wandte sich mit Propagandaaktionen an die kämpfende deutsche Truppe und forderte zum Sturz Hitlers und zum Überlaufen auf. Anfang November 1945 wurde das N. aufgelöst.

Nationalkonvent

Engl.: national convention; (Nominierungs-)Parteitag der beiden großen → Parteien der USA, → Demokraten und → Republikaner, zur Auswahl ihrer Präsidentschaftskandidaten. Um die Delegiertenmandate zu den N. finden parteiintern - je nach Einzelstaat - → Vorwahlen (primaries) oder Parteiversammlungen (→ caucus, convention) statt, in denen sich die Bewerber um den Status des Präsidentschaftskandidaten der Partei zur → Wahl stellen. Alle als Anhänger der jeweiligen Partei Registrierten können im Regelfall am Nominierungswahlkampf teilnehmen. Die auf Gemeinde-, Kreis- oder Staatsebene auf die Bewerber entfallenden Stimmen werden (auf der Ebene der Einzelstaaten) in Delegiertenmandate für die N. beider Parteien umgesetzt. Die Delegiertenmandate werden auf die einzelnen → Staaten nach einem bestimmten, parteispezifischen Schlüssel verteilt. Der N. beschließt über das Wahlprogramm (platform) der Partei bzw. des Präsidentschaftskandidaten (allerdings ohne verbindliche Wirkung), wählt den Präsidentschaftskandidaten sowie auf dessen Vorschlag den Vizepräsidentschaftskandidaten; ferner wählt der N. den Parteiausschuß (national committee), der wiederum den Parteivorstand wählt.

Nationalrat

1. In den → Zweikammersystemen von Österreich und der Schweiz diejenige Parlamentskammer, die die → Volksvertretung darstellt.; die andere → Kammer (Österreich: → Bundesrat; Schweiz: → Ständerat) ist Ausdruck des bundestaatlichen Prinzips. Während im → Parlament Österreichs der N. die wichtigste Kammer ist (insbes. Regierungsbildung; letztliche Entscheidung über Gesetzesvorlagen), sind in der → Bundesversammlung der Schweiz beide Kammern gleichberechtigt; hier ist die Gesetzgebungsfunktion des Parlaments aber eingeschränkt durch die Möglichkeiten der → direkten Demokratie, ferner in beiden → Ländern durch den Charakter als → Konkordanzdemokratien. Die → Mandate des N. (Österreich: seit 1971 183; Schweiz: 200) verteilen sich auf die einzelnen → Bundesländer bzw. (Halb- und Voll-) → Kantone gemäß deren Bevölkerungsanteil. Gewählt wird auf 4 Jahre gemäß allgemeinem, gleichem und direktem → Wahlrecht. Jedes Bundesland bzw. jeder (Halb-/ Voll-)Kanton bildet einen → Wahlkreis, dessen Mandate auf die Listen der → Parteien oder Wählergruppierungen gemäß den für sie abgegebenen Stimmen (→ Verhältniswahl) aufgeteilt werden.

2. In Österreich und der Schweiz gleichzeitig die Bez. für einen → Abgeordneten des N.

3. In der ehem. DDR das formelle Leitungsorgan der → Nationalen Front.

Nationalsozialismus

1. Begriff: a) Rechtsextremistische Weltanschauung mit erklärtem Gegensatz zur sozialistischen → Arbeiterbewegung und zur Verfassungsidee des demokratischen → Rechtsstaates; b) totalitäre Herrschaftsordnung des → Dritten Reiches (1933-45), das im Deutschland der Zwischenkriegszeit aus der gezielten Aushöhlung und Transformation des parlamentarischen → Systems der → Weimarer Republik entstanden war.

Je nach methodischem Ansatz und faschismustheoretischem Standort wird entweder, i.S. eines phänomenologischen Vorgehens, das national Singuläre bzw. Eigentümliche des N. betont oder dieses aber, strukturvergleichend, als extreme Realform eines Typus → totalitärer bzw. faschistischer → Diktatur eingeordnet.

2. Ideologie: In der Bündelung radikal negierender Leitideen - → Antikommunismus, → Antisemitismus, Antikapitalismus, Demokratiefeindschaft und Antiparlamentarismus - ist der N. gleichermaßen Spätprodukt der unaufgearbeiteten Folgen wirtschaftlicher, politischer und sozialer → Modernisierung des dt. → Nationalstaats wie Reaktion auf dessen militärische Niederlage und verfassungspolitische Umformung am Ende des 1. Weltkriegs. Unter Schlagworten wie „Kampf der Novemberrepublik" und der Agitation gegen den „Versailler Schandfrieden" gelang es dem N., seit 1919 in der → NSDAP als → Partei formiert, unter Führung Adolf Hitlers erfolgreich, diffuse nationalistische, anti parlamentarische und parteienstaatsfeindliche Ressentiments breiter, v.a. kleinbürgerlicher Bevölkerungskreise zu mobilisieren.

3. *Soziale Basis*: Als → soziale Bewegung vereinte der N. so gegensätzliche Segmente wie einen (alt-)mittelständischen → „Extre-mismus der Mitte" (S.M. Lipset) mit einer sozialrevolutionären „Linken" (um die Gebrüder Strasser) und großindustrielle sowie großagrarische Gruppen. Erst das Bündnis mit den sog. alten → Eliten in Wirtschaft, → Bürokratie, Geistesleben und Militär öffnete dem N. wesentliche machtpolitische Voraussetzungen für den Erfolg der scheinlegalen → Machtergreifung im Februar/ März 1933.

4. *Strukturmerkmale des Herrschaftssystems*: Diese sind, stichwortartig gefaßt, v.a.: die Durchsetzung des Machtanspruchs der NSDAP als → Staats- und Führerpartei; totalitär-staatliche Durchdringung aller Lebensbereiche von → Individuum und → Gesellschaft; → Gleichschaltung sämtlicher → Institutionen in → Staat, Wirtschaft und Gesellschaft; → Manipulation des Alltagslebens mittels zentral gesteuerter → Propaganda; Militarisierung des Alltags, durch paramilitärische Dienstverpflichtung schon zu Friedenszeiten; Zerschlagung freier → Gewerkschaften; forcierte Aufrüstung; → „Polykratie der Ressorts" als System konkurrierender Parallelherrschaft von Staat und Partei, die durch die unumschränkte Führerstellung Hitlers in labilem Gleichgewicht gehalten wurde; die Pervertierung des Legalitätsprinzips durch beliebige Rechtsdurchbrechung und justizlose Willkürakte; Polizei- und Justizterror gegen „Volksfeinde" (Juden, Marxisten, bekennende Christen); Abbau und gleichzeitige Nivellierung sozialrechtlicher → Normen (zuweilen als „unfreiwillige Modernisierungsleistung" des N. bewertet); Planung und Entfesselung eines Vernichtungskrieges, der den rassistisch begründeten Völkermord einschloß und am 8. Mai 1945 mit der totalen Kapitulation und dem Zerfall des NS-Regimes endete.

Nationalsozialistische Deutsche Arbeiterpartei/ NSDAP

Von Adolf Hitler (Parteivorsitz seit 29.7.1921) zur → Massenorganisation des → Nationalsozialismus formierte und als autoritäre → Führerpartei strukturierte, durch → Gesetz vom 14.7.1933 mit politischem Vertretungsmonopol ausgestattete → Staatspartei des → Dritten Reiches. Am 5.1.1919 als eine von vielen völkischantisemitischen → Splitterparteien der frühen → Weimarer Republik gegründet, nahm die N. nach ihrem überraschenden Wahlerfolg bei den Reichstagswahlen vom 14.9.1930 (18,3 % der Stimmen, 107 → Mandate) die Formen einer → Massen- und Apparatpartei an, die jedoch - sichtbar v.a. in der Phase der sog. Machtergreifung von Januar bis März 1933 - eine für gewalttätige Übergriffe gegen politische Gegner instrumentalisierte revolutionäre Dynamik öffentlichkeits- und wählerwirksam freisetzte.

Mit der Liquidierung Röhms und eines Teils der höheren SA-Führung im Juni 1934 wurde, auf Befehl Hitlers, der sozialrevolutionäre Flügel der → Partei endgültig entmachtet. Am 1.12.1933 wurde die N. als → öffentlich-rechtliche Körperschaft in ihrer quasi-staatlichen Stellung formell bestätigt. Die Mitgliederzahlen stiegen von ca. 27.000 (1925) auf 1,4 Mio bei Eintritt in den NS-Staat im Januar 1933. Bei Kriegsende 1945 hatte die N. etwa 8,5 Mio Mitglieder. Durch Gesetz Nr. 2 der Alliierten Kontrollkommission am 10.10.1945 wurde die N. aufgelöst und verboten. In den → Nürnberger Prozessen wurde das N.-Führerkorps zur verbrecherischen Organisation erklärt.

Nationalstaat
→ Nation/ Nationalismus/ Nationalstaat

Nationalversammlung
1. Bez. für eine meist zur Ausarbeitung einer neuen → Verfassung einberufene parlamentarische Versammlung (Konstituante bzw. verfassunggebende Versammlung); i.d.R. direkt gewählt. Beispiele sind: frz. N. 1789-91 (→ Assemblée nationale); N. in der Frankfurter Paulskirche 1848/49 (→ Frankfurter N.; → Paulskirchenverfassung); Wei-

marer N. 1919 (→ Weimarer Reichsverfassung).

2. Bez. für das → Parlament bzw. dessen wichtigste → Kammer in Frankreich (Assemblée nationale) sowie in einigen afrikanischen und asiatischen → Staaten; meist auf der Basis gleichen → Wahlrechts für die Gesamtbevölkerung (vgl. → Zweikammersystem) gewählt.

nation-building
→ Nationenbildung
Auf Karl W. Deutsch zurückgehender Erklärungsansatz, in dem die gesellschaftlichen Bestimmungsgründe herausgearbeitet werden, die zur Entstehung von → Nationalstaaten in Westeuropa führten: 1. → Industrialisierung, Kapitalakkumulation und Wirtschaftswachstum; 2. soziale Mobilisierung aufgrund gesellschaftlicher → Modernisierung; 3. Verkehrs- und Kommunikationsstruktur; 4. nationales Bewußtsein; 5. Sicherung des nationalen → Einheitsstaates nach innen und außen. N. wird als ein übertragbares Entwicklungsmodell auch für heutige → Entwicklungsländer angesehen (vgl. → Modernisierungstheorien).

Nationenbildung
→ nation-building

NATO
Abk. für *North Atlantic Treaty Organization* (= Nordatlantikpakt); von nordamerikanischen und westeuropäischen → Staaten 1949 abgeschlossenes kollektives Verteidigungsbündnis zur Abwehr eines - aufgrund des seinerzeit sich vertiefenden → Ost-West-Konfliktes befürchteten - Angriffs der Sowjetunion auf Westeuropa. Gründungsmitglieder: Belgien, Dänemark, Frankreich, Großbritannien, Island, Italien, Kanada, Luxemburg, Niederlande, Norwegen, Portugal, USA. Später traten bei: Griechenland (1952), Türkei (1952), Bundesrepublik Deutschland (1955), Spanien (1982); Oberstes (politisches) Organ ist der N.-Rat; seine Beschlüsse müssen einstimmig sein. Neben der militärischen Beistandsverpflichtung im Falle eines Angriffs von außen auf eines oder mehrere

der Mitgliedsländer bezweckt die N. eine engere politische, soziale, ökonomische und kulturelle Zusammenarbeit. Kernstück der militärischen N.-Strategie war 1962-91 ein auf die Präsenz von US-Truppen in Europa gestütztes Konzept der → flexible response (s.a. → NATO-Doppelbeschluß); damit wurde die Schwelle für atomare „massive Vergeltung" höhergerückt, das Risiko eines frühzeitigen Einsatzes von Atomwaffen kurzer und mittlerer Reichweite jedoch nicht vermindert.

1989 verstärkten sich in Ost und West Bestrebungen, eine gemeinsame europäische → Sicherheitspartnerschaft (durch weitreichenden Rüstungsabbau und gegenseitige → Rüstungskontrolle) aufzubauen. Nach Auflösung der UdSSR und dem Abbau der Blöcke-Konfrontation zu Beginn der 90er Jahre wurde als erster Schritt zu einem europäischen Sicherheitssystem Ende 1991 der → NATO-Kooperationsrat konstituiert (!994 die → „Partnerschaft für den Frieden" und 1997 der Euro-Atlantische Partnerschaftsrat/ EAPR). Ferner wurde anstelle der flexible response-Strategie 1991 die neue strategische Gesamtkonzeption der N. - darunter die 4 grundlegenden Sicherheitsaufgaben (N.-Kernfunktionen) - festgelegt. Sie verknüpft die sicherheitspolitischen → Interessen (Abschreckung wie Abwehr) der N.-Mitglieder mit Zielen der friedlichen Streitbeilegung und sicherheitspolitischen Kooperation im neuen Europa. Hierzu zählt die Bereitschaft der N., im Auftrag der → UNO und der → OSZE Einheiten für „peace-keeping"- und „peace-enforce-ment"-Aktionen einzusetzen.

Angesichts der Unwägbarkeiten der sicherheitspolitischen Lage in Teilen Europas ging die N. - statt ihrer Auflösung als Antwort auf den Zerfall des → Warschauer Paktes - den Weg der Aufnahme neuer Mitglieder (sog. Osterweiterung der N.). Vormals neutrale oder dem Warschauer Pakt angehörige → Staaten können N.-Mitglieder werden, wenn sie bestimmte Kriterien hinsichtlich → Demokratie und staatlicher Stabilität erfüllen. In einem ersten Schritt wurden am 12.3.1999 Polen, Tschechien und Ungarn aufgenommen.

NATO-Doppelbeschluß

1979 gefaßter Beschluß der NATO-Staaten, angesichts der Aufstellung neuer sowjetischer SS 20-Mittelstreckenraketen in Osteuropa für den Fall des Fehlschlags von Verhandlungen mit der UdSSR über einen Abbau dieser sog. „eurostrategischen" Raketen eine eigene → Nachrüstung vorzunehmen. Aufgrund der neuen Bedrohungsqualität der zur Nachrüstung vorgesehenen Waffensysteme (Pershing II, Cruise Missile) wurde der N. v.a. in der bundesdeutschen → Öffentlichkeit sehr kontrovers diskutiert; aus der breiten Ablehnungsfront bildeten sich in Westeuropa und Nordamerika → Friedensbewegungen heraus. Als der → Warschauer Pakt mit der Aufrüstung fortfuhr, begann die NATO Ende 1983 mit der Stationierung der neuen Mittelstreckensysteme. Ende 1987 schlossen die Supermächte den Mittelstreckenwaffenvertrag (→ INF-Vertrag) über die Vernichtung aller Mittelstreckenwaffen beider Seiten bis Ende 1989 (Reichweite: 500 - 1.000 km) bzw. bis 1.6.1991 (Reichweite: 1.000 - 5.500 km).

NATO-Kooperationsrat/ NAKR

Im Dezember 1991 in Brüssel konstituiertes Organ zur Einbindung der UdSSR in ein europäisches Sicherheitssystem und zum Schutz der kleineren → Staaten. Dem N. gehörten (Stand: 1997) neben den 16 → NATO-Mitgliedern die damalige Sowjetunion (UdSSR), Albanien, Bulgarien, CSFR (bzw. Tschechien und Slowakei), Makedonien, Polen, Rumänien, Slowenien, Ungarn sowie die 3 baltischen Staaten an. Am 10.3.1992 wurden anstelle der UdSSR die damaligen 11 → Republiken der Gemeinschaft Unabhängiger Staaten (GUS) aufgenommen; im April 1992 trat Georgien dem N. bei. Durch die Auflösung der UdSSR hatte der N. viel von seiner ursprünglichen Bedeutung verloren; er strebte danach primär durch regelmäßige Treffen der Außenminister bzw. von Fachbeamten eine enge politische, militärische, wirtschaftliche und wissenschaftliche Zusammenarbeit an. Eine vertiefte Kooperation bot die NATO im Januar 1994 den N.-Staaten mit der → „Partnerschaft für den Frieden" an; den mittelosteuropäischen Staaten gingen deren allgemeine (keine konkreten Sicherheitsgarantien enthaltenden) Vertragsbestimmungen aber nicht weit genug, um die Option eines NATO-Beitritts zu ersetzen. Dieser Beitritt - die sog. Osterweiterung der NATO - erfolgt in zeitlichen Stufen. Am 29.5.1997 gründeten die N.-Mitgliedsländer den Euro-Atlantischen Partnerschaftsrat/ EAPR, der auf dem N. und der „Partnerschaft für den Frieden" aufbaut und den N. (letztes Treffen: 30.5.1997) ersetzt; dieser Rat bildet den Rahmen für Konsultationen über sicherheitspolitische wie auch allgemeinpolitische Fragen, angelehnt an die → OSZE und andere europäische sicherheitspolitische Institutionen.

Naturgesetz

1. *Naturwissenschaft*: Empirisch gesicherter Erfahrungswert über die Regelhaftigkeit bzw. Wiederholbarkeit natürlicher (z.B. biologischer, physikalischer) Abläufe.

2. *Sozialtheorie, Moralphilosophie*: Überzeitlich und überpositiv (d.h. unabhängig von gesatztem → Recht) gültige Konstanten menschlichen Verhaltens (z.B. Furcht, Trieb nach Selbsterhaltung) bzw. Sittengesetz (s.a. → Naturrecht, → Vertragstheorien).

Naturrecht

Ideengeschichtlich auf die griech. Antike zurückgehende Vorstellung von der menschlichen Natur bzw. der immerwährenden Gültigkeit natürlicher Rechte des Menschen. Mit Rekurs auf N. hat die christliche Moraltheologie des Mittelalters ebenso wie die historisch jüngere, neuzeitliche Vertragslehre (→ Vertragstheorie) ihre affirmativen oder revolutionären - Aussagen über eine menschlicher Natur angemessene Herrschafts- und Gesellschaftsordnung begründet. In modern normativer Bedeutung umfaßt N. unveräußerliche, überpositive → Menschenrechte, welche Maßstab für die → Legitimität gesetzter Verfassungs- und Rechtsordnungen sind.

Naturschutzgesetz

Am 20.12.1976 verabschiedet, stellt das Bundesnaturschutzgesetz einen Rahmen zum Schutz und zur Pflege der gesamten Natur dar, der durch die Landesgesetzgebung ausgefüllt werden soll. Ein umfassendes Bundesumweltschutzgesetz (s.a. → Umweltpolitik) gibt es noch nicht, das Umweltrecht ist bisher auf Einzelregelungen beschränkt.

Naturzustand
Gemeinsam verbindender Grundgedanke ist, daß die im - vorstaatlichen - N. sich selbst, ihren Selbstsüchten, Trieben und (wirtschaftlichen) Konkurrenzkämpfen überlassene Menschengemeinschaft nicht nur, um ihrer Selbsterhaltung willen, einer allgemeinverbindlichen → politischen Ordnung bedarf, sondern solche Ordnung auch kraft eigener Einsicht in das Notwendige hervorbringt: Das „Umschlagen des wirren N. in einen geordneten ‚politischen Körper'" (W. Euchner) ist vernunftgeleitetes Ergebnis eines (gedachten) konstitutionellen Akts vertragschließender → Bürger (s.a. → Aufklärung, → Vertragstheorien).

NDPD
Abk. für → *N*ational-*D*emokratische *P*artei *D*eutschlands

Nebenhaushalt
→ Schattenhaushalt

Neofaschismus
Nach 1945 wiederbelebte oder neu gegründete faschistische Bewegungen und politische Strömungen, die an die Tradition des → Faschismus anknüpfen. Neben der italienischen MSI/ DN (Akronym für ital. „Italienische Soziale Bewegung/ Nationale Rechte") - aus ihr ging 1994 die Alleanza Nazionale/ AN hervor - lassen sich dem N. rechtsradikale Randgruppen und → Splitterparteien in mehreren europäischen → Staaten zuordnen (z.B. der → Neonazismus in der Bundesrepublik). Diesen Gruppierungen der extremen → Neuen Rechten ist das Grundbekenntnis zu Führerprinzip und völkisch bzw. rassisch begründetem Elitedenken, übersteigerter → Nationalismus, militanter → Antikommunismus sowie die latente Gewaltbereitschaft gemeinsam.

Neoinstitutionalismus
Politikwissenschaftlicher theoretischer Ansatz zur Erklärung von Bedingungen, die das Handeln bzw. Entscheiden politischer Akteure definieren. Während sich der ältere Institutionalismus auf den Kernbereich der → Verfassungsorgane eines → Regierungssystems i.e.S. bezog, geht der N. von einem breiteren Institutionenbegriff aus, der sich nicht nur auf formale Organisationen erstreckt, sondern auch auf informale → Normen und Regeln (z.B. vergemeinschaftete Deutungsmuster und verinnerlichte Verhaltensweisen oder auch Spielregeln) erstreckt. → Institutionen sind demnach, einer Definition von James March/ Johan Olsen (1984) zufolge, Vorräte von miteinander vernetzten Regeln und Routinen, die das Handeln nach Maßgabe ihrer Beziehung zu Rollen und Situationen bestimmen. Von daher erschließen sich Wege für eine politikfeldbezogene Analyse politischer Entscheidungsprozesse (→ Policy-Dimension).

Neokolonialismus
Vorwurf an die westlichen Industrieländer, insbesondere durch ökonomische Ausbeutung, internationale Beherrschung der Kommunikationsmedien und enge Verquickung mit den politischen und militärischen Führungsgruppen in den → Entwicklungsländern diese politisch souveränen → Staaten in ähnlicher Abhängigkeit zu halten wie die früheren Kolonien. Die → Dependenztheorie (Dependencia) bezeichnet dies als neue Form des → Imperialismus. Die neue Abhängigkeit bezieht sich auf viele „Kolonialzentren", sie verläuft z.T. über multilaterale bzw. → internationale Organisationen. Die engsten Beziehungen bestehen meist mit der ehem. Kolonialmacht, die damit zum wichtigsten Stützpunkt des N. für den in die Unabhängigkeit formal entlassenen Staat wird.

Neokonservatismus
Verallgemeinernder Richtungsbegriff für Tendenzen zur Wiederbesetzung bzw. Neudeutung konservativer Positionen in Gesellschafts- und Wirtschaftswissenschaft sowie politischer Publizistik seit den 70er

Jahren. Der N. entstand, teils als Gegenbewegung zur marxistisch inspirierten Gesellschaftstheorie der → Neuen Linken, teils in Reaktion auf die → „Unregierbarkeit" bzw. das → „Staatsversagen" des modernen → Interventions- und → Wohlfahrtsstaates. Zum Spektrum des N. zählen sowohl Theoretiker der → Marktwirtschaft, die den Marktmechanismus des „freien Spiels der Kräfte" und angebotsorientierter → Wirtschaftspolitik befürworten, als auch Sozialwissenschaftler bzw. Sozialphilosophen, die, anknüpfend an die alte dualistische Vorstellung von → Staat und → Gesellschaft, einerseits vor dem „überforderten, schwachen Staat" als „Versorgungsstaat" warnen, andererseits die → „Politisierung" immer weiterer gesellschaftlicher Bereiche kritisieren. Im N. gehen klassisch konservative Topoi der Bürokratiekritik und des Staates als Ordnungsfaktor, der Skepsis gegenüber „Nivellierung" (durch fehlgeleitete → Chancengleichheit) und der Aufwertung familiarer Bindungen mit neoliberalen Positionen ökonomischer → Modernisierung eine insgesamt vielschichtige Verbindung ein.

Neokorporatismus

1. Begriff und Begriffsgeschichte: Mit den Begriffen N. oder „liberaler Korporatismus" wird die Einbindung („Inkorporierung") von organisierten → Interessen in → Politik und ihre Teilhabe an der Formulierung und Ausführung von politischen Entscheidungen bezeichnet.

Der N.-Begriff knüpft an den älteren Begriff des → „Korporativismus" an, der sich auf eine nach → Ständen gegliederte → Gesellschaft bzw. eine → ständestaatliche Ordnung der Gesellschaft bezog und die Übertragung → öffentlicher Gewalt auf gesellschaftliche Organisationen (→ „Korporationen") bezeichnete. In der Bundesrepublik wurde der Begriff in den 70er Jahren in Anlehnung an den angelsächsischen Begriff „Corporatism" als N. bzw. liberaler Korporatismus wieder aufgegriffen. Die begriffliche Anbindung wird damit begründet, daß, ungeachtet der vielfältigen Unterschiede in der Gesellschaftsordnung, den vorstaatlichen Organisationen bzw. den organisierten Interessen in der vorbürgerli-

chen Gesellschaft ebenso wie in den entwickelten demokratischen → Wohlfahrtsstaaten eine „intermediäre" Stellung zwischen → Individuum und → Staat zukommt, in der sie einerseits die Interessen ihrer Mitglieder gegenüber dem Staat repräsentieren, andererseits aber auch politische Vereinbarungen und Zugeständnisse gegenüber ihren Mitgliedern zu vertreten und durchzusetzen haben.

Über die Reichweite dessen, was mit dem N.-Begriff erfaßt werden kann, besteht noch keine Klarheit. Während in dem einen Extrem jede Form der politischen Kooperation von organisierten Interessen untereinander oder mit staatlichen Instanzen unter den Begriff N. subsumiert wird, ist in dem anderen Extrem der Begriff nur für die Bez. einer → „tripartistischen" Kooperation von Staat, → Unternehmerverbänden und → Gewerkschaften anzuwenden.

Ungeachtet der unterschiedlichen Begriffsbildung im Einzelfall ist in der N.-Debatte deutlich geworden, daß (a) → Verbände in der Realität eine andere Struktur aufweisen und andere Funktionen erfüllen als in der → Pluralismustheorie angenommen wird (analytisch-deskriptive Dimension), und daß (b) diese Differenz zwischen der Realität und dem Modell im Hinblick auf die Rationalität und → Legitimität allgemeinverbindlicher Entscheidungen in wohlfahrtsstaatlichen Demokratien Vorteile im Hinblick auf die politische Stabilität in sich birgt, die durch staatliche Strukturvorgaben ausgebaut werden können (politisch-normative Dimension).

2. Analytisch-deskriptiver N.begriff: Aufgrund der Ergebnisse der analytisch-deskriptiven N.-Forschung wird die Rolle der → Interessenverbände heute anders gesehen als noch vor wenigen Jahrzehnten. Verbände beschränken sich demnach nicht nur darauf, auf staatliche Entscheidungen und ihren Vollzug durch „pressure" einzuwirken. Vielmehr sind sie selbst an der Produktion allgemeinverbindlicher Entscheidungen und ihrer Ausführung beteiligt. In vielen → Politikfeldern hat sich eine enge Kooperation zwischen den etablierten Verbänden und politischen Instanzen entwickelt. Im Einzelfall treffen die Verbände politische Entscheidungen sogar in Eigenregie „am Staat vorbei" (Ronge) und setzen sie eigenständig um. Die v.a. in juristischen Argumentationsmustern nach wie vor gültige Zweiteilung von Staat und Gesellschaft wird durch die tatsächliche Rolle „intermediärer" Instanzen zu einem intellektuellen Artefakt.

Diese Beteiligung privater Interessenorganisationen an der Politikformulierung und → -implementation setzt einen gewissen Autonomiespielraum der Verbände gegenüber ihren Mitgliedern voraus, der in der Pluralismustheorie nicht hinreichend berücksichtigt worden ist. Die N.-Forschung hat gezeigt, daß Verbände nicht nur der ‚verlängerte Arm' ihrer Mitglieder sind. Vielmehr stehen die Verbände und ihre Mitglieder in einem Austauschverhältnis: Die Mitglieder stellen dem jeweiligen Verband Geld, Zeit (bzw. Personal), Wissen (Informationen) und infolge der Handlungskoordination eine gewisse Einschränkung ihrer Handlungsautonomie zur Verfügung; im Gegenzug erhalten sie dafür die verbandlichen Leistungen.

Diese Tauschbeziehung erlaubt es dem Verband in gewissen Grenzen, sich gegenüber den unmittelbaren Mitgliederinteressen und -präferenzen zu verselbständigen. Im Einzelfall kann ein Verband auf Grundlage dieser Tauschbeziehung Positionen nach außen vertreten, die nicht mit den Positionen des Einzelmitglieds identisch sind, denn das Mitglied wird die Zugehörigkeit zum Verband aufgrund von bestehenden → Loyalitäten und selektiven Mitgliedschaftsanreizen (wie z.B. Rechtsberatung, Informationen) trotz etwaiger Divergenzen zwischen Individualinteresse und verbandlich artikuliertem Kollektivinteresse nicht sofort aufkündigen.

Ebenso wie mit ihren Mitgliedern stehen die Verbände mit dem Staat in einem Austauschverhältnis. Die staatliche Seite bietet Einflußchancen, Anhörungsrechte, Zugeständnisse etc.; die verbandliche Seite bietet Informationen, sichert ein abgestimmtes Wohlverhalten der Mitglieder zu etc. Diese beiden Austauschbeziehungen eines Verbandes zu den Mitgliedern und zum Staat können sich wechselseitig verstärken. So

wird der von der staatlichen Seite eingeräumte, privilegierte Zugang für den Verband zu einer neuen Ressource, Mitglieder an sich zu binden, denn diese können nunmehr nicht oder nur unter erschwerten Bedingungen „am Verband vorbei" auf staatliche Entscheidungen Einfluß gewinnen. Auch Verbände mit de jure freiwilliger Mitgliedschaft werden also de facto nicht ausschließlich durch den Willen ihrer Mitglieder gelenkt oder in ihrer Politik kontrolliert. Sie können vielmehr auch regierungs- und verwaltungsähnliche Funktionen gegenüber ihrem Vertretungsbereich wahrnehmen und tun dies auch. Dieses verbandliche Organisationspotential wird auch als Ressource zur Durchsetzung öffentlicher Interessen eingesetzt.

In der analytisch-deskriptiven N.-Forschung sind zahlreiche empirische Belege für solche öffentlichen Funktionen privater Interessenorganisationen zusammengetragen worden; beispielhaft genannt sei der Beitrag organisierter Interessen in der → Wirtschafts- und Einkommenspolitik (z.B. → Konzertierte Aktion), in der technischen Normung (Normsetzung durch technisch-wissenschaftliche, berufsständische und wirtschaftspolitische Vereine), in der Berufsbildung (Steuerung und Regulierung der beruflichen Bildung durch die → Sozialpartner), in der → Gesundheitspolitik (Konzertierte Aktion im Gesundheitswesen), in der → Sozialpolitik (Wohlfahrtsverbände) oder im Umweltschutz (verbandlich vermittelte Selbstbeschränkungsabkommen).

3. Politisch-normativer N.begriff: Das politisch-normative Korporatismus-Konzept stellt eine ordnungspolitisch motivierte Verlängerung und Verwertung der Überlegungen und Befunde der analytisch-deskriptiven Korporatismustheorie und -forschung dar. Hier geht es um „Soll-Zustände" im Verhältnis von Staat und Interessenverbänden. Die Vorstellung dabei ist folgende: Durch organisierte - und dadurch handlungsfähige - Gruppen soll eine Selbstregulierung partikularer Interessen ohne unmittelbare → Staatsintervention erreicht werden. Verbände, deren originärer Zweck die Durchsetzung partikularer

Gruppeninteressen ist, sollen öffentliche Funktionen übernehmen. Als sozialpflichtige Repräsentanten kollektiver Partikularinteressen sollen sie in jenen Problemfeldern als „gemeinwohlorientierte" Steuerungsinstanzen fungieren können, die weder durch den Marktmechanismus noch durch etatistische Staatsintervention problemgerecht bearbeitbar sind.

Ziel dieser ordnungspolitischen Strategie ist ein → politisches System, in dem organisierte Partikularinteressen öffentlichen Status innehaben und autoritative Funktionen bei der Verwirklichung öffentlicher Politik erfüllen. Als Alternative zu direkter staatlicher Intervention nimmt diese Einbeziehung privater organisierter Interessen in die Politik die Form von „privaten Interessenregierungen" (in Anlehnung an den angelsächsischen Begriff des „Private Government") an, die mit Duldung oder aktiver Unterstützung des Staates etabliert werden, wobei im Zuge dieser strukturierten Selbstregulierung die von den Interessenverbänden repräsentierten Partikularinteressen dem Allgemeininteresse untergeordnet werden.

Die ordnungspolitische Konsequenz der Korporatisierungsstrategie ist folglich, daß nicht mehr die klassischen Rechtsformen, Verbote und Anreize, im Vordergrund stehen sollen, sondern prozedurale Steuerungen, in denen der Staat organisierte gesellschaftliche Interessen in Verfahren der Politikformulierung, Entscheidungsfindung und Implementierung einbindet. Die Lösungsformel lautet: Staatliche Strukturvorgaben für eine verbandliche Übernahme → öffentlicher Aufgaben.

Der politisch-normative N. beansprucht Auswege aus jenen Engpässen politischer Gesellschaftssteuerung vorzuzeichnen, die im Zuge der sogenannten → Unregierbarkeits-Debatte thematisiert wurden. Die offenkundig gewordenen staatlichen Steuerungsdefizite lassen sich demnach zumindest teilweise durch das Organisationspotential „intermediärer", zwischen Markt und Staat stehender Organisationen (Verbände, Gewerkschaften, → Kammern etc.) schließen.

Der wohl wichtigste Vorzug des n. Politikmodus liegt in der partiellen Überwindung der Grenzen rechtlicher Regulierung, die v.a. bei der Implementation regulativer Politik zu Tage treten. Die an der Entscheidungsfindung beteiligten Interessenorganisationen übernehmen zugleich Verantwortung für die Durchsetzung der getroffenen Vereinbarungen, d.h. der Vollzug liegt auch in ihrer Hand und nicht nur in der Hand des Staates. Weil die Verbände ihrer Klientel „näher stehen" als bürokratische Vollzugsorgane, haben sie es vielfach leichter, regulative Maßnahmen intern umzusetzen. Und weil die Selbstregulierung innerhalb des Kollektivs als Wahrung wohlverstandener Eigeninteressen ausgewiesen werden kann, erübrigt sich eine → Legitimation der Maßnahmen unter Rückgriff auf allgemeinverbindliche Werte.

4. Forschungsperspektiven: In jüngerer Zeit wird die Korporatismus-These zu der Empfehlung verlängert, der Staat möge doch versuchen, vorhandene Selbststeuerungspotentiale der intermediären Ebene verstärkt für die gesellschaftliche Steuerung zu instrumentalisieren. Überspitzt lassen sich solche Argumentationen in der Aufforderung zusammenfassen, nichtetatistische Formen gesellschaftlicher Steuerung sollten durch Recht, also staatlich, hergestellt und gefördert werden. Spätestens seit solche Rückschlüsse aus der Korporatismus-Debatte im Raum stehen, verlagern sich die Erkenntnisinteressen. Heute geht es weniger um den Nachweis, daß nicht-staatliche Kollektivakteure als „Private Government" an der Politikformulierung und –implementation beteiligt sind. Dieser Sachverhalt dürfte inzwischen unbestritten und hinreichend belegt sein. Vielmehr steht heute die Frage im Vordergrund, unter welchen Voraussetzungen die Instrumentalisierung der Organisationspotentiale intermediärer Instanzen für öffentliche Belange greift und zum Erfolg führt. Des weiteren richtet sich das Augenmerk auf die Folgen und Nebenfolgen der öffentlichen Nutzung organisierter Interessen für das Verhalten der Mitglieder und damit für die weitere Entwicklung der beteiligten Organisationen. Dabei

stehen die Zusammenhänge von Binnenstruktur und Außenbezug bzw. die Zusammenhänge von organisatorischer Stabilität
und gesamtgesellschaftlicher oder politischer Stabilität im Mittelpunkt.

Lit.: Alemann, U. v. (Hg.): Neokorporatismus, Frankfurt/ New York 1981; *Alemann,
U. v./ Heinze, R. G.* (Hg.): Verbände und
Staat. Vom Pluralismus zum Korporatis-
mus, Opladen 1979; *Berger, S.* (Ed.): Orga-
nizing Interests in Western Europe: Plura-
lism, Corporatism and the Transformation
Politics, Cambridge 1981; *Lehmbruch, G./
Schmitter, Ph. C.* (Eds.): Patterns of Corpo-
ratist Policy-Making, Beverly Hills/ Lon-
don 1982; *Ronge, V.* (Hg.): Am Staat vor-
bei, Frankfurt am Main/ New York 1980;
Schmitter, Ph./ Lehmbruch, G. (Eds.):
Trends Toward Corporatist Intermediation,
Beverly Hills/ London 1979; *Streeck, W./
Schmitter, Ph. C.*: Gemeinschaft, Markt und
Staat - und die Verbände? Der mögliche
Beitrag von Interessenregierungen zur so-
zialen Ordnung. In: Journal für Sozialfor-
schung, 25. Jg. 1985, Heft 2, S. 133-156.

PD Dr. Helmut Voelzkow, Köln

Neoliberalismus

Auch: Ordoliberalismus; wirtschaftspolitische Richtung (Doktrin), die auf einer kritischen Analyse des wirtschaftli-
chen/ klassischen → Liberalismus aufbaut.
Im Unterschied zu diesem entwickelt der N.
eine konsequente Ordnungspolitik: Die
Marktform der unbehinderten Konkurrenz
(Laissez faire-Prinzip) wird eingeschränkt
durch die dem → Staat zugewiesene Aufgabe, den institutionellen Rahmen des Wirtschaftsprozesses (Wettbewerbsordnung) zu
regeln. Der N. beschränkt aber die staatliche Intervention auf marktkonforme Maßnahmen (wettbewerbspolitische Eingriffe).
Das Wirtschaftskonzept des Keynesianismus wird damit grundsätzlich abgelehnt.
Der N. hat das Konzept der → sozialen
Marktwirtschaft beeinflußt, das, darüber
hinausgehend, allerdings wohlfahrtsstaatliche Elemente einschließt. Auf dem N. baut
auch Friedmans → Monetarismus auf, eine
anti-keynesianische „Gegenrevolution", die
die Konjunktur primär über geldpolitische
Instrumente beeinflussen will.

Neomarxismus

Ideologische Richtung, die den
→ Marxismus in Anbetracht gewandelter
ökonomischer, politischer und sozialer
Verhältnisse neu überdenkt. Als N. bezeichnete Erneuerungsversuche des Marxismus hat es wiederholt gegeben, so in
der Zwischenkriegszeit (z.B. Otto Bauers
Theorie des „Dritten Weges"). Heute wird
N. zumeist mit der durch die → Studentenbewegung Ende der 60er Jahre beeinflußten Rezeption in den → Sozialwissenschaften gleichgesetzt.

Neonazismus

Spezifisch deutsche Variante des → Neofaschismus. Versteht sich als der NS-
Ideologie verpflichtete Gesinnungsgemeinschaft, die einen neuen „großdeutschen"
und totalitären → Führerstaat (das „4.
Reich") nach dem Muster des Hitlerregimes
anstrebt. Der N. ist gegen die → freiheitliche demokratische Grundordnung (s.a.
→ Verfassungsfeindlichkeit) gerichtet;
→ Parteien können durch das → Bundesverfassungsgericht (1952 die Sozialistische
Reichspartei/ SRP), andere politische Organisationen durch Bundes- oder Landesinnenminister (z.B. Wiking Jugend 1994)
verboten werden. Nachdem die Verfassungsschutzbehörden 1991 etwa 5900 Neo-
nationalsozialisten (darunter ca. 4400 Militante) festgestellt hatten und deren gewaltsame bzw. kriminelle Aktivitäten 1992
weiter zunahmen, haben die → Behörden
des → Bundes und der → Länder seit Dezember 1992 verstärkt polizeiliche Maßnahmen - darunter das Verbot verfassungsfeindlicher Organisationen - eingesetzt (u.a.
1995 Verbot der Freiheitlichen Deutschen
Arbeiterpartei/ FAP durch das → Bundesministerium des Innern). Trotz einer Strategie der Bildung lokaler oder regionaler
„Kameradschaften" in Form von losen Per-
sonenzusammenschlüssen konnte der N. die
Auswirkungen der Organisationsverbote
nicht völlig überwinden. 1998 wurden ca.
2400 Neonazis gezählt; öffentlichkeitswirksame Aktionen scheiterten auch 1998 weitgehend. Die Zusammenarbeit mit der
→ NPD wurde allerdings intensiviert. Die
Militanten unter den Neonazis sind Teil der
gewaltbereiten Rechtsextremisten, deren

Zahl 1998 auf ca. 8.200 (weitaus größte Gruppe sind die Skinheads, v.a. aus Ostdeutschland) angestiegen ist. Für die „Bewegung" des N. sind, neben einer verschwommenen rassistischen Volksgemeinschaftsideologie, persönliche Rivalitäten und Richtungskämpfe zwischen Hitler-Anhängern und „Nationalrevolutionären" kennzeichnend.

Neopluralismus

Theoretisches Konzept, das den Prozeß legitimer staatlich-politischer Willensbildung als Resultat der Konkurrenz und fortlaufenden Konsensfindung organisierter gesellschaftlicher → Interessen auf den (Verfassungs-)Grundlagen gemeinsam anerkannter regulativer → Normen (z.B. → Mehrheitsregel) begreift. Insofern weist das Konzept gleichermaßen deskriptive wie demokratietheoretisch-normative Elemente auf.

Insbes. von Ernst Fraenkel nach dem 2. Weltkrieg konzipiert, stellt der N. eine bewußte Auseinandersetzung mit dem → totalen Staat dar. Er unterscheidet sich vom älteren → Pluralismus durch seine Schlußfolgerungen, die er nach der Erfahrung totalitärer → Herrschaftsformen zieht; z.B. wurde die Vorstellung der von Harold Laski konzipierten → Pluralismustheorie, der → Staat sei eine gesellschaftliche Gruppe neben anderen, fallengelassen. Ähnlich wie die moderne amerikanische Pluralismustheorie - z.B. William A. Kelsos „public pluralism" (öffentlicher Pluralismus) - weist der N. → Parteien und staatlichen → Institutionen eine zentrale Rolle des Interessenausgleichs zu. Aus der (von der → Pluralismuskritik benannten) Benachteiligung latenter → Interessen, konfliktschwacher Gruppen und → Minderheiten wird die Forderung an die durch → Wahlen legitimierten politischen Institutionen abgeleitet, ihr Interessenberücksichtigungspotential entsprechend zu verbreitern und gleichsam „advokatorisch" tätig zu werden. In dem Maße, wie erkennbar wurde, daß der Primat des → Parlaments durch Vorabsprachen zwischen → Regierung, → Ministerialverwaltung und Großorganisationen materiell unterhöhlt wird, hat der N. als analytisches Konzept an Bedeutung verloren und ist partiell durch den → Neokorporatismus ersetzt worden.

Nepotismus

Abgeleitet von lat. nepos (Enkel, Neffe); Vettern- und Günstlingswirtschaft, die berufliche Positionen, öffentliche → Ämter sowie materielle und nicht-materielle Vorteile lediglich nach Maßgabe persönlicher Beziehungen (Verwandtschaft, Freunde, einflußreiche Persönlichkeiten) vergibt.

Netzwerk

Begriff der → Soziologie und Sozialanthropologie (soziales N.; engl. social network) zur Beschreibung sozialer Beziehungen in einem Handlungssystem: Die Knoten eines N. stellen soziale Akteure (Individuen, Gruppen, Organisationen), die Linien soziale Beziehungen dar. Dieses Geflecht sozialer Beziehungen kann das Verhalten einzelner Beteiligter beeinflussen und zur Interpretation dieses Verhaltens herangezogen werden. Die N.analyse untersucht soziale Beziehungsstrukturen übergreifend zu relativ klar abgrenzbaren sozialen Gebilden; klare Grenzen der Zugehörigkeit, direkte und enge Beziehungen der Mitglieder eines N. zueinander sind nicht konstitutiv. Der Begriff N. wurde zunehmend auf ökonomische sowie politische Beziehungen ausgeweitet und inzwischen in die Politikfeldanalyse übernommen. Freiwilligkeit und Gegenseitigkeit in einem N. erlauben die Lösung von Interessenkonflikten durch Verhandlungs- und Konsensstrategien, die zu einem allseits akzeptierten Kompromiß führen können. Die N.analyse vermag mithin Beziehungen zu erfassen, die zwar dauerhaft und zielgerichtet, nicht aber formalisiert sind, sondern typischerweise auf informellen Interaktionsmustern beruhen.

Netzwerkanalyse

→ Netzwerk

Neue Linke

Bez. für eine aus der → Studentenbewegung der 60er Jahre hervorgegangene gesellschafts- bzw. kulturkritische Bewegung und einen neomarxistischen politischen Denkansatz (→ Neomarxismus), der mit jener Bewegung nicht gänzlich identisch ist. Die N. kennzeichnete in westlichen Industriegesellschaften, so auch in der Bundesrepublik, eine große organisatorische und ideologische Bandbreite. Ihre Gesellschaftsanalyse ist, im Gefolge der → Außer-parlamentarischen Opposition, teils von marxistisch-leninistischer Orthodoxie, teils von den Theoretikern der → Frankfurter Schule beeinflußt worden. Es überwogen kapitalismuskritische, den Pragmatismus westlicher Wohlstandsgesellschaften attackierende Positionen, die den einzelnen durch verdeckte Klassenstrukturen entfremdet und ausgebeutet sehen. War die N. selbst am Höhepunkt ihres geistigen Einflusses ideologisch und richtungspolitisch niemals homogen, so hat sie durch ihre schon während der 70er Jahre sichtbare Aufsplitterung in rivalisierende sektiererische Kleingruppen kommunistischer oder linkssozialistischer Provenienz (z.B. → K-Gruppen), jüngstens auch durch die mit dem Zusammenbruch des → Ostblocks einhergehende → Krise des „wissenschaftlichen → Sozialismus" weitgehend an öffentlichem Einfluß verloren. Ihre gesellschaftskritischen Positionen haben jedoch die → Alternativ- und die → Ökologie-bewegung, v.a. in deren Entstehungsphasen, beeinflußt.

neue Medien
Zu den n. werden jene neu entwickelten technischen Informations- und Kommunikationsträger gerechnet, die a) in bestehende Netze eingespeist werden (Bildschirmtext, Videotext, Telefax), b) durch neue Breitbandsysteme verteilt (Kabel-TV) bzw. vermittelt (Bildtelefon, Bewegtbildabruf) werden, ferner c) audiovisuelle Aufzeichnungs- und Wiedergabesysteme, die von öffentlichen Netzen unabhängig sind (Videorecorder, Bildplatte, CD), sowie d) Direkt-Satellitenfernsehen. Gemeinsames Merkmal der n. ist, daß sie die Möglichkeiten der (dialogischen) Einzel- und → Massenkommunikation in zuvor unbekanntem Maße ausweiten. Medienpolitisch ist die Einführung der n. v.a. im Hinblick auf die bundesstaatliche Kompetenzverteilung zwischen Netz- und Programmträger-

schaft sowie die Bestandsgarantie des öffentlich-rechtlichen Rundfunks bedeutsam.

neue Mittelschicht
Bez. für seit Beginn der → Industrialisierung entstandene oder überproportional angewachsene Berufsgruppen, die statusmäßig (Berufsprestige, Bildung, Einkommen) eine mittlere Position in der Gesellschaftshierarchie einnehmen. Zur n. zählen nach allg. Verständnis die Angestellten und → Beamten; die freien Berufe werden in den meisten Klassifikationen dem alten (selbständigen) → Mittelstand zugerechnet, manchmal aber auch der n.; ähnlich werden die (qualifizierten) Facharbeiter teilweise der n., teilweise der Arbeiterschicht zugewiesen. Die große Spannbreite der Angestellten- und Beamtenberufe führte zu Definitionsversuchen von n., welche die unteren Angestellten- und Beamtenkategorien ausschließen. Eine allgemeingültige Definition von n. existiert nicht; Einigkeit besteht lediglich über die große Bedeutung dieser Schicht, da sie quantitativ stark angewachsen und in ihrem → politischen Verhalten (insbesondere hinsichtlich ihres → Wahlverhaltens) nicht eindeutig festgelegt ist. Kennzeichnend ist die individuelle Aufstiegsorientierung, ferner eine nur schwache Orientierung an politischen → Parteien.

neue Ostpolitik
Bez. für die → Ostpolitik der sozialliberalen → Koalition (1969-82), die vor dem Hintergrund des Ende der 60er Jahre einsetzenden → Entspannung des → Ost-West-Konflikts eine → Politik der Versöhnung mit der UdSSR und anderen Ostblockstaaten (insbes. Polen) und gutnachbarliche innerdeutsche Beziehungen mit der DDR einleitete. Dreh- und Angelpunkt der n. waren die Verhandlungen mit der UdSSR. Die n. mündete unter der → Regierung Brandt/ Scheel in den → Moskauer und → Warschauer Vertrag (beide 1970) sowie den (in die alliierte Gesamtverantwortung für Deutschland eingebetteten) → Grundlagenvertrag mit der DDR (1972). Das → Viermächteabkommen über Berlin (1971) festigte die gewachsenen Bindungen West-Berlins an den → Bund. Mit den Ostverträ-

gen wurde seitens der Bundesrepublik die Oder-Neiße-Grenze sowie die Existenz zweier deutscher → Staaten faktisch - unbeschadet des juristischen Vorbehalts einer künftigen friedensvertraglichen Regelung - anerkannt. Die DDR erfuhr völkerrechtliche Aufwertung (1973 wurde sie gemeinsam mit der Bundesrepublik Mitglied der → UNO). Innenpolitisch bewirkte die n. in ihrer Verhandlungsphase eine scharfe Polarisierung, die u.a. 1972 zur vorgezogenen Neuwahl des → Bundestages führte. Auch die nach dem Machtwechsel 1982 amtierende Regierung Kohl bekannte sich ausdrücklich zu den vertraglichen Abmachungen der n. und hielt an der einmal eingeschlagenen → Entspannungspolitik fest, die nach dem Zusammenbruch des → Ostblocks in eine gesamteuropäische Kooperation mündete.

Neue Politik
Engl.: New Politics; → Politik, die auf der Konfliktlinie des → Wertwandels an den Zielen des → Postmaterialismus orientiert ist. Im Gegensatz zur Alten Politik und ihren traditionellen Prämissen (wirtschaftliche, soziale und militärische Sicherheit sowie öffentliche Ordnung) geht es der N. vorrangig um → Umweltschutz, Selbstverwirklichung und → Partizipation. Die politische Agenda entwickelter Industriegesellschaften wurde somit seit den 60er Jahren um eine neue Dimension des politischen → Konflikts erweitert, die auch im → Parteiensystem zu programmatischen Änderungen und neuen sozialen → Koalitionen, d.h. Verbindungen bestimmter Gesellschaftsgruppen mit bestimmten → Parteien, geführt hat.

Neue Politische Ökonomie
→ Ökonomische Theorie der Politik

Neue Rechte
→ Rechtsextremismus

neue soziale Bewegungen
Im Unterschied zu den herkömmlichen → sozialen Bewegungen mit ihren entweder weltanschaulichen oder partikularistischen/materiellen Orientierungen setzen die n. im

Reproduktionsbereich der → Gesellschaft an. Den Anstoß zur Formierung n. geben → öffentliche Güter mit hoher Verallgemeinerungsfähigkeit und scheinbar nur geringer, direkter materieller Betroffenheit der einzelnen: Umwelt, Frieden, alternative Lebensstile, → Gleichberechtigung, Selbstverwirklichung. N. hat sich als allg. Bez. für Gruppierungen eingebürgert, die sich solcher Anliegen bzw. → Bedürfnisse nichtmaterieller Art annehmen, wie sie seit Mitte der 70er Jahre zunehmend Beachtung finden.

Einer gängigen Klassifizierung zufolge können im Spektrum der n. die → Bürgerinitiativen, → Ökologiebewegung, die neue → Frauenbewegung, die → Alternativbewegung, der Jugendprotest und die → Friedensbewegung unterschieden werden. Ihr Organisationsgrad ist sehr viel geringer als etwa der herkömmlicher → Interessengruppen, ihre Mitglieder und Anhänger weisen einen relativ hohen Grad formaler Bildung auf. Entsprechend hoch ist ihre Einsatzbereitschaft, wobei v.a. in den ersten Jahren der n. → unkonventionelle Partizipation dominierte. Aus den n. entwickelten sich Ende der 70er Jahre die grünalternativen → Parteien (→ Die Grünen), jedoch hat nur ein Teil der Mitglieder der n. diesen Schritt zur parteiförmigen Organisation mit vollzogen. Nach der Wende entstanden auch in Ostdeutschland, neben den in den 70er Jahren erstmals aufgetretenen oppositionellen Bürgerbewegungen, Gruppen der n.; die gravierenden ökonomischen und sozialen Probleme behindern aber ihre Ausbreitung und Wirksamkeit in den neuen → Bundesländern.

Neue Soziale Frage
Konzeptuell maßgeblich entwickelt vom langjährigen CDU-Generalsekretär Heiner Geißler, ist die n. der Versuch, auf die sozialen Ungleichheiten der spätindustriellen → Gesellschaft aus christlich-konservativer Sicht eine ordnungspolitische Antwort zu finden. Grundzüge der n. - ungleiche Verteilung von materiellen Gütern und Teilhabechancen aufgrund des Machtgewichts organisierter über nichtorganisierte → Interessen, Korrektur dieser Disparität

durch Neuordnung der sozialen Sicherheitssysteme - wurden erstmals in der Mannheimer Erklärung (1975) programmatisch formuliert und in das neue CDU-Grundsatzprogramm von 1978 übernommen. Dort heißt es in Ziffer 100 u.a., der demokratische → Staat laufe Gefahr, sich nur nach organisierten Mehrheiten zu richten. Als Anwalt des → Gemeinwohls habe er aber die Aufgabe, „die Machtlosen und Minderheiten in der Gesellschaft im Wettstreit um die materiellen und immateriellen Güter zu schützen". Hier stelle sich die N.

neue Weltwirtschaftsordnung

Forderung nach grundsätzlicher Änderungen auf dem Weltmarkt: Die derzeitige, noch aus kolonialen Zeiten stammende weltwirtschaftliche → Arbeitsteilung von Rohstofflieferanten (→ Entwicklungsländer) und Fertigwarenproduzenten (Industrieländer) wird von ersteren für ihre sich verschlechternden Austauschbeziehungen (→ terms of trade) und Zahlungsbilanzdefizite verantwortlich gemacht. Aus diesen Überlegungen entstand 1974 das Konzept der n. Das Ziel sind höhere Erlöse für die Exportgüter der Entwicklungsländer und eine verstärkte → Entwicklungshilfe (→ Entwicklungspolitik) in Form staatlicher Transferleistungen seitens der (v.a. westlicher) Industrieländer. Über die Erfüllung ihrer Forderung nach unbeschränkter Verfügung über Naturschätze und Produktionsmittel hofften die Entwicklungsländer ihren Anteil am Welthandel und an der Weltindustrieproduktion zu erhöhen. Gefordert wurden ferner der Abbau des → Protektionismus der Industrieländer, der Zusammenschluß der Entwicklungsländer zu Rohstoffkartellen, die Weiterverarbeitung im eigenen → Land und die Einschränkung der Produktion von Rohstoffsubstitutionen in den Industrieländern. Gemessen an den Zielen der n. ist das Erreichte vergleichsweise gering. Es ist den Entwicklungsländern nicht gelungen, die Marktposition der Industrieländer am Welthandel zu ihren Gunsten zu reduzieren. Anfang der 80er Jahre wurden die Verhandlungen zwischen Industrie- und Entwicklungsländern faktisch eingestellt.

Nach dem Zusammenbruch des → Ostblocks gibt es keine Rivalitäten mehr zwischen Ost und West, die die Entwicklungsländer für ihre Ziele einsetzen könnten. Inzwischen beharren sie bzw. → UNCTAD nur noch auf allgemeinen Präferenzen für Entwicklungsländer. Die Entwicklungsländer sind generell auf eine freihändlerische Linie eingeschwenkt und fordern verstärkt eine Liberalisierung des Welthandels (was auf den Abbau des Protektionismus der Industrieländer zielt).

Neues Forum

Mehrheitlich von linksliberalen und linken Intellektuellen und Künstlern getragene Bürgerbewegung gegen die → Diktatur der → SED in der DDR. Das N. entstand aus unterschiedlichen Initiativgruppen DDR-weit im September 1989 - kurz vor dem Umbruch - mit dem Ziel eines Dialogs zwischen → Gesellschaft und Herrschenden im Sinne der sowjetischen → Glasnost und → Perestrojka. In Verbindung mit der Fluchtwelle von DDR-Bürgern in die Bundesrepublik führten die vom N. organisierten → Demonstrationen (v.a. in Leipzig) zum Sturz von Staats- und Parteichef Erich Honecker und zur Öffnung der Mauer. Danach bröckelten Teile vom N. ab und bildeten neue parteipolitische Gruppierungen; für die → Wahlen zur → Volkskammer (18.3.90) schloß das N. - das sich nicht als → Partei verstand - ein Wahlbündnis (→ „Bündnis 90") mit → „Demokratie Jetzt" und der → „Initiative für Frieden und Menschenrechte" (Listenvereinigung mit gemeinsamen Kandidaten; vgl. → Wahlgesetz der DDR). Das N. trat ein für → Basisdemokratie, → Ökologie, Eigenständigkeit der DDR, Entmilitarisierung, → neue Weltwirtschaftsordnung, Grundzüge der → Marktwirtschaft, wandte sich aber gegen eine → Währungsreform. Mit ca. 200.000 Mitgliedern war das N. z.Z. der Volkskammerwahl die größte der Reformbewegungen. Nach der → Wiedervereinigung verlor das N. rasch an Bedeutung; ein Teil schloß sich dem „Bündnis 90" an, das in der Partei → „Bündnis 90/ Die Grünen" aufging. Seither bestehen noch einige (basisdemokratische) Gruppierungen auf lokaler und regionaler Ebene als N. fort.

Neugliederung der Bundesländer

Angesichts der z.T. künstlichen Grenzziehung der → Bundesländer in den 3 westlichen → Besatzungszonen enthielt die erste Fassung von Art. 29 GG die Verpflichtung an den Gesetzgeber, das Bundesgebiet unter Berücksichtigung soziokultureller Zusammenhänge in leistungsfähige → Länder neu zu gliedern. Eine solche N. wurde jedoch nur einmal, 1952, mit der Vereinigung dreier vormals selbständiger Länder zum Bundesland Baden-Württemberg vorgenommen. Die Kompliziertheit dieses Verfahrens (in jedem betroffenen Gebietsteil muß ein → Volksentscheid angesetzt werden) und die gewachsenen → Identitäten der existierenden Bundesländer ließen weitere Versuche zu einer umfassenden N. scheitern. Der Gesetzgeber zog daraus 1976 die Konsequenz und wandelte die Verpflichtung des Art. 29 GG in eine Kann-Bestimmung um. Lediglich bei der Grenzziehung der neuen Bundesländer haben - nach Volksabstimmungen - einige → Gemeinden die Landeszugehörigkeit gewechselt.

Neutralismus
→ Neutralität

Neutralität

Unparteilichkeit im Sinne von Nichteinmischung in die Angelegenheiten anderer Personen bzw. Rechtssubjekte. Im → Völker-recht bezeichnet N. die Unparteilichkeit eines → Staates bei militärischen → Konflik-ten zwischen Staaten, bei militärischen Zwangsmaßnahmen aufgrund völkerrechtlicher Kollektivsanktionen und bei Konflikten innerhalb eines Staates, die mit militärischen Mitteln ausgetragen werden. Jeder Staat hat das Recht zur N. Zur Wahrung dieses Status müssen alle kriegführenden Parteien gleich behandelt, darf keiner der Beteiligten mittelbar oder unmittelbar in kriegsrelevanten Angelegenheiten unterstützt, müssen das eigene Territorium von kriegsbezogenen Handlungen frei gehalten sowie bestimmte Eingriffe der Kriegführenden (z.B. Kontrolle des Schiffsverkehrs in internationalen Gewässern auf Konterbande) geduldet werden. Betreibt ein Staat dauernde N.politik (wie die Schweiz), impliziert dies bereits in Friedenszeiten den Ausschluß militärischer Kooperationen mit anderen Staaten.

Die Veränderungen in den → internationalen Beziehungen aufgrund der Beendigung des → Ost-West-Konfliktes stellen an die neutralen Staaten neue Herausforderungen. Die neue Bedeutung regionaler (meist nationalistischer) Konflikte, die neue Dimension des → Nord-Süd-Konfliktes, die zunehmende Bedeutung der → UNO für die Lösung von (auch militärischen) Konflikten sowie in Europa die stärkere Integration der → EU ließen die N. für die zukünftige Gestaltung der Weltpolitik an Bedeutung verlieren.

New Deal

Engl. für Neuverteilung; vom US-amerikanischen → Präsidenten Franklin D. Roosevelt (1932-45) 1933 eingeleitete → Politik, die durch staatliche Interventionen (→ Staatsinterventionismus) in die Wirtschaftstätigkeit und in die → soziale Sicherheit versuchte, die gesamtökonomischen und individuellen wie gesellschaftlichen sozialen Folgen des Wirtschaftsprozesses vor dem Hintergrund der schweren Wirtschaftskrise (Great Depression) auszugleichen oder zumindest abzumildern. Unter Beibehaltung der freien → Marktwirtschaft (trotz einiger Versuche zur Wirtschaftsplanung in den ersten Jahren) wurde die Wirtschaft staatlichen Maßnahmen zur Regulierung von Strukturwandel und Wachstum unterworfen. Erstmals wurden Bundesprogramme zur → Sozialpolitik aufgelegt, die eine soziale Grundabsicherung enthielten und auch Beschäftigungsprogramme umfaßten. Die → Gewerkschaften wurden legalisiert. Über die N.-Politik kam es zu einer heftigen Kontroverse mit dem Obersten Bundesgericht (→ Supreme Court), das in den ersten Jahren einige der N.-Gesetze für verfassungswidrig erklärte.

Newly Industrializing Countries/ NIC

bzw. Newly Industrializing Economies (NIE): Im int. Sprachgebrauch übl. Bez. für → Schwellenländer.

NGO
Abk. für → *N*on *G*overnmental *O*rganizations

NIC
Abk. für → *N*ewly *I*ndustrializing Countries.

Nicht-Entscheidung
→ nondecisions

Nicht-Regierungsorganisation(en)/ NRO
Dt. Bez. für → Non Governmental Organization(s)/ NGO(s)

Nichtverbreitungsvertrag
⇒ *Atomwaffensperrvertrag*

Nichtwähler
Wahlberechtigte, die nicht zur → Wahl gehen (→ Wahlbeteiligung). Zu den wichtigsten Erklärungsfaktoren der (Nicht-) Teilnahme an Wahlen zählen - neben technischen Schwierigkeiten der Stimmabgabe (Krankheit, Entfernung, vorherige Registrierung, → Briefwahl, Öffnungszeiten etc.) - soziodemographische Faktoren, politisches → Interesse (→ politische Apathie), soziale Integration, affektive Bindung an eine → Partei (→ Parteiidentifikation), Bereitschaft zu → politischer Unterstützung. Die individuelle Nichtteilnahme an Wahlen kann situativ bedingt oder dauerhaft sein. Eine geringe diffuse oder spezifische (→ Parteienverdrossenheit) politische Unterstützung kann sich in einer (u.U. dauerhaften) Nichtteilnahme oder als Protestwahl (z.B. Wahl einer → Protestpartei) niederschlagen.

Die im internationalen Vergleich hohe Wahlbeteiligung in Deutschland (v.a. im Westen) geht zwar seit Mitte der 80er Jahre tendenziell zurück, liegt aber noch immer über dem Durchschnitt. Der steigende Anteil der N. in Deutschland ist jedoch nicht nur eine Angleichung an internationale Trends („Normalisierung") oder Ergebnis der Auflösung sozialer Integration, sondern auch Folge des Entzugs an politischer Unterstützung sowie steigender gesellschaftlicher Entfremdung.

NKWD
Abk. für russ. Volkskommissariat (= Ministerium) des Innern der UdSSR; Bez. für die terroristische Geheimpolizei in der Zeit des → Stalinismus 1934-46. Vorgänger: u.a. → GPU; Nachfolger: MWD bzw. MGB, 1954-91 → KGB als → Staatssicherheitsdienst. In Rußland seit 1992 MBRF; aufgelöst am 21.12.1993 durch → Präsident Jelzin. Nachfolger: Föderativer Sicherheitsdienst (FSB).

Nomenklatur
Verzeichnis aller Führungspositionen (einschl. persönlicher Bewährungs- und Aufstiegsprofile) in → Partei, → Staat, Wirtschaft und → Gesellschaft in sozialistischen Staaten. Instrument langfristig angelegter Personalplanung im Rahmen der → Kaderpolitik kommunistischer Herrschaftssysteme. Die Elitenrekrutierung erfolgte systematisch bereits zu einem frühen Zeitpunkt im Hinblick auf eine prospektive Besetzung von Leitungspositionen durch die jeweils dafür als geeignet angesehenen Personen.

Nomokratie
Griech. für „Herrschaft der Gesetzmäßigkeit"; Bez. für eine → Herrschaftsform, die sich an den (geschriebenen) → Gesetzen ausrichtet.

nondecisions
Engl. für Nicht-Entscheidung; der zweidimensionale Machtbegriff von Peter Bachrach/ Morton S. Baratz geht über die Analyse von → Macht aufgrund manifester Entscheidungen und Machtstrukturen hinaus. Das n.-Konzept wird v.a. bei der Analyse lokaler Machtstrukturen (→ community power-Forschung) angewandt. In n.-Situationen verhindern Faktoren wie ein eingespieltes Machtgefüge zwischen den beteiligten Akteuren, das stumme Wirken gesellschaftlicher → Normen oder die Nichtbeteiligung Betroffener am Entscheidungsprozeß, daß latente Mißstände bzw. → Bedürfnisse entscheidungsrelevant thematisiert werden. Dieser Vorgang darf nicht mit der formellen Entscheidung eines Gremiums, über eine Sachfrage nicht zu ent-

scheiden oder nicht zu handeln, verwechselt werden.

Nongovernmental Organization(s)/ NGO(s)

Engl. Bez. für Nicht-Regierungsorganisation(en)/ NRO. Sammelbez. für private bzw. gesellschaftliche Vereinigungen mit weitgehender politischer und (trotz möglicher öffentlicher Zuschüsse) finanzieller Unabhängigkeit von staatlichen → Institutionen. N. sind Teil der politischen Willensbildungsprozesse ihres Herkunftslandes, eines anderen → Staates oder → supranationaler Organisationen; ihr Schwerpunkt liegt auf der überstaatlichen Ebene. Die nicht profitorientiert agierenden N. sind v.a. in den (Themen-)Bereichen → Entwicklungshilfe, → Umweltschutz und → Menschenrechte tätig.

non-proliferation
→ Atomwaffensperrvertrag

Nordatlantischer Kooperationsrat/ NAKR
→ NATO-Kooperationsrat/ NAKR

Norddeutsche Ratsverfassung
→ Ratsverfassung

Nordirlandkonflikt

Auflehnung der irisch-katholischen → Minderheit gegen die britisch-protestantische Mehrheit in der britischen Ulster-Provinz, den 6 Kreisen (counties) von Nordirland. Der N. geht zurück auf die Besetzung des gälischen (keltischen) Irland durch die anglo-normannischen Eroberer und englische Siedler im 12./13. Jh. Unruhen und Aufstände kulminierten im „Osteraufstand" in Dublin 1916. Seit 1920 ist Irland geteilt in das zu Großbritannien (bzw. United Kingdom) gehörende Nordirland und die Republik Irland. Die ökonomische und politische Benachteiligung der irisch-katholischen Minderheit im Norden hielt die Feindschaft der nordirischen Teilungsgegner lebendig und führte in den 60er Jahren zu gewalttätigen → Konflikten; ab 1969 werden britische Soldaten in Nordirland eingesetzt. Träger der bewaffneten Auseinandersetzung sind konfessionelle Untergrundorganisationen,

die Irish Republican Army (→ IRA) auf irisch-katholischer sowie die Ulster Defence Association (UDA) auf britisch-protestantischer Seite. Der zum → Bürgerkrieg eskalierte Konflikt konnte erst durch das anglo-irische Rahmenabkommen von Anfang 1995 wesentlich reduziert werden; dieses Abkommen garantiert u.a. → Minderheitenschutz und sieht eine gewählte (Regional-)Versammlung (assembly) für Nordirland (anstelle des früheren Stormont-Parlaments) sowie grenzüberschreitende → Institutionen der Zusammenarbeit zwischen Nordirland und der Republik Irland vor. Am 10.4.1998 kam es mit dem Nordirischen Friedensabkommen zu einer Vereinbarung zwischen allen am Konflikt beteiligten Parteien (britische → Regierung, irische Regierung, irisch-katholische Organisationen, britisch-protestantische Organisationen) über die Ausgestaltung des Rahmenabkommens; das Abkommen wurde am 22.5.1998 in beiden Teilen Irlands mit überwältigenden Mehrheiten bestätigt. Auch nach der Wahl zur „assembly" (108 Sitze) vom 25.6.1998 konnte der Konflikt über die Umsetzung des Friedensabkommens noch nicht beigelegt werden.

Nordischer Rat

1951 gegründete beratende Versammlung der → Parlamente von Dänemark, Finnland, Island, Norwegen und Schweden zum Zwecke der ökonomischen, sozialpolitischen, kulturellen und rechtlichen Zusammenarbeit. Dem N. gehören 78 Parlamentarier der Mitgliedsländer an. Das Gremium kann nur Empfehlungen aussprechen. Mit Gründung der → EFTA und v.a. der gestiegenen Bedeutung der → EG verlor der N. an Bedeutung.

Neben dem N. existiert seit 1971 der Nordische → Ministerrat, dem der jeweilige nationale → Minister für nordische Kooperation angehört. Der Ministerrat koordiniert die Arbeit der → Regierungen.

Nord-Süd-Kommission

Internationale Kommission unabhängiger Politiker und Wissenschaftler, die 1980 einen Bericht über die Lage der → Entwicklungsländer samt Vorschlägen zur

Lösung ihrer Probleme vorlegte (nach ihrem Vorsitzenden auch Brandt-Kommission genannt). Die offiziell so titulierte „Unabhängige Kommission für internationale Entwicklungsfragen" wurde 1977 auf Initiative der → Weltbank eingerichtet. In ihrem Abschlußbericht bezeichnete die N. das sich verstärkende Wohlstandsgefälle von Nord nach Süd als eine Herausforderung, die sich in der Bedrohungsdimension nur noch mit dem → Wettrüsten zwischen Ost und West vergleichen lasse. Die N. schlug grundlegende Änderungen in der Weltwirtschaft vor (vgl. → neue Weltwirtschaftsordnung). Aus einigen Folgetreffen der N. entstand ein Memorandum mit Vorschlägen über Dringlichkeitsmaßnahmen für die Entwicklungsländer. 1983 führte eine unabhängige UNO-Sonderkommission (sog. Brundtland-Kommission) die Tätigkeit der N. fort; 1987 stellte sie ihren Abschlußbericht „Our Common Future" vor, der erstmals Umwelt und Entwicklung als eine Einheit behandelte. Trotz eines beachtlichen Medienechos ist es der N. nicht gelungen, den erstarrten → Nord-Süd-Konflikt in einen dynamischen Verhandlungsprozeß umzuwandeln.

Nord-Süd-Konflikt

Auch: Nord-Süd-Beziehungen, -Dialog. Die als Konfliktverhältnis gedachte Gegenüberstellung von Nord (= reiche Industrieländer) und Süd (= arme → Entwicklungsländer) spiegelt die ungleichen Wettbewerbs- und Verteilungschancen in den Wirtschaftbeziehungen zwischen Industriestaaten und Dritte-Welt-Ländern. Zur Beseitigung ihrer Abhängigkeit, in der sich Spätfolgen des → Kolonialismus und neokoloniale Beziehungen verbinden, forderten die Entwicklungsländer v.a. in den 70er Jahren die Errichtung einer → neuen Weltwirtschaftsordnung, d.h. den Umbau der von den westlichen Industrieländern geschaffenen → Weltwirtschaftsordnung. Jedoch hatten es auch die sog. → Ölkrisen von 1973 und 1979 nicht vermocht, die Rohstoffproduzenten der → Dritten Welt zu einer ökonomisch wie politisch geschlossenen Front zu vereinen und auf die Industriestaaten entsprechend Druck auszuüben.

Norm

1. *allg.*: Regel, Verhaltensstandard

2. *ethische/ moralische N.*: Ideale Zielvorstellung als Orientierung für persönliches Handeln.

3. *soziale N.*: Gesellschaftlich erwartete und sanktionierte Verhaltensanweisung. Nach der Stärke der Verhaltensforderung (und damit der Sanktionen) können die allgemeingültigen sozialen Regeln unterteilt werden in → Gesetze (Muß-N.), Sitten (Soll-N.) und Bräuche bzw. Konventionen (Kann-N.). N. dienen der umfassenden Regelung zwischenmenschlichen Verhaltens und sind, da sie Verhalten standardisieren und somit „berechenbar" machen, deshalb für den Fortbestand sozialer Gebilde unverzichtbar. Mit der Entwicklung moderner → Industriegesellschaften ging die Bedeutung (und Sanktionierung) von Sitten und Bräuchen zurück, wurden soziale Beziehungen zunehmend einer rechtlichen Normierung unterworfen (→ Verrechtlichung).

4. *rechtliche N.*: Durch traditionale Geltung (Gewohnheitsrecht) oder staatliche Normgebung für verbindlich erklärte Rechtsvorschriften in Form von → Gesetzen, → Verordnungen, → Satzungen. Rechtsnormen ermöglichen einen höheren Grad an Fixierung und Berechenbarkeit sozialen Verhaltens als dessen informelle Regelung über Sitten und Bräuche, sie sind daher für komplexe → Gesellschaften unentbehrlich.

5. *technische N.*: Allg. gebräuchliche, durch Gesetz oder Vereinbarungen festgeschriebene Standards, z.B. Maße für Längen, Volumen und Gewichte, DIN (Deutsche Industrienorm).

normal vote

Dt. Normalwahl; Konzept der → Wahlforschung, das langfristig und kurzfristig wirkende Einflußfaktoren auf das → Wahlverhalten von → Individuen zu unterscheiden und zu quantifizieren sucht. Die amerikanische Wahlforschung (s.a. → Wahlsoziologie) geht davon aus, daß die → Parteiidentifikation als konstanter Faktor den stärksten Einfluß auf Wahlverhalten ausübt. Sie korreliert zwar hoch mit soziodemographischen Merkmalen bzw. Milieuanbindungen, mißt aber nicht dasselbe, da sie als affektive → Parteibindung durch → politische Sozialisation erworben wird. Bei n. erfolgt die Stimmabgabe lediglich aufgrund der Parteiidentifikation; kurzfristige Einflüsse (Kandidatenpräferenzen und politische Sachfragen/ „issues") sind nicht von Gewicht oder gleichen sich gegenseitig aus. Aufgrund kurzfristiger Einflüsse können Wähler jedoch vorübergehend von ihrer langfristigen Parteibindung abweichen (abweichende → Wahl = deviating election). Wird das aktuelle Ergebnis einer Wahl mit dem hypothetischen Wahlergebnis, wie es aufgrund der Verteilung der Parteiidentifikation in der Bevölkerung - eben der n. - zu erwarten gewesen wäre, verglichen, läßt sich der Stellenwert kurzfristiger Einflußfaktoren ablesen.

Übertragungen des n.-Konzeptes auf andere → Länder erwiesen sich als schwierig, da Parteibindungen von der Art der affektiven Parteiidentifikation außerhalb der USA methodische Probleme der Messung aufweisen. Ferner sind in europäischen Ländern soziodemographische Einflüsse auf das Wahlverhalten (Konfliktlinien nach → Klasse, Konfession) stärker als in den USA.

normative Theorien
Nach gängiger politikwissenschaftlicher Klassifikation werden n. (auch: normativ-ontologische) von empirisch-analytischen und dialektisch-kritischen Theorieansätzen unterschieden. Ziel von n. ist es, anknüpfend an die → politische Philosophie der griech. Antike, einen Beitrag zu Entwurf und Analyse → politischer Ordnung zu leisten, die „gute → Politik" ermöglicht und zugleich für den einzelnen Menschen seiner Natur gemäß sozial wie politisch handlungsleitend ist (hierin liegt der Praxisbezug der n. als → politische Ethik).

Normenkontrolle
Gerichtliche Überprüfung einer Rechtsnorm auf ihre Vereinbarkeit mit einer höherrangigen → Norm. Meist handelt es sich um die Frage der Übereinstimmung eines → Gesetzes mit der → Verfassung.

Die N. beinhaltet in der Bundesrepublik ein umfassendes Prüfungs- und Verwerfungsmonopol des → Bundesverfassungsgerichts (Art. 93 I 2 GG). Die Überprüfung kann als → konkrete N. bei Entscheidung von Einzelfällen oder als → abstrakte N. losgelöst von einem zu entscheidenden Einzelfall erfolgen. Höchste Instanzen sind in der Bundesrepublik Deutschland das Bundesverfassungsgericht oder die → Landesverfassungsgerichte.

Normqualifikation
Auch: Normenverifikation; Feststellung durch das → Bundesverfassungsgericht aufgrund der Anfrage eines mit einem Rechtsstreit befaßten Gerichts, ob eine bestimmte Regel des → Völkerrechts Bestandteil des Bundesrechts ist, und ferner, ob sie auch unmittelbare Rechte und Pflichten für den einzelnen bewirkt. Allein das BVerfG kann darüber allgemeinverbindlich und mit Gesetzeskraft entscheiden. Im Unterschied zur → Normenkontrolle ersetzt die N. das → Gesetzgebungsverfahren. Schon bloße Zweifel eines Prozeßbeteiligten verlangen eine Vorlage des Gerichts beim Bundesverfassungsgericht.

North American Free Trade Agreement/ NAFTA
Engl. für Nordamerikanisches Freihandelsabkommen (→ Freihandelszone), das Kanada, USA und Mexiko umfaßt; unterzeichnet am 16.12.1992, in Kraft getreten am 1.1.1994. Von Mexiko 1990 als Investitionsanreiz für Ausländer sowie zur Sicherung des eigenen Exports initiiert und von den USA nach anfänglichem Zögern als Gegenstück zum ökonomischen Block der → EG konzipiert, seitdem diese als ihr (vormals) wichtigster Handelspartner zunehmend protektionistische → Außenhandelspolitik betreibt. Erstmals umfaßt ein solches Abkommen Industrie- und → Schwellenländer. Im Vergleich zur EG/ → EU bedeutet das N. eine Integration auf niedrigem Niveau: Das N. ist weder eine → Wirtschaftsunion noch verfügt es über eine einheitliche → Außenwirtschaftspolitik oder über ein gemeinsames Zollregime.

Notenbank
→ Zentralbank

Notparlament
→ Gemeinsamer Ausschuß

Notstand
→ Staatsnotstand
→ Notstandsverfassung

Notstandsparlament
→ Gemeinsamer Ausschuß

Notstandsverfassung
Bei der Verabschiedung des → Grundgesetzes 1949 war die umfassende Regelung eines eventuellen Ausnahmezustandes aufgrund der Vorbehaltsrechte der alliierten → Besatzungsmächte zunächst ausgespart worden. Am 24.6.1968, während der → Großen Koalition, wurde dieser Bereich nach heftigen öffentlichen Auseinandersetzungen durch ein Ergänzungsgesetz dem Grundgesetz eingefügt. Das Notstandsrecht enthält Regelungen für den Fall einer inneren und äußeren Bedrohung (Art. 80a, 87a, 91 GG). Es regelt u.a. den Einsatz der Streitkräfte im inneren Notstandsfall (→ Spannungs-, → Verteidigungs-, Bündnisfall, Katastrophenhilfe sowie „bewaffnete Aufstände"). Dazu gehören auch die mögliche Zwangsverpflichtung „zum Zwecke der Verteidigung" (Art. 12 GG) sowie besondere Zuständigkeitsregelungen für Bundesorgane.

Notverordnungen
In Notsituationen, wenn das → Parlament nicht zur Verabschiedung von → Gesetzen zusammentreten kann oder wenn es die Dringlichkeit gebietet, kann eine → Regierung innerhalb des verfassungsrechtlichen Rahmens zum Instrumentarium der N. greifen. Das Parlament hat lediglich das Recht, die N. nachträglich außer Kraft zu setzen. Im Unterschied zur „Verfassungsurkunde für den Preußischen Staat" von 1850 enthielt die → Weimarer Reichsverfassung zwar kein Recht auf Erlaß von N., doch wurde dieses Recht für den → Reichspräsidenten aus Art. 48 („nötige Maßnahmen treffen") abgeleitet. Das → Grundgesetz sieht keine N. vor; lediglich für den

Notstandsfall (→ Notstandsverfassung) besitzt die → Bundesregierung die Ermächtigung, innerhalb eines genau umrissenen Rahmens einfache → Rechtsverordnungen zu erlassen.

Novemberrevolution
Bez. für den revolutionären Umbruch vom → Kaiserreich zur → Republik im November 1918. Die N. nahm ihren Anfang am 29.10.1918, als die Matrosen der Kieler Hochseeflotte sich weigerten, dem sinnlosen Befehl zum Auslaufen gegen den Feind Folge zu leisten. Der Krieg war nach Eingeständnis der Obersten Heeresleitung (OHL) zu diesem Zeitpunkt bereits verloren, ein Waffenstillstandsgesuch unterwegs; an der sog. Heimatfront, v.a. unter der linksgerichteten Arbeiterschaft, hatte sich zunehmend Kriegsmüdigkeit ausgebreitet. Anfang November sprang der Funke der → Revolution auf Heeresgarnisonen und auf die Hauptstadt Berlin über. → Arbeiter- und Soldatenräte übernahmen die → Staats-gewalt. Der in die Niederlande geflohene Kaiser dankte am 28. November 1918 ab. Mit der Bildung der → Reichsregierung wurde am 9. November der SPD-Politiker Friedrich Ebert beauftragt. Am gleichen Tag rief Philip Scheidemann (→ SPD) die Republik aus. Im Bündnis der SPD-geführten → Regierung mit der OHL wurde die parlamentarische → Demokratie als Staatsform gegen linksradikale Forderungen nach einer sozialistischen → Räterepu-blik durchgesetzt. Der Pakt mit den traditionellen Machtträgern der → Monarchie erwies sich als politische Belastung für die nachfolgende → Weimarer Republik.

NPD
Abk. für → *N*ationaldemokratische *P*artei *D*eutschlands

NRO
Abk. für *N*icht-*R*egierungs*o*rganisation(en); engl.: → *N*on *G*overnmental *O*rganizati*on*(s)/ NGO(s)

NS
Abk. für nationalsozialistisch, → Nationalsozialismus

NSDAP

Abk. für → Nationalsozialistische Deutsche Arbeiterpartei

Nürnberger Prozesse

Bzw. Nürnberger Kriegsverbrecherprozesse; 1945-49 in Nürnberg (als vormalige „Stadt der Reichsparteitage") von den 4 Siegermächten des 2. Weltkrieges durchgeführte Prozesse gegen deutsche Kriegsverbrecher: 1945-46 vor dem Internationalen Militärgerichtshof gegen die „Hauptkriegsverbrecher" wegen Verbrechen gegen Frieden und Menschlichkeit (12 Todesurteile; Verurteilung von → SS, Sicherheitsdienst, → Gestapo und → NSDAP-Führerkorps als verbrecherische Organisationen); 1946-49 vor amerikanischen Militärgerichten 12 Nachfolgeprozesse, u.a. gegen Ärzte und Juristen des NS-Regimes, gegen Unternehmen (IG Farben), Unternehmer (Flick, Krupp), Wehrmachtsgeneräle (OKW-Prozeß), Diplomaten (Wilhelmstraßenprozeß).

Die N. waren ein Kernstück der → Entnazifizierung. Die juristische → Legitimität der N. blieb nicht unbestritten. Rechtliche Grundlagen waren das „Abkommen über die Verfolgung der Hauptkriegsverbrecher der europäischen Achse" und das „Statut für den Internationalen Militärgerichtshof" vom 8.8.1945. Die Ahndung von Kriegsverbrechen war durch völkerrechtliche → Normen gedeckt. Dennoch stellte sich das Problem des Verbots rückwirkender Rechtssätze; zweifelhaft war z.B., ob Hitlers Angriffskriege als strafbar i.S. einer nachträglichen Deutung als „Verbrechen gegen den Frieden" definiert werden konnten.

Numerus Clausus

Verfassungsrechtlich zulässige Beschränkung des → Grundrechts auf die freie Wahl von Ausbildungsstätte (hier: Hochschulen) und Beruf. Nach Maßgabe des → Bundesverfassungsgerichts ist die Beschränkung nur zulässig nach völliger Ausnutzung aller vorhandenen Studienkapazitäten und wenn die Auswahl unter den Bewerbern nach sachgerechten Kriterien unter Beachtung der → Chancengleichheit erfolgt.

Die „Bedarfsplanung" für die Zulassung als Kassenarzt (seit 1979) stellt ebenfalls ein N.-Verfahren dar.

NVA

Abk. für → Nationale Volksarmee

O

OAS
Abk. für → *O*rganization of *A*merican *S*tates

OAU
Abk. für → *O*rganization of *A*frican *U*nity

Oberbürgermeister
Bez. für das Bürgermeisteramt in deutschen Großstädten (mehr als 100.000 Einwohner) bzw. kreisfreien und Großen Kreisstädten. Aufgaben und Rechtsstellung des O. variieren je nach dem → Gemeindeverfassungstypus.

Vor den Änderungen der → Gemeindeordnungen galt: Im Geltungsbereich der → Süddeutschen Ratsverfassung, der → Bürgermeister- und der → Magistratsverfassung ist bzw. war der O. hauptamtlicher (in Bayern und Baden-Württemberg direkt gewählter) Verwaltungschef, Ratsvorsitzender (nicht bei Magistratsverfassung) und politischer Repräsentant der → Gemeinde in einer Person. Im Geltungsbereich der → Norddeutschen Ratsverfassung wurde der O. aus der Mitte der ehrenamtlichen Mitglieder des → Gemeinde- bzw. Stadtrates gewählt; hier oblag die Leitung der laufenden Geschäfte der Verwaltung dem beamteten → Oberstadtdirektor.

Nach den (eine Angleichung an die Süddeutsche Ratsverfassung beinhaltenden) Änderungen der Gemeindeordnungen in den 90er Jahren wird der O. überall (mit Ausnahme Bremerhavens) vom Volk direkt gewählt. Er ist überall hauptamtlich tätig. Ebenso wie in Bremerhaven bleibt er jedoch auch in Hessen in den Magistrat als kollegiales Organ eingebunden. Mit Ausnahme von Baden-Württemberg und Bayern ist in allen → Bundesländern eine vorzeitige Abwahl (→ Recall) möglich.

Oberhaus
1. Die erste → Kammer des englischen → Parlaments (House of Lords). Das O. ist das Repräsentationsorgan des erblichen oder auf Lebenszeit ernannten Adels sowie der hohen Geistlichkeit. Mit den Reformgesetzen von 1911 und 1949 verlor das O. an politischer Bedeutung, ihm verblieb lediglich das auf ein Jahr beschränkte suspensive → Veto bei Gesetzesentwürfen, die keine finanziellen Auswirkungen haben. Seine 6 Lordrichter bilden den „Supreme Court of Appeal", den höchsten Gerichtshof. Das eigentliche parlamentarische Entscheidungsorgan ist die zweite Kammer, das → Unterhaus (House of Commons).

2. Allg. Bez. für die erste Kammer eines aus zwei Kammern bestehenden Parlaments. Die meisten der → Staaten mit einer solchen Organkonstruktion sind ehem. englische Kolonien (Ausnahme v.a.: Japan).

Oberkreisdirektor
In den → Bundesländern mit Norddeutscher → Ratsverfassung (Niedersachsen bis 1996; Nordrhein-Westfalen bis 1994) war der O. der vom → Kreistag gewählte Hauptverwaltungsbeamte des → Landkreises; der → Landrat hingegen war nur ehrenamtlich tätig. In seiner Funktion war der O. zugleich (im Wege der → Organleihe) vollziehendes Organ der unteren staatlichen → Verwaltung (→ Auftragsverwaltung). Während in Nordrhein-Westfalen mit dem Amtsantritt unmittelbar gewählter (hauptamtlicher) Landräte der jeweilige O. aus dem → Amt scheidet, können die O. in Niedersachsen ihre Amtszeit ausschöpfen.

Oberstadtdirektor
→ Gemeindedirektor

oberste Bundesbehörden
Als Teil der → Bundesverwaltung gehören dazu die → Bundesregierung, mit dem → Bundeskanzleramt und den → Bundesministerien, ferner das → Bundesverfassungsgericht, die → Bundesbank und der → Bundesrechnungshof.

Oberster Sowjet
Oberstes Organ der → Volksvertretung (→ Sowjets/ Sowjetsystem) in der UdSSR.

1. Unter der von 1936 bis 1988 geltenden → Verfassung bestand der O. aus 2 direkt gewählten → Kammern, dem Unionssowjet und dem Nationalitätensowjet, mit (seit 1979) je 750 Delegierten. Die → Wahl erfolgte auf 5 Jahre mit → absoluter Mehrheitswahl. Jeder Wähler hatte für jeden der beiden Sowjets jeweils eine Stimme. Gegenkandidaten zu der von der → KPdSU dominierten Liste waren nie zugelassen. Die → Wahlkreise des Unionssowjets waren über die UdSSR nach dem Prinzip gleicher Bevölkerungszahl verteilt; im Nationalitätensowjet waren - als Ausdruck der formal föderalistischen Staatsstruktur (→ Föderalismus) - staatliche Gliederungen gleicher Art unabhängig von ihrer Bevölkerungszahl gleichberechtigt vertreten: 15 Unionsrepubliken je 32 Mandate, 20 Autonome Republiken je 11, 8 Autonome Gebiete je 5 und 10 Autonome Kreise je 1. Der O. tagte nur zweimal pro Jahr jeweils 2 bis 3 Tage, er war ein reines Akklamationsorgan für Parteiführung bzw. Präsidium des O. Das Präsidium, vom O. gewählt, war mehr als nur sein Vollzugsorgan; es nahm eine Vielzahl von legislativen und exekutiven Funktionen wahr, die dem Einflußbereich des O. und des → Ministerrats entzogen waren, und fungierte als kollektives → Staatsoberhaupt.

2. Nach der → Verfassungsänderung vom Dezember 1988 war O. nicht mehr die Bez. für die gesamte oberste Volksvertretung, sondern nur noch für deren ständigen → „Ausschuß". Die Funktion der Gesamtrepräsentation wurde vom Volksdeputiertenkongreß übernommen. Dieser wählte aus seinen Reihen den aus 542 Mitgliedern bestehenden O., der die Funktion eines ständig tagenden Volksvertretungsorgans ausübte. Der O. bestand aus 2 gleich großen Kammern (Unionssowjet und Nationalitätensowjet). Er ernannte den Vorsitzenden des Ministerrats und übte eine Fülle von legislativen Funktionen aus, in Übereinstimmung mit dem Volksdeputiertenkongreß. Eine analoge Struktur mit Volksdeputiertenkongreß und O. fand sich in den Unionsrepubliken und in den Autonomen Republiken. Nach der Auflösung der UdSSR (Ende 1991) erfolgte der Übergang zu einem (einstufigen) parlamentarischen System; Rußland wählte seine → Staatsduma 1993.

Obrigkeitsstaat
Semi-autoritäre Staatsform (→ autoritäre Systeme), deren Kennzeichen eine starke Regierungsgewalt ohne volle demokratische (parlamentarische) → Legitimation und Kontrolle ist. Der → Bürger ist in die Rolle eines Untertanen verwiesen. → Parteien werden als Vertreter partikularer → Interessen angesehen; ihnen gegenüber werden Wesen und Funktion des → Staates als Verkörperung des → Gemeinwohls hervorgehoben und als obrigkeitsstaatliche Kompetenz einer monarchischen oder bürokratischen → Exekutive verfassungsrechtlich abgesichert.

Obstruktion
Taktisches parlamentarisches Verhalten mit dem Ziel, Beschlüsse zu verzögern bzw. zu torpedieren oder die Arbeitsfähigkeit des Gremiums überhaupt lahmzulegen; z.B. durch das Fernbleiben von Sitzungen, extensive Ausschöpfung des Rederechts (→ Filibuster) oder Instrumentalisierung der → Geschäftsordnung.

Ochlokratie
Griech. für Pöbelherrschaft, im Sinne von gesetzloser → Herrschaft bzw. „entarteter" → Demokratie.

Oder-Neiße-Linie
Seit der Besetzung Deutschlands längs der Oder und der Lausitzer Neiße verlaufende vorläufige Westgrenze der von Polen ver-

walteten früheren deutschen Ostgebiete. Die O. galt aufgrund des → Potsdamer Abkommens der Siegermächte bis zur endgültigen Festlegung in einem Friedensvertrag mit Deutschland. Trotz dieses Rechtsvorbehalts (und unbeschadet der Kritik eines Teils der → Vertriebenenverbände) stand die Anerkennung der O. durch die westdeutsche → Regierung politisch schon seit langem außer Frage. In den → Ostverträgen mit Moskau und Warschau hatte sich die → Bundesregierung ausdrücklich zur Unverletzlichkeit der als Folge des 2. Weltkrieges eingetretenen Grenzziehung bekannt. Im sog. Grenzvertrag (Vertrag zwischen der Bundesrepublik Deutschland und der Republik Polen über die Bestätigung der zwischen ihnen bestehenden Grenze) - abgeschlossen: 14.11.1990; ratifiziert: 16.1.1992 (zusammen mit dem sog. → Nachbarschaftsvertrag) - wurde die O. als Grenze völkerrechtlich anerkannt; d.h., dieser Vertrag wiederholte die Erklärungen des → Warschauer Vertrages.

ÖDP
Abk. für → Ökologisch-Demokratische Partei

OECD
Abk. für → Organization for Economic Cooperation and Development

öffentliche Aufgabe
1. Der öffentlichen → Verwaltung übertragene Tätigkeit des Gesetzesvollzugs.
2. Normative Grundfunktion der öffentlichen Information, Meinungsbildung, Kritik und Kontrolle (s.a. → Öffentlichkeit), die im demokratischen Gemeinwesen → Presse und Rundfunk als Verfassungsauftrag übertragen sind.

öffentliche Gewalt
⇒ Staatsgewalt

öffentliche Meinung
Heuristischer Begriff, der je nach politischem, publizistischem oder wissenschaftlichem → Interesse verschieden definiert wird. Es kann darunter die Gesamtheit der Meinungen der Mitglieder einer → Gesellschaft, die Gesamtheit der in → Massen-

medien verbreiteten Meinungen oder der zu einem bestimmten Zeitpunkt vorherrschende Meinungskonsens einer Gesellschaft zu Vorgängen, Zuständen oder Personen verstanden werden. Eine intakte ö., mit allen → Bürgern zugänglichem, freiem Informationsfluß, bildet die Legitimationsgrundlage (→ Legitimität) jeder demokratischen Ordnung.

öffentlicher Dienst
Sammelbegriff für die beschäftigten → Beamten, Angestellten und Arbeiter bei → Bund, → Ländern und → Gemeinden sowie den → Körperschaften, → Anstalten und Stiftungen des öffentlichen Rechts und deren Tätigkeiten (s.a. → Verwaltung). Beamte (vgl. Art. 33 GG) genießen aufgrund ihres besonderen Dienst- und Treueverhältnisses zum Dienstgeber, das i.d.R. für die Ausübung hoheitlicher Funktionen Voraussetzung ist, eine herausgehobene Position.

öffentlicher Sektor
⇒ Staatssektor

öffentliches Gut
⇒ Kollektivgut

öffentliches Interesse
(Engl.: public interest); → Gemeinwohl

Öffentlichkeit
Die → Demokratisierung im modernen Sinne, zunächst in England, dann in den Vereinigten Staaten und in Frankreich, schuf Modelle, an denen sich nach und nach alle → Verfassungsstaaten (wenn auch oft nur theoretisch) orientierten. Zu den → Grundrechten, die in diesen → Verfassungen verbürgt wurden, gehört die O. der → Regierung und der Gerichte sowie die öffentliche Verhandlung der → Parlamente.

Die Beteiligung der → Bürger wurde seit dem 17. Jh. als öffentlicher Diskurs und durch nach und nach von der → Zensur befreite → Massenmedien verwirklicht. Meinungs- und → Pressefreiheit sind zu Bestandteilen aller demokratischen Verfassungen und geradezu ihr Wesensmerkmal geworden.

Ö. löste so die vom → Feudalismus bevorzugte und durchgesetzte Geheimsphäre

(Arkanum) ab, die ihren deutlichsten Ausdruck in der Geheimdiplomatie fand und findet. Als Relikt kommt sie in der Kabinetts- und → Außenpolitik vor, die dem Anspruch nach Ö. mit nichtssagenden „Phototerminen" (Lächeln und Händeschütteln) zu genügen glaubt. Journalisten, die sich damit zufrieden geben, erfüllen nicht die Funktion demokratischer Ö., sondern machen sich zu Erfüllungsgehilfen derer, die zu kontrollieren sind (Verlautbarungs-Journalismus).

Ö. oder Publizität ist nach Erich Everth (S. 25f.) „ein gradueller Begriff", der von der Größe des Publikums bestimmt wird. Potentiell können alle Mitglieder einer → Gesellschaft oder auch kleine Gruppen von Menschen Ö. repräsentieren bzw. anstreben. Im Gerichtssaal ist Ö. bereits garantiert, wenn der Verhandlungssaal öffentlich zugänglich ist, auch wenn sich kein Zuhörer einfindet.

Nach Karl Mannheim (S. 85) macht das demokratische Prinzip Ö. „Handlungen und Gedanken, die früher nur im Geheimen erlaubt waren, zum Allgemeingut". Er wendet aber im Anschluß an Edmund Burkes Elitevorstellungen ein, daß die liberaldemokratische Gesellschaft, die zuerst den Grundsatz der Ö. aufbrachte, alsbald den wahren Sinn der gesellschaftlichen Geheimhaltung aus dem Auge verloren habe (S. 134). Gegenüber „einer massenhaften Zusammenballung von Menschen ohne jede organische Gliederung" eigne sich „der Grundsatz der unterschiedslosen Ö." nicht, „weil die eigentlichen Voraussetzungen für gemeinsame schöpferische Lösungen und für ihre praktische Durchführung unterbunden" würden. Ein politischer Gedanke sollte erst dann „der Kritik der Massen ausgeliefert" werden, „wenn er schon so weit Gestalt gewonnen hat, daß er sich bewähren kann".

Jürgen Habermas (S. 7) lehnt es ab, Ö. idealtypisch zu verallgemeinern, d.h. auf „formal gleiche Konstellationen beliebiger geschichtlicher Lagen (zu) übertragen". Als „historische Kategorie" ist sie für ihn Bestandteil „der unverwechselbaren Entwicklungsgeschichte jener im europäischen Hochmittelalter entspringenden → ‚bürger-

lichen Gesellschaft'". Er fühlt sich in diesem Urteil dadurch bestätigt, daß Ö. erst „nach ihrem Namen" verlangte, seit sich im 18. Jh. die bürgerliche Gesellschaft „als Bereich des Warenverkehrs und der gesellschaftlichen Arbeit nach eigenen Gesetzen" etablierte (S. 12f.).

Franz Schneider versteht unter politischer Ö. „den Kommunikationsbereich, der nicht geheim und nicht privat ist, den also - positiv ausgedrückt- allgemeine Zugänglichkeit charakterisiert". Der Grad der Ö. steige „mit der Zahl der Kenntnisnehmer". Er sieht einen Tausch der Begriffe Ö. und → öffentliche Meinung im Sprachgebrauch seit der Wende zum 19. Jh. Um die begriffliche Doppeldeutigkeit zu beheben, entscheidet er sich für zwei „Bedeutungsstufen": die Ö. als „Evidenz eines Sachverhaltes" (z.B. die Ö. einer Gerichtsverhandlung) sowie als Kommunikationsbereich, „innerhalb dessen Sachverhalte zu allgemeiner Evidenz gelangen können". In letztem Sinne ist Ö. als ein „potentielles Gesprächsforum" definiert, „das für die Diskussion bestimmter Themen bereitsteht" und erst gegen die Unterdrückungsversuche der Obrigkeit durchgesetzt werden mußte.

Negt/Kluge (S. 17ff.) beziehen sich auf Habermas und bezeichnen Ö. als einen „historischen Begriff von bemerkenswerter Schwammigkeit". Die Mehrdeutigkeit habe ihre Wurzel in der historischen Funktion der Spannung zwischen Kapital als etwas Privatem und der Verfügung über die Rohstoffe und die Produktionsmittel als etwas Öffentlichem (S. 21). Ö. werde zur „Charaktermaske" des bürgerlichen → Interesses. Bürgerliche Produktionsweise installiere sich als gesellschaftliche Ordnung (Konstitutions-Ö.), als Organisationsform der → „Diktatur der Bourgeoisie", als „Schein einer gesellschaftlichen Synthese" und als „Ausdrucksform von bürgerlich bestimmten Gebrauchswerteigenschaften". Sie leiten daraus eine Analogie zur Warenproduktion ab: „Im Ergebnis dieser Ware Ö. verschwindet ihr Produktionsprozeß selber" (S. 106). Ö. lasse sich daher nur erfahren an den Produktionsbedingungen und Verwertungsprozessen der Bewußtseinsindustrie.

Aus der Sicht des → Positivismus will Elisabeth Noelle-Neumann Ö. sozialpsychologisch, nicht als Rechtsbegriff verstanden wissen. Ö. habe den Charakter eines „Tribunals", weshalb sie zwangsläufig wegen des Einflusses der Massenmedien auf das → Meinungsklima von den Herrschenden als „Bedrohung" empfunden werden muß.

Im Anschluß an die amerikanische Kommunikationsforschung und -theorie wird die Funktion der Massenmedien v. a. als Beitrag zur Transparenz, d.h. Ö. politischer Prozesse interpretiert, die für pluralistisch-demokratische → Systeme erforderlich sei. Das forschende Interesse richtet sich dabei auf die Faktoren, die den Informationsprozeß beeinflussen bzw. steuern, soweit sie sich für empirische Untersuchungen operationalisieren lassen. Genannt werden können in diesem Zusammenhang die Auswahlverfahren (Selektion) des Kommunikators (Gatekeeper) aus dem Informationsangebot und damit zusammenhängend die massenmediale Thematisierung (Agenda Setting) von aktuellen Problemen. Der Ablauf erfolgt in einem Mehrstufenfluß der Kommunikation (multi-step-flow). Diese Faktoren werden zugleich modellhaft als Komponenten zur empirischen Definition dessen herangezogen, was als Ö. im traditionellen Sinne zu verstehen ist. → Massenkommunikation erhält dabei einen von den sozialen Aspekten abstrahierenden Einfluß auf den Charakter von Ö.

Jährlich gibt die → Bundesregierung in Bonn über 400 Mio. DM aus für das, was als → Ö.-Arbeit bezeichnet wird. Es handelt sich um eine Wachstumsbranche. Früher sprach man von Pressepolitik, um den manipulativen Charakter der vom Machtzentrum des → Staates ausgehenden Aktivitäten zu beschönigen und den Regierenden erwünschte Ö. herzustellen. Das immer noch verbreitete Vertrauen aufs Amtliche wird benutzt, um die seit den Zeiten der→ „Aufklärung" überwunden geglaubte Sphäre des Geheimen zu erhalten und auszuweiten. Das Prinzip Ö., das → Demokratie erst eigentlich konstituiert, wie Vorgänge in Osteuropa sinnfällig machen, ist also auch dort, wo das Wort → „Freiheit" Zustände verklärt, keineswegs verwirklicht.

Die Illusion über den Charakter von Ö. und die Möglichkeiten ihres Mißbrauchs durch Manipulation prägen den Zustand vieler etablierter moderner Demokratien. Aus Enttäuschung wenden die sich durch Massenmedien desillusionierten Staatsbürger von den traditionellen → Parteien ab und extremistischen Gruppierungen oder → Minderheiten zu, von denen sie sowohl mehr Ö. erwarten wie die Berücksichtigung ihrer Interessen. Diese Art von Alternativ-Ö. kann als ein Kriterium für die verlorene Konsensfähigkeit und die krisenhafte Entwicklung moderner Großgesellschaften bezeichnet werden.

Lit.: Mannheim, K: Mensch und Gesellschaft im Zeitalter des Umbaus, Darmstadt 1958 (Leiden 1935); *Everth, E.*: Die Öffentlichkeit in der Außenpolitik von Karl V. bis Napoleon, Jena 1931; *Habermas, J.*: Strukturwandel der Öffentlichkeit, Neuwied-Berlin 1962 u.ö.; *Schneider, F.*: Pressefreiheit und politische Öffentlichkeit, Neuwied-Berlin 1966; *Negt, O./ Kluge, A.*: Öffentlichkeit und Erfahrung, Frankfurt a.M. 1972; *Noelle-Neumann, E.*: Öffentlichkeit als Bedrohung, Freiburg-München 1977; *Rust, H.*: Massenmedien und Öffentlichkeit, Berlin 1977; *Hölscher, L.*: Öffentlichkeit, in: Brunner, O./ Conze, W./ Koselleck, R. (Hg.): Geschichtliche Grundbegriffe, Bd. 4, Stuttgart 1978, S. 413-467; *Gallus, A./ Lühe, M.*: Öffentliche Meinung und Demoskopie, Leverkusen 1998; *Neidhardt, F.* (Hg.): Öffentlichkeit, Öffentliche Meinung, soziale Bewegungen, Kölner Zs. f. Soz. u. Sozialpsych. SH.38, Leverkusen 1996; *Riehl-Heyse, H.*: Götterdämmerung. Die Herren der öffentlichen Meinung, München 1995.

Prof. em. Dr. Kurt Koszyk, München

Öffentlichkeitsarbeit der Regierungen

Informationspolitische Aktivitäten einer → Bundes- oder → Landesregierung, ihrer nachgeordneten → Behörden oder kommunaler Verwaltungsorgane mit dem Ziel, das öffentliche → Interesse bzw. die öffentliche Zustimmung für Regierungshandeln zu steigern. Mit regierungsamtlicher Ö. sind auf Bundesebene insbesondere das → Presse- und Informationsamt der Bundesregierung sowie die Pressestellen der → Ministerien betraut. Der politischen Eigenwerbung dienen u.a. offizielle Publikationen, Fernseh- und Presseanzeigen, periodische Pressekonferenzen u.a. mehr.

Kommunale Ö. umfaßt, außer der Berichtspflicht über Verwaltungsentscheidungen (Amtliche Mitteilungen), auch die Verwirklichung bürgerschaftlicher Informations-, Anhörungs- und Einspruchsrechte (z.B. bei der → Bauleitplanung nach § 3 Baugesetzbuch) nach Maßgabe gesetzlicher Vorgaben oder auch darüber hinaus.

Mit Entscheidung vom 2.3.1977 hat das → Bundesverfassungsgericht der regierungsamtlichen Ö. für die Vorwahlzeit „das Gebot äußerster Zurückhaltung" auferlegt. Den Staatsorganen sei „von Verfassung wegen" untersagt, sich in amtlicher Funktion im Hinblick auf → Wahlen mit politischen → Parteien oder Wahlbewerbern zu identifizieren und sie unter Einsatz staatlicher Mittel zu unterstützen bzw. zu bekämpfen (BVerfGE 44, 125f.).

Ökologie

Lehre über die Beziehungen lebender Organismen untereinander sowie mit ihrer belebten und unbelebten natürlichen Umwelt (Boden, Klima). Das Forschungsinteresse richtet sich auf die Auswirkungen der Bevölkerungs- und Wirtschaftsentwicklung. Im Mittelpunkt stehen die Bestrebungen, wirtschaftliches Wachstum unter Bewahrung des ökologischen Gleichgewichts zu erreichen (→ Politische Ökologie).

Ökologiebewegung

Im Unterschied zur reinen Naturschutzbewegung und zur Umweltschutzbewegung (→ Umweltschutzgruppen, → Umweltverbände) ist die Ö. eine politische und → soziale Bewegung, welche die Zusammenhänge zwischen Mensch, → Gesellschaft und natürlicher Umwelt aufzeigt. Themen der Ö. sind insbesondere die durch menschliche Eingriffe in die natürlichen Lebensbedingungen bewirkten Gefahren und Spätfolgen für das Ökosystem der Erde. Die Affinitäten der Ö. für alternative Lebensstile und neue, „postmaterialistische" politische Zielvorstellungen erklären

die durchgängig große Überschneidung mit der → Alternativbewegung. Beide bilden einen festen Bestandteil der → neuen sozialen Bewegungen und waren maßgeblich an der Gründung grün-alternativer → Parteien beteiligt (→ Protestpartei).

Ökologisch-Demokratische Partei/ ÖDP

Als Sammelbecken konservativer Umweltschützer bürgerliche Konkurrenzpartei der → Grünen. Im Jahre 1978 gründete der frühere CDU-MdB Herbert Gruhl die Grüne Aktion Zukunft (GAZ), mit dem Ziel, bürgerlich-konservative Umweltschutzinteressierte neben der gleichzeitig entstehenden grün-alternativen Parteibewegung zu sammeln. Die GAZ unter Gruhl nahm trotz ideologischer Differenzen an der Parteigründung → „Die Grünen" teil. Ideologisch bedingte → Konflikte führten 1981 zum Austritt Gruhls und der GAZ aus der Grünen-Partei. Im gleichen Jahr trat er als Mitbegründer der Ö. auf, deren erster Bundesvorsitzender er bis 1989 blieb. Die Ö. setzt sich von dem als zu radikal kritisierten umwelt- und gesellschaftspolitischen Konzept der → Ökologiebewegung und der Grünen ab. Die → Partei beansprucht eine konservativ-zentristische Position, sie zielt auf ökologisch orientierte, wertkonservative bürgerliche Wähler. Die Ö. errang in den Bundestagswahlen 1994 und 1998 0,4 bzw. 0,2 % der Stimmen.

ökologische Steuerreform
→ Ökosteuern

ökologischer Fehlschluß

Auch: Gruppenfehlschluß; engl.: ecological fallacy; gedanklicher Schluß von ermittelten empirischen Daten über Kollektive (Aggregatdaten) auf Merkmale einzelner Elemente dieser Kollektive (Individualdaten). Eine solche irrige Schlußfolgerung ist in der sozialwissenschaftlichen Aggregatdaten-Forschung nicht selten. Stellt man z.B. fest, daß → Regionen, die vor 1933 → NSDAP-Hochburgen waren, bei der Bundestagswahl 1949 mit SPD-Stimmanteilen hoch korrelieren, dann belegt dies eben nicht, daß eine Wandlung ehem. NSDAP-Wähler zur → SPD stattgefunden hat; z.B. spielt in diesem Fall der konfessionelle Faktor, d.h. die protestantischen Präferenzen für NSDAP wie SPD, eine wesentliche Rolle.

Ökonomie
→ Politische Ökonomie

Ökonomische Theorie der Politik
→ Neue Politische Ökonomie

Mit Hilfe des Begriffsinstrumentariums und der Denkweise der Wirtschaftstheorie will die von einem neo-utilitaristischen Ansatz ausgehende Ö. politische Entscheidungsprozesse erklären. Durch die Ö. erfolgte erstmals eine theoretisch fundierte Ablehnung der → Pluralismus- bzw. Gruppentheorie (s.a. → overlapping membership). Die Ö. geht von einem rationalen, am Eigeninteresse orientierten individuellen Verhalten aus; dieses werde in demokratischen Prozessen in kollektive Entscheidungen umgesetzt. Individuelle und kollektive Rationalität müssen nicht übereinstimmen. Die „Ökonomische Theorie der → Demokratie" von Anthony Downs (aufbauend auf Joseph A. Schumpeter) sieht das Verhalten von Wählern und → Parteien als eine Tauschbeziehung an. Die „Ökonomische Theorie der → Verfassung" (Buchanan/ Tullock) untersucht die konstitutionellen Grundlagen kollektiver Entscheidungen. Mancur Olson wies in seiner „Logik des kollektiven Handelns" nach, warum sich bestimmte (weitverbreitete bzw. latente) → Interessen nicht oder nur suboptimal in Gruppenbildungen und in politischen Einfluß umsetzen lassen. Die Ö. wurde durch eine Theorie der → Bürokratie (Downs' „Inside Bureaucracy") erweitert, die die Eigendynamik bürokratischen Handelns erläutert.

Ökosteuern
→ Umweltsteuern
Fiskalisches Instrument der → Umweltpolitik mit dem Ziel, → Ressourcen sparsam zu verbrauchen und so den Weg zu einer → nachhaltigen Entwicklung einzuschlagen. Das Aufkommen aus Ö. soll als allgemeines Deckungsmittel öffentlicher → Haushalte dienen und keiner Zweckbindung unterliegen (Nonaffektationsprinzip); Ö. sollen fiskalisch ergiebig und aufkommensneutral sein: Besteuert werden sollen umweltbelastende Tätigkeiten (v.a. Energieverbrauch) zugunsten einer Entlastung an anderer Stelle (insbes. Verringerung der Lohnnebenkosten). Die negativen Effekte des Marktprozesses (Schädigung der → Umwelt) sollen so durch ökonomische Anreize korrigiert, das Umweltverhalten durch Anwendung des Verursacherprinzips in Übereinstimmung mit der Umweltpolitik gebracht werden.

Ölkrise
1973 und 1979 in den industriellen Verbraucherländern von Erdöl auftretende Verknappung dieses wichtigen Energieträgers und Rohstoffs. Die Ö. von 1973 entstand vor dem Hintergrund des arabisch-israelischen Sechstagekrieges durch ein → Embargo der arabischen Ölländer gegen diejenigen Verbraucherländer, die nach Meinung der OAPEC (Organisation der arabischen erdölexportierenden Länder) Israel unterstützten. Aufgrund der Ölverknappung gelang den Erdölexporteuren (→ OPEC) eine Vervielfachung der Rohölpreise. 1979 kam es durch den Umsturz im Iran und den anschließenden iranisch-irakischen → Golfkrieg wiederum zu Verknappungen sowie zur Verdoppelung der Rohölpreise. Wenngleich der Rohölpreis seit der 2. Hälfte der 80er Jahre wieder unter dem von vor 1979 liegt, haben sich viele Industrie- und v.a. → Entwicklungsländer von den wirtschaftlichen Folgen (Rezessionen) dieser beiden Ö. noch nicht völlig erholt.

Oktoberrevolution
Sturz des Zarismus und Übernahme der Macht in St. Petersburg (1924-91 Leningrad) am 7. November 1917 (25. Oktober nach dem alten russ. Kalender) durch den bewaffneten Aufstand der Bolschewiki (→ Bolschewismus). Damit hatte W.I. Lenin die provisorische → Regierung Kerenski beseitigt. Der damals gerade tagende 2. Allrussische Sowjetkongreß legalisierte Lenins → Revolution; die Regierungsgewalt wurde dem neu gebildeten „Rat der Volkskommissare" übertragen, der von den Bolschewiki in → Koalition mit dem linken Flügel der bäuerlichen Sozialrevolutionären Partei gebildet wurde. Entscheidend für die

Gefolgschaft der breiten Bevölkerung waren 2 von Lenin entworfene Dekrete, die eine sofortige Waffenruhe herbeiführten und die Agrarreform einleiteten.

Oligarchie
Griech. für → Herrschaft von Wenigen; bei Aristoteles Bez. für eine Herrschaft der Reichsten als Entartungsform der → Aristokratie; Herrschaft einer kleinen Führungsgruppe in einer Organisation (→ Gesetz der O.) oder einem → Staat. Oligarchische Strukturen finden sich auch in Teilbereichen moderner demokratischer → Systeme; deren Willensbildungsprozesse und Führungsgruppen tendieren häufig zu selektiver Information und Verkrustung.

Ombudsman(n)
Schwedisch für Treuhänder, Sachwalter; als Parlamentsbeauftragte wahren die (seit 1976 4) sog. Justiz-O. die → Interessen und Rechte der → Bürger gegenüber der → Verwaltung. Der O. wird entweder von Amts wegen oder aufgrund konkreter Beschwerden tätig. Er ist aus der schwedischen Verfassungsentwicklung (1809/10) hervorgegangen und wurde seit den 50er Jahren unseres Jh. von mehreren → Staaten übernommen; in der Bundesrepublik in den Einrichtungen des → Wehrbeauftragten (1957), von → Datenschutzbeauftragten (ab 1990) und des Bürgerbeauftragten in Rheinland-Pfalz (1974).

Ontologie
Lehre vom Sein, von den Ordnungs-, Begriffs- und Wesensbestimmungen des Seienden; philosophische Denkrichtung, die auch die politikwissenschaftliche Theoriebildung beeinflußt hat (s. → normative Theorien).

OPEC
Abk. für → *O*rganization of *P*etroleum *E*xporting *C*ountries

Opposition
Von der Regierungs- bzw. Mehrheitsmeinung abweichende politische oder soziale Kraft, die innerhalb oder außerhalb von → Parlamenten (aber auch in → Parteien und anderen Organisationen) die Machtha-

ber mit dem Ziel bekämpft, entweder selbst die → Macht zu übernehmen oder zumindest deren → Politik im eigenen Sinne zu beeinflussen (s.a. → Regierungsmehrheit und O.). In → parlamentarischen Regierungssystemen ist die O. der Garant für das Funktionieren der → Demokratie, da sie durch das Aufzeigen von programmatischen und personellen Alternativen alternierende → Regierungen ermöglicht.

Nicht bewahrheitet hat sich die Vermutung, daß mit der Entwicklung zum → Wohlfahrtsstaat und materiellen Sachzwängen O. zunehmend verschwinde bzw. auf das Problem administrativer Effizienz reduziert werde (die → Konkordanzdemokratie stellt einen Sonderfall dar). Vielmehr kam es zu neuen O.formationen in Form von → außerparlamentarischer O., → neuen sozialen Bewegungen und fundamentaloppositionellen Parteien. O. gegen den Grundkonsens über tragende Verfassungswerte und regulative → Normen politischer → Repräsentation hat den Charakter einer fundamental-oppositionellen oder revolutionären Bewegung.

Ordnung
→ politische Ordnung

Ordnungspolitik
Festsetzung rechtlich-institutioneller Rahmenbedingungen (Wirtschaftsverfassung) für den Ablauf des Wirtschaftsprozesses. Hierzu gehören v.a. Eigentumsordnung, Wettbewerbsordnung, Unternehmensverfassung, Finanzordnung und Außenwirtschaftsverfassung. O. nimmt Einfluß auf den Einsatz wirtschaftlicher Instrumente und regelt die wirtschaftlichen Entscheidungsbefugnisse zwischen den beteiligten Gruppen und → Institutionen, einschließlich der Träger der → Wirtschaftspolitik.

Ordnungsverwaltung
Eine der Funktionen der öffentlichen → Verwaltung (s.a. → Leistungsverwaltung, → Eingriffsverwaltung). Die O. vollzieht → Gesetze und vergleichbare Vorschriften und kontrolliert den Vollzug bei den Normbetroffenen. Zur O. gehören u.a. → Polizei, Zoll, Ordnungsamt, Kartellamt.

Organisation für Sicherheit und Zusammenarbeit in Europa/ OSZE
Engl.: Organisation for Security and Cooperation in Europe/ OSCE; gesamteuropäische Sicherheitsorganisation mit Sitz in Wien. Mit regelmäßigen Treffen der Staatsbzw. Regierungschefs, der Außenminister und hoher → Beamter, der Einrichtung u.a. eines Sekretariats und einer Parlamentarischen Versammlung bildeten sich bei der → Konferenz über Sicherheit und Zusammenarbeit in Europa/ KSZE Organe mit fest umrissenen Aufgaben heraus. Zum 1.1.1995 erfolgte die Umbenennung in O. Sie hat den Status einer Regionalen Abmachung gemäß UNO-Charta. Einschließlich der USA und Kanada beträgt die Zahl ihrer Mitgliedsstaaten (Ende 1998) „54 + 1" (die Mitgliedschaft Jugoslawiens ist z.Z. suspendiert). Zentrale Bestimmung der O. bleibt die friedliche Beilegung zwischen- und innerstaatlicher → Konflikte, das gemeinsame Bekenntnis zu → Demokratie und → Menschenrechten sowie eine umfassende Kooperation (z.B. im wirtschaftlichen und wissenschaftlich-technischen Bereich). Militärische Maßnahmen ohne die Zustimmung aller Streitparteien sind ihr jedoch verwehrt; sie kann lediglich friedenserhaltende Maßnahmen durchführen, indem sie auf die Einhaltung allgemein anerkannter Regeln und Prinzipien hinwirkt. Die O. steht in einer gewissen Konkurrenz zu → EU und → NATO.

organisierter Kapitalismus
Im Anschluß an R. Hilferding von sozialistischen Theoretikern so bezeichnete Phase der Wirtschaftsentwicklung, die in der marxistischen Theorie (→ Marxismus) als → Spätkapitalismus bzw. → staatsmonopolistischer Kapitalismus bezeichnet wird: Der Marktmechanismus bei Anbietern und Nachfragern wird durch übergreifende Organisationsformen der Konzentration und Zentralisierung außer Kraft gesetzt, aus der Verschmelzung von Bank- und Produktionskapital entsteht das → Finanzkapital. Statt freier Konkurrenz herrscht eine kapitalistische Planung, welche die zyklischen → Krisen verhindern soll; staatliche → Wirtschafts-, → Finanz- und → Sozialpolitik dienen der Erhaltung und Erweiterung der Profitchancen der Monopolunternehmen. Dezentrale Lohnverhandlungen werden durch zentralisierte Tarifverhandlungen (→ Tarifpolitik) ersetzt, die den → Klassenkonflikt kanalisieren. Auch international schreitet die Konzentration fort; es entsteht ein Weltmarkt, auf dem die Industrieländer als imperialistische Mächte (→ Imperialismustheorien) miteinander konkurrieren.

Organization for Economic Cooperation and Development/ OECD
Zusammenschluß der 29 wichtigsten Industrieländer, mit dem Ziel v.a. der Vertiefung der wirtschaftlichen Zusammenarbeit und der Koordinierung der → Entwicklungshilfe. Neben den 18 → Staaten der → EU und Westeuropas gehören der O. USA, Kanada, Australien, Neuseeland, Japan, Süd-Korea, Mexiko und die Türkei an, sowie die osteuropäischen Reformländer Polen, Tschechien und Ungarn. Die O. wurde 1960 als Nachfolgeorganisation der OEEC/ Organization for European Economic Cooperation (1948 gegr.) geschaffen, nachdem diese ihre Aufgaben der Koordinierung der → Marshall-Plan-Hilfe sowie der Liberalisierung des Außenhandels und des Zahlungsverkehrs weitgehend erfüllt hatte. Mehrere → Institutionen sind mit der O. verbunden, z.B. Atomenergieagentur, Internationale Energie-Agentur. Trotz zunehmender Bedeutung der → EG/ EU erfüllt die O. weiterhin wichtige Funktionen auf der internationalen Ebene, insbes. durch Abstimmung der nationalen → Wirtschaftspolitiken und Entwicklungshilfen.

Organization of African Unity/ OAU
Engl. für Organisation für afrikanische Einheit. 1963 gegr. als Vereinigung aller (unabhängigen) afrikanischen → Staaten (mit Ausnahme Südafrikas) mit dem Ziel politischer, ökonomischer, kultureller etc. Zusammenarbeit und aktiver Unterstützung der Entkolonisierung, mit jährlichen Gipfelkonferenzen der Staats- und Regierungschefs. Heute gehören der O. alle afrikanischen Staaten an, mit Ausnahme von Marokko (1984 Austritt wegen der West-Sahara-Frage). Die O. vertritt die Anerkennung der noch aus Kolonialzeiten stam-

menden territorialen Grenzen. Das Prinzip der Nichteinmischung in die inneren Angelegenheiten ihrer Mitglieder wurde 1992 durch die Schaffung einer O.-Friedenstruppe aufgeweicht. Trotz mehrerer Anläufe zur Schaffung einer afrikanischen Wirtschaftsgemeinschaft (ähnlich der → EWG) sind die entsprechenden Vereinbarungen bisher folgenlos geblieben.

Organization of American States/ OAS

Engl. für Organisation amerikanischer → Staaten; 1948 auf der 9. Interamerikanischen Konferenz gegründeter kollektiver Sicherheitspakt der unabhängigen mittel- und südamerikanischen Staaten und der USA. Weitere Ziele sind politische, ökonomische, kulturelle etc. Zusammenarbeit. In der Tagespolitik dominierten jedoch bis etwa Ende der 60er Jahre v.a. die außen- und sicherheitspolitischen → Interessen der USA. Mit den Beitritten von 1991 sind alle amerikanischen Staaten Mitglied der O.; 1962 wurde die gegenwärtige → Regierung Kubas von der Teilnahme ausgeschlossen. Sitz ist Washington, D.C. (USA).

Organization of Petroleum Exporting Countries/ OPEC

Dt.: Organisation erdölexportierender → Länder; 1960 gegr. Zusammenschluß mit dem Charakter einer → supranationalen Organisation. Die z.Z. 11 Mitglieder sind → Entwicklungsländer; ihre Volkswirtschaften müssen lt. O.-Statut vom Erdölexport abhängig sein. Die O. entstand als kollektive Gegenmacht zu den weltmarktbeherrschenden Ölgesellschaften und strebt eine gemeinsame Erdölpolitik an. Im Gefolge der → Ölkrisen von 1973 und 1979 gelang die Durchsetzung einer Höchstpreispolitik. Konflikte zwischen den O.-Ländern, Energieeinsparungen, Erdölsubstitutionen sowie die zunehmende Marktmacht von nicht der O. angehörenden erdölexportierenden Ländern ließen seit der 2. Hälfte der 80er Jahre Ölpreise - und O.-Einfluß - auf das Niveau von vor 1979 absinken.

Organklage

→ Organstreit

Organleihe

Auch: Institutionenleihe; Beauftragung oder Ermächtigung des Organs eines Rechtsträgers, im Aufgabenbereich eines anderen Rechtsträgers verantwortlich tätig zu werden. Das ausgeliehene Organ unterliegt den fachlichen Weisungen des ausleihenden Rechtsträgers, es nimmt seine Aufgaben und Befugnisse wahr. O. findet statt, wenn der ausleihende Rechtsträger kein entsprechendes Organ gebildet hat oder die dort existierenden Organe für den bestimmten Zweck nicht ausreichen. Hierzu zählt z.B. der Einsatz von Polizeikräften des → Bundes und anderer → Länder in einem → Bundesland, die wechselseitige Ausübung der Gerichtsbarkeit zwischen → Bund und Ländern sowie die Doppelfunktion von → Landräten bzw. → Oberkreisdirektoren als Leiter der → Kreisverwaltung und als untere staatliche Verwaltungsbehörde.

Organstreit

Oberste Bundesorgane (→ Bundespräsident, → Bundestag, → Bundesrat, → Bundesregierung, → Bundesversammlung) und als parteifähig anerkannte „andere Beteiligte" (z.B. → Abgeordnete, → Fraktionen) können vor dem → Bundesverfassungsgericht gegeneinander Organklage bei Streitigkeiten über ihre verfassungsrechtlich fundierten Rechte und Pflichten erheben. Der Antragsteller muß seine verfassungsmäßigen Rechte und Pflichten als verletzt oder unmittelbar gefährdet ansehen.

Ortschaftsverfassungen

Unter den Oberbegriffen → Bezirksverfassungen und O. werden die in den deutschen Flächenstaaten geltenden Vorschriften der → Gemeindeordnungen zusammengefaßt, die teilörtliche Unterorgane der → kommunalen Selbstverwaltung - i.d.R. fakultativ - vorsehen. Generell lauten die Bez. in den größeren → Gemeinden Stadtbezirk oder → Bezirk, in den kleineren Gemeinden Gemeindebezirk, Ortsbezirk, Ortschaft oder Ortsteil. In allen Flächenstaaten verfügen diese kommunalen Untergliederungen über ein Handlungsorgan (Bezirksausschuß, Ortsrat etc.), in einigen → Bundesländern bestehen ferner Repräsentativorgane (Bezirksvorsteher, Ortssprecher, Ortsvorsteher). Die Handlungsorgane werden entweder direkt gewählt oder entsprechend dem Wahlergebnis auf der Gemeindeebene zusammengesetzt. Die Untergliederungen haben entweder eigene Entscheidungskompetenzen oder nur beratende Funktion (Anhörungs-, Entscheidungsrecht). Bezirksund Ortschaftsverfassungen haben v.a. die Funktion, die im Gefolge von Eingemeindungen (kommunale → Gebietsreform) eingetretene Zentralisierung der Gemeindepolitik etwas auszugleichen.

Ostblock
Sammelbez. für die kommunistische Staatenwelt, die nach dem 2. Weltkrieg als ein geschlossener politischer und militärischer Block unter sowjetischer Führung entstand. I.e.S. umfaßt der O. die Mitgliedsländer von → Warschauer Pakt und → Rat für gegenseitige Wirtschaftshilfe (RGW bzw. → Comecon). Mit dem Wandel im kommunistischen Machtbereich (Auflösung beider Organisationen 1991) hörte der O. auch formal zu existieren auf, nachdem er schon 1989 faktisch nicht mehr bestand.

Ostpolitik
→ Außenpolitik der Bundesrepublik Deutschland gegenüber den → Staaten des → Warschauer Paktes, insbes. der UdSSR (nicht als Außenpolitik wurde die → Deutschlandpolitik gegenüber der DDR definiert). Erst mit Erlangung der → Souveränität 1955 wurde eine deutsche O. möglich. Fernziel war die Wiedererlangung der deutschen Einheit, die unter der Kanzlerschaft Konrad Adenauers (1949-63) durch eine → Politik der Stärke (d.h. auf dem Weg über stabile → Westintegration, Wiederbewaffnung und eine erhoffte innere Destabilisierung des kommunistischen Blocks) erreicht werden sollte. Gegenüber der DDR hielt die Bundesrepublik ihren → Alleinver-tretungsanspruch (als legitimierte Vertreterin gesamtdeutscher Interessen) aufrecht (→ Hallstein-Doktrin). Zu Beginn der 60er Jahre bahnte sich - noch unter Adenauer - ein Wandel der O. an (Einrichtung von Handelsmissionen in mehreren Ostblockstaaten; Verhandlungen um Redneraustausch → SPD - → SED). Unter der → Großen Koalition (1966-69)

wurden diese Bemühungen intensiviert. Mit ihrem Amtsantritt 1969 leitete die sozialliberale → Koalition die → neue Ostpolitik (und Deutschlandpolitik) ein, welche die Teilung Deutschlands und die → Oder-Neiße-Linie de facto anerkannte. Die → Ostverträge (1970) von Moskau und Warschau schrieben u.a. die Unverletzlichkeit der als Folge des 2. Weltkrieges entstandenen Grenzen mit den östlichen Nachbarn fest. Das → Viermächteabkommen über Berlin (1971/72) festigte die gewachsenen Bindungen des Westteils der → Stadt an den → Bund und machte den Weg frei für die Neuregelung der deutsch-deutschen Beziehungen im → Grundvertrag. Die Ende 1982 ins Amt gekommene → CDU/ → CSU/ → FDP-Bundesregierung hat sich zu den vertraglichen Regelungen ihrer Vorgängerin ausdrücklich bekannt. Die Wende in Osteuropa und die Ablösung des SED-Regimes der DDR durch eine frei gewählte → Regierung machte die → Wiedervereinigung durch den Beitritt der DDR zum Geltungsbereich des → Grundgesetzes am 3.10.1990 möglich.

Ostrazismus
Griech. für Scherbengericht. In der athenischen → Versammlungsdemokratie wurde durch Namensnennung auf Tonscherben (Ostraka) darüber abgestimmt, ob ein → Bürger (für 10 Jahre) verbannt werden sollte.
O. bezeichnet in der → Soziologie die gruppeninterne Ächtung oder Androhung einer Ächtung für ein Gruppenmitglied.

Ostseerat
Kurzbez. für „Rat der Ostsee-Staaten". 1992 auf Initiative Deutschlands und Dänemarks gegr. Beratungsgremium für diese → Region. Neben den 10 Anrainerstaaten und Island (seit 1995) gehört dem O. ein Mitglied der → Europäischen Kommission an. Im Vordergrund steht die → Sicherheitspolitik. Eingerichtet wurde das Amt eines Kommissars für demokratische → Institutionen, → Menschenrechte und den Schutz nationaler → Minderheiten. Gegenstand der Zusammenarbeit sind ferner die Bereiche → Umweltschutz, Verkehr und Infrastruktur sowie der Kulturbereich.

Ostverträge

→ Ostpolitik (→ Moskauer Vertrag, → Warschauer Vertrag)

Ost-West-Beziehungen (Ost-West-Konflikt)

Gesamtheit der Beziehungen zwischen dem ehem. → Ostblock (→ Warschauer Pakt) und den → Ländern Westeuropas und Nordamerikas (→ NATO) bis zum Ende der Blöcke-Konfrontation 1990. Die nach dem 2. Weltkrieg entstandene weltpolitische Bündnis- und Konfliktkonstellation wies den USA und der UdSSR als Supermächten eine militärische und politische Führungsrolle zu. Im Zeitverlauf schwankten die O. zwischen → kaltem Krieg und → Entspannung. Der Gegensatz und „Wettlauf der → Systeme" (→ Kommunismus vs. westliche → Demokratie) vertiefte nicht nur die - im sog. „eisernen Vorhang" symbolisierte - Teilung Deutschlands und Europas, sondern führte auch zu einem forcierten → Wettrüsten und zur Verlagerung des Machtkonflikts in Länder der → Dritten Welt. Das atomare Wettrüsten wurde bis in die 80er Jahre trotz mehrerer Verträge (z.B. → SALT I) kaum begrenzt. Erst mit dem Regierungsantritt Gorbatschows, einer allseitig gewachsenen Einsicht in die Risiken schwer kontrollierbaren atomaren Bedrohungspotentials sowie der in den Ostblockstaaten eingeleiteten → Demokratisierung begann Ende der 80er Jahre eine neue Phase der Konfliktreduzierungen zwischen Ost und West. Mit der Auflösung des Ostblocks verloren die O. ihren Charakter als Inter-Block-Beziehungen.

OSZE

Abk. für → Organisation für Sicherheit und Zusammenarbeit in Europa

output

Engl. für Ausgang/ Ergebnis; Wirkung bzw. Leistung eines → Systems auf/ für seine Umwelt (auch: Wirkung von Teilen eines Systems auf andere Teile desselben Systems oder auf dessen Umwelt). Im sozialwissenschaftlichen Sprachgebrauch wird der Begriff o. angewandt auf ökonomische, soziale und politische Systeme und → Institutionen, deren → inputs und/ oder o. analysiert werden.

overlapping membership

Dt.: überlappende Mitgliedschaft; Mehrfachmitgliedschaft in → Vereinen/ → Verbänden. Zentraler Ansatzpunkt der Gruppentheorie, einer spezifisch amerikanischen Ausprägung der → Pluralismustheorie. Die Gruppentheorie sieht das Verbändesystem und das → politische System jeweils im Gleichgewicht. Wichtige Bedingung dafür ist die Berücksichtigung von nichtorganisierten → Interessen durch bereits existierende Gruppen; diese wollen dadurch einerseits Gruppenneugründungen infolge vernachlässigter Interessen zuvorkommen, tragen andererseits dem Tatbestand Rechnung, daß ein Teil der Mitgliederschaft der eigenen Gruppe diese - nicht in speziellen Gruppen organisierten - Interessen mit vertritt (letzteres wird als o. bezeichnet). Die Prämissen der Gruppentheorie wurden u.a. von der → „Ökonomischen Theorie der Politik" zurückgewiesen.

P

Palästina-Konflikt
→ Nahostkonflikt

Palestine Liberation Organization
→ PLO

Panaschieren
Verteilung von Kandidatenpräferenzen im
→ Wahlsystem der → Verhältniswahl mit
freier Liste (im Unterschied z.B. zur starren
→ Landesliste). Beim P. verfügt der Wähler
über mehrere (Teil-)Stimmen, die er auf
Kandidaten mehrerer Parteilisten verteilen
kann; er stellt sich gewissermaßen seine eigene Liste zusammen. Ebenso wie das
→ Kumulieren bietet das P. dem Wähler die
Möglichkeit, bei der Listenwahl in begrenztem Umfang Einfluß auf die Kandidaten der → Parteien zu nehmen, da die
Reihenfolge der Listenkandidaten geändert
werden kann. Dieses Verfahren existiert
(ebenso wie das Kumulieren) bei den ba-
den-württembergischen, bayerischen, nie-
dersächsischen (seit 1977) und (seit 1989)
rheinland-pfälzischen Kommunalwahlen,
seit 1990 in den 5 neuen → Bundesländern,
außerdem außerhalb Deutschlands in Luxemburg und in der Schweiz.

Paraphierung
Vorläufige, rechtlich noch unverbindliche
Unterzeichnung eines völkerrechtlichen
Vertrages durch die zur Verhandlung be-
vollmächtigten Unterhändler der beteiligten
→ Staaten mit den Anfangsbuchstaben ihres
Namens (Paraphe). Völkerrechtlich in Kraft
treten die Verträge erst nach der → Rati-
fizierung.

Pariser Kommune
Franz.: Commune
1. Bez. für den Pariser → Gemeinderat z.Z.
der → Französischen Revolution, 1789-95.
2. Bez. für das republikanisch-revolutionäre
Stadtregime, nach dem Aufstand der Pariser
Bevölkerung im Anschluß an den Waffenstillstand im dt.-franz. Krieg, von März bis
Mai 1871. Die von der Nationalgarde gestützte Stadtregierung fand ihr Ende nach
blutigen Kämpfen mit Regierungstruppen.
Von Theoretikern des → Sozialismus und
den → Parteien der I. → Internationale wurde die P. hernach als Prototypus eines Ar-
beiteraufstandes bzw. einer Rätedemokratie
(→ Rätesystem) angesehen.

Pariser Verträge
Aus 3 Einzelverträgen bestehendes Vertragswerk, mit dem das Besatzungsregime
der westlichen Alliierten aufgehoben und
die Bundesrepublik in die → NATO aufgenommen wurde. Im Oktober 1954 wurden
die P. abgeschlossen; mit dem Inkrafttreten
im Mai 1955 erlangte die Bundesrepublik
ihre → Souveränität. Nach Ablehnung der
→ Europäischen Verteidigungsgemeinschaft durch das franz. → Parlament sollten
durch die P. in der → Westeuropäischen
Union der NATO-Mitglieder und im
NATO-Beitritt der Bundesrepublik die Folgen zumindest militärisch aufgefangen
werden.

Parlament
Bez. für die → Volksvertretung, deren Mitglieder von der wahlberechtigten Bevölkerung auf begrenzte Zeit gewählt werden.
Das P. ist nach dem Staatsvolk das oberste
staatliche Organ (→ Repräsentation). Dem
P. obliegt die → Gesetzgebung (→ Legislative), die Kontrolle sowie in → parlamentarischen Regierungssystemen (im Unterschied zu den → präsidentiellen Regierungssystemen z.B. der USA) die → Wahl
und Abwahl der → Regierung. Das P. kann
als Ein- oder → Zweikammersystem bestehen; die zweite → Kammer ist dann i.d.R.
föderal oder ständisch zusammengesetzt.

Das P. besteht generell aus → Fraktionen
(der → Parteien) und → Ausschüssen. Es

tagt als → Arbeitsparlament oder als → Redeparlament. Die → Abgeordneten genießen → Immunität. In demokratisch-parlamentarischen Regierungssystemen können die Mitglieder des P. Regierungsämter übernehmen. Der Regierungsmehrheit steht die → Minderheit als → Opposition gegenüber (→ Regierungsmehrheit und Opposition).

parlamentarische Demokratie

Bez. für eine → repräsentative Demokratie, die gemäß den Entscheidungsregeln des → Parlamentarismus organisiert ist. Insofern synonym für → parlamentarische Regierungssysteme, d.h. für ein → politisches System, in dem das → Parlament die zentrale Rolle im politischen Willensbildungs- und Entscheidungsprozeß spielt und die → Regierung vom Vertrauen des Parlaments abhängt, → Exekutive und Parlamentsmehrheit also miteinander verschränkt sind.

Der umgangssprachliche Begriff geht darüber hinaus, indem er (insofern inkorrekt) mit p. alle → Demokratien bezeichnet, in denen es Parlamente gibt - er umfaßt also alle repräsentativen Demokratien.

parlamentarische Kontrolle

Aus der Lehre von der → Gewaltenteilung folgte die Kontrolle der → Regierung durch das → Parlament als eine seiner wichtigsten Aufgaben. Die p. wird daher auch in → präsidentiellen Regierungssystemen von der → Legislative wahrgenommen, obwohl dort aufgrund der institutionellen Gewaltenteilung die → Exekutive nicht aus der Legislative hervorgeht (vgl. USA, Lateinamerika, Osteuropa). Im modernen → Parlamentarismus wird die Regierung von der → Regierungsmehrheit gestützt, die eigentliche p. erfolgt hierbei v.a. - wenn auch nicht ausschließlich - durch die → Opposition; hierzu stehen dem Parlament eine Anzahl von Verfahrensmitteln zur Verfügung (vom Enquêterecht bis zum → konstruktiven Mißtrauensvotum). Freilich werden die Möglichkeiten der p. durch Amtsvorteile der Regierung (Informationsvorsprung, Verfügung über den Verwaltungsapparat) relativiert.

Parlamentarische Kontrollkommission/ PKK

Vom Deutschen → Bundestag (→ G 10-Ausschuß) bzw. auf Länderebene von den → Landesparlamenten eingesetzte Kommissionen zur parlamentarischen Kontrolle der Nachrichtendienste des → Bundes bzw. der → Bundesländer.

parlamentarische Regierungssysteme

I. Begriff: → Parlamentarismus im weiten und unspezifischen Sinn bezeichnet die Tätigkeit von → Parlamenten in verschiedenen → politischen Systemen. Als präziser Begriff meint Parlamentarismus jedoch ein → Regierungssystem, in dem die → Regierung vom Vertrauen des Parlaments, durch das die → Staatsbürger repräsentiert werden, abhängt und von diesem daher auch abberufen werden kann. Die folgenden politisch-institutionellen Merkmale charakterisieren p. und unterscheiden sie von anderen, z. B. dem → präsidentiellen Regierungssystem:

1. Trotz des möglicherweise theoretisch geltend gemachten Anspruchs prinzipieller → Gewaltenteilung sind in der politischen Wirklichkeit → *Exekutive und Parlamentsmehrheit* eng miteinander verschränkt, ja sie bilden eine politische *Aktionseinheit*, welche die Funktionsfähigkeit und Effizienz parlamentarischer → Systeme überhaupt erst gewährleistet. Der → Premierminister bzw. → Kanzler agiert politisch als Führer der Mehrheitsfraktion(en), die Zugehörigkeit zu Regierung und Parlament ist kompatibel und stellt den Regelfall dar, in dem sich die tatsächliche → Gewaltenverschränkung ausdrückt.

2. Das → *Kabinett* erweist sich als die zentrale → Institution im p. Dieses Kollegialorgan bildet nach verschiedenen Seiten ein Scharnier, nämlich zur Parlamentsmehrheit, um die Aktionseinheit zwischen Exekutive und → Legislative im alltäglichen Gesetzgebungsverfahren abzusichern; zur Regierungspartei bzw. - im Fall von Koalitionsregierungen - zu den Koalitionsparteien, um deren verschiedene Flügel, → Interessengruppen und Regionalverbände an die Regierungspolitik zu binden; zu den verschiedenen → Ministerialbürokratien, um deren Ressortegoismus, häufig verstärkt durch die

Einflußnahme von → Verbänden, überwinden zu können. Im Kabinett wird der Konsens in politischen Grundsatzfragen wie in den konkreten Fragen der → Gesetzgebung und → Administration hergestellt, werden die einzelnen → Mini-ster trotz u. U. abweichender Meinungen in die Kabinettsdisziplin eingebunden.

3. Der Regierungschef kann sich mit seinem Kabinett prinzipiell für die Dauer einer → Legislaturperiode auf die Parlamentsmehrheit dadurch stützen, daß die → Parteien im Parlament als → *Fraktionen* konstituiert sind und diese mit den Mitteln der Partei- und → Fraktionsdisziplin, der → Vertrauensfrage und der Androhung der → Parlamentsauflösung unter das Joch der Regierungspolitik gezwungen werden können. Verliert die Regierung eine politisch entscheidende Abstimmung im Parlament, dann haben wir es - anders als z. B. im präsidentiellen Regierungssystem - mit einer Regierungskrise zu tun: Die Regierung muß dann zurücktreten, wenn sie ein Vertrauensvotum verliert oder ein Mißtrauensantrag angenommen worden ist. Die Existenz von organisierten politischen Parteien und von Fraktionen erleichtert, ja ermöglicht überhaupt erst die Mehrheitsbildung und die Integration von Regierung und Parlamentsmehrheit zur Regierungsmehrheit, die Steffani als → Institution begreift.

4. In ähnlicher Weise gilt, daß sich erst durch das Vorhandensein von Parteien und Fraktionen die Parlamentsminderheit als → *Opposition* prinzipiell für die Dauer einer Legislaturperiode zu bilden vermag. Opposition definiert sich dadurch, daß sie politisch nicht mit der Exekutive unmittelbar verschränkt ist, sondern dieser „gegenübersteht", sie kontrolliert und zu ihr eine personelle und politische Alternative anbietet. Im p. ist also der Gegensatz zwischen → Regierungsmehrheit und Opposition politisch bedeutender als der zwischen Exekutive und Legislative. Dennoch hängt es von der je konkreten Ausgestaltung des einzelnen p. und von der jeweiligen politischen, sozialen und ökonomischen Situation ab, wie die verschiedenen, traditionell dem Parlament zugewiesenen Funktionen zwischen diesen beiden Hauptakteuren auf-

geteilt sind, nämlich die Gesetzgebungsfunktion; die Kontrollfunktion: Kontrolle von Regierung und → Verwaltung; die Kreationsfunktion: Bildung der Regierung; Willensbildungsfunktion: Diskussion aktueller und prinzipieller politischer Fragen; Artikulationsfunktion: Verdeutlichung unterschiedlicher → Interessen, → Bedürfnisse und Meinungen aus der → Gesellschaft.

II. Parlamentarismus in Deutschland: Die besondere Ausprägung des p. in der Bundesrepublik ist aufgrund der politischen Erfahrungen aus der → Weimarer Republik und in Abgrenzung gegen bestimmte Regelungen der → Weimarer Reichsverfassung mit dem Ziel erfolgt, politische Stabilität zu erreichen. So wurde die plebiszitäre Komponente der Weimarer Reichsverfassung weitgehend abgebaut, die repräsentative hingegen nachdrücklich gestärkt. Der → Bundestag vermag (nach Art. 67 GG) dem → Bundeskanzler nur dadurch das Mißtrauen auszusprechen, daß er mit der Mehrheit seiner Mitglieder einen Nachfolger wählt. Ferner kann der Bundestag nur dann aufgelöst werden, wenn der Kanzler bei der → Vertrauensfrage keine Mehrheit erhalten hat und der Bundestag nicht daraufhin mit der Mehrheit seiner Mitglieder einen anderen Kanzler wählt.

Der Zersplitterung des → Parteiensystems wurde durch die Einfügung der → Fünf-Prozent-Sperrklausel in das → Bundeswahlgesetz entgegengewirkt, nach der nur jene Parteien → Mandate im Bundestag erhalten, die 5 Prozent der abgegebenen gültigen → Zweitstimmen (bzw. mindestens 3 → Direktmandate) errungen haben. Der zentralen Stellung der Parteien für die Funktionsfähigkeit des p. wurde dadurch Rechnung getragen, daß diese in Art. 21 GG als Organisationen hervorgehoben werden, die an der politischen Willensbildung teilnehmen und gegenüber anderen → Vereinigungen und Verbänden dadurch privilegiert sind, daß sie - wenn sie „darauf ausgehen, die → freiheitliche demokratische Grundordnung zu beeinträchtigen oder zu beseitigen" und mithin verfassungswidrig sind - nur durch das → Bundesverfassungs-gericht verboten werden können.

Die Merkmale des p. gelten - in je unterschiedlicher konkreter Ausgestaltung - auch für die verschiedenen → Länder der Bundesrepublik. Damit ist auch die Tatsache angesprochen, daß wir es in der Bundesrepublik mit einem föderal strukturierten p. zu tun haben, in dem der → Bundesrat als Vertretung der → Landesregierungen an der Gesetzgebung und Verwaltung des → Bundes mitwirkt. Für die Bundes- wie für die Länderebene gilt, daß die detaillierte innere Ausgestaltung des p. und die Tagesroutine von Entscheidungsprozessen sich aus Regelungen der → Geschäftsordnung der Parlamente und der Regierungen ergeben. Im übrigen hängt - wie gerade das deutsche Beispiel im Vergleich von Weimar und Bonn zeigt - die Funktionsfähigkeit p. und repräsentativer Demokratien nicht primär von politisch-institutionellen Regelungen der → Verfassung oder der Geschäftsordnungen, sondern von ökonomischen, gesellschaftlichen und politisch-kulturellen Bedingungen ab. So ist Weimar, ein p. mit präsidentiellen Zügen, weniger an den Defiziten der Reichsverfassung als an obrigkeitsstaatlichen Vorbelastungen, am mangelnden politischen Konsens, an der fragmentierten → politischen Kultur und an fast unüberwindlichen Klassengegensätzen gescheitert.

III. Geschichte und soziale Grundlagen: Sozialhistorisch ist das Entstehen des Parlamentarismus im Zusammenhang der sozialen, wirtschaftlichen und politischen → Emanzipation des → Bürgertums von feudalen Gesellschaftsstrukturen und absolutistischen Herrschaftsverhältnissen zu sehen. In England, dem „Mutterland" des Parlamentarismus, reichen dessen Wurzeln bis in das 13. Jh. (→ Magna Charta von 1217) und in die → Revolution des 17. Jh. zurück. Im 18. Jh. setzte sich allmählich das für den Parlamentarismus entscheidende Merkmal durch, daß nämlich der vom König berufene Premierminister des Vertrauens des Parlaments bedurfte. In Frankreich wurde dieses Prinzip der parlamentarischen → Verantwortlichkeit des Chefs der Exekutive 1875 verwirklicht, in Deutschland erst mit den Reformen vom Oktober 1918. Wie stark der entstehende Parlamentarismus an die Emanzipationsbewegung des Bürger-

tums geknüpft war, zeigte sich nicht zuletzt an den Einschränkungen des → Wahlrechts, das an Besitz oder Steuerabgaben gebunden war und so ärmere Schichten und das entstehende → Proletariat von der Teilnahme an → Wahlen zunächst ausschloß. Erst im ausgehenden 19. Jh. setzte sich das allgemeine und gleiche Wahlrecht durch, das Frauenwahlrecht erst nach dem Ersten Weltkrieg. Mit dem allmählichen Wegfall der Wahlrechtsbeschränkungen wandelte sich das bürgerlich-parlamentarische System zu einem demokratischen, in dem das Parlament zum legitimen Repräsentanten des Volkswillens werden konnte. Gleichzeitig veränderte sich die soziale Zusammensetzung des Parlaments (und bald auch der Regierungen) von einem relativ homogenen, in dem Bildungs- und Besitzbürgertum (sowie die → Aristokratie) vertreten waren, zu einem sozial heterogenen, dem auch Vertreter der Arbeiterschaft und anderer bis dahin politisch machtloser Schichten und schließlich auch Frauen angehörten. Der Wegfall der Wahlrechtsbeschränkungen beschleunigte schließlich das Entstehen von → Massenparteien, welche die bürgerlichen → Honoratiorenparteien ablösten und die Wählerschaft auf Dauer mit Hilfe einer zunehmend ausdifferenzierten Organisation und eines Parteiprogramms, das nicht nur für einen Wahlkampf galt, an sich zu binden suchten. Dies wiederum hatte Rückwirkungen auf die Arbeitsweise der Fraktionen im Parlament, die sich (gerade in Deutschland und vor der späteren Herausbildung von → Volksparteien) in einer bestimmten Phase der Parlamentsgeschichte als Weltanschauungsblöcke gegenübertreten, zwischen denen für das Funktionieren des Parlaments notwendige Kompromisse zuweilen nur schwer oder überhaupt nicht gefunden werden konnten.

IV. Parlamentarismuskritik: Im Mittelpunkt der systemimmanenten Parlamentarismuskritik stehen zwei Argumente. (1) Angesichts des Informationsvorsprungs der Exekutive und ihrer hervorragenden personellen Ausstattung mit kompetenten Ministerialbürokratien sei das Parlament bzw. die Opposition immer mehr entmachtet worden, sie könne die Kontrollfunktion nur schwer, die Willensbildungs- und Artikulationsfunktion nur gelegentlich wahrnehmen und vermöge auch nur punktuell auf die Gesetzgebung einzuwirken. Die verschiedenen → Parlamentsreformen zielten immer wieder darauf hin, diese traditionellen Funktionen des Parlaments bzw. der Opposition zu stärken, doch läßt sich die strukturelle Asymmetrie zwischen Regierungsmehrheit und Opposition selbst dann nicht überwinden, wenn die Opposition personell besser ausgestattet wird und das Parlament sich - in Anlehnung an das präsidentielle Regierungssystem der Vereinigten Staaten - eine Gegenbürokratie schüfe. (2) Das Parlament, seine Fraktionen und damit die Parteien hätten sich von den Bedürfnissen und Interessen der Wähler weitgehend abgekoppelt, repräsentativ-parlamentarische Demokratie sei erstarrt. Diese Kritik trifft vor allem die das p. tragenden Parteien, die - so das Argument - die Mediatisierungsfunktion zwischen Gesellschaft und politischem System nur noch ungenügend wahrzunehmen vermögen. Tatsächlich kann etwa in der Bundesrepublik das Entstehen von → Bürgerinitiativen, → neuen sozialen Bewegungen und auch neuen (ökologischen oder rechtsradikalen) Parteien als Indiz für die nachlassende Integrationskraft der sogenannten etablierten Parteien angesehen werden. Ob das Einfügen direktdemokratischer Elemente (wie → Volksbegehren, → Volksabstimmungen, Kandidatennominierung durch die Wähler) zu einer Revitalisierung des p. zu führen vermag, kann angesichts entsprechender Erfahrungen in verschiedenen westlichen Demokratien bezweifelt werden. Dennoch sind aufgrund außerparlamentarischen Drucks Erstarrungen in den etablierten Institutionen des p. immer wieder gelockert worden.

Systemtranszendierende Parlamentarismuskritik von links läuft parallel mit einer Ablehnung der → Pluralismustheorie: das p. sei nur eine Form bürgerlicher → Klassenherrschaft, die Kapitalseite (nämlich die Produktionsmittelbesitzer) sei strukturell den Organisationen der Arbeit überlegen, erst recht den nur schwer organisierbaren Interessen von Verbrauchern, → Minderheiten oder Angehörigen der Unterschichten. Eine Alternative biete - so eine Argumentationsrichtung dieser Kritik - das

→ Rätesystem als Organisationsform des → Sozialismus, in dem dichotome Interessengegensätze in der Gesellschaft überwunden seien. Das Rätesystem enthält auch eine repräsentative Komponente, doch sollen die übergeordneten Vertretungsorgane (u.a. durch das → imperative Mandat, das → Rotationsprinzip und den → Recall) an die Basis gebunden und durch sie kontrolliert werden, sollen (soweit technisch möglich) Entscheidungen in den Basisräten getroffen und ausgeführt werden, soll ferner die Gewaltenteilung (etwa die zwischen Regierungsmehrheit und Opposition) aufgehoben werden. Alle Ansätze, Rätesysteme in der historisch-gesellschaftlichen Wirklichkeit durchzusetzen, sind aufgrund endogener und exogener Fakten bisher gescheitert. Doch hat die Rätediskussion nicht zuletzt auf Defizite im p. aufmerksam gemacht und Anstöße zu dessen Reform gegeben. Parlamentarismuskritik von rechts hat - anders als in Weimar - in Bonn nur eine untergeordnete Rolle gespielt: Sie konzentriert sich auf die angebliche Schwächung des Staates durch Verbände und Parteien und fordert mehr oder minder offen eine → Eliteherrschaft.

Lit.: J. Agnoli/ P. Brückner: Die Transformation der Demokratie, Frankfurt 1968; U. Bermbach (Hg.): Hamburger Bibliographie zum parlamentarischen Regierungssystem der Bundesrepublik Deutschland 1945-1970, Opladen, weitere Ergänzungslieferungen; W. Ismayr (Hg.): Die politischen Systeme Westeuropas, 2. Aufl. Opladen 1999; W. Steffani (Hg.): Regierungsmehrheit und Opposition in den Staaten der EG, Opladen 1991; W. Steffani: Parlamentarische und präsidentielle Demokratie, Opladen 1977; W. Steffani (Hg.): Parlamentarismus ohne Transparenz, Opladen 1971; Zeitschrift für Parlamentsfragen: vierteljährlich (seit 1969).

Prof. Dr. Peter Lösche, Göttingen

parlamentarischer Geschäftsführer
Jede Bundestagsfraktion (→ Fraktion) verfügt über mehrere p., welche die Kontakt-, Koordinations- und Planungsarbeit der Fraktion und der Fraktionsführung übernehmen.

parlamentarischer Hilfsdienst

Hierzu gehören die persönlichen Mitarbeiter (Assistenten) der Bundestagsabgeordneten, die Mitarbeiter der → Fraktionen und die Wissenschaftlichen Dienste des Deutschen → Bundestages. Der p. dient der Sicherung der Arbeitsfähigkeit des Bundestages und seiner eigenständigen Rolle gegenüber der → Exekutive, insbesondere der → Ministerialbürokratie. Die sog. kleine → Parlamentsreform von 1969 gab hier wesentliche Anstöße.

Parlamentarischer Rat

Von 1948 bis 1949 tagende → verfassunggebende Versammlung mit der Aufgabe, das → Grundgesetz der Bundesrepublik Deutschland als vorläufige deutsche → Verfassung auszuarbeiten. Der P. bestand aus 65 → Abgeordneten, beschickt von den 11 westdeutschen → Landtagen im Verhältnis der jeweiligen Fraktionsstärke der → Parteien (u.a. je 27 von → CDU/ → CSU und → SPD). Zum → Präsidenten des P. wurde der spätere erste → Bundeskanzler Konrad Adenauer gewählt. Die Initiative ging von den westlichen Alliierten aus, die den → Ministerpräsidenten der westlichen → Besatzungszonen am 1.7.1948 in den → Frankfurter Dokumenten Empfehlungen zur neuen deutschen Verfassungsordnung übergaben. Der P. konzipierte das Grundgesetz in bewußter Entgegensetzung sowohl zum Unrechtsregime des → NS-Staates als auch zu den Schwächen der → Weimarer Reichsverfassung. Das Grundgesetz wurde mit 53 zu 12 Stimmen verabschiedet und - mit Ausnahme Bayerns - von allen Landtagen angenommen; am 23. Mai 1949 wurde es verkündet und trat am nächsten Tag in Kraft.

parlamentarischer Staatssekretär

1967 von der → Großen Koalition eingeführt. Die p. (s.a. → Staatssekretäre) besitzen keinen Kabinettsrang; sie sind gleichzeitig Bundestagsabgeordnete. P. sollen ihren → Minister entlasten und das → Ministerium - nach außen - politisch vertreten, gegenüber dem Deutschen → Bundestag ebenso wie gegenüber anderen Personen und → Institutionen. In den wichtigsten → Behörden (Kanzleramt, → Auswärtiges

Amt) werden sie aus protokollarischen Gründen (Vertretung der Bundesrepublik gegenüber anderen → Ländern) in Anlehnung an die britische Bez. als → „Staatsminister" bezeichnet (im Kanzleramt müssen die Staatsminister seit Ende 1998 nicht mehr Bundestagsabgeordnete sein). Die Amtszeit des p. endet durch Entlassung, Ausscheiden aus dem Bundestag und mit der Amtszeit des Ministers, ist jedoch nicht an die → Wahlperiode des Bundestages gebunden.

parlamentarisch-präsidentielle Mischsysteme

⇒ *semi-präsidentielle Regierungssysteme*

parlamentarisch-präsidentielle Regierungssysteme

⇒ *semi-präsidentielle Regierungssysteme*

Parlamentarismus

Häufig genügt schon das Vorhandensein von → Parlamenten, um den Begriff P. zur Charakterisierung der untersuchten Herrschaftsform in einem bestimmten Land zu verwenden. Diesem unspezifischen Wortgebrauch steht eine definitorische Abgrenzung von → parlamentarischen und → präsidentiellen Regierungssystemen gegenüber. Im Unterschied zum direkt gewählten → Präsidenten als Chef der → Exekutive ist im P. die → Regierung vom Vertrauen des vom → Volk gewählten Parlaments abhängig. Wahl und Abwahl der Regierung ist alleiniges Recht des Parlaments. P. ist in diesem Sinne Parlamentsherrschaft.

Der Gedanke der Parlamentsherrschaft hat in der P.-Debatte zu einigen weitreichenden Fehlinterpretationen bei der Beurteilung der heutigen Realität des P. geführt. Parlamentarische Alleinherrschaft durch die Entscheidungen einer Versammlung von Delegierten, die gemeinsam nach den bestmöglichen Lösungen für die Führung der Staatsgeschäfte suchen, verbunden mit einem entsprechenden Austausch des Regierungspersonals aufgrund von an Sachgesichtspunkten orientierten Koalitionsbildungen, ist - auch wenn sie immer wieder als Forderung auftauchte - eine historische Fiktion. Selbst für die Zeit des klassischen

„parliamentary government" in Großbritannien von 1832 bis 1867, die diesem Ideal am nächsten kommt, wird die Annahme einer unumstrittenen Führungsrolle des Parlaments angezweifelt. Hinzu kommt, daß dessen soziale Basis in der damaligen Zeit zwischen zwei Wahlrechtsreformen relativ schmal war. Wahlberechtigt waren nur sieben Prozent der erwachsenen Bevölkerung. Das erleichterte zwar die Auswahl einer relativ homogenen Führungsschicht als parlamentarische Repräsentanten und damit die Orientierung der Parlamentsdebatten an Sachgesichtspunkten, band gleichzeitig aber das Modell des „parliamentary government" an die heute überlebte Vorbedingung eingeschränkter Mitwirkungsrechte des Volkes.

Klassischer P. und → Massendemokratie erwiesen sich als unvereinbar - eine Befürchtung, die bereits von *Walter Bagehot* geteilt wurde, der mit seiner Schrift „*The English Constitution*" (1867) zum Klassiker der P.-Literatur wurde. Die Erweiterung des → Wahlrechts führte zu einem Bedeutungsgewinn von → Parteien und → Fraktionen in den Parlamenten und dem Auftreten sozialistischer und später auch faschistischer Anti-System-Parteien. Entscheidungsprozesse im Parlament auf der Basis gemeinsamer Grundüberzeugungen und mit wechselnden → Koalitionen wurden nun zur Ausnahme. Die Regierungspartei(en) in der Exekutive und in der → Legislative verschmolzen zur Regierungsmehrheit. Die staatsrechtlich bis heute bestehende Gegenüberstellung von Regierung und Parlament erwies sich als obsolet. Die politische Auseinandersetzung verlagerte sich auf die Achse → *Regierungsmehrheit-Opposition.* Kritiker haben an der so vollzogenen Herausbildung eines „modernen" P. im Gegensatz zum am Modell des „parliamentary government" orientierten „klassischen" P. den dadurch bewirkten Bedeutungsverlust des Parlaments bemängelt, das zum verlängerten Arm der Regierung werde. Insbesondere konservative Staatsrechtslehrer, wie *Carl Schmitt*, haben den „modernen" P. der → Weimarer Republik als pervertierte Form der ursprünglichen P. Idee einer in freier Diskussion der → Abgeordneten entscheidenden Versammlung attackiert.

Nach 1945 hat auch die Staatsrechtslehre den beobachtbaren Formenwandel des P. akzeptiert. Im P. werden dem Parlament heute nach *Oberreuter* vier Teilfunktionen bei der Mitsteuerung des → politischen Systems zugeschrieben: *Regierungsbildung, Kontrolle der Regierung, → Gesetzgebung und → Kommunikation mit der → Öffentlichkeit.* Zentral ist dabei der Gedanke, daß das Parlament Regierungsbildung und –handeln *legitimiert*, auch wenn sich Aspekte der Parlamentsfunktionen heute teilweise nach außerhalb des Parlaments verlagert haben. So wird z.B. die Regierungsbildung durch bereits vor → Wahlen abgegebene Koalitionsaussagen vorgeprägt. Auf dem Felde der Gesetzgebung nehmen auch Verfassungsgerichte Einfluß. Die Kommunikation des Parlaments mit der Öffentlichkeit wird vermittelt über die Medien, deren eigenständige Strukturen die parlamentarische Realität auf ihre Weise widerspiegeln bzw. bestimmte Kommunikationsformen zuungunsten anderer fördern.

Auch die strukturelle Entscheidung, ob ein Parlament eher als → *Rede- oder als* → *Arbeitsparlament* fungieren soll, beeinflußt die Öffentlichkeitswirksamkeit seiner Aktivitäten. Während die in Arbeitsparlamenten dominierende Mitarbeit an der Gesetzgebung den politischen Einflußmöglichkeiten von Parlamenten mehr Raum gibt, steht in Redeparlamenten die für die Gesetzgebung vergleichsweise folgenlose, aber in der Öffentlichkeit deutlicher sichtbar werdende Auseinandersetzung im Parlamentsplenum im Vordergrund. Für die parlamentarische Kontrolle stehen Regierungs- und Oppositionsfraktionen eine Reihe von Kontrollinstrumenten, wie Anfragen, → aktuelle Stunden, Rechnungsprüfung oder → Untersuchungsausschüsse zur Verfügung. Das Gegenüber von Regierungsmehrheit und Opposition hat daneben zu der Notwendigkeit einer Differenzierung → parlamentarischer Kontrolle geführt. Zu unterscheiden ist einerseits die effektive, die Ergebnisse der Regierungsentscheidungen direkt beeinflussende Kontrolle, die von der parlamentarischen Mehrheit gegenüber der Regierung ausgeübt wird und sich i.d.R. nichtöffentlich vollzieht. Andererseits kontrollieren aber auch die Oppositionsfraktionen die Regierung. Ihnen fehlt zwar die Möglichkeit, direkt korrigierend in das Regierungshandeln einzugreifen, sie können aber mobilisierend auf die → öffentliche Meinung einwirken.

Während die Kritiker der heutigen Realität des P. die relative Machtlosigkeit der → Opposition beklagen und in der Verschmelzung von Regierung und Parlamentsmehrheit einen Funktionsverlust des Parlaments sehen, weisen die Verfechter des „modernen" P. auf die zu den Möglichkeiten parlamentarischer Kontrolle hinzugekommenen Aufgaben der *Mitregierung der Regierungsfraktionen* hin. Das Parlament habe aufgrund dieser Entwicklung gerade nicht Funktionen eingebüßt, sondern solche hinzugewonnen. Umstritten bleibt die Bewertung parlamentarischer Kontrollmöglichkeiten. Zum einen wird die unabhängige Meinungsbildung in den Regierungsfraktionen angesichts der zunehmenden Wahrnehmung von Abgeordnetenmandaten durch Berufspolitiker und der damit verbundenen Karriereabhängigkeit des Abgeordneten von der mit der Regierung verschmolzenen Parteispitze unterschiedlich beurteilt. Zum anderen wird vermutet, daß die Parlamente drei Defizite aufweisen, die ihre Möglichkeiten zur Mitentscheidung beeinträchtigen: Erstens fehle es ihnen bei der Entscheidung über lebenswichtige Zukunftsfragen in zunehmendem Maße an dem erforderlichen technischen Sachverstand. Zweitens wird auf eine ‚Kolonialisierung' der parlamentarischen Entscheidungsarena durch Verbandsinteressen verwiesen. Drittens wird vermutet, Parlamente seien angesichts der Komplexität der heutigen Gesetzgebung unfähig, die von den → Verwaltungen vorgeprägten Vorlagen adäquat zu prüfen. Verteidiger des Status quo haben auf diese Kritik geantwortet, daß in technischen und Gesetzgebungsfragen das Vorgeben von Rahmenrichtlinien durch die Parlamente genüge und daß die Intervention der Verbände sich im pluralistischen Wettbewerb vollziehe und der parlamentarischen Arbeit notwendige Informationen liefere.

Grundsätzlicher setzt die P.-Kritik der Nachkriegszeit an zwei Punkten an: Sie konstatiert mangelnde → Identität der im Parlament artikulierten → Interessen mit den Interessen des Volkes und wirft auch die Frage auf nach der → Legitimität von parlamentarischen Mehrheitsentscheidungen. Die *Infragestellung der Mehrheitsregel* wurde mit dem Argument begründet, Mehrheitsentscheidungen seien nur so lange legitim, wie sie erlauben, neue Mehrheiten zu finden, die getroffene Entscheidungen wieder verändern können. Die Umkehrbarkeit von Entscheidungen sei nun aber bei Fragen wie der friedlichen Nutzung von Kernkraft, die beispielsweise in der Entsorgungslösung künftige Generationen binde, nicht mehr möglich. Die Verteidiger der Mehrheitsregel halten dem entgegen, daß Nichtentscheidungen auch Entscheidungen sind und daß jede Entscheidung irreversible Folgen zeitige. Dies schließe aber nicht aus, zu einem späteren Zeitpunkt andere Mehrheiten zu finden. Die von den Kritikern der Mehrheitsregel vorgenommene qualitative Unterscheidung zwischen Entscheidungsgegenständen wird von den Verfechtern des heutigen P. als eine für das Parlament unzulässige, indirekte Suche nach unverbrüchlicher Wahrheit kritisiert.

Ein anderer Einwand lautet, daß die soziale Zusammensetzung der Parlamente von einer repräsentativen Abbildung der Sozialstruktur der Bevölkerung weit entfernt sei. Hier wird eine Gleichförmigkeit von sozialer Lage und politischem Denken vorausgesetzt, die in der Literatur zum P. als naiv abgelehnt wird. Eine gewisse Bedeutung hat diese Argumentation allerdings im Hinblick auf den Frauenanteil in den Parlamenten wieder gewonnen. Die radikale P.-Kritik sieht die Identität von Wählern und Gewählten auf ganz andere Art bedroht. Für die Fundamentalkritik von links sind Parlamente *manipulative Instrumente kapitalistischer* → *Klassenherrschaft*, welche die notwendige → Legitimation zur Stabilisierung der bestehenden Machtverhältnisse beschaffen. Die eigentlichen gesellschaftlichen Weichenstellungen fänden außerhalb des Parlaments statt. Eine → Demokratisierung des P. sei nur im Kontext einer sozio-ökonomischen Umwälzung vorstellbar. Die Studentenbewegung der 60er Jahre, die diese Analyse aufgriff, hat als Gegenmodell zum P. das → Rätesystem propagiert. Demnach sollte sich der gesellschaftliche Interessenausgleich durch direkte und gleichwertige Beteiligung aller Betroffenen vollziehen. Gewählte und jederzeit abberufbare, mit → imperativem Mandat ausgestattete Räte sollten auf der Ebene von Betrieben und → Gemeinden den Volkswillen unmittelbar zum Ausdruck bringen.

In abgeschwächter Form fand sich der Gedanke der direkten Volksvertretung heute im Programm der → Grünen, die dafür den Begriff → „Basisdemokratie" gewählt haben. → Rotationsprinzip, Verbot der Ämterkumulation, Begrenzung der Abgeordneteneinkommen, Öffentlichkeit von Fraktionssitzungen und die Bindung der Abgeordneten an Parteitagsbeschlüsse sollten verhindern, daß sich die Parlamentsvertreter der Partei von den politischen Vorstellungen ihrer Basis bzw. der → sozialen Bewegungen außerhalb des Parlaments lösen und als gesellschaftsferne Berufspolitiker Teil des Staatsapparats werden. Es erwies sich aber, daß die Funktionslogik des P. weit stärker die Partei Bündnis 90/ Die Grünen in ihrer inneren Organisation und bezüglich ihres Verhältnis zu den tradierten Formen des P. anzupassen vermochte, als es der Partei gelang, den P. zu verändern.

Das Unbehagen an der Interessenvermittlung im heutigen P. hat die Debatte um eine Ergänzung der Elemente → repräsentativer Demokratie durch Elemente → direkter Demokratie neu belebt. Vor allem dem Abhalten von Referenden (→ Volksentscheid) für wichtige Sachfragen wird die Wirkung des Erzeugens größerer Akzeptanz für politische Entscheidungen zugeschrieben. Kritiker von Referenden bezweifeln weniger den demokratischen Zugewinn, den diese erbringen könnten, sondern betonen vielmehr, daß Referenden dazu beitragen, das den P. konstituierende Element der Parlamentsherrschaft weiter auszuhöhlen.

Lit.: *F. Brettschneider*: Öffentliche Meinung und Politik, Opladen 1995; *H. Oberreuter*: Kann der Parlamentarismus überleben?, 2. A., Zürich 1978; *W. J. Patzelt*: Abgeordnete und Repräsentation, Passau 1993; *S. Schüttemeyer*: Fraktionen im Deutschen

Bundestag 1949 bis 1994, Opladen 1998; *M. Sebaldt*: Die Thematisierungsfunktion der Opposition, Frankfurt/ Main etc. 1992; *U. Thaysen/ H.M. Kloth* (Hg.): Wandel durch Repräsentation - Repräsentation im Wandel, Baden-Baden 1992; *P. Norton* (Ed.), Parliaments and Governments in Western Europe, London/ Portland, Or. 1998.

Prof. Dr. Roland Sturm, Erlangen-Nürnberg

Parlamentarismuskritik

Sie umfaßt neben der systemimmanenten Kritik am parlamentarischen → System (→ Parlamentsreform) die grundsätzliche (systemüberwindende) Kritik an Theorie und → Institution des → Parlamentarismus. P. ist so alt wie das parlamentarische System selbst.

Die „rechte" Grundsatzkritik war v.a. im → Kaiserreich, in der → Weimarer Republik und z.T. noch bis in die 50er Jahre hinein von Bedeutung. Zentraler Einwand war, daß parteigebundene Vertreter im Wege der parlamentarischen → Mehrheitsregel keine → Identität von Regierenden und Regierten herstellen könnten; die Bildung eines einheitlichen Volkswillens sei folglich illusionär.

Die „linke" P., die im Gefolge der außerparlamentarischen Bewegungen seit Mitte der 60er Jahre an Bedeutung gewann, vereinigt radikaldemokratische, neomarxistische und orthodox-marxistische Ansätze. Gemeinsam ist ihnen der Vorwurf, die demokratische Fassade des Parlamentarismus verdecke die realen Machtverhältnisse, die in der → Herrschaft der ökonomisch Mächtigen und in der → Manipulation der Massen gründe. Mit dem Zusammenbruch des → Kommunismus bzw. → Marxismus Ende der 80er Jahre hat die linke P. an Bedeutung verloren.

Die aktuelle politikwissenschaftliche P. thematisiert demgegenüber bestimmte Probleme und Defizite, die in der parlamentarischen Praxis aufscheinen, z.B. mangelnde Rückbindung (→ Responsivität) gewählter Vertreter oder ein aufgrund von Überregelung (Normenflut) und → Bürokratisierung beeinträchtigtes Steuerungsvermögen des Gesetzgebers.

Parlamentsauflösung

Die P. durch die → Regierung sowie die Möglichkeit des → Parlaments, der Regierung das Mißtrauen auszusprechen (→ Mißtrauensvotum) und diese abzuwählen, stellen die wichtigsten Unterscheidungskriterien → parlamentarischer Regierungssysteme von → präsidentiellen Regierungssystemen dar. P. und Mißtrauensvotum verhalten sich zueinander komplementär, denn Regierungschef und → Regierungsmehrheit benötigen einander für eine kontinuierliche Regierungsarbeit. In präsidentiellen Regierungssystemen (z.b. USA), wo → Legislative und → Exekutive einer strikten institutionellen → Gewaltenteilung unterliegen (s.a. → Inkompatibilität), existiert das Instrument der P. folglich nicht. (Im → semipräsidentiellen Regierungssystem Frankreichs besitzt allein der → Staatspräsident das Recht zur P.) Im parlamentarischen Regierungssystem ist die Möglichkeit zur P. uneingeschränkt (Großbritannien) oder nur für Ausnahmefälle (Bundesrepublik) vorgesehen. Das → Grundgesetz sieht die Auflösung des → Bundestages (allein durch den → Bundespräsidenten) nur für 2 Fälle vor: wenn die → Wahl eines → Bundeskanzlers mehrfach erfolglos geblieben ist oder wenn dem Bundeskanzler auf dessen Antrag hin nicht das Vertrauen ausgesprochen wird (Art 63, 68 GG).

Parlamentsausschüsse

Von legislativen Körperschaften (→ Legislative) aus sich selbst rekrutierte Organe zur Bearbeitung bestimmter parlamentarischer Agenden. Generell sind P. für spezielle Sachgebiete zuständig, bezogen auf ein Politikfeld oder den Aufgabenbereich eines → Ministeriums. Diese sog. → ständigen Ausschüsse sind die Hauptträger der Gesetzgebungsarbeit (s.a. → Arbeitsparlament). Daneben existieren noch parlamentarische → Untersuchungsausschüsse sowie sonstige P. mit zeitlich und sachlich begrenzten Aufgaben (z.B. → Enquêtekommissionen). Zusammensetzung der P. sowie (z.B. im Deutschen → Bundestag) Ausschußvorsitz bestimmen sich proportional oder in Anlehnung an die Größe der → Fraktionen. P. können öffentliche

→ Hearings abhalten und Regierungsmitglieder vorladen sowie befragen.

Parlamentsherrschaft

Kennzeichnung der Dominanz der → Institution des → Parlaments im → System des → Parlamentarismus (s.a. → parlamentarische Regierungssysteme).

Parlamentsreform

Ausgangspunkt aller Überlegungen zur P. in der Bundesrepublik war (und ist) eine Stärkung des politischen Parlamentsvorrangs und eine entsprechende Beschränkung des Übergewichts der → Regierung über den → Bundestag, das seinen Grund im Informationsmonopol der → Exekutive und der materiellen Vorbereitung fast aller Parlamentsentscheidungen durch jene hat. Nachdem vor 1969 lediglich kleinere Änderungen der → Geschäftsordnung und Verbesserungen der Arbeitsbedingungen erfolgten, wurde unter der → Großen Koalition eine tiefgreifende Reform versucht. Die Kontrollmöglichkeiten des Bundestages sollten gestärkt werden durch erweiterte parlamentarische (Minderheiten-)Rechte und verbesserte Sachmittelausstattung. Zu einschneidenden Reformen ist es jedoch nicht gekommen, es wurden lediglich den Bundestagsabgeordneten mehr Rechte eingeräumt und ihr Mitarbeiterstab vergrößert. In den 90er Jahren wurde immerhin die Verkleinerung des Bundestages ab der Bundestagswahl 2002 auf 598 Abgeordnete bzw. 299 → Wahlkreise beschlossen. Auch auf der Länderebene gab es - v.a. in der 2. Hälfte der 80er Jahre - Anläufe zu einer P. (z.B. in Schleswig-Holstein).

Partei

1. Begriffliche Klärung: P. sind Zusammenschlüsse von Gesellschaftsmitgliedern in unterschiedlicher organisatorischer Form zum Zwecke der Interessenvertretung und Beeinflussung der politischen Willensbildung eines → politischen Systems. Ihre Gestalt wie ihre Handlungs- und Ausdrucksmöglichkeiten werden durch gesellschaftliche und institutionelle Verhältnisse sowie den Charakter des jeweiligen politischen Systems bestimmt; sie wirken umgekehrt auf diese zurück. Eine isolierte Betrachtung von P. ‚als solcher' ist deshalb nicht sinnvoll, sondern es müssen immer die unterschiedlichen historischen und systemischen Kontexte berücksichtigt werden (→ P.-system, → Regierungssystem, Gesellschaftstyp etc.).

Die P.forschung gehört zu den ältesten Arbeitsgebieten der im 19. Jh. entstandenen → Sozialwissenschaften auf erfahrungswissenschaftlicher Grundlage. Seit den Pionierstudien von M. Ostrogorski (1902) und R. Michels (1910) gelten P. im besonderen Maße als Ausdruck des Wandels zur „modernen" → Gesellschaft und eines auf ihre Entwicklung und Steuerung bezogenen → Regierungssystems; politische Willensbildung und die Rekrutierung von Entscheidungseliten sei ohne sie im territorialen Flächenstaat nicht möglich. Auch der revolutionäre Systemwandel sei ohne eine „avantgardistische" P. nicht zu vollziehen (Lenin). Gegenüber solchen unterschiedlichen Rechtfertigungen der Notwendigkeit von P. bleiben historisch und gegenwärtig grundsätzliche Kritiken an den P. in der anarchistisch-syndikalistischen, räte- oder direktdemokratischen Tradition marginal. Auch die gegenwärtige Wiederaufnahme entsprechenden Gedankenguts in den sog. → Neuen Sozialen Bewegungen zielt nicht auf eine Abschaffung von für notwendig gehaltenen P., sondern auf komplementäre Ergänzungen der repräsentativen Willensbildung durch Elemente → direkter Demokratie (z.B. → Volksentscheid) bzw. bringt nur eine verbreitete Kritik an der aktuellen Form des → ‚Parteienstaates' (G. Leibholz) zum Ausdruck.

Die zeitgenössische P.forschung beschäftigt sich vordringlich mit der Entstehung und historischen Ausprägung von P. und P.systemen, Typologien und unterschiedlichen Parteifamilien, Funktionen der P. sowie innerparteilichen Strukturen und Prozessen v.a. im Hinblick auf die Stellung des einzelnen Parteimitglieds. Diese Forschung ist empirisch und hinsichtlich ihrer angestrebten Verallgemeinerung zumeist auf „westlich-parlamentarische" Gesellschaften beschränkt, während die vereinzelte Untersuchung von P. in Gesellschaften sowjetischen Typs oder in sog. → Entwicklungsländern in spezialistischer Isolation verbleibt.

2. Entstehung: Zu allen Zeiten haben Menschen sich zur Durchsetzung ihrer Ziele gegen andere zusammengeschlossen, aber von P. kann man erst seit dem 19. Jh. sprechen, weil erst im Zuge der sich fast ein Jahrhundert hinziehenden konflikthaften Durchsetzung → parlamentarischer Regierungssysteme auf dem Hintergrund der Entfaltung industriekapitalistischer Gesellschaftsstrukturen jene Verhältnisse sich ausprägen, die den P. ihre überwiegend auch heute noch bestehende politische Form und Funktion erlauben. In der wissenschaftlichen Literatur werden die Akzente verschieden gesetzt, was sich nicht zuletzt dem methodisch-theoretischen → Pluralismus der Sozialwissenschaften verdankt, aber relative Einigkeit besteht doch über die Bedeutung folgender Faktoren für die Entstehung von P. und P.systemen insgesamt: Die heutige Parteiform entsteht einerseits, gewissermaßen ‚von oben', aus den sich bildenden → Fraktionen der bürgerlichen → Abgeordneten in den → Parlamenten seit dem → Vormärz und aus dem Bestreben dieser Abgeordneten, ihre gemeinsamen Ziele programmatisch zu formulieren und dafür ihre Wähler zu mobilisieren oder sie zumindest zu informieren. Letzteres geschah vor Ort in informellen Wahlkomitees und Versammlungen, die aber nur auf den jeweiligen Abgeordneten bezogen blieben und untereinander nicht in Verbindung standen; hieraus ergeben sich die Grundstrukturen der bürgerlichen → Honoratiorenpartei: Dezentralität, Informalität, Unprofessionalität.

Für die heutige Parteiform wichtiger wird der historisch etwas später einsetzende Prozeß der politischen Organisation der → Arbeiterbewegung. Ursprünglich als Teil eines revolutionären, jedenfalls systemüberwiegenden Gesamtprozesses der Gesamtbewegung der → Klasse verstanden, gewinnt im letzten Drittel des 19. Jh. nach und nach die moderne Form der → Massenintegrationspartei unter starker Dominanz von hauptamtlichem Parteivorstand und Parlamentsfraktion Gestalt. Die von ihr überregional organisierten Wahlkämpfe sind nicht mehr auf den einzelnen Abgeordneten gezielt, sondern mobilisieren Unterstützung für die Ziele der P. insgesamt. Bei der Entwicklung des Berufspolitikers im Rahmen der Arbeiterbewegung treffen einerseits die unterschiedlichen sozioökonomischen Voraussetzungen der Akteure der Arbeiterparteien und andererseits die Entstehung der funktional dem Mehrheitswettbewerb in überregionalen Wahlkämpfen und Mobilisierungsprozessen entsprechenden Formen und Strukturen zusammen; der moderne Abgeordnete wird ebenso wie der eigentliche Funktionär als Berufspolitiker faktisch zum Angestellten einer P.

In dem Maße, in dem auch die bürgerlichen P. auf die flächendeckende Mobilisierung von Unterstützung und die kontinuierliche Darstellung ihrer Position außerhalb des Parlaments angewiesen werden, gleichen sich die unterschiedlichen Parteiformen an. Spätestens seit der Jahrhundertwende dominiert auch in den bürgerlichen P. der Berufspolitiker und Parteiangestellte und kommt es damit überall zu der noch heute vorherrschenden Dichotomie von Mitgliedern und professionellen Politikern und den sich daraus ergebenden Problemen einer normativen → Demokratietheorie, die die Selbstbestimmung der → Bürger als Wesensgehalt moderner → Volkssouveränität ansieht. Auf die faktische Lage reagiert aber eine „realistische" Demokratietheorie (J. A. Schumpeter in der Nachfolge M. Webers) zustimmend, die die P. v.a. als Instrumente der unter Konkurrenzbedingungen in freien → Wahlen vollzogenen Elitenrekrutierung auf Zeit ansieht.

Neben die politischen Entscheidungsbedingungen i.e.S. treten Erklärungsversuche der ideologischen und programmatischen Parteifamilien durch den Hinweis auf gesellschaftlich-objektive Konfliktlinien (→ cleavages), die als Folge der Durchsetzung des parlamentarischen → Verfassungsstaates ebenso wie der gesellschaftsstrukturellen Entwicklung auftreten. Freilich beschreiben diese Konfliktlinien nur idealtypische Konstellationen, während die tatsächliche Formierung politischer P. von zusätzlichen historisch kontingenten Voraussetzungen ab-

hängt, d.h., nicht überall führt der Verfassungskonflikt zwischen Liberalen und Konservativen zu entsprechenden P. (wie z.B. in Spanien oder Frankreich), nicht überall der Stadt(Industrie)-Land-Gegensatz zur Entstehung von Agrarparteien (wie z.B. in Skandinavien), nicht überall die sich vollziehende Trennung von → Staat und Kirche zu christlichen P. (wie dem → Zentrum in Preußen-Deutschland) oder die sich stabilisierende Zentralisation des → Nationalstaates zu regionalistischen P. (wie z.B. in Großbritannien); aber praktisch überall führte der → Klassenkonflikt der bürgerlich-kapitalistischen Gesellschaft zu sozialistisch-sozialdemokratischen P. der Arbeiterbewegung. Nach den Gründen der berühmten Ausnahme, die auch hier die Kontingenz anzeigt, fragte schon W. Sombart: „Warum gibt es keinen Sozialismus in den USA?"

Weitere P. entstehen durch interne Spaltungen, etwa die Trennung des (monarchischen) → Nationalismus vom → Liberalismus, oder die Abspaltung kommunistischer oder linkssozialistischer P. von der systemkonform gewordenen sozialdemokratisch-sozialistischen Arbeiterpartei. Im 20. Jh. entstehen faschistische P., häufig als radikale Kritik der Durchsetzung des demokratischen Systems in der sozialstrukturellen Verbindung von traditionellen vordemokratischen → Eliten und durch die sozioökonomische Entwicklung statusbedrohter Gruppen des alten und neuen → Mittelstandes. Hinzu kommen v.a. nach dem Zweiten Weltkrieg → Protestparteien der verschiedensten Art von der kleinbürgerlichen Steuerprotestpartei (Dänemark) bis zu marxistisch-leninistischen P. (Italien, Bundesrepublik Deutschland) im überwiegend studentischen → Milieu. Mit der Entstehung von ökologisch orientierten P. in nahezu allen westlichen P.systemen in den letzten Jahren verbinden P.forscher (J. Raschke) die Wirksamkeit eines neuen fundamentalen ‚cleavage' zwischen ökonomischen und ökologischen Prinzipien der gesellschaftlichen Regulierung.

3. Funktionen: Nur auf einer sehr allgemeinen und abstrahierenden Ebene kann man die Funktion der P. und des P.systems insgesamt für die gesellschaftliche Reproduktion und die politische Willensbildung analytisch zu bestimmen suchen. Auf dem Hintergrund der Ausdifferenzierung von Staat und Gesellschaft und der funktionalen Notwendigkeit, über die Geltung verbindlicher → Normen und über die Verteilung und den Einsatz gesellschaftlicher Ressourcen verbindliche Entscheidungen treffen zu müssen, da beides sich mit der Erosion traditionaler Geltungsgründe nicht mehr von selbst versteht, übernehmen die P. die Funktionen der selektiven Transmission zwischen Staat und Gesellschaft sowie der Legitimierung des politischen Prozesses insgesamt. Die Vielfalt und Heterogenität von Zielen, → Bedürfnissen und → Interessen wird von ihnen aggregiert und programmatisch in Entscheidungsprogramme transformiert, politisches Personal wird von ihnen rekrutiert und über Wahlerfolge legitimiert in Entscheidungsämtern plaziert. Diese Transmission politischer Entscheidungsinhalte ist prinzipiell selektiv, begünstigt unterschiedlich, und jedes P.system kann daraufhin befragt werden, wie regelmäßig oder zufällig die Selektivität ausfällt. In Verbindung mit allgemeinen Wahlen und den anderen → Institutionen des → Parlamentarismus tragen die P. maßgeblich zur Legitimierung des politischen Prozesses und seiner Politikergebnisse bei.

Innerhalb dieser Gesamtfunktion des P.systems hängt der Beitrag der einzelnen P. von verschiedenen zusätzlichen und je spezifischen Faktoren ab. So ergibt sich etwa in einem alternierenden → Zweiparteiensystem aus dem Wechselspiel von → Regierung und → Opposition für die einzelne P. eine andere Funktionslogik als für die systemoppositionelle Kleinpartei in einem → Vielparteiensystem. Jedenfalls ist realistisch betrachtet die angestrebte Regierungsübernahme oder auch nur -beteiligung nicht für alle P. ein möglicher Bestimmungsgrund. P. erfüllen eben auch Funktionen für ihre Mitglieder und Anhänger.

4. Innerparteiliche Verhältnisse: Die Untersuchung innerparteilicher Verhältnisse ist neben der Analyse und Beschreibung innerparteilicher Willensbildungs- und Entscheidungsprozesse normativ v.a. auf die Frage der → „innerparteilichen Demokratie" orientiert. Ihr Vorhandensein und ihre Qualität entscheidet einerseits über die Chancen des Mitglieds gegenüber den professionellen Politikeliten und andererseits angesichts der dominanten Stellung der P. im politischen Willensbildungsprozeß der Gesellschaft und bei der Besetzung fast aller öffentlichen → Ämter weit über den engeren Staatsapparat hinaus auch mit über die demokratische Qualität der Gesellschaft insgesamt. Freier P.wettbewerb ergibt erst in Verbindung mit innerparteilicher Demokratie normativ eine befriedigende Ausgangsposition für die Chance gesellschaftlicher→ Demokratie.

5. Gegenwärtige Probleme: In vielen westeuropäischen Ländern hat sich die politische und wissenschaftliche Kritik an den P. und P.systemen seit den 60er Jahren verstärkt; das Aufkommen und die gewachsene Bedeutung der sog. Neuen Sozialen Bewegungen gilt vielen als Beleg gewichtiger Funktionsprobleme der P.systeme. Bezweifelt wird einerseits ihre Innovationsfähigkeit bei der Lösung neuartiger sozialer Probleme, wie sie etwa in der → Frauenbewegung oder im Zusammenhang mit den Massenmobilisierungsprozessen zu Fragen des Friedens, der Umwelt, der Kernenergie zum politischen Protest führten. Andererseits kann man die offenkundig dauerhaftere Etablierung neuer ökologisch orientierter P. (→ Die Grünen in der Bundesrepublik) als die Fähigkeit des P.systems zu Innovation interpretieren.

Kritik findet auch der „repräsentative Absolutismus" (W. D. Narr) des P.staates in der Bundesrepublik und die mit ihm einhergehende Oligopolstellung der P., gegenüber anderen gesellschaftlichen Organisationen und → Verbänden. So dominieren die P. de facto die Elitenrekrutierung auch im nichtstaatlichen Bereich (z.B. → Massenmedien) und haben den P.proporz etwa bei der Besetzung hoher Gerichte oder öffentlich-rechtlicher Körperschaften zur Routine werden lassen. Ihre Finanzierung aus öffentlichen Mitteln ist international beispiellos und verfassungsrechtlich bedenklich. Diese Fakten und Tendenzen gewinnen ihr spezifisches kritisches Gewicht aus der Tatsache, daß in der Bundesrepublik nur etwa 2,4 Mio. Parteimitglieder etwa 60 Mio. Wahlberechtigten gegenüberstanden, daß trotz zunehmender politischer Aktivität in der Gesamtbevölkerung die P. stagnieren und die → Wahlbeteiligung (als Indikator für die Akzeptanz des P.systems) langfristig zu sinken scheint. Demgegenüber zeigen Untersuchungen politischer → Einstellungen und Wertungen sowie der → politischen Kultur insgesamt auch bei Parteimitgliedern ein wachsendes Gewicht direktdemokratischer und zum Teil antiinstitutioneller Wertungen und Verhaltensweisen, und zwar unabhängig von der ideologischen Grundorientierung. D.h., daß der repräsentative Modus des P.staates sowohl von rechts wie von links in Frage gestellt wird, daß seine Kritik sowohl auf den Abbau wie auf die Ausweitung der Demokratie in der Richtung mehr direkter Demokratie gerichtet ist.

Lit: K. von Beyme: Parteien in westlichen Demokratien, München 1982; *M. Th. Greven*: Parteien und politische Herrschaft, Meisenheim a. G. 1977; *Ders.*: Parteimitglieder, Opladen 1987; *J. Raschke*: Die politischen Parteien in Westeuropa, Reinbek b. H. 1978; *R. Stöss*: Parteien-Handbuch, 2 Bde., Opladen 1983.

Prof. Dr. Michael Th. Greven, Hamburg

Parteibindung

Engl.: party affiliation; Gefühl der Zugehörigkeit zu einer → Partei bzw. zu deren Umfeld/ Wählerbasis. Zur Operationalisierung der P. wurde in den USA das Konzept der → Parteiidentifikation entwickelt, das die affektive P. mißt.

Partei des Demokratischen Sozialismus/ PDS

Die ehem. → Staatspartei der DDR, die → Sozialistische Einheitspartei Deutschlands/ SED, benannte sich nach dem demokratischen Umbruch in der DDR Ende 1989 um: zuerst in Sozialistische Einheitspartei Deutschlands - Partei des Demokratischen Sozialismus/ SED-PDS, dann im Februar 1990 in P. Erster Parteivorsitzender (Dez. 1989 - Jan. 1993) wurde Gregor Gysi; ihm folgte Lothar Bisky. Aufgrund ihrer ost-deutschen Wahlergebnisse konnte sich die P. im dt. → Parteiensystem als politische Kraft etablieren: In den Volkskammerwahlen vom 18.3.1990 errang sie 16,4 % und wurde drittstärkste → Partei. Bei der ersten gesamtdeutschen Bundestagswahl am 2.12.1990 trat die P., bei für Ost und West getrennt geltender → Fünfprozentklausel, bundesweit an (s.a. → Linke Liste/ PDS); sie errang 2,4 % (Wahlgebiet Ost: 11,1 %; Wahlgebiet West: 0,3 %). In der Bundestagswahl 1994 blieb sie zwar mit 4,4 % (Ost: 19,8 %; West: 1,0 %) unter der nunmehr für Gesamt-Deutschland geltenden Fünfprozenthürde, doch zog sie dank des Gewinns von 4 → Direktmandaten erneut in den → Bundestag ein. 1998 übersprang sie mit 5,1 % (Ost: 21,6 %; West: 1,2 %) erstmals gesamtdeutsch die Fünfprozenthürde (abermals außerdem 4 Direktmandate). In Mecklenburg-Vorpommern Ende 1998 trat die P. erstmals in eine → Landesregierung ein.

Das bisherige Scheitern der Westausdehnung zeigt sich auch in den Mitgliederzahlen: Von 146.742/ 94.447 (31.12.1992/ 31.12.1998) kommen 617/ 2.917 aus den 10 alten → Bundesländern. Etwa 95 % der ostdeutschen P.-Mitglieder gehörten bereits der SED an (die Mitgliederschaft ist sichtlich überaltert). In Ostdeutschland profitiert die P. von ihrer dort immer noch vergleichsweise hohen Mitgliederzahl, ihrer flächendeckenden Organisation, dem hohen Aktivitätsgrad ihrer großteils nicht (mehr) berufstätigen Mitglieder und dem Fortbestand lokaler sozialer → Milieus.

Einen radikalen Bruch mit dem DDR-System hat die P. bisher nicht vollzogen; die Auseinandersetzung mit der Vergangenheit der SED und dem DDR-Regime ist durch Unentschlossenheit und mancherlei Rücksichtnahme auf den traditionalistischen Kern der Mitgliederschaft gekennzeichnet. An der DDR wurden primär „Fehler, Irrwege, Versäumnisse und selbst Verbrechen" sowie die nicht erreichte „ökonomische Effektivität" kritisiert. Auf Ostdeutschland bezogen, sieht sich die P. als Repräsentantin der regionalen → Interessen; sie hebt v.a. die soziale → Gerechtigkeit in der ehem. DDR hervor. Trotz des regionalen Schwerpunktes in den neuen Bundesländern ist das Parteiprogramm gesamtdeutsch ausgerichtet. Gemäß ihrem Selbstverständnis sieht sie sich als postkommunistische, reformsozialistische und radikaldemokratische Partei. Dabei pflegt die P. die Vision von einer anderen → Gesellschaft jenseits des → Kapitalismus. Daraus resultiert ihr politisches Selbstverständnis als „gesellschaftliche Opposition".

Heterogen ist auch die Wählerschaft der P. in den neuen Bundesländern: Ein Teil gehört zu den Funktionsträgern der ehem. DDR, die der Idee des → Sozialismus weiterhin anhängen und sich als mentale Verlierer der → Wiedervereinigung sehen; ein weiterer, wechselnder Anteil stammt von Wählern, die aus → Protest gegen die anhaltend instabile Situation in der Gesellschaft und auf dem Arbeitsmarkt die linke Oppositionspartei P. wählen.

Parteiorganisation: Die P. gliedert sich in 16 Landesverbände. In den Flächenstaaten der neuen Bundesländer verfügt die Partei flächendeckend über Kreis-, Stadt- und Basisorganisationen. Letztere sind nach dem Wohnort oder Betrieb, teilweise auch nach politischen Themenfeldern oder sozialen Interessen aufgeteilt. In den alten Bundesländern ist die Organisationsdichte sehr viel geringer. Auf den einzelnen Ebenen besteht eine Vielzahl von „Zusammenschlüssen" (Plattformen, Arbeitskreise, Arbeitsgemeinschaften, Initiativgruppen), die auf gemeinsamen sozialen Interessen, Themen- und Tätigkeitsfeldern oder Weltanschauungen basieren; ein Beispiel hierfür ist die orthodoxe Kommunistische Plattform (KPF). Im Unterschied zur alten SED weist die P. auf allen Ebenen demokratische Strukturen auf.

Parteidiktatur
→ Staatspartei

Parteiendemokratie
1. → Politisches System: Ähnlich wie der Begriff → „Parteienstaat" bezeichnet P. ein demokratisches → System, in dem die → Parteien eine bedeutende Rolle in der politischen Willensbildung einnehmen als vermittelnde Akteure zwischen den Sphären der Volkswillensbildung innerhalb der

Gesellschaft und der Staatswillensbildung. Mit dem Begriff P. wird allerdings (abgrenzend) zum Ausdruck gebracht, daß Parteien für diesen Willensbildungsprozeß zwar unverzichtbar sind, ihn aber nicht monopolisieren (vgl. Art. 21 GG).

2. → innerparteiliche Demokratie

Parteienfinanzierung
1. Definitionen: In modernen → Massendemokratien sind → Parteien unverzichtbar. Als private Organisationen (→ Vereinigungen von Personen) erfüllen sie → öffentliche Aufgaben; durch freiwillige Aktivität erbringen sie eine notwendige Leistung für das → politische System → Demokratie. Neben den Wählerstimmen ihrer Anhänger und der Freizeit politischer Aktivisten brauchen Parteien beträchtliche Finanzmittel.

Geld hilft, andere Schwächen und Schwierigkeiten zu überwinden; es kann in Güter und Dienstleistungen umgewandelt werden, also die Verfügung über materielle Ressourcen und menschliche Energien vermitteln (Alexander). Die durch Parteitätigkeit verursachten „Kosten der Demokratie" (Heard) sind im Einzelfall höchst unterschiedlich, weil Selbstverständnis, Aktivitätsniveau und Tätigkeitsbereiche der Parteien erheblich voneinander abweichen. Für alle Demokratien liegt der kleinste gemeinsame Nenner in der Organisation von Wahlkämpfen. In Deutschland (und vielen anderen Demokratien) geht die Parteitätigkeit darüber aber (unterschiedlich weit) hinaus.

2. Problemlagen: Entwickelte → Gesellschaften sind durch → Arbeitsteilung und Geldwirtschaft geprägt; politische → Partizipation kann durch bezahlte „Stellvertreter" (Journalisten, Verbandsfunktionäre) erfolgen. Der Einzelne vermag politische Ziele durch finanzielle Zuwendungen an → Verbände, Parteien und Kandidaten voranzutreiben; Politiker konkurrieren miteinander nicht nur um Wählerstimmen und freiwillige Helfer, sondern auch um Geld.

2.1 Parteienfinanzierung als Demokratieproblem: Unterschiede im Geldzufluß bei einzelnen Parteien spiegeln die wirtschaftliche und soziale Struktur einer Gesellschaft.

Die (nicht zuletzt durch das Privateigentum an Produktionsmitteln bedingte) ungleiche Verteilung von Einkommen und Vermögen in wirtschaftlich entwickelten Massendemokratien wird politisch relevant. Es besteht ein dauerndes Spannungsverhältnis zwischen dem demokratischen Prinzip „Jeder hat eine Stimme!" einerseits und Personen, Organisationen bzw. Gruppen, die über technische, materielle oder finanzielle Ressourcen verfügen, andererseits (Paltiel 1981). Die individuelle (ökonomische) → Freiheit gerät in Konflikt mit der politischen (demokratischen) → Gleichheit; gleiche Partizipation als demokratische → Norm wird durch ungleiche Verteilung von Geld (und Zeit) als empirische Tatsache konterkariert.

Früher galt es als selbstverständlich, daß die Tätigkeit der Parteien aus privaten Mitteln finanziert wurde. Heute kann keine der deutschen Parteien ihre (relativ gut ausgebaute) ständige Parteiorganisation nur aus Beiträgen der Mitglieder und (kleinen) Spenden ihrer Anhänger finanzieren. Dies hat (nach langem Zögern) 1992 auch das BVerfG anerkannt (BVerfGE 85, 264). Öffentliche Finanzierung erscheint als notwendig, weil das Spannungsfeld zwischen freiwilliger Mitgliedschaft und → öffentlichen Aufgaben der Parteien anders nicht überbrückt werden kann. Durch öffentliche Parteienfinanzierung erhalten auch Oppositionsparteien einen Zugriff auf staatliche Gelder, den die Regierungsparteien (durch Amtsausstattung, Regierungspropaganda und „Reptilienfonds") schon immer hatten (Paltiel 1981). Öffentliche Leistungen dürfen aber den Grad politischer Partizipation nicht reduzieren. Wenn die Parteitätigkeit subventioniert wird, ist Transparenz bei den Parteifinanzen geboten. Um die öffentlichen Kassen zu schonen, müssen die Parteien ein Ende der Kostenexplosion anstreben.

2.2 Angemessener Aufwand für die Parteitätigkeit: Veränderungen in → Politik und Gesellschaft wirken auf die P. ein. Wahlkämpfe nähern sich den bekannten Formen des Markenartikelvertriebs; durch höhere Aufwendungen für → Meinungsforschung und Werbung wird kurzfristig mehr öffent-

liche Aufmerksamkeit und → Kommunikation mit den Wählern angestrebt. Die sinkende Bedeutung der Printmedien reduziert die Einflußmöglichkeiten für eigene Presseorgane der Parteien und verändert die Selbstdarstellung von → Politik: Elektronische Medien berichten ereignisorientiert; Parteien können nur präsent bleiben, indem sie Ereignisse inszenieren. Dies alles bedingt steigende Aufwendungen für laufende Öffentlichkeitsarbeit und materialintensive Wahlkämpfe, die zugleich mit dem Ausbau des professionellen Elements im Parteiapparat anfallen. Freiwillige Mitarbeit wird auch im sozialen Bereich durch professionelle Leistungen ersetzt; die Parteien unterscheiden sich darin nicht von Freizeitvereinen oder Wohlfahrtsorganisationen.

Die Betrachtung des Aufwandes wird in der Regel auf die Organisationskosten und die Wahlkampfkosten i.e.S. abgestellt, da politische Tätigkeiten im Umfeld der Parteien (→ Fraktionen, Stiftungen, Ökofonds und parteieigene Unternehmen) kaum faßbar sind. Der allgemeine Werbeaufwand kann wegen der kontinuierlichen Öffentlichkeitsarbeit einerseits und der gelegentlichen Zusammenlegung von Wahlterminen andererseits nicht nach Organisationsebenen getrennt werden. Hinzu kommen besondere Probleme aus dem spezifischen Organisationsaufbau (u.a. der Sonderstellung von → CSU und → PDS). Den steigenden Ausgaben stehen stagnierende bzw. sinkende Einnahmen aus den traditionellen Geldquellen gegenüber.

2.3 Strategien der Geldbeschaffung: Wie in der Vorkriegszeit und in anderen westlichen Demokratien praktizierten die deutschen Parteien nach 1945 zwei Muster der Finanzierung: Spenden stellten das notwendige Geld für aufwendige Wahlkämpfe der bürgerlichen Honoratiorenparteien (→ CDU, CSU, → FDP) bereit. Als Spender kamen finanzkräftige Einzelpersonen, Wirtschaftsunternehmen oder Interessenorganisationen in Betracht; für Spenden „aus der Wirtschaft" bestanden institutionelle Arrangements/ Geldsammelstellen (z.B. Staatsbürgerliche Vereinigung). Die regelmäßigen Beiträge einer nach Hunderttausenden zählenden Mitgliedschaft (aus vorwiegend

„kleinen Leuten") sicherten den → Massenparteien der → Arbeiterbewegung (also auch der → SPD) die finanzielle Grundlage für eine ständige Parteiorganisation (Parteiapparat) und die laufende Agitationsarbeit.

Der Übergang zum Typ → „Volkspartei" war nicht zuletzt mit anderen Formen der Geldbeschaffung verbunden. Dazu gehören v.a. öffentliche Mittel in beträchtlichem Umfang: Bei den deutschen Parteizentralen liegt die → Staatsquote seit Jahren deutlich über 50 %. Das gilt auch für Italien, Schweden und Spanien; Kanada, die Niederlande und Österreich weisen niedrigere Anteile auf (vgl. Alexander 1989). Die Bereitstellung umfangreicher Finanzhilfen aus öffentlichen → Haushalten ist in westlichen Demokratien nicht Ausnahme, sondern Regelfall; sie erscheint beinahe als typische Finanzierungsstrategie moderner Volksparteien (vgl. Gunlicks 1993).

Nach dem Einbruch des Spendenaufkommens (vermutlich im Zusammenhang mit Geldwaschanlagen, → Flick-Affäre und gescheiterten Amnestieplänen) ruht die Finanzierung der deutschen Parteien heute im wesentlichen auf zwei Säulen: (a) den Mitgliedsbeiträgen und (b) den öffentlichen Subventionen. Dazu gehören neben der staatlichen Teilfinanzierung gemäß → Parteiengesetz 1994 (vgl. Boyken 1998) auch der Steuerverzicht bei privaten Zuwendungen bestimmter Größe (§§ 10b, 34g EStG) und die Sonderbeiträge/ „Fraktionsabgaben" der → Abgeordneten. Spenden spielen nur unterhalb der Landesebene bzw. bei kleineren Parteien noch eine wichtige Rolle (s. d. Naßmacher 1997).

2.4 Kontrolle der Parteifinanzen: So lange die Einnahmen der Parteien gering waren, begrenzten die miteinander verbundenen Risiken der Korruption, des Skandals und der Wahlniederlage den Umfang der Parteiaktivität.

Heute ist die Bereitstellung öffentlicher Mittel für die Parteiarbeit fast immer mit Auflagen zur Kontrolle der Finanzgebarung verbunden. Solche Regelungen unterscheiden sich im Hinblick auf Umfang und Träger der Rechenschaftspflicht, Prüfung der Rechenschaftsberichte, Begrenzung des fi-

nanziellen Aufwandes sowie Sanktionierung von Verstößen (vgl. Paltiel 1981; Gunlicks 1993). Nur ganz wenige Demokratien machen davon bislang wirksam Gebrauch. Gegenüber den in Westeuropa üblichen, offenkundig unzureichenden Rechenschaftspflichten bietet Deutschland das höchste Maß an Transparenz der Parteifinanzen.

Allgemein akzeptierte Maßstäbe für notwendige Parteifunktionen und Mechanismen zur Begrenzung aller Ausgaben (nicht nur der Wahlkampfkosten) sind nicht vorstellbar. Die von den Parteien selbst gewählten Aufgaben und (damit verbunden) die als unvermeidlich geltenden Ausgaben können (theoretisch und praktisch) unbegrenzt wachsen. Die Leitfrage „Wieviel wollen sich die → Bürger/ Mitglieder/ Geldgeber welche Parteitätigkeit kosten lassen?" deutet an, daß eine Kostenkontrolle sowohl intern als auch extern ansetzen kann.

Interne Kontrollen verknüpfen Finanzentscheidungen der Parteiführung mit Amtsträgern, Organen oder Gliederungen der eigenen Partei: Vetorecht des Schatzmeisters bei Ausgaben, persönliche Haftung der Parteivorstände für Verbindlichkeiten, finanzielle Rückkoppelung an die Untergliederungen, Rechenschaftslegung gegenüber den Parteimitgliedern. Externe Kontrollen binden Finanzentscheidungen an Personen/ Gruppen/ → Institutionen außerhalb der eigenen Partei: Begrenzung von Ausgaben durch gesetzliche Auflagen und kostenbewußte Wähler (zugleich Steuerzahler), eine Aufsichtsbehörde, gegenseitige Kontrolle („peer review") oder öffentliche Festpreise sind denkbar. Bislang gibt es kein Kontrollsystem, das die fehlenden Marktpreise wirksam ersetzen könnte.

3. Forschungsfragen: Wissenschaftliche Kontroversen lassen sich an Hypothesen festmachen. Im auffallenden Gegensatz zu einem intensiven Diskurs über den demokratiepolitischen Nutzen oder Schaden gesetzlicher Regelungen und öffentlicher Mittel gibt es nur wenige Versuche, die tatsächlichen Auswirkungen auf die P. empirisch zu überprüfen. Dabei erweisen sich zahlreiche - plausibel behauptete Folgen -

öffentlicher Einwirkung auf die Parteifinanzen als nicht eindeutig nachweisbar (Sikkinger 1997). Die allgemeine Stärkung der Finanzkraft von Parteien durch öffentliche Zahlungen hat einen Ausgleich finanzieller Startvorteile, eine geringere Abhängigkeit von privaten Spendern und eine größere Leistungsfähigkeit zur Folge; die wesentlichen Risiken betreffen innerparteiliche Machtverteilung, Bürgerkontakt und Parteienwettbewerb.

3.1 Erstarrungsthese: Im zwischenparteilichen Wettbewerb kann öffentliche Finanzierung, größere gegenüber kleineren und etablierte gegenüber neugegründeten Parteien begünstigen. Daraus wurde gefolgert, daß regelmäßige Subventionen ein bestehendes → Parteiensystem verfestigen. Der Begriff „Versteinerung" (petrification, Paltiel) hebt darauf ab, daß keine Veränderung im Parteiensystem mehr stattfindet. Er bezieht sich entweder auf das Stärkeverhältnis der Parteien zueinander, ggfs. auf eine Machtsicherung der Regierungsparteien, oder auf den Eintritt neuer Parteien in das Parteiensystem.

In Deutschland, Frankreich, Italien, Kanada, Österreich, Schweden, Spanien und den USA hat die öffentliche Finanzierung der Parteitätigkeit weder die → Herrschaft einer regierenden Partei zementiert noch neue Parteien (z.B. → Die Grünen) von einer erfolgreichen Beteiligung am politischen Wettbewerb ausgeschlossen (vgl. Alexander 1989). Die „Offenheit des politischen Prozesses für neue Parteien ist durch die staatliche Parteienfinanzierung nicht gefährdet." Nachweisbar sind in den genannten Ländern v.a. zwei Wirkungen öffentlicher Zuwendungen: Einerseits wird das politische Überleben von kleinen, organisatorisch schwachen Parteien gefördert, andererseits der finanzielle Anpassungsdruck auf Formen organisatorischer Beharrung (wie defizitäre Parteizeitungen und aufwendige Wahlkämpfe) abgeschwächt (Sikkinger 1997). Der offene Zugang zu politischer → Repräsentation und finanziellen Mitteln ist weniger eine Frage des Prinzips als vielmehr der Schwellenwerte (→ Sperrklauseln), die für eine Zuteilung von öffentlichen Zuschüssen und Parlamentsman-

daten maßgeblich sind. Von den erwähnten → Ländern hat Deutschland das offenste Regelungssystem.

3.2 Entfremdungsthese: Eine Parteiorganisation, die von kleinen Spenden und Mitgliedsbeiträgen ebenso wie von freiwilliger Mitarbeit abhängt, muß die Verbindung zum aktiven Teil ihrer Wählerschaft pflegen. Öffentliche Finanzierung der Parteien wirkt dem für demokratische Politik unverzichtbaren Bürgerkontakt entgegen, weil die „finanzwirtschaftlich überflüssigen" Kleinspender und Beitragszahler eine Partizipationsform verlieren. Die Professionalisierung der großen Volksparteien, das Ringen um politische Märkte und → Wechselwähler, die Aktivitäten erwarten, ohne etwas beitragen zu wollen, lösen einen Kreislauf der → Entfremdung zwischen Parteien und Wählern in westlichen Demokratien aus (Kaack).

In finanzieller Hinsicht wird die → Entfremdung zwischen Parteiführung und Parteianhängern durch einen wachsenden Staatsanteil bei den Einnahmen, insbesondere der Parteizentralen, verursacht („Etatisierung" nach Landfried 1994). Beachtliche Einwände zu dieser Hypothese (Sickinger 1997) beziehen sich auf drei Aspekte: Läßt sich Abhängigkeit (oder Entfremdung) durch den Anteil öffentlicher Mittel am gesamten Finanzvolumen einer Partei angemessen operationalisieren? Ergibt sich die Entfremdung der Parteiführung von Mitgliedern und Funktionären nicht aus einer stärkeren Hinwendung zu den (Wechsel-) Wählern? Wie kann man den Einfluß der öffentlichen P. auf die Beziehungen zwischen Parteieliten und Parteianhängern gegenüber der Wirkung anderer Faktoren (soziale und räumliche Mobilität, → Individualisierung, Mediennutzung, Freizeitverhalten) abgrenzen?

3.3 Oligarchiethese: Innerhalb der einzelnen Partei werden durch öffentliche Mittel die jeweilige Mehrheit und der hauptamtliche Apparat gestärkt. Der Schwerpunkt politischer → Macht verschiebt sich von den ehrenamtlichen Funktionären zu den hauptberuflichen „Parteibeamten", von den örtlichen Organisationen zum zentralen Apparat, von → Koalitionen wechselnder

→ Minderheiten zu stabilen Mehrheiten; die innerparteiliche Demokratie wird gefährdet. So lange verschiedene → Fraktionen, Flügel oder Cliquen unabhängig von der Parteiführung über politische Ressourcen (einschließlich finanzieller Mittel) für ihre eigenen Zwecke verfügen, erscheint ein gewisses Maß an parteiinternem Wettbewerb sichergestellt.

Auch wenn öffentliche P. im allgemeinen Zentralisierung und → Bürokratisierung fördert, kann durch eine Vielfalt der Zuwendungsformen und der Zahlungsempfänger die Unterstützung innerparteilicher Minderheiten gesichert werden. Dies erscheint positiv für Minderheiten mit regionalen Schwerpunkten, negativ für Parteiflügel, die politische Themen, Führungsansprüche oder soziale Gruppen vertreten. Von föderalistischen Regierungssystemen und dezentralisierten Zuwendungsverfahren (wie in Deutschland, Kanada, Österreich und Schweden) sind im Hinblick auf die innerparteiliche Demokratie günstigere Wirkungen zu erwarten (Alexander 1989; Sickinger 1997).

Lit.: Alexander, H. E. (Hg.): Comparative Political Finance in the 1980s, Cambridge, U.K. 1989; *Boyken, F.*: Die neue Parteienfinanzierung, Baden-Baden 1998; *Gunlicks, A. B.* (Hg.): Campaign Finance in North America and Western Europe, Boulder, CO 1993; *Landfried, C.*: Parteifinanzen und politische Macht, 2. Aufl., Baden-Baden 1994; *Naßmacher, Karl-Heinz*: Parteienfinanzierung in Deutschland, in: Gabriel, O. W./ Niedermayer, O. (Hg.): Parteiendemokratie in Deutschland, Opladen 1997, S. 157-176; *Paltiel, K. Z.*: Campaign Finance: Contrasting Practices and Reforms, in: Butler, D. u.a. (Hg.), Democracy at the Polls, Washington D.C. 1981, S. 138-172; *Sickinger, H.*: Politikfinanzierung in Österreich - ein Handbuch, Thaur/ Wien/ München 1997.

Prof. Dr. Karl-Heinz Naßmacher, Oldenburg

Parteiengesetz

Obwohl bereits vom → Grundgesetz in Art. 21 II verlangt, wurde das P. erst 1967 verabschiedet (Neufassung: 31.1.1994). Zusammen mit dem Grundgesetz und dem → Bundeswahlgesetz bemißt das P. den rechtlichen Rahmen des bundesrepublikanischen → Parteiensystems. Es verdeutlicht die verfassungsrechtliche Stellung und Funktion der → Parteien, enthält Mindestvorschriften für die → innerparteiliche Demokratie, regelt die staatliche → Parteienfinanzierung (in Abhängigkeit von Wählerstimmen, Mitgliedsbeiträgen und Spenden) und deren Rechenschaftslegung sowie den Vollzug des Verbots verfassungswidriger Parteien.

Parteiengesetz der DDR

Knapp 4 Wochen vor den ersten freien → Wahlen zur → Volkskammer (18.3.1990) verabschiedet, galt das P. zwar bereits ab 21.2.1990, das im P. gleichfalls normierte Verbot ausländischer wirtschaftlicher Hilfe für DDR-Parteien sollte jedoch erst ab 1991 wirksam werden. Erstmals in der DDR war die Bildung von → Parteien frei und bedurfte keiner Genehmigung. Parteien und → Vereinigungen mit faschistischen, militaristischen u.ä. Zielen blieben jedoch verboten. Programm, → Satzung und innerparteiliche Willensbildung mußten demokratischen Prinzipien entsprechen. Durch den Beitritt der DDR zum Geltungsbereich des → Grundgesetzes verlor das P. mit dem 3.10.1990 seine Gültigkeit, es gilt seither in Gesamtdeutschland das bundesdeutsche → Parteiengesetz.

Parteienprivileg

Aufgrund ihrer Bedeutung für die politische Willensbildung in → Gesellschaft und staatlichen → Institutionen (s.a. → Parteienstaat) nehmen die → Parteien gemäß Art. 21 GG eine herausgehobene verfassungsrechtliche Position ein. Als Ausdruck des P. fallen sie nicht unter die Verbotsbestimmungen über verfassungsfeindliche → Vereinigungen aus Art. 9 II GG; Art. 21 II GG faßt die Voraussetzungen des → Parteiverbots enger, beschränkt sie auf Verstöße gegen die → freiheitliche demokratische Grundordnung und legt die ausschließliche Verbotszuständigkeit des → Bundesverfassungsgerichts fest (Vereinigungen können hingegen durch Bundes- und Landesinnenminister als verfassungswidrig verboten werden). Selbständige Nebenorganisationen einer Partei unterliegen nicht dem P., sie werden wie sonstige Vereinigungen behandelt.

Parteiensoziologie

Teildisziplin der → Soziologie, die sich mit Fragen der Typenbildung sowie den organisations- und verhaltenswissenschaftlichen Aspekten politischer → Parteien befaßt. Hierzu gehört einmal der Zusammenhang von Parteigefüge und Struktur der → Gesellschaft sowie von politischen Zielvorstellungen und Organisationsstruktur. Zum anderen untersucht die P. → Sozialstruktur und → Partizipation von Parteimitgliedern sowie die soziale Zusammensetzung der Wählerschaft. Gegenstand der P. sind demnach sowohl die Binnenstruktur der Parteien als auch ihre Außenbeziehungen, einschließlich des Vergleichs von → Parteiensystemen.

Parteienstaat

Bez. für ein demokratisches → System, in dem den → Parteien die dominierende Rolle in der politischen Willensbildung in → Gesellschaft, → Parlament und → Regierung zuerkannt wird (s. aber: → Parteienstaatstheorie). Sie vermitteln den Volkswillen in die legislativen und exekutiven Organe, was sich auch in der Dominierung dieser Organe (ausgenommen die öffentliche → Verwaltung unterhalb der politischen Leitungsebene) durch Vertreter der Parteien niederschlägt. Das → Grundgesetz hat in Art. 21 I lt. höchstrichterlicher Deutung die Parteien mit Verfassungsrang ausgestattet, da sie bei der politischen Willensbildung des → Volkes mitwirken; zugleich verbiete jedoch gerade ihre Mittlerstellung zwischen den Sphären von → Staat und Gesellschaft lt. → Bundesverfassungsgericht die Einfügung der Parteien in den „Bereich der institutionalisierten Staatlichkeit" (BVerfGE 20). In seinem Urteil vom 9.4.1992 (BVerfGE 85) hat das Bundesverfassungsgericht sein dualistisches Modell insofern modifiziert, als es feststellte, daß die eigentliche Funktion der Parteien in der Transformation des Volkswillens in den Staatswillen liege (hieraus resultiert die teilweise staatliche Finanzierung der allge-

meinen Parteitätigkeiten; vgl. → Parteienfinanzierung); die Parteien bleiben aber grundsätzlich „staatsfrei", da sie gesellschaftliche Initiativen darstellen.

Moderne (Massen-) → Demokratien können nur durch Parteien regiert werden, insoweit ist jede moderne Demokratie notwendigerweise ein P. Der Begriff P. hat seinen noch in der → Weimarer Republik weitverbreiteten abschätzigen Beiklang weitgehend verloren. In den 90er Jahren hat allerdings die Kritik am Übermaß des Parteieneinflusses in Staat und Gesellschaft zugenommen; in diesem Kontext wird der Begriff P. teilweise wieder abschätzig verwandt - und dem Begriff → Parteiendemokratie negativ gegenübergestellt.

Parteienstaatstheorie

Abweichend vom allgemeingültigen Sprachgebrauch des → Parteienstaats (dominierende Rolle der → Parteien in → Staat und → Gesellschaft) prägte der Staatsrechtler und Bundesverfassungsrichter Gerhard Leibholz ein spezifisches Verständnis dieses Begriffs, das sich auf die Strukturprobleme der modernen → Demokratie (nach dem 2. Weltkrieg) bezog. Er sieht den modernen Parteienstaat als eine rationalisierte Erscheinungsform der → plebiszitären Demokratie im modernen Flächenstaat, im Gegensatz zum liberal-demokratischen, repräsentativen → Parlamentarismus. Im → Parlament träfen sich nur noch Parteibeauftragte, um bereits getroffene Entscheidungen notifizieren zu lassen; das → freie Mandat der → Abgeordneten sei mithin überlebt. Die mangelnde theoretische und v.a. empirische Untermauerung von Leibholz' Thesen wurde eingehender Kritik unterzogen. Fragwürdig sei z.B. seine Gleichsetzung von Volkswillen und Parteiwillen bzw. dem Willen der parteigebundenen Aktivbürgerschaft; ferner vernachlässige er die normative und tatsächliche Bedeutung des autonomen Status der gewählten Abgeordneten für innerparteiliche und innerfraktionelle Willensbildungsprozesse (z.B. als Träger „abweichender" Meinungen). Eigentliche Bedeutung hat die P. durch die von ihr ausgegangene, grundsätzliche Legitimierung des Parteienstaatsprinzips in der bundesdeutschen → politischen Kultur entfaltet.

Parteiensystem

Unter einem P. versteht man Anordnung und Wechselbeziehung aller → Parteien in einem → politischen *System*. Die P.-analyse befaßt sich nicht mit der Einzelpartei, sondern mit der Gesamtheit der Parteien, die das P. eines → Landes konstituieren bzw. mit den Kräfteverhältnissen zwischen bestimmten Parteiengruppen, -typen und –formationen auf den verschiedenen Ebenen und Sektoren eines politischen Herrschaftssystems. Dabei wird die spezifische Art und Weise ihrer Koexistenz, ihrer Konkurrenz und Kooperation in den Fokus der Analyse gestellt.

Im Zentrum der P.-forschung steht zum einen die Frage nach dem Wandel und der Stabilität von P., zum anderen der *Vergleich* unterschiedlicher politischer Herrschaftsorganisationen. Beides bedarf der sinnvollen Einteilung von P. Quantitative und qualitative Gesichtspunkte können hierbei einander ergänzen. Quantifizierbare Merkmale eines P. sind etwa Fraktionalisierung (Anzahl der Parteien im Verhältnis zu ihrer Größe), Volatilität (Nettoveränderung aufeinanderfolgender Wahlergebnisse) oder die Anzahl signifikanter Parteien (dauerhafte Präsenz einer Partei im → Parlament und Einfluß auf die Regierungspolitik). Besonders wichtig ist in der Parteienlehre aber die Einteilung nach → Ein-, → Zwei-, → Mehr- und → Vielparteiensystemen geworden.

Einparteiensysteme werden i. d. R. von diktatorischen → Einheitsparteien gebildet, die konkurrierende Parteien gleich- oder ausschalten. Im Einparteienstaat sucht die → „Staatspartei" oder → Einheitspartei alle gesellschaftlichen Gruppen entweder nach „organischen" (ständischen, völkischen), nach klassenpolitischen oder nationalrevolutionären Prinzipien und unter einem bestimmten - meist autoritären - Führer- bzw. Führungsprinzip zu erfassen, mit einer allgemeinverbindlichen → Ideologie zu indoktrinieren und den von ihr gelenkten Staatsapparat in den Dienst dieser Weltanschauung zu stellen. Aus der Ideologie (fa-schistische Führerideologie, klassenpolitisch-proletarische Avantgarde-Ideologie, nationalrevolutionäre Befreiungsideologie) folgt der Primat der Einheits- und Staatspartei bzw. ihrer Führung vor allen anderen Repräsentanten staatlicher und gesellschaftlicher → Macht.

Nicht alle autoritären und totalitären Herrschaftssysteme sind wirkliche Einparteiensysteme. Die autoritäre Variante des Mehrparteiensystems ist dann gegeben, wenn die Staatspartei neben sich gleichgeschaltete Satellitenparteien duldet und z. B. in einem von ihr geführten und kontrollierten „Blocksystem" für ihre Zwecke und Ziele instrumentalisiert. Die DDR war in diesem Sinne ein autoritäres Mehrparteiensystem. Viele der jungen afrikanischen → Staaten sind, trotz mancher Demokratisierungserfolge, immer noch → Militärdiktaturen oder autoritäre Einparteiensysteme, charakterisiert durch die → Herrschaft einer einzigen, monolithischen, ideologisch-doktrinären, jedoch nicht totalitären Partei.

Angesichts der vielfältigen Wirklichkeit und Verschiedenartigkeit politischer Herrschaftssysteme nicht nur in Europa und Nordamerika, sondern auch in Afrika, Asien und Lateinamerika haben La Palombara/Weiner die klassifikatorische Entgegensetzung in Einparteiensysteme und Mehrparteiensysteme erweitert und zwischen Nichtparteiensystemen, Wettbewerbsp. und Nichtwettbewerbs-P. - „non-party political systems", „competitive party systems" und „non-competitive party systems" - unterschieden (La Palombara/ Weiner 1966, S. 21 - 25). In ihrer Klassifikation sind Einparteiensysteme charakteristischerweise Nichtwettbewerbs-P. Darauf aufbauend hat Sartori drei Untertypen des Typus Einparteiensystem unterschieden: (1) das totalitäre, (2) das autoritäre und (3) das hegemoniale Einparteiensystem. Letzteren Untertypus unterteilt er in das ideologisch-hegemoniale und in das pragmatisch-hegemoniale Einparteiensystem (Sartori 1976, S. 217 - 243).

Demokratische Parteien-Wettbewerbssysteme (westlicher pluralistischer → Gesellschaften) sind dadurch gekennzeichnet, daß mindestens zwei Parteien in freier und offener Konkurrenz durch → Wahlen in Regierungsämter gelangen wollen. Parteien als kompetitive Organisationen agieren stets mit Bezug auf andere Parteien, und diese, über Wählerbewegungen weit hinausgehende Verflochtenheit kanalisiert den demokratischen Entscheidungsprozess. Daraus erklärt sich der große Stellenwert, den P. für die → politische Theorie besitzen.

Das *Zweiparteiensystem* gilt als klassisches Modell der großen westlichen → Demokratien, der USA und Englands. Allerdings sind auch sog. Zweiparteiensysteme im strikten Sinne keine „echten" Zweiparteiensysteme. Neben den zwei dominanten, den politischen Markt beherrschenden Großparteien existieren Kleinparteien mit besonderer konfessioneller, ethnischer, ideologisch-programmatischer, regionaler oder ökonomisch-interes-senspezifischer Prägung. Selbst in den USA z. B. gibt es neben den → Republikanern und → Demokraten Parteien und politische Aktionsgruppen, obgleich sie wegen des → Wahlsystems und anderer Wirkfaktoren wenig Chancen haben, zu eigenständigen, politisch relevanten Parteien zu werden. Das Kriterium der Zahl ist somit auch für die Typologisierung/ Klassifizierung von sog. Zweiparteiensystemen nicht hinreichend.

Wegen der Schwierigkeiten, das abstrakte reine Zweiparteiensystem-Modell auf die verschiedenen Wirklichkeiten anzuwenden, wurden systemfunktionale Hilfskonstruktionen vorgeschlagen. Sartori versucht die typologischen und klassifikatorischen Schwierigkeiten dadurch zu lösen, daß er zwischen → Ländern mit einem „Zweiparteien-Format" und Ländern mit einem „Zweiparteiensystem-Typus" unterscheidet. Ein Zweiparteien-Format hätten Länder mit realiter mehr als zwei Parteien dann, wenn eine dritte oder mehrere dritte Parteien die zwei dominanten Großparteien nicht an deren jeweiliger Alleinregierung hindern (könnten), wenn also Großparteien nicht mit dritten Parteien koalieren müßten. Ein Zweiparteiensystem-Typus sei hingegen dann gegeben, wenn eine der beiden Großparteien allein (Mehrheit der Sitze) regieren könne und ein Wechsel in der → Regierung stattfände, also ein tatsächlich alternieren-

des Zweiparteiensystem gegeben sei. Bliebe eine der beiden Großparteien zeitlich so gut wie unbegrenzt an der Regierung, so habe man es nicht mit einem Zweiparteiensystem-Typus, sondern mit einem „prädominanten Parteisystem" zu tun. (Sartori 1976, S. 186, 192).

Ähnliche typologische/ klassifikatorische Schwierigkeiten gibt es auch im Hinblick auf die Differenzierung von Mehrparteien- und Vielparteiensystemen. Sartori grenzt Mehrparteiensysteme („multipartism") wie folgt ab: (a) Es gelingt wahrscheinlich keiner Partei, die → absolute Mehrheit zu gewinnen (im Unterschied zum Zweiparteiensystem); die relative Stärke (oder Schwäche) der Parteien kann (b) nach ihrer (Un-) Entbehrlichkeit für Koalitionsbildungen oder (c) dem eventuellen Einschüchterungs-/ Erpressungspotential geordnet werden. Die Klasse der Vielparteiensysteme differenziert Sartori im Rahmen seines allgemeinen Koordinatensystems entlang der Dimension Konzentration/ Dispersion (Ordinate) und der Dimension Konzentration/ Atomisierung (Abszisse). Danach unterscheidet er zwischen zwei Modalitäten von Vielparteiensystemen: (a) geringe Fragmentierung/ gemäßigter → Pluralismus und (b) hohe Fragmentierung und Polarisierung/ polarisierter Pluralismus. In seiner zweidimensionalen Darstellung definiert Sartori „geringe Fragmentierung" mit „bis zu 5 Parteien", „hohe Fragmentierung" mit „mehr als 5 Parteien". Eine Parteienstruktur von bis zu 5 Parteien kennzeichnet die Klasse des begrenzten Pluralismus („limited pluralism") und den Typ des gemäßigt-pluralistischen P. („moderate multipartism") (Typus I). Eine Parteienstruktur von mehr als 5 Parteien kennzeichnet die Klasse des extremen Pluralismus („extreme Pluralism") und den Typus des polarisiert-pluralistischen P. („polarized multipartism") (Typus II) (Sartori 1976, S. 127/28).

Damit führt Sartori die überkomme typologische Unterscheidung zwischen Mehr- und Vielparteiensystem indirekt wieder ein. Der Typus des Mehrparteiensystems entspricht dem Typus des gemäßigt-pluralistischen P. mit bis 5 relevanten Parteien (Sartori 1976, S. 173). Nach Sartori gehören zu den Merkmalen des Typus eines „gemäßigten Pluralismus" *erstens* eine Fragmentierung des P. in 3 bis 5 politisch *relevante* Parteien, *zweitens* eine relativ geringe ideologische Distanz der relevanten Parteien voneinander, *drittens* eine gemäßigte ideologische Wettbewerbssituation (d. h. weder stark zentripetal noch stark zentrifugal), *viertens* die Tendenz zur „bipolaren Koalitions-Konfiguration" und *fünftens* die Abwesenheit von „bipolarer → Opposition", also von relevanten linken und rechten Antisystemparteien bei der Organisation der → Macht.

In der Geschichte der Bundesrepublik hat es mehr als 160 Parteien gegeben, die sich seit 1946 an Bundes- und/oder Landtagswahlen beteiligt haben. Unter diesem numerischen Gesichtspunkt ist die Bundesrepublik sogar als Vielparteiensystem zu bezeichnen. Aber bis auf die → FDP wurden die meisten „Kleinparteien" durch die Entwicklung der beiden Großparteien (→ CDU/ → CSU und → SPD) in den vorparlamentarischen Raum oder in lokale Vertretungskörperschaften zurückverwiesen. Unter diesem Gesichtspunkt läßt sich die Bundesrepublik mit Sartori (noch immer) als der Typus eines „gemäßigten Pluralismus" klassifizieren. Es stellt sich gegenwärtig die Frage, inwiefern angesichts des ostdeutschen Dreiparteiensystems unter Einschluß der Post-Kommunisten überhaupt von einem einheitlichen P. die Rede sein kann. Regionale Sonderentwicklungen hat es in der deutschen Parteienlandschaft freilich immer wieder gegeben. Andere Kennzeichnungen des deutschen P. wie „Dreieinhalb-P." oder „asymmetrisches P" haben sich nach der Bundestagswahl 1998 vorläufig überlebt. Sie wiesen auf die königsmachende Rolle der FDP bzw. auf die strukturelle Mehrheitsposition der CDU/ CSU hin.

Die Parteiengeschichte der Bundesrepublik ist überdies ein Beispiel dafür, daß das Wahlsystem nur einen Faktor unter vielen für die Entwicklung des P. darstellt. Ohne wesentliche Änderung des Wahlrechts differenzierte sich das seit Ende der 50er Jahre ausgeformte Dreiparteiensystem aus. Zunächst zogen 1983 die → Grünen in den

→ Bundestag ein; nach der Vereinigung etablierte sich die → PDS als ostdeutsche Regionalpartei. Eine ähnliche Öffnung des P. läßt sich für viele Länder der entwickelten Welt beobachten. Unkonventionelle Koalitionsmöglichkeiten tauchen auf und neue Parteien finden Zugang zu politischen Machtpositionen. Hingegen sind Rechtsparteien in der Bundesrepublik unter verschiedenen Namen und Konstellationen bislang nur regional erfolgreich. In dieser Hinsicht zählt sie eher zu den Ausnahmen unter den Demokratien westlichen Stils.

Soweit die klassifikatorischen und typisierenden Schemata nicht von bloß numerischen Zuordnungen und adhoc-Kriterien ausgehen, liegt den Typisierungen/ Klassifizierungen westlicher Zwei-, Mehr- und Vielparteiensysteme eine gemeinsame, empirisch fundierte Interpretation gesellschaftlicher Wirklichkeit zugrunde: Für eine ökonomisch-interessenmäßig, soziokulturell, ethnisch, konfessionell und territorial fragmentierte Gesellschaft mit scharfen ideologischen Konfliktstrukturen ist eine polymodale Verteilung politisch-weltanschaulicher Positionen auf der Links-Rechts-Skala charakteristisch. Heterogenität und Segmentierung der Gesellschaft begünstigen die institutionelle Herausbildung eines Mehrparteien-Konkurrenzsystems. Für ein Mehrparteien- und erst recht für ein Vielparteien-Konkurrenzsystem ist - modellhaft gesehen - eine weitgehend ideologisch-politische Standort-Fixierung („Unbeweglichkeit") politischer Parteien charakteristisch. In einem Zweiparteien-Konkurrenzsystem ist hingegen eine ideologisch-programmatische Konvergenzbewegung dann wahrscheinlich, wenn eine klassenmäßig entschärfte, fortentwickelte industrielle Gesellschaft mit hohem materiellen Wohlstand existiert.

Die noch immer umfassende globale Darstellung von Parteien und P. behandelt 158 Parteien in 53 Ländern. Nach Janda existierten im Zeitraum 1971/78 in 15 der 53 untersuchten Länder Einparteiensysteme, nur in 10 Zweiparteiensysteme und in 26 Ländern Mehrparteiensysteme (Janda 1980, S. 167). Der heuristische Nutzen solcher Typologisierungen/ Klassifizierungen erschließt sich aber erst, wenn weitere Kriterien wie → Ideologie, Programmatik, Aktionsformen, Konkurrenzsystem, Koalitionsbildung, institutionelle Regelungen (Wahlsystem), sozialstrukturelle Charakteristika der jeweiligen Wähler- und Mitgliederbasis berücksichtigt werden. Es gehört geradezu zu den wesenhaften Merkmalen von Parteien, daß sie unter sehr verschiedenartigen Rahmenbedingungen existieren und höchst unterschiedliche Rollen ausfüllen können.

P. wandeln sich und sind deshalb zu verschiedenen Zeitpunkten unterschiedlichen Typen zuzurechnen. Allerdings sind P. in der Regel stabiler als ihre Elemente, die Parteien, gerade weil Parteien so wandlungs- und anpassungsfähig sind. Häufig geht der Wandel von P. mit einem verfassungsmäßigen Umbruch einher, während umgekehrt Regimewandel nicht unbedingt zu einem neuen P. führt. So blieb in Deutschland das P. trotz zweier verlorener Weltkriege, über vier politische Systeme hinweg durchaus ähnlich. Erst nach 1953 hat sich ein tiefer Umbruch im P. vollzogen. Die P.forschung hat gute Fortschritte gemacht, den Wandel und die Multidimensionalität von P. zu messen. Weniger befriedigend ist bislang die Verbindung von sozialstrukturellen Erklärungsansätzen (→ Cleavages) mit solchen, die auf Parteiorganisation und -eliten zielen. Mehr noch als die deutsche dürfte die europäische Integration wichtiges Anschauungsmaterial dafür liefern, wie und unter welchen Bedingungen sich ein P. herausbildet.

Lit.: H.-G. Betz/ S. Immerfall (Hg.): The New Politics of the Right, New York 1988; K. v. Beyme: Parteien in westlichen Demokratien, München 1982; O. W. Gabriel/ O. Niedermayer/ R. Stöss (Hg.): Parteiendemokratie in Deutschland, Opladen 1997; K. Janda: Political Parties. A cross-national survey, New York 1980 [Aktualisierung im www vorgesehen]; A. Mintzel/ H. Oberreuter (Hg.): Parteien in der Bundesrepublik Deutschland, Opladen 1992; D. Nohlen: Wahlrecht und Parteiensystem, Opladen 1990; J. La Palombara/ M. Weiner (Hg.): Political Parties and Political Development, Princeton 1966; P. Mair: Party System Change, Oxford 1997; P. Pennings/

J.-E. Lane (Hg.): Comparing Party System Change, London 1998; G. Sartori: Parties and party systems, Vol. I, Cambridge 1976.

Prof. Dr. Alf Mintzel, Passau,
Priv. Doz. Dr. Stefan Immerfall, Passau

Parteientypologie

Zeit- und länderübergreifende Klassifikation von → Parteien anhand typischer Gemeinsamkeiten und Unterschiede. Eine ubiquitär anwendbare P. steht noch aus; von der Vielfalt möglicher (idealtypischer) Einteilungen seien hier nur die wichtigsten erwähnt:

a) nach Grundlagen der Parteibildung/ Zielvorstellungen: → Patronageparteien, → Klassenparteien, → Weltanschauungsparteien, → Programmparteien, → Plattformparteien;

b) nach sozialer Organisationsstruktur: → Honoratiorenparteien, → Massenparteien bzw. → Massenintegrationsparteien, → Kaderparteien, früher auch Maschinenparteien (→ Parteimaschine);

c) nach soziodemographischen Merkmalen von Mitgliedern und Anhängern: → Interessenparteien (z.B. Klassenparteien), → Volksparteien;

d) nach speziellen richtungspolitischen Zielen: rechtsextreme, konservative, liberale, christlich-demokratische, sozialdemokratische, grün-alternative, kommunistische Parteien.

Parteienverdrossenheit

Der Begriff P. wird zwar oft synonym gebraucht mit → Politikverdrossenheit. Er bezieht sich aber im Gegensatz zu dieser nicht auf die diffuse → politische Unterstützung der → politischen Ordnung, sondern auf das - als gestört empfundene - Verhältnis der → Bürger zu den Akteuren (→ Parteien bzw. Politiker) im politischen Entscheidungsprozeß. In allen westlichen Industriegesellschaften (am stärksten in Deutschland und der Schweiz) ist es zu einer deutlichen Erosion des Vertrauens in politische → Institutionen und Akteure gekommen, d.h. die spezifische politische Unterstützung verminderte sich stark; diese Entwicklung setzte bereits in den 70er Jahren ein und führte in den 90er Jahren zu massiven Vertrauensverlusten. Die Abnahme der → Parteiidentifikation im gleichen Zeitraum ist ein Indikator für P. Ursachen sind v.a. die nur noch gering bewertete Problemlösungskompetenz der etablierten Politiker und Parteien, während gleichzeitig die politischen Probleme als komplexer eingeschätzt werden und die Bürger sich aufgrund gestiegener Schulbildung als zunehmend politisch kompetent erweisen. In Reaktion auf Skandale, Affären, Filz und Korruptionsfälle werden überdies → Politik als unehrlich und Politiker als primär an den eigenen Interessen orientiert angesehen.

Parteiidentifikation

Das in den USA in den 50er Jahren entwickkelte Konzept der party identification dient der Bestimmung langfristiger Trends im individuellen → Wahlverhalten. In den USA gibt es weder staatliche Wählerregistrierung noch formelle Parteimitgliedschaft. Vor → Wahlen können sich die Einwohner im wahlberechtigten Alter als Wähler registrieren lassen, und zwar als Anhänger der → Demokraten oder der → Republikaner oder als Unabhängige. Die so ablesbare Identifikation mit einer → Partei wies zwar - insbes. bis zu den Umbrüchen im → Wählerverhalten in den 60er Jahren - eine hohe Korrelation mit soziodemographischen Merkmalen bzw. Milieuanbindung auf, war damit aber nicht identisch, da sie durch die → politische Sozialisation in den Familien erworben (gewissermaßen vererbt) wurde. Der formale Akt der Registrierung als Parteianhänger und die familiare Sozialisation führten zu einer affektiven Parteibindung, die das ganze Leben beibehalten wurde. Von dieser P. abweichendes Wahlverhalten war nur kurzfristig, aufgrund zeitlich befristeter Einwirkungen anderer Faktoren (Kandidatenpräferenzen oder Sachprobleme) beobachtbar, danach erfolgte eine Rückkehr zum → normal vote.

Unter jüngeren Wählern in den USA hat die P. seit den 60er Jahren am stärksten abgenommen.

Eine Übertragung des Konzepts auf andere → Länder ist methodisch schwierig, weil sich aufgrund der unterschiedlichen Rahmenbedingungen Parteiloyalitäten in diesen Ländern mit der P. in den USA nur schwer vergleichen lassen - dort ist die affektive Bindung auf der individuellen Ebene stärker.

Parteimaschine

Engl.: party machine; in den USA gebräuchlicher Ausdruck für eine Parteiorganisation, die ihre Mitglieder über → Macht durch selektive Anreize (Geld, Arbeitsplätze, sonstige öffentliche Leistungen) an sich bindet und deren Führung über die Mitglieder/ Anhänger eine große → Macht ausübt (→ Patronagepartei). Sie entfaltet in Wahlkämpfen starke und erfolgreiche Aktivitäten, konnte sich bis zu einem gewissen Grade aber von der Wählerschaft verselbständigen. Die Ursprünge der P. lagen vor der Jahrhundertwende. Ihre Macht war über Jahrzehnte bestimmend in weiten Teilen der USA, nicht nur in großstädtischen → Regionen. Mit der → Demokratisierung der → Parteien, dem Abbau des → spoils system (Patronagesystem) und den Aufbau einer Sozialgesetzgebung ging ihre Macht zurück. Heute existieren P. nur noch in abgeschwächter Form und regional begrenzt, z.B. in Chicago.

Partei neuen Typs

1. Von Lenin aufgestellte Konzeption für die Kommunistische → Partei, in Abgrenzung zu den locker organisierten bürgerlichen → Honoratiorenparteien und zu den legalen → Massenparteien der westeuropäischen → Arbeiterbewegung. Unter dem autoritären Zarismus Rußlands konnte nach Lenins Überzeugung nur eine straff geführte und konspirativ arbeitende revolutionäre → Kaderpartei erfolgreich sein; diese sei die → Avantgarde der → Arbeiterklasse, verkörpere deren wahre → Interessen und begründe daher die → Diktatur des Proletariats. Mit diesen Vorstellungen vom → demokratischen Zentralismus in Partei und → Staat sowie vom Machtmonopol der Kaderpartei war die führende Rolle der Kommunistischen Partei in Staat und → Gesellschaft festgeschrieben (hier setzte die Kritik von Rosa Luxemburg und Leo Trotzki an).

2. Seit den 80er Jahren werden als P. solche neu entstehenden Parteien bezeichnet, die sich (wie → Die Grünen) ihrem Selbstverständnis nach von den im nationalen → Parteiensystem agierenden „etablierten" Parteien dadurch unterscheiden, daß sie gegenüber den vorherrschenden Massen- und Apparatparteien an einer basisdemokratischen inneren Ordnung und Funktion als nichthierarchisches politisches Sprachrohr → neuer sozialer Bewegungen festzuhalten suchen.

Parteiverbot

Gemäß Art. 21 II GG können verfassungswidrige → Parteien auf Antrag von → Bundesregierung, → Bundestag oder → Bundesrat - bzw. einer → Landesregierung für das betreffende → Bundesland - durch das → Bundesverfassungsgericht verboten werden. Der → Parlamentarische Rat zog mit dieser Bestimmung die Konsequenz aus dem Untergang der → Weimarer Republik, der den verfassungsfeindlichen rechts- und linksradikalen Parteien zugeschrieben wurde: Im → Parteienstaat sollten verfassungsfeindliche Parteien frühzeitig ausgeschaltet werden; im Sinne einer → streitbaren Demokratie sollte die → Freiheit von Parteien begrenzt werden, die demokratische Ordnung unter mißbräuchlicher Ausnutzung ihrer Freiheit zu beseitigen. Im sog. SRP-Urteil von 1952 (BVerfGE 2) hat das Bundesverfassungsgericht „grundlegende Prinzipien" der → freiheitlichen demokratischen Grundordnung als Maßstab der Verbotswürdigkeit aufgeführt. Bei der Einleitung des Verbotsverfahrens bleibt den staatlichen Organen ein Ermessensspielraum vorbehalten, wie sich z.B an der Duldung der 1968 gegründeten → DKP zeigt, die in der Tradition der 1956 verbotenen → KPD steht. Auf dem rechten Spektrum wurde 1952 die Sozialistische Reichspartei (SRP) als Nachfolgeorganisation der → NSDAP verboten. Außer dem Organisationsverbot, das die Schaffung sog. Ersatzorganisationen einschließt, hat ein P. auch den Verlust der Abgeordnetenmandate zur Folge.

Parti Communiste Francais
→ PCF

Partisan

1. Aus der romanischen Sprachfamilie stammender Begriff, der ursprünglich Parteigänger einer → Partei oder einer Sache bedeutete; in diesem Sinne wird P. heute noch im Engl. verwandt.

2. Umgangssprachlich und in militärischer Terminologie Freischärler, die im feindlichen Hinterland verdeckt operieren. Sie werden als legitime Kombattanten nur anerkannt, wenn sie als militärischer → Verband organisiert und kenntlich sind.

Parti Socialiste
→ PS

Partizipation

1. Hintergrund und Begriffsbestimmung. Theorien der → postindustriellen Gesellschaft sehen P. als ein zentrales Struktur- und Handlungsprinzip dieses Gesellschaftstypus an. Insofern betrifft P. nicht nur → Politik, sondern auch eine Vielzahl von anderen Lebensbereichen (z.B. Familie, Schule, Beruf). Hinter diesem breiten Konzept von P. steht die Vorstellung, daß moderne → Gesellschaften ohne umfassende Beteiligung bzw. Beteiligungschancen ihrer → Bürger nicht mehr konsens- und innovationsfähig sind.

P. in der Politik bedeutet alle Handlungen, die Bürger einzeln oder in Gruppen freiwillig mit dem Ziel vornehmen, Entscheidungen auf den verschiedenen Ebenen des → politischen Systems (→ Gemeinde, → Land, → Bund, evtl. supranationale Einheiten) zu beeinflussen und/ oder selbst zu treffen. Diese instrumentelle Definition von P. heißt nicht, daß in der Realität nicht auch Fälle auftreten können, in denen P. im Rahmen z.B. von Gruppenaktivitäten ohne eigene pol. Zielsetzung stattfindet (expressive P.).

Mit der Beschränkung auf konkrete Handlungen sind zunächst → Einstellungen gegenüber P. ausgeklammert. Dies ist einerseits im Interesse einer eindeutigen Abgrenzung des Gegenstands sinnvoll. Andererseits ist für die Forschung gesagt, daß auch handlungsbezogene Einstellungen wichtige Informationen über die Handlungsorientierungen von Gesellschaften insgesamt und über die Bedingungen enthalten, unter denen es zu konkreten Akten pol. P. kommt.

2. Entwicklung und Dimensionen pol. P.

Entwicklungsgeschichtlich gesehen ist pol. P. untrennbar mit dem Entstehen des → Rechts- und → Verfassungsstaats verbunden, der entscheidende Impulse durch den Siegeszug der Ideen von → Freiheit und insbes. → Gleichheit erhalten hat. Indem er seine → Legitimität an die Zustimmung der Bürgerschaft bindet, entsteht die Notwendigkeit der Einrichtung von Verfahren, über die diese Zustimmung regelmäßig und nachvollziehbar eingeholt werden kann. Am Ende dieser keinesfalls konfliktfrei verlaufenen Herstellung des demokratischen Verfassungsstaates, weitgehend in der Form von → Nationalstaaten, steht eine Definition von Bürgerschaft, die ihren unmittelbarsten Ausdruck im Institut der freien, gleichen, allgemeinen und geheimen Wahl findet. Dieses Institut gewinnt im übrigen sein besonderes Gewicht durch die Ausbildung pluralistischer Strukturen im pol. (→ Parteiensysteme) und vorpol. (→ Interessengruppen) Raum, die P. erst ihren Sinn als Beteiligung an politisch und gesellschaftlich folgenreichen Entscheidungen geben. Insofern kann auch nicht überraschen, daß selbst in den liberalen → Demokratien die Herstellung des umfassenden → Wahlrechts im wesentlichen erst Mitte dieses Jahrhunderts abgeschlossen war.

Daraus ergibt sich, daß die P.forschung lange Zeit ein Synonym für → Wahlforschung war, wobei letztere zunehmend auch solche Aktivitäten einbezog, die der Wahlentscheidung vorgelagert waren (insbesondere in Zusammenhang mit Wahlkämpfen stehende Handlungen). Wichtig zum Verständnis der Entwicklung der P.forschung ist ferner, daß diese sich lange und weitgehend bis auf den heutigen Tag durch die Entwicklung der Methoden der → Empirischen Sozialforschung (darunter v. a. die Anwendung der Stichprobentheorie und das standardisierte persönliche Interview) auf die gesamte Wahlbevölkerung (zuverlässig schon erfaßbar durch repräsentative Stichproben in der Größenordnung von 1.000 bis

2.000 Befragten für beliebig große Grundgesamtheiten) bezogen hat.

Die Vorstellung aus den sechziger Jahren, pol. P. sei eindimensional in dem Sinne strukturiert, daß alle P.formen derselben Klasse angehörten (nämlich bezogen auf → Wahlen) und sich nur durch das Ausmaß unterschieden, in dem sich die Wahlbevölkerung an ihnen beteilige, mußte mit zunehmenden Forschungsaktivitäten in diesem Bereich aufgegeben werden. In einem ersten Schritt zu Beginn der 70er Jahre konnte für die USA gezeigt werden, daß vier P.typen innerhalb der wahlbezogenen Dimension zu unterscheiden sind, an denen Bürger sich selektiv beteiligten: Wahlen, Wahlkampf, pol. Gemeindearbeit und individuelle Kontakte mit pol. Akteuren zum Zweck der Durchsetzung spezifischer pol. Ziele. Bald danach wurde, vor dem Hintergrund weitreichender Protestaktionen in praktisch allen → Demokratien ab Mitte der 60er Jahre, deutlich, daß die Dimensionen der allgemeinen wahlbezogenen pol. P. um die Dimension der spezifischen problembezogenen P. zu ergänzen war. Diese zwei Dimensionen werden, in Anlehnung an die für die diesbezügliche P.forschung innovative international vergleichende Political Action - Studie (1974-1981 in acht Ländern), auch heute noch häufig als → konventionelle und → unkonventionelle P. bezeichnet. Gemeint damit ist im wesentlichen der Unterschied zwischen verfaßten, institutionalisierten (Wahl) und unverfaßten, nicht institutionalisierten (z.B. genehmigte → Demonstrationen, → Bürgerinitiativen) P.formen. Im weiteren Verlauf dieser Diskussion hat sich bezüglich der unverfaßten P. eine weitere Untergliederung in legale und illegale Formen als sinnvoll erwiesen, wobei letztere noch einmal in → zivilen Ungehorsam (gewaltlos) und in pol. Gewalt (gegen Personen und/oder Sachen) unterschieden werden.

3. Pol. P. im zeitlichen Verlauf und im internationalen Vergleich.

Im Mittelpunkt der Analyse verfaßter Formen pol. P. steht die Beteiligung bei Wahlen. Entgegen vielen Spekulationen im Zusammenhang mit der v.a. in den 60er und 70er Jahren ausgetragenen Debatte über eine angebliche Legitimitätskrise in den westlichen Demokratien hat sich gezeigt, daß von einem kontinuierlichen Rückgang der → *Wahlbeteiligung* in allen westlichen Demokratien nicht gesprochen werden kann. Vorliegende Analysen dokumentieren vielmehr einerseits nach wie vor große länderspezifische Unterschiede sowohl in der Höhe als auch in der Entwicklung der Wahlbeteiligung. Andererseits sind Hinweise aus jüngster Zeit auf eine sinkende Partizipation an Wahlen nicht zu übersehen. Dies gilt in besonderem Maße für die Bundesrepublik Deutschland, die lange Zeit bezüglich des Wahlengagements ihrer Bürger als ein demokratisches Musterland gelten konnte. War schon die Wahlbeteiligung 1987 im Vergleich zu 1983 um 4,8 Prozentpunkte zurückgegangen, so erreichte der Einbruch im Wahlgebiet West bei der ersten gesamtdeutschen Bundestagswahl 1990 mit im Vergleich zu 1983 10,5 Prozentpunkten geradezu dramatische Ausmaße; die leichte Zunahme im Wahlgebiet West 1994 um 1,9 Punkte führte wegen des Rückgangs in den neuen Ländern von 1,9 Punkten 1994 in der Summe lediglich zu einer geringfügigen Erholung (+ 1,2 Prozentpunkte). Zu bedenken ist ferner, daß in der Periode zwischen 1976 und 1997 die Beteiligung bei Landtagswahlen ebenfalls bei einem durchschnittlichen Verlust von zehn Prozentpunkten in den elf alten Bundesländern deutlich zurückgegangen ist. Insgesamt liegen zur Entwicklung der Wahlbeteiligung in Deutschland inzwischen umfangreiche Forschungen vor.

Neben der Wahlbeteiligung ist auch die Analyse des spezifischen → Wahlverhaltens von Interesse. Diese Thematik ist jedoch überwiegend dem Bereich der → Wahlsoziologie zuzurechnen und wird deshalb an dieser Stelle nicht weiter verfolgt. Es soll jedoch zumindest darauf hingewiesen werden, daß sich die internationale Forschung seit einiger Zeit mit der Frage beschäftigt, inwieweit man von einer zunehmenden Ablösung der Wählerschaft von traditionellen → Parteibindungen (→ dealignment) sprechen kann und ob an deren Stelle neue Verbindungen zwischen bestimmten Gruppen der Bevölkerung und (neuen) → Parteien treten (→ realignment).

Insgesamt lassen sich die modernen Demokratien bislang durch einen Prozeß der → Politisierung und kognitiven Mobilisierung kennzeichnen, für den u. a. das wachsende Bildungsniveau der Bevölkerung und die umfassende Mediatisierung von Politik durch → Massenkommunikation, darunter vornehmlich das Fernsehen, verantwortlich zeichnen. Ein Element dieser Aktivierung ist auch die steigende Bereitschaft der Bürger, sich legaler verfaßter wie illegaler unverfaßter pol. Beteiligungsformen zur Durchsetzung ihrer pol. Ziele zu bedienen.

Durch die Political Action-Studie und deren Nachfolgeuntersuchungen liegen für diesen Bereich inzwischen Daten für einen Zeitraum von 15 Jahren vor. Die frühere Forschung zu diesen Aktionsformen hat zunächst deren Protestcharakter in den Mittelpunkt ihrer Analysen gerückt und dabei einen Zusammenhang zu der zu Beginn der 70er Jahre laufenden Krisendiskussion hergestellt. Mit zunehmender zeitlicher Distanz zu den → Protesten der späten sechziger Jahre und mit der Gewinnung zuverlässiger empirischer Daten hat sich jedoch der Eindruck verfestigt, daß die Beteiligung an Bürgerinitiativen, Demonstrationen, → Boykotten und Unterschriftensammlungen in allen westlichen Demokratien inzwischen eine Art Normalitätsstatus erlangt hat. Darunter ist zu verstehen, daß Bürger auf breiter Grundlage über ein Repertoire an unverfaßten pol. Handlungsoptionen verfügen, das sie gezielt je nach Sachlage einsetzen.

Im internationalen Vergleich zeichnet sich die Bevölkerung der Bundesrepublik allerdings eher durch eine *gedankliche Nähe* zu diesen Aktionsformen als durch deren konkrete *Nutzung* aus; in letzterer Hinsicht nahm die Bundesrepublik 1989 unter den 12 Ländern der → EG einen hinteren Platz ein (neuere international vergleichende Analysen liegen nicht vor). Ein ähnliches Bild, allerdings auf erheblich reduziertem Niveau, zeigte sich bei Aktionen des zivilen Ungehorsams (z.B. Verkehrsblockaden, Hausbesetzungen). In der Bundesrepublik gaben 1989 2,5 % der Bevölkerung ab 16 Jahren an, an mindestens einer von vier solcher Aktionen bereits einmal beteiligt gewesen zu sein; rund die Hälfte konnte sich in besonderen Fällen eine solche Beteiligung zumindest vorstellen. Damit bestätigen sich Befunde, die in der pol. Realität situationsabhängig eine fließende Grenze zwischen legalen und illegalen unverfaßten Aktionsformen sehen und *unter bestimmten Umständen* auch eine Brücke zwischen zivilem Ungehorsam und → pol. Gewalt nicht grundsätzlich ausschließen wollen. Selbst wenn Ausbrüche politischer Gewalt z.B. gegen Ausländer oder gegen politisch Andersdenkende durch die hohe Aufmerksamkeit, welche die Berichterstattung in den Massenmedien solchen Ereignissen schenkt, das Gegenteil vermuten lassen: Politische Gewalt ist in Deutschland und in den anderen westlichen Demokratien nach wie vor bei der übergroßen Mehrheit der Bürger hoch tabuisiert.

Gerade politische Gewaltereignisse, aber auch legale Formen unverfaßter politischer Beteiligung haben in der Forschung den Blick für die Notwendigkeit geschärft, den *Prozeß* der Mobilisierung zu politischem Handeln in seinem Verlauf und in seinen Elementen (Akteure, Situation, Anlaß, Ziele, Orientierungen der Beteiligten, Interaktion zwischen Gruppen und → Polizei) im einzelnen zu untersuchen. Nur so kann es zu einem besseren Verständnis der Bedingungen kommen, unter denen unterschiedliche Formen politischer Partizipation auftreten.

4. Ausblick. Pol. P. als Wählen war und ist gleichzeitig Ausweis und Mittel zur Herstellung von pol. Gleichheit. Mit dem allgemeinen und gleichen → Wahlrecht wird bei hoher Wahlbeteiligung eine Tendenz neutralisiert, die sich schon bei den frühen P.studien immer wieder gezeigt hat: Je höher die sozio-ökonomische Ressourcenausstattung der Bürger, desto größer ist ceteris paribus ihre P.wahrscheinlichkeit. Diese Quasi-Gesetzmäßigkeit hat sich für die nichtverfaßten P.formen ebenfalls bestätigt und wirft damit, wegen deren voluntaristischer Natur, die Frage nach der pol. Gleichheit erneut auf, wenn auch in anderem Gewande als bei der Debatte um die Einführung des allgemeinen und gleichen Wahlrechts um die Jahrhundertwende. Hier sind pol. wie pol.wissenschaftliche Fragen

der Institutionalisierung von unverfaßten Beteiligungsformen angesprochen, die den Zielen dienen soll, die P.möglichkeiten der Bürger zu erweitern und gleichzeitig das Abgleiten in eine reine Betroffenheitsdemokratie zu verhindern.

Lit.: S. H. Barnes/ M. Kaase u. a.: Political Action. Mass Participation in Five Western Democracies. Beverly Hills 1979; *R. J. Dalton*: Citizen Politics. Public Opinion and Political Parties in Advanced Industrial Democracies. 2. Aufl., Chatham, New Jersey 1996; *M. Freitag*: Wahlbeteiligung in westlichen Demokratien. Eine Analyse zur Erklärung von Niveauunterschieden. In. Schweizerische Zeitschrift für Politikwissenschaft, 2. Jg., S. 101-134; *O. W. Gabriel*: Politische Orientierungen und Verhaltensweisen, in: M. Kaase/ A. Eisen/ O. W. Gabriel/O. Niedermayer/H. Wollmann, Politisches System. Opladen 1996, S. 231-319; *M. K. Jennings/ J. W. van Deth et. al.*: Continuities in Political Action: A Longitudinal Study of Political Orientations in Three Western Democracies. Berlin 1990; *M. Kaase*: Direct Political Participation in the Late Eighties in the EC Countries, in: P. Gundelach, K. Siune (Hg.): From Voters to Participants, Aarhus 1992, S. 75-90; *M. Kaase*: Vergleichende Politische Partizipationsforschung, in: D. Berg-Schlosser, F. Müller-Rommel (Hg.): Vergleichende Politikwissenschaft. Ein einführendes Studienhandbuch. 3., überarbeitete und ergänzte Aufl., Opladen 1997, S. 159-174; *M. Kaase/ H.-D. Klingemann (Hg.)*: Wahlen und Wähler. Analysen aus Anlaß der Bundestagswahl 1994. Opladen/Wiesbaden 1998; *Th. Kleinhenz*: Die Nichtwähler. Ursachen der sinkenden Wahlbeteiligung in Deutschland. Opladen 1995; *N. H. Nie/ S. Verba*: Political Participation, in: F. I. Greenstein, N. W. Polsby (Hg.): Handbook of Political Science, Band 4. Reading, Mass. 1975, S. 1-73; *K.-D. Opp*: Die enttäuschten Revolutionäre. Politisches Engagement vor und nach der Wende. Opladen 1997; *R. Topf*: Beyond Electoral Participation, in: H.-D. Klingemann/ D. Fuchs (Hg.), Citizens and the State. Oxford 1995, S. 52-92; *H.-M. Uehlinger*: Politische Partizipation in der Bundesrepublik. Opladen 1988; *S. Verba/N. H. Nie/ J. Kim*: Participation and

Political Equality. Cambridge 1978; *S. Verba/ K. L. Schlozman/ H. E. Brady*: Voice and Equality. Civic Voluntarism in American Politics. Cambridge/ London 1995; *B. Westle*: Politische Partizipation, in: O. W. Gabriel/ F. Brettschneider (Hg.): Die EU-Staaten im Vergleich. Strukturen, Prozesse, Politikinhalte. 2. Aufl., Opladen 1994, S. 137-173.

Prof. Dr. Max Kaase, Berlin

Partnerschaft für den Frieden

Engl.: Partnership for Peace/ PfP. Vertiefte Kooperation im Rahmen des → NATO-Kooperationsrates; die P. bleibt auch unter dem Euro-Atlantischen Partnerschaftsrat/ EAPR gültig.

Paternalismus

Von lat. pater = Vater; außerfamiliärer Herrschafts- und Führungsstil (z.B. in Unternehmen), der mit dem Anspruch väterlicher → Autorität (→ Patriarchalismus) auftritt und sich äußert als Kombination bevormundender und fürsorglicher Verhaltensweisen.

Patriarchalismus

Mannesherrschaft in einem sozialen Gebilde (Familie, Sippe, → Staat etc.). Diese → Herrschaft basiert nicht auf → Wahlen oder Leistung, sondern auf Herkunft oder tradierten Nachfolgeregeln; meist handelt es sich um den Vater, den Sippenältesten oder sonstige ältere Männer, die Verhalten und → Normen steuern und kontrollieren. Die Herrschaft „weiser Männer" kennzeichnet(e) besonders agrarische → Gesellschaften mit traditionalen Gesellschaftsstrukturen und Arbeitstechniken, um die Weitergabe von Erfahrungswissen für nachfolgende Generationen zu sichern.

Als patriarchalisch werden auch solche Herrschaftsverhältnisse bezeichnet, in denen z.B. der (politische) Herrscher, Unternehmer etc. als strenger, aber gütiger „Vater" fürsorglich tätig ist.

Patrimonialherrschaft

Als Spezialfall patriarchalischer → Herrschaft (→ Patriarchalismus) v.a. ein Ord-

nungsprinzip des mittelalterlichen → Personenverbandsstaats. Der gesamte Grund und Boden im Staatsgebiet eines Herrschers ist sein → Eigentum; wo er Gefolgsleuten Teile seines Gebietes zeitweise überläßt, steht ihm die unumschränkte Gebietsherrschaft lt. P.lehre gleichwohl weiterhin zu.

Patriotismus

Von lat. patria = Vaterland; Vaterlandsliebe bzw. Heimatliebe, Gefühlslage bzw. Geisteshaltung, die sich in besonderer Treue und Verehrung gegenüber → Volk, → Nation und Heimat, ihren Traditionen und Werten sowie Bindungen an nationale Symbole ausdrückt. Innerhalb solcher affektiven Bezüge sind die Grenzen zu übersteigertem Nationalstolz (→ Nationalismus, nationaler → Chauvinismus) fließend. Der Aufruf zum „Verfassungspatriotismus" ist der Versuch, den P. auf eine zeitgemäße, rationale und demokratische Grundlage zu stellen.

Patriziat

1. Lat. patricii = Nachkommen der altrömischen Sippenoberhäupter; im antiken Rom die Bezeichnung für die Gesamtheit des → Adels.

2. V.a. im Mittelalter wurde in den politisch selbständigen → Städten als P. die oberste Sozialschicht vornehmer, wohlhabender Bürger (Kaufleute der Handelshäuser, Grundbesitzer) bezeichnet, auf welche die Ausübung politischer (Ehren-)→ Ämter (Ratsfähigkeit) beschränkt war.

Patronagepartei

→ Partei, in der programmatische Gesichtspunkte in der täglichen Parteiarbeit zurücktreten (im Extremfall überhaupt nicht vorhanden sind) hinter selektiven materiellen Anreizen für Anhänger, Aktivisten und Inhaber von Wahlämtern. Sichtbarster Ausdruck ist das System der → Ämterpatronage, wie es z.B. in den USA (insbesondere in Gegenden, in denen eine → Parteimaschine dominierte) praktiziert wurde (→ spoils system). In den P. gehen Austauschprozesse nicht-ideeller Art vor sich. Die Inhaber von Partei- und Wahlämtern belohnen die Stimmabgabe für ihre Partei mit materiellen Gegenleistungen an die Wähler.

Paulskirchenverfassung

Auch Frankfurter → Reichsverfassung. Die aus der bürgerlichen → Revolution 1848/49 hervorgegangene → Nationalversammlung in der Frankfurter Paulskirche (→ Frankfurter Nationalversammlung) verabschiedete am 27.3.1849 eine Reichsverfassung. Die Nationalversammlung stimmte damit für die kleindeutsche Lösung, die Österreich aus dem künftigen deutschen → Bundesstaat ausschloß; dieser war als Erbmonarchie mit einem aus 2 → Kammern bestehenden → Reichstag - einem Volkshaus (hervorgehend aus geheimer, direkter und allgemeiner → Wahl) und einem Staatenhaus (je zur Hälfte von den → Regierungen und den → Landtagen der Einzelstaaten bestimmt) - konzipiert. Zum Kaiser wurde der preußische König Friedrich Wilhelm IV. gewählt. Erstmals in der deutschen Verfassungsgeschichte wurde ein Grundrechtskatalog aufgenommen. Die P. stellte einen Kompromiß dar zwischen konservativen (monarchisch gesinnten), liberalen und (radikal-)demokratischen Gruppierungen.

Mit der Ablehnung der Erbkaiserkrone durch den preußischen König, der Ablehnung der P. durch Preußen und Österreich sowie der Niederschlagung der bürgerlichen Revolution 1849 hatten die Bestrebungen um deutsche Einheit und → Demokratie einen schweren Rückschlag erlitten. Dennoch lebte der konstitutionelle Gedanke fort und führte in mehreren deutschen → Staaten zu vorsichtigen Verfassungsentwicklungen.

Pauperismus

Aus dem Lat. für: (ursprünglich vorindustrielle) Armutsexistenz; von Karl Marx (→ Marxismus) verwendete Bez. für die sozialen Folgen der Ausbeutung im → Kapitalismus (s.a. → soziale Frage), der durch seine Organisation des Arbeitsprozesses menschliche Arbeitskraft zunehmend freisetze und weite Teile der → Arbeiterklasse der Verelendung überantworte. P. bezeichnet allg. eine nicht mehr behebbare (Massen-)Verelendung, die sich auf ganze → Regionen oder Bevölkerungsgruppen erstreckt.

Pazifismus

1. Zum Begriff. Die Bez. P. geht auf den Franzosen Emile Arnaud zurück, der sie 1901 als zusammenfassenden Begriff für alle individuellen oder kollektiven Bestrebungen vorschlug, die Frieden und Gewaltfreiheit im Umgang der Menschen und → Staaten propagieren und dies als die Voraussetzung zur Erreichung einer gerechten und friedlichen Gemeinschaft der Völker und → Nationen ansehen. Der Gedanke der Gewaltlosigkeit ist gewiß viel älter und hat in vielen philosophischen Lehren und Religionen der Menschheit Resonanz gefunden. Indes wird man erst im 19. Jh. auf Versuche stoßen, diesen Gedanken zur Grundlage einer politischen Organisation zu machen.

Ein Grundzug des organisierten P. ist seine internationalistische Ausrichtung. Der → Nationalstaat als oberster Bezugspunkt staatsbürgerlicher → Loyalität, ansonsten entscheidendes Element des 19. und frühen 20. Jh. dominierenden → politischen Bewußtseins, wurde hier relativiert. Dem Problem, das mit jedem Ober- und Sammelbegriff verbunden ist, nämlich die Vielgestaltigkeit der von ihm erfaßten Einzelphänomene, ist auch der P. nicht entgangen. Denn bis auf das große Ziel und die Distanz zum Nationalstaat haben und haben die verschiedenen P. oft nur ihre Widersprüche gemein. Differenzen und Widersprüche kommen daher, daß auf der Ebene der philosophischen Begründung ein heftiger Meinungspluralismus herrscht, der auf der Ebene der politischen Strategie, der Organisationsformen und des Verhaltens in politischen Krisensituationen (z.B. Juli 1914) womöglich noch breiter aufgefächert wurde. Das liegt auch daran, daß im 19. Jh. der politische Diskurs in Europa in die Kanäle von Weltanschauungen hineinlief. Der gefühlvolle, aber gleichsam theoretisch anspruchslose Begriff Friedensfreund paßte hier nicht mehr recht. Aber nicht der P. selbst wurde zur Weltanschauung, vielmehr differenzierte er sich in verschiedene weltanschaulich geprägte Segmente, die untereinander rivalisierten.

2. Reformbewegung in der → bürgerlichen Gesellschaft.

Die Organisationsform des P. ist die → Friedensbewegung, eine der zahlreichen Reformbewegungen, welche Entstehung und Entwicklung der bürgerlichen Gesellschaft bis heute begleitet und beeinflußt haben.

Wie die meisten anderen Reformbewegungen speist auch die Friedensbewegung ihre Kraft aus der Gegenstellung zu einem als besonderes Übel der Menschheit erkannten „Feind" - hier ist das der Krieg. Dessen „moderne" Erscheinungsformen, Folgen sowohl rüstungstechnischer Entwicklungen im Kontext der → industriellen Revolution als auch seiner → Demokratisierung im Kontext der → Französischen Revolution, machten ihn als Geißel der Völker noch schrecklicher, als er vorher gewesen war. Dies mußte um so nachhaltiger empören, als im Selbstverständnis des → Bürgertums Krieg und → Militarismus Attribute des → Feudalismus waren und, so prophezeiten es die Philosophen des bürgerlichen Fortschritts, demnächst überwunden sein würden. Die ersten Anstöße erhielt die Friedensbewegung in den USA, wo 1814 die Massachusetts Peace Society und binnen kurzem weitere Friedensgesellschaften in den Ostküsten-Staaten der USA gegründet wurden. Auch in England und mit einigen Jahren Verzögerung auf dem europäischen Kontinent wurden solche Gesellschaften ins Leben gerufen.

Bis zum Ersten Weltkrieg, dessen Ausbruch zu einer Art europäisch-amerikanischem Trauma für das 20. Jh. wurde, entwickelte sich der P. als Friedensbewegung auf bemerkenswerte Weise. Getreu seinem internationalistischen Grundzug waren es nämlich v.a. auch internationale Friedenskongresse (1842 Paris; 1843 London; 1848 Brüssel; 1849 Paris; 1850 Frankfurt usw.), die der Verbreitung der Friedenspropaganda dienen sollten. Deren Erfolge werden verschieden beurteilt. Nimmt man als Kriterium die Festigung organisatorischer Strukturen und den Ausstoß an Publikationen, die sich an die Organisationsmitglieder und an die politische → Öffentlichkeit wandten, dann kann man nur von langsamer Konsolidierung und einem von Rückschlägen allerdings nicht freien Breiterwerden

der Bewegung sprechen. Betrachtet man hingegen den eigentlichen Organisationszweck, so hat die Friedensbewegung im 19. Jh. deprimierend wenig erreicht. Denn die Friedensperiode in Europa nach 1815 geht auf die Entscheidungen der beteiligten Staatsführungen zurück, die von den Motiven der Friedensbewegung gänzlich unbeeinflußt waren. Und zum Ende des Jahrhunderts hin, unter dem Vorzeichen des → Imperialismus, wandte sich das Bürgertum anderen als den der Friedensbewegung vorschwebenden politischen Zielen zu.

Das andere große und an Bedeutung im Staat zunehmende Rekrutierungsfeld der Friedensbewegung, die Arbeiterschaft, hatte eigene Vorstellungen über die Erringung der → Macht entwickelt, die sich auf der Ebene des (rhetorischen) → Internationalismus mit denen der Friedensbewegung zwar trafen, aber ansonsten auch andere Prioritäten setzten.

Im Rückblick auf die Jahre vor 1914 erscheint es geradezu gespenstisch, wie gründlich die Mahnungen und Warnungen der Pazifisten aus dem Wahrnehmungshorizont der politischen Führungen und der Öffentlichkeit Europas herausgedrängt wurden. Und das, obwohl aus der Friedensbewegung neben etlichen Querelen auch eine Reihe überaus seriöser Informationsbroschüren und sogar wissenschaftliche Werke über die Furchtbarkeit eines künftigen Krieges an die Öffentlichkeit kamen, obwohl z.B. in Deutschland das Verhältnis zwischen bürgerlicher Friedensbewegung und → Sozialdemokratie sich gerade zu verbessern begann und obwohl der Gedanke einer internationalen Verständigung gerade am Vorabend des Krieges auf den Zuspruch einer wachsenden → Minderheit in den entscheidenden Staaten rechnen konnte. Aber das alles nützte nichts.

3. P. in Deutschland.

In Deutschland, das hängt mit der besonderen Entwicklung zum Nationalstaat zusammen, hat sich der organisierte P. etwas später als im angelsächsischen Raum konstituiert. Zu den prägenden Gestalten zählen vor allem Bertha von Suttner (1843-1914), Alfred H. Fried (1864-1921) und Ludwig Quidde (1858-1941). Insbesondere Quiddes Lebensweg war auf das engste mit der deutschen Friedensbewegung verbunden. Von Hause aus Historiker, ruinierte er seine akademische Karriere an ihrem hoffnungsvollen Anfang mit einer bissigen Satire auf Wilhelm II. Von 1894 bis zu seinem Tode wurde der Friedenskampf Quiddes Lebensinhalt, wobei nach der Phase gesellschaftlicher Ächtung im Ersten Weltkrieg zwar während der Jahre der → Weimarer Republik eine Phase des Aufschwungs und der Anerkennung folgte. Indes wurde die p. Bewegung im Verlauf der zwanziger Jahre mehr und mehr von innerorganisatorischem Streit überschattet. Als die Vorzeichen des Untergangs der → Weimarer Republik immer bedrohlicher wurden, hatte sich die Friedensbewegung über inhaltliche und organisatorische Fragen so heillos zerstritten, daß sie gänzlich im Abseits stand. Radikale, aktionistische standen gegen gemäßigte, „betuliche" Pazifisten, und das Klima zwischen ihnen wurde hauptsächlich durch nicht aufhörende Pressefehden und privatrechtliche Auseinandersetzungen tief vergiftet.

Nach einer längeren Phase der Vernachlässigung seitens der historischen Forschung, ist die Geschichte des deutschen P. in den letzten beiden Jahrzehnten von verschiedener Seite intensiv aufgearbeitet worden. Sowohl über einzelne Pazifisten wie etwa Georg Friedrich Nicolai als auch über das institutionelle Wachstum und die Organisationsgeschichte p. Gruppen gibt es zuverlässige Studien.

4. Zur sozialen Funktion des P. Schwierigkeiten setzen allerdings sofort ein, wenn nach Erklärungen für den (im → Dritten Reich verbotenen) P. und seine eigentümliche (Nicht-)Wirkung gefragt wird. Das liegt hauptsächlich daran, daß der kontroverse Gegenstand häufig auch diejenigen, die sich mit ihm befassen, zu → „Partisanen" macht, die entweder für oder gegen den P. schreiben. Ein großer Teil der Literatur über den P. stammt ohnehin, weil dieser, wie die meisten sozialen Bewegungen, über ein hohes Selbstreflexions-Niveau verfügt, aus der Friedensbewegung selbst. Das ist keineswegs ein Makel; aber es führt dazu, daß bestimmte Fragestellungen unwillkürlich ausgeblendet bleiben.

So z.B. die nach dem komplementären Zusammenspiel von modernem Staat als der Leit-Agentur einer immer komplexer werdenden → Gesellschaft und einer fundamental-reformerischen → Opposition mit verschiedenen Zielen und aufgeteilt in verschiedene Gruppen und Bewegungen. Dieses Zusammenspiel ergibt sich nicht etwa als Folge einer „Verschwörung" zum Zwecke der Herrschaftsstabilisierung, vielmehr aus den Funktionsmechanismen der Gesellschaft selbst. Weil zwischen Weltanschauung und politischem Handeln eine flexible Distanz liegt, kann erstere gut als Experimentierfeld für politische Konzepte, als Sammelstelle für abweichende → Loyalitäten, als Demonstration gesellschaftlicher Moralität oder als innergesellschaftlicher Feind genutzt werden. Auch wird hier ein Versprechen lebendig gehalten und von einer Generations-Minorität auf die folgende übertragen, das in den innersten Kanon der Zielwerte von → bürgerlicher Gesellschaft gehört - das Versprechen des Friedens. Weil das so ist, bleiben die p. Hoffnungen auf ein Ausbreiten ihrer Ideen über alle Menschen und Kollektive hin unerfüllt, kann aber andererseits das Wirken der Friedensbewegung in Deutschland und anderswo auch nicht schlicht als Mißerfolg qualifiziert werden.

Dies gilt um so mehr für die Gegenwart. Hier haben die verschiedenen nationalen Friedensbewegungen (sieht man einmal ab von den auch nicht ganz erfolglosen Versuchen, sie politisch zu instrumentalisieren) zwar nicht die rapide ansteigenden geistigen und materiellen Ausgaben für Rüstung wesentlich verkleinern können. Aber sie haben als Mahner und Warner Argumente und moralische Richtsätze entwickeln helfen, auf die zurückgegriffen werden konnte, als Rüstungsreduzierung, Kriegsverhinderung und Friedensgestaltung zu politischen Zielen der Staaten wurden. Der zeitliche Drehpunkt liegt hier vermutlich in der Mitte der 80er Jahre. Davor, von den 50er bis zu den 70er Jahren, sprachen die Friedensbewegungen mit wechselndem Erfolg gesellschaftliche → Minderheiten an. Danach scheinen sich viele Forderungen und Hoffnungen der Pazifisten sozusagen von selbst zu erfüllen. Deren Komplementärfunktion wird entsprechend weniger wichtig, so daß die Prognose nahe liegt: Die weltanschauliche Dynamik des P. wird erlahmen. Diese Prognose muß allerdings durch eine andere relativiert werden: In den modernen → (Post-)Industriegesellschaften lassen die Dynamik militärisch definierter Sicherheitspostulate und die legitimatorische Attraktivität der Streitkräfte ebenfalls nach. Keine guten Zeiten, weder für „Militarismus" noch für P.

Lit.: W. Benz (Hg.): Pazifismus in Deutschland, Frankfurt 1988; *K. Holl*: Pazifismus in Deutschland, Frankfurt 1988; *R. Lütgemeier-Davin*: Pazifismus zwischen Kooperation und Konfrontation, Köln 1982; *D. A. Martin*: Pacifism, London 1965.

Prof. Dr. Wilfried Frhr. von Bredow, Marburg

PCF

Parti Communiste Francais (Französische Kommunistische Partei bzw. KPF); in der IV. und V. Republik vor der Neuformierung der sozialistischen → PS unter Francois Mitterrand die dominierende Kraft der französischen Linken. 1920 aus der sozialistischen SFIO (s.u. PS) hervorgegangen, nannte sie sich erst 1945 offiziell P. In den 30er Jahren Teil des Volksfrontbündnisses, wurde sie in der IV. Republik (1944-58) eine der 3 größten → Parteien (s.a. → MRP, PS). Eurokommunistische Strömungen konnten sich innerparteilich nicht durchsetzen. Trotz Wahlbündnissen mit der PS und Regierungsbeteiligungen sank ihr Stimmenanteil von ehem. 20-25 % auf ca. 10 % in den 80er Jahren (Parlamentswahl 1997: 9,9 %), schrumpften die traditionell starken kommunistischen Bastionen schon vor der Erosion des → Ostblocks. Nach der Neuwahl der Parteiführung Anfang 1994 ist die P. bestrebt, sich durch eine Öffnung gegenüber anderen linken Kräften aus ihrer politischen Isolierung zu befreien. Trotz der 1994 formell vollzogenen Abkehr vom → Demokratischen Zentralismus steht die → Demokratisierung der → Partei noch aus, der alte Apparat dominiert weiterhin.

PDS

1. Abk. für → *Partei des Demokratischen Sozialismus*; im Februar 1990 erfolgte Umbenennung der → SED.

2. Abk. für (ital.) *Partito Democratico di Sinistra*, d.h. Demokratische Partei der Linken. Nachfolgepartei der Kommunistischen Partei Italiens/ KPI (ital.: PCI).

Pentagon

Griech.: Fünfeck; Synonym für das US-amerikanische Verteidigungsministerium (Department of Defense) mit seinem fünfeckigen Gebäude. Formal besteht das Verteidigungsministerium aus den → Ministerien der 3 Waffengattungen (Department of the Army, Department of the Navy, Department of the Air Force), die jeweils einem → Minister unterstellt sind.

Perestrojka

Russ. für Umgestaltung; vom 1985 ins → Amt gekommenen KPdSU-Generalsekretär Gorbatschow propagierte → Politik der Reformen im gesellschaftlich-politischen und ökonomischen Bereich. Ziel war die Liberalisierung des → politischen Systems und die Einführung marktwirtschaftlicher Elemente in das → Wirtschaftssystem. Ein äußeres Zeichen der institutionellen Auflockerung des Herrschaftssystems der Sowjetunion war der neu geschaffene Volksdeputiertenkongreß, der Verzicht auf die Alleinherrschaft der → KPdSU (März 1990) und die Schaffung des Amtes eines → Staatspräsidenten, zu dessen erstem Inhaber Gorbatschow gewählt wurde. Der Reformprozeß entfaltete jedoch bald eine Eigendynamik. Es kam zu Unabhängigkeits- bzw. Loslösungsbestrebungen etlicher Sowjetrepubliken sowie zur ansatzweisen Herausbildung eines → Mehrparteiensystems; Ende 1991 wurde die UdSSR durch die nach → Souveränität strebenden vorm. Unionsrepubliken aufgelöst - das politische und ökonomische → System des → Kommunismus in Osteuropa zerfiel.

peripherer Kapitalismus

In den 70er Jahren z.T. gebräuchliche Bez. für Erscheinungsformen des → Kapitalismus in → Entwicklungsländern (auch: abhängiger Kapitalismus). Dort seien die Wirtschaftsstrukturen auf die → Bedürfnisse der Industrieländer und der mit diesen verbündeten nationalen → Eliten ausgerichtet, durch den Handel werde die → Dritte Welt ausgebeutet. Wirtschaftswachstum sei unter dem p. zwar möglich, beseitige aber nicht die Disparitäten der → Unterentwicklung. Für die Bevölkerung in den Entwicklungsländern führe die Abhängigkeit von den Industrieländern zur Unterversorgung mit Nahrungsmitteln und Massenkonsumgütern, v.a. im Hinblick auf die eigene, nationale Erzeugung.

Persönlichkeitswahl

Kennzeichen der → Mehrheitswahl: Während bei → Wahlsystemen vom Typ der → Verhältniswahl für eine → Partei bzw. Liste von Kandidaten gestimmt wird, erfordert das Mehrheitswahlrecht die → Direktwahl (→ Direktmandat) von Kandidaten in → Wahlkreisen (→ Wahlkreisabgeordnete). Gewählt ist, wer die (→ absolute oder → relative) Mehrheit der Stimmen auf sich vereinigt. In den meisten → Staaten wird pro Wahlkreis ein Kandidat gewählt (Einerwahlkreise).

personalisierte Verhältniswahl

Seit 1949 gültiges → Wahlsystem in der Bundesrepublik (mit Varianten bei Landtagswahlen). 1953 wurde die Stimmabgabe nach → Erststimme und → Zweitstimme (→ Zweistimmensystem) eingeführt. Hinsichtlich der Mandatsverteilung auf die → Parteien folgt es dem Grundsatz der → Verhältniswahl (unter Anfügung einer → Sperrklausel von 5 % auf Bundesebene); d.h. für das Gesamtergebnis der Parteien sind allein die Anteile der Zweitstimmen maßgebend. Diese werden für die starre → Landesliste einer Partei abgegeben; die Listenstimmen einer Partei werden auf der Bundesebene addiert, nach diesem Gesamtergebnis errechnet sich die Mandatszahl der Parteien, die sich wiederum proportional verteilt auf die einzelnen → Bundesländer.

Mit der Erststimme wird ein Direktkandidat (→ Wahlkreisabgeordnete) im → Wahlkreis gewählt. Erst- und Zweitstimme können unterschiedlichen Parteien gegeben werden

(→ Splitting). Von der einer Partei aufgrund ihres Zweitstimmenanteils zustehenden Gesamtanzahl von Mandaten werden die von ihr im Wahlkreis errungenen → Direktmandate abgezogen. Noch verbliebene Mandatsansprüche werden über die Landeslisten abgedeckt. Berücksichtigt werden nur Landeslisten von Parteien, die auf Bundesebene mindestens 5 % der abgegebenen Zweitstimmen oder 3 Direktmandate errungen haben (für die erste gesamtdeutsche Wahl 1990 galt eine Ausnahmeregelung). Diese Variante der Verhältniswahl soll zum engeren Kontakt zwischen → Bürgern und → Abgeordneten beitragen. Wahlkreisabgeordnete (die auch als Einzelbewerber antreten können) behalten ihr Mandat unabhängig vom Gesamtergebnis ihrer Partei (s.a. → Überhangmandat); hierdurch werden u.U. leichte Verzerrungen des Proportionalwahlprinzips möglich.

In 2 → Referenden in den Jahren 1992/93 hat Neuseeland sich für eine p. (Mixed Member Proportional/ MMP) entschieden, die sich stark an das deutsche anlehnt. Nach der Verabschiedung als → Gesetz 1995 fand die erste Wahl unter MMP 1996 statt.

Personalvertretungsgesetz

Bzw. Bundespersonalvertretungsgesetz; verabschiedet 1955, Neufassung 1974, novelliert 1989. Das P. regelt die für Beschäftigte in Betrieben und → Verwaltungen des → öffentlichen Dienstes des → Bundes geltenden Mitbestimmungsrechte (→ Mitbestimmung); auf der Länderebene gelten entsprechende → Gesetze. Die Mitbestimmungsregelungen entsprechen in etwa dem → Betriebsverfassungsgesetz. Vertretungsorgan der Arbeitnehmer ist der (zwar von dienstrechtlichen Weisungen unabhängige, jedoch nicht prozeßfähige) Personalrat. Er bestimmt in personellen und sozialen Angelegenheiten zur Wahrung der Rechte der Beschäftigten gegenüber dem öffentlichen Dienstgeber mit. Der Personalrat wird i.d.R. nach dem Gruppenprinzip gewählt (Arbeiter, Angestellte, → Beamte, nach Beschäftigtenanteil). Nach vorhergehender → Abstimmung des Personals kann auch eine Gemeinschaftswahl vorgenommen werden.

Personenverbandsstaat

Strukturtypisch für das Staatswesen des frühen Mittelalters, dessen innere Herrschaftsordnung und Zusammenhalt sich nicht auf das Territorialprinzip (→ Territorialstaat), sondern auf eine → Hierarchie persönlicher, wechselseitiger Verpflichtungsverhältnisse gründete (s. → Lehnswesen).

Petersberger Abkommen

Von → Bundeskanzler Konrad Adenauer und den 3 westlichen Hohen Kommissaren am 22.11.1949 auf dem Petersberg bei Bonn unterzeichneter Vertrag, der die erste Revision des erst 2 Monate zuvor in Kraft getretenen → Besatzungsstatuts enthielt. Die Bundesrepublik erhielt damit erste Souveränitätsrechte und einige ökonomische Erleichterungen (insbes. einen teilweisen Demontagestopp).

Petitionen

→ Grundrecht auf „Bitten oder Beschwerden" an → Volksvertretungen (einschl. → Gemeinderäte) bzw. zuständige öffentliche → Behörden (s. Art. 17 GG). Träger des Petitionsrechts sind alle Menschen, Gruppen sowie juristische Personen und → Körperschaften des privaten und öffentlichen Rechts. → Bundestag und → Landtage haben jeweils einen für P. zuständigen → Ausschuß eingerichtet. Die → Bürger haben das Recht auf sachliche Prüfung und Beantwortung zulässiger P. Diese sind ein Element bürgerlichen Rechtsschutzes gegenüber → Gesetzgebung und → Verwaltung, auch bei formell rechtskräftigen Gerichtsurteilen und → Verwaltungsakten. Die → Parlamente können Bitten und Beschwerden zwar nicht selbst abhelfen, jedoch durch Einsatz ihrer → Autorität die zuständigen Stellen zu eingehender sachbezogener Prüfung veranlassen.

Philosophie

→ Politische Philosophie

Physiokratismus

Griech. für Natur- bzw. Bodenherrschaft; von F. Quesnay begründete volkswirtschaftliche Theorie, die den → Merkantilismus ablöste und v.a. im 18. Jh. in Frankreich das wirtschaftliche Denken bestimmte. Boden und Landwirtschaft galten im P. als die alleinigen Quellen des Reichtums, die Landwirte als einzige produktive → Klasse. Handel und Gewerbe waren demnach unproduktiv, sie leiteten ihre Einkommen aus dem Produkt des Bodens ab. Alle Einkommensströme waren lt. dieser Theorie kreislaufartig miteinander verflochten. Die Physiokraten traten für eine einzige → Steuer ein, die auf den Reinertrag von Grundeigentum erhoben werden sollte, sowie für Handels- und → Gewerbefreiheit. Nur wenn jeder seine materiellen Vorteil suche, könne die → Gesellschaft ihre „natürliche Ordnung" erreichen. Der P. entstand aus einer politischen Ablehnung des → Absolutismus und gilt als geistiger Vorläufer der liberalen Nationalökonomie.

physische Gewalt

→ Gewaltmonopol

Pietismus

Lat.: pietas = Frömmigkeit; evangelische Bewegung des 17./18. Jh. mit einem regionalen Schwerpunkt in Baden-Württemberg, die sich sowohl gegenüber den orthodoxen protestantischen Richtungen als auch gegenüber einem Vernunftglauben absetzte und stattdessen verinnerlichte Frömmigkeit und tätige Nächstenliebe praktizierte. Daraus resultierten eine asketische Lebensweise und eine Loslösung von feudalen Herrschaftsstrukturen; beides wird als historische Voraussetzung für den Durchbruch kapitalistischer Wirtschaftsgesinnung betrachtet.

Planfeststellungsverfahren

Vor der Durchführung räumlicher Planungsverfahren (z.B. Bundesfernstraßen, Flughäfen) erforderliches, besonderes förmliches → Verwaltungsverfahren (s. §§ 72ff. VwVfG), das alle von einem solchen Plan betroffenen öffentlichen und privaten → Interessen in einen Anhörungs- und Erörterungsprozeß einbeziehen und gegeneinander abwägen soll. Nach Abschluß dieses Genehmigungsverfahrens entscheidet die → Behörde in einem Planfeststellungsbeschluß (als → Verwaltungsakt) über die

Einwände und damit über die Zulässigkeit des betr. Planes. In Fällen ohne Einwände oder unwesentlicher Bedeutung (sowie ohne Einwände) gelten vereinfachte Verfahren. Anhörungsbehörde und Planfeststellungsbehörde sind i.d.R. unterschiedliche → Institutionen. Gegen den rechtsverbindlichen Planfeststellungsbeschluß steht der Klageweg vor der → Verwaltungsgerichtsbarkeit offen.

Planification

In Frankreich 1946 entstandene Form wirtschaftlicher Gesamtplanung, unter Beibehaltung des Privateigentums an Produktionsmitteln und der → Marktwirtschaft. Es handelte sich um eine Mischung aus imperativer (verbindlicher) Investitions- und Infrastrukturplanung für den → öffentlichen Sektor und indikativer (empfehlender) Planung für die Privatwirtschaft, die vom Generalkommissariat für Planung in Form von Mehrjahresplänen erarbeitet wurde. Der Privatwirtschaft wurden als Anreiz zur Planbefolgung Darlehen, Subventionen, Steuervergünstigungen etc. gewährt. Spätestens seit den 70er Jahren hat die P. ihre Planungsfunktion verloren; sie dient seitdem hauptsächlich der „sozialen Konzertierung", d.h. der Zusammenarbeit mit Arbeitgebern und → Gewerkschaften über sozialpolitische Fragen. Eine weitere wichtige Funktion kann als „prognostische Zukunftsplanung" beschrieben werden: Die Gremien der P. erarbeiten als eine Art „Denkfabrik" mittel- und langfristige Szenarien zu wirtschafts- und sozialpolitischen Entwicklungen und möglichen Lösungswegen. Unmittelbaren bzw. operativen Einfluß auf die → Wirtschafts- und → Sozialpolitik hat die P. nicht, die eigentlichen Entscheidungen erfolgen in den → Ministerien für Finanzen und für Wirtschaft. Angesichts der symbolischen Bedeutung der P. wagt aber niemand ihre Abschaffung. Unter dem 1997 gewählten Ministerpräsidenten Lionel Jospin (→ PS) wird die P. zukünftig nur insofern (d.h. symbolisch) aufgewertet, als sie von Jospin stärker genutzt wird.

Planung

→ Politische Planung

Planungshoheit

Die Zuständigkeit für die Planung, d.h. → Staatstätigkeit mit Steuerungs- und Entwicklungscharakter (→ politische Planung), liegt jeweils bei der → Institution, der von → Gesetz oder → Verfassung die entsprechenden Aufgaben zugewiesen wurden. Dies sind in einem → System föderaler → Gewaltenteilung → Bund, → Länder und → Gemeinden. Aufgabenverteilung und P. fallen dann auseinander, wenn der Bund nach Vereinbarung mit den Ländern Rahmenplanungen erstellt, z.B. im → Hochschulwesen. Planungsfunktionen sind überwiegend bei der → Verwaltung angesiedelt, da diese ein Informationsmonopol besitzt und personell wie sachlich entsprechend ausgestattet ist.

Planungszelle

Von Peter C. Dienel zu Beginn der 70er Jahre entwickeltes Modell der Bürgerbeteiligung primär auf der kommunalen und regionalen Ebene. Der „Expertokratie" der → Verwaltung und dem unterschwelligen Zusammenspiel von ökonomischen → Interessengruppen, Politikern und Verwaltungsstellen soll durch eine Gruppe nach dem Zufallsprinzip ausgewählter → Bürger begegnet werden. Diese rekrutieren sich aus sozial-räumlichen Einheiten, die Gegenstand politischer oder ökonomischer Entscheidungen sind; bei der Personenauswahl ist das Kriterium der Betroffenheit nicht Bedingung. Die Bürgervertreter arbeiten mehrere Tage oder Wochen im Vollzeitverfahren gemeinsam mit Vertretern der Verwaltung. In einem abschließenden Bürgergutachten legen sie ihre Meinung gegenüber den (kommunalen) Entscheidungsträgern dar.

Planwirtschaft

Umgangssprachlich für ⇒ Zentralverwaltungswirtschaft

Plattformpartei

→ Partei, die kein auf weltanschaulichen oder grundsatzpolitischen Überzeugungen basierendes Parteiprogramm besitzt, sondern sich das jeweils wählerwirksamste Aktionsprogramm (Plattform) gibt. Dieses ist lediglich auf kurzfristige Öffentlichkeitswirksamkeit und Stimmenmaximierung hin angelegt. Die amerikanischen Parteien galten lange als exemplarische P. Aber auch sie haben in den 30er und 60er Jahren programmatisch schärfere Konturen angenommen. In Westeuropa läßt sich andererseits seit den 60er Jahren generell ein Rückgang weltanschaulicher Profilierung von Parteiprogrammen beobachten. Beide Parteiarten haben sich damit von einem abstrakten Parteientypus (→ Parteientypologie) entfernt.

Plebejer

Im antiken Rom die große Mehrzahl der → Bürger, die als Angehörige des gemeinen → Volkes (→ plebs) dem → Patriziat zwar rechtlich gleichgestellt, im Unterschied zu diesem jedoch von der Teilnahme am politischen Leben ausgeschlossen waren.

Plebiszit

Aus dem Lat. für Volksabstimmung, Volksentscheid; Instrument der → direkten Demokratie. Der Wille des → Volkes (→ Volkssouveränität) wird nicht durch ein Repräsentativorgan (→ Repräsentation) mediatisiert, sondern setzt sich, als empirischer Volkswille, direkt um in politische Entscheidungen (→ plebiszitäre Demokratie). Man unterscheidet Personalp. und Sachp. Erstere betreffen Entscheidungen über die politische Führung (z.B. Präsidentschaftswahlen in Frankreich und USA). Letztere regeln sachpolitische Entscheidungen (→ Referendum), die beispielsweise Fragen der → Verfassung oder einfacher → Gesetzgebung umfassen können. In → Demokratien mit Repräsentativorganen wird der Entscheidungsprozeß bei P. aus den gewählten Organen herausgelagert und in die Hände der Abstimmenden gelegt, den gewählten Organen fällt damit in diesen Fragen keine Verantwortlichkeit mehr zu. Ernst Fraenkel sah im Sachp. eine Strukturwidrigkeit zur → repräsentativen Demokratie.

P. kann es auch in → Diktaturen geben; sie dienen dort lediglich als Instrument scheindemokratischer Akklamation autoritärer Führerentscheidungen.

plebiszitäre Demokratie

Der demokratische → Verfassungsstaat konstituiert sich als → repräsentative Demokratie oder als p. → Demokratie als → Herrschaft des → Volkes (→ Volkssouveränität) kann als Idealtypus durch eine dieser beiden Formen alternativ ausgeübt werden oder sich in der Realität als eine Mischform beider Idealtypen niederschlagen, mit einem unterschiedlichen Gewicht beider Elemente von Fall zu Fall. In der p. entscheidet das Volk in → Abstimmungen (→ Plebiszit) direkt über politische Sachfragen (→ direkte Demokratie). In ihrer klassischen Form ist die p. eine → Versammlungsdemokratie aller abstimmungsberechtigten Bürger, wie sie sich in den griechischen → Stadtstaaten (athenische Versammlungsdemokratie) oder in der schweizer kantonalen Versammlungsdemokratie (→ Landsgemeinde) darstellt. In der modernen Demokratie, in der vom Volk gewählte Repräsentationsorgane politische Entscheidungen treffen, wird als p. die Verwendung direkt-demokratischer Entscheidungsmechanismen (Plebiszit, → Recall, → Referendum, → Volksbegehren) bezeichnet. Diese plebiszitären Instrumente stehen neben bzw. über den Entscheidungen repräsentativer politischer Organe und können deren Funktion zum Teil übernehmen.

Nach den vom → Parlamentarischen Rat negativ bewerteten Erfahrungen mit plebiszitären Mechanismen in der → Weimarer Republik läßt das → Grundgesetz der Bundesrepublik in Art. 29 und 118 plebiszitäre Entscheidungen lediglich als Volksbegehren und → Volksentscheid bei der Neugliederung der → Bundesländer zu. Seit die → Verfassungsänderungen von Mitte der 90er Jahre verfügen nunmehr alle Bundesländer über Instrumente der direkten Demokratie auf Länder- und kommunaler Ebene.

Plebs

Ursprünglich historische Bez. für das gemeine, von politischer Herrschaftsteilhabe ausgeschlossene → Volk im antiken Rom, wird P. heute als abschätzige Bewertung gebraucht im Sinne von niederem, armem bzw. ungebildetem Volk (→ Pöbel).

Plenum

Vollversammlung der Mitglieder eines Vertretungsorgans (z.B. → Parlament, Parteitag, Gewerkschaftskongreß). Obgleich die jeweiligen Exekutivgremien und Fachausschüsse an Einfluß gewonnen haben und Entscheidungen weitgehend vorbereiten, verfügt allein das P. über die letzte Entscheidungsbefugnis.

PLO

Abk. für *Palestine Liberation Organization*; Dachorganisation palästinensischer → Guerilla-Gruppen im Kampf gegen Israel (→ Nahostkonflikt), ursprünglich mit dem Ziel der Errichtung des Palästina-Staates in den Grenzen von 1948. 1964 unter dem Einfluß Nassers gegründet. Nach 1967 unter dem Eindruck der abermaligen arabischen Niederlage und der Besetzung ganz Palästinas durch Israel wurde die „Palästinensische Befreiungsarmee" (PLA) aufgelöst, ihren Platz nahm die P. als Zusammenschluß mehrerer (konkurrierender) Guerilla-Verbände ein. Seit 1969 geführt von Yassir Arafat; international als einzige legitime Vertretung des palästinensischen Volkes anerkannt. Zu größeren militärischen Aktionen gegen Israel ist es nach 1967 nicht mehr gekommen; zeitweise wichtige politisch-militärische Kraft in Jordanien (1970 von König Hussein vertrieben) und Libanon (1982 durch israelische Invasion dort zerschlagen). Nach 1982 durch Austritte und (innere) Zerwürfnisse - von Syrien geschürt - intern zerstritten und vorübergehend faktisch gespalten. Der vergleichsweise gemäßigte P.-Flügel um Arafat suchte seit Ende der 80er Jahre eine politische Lösung mit Israel. Mit der „Prinzipienerklärung über die vorübergehende Selbstverwaltung" (13.9.1993), dem Autonomievertrag für Jericho und den Gazastreifen (4.5.1994) sowie dem Wye-Memorandum (23.10.1998) über die weitgehende → Autonomie der Palästinenser in Gazastreifen und Westjordanland wurde der Friedensprozeß zwischen Israel und den Palästinensern vorläufig abgeschlossen. Schwerwiegende Streitpunkte für zukünftige Verhandlungen sind der Status Ostjerusalems und der Anspruch der Palästinenser auf einen eigenen → Staat.

Pluralismus/ Pluralismustheorie

I. Der Begriff P. kennzeichnet (a) *empirisch* die Existenz einer gesellschaftlichen → Bedürfnis-, → Interessen- und Organisations-(Gruppen- bzw. Verbands-) Vielfalt (b) *normativ* die Umsetzung dieser Vielfalt in die Inhalte der politischen Ausgestaltung demokratischer → Regierungssysteme. Jede P.-Theorie ist deshalb vom Ansatz her ebenso eine *Gruppen-* wie eine *Mitwirkungs*theorie - eine Theorie individueller Teilhabe (→ Partizipation) am politischen Prozeß mittels sozialer Zusammenschlüsse.

II. Dem pluralistischen Ansatz zufolge leiten Gruppen bzw. → Verbände ihre → Legitimität daraus ab, daß sie individuelle Interessen vertreten. Dabei ergibt sich im *Binnenverhältnis* das Problem der „Rückkopplung" handelnder → Funktionseliten (typisch für das Repräsentationsprinzip überhaupt): Faktisch reduzieren → Konflikt und Kompromiß organisierter Gruppen sich auf die „Führungen (dieser) Gruppen" (Rogin 1967, S. 10). Parallel dazu stellt sich im *Außenverhältnis* die Frage der Macht- bzw. Einflußungleichheit: Der „pluralistische Himmel (hat) seine Schwachstelle darin, daß der himmlische Chor mit starkem Oberschichtenakzent singt" (Schattschneider 1960, S. 35). Beide Probleme bewirken, daß das Gruppen- und das Mitwirkungselement des P. auseinanderfallen können.

III. *Liberaler* P. stellt die in westlichen Ländern „vorherrschende Spielart" des Konzepts dar (Apter 1977, S. 294) - vorherrschend nicht zuletzt i.S. einer „allgemein verbreiteten Philosophie", derer sich → Macht- und Funktionseliten sowohl als eigene Richtschnur für ihr Handeln wie zur Rechtfertigung ihrer → Politik nach außen bedienen (vgl. Lowi 1967, S. 5ff.). Liberalpluralistische Ansätze tendieren dazu, das erste der unter (II) genannten Probleme wegzudefinieren und das zweite durch ein Zusatzargument herunterzuspielen. Die Hinwegdefinition geschieht dadurch, daß menschliches Handeln im Kern auf Gruppen- bzw. Verbandshandeln reduziert wird („,Gruppe' und → ‚Individuum' sind allenfalls zwei Zugangswege zur Einordnung von Verhalten, aber nichts Verschiedenes"; Truman 1951, S. 48). Das Zusatzargument lautet, → Macht erzeuge in der Regel Gegenmacht; dieser Vorgang wirke als soziopolitisches Selbstregulativ („Konkurrierende Machtzentren ... helfen die Macht selbst zähmen ... zum gegenseitigen Nutzen aller an einem Konflikt Beteiligter"; Dahl 1967, S. 24).

IV. *Sozialistischer* - auch radikaler oder struktureller - P. setzt zur schrittweisen Lösung des ersten, unter (II) aufgeführten Problems auf → Demokratisierung und → Dezentralisierung („Ein entfaltetes pluralistisches System kann als eines der universalen Mitbestimmung bezeichnet werden"; Pross 1963, S. 447). In den Mittelpunkt der Auseinandersetzung mit dem zweiten rückt er die Machtbeschneidung des „Unternehmens-Leviathan" - jener großen Konzerne, bei denen (Aktien-) Besitz und tatsächliche Verfügungsgewalt auseinandergetreten sind und die nach wie vor als „privat" gelten, obwohl sie nach Umsatzhöhe, Beschäftigtenzahl oder Finanzkraft längst ein öffentliches Ausmaß erlangt haben, aus dem ihre - konkret: ihrer Vorstände - privilegierte Position im politischen Entscheidungsprozeß resultiert (vgl., unter teilweiser Korrektur früherer Positionen, Dahl 1970, S. 115ff.; Dahl/ Lindblom 1976, S. XXIX; Lindblom 1977, S. 172, 190).

V. Der innerpluralistische Disput zeichnete sich von dem Zeitpunkt an ab, als in England zwischen 1900 und 1920 jene Impulse für eine neue → politische Theorie wirksam wurden, die ausgingen (a) vom deutschen Genossenschaftsdenken (wonach den „engeren Gemeinwesen und Genossenschaften" die Aufgabe zufiel, eine „große und umfassende Staatseinheit" zu verbinden „mit einer tätigen bürgerlichen → Freiheit, mit der → Selbstverwaltung"; vgl. Gierke 1868) sowie (b) von der amerikanischen pragmatischen Philosophie (der zufolge die Welt ein pluralistisches „Multiversum" darstellte, dessen Elementen weitgehende → Autonomie zukam, ohne daß dadurch Einheit in der Vielheit ausgeschlossen blieb; vgl. James 1914). Konflikte nonkonformistischer Kirchen und → Gewerkschaften mit dem englischen → Staat förderten die Rezeption beider Ansätze und ihre Nutzbarmachung zur Kritik am Dogma der

uneingeschränkten Staatssouveränität. Dabei unterstrich einerseits Ernest Barker, 1928 nach Cambridge auf die erste Professur für → Politische Wissenschaft berufen, die Rolle des Staates als notwendige Interventionsinstanz zur Verhinderung des Verbändedespotismus; er prophezeite früh, die Verbände würden in dem Maße, in dem sie ihre Stellung festigten, eine → Regierung stärken, die „immer schwerwiegendere Aufgaben der Regulierung zu bewältigen" haben würde (Barker 1915, S. 183). Ein P.-Verständnis, das über den gegenwärtigen → Interventionsstaat westlicher Prägungen nicht hinausgehen will, kann betont an Barker anknüpfen (vgl. Fraenkel 1964, S. 11).

VI. Andererseits verwarf Harold Laski, seit 1920 an der London School of Economics and Political Science tätig, nicht nur weit radikaler als Barker den staatlichen Souveränitätsanspruch. Die entscheidende Frage der „kritischen" P.-Theorie (Gettel 1924, S. 470), die er konzipierte, lautete: Wie läßt sich im Kräftespiel der Interessenartikulation und politischen Willensbildung → Chancengleichheit derart herstellen, daß die politische Macht nicht länger „der wirtschaftlichen Macht weitgehend dienstbar" ist, folglich „die politische Persönlichkeit des Durchschnittsbürgers überhaupt nicht ernsthaft ins Spiel kommt"? (Laski 1917, S. 15; ders. 1921, S. IX) Laskis Antwort: „Eine politische → Demokratie existiert nicht wirklich, so lange sie keine wirtschaftliche Demokratie spiegelt... Die gegenwärtige Privateigentumsordnung schließt die derzeitige Methode der Unternehmensführung in keiner Weise ein" (Laski 1968 [1919], S. 38; ders. 1977 [1925], S. 112). Dieses Problem hat der sozialistische P. der Gegenwart wieder aufgegriffen. Dabei geht es um nichts anderes als die Alternative, ob die Anwendung der Prinzipien demokratischer → Gleichheit sowie der Entscheidung nach dem → Mehrheitsprinzip auf die politische Sphäre beschränkt bleiben oder soweit wie möglich auf die verschiedenen Bereiche der → Gesellschaft ausgedehnt werden soll.

VII. Zunächst freilich wurde Laskis normativer Ansatz überlagert durch die Ausprägung einer *Gruppen*theorie im engeren Sinne - eines „analytischen" P. (Latham 1952,

S. 9), der zurückging auf Arthur F. Bentleys Versuch, ein „wertfreies Werkzeug" zu schmieden zur Untersuchung empirisch anzutreffender Formen von Verbandsaktivität (vgl. Bentley 1908). Die Durchsetzung dieses deskriptiven Zugangs wurde nachhaltig gefördert durch das Interesse, das die → politische Soziologie (besonders in den USA) den mannigfachen → „pressure groups" zu widmen begann: In dem Maße, in dem immer mehr Interessen sich organisierten und Druck aufeinander wie auf → Legislative und → Exekutive ausübten, schien die Einsicht „unumgänglich, daß Gruppen das Kernstück des politischen Prozesses ausmachen" (Truman 1951, S. 46). Zunächst anläßlich der ideologischen Auseinandersetzung mit den totalitären Systemen des → Faschismus und → Stalinismus Mitte der 30er und 40er Jahre, erst recht im Zuge des → Kalten Krieges wurde dann „vernünftiger und geregelter" Gruppenkonflikt „aufgewertet zum Grundstein der freien Gesellschaft" (Rogin 1967, S. 15; Garson 1978, S. 79): Die „vulgarisierte Fassung" (Lowi 1967, S. 12) der P.-Theorie gewann breite Popularität als Kampf- und Legitimationsbegriff, der zur Systemabgrenzung gegenüber östlichem → „Totalitarismus" diente. Daß die Orientierung an solchen Kontrastmodellen „die Selbstzufriedenheit förderte und Reformimpulse erstickte" (Connolly 1969, S. 23), rückte erst später ins Blickfeld.

VIII. In der Bundesrepublik war es Ernst Fraenkel, der während des Kalten Krieges den Idealtyp einer „autonom-pluralistisch-sozialen-rechtsstaatlichen Demokratie diesseits der Mauer" als Gegenstück zur „heteronom-monistisch-totalitären → Diktatur jenseits der Mauer" konstruierte (Fraenkel 1964, S. 7). Im Mittelpunkt dieses Konzepts, für das Fraenkel den Begriff → *Neo-Pluralismus* prägte, standen die autonome Organisierbarkeit sozialer Interessen und die Bildung des → Gemeinwohls als Resultante aus dem Konflikt der organisierten Gruppen. Bis in die Gegenwart lassen sich auf seiten der Vertreter des Neo-P. zwei Akzentuierungen unterscheiden. Die eine legt das Schwergewicht nach wie vor auf den Kampfbegriff- diejenige „Komponente der Fraenkelschen Arbeiten, die scharf den

Gegensatz von Pluralismus und Totalitarismus und den zur marxistischen → Ideologie betont" - und wehrt sich gegen eine „Verengung des P. auf den demokratischen Sozialismus" (Jesse 1979, S. 152, 149). Die andere regt selbstkritisch an, der Auseinandersetzung mit dem eigenen „schlecht proportionierten gesellschaftlichen Machtsystem" stärkere Aufmerksamkeit zu widmen (Sontheimer 1972², S. 126): P. soll verstanden werden als „Staatstheorie des Reformismus", als „strukturpolitische Aufgabe", als „Arbeitsprogramm" (Fraenkel 1969, S. 26 Kremendahl 1977, S. 410; Steffani 1980, S. 69).

IX. Eine derartige Akzentverschiebung besagt „ohne nähere Bestimmung der Reichweite und strukturellen Tiefenwirkung" des angestrebten → Reformismus zunächst noch „wenig" (Nuscheler 1980, S. 158). Konkretere und zugleich weiterreichende Konsequenzen zieht der sozialistische P.: Arbeiter- und Angestelltenselbstverwaltung im Unternehmensbereich, verknüpft mit externen Kontrollen, schüfe „die radikale Alternative zum (westlichen wie östlichen) Status quo" konzentrierter pseudo-privater bzw. pseudo-öffentlicher Wirtschaftsmacht (Dahl 1970, S. 139; vgl. auch Eisfeld 1972, S. 103f., sowie Dahl 1982, S. 198ff.). Die Entwicklung derartiger Vorstellungen aus der Kritik am oligopolistisch „vermachteten" → Kapitalismus fiel nicht zufällig zusammen mit dem Hervorgehen verwandter Konzeptionen aus der Infragestellung der Herrschaftsstrukturen des real existierenden „Monopolsozialismus" (Kuron/ Modzelewski 1969). Die reformkommunistische Forderung nach der Anerkennung pluralistischer Interessen und Interessenkonflikte auch in sozialistischen Gesellschaften (vgl. den Überblick bei Bermbach/ Nuscheler 1973) gewann praktische Relevanz während des kurzlebigen, gewaltsam beendeten Dubcek-Experiments in der CSSR 1968. „Sozialistischer P." hieß auch das Ziel, das die Offiziere, die die Caetano-Diktatur gestürzt hatten, 1975 in Portugal zu verwirklichen trachteten (vgl. Eisfeld 1984). Das jugoslawische Konzept der „sozialistischen Selbstverwaltungsdemokratie" schien am deutlichsten die Perspektive anzuvisieren, wirtschaftliche, soziale und politische

→ Selbstverwaltung durch ein gemeinsames Strukturprinzip - das Delegiertensystem - zu verknüpfen (vgl. Kardelj 1979). Die faktisch ungebrochene Einparteienherrschaft des Bundes der Kommunisten Jugoslawiens diskreditierte das Konzept als bloße Legitimationsideologie jedoch derart, daß es bei den politischen Umwälzungen seit 1989 keine formgebende Kraft zu entfalten vermochte.

X. Angesichts der in Ost-Mittel-Europa nach dem Ende des Realsozialismus fast allenthalben aufgebrochenen ethnischen, konfessionellen und regionalen Auseinandersetzungen stellt sich die Frage nach der Lösung zweier pluralistischer Kernprobleme - des Weges von der Vielheit zur Einheit sowie der Mäßigung von Konflikt durch Konsens - dort in einer Schärfe, die den dritten Problemkreis, das Verhältnis von → Partizipation zu → Repräsentation, scheinbar in den Hintergrund treten läßt. Doch ändert das nichts daran, daß - wie Dahl resümiert hat - weitestmögliche → Gleichheit der Chancen politischer Teilhabe anzustreben bleibt, weil nur so im politischen Entscheidungsprozß individuelle → Freiheit und Selbstentfaltung sich sichern lassen (Dahl 1989, S. 322). Dieses Ziel aber erfordert unabweisbar angesichts der „Bedeutung, die autoritäre → Institutionen in dem von Arbeit bestimmten menschlichen Alltag besitzen", den anhaltenden Versuch einer „Ausdehnung demokratischer Verfahren auf Wirtschaftsunternehmen" (Dahl 1989, S. 329, 332). Als kritisch-konstruktiver Ansatz behält das Konzept des sozialistischen P. seine Bedeutung.

Lit.: Dahl, R. A.: After the Revolution, New Haven 1970 (dt. Frankfurt 1975); Ders.: Dilemmas of Pluralist Democracy, New Haven 1982; Ders.: Democracy and its Critics, New Haven 1989; Eisfeld, R.: Pluralismus zwischen Liberalismus und Sozialismus, Stuttgart 1972; Fraenkel, E.: Der Pluralismus als Strukturelement der freiheitlich-rechtsstaatlichen Demokratie München/ Berlin 1964; Garson, G. D.: Group Theories of Politics, Beverly Hills/ London 1978; Kremendahl, H.: Pluralismustheorie in Deutschland, Leverkusen 1977; Laski, H. J.: Authority in the Modern State, New Ha-

ven/ London 1968 [1919]; Steffani, W.: Vom Pluralismus zum Neopluralismus, in: ders.: Pluralistische Demokratie, Opladen 1980; Truman, D. B.: The Governmental Process, New York 1951.

Prof. Dr. Rainer Eisfeld, Osnabrück

Pluralismuskritik

P. wird unter konträren ideologischen Vorzeichen aus rechter (etatistischer) und linker (marxistischer) Sicht formuliert. Die rechte Kritik am → Pluralismus hat v.a. in Deutschland Tradition, da sie auf einer → Staatstheorie gründet, die den → Staat als über gesellschaftlichen Prozessen stehende, neutrale Instanz sui generis ansieht, die als Sachwalter des → Gemeinwohls keiner externen (demokratischen) politischen → Legitimation bedarf. Folglich gefährdet ein staatsgerichteter Interessenpluralismus Einheitlichkeit und Handlungsfähigkeit des Staates. Die linke P. ist so heterogen wie die politische Linke insgesamt war bzw. ist. Übereinstimmend wirft sie dem Pluralismus die Orientierung am (bzw. Rechtfertigung des) gesellschaftlichen und politischen Status quo vor. Die „herrschende → Klasse" wolle durch Vorspiegelung pluralistischer Prozesse die antagonistischen Klassenstrukturen lediglich verschleiern.

Pöbel

1. Arme Menschen unterer sozialer Lage, illiterat und eigentumslos, am Rande des Existenzminimums lebend; Bez. für Unterschichtangehörige („geringes, gemeines → Volk"), wie Gesinde, Tagelöhner etc., in vorindustriellen → Gesellschaften mit feudal-ständischer Gliederung. Später ersetzt durch den Begriff → Proletariat.

2. Synonym für (weitgehend) unorganisierte Menschenansammlung bzw. Zusammenrottung, die durch aggressives, mitunter gewalttätiges Kollektivverhalten charakterisiert ist.

Pogrom

Russ. für Verwüstung; ursprünglich Bez. für die im zaristischen Rußland 1881-1917 durchgeführten planmäßigen Judenverfolgungen (→ Antisemitismus), die mit Plünderungen und Gewalttaten verbunden waren. Später entwickelte sich der Begriff P.

zu einem Allgemeinbegriff für antijüdische Ausschreitungen größeren Stils auch in anderen → Staaten. Heute allg. zur Benennung gewalttätiger Übergriffe gegen hilflose Opfer in Gestalt nationaler → Minderheiten (s.a. → Rassismus, → Xenophobie) verwandt.

Policy

Anglo-amerikanischer Terminus zur Bez. der inhaltlichen Dimension des - nicht entsprechend differenzierenden - deutschen Begriffs → „Politik", im Unterschied zur formalen bzw. wertbezogen verfaßten (→ Polity) und zur prozessualen (→ Politics) Dimension der Politik. Die inhaltliche Fragestellung beschäftigt sich mit den einzelnen Politikfeldern staatlicher Aktivitäten (→ Wirtschaftspolitik, → Sozialpolitik, → Umweltpolitik etc.), sie untersucht deren Gegenstände, Aufgaben, Instrumente, Ziele, Durchführung und Ergebnisse. P.forschung untersucht die Programme und Strategien des → politisch-administrativen Systems, die in speziellen Politikfeldern gegebenen Problem- und Konfliktlagen mit (i.d.R. knappen) → Ressourcen zu steuern und dabei unterschiedliche → Interessen zu berücksichtigen.

Polis

→ Stadtstaat bzw. Gemeindestaat; in der griech. → Staatsformenlehre von Aristoteles Modelltypus des → Staates. P. symbolisiert die politisch verfaßte menschliche → Gemeinschaft, in der → Recht, → Gesetz, Ordnung, Eintracht und → Gleichheit aller freien → Bürger als höchstes Gut angesehen werden. Die P. kann in vielen möglichen Staatsformen existieren: → Monarchie, → Aristokratie, → Politie; → Tyrannis, → Oligarchie, → Demokratie.

Politbüro der KP

Abk. für Politisches Büro; höchstes Entscheidungsgremium von auf dem → demokratischen Zentralismus aufbauenden kommunistischen → Parteien (vgl. → Sozialistische Einheitspartei Deutschlands/ SED). Die führende Stellung im P. hat der Generalsekretär bzw. 1. Sekretär des → Zentralkomitees (ZK) inne. Das P. ist das

ständige Organ des ZK, das die Mitglieder (und Kandidaten) des P. wählt.

Political Correctness

Dt.: Politische Korrektheit. Kunstbegriff und Schlagwort zur Kennzeichnung eines „politisch korrekten" Sprachgebrauchs, durch den Vorurteile, Intoleranz gegenüber und Diskriminierungen von → Minderheiten und Frauen in Wort oder Tat unterbunden werden sollen. In den USA entstand P. Ende der 80er Jahre als Gegenbewegung zur dominanten (weißen, männlichen) → Kultur, zur Bewahrung der → Identität ethnischer und sozialer Minderheiten. P. erkennt keine objektiven Kriterien oder allgemeingültigen Regeln an, sondern überläßt den Betroffenen die Bewertung von erlittener Diskriminierung. Bisher blieb P. weitgehend auf die USA beschränkt, ist aber auch dort weiterhin - in einer emotional geführten Debatte - umstritten.

Political Culture-Forschung

→ politische Kultur

political question-Doktrin

Element des → „judicial self-restraint", der „gerichtlichen Selbstbescheidung" des → Supreme Court der USA; mit Berufung auf die p. begründete dieses Gericht seine Nicht-Entscheidungen über einige national umstrittene politische und juristische Fälle. Der Supreme Court hat diese Streitfragen als zum politischen Bereich gehörig bezeichnet und damit der → Rechtsprechung entzogen, v.a. im Bereich der → Außenpolitik. Das → Bundesverfassungsgericht kennt eine solche p. nicht.

Politics

Während in der anglo-amerikanischen Terminologie → Polity die formale bzw. wertbezogen verfaßte und → Policy die inhaltliche Dimension des im Deutschen undifferenzierten Begriffs → „Politik" bezeichnet, bezieht sich P. auf die prozessuale Dimension. Gemeint ist die Beschreibung des Prozeßcharakters der Politik, d.h. von Vorgängen, während derer die (i.d.R. unterschiedlichen) → Interessen in einer → Gesellschaft sich in Form von Konsensbildung und Konfliktaustragung in den politischen Willensbildungs- und Entscheidungsprozeß umsetzen. Zu den Formen dieser Um- und Durchsetzung zählen nicht nur förmliche Beschlüsse, sondern auch Entscheidungserledigungen durch sog. „Nicht-Entscheidungen" (→ non-decisions).

Politie

Von politeia = griechisch für → „Verfassung". Aristoteles unterscheidet die Staatsformen (→ Staatsformenlehre) qualitativ danach, ob in ihnen das → Gemeinwohl - verstanden als das Wohl aller - oder nur das Wohl eines Teils der Mitbürger (eines, einiger oder vieler) angestrebt wird. Diese Zweiteilung differenziert er jeweils noch einmal nach quantitativen Kriterien. Verfassungsformen im Dienste des Gemeinwohls sind → Monarchie, → Aristokratie (es regieren mehrere: entweder die Besten, oder zum Besten der → Gemeinschaft) und P. (die Menge regiert zum Wohle aller). Nicht am Gemeinwohl, sondern am eigenen Nutzen ausgerichtet sind → Tyrannis (Alleinherrschaft), → Oligarchie (Reiche) und → Demokratie (→ Herrschaft der Menge zum Nutzen der Armen).

Politik

Handeln bzw. Einfluß- und Gestaltungsabsichten, die auf verbindliche (autoritative) Entscheidungen über den Einsatz von → Macht, → Ressourcen oder die Allokation von Gütern gerichtet sind. So verstanden ist P. i.e.S. bezogen auf den → öffentlichen (staatlichen) Sektor, und i.w.S. ein Prozeß- und Steuerungselement nahezu aller Bereiche der → Gesellschaft (ausführlich s. → Politikbegriffe).

Politikbegriffe

1. Wort und Begriff: Etymologisch betrachtet ist das dt. Wort → Politik eine Anleihe aus der griech. Sprache. „tà politikà" (τὰπολιτικὰ) waren die auf die → „polis" (πολις) bezogenen bürgerlichen Angelegenheiten, die darauf bezogene Wissenschaft. Beide Worte waren, vermittelt über das Adjektiv „politikos" (πολιτιχος), vom griech. Wort für → Bürger und bürgerlich, nämlich „polites" (πολιτης) abgeleitet.

Die griech. Ursprünge haben bis heute in den Grundverständnissen der Worte Politik, politisch und das Politische Spuren hinterlassen. Gleichzeitig ist jedoch zu sehen, daß sowohl auf der Ebene der Wissenschaft als auch auf der Ebene der Gemeinsprache eine heterogene Vielfalt von Bedeutungen existiert. Dies liegt zum einen daran, daß der „Gegenstand" nicht eine naturhaft vorgegebene, sondern eine sozial gemachte und hist. sich wandelnde Realität darstellt; zum anderen kann vom Betrachter jeweils eine Fülle von Perspektiven, Fragestellungen und (Erkenntnis)Interessen an den Gegenstand herangetragen werden.

2. Sprachliche Konstruktion von Wirklichkeiten: Jede Äußerung, die sich mit „politischen" Sachverhalten beschäftigt, enthält Annahmen darüber, was das Politische eigentlich sei und mit welcher Reichweite dieser Begriff sinnvollerweise anzuwenden wäre. Explizit oder implizit, bewußt oder unbewußt prägt der unterliegende P. den je spezifischen Zugriff auf Realität. Eine Reflexion über P. verweist deshalb immer auch auf den zeichen-, insbes. sprachvermittelten Modus, in dem politische Wirklichkeiten uns allein zugänglich sind. Die begriffliche Konstruktion des Politischen leistet für den Menschen zunächst und vor allem eine Reduzierung von unüberschaubarer Komplexität, indem Elemente herausgehoben, andere in den Hintergrund gerückt und dritte schließlich ganz ausgeblendet werden. Das Ergebnis ist jeweils eine elementare → Ontologie und Dramaturgie des Politischen. Hier wird der Horizont dessen definiert, was politisch ist und es der Möglichkeit nach sein kann. Da derartige Vorgaben unser Wahrnehmen, Denken und Handeln nachhaltig prägen, können sprachlich-begriffliche Realitätskonstruktionen immer auch Gegenstand sozialer Auseinandersetzung werden. Die Frage, was Politik ist und soll, die Frage danach, was legitimerweise als „politisch" zu bezeichnen ist, bleibt somit immer verstrickt in das gesellschaftliche Geflecht von sozialer und diskursiver → Macht. Diese Feststellung gilt nicht nur für den Bereich der Medien und öffentlichen Diskurse, sondern grundsätzlich auch für den Bereich der gelehrten

Dispute. Denn wissenschaftliche Wahrnehmungsweisen stehen nicht nur mit außerwissenschaftlichen in enger Wechselwirkung, sondern sie unterliegen - als Bestandteil der Dynamik wissenschaftlicher Paradigmen und Schulen - auch einer eigenen Logik von Einfluß und Macht.

3. P. der politikwissenschaftlichen Tradition: Die Ideen- und Theoriegeschichte weist eine ungeheure Bandbreite von P. auf. Genau besehen entwickelt jeder Ansatz politischer Reflexion in seinem spezifischen Sprachgebrauch einen eigenen P. Insofern würde die Geschichte der P. mit der des politischen Denkens überhaupt zusammenfallen. Die orientierende und erkenntnisgenerierende Betrachtung erfordert daher einen typologisch gruppierenden Zugriff, wobei von der Einbindung der Konzepte in konkrete historische Bedingungsgeflechte in gewissem Maße abstrahiert werden muß. P. sind grundsätzlich in zweierlei Hinsicht auf ihre jeweiligen Entstehungskontexte bezogen. Zum einen entstehen sie in Auseinandersetzung mit der philosophisch-wissenschaftlichen Tradition und dem jeweiligen Stand der theoretischen Diskussion einer Zeit; zum anderen reagieren sie auf allgemeine historische Problemlagen: realgeschichtliche Umbrüche und Krisensituationen, veränderte Erfahrungsräume und kulturelle Befindlichkeiten, die eine neue Justierung der Begrifflichkeiten als notwendig erscheinen lassen. In diesem Sinne nimmt also der P. des Thomas von Aquin auf einen völlig anderen „Forschungsstand" und „Wirklichkeitsstand" Bezug als der eines Hegel oder Habermas.

Zieht man gleichwohl historische Dimensionen als Wegweiser heran, so lassen sich in einem ersten Zugriff zwei Typen von P. unterscheiden: wertrationale und zweckrationale P. Der wertrationale, der seine erste systematische Ausformulierung bei Aristoteles erfährt, koppelt die Erkenntnis dessen, was ist, unmittelbar mit der Folgerung dessen, was sein soll: mit der Formulierung von ethischen Zielvorgaben im Sinne einer guten Ordnung und des → Gemeinwohls. Politik und praktische Philosophie fallen für Aristoteles zusammen. Dieser Habitus des politischen Denkens prägt die Diskussion

von der Antike bis zur Schwelle der Neuzeit und bleibt auch danach als eine Variante des P. einflußreich.

Der zweckrationale P. ist dagegen eine Folge jener Ausdifferenzierung von Denksphären, die schließlich konstitutiv für die Moderne wird. Politik bleibt nicht länger an die Imperative des summum bonum gebunden, sondern sie gestaltet sich - erstmals wohl radikal aufgezeigt bei Machiavelli - als eine eigene Sphäre der Zweckrationalität, in der sozialtechnische Hypothesen unabhängig von ethischen Kriterien ihre Gültigkeit entwickeln. Ein Großteil der philosophisch-wissenschaftlichen Diskussion läßt sich im Rahmen dieses konzeptuellen Vergleichs verorten.

Ein zweiter möglicher Typologisierungsversuch hebt auf die wissenschaftstheoretischen Grundlagen eines jeden Ansatzes als Kriterium des jeweiligen P. ab. Mit Blick auf die gegenwärtige Theorienlandschaft ließen sich vier P. unterscheiden:

- ein normativ-ontologischer P., der in der Nachfolge aristotelischer Anschauungen die ontologische Einsicht in das Sein und Wesen der Dinge mit klaren normativ-wertenden Stellungnahmen zur „guten Politik" verbindet;
- ein empirisch-analytischer P., für den Politik ein mit Hilfe möglichst exakter Instrumentarien zu beschreibender und erklärender Gegenstandsbereich ist. Unter dem Postulat der Wertfreiheit werden der Praxis allenfalls Empfehlungen in Form von Wenn-Dann-Aussagen zur Verfügung gestellt;
- ein kritisch-dialektischer P., der die jeweilige historisch-konkrete Interessenbindung einer jeden Erkenntnis voraussetzt und insofern Politik als Bereich konzeptualisiert, dessen falsche oder ideologisch verzerrte Strukturen mit Hilfe einer emanzipatorisch engagierten Wissenschaft verbessert werden sollen;
- schließlich der phänomenologisch-konstruktivistische P., der einer Reihe neuerer Theorien zugrundeliegt. Politische Wirklichkeit ist hier eine durch Menschen in sozialer Interaktion und Kommunikation konstruierte Realität, deren Sinn- und Handlungsstrukturen mit Hilfe von verste-

henden und beschreibenden Verfahren rekonstruiert werden können.

Eine weitere typologische Differenzierung, die einige nicht zufällige Affinitäten zu den oben skizzierten wissenschaftstheoretischen Positionen besitzt, ergibt sich, wenn man fragt, wo aus der Perspektive jeweiliger P. in erster Linie angesetzt werden muß, um eine rationalere und berechenbarere politische Praxis zu erreichen. Dabei gelangt man zu einer Einteilung in P., die von einer „praktischen" Optimierungsstrategie und solchen, die von einer „technischen" Optimierungsstrategie ausgehen. Die ersteren setzen - unter der Annahme, daß es in der Politik letztlich immer auf das Handeln von individuellen und kollektiven Akteuren ankommt - stets beim Menschen und dessen richtiger Erziehung an. Letztere hingegen rücken die Konstruktion richtiger → Systeme in den Mittelpunkt, weil sie stillschweigend unterstellen, daß die Menschen in der Politik nicht handeln, sondern auf Umstände reagieren und deshalb durch die technische Herstellung von richtigen Umständen zu einem vorausberechenbaren Verhalten genötigt werden. Sie versprechen damit ein Maß an Sicherheit und Kalkulierbarkeit in der Politik, das „praktische" Optimierungsstrategien nach eigenem Verständnis niemals zu stiften vermögen (Hennis 1977).

Auf einer weiteren Ebene wären schließlich P. zu unterscheiden, die eine forschungsleitende Fokussierung des Politischen ermöglichen. Es ist hier v.a. zu fragen, welche Kriterien zur Abgrenzung spezifisch politischer Sachverhalte von anderen Aspekten sozialer → Verbände herangezogen werden. Vier Typen von abgrenzenden P. erscheinen relevant: zielbezogene, mittelbezogene, bereichsbezogene und konstellationsbezogene P. Während der erste Typus eine inhaltliche Bestimmung von Politik vornimmt, arbeiten die anderen drei mit Hilfe „formaler" bzw. struktureller Kriterien. Ein zielbezogener P. findet sich schon zu Beginn der systematischen Reflexion über Politik in der griechischen Antike und wird noch bis zu den neueren Varianten eines „linken" Aristotelismus fortgesetzt. Mittelbezogene P. rekurrieren auf die In-

strumente, deren politisches Handeln sich charakteristischerweise bedient. Im Zentrum steht dabei zumeist der Begriff der Macht, verbunden mit ihrer institutionalisierten Form als → Herrschaft. In diesem Sinne bestimmt Max Weber die Politik als „Streben nach Machtanteil oder nach Beeinflussung der Machtverteilung" (Weber 1919). Immer dort also, wo Macht, Einfluß, → Autorität und Herrschaft eine Rolle spielen, haben wir es demzufolge mit politischen Sachverhalten zu tun. Dabei ist sicherlich zu ergänzen, daß im Lichte neuerer Forschungen Macht und Herrschaft keineswegs auf physische Gewaltsamkeit und klare Befehlshierarchie beschränkt sind - psychische Prozesse, Zeichen und symbolische Formen können ganz ähnliche Dynamiken entfalten.

Ein derartiger P. ist sehr weit gefaßt: Machtphänomene treten nicht nur in öffentlichen → Institutionen, sondern auch in familiären oder betriebswirtschaftlichen Sphären auf. Definiert man andererseits politische Herrschaft im Gegensatz zu anderen Formen als eine auf übergeordnete Herrschaftsinstanzen bezogene Variante, dann droht dem Begriff eine zu enge Begrenzung auf staatliche oder vergleichbare Verbände. Ähnliche Probleme hat ein bereichsbezogener P., besonders wenn er sich an die Institution des → Staates knüpft. Er zeigt zwar eine hohe Trennschärfe: politisch ist alles, was im Staat und mit Bezug auf den Staat erfolgt. Faßt man das → „politische System" - was gerade in der Moderne naheliegt - jedoch weiter, dann leidet die Möglichkeit der klaren Abgrenzung.

In der strukturfunktionalistischen → Systemtheorie liegt eine Mischform von P. vor, da politisches System hier weniger ein „greifbarer" Bereich als vielmehr ein funktional differenziertes Kommunikationssystem ist, das sich durch spezifische Medien (Macht, Recht) und systemische Prozesse definiert. Andere systemtheoretische Bestimmungen von Politik sind eher dem vierten Typus, dem konstellations- oder problembezogenen P. zuzuordnen. Hier wird jeweils eine spezifisch politische Ausgangslage postuliert, die mit verschiedenen Mitteln und Zielen bearbeitet werden kann.

Diese Ausgangslage ist Scharpf zufolge das Problem des kollektiven Handelns bei nichtvoraussetzbarem → Konsens; bei anderen handelt es sich um eine Konfliktkonstellation, die wiederum sehr unterschiedlich modelliert sein kann: als → Konflikt einer Pluralität von → Inte-ressen (Bentley), als antagonistischer Klassenwiderspruch (Marx) oder als anthropologische Freund-Feind-Konstellation (C. Schmitt).

Um die Abgrenzbarkeit des Politischen bei dieser Spannweite zu wahren, empfiehlt sich eine Differenzierung zwischen Politik und Para-Politik. Politik i.e.S. wäre danach immer auf das grundlegende Ordnungs- oder Koordinationsproblem eines sozialen Verbandes bezogen, während Para-Politik Entscheidungsprozesse innerhalb eines Rahmens meint, in dem diese fundamentalen Ordnungsprobleme schon gelöst oder geregelt sind.

4. P. und → politische Kultur: Das von Vollrath konstatierte Faktum, daß die abstrakte Reflexion eines „adäquaten" P. ein spezifisch deutsches Phänomen darstellt, verweist auf eine wichtige Eigenschaft von P.: Sie sind stets auch Ausdruck der politischen Kulturen, in deren Kontexten sie produziert und kommuniziert werden. In dieser Hinsicht lassen sich auf der Ebene der Theorie- und Ideengeschichte kulturspezifische Typen von P. kontrastieren. Das aussagekräftigste Beispiel ist sicherlich die Differenz von deutschen und anglo-amerikanischen Denkmustern. Im deutschen Bereich dominieren Sinngebilde, die auf die Zentralperspektive des Staates zugeschnitten sind, an dessen kollektiver Vernunft die einzelnen teilhaben. Selbst der machtorientierte P. eines Max Weber bleibt letztlich untrennbar mit der → Institution des Staates verbunden. Den abstrakt-prinzipiellen Politikverständnissen im deutschen Kulturraum steht im angelsächsischen Raum das pragmatische Denken von zumeist auch mit konkreten politischen Felderfahrungen ausgerüsteten Autoren gegenüber. Orientierungspunkt ist hier die Empirie geschichtlicher Erfahrung und - dies zeichnet den prozeduralen P. aus - die → Partizipation am politischen Prozeß (Vollrath 1987).

Das sind sinnvolle Unterscheidungen, die freilich der Vertiefung und Differenzierung bedürfen. Namentlich im deutschen Kulturraum - zu dem ja nicht nur das Deutsche Reich, sondern beispielsweise auch die Schweiz mit ihren republikanischen Traditionen gehört - muß man nicht nur stärker regional, sondern auch konfessionell differenzieren. Der deutsche Katholizismus hat auf Grund seines spezifischen historischen Schicksals und seiner besonderen ideengeschichtlichen Traditionen Politikverständnisse entwickelt bzw. bewahrt, die sich von denen der dominanten politischen Kultur charakteristisch unterscheiden. Berücksichtigt man solche Differenzierungen, dann ist es sinnvoll, zwischen einer inhaltlich akzentuierten deutschen Teilhabekultur und einer prozedural akzentuierten Teilnahmekultur in der anglo-amerikanischen Tradition zu unterscheiden. In der erstgenannten Kultur dominiert ein an „Sachrationalität" orientiertes und auf die „technische" bzw. systematische Produktion, Allokation und Distribution von öffentlichen Gütern bezogenes Politikverständnis. In der angloamerikanischen Tradition zeigt sich dagegen ein stärker an „sozialer" Rationalität orientiertes „praktisches" Politikverständnis, das Politik primär als die Kunst begreift, Macht- und Interessenkämpfe von individuellen und kollektiven Akteuren auf der Grundlage gemeinsamer Institutionen so zu regeln, daß der gesellschaftliche Friede gewahrt bleibt. Solche typologischen Unterschiede zwischen den beiden Kulturkreisen lassen sich nicht nur auf der Ebene der politischen Sozialkultur mit ihren Alltagstheorien und Mentalitäten nachweisen.

5. Zweidimensionaler P.: Angesichts der großen Vielfalt inner- und außerwissenschaftlicher P. stellt sich die Frage nach dem „richtigen", adäquaten oder zumindest gut handhabbaren Konzept. Diese Frage verlagert sich nur, wenn man die faktische Pluralität der P. absetzt gegen einen in phänomenologischer Reflexion gewonnenen und letztlich in aristotelischer Tradition normativ aufgeladenen Begriff des „Politischen" (Vollrath). Statt dessen erscheint eine Kombination von zwei unterschiedlich dimensionierten P. als heuristisches Instrument für eine institutionalisierte Reflexion über Politik besser geeignet. Es ist einmal für eine breite, aber nicht uferlose Gegenstandskonstitution ein P. anzusetzen, der das fundamentale Ordnungs- und Koordinationsproblem in und zwischen sozialen Verbänden ins Zentrum stellt, ein Ordnungsproblem, bei dem stets mehrere Akteure mit unterschiedlichen Ansprüchen und Zielen aufeinandertreffen und eine Koordination keineswegs selbstverständlich erwartet werden kann. Wie sich dieses Problem konkret stellt und welche Praktiken zu seiner Bearbeitung eingebracht werden, das kann kulturell und historisch sehr unterschiedlich sein.

Bei dieser Problembearbeitung wären dann wiederum → *policy*- und → *politics*-Aspekte zu unterscheiden; auf der einen Seite Inhalte, Leistungen, Güter, die angestrebten → Outputs, um die es jeweils geht; auf der anderen Seite der Prozeß des Politiktreibens selbst. Auch in Hinsicht auf die Gewichtung dieser beiden Dimensionen können Politikverständnisse und politische Kulturen sehr unterschiedlich sein. Schließlich aber muß jede konkrete Erforschung politischer Realitäten einen je eigenen P. formulieren, der den angezielten Gegenstand adäquat fokussiert und eine empirische Operationalisierung erlaubt, die dem jeweiligen Erkenntnisinteresse entspricht. So ist im Zusammenspiel von engem und weitem P. eine Reflexion politischer Wirklichkeiten möglich, die spezielle Detailanalysen wieder an eine integrative Betrachtung des Politischen zurückbinden kann.

Lit.: Dörner, A./ Rohe, K.: „Politische Sprache und Politische Kultur. Diachronkulturvergleichende Sprachanalysen am Beispiel von Großbritannien und Deutschland, In: M. Opp de Hipt/ E. Latniak (Hg.): Sprache statt Politik? Politikwissenschaftliche Semantik- und Rhetorikforschung, Opladen 1990; *Hennis, W.:* Politik und praktische Philosophie. Schriften zur politischen Theorie, Stuttgart 1977; *Palonen, K.:* Politik als Handlungsbegriff. Horizontwandel des Politikbegriffs in Deutschland 1890-1933, Helsinki 1985; *Rohe, K.:* Politik: Begriffe und Wirklichkeiten. Einführung in

das politische Denken. Stuttgart et al. 1978; *Vollrath, E.:* Grundlegung einer philosophischen Theorie des Politischen, Würzburg 1987.

Dr. Andreas Dörner, Magdeburg
Prof. Dr. Karl Rohe, Essen

Politikberatung

Wissenschaftliche Beratung von politischen Entscheidungsträgern i.S. eines Aufzeigens von (alternativen) Problemlösungswegen. Im Zuge zunehmend komplizierter und unüberschaubar werdender Problemlagen in → Gesellschaft und Wirtschaft greifen die verantwortlich handelnden Akteure in → Politik und → Verwaltung (→ politische Planung) vermehrt auf wissenschaftliche Kompetenzen zur Problemlösung zurück. Einen gewissen Aufschwung nahm die P. mit den sozialen Umwälzungen in den 60er Jahren. Die Politikberater können innerhalb oder außerhalb der abrufenden → Institutionen stehen; einzelnen Bundesbehörden direkt angegliedert sind bestimmte Auftragsforschungsinstitute (z.B. Institut für Arbeitsmarkt- und Berufsforschung der → Bundesanstalt für Arbeit, Stiftung Wissenschaft und Politik) und wissenschaftliche → Beiräte bei Bundes- und Landesministerien. P. ist überwiegend ein Hilfsmittel der → Exekutive; der → Bundestag profitierte bisher davon vergleichsweise wenig.

Politik der Stärke

1. Lösung der eigenen Sicherheitsbestrebungen durch militärische Überlegenheit und demonstrative Bereitschaft, → Konflikte notfalls durch militärische Aktionen zu befrieden. Eine solche → Politik ist mit erheblichen Rüstungsanstrengungen und Kriegsrisiko verbunden. → Wettrüsten und Eskalationsgefahr sind i.d.R. die Folgen.

2. Axiom der westdeutschen → Außen- und → Deutschlandpolitik in der Frühphase der Ära Adenauer. Dieses vor dem Hintergrund der Frontstellung des → Kalten Krieges vom ersten Kanzler der Bundesrepublik verfolgte Politikkonzept beruhte auf dem Kalkül, jedes weitere Fortschreiten der → Integration des westdeutschen Teilstaates

in das westliche Bündnissystem werde nicht nur die freiheitliche Ordnung der Bundesrepublik festigen, sondern auch die Sowjetunion zu Konzessionen in der Wiedervereinigungsfrage nötigen. Für Adenauer verband sich zumindest zeitweise mit der von ihm so apostrophierten „Politik aus der Position der Stärke" (März 1952) darüber hinaus die Projektion der Befreiung Osteuropas vom → Kommunismus, die das Ergebnis einer durch eine „westliche" Lösung der → Deutschen Frage ausgelösten Instabilität im östlichen Block sein könne. In den 60er Jahren wurde die P. durch die → Entspannungspolitik ersetzt.

Politikverdrossenheit
Relativ unspezifischer, oft schlagwortartig benutzter Begriff, mit dem entweder eine Unzufriedenheit mit der → Politik oder eine zunehmende Distanzierung der Bürger von der Politik bezeichnet wird. Lt. → Umfrageforschung zeigt sich in den westlichen → Demokratien aber kaum P. im Sinne von Ablehnung des → politischen Systems oder Legitimitätsentzug (vgl. diffuse → politische Unterstützung). Unzufriedenheit besteht v.a. mit den Leistungen (→ output) von Akteuren in politischen Entscheidungsprozessen (kaum mit den Entscheidungsprozessen bzw. -strukturen selbst): Politiker und → Parteien werden zunehmend negativ bewertet, so daß statt P. die Begriffe Politiker- und → Parteienverdrossenheit angebracht sind.

Politikverflechtung
Politikwissenschaftlicher Untersuchungsansatz und Wirklichkeitsmerkmal der spezifischen Mehrebenen-Beziehungen innerhalb des → politisch-administrativen Systems der Bundesrepublik, das durch föderalistische Kompetenzteilung sowie die (verfassungsförmig postulierte) → Autonomie der → kommunalen Selbstverwaltung gekennzeichnet ist. P. äußert sich als komplexes Beziehungsgefüge vertikaler und horizontaler Kooperation der Politikebenen von → Bund, → Ländern und → Gemeinden bzw. → Gemeindeverbänden (s.a. → Dritte Ebene, → kooperativer Föderalismus). Ein wichtiges Element dieser Kooperation ist die gemeinsame Planung und Finanzierung

→ öffentlicher Aufgaben, z.B. im Bereich der → Gemeinschaftsaufgaben nach Art. 91 a und 91 b GG, den Finanzhilfen nach Art. 104 a IV GG sowie der Verkehrswegeverwaltung nach Art. 89 und 90 GG.

Politikwissenschaft
1. Begriff. Der Begriff „Politikwissenschaft" (P.) als Bez. für eine zeitgenössische Wissenschaft und Universitätsdisziplin ist in Deutschland erst nach dem Zweiten Weltkrieg - als passende deutsche Entsprechung zum angelsächsischen „political science" oder französischen „science politique" - aufgekommen und hat sich gegenüber konkurrierenden Namen wie „Politische Wissenschaft", „Wissenschaftliche Politik", „Wissenschaft von der Politik", „Politologie" oder „Politikologie" - durchaus analog zu „Rechts-" und „Wirtschaftswissenschaft" - als angemessene Bez. einer wissenschaftlichen Disziplin, ihrer Lehrstühle und Forschungsinstitute sowie ihres Gegenstandsbereiches durchgesetzt.

2. Entstehung und institutionelle Ausgestaltung. Für die Konstituierung der P. unmittelbar gleichzeitig mit der Gründung der Bundesrepublik als zweiter deutscher → Demokratie waren zwei Gründe bestimmend:
(1) Wissenschaftsgeschichtlich sollte diese Neugründung die ältere, aber verlorengegangene deutsche Tradition der → Politik als Wissenschaft, die sich im 19. Jh. in die verschiedenen → „Staatswissenschaften" aufgespalten hatte und die in der Weimarer Zeit trotz der Gründung der Hochschule für Politik in Berlin nicht wiederhergestellt werden konnte, erneuern.
(2) Politisch-pädagogisch sollte diese Wissenschaft unter der Ägide der westlichen Besatzungsmächte als „Demokratiewissenschaft" einen wesentlichen Beitrag zur Erneuerung von Demokratie und demokratischer → Kultur im Nachkriegsdeutschland leisten.

Seit den frühen 50er Jahren hat die P. an den Hochschulen und Universitäten der Bundesrepublik eine beachtliche Entwicklung genommen, die durch zwei Momente bestimmt war: einmal durch eine fachwissenschaftliche Professionalisierung, bei gleichzeitigem Rückgang der politisch-pädagogischen Komponente. Zum anderen durch zunehmende Expansion, durch Vermehrung der Lehrstühle und Ausbau der Institute sowie gleichzeitiger fachwissenschaftlicher Differenzierung und Spezialisierung, die in der Etablierung von neuen Teildisziplinen ihren Ausdruck fand. Heute gehören i.d.R. folgende Disziplinen zum Fächerspektrum der P.: → „Politische Theorie" oder → „Politische Philosophie" inklusive → „politische Ideengeschichte", → „Regierungs- oder Systemlehre", wozu inzwischen vielfach → „Vergleichende Systemlehre" (Comparative Politics) hinzugekommen ist, → „Internationale Beziehungen" (oder „Internationale Politik") sowie → „Politische Soziologie". Jede der genannten Teildisziplinen ist theoretisch und methodisch zur wissenschaftlichen Analyse eines Teilbereichs der komplexen politischen Gesamtrealität ausgebildet. Entsprechend dieser fachlichen Differenzierung haben sich auch die theoretischen und methodischen Ansätze der P. spezialisiert, mit der Folge, daß die zeitgenössische P. keinem einheitlichen wissenschaftstheoretischen Paradigma verpflichtet ist. Gleichwohl gilt, daß sich die P. heute überwiegend als empirisch-analytische → Sozialwissenschaft versteht - und dies, obwohl mit der Teildisziplin „Politische Theorie" (Philosophie) merkwürdigerweise eine philosophische, vielfach normativ ausgerichtete Teildisziplin integral zu ihrem Bestand gehört. Entsprechend der Entstehung hat die P. nach dem Zweiten Weltkrieg sich sowohl konzeptionell und methodisch als auch problembezogen an den angelsächsischen und französischen Vorbildern orientiert. Namhafte deutsche Politikwissenschaftler der ersten Stunde wie A. Bergstraesser, E. Fraenkel, C. J. Friedrich, F. A. Hermens oder E. Voegelin brachten ihre Erfahrungen aus dem (meist amerikanischen) Exil mit in die Aufbauphase der P. in Deutschland ein.

Demgegenüber besaß die moderne „political science" oder „science politique" in den USA und Großbritannien, aber auch in Frankreich bereits längere Tradition: Unter maßgeblichem Einfluß europäischer Gelehrter entstand in den USA schon im 19.

Jh. an den meisten Universitäten „political science" als differenziertes Fach. Etwas später entstanden mit der „London School of Economics and Politics" und mit der „Ecole Libre des Sciences Politiques" Zentren der P. in Großbritannien und Frankreich, die einen großen Einfluß auf die Entwicklung dieser Wissenschaft in Europa und der Welt im 20. Jh. haben sollten.

3. Historische Perspektive. Dieser Überblick über die Entwicklung der P. als moderne Sozialwissenschaft darf nicht darüber hinwegtäuschen, daß die philosophische und wissenschaftliche Beschäftigung mit der Politik auf viel ältere Traditionen, letztlich auf antike Ursprünge zurückgeht. Insofern ist die P. als Sozialwissenschaft eine relativ junge, als philosophische Disziplin eine sehr alte Wissenschaft. Allerdings werden die klassischen Ursprünge der P. von der zeitgenössischen P. unterschiedlich bewertet: Für die Anhänger moderner Wissenschaftstheorie gelten sie vielfach wegen ihres philosophisch-normativen Charakters als vorwissenschaftlich und ohne aktuelle wissenschaftliche Relevanz, während Anhänger der klassischen Tradition in ihr nie mehr erreichte Höhepunkte philosophisch-politischer Reflexion sehen. Die hier sichtbare Spannweite und Vielfalt wissenschaftlicher Positionen wird man nicht alternativ in zwei sich ausschließende Gegensätze auflösen dürfen; vielmehr wird man sie - trotz aller Unterschiede der theoretischen Ansätze und wissenschaftlichen Paradigmata - als eine Einheit in der geschichtlichen Entwicklung vorstellen müssen; und so wird man sich auch der einzelnen Etappen ihrer Entfaltung in der Geschichte versichern müssen, um zu erkennen, welche wissenschaftsinternen und -externen Faktoren und Bedingungen diese Wissenschaft von ihren frühen Anfängen als Teil der praktischen Philosophie bis zur zeitgenössischen Gestalt als empirisch-analytische Sozialwissenschaft in ihrer Entwicklung bestimmt haben.

Dabei wird - über die Epochen hinweg - als wichtiger Grundzug durchgehalten erscheinen, daß die herausragenden Varianten der P. stets in geschichtlichen Krisen- und Umbruchszeiten auftraten: als zeitkritisch-philosophische Ordnungsreflexion oder „kritische Ordnungswissenschaft" (Eric Voegelin).

Dies trifft zu für die griechische P., wie sie von Platon (427-347 v. Chr.) und Aristoteles (384-322 v. Chr.) repräsentiert wird. Platon hat, aufgrund seiner Erfahrung der Krise der athenischen → Polis, P. als philosophische Zeitkritik begründet. Gegenüber der politischen Unordnung der zeitgenössischen Polis, deren Ursache er in der Unordnung der Seele des damals sozialdominanten Menschentyps sah, zielte Platons P. (in der „Politeia") darauf ab, die psychisch-philosophischen Bedingungen für eine neue seelische Ordnung des Menschen aufzuzeigen und damit zugleich die positiven Grundlagen für eine neue politische → Verfassung zu begründen. Auch für Aristoteles' P. ist dieser Zusammenhang von philosophischer Zeitkritik und politischer Theorie konstitutiv. Im Rahmen seiner praktischen Philosophie, entwickelt v.a. in der „Nikomachischen Ethik" und der „Politik", erhält P. die Position einer „Königswissenschaft", weil der Mensch seine wesenhafte Verwirklichung erst in der Polis zu finden vermag, deren empirische und normative Analyse Aufgabe der P. ist. Auch in Rom, bei Polybios (201-120 v. Chr.) und Cicero (104-43 v. Chr.) bleibt P. als praktische Philosophie mit Zeitkritik verbunden, die sich nun allerdings nicht mehr auf den Verfassungszustand einer Polis, sondern auf den römischen → Republik bezieht.

In der Spätantike kommt es unter dem jetzt bestimmenden Einfluß des jungen Christentums zu einer Umwertung der politischen Wirklichkeit und zugleich des politischen Denkens überhaupt: Als 410 n. Chr. die Ostgoten unter Alarich Rom erobern, bricht der Konflikt in der römischen → Gesellschaft darüber auf, ob das Christentum den Untergang Roms bewirkt habe. Dagegen entwickelt Augustinus (354-430) in seinem Hauptwerk „De Civitate Dei" seine Lehre von den zwei „Bürgerschaften" des Menschen, der Civitas terrena und der Civitas Dei, und bricht mit der bisher geltenden → Identität von politischer und religiöser, weltlicher und geistlicher Ordnung. Bis ins späte Mittelalter bleibt dieser Augu-

stinismus wirksam. Im Zusammenhang mit der Wiederentdeckung der aristotelischen Philosophie gewinnt in der mittelalterlichen Scholastik, vor allem in den Schriften des Thomas von Aquin (1224-1275), das politische und soziale Leben des Menschen und damit das philosophische Denken darüber einen neuen Stellenwert: Die weltliche → politische Ordnung erhält jetzt im Rahmen der göttlichen Weltordnung die Funktion, die innerweltlichen Voraussetzungen und Bedingungen für die transzendente Heilsgewinnung des Menschen zu schaffen.

Eine grundlegende Erneuerung aus dem bereits diesseitigen Denken erfährt die P. zu Beginn der Neuzeit (15./16. Jh.). Der Zerfall der geistlichen (päpstlichen) und weltlichen (kaiserlichen) Ordnung des Mittelalters, die Entstehung der modernen → Nationalstaaten aus dem Geiste der → Souveränität und der → Staatsräson, die Trennung der weltlichen und geistlichen Sphären und die damit verbundene → Säkularisierung der politischen Welt, aber auch die Heraufkunft der erfolgreichen Naturwissenschaften mit ihrer geometrischen Methode verändern die P. in ihren Fundamenten: Sie wendet sich von dem klassischen Paradigma ab und orientiert sich an der Realität des modernen → Staates als Machtstaat. Der Florentiner Niccolo Machiavelli (1469-1527) wird, durch die krisenhaften Zustände der italienischen Politik, zum Begründer einer neuen P., die in seinen Schriften „Il Principe" und „Discorsi" ihre theoretische und methodische, aber auch ihre didaktische Grundlegung als politische Klugheitslehre erhält. Bleibt Machiavelli bei allen Neuerungen seines Denkens noch dem Renaissance-Humanismus verpflichtet, so entwickeln Jean Bodin (1530-1596) und Thomas Hobbes (1588-1679) aus der Erfahrung der religiös motivierten → Bürgerkriege in Frankreich und England die Grundlagen einer neuen P. Vor allem Thomas Hobbes basiert seine „Neue Wissenschaft" der Politik auf die resolutiv-kompositorische Methodologie der zeitgenössischen Naturwissenschaft, mit deren Hauptvertretern er im wissenschaftlichen Gedankenaustausch steht. Hobbes' „Leviathan" wird so zum Grundbuch der neuzeitlichen politischen Theorie. Sowohl von Bodin als auch von Hobbes wird dem Staat zur primären Aufgabe die Herstellung und Sicherung des Friedens gemacht, den er mit souveräner → Gewalt nach innen wie außen bewahren soll. Fast gleichzeitig mit Hobbes gewinnen im englischen 17. Jh. in der Auseinandersetzung zwischen Königtum und → Parlamentarismus politische Theorien Einfluß, die von naturrechtlich begründeten Freiheitsrechten des Menschen ausgehen und die den Staat und seine Tätigkeit auf die Erhaltung dieser menschlichen → Freiheit verpflichten. John Locke (1632-1704) in England, aber auch Samuel Pufendorf (1632-1694), Christian Thomasius (1655-1728) und Christian Wolff (1679-1754) in Deutschland, Montesquieu (1684-1755) in Frankreich legen in ihren politischen Hauptwerken die Grundlagen für den modernen gewaltenteilenden → Konstitutionalismus und damit die entscheidenden Fundamente für den europäischen Verfassungsstaat, der durch andere politische Denker im Kontext der amerikanischen und → französischen Revolution - wie v.a. Jean Jacques Rousseau (1712-1778), Thomas Jefferson (1743-1826), John Adams (1735-1826) sowie die Verfasser der → „Federalist"-Papers, Hamilton, Madison und Jay theoretisch weiter in Richtung konstitutionelle Demokratie ausgestaltet wird.

Diese Epoche der → Revolutionen bedeutet eine tiefgreifende → Krise hergebrachter politischer Strukturen und ihrer Legitimationsformen und brachte die wichtigsten politischen Ideenrichtungen (→ Liberalismus, → Konservatismus, Radikalismus und auch die Anfänge des → Sozialismus) hervor. So wurde Edmund Burke (1729-1797) durch seine einflußreichen ‚Betrachtungen über die Revolution in Frankreich" (1790) der Begründer des europäischen Konservatismus.

Auch die politischen Ideen des deutschen → Idealismus (I. Kant, Fr. Schiller, J. G. Fichte und G. W. Fr. Hegel) sind ohne die Französische Revolution nicht denkbar; ja sie bilden recht eigentlich die philosophische „Theorie der Französischen Revolution". Durch die Erfahrungen des Epochenwandels im Zeitalter der Revolution gewin-

nen geschichtsphilosophische Konzepte maßgeblichen Einfluß auf die politische Theorie und drängen das naturrechtliche Denken zurück. Die Geschichte der Menschheit wird dabei als ein dialektischer, aufsteigender Prozeß der Verwirklichung des Geistes in der Geschichte interpretiert. Karl Marx (1818-1883) sollte hieraus die praktisch-revolutionäre Konsequenz ziehen: „Die Philosophen haben die Welt nur verschieden interpretiert; es kommt aber darauf an, sie zu verändern." Auch bei Marx ist die Zeitkritik der philosophischen, religiösen, sozialen, politischen und ökonomischen Verhältnisse des 19. Jh. die entscheidende Grundlage seiner Geschichts- und Gesellschaftstheorie, die in seinem Lebenswerk mit den Aufgaben der → Arbeiterbewegung untrennbar verbunden wird und dadurch die entscheidende politisch-revolutionäre Massenbewegung des 19. und 20. Jh. inauguriert.

So zentral die Stellung von Marx in der Entwicklung auch der P. des 19. Jh. ist, mit Auguste Comte und Alexis de Tocqueville hat es auch andere einflußreiche politische Theorien entstehen lassen, in denen es stärker um eine historisch-empirische Analyse politischer Entwicklungen geht. Das gilt vorzüglich für Tocquevilles „Über die Demokratie in Amerika", in dessen Vorrede der Verfasser feststellt: „Eine völlig neue Welt bedarf einer neuen politischen Wissenschaft". Dieses Programm ist im Rahmen der gegen Ende des 19. Jh. aufkommenden modernen empirischen Sozialwissenschaften unter den Bedingungen der entstehenden industriellen Massengesellschaft und ihrer politischen Organisation von verschiedenen theoretischen Ansätzen her eingelöst worden. Vor allem der deutsche Soziologe Max Weber (1864-1920) hat durch seine politischen wie methodologischen Schriften die Grundlagen der modernen P. und ihrer empirischen Teildisziplinen gelegt; → Parlamentarismus, → Parteien, → Bürokratie, Wirtschaft, Gesellschaft und Religion sind die Felder seiner stets universalgeschichtlich orientierten Arbeiten, die der P. des 20. Jh. ein schier unerschöpfliches Arsenal an Begriffen und Problemstellungen vermittelt haben.

4. Gegenwärtige Situation. Die Entwicklung der P. in der abendländisch-europäischen Geschichte ist von wissenschaftsinternen und wissenschaftsexternen Faktoren gleichermaßen bestimmt; die Abfolge verschiedener Wissenschaftsparadigmata erklärt sich daher.

Die gegenwärtige Situation der P. kann aus verschiedenen Perspektiven gekennzeichnet werden. Rein institutionell ist die zeitgenössische P. durch einen hohen Grad der Diversifizierung ihrer Teildisziplinen sowie ihrer wissenschaftstheoretischen Ansätze, Methodologien und → Politikbegriffe charakterisiert.

Die Gliederung in Teildisziplinen resultiert aus der zunehmenden Komplexität und Differenzierung der politischen Realität, auf die die P. mit einer fortschreitenden Spezialisierung reagiert hat. So ist die P. heute gegliedert in Politische Theorie oder Philosophie, (Vergleichende) Politische Systemanalyse, Internationale Beziehungen und Politische Soziologie, hinzutreten politische Kulturforschung und politikwissenschaftliche Entwicklungsländerforschung. Gegenwärtig konkurrieren zumindest drei wissenschaftstheoretische Paradigmata untereinander: 1. das normativ-ontologische, 2. das empirisch-analytische und 3. das historisch-dialektische Paradigma.

Das normativ-ontologische Paradigma orientiert sich am klassisch-antiken Modell politischer Theorie (Platon, Aristoteles) und versucht aus zeitgeschichtlichen Impulsen und Erfahrungen dessen Wiederbelebung. Der dominierenden empirisch-analytischen P. sei „das Bewußtsein der Prinzipien verlorengegangen", dessen Erneuerung „nicht ohne Rückgriff auf die platonisch-aristotelische Episteme möglich" sei (E. Voegelin). Eine derart als „kritische Ordnungswissenschaft" verstandene P. hat ihren natürlichen Schwerpunkt in der politischen Philosophie, richtet sich aber mit Hilfe ihres topischen Verfahrens zugleich auch auf die Analyse aktueller Regierungsprobleme (W. Hennis).

Das empirisch-analytische Paradigma hat demgegenüber vorwiegend die Methodologie des → Kritischen Rationalismus Pop-perscher Prägung zum Grunde. Intersubjektive Überprüfbarkeit und Plausibilität der Forschungen werden zum entscheidenden Postulat. Daher widmet diese Forschungsrichtung der Methodendiskussion und –kritik große Aufmerksamkeit. Im Rahmen dieses Paradigmas partizipiert die P. stark von den allgemein sozialwissenschaftlichen Forschungsmethoden und ihrer Diskussion.

Das historisch-dialektische Paradigma gewann in den 70er Jahren aus zeitgeschichtlich-politischen und wissenschaftskritischen Motiven für anderthalb Jahrzehnte einen größeren Einfluß auf Theorie- und Methodenbildung der P.; es basiert auf einflußreichen philosophischen Lehren des 19. Jh.: auf der Geschichtsphilosophie Hegels und der Gesellschaftstheorie von Marx. In der jüngsten Vergangenheit erhielt dieses Paradigma in der Variante der → „Kritischen Theorie" der → Frankfurter Schule von M. Horkheimer, Th. W. Adorno u. J. Habermas ihre breitere Geltung und öffentliche Wirkung auch in der P. Ihre theoretischen Grundlagen werden durch die Kategorien der Geschichtlichkeit, Totalität und → Dialektik bestimmt, deren logische Problematik für den kritischen Rationalismus im sog. „Positivismusstreit" Anlaß zur Kritik hat.

Die konkrete Forschungspraxis der zeitgenössischen P. wird nicht zuletzt von Herausforderungen aus der politischen Wirklichkeit beeinflußt; so hat die Regierbarkeitsproblematik der letzten Jahre eine interessante Erneuerung der politikwissenschaftlichen → Regierungslehre bewirkt und den Akzent der Forschungen stark auf die Analyse konkreter → Politikfelder verlagert, für die systemtheoretische und komparatistische Konzepte leitend sind. Aufgrund ihres Selbstverständnisses als kritischer Ordnungswissenschaft vermag die P. heute in vielfältiger Weise und in den verschiedenen Politikbereichen eine leistungsfähige Politikberatung zu pflegen.

Lit.: D. Berg-Schlosser/ H. Maier/ T. Stammen: Einführung in die Politikwissenschaft, 5. A. München 1992; *K. v. Beyme*: Die politischen Theorien der Gegenwart, 6. A. München 1985; *W. Hennis*: Politik und praktische Philosophie, Stuttgart 1977; *H.*

Maier: Politische Wissenschaft in Deutschland - Lehre und Wirkung, erweiterte Neuausgabe, München 1985; *E. Voegelin*: Die neue Wissenschaft der Politik, München 1959.

Prof. Dr. Theo Stammen, Augsburg

Politikwissenschaftliche Methoden

I. Überblick. Die P. dienen dazu, empirisch wahre Aussagen über politische Inhalte, Prozesse und Strukturen zu erarbeiten. Im Bereich empirischer Forschung sind sie zu gliedern in Methoden der Datenerhebung und der Datenanalyse. In den Sonderfällen der Untersuchung von Rechts- bzw. Geschichtstatsachen bedient sich die → Politikwissenschaft auch der juristischen bzw. historischen Methode, die beide im Grunde Kombinationen von Dokumenten analyse und Hermeneutik (s. u.) darstellen.

II. Daten. Daten sind zufällig oder im Licht von (vor-)theoretischen Vermutungen zusammengetragene und festgehaltene Informationen. Diese Informationen können aufgezeichnet sein als Texte (‚Verbaldaten'), als Ziffern (‚numerische Daten') oder als Bilder (Fotographien, Videos, Karten). Im übrigen kann es sich dabei um Informationen über einzelne Untersuchungseinheiten wie Personen handeln (‚Individualdaten'), um Informationen über Aggregate von Untersuchungseinheiten (‚Aggregatdaten'), oder um Netzwerkdaten, d.h. um Daten über die Art und Intensität der Beziehungen zwischen einer Mehrzahl von Akteuren. Auf systematische Weise werden Daten so gewonnen: Von theoretischen Begriffen und klaren Fragestellungen ausgehend entwickelt man zunächst Erhebungsinstrumente (z.B. Kategorienschemata für Inhaltsanalysen oder Beobachtungen, Leitfäden oder Fragebögen für Interviews, Versuchspläne für Experimente und Simulationen); dann wendet man sie auf jene Untersuchungseinheiten an, die man studieren will.

III. Methoden der Datenerhebung. Es muß sichergestellt werden, daß genau zu jenen Sachverhalten Informationen erhoben werden, die es zu erhellen gilt (‚Validität'), und daß die Erhebungsinstrumente unabhängig

von ihrem Benutzer und vom Einsatzzeitpunkt in gleicher Weise funktionieren (‚Reliablität'). Im einzelnen sind die folgenden Methoden wichtig:

1. Dokumenten- und Inhaltsanalyse. Dokumente sind *Texte* aller Art, *Bild-* bzw. *Tondokumente*, *Gegenstände* wie Werkzeuge oder Maschinen, sowie *Sachverhalte* bzw. *Zustände*, z.B. bestehende → Institutionen oder benutzte Verkehrswege. Für die Politikwissenschaft sind - neben sekundäranalytisch auszuwertenden Büchern, Aufsätzen, ‚grauer Literatur' usw. - v. a. Zeitungen, Akten, Protokolle und offizielle Publikationen wichtige Textdokumente. Hierbei nimmt die Dokumentenanalyse oft die Form der Inhaltsanalyse an. Deren Leitgedanken sind leicht auf die Analyse von Dokumenten *aller* Art zu übertragen.

Die Erhebungsinstrumente der Inhaltsanalyse sind der Analyseleitfaden bzw. das Kategorienschema. Ein *Analyseleitfaden* ist eine Liste von inhaltlich wichtigen Fragen, mit welchen an die zu analysierenden Texte herangetreten wird. Ein *Kategorienschema* ist eine Zusammenstellung von Begriffen (‚Kategorien'), denen die vom jeweiligen Begriff bezeichneten Stellen der untersuchten Texte zugeordnet werden. Eine solche Zuordnung heißt ‚Codierung'. Ein Kategorienschema wird entweder *induktiv* entwickelt, indem man die auszuwertenden Texte zunächst im Licht seiner inhaltlichen Fragestellung studiert und dabei die zur Bergung der gesuchten Informationen hilfreichen Kategorien erarbeitet. Oder man geht *deduktiv* vor, wenn man schon im vorhinein weiß, welche Kategorien die zu analysierenden Texte gut erschließen können. Dann legt man diese von vornherein fest und vollzieht die Codierung gleich. Dies kann auch anhand geeigneter Hard- und Software automatisiert werden. Arbeitet man mit einem Kategorienschema, so entstehen oft - statistisch auszuwertende - numerische Daten in Gestalt von Häufigkeitsangaben darüber, wie oft bestimmte Kategorien in den untersuchten Texten auftreten. Bei der Arbeit mit einem Analyseleitfaden entstehen hingegen verbale Daten, die mit der hermeneutischen Methode auszuwerten sind.

2. *Befragung.* Bei den Befragungsmethoden werden die gesuchten Informationen durch Befragung von Personen gewonnen. Man kann solche Befragungen mündlich durchführen („Interview') oder in Form einer schriftlichen Befragung. Zentrale Erhebungsinstrumente sind der Interviewleitfaden, auf dessen Fragen vom Interviewten mit frei formulierten Antworten zu reagieren ist („offene' Fragen), sowie der Fragebogen. Bei letzterem ist unter vorgegebenen Antwortmöglichkeiten jeweils die auszuwählen, welche jener Aussage am besten entspricht, die der Befragte treffen will („geschlossene' Fragen). Bei schriftlichen Befragungen und repräsentativen Bevölkerungsumfragen wird so gut wie immer mit Fragebögen, bei Experten- und Eliteninterviews meist mit Interviewleitfäden gearbeitet. Benutzt man Interviewleitfäden, so werden die Antworten stichpunktartig notiert oder auf Band aufgezeichnet und verschriftet. Auf diese Weise entstehen Verbaldaten, die anschließend einer Inhaltsanalyse unterzogen werden. Bei der Arbeit mit aus geschlossenen Fragen bestehenden Fragebögen entstehen numerische Daten, indem den einzelnen Antwortvorgaben Ziffern auf den jeweils angebrachten Meßniveaus der Nominal-, Ordinal-, Intervall- oder Verhältnisskala zugewiesen werden. Die konkret gestellten Fragen setzen die inhaltliche Forschungsfragen in Antwortanreize für den Befragten um. Darum müssen sie zwar aus den vom Forscher zu beantwortenden inhaltlichen Fragen abgeleitet, in ihrem tatsächlichen Wortlaut aber dem Verständnishorizont der Befragten angepaßt sein. Außerdem muß die *Reihenfolge* der Fragen sorgfältig festgelegt werden. Jede Frage stiftet nämlich einen Verständnishorizont für die folgende Frage und prägt dergestalt das weitere Antwortverhalten.

3. *Beobachtung.* Beobachtungsmethoden werden angewandt, wenn die zu erlangenden Informationen in beobachtbaren Verhaltensweisen bestehen und man es nicht mit durch Befragungsmethoden zu erlangenden *Berichten* über solches Verhalten bewenden lassen will. Das zentrale Erhebungsinstrument ist entweder ein Beobachtungsleitfaden oder ein Beobachtungsschema, wobei die Unterscheidung jener zwischen Analyseleitfaden und Kagegorienschema der Inhaltsanalyse entspricht. Bei der Nutzung eines Beobachtungsleitfadens entstehen Verbaldaten in Form von Beobachtungsnotizen, die anschließend einer Inhaltsanalyse zu unterziehen sind. Bei Benutzung eines Beobachtungsschemas erhält man meist numerische Daten. Ansonsten unterscheiden sich die Formen der Beobachtung in zwei Dimensionen. a) *Offene* vs. *verdeckte Beobachtung.* Im ersten Fall wissen die Beobachteten, daß sie beobachtet werden, was zu Veränderungen ihres Verhaltens führen kann. Im zweiten Fall versucht der Beobachter eine Rolle einzunehmen, in der niemand bemerkt, daß er die anderen beobachtet. b) *Teilnehmende* vs. *nicht-teilnehmende Beobachtung.* Im ersten Fall beteiligt sich der Forscher an den Handlungen der Beobachteten, was ihm die Möglichkeit intensiveren Kontakts gibt, aber den Untersuchungsgegenstand verändern kann. Im zweiten Fall mischt der Forscher sich nicht in das zu beobachtende Geschehen ein, was freilich zu Irritationen der Beobachteten führen kann, wenn es für eine nicht-teilnehmende, aber dennoch anwesende Person keine geeignete Rolle gibt.

4. *Experiment.* Durch Experimente lassen sich Vermutungen über Zusammenhänge zwischen Ursachen und Wirkungen („kausale Hypothesen') auf ihre Übereinstimmung mit den Tatsachen prüfen. Zunächst muß - anhand der forschungsleitenden Theorie - festgelegt werden, zwischen welchen „Folgen' und „Ursachen' Zusammenhänge betrachtet werden sollen. Außerdem ist sicherzustellen, daß nicht andere denn die als ursächlich vermuteten Sachverhalte unbemerkte Einflüsse auf die interessierenden Zusammenhänge ausüben. Für beides sorgen der Versuchsplan bzw. die Versuchsanordnung. Die pw. wichtigsten Formen des Experiments sind die folgenden.

a. *Ex-post-facto-Experiment* (auch „*Quasi-Experiment*', „*historisches Experiment*'): Man betrachtet *inhaltsanalytisch* Inhalte, Prozesse und Strukturen vergangener politischer Wirklichkeit und prüft, ob sich im verfügbaren historischen und zeitgeschichtlichen Dokumentenmaterial solche Bereiche politischer Wirklichkeit finden lassen, die einander bis auf die vermuteten Ursachen bzw. Folgen ähnlich sind. Gelingt dies, so lassen sich anhand von Daten über jene Wirklichkeitsbereiche die gewünschten Aussagen erarbeiten bzw. prüfen. Im Grunde liegt hier vergleichendes Vorgehen vor.

b. Laborexperiment: Der Forscher führt selbst jene Situationen herbei, in denen er durch kontrolliertes Bewirken bestimmter Sachverhalte und Beobachtung von deren Folgen kausale Hypothesen prüfen will. Ihre Grenze finden Laborexperimente in der Politikwissenschaft darin, daß sie für die Versuchspersonen oft erkennbar künstlich sind und somit deren ‚normales' Verhalten verändern.

c. Feldexperiment: Bei ihm nutzt der Forscher quasi-experimentell solche Situationen aus, die sich beim konkreten politischen Handeln von selbst ergeben. Beispielsweise können verschiedene Formen der → Arbeitsmarktpolitik in verschiedenen → Staaten daraufhin verglichen werden, ob und in welchem Grad sie wirklich die Arbeitslosigkeit mindern. Im Unterschied zu ex-post-facto-Experimenten kann der Politikwissenschaftler hier von vornherein für eine seinem Forschungszweck dienliche Aufzeichnung der nötigen Beobachtungen sorgen. Feldexperimente haben den Vorteil, daß sie politisches Handeln in einer diesem sehr gut angemessenen Perspektive betrachten. Ihr zentrales Problem liegt darin, daß man sie nicht ‚nach Bedarf' herbeiführen und bei ihnen Störfaktoren nur selten in befriedigender Weise ausschließen kann.

5. Simulation: Durch die Simulationsmethoden werden politische Prozesse und Strukturen auf verschiedene Weise ‚nachgebildet'. Dies dient dazu, die interessierenden Prozesse und Strukturen besser zu verstehen und mit den nachgebildeten Prozessen und Strukturen zu experimentieren. Die wesentlichen Varianten der Simulationsmethode sind Planspiele, die Computersimulation sowie die formale Modellierung. Die letztere wird mehr und mehr im Bereich der *theoretischen* pw.en Forschung wichtig. Bei ihr entwickelt man formale (logische bzw. mathematische) Modelle des interessierenden Wirklichkeitsausschnittes, untersucht anschließend die logischen Implikationen dieser Modelle, erzeugt bzw. überprüft anhand dieser Implikationen interessierende Hypothesen, um die letzteren dann empirischer Forschung zugrunde zu legen.

IV. Methoden der Datenanalyse. Welche Methoden der Datenanalyse zu benutzten sind, hängt einerseits von der Forschungsfrage, andererseits von der Art der erhobenen Daten ab.

1. Hermeneutische Methode. Sie ist die methodisch verfeinerte ‚Kunst des Interpretierens'. Häufig ist allein sie schon für die Datenanalyse ausreichend. Bei ihr geht es darum, einen Sachverhalt (z.B. einen Text, ein Bild, eine Handlung, eine → Institution, eine Reihe statistischer Maßzahlen usw.) zu verstehen. Zu diesem Zweck wird an den zu verstehenden Sachverhalt mit dem jeweils gegebenen Vorverständnis des Interpreten unter Mobilisierung all des ihm verfügbaren Kontextwissens herangetreten. Gegebenenfalls läßt sich so schon das gewünschte Verstehen erreichen. Falls das noch nicht gelingt, wird wenigstens deutlich, wo Vorverständnis fehlt bzw. ergänzt oder korrigiert werden muß. Zu diesem Zweck wird man zusätzliche Informationen oder Ratschläge von weiteren Sachkundigen einholen. Mit dem solchermaßen verbesserten Vorverständnis tritt man erneut an den zu verstehenden Sachverhalt heran. Nur scheinbar ist man nun nicht weiter als zuvor und hat ‚nur einen Kreis ausgeschritten' (‚hermeneutischer Zirkel'); in Wirklichkeit aber hat man beim zweiten Arbeitsschritt Neues hinzugelernt und ist zu einem verbesserten, oft durchaus veränderten Verständnis gelangt. Diese Arbeitsschritte werden so lange wiederholt, bis eine für den praktischen Forschungszweck ausreichende Deutung des fraglichen Sachverhalts gelungen ist. Dabei verschmelzen oft ‚der Sinngehalt des zu verstehenden Objekts und die deutend herangetragenen Wissensbestände des Forschers. Insbesondere kommt es immer wieder vor, daß man einen Sachverhalt ‚überinterpretiert', ihm also mehr oder anderen Sinn ‚abgewinnt', als von dessen Urheber in ihn hineingelegt wurde, oder ihn gar in Sinnhorizonte stellt, in die er sich zwar fügt, die ihm vor dieser Deutungsleistung des Interpreten aber fremd waren.

2. *Statistische Methoden.* Die hermeneutische Methode ist die Grundmethode aller Datenanalyse. Doch es müssen nicht selten zuvor Methoden der Strukturierung und Verdichtung des gewonnenen Datenmaterials eingesetzt werden. Wenn größere Mengen an Informationen auszuwerten sind, führt dann an der Benutzung *statistischer Methoden* meist kein Weg vorbei. Diese gliedern sich, gemäß ihren unterschiedlichen Aufgaben, in zwei Gruppen:

a. Beschreibende („deskriptive') Statistik. Ihre Methoden erlauben es, Informationen aller Art, und zwar schon ab dem Meßniveau der Nominalskala, in zweckdienlicher Weise zu verdichten. Im einfachsten Fall handelt es sich um Maßzahlen wie Mittelwerte und Streuungsmaße, welche den Informationsgehalt *einzelner* Variablen zusammenfassen. Komplexer sind Korrelationskoeffizienten, welche Stärke und Art des Zusammenhangs zwischen jeweils *zwei* Variablen angeben. Die komplexen Methoden der multivariaten Statistik (z.B. Varianzanalyse, Regressionsanalyse, Clusteranalyse, Diskriminanzanalyse, Faktorenanalyse, multidimensionale Skalierung) erlauben es, den Informationsgehalt von *vielen* Variablen so weit zu verdichten, daß unter Nutzung der hermeneutischen Methode klare Antworten auf die Forschungsfragen zu formulieren sind. Seit leistungsfähige Computer mit inzwischen vorzüglicher statistischer Software verfügbar sind, sind der Verwendung statistischer Methoden so gut wie keine Grenzen mehr gesetzt. Dasselbe gilt für die Verwendung *Boole'scher Algebra.* Sie dient (insbesondere im Rahmen von Vergleichsanalysen) dazu, auf nicht-statistische Weise Daten über die tatsächlich vorkommenden Merkmalskonfigurationen der Vergleichsfälle auf logisch minimale Beschreibungen von Konfigurationsmodulen zu reduzieren.

b. Schließende Statistik („Inferenzstatistik'). Sie ermöglicht Schlüsse von der Auswahl der tatsächlich untersuchten Fälle auf die Grundgesamtheit aller interessierenden Fälle. Sie tut das einesteils im Weg des Repräsentationsschlusses, der Kennwerte von Stichproben mit angebbarer Wahrscheinlichkeit bzw. Schwankungsbreite auf Grundgesamtheiten zu verallgemeinern erlaubt. Andernteils erlaubt sie Verallgemeinerungen im Weg des Inklusionsschlusses („Signifikanztest'). Dabei wird berechnet, wie wahrscheinlich es ist, in einer Stichprobe einen bestimmten Sachverhalt zu entdecken, wenn es ihn in der Grundgesamtheit gar nicht gibt. Ist die entsprechende Wahrscheinlichkeit sehr gering, so wird geschlossen, in der Stichprobe zeige sich ein tatsächlich in der Grundgesamtheit vorkommender Sachverhalt. Die Verallgemeinerungen der schließenden Statistik sind allerdings nur dann möglich, wenn die auszuwertenden Daten in Form einer Repräsentativstichprobe („verkleinertes Abbild der Grundgesamtheit') erhoben wurden. Einfache oder systematische, mehrstufige oder geschichtete Zufallsauswahlen sind aus *mathematischen* Gründen nachweislich repräsentative Stichproben. In der *Praxis* haben sich auch allerdings Quotenstichproben als repräsentative Stichproben bewährt.

IV. Qualitative und quantitative Methoden. Im Grunde gibt es nicht qualitative und quantitative Methoden, sondern nur eher qualitative oder eher quantitative Ausprägungen der immer gleichen Methoden. Diese unterscheiden sich v.a. im Grad der Strukturierung des Erhebungsinstruments (z.B. Interviewleitfaden vs. vollstrukturierter Fragebogen, offene vs. geschlossene Fragen), in der Auswahl der Untersuchungsfälle (z.B. systematisch geplante Zufallsstichproben vs. theoretisch geleitetes Schneeball-Verfahren) und im Umfang der Nutzung statistischer Methoden. Allerdings ist im Bereich der Statistik der Unterschied von qualitativem und quantitativem Vorgehen eher konventionell als in der Natur der Sache begründet. Viele statistische Modelle verlangen nämlich ohnehin nur qualitative Daten auf dem Niveau einer Nominal- oder Ordinalskala, und ohne Nutzung der rein qualitativen hermeneutischen Methode lassen sich die Ergebnisse gerade von komplexen quantitativen statistischen Modellen (etwa der Faktorenanalyse, Clusteranalyse oder multidimensionalen Skalierung) überhaupt nicht auswerten. In der Praxis ist es vom gesicherten Wissen über einen Forschungsgegenstand (‚viel' vs. ‚wenig') und vom Forschungszweck (‚Hypothesen prüfen' vs. ‚Neues entdecken') abhängig, ob die pw.en Methoden eher in ihren quantitativen oder in ihren qualitativen Ausprägungen anzuwenden sind.

V. Mehrdeutige Verwendungen des Methodenbegriffs. Der Methodenbegriff wird in der Politikwissenschaft mehrdeutig gebraucht. Oft werden nämlich auch Forschungs*formen* oder Forschungs*ansätze* als Forschungsmethoden bezeichnet. Man spricht etwa von der ‚vergleichenden Methode'. Bei ihr geschieht allerdings nichts anderes, als daß die genannten Methoden der Datenerhebung und Datenanalyse zum Zweck des Vergleichs eingesetzt werden.

Lit.: Alemann, U. v.: Politikwissenschaftliche Methoden. Grundriß für Studium und Forschung, Opladen 1995; *Dreier, V.:* Empirische Politikforschung, München/ Wien 1997; *Hinich, M. J./ Munger, M. C.:* Analytical Politics, Cambridge 1997; *Patzelt, W. J.:* Sozialwissenschaftliche Forschungslogik, München/ Wien 1986; *Patzelt, W. J.:* Einführung in die Politikwissenschaft, 4. erw. Aufl. Passau 1999.

Prof. Dr. Werner J. Patzelt, Dresden

politisch-administratives System
Engl.: political-administrative system; systemtheoretisch geprägter Begriff der → Policy-Forschung, der das Zusammenwirken von Trägern politischer Entscheidungen (→ Regierung, → Parlament, → Parteien) und der formal nur ausführenden → Verwaltung bei der Beeinflussung des politischen Entscheidungsprozesses umfaßt. Die Erweiterung des politischen Systembegriffs um die Beifügung „administrativ" trägt der Tatsache Rechnung, daß, in Durchbrechung des klassischen Prinzips staatlich-politischer → Gewaltenteilung, die Verwaltungsorgane der verschiedenen Ebenen in unterschiedlichem Maße an der politischen Programmvorbereitung und –formulierung beteiligt sind.

politisch Verfolgte
Personen, die aufgrund ihrer politischen bzw. weltanschaulichen Überzeugung (oder aus ethnischen/ rassischen Gründen) in ihrem → Staat verfolgt, d.h. diskriminiert, unterdrückt, zur Emigration genötigt oder liquidiert werden. P. sind ein Kennzeichen diktatorischer, v.a. totalitärer → Systeme. In der Bundesrepublik Deutschland genießen p. das → Grundrecht auf → Asyl (Art. 16a GG).

politische Anthropologie
Bez. für politische Ordnungsvorstellungen bzw. Herrschaftslehren, die auf allg. Annahmen über die Natur des Menschen gründen. Das Besondere der p. besteht darin, daß, i.S. der klassischen → Politischen Theorie, die Frage nach dem „guten → Staat" als Frage nach den natürlichen Konstanten des Menschseins und den menschlichem Wesen angemessenen politischen Einrichtungen formuliert wird - wie also → politische Ordnung beschaffen sein muß, damit der Mensch seine Natur verwirklichen kann (→ Naturrecht).

In Entwürfen für die „rechte Ordnung" des Gemeinwesens gehen folglich vorgängige (apriorische) Vorstellungen über menschliches Wesen mit ein. Dabei wird dem Menschen, im Unterschied zum Tier, durchwegs eine „Sonderstellung in der Welt des Lebendigen" (E. Mühlmann) zugewiesen; solche spezifisch menschlichen Wesenszüge beschränken sich nicht auf das → Bedürfnis nach Befriedigung elementaren Daseinsgrundbedarfs (Lebensschutz, Fortpflanzung, Nahrung, Wohnung), sondern schließen ideelle Anlagen bzw. Fähigkeiten wie Soziabilität, Selbstentfaltung, Moral mit ein.

Neben „Natur" ist „Kultur" ein Bezugspunkt politisch-anthropologischer Bestimmung. Menschliches Zusammenleben wird durch vom Menschen selbst geschaffene, kodifizierte und informelle Regeln (→ Gesetze, Sitten, Konventionen etc.) sowie soziale und politische → Institutionen überhaupt erst ermöglicht. Umgekehrt gibt die Entwicklung der Gesellschafts- und Kulturgestaltung Auskunft über den Menschen, eben seine konstanten, natürlichen „Ausrichtungen" und Grundbedürfnisse. P. trägt aber auch zur Begründung legitimer politischer → Herrschaft bei.

politische Apathie
Bez. für mangelndes → Interesse bzw. weitgehende Teilnahmslosigkeit gegenüber den politischen → Institutionen einer → Gesellschaft und/ oder den von diesen verfolgten Zielsetzungen sowie ablaufenden politischen Prozessen. Während früher ein gewisses Maß an p. als Garant eines stabilen demokratischen → Systems angesehen wurde (Seymour Martin Lipset), wird p. heute ebenso kritisch betrachtet wie ein verbreiteter systemfeindlicher → Radikalismus.

politische Beamte
Inhaber leitender Positionen der unmittelbaren Staatsverwaltung von → Bund und → Ländern, die - im Unterschied zum Lebenszeitstatus der Laufbahnbeamten (→ Beamte) - bei fehlender politischer Übereinstimmung mit den Zielen der jeweils amtierenden → Regierung jederzeit ohne Angabe von Gründen in den einstweiligen Ruhestand versetzt werden können (§ 31 Beamtenrechtsrahmengesetz). Die im 19. Jh. geschaffene → Institution dient dem Zweck, die Ebenen regierungseigener politischer Zielplanung und ausführender Vollzugsverwaltung stärker zu verklammern; im Falle der p. wird der Rollenkonflikt zwischen Regierungsloyalität und Neutralitätspflicht zugunsten ersterer stärker gewichtet. Zu den p. gehören u.a. (mit Ausnahme Bayerns) die leitenden Beamten der → Ministerien (→ Staatssekretär, Abteilungsleiter), ferner die → Regierungs- und Polizeipräsidenten sowie die (organisatorisch der → Exekutive zugerechneten) Generalstaatsanwälte.

politische Beteiligung
⇒ Partizipation

Politische Bildung
1. Begriff: Erziehung ist die planmäßige Einwirkung auf Heranwachsende mit dem Ziel, ihnen erwünschte Verhaltensdispositionen zu vermitteln, Bildung hingegen das Anregen und Zur-Tätigkeit-Bringen der im einzelnen Menschen angelegten Fähigkeiten, seines Vermögens. P. bedeutet, daß im Bildungsprozeß Menschen in Beziehung zum Politischen gesetzt werden. Von der Definition des Politischen hängt es ab, ob dieser Prozeß mit dem Bildungsbegriff vereinbar ist oder im Gegensatz zu ihm auf Instruktion, Überredung oder Schulung hinausläuft. In der demokratischen → Gesellschaft wird → Politik von den Grundsätzen der → Volkssouveränität, der → Freiheit und → Gleichheit bestimmt, aus der sich für jeden → Bürger Anspruch auf und Notwendigkeit der → Mitbestimmung und Teilhabe am politischen Prozeß ergeben. Voraussetzung für politisches Handeln in der → Demokratie ist das auf Einsicht ruhende Urteil des einzelnen. Ziel der P. ist daher, Wissen und Einsichten zu vermitteln, Fähigkeiten des Urteilens, der Kritik und des Handelns zu wecken, um den Bürgern einer demokratisch verfaßten Gesellschaft ein selbst- und mitbestimmtes Leben zu ermöglichen.

Hinsichtlich der Funktion sind zwei Perspektiven zu unterscheiden: Vom → politischen System aus betrachtet dient P. dazu, Systemnormen zu vermitteln, welche ihm Zustimmung sichern und somit politischer → Herrschaft → Legitimität verleihen. Vom einzelnen aus betrachtet zielt P. auf die Fähigkeit, eigene → Interessen zu erkennen und zu vertreten, Partizipationschancen wahrzunehmen, um dadurch Selbstbewußtsein und Selbständigkeit zu erlangen.

2. Geschichte: P. ist so alt wie die öffentliche Schule; sie war immer Teil ihrer Erziehungsaufgabe. Aber erst nach 1945 hat sie eine eigene Geschichte. Sie läßt sich in folgende Phasen gliedern:

2.1 Umorientierung von außen: Reeducation 1945-1949: Die Siegermächte versuchten, durch „Umerziehung" den Einfluß der NS-Herrschaft auf das → politische Bewußtsein der Deutschen zu überwinden und eine demokratische Kultur zu gründen. Dazu gehörte auch die → Schulpolitik. Dauerhaften Bestand hatte hier die Einführung eines Schulfaches für die P. (Gemeinschaftskunde, Sozialkunde u.a.) und der Schülermitverwaltung.

2.2 Philosophisch-pädagogische Grundlegung der P. 1949-1964: Die Erfahrung mit der NS-Herrschaft war Impuls für eine

Neubesinnung und regte zu einer philoso-phisch-pädagogischen Grundlegung der P. an. Vorschläge zielten auf eine *Sozialerziehung* (Oetinger), auf eine *staatsbürgerliche Erziehung* (Litt) oder auf P. als *Gewissensbildung* (Ballauf). Sie waren von der Absicht geleitet, ein Wiederaufleben des NS-Gedankengutes zu verhindern und dem neugegründeten demokratischen → Staat Zustimmung zu verschaffen.

2.3 Sozialwissenschaftliche Orientierung der P. 1960-1970: Seit Ende der 50er Jahre wurde in der P. die fehlende Analyse der politischen und gesellschaftlichen Realität nachgeholt. Die P. erfuhr jetzt eine *Didaktisierung* durch die Rezeption lerntheoretischer Erkenntnisse, ferner eine *Verwissenschaftlichung* durch die Rezeption von Erkenntnissen der Soziologie und der kurz zuvor reetablierten → Politikwissenschaft und eine → *Politisierung*, da sie als Anleitung zur Urteilsbildung in politischen Streitfragen verstanden wurde.

2.4 Systematisierungen: Die didaktischen Konzeptionen 1970-1985: Die Verselbständigung der politischen Didaktik als wissenschaftliche Disziplin innen der P. dienenden Lehre schlug sich in Systematisierungen unterschiedlicher didaktischer Ansätze nieder (die „Didaktiken": Fischer 1970, Giesecke 1965 u. 1972, Hilligen 1975 u. 1985, Sutor 1971 u. 1984, Schmiederer 1971, Roloff 1972 ff., Claußen 1981). Die politische Polarisierung in den Jahren der sozialliberalen → Koalition bewirkte, daß jetzt auch in der P. Fronten zwischen sog. progressiven und konservativen Didaktikern entstanden.

2.5 Rezeption der Curriculumtheorie 1970-1975: Gleichzeitig waren die Versuche einer wissenschaftlich fundierten Richtlinienentwicklung in den Unterrichtsfächern der P. Die damit verbundene verstärkte Intervention des Staates und die Konfrontation der Regierungs- und Oppositionsparteien in den Jahren der sozialliberalen Koalition lösten politische → Konflikte über Richtlinien und Schulbücher aus. Damals hat sich die P. in der Schule in die sog. A-(SPD-regierten) und B-(CDU/CSU-regierten) → Länder gespalten, u.a. durch die rigide, zensurähnli-che Zulassungs- (bzw. Nichtzulassungs-) praxis von Schulbüchern.

2.6 Wende zur → Lebenswelt und zur Unterrichtspraxis seit 1977: Zunehmende „Theoriemüdigkeit" zeigte sich im Nachlassen der Rezeption von Theorien der Gesellschaft, beginnend mit der „pragmatischen" Wende Schmiederers (1977). Auf die "Konzeptionen" folgten die partiellen „Ansätze": Schülerorientierung, Erfahrungsorientierung, Handlungsorientierung u.a. Eine subjektive Vereinseitigung („Betroffenheitspädagogik") wurde durch verstärkten Praxisbezug abgelöst. Ferner erhielten Problem-(Politik-)felder erhöhte Aufmerksamkeit, zuerst Friedenssicherung und Umweltproblematik, danach Neue Technologien.

2.7 Die 90er Jahre: Problemorientierung und kommunikative Fachdidaktik: Die „Wende" in der DDR 1989 und die nachfolgende Vereinigung der beiden Teile Deutschlands gab den „Didaktiken" (2.4) eine erneute Aktualität als Weiterbildungsangebot für Lehrende in den ostdeutschen Ländern. Jedoch erlebten diese den Systemwechsel zugleich als persönliche und als Krise der → Industriegesellschaft. Zunehmend schwerer wurde es, gesicherte Lerninhalte zu beschreiben. Dies förderte alte und neue Trends: a) Problemorientierung: Die Vorbereitung der Lernenden auf globale Zukunftsaufgaben wurde gefordert, eine „Zukunftsdidaktik" (Weinbrenner) entworfen und globale „Schlüsselprobleme" (Klafki) als Auswahlkategorie von Inhalten vorgeschlagen. b) Neue „Didaktiken" erschienen als kommunikative Fachdidaktik (S. Reinhardt 1997, T.Grammes 1998), welche die Praxis des Lehrens kasuistisch in der Form von Unterrichtsszenen und Arbeitsprozessen immer schon in die Theorie mit einbezogen. Sie ermöglicht eine qualitative empirische Unterrichtsforschung der P. (Henkenborg/Kuhn 1998). c) Zu den neuen Themen didaktischen Denkens in der P. gehörten die empirische Untersuchung und Reflexion der Geschlechterdifferenz beim politischen Lernen und die Einbeziehung der Schule als Interaktionssystem.

3. Bezugswissenschaften und Bedingungsfelder

3.1 Pädagogik und Didaktik. Mit Hilfe von theoretischen Instrumenten der Allgemeinen Didaktik (AD) konnte sich im Verlauf der 60er Jahre eine Fachdidaktik (FD) der P. als selbständige wissenschaftliche Disziplin konstituieren. Das Verhältnis zwischen AD und FD ist als das einer Kooperation, nicht einer Nachordnung anzusehen. Die FD der P. bildet die „Schnittstelle" zwischen der AD und den für die P. zuständigen Fachwissenschaften.

3.2 Fachwissenschaft. Als „Demokratiewissenschaft" übte die Politikwissenschaft (PW) in den Jahren ihrer Wiedergründung selber die Funktion der P. aus. Sie wurde die wichtigste Bezugswissenschaft für die PB, in zweiter Linie Soziologie und Ökonomie. Seit ihrer Institutionalisierung entwickelte die FD der PB eigene Fragestellungen, die sie gegenüber den Fachwissenschaften verselbständigte. Heute läßt sich das Verhältnis der FD zu den Bezugswissenschaften (AD, PW, Soziologie, Ökonomie) als das einer relativen → Autonomie bezeichnen.

3.3 Staat/Schule. Schule als der wichtigste Lernort für P. ist zwar formell einer zentralistisch-bürokratischen Staatsverwaltung untergeordnet, faktisch aber handelt es sich um eine eingeschränkte Hierarchisierung. Die einzelne Schule als unterste Stufe besitzt einen gewissen Gestaltungsspielraum bei der Realisierung der Vorgaben aus der Bildungsverwaltung. Restriktionen sind: die je nach Regierungsmehrheit in den Bundesländern parteipolitisch gefärbten Richtlinien, die selektive Zulassungspraxis der Schulbücher, beide im Widerspruch zur Informationsfreiheit, die fortdauernde ideologisch-programmatische Differenzierung der Bildungspolitik in die A- und B-Länder, die nur begrenzten Mitwirkungsmöglichkeiten von Eltern, Schülern und Lehrern.

3.4 Lehrende. Sie sind für die Durchsetzung der Vorgaben der Schulverwaltung in Schule und Unterricht zuständig; jedoch sind sie als Pädagogen zugleich für das Wohl der Heranwachsenden verantwortlich, sollen sie im → Interesse der Schüler handeln. Rollenkonflikte bedeuten Lösungsspielraum; pädagogische Ziele und fachliche Standards stehen in Konkurrenz zu Weisungen der → Verwaltung. Schule als „Dienstleistungbereich" (Ellwein) bietet demnach dem Lehrer nicht nur Bindungen, sondern auch Gestaltungsmöglichkeiten.

3.5 Schüler/Adressaten. Im Sozialisationsprozeß der Jugendlichen ist die Schule nur einer unter vielen Faktoren der → politischen Sozialisation; auch das Elternhaus, die Altersgruppe und die → Massenmedien prägen politische → Einstellungen. Hinsichtlich des Wissens bringen Lernende Erfahrungen mit dem Politischen aus ihrer Alltagswelt mit, ausgeprägter ist dies bei Teilnehmern von Veranstaltungen der Erwachsenenbildung. Bei den Jugendlichen kommt eine altersabhängige Entwicklung der kognitiven Struktur ihres Urteilsvermögens hinzu. Daraus ergibt sich die Notwendigkeit einer Schüler- bzw. Adressatenorientierung der P.

4. Inhaltliche Probleme. Sie zentrieren sich um folgende Fragen:

- Problem- oder Erfahrungsorientierung? Die Alternative ist nicht zwingend, da ersteres über die Köpfe der Lernenden hinweggehen, letzteres zur „Expansion des Subjektiven" führen kann. Richtig ist ihre Verbindung: Die alltäglichen Erfahrungen eröffnen einen Zugang zu den „fundamentalen Problemen" (Hilligen) unserer Gegenwart und Zukunft, subjektive und objektive Betroffenheit sind einander bedingende Auswahlkriterien. Dadurch wird zugleich „eine Brücke von der Politik zur Lebenswelt" (v. Beyme) geschlagen.

- Institutionenkunde oder Politikunterricht? Diese Kontroverse ist inzwischen von dem Bemühen abgelöst worden, Institutionenwissen in eine komplexe Erfassung politischer Prozesse zu integrieren. Dabei kann eine Rezeption der → Policy-Analyse in der FD der P. helfen, für die es neuerdings Beispiele gibt (P. Massing).

- Pluralismus oder Parteilichkeit? Normative Vorprägungen der Inhalte durch den Lehrer oder durch Vorgaben der

Schulverwaltung sind nicht zu vermeiden. Daher sind die Prinzipien der Offenlegung der eigenen Position (Parteinahme statt Parteilichkeit [Hilligen]) und der Berücksichtigung von (politischen und wissenschaftlichen) Kontroversen wichtig, um → Pluralismus speziell in der öffentlichen Schule zu wahren. Für Veranstaltungen von → freien Trägern in der Erwachsenenbildung gilt dies nur mit Einschränkung.

- *Was ist wichtig?* Nach Fischer sind es Einsichten, auf die hin Lerngegenstände ausgewählt werden. Hilligen sucht nach existentiellen Problemen, die Chancen und Gefahren für Überleben und menschenwürdiges Leben darstellen. Sutor nennt Zukunftsbedeutsamkeit, permanente Aktualität und Problemgehalt als Auswahlkriterien. Seit geraumer Zeit wird nach den „Schlüsselproblemen" gefragt. Inhaltsauswahl in der P. zielt auf das, was Menschen in unserer Gesellschaft heute und morgen wissen und können müssen, um ein selbst- und mitbestimmtes Leben führen zu können.

5. Methoden. Zu unterscheiden sind Lernverfahren und Arbeitsweisen. Abbau von Lehrerzentrierung und zunehmende Beteiligung der Schüler am Unterricht wird durch das *Methodenlernen* ermöglicht: das Bewußtmachen von Arbeitsweisen, aber auch von Methoden (sozial-)wissenschaftlicher Erkenntnisgewinnung. Eine angstfreie und ermutigende Lernatmosphäre wird durch demokratischen Unterrichtsstil und eine „verstehende", symmetrische *Unterrichtskommunikation* geschaffen. In Veranstaltungen der P. sind Lern- und Lehrverfahren, die selbständige Erkenntnisgewinnung ermöglichen, unabdingbar, weil das Urteil über politische Streitfragen nicht autoritär, auch nicht durch Wissenschaft, vorgegeben werden kann.

Lit.: Breit, G./ Massing, P. (Hg): Grundfragen und Praxisprobleme der politischen Bildung, Bonn 1992. *Gagel, W.*: Geschichte der politischen Bildung in der Bundesrepublik Deutschland 1945-1989, 2.A., Opladen 1995. *Henkenborg, P./ Kuhn, H.-W.* (Hg.): Der alltägliche Poli-

tikunterricht, Opladen 1998. *Kuhn, H.-W./ Massing, P./ Skuhr, W.* (Hg.): Politische Bildung in Deutschland, 2.A., Opladen 1993. *Rothe, K.* (Hg.): Unterricht und Didaktik der politischen Bildung in der Bundesrepublik, Opladen 1989. *Sander, W.* (Hg): Handbuch politische Bildung, Schwalbach/ Ts. 1997.

Prof. Dr. Walter Gagel, Braunschweig

Politische Ethik

Als Ethik des Politischen - einem Teilbereich der → Politischen Philosophie - akzentuiert die P. Prinzipien und → Normen, mit denen sich „rechtes" politisches Handeln begründet. Im Unterschied zum → Machiavellismus erklärt die P. tugendgerichtetes Handeln zu einem konstitutiven Element der → Politik. Als praxisbezogene Tugendlehre öffentlichen Handelns formuliert p. Normen persönlicher Verantwortlichkeit als individuellen Beitrag zu einer erwünschten → politischen Ordnung. Und umgekehrt macht p. Aussagen über die „gute und gerechte" Gestaltung von → Verfassung und Regierungspraxis, die für solche individuellen Handlungsorientierungen die Voraussetzung schafft.

politische Gefangene

Personen, die aufgrund ihrer politischen bzw. weltanschaulichen Überzeugung (oder aus ethnischen/ rassischen Gründen) kriminalisiert und inhaftiert werden, auch wenn sie systemkritische Ziele mit friedlichen Mitteln durchzusetzen suchen. In über der Hälfte aller → Länder dieser Welt gibt es Folterungen (wozu auch vormals die Einweisung in psychiatrische Anstalten im → Ostblock gehörte), in einem Teil der Länder auch Hinrichtungen. Um p., die keine gewaltsamen Mittel angewandt haben, kümmert sich die Gefangenenhilfsorganisation → Amnesty International.

politische Gewalt

Bewußte Anwendung von physischem oder psychischem Zwang als Mittel politischer Auseinandersetzung und/ oder Befriedung mit dem Ziel, Herrschaftsverhältnisse bzw. öffentliche Ordnung zu begründen, zu stabilisieren oder zu zerstören. In → Demokratien ist der → Staat Inhaber des legitimen → Gewaltmonopols, das aus seinem Anspruch als Repräsentant des Volkssouveräns resultiert und den Hoheits- und Gehorsamsanspruch gegenüber der Bevölkerung legitimiert.

Politische Ideengeschichte

I. Begriff: Der Begriff P. bezeichnet die systematisch-historische Erforschung schriftlicher Zeugnisse der Selbstverständigung des Menschen über seine Stellung in der gesellschaftlichen Wirklichkeit. Der Objektbereich der P. umfaßt, unter Berücksichtigung aller literarischen Gattungen, die historisch vielfältige Formenwelt der Interpretation der Ordnung des Menschen in → Gesellschaft und Geschichte. Für die P. sind auch die Bezeichnungen „Geschichte des politischen Denkens" und „Geschichte der politischen Theorien" im wissenschaftlichen Gebrauch, wobei die letztere mit einem unspezifischen Theoriebegriff arbeitet.

Wird der Gegenstand der P. im wesentlichen auf die Gattung diskursiver Texte beschränkt, so spricht man auch von „politischer Theoriegeschichte" (mit Bezug auf einen systematischen Theoriebegriff), der „Geschichte politischer Doktrinen", der „Geschichte der → politischen Philosophie" oder - insbesondere im deutschen Sprachraum - von der „Geschichte der Staatsphilosophie" bzw. der → „Staatslehre". Letztere versteht sich auch als rechtswissenschaftliche Dogmengeschichte. Die inhaltliche Bestimmung des Objektbereiches ist in der Forschungspraxis der P. weitgehend durch wissenschaftliche Konvention gegeben und spiegelt i.d.R. die in den historisch-sozialen Wissenschaften vorherrschenden → Politikbegriffe wider. So gilt für die P. in erheblichem Maße das Prinzip des „Definitionsverzichts" (U. Bermbach).

Der fachwissenschaftlichen Ausrichtung nach ist die P. sowohl eine politikwissenschaftliche (in Zuordnung zur → politischen Theorie) als auch eine geschichtswissenschaftliche Teildisziplin. Als politikwissenschaftliche Teildisziplin steht sie unter dem Titel „Politische Theorie und Ideengeschichte" am Anfang des von der UNESCO im Jahre 1949 ausgearbeiteten Katalogs der Lehrgegenstände. Nach dieser Konzeption

liefert die P. der modernen → Politischen Wissenschaft ein geschichtliches Traditionsfundament, so daß die P. sowohl eigenständiger Lehr- und Forschungsgegenstand ist, wie aber auch die Funktion einer disziplineigenen Dogmengeschichte wissenschaftlicher Lehrmeinungen wahrnimmt.

Der Status der P. als geschichtswissenschaftliche Teildisziplin ist binnenwissenschaftlich weniger ausgeprägt. Die P. übergreift in ihrem Gegenstands- und Methodenbezug die etablierten geschichtswissenschaftlichen Teildisziplinen und steht in der Tradition einer historisch verstandenen Geistesgeschichte (oder „intellectual history"): Sie wird also im Rahmen einer allgemeinen Geistes- und Ideengeschichte betrieben, berührt sich hierin eng mit der Geschichte der Philosophie bzw. Religion. In der neueren sozial- und mentalitätsgeschichtlichen Forschung steht sie auch als „Begriffsgeschichte der politisch-sozialen Sprache" unter dem Einfluß sprachwissenschaftlicher Methoden.

Über die einzelwissenschaftliche Zuordnung hinaus ist die P. ein nach Gegenstand und Methode der interpretativen Wissenschaften verpflichteter, pluridisziplinärer, d.h. an die Gesamtheit der philosophischen, historischen und sozialen Wissenschaften angelehnter Forschungsbereich (K. v. Beyme). Die P. bearbeitet den ihr eigentümlichen Gegenstand schriftlicher Selbstzeugnisse des Menschen mittels hermeneutischer Verfahren, um in der Selbstdarstellung und der Selbstdeutung des Menschen als politisches Wesen geschichtliche Sinnlinien und -muster zu erkennen und diese zum Gegenstand theoretischer Reflexion zu machen.

II. Geschichte: P. ist ein Produkt der Wissenschaftsgeschichte des 19. Jh. Aus der Historisierung der moralisch-politischen Wissenschaften, der moralischen und politischen Philosophie und der → Staatswissenschaften in England, Frankreich und Deutschland entsteht politische Ideen- und Theoriegeschichte. P. Janet (L'Histoire de la philosophie morale et politique, 1853), R. Blackey (The History of Political Literature From the Earliest Times, 1855) und R. Mohl (Die Geschichte und Literatur der

Staatswissenschaften, 1855) stellen die geschichtliche Entfaltung der Wissenschaft der → Politik bzw. des → Staates unter dem Gesichtspunkt der zivilisatorischen Entwicklung der westlichen Welt von den antiken Anfängen der → Polis zum modernen liberalen → Verfassungsstaat dar. In der Darstellung der Werke beispielhafter Denker rekonstruieren die Autoren mit unterschiedlicher nationaler Schwerpunktsetzung die ihrer Auffassung nach entscheidenden Stationen des geistigen Ringens um den sittlich-politischen Fortschritt der westlichen Menschheit.

Hieraus entwickelt sich die für den französischen und insbesondere den angelsächsischen Wissenschaftsbereich beispielhafte, einer liberalen Fortschrittslogik der Geschichte verpflichteten Form der P. W. P. A. Dunning (History of political Theories, 1902-1920) und G. H. Sabine (A History of political theory, 1937) erweitern die ursprüngliche Geschichte der Politischen Wissenschaft, indem sie die Textinterpretation mit der politischen Ereignis- und Institutionengeschichte verklammern, um durch die P. eine fortschreitende Modifikation des „Politischen" auf den demokratischen Verfassungsstaat hin nachzuweisen. Wissenschafts- und Theoriegeschichte verschmelzen mit dem nationalen Selbstverständnis der westlichen Verfassungsstaaten, so daß die P. inhaltlich auf eine (in gewissem Sinn kanonisierte) „Tradition westlichen Denkens" festgelegt wird. Dies ist bis in die Gegenwart eine herrschende Auffassung der P. in der westlichen Politischen Wissenschaft.

Im deutschen Sprachraum hingegen führt der fehlende Bezug zu einer eigenständigen verfassungsstaatlichen → politischen Kultur zur Transformation der moralisch-politischen Wissenschaften in eine verstehende Geisteswissenschaft der geschichtlich-sozialen Welt, die einen allgemeinen Begriff des Geistes, der → Kultur oder des Lebens thematisiert, nicht aber von der Politik als Bestimmungsgrund des politischen Denkens ausgeht. In diesem Kontext entstand die historisch ausgerichtete P. der Schule F. Meineckes, welche historische Probleme geisteswissenschaftlich bearbeitete, um die in der politischen Geschichte wirksamen geistigen Kräfte und Ideen in ihrer geschichtlichen Individualität darzustellen.

III. Gegenwärtige Problemlage: Seit der Mitte des 20. Jh. wandelte sich die P. unter dem Druck neuerer sozialwissenschaftlicher Theorien und Methoden sowie in der Folge der Horizonterweiterung der historisch-sozialen Wissenschaften. Unterschiedliche, in der Forschungspraxis jedoch oft untereinander vermittelte Positionen kennzeichnen die heutige Situation der P.

1. Die traditionelle P. als Darstellung der für die soziopolitische Ordnung des Westens zentralen Person- und Gemeinschaftsideen wurde thematisch in mehrfacher Hinsicht differenziert und methodisch revidiert.
a. Neben das an die liberale Geschichtslogik gebundene Paradigma einer westlichen Traditionsgeschichte traten konservative und marxistische Paradigmen mit jeweils eigenen Rekonstruktionen einer Traditionsgeschichte.
b. Der geschichtslogisch fundierte Ansatz und die daraus folgende Konzeption linearer Entwicklungen des politischen Denkens wird zurückgedrängt zugunsten einer „paradigmatischen Konzeption" der P. Diese betrachtet die politische Ideenbildung unter den Aspekten ihrer historischen und normativen Rolle im Prozess der geistigen Bewältigung geschichtlicher Herausforderungen. Sie stellt also die P. unter die Leitidee der paradigmatischen Verarbeitung gesellschaftlicher Ordnungsprobleme einer Epoche und der darin begründeten Geschichtsmächtigkeit politischen Denkens (H. Maier).
c. Eine solche nicht traditionalistisch, sondern sachlogisch an „klassischen" Werken des politischen Denkens orientierte P. erneuert ihre Bindung an die → Politische Philosophie. Denn sie verschränkt die ideengeschichtliche Analyse mit der historisch-theoretischen Reflexion der Prinzipienfragen der politischen und geschichtlichen Existenz des Menschen (L. Strauß, E. Voegelin, S. Wolin).

2. Eine kritische Wendung gegen die paradigmatisch vorgehende P. zeichnet sich

in der Geschichtswissenschaft ab. Sie führt die P. im Sinn eines durch die angelsächsische Sprachtheorie erneuerten Historismus auf ein ihr eigenes „historisches Prinzip" zurück und konzipiert die P. als „Geschichte des politischen Diskurses" (J. G. A. Pocock, Qu. Skinner). Diese faßt den interpretierten Text als jeweiligen Sprechakt des Autors, dessen Bedeutung aus den im geschichtlichen Kontext verankerten sprachlichen Paradigmen und den diesen unterliegenden Erfahrungen zu erschließen ist. P. ist die diachronische Darstellung von „kontinuierlichen Diskursen" in ihrer jeweiligen historischen Eigenart. Die paradigmatische Bedeutung eines Denkers beschränkt sich auf dessen historische Rolle, eine normative Funktion in philosophischer Hinsicht wird ausgeschlossen.

3. Die P. erweitert zunehmend ihren Gegenstandsbereich in Zeit und Raum auf Grund unserer wissenschaftlichen Horizonterweiterung. Als universalgeschichtlich forschende P. untersucht sie das politische Denken aller Zivilisationskomplexe, unter dem Einschluß der frühen Hochkulturen. Folgerichtig bilden sich neue Kategorien einer interzivilisatorisch vergleichenden P. heraus.

4. Alle jüngeren Ansätze der P. werfen das zentrale Problem einer dem Gegenstand angemessenen Hermeneutik auf und reflektieren somit die allgemeine Methodendiskussion in den interpretativen Wissenschaften vom Menschen. Der ursprüngliche geisteswissenschaftliche Ansatz eines auf das Textverstehen unter dem wirkungsgeschichtlichen Horizont bezogenen Verfahrens, verbunden mit historischen Konstellations- und Entwicklungsanalysen, wird durch sprachanalytische, kommunikationsanalytische, psychologische Methoden u.ä. ergänzt. Weitere „dekonstruktivistische" Versuche der Interpretation politischer Ideen erweisen sich für P. als wenig nützlich, liefern sie doch den Stoff der P. der Willkür des Interpreten aus. Grundsätzlich ist zu fragen, ob die P. nicht eines Begriffs der menschlichen Natur als ihres Interpretationszentrums bedarf, von dem her der Erfahrungskomplex des Menschlichen und seiner Ordnung erschlossen werden muß.

Lit.: K. v. *Beyme*: Politische Ideengeschichte, Tübingen 1969; I. *Fetscher*: Einleitung. Wozu Geschichte der politischen Ideen, in: Ders. - H. Münkler, Pipers Handbuch der politischen Ideen I, München 1988, J. *Gebhardt*: Über das Studium der politischen Ideen in philosophisch-historischer Absicht, in: U. Bermbach, Politische Theoriegeschichte, Opladen 1984; J. G. *Gunnell*: Political Theory, Cambridge 1979; R. *Koselleck* (Hg.): Historische Semantik und Begriffsgeschichte, Stuttgart 1978, H. *Maier*: Einleitung, in H. Maier u.a. (Hg.), Klassiker des Politischen Denkens, Bd. I, 6. A., München 1986; J. G. A. *Pocock*: Introduction. The State of the Art, in: Ders., Virtue, Commerce and History, Cambridge 1985; Qu. Skinner: Meaning and Understanding in the History of Ideas, in: History and Theory, VII/1969.

Prof. Dr. Jürgen Gebhardt, Erlangen

politische Justiz

1. *Grundsätzlich* ist jede → Rechtsprechung politisch in dem Sinne, daß sie innerhalb der - kodifizierten - Wertordnung eines → Staates → Recht spricht, das auf politischen Wertentscheidungen basiert. In → Demokratien sind solche in justizielle → Normen umgesetzten Wertentscheidungen legitimiert, weil (und sofern) sie auf dem Verfassungskonsens und parlamentarischer Mehrheitsbildung beruhen.

2. Die strafrechtliche Verfolgung *politisch motivierter Delikte*, insbes. Hoch- und Landesverrat (→ Staatsschutz). In diesem Sinne ist p. die Anwendung „bestimmter geronnener Rechtsvorstellungen" (O. Kirchheimer) auf politisch motivierte Tatbestände, die gemäß geltendem Strafrecht als kriminelle Delikte zu behandeln sind.

3. P. überschneidet sich mitunter mit → *Klassenjustiz* (als auf sozialer → Solidarität oder Vorurteilen beruhende, unausgesprochene bzw. unbewußte richterliche Parteinahme); ist mit dieser jedoch nicht identisch.

4. In → *Diktaturen*, v.a. im → totalitären Staat, ist das Rechtssystem ein Instrument, um Angehörige der → Opposition zu unterdrücken bzw. auszuschalten. Diese „Verwendung juristischer Verfahrensmöglich-

keiten zu politischen Zwecken" (Kirchheimer) ist eine Variante von p., die als Tendenz- bzw. Terrorjustiz bezeichnet werden kann.

politische Klasse

Von Gaetano Mosca 1895 als Synonym für die politisch herrschende → Klasse geprägter Begriff. Heute meist synonym für → Elite bzw. → Machtelite verwandt, werden als p. die Inhaber von Führungspositionen im → politisch-administrativen System bezeichnet. I.e.S. umfaßt die p. die → Funktions- bzw. → Positionseliten in → Parlament, → Regierung, → Judikative, → Parteien, → öffentlicher Verwaltung und → Interessengruppen (sowie verstaatlichten Unternehmen). In modernen, demokratisch verfaßten → Gesellschaften entbehrt die p. der weltanschaulichen und sozialen Geschlossenheit oder Interessenkongruenz, wie sie Mills' Typus einer Machtelite aufweist; Konkurrenz und Koalitionsbildungen kennzeichnen das Verhältnis der p. untereinander.

Politische Kommunikation

Beziehungen zwischen → Politik und → Kommunikation wurden in den vergangenen drei Jahrzehnten zu einem stark beachteten Forschungsthema. Das hat seinen Grund in gesellschaftlichen Veränderungen, v. a. in der Expansion der → Massenmedien und den daraus entstandenen politischen Problemen, Handlungsmöglichkeiten und Regelungsnotwendigkeiten. Gesellschaftlicher Wandel, selbst gravierende soziale Probleme drängen sich jedoch der Wissenschaft nicht notwendigerweise als Thema auf. So hat die → Politikwissenschaft das Forschungsfeld P. lange Zeit ignoriert, während die Kommunikationswissenschaft hier einen Schwerpunkt setzte. Bis in die siebziger Jahre wurden die verschiedenen Aspekte des Themas meist noch unter dem Titel „Politik und Kommunikation" subsumiert; seitdem hat sich der Titel P. durchgesetzt, z.B. für einschlägige Handbücher, für Sektionen wissenschaftlicher Gesellschaften und als Fachzeitschriftentitel („Political Communication", 16. Jg. 1999, Verlag Taylor & Francis).

In der Erforschung von P. lassen sich zwei Grundfragen unterscheiden: 1. Auf welche Weise bestimmt Kommunikation den politischen Prozeß? 2. Auf welche Weise bestimmt Politik die gesellschaftliche Kommunikation? Erstere betrachtet Politik als Kommunikation wie auch die Variation politischer Prozesse mit der Veränderung bzw. unter verschiedenen Bedingungen gesellschaftlicher Kommunikation. Letztere sieht Kommunikation als politischen Prozeß wie auch Kommunikation in Abhängigkeit von politischen Bedingungen bzw. Veränderungen. Wenn dabei Aspekte der Steuerung, der Durchsetzung von → Werten und Zielen im Vordergrund stehen, wird auch von *Kommunikationspolitik* oder -spezifischer - von → *Medienpolitik* gesprochen.

Unter *Kommunikation* wird dabei meistens *öffentliche* Kommunikation verstanden, also → *Massenkommunikation* mit publizistischen Medien wie Presse, Radio und Fernsehen oder mit speziellen Medien politischer Organisationen, z.B. Politikerreden, Kundgebungen, Pressekonferenzen, Wahlwerbung; seltener wird die Arkankommunikation beobachtet, d.h. die nicht oder nur teilweise öffentlichen Mitteilungen innerhalb von politischen Subsystemen oder einzelner Organisationen (z.B. → Parlament, → Exekutive, diplomatischer Dienst, → Parteien).

Man kann die zwei Grundrichtungen der Makro- und der Mikroanalyse von P. unterscheiden. *Makroanalytische* Untersuchungen verwenden häufig einen systemtheoretischen Ansatz, orientiert etwa an David Easton oder Niklas Luhmann. Mitunter ist die Perspektive international vergleichend oder auch historisch. Bevorzugt bearbeitete Themen sind beispielsweise: → Pressebzw. Kommunikationsfreiheit, → Öffentlichkeit und → öffentliche Meinung, → Institutionen der P., politische Funktionen von Presse und Rundfunk (so die Unterthemen in einem von Langenbucher 1986 herausgegebenen Sammelband).

Mikroanalytische Untersuchungen befassen sich beispielsweise mit der Nutzung und dem persönlichen Nutzen politischer Medieninhalte und deren Einfluß auf die Meinungsbildung; mit der Verbreitung politischen Wissens und der Entwicklung politischer Vorstellungen, Images und Einstellungen durch Kommunikation; mit der Bedeutung von P. für → politische Sozialisation, → Partizipation und → politische Kultur. Theoretisch orientieren sie sich eher an Konzepten der → Soziologie und Psychologie.

Die Entwicklung des Forschungsfeldes P. ist aufs engste verknüpft mit der Entwicklung der empirischen Publizistik- und Kommunikationswissenschaft, in weiten Teilen mit dieser identisch. Die wichtigsten Konzepte und Modelle der Kommunikationswissenschaft sind daher zugleich auch zentral für die P.; und die meisten „klassischen" oder besonders einflußreichen kommunikationswissenschaftlichen Studien befassen sich mit Fragen der P.

Das beste Beispiel dafür ist die berühmte *Erie County-Studie* von Paul F. Lazarsfeld und Mitarbeitern, veröffentlicht unter dem Titel „The People's Choice" (1944), von der starke Impulse auf die Kommunikationswissenschaft - eine Zeitlang auch auf die Politikwissenschaft - ausgingen. Die Autoren analysierten Prozesse der Meinungsbildung und Kommunikation im US-Präsidentschaftswahlkampf 1940 und begründeten den am meisten entwickelten Zweig der P., die Untersuchung von *Wahlkommunikation*. Ein anderes Beispiel sind die → *Propaganda-Analysen* im Ersten und Zweiten Weltkrieg von Harold D. Lasswell und seiner Forschergruppe, u.a. veröffentlicht unter dem Titel „Language of Politics" (1949). Als drittes Beispiel sei auf die sogenannten *Yale Studies* der Gruppe um Carl I. Hovland verwiesen, die den Gesetzmäßigkeiten politischer *Persuasion* nachgingen, u.a. veröffentlicht unter dem Titel „Communication and Persuasion" (1953).

Die Beispiele stehen auch zugleich für die Entwicklung der drei wichtigsten *Methoden der P.-forschung*. Lazarsfeld hat die repräsentative Bevölkerungsumfrage erschlossen, insbesondere das sogenannte Panel, d.h. die wiederholte Befragung identischer Personen. Das Panel ermöglicht es, den Einfluß von Kommunikation auf Meinungsbildungsprozesse sehr genau nachzu-

vollziehen, und zwar in der „natürlichen Umwelt" der Befragten. Hovland führte das kontrollierte *Experiment* in die Kommunikationsforschung ein, eine Methode, die - oft unter vereinfachten Bedingungen in einer „Laborsituation" - kausale Beziehungen exakt nachzuweisen in der Lage ist. Inzwischen werden experimentelle Designs aber auch in repräsentative Bevölkerungsumfragen eingebaut. Lasswell hat schließlich einen entscheidenden Anteil an der Entwicklung der Methode der *Inhaltsanalyse* (engl. content analysis), mit deren Hilfe Mitteilungen systematisch und quantitativ beschrieben werden können. Wissenschaftlich und auch praktisch noch bedeutsamer ist der Einsatz der Inhaltsanalyse mit dem Ziel der Inferenz, d.h. um von den Mitteilungen auf Eigenschaften des Kommunikators, des → Publikums, der politischen Kultur, des gesamten Kommunikationssystems einer → Gesellschaft oder bestimmter Subsysteme (z.B. politische → Elite, Alternativgruppen) zu schließen.

Vielfach sind Untersuchungen zur P. auf einen der *Faktoren im Kommunikationsprozeß* hin zentriert, etwa auf Kommunikatoren, Mitteilungen, Publikum bzw. Wirkung. In letzter Zeit gibt es allerdings häufiger auch Projekte, die den gesamten Kommunikationsprozeß umfassen.

Typische *Kommunikatorstudien* sind beispielsweise Untersuchungen von Rollendefinition (Selbstverständnis) und Rollenverhalten von Politikern und Journalisten als politische Kommunikatoren. Auch „diagnostische" Analysen von Sprachgebrauch, Sprachstil, politischer Rhetorik und Argumentation einzelner Politiker sind hier zu nennen. Solche Untersuchungen wurden beispielsweise für verschiedene amerikanische → Präsidenten durchgeführt. Unter ähnlichem Aspekt wurden die Fernsehdebatten im US-amerikanischen wie auch im deutschen Wahlkampf analysiert. Neuere Untersuchungen beziehen auch verschiedene nonverbale Aspekte der Politikerrede bzw. der Politikerdarstellung im Fernsehen mit ein.

Die Grenzen zwischen Kommunikatorstudien und *Mitteilungsanalysen* sind fließend. Typisch für letztere sind Analysen politischer Werbung, insbesondere Wahlwerbung sowie v. a. Untersuchungen über Inhalt und Struktur von Nachrichten. Sie werden meist mit der Fragestellung durchgeführt, welche Aspekte von Politik die publizistischen Medien und die Nachrichtenagenturen beachten und wie sie diese bewerten. Diese Frage interessiert v. a. deshalb, weil politische Themen und Argumente, Akteure und Institutionen im allgemeinen gar nicht anders in die Öffentlichkeit gelangen können als über die Nachrichtenmedien. Bei den Untersuchungen hat sich gezeigt, daß die Medien die politische Wirklichkeit nicht nur sehr selektiv berücksichtigen, sondern oft auch stark verzerren. Die Verzerrung geht dabei u.a. von den journalistischen Kriterien für „Nachrichtenwert" aus, denen zufolge Ereignisse z.B. mit Aspekten der Überraschung, des Negativismus, der Personalisierung und Elite-Beteiligung eine größere Chance haben, beachtet (und auch verzerrt) zu werden, als Ereignisse ohne solche Aspekte.

Publikumsanalysen gehen in erster Linie dem Informations- und Orientierungsverhalten der → Bürger nach. Typisch sind Fragen wie: Wer nutzt welche Informationen und wie intensiv? Wie verbreitet sind die verschiedenen publizistischen Medien? Welchen Nutzen haben ihre Angebote für die politische Meinungsbildung? In der Bundesrepublik werden an einem durchschnittlichen Werktag über 80 Prozent der Bevölkerung (ab 14 Jahre) von den politischen Informationsangeboten mindestens eines der Medien Fernsehen, Radio oder Zeitung erreicht. Die größte Reichweite haben die politischen Informationen im Fernsehen und im Radio. So erreicht das Fernsehen beispielsweise mit einer einzigen Ausgabe der ARD-Tagesschau um 20 Uhr im Durchschnitt rund neun Millionen Zuschauer.

Trotz der Ubiquität und umfangreichen Nutzung der Massenmedien (im Bevölkerungsdurchschnitt über fünfeinhalb Stunden täglich) hat *personale Kommunikation* - Gespräche und Diskussionen im Familien-, Freundes-, Kollegen- und Bekanntenkreis - an Bedeutung für die politische Meinungsbildung nicht verloren, eher im Gegenteil.

Das von Lazarsfeld in der Erie Countie-Studie entdeckte Phänomen des *Two-Step Flow* ist inzwischen allerdings durch die Forschung etwas modifiziert worden. Informationen aus den Medien erreichen die Empfänger meistens direkt, während deren Bewertung oft zwei- oder mehrstufig über „Meinungsführer" vermittelt wird.

Die erklärend, nicht nur beschreibend angelegte Publikumsforschung wurde stark vom Konzept des „aktiven Publikums" und vom *Nutzen-und-Belohnungs-Ansatz* beeinflußt. Nach dieser Vorstellung ist das Publikum den Medienbotschaften keineswegs passiv ausgeliefert. Es wählt vielmehr gezielt die Presseorgane bzw. Presseinhalte, Radio- und Fernsehsendungen aus, die seinen → Interessen und → Bedürfnissen am besten entsprechen. Damit ist freilich nicht gesagt, wie eine Zeitlang geschlossen wurde, daß die Massenmedien politisch wirkungslos seien, allenfalls Verstärkungseffekte hätten, also nur bereits bestehende Dispositionen festigen würden. Man muß vielmehr - umgekehrt - sehen, daß die Medien besonders einflußreich sind, wenn sie auf ausgeprägte Interessen und Informationsbedürfnisse treffen. Das ist zum Beispiel beim Aufkommen neuer Themen und Probleme, in politischen → Krisen, in Zeiten grundlegender Umorientierung der öffentlichen Meinung und bei unmittelbarem Entscheidungsbedarf, etwa bei Parlamentswahlen, der Fall.

Die hier angesprochene Frage der *Wirkung politischer Kommunikation* spielt in der Forschung von Anfang an und nach wie vor eine zentrale Rolle (Graber 1993). Während in der Frühzeit, u.a. in den Arbeiten Lasswells, allgemein ein starker Einfluß, etwa von politischer → Propaganda, vermutet wurde, setzte sich u.a. unter dem Einfluß der Erie County-Studie von Lazarsfeld die Annahme „minimaler Effekte" durch. Seit den ausgehenden sechziger Jahren ist das Pendel wieder zur anderen Seite ausgeschlagen und es herrscht die Überzeugung großer Wirkung - v. a. des Fernsehens - vor.

Kennzeichnend dafür ist die *Agenda-Setting-These*, das in der Forschung seit Beginn der siebziger Jahre am stärksten beachtete Konzept. Die These lautet, daß die

Vorstellungen der Bürger von der Relevanz politischer Themen und Probleme (engl. issues) durch die Massenmedien geprägt werden. Die Medien bestimmen damit indirekt nicht nur die individuelle Meinungsbildung zu diesen Themen, sondern auch die Prioritäten der Problembearbeitung durch das → politische System. Sie sind ferner maßgeblich an der Themengenerierung und Problemdefinition beteiligt. Dieser Prozeß wird - in makroanalytischer Perspektive - auch als *Agenda-Building* bezeichnet.

Ein anderes Beispiel ist die von Elisabeth Noelle-Neumann entwickelte *Theorie der → Schweigespirale*. Dieser Auffassung zufolge beobachten Menschen im allgemeinen sehr genau die Meinungsverteilungen in ihrer Umwelt, um herauszufinden, welche Standpunkte in kontroversen Fragen sie öffentlich äußern können, ohne sich sozial zu isolieren. Als Anhaltspunkte dienen dazu auch die von den Medien verbreiteten und nicht selten verzerrten Meinungsverteilungen. Die Anhänger der vermeintlich (weil von den Medien so dargestellten) dominierenden Position äußern dann im sozialen Umgang häufiger ihren Standpunkt, während die Anhänger der Gegenposition eher schweigen. Dadurch wird in einem dynamischen Prozeß - nach dem Muster der sich selbst erfüllenden Prophezeiung - die vermeintlich stärkere zur tatsächlich in der Gesellschaft dominierenden Meinung. Noelle-Neumann definiert in diesem Zusammenhang *öffentliche Meinung* als wertgeladene, mitunter auch moralisch aufgeladene Meinungen und Verhaltensweisen, die man öffentlich zeigen kann oder sogar muß, wenn man sich nicht isolieren will.

Die Theorie der Schweigespirale diente als Erklärung dafür, daß die → CDU/ → CSU bei der → Bundestagswahl 1976 die → absolute Mehrheit knapp verfehlte. Das Fernsehen habe fälschlicherweise den Eindruck eines Kopf-an-Kopf-Rennens der beiden großen → Parteien vermittelt und damit die Meinungsbildung zugunsten der damaligen → SPD/ → FDP- → Koalition beeinflußt. Diese - methodisch umstrittene - Analyse führte zu einer heftigen Kontroverse über den Medieneinfluß auf Wahlen und zu massiven Versuchen parteipolitischer Einflußnahme auf das Fernsehen.

Angesichts des tatsächlichen oder vermuteten Einflußpotentials des Fernsehens verwundert es nicht, daß sich Regierungen und Parteien verstärkt darum bemühen, das Medium für ihre Zwecke einzusetzen. Die dabei eingesetzten Mittel sind vielfältig und reichen von der gesetzlichen Kontrolle bis hin zu sehr subtiler Einflußnahme, auch etwa durch symbiotische Anpassung politischer Prozesse an die „Medienlogik" des Fernsehens. Dementsprechend richten sich Untersuchungen zur P. zunehmend darauf, die vielfältigen Formen der Instrumentalisierung der Massenmedien und wie auch der „Medifizierung" von Politik zu analysieren.

Lit.: D. *Graber*: Political Communication: Scope, Progress, Promise, in A.W. Finifter (Ed.), Political Science. The State of the Discipline, Washington D.C. 1993; O. *Jarren/ U. Sarcinelli/ U. Saxer* (Hg.): Politische Kommunikation in der demokratischen Gesellschaft. Ein Handbuch mit Lexikonteil, Opladen/ Wiesbaden 1998; *W. R. Langenbucher* (Hg.): Politische Kommunikation. Grundlagen, Strukturen, Prozesse, Wien 1986; *E. Noelle-Neumann/ W. Schulz/ J. Wilke* (Hg.): Das Fischer Lexikon Publizistik/Massenkommunikation, Frankfurt a.M. 1994; *U. Sarcinelli* (Hg.): Politikvermittlung und Demokratie in der Mediengesellschaft. Beiträge zur politische Kommunikationskultur. Opladen/ Wiesbaden 1998; *W. Schulz*: Politische Kommunikation. Theoretische Ansätze und Ergebnisse empirischer Forschung, Opladen/ Wiesbaden 1997.

Prof. Dr. Winfried Schulz, Nürnberg

politische Korruption

1. Begriffserklärung: In Abgrenzung zu Vorteilsnahmen bei der Anbahnung von Geschäften zwischen privaten Partnern ist p. begrifflich auf den öffentlichen bzw. die Grenzlinie zwischen privatem und staatlichem Bereich beschränkt und setzt damit eine Trennung beider Sphären immer schon voraus. Nach einer der knappsten Definitionen bezeichnet p. „the misuse of public power for private profit" (Joseph J. Senturia). Dabei bleibt offen, ob sich dieser Mißbrauch eines öffentlichen → Mandates oder

→ Amtes zum privaten Vorteil auf Verstöße gegen rechtliche → Normen, die von → Land zu Land verschieden ausgeprägt sind, also auf seine → Legalität bezieht (Gesetzeswidrigkeit), auf soziale Normen und die → öffentliche Meinung in bestimmten → Gesellschaften (Gerechtigkeitsgefühl) oder auf tatsächlich meßbare Effekte für das → öffentliche Interesse (Gemeinwohlorientierung), die sowohl materiell (Wohlfahrtsminderung) als auch immateriell (Vertrauensverluste) ausfallen können.

Auch ist bei dieser allgemeinen Definition letztlich unerheblich, ob das Ausnutzen einer solchen Position zum privaten Vorteil Bargeld oder „Geschenke" meint, direkt oder indirekt erfolgt. Auch Politiker, die Spenden nicht in die private Tasche stecken, sondern ihrer → Partei abliefern, können deshalb als korrupt gelten, weil sie sich davon eine Absicherung ihrer Position und Förderung ihrer Karriere, also persönliche Vorteile, versprechen. Die Heimlichkeit des Vorganges ist, weil er i.d.R. gegen rechtliche Normen und/oder moralische Standards verstößt („Mißbrauch"), dabei ein drittes wichtiges Kennzeichen für p. (G. Myrdal; S. Rose-Ackermann). Was das Licht der → Öffentlichkeit nicht zu scheuen braucht, weil es allgemein als zulässig gilt, hat mit Korruption nichts zu tun; für das offene Ausnutzen von staatlichen Machtpositionen, das ungenierte Ausplündern eines Landes und der eigenen Bevölkerung durch eine kleine Clique, die stark genug ist, sich über Widerstände hinwegzusetzen, reicht der Begriff hingegen schon nicht mehr aus.

Obwohl die Grenzen häufig undeutlich sind und verschwimmen, ist p. zu unterscheiden von Phänomenen wie → Nepotismus, → Klientelismus, → Ämterpatronage, → Protektionismus und anderen Formen der persönlichen Begünstigung durch öffentliche Machtträger einerseits und → Lobbyismus als Einflußnahme auf Mandats- und Amtsträger bis hin zur Erpressung andererseits. Nach einer engeren Definition, die auf formal-legale Normen gründet, ist p. „behavior which derivates from the formal duties of a public role (elective or appointive) because of private-regarding (personal, close family, private clique) wealth or status gains; or (which) violates rules against the exercise of certain types of private regarding influence" (Joseph S. Nye).

2. Fragestellungen: p. hat es zu allen Zeiten gegeben, gibt es heute in allen → politischen Systemen und wird es wohl immer geben, weil das Streben nach privaten Vorteilen zu den menschlichen Grundkonstanten gehört. Politikwissenschaftliches Untersuchungsinteresse setzt jedoch erst dort ein, wo es sich offenbar nicht mehr um bloße Einzelfälle handelt, sondern p. ein gewisses Ausmaß erreicht, zu einem öffentlichen Problem wird. Ganz allgemein stellt sich dann die Frage, warum und unter welchen Umständen p. in bestimmten Zeitperioden und in konkreten → politischen Ordnungen weiter verbreitet ist als in anderen. Die Ermittlung der sozialen, ökonomischen, politischen und kulturellen Ursachen für ausgeprägte oder zunehmende p., ihrer Formen und Mittel in bestimmten → Gesellschaften ist auch eine notwendige, wiewohl noch nicht hinreichende Bedingung für praxisbezogene Empfehlungen ihrer Bekämpfung, Eindämmung bzw. zumindest ihrer Kontrolle.

Noch jenseits einer normativen Bewertung von p. stellt sich die Frage nach ihren empirischen Wirkungen in den untersuchten Gesellschaften und politischen Ordnungen. Politikwissenschaftliche Orientierungspunkte sind hierbei primär diejenigen Funktionen, die von politischen Systemen grundsätzlich erfüllt werden müssen (wie → Integration der Gesellschaft, die Gewährleistung von → Legitimität, Stabilität und Innovation) sowie → Partizipation, Effizienz und Transparenz des → politischen Prozesses.

Erst wenn die Frage nach den negativen Konsequenzen eines erkannten Ausmaßes an p. „positiv" beantwortet, d.h. eine normative Bewertung auch tatsächlich empirisch abgesichert ist, kann das Suchen nach Instrumenten der Kontrolle, d.h. eine konkrete Analyse der Möglichkeiten und Schwierigkeiten einer politischen Gegensteuerung, einen gewissen Erfolg versprechen. Derartige Bemühungen sind nicht zuletzt abhängig von der Wahrnehmung (Perzeption) von p. in der jeweiligen Bevölkerung.

3. Theoriekonzepte: Die (prinzipielle) Antwort auf diese und andere Fragen fällt je nach Disziplin und Standort des Forschers verschieden aus:
- In herkömmlicher „idealistisch-philosophischer" Perspektive, auch „moralisierende" oder „konventionelle" Betrachtungsweise genannt, ist p. stets und immer schädlich für das → Gemeinwohl, für das Vertrauen in die → Verwaltung, die staatliche → Legitimation und politische Stabilität. Als „Pathologie der Politik" (Carl J. Friedrich) muß sie energisch bekämpft werden, damit sich solche Krankheitskeime nicht ausbreiten und das politische System zerstören können.
- Die „revisionistische" Schule der Korruptionsforschung, die sich seit den sechziger Jahren, angeregt durch Studien in Ländern der → Dritten Welt, von den USA aus auszubreiten begann (u. a. Jose V. Abueva, David H. Bayley, Nathaniel H. Leff, Colon Leys), hielt den „klassischen" normativen Ansätzen entgegen, daß p. nicht a priori verdammt werden sollte, sondern durchaus positive Funktionen entfalten könne für die Integration, Entwicklung und → Modernisierung von Gesellschaften.
- Auch ökonomische (markt-zentrierte) Theorieansätze (u.a. S. Rose-Ackermann; G. Neugebauer), in denen p. als eine Form des sozialen Tausches erscheint, heben hervor, daß sie dort, wo der → Staat zu stark in die Wirtschaft eingreife, durchaus funktional sein könne als Gegeninstrument zur → Bürokratisierung, als Schmiermittel zur Beschleunigung von Verwaltungsverfahren und für effizienteres Wirtschaften. Diese zunächst gegen die zentral geplanten und verwalteten Ökonomien des „real existierenden → Sozialismus" und auf Länder der Dritten Welt gemünzten Kosten-Nutzen-Argumente wurden in den letzten Jahren auch gegen einen ausgeweiteten Staatsanteil am Bruttosozialprodukt in fortgeschrittenen → Wohlfahrtsstaaten gewendet.
- Während marxistisch-orthodoxe Ansätze, die p. schlicht als Grundübel des → Kapitalismus ansahen, nach dem Scheitern des „neuen Menschen" und der unbestreitbaren

Tatsache weitverbreiteter Korruption in den östlichen Systemen kaum noch vorgetragen werden, gehen neuere Theorien - zum großen Teil aus diesen Ländern selbst (Antoni Z. Kaminski, Jacek Tarkowski u.a., auch Konstantin M. Simis) - ganz im Gegenteil davon aus, daß gerade dort Korruption nicht nur zum Lebensalltag gehöre, sondern geradezu ein strukturelles Element eines solchen politischen und wirtschaftlichen Systems sei.

Keine Rolle mehr spielen anthropologische Theorieangebote, die lediglich auf Schwächen der menschlichen Natur abstellen oder gar auf einen bestimmten → „Nationalcharakter"; daß Traditionen und → politische Kultur eines Landes eine Ursache für verbreitete p. sein können, ist demgegenüber unstrittig.

4. Forschungsstand: Auf die geschichtlichen Veränderungen in Ausmaß und Formen der p., auf ihre unterschiedliche geographische Verteilung auf den Kontinenten u.a.m. kann hier aus Platzgründen nicht eingegangen werden (der internationale Forschungsstand, bei dem noch immer case studies und area studies überwiegen, ist im übrigen hervorragend dokumentiert in dem von Heidenheimer, Johnston und LeVine herausgegebenen Handbuch [1989]).

Einigkeit besteht heute darüber, daß revisionistisch-ökonomisch-funktionalistische Theorien zu kurz greifen und mit p., jedenfalls für die Masse und langfristig, kein nachweisbarer Fortschritt in Politik, Wirtschaft und Gesellschaft verbunden ist: „No substantial evidence has ever been offered proving that corrupt officials contribute notably to economic development and social progress" (Gerald E. Caiden). P. mag für einzelne in relativ geschlossenen Gesellschaften, die weder demokratisch noch Wohlfahrtsstaaten sind, zwar Freiheitsräume eröffnen und Defizite lindern, wirkt jedoch, auf's Ganze gesehen, eher desintegrativ und destabilisierend. Anders gesagt: Korruption „kann zwar funktional sein, aber sie bleibt es nur dadurch, daß man gegen sie vorgeht" (Carl J. Fredrich).

Auch für die westlichen → Demokratien ließ sich der von ökonomischen Theorien behauptete Zusammenhang zwischen

→ Staatsquote, Ausdehnung des → öffentlichen Dienstes und Regelungsdichte des → Interventionsstaates und p. empirisch nicht nachweisen. Ausmaß und Auswirkungen ergeben sich vielmehr aus einem Bündel von Ursachen (u.a. politische Tradition und politische Kultur, Fragmentierung der Gesellschaft, demokratische Beteiligung und rechtsstaatliche Absicherung, Stärke des Staates, Legitimationsbasis und Wohlfahrtsniveau), das einfache Antworten verbietet und verallgemeinernde Aussagen erschwert.

Einigkeit besteht außerdem darüber, daß normative Theorien, zumal ethnozentrisch unterlegte, nicht naiv auf die ganz anderen Verhältnisse in der Dritten Welt übertragen werden sollten und können und auch für die → politische Steuerung von p. in westlichen Demokratien wenig taugen. Gefragt sind empirisch gesättigte Theorien, die eine Gewichtung der verschiedenen potentiellen Ursachen am konkreten Beispiel vornehmen und plausibel erklären.

Indizien deuten schließlich darauf, daß p. weltweit immer mehr zu einem „normalen" Phänomen wird und von daher stärkere sozialwissenschaftliche Aufmerksamkeit beansprucht. Gab es in den 60er Jahren nur vereinzelte Studien zu diesem Feld, so schwoll die einschlägige Literatur seit den 70er Jahren beträchtlich an. Daß die internationale Forschungsdiskussion, organisiert teilweise im Research Committee on Political Finance and Political Corruption der → International Political Science Association (IPSA), seit 1986 in der neuen Zeitschrift „Corruption and Reform" ein eigenes Forum gefunden hat, deutet ebenfalls auf ein größeres Gewicht solcher Fragen hin. Das → Interesse richtet sich dabei neben vergleichenden Untersuchungen mehr und mehr auch über bestimmte Gesellschaften hinaus auf grenzüberschreitende, internationale p.

Nach dem jährlichen Korruptionsindex (Corruption Perception Index) der Nichtregierungsorganisation Transparency International belegte Deutschland zuletzt unter 85 Staaten den 15. Platz derjenigen Länder mit relativ wenig Korruption.

Lit.: A. *Benz/ W. Seibel* (Hg.): Zwischen Kooperation und Korruption. Abweichendes Verhalten in der Verwaltung, Baden-Baden 1992; C. *Brünner* (Hg.): Korruption und Kontrolle, Graz 1981; M. *Clarke* (Ed.): Corruption: Cause, Consequences and Control, New York 1983; A. *Etzioni*: Capital Corruption. The New Attack on American Democracy, San Diego 1984; C. *Fleck/ H. Kuzmics* (Hg.): Korruption. Zur Soziologie nicht immer abweichenden Verhaltens, Königstein Ts. 1985; A. J. *Heidenheimer/ M. Johnston/ V. T. LeVine* (Eds.): Political Corruption. A Handbook, New Brunswick, N. J., 1989; D. *Della Porta/ Y. Mény* (Eds.): Democracy and corruption in Europe, London 1997; H. *Reichmann/ W. Schlaffke/ W. Then* (Hg.): Korruption in Staat und Wirtschaft, Köln 1997. S. *Rose-Ackermann*: Corruption: A Study in Political Economy, New York 1978.

Dr. Göttrik Wewer, Kiel

Politische Kultur

1. Begriff: Der eng gefaßte Begriff P. ist im wesentlichen deckungsgleich mit → politischem Bewußtsein. Er bezieht sich insoweit auf politische → Einstellungen und Meinungen (i.S. von relativ instabilen, temporären und in der Zahl tendenziell unbegrenzten Dispositionen für politisches Handeln) einerseits und auf → Werte oder → Ideologien (i.S. von relativ dauerhaften, auf wenige allgemeine und grundlegende Inhalte bezogenen Orientierungen) andererseits. Der weit gefaßte Begriff von P. schließt darüber hinaus auch politisches Verhalten ein, also alle Formen politischer Beteiligung oder → Partizipation, unkonventionelle (i.S. von kontrovers legitimierten Protestaktionen wie legalen → Demonstrationen, → ziviler Ungehorsam, Hausbesetzungen etc.) ebenso wie konventionelle (i.S. von legalem und positiv legitimiertem politischen Handeln, insbes. → Wahlverhalten, Mitgliedschaft/ Tätigkeit in politischen Organisationen etc.).

P. kann insofern als eines von mehreren Medien der Vermittlung zwischen → Individuum und Herrschaftssystem begriffen werden. Der Ausdruck zielt also wesentlich auf jene Innenseite der → Macht in den vielfältigen Vergesellschaftungsformen und Sozialisationsprozessen, welche die Individualpsychologie i.d.R. nicht mehr erreicht und die systemisch und strukturanalytisch orientierte politologische Makroanalyse gar nicht erst in den Blick nimmt. Als politologischer Forschungsansatz will P. die subjektive Dimension in den soziokulturellen Grundlagen eines Herrschaftssystems erfassen, also seine Einbettung in einen historisch wandelbaren Kontext von national-, regional-, klassen- bzw. gruppen- und generationsspezifischen Orientierungs- und ggf. auch Verhaltensmustern.

2. Zur Forschungsgeschichte. Mit Gegenstand und Problem der P. haben sich die Klassiker der → politischen Theorie und → politischen Soziologie immer wieder beschäftigt, von Aristoteles über Montesquieu bis zu Tocqueville. Lediglich der Terminus ist neueren Ursprungs. Er wurde Mitte der fünfziger Jahre von dem amerikanischen Politologen Gabriel Almond eingeführt, zu einem Zeitpunkt also, als sich insbes. in und für die USA als Super- und weltweite Interventionsmacht die ordnungspolitische Frage nach der Übertragbarkeit westlicher Demokratiemodelle auf die neu entstehenden → Länder der → Dritten Welt stellte. Einen weiteren Anstoß für den Aufbau einer P.-Forschung lieferten → Demoskopie, Statistik und Sozialpsychologie. Sie hatten inzwischen - in den USA schon seit der Zwischenkriegszeit - ein ganzes Arsenal von Erhebungsmethoden und Analyseverfahren entwickelt und für die anwendungsorientierte sozialwissenschaftliche Forschung bereitgestellt. Damit war es erstmals möglich geworden, große Mengen von Einstellungsdaten zu verarbeiten, d.h. durch Befragungen in sog. repräsentativen Stichproben zu erheben und aus ihnen durch Verfahren der schließenden statistischen Analyse quantitative Aussagen für große Populationen zu gewinnen.

Über mehrere Jahrzehnte hat sich inzwischen weltweit eine empirisch-vergleichende P.-Forschung etabliert, so umstritten vielfach auch Begriff und Analysekonzept geblieben sind. Berühmt wurde zunächst vor allem die → Civic Culture-Studie der Amerikaner Gabriel Almond und Sidney Verba. Am Beispiel von fünf Ländern (USA, Großbritannien, Bundesrepublik, Italien und Mexiko) versuchten sie, eine Typologie verschiedener Entwicklungsstufen der P. zu erarbeiten. Dabei gingen sie jedoch nicht von den → Bedürfnissen und → Interessen der jeweiligen Individuen und gesellschaftlichen Gruppen aus, sondern von der Frage nach den für das Überleben des → politischen Systems funktional notwendigen Einstellungen und Verhaltensformen. Für die Stabilität eines demokratischen Systems sei eine bestimmte Verteilung von politischen Orientierungen ausschlaggebend. Dabei wurde zwischen der Art der Orientierung (Kenntnisse, affektive Bindung, Bewertung) und dem Gegenstandsbezug der Orientierung (dem politischen System als Ganzes, seinen Leistungen [→ output], seinen intermediären Strukturen [→ input] sowie dem einzelnen Individuum als Teilnehmer am → politischen Prozeß) unterschieden. Die Typenbildung verschiedener P.-Entwicklungsstufen folgte insbes. dem Kriterium zunehmender Rationalität des politischen Bewußtseins und der politischen Beteiligung. Den Rahmen steckten die drei ‚reinen' Typen der Parochial-, der Untertanen- und der Teilnahmekultur ab. Als wichtigsten Mischtyp stellten die Autoren die ‚civic culture' heraus; sie wird meistens mit ‚Staatsbürgerkultur', zutreffender aber mit ‚Zivilkultur' übersetzt. Hier ist das Verhältnis von Modernität und Traditionalismus ausgeglichen. Politischer Aktivismus, Rationalität und Engagement einerseits sowie nonpartizipatorische Outputorientierung, Passivität und Traditionalismus andererseits sind in diesem Typus geradezu modellhaftvorbildlich ausbalanciert. Jedenfalls in der idealisierenden Sicht der Autoren, die mit der civic culture denn auch vorzugsweise die angelsächsischen P. identifizierten.

Diese Klassifikation erwies sich schon bald als zu abstrakt und schematisch, zudem für nicht-westliche Gesellschaften und ihre P. wenig ergiebig, weshalb neue Operationalisierungen und Differenzierungen vorgeschlagen und ausprobiert wurden. So im Bereich der politischen Einstellungen und → Werte, so im Bereich der politischen Beteiligung.

Eine interessante, stärker historisch-vergleichende Perspektive brachte die Unterscheidung zwischen P., die im Rahmen von „Staats-" bzw. „Nichtstaatsgesellschaften" entstanden sind. Während etwa Preußen-Deutschland als Prototyp für eine Staatsgesellschaft angesehen wird, gilt Großbritannien als besonders charakteristisch für eine Nichtstaatsgesellschaft. Denn im Gegensatz zu Preußen-Deutschland ging in Großbritannien die → Industrialisierung der Gesellschaft ihrer → Bürokratisierung voraus. Das aufstrebende städtische Handels- und Industriebürgertum wurde früh und schließlich auch zum dominierenden Partner der → Aristokratie, und zwar im Bündnis gegen die Krone. Das verhinderte die Entfaltung einer absolutistischen → Monarchie und → Bürokratie, erlaubte die frühzeitige Parlamentarisierung der alten Herrschaftsordnung und ließ ein modernisierungsfeindliches Potential - wie nahezu überall auf dem Kontinent - kaum entstehen. Zudem machte die günstige geopolitische Lage Zentralisierung und → Verstaatlichung weitgehend entbehrlich. Dadurch konnte sich eine stärker pragmatisch-personalistische Orientierung (wie sie durch die politisch-kulturellen Leitbegriffe ‚civility' und ‚deference', ‚trusteeship' und ‚limited government' signalisiert wird) behaupten und der Herauslösung einer politisch-staatlichen Sphäre aus der Gesellschaft ebenso entgegenwirken wie der Entstehung eines für kontinentaleuropäische Staatskulturen selbstverständlichen Verwaltungs- und Beamtenstaates. Hinzu kommt ein in den besonderen religiösen Verhältnissen wurzelnder politisch-moralischer Grundzug, der die P. des ‚common man' nachhaltig beeinflußt hat. Praktische Vorstellungen der Fairneß und → Gerechtigkeit spielen hier traditionell eine weit größere Rolle als Auseinandersetzungen um theoretische Wahrheiten und ideologische Systementwürfe. Die englische P. hat insoweit weder die Trennung von ‚politischem Staat' und ‚unpolitischer Gesellschaft' mitvollzogen, noch die von → Politik und Moral bzw. → Kultur. Diese Zivilkultur ist darum allerdings nicht schon demokratisch. Ebensowenig wie umgekehrt Staatskulturen zwangsläufig undemokratisch sein müssen.

Diese sind v.a. an der Effizienz des → politisch-administrativen Systems orientiert. Mit ihnen geht ein eher technisches Verständnis von Politik einher, das den Leistungsaspekt und den materiellen output von Politik (Güterverteilung, → Gesetze etc.) betont, während in Nicht-Staatskulturen Politik zuallererst gesellschaftliche Problemlösung bedeutet und eher als alltägliche, praktische Lebensweise verstanden wird. Unter dem Eindruck der anhaltenden „britischen Krise" und des Verfalls der traditionellen Elemente ist jedoch darauf hingewiesen worden, daß die betont personalistische P. sozioökonomische → Modernisierung und politische Innovationen offenbar erschwert, während die kontinentaleuropäischen Staatskulturen mit ihrem ‚technischen' und ‚systemischen' Politikverständnis weit mehr den Typ der modernen P. repräsentieren. Sind also die „personalistischen" Nicht-Staatskulturen vor allem mit politischen Effizienz- und Steuerungsproblemen konfrontiert, sehen sich die „technischen" Staatskulturen v.a. durch gesellschaftliche Integrations- und kulturelle Orientierungskrisen und kollektive Identifikationsprobleme herausgefordert.

3. Kontroverse Fragen. Diese beiden Beispiele aus der umfangreichen Forschungspraxis sind auch methodologisch aufschlußreich. Zeigen sie doch, daß die P.-Forschung ein wichtiges Bindeglied zwischen Sozial-, Kultur- und insbesondere Mentalitätsgeschichte einerseits und der → empirischen Sozialforschung andererseits sein kann. Die oft gegeneinander ausgespielten statistisch-quantitativen und hermeneutisch-qualitativen Verfahren können sich hier durchaus sinnvoll ergänzen. Stützt sich die idiographisch-historische Methode vorzugsweise auf Dokumenten- und Inhaltsanalyse, so arbeitet die empirisch-analytische Methode v.a. mit den Daten und Techniken der Umfrageforschung. Die Komplementarität dieser Verfahren erscheint zumal im Hinblick auf die vielfältigen historischen wie zeitgenössischen Aspekte der P. einer Gesellschaft geboten und sinnvoll. Den komplexen Gesamtzusammenhang dieses Gegenstandsbereichs mag folgende Systematisierung verdeutlichen:

a) politisches Bewußtsein
- Angst, → Entfremdung/ Anomie, Vorurteil, Frustration
- Moral, Religiosität, Non-Konformität, → Loyalität
- Geschichtsbewußtsein, Traditionsverständnis, Selbst- und Fremdbild (koll. Gedächtnis)
- politische Einstellungssyndrome: → Autoritarismus, → Antisemitismus, → Nationalismus,
- aktuelle politische Meinungen
b) politisches Verhalten
- → Apathie, Passivität - politisches Lernen
- unkonventionelles politisches Handeln
- militante Formen politischen Handelns (gewalts. Widerstand, → Terrorismus etc.)
c) Trägergruppen
- Masse („repräsentative Querschnittsmeinungen"), → Eliten
- sozialstrukturell definierte Großgruppen (z.B. alter/ neuer → Mittelstand, Arbeiter, Katholiken/ Protestanten, Frauen, Randgruppen u.a.)
- Generationsgruppen, Lebensstil- und Sozialisationstypen (Jugend, Kriegsgeneration u.ä.)
d) Praxisfelder
- Alltag, → Lebenswelt; Familie, Kirche, Schule, Betrieb, Militär u.a. Sozialisationsagenturen
- → Parteien, → Bürgerinitiativen; → Öffentliche Meinung
- Regierung, → Parlament, Bürokratie, Justiz.

Für manche Wissenschaftler ist P. ein Ensemble abhängiger Variablen, die zumeist rein deskriptiv erfaßt werden, ungeachtet ihres inneren und äußeren Wirkungszusammenhangs. Dieser theoretisch wenig reflektierte Umgang mit Begriff und Konzept der P. hat diesem den Vorwurf eingetragen, zu einem beliebigen „catch-all"-Sammelbegriff zu degenerieren. Inzwischen hat sich die Auffassung mehr oder weniger durchgesetzt, P. als intervenierende Variable subjektiver Orientierungen zu behandeln, in Verbindung mit sozialstrukturellen u.a. „objektiven" Bestimmungsfaktoren des politischen Prozesses. Eine weitere Position

akzeptiert zwar p. als unabhängige oder intervenierende Variable, will sie aber nur noch als Residualkategorie gelten lassen, für anderweitig, d.h. aus normativinstitutionellen und sonstigen Systembedingungen nicht mehr erklärbare Erscheinungen des politisch-gesellschaftlichen Lebens.

Lit.: *G. A. Almond/ S. Verba*: The Civic Culture, Princeton 1963; *S. H. Barnes/ M. Kaase et al.*: Political Action, Beverly Hills 1979; *M. Greiffenhagen u.a.* (Hg.): Handwörterbuch zur Politischen Kultur Deutschlands, Opladen 1981; *R. Inglehart*: Kultureller Umbruch. Wertewandel in der westlichen Welt, Frankfurt/M. 1989; *H. Klages/ W. Herbert*: Wertorientierung und Staatsbezug. Untersuchungen zur politischen Kultur in der BRD, Frankfurt/M. 1983; *P. Reichel*: Politische Kultur in Westeuropa, Frankfurt/M. 1984.

Prof. Dr. Peter Reichel, Hamburg

politische Kybernetik
Von der US-amerikanischen → Sozialwissenschaft (N. Wiener, K.W. Deutsch) entwickelter Begriff für die Theorie sozial bzw. politisch induzierter Steuerungs- und Kommunikationsprozesse, die auf wechselseitiger Rückkoppelung basieren. Gegenstand der Analyse sind die Formalstrukturen → politischer Systeme und → politischer Prozesse; inhaltliche Aspekte bleiben unberücksichtigt. P. untersucht, wie politische Strukturen auf politische Anforderungen bzw. Probleme reagieren, sich organisieren und erhalten. Die Problemlösungskapazität demokratischer → Gesellschaften soll mit Hilfe der Untersuchungsergebnisse erhöht werden, indem die Lernfähigkeit des → Systems gesteigert wird (durch Rückkopplung, Selbstkontrolle). Ziele und Strukturen sollen durch das System selbst reguliert werden, ohne destabilisierende Rückwirkungen auszulösen.

politische Öffentlichkeit
⇒ *Öffentlichkeit*

politische Ökologie
1. *Umwelt*: Der Begriff p. ist weitgehend identisch mit dem der → Ökologie, stellt allerdings die umfassenden Mensch-

Umwelt-Beziehungen in den Mittelpunkt und ordnet sie in gesellschaftliche Prozesse ein. Für Mensch und Umwelt existenzbedrohende Entwicklungen will sie einer Lösung zuführen. Die p. ist eine radikale Zurückweisung der bisherigen gesellschaftlichen Entwicklung.

2. → *Wahlforschung*: Ähnlich der (älteren) → Wahlgeographie untersucht die p. - vor dem Hintergrund politisch-historischer Entwicklungen - die Beziehungen zwischen den Stimmanteilen der → Parteien (bzw. Parteirichtungen) und ausgewählten sozio-ökonomischen Merkmalen von → Wahlkreisen bzw. Verwaltungseinheiten. Die p. entstand als ein Instrument der historischen Wahlforschung, um Bestimmungsfaktoren des Wahlverhaltens früherer Zeiten - aus denen keine Meinungsumfragen vorliegen - zu untersuchen. Die anfänglich noch sehr einfachen statistischen Auswertungen der (Aggregat-)Daten wurden inzwischen durch komplexe, multivariate statistische Datenauswertungen ersetzt, die eine Vielzahl von Faktoren einbeziehen können. So kann p. den Stellenwert des sozialen Umgebung für die Herausbildung von Parteipräferenzen aufzeigen, da die Umgebung durchaus als intervenierende Variable auf die Beziehung zwischen den soziodemographischen Merkmalen einer Person (Individualdaten) und seiner Parteipräferenz einwirken kann. Als nachteilig für die p. erweisen sich immer noch der Zeitbezug sozialstruktureller Daten (Zeitspanne zwischen Volkszählungen), Probleme der Einbeziehung bei soziodemographischen Merkmalen (z.B. Geschlecht und Alter) sowie die Gefahr des → ökologischen Fehlschlusses (Schluß von Aggregatdaten auf individuelles Verhalten).

Politische Ökonomie

1. Überblick: Der Ausdruck Ökonomie bezeichnete ursprünglich nur die Hauswirtschaft (gr. oikos), wurde in der Neuzeit in etwas erweiterter Bedeutung als Fachterminus für die Landwirtschaft benutzt und erhielt erst im 20. Jh. den umfassenderen Wortgehalt für „Wirtschaft" i.w.S. Der Begriff P., der zuerst für den Beginn des 17. Jh. nachgewiesen ist (A. de Montchrétien, Traicté de l´ Oeconomie politique, 1615; zuvor bei L. de Mayerne-Turquet, La Mon-

archie Aristodémocratique, 1611), meint dann die Gesamtheit der Wirtschaft eines Gemein- bzw. Staatswesens einschließlich der → Wirtschaftspolitik. Im angelsächsischen Schrifttum wurde der umfassendere Begriff P. 1767 von James Stewart (An Inquiry into the Principles of Political Economy) eingeführt. P. bezeichnet sowohl die Sache selbst als auch die theoretische Reflexion über die Sache und damit die entsprechende Literatur. Als Synonyme zur P. wurden im deutschen Sprachraum während des 19. Jh. die Bez. *Nationalökonomie* und *Volkwirtschaftslehre* gebräuchlich. Bis in die jüngste Vergangenheit blieb die P. als Teil der Geistes- und Sozialwissenschaften eurozentristisch beschränkt. Auch in den theoriegeschichtlichen Darstellungen der P. wird allenfalls sporadisch auf die Realgeschichte sowie die Staats- und Gesellschaftstheorie außereuropäischer Kulturen (etwa: Islam, Konfuzianismus, präkolumbianisches Mittel- und Südamerika) hingewiesen, so daß trotz des enzyklopädischen Selbstverständnisses abendländischer Wissenschaftsauffassung die → Integration der außereuropäischen Geistesgeschichte in die P. noch weitgehend aussteht.

Entwicklung und Ausdifferenzierung der P. führte zu systematisierenden Untergliederungen, deren verbreitetste - im deutschen Sprachraum - die Einteilung in Allg. Theoretische Volkswirtschaftslehre, Spezielle Volkswirtschaftslehre oder (Volks-) Wirtschaftspolitik und Finanzwissenschaft darstellt. Die Etablierung der betrieblichen Einzelwirtschaftslehre als wissenschaftliche Disziplin im 20. Jh. führt zur *Betriebswirtschaftslehre,* die sich ebenfalls in Allg. und Spezielle Betriebswirtschaftslehre(n) ausfächert.

2. Bedeutungswandel der P.: Die Verwendung der traditionellen Bez. P. trat mehr und mehr zurück, nachdem der englische Neoklassiker Alfred Marshall seinem einflußreichen Lehrbuch zur Wirtschaftstheorie den Titel „Principles of Economics" (1890) gegeben hatte und sich damit von dem herkömmlichen Terminus „Political Economy" distanzierte. Hierfür war u.a. das veränderte Wissenschaftsverständnis der angelsächsischen → Sozialwissenschaft maßgeblich, das die Wirtschaftswissenschaft am szientifischen Ideal der Naturwissenschaft zu orientieren suchte und die ethisch-normativen Bestandteile der traditionellen P., die in der schottischen Sozialwissenschaft des 18. Jh. einen Teil der umfassenden *Moralphilosophie* (moral philosophy) bildete, als metaphysische, also unwissenschaftliche Relikte betrachtete.

Im Unterschied zur Preisgabe des Ausdrucks P. in der Universitätswissenschaft der meisten kapitalistischen Länder wurde er von sozialistischen, speziell marxistischen Autoren beibehalten und erreichte als Oberbegriff für sozialökonomisch-politische Theoriebildung auf marxistischer Grundlage eine fachterminologische Aufwertung. In diesem Sinn wird etwa von der „P. des → Kapitalismus" oder der „P. des → Sozialismus" gesprochen.

Die Inanspruchnahme des Begriffs P. durch den → Marxismus im 20. Jh. und die Eliminierung der Bez. aus den herrschenden wirtschaftswissenschaftlichen Strömungen der kapitalistischen Länder gaben der Wortverwendung eine antikapitalistische Färbung, so daß zumindest im umgangssprachlichen Wortverständnis von P. häufig die Assoziation mit marxistischer Theorie hergestellt wird. In jüngerer Zeit findet sich ein Verständnis von P., das sie methodisch und inhaltlich als Gegenposition zur status-quo-bezogenen Wirtschaftstheorie, insbesondere zur neoklassischen Gleichgewichtstheorie und ihren neoliberalistischen Politikkonzeptionen ausweist. Vor diesem Hintergrund ist verständlich, daß die in den Jahrzehnten nach dem Zweiten Weltkrieg an Überlegungen von J. A. Schumpeter und M. Kalecki anknüpfenden Arbeiten nicht-marxistischer Sozialwissenschaft zur theoretischen Reintegration von ökonomischen und politischen Prozessen nicht einfach als P. etikettiert wurden, sondern eine spezifische Bez., nämlich *Neue P.*, gewählt wurde.

Die Neue P. wendet die Hypothese des gewinn- bzw. nutzenmaximierenden Verhaltens auf (fast) alle Bereiche des sozial- und politikwissenschaftlichen Erkenntnisobjektes an. Der politische Machtkampf in → parlamentarischen Systemen wird z.B.

als Konkurrenzkampf um „Stimmenmaximierung" gedeutet, also in ökonomischer Politikperspektive (Anthony Downs: Ökonomische Theorie der Demokratie), und Konjunkturbewegungen lassen sich als Ergebnis expansiver und kontraktiver Fiskalpolitik modellieren (William D. Nordhaus: Politischer Konjunkturzyklus). Rezeptionsimpulse erhielt die Neue P., als von den 1960er Jahren an eine kurze Renaissance der „Kritik der P." (so der Untertitel von K. Marx' Hauptwerk, Das Kapital) in der westlichen Sozialwissenschaft - nicht nur - das akademische → Milieu (Studentenproteste) aufwirbelte und auf seiten der prinzipiell systemaffirmativen Sozial- und Wirtschaftswissenschaft innovativen Deutungsmustern mehr Aufmerksamkeit verschaffte. Inhaltlich vermochte weder die „Kritik der (bürgerlichen) P." noch die Neue P. die beiden Hauptströmungen der westlichen Wirtschaftstheorie, den auf eine systemaffirmative Stabilisierungspolitik verkürzten Lehrbuchkeynesianismus und die Neoklassik, wesentlich fortzuentwickeln oder gar einen Paradigmenwechsel vorzubereiten. Die Mitte der 1970er Jahre beginnende Wachstumskrise der hochentwickelten kapitalistischen Länder und der dadurch ausgelöste langfristige Anstieg der Massenarbeitslosigkeit führten bisher nicht zu einer ernsthaften Erschütterung der herrschenden P. durch die säkularen Krisentheorien (u.a. Marx' Überproduktionstheorie, Keynes' u. Fourastiés Stagnationstheorien). Vielmehr wurde unter der Bezeichnung *Angebotspolitik* eine Renaissance der klassisch-neoklassischen Harmonie- und Gleichgewichtslehre der Konkurrenzwirtschaft (Saysches Theorem: Jedes Angebot schafft sich seine Nachfrage) eingeleitet, die auf eine massive Zurückdrängung des sozial- und beschäftigungspolitischen Interventionismus angelegt ist. Der Niedergang des osteuropäischen Realsozialismus (nach 1989) bewirkte eine weitere politische und ideologische Aufwertung des neoliberalistischen Systemverständnisses mit der Tendenz, staatliche bzw. gesellschaftliche Eingriffe in den Marktmechanismus wieder einzuschränken und ihn unreguliert seiner Eigengesetzlichkeit folgen zu lassen. Diese bewußte *Liberalisierungspolitik* vermittelte der bereits seit Beginn der → Industriellen Revolution expansiv verlaufenden Internationalisierung des Kapitalismus (Außenhandel, Kapitalexporte, multinationale Konzerne) in der jüngeren Vergangenheit einige Besonderheiten (u.a. die explosionsartige Zunahme der Finanzmarkttransaktionen), was sich terminologisch im Begriff → *Globalisierung* artikuliert. Der durch die Globalisierung bewirkte Verlust an nationalstaatlicher Steuerungskompetenz ist somit zum Teil auf absichtsvolles politisches Handeln zurückzuführen, also kein quasinaturgesetzliches Phänomen und somit im Prinzip auch reversibel.

Eine allg. akzeptierte Definition der P. läßt sich angesichts der verschiedenen Strömungen nicht geben, aber wann immer *gegenwärtig* die Bez. P. begrifflich reflektierend verwandt wird, bilden das Machtproblem und damit die Interdependenz von politischem und ökonomischem System, Verteilungsstrukturen sowie sozialökonomische Klassen und Konfliktprozesse Kernfragen der jeweiligen Analyse. Damit erweist sich die politökonomische Perspektive (einschließlich der Neuen P.) weiter als die der Wirtschaftstheorie i. e. S. mit ihrer ahistorischen Beschränkung auf Gleichgewichtskonstruktionen. Zwischen den verschiedenen Gegenwartsströmungen der P. läßt sich eine markante Trennungslinie nach Maßgabe des jeweiligen historischen Verständnisses ziehen. Die marxistisch orientierte Kritik der P., der neue und der ältere Institutionalismus (evolutorische Ökonomie), die französische Regulationsschule und die Vielzahl von Konjunktur- und Krisentheorien stellen zumindest indirekt den geschichtlichen Entwicklungsprozeß, die „Gesetzmäßigkeiten" ungleichgewichtiger Entwicklungen in den Vordergrund, während die neoklassische Theorie und ihre wirtschaftspolitischen Ausmünzungen (→ Monetarismus, Angebotpolitik) an der gleichgewichtstheoretisch formalisierten Harmoniemetaphysik des kapitalistischen Marktsystems festhalten.

3. Historische Entstehungsbedingungen der P.: Als eigenständiger Bereich der Geistesgeschichte entsteht die P. im Verlauf der Entwicklung der → bürgerlichen Gesellschaft und der industriekapitalistischen Wirtschaft - beides urbane Phänomene - im neuzeitlichen Europa. Politisch vollzieht sich der Übergang vom mittelalterlichen Feudalsystem zum absolutistischen → Territorialstaat in engem Zusammenhang mit der militärischen → Revolution der Feuerwaffe (14. Jh.) und der Verlagerung des wirtschaftlichen Entwicklungsschwerpunkts vom Agrarsektor in den städtischen Bereich mit seinen beiden Hauptkomponenten Handwerk und Handel. Der Finanzbedarf der Territorialstaaten wird vornehmlich durch militärische Notwendigkeit (Söldnerarmeen, Heeresbedarf) bestimmt, und mit Ausweitung und Dauer der innereuropäischen Kriege sowie der kolonialistischen Expansion in überseeische Kontinente wächst der Rüstungsbedarf. Der Aufbau einer (Steuer-) → Verwaltung, die systematische Förderung der wirtschaftlichen und damit steuerlichen Leistungsfähigkeit der Volkswirtschaften sowie der Rückgriff auf rationale und pseudorationale Mittel (Goldmacherei) zur Bewältigung der steigenden Finanzprobleme der Territorialfürsten sind Charakteristika der politischen und sozialökonomischen Entwicklung Europas vom 14./15. Jh. an.

Die erste Phase der P. als wissenschaftliche Disziplin schlägt sich in einer relativ heterogenen Wirtschaftsliteratur vom 16. bis 18. Jh. nieder. Trotz vielfältiger theoretischer Einsichten geht es den Autoren primär nicht um ein theoretisches → System, sondern um praktische Wirtschaftspolitik für die absolutistische → Monarchie. Diese Phase wird vom 19. Jh. an als → *Merkantilismus* bzw. *Merkantilsystem* (Adam Smith: mercantile system, 1776) bezeichnet. Der Merkantilismus legte mit seinen monopolistischen Privilegierungen von Manufaktur, Bergbau, Handel und seinen protektionistischen → Außenwirtschafts- und Kolonialpolitik sowie den vielfältigen Fördermaßnahmen für die materielle und immaterielle → Infrastruktur (Verkehrswege, Vereinheitlichung von Geld- und Rechtswesen usw.) die Fundamente für die → Industrielle Revolution und damit den Übergang vom Handels- zum Industriekapitalismus. Die merkantilistische Reglementierung behinderte jedoch mehr und mehr die weitere kapitalistische Entwicklung, indem sie die freie Konkurrenz und die unternehmerische Initiative beschränkte. Die wirtschaftsliberalistische Gegenreaktion zum ökonomischen Staatsinterventionismus äußerte sich seit Mitte des 18. Jh. im Laissez-faire-Postulat der Physiokraten zugunsten einer „natürlichen Ordnung" (ordre naturel). Adam Smith deutete sie im Geist des Deismus als System der „natürlichen Freiheit", das staatliche Eingriffe ins Wirtschaftsgeschehen verbiete. Smith charakterisiert mit Leibniz' Begriff der „prästabilierten Harmonie" die freie Konkurrenz als eine wohlstandsoptimierende Ordnung, in der das → Gemeinwohl gerade durch die intensive Ausrichtung des Handelns am privaten Selbstinteresse gesichert werde. Smith's Harmonietheorem bildet bis heute die metaphysische Grundlage der gleichgewichtstheoretischen Modellierungen des Konkurrenzkapitalismus als eines selbstoptimierenden Systems.

4. Systematische Theoriebildung: Länderspezifische Unterschiede der (merkantilistischen) Wirtschaftspolitik und der Wirtschaftsentwicklung spiegelten sich in differierenden Strömungen der P. Der französische Merkantilismus, der *Colbertismus* (nach J. B. Colbert, Finanzminister Ludwigs XIV.), vernachlässigte die landwirtschaftliche Entwicklung und damit die landwirtschaftliche Überschußproduktion, auf der jeder industrielle Akkumulationsprozeß aufbaut. In Frankreich entsteht im 18. Jh. als Reaktion auf die agrarwirtschaftlichen Probleme die *physiokratische Schule* (→ Physiokraten), die nur der naturnahen landwirtschaftlichen Produktion wertschöpfendes Potential zuspricht, während Handel und Gewerbe als unproduktiv, lediglich als wertumformend qualifiziert werden. Wirtschaftspolitisch blieb die Physiokratie fast bedeutungslos, und ihr Nachruhm verdankt sich vorwiegend den theoretischen „Nebenprodukten" ihres Hauptautors François Quesnay: der Darstellung des Wirtschaftskreislaufs (Tableau économique, 1758) und der ideologisch folgenreichen Unterscheidung zwischen positiver und natürlicher (Wirtschafts-) Ordnung; letztere wird als Laissez-faire-Zustand verstanden, in dem den natürlichen (Wirtschafts-) Gesetzen freier Lauf gelassen wird und in dem sich ein bestmöglicher Zustand von allein einstelle (Quesnay: „Laissez faire, laissez aller, le monde va de lui-même"").

Mit dem Unproduktivitätsurteil über Handel und Gewerbe diskreditierte die Physiokratie gerade die dynamischen, zukunfsträchtigen Bereiche und fiel damit hinter den Merkantilismus zurück. Die Begründung der modernen Wirtschaftstheorie durch Adam Smith (Hauptwerk: An inquiry into the nature and causes of the wealth of nations, 1776) stellt Handel und Gewerbe hingegen als die zentralen Wachstumsbereiche heraus, von denen - im freien Konkurrenzprozeß - die gesamtwirtschaftliche Entwicklung getragen wird. Auf der britischen Insel hatte sich seit dem 16. Jh. ungestört von militärischen Invasionen und mit relativ geringen wirtschaftlichen Belastungen durch inneren Krieg die *Industrielle Revolution* vorbereitet. Die *ökonomische Klassik* (so später von K. Marx benannt), die aus der schottischen Moralphilosophie hervorging, entfaltete sich in einer prosperierenden Volkswirtschaft, die sich im 18. Jh. in ihrer dynamischen Entwicklung deutlich vom kriegsgeplagten Kontinent abhob und seit dem 16. Jh. sukzessive einen Entwicklungsvorsprung vor Kontinentaleuropa erreicht hatte.

Die politischen Verhältnisse in England unterschieden sich seit dem hohen Mittelalter (→ Magna Carta, 1215) ebenfalls fundamental von denen auf dem Kontinent. Der englische → Parlamentarismus stellte die politische → Macht auf eine breitere Grundlage und gab dem Besitzbürgertum früher als in den europäischen Kontinentalstaaten Einfluß auf den politischen Prozeß. Vor diesem Hintergrund wird verständlich, daß die schottische Moralphilosophie und speziell dann die nationalökonomische Klassik Großbritanniens in der → *bürgerlichen Gesellschaft* die höchste Zivilisationsstufe des Menschen sahen und die bürgerliche Ökonomie, also das privatkapitalistische Konkurrenzsystem, als ideale Gesellschaftsordnung qualifizierten, über die hinaus kein historischer Fortschritt mehr möglich wäre. Diese eurozentristische Geschichtsteleologie kehrte noch in der neoliberalistischen Siegesformel vom „Ende der Geschichte" wieder, die nach dem Niedergang der realsozialistischen Planwirtschaften zeitweilig breit diskutiert wurde. Die Klassiker interpretierten das sich herausbildende Konkurrenzsystem als natürliche Ordnung, d.h. als naturrechtlich gerecht und naturgesetzlich richtig. In dem „System der natürlichen Freiheit" (A. Smith) bewirkt das → Naturgesetz der Konkurrenz, daß durch eine *„unsichtbare Hand"* die auf ihr Selbstinteresse konzentrierten Wirtschaftssubjekte in ihrem Handeln zum allgemeinen Besten gelenkt werden.

Smith stellte die menschliche Arbeit - wenn auch nicht widerspruchsfrei - als die wesentliche Grundlage des gesellschaftlichen Reichtums heraus (klassische Arbeitswertlehre; von David Ricardo theoretisch präzisiert) und wies auf die Gefährdung der wirtschaftlichen → Freiheit durch die allfällige Abneigung der Unternehmer gegen freie Konkurrenz und ihre Kartellierungsversuche hin. Der französische Popularisator eines unkontrollierten Laisser-faire, Jean Baptiste Say (Traité de l'économie politique, 1803), plädierte hingegen für jedwede kapitalistische Handlungsfreiheit und lieferte mit dem nach ihm benannten *„Sayschen Theorem"* das theoretische Konstrukt einer von (Absatz-) Krisen freien Konkurrenzwirtschaft: Da sich jedes Angebot auch seine Nachfrage schaffe, herrsche im Konkurrenzsystem *automatisch* Vollbeschäftigungsgleichgewicht. Dieses Gleichgewichtstheorem wurde von der Neoklassik ohne Einschränkung übernommen und bildet bis heute das Fundamentaltheorem der orthodoxen Marktwirtschaftstheorie.

Die Neoklassik entstand im letzten Drittel des 19. Jh., nachdem die → soziale Frage die kapitalistische Klassenspaltung unübersehbar gemacht hatte und sich die Anhänger der wirtschaftsliberalistischen Schule einer breiten Phalanx theoretischer Gegenpositionen konfrontiert sahen (sozialistische Strömungen, historische Nationalökonomie in Deutschland, marxistische und nichtmarxistische → Krisentheorien). Die Neoklassik hebt sich von der Klassik im wesentlichen durch drei Momente ab: die mathematische Formalisierung der Wirtschaftstheorie, die etwa Say noch als der Sache völlig inadäquat verworfen hatte; die Ablösung der objektiven (Arbeits-)Wertlehre durch den Wertsubjektivismus (Grenznutzenschule); die Eliminierung der historisch-dynamischen Perspektive aus der Wirtschaftstheorie zugunsten einer statischen Gleichgewichtskonstruktion. Mit der Neoklassik änderte die bürgerliche P. ihre geschichtliche Funktion: die vorwärtsweisende Klassik, die die bürgerliche Gesellschaft gegen → Absolutismus und feudalistische Relikte vertrat, wurde von der Status-quo-sichernden Neoklassik abgelöst.

5. Gegenpositionen zur P. der Konkurrenzwirtschaft: Die affirmative Theorie der Konkurrenzwirtschaft hat bis heute alle Herausforderungen überstanden. Die P. des → Kapitalismus dominiert am Ende des 20. Jh. in der Weltwirtschaft und zeigt sich gefestigter als in der Zeit zwischen den Weltkriegen. Der Versuch, eine historische Alternative zum kapitalistischen System aufzubauen, das im Hinblick auf technisch-wirtschaftliche Leistungsfähigkeit dem entwickelten Kapitalismus vergleichbar wäre, blieb trotz der eindrucksvollen Wachstumserfolge während der industriellen Aufbauphase der sozialistischen → Planwirtschaften weit hinter den Erwartungen zurück. Die stalinistische Deformation der P. der realsozialistischen Gesellschaften drängte die Planwirtschaftsstaaten in eine langfristige Krise, die schließlich im Systemzusammenbruch mündete.

Von den nicht-marxistischen Gegenpositionen zu Klassik und Neoklassik erlangte nur die Theorie John Maynard Keynes' (Hauptwerk: The General Theory of Employment, Interest and Money, 1936) tiefgreifenden Einfluß auf die westliche Wirtschaftswissenschaft und Wirtschaftspolitik. Der → *Keynesianismus* hält am marktwirtschaftlichen Mechanismus fest, bestreitet jedoch, daß sich Vollbeschäftigung durch Selbststeuerungsprozesse der Marktwirtschaft gewährleisten lasse. Vielmehr tendierten Marktwirtschaften aufgrund der allgegenwärtigen Zukunftsunsicherheit der Investoren und der mit steigendem Wohlstand eintretenden relativen Sättigung bei gleichzeitig wachsender Ersparnis zu nachfrageseitig bedingter → Arbeitslosigkeit und einem *Gleichgewicht bei Unterbeschäftigung,* das mit wachsender Verteilungsungleichheit einhergeht. Der Keynessche Befund, daß kapitalistische Marktwirtschaften Dauerarbeitslosigkeit und ungerechte Verteilungsverhältnisse ihren endogenen Gesetzmäßigkeiten gemäß hervorbringen, trifft sich mit Marx' Ausbeutungstheorem und dem korrespondierenden Phänomen der industriellen Reservearmee. Keynes sieht jedoch systemimmanente Möglichkeiten, durch staatliche → Sozial- und → Beschäftigungspolitik die Mängel zu beheben. Durch nachfrageorientierte Staatsinterventionen ließen sich die kurzfristigen Konjunkturschwankungen mildern, und durch schrittweise Arbeitszeitverkürzungen könnte auch dem stagnationsbedingten, langfristigen Anstieg der Arbeitslosigkeit begegnet werden. Die rasche Rezeption der Keynesschen Theorie, die als *„Keynesianische Revolution"* apostrophiert wurde, ist vor dem Hintergrund der Großen Depression nach 1929 und dem Zweiten Weltkrieg zu sehen. Die → Weltwirtschaftskrise widerlegte die neoklassische Gleichgewichtstheorie und desavouierte das neoklassische Vertrauen auf die Selbststeuerungsfähigkeit des Marktsystems. Die Kriegswirtschaften nach 1939 zeigten zudem, daß durch staatliche Ausgabensteigerungen - selbst für unproduktive Vernichtungsgüter - in kurzer Zeit Vollbeschäftigung hergestellt werden kann, was als Beweis für das Funktionieren Keynesscher Vollbeschäftigungspolitik gewertet wurde.

Nach Kriegsende übernahmen die meisten Regierungen der westlichen Länder den Keynesianismus in der stark verengten Version der sog. „neoklassischen Synthese", die von der Keynes-Schülerin Joan Robinson als „Bastardkeynesianismus" gebrandmarkt wurde. Die Keynessche Langfristprognose zur Entwicklung reifer kapitalistischer Volkswirtschaften, insbesondere die von Keynes 1943 formulierte Entwicklungsvorhersage für die Nachkriegszeit, die - analog zur Stagnationstheorie von Jean Fourastié (1949) - eine säkulare Wachstumsabschwächung konstatierte, wurde bis in die jüngste Vergangenheit kaum

rezipiert und blieb ohne wirtschaftspolitischen Einfluß. Keynesianische Wirtschaftspolitik wird lediglich als antizyklische Konjunktursteuerung gesehen (staatliche Defizitfinanzierung zur Nachfragestützung im Wirtschaftsabschwung). Die von Keynes seit 1930 entwickelte *Stagnationstheorie,* die u.a. auf dem Argument gründet, daß reiche bzw. reife Volkswirtschaften sich einer quasi natürlichen Sättigungsgrenze nähern, somit weiteres Wirtschaftwachstum und Kapitalakkumulation auf Nachfragegrenzen stoßen werden, liegt auch der Keynesschen Prognose von 1943 über die drei Entwicklungsphasen der Friedenswirtschaft (1.inflationäre Übernachfrage; 2. Vollbeschäftigungsgleichgewicht; 3. Übergang zur Stagnation mit stark sinkendem Arbeitskräftebedarf) zugrunde. Die Stagnationsperspektive wird auch von der Theorie des strukturellen Wandels (Tertiarisierungs-These) Jean Fourastiés gestützt (Hauptwerk: Le grand espoir du XXe siècle, 1949). Im Unterschied zu historischen und theoretischen Ex-post-Erklärungen der kapitalistischen Entwicklung, die meist nur geringe Prognosetüchtigkeit aufweisen und vorwiegend deskriptiv bleiben, zeichnen sich die Entwicklungsanalysen von Keynes und Fourastié - vergleichbar der Marxschen Krisen-, Konzentrations- und Verteilungstheorie - gerade durch ihre prognostische Leistungsfähigkeit aus. Inhaltlich begründen sie die historische Transformationstendenz des Wachstumskapitalismus, der über sich hinaustreibend eine „postkapitalistische" Formation vorbereite. Es versteht sich, daß aus systemaffirmativer Sicht die Status-quo-Transformation als interessiertes Wunschdenken erscheint und bereits aus ideologischen Gründen verworfen wird.

6. Gegenwartsprobleme der P.: Die inzwischen irreversiblen Umweltzerstörungen, die Zunahme der Verteilungsungleichheit zwischen Industrie- und → Entwicklungsländern, der beschleunigte Konzentrations- und Internationalisierungsprozeß der kapitalistischen Unternehmen, die ökonomische und politische → Krise in den ehemals realsozialistischen Gesellschaften sowie die Problematik von Arbeitslosigkeit und sozialer Armut in den meisten westlichen Industriestaaten selbst sind langfristig wirksame Instabilitätsfaktoren. Die gegenwärtig dominierenden Schulen der P. liefern für diese Problemkonstellation allenfalls partielle Analysen und isolierte Lösungsansätze. Wahrscheinlich verlangt die adäquate Antwort auf die globalen Bedrohungen den Rückgriff der P. auf ethische Handlungsorientierungen, d.h. die methodische Regeneration der P. als „Moralphilosophie" i. S. der schottischen Schule des 18. Jh.

Lit.: A. Downs, Ökonomische Theorie der Demokratie, 1968; *G. v. Eynern/ C. Böhret* (Hg.): Wörterbuch zur politischen Ökonomie, 2. A., Opladen 1977; *B. S. Frey/ W. Meißner* (Hg.): Zwei Ansätze der Politischen Ökonomie, Frankfurt 1973; *P. Groenewegen:* ,Political economy' and ,economics', in: The New Palgrave. A Dictionary of Economics, Bd. 3, London-Basingstoke 1987, S. 904-6; *A. O. Hirschman:* Denken gegen die Zukunft, München/ Wien 1992; *L. Kramm:* Politische Ökonomie, München 1979; *B. Mahnkopf* (Hg): Der gewendete Kapitalismus - Kritische Beiträge zur Theorie der Regulation, Münster 1988; *W. D. Nordhaus:* The Political Business Cycle, Review of Economic Studies, 42,1975; *P. A. O'Hara* (Hg.): Encyclopedia of Political Economy, 2 Bde., London/ New York 1999; *N. Reuter:* Der Institutionalismus. Geschichte und Theorie der evolutionären Ökonomie, 2.A., Marburg 1996; *J. A. Schumpeter:* Geschichte der ökonomischen Analyse, 2 Bde., Göttingen 1965; *W. Vogt* (Hg.): Seminar: Politische Ökonomie, Frankfurt 1973; *K. G. Zinn:* Politische Ökonomie, Opladen 1987; *K. G. Zinn:* Wie Reichtum Armut schafft, Köln 1998.

Prof. Dr. Karl Georg Zinn, Aachen

politische Ordnung
Weiter gefaßt als der Begriff → politisches System, da er jede gesellschaftliche Ordnung umfaßt, die von politischer (auch traditionaler) → Herrschaft gesetzt, ausgeübt und gestaltet wird. Institutionalisierte Herrschaftsbeziehungen i.S. system-funktionaler Interaktion sind nicht zwingend erforderlich. Als p. gelten demnach auch vormoderne → Herrschaftsformen nicht-staat-

licher Verfaßtheit. Die empirisch vorkommenden p. werden anhand der Kriterien Herrschaftsstruktur, Prozeß der politischen Willensbildung und Prozeß politischer → Legitimität/ → Repräsentation eingeteilt.

politische Partei
→ Partei

politische Philosophie
1. Begriff: Der Begriff p. bezeichnet zusammenfassend alle Versuche einer systematischen Ableitung der Regeln für normativ ausgezeichnete Formen menschlichen Zusammenlebens aus obersten Grundsätzen. Diese obersten Grundsätze können aufgefunden werden in der ewigen und unwandelbaren Ordnung des Seins (→ Ontologie), wie dies etwa bei Platon der Fall ist, in der → Natur des Menschen (Anthropologie), die von einigen (z.B. Thukydides und Machiavelli) als überwiegend konstant begriffen wird, während andere sie als flexibel und dynamisch konzipiert haben (vgl. Rousseaus Annahme der Korruptibilität; Condorcets Annahme der Perfektibilität der menschlichen Natur), oder in moralischen Prinzipien (→ Ethik), die, beispielsweise bei Kant, den Maßstab politischen Handelns abgeben.

In allen drei Fällen ist die p. auf eine vorgeordnete Philosophie bezogen, deren Grundsätze sie in den Bereich menschlichen Zusammenlebens überträgt und zur Anwendung bringt: systematisch am strengsten im Falle der Ontologie, eher unsystematisch im Falle anthropologischer Vorgaben, die ihrerseits fast immer auf empirische Aussagen zurückgreifen müssen.

Ihre obersten Prinzipien kann die p. aber auch ohne Rekurs auf Ontologie, Ethik oder Anthropologie aus sich selbst gewinnen, wenn sie darauf abhebt, das Politische als eine eigene Sphäre auszuzeichnen, die dann der Gegenstandsbereich einer als politisch zu bezeichnenden Philosophie ist. Die Versuche einer solchen Auszeichnung des Politischen reichen von Aristoteles' Bez. des politischen Raumes (→ polis) als des Bereiches, in dem sich die Freien und Gleichen argumentierend begegnen, während der häusliche Raum der Subsistenzproduktion (oikos) ein Beziehungsgeflecht zwischen

Ungleichen und zum Teil auch Unfreien ist, bis zu Carl Schmitts Freund-Feind-Unterscheidung als dem einzigen Kriterium des Politischen, das auf eine völlige Entnormativierung politischer Entscheidungen hinausläuft (Die Entnormativierung läßt fraglich werden, ob dieses Kriterium den Geltungsansprüchen p. i.S. der obigen Definition noch entspricht).

P. kann also ebenso bezogen sein auf das Handeln politischer Akteure wie auf die → Legitimation einer gesellschaftlichen und/ oder staatlichen Ordnung. Häufig wird der Begriff p. in einer umfassenden Bedeutung verwandt, die nicht nur die i.e.S. staatliche, sondern auch die gesellschaftliche Ordnung einschließt; danach ist die Sozialphilosophie Bestandteil der p. Werden jedoch → Staat und → Gesellschaft dichotomisch gegenübergestellt, so werden auch p. und Sozialphilosophie zu komplementären Begriffen. Auch die Grenzen zwischen → politischer Theorie und p. sind schwerlich exakt zu markieren; bei allen Überschneidungen und Ähnlichkeiten liegt der Unterschied darin, daß die p. sich ausschließlich mit normativen und formalen, die politische Theorie dagegen auch mit evaluativen und operativen Fragen beschäftigt.

II. Geschichte: 1. Die Entstehung der p. fällt fast in denselben Zeitraum wie die der Philosophie überhaupt: Der Zerfall alter Bindungen und Traditionen infolge der Verdichtung der Handelsbeziehungen in der Ägäis, die schwindende Verbindlichkeit überkommener → Normen und die rapide Vermehrung ethnographischen Wissens nötigten seit dem 6. Jh. v. Chr. die Griechen, nach den Prinzipien menschlichen Handelns und Zusammenlebens zu fragen. An die Stelle der Tradition als Instanz der Normbegründung trat die Philosophie, die sich nicht auf die Unvordenklichkeit der Vergangenheit, sondern auf die argumentierende Vernunft berief. Dabei konkurrierte sie, wie Platons *Politeia* zeigt, mit Formen eines radikal individualistischen Denkens, das den Zerfall des alten Ethos als Freigabe des politischen Raumes für egoistische Nutzenmaximierer begriff. Platons Haupteinwand gegen die so verstandene Philo-

sophie der Sophisten besteht in dem Nachweis, daß die Sophisten den inneren → Konflikt, den → Bürgerkrieg, nicht beenden können, weil sie intellektuell selbst Bürgerkriegspartei sind und sich nicht über die Konfliktparteien zu erheben vermögen. Gegen das sophistische Spiel mit Meinungen (doxai) setzt Platon das Streben der Philosophie nach Wahrheit (aletheia) als einer diskursiv zu begründenden, intersubjektiv verbindlichen Form des Wissens. Erst dieses Wissen des Wahren ermöglicht die dauerhafte Beendigung des Bürgerkrieges. Das genau meint die platonische Formel, das Unheil in den Städten nehme kein Ende, bevor nicht die Philosophen Könige oder die Könige Philosophen geworden seien.

Im Unterschied zu Platon hat Aristoteles den Schlüssel zur richtigen → Politik nicht im Wissen, sondern im Handeln gesehen: Steht Platons p. in engster Verbindung zur Ontologie, so hat Aristoteles die Politik nicht in der Theorie, sondern neben Ethik und (untergeordnet) Ökonomik in der praktischen Philosophie angesiedelt. Nicht das Wahre zu wissen, sondern das Rechte zu tun, macht danach die Grundbefähigung des politisch Handelnden aus. In der *Nikomachischen Ethik* wie in der *Politik* entfaltet Aristoteles das politische Ideal der Mitte. Diese Mitte zwischen zwei Extremen kann jedoch nicht arithmetisch ein für allemal ermittelt werden, sondern hängt ab von den jeweiligen Gegebenheiten und Umständen: Wer zum einen Extrem neigt, muß das andere ansteuern, um die rechte Mitte zu treffen. Im Unterschied zu Platon, der in der *Politeia* das unveränderliche Ideal einer guten → Verfassung entwickelte, hat Aristoteles mehrere Verfassungstypen als gut bezeichnet und ihre jeweilige Eignung von sozio-politischen Gegebenheiten und historischen Umständen abhängig gemacht.

2. Während Platon grundsätzlich bestritt, daß auf den subjekten Wertschätzungen der → Individuen eine gerechte wie stabile politische Ordnung begründet werden könne, haben die Vertragstheoretiker der Neuzeit, insbesondere Thomas Hobbes und John Locke, das individuelle Nutzenkalkül zum Ausgangspunkt des den → Staat begründenden → Sozialvertrags gemacht: Der kal-

kulierende Vergleich zwischen Nutzen und Nachteilen im → Natur- und im Gesellschaftszustand, v.a. aber die Furcht vor einem gewaltsamen Tode, der im Naturzustand infolge des Fehlens eines alle legitime → Gewalt monopolisierenden Souveräns jedem droht, also Furcht und Verstand, veranlassen die Menschen zum Abschluß eines Vertrags, in dem sie alle ihnen von Natur zukommenden prekären Rechte abtreten, um einige vom Souverän gesichert zurückzuerhalten. Thomas Hobbes hat in seiner p., insbesondere im → *Leviathan*, darzulegen versucht, daß die subjektive Vernunft des Einzelnen die objektive Vernunft des gesamten → Commonwealth konstituiert.

In der Geschichte der Sozialvertragstheorien sind die gegenüber dem Souverän bzw. dem Staat für die abgetretenen Rechte des Naturzustandes einzuklagenden Rechte und Garantien allmählich vermehrt und gesteigert worden: Ging es bei Hobbes zunächst wesentlich um das physische Überleben, so tritt bei Locke die Sicherung des → Eigentums hinzu, die von Rousseau im *Contrat social* dann um die Garantie der → Freiheit erweitert und ergänzt wird. Immer jedoch handelt es sich bei diesen Forderungen um eine systematische Explikation dessen, was der Mensch von Natur ist und was ihm als unveräußerliches Recht eignet.

3. Parallel zu den Sozialvertragstheorien, an philosophischer Systematik diesen jedoch weit unterlegen, entwickelte sich von Machiavelli bis Rousseau ein politischer Diskurs, der um die Idee der politischen Tugend zentriert ist. Orientiert am altrömischen Vorbild wird unter Tugend hier die fraglose Bereitschaft der → Bürger verstanden, ihre Eigeninteressen dem Wohl der Allgemeinheit bedingungslos unterzuordnen. Solche Tugend der Bürger ist die Voraussetzung, auf der → Republiken errichtet werden; fehlt sie, so ist der Untergang der republikanischen → Verfassung besiegelt, mag diese sonst noch so ausgeklügelt sein. Gleichwohl hat sich der Tugenddiskurs nicht mit der Forderung nach politischer Tugend begnügt, sondern nach Möglichkeiten zu deren institutioneller Sicherung bzw. periodischen Regeneration gesucht.

Insofern diese Überlegungen jedoch weniger auf einer Explikation von Vernunftsprinzipien begründet wurden, sondern sich überwiegend auf die Anziehung historischer Vorbilder und Beispiele stützte, kann der Tugenddiskurs nur bedingt der p. zugerechnet werden.

4. Hegels *Rechtsphilosophie* kann gelesen werden als Versuch der Zusammenführung von Sozialvertragstheorie und Tugenddiskurs, deren Momente schließlich im Staat „aufgehoben" werden: Die Sittlichkeit der Familie löst sich auf in das System der → Bedürfnisse in der → bürgerlichen Gesellschaft; die hier geltende Orientierung am Eigeninteresse führt jedoch dazu, daß die bürgerliche Gesellschaft nicht in sich zu ruhen vermag, sondern „über sich hinausgetrieben" wird (§ 246). So bedarf es des Staates als der „Wirklichkeit der sittlichen Idee" (§ 257); hiervon sagt Hegel, „daß weder das Allgemeine ohne das besondere Interesse, Wissen und Wollen gelte und vollbracht werde, noch daß die Individuen bloß für das letztere als Privatpersonen leben, und nicht zugleich in und für das Allgemeine wollen und eine dieses Zwecks bewußte Wirksamkeit haben" (§ 260). In diesem Sinne ist Hegels Staat die Synthese von Tugend und Eigennutz, und weil er dies ist, ist er der Gipfel und Schlußpunkt von Hegels p.

So ist es nur folgerichtig, wenn Marx' Auseinandersetzung mit Hegel an der Rechtsphilosophie, v.a. aber am Staat ansetzt, indem er fordert, das von Hegel in den bestehenden Staat hineingedachte müsse erst noch verwirklicht werden, und zwar durch eine → Revolution, welche die Deutschen, die sich bislang nur in der Philosophie auf der Höhe der Zeit befanden, durch die Aufhebung der Philosophie auf jene „menschliche Höhe" bringe, welche die Zukunft aller Völker sei: „Wo also", schreibt Marx in der *Einleitung zur Kritik der Hegelschen Rechtsphilosophie*, ist „die positive Möglichkeit der deutschen Emanzipation? *Antwort*: In der Bildung einer Klasse mit *radikalen Ketten*, einer Klasse der bürgerlichen Gesellschaft, welche keine Klasse der bürgerlichen Gesellschaft ist, eines Standes, welcher die Auflösung aller Stände ist, einer Sphäre, welche einen universellen Charakter durch ihre universellen Leiden besitzt und kein *besonderes* Recht in Anspruch nimmt, weil kein besonderes Unrecht, sondern das *Unrecht schlechthin* an ihr verübt wird, ... welche mit einem Wort der *völlige Verlust* des Menschen ist, also nur durch die *völlige Wiedergewinnung des Menschen* sich selbst gewinnen kann. Diese Auflösung der Gesellschaft als ein besonderer Stand ist das *Proletariat.*" Marx hat Hegels staatszentrierte Synthese von Tugend und Eigennutz zerstört, um sie in das geschichtsphilosophisch bestimmte Subjekt der Geschichte, das → Proletariat, hineinzuprojizieren - eine Gestalt, deren politisch-soziale Realität jedoch genauso wie der Staat im Falle Hegels dem philosophischen Entwurf nicht genügte.

III. Heutige Diskussion: 1956 hat Peter Laslett eine in der angelsächsischen Welt verbreitete Vorstellung zum Ausdruck gebracht, als er erklärte, die p. sei tot. Tatsächlich ist nach Marx kein großes System der p. mehr entworfen worden, während die in diesem Jahrhundert entstandene → Politische Wissenschaft immer mehr Fragen, die einstmals in den Bereich der p. gehörten, durch Übersetzung aus prinzipiellen Problemen in empirisch kontrollierbare Teilprobleme an sich gezogen hat. Dennoch sind eine Reihe von Fragen offen geblieben, die von einer szientistisch vorgehenden Politikwissenschaft nicht beantwortet werden können und so den Kernbestand dessen darstellen, was heute p. genannt werden kann.

So hat Michael Oakeshott die Frage nach Grund und Stärke gegenseitiger Verpflichtungen in den Mittelpunkt seiner Überlegungen gestellt. In *On Human Conduct* unterscheidet Oakeshott zwei Formen menschlicher Praxis: die eine nennt er „prudential", sie zielt auf gemeinsamen Nutzen; die andere wird als „moral" bezeichnet, ist nicht-instrumenteller Art und zielt auf die Anerkennung der → Autorität von Regeln, die für gemeinsames Handeln von Menschen unerläßlich sind. Gegen die Kalkülisierung menschlicher Handlungspraxen, wie sie von den rational-choice-Theorien etwa betrieben wird, aber auch gegen die Tradition der Sozialvertragstheo-

rien stellt Oakeshott die These, das verbindende Glied einer Gesellschaft freier Bürger könne nur moralischer, nicht geschäftlicher Art sein.

Demgegenüber hat John Rawls in *A Theory of Justice* die Tradition des Kontraktualismus fortgeführt und verfeinert, indem er die zukünftigen Mitglieder einer zu bildenden Gesellschaft in Unkenntnis der Stellung, die sie in dieser Gesellschaft einnehmen werden, deren Prinzipien formulieren läßt. Zwei Grundsätze können dabei als von jedem intelligenten Diskussionsteilnehmer annehmbar formuliert werden: Die Freiheit eines jeden soll möglichst groß, aber doch so begrenzt sein, daß sie mit der Freiheit anderer vereinbar ist; unvermeidbare soziale und ökonomische Ungleichheiten sind so einzurichten, daß sie dem größtmöglichen Nutzen der am schlechtesten gestellten dienen und zugleich faire und gleiche Zugangschancen für alle offenhalten. Rawls Überlegungen entsprechen wahrscheinlich kaum den Gerechtigkeitsvorstellungen traditionaler Gesellschaften, können aber als eine Reflexion auf die normativen Prinzipien moderner → Demokratien gelten.

In seinen jüngeren Arbeiten, insbes. in der *Theorie des kommunikativen Handelns*, hat Jürgen Habermas den Paradigmenwechsel von der Bewußtseinsphilosophie zur Kommunikationstheorie für die p. fruchtbar zu machen versucht: Das erkennende und handelnde Subjekt wird nicht länger in eine prinzipielle monologische Ausgangssituation hineinversetzt, sondern es wird hineingedacht in einen Entwicklungsprozeß intersubjektiver Verständigung über das, was Erkennen und Handeln mit Objekten meint. Die so zu entfaltende Theorie einer kommunikativen Rationalität kann als Maßstab dienen bei der Bestimmung von „Pathologien" und Deformationen im Entwicklungsprozeß der westlichen Gesellschaften.

Es gibt also kaum überzeugende Gründe für die Annahme, die Potentiale der p. seien erschöpft oder integrierbar in eine szientistisch arbeitende Politikwissenschaft. Ganz im Gegenteil deutet sich seit einigen Jahren, auch im Zusammenhang mit der ökologischen Krise der industrialisierten Gesellschaften, ein verstärktes → Interesse an Fragen und Antworten der p. an.

Lit.: The Blackwell Encyclopaedia of Political Thought: ed. by *D. Miller u.a.*, Oxford 1987; *H. Maier u.a.* (Hg.): Klassiker des politischen Denkens, 3 Bde., München 1968; *G. Möbus/ O. H. v.d. Gablentz* (Hg.): Politische Theorien, 3 Bde., 2. A., Köln 1964ff., Pipers Handbuch der politischen Ideen, hg. von *I. Fetscher* und *H. Münkler*, 5 Bde., München 1985ff.; *M. Prelot/ G. Lescuyer*: Histoire des idees politiques, 7. A., Paris 1977; *L. Strauss/ J. Cropsey* (Eds.): History of Political Philosophy, 2. A., Chicago 1973, *J. Touchard u.a.*: History des idees politiques, 2 Bde., 5. A., Paris 1975.

Prof. Dr. Herfried Münkler, Berlin

Politische Planung

1. Begriffliche Klärung. Unter Planung wird allgemein, d.h. unabhängig vom jeweils beplanten Objektbereich, die Vorwegnahme eines in der Zukunft zu realisierenden Zustands vermittels eines in die Inhalte und Planungsschritte (Zeitabfolgen, Koordinierung usw.) konkretisierenden Plans verstanden. P. ist die Übertragung dieses mit der neuzeitlichen Gesellschafts- und Wissenschaftsentwicklung eng verknüpften Denkens auf den Bereich der politisch zu steuernden Gesellschaftsgestaltung und -entwicklung.

2. Zur geistes- und wissenschaftsgeschichtlichen Entwicklung von P. Ein früher Ansatz zum neuen Verständnis von Geschichte, → Gesellschaft und ihrer Gestaltbarkeit ist in der Geschichts- und Sozialphilosophie von Giambattista Vico (1668-1744) zu sehen. Vicos kultur- und geschichtswissenschaftliche Logik gipfelt in dem Satz, „daß diese historische Welt ganz gewiß von den Menschen gemacht worden ist: und darum können ... in den Modifikationen unseres eigenen menschlichen Geistes ihre Prinzipien aufgefunden werden".

Die Erkenntnis, daß diese Welt die von uns hervorgebrachte Welt ist, wie auch der Glaube, daß der Mensch und seine gesellschaftlich-kulturellen → Institutionen vervollkommnungsfähig sind, sind notwendige, aber noch nicht hinreichende Bedingun-

gen, um Antrieb und Rechtfertigung zu haben, in das historisch-gesellschaftliche Geschehen planvoll einzugreifen. Weitere Voraussetzungen müssen hinzukommen: der Veränderungswille, wie er sich seit den bürgerlichen → Revolutionen äußerte, und die Fundierung und Legitimierung der Umgestaltung durch die „positive" Wissenschaft. Erst als in der Entwicklung der Wissenschaften der Bereich des naturwissenschaftlich-technischen Denkens erweitert war und die Gestaltung von Gesellschaft und → Politik denselben Kriterien des Erkennens und Machens, derselben experimentell-technischen Geisteshaltung unterworfen wurde wie die materielle Welt, war der entscheidende Schritt auf dem Weg getan, die Gesellschaft insgesamt unter Planungsgesichtspunkten zu betrachten, ja, sie als ein Experimentierfeld für den Entwurf einer - nach welchen Kriterien auch immer konzipierten - „besten" Gesellschaft anzusehen. Hinter dieser Erweiterung der positivistischen Wissenschaftsentwicklung steht unausgesprochen die Annahme, daß die Erkenntnis der gesellschaftlichen Wirklichkeit und die Aufdeckung ihrer Wirkungszusammenhänge und Mechanismen auch den Schlüssel liefere, sie nach bestimmten, aus der Entwicklung und den Möglichkeiten der Wissenschaften und der menschlichen Geschichte abgeleiteten Prinzipien umzugestalten.

Theorien, die diese Entwicklungsschritte der Wissenschaft *und* der Gesellschaft markieren, können mit den Namen Saint-Simon, Karl Marx und Karl Mannheim umschrieben werden.

Im Werk von Claude-Henri de Saint-Simon (1760-1825) kamen alle Elemente zusammen, um aus den Prinzipien der Vervollkommnungsphilosophie der → Aufklärung, der sich durchsetzenden „positiven" Wissenschaftsentwicklung und der „fundamentalen Krise" der → französischen Revolution das Fazit wissenschaftlich angeleiteter Planung und Organisation der weiteren gesellschaftlichen Entwicklung zu ziehen.

Das für die Theorie und Praxis der P. bedeutendste und folgenreichste Werk haben Karl Marx (1818-1883), Friedrich Engels (1820-1895) und Wladimir I. Lenin (1870-

1924) hervorgebracht. Diese → Marxismus-Leninismus genannte Lehre ist eine sich integral verstehende Wissenschaftstheorie und → Geschichtsphilosophie, Gesellschaftstheorie und politische Praxis, in der die umfassende Planung aller gesellschaftlichen Bereiche zugleich möglich und erforderlich ist; möglich, weil der wissenschaftliche → Sozialismus die erforderliche Einsicht in die Entwicklungsgesetze der → (bürgerlichen) Gesellschaft gebracht hat; erforderlich, weil ohne eine umfassende gesellschaftliche Planung die revolutionär zu erreichende Stufe der sozialistischen Gesellschaft in die historisch überholten, unangemessenen Partikularitäten kleinbürgerlicher und privatistischer Zustände zurückfällt. Die Einheit von wissenschaftlicher Erkenntnis, historischer Entwicklungsgesetzlichkeit und politischer Praxis der → Arbeiterklasse ist zugleich die Basis der (zentralistischen) P. in allen ihren Bereichen und auf allen ihren Ebenen, mit der Planung von Ökonomie und Technik als Kern und materieller Basis des Gesellschaftsprozesses.

In der Theorie der P. gibt es weitere Etappen, von denen eine mit der Kriegswirtschaft des Ersten Weltkrieges und der daran anschließenden, v.a. mit dem Namen von Johann Plenge (1874-1963) verknüpften Diskussion um den Begriff der Organisation charakterisiert sei.

Ein wichtiger Versuch, die zu seiner Zeit bereits offenkundigen Totalitarismen einer bolschewistischen bzw. faschistischen P. zu vermeiden, muß im Werk von Karl Mannheim (1893-1947) gesehen werden. Analog dem Dreistadiengesetz von Turgot/ Saint-Simon und Comte teilt Mannheim die Geschichte der Menschheit in die Phasen des Findens, Erfindens und Planens. Ähnlich wie bei Saint-Simon oder Marx u.a. führt auch nach Mannheims Überzeugung an Planung kein Weg vorbei. Planung hat - auf der Basis einer neuen Erziehung und Fundamentaldemokratisierung - auch zur Aufgabe, das Abgleiten in den → Totalitarismus verhindern zu helfen. P. und „geplante Demokratie" (Mannheim) sind deshalb erforderlich, weil die bisherigen Steuerungsinstrumente angesichts des von Marx richtig analysierten gesellschaftlichen Gesamtzusammenhangs versagen.

3. Zur Diskussion von P. in der Bundesrepublik.
Die Diskussionen um die Planung von → Staat und Gesellschaft (v.a. Wirtschaft) müssen für die Konstituierung und Entwicklung der Bundesrepublik als entscheidend angesehen werden. Markt oder Plan, → Individualismus oder Kollektivismus, → Liberalismus oder → Zentralverwaltungswirtschaft - das waren Parolen, mit denen in der Nachkriegszeit politische Programme operierten. Nach den Anfangserfolgen der → sozialen Marktwirtschaft dauerte es bis Ende der sog. Restaurationsperiode, daß das Denken in Kategorien von P. einen neuen Stellenwert erhielt. Bereits vor der Studentenrevolte, die u.a. ein holistisch-marxistisches Ideal gesellschaftlicher Planung postulierte, war durch Entwicklungen im Bildungsbereich, im Wohnungs- und Städtebau, in der Infrastruktur- und → Raumplanung, in der → Finanzplanung etc. der Ruf nach einer umfassenden gesellschaftlichen Planung, unter Wahrung freiheitlich-demokratischer Prinzipien, laut geworden.

Die Intensität dieser Planungsdiskussion der 60er und frühen 70er Jahre ist ein wichtiges Element der damaligen Wissenschafts- und Gesellschaftsgeschichte. Erstmalig schienen neue Theorien und Planungsmodelle - Kybernetik, → Systemtheorie, → Spieltheorie, Operations Research, Netzplantechnik usw. - die Gewähr zu bieten für eine rational durchdachte, wissenschaftlich fundierte Planung der Gesellschaft bzw. ihrer Teilbereiche. Planung wurde, wie es Kaiser (1965) ausdrückte, zu einem „gegenwärtig ins allgemeine Bewußtsein aufsteigenden Schlüsselbegriff unserer Zukunft" (Ähnliches hatte, unter anderen Voraussetzungen, Hans Freyer bereits 1933 postuliert). Zentral für diese Planungseuphorie der 60er Jahre war ein ungebrochener Rationalitätsbegriff (Kaiser, 1965ff.; Ellwein, 1968).

Die → Sozialwissenschaften erhielten durch diese gesellschaftspolitische Aufwertung der Planung einen neuen Stellenwert. Es schien, als sei „Planung die Praxis der Wissenschaft" geworden (Schäfers, 1973). Der

Versuch, nach Beginn der sozial-liberalen → Koalition (1969-1982) für die genannten und weitere Gesellschaftsbereiche entsprechende Planungsinstrumente zu entwickeln und alle Ressorts in eine umfassende Gesamtplanung - im Sinne einer Frühkoordinierung - einzubeziehen, scheiterte nicht nur am Ressort-Egoismus und → Föderalismus, sondern auch an Fragen der → parlamentarischen Kontrolle, der Vereinbarkeit mit dem → Grundgesetz usw. Die 21. Änderung des Grundgesetzes vom 12.5.1969, die Einführung des Abschnitts „VIIIa. → Gemeinschaftsaufgaben" und die damit verbundenen umfänglichen Planungsaufgaben, ist auch ein „Ergebnis" dieser Planungsdiskussion. Auch die vehemente Kritik von Popper (1965) am Holismus (und damit am latenten Totalitarismus) bzw. an der „fehlenden Wissenschaftstheorie der Planungsmethodologie" (Hans Lenk, 1972) verfehlte ihre Wirkung ebensowenig wie Hinweise auf die Planungspraxis des real existierenden Sozialismus.

4. Von der P. zur → politischen Steuerung und → Implementation. Inhalt und Ziel der P. wurden seit den 70er Jahren segmentiert und bereichsspezifisch stärker instrumentalisiert. Renate Mayntz, Fritz W. Scharpf, Helmut Wollmann u.a. haben zu dieser programmatischen Umorientierung des Planungsdenkens dadurch beigetragen, daß sie die Verwaltungs- und Implementationsebene einzelner Bereiche stärker berücksichtigten. Helmut Schelsky (1912-1984) betonte in diesem Zusammenhang die besondere Bedeutung des Rechts für die vorausschauende Steuerung und Entwicklung einzelner Gesellschaftsbereiche.

Diese Umorientierung des Planungsdenkens in Richtung auf Steuerung und Implementation, Evaluation des Erreichten und Rechtsentwicklung verknüpfte sich auch mit Forderungen, die nichtkonfliktfähigen → Interessen, die Partizipationsmöglichkeiten und die unbeabsichtigten Folgen planenden Handelns stärker in die wissenschaftlichen Grundlagenforschungen einzubeziehen.

Nachdem Ansätze holistischer Gesamtplanungen und gesamtgesellschaftlicher Planungsexperimente weltweit zusammenbra-

chen und die sie „legitimierenden" wissenschaftlichen Theorien (v.a. des Marxismus/Leninismus) von der Wirklichkeit widerlegt wurden, hat der Pragmatismus in der P. unter den genannten Prämissen Einzug gehalten. Der Forschungsbedarf für vorausschauendes planendes Handeln entsprechend dem beschleunigten technologischen und ökonomischen, sozialen und kulturellen Wandel ist jedoch nicht kleiner geworden. Die Entwicklungen in den osteuropäischen → Ländern seit Ende der 80er Jahre und in Deutschland seit Herbst 1989 sind aktuelle Beispiele für die Notwendigkeit einer vorausschauenden P. „für die Demokratie" (Mannheim), auch wenn gerade diese Prozesse die Grenzen der Voraussehbarkeit und des rationalen politischen Planens deutlich machen.

Lit.: T. *Ellwein*: Politik und Planung, Stuttgart et al. 1968; H. *Freyer*: Herrschaft und Planung, in: ders., Herrschaft, Planung und Technik, Weinheim 1987 (zuerst 1933); G. H. *Kaiser* (Hg.): Planung I, Baden-Baden 1965 (I-VI: 1965-1972); H. *Lenk*: Erklärung, Prognose, Planung, Freiburg 1972; K. *Mannheim*: Mensch und Gesellschaft im Zeitalter des Umbaus, Leiden 1935 (erw. eng. 1940; dt. Darmstadt 1958); R. *Mayntz* (Hg.): Implementation politischer Programme, Königstein 1980; R. *Mayntz* (Hg.): Implementation politischer Programme II, Opladen 1983; K. R. *Popper*: Das Elend des Historizismus, Tübingen 1965 (engl. 1957); B. *Schäfers* (Hg.): Gesellschaftliche Planung, Stuttgart 1973; F. W. *Scharpf*: Planung als politischer Prozeß, Frankfurt 1973.

Prof. Dr. Bernhard Schäfers, Karlsruhe

politische Psychologie

Begriff und Gegenstand. P. liegt im Schnittpunkt der Erkenntnisinteressen von Psychologie und → Politikwissenschaft. Sie stellt das theoretische und empirische Bemühen dar, Konzepte und Methoden der Sozial-, Entwicklungs- und Persönlichkeitspsychologie für die Analyse politischer Orientierungen (→ Einstellungen, Gefühle, → Werte, → Normen) und Verhaltensweisen von Personen und Gruppen heranzuziehen. P. arbeitet unter einem Doppelaspekt: Sie geht einmal der Frage nach, welche

Persönlichkeitsvariablen die Einstellungen und Handlungen des Menschen als politischem Wesen (Zoon politikon) beeinflussen; zum anderen analysiert sie, ob und inwieweit die politische Persönlichkeit zu einer gegebenen Zeit dem Einfluß politischer Gruppen, Bewegungen, Kulturen und Systeme sowie den in ihnen ablaufenden Prozessen und Entscheidungen unterliegt. P. untersucht also die Wechselwirkung zwischen Persönlichkeits- und Umweltfaktoren in bezug auf die Welt der → Politik („how psychological and political phenomena interact", Hermann 1986).

Dabei ist die Entwicklung der politischen Persönlichkeit, der Aufbau einer politischen → Identität, nicht als einseitiger Anpassungsvorgang an die politische Umwelt und unausweichlicher Prägevorgang zu verstehen, sondern als wechselseitiger, aktiv mitgestalteter Prozeß zu sehen, in dessen Verlauf politische Orientierungen entweder stabilisiert oder auch überprüft, modifiziert und unter Umständen völlig verändert werden (→ Politische Sozialisation). Das → Individuum ist nicht nur anpassungsfähiges Objekt, sondern zugleich einflußnehmendes und handelndes Subjekt seiner politischen Umwelt (Ausnahme: → politische Apathie).

Erkenntnisinteresse, theoretischer und methodischer Zugang sowie das „Verwertungsinteresse" von p. sind abhängig vom wissenschaftlichen Selbstverständnis des einzelnen Forschers und seinen bewußten und unbewußten gesellschaftlichen Wertentscheidungen und Optionen. Dementsprechend weit gefächert ist die Palette der wissenschaftstheoretischen Positionen in der p. Sie reicht von kritisch-rationalistischen Positionen, die sich nur der „Wirklichkeitserhebung verpflichtet" fühlen (Jacobsen 1982), über psychoanalytische Ansätze bis hin zu gesellschaftskritischen Sichtweisen, die der → Kritischen Theorie oder dem → Marxismus zuzuordnen sind (Moser 1979, 1988). Nichtsdestoweniger stellt sich p. in der nationalen wie internationalen Wissenschaftspraxis als ein „pluralistic universe" (Greenstein 1973) dar, in dem ein fruchtbarer Dialog über die Grenzen der einzelnen Wissenschaftsposi-

tionen hinaus praktiziert wird. Den verschiedenen Disziplinen und Schulen entspricht eine Vielfalt der Methoden, die sowohl objektivierend-quantitative als auch qualitative Verfahren umfassen.

Anwendung: Entsprechend ihrem interdisziplinären Ansatz greift p. auf ein weit gefächertes Methodenrepertoire zurück bei der Erforschung folgender Problemfelder: 1. Politische Meinungen, Einstellungen und Bewußtseinsformen (Vorurteile, nationale Stereotype, Ethnozentrismus, → Autoritarismus, Dogmatismus, Konversion etc.). 2. Politisches Verhalten (→ Wählerverhalten, Partizipationsbereitschaft, Protestverhalten, abweichendes politisches Verhalten, politische Apathie etc.). 3. Praktische → Politik (politische Werbung und → Propaganda, Wahlkämpfe, politische Führung und Entscheidungsprozesse; → Friedensforschung, Konfliktmanagement und -lösung in Gruppen, auf Systemebene und in den → internationalen Beziehungen). 4. Psychologische Grundlagen und Voraussetzungen politischen Lernens und → politischer Bildung (politische Sozialisationsforschung).

Historische Entwicklung: Die p. ist ein Kind des 20. Jh. Sie entstand als Reaktion auf die politischen und sozialen Probleme unserer Zeit und dem aus ihnen resultierenden gesellschaftlichen Deutungsbedarf. Sie entwickelte sich zugleich mit dem Ausbau und der Verfeinerung des analytischen und methodischen Instrumentariums der → Sozialwissenschaften im allgemeinen und der Psychologie im besonderen. Die großen politischen Ereignisse und Bewegungen haben immer auch als Katalysator bei der Weiterentwicklung der p. eine Rolle gespielt. Forschungsimpulse hat die p. erhalten von den sich formierenden sozialistischen Massenbewegungen zum Ausgang des vorigen Jahrhunderts, von der politischen Propaganda im Ersten Weltkrieg, durch die liberalen → Massendemokratien zwischen den Weltkriegen und das Aufkommen des → Faschismus/ → Nationalsozialismus sowie des → Stalinismus in der UdSSR, durch den Ausbau der psychologischen Kriegsführung im Zweiten Weltkrieg sowie durch das Entstehen des → Kalten

Krieges zwischen Ost und West und in jüngster Zeit durch die weltweite Ausbreitung des → Terrorismus.

Als Klassiker der modernen p. gilt allgemein Le Bons Abhandlung über die „Psychologie der Massen" (1895), die auf Beobachtungen beruht, die dieser als Arzt 1870 bei der Belagerung von Paris über die enorme Beeinflußbarkeit der Massen gemacht hatte (→ Pariser Kommune). Le Bons Arbeit war mehr spekulativ als empirisch angelegt und von einem tiefgreifenden Skeptizismus gegen die politischen Emanzipationsbewegungen seiner Zeit geprägt. Ein elitärer Zynismus gegenüber dem → Parlamentarismus und seinen Prozeduren der Entscheidungsfindung ist unübersehbar. Seine Ausführungen sind nicht das Ergebnis systematischer Beobachtung, sondern eher zufällig zusammengetragener Impressionen. Nichtsdestoweniger fand seine Studie weite Verbreitung (und viele Übersetzungen), wohl auch, weil sie ein diffuses Bedrohungsgefühl vor „den Massen" im europäischen und amerikanischen → Bürgertum ansprach. Es läßt sich heute nicht mit Sicherheit sagen, ob Hitler die „Psychologie der Massen" (1910 folgte eine „Psychologie Politique") gelesen hat, doch lassen Passagen in „Mein Kampf" diesen Schluß zu, z.B. finden sich Grundgedanken Le Bons über die Eigenschaften der Masse und die Wirkungsmittel der Führer („Behauptung, Wiederholung, Übertragung") auch bei Hitler wieder.

Eine erste gezielte Anwendung psychologischer Erkenntnisse (aus der Wahrnehmungspsychologie und der Praxis der Konsumwerbung) auf dem Gebiet der Politik erfolgte in größerem Ausmaß durch die Kriegspropaganda aller beteiligten Mächte während des ersten Weltkrieges (v.a. durch eine äußerst wirksame Flugblatt- und Plakatpropaganda). Diese beabsichtigte nicht, den Feind zu überzeugen, sondern die „Heimatfront" zu mobilisieren und moralisch aufzurüsten sowie die neutralen Mächte zu beeinflussen (z.T. durch gezielte Greuelpropaganda, Ponsonby 1928).

In Deutschland setzte nach dem verlorenen Krieg und unter dem Eindruck, daß die aggressive und verzerrte Propaganda der Al-

liierten einen wesentlichen Anteil an der militärischen Niederlage gehabt hätte, eine verstärkte Diskussion um die Wirkungsmöglichkeiten und Psychotechniken der politischen Propaganda ein (Birnbaum 1920, Stern-Rubarth 1921, Hesse 1922, Plenge 1922, Huber 1928, Thimme 1932). Dabei tendierten die Autoren durchgehend zu einer Überschätzung der Wirkungsmöglichkeiten politischer Propaganda. Nicht nur die Nationalsozialisten waren von deren Bedeutung für die Mobilisierung von Massenbewegungen überzeugt (Poppelreuter 1934), auch die staatstragenden → Parteien der → Republik und die → Reichsregierung bzw. offiziöse Stellen propagierten den Einsatz moderner Propagandamethoden zur Schaffung eines republikanischen Staatsbewußtseins (Sartorius 1926, Domizlaff 1932).

In den 20er Jahren werden auch die Erkenntnisse der Psychoanalyse für die Analyse politischen Verhaltens, insbesondere der faschistischen Massenbewegungen, umgesetzt (Freud 1921, Lasswell 1930). Lasswell wertete extremistische politische Einstellungen und Verhaltensweisen als Ausdruck bestimmter Persönlichkeitseigenschaften. V.a. deutete er das Streben nach → Macht als Kompensationsversuch ausgeprägter Minderwertigkeitsgefühle. Nach der Machtergreifung der Nationalsozialisten stellte sich die Frage nach den mentalen Prozessen bei der Mobilisierung der NS-Gefolgschaft. War die Massenunterstützung für das NS-System aus bestimmten Persönlichkeitsdispositionen (autoritäres Syndrom) oder gar aus einem spezifischen → „Sozialcharakter" (Fromm 1941) der Deutschen (modale Persönlichkeit) zu erklären (Reich 1933, Horkheimer 1936)?

Die Auseinandersetzung mit dem Faschismus/ Nationalismus und der Zweite Weltkrieg gaben der p. v.a. in den USA neue Forschungsimpulse und Aufgabenfelder (Propagandaanalyse, psychologische Kriegführung). In diesem Zusammenhang entstand auch die Nationalcharakterforschung, die sich während des Weltkrieges in den USA etabliert hatte, um Psychologie und politisches Verhalten der Feindmächte zu analysieren. Nach 1945, unter dem Ein-

druck des → Holocaust, rückte die personale Seite des NS-Herrschaftssystems, die
Frage nach der Persönlichkeitsstruktur der
Mitglieder und Mitläufer in den Mittelpunkt
des Forschungsinteresses der p. Die inzwischen zum Klassiker der Autoritarismusfor-
schung gewordene Studie von Adorno u.a.
über die „Authoritarian Personality" (1950)
versuchte auf der Grundlage umfangreichen
empirischen Materials, den Zusammenhang
zwischen Familienerziehung, Persönlichkeitsmerkmalen und Vorurteilspositionen
(→ Autoritarismus/ → Antisemitismus) aufzudecken (zur methodischen Kritik zuerst:
Christie, Jahoda 1954). Andere Arbeiten
widmeten sich der Kontinuität von Bewußt-
seinsstrukturen (Schaffner 1949, Rodnick
1948), dem Mitläuferphänomen (von
Baeyer-Katte 1958) sowie dem „Braunen
Kult" und seinen Manipulationstechniken
(Gamm 1962). Eine umfassende Untersuchung über die Propaganda im → „Dritten
Reich" aus der Sicht der p. steht allerdings
bis heute aus.

Durch den Kalten Krieg - auch jetzt reagierte p. auf eine veränderte Situation in der
→ internationalen Politik - verlagerte sich
das Interesse der US-Forschung auf den
→ „Nationalcharakter" der Russen sowie
auf die Persönlichkeitszüge von Anhängern
und Renegaten der kommunistischen
→ Ideologie. Politischer Fanatismus und
Dogmatismus wurden zu zentralen Kategorien der p. (Eysenck 1954, Hoffer 1951,
Rokeach 1960). Bronfenbrenner (1961)
legte eine Untersuchung über das „mirror-
image" in den amerikanisch-sowjetischen
Beziehungen vor. Als der Terrorismus zu
einem internationalen Phänomen wurde,
entwickelte sich dieser zu einem bevorzugten Studiengebiet der p. (Crenshaw 1986;
mit einer speziellen Zeitschrift „Terro-
rism").

Im Nachkriegsdeutschland hatte die p. es
zunächst schwer, sich durchzusetzen. Schon
der Begriff mußte unangenehme Assoziationen auslösen, legte er doch eher die Befürchtung nahe, daß diese neue Disziplin
sich (wieder) zu einer politisierten Wissenschaft und Magd im Dienste der Herrschenden entwickeln könnte. Der treffende-
re und unmißverständliche Begriff Psy-

chologie der Politik konnte sich unerklärli-
cherweise nicht durchsetzen (Roloff 1976).
Auch der von Feldkeller eingeführte Terminus Psycho-Politik ist mißverständlich
und fand keine Resonanz. Unter diesem
Begriff entwarf Feldkeller (1947, 1967) ein
Konzept zur → Demokratisierung der westdeutschen Bevölkerung. Feldkeller richtete
bereits 1947/48 in Westberlin eine „For-
schungsstelle für Psychologie des politischen Lebens" ein und hielt 1949 an der
damaligen Deutschen Hochschule für Politik, später Otto-Suhr-Institut der FU, eine
Vorlesung über „Politische Psychologie", in
der er u. a. auf die „seelischen Voraussetzungen des Machtgewinns, der Machterhaltung und des Machtzerfalls" einging.
Auch befaßte er sich mit den psychologischen Komponenten einer „Wissenschaft
vom Frieden".

Ebenfalls bis in die unmittelbare Nachkriegszeit reichen die Bemühungen von Jacobsen, der sich für den Aufbau einer p. mit
dem Ziel engagierte, diese für die vielfältigen Ziele der → politischen Bildung nutz-
bar zu machen. Doch erst 1958 kam es auf
seine Initiative hin zur Gründung der „Sektion Politische Psychologie" im Berufsver-
band Deutscher Psychologen (BDP). Aus
diesem Kreis ging die Schriftenreihe „Politische Psychologie" (1963-1969) hervor,
die eine breite Palette von Themen und
Fragestellungen aufgriff (u.a. Autoritarismus und → Nationalismus, Vorurteile, politische Bildung als psychologisches Problem, Angst in der Politik, internationale
Beziehungen, politische Beeinflussung).

In den 70er Jahren formierte sich auch innerhalb der → DVPW ein „Arbeitskreis
Politische Psychologie" um den bis zu seinem Tode am Sigmund-Freud-Institut in
Frankfurt beheimateten Klaus Horn. Dieser
versuchte das psychoanalytische Modell
mit einer kritischen Gesellschaftstheorie in
der Tradition der Frankfurter Schule zu einer „kritischen Theorie des Subjekts" zu
verbinden (Horn 1972, 1990).

Ende der 70er Jahre organisierte Helmut
Moser die „1. Deutsche Workshop-Kon-
ferenz Politische Psychologie" (Moser
1981), die zur Revitalisierung der „Sektion
Politische Psychologie im BDP" führte. Die

Aktivitäten dieses Arbeitskreises (Konferenzen, Schriftenreihe „Fortschritte der Politischen Psychologie", Mitteilungsblatt) vereinen Vertreter verschiedener sozialwissenschaftlicher Disziplinen, Richtungen und Theorieansätze zu einem bis heute produktiven Dialog.

Auf internationaler Ebene besteht seit 1978 eine wissenschaftliche Gesellschaft (International Society for Political Psychology, ISPP). Aus ihrem Umkreis sind bisher zwei einschlägige Handbücher (Knutson 1973, Hermann 1986) hervorgegangen, die den bisher umfassendsten Überblick über den Diskussions- und Forschungsstand der Disziplin vermitteln, der laufend durch eine eigene Fachzeitschrift („Political Psychology", 1979ff.) aktualisiert wird.

Lit.: Hermann, M. G. (Ed.): Political Psychology, San Francisco, London 1986; *Horn, K.*: Subjektivität, Demokratie und Gesellschaft, Frankfurt a. M. 1990; *Klingemann, H.-D./ Kaase, M.* (Hg.): Politische Psychologie, Opladen 1981; *Knutson, J. N.*: Handbook of Political Psychology, San Francisco/ Washington/ London 1973; *Lippert, E./ Wakenhat, R.* (Hg.): Handwörterbuch der Politischen Psychologie, Opladen 1983; *Moser, H.* (Hg.): Politische Psychologie, Weinheim/ Basel 1979; *Roloff, E.-A.*: Psychologie der Politik, Stuttgart 1976.

Dr. Klaus Wasmund, Braunschweig

politische Romantik

Staatsphilosophische Gegenbewegung gegen das rationale politische Denken, im 1. Drittel des 19. Jh. (u.a. Adam Müller, L. von Ranke). Staatslehrer wie A. Müller wandten sich gegen „mechanistische" Gewaltenteilungslehren; der → Staat - nicht als bürgerliche Anstalt geschaffen, sondern historisch und organisatorisch gewachsen - sei von seiner höheren Zwecksetzung her in sich selbst begründet. Seine Aufgabe sei, die in ihm aufgehobenen Erfahrungen der Vergangenheit für gegenwärtige → Bedürfnisse des Gemeinwesens fruchtbar zu machen. In dieser universell-historischen Sichtweise, in der Verknüpfung von Mittelalter und Gegenwart, wird die Sichtweise der Romantik deutlich.

politische Steuerung

Leitung des Verwaltungshandelns (s.a. → Verwaltung) durch die (demokratisch) legitimierten → Institutionen der Willensbildung und Programmerstellung (→ Parlament und → Regierung). Mittel der p. sind in → Gesetzen vorgeschriebene Handlungsgrundlagen, → Haushalt als Zuweisung von Mitteln, Formulierung von Zielvorgaben durch die Regierung, Personalpolitik (insbes. → politische Beamte), aber auch z.B. die Ressource Information. Die Wirksamkeit dieser Mittel ist umstritten, wird insges. aber eher skeptisch beurteilt.

politische Sozialisation

1. Begriff. P. bezeichnet die Gesamtheit aller lebenslangen Lernprozesse, in deren Verlauf die politische Persönlichkeit des Menschen entsteht und mehr oder minder dynamisch ausdifferenziert wird. Hauptsächlich geht es dabei um die Entwicklung der individuellen Qualitätsmerkmale für die Existenz als Staatsbürgerin und → Staatsbürger. Wesentlich für die Lernprozesse ist ganz allgemein die Vermittlung zwischen den inneren Strukturen der Einzelsubjekte und den objektiv gegebenen Herrschaftsverhältnissen in der engeren und weiteren Umwelt.

Im Mittelpunkt jedoch steht konkret die personale Verarbeitung aller materiellen und ideellen Erscheinungen und Gesetzmäßigkeiten der Tradierung, Erschließung und Konstitution der Sinn-, Ordnungs- und Handlungszusammenhänge im besonderen gesellschaftlichen Bereich der verbindlichen Regelung des menschlichen Zusammenlebens und seiner Grundlagen, v.a. in den öffentlichen Angelegenheiten: Rahmenbedingungen, → Normen, → Institutionen, Symbole, Zustände, Vollzugsweisen, Vorgänge, Ereignisse, Hervorbringungen, Akteure, Darstellungsweisen und Folgewirkungen des umgrenzten → Politischen Systems speziell und der umfassenden → Politischen Kultur generell.

Zu unterscheiden sind: latente (unbeabsichtigte, unterschwellige, beiläufige, verdeckte und zumeist unbewußt bleibende) p. und manifeste (absichtsvolle, zielgerichtete, systematische, offene und vorwiegend bewußt wahrgenommene) p. Lernprozesse, welche

→ Herrschaft und → Politik nicht zum Inhalt haben, können gleichwohl auf allgemeine Persönlichkeitsfaktoren konzentriert sein, die staatsbürgerlich bedeutsam sind. Die Übergänge zwischen ihnen und der p. sind fließend.

2. Dimensionen. Zumeist findet p. als ein vielfältiger Prozeß im Spannungsfeld von Passivität (Prägung der Person durch äußere Umstände) und Aktivität (innere Anteilnahme, Aneignungsverhalten, Auseinandersetzung) unter Mobilisierung einer Vielzahl von Elementen der individuellen Biographie statt. Trotz grundsätzlicher Offenheit und Komplexität sind langfristig stabile Grundmuster für die Vorstrukturierung der politischen Persönlichkeit sowie kurzzeitige Eindrücke oder krisenhafte Lebensphasen, die als Schlüsselerlebnisse für die Ausprägung staatsbürgerlicher Eigenschaften fungieren, keineswegs auszuschließen. Am Ausmaß der Dynamik der p. sind individualpsychische Energien, sozialpsychologische Momente der Interaktion mit anderen Menschen sowie herausfordernde oder fördernde Anregungen durch die politische Wirklichkeit und Angebote zu ihrer geistig-seelischen Durchdringung in praktischer Absicht beteiligt.

Subjekte der p. sind jeweils Einzelindividuen in einer konkreten historisch-gesellschaftlichen Situation. Am Zustandekommen politischer Persönlichkeit sind nicht nur individuelle und politisch-gesellschaftliche Voraussetzungsvariablen (etwa: Motivierbarkeit für Politisches, politikbezogene Vorkenntnisse) oder direkte und indirekte Intentionen unterschiedlichster Reichweite (z.B. Unterwerfung vs. Befreiung, Anpassung vs. Widerstandsfähigkeit, Übernahme einer → Parteipräferenz, Rezeption politischer Sachkenntnis) beteiligt. Maßgeblich sind auch die als unmittelbar politisch, politisch relevant und/ oder politisch bedingt ausgewiesenen Inhalte in Form von Lerngegenständen (das Politische und die → Politik als Abstraktion schlechthin sowie die Gesamtheit oder einzelne Aspekte politischer Aufgabenstellungen, Handlungsfelder und Funktionsbereiche, staats- und verfassungsrechtlicher sowie anderer Grundlagen der praktischen Politik, real ablaufender

oder erstrebter Willensbildung und Entscheidungsfindung samt den jeweiligen Umständen).

Keineswegs unerheblich sind die Verfahrensmodi der p., nämlich die Variationen kommunikativer Handhabung von Präsentation und Bearbeitung politischer Objektbereiche (Angsterzeugung, Ermutigung, → Aufklärung, Manipulation, Emotionalisierung, Rationalisierung usw.). Beteiligt sind daran verschiedene Instanzen (Familie, Schule, Betrieb, Gleichaltrigen-Gruppen, → Massenmedien, Allgegenwart des Politischen Systems u.a.m.). Deren personelle Zusammensetzung und strukturelle Beschaffenheit sind im Sinne einer Vermittlung von Kenntnissen, Deutungsmustern, Motivationen o.ä. tätig. Die Wirksamkeit der p. erstreckt sich stets auf kognitive (intellektuelle, wahrnehmungs-, wissens- und erkenntniszentrierte), affektive (gefühlsbezogene, neigungs- und strebungsbedeutsame) sowie konative (instrumentelle, handlungsorientierte) Kapazitäten der lernenden Subjekte.

3. Bedeutung. Faktisch gibt es p. seit Anbeginn der Existenz von Herrschaftsbeziehungen. I.e.S. aber sind ihre Wesensmerkmale, Erscheinungen und Notwendigkeiten mit der Entwicklung moderner Staatsgebilde in (industrialisierten oder sich industrialisierenden) Massengesellschaften verknüpft. Die Relevanzzunahme der p. erwächst aus der erweiterten Differenzierung des gesellschaftlichen Zusammenlebens und der mit ihr verbundenen hochgradigen → Arbeitsteilung. Das historisch entwickelte Vorhandensein der im Insgesamt von Politik als Steuerungsorgan ausgedrückten gesellschaftlichen Sphäre abstrakter Allgemeinheit macht p. als andauernden und vielschichtigen Vermittlungsvorgang unabdingbar. Denn das Politische läßt sich, zumal bei zunehmender Komplexität, aus der Unmittelbarkeit von Politik heraus weder erfahren noch erhalten oder modifizieren.

Insbesondere Staatswesen mit demokratischer → Verfassung und politisch-gesellschaftliche Demokratisierungsansprüche machen eine Vielzahl von spezifischen Lernprozessen erforderlich, weil sie auf Dispositionen in der Bevölkerung angewiesen sind, die nicht zum biologischen Aus-stattungsgefüge gehören und durch die blo-ße Herrschaftsausübung allein nicht her-vorgebracht werden. Dabei erfüllt p. eine doppelte Funktion: Zum einen konturiert sie die Beschaffenheit individueller Selbstver-fügungsfähigkeit der Subjekte als Einzel-personen, Gruppenmitglieder und Gat-tungsangehörige im Spannungsfeld von Adaptation, Integration und Distanz. Zum andern stellt sie für die Existenzweise des Politischen Systems und der Politischen Kultur Bedingungen im Spannungsfeld von Reproduktion, Vitalisierung und Innovation bereit. Insofern individuelle politische Lernleistungen mit gewissen Häufigkeiten, Ähnlichkeiten und Konfigurationen vor-kommen, ist p. allemal kollektiv erheblich.

4. Zugriffsweisen der Forschung. Begriffs-bildung und erste Forschungsarbeiten zur p. stammen aus der nordamerikanischen → Politikwissenschaft und ihrem in den frühen 50er Jahren leitenden → Interesse an der Ergründung derjenigen Faktoren, wel-che die relative Stabilität formal-repräsentativer → Demokratie westlichen Zuschnitts begünstigen. Mittlerweile ist p. Gegenstand auch anderer → Sozialwissen-schaften und interdisziplinärer Bemühun-gen. Die Beschäftigung mit ihr ist inzwi-schen weltweit und systemübergreifend verbreitet. Vorfindlich sind praktische, technische und emanzipatorische Erkennt-nisinteressen, also Forschungsarbeiten für Zwecke der Erleichterung von Handlungs-fähigkeit unter gegebenen politischen Be-dingungen, der Effizienzsteigerung allge-mein üblichen politischen Lernens und des Aufspürens von Möglichkeiten einer Ver-besserung der p. nach Maßgabe politisch-gesellschaftlicher Reformvorstellungen unterschiedlichster Art.

In Übereinstimmung mit der bisherigen Dominanz praktischer und technischer Er-kenntnisinteressen gibt es auch einen Über-hang an Untersuchungen mit den Methoden der klassischen → empirischen Sozialfor-schung. Die Mehrzahl vorliegender Studien ist produktorientiert, indem sie nach den meßbaren Ergebnissen der p. - zumeist auf dem Niveau von Meinungen, Ansichten, Auffassungen und → Einstellungen zur Po-litik generell und zu Details der politischen Realität - fragt. Seltener sind variablenrei-che und qualitative Studien zu politischen Ideengebilden und Weltbildern sowie zur Einmündung politischer Lernprozesse in manifestes Verhalten oder gar in umfassen-de Handlungsmuster.

Damit die Erforschung der p. über bloße Beschreibungen oder simple Zuordnungen von Einzelvariablen hinausgelangen und zu einer umfassenden Theorie mit Erklärungs-qualität, Prognosevermögen und konstruk-tiver Kritik sich verdichten kann, ist zwei-erlei neben einer beständigen Aktualisie-rung und Verfeinerung der Produktanalysen nötig: mikrologische Ergründung der Ver-mittlungsmechanismen im Lernprozeß und der innersubjektiven Verarbeitungsvorgän-ge einerseits sowie Zuhilfenahme empirisch gehaltvoller und spekulativer Ansätze ma-krologischer Gesellschafts- und Politiktheo-rie andererseits. Konsistente Theoriebildung mit emanzipatorischer Aussicht setzt au-ßerdem Beurteilungskriterien auf der Grundlage einer zeitgemäßen normativen → Demokratietheorie, Beachtung auch der nicht repräsentativen Momente der p. und eine aufklärungsorientierte Wissenschafts-didaktik voraus.

5. Basiserkenntnisse und Perspektiven. I. allg. erfüllt die p. ihre Funktionen nur man-gelhaft. Offensichtlich verwehren die übli-chen Lebensumstände in industriellen Mas-sengesellschaften die notwendigen Voraus-setzungen und Bedingungen für ausrei-chende politische Kenntnisse, Interpretati-onsweisen sowie Handlungsbereitschaften und -fähigkeiten. Über zahlreiche Wider-sprüche in den Befunden p. hinweg läßt sich die Kontinuität eines Typs der p. aus-machen, der als autoritärer → Sozial-charakter bezeichnet wird. Ihn kennzeich-nen u.a. Defizite der Persönlichkeitsstruktur im Bereich politischer Informiertheit, Rea-litätseinschätzung, Konfliktfähigkeit, Tole-ranz, Belastbarkeit und Selbständigkeit. Grundlegende subjektive Voraussetzungen arbeitsfähiger Demokratie sind damit sozu-sagen unterbelichtet.

Die Kontinuität des Typus des autoritären Sozialcharakters läßt eine Folge äußerlicher

Anpassungen von Form und Inhalt der p. an die Auswirkungen ökonomisch-technologischer → Modernisierungen ohne hinreichende Ausschöpfung der darin liegenden Chancen erkennen. Dabei sind bei insgesamt universalistischer Tendenz v.a. gesellschaftlich - z.b. hinsichtlich Besitz und Bildung - unterprivilegierte Bevölkerungsmitglieder in den Möglichkeiten der Entwicklung einer demokratischen Persönlichkeit beschränkt. Gemeinsam mit einer teilweise unzureichenden Qualifizierung der politischen → Eliten und Neigungen zur → politischen Apathie in der übrigen Bevölkerung erwachsen daraus zahlreiche Gefahren für das Politische System und die Politische Kultur.

Angezeigt sind daher politische und gesellschaftliche Veränderungen, die nicht allein auf den Ausbau von Partizipationsmöglichkeiten zielen, sondern überdies den Aufbau entsprechender Kompetenzen erleichtern. Insofern lassen sich von den Defiziten der p. her durchaus auch Anregungen für das politikwissenschaftliche Arbeiten auf anderen Forschungsfeldern bestimmen. Zweifelsfrei begründet sind zudem alle Anstrengungen zur qualitativen und quantitativen Verbesserung einer anspruchsvollen → Politischen Bildung. Von ihr wird künftighin zu erwarten sein, daß sie die p. den Betroffenen verfügbar macht und ihre Defizite auszugleichen hilft.

Lit.: *B. Claußen* (Hg.): Politische Sozialisation Jugendlicher in Ost und West, Bonn 1989; *B. Claußen/ R. Geißler* (Hg.): Die Politisierung des Menschen. Instanzen der politischen Sozialisation, Opladen 1996; *B. Claußen/ K. Wasmund* (Hg.): Handbuch der politischen Sozialisation, Braunschweig 1982; *A. Görlitz*: Politische Sozialisationsforschung. Eine Einführung, Stuttgart 1977; *W. Heitmeyer*: Rechtsextremistische Orientierungen Jugendlicher. Empirische Ergebnisse und Erklärungsmuster einer Untersuchung zur politischen Sozialisation, 4. A., Weinheim 1992; *C. Lemke*: Die Ursachen des Umbruchs 1989. Politische Sozialisation in der ehemaligen DDR, Opladen 1991; *P. Pawelka*: Politische Sozialisation, Wiesbaden 1977; *U. Sarcinelli* (Hg.): Politik-

vermittlung. Beiträge zur politischen Kommunikationskultur, Stuttgart 1987.

Prof. Dr. Bernhard Claußen, Hamburg

politische Soziologie
1. Fragestellung. Die p. untersucht die Beziehungen zwischen → Politik und → Gesellschaft: 1. als Problem der gesellschaftlichen/sozialstrukturellen Bedingungen → politischer Ordnungen und politischen Handelns, 2. als Problem von Struktur und Funktion politischer→ Institutionen und des Ablaufs politischer Entscheidungsprozesse, und 3. als Problem der Einwirkung politischer Entscheidungen und politischer Strukturen auf die Gesellschaft.

Die klassische Fragestellung der p. ist erstere; sie wird in den Abschnitten 2 bis 4 in erster Linie dargestellt. Die Bedeutung politischer Institutionen (Frage 2) wurde in Deutschland, z.B. von Max Weber, in einer stark von der allgemeinen → Staatslehre beeinflußten Staatssoziologie behandelt und nach dem Zweiten Weltkrieg unter dem Einfluß des amerikanischen Strukturfunktionalismus neu thematisiert. Die dritte Fragestellung rückt erst neuerdings stärker ins Blickfeld, zum einen bei der Bearbeitung historischer Fragestellungen wie z.B. den Ursachen der unterschiedlichen Entwicklung des → Wohlfahrtsstaates in einzelnen → Ländern, zum anderen bei Politikfeldanalysen, die über die → Implementation politischer Programme hinaus auch die Wirkungen einer bestimmten Politik (→ policy) quantitativ erfassen, wie das in den Wirtschaftswissenschaften üblich ist. So wie sich bei Fragestellung 3 viele Überschneidungen mit den Wirtschaftswissenschaften und dem Forschungsgebiet der Policy Studies ergeben, ist bei Fragestellung 2 die Nähe zur → Politikwissenschaft, v.a. in der verhaltenswissenschaftlichen Ausprägung, so groß, daß sich die meisten Arbeiten gar nicht mehr klar der Soziologie oder der Politikwissenschaft zurechnen lassen. Dagegen kann über die klassische, erste Fragestellung am besten der eigenständige fachliche Kern der p. bestimmt werden.

In allen drei Fragestellungen ist das Politische Gegenstand der Betrachtung, sei es als abhängige (Frage 1) oder als unabhängige Variable (Frage 3) oder als Gegenstandsbereich eigenen Rechts (Frage 2). Das Politische kann einmal konkret als → Staat oder staatliches Handeln begriffen werden im Sinn des modernen Anstaltsstaates, der das Monopol der physischen Gewaltanwendung als letztes Herrschaftsmittel für ein bestimmtes Territorium erfolgreich in Anspruch nimmt (M. Weber). Politisches Handeln ist dann die Ausübung staatlicher → Herrschaft, politisch orientiertes Handeln bezweckt die „Beeinflussung der Leitung eines politischen Verbands" (Weber). Letzteres ist in erster Linie Aufgabe der intermediären Instanzen zwischen Gesellschaft und Staat, also der → Interessenverbände und der → politischen Parteien. Das Politische wird zum anderen im strukturfunktionalistischen Ansatz begriffen als eigenes, ausdifferenziertes Subsystem der Gesellschaft mit der Funktion der „autoritativen Wertallokation" (Easton) oder der Zielrealisierung (Parsons) im Sinn der Durchsetzung verbindlicher kollektiver Entscheidungen. Ausdifferenziert ist das politische Subsystem einer Gesellschaft dann, wenn eigene Institutionen mit der primären Aufgabe der Zielrealisierung vorhanden sind wie → Regierung, → Parlament oder generell ein Staatsverband.

Im Zuge zunehmender wissenschaftlicher Spezialisierung besteht auch in der p. eine Tendenz zur Ausgliederung einzelner Teilgebiete wie der → Wahlsoziologie, der Elitenforschung, der Parteiensoziologie oder der → Politische-Kultur-Forschung. Zusammengehalten wird diese Vielfalt durch die Grundfrage nach dem Verhältnis von Gesellschaft und → politischem System. Diese Frage soll auf der Ebene der intermediären Instanzen, auf der Ebene von Makrostrukturen und auf der Ebene kultureller Orientierungen beantwortet werden, bevor auf die handlungstheoretische Mikrofundierung der p. eingegangen wird.

2. Annahmen für die Funktionsweise intermediärer Instanzen. → Interessen der Herrschaftsunterworfenen müssen zunächst artikuliert werden (Aufgabe von Interessengruppen, → sozialen Bewegungen etc.), bevor sie von den Parteien in aggregierter

Form zur Grundlage ihrer Politik gemacht werden. Mit Bezug auf derartige intermediäre Instanzen zwischen Gesellschaft und Politik lassen sich in grober Zuordnung zu den oben unterschiedenen drei Fragestellungen drei forschungsleitende Grundmodelle unterscheiden: a. Das Pluralismusmodell, das eng mit amerikanischen Demokratievorstellungen verbunden ist; b. das Korporativismusmodell, wonach faschistische oder generell → totalitäre Systeme die Gesellschaft durch politische Maßnahmen gleichschalten; und c. das Modell des → Neokorporatismus, das an die Stelle der Konkurrenz der Interessengruppen um Einfluß ein Verhandlungsmodell der mächtigen Interessengruppen mit dem Staat setzt. Im→ Pluralismus wird unbeschränkter „Marktzugang" für die verschiedenen gesellschaftlichen Interessen angenommen, die sich in fairer Konkurrenz unter Anerkennung der Spielregeln der Konfliktaustragung um Einfluß bemühen und das Ergebnis als → Gemeinwohl a posteriori akzeptieren (vgl. Kremendahl 1977, im Anschluß an Fraenkel). Dagegen wird im Neokorporatismusmodell, als Folge 1. von faktischen Monopolen bei der Interessenrepräsentation im Arbeitnehmer- und im Arbeitgeberlager und 2. als Folge einer vom Staat gewünschten Hilfestellung bei der Gesetzesimplementation, ein Verhandlungsmodell unter Umgehung von Parlament und Parteien angenommen (Schmitter/Lehmbruch 1979). An die Stelle der Steuerung der Politik durch die Nachfrageseite, d.h. die Nachfrage nach politischen Entscheidungen, wie im Pluralismus, oder die Steuerung in umgekehrter Richtung tritt die Kollusion unter Ausschluß der demokratischen → Öffentlichkeit. Die Faschismusforschung behandelt das Modell des stato corporativo (→ Faschismustheorien).

3. Sozialstruktur und politische Strukturen. Der Hauptfragestellung der p. entsprechend wird als erste Information über politische Strukturen häufig die soziale Zusammensetzung der jeweiligen Trägergruppen wie die der → Eliten, der → Ministerialbürokratie oder der Parteiwählerschaften untersucht. Dahinter steht die Vorstellung, daß die soziale Zugehörigkeit Interessen-

und Wertorientierungen beeinflußt und deshalb relevant ist. Auf der Makroebene wird versucht, politische Konfliktstrukturen auf Klassengegensätze oder Konflikte zwischen anderen gesellschaftlichen Gruppierungen wie z.B. ethnischen Gruppen zurückzuführen. In diesem Sinn kann „Der achtzehnte Brumaire des Louis Bonaparte" von Marx als Klassiker der p. bezeichnet werden. Marx erklärt die zum → Staatsstreich von Napoleon III. führende politische Entwicklung mit Bezug auf die Klassenverhältnisse, wobei die verschiedenen Regime (soziale, demokratische, parlamentarische → Republik) jeweils auf eine → Klasse als ihre Trägergruppe zurückgeführt werden. Die Vorstellung von einer durch die gemeinsame soziale Lage abgrenzbaren Quasi-Gruppe (die Klasse an sich), die durch politische Organisation Konfliktfähigkeit erlangt (Klasse für sich), ist auch in der modernen p. noch erkenntnisleitend; nur wird heute statt des revolutionären → Klassenkampfs dessen Institutionalisierung (Dahrendorf) oder Umformung in einen demokratischen Klassenkampf in → Wahlen (Lipset) angenommen. Revolutionäre Situationen entstehen vornehmlich dann, wenn sich verschiedene Konfliktfronten nicht überschneiden, sondern gegenseitig verstärken. Über reine Klassenkonflikte hinausgehend haben Lipset und Rokkan (1967) die für die europäischen → Parteiensysteme entscheidenden Bevölkerungsspaltungen systematisiert. Danach haben Nationwerdung und → Industrialisierung in den europäischen Staaten einerseits zu Konflikten zwischen Staat und Kirche und national dominanter Kultur gegen sprachliche und ethnische Sonderkulturen und andererseits zu Konflikten zwischen primärem und sekundärem Sektor und zwischen Arbeitnehmern und Arbeitgebern geführt. Im Gegensatz zu einem reinen Klassenansatz wird hier der Tatsache Rechnung getragen, daß ethnische und kulturell-religiöse → Konflikte in vielen europäischen Ländern das Parteiensystem mindestens genauso stark beeinflußt haben wie die Klassenkonflikte.

Im Gegensatz zur älteren p. ist Rokkan in seinen historischen Arbeiten nicht von einer einseitigen Determinierung der Politik durch sozio-ökonomische Entwicklungen ausgegangen, sondern von einem Verhältnis gegenseitiger Abhängigkeit. So werden die verschiedenen Parteiensysteme samt ihren Konfliktkonfigurationen nicht auf Bevölkerungsspaltungen allein zurückgeführt, sondern zusätzlich auf Koalitionsbildungen v.a. von seiten der herrschenden Eliten, die allerdings sozialen Restriktionen unterliegen. Flora hat diese Fragestellung auf die Entstehungs- und Ausbaubedingungen der modernen Wohlfahrtsstaaten übertragen (1983).

4. Kulturelle Orientierungen und Politik. Hauptproblem der Politische-Kultur-Forschung ist das der normativen und symbolischen Fundierung des Legitimitätseinverständnisses mit dem jeweiligen politischen System. M. Weber unterscheidet traditionale, charismatische und rationale Herrschaft, je nach den Gründen der Legitimitätsgeltung auf seiten der Herrschaftsunterworfenen. So beruht rationale oder legale Herrschaft „auf dem Glauben an die Legalität gesatzter Ordnungen", ist also wesentlich „Legitimität durch Verfahren" (Luhmann). Schluchter (1979) hat gegenüber einer rein positivistischen Auffassung dieses Legitimitätstyps bei Weber als zweiten Gesichtspunkt, neben der formalen → Legalität, den der materialen → Gerechtigkeit herausgearbeitet, den er in Zusammenhang mit demokratischen Herrschaftsformen bringt. Für die Politische-Kultur-Forschung leitet sich daraus die Fragestellung ab, welche Wertorientierungen Basis des Legitimitätseinverständnisses mit demokratischen Herrschaftsordnungen sind.

Zu den Wertorientierungen tritt als weiterer Aspekt der politischen Kultur die Frage der → Loyalität zur politischen → Gemeinschaft.

5. Handlungstheoretische Fundierung. Die empirische Forschung in der p. war insbesondere auf Gebieten wie der → Wahlsoziologie immer verhaltenswissenschaftlich orientiert. Es herrschte ein sozialpsychologisches Erklärungsmodell vor: Verhalten wird von Einstellungen als verursacht gedacht, wie z.B. das → Wahlverhalten von den Einstellungen zu politischen Streitfragen und den Kandidaten und von der → Parteiidentifikation als langfristiger Bindung auch emotionaler Art an eine Partei. Unabhängig von dieser Art empirischer Forschung etablierte sich die → Neue politische Ökonomie als konsequente Umsetzung des Rational-choice-Ansatzes auf kollektive Entscheidungen (→ Public choice). Mit dem Übergang zum Konzept der begrenzten Rationalität ergibt sich die Möglichkeit, auch in der empirischen Forschung das sozialpsychologische Modell durch ein modifiziertes Rational-choice-Modell abzulösen.

Eine derartige Entwicklung kann man z.B. für die Wahlsoziologie konstatieren. Sie geht zurück auf Downs (1968) und sein räumliches Modell der Parteienkonkurrenz. Unter der Annahme, daß sich Wählerpräferenzen eindimensional ordnen lassen, maximieren die Parteien ihre Wahlchancen, wenn sie ihr Programm am Medianwähler ausrichten. Die Wähler verhalten sich begrenzt rational, wenn sie die ideologische Position der Parteien als Indikator für deren künftige Politik akzeptieren, unter Vermeidung der hohen Informationskosten, die eine volle Information über den künftigen Regierungskurs der zur Wahl stehenden Parteialternativen bedeuten würde.

Lit.: G. A. Almond/ S. Verba: The Civic Culture, Boston 1965; *A. Downs*: Ökonomische Theorie der Demokratie, Tübingen 1968; *H. Kremendahl*: Pluralismustheorie in Deutschland, Leverkusen 1977; *P. Flora et al.*: State, Economy, and Society in Western Europe 1815-1975, Band 1. Frankfurt a.M. 1983; *S. M. Lipset/ S. Rokkan*: Cleavage Structures, Party Systems, and Voter Alignments: An Introduction, in dies. (Hg.), Party Systems and Voter Alignments: Cross-National Perspectives, New York 1967; *W. Schluchter*: Die Entwicklung des okzidentalen Rationalismus, Tübingen 1979; *Ph. C. Schmitter/ G. Lehmbruch*: Trends Towards Corporatist Intermediation, Beverly Hills/ London 1979; *M. Weber*: Wirtschaft und Gesellschaft, 5., rev. Aufl., Tübingen 1976.

Prof. Dr. Franz Urban Pappi, Mannheim

politische Stiftungen

Den → Parteien - → SPD: Friedrich-Ebert-Stiftung; → CDU: Konrad-Adenauer-Stiftung; → CSU: Hanns-Seidel-Stiftung; → Bündnis 90/ Die Grünen: Heinrich Böll Stiftung; → FDP: Friedrich-Naumann-Stiftung; → PDS: Bundesstiftung Rosa Luxemburg - oder sonstigen politischen (Groß-) Organisationen (z.B. → Gewerkschaften) in der Bundesrepublik nahestehende gemeinnützige Einrichtungen, deren Tätigkeit sich im Rahmen der gesellschaftlichen bzw. politischen Zielvorstellungen ihrer jeweiligen Referenzorganisation bewegt. Lt. → Satzung ist der staatspolitische Bildungsauftrag der p. jedoch nicht parteipolitisch limitiert. Allein diese formelle Überparteilichkeit schafft eine rechtliche Basis für die Subventionierung der Tätigkeit p. aus öffentlichen Mitteln. Die Bildungsarbeit der p., insbes. der großen Bundestagsparteien, hat die nationalen Grenzen längst überschritten. V.a. die parteinahen p. sind längst feste Größen im Gesamttätigkeitsbereich westdeutscher → Entwicklungshilfe geworden. Innenpolitisch sind p. als Empfänger einer indirekten staatlichen → Parteienfinanzierung und als (mutmaßliche) Schleusen einer das Steuerrecht verletzenden Umwegfinanzierung von Parteien seitens der Industrie Gegenstand öffentlicher Kritik und staatsanwaltlicher Ermittlung geworden.

Politische Theorie

P. thematisiert, reflektiert und kritisiert gesellschaftliche Ordnungsentwürfe und ihre zeitbedingten Realisationsformen in vornehmlich normativer Hinsicht. Sie zielt auf das Allgemeine und Grundsätzliche menschlich-gesellschaftlichen Zusammenlebens nach der Maßgabe, die jeweilige soziopolitische Wirklichkeit in ihren Strukturen und Prozessen zu erkennen. Sie sucht mit ihren Deutungsmodellen und konkurrierenden Rationalitätsbegriffen zugleich den sozialen und politischen Wandel im Kontext der Geschichte argumentativ zu fördern oder aber zu behindern, indem sie als sinnvoll und politikrelevant bezeichnete Handlungsziele, Wertvorstellungen sowie sozusagen → Normen vermittelt, die prinzipiell wie aktuell auf Institutionalisierung gestellt und politisch-praktisch auf Folgebereitschaft angewiesen sind. P. will insofern ein analytisches Orientierungs- und Zusammenhangswissen herstellen, d.h. die politischen Prozesse mitsamt ihren Prämissen, Alternativen und Folgewirkungen im Rahmen unterschiedlicher Optionen bzw. wechselseitiger Abhängigkeitsverhältnisse verständlich machen.

P. soll dazu beitragen, die Handlungsstrategien und Argumentationsmuster konkreter Politikgestaltung im Lichte von → Herrschafts-, → Macht-, → Legitimitäts-, → Freiheits- und → Gerechtigkeitsaspekten beurteilen zu können und damit insgesamt die stets gegebene Differenz von Orientierungsnotwendigkeit und Handlungsmöglichkeit überbrücken helfen. Im modernen Verständnis sind P. dabei sowohl auf die Ideen- oder Dogmengeschichte als auch auf die Konzeptualisierungsversuche der → politischen Soziologie und die Modellvorstellungen der allgemeinen → Systemtheorie gleichermaßen angewiesen. Schließlich hat sich die P. heute wieder vermehrt als → Ideologiekritik und Demokratiewissenschaft im pluralistischen und nichtdeterministischen Sinne zu verstehen, um den historischen Konvulsionen gegen Ende des 20. Jh. in angemessener und prozeßbegleitender Weise gerecht zu werden.

Als Gründerväter der → politischen Philosophie und klassischen Theorie der → Politik werden von den Vertretern der normativ-ontologischen Theorieauffassung unter Vernachlässigung der Sophisten v.a. Platon und Aristoteles angesehen. Während Platon die beste Polisgesellschaft (politeia) zu entwerfen suchte, allerdings um den Preis ihrer Geschlossenheit und Statik aufgrund metaphysischer Überhöhungen, geht Aristoteles pragmatischer vor. Der auf Sprache (logos) verwiesene und gleichsam von → Natur aus auf ein Leben in geordneter → politischer → Gemeinschaft angelegte Mensch (zoon politikon) wird zu seiner vollen Aktualisierung und Entfaltung auf ein gutes und tugendhaftes Handeln verpflichtet, das in einer demokratisch-oligarchisch gemischten → Verfassung (Politie) am ehesten zu verwirklichen ist. Das Politische als eine zentrale, auf das → Gemeinwohl gerichtete Seinsweise stellt

mithin in der Antike eine Denkfigur und Orientierungsidee dar, die bis heute, wenngleich anders akzentuiert, in Gebrauch ist. Insbesondere die Politikvorstellungen, verschiedenen → Staatsformenlehren und erkenntnistheoretischen Sichtweisen des Aristoteles haben wissenschaftsgeschichtlich bis zur Neuzeit prägend gewirkt, an Bildungsinstitutionen teilweise sogar bis weit in das 18. Jh. hinein.

Demgegenüber war Machiavelli wohl der erste Theoretiker, der für die Neuzeit die „Politik als Politik" thematisierte, also ohne Rückgriff auf übergeordnete Moralprinzipien auskam und Techniken des Machterwerbs, der Machterhaltung und Handlungseffektivität akzentuierte. Es gilt dies allerdings hauptsächlich für seine Schrift „Il Principe" und weniger für die „Discorsi". Das neuzeitliche politische Denken in fiktiv zu verstehenden → Gesellschafts- und Herrschaftsverträgen wurde unter konstruktivistischen Gesichtspunkten (more geometrico) von Hobbes initiiert, jedoch tendiert sein → „Leviathan" mit seinen friedensstiftenden Allmachtsansprüchen zu einem Modell des Maßnahmen- und Sicherheitsstaates. Das liberal-demokratische Kontrastmodell mit besitzindividualistischen Zügen wird von Locke vertreten. Seine politische Systemkonstruktion basiert auf dem Eigentumsbegriff, der indes Leben, Freiheit und Vermögen umfaßt, und bezieht sich auf Konsensualisierungsprozesse aufgrund wechselseitigen Vertrauens. Ein identitäres Demokratiemodell mit ambivalent zu beurteilenden Auswirkungen und Implikationen ist im „Contrat social" von Rousseau gegeben, insofern die Einzelwillen und ein vorab festgelegtes Gemeinwohl zusammenzufallen haben im Sinne einer kleinbürgerlich-egalitären, republikanischen Gesinnungsgemeinschaft.

Im amerikanischen „Federalist" werden die alteuropäischen Konzepte diskutiert und verarbeitet, so auch die normative Idee der → Gewaltenteilung als Mäßigungsprinzip bei Montesquieu. Das in den → Federalist Papers entfaltete Repräsentativmodell für den großflächigen → Territorialstaat ist der eigentliche Gegenentwurf zu Rousseau, wobei die föderale Struktur des → Bundesstaates demokratietheoretisch begründet wird. Als erster Theoretiker der modernen → Massendemokratie kann Tocqueville bezeichnet werden, der auch für eine → Dezentralisierung und die lokale → Demokratie auf Gemeindeebene plädiert, des weiteren eine Synthese aus Freiheit, → Gleichheit, → politischer Kultur, vernunftgemäßem → Patriotismus und gesamtgesellschaftlicher Stabilität sowie eine Koordinierung von → Partizipation und Vertrauen anstrebt. Hingegen reduziert J. St. Mill die → politische Ethik auf ein Nützlichkeitskalkül, tritt aber für eine unumschränkte Meinungsäußerungs- und Diskussionsfreiheit ein. Gleichzeitig schwebt ihm eine „geistige → Aristokratie" als handlungsverantwortliche Führungsspitze für den politischen Entscheidungsprozeß vor, um einer befürchteten Dominanz der „unteren → Klassen" zu begegnen.

Die Gegenposition hierzu wird bekanntlich von Karl Marx vertreten. Auf Hegel und insbesondere Marx bezieht sich die historisch-dialektische Theorieausrichtung. Es handelt sich um Theorien über Geschichte mit der Vorstellung kollektiver Handlungssubjekte, die sich entweder im → Staat manifestieren oder eine klassenlose → Gesellschaft durch revolutionäres Handeln befördern sollen. Dieser präskriptive Theorieansatz ist für heutige Entwicklungsstadien zu wenig komplex. Das gilt auch für die politischen Schriften von Max Weber, der eine plebiszitär-charismatische Führerkonzeption mit voluntaristischem Charakter formuliert hat.

Im Zusammenhang hiermit hat Schumpeter sodann seine elitenbezogene Konzeption der „Demokratie als Methode" entwickelt, während die → kritische Theorie (→ „Frankfurter Schule") an die emanzipatorischen Geltungsansprüche des → Marxismus im Sinne einer herrschaftsfreien Gesellschaft anknüpft. Der → kritische Rationalismus von Popper spricht dagegen vom „Elend des Historizismus" und reklamiert, ausgehend von einem methodologischen → Individualismus, die lernfähige offene Gesellschaft mit schrittweiser Veränderung auf dem Wege von Reformen.

Generell kann festgestellt werden, daß spätestens seit der → Aufklärung in neuzeitlichen Politikkonzepten parallel zum Prozeß der Generalisierung von → Freiheit und Gleichheit als bürgerlichen Basisnormen die vorherrschenden institutionellen Evolutionsmuster vom Vertragsdenken auf die Ausdifferenzierung und Komplexitätssteigerung des → politischen Systems umgestellt werden (Bermbach). Luhmann hat zudem aufgezeigt, daß im Zusammenspiel von gesellschaftsstrukturellen und semantischen Veränderungen für den gesamtgesellschaftlichen Wandel und die Reduktion von Weltkomplexität seit dem 16. Jh. der Übergang von einem stratifizierten zu einem funktional differenzierten Systemaufbau als Entwicklungscode angenommen werden kann. Der religiös-kosmologische Kontext wird aufgelöst, die Gesellschaft wird flexibler, neue Darstellungsschemata und Begründungsvorstellungen bilden sich aus. Für die moderne Gesellschaft wird schließlich die Diskrepanz zwischen Erwartungen und Enttäuschungen problematisch, insofern im Vergleich zu traditionalen Gesellschaften viel mehr Möglichkeiten eröffnet und sichtbar gemacht werden. Die wissenssoziologische und systemtheoretische Akzentuierung der Ideengeschichte im Blick auf die Ausbildung der modernen Gesellschaft ist in vielerlei Hinsicht erkenntnisanleitend und wird sich mehr und mehr auch auf die politiktheoretischen (Re-) Konstruktionsversuche der politischen Realität auswirken.

In systemtheoretischer Sicht sind Gesellschaften lernfähige → Systeme in einer veränderlichen Umwelt. Soziale Systeme sind adaptive, informationsverarbeitende Mehrebenensysteme mit eigenen Regelkapazitäten. Das politische System ist hierbei ein System der Zielverwirklichung, das kollektiv verbindliche Entscheidungen herstellt und durchsetzt mittels der Steuerungssprache für legitim gehaltener → Macht. Die politischen Strukturen sind um so besser entwickelt, je eher sie es der gesamten Bevölkerung erlauben, ihre→ Bedürfnisse und → Interessen zu artikulieren und in den politischen Meinungs-, Willensbildungs- und Entscheidungsfindungsprozeß einzubringen. Andererseits ist auch die Bereitschaft

und → Responsivität der Entscheidungs-
zentren von Bedeutung, diese → inputs in
angemessener Weise aufzunehmen. Für
Münch, der stärker als Luhmann an Parsons
anknüpft und sich nicht nur auf die Systemebene konzentriert, ist die wechselseitige
Durchdringung (Interpenetration) der ausdifferenzierten Teilsysteme die fortge-
schrittenste und allein noch mögliche Form
gesamtgesellschaftlicher → Integration in
der Moderne. Die kommunikative Durchdringung erfolgt durch Interaktion der Rol-
len- und Entscheidungsträger im Sinne von
sich wechselseitig öffnenden Vermittlungs-
und Konsensualisierungsprozessen, und jedes System muß ständig eine Kombination
von Umweltoffenheit und innerer Geschlossenheit herstellen. Allerdings bleiben
diese Vorstellungen sehr abstrakt, und es
werden teilweise nur kunstvolle Schemata
angeboten, deren Realitätsentsprechung
fraglich ist, insofern Brüche oder Regres-
sionen vernachlässigt werden. Eine konkrete Systemanalyse ist damit jedenfalls
noch nicht geleistet.

Wer sich insonderheit auf die neuestens
entwickelten Selbstorganisationstheoreme
(autopoiesis) der Systemtheorie nicht einlassen will, wird nach wie vor auf die Theorie des kommunikativen Handelns von Habermas zurückgreifen, wenngleich dieser
Entwurf ebenfalls sehr voraussetzungsreich
ist und seine normativ-diskursiven Postulate
zumindest fürs erste nicht einzulösen sind.
Demgegenüber sind systemtheoretisch sogar divergierende Forschungsprogramme
erfaßbar. Die → Politikwissenschaft und p.
ist auch künftig auf anschlußfähige Theorieansätze und Ergänzungen aus anderen
sozialwissenschaftlichen Teildisziplinen
angewiesen, um die organisierte Komplexität und den Wandel von Staats- und Gesellschaftsformationen auf allen Ebenen
begreifbar zu machen; denn zu einer exakten Erklärung und Prognose von gesamtgesellschaftlichen Prozeßabläufen ist sie von
sich aus noch nicht in der Lage, falls dies
überhaupt jemals gelingen wird oder gar
politisch-praktisch wünschenswert ist.

In jüngster Zeit wurden vor allem ökonomische public choice- bzw. spieltheoretische
rational choice-Theorieansätze und ihre

Mixturen zur Analyse oder Modellierung
von politischen Handlungs- und Steuerungsprozessen übernommen, gleichzeitig
kommen erneut konventionelle sowie akzentuiert kommunikationsbezogene Ent-
scheidungstheorien zur Geltung, die auch
ein Reflex sind auf die Komplexitätssteigerung aufgrund der intensivierten → Globalisierung und digitalen Revolution. Des
weiteren ist ein → akteurzentrierter Institutionalismus (R. Mayntz/ F. Scharpf) entwickelt worden, der eine anwendungsorientierte Mehrebenenperspektive für sich
beansprucht. Die allgemeine Institutio-
nentheorie differenziert in ihren fortge-
führten Ausarbeitungen immer stärker zwischen Willens- und Symboldimensionen,
ferner wird im Anschluß an H. Arendt ein
intransitiver Machtbegriff verwendet, der
ein Zusammenhandeln der Bürger in
Grundfragen des Gemeinwesens zum Kern
hat. Im Zuge der philosophischen
→ Liberalismus → Kommunitarismus-Kon-
troverse fanden auch die vertragstheoreti-
schen Gerechtigkeitskonzeptionen und unterschiedlichen normativen Ethiken von
Rawls bis Walzer eine größere Beachtung
und kam zugleich eine Neuaneignung der
→ politischen Philosophie des amerikanischen Pragmatismus zustande. Die gegenwärtige fachübergreifende Diskussion um
universalistische oder kontextualistische
Wertbegründungen zeigt zugleich an, daß
im Rahmen der p. die Chancen für eine
kreative Verbindung von sozialwissenschaftlichen, philosophischen und sogar
naturwissenschaftlichen Disziplinen unter
dem leitenden Gesichtspunkt einer „Einheit
der Wissenschaft" heute in erstaunlicher
Weise wieder vergleichsweise günstig stehen, was zahlreiche Synergieeffekte für ein
vernetztes Denken erhoffen läßt.

Lit.: K. v. Beyme: Die politischen Theorien
der Gegenwart, 7. A., Opladen 1992; *Ders.*:
Theorie der Politik im 20. Jahrhundert,
Frankfurt/ M. 1991; *W. van den Daele/ F.
Neidhardt* (Hg.): Kommunikation und Ent-
scheidung, Berlin 1996; *I. Fetscher/ H.
Münkler* (Hg.): Pipers Handbuch der politi-
schen Ideen, 5 Bde., München 1985ff.; *G.
Göhler u.a.*: Institution - Macht - Reprä-
sentation, Baden-Baden 1997; *H. Kramer*
(Hg.): Politische Theorie und Ideenge-

schichte im Gespräch, Wien 1995; *R. Mayntz/ F. W. Scharpf* (Hg.): Gesellschaftliche Selbstregelung und politische Steuerung, Frankfurt/ M./ New York 1995; *D. Nohlen/ R.-O. Schultze* (Hg.): Politische Theorien, München 1995; *J. Rawls*: Politischer Liberalismus, Frankfurt/ M. 1998; *W. Reese-Schäfer*: Grenzgötter der Moral. Der neuere europäisch-amerikanische Diskurs zur politischen Ethik, Frankfurt/M. 1997; *M. Walzer*: Sphären der Gerechtigkeit, Studienausg. Frankfurt/ M./ New York 1994; *A. Waschkuhn*: Demokratietheorien. Politiktheoretische und ideengeschichtliche Grundzüge, München/ Wien 1998.

Prof. Dr. Arno Waschkuhn, Erfurt

politische Unterstützung
→ support (political support)
David Easton unterscheidet 2 Dimensionen p., die einem → politischen System (bzw. einer → Regierung) von → Bürgern entgegen gebracht werden kann: Diffuse Unterstützung erfolgt unabhängig von den Leistungen (→ output) eines → Systems aufgrund einer verinnerlichten gefestigten Wertstruktur (z.B. grundsätzliche Bejahung der → politischen Ordnung). Spezifische Unterstützung ist abhängig von der wahrgenommenen konkreten Leistungsfähigkeit des Systems. Ein politisches System ist auf diffuse Unterstützung angewiesen, damit Leistungsschwankungen bzw. umstrittene Problemlösungen der Regierenden nicht unmittelbar in politische Vertrauenskrisen der politischen Grundordnung selbst umschlagen.

politische Utopien
Der Begriff p. wird heutzutage i.d.R. mit einer negativen Bedeutung besetzt. In der Umgangssprache bedeutet das Adjektiv „utopisch" zumeist soviel wie „übersteigert", „unrealistisch", „exzentrisch" etc. Mit ihm wird ein Denken denunziert, das Projekte entwirft, die angeblich scheitern müssen, weil ihr realitätsblinder Urheber die konkreten Voraussetzungen ihrer Verwirklichung nicht berücksichtige.

Nicht weniger umstritten als ihre soziopolitische Stoßrichtung ist der Begriff der p. selbst. Das Konzept, das den folgenden

Ausführungen in (Anlehnung an Norbert Elias) zugrunde liegt, geht von der Prämisse aus, daß p. Fiktionen innerweltlicher Gemeinwesen sind, die sich entweder zu einem Wunsch- oder Furchtbild verdichten. Sie sind unlösbar mit Sozialkritik verbunden: Ohne die antithetische Gegenüberstellung mit dem, was an den soziopolitischen Verhältnissen kritikwürdig erscheint, verlöre die p. ihre → Identität.

So gesehen können metaphysische oder jenseitige Visionen wie das Paradies oder das „goldene Zeitalter" ebensowenig als p. gelten wie bloße Traumassoziationen, Märchen, chiliastische Heilserwartungen, Mythen oder Projektionen und Hochrechnungen vergangener oder gegenwärtiger sozialer Trends. P. im hier gemeinten Sinn sind aber auch nicht gleichzusetzen mit Antizipationen technischer Art wie „science fiction" oder mit sozialwissenschaftlicher Prognostik, wie sie etwa der → Marxismus oder die Futurologie beabsichtigen.

Das Muster der p. kann verdeutlicht werden, wenn man zwei Dimensionen ihres Bedeutungsgehaltes berücksichtigt. Einerseits ist ihr „überschießender Gehalt", der uns heute auf einer normativen Ebene noch unmittelbar anspricht, herauszuarbeiten: In diesem Sinne gilt es, die überzeitlichen Implikationen der p. zu benennen, durch die sie ihre Identität gewinnt. Andererseits wird aber auch ihr epochenspezifischer Charakter betont werden müssen, der auf die jeweils veränderten Strukturprobleme der → Gesellschaft und den Stand der Entfaltung der Produktivkräfte verweist, auf den sie reagiert. Die Identität der p. in der Mannigfaltigkeit ihrer historischen Erscheinungsformen sichtbar zu machen, so kann zusammenfassend festgestellt werden, ist also gleichzusetzen mit der Bestimmung ihres Begriffs.

Die p. der Renaissance und der Reformation sind in der Zeit zwischen dem Beginn des 16. und der Mitte des 17. Jh. entstanden. Die soziopolitische Herausforderung, auf welche die p. von Morus, Campanella, Andreae, Bacon und Winstanly reagierten, ist die Konstituierung des frühneuzeitlichen → Staates und das Eindringen kapitalistischer Prinzipien v.a. in die Sphäre der landwirtschaftlichen Produktion. Diese Utopisten reflektierten auf die Frage, wie das Gemeinwesen aussehen solle, das die erkennbaren Mißstände der europäischen Gesellschaften der frühen Neuzeit vermeidet. Einerseits haben die utopischen Gemeinwesen der frühen Neuzeit eindrucksvolle soziale Errungenschaften aufzuweisen, die z.T. bis auf den heutigen Tag nicht verwirklicht sind. Gegen die scholastischen Doktrinen gewandt, öffneten sie sich gegenüber den modernen Naturwissenschaften und reflektierten deren praktische Anwendung als Technik. Gegen die Verschwendungssucht von Adel und Kirche setzten sie das strikte Verbot der Luxuskonsumtion und der Vergeudung materieller Güter. Und nicht zuletzt spielten sie - mit der Ausnahme Bacons - das Gemeineigentum gegen die kapitalistische Verwertung des Privateigentums aus, in der Hoffnung, den sozialen Konflikten ein Ende zu setzen. Verglichen mit den Phantasiebildern einer besseren Welt, die hinter ihnen lagen, verfügten ihre utopischen Konstrukte über einen beträchtlichen Realitätsgehalt. Die Menschen selbst werden weitgehend „als Urheber ihrer eigenen gesellschaftlichen Einrichtungen dargestellt" (Elias). Andererseits geht die Vernunft der einzelnen ohne Rest in den utopischen → Institutionen auf. Einmal konstituiert, stellen sie gleichsam eine Superstruktur dar, der das → Individuum qua individuum rigoros subsumiert wird. Es triff zu, daß z.B. Campanellas „Sonnenstaat" einem riesigen Kloster gleicht, das nach einer strikt militärischen Disziplin funktioniert.

Was den Geltungsanspruch der utopischen Konstruktionen dieser Epoche betrifft, so haben wir es mit den sogenannten „Raum-Utopien" zu tun. Der Begriff „Raum-Utopie" verdankt sich dem Umstand, daß die utopische Gegenwelt durch eine räumliche Distanz - i.d.R. in Gestalt einer nur schwer zugänglichen Insel - von den gesellschaftlichen Verhältnissen getrennt ist, denen sie als Alternative dient.

Die Utopien der → Aufklärung von der Mitte des 17. Jh. bis zum Ausbruch der → Französischen Revolution, wie sie von de Foigny, Vairasse, Fénelon, Schnabel, Morelly, Mercier, Diderot und Restif de la Bretonne entworfen wurden, nehmen zentrale Elemente ihrer Vorgänger auf, geben ihnen aber eine charakteristische Wende. Die Kritik der bestehenden soziopolitischen Verhältnisse als Negativfolie der konstruierten Gegenwelt, die antiindividualistische Stoßrichtung des utopischen Ideals, die i.d.R. auf dem kommunistischen Gemeineigentum basierende „gebremste Ökonomie", die Beziehungen zwischen den Geschlechtern als stabilisierender Faktor des Gemeinwesens anstelle eines kontraktualistischen Konsenses, die Struktur der → Regierungssysteme, der Religion, der Justiz und der Erziehung sowie die Stellung zu Krieg und Frieden im außenpolitischen Verhalten können ihre Vorbilder in den Utopien der Renaissance und Reformation nicht leugnen.

Doch darf diese Kontinuität nicht den Blick für bedeutsame Modifikationen des ursprünglichen Musters verstellen. War der frühneuzeitliche Staat mit seinen starken Institutionen das heimliche Vorbild der p. seit Anfang des 16. Jh., so beginnen nun die Aufklärungsutopien der absoluten Potestas des Fürsten den Boden zu entziehen: Im Namen einer normativ gewendeten „Natur", die mit der Vernunft konvergiert, problematisieren sie jetzt → Herrschaft als solche. Nicht zufällig entwerfen in dieser Periode de Foigny und Diderot die ersten staatsfreien bzw. anarchistischen Utopien.

Der wichtigste „Paradigmenwechsel" jedoch läßt sich um die Mitte des 18. Jh. beobachten. Einerseits umfaßt jetzt die konstruktive und planende Rationalität, bisher auf das immanente Funktionieren beschränkt, auch den Gründungsakt und den damit verbundenen Zivilisationsprozeß im kleinen. Andererseits ersetzten Morelly und Mercier die utopischen Dimensionen des Raumes durch die der Zeit. Dieser Ablösung der Raum- durch die Zeitutopie lag die Prämisse zugrunde, daß die Utopie zum zukünftigen „Telos" des historischen Prozesses avanciert. Vielmehr erhebt p. den Anspruch, das in die Zukunft projizierte Ziel auch tatsächlich verwirklichen und eine konkrete politische Transformationsstrategie angeben zu können.

Dem Muster der Zeit-Utopie sind auch die wichtigsten utopischen Konstruktionen des 19. Jh. verpflichtet, wie sie von Saint-Simon, Fourier, Owen, Cabet, Bellamy, Morris, H. G. Wells u.a. konzipiert wurden. Aber zugleich zeigt bereits ihre Zeitdiagnose, daß sie auf eine welthistorisch neue Herausforderung zu reagieren hatten: den Prozeß der → Industrialisierung. Was den p. des 19. Jh. denn auch ihr unverwechselbares Profil verleiht, ist die Aufwertung von Naturwissenschaft und Technik, die zum eigentlichen materiellen Fundament der utopischen Konstruktion wird. Das Anwachsen des gesellschaftlichen Reichtums, das von der Industrialisierung erwartet wurde, machte nicht nur das Luxusverbot der älteren Tradition hinfällig. Es liberalisierte auch den drakonischen Arbeitszwang, der zunehmend durch Konzepte selbstbestimmter Tätigkeit ersetzt wurde.

Neu ist auch die Konstruktion „technischer Staaten". Gleichgültig, ob sie das utopische Gemeinwesen genossenschaftlich oder etatistisch dachten, gingen sie von der Erwartung aus, daß der Staat als innen- und außenpolitische Repressionsinstanz der Zukunft bereits hinter sich habe: Die Herrschaft des Menschen über den Menschen, auch in ihrer demokratischen Form, werde abgeschafft und durch die → Verwaltung von Sachen ersetzt. V.a. aber gaben sie der geschichtsphilosophischen Begründung der Zeit-Utopie eine neue Akzentuierung: Für sie war die Triebkraft nicht, wie im 18. Jh., vorwiegend die als welthistorisches Subjekt gedachte „Natur", sondern die angewandte Naturwissenschaft als Technik - die materialistische Wende in der Bestimmung der inneren Spannkraft des welthistorischen Fortschritts bestand darin, daß der mit industriellen Mitteln vorangetriebene gesellschaftliche Wohlstand erst die emanzipatorischen Potentiale zur Verfügung stellte, auf deren Verwirklichung die Sozial-Utopien des 19. Jh. spekulierten. Zugleich waren sich die meisten ihrer Autoren darüber im klaren, daß nur eine Strategie des Überzeugens durch rationale Argumentation diesen Prozeß der Umwälzung der bürgerlich-kapitalistischen Gesellschaften beschleunigen würde: Mit dem Rekurs auf Gewalt stünden die materiellen Voraussetzungen

der „neuen Gesellschaft" selbst zur Disposition.

Die p. der ersten Jahrzehnte des 20. Jh. schreiben das Emanzipationsprojekt ihrer Vorgänger im 19. Jh. fort. Aber sie radikalisieren es in einer Weise, welche die Kühnheit der utopischen Antizipationen der Vergangenheit zu einem bloßen „Vorspiel" degradiert. Ein starker Beleg für diese These sind die beiden utopischen Romane A. Bogdanovs „Der rote Planet" (1907) und „Ingenieur Menni" (1912), die als authentischer Ausdruck des bolschewistischen Modernisierungsprojekts gelten können. Wie die Sozial-Utopien des 19. Jh., so erhebt auch Bogdanovs Mars-Utopie den Anspruch, an der Spitze des wissenschaftlich-technischen Fortschritts zu marschieren. Neu ist freilich, daß er im Bestreben der Menschen, mittels der Technik die Natur zu beherrschen, einen Kampf auf Leben und Tod sieht. Diese quasi-militärische Unterwerfung der Natur läuft auf zwei Ziele hinaus: ihre rigorose Ausbeutung im universalen Maßstab und ihre Veränderung nach den Plänen der Menschen.

Auch die Konzeption des „neuen Menschen", seit Platon ein zentrales Thema aller p., erfuhr im Utopie-Diskurs der Bolschewiki eine radikale Zuspitzung. Nach Trotzki wird der Mensch in der vollendeten kommunistischen Gesellschaft stärker, klüger und feiner, sein Körper harmonischer, seine Stimme musikalischer sein. Der durchschnittliche Menschentyp erhebe sich bis zum Niveau des Aristoteles, Goethe und Marx. „Und über dieser Gebirgskette werden neue Gipfel aufragen" (Trotzki). Zugleich geht das utopische Denken der Bolschewiki insofern über die Standards des 19. Jh. hinaus, als die Gewalt als Mittel der gesellschaftlichen Transformation und die Kosten Tausender von Menschenleben, die der Modernisierungsprozeß fordert, ausdrücklich legitimiert werden.

Umgekehrt läßt sich freilich sagen, daß gerade das sozialistische Experiment der Bolschewiki nach der → Oktoberrevolution von 1917 entscheidend zur Entstehung der negativen Utopien mit beigetragen hat. Angetreten, die ersten Schritte in Richtung auf das „Reich der Freiheit" einzuleiten, stellte sich bald heraus, daß die Masse der Bevölkerung zu bloßen Objekten gesellschaftlicher Planung herabgesetzt wurde. Deren Auswirkung auf das Individuum haben im Osten bereits 1920 Samjatins „Wir" und im Westen Huxleys „Brave New World" (1932) und Orwells „1984" (1948) in ihrer Grauenhaftigkeit auszumalen versucht. Ein anderer Grund für die Vorherrschaft der negativen Utopien nach dem Ende des Ersten Weltkriegs besteht sicherlich in der wachsenden Diskrepanz zwischen der unentwickelten bzw. stagnierenden Verantwortungsfähigkeit der Menschen und dem wachsenden Niveau der Naturbeherrschung: Zwar ist die von den Utopisten erhoffte Entfaltung der Produktivkräfte auf höchstem wissenschaftlich-technischen Niveau erfolgt. Aber diese Entwicklung wurde nicht von der Existenz eines „neuen Menschen" begleitet, der fähig ist, die technischen Möglichkeiten an humane Zwecke zu binden.

Dieses Auseinanderklaffen, so scheint es, erklärt die Paradoxie, daß genau in dem Augenblick, da die potentielle Reichtum der Welt die Visionen der Sozial-Utopien realisierbar erscheinen läßt, ihre Verwirklichung nicht als Erlösung, sondern als Alptraum empfunden wird. Gleichwohl signalisiert das „postutopische Zeitalter" der Gegenwart nicht das Ende der positiven Utopien schlechthin. Doch Skinners „Futurum II" (1948), Huxleys „Eiland" (1962) und Callenbachs „Ökotopia" (1975) verarbeiten den „Realitätsschock", der von zwei Weltkriegen, den totalitären Systemen des → Faschismus und des → Stalinismus und dem erkennbaren Destruktionspotential der modernen Technik ausgeht, in einer Weise, die eine deutliche Distanzierung von den positiven Utopien des 19. und frühen 20. Jh. erkennen lassen.

Bei allen Unterschieden ihrer utopischen Gegenwelten haben sie eines gemeinsam: die Abkopplung der Utopie von einem geschichtsphilosophischen Fortschrittsglauben, die radikale → Dezentralisierung der politischen, gesellschaftlichen und wirtschaftlichen → Institutionen sowie die Versöhnung der Technik mit der Natur, der eine rigorose Ethik des Konsumverzichts ent-

spricht. Es ist nicht falsch, wenn man feststellt, daß eine positive Utopie unter dem Damoklesschwert der realen Möglichkeit der Selbstzerstörung der Menschheit nur noch dann glaubwürdig erscheint, wenn sie zu ihren Anfängen zurückkehrt: zum Geltungsanspruch der Raum-Utopie als eines regulativen Prinzips, das die Menschen zu motivieren sucht, mit ihren materiellen Ressourcen sparsam und ihren psychischen und geistigen Potentialen solidarisch umzugehen. Im Unterschied zu den etatistischen Sozial-Utopien der frühen Neuzeit freilich wird sie die Sicherung der Sphäre individueller Privatheit eines jeden einzelnen zu einem unverzichtbaren Strukturelement ihres Entwurfs einer positiven „Gegenwelt" erheben müssen.

Lit.: Der Traum vom besten Staat. Texte aus Utopien von Platon bis Morris. hg. v. *H. Swoboda*, München 1978; Der utopische Staat. hg. v. *K. J. Heinisch*, Reinbek b. Hamburg 1960, *F. E. Manuel/ F. P. Manuel*: Utopian Thought in the Western World, Cambridge/ Mass. 1979; *A. Neusüß* (Hg.): Utopie. Begriff und Phänomen des Utopischen, Neuwied/ Berlin 1968; *R. Saage*: Vertragsdenken und Utopie. Studien zur politischen Theorie und zur Sozialphilosophie der frühen Neuzeit, Frankfurt am Main 1989; *Ders.*: Politische Utopien der Neuzeit, Darmstadt 1991; *Ders.* (Hg.): Hat die politische Utopie eine Zukunft?, Darmstadt 1992; Utopieforschung. Interdisziplinäre Studien zur neuzeitlichen Utopie, 3 Bde., Frankfurt am Main 1985.

Prof. Dr. Richard Saage, Halle

Politische Wissenschaft
⇒ *Politikwissenschaft*
→ Politologie

politischer Katholizismus
Parteien- bzw. verbandsförmige Organisierung und Artikulation katholisch-konfessioneller Gestaltungsansprüche in → Politik, Kulturleben, Wirtschaft und Sozialordnung (→ Klerikalismus). Als → soziale Bewegung entstanden im 19. Jh. als Reaktion auf die Säkularisierungsprozesse in modernen → Staaten (Trennung Kirche/ → Staat) und die im Gefolge der → Industrialisierung

verschärfte → soziale Frage (→ christliche Soziallehre).

Ein protestantisches Pendant zum p. existiert zumindest in Deutschland nicht, v.a. aufgrund der Heterogenität des Bekenntnisses und des im preußisch dominierten Wilhelminischen Reich nachwirkenden „Bündnisses von Thron und Altar" (s. → Kirche und politisches System).

Mit Bismarcks Kulturkampf gegen die kath. Kirche (1871-87) nahm der p. in Deutschland feste Formen an, als ein geschlossenes katholisches → Milieu mit eigener Vereinskultur, → Presse, → Arbeiterbewegung und dem → Zentrum als konfessioneller → Massenintegrationspartei. Wenngleich die traditionellen Konfessionstrennlinien im → Wählerverhalten bis heute erkennbar sind, hat der p. seit 1945 seine vormalige gegenkulturelle Geschlossenheit und Stoßkraft kontinuierlich verloren. Ursache dafür ist u.a. die Gründung der → CDU/ → CSU als interkonfessionelle → Partei, nachlassende Kirchenbindung auch des katholischen Bevölkerungsteils sowie die Entkonfessionalisierung im Bildungswesen.

politischer Prozeß
→ Politics

politischer Streik
Arbeitsniederlegung zur Verfolgung allgemeinpolitischer Ziele, im Gegensatz zu Arbeitskampfmaßnahmen, die innerhalb des tarifrechtlichen Rahmens (→ Streik) auf eine Verbesserung der Lohn- und Arbeitsbedingungen hinwirken; kann sich bis zum → Generalstreik ausweiten. Adressaten von p. sind nicht die gegnerischen → Tarifparteien der Unternehmer bzw. → Arbeitgeberverbände i.e.S., sondern → Regierungen oder → Parlamente als Akteure staatlicher → Politik. In der Bundesrepublik ist der p. nur in Ausübung des → Widerstandsrechts rechtlich zulässig.

politisches Bewußtsein
Gesamtheit der ideellen Orientierungen (→ Einstellungen, Überzeugungen, Gefühle) und Verhaltensintentionen von einzelnen Mitgliedern oder Teilen einer → Gesellschaft und der daraus abgeleiteten

Handlungen im Hinblick auf → Politik. Das p. ist das Produkt der gesellschaftlichen Entwicklung und sozialen Lage des → Individuums; ein wichtiger Faktor dabei ist die → politische Sozialisation. Von Bedeutung für die Herausbildung eines p. sind die Schulbildung, da diese die Informationsaufnahme- und Informationsverarbeitungskapazität weitgehend bestimmt, und das politische → Interesse. Kohärente Überzeugungssysteme (→ Ideologien) sind auch in der Bevölkerung entwickelter → Industriegesellschaften kaum vorhanden; als grobe Standortmarkierung hat sich jedoch die Selbst- und Fremdeinstufung in ein Links-Rechts-Schema erwiesen.

politisches Mandat
1. Wahlamt in parlamentarischen Vertretungskörperschaften (→ Mandat).
2. Anspruch, als Inhaber einer Funktion in Standesvertretungen, → Korporationen oder → Interessengruppen auch zu allg. politischen Fragen öffentlich Stellung zu nehmen. Standes- und Berufsverbände, die als → Körperschaften des öffentlichen Rechts alle ihrem Bereich zugehörigen Personen, Betriebe, → Gemeinden u.ä. über eine Zwangsmitgliedschaft organisieren (z.B. Studentenschaften, → Kammern, → Gemeindeverbände), müssen sich in ihren politischen Verlautbarungen auf die Interessenvertretungen ihrer Mitglieder für ihren Bereich beschränken. Ein p. ist ihnen untersagt. V.a. im Selbstverständnis der 68er → Studentenbewegung und der seither anhaltenden Diskussion um die politischen Befugnisse der verfaßten Studentenschaft hat das Einfordern des p. einen hohen Symbolgehalt.

Politisches System
1. Begriff und Gegenstand: In der wissenschaftlichen Terminologie wie auch im Alltags-Sprachgebrauch ist P. inzwischen ein geläufiger Allgemeinbegriff. Er bezeichnet die Gesamtheit jener staatlichen und außerstaatlichen Einrichtungen und Akteure, Regeln und Verfahren, die innerhalb eines i.d.R. noch nationalstaatlich, aber zunehmend supranational verflochtenen abgegrenzten Handlungsrahmens an fortlaufenden Prozessen der Formulierung und

Lösung politischer Probleme sowie der allgemein verbindlichen Durchsetzung politischer Entscheidungen beteiligt sind.

Somit sind, wie bei der dem Begriff P. nahe verwandten analytischen Kategorie → „Regierungssystem", die staatlichen Organe, also → Parlament, → Regierung und → Verwaltung im → Bund, aber auch auf Länder- und Kommunalebene, ein zentraler Punkt der Betrachtung. Politische „Systemlehre" umschließt „Regierungslehre" und ist zugleich umfassender als diese. Denn während sich Darstellungen des Regierungssystems vorrangig dem → Staat und dem dort stattfindenden Prozeß der politischen Willensbildung widmen (Ellwein/ Hesse, Das Regierungssystem der Bundesrepublik Deutschland, 6. Aufl. Opladen 1988, S. 3), dabei allerdings auch die → Parteien - die nach bundesdeutschem Verfassungsverständnis zwar Verfassungsqualität besitzen, aber keine Staatsorgane sind - nicht ausklammern, ist mit dem Begriff P. der Bereich des „policymaking" weiter gefaßt: neben den institutionellen Trägern und Verfahren staatlich-politischer Willensbildung werden einmal weitere vorstaatliche Akteure, wie v.a. → Interessenverbände und → Massenmedien, zum anderen wirtschaftliche und soziale Sektoren, welche staatliche Regelungs- und Steuerungskapazität abrufen und auch ihrerseits beeinflussen, mit einbezogen.

Die Einführung des Begriffs P. trug dem Tatbestand Rechnung, daß der Staat, als mit autoritativer Entscheidungsmacht ausgestatteter Träger von → Politik, zwar nach wie vor hinsichtlich seiner → Institutionen (Parlament, Regierung, Verwaltung) und Instrumente (→ Gesetze, → Verordnungen, → Verwaltungsakte) relativ eindeutig bestimmbar ist, in seiner Tätigkeit aber gegen die Sphäre gesellschaftlicher Aufgabenwahrnehmung nicht genau abgegrenzt werden kann (Ellwein/ Hesse, a.a.O.) - man denke etwa an die Aufgabenverteilung zwischen staatlicher → Leistungsverwaltung und der Tätigkeit sogenannter → freier Träger im Bereich der sozialen Dienste.

Inzwischen zeichnet sich als Tendenz ab, den Begriff P. gegen den Begriff → „politisch-administratives System" aus-

zuwechseln. Damit wird an der Offenheit für die Einbeziehung nichtstaatlicher Akteure in politische Entscheidungsprozesse festgehalten. Der modifizierte Sprachgebrauch reflektiert andererseits aber die Erkenntnis, daß innerhalb dieser Prozesse die Funktionen der Definition politischer Probleme und ihrer Thematisierung, der → politischen Planung und Programmformulierung - bei formal fortbestehender → Gewaltenteilung und Normsetzungsbefugnis der Parlamente - zunehmend von Organen der vollziehenden Gewalt, insbesondere der → Ministerialbürokratie, mit übernommen werden. Aber auch dann, wenn der Begriff „politisch-administratives System" verwandt wird, können die externen Grenzen des → „Systems" politischer Entscheidungsbildung gegenüber dem gesellschaftlichen Referenzsystem nicht exakt gezogen werden.

Als Allgemeinbegriff ist P. ein theoretisches Konstrukt, das auf ursprünglich systemtheoretischen Grundüberlegungen (→ Systemtheorie) basiert. Dem Begriff, der zugleich für ein in den 60er Jahren entwickeltes Analysekonzept steht, unterliegen bestimmte Voraus-Annahmen über Ordnung und Organisationsformen des politischen Geschehens, die als verallgemeinerbar betrachtet werden und der Untersuchung des empirischen Gegenstands, welchen der Begriff bezeichnet, Richtung geben. Wie „Systeme" generell, sind P. nach außen, zur „Umwelt" hin abgrenzbare handlungsfähige Eigengebilde, deren innere Ordnung und Leistungsfähigkeit auf einem sich selbst steuernden Gesamtzusammenhang aufeinander abgestimmter Rollen, Strukturen und Funktionen beruhen. „Strukturen" eines P. lassen sich verstehen als ein „set of orientations", d.h. als dauerhafte (auch alternative Lösungsmöglichkeiten beinhaltende) Handlungsmuster, deren systemgerechte Ausführung - durch Rollenträger, d.h. handelnde Akteure - funktional auf die Ziele des Gesamtsystems ausgerichtet ist und dadurch eine Leistung i.S. der Systemerhaltung erbringt. Die Kohärenz der Systemstrukturen und das dadurch geleitete „angepaßte" Handeln der Systemangehörigen gewährleisten - idealiter - die → Integration des Gesamtsystems.

Jedes System bedarf außerdem zu seiner erfolgreichen Selbstregulation einer Leitungsinstanz, die zu - alle Mitglieder bindenden - Entscheidungen befugt und an Informationskanäle angeschlossen ist, die eine Rückkopplung (feedback) zu den Reaktionen der von den Entscheidungen Betroffenen ermöglichen (vgl. Narr 1973).

2. *P. als systemtheoretisches Analysekonzept*: Diese systemtheoretischen Grundannahmen wurden erstmals von David Easton (1953 und 1965) sowie von Gabriel Almond (1960, 1966) zu Zwecken einer empirisch orientierten Neuformulierung → Politischer Theorie übernommen. Dahinter stand das Bedürfnis, ein Untersuchungskonzept zu entwickeln, das die vergleichende Analyse politischer Handlungseinheiten möglich macht, unabhängig von jeweils gegebener → Herrschaftsform, Verfassungsordnung, Komplexität, geographischer Lage und Modernität.

Easton ging aus von der Annahme, daß die Elemente des Politischen wechselseitig aufeinander bezogen sind, in anderen Worten: ein System bilden, das zwar Teil des umfassenderen sozialen Systems ist, aber eine von diesem unterscheidbare Dimension menschlicher Aktivitäten darstellt. Träger politischer Aktivität sind insbes. die Regierungsorgane, → Interessengruppen, Parteien, → Klassen und Wählerschaften, auch regionale Gruppierungen; involviert in den „policy-making process", bilden sie das P. (1953, S. 93ff.).

Was das P. vom sozialen System unterscheidet, ist seine spezielle Funktion, nämlich die allgemeinverbindliche Zuteilung („authoritative allocation") von - materiellen wie ideellen - Werten („values") für die → Gesellschaft. Da innerhalb der Gesellschaft verschiedene soziale Kräfte um die Zuteilung der - gewöhnlich knappen - Werte-Ressourcen konkurrieren, ist es Hauptaufgabe des P., 1. die Werte überlegt zu verteilen und 2. zumindest die Mehrheit der Gesellschaftsmitglieder dazu zu bringen, die Allokation als bindend anzuerkennen. Andernfalls, wenn die Wert-Entscheidungen der politisch Befugten nicht (mehr) akzeptiert werden, kann eine → Legitimationskrise aufbrechen, die mit

der → Autorität der Systemleitung (Regierung) auch den Bestand des Systems insgesamt gefährdet.

Wie können P. angesichts solcher Steuerungsprobleme ihre Funktions- und Überlebensfähigkeit sichern? Easton beschreibt das P. als ein offenes System, das, eingebettet in den konstanten Strom von Bedürfnissen seiner sozialen Umwelt, für deren Bedarfs-Anmeldungen aufnahmebereit ist. Der Austauschprozeß zwischen P. und Sozialsystem läßt sich in den Kategorien des → „input" (Eingaben an das P.) und → „output" (Leistungen, Vorgaben seitens des P.) fassen: Input erfolgt in Form von 1. Anforderungen („demands") an die Leistungskraft der politischen Organe, 2. Unterstützung bzw. Folgebereitschaft („support") für das P.; dessen Reaktionen setzen sich um in autoritative Entscheidungen (output), die wiederum - über den Weg einer Rückkopplungsschleife (feedback loop) - neue (evtl. gesteigerte) Bedarfsanmeldungen erzeugen und den Grad der Unterstützung des P. senken oder steigern. Bei der „Konversion" von „wants" und „demands" in politikgerechte inputs weist Easton den Interessengruppen eine besondere Rolle zu. Diese sind es, welche diffuse Bedürfnislagen bündeln, aber auch das P. nötigen, gegen einen „input overload" infolge steigender organisierter Leistungsansprüche Vorkehrung zu treffen (1967, S. 27ff., 82ff.).

Gabriel Almond hat das von Easton entworfene Konzept in den 60er Jahren fortentwickelt. Einmal, indem er die zentrale Funktion des P., die autoritative Werte-Allokation, mit Max Webers bekannter Kategorie des legitimen staatlichen → Gewaltmonopols koppelte. „Unsere Überlegung ist, daß das politische System jenen Interaktionszusammenhang darstellt, der in sämtlichen eigenständigen Gesellschaften die Funktion der Integration und Anpassung, sowohl nach innen wie nach außen, übernimmt, und zwar mittels Anwendung oder Androhung mehr oder weniger legitimen physischen Zwangs. Das politische System ist [dadurch] legitimiert, die Ordnung in der Gesellschaft aufrechtzuerhalten oder ihren Wandel zu kontrollieren" (Almond/ Coleman 1960, S. 7).

Zum anderen läßt sich laut Almond (und Sidney Verba) das P. in drei Objektbereiche aufteilen: 1. Rollen/Strukturen, z.B. die staatlichen Gewalten, ferner Parteien, Interessengruppen, Medien, 2. Rollenträger, das sind politische Akteure; 3. öffentliche Entscheidungsfindung bzw. -erzwingung. Diese Gegenstandsbereiche des Politiksystems lassen sich wiederum der (politischen) Input- oder (administrativen) Output-Seite des Systemkreislaufs zuordnen (Almond/Verba, The Civic Culture, Princeton, N.J. 1963, S. 15).

Drittens schließlich hat Almond sog. Grundfunktionen des P. ausdifferenziert. Der Input-Seite sind demnach zuzurechnen: 1. → Politische Sozialisation und Rekrutierung (des politischen Personals), 2. → Interessenartikulation, 3. → Interessenaggregation, 4. → Politische Kommunikation. Dem Output zugehörig sind: 5. Normsetzung, 6. Normanwendung, 7. Normauslegung (Almond/ Coleman, S. 17). Letztere Funktionen-Trias ist erkennbar an das klassische Modell gewaltenteiliger Organisation staatlicher → Herrschaft angelehnt.

Hier wird nochmals deutlich, daß gerade durch die analytische Trennung von input- und output-Bereichen sowie deren funktionale Verknüpfung die Austauschbeziehungen zwischen staatlich-politischem Sektor und außerstaatlicher, gesellschaftlicher Sphäre als ein wesentliches Element des Politik"betriebes" ins Blickfeld rücken. Die vormalige Fixierung der älteren Staats- und → Regierungslehre auf institutionelle Ausprägungen staatlicher → Verfassung und Machtausübung wurde damit überwunden. Andererseits bleibt das Problem der präzisen Grenzziehung zwischen P. und sozialer Umwelt bestehen.

3. Neuere steuerungstheoretische Sichtweisen: Gegenüber Easton wie der politischen Systemtheorie generell ist kritisch eingewandt worden, das Konzept leiste einer equilibristischen und Status-quo-angepaßten Deutung politischer Realprozesse Vorschub. Damit verband sich grundsätzliche Kritik am systemtheoretischen Ansatz: Dieser sehe die politisch Handelnden lediglich als Träger übernommener Rollen, deren Handlungsmöglichkeiten durch überge-

ordnete Systemziele der Integration und Anpassung definiert seien. Neuere steuerungstheoretische Ansätze halten demgegenüber zwar an der Kategorie System fest, sind jedoch von den Annahmen eines hierarchisch steuernden Staates abgerückt. Dahinter steht die Erkenntnis, daß sich der Wirkungs- und Zuständigkeitsraum des → „Regierens" längst territorial und sektoral ausdifferenziert hat. Es haben sich in einzelnen Politikfeldern „Arenen" ausgeformt, in welchen netzwerkartig verknüpfte Austauschbeziehungen zwischen staatlichen und kommunalen Fachverwaltungen, Interessenverbänden und Experten existieren, die je eigene Verfahren, Politikstile und „Policy-Loyalitäten" (A. Windhoff-Héritier) ausbilden. Gegenüber der klassischen systemtheoretischen Perspektive werden somit die *politischen Akteure* zu „Mitspielern" mit eigenständigen Handlungs- bzw. Tauschpotentialen aufgewertet. Hierarchisch-zentralistisches Staatshandeln wird, zumindest während der Phase der (politikfeld-spezifischen) Aushandlung und Programmformulierung, durch horizontale Selbstkoordination dezentraler Akteure ersetzt (vgl. Benz/ Scharpf/ Zintl 1992). Der Staat tritt den privaten Akteuren zunehmend als ein verhandelnder Partner, in Gestalt kooperierender öffentlicher Verwaltung gegenüber. *Input* und *Output* sind nicht mehr, wie im Easton'schen Modell, getrennte und nacheinander geschalteten Phasen, sondern Elemente eines integrierten Prozesses, in dem die Einfluß nehmenden Akteure z.T. an der Entscheidung und auch deren Umsetzung beteiligt sind. Kernbestandteil modernen Regierens ist folglich nicht mehr Eastons „autoritative" Wertstellung verteilbarer Güter, sondern die „Konzertierung des Verhaltens gewichtiger Akteure" (B. Kohler-Koch 1996, S. 211).

Lit.: Almond, C./ Coleman, J. (Eds.):The Politics of the Developing Areas, Princeton 1960; *Benz, A./ Scharpf, F./ Zintl, R.*: Horizontale Politikverflechtung. Zur Theorie von Verhandlungssystemen, Frankfurt/M./ New York 1992; *Easton, D.*: The Political System. An Inquiry into the State of Political Science, New York (1953), 1965; *ders.*: A. Systems Analysis of Political Life, New York usw. 2. Aufl. 1967; *Hartmann, J.*:

Vergleichende Regierungslehre und vergleichende politische Systemforschung, in: Berg-Schlosser, D./ Müller-Rommel, F. (Hg.): Vergleichende Politikwissenschaft. Ein einführendes Handbuch, Opladen, 2. Aufl. 1992, S. 25ff.; *Kohler-Koch, B.*: Die Gestaltungsmacht organisierter Interessen, in: Jachtenfuchs, M./ Kohler-Koch, B. (Hg.): Europäische Integration, Opladen 1996, S. 193 - 222; *Murswieck, A.*: Parlament, Regierung und Verwaltung. „Parlamentarisches Regierungssystem" oder „politisches System"?, in: von Bandemer, S./ Wewer, G. (Hg.): Regierungssystem und Regierungslehre, Opladen 1989, S. 149ff.; *Narr, W. -D.*: Theoriebegriffe und Systemtheorie, Stuttgart usw. 3. Aufl. 1973.

Prof. Dr. Everhard Holtmann, Halle

politisches Verhalten
Während politische Beteiligung bzw. politische → Partizipation eine zielgerichtete (aktive) Einflußnahme auf Organisationen oder politische → Institutionen bezeichnet, bezieht sich der Ausdruck p. auf alle Arten des Handelns (und Nichthandelns) im politischen Bereich. Von allen Formen p. ist die Ausübung des → Wahlrechts am weitesten verbreitet.

Politisierung
1. Zunahme des staatlichen Bereichs gegenüber anderen Bereichen, insbes. in → Diktaturen die Übernahme und Regulierung gesellschaftlicher Bereiche (Familie, Freizeit etc.) durch die zentrale und umfassende Kompetenz des → Staates.

2. Maßnahmen erzieherischer und institutioneller Art, mit denen in → Demokratien (vormals) als unpolitisch angesehene gesellschaftliche Bereiche (z.B. Schule, Hochschule, Unternehmen) mit dem politischen bzw. staatlichen Bereich strukturell verzahnt werden, indem sie zum Ort der Austragung sozialer → Konflikte und demokratischer Willensbildungsprozesse werden.

3. Veränderungsprozesse im → politischen Bewußtsein und im → politischen Verhalten von → Individuen und Gruppen, die sich der gegenseitigen Abhängigkeit politi-

scher und gesellschaftlicher Bereiche bewußt werden. Beide Bereiche werden an denselben Kriterien gemessen (z.B. demokratische Strukturen) und mit gleichem politischem Verhalten (z.B. Forderung nach demokratischen Willensbildungsprozessen) konfrontiert.

4. Politische Intervention (z.B. → Gesetzgebung) oder (versuchte) Ausdehnung des Geltungsbereichs von → Politik in vorpolitische Bereiche der → Gesellschaft (z.B. Familie, Kultur) hinein. Erfolgreiche P. hat zur Folge, daß vormals der Selbstregulierung überlassene Lebens- und Arbeitsverhältnisse (z.B. industrielle Produktionsbedingungen) zum Gegenstand staatlich-politischer Regelung werden, d.h. in → Demokratien Mehrheitsentscheidungen überantwortet werden. P. geht also i.d.R. einher mit (dem Anspruch auf) Machtverschiebungen und ist häufig Forderung bzw. Konstituens → sozialer Bewegungen. So erklärt sich auch die verbale Verwendung von P. als Kampfbegriff, der sowohl defensiv-abwertend (i.S. einer sozialkonservativen Bewahrung „unpolitischer" Freiräume) als auch offensiv (i.S. von Offenlegung bzw. Kontrolle verdeckter Machtstrukturen) verwandt wird.

Politologie
griech.; ⇒ *Politikwissenschaft*

Polity
Die (formale) wertbezogen verfaßte Dimension des Politischen. Die unter anglo-amerikanischem Einfluß geführte Diskussion um den → Politikbegriff unterscheidet 3 Dimensionen, die mit einem je eigenständigen Begriff für das belegt werden, was im deutschen Wort → „Politik" zusammengezogen ist. Dabei bezeichnet P. die wertbezogene, → Politics die prozessuale und → Policy die inhaltliche Dimension. P. kann sowohl Voraussetzung als auch Ergebnis politische Prozesse und Entscheidungen sein. Im Gegensatz zu den anglo-amerikanischen Forschungen hat sich die kontinentaleuropäische → Politikwissenschaft lange auf die formalen, d.h. institutionalisierten Grundlagenaspekte konzentriert. Die Betrachtung institutioneller Formen kennzeichnet die P.-Perspektive:

→ politisches System, Institutionengefüge, → Verfassung, Traditionen sowie die Organisationsformen der politischen Willensbildungen (z.B. → Wahlen und → Parteien). Die prozessuale und die inhaltliche Dimension von Politik bewegen sich in dem Rahmen, der von der P. als der formalen Dimension vorgegeben ist.

Polizei

Als mit Aufgaben der Gefahrenabwehr und Wahrung öffentlicher Sicherheit und Ordnung betraute → Behörde Teil der → Ordnungsverwaltung im Zuständigkeitsbereich der → Bundesländer. Die P. gehört in den Dienstbereich der Landesinnenminister, ausgenommen bestimmte Bundesbefugnisse nach Art. 73 und 87 GG. Als materieller Begriff umfaßt P. alle Arten der Abwehr einer Bedrohung für die öffentliche Sicherheit und Ordnung, insbesondere für Leben, Gesundheit und → Eigentum der → Bürger sowie für den Bestand des Gemeinwesens (i.U. zum alten Begriff der → Polizey). P. im institutionellen Sinne bezeichnet diejenigen Stellen, die dem „Organisationsbereich P." angehören. Deren Umfang ist in den Bundesländern unterschiedlich. Es ist zu unterscheiden zwischen einem Trennsystem (einige Bereiche der Gefahrenabwehr wurden an nicht-polizeiliche → Behörden abgetreten, sog. Ordnungsbehörden; der P. verbleiben hauptsächlich die sicherheitsrelevanten Aufgaben der Prävention bzw. Verfolgung von Straftätern sowie die Verkehrsüberwachung) und einem Einheitssystem (alle Aufgaben bzw. Behörden im Sinne des materiellen P.begriffs sind in der P. zusammengefaßt; dies findet sich heute nur noch in Baden-Württemberg, Bremen, Saarland und Sachsen). Der formelle P.begriff beschreibt alle Aufgaben, die die P. innerhalb ihrer Organisation jeweils wahrnimmt; Kernbereich der P.aufgaben ist die Abwehr von Gefahren für die öffentliche Sicherheit, während die Abwehr von Gefahren für die öffentliche Ordnung zunehmend in den Hintergrund getreten ist.

Polizeistaat

Im Gegensatz zum → Rechtsstaat bedeutet P. staatliche → Herrschaft durch repressive Zwangs- und Kontrollmaßnahmen. Grund-

legende Rechtssicherheiten für die → Bürger fehlen oder sind außer Kraft gesetzt. Ursprünglich war P. die Bez. für das gesamte gesellschaftliche Leben reglementierenden zentralen Verwaltungsstaat - mit dem Anspruch ordnungsstiftenden und wohlfahrtsstaatlichen Handelns - im Zeitalter des → Absolutismus (→ Polizey). Heute werden mit P. alle → Staaten bezeichnet, deren Herrschaft sich auf die → Polizei (insbesondere die politische Polizei und die Geheimpolizei) stützt.

Polizey

Alte Schreibweise und Bedeutung des Begriffs → Polizei, ursprünglich Bez. für die Gesamtheit (obrigkeits-)staatlicher Regelungen (→ Obrigkeitsstaat) weiter Bereiche des Gemeinwesens. Insofern umfassender als der heutige Polizeibegriff, der einen speziellen Sektor bzw. Aufgabenbereich staatlicher → Eingriffs- und → Ordnungsverwaltung meint. Der ältere Begriff P. umfaßte nicht nur Arten von Gefahrenabwehr (s.u. Polizei), sondern auch die „gute Ordnung" des Gemeinwesens und damit ebenso sozial gestaltende Formen öffentlicher → Gewalt. Die Untertanen waren staatlicher Reglementierung unterworfen, standen jedoch unter dem (über die öffentliche Sicherheit hinausgehenden) Schutz des alles regelnden → Staates („Staatswohlfahrt"), dessen Tätigkeit somit eine spezielle moralische Komponente erhielt. Hierzu gehörte u.a. das Armenwesen. Erst in der 2. Hälfte des 18. Jh. wird der P.begriff eingeengt. Seit etwa Ausgang des 19. Jh. wird der Begriff „Polizei" im heutigen Sinne gebraucht.

Polyarchie

Mehrpersonenherrschaft, im Unterschied zur → Monarchie. Bei Robert A. Dahl ist die P. ein → politisches System oder Organisationsgebilde, das einem idealiter vollkommen demokratischen → System am nächsten kommt. In einem solchen System gibt es ein allgemeines Recht auf politische → Partizipation (v.a. bei → Wahlen) und ein legitimes Recht auf → Opposition. Der über → Parteien bzw. Wahlen zustande gekommene Prozeß der Staatswillensbildung basiert auf einer zum Mehrheitswillen formierten → Koalition von Minderheitenmeinungen/ -interessen, die sich durch Kompromiß gebildet hat, unter Berücksichtigung des Schutzes überstimmter → Minderheiten. Dahls Auffassung von → Pluralismus (s.a. → Pluralismustheorie) schließt die Existenz einer relativ großen Zahl gesellschaftlicher → Eliten ein, die um die → Macht in → Staat und → Gesellschaft konkurrieren.

Polykratie

Von der → Nationalsozialismus-Forschung eingeführter Kunstbegriff, mit dem ein das innere Organisations- und Kommandosystem des → Dritten Reiches kennzeichnender Kompetenzwirrwarr zwischen staatlichen und Parteistellen, aber auch innerhalb dieser Säulen des nationalsozialistischen „Doppelstaates" (Ernst Fraenkel), bezeichnet wird. Die P.these relativiert die Auffassung eines monolithischen → Führerstaates und betont stattdessen die Kompetenzkonflikte und Reibungsverluste miteinander konkurrierender Herrschafts-Nebenzentren, die wesentlich durch ihre gemeinsame Ausrichtung auf die persönliche Herrschaftsposition Hitlers ausbalanciert wurden. Ob Hitlers politische Spielräume durch diese P. erweitert oder beschränkt wurden, ist in der historischen Forschung umstritten.

Popularklage

Im Unterschied zur → Verfassungsbeschwerde bedarf es bei der P. keines persönlichen Betroffenseins, um gegen → Gesetze, auf Gesetzen beruhendes Verwaltungshandeln oder Gerichtsurteile Klage vor Verfassungsgerichten zu erheben. In der Bundesrepublik eröffnet allein die Bayer. → Landesverfassung (Art. 98 Satz 4) die Möglichkeit, diese Landesakte vor dem Bayer. → Verfassungsgerichtshof auf ihre Übereinstimmung mit der Landesverfassung überprüfen zu lassen.

Populismus

Abgeleitet von lat. populus = → Volk; der Begriff P. wird zumeist abwertend verwandt, z.T. auch in die Nähe der → Demagogie gerückt. Gegen Ende des 19. Jh. aufkommende Bez. für aus dem Volk

hervorgehende spontane politische und → soziale Bewegungen. Heute Bez. für die Selbstaktivierung bzw. gezielte Mobilisierung gängiger Ängste, Vorurteile, Emotionen, die in (vorgeblich) einfache Problemlösungen umgesetzt und gerade deshalb populär werden. Kennzeichen von P. ist, neben irrationalem Politikverständnis, oft eine antiparteienstaatliche Komponente. Das ehem. Peron-Regime in Argentinien läßt sich als „linke", die Steuerprotestbewegung Glistrups in Dänemark als „rechte" Variante von P. benennen.

Positionselite

Personenkreis, dessen Zugehörigkeit zur → Elite sich durch die Einnahme von Herrschaftspositionen in sozialen Subsystemen definiert, die mit herausgehobenen Entscheidungsbefugnissen ausgestattet sind. P. sind ein Kennzeichen von komplexen demokratischen → Industriegesellschaften. Zur P. gehören die Inhaber der höheren Rangplätze in politischen Wahl- und Parteiämtern, → Verwaltung, Wirtschaft, → Interessengruppen und → Massenmedien.

Positivismus

In einem ganz allg. Sinne eine erkenntnistheoretische Vorgehensweise, die als Objekt wissenschaftlicher Untersuchung nur das „wirklich Gegebene", empirisch Evidente gelten läßt. Spekulative, normative und metaphysische Momente sind somit - dem Anspruch nach - a priori ausgeblendet. Bedeutung erlangt hat der (Neo-)P. als eine sozialwissenschaftliche Forschungsrichtung bzw. Methodologie, die auf die Analyse „tatsächlicher" Verhaltensweisen (v.a. mit Hilfe experimenteller bzw. sozialstatistischer Erhebungstechniken) abhebt; verzichtet wird auf umfassende Interpretationen sozialer Strukturen und Prozesse, stattdessen sind Hypothesen zu Funktionszusammenhängen auf Falsifikation angelegt. In der → Empirischen Sozialforschung erlaubt diese Vorgehensweise, Verhaltensweisen zu erklären und vorauszusagen.

Postgeheimnis

→ Brief-, Post- und Fernmeldegeheimnis

postindustrielle Gesellschaft

Im Gefolge der technologischen Entwicklung und des daraus resultierenden Wirtschaftswachstums treten die → Industriegesellschaften nach Meinung einiger sozialwissenschaftlicher Theoretiker (z.B. Bell, Kahn) in eine neue Entwicklungsphase ein. Die p. ist weitgehend eine Dienstleistungsgesellschaft (tertiärer Sektor). Die Ausformung neuer Lebensweisen bezieht sich nicht mehr nur auf eine verbesserte Güterversorgung, sondern auch auf stärkere (sozial-)kulturelle → Bedürfnisse i.S. persönlicher Selbstverwirklichung (→ Postmaterialismus). Politische, soziale und ökonomische Strukturen werden zunehmend verwissenschaftlicht; die wissenschaftliche und technische Intelligenz entwickelt sich zum Kern einer neuen Dienstklasse. Aber auch die Gefahr von Fehlentwicklungen - in Form von → Arbeitslosigkeit, Massenmanipulation, ökologischen Grenzen des Wachstums sowie der verbürokratisierten → Herrschaft der technokratischen → Eliten (→ Technokratie) - wird gesehen.

Postmaterialismus

Im Unterschied zum → Materialismus - als einer sicherheitsbezogenen, v.a. ökonomischen Wertprioritäten verpflichteten Orientierung - handelt es sich beim P. um einen Grundhaltungstypus, der soziale Wertpräferenzen setzt und für den Selbstverwirklichung und → politische Beteiligung (→ Partizipation), → Meinungs- und Redefreiheit, Toleranz und Umweltbewußtsein hoch rangieren. Die sozialkulturelle Entwicklung vom Materialismus zum P. wurde von Ronald Inglehart in seine Theorie des → Wertwandels eingebunden. Dieser Theorieansatz fußt auf der Maslow'schen Bedürfnishierarchie, derzufolge „höhere" → Bedürfnisse erst nach Absättigung „niedrigerer" Bedürfnisse realisiert werden. Auf dem vergleichsweise hohen Sockel militärischer und ökonomischer Sicherheit nach dem 2. Weltkrieg strebten die jüngeren Altersgruppen, entsprechend der Mangelhypothese, nach den noch nicht realisierten postmaterialistischen Zielen. Postmaterialistische Ziele werden vorwiegend von Jüngeren und besser Ausgebildeten (s.a. → neue Mittelschicht) angestrebt. P. als

Ausdruck eines epochetypischen Wertwandels läßt sich in der Tat empirisch belegen; die Rate postmaterialistischer Selbstidentifikation in den westlichen Industrienationen ist seit den 60er Jahren angestiegen. Ungeklärt ist einstweilen, ob der real meßbare P. primär das Merkmal der speziellen Nachkriegs-Erfahrungsgeneration oder bedingt ist durch Lebenszyklus und Bildungsausstattung, die auch bei anhaltendem ökonomisch-sozialem Krisendruck postmaterialistische Einstellungen stabil halten.

Postmoderne

bzw. Nachmoderne. Plakativer kultursoziologischer bzw. kulturphilosophischer Sammelbegriff. War die Moderne durch die Geschlossenheit von Form, Zweck, Plan, → Hierarchie etc. gekennzeichnet, so steht P. für offene Antiform, Spiel, Zufall, → Anarchie, radikale Pluralität, Individualisierung der Lebensformen etc. Das P.-Konzept bewirkte in den 50er Jahren in den USA in Literatur und Architektur neue Stilformen. Eine exakte Bedeutung des Begriffs P. ist schwierig; konstitutiv für die P. ist ein Unbehagen an der Moderne, zu der sie sich als Gegenposition versteht. Politisch bzw. sozialwissenschaftlich steht P. überwiegend für eine Ablösung normativer, kultureller und gesellschaftlicher Einheit durch individualistische → Interessen und grundsätzliche Vielfalt.

Potsdamer Abkommen

Zum Abschluß der Potsdamer Konferenz am 2.8.1945 von den „Großen Drei" der Anti-Hitler-Koalition (USA, UdSSR, Großbritannien) gefaßte Beschlüsse zur Regelung der deutschen Nachkriegsverhältnisse. Die → Oder-Neiße-Linie wurde von den Westmächten auf Druck Stalins anerkannt, die Vertreibung der Deutschen aus den Ostgebieten unter dem Vorbehalt einer humanen Regelung legitimiert. Die im P. fixierten Bestimmungen zur Entmilitarisierung, → Entnazifizierung, → Dezentralisierung und wirtschaftlichen Entflechtung, ferner zur Neuordnung von Justiz, Bildungswesen und → kommunaler Selbstverwaltung, sollten den Aufbau einer demokratischen und friedlichen Ordnung vorbereiten. Die wirtschaftliche Einheit

Deutschlands sollte gewahrt bleiben; jede Besatzungsmacht konnte ihrer Zone → Reparationen entnehmen. Es war das letzte Gipfeltreffen der „Großen Drei". Das P. (dem Frankreich später beitrat) wurde trotz unterschiedlicher Auslegung und nur teilweiser Erfüllung nie gekündigt und war bis zur Ratifizierung des → „Zwei plus Vier-Vertrages" 1990/91 Rechtsgrundlage alliierter Deutschlandpolitik.

Potsdamer Konferenz
→ Potsdamer Abkommen

pouvoir constituant/ pouvoirs constitués

Die *pouvoir constituant*, franz. für verfassunggebende → Gewalt, liegt nach dem Prinzip der → Volkssouveränität in den Händen des → Volkes. Sie kann auf unterschiedliche Weise ausgeübt werden: Entweder existiert eine verfassungsberatende Versammlung, über deren Verfassungsentwurf (→ Verfassung) die Bevölkerung in einer → Abstimmung entscheidet, oder eine gewählte → Konstituante (verfassunggebende Versammlung) verabschiedet die damit gültige Verfassung.

Pouvoirs constitués sind die von der Verfassung eingesetzten und mit hoheitlichen Befugnissen ausgestatteten Gewalten (d.h. Staatsorgane). Oberster Verfassunggeber ist das Volk. Daher können → Verfassungsänderungen von den anderen Gewalten nur innerhalb bestimmter - i.d.R. in der Verfassung niedergelegter - Grenzen erfolgen.

pouvoir neutre

Bez. für den Monarchen als neutraler Vermittler im Spannungsfeld zwischen divergierenden sozialen Machtblöcken, z.B. → Aristokratie und → Bourgeoisie in der Zeit des Vorkonstitutionalismus (→ konstitutionelle Monarchie). Das Verfassungsverständnis der (semi-)konstitutionellen → Monarchie wies der p. des Monarchen die Vermittlerrolle bei Streitigkeiten zwischen → Parlament und → Regierung zu. Aus Sicht einer konservativen bzw. etatistischen → Staatstheorie steht p. für eine entpersonalisierte, neutrale (staatliche) → Autorität, die abgehoben ist vom gesellschaftlichen Interessenstreit und deshalb als Hüter des → Gemeinwohls prädestiniert sei.

Prärogative

Einer Person oder → Institution (ursprünglich dem Monarchen) zustehendes Entscheidungsvorrecht. In vorkonstitutionellen → Monarchien Regelungsvorbehalt des Herrschers hinsichtlich → Gesetzgebung, → Parlamentsauslösung, → Begnadigung etc.

Präsident

1. Amtsbez. für das → Staatsoberhaupt in republikanischen → Staaten. Der P. besitzt eine repräsentative Funktion und/ oder politische Direktionsbefugnisse. In → parlamentarischen Regierungssystemen ist der → Staatspräsident auf Repräsentationsaufgaben beschränkt, da die Position des Regierungschefs nicht in Personalunion mit ausgeübt wird. In → präsidentiellen Regierungssystemen (z.B. USA) ist der P. gleichzeitig Regierungschef. In → semi-präsidentiellen Regierungssystemen (z.B. die V. Republik in Frankreich) sind die → Ämter von Staatspräsident und → Premierminister zwar getrennt, der P. bildet aber die Spitze der → Exekutive und ist dem Regierungschef in der Realität übergeordnet.

2. Bez. für die Vorsitzenden oberster Staatsorgane (in der Bundesrepublik: → Bundestag, → Bundesrat, → Bundesverfassungsgericht) und für die Leiter zentraler und regionaler Verwaltungsbehörden und Gerichte.

Präsidentenanklage

1. Verletzt der → Bundespräsident vorsätzlich das → Grundgesetz oder ein Bundesgesetz, kann gegen ihn von → Bundestag oder → Bundesrat mit 2/3-Mehrheit vor dem → Bundesverfassungsgericht Anklage erhoben werden (Art. 61 GG), mit der Möglichkeit der Sanktion der Amtsenthebung. Als verfassungsrechtliche Vorkehrung ist die P. im Grunde überlebt.

2. In den USA hat die P. die Form des → impeachment.

präsidentielle Regierungssysteme

1. Typus und Unterscheidungsmerkmale
1.1. Institutionelle → Gewaltenteilung. P. bezeichnen - neben der → Direktorialverfassung der Schweiz - einen von zwei Realtypen institutioneller Gewaltenteilung.

Zusammen mit den einem anderen Gewaltenteilungsprinzip folgenden → parlamentarischen Regierungssystemen zählen p. zur Staatsform der → repräsentativen Demokratie.

Parlamentarisches und p. unterscheiden sich grundlegend hinsichtlich der institutionellen Zuordnung von → Parlament, → Regierung und → Staatsoberhaupt: Während in ersterem die Regierung (bzw. der Regierungschef) vom Parlament abhängig ist (aus ihm hervorgeht bzw. abberufen werden kann), sind im p. beide Gewalten institutionell voneinander getrennt. Sie gehen im p. aus getrennten Wahlgängen hervor. Der → Präsident bezieht seine → Legitimation aus der Volkswahl. Er ist Regierungschef *und* Staatsoberhaupt; er bildet die Regierung, die allein ihm (und nicht, wie im parl. → System, dem Parlament) verantwortlich ist.

Diese Grundmerkmale grenzen das p. von Mischsystemen ab. Im → semipräsidentiellen Regierungssystem (z.B. → Weimarer Republik, französische V. Republik) ist die Regierung (bzw. der Regierungschef) sowohl vom Präsidenten als auch vom Parlament abhängig, der Präsident bildet die machtvolle Spitze der → Exekutive.

1.2. Erscheinungsformen von p. Urform und Prototyp des p. sind die USA. Ferner zählen zu den p. lateinamerikanische und einige andere → Entwicklungsländer. Sie weichen jedoch vom US-Modell ab; einige der mit einem starken Präsidenten ausgestatteten → Länder in der → Dritten Welt und die meisten der in Osteuropa neu entstandenen → Demokratien weisen Züge semipräsidentieller Regierungssysteme auf, andere räumen dem Präsidenten eine eindeutige Vormacht gegenüber der → Legislative ein. Auch → Diktaturen in der Dritten Welt kaschieren sich als p.

1.3. Ergänzende Verfassungsbestimmungen. Aus der institutionellen Gewaltenteilung resultiert (z.B. in den USA) eine Reihe weiterer Verfassungsbestimmungen. Das → *Inkompatibilitätsgebot* schreibt eine strikte personelle Gewaltentrennung vor. Eine gegenseitige Abhängigkeit durch Integration beider Gewalten kann sich nicht herausbilden.

Die das parlamentarische Regierungssystem kennzeichnenden und sich gegenseitig bedingenden Rechte der *Abberufung der Regierung* durch das Parlament und der *Auflösung des Parlaments* durch die Regierung existieren im p. nicht. Diese effektivsten Mittel politischer Einflußnahme stehen den Institutionen im p. nicht zur Verfügung, ihre Unabhängigkeit voneinander ist gesichert. Entgegengesetzte → Mehrheiten sind damit möglich. Einfluß auf den → Kongreß kann der Präsident nur nehmen, wenn er sich über dessen Kopf hinweg direkt an die Wähler wendet.

Eine → *Verantwortlichkeit* des Präsidenten gegenüber dem Kongreß ist ebensowenig vorgesehen wie sich eine gemeinsame Verantwortlichkeit von Präsident und Legislative gegenüber den Wählern ausformen kann, denn getrennte Wahlgänge und unterschiedliche Parteidominanz in Präsidentenamt, → Repräsentantenhaus und → Senat (den beiden → Kammern des Kongresses) zeigen den Wählern keine klaren Rechenschaften auf und erlauben keine Sachkontrolle. Die individuelle Verantwortlichkeit der → Abgeordneten vor ihren Wählern reduziert sich auf die Erfüllung von Wahlkreiswünschen.

Die → *Gesetzesinitiative* steht ausschließlich Mitgliedern des Kongresses zu. Will der Präsident selbst initiativ werden, kann er zwar öffentlich Position beziehen, ist aber zur förmlichen Einbringung des Gesetzesvorschlages auf Mitglieder der legislativen Körperschaft angewiesen.

2. Machtverteilung Exekutive - Legislative
2.1. Mehrheit und → Minderheit. Der Legislative kommt im p. keine Priorität (i.S. von Parlamentssouveränität) zu, sie ist ein Zweig des Regierungssystems neben den anderen. Eine gegenseitige politische Abhängigkeit und Steuerung zwischen Legislative und Exekutive existiert nicht.

Da Präsident und Legislative in getrennten Wahlgängen gewählt werden, ist die parteipolitische Gleichrichtung beider Organe nicht zwingend, in den USA nach 1968 sogar eher die Ausnahme. Der Präsident kann folglich nicht automatisch mit parlamentarischer Unterstützung für seine → Politik rechnen: Will er seine Politikvorstellungen durchsetzen, muß er u.U. ad hoc-Mehrheiten anstreben. Selbst wenn seine → Partei über die Kongreßmehrheit verfügt, kann der Präsident aufgrund der erwähnten institutionellen Gewaltenteilung den parlamentarischen Entscheidungsprozeß nur mittelbar beeinflussen. Da die Legislative seine Regierung nicht politisch abstützen muß, besteht selbst für die → Fraktion der Präsidentenpartei kein Zwang zur Geschlossenheit. Die unterschiedliche elektorale Verankerung der Institutionen verhindert eher ihre durchgängige Interessenidentität. Unabhängig von den parlamentarischen Mehrheitsverhältnissen ist der Präsident gezwungen, Mehrheiten auch jenseits der eigenen Partei zu suchen.

Kann auch die *Stabilität* der Regierung (ihr Verbleiben im → Amt) durch die Legislative nicht gefährdet werden, so ergeben sich für ihre *Handlungsfähigkeit* aus ihrer geringen parlamentarischen Durchsetzungsmöglichkeit doch gravierende Probleme. Eine vertrauensvolle Zusammenarbeit Legislative - Exekutive stellt eher die Ausnahme dar. Die fehlende Anbindung der Exekutive an die Legislative bzw. Fraktion erleichtert dem Präsidenten andererseits die Mehrheitsfindung für seine Politikvorstellungen, denn ein System institutioneller Gewaltenteilung bedarf keiner klaren Abgrenzung zwischen → Regierung(smehrheit) und Opposition. In p. versteht sich die gesamte Legislative als Kontrollorgan der Exekutive. Hat sich die Legislative einen großen Mitarbeiterstab aufgebaut, konkurriert sie überdies mit dem Präsidenten nicht nur bei der Formulierung politischer Programme, sondern interveniert auch bei deren Ausführung und Evaluation. Da es kein Funktionserfordernis einer systematischen → Opposition gibt, werden sich auch jene Parlamentarier, die nicht der Präsidentenpartei angehören, keineswegs als geschlossener Oppositionsblock verhalten, sondern bei Interessenkongruenz fallweise den Präsidenten in der Formierung von ad hoc-Mehrheiten unterstützen. Bei entgegengesetzter Parteizugehörigkeit von Präsident und Parlamentsmehrheit garantiert allein solche parteiübergreifende Zusammenarbeit

die Handlungsfähigkeit der politischen Institutionen.

2.2. Machtbalance. Während eine Hauptaufgabe der Parlamente in parl. Regierungssystemen in der Einsetzung bzw. Abberufung der Regierung liegt, nimmt die Legislative im System institutioneller Gewaltenteilung ihre Funktion v.a. durch regierungsunabhängige, ins Detail gehende Gesetzgebungsarbeit und Ausübung des → Budgetrechts - sowie die Ausführungskontrolle - wahr. An der atomisierten Struktur des US-Kongresses wird deutlich, daß Ausschußwesen und Gesetzgebungsarbeit auf die Bedürfnisse der Legislative bzw. der einzelnen Abgeordneten zugeschnitten sind. Die Artikulation von → Interessen genießt Vorrang vor ihrer Aggregation, ein sachlicher, inhaltsbezogener Konsens erweist sich als schwierig. Ohne daß der Kongreß eine Führungsrolle einzunehmen vermag, verhindert er, daß der Präsident sie übernimmt.

Die Legislative verfügt somit im p. über ein größeres Machtpotential gegenüber der Regierung als das Parlament eines parl. Regierungssystems. Im Anschluß an die → Watergate-Affäre hat der US-Kongreß nach 1974 dieses Potential extensiv genutzt. Die parteipolitische Zusammensetzung von Exekutive und Legislative hat kaum einen Einfluß auf diese Entwicklung gehabt.

Selbst bei wichtigen Gesetzesvorschlägen des Präsidenten kann dieser oft nicht im voraus einschätzen, ob sie von der Legislative akzeptiert, abgeändert oder gänzlich abgelehnt werden; ihm können → Gesetze zur Unterzeichnung vorgelegt werden, die er grundsätzlich oder partiell nicht unterstützt. Der Präsident bildet zwar die Spitze der Exekutive, er allein entscheidet über die Regierungsposition - über die Entscheidungsgewalt verfügt jedoch die Legislative zusammen mit dem Präsidenten (und mit der Verfassungsgerichtsbarkeit), und *nur* die Legislative kann Gesetze verabschieden. Seine Unabhängigkeit vom Parlament kann der Präsident nicht in eine Beeinflussung des Parlaments bzw. seiner Partei umsetzen. Nur unter besonderen Bedingungen kann sich so im System institutioneller Gewaltenteilung - für eine gewisse Zeit - eine Dominanz der Exekutive entwickeln.

2.3. → *„Checks and balances" in den USA.* In den USA ist die Machtbalance zwischen Exekutive und Legislative zusätzlich durch Verfassungsbestimmungen beeinflußt, die eher eine Gewaltenverschränkung (checks and balances = Hemmungen und Gegengewichte; → Gewaltenverflechtung) als eine Gewaltentrennung (separation of powers) bewirken. Die Verfassungsväter sahen diese Konstruktion als eine Vorbedingung für die Verhinderung unkontrollierter → Herrschaft durch *ein* politisches Organ an. Es wurden getrennte Institutionen geschaffen, die sich in die Ausübung der einzelnen Gewalten teilen (zusätzlich wurde die Legislative in 2 weitgehend gleichberechtigte Kammern unterteilt). So kann z.B. der Präsident gegen Gesetzesbeschlüsse des Kongresses sein → Veto einlegen, das nur mit Zweidrittelmehrheit in *beiden* Häusern überstimmt werden kann. Die Ernennung von Bundesrichtern (→ Judikative), die Besetzung hoher Verwaltungspositionen und der Abschluß völkerrechtlicher Verträge bedürfen der Zustimmung des Senats. Durch die Budgethoheit und Kontrollkompetenz des Kongresses können beide Häuser wirksam in die Exekutivgewalt eingreifen.

Exekutive und Legislative können nur gemeinsam (und unter Kontrolle der Judikative) → Macht ausüben. Um ein Gesetz zu verabschieden, muß der Entwurf die Exekutive und die (fraktionierten) Entscheidungsinstanzen Repräsentantenhaus und Senat erfolgreich passieren; zur Verhinderung bedarf es hingegen oft nur der Aktion *eines* Entscheidungsträgers. Politische Veränderungen sind nur mit großen elektoralen Mehrheiten durchzusetzen. I.d.R. bedürfen gleichgerichtete Handlungen aller relevanten Entscheidungsträger einer breiten → Koalition, die nur durch Verhandlungen und permanente Kompromisse erzielt werden kann. In den USA existiert zwar eine verfassungsrechtliche, aber keine politische Unabhängigkeit zwischen den Gewalten.

Der institutionalisierte → Konflikt zwischen Präsident und Kongreß führt selbst in wichtigen Fragen immer mehr zu einer gegenseitigen Blockade, hat zumindest aber hemmende Wirkung. Dies gilt auch für das Verhältnis beider Häuser des Kongresses zueinander. Wenn sich Repräsentantenhaus oder Senat ihrer Macht bewußt sind, erweist sich das Präsidentenamt als relativ machtlos.

3. → *Parteiensystem.* Das herausgehobene und einzige national zentrierte Amt des Präsidenten führt zur Ausbildung eines → Zweiparteiensystems, da man zur Eroberung dieser Machtposition eine Mehrheit benötigt. Dies verstärkt die Auswirkungen der → relativen Mehrheitswahl für Legislative und Exekutive. Die Notwendigkeit nationaler Mehrheiten für die Präsidentenwahlen erklärt die dauerhafte Existenz zweier nationaler Parteien.

Die von den Parteien im p. wahrgenommenen Funktionen sind weit geringer als in parl. Regierungssystemen. Die institutionelle Gewaltenteilung benötigt keine starken und kohärenten Parteien, da die Wahl der Regierung durch die Wählerschaft erfolgt und die Institutionen voneinander getrennt sind. → Fraktionsdisziplin in politischen Sachfragen existiert nicht (analog zur Parteienkohärenz), wirksame Sanktionsmöglichkeiten durch Präsident und Fraktionsführung gibt es kaum (lediglich in Personalentscheidungen wird sie durchgesetzt). Für die Gesetzgebungsfunktion des Kongresses genügen ad hoc-Mehrheiten. Nur über die Kandidatennominierungen (Rekrutierungsfunktion) sind die Parteien (indirekt) mit Exekutive und Legislative verknüpft. Geringe Kohärenz der Parteien, (potentiell) divergierende Mehrheiten zwischen Präsidentenamt, Repräsentantenhaus und Senat sowie die kaum durchschaubaren Verantwortlichkeiten gegenüber den Wählern haben zu einer gering entwickelten Programmfunktion der Parteien geführt. Die Wahlprogramme bzw. Wahlaussagen sind vage und besitzen keine Verbindlichkeit. Eine Artikulationsfunktion wie im parl. System übernehmen die Parteien in den USA nicht: Sie transportieren zwar gesellschaftliche Interessen weiter, vermögen sie aber nur begrenzt für den politischen Entscheidungsprozeß zu aggregieren.

Die Heterogenität der Parteien verhindert in den USA, daß sie über die institutionelle Gewaltenteilung hinweg als einigende Klammer wirken. Das p. erlaubt keine kohärenten Parteien: Bei unterschiedlichen Mehrheiten in den Institutionen würde dies nämlich bei strittigen Fragen eine permanente Blockade zur Folge haben. Atomisierte Kongreßstruktur und fraktionierte Entscheidungsprozesse sind eine Konsequenz der institutionellen Gewaltenteilung; darunter leidet die Wirksamkeit der Legislative. In den USA sind Verzögerungen im politischen Entscheidungsprozeß inzwischen eine übliche Erscheinung.

Lit.: E. Fraenkel: Das amerikanische Regierungssystem, 4. A., Opladen 1981; *P. Lösche:* Amerika in Perspektive. Politik und Gesellschaft der Vereinigten Staaten, Darmstadt 1989; *W. Steffani:* Zur Unterscheidung parlamentarischer und präsidentieller Regierungssysteme, in: Zeitschrift für Parlamentsfragen, 14/1983, S. 390 -401; *Ders.:* Parlamentarische und präsidentielle Demokratie, Opladen 1979.

Dr. Heinz Ulrich Brinkmann, Bonn

Präsidialkabinette
1. Bez. für die → Regierung im → präsidentiellen Regierungssystem, da der → Präsident den Vorsitz im → Kabinett führt und als Einzelperson die politische Leitungsfunktion ausübt (vgl. USA). Das P. ist nicht vom → Parlament, sondern vom Präsidenten abhängig.

2. Als P. werden auch die Weimarer → Reichsregierungen von September 1930 bis Januar 1933 bezeichnet, die nicht von der Mehrheit des → Reichstages getragen, sondern durch das von → Reichspräsident von Hindenburg ausgeübte Recht der Ernennung des → Reichskanzlers legitimiert wurden. Diese Regierungen existierten aufgrund parlamentarischer Tolerierung, sodann dank des präsidentiellen Rechts zur → Parlamentsauflösung. Regiert wurde weitgehend mit → Notverordnungen aus Art. 48 → Weimarer Reichsverfassung.

Präsidialsystem
1. Bez. für → politische Systeme, in denen der → Präsident nicht nur → Staatsober-

haupt ist, sondern zugleich politische Direktionsbefugnisse besitzt. In → parlamentarischen Regierungssystemen ist der Präsident hingegen auf Repräsentationsaufgaben beschränkt, → Regierung und die sie tragende(n) → Partei(en) bzw. → Fraktion(en) sind eng miteinander verflochten. Als P. werden v.a. (i.e.S.) → präsidentielle Regierungssysteme (z.B. USA) bezeichnet, in denen → Legislative und → Exekutive institutionell getrennt sind; der Präsident ist zugleich Regierungschef, er bildet die Regierung, die nur ihm verantwortlich ist. Eine weitere Ausprägung (P. i.w.S.) stellen die → semi-präsidentiellen Regierungssysteme (z.B. Frankreichs V. Republik) dar, in denen - trotz der Ämtertrennung von Präsident und → Premierminister, wobei letzterer sowohl vom Präsidenten als auch vom Parlament abhängig ist - der Präsident die Spitze der Exekutive bildet.

2. Bez. für die Führungsstruktur von Verwaltungsbehörden und anderen Organisationen, deren Spitze aus einer Person - dem → Präsidenten - besteht.

Prager Frühling
Von Januar bis August 1968 dauerndes Experiment eines → „Sozialismus mit menschlichem Antlitz" durch die KP der Tschechoslowakei. Mit der Ablösung der stalinistischen Partei- und Staatsführung durch reformkommunistische Kräfte (→ Reformkommunismus) versuchte die neue Führung unter Parteichef Alexander Dubcek eine innere Liberalisierung des → Systems. Dieser Prozeß wurde durch den Einmarsch von Streitkräften des → Warschauer Paktes auf Initiative der UdSSR, unter Berufung auf die „begrenzte Souveränität der sozialistischen Länder" (→ Breschnew-Doktrin) und unter dem Vorwand der Konterrevolution in der CSSR, am 20./21. August 1968 gewaltsam beendet. Nach dem Wandel in der CSSR (bzw. CSFR) spielten die reformkommunistischen Kräfte des P. nur noch eine geringe Rolle gegenüber den bürgerlichen und nationalistischen → Parteien und Gruppierungen.

Premier(minister)
In einer Anzahl von → Staaten Bez. für den → Ministerpräsident. Dieser Begriff trans-

portiert die ursprüngliche Funktion des Amtsinhabers, erster (premier) → Minister (also Berater) des Herrschers (→ Absolutismus) zu sein.

Presse

I.w.S. alle durch Druck vervielfältigten Schriftzeugnisse; i.e.S. alle periodisch erscheinenden Publikationen, insbes. Zeitungen und Zeitschriften, einschließlich des zugehörigen redaktionellen und verlagstechnischen Produktions- und Verteilungsapparats. Eine periodische P. entstand im 17. Jh. in Europa, ursprünglich aus dem Bedürfnis nach regelmäßigem Austausch wirtschaftlicher Nachrichten. Im Zuge politischer Emanzipationsprozesse seit Ende des 18. Jh. wurde die P. bald ein politisches Kampfinstrument des → Bürgertums gegen den → Staat des → Absolutismus, aber auch ein Instrument des Staates zur Beeinflussung der → Bürger bzw. Untertanen. Behindert wurde die → Pressefreiheit durch staatliche → Zensur (in Deutschland erst mit der → Reichsverfassung 1871 abgeschafft). Technischer Fortschritt, zunehmende Lesefähigkeit, expandierende Anzeigenmärkte, publizistische Darstellungsbedürfnisse der → Massenintegrationsparteien sowie steigende Unterhaltungswünsche führten zu einer (richtungs-) politischen, regional-lokalen und zielgruppenspezifischen Diversifizierung der P. Mit Verbreitung audiovisueller Kommunikationsformen (Rundfunk, Fernsehen, → neue Medien) erwuchs der P. ernste Konkurrenz, ihre komplementäre Integrationsfunktion und Marktbehauptungschance scheint jedoch nicht wirklich gefährdet.

Pressefreiheit

Als Bestandteil der grundrechtlich geschützten Möglichkeit, Meinung bzw. Information „in Wort, Schrift und Bild" ungehindert zu verbreiten, ist P. ein Unterfall der demokratischen Informations- und → Meinungsfreiheit (s. Art. 5 I GG). Ihre Schranken findet die P. durch die allgemeinen → Gesetze, die aber nicht den Kern der P. antasten dürfen. Ursprünglich, in der Tradition liberaler → Bürgerrechte, nur als staatsgerichtetes Abwehrrecht interpretiert,

wird P. heute auch im Sinne einer institutionellen Garantie ihrer Produktionsbedingungen (z.B. Anti-Monopol-Gesetzgebung) verstanden (dazu erstmals grundlegend das Spiegel-Urteil 1966, BVerfGE 20, S. 175f.). Die sog. innere P. (als → Mitbestimmung der Redaktion bei innerbetrieblichen Vorgängen) ist bislang nur teilweise durch vertragliche Abmachung (Redaktionsstatute) fixiert. Als sog. Tendenzbetrieb unterliegen Presseverlage nur eingeschränkt den Mitbestimmungsregelungen.

Presserechtsrahmengesetz

Das Presserecht stellt die Gesamtheit aller auf die → Massenmedien bezogenen rechtlichen → Normen dar. Gemäß Art. 75 II GG steht dem → Bund die → Rahmengesetzgebung über die allgemeinen Rechtsverhältnisse der → Presse zu; tatsächlich ist das Presserecht bislang lediglich in (inhaltlich weitgehend übereinstimmenden) Landespressegesetzen normiert. Ein - v.a. von den Journalistenverbänden gewünschtes - P. des Bundes ist seit den 70er Jahren in Vorbereitung, aber bis heute nicht in das Stadium parlamentarischer Beratung gelangt.

Presse- und Informationsamt der Bundesregierung

Kurzbez.: Bundespresseamt. → Oberste Bundesbehörde unter einem → Staatssekretär oder → Bundesminister als „Chef des Presse- und Informationsamtes der Bundesregierung" und als „Sprecher der Bundesregierung". Das P. ist unmittelbar dem → Bundeskanzler unterstellt. Es ist für Kontakte zur → Presse und zu sonstigen Nachrichtenträgern zuständig, wobei sowohl die Medien und die → Öffentlichkeit im In- und Ausland über die → Politik der → Bundesregierung informiert als auch diese über wichtige in- und ausländische Ereignisse unterrichtet werden sollen. Eine staatliche Öffentlichkeitsarbeit, welche die Grenzen zur direkten (Wahl-)Werbung für Bundesregierung und Regierungsparteien überschreitet, ist aufgrund der → Rechtsprechung des → Bundesverfassungsgerichts (BVerfGE 44, S. 125ff.) nicht (mehr) zulässig.

pressure group

Wenngleich oft synonym gebraucht mit → Interessengruppe, bezieht sich der Begriff p. i.e.S auf deren spezielle Zweckbestimmung, Druck auf Politiker, → Behörden und → öffentliche Meinung auszuüben (→ Lobbyismus). Die Skala des Einsatzes von Druckmitteln zur Beeinflussung von → Gesetzgebung und Gesetzesausführung reicht von persönlicher Kontaktpflege über öffentliche → Proteste bis hin zur Bestechung. Im allgemeinen verfahren Interessengruppen (zumindest die etablierten) aber viel subtiler, denn der bei ihnen abrufbare Sachverstand und gewachsene Kontakte zur → (Ministerial-)Bürokratie erweisen sich als probate Mittel geräuschloser Einwirkung und Intervention.

preußische Städteordnung

Beginn der modernen → kommunalen Selbstverwaltung in Deutschland. Eine der wichtigsten Reformen, die der → Minister Freiherr vom Stein zur grundlegenden Erneuerung des von Napoléon I. besiegten preußischen → Staates durchsetzte, war 1808 die p. mit dem Prinzip der → Selbstverwaltung. Ihr Träger war die gewählte Stadtverordnetenversammlung, die Haushalts- und Satzungsbefugnis erhielt und den → Magistrat - mit dem → Bürgermeister an der Spitze - als ausführendes Organ (bei fortgeltenden Aufsichts- und Bestätigungsrechten des Staates) wählte. Die → Städte verfügten über die kommunale Finanzgewalt. Ihre → Bürger wurden zu einem staatsunmittelbaren Stand, dessen → Freiheiten jedoch an den Stadtmauern endeten. Aktives und passives → Wahlrecht sowie Stimmengewichtung wurden nach dem Steueraufkommen (s.a. → Dreiklassenwahlrecht) bestimmt, nur eine → Minderheit verfügte über das volle → Bürgerrecht.

primaries

Engl. für → Vorwahlen

Primat der Politik

Auffassung vom Entscheidungsvorrecht und -vorrang politischer (Staats-)Organe. Bei der → politischen Steuerung und Kontrolle der → Staatstätigkeit bedeutet der P. die Unterordnung der → Verwaltung unter die politischen Vorgaben von → Parlament und → Regierung. Dazu gehört auch der P. in der → Bundeswehr, der alle militärische Kommandogewalt der politischen Führung unterordnet.

Prinzip der Aktenmäßigkeit

Spezifische Funktionsweise moderner → Bürokratie, deren Amtsführung auf Schriftstücken (Akten) beruht. In einer Akte ist ein Großteil behördeninterner Informationen über einen bestimmten Vorgang aufbewahrt, und zwar nach einer vorgegebenen Systematik (Aktenordnung), so daß Akten eine notwendige Grundlage administrativer Fallbearbeitung bzw. Fallentscheidung darstellen.

Programmpartei

P. zählen neben → Weltanschauungsparteien zu denjenigen → Parteien, deren → Politik weitgehend von festen Wert- bzw. Politikvorstellungen geprägt wird. Im Unterschied zu Weltanschauungsparteien basiert ihre Programmatik zwar nicht auf geschlossenen ideologischen Überzeugungssystemen, wohl aber auf wertgeleiteten Zielvorstellungen.

Proletariat

Von lat. „proletarii": die nichts außer ihren Nachkommen („proles") besitzen; im antiken Rom Bez. für die unterste, nicht steuer- und wehrdienstfähige Gesellschaftsschicht. Seit den Frühsozialisten (Saint-Simon) umfaßt der Begriff P. die besitzlose → Klasse der lohnabhängigen Handarbeiter, die zwar formalrechtlich frei sind, aber ihre Arbeitskraft als Ware im fremdbestimmten Arbeitsprozeß anbieten müssen. Seit Marx und Engels wird unter P. der klassenbewußte Teil der → Arbeiterklasse verstanden, welchem die führende Rolle im Kampf (→ Klassenkampf) gegen den → Kapitalismus und für die klassenlose → Gesellschaft des → Kommunismus zufällt. P. und die Klasse der → Bourgeoisie, die im Unterschied zum P. über Besitz und Direktionsmacht an Produktionsmitteln verfügt, werden in einem antagonistischen Verhältnis zueinander gesehen. Der - in marxistischer Terminologie weiterhin gebräuchliche - Begriff P. ist angesichts der realen Entwicklung der → Industrie- zu (postindustriellen) Dienstleistungsgesellschaften als analytische bzw. sozial beschreibende Kategorie zunehmend unbrauchbar geworden.

Propaganda
Zielgerichtete Überzeugungsarbeit i.S. (manipulativer) Werbung für politische, wirtschaftliche, religiöse und weltanschauliche Güter bzw. Ideen. Im Unterschied zur kurzfristigen, auf aktuelle Beeinflussung abzielenden Agitation ist die P. auf planvolle Verbreitung und langfristig wirksame Bewußtseinsbildung eines breiten Empfängerkreises angelegt. Die Indoktrination durch → Massenmedien und durch → Massenkommunikation politischer Führungsgruppen ist dazu ein zentrales Instrumentarium; sie wird jedoch mitunter gefiltert durch die (interpersonale) Primärkommunikation der Adressaten und deren selektive Informationsaufnahme und -verarbeitung. P. wird sowohl zur Konsolidierung als auch zur Erosion politischer → Herrschaft eingesetzt; besonders → autoritäre und totalitäre Systeme (→ totalitärer Staat) benutzen P. als bevorzugtes Mittel, sich die Gefolgschaft der Bevölkerung zu sichern.

Proportionalwahl
→ Verhältniswahl

Proporz
1. Regelungsmodus zur (paritätischen) → Repräsentation sozialer und politischer → Interessen in demokratisch verfaßten Gruppen und → Gesellschaften. Im Unterschied zum → Mehrheitsprinzip werden beim P. alle → Ämter im Verhältnis zur Größe der einzelnen (Unter-)Gruppen auf diese verteilt. Ein solches Verfahren kennzeichnet v.a. stark fragmentierte Gesellschaften mit strukturellen Minderheiten (Österreich, Schweiz, Niederlande), in denen die Anwendung der strikten Mehrheitsregel (Mehrheitsprinzip) das Risiko sozialer → Konflikte verschärfen kann (→ Konkordanzdemokratie; → Proporzdemokratie).

2. Als Wahlverfahren (→ Wahlen und Wahlsysteme) zu Repräsentativkörperschaften entspricht dem P. die → Verhältniswahl, i.Ggs. zur → Mehrheitswahl.

Proporzdemokratie
Teilhabe aller wichtigen sozialen und politischen Gruppen an den Willensbildungs- und Entscheidungsprozessen staatlicher Organe. Entscheidungen werden möglichst nicht nach dem → Mehrheitsprinzip gefällt, sondern aufgrund gütlichen Einvernehmens (Konsensprinzip). Das System der P. wird v.a. in stark fragmentierten → Gesellschaften mit strukturellen → Minderheiten praktiziert, da hier die Anwendung des Mehrheitsprinzips zu dauerhafter Ausgrenzung und Systemverdrossenheit minoritärer Gruppen führen könnte (→ Konkordanzdemokratie). Die Bez. P. wird primär auf Österreich (→ Große Koalition 1945-66 und seit 1987; Proporz in → Landesregierungen) und die Schweiz angewandt.

Protektionismus
→ Außenhandelspolitik, die durch die Errichtung von Handelshemmnissen die heimische Wirtschaft gegen ausländische Konkurrenz schützen will (früher z.B. der → Merkantilismus). Diese Hemmnisse können tarifärer (insbes. → Schutzzölle) und/ oder nicht-tarifärer (insbes. Einfuhrkontingente) Art sein. V.a. in Zeiten von Wirtschaftskrisen wächst die Neigung zu Einschränkungen des Freihandels.

Protest
Als sozialwissenschaftlicher Terminus umfaßt P. → konventionelle und → unkonventionelle Partizipation. Im Unterschied zur Einflußnahme auf politische → Institutionen und Personen durch traditionelle → Interessengruppen bzw. Kanäle formeller Beteiligung werden Protestaktivitäten auf einer informellen, themenspezifischen Basis organisiert mit dem Ziel, Druck auf Personen/ Institutionen auszuüben. P. beschränkt sich also keineswegs auf „direct action" bzw. unkonventionelles → politisches Verhalten.

Protestbewegung
Im Unterschied zu traditionellen → Interessengruppen sind die mit der Sammelbez. P. belegten Gruppierungen bzw. Bewegungen keine auf Dauer angelegten Organisationen, sie entstehen vielmehr auf einer informellen, themenspezifischen Basis. Statt konti-

Protestpartei   PS

nuierlichem Kontakt mit politischen
→ Institutionen bzw. Personen üben Pro-
testgruppen nur aus konkretem Anlaß bei
Vorliegen bestimmter Sachverhalte Druck
auf Personen/ Institutionen aus. Die Gründe
dieses → Protestes liegen entweder in einer
von den Mitgliedern einer P. perzipierten
Bedrohung ihrer → Interessen durch Maßnahmen bzw. Planvorhaben öffentlicher
wie privater Stellen oder in dem Versuch,
staatliche bzw. kommunale Organe für die
eigenen Interessen zu gewinnen. Mittel der
Einflußnahme sind sowohl → konventionelle als auch → unkonventionelle Partizipation. Ihre Benachteiligung gegenüber Interessengruppen hinsichtlich materieller
→ Ressourcen können P. teilweise durch
Motivation und Einsatzbereitschaft ihrer
Mitglieder und Anhänger ausgleichen. P.
weisen eine große Vielfalt auf, zu ihnen
zählen Hippies wie orthodox-marxistische
Bewegungen; den neuesten Zweig bilden
die sog. → neuen sozialen Bewegungen. Je
nach der politischen Umwelt der betreffenden P. (insbes. → Wahlrecht und → Responsivität der → Parteien) vollziehen Pro-
testgruppen die Umwandlung in → Protestparteien.

Protestpartei
P. artikulieren und bündeln → Protest, der
sich aus (i.d.R.) diffuser Unzufriedenheit
mit Entwicklungen, Zuständen und etablierten → Normen in → Staat und
→ Gesellschaft speist. Insofern sind P. ein
Indiz für (subjektiv so empfundene) Lei-
stungs- bzw. Akzeptanzmängel im → politisch-administrativen System und/ oder für
Repräsentationslücken im existierenden
→ Parteiensystem. Dabei sind 2 Dimensionen bzw. Intensitätsgrade von Protest zu
unterscheiden: spezielle Kritik an → output
und Erscheinungsformen von → Politik und
→ Parteienstaat, sowie zum anderen prinzipielle Systemverdrossenheit bzw. –gegnerschaft. P. können deshalb die Gestalt von
Antisystemparteien annehmen (z.B. faschistische → Parteien), aber auch in der Mitte
des politischen Spektrums stehen (z.B. die
sozial-liberale Parteienallianz in Großbritannien). P. aller politischen Schattierungen,
v.a. rechte und linke P., sind eine weitverbreitete Erscheinung in westlichen → De-

mokratien; der von ihnen erreichte Stimmenanteil ist z.T. so groß, daß in mehreren
→ Ländern die gewohnte „Symmetrie" des
Parteiensystems und die Koalitionsbildungen bereits beeinflußt wurden. In der Bundesrepublik können → Republikaner (REP),
z.T. auch → PDS und → Grüne als P. bezeichnet werden.

Protestpotential
Zahlenmäßig schwer bestimmbares Ausmaß diffuser oder spezieller Unzufriedenheit innerhalb einer → Gesellschaft bzw.
→ politischen Ordnung. I.e.S. Zustimmung
in der Bevölkerung oder in Teilen dieser zu
einer → Protestbewegung bzw. zu deren
Zielvorstellungen; das P. geht somit über
den Kreis von Mitgliedschaft oder Wählerschaft hinaus. Die Erfassung des P. über
die Untersuchung sozialer und politischer
→ Einstellungen gelingt angesichts der
mangelnden Validität der Meßinstrumente
nur unvollkommen. Das P. kann von Protestbewegungen nur teilweise und punktuell
(zu Protestaktionen) aktiviert werden.

Protokoll
1. *allg.*: Schriftliche Wiedergabe oder Zusammenfassung des Inhalts einer Bespre-
chung oder Verhandlung. Das Gerichts-
protokoll besitzt Beweiskraft.
2. → *Diplomatie*: Urkunde über Verlauf
und Ergebnis von Verhandlungen und Ver-
tragsabschlüssen.
3. *diplomatische Etikette*: Im zwischenstaatlichen Verkehr gebräuchliche zeremo-
nielle Verhaltensformen.

PS
Parti Socialiste (Sozialistische Partei) in
Frankreich; Nachfolgeorganisation der
SFIO (Section Francaise de l'Internationale
Ouvriére = Französische Sektion der Ar-
beiterinternationale), einer der führenden
→ Parteien der III. und IV. Republik (s.a.
→ MRP, → PCF). Nachdem in der V. Republik (ab 1958) die nichtkommunistische
Linke auseinandergefallen war, entstand
nach mehreren Sammlungsversuchen 1969
die P., der bis 1971 alle wichtigen sozialistischen Parteien und Gruppen (darunter die
sozialistischen Clubs mit François Mitterrand) beigetreten waren. Seit 1983 hat die

P. unter dem Einfluß von Mitterrand (1981-95 → Staatspräsident) und v.a. von Michel Rocard (1988-91 → Premierminister) einen eher sozialdemokratischen Kurs verfolgt. Mit den Präsidentschafts- und Parlamentswahlen 1981 wurde sie anstelle der PCF zur stärksten und bestimmenden politischen Kraft der französischen Linken. Die P. bildet den eigentlichen Gegenpol zu den bürgerlichen Parteien (→ RPR, → UDF).

Psychologie
→ politische Psychologie

Public Choice-Theorie
Bereich der Ökonomie, der sich mit der Analyse kollektiver Entscheidungsprozesse befaßt. Die P. erklärt nicht-marktliche Entscheidungsprozesse mit Hilfe des Begriffsinstrumentariums und der Denkweise der Wirtschaftstheorie. Sie untersucht die Umsetzung individueller Präferenzen in kollektive Entscheidungen einer Gesellschaft (des → Staates) mittels Abstimmungsverfahren, versucht die Bestimmung des optimalen Budgets und die Ermittlung der optimalen Größe von Entscheidungseinheiten. Die P. ist eng verwandt mit der → Ökonomischen Theorie der Politik.

Publizität
⇒ *Öffentlichkeit*

qualifizierte Mehrheit

1. → Mehrheitsprinzip, bei dem nur als beschlossen gilt, was mindestens einen bestimmten - über 50 % liegenden - Anteil aller abgegebenen Stimmen erreicht. Eine q. ist meist für → Abstimmungen vorgeschrieben, die erhöhte Konsensanforderungen an → Gesellschaften oder Gruppen stellen; z.B. ist in vielen → Staaten für → Verfassungsänderungen eine 2/3-Mehrheit erforderlich.

2. → EU: In bestimmten Fällen schreibt der EG-Vertrag die q. für Beschlüsse des → Rates der EU vor. Die unterschiedlichen Einwohnerzahlen berücksichtigend, wurden die Stimmen der (1999) 15 Mitgliedsstaaten gewichtet mit 2 bis 10, insges. (1999) 87 Stimmen. Für eine q. sind mindestens 62 Stimmen erforderlich (bei Abstimmungen mit einfacher Mehrheit müssen mindestens 8 der 15 Mitgliedsstaaten zustimmen); bei der → Gemeinsamen Außen- und Sicherheitspolitik müssen zusätzlich mindestens (1999) 10 Mitgliedsstaaten zustimmen. Das Erfordernis der q. tritt zunehmend an die Stelle einstimmiger Entscheidungen.

Qua(n)go

Abk. für *Q*uasi-Governmental bzw. *Q*uasi-*N*on-Governmental. In der → Politik- bzw. Verwaltungswissenschaft übliche Bez. für den schwer zu bestimmenden Grenzbereich zwischen dem staatlichen bzw. → öffentlichen Sektor und dem nicht-staatlichen bzw. nicht-öffentlichen Sektor.

Quay d´Orsay

Teil des Seine-Ufers in Paris. Sitz des französischen Außenministeriums und deshalb oft als Synonym dafür verwandt.

Quorum

Zur Entscheidungsfähigkeit einer Sache, → Beschlußfähigkeit eines Gremiums oder vollen Ausschöpfung der einer Gruppe zustehenden → Mandate erforderliche Mindestzahl derer, die sich beteiligen oder anwesend sein müssen. Dies bezieht sich v.a. auf → Wahlen, → Plebiszite und → Volksbegehren. Die Einführung von Q. soll verhindern, daß sich Minderheitenpositionen unter für sie günstigen Umständen als Zufallsmehrheiten durchsetzen.

Quotenregelung

1. Vorschrift, gemäß derer vordem unterrepräsentierte Gruppen - → Minderheiten im numerischen Sinne (ethnische oder religiöse Minderheiten, jüngere oder ältere Altersgruppen) oder machtpolitisch Unterrepräsentierte (z.B. Frauen) - in einem vorgeschriebenen Umfang in gewählten Gremien vertreten sein sollen.

Die → Demokratische Partei der USA schrieb für die Delegierten ihres → Nationalkonvents zur Nominierung des Präsidentschaftskandidaten bereits für 1972 de facto Mindestquoten für Frauen, Jüngere und ethnische Minderheiten vor. In den 80er Jahren wurden gleiche Quoten für Männer und Frauen vorgeschrieben.

In der → SPD wurde 1988 eine Q. für Frauen in allen Parteiämtern und öffentlichen Wahlämtern in der Satzung verankert, um mittelfristig einen Frauenanteil von 40 % zu erreichen. Die CDU folgte - nach einer ergebnislosen Selbstverpflichtung (1985) - 1996 mit einer Quote von einem Drittel, die allerdings nur durch das mildere Mittel der Wahlwiederholung durchgesetzt werden soll. → Die Grünen praktizieren die paritätische Vertretung bereits seit ihrer Gründung 1980. Die Befürworter einer Q. weisen darauf hin, daß anders eine angemessene → Repräsentation bisher Benachteiligter nicht zu erreichen sei; die Gegner heben die Beschränkung der Rechte von Wählern hervor, wenn bestimmte Wahlergebnisse präformiert werden.

2. Die Q. des Agrarmarktes (s.a. → Agrarpolitik) der → EG bestimmt den Umfang der landwirtschaftlichen Produkte eines → Landes, für den noch Subventionen oder andere Stützungsaktionen durch die EG gewährt werden. Mit diesem Quotensystem soll die Überproduktion landwirtschaftlicher Erzeugnisse abgebaut werden.

R

Radikalenerlaß
⇒ *Extremistenbeschluß*

Radikalismus
Wird weitgehend synonym mit → Extremismus (→ Linksextremismus; → Rechtsextremismus) verwandt zur Kennzeichnung individueller → Einstellungen oder Gruppen, die eine Transzendierung demokratischer → Systeme anstreben.

Als analytische Konzepte kennzeichnen Extremismus und R. jedoch unterschiedliche Sachverhalte. *Politischer Extremismus* hebt auf die *Wert-* oder *Ziel*dimension ab anhand der Einstufung von → Parteien oder von den Befragten selbst auf einer Links-Rechts-Skala. Inhaltlich umfaßt diese Skala die Dimension zwischen Bejahung (links) und Ablehnung (rechts) egalitärer Zielvorstellungen für die demokratische Teilhabe aller → Bürger. Kontrovers wird in der Wissenschaft die Frage diskutiert, ob links- oder rechtsextreme Positionen zwangsläufig als antidemokratisch bzw. systemtranszendierend anzusehen sind. *Politischer R.* kennzeichnet dagegen die *Mittel-* oder *Norm*dimension, d.h. die Ablehnung von → Institutionen und Prozessen von demokratischer Konfliktaustragung bis hin zur Befürwortung individueller und staatlicher → Gewalt als Mittel der politischen Auseinandersetzung.

Diese analytische Differenzierung weicht von der seit 1975 gültigen verfassungsrechtlich-normativen ab, die Extremismus mit verfassungsfeindlichen Aktivitäten (Ziele wie Mittel) oder Organisationen gleichsetzt (d.h., als gegen die → freiheitliche demokratische Grundordnung gerichtet), R. hingegen als die Verfolgung radikaler Zielvorstellungen innerhalb des verfassungsmäßigen Rahmens bezeichnet (d.h., als eine bis an die Wurzel der Fragestellung gehende Zielsetzung).

RAF
Abk. für → *Rote Armee Fraktion*

Rahmengesetzgebung
Bundeskompetenz - neben der → ausschließlichen und → konkurrierenden Gesetzgebung - zum Erlaß gesetzlicher Rahmenvorschriften (Art. 75 GG), die von Landesgesetzen auszufüllen sind. Von seinem Recht auf R. kann der → Bund Gebrauch machen, soweit ein Bedürfnis nach bundesstaatlicher Regelung gemäß Art. 72 II GG besteht.

Randparteien
1. → Parteien, die ideologisch an den Rändern (rechts oder links) des politischen Spektrums angesiedelt sind.
2. Parteien mit marginaler Bedeutung (→ Splitterparteien) im politischen Willensbildungs- und Entscheidungsprozeß.

Rassemblement pour la République/ RPR
→ RPR

Rassismus
Glaube an die Höherwertigkeit bzw. Überlegenheit der eigenen Rasse, mit sozialen und politischen Folgen, die zur Diskriminierung, Ächtung oder physischen Verfolgung von „minderwertig" deklarierter Volksgruppen führen können. R. basiert auf der Überzeugung, daß Rassen sich nicht nur durch biologisch-physische Merkmale, sondern auch nach kulturellen, sozialen und psychischen Gesichtspunkten unterscheiden. R. ist insofern eine übersteigerte Form der → Xenophobie, deren bekannteste und folgenschwerste Ausdrucksform der → Antisemitismus und die Unterdrückung bzw. Benachteiligung der schwarzen Bevölkerung in den USA und Südafrika (gewesen) ist. Rassenvermischungen werden von der „höherwertigen" Rasse strikt abgelehnt (→ Apartheid). R. ist

Räte

Kennzeichen der → Ideologie rechtsradikaler Gruppierungen und Bewegungen. Die nationalsozialistische Rassendoktrin gab den weltanschaulichen Hintergrund ab für den Völkermord an Juden (→ Holocaust) und osteuropäischen Volksgruppen im Zuge der Eroberungskriege des NS-Staates.

Räte
→ Rätesystem

Rätesystem

Auf Proudhon und Marx zurückgehende Vorstellungen über die demokratische Struktur von → Staaten mit Hilfe von Räten, die als Instrumente → direkter Demokratie in Wirtschaft und → Politik fungieren. In einem → System indirekter Delegation über mehrere Ebenen wählen die Basisgruppen der Urwähler in Vollversammlungen lokale Räte, die wiederum regionale Räte wählen, bis hin zu (nationalen) Zentralräten. Auf allen Ebenen gibt es Vollzugsausschüsse der Räte. Zur Gewährleistung permanenter Kontrolle durch die Basis und der → Identität von Wählern und Gewählten unterliegen alle Organe dem → imperativen Mandat ihrer jeweiligen Basis (Wahlkörper), → Recall (jederzeitige → Abberufbarkeit), → Rotation (turnusmäßiger Wechsel der Amtsinhaber) und meist nur ehrenamtlich Mandatsausübung. Permanente → Partizipation ist für ein solches R. unentbehrlich. → Parteien und andere Mechanismen → repräsentativer Demokratie existieren dem Idealtypus von R. zufolge ebensowenig wie → Gewaltenteilung und unabhängige Gerichte. Die Transformation eines über mehrere Stufen nur gebrochen zu vermittelnden Wählerwillens in Politik und die Zuweisung von Verantwortlichkeit an Mandatsinhaber (und damit auch deren Kontrolle) sind angesichts der direktdemokratischen Mechanismen nicht gesichert. Das System der → Sowjets (russ. für „Räte") wurde in der UdSSR nach einer Übergangsperiode in ein (schein-)parlamentarisches System (→ Parlamentarismus) umgewandelt. Die → Volksrepublik China behielt ihr R. bis heute bei. In den 60er Jahren griff die → Neue Linke das R.-Konzept auf. Züge des R. fanden sich ferner im jugoslawischen Modell der

Rat für Gegenseitige Wirtschaftshilfe/ RGW

→ Arbeiterselbstverwaltung (in Rest-Jugoslawien abgeschafft Mitte der 90er Jahre; seitdem nur noch als Relikte in Industriebetrieben) sowie in Forderungen westeuropäischer → Gewerkschaften nach Wirtschafts- und Sozialräten.

Rat der EKD

Von der → Synode der → EKD gewähltes ständiges Spitzengremium von 19 Personen, dem der Präses vorsteht. Gewählt wird der R. auf 6 Jahre von der Kirchenkonferenz und der aus 160 gewählten oder berufenen Mitgliedern bestehenden Synode der EKD (gleichsam das Kirchenparlament), deren Aufgabenbereich das gesamte kirchliche Leben umfaßt (allgemein- und kirchenpolitische Grundsatzfragen, → Haushalt). Der R. stellt die → Exekutive der EKD dar.

Rat der Europäischen Union
⇒ *Ministerrat der EU*

Rat der Evangelischen Kirche in Deutschland
→ Rat der EKD

Rat für Gegenseitige Wirtschaftshilfe/ RGW
⇒ Comecon

Wirtschaftsorganisation der Ostblockländer bis 1991 mit Sitz in Moskau; 1949 gegründet als Reaktion auf die Hilfeleistungen des → Marshall-Plans an Westeuropa, deren Annahme durch östliche → Länder Stalin verboten hatte. Im Vordergrund der R.-Arbeit sollten nach den Intentionen der Gründer stehen: Förderung der wirtschaftlichen und technischen Zusammenarbeit, Integration, Koordinierung der nationalen Wirtschaftspläne, Rationalisierung, Kredithilfe. Von Anfang an dominierte die UdSSR: Nutzte sie anfangs ihre politische Vormachtstellung zu ihrem ökonomischen Vorteil aus, war sie bis zuletzt noch als Hauptrohstofflieferant übermächtig. Als größtes Hindernis des R. erwies sich die Unmöglichkeit, die rein als Binnenwährungen konzipierten nationalen Zahlungsmittel in einen Verrechnungsmodus einzubinden; statt der immer wieder angestrebten multilateralen Warenverrechnung dominierte der bilaterale Waren- und Dienstleistungsaustausch. Nationale Widerstände verhinderten bis zuletzt die von der UdSSR angestrebte Arbeitsteilung im R.-Maßstab. Zu einer politischen oder engeren wirtschaftlichen Zusammenarbeit fehlten bereits vor dem Umbruch im → Ostblock und der damit verbundenen Auflösung des R. die Voraussetzungen und auch der politische Wille. 1990 stellte der R. seine Arbeit ein. Die europäischen Mitglieder des ehem. RGW streben eine engere Kooperation bzw. eine Mitgliedschaft in der → EU an; mit vielen → Ländern bestehen bereits Assoziierungsabkommen, mit einigen haben die Beitrittsverhandlungen bereits begonnen.

Rathausparteien

Bez. für politische → Vereinigungen, die lediglich auf der kommunalen Ebene (→ Gemeinde, → Kreis) an → Wahlen teilnehmen und nur dort politisch wirken. Sie firmieren als → „Freie Wählergemeinschaften", „Unabhängige Wählergemeinschaften" etc. Sie sind rechtlich keine → Parteien i.S. von Art. 21 GG und des → Parteiengesetzes, vielmehr als Vereinigungen i.S. von Art. 9 GG und Vereinsgesetz einzuordnen; gleichwohl dürfen sie beim Wettbewerb um Wähleranteile gegenüber politischen Parteien nicht - z.B. durch Wahlrechtsbestimmungen - benachteiligt werden. R. repräsentieren, ihrem Selbstverständnis zufolge, die - dem Lokalen vorgeblich eigentümliche - „unpolitische → Politik". Mit diesem in Deutschland seit jeher populären (und tendenziell undemokratischen), durch virulente → Parteienverdrossenheit wachgehaltenen Verständnis von Gemeindepolitik ist die anhaltende Akzeptanz von R. nur z.T. erklärt. Die örtlichen Erfolge von R. spiegeln auch strukturelle Eigenheiten von Gemeindepolitik, in der das Persönlichkeitsmoment immer noch für Wahlentscheidungen Gewicht hat und „sachliche" Einzelfälle - anstelle programmpolitischer Richtungsentscheidungen - dominieren. R. sind regional insbes.. dort stark vertreten, wo das kommunale → Wahlrecht ihnen durch personalisierende Elemente (→ Kumulieren, → Panaschieren) entgegenkommt (z.B. Baden-Württemberg, Bayern). Die in den 90er Jahren aufgrund

der steigenden Parteiverdrossenheit zunehmende Attraktivität der R. hat zu Überlegungen geführt, die Beschränkung auf die lokale Politikebene aufzugeben und in Form von regionalen Zusammenschlüssen an Landtagswahlen teilzunehmen. 1998 hat in Bayern erstmals bei Landtagswahlen ein regionaler Verband der Freien Wähler, wenngleich erfolglos, kandidiert.

Ratifizierung

Bzw. Ratifikation: Die nach Abschluß von völkerrechtlichen Vertragsverhandlungen durch die → Regierungen oder ihre Unterhändler vorgenommene Unterzeichnung von Verträgen (→ Paraphierung) wird rechtswirksam erst nach der Zustimmung der verfassungsmäßig zuständigen → Institutionen in den Vertragsstaaten. In der Regel muß zuerst das → Parlament seine Zustimmung geben, sodann unterzeichnen Regierung/ → Minister sowie das → Staatsoberhaupt. Anschließend werden die Ratifizierungsurkunden ausgetauscht bzw. - bei multilateralen Verträgen - hinterlegt.

Rational Choice-Ansatz

Untersuchung von Entscheidungen von Individuen und Kollektiven auf der Grundlage rationalen Verhaltens in verschiedenen Lebensbereichen: z.B. → Ökonomische Theorie der Politik, Ökonomische Theorie der Familie.

Ratsverfassung

Vor den Änderungen der → Gemeindeordnungen in den 90er Jahren existierten in den → Bundesländern 4 → Gemeindeverfassungstypen: neben der → Bürgermeisterverfassung und der → Magistratsverfassung die Norddeutsche R. und die Süddeutsche R. Gemeinsam war beiden R., daß die direkt gewählte Gemeindevertretung das entscheidende Beschlußorgan darstellte.

Nach der in Niedersachsen bis 1996 und in Nordrhein-Westfalen bis 1994 geltenden sog. Norddeutschen R. war der von der direkt gewählten Ratsvertretung gewählte → (Ober-)Bürgermeister lediglich Vorsitzender und ehrenamtlicher Repräsentant des → Gemeinde- bzw. Stadtrates; die Leitung der → Verwaltung oblag dem (ebenfalls von der Gemeindevertretung gewählten) → Gemeinde- oder → (Ober-)Stadtdirektor. Die Amtsdauer dieser Organe war unterschiedlich; teils endete sie (beim Ratsvorsitzenden) mit der → Wahlperiode der Kommunalparlamente, teils reichte sie (bei Gemeinde-/ Ober-/ Stadtdirektor und → Beigeordneten) über jene hinaus. Dasselbe duale Selbstverwaltungsmodell fand sich auf der Kreisebene in der Funktionsteilung zwischen → Landrat und → Oberkreisdirektor.

Teils als Süddeutsche R., teils als süddeutsche Variante der Bürgermeisterverfassung werden die (im 19. Jh. entstandenen) Gemeindeordnungen Baden-Württembergs und Bayerns bezeichnet. Hier wird der (Ober-)Bürgermeister - in Baden-Württemberg jedoch nicht der Landrat - von den → Bürgern direkt gewählt. Er ist sowohl Vorsitzender der Gemeindevertretung als auch Leiter der Verwaltung. Diese Doppelfunktion sowie seine → Legitimation durch Direktwahl sichern dem Gemeindeoberhaupt gegenüber der gewählten Ratsvertretung eine starke politische Position.

In den 90er Jahren kam es im Zuge der Novellierung der Kommunalverfassungen zu einer weitgehenden Einigung auf ein Gemeindeverfassungsmodell (d.h., ohne die → Stadtstaaten), das eine gewisse Annäherung in den betr. Bundesländern an die Grundsätze der Süddeutschen R. zeigt. Mit Ausnahme von Bremerhaven mit seiner Magistratsverfassung (und denjenigen der kleinen → Gemeinden in Schleswig-Holstein, in denen es ehrenamtliche Bürgermeister gibt) wird der (Ober-)Bürgermeister direkt gewählt, er hat diese Funktion hauptamtlich inne (einschl. Bremerhaven); Hessen allerdings hat trotz Direktwahl seinen kollegialen Gemeindevorstand (→ Magistrat; s.a. Magistratsverfassung) beibehalten. Mit Ausnahme von Baden-Württemberg und Bayern ist in allen Bundesländern die Möglichkeit der vorzeitigen Abwahl (→ Recall) des (Ober-)Bürgermeisters möglich.

Raumordnungspolitik

Überörtlich ausgelegte Entwicklung und Umsetzung von Maßnahmen zur Verbesserung der raumbezogenen Struktur- und Lebensbedingungen, die Infrastruktureinrichtungen, Wohnungen, Arbeitsstätten und kulturelle Entwicklungen einbezieht. Die R. ist eng mit der → Strukturpolitik verbunden. Gemäß Raumordnungsgesetz von 1965 muß die → Bundesregierung alle 4 Jahre einen Raumordnungsbericht vorlegen. Sie legt ferner einen Orientierungsrahmen für die R. von → Bund und → Ländern vor, in den sich die Landesplanung einzufügen hat; die R. soll darüber hinaus mit der → EG abgestimmt werden. R. ist ressortübergreifend und gleicht die Vorhaben der verschiedenen staatlichen, kommunalen und regionalen Planungsträger miteinander ab. Materielle wie kulturelle → Ressourcen sollen möglichst ausgewogen über die Teilräume der Bundesrepublik verteilt werden.

Reaganomics

Nach dem US-Präsidenten Ronald Reagan (1980-88) benannte monetaristische (→ Monetarismus) und angebotsorientierte → Wirtschaftspolitik (supply side economics). Statt auf die Gesamtnachfrage (→ Keynesianismus) zielte diese → Politik auf die Angebotsbedingungen der Unternehmen (die Kostenseite) ab; zusätzlich sollte durch → Deregulierung der Handlungsspielraum der Unternehmen erhöht werden. Wirtschaftswachstum und → Vollbeschäftigung bei gleichzeitiger Preisstabilität sollten erreicht werden. Das tatsächlich erzielte Wirtschaftswachstum wurde über enorme Haushalts- und Außenhandelsdefizite finanziert; diese resultierten aus Reagans Rüstungsprogramm und der Unmöglichkeit, angesichts des Widerstandes im → Kongreß und in der Wählerschaft diese Kosten im Sozialetat einzusparen. Die R. erweisen sich deshalb als weniger konsequent als der → Thatcherismus. Reagans Nachfolger George Bush (1988-92) bekannte sich zwar zur Fortführung der Errungenschaften der R., er blieb wirtschaftspolitisch aber ein Pragmatiker. Die Diskrepanzen zu Reagans Ansatz waren unübersehbar. Als die Stagnation der US-Wirtschaft ab 1990 immer deutlicher wurde, akzeptierte die Bevölkerung die → Politik des „gezielten Nichtstuns" immer weniger. Hinzu trat der Zwang zum Abbau öffentlicher und privater Verschuldung.

Faktoren der R. wie Deregulierung und Stärkung der Marktkräfte entfalten zwar weiterhin ihre Wirkung, die - primär wirtschaftspolitisch begründete - Wahl des Demokraten Bill Clinton zum Präsidenten Ende 1992 läutete aber endgültig das Ende der R. ein.

realignment
Dauerhafte Änderung der Parteipräferenzen von soziodemographischen Gruppen, die zu deren Einbindung in neue parteiinterne Wahlkoalitionen führt und eine stabile Umkehrung der Mehrheitsverhältnisse bewirkt (Gegensatz: → dealignment). Das erstmalige Auftreten einer solchen neuen Partei- bzw. Wahlkoalition mit dem Resultat der Mehrheitsveränderung im → politischen System wird als → „kritische Wahl" bezeichnet. Vom r. zu unterscheiden ist das „secular r.", ein indirekter und langfristiger Prozeß; in den USA z.B. ist es zwar seit den 60er Jahren zu einem (teilweisen) Wechsel der Wahlkoalition gekommen, aber bisher nicht zu einem grundlegenden Wechsel der politischen Machtverhältnisse. Ein dealignment, das die amerikanische → Wahlforschung als Zwischenstadium zwischen alten → Parteibindungen (alignment) und r. ansieht, läßt sich zwar in fortgeschrittenen westlichen → Industriegesellschaften ausmachen (z.B. steigt der Anteil der → Wechselwähler an), auf grundlegendes r. deuten aber derzeit die Wahlergebnisse und Umfragedaten nicht hin.

Recall
1. Jederzeitige → *Abberufbarkeit* der Inhaber von Wahlämtern durch den entsendenden Wahlkörper (z.B. Wählerschaft). Das Mittel der Abberufbarkeit war ein Kennzeichen früherer Ständeversammlungen. Heute ist R. ein Instrument der → direkten Demokratie. V.a. in der Theorie des → Rätesystems ist der R. ein wichtiges Element der Verwirklichung des Postulats permanenter Kontrolle aller Gewählten durch ihre Wählerbasis.

Auch in → Repräsentativsystemen ist, neben anderen plebiszitären Instrumenten (→ plebiszitäre Demokratie), der R. denkbar; so z.B. in den USA, in denen R. in 14 Einzelstaaten und zahlreichen Kommunen

für Wahlämter vorgesehen ist. Es zeigt sich jedoch, daß dieser Möglichkeit allein quantitativ schon eine viel geringere Bedeutung zukommt als anderen plebiszitären Mechanismen.

2. R. (im Sinne von *Rückerinnerungsfrage*) wird in der → Umfrageforschung eingesetzt, um das → Wahlverhalten bei einer früheren → Wahl zu ermitteln und damit Konstanz und Wandel von Wahlentscheidungen zu untersuchen.

Rechnungshof
Oberste und unabhängige → Behörde im ministerialfreien Raum, die die Ordnungsmäßigkeit und Wirtschaftlichkeit des (öffentlichen) → Haushalts nach dessen Vollzug prüft sowie inzwischen an den Vorberatungen zum Haushalt informell teilnimmt. Für den → Bund ist dies der → Bundesrechnungshof, für jedes → Bundesland ein Landesrechnungshof, auf der kommunalen Ebene ein Rechnungsprüfungsamt (die überörtliche Prüfung ist landesrechtlich unterschiedlich gestaltet). Jeder R. veröffentlicht jährlich einen Rechnungsprüfungsbericht. Förmliche Sanktionsrechte gegenüber Politikern und → Verwaltungen besitzen R. nicht; umstritten ist, inwieweit der sog. politische Entscheidungsbereich der Kontrolle der R. unterliegt.

Recht
R. im *objektiven* Sinne ist die Gesamtheit der Rechtsnormen (Rechtsordnung), die orts- und zeitspezifisch das Verhältnis von Menschen zueinander, zu öffentlichen Instanzen oder dieser untereinander regeln. Diese Rechtsnormen können staatlich gesetztes, geschriebenes R. (→ Gesetz) oder ungeschriebenes Gewohnheitsrecht sein. Im Unterschied zu anderen sozialen → Normen (Moral, Sitte) können Rechtsnormen vom → Staat durch Zwang durchgesetzt werden. Oberste Rechtsnorm sind die → Grundrechte. Zunehmende Komplexität moderner → Gesellschaften und wachsende → Staatstätigkeit im → Wohlfahrtsstaat haben den Bedarf an staatlicher Normierung ansteigen lassen.

Unter *subjektivem* Recht versteht man den Schutz, der sich aus der Rechtsordnung für die → Interessen des einzelnen ergibt.

Die Rechtsnormen teilen sich auf in *öffentliches* (z.B. → Staatsrecht, → Völkerrecht, Strafrecht) und in *Privatrecht* (insbes. → BGB, HGB). Öffentliches R. regelt das Verhältnis der einzelnen zu den Trägern öffentlicher → Gewalt und deren Verhältnis untereinander, Privatrecht die Rechtsverhältnisse der Menschen als einzelne zueinander.

R. unterscheidet sich von der reinen Zwangsordnung durch die ihm inhärenten Ziele des Rechtsfriedens und der Rechtssicherheit, es sollte auf → Gerechtigkeit ausgerichtet sein.

Rechtsaufsicht

Abgeschwächte Form der Kontrolle des Verwaltungshandelns einer nachgeordneten → Behörde oder eines im eigenen Wirkungskreis tätigen Verwaltungsträgers unterer oder anderer Ebene (z.B. → Gemeinde, Rundfunkanstalt) durch die zuständige Staatsbehörde. Die R. beschränkt sich auf die Kontrolle der Rechtmäßigkeit des Verwaltungshandelns (Beanstandung rechtswidriger Maßnahmen).

Rechtsextremismus

Begriff: Der Begriff ist umstritten, die Terminologie verwirrend. Verwendung finden v. a. auch → Rechtsradikalismus, → (Neo)Faschismus, (Neo)Nazismus oder → Autoritarismus. Jedoch scheint sich R. durchgesetzt zu haben. Im amtlichen Sprachgebrauch (beispielsweise der Verfassungsschutzämter) werden solche Bestrebungen als rechtsextremistisch bezeichnet, die sich gegen die → freiheitliche demokratische Grundordnung des → Grundgesetzes richten und in nationalistischem, rassistischem und volksgemeinschaftlichem Denken wurzeln. Der sozialwissenschaftliche R.-Begriff ist umfassender: Er zielt nicht nur auf verfassungsfeindliches Verhalten, sondern auch auf → Einstellungen und ideologische Grundlagen sowie auf die historischen, sozioökonomischen und politischen Existenz- und Erfolgsbedingungen. Aus dieser Perspektive handelt es sich beim R. um eine gesellschaftsgestaltende Konzeption, die sich v. a. gegen liberale und sozialistische Traditionen richtet. In ihrem Mittelpunkt steht ein völkisch fundierter,

ethnozentristischer → Nationalismus als → oberstes Ordnungsprinzip, dem alle anderen → Werte und Ziele untergeordnet sind. Die universellen → Menschenrechte werden mißachtet oder abgelehnt. Leitbild des R. ist die hierarchisch strukturierte → Volksgemeinschaft, die sich in einem mächtigen autoritären → (Führer-) Staat verkörpert, der nach außen expansionistische oder revisionistische Ziele verfolgt. Im Interesse der Komplexitätsreduktion hat Heitmeyer vorgeschlagen, R. als Verbindung von → Gewalt und der → Ideologie der Ungleichheit zu fassen.

Phänomene: Zunächst wird zwischen Einstellungen und Verhalten unterschieden. Es besteht freilich kein Einvernehmen darüber, wie rechtsextreme Einstellungen inhaltlich zu definieren sind. In der Regel wird von einem vielschichtigen Einstellungsmuster ausgegangen, das sich mindestens aus folgenden Bestandteilen zusammensetzt: Autoritarismus, Nationalismus, Ethnozentrismus, → Antisemitismus und pronazistische (den → Nationalsozialismus verherrlichende oder wenigstens doch verharmlosende) Einstellungen. Beim Verhalten ist zwischen politisch zielgerichteten, einem Programm verpflichteten Handlungen und zwischen Protestverhalten, das primär der Provokation und/oder dem Ausleben von aggressiven Persönlichkeitsmerkmalen dient, zu differenzieren. Die Grenzen zwischen Protestverhalten und zielgerichtetem politischen Verhalten sind allerdings fließend, wie sich beim → Wahlverhalten oder bei rassistischen Gewaltanschlägen zeigt. Zielgerichtetes politisches Verhalten vollzieht sich zumeist im Rahmen des organisierten R. Er besteht v. a. aus → Parteien, elitären politischen Zirkeln, → Interessengruppen, Jugend- und Studentenorganisationen, kulturellen Organisationen, regelmäßigen Kongressen und aus Verlagen (Zeitungen, Zeitschriften, Bücher, Schallplatten, Videos, CDs etc.). Daneben bestehen kleine lokale Gruppen bzw. Cliquen, die zumeist spontan, nicht selten in provokativer Absicht und in der Regel gewalttätig handeln, allenfalls schwach institutionalisiert und zumeist kurzlebig sind und jede Form von Verbindlichkeit (überregionale Strukturen, Organisationspflichten, Schulung etc.) ablehnen.

Sie bilden oft (v.a. in Ostdeutschland) → Subkulturen mit bewegungsförmigem Charakter. Zwar handelt es sich beim organisierten R. und den rechtsextremen Subkulturen um unterschiedliche Vergemeinschaftungsformen, jedoch besteht eine gewisse personelle Fluktuation, indem Cliquen nicht selten den Kontakt zu (neonazistischen) Parteien suchen und diese wiederum bestrebt sind, ihren Nachwuchs aus rechtsgerichteten Jugendszenen (Skinheads, Hooligans) zu rekrutieren.

Ideologische Traditionen: Man unterscheidet zwischen Gruppierungen, die sich an autoritären oder faschistischen Herrschaftsmethoden aus der ersten Hälfte des 20. Jh., am Deutschnationalismus oder am Nationalsozialismus, orientieren und zwischen solchen, die sich um „zeitgemäße" Lösungswege bemühen und den durch die Ergebnisse des Zweiten Weltkrieges, durch den sozialen Wandel und die ökonomische und politische → Globalisierung veränderten nationalen und weltpolitischen Bedingungen Rechnung tragen. Erstere werden als „Alter Nationalismus" oder als „Alte Rechte", letztere als „Neuer Nationalismus" oder „Neue Rechte" bezeichnet. Der organisierte R. steht überwiegend in der Tradition des „Alten Nationalismus", wobei wiederum deutschnationale bzw. nationalkonservative Positionen dominieren. Neonazistische Gruppierungen (sie zielen zumeist nicht auf die Restauration des historischen Nationalsozialismus) sind dagegen vergleichsweise mitgliederschwach und erreichen auch nur eine minimale Wählerresonanz, zeichnen sich aber durch hohe Gewaltbereitschaft aus und schrecken auch nicht vor terroristischen Praktiken zurück. In der Literatur bestehen sehr unterschiedliche Auffassungen darüber, was genau unter „Neuer Rechter" zu verstehen ist. Herausgestellt wird zumeist ihre Bezugnahme auf die „Konservative Revolution" der → Wiemarer Republik. Derartige Affinitäten finden sich allerdings auch bei der „Alten Rechten". Auch die Charakterisierung der „Neuen Rechten" als intellektuelle Vordenker des R. ist wenig hilfreich, weil der R. (der „Alte" wie der „Neue Nationalismus") zu jeder Zeit über Vordenker verfügte. Ges-

senharts Definition als „Scharnier zwischen → Neokonservatismus und Rechtsextremismus" ist zwar nicht unumstritten, bietet aber beachtlichen Erkenntnisgewinn.

Politische Ziele: Hauptanliegen des Nachkriegs-R. ist die Wiederherstellung des → Deutschen Reichs (in den Grenzen von 1937, teilw. sogar von 1939). Aus dem Primat des Nationalen noch bis in die siebziger Jahre die Forderung abgeleitet, alle Politik dem Imperativ der → Wiedervereinigung unterzuordnen. Der R. betrachtete die Teilung Deutschlands als völkerrechtswidrig, als einen Akt der → Besatzungsmächte, um Deutschland politisch zu schwächen und ökonomisch auszubeuten. Als Feinde wurden aber nicht nur die vier alliierten Siegermächte des Zweiten Weltkriegs angesehen, sondern auch ihre „Handlanger" in Deutschland, die politischen Führungsgruppen, die sich entweder auf die Seite der Westmächte oder auf die der Sowjetunion geschlagen, gemeinsam mit der jeweiligen Besatzungsmacht die weitere Vernichtung des Deutschen Reichs durch die Gründung von Teilstaaten vorangetrieben und damit auch noch auf die (ehemaligen) deutschen Ostgebiete verzichtet hätten. Die deutsche Einheit beraubte den R. 1990 seines Zentralthemas und stürzte ihn zunächst in eine Krise. Die anhaltende Behauptung, die → deutsche Frage sei - mit Blick auf die ehemaligen deutschen Ostgebiete - nach wie vor „offen", stößt kaum auf Resonanz, schon gar nicht in Ostdeutschland. Großdeutsche Forderungen spielen daher seit Mitte der neunziger Jahre eine nachgeordnete Rolle. Als ein wichtiger Aspekt der „nationalen Frage" gilt der Kampf um die „historische Wahrheit", die Revision der von den Alliierten angeblich dekretierten und von deutschen Helfershelfern besorgten offiziellen Geschichtsschreibung. Zum einen werden die Alleinschuld Deutschlands am Zweiten Weltkrieg geleugnet und der Schuldanteil der Siegermächte und deren Kriegsverbrechen hervorgehoben („Kriegsschuld-Lüge"). Zum anderen wird der → Holocaust als historische Tatsache in Frage gestellt oder wenigstens doch relativiert („Auschwitz-Lüge"). Die völkische Komponente des R. kam nach 1945 erst wieder im Zusammenhang mit seiner Überfremdungskampagne zum Tragen, die gegen Ende der siebziger Jahre einsetzte. Mit dem Anwachsen der Massenarbeitslosigkeit war in der Bundesrepublik ein ausländerfeindliches Klima entstanden, das der R. für seine politischen Zwecke zu nutzen gedachte („Ausländerstopp", „Deutschland den Deutschen!" etc.). Dies gelang erst, als das Thema Ausländer/Asyl gegen Ende der achtziger Jahre an die Spitze des politischen Problemhaushalts der Bevölkerung rückte.

Strategien: Das langfristige Ziel des R. besteht darin, die staatliche Ordnung der Bundesrepublik in einen völkischen Nationalismus zu transformieren, also einen → Systemwechsel herbeizuführen. Seine alltägliche politische Praxis zielt darauf ab, das bestehende System zu schwächen, indem die ihm zugrunde liegenden → Werte, seine Strukturen, → Institutionen und seine politischen, wirtschaftlichen und kulturellen Führungsgruppen diskreditiert werden. Für die Delegitimierung des Systems stehen ihm drei strategische Varianten zur Verfügung. (1) „→ Kulturrevolution von rechts": Intellektuelle Vordenker bemühen sich darum, die geistigen Grundlagen für einen Erfolg des R. zu schaffen, indem sie seine Ideologie, seine politischen Ziele und Wertvorstellungen zeitgemäß formulieren, auf bestehende Stimmungen zuschneiden und gegebenenfalls den veränderten Bedingungen anpassen. Die intellektuellen Repräsentanten dieser Strategievariante werden auch als „Neue Rechte" bezeichnet. (2) Politische → Opposition innerhalb des Systems: Der R. versucht mit hauptsächlich legalen Mitteln, seine Machtstellung auszubauen und politische Entscheidungen in seinem Sinne zu beeinflussen, indem er seine Organisationen stärkt und um Mitglieder wirbt, indem er Demonstrationen durchführt oder auf andere Weise im politischen Alltag auf sich aufmerksam macht, und indem er sich schließlich an → Wahlen beteiligt und parlamentarische Arbeit leistet. (3) Politische Opposition gegen das System: Der oft kadermäßig organisierte, zumeist in der Tradition des Nationalsozialismus stehende R. bedient sich illegaler Praktiken

wie Gewalt oder Terror, um die Bevölkerung zu verunsichern und einzuschüchtern und um den Staat lächerlich zu machen.

Entwicklung seit 1945: Der R. profitierte 1948-52 in gewissem Umfang von den tiefgreifenden ökonomischen, sozialen und politischen Nachkriegsproblemen. Mit dem „Ende der Nachkriegszeit" setzte die zweite Etappe in der Entwicklung des R. ein. Die Bildung einer → Großen Koalition aus → CDU/CSU und → SPD und die erste größere Wirtschaftskrise 1966/67 begünstigten den Aufstieg der 1964 gegründeten → NPD, die zwischen 1966 und 1968 in sieben Landesparlamente einzog und 1969 mit 1,4 Millionen Wählern nur knapp den Sprung in den → Bundestag verfehlte. Mitte der achtziger Jahre begann die dritte Entwicklungsphase des R. Ursächlich für den neuerlichen Aufschwung waren die wachsende Fremdenfeindlichkeit in der Bevölkerung und das nicht eingelöste Versprechen der Unionsparteien, bei der Ablösung der sozialliberalen → Koalition (1982) eine „geistig-moralische Wende" einzuleiten. 1987 erzielte ein Bündnis aus NPD und 1971 im Kampf des R. gegen die Ostpolitik der sozialliberalen Koalition entstandenen → DVU erstmalig seit 1968 wieder ein parlamentarisches → Mandat auf Landesebene (Bremen). Den eigentlichen Durchbruch schafften jedoch die 1983 gegründeten → Republikaner. Sie nahmen die → Fünf-Prozent-Hürde 1989 gleich zweimal mit Leichtigkeit: In Berlin (West) fielen ihnen elf und bei der → Europawahl sechs Mandate zu. Die deutsche Einheit leitete die vierte Entwicklungsphase ein. Der nunmehr gesamtdeutsche R. ist im Osten durch rassistische Subkulturen mit hoher Gewaltbereitschaft geprägt, während im Westen Parteien dominieren. Die DVU erzielte in Bremen (1991) und Schleswig-Holstein (1992) parlamentarische Mandate, die Republikaner überwanden in Baden-Württemberg 1992 und 1996 die Fünf-Prozent-Hürde. Erst 1998 erreichten die Westparteien im Osten angesichts der großen Unzufriedenheit mit dem Prozeß der inneren Einheit Wahlerfolge. In Sachsen-Anhalt brachte es die DVU mit 12,9 % auf 16 Mandate, und bei der Bundestagswahl verbuchten DVU, NPD und Republikaner in Ostdeutschland zusammen 5,0 %, im Westen dagegen nur 2,9 %.

Verbreitung des R.: Der Anteil der Bundesbürger, die über ein rechtsextremes Weltbild verfügen, liegt gegenwärtig bei etwa 13 % (West: 12 %, Ost: 17 %). Trotz der erheblichen Verbreitung antidemokratischer Einstellungen hält sich die zahlenmäßige Stärke des organisierten R. in mehr oder minder bescheidenen Grenzen. Nach amtlichen Angaben betrug der Höchststand Mitte der fünfziger Jahre knapp 80.000 Mitglieder. Für 1997 meldete das → Bundesinnenministerium rund 50.000 organisierte Rechtsextremisten (davon rund 7.000 in den fünf neuen → Ländern). Die überwiegende Mehrheit der Mitglieder schart sich um Parteien: DVU 15.000, NPD 4.300, Republikaner 15.500. Bei nationalen Wahlen konnten rechtsextreme Parteien bislang maximal 2,5 Mio. Stimmen mobilisieren (Europawahl 1989), bei den Bundestagswahlen 1949 und 1969 waren es etwa 1,5 Mio. Bei den ersten beiden gesamtdeutschen Bundestagswahlen fielen die Resultate im Westen deutlich besser aus als im Osten. Erst 1998 (DVU, NPD und REP brachten es zusammen auf 1,2 Mio. Zweitstimmen) war die Resonanz in den neuen Ländern besser als in den alten.

Ursachen: Hinsichtlich der Ursachen des R. ist zwischen individuellen und gesamtgesellschaftlichen Faktoren zu unterscheiden. Im Zentrum der individuellen Faktoren stehen der „autoritäre Charakter" und andere sozialisationsbedingte Fehlentwicklungen, die die Entstehung von rechtsextremen Einstellungen begünstigen. Hinzu kommen Unzufriedenheit mit der persönlichen Lebenssituation und → Entfremdung gegenüber den bestehenden wirtschaftlichen, sozialen und politischen Verhältnissen. In dieser Situation werden vielfach Ersatzwelten (Personen, Gruppen, Symbole) gesucht, die Macht, Stärke, Sicherheit und Geborgenheit verheißen und Orientierung ermöglichen. Die gesamtgesellschaftlichen Ursachen des R. erwachsen zumeist aus Umbruchsituationen im ökonomischen, sozialen oder politischen Bereich, wobei entscheidend ist, ob die Umbrüche als gravierend wahrge-

nommen werden oder nicht. Im Detail machen sich auf der wirtschaftlich-sozialen Ebene Arbeitslosigkeit, Armut, strukturelle Benachteiligung einzelner Wirtschaftssektoren, → Regionen oder sozialer Schichten, aber auch unbefriedigende Wohn- und Lebensbedingungen, Infrastrukturen, Freizeitangebote und Nachbarschaftsbeziehungen bemerkbar. Auf der politischen Ebene sind Faktoren wie unzureichende Sachkompetenz politischer Akteure, geringe Akzeptanz politischer → Institutionen, mangelnde Integrationskapazität und Bindungsverluste intermediärer Organisationen und politische Skandale maßgeblich. Entscheidend ist, daß es sich immer um ein Geflecht von verschiedenen, in der Regel aber miteinander verknüpften Faktoren handelt, das rechtsextremes Verhalten begünstigt.

Lit.: Stöss, R.: Rechtsextremismus im vereinten Deutschland, Bonn 1999; *Mecklenburg, J.* (Hg.): Handbuch deutscher Rechtsextremismus, Berlin 1996; *Gessenharter, W./ Fröchling, H.* (Hg.): Rechtsextremismus und Neue Rechte in Deutschland, Opladen 1998; *Falter, J. W.*: Wer wählt rechts? Die Wähler und Anhänger rechtsextremistischer Parteien im vereinigten Deutschland, München 1994; *Schröder, B.*: Im Griff der rechten Szene. Ostdeutsche Städte in Angst, Reinbek 1997; *Falter, J. W./ Jaschke, H.-G./ Winkler, J. R.* (Hg): Rechtsextremismus. Ergebnisse und Perspektiven der Forschung, PVS SH 27, Opladen 1997.

Priv. Doz. Dr. Richard Stöss, Berlin

Rechtspolitik

Die auf eine Veränderung der geltenden Rechtsnormen ausgerichteten Handlungen politischer → Institutionen, v.a. in Form von → Gesetzen. In diesem weitgefaßten, unscharfen Sinne wäre fast jede Entscheidung des Gesetzgebers (→ Legislative) ein Rechtswandel. Daher wird als R. meist nur ein Rechtsakt bezeichnet, der zu einer grundsätzlichen Veränderung der Rechtsstellung des → Individuums gegenüber → Staat und → Gesellschaft führt. Dazu gehören beispielsweise die Reformen von Straf- und Eherecht.

Rechtsprechende Gewalt

⇒ Rechtsprechung
In → Staaten mit → Gewaltenteilung neben → gesetzgebender und → vollziehender Gewalt die „dritte → Gewalt", die durch besondere, unabhängige Justizorgane des → Bundes und der → Länder (Gerichte) ausgeübt wird.

Rechtsprechung

⇒ *Rechtsprechende Gewalt*

Rechtsradikalismus

Bez. eines nach gängigem Links-Rechts-Schema äußerst rechts angesiedelten politischen → Einstellungssyndroms (wird weitgehend synonym mit → Rechtsextremismus - s. → Extremismus; → Radikalismus - verwandt).

Rechtsstaat

1. Entstehung: Die Problematik des Verhältnisses von → Staat und Recht gehört zu den Grundfragen der → Staatslehre und damit auch der → Politischen Philosophie: Ob politische → Herrschaft das Recht erzeugt und darüber disponiert, oder ob → Legitimität politischer Herrschaft nur unter der Voraussetzung der Geltung bestimmter Rechtssätze denkbar ist, wird schon in der griechischen Staatsphilosophie gefragt und v. a. von Platon und Aristoteles eingehend diskutiert; daraus resultiert die Naturrechtsdiskussion der Stoa, des Mittelalters und der frühen Neuzeit. Von daher läßt sich jede Diskussion über Legitimität und Grenzen politischer Herrschaft, etwa auch über die spätmittelalterliche Rechts- und Friedensbewahrung, unter die R.-Problematik einordnen.

Ihren konkreten Stellenwert erhält diese jedoch erst mit der Frage nach der Begrenzung der souveränen Staatsgewalt durch bestimmte Rechtssätze (→ Legalität). In diesem Zusammenhang läßt sich die Theorie der Beschränkung der Herrschermacht durch Teilung der Gewalten mit Bestimmung der Grundlinien der Herrschaft durch → Gesetzgebung, v. a. bei Locke, Montesquieu, in den → Federalist Papers und in den amerikanisch-französischen Menschenrechte-Erklärungen, als R.-Diskussion verstehen und ist die Fragestellung nach der

→ „rule of law" damit verwandt. In Deutschland enthält schon Kants Rechtslehre in der „Metaphysik der Sitten" (1797, §§ 45ff., 49) mit ihrer Forderung nach Herrschaft des gesetzlich festgelegten Rechts eine eigentliche R.Theorie; der Begriff findet sich jedoch erst in der darauf aufbauenden Literatur (J.W. Placidus, 1798). Seine konkrete Bedeutung in der besonderen deutschen Situation wird diskutiert v. a. durch Robert von Mohl, der zunächst in seinem „Staatsrecht des Königreichs Württemberg" (1829) den Begriff verwendet und dann „Die Polizeiwissenschaft nach den Grundsätzen des Rechtsstaates" (3 Bde., 1832-34) entwickelt: Der R.-Begriff ist Gegenbegriff zum aufklärerisch-absolutistischen → Polizeistaat, dessen Herrscher die Staatszwecke einer „guten Polizei" selbst setzt und, als Mittel zu deren Erreichung, die erforderlichen rechtlichen Vorschriften (insb. Polizeiordnungen) erläßt. Demgegenüber erfordert der R. gesetzliche Festlegung der Staatsaufgaben und beschränkt sich darauf, die so gesetzten Zwecke zu verfolgen, mag auch die Intensität der gesetzlichen Regelung zunächst noch unbestimmt bleiben. Aber mit dem Erfordernis der gesetzlichen Grundlage verbindet sich die Beteiligung der bürgerlich-demokratisch legitimierten → Volksvertretung (Landstände) und damit einer vom monarchischen Staat emanzipierenden demokratischen Gesellschaft (→ Staat und Gesellschaft) an der Festlegung der Staatszwecke. Damit ist die Trennung von Rechtsetzung und Rechtsanwendung verbunden. Diese bedarf richterlicher Kontrolle. Damit ist die → Gewaltenteilung Voraussetzung des R. Freiheitsgewährung und ihr dienende organisatorische Gestaltung, liberale und demokratische Funktion, inhaltliche Ausrichtung und offene Bestimmung der Rechtsstaatlichkeit gehen somit Hand in Hand. Das so entwickelte Konzept sucht der → Liberalismus des → Vormärz und auch der Paulskirche dem System monarchischer Legitimität entgegenzustellen.

2. Formalisierung des R. Dem politischen Anspruch des → Bürgertums auf maßgebliche Bestimmung der Staatstätigkeit begegnet eine kontinuierliche → Opposition des monarchischen Systems, die sich mit der

Reaktion nach der → Revolution von 1848 noch verschärft. Deshalb bleiben in Deutschland - in im einzelnen unterschiedlichem Ausmaß - Bereiche wie das besondere Gewaltverhältnis (insb. → öffentlicher Dienst und öffentliche Anstalten) und der militärische Oberbefehl der r.-lichen gesetzlichen Regelung verschlossen. Auch die Befugnis zur Ausfüllung von Gesetzeslükken und die Handhabung des → Ermessens relativieren den R. Aber als Prinzip wird die Regelung des „allgemeinen Gewaltverhältnisses", d.h. der Rechtsstellung der Untertanen, ihrer → Freiheit und ihres Eigentums im Verhältnis zu staatlichen Eingriffen, zur Sache des Gesetzes (Legalitäts- oder Gesetzmäßigkeitsprinzip). Dadurch wird die Tragweite des R.-Prinzips ambivalent. Zur Sicherung der individuellen, besonders der ökonomischen Freiheitssphäre (z.B. Privatautonomie in Produktion und Handel, → Gewerbefreiheit, Freizügigkeit, auch → Presse- und Vereinigungsfreiheit) entfaltet das → Gesetz, v. a. nach der Reichseinigung, seine schützende Wirkung. Als Mittel zur demokratischen Umgestaltung des Staates dagegen kann es -zumindest auf absehbare Zeit - nicht dienen, da das Sanktionsrecht des Monarchen und seine Prärogativrechte das Übergewicht der monarchischen Staatsautorität sichern und die rechtsstaatliche → Gesetzgebung nur als deren Beschränkung, nicht als bestimmendes Element des Staates aufzufassen gestatten.

Im Gegenteil dient die ursprünglich den R. bedingende Gewaltenteilungslehre dazu, den Bereich der → Regierung abzusichern, den des Gesetzes zu begrenzen. Entsprechend wird die rechtsstaatliche Freiheitssicherung außerhalb des monarchischen Prärogativbereichs zu einem eher technischen und im einzelnen hoch differenzierten Mechanismus von Vorrang und Vorbehalt des Gesetzes (O. Mayer) sowie Kontrolle von dessen Anwendung zunächst durch die ordentlichen Gerichte (Paulskirchenverfassung, Otto Bähr), dann durch die Schaffung einer → Verwaltungsgerichtsbarkeit, die sich zunächst an die Verwaltungsorganisation anlehnt und durch Beteiligung ehrenamtlicher Bürger Elemente der → Selbstverwaltung aufnimmt, wobei diese jedoch nicht - wie noch in den Stein-Har-

denberg'schen Reformen - der monarchisch-staatlichen → Verwaltung entgegengestellt, sondern in sie integriert wird (Rudolf Gneist). Der R. „bedeutet überhaupt nicht Ziel und Inhalt des Staates, sondern nur Art und Charakter, dieselben zu verwirklichen" (F. J. Stahl): er wird vom Anspruch auf demokratische → Herrschaft und sozialen Wandel losgelöst und kann, entsprechend dem positivistischen Rechtsverständnis, jeder Staatszielbestimmung dienstbar gemacht werden. So ergeht selbst die Ausnahmegesetzgebung des Sozialistengesetzes (1878) in formell r.-licher Weise und läßt sich die paradoxe These Kelsens, jeder Staat sei ein rechtsstaatl., insofern er in seiner Rechtsordnung in Erscheinung trete, als letzte Konsequenz der Formalisierung der R.-Lehre verstehen.

3. Ökonomische Funktion des R. Diese technische Reduktion des R. auf beliebige Inhalte steht freilich der Tatsache nicht entgegen, daß eine gesetzliche Ordnung, die das Erwerbsstreben und die Nutzung privaten Eigentums frei ermöglicht, in der wirtschaftlichen Situation der zweiten Hälfte des 19. Jh. ausgesprochen stimulierend wirkt und dem Bürgertum, zum Ausgleich für die begrenzte politische Mitsprache, Entfaltung auf wirtschaftlichem Gebiet nahelegt. So begünstigt der R. im Rahmen eines eher statischen - wenn auch spezifische Strukturkrisen produzierenden - → politischen Systems einen davon unbehinderten wirtschaftlichen Aufschwung. Dieser knüpft an die Nutzung von durch formell allgemeine Gesetze gewährleisteten Eigentumsrechten, speziell an Produktionsmitteln, an, und schließt daher die Nichteigentümer aus, ja macht sie faktisch zum Objekt der ökonomischen Machtkonzentration. Selbst rechtlich wird daraus - im offenkundigen Widerspruch zum Ideal des R. - die Konsequenz gezogen, → Arbeitsbeziehungen weiterhin nicht gesetzlicher Regelung und gerichtlichem Schutz, sondern aufgrund einer formal verstandenen Vertragsfreiheit dem Direktionsrecht des Arbeitgebers unter dem Schutz staatlicher Polizeigewalt zu unterstellen (Fabrikordnungen, Verbote, dann Beschränkungen von → Streiks). Auch die → Gleichheit,

Grundlage des Demokratie- wie des R.-Prinzips, wird daher auf einen formellen Gleichbehandlungsanspruch reduziert. Damit greift auch sie nicht als Schranke gegenüber diskriminatorischer Gesetzgebung, die wie die → Interessen der politischen Herrschaft auch die des bürgerlichen Erwerbsstrebens schützt, wie etwa das schon erwähnte Sozialistengesetz, vereinsrechtliche Diskriminierungen der → Gewerkschaften sowie auf die → Bedürfnisse einer besitzbürgerlichen Gesellschaft zugeschnittene Regelungen des Zivil- und Strafrechts.

4. Verhältnis zum → Sozialstaat. Allerdings bricht sich die Erkenntnis, daß der bürgerliche R. wirtschaftliche und gesellschaftliche Ungleichheit begünstigt, angesichts der → sozialen Frage bald Bahn. Im Interesse der Erhaltung der Homogenität des konstitutionellen Staates werden Gegenmaßnahmen erforderlich. Deren Träger ist charakteristischerweise nicht in erster Linie das auf den R. orientierte Bürgertum, sondern die konservative, an der „neutralen" Staatsautorität interessierte Regierungsmacht Bismarcks. Die Anfänge des Sozialstaats mit der Einführung der Sozialversicherung, wenngleich ebenfalls durch das Interesse der Unternehmer an einer Kollektivierung ihrer Haftpflicht begünstigt, entstehen aus einer dem R. gegenläufigen Ideen- und Interessenstruktur. In diesem Gegensatz wurzelt die politische, später auch methodische und staatstheoretische Entgegensetzung von Rechtsstaatlichkeit und Sozialstaatlichkeit. Allerdings weist angesichts der faschistischen Bedrohung in der → Weimarer Republik Hermann Heller in seiner Schrift „Rechtsstaat oder Diktatur?" (1929/30) auf die - seiner Meinung nach einzige - Chance hin, daß demokratische Umgestaltung „den liberalen in einen sozialen R. überführt." Aber trotz der republikanischen Staatsform verhindert der fortbestehende Interessengegensatz zwischen überkommenen Verwaltungsträgern, wirtschaftlichen Interessen und Arbeiterschaft eine entsprechende Entwicklung, und in der Diskussion der BRD wird, trotz (in der Entstehung im einzelnen nicht eindeutig zu lokalisierender) Aufnahme der Formel vom „sozialen R." in

Art. 28 I 1 GG, entgegen einzelnen Stimmen (W. Abendroth) zunächst eher die Antinomie von R. und Sozialstaat betont (E. Forsthoff).

5. Erweiterung der materiellen Rechtsstaatlichkeit. Allerdings erwächst der formell-technischen Sicht des R. schon in der Weimarer Republik und erst recht nach 1945 unter dem Eindruck der beliebigen positivistischen Verfügbarkeit des formellen R.-Verständnisses Kritik. Unter Anknüpfung an die alte Diskussion über das Verhältnis von Staat und Recht, namentlich an die Naturrechtslehre, wird die rechtliche Fundierung des Staates als Orientierung an bestimmten materialen Prinzipien, den Werten der Gerechtigkeit, Menschenwürde, Gleichheit und an den → Grundrechten postuliert. Die Funktion solcher Thesen bleibt freilich oft diffus. So bedeutet die Materialisierung des R. in der Weimarer Republik weitgehend Verteidigung gegenüber sozialpolitischen Gestaltungsversuchen, etwa im Zusammenhang mit der Inflationsbekämpfung (Bindung des Gesetzgebers an den Gleichheitssatz, richterliches Prüfungsrecht), und der „Renaissance" des → Naturrechts" nach 1945 ist entgegengehalten worden, daß sie ein Element oder zumindest eine → Legitimation restaurativer Tendenzen in der Bundesrepublik gewesen sei. Unbestreitbar ist jedoch, daß das GG die umfassende Gewährleistung von Elementen der formellen Rechtsstaatlichkeit, v. a. des Vorrangs des Gesetzes und des gerichtlichen Rechtsschutzes (Art. 19 IV, 20 II, III, 92-104) in den Zusammenhang der Anerkennung (!) und Gewährleistung materialer → Grundwerte, insb. der Grundrechte, gestellt und alle Staatsgewalt daran, Vollziehung und → Rechtsprechung an „Gesetz und Recht" (Art. 20 III) gebunden hat. Zugleich fehlt im GG die ausdrückliche Gewährleistung des Vorbehalts des Gesetzes neben den → Gesetzesvorbehalten zu den einzelnen Grundrechten, und es fällt auf, daß vom Prinzip des R. als solchem nur beiläufig (Art. 28 I 1) die Rede ist, während die Zentralnorm des Art. 20 (vgl. Art. 79 III !) neben den anderen Verfassungsprinzipien (→ Bundesstaat, Sozialstaat, → Demokratie) nur Elemente der

Rechtsstaatlichkeit erwähnt, die ihrerseits als konkretere Verfassungsrechtssätze angewandt werden könnten (Kunig).

Neben der Betonung der Rechtsschutzgarantien ist daher die Grundrechtsinterpretation das entscheidende Mittel zur Aktualisierung des R.-Prinzips in der heutigen Verfassungspraxis geworden. Sie bewirkt zunächst Bindung aller Staatsgewalten, auch der Gesetzgebung, was der Verfassungsrechtsprechung weite Entscheidungsspielräume eröffnet. Dies gilt insb. für die Konkretisierung des allgemeinen Gleichheitssatzes, aber auch für die in der Rechtsprechung verallgemeinerte Prüfung von Grundrechtsbeschränkungen auf Verhältnismäßigkeit sowohl der gesetzlichen Regelungen, wie der Anwendung im Einzelfall, sowie für die Durchsetzung von Grundsätzen wie denen der Rechtssicherheit, des Vertrauensschutzes, des Rückwirkungsverbots und der Verantwortlichkeit des Staates für rechtswidriges Handeln. Insofern ist die Rechtsstaatlichkeit in der Bundesrepublik auf die Spitze getrieben worden; Schlagworte wie → „Verrechtlichung" (z.B. Habermas; R. Voigt, ed. 1980) und „Der totale R." (Bettermann, 1986) sind zugespitzte, aber treffende Charakterisierungen dieser Situation. Nur bedingt die Verbindung materieller und formeller Rechtsstaatlichkeit, daß die weiten Entscheidungsspielräume bei der Konkretisierung der materialen Wertbegriffe „den Richtern anvertraut" (Art. 92 GG) und damit entweder von deren gruppenspezifischen Vorverständnissen abhängig sind, oder zu einem „Bundesverfassungsgerichtspositivismus" (B. Schlink), oder zu einer offenen → Politisierung und Polarisierung richterlicher Tätigkeit führen. Demgegenüber ist eine argumentativ präzise Rekonstruktion des Prinzips R. geboten (Sobota).

6. Aktuelle Problematik. Daher dürfte die Rechtsstaatlichkeit heute das von der Rechtsprechung der Bundesrepublik am umfassendsten entwickelte Verfassungsprinzip sein, das insb. Sozialstaats- und Demokratieprinzip weithin überlagert und absorbiert. Dieser erklärliche Befund ist freilich nicht denknotwendig so. Werden

aus dem Sozialstaatsprinzip und aus den Grundrechten Teilhaberechte der Bürger abgeleitet, so läßt sich gerichtlich eine Entfaltung auch der Sozialstaatlichkeit erreichen. In Ansätzen ist dies zeitweilig auch versucht worden; doch stehen außer den erwähnten historischen und justizsoziologischen Gesichtspunkten die Formulierung der Grundrechte des GG überwiegend als Freiheits-, nicht als Teilhaberechte, und die gravierenden ökonomischen Folgen der Entwicklung von Teilhaberechten (z.B. eines Rechts auf Arbeit) entgegen. In vielleicht noch problematischerer Weise blendet die (bürgerliche oder soziale) Materialisierung der Rechtsstaatlichkeit für sich allein die Grundtatsache aus, daß Begrenzung der Staatsgewalt durch das Recht positive, bestimmende Gestaltung des Rechts voraussetzt, und daß der R. mit dem Anspruch angetreten ist, diese Gestaltung der Volksvertretung anheimzugeben. Die Entwicklung des R. müßte daher auf der demokratischen Legitimation des Rechts aufbauen und, diese intensivierend (→ direkte Demokratie), durch Gesetzgebung die liberalen und sozialen Grundwerte des R. verwirklichen (H. Heller). Ansätze dazu können der vom → Bundesverfassungsgericht entwickelten Wesentlichkeitstheorie als Umschreibung der Reichweite des Vorbehalts des Gesetzes entnommen werden. Demokratisches und rechtsstaatliches Prinzip, parlamentarische Rechtsetzung und Gewährleistung von Rechtsschutz durch Gerichte wären insofern als Teilelemente zu verstehen, deren praktische Konkordanz (K. Hesse) die staatliche Gesamtordnung erst hervorbringt. Ein solches Konzept des R. wäre die verfassungsrechtliche Kehrseite der → Pluralismustheorie. Rechtsstaatlich und damit zugleich demokratisch ist, so gesehen, eine Ordnung, die alle sie hervorbringenden Kräfte als begrenzt normiert und nur ihr rechtlich geordnetes Zusammenwirken, nicht die Verselbständigung einer → Gewalt als Verfahren zur Erzeugung des Staatswillens vorsieht.

Lit.: Bäumlin, R.: R., in: Ev. Staatslexikon, 3. A., Stuttgart 1987, Sp. 2806ff.; *Böckenförde, E. W.:* Entstehung und Wandel des Rechtsstaatsbegriffs. Festschrift für A. Arndt, Frankfurt 1969, S. 53ff. (auch in:

Staat, Gesellschaft, Freiheit, Frankfurt 1976, S. 65ff.); *Forsthoff, E.* (Hg.): Rechtsstaatlichkeit und Sozialstaatlichkeit, Darmstadt 1968; *Kunig, P.*: Das Rechtsstaatsprinzip, Tübingen 1986; *Schmidt-Aßmann, E.*: Der Rechtsstaat, in: Handbuch des Staatsrechts, Bd. 1, Heidelberg 1987, § 24 S. 987ff; *Sobota, K.*: Das Prinzip R., Tübingen 1997.

Prof. Dr. Dian Schefold, Bremen

Rechtsverordnung

Hoheitliche Anordnung einer → Regierung oder eines → Ministers, die nicht im förmlichen Gesetzgebungsverfahren erlassen wird, sondern kraft welcher, als abgeleitete Rechtsnorm, ein Teil der - grundsätzlich dem → Parlament vorbehaltenen - Normsetzungsbefugnis der → Exekutive übertragen wird. Art. 80 I GG verlangt bestimmte Ermächtigung durch ein → Gesetz nach Inhalt, Zweck und Ausmaß. R. sollen den Gesetzgeber von der Regelung detaillierter Probleme entlasten.

Rechtsweg

Möglichkeit, Streitigkeiten einem staatlichen Gericht mit dem Anspruch auf Rechtsschutz zur Entscheidung zu unterbreiten; dies schließt Akte der öffentlichen → Gewalt mit ein (Rechtsweggarantie nach § 40 I VwGO, gemäß Art. 19 IV GG). Entsprechend der Gliederung der Gerichtsbarkeit unterscheidet man zwischen dem ordentlich R. (Zivil- und Strafgerichte) und dem R. beispielsweise zu Verwaltungs-, Arbeits-, Sozial- und Finanzgerichten. Die Zulässigkeit des R. zu dem angerufenen Gericht muß von diesem selbst geprüft werden. Für den R. zum Verfassungsgericht gelten gesonderte Regelungen.

Redefreiheit

→ Meinungs-, Informations- und Pressefreiheit

Redeparlament

Im Unterschied zum → Arbeitsparlament dominiert im R. die parlamentarische Plenardebatte vor der ausschußinternen Gesetzesarbeit. Als Prototyp gilt das britische → Unterhaus. Das R. ist, dem Idealbild zufolge, Forum öffentlicher Meinungs- und Willensbildung; hier haben Artikulations- und Informationsfunktion der → Parteien Vorrang. Das R. ist der Ort des Parteienwettbewerbs; in der öffentlichen Debatte appellieren → Regierung und → Opposition an die Wähler, deren Urteil sie sich in der nächsten → Wahl unterwerfen. Da im R. die Gesetzesarbeit überwiegend in den Händen der → Exekutive liegt, ist die → Regierung faktisch die bestimmende Kraft im Parlamentsgeschehen.

redistributive Politik

Staatliche Umverteilungspolitik mit dem Ziel, Einkommensunterschiede zwischen Personen oder privaten → Haushalten zu vermindern. Im Unterschied zur → distributiven Politik sind mit r. Eingriffe in Besitzstände betroffener Gruppen bzw. Adressaten verbunden. Das Ausmaß dieser staatlichen Verteilungspolitik richtet sich nach sozialpolitischen Zielvorstellungen, unter Berücksichtigung ökonomischer Leistungsanreize und politischer Konflikte. Mittel der r. sind v.a. Einkommensbesteuerung und Sozialtransfers.

Reeducation

Engl. für Umerziehung; Gesamtheit von Konzepten und Maßnahmen, mit welchen die alliierten Besatzungsmächte nach dem Ende der NS-Herrschaft versuchten, die im → Potsdamer Abkommen (2.8.1945) gemeinsam proklamierte „Umgestaltung des politischen Lebens auf demokratischer Grundlage" im Nachkriegsdeutschland einzuleiten. I.w.S. zielte die R. auf eine → Demokratisierung von politischen → Einstellungen und Einrichtungen in → Staat, Wirtschaft und → Gesellschaft. I.e.S. meinte R. die Säuberung des Erziehungs-, Bildungs- und Mediensektors von nazistischen bzw. autoritären Relikten sowie, nach erfolgter geistiger und personeller → Entnazifizierung, Aufbau und Reform von → Presse, Rundfunk, Literatur, Schule, Universität und Erwachsenenbildung. Im Herbst 1948 lief, vor dem Hintergrund des heraufziehenden → Ost-West-Konflikts, das anglo-amerikanische R.-Programm faktisch aus.

Referat

Teil der Behördenorganisation mit vormals konsultativer, inzwischen weitgehend vorbearbeitender Verwaltungsfunktion. I.d.R. ein ELEMENT des Verwaltungsaufbaus von Mittel- und Oberbehörden. Die unterste, meist aus mehreren Personen bestehende Organisationsstufe, die Arbeitsebene, der öffentlichen → Verwaltung. Sie umfaßt ein selbständiges Sach- bzw. Fachgebiet.

Referatsleiter

→ Referent

Referendum

⇒ Volksabstimmung
⇒ Volksentscheid
Der Begriff R. - international der gebräuchlichste - wird synonym verwandt mit (Sach) → Plebiszit, Volksabstimmung und Volksentscheid. Davon zu unterscheiden sind die (gleichfalls synonymen) Begriffe Initiative/ Volksinitiative und → Volksbegehren, welche die einleitenden Schritte für ein R. bezeichnen. Das R. als Mittel der → Gesetzgebung entwickelte sich in Gebieten mit größerer Bevölkerungszahl und direktdemokratischer Tradition (z.B. Schweiz, USA) als Äquivalent zur → Versammlungsdemokratie. Der Entschluß zur Abhaltung eines R. kann ausgehen von: → Präsident (Frankreich), → Regierung, → Parlament, Wahlbevölkerung (durch Volksbegehren). Volksbegehren setzen, je nach Gebiet und Art des angestrebten R., meist ein bestimmtes → Quorum (Zahl oder Prozentanteil der Abstimmungsberechtigten) voraus. Man unterscheidet ferner nach Gesetzes-R., Verfassungs-R., Finanz-R. (→ Steuern u.ä.), konsultativem R. (bzw. Volksbefragung, ohne bindende Wirkung).

Im modernen → Verfassungsstaat, der auf gewählte Repräsentativorgane nicht verzichten kann, sind Volksbegehren und R. ergänzende Instrumente einer → plebiszitären Demokratie. Strittig ist, wo die Grenze der funktionellen Substituierung repräsentativer durch plebiszitäre Befugnisse zu ziehen ist.

Referendumsdemokratie

Während → plebiszitäre Demokratie eine allg. Bez. für ein → politisches System ist, in dem Mechanismen der → direkten Demokratie als Mittel politischer Willensbildung ein starkes Gewicht haben, bezieht sich der Begriff R. lediglich auf den Einsatz des direkt-demokratischen Instruments des → Plebiszits (→ Referendum). Von allen direkt-demokratischen Mitteln ist es das Sachplebiszit bzw. das Referendum, das den unverwechselbaren Charakter einer R. darstellt. Abstimmungsergebnisse des Plebiszits treten an die Stelle von Entscheidungen repräsentativer Körperschaften, und sei es auch nur, indem sie der permanenten Kontrolle parlamentarischer Tätigkeit dienen.

Referent

Vormals die Bez. für den Leiter eines → Referats, der ersten Bearbeitungsebene im internen Organisationsschema der → öffentlichen Verwaltung bei Mittel- und Oberbehörden sowie Ministerien. Heute trägt dieser die Bez. Referatsleiter; die Bez. R. gilt nunmehr für die dem höheren Dienst angehörenden Mitarbeiter eines Referates (früher: Hilfsreferent).

Reformismus

1. In einem allg. Sinne jede → Politik, die im Gegensatz zu revolutionären Umwälzungen eine Perspektive der friedlichen, sukzessiven Veränderungen über den Weg parlamentarisch legitimierter Reformen verfolgt.

2. Traditionslinie der europäischen → Arbeiterbewegung. Als theoretisches Selbstverständnis wie Instrumentarium praktischpolitischer Aktion beinhaltete der R. eine Politik allmählicher Umgestaltung von (Klassen-) → Staat, kapitalistischer → Wirtschaftsordnung und → Klassengesellschaft über den Weg schrittweiser parlamentarischer Reformen, unter Anerkennung der Grundsätze rechtsstaatlicher → Demokratie (s.a. → Revisionismus). Von Vertretern eines revolutionären → Sozialismus wurde R. als negativ besetzter Kampfbegriff gegen Exponenten eines gemäßigten, pragmatischen Reformkurses verwendet.

Reformkommunismus

Sammelbez. für Bestrebungen (nationaler) kommunistischer → Parteien bzw. Parteiflügel, abweichend von dogmatischer Rezeption eines orthodoxen → Marxismus-Leninismus eigenständiges Programm- und Politikprofil zu entwickeln, einen → Kommunismus mit „menschlichem Antlitz" zu schaffen. Zum R. zählen der → „Prager Frühling" (Tschechoslowakei 1968), ferner der → Eurokommunismus, der sich in den 70er Jahren insbes. in romanischen KPs (Italien, Spanien, z.T. Frankreich) entwickelte, sowie in den späten 80er Jahren die von Gorbatschow eingeleitete Reformpolitik im → Ostblock.

Regelanfrage

Bestandteil routineförmiger Überprüfung von Bewerbern für den → öffentlichen Dienst auf ihre Verfassungstreue. Die R. war Teil des sog. → Extremistenbeschlusses (bzw. Radikalenerlasses) der Regierungschefs von → Bund und → Ländern von 1972, mit dem Gegner der → freiheitlichen demokratischen Grundordnung vom Staatsdienst ferngehalten werden sollten. Gemäß diesem Beschluß wurde vor der Einstellung bzw. Verbeamtung eine Auskunft beim → Verfassungsschutz des betr. → Bundeslandes - die R. - eingeholt, ob über den Bewerber Erkenntnisse vorliegen, die Zweifel an seiner Verfassungstreue begründen. 1991 wurde die R. bei Bund und Ländern endgültig (zuletzt in Bayern) eingestellt und z.T. durch eine Befragung ersetzt (z.B. Bundeswehr, Bayern).

Regelbindung

Zentrales Element jeder bürokratischen Organisation ist die Bindung des gesamten Verwaltungshandelns an förmliche Regeln bzw. Regelungsvorgaben (→ Gesetze, → Rechtsverordnungen, Verwaltungsvorschriften, Programme). Die R. dient der durch Standardisierung und routineförmige Erledigung erzielbaren Berechenbarkeit von Verwaltungshandeln, damit auch der Gewähr von Gleichbehandlung. Nachteilige Effekte sind bürokratische Erstarrung und eine Tendenz zu innerbehördlicher Rückversicherung.

Regierbarkeit

Möglichkeiten insbes. nationaler → Regierungen und → Parlamente, allgemein-verbindliche politische Entscheidungen durchzusetzen und dafür gesellschaftliche Billigung zu finden. Die komplexen Problemlagen moderner → Industriegesellschaften setzen die Möglichkeiten der verantwortlichen Akteure im → politisch-administrativen System, R. zu gewährleisten, steigenden Belastungsproben aus: steigenden Leistungsanforderungen und Partizipationserwartungen der → Bürger, fortbestehende Disparitäten der Lebenschancen, zunehmende Verbandsmacht (→ Interessenpolitik), stagnierende → Ressourcen und eine dadurch angespannte Lage der öffentlichen → Haushalte verringern die autonome Steuerungsfähigkeit der politischen → Institutionen. Manche Beobachter sprechen daher von der → Unregierbarkeit pluralistischer Industriegesellschaften. Pluralistische → Demokratien in modernen Industriegesellschaften sind ohne diese Einwirkungsfaktoren aber kaum vorstellbar, insofern ist die Problematik der R. ab einer gewissen Entwicklungsstufe systemimmanent.

Regieren

Politisches Handeln mit bindender Wirkung, v.a. Entscheiden sowie Koordination innerhalb des → politischen Systems und mit den gesellschaftlichen Bereichen. I.e.S. ist R. die Führungstätigkeit, die sich auf die Ausführung der Beschlüsse der → Legislative - im Sinne von → Regierung bzw. → Exekutive - bezieht und die Führung der → Verwaltung einschließt. Angesichts der engen Verklammerung von Regierung und Parlamentsmehrheit in → parlamentarischen Regierungssystemen fallen unter diesen Begriff von R. auch die → Staaten mit einer Dominanz der Regierung über das → Parlament (insbes. Großbritannien). I.w.S. erfolgt diese Führungstätigkeit z.B. im → präsidentiellen Regierungssystem der USA durch die Gesamtheit der staatlichen → Institutionen: Legislative, Exekutive (incl. Verwaltung) und → Judikative; auf diese Gesamtheit bezieht sich der Begriff „government". Ist hingegen die Legislative der dominierende Machtträger und spielt die Regierung eine vergleichsweise unbedeutende Rolle, so erfolgt das R. im Sinne von politischer Führung nicht durch die

Exekutive, sondern allenfalls in der fraktionierten Legislative; diese Erscheinungsform findet sich in der → Versammlungsregierung (incl. Schweiz) und in den USA zu Zeiten des „congressional government".

Regierung

Ursprünglich Bez. für eine die → Gesellschaft steuernde Tätigkeit der Staatsspitze, wurde „R." im Zuge der Herausbildung staatlicher Organe auf das zentrale politische Leitungsorgan der → Exekutive angewandt (z.B. → Bundesregierung). Diese politische Leitungsfunktion kann von einer Einzelperson (→ Präsidialsystem/ → präsidentielle Regierungssysteme) oder kollegial (→ Kollegialsystem) ausgeübt werden. Im Präsidialsystem der USA bezieht sich der Begriff R. auf die Gesamtheit der staatlichen → Institutionen: → Legislative, Exekutive (incl. → Verwaltung) und → Judikative; das aus → Präsident und → Ministern (secretaries) bestehende Gremium wird in den USA als cabinet bezeichnet (nicht zu verwechseln mit dem kontinentaleuropäischen → Kabinett, da die secretaries in den USA keine eigenständigen Entscheidungsträger sind).

Regierungsbezirk

In den meisten Flächenstaaten der Bundesrepublik Deutschland (außer Branden burg, Mecklenburg-Vorpommern, Saarland, Schleswig-Holstein, Thüringen) Mittelinstanz der Staatsverwaltung zwischen der kommunalen und der ministeriellen Verwaltungsebene. Die R. fungieren als Bündelungsbehörde für → Behörden der Fach bzw. Sonderverwaltung sowie der allgemeinen → Verwaltung. Sie sind Träger der → Rechts- und → Fachaufsicht gegenüber den → Landkreisen und kreisfreien → Städten. Leiter eines R. ist der (von der → Landesregierung ernannte) → Regierungspräsident.

In den R. Bayerns existieren neben diesen Bezirksregierungen jeweils → Bezirkstage, d.h. gewählte Selbstverwaltungskörperschaften (→ Gemeindeverbände höherer Ordnung), denen bestimmte Aufgaben der Sozialverwaltung (Krankenpflege) und regionalen Kulturförderung obliegen. Auch in Rheinland-Pfalz existiert seit 1989 im R.

Rheinhessen-Pfalz ein gewählter Bezirkstag.

Regierungsbildung

Prozeß der Formierung einer (mehrheitsfähigen) → Regierung, in → parlamentarischen Regierungssystemen, i.d.R. durch interne Willensbildung der Mehrheitspartei oder durch → Koalition mehrerer → Parteien (in → präsidentiellen Regierungssystemen wird der → Präsident direkt vom → Volk gewählt). In einigen → Systemen bedürfen neben dem Regierungschef auch die → Minister der → Wahl oder des Vertrauens durch das → Parlament. Durch den Akt der R. bilden sich im Parlament → Regierungsmehrheit und Opposition heraus.

Regierungserklärung

Darlegung des Regierungsprogramms vor dem → Parlament nach Bildung einer neuen → Regierung durch den Regierungschef. Der R. schließt sich i.d.R. eine parlamentarische Aussprache an. Eine R. kann darüber hinaus zu wichtigen Ereignissen abgegeben werden.

Regierungskriminalität

Vergehen gegen DDR-Recht und → Völkerrecht (nicht aber gegen das Strafgesetz der Bundesrepublik Deutschland) durch Inhaber staatlicher → Gewalt in der ehem. DDR. Neben den Mitgliedern der DDR-Regierung bezieht sich diese Bez. auf alle Funktionäre auf allen Ebenen des → Staates und der diesen Staat monopolisierenden → SED (→ Staatspartei), die in Ausübung ihrer Funktion gegen → Gesetze verstoßen haben. Durch die DDR gewährte → Amnestien und → Immunitäten für fremde Staaten hat der → Bundesgerichtshof nicht anerkannt in Fällen von R. Zur R. zählen v.a. Tötungsdelikte an der Grenze, Justizunrecht, kriminelle Handlungen des → Staatssicherheitsdienstes und Wahlfälschungen; nicht aber die SED-Diktatur als solche oder die durch DDR-Gesetze gedeckten Handlungen, auch wenn diese gegen bundesdeutsche Gesetze verstießen. Im Verhältnis zur Dimension des Unrechts in der DDR ist die Zahl der Anklageerhebungen und insbes.

die Zahl der Verurteilungen sehr gering; die Zahl der Strafverbüßungen ist minimal.

Regierungslehre

Spezialgebiet der → Politischen Wissenschaft, das den zentralen staatlich-politischen → Institutionen sowie deren regierungsbezogener Tätigkeit gewidmet ist. Gegenstand der Betrachtung sind innenpolitische Prozesse eines → Landes, nicht automatisch mit vergleichender Perspektive (→ vergleichende Regierungslehre). Traditionellerweise befaßt sich die R. mit allen Institutionen, die am politischen Willensbildungs- und Entscheidungsprozeß beteiligt sind. Dazu gehören nicht nur die i.e.S. staatlichen Institutionen (→ Parlament, → Regierung, → Verwaltung, Gerichtsbarkeit), sondern auch → Parteien, → Verbände und → Massenmedien als Organe der → öffentlichen Meinung. Neben den gesollten und realen Funktionen dieser Institutionen werden spezielle Willensbildungs- und Entscheidungsprozesse sowie Programm- und Steuerungsprobleme untersucht.

Regierungsmehrheit und Opposition

Mit den Begriffen Regierungsmehrheit (RM) und Opposition (O) werden von den → Parteien oder → Fraktionen organisierte Verfassungsinstitutionen bezeichnet, die im politischen Gestaltungsprozeß eines → parlamentarischen Regierungssystems die Verfassungsorgane → Regierung und → Parlament - deren Organisation und Kompetenzen im Verfassungstext, durch → Gesetze und in Geschäftsordnungen geregelt werden - faktisch ergänzen bzw. überlagern.

1. Entsprechend traditioneller → Gewaltenteilung wird zwischen den politischen Gewalten → Exekutive und → Legislative unterschieden. Unter „Exekutive" werden v.a. das Staatsoberhaupt und die Regierung begriffen, „Legislative" meint die gesetzgebenden → Körperschaften. In einem → präsidentiellen Regierungssystem stehen sich Exekutive und Legislative in personeller Unabhängigkeit gegenüber. Beispiel USA: Die Exekutive stellt der → Präsident dar, der in seiner Person das Staatsoberhaupt und die Regierung vereint. Der → Kongreß bildet demgegenüber als ge-

setzgebende Versammlung die Legislative. Weder kann der Kongreß (noch eine seiner → Kammern) den Präsidenten als Regierungschef aus politischen Gründen von seinem → Amt abberufen, noch dieser den Kongreß als Legislative auflösen.

Auch in parlamentarischen Systemen bestehen die politischen Gewalten Exekutive und Legislative. Hier meint Exekutive jedoch die Trennung zwischen Staatsoberhaupt und Regierungschef, wobei lediglich der letztere mit seiner Regierung vom Vertrauen des Parlaments abhängig ist. Andererseits wird die Legislative eines parlamentarischen Systems deshalb Parlament genannt, weil sie nicht auf die Gesetzgebungsfunktion beschränkt ist, sondern darüber hinaus die Amtsdauer des Regierungspersonals zu bestimmen vermag. Beispiel Bundesrepublik: Die Exekutive wird sowohl vom → Bundespräsidenten als auch dem → Bundeskanzler und seiner Regierung gebildet. Nur der Bundeskanzler und seine Regierung jedoch sind bei ihrer Amtsführung auf das politische Vertrauen des → Bundestages angewiesen. Der Bundestag ist wiederum insofern mehr als eine „bloße Legislative", weil er dem Bundeskanzler aus politischen Gründen das Vertrauen, aber auch das Mißtrauen aussprechen kann. Im Falle eines erfolgreich durchgeführten → Mißtrauensvotums muß der Regierungschef vom Bundespräsidenten entlassen werden.

2. Die Regierung eines parl. Systems ist sowohl in ihrer Amtsdauer wie ihrer Handlungsfähigkeit auf die politische Haltung der Parlamentsmehrheit angewiesen. Sämtliche → Abgeordneten eines Parlaments, die eine Regierung im Amt halten, gehören zur RM. Die RM selbst setzt sich aus allen Regierungsmitgliedern und den Parlamentsmitgliedern zusammen, die sie in ihrem Regierungsamt halten. Der Begriff RM bezieht sich demnach auf die Einheit von Regierungspersonal und Parlamentsmehrheit. Eine entsprechende Parlamentsmehrheit ist auch dann gegeben, wenn nicht alle der sie bildenden Fraktionen oder → Abgeordneten durch Vertrauensleute in der Regierung selbst vertreten sind (Regierungsfraktionen), sondern diese lediglich

unterstützen oder in ihrer Amtswahrnehmung tolerieren (tolerierte → Minderheitsregierungen, wie beispielsw. relativ häufig in Dänemark und Norwegen). Entscheidend für die Existenz und Bestandsdauer einer RM ist lediglich die Tatsache, daß die bestehende Regierung durch ein verfassungsrechtlich oder verfassungspolitisch mögliches Mehrheitsvotum nicht gestürzt wird.

3. Die Mitglieder einer Regierung können bzw. müssen entweder alle zugleich Parlamentsmitglieder sein (wie in Großbritannien), oder dies ist in keinem Fall zugelassen (wie z.B. in Frankreich, Luxemburg, den Niederlanden bzw. in den → Stadtstaaten Bremen und Hamburg, wo die Vereinbarkeit von Ministeramt und → Mandat auf Grund bestehender → Inkompatibilitätsregelungen prinzipiell verboten ist). Normalerweise sehen die → Verfassungen parl. Systeme weder ein Vereinigungs- noch ein Imkompatibilitätsgebot vor. In den heutigen parl. Systemen ist es daher üblich, daß eine mehr oder weniger erhebliche Mehrheit der Regierungsmitglieder zugleich ein Parlamentsmandat besitzt. In ihnen findet damit die Einheit von Regierungsamt und Abgeordnetenmandat ihren „sinnlichen" Ausdruck. Durch diese enge Verbundenheit zwischen den Verfassungsorganen Regierung und Parlament werden traditionelle Vorstellungen klassischer Gewaltentrennung in Frage gestellt. Die ehemals voneinander „getrennten" Verfassungsorgane werden folglich in allen parl. Systemen durch die Realität der Verfassungsinstitutionen RM und Opposition überlagert. Werden die Verfassungsorgane Regierung und Parlament in ihren Strukturen und Kompetenzen durch Verfassungsregeln begründet, so werden die Verfassungsinstitutionen RM und O. maßgeblich von den Parteien und ihren Fraktionen im Parlament organisiert. Die Verfassungsinstitutionen RM und O. sind betont politische Gewalten und bilden als solche den Kern der Gewaltenordnung eines → parl. Regierungssystems.

4. In den heutigen parl. Systemen stellt die RM, als Einheit von Regierungspersonal und der die Regierung im Amt haltenden Parlamentsmehrheit, deren Machtzentrum

dar. → Macht hier verstanden als Entscheidungsmacht: Verfügt die RM eines parl. Systems über die Befugnis, entweder eine bestimmte (Koalitions-)Regierung zu stützen und/oder deren Abberufung durch eine parl. O. zu verhindern, so steht sie damit im Mittelpunkt der politischen Gewaltenordnung beim Einsatz staatlicher Machtmittel. Um die Handlungsfähigkeit einer RM zu sichern, bedarf sie hierfür der → Fraktions- bzw. Koalitionsdisziplin.

5. Soll die RM eines parl. Systems analysiert werden, sind zunächst das geltende → Wahlrecht und das → Parteiensystem sowie deren Auswirkungen auf die politische Mehrheitsbildung zu untersuchen. Sodann bedarf die innere Struktur der RM einer Aufhellung: Wie sind die Ämter in Regierung, Parlament und Fraktion gegliedert und einander zugeordnet, und in welchem Verhältnis stehen die jeweiligen Amts- bzw. Stelleninhaber zueinander? Eine Grundfrage wird dabei die nach der Beziehung zwischen den formellen und faktisch anerkannten Führungsgruppen mit bestimmten Regierungs-, Parlaments- und Fraktionspositionen sowie den übrigen Mitgliedern der RM sein. Denn deren Wechselverhältnis läßt einerseits Aussagen über den Einheitsgrad, die Führungschancen sowie die Folgebereitschaft aller Mitglieder innerhalb der RM und in der Vertretung nach außen zu. Andererseits geht es dabei in Form und Inhalt aber auch um die Beziehungen zwischen RM und Gesetzgebungsmehrheit.

6. Die Begriffe RM und Gesetzgebungsmehrheit bezeichnen unterschiedliche Sachverhalte. Eine von einer RM im Amt gehaltene Regierung ist nur solange handlungsfähig und insoweit „stabil" (was v. a. für die Gegebenheiten eines → „konstruktiven" Mißtrauensvotums gilt), wie sie sich auf Gesetzgebungsmehrheiten stützen kann. Bei Minderheitsregierungen kommt hinzu, daß eine die Regierung tolerierende Fraktion ihren Verzicht auf Ministerposten bei der Gesetzgebung sich durch ein besonderes Entgegenkommen honorieren lassen könnte.

7. Die RM und die jeweils erforderliche Gesetzgebungsmehrheit können miteinan-

der identisch (wie im britischen → Unterhaus) oder auf verschiedene Weise unterschiedlich strukturiert sein (wie dies beispielhaft seit längerem in Dänemark der Fall ist oder in der Bundesrepublik zu sein vermag). Von einer → Identität darf gesprochen werden, wenn die Fraktionen und Abgeordneten der RM auch die → Gesetze verbindlich beschließen können und dies regelhaft tun. Anders bei den dänischen Minderheitsregierungen, wo die Fraktionen und Abgeordneten, die die Regierung im Amt halten, keineswegs regelhaft auch die jeweilige Gesetzgebungsmehrheit stellen. So hielt einst die dänische Fortschrittspartei („Steuerpartei") konservative Regierungen mit im Amt (vermittels ihrer Folketingfraktion), bei der Verabschiedung der → Haushalte mußten diese Minderheitsregierungen jedoch auf die Zustimmung der sozialdemokratischen O-Fraktionen bauen. Eine wiederum andere Problemlage ergab sich in der Bundesrepublik zur Zeit der sozialliberalen → Koalition (1969-1982) mit ihren unterschiedlich parteipolitisch geprägten Mehrheiten im Bundestag und im → Bundesrat. Bei → zustimmungspflichtigen Gesetzen (beide gesetzgebenden Körperschaften müssen mehrheitlich zustimmen) waren die Parteien der sozialliberalen RM auf die positive Mitwirkung der → CDU/ → CSU-dominierten Länderregierungen im Bundesrat angewiesen. Später war es umgekehrt: eine konservativ-liberale RM sahen sich im Bundesrat einer SPD-dominierten Mehrheit gegenüber. Eine solche Lage setzt bei der Gesetzesformulierung wechselseitige Kompromißbereitschaft voraus. Der → Vermittlungsausschuß zwischen Bundestag und Bundesrat hat sich darum zu bemühen.

8. Opponieren heißt, Gegenposition beziehen. Der politische Widerpart zur RM ist die O. Sind RM üblicherweise auf ihre parl. Koalitionsfähigkeit angewiesen, so gilt dies nicht für O-Fraktionen. Der Koalition auf Regierungsseite steht kaum etwas ähnliches auf Seiten der O. gegenüber. Fraktionen, die nicht in der Regierung vertreten sind, gehören normalerweise zur O. Die zahlenmäßig stärkste unter ihnen, aus deren Reihen auch der alternative Regierungschef erwartet wird, gilt zumeist als „die Opposi-

tion" mit ihrem Vorsitzenden als „dem Oppositionsführer" im Parlament. Die Rolle der O. wird von konkurrierenden Parteien im Wahlkampf selten als Ziel angestrebt. Sie ist üblicherweise das, was für parl. Fraktionen übrig bleibt, die an der Regierungsbildung nicht beteiligt sind, werden oder dies verweigern. Während die RM Entscheidungsmacht besitzt, ist die O. wesentlich auf Einflußnahme beschränkt: Einfluß verstanden als die Möglichkeit, Machthaber zu einem anderen Verhalten anzuhalten, als es ohne Wahrnehmung dieser Möglichkeit geschehen würde.

9. Normalerweise wird das Streben einer O. nach Einflußnahme mit der Begriffstrias Kritik, Kontrolle und Alternative umschrieben. Dabei muß jedoch der Irrtum vermieden werden, als sei das Kontrollrecht der Legislative - verstanden als „sanktionsfähiges Überprüfen" - im parl. System auf die O-Fraktionen übergegangen. Tatsächlich wird auch weiterhin - insbesondere bei der die Handlungen anderer wertenden und bindenden Sanktionsausübung - von Mehrheiten entschieden: im Parlament ebenso wie seitens der Wählerschaft. Eine O. kann und wird allerdings versuchen, derartige Mehrheitsentscheidungen durch ihre Initiativen und Anträge herbeizuführen bzw. zu beeinflussen. O-Parteien und -Fraktionen werden folglich ihre betont kritische Kontrolle in aller → Öffentlichkeit ausüben, während die RM ihre Kontrollfunktion zumeist vertraulich wahrnehmen wird. Eine RM ist mit ihrem Beschlußrecht zur direkten Sanktionsausübung befähigt, eine O. kann dies in der Regel nur indirekt bewirken.

10. Von einer O. wird nicht nur Einflußnahme durch öffentlich-kritische Kontrollausübung erwartet, sondern ebenso die Fähigkeit zur Alternative. Dies bezieht sich sowohl auf Sach- wie Personalalternativen. Bei Sachalternativen wird deren Einbettung in längerfristig angelegte Parteiprogramme erwartet, wobei eine O. keineswegs auf alle Regierungs- bzw. Mehrheitsvorlagen mit eigenen Gegenvorschlägen und der Konzeption einer alternativen → Politik reagieren muß. In allen modernen Parlamenten wird die Mehrzahl der Gesetzesbeschlüsse

und sonstigen Entscheidungen mehr oder weniger einstimmig erfolgen. Wirklich umstrittene Sachalternativen sind üblicherweise auf den Bereich betont kontroverser Politikgestaltung beschränkt. Anders steht es mit Personalalternativen. Hier bedeutet O. die stete Herausforderung der amtierenden Regierungsmitglieder durch alternative Kandidaten aus den Reihen der O-Fraktionen. Grundsätzlich gilt dies auch für O-Fraktionen, die eine Minderheitsregierung stützen (durch gewisse längerfristig angelegte Absprachen) oder tolerieren (d.h. faktisch hinnehmen). Sie stützen bzw. tolerieren eine Regierungsmannschaft nur deshalb, weil sie zu diesem Zeitpunkt keine realisierbare Möglichkeit für einen Regierungseintritt oder eine andere Koalition mit ihrer Beteiligung sehen. Was nicht bedeutet, daß der Anspruch hierauf aufgegeben sei.

11. RM und O. einerseits, Mehrheit und → Minderheit andererseits können, müssen jedoch nicht gleiches besagen. Denn in beiden, RM wie O. (und über deren institutionelle Grenzen hinweg), gibt es, wie in allen Gruppen, Mehrheits- und Minderheitskonstellationen. So können auch in einer RM Minderheiten bestehen, die sich innerhalb der RM in eine O-Rolle versetzt fühlen bzw. so begreifen (Bereichsopposition). Das wird vornehmlich bei Koalitionsregierungen im Verhältnis der einzelnen Koalitionspartner zueinander der Fall sein. O-Gruppen innerhalb einer RM können auf deren Mehrheitsbildung mitunter einen weit bedeutsameren Einfluß ausüben, als dies einer „offiziellen" parlamentarischen O. während einer Wahlperiode möglich sein dürfte.

Lit.: Oberreuter, H. (Hg.): Parlamentarische Opposition. Ein internationaler Vergleich, Hamburg 1975; *Schneider, H. P.:* Die parlamentarische Opposition im Verfassungsrecht der Bundesrepublik Deutschland, Frankfurt M. 1974; *Schumann, H.-G.* (Hg.): Die Rolle der Opposition in der Bundesrepublik Deutschland, Darmstadt 1976; *Schütt-Wetschky, E.:* Grundtypen parlamentarischer Demokratie, Freiburg/ München 1984; *Steffani, W.* (Hg.): Regierungsmehrheit und Opposition in den Staaten der EG, Opladen 1991; *Ders.:* Gewaltenteilung und Parteien im Wandel, Opladen 1997.

Prof. Dr. Winfried Steffani, Hamburg

Regierungspräsident

Leiter der → Behörde der Staatsverwaltung mittlerer Ebene (→ Regierungsbezirk). Die Regierungsbezirke sind Teil der landesunmittelbaren Verwaltungsorganisation der meisten bundesdeutschen Flächenstaaten.

Regierungssystem

Grundbegriff der → Politischen Wissenschaft, der v.a. auf die zentralen staatlichen → Institutionen (i.S. klassischer → Gewaltenteilung: → Exekutive, → Legislative, → Judikative) von → Staaten abhebt; deshalb ist dieser Begriff enger als der des → politischen Systems. Im Sinne von → Regierungslehre umfaßt der Begriff R. die Struktur dieser Institutionen und ihr „funktionales" Verhältnis zueinander. Demokratische R. werden unterteilt in → Konkordanz- und → Konkurrenzdemokratien; in → Systeme mit zeitlicher (→ parlamentarische Regierungssysteme) und solche mit institutioneller Gewaltenteilung (→ präsidentielle Regierungssysteme, → Direktorialsysteme).

Regierungssystem der Bundesrepublik Deutschland

I. Zum Begriff. → Regierungssystem bezeichnet einen Funktionszusammenhang von (institutionellen/ organisatorischen) Teilen zur Herstellung von Entscheidungen (→ „Politik") und deren Umsetzung (→ „Verwaltung"), an welche die „Unterworfenen" des → Systems (→ „Gesellschaft") gebunden sind. Die Frage freilich, welche Teile denn nun das Systemganze ausmachen, kann autoritativ nicht entschieden werden. Die Direktiven des → Grundgesetzes beantworten die Frage nicht hinlänglich. Es bliebe z.B. unbefriedigend, die dort genannten obersten Bundesorgane (→ Bundestag, → Bundesrat, → Bundespräsident, → Bundesregierung, → Bundesverfassungsgericht) zum R. zu summieren. So zweifelsfrei diese an der Herstellung bindender Entscheidungen entscheidend beteiligt sind, so zweifelsfrei sind sie es nicht allein. Kennzeichen demokratischer Systeme ist es geradezu, daß Entscheidungen nicht einfach von „oben" nach „unten" laufen, sondern Beteiligung der Betroffenen (→ Partizipation) essentiell ist. Insofern sind die Strukturen, Prozesse und → Institutionen der politischen Willensbildung relevante Bestandteile des R.

Im folgenden wird das R. unter Reduzierung auf seine wichtigsten Dimensionen dargestellt: als parlamentarisches (III), als parteiendemokratisches (IV), als föderales (V). Zuvor jedoch sollen die historischen Voraussetzungen, denen es sich verdankt, geklärt werden (II). Ohne diese ist weder seine Struktur noch sein Funktionieren noch schließlich sein Erfolg - verstanden als gut 50jährige, kaum zu bestreitende Dauerbewährung - zu erklären. Schließlich sind einige Probleme seiner Kontinuität nach der Vereinigung Deutschlands anzudeuten (VI).

II. Historische Voraussetzungen. Nationalsozialistische → Herrschaft, deren Zusammenbruch und schließlich die Jahre der Besatzung bis 1949 schufen entscheidende Voraussetzungen für die spätere Bundesrepublik. Ralf Dahrendorf hat den → Nationalsozialismus (auch) als „soziale Revolution" gedeutet, die die deutsche Gesellschaft zugleich „totalitären Gefahren aussetzte und liberalen Chancen" öffnete (Dahrendorf 1965, S.433). Erweitert und ergänzt wurde diese → Revolution durch die bedingungslose Kapitulation des „3. Reiches" und die Zeit danach. Nicht nur war das Reich zerstört, es wurde durch das Auseinanderbrechen der Kriegs-, der Anti-Hitler-Koalition auch territorial geteilt, mit weitreichenden Folgen für die → Besatzungszonen der drei Westmächte: Die deutsche Hegemonialmacht Preußen war nicht mehr existent, ihre Führungselite hatte ihre ökonomischen Grundlagen eingebüßt, der vordem prekäre politische Einfluß von Militär und Großindustrie schrumpfte - jedenfalls in der Anfangsphase der Bundesrepublik - auf eine marginale Bedeutung, die ehemals konfliktträchtigen konfessionellen Gegensätze verloren auch wegen der nun „hergestellten" Parität von Katholiken und Protestanten an Schärfe. Der Flüchtlingsstrom von Ost nach West relativierte regionalistische

Orientierungen. Seine → Legitimation erfuhr dieser Status quo freilich durch exogene Faktoren: Ost-West-Gegensatz, → Kalter Krieg, „Solidarität im Antikommunismus" (A. Grosser). Die Bundesrepublik konnte so nur *„Weststaat"* werden, ihrer außenpolitischen Orientierung wie ihrer inneren Ordnung nach. Sie wurde zu einer *„westlichen Demokratie"* (E. Fraenkel) und zwar des *parlamentarischen* (nicht des präsidentiellen) Typus.

III. Das parlamentarische System. Kern des R. ist der → Parlamentarismus, dessen Kern das → Parlament, der Bundestag. In ihm als oberstem Bundesorgan kommt der „Wille des Volkes" zum Ausdruck (→ Volkssouveränität). 656 Abgeordnete - durch → Überhangmandate können weitere hinzukommen - repräsentieren nach der → Wiedervereinigung diesen Volkswillen. Sie werden in freier, allgemeiner, unmittelbarer, geheimer und gleicher Wahl gewählt. Neben dieser Repräsentationsfunktion erfüllt der Bundestag zwei weitere klassische Aufgaben: 1. Die Mehrheit des Bundestages wählt den → Bundeskanzler und damit die Bundesregierung; 2. der Bundestag ist das entscheidende Organ der → Gesetzgebung. Damit wird dem Volkswillen, jeweils durch Mehrheitsentscheidung, Geltung verschafft.

Die „Väter" des Grundgesetzes haben, bekanntlich aus Sorge, daß „Bonn" zu „Weimar" werde (F. R. Allemann), ein „reines" parlamentarisches System geschaffen: → Plebiszite sind - mit einer Ausnahme (→ Neugliederung des Bundesgebietes) - nicht vorgesehen, der Bundespräsident als Verfassungsorgan ist in seinen politischen Einflußmöglichkeiten höchst beschränkt, was das Gewicht des → Amtes hinsichtlich seiner repräsentativ-integrativen Funktionen nicht mindern muß.

Sind der Bundeskanzler und seine → Regierung (auf seinen Vorschlag werden die → Bundesminister vom Bundespräsidenten ernannt) vom Bundestag einmal ins Amt gesetzt, sind sie von diesem vergleichsweise unabhängig. Zwar ist jede Bundesregierung - sozusagen strukturnotwendig - auf die → Legislative angewiesen, insofern sie ihr politisches Programm primär durch

→ Gesetze umsetzt. Anderseits sind aber die → Fraktion der Regierungspartei bzw. die Fraktionen der Regierungskoalition „überlebensnotwendig" am Erfolg der Regierung interessiert: der Erfolg v.a. entscheidet die nächsten Bundestagswahlen. Vermutlich werden die konstitutionellen Vorkehrungen, den Regierungswechsel zu erschweren (→ konstruktives Mißtrauensvotum) als Ursache für die Regierungsstabilität überschätzt.

Die Dominanz der → Exekutive hat unterschiedliche Gründe. Sie liegt in der „Logik" der parlamentarischen Regierung, ist verfassungsrechtlich durch das „Kanzlerprinzip" gegeben (→ Richtlinienkompetenz) und ist schließlich in der → Ministerialbürokratie mit ihrem überlegenen Sachverstand verortet. So sind im parlamentarischen System der Bundesrepublik die Oppositionsfraktionen der eigentliche Widerpart der Bundesregierung. Die parlamentarischen Möglichkeiten freilich, von der Plenumsdebatte über → Anfragen, Gesetzesinitiativen bis hin zur Einsetzung von → Untersuchungsausschüssen, haben überwiegend „Ausdrucksfunktion": sie steuern das Regierungshandeln allenfalls indirekt durch Beeinflussung von → öffentlicher Meinung (Wählerschaft).

IV. Das parteiendemokratische System. Trotz der exekutiven Vorherrschaft im parlamentarischen Entscheidungsprozeß gelten die → *Parteien* in der Bundesrepublik als die eigentlichen Träger der Willensbildung. Aus der gesetzlichen Bestimmung, die Parteien wirkten bei der politischen Willensbildung des Volkes mit (Art. 21 GG), hat man auf ein Monopol geschlossen, zumindest aber ein → „Parteienprivileg" herausgelesen. In dieser Perspektive geraten die Parteien in den Rang von Verfassungsorganen, die das GG jedenfalls so nicht vorsieht. Gegen dieses Deutungsmuster der „parteienstaatlichen Demokratie" (G. Leibholz) sind denn auch verfassungsrechtliche und demokratietheoretische Einwände geltend gemacht worden. Letztere verweisen darauf, daß ja nicht die „Parteibasis" (ohnehin sind nur knapp 5 % der Bundesbürger Parteimitglieder) den politischen Willen des Volkes „bilde", sondern die Parteiapparate,

ihre Führungsstäbe und Funktionäre den Willensbildungsprozeß organisieren.

Zum anderen ist dem GG eine deutlich antiplebiszitäre Tendenz abzulesen, so im Art. 38 GG, nach dem der → Abgeordnete eben nicht Parteibeauftragter, sondern Vertreter des ganzen (!) → Volkes und an Aufträge und Weisungen nicht (!) gebunden ist. Darauf v.a. stützt sich das Deutungsmuster der repräsentativen → Demokratie. In dieser Perspektive haben die Parteien ihr Privileg „überdehnt" und sich vom Willen des Volkes „abgekoppelt" (W. Hennis). Der Art. 38 GG mag den einzelnen Abgeordneten vor allzu dreister Parteiwillkür schützen, an der Dominanz der Parteien ändert das nichts: Parlamentarische Regierung in der Bundesrepublik ist Parteiregierung. Ein politisch relevantes Amt ist ohne Parteizugehörigkeit und Parteiprotektion faktisch nicht erreichbar. Und der Weg in die Exekutive (Bundesregierung, höhere Beamtenschaft) führt in aller Regel über den Status eines Parteimitglieds. Der Zugang zur → Macht hat sich überdies dadurch verengt, daß er auf die Kanäle der großen („staatstragenden") Parteien beschränkt war. Sie haben ihr Monopol zusätzlich durch staatliche → Parteienfinanzierung (Wahlkampfkostenerstattung) und 5 % - → Sperrklausel gesichert. Ist „Berlin", wie der Vorwurf gelegentlich lautet, eine „Insel", gar eine „Festung", die isoliert und in Distanz zum „Rest" des Landes lebt? Ist der → Föderalismus ein Gegengewicht gegen die „Festung" oder bringt er bloß ein Mehr an „Festungen" hervor?

V. Das föderalistische System. Die Bundesrepublik ist ein „unitarischer Bundesstaat" (K. Hesse). Diese Begriffskombination drückt sowohl ein Rangverhältnis als auch eine Strukturbeziehung aus. Die Bedeutung des → Bundes, des Zentralstaates ist ständig gewachsen. Als Indikator dieser Entwicklung kann u.a. das Anwachsen der Bundesgesetzgebung gelten, die mehr und mehr die Politik der Bundesländer überformt; bedingt nicht allein durch die → ausschließliche Gesetzgebungskompetenz des Bundes, sondern dadurch, daß der Bund die Möglichkeiten der → konkurrierenden und der → Rahmengesetzgebung ausschöpft. Die Ursachen dieser Entwicklung liegen darin, daß die Probleme, die politisch bearbeiten werden müssen, selten auf Bundesländerebene entstehen, sondern internationalen, supranationalen oder nationalen Ursprungs sind. Insofern liegt hier ein objektiver Zwang zur Unitarisierung vor.

Gerade daraus ergibt sich allerdings eine zunehmend engere Zusammenarbeit zwischen Bund und → Ländern, die verfassungsrechtlich ohnehin geboten ist. Die These also, die Tendenz zur Unitarisierung habe einen Funktionsverlust des → Föderalismus zur Folge, ist jedenfalls zu differenzieren. Bedeutung und Anwachsen der Bundesgesetzgebung zogen auch die anwachsende Bedeutung des Bundesrates nach sich. Die Zahl der Bundesgesetze, die der Zustimmung des Bundesrates bedürfen (inzwischen über 50 %) hat - aus unterschiedlichen Gründen - zugenommen. Die Fülle der regelungsbedürftigen Bereiche, die die Ländergrenzen übergreifen, zwingt zur Zusammenarbeit zwischen den Ländern und zwischen diesen und dem Bund, was zu vielfältigen Formen des → „kooperativen Föderalismus" geführt hat (→ Ministerpräsidentenkonferenzen, Ständige Konferenzen der Ressortminister, Bund-Länder-Kommissionen, Verwaltungsabkommen etc.). Die → Gemeinschaftsaufgaben nach Art. 91a GG und die „Ressortkumpanei" zwischen Bundes- und Länderministerien sind mit dem Begriff der → Politikverflechtung zutreffend charakterisiert worden. Die bundesstaatliche Struktur funktioniert also durchaus im Sinne einer vertikalen → Gewaltenteilung und Machtverteilung. Nur: Teilhaber dieser Strukturbeziehungen im unitarischen Bundesstaat sind die Exekutiven und → Bürokratien der Länder. Versteht man Föderalismus hingegen als Ordnung, in der die einzelnen Glieder ein hohes Maß an relativer Selbständigkeit haben, das einem genuinen „Staatsbewußtsein" entspricht, was ja die eigene Legitimationsgrundlage (Parlamente, → Wahlen, Parteien) nahelegt, dann ist in der Tat ein Funktionsverlust zu konstatieren.

VI. Zur Kontinuität des R. nach der Wiedervereinigung. Das R. hat sich - so lautet der schlichte Befund - nach mehr als 50 Jahren „bewährt". Als institutionelles Ge-

rüst hat es gewiß den Erfolg der Bundesrepublik insgesamt, ihres → politischen Systems, gestützt. Ihre Stabilität - Kern des Erfolgs - aber wird man nicht allein dem auf Stabilität bedachten Regierungssystem zurechnen können. Die historischen Voraussetzungen haben die Etablierung einer liberalen → Zivilgesellschaft ermöglicht. Stetiges, nur kurzfristig krisenhaft unterbrochenes Wirtschaftswachstum (→ „Wirtschaftswunder") hat überdies die Bereitschaft begünstigt, individuellen Wohlstand auch den politischen → Institutionen gutzuschreiben.

Mit der Vereinigung Deutschlands stellen sich solche Zusammenhänge komplizierter dar. Die Vereinigung wird zutreffend als Systemtransformation, als „Institutionentransfer" von West nach Ost beschrieben. Und es liegt in der Logik der deutschen Vereinigung nach Art. 23 GG (alt), daß die DDR einer demokratischen Ordnung „beigetreten" ist (de Maizière). Die Vereinigung war primär systemintegrativ angelegt, die Bearbeitung der Probleme der sozialen und kulturellen Integration wurden der Politik nach der erfolgten Vereinigung (am 3. Oktober 1990) auferlegt. Sie sind es, die den Prozeß der „inneren Vereinigung" prägen.

Für das Regierungssystem der größer gewordenen Bundesrepublik kann hingegen gesagt werden, daß es in einem signifikanten Sinne strukturell keine Veränderung erfahren hat. Das gilt freilich nur mit großem Vorbehalt für den deutschen Föderalismus. Hier bedeutet die quantitative Steigerung von 11 auf 16 Bundesländer möglicherweise einen qualitativen Sprung. Der „kooperative Föderalismus" dürfte angesichts des geringeren „Gewichts" (territoriale Größe, Wirtschaftskraft, Bevölkerungszahl, vereinigungsbedingte Probleme...) der neuen Länder problematischer (→ Finanzausgleich), die Gewährleistung der Einheitlichkeit in der föderalen Vielfalt schwieriger werden. Resümierend läßt sich feststellen, daß sich sowohl die - 1992 gebildete - Gemeinsame Verfassungskommission aus Bundesrat und Bundestag als auch der Bundestag selbst (1994) am Status quo der Verfassungsordnung orientierten. Weiterreichende Veränderungen - etwa die Einfügung plebiszitärer Elemente oder die Formulierung sozialer Staatsziele - blieben aus.

Lit.: Hesse, J. J./ Ellwein, T.: Das Regierungssystem der Bundesrepublik Deutschland, 8. A., Opladen 1997; *Sontheimer, K./ Bleek, W.*: Grundzüge des politischen Systems der Bundesrepublik Deutschland, 9. A. München/ Zürich 1997; *Rudzio, W.* Das politische System der Bundesrepublik Deutschland, 4. A., Opladen 1996.

Dr. Klaus Erdmenger, Konstanz

Regime

Frz. für → Regierung, Regierungsform, → Regierungssystem.

1. Im dt. Sprachgebrauch ist die Bez. R. lange Zeit mit abwertendem Beiklang, i.S. einer demokratisch defizitären bzw. diktatorischen Regierungsform, verwandt worden. Erst in jüngerer Zeit zeichnet sich ein Bedeutungswandel ab, i.S. einer Rückkehr zu der wertneutralen Bedeutung des frz. Ursprungsbegriffs (vgl. 3. unten).

2. Unter Regimewechsel bzw. Systemwechsel versteht die → Vergleichende Systemlehre (→ Theorien des Systemwechsels) den Wechsel zwischen demokratischer und autoritärer Regierungsform. Bezog sich dies zwischen den Weltkriegen auf den Wechsel von → Demokratien zu → autoritären Regimen bzw. → Diktaturen, so geht es seit den 70er Jahren um die Transitionsprozesse vormals autoritärer bzw. diktatorischer R. (Lateinamerika, Südeuropa, Osteuropa; aber auch Afrika und Asien) zu demokratischen → politischen Systemen.

3. → Internationale Regime

Regimetheorie

→ internationale Regime

Region

Mittlere territoriale Einheit oberhalb der Größenordnung von → Gemeinde und → Kreis, die sich hinsichtlich verwaltungsmäßiger, landschaftlicher, historisch-kultureller, ethnischer und/ oder ökonomischer Kriterien von den angrenzenden Gebieten unterscheidet oder zum Zwecke der Planung/ → Verwaltung geschaffen wurde. Aufgrund ihrer Homogenität hinsichtlich

spezifischer Merkmale (ländliche, industrielle R.) oder ihrer endogenen Funktionen als Verwaltungs-, Wirtschafts- bzw. Planungsr. läßt sich die jeweilige R. als Einheit ansehen.

regionale Planungsverbände

In der Rechtsform öffentlich-rechtlicher → Körperschaften gefaßte, freiwillige Zusammenschlüsse von → Gemeinden und → Kreisen zu Zweckverbänden, denen die überörtlichen (Regional-)Planungsaufgaben übertragen sind.

Regionalfonds

Kurzbez. für den 1975 gegr. Europäischen Fonds für Regionale Entwicklung/ EFRE, einen der 4 → Strukturfonds der → EU. Er gewährt finanzielle Mittel für die Entwicklung von wirtschaftlich schwächeren → Regionen, insbes. Investitions- und Infrastrukturhilfen.

Regionalisierung

Innerstaatliche politische Bestrebungen, den → Regionen als räumlichen (glied- bzw. unterstaatlichen) Teileinheiten erweiterte politisch-administrative Mitsprache- und −entscheidungsrechte, u.U. in Form der Selbstregierung zuzuweisen. Die vom → Europäischen Parlament 1988 verabschiedete „Gemeinschaftscharta der Regionalisierung" forderte von den EG-Mitgliedsstaaten die Einrichtung von Regionen mit eigener Rechtspersönlichkeit und gewählten → Institutionen sowie deren angemessene Beteiligung an den Entscheidungen der Mitgliedsstaaten zu EG-Angelegenheiten; die Spannbreite in der → EU ist jedoch groß. Einerseits wird R. als eine schwächere Form von → Föderalismus angesehen. Zum anderen werden, wie in Deutschland, R.konzepte als eine neue Form dezentraler Mobilisierung „endogener", d.h. regional spezifischer Ressourcen und Selbstverwaltung unterhalb der gliedstaatlichen Ebene vertreten.

In Frankreich werden andererseits mit R. Dezentralisierungskonzepte des französischen → Einheitsstaates bezeichnet. Hier haben seit 1982 Regionen den Status einer eigenständigen lokalen → Gebietskörperschaft, allerdings keine staatliche Qualität;

sie sind im wesentlichen auf wirtschaftliche Aufgaben beschränkt.

In der EU bezeichnet R. die Einbeziehung der - neben → Nationalstaat und EU - „dritten europäischen Ebene" als eigenständige Akteure im Integrationsprozeß. Die durch den → Maastrichter Vertrag geweckten Befürchtungen über ein Übermaß an → Zentralismus stärkten das Konzept des „Europa der Regionen" und damit die Mitwirkungsmöglichkeiten des → Ausschusses der Regionen im Legislativverfahren. Der unterschiedliche Rechtsstatus der Teileinheiten der Mitgliedsstaaten beeinträchtigt aber das Konzept „Europa der Regionen". Die EU wird dennoch, im Zuge des Ausbaus vertikaler Formen der Zusammenarbeit, zunehmend Ansprechpartner der Regionen.

Regionalismus

Der Begriff des R. verfügt über keine eindeutige Verwendung. Ursprünglich als Kategorie der → internationalen Politik geprägt, um Prozesse der Kooperation zwischen → Nationalstaaten (→ EG, → Nato, → Arabische Liga etc.) im übergreifenden regionalen Rahmen zu erfassen, hat sich im Verlauf der 60er Jahre die heute dominierende Verwendung als Sammelbegriff für regionale bzw. territorial orientierte → Protestbewegungen durchgesetzt, die, auf subnationaler Ebene agierend, in Westeuropa und Nordamerika (Kanada) Ende der 60er Jahre und im Verlauf der 70er Jahre an politischer Bedeutung gewannen.

Das Erscheinungsbild dieser Bewegung ist höchst heterogen. Bereits die Zielvorstellungen und politischen Aktionsprogramme, die heute unter dem Deckmantel des R. subsumiert werden, variieren auf einer Bandbreite, die von der gemäßigten Forderung nach verstärkter → Selbstverwaltung und regionaler → Dezentralisierung (bzw. → Autonomie) über antikapitalistisch-anarchistische Positionen bis hin zum radikalen → Separatismus nationalistischer Prägung reichen. Eine deutlich separatistische Orientierung steht beispielsweise im Vordergrund des baskischen (→ ETA), schottischen (SNP), korsischen (Front pour la Liberation Nationale de la Corse) R. oder

der in Quebec geformten Unabhängigkeitsbewegung (Parti Québécois), eine Programmatik, die schließlich auch ansatzweise auf den kanarischen Inseln und den Azoren, aber auch unter den Protestanten Nordirlands (UDA) sowie auf Sardinien und Sizilien Anklang gefunden hat.

Stärker autonomistisch orientiert, d.h. ohne direkte Forderung nach eigenständiger Staatlichkeit, ist die Mehrzahl der übrigen Bewegungen, die Spanien (Katalonien, Galizien), Frankreich (Bretagne, Okzitanien, Elsaß), Italien (Südtirol, Sardinien), die Schweiz (Jura) und Belgien (Wallonien, Flandern) erfaßt haben, aber auch die Waliser wären hier einzuordnen. Schließlich zeichnete sich insbesondere im Falle des Elsaß und Okzitaniens noch eine anarchistisch-antistaatliche Unterströmung des R. ab, mit der das → Interesse an grundsätzlicher Systemveränderung in den Vordergrund rückt.

Ähnlich divers wie die politischen Zielsetzungen, die sich mit dem Begriff des R. verbunden haben, sind auch die allgemeinen politischen Orientierungslinien dieser Bewegungen. Allerdings zeichnet sich in dieser Vielfalt eine bemerkenswerte Trendwende ab, insofern Widerstand gegen den nationalstaatlichen Integrationsanspruch nicht mehr ein Privileg konservativer Programmatik - etwa nach dem Muster des französischen Antizentralismus des 19. Jh. und frühen 20. Jh. - ist. Zwar lassen sich weder die schottischen Nationalisten, noch die südtiroler oder die flämischen Autonomisten, geschweige denn die jurassischen Separatisten in ihrer politischen Orientierung dem „linken" Spektrum zuschreiben; dennoch ist nicht zu verkennen, daß sich die gegenwärtige Rückbesinnung auf regionale → Identität im Rahmen einer Verschiebung der politischen Achse antizentralistischen Protestes von „rechts" nach „links" vollzieht. Dies gilt insbesondere für Frankreich, wo erstmals - sieht man einmal vom Wirken Proudhons und seiner Anhänger ab - seit dem Siegeszug des jakobinischen → Unitarismus die Verfechter dezentralistischer, autonomistischer Ideale und Interessen vornehmlich im Lager der Linken anzutreffen sind.

Erklärungsbemühungen um die Ursachen des europäischen R. wären erheblich erleichtert, ließen sich wenigstens klare Gemeinsamkeiten auf struktureller Ebene der betroffenen → Regionen ausmachen. Populäre Vorstellungen deuten auf eine Koexistenz von regionaler → Unterentwicklung, Armut und autonomistischem oder separatistischem Aufbegehren gegen Unterdrückung durch die Zentralmacht. Allerdings ist nicht zu übersehen, daß es nicht allein vernachlässigte, „rückständige" Regionen sind, die den Weg der Revolte gegen die Zentralmacht eingeschlagen haben. Katalonien und das Baskenland zählen zu den wohlhabendsten spanischen Provinzen. Ähnliches gilt für Südtirol im Falle Italiens, das Elsaß im Falle Frankreichs, Flandern im Falle Belgiens oder gar Schottland (seit der Entdeckung des Erdöls vor seinen Küsten) im Falle Großbritanniens. Eine an ökonomischer Deprivation aufgebaute Theorie des R. (Internal Colonialism) hat es schwer, vor der Realität des relativen Wohlstands gerade dieser Regionen zu bestehen. Ebenso fragwürdig müßte ihre Aussagekraft vor der Tatsache der regionalistischen Abstinenz der ärmsten Regionen Westeuropas erscheinen (Mezzogiorno, der Westen Irlands oder etwa der Südwesten bzw. Nordwesten Frankreichs).

Ein gemeinsames Kennzeichen der revoltierenden europäischen Regionen findet sich jedoch in ihrer fast ausnahmslos peripheren geographischen Position zum politisch administrativen Zentrum des sie übergreifenden → Nationalstaates. Dabei fällt auf, daß insbesondere die altetablierten Nationalstaaten mit ausgeprägter zentralistischer Tradition wie Spanien, Frankreich und Großbritannien von regionalistischer Militanz heimgesucht sind. Allerdings ist diese Erkenntnis relativierbar, bedenkt man, daß auch → Staaten mit starker föderalistischer Tradition wie die Schweiz oder Kanada in den Bann des R. gezogen wurden.

Auf der Suche nach Erklärungsansätzen zum R. lassen sich zwei Deutungsvarianten aus der Vielzahl von Interpretationsansätzen besonders hervorheben. In der einen Perspektive wird R. vornehmlich unter dem Vorzeichen der Persistenz alter Kon-fliktfronten, die aus der Konfrontation ethnischer Minoritäten oder nationaler → Minderheiten bzw. „Volksgruppen" mit dem zentralistischen, usurpatorischen Anspruch des modernen Staates gewachsen sind. Regionalistische Militanz bedeutet aus dieser Perspektive das Wiederaufleben historisch verschütteter „ethnischer" Konfliktlagen (Heraud, Kloss). Die andere Perspektive stellt regionalistische Bewegungen vornehmlich unter das Licht einer Protestsymbol-Hypothese (Berger, Bell).

Während die Persistenz-Hypothese zum R., im traditionellen Substanz-Denken verharrend, die veränderten gesellschaftlichen, ökonomischen und politischen Realitäten Westeuropas - die gewiß auch die ethnische „Substanz" nicht unberührt gelassen haben - übergehen muß, treten gerade letztere Rahmenbedingungen in den Mittelpunkt jener Betrachtungen, die R. vornehmlich unter dem Aspekt des Protest-Symbols zu verstehen suchen. Die „persistente" → Ethnie wird aus dieser Sicht nicht ignoriert, aber ihre Bedeutung wird relativiert auf das Niveau einer abhängigen Variablen, einer „strategischen Wahl" (Bell) durch → Individuen, die unter anderen Umständen und Bedingungen andere Formen der Gruppensolidarität gesucht hätten. Mit dieser Reduzierung des R. auf eine instrumentale Größe wird notwendig die Frage nach dem Wandel der modernen → Industriegesellschaft und ihres möglichen Trends zur Territorialisierung gesellschaftlicher Konfliktartikulationen aufgeworfen.

In der Diskussion um die Konstitutionsbedingungen der aktuellen regionalistischen Bewegungen in Westeuropa (und Kanada) hat der Verweis auf veränderte sozioökonomische wie militärische und politische Rahmenbedingungen, in denen der heutige Nationalstaat operiert, besondere Beachtung gefunden. Solche Bedingungen mit ihrer besonderen Ausprägung in Westeuropa haben das dortige → Milieu für regionalistische Militanz in den vergangenen zwei Jahrzehnten besonders begünstigt.

Zu nennen wären hier insbesondere:

1) die Reduzierung nationalstaatlicher Kohäsion angesichts seiner wachsenden „Porösität" (J. Herz) im Zeichen von atomarer

→ Abschreckung, wirtschaftlicher Verflechtung, Interdependenz sowie politischer→ Integration (EG);

2) die wachsende internationale Mobilität wirtschaftlicher Kräfte und Ressourcen, die die traditionelle Monopolstellung des Nationalstaates als Motor und Garant wirtschaftlicher Entwicklung schwächt und eigenständige Arrangements regionaler Entwicklung - wie etwa im Falle Schottlands über die Erdölförderung und -verarbeitung oder im Falle der Kanarischen Inseln über den Tourismus - denkbar macht;

3) die „akzellerierende Instabilität" (Lafont) auf regionaler Ebene als Konsequenz eines rasch fortschreitenden Einbezugs auch der entlegensten Regionen in die europäische bzw. internationale → Arbeitsteilung und deren strukturelle Volatilität.

Schließlich haben Beobachter des europäischen R. auf das Phänomen einer veränderten Bewußtseinslage in den Industriegesellschaften Westeuropas verwiesen. R. verstanden als eine über die Ethnie vermittelte Revolte gegen die Impersonalität und Homogenität der fortgeschrittenen Industriegesellschaft (Berger) hat damit Assoziationen geweckt nicht nur zur Heimatdiskussion in der Bundesrepublik, sondern auch zum Forum der → „neuen sozialen Bewegungen" (Brand), jedoch unter der Prämisse, daß der „neue R." von traditionellen nationalistischen Idealen Abschied genommen hat und sich als „soziale und politische Alternative zur bestehenden industriekapitalistischen Herrschaft" (Blaschke) manifestiert. Eine empirische Überprüfung dieser Idealvorstellungen am Beispiel der schottischen, katalanischen und okzitanischen R.-Programmatik (Kreckel, v. Krosigk et al.) hat allerdings keine nachhaltige Bestätigung für diesen unterstellten Positionswandel gefunden. Vielmehr deuten die vorherrschenden Wertvorstellungen in den wichtigsten regionalistischen Bewegungen eher auf den Schluß hin, daß die Zeit für einen postindustriellen-emanzipatorischen R. noch nicht angebrochen ist.

Eine kritische Auseinandersetzung mit dem gegenwärtigen R. in Westeuropa muß sich der schwierigen Aufgabe stellen, nicht nur

den charakteristischen konjunkturellen Schwankungen in der Artikulation dieser Bewegungen - die 70er Jahre zählten zur Hochkonjunktur des R., während die 80er Jahre das Thema weithin in Vergessenheit geraten ließen - und den sie begleitenden staatlichen Reform- und Pazifizierungsbemühungen (→ Dezentralisierung, Föderalisierung etc.) Rechnung zu tragen; darüber hinaus wäre auch die Ambivalenz dieser Bewegungen, die in einem diffusen Spannungsfeld zwischen traditionellem → Nationalismus und moderner Protestbewegung angesiedelt erscheinen, zu bewältigen.

Die „alten Steine" (Gustavson) nationaler bzw. ethnischer Identität, kollektiver Erfahrung und sprachlicher Abgrenzung sind offensichtlich unverzichtbare Voraussetzungen geblieben, um „neue" Formen des territorialen Protests erfolgreich zu artikulieren und zu vertreten. Zum anderen ist die Persistenz alter, ungelöster, nationaler Minoritätskonflikte, für die insbesondere das Baskenland, Nordirland und Korsika Pate stehen, im Spektrum der Vielschichtigkeit des heutigen R. nicht zu übersehen.

Lit.: Esman, M. J.: Ethnic Conflict in the Western World, Ithaca/ London 1977; *Glazer, N./ Moynihan, D. P.*: Ethnicity. Theory and Experience, Cambridge, Mass. 1975; *Kreckel, R./ von Krosigk, F. et al.*: Regionalistische Bewegungen in Westeuropa. Zum Struktur- und Wertwandel in fortgeschrittenen Industriestaaten, Opladen 1986; *Gerdes, D.* (Hg.): Aufstand der Provinz. Regionalismus in Westeuropa, Frankfurt/ New York 1980; *Von Krosigk, F.* in: Gerdes (Hg.), S. 25-48; *Blaschke, J.* (Hg.) 1980: Handbuch der europäischen Regionalbewegungen, Frankfurt 1980.

Prof. Dr. Friedrich von Krosigk, Erlangen

Regionalpolitik

Die klassische, noch stark von den traditionellen Idealen der Raumordnung geprägte R. zielte darauf ab, durch Umverteilung regionale Disparitäten auszugleichen, um gleichwertige Lebensverhältnisse in allen → Regionen eines → Landes zu erreichen. Die klassische R. war eine Subventionspolitik, die darin bestand, daß der → Staat strukturschwachen Regionen (→ ländliche Räume, periphere Regionen wie früher die „Zonenrandgebiete", seit den 70er Jahren auch altindustrielle Gebiete mit hoher Arbeitslosigkeit) besondere Fördermittel zukommen ließ, um gewerbliches Kapital in diese Regionen zu lenken und Investitionen anzuregen, von denen man sich die Schaffung von Arbeitsplätzen, eine Erhöhung der Steuerkraft und Multiplikatoreffekte über eine Steigerung der Binnennachfrage versprach.

Typische Instrumente der klassischen R. waren Zuschüsse oder zinsverbilligte Kredite für gewerbliche Investitionen, die Förderung der Infrastruktur (insbesondere der Bau von Verkehrswegen, aber auch etwa von Hochschulen), die Förderung der Ausweisung von Gewerbeflächen (durch Grundstücksfonds, Erschließungsförderung, Altlastensanierung von Industriebrachen), seit den 70er Jahren die Förderung der Qualifizierung von Arbeitnehmern (insbesondere durch überbetriebliche Qualifizierungszentren) und seit den 80er Jahren die Förderung von Technologie und Innovation (insbes. durch die Einrichtung von Technologie- und Gründerzentren).

Bis in die 80er Jahre hinein erfolgte die R. in der Bundesrepublik Deutschland im wesentlichen im Rahmen der Bund-Länder-→ Gemeinschaftsaufgaben (Art. 91a GG) sowie durch länderspezifische Förderprogramme.

Mit dem Voranschreiten der europäischen Integration haben die regionalpolitischen Programme der → Europäischen Union beständig an Bedeutung gewonnen, insbesondere der 1975 eingerichtete und danach mehrfach aufgestockte → Europäische Fonds für regionale Entwicklung (EFRE), der bereits 1960 eingerichtete und ebenfalls mehrfach aufgestockte → Europäische Sozialfonds (ESF), der auf die Bekämpfung der Arbeitslosigkeit und ihrer Folgen in den besonders betroffenen Regionen abzielt, verschiedene Gemeinschaftsinitiativen (z.B. RECHAR und RESIDER für Kohle- und Stahlregionen, die Gemeinschaftsinitiative KMU zur Förderung kleiner und mittelgroßer Unternehmen) sowie der → Europäische Ausrichtungs- und Garantiefonds für die Landwirtschaft (EAGFL).

Wenngleich der Löwenanteil der Strukturfonds in die peripheren EU-Länder (die „Kohäsionsländer" Griechenland, Portugal, Spanien und Irland) fließt, profitieren in Deutschland v.a. die Regionen in den neuen Bundesländern (Regionen mit Entwicklungsrückstand = Ziel 1 der EU-R.) und die altindustrialisierten Montanregionen an der Ruhr und an der Saar (= Ziel 2) von der europäischen R. sowie darüber hinaus die übrigen Regionen mit hoher Arbeitslosigkeit (= Ziel 3 und Ziel 4).

Da die Europäischen Gemeinschaften keine eigene Implementationsstruktur aufweisen, werden die regionalpolitischen Förderprogramme in Deutschland über die → Bundesländer abgewickelt, die dafür eigene operationelle Programme aufstellen und die europäischen Mittel in der Regel durch einen 50 %-Zuschuß aus Landesmitteln komplementieren.

Die europäische R. verstärkt dabei einen Trend, der seit Ende der 80er Jahre zunächst von Nordrhein-Westfalen ausgehend inzwischen in fast allen Bundesländern anzutreffen ist: Die → Regionalisierung der → Strukturpolitik.

Die klassische R. in Form einer zentralstaatlichen Subventionspolitik war nämlich zunehmend wegen ihres mangelhaften Erfolgs in die Kritik geraten, da sie relativ hohe Mittel verschlang, sich aber der Abstand zwischen den strukturschwachen und strukturstarken Regionen weiter vergrößerte. Dies wurde darauf zurückgeführt, daß eine Verteilung der Fördermittel nach dem „Gießkannenprinzip" zu wenig geeignet sei, die regionsspezifischen Besonderheiten zu berücksichtigen.

Der neue strukturpolitische Ansatz bestand darin, die regionalen Akteure selber in die Entscheidungsprozesse über die Verteilung der Fördermittel einzubinden, um dadurch die endogenen Potentiale der Regionen besser fördern zu können.

Das Vorbild für die Regionalisierung der Strukturpolitik war die Region Dortmund, die als erste deutsche Region von einem massiven Beschäftigungsabbau der Stahlindustrie betroffen war. Um die Folgen der Krise zu kompensieren, wurde der sog. „Dortmunder Konsens" geschmiedet, an dem Vertreter der Stadt Dortmund, der ebenfalls betroffenen Umlandgemeinden, der → Industrie- und Handelskammer, der regionalen Wirtschaft und der regionalen Gewerkschaftsgliederungen beteiligt waren. Kern des Konsenses war ein „Doppelbeschluß", der gleichrangige Priorität für die Wirtschaftsförderung und für die Förderung des zweiten Arbeitsmarktes vorsah und damit sowohl das Unternehmerlager wie die Arbeitnehmerseite zufriedenstellte. Der Konsens wurde stabilisiert durch die Einrichtung eines Technologiezentrums in gemeinsamer Trägerschaft von Stadt, IHK und Wirtschaft.

Aufgrund seines Erfolges verallgemeinerte die → Landesregierung das neue regionalpolitische Modell zunächst zu einer „Zukunftsinitiative Montanregionen" (ZIM, 1987) und kurz darauf zu einer landesweiten „Zukunftsinitiative für die Regionen des Landes NRW" (ZIN, 1989), die vorsah, daß sich landesweit Regionen konstituieren (die i.d.R. den Kammerbezirken entsprachen, also mehrere Städte und → Gemeinden umfaßten), daß sie neue Abstimmungs- und Konsensbildungsgremien einrichten (insbesondere die Regionalkonferenzen, an denen sich die Vertreter aller beteiligten → Kommunen, der Wirtschaftsorganisationen, der Sozialpartner und verschiedener gesellschaftlicher → Interessengruppen beteiligen sollten) und daß die Regionen selber regionale Entwicklungskonzepte erarbeiten, die eine Problem- und Potentialanalyse, ein strategisches Entwicklungsleitbild und eine Prioritätenliste von strukturpolitischen Projekten umfassen sollten.

Die inhaltlichen Ziele dieses regionalpolitischen Ansatzes bestanden darin, eine Aktivierung der endogenen Potentiale und eine Integration der bislang administrativ getrennten Fachpolitiken auf der regionalen Ebene zu erreichen. Das prozedurale Ziel bestand darin, die traditionell in Konkurrenzbeziehungen stehenden regionalen Akteure (d.h. sowohl die verschiedenen Kommunen als auch die öffentlichen Akteure vs. Wirtschaftsvertreter vs. gesellschaftliche Gruppen) zur Konsensbildung zu veranlassen, indem der Konsens über ein Regionales Entwicklungskonzept und eine Projektliste durch eine bevorzugte Landesförderung prämiert wurde.

Damit paßte die Regionalisierungspolitik exakt in die Förderphilosophie der Europäischen Union, die ebenfalls eine stärkere Rolle der Regionen bei der Entwicklung und Vergabe von Projektförderung vorsieht (und die selbst zentralistisch regierte Länder wie Frankreich oder das Vereinigte Königreich zur Gründung von Regionen veranlaßt hat).

Die politikwissenschaftliche Evaluation der regionalisierten Strukturpolitik ergab, daß die angestrebten Ziele trotz einiger Anlaufschwierigkeiten zwar nicht vollständig, aber relativ weitgehend erreicht werden konnten. Insbesondere konnte in den meisten Regionen die Konkurrenzfiguration der Akteure in eine Kooperationsfiguration überführt werden, wobei sich gemeinsame → Institutionen (z.B. Technologiezentren, regionale Marketingagenturen, Qualifizierungszentren) als stabilisierend erwiesen haben, weil sie eine institutionelle Eigendynamik entfalten und die exit-Option verteuern. Die Grenzen der regionalisierten Strukturpolitik liegen jedoch darin, daß der regionale Konsens nur so lange aufrecht erhalten wird, wie er durch staatliche Fördermittel honoriert wird, und daß es nicht gelang, die auf der regionalen Ebene angestrebte Integration von Fachpolitiken auf der Landesebene nachzuvollziehen.

Dennoch ist das Konzept, regionalpolitische Fördermittel auf der Basis von Entwicklungskonzepten zu verteilen, die von den regionalen Akteuren erarbeitet und auf Regionalkonferenzen konsensual verabschiedet werden, inzwischen (auch auf Betreiben der EU-Kommission) von zahlreichen Bundesländern übernommen worden.

Die → Bundesregierung hat diesen Ansatz Ende der 90er Jahre im Bereich der Technologieförderung sogar noch weiter entwickelt. Ausgehend von der regionalwissenschaftlichen Erkenntnis, daß sich technologische Innovationen in eng begrenzten räumlichen Kontexten mit hoher Akteurs- und Interaktionsdichte vollziehen („Innovationsinseln"), hat die Bundesregierung mit dem BioRegio-Wettbewerb ein Instrument entwickelt, um in einem bestimmten Technologiefeld führende Regionen zu identifizieren und durch die selektive Vergabe von Fördermitteln dazu anzuregen, regionale Innovationsnetzwerke auf- bzw. auszubauen.

Das neue regionalpolitische Instrument des interregionalen Wettbewerbs diente dazu, die fortgeschrittensten Regionen bei der Mittelvergabe zu privilegieren, und stellt damit geradezu die Umkehrung des klassischen regionalpolitischen Ansatzes dar, weil jetzt nicht mehr die schwächsten, sondern die stärksten Regionen gefördert werden, um an den endogenen Wachstumsimpulsen anzuknüpfen und diese zu verstärken.

Hinter diesem Paradigmenwechsel steht auch die Erkenntnis, daß das bloße Ausschütten von Subventionen nicht ausreicht, um einen Strukturwandel einzuleiten, sondern daß die Regionen in erster Linie handlungsfähige Akteursnetzwerke aufbauen müssen, um ihre Potentiale entwickeln zu können.

Damit läßt sich der regionalpolitische Paradigmenwechsel durch folgende Trends zusammenfassen:

- Der Wechsel von der breiten Streuung staatlicher Subventionen hin zur gezielten Förderung erfolgversprechender Entwicklungspotentiale.

- Die Prämierung der Bildung von konsensorientierten Akteursnetzwerken *innerhalb* der Regionen bei gleichzeitiger Verschärfung der Konkurrenz *zwischen* den Regionen.

- Die Orientierung der Förderpolitik an regionalen Entwicklungskonzepten, die von den regionalen Akteuren selber erarbeitet auf Regionalkonferenzen konsensual verabschiedet werden.

- Die zunehmende Europäisierung der R., die die wachsende Rolle der Regionen unterstützt.

Lit.: U. Bullmann/ R. G. Heinze (Hg.): Regionale Modernisierungspolitik, Opladen 1997; *Christian Engel*: Regionen in der EG, Bonn 1993; *R. G. Heinze/ H. Voelzkow* (Hg.): Regionalisierung der Strukturpolitik in NRW, Opladen 1997.

Prof. Dr. Volker Eichener, Düsseldorf

regulative Politik

Zentrales Element staatlicher Steuerung mit dem Ziel, das Verhalten wirtschaftlicher Akteure (v.a. von Unternehmen) durch ordnungspolitische, i.d.R. marktspezifische Eingriffe zu beeinflussen. Bezweckt wird die Korrektur oder Vermeidung von perzipiertem Marktversagen durch Schaffung von Sonderordnungen in bestimmten Sektoren oder Märkten: v.a. Marktzugang, Qualität, Preise. Aus der Kritik an prozeßimmanenten Fehlallokationen entstand die Forderung nach → Deregulierung.

Reichsgericht

Apellationsinstanz oder Zuständigkeit für bestimmte Delikte im „Heiligen Römischen Reich Deutscher Nation" und im → Deutschen Reich; Vorgänger des → Bundesgerichtshofes. 1806 aufgelöst; mit Inkrafttreten des Reichsjustizgesetzes 1879 mit Sitz in Leipzig wieder errichtet. Oberstes Gericht im Deutschen Reich für Arbeits-, Zivil- und Strafsachen. Mit dem R. verbunden war der Reichsdisziplinarhof (Disziplinarsachen gegen Reichsbeamte); zeitweise waren ihm u.a. der → „Staatsgerichtshof für das Deutsche Reich" und der „Staatsgerichtshof zum Schutze der Republik" angegliedert.

Reichskanzler

Chef der → Reichsregierung im → Kaiserreich, in der → Weimarer Republik sowie im nationalsozialistischen → Führerstaat.

Reichskristallnacht

Von der Führung der → NSDAP (v.a. Goebbels) und der → SA organisierter → Pogrom gegen die Juden im gesamten → Deutschen Reich in der Nacht vom 9. auf den 10.11.1938. Als Vorwand der angeblich spontanen Ausschreitungen diente die Erschießung des deutschen Botschaftsrats von Rath in Paris durch einen von der NS-Diktatur ausgewiesenen, ehemals polnischen Juden. Die R., in deren Verlauf 91 Menschen getötet, rd. 30.000 Juden verhaftet und der größte Teil der Synagogen zerstört wurden sowie den jüdischen Gemeinden 1 Mrd. Reichsmark als Kontribution auferlegt wurde, wird als erster Schritt des NS-Regimes auf dem Weg zur „Endlösung der Judenfrage" (→ Holocaust) betrachtet.

Reichspräsident

Direkt gewähltes → Staatsoberhaupt der → Weimarer Republik mit weitreichenden Exekutivbefugnissen (u.a. Oberbefehlshaber der → Reichswehr). Der R. leitete seine → Macht sowohl aus den Bestimmungen der → Weimarer Reichsverfassung als auch aus seiner Direktwahl (auf 7 Jahre) durch die Bevölkerung ab. Seine starke Verfassungsposition war kennzeichnend für das → semi-präsidentielle Regierungssystem Weimars und dessen → „konstitutionellen Dualismus".

Der R. ernannte und entließ → Reichskanzler und Reichsminister, die damit von ihm abhängig waren; er konnte den → Reichstag auflösen sowie gegen ein von diesem beschlossenes → Gesetz einen → Volksentscheid herbeiführen. Im Falle des Staatsnotstandes konnte der R. aufgrund von Art. 48 der Weimarer Reichsverfassung, anstelle des regulären parlamentarischen Weges der → Gesetzgebung, → Notverordnungen erlassen und → Grundrechte der → Bürger außer Kraft setzen. Zwar konnte der Reichstag mit einfacher Mehrheit die Aufhebung von Notverordnungen verlangen, jedoch war es dem R. möglich, diese → parlamentarische Kontrolle durch die in zeitlich dichter Folge verkündete Auflösung des Reichstages zu umgehen. Die Anwendungen dieser Instrumente unter von Hindenburg (1925-34), besonders seit 1930, markieren Etappen im Prozeß der schrittweisen Ablösung der parlamentarischen → Demokratie durch ein autoritäres Präsidialregime (→ Präsidialkabinette).

Reichsrat

Als Nachfolger des alten → Bundesrates nach der → Reichsverfassung von 1871 und Vorgänger des heutigen Bundesrates des → Grundgesetzes war der R. der → Weimarer Republik die Vertretung der (ab 1929) 17 → Länder als föderales Reichsorgan. Zusammengesetzt aus Vertretern der → Länderregierungen (Preußen: zur Hälfte aus Vertretern der Provinzverwaltungen), deren Zahl sich proportional zur Einwohnerzahl bemaß und je Land 2/5 der Gesamtzahl nicht überschreiten durfte, wurde der R. faktisch von Preußen dominiert. Eine

geschlossene Stimmabgabe der Stimmen eines Landes war nicht vorgeschrieben. Seine Bedeutung war geringer als die des alten und des heutigen Bundesrates. Er besaß lediglich beratende Funktion und bei → Gesetzen sowie → Verfassungsänderungen ein aufschiebendes Vetorecht, das vom → Reichstag mit 2/3-Mehrheit überstimmt oder durch → Volksentscheid annulliert werden konnte.

Reichsregierung

1. Im *Deutschen* → *Kaiserreich* (1871-1918) bestand die R. aus dem → Reichskanzler als einzigem → Minister; an der Spitze der → Ministerien (Reichsämter) standen → Staatssekretäre. Der Reichskanzler wurde vom Kaiser ernannt und war dem → Reichstag und → Bundesrat gegenüber nicht verantwortlich. Lediglich für → Gesetze, insbesondere die periodischen Haushaltsgesetze, bedurfte er der parlamentarischen Zustimmung.

2. In der → *Weimarer Republik* (1919-33) bedurfte die aus Reichskanzler und Reichsministern bestehende R. des Vertrauens des Reichstags. Ernennung und Entlassung von Reichskanzler und Reichsministern wurden jedoch vom → Reichspräsidenten vorgenommen. Die R. war somit von Reichspräsident und Reichstag abhängig, wobei je nach parlamentarischer Kräftekonstellation, präsidentieller Amtsführung und Machtbalance die eine oder die andere Seite überwog. Angesichts der instabilen Mehrheitsverhältnisse im Reichstag waren die R. schwach und kurzlebig. In der Endphase der Weimarer Republik, unter Reichspräsident von Hindenburg (1925-34), wurde die R. transformiert vom parlamentarisch kontrollierten Exekutivorgan zum Vollzugsinstrument eines - verfassungsrechtlich nicht gedeckten - autoritären Präsidialregimes (→ Präsidialkabinette).

Mit der *nationalsozialistischen Machtergreifung* gingen aufgrund des → Ermächtigungsgesetzes vom 24.3.1933 alle legislativen und exekutiven → Gewalten auf die R. unter Adolf Hitler über, der 1934 (nach dem Tod des Reichspräsidenten von Hindenburg) auch das → Amt des Reichspräsidenten in Personalunion übernahm.

Reichstag

1. *Allg.* Bezeichnung für Repräsentativorgane mit legislativen Funktionen, teils historisch (z.B. Ungarn), teils heute noch gültig (z.B. Schweden, Finnland, Japan, Polen).

2. Im *„Heiligen Römischen Reich Deutscher Nation"* (bis 1806) die Versammlung der 3 → Stände: Kurfürstenkollegium, Reichsfürstenrat (übriger Adel und Klerus), Reichsstädtekollegium (Freie und Reichsstädte). Die Stände berieten getrennt über Reichsgesetze und Reichsaufgebote.

3. Im *„Norddeutschen Bund"* (1867-71) bildete der R. zusammen mit dem → Bundesrat (als Vertretung der selbständigen Einzelstaaten) die → Legislative. Der R. wurde nach allgemeinem, gleichem, geheimem und direktem → Wahlrecht gewählt. Eine Kontrolle der → Regierung des → Bundes war nur durch → Interpellationen möglich.

4. Der R. wurde in die → Reichsverfassung des → Kaiserreiches bzw. → *Deutschen Reiches* (1871-1918) übernommen. Dem R. oblag das Gesetzgebungsrecht (zusammen mit dem Bundesrat) sowie die Budgetbefugnis. Die Wahldauer betrug seit 1888 5 Jahre. Der Bundesrat konnte mit Zustimmung des Kaisers jederzeit den R. auflösen.

5. In der → *Weimarer Republik* (1918-33) war die → Reichsregierung vom Vertrauen des R. abhängig; Ernennung und Entlassung erfolgten jedoch allein durch den → Reichspräsidenten. Der R. hatte die Gesetzgebungskompetenz, dem → Reichsrat kam nurmehr beratende Funktion zu. Parlamentarische Regierungskontrolle und Gesetzgebungsvorbehalt des R. konnten, wie sich unter dem Reichspräsidenten von Hindenburg (1925-34) zeigte, von diesem allerdings durch → Volksentscheide sowie unter Rückgriff auf Art. 48 der → Weimarer Reichsverfassung durch → Notverordnungen und extensive Ausübung des Parlamentsauflösungsrechts suspendiert werden. Die → Wahlperiode betrug 4 Jahre, jedoch waren (vorzeitige) Reichstagsauflösungen die Regel.

6. Im *nationalsozialistischen* → *Führerstaat* (1933-45) fungierte der (aus ernannten Mitgliedern bestehende) R. nur noch als Akklamationsorgan, das selten zusammentrat.

Reichsverfassung

Verfassungsrechtliche Grundlage des → Deutschen Reiches während der verschiedenen Stadien seiner konstitutionellen Entwicklung, vom Heiligen Römischen Reich Deutscher Nation (bis 1806) bis zur faktischen Außerkraftsetzung der R. unter dem → Nationalsozialismus (1933-45).

Reichswehr

Streitmacht der → Weimarer Republik. Der → Versailler Vertrag gestand dem → Deutschen Reich lediglich eine Truppenstärke von 100.000 Mann für das Heer und 15.000 Mann für die Marine zu; Luftwaffe und Panzer waren verboten, andere Ausrüstung war größen- bzw. typenmäßig beschränkt. Die R. war eine Berufsarmee von längerdienenden (mindestens 12 Jahre) Freiwilligen. Den Oberbefehl hatte der → Reichspräsident. Aufgrund der demokratiefernen Grundhaltung ihres Führerkorps, ihrer betonten Selbstabschließung gegenüber (Partei-)→ Politik sowie ihrer heimlich verfolgten (Auf-)Rüstungsaktivitäten häufig als → „Staat im Staate" bezeichnet, hat die R. nach der Zäsur des Kapp-Putsches (1920) jedoch der Weimarer Republik gegenüber äußerlich Loyalität gewahrt.

Rekrutierungsfunktion

Eine der zentralen Funktionen von → Parteien. Die Personalrekrutierung für legislative Körperschaften, Regierungsämter und zunehmend auch Verwaltungsorgane ist eng verbunden mit der Regierungsfunktion (Erringung regierungsfähiger Mehrheiten, Chance zum Machtwechsel). In demokratischen Parteien unterliegt die Personalrekrutierung der Mitgliederbeteiligung. Die Kandidatenauswahl der Parteien für parlamentarische Vertretungskörper unterliegt in der Bundesrepublik gesetzlich vorgeschriebenen Regelungen für die → innerparteiliche Demokratie (s. → Parteiengesetz).

relative Mehrheit

Bzw. einfache Mehrheit: Bei → Wahlen oder → Abstimmungen (→ Mehrheitsprinzip) erhält derjenige (Wahl-)Vorschlag die r., der mehr Stimmen auf sich vereinigt als jeder einzelne der anderen Vorschläge bzw. Kandidaten, jedoch nicht die → absolute Mehrheit (mindestens 50 % plus 1 Stimme) der abgegebenen Stimmen erreicht.

relative Mehrheitswahl
Gebräuchlichste Form der → Mehrheitswahl; v.a. in → Staaten mit angelsächsischer Demokratietradition (→ Wahlen und Wahlsysteme). Das Wahlgebiet wird in (möglichst gleich große) → Wahlkreise unterteilt, in denen jeweils ein → Abgeordneter (→ Wahlkreisabgeordnete) gewählt wird. Hierzu genügt die → relative Mehrheit der abgegebenen Stimmen.

Die nicht auf den siegreichen Kandidaten entfallenen Stimmen bleiben unberücksichtigt, im Wahlkreis wie auf nationaler Ebene. Dadurch entfaltet dieses → Wahlsystem eine große Konzentrationswirkung auf das → Parteiensystem, mit der Folge einer Dominanz von zumeist 2 großen → Parteien. Nur bei regionaler Stimmenkonzentration können sich kleine Parteien behaupten. Von allen Wahlsystemen sichert die r. am ehesten klare parlamentarische Mehrheiten.

Religion
Glaubenslehre bzw. Glaubensinhalte, mit denen eine spirituelle Verbindung zwischen Menschen in ihrer irdischen Existenz und einer überweltlichen, göttlichen bzw. heiligen Wesenheit hergestellt wird, welcher schützendes, helfendes und überhaupt letztorientierendes Vermögen zugesprochen wird. Religionsgemeinschaften gründen sich auf Überzeugungssysteme, mit deren Vermittlung und Deutung Geistliche (Priester) betraut sind. Die Religionsausübung findet statt in kultisch-zeremonieller Form.

Die → Soziologie sieht Glaubenssysteme als unerläßlich an, den einzelnen emotionalen Halt für die Unwägbarkeiten des Lebens (Krankheit, Unglück, Tod etc.) zu geben und den Bestand von → Gesellschaften (→ Kirche und politisches System) durch die Vorgabe bestimmter sittlicher → Normen zu garantieren. Diese wirken in modernen Gesellschaften zunehmend in säkularisierter, d.h. in staatliche Normgebung übersetzter Gestalt.

Religionspolitik
→ *Kirche und politisches System*

Remonstration
„Gegenvorstellung"; ebenso wie die Aufsichtsbeschwerde an die vorgesetzte → Behörde ein formloser Rechtsbehelf gegen einen → Verwaltungsakt. Im Unterschied zu förmlichen Rechtsmitteln (Widerspruch, Klage) weist die form- und fristlose R. lediglich auf einen vermeintlichen Fehler im Verwaltungsakt hin und ersucht um seine Abstellung. Die Schutzwirkung für den betroffenen → Bürger ist somit geringer, da die durchführende Behörde lediglich den Sachverhalt überprüfen und die R. beantworten, aber keinen neuen förmlichen Bescheid erlassen muß. Behördenintern meint R. die pflichtgemäße Einrede eines Bediensteten gegen mutmaßlich rechtswidrige höhere Weisung.

Rentenversicherung
Zweig der → Sozialversicherung; dient der Existenzsicherung bei Berufsunfähigkeit, Erwerbsunfähigkeit, altersbedingtem Ausscheiden aus dem Erwerbsleben und für Hinterbliebene bei Tod eines Versicherten. Das erste R.gesetz wurde 1889 vom dt. → Reichstag verabschiedet. Die R. ist aufgeteilt auf Arbeiterversicherung, Angestelltenversicherung und Knappschaftsversicherung (für Bergleute), ferner für selbständige Handwerker (Handwerkerversicherung) und für Landwirte (Altershilfe); für sie alle besteht Versicherungspflicht. Die R. ist eine öffentlich-rechtliche (gesetzliche) Versicherung (→ Beamte werden nicht erfaßt); für andere Gruppen besteht die Möglichkeit freiwilliger R. Die Zahlung der Rente ist an bestimmte Beitragszeiten (Wartezeiten) gebunden, die Rentenhöhe (Rentenformel) bemißt sich nach Versicherungsjahren und Durchschnittsverdienst; hinzu kommen seit 1957 Rentenanpassungen aufgrund der Entwicklung des Lohn- und Preisniveaus und der Wirtschaftsproduktivität (dynamische Rente), die jährlich vom → Bundestag als Rentenanpassungsgesetz verabschiedet werden. Die Finanzierungsmittel der Rententräger werden etwa hälftig durch Versicherte und deren Arbeit-

geber sowie durch Bundeszuschüsse aufgebracht; der Beitragssatz beläuft sich auf einen Prozentwert des Bruttoverdienstes (bis zu einer bestimmten Höchstgrenze). Die R. folgt noch dem Prinzip → Generationenvertrags, indem die derzeitigen Versicherten die Mittel für die derzeitigen Rentner aufbringen.

Reparationen

Nach dem 1. Weltkrieg von den Siegermächten eingeführte Bez. für Kriegsentschädigungen, welche die Besiegten in Form von Geld-, Sach- und Arbeitsleistungen aufbringen müssen. Für die Stabilität der → Weimarer Republik waren die auferlegten - wenngleich mehrfach ermäßigten - R. eine schwere Belastung; sie verschärften die politische Kontroverse zwischen den demokratischen → Parteien und der radikalen Rechten. Nach dem 2. Weltkrieg haben die alliierten Siegermächte ihren jeweiligen → Besatzungszonen R. entnommen, v.a. in Form von → Demontagen, Enteignungen von deutschem Vermögen im Ausland, Beschlagnahme von Patenten und auch Entnahmen aus der lfd. Produktion.

Repräsentantenhaus (USA)

U.S. House of Representatives; erste → Kammer des US-amerikanischen → Kongresses (s.a. → Zweikammersystem), welche die Gesamtbevölkerung nach allgemeinem und gleichem Stimmrecht repräsentiert. Dem Verfassungsgedanken zufolge verkörpert das R. das demokratische Prinzip im Kongreß, neben dem → Senat als Komponente bundesstaatlicher → Repräsentation. Die 435 → Wahlkreise (ohne die Bundeshauptstadt Washington, D.C.) werden auf die Einzelstaaten gemäß deren Einwohneranteil an der Gesamtbevölkerung aufgeteilt, und innerhalb der Einzelstaaten ebenfalls nach Bevölkerungszahl. Gewählt wird nach dem Prinzip der → relativen Mehrheitswahl in Einer-Wahlkreisen. Die Amtsdauer beträgt 2 Jahre. Das R. hat im Unterschied zum Senat keine direkte Mitwirkung bei internationalen Verträgen und Ernennungen der „political appointees" (hohe → politische Beamte).

Repräsentation

Prinzip der Vertretung kraft → Wahl oder (ständischem) Vorrecht, in Form des → freien oder → gebundenen Mandats. Politische R. ist nicht an bestimmte staatsrechtliche Formen oder Ausprägungen von → politischen Systemen gebunden; auch der Herrscher in der absoluten → Monarchie (→ Absolutismus) repräsentierte seine Untertanen. Die politische R. aufgrund von Willensbildungs- und Entscheidungsprozessen kann als freies Mandat (nur an die eigene Gewissensentscheidung gebunden) oder als → imperatives Mandat (an die Weisungen der Repräsentierten gebunden) erfolgen. In der modernen → Demokratietheorie wird nur die mittelbare → Demokratie (u.a. freies Mandat) als mit dem → Repräsentationsprinzip vereinbar angesehen.

Repräsentationsprinzip

Leitidee der → repräsentativen Demokratie. Da eine → identitäre Demokratie - die jederzeitige tatsächliche Übereinstimmung von Herrschern und Beherrschten - in modernen → Massendemokratien nicht möglich ist, bleibt das → Volk zwar der souveräne Inhaber aller → Staatsgewalt, läßt diese aber durch Gewählte (Repräsentanten) in seinem Namen ausüben (→ Repräsentation). Das R. setzt freie Willensbildungs- und Entscheidungsprozesse - insbes. → Wahlen - voraus, welche die Träger politischer Repräsentation legitimieren. Von daher entspricht das → freie Mandat den Funktionserfordernissen der repräsentativen Demokratie besser als das → imperative Mandat.

Repräsentative Demokratie

1. → Repräsentation, Repräsentativsystem, repräsentative Demokratie. Der Begriff der „repräsentativen Demokratie" (r.) ist von jenem der „Repräsentation" zu unterscheiden, obwohl beide im heutigen Sprachgebrauch häufig synonym verwendet werden. Repräsentation ist zunächst eine ontologische Kategorie: Zeitlich oder räumlich Nicht-Anwesendes oder nur abstrakt Vorhandenes wird durch einen Repräsentanten vergegenwärtigt; dabei muß dieser dem solchermaßen Vergegenwärtigten, eben dem

Repräsentierten, gerecht werden, der seinerseits erst durch diese Repräsentation Gestalt gewinnt und zur Wirkung kommt.

Repräsentation kann etymologisch bis in die römische Antike zurückverfolgt werden, wobei strittig ist, ob schon damals ein politischer Bedeutungsgehalt existierte. In der Folgezeit eher juristisch-verfahrensrechtlich geprägt, gewinnt Repräsentation eindeutig seit dem Spätmittelalter eine politische Dimension. In den Auseinandersetzungen zwischen den weltlichen und geistlichen Herrschern um Basis und Dominanz ihrer jeweiligen → Legitimation, mit den kirchlichen Konzilien und bürgerlichen Ständeversammlungen bildet sich allmählich ein politisches Repräsentativsystem heraus, in dem eine Vertretung aus Gruppen und/oder einzelnen für andere an der staatlichen Herrschaftsausübung beratend und/oder (mit-)entscheidend teilnimmt. Diese Vertretungen waren i.d.R. weisungsgebunden gegenüber den sie bestellenden Wahlgremien oder Wählern und repräsentierten nur diese.

Die jeweilige Gesamtheit konnte gemäß den in Kontinentaleuropa gewachsenen Prinzipien korporativer Repräsentation nur von der gesamten Versammlung vertreten werden. Schon hier zeigen sich die integrativen, kontrollierenden und artikulierenden Funktionen von Repräsentation: Die notwendige Einheit konnte in diesen frühen Repräsentativsystemen hergestellt, gesichert und sichtbar gemacht werden; der Herrscher war in Ansätzen der Kontrolle unterworfen, und gemäß dem Grundsatz „quod omnes tangit, ab omnibus approbetur" blieben die → Interessen der Herrschaftsunterworfenen nicht völlig unberücksichtigt. Nur in England konnten sich diese repräsentativen Vorstellungen gegen aufkommende absolutistische Theorien durchsetzen und weiterentwickeln. → Vertragstheorien, aufklärerisch-individualistisch begründete Staatsauffassungen, John Lockes Ideen vom „consent of the governed" entfalteten dort Wirkung und förderten - viel früher als in Kontinentaleuropa - die Herausbildung eines Repräsentativsystems, in dem die politischen Entscheidungen als Ergebnis eines institutionalisierten parlamentarischen Interessenausgleichs auf der Basis eines integrierenden Grundkonsenses verstanden und mittels „responsible government" gehandhabt wurden. Daß auf solchem Boden schnell die Vorstellung vom einzelnen → Abgeordneten als einem mit „trust" versehenen Repräsentanten seiner Wähler und des Ganzen gedieh, ist evident. (Schon 1774 arbeitete Burke dieses Repräsentationsverständnis vor seinen Wählern in Bristol heraus.)

Auf dem europäischen Kontinent brachte erst die → französische Revolution und mit ihr die Verfassung von 1791 den Durchbruch. Beeinflußt vom Gedankengut Montesquieus, Rousseaus und Sieyès' wurden → Volkssouveränität und Repräsentation als tragende Grundsätze der → Verfassung formuliert. Montesquieus Verknüpfung von → Freiheit, → Gewaltenteilung und Repräsentation war pragmatisch angelegt, Rousseaus Konstruktion der → volonté générale eher utopisch; Sieyès, „Vater der Repräsentativverfassung", baute auf beiden auf, sah den einzelnen Abgeordneten als Repräsentanten der ganzen → Nation verantwortlich für das → Gemeinwohl, „konzipierte die Repräsentation erstmals auch theoretisch nicht als lediglich surrogathaftes Wesen, sondern als eigenständiges Strukturprinzip, welches der arbeitsteilig organisierten bürgerlichen Welt entspricht" (Kimme).

Zur r. wurde dieses Konzept dann in den Verfassungskämpfen des 19. Jh. in ganz Europa ausformuliert und z.T. auch umgesetzt. Allgemeines und gleiches → Wahlrecht sowie die Vertretung des ganzen Volkes durch den einzelnen Abgeordneten, der ein → freies Mandat innehat - dies ist seither der Kernbestand von r. -, der Legitimation, Integration, → Partizipation, Artikulation und Kontrolle im parl. Entscheidungsprozeß und bei staatlicher Herrschaftsausübung sichern soll. Insofern ist r. auch nicht mehr zu trennen von den verfassungspolitischen Forderungen des nach Teilhabe- und (Verfassungs-) Rechtssicherheit strebenden liberalen → Bürgertums des vorigen Jahrhunderts. Unter Berücksichtigung dieser historischen Zusammenhänge und der oben aufgezeigten etymologischen Dimensionen kann Ernst Fraenkels Definition von Repräsentation als präzise, wenn auch nicht erschöpfende Bestimmung der Grundsätze r. gelten: „Repräsentation ist die rechtlich autorisierte Ausübung von Herrschaftsfunktionen durch verfassungsmäßig bestellte, im Namen des Volkes, jedoch ohne dessen bindenden Auftrag handelnde Organe eines Staates oder sonstigen Trägers öffentlicher Gewalt, die ihre Autorität mittelbar oder unmittelbar vom Volke ableiten und mit dem Anspruch legitimieren, dem Gesamtinteresse des Volkes zu dienen und dergestalt dessen wahren Willen zu vollziehen."

2. R. in Deutschland. Über die Vorstufen der Paulskirchenversammlung und des Norddeutschen Bundes gelangte man auch in Deutschland 1871 zu einer Verfassung für das ganze Reich; diese war zwar in ihren Grundzügen repräsentativ, ging aber nicht kompromißlos den Weg: Volkssouveränität - Repräsentation - → Parlament. Vielmehr trat neben die parlamentarische die Repräsentation durch den Kaiser, wodurch ihr Charakter als Verfahren für einen gemeinwohlorientierten, folglich legitimationsstiftenden Interessenausgleich aber hintangestellt wurde. Hierin spiegelte sich eine von Hegel geprägte Auffassung vom → Staat als substantielle Einheit des Willens wider, mit der die Prädominanz der → Exekutive über die parlamentarische Willensbildung begründet wurde: Die → Regierung stand angeblich über den in → Parteien und Parlament vertretenen - abwertend als partikularistisch verstandenen - → Interessen, galt als wahrer Repräsentant der → Nation.

Mit der → Weimarer Reichsverfassung wurde das Wahlrecht auch auf Frauen ausgedehnt, parl. Repräsentation also weiter demokratisiert; gleichzeitig wurden aber plebiszitäre Elemente der r. hinzugefügt: Direktwahl des mit weitgehenden Befugnissen gegenüber dem Parlament ausgestatteten Präsidenten, → Volksbegehren und → Volksentscheid. Erneut wird hieran deutlich, daß parl.-demokratische Repräsentation nicht als eigenständiges Strukturprinzip in den Überzeugungen maßgeblicher deutscher Denker und Politiker veran-

kert war. Was man 1918/19 an rückwärts gewandter Staatsideologie abwarf, wurde ersetzt durch ebenfalls strukturfremde identitär-plebiszitäre Elemente, die zudem noch so in die Verfassung eingewoben wurden, daß sie maßgeblich zur Funktionsunfähigkeit des → politischen Systems beitrugen.

Die Väter des → Grundgesetzes wollten derartige Fehlkonstruktionen vermeiden und schufen eine betont repräsentative Verfassung, die den → Bundestag als einziges durch Wahl direkt vom → Volk legitimiertes Organ etabliert, den Abgeordneten als Vertreter des ganzen Volkes versteht und mit freiem Mandat ausstattet, Parteien als wichtige, wenn auch nicht alleinige Träger der politischen Willensbildung anerkennt und Volksentscheide nur für den Fall der → Neugliederung des Bundesgebietes vorsieht.

3. → Parteienstaat versus r. Die Interpretation des Bundesverfassungsrichters Leibholz, wonach der Parteienstaat eine Erscheinungsform der → plebiszitären Demokratie, ein „Surrogat der direkten Demokratie im modernen Flächenstaat" sei, hat dazu geführt, daß Art. 38 und 21 GG in einem unauflösbaren Widerspruch zueinander gesehen wurden: Die Parteien - so Leibholz - seien das Volk, die jeweilige Parteienmehrheit sei mit der volonté générale zu identifizieren; Abgeordnete, Parlamente und Wahlen mißt er hingegen an einem - historisch fragwürdigen - überhöhten Idealtypus der r., hinter den der empirische Befund hoffnungslos zurückfallen muß. Obwohl recht evident war und ist, daß Leibholz' Thesen an Norm und Realität der bundesrepublikanischen Demokratie vorbeigingen, verstellen sie immer wieder ein angemessenes Verständnis von parl.-demokratischer Repräsentation Diese ist keine zweitbeste Lösung, sondern ein überlegenes eigenständiges Strukturprinzip, das den monistischen identitären Demokratievorstellungen pluralistische entgegensetzt. In diesem Sinne sind Parteien der Ort der Artikulation, Selektion und Aggregation von Interessen; der einzelne Abgeordnete ist Exponent seiner Partei und gleichzeitig gemeinwohlverpflichteter Träger des parl. Interessenausgleichs. Diese Spannung ist nicht in eine

Richtung aufzulösen, sondern auszuhalten und je nach aktuellen Erfordernissen immer wieder neu auszutarieren. Nur so können Parteien die nötige Aufgabe erfüllen, den plebiszitären Kräften ausreichend Spielraum zu gewähren (Fraenkel), können die Abgeordneten gleichzeitig partikularistischem Druck und übermächtigen → Fraktionen ein gewisses Gegengewicht bieten. Hierin liegt die Ambivalenz r., durch die Herrschaft auch für → Minderheiten akzeptabel wird, durch die Anpassungs- und Überlebensfähigkeit gesichert werden.

4. Aktuelle Probleme. Notwendig knapp und exemplarisch ist auf einige Probleme von r. hinzuweisen: Repräsentationslücken durch mangelnde sozialstrukturelle Repräsentativität, durch Defizite in Offenheit und → Öffentlichkeit des Repräsentationsprozesses, durch „kollektive Verantwortungslosigkeit" und „individuelle Vernachlässigung", schließlich „plebiszitäre Mißverständnisse" und plebiszitäre Fundamentalkritik.

Die Meinung, daß ein Maximum und Optimum an Repräsentation zu erreichen sei, wenn sich das Sozialprofil der Bevölkerung nur möglichst exakt im Parlament widerspiegele, ist nie verstummt und belegt Fraenkels Verdikt, die Verfassungsideologie der Deutschen stamme aus französischen Wurzeln, aus rousseauistischen Identitätsvorstellungen. Kern r. ist es aber gerade, die Legitimation politischer Entscheidungen durch den aktiven, kompromißhaften Ausgleich von Interessen und eben nicht durch die automatische Dominanz bestimmter Gruppen herzustellen, die bei sozialstruktureller oder demographischer Proportionalität gegeben wäre. Wenn auch gespeist aus unzutreffendem Repräsentationsverständnis, wird an der Kritik mangelnder „Repräsentativität" der Abgeordneten deutlich, daß es offenbar auch bei diesen Fehler in der Praxis oder Perzeption von Repräsentation gibt.

Repräsentation bedarf der Offenheit und Öffentlichkeit. Zunehmende Professionalisierung und Karrierisierung des Abgeordnetenberufs, wachsende Komplexität und Technizität der → Gesetzgebung sowie ein hoher Grad an Nichtöffentlichkeit des Parlamentsbetriebs in der Bundesrepublik lassen Zweifel entstehen, ob der Zustrom gesellschaftlicher Erfahrung ins Parlament und die kommunikative Leistung der Abgeordneten noch ausreichen, um das Ziel von Repräsentation - → Legitimation und Akzeptanz - zu erreichen.

Diese Entwicklungen haben dazu geführt, daß Abgeordnete einerseits von Gesetzgebern zu generellen Legitimationsbeschaffern geworden sind, andererseits zu „nursemaids", zu Pflegeschwestern ihrer heimischen Wähler (Finer). Da in der r. beides je nach Lage nötig ist, drohen bei Überbetonung einer Seite Konsequenzen: Eine zu einseitige Gewichtung von lokalen oder Interessenbindungen kann „kollektive Verantwortungslosigkeit", also die Vernachlässigung des gemeinwohlorientierten legitimationsstiftenden Interessenausgleichs zur Folge haben; die zu große Entfernung von den Erfahrungen, Einzelproblemen und -interessen der Repräsentierten kann ebenso gefährlich für die Legitimation werden, weil es zu inhaltlichen und thematischen Repräsentationsmängeln und -lücken kommen kann.

Hier wird noch einmal sehr deutlich: Unter den Bedingungen moderner Demokratie ist Repräsentation ein „dynamischer, kommunikativer Prozeß", der „ständig und allseitig Begründung, Rechenschaft und Diskussion verlangt" (Oberreuter). Es scheint, daß die Abgeordneten einen Teil ihrer Repräsentationsaufgabe nicht ernst genug betrieben haben: die → Kommunikation mit den Wählern, und zwar sowohl zur Aufnahme von Interessen als auch zur Vermittlung notwendiger politischer Kompromisse. Inzwischen wieder häufig anzutreffende Forderungen nach plebiszitären Ergänzungen des Grundgesetzes sind teilweise Reaktion auf diesen Mangel. Befunde der Meinungsforschung, wonach plebiszitäre Fehlinterpretationen der Verfassung (z.B. in Richtung → imperatives Mandat) vordringen, die Entstehung neuer Bewegungen und Parteien, die Diskussion über die Geltung der Mehrheitsregel etc. sind insofern nicht ohne weiteres nur als grundsätzliche Absagen an die r. zu verstehen, sondern nicht zuletzt als Anmahnung der Repräsentierten an die Repräsentanten, die kommunikative Gegenleistung der Repräsentation zu erfüllen. Wie häufig welches Motiv und welches Ziel den plebiszitären Forderungen zugrunde liegt, bedarf weiterer Erforschung, um Qualität und Ausmaß von Akzeptanzproblemen von r. präzise bestimmen zu können. Fraenkel hat den Blick dafür geschärft, daß r. auch plebiszitäre Elemente enthält (und andersherum). In diesem Sinne sind Änderungen des Mischungsverhältnisses möglich. Dabei ist aber die prinzipielle Grenze zu wahren: R. als politische Organisation pluralistischer Gesellschaft wird gesprengt, wenn die Fiktion der Identität von Regierenden und Regierten Platz greift und nicht mehr Halt macht vor dem Monopol des Parlaments in der r., in offener und öffentlicher Kommunikation zwischen Wählern und Gewählten Interessen mit dem Gemeinwohl abzugleichen und daraus allgemeinverbindliche und vor der Allgemeinheit zu verantwortende Entscheidungen zu treffen.

Lit.: Fraenkel, E.: Die repräsentative und plebiszitäre Komponente im demokratischen Verfassungsstaat, in: ders., Deutschland und die westlichen Demokratien, 6. A., Stuttgart u.a. 1974; *Kimme, J.*: Das Repräsentativsystem, Berlin 1988; *Rausch, H.* (Hg.): Zur Theorie und Geschichte der Repräsentation und Repräsentativverfassung, Darmstadt 1968; *Scheuner, U.*: Staatstheorie und Staatsrecht. Gesammelte Schriften, Berlin 1978 (darin mehrere Beiträge zu Repräsentation und Parlamentarismus); *Steffani, W.*: Repräsentative und plebiszitäre Elemente des Verfassungsstaates, in: ders., Pluralistische Demokratie, Opladen 1980, S. 149-165; *Thaysen, U.*: Repräsentation in der Bundesrepublik Deutschland, in: ders./ Davidson, R. H./ Livingston, R. G. (Hg.): US-Kongreß und Deutscher Bundestag, Opladen 1988, S. 73-107.

Priv. Doz. Dr. Suzanne S. Schüttemeyer, Potsdam

Repräsentativität

Aus dem Lat. für „stellvertretende Darstellung"; der Statistik entlehnter Begriff, der die Übereinstimmung einer Stichprobe mit der Struktur der Grundgesamtheit angibt. In der → empirischen Sozialforschung meint R. die Verallgemeinerungsfähigkeit von Ergebnissen, die durch Untersuchung dieser Stichprobe gewonnen wurden.

Auf politische Gremien bezogen bedeutet R. die Übereinstimmung zwischen Repräsentanten und Repräsentierten hinsichtlich bestimmter Merkmale, beispielsweise soziodemographischer Faktoren oder Politikvorstellungen.

Republik

Sammelbez. für alle nichtmonarchischen (s.a. → Monarchie) → Herrschaftsformen (→ Diktatur, Adelsrepublik, → Demokratie etc.). Mit Ausnahme der Diktatur herrscht in allen Staatsformen der R. die Mehrheit der Teilnahmeberechtigten; in der Adelsrepublik beschränkte sich diese allerdings auf eine Minderheit der Gesamtbevölkerung. In der Demokratie ist das gesamte Volk oberster Souverän.

Republikaner

1. Bürger einer → Republik
2. Anhänger der Republik als Staatsform
3. *Die Republikaner/ REP*: 1983 von dem CSU-Dissidenten Franz Handlos (als Vorsitzendem) und dem ehem. Rundfunkjournalisten Franz Schönhuber (als seinem Stellvertreter) gegründet. Nach parteiinternen Konflikten, die 1985 zur Abspaltung der Handlos-Gruppe führten, wurde Schönhuber zur beherrschenden Führerfigur. Seitdem sind die R. aufgrund ihrer pronon- ciert deutschnationalen und ethnozentristischen Losungen eindeutig am rechten Rand des Parteienspektrums einzuordnen. Die Zunahme rechtsextremistischer Tendenzen in der → Partei führte im Dezember 1992 zum Beschluß der Bundes- und Landesinnenminister, sie vom → Verfassungsschutz beobachten zu lassen. Die Abgrenzung gegenüber rechtsextremistischen Organisationen ist innerparteilich umstritten. Ende der 80er Jahre zur wählerstärksten Partei des rechten Flügels - getragen von einem sozialen und ökonomischen → Protestpotential - aufgestiegen, haben die R. nach der Bundestagswahl 1994 zunehmend von der → DVU Konkurrenz erhalten (bei der Bun-

destagswahl 1998 lagen die R. mit 1,8 % etwas über der DVU mit 1,2 %). Überörtlich sind sie im → Landtag von Baden-Württemberg (24.3.1996: 9,1 %) in 2 aufeinander folgenden Wahlperioden vertreten. Mit Ende 1998 ca. 15000 Mitgliedern sind die R. organisatorisch nach der DVU (ca. 18000) zweitstärkste Partei im rechten Lager.

4. *Republikanische Partei der USA (Republican Party)*: Auch Grand Old Party (GOP) genannt; neben der → Demokratischen Partei eine der beiden großen Parteien der USA. Zwar wurde bereits gegen Ende des 18. Jh. eine R. von Jefferson und Madison gegründet, aber diese war der Vorläufer der sich ab 1829 Demokraten nennenden Partei. Die heutige R. wurde 1854 von den Gegnern der Sklaverei (in den Südstaaten der USA) gegründet. Mit Ausnahme der Zeitspanne 1932-52 stellte sie in den übrigen Zeiten ihrer Existenz mit nur wenigen Unterbrechungen (in neuerer Zeit: 1960-68, 1976-80, ab 1992) den → Präsidenten (ihr 1. Präsident wurde 1860/61 Abraham Lincoln). Die Partei hat ihre Wählerbasis bei den Konservativen und den Beziehern höherer Einkommen. Mit dem Präsidentschaftskandidaten Goldwater (1964) und mit dem Amtsantritt Ronald Reagans (1980/81) ging die Partei auf einen zunehmend konservativen Kurs. Die Partei propagiert den Abbau von → Staatsinterventionismus, → Wohlfahrtsstaat und allg. von „big government" zugunsten der Eigenverantwortung der einzelnen und des freien Unternehmertums.

Résistance
1. Im 2. Weltkrieg Bez. für die franz. Widerstandsbewegung gegen die deutsche Besetzung Frankreichs.
2. Im 19. Jh. eine Gruppe konservativer → Parteien in Frankreich.

Responsivität
Vom engl. responsiveness (Antwortbereitschaft) abgeleiteter, der amerikanischen → Demokratietheorie entlehnter Kunstbegriff, demzufolge die gewählten Repräsentanten auf die → Bedürfnisse und Forderungen der Bevölkerung eingehen. Bezogen auf politische → Institutionen bzw. Reprä-

sentanten ist R. die Offenheit gegenüber gesellschaftlichen Bedürfnissen, verbunden mit der Bereitschaft zu Problemlösungen im Sinne eines gesamtgesellschaftlichen → Konsenses, auf dem Wege der Rückkoppelung der Regierenden an die → Interessen der Regierten.

Ressortprinzip
→ Ministerverantwortlichkeit

Ressourcen
Alle Mittel, die der Produktion von Gütern und Dienstleistungen zur Verfügung stehen (d.h. Produktionsfaktoren sowie Produkt- und Verbrauchsmaterialien). Hierzu zählen v.a. Bodenschätze, finanzielle Mittel, Menschen und Energie.
Neuerdings wird der R.begriff auch von der politikwissenschaftlichen → Steuerungstheorie verwandt, die unter R. u.a. Geld, Informationen und Normsetzungsbefugnis subsumiert.

Revisionismus
1. *Sozialistische Theorie*: Ausgangs des 19. Jh. begründete, theoretische Rechtfertigung der → Politik des → Reformismus in der → Arbeiterbewegung, die den → Sozialismus durch eine friedliche Umgestaltung des → Kapitalismus zu erreichen suchte. Der R. verwirft die sozialistische → Revolution als Weg und Ziel politischer Veränderung und befürwortet stattdessen ein allmähliches, evolutionäres „Hineinwachsen in den Sozialismus" (Bernstein) mit den Mitteln der parlamentarischen → Demokratie. Der R. wurde von dem führenden Sozialdemokraten Eduard Bernstein theoretisch begründet; dieser sah die → Krisen- und Verelendungstheorie von Karl Marx als widerlegt an und forderte den Wandel der → SPD zu einer → Partei der sozialen Reformen, welche die → Sozialdemokratie des → Kaiserreiches, trotz ihrer revolutionären Rhetorik, in ihrer politischen Praxis damals schon weitgehend geworden war. In der späteren kommunistischen Terminologie wurde R. als Synonym für „rechte" Abweichungen verwandt.

2. *Internationale Beziehungen*: Bestreben, eine Grenzziehung, die zu Gebietsverlusten geführt hat, rückgängig zu machen.

Revolution/ Revolutionstheorien

1. R. -begriff: Der Begriff R. (lat. „revolutio") bezeichnet zunächst allg. eine Umwälzung bzw. Veränderung tiefgreifender Art. Seine erste wissenschaftliche Bedeutung erlangte er in der Antike auf dem Gebiet der Astronomie. Eine Verwendung des Begriffs im Zusammenhang mit politischen und sozialen Veränderungen entstand erst in der Neuzeit im Zuge der politischen Entwicklung der italienischen Stadtstaaten und der englischen „Glorious Revolution" (1688). Der Begriff wird heute zur Charakterisierung von Veränderungen in fast allen Bereichen gebraucht (wissenschaftliche, kulturelle, industrielle, modische R. etc.). In der hier ausschließlich interessierenden Verwendung des Begriffes für soziale und politische Veränderungen bezeichnet er eine politische Krisenentwicklung, die in einem von der normalen konstitutionellen Ordnung abweichenden Verfahren zur Ablösung der herrschenden politischen → Elite führt bzw. führen kann. Die politischen Eliten werden dabei als Repräsentanten einer vorhandenen sozio-politischen Ordnung verstanden, die durch die Revolutionäre in Frage gestellt wird.

Versuche, eine Realdefinition des R.-begriffs vorzunehmen, scheitern an der Unterschiedlichkeit der politischen Ereignisse und Prozesse, die mit dem Begriff R. in Verbindung gebracht werden. Insbesondere ist umstritten, wie tiefgreifend die resultierenden Veränderungen sein müssen, um von R. sprechen zu können. Häufig wird auch die Anwendung von → Gewalt als typisches Merkmal einer R. angesehen. Ob der revolutionäre Prozeß notwendigerweise von unten, d.h. einer unterprivilegierten sozialen Gruppe (Schicht, → Klasse), eingeleitet werden muß, ist ein weiterer Streitpunkt beim Versuch, eine allgemeingültige Definition zu erreichen. Schließlich ist zu fragen, ob man nur dann von einer R. sprechen sollte, wenn der Versuch des Umsturzes - gemessen an Minimalkriterien - erfolgreich war und tatsächlich eine neue sozio-politische Ordnung eingeführt wurde.

Betrachtet man die Reihe der historischen Ereignisse, die i.d.R. als R. bezeichnet werden, so fällt sehr schnell auf, daß nur ein Teil davon alle genannten Kriterien erfüllt. Als ein „Modellfall" dient meist die → französische R. von 1789, da sie mehr oder weniger fast alle Eigenschaften, die in den Definitionsbemühungen angeführt werden, aufweisen kann. R., wie die englische von 1688 und die deutsche von 1918, sind - gemessen an solchen Charakteristika - dagegen weit weniger typisch.

2. Typen von R.: Um der Komplexität und Verschiedenartigkeit revolutionärer Prozesse einigermaßen gerecht zu werden, bietet sich die Klassifizierung in Typen von R. als eine Vorstufe der Theoriebildung (R.-theorien, vgl. Punkt 3.) an. Die meistverbreitete Typologie beruht auf der Unterscheidung in verschiedene Subjekte bzw. Träger der R. Darunter ist diejenige soziale Schicht, Klasse oder Gruppe zu verstehen, deren → Interessen in wirtschaftlicher, sozialer und politischer Hinsicht mit nichtkonventionellen Mitteln (z.B. Gewaltanwendung) gegen die etablierten Interessen der herrschenden Schicht, Klasse oder Gruppe durchgesetzt werden sollen.

So bezeichnet man das Aufbegehren des → Bürgertums gegen die Privilegien und den Herrschaftsanspruch von Adel und Klerus konsequenterweise als bürgerliche R. In diese Kategorie fallen die niederländische des 16., die englische des 17. und die französische und amerikanische R. des 18. Jh. Für sie ist typisch, daß sie alle zu einer neuen → politischen Ordnung geführt haben, die dem Bürgertum eine zentrale Rolle im politischen Entscheidungsprozeß einräumte. In den Niederlanden und in den Vereinigten Staaten war sie zusätzlich Teil eines nationalen Befreiungskampfes. Charakteristisch für die bürgerlichen R. war das in ihrer Folge aufgetretene beachtliche wirtschaftliche Wachstum, das durch neue Organisationsformen von Produktion und Distribution ausgelöst wurde. Die sich mit der bürgerlichen R. durchsetzende kapitalistische Wirtschaftsordnung dokumentiert bis heute ihre umfassende Bedeutung zumindest für die wirtschaftliche, soziale und politische Entwicklung des Abendlandes.

Eine andere Kategorie von R. wird mit dem Begriff proletarische R. bezeichnet. Wie kein anderer R.-begriff findet dieser durch die theoretisch-ideologischen Arbeiten von Marx, Engels und Lenin Eingang in die politikwissenschaftliche und soziologische Literatur. Die proletarische R. stellt im Verständnis dieser Literatur einen entwicklungslogischen Endpunkt der aufeinanderfolgenden Kämpfe der unterdrückten Klasse gegen die herrschende dar, indem sie die Errungenschaften der bürgerlichen R. bei der Erlangung der → Bürgerrechte im politischen Bereich auf die soziale und wirtschaftliche Gleichstellung auszudehnen versucht. Ihr Ziel ist die Befreiung der Arbeitermassen der → industriellen Gesellschaft von den sog. Bewegungsgesetzen des → Kapitalismus mit ihrer unausweichlichen Tendenz zur Verelendung.

Ergebnis der R. ist die sozialistische → Gesellschaft, in der im Zuge der Entwicklung zur kommunistischen Gesellschaft die private Verfügung über Produktionsmittel und zunehmend auch die → Institution des Privateigentums verschwindet. Als typisches Beispiel einer proletarischen R. gilt die sozialistische → Oktoberrevolution von 1917 in Rußland. Diese Charakterisierung steht jedoch mit der verbreiteten historischen Erkenntnis im Widerspruch, daß Rußland zu dieser Zeit kein industriell geprägtes Land mit einem signifikanten Industrieproletariat darstellte, sondern viel eher eine agrarisch-feudale Wirtschafts- und Gesellschaftsordnung aufzuweisen hatte. Konsequenterweise wäre sie eher als eine agrarische R. einzustufen, bei der die relative Stärke der organisierten Gewaltpotentiale auf beiden Seiten entscheidenden Einfluß auf den Erfolg und Mißerfolg der R. hatte.

Dies leitet über zum Typus der agrarischen und/ oder Bauern-R. Dieser Typ ist charakteristisch für viele Länder außerhalb der nordatlantischen Hemisphäre und geht i.d.R. mit dem Versuch eines wirtschaftlichen, sozialen und politischen → Modernisierungssprungs einher, der einen Prozeß der Überwindung relativer → Unterentwicklung einleiten soll. Beispiel sind die chinesischen R. sowie die mexikanische R. von 1910-1920. Nach dem Zweiten Weltkrieg gingen R. dieses Typs aus kolonialen bzw. post-kolonialen Befreiungskriegen hervor (z.B. Vietnam, Algerien).

Eine weitere, häufig verwendete Kategorie im Rahmen einer Typologie von R. ist die R. von oben. Während im üblichen Verständnis von R. die Initiative vom unterprivilegierten Teil der Gesellschaft ausgeht, wird bei diesem Typ zumindest der anfängliche Impetus des revolutionären Geschehens von der Elite bzw. einem Teil derselben getragen. Häufig spielen dabei freie Gegeneliten (Pareto), d.h. nicht in den Herrschaftsapparat eingebundene Elitensegmente, die zentrale Rolle. Dieser R.-typ ist v. a. in den Ländern der → Dritten Welt verbreitet. Die Armee bzw. Teile davon stellen häufig die Machtbasis für die Revolutionäre, und die Grenzen zum reinen → Staatsstreich ohne weitergehende Veränderungen in der Gesellschaft sind fließend.

Weitere Klassifikationsmöglichkeiten ergeben sich auf der Basis der als Rechtfertigung für das revolutionäre Handeln dienenden politischen → Ideologie. So spricht man z.B. von faschistischen oder sozialistischen R. Eine Einteilung nach dem Ausmaß des Blutvergießens und der Gewaltanwendung wird zwar gelegentlich in der Literatur versucht, ergibt aber kaum theoretisch-systematische Ergebnisse. Erwähnt werden sollte der Begriff der Konter-R., der den Versuch der alten Herrschaftsträger bezeichnet, die Veränderungen des revolutionären Prozesses rückgängig zu machen.

3. R.-theorien: Nicht zuletzt wegen der genannten Schwierigkeiten, zu gültigen Definitionen und Klassifizierungen als Vorstufen der Theoriebildung über R. zu gelangen, gibt es keine allg. Theorie der R. Sie müßte nicht nur sehr unterschiedliche Phänomene innerhalb einer Epoche, sondern auch die starken Veränderungen in den gesellschaftlichen Rahmenbedingungen über mehrere Jahrhunderte systematisch einbeziehen. Wir sprechen deshalb von R.-theorien im Plural und drücken damit aus, daß es eine Vielzahl von Erklärungsversuchen gibt, die sich auf unterschiedliche Aspekte und Typen sowie unterschiedliche Ebenen des Problems beziehen.

Konsequenterweise sind empirische Ansätze zur Überprüfung der Theorien auch nur auf eine bestimmte Klasse von Phänomenen begrenzt. Der v.a. in der US-amerikanischen Forschung der 60er und 70er Jahre verbreitete Versuch, über die Sammlung quantifizierter Daten zu revolutionären und anderen gewaltsamen bzw. unkonventionellen politischen Ereignissen zu allgemeinen Aussagen über die Ursachen von R. zu gelangen, hat die darin gesetzten Erwartungen nicht erfüllt. Im großen und ganzen erwiesen sich die Indikatoren als fragwürdig bei der Erfassung der Vielfalt und Unterschiedlichkeit revolutionärer Vorgänge. Entsprechend bescheiden blieb auch der prognostische Erfolg solcher quantitativer Modelle.

Gemeinsam ist diesen Modellen der Versuch, das Problem auf individueller Ebene erklären zu wollen. Frustrations- und Aggressionshypothesen sowie relative Deprivationsthesen und ihre Varianten sind typisch für diese Ansätze. Sie gehen alle von der Grundfigur aus, daß bei den Menschen in einer Gesellschaft durch Wegnahme oder durch Vorenthaltung von Gütern ein Gefühl der Benachteiligung im Vergleich mit Bezugsgruppen oder früheren Zuständen eintritt, der sich in Ärger äußert, der wiederum zu Protesten und Aufständen gegen die herrschende Ordnung führt. Ein derartiger motivationaler Zustand bei einer großen Zahl von → Individuen gilt als notwendige, wenn auch nicht hinreichende Bedingung für das Auftreten von R.

Weitere Bedingungen für R. werden v. a. von den „Klassikern" der R.-forschung (Tocqueville, Brinton, Johnson, Arendt, Moore) genannt. Dazu gehören in erster Linie die Brüchigkeit der etablierten Ordnung aufgrund von wirtschaftlichen und gesellschaftlichen Veränderungen sowie die Chance, aus individueller Unzufriedenheit eine kollektive, breit unterstützte → soziale Bewegung zu formen. Beim zuletzt genannten Punkt steht häufig die Frage nach der Rolle der R.-eliten im Mittelpunkt (z.B. bei Lenin). Aber auch das Bewußtsein der Unzufriedenen und ihre räumliche Verteilung werden dabei thematisiert (siehe dazu die Marx'sche Unterscheidung von „Klasse an sich" und „Klasse für sich" sowie seine Analyse des Bewußtseins der französischen Parzellenbauern in „Der 18. Brumaire des Louis Bonaparte").

Revolutionäre Eliten, die durch Organisationsleistungen in der Lage sind, individuelle Frustration bzw. Deprivation in erfolgreiche kollektive Aktionen zu übersetzen, entstehen häufig als Folge von Marginalisierungsprozessen in der Gesellschaft, die wiederum ihre Ursachen in demographischen Wellen oder in Bildungszyklen mit den dadurch verminderten sozio-ökonomischen Partizipationsmöglichkeiten solcher Kohorten haben können. Da die Teilnahme an revolutionären Aktivitäten für den Einzelnen mit erheblichen Kosten verbunden sein kann, das Ergebnis im Falle des Erfolgs aber weitgehend den Charakter eines Kollektivgutes (von dessen Genuß definitionsgemäß niemand ausgeschlossen werden kann) haben wird, dürfte die Bereitschaft zur aktiven Teilnahme eher gering sein. Die Funktion der „Gegeneliten" besteht darin, ideologische Rechtfertigungen für die Notwendigkeit einer R. anzubieten und soziale Umstände (Anreize, sozialen Druck etc.) zu erzeugen, die eine Mobilisierung der Massen erleichtern. Ihre überproportional hohe Investition von → Ressourcen in ein revolutionäres Unternehmen ist für sie insoweit lohnend, als ihr eigener Herrschaftsanspruch nur nach erfolgreicher R. erfüllt werden kann und auch nur in diesem Falle der Zugang zu → Macht und Pfründen offensteht.

Bei den meisten R.-theorien gilt die materielle und moralische Brüchigkeit der alten Ordnung als Voraussetzung für den Erfolg einer revolutionären Erhebung. Wäre dies nicht der Fall, könnte das herrschende → Regime genügend Ressourcen (z.B. Soldaten) aufbieten und z.B. durch massive Sanktionen eine aufkommende revolutionäre Bewegung ersticken. Es ist geradezu typisch, daß sich eine ungeliebte und illegitime → Herrschaft eine Dienstleistungsklasse schafft, die als Puffer gegen die Ansprüche und den Zugriff der Massen wirken soll und deren → Loyalität durch Gewährung von Privilegien und durch Teilhabe an den Pfründen der Macht erhalten wird (Lenski). V.a. der Zerfall der Loyalität dieser Sozialschicht beschleunigt revolutionäre Prozesse, da der herrschenden Schicht oder Gruppe zunehmend die Herrschaftsinstrumente (→ Bürokratie, → Polizei, Militär) entzogen werden. Aufgrund der Zunahme der internationalen Verflechtung von politischen und wirtschaftlichen Strukturen wird in neueren R.-theorien der Einfluß anderer → Nationen auf nationale R. stark hervorgehoben. Dies kann aber nicht heißen, daß solche Einflüsse bei den R. früherer Jahrhunderte nicht gegeben waren.

Zusammenfassend läßt sich festhalten, daß der Versuch, eine allgemeine Theorie der R. zu entwickeln, bis heute an der Komplexität und Vielschichtigkeit des Erklärungsgegenstandes gescheitert ist. Dies gilt auch für die Strategie, R. als Spezialfall einer allgemeinen Theorie politischer Gewaltanwendung aufzufassen (z.B. Gurr). Ein zentrales Problem der Theoriebildung stellt die Verknüpfung von Mikroebene (Frustration, relative Deprivation) und Makroebene (Wirtschafts- und Sozialstrukturen, politische Ordnungen) dar.

Lit.: Arendt, H.: Über die Revolution, München 1963; *Beyme K v.* (Hg.): Empirische Revolutionsforschung, Opladen 1973; *Brinton, C.*: Die Revolution und ihre Gesetze, Frankfurt/ M. 1959; *Lenin, W. I.*: Staat und Revolution, in: ders., Ausgewählte Werke, Bd. 2, 1967; *Tocqueville, A. de*: Der alte Staat und die Revolution, Reinbek 1969; *Widmaier, U.*: Politische Gewaltanwendung als Problem der Organisation von Interessen, Meisenheim/ Glan 1978; *Zimmermann, E.*: Krisen, Staatsstreiche und Revolutionen, Opladen 1981.

Prof. Dr. Ulrich Widmaier, Bochum

RGW
Abk. für → *R*at für *G*egenseitige *W*irtschaftshilfe

Richterbestellung
Die Entscheidung über die Berufung von Richtern an den Gerichten der → Länder trifft der jeweilige Landesminister oder die gesamte → Landesregierung; in einigen → Bundesländern erfolgt die Berufung gemeinsam mit einem → Richterwahlausschuß. Die Richter der → Staatsgerichtshöfe werden in den meisten Bundesländern vom → Landtag gewählt; Richterwahlausschüsse oder Landesregierungen

haben nur in wenigen Bundesländern Einfluß auf die R. Für die → Bundesgerichte werden die Richter gemäß Art. 95 II GG gemeinsam vom zuständigen → Bundesminister und dem Richterwahlausschuß berufen und sodann vom → Bundespräsidenten ernannt. Die Mitglieder des → Bundesverfassungsgerichts werden je zur Hälfte vom → Bundestag (→ Wahlmännerausschuß) und vom → Bundesrat (in seiner Gesamtheit) - jeweils mit 2/3-Mehrheit - gewählt.

Richterwahlausschuß
Die Richter an den → Bundesgerichten werden gemäß Art. 95 II GG gemeinsam vom zuständigen → Bundesminister und dem R. berufen und sodann vom → Bundespräsidenten ernannt. Der R. besteht aus den für das jeweilige Fachgebiet zuständigen → Ministern der 16 → Bundesländer und 16 Mitgliedern, die vom → Bundestag im Verhältnis zur Stärke seiner → Fraktionen gewählt werden.
R. gibt es auch in einigen Bundesländern; R. und der jeweils zuständige → Landesminister oder die gesamte → Landesregierung berufen die Richter der Landesgerichte gemeinsam.

Richtlinienkompetenz
In Art. 65 GG normierter verfassungsrechtlicher Führungsstatus des deutschen → Bundeskanzlers. Bei diesem konzentriert das → Grundgesetz die Regierungsfunktionen. Er bestimmt die Richtlinien der → Politik und trägt dafür vor dem → Bundestag allein die Verantwortung; er besitzt mithin die Kompetenz-Kompetenz (→ Kanzlerprinzip). Wie weit die R. des Bundeskanzlers reicht, bestimmt sich in der Praxis v.a. durch seine Machtstellung gegenüber den anderen Kabinettsmitgliedern bzw. gegenüber den die → Regierung tragenden → Parteien (s.a. → Kanzlerdemokratie). Diese realen politischen Machtfaktoren sind für die Ausschöpfung der R. gewichtiger als ihre formalen verfassungsrechtlichen Begrenzungen, die sich aus dem Ressortprinzip (→ Ministerverantwortlichkeit) und dem → Kollegialprinzip (bei Meinungsverschiedenheiten entscheidet die → Bundesregierung) ergeben.

Richtungsgewerkschaften

Organisationsprinzip einer nach politischen oder religiösen Richtungen organisierten Arbeitnehmervertretung, im Unterschied zur → Einheitsgewerkschaft. Vor dem 2. Weltkrieg waren die (Aus-)Richtungen kommunistisch, sozialdemokratisch, liberal und christlich weit verbreitet; R. bestehen heute noch v.a. in den romanischen → Ländern.

romanische Mehrheitswahl

V.a. im Frankreich der III. und V. Republik in den meisten Parlamentswahlen (im Unterschied zu Präsidentschaftswahlen) angewandte Variante der → absoluten Mehrheitswahl (→ Mehrheitswahl). Das Land wird in (möglichst gleich große) → Wahlkreise eingeteilt, in denen jeweils ein → Abgeordneter (→ Wahlkreisabgeordnete) gewählt wird. Wie im System der absoluten Mehrheitswahl ist im ersten Wahlgang nur derjenige Kandidat gewählt, der die absolute Mehrheit der abgegebenen Stimmen (mindestens 50 % plus 1 Stimme) errungen hat. Andernfalls kommt es zu einem zweiten Wahlgang; im Unterschied zur absoluten Mehrheitswahl können dabei alle Kandidaten wieder kandidieren (in der III. Republik konnten sogar neue Kandidaten auftreten; in der V. Republik besteht seit 1976 als Voraussetzung die Erreichung eines → Quorums von 12,5 % der eingeschriebenen Wähler). Im zweiten Wahlgang genügt dann die einfache (→ relative) Mehrheit der abgegebenen Stimmen.

Die Konzentrationswirkungen der r. sind wesentlich schwächer als bei der → relativen Mehrheitswahl und auch der absoluten Mehrheitswahl, denn selbst kleine → Parteien können für den zweiten Wahlgang Wahlabsprachen mit anderen Parteien eingehen und so → Mandate erringen.

Romantik

→ politische Romantik

Rotation

⇒ *Ämterrotation*
→ Rotationsprinzip

Rotationsprinzip

Die Forderung nach Rotation (→ Ämterrotation) ist ein Bestandteil räte- bzw. basisdemokratischer Konzepte. Machtkonzentration, Korruption und bürokratische Verkrustungen sollen vermieden bzw. abgebaut werden. R. bedeutet die Begrenzung der Amtszeit parlamentarischer Mandatsträger und deren Ersetzung innerhalb der → Legislaturperiode durch vorher gewählte bzw. bestimmte Nachrücker.

Durch eine solche Rotation wollten die → Grünen zu Beginn der 80er Jahre in der Bundesrepublik Deutschland verhindern, daß sich ihre Funktionsträger in den → Parlamenten (aber auch in der → Partei selbst) zu Berufspolitikern entwickeln, die sich von der Partei- und Wählerbasis abheben. Für öffentliche → Ämter von Anfang an verfassungsrechtlich umstritten, zeigte das R. bald auch für die Grünen dysfunktionale Auswirkungen in den Parlamenten, als die Amtsinhaber in der Mitte der → Legislaturperiode (als Regelfall) den Nachrückern Platz machen mußten: Die Kontinuität parlamentarischer Arbeit litt sehr stark. Ende der 80er Jahre begann die (inzwischen vollzogene) Loslösung vom R.; auch der daraufhin sichtbare Trend zur Begrenzung der Mandatsinhaber auf eine bestimmte Zahl von Legislaturperioden wird kaum noch praktiziert. 1991 wurde für den Bundesvorstand der Partei das R. abgeschafft.

Rote Armee Fraktion/ RAF

Vormals harter Kern der politisch motivierten, linksextremistischen Gewaltkriminalität (→ Terrorismus) in der Bundesrepublik, mit internationalen Verbindungen zu Terrorgruppen in Frankreich, Italien und im Nahen Osten. Aktionszentrum zahlreicher Mord- und Terroranschläge v.a. in den 70er Jahren. Bevorzugte Opfer bzw. Objekte der Anschläge waren - neben führenden Politikern - prominente Repräsentanten wirtschaftlicher Großunternehmen, die als Symbol und Inbegriff eines kapitalistisch gesteuerten, imperialistisch ausgreifenden staatlichen Macht- und Unterdrückungsapparats betrachtet werden. Die R. teilte sich in die Ebenen der sog. „Kommandoebene" (lt. Polizeierkenntnissen ca. 15-30 im Untergrund lebende Personen, die den „bewaffneten Kampf" vorbereiteten und durchführten), ferner sog. „Militante" und ein sog. „Umfeld" von (auf etliche hundert Personen geschätzten) Sympathisierenden. Der Zusammenbruch des „real existierenden → Sozialismus" hatte das R.-Umfeld ideologisch verunsichert. Darüber hinaus hatten die nach 1990 aufgedeckten engen Verbindungen zum ehem. → Ministerium für Staatssicherheit (MfS) der DDR bei den eigenen Anhängern und im internationalen Kontaktfeld zu erheblichen Ansehensverlusten geführt. Die Aktivitäten von „Militanten" und „Umfeld" waren seit 1991 rückläufig. Ende 1991 wurden die ersten Verfahren zur Prüfung von Strafaussetzungen zur Bewährung für mehrere Verurteilte der R. eingeleitet, um den Umdenkungsprozeß einiger Teile der R. auch von staatlicher Seite her zu unterstützen. Am 20.4.1998 wurde der → Öffentlichkeit ein vom März 1998 datiertes Schreiben übermittelt, in dem sich die R. für aufgelöst erklärte.

Rote Khmer

Franz.: Khmer Rouge; ursprünglich eine kleine kommunistische Rebellengruppe gegen den ehem. kambodschanischen Staatschef Prinz Sihanouk. Dieser wurde 1970 durch seinen → Premierminister und Armeechef Lon Nol abgesetzt; dies geschah zumindest mit Unterstützung der USA, um die kommunistischen → Vietkong auch außerhalb Südvietnams bekämpfen zu können. Der Guerillakrieg weitete sich aus und endete ebenso wie in Südvietnam und Laos 1975 mit der Machtübernahme der kommunistischen Rebellen, der R. Unter dem sog. Pol Pot-Regime im „Demokratischen Kampuchea" kam es zu Massenmorden, denen mindestens 1 Mio der ca. 7-8 Mio Kambodschaner zum Opfer fiel. Der Versuch, eine „wahre klassenlose → Gesellschaft" zu schaffen, wurde im Ausland als „Steinzeitkommunismus" bezeichnet (Entvölkerung der → Städte, Liquidierung der Bildungsschicht); in sklavenähnlichem Status wurde die gesamte Bevölkerung zur Landarbeit zwangsverpflichtet. Ursprünglich wurden die R. von der UdSSR, der VR China und (Nord-)Vietnam unterstützt. Ideologische Gegensätze und Grenzstreitig-

keiten mit Vietnam führten Ende 1978 mit Zustimmung der UdSSR zur Invasion vietnamesischer Truppen, in deren Gefolge sich unter → Premierminister Heng Samrin eine „gemäßigtere", pro-vietnamesische → Regierung etablierte. R. und Prinz Sihanouk kämpften seither wieder (wie 1970-75) zusammen, unterstützt von der VR China - dieses Mal gegen die Vietnamesen. Nach deren (Ende 1989 abgeschlossenen) Rückzug aus Kambodscha zeichnete sich als Möglichkeit eine erneute Machtübernahme der R. ab.

Um dies zu verhindern, wurde am 23.10.1991 das sog. „Pariser Friedensabkommen" abgeschlossen. Zu den 18 Unterzeichnern gehören u.a. die Bürgerkriegsparteien und die 5 ständigen Mitglieder des → Sicherheitsrates. Der Vertrag sollte eine Befriedung Kambodschas garantieren v.a. durch die freien Wahlen vom Mai 1993, Demobilisierung der Bürgerkriegsparteien, Rückführung der Flüchtlinge und Durchsetzung der → Menschenrechte. Allerdings haben die R. die Wahlen boykottiert sowie die anderen Schritte zur Realisierung der Vertragsbestandteile blokkiert. Durch Abspaltungen/ Desertionen geschwächt, beherrschten die R. dennoch einen Teil Kambodschas und stellten eine latente Bedrohung der Regierung in Phnom Penh dar. Die Auseinandersetzungen innerhalb der R. führten 1997 offensichtlich zur Absetzung und Verurteilung Pol Pots (er verstarb im April 1998). Im Dezember 1998 stellte sich die neue R.-Führung der Regierung und kapitulierte somit offiziell; die (ehem.) R. kontrollieren aber noch immer Teile des Grenzgebietes zu Thailand.

Royal Commissions

In Großbritannien auf ad hoc-Basis gebildete Beratungsgremien, die im Auftrag eines → Ministeriums (bzw. der → Regierung) Stellungnahmen und Empfehlungen ausarbeiten und als Empfehlung vorlegen. R. werden von Regierungen auch als Mittel einer Vermeidungsstrategie eigener Entscheidungen eingesetzt, um dann die dort getroffenen „unpolitischen" Vorschlägen zu folgen. Neben → Abgeordneten gehören den R. Wissenschaftler sowie Interessenvertreter an.

RPR

Rassemblement pour la République (Sammlungsbewegung für die Republik); neogaullistische → Partei der V. → Republik Frankreichs. Sie bildet zusammen mit der → UDF den rechten, bürgerlichen Parteienblock. Die R. ging 1976 aus der UDR (Union pour la Défense de la République = Union zur Verteidigung der Republik) - einer Nachfolgerin der UNR (Union pour la Nouvelle République = Union für die Neue Republik) - hervor. Im Gegensatz zur ehemals eher losen Organisationsstruktur der Gaullisten wandelte sich die R. unter der Führung von Jacques Chirac zur schlagkräftigen Partei um.

Rückerinnerungsfrage
⇒ Recall

Rüstungskontrolle

Gesamtheit aller Maßnahmen, die der Rüstungsbegrenzung und → Abrüstung dienen (s.a. → Abrüstung/ Rüstungskontrolle).

Rüstungspolitik

Gesamtheit der Maßnahmen, (einmaligen wie regelmäßigen) Ausgaben und Ressourcensicherung, die den angegebenen Bedarf der Streitkräfte an Waffen und Geräten decken. (Zusätzliche Rüstungsausgaben fallen z.B. als Personal- und Materialerhaltungskosten an.) Die eigene R. wird i.d.R. als Reaktion auf die R. der Gegenseite dargestellt. Der enorme Budgetmittel beanspruchende „Sicherheitswettlauf" hatte Ende der 80er Jahre eine technologische Dimension erreicht, die nicht nur zur Expansion nationaler Rüstungsindustrien, sondern auch zur internationalen Verflechtung des waffentechnischen Sektors führte: Zwecks Standardisierung und Kostensenkung findet - über das Ende des → Ost-West-Konfliktes hinaus - zwischen vielen → Staaten (z.B. innerhalb der Bündnis- bzw. Vertragssysteme) eine Rüstungszusammenarbeit statt. Da mit steigenden Stückkosten für moderne Waffensysteme R. immer kostenträchtiger wird, andererseits Rüstungsentscheidungen (insbes. die Beschaffung) politische Entscheidungen sind, liegt die Bildung von Interessenkoalitionen zwischen wehrtechnischer Industrie, Truppenführung, Militäradministration und spezialisierten Parlamentariern nahe (→ militärisch-industrieller Komplex).

Gewachsene Einsicht in die Unkontrollierbarkeit des weltweit angehäuften Vernichtungspotentials sowie die Belastung der Staatshaushalte der Supermächte haben zu Beginn der 90er Jahre konkrete Perspektiven einer → Abrüstung bzw. → Rüstungskontrolle eröffnet. Nach dem Zusammenbruch des → Ostblocks und der Auflösung der UdSSR hat sich die konventionelle (→ MBFR/ → VKSE) und atomare (→ START) Abrüstung im Westen und v.a. im Osten beschleunigt; aus der Systemkonkurrenz wurde - über eine → Sicherheitspartnerschaft hinaus - eine enge Zusammenarbeit zur Erreichung weltweiter Sicherheit.

rule of law

Dt.: Gesetzesherrschaft; der deutsche Terminus → Rechtsstaat wird gewöhnlich mit dem anglo-amerikanischen Terminus r. übersetzt. Beide sind primär politische Begriffe, die von der Rechtsgebundenheit staatlichen Handelns ausgehen. Sie bezeichnen jedoch unterschiedliche Rechtstraditionen. Während das Rechtsstaatsprinzip auf v.a. gesetzliche Grundlagen der → Staatsgewalt abhebt, dominiert im → System des r. das auf Präzedenzfällen aufgebaute → common law, das in einem sich graduell entwickelnden Richterrecht die Gewähr für Rechtssicherheit und individuelle → Freiheit sieht.

Runder Tisch

Metaphorische Umschreibung für ein - im herrschenden → politischen System nicht vorgesehenes - Forum politischer Konsultation, Kooperation und Konfliktaustragung, das erstmals in Polen Anfang 1989 unter der Präsidentschaft Jaruzelskis von der → Opposition um die Gewerkschaftsbewegung → „Solidarnosc" gegenüber der → Regierung durchgesetzt wurde und den oppositionellen Kräften öffentliche Aufwertung und informelle Machtteilhabe verschaffte. Nach polnischem Vorbild etablierte sich in der DDR nach dem Umbruch Ende 1989 für die Zeit bis zu den ersten freien → Wahlen (18.3.90) ein Zentraler R. in Berlin, über den die Vertreter der neuen demokratischen → Parteien, der Kirchen und → Bürgerrechtsbewegungen ihren Anspruch auf Gestaltung der → Politik anmeldeten, die formell noch, gemäß den Strukturen des SED-Regimes, der → Volkskammer, dem → Ministerrat und dem → Staatsrat oblag.

Durch den R. hofften diese Organisationen, an der Regierung indirekt durch deren Kontrolle mitwirken zu können, ohne ihr formell beizutreten. Als dies nur sehr begrenzt gelang, die Wirtschaftslage sich weiter verschlechterte und jede staatliche → Autorität rapide verfiel, kam es Ende Januar/ Anfang Februar 1990 zur Entsendung von → „Ministern ohne Geschäftsbereich" in die Regierung Modrow, und damit zu einer engeren Verzahnung von R. und offizieller Staatsführung. Mit der bevorstehenden ersten freien Wahl verlor der Zentrale R. seine Existenzberechtigung, die letzte Sitzung fand am 12.3.1990 statt.

Rundfunkfreiheit

In Art. 5 I GG als ein jedermann zustehendes → Grundrecht garantiert, wird die konkrete Ausgestaltung der R. in der Bundesrepublik v.a. im Hinblick auf die durch spezifische, öffentlich-rechtliche oder private Organisationsformen bedingte Gewährleistung und Beschränkung vorgenommen. Lt. ständiger Rechtsprechung des → Bundesverfassungsgerichts muß Rundfunk staatsfrei sein, und es darf, soweit öffentlichrechtlich verfaßt, keine gesellschaftliche Gruppe ausgegliedert sein (s. BVerfGE 12, 205ff.). Als durch die → öffentliche Aufgabe des Rundfunks besonders bedeutsame Konkretion der → Pressefreiheit findet R. ihre Schranken in allgemeinrechtlichen Bestimmungen, in Landespressegesetzen und Länder-Rundfunkgesetzen sowie den diese ergänzenden Anstaltssatzungen. Zu den Programmrichtlinien zählen u.a. die Grundsätze der Überparteilichkeit und Ausgewogenheit. Diese werden im Wege einer anstaltsinternen, faktisch seitens der politischen → Parteien weitgehend mediatisierten Selbstkontrolle beobachtet. Dem → Staat obliegt eine begrenzte → Rechtsaufsicht.

SA

Abk. für *Sturmabteilung*; paramilitärische Formation des → Nationalsozialismus. Ursprünglich gegründet als Saalschutz für NSDAP-Veranstaltungen, diente sie der Einschüchterung und Bekämpfung des politischen Gegners mittels → physischer Gewalt. Nach Hitlers Machtergreifung (1933) auch als „Hilfspolizei", u.a. zur Bewachung der ersten KZs eingesetzt. Die Vorstellungen der SA-Führung zu einer sozialen Umgestaltung Deutschlands und die Ersetzung der → Reichswehr durch eine von der SA zu schaffende Volksmiliz setzten die SA in Gegnerschaft zu Hitler und zur Reichswehrführung. Unter Berufung auf angebliche Putschpläne der SA-Führung - den sog. Röhm-Putsch - ließ Hitler den SA-Stabschef Ernst Röhm und die gesamte oberste SA-Führung Ende Juni 1934 liquidieren. Danach verlor die SA ihre Kraft und Funktion einer → sozialen Bewegung und wurde zur einflußlosen → Massenorganisation; ihre ehem. Schlüsselstellung nahm nun die → SS ein.

Saar-Statut

1. Bestandteil des → *Versailler Vertrages*, welcher das Saarland zum Treuhandgebiet des → Völkerbundes bestimmte. Bei der → Volksabstimmung 1935 votierten ca. 90 % für den Anschluß an Deutschland.

2. Im Rahmen der → *Pariser Verträge* (1954) zwischen der Bundesrepublik und Frankreich fixierte Vereinbarung über eine Europäisierung des Saargebiets, die 1955 von der Saarbevölkerung mit 2/3-Mehrheit verworfen wurde. Daraufhin kam es 1956 zwischen Frankreich und der Bundesrepublik zum Abschluß des Saarvertrages, auf dessen Grundlage das Saarland 1957 ein → Land der Bundesrepublik wurde.

Sachverständigenrat

1. *Wirtschaft*: Durch Bundesgesetz von 1963 eingerichtet, leitet der „S. zur Begutachtung der gesamtwirtschaftlichen Ent-

wicklung" (die „fünf Weisen") der → Bundesregierung zum 15.11. jeden Jahres ein von ihm erstelltes Gutachten zu (daneben sind Sondergutachten möglich). Darin schildert er die gesamtwirtschaftliche Lage, stellt die absehbare Entwicklung dar und zeigt die Konsequenzen möglicher wirtschaftspolitischer Maßnahmen auf. Insbesondere soll die Gewährleistung der gesamtwirtschaftlichen Ziele des → magischen Vierecks (Preisniveaustabilität, hoher Beschäftigungsstand, außenwirtschaftliches Gleichgewicht sowie stetiges und angemessenes Wirtschaftswachstum sind gleichzeitig anzustreben) vom S. untersucht werden. Er darf jedoch keine konkreten Empfehlungen für bestimmte wirtschafts- und sozialpolitische Maßnahmen aussprechen. Seine Mitglieder werden auf 5 Jahre berufen.

2. *Umwelt*: 1971 wurde der „Rat von Sachverständigen für Umweltfragen" beim → Bundesministerium des Innern (heute beim → BM für Umwelt, Naturschutz und Reaktorsicherheit) eingerichtet. Er besteht aus 7 Wissenschaftlern verschiedener Fachgebiete, die für 4 Jahre berufen werden. Als Beratungsgremium der → Bundesregierung außerhalb der → Bundesverwaltung gehören zu seinen Aufgaben die Erstellung von Gutachten zur Umweltsituation und deren Entwicklungstendenzen sowie das Aufzeigen von Fehlentwicklungen und Möglichkeiten zu deren Vermeidung oder Beseitigung.

Säkularisierung

Lat. für Verweltlichung

1. ideengeschichtlich: Loslösung und Verselbständigung von → Individuen, gesellschaftlichen Gruppen und → Staaten gegenüber dem außerkirchlichen Gestaltungsanspruch theologisch und kirchlich geprägter Wertvorstellungen und → Normen. Der Begriff S. wird v.a. angewandt auf die → Emanzipation der → bürgerlichen Gesellschaft von den staatsrechtlichen Bindungen an die Kirche seit Ausgang des

Mittelalters. S. wird als eine historische Voraussetzung gesellschaftlicher → Modernisierung gesehen.

2. *religionssoziologisch*: Prozeß der Aufhebung der → Identität religiöser und sozialer Strukturen, in dessen Verlauf sich → Institutionen, → Einstellungen und Verhaltensweisen von traditionellen religiösen Bezügen lösen bzw. in privat-weltliche und religiöse aufgeteilt werden. Kirchenintern wird der Begriff S. teilweise verwandt für den Rückgang „echter Religiosität" zu einer ritualisierten Form des Glaubenslebens.

SALT/ START

Abk. für *S*trategic *A*rms *L*imitation *T*alks (SALT) bzw. *S*trategic *A*rms *R*eduction *T*alks (START); 1969 begonnene Verhandlungen - anfänglich über die Begrenzung, später über die Reduzierung strategischer Waffen (insbes. Atomwaffen) - zwischen USA und UdSSR. Im 1972 abgeschlossenen 1. SALT-Vertrag (SALT I) erkannten die USA erstmals die UdSSR als gleichberechtigte Atommacht an; Kern von SALT I waren der → ABM-Vertrag (Anti-Ballistic Missile), der die Zahl der beiderseitigen Abwehrraketen gegen ballistische Raketen begrenzte, sowie ein vorläufiges Abkommen über die Begrenzung der Abschußrampen für strategische Offensivwaffen. SALT II (1979) limitierte die Zahl der strategischen Atomraketen auf 2.250 (incl. Fernbomber) und legte eine Obergrenze (1.320) für Waffensysteme mit Mehrfachsprengköpfen (→ MIRV) fest. Strittig blieb das Verifikationsproblem. Nach dem sowjetischen Einmarsch in Afghanistan (Dezember 1979) ratifizierten die USA den Vertrag nicht; beide Seiten hielten sich dennoch weitgehend an die in SALT II festgelegten Obergrenzen.

In den 1982 begonnen START-Verhandlungen wollten die USA erstmals eine Reduzierung strategischer Waffen erreichen (v.a. der für den Erstschlag geeigneten landgestützten, mit großer Zielsicherheit). 1983 wurden die Verhandlungen, nach dem Scheitern der INF-Verhandlungen (→ INF-Vertrag) und nach Beginn der → NATO-Nachrüstung, von der UdSSR unterbrochen und erst 1985 wieder aufgenommen. Einer Vereinbarung standen ins-

bes. Probleme der Verifikation und das → SDI-Projekt der USA entgegen. Seit 1985 bestand jedoch über die Grundzüge der anzustrebenden Regelung weitgehend Einigkeit. Am 31.7.1991 wurde der START-Vertrag (START I) unterzeichnet, der einen Abbau der strategischen atomaren Sprengköpfe (Ende 1990: USA 12646; UdSSR 11012) auf jeweils 6000 vorsah; durch Zurüstungen bei strategischen Bombern konnte diese Zahl auf ca. 8500 bei den USA und ca. 6200 bei der UdSSR erhöht werden (eine Erhöhungsmöglichkeit besteht bei START II nicht mehr). Letztere Zahlen entsprechen einer Reduzierung um ca. 30 %. Dieser Vertrag schuf das bisher umfassendste Verifikationssystem. Obwohl sich aufgrund des Zerfalls der UdSSR die → Ratifizierung verzögerte, begannen beide Seiten 1991 mit dem Abbau der Sprengköpfe. Das Zusatzprotokoll von Lissabon unterzeichneten am 23.5.1992 die Atomwaffen besitzenden Nachfolgestaaten der UdSSR: Russische Föderation, Ukraine, Weißrußland, Kasachstan. Nach Ratifizierung trat START I am 5.12.1994 in Kraft.

Mitte Juni 1992 wurde als Fortschreibung von START I der bisher umfangreichste Abrüstungsvertrag über strategische Atomwaffen zwischen den USA und der Russischen Föderation vereinbart; der Vertrag (START II) wurde am 3.1.1993 in Moskau unterzeichnet. Vor der Vertragsunterzeichnung betrug der aktuelle Stand der strategischen Nuklearsprengköpfe: USA 9.862, GUS/ Rußland 10.553. Bis spätestens zum Jahre 2003 soll die Zahl der nuklearen Sprengköpfe um 2/3 (gegenüber dem damals aktuellen Stand) - auf 3.500 für die USA und 3.000 für Rußland - reduziert, landgestützte Raketen mit Mehrfachsprengköpfen (MIRV) sollen sogar ganz verschrottet (und die seegestützten MIRV reduziert) werden. Beide → Länder verlieren damit ihre Erstschlagfähigkeit.

START II konnte erst umgesetzt werden, nachdem START I von allen Beteiligten ratifiziert worden war (Ende 1994). Ukraine, Weißrußland und Kasachstan hatten sich bereits im Zusatzprotokoll von Lissabon (zu START I) vom 23.5.1992 verpflichtet, die auf ihren Staatsgebieten verbliebenen atomaren Hinterlassenschaften der ehem. UdSSR (die alle unter GUS- und damit russischem Kommando standen) an Rußland zu übergeben. Die Ratifizierung durch den US-Kongreß erfolgte am 26.1.1996, die durch die russische → Staatsduma steht noch aus. Auch Frankreich und Großbritannien beschränken ihre Atomwaffenpotentiale. China indes modernisiert seine Volksbefreiungsarmee, was einen regionalen Rüstungswettlauf in Ostasien auslösen kann; das → Teststopp-Abkommen von 1996 setzt allen Nuklearmächten Grenzen bei der Weiterentwicklung ihres Atomwaffenpotentials.

Bereits während des vorbereitenden Gipfeltreffens Mitte Juni 1992 wurden weitere Verträge zur militärischen Kooperation und zur Krisenverhütung abgeschlossen. → Präsident Jelzin gab für Rußland offiziell den Anspruch der UdSSR auf militärische bzw. atomare Gleichberechtigung mit den USA auf.

Sandinisten

Kurzbez. für Sandinistische Befreiungsfront/ FSLN; sozialrevolutionäre Bewegung in Nicaragua, entstanden 1962 als Rebellenbewegung gegen die Familiendiktatur der Somozas (1936-79); benannt nach dem Freiheitskämpfer A.C. Sandino (1934 von der nicar. Nationalgarde ermordet), der die Besetzung Nicaraguas durch die USA erfolgreich bekämpft hatte. Während sich Landwirtschaft und Industrie zunehmend in den Händen der Somozas konzentrierte, verarmte die Bevölkerung zusehends. Dies sowie die Intensivierung der Repression führte 1978/79 zu einer breiten → Opposition gegen die Somozas. Die S. verstärkten den Guerillakrieg, während andererseits die USA 1979 den Somozas teilweise die Unterstützung entzogen. Im Juli 1979 stürzten die S. die Somoza-Diktatur und übernahmen die Macht. Die FSLN wurde in den Präsidentschafts- und Parlamentswahlen von 1984 bestätigt. Der Bruch zwischen S. und Bürgerlichen, der wirtschaftliche Druck der USA sowie der Krieg der US-unterstützen rechten „Contras" gegen die sandinistische → Regierung verschärften die innenpolitischen Spannungen (u.a. Beschränkung der Opposition) und die Wirt-

schaftslage seit Mitte der 80er Jahre. Die UdSSR leistete zwar Wirtschafts- und Militärhilfe, hielt sich aber (ebenso wie Kuba) finanziell zurück. Im Februar 1990 unterlagen die S. in den Präsidentschafts- und Parlamentswahlen einer überwiegend bürgerlichen Parteienkoalition und befinden sich seitdem in der Opposition.

Satzung

1. *Öffentliches Recht*: Von → Körperschaften bzw. → Anstalten des öffentlichen Rechts (insbes. → Gemeinden, → Gemeindeverbänden, Rundfunkanstalten, Hochschulen) im Rahmen ihrer → Autonomie erlassene Rechtsnorm zur Regelung ihrer Binnenverhältnisse. S. beruhen auf einer eigenständigen Rechtsetzungsmacht und können folglich richterlicher Prüfung unterzogen werden.

2. *Privatrecht*: Durch gemeinsame Willenserklärung zustande gekommene → Verfassung eines gesellschaftsrechtlichen Zusammenschlusses (z.B. → Verein, Aktiengesellschaft).

Schattenhaushalt

→ Nebenhaushalt

Metaphorische Bez. für die Fondswirtschaft. Während für die öffentlichen → Haushalte (→ Haushaltsplan) der Grundsatz der Unzulässigkeit einer Zweckbindung öffentlicher Einnahmen (Nonaffektionsprinzip) gilt, wird im Fall der S. von diesem Haushaltsgrundsatz abgewichen: Ausnahmsweise dürfen bei Sondervermögen (z.B. → ERP-Fonds, Lastenausgleichsfonds, → Fonds Deutsche Einheit) bestimmte Einnahmen zur Finanzierung bestimmter Ausgaben verwandt werden. Im Vergleich zum regulären, als → Gesetz verabschiedeten Haushaltsplan unterliegen S. nur eingeschränkt parlamentarischer Kontrolle.

Schattenkabinett

Führungsteam der → Opposition, das der amtierenden → Regierung gegenübersteht und zu dieser, entsprechend der Aufgliederung nach → Ministerien, eine personelle Alternative aufweist. Diese Art des Gegenübers von → Regierungsmehrheit und Opposition findet sich v.a. in → Staaten mit

→ Zweiparteiensystemen, → Parteiensystemen mit einer dominanten Oppositionspartei oder mit einer langfristig kooperierenden, arbeitsteilig agierenden Opposition.

Schattenwirtschaft

Auch Parallelwirtschaft oder Untergrundwirtschaft (hidden economy) genannt.

1. In → *Marktwirtschaften* mit Privateigentum an Produktionsmitteln umfaßt die S. alle Wertschöpfungen, die in die offiz. Wirtschaftsstatistik nicht eingehen. Der Grund kann einmal sein, daß sie als Schwarzarbeit, Steuerhinterziehung etc. verheimlicht werden; andererseits können sie als der Selbstversorgung dienende Eigenproduktion oder Nachbarschaftshilfe erhebungstechnisch nicht erfaßt werden. Der Anteil der S. am Sozialprodukt ist unbekannt, die ökonomische Bedeutung dürfte jedoch (bei tendenzieller Zunahme) beachtlich sein.

2. In *sozialistischen* → *Wirtschaftssystemen* (→ Zentralverwaltungswirtschaft) ohne Privateigentum an Produktionsmitteln tritt die S. auf als legale Parallelwirtschaft der Privatproduktion (v.a. im landwirtschaftlichen und Dienstleistungsbereich) oder als illegale S. in Form von Schwarzarbeit, verdecktem Handel, Diebstahl aus staatlichen Betrieben sowie Untergrundbetrieben. Für die Versorgung der Bevölkerung kommt der S. erhebliche Bedeutung zu, wie auch die Erfahrungen im ehem. → Ostblock belegen.

Schengener Abkommen

Bez. für das im Juni 1985 in Schengen (Luxemburg) unterzeichnete „Übereinkommen zwischen den → Regierungen der → Staaten der Benelux-Wirtschaftsunion, der Bundesrepublik Deutschland und Frankreich betreffend den schrittweisen Abbau der Kontrollen an den gemeinsamen Grenzen" (Schengen I). Mittlerweile sind die meisten → EU-Staaten dem S. beigetreten. Das Schengener Durchführungsabkommen vom 19.6.1990 (Schengen II) regelt mit Bezug auf den Abbau der Grenzkontrollen die grenzüberschreitende Zusammenarbeit der → Polizei. Der ursprünglich für Anfang 1990 vorgesehene Wegfall der Grenzkontrollen im Personenverkehr erfolgte nach

mehrmaliger Verschiebung am 26.3.1995, zunächst an den Binnengrenzen von 7 → Staaten. Zum 1.5.1999 wurde das S. in die EU bzw. in die Regelungen des → Amsterdamer Vertrages zur Gemeinsamen Außen- und Sicherheitspolitik integriert. Es gilt für alle EU-Staaten, soweit diese es nicht - wie Großbritannien, Irland und Dänemark - ausdrücklich ablehnen.

Scherbengericht

→ Ostrazismus

schlanker Staat

Bez. für Bestrebungen, den Einfluß des → Staates in gesellschaftlichen Bereichen zurückzudrängen (durch → Deregulierung und Einschränkung des → öffentlichen Sektors) und die Zahl der Beschäftigten im → öffentlichen Dienst zu reduzieren. Dies soll v.a. geschehen durch: Verringerung und Straffung von → Behörden; Reform des öffentlichen Dienstrechts; Flexibilisierung des → Haushaltsrechts; Vereinfachung und Beschleunigung von Planungs- und Genehmigungsverfahren; Überprüfung öffentlicher Aufgaben; Abbau des Personalbestandes; weitgehende Privatisierung; Deregulierung und Marktöffnung. Effizientere Verwaltungsorganisation und Rückzug des Staates aus vielen Bereichen (s.a. → Entstaatlichung) sollen die → Verwaltung modernisieren, die → Staatsquote senken sowie Beschäftigungs- und Wachstumsimpulse freisetzen.

Schlichtung

Einigungsverfahren bei → Arbeitskämpfen. Nach dem Scheitern der Tarifverhandlungen (→ Tarifautonomie; → Tarifpolitik) zwischen → Gewerkschaften und Arbeitgebern bzw. → Arbeitgeberverbänden kann mit Einverständnis beider Seiten durch die Einleitung eines Schlichtungsverfahrens ein drohender Arbeitskampf (→ Streik und → Aussperrung) vermieden oder zumindest hinausgezögert werden. Bis zum Ende der S. werden Streik und Aussperrung ausgesetzt. Die Schlichtungsstellen werden von beiden → Tarifparteien paritätisch besetzt, Vorsitzender ist ein von beiden Seiten akzeptierter neutraler Schlichter. Der von der Schlichtungsstelle gemachte Einigungsvorschlag ist für die Tarifparteien nicht bindend. Nehmen beide an, kommt es zu einem Tarifvertrag; lehnt eine Seite ab, kann es zum Arbeitskampf kommen. Jedoch ist eine erneute S. auch bei schon laufenden Arbeitskampfmaßnahmen möglich.

Schlichtungsverfahren kann es auch auf der Betriebsebene geben, sie werden durch Einigungs- und Schlichtungsstellen durchgeführt. Die Annahme ihres Spruches ersetzt eine Betriebsvereinbarung zwischen → Betriebsrat und Arbeitgeber.

Scholastik
Christliche „Schullehre" des Mittelalters, die theologische Offenbarungslehre, kirchlich inspirierte Philosophie sowie eine spezifische Methodik disziplinierten Denkens und Argumentierens umschloß. Inhaltlich gründete die - v.a. durch die bedeutenden Orden tradierte - S. auf der Rezeption aristotelischer Schriften und der älteren kirchlichen Überlieferung.

Schulpolitik
Auf das Schulwesen bezogener Teil der → Bildungspolitik. Als Bestandteil der → Kulturhoheit in der Bundesrepublik ist die S. Sache der → Länder; die Schulträgerschaft ist größtenteils den → Kommunen übertragen.

Schutzzoll
Instrument des staatlichen → Protektionismus. Generell sind Zölle → Abgaben, die der → Staat dem grenzüberschreitenden Warenverkehr auferlegt; sie stellen Handelsschranken dar, die ausländische Güter vom heimischen Markt fernhalten oder Inlandspreise von den Weltmarktpreisen abkoppeln. S. als *Erziehungszoll* dient dem temporären Schutz junger Industrien, damit diese während ihrer Aufbauphase nicht der eingespielten Konkurrenz des Auslandes ausgeliefert sind. S. sind volkswirtschaftlich nur vertretbar, wenn sie nach der Aufbauphase dieser Industrien aufgehoben werden und sich die Unternehmen dem Weltmarkt stellen. Beim S. als *Erhaltungszoll* werden unrentable Wirtschaftszweige, v.a. die Landwirtschaft, künstlich erhalten. Die Kosten tragen bei allen Arten von S. die Verbraucher, seien es andere Wirtschaftszweige (z.B. Exportindustrien) oder die individuellen Endverbraucher.

schweigende Mehrheit
Plakative Bez. für eine - angenommene - Bevölkerungsmehrheit, die sich im Unterschied zu den, die → öffentliche Meinung dominierenden, sozial wie politisch aktiven und meinungsfreudigen (intellektuellen) → Minderheiten bzw. → Eliten nicht öffentlich artikuliert. Der Begriff ist weniger eine exakte sozialwissenschaftliche Kategorie denn ein politischer Kampfbegriff; das Sichberufen auf die s. erfolgt gewöhnlich in der Absicht, eine als unbequem und herausfordernd empfundene Gegenposition als Meinung einer zwar lauten, aber „kleinen Minderheit" zu delegitimieren.

Schweigespirale
Das von Elisabeth Noelle-Neumann eingeführte Konzept der S. basiert auf der Annahme eines durch → Massenmedien bzw. → öffentliche Meinung erzeugten Meinungsdrucks, der die Inhaber abweichender Positionen hemmt, ihre Meinung öffentlich zu artikulieren, was dann wiederum die öffentliche Gewichtung dieser Meinungsposition mindert. Das so entstehende → Meinungsklima beeinflußt somit die öffentliche Meinung, etwa während Wahlkämpfen. Informationen über das Meinungsklima werden nach Noelle-Neumann v.a. von → Massenmedien (insbes. Fernsehen) abgerufen. Das so vermittelte Stärkeverhältnis der Häufigkeitsverteilung von Meinungen könne jedoch, sofern es von den Redaktionen (der Medien) gefiltert bzw. i.S. deren eigener Überzeugungen profiliert wird, ein verzerrtes Bild der Wirklichkeit spiegeln, zumal in politischen Sendungen. In der Anwendung der Theorie der S. auf die Bundestagswahlen 1972 und 1976 sah Noelle-Neumann ihre These bestätigt, daß Fernsehen über die Erzeugung eines Meinungsklimas → Wahlen beeinflusse. Dieser Befund hat bei Journalisten und Wissenschaftlern lebhafte, auch methodische Kritik hervorgerufen.

Schwellenländer
Jene → Entwicklungsländer, die an der Schwelle zum Industriestaat stehen; sie

werden im int. Sprachgebrauch als Newly Industrializing Countries (NIC) bzw. Newly Industrializing Economies (NIE) bezeichnet. Zu ihrer Kennzeichnung wird ein Indikatorenbündel aus Pro-Kopf-Einkommen, Industrieanteil am Bruttoinlandsprodukt und Fertigwarenanteil am Export herangezogen; eine allgemeinverbindliche Def. oder Abgrenzung zu anderen Entwicklungsländern gibt es jedoch nicht. Deshalb existiert auch keine verbindliche Liste der S., je nach Quelle werden Zahlen zwischen „ca. 10" und „über 40" genannt. Darunter fallen südeuropäische, arabische (mit Erdölexporten), südostasiatische und lateinamerikanische Länder. Wenngleich die ursprüngliche Annahme, die S. könnten innerhalb von etwa 10 Jahren zu Industrieländern werden, kaum noch vertreten wird und der Begriff somit inzwischen problematisch ist, existiert das Konzept „S." weiter. Außerdem sind inzwischen andere Entwicklungsländer in Südostasien zu S. aufgestiegen.

SDI

Abk. für *S*trategic *D*efense *I*nitiative (Strategische Verteidigungsinitiative); auch „Star Wars" genannt. Von US-Präsident Ronald Reagan (1981-88) initiiertes umfassendes Raketenabwehrprogramm. 1983 erstmals als Konzept vorgestellt. Als primär im Weltraum stationiertes Laser- und Teilchenstrahlen-Waffensystem soll es angreifende Atomraketen zerstören, bevor das eigene → Land in den Wirkungsbereich dieser Atomwaffen gerät. Die Probleme dieses Waffensystems lagen von Anfang an in seiner Finanzierung, in der Erzeugung der für die Laser- und Teilchenstrahlen-Waffen erforderlichen Energie, der Trefferquote sowie damals in der die seinerzeitige Balance atomarer Abschreckung überwindenden, neuen Qualität der Bedrohung. Die Beendigung des → Ost-West-Konfliktes führte seit Ende der 80er Jahre zu erheblichen Mittelkürzungen, das S.-Programm verlor politisch wie militärisch an Priorität. Es wurde aber nicht eingestellt, vielmehr soll es als Schutzschild gegen vereinzelte Raketenangriffe mit ABC-Sprengköpfen v.a. durch → Länder der → Dritten Welt ausgerichtet werden. Eine ähnliche Forschung betrieb

auch die UdSSR - ebenso wie die Amerikaner sie bereits (unter anderem Namen und mit geringeren Geldmitteln) vor Reagan betrieben haben.

SDP

1. Abk. für „*S*ozial*d*emokratische *P*artei in der DDR", am 7.10.1989 noch illegal gegründet; im Januar 1990 umbenannt in Sozialdemokratische Partei Deutschlands/ SPD (DDR); Zusammenschluß mit der bundesdeutschen → SPD am 26.9.1990.

2. Abk. für (engl.) *S*ocial *D*emocratic *P*arty. Am 26.3.1981 von Vertretern des gemäßigten Flügels der britischen → Labour Party gegründet, als Reaktion auf deren damaligen Linkskurs und die innerparteilichen Machtkämpfe. Die S. wollte eine Mitte-Position zwischen der nach links gerückten Labour Party und der unter Margaret Thatcher nach rechts gerückten → Conservative Party einnehmen und damit als pragmatische linke → Volkspartei die Labour Party ablösen. Doch selbst die Wahlallianz mit der kleinen Liberal Party vermochte nicht, dieses Ziel zu erreichen oder auch nur eine nennenswerte Zahl von Sitzen im → Unterhaus zu erringen; am 3.3.1988 kam es daher zum Zusammenschluß beider Parteien zu Social and Liberal Democrats/ SLD (1989 in Liberal Democrats/ LD umbenannt), dem sich ein Teil der S. jedoch entzog. Die weiter bestehende S. wurde völlig bedeutungslos, aber auch die LD konnte keinen Durchbruch erzielen. Hierzu hat der Ende der 80er Jahre einsetzende gemäßigte, pragmatische Kurs der Labour Party beigetragen.

SEATO

Abk. für *S*outh-*E*ast *A*sia *T*reaty *O*rganization (= Südostasien-Pakt); 1954 (nach Frankreichs Rückzug aus Indochina) in Manila gegründetes Verteidigungsbündnis zur Abwehr des kommunistischen Expansionsstrebens in dieser → Region (analog zur → NATO). Mitglieder: USA, Frankreich, Großbritannien, Australien, Neuseeland, Thailand, Pakistan, Philippinen. Frankreich zog sich 1967 aus dem S. zurück, Pakistan trat 1972 aus; angesichts seiner Erfolglosigkeit (→ Vietnamkrieg) beschlossen die Mitglieder 1975 für 1977 die Auflösung.

SED

Abk. für → *Sozialistische Einheitspartei Deutschlands*

Sejm

Poln. für → Reichstag. Eine der beiden → Kammern des poln. → Parlaments (1947-1989 unter der → Volksdemokratie die einzige Kammer). Seine 460 Mitglieder werden auf 4 Jahre gewählt. Die → Wahlen zu S. und → Senat finden gleichzeitig statt. Dominierendes Organ des Parlaments ist der S., er wählt die → Regierung und kann den Senat in Gesetzgebungsfragen überstimmen. Der S. wird seit 1993 nach einem → System der → Verhältniswahl mit Merkmalen einer Persönlichkeitswahl gewählt (in Anlehnung an die → personalisierte Verhältniswahl in Deutschland), mit 391 → Wahlkreisabgeordneten und 69 → Listenmandaten; es gibt 52 (Mehrmandats-)→ Wahlkreise. In den Wahlkreisen werden nur Listen (proportional) berücksichtigt, die landesweit 5 % (→ Fünfprozentklausel) bzw. bei Wahlkoalitionen 8 % errungen haben; die 69 Listenmandate werden proportional auf die → Parteien aufgeteilt, die landesweit 7 % errungen haben.

In den Wahlen von 1993 waren die Mitte-Rechts-Parteien aufgrund ihrer starken Zersplitterung überwiegend an der Wahlhürde gescheitert, so daß Postkommunisten und die ehem. → Blockpartei „Polnische Bauernpartei" die S.-Mehrheit errangen. 1997 gelang dem Vorsitzenden der → Gewerkschaft → Solidarnosc, Krzaklewski, die Vereinigung von ca. 40 Mitte-rechts-Organisationen zur „Wahlaktion Solidarnosc" (AWS). AWS mit 33,8 % und die liberale Freiheitsunion (UW) mit 13,4 % der Stimmen bildeten Ende 1997 die Regierung unter dem AWS-Politiker Buzek.

Sekretariat des ZK der SED

→ Sozialistische Einheitspartei Deutschlands/ SED

Selbstbestimmungsrecht

Recht auf eigenständige und eigenverantwortliche Lebensgestaltung. Das S. hat eine verfassungs- und eine völkerrechtliche Dimension. Als *individuelles* → Grundrecht meint S. im Verfassungsrahmen der Bundesrepublik das Recht auf freie Entfaltung der Persönlichkeit gemäß Art. 2 I GG. Im → *Völkerrecht* ist S. definiert als Staatsgrundsatz jeglicher → Völker bzw. → Nationen, über ihren politischen, wirtschaftlichen und kulturellen Status frei zu bestimmen (→ UN-Charta). Auch die Präambel des → Grundgesetzes betont das Recht freier S. Von verfolgten bzw. vertriebenen Volksgruppen wird das S. i.S. eines Rechts auf Heimat bzw. einen eigenen → Staat reklamiert.

Selbsthilfe

Eigenversorgung von → Individuen oder Gruppen mit privaten oder kollektiven Gütern und Dienstleistungen, die von anderer (staatlicher) Seite nicht oder nicht in ausreichendem Maße zur Verfügung gestellt werden oder von Bedürftigen nicht individuell beschafft werden können. Diese Eigenleistungen werden im Bruttosozialprodukt nicht erfaßt. Die S. ist ein konstitutiver Bestandteil des Subsidiaritätsprinzips (→ Subsidiarität), demzufolge → Staatshilfe nur dort greifen soll, wo → Ressourcen freiwilliger gesellschaftlicher Eigenhilfe nicht erschlossen werden können oder versagen. → Solidarität und S. sind tragende Grundsätze der → christlichen Soziallehre, aber auch der → Arbeiterbewegung, für die S. (z.B. in Form von → Genossenschaften) Teil der Gegenkultur zum „Klassenstaat" war. Angesichts der Finanzknappheit der öffentlichen → Haushalte ist das S.konzept seit den 80er Jahren verstärkt in die ordnungspolitische Diskussion westlicher Industrieländer eingebracht worden, v.a. um dem wachsenden Finanzbedarf des → Wohlfahrtsstaates entgegenzuwirken.

Selbstverwaltung

1. Das den staatlich anerkannten → Körperschaften, → Anstalten und Stiftungen des *öffentlichen Rechts* zustehende Recht, eigene Angelegenheiten innerhalb vorgegebener Rahmenbedingungen durch selbständige und selbstverantwortliche gewählte Organe zu regeln. Der → Staat übt lediglich die → Rechtsaufsicht aus (Gegensatz: → Auftragsverwaltung). Das Recht zur S. besitzen in der Bundesrepublik u.a. kommunale Körperschaften (→ kommunale

Selbstverwaltung), Kirchen, Sozialversicherungsträger, → Arbeitsverwaltung, → Industrie- und Handelskammern, Ärzte- und Anwaltskammern, Handwerksinnungen und Hochschulen. Diese Form von S. folgt dem Prinzip funktionaler bzw. räumlicher → Dezentralisierung von Entscheidungsbefugnissen und Verantwortlichkeiten.

2. In Anlehnung an die S. öffentlicher Körperschaften wird als *organisationsinternes Mitbestimmungsbegehren* die Forderung nach S. erhoben. Damit ist die Regelung aller Innen- und Außenbeziehungen der Organisation durch die ihr Angehörenden gemeint.

3. In → *Zentralverwaltungswirtschaften* des → Ostblocks verfügten Betriebe in einigen → Ländern über S. Diese war jedoch stets sehr begrenzt, da der Betrieb zur Planerfüllung verpflichtet war. In mehreren Ländern gab es nach dem Umbruch 1989/90 Anläufe zu einer erweiterten S. in einer „sozialistischen → Marktwirtschaft"; mit dem Zusammenbruch des ökonomischen und → politischen Systems erfolgte der Übergang zu Privatisierung und Marktwirtschaft. In der „sozialistischen Marktwirtschaft" Jugoslawiens wurde die → Arbeiterselbstverwaltung in den 50er Jahren schrittweise eingeführt (abgeschafft in Rest-Jugoslawien Mitte der 90er Jahre).

self-reliance
Konzept eines - zum westlich-kapitalistischen - alternativen Entwicklungs- und Industrialisierungsweges, welcher die eigenen Kräfte eines → Entwicklungslandes aktivieren soll. Weitgehende Ausgliederung aus der Weltwirtschaft und Konzentration der eigenen Wirtschaft auf den Binnenmarkt (nationales s.) sowie verstärkte → Arbeitsteilung zwischen den Entwicklungsländern (kollektive s.) sollen erreicht werden. Die eigenen → Ressourcen sollen so der eigenen Bevölkerung zugute kommen (→ autozentrierte Entwicklung). S. bedeutet nicht → Autarkie, sondern eher → Autonomie bei der Entscheidungsfindung.

semi-parlamentarische Regierungssysteme
⇒ *semi-präsidentielle Regierungssysteme*

semi-präsidentielle Regierungssysteme
Mischform zwischen den → parlamentarischen Regierungssystemen und den → präsidentiellen Regierungssystemen. Die → Weimarer Republik und die V. Republik in Frankreich sind die bekanntesten Erscheinungsformen dieses typologischen „Zwittergebildes". Auch in Lateinamerika zeigen einige der als präsidentielle Regierungssysteme bezeichneten → Staaten eher Züge von Mischtypen auf; ferner gehören hierzu (von den → Demokratien) Finnland, Griechenland und Portugal. Ebenso können die meisten neu entstandenen Demokratien in Osteuropa (z.B. Rußland) als s. bezeichnet werden. Wenngleich die Schwerpunktverteilung zwischen parlamentarischer und präsidentieller Ausprägung von → Land zu Land oder sogar innerhalb eines Landes im Zeitverlauf (z.B. Frankreichs V. Republik) variiert (etwa aufgrund institutioneller Faktoren oder parlamentarischer Mehrheitsverhältnisse), lassen sich doch für alle s. gültige Kriterien aufzeigen: Die Stellung der → Regierung gegenüber dem → Parlament stimmt im s. weitgehend mit der im parlamentarischen Regierungssystem überein; der Regierungschef ist darüber hinaus jedoch noch vom → Staatspräsidenten abhängig, von dem er i.d.R. ernannt wird. Die verfassungsrechtliche Position des → Präsidenten nähert sich der im präsidentiellen Regierungssystem an, das Präsidentenamt bildet die Spitze der → Exekutive. Die in solchen Systemen übliche Direktwahl des Präsidenten verleiht ihm gegenüber der Regierung eine originäre Machtposition, da die plebiszitäre Bestellung dieses → Amtes als Ausdruck der → Volkssouveränität gilt. Da die Regierung sowohl vom Präsidenten als auch vom Parlament abhängig ist, können sich unterschiedliche parteipolitische Mehrheiten im Präsidentenamt und im Parlament eher und stärker dysfunktional auswirken als im präsidentiellen Regierungssystem mit seiner institutionellen → Gewaltenteilung.

Senat
1. Bez. für eine politische Versammlung erfahrener Staatsmänner, die in *historischen Staatswesen* (z.B. Rom) die Funktion einer → Volksvertretung innehatte. Der S. ist ei-

nes der ältesten überlieferten Repräsentationsorgane (→ Repräsentation).

2. *USA* (U.S. Senate): Zweite → Kammer des amerikanischen → Kongresses (s.a. → Zweikammersystem), die das föderative Element im amerikanischen → präsidentiellen Regierungssystem verkörpert. Indem der S. nach einem anderen Modus als das → Repräsentantenhaus - welches das demokratische Prinzip verkörpert - beschickt wird, soll er nach dem Willen der Verfassungsväter ein mäßigendes Gegengewicht im Sinne von→ checks and balances zur ersten Kammer bilden. Jeder der 50 → Bundesstaaten entsendet 2 Senatoren, die für die Dauer von 6 Jahren gemäß → relativer Mehrheitswahl direkt gewählt werden (bis 1912 durch die → Parlamente der Einzelstaaten); alle 2 Jahre wird jeweils ein Drittel der Senatoren neu gewählt; ihr → Wahlkreis ist der gesamte Bundesstaat. Im Unterschied zum Repräsentantenhaus hat der S. ein direktes Mitwirkungsrecht bei internationalen Verträgen (Erfordernis der 2/3-Zustimmung) und Ernennungen hoher → politischer Beamter (political appointees). Die Senatoren fühlen sich nicht als Vertreter ihres Einzelstaates, sondern stimmen nach parteipolitischen bzw. wählerwirksamen Gesichtspunkten ab. Der S. ist nicht nach einzelstaatlichen → Interessen organisiert, sondern eine Kammer des Parlaments, die lediglich nach anderen Modalitäten als die erste Kammer gebildet wird.

3. Einen S. als zweite gleichberechtigte Kammer des Parlaments gibt es u.a. in *Italien, Polen* und in vielen *lateinamerikanischen → Ländern*, soweit letztere ihr → Regierungssystem in Anlehnung an die USA gestaltet haben.
Der *französische S.* ist in der V. Republik (ab 1958) eine Kammer des Parlaments, deren Beschlüsse meist nur aufschiebende Wirkung haben.

4. In den → *Stadtstaaten* Berlin, Bremen und Hamburg wird die → Landesregierung als S. bezeichnet; in den Hansestädten Bez. für das kollegiale Leitungsorgan der Stadtverwaltung, also für die kommunale → Exekutive.

5. Unter den deutschen → Ländern besaß lediglich *Bayern* 1947-1999 mit seinem

ständisch gegliederten S. eine zweite Kammer, der hinsichtlich der Landesgesetzgebung nur beratende Funktion zukam. Der bayerische S. wurde per → Volksentscheid vom 8.2.1998 abgeschafft (gegen das entsprechende Gesetz ist ein Normenkontrollantrag beim Bayerischen → Verfassungsgerichtshof anhängig).

6. → *Bundesgerichte* und *oberste Landesgerichte* verwenden die Bezeichnung S. für ihre Kammern.

7. In den *Hochschulen* zentrales Organ akademischer → Selbstverwaltung.

Senatssystem

Bzw. Senatsprinzip; stärker als im (realtypischen) → Bundesratssystem kommt im S. die gleichberechtigte Mitwirkung aller Gliedstaaten an der bundesstaatlichen Machtausübung zum Tragen. Kennzeichnend für das S. sind, in Abgrenzung vom Bundesratssystem (s.a. → Zweikammersystem), folgende Merkmale:
a) Der grundlegende Unterschied besteht im Bestellungsmodus: Die Senatsmitglieder werden meist von den Wählern ihres Gliedstaates in allgemeinen → Wahlen bestellt, in einigen → Systemen vom → Parlament des Gliedstaates gewählt. Sie dürfen weder der → Regierung noch dem Parlament des Einzelstaates angehören.
b) Prinzip bundesstaatlicher Gleichberechtigung: Jeder Gliedstaat entsendet die gleiche Zahl von Senatsmitgliedern (USA und Schweiz: je 2).
c) Die Mitglieder des Senats sind in ihrem Abstimmungsverhalten weisungsfrei (→ freies Mandat).
d) Der Senat wirkt gleichberechtigt mit der ersten → Kammer am politischen Entscheidungsprozeß mit.

Die Direktwahl der Senatsmitglieder führt in den meisten → Staaten (z.B. USA und Schweiz) dazu, daß sie nicht nach einzelstaatlichen → Interessen abstimmen, sondern unter parteipolitischen (oder wählerwirksamen) Gesichtspunkten. Wenngleich die parteipolitische Zusammensetzung von erster und zweiter Kammer aufgrund der unterschiedlichen Stimmstärken der Gliedstaaten differieren kann, ist der Senat im Grunde nur eine Verdoppelung der ersten

Kammer. Somit bildet er kein echtes Gegengewicht zur Zentralregierung.

Seniority Rule

Bzw.: Anciennitätsprinzip; Bez. für eine am Alter, v.a. am Dienstalter orientierte Regel für den Aufstieg und die Erringung von Herrschaftspositionen. Das Dienstalter ist - synonym gesetzt für politische Erfahrung - in den USA weitverbreitet als Besetzungsregel für die Ausschuß- und Unterausschußvorsitze legislativer Körperschaften, insbes. im → Kongreß. Es wurde 1910 eingeführt, um die fraktionsinternen Kämpfe zu verhindern und um erfahrene Politiker zu bevorzugen. Nach heftigen Flügelkämpfen in der → Demokratischen Partei zwischen Liberalen und Konservativen wurde die S. 1975 v.a. im → Repräsentantenhaus stark aufgeweicht, nach einigen Jahren in abgemilderter Form aber wieder praktiziert. Angesichts der Wichtigkeit der (Unter-) → Ausschüsse im → „Arbeitsparlament" Kongreß wirkte sich v.a. bis 1975 die Besetzungsmodalität der Vorsitze auf die Politikgestaltung aus, da bis zu diesem Zeitpunkt das gesamte Geschehen im Ausschuß - und damit in der gesamten → Kammer - vom Ausschußvorsitzenden dominiert wurde.

Separatismus

Loslösungsbestrebungen, die zur Abspaltung eines Teils eines → Staates bzw. Staatsgebildes (→ Sezession) führen soll. Endziel ist die Gründung eines neuen, autonomen Staates oder der Anschluß an einen anderen Staat. Tendenzen zum S. finden sich oft bei → nationalen Minderheiten und als Folge von Grenzlandkonflikten.

SEW

Abk. für → *S*ozialistische *E*inheitspartei *W*estberlins

Sezession

Abspaltung eines Gebietsteiles eines → Staates bzw. Staatsgebildes gegen den Willen des Gesamtgebildes (s.a. → Separatismus). Ziel ist die Gründung eines neuen, autonomen Staates oder der Anschluß an einen anderen Staat.

Shop Stewards

Bez. für die Betriebsobleute der britischen → Gewerkschaften, die angesichts fehlender → Mitbestimmung(sregelungen) als Sprecher der Arbeitnehmer fungieren. Vormals waren sie einflußreiche Verhandlungspartner der → Arbeitgeber auf der betrieblichen Ebene (→ closed shop) und besaßen innerhalb der Gewerkschaften großen Einfluß. Veränderungen in der Wirtschaftsstruktur, Beschränkungen der Gewerkschaftsmacht durch die Gewerkschaftsgesetzgebung v.a. unter Margaret Thatcher (→ Premierministerin 1979-90) sowie der damit einhergehende starke Rückgang der Zahl der Gewerkschaftsmitglieder haben jedoch ihre Position in der Privatwirtschaft ausgehöhlt.

Sicherheitspartnerschaft

Der Begriff S. wurde bis Ende der 70er Jahre auf die sicherheitspolitische Stabilität innerhalb eines Bündnisses bezogen, z.B. auf das Verhältnis der → NATO-Mitglieder untereinander. Seit den 80er Jahren wurde der Begriff zunehmend bezogen auf eine solchermaßen perzipierte Interessenidentität zwischen politischen bzw. militärischen Konkurrenten, die einen gewissen Grad an Kooperation in der → Sicherheitspolitik als Garantie für die Bewahrung ihrer jeweils eigenen Sicherheitsinteressen ansehen. Ende der 80er Jahre kam es im Zuge fortgesetzter → Entspannungspolitik zwischen den Militärblöcken von → Warschauer Pakt und → NATO zur Erarbeitung eines Konzeptes der S., das die vormalige Strategie der → Abschreckung ersetzte. Es beinhaltete ein Bündel von vertrauensbildenden Maßnahmen (→ Abrüstung, → Rüstungskontrolle, int. Zusammenarbeit) und stellte einen wesentlichen Faktor zur Überwindung des → Ost-West-Konfliktes und damit zur Auflösung des → Ostblocks dar.

Sicherheitspolitik

Sicherheit leitet sich begriffsgeschichtlich aus dem lateinischen Wort „securus" ab, meint ursprunglich also einen Zustand „ohne" (se) „Sorge" (cura). Heute wird unter Sicherheit i.d.R. die Abwesenheit von (bzw. der Schutz vor) Gefahren und Bedrohungen verstanden (negativer Sicherheitsbegriff). Von objektiver Sicherheit kann gesprochen werden, wenn Gefahren real nicht existieren; subjektive Sicherheit bezeichnet dagegen lediglich die Abwesenheit von Furcht vor Gefährdungen. → *Innere* Sicherheit bezieht sich auf Gefahren, die von innen auf eine → Gesellschaft oder einen → Staat einwirken; *äußere* Sicherheit definiert sich entsprechend aus der Abwesenheit von (bzw. aus der Vorsorge gegen) Eingriffe(n) von außen.

Gemessen an den möglichen Folgewirkungen einerseits und an den aktuellen Finanzaufwendungen andererseits wird derzeit der Vorsorge gegen Eingriffe „von außen" das sicherheitspolitisch größte Gewicht zugesprochen. Verhindert werden sollen Aktivitäten, die von außen mit Androhung oder Anwendung insbesondere militärischer → Gewalt die Entschlußfähigkeit der → Regierung, die Entscheidungsfreiheit des → Parlaments, die eigenständige Entwicklung der Gesellschaft oder die Existenz des Staates und der ihm angehörenden Menschen gefährden. Gewahrt werden sollen die politische Unabhängigkeit, die territoriale Integrität, die Lebensfähigkeit eines → Landes sowie die Existenz und Existenzentfaltung seiner → Bürger.

Die Mittel, die der äußeren Sicherheit dienen (sollen), sind vorrangig militärischer Natur. Auch im zu Ende gehenden 20. Jh. haben Streitkräfte und Rüstung als offizielle Mittel der äußeren S. nichts von ihrer Bedeutung eingebüßt. Selbst nach der sog. „Zeitenwende" von 1989/90, d.h. nach dem Ende des → Ost–West–Konfliktes und der Auflösung des → Warschauer Paktes und der Sowjetunion, war und ist kein Staat bereit - auch nicht die BRD -, auf militärische Vorsorge als „Standbein" der äußeren S. zu verzichten. Als Voraussetzung für „Sicherheit und Frieden" wurden und werden im Gegenteil offiziell gerade die „lageunabhängige Verteidigungsfähigkeit" auf der Basis starker militärischer Kräfte angesehen.

Im Übergang vom 20. zum 21. Jh. muß deshalb - aus der sicherheitspolitischen Perspektive Deutschlands betrachtet - in mehrfacher Hinsicht von einem Paradoxon

gesprochen werden. Auf der einen Seite sind die beiden ehemaligen deutschen „Frontstaaten" nach dem Ende des Ost-West-Konfliktes und der Auflösung des Warschauer Paktes vereint und nur noch „von Freunden und Partnern umgeben". Eine militärische Bedrohung besteht nicht. Deutschland ist gegenwärtig so sicher wie wohl niemals zuvor.

Auf der anderen Seite kann auch nach der sog. Zeitenwende von 1989/90 von einer sicheren Welt - und damit auch von einem sicheren Deutschland - nicht gesprochen werden. Neben Krieg und → Bürgerkrieg bedrohen existentielle Gefahren und Risiken die Menschen in einem weiterhin zunehmenden Maß - vom Zerfall der Staaten und dem Chaos der Kapitalmärkte über die Proliferation von Massenvernichtungsmitteln und der Verbreitung des → Terrorismus bis hin zum Raubbau der → Ressourcen und der unwiederbringlichen Zerstörung der natürlichen Lebensgrundlagen. Die Hoffnung der Menschen, ja das Versprechen der → Politik zu Zeiten des Ost–West–Gegensatzes, war es, die großen existentiellen Probleme wie Krieg, Hunger, Massenarmut oder Umweltverschmutzung zu lösen, wenn nur erst einmal das Abschreckungssystem und die Nuklearkriegsgefahr überwunden waren. Die Hoffnungen haben sich bislang nicht erfüllt. Die Versprechen sind bislang nicht eingehalten worden. „Die Zukunft ist unübersichtlicher als je zuvor. Bis 1989 war es Ping-Pong: Westen gegen Osten. Heute ist es Rastelli: Man arbeitet mit vielen Bällen gleichzeitig und weiß nicht, was herauskommt und wie lange man es durchhält" (Bundespräsident Roman Herzog).

Diese Unsicherheit kann nach allen Lebenserfahrungen nicht gänzlich behoben werden. Um so wichtiger aber ist es, zu erkennen - und in Politik umzusetzen -, daß Risiken und Gefahren wie Massenmigration, Terrorismus, Wasserverknappung oder Umweltverseuchung etc. dringend vorgebeugt werden muß. Mit militärischen Mitteln ist ihnen nur bedingt oder gar nicht beizukommen. An die Stelle des „Rechts des Stärkeren" muß deshalb zwingend die „Stärke des Rechts" treten. Das Motto

„Vorsorgen ist besser als heilen" besitzt heute schon ultimativen Charakter. Zu dem erwähnten Paradoxon gehört es aber, daß die Staaten der → NATO inklusive Deutschland gleichwohl noch immer vorrangig auf die militärische Karte setzen. Die Erweiterung des Militärpaktes NATO von 16 auf 19 Staaten im Jahr 1999 ist ein Indiz hierfür. Ein anderes sind die Ausgaben dieser Staaten in Höhe des gewaltigen Betrages von über 450 Milliarden US-Dollar nicht etwa für zivile Prävention und Konfliktvorsorge, sondern für Militär und Rüstung – ein Betrag, der mehr als die Hälfte der gesamten Rüstungsausgaben der etwa 190 Staaten der Welt ausmacht.

Lit.: Frei, D.: Sicherheit. Grundlagen der Weltpolitik, Stuttgart 1977; *Galtung, J.:* Strukturelle Gewalt, Reinbek bei Hamburg 1975; *Herzog, R.:* Demokratie als Friedensstrategie. Reden und Beitrage des Bundespräsidenten, hg. v. D. S. Lutz, Baden-Baden 1997; *Inst. f. Friedensforschung u. Sicherheitspolitik a. d. Universität Hamburg/ IFSH* (Hg.):OSZE–Jahrbuch 1998, Baden-Baden 1998; *Lutz, D. S.* (Hg.): Lexikon Rüstung–Frieden–Sicherheit, München 1987; *Stiftung Entwicklung u. Frieden:* Globale Trends 1998. Fakten, Analysen, Prognosen, Frankfurt a.M. 1997.

Prof. Dr. Dr. Dieter S. Lutz, Hamburg

Sicherheitsrat

Organ der → Vereinten Nationen, besteht aus 5 ständigen (USA, Frankreich, Großbritannien, UdSSR bzw. Rußland, Volksrepublik China) und 10 weiteren, von der UN-Generalversammlung gewählten nichtständigen Mitgliedern. Beschlüsse werden mit 2/3-Mehrheit gefaßt, jedoch besitzen die ständigen Mitglieder ein Vetorecht. Einziges UN-Organ, das bindende Beschlüsse auf dem Gebiet der Aufrechterhaltung des internationalen Friedens und der Sicherheit fassen kann, z.B. Handelsembargo oder den Einsatz von Streitkräften. Durch das Vetorecht (→ Veto) der 5 ständigen Mitglieder war der S. zu Zeiten des → Ost-West-Konfliktes in wichtigen Fragen nur eingeschränkt handlungsfähig. Mit der Auflösung des Ost-West-Gegensatzes ist seine Handlungsfähigkeit und Bedeutung wieder gestiegen.

SIPRI

Abk. für *S*tockholm *I*nternational *P*eace *Re*search Institute; von der schwedischen → Regierung 1966 gegründete und finanzierte wissenschaftliche Einrichtung zur → Friedensforschung, die weltweit Rüstungstechnik und Rüstungsausgaben untersucht und Vorschläge zur Krisenregelung und → Abrüstung unterbreitet. Die Forschungsergebnisse werden u.a. in vielbeachteten Jahrbüchern veröffentlicht.

Social Democratic Party/ SDP

→ SDP

Soldatengesetz

Gesetz über die Rechtsstellung der Soldaten von 1975, kurz S. genannt. Definiert u.a. die Begriffe Soldat, Vorgesetzter, Disziplinarvorgesetzter und legt das Wehrdienstverhältnis von Wehrpflichtigen, Zeit- und Berufssoldaten fest. Enthält die Grundzüge des → „Bürgers in Uniform", dessen staatsbürgerliche Rechte lediglich durch militärische Erfordernisse eingeschränkt werden dürfen (§ 6 SG).

Solidarität

Zusammengehörigkeitsgefühl - bzw. Grundsatz - von Mitgliedern einer sozialen Gruppe oder Handeln einer sozialen Gruppe als Einheit um der gemeinsamen Sache willen. In der Geschichte der → Arbeiterbewegung ist S. Ausdruck gemeinsamer Interessenlage und Kampferfahrung sowie moralische Selbstverpflichtung zur gemeinsames Handeln. Ebenso ist S. (→ Solidarprinzip) in Verbindung mit dem Subsidiaritätsprinzip (→ Subsidiarität) ein Kernstück der → christlichen Soziallehre. Als Teil der → Sozialpolitik baut die → Sozialversicherung auf dem Grundsatz der S. auf (Beitragsleistende als Hilfsgemeinschaft auf Gegenseitigkeit).

Solidarnosc

Poln. für Solidarität; von → Staat und (kommunistischer) → Partei unabhängige Gewerkschaftsbewegung, die im Sommer 1980 in Danzig im Gefolge ökonomisch und politisch motivierter → Streiks gegründet wurde (mit Lech Walesa als Vorsitzendem). Aufgrund eines Abkommens mit der

→ Regierung legalisiert, wurde sie im Dezember 1981 nach landesweiten gewerkschaftlichen und v.a. politischen Aktivitäten mit der Verhängung des Kriegsrechts verboten und im Oktober 1982 durch das neue Gewerkschaftsgesetz aufgelöst. Teile der S. arbeiteten in unterschiedlichen Stufen der Illegalität weiter. 1988 kam es erneut zu größeren Streiks. Nachdem Gorbatschows → Perestrojka in der UdSSR die politische Wende eingeleitet hatte, kam es ab August 1988 zu Gesprächen über einen → Runden Tisch zwischen Regierung und S.; im Februar 1989 wurde die S. wieder legalisiert und der Demokratisierungsprozeß eingeleitet.

Die S. entwickelte sich über die S.-Bürgerkomitees zu einer politischen Bewegung, die nahezu alle oppositionellen Kräfte umfaßte. Nach den → Wahlen vom Juni 1989 zu → Sejm und → Senat stellte die S. den → Ministerpräsidenten. Bedingt durch ihren Charakter als heterogene Oppositionsbewegung, begannen 1990 manifeste politische Konflikte zwischen der → Gewerkschaft S. und den S.-Bürgerkomitees (einschl. der Regierung), aber auch innerhalb beider Gruppierungen. Nachdem die Zersplitterung der Mitte-Rechts-Parteien 1993 den Wahlsieg der Postkommunisten ermöglicht hatte, gelang dem S.-Vorsitzenden Krzaklewski 1997 die Vereinigung von ca. 40 Mitte-Rechts-Organisationen zur „Wahlaktion S." (AWS), die in Koalition mit der ebenfalls aus der S. entstandenen Freiheitsunion den Regierungschef Buzek stellt.

1981 rd. 10 Mio Mitglieder zählend aufgrund ihrer → Opposition zur kommunistischen → Diktatur, hatte die S. nach ihrer erneuten Legalisierung Schwierigkeiten beim Aufbau einer schlagkräftigen Gewerkschaftsorganisation sowie Identitätsprobleme als Gewerkschaft in den Jahren, in den sie an der Regierung beteiligt war bzw. mit Walesa den Präsidenten stellte. Die Mitgliederzahl der S. betrug Ende 1997 noch ca. 1,7 Mio; der seit 1982 unter Staatskontrolle wieder aufgebaute Gewerkschaftsverband OPZZ ist mit seinen offiziell 4 Mio Mitgliedern in den Betrieben stärker als die S.

Sondervotum

Engl.: dissenting opinion, concurring opinion
1. Form, in der Richter des → Bundesverfassungsgerichts seit 1970 (sowie u.a. des → Supreme Court der USA) ihre von der Mehrheitsentscheidung (d.h. Urteil) abweichende Meinung oder ihre von der Mehrheit abweichende Begründung für das von ihnen mit unterstützte Urteil niederlegen können.
2. Vom Mehrheitsbeschluß einer *akademischen Berufungskommission* abweichende Personalempfehlung eines Hochschullehrers.

Souveränität

Eigene, selbstbestimmte Herrschaftsgewalt eines → Staates nach innen und außen. *Völkerrechtliche* (d.h. äußere) S. umfaßt die Unabhängigkeit (→ Selbstbestimmungsrecht) eines Staates in den → internationalen Beziehungen. Sie postuliert die → Gleichheit aller Staaten ebenso wie den Schutz der schwächeren gegen stärkere, schließt jedoch Übertragungen von S.rechten auf → supranationale Organisationen nicht aus. Die *innere* S. weist der → Staatsgewalt die Funktion der höchsten → Gewalt im Staat zu (s.a. → Gewaltmonopol). In → Demokratien gründet sie im Volkswillen (→ Volkssouveränität), der sich in → Wahlen und → Abstimmungen unmittelbar äußert (Art. 20 II GG) und durch gewählte Organe (→ Parlament) vertreten wird.

Sowchose

Russ. Sowchos = Abk. für Sowjetische Wirtschaft, im Sinne von Staatswirtschaft; staatseigener landwirtschaftlicher Großbetrieb im Unterschied zur genossenschaftlich organisierten → Kolchose. In der S. sind Boden und Inventar in ihrer Gesamtheit Staatseigentum, die Beschäftigten haben den Status von Lohnarbeitern. Im Gefolge der 1991 begonnenen Privatisierung der Landwirtschaft in der gesamten UdSSR hat der russ. → Präsident Jelzin 1992 die Kolchosen und S. in seine Privatisierungspläne einbezogen. Der Widerstand der kommunistischen Mehrheit im russ. → Parlament sowie vieler lokaler wie regionaler Politiker und der meisten Kolchos-/ S.-Vorsitzenden verhindern jedoch noch immer eine grundlegende Privatisierung. Je nach den örtlichen Machtverhältnissen besteht ein gemischtes → System mit unterschiedlicher Ausprägung von privaten, genossenschaftlichen und Kolchos-/ S.-Großbetrieben. In der DDR entsprach die ehem. sog. LPG Typ III (→ Landwirtschaftliche Produktionsgenossenschaft) der sowjetischen S.

Sowjets/ Sowjetsystem

S., das russische Wort für Räte (→ Rätesystem), bezeichnet den ursprünglichen Staatsaufbau der Sowjetunion/ UdSSR. Nach einer Übergangsphase wurde das Rätesystem 1936 durch ein → System von → Volksvertretungen ersetzt, das sich an den → Parlamentarismus formal anlehnte (Direktwahl), den Namen S. jedoch beibehielt. → Gewaltenteilung bestand nicht, die S. übten alle staatliche → Macht aus; formal waren sie an die Weisungen der Wähler gebunden (→ imperatives Mandat), waren ihnen rechenschaftspflichtig und konnten jederzeit abberufen werden (→ Recall). S. waren in erster Linie beschließende Gremien, die über Vorschläge des Vollzugsorgans (des Präsidiums des → Obersten Sowjets) bzw. der Parteiführung abstimmten. Vollzugsorgan und Rechtsprechung wurden von den S. eingesetzt. Die reale Bedeutung aller Organe war gering, solange die führende Rolle der → KPdSU nicht in Frage stand. Mit der Errichtung eines Volksdeputiertenkongresses beschritt die UdSSR 1988 (bis zu ihrer Auflösung Ende 1991) den Weg zur parlamentarischen Entwicklung.

Sozialausschüsse

Die „S. der Christlich-Demokratischen Arbeitnehmerschaft (CDA)" sind als Arbeitnehmerorganisation eine der der → Christlich Demokratischen Union/ CDU angegliederten → Vereinigungen. Nur ca. 3 % der Parteimitglieder sind in den S. organisiert, seit 1969 hat sich ihr Anteil an der Parteimitgliederschaft fast halbiert. Ihr Schwergewicht liegt in den rheinischen Bezirken Nordrhein-Westfalens. Die S. weisen seit ihrer Gründung eine traditionell enge Verbindung zur Katholischen Arbeitnehmerbewegung auf. Wenn die CDU den Bundesarbeitsminister stellt, ist dies traditionell ein führender Vertreter der S.

Sozialcharakter

Sozialpsychologisches Erklärungsmuster, das, in Form des speziellen Verhaltenstypus des autoritären S. (→ Autoritäre Persönlichkeit), in den 30er Jahren von emigrierten Sozialwissenschaftlern der → Frankfurter Schule (Fromm, Adorno, Horkheimer) entwickelt worden ist. Damals vorrangiges Erkenntnisinteresse war die Aufdeckung von „seelischen Mechanismen, die auf Ausbildung des autoritären Charakters hinwirken" (Horkheimer 1935). Das Forschungskonzept basiert auf der Annahme, daß typische Einstellungs- bzw. Verhaltensmuster, die Angehörigen einer Gruppe, → Klasse, → Nation, → Ethnie etc. eignen, Ausdruck einer sozialkulturell (v.a. durch innerfamiliare Autoritätsbeziehungen) geprägten Persönlichkeitsstruktur sind, die in den betreffenden sozialen, ethnischen etc. Referenzgruppen häufig erscheinen, gleichsam ihr charakteristisches „soziales Gesicht" zeigen. Ausdruck findet S. etwa in kollektiven Vorurteilsprofilen (z.B. Fremdenhaß). Das wiss. Konzept des S. ersetzt ältere, präempirische Vorstellungen von → Nationalcharakter und ist dem Ansatz der → politischen Kultur verwandt.

Sozialdarwinismus

Bez. für eine pseudo-sozialwissenschaftliche Denkrichtung der Jahrhundertwende, die den universellen biologischen Evolutionismus von Charles Darwin („Im Kampf ums Dasein überlebt nur der Stärkere") auf die → Gesellschaft überträgt. Ebenso wie in der Natur finde auch in der sozialen Wirklichkeit eine Auslese durch den Kampf konkurrierender Gruppen oder Personen statt; nur die Tüchtigsten überleben - es gilt das Recht des Stärkeren. Durch diese „natürliche Auslese" pflanzen sich die Stärkeren am erfolgreichsten fort; sie gäben ihre Anlagen an ihre Nachkommen weiter, die sich optimal an Umweltbedingungen anpassen könnten. Rational ist demnach nur das menschliche Handeln, welches das Überleben der Gruppe bzw. Gesellschaft sichert. Eine solche Rationalität vermag alle Handlungen zu rechtfertigen, soweit sie vom

Stärkeren ausgehen. Auf dem S. bauten völkische und rassistische Strömungen auf.

Sozialdemokratie

Eine der politischen Hauptströmungen, die sich seit der 2. Hälfte des 19. Jh. in modernen → Industriegesellschaften herausbildeten (→ Arbeiterbewegung). In Deutschland seit den 1870er Jahren in der → SPD als oppositioneller → Massenintegrationspartei formiert. Im Programm der S. verbinden sich ältere Forderungen der liberalen → Bürgerrechtsbewegung mit der Forderung nach sozialer Befreiung der lohnabhängigen Beschäftigten aus den Ausbeutungs- und Unterdrückungsverhältnissen kapitalistischer Wirtschaft. Während die S., beeinflußt vom → Marxismus, theoretisch lange am Ziel einer revolutionären Umformung von Klassenstaat und → Klassengesellschaft festhielt, gewann in der politischen Praxis sehr bald das Bemühen um die Verbesserung der materiellen und kulturellen Lage der Arbeiterschaft an Bedeutung, gleichermaßen auf den Ebenen gewerkschaftlicher und parlamentarischer Arbeit. Ihrem historischen Gewand der Klassenbewegung längst entwachsen, ist die moderne S. mit der Entwicklung einer umfassenden → Sozialpolitik und dem Konzept des → Wohlfahrtsstaats eng verknüpft.

Sozialdemokratische Partei Deutschlands/ SPD

Die S. entstand im 19. Jh. als die politische Interessenvertretung der klassenbewußten Arbeiterschaft; sie geht einerseits auf den 1863 von Ferdinand Lassalle gegründeten Allgemeinen Deutschen Arbeiterverein (ADAV) zurück, andererseits auf die von August Bebel und Wilhelm Liebknecht 1869 in Eisenach gegründete Sozialdemokratische Arbeiterpartei (SDAP). Lassalleaner und „Eisenacher" vereinigten sich auf dem Gothaer Parteitag 1875 zur Sozialistischen Arbeiterpartei Deutschland (SAPD) - 1891 erfolgte die Umbenennung in S. Das Gothaer Programm formulierte einen Kompromiß zwischen „reformistischen" und marxistischen Positionen, deren internes Spannungsverhältnis die mehr als 125jährige Geschichte der → Partei in Form von Flügelkämpfen oder auch Spaltungen bis in

die 1970er Jahre geprägt hat. Im → Kaiserreich unterdrückt und zeitweise verboten (Sozialistengesetze 1878-90), wurde sie im → Reichstag 1912 zur (nun auch nach Sitzen) stärksten parlamentarischen Kraft. In der → Weimarer Republik zählte sie zu deren systemtreuen politischen Stützen. 1933 verboten, wurde sie 1945 in allen 4 Besatzungzonen wiedergegründet. In der sowjetischen → Besatzungszone erfolgte 1946 unter dem Druck der sowjetischen Besatzungsmacht die Zwangsvereinigung mit der → KPD zur → SED; danach war jede sozialdemokratische Betätigung bis zur Wende in der DDR Ende 1989 verboten. In der Bundesrepublik war die S. überwiegend nach → CDU/ → CSU zweitstärkste Partei (1972 und 1998 die stärkste) und stellt(e) den → Bundeskanzler 1969-82 (Brandt; Schmidt) sowie ab 1998 (Schröder). Mit dem Godesberger Programm (1959), das das Bekenntnis der Partei zur Westbindung und → sozialen Marktwirtschaft festschrieb, öffnete sich die S. als → Volkspartei den wachsenden Gruppen der Angestellten und → Beamten. Seit Ende der 70er Jahre hat die S. Teile ihrer Wählerbasis an die neue, teilweise radikalökologische Partei → „Die Grünen" verloren. Mit einem neuen, auf dem Berliner Parteitag im Dezember 1989 verabschiedeten Parteiprogramm will die S. traditionelle Grundsätze und → Grundwerte des → demokratischen Sozialismus im Hinblick auf die gewandelten ökonomischen, ökologischen und sozialstaatlichen Problemlagen neu interpretieren und weiterentwickeln.

Der Zusammenschluß der westdeutschen S. mit der Sozialdemokratischen Partei Deutschlands/ SPD (DDR) erfolgte am 26.9.1990; die SPD (DDR) war als „Sozialdemokratische Partei in der DDR/ SDP" am 7.10.1989, kurz vor dem Umbruch in der DDR, noch illegal in der Nähe von Ost-Berlin gegründet worden (bereits im Juli 1989 erging ein Aufruf zur Gründung einer „Sozialdemokratischen Partei in der DDR"). Im Januar 1990 nannte sich die SDP in SPD (DDR) um. In den ersten freien Wahlen zur → Volkskammer (18.3.1990) wurde sie mit 21,88 % nach der CDU zweitstärkste Partei.

Parteiorganisation: Die S. hat 774.431 Mitglieder (Stand 31.12.1998; davon 28.264 in den 5 neuen → Ländern, ohne Berlin), die in 25 Bezirken bzw. Landesverbänden erfaßt sind. Unterbezirke und Ortsvereine bilden den Unterbau der Partei. Arbeitsgemeinschaft für Arbeitnehmerfragen (AfA), Frauen (AsF), Selbständige, Jungmitglieder (Juso) u.a.m. fassen spezielle Berufs- und Zielgruppen zusammen.

Sozialdemokratische Partei in der DDR/ SDP
→ SDP

Sozialenzykliken
Päpstliche lehramtliche Verkündungen zu sozialen Zeitfragen. Teil der Kath. Soziallehre (→ Christliche Soziallehre). 1891 erschien als erste S. „Rerum novarum" (Über die Arbeiterfrage). Seitdem haben die Päpste in ihren S. Stellungnahmen zu sozialen und politischen Fragen ihrer Zeit abgegeben und auf Ungerechtigkeiten hingewiesen, die ihre Ursache in gesellschaftlichen Verhältnissen haben. 1931 wurde in „Quadrogesimo anno" (Im vierzigsten Jahr) das Subsidiaritätsprinzip (→ Subsidiarität) postuliert. Seit „Populorum progessio" (Fortschritt der Völker; 1967) werden zunehmend die sozialen Defizite des liberalen → Kapitalismus kritisiert. Die ordnungspolitischen Vorstellungen der S. nähern sich der → sozialen Marktwirtschaft an, die in der letzten S. „Centesimus annus" (Zum Hundertsten Jahrestag; d.h. von „Rerum novarum"; 1991) als der Christlichen Soziallehre am ehesten adäquate Wirtschafts- und Gesellschaftsordnung bezeichnet wird.

soziale Bewegungen
Sammelbegriff zur Kennzeichnung politischer oder sozialer Aktivitäten von Personengruppen, die eine gemeinsame weltanschauliche (z.B. → Arbeiterbewegung, → Faschismus), messianistische, nativistische (beides v.a. in → Entwicklungsländern) oder soziodemographische (z.B. Frauen, Jugend) Basis haben. Kennzeichen für s. ist das Element spontaner Mobilisierung, meist zu Zwecken politischen oder gesellschaftlichen → Protests, demgegenüber die Frühwarnsysteme des etablierten

→ politisch-administrativen Systems versagt haben (s.a. → neue soziale Bewegungen); voluntaristisches Handeln ersetzt feste Organisationsstrukturen.

soziale Demokratie
Programmatische Zielvorstellung politischer Gestaltung, die hinwirkt auf Erweiterung der Freiheitsverbürgungen im demokratischen → Rechtsstaat durch dessen Weiterentwicklung zum → Sozialstaat, v.a. durch umfassende Teilhabe- und Mitwirkungsrechte in Wirtschaft und → Gesellschaft. In Form des → sozialen Rechtsstaates werden bürgerliche → Freiheiten und soziale → Gerechtigkeit miteinander verknüpft, die politische → Demokratie wird in eine s. transformiert.

soziale Frage
Im 19. Jh. entstandener Begriff zur Bez. des Massenelends der im Gefolge der → Industrialisierung schnell anwachsenden neuen Unterklasse eines lohnabhängigen → Proletariats. Mit dem Austritt der neuen Industriearbeiterschaft aus zünftisch-handwerklichen Bezügen hörte auch deren Schutzfunktion auf. Landflucht und Bevölkerungsexplosion ließen andererseits die Zahl der Arbeitsuchenden stark ansteigen; die Löhne unterschritten das Existenzminimum, Frauen- und Kinderarbeit waren die Folge. Die Bemühungen zur Lösung der s., die von sozialkonservativen über kirchlich-konfessionelle bis zu sozialistischen Vorstellungen reichten, legten die Grundlage für moderne staatliche → Sozialpolitik und den Ausbau des → Wohlfahrtsstaats (s.a. → Neue Soziale Frage).

soziale Grundrechte
Spezies der → Grundrechte, die allen → Bürgern ein Recht auf ökonomische bzw. → soziale Sicherheit bzw. Teilhabe gewährt (z.B. Recht auf Arbeit, Wohnung etc.), i.S. des Ausgleichs gesellschaftlicher Benachteiligung durch sozialstaatliche Regelung. Solche Leistungsansprüche auf staatliche Daseinsvorsorge oder eine solche anderer sozialer Gemeinschaften (z.B. Familie, Kirche) werden teilweise in der Literatur als eine Beeinträchtigung individueller Freiheitsrechte angesehen. Das → Grund-

gesetz enthält keine s., die einklagbar wären; allerdings läßt sich aus dem → Sozialstaatspostulat (Art. 20, 28 GG) eine grundsätzliche Verpflichtung des → Staates ableiten, für sozialen Ausgleich und ein Minimum menschenwürdigen Daseins Sorge zu tragen (s.a. → Staatsziele).

soziale Marktwirtschaft

Wettbewerbsordnung mit sozialstaatlichem Korrektiv. Dem → Staat fällt die Aufgabe zu, sozial abträgliche Folgen der → Marktwirtschaft gemäß dem Prinzip des sozialen Ausgleichs zu korrigieren. Die Idee der s. wurde nach dem 2. Weltkrieg von Alfred Müller-Armack und dem ersten Bundeswirtschaftsminister Ludwig Erhard aus dem Wirtschafts- bzw. Ordoliberalismus entwickelt (→ Neoliberalismus). Grundgedanke war das → System der freien Marktwirtschaft, das mit der bereits existierenden, gut ausgebauten → Sozialpolitik verbunden wurde, unter Hinzufügung neuer wohlfahrtsstaatlicher Elemente. Der Staat greift - im Unterschied zur freien Marktwirtschaft - aktiv in Marktgeschehen und Sozialordnung ein; hierzu gehört die staatliche Globalsteuerung zur Erreichung der Ziele des → magischen Vierecks.

soziale Selbstverwaltung

1. Regelungsbefugnis der → Tarif(vertrags)parteien (→ Gewerkschaften; Arbeitgeber und → Arbeitgeberverbände) und der Tarifpartner (→ Betriebsrat - Arbeitgeber), die sich in Tarifverträgen und Betriebsvereinbarungen niederschlägt. Sie ist Ausdruck der → Tarifautonomie.
2. Verwaltung der Agenda der → Sozialversicherung durch → Körperschaften und → Anstalten des öffentlichen Rechts.

soziale Sicherheit

(Bzw. soziale Sicherung); Recht auf menschenwürdiges Dasein (UN-Menschenrechtserklärung 1948). Als „klassische → Sozialpolitik" heute der Teil der Sozialpolitik, der in die Regelungsbereiche von → Sozialversicherung und → Sozialhilfe fällt. S. dient dem Schutz des → Bürgers gegen Lebenslagerisiken und materielle Not, gegen die eine individuelle Vorsorge nicht möglich ist.

sozialer Rechtsstaat

In Fortentwicklung des klassischen liberalen Rechtsstaatsprinzips verpflichtet das Prinzip des s. (→ Sozialstaatspostulat) den → Staat auf die Gewährleistung einer gerechten Sozialordnung für alle → Bürger. Der → Sozialstaat beläßt dem Staat einen aktiven Gestaltungsraum; er kann allerdings nur innerhalb der durch den → Rechtsstaat gesetzten Grenzen realisiert werden. Die grundlegenden Rechte des → Individuums (→ Grund- und Menschenrechte) müssen gewahrt bleiben, finden jedoch dem Gedanken des s. zufolge durch die Verbürgung sozialer Teilhaberechte erst ihre materielle Verwirklichung. Der Terminus s. verdeutlicht, daß → Freiheit nicht allein die Abwesenheit von staatlichem Zwang bedeutet, sondern zur Realisierung für möglichst alle Bürger der Garantie der materiellen Voraussetzungen menschenwürdiger Existenz bedarf (→ Staatsinterventionismus).

sozialer Wohnungsbau

Lt. § 16 des 1. Wohnungsbaugesetzes (1950) für vordringlich erklärte → öffentliche Aufgabe bevorzugten „Baues von Wohnungen, die nach Größe, Ausstattung und Miete (Lasten) für die breiten Massen des → Volkes bestimmt und geeignet sind". Nach dem 2. Weltkrieg wurde der s. zu einem Hauptförderbereich der → Wohnungspolitik. Ursprünglich war das Programm auf die Behebung der kriegsbedingten Wohnungsnot beschränkt. Die Förderungsmaßnahmen umfassen Subventionen in Form von verlorenen Zuschüssen, zinsgünstigen oder zinsfreien Baudarlehen von → Bund, → Ländern und → Gemeinden. Wohnungsvergabe, Mietpreise und Wohnstandards unterliegen staatlich regulierter Bindung (Einkommensgrenze). Seit 1949 wurden fast 9 Mio Sozialwohnungen mit Hilfe von Bundes- und Landesmitteln errichtet, mit Schwerpunkt in den 60er Jahren.

Sozialfaschismus

Von der → Kommunistischen Internationale (Komintern) Ende der 20er Jahre auf die → Sozialdemokratie gemünzter, diffamierender Kampfbegriff, der → SPD und → NSDAP zu „Zwillingsschwestern" des

→ Faschismus erklärte. Der S. wurde sogar langfristig als gefährlicher angesehen als der „offene Faschismus", da die → Politik der Sozialdemokraten den Klassencharakter des kapitalistischen → Staates verschleiere. Ein Bündnis beider → „Arbeiterparteien" gegen den Faschismus lehnte die Komintern daher ab. Erst 1935, mit dem Schwenk zur Volksfronttaktik (→ Volksfront), wurde diese Position partiell revidiert. Die S.-Agitation hat in der Zwischenkriegszeit die Spaltung der linken → Arbeiterbewegung vertieft, die Abwehrkräfte gegen den → Nationalsozialismus gelähmt und auch antikommunistische Einstellungen in der SPD über 1945 hinaus verfestigt.

Sozialgerichtsbarkeit

Besondere Form der → Verwaltungsgerichtsbarkeit; seit dem Sozialgerichtsgesetz (1953) zuständig für die darin aufgeführten Gebiete des Sozialrechts (→ Sozialversicherung, Kriegsopferversorgung, Kindergeld). Dreistufiger Gerichtsaufbau (analog zu den Verwaltungsgerichten): Sozialgerichte, Landessozialgerichte als Berufungs- und Beschwerdeinstanz, → Bundessozialgericht (Kassel) als Revisionsinstanz gegen Urteile der Landessozialgerichte sowie als Entscheidungsinstanz über nicht das → Grundgesetz berührende Streitigkeiten zwischen → Bund und → Ländern oder zwischen den Ländern. Auf allen Stufen wirken ehrenamtliche Richter mit, die paritätisch von den Sozialpartnern (→ Sozialpartnerschaft) gestellt werden.

Sozialgesetzbuch

Geplante Zusammenfassung aller sozialrechtlichen Vorschriften in einem Gesetzeswerk (SGB). Sein 1975 verkündeter „Allgemeiner Teil" umfaßt Grundsatz- und Rahmenvorschriften insbes. der → Sozialversicherung, der → Sozialhilfe und der Jugendhilfe. Der „Besondere Teil" soll die einzelnen Zweige des Sozialrechts regeln, z.B. Arbeitsförderung, Jugendhilfe, Sozialhilfe, → Datenschutz; bisher verabschiedet wurden lediglich die Vorschriften über das Verwaltungsverfahren (1980) sowie die Gemeinsamen Vorschriften für die Sozialversicherung (1976).

Sozialgesetzgebung

Gesamtheit rechtlicher → Normen, welche die → soziale Sicherheit der → Bürger regeln, i.S. materieller Sicherung von Selbstentfaltung und grundsätzlich gleicher Lebenschancen. Gegenstand der S. sind insbes. → Sozialhilfe (die ehem. Fürsorge), → Sozialversicherung (Krankheit, Rente, Arbeitslosigkeit) und Subventionen sozialstaatlicher Art (→ Sozialstaat) wie Ausbildungsförderung, Kindergeld und Wohngeld. Die S. begann in Deutschland mit dem Krankenversicherungsgesetz von 1883. Eine Zusammenfassung aller sozialrechtlichen Vorschriften im → Sozialgesetzbuch ist vorgesehen.

Sozialhilfe

Bez. für die öffentliche Fürsorge, die auf einem Rechtsanspruch beruht. Die S. wurde 1961/62 durch das Bundessozialhilfegesetz den modernen sozialstaatlichen Vorstellungen entsprechend geregelt. Durch staatliche Leistungen soll den Hilfsbedürftigen ein menschenwürdiges Leben ermöglicht werden. Der Hilfesuchende soll überdies in die Lage versetzt werden, wieder unabhängig von der S. zu leben. Die S. greift bei individueller Notlage erst dann ein, wenn eigene Anstrengungen, Hilfe näher Angehöriger oder andere Sozialleistungssysteme versagen oder nicht ausreichen. Die Gewährung von S. ist unabhängig von einem Verschulden des Hilfesuchenden für seine Notlage; sie umfaßt Hilfe zum (laufenden) Lebensunterhalt und Hilfe in besonderen Lebenslagen (z.B. Alte, Blinde, werdende Mütter). Die S. wird - als kommunale Pflichtaufgabe im eigenen Wirkungskreis - i.d.R. von örtlichen, ausnahmsweise von überörtlichen Trägern (→ Land, → Gemeindeverbände höherer Ordnung) gewährt, die auch für die Kosten aufkommen müssen. Die Durchführung liegt bei den kommunalen Sozialbehörden oder Organisationen der freien Wohlfahrtspflege (→ Wohlfahrtsverbände).

Sozialisation

→ politische Sozialisation

Sozialisierung

Aus dem Lat. stammender Ausdruck für die → Vergesellschaftung von Privateigentum (insbesondere des → Eigentums an Produktionsmitteln).

Sozialismus

S. bezeichnet seit gut eineinhalb Jahrhunderten eines der geläufigsten politischen Schlagworte. In seiner heutigen Ausprägung bezieht sich der Begriff auf zumindest drei Ebenen: 1) auf ein theoretisches Konzept, das sich seit dem 19. Jh. in Auseinandersetzung mit analogen Strömungen wie dem → Konservativismus und dem → Liberalismus und im 20. Jh. mit dem in der Sowjetunion dominierenden → „Kommunismus" befindet; 2) auf eine organisierte politische Bewegung, die den S. in unterschiedlicher Gestalt (z.B. in Form von politischen → Parteien oder → Gewerkschaften) verkörpert; und 3) auf Gesellschaftsformationen, die - in gleichfalls sehr unterschiedlicher Ausprägung - beanspruch(t)en, S. zu verwirklichen. Als Schnittstellen der Entwicklung des S. können angesehen werden: a) das Jahr 1848, als das „Kommunistische Manifest" gewissermaßen sichtbarer Ausdruck für den Übergang vom „Frühsozialismus" zum S. als einer politisch organisierten, sich zunehmend differenzierenden Bewegung war; b) der Erste Weltkrieg, in dessen Folge sich Sozialisten und Kommunisten spalteten und der mit dem Jahr 1917 in Rußland die erste sozialistische → Revolution brachte, die das überkommene politische, wirtschaftliche und gesellschaftliche → System grundlegend veränderte; c) das Ende des Zweiten Weltkriegs, von dem an die Sowjetunion ihr Gesellschaftsmodell in eine Reihe von → Staaten exportierte, und die → Dekolonisierung in Asien und Afrika, wo die neuen Führungen S. zum Teil als Gegenmodell zur bisherigen kolonialen Entwicklung begriffen; d) der Zusammenbruch des sowjetischen Imperiums in Ostmittel- und Südosteuropa ab 1989 sowie der Zerfall der Sowjetunion selbst und der Machtverlust der Kommunistischen Partei in Rußland, der das sowjetische Staats-, Wirtschafts- und Gesellschaftsmodell nachhaltig in Frage stellte.

I. S.-Konzeptionen bis zum Ersten Weltkrieg. Utopisch-egalitäre Gesellschaftsentwürfe gab es seit der frühen Neuzeit (Thomas Morus, Tommaso Campanella u.a.).

Sie lassen sich bis zum Urchristentum und bis zu Platos „Politeia" zurückverfolgen. Neue Akzente brachten die → Aufklärung (Glaube an die rationale Organisierbarkeit der → Gesellschaft) und die → Französische Revolution von 1789, die mit ihren drei grundlegenden → Werten in der Version → „Emanzipation, → Egalität, → Solidarität" zentrale programmatische Begriffe für die spätere sozialistische Bewegung vorgab.

Für deren Entstehen bildete die → industrielle Revolution die entscheidende Rahmenbedingung. Die sich ändernden Produktionsverhältnisse standen jedoch noch nicht im Mittelpunkt des → Interesses der sog. Frühsozialisten (Babeuf, Fourier, Owen, Weitling u.a.). Ihre Überlegungen beschränkten sich im wesentlichen auf die Distributionssphäre, zielten primär auf die Herstellung sozialer → Gerechtigkeit und waren geprägt vom Vertrauen in die Möglichkeit, Wirtschaft und Gesellschaft rational zu planen und in größtmöglicher Harmonie zu gestalten. Etwa ab 1848 trat mit der Organisierung der → Arbeiterbewegung eine entscheidende Änderung ein. Die Marxsche Kritik der → „politischen Ökonomie" lieferte ein theoretisches Fundament für die Auseinandersetzung mit dem sich ausbreitenden kapitalistischen Wirtschaftssystem. V.a. aber identifizierte sie mit dem → Proletariat das „Subjekt", den sozialen Träger, der durch den → Klassenkampf die kapitalistische Ordnung überwinden und die klassenlose, „kommunistische" Gesellschaft errichten sollte. Die Analyse der bestehenden kapitalistischen Gesellschaft, der in ihr wirkenden ökonomischen und politischen → Gesetze sowie die daraus folgende Prognose für die weitere Entwicklung standen im Mittelpunkt der Aufmerksamkeit von Karl Marx und Friedrich Engels, weniger die konkrete Ausgestaltung des Übergangs zur kommunistischen Gesellschaft und deren künftige Strukturen.

Die von Marx und Engels geprägte Richtung gewann unter der europäischen Arbeiterbewegung zwar den größten Einfluß, war jedoch nur eine unter mehreren konkurrierenden Strömungen. In Südeuropa, insbesondere in Spanien, gewann der → Anarchismus zahlreiche Anhänger. Größere Bedeutung für die weitere theoretische Auseinandersetzung und die praktische Umsetzung von S.-Konzeptionen gewann der Ende des 19. Jh. begonnene, v.a. mit der Person Eduard Bernsteins verbundene → „Revisionismus-Streit". Die „Revisionisten" unterzogen grundlegende Aussagen von Marx, etwa zur Zwangsläufigkeit revolutionärer Zuspitzungen im → Kapitalismus, einer empirischen Überprüfung und leiteten daraus eine „Revidierung" theoretischer Axiome wie praktisch-politischer Konzeptionen ab. Sie befürworteten im Gegensatz zu den orthodoxen Marxisten statt einer revolutionären eine evolutionäre Strategie und sprachen sich für eine schrittweise Umwandlung des bestehenden kapitalistischen liberalen → Rechtsstaats in eine → „soziale Demokratie" aus, zu deren grundlegenden Kennzeichen die soziale Absicherung des Einzelnen durch den Ausbau der Sozialversicherung, bei prinzipieller Beibehaltung der → Marktwirtschaft, gewerkschaftliche → Mitbestimmung an den Produktionsmitteln aller Eigentumsformen und - unter Berücksichtigung erster Erfahrungen mit → Genossenschaften - deren weitere Förderung zählten.

II. Organisatorische Gestalt des S. Die konkrete Ausprägung sozialistischer Organisationen variierte entsprechend den unterschiedlichen wirtschaftlichen, gesellschaftlichen und politischen Rahmenbedingungen je → Land teilweise erheblich. So entstanden im 19. Jh. u.a. Bildungsvereine, christlich motivierte Sozialorganisationen, → Konsum-, Produktions- und Kreditgenossenschaften, Gewerkschaften, anarchosyndikalistische Gruppierungen und politische Parteien. Während die Gewerkschaften in erster Linie für eine Verbesserung der Arbeitsbedingungen eintraten, forderten die Parteien in den meisten Ländern als Grundbedingung für die politische Emanzipation der Arbeiter das allgemeine, gleiche und geheime → Wahlrecht. In Großbritannien ging 1900 die → „Labour Party" aus der Gewerkschaftsbewegung hervor und ist bis heute die auch organisatorisch mit den Gewerkschaften am engsten verflochtene sozialistische Partei Westeuropas. Die zersplitterten französischen Sozialisten konn-

ten sich 1905 zwar unter dem Einfluß von Jean Jaures zur SFIO zusammenschließen, doch machte deren Mitgliederzahl von 1914 (76.000) nur gut 5 % ihrer Wählerschaft aus. In den USA spielen sozialistische Gruppierungen bis heute nur eine marginale Rolle. Die Entwicklung der sozialistischen Bewegung in Deutschland wurde in der Vorgeschichte der → SPD bestimmt durch den Gegensatz zwischen dem von Ferdinand Lassalle 1863 gegründeten „Allgemeinen Deutschen Arbeiterverein" und der 1875 in Eisenach gebildeten, stärker an Marx orientierten „Sozialdemokratischen Arbeiterpartei".

Nach der kurzlebigen „Internationalen Arbeiter-Assoziation" (1864-1876) versuchte die 1889 gegründete „II. → Internationale" eine engere organisatorische Infrastruktur zwischen den nationalen Parteien aufzubauen. Als 1914 eines ihrer Hauptziele scheiterte, nämlich einen Kriegsausbruch zu verhindern, entschieden sich die meisten Mitgliedsparteien nicht für den → Internationalismus der → Arbeiterklasse, sondern für die Solidarität mit ihren → Regierungen. Geschwächt waren die meisten Mitgliedsparteien vor dem Ersten Weltkrieg zusätzlich durch internen Richtungsstreit, der sich meist an der Revisionismusfrage entzündete.

Die Spaltung der sozialistischen Bewegung wurde mit der Gründung der „III. Internationale" durch Lenin 1919 vollzogen, spätestens mit den auf deren zweitem Kongreß 1920 verkündeten „21 Bedingungen" für die Aufnahme sozialistischer Parteien, mit denen zum einen im Inneren das Machtmonopol der (kommunistischen) Partei und zum anderen in den Außenbeziehungen die Unterordnung der anderen Parteien unter die sowjetische KP festgeschrieben wurde. Verschärft wurde die Spaltung, als nach dem Erstarken des → Faschismus und des → Nationalsozialismus Sozialisten und Sozialdemokraten von den Kommunisten als sog. „Sozialfaschisten" (→ Sozialfaschismus) zum eigentlichen Feind erklärt wurden, der entsprechend bekämpft wurde.

Die nichtkommunistische sozialistische Bewegung, die durch den Nationalsozialismus und den → Stalinismus schwere

Verluste hatte hinnehmen müssen, optierte nach dem Zweiten Weltkrieg im → Ost-West-Konflikt ganz überwiegend für den Westen. Teilweise bildete sich - wie z.B. in Italien - eine Spaltung heraus in Sozialisten, deren Programmatik vorwiegend durch Antikapitalismus gekennzeichnet war, und in Sozialdemokraten, die von der rechtsstaatlichen → Demokratie ausgingen, wobei diese Prämissen in beiden Fällen zu unterschiedlichen innen- wie außenpolitischen Prioritäten führten. Die 1951 in Frankfurt wiedergegründete → „Sozialistische Internationale" versteht sich als „Arbeitsgemeinschaft souveräner Parteien". Ihr Schwerpunkt liegt nach wie vor in Europa, doch hat sie neue globale Problemstellungen (→ Nord-Süd-Konflikt, Neue → Weltwirtschaftsordnung, → Menschenrechte) aufgegriffen und auch in der → Dritten Welt, v.a. in Lateinamerika, an Anziehungskraft gewonnen.

Die durch den Ost-West-Gegensatz gekennzeichneten globalen politischen Rahmenbedingungen, grundlegende wirtschaftliche und soziale Wandlungsprozesse und ihre politischen Folgen (z.B. die Integration der Arbeiterschaft in die westlichen → Industriegesellschaften) veranlaßten nach dem Zweiten Weltkrieg die Sozialdemokratie, schrittweise marxistische, ideologisch begründete Positionen aufzugeben und sich von → Klassenparteien zu weitgehend pragmatisch orientierten linken → Volksparteien zu entwickeln. Das „Godesberger Programm" der SPD von 1959, das auch international in der demokratisch-sozialistischen Bewegung Maßstäbe setzte, befürwortete ausdrücklich den demokratischen Rechtsstaat und die soziale Demokratie, lehnte wirtschaftspolitische → Dogmen ab und postulierte eine umfassende → Demokratisierung der gesellschaftlichen Teilbereiche. Die → Grundwerte → Freiheit, → Gerechtigkeit, Solidarität zielten auf Rechtssicherheit insbesondere gegenüber dem Staat, auf soziale Absicherung für Notfälle und eine möglichst weitgehende Chancengleichheit des Einzelnen.

III. S. als verwirklichte Gesellschaftsordnung. Nachdem die von den russischen Revolutionären am Ende des Ersten Welt-

kriegs erwartete Weltrevolution und damit der Übergang der weltrevolutionären Führung auf ein industrialisiertes Land (allgemein erwartet: Deutschland) ausgeblieben war, wurde von Stalin der „Aufbau des S. in einem Lande" propagiert. Die - z.B. bei der → Kollektivierung der Landwirtschaft - mit brutalster Gewalt durchgesetzte Transformation der sowjetischen Gesellschaft stieß auf die heftige Kritik westlich-demokratischer Sozialisten, die in der sowjetischen Praxis eine Perversion der auf die Emanzipation des Individuums gerichteten Zielsetzungen des S. erblickten. Nicht zuletzt, um solche Kritik abzuwehren, wurde die neue Gesellschaftsordnung von ihren Verfechtern als „real existierender S." bezeichnet, womit dessen Kritiker in die Nähe „utopischer" Sozialisten gerückt werden sollten. Da der Übergang zum Kommunismus sich auf eine unabsehbare Zeit hinausschob, wurde die Übergangsphase vom Kapitalismus zur klassenlosen Gesellschaft bis Mitte der 80er Jahre in immer weitere Unteretappen aufgeteilt (unter Breschnew erreicht: „entwickelter S.").

Prinzipien der von Sozialdemokraten und Sozialisten propagierten → „sozialen Demokratie" wurden zumindest teilweise in Nord-(Skandinavien, insbesondere Schweden) und Westeuropa (z.B. im von der Labour Party eingeführten britischen „National Health Service") in die Praxis umgesetzt. Mit der völkerrechtlichen Unabhängigkeit zahlreicher Staaten der Dritten Welt wurde „S." zum meist wenig präzisierten, eher diffus antikolonialistisch verwendeten Schlagwort, das allenfalls gewisse regional akzentuierte, gleichwohl unscharfe Konturen erhielt. So waren im „arabischen S.", vertreten durch den Tunesier Habib Bourguiba („konstitutioneller S. „), den Ägypter Gamal Abdel Nasser und den einerseits weltweit terroristische Organisationen unterstützenden, andererseits eine „dritte Theorie" zwischen Kommunismus und Kapitalismus propagierenden Libyer Muhammar al Gadaffi starke islamische Elemente enthalten. Die Vertreter des „afrikanischen S." wie Leopold S. Senghor (Senegal), Julius Nyerere (Tansania) u.a. nahmen zwar für ihre politischen Konzeptionen marxistische Elemente auf, distanzierten sich aber bezüglich des ideellen Überbaus explizit von dessen antireligiösen Prämissen. Staaten „sozialistischer Orientierung" schließlich waren in der sowjetischen Terminologie diejenigen Staaten der Dritten Welt, in denen S., teilweise sogar „wissenschaftlicher S.", explizit zur Staatsdoktrin erklärt wurde und formal politische und ökonomische Grundstrukturen der Sowjetunion übernommen wurden, die neue Ordnung aber noch nicht unumkehrbar gesichert schien (z.B. im Süd-Jemen oder in mehreren afrikanischen → „Volksrepubliken").

IV. Gegenwärtige Problemstellungen. Theoretische Debatten, intensiviert mit der Renaissance marxistischer Strömungen im Westen ab der zweiten Hälfte der 60er Jahre, sowie - teilweise damit verbunden - heftige machtpolitische Konflikte (sichtbar z.B. bei der Invasion der Tschechoslowakei 1968) kennzeichneten in den letzten Jahrzehnten die Auseinandersetzungen zwischen sehr unterschiedlichen Positionen, die unter „S." subsumiert werden können (westliche Sozialdemokratie/ demokratischer S., orthodoxer Kommunismus sowjetischer, aber auch maoistischer Prägung, reformkommunistische Strömungen, Anhänger der neomarxistischen → „Neuen Linken" im Westen u.a.). „Klassische" Streitfragen der S.-debatte (z.B. Revolution vs. → Reformismus, in der Diskussion über die theoretischen Grundlagen der Auseinandersetzung über die auf Hegel/ Marx und auf Kant zurückzuführenden Traditionsstränge) überlagerten sich dabei teilweise mit der Aufarbeitung neuer Problemstellungen (Verhältnis von Ökonomie und Ökologie, strukturelle Arbeitslosigkeit, Funktionsdefizite des Systems der → parlamentarischen Demokratie). Nach der Revolution von 1989/90 haben sich die meisten kommunistischen Parteien in Ostmittel- und Südosteuropa in „sozialdemokratisch" oder „sozialistisch" umbenannt (ebenso die eurokommunistische KPI). Eine Sozialdemokratisierung im westeuropäischen Sinne ist dort erleichtert worden, wo sich – wie im Falle Ungarns – von der früheren KP ein orthodox-kommunistischer Flügel abgespalten hat. Die meisten „sozialdemokratisierten" Parteien sind in der

Zwischenzeit in die Sozialistische Internationale aufgenommen worden, die sich zum Teil vor das Dilemma gestellt sah, aus ein und demselben Land über die Aufnahmeanträge einer postkommunistischen Partei sowie genuin sozialistischer, zum Teil von den Kommunisten verfolgter Gruppen bzw. Führungspersonen zu entscheiden. Teilweise – so im Falle Polens – wurden zwei Parteien aufgenommen. Zur deutlicheren Abgrenzung von kommunistischen Parteien wird von Teilen der westeuropäischen Sozialdemokraten – z.B. im Programm der SPÖ – jetzt statt des Begriffs „demokratischer Sozialismus" der Terminus „soziale Demokratie" vorgezogen. Die Theoriediskussion geht vor dem Hintergrund der erwähnten neuen Herausforderungen unvermindert weiter.

Lit.: Bermbach, U./ Nuscheler, F. (Hg.): Sozialistischer Pluralismus, Hamburg 1973; *Grebing, H.*: Der Revisionismus, München 1977; *Meyer, T. u.a.* (Hg.): Lexikon des Sozialismus, Köln 1986; *Sandkühler, H. D./ Vega, R. de la* (Hg.): Marxismus und Ethik. Texte zum neukantianischen Sozialismus, Frankfurt 1970; *Schuon, T. u.a.*: Theorie des Demokratischen Sozialismus, Marburg 1986.

Prof. Dr. Klaus Ziemer, Warschau

sozialistische Demokratie

Strukturtypus der → Demokratie gemäß dem Selbstverständnis des → Marxismus-Leninismus für jene sozialistischen und kommunistischen → Staaten, in denen die → Partei der → Arbeiterklasse durch die → Diktatur des Proletariats die Volksherrschaft verwirklicht hat (bzw. hatte). Im Gegensatz zur „bürgerlichen Demokratie" dominiere in der S. nicht die bürgerliche Klassenherrschaft mit Hilfe des formalen → Mehrheitsprinzips, vielmehr übe ein sozial geeintes → Volk die → Herrschaft aus; die Klassengegensätze trügen keinen antagonistischen Charakter mehr. Die Arbeiterklasse befinde sich im Bündnis mit anderen, den → Sozialismus befürwortenden Gruppen (insbes. mit den fortschrittlichen Teilen von Bauern und Intelligenz). Ziel der s. ist die kommunistische Gesellschaftsordnung. Die → Volksdemokratien bildeten ein Zwischenstadium auf diesem Weg, in ihnen ist die Existenz mehrerer → Parteien möglich.

Sozialistische Einheitspartei Deutschlands/ SED

Bis zum Umbruch Ende 1989 das gesamte politische, gesellschaftliche und ökonomische Leben des → Landes beherrschende → Staatspartei der DDR. Entstanden ist die S. 1946 aus der unter dem Druck der sowjetischen Besatzungsmacht vollzogenen Zwangsvereinigung von → SPD und → KPD in der sowjetischen → Besatzungszone (auch in West-Berlin zugelassen, nannte sie sich dort später in → SEW um). Erste, gleichberechtigte Vorsitzende waren Otto Grotewohl (SPD) und Wilhelm Pieck (KPD). Zunächst war die S. eine sozialistische → Massenpartei, die einen „besonderen deutschen Weg zum → Sozialismus" auf „demokratischem Weg" anstrebte. Ende 1947 begann die Ausrichtung auf → KPdSU und UdSSR, in der Folge entwickelte sich die S. zu einer nach dem Prinzip des → demokratischen Zentralismus aufgebauten → Kaderpartei. Sie bekannte sich zu den Prinzipien des → Marxismus-Leninismus und strebte den Aufbau einer kommunistischen Gesellschaftsordnung an. Ihre Position als alleinige Führungsmacht in → Staat und → Gesellschaft wurde in Art. 1 der DDR-Verfassung festgeschrieben.

Höchstes Organ der SED war der Parteitag (alle 5 Jahre). Kennzeichnend war der für orthodox-kommunistische → Parteien typische, echter → innerparteilicher Demokratie ermangelnde Führungsaufbau mittels indirekter → „Wahl": Der Parteitag wählte das Zentralkomitee (ZK) der SED. Dieses bestand aus über 130 stimmberechtigten Mitgliedern und über 50 (nicht stimmberechtigten) Kandidaten - eine Art Parteiparlament, das über die politische Grundlinie der Partei befinden sollte. Das ZK berief aus seine ständigen Organe das → Politbüro des ZK der SED (ca. 15-20 Mitglieder, ca. 4-8 Kandidaten) und das Sekretariat des ZK der SED (ca. 10 Mitglieder). Diese beiden Organe bildeten das eigentliche Machtzentrum der S.

Die Personalidentität von ZK-Sekretären und führenden Politbüromitgliedern erschwert eine genaue Einschätzung, welches der beiden Organe das jeweils andere dominierte. Das in Abteilungen gegliederte ZK-Sekretariat leitete als eine Art → Exekutive die laufende Arbeit des Parteiapparates und setzte die Parteibeschlüsse um, das Politbüro übernahm als höchstes Entscheidungsgremium die ständige politische Führungsfunktion. Der Generalsekretär (zeitweise 1. Sekretär genannt) wurde vom ZK gewählt; er war gleichzeitig die „Nr. 1" des Politbüros. Es waren dies Walter Ulbricht (1949-71), Erich Honecker (1971-89) und Egon Krenz (Oktober-Dezember 1989). Vor der Wende Ende 1989 zählte der S. ca. 2,3 Mio Mitglieder und 50.000 Kandidaten (mit einjähriger Probezeit). Ihre Basis bildeten über 50.000 Grundorganisationen in Betrieben, Verwaltungen etc., aber auch in Wohngebieten.

Nach dem demokratischen Umbruch in der DDR benannte sich die S. Ende 1989 in SED-PDS (→ Partei des Demokratischen Sozialismus), Anfang 1990 in PDS um; sie gab sich demokratische Strukturen, mit Parteivorstand und Parteipräsidium. Erster Parteivorsitzender (Dez. 1989 - Jan. 1993) wurde Gregor Gysi. Ihre Mitgliederzahl schrumpfte auf ca. 350.000 (Juni 1990), sie entließ den größten Teil der hauptamtlichen Mitarbeiter und verzichtete auf die meisten Zeitungen und parteieigenen Wirtschaftsunternehmen.

Sozialistische Einheitspartei Westberlins/ SEW

Organisatorisch formell selbständige kommunistische → Partei. Da die DDR (und auch die → DKP) West-Berlin als eine „selbständige politische Einheit auf dem Territorium der DDR" bezeichnete, wurde die dortige KP nicht in die kommunistische Parteiorganisation der Bundesrepublik integriert. Bis 1959 bestanden in West-Berlin Kreisorganisationen der → SED; danach benannte sich um, zuerst (1962) in SED-Westberlin, 1969 in S. Der Umbruch in Osteuropa durch den Reformkurs Gorbatschows löste auch in der S. eine schwere Glaubwürdigkeitskrise zwischen Mitgliedern (vor dem Umbruch in der DDR bereits nur noch 4.500) und Partei aus. Nach der Wende in der DDR stellte die SED Ende 1989 die Finanzhilfen ein; damit war die

Partei organisatorisch nicht mehr lebensfähig. Die Partei hatte im März 1990 noch ca. 1.200 Mitglieder. Auf dem außerordentlichen Parteitag vom 28./29.4.1990 wurde die S. in „Sozialistische Initiative" (SI) umbenannt. Neben reformkommunistischen verließen nun auch orthodox-kommunistische Mitglieder die Partei. Auf Beschluß des SI-Parteitages vom 9./10.3.1991 - bestätigt durch eine → Urabstimmung der Mitglieder - löste sich die SI zum 30.6.1991 auf; trotz einer Präferenz für die → PDS unterblieb eine Empfehlung zum Eintritt in eine andere Partei.

Sozialistische Internationale/ SI

1951 gegr. Verbindung sozialdemokratischer bzw. (demokratisch-) sozialistischer → Parteien. Nachfolgeorganisation der Sozialistischen Arbeiter-Internationale (SAI), die 1923-46 - in Abgrenzung zu den der → Kommunistischen Internationale angeschlossenen Parteien - bestand und ihrerseits aus der 1889 gegr. II. Internationale sozialistischer Parteien und → Gewerkschaften hervorgegangen war. Die Internationale verkörperte ursprünglich die Idee internationaler → Solidarität des → Proletariats im → Klassenkampf. Die S. bekennt sich heute zu → demokratischem Sozialismus, solidarischer Hilfe für die → Dritte Welt und weltweiter → Entspannung.

Soziallehren

⇒ christliche Soziallehre

Sozialpartnerschaft

Bez. für kooperative Konfliktregelung im Bereich der Arbeits- und Wirtschaftsbeziehungen zwischen den → Tarif(vertrags)- parteien der organisierten Arbeitgeber (→ Arbeitgeberverbände) und Arbeitnehmer (→ Gewerkschaften). Ausdruck von S. sind z.B. gesetzlich geregelte → Mitbestimmung und Arbeitskampfformen (→ Friedenspflicht u.ä.).

Sozialphilosophie

Philosophischer Denkansatz, der die Beziehungen zwischen → Individuen und gesellschaftlicher Ordnung reflektiert. Unter S. lassen sich unterschiedliche Theorien, der die neuzeitliche → Vertragstheorie und bür-

gerliche → Politische Ökonomie begründende liberale → Individualismus wie der christliche Solidarismus, einordnen.

Sozialpolitik

1. Definition: S. ist der Fachausdruck für die Gesamtheit der institutionellen, prozessualen und entscheidungsinhaltlichen Aspekte desjenigen sozialen Handelns, das darauf gerichtet ist, die Verteilung begehrter Güter und → Werte in den Bereichen 1) Arbeit, 2) soziale Sicherheit gegen Not und Wechselfälle des Lebens und 3) Kontrolle und Bekämpfung krasser gesellschaftlicher Ungleichheit mit Anspruch auf gesamtgesellschaftliche Verbindlichkeit zu regeln. Die S. wird vorrangig vom → Staat oder der „mittelbare Staatsverwaltung" der → Sozialversicherungen erbracht, in einem nicht unerheblichen Ausmaß aber auch von → Kommunen, → Verbänden, insbesondere Wohlfahrtsverbänden, Kirchen, privaten → Institutionen und privater Vorsorge.

Man unterscheidet zwischen S. im engeren und im weiteren Sinn. Die S. i.e.S. umfaßt v.a. die Einrichtungen der sozialen Sicherung gegen gesellschaftlich anerkannte Risiken. Zu diesen zählen hauptsächlich die vom → Internationalen Arbeitsamt (ILO) in den Mindestnormen-Katalog der sozialen Sicherheit aufgenommenen Risiken, insbesondere Risiken des Einkommensausfalls infolge von Alter, Arbeitslosigkeit, Invalidität, Krankheit, Mutterschaft, Unfall oder Tod des Ernährers. Die S. i.w.S. (sie wird mitunter auch als „wohlfahrtsstaatliche → Politik" bezeichnet) umfaßt zusätzlich zur sozialen Sicherung gegen Standardrisiken die politische Regulierung der → Arbeitsbeziehungen, des → Arbeitsschutzes, des Wohnungs- und Mietwesens, der → Bildungspolitik und der Beschäftigungspolitik. Ein weitgefaßter Begriff von S. charakterisiert auch das v.a. in Deutschland geprägte Konzept des → Sozialstaates. Der Sozialstaat ist der Komplementärbegriff zum liberalen → Rechtsstaat und der Gegenbegriff zum → Obrigkeitsstaat und dem umfassenden Versorgungsstaat; er zielt darauf, die Gesellschaftsordnung, die Arbeitswelt und die Beziehungen zwischen Arbeitgebern und Arbeitnehmern nach sozialen Zielvorstellungen mit Hilfe von → regulativer Politik, also durch Gebote und Verbote, sowie durch Geld- und Sachleistungen im Rahmen rechtsstaatlicher → Verfassung zu gestalten.

International vergleichbaren Daten zufolge schwankt der Anteil der sozialstaatlichen Ausgaben am Bruttoinlandsprodukt (BIP) von → Land zu Land beträchtlich. Berücksichtigt man alle direkten öffentlichen Sozialausgaben („gross direct public social expenditure" in der Terminologie der → OECD-Statistik), so entfallen auf sie 1993 in Schweden 42,4 %, in Deutschland 32,4 und in den USA 16,3 % des BIP. Berücksichtigt man auch die auf Sozialeinkommen zu entrichtenden → Steuern, die gesetzlichen Arbeitgeberleistungen und sozialpolitisch motivierte Steuererleichterungen, verringert sich die Distanz zwischen den Ländern mit hoher und Staaten mit niedriger Sozialleistungsquote. So liegt beispielsweise der Anteil der sogenannten laufenden gesetzlichen Nettosozialausgaben am BIP in Schweden im Jahre 1993 nur noch bei 32,8 %, in Deutschland aber bei 28,2 und in den USA bei 17,5 %.

Die S. ist in allen wirtschaftlich entwickelten → Demokratien von zentraler Bedeutung. Das gilt auch in wahlpolitischer Hinsicht. In Ländern mit ausgebauter S. wie in den meisten OECD-Staaten bestreiten mittlerweile ein Viertel bis über 40 % der Wahlberechtigten den Lebensunterhalt überwiegend aus Sozialleistungen oder aus Lohn und Gehalt für Beschäftigung im Sozialsektor. In den OECD-Staaten reicht der schützende Arm der S. besonders weit. Dort erfaßt er die große Mehrheit der Bevölkerung, allen voran die abhängigen Erwerbspersonen und deren Angehörige, und die große Mehrheit der Risiken. Dieser Schutz besteht allerdings erst seit einigen Jahrzehnten. Die Anfänge der modernen staatlichen S. sind auf das letzte Viertel des 19. Jh. zu datieren. Deutschland spielte dabei eine Vorreiterrolle: dort wurden in den 80er Jahren des 19. Jh. - früher als in anderen Ländern - Grundlagen des späteren Sozialstaates errichtet. Dichte und belastungsfähige Netze der sozialen Sicherung wurden in Deutschland und den meisten anderen westlichen Industriestaaten allerdings erst

im 20. Jh., v.a. nach dem zweiten Weltkrieg in Westeuropa geknüpft.

2. Positionen: Die S. wird aus unterschiedlichen Perspektiven untersucht. Lange entstammten die meisten Beiträge der Wirtschaftswissenschaft, dem Sozialrecht und der Geschichtswissenschaft. V.a. seit den 60er Jahren kamen Studien von Soziologen und Politikwissenschaftlern hinzu, unter ihnen umfassende historisch und international vergleichende Abhandlungen. Die Perspektiven der S.forschung variieren mit der Disziplinzugehörigkeit. Wirtschaftswissenschaftler rücken ökonomische oder sozialökonomische Variablen ins Zentrum der Analyse (z.B. Zielkonflikte zwischen der Höhe der Sozialleistungen und der wirtschaftlichen Entwicklung) und der Bewertung (z.B. Effizienz und Effektivität versus Sozialschutz). Sozialrechtswissenschaftler hingegen betonen juristische Aspekte der S., beispielsweise gesetzestechnische oder rechtsphilosophische Dimensionen. Soziologen thematisieren unter anderem Zusammenhänge zwischen → Modernisierung und S. Charakteristisch für historische S.studien sind Abhandlungen über länder-, perioden- und akteurspezifische Gegebenheiten. Politikwissenschaftliche Beiträge schließlich untersuchen die S. v.a. als politischen Prozeß - unter gleichzeitiger Berücksichtigung institutioneller und staatstätigkeitsbezogener Aspekte; und sie erörtern auch die Frage, welche Bedeutung „das Streben nach Machtanteilen oder Beeinflussung der Machtverteilung" (Max Weber) in der S. hat.

Die Untersuchungen zur S. kann man auch nach der Parteinahme der Analytiker unterscheiden. Vier Analytikertypen treten besonders häufig auf: 1. der bedingungslose Anhänger der S. (er verteidigt die Entstehung, die Entwicklung und die Struktur der bestehenden Sicherungssysteme); 2. der kritisch-distanzierte Befürworter (er hält die Grundsätze der S. hoch, kritisiert aber ihre Auswüchse und Mängel); 3. der kritisch-distanzierte Gegner (er betont Effektivitäts- und Effizienzmängel der S. und setzt sich meist für alternative Sicherungssysteme ein) und 4. der Fundamentalkritiker (er läßt weder an der Theorie noch an der Praxis der staatlichen S. ein gutes Haar).

Trotz erheblicher Kontroversen und Bewertungsunterschiede ist in der Forschung zur S. mittlerweile ein ansehnlicher Bestand gesicherten Wissens aufgehäuft worden. S. wird beispielsweise mittlerweile weithin als Reaktion auf Herausforderungen gedeutet, die mit der Entwicklung zunehmend arbeitsteilig organisierter, sich allmählich demokratisierender → Industriegesellschaften entstanden sind. Als gesichert gilt, daß Weichenstellung und Reichweite von sozialpolitischen Programmen maßgeblich von der politischen Machtverteilung, beispielsweise der Machtverteilung zwischen politischen → Parteien, Ideen, Traditionen der politischen Führung sowie von sozialkulturellen und politisch-institutionellen Determinanten geprägt werden. Weitgehend unstrittig ist auch die Auffassung, daß die Expansion der S. in der zweiten Hälfte des 20. Jh. bis etwa Mitte der 80er Jahre von zahlreichen Bedingungen begünstigt wurde. Zu diesen zählen die langanhaltende wirtschaftliche Prosperität bis Mitte der 70er Jahre, demographische Veränderungen wie die zunehmende Seniorenquote, die Regierungsbeteiligung christdemokratischer und sozialdemokratischer Parteien, ferner die abnehmende Zahl der „natürlichen Feinde" des Sozialstaats (wie die von der S. vollständig oder teilweise ausgeschlossenen Gutsbesitzer, Bauern, Unternehmer und Kleingewerbetreibenden) sowie die parallel wachsende Zahl seiner „natürlichen Freunde", v.a. der Arbeitnehmer und der Sozialleistungsempfänger. Im Kern nicht kontrovers ist auch der Befund, daß die S. in einigen wirtschaftlich entwickelten Ländern am kurzen Zügel geführt wurde, so v.a. in den USA, wo nicht zuletzt Traditionen der Selbsthilfe, der privaten Vorsorge, der Wohltätigkeit und der S. der privaten Unternehmen größere Bedeutung als in Westeuropa zukommt. Insgesamt spricht auch viel für den Befund, daß die S. dort, wo sie weit ausgebaut wurde, ihre originären Ziele des Schutzes gegen Not und gegen Wechselfälle des Lebens sowie der Kontrolle und Eindämmung von Ungleichheit weitgehend erreicht hat.

3. Kontroversen: Die fachwissenschaftlichen Analysen zur S. sind allerdings auch von Kontroversen geprägt, so unter anderem vom Streit um die genaue Bestimmung des Zielkonfliktes zwischen Sozialschutz und wirtschaftlicher Effizienz oder zwischen Sozialschutz und Zukunftsvorsorge. Manche Debatten sind allerdings auch mittlerweile zu Ende geführt worden, beispielsweise der Streit um die Frage, welches die wichtigsten Bestimmungsfaktoren der S. sind. Die Frage, ob Parteien der Linken eine grundsätzlich andere S. betreiben als Parteien der Mitte oder der Rechten, wird mittlerweile differenzierter beantwortet: V.a. in Prosperitätszeiten waren sozialdemokratische wie auch christdemokratische Parteien in der S. oft gleichermaßen engagiert, wenngleich mit Präferenz für unterschiedliche S.modelle, letztere eher für Sozialversicherungsmodelle, erstere eher für egalitäre Staatsbürgerversorgung. Nur säkular-konservative Parteien wie die britische Conservative Party oder die US-amerikanische Republican Party haben sich für zurückhaltende und strenge S. eingesetzt. Die differenziertere Sicht des Zusammenhangs von politischen Parteien und Sozialstaat hat auch vor der verbreiteten These des „Sozialabbaus" in den 80er und 90er Jahren nicht Halt gemacht. Ein genereller „Sozialabbau" läßt sich in den meisten westlichen Ländern nicht nachweisen. Vielmehr kam es in den meisten Fällen zur Festschreibung der sozialen Sicherung auf hohem Niveau und - seltener - zum weiteren Ausbau der S., so im Fall des Aufbaus der Pflegeversicherung in der Bundesrepublik Deutschland mit Wirkung ab 1.1.1995.

Nicht abgeschlossen ist die Debatte über Effizienz und Effektivität der S.. Weiter gestritten wird auch über die Frage, in welchem Maß die soziale Sicherung dem Staat, den Verbänden, den Betrieben und der privaten Vorsorge anvertraut sein soll und welches die beste Finanzierungsbasis der S. ist. Besonders heftig wird darüber gestritten, in welchem Ausmaß der Sozialstaat bestehende Probleme löst oder neue hervorbringt. In dieser Debatte prallen unterschiedliche Positionen aufeinander. Freiheitseinschränkung und Bevormundung durch S. sehen die einen, unverzichtbare Sicherung für den Einzelnen und für die Gesellschaft die anderen. Untergrabung der Arbeitsbereitschaft und der Wettbewerbsfähigkeit der Ökonomie betont die eine Seite, gesamtwirtschaftlich segensreiche Effekte der S. (wie sozialer Frieden und Stabilisierung der wirtschaftlichen Nachfrage) preist die andere. Neue Verteilungskonflikte infolge eines hoch entwickelten Sozialstaates heben die einen hervor, politisch und sozial friedensstiftende Funktionen hingegen die anderen.

Insgesamt stützen systematische Bilanzierungen des Fürs und Widers der S. die folgende These: die Problemlösungsfähigkeit der S. ist dort, wo diese weit ausgebaut wurde, wie in der Bundesrepublik, beträchtlich größer als ihre Kapazität zur Problemerzeugung. Unbestritten sind aber die finanziellen, wirtschaftlichen und sozialen Kosten einer entwickelten S. beachtlich - beispielsweise die mögliche Beeinträchtigung wirtschaftlichen Handelns oder der in die soziale Sicherung eingebaute → Paternalismus.

Lit.: Adema, W.: Uncovering Real Social Spending, in: OECD-Observer No. 211, April/ Mai 1998, 20-23; *Alber, J.*: Vom Armenhaus zum Wohlfahrtsstaat, Frankfurt/ New York 1982; *Blüm, N./ Zacher, H.F.* (Hg.): 40 Jahre Sozialstaat Bundesrepublik Deutschland, Baden-Baden 1989; *Bundesministerium für Arbeit und Sozialordnung* (Hg.): Übersicht über das Sozialrecht, Bonn 1997; *Esping-Andersen, G.*: The Three Worlds of Welfare Capitalism, Cambridge, Mass.; *Flora, P.* (Hg.): Growth to Limits. The Western European Welfare States Since World War II, Bd. 1, Bd. 2, Bd. 4, Berlin/ New York 1986/87; *Ritter, G. A.*: Der Sozialstaat, München, 2. Aufl. 1991; *Schmidt, M. G.*: S. in Deutschland. Historische Entwicklung und internationaler Vergleich, Leverkusen 1998; *van Kersbergen, K.*: Social Capitalism. A study of Christian democracy and the welfare state, London 1995.

Prof. Dr. Manfred G. Schmidt, Bremen

Sozialstaat

1. Allgemeine Definition und Hintergrund. Die gängige Allgemeindefinition des S. -

„demokratischer Staat, der bestrebt ist, die wirtschaftliche Sicherheit seiner Bürger zu gewährleisten und soziale Gegensätze innerhalb der Gesellschaft auszugleichen" (Duden) - greift zu kurz: Zum einen kann auch der sozialistische → Staat (und der der vordemokratischen Zeit) sozialstaatliche Züge tragen; zum anderen sind nicht nur staatliche Maßnahmen im S.-gedanken enthalten, auch nachgeordnete, subsidiäre Strukturen sind in seinem Rahmen umgriffen; und zum dritten verkennt die Betonung der wirtschaftlichen Sicherheit die Elemente von → Freiheit, → Gleichheit und → Gerechtigkeit, die dem S. beigegeben sind.

Das moderne Projekt des S., dessen geistige Wurzeln bis mindestens in die → Aufklärung zurückreichen, der begrifflich zur Mitte des 19. Jh. entsteht (Lorenz von Stein) und sich durch eine ganze Reihe von Politikbereichen, insbesondere durch die → Sozialpolitik konkretisiert, ist politisch nach wie vor nur sehr vage umschrieben. Bis in die Zeit nach dem 2. Weltkrieg (in Deutschland bis in die Verfassungsdiskussion nach 1945 hinein) spielte der S.gedanke nur eine untergeordnete Rolle. Es gab keine verbreiteten sozialpolitischen Idealvorstellungen, im Gegensatz etwa zum Komplex des Rechtsstaatsgedankens. In den frühen Jahren der Bundesrepublik konnte die S.-klausel noch als „substanzloser Blankettbegriff" (W. Grewe) bezeichnet werden. Gelegentlich wird darauf verwiesen, daß Carlo Schmid die treibende Kraft für die Sozialverpflichtung des GG gewesen war; daß aber in der Gewerkschaftsbewegung der Nachkriegszeit über diese Frage intensiv debattiert wurde und daß diese Diskussionen in den → Parlamentarischen Rat hineinreichten, dieses Wissen ging schon sehr bald verloren. In das alltägliche politische Vokabular wurde der Begriff erst spät übernommen.

Stellt man Sozialpolitik unter systematischen Gesichtspunkten dar mit dem Ziel, zu einer inhaltlichen Bestimmung des S.gedankens zu kommen, so reicht die Spannweite vom durch Bismarck eingeführten, berufsbezogenen, *kategoriellen System* in Deutschland bis zum skandinavisch-britischen, am → Bürgerrecht orientierten *universellen System*. Zwischen diesen beiden Polen der → sozialen Sicherheit sind die sozialistischen, wie die kapitalistisch-voluntaristischen Modelle angesiedelt; die Unterscheidung zwischen S. und → Wohlfahrtsstaat verläuft hier. Ersterer stellt den arbeitenden Menschen in den Mittelpunkt staatlicher subsidiärer Sozialpolitik, geht im Grunde aus von der ökonomisch gesicherten Existenz, die es *im Notfall* abzusichern gilt, wertet die Freiheit höher als die → Solidarität und wird überwiegend finanziert durch Versicherungsabgaben; letzterer interpretiert die soziale Sicherheit als viertes und wesentliches Attribut unter den politischen Errungenschaften der Neuzeit - nach der Gleichheit vor dem → Gesetz, den politischen Freiheiten und dem → Wahlrecht -, sie wird zum *universellen → Bürgerrecht*, stellt im Zweifel Solidarität vor Freiheit, ist i.d.R. effizienter, wird finanziert durch Steuern und ist überwiegend staatlich organisiert, daher dem Verdacht staatlicher Bevormundung des einzelnen ausgesetzt.

2. Geschichte. Die Geschichte des S. kann keine (politikwissenschaftlich) befriedigende Antwort auf Spezifik, Ziele und Inhalte geben. Sie beantwortet nur die Frage nach den Elementen der Genese: Die → „soziale Frage" des 19. Jh. - das Entstehen eines proletarischen Massenelends durch Arbeitslosigkeit, schlechte Bezahlung, Krankheit, Invalidität, demographische Veränderungen u.ä. - ist ein solches historisches, funktionalistisches Begründungselement zur Erklärung des S. Wenn aber in unterschiedlichen → Gesellschaften mit ganz unterschiedlichem ökonomischen und sozialen Entwicklungsstand Sozialpolitik und sozialstaatliche Strukturen zu unterschiedlichen Zeiten und in ganz unterschiedlicher Charakteristik entstehen, wenn sie - wie in Deutschland - durch Konservative und Bürgerliche initiiert und fortentwickelt wurden, in anderen europäischen Ländern von Liberalen und Sozialisten, wenn sie in einem Falle mit kirchlicher Unterstützung, in anderem eher gegen Widerstand durchgesetzt wurden - dann liefert die Geschichte nur wenig systematische Aufklärung für den → Staatsinterventionismus. Immerhin

wird man für die deutsche Genese als wesentlich die konservative Werthaltung von der sozialen Verantwortung des Staates, die sozialistische Empörung über die Ausbeutung des Menschen im → Kapitalismus, die wissenschaftliche Analyse von einer gerechten Wirtschafts- und Sozialordnung (Kathedersozialisten) und das in zwei → Enzykliken manifestierte soziale → Interesse der katholischen Kirche nennen müssen.

3. Rechtliche Grundlage. Das S.-gebot des GG ist in Art. 20 Abs. 1 und Art. 28 Abs. 1 niedergelegt. Dort heißt es, daß die Bundesrepublik ein „sozialer Bundes-", bzw. ein „sozialer Rechtsstaat" ist; die S.-klausel gehört damit zu den unabänderlichen „Grundsätzen" (Art. 79, Abs. 3), ohne daß jedoch nähere verfassungsrechtliche oder politische Konkretisierungen auftauchen - der Begriff S. selber wird im GG nicht verwendet (auch die → Weimarer Reichsverfassung, in der zum ersten Mal soziale → Grundrechte erwähnt sind, kennt den Begriff nicht, wiewohl in der Weimarer Zeit ganz wesentliche Diskussionen über den S. geführt worden sind); in den → Verfassungen der → Bundesländer finden sich gleiche oder ähnliche Formulierungen (nur die bayerische Verfassung kennt den Begriff S.). Darüber hinaus sind die diversen Menschenrechtskonventionen der Nachkriegszeit, denen die Bundesrepublik beigetreten ist, sowie die EG-Verträge und andere als grundlegende Texte heranzuziehen. Im Detail ist das S.-prinzip dann ausgeführt in den Gesetzeswerken, insbesondere im → Sozialgesetzbuch.

Für die rechtliche Verankerung des S. in der Bundesrepublik sind die Entscheidungen des → Bundesverfassungsgerichts und anderer nachgeordneter Gerichte von großer Bedeutung gewesen. Die Gerichte und die Verfassungsjuristen interpretieren den S.-grundsatz des GG inzwischen dahingehend, daß er die sozialpolitische → Legitimation für den Gesetzgeber darstellt, Entscheidungen des Bundesverfassungsgerichts zielen darüber hinaus auf die Forderung an den Staat, „einen erträglichen Ausgleich der widerstreitenden Interessen und erträgliche Lebensbedingungen für Notleidende herbeizuführen" (von Maydell). In Anlehnung an BVerfGE 1, S. 97, 105 hat der Gesetzgeber damit einen Auftrag zugesprochen bekommen, dessen Ziel jenseits des → Nachtwächterstaates liegt, ohne daß allerdings dem Individuum subjektive Rechte aus dem S.-gebot zustehen (was wiederum nichts mit dem Rechtsanspruch zu tun hat, den der einzelne etwa auf → Sozialhilfe hat und der erst 1976 aufgrund eines Urteils des Bundesverfassungsgerichtes von 1954 in das Sozialgesetzbuch aufgenommen wurde).

4. S.-Politik. Seitdem in Deutschland staatliche Sozialpolitik betrieben wird, sieht man von rudimentären Vorformen ab (also seit der Bismarckschen Sozialgesetzgebung für Arbeiter: 1883 die Krankenversicherung, 1884 die Unfallversicherung und 1889 die Invaliditäts-, Alters- und Hinterbliebenenversicherung), seitdem meint Sozialpolitik in erster Linie staatliche Politik.

Der S. in Deutschland und anderswo gründet sich historisch auf die patriarchalische Gewalt der unumschränkten Staatsperson, die Wohltaten vergibt (wie es der absolutistischen Tradition mit ihrer „guten → Polizey" im älteren Wohlfahrtsstaat entsprach); nicht die → Emanzipation von sozialer und materieller Not war der politische Grund für die erste staatliche Sozialpolitik in Deutschland, sondern die preußische → Staatsräson; soziale Sicherheit und sozialer Frieden wurden erkauft zum Preis der freiheitlichen Gesellschaftsordnung. Sozialpolitik mußte aus diesem Grund auch vom Staat ausgehen, nicht von wohltätigen oder Selbsthilfeorganisationen. Die Verknüpfung von politischer Freiheit, sozialer Gerechtigkeit und (relativer) materieller Sicherheit gelang erst der → Weimarer Republik und wurde zum Programm der → sozialen Marktwirtschaft der Bundesrepublik. Für das Ansehen des S. in Deutschland ist die Bismarcksche Intention allerdings prägend gewesen; sie läßt sich etwa politisch darin aufspüren, daß die Sozialhilfesätze, also das intentional die „Würde des Menschen" garantierende nationale Existenzminimum in der Bundesrepublik, von der → Exekutive festgelegt wird, nicht - wie in anderen → Ländern - vom → Parlament.

Theoretische und politische Grundlage des liberalen S. und damit des sozialen Sicherungssystems der Bundesrepublik, sowie ihrer Vielzahl von Organisationen, Maßnahmen und Gesetzen, der institutionellen Fragmentierung und Heterogenität, ist das Subsidiaritätsprinzip (→ Subsidiarität). Es ist der Hauptpfeiler der → christlichen Soziallehre in ihrer katholischen Version, es gehört zur grundlegenden Philosophie der deutschen Sozialpolitik schlechthin und zielt auf die Sicherung individueller Freiheit im kollektiven Sicherungssystem. Das Subsidiaritätsprinzip widerruft nicht den staatlichen Anspruch auf sozialstaatliche Gestaltungsfreiheit, sondern stellt nur die Kehrseite derselben Medaille dar. Erst wenn sich herausstellt, daß die Kompetenz der niederen Stufe unzureichend ist, muß die nächsthöhere, schließlich der Staat eingreifen. Oswald von Nell-Breuning, führender Interpret der katholischen Soziallehre: „Was das Individuum aus eigener Initiative und eigenem Vermögen tun kann, sollte nicht von der Gesellschaft getan werden."

In politischem und sozialem Sinne ist das Subsidiaritätsprinzip ein Machtprinzip: Es ruht in der Teilung von → Macht, und es ist ein Schutz vor Macht, denn der Staat hat kein Recht, in sozialen Dingen zu intervenieren, solange das Individuum sich selbst helfen kann - aber: In der politischen Realität des Subsidiaritätsprinzips wird nicht nur das Individuum vor zuviel sozialer Hilfe des Staates geschützt, ihm daher Freiheit gelassen, sondern der Staat und die sozialen Autoritäten schützen sich vor den sozialen Forderungen des Individuums. Vor diesem Hintergrund ist es kein Zufall, daß der Subsidiaritätsgedanke mindestens seit Anfang der achtziger Jahre in vielfältiger Form wieder Konjunktur hat, als die Debatte um die (finanzielle) „Krise des S." einem Höhepunkt zustrebte und als nach finanzwirtschaftlichen Rezepten zur Sanierung der sozialen Sicherung gesucht wurde.

Wohl wesentlicher für eine politikwissenschaftliche Beurteilung des S.-gedankens als die vorgenannten Argumente dürfte die Frage nach dem „Motor" materieller (sozialpolitischer) Politik in der neuzeitlichen → parlamentarischen Demokratie sein:

Wenn es die politische, soziale und ökonomische Entwicklung (Fortschritt) nicht sein kann, bleibt als Erklärung für den sozialpolitischen/ sozialstaatlichen „Prozeß" (s.o.) die materielle Bedürfnisbefriedigung der → Bürger als politische Legitimation und damit als Antrieb für soziale Tätigkeit in der → repräsentativen Demokratie - Sozialpolitik schafft → Massenloyalität; Leistungsabbau bedeutet nach dieser Interpretation Legitimitätsverlust und Loyalitätsentzug. Die Kritik am ausufernden Wohlfahrts- und S. übersieht daher in der Regel die politischen Mechanismen seiner Strukturgenese und die politischen Motive der Leistungsausweitungen im Parteienwettbewerb um die Wähler durch Interessenbefriedigung; die Kritik am neuzeitlichen S. und seinen Interventionen, seinen Erscheinungen und Problemen zielt daher im Grunde immer auch auf die → repräsentative Demokratie.

Lit.: Beck, W./ Maesen, L. v. d./ Walker, A. (Hg.): The Social Quality of Europe. Bristol 1997; *Bleses, P./ Seeleib-Kaiser, M.*: Zum Wandel wohlfahrtsstaatlicher Sicherung in der Bundesrepublik Deutschland: Zwischen Lohnarbeit und Familie. Zeitschrift für Soziologie 28, 2, 1999, S. 114-135; *Esping-Andersen, G.* (Hg.): Welfare States in Transition. London 1996; *Kaufmann, F.-X.*: Herausforderungen des Sozialstaats. Frankfurt/ Main 1997. *Maydell, B. v.*: Sozialstaatsgrundsatz, in: ders., Lexikon des Rechts. Sozialrecht, Dammstadt 1986, S. 361-365.

Prof. Dr. Bernd Henningsen, Berlin

Sozialstaatspostulat

In Art. 20 und 28 GG normiertes Verfassungsprinzip der Bundesrepublik als → sozialer Rechtsstaat. Inwieweit Inhalt und Auslegung von → Gesetzen sich am verfassungsmäßigen Auftrag des → Sozialstaats orientieren müssen, ist in → Politik und Verfassungslehre streitig. Sozialstaatliche Garantien sind nicht individuell einklagbar.

Sozialstruktur

Schichtung, Binnengefüge einer → Gesellschaft bzw. eines sozialen → Systems. Ein soziales System kann nach unterschiedlichen Strukturmerkmalen unterteilt werden: soziodemographische Merkmale (Alter, Beruf, Bildung etc.), Produktionsverhältnisse/ → Klassen, Grad der → Arbeitsteilung, Grad der Rationalisierung und → Bürokratisierung, Werte/ → Normen, soziale Schichtung (→ Macht, Prestige etc.). Untersuchungen zur S. erfolgen i.d.R. anhand eines einzigen Strukturmerkmals, das als dominant angesehen wird; meist handelt es sich um die soziodemographischen Merkmale der Mitglieder eines sozialen Systems. Die modernen → Industriegesellschaften weisen jedoch eine hohe Komplexität auf; ihre S. kann nur durch einen komplexen Ansatz mit mehreren Strukturmerkmalen erfaßt werden.

Sozialunion

→ Wirtschafts-, Währungs- und Sozialunion

Sozialverbände

→ Verbände, deren Bestrebungen auf die soziale Hilfe im weitesten Sinne ausgerichtet sind. Es werden Leistungen für einzelne Personen oder Gruppen erbracht, die sich aufgrund der sozialen Position als benachteiligt empfinden bzw. dies objektiv sind. Die Benachteiligung soll durch gemeinsame Organisationen (als Solidargemeinschaft) abgebaut werden, indem entweder Personen bzw. Gruppen Sozialleistungsansprüche an den → Staat stellen, oder als organisierte Gruppen Ansprüche erfüllen, oder als Selbsthilfe- bzw. Therapiegruppen Probleme selbst angehen. S. werden im politischen Raum als → Lobby für die von ihnen betreuten Gruppen tätig. Sie erhalten direkte und indirekte materielle Unterstützung von staatlicher Seite, entlasten aber auch die (staatliche) Sozialverwaltung.

Sozialversicherung

Gesamtheit aller Pflichtversicherungen (und analoger Versicherungsverhältnisse) gegen allgemeine Lebensrisiken von Personen, die in einem Arbeits-, Dienst- oder Lehrverhältnis stehen (Versicherungszwang); darüber hinaus steht sie - z.B. in der Bundesrepublik - auch Selbständigen offen. Sie tritt ein bei Minderung der Erwerbsfähigkeit (Krankheit, Unfall), → Arbeitslosigkeit, Invalidität, Alter und Todesfall, als Kranken-, (Arbeits-)Unfall-, → Renten- und Arbeitslosenversicherung. Im Unterschied zur → Sozialhilfe gründet sich der Rechtsanspruch auf Leistungen aus der S. darauf, daß der Leistungsempfänger (neben dem Arbeitgeber) in die S. Beiträge eingezahlt hat.

Sozialvertrag
⇒ Gesellschaftsvertrag
→ Vertragstheorien

Sozialwissenschaften

1. Begriffsbestimmung. Der Begriff wird heute durchweg leerformelhaft definiert. Er dient als Klammer für eine Anzahl von Einzelwissenschaften der Universitätssysteme, wobei durch die gemeinsame Bezeichnung eine grundlegende Ähnlichkeit des Anliegens, der Vorgehensweisen bzw. der Perspektiven behauptet werden soll. Drei repräsentative Definitionen sind die folgenden:
- „Die Sozialwissenschaften sind beschäftigt mit der systematischen Untersuchung des Verhaltens der Menschen in der Gesellschaft mit der Zielsetzung, schließlich zu einer allgemeinen Theorie zu kommen" (Encyclopaedia Britannica).
- „Ein Zweig der Wissenschaft, der sich mit der Institutionalisierung und dem Funktionieren der menschlichen Gesellschaft befaßt und mit den zwischenmenschlichen Beziehungen von Individuen als Mitglieder der Gesellschaft" (Webster).
- „Die Gesamtheit der wissenschaftlichen Disziplinen, deren Erkenntnis auf die soziale Wirklichkeit - Bedingungen und Gestaltung des menschlichen Zusammenlebens in der Gesellschaft - gerichtet ist" (Brockhaus).
Solche Definitionen werden erst informativ, wenn die Perspektiven berücksichtigt werden, die Sozialwissenschaftler zu den verschiedenen Zeiten tatsächlich hatten.

2. Entwicklung. Das Programm der Wissenschaft im modernen Sinn wird wahrscheinlich zuerst durch Francis Bacon (1561-1626) definiert. Wissenschaft ist hiernach Faktensammlung nach Plan statt Gelehr-

samkeit in einem allgemeineren Sinn, hat das bessere Verständnis der Wirklichkeit zum Ziel und ist damit notwendig empirisch. Von da ab bleibt die Kombination von → Empirie und Theorie der Kern wissenschaftlichen Vorgehens im modernen Sinne.

In seinen „Prinzipien" schlägt Giambattista Vico 1725 vor, für das Studium der menschlichen Geschichte die gleiche Methodik zu verwenden, die Francis Bacon für das Studium der → Natur vorschlug. Weitere Beispiele sind die Darstellung der Bevölkerungsbewegung durch William Petty, die Untersuchung der Sterblichkeitsraten während der Pest in London durch John Graunt sowie die erste Sterbetafel durch Edmund Halley. Die „politische Arithmetik" - so die damalige Bez. als Bemühen um die Erkenntnis der Bewegungsgesetze von Bevölkerungen - sind der erste institutionalisierte Bereich sozialwissenschaftlicher Forschung. Ebenso kann die gleichzeitige Ökonomie der → Physiokraten in Frankreich als systematische S. gedeutet werden.

Das zweite entscheidende Paradigma bei der Behandlung sozialwissenschaftlicher Themen nach dem Paradigma der Mechanik, das die frühe Wissenschaft prägte, wird von den schottischen Moralphilosophen entwickelt. Bei diesen werden gesellschaftliche Phänomene als etwas verstanden, das nicht aus der Addition der → Individuen abzuleiten ist. Bis heute ist es ein Leitmotiv insbesondere der Soziologie geblieben, nachzuweisen, daß voluntaristisches Denken, das gleicherweise für Theologie und Pädagogik bestimmend ist, prinzipiell ungeeignet zum Verständnis von gesellschaftlichen Zusammenhängen ist. Daß mit der → Gesellschaft als Organisation eine eigene Realität, eine eigene Ebene der Erklärung gegeben ist, bleibt damit das zweite Leitmotiv, wofür sich inzwischen der Terminus Emergenz durchsetzte.

Fürstenberg glaubt, daß der Terminus S. erstmalig 1772 von Antoine Condorcet verwendet worden sei. Meist wird aber Simonde de Sismondi als Schöpfer der Bez. science sociale genannt. Während sich im Englischen parallel die Bez. social science durchsetzt, dominiert im deutschen Sprachbereich die längste Zeit des 19. Jh. hindurch der Begriff → Staatswissenschaften.

S. ist im englischen und im französischen Verständnis der Versuch, die Gesellschaft mit ihren Bewegungsgesetzen als eine Wirklichkeit auch ohne Existenz des → Staates zu verstehen. Diese Bewegungsgesetze werden als latente Bestimmungsgründe verstanden, welche die Erscheinungen der unmittelbar beobachtbaren Welt determinieren. So breit ist der deutsche Begriff der Staatswissenschaften nicht. Sein Ursprung ist die → Kameralistik als eine Technik der Staatsverwaltung. Staatswissenschaften sollen dann alle die Sachverhalte untersuchen, die durch die Ausbildung von Staat beeinflußt werden.

Nach den deutschen Traditionen - nicht zuletzt auch bei Hegel - ist der Staat die wichtigste Erklärungsebene, wogegen er in den S. in England und Frankreich als nur eine → Institution eines allgemeineren Sachverhaltes, nämlich der Gesellschaft, gedeutet wird. Diese Unterschiede sind aus der Verschiedenheit der Entwicklung der drei hier erwähnten Kulturgebiete gut verständlich; denn in England und Frankreich beginnt gesellschaftliche Entwicklung im modernen Sinn bereits vor der Ausbildung moderner Staatlichkeit.

Einen Höhepunkt als ein eigener Zweig der Wissenschaften hat die S. in der zweiten Hälfte des 19. Jh. Hier ist insbesondere die Schrift „Zur Kritik der politischen Ökonomie" (1859) von Karl Marx hervorzuheben. In einer späteren Fassung des → Historischen Materialismus formuliert Marx das schon erwähnte Paradigma der S.: Die Menschen machen zwar ihre Geschichte selber, aber ihre unterschiedlichen Absichten bewirken, daß sich am Ende als Ergebnis etwas einstellt, das keiner der Handelnden gewollt hat.

Den Zeitgenossen von John Stewart Mill, Karl Marx und Auguste Comte war selbstverständlich, daß sie in einer Übergangsgesellschaft lebten. Diese Einsicht war der Antrieb für den Evolutionismus, der nun zum Leitmotiv der verschiedenen Ausprägungen von S. wurde. Durch Befragung der Vergangenheit - einschließlich der Entwicklungen in der Natur - und der Beobachtung der Gegenwart sollte die Zukunft voraussagbar werden. Für die vorgestellten Mechanismen der gesellschaftlichen Bewegungen wurde Darwins Werk über den Ursprung der Arten - zuerst 1859 veröffentlicht wie das erwähnte Werk von Marx - von grundlegender Bedeutung. Einen Höhepunkt erreichte dieser Strang der Entwicklung im Werk von Herbert Spencer, dessen „Principles of Sociology", erschienen von 1876 bis 1896, für die S. in englischsprachigen Ländern zentral waren. Entwicklung war in den S. - übrigens bis heute - gleichbedeutend mit sozialer Differenzierung, mit einer Veränderung vom Einfachsten zum Komplizierten. Bei aller Verschiedenheit reagierten die damaligen Sozialwissenschaftler aufeinander wie Kollegen eines Fachs, indem sie international die gleiche Literatur lasen, wobei den zum Teil spekulativen völkerkundlichen Schriften eine zentrale Bedeutung zukam. Beispielhaft hierfür sind Henry Maine: „Ancient Law" 1861; Johann Bachofen „Das Mutterrecht" 1861; Lewis Morgan „Ancient Society" 1871; Edward Tylor „Primitive Culture" 1871.

Höhepunkt und Abschluß dieser „klassischen" Periode der S. ist die Entwicklung gegen Ende des Jahrhunderts in Deutschland. Hier löste mit programmatischer Absicht der Begriff der S. in der wissenschaftlichen Diskussion - allerdings nicht in den universitären Institutionen - den Begriff der Staatswissenschaften ab. Im „Verein für Socialpolitik" sollte die Grundlage für die Sozialreform durch → Sozialpolitik sein. Das war ein eingeschränkteres Verständnis als science sociale bzw. social science, weil die S. zunächst auf die Objekte der Sozialpolitik beschränkt bleiben sollte. In der Praxis nahm die deutsche S. dagegen einen bis heute prägenden Einfluß auf die allgemeine Entwicklung mit den Grundsatzdiskussionen im Verein für Socialpolitik. Hier sind insbesondere hervorzuheben der 1. und der 2. Methodenstreit: Die Kontroversen über die Möglichkeit historischer Gesetze zwischen Gustav von Schmoller und Carl von Menger; sowie später über die Belanglosigkeit der Werturteile bei der Begründung wissenschaftlicher Ansichten, diesmal als Kontroverse zwischen Gustav von Schmoller und Max Weber.

Aber schon damals löste sich die Einheitlichkeit der S. im deutschen Sprachbereich rasch auf, wobei die Institutionalisierung der Fächer in den Universitäten der auslösende Faktor gewesen sein dürfte. Die Staatswissenschaften i.e.S. wurden mit großem zeitlichem Abstand vor anderen S. als erste zu Universitätsfächern. Das war nach Meinung vieler Gelehrter des Vereins für Socialpolitik gleichbedeutend mit einem Verlust an intellektueller Vitalität durch die daraus folgende Notwendigkeit von Lehrbüchern und Prüfungsordnungen. In Amerika und Frankreich wurden schon in den 80er und 90er Jahren Lehrstühle für einzelne S. eingerichtet - der älteste Lehrstuhl ist wahrscheinlich der von Edward Tylor für das Fach → Anthropologie in der Oxford University 1884. Demgegenüber sollte als Programm bei der Gründung der Deutschen Gesellschaft für → Soziologie diese gehindert werden, zum Einzelfach an Universitäten zu werden; als Nicht-Universitäts-Fach sollte die Soziologie der intellektuelle Turnierplatz für die sich nun verselbständigenden Teile der früheren social science bleiben. Bis heute hat auch in anderen → Ländern die Soziologie diese Funktion, die Thematik der „klassischen" S. weiterzuführen, insbesondere der Begegnungsraum für methodische und theoretische Grundsatzfragen zu sein.

Die großen Lehren des 19. Jh. sind intellektuell alle nur noch als Gegenstand der Ideengeschichte von Belang. Mit der Aufgabe des Evolutionismus zerfiel zunächst S. und dann auch die Soziologie in die verschiedensten Spezialitäten. Der theoretische Anspruch wurde auf „Theorien mittlerer Reichweite" reduziert (Robert K. Merton), und empirisches Vorgehen wurde in den meisten Ländern das vorwiegende Selbstverständnis.

Heute ist selbst die Soziologie nur ein lockerer Zusammenhang vieler Spezialitäten, deren inhaltliche Sätze auf diese jeweiligen Bereiche beschränkt bleiben wie Kriminalsoziologie, Familiensoziologie, Mediensoziologie, Gemeindesoziologie, Berufssoziologie. Die einigenden Wirkkräfte sind

vorwiegend die Methoden der empirischen Forschung, die moderne Wissenschaftslehre als methodologische Begründung und eine Kombination von Begriffen und Paradigmata, wobei der Struktur-Funktionalismus das wichtigste Paradigma ist.

3. Heutige Situation. Die Bez. S. hat sich in der kulturellen → Öffentlichkeit allgemein durchgesetzt. Eine Prüfung der damit verbundenen Inhalte ergibt aber, daß dies ein im bürokratischen Sinn gebrauchter Oberbegriff für eine Anzahl von wissenschaftlichen Fächern geworden ist, jedoch ohne inhaltliche Spezifizierung, was denn nun die Gemeinsamkeit ausmacht. Ein Beispiel hierfür ist das bloß verweisende Stichwort „Social Sciences" in der meinungsbildenden International Encyclopaedia of the Social Sciences. Wir erfahren hier über S. nur, daß wir an anderen Stellen unter inhaltlich gehaltvollen Stichworten nachschauen sollen - wie → Anthropologie, Ökonomie, Geographie, Geschichte, → Recht, → Politische Wissenschaft, Psychiatrie, Soziologie und Statistik. Eine stichprobenhafte Auswertung von Lehrbüchern ergibt dann doch noch eine gewisse negative Gemeinsamkeit der mit dem Oberbegriff S. zusammengefaßten Disziplinen. Sie sind weder Geisteswissenschaften noch Naturwissenschaften, sondern ein drittes. So versteht auch Wolfgang Lepenies die S. als eine eigenständige Ausprägung von Wissenschaft: „Ich bin der Auffassung, daß man die S. als eine dritte Kultur bezeichnen kann, in der seit ihrem Entstehen scientifische und literarische Orientierungen einander gegenüberstehen.... Darüber hinaus entwickelte sich seit der ersten Hälfte des 19. Jh. ein Wettbewerb zwischen einer sozialwissenschaftlichen und einer aus Kritikern und Autoren bestehenden literarischen Intelligenz, die darum konkurrierten, die Industriegesellschaft angemessen zu interpretieren und dem modernen Menschen eine Art Lebenslehre zu bieten" (S. 11).

In den S. werden Verhalten und Prozesse nicht als bloße Reaktionen auf einen Anstoß erklärt; vielmehr wirken alle als ursächlich verstandenen Faktoren vermittelt durch → Kultur, die wiederum als ein lernendes → System verstanden wird. Analogien zum heutigen Verständnis in der Biologie sind unterschiedlich stark ausgeprägt, aber durchweg gegeben. So können bei den Erklärungsobjekten Ursachen zu Wirkungen und Wirkungen zu Ursachen werden. Der gleiche Einflußfaktor kann verschiedene Wirkungen haben und die gleiche Wirkung auf unterschiedliche Einflüsse zurückgeführt werden. Auf den Versuch der Einflußnahme reagiert das → System mit Gegensteuerung. All dies setzt das Kausaldenken nicht außer Kraft, ist aber als Typus von Realität und zugehöriger Erklärung weit entfernt vom mechanistischen Weltbild der klassischen Physik.

Es gibt immer wieder Versuche, eine einigende Theorie für die auseinandergelaufenen S. zu formulieren. In den Vereinigten Staaten war der → Behaviorismus eine Zeit lang ein solcher Ansatz. Für eine Weile schien der Struktur-Funktionalismus der Kulturanthropologie ein die verschiedenen S. verbindendes Paradigma. Aber das gilt inzwischen nur noch sehr eingeschränkt, nämlich als insgesamt doch vorherrschende Schauweise bei gleichzeitig sehr großer Unterschiedlichkeit.

In der Nachkriegszeit wurden v.a. in der Bundesrepublik Varianten des → Marxismus zu einer solchen die verschiedenen Spezialitäten durchdringenden Schauweise. Stärker als diese Versuche erweisen sich heute eine Anzahl anderer Paradigmen wie symbolischer Interaktionismus, → Rational Choice, Austauschtheorie oder Variationen von „New Age". Diese Schauweisen durchdringen jeweils die verschiedenen Spezialitäten, zu welchen sich die empirischen Ausprägungen von S. zersplittert haben. So ist zur disziplinären Zersplitterung noch eine Konfessionalisierung hinzugekommen.

Nicht einmal in der Festlegung auf Empirie besteht heute Übereinstimmung in den S. In den meisten der einzelnen Fächer gibt es empirische Ausrichtungen sowohl eher deskriptiver wie eher nomologischer Art. Daneben aber haben geisteswissenschaftliche Vorgehensweisen weiter gelebt. Wird also betrachtet, was Wissenschaftler tatsächlich tun, dann zeigt sich die Mittelstellung der S. in einer z.T. größeren Nähe zur naturwis-

senschaftlichen Empirie wie andererseits zu geisteswissenschaftlichen Schauweisen.

Die 60er und 70er Jahre waren eine Zeit des Erfolges der S. in der allgemeinen kulturellen Öffentlichkeit. Kritiker wie Tenbruck sprechen sogar von einer Kolonialisierung der kulturwissenschaftlichen Fächer durch die S. Wilhelm Weber zeichnet nach, wie die S. selbst die Theologie und die Theologen verändern. Dies ist weniger der überzeugenden Fähigkeit der S. in der Erklärung von Verhalten zuzuschreiben als der Tatsache, daß in Wohlstandsgesellschaften und bei hohem Bildungsgrad die traditionellen für die jeweiligen Kulturfächer benutzten Erklärungen menschlichen Verhaltens nicht mehr ausreichen. So wuchs ein Bedürfnis nach sozialwissenschaftlicher Ergänzung ungeachtet der tatsächlichen Kompetenz der S., die erwünschten Erklärungen auch geben zu können.

In den eher geisteswissenschaftlichen Varianten der S. lösen die Versuche zu neuen Paradigmen, die Gesamterklärungen ermöglichen, einander ab. Ein neueres Beispiel in deutscher Sprache ist das, was in eher metaphorischem Sinn → Systemtheorie genannt wird (Niklas Luhmann). Verschiedene S. verklammert die Lehre von der „neuen Unübersichtlichkeit". Letztere folge aus dem Verblassen der Wirkung von Sozialstruktur für die Lenkung individuellen Verhaltens. Objektiv sei der Spielraum für die Akteure so groß geworden, daß von einer „Individualisierung der Lebensverläufe" zu sprechen ist (Ulrich Beck). Wenn dennoch Verhaltensmuster auszumachen sind, dann nicht als Folge von Klassenlagen, sondern als wählbare „Lebensstile" (Stefan Hradil, Hartmut Lüdtke, Gerhard Schulze). Es bleibt abzuwarten, ob diese Diagnose eines gesellschaftlichen Leitmotivs mehr ist als eine Beschreibung eines Augenblicks von Wohlstand. In den vorwiegend empirisch arbeitenden Ausprägungen der S. nimmt dagegen die Spezialisierung zu. Verglichen mit den früheren Erwartungen ist als Manko zu beobachten, daß die Erklärungen in einem Spezialgebiet sich nur selten auf andere zu erklärende Sachverhalte übertragen lassen. Aber das ist ja in den Naturwissenschaften nicht anders, und auch dort ist das Versprechen einer wieder einmal einigenden Theorie, das vor Jahren noch Heisenberg mit einer Weltformel zu befriedigen versuchte, ein Versprechen geblieben. So teilen die empirisch vorgehenden S. das bisherige Schicksal der Naturwissenschaften. Die Kenntnis von einzelnen Erklärungsgegenständen nimmt beeindruckend zu, wobei aber fraglich wird, ob es hinter der Vielfalt der Bestimmungsgründe wirklich die ganz wenigen Bewegungskräfte gibt, die zu Beginn der Wissenschaft im modernen Sinn angenommen wurden.

Lit.: *Borgatta, E. F. u. M. L.* (Hg.): Encyclopedia of Sociology, New York, 4 Bd., 1992/93; *Lepenies, W.*: Die drei Kulturen, München 1985; *Schulze, G.*: Die Erlebnisgesellschaft, Frankfurt/ M. 1992; Social Sciences, in: Encyclopedia Britannica, Chicago 1964, Band 20; Social Science, in: Websters Ninth New Collegeate Dictionary, Springfield (Mass.) 1984, S. 1119; „Sozialwissenschaften" und „Soziologie", in: Brockhaus Enzyclopädie, Bd. 17, 17. A., Wiesbaden 1973; „Sozialwissenschaften", in: Handlexikon zur Politikwissenschaft, Bonn 1986; „Sozialwissenschaft", in: Handwörterbuch der Sozialwissenschaften, Bd. 9, Tübingen 1956; *Vanberg, V.*: Die zwei Soziologien, Tübingen 1975; *Weber, W.*: Wenn aber das Salz schal wird. Der Einfluß sozialwissenschaftlicher Weltbilder auf theologisches und kirchliches Sprechen und Handeln, Würzburg 1984.

Prof. Dr. Erwin K. Scheuch, Köln

Soziologie

Einzelwissenschaft innerhalb der → Sozialwissenschaften, die als Wissenschaft von der → Gesellschaft oder vom sozialen Handeln die Formen menschlichen Zusammenlebens und deren Einbettung in ihren sozialen Kontext untersucht. Die S. teilt sich wiederum in verschiedene Teildisziplinen auf, z.B. → Politische Soziologie, → Wahlsoziologie, Familiensoziologie.

Spätkapitalismus

Nicht eindeutig festgelegter Begriff, mit dem sowohl in der marxistischen Theorie (→ Marxismus) als auch (und v.a.) in der → Kritischen Theorie eine neue (dritte) Phase der Entwicklung des → Kapitalismus in westlichen Industrieländern bezeichnet wird. In Fortentwicklung des Konzeptes des → Monopolkapitalismus von Lenin werden dessen Analysen insofern erweitert, als zwar die grundlegenden Bewegungsgesetze und Widersprüche kapitalistischer Produktionsweise ihre Gültigkeit behalten, jedoch neue Erscheinungen kapitalistischer → Systeme berücksichtigt werden. Zu solchen neuen Erscheinungen zählen v.a.: hoher Entwicklungsstand der Produktionstechnologie; zunehmende internationale Konzentration mit Ausbreitung der multinationalen Konzerne und → Neokolonialismus gegenüber der → Dritten Welt; zunehmender → Staatsinterventionismus im Wirtschaftssektor zur Abschwächung ökonomischer und gesellschaftlicher Widersprüche (→ Sozialstaat). Mit dem Begriff S. wird impliziert, daß das Endstadium des Kapitalismus erreicht sei, dessen Widersprüche sich weiter zuspitzen und die allgemeine → Krise des ökonomischen und → politischen Systems bevorstehe.

Spannungsfall

Rechtlich schwer faßbare Vorstufe des → Verteidigungsfalles. Durch die → Notstandsverfassung in Art. 80a, 87a GG bezeichnete Situation, in der eine erhebliche - nicht jedoch schon unmittelbar drohende - Gefahr eines Angriffs auf das Bundesgebiet von außen besteht. Die Feststellung über den Eintritt des S. trifft der → Bundestag mit 2/3-Mehrheit. Die parlamentarische Feststellung des S. sollte es ermöglichen, in Zeiten zunehmender internationaler Spannungen bereits vor Eintritt des Verteidigungsfalles Notstandsmaßnahmen einzuleiten.

Spartakusbund/ Spartakisten

Nach dem Führer eines Sklavenaufstandes in der römischen → Republik benannte linke Abspaltung von der → SPD. 1916 als oppositionelle, radikal-marxistische Gruppe innerhalb der SPD gebildet, verließ sie 1917 unter Führung von Karl Liebknecht und Rosa Luxemburg die → Partei und schloß sich der (ebenfalls von der SPD abgespaltenen) Unabhängigen Sozialdemo-

kratischen Partei Deutschlands/ USPD an.
Um die Jahreswende 1918/19 gründeten die
Spartakisten mit anderen Linksradikalen die
→ KPD, der sich 1920 der linke USPD-
Flügel anschloß. Kurz nach dem Grün-
dungsparteitag kam es 1919 zum „Sparta-
kusaufstand", der von der → Reichsregierung Ebert mit Hilfe regulärer Reichs-
wehrtruppen und von Freikorpsverbänden
niedergeschlagen wurde; Liebknecht und
Luxemburg werden wenig später ermordet.

SPD
Abk. für → Sozialdemokratische Partei
Deutschlands

Sperrklausel
Zur Verhinderung einer zu großen Parteienzersplitterung durch die → Verhältniswahl
in den Wahlordnungen einiger → Staaten
vorgesehenes → Quorum, dessen Überspringen Voraussetzung ist für die Berücksichtigung bei der Mandatsverteilung. In
der Bundesrepublik werden (bei Bundes-
tags- und Landtagswahlen) nur die
→ Landeslisten der → Parteien berücksichtigt, die 5 % der abgegebenen → Zweitstimmen (bei Bundestagswahlen ersatzwei-
se 3 → Direktmandate) errungen haben
(sog. → Fünfprozentklausel). Bei der ersten
gesamtdeutschen Wahl am 2.12.1990 galt
die S. getrennt für das Gebiet der früheren
DDR und für das restliche Wahlgebiet.

Spiegel-Affäre
Als Reaktion auf den vom Nachrichtenma-
gazin „Der Spiegel" am 10.10.1962 veröffentlichten Bericht über das NATO-
Manöver „Fallex 62" (mit harscher Kritik
an der Bonner Verteidigungspolitik) wurden die Redaktionsräume von Polizisten
durchsucht (und besetzt), Herausgeber Rudolf Augstein und leitende Redakteure verhaftet. Die Begründung lautete auf publizistischen Landesverrat, landesverräterische
Betätigung und aktive Bestechung, denn die
→ Regierung Adenauer deklarierte das
Material über das NATO-Manöver als geheim. 1965 lehnte der → Bundesgerichtshof
die Eröffnung des Hauptverfahrens ab, da
er eine Geheimhaltungspflicht verwarf. Im
sog. „Spiegel"-Urteil vom 5.3.1966
(BVerfGE 20, 162ff.) hat das → Bundesver-

fassungsgericht u.a. festgestellt, daß die
allg. → Gesetze (zu denen auch Vorschriften über Landesverrat zählen) im Hinblick
auf das → Grundrecht der → Meinungsfreiheit einschränkend auszulegen sind. Bereits
1962 hatte der S., die als Verstoß gegen die
→ Pressefreiheit angesehen wurde, zu heftigen → Protesten in der → Öffentlichkeit
und seitens der → Opposition geführt sowie
eine Regierungskrise ausgelöst, in deren
Verlauf die FDP-Minister zurücktraten und
der damalige Verteidigungsminister Strauß
sein Regierungsamt aufgeben mußte.

Spieltheorie
engl. *game theory*, mathematisches Instrumentarium zur Analyse sozialer Interaktionen. Der Begriff S. leitet sich von Gesell-
schaftsspielen her, auf die sich die frühesten
Arbeiten der S. bezogen. Die Anwendung
der S. auf wirtschafts- und sozialwissenschaftliche Gegenstände wurde durch *von
Neumann/ Morgenstern* (1944) begründet.
Die S. verwendet wie die Entscheidungstheorie die Annahme individuell-rationalen
Verhaltens der Entscheider. Anders als die
Entscheidungstheorie befaßt sie sich aber
mit strategischen Entscheidungssituationen,
in denen das Ergebnis nicht nur von der eigenen Entscheidung und einer nicht beein-
flußbaren Umwelt abhängt, sondern auch
vom Verhalten rational handelnder Gegenspieler.

1. Grundkonzepte. Ein Spiel G wird allgemein beschrieben durch $G = (N,S,U,R)$.
Dabei ist $N = \{1,2,...,n\}$ die Menge der
Spieler. Jeder Spieler i verfügt über eine
Anzahl von Strategien s_i, die seine Strategienmenge S_i bilden. Der Strategienraum
$S = (S_1 \times ... \times S_n)$ bezeichnet die Menge aller
möglichen Strategienkombinationen. Jeder
Spieler entscheidet sich für ein Element
seiner Strategienmenge; die gespielte Strategienkombination führt zu einem Spielergebnis. Zu jeder Strategienkombination
es einen Nutzen- bzw. Auszahlungsvektor
$U = \{u_1, u_2,...,u_n\}$. I.d.R. werden kardinale
Nutzen (Erwartungsnutzen) zugrunde gelegt; häufig genügt jedoch auch eine ordi-
nale Darstellung. In R werden ggf. zusätzliche Spielregeln angegeben. Die *strategische, Matrix-* oder *Normalform* wird i.a. für

die Darstellung nicht-kooperativer statischer Spiele eingesetzt, die *extensive Form* für nicht-kooperative sequentielle Spiele, die *Koalitionsform* für kooperative Spiele. Ein spieltheoretisches *Lösungskonzept* ist eine Anweisung, welche Strategien rationale Spieler wählen sollten. Eine Lösung ist ein Gleichgewicht, von dem abzuweichen für keinen Spieler lohnt, also ein stabiler Zustand. Wichtig für die Klassifizierung und Lösung von Spielen sind die *Informationsstände*. Als gemeinsames Wissen *(common knowledge)* wird i.a. vorausgesetzt, daß alle Spieler die Regeln des Spiels kennen und wissen, daß alle Spieler sich rational verhalten und daß alle dies wissen, usw. *Unvollständige Information* liegt vor, wenn die Spieler nicht alle Informationen über die Zugmöglichkeiten und Auszahlungen der anderen haben. Bei einem Spiel mit *unvollkommener Information* sind die Spieler nicht über alle vorausgegangenen Züge informiert.

2. *Nicht-kooperative S.* Spiele, in denen zwei oder mehr Spieler simultan und unabhängig voneinander entscheiden, werden meist in Matrixform dargestellt. Nach der strategischen Struktur unterscheidet man Nullsummenspiele und Nicht-Nullsummenspiele. Beim *Nullsummenspiel* ist die Summe der Auszahlungen an alle Spieler für jedes Spielergebnis gleich Null. Nullsummenspiele und die strategisch äquivalenten Konstantsummenspiele sind strikt kompetitiv, die Spieler haben vollkommen entgegengesetzte → Interessen. Strategisch interessanter sind die potentiell kooperativen Nicht-Nullsummenspiele, bei denen die Spieler teils gleichgerichtete, teils entgegengesetzte Interessen haben *(mixed motive games)*. Für die → Sozialwissenschaft besonders relevant geworden ist das in Abb. 1 dargestellte Gefangenendilemma, durch das sich zahlreiche soziale Kooperationsprobleme abbilden lassen.

Abb. 1

Spieler 2

		s₂₁	s₂₂
Spieler 1	s₁₁	3,3	1,4
	s₁₂	4,1	2,2

In der Matrix sind die Auszahlungen der beiden Spieler für jede Strategienkombination angegeben, die Auszahlungen von Spieler 1 stehen links, die von Spieler 2 rechts. Die Lösung besteht in der Strategienkombination (s₁₂,s₂₂). Für Spieler 1 führt s₁₂ stets zu einer höheren Auszahlung, unabhängig davon, was Spieler 2 tut; s₁₂ ist für ihn eine dominante Strategie . Für Spieler 2 ist s₂₂ dominant. Man nennt deshalb (s₁₂,s₂₂) ein Gleichgewicht in dominanten Strategien. Dieses Gleichgewicht ist nicht pareto-optimal: Beide Spieler wären bei (s₁₁,s₂₁) besser gestellt. Das Dilemma der Spieler besteht darin, daß ihr individuell rationales Verhalten zu einem Spielausgang führt, der kollektiv nicht rational ist. Ohne die Möglichkeit, einen durchsetzbaren Vertrag abzuschließen, wird das kooperative Ergebnis nicht erreicht, da stets ein Anreiz besteht, von der kooperativen Strategie abzuweichen, um sich einseitig besser zu stellen (Defektionsproblem).

Das für die → Politikwissenschaft ebenfalls bedeutsame Battle of the sexes-Spiel (Abb. 2) gehört in die Klasse der Koordinationsspiele. Hier bevorzugen zwar beide Spieler eine Situation, in der sie sich koordinieren, also dieselbe Strategie spielen, gegenüber einer Situation der Nicht-Koordination. Sie sind sich jedoch nicht einig hinsichtlich der besten Lösung: Spieler 1 bevorzugt (s₁₁,s₂₁), Spieler 2 dagegen (s₁₂,s₂₂). Dieses Spiel hat keine eindeutige Lösung: Es besitzt zwei Nash-Gleichgewichte in reinen Strategien, (s₁₁,s₂₁) und (s₁₂,s₂₂).

Abb. 2

Spieler 2

		s₂₁	s₂₂
Spieler 1	s₁₁	2,1	0,0
	s₁₂	0,0	1,2

Das *Nash-Gleichgewicht* ist das allgemeinste Lösungskonzept für Matrixspiele. Jede Kombination von Strategien der Spieler, die gegenseitig beste Antworten sind, verwirklicht ein Nash-Gleichgewicht. Jedes Spiel mit einer endlichen Menge von Strategien hat mindestens ein Nash-Gleichgewicht in reinen oder randomisierten Strategien.

Auch einfache Spiele wie Battle of the sexes können jedoch mehrere Gleichgewichte haben. Die Koordination auf eines der beiden reinen Gleichgewichte gelingt im Battle of the sexes nur, wenn ein Spieler sich egoistisch, der andere sich altruistisch verhält. Das Spiel bildet nicht nur ein Koordinations-, sondern auch ein Verteilungsproblem ab. Wird das Koordinationsproblem durch Kommunikation beseitigt, kann ein Kooperationsgewinn erzielt werden, bezüglich seiner Aufteilung sind die Interessen der Spieler jedoch gegensätzlich. Diese Situation entspricht der bei Verhandlungen.

Hat ein Spiel eine sequentielle Struktur, ziehen die Spieler also nacheinander, wird es in der *extensiven Form* dargestellt. Ein Spielbaum gibt an, in welcher Reihenfolge die Spieler welche Züge zur Verfügung haben. Er besteht aus den Entscheidungsknoten für jeden Spieler, den Ästen, die die Knoten verbinden, den Endknoten mit den dazugehörigen Auszahlungen und enthält Angaben zum Informationsstand der Spieler (Abb. 3).

Abb. 3

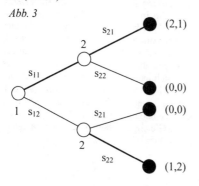

In Abb. 3 ist das Battle of the sexes-Spiel wiedergegeben, wobei aber jetzt angenommen wird, daß Spieler 1 seine Entscheidung zuerst treffen kann. Ein solches Spiel wird durch *Rückwärtsinduktion* gelöst. Man betrachtet zunächst den Spieler, der zuletzt am Zug ist und überlegt, welche Strategie er an jedem Entscheidungsknoten wählen würde. In diesem Spiel ist (s_{11},s_{21}) das einzige Gleichgewicht: Spieler 2 würde am oberen Knoten s_{21} wählen, am unteren Knoten s_{22}. Dies voraussehend, entscheidet sich Spieler 1 für s_{11} und kann sich damit den größeren

Anteil am Kooperationsgewinn sichern. Die Regel, daß Spieler 1 zuerst ziehen darf, bevorzugt ihn.

In langfristigen sozialen Beziehungen wird häufig dasselbe Spiel immer wieder gespielt. Bei *wiederholten Spielen* stellt sich die Frage, ob die Aussicht auf die gemeinsame Zukunft und die Möglichkeit von Vergeltung und Versprechen die gegenwärtigen Handlungen beeinflussen kann. Strategisch ist zu unterscheiden nach endlich wiederholten Spielen und - im Zeithorizont der Spieler - *unendlich* wiederholten Spielen. Allgemein kann bei unendlich wiederholten Spielen eine unendlich große Zahl von Gleichgewichten realisiert werden. So gibt es beim Gefangenendilemma neben dem Ergebnis, daß kein Spieler je kooperiert, weitere Nash-Gleichgewichte. Unter bestimmten Bedingungen kann etwa *Tit-for-Tat* (beginne kooperativ und reagiere dann auf die Strategie des Gegenspielers jeweils mit derselben Strategie) eine Gleichgewichtsstrategie sein. In einer von *Axelrod* durchgeführten Computersimulation des unendlich wiederholten Gefangenendilemmas erwies sich Tit-for-Tat als die erfolgreichste Strategie. Bei *endlich* wiederholten Spielen unter vollständiger Information wird das Gleichgewicht des Stufenspiels immer wieder gespielt, falls das Stufenspiel genau ein Gleichgewicht hat. Beim Gefangenendilemma bleibt es bei der allseitigen Defektion.

3. Kooperative S. Während in der nichtkooperativen S. die Stabilität der Lösung endogen, durch die Anreize der Spieler, sichergestellt wird, ist Grundlage der kooperativen S. die Annahme, daß exogene Mechanismen existieren, die die Durchsetzbarkeit von Verträgen gewährleisten. Da diese Annahme unter strategischem Gesichtspunkt oft unangebracht ist, wird die nichtkooperative S. häufig als die kohärentere Fundierung spieltheoretischer Analyse betrachtet. Im Zwei-Personen-Spiel geht es um die Einigung auf eine Lösung des Spiels (Verhandlungsspiele), im n-Personen-Spiel um den Zusammenschluß mehrerer Spieler zu einer Gewinnkoalition (Koalitionsspiele). Dabei geht man davon aus, daß der Nutzen zwischen den Parteien übertragbar ist.

Bei den *Verhandlungsspielen* verhandeln zwei Spieler über einen teilbaren Gegenstand, einen „Kuchen". Wenn sich die beiden Spieler nicht einigen, erhält keiner etwas vom Kuchen. Gegenüber dem Status quo ist also ein Kooperationsgewinn möglich. Das Problem besteht in der Aufteilung dieses Kooperationsgewinns. Das bedeutendste Lösungskonzept für diese Art von Spielen ist die axiomatisch fundierte *Nash-Lösung*: Sie halbiert bei gleichem Verlauf der Nutzenfunktionen und gleicher Verhandlungsmacht der Spieler den Kooperationsgewinn. Die Nash-Lösung hat in jüngerer Zeit ihre nicht-kooperative Rechtfertigung erfahren, da strategische Verhandlungsmodelle unter bestimmten Bedingungen zur selben Lösung führen.

Bei kooperativen Spielen mit mehr als zwei Spielern wird die Koalitionsbildung untersucht: Eine → Koalition K ist eine Teilmenge der Menge der Spieler N. Sie ist *effektiv* für bestimmte Ergebnisse, wenn sie aufgrund der Spielregeln in der Lage ist, diese Ergebnisse durchzusetzen. Ein Koalitionsspiel wird beschrieben durch die *charakteristische Funktion*: Diese weist jeder möglichen Koalition K eines Spiels einen Wert v(K) zu, der die Auszahlung angibt, die K sich im ungünstigsten Fall maximal sichern kann. Lösungskonzepte für Koalitionsspiele wählen entweder Werte oder eine Menge von Auszahlungsvektoren aus, für die bestimmte Rationalitätsbedingungen erfüllt sind. Der prominenteste Mengenansatz ist der *Kern*. Er enthält alle Koalitionen, die von keiner anderen Koalition blockiert werden können. Er kann ein oder mehrere Elemente enthalten oder –in vielen Fällen- leer sein. Beispielsweise hat ein Abstimmungsspiel von drei Personen über die Aufteilung eines Geldbetrags einen leeren Kern: es gibt zyklische Mehrheiten. Wertansätze suchen nach einer eindeutigen Lösung des Spiels und ordnen ihr einen Wert zu. Bedeutendstes Konzept ist der *Shapley-Wert*, der den durchschnittlichen Wert eines neu hinzukommenden Spielers für eine Koalition angibt. Der auf dem Shapley-Wert fußende Shapley-Shubik-Machtindex ist ein Maß für die Abstimmungsstärke eines Mitglieds in einem Abstimmungsgremium mit Stimmengewich-

tung. Er mißt die Wahrscheinlichkeit, mit der ein Mitglied sich in der → Abstimmung durchsetzen kann.

4. Empirie/ Experimentelle S. Insbesondere ein Anwendungsfall des Gefangenendilemmas, die Bereitstellung öffentlicher Güter, ist vielfach empirisch, meist experimentell, getestet worden. Die Hauptfrage ist dabei: Wann kommt es zur Kooperation? Im Gegensatz zur Vorhersage der S. tritt in substantiellem Umfang Kooperation auf. Um die Frage nach den kooperationsbegünstigenden Umständen zu beantworten, sind eine ganze Reihe Einflußfaktoren getestet worden: Gruppengröße, Anonymität, Beobachtungs- und Sanktionsmöglichkeit, soziale → Normen, Vertrauen, Risikoverhalten, Kalkulationskapazität und Motivation der Individuen. Die Antworten sind bisher nicht eindeutig. Auch Experimente zu kooperativen und strategischen Verhandlungsmodellen sind in großem Umfang durchgeführt worden. Wiederum sind die Ergebnisse nur insofern eindeutig, als deutlich wird, daß die Subjekte nicht nur durch ihre Auszahlungen motiviert werden, sondern auch Gerechtigkeitserwägungen anstellen. So werden strategische Verhandlungsmodelle, die deutliche Ungleichverteilungen des Kooperationsgewinns vorhersagen, nicht bestätigt. Im Gegensatz zur Theorie, aber in Übereinstimmung mit Feldbeobachtungen kommt es im Experiment häufig zur Nicht-Einigung (für einen Überblick *Kagel/ Roth* 1994).

5. Anwendung in der → Politikwissenschaft. Das begriffliche Instrumentarium der S. (Spieler, Präferenzen, Spielregeln) findet in den politikwissenschaftlichen Traditionen des Akteursansatzes, der Interessen- und der Institutionenanalyse seine Entsprechung. Der formale Apparat erlaubt die präzise Formulierung von Theorien und empirisch prüfbaren Hypothesen. Die S. bietet ein beträchtliches Potential zur Erklärung politischer → Institutionen und Prozesse, Anwendungen sind inzwischen breit gestreut. So werden Matrixspiele zur Modellierung bestimmter strategischer Konstellationen heute in allen Teilgebieten der Politikwissenschaft eingesetzt. Beispiele sind die Analyse der Reformneigung von

→ Regierungs- und → Oppositionspartei, der politischen Logik großer technologischer Projekte oder der Frage der Harmonisierung von Standards in internationalen Märkten. Besonders im Bereich der → Internationalen Beziehungen hat die S. eine lange Geschichte, die mit der Analyse militärischer Abschreckung begann, sich heute aber vorwiegend mit der Möglichkeit internationaler Kooperation unter Abwesenheit eines Hegemons beschäftigt. Die nicht-kooperative S. wurde außerdem zur Analyse des politischen Wettbewerbs, von strategischem Verhalten in → Wahlen und Abstimmungen und von formalisierten politischen Verfahren wie Gesetzgebungsprozessen eingesetzt. Zur Modellierung von Koalitionsbildung und Entscheidungen in → Parlamenten und Mehrkammersystemen werden bevorzugt die der kooperativen Theorie zuzurechnenden *räumlichen Modelle* eingesetzt. Schließlich wurden Verhandlungen zwischen politischen und wirtschaftlichen Akteuren aller Art modelliert. Ein jüngeres Anwendungsgebiet sind Mehrebenenspiele (*two-level games, nested games*), die die Verflechtung mehrerer politischer Ebenen erfassen.

Lit.: Axelrod, R.: The Evolution of Cooperation, New York 1984; *Holler, M. J./ Illing, G.*: Einführung in die Spieltheorie, Bln. u.a. 1992; *Morrow, J. D.*: Game Theory for Political Scientists, Princeton 1994, New Jersey; *Neumann, J.v./ Morgenstern, O.*: Theory of Games and Economic Behaviour, Princeton 1944 (dt. Würzburg 1961); *Ordeshook, P. C.*: A Political Theory Primer, New York 1992; *Rieck, Chr.*: Spieltheorie. Einführung für Wirtschafts- und Sozialwissenschaftler, Wiesbaden 1993; *Shubik, M.*: Game Theory in the Social Sciences, Cambridge, Mass. 1982.

Dr. Katharina Holzinger, Bonn

Splitterparteien

Nicht-etablierte Kleinparteien, die aufgrund ihrer geringen Anzahl an Mitgliedern und Wählern eine nur marginale Rolle im politischen Prozeß spielen. Seit Bestehen der Bundesrepublik Deutschland haben sich über 150 → Parteien um → Mandate in → Bundes- oder → Landtagen beworben.

Entstehung und v.a. Persistenz von S. wird durch → Verhältniswahl begünstigt, durch → relative Mehrheitswahl am meisten erschwert; nach der Parteienzersplitterung in der → Weimarer Republik und ihren so wahrgenommenen Auswirkungen auf → Regierungsbildung sowie -stabilität wurde ihr parlamentarisches Wirksamwerden in der Bundesrepublik insbes. durch die → Fünfprozentklausel erschwert (1961-80 verfügten nur → CDU, → CSU, → SPD und → FDP über Bundestagsmandate). Unter den Begriff S. fallen nicht Parteien mit zumindest regionalem Schwerpunkt und regionaler politischer Bedeutung.

Splitting

1. Bei Wahlverfahren mit 2 Stimmen (→ Zweistimmensystem) vorhandene Möglichkeit, → Erststimme und → Zweitstimme bei → Wahlen für ein Repräsentativorgan auf unterschiedliche → Parteien bzw. Kandidaten zu verteilen. Die in der Bundesrepublik bei Bundestagswahlen und teilweise bei Wahlen auf anderen Ebenen praktizierte → personalisierte Verhältniswahl erlaubt dem Wähler, die für das Wahlergebnis einer Partei ausschlaggebende Zweitstimme für eine → Landesliste und die Erststimme für den → Wahlkreisabgeordneten auf unterschiedliche Parteien zu verteilen.

2. In den USA bezeichnet der Begriff S. die Möglichkeit des Wählers, bei verschiedenen gleichzeitig stattfindenden Wahlen zu exekutiven und legislativen → Ämtern Direktkandidaten verschiedener Parteien (mit → relativer Mehrheitswahl) zu wählen. Diese „split-ticket voting" genannte Aufteilung von Parteipräferenzen steht dem „straight-ticket voting" gegenüber, in dem der Wähler einer Partei bzw. deren Kandidaten für alle Wahlämter seine Stimme(n) gibt.

spoils system

Engl. für „Beutesystem"; Bezeichnung für das System der → Ämterpatronage in den USA (s.a. → Patronagepartei). Inhaber von Wahlämtern verfügen über die Möglichkeit, in ihrem Interessen- bzw. Aufgabenbereich liegende Verwaltungsämter nach Gutdünken zu vergeben. Dies galt insbesondere für Gegenden, in denen eine → Parteimaschine dominierte. Verwaltungspositionen dienten

...Versorgungspfründe für treue Anhänger. ...grund ist die in den USA traditionell ...Aversion gegen einen starken ...welche die Einrichtung eines → Berufsbeamtentums lange Zeit hemmte. Unfähigkeit der Begünstigten, Korruption und steigende Anforderungen an die → Verwaltung führten ab 1883 zu Einschränkungen des s. und seiner zunehmenden Ersetzung durch Karrierebeamte (Civil Service System). V.a. in den höheren Verwaltungspositionen wird das s. aber heute noch praktiziert.

SS

Abk. für *Schutz*staffel; paramilitärische Eliteformation des NS-Staates. Ursprünglich als Leibwache Adolf Hitlers eine kleine Einheit innerhalb der → SA, wurde sie von ihrem Chef Heinrich Himmler bereits vor der Machtergreifung (1933) zur parteiinternen Polizeitruppe ausgebaut. An der Niederschlagung des sog. Röhm-Putsches und der Liquidierung der SA-Führung war die SS maßgeblich beteiligt. Nach der Entmachtung der SA wurde die SS eine selbständige Organisation der → NSDAP, die Hitler direkt unterstand. Als „Reichsführer SS" vereinigte Himmler seit 1936 sämtliche ordnungs- und sicherheitspolitische → Gewalt in seiner Person. Die allg. SS übernahm die Verfolgung und Verbringung interner Gegner in KZs, ferner die Deportation, Versklavung und Vernichtung der Juden sowie sog. fremdvölkischer Bevölkerungsgruppen. Als kämpfende Truppe waren Verbände der Waffen-SS nach Kriegsausbruch neben der regulären Wehrmacht im Einsatz. Der SS oblag ab 1941 auch die KZ-Lagerbewachung.

SSW

Abk. für → *Süd*schleswigscher *W*ählerverband

Staat

„Staat" (S.) ist in Deutschland noch immer ein zentraler Begriff der → Politik. S. steht in Spannung oder Verbindung mit → Gesellschaft, → Herrschaft, → Macht, → Gewalt, → Recht, → Institutionen, Organisationen und scheint diese als Begriff zu umgreifen oder sogar zu übergreifen. Der Begriff S. findet eine universale Verwendung. Ein Blick in das „Universal-Wörterbuch der deutschen Sprache" (Duden) aus dem Jahre 1988 verzeichnet über 100 Wortverbindungen, die mit S. beginnen: von der S.-affäre über den Staatsratsvorsitzenden bis zum → Wohlfahrtsstaat. Wir kennen heute den Begriff S. in den verschiedensten Kombinationen mit Substantiven und Attributen. Man spricht vom → Rechtsstaat, Gesetzgebungsstaat, → Sozialstaat und → Justizstaat. Soziobiologen bemühen den Ausdruck Ameisenstaat und Theologen sogar Gottesstaat. Man stellt den demokratischen und den totalitären S. gegenüber. Es gibt S.-apparate, S.-organe, S.-gewalt und angeblich sogar ein S.-bewußtsein. Man verlangt, daß „der" S. etwas tut oder unterläßt, meistens aber eingreifen oder subventionieren soll.

Aber erst im Verlaufe des 19. Jh. wurde S. vornehmlich in Deutschland zum Dreh-, Angel- und Mittelpunkt des Politischen. Dies geschah in Wissenschaft und Forschung. → Politische Wissenschaft wurde am Ende des 18. Jh. durch die verschiedenen Lehren vom S. ersetzt. So betrieb man und betreibt teilweise noch heute statt Verfassungsrecht → Staatsrecht, statt → Politische Theorie Staatstheorie und statt → Politischer Philosophie Staatsphilosophie. Erst nach 1945 wurde die Politische Wissenschaft restituiert. Noch Max Weber nahm den Begriff des S. zur Hilfe, um → Politik zu erklären. In der berühmten Schrift „Vom Beruf des Politikers" will er unter Politik „die Leitung oder die Beeinflussung der Leitung eines politischen Verbandes, heute also: eines Staates" verstehen. Politik, so fährt er einige Sätze später fort, „würde für uns also heißen: Streben nach Macht oder nach Beeinflussung der Machtverteilung, sei es zwischen Staaten, sei es innerhalb eines Staates zwischen den Menschengruppen, die er umschließt".

In den verschiedensten Zweigen der Wissenschaften - vornehmlich aber in der Allgemeinen → Staatslehre und dem Staatsrecht, aber auch in den historischen Wissenschaften und der Philosophie - erforschte man das Wesen, die Entwicklung, den Zweck oder die Form des S. Am deutlichsten kommt dies dadurch zum Ausdruck, daß der Begriff S. als nomen actiones gebraucht wird. Kaum eine Verwendung des Begriffes S. oder kaum eine Aussage über S. kommt ohne Formulierungen aus, wonach „der S." handelt oder sogar denkt. Ist dies allein schon zweifelhaft, so muß darüber hinaus bedacht werden, daß der Terminus S. sich auf vier voneinander verschiedene Sachverhalte bezieht. Vier Varianten des Begriffes lassen sich feststellen:

1. Der *enge, institutionelle S.-begriff.* Nach dieser Verwendung bezeichnet der Begriff S. die → Regierung oder die exekutive Gewalt (Organisationen, Apparat, → Verwaltung).

2. Der *weite, institutionelle S.-begriff.* Danach versteht man unter S. die Gesamtheit und Einheit aller Organisationen, Institutionen und → Behörden der Gesellschaft. → Legislative, exekutive und judikative Gewalt werden als einheitliches Gebilde begriffen. Diese Begriffsbedeutung ist wohl in der Umgangssprache (vgl. Duden, Universal-Wörterbuch der Deutschen Sprache, 1988) vorherrschend. Diese Wortbedeutung ist auch der Ausgang der Beurteilung bzw. der Kritik des S. innerhalb des → Marxismus-Leninismus („Instrument der herrschenden → Klasse").

3. Der *gesellschaftliche S.-begriff.* Genus proximum dieses Begriffes ist die Gesamtgesellschaft im Gegensatz zu Familien, Gruppen, → Vereinen, → Parteien und der verschiedensten Vereinigungen des bürgerlichen und öffentlichen Rechts. Institutionen, Organisationen und Verwaltungsapparate sind innerhalb dieses Begriffes nur Organe von S. In den Übersetzungen von Hobbes oder Rousseau wird S. in diesem Sinn gebraucht. Auch wenn Kant oder Hegel den Begriff S. verwenden, bezieht sich dieser Begriff auf die dann jeweils näher bestimmte Verbindung von Menschen. Ganz herrschend ist dieser Begriff von S. in der deutschen Staatslehre und dem Staatsrecht als Disziplinen der Rechtswissenschaften. Noch im „Staatslexikon" aus dem Jahre 1962 heißt es, diese Tradition zutreffend zusammenfassend:

„Juristisch bedeutet demgemäß Staat die auf Dauer angelegte Verbindung der Menschen eines bestimmten Gebietes zu einer Einheit unter einer ursprünglichen d.h. von keiner irdischen Macht geleiteten, umfassenden Herrschaftsgewalt zur Verwirklichung von Gemeinschaftszwecken. Da diese Einheit im Rechtsleben handelt und mit Rechten und Pflichten ausgestattet ist, besitzt der S. Rechtspersönlichkeit."

4. Der *universale S.-begriff.* Nach diesem Verständnis ist S. nicht die Vereinigung von Menschen innerhalb eines bestimmten Gebietes, sondern S. ist ein Gebilde - wie z.B. die Bundesrepublik Deutschland - in welchem → Volk, Raum und Herrschaftsgewalt in einem „Wesen" zusammenfallen. Die Vereinigung von Menschen, die Existenz einer höchsten unabhängigen Gewalt und das Gebiet sind Elemente dieses Gesamtgebildes.

S. ist nie allein identisch mit → „Regierung", → „Exekutive", „Verwaltung", „Gewalt", „Macht", „Recht" oder „Gesellschaft". Er kann zwar die inhaltliche Bedeutung dieser eben angeführten Begriffe mitenthalten, geht aber immer gleichzeitig über sie hinaus. Ein mit S. designiertes „Etwas", das nicht gleichzusetzen ist mit der Gesellschaft, dem Volk oder der → Nation, besitzt „ursprüngliche Herrschaft" (→ Souveränität, Primat gegenüber anderen → Verbänden).

Gemeinhin gilt die Souveränität und Einheit von S. respektive des S. Das betrifft vornehmlich die beiden letzten S.-begriffe. Sowohl die unterschiedlichen Begriffsinhalte als auch die Merkmale Souveränität und Einheit lassen die Schwierigkeit jeglicher exakten umgangssprachlichen oder wissenschaftlichen Rede über S. erkennen. Ob → polis, res publica, populus regnum, civitas oder Reich in Antike und Mittelalter jeweils mit dem Begriff S. adäquat übersetzt werden können, erscheint äußerst zweifelhaft. Dies gilt auch für Hugo Grotius, Samuel Pufendorf und Thomas Hobbes. Bei Grotius und Pufendorf z.B. geht es darum, daß „civitas" oder „populus" zu einem „corpus morale" vereint werden. Im berühmten 17. Kapitel des → Leviathan entsteht nach Hobbes durch den Vertrag aller zweierlei: erstens die Übertragung der höchsten Gewalt an einen Fürsten oder eine Versammlung, zweitens die Vereinigung des Volkes bzw. aller Mitglieder der Gesellschaft zu einer Willenseinheit. Durch den → Gesellschaftsvertrag vereinigt sich das Volk zu „una persona", „persona civiles" oder „persona civitatis". Hobbes „Staatsphilosophie" mündet mithin genauer gesagt in eine bestimmte Theorie von Gesellschaft und Herrschaft. Auch bei Kant ist der allgemeine Begriff der Gesellschaft das genus proximum des S.: „Ein Staat (civitas) ist die Vereinigung einer Menge von Menschen unter Rechtsgesetzen" (Methaphysik der Sitten, § 4,5). Ebenso bezieht sich bei Hegel der Begriff des S. auf gesellschaftliche Vereinigungen. In dem dritten Teil der Rechtsphilosophie sind Familie, → bürgerliche Gesellschaft und S. jeweils gesellschaftliche Vereinigungen mit verschiedenen Qualitäten. Im Gegensatz zur bürgerlichen Gesellschaft (Entzweiung, Entfremdung) entwirft Hegel - gemäß der → Dialektik des objektiven Geistes - eine Form der Gesellschaft, die die Qualität der Freiheit, Einheit oder sittlichen Substanz hat und S. heißt.

Die in der deutschen Staatslehre und dem deutschen Staatsrecht herrschend gewordene Konzeption von S. des staatsrechtlichen → Positivismus wurde aber nicht in der bewußten Anlehnung an die Philosophie Hegels entwickelt. Der staatsrechtliche Positivismus ging vielmehr aus der „Historischen Rechtsschule" hervor, wobei hier der Rekurs auf Schelling zu diskutieren wäre. Auch in den für die Rechtserzeugung und Rechtsauslegung maßgebenden Teilgebieten der Rechtswissenschaften wird mit S. etwas bezeichnet, was unter den Begriff der Gesellschaft im weitesten Sinne fällt: menschlicher Verband, menschliche Vereinigung, menschliche → Gemeinschaft. Dies ist bei Carl Friedrich von Gerber, Georg Jellinek, Otto von Gierke, Hans Kelsen, Rudolf Smend, Hermann Heller bis zu den Vertretern des S.-rechts respektive der Staatslehre nach 1945 (H. Krüger, E. Stein, R. Zippelius, P. Badura, R. Herzog) der Fall. Die differen-

tia specifica ist dann jeweils: Rechtsperson (Gerber, Jellinek, Maunz), reale Verbandspersönlichkeit (von Gierke), Einheitsgefüge (Smend), Wirkungseinheit (Heller) oder organisierte Gesellschaft (Herzog) respektive Rechtsordnung (Kelsen). S. ist mithin in der für die Auslegung der → Verfassungen und → Gesetze maßgebenden Disziplinen der Rechtswissenschaft eine besondere Form von Gesellschaft.

Die S.-lehre gehört daher, wie schon Kelsen in den 20er Jahren treffend bemerkte, zu den „besonderen Gesellschaftswissenschaften" (Allgemeine Staatslehre, S. 16). Mit dem staatsrechtlichen Positivismus (Gerber, Laband, Jellinek) wurde die Lehre von der Rechtspersönlichkeit (juristische Person, → Körperschaft des öffentlichen Rechts) allgemein herrschend. Entscheidend aber war, daß die Lehre von der Rechtspersönlichkeit des S. mit der Lehre von der Souveränität des S. verknüpft wurde. In der Lehre von der Souveränität des S., die zwischen 1867 und 1880 herrschend wurde, liegt ein Kompromiß zwischen der Souveränität des Volkes und der des Monarchen vor. Carl Friedrich von Gerber übertrug das Prinzip des Organismus auf das Volk als Gesamtgesellschaft und verstand S.recht als → „System". Das, was nach der Politischen Wissenschaft → Institutionen sind, wurde als Organ (Werkzeug) des S. aufgefaßt. Nach dem fünfbändigen Werk Paul Labands („Das Staatsrecht des Deutschen Reiches") sind „Monarch", → „Bundesrat", → „Reichstag", „Verwaltung" sowie → Behörden Organe des S.

In der in fast alle Weltsprachen übersetzten „Allgemeinen Staatslehre" von Georg Jellinek wird zwischen dem sozialen und dem juristischen S.begriff unterschieden. Nach der Definition des sozialen S.begriffs ist der S. „die mit ursprünglicher Herrschermacht ausgerüstete Verbandseinheit seßhafter Menschen" (S. 181). Im darauf bezogenen juristischen S.begriff wird der S. als „Rechtssubjekt" aufgefaßt; als mit „ursprünglicher Herrschermacht ausgerüstete Körperschaft eines seßhaften Volkes ... oder die mit ursprünglicher Herrschermacht ausgestattete Gebietskörperschaft" (S. 183). Die dogmatische Behandlung der souveränen Verbandseinheit namens S. als juristische Person und damit als handlungsfähiges Subjekt steht zwar einerseits im Gegensatz zum Begriff der bloßen Gesellschaft, der in der Dogmatik die Herrschaftsfähigkeit fehlt, enthält andererseits, worauf v. a. Horst Ehmke hinwies (Staat und Gesellschaft als verfassungstheoretisches Problem, in: Staatsverfassung und Kirchenordnung, Festgabe für R. Smend, 1962, S. 23), dasselbe Personal.

Der weite S.begriff, der auf die Gesamtgesellschaft bezogene S.begriff, gestattete zwar die Weiterverwendung dieses Begriffes in demokratischen Verfassungen. Aber nach Gerber, Laband und Jellinek lag die Konzentration der Macht beim Monarchen. Das ist selbst bei Georg Jellinek, obwohl liberaler Anhänger der → konstitutionellen Monarchie, der Fall. Nach Jellinek „muß einem Organ die oberste Entscheidungsgewalt zustehen", und diese Gewalt ist die Entscheidungsgewalt des Monarchen: „Der Monarch als solcher ist und bleibt in der heutigen Staatsverfassung oberstes Organ des Staates" (Jellinek, S. 561).

Monarch, Parlament, Verwaltung und sogar das Volk sind auch bei Jellinek „Organe des Staates". Als Folge der ursprünglichen Herrschermacht (Souveränität) werden die den S. bildenden Menschen als „Unterworfene des Staates" (S. 425) bewertet, Individuen und Verbände sind „Objekte der Staatsgewalt" und „näher besehen, beruht die ganze Staatsgewalt auf dem Gehorsam der Untertanen, all ihre Tätigkeit ist verwandelter Gehorsam" (S. 426).

Sowohl unter wissenschaftlichen als auch politischen Gesichtspunkten besteht das A und das O dieser Lehre vom S. in der Auffassung, daß die „Souveränität" das wesentliche Merkmal des S. oder der S.gewalt sei. „Souveränität" und „Einheit" von S. bedingen einander. Man könnte die „Souveränität" daher als „Seele" der deutschen S.lehre seit der Zeit des Wilhelminismus betrachten. Dies muß deshalb betont werden, weil innerhalb des Systems der deutschen S.lehre bzw. der deutschen S.rechtslehre der Leitgedanke der „Souveränität" mit dem des → Konstitutionalismus des 19. Jh. versöhnt werden mußte. Das Prinzip des Konstitutionalismus wiederum forderte die Notwendigkeit der rechtlichen Zurechnung und Berechnung öffentlichen Handelns. Souveränität, System, Organismus, Subjektivität des S. und Konstitutionalismus bilden diejenigen Komplexe, unter denen Institutionen, unter denen Herrschaft, unter denen Recht beschrieben und beurteilt wurde. Insofern man unter Souveränität unabhängige, nicht abgeleitete und höchste Herrschaft verstand, ist ausnahmsweise Carl Schmitt zuzustimmen: „Alle prägnanten Begriffe der modernen Staatslehre sind säkularisierte theologische Begriffe" (Politische Theologie, S. 25). Carl Schmitt wiederum, der den staatsrechtlichen Positivismus von Laband, Jellinek und Kelsen kritisierte sowie Führer und Volk über die juristische Subjektivität S. setzte, sieht in der Homogenität des S. dessen entscheidendes Merkmal.

Die Lehre von der Souveränität und Einheit von S. - bezeichnet man mit diesem Begriff die Gesamtheit der Institutionen oder den Verband von Menschen - unterliegt selbstverständlich der Kritik nach den verschiedensten theoretischen, analytischen, empirischen und ethischen Aspekten. Die Lehre von der Rechtspersönlichkeit (juristischen Person) des S. wiederum erscheint deshalb als notwendig, weil öffentliches Handeln einen gemeinsamen Zurechnungspunkt erfordert. Die Vorstellung von S. als handelndem und denkendem Ordnungszentrum des politischen Lebens widerspricht indes den → Normen des → Grundgesetzes der Bundesrepublik Deutschland. Die Lehre von der Souveränität und Einheit von S. ist allein schon nach Artikel 20 II GG nicht haltbar.

Selbstverständlich ist die Bundesrepublik ein Staat im Sinne des → Völkerrechts. Aber nach Artikel 20 II, Satz 1 GG geht „alle Staatsgewalt" vom „Volke aus"

Demnach kann S. im institutionellen Begriffsverständnis - als Regierung oder Gesamtheit aller Institutionen - nicht das Prädikat der Souveränität erhalten. Die Trennung und wechselseitige Ergänzung der legislativen, exekutiven und judikativen Gewalt gemäß Artikel 20 II, Satz 2 GG schließt das Begriffsverständnis vom S. im Sinne von Einheitsgefüge und insgesamt aller Institutionen aus. Die Bindung der sich wechselseitig ergänzenden legislativen, exekutiven und judikativen Gewalt gemäß Artikel 20 III GG, durch die die Gewalt des Volkes ausgeübt wird, an die obersten → Grundwerte der Verfassung schließt wiederum die Anwendung von der Lehre von der Souveränität - sei es die des menschlichen Verbandes, sei es die der Institutionen - überhaupt aus; was gebunden ist, ist abhängig, was abhängig ist, ist nicht souverän. Der Topos vom → „Gewaltmonopol des S." ist mithin viel zu diffus. Das Gewaltmonopol liegt beim Volk und wird durch die Organe der legislativen, exekutiven und judikativen Gewalt ausgeübt. Aber sowohl das Volk als auch die Organe des Volkes sind an die Grundwerte der Verfassung, vor allem an die Menschen- und Grundrechte, gebunden. Die Vorstellung von S. als handelndem Subjekt verzerrt nicht nur die Wirklichkeit politischer Prozesse, sondern ist auch im Hinblick auf die normative Kraft des → Grundgesetzes verfassungswidrig.

Lit.: Bärsch, C.-E.: Der Staatsbegriff in der neueren deutschen Staatslehre und seine theoretischen Implikationen, Berlin 1974; *Jellinek, G.:* Allgemeine Staatslehre, 3. A., Berlin 1929, 1. A. 1892; *Kelsen, H.:* Der soziologische und juristische Staatsbegriff. Kritische Untersuchungen des Verhältnisses des Völkerrechts, Tübingen 1928; hier zitiert nach dem Neudruck der 2. A., Aalen; *Weinacht, P. L.:* Staat. Studien zur Bedeutungsgeschichte des Wortes von den Anfängen bis ins 19. Jahrhundert, Berlin 1968; *Wilhelm, W.:* Zur juristischen Methodenlehre im 19. Jahrhundert. Die Herkunft der Methode Paul Labands aus der Privatrechtswissenschaft, Frankfurt 1958.

Prof. Dr. Claus-E. Bärsch, Duisburg

Staatenbund
⇒ Konföderation
Im Gegensatz zum → Bundesstaat (Föderation) ist der S. (Konföderation) eine lediglich völkerrechtliche Staatenverbindung ohne eigene → Staatsgewalt, bei der die Gliedstaaten ihre → Souveränität beibehalten (sofern sie nicht teilweise auf den S. übertragen ist). Nach innen und außen betreiben die Gliedstaaten weiterhin eine selbständige → Politik. Es gibt zwar gemeinsame Organe, die jedoch gegenüber den → Bürgern der einzelnen → Staaten keine unmittelbare Hoheitsgewalt ausüben. Sofern sie eine gemeinschaftliche Politik ausarbeiten, muß diese erst von den einzelnen Staaten in innerstaatliches Recht umgesetzt werden. In Realtypen von S. kann es hierbei jedoch zu partiellen Aufweichungen kommen.

Staatsableitung
Allg. Form- und Funktionsbestimmung des → Staates in der neomarxistischen Theoriediskussion. Ziel ist, aus der Theorie des → Marxismus eine → Staatstheorie zu entwickeln. „Abgeleitet" werden aus der Annahme, daß der Staat ein zentrales Instrument der Sicherung bzw. Steuerung der ökonomischen Reproduktion kapitalistischer Gesellschaftsordnungen ist, entsprechende systemerhaltende Staatsfunktionen. Kontrovers in der S.-Diskussion ist, inwieweit der Staat unmittelbar herrschaftssichernde Funktionen besitzt oder nur eine mittelbare Funktion der Setzung und Kontrolle von → Normen und → Gesetzen übernimmt.

Staatsangehörigkeit
Rechtliche Zugehörigkeit zu einem → Staat. Die S. steht nur natürlichen Personen zu. Erwerb und Verlust der S. regelt jeder Staat gemäß eigenem → Recht; mehrfache S. ist unter bestimmten Umständen möglich. S. wird erworben durch Abstammung von einem Staatsangehörigen, Geburt im Staatsgebiet oder durch → Einbürgerung. Die Bundesrepublik ging davon aus, daß auch nach Gründung der beiden deutschen (Teil-)Staaten eine einheitliche deutsche S. fortexistierte, mithin jedem DDR-Bürger

automatisch eignete. Die deutsche S. darf nicht entzogen werden.

Staatsanwaltschaft

Den Gerichten beigeordnete, staatliche Strafverfolgungsbehörde, die im Strafprozeß das Ermittlungsverfahren durchführt, die Anklage erhebt und sie vor Gericht vertritt. In die Zuständigkeit der S. fällt auch die Strafvollstreckung. Als Organ der Rechtspflege zu Objektivität verpflichtet, ist die S. im Rahmen ihrer Bindung an das Legalitätsprinzip zugleich weisungsgebundene Verwaltungsbehörde.

Staatsbank der DDR

Zentrales Organ des → Ministerrates der DDR für die einheitliche Leitung, Planung, Durchführung und Kontrolle der Geld- und Kreditpolitik. Als → Zentralbank der - bis Anfang 1990 noch gültigen - → Planwirtschaft hatte sie wesentlich weitreichendere Funktionen als die → Bundesbank; sie war auch für die gesamte Kreditversorgung der Volkswirtschaft zuständig (in der → Marktwirtschaft übernehmen dies die Geschäftsbanken) und besaß Weisungs- sowie Kontrollrechte gegenüber allen Kreditinstituten. Die S. war vollständig in die Planwirtschaft eingebunden und unterstand dem Finanzministerium, ihr → Präsident wurde vom Ministerrat ernannt (und gehörte ihm an). Im April 1990 stellte sich die DDR auf ein zweistufiges System mit Geschäftsbanken und der S. als unabhängiger Zentralbank um. Mit Beginn der → Währungsunion (1.7.1990) mit der Bundesrepublik gab die DDR die selbständige → Währungspolitik auf; die deutsche → Wiedervereinigung beendete die Existenz der S.

Staatsbetrieb

Alle zum → Staatssektor gehörenden Betriebe, d.h. landwirtschaftliche, handwerkliche, industrielle etc. Betriebe der öffentlichen Hand. In → Ländern der → Zentralverwaltungswirtschaft mach(t)en S. den weit überwiegenden Teil aller wirtschaftlichen Aktivitäten aus.

Staatsbürger

1. → Staatsangehörigkeit
2. Träger politischer Rechte (→ citoyen)

Staatsduma

Umgangssprachliche Kurzbez.: → Duma S. bzw. Reichsduma: Nach der → Revolution von 1905 geschaffene → Volksvertretung für Gesamt-Rußland. Vorläufer waren die Bojarenduma (12. Jh. - 1711) und die städtischen Dumas (seit 1785) der großen → Städte. Nach mehrmaliger Auflösung der ersten Staatsdumas amtierte die 4. S. bis zur Februarrevolution 1917. Mit der Auflösung der UdSSR (Ende 1991) wurden in den vormaligen Sowjetrepubliken die → Institutionen aus sowjetischer Zeit aufgelöst. In der Russischen Föderation mündete der Konflikt zwischen Präsident Jelzin und der (aus Nationalisten und Kommunisten bestehenden) Mehrheit des Volksdeputiertenkongresses (Bez. für die 1988 geschaffenen obersten Volksvertretungen der UdSSR und ihrer → Republiken) Anfang Oktober 1993 in einen gewaltsamen → Konflikt. Um künftig über ein Gegengewicht zu einer evtl. von seinen politischen Gegnern beherrschten, direkt gewählten Parlamentskammer zu verfügen, schuf Präsident Jelzin Ende 1993 eine aus 2 → Kammern bestehende Föderale Versammlung als russ. Parlament: Föderationsrat und S. Den Föderationsrat bilden je 2 Vertreter der 89 Republiken, → Regionen und Gebiete der Russ. Föderation. Die 450 → Abgeordneten der S. werden je zur Hälfte gemäß → Verhältniswahlrecht (über Parteilisten) gewählt, die → Sperrklausel beträgt 5 %; unabhängig davon (also anders als beim → personalisierten Verhältniswahlrecht in Deutschland) wird die andere Hälfte der Abgeordneten mit → relativer Mehrheitswahl in → Wahlkreisen direkt gewählt. 1993 wurde die 5. S. gewählt (die vorsowjetischen mitgezählt). Seit der 6. S. (1995) dauert die → Legislaturperiode 4 Jahre.

Staatsformenlehre

Typologien staatlicher Verfaßtheit. Die klassische S. unterscheidet nach der Zahl der Herrschenden → Monarchie, → Aristokratie und → Politie als positive Ausprägungen (→ Gemeinwohl) sowie (analog) → Tyrannis, → Oligarchie und → Ochlokratie als negative Ausprägungen (Eigennutz). Die moderne S. berücksichtigt eine Viel-

zahl von Faktoren, v.a. die Beteiligungsmöglichkeiten der → Bürger (→ Obrigkeitsstaat, → Volkssouveränität, → direkte Demokratie), Gemeinwohl vs. Eigennutz (Monarchie etc. vs. Tyrannis etc.), Staatsaufbau
(→ Einheitsstaat, → Bundesstaat) und Organisation der politischen Willensbildung
(→ Stände-, Verbände-, → Parteienstaat);
weitere Einteilungen sind Monarchie oder
→ Republik, → Diktatur oder → Demokratie. Die moderne S. geht damit zwar über
die formalen Entscheidungsmerkmale der
klassischen S. hinaus, erfaßt die strukturellen Eigenarten der unterschiedlichen Herr-
schaftstypen jedoch relativ undifferenziert.

Staatsgeheimnis

Tatsacheninformationen über den → Staat
bzw. das Verhalten seiner Organe und
Amtsträger, die im Hinblick auf den Bestand der → Verfassung sowie die Handlungsfähigkeit der Staatsorgane besonders
schutzwürdig und deshalb als S. zu qualifi-
zieren sind. In einer → Demokratie ist eine
solche Qualifizierung niemals der Selbstdefinition der → Exekutive überlassen; in
Konfliktfällen zwischen Staatsschutzinter-
esse und Informationsrecht der → Bürger
entscheiden letztlich die Gerichte.

Staatsgerichtshof

1. Außer Schleswig-Holstein verfügen alle
→ *Bundesländer* über Verfassungsgerichte
(→ Verfassungsgerichtsbarkeit), die entweder S. (Baden-Württemberg, Bremen, Hessen, Niedersachsen), → Verfassungsgerichtshof (Bayern, Berlin, Nordrhein-Westfalen, Rheinland-Pfalz, Saarland, Sachsen,
Thüringen) oder (Landes-) Verfassungsgericht (Brandenburg, Hamburg, Mecklenburg-Vorpommern, Sachsen-Anhalt) genannt werden. Der besondere Status von
Berlin hatte die Errichtung eines Landes-
verfassungsgerichtes vor 1990 verhindert;
für Schleswig-Holstein nimmt bislang das
→ Bundesverfassungsgericht die Funktion
eines S. wahr, doch bestehen Pläne zur Einrichtung eines landeseigenen S. Im Kompetenzbereich eines Bundeslandes erfüllt
der S. dieselben Funktionen wie das Bundesverfassungsgericht für den → Bund.

2. Vorläufer des Bundesverfassungsgerichts
in der → *Weimarer Republik*. Dem

→ Reichsgericht war ein → Senat als S. angegliedert, dessen 7 Mitglieder vom
→ Reichstag (4) und vom Reichsgericht (3)
gewählt wurden. Er war zuständig für
Streitigkeiten zwischen Reich und → Ländern, zwischen Ländern sowie für landes-
interne Verfassungskonflikte.

Staatsgewalt

→ öffentliche Gewalt
Als Rechtsinstitut ausgestattete Ausübung
des staatlichen → Gewaltmonopols. In
→ Demokratien geht sie vom → Volk aus
(→ Volkssouveränität), das sie jedoch nicht
unmittelbar ausübt, sondern vermittels der
→ Verfassung an verschiedene Organe der
staatlichen Willens- und Entscheidungsbildung delegiert. S. umfaßt die Rechtsmacht,
die notwendigen Mittel und Maßnahmen
zur Verwirklichung der Staatszwecke (im
Rahmen der rechtlichen Ordnung) zu schaffen und einzusetzen.

Staatshaftung

Haftung des → Staates für Nachteile oder
Schäden, die den → Bürgern durch das
(Nicht-)Handeln von Staatsbediensteten
entstehen.

Staatshilfe

In der Auseinandersetzung mit Karl Marx
(→ Marxismus) von Ferdinand Lassalle
formulierte Position über die Rolle des
→ Staates bei der Besserung der Lage der
Arbeiter. Im Unterschied zu Marx wurde
der Staat nicht ausschließlich als Unter-
drückungsinstrument der herrschenden
→ Klasse angesehen, sondern als grundsätzlich entwicklungsfähig in Richtung eines sozialen Staates, zugunsten der materiellen und sittlichen Hebung der Lage der
Arbeiterschaft. Hierzu bedurfte es der Organisierung der Arbeiter in einer selbständigen → Arbeiterpartei; insoweit ist das
Konzept der S. auch politische Handlungs-
anleitung für die unmittelbaren Adressaten
von S.

Staatsinterventionismus

Administrative Eingriffe des → Staates in
die grundlegenden Abläufe und Strukturen
der Wirtschaft eines → Landes, die auf einer entsprechenden wirtschaftspolitischen

Grundhaltung beruhen. Die Eingriffe sind nicht so umfassend wie in dirigistischen → Systemen (→ Zentralverwaltungswirtschaft). Die Bandbreite des S. reicht von der Beschränkung auf die Ausgestaltung des rechtlichen Rahmens der → Marktwirtschaft zur Sicherung des Wettbewerbs (→ Ordnungspolitik) bis hin zu Eingriffen in den Wirtschaftsprozeß selbst. In der Bundesrepublik können → Bundesregierung und → Bundesbank Akteure der Intervention sein. Der Begriff S. wurde in den letzten Jahrzehnten zunehmend gleichgesetzt mit einer Zunahme direkter staatlicher Eingriffe in den Wirtschaftsprozeß (→ Sozialstaat, → Stabilitätsgesetz) auch in marktwirtschaftlichen Systemen, die wirtschafts- oder gesellschaftspolitisch unerwünschte Ergebnisse der Marktwirtschaft kompensieren sollen (→ soziale Marktwirtschaft). Die Akzeptanz von S. in der → Öffentlichkeit kann je nach Land und Zeitverlauf unterschiedlich ausgeprägt sein; sie unterliegt politischen Konjunkturzyklen, die auch aus der wechselnden Beurteilung über die Effizienz staatlichen Handelns (→ Staatsversagen) entstehen können.

Staatskanzlei

In den → Stadtstaaten: Senatskanzlei; Dienststelle des Regierungschefs der → Bundesländer (in den Flächenstaaten der → Ministerpräsident), analog zum → Bundeskanzleramt. Ursprünglich - z.B. im Königreich Bayern - Bez. für das Außenministerium, zuständig sowohl für die Beziehungen zu den anderen Gliedstaaten des → Deutschen Reiches als auch zu auswärtigen → Staaten.

Staatskirche

Durch → Verfassung oder andere Rechtssätze abgesicherte Vorrangstellung einer Religion oder Konfession. Kennzeichen der S. ist eine auch personell enge Verflechtung von Kirche und → Staat (vgl. Church of England). Heute läßt sich zumindest in christlichen → Ländern mit staatskirchlicher Tradition eine nahezu vollständige Verselbständigung staatlicher wie kirchlicher → Institutionen und Sphären beobachten; als Ergebnis dieses Säkularisierungsprozesses genießen vordem unterprivilegierte Religionen/ Konfessionen in der Realität weitgehend gleiche Rechte.

Staatslehre

Als (akademische) Lehre von den „Staatsnotwendigkeiten", die entweder in der Tradition staatsbezogener → politischer Ethik als „wohlverstandene Staatszwecke" oder - in der Denkschule machiavellistischer Pragmatik - als → „Staatsraison" verstanden wurde, geistige Vorläuferin der modernen Wissenschaft von der → Politik (→ Politikwissenschaft). Ursprünglich vereinte die S. rechtssystematische Lehrsätze der Verwaltungslehre bzw. Polizeiwissenschaft (→ Polizey) mit Fragen der „Ökonomik" und der Organisation des → öffentlichen (politischen) Sektors. Auch auf dem Gebiet der S. hat die deutsche Tradition einen Sonderweg eingeschlagen: „Anders als die westliche Staatsraison- und Naturrechtslehre denkt die ältere deutsche Staatslehre in hohem Maße aus dem Staat heraus; der Staat ist ihr vorgegebene, undiskutierte Ordnungsform. Die ältere deutsche Staatslehre ist daher ... weniger Staatslehre als Staatsverwaltungslehre gewesen." (Hans Maier). In Fortführung dieses Traditionsstranges formte sich S. in Deutschland im 19. Jh. als Lehre des formalen → Rechtsstaates aus. S. galt demzufolge als vornehmlich juristische Disziplin, welche den → Staat als Normensystem definierte. Erst in der jüngeren Auseinandersetzung mit diesem Ansatz der S. als „reiner Rechtslehre" wurden, neben der formalen Rechtsnatur vom Staat, auch dessen soziologische wie politiksystematische Erscheinungsformen wieder stärker akzentuiert.

Staatsminister

1. Offiz. Bez. für die → Minister der (→ *Landes-* bzw.) → *Staatsregierungen* in den Freistaaten Bayern und Sachsen. Bei den anderen deutschen Flächenstaaten wird diese Bez. z.T. als protokollarischer Titel zur Unterscheidung mit den Bundesministern verwandt; in den → Stadtstaaten Berlin, Bremen und Hamburg tragen die Landesminister die Bez. → Senator.

2. Bez. für die → *parlamentarischen Staatssekretäre* im → Bundeskanzleramt (seit Ende 1998 müssen diese nicht mehr Bundes-

tagsabgeordnete sein) und im → Auswärtigen Amt; diese Titulatur erfolgt aus protokollarischen Gründen (Vertretung der Bundesrepublik gegenüber anderen → Staaten). Sie stehen mit den → Bundesministern nicht auf einer verfassungsrechtlichen Stufe, sondern sind ihnen zu- bzw. untergeordnet.
3. In vergleichbarer Stellung (s. Pkt. 2) amtieren S. in *Großbritannien* und in einigen anderen Staaten.
4. In *Schweden* und *Luxemburg* trägt der Regierungschef die Amtsbez. S.

staatsmonopolistischer Kapitalismus (Stamokap)

In den 60er Jahren entwickelte Theorie marxistischer Provenienz zur Erklärung des → Spätkapitalismus in westlichen Industrieländern. Der s. bildet demnach die Phase zwischen dem → Monopolkapitalismus und Imperialismus (→ Imperialismustheorien) auf der einen und dem Übergang zum → Sozialismus auf der anderen Seite; diese Theorie wurde entwickelt, da der lang erwartete Zusammenbruch des → Kapitalismus ausblieb. Angesichts der Widersprüche des Kapitalismus könnten nur noch Staatseingriffe die Krisentendenz glätten, das Monopolkapital könne seine → Herrschaft und seine Profite nur durch die Verschmelzung von Ökonomie und → Politik sichern. Der → Staat griffe nicht nur im Innern, sondern auch außenpolitisch zugunsten der großen Monopole in den Marktprozeß ein, seine Rüstungs- und Kriegsplanungen stünden im Dienst der Macht- und Profitinteressen des Monopolkapitals. In begrenztem Maße erfolge eine Lenkung der Produktion und eine Reduzierung von Überproduktion. Das Monopolkapital nähme zwar Einfluß auf den Staatsapparat, verliere aber zunehmend seine ökonomische Funktion, da seine privaten Dispositonsbefugnisse durch die staatlichen Eingriffe überflüssig würden. Aus dem Wirtschafts- und Gesellschaftssystem entstünde ein einziges staatsmonopolistisches Unternehmen, das die Profite der Monopole sichere. Sozialpolitische Maßnahmen könnten eine Verschärfung der allgemeinen Widersprüche nicht verhindern, allenfalls

könnten sie den endgültigen Niedergang des Kapitalismus hinausschieben.

Staatsnotstand
→ Notstandverfassung

Staatsoberhaupt
Ursprünglich Bez. für den Monarchen (→ Monarchie) als alleinigen Souverän und Inhaber der → Staatsgewalt (→ Absolutismus). Heute in einem allg. Sinne als oberste Repräsentant des → Staates; in dieser Funktion verkörpert er die Einheit des Staates und des Staatsvolkes nach innen wie auch völkerrechtlich nach außen. Die Funktionen von S. und Regierungschef (→ Regierung) sind lediglich beim → präsidentiellen Regierungssystem miteinander verschmolzen. Das S. als Spitze des Staates kann personal dargestellt werden durch einen Monarchen, einen → Präsidenten oder die Kollektivkörperschaft des → Staatsrates.

Staatspartei
Bez. für die → Einheitspartei in einem → Einparteiensystem, die an die verfassungsrechtliche Stellung dieser → Partei anknüpft. Die S. monopolisiert entweder die politischen → Institutionen und die Entscheidungsprozesse des → Staates oder tritt sogar an die Stelle staatlicher Instanzen. → Demokratie (im westlich-liberalen Verständnis) und S. lassen sich daher nicht vereinbaren, da es weder Parteienkonkurrenz noch (freie) politische Willensbildung gibt.

Von S., Einheitspartei und Einparteiensystem kann auch dann gesprochen werden, wenn es in dem Land noch andere Parteien gibt, die aber verfassungsrechtlich oder machtpolitisch keine eigenständige Rolle spielen dürfen (→ Blockparteien, → Volksdemokratie). Die → Verfassungen der ehem. Ostblockländer hatten in der Präambel oder in einem gesonderten Artikel die führende Rolle der Kommunistischen Partei in Staat und → Gesellschaft ausdrücklich festgeschrieben, sie als S. damit verfassungsrechtlich institutionalisiert.

Staatspräsident
⇒ Präsident

Staatsquote

Anteil des öffentlichen Sektors (→ Staatssektor) am Bruttosozialprodukt. → Staatstätigkeit bzw. S. weisen in allen westlichen Industrieländern in den letzten 100 Jahren eine steigende Tendenz auf, ihr Anteil am Bruttosozialprodukt hat sich - v.a. im Zuge des Aufbaus und Ausbaus des → Sozialstaates - vervielfacht. Problematisch bei der Berechnung der S. ist die Abgrenzung des öffentlichen Sektors. Ein weiteres Problem ergibt sich daraus, daß die Höhe der S. zwar einen wichtigen Indikator für die Staatstätigkeit darstellt, die Struktur der öffentlichen Ausgaben aber unterschiedliche Inhalte der Staatstätigkeit umfaßt (z.B. Verteidigungsausgaben vs. Sozialausgaben). Je nachdem, ob politische Ziele durch Subventionen oder durch Steuererleichterungen realisiert werden sollen, gehen sie in die S. ein oder nicht. Staatliche Aufgabenerfüllung und staatliche Ausgaben entwickeln sich nicht parallel, die S. eignet sich daher nur bedingt als Maßstab für die Staatstätigkeit.

Staatsraison

Aus dem Franz. für Staatsvernunft, i.S. von Staatsvorrecht; auf Machiavellis (→ Machiavellismus) Lehre von der → Politik zurückgehender Anspruch eines höheren Staatsinteresses, das über partikularen bzw. individuellen → Interessen der → Gesellschaft steht. Nach der Lehre der S. ist die Erhaltung staatlicher Macht, Einheit und Fortexistenz ein Wert an sich, mit dem → Gemeinwohl identisch und deshalb → Legitimation für den Einsatz außerordentlicher Mittel. Im → Absolutismus wie auch noch in jüngeren Obrigkeitsstaaten dient(e) die Berufung auf S. zur Rechtfertigung einer Politik, die sich über → Gesetz und Moral hinwegsetzt.

Staatsrat

1. In den Königreichen Preußen und Württemberg Bez. für → Minister ohne Portefeuille. Im heutigen → Bundesland Baden-Württemberg können ehrenamtliche S. auf Beschluß des → Landtages Sitz und Stimme im → Kabinett erhalten.

2. In der Freien und Hansestadt Hamburg Bez. für den → Staatssekretär. Im → Land

Bremen führt der Leiter der Senatskanzlei (entspricht einer Staatskanzlei) diesen Titel.

3. In Preußen 1920-33 das Vertretungsorgan der preußischen Provinzen.

4. Vormals in der DDR und einigen anderen kommunistischen Ländern ohne Amt des → Staatspräsidenten Bez. für das kollektive → Staatsoberhaupt, in Anlehnung an das sowjetische Vorbild (Präsidium des → Obersten Sowjet [1.]) in der Zeit vor der → Perestrojka. Formell ein ständiger Ausschuß des → Parlaments (DDR: → Volkskammer), nahm der S. angesichts der Einflußlosigkeit und der kurzen Sitzungsperioden des Parlaments viele legislative und exekutive Funktionen in einem wahr. Verfassungsrechtliche Position und reale → Macht des S. der DDR bestimmten sich dadurch, daß der Erste Sekretär des → Zentralkomitees der → SED (Walter Ulbricht; Erich Honecker; zuletzt: Egon Krenz) gleichzeitig S.vorsitzender wurde. Der S. entwickelte sich zu einer „Überregierung". Reale Macht hatte aber nur der S.-Vorsitzende und SED-Chef. Die anderen S.mitglieder stammten aus „gesellschaftlichen Organisationen", → Blockparteien oder der SED, gemäß der Sitzverteilung in der Volkskammer; ihre Funktion konnte allenfalls als repräsentativ bezeichnet werden. Von Dezember 1989 bis zur deutschen → Wiedervereinigung (3.10.1990) wurde der S.vorsitz nur noch amtierend bzw. kommissarisch wahrgenommen.

5. Die → Institution S. gibt es in weiteren Ländern. In Frankreich ist der „Conseil d'État" oberstes Verwaltungsgericht und juristisches Beratungsorgan der → Regierung. In Norwegen (s.u. → Storting) trägt die Regierung die Bezeichnung S., in Schweden die einzelnen Minister.

Staatsrecht

Gesamtheit der Rechtsnormen über Bestand, Einrichtung und Tätigkeit des → Staates, außerhalb des → Völker- und Verwaltungsrechts. Das S. umfaßt neben dem Verfassungsrecht weitere Materien, die einzelne → Institutionen (z.B. → Bundesverfassungsgericht) und Verfahren (z.B. → Wahlen) regeln.

Staatsregierung

Bez. für die → Landesregierung in den Freistaaten Bayern und Sachsen.

Staatsschutz

Strafrechtlicher Schutz des → Staates zur Abwehr und Ahndung gegen Staat und → Verfassung gerichteter Bestrebungen und Handlungen (z.B. Hochverrat). Mit Bundesgesetz vom 8.9.1969 wurde die erstinstanzliche Zuständigkeit auf Oberlandesgerichte der → Länder übertragen. Der → Bundesgerichtshof ist Berufungsinstanz (s. Art. 96 V GG).

Staatssekretär

Oberster → Beamter eines → Ministeriums mit Weisungsrecht gegenüber nachgeordneten Stellen und Personen. S., ebenso wie die auf der Ebene darunter angesiedelten Ministerialdirektoren, bedürfen eines besonderen Vertrauensverhältnisses zum → Minister und können deshalb als → politische Beamte jederzeit ohne Angabe von Gründen in den Ruhestand versetzt werden. Im Unterschied zum → parlamentarischen Staatssekretär ist der beamtete S. i.d.R. Verwaltungsfachmann („Karriere-Bürokrat"), der das Ministerium stellvertretend für den Minister administrativ leitet. Der z.B. in den USA häufig geübte Positionstausch zwischen ministeriellen Leitungsfunktionen und Industriemanagement ist in der Bundesrepublik bisher die Ausnahme.

Staatssektor

→ öffentlicher Sektor
Gesamtheit der materiellen → Staatstätigkeit. Während im Verwaltungsrecht der engere Begriff Staatsverwaltung (Bundes- und Landesverwaltung) und der weitere Begriff öffentliche → Verwaltung (neben Bundes-und Landesverwaltung noch andere öffentlich-rechtliche Einrichtungen, z.B. → Gemeinden und Sozialversicherungsträger) unterschieden werden, gibt es in den Sozial-und Wirtschaftswissenschaften eine solche Abgrenzung zwischen S. und öffentlichem Sektor nicht; beide werden synonym verwandt, der Ausdruck S. ist jedoch der gebräuchlichere. Problematisch ist die Abgrenzung des S.: Hierzu gehören einmal

alle → Gebietskörperschaften, von der → Gemeinde bis zur Zentralregierung; das Sozialversicherungssystem wird in manchen → Staaten aus den allgemeinen Staatsausgaben finanziert, in anderen Staaten hingegen gibt es eigene Träger der → Sozialversicherung - aus Gründen der internationalen Vergleichbarkeit wird die Sozialversicherung daher in den S. einbezogen, obwohl sie damit ein zweites Mal (nach ihrer Funktion als Konsumausgaben und Investitionen) in das → Bruttosozialprodukt einfließt. Staatliche Unternehmen und Industriebeteiligungen sowie Sondervermögen der Gebietskörperschaften werden je nach Art der Statistik unterschiedlich zugeordnet. Höhe und Struktur der öffentlichen Ausgaben stellen einen wichtigen Indikator für die Entwicklung des S. dar; beide werden wesentlich bestimmt durch politische Traditionen des Staates und politische Präferenzen der Entscheidungsträger. Der Anteil des S. am Bruttosozialprodukt (→ Staatsquote) hat sich in den westlichen Industrieländern in den letzten 100 Jahren vervielfacht, vor allem im Zuge des Aufbaus und Ausbaus des → Sozialstaats.

Staatssicherheitsdienst

1. *allg.*: In → totalitären Staaten zur Unterdrückung und Verfolgung aller abweichenden politischen Meinungen, mit besonderen Vollmachten ausgestattete und im rechtsfreien Raum agierende politische → Polizei bzw. Geheimdienstorganisation. Beispiele sind u.a. der Sicherheitsdienst (SD) des → Dritten Reiches, der sowjetische → KGB und der SSD der DDR (s.u. 2.). In den Ostblockländern oblag ihnen - teilweise neben einem kleineren Geheimdienst (→ Nachrichtendienst), der sich auf Spionage und Sabotage im Ausland beschränkte - auch die geheimdienstliche Tätigkeit im Ausland, v.a. in den westlichen → Ländern. Sie verfügten über eigene Untersuchungsgefängnisse. Unter den Bedingungen von → Diktaturen zählen S. zu den wichtigsten Einflußfaktoren auf → Institutionen von → Staat und → Partei, mit denen sie auch personell eng verzahnt sind.

2. *DDR*: Formelle Bezeichnung S. (SSD) bzw. → Ministerium für Staatssicherheit/ MfS, volkstümliche Abk. Stasi; verstand

sich als „Schild und Schwert der Partei" (→ SED). Nach dem Umbruch, ab November 1989, wurde der S. formell schrittweise aufgelöst und in seinen innenpolitischen Funktionen weitgehend entmachtet, arbeitete aber in begrenztem Rahmen noch eine Zeitlang weiter. Aufgabenstellung und organisatorische Gliederung (bis hinunter auf die lokale Ebene) entsprachen weitgehend denen des KGB. Zu den Aufgaben zählten v.a.: Spionage und Sabotage im Ausland, auch Industriespionage; Abwehr von Spionage und Sabotage im eigenen Land; Unterdrückung und Verfolgung abweichender politischer Meinungen; Überwachung und Kontrolle der eigenen Wirtschaftsunternehmen, incl. der Planerfüllung; Kontrolle aller ausländischen Einflüsse (Touristen, Medieneinwirkungen etc.); Sammlung von Informationen über → Einstellungen in der Bevölkerung. Alle Bereiche des Lebens wurden vom S. - v.a. durch seine zahlreichen „IMs" (Inoffizielle Mitarbeiter) - infiltriert, denn die Überwachung und Bekämpfung oppositioneller Bestrebungen in der DDR war die Hauptaufgabe des S. mit seinen über 85.000 hauptamtlichen Mitarbeitern. Nach den → Wahlen vom 18.3.1990 nahm die neue → Regierung de Maiziére die endgültige Auflösung des S. vor. Die Tätigkeit des S. wird in der Behörde des „Bundesbeauftragten für die Unterlagen des S. der ehemaligen Deutschen Demokratischen Republik" (→ „Gauck-Behörde") aufgearbeitet, die gemäß Stasi-Unterlagen-Gesetz seit 1992 auch Opfern des DDR-Systems und der wissenschaftlichen Forschung offensteht: Ca. 4 Mio Ost- und 2 Mio Westdeutsche sind in den S.-Akten verzeichnet.

Staatsstreich

→ „Revolution von oben"; gewaltsamer Umsturz der verfassungsmäßigen Ordnung durch die → Exekutive oder durch andere Inhaber hoher Staatsfunktionen (im Unterschied zu Putsch, → Revolution), meist mit Hilfe von Militäreinsatz.

Staatstätigkeit

Gesamtheit aller ökonomischen Aktivitäten des → Staates. Alle Einnahmen und alle Ausgaben staatlicher → Haushalte werden einbezogen. Der Umfang der S. und sein Anteil am Bruttosozialprodukt werden mit der → Staatsquote gemessen. Die Struktur der S. unterscheidet sich sehr stark von → Land zu Land und im historischen Verlauf (s.u. Staatsquote); politische Traditionen eines Landes und politische Entscheidungsträger haben einen relevanten Einfluß (→ Staatssektor).

1861 wurde bereits von Adolph Wagner das „Gesetz der wachsenden Staatstätigkeit" formuliert. S. bzw. Staatsquote weisen in der Tat eine steigende Tendenz auf, ihr Umfang hat sich seither vervielfacht. Richard A. Musgrave unterscheidet 3 ökonomische Wirkungsrichtungen: Allokations-, Distributions- und Stabilisierungswirkungen.

Staatstheorien

Theorien, die den Sinn und Zweck des → Staates erklären, die der Erforschung seines Ursprungs ebenso dienen wie seiner Rechtfertigung. S. sind so alt wie der Staat selbst, sie sind von den jeweiligen historischen, politischen, sozialen, ökonomischen und kulturellen Faktoren beeinflußt. In der liberalen Rechtfertigungstheorie des Staates garantiert nur dieser die Allgemeingültigkeit der getroffenen politischen Entscheidungen. Der Zweck des Staates wird damit aus den Zwecken seiner → Bürger abgeleitet; Staat und → Gesellschaft/ → Individuum sind in diesem Verständnis nicht in einem Verhältnis der Unterordnung oder dualistischer Entgegensetzung, sondern funktional aufeinander bezogen. 3 Arten von Staatszwecken werden unterschieden: → Wohlfahrtsstaat, Sicherheitsstaat und → Rechtsstaat. Die marxistische S. sieht den Staat als Instrument der herrschenden → Klasse an, d.h. als Produkt der kapitalistischen Gesellschaft. Andererseits besitzt der Staat eine relative → Autonomie gegenüber den Klassen von Ausbeutern und Ausgebeuteten, da sein physisches → Gewaltmonopol die Einhaltung bestimmter Spielregeln zwischen und innerhalb beider Klassen garantiert. Der → Anarchismus schließlich lehnt jede → Staatsgewalt ab, da sie eine Einschränkung der individuellen → Freiheit sei.

Staatsversagen

Begründungstopos für die seit Ende der 70er Jahre in westlichen Industrienationen (in den 80er Jahren aber auch in China, UdSSR etc.) zunehmende Tendenz, die → Staatstätigkeit (s.a. → Staatsinterventionismus) zurückzudrängen und den „Kräften des Marktes" einen größeren Raum zuzugestehen. Die Unzufriedenheit mit der Effizienz staatlicher Aktivitäten im Vergleich mit der Effizienz der → Marktwirtschaft - eben das S. - begann mit den Forderungen nach → Deregulierung und mündete bald in die Forderung nach einem möglichst weitgehenden Abbau von Staatstätigkeiten.

Staatsverschuldung

→ öffentliche Schulden
Gesamtheit der aufgenommenen (und noch nicht zurückgezahlten) Kredite, die ein → Staat im Zeitverlauf zum Ausgleich seiner (Einjahres-)Haushalte benötigte. Die → Kreditaufnahme erfolgt auf dem freien Kapitalmarkt. Die politische Diskussion über die S. wird sowohl über die Gesamtverschuldung aller öffentlichen → Haushalte (→ Bund, → Länder, → Gemeinden, Sondervermögen des Bundes) als auch insbesondere über die Verschuldung des Bundes geführt.

In der auf dem → Stabilitätsgesetz und → Keynesianismus aufbauenden wirtschaftspolitischen Konzeption soll sich der Staat in Rezessionsphasen verschulden, um die Wirtschaft durch kreditfinanzierte öffentliche Ausgaben zu beleben. In der Boomphase hingegen soll der Staat dem Markt Geld entziehen, um eine konjunkturelle Überhitzung zu verhindern; mit diesem Geld sollen die in der Rezession aufgenommenen Kredite getilgt werden. Da in vielen Staaten Kredite auch unabhängig von Rezessionseinbrüchen aufgenommen wurden und zu Ende der 70er Jahre Wirtschaftswachstum und Vollbeschäftigung sich voneinander abkoppelten, stieg die S. immer weiter an. Die fälligen Zinstilgungsraten führten dazu, daß sich die finanziellen Möglichkeiten des Staates mit dem Anstieg der S. immer weiter einengen. Gemessen am Anteil der Staatsschulden am Bruttoinlandsprodukt (BIP) lag die BRD im Vergleich aller Industrieländer lange am Ende

der Schuldenskala. Derzeit liegt Deutschland trotz vereinigungsbedingter Mehrausgaben noch im unteren Bereich der Schuldenskala: Während der Schuldenstand der G 7-Länder (→ Wirtschaftsgipfel) 1998 71,5 % des BIP betrug, erreichte Deutschland eine Schuldenquote von 61,1 %.

Staatsvertrag

1. Völkerrechtlicher Vertrag zwischen Völkerrechtssubjekten (meist → Staaten), in dem die Beziehungen der Vertragspartner untereinander geregelt werden. Durch das parlamentarische Zustimmungsverfahren (s. Art. 59 II GG) wird die völkerrechtliche Vereinbarung in innerstaatliches Recht umgesetzt (s.a. → Ratifizierung).

2. Bez. für vertragliche Vereinbarungen zwischen den → Ländern der Bundesrepublik zur Wahrnehmung von Aufgaben, die sie nur gemeinschaftlich regeln können. S. sind an die Zustimmung durch die → Landesparlamente gebunden. Beispiele für S. sind die Errichtung des → Zweiten Deutschen Fernsehens, die Neuordnung des Rundfunkwesens und die Vergabe von Studienplätzen (ZVS).

Staatswissenschaft

Im 18./19. Jh. - unter dem Einfluß des → Kameralismus und der romantischen Staatsauffassungen - die umfassende Lehre vom → Staat. Dazu gehörten v.a. Staatsphilosophie, → Staatsrecht, → Völkerrecht, Finanzwissenschaft, Staatenkunde, Staatskunst, Verwaltungswissenschaft, Statistik und Geschichte. Mit der ökonomischen und politischen Entwicklung des 19. Jh. zerfiel die S. in einzelne Fachwissenschaften. Mit zunehmender Unabhängigkeit des wirtschaftlichen Handelns vom Staat entstand eine eigenständige Volkswirtschaftslehre (mit der der Begriff S., soweit noch gebräuchlich, heute weitgehend synonym verwandt wird); die → Emanzipation der → Gesellschaft vom Staat führte ihrerseits zur Ausdifferenzierung von → Sozialwissenschaften aus einer vormals homogen gedachten S.

Der Begriff S. umfaßt: 1. S. im wörtlichen Sinne: Wissenschaft vom Staat als seiner tatsächlichen Entwicklung und Gesamtheit aller für seine Gestaltung relevanten

Rechtsnormen; 2. S. im übertragenen Sinne: Wirtschaftswissenschaften.

Staatsziele

Leitprinzipien einer → Verfassung, die einen politischen Gestaltungsauftrag beinhalten. Im Unterschied zu den in Verfassungen aufgeführten → Grundrechten sind S. nicht einklagbar. Auf Vorschlag der → Gemeinsamen Verfassungskommission von → Bundestag und → Bundesrat wurden durch die Verfassungsreform von 1994 in das → GG als S. → Gleichberechtigung von Männern und Frauen, Behindertenschutz und → Umweltschutz aufgenommen; 1992 war bereits das S. eines vereinten Europas in das GG eingefügt worden. Zu den S. zählen aber auch ältere GG-Bestimmungen, z.B. das Sozialstaatspostulat und das Gebot des gesamtwirtschaftlichen Gleichgewichts in der Haushaltswirtschaft. S. finden sich in den meisten → Landesverfassungen, am häufigsten Umweltschutz. In den Verfassungen der neuen → Bundesländer finden sich als S. Rechte, die vordem als → soziale Grundrechte bezeichnet wurden und sich als solche bereits in älteren Verfassungen westlicher Bundesländer finden.

Staat und Gesellschaft

1. Das Thema im Überblick: Es wird im folgenden davon ausgegangen, daß das Thema S. nur unter der Bedingung angemessen behandelt werden kann, daß das zwischen den beiden Bereichen bestehende „wechselseitige Beziehungsgeflecht" (v. Arnim 1984, S. 4) zum Gegenstand erhoben wird. Hiermit verbindet sich unvermeidlich die Entscheidung, das Thema historisch-vergleichend anzugehen, weil die Art und Weise, in der S. zusammenhängen und aufeinander einwirken, im Laufe der Zeit einschneidenden Wandlungen ausgesetzt gewesen ist.

Die historisch-vergleichende Betrachtung des wechselseitigen Verhältnisses von S. hat nun allerdings weder in der → „Staatslehre" noch in der Theorie des sozialen oder gesellschaftlichen „Wandels" einen gesicherten Stellenwert. V. a. die juristische Staatslehre neigt zu allgemeinen normativen Bestimmungen dieses Verhältnisses, das überwiegend als ein Herrschaftsver-

hältnis oder auch als ein Verhältnis der Inklusion der einen durch die andere Seite definiert wird, ohne daß die Perspektive dynamisch und veränderlich begriffener Wechselwirkungen ins Spiel kommen würde (→ Staat).

Auf der anderen Seite hat sich die soziologische Theorie des sozialen Wandels bisher überwiegend auf gesellschaftsimmanente Wandlungsvorgänge und -kräfte bezogen, so daß dem staatlichen Bereich allenfalls der Status eines von mehreren Einflußfaktoren zugeschrieben werden konnte.

2. Hauptsächliche Phasen des Beziehungsverhältnisses zwischen S.
2.1. Die Dynamik des → „Absolutismus". Hier soll die Untersuchung auf diejenige Zeitspanne eingegrenzt werden, in welcher - im Rahmen der neueren europäischen Geschichte - der „Staat" explizit als eigengewichtiger Wirklichkeitsbestandteil in Erscheinung tritt.

Die erste Phase des Staat-Gesellschaft-Verhältnisses repräsentiert dementsprechend der „Absolutismus" des 18. Jh. Das Staatsverständnis ist hier zunächst noch am Oikos-Prinzip, d.h. also am Modell eines → Haushalts orientiert, welcher prinzipiell die gesamte Gesellschaft einschließt, die gleichsam als das Objekt patriarchalisch-hausväterlicher Fürsorge und Strenge gesehen und behandelt wird. In die absolutistische Epoche fällt die europäische → „Aufklärung" hinein. Diese wird verkürzt interpretiert, wenn sie in erster Linie mit dem Aufkommen des demokratischen Denkens in Verbindung gebracht wird. Vielmehr bringt sie zunächst einmal eine Rationalisierung bzw. Vernaturwissenschaftlichung der Vorstellungen über diejenigen Kräfte mit sich, die in der Lage sind, den schnell anwachsenden Luxusbedarf der Höfe und den Kapitalbedarf der territorialstaatlichen „stehenden" Heere, wie auch das allgemeine Bedürfnis nach dem „Wealth of Nations" zu befriedigen. Die → Physiokraten finden die Formel, daß hierfür die produktive Kräfte in sich bergende „Natur", wie auch die sie hervorbringende „Arbeit" maßgeblich seien. Der Bauernstand wird dementsprechend als eine „produktive → Klasse" entdeckt. Die Einbeziehung der

Produktion, deren Rationalisierbarkeit die Entdeckung des Arbeitsprinzips verbürgt, läßt allerdings nicht lange auf sich warten. Und endlich vermittelt die Übertragung der Entdeckung des Blutkreislaufs auf die ökonomische „Zirkulation" die Chance, auch die Handelstätigkeiten in das Produktivitätskonzept einzubeziehen.

Letztlich entscheidend ist dann allerdings die Übertragung des Newton'schen Gesetzlichkeitsdenkens auf die soziale Sphäre. Nach dem nunmehr vorherrschend werdenden Verständnis trägt diese Sphäre der produktiven Kräfte ihre Eigenlogik und –gesetzlichkeit in sich selbst. Als eine von außen steuernd in sie hineingreifende → Macht kann man sich allenfalls die „invisible hand" Gottes vorstellen. Die hinter dem überkommenen absolutistischen Staatsverständnis stehende Oikos-Idee kann infolge dessen nicht mehr als angemessen angesehen werden und bedarf radikaler Revision.

An die Stelle der Idee, die Gesellschaft durch „gute → Polizey" und durch Kameralverwaltung (→ Kameralistik) auf den Weg produktiver Tugendhaftigkeit zu lenken, tritt die Idee des „Laissez faire, laissez aller". Die → „bürgerliche Gesellschaft" tritt als Entität sui generis in den Vordergrund; der Staat reduziert und diszipliniert sich in Richtung des „liberalen → Rechtsstaats", der für die Sicherstellung von Spielregeln Sorge zu tragen hat, die dem freien Spiel der produktiven Kräfte den erforderlichen Rahmen formaler „Berechenbarkeit" (Max Weber) vermitteln. Eine der größten und folgenreichsten → Revolutionen der Weltgeschichte ist abgeschlossen.

2.2 Die Dynamik des → „Liberalismus".
Die Rolle des Staates gegenüber der sich emanzipierenden „Gesellschaft" wird nur halb begriffen, wenn man sie als „passiv" darstellt. Die neuen Rechtsordnungen greifen vielmehr tief in die Substanz der „alten" Gesellschaft ein, indem sie die überkommenen korporativen Strukturen „zünftiger" Natur, wie auch die vielfältigen „Standesschranken" abbauen.

Im Gefolge der im Laufe des 19. Jh. einsetzenden → „industriellen Revolution" gerät der Staat jedoch zunächst in eine reaktive

Position. Er sieht sich angesichts schwerwiegender Proletarisierungsprobleme, die sich im Gefolge der industriellen Entfesselung einstellen, zu einer „sozialpolitischen" Tätigkeit gedrängt, die mit dem gerade entstandenen liberalen Staatsverständnis nicht ohne weiteres auf einen Nenner zu bringen ist. Bis um die Mitte unseres Jahrhunderts scheint der → „Sozialismus" als Kampfbewegung der bedrängten Massen die unabdingbare Voraussetzung für die Sicherstellung einer „fortschrittlichen" Perspektive der „kapitalistischen" Wirtschaftsgesellschaft zu sein.

Die Entstehung des Konzepts einer → „sozialen Marktwirtschaft" nach dem Zweiten Weltkrieg signalisiert jedoch die Überwindung ideologischer Barrieren. Es wird nunmehr klar, daß der Entwicklung des → Sozialstaats eine Eigendynamik innewohnt, die sie von den jeweils vorhandenen parteipolitischen Konstellationen unabhängig werden läßt. Der Sozialstaat expandiert mit einem sich stetig beschleunigenden Wachstumstempo, „und dies bei anhaltender, mehr oder weniger alle Länder ergreifender wirtschaftlicher Prosperität" (Kohl 1985, S. 223). Zusammen mit dem Volumen sozialstaatlicher Leistungen expandieren auch die Staatsaufgaben.

Die → „Sozialpolitik" des Staates drängt somit über die Grenzen einer „Fachpolitik" hinaus und entwickelt eine Tendenz, zur → „Gesellschaftspolitik" zu werden (vgl. Lompe 1971, S. 11ff.). Das zentrale Ziel ist immer deutlicher, die „Lebenschancen" der Menschen systematisch zu verbessern und gleichzeitig auch einander anzugleichen und zu diesem Zweck ein intensives Ineinandergreifen vielfältiger Einzelpolitiken des Staates wie → Wirtschaftspolitik, Verkehrspolitik, → Bildungspolitik, → Raumordnungspolitik etc. zu gewährleisten. In Verbindung hiermit wandeln sich aber auch die Vorstellungen von der Rolle des Staates gegenüber der Gesellschaft insgesamt. Der Staat tritt aus seiner Hintergrundsrolle heraus und stellt sich vor die Gesellschaft, um ihr Schrittmacher und Vorkämpfer zu werden, d.h. die ihr innewohnenden Wertverwirklichungsbedürfnisse zu realisieren. Die umfassende („globale"), konzeptionelle und zukunftsorientierte → politische Planung wird zu einem Leitbild, das in der Bundesrepublik in den 60er und 70er Jahren weit über den sozialdemokratischen Bereich hinaus Faszination auszuüben vermag.

2.3 Aktuelle Tendenzen im Verhältnis von S.

Die Rückkehr des Staates zu einer aktiven, gesellschaftsgestaltenden Rolle wird in den 80er Jahren durch eine Reihe entgegenwirkender Tendenzen modifiziert und gedämpft. Insbesondere ist es die vielberufene „Krise des Sozialstaats", die nunmehr eine „Wende" erzwingt, die sich in der Bundesrepublik keineswegs ausschließlich der Rückkehr der → CDU/→ CSU an die Regierungsmacht im Jahre 1982 zuschreiben läßt. Die Ursachen für den Zwang zur Wende wurden anfangs in erster Linie in aktuellen finanziellen Barrieren, im Widerstand konservativer Kreise, oder auch in den Beharrungstendenzen des überkommenen bürokratischen Apparats gesehen. Inzwischen schälen sich jedoch drei weiterführende Einsichten heraus, in welchen die gewonnenen Erfahrungen angemessener verarbeitet werden.

Erstens wird klar, daß die Vorstellung einer globalen „aktiven" Planung der gesellschaftlichen Prozesse durch den Staat der Komplexität der modernen dynamischen Gesellschaft mit ihrem hochdifferenzierten strukturellen Zuschnitt und dem → Pluralismus der in ihr wirkenden Interessenkräfte nicht gerecht zu werden vermag. Angesichts der Durchlässigkeit der politischen Mechanismen auf den verschiedenen Ebenen des föderativen Systems der Bundesrepublik zersetzen sich politische Impulse, die mit diesen Interessenkräften in Konflikt geraten, entweder bereits im legislativen Bereich, oder aber auf der Ebene der administrativen Programm-Implementation. Die Antwort auf die zeitweilige „Planungseuphorie" ist somit eine „Entzauberung des Staates" (vgl. Willke 1983). Der Staat erscheint nicht mehr als „das" hervorgehobene Willenszentrum der Gesellschaft, sondern vielmehr als ein in zahlreiche Teilsystemrationalitäten mit hohem „Selbststeuerungs"-Potential eingebettetes Subsystem des Ganzen. Zur regulativen Steuerung der Gesellschaft tritt die Gesellschaftssteuerung des „kooperativen" Staates durch Mediati-on, Verhandlung, Vertragsschluß und Absprache hinzu (vgl. neben Willke 1983, Hesse 1987 und Hartwich 1987).

Zweitens wird aber auch deutlich, daß selbst der perfekteste Sozialstaatsausbau nicht in der Lage ist, den teils mit seiner eigenen Ausbreitung verbundenen Abbau traditioneller kleinräumiger und „primärer" gesellschaftlicher Solidaritätssysteme (Verwandtschaft, Nachbarschaft) zu kompensieren. Die Entstehung der Selbsthilfebewegung seit den 70er Jahren weist somit ihrerseits auf Grenzen der staatlichen Organisierung sozialer Funktionszusammenhänge, wie auch auf die Notwendigkeit gesellschaftlicher Selbstorganisation hin.

Drittens kann angesichts der Fakten, welche die empirische Erforschung des gesellschaftlichen → Wertewandels zutage gefördert hat, aber auch keineswegs davon ausgegangen werden, daß der Staat guten Gewissens beanspruchen kann, sich mit eigenen Zielformulierungen zum Vorkämpfer vorhandener Wertverwirklichungsbedürfnisse zu erheben, wenn er die von bestimmten aktiven Minderheiten lautstark propagierten „neuen" Werte auf seine Fahnen schreibt. Es bleiben hierbei die vielfältigen Entwicklungswege außer acht, die der Wertewandel einschlagen kann. Zu dem empirisch feststellbaren Pluralismus solcher Wege rechnen u.a. auch Wertemischungen und -synthesen, in die auch „alte" Werte eingehen können. Zwar eröffnen sich auch an dieser Stelle ordnungspolitische Perspektiven, die früher undenkbare Interdependenzen zwischen dem Staat und der gesellschaftlichen Kultur und Psyche beinhalten. Eine sensible Stützung individueller Selbstverantwortungs- und -gestaltungsmöglichkeiten unter Ausweitung von Freiräumen und eine den vorhandenen Defiziten spürfreudig nachgehende Verbesserung der in der Gesellschaft angebotenen Verantwortungsrollen stehen hierbei jedoch im Vordergrund (vgl. Klages 1988).

3. Gegenwärtige Theorieprobleme. Das eingangs angesprochene Theoriedefizit hat durch die aktuellen Tendenzen im Verhältnis von S. zusätzliche Nahrung erhalten. Grob gesagt kann festgestellt werden, daß

an Partialtheorien, die einzelne Aspekte der skizzierten Entwicklungsdynamik analysieren, kein Mangel ist. Sie zerfallen aber in einen dissonanten Chor von Aussagensystemen, die sich nicht auf einen gemeinsamen Nenner bringen lassen. Bisherige Vorstöße in Richtung „integrativer" Staats- oder Gesellschaftstheorien greifen schon deshalb zu kurz, weil sie meist entweder → „Staatstheorien" oder „Gesellschaftstheorien" bleiben wollen. Was erforderlich ist, ist eine diese beiden Seiten übergreifende Theorie des Staats-Gesellschafts-Verhältnisses. Eine dynamisch-evolutionäre → „Systemtheorie" vermag hierfür einen Bezugsrahmen abzugeben, sofern sie sich historisch öffnet und mit einem ausreichenden „Auflösungsvermögen für raumzeitlich konkrete und spezifische sozialökonomische, politische und sozialkulturelle Konstellationen" (Klages 1983) zu arbeiten versteht. Gegenwärtige, meist im Sinne von Zukunftsentwürfen vorgetragene Bemühungen um die Etablierung der Denkfigur einer „Ko-Evolution" von Staat und Gesellschaft verdienen in diesem Zusammenhang Beachtung.

Lit.: *Arnim, H. H. v.*: Staatslehre der Bundesrepublik Deutschland, München 1984; *Böhret, C.* (Hg.): Ko-Evolution von Gesellschaft und funktionalem Staat, Opladen/ Wiesbaden 1997; *Easton, D.*: A Systems Analysis of Political Life, New York u.a. 1965; *Klages, H.*: Wertedynamik. Über die Wandelbarkeit des Selbstverständlichen, Zürich 1988; *Willke, H.*: Entzauberung des Staates. Überlegungen zu einer sozietalen Steuerungslehre, Königstein/ Ts. 1983.

Prof. Dr. Helmut Klages, Speyer

Staat und Kirche
→ Kirche und politisches System

Stabilitätsgesetz
Das Gesetz zur Förderung der Stabilität und des Wachstums der Wirtschaft von 1967 verpflichtet → Bund und → Länder, bei ihren wirtschafts- und finanzpolitischen Maßnahmen die Erfordernisse des gesamtwirtschaftlichen Gleichgewichts zu beachten. Zur Gewährleistung der gesamtwirt-

schaftlichen Ziele des → magischen Vierecks (Preisniveaustabilität, hoher Beschäftigungsstand, außenwirtschaftliches Gleichgewicht sowie stetiges und angemessenes Wirtschaftswachstum werden gleichzeitig angestrebt) legt das Gesetz für die Träger der → Wirtschaftspolitik in bestimmten konjunkturellen Situationen Maßnahmen fest, die primär der antizyklischen Fiskalpolitik dienen. Das S. wurde von der Wirtschaftstheorie Milton Keynes' (→ Keynesianismus) beeinflußt. Es entstand zur Zeit der ersten Wirtschaftskrise in der Bundesrepublik, wird aber aufgrund der verbreiteten Skepsis hinsichtlich einer wirksamen Globalsteuerung der → Marktwirtschaft de facto nicht mehr praktiziert.

Stadt
Kommunale → Gebietskörperschaft. Im Unterschied zu ländlichen, teils noch agrarisch geprägten → Gemeinden ist die S. eine größere Siedlungsgemeinde, die spezifische soziale, verwaltungsförmige und ökonomische Strukturen aufweist. Aufgrund der größeren Bevölkerungszahl sind die interpersonalen Beziehungen durch höhere soziale Distanz und Anonymität gekennzeichnet. Die Wirtschaftsstruktur wird durch Industrie, Gewerbe, Handel und sonstige Dienstleistungen dominiert; → Arbeitsteilung und soziale Schichtung sind stark ausgeprägt, ebenso die soziale Mobilität. Die Verkehrsstruktur ist gekennzeichnet durch dichte Bebauung, Wegenetze zwischen (voneinander getrennten) Wohn- und Arbeitsstätten, Verkehrsverbindungen ins Umland und Anschluß an den Fernverkehr. S. haben zentralörtliche Funktionen auch für das Umland. Sie verfügen über ein vergleichsweise spezialisiertes → politisch-administratives System.

Historisch sind S. meist zu Verteidigungszwecken entstanden. (Fern-)Verkehrswege waren ein natürlicher Ort für Städtegründungen. In Europa gehen viele S. auf römische Siedlungen zurück. Im Mittelalter waren in Westeuropa mit der Erhebung zur S. (→ Stadtrechte) wichtige Privilegien (Rechte) verbunden, welche die → Emanzipation des entstehenden → Bürgertums aus feudalen Abhängigkeiten vorbereiteten.

Stadtdirektor

→ Gemeindedirektor

Stadtguerilla

In städtischen Zonen verdeckt operierende, militant politische Untergrundbewegung. S. entstand aus der Schwierigkeit der → Guerilla, in ländlichen Gebieten gegen reguläre Truppen bestehen zu können. Soziale Anonymisierung und verdichtete Bauweise in → Städten bieten vergleichsweise günstige Bedingungen und Operationsziele für den Untergrundkampf kleiner Gruppen, die Unterstützung durch beträchtliche Teile der Bevölkerung ist für sie nicht mehr überlebensnotwendig. Frühere und heutige S.gruppen sind meist Mischformen von Guerilla und → Terrorismus.

Stadtplanung

Nutzungsplanung für den städtischen (und dörflichen) Raum, der Elemente der baulichen, verkehrstechnischen und investiven Entwicklung einbezieht; insoweit über kommunale → Bauleitplanung hinausgehend. Da sich viele Planungs- und Strukturaufgaben nicht mehr auf der Ebene einer → Gemeinde lösen lassen, schließen sich Gemeinden zu → regionalen Planungsverbänden zusammen.

Stadtrat

→ Gemeinderat

Stadtrechte

Im Mittelalter besondere Rechtsstellung, die anfangs auf landesherrlichen Privilegien, dann auf speziellen Ratssatzungen beruhte. Mit der Verleihung der S. - also mit der Erhebung zur → Stadt - waren gegenüber dem → „Land" wichtige Rechte verbunden. Trotz unterschiedlicher Grade an Selbständigkeit der jeweiligen Städte beinhaltete das S. das Recht auf Abhaltung von Märkten, eigene Gerichtsbarkeit und Stadtbefestigung, sowie oft auch das Münz- und Zollrecht. Ihre → Bürger waren keinem weltlichen oder geistlichen Herrn untertan, sie genossen „Bürgerfreiheit". Rechtliche Vorteile bestehen heute mit der Erhebung einer → Gemeinde in den Rang einer Stadt nicht mehr. Ab Erreichen einer bestimmten Einwohnerzahl kann die Gemeinde einen entsprechenden Antrag bei der zuständigen Verwaltungsbehörde des jeweiligen → Bundeslandes stellen.

Stadtstaat

→ Staat, der lediglich auf eine → Stadt - evtl. noch ergänzt um die nähere Umgebung - beschränkt ist:
a) selbständiges Staatswesen, dessen → Herrschaftsform durch die Stadt bestimmt wird, z.B. die altgriechische → Polis;
b) in der Bundesrepublik die → Länder Berlin, Bremen und Hamburg.

Städtebauförderungsgesetz

1986 wurden Bundesbaugesetz (1960) und S. (1971) zum Baugesetzbuch zusammengefaßt, dessen 2. Kapitel (Besonderes Städtebaurecht) dem früheren S. entspricht. Dieses Kapitel regelt das städtebauliche Entwicklungs- und Sanierungsrecht sowie die Finanzierung dieser Maßnahmen durch die öffentliche Hand. Kostenträger ist grundsätzlich die → Gemeinde. Diese erhält jedoch finanzielle Unterstützung durch Landes- und Bundesprogramme (v.a. Finanzhilfen gem. Art. 104 a GG).

Ständerat

1. Allg. Bez. für die Vertretungskörperschaft von → Ständen.
2. In der Schweiz eine der beiden → Kammern (→ Zweikammersystem) der → Bundesversammlung (→ Parlament). Der S. ist als Vertretung der → Kantone Ausdruck des bundesstaatlichen Prinzips. Beide Kammern sind gleichberechtigt. Der S. hat 46 Mitglieder: Unabhängig von der Bevölkerungszahl entsendet für eine Amtsdauer von 4 Jahren jeder der 20 Vollkantone 2, jeder der 6 Halbkantone 1 → Abgeordnete(n). Inzwischen werden in allen Kantonen die Abgeordneten für den S. direkt gewählt, überwiegend durch → Verhältniswahl.
3. In der Schweiz gleichzeitig die Bez. für einen Abgeordneten des S.

Ständestaat

1. Vom 13. bis 17. Jh. bildete der S. die herrschende Staatsform in Mittel- und Westeuropa. Er wurde vom → Absolutis-

mus abgelöst. Kennzeichen des S. war die Mitwirkung der streng voneinander abgeschlossenen → Stände, der Vertretungskörper von Adel, Klerus, → Bürgertum, an der → Gesetzgebung (insbes. der Steuerbewilligung) und an der → Verwaltung; hierdurch war die → Macht des Monarchen begrenzt. Mit dem ausgehenden Mittelalter verlor diese statische „gottgewollt-natürliche" Ordnung gegenüber den dynamischen sozialen Kräften, dem leistungsorientierten Bürgertum und dem auf → Macht und wirtschaftliche Leistung ausgerichteten Absolutismus.

2. Die → Krise der westlichen → Demokratien in den 20er und 30er Jahren des 20. Jh. wird gewöhnlich mit dem Aufstieg des → Faschismus gleichgesetzt. Eine andere Variante der fundamentalen → Parlamentarismus- und Parteienstaatskritik dieser Zeit sind jedoch ständestaatliche → Ideologien. Diese suchten, unter Berufung auf die → katholische Soziallehre (v.a. die → Sozialenzyklika Quadrogesimo Anno) und in charakteristischer Verbindung von vorindustrieller Sozialromantik mit Gegnerschaft zu → Sozialismus und → Liberalismus, die „atomistische" Demokratie des gleichen → Wahlrechts durch ein „organisches" Modell (berufs-)ständischer politischer → Herrschaft zu überwinden (Dollfuß-Schuschnigg-Regime in Österreich, Franco-Spanien). Eine ständisch gewichtete, d.h., den Grundsatz des gleichen Stimmrechts aufhebende → Partizipation der Bevölkerung steht jedoch im Widerspruch zum demokratischen Prinzip der → Volkssouveränität.

ständige Ausschüsse
Untergremien gewählter → Parlamente, mit vorberatender Funktion. In den auf bestimmte Politikbereiche spezialisierten s. wird ein wesentlicher Teil der parlamentarischen Arbeit außerhalb von Plenarsitzungen geleistet. Im → Bundestag beginnt und endet die Tätigkeit der s. jeweils mit der → Legislaturperiode. Auf der Basis von Art. 43 GG müssen zumindest Ausschüsse für Auswärtige Angelegenheiten, Verteidigung (Art. 45 a GG) und das Petitionswesen (Art. 45 c GG) eingesetzt werden.

Ständige Konferenz der Kultusminister der Länder
Kurzbez.: Kultusministerkonferenz (KMK); Einrichtung des → kooperativen Föderalismus, mit deren Hilfe durch gemeinsame Meinungs- und Willensbildung möglichst einheitliche Regelungen für alle → Länder der Bundesrepublik erzielt werden sollen. Die S. entstand aus dem Bestreben, trotz der → Kulturhoheit der Länder die Bildungs-, v.a. die Schul- und Hochschulpolitik bundesweit abzustimmen. Auf Beschlüsse der S. gehen u.a. die gegenseitige Anerkennung von Reifezeugnissen und Vereinheitlichungen von Prüfungsanforderungen zurück. Die Ergebnisse der regelmäßigen Treffen der Kultusminister (und -senatoren) stellen lediglich Empfehlungen dar, rechtlich verbindlich werden sie in den Ländern erst durch → Gesetz oder Erlaß. Politisch-faktisch ist ihre Bindungswirkung jedoch erheblich. Die Beschlüsse müssen bei Sachfragen einstimmig sein.

Ständige Vertretung
Die diplomatischen Vertretungen der beiden deutschen → Staaten am jeweiligen Regierungssitz des anderen Staates hatten die Funktion (und den protokollarischen Rang) von → Botschaften. Mit dem → Grundlagenvertrag (1972) nahmen die Bundesrepublik und die DDR diplomatische Beziehungen auf. Anstelle der von der DDR gewünschten Botschaften kam es auf Bestreben der Bundesrepublik zur Errichtung von S. in Bonn und Ost-Berlin. Die Bundesrepublik wollte damit die besondere Rechtsqualität der → innerdeutschen Beziehungen wahren. Der Ständige Vertreter (Leiter der S.) der Bundesrepublik in Ost-Berlin (im Rang eines → Staatssekretärs des → Bundeskanzleramtes) war beim DDR-Außenministerium, derjenige der DDR (der den Titel „Botschafter" des DDR-Außenministeriums führte) in Bonn beim → Bundeskanzleramt akkreditiert.

Ständige Wahlkreiskommission
Nach britischem Vorbild wurde gemäß § 3 → Bundeswahlgesetz eine S. geschaffen, die Vorschläge für Neueinteilungen der → Wahlkreise in Anlehnung an Änderungen der Bevölkerungszahlen ausarbeitet.

Ein entsprechender Bericht ist jeweils spätestens eineinhalb Jahre nach Zusammentritt des neuen → Bundestages dem Bundesinnenminister zu erstatten, der ihn dem Bundestag zuleitet. Die vom → Bundespräsidenten ernannte S. besteht aus dem → Präsidenten des Statistischen Bundesamtes, einem Richter des → Bundesverwaltungsgerichts und 5 weiteren Mitgliedern.

Stalinismus

1. → *Ideologie*: Bez. für die ideologische Weiterentwicklung des → Marxismus-Leninismus durch Josef Stalin. Kennzeichnend für S. ist primär die dogmatische Fixierung von → Marxismus und → Leninismus zum sog. Marxismus-Leninismus sowie die taktische Anpassung der Ideologie an die weltpolitische Lage (z.B. Aufbau des → Sozialismus in einem → Land).

2. → *totalitärer Staat*: Totalitäre Ausformung der kommunistischen → Diktatur durch J.W. Stalin in seiner Zeit als Generalsekretär der → KPdSU (1922-53; ferner ab 1941 → Ministerpräsident), insbes. ab 1929. S. beinhaltete - neben der im „real existierenden → Sozialismus" üblichen Ausschaltung von politischen → Freiheiten und einer Machtkonzentration in der Parteispitze - v.a. die Anwendung von Terror gegen Andersdenkende, willkürliche „Säuberungsaktionen" in → Partei, Armee und → Gesellschaft, brutale Unterdrückung oder sogar Ausrottung von nicht den Arbeitern und Bauern zuzurechnenden Bevölkerungsteilen sowie von nichtrussischen → Nationalitäten, ebenso wie übersteigerter Personenkult und Schauprozesse. Als Rechtfertigung dieser Herrschaftspraxis diente das Bild drohender Einkreisung der UdSSR durch die kapitalistischen Mächte und, im Innern, die Verschärfung des → Klassenkampfes beim Aufbau des Sozialismus. Der XX. Parteitag der KPdSU leitete unter Chrustschow die Entstalinisierung ein.

Stalin-Note

Sowjetische Deutschlandinitiative des Jahres 1952, mit dem Ziel, die vollständige und endgültige → Westintegration der Bundesrepublik Deutschland zu verhindern. Stalins Angebot an die Westmächte (und indirekt an die Bonner → Regierung) lautete:

→ Wiedervereinigung Deutschlands, gesamtdeutsche freie → Wahlen, bewaffnete Streitkräfte zur Selbstverteidigung, um den Preis der → Blockfreiheit. Die Ernsthaftigkeit dieser Offerte ist unter Historikern bisher umstritten. Fest steht jedoch, daß die Westmächte die S. nicht zuletzt aufgrund energischer Intervention von → Bundeskanzler Adenauer zurückwiesen, der sein Konzept der Wiedervereinigung durch Westintegration verfolgte.

Stammwähler

Im Gegensatz zum → Wechselwähler zeichnet sich die S. durch eine langfristig stabile Parteiorientierung aus, er wählt in mehreren aufeinanderfolgenden → Wahlen dieselbe → Partei. S. sind zumeist gebunden an ein homogenes politisches → Milieu, dessen Einflüsse in Richtung auf eine bestimmte Partei verlaufen.

Stamokap

Umgangssprachliche Abk. für → *sta*ats*mo*nopolistischer *Kap*italismus

Stand

1. *Allg. Bez.* für den Rang, der einzelnen oder Gruppen innerhalb einer gesellschaftlichen Ordnung (als Wert- oder Erwerbsordnung, Statushierarchie) zukommt. Jeder S. der → Gesellschaft hebt sich durch bestimmte Vorrechte, Lebensstil, traditionale Subkultur, Selbst- und Fremdinterpretation von den anderen S. ab.

2. Als *sozialhistorische Bez.* - v.a. in der Zeit des → Feudalismus und des → Ständestaats - und in Abgrenzung von Kaste, → Klasse und Schicht, bezieht sich der Begriff S. auf die Gesamtheit der Angehörigen einer Sozialkategorie in einer geschlossenen Gesellschaft. Die S. sind voneinander rechtlich und sozial fast vollständig abgeschlossen; die Zugehörigkeit bestimmt sich fast ausschließlich nach Abstammung bzw. → Amt oder Erwerb (auch durch Kauf), eine vertikale Mobilität existiert praktisch nicht. Die Mitglieder eines S. identifizieren sich durch spezifisch ständische Funktionen (bzw. Beruf), Lebensstil, Rechte und Pflichten. Jede gesellschaftliche Teilhabe verläuft innerhalb des Rahmens des eigenen S.

Im Ständestaat des ausgehenden Mittelalters hatten sich 3 Stände mit verfassungsrechtlicher Bedeutung herausgebildet: Adel, Klerus und → Bürgertum.

standing committees
Engl. für → ständige Ausschüsse (z.B. Großbritannien, USA)

START
→ SALT/ START

Stasi
Volkstümliche Abk. in der DDR für → *Staa*ts*s*icherheitsdienst bzw. für Staatssicherheit.

Steuergesetzgebungskompetenz
Recht einer → Körperschaft des öffentlichen Rechts (insbes. einer → Gebietskörperschaft) auf Findung und Festlegung von → Steuern, der Art und die Höhe nach, in Form von → Gesetzen bzw. kommunalen → Satzungen; S. und Empfänger der Steuererträge (Ertragshoheit) können unterschiedlich sein. Art. 105 GG legt die S. fest, Art. 106 führt die Verteilung des Finanzaufkommens auf → Bund, → Länder und → Gemeinden auf. Die S. über den überwiegenden Teil der Steuern steht dem Bund zu, entweder als → ausschließliche oder als → konkurrierende Gesetzgebung (incl. → Gemeinschaftssteuern). Fließt das Aufkommen einer Steuer ganz oder teilweise den Ländern zu, bedarf das betreffende Bundesgesetz der Zustimmung des → Bundesrates (→ Zustimmungsgesetze). Bei Realsteuern (Grund- und → Gewerbesteuer) können die Gemeinden einen Hebesatz (Bestimmung der Höhe der Steuer) festsetzen.

Steuern
S. stellen einen Teil der öffentlichen → Abgaben dar, die von einem öffentlich-rechtlichen Gemeinwesen (→ Bund, → Länder, → Gemeinden) aufgrund eines → Gesetzes von natürlichen und juristischen Personen erhoben werden, für die der Tatbestand der Steuerleistungspflicht zutrifft. Sie beruhen nicht auf besonderen Gegenleistungen (auch auf kommunaler Ebene ist das Äquivalenzprinzip inzwischen aufgegeben), sondern dienen der Erzielung von Einnah-

men zur globalen Deckung der öffentlichen → Haushalte. Nach Art und Gegenstand der Besteuerung wird zwischen direkten (→ Lohn-, Einkommen-, Grundsteuer u.ä.) und indirekten (→ Umsatz-, Verbrauch-, Aufwandsteuer) S. unterschieden.

Steuerpolitik
Gestaltung eines → Systems von → Steuern, dessen Maßnahmen auf die Erzielung von öffentlichen Einnahmen ausgerichtet sind und das darüber hinaus allgemeine wirtschafts- (→ Konjunkturpolitik) und sozialpolitische (→ Sozialpolitik) Ziele berücksichtigen soll. Dazu zählen steuerliche Be- und Entlastungen. Natürliche und juristische Personen sollen nach ihrer Leistungsfähigkeit besteuert werden. Die S. findet ihre Grenzen in allgemeinen Steuerwiderständen und in der perzipierten → Krise des Steuerstaates (→ Staatsversagen).

Steuerung
→ politische Steuerung

Stichwahl
Letzter (i.d.R. zweiter) Wahlgang für den Fall, daß in dem/ den vorhergehenden kein Kandidat die für den betreffenden Wahlgang erforderliche Mehrheit gewann. Bei der → absoluten Mehrheitswahl und bei der → romanischen Mehrheitswahl ist für den ersten Wahlgang die → absolute Mehrheit der abgegebenen Stimmen zur Mandatserringung notwendig. Die S. findet meist nur zwischen den beiden Kandidaten mit den meisten Stimmen statt (vgl. absolute Mehrheitswahl), bei der romanischen Mehrheitswahl ist die Kandidatur im zweiten Wahlgang kaum beschränkt. Wahlabsprachen von → Parteien für den zweiten Wahlgang sind v.a. bei der romanischen Mehrheitswahl üblich, da sie hier auch kleinen Parteien die Erringung von → Mandaten ermöglichen.

Stiftungen
→ politische Stiftungen

Storting
Norweg.: große Zusammenkunft; → Parlament (seit 1814) des Königreichs Norwegen. Das S. ist zwar ein Einkammerparla-

ment, teilt sich für seine Gesetzesarbeit aber in 2 getrennt arbeitende Teile auf: 1/4 der Mitglieder bilden das Lagting, 3/4 den Odelsting. Im Unterschied zu anderen → parlamentarischen Regierungssystemen herrscht in Norwegen der Grundsatz der → Inkompatibilität (zwischen Ministeramt und Abgeordnetenmandat); dies beeinflußt aber nicht die enge Verbindung zwischen → Staatsrat (→ Regierung) und Parlamentsmehrheit. Das S. kann nicht aufgelöst werden.

straw vote
Bzw. straw poll; informelle → Abstimmung über mehrere Kandidaten oder Vorschläge, die in einer davon getrennten formellen → Wahl oder Abstimmung anstehen. Das Wort „straw" (Strohhalm) impliziert bereits das Unverbindliche einer solchen „Probeabstimmung".

In den USA bezeichnet s. die informellen Abstimmungen auf Versammlungen der einzelstaatlichen Parteiorganisationen in der Phase vor Beginn der innerparteilichen Nominierungswahlkämpfe für die Präsidentschaftskandidaten der → Demokraten und der → Republikaner. Diese Versammlungen tragen den Charakter von Parteitagen (state convention) oder sind zwanglose Treffen für die treuesten und finanzkräftigsten Parteianhänger. Obwohl diese s. für die im späteren Nominierungswahlkampf (s.a. → Vorwahlen) kandidierenden Präsidentschaftskandidaten ohne unmittelbare Auswirkungen bleiben, hat die zunehmende Beachtung durch Kandidaten und → Massenmedien ihnen seit 1976 (Erfolge des demokratischen Präsidentschaftskandidaten Carter) eine gewisse Signalfunktion zugewiesen.

Streik
Kollektive, i.d.R. gewerkschaftlich organisierte Kampfmaßnahme von Arbeitnehmern (→ Arbeitskampf) zur Durchsetzung eigener Forderungen (z.B. Lohnerhöhungen und bessere Arbeitsbedingungen) gegenüber den Arbeitgebern oder zur Abwehr unternehmerischer Maßnahmen. Die Niederlegung der Arbeit als materieller Ausdruck eines S. kann sich auf einen Betrieb beschränken oder einen ganzen Wirtschafts-

zweig einbeziehen; diese Kampfmaßnahme ist zeitlich befristet bis zur Einigung zwischen den → Tarifparteien. Ein S. muß, um legal zu sein, innerhalb des tarifrechtlich zulässigen Verfahrens erfolgen und tarifvertraglich regelbare Ziele anstreben (Gegensatz: → politischer Streik). Er kann - zumindest in der Bundesrepublik - nur nach einer → Urabstimmung unter den gewerkschaftlich organisierten Arbeitnehmern begonnen und beendet werden (mit Ausnahme sog. → Warnstreiks).

S. gelten nicht als Verletzung von Arbeitsverträgen, eine Kündigung von (legal) Streikenden ist daher unzulässig. Zulässig ist jedoch auf Unternehmerseite das Kampfmittel der → Aussperrung. Verfassungsrechtlich gilt die Aussperrung als Mittel der Waffengleichheit gegenüber dem S.; eine Ausdehnung der Aussperrung über den Kreis der streikenden Arbeitnehmer und der bestreikten Betriebe ist zwar erlaubt, muß aber dem Grundsatz der Verhältnismäßigkeit entsprechen.

streitbare Demokratie
→ wehrhafte Demokratie
Begriffliche Umschreibung für die Gesamtheit der staatlichen Vorkehrungen, mit denen die → freiheitliche demokratische Grundordnung aktiv geschützt werden soll. Nach den Erfahrungen mit dem Untergang der → Weimarer Republik sollte verhindert werden, daß einzelne oder Gruppen bzw. politische Kräfte, die verfassungsfeindliche Ziele verfolgen, demokratische → Institutionen penetrieren können, um die → Demokratie unter Ausnutzung ihrer → Freiheiten zu beseitigen. Dieser präventive → Verfassungsschutz gilt v.a. Personen und Institutionen, die sich legaler Formen bedienen, um verfassungsfeindliche Absichten zu verwirklichen. Dem Schutz der verfassungsmäßige Ordnung dienen die Art. 9 II (Vereins- und Versammlungsverbot), 18 (Grundrechtsverwirkung), 20 IV (→ Widerstandsrecht), 21 II (→ Parteiverbot) und 79 III GG (→ Ewigkeitsklausel).

strukturelle Gewalt
Auch: indirekte → Gewalt; nach Johan Galtung im Unterschied zur personalen bzw. direkten Gewalt, die von handelnden

Subjekten ausgeht, ein in gesellschaftliche → Systeme bzw. Subsysteme eingebautes Unterdrückungspotential. Die s. resultiert aus machtpolitisch gedeckter sozialer oder ökonomischer Ungleichheit, v.a. in den Beziehungen zwischen Industrie- und → Entwicklungsländern. S. muß nicht in gewalttätig ausgetragene → Konflikte münden. Die → Friedensforschung begreift den Abbau von s. als außermilitärische Bedingung für Kriegsverhütung.

Strukturfonds

4 spezielle, aus dem Budget der → Europäischen Kommission gespeiste Fonds zur Finanzierung von Strukturhilfen in der → EU: Europäischer Sozialfonds/ ESF, Europäischer Fonds für Regionale Entwicklung/ EFRE (→ Regionalfonds), Europäischer Ausrichtungs- und Garantiefonds für die Landwirtschaft/ EAGFL, Kohäsionsfonds. Durch die Unterstützung v.a. der wirtschaftlich schwächeren → Regionen in der EU soll das innergemeinschaftliche Gefälle der regionalen und sozialpolitischen Leistungskraft nachhaltig verringert werden.

Strukturpolitik

Unter S. werden wirtschaftspolitische Maßnahmen der öffentlichen Hand verstanden, die ergänzend zur → Ordnungs- und → Konjunkturpolitik die Struktur, Produktivität und Wettbewerbsfähigkeit von Wirtschaftssektoren und Wirtschaftsregionen verbessern. Aus gesellschafts- und wirtschaftspolitischen Gründen übernimmt der → Staat die Aufgabe, die Bewältigung des Strukturwandels zu erleichtern, indem Strukturveränderungen innerhalb von und zwischen Wirtschaftszweigen gestaltet, regionale Disparitäten ausgeglichen sowie strukturbestimmende Relationen sektoraler und/ oder regionaler Art geordnet werden.

Nach der möglichen Eingriffsebene der S. wird zwischen sektoraler und regionaler S. unterschieden. Sektorale S., die Strukturveränderungen intensivieren, abmildern oder unterbinden soll, betrifft Sektoren einer Volkswirtschaft, Wirtschaftsbranchen, Industriezweige oder Firmen. Regionale S. unterstützt ökonomische und infrastrukturelle Entwicklungen von räumlichen Einheiten. Sektorspezifische und regionalausgerichtete Maßnahmen können sich wechselseitig beeinflussen, da Veränderungen der räumlichen Verteilung von Produktionsfaktoren auch auf die sektorielle Zusammensetzung der Wirtschaftsstruktur wirken und umgekehrt. Fast alle ökologischen, bildungs-, kultur- und sozialpolitischen Maßnahmen verursachen auch strukturpolitische Effekte, weil diese die Daten der Wirtschaftsstruktur verändern.

Der Strukturwandel als Voraussetzung und auch Begleiterscheinung der wirtschaftlichen Transformation wird durch technologischen, ökonomischen und institutionellen Wandel ausgelöst. In den betroffenen Wirtschaftssektoren bzw. → Regionen führt der Strukturwandel je nach Art der Strukturveränderungen zu Wachstumsprozessen oder zu ökonomischen und sozialen Problemen.

In Abgrenzung zur konjunkturellen Krise wird von einer Strukturkrise dann gesprochen, wenn lang andauernde strukturelle Ungleichgewichte in Form von Überkapazitäten oder Engpässen in Wirtschaftszweigen bzw. Regionen auftreten, was die Schließung von Betrieben und die Erhöhung von → Arbeitslosigkeit zur Folge haben kann. Die Ursachen für Strukturkrisen liegen in der mangelnden Anpassungsfähigkeit der Wirtschaftssubjekte an den Strukturwandel aufgrund von sektoralen Hemmnissen, mangelnder Mobilität der Produktionsfaktoren und inadäquaten rechtlichen Regelungen.

Begründet wird S. durch prozeßpolitische (1-3) und ordnungspolitische Annahmen (4,5), die spezifizieren, inwiefern in reinen → Marktwirtschaften das Wirken der Marktkräfte nicht automatisch zu einer stabilen Wirtschaftsstruktur führt:

1. Marktversagen liegt dann vor, wenn in Teilen des Marktes aufgrund von extrem hohen oder niedrigen Preisen kein oder ein labiles Gleichgewicht zwischen Angebot und Nachfrage besteht (Bsp. Wohnungs-, Arbeits- oder Agrarmarkt).

2. Marktmängel können dann zur Entstehung von negativen externen Effekten führen, wenn sich die Kosten der Produk-

tion nicht im Marktpreis widerspiegeln (Bsp. Umweltverschmutzung).

3. In Marktstrukturen, die sich durch monopolistische oder oligopolistische → Macht auszeichnen, herrscht ein eingeschränkter Wettbewerb, so daß entweder überhöhte Preise oder geringe Warenmengen zu Nutzeneinbußen führen.

4. Das Marktgeschehen kann durch die staatliche Vorgabe von immateriellen Zielen beeinflußt werden (Bsp. Versicherungszwang für Kraftfahrzeughalter, Autarkiestreben im Agrar- und Energiebereich).

5. Eine weitere staatliche Intervention in das Wirken der Marktkräfte sind die Korrekturen des Leistungsprinzips (Bsp. → Sozialhilfe, → Einkommenssteuerprogression, → Sozialversicherung).

Allerdings stößt die Durchführung von S. auch auf Widerspruch. Prozeßpolitische Einwände beziehen sich auf die Problematik, ob die S. aufgrund der komplexen Informationsverarbeitung, der vielfältigen potentiellen Methoden, der politischen Bewertung spezieller Maßnahmen und der begrenzten → Ressourcen überhaupt ein adäquates Problemlösungspotential bereitstellen kann. Ordnungspolitische Einwände führen die Ablehnung von interventionistischer → Politik im allgemeinen an, weil Marktkräfte am besten Allokations- und Verteilungsprobleme lösen und das Entstehen einer staatlichen Interventionsspirale befürchtet wird.

Die Ziele der S. lassen sich in drei Kategorien unterteilen: Erhalten, Anpassen und Gestalten. Bei der gezielten Erhaltung wird entgegen den marktwirtschaftlichen Regeln ein Wirtschaftssektor längerfristig durch Unterstützung aufrechterhalten. Dadurch wird eine autarke Teilversorgung mit Energie, Nahrungsmitteln oder Rüstungsgütern gesichert, die Abhängigkeit von ausländischen Rohstoffimporten gemindert und einheimische Produktion erhalten. Die geordnete Anpassung zielt auf eine zeitweilige Strukturerhaltung, in der erkannte Marktmängel reduziert und der Strukturwandel in sozialverträglicher Art abgewickelt wird. Dafür muß die Richtung und Intensität des Strukturwandels erkannt

werden. Ein Nachteil dieser beiden Ziele besteht darin, daß mittels einer nachhaltigen Verzögerung des Strukturwandels eine Strukturkonservierung herbeigeführt werden kann. Die vorausschauende Gestaltung nimmt aktiv Einfluß auf die zukünftige Struktur der Wirtschaft, indem neue Marktentwicklungen eingeleitet oder in ihrer Entwicklung unterstützt werden. Es können sowohl brancheninterne Umstrukturierungen oder die Umwandlung einer industriell monostrukturierten in eine branchenmäßig vielgestaltige Region angestrebt werden.

Die einsetzbaren strukturpolitischen Instrumente umfassen ein breites Maßnahmespektrum, das in marktorganisatorische (1-6) und fiskalische Interventionen (7,8) unterschieden werden kann:

1. Die Markttransparenz kann durch die Verbesserung der Informationsbasis erhöht werden (Bsp. Qualitätskontrollen, Preismeldungen, Strukturberichterstattung, Investitionsmeldestellen).

2. Eine Erhöhung der Faktormobilität läßt sich durch Maßnahmen der Fortbildung, Umschulung oder Umzugsbeihilfen erreichen.

3. Die Gestaltung der rechtlichen Regelungen verändert strukturelle Rahmenbedingungen (Bsp. Handelsrecht, Wettbewerbsrecht).

4. Marktelemente können über die Einflußnahme auf das Angebot verändert werden (Bsp. → Investitionslenkung, Absatzkontingentierung).

5. Eine gezielte Nachfragesteuerung wird erreicht, wenn beispielsweise in der → Umweltpolitik neue Vorschriften erlassen werden, die eine Änderung der Produktionstechnik nach sich ziehen. Es entsteht eine neue Nachfrage nach bestimmten Investitionsgütern.

6. Staatliche Preisregulierungen greifen stark in den marktwirtschaftlichen Wettbewerb ein (Bsp. Mindest- oder Höchstpreise).

7. Direkte Be- bzw. Entlastungen werden durch monetäre Interventionen des Staates verursacht (Bsp. → Steuern, Subventionen, steuerliche Vergünstigungen, zinsverbilligte Kredite)

8. Reale Interventionen wirken mittelbar über die wirtschaftliche Betätigung der öffentlichen Hand (Bsp. Staatskonsum, staatliche Investitionen in den Ausbau der → Infrastruktur, Standortentscheidungen staatlicher Industrien, Bevorzugung im Rahmen des öffentlichen Beschaffungswesens).

Die Planung, Umsetzung, Bewertung und Reformulierung der S. wird durch staatliche Akteure des → Bundes, der → Länder, der → Gemeinden und der → Europäischen Union unter Einbeziehung von → Interessenverbänden (vor allem Arbeitnehmer- und Arbeitgeberorganisationen) vorgenommen. Da die öffentliche Hand mit der S. in den an sich vom privaten Sektor getragenen Wirtschaftsprozeß eingreift, ist die Berücksichtigung von unterschiedlichen, teilweise widersprüchlichen → Interessen mittels der Beteiligung von privaten Akteuren für die erfolgreiche → Implementation unentbehrlich. Allerdings muß die Einflußnahme von Interessengruppen auf den politischen Entscheidungsprozeß auch kritisch hinsichtlich der Einhaltung von Prinzipien der demokratischen → Legitimation überprüft werden. Die politisch interessierte → Öffentlichkeit findet im Gegensatz zu den Interessengruppen nur einen begrenzten Zugang zum politischen Entscheidungssystem. Eine Ausweitung der Öffentlichkeitsbeteiligung ist beispielsweise durch Bürgeranhörungen bei Infrastrukturvorhaben feststellbar. Von den → Parlamenten werden teilweise zur Vorbereitung von → Gesetzen Expertenanhörungen durchgeführt. Als Entscheidungshilfe greift die Politik auch auf die Politikberatung von Wissenschaftlern, Forschungsinstituten und dem → Sachverständigenrat zur Begutachtung der gesamtwirtschaftlichen Entwicklung zurück.

Die konkrete S. in der Bundesrepublik Deutschland findet sich in drei Rahmenbedingungen eingebettet. Erstens führt der föderative Staatsaufbau zu einer Kompetenzzersplitterung zwischen Bund und Ländern. In dem Verbundsystem des → kooperativen Föderalismus sind die Länder Träger der strukturpolitischen Maßnahmen, wobei der Bund über die

gemeinsame Aufgabenplanung und Finanzierung weite Mitwirkungsmöglichkeiten besitzt. Ein Beispiel für diese → Politikverflechtung ist die → Gemeinschaftsaufgabe „Verbesserung der regionalen Wirtschaftsstruktur", die als wichtigstes Instrumentarium der regionalen S. auf die Verbesserung der wirtschaftlichen Leistungsfähigkeit sowie der sozialen und technischen Infrastruktur zielt.

Zweitens werden die ordnungspolitischen Vorstellungen in der Bundesrepublik durch das Modell der → sozialen Marktwirtschaft geprägt. Dieses Leitbild verbindet das Prinzip der Marktwirtschaft mit begrenzter, v.a. ordnungspolitischer Intervention des Staates, weil ohne staatliche Steuerung unerwünschte volkswirtschaftliche und sozialpolitische Kosten entstehen können. Vor dem Hintergrund der sozialen Marktwirtschaft bilden zwei Gesetze die Grundlage der deutschen S. Das „Gesetz zur Förderung der Stabilität und des Wachstums" (→ Stabilitätsgesetz, 1967) strebt nach der Herstellung des magischen Vierecks bestehend aus Vollbeschäftigung, Preisstabilität, außenwirtschaftlichem Gleichgewicht und stetigem Wirtschaftswachstum. Das „Gesetz gegen Wettbewerbsbeschränkungen" (1957) zielt auf die Unterstützung der Funktionsfähigkeit der Märkte.

Drittens hat sich in den letzten Jahren die europäische Einbindung der Bundesrepublik als wichtige Rahmenbedingung für die S. herauskristallisiert. Der europäische Binnenmarkt, das Subventions- und Beihilfenverbot, die zukünftige Währungsunion sind nur einige Beispiele dafür, wie europäische auf nationale Politik einwirkt. Insbesondere die europäische Strukturfondsförderung beeinflußt die nationalstaatliche Politik.

In der Bundesrepublik können drei Phasen der S. unterschieden werden. In den 70er Jahren stand als (kontrovers debattiertes) Instrument die Investitionslenkung im Mittelpunkt der S., die nach konjunkturellen und strukturellen Erfordernissen der Gesamtwirtschaft Investitionsentscheidungen indirekt beeinflussen sollte. Die S. der 80er Jahre zielte auf die Diversifikation

der Industriestruktur, die durch mono-
strukturierte Altindustriebereiche (Bsp.
Stahlindustrie, Bergbau) und Defizite an
gewerblichen und hochspezialisierten Arbeitsplätzen in ländlichen Gebieten charakterisiert war. In den 90er Jahren gibt es
in der S. kein kohärentes Zielsystem. Eine
besondere Konzentration der S. findet in
den neuen Bundesländern statt, die nach
dem Strukturzusammenbruch aufgrund
der deutschen Vereinigung vor großen sozialen, ökonomischen und ökologischen
Problemen stehen.

Trotz der Vielfältigkeit von potentiellen
strukturellen Entwicklungsmustern lassen
sich drei Herausforderungen an die S.
identifizieren. Die rasant verlaufende
technologische Entwicklung (Telekom-
munikationstechnik, Bio- und Gentechnologie, Optoelektronik und Mikrosenso-
rik), die voranschreitende europäische Integration (Liberalisierung der privaten und
öffentlichen Dienstleistungen, Währungsunion) sowie die neuen Ost-West-
Beziehungen werden erheblichen Einfluß
auf die Entwicklung der Wirtschaftsstruktur und damit auch auf die zukünftige
S. haben.

Lit.: Gornig, M. u.a.: Regionale S. unter
den veränderten Rahmenbedingungen der
90er Jahre, Berlin 1996; *Knufinke, M.*: S.
in offenen Volkswirtschaften, Frankfurt
a.M. 1992; *Peters, H.-R.*: Sektorale S.,
München, Wien 1996

Dr. Nicola Staeck, Bielefeld

Studentenbewegung
In den 60er Jahren in westlichen
→ Demokratien aktive → Protestbewegung,
die zunächst entstand als → Demonstration
US-amerikanischer Studenten gegen den
→ Vietnamkrieg, rasch nach Europa über-
sprang und Züge einer grundsätzlichen an-
tikapitalistischen wie antiautoritären Sy-
stemkritik annahm. Treibende Kraft in der
Bundesrepublik war der Sozialistische
Deutsche Studentenbund/ SDS. Hier mün-
dete die S. in die → Außerparlamentarische
Opposition/ APO ein, die sich u.a. gegen
Notstandsgesetze, Aufrüstung und die
→ Große Koalition wandte. Die S. war der
Impuls politischer und sozialer Reformen.

Mit ihrer Strategie systemüberwindender
Reformen blieb die S. jedoch in der Gesamtbevölkerung weitgehend isoliert.

Subsidiarität
Zusammen mit → Solidarität das wichtigste
Prinzip der → Katholischen Soziallehre.
Grundidee ist, gesellschaftliche Probleme
möglichst der Selbstregelung kleiner sozialer Formationen (Familie, Nachbarschaft,
Konfessionsgruppe etc.) zu überantworten.
Erst wenn die → Selbsthilfe eines → Individuums oder einer Gruppe nicht möglich
oder erfolgreich ist, ist die unterstützende
Tätigkeit übergeordneter (staatlicher) Stellen gefragt. Die → Gesellschaft soll dadurch
Freiheitsraum und Eigeninitiative ihrer
Mitglieder fördern und ihnen bei der Wahrnehmung der Aufgaben helfen, die sie
selbst übernehmen können. S. ist ein bestimmendes Prinzip der bundesrepublikanischen → Sozialpolitik; S. wird auch zur
theoretischen Begründung des → Föderalismus herangezogen.

Süddeutsche Ratsverfassung
→ Ratsverfassung

Südschleswigscher Wählerverband/ SSW
→ Partei der dänischen → Minderheit in den
nördlichen Teilen Schleswig-Holsteins.
1948 hervorgegangen aus dem Südschles-
wigschen Verein (SSV). Der S. versteht
sich als „politische Vertretung der dänischen und national-friesischen Bevölkerung
im Landesteil Schleswig". Als → nationale
Minderheit von der Fünfprozenthürde
(→ Fünfprozentklausel) ausgenommen, ist
der S. derzeit mit 2 → Abgeordneten im
Kieler → Landtag vertreten.

Suffragetten
Ursprünglich Bez. für die radikalen Mitglieder bzw. Aktivistinnen der englischen
→ Frauenbewegung vor 1914, die das
→ Wahlrecht (suffrage) auch für Frauen er-
kämpften. Später eher abschätzige Allge-
meinbez. für militante Frauenrechtlerinnen
(s.a. → Feminismus).

support
⇒ *politische Unterstützung*

supranationale Organisationen
→ Supranationalität

Supranationalität
Lat. für: über das → Volk hinaus, d.h. über-national, überstaatlich. Bez. für mehrere → Nationen oder → Staaten umfassende Organisationen, Zusammenschlüsse oder Vereinbarungen. Im Unterschied zu anderen → internationalen Organisationen verfügt die supranationale Organisation über eigene Organe mit Hoheitsrechten; ihre Entscheidungen und Regelungen sind den einzelnen Mitgliedsstaaten/ -nationen übergeordnet und für sie unmittelbar bindend. S. beinhaltet eine Einschränkung von → Souveränität der Mitglieder. Bei der → EU ist im Zuge der → Integration die Souveränitätsübertragung so weit fortgeschritten (vgl. → Amsterdamer Vertrag), daß diese ein eigenes Völkerrechtssubjekt bildet.

Supreme Court
Oberstes Bundesgericht der USA. Da in den USA das Gerichtswesen nicht nach allgemeiner Gerichtsbarkeit, Verfassungs-, Verwaltungs-, Arbeits-, Sozial- und Finanzgerichten ausdifferenziert ist, nehmen die Gerichte einschließlich des S. alle Rechtsmaterien wahr. Der S. spielt durch die Kontrolle von Rechtsnormen eine wichtige und aktive Rolle im politischen Geschehen, die auch eine eigene rechtsschöpferische Funktion beinhaltet.

sustainable development
Engl. für → nachhaltige Entwicklung

Swing
1. *Kreditspielraum* im bilateralen Handel; bis zur Höhe des S.-Betrages darf ein Handelspartner mit seinen Lieferungen hinter denen seines Partners zurückbleiben, ohne daß umgehend Bezahlung in Devisen verlangt wird. Dieser Betrag wird als Überziehungskredit auf einem Zahlungsbilanzkonto verrechnet. Im innerdeutschen Handel gewährte die Bundesrepublik der DDR einen zinslosen S.
2. In der → *Wahlforschung* bezeichnet S. die durchschnittliche Veränderung in der Stimmendifferenz zwischen → Parteien, meist zwischen den beiden großen Parteien

eines → Zweiparteiensystems. Die prozentuale Stimmendifferenz zwischen den (beiden großen) Parteien bei einer → Wahl wird mit der Stimmendifferenz bei der darauffolgenden Wahl verglichen - von der Höhe des Unterschiedes in diesen Stimmendifferenzen wird der Mittelwert bezogen auf die Parteien gebildet (d.h., bei 2 Parteien erfolgt eine Halbierung dieses Unterschiedsprozentsatzes).

symbolische Politik
1. Technik politischer Ansprache der Bevölkerung seitens der politischen Akteure v.a. mit dem Ziel, die zwischen → Gesellschaft und → politisch-administrativem System zunehmende Wissenskluft über Inhalte, Sinn und Zweck professionell betriebener → Politik zu schließen. S., die sich charakterischerweise expressiver, z.T. rituell wiederholter rhetorischer und gestischer Darstellungsformen bedient und gerade dadurch die → Bürger symbolisch mit einbezieht, dient somit dazu, der → Regierung bzw. → politischen Ordnung breite („diffuse" oder spezielle) → Unterstützung zu sichern. Dabei gewinnen die elektronischen → Massenmedien als Vermittler von s. wachsende Bedeutung.
2. Politik, die Aktivität nur vortäuscht (z.B. durch bloße Rhetorik), ohne tatsächliche Veränderungen herbeiführen zu wollen.

Syndikalismus
Von franz. syndicat = → Gewerkschaft; → soziale Bewegung bzw. Richtung der → Arbeiterbewegung, die sich auf gewerkschaftliche Organisation und Kampfformen konzentriert, mit dem Ziel wirtschaftlicher → Arbeiterselbstverwaltung. Diese in romanischen → Ländern einflußreiche Linksströmung wandte sich gleichermaßen gegen → Reformismus/ → Revisionismus, theoretischen → Marxismus und → Anarchismus. Der S. war v.a. von 1890 bis 1914 sehr einflußreich. Jede Form der Beteiligung der Arbeiterbewegung an der → repräsentativen Demokratie wurde abgelehnt. Der Kampf zur Überwindung des → Kapitalismus konnte nur von Gewerkschaften geführt werden, nicht von → Parteien. Der S. strebte eine föderativ strukturierte → Gesellschaft mit genossenschaftlichen

Produktionsgemeinschaften an; dieses Ziel wollte er durch direkte Aktionen (→ Boykotte, → Demonstrationen, Sabotage, → politische und arbeitsrechtliche → Streiks) erreichen.

Synode

1. Ev. Kirche: Aus Geistlichen und Laien bestehende Kirchenversammlung als Träger der → Selbstverwaltung auf den Ebenen von Dekanaten, Kirchenkreisen und Landeskirchen. Gewählte Beschlußgremien, die über den gesamten Bereich des kirchlichen Lebens (Liturgie, Pfarrernachwuchs, Wirtschaftsfragen, Organisation) entscheiden, und auch zu kirchen- wie allgemeinpolitischen Grundsatzfragen Stellung nehmen.

2. Römisch-Kath. Kirche: Den Bischof bzw. Papst beratende Kirchenversammlung (Konzil).

System

Allgemeinbegriff für ein aus einer Anzahl von Teilelementen bestehendes Ganzes, dessen Bestandteile in Beziehung zueinander stehen. Nach bestimmten, dauerhaften Grundregeln geordnetes Ganzes, das nach außen - gegenüber anderen S. - eine gewisse → Integration und Geschlossenheit aufweist (→ Systemtheorie). Veränderungen einzelner Elemente wirken auf andere Elemente ein und führen so zu Veränderungen des gesamten S.; diesem ist jedoch eine Tendenz zu S.erhaltung und S.gleichgewicht inhärent. Ein S. kann Subsysteme und somit einen höheren Grad der Komplexität aufweisen. Mit der Umwelt kann es in Beziehung treten (offenes S.) oder gegen sie abgeschottet sein (geschlossenes S.). Ein S. ist ein theoretisches Konstrukt, das auf der Abstraktion von Wirklichkeit, d.h. auf ihrer Ersetzung durch typisierende formale Kategorien bzw. Regeln beruht.

Systemparteien

Abwertende Bez. für die das → System der parlamentarischen → Demokratie tragenden bzw. maßgeblich repräsentierenden → Parteien von Seiten rechtsradikaler bzw. rechtsextremistischer Kräfte. Ursprünglich ein (von der → NSDAP übernommener) Kampfbegriff der national-völkischen

Rechten nach 1918 in Deutschland gegen die Parteien der sog. Weimarer Koalition (→ SPD, → Zentrum, Deutsche Demokratische Partei, Deutsche Volkspartei).

Systemtheorie

Theoretischer Ansatz zur Beschreibung und Analyse komplexer sozialer Vorgänge, demzufolge soziales Geschehen als ein Netz- und Regelwerk sinnhaft aufeinander bezogener Funktionen (Leistungszuweisungen und -erwartungen) verstehbar ist. Funktionen fügen sich zu dauerhaften Strukturen und insgesamt zum → „System", das durch die Institutionalisierung von „funktionalen" Verhaltensweisen seine Fähigkeit zur Selbststeuerung und Selbsterhaltung bezieht.

Bekannteste Vertreter der S. sind Talcott Parsons, David Easton und Niklas Luhmann. Bei Luhmann stellt das System lediglich ein gedankliches Konstrukt dar, das Elemente miteinander in Verbindung setzt und gegenüber der Umwelt dieses Systems abgrenzt, also durch Differenzierung zwischen Innen und Außen. Die Komplexität der Umwelt wird dabei so reduziert, daß Erleben, Entscheiden und Handeln bei der Systembildung gewährleistet sind. Die Stabilität eines Systems resultiert aus der Beziehung zwischen System und Umwelt.

Systemvergleich

Allg. Bez. für vergleichende Analysen von → Staaten unterschiedlicher Wirtschafts- und Gesellschaftsordnungen (insbes. Ost-West-Vergleich z.Z. des → Ostblocks). Diese Vergleiche gehen nicht von strukturellen Gemeinsamkeiten aus, sondern von den unterschiedlichen Gesellschaftsstrukturen, Produktionsverhältnissen, politischen → Institutionen, Willensbildungs- und Entscheidungsprozessen. Die Untersuchungen können intersystemar (→ Länder unterschiedlicher → Systeme) oder intrasystemar (Unterschiede und Gemeinsamkeiten zwischen Ländern eines Systems) angelegt sein.

Systemwechsel

→ Regimewechsel
→ Theorien des Systemwechsels

Tarifautonomie

Bez. für die den tariffähigen Parteien (→ Tarifparteien) - → Gewerkschaften und Arbeitgebern (sowie → Arbeitgeberverbänden) - eingeräumte → Freiheit, ihre arbeitsrechtlichen Beziehungen ohne staatliche Einmischung in → Tarifverträgen zu regeln. Der → Staat tritt lediglich als Tarifpartei im → öffentlichen Dienst oder bei Schlichtungsverhandlungen als gebetener Vermittler auf. Die T. ist in der Bundesrepublik als → Koalitionsfreiheit in Art. 9 III GG verankert. Sie setzt, um in der Praxis funktionieren zu können, kompromißfähige Tarifpartner und die Anerkennung allgemeingültiger Regeln voraus; die Anforderungen an die sozialrechtliche Problemlösungskompetenz des Staates werden damit entsprechend reduziert.

Tarifkonflikt

→ Arbeitskampf

Tarifparteien

Auch: Tarifpartner; am Abschluß eines Tarifvertrages (→ Tarifautonomie) beteiligte, tariffähige Arbeitsmarktparteien. Auf Arbeitgeberseite ist neben den → Arbeitgeberverbänden jeder einzelne Arbeitgeber tariffähig; auf Arbeitnehmerseite sind dies hingegen nur → Gewerkschaften.

Tarifpolitik

Gesamtheit der Maßnahmen von → Tarif-(vertrags)parteien - → Gewerkschaften und Arbeitgebern (bzw. → Arbeitgeberverbänden) die im Rahmen der → Tarifautonomie auf den Abschluß eines → Tarifvertrages ausgerichtet sind.

Tarifvertragsgesetz/ TVG

Rechtliche Grundlage für den Abschluß, die Inhalte und Bindewirkungen von Tarifverträgen (→ Tarifautonomie), in der heute

gültigen Fassung vom 25.8.1969, mit Änderungen vom 29.10.1974.

Taylorismus

Von Frederick W. Taylor begründete „wissenschaftliche Betriebsführung", Vorläufer der Arbeitswissenschaft und der Betriebssoziologie. Der T. geht von einem engen Zusammenhang von Arbeitszufriedenheit und Arbeitsproduktivität aus; er reduziert das Anreizsystem auf die Lohnzufriedenheit. Die Rationalisierung der Arbeitsgänge (durch Zeit- und Bewegungsstudien) ist auf Steigerung von Produktivität und Löhnen ausgerichtet und soll eine Interessengemeinschaft von Arbeitern (hohe Löhne) und Arbeitgebern (hohe Gewinne) herbeiführen. Tatsächlich führte das → System des T., aufgrund der Zerlegung des Produktionsvorganges in enge Fertigungsschritte, zur Abwertung der Arbeit.

Technikfolgenabschätzung/ TA

Das Instrument der T. entstand aus der Diskussion über nicht-intendierte Folgen technischer Innovation, v.a. solche negativer Art (insbes. Gentechnik, Nuklearenergie). Es nahm seinen Anfang 1972 mit der Etablierung des Office of Technology Assessment (OTA) des amerikanischen → Kongresses. T. soll den politischen Entscheidungsträgern in → Exekutive und → Legislative technische und wissenschaftliche Informationen zu potentiellen Wirkungen der Anwendung neuer Technologien liefern. Primär bezieht sich diese Arbeit auf mögliche langfristige Auswirkungen sozialer, biologischer, physischer, ökonomischer, ethischer und politischer Art. T. dient als Frühwarnsystem.

Der Deutsche → Bundestag und die → Regierungen einiger deutscher → Länder setzen sich derzeit ebenfalls mit dieser Problematik auseinander. Der Name des Bundestagsausschusses für Forschung und Technologie wurde um den Zusatz T. erweitert; die T.-Enquêtekommission legte einen Bericht vor. Der Bundestag beschloß im Jahr 1990, ein mit externen Experten besetztes „TA-Büro" einzurichten.

Technokratie

Griech. für → „Herrschaft der Technik", im Sinne von Expertenherrschaft/ Expertokratie.

In kritisch-politischer Wendung meint T. die Tendenz, soziale und politische Grundsatzfragen primär aufgrund vermeintlicher technischer Sachzwänge zu entscheiden. Wo sich vorgeblich eindeutige Sachentscheidungen aufdrängen, verliert → Politik ihre ureigene Funktion als Prozeß des öffentlichen Aushandelns allgemein verbindlicher Entscheidungen zwischen möglichen Handlungsalternativen. Unübersehbar ist, daß politische Entscheidungen zunehmend Fakten schaffen, die nur noch schwer umkehrbar, revidierbar sind (z.b. bei großtechnischen Anlagen). Die Realität demokratischer → Industriegesellschaften ist jedoch durch weiterhin bestehende und sogar neu auftauchende Wert- und Interessenkonflikte gekennzeichnet, welche die Entscheidung über technische Sachfragen leiten. Die politische → Partizipation hat folglich nicht an Bedeutung verloren für die → Legitimation staatlichen Handelns.

Technologiepolitik

→ Forschungs- und Technologiepolitik

terms of trade

Austauschrelation zwischen Gütern verschiedener → Länder, gemessen als Index der Vorteile oder Nachteile eines Landes aus dem Außenhandel. Zur Berechnung der t. wird ein Quotient aus dem Index der Ausfuhrpreise zum Index der Einfuhrpreise (jeweils in heimischer Währung) gebildet. Sinkende Einfuhrpreise bei konstanten oder steigenden Ausfuhrpreisen sowie steigende Ausfuhrpreise bei konstanten oder sinkenden Einfuhrpreisen bedeuten eine Verbesserung (Anstieg) der t., da für denselben Güterexport mehr Güter importiert werden können; eine Verschlechterung (Sinken) der

t. entsteht durch umgekehrte Prozesse. Verbesserte t. bedeuten eine vorteilhaftere, sinkende t. eine schlechtere Außenhandelsposition. T. geben Auskunft darüber, ob ein Land durch den Außenhandel seinen Wohlstand steigert oder vermindert. Problematisch bei der Berechnung der Entwicklung von t. sind v.a. das zugrundegelegte Basisjahr und die Schwierigkeit, Qualitätssteigerungen von Industrieerzeugnissen in die Berechnungen einzubeziehen.

Terreur

Franz. für Terror (auch: Grande Terreur = Großer Terror); Bez. für die jakobinische Schreckensherrschaft in der Zeit der → Franz. Revolution (1789). Höhepunkt des T. waren die Jahre 1793-94, in der die → Jakobiner unter der Führung von Robbespierre die sog. Jakobinerdiktatur errichteten und den Wohlfahrtsausschuß, die → Exekutive des Nationalkonvents, zum Instrument ihrer Terrorherrschaft machten. Mit dem Sturz Robbespierres brach das → Regime des T. zusammen.

Territorialstaat

Auch: Flächenstaat; durch das räumliche Prinzip der Gebietshoheit definiert. Mit dem 13. Jh. begann die Ablösung des → Personenverbandsstaats durch den modernen T. Aus der personalen Zugehörigkeit zu einem Stammesverband bzw. aus dem persönlichen Treueverhältnis des → Lehnswesens wurde ein Herrschaftsverband, bestehend aus einem fest umgrenzten Gebiet (Staatsgebiet) und den darin befindlichen Menschen (Staatsvolk). Damit entstand der moderne → Staat als eine → Gebietskörperschaft und als Kompetenzbereich, dessen Machtausübung durch Nachfolgeregelung, die Schaffung von Verwaltungsformen und ein stehendes Herr gesichert wurde.

Terrorismus

Politisch motivierte Gewaltkriminalität (insbes. Mord, Flugzeugentführung, Geiselnahme) mit revolutionärem bzw. extremistischem Motivhintergrund. Terroristische Aktionen, die von verdeckt operierenden Kommandos vorbereitet und verübt werden, zielen gleichermaßen dahin, das staatliche → Gewaltmonopol als ohnmächtig vorzuführen bzw. zu Überreaktionen herauszufordern, beidesmal mit dem Kalkül, ein der herrschenden → politischen Ordnung abträgliches → Meinungsklima zu erzeugen. In der Bundesrepublik hatte sich in den 70er Jahren aus der ehem. → Studentenbewegung ein militanter Kern in der terroristisch agierenden → Rote Armee Fraktion/ RAF formiert.

Teststopp-Abkommen

1. Vertrag über einen begrenzten Teststopp (Teilteststoppvertrag): Erster, am 29.7.1963 zwischen USA, Großbritannien und der UdSSR abgeschlossener Vertrag im Rahmen der → Rüstungskontrolle zwischen USA und UdSSR, der alle Kernwaffentests in der Atmosphäre, im Weltraum und unter Wasser verbot.

2. Vertrag über die Begrenzung von unterirdischen Kernwaffenversuchen vom 3.7.1994: Bilateraler Vertrag zwischen USA und UdSSR, der unterirdische Kernwaffenversuche auf 150 KT begrenzt (daher auch „Schwellenvertrag" genannt).

3. Vertrag über unterirdische Kernexplosionen zu friedlichen Zwecken vom 28.5.1976: Vertragspartner und Begrenzung wie vorstehend unter 2. (daher ebenfalls „Schwellenvertrag" genannt). Der Vertrag verpflichtet beide Vertragspartner, unterirdische Nukleartests auf ein Minimum zu begrenzen und die Verhandlungen über ein Verbot aller Nukleartests fortzuführen.

4. Vertrag über das umfassende Verbot von Nuklearversuchen: Da nach dem Abschluß der Verhandlungen über das Verbot jeglicher Atomtests im August 1996 kein Konsens über den endgültigen Vertragstext erzielt werden konnte, wurde der Vertrag nach der Indossierung durch die UNO-Generalversammlung vom 10.09.1996 ausgelegt. Mehr als 3/4 aller → Staaten haben Mitte 1999 unterzeichnet, allerdings ist nur in einem Teil dieser Staaten der Ratifizierungsprozeß abgeschlossen. Zu den noch nicht zeichnenden Staaten gehören einige wichtige nukleare Schwellenstaaten (Indien und Pakistan haben im Mai 1998 Atomsprengsätze gezündet und sind damit eben-

falls Atommächte geworden; China erklärte sich daraufhin am 2.06.1998 für „bedroht" - bei „Bedrohung" sind Unterzeichnerstaaten neue Tests erlaubt). Dennoch stellt dieser Vertrag einen wichtigen Beitrag zur qualitativen Rüstungsbegrenzung, d.h. zu nuklearer → Abrüstung, → Rüstungskontrolle und Nichtverbreitung dar.

Thatcherismus

Benannt nach der britischen → Premierministerin Margaret Thatcher (1979-90). Unter ihrer Parteiführung wurde der sozialpolitisch aufgeschlossene Flügel der → Conservative Party in eine Randposition gedrängt. Als T. wird eine besonders enge Ausrichtung an marktwirtschaftlichen Kräften (→ Marktwirtschaft) und eine rigorose Ablehnung staatlicher Einflußversuche auf die Kräfte des Marktes bezeichnet, die sich in einer strengen monetaristischen (→ Monetarismus) und angebotsorientierten → Wirtschaftspolitik (supply side economics) darstellt (→ Reaganomics). Mehrere Faktoren verhinderten, daß sich gegen diesen radikalen Bruch mit der Tradition der Conservative Party und mit dem britischen → Wohlfahrtsstaat zu starker Widerstand erhob: Der Wohlfahrtsstaat befindet sich weltweit in einer Finanzierungs- und damit Glaubwürdigkeitskrise; weltweit haben die sozialdemokratischen und Arbeiter-Parteien keine überzeugenden wirtschaftspolitischen Alternativen zum neuen marktwirtschaftlichen Trend entwickeln können; die oppositionelle → Labour Party war lange Zeit in Flügelkämpfe zerfallen und durch die Abspaltung ihres gemäßigten Flügels als → Social Democratic Party/ SDP seit 1981 zusätzlich geschwächt. Die einschneidenden Veränderungen in der → Sozialstruktur entfalten ihre Wirkungen auch nach Thatchers Rücktritt. Dies gilt u.a. für den Abbau von Formen kollektiver Interessenvertretung im Bereich der → Arbeitsbeziehungen. Auch führte ihr konservativer Nachfolger John Major eine → Politik des gemäßigten T. fort; selbst der 1997 zum Premierminister gewählte Labour-Führer Tony Blair verfolgt einen streng marktwirtschaftlichen Kurs, und zwar ohne die Gewerkschaftsgesetzgebung Thatchers rückgängig machen zu wollen.

Thematisierungsfunktion
→ agenda setting

Theokratie
Griech. für Gottesherrschaft; → Herrschaftsform, welche die weltliche → Gewalt allein religiös - als Statthalterherrschaft für Gott - legitimiert. Im Gegensatz zur sog. Hierokratie wird in der T. die weltliche → Herrschaft (im Namen Gottes) nicht unbedingt von Priestern beansprucht und ausgeübt.

Theologie der Befreiung
In der 2. Hälfte der 60er Jahre hauptsächlich innerhalb der katholischen Kirche Lateinamerikas entstandene, aber auch von protestantischen Gruppen getragene politische Theologie, die sich gegen staatliche Unterdrückungspraktiken einheimischer → Regime ebenso wendet wie gegen kapitalistisch-industriegesellschaftlich geprägte → Entwicklungshilfe. Die T. stellt kein homogenes Gebilde dar, weist aber einige grundsätzliche Übereinstimmungen auf. Der kirchliche Auftrag wird von der Lage der Armen, als Ausdruck des Abhängigkeits- und Ausbeutungsverhältnisses der → Dritten Welt von den Industrienationen, her verstanden und gedeutet zu praktischer sozialer und politischer (Selbst-)Befreiung. Entstanden als „Volkskirchenkonzept" in Basisgemeinden, fand die T. Unterstützung selbst in Teilen des Episkopats. Aus den Basisgemeinden gingen viele politische und Selbsthilfeorganisationen hervor. In den 80er Jahren kam es zu → Konflikten v.a. mit dem Vatikan, der den Vertretern der T. Beeinflussung durch und Übernahme von marxistischem Gedankengut, Verquickung von religiöser und politischer Befreiung sowie Parteinahme bei politischen und sozialen Konflikten vorwarf. Es kam zu vorübergehenden Rede- und Publikationsverboten für Vertreter der T., aber auch zu einer partiellen lehramtlichen Bestätigung ihrer Denkansätze. Trotz Mißbilligung durch den Vatikan wird die T. in den Basisgemeinden, auf der lokalen Ebene, weiter praktiziert.

Theorie
→ Politische Theorie

Theorien des Systemwechsels
→ Transformationstheorien

Theorien politischer Steuerung
1. Steuerungsbegriff. Sofern die Möglichkeit der gezielten Steuerung von wirtschaftlichen und gesellschaftlichen Prozessen nicht von vornherein ausgeschlossen wird, kann politische Steuerung als intentionale und kommunikative Handlungsbeeinflussung zur gemeinwohlorientierten Gestaltung der gesellschaftlichen Verhältnisse verstanden werden (König/ Dose 1993: 519 f.). Diese Definition von Steuerung lehnt sich sehr stark an ältere Vorstellungen von Mayntz und Scharpf an. Allerdings steht insbesondere bei Scharpf der Begriff der Handlungs*koordination* stärker im Vordergrund. Damit scheint jedoch nur der Teilbereich politischer Steuerung abgedeckt zu sein, in dem gesellschaftliche Akteure dem → Staat als nahezu gleichberechtigte Partner gegenüber stehen, wenn es also um die reine Koordination von Handlungen geht. Häufig verfügt der Staat aber immer noch über überlegene Macht- und Durchsetzungsmittel. Selbst wenn sich der Staat für die → Implementation von materieller → Politik auf Verhandlungen mit den → Bürgern verlegt, kann er sehr häufig unmittelbar auf hoheitliches Handeln zurückschalten. In vielen Fällen koordiniert sich der Staat nicht nur, sondern versucht seine Vorstellungen von Politik gegenüber den Bürgern durchzusetzen.

2. Ansätze politischer Steuerung. Die unterschiedlichen Sichtweisen von politischer Steuerung lassen sich recht gut anhand der verschiedenen Antworten auf die Frage nach der Steuerbarkeit gesellschaftlicher → Systeme oder Akteure und die nach der Steuerungsfähigkeit des → politisch-administrativen Systems verdeutlichen. Bei der Steuerbarkeit geht es um die Frage, ob Systeme oder Akteure, die Ziel von Steuerungsversuchen sind, sich durch diese systematisch beeinflussen lassen. Bei der Steuerungsfähigkeit geht es hingegen darum, festzustellen, ob das politische System überhaupt in der Lage ist, andere Systeme, Organisationen oder Akteure zielgerichtet zu beeinflussen.

2.1. Allgemeine → Systemtheorie. Sichtweisen, die der 'allgemeinen Systemtheorie' Luhmann'scher Prägung verpflichtet sind, verneinen wegen der zwar kommunikativen Offenheit, aber operativen Geschlossenheit der als autopoietisch (d.h. sich selbsterzeugend und nach je eigener Gesetzmäßigkeit funktionierend) erkannten sozialen Systeme insbesondere die Steuerbarkeit dieser Systeme. Kommunikationen mit steuernden Intentionen sind damit zwar möglich, sie werden jedoch von dem System, auf das sie gerichtet sind, nach der ihm eigenen Logik prozessiert. Steuerungsversuche werden als Störungen des Selbststeuerungsprozesses verstanden. Sie können damit allenfalls Selbststeuerungsprozesse anregen. Sie erlauben jedoch keine zielgerichtete Steuerung. Mit der verneinten Steuerbarkeit spielt die Steuerungsfähigkeit des politischen Systems an sich keine große Rolle mehr, denn selbst wenn sie gegeben wäre, würden systematische Steuerungsversuche über Systemgrenzen hinweg durch die fehlende Steuerbarkeit der zu steuernden Systeme unmöglich gemacht werden. Aber auch die Steuerungsfähigkeit des politischen Systems scheitere bereits an deren Autopoiesis: Da alle einfließenden Kommunikationen ausschließlich in der Logik des → politischen Systems prozessiert würden, könne das politische System keine gesamtsystemischen Orientierungen entwickeln. Schließlich kollidiere die Vorstellung von einer Steuerungsfähigkeit des politischen Systems „hart mit dem Faktum funktionaler Differenzierung, das ausschließt, daß Systeme wechselseitig füreinander einspringen können" (Luhmann 1988: 325). Kritiker (Grande/Häusler 1994: 40 f.) wenden hier ein, dass es um den von Luhmann im Wesentlichen behandelten Fall des gezielten Eingriffs in die basalen Operationen eines Systems gar nicht gehe: Ziel staatlicher Steuerung wäre es nicht, die Eigengesetzlichkeit eines Systems außer Kraft zu setzen. Es ginge vielmehr darum, den jeweiligen Operationsmodus so zu beeinflussen, dass das systemische Handeln für die anderen Teilsysteme verträglich bleibe. Tatsächlich beschäftigt sich Luhmann (1990: 28 ff.) mit diesem Problem eher zurückhaltend und undeutlich. Auf nur wenigen Seiten werden Mechanismen benannt, die verhindern helfen können, daß die Operationen eines sozialen Systems für ein anderes zu zumutbaren Belastungen führen. Hier werden Sachzwänge (etwa ökologische oder finanzielle Knappheiten) sowie strukturelle Koppelungen genannt. Letztere könnten eine Ko-Evolution strukturell gekoppelter Systeme einleiten, mit der jedoch keine Garantie auf eine erfolgreiche Evolution verbunden sei.

2.2 Dezentrale Kontextsteuerung. Das Problem der Integration der ausdifferenzierten Teilsysteme wird von Teubner und Willke (1984: 30 ff.) über die bewußte Verstärkung oder Herbeiführung der strukturellen Koppelung angegangen. Sie verweisen auf die Möglichkeiten, die sich durch die Verwendung von „reflexivem Recht" im Rahmen einer dezentralen Kontextsteuerung ergeben. Mit ihm würden die je spezifischen Teilsystemrationalitäten berücksichtigt. Der Staat verzichtet dabei auf die Bereitstellung bindender Entscheidungen. Er verlegt sich vielmehr darauf, Verhandlungssysteme zu schaffen, denen Entscheidungsregeln und -kriterien an die Hand gegeben werden. Man kann also formulieren, dass der Staat mit reflexivem Recht die Herstellung bindender Entscheidungen auf die zu schaffenden Verhandlungssysteme delegiert. Als empirische Beispiele für eine solche „Konditionierung der Selbststeuerung" (Willke 1987: 12 und 18) wird auf die → Tarifautonomie im Bereich des Wirtschaftssystems sowie auf die Arbeit des Wissenschaftsrats im Bereich des Wissenschaftssystems verwiesen.

2.3 Mediale Steuerung. Kommen Teubner und Willke - wie Luhmann - noch ganz ohne systematischen Rückgriff auf Akteure aus, wird diese Beschränkung bei der „medialen Steuerung" (Druwe 1994 und Görlitz 1995) deutlich gelockert. Wie Luhmann berufen sich dessen Vertreter auf das Autopoiese-Modell von Maturana und Varela. Allerdings gelangen sie nach der Übertragung der entsprechenden Überlegungen zu einem anderen Ergebnis als Luhmann: Während Luhmann seine Überlegungen ausschließlich auf soziale Systeme bezieht, kommen bei Druwe (1994: 73) und Görlitz

(1995: 114) auch Individuen, Gruppen und ganze → Gesellschaften vor. Sie würden eine zirkuläre, autopoietische Organisation aufweisen. Außer bei den Individuen - ihre Bestandteile werden als biologische Systeme definiert - würden sich soziale Systeme aus Menschen oder „Aktoren" zusammensetzen.

Das Problem von Steuerung seien die unterschiedlichen Systemrationalitäten, welche die → „Identität" eines Sozialsystems ausmachten. In ihnen sei auch die Ursache „für die strukturelle, operationale Geschlossenheit eines jeden Sozialsystems" zu suchen. Die große Chance von Steuerung sei die strukturelle Koppelung der Sozialsysteme an Medien, so z.B. an die natürliche Umwelt und an andere Sozialsysteme. So sei beispielsweise der Mensch als Sozialsystem an seine Umwelt (Luft zum Atmen, Nahrungserwerb usw.) und an etwa seine Familie oder seinen Freundeskreis gekoppelt. Die Koppelung bestehe darin, dass es zu Interaktionen zwischen zwei Sozialsystemen kommt, so beispielsweise zwischen zwei Menschen. Wenn die Interaktionen zwischen einem sozialen System und seinem Medium, also einem weiteren sozialen System, jeweils systemrational aufgearbeitet werden sollen, heißt das für Steuerung - so Druwe -, dass diese nicht hierarchisch angelegt sein dürfe. Strukturelle Koppelung kenne nur gleichberechtigte Interaktionspartner. Steuerung sei damit „ein nichtdeterministischer, nicht kausaler Prozeß" (Druwe 1994: 74 f.). Aber immerhin scheint sie prinzipiell möglich.

2.4 Handlungstheorie und akteurzentrierter Institutionalismus. Deutlich wird von der handlungstheoretischen Position auf die Bedeutung von Akteuren, aber auch von → Institutionen für den Steuerungsprozeß abgestellt. Dabei wird mit Hinweis auf zahlreiche empirisch belegbare Steuerungswirkungen von der grundsätzlichen Steuerbarkeit der Steuerungsobjekte ausgegangen (Scharpf 1989: 10 ff.; Maytnz 1987: 89 ff.). Das heißt nicht, dass Steuerung in jedem Fall auf quasi wehrlose Steuerungsobjekte trifft, nur stießen Widerstände gegen Steuerung nicht auf der Ebene der Funktionssysteme der allgemeinen Systemtheorie

untersuchbar. Hierfür sei es erforderlich, sich ganz bewußt den Adressaten von Steuerungsinterventionen zuzuwenden. Würden ihre Interaktionslogiken nicht berücksichtigt oder wären diese nicht zu beeinflussen, müßten Steuerbarkeitsprobleme verzeichnet werden. Ähnliches gelte, wenn Adressaten von Steuerung ein gewisses Maß an Organisiertheit aufwiesen und damit über eine Selbstorganisationsfähigkeit verfügten, die hinreichend sei, um sich dem Steuerungszugriff der Politik weitgehend entziehen zu können. Unüberwindbare Probleme sehen Handlungstheoretiker hinsichtlich der Steuerungsfähigkeit des politischen Systems nicht, wenngleich diese zwar als prekär, aber doch grundsätzlich als gegeben betrachtet wird.

Im zuletzt angesprochenen handlungstheoretischen Kontext hat in letzter Zeit der Ansatz des akteurzentrierten Institutionalismus zunehmend an Bedeutung gewonnen. Er wurde im Kölner Max-Planck-Institut für Gesellschaftsforschung v.a. für die Analyse von Steuerungs- und Selbstorganisationsprozessen in staatsnahen Sektoren entwikkelt. Wie der Name dieses untersuchungsleitenden Ansatzes bereits sagt, wird mit ihm die wissenschaftliche Analyse insbesondere auf institutionelle Aspekte und Akteure einschließlich ihrer Handlungsorientierungen gelenkt. Dabei wird der Institutionenbegriff relativ eng ausgelegt und auf Regelungsaspekte konzentriert. Seine vielfach zu beobachtende kulturalistische Ausweitung wird damit abgelehnt. So bleibt Raum für eine eigenständige Bedeutung des Handelns der einzelnen Akteure. Hinsichtlich des institutionellen Kontextes wird auf die Erwartungen sichernde Funktion von Regelungen verwiesen. Diese können u.a. in der Festlegung von Verhaltens- und Verfahrensnormen, in der Gewährung bzw. Untersagung von → Ressourcen, in der Festlegung der Beziehung von Akteuren untereinander sowie in der Zuweisung von Aufgaben einschließlich der sich damit ergebenden → Arbeitsteilung bestehen. Ihr Einfluß kann soweit gehen, dass korporative Akteure durch entsprechende Regelungen erst geschaffen werden. Dabei werden institutionelle Settings als momentan gegeben, aber als mittelfristig durchaus gestaltbar wahrgenommen. Einer offen oder versteckt deterministischen Wirkung wird eine deutliche Absage erteilt. Das Handeln von Akteuren wird durch sie hingegen ermöglicht oder gehemmt. Akteure, die auch als Organisationen gedacht werden, folgen darüber hinaus ihren Handlungsorientierungen, wobei kognitive und motivationale Aspekte unterschieden werden. Dabei wird davon ausgegangen, daß die vielschichtigen, sich u.U. teilweise widersprechenden Orientierungen nicht in einer allseits gültigen Nutzenfunktion abgebildet werden können. Vielmehr spielt für die einzelnen Akteure die jeweilige Handlungssituation eine wesentliche Rolle. Sie kann beispielsweise zum Handeln herausfordern, wenn mit ihr entsprechende Handlungsorientierungen angesprochen werden. Schließlich gilt es zu berücksichtigen, dass das Handeln einer Vielzahl von Akteuren zu analysieren ist. Diese Akteurkonstellationen werden unter Rückgriff auf die verschiedenen Ausprägungen der Netzwerkanalyse und der → Spieltheorie untersucht. Während damit die wichtigsten Variablenbündel des akteurzentrierten Institutionalismus benannt sind, warnen die Autoren davor, alle diese Perspektiven gleichzeitig auf einen Untersuchungsgegenstand anwenden zu wollen. Eine solche Untersuchung würde im Zweifelsfall überkomplex ausfallen. Je nach Fragestellung und Untersuchungssituation (etwa wenn sich die Handlungsorientierungen bereits aus den institutionell zugeschriebenen Aufgaben ergeben) hätten einzelne Aspekte in den Vordergrund und andere in den Hintergrund zu treten. Die Komplexität des Forschungsansatzes mache lediglich für potentielle Erklärungsfaktoren sensibel.

3. Empirische Analyse von Steuerungsprozessen. Insgesamt ist der Ansatz des akteurzentrierten Institutionalismus wegen seiner integrativen Breite vor Zeit derjenige, der empirische Forschung am besten anzuleiten vermag. Mit je unterschiedlicher Schwerpunktsetzung liegen auch bereits entsprechende Studien vor (siehe die Beiträge in Mayntz/Scharpf 1995). Ergänzende Fragen, die vor allem im Bereich der tatsächlichen staatlichen Handlungsformen (→ Verwaltungsakt, Verwaltungsvertrag usw.) und der

Instrumente (etwa einer stärker differenzierenden Betrachtung regulativer Programme) zu stellen sind, lassen sich unter Rückgriff auf in diesem Bereich stärker ausgearbeitete Überlegungen beantworten (König/ Dose 1993; Daintith 1997).

Lit.: T. Daintith: Regulation, in: International Encyclopedia of Comparative Law, Tübingen u.a., 1997, 10/1-10/188; *U. Druwe*: Steuerungstheoretische Problemlösungsansätze, in: *A. Görlitz* (Hg.), Umweltpolitische Steuerung, Baden-Baden, 1994, 57-77; *E. Grande/ J. Häusler*: Industrieforschung und Forschungspolitik, Frankfurt/ New York, 1994; *A. Görlitz*: Politische Steuerung, Opladen, 1995; *K. König/ N. Dose* (Hg.): Instrumente und Formen staatlichen Handelns, Köln u.a.; *N. Luhmann*: Die Wirtschaft der Gesellschaft, Frankfurt, 1988; *N. Luhmann*: Die Wissenschaft der Gesellschaft, Frankfurt, 1990; *R. Mayntz*: Politische Steuerung und gesellschaftliche Steuerungsprobleme - Anmerkungen zu einem theoretischen Paradigma, in: *T. Ellwein/ J. J. Hesse/ R. Mayntz/ F. W. Scharpf* (Hg.): Jahrbuch zur Staats- und Verwaltungswissenschaft, Bd. 1, Baden-Baden, 1987, 89-110; *R. Mayntz/ F. W. Scharpf*: Der Ansatz des akteurzentrierten Institutionalismus, in: R. Mayntz/ F. W. Scharpf: Gesellschaftliche Selbstregelung und politische Steuerung, Frankfurt, 1995, 39-72; *F. W. Scharpf*: Politische Steuerung und politische Institutionen, in: Politische Vierteljahresschrift, 30. Jg., Heft 1, 1989, 10-21; *G. Teubner/ H. Willke*: Kontext und Autonomie: Gesellschaftliche Selbststeuerung durch reflexives Recht, in: Zeitschrift für Rechtssoziologie, 5. Jg., Heft 1, 1984, 4-35; *H. Willke*: Kontextsteuerung durch Recht? Zur Steuerungsfunktion des Rechts in polyzentrischer Gesellschaft, in: M. Glagow/ H. Willke (Hg.): Dezentrale Gesellschaftssteuerung. Probleme der Integration polyzentrischer Gesellschaft, Paffenweiler, 1987, 3-26.

Dr. Nicolai Dose, München

Thuringium
→ Landesverwaltungsamt

Timokratie

Altgriech. Modell einer Staatsform, die den → Bürgern Rechte (insbes. das → Wahlrecht) und Pflichten gemäß deren Vermögen zusprach.

Tories

Im 17. Jh. entstandene, ursprünglich abwertende Bez. für die Parlamentsfraktion der Königstreuen, die den Stuartherrscher Jakob II. stützte; heute Kurzbez. für die britische → Conservative Party. Die T., welche die absolutistischen Vorrechte des Hauses Stuart verteidigten, standen dabei der Parlamentspartei, den → Whigs, gegenüber. Mit der Etablierung beider Gruppierungen wurde der Machtkampf als Konkurrenzkampf um Wählerstimmen kanalisiert und in das → Parlament hinein verlagert. In der Glorious Revolution von 1688 standen T. und Whigs Seite an Seite gegen König Jakob II. (1685-88). T. und Whigs gelten als klassische Vorläufer moderner politischer → Parteien.

totaler Staat

⇒ *totalitärer Staat*

totalitäre Diktatur

→ totalitärer Staat

totalitärer Staat

Diktatorische Herrschaftsgewalt, die im Namen einer totalitären → Ideologie (→ Totalitarismus) ausgeübt wird und der Intention nach sämtliche Lebensbereiche der → Gesellschaft durchdringt. Kennzeichen totalitärer → Systeme sind in Anlehnung an Carl Joachim Friedrich: monopolistische → Staatspartei; → Zentralverwaltungswirtschaft; Nachrichtenmonopol; allumfassende Ideologie; Waffenmonopol; terroristische Geheimpolizei. Das → Dritte Reich des → Nationalsozialismus und der → Kommunismus (v.a. der → Stalinismus) - aber auch der faschistische → Staat Italiens - gelten als historische Ausprägungen des t., in denen alle gesellschaftlichen und politischen Bereiche totalitär gleichgeschaltet waren. Um den Preis der Ausblendung von Unterschieden in den ideellen wie strukturellen Begründungsbedingungen dieser Länder führten die Übereinstimmungen in

den Herrschaftsformmerkmalen zur Subsumierung dieser Staaten unter die Bezeichnung „t.".

Totalitarismus

Typus neuerer politischer Gewaltherrschaft, die, unter den Vorzeichen eines weltanschaulichen Hegemonialstrebens, den → Staat in seiner Gesamtheit instrumentalisiert mit dem Anspruch, alle gesellschaftlichen und persönlichen Lebensbereiche uneingeschränkt zu erfassen und gleichzuschalten. Im Unterschied zu → Absolutismus, → autoritären Systemen, → Tyrannis etc. ist der T. eine „moderne" Erscheinung industrieller Massengesellschaften, eine → Herrschaft mit Hilfe moderner Technologie, allumfassender → Ideologie, scheindemokratischen Strukturen und monopolistischer → Staatspartei. Als T. werden bezeichnet: italienischer → Faschismus, → Nationalsozialismus und → Kommunismus (v.a. → Stalinismus). Diese einzelnen totalitären Systeme werden von der T.theorie der 50er und frühen 60er Jahre, trotz unterschiedlicher Ideologien, Wirtschaftsordnungen und Gesellschaftsstrukturen, unter Hinweis auf übereinstimmende Herrschafts*form*merkmale unter dem Sammelbegriff T. (→ totalitärer Staat) subsumiert. Dieser typologische Ansatz ist deshalb als eine strukturanalytisch defizitäre Form des → Systemvergleichs kritisiert worden.

Trade-Unionismus

Auf gewerkschaftliche Aktion und Organisation beschränkte, „nur-gewerkschaftliche" Form der Durchsetzung von Arbeitnehmerinteressen, wie sie ab Mitte des 19. Jh. für die britische Gewerkschaftsbewegung (Trade Unions) als typisch angesehen worden ist. Dieses pragmatische Gewerkschaftskonzept stand im Gegensatz zu den sozialrevolutionären → Gewerkschaften Kontinentaleuropas, die im → Kapitalismus die Ursache des → Klassenkonfliktes sahen.

Der Terminus T. wurde von W.I. Lenin als polemischer Kampfbegriff verwandt für Gewerkschaften bzw. für ein Arbeitnehmerbewußtsein, das sich auf eine reformistische bzw. systemimmanente Vertretung der Arbeiterinteressen beschränkt, statt durch → Klassenkampf den Kapitalismus zu überwinden.

Transformationstheorien

1. Drei Demokratisierungswellen. Betrachtet man das 20. Jh. unter dem Blickwinkel des Übergangs von autokratischen zu liberaldemokratischen → politischen Systemen, lassen sich drei große Demokratisierungswellen erkennen. Eine erste lange Welle, die ihre Wurzeln in der französischen und amerikanischen Revolution hatte und sich langsam verstärkend über das gesamte 19. Jh. hinzog, erreichte ihren Höhepunkt unmittelbar nach dem 1.Weltkrieg. Zu Beginn der 20er Jahre dieses Jahrhunderts war in rund 30 Ländern mit den allgemeinen, gleichen und freien → Wahlen das prozedurale Minimum (Dahl 1971) demokratischer Systeme installiert (Huntington 1991: 17). Mit Mussolinis Marsch auf Rom 1922 wurde der lange Demokratisierungstrend durch eine erste „Gegenwelle" gebrochen, die in Europa und Lateinamerika eine Reihe faschistischer, autoritär-korporatistischer, populistischer oder militärisch-diktatorischer → Regime entstehen ließ. Nach dem Ende des II. Weltkrieges wurde erneut ein kurzer Demokratisierungsschub ausgelöst. Unter der Aufsicht der westlichen Siegermächte wurde die → Demokratisierung der politischen Systeme in Westdeutschland, Österreich, Italien und Japan eingeleitet. In Lateinamerika traten 6 Länder in eine kurze Phase demokratischen Wandels ein, bevor dieser zu Beginn der 50er und 60er Jahre wiederum in einer (zweiten) Gegenwelle durch die Etablierung von Militärdiktaturen beendet wurde. Die dritte Demokratisierungswelle begann 1974 in Südeuropa (Portugal, Griechenland, Spanien), erfaßte zu Beginn der 80er Jahre Lateinamerika und pflanzte sich bis nach Ostasien (Taiwan, Philippinen, Südkorea, Thailand) fort. Ihren Höhepunkt erreichte sie am Ende der achtziger Jahre in Osteuropa. 1996 wurden weltweit 118 Länder als → Demokratien gezählt (Merkel/ Puhle 1999: 17).

2. Theorien der Transformationsforschung. Die dritte große Demokratisierungswelle hat in den → Sozialwissenschaften zu einer verstärkten Theoriedebatte geführt. In ihr lassen sich vier große Theoriestränge erkennen (Merkel 1994): System-, Struktur-, Kultur- und Akteurstheorien. Diese unterschiedlichen Ansätze suchen die Erfolgsund Mißerfolgsbedingungen demokratischer Systemtransformationen in unterschiedlichen sozialen Teilsystemen: die systemorientierten Modernisierungstheoretiker v.a. in der Wirtschaft, die Strukturalisten im → Staat und den sozialen Klassenstrukturen, die „Kulturalisten" in Religion, Kultur und den sozialen Interaktionsbeziehungen und die Akteurstheoretiker in der Sphäre politischen Handelns.

a. → *Systemtheorie.* Systemtheoretische Ansätze erhellen insbesondere den Zusammenhang von funktionalen Erfordernissen soziopolitischer Systeme und der Herausbildung von sozialen und politischen Strukturen, die diese Anforderungen erfüllen. Sie entwickeln ihre besondere Erklärungskraft im Hinblick auf die für die Transformation ursächlichen Dysfunktionen des alten (autokratischen) und die sozioökonomischen Möglichkeitsbedingungen des neuen (demokratischen) → Systems. Als einflußreichster Strang der systemorientierten Ansätze hat sich in der Transformationsforschung die Modernisierungstheorie erwiesen. Ihr Kernsatz lautet: Je entwickelter Wirtschaft und → Gesellschaft eines Landes, umso größer sind die Chancen, daß sich eine dauerhafte Demokratie herausbildet. Diese klare Wechselbeziehung zwischen sozioökonomischer Entwicklung und Demokratiefähigkeit wurde erstmals von Parsons (1951) formuliert und später von Lipset (1959) präzisiert. Seitdem wurde die Korrelation von wirtschaftlicher Entwicklung (BP/ capita) und Demokratiefähigkeit immer wieder statistisch überprüft und hat sich dabei als außerordentlich robust erwiesen (u.a. Cutright 1963; Vanhanen 1984). Hinter den Korrelationen verbergen sich bestimmte gesellschaftliche Entwicklungen, die die statistischen Korrelationen auch kausal verständlich machen. Ein relativ hohes sozioökonomisches Niveau führt in der Regel zu folgendem gesellschaftlichen Entwicklungszusammenhang, der die Demokratiefähigkeit eines Landes stärkt: Gestiegener gesellschaftlicher Wohlstand vermindert extreme ökonomische Ungleichheit, mildert die absolute

Armut, schwächt Standes-, Klassen- und Statusunterschiede, mäßigt den politischen → Extremismus der unteren wie der oberen → Klassen und stärkt die Mittelschichten, die nach demokratischer Mitsprache verlangen.

Trotz statistischer Bestätigungen und überzeugender Argumente kann die Modernisierungstheorie keine konkreten Ereignisse, sondern nur längerfristig signifikante Trends angeben. Unerklärt in ihrer Wirkung auf die Demokratisierung eines Landes bleiben zudem die Rolle des Staates, der Kultur und des tatsächlichen Handelns politischer Akteure.

b. Strukturalismus. Strukturalistische Theorien (Moore 1969; Rueschemeyer/ Stephens/ Stephens 1992) betonen insbesondere die machtstrukturellen Zwänge, denen Systemtransformationen unterliegen. Der Erfolg oder Mißerfolg von Demokratisierungsprozessen wird v.a. als Resultat langfristiger Verschiebungen in den Machtstrukturen einer Gesellschaft angesehen. Ob es zur Etablierung einer Demokratie kommt, ist aus dieser Theorieperspektive insbesondere von folgenden vier Faktoren abhängig:
- der starken Stellung der → Bourgeoisie,
- einer vergleichsweise schwachen Stellung der Landoligarchie,
- der starken Position der → Arbeiterklasse, sowie
- der Autonomie des Staates gegenüber den dominierenden sozialen Klassen.
Trotz dieser wichtigen Einsichten in die sozialen und politischen Machtstrukturen einer Gesellschaft werden von den „Strukturalisten" die Heterogenität der Interessenlagen sozialer Großklassen unterschätzt, kulturelle Gegebenheiten vernachlässigt und das Handeln kollektiver wie singulärer Akteure ausgeklammert.

c. Kulturalistische Ansätze. Religiöskulturelle Faktoren und ihre Wirkung auf die Entwicklung des Kapitalismus und bestimmter Staatsformen sind schon von Max Weber betont worden. Doch erst in jüngster Zeit hat die Frage nach den kulturellreligiösen (Huntington 1993) und zivilisatorischen (Putnam 1993) Voraussetzungen auch verstärkt Eingang in die Transformati-

onsforschung gefunden. Eine Grundthese lautet: Nicht säkularisierte religiöse Kulturen behindern die Verbreitung demokratiestützender → Normen, Verhaltensweisen und demokratischer Verfahren in einer Gesellschaft (Merkel/ Puhle 1999: 37). Denn sie versagen den demokratischen → Institutionen dann ihre eigenständige → Legitimität, wenn sich diese nicht durch religiöse Dogmen beglaubigen lassen. So wie sich der Katholizismus im 19. Jh. als sehr sperrig gegenüber den Demokratisierungsfortschritten erwiesen hat, muß dies auch für die fundamentalistischen Ausprägungen des Islamismus am Ende des 20. Jhs. gelten. Je weniger sich religiöse Institutionen und → Eliten mit ihrer Rolle in säkularisierten Gesellschaften abfinden und auf eine letztinstanzliche Richterrolle gegenüber demokratischen Entscheidungen pochen, umso größere Hindernisse stellen sie für die Demokratisierung von Staat und Gesellschaft dar. Die → Säkularisierung der Gesellschaft sowie die Trennung von Staat und Kirche können dagegen als günstige Voraussetzungen für die Demokratie gelten.

Neben den religiösen Kulturen, von diesen aber häufig beeinflußt, spielen gesellschaftliche Werte, soziale Traditionen und die historischen Erfahrungen von → Gemeinschaft und Kooperation eine wichtige Rolle für die Demokratie. Darauf haben Theoretiker von Alexis de Tocqueville (1835) bis Robert Putnam (1993) aufmerksam gemacht. Demokratiestützende Werte und Normen, so ihre These, müssen in langfristigem zivilgesellschaftlichen Engagement gelernt, habitualisiert und historisch als „soziales Kapital" (Putnam) akkumuliert werden. Wenn aber bürgerliches Engagement, wechselseitiges Vertrauen und zivile Selbstorganisiation die soziale Kommunikation einer Gesellschaft geprägt haben, zivilisiert eine solche Gesellschaft nicht nur die Formen staatlicher Herrschaft, sondern stabilisiert, effektiviert und demokratisiert auch die politischen Institutionen der Demokratie.

d. Akteurstheorien. Im Unterschied zu sozioökonomischen, machtstrukturellen und kulturalistischen Ansätzen betonen Akteurstheorien das kontingente politische Handeln und damit die prinzipielle Unbestimmtheit von Transformationsprozessen. Denn ob die Transformation hin zur Demokratie gelingt, hängt vom Ergebnis der situationsgebundenen Präferenzen, Strategien und Handlungsmöglichkeiten der politisch relevanten Akteure ab. Sie prägen maßgeblich die wechselnden Allianzen, Entscheidungen und Verlaufsmuster politischer Transformationsprozesse.

Nach dem vom → „rational-choice-Paradigma" beeinflußten Strang der Akteurstheorie ist eine erfolgreiche Demokratisierung nur dann möglich, wenn es entsprechend den Kosten-Nutzen-Kalkülen der relevanten Akteure rational ist, sich für eine demokratische Systemalternative zu entscheiden (Przeworski 1991). Unter den Bedingungen unklarer Machtverhältnisse und rationaler Handlungskalküle kommt es in frühen Systemwechselphasen zwischen den alten Regimeeliten und den neuen demokratischen Kräften häufig zu politischen und wirtschaftlichen Pakten. Transformationspakte sind dann am wahrscheinlichsten, wenn weder die autokratischen noch die demokratischen Eliten über genügend → Macht verfügen, um einseitig ihre Interessen durchsetzen zu können (O'Donnell/ Schmitter 1986). Trotz ihres nicht selten undemokratischen Charakters werden solche Pakte in der Akteurstheorie als demokratiefördernd angesehen, da sie durch die Beschränkung politischer Konflikte die Chancen auf eine konfliktarme demokratische Konsolidierung erhöhen.

3. Die Phasen eines Systemwechsels. Die akteurstheoretischen Transformationsansätze haben den Systemwechsel in unterschiedliche Phasen unterteilt. Der Übergang von der → Autokratie zur Demokratie wird dabei nach zwei Seiten abgegrenzt: Die erste Abgrenzung markiert den Beginn der Auflösung des alten autoritären oder totalitären Regimes, die zweite Abgrenzung wird durch die Institutionalisierung der Demokratie, die dritte durch die Konsolidierung der Demokratie gezogen. Damit ergeben sich folgende drei Phasen:
- das Ende des autokratischen Regimes
- die Institutionalisierung der Demokratie
- die Konsolidierung der Demokratie.

Diese drei Phasen sind jedoch nur analytisch zu trennen. In der Realität überlappen sie sich häufig. So können Teilbereiche eines politischen Systems noch autoritär regiert werden, während andere Bereiche schon durch demokratische Institutionen und Normen reglementiert werden.

Die Systemwechselforschung hat seit Mitte der neunziger Jahre ihre konzeptionelle und empirische Beschäftigung von den ersten beiden Etappen auf die Konsolidierungsphase verlagert. Dennoch ist es nach wie vor umstritten, wann eine junge Demokratie als konsolidiert gelten kann (Gunther/ Diamandouros/ Puhle 1995). Minimalistische Theorien gehen davon aus, daß eine Demokratie dann konsolidiert ist, wenn es keine relevanten Vetoakteure gegen sie mehr gibt (Di Palma 1990). Maximalistische Konzepte betonen, daß die Konsolidierung auf der Ebene der Verfassungsinstitutionen, der → Parteien und → Interessenverbände sowie der → politischen Kultur und → Zivilgesellschaft kritische Schwellen überschreiten müsse, bevor von einer konsolidierten Demokratie gesprochen werden kann (Merkel 1999).

4. Stagnation und Scheitern von Systemwechseln. T. leiteten die empirische Forschung des Systemwechsel hin zur Demokratie in besonderem Maße an. Sie sind jedoch in ihren theoretischen Präpositionen hinreichend offen, so daß mit ihnen auch stagnierende und gescheiterte Transformationen konzeptionell erfasst werden können. So mehren sich am Ende der neunziger Jahre theoretische Anstrengungen, auch sog. „hybride Regime", „illiberale", „delegative" oder „defekte Demokratien" theoretisch einzuordnen (O'Donnell; Merkel/Puhle). Den unterschiedlichen Konzepten ist gemeinsam, daß sie zwar die Etablierung fairer demokratischer Wahlen konstatieren, aber in vielen jungen Demokratien der dritten Welle die konstitutionellen Kontrollen der → Gewaltenteilung verletzt und wichtige Garantien des → Rechtsstaates beschädigt sehen. Solche Regime tendieren weder automatisch zurück zu autokratischen Herrschaftsstrukturen, noch entwickeln sie sich kontinuierlich zu konsolidierten rechtsstaatlichen Demokratien. Wie sich solche „defekten Demokratien" als hybride Regime stabilisieren können, wann sie zu autokratischen Regimen abgleiten und unter welchen Bedingungen sie sich doch noch demokratisch konsolidieren können, ist der jüngste Gegenstand der fortgeschrittenen T.

Lit.: R. Dahl: Polyarchy: Participation and Opposition, New Haven 1971; *G. Di Palma*: To Craft Democracies. An Essay on Democratic Transitions, Berkeley 1990; *R. Gunther, u.a.* (Hg.): The Politics of Democratic Consolidation: Southern Europe in Comparative Perspective, Baltimore 1995; *S. P. Huntington*: The Third Wave. Democratization in the Late Twentieth Century, Norman 1991; *S. P. Huntington*: The Clash of Civilizations, in: Foreign Affairs (72) 3, New York 1993; *W. Merkel et al.* (Hg.): Systemwechsel, 5 Bde., Opladen 1994-1999. *W. Merkel*: Systemtransformation, Opladen 1999. *W. Merkel/ H.-J. Puhle*: Von der Diktatur zur Demokratie, Opladen 1999; *B. Moore*: Soziale Ursprünge von Demokratie und Diktatur, Frankfurt/ M. 1969; *G. O'Donnel/ P. C. Schmitter*: Transitions from Authoritarian Rule: Tentative Conclusions about Uncertain Democracies, Baltimore 1986; *A. Przeworski*: Democracy and the Market. Political and Economic Reforms in Eastern Europe and Latin America, New York 1991; *R. Putnam*: Making Democracy Work, Princeton 1993; *D. Rueschemeyer u.a.*: Capitalist Development and Democracy, Cambridge 1992; *T. Vanhanen*: The Emergence of Democracy. A Comparative Study of 119 States, 1850-1979, Helsinki 1984;

Prof. Dr. Wolfgang Merkel, Heidelberg

Transitabkommen

1971 abgeschlossenes Abkommen zwischen der Bundesrepublik und der DDR über die Regelung des Schienen- und Straßenverkehrs zwischen Westdeutschland und West-Berlin. Es trat zusammen mit dem Abkommen zwischen dem (West-) Berliner → Senat und der DDR über den Reise- und Besucherverkehr von West- nach Ost-Berlin und zusammen mit dem → Viermächteabkommen über Berlin, des-

sen Ergänzung beide bildeten, 1972 in Kraft.

Treuhandanstalt

Rechtsfähige bundesunmittelbare → Anstalt des öffentlichen Rechts (unter der → Fach- und → Rechtsaufsicht des → Bundesministeriums der Finanzen) mit dem Auftrag, die früheren volkseigenen Betriebe der ehem. DDR wettbewerblich zu strukturieren und zu privatisieren. Beschlossen von der Regierung Modrow; errichtet von der DDR-Regierung de Maizière durch das „Gesetz zur Privatisierung und Reorganisation des volkseigenen Vermögens - Treuhandgesetz -" vom 17.6.1990, bestand die T. gemäß → Einigungsvertrag nach der dt. → Wiedervereinigung weiter; ihre Tätigkeit endete am 31.12.1994. Der T. unterstanden alle vorm. volkseigenen Betriebe (ursprünglich ca. 8000) sowie zahlreiche Immobilien. Ihre Organe waren der Verwaltungsrat und der Vorstand. In jedem der 15 vorm. DDR-Bezirke hatte die T. eine Niederlassung, zu deren Aufgabenbereich die kleineren und mittleren Betriebe im jeweiligen → Bezirk zählten. Der T. fiel die beispiellose Aufgabe zu, eine → Zentralverwaltungswirtschaft vollständig in eine → Marktwirtschaft zu überführen; der aufgrund der maroden DDR-Wirtschaft entstandene große Finanzbedarf bedeutete eine erhebliche Steigerung der → Staatsverschuldung. Angesichts der ökonomischen Probleme in den neuen → Bundesländern wurde wiederholt Kritik geübt an ihrer → Politik der Privatisierung (statt Sanierung). Ende 1994 waren noch 1,5 Mio Beschäftigte in den neuen Bundesländern in T.-Unternehmen tätig. Mit dem 1.1.1995 gingen die (noch verbliebenen) Aufgaben der T. auf ihre Nachfolger über: 1. → Bundesanstalt für vereinigungsbedingte Sonderaufgaben/ BvS (Überwachung der T.-Verträge; Rest-Abwicklungen); 2. Beteiligungs-Management-Gesellschaft Berlin mbH./ BMBG (Rest-Sanierungen und -Privatisierungen); 3. Liegenschaftsgesellschaft der Treuhandanstalt mbH./ TLG (Verwertung land- und forstwirtschaftlichen Grundeigentums). Der Negativsaldo der T. und ihrer Nachfolger wird auf insgesamt über 250 Mrd DM geschätzt.

Tripartismus

Bez. für das Zusammenwirken von → Staat, Unternehmer- und Arbeitnehmervertretern in → Tarifpolitik, → Industriepolitik und volkswirtschaftlicher → Modernisierung im Prozeß neokorporatistischer Interessenaushandlung und Konfliktregelung (→ Neokorporatismus).

Trizone

Durch Beitritt der französischen → Besatzungszone zum → „Vereinigten Wirtschaftsgebiet der Bizone" entstand am 8.4.1949 auf dem Territorium des von den 3 Westmächten besetzten Teils Nachkriegsdeutschlands die T. Die „Westzonen" waren damit ein einheitliches Wirtschafts- und Verwaltungsgebiet geworden, aus dem der neue Weststaat Bundesrepublik Deutschland entstand.

Trotzkismus

Theoretische Weiterentwicklung des → Marxismus durch Leo D. Trotzki mit einer - auf der Rolle des russischen → Proletariats bei der → Revolution von 1905 fußenden - Akzentuierung einer möglichst raschen Überleitung der bürgerlichen in die proletarische Revolution (Theorie der permanenten Revolution). Trotzki stand damit im Gegensatz zu Lenin. Zu Stalin geriet Trotzki v.a. durch seine Kritik an der bürokratischen Erstarrung des Sowjetregimes während der 20er Jahre in scharfen Widerspruch. Stalin seinerseits verdammte den T. als „linken Radikalismus" (→ Linksradikalismus). Trotzki wurde von ihm nach Lenins Tod entmachtet und auf seinen Befehl hin im mexikanischen → Exil ermordet. Die trotzkistische Bewegung (IV. Internationale, 1938 gegr.) blieb von Anfang an eine relativ einflußlose → Minorität und ist heute in zahlreiche winzige Gruppen zersplittert.

Truman-Doktrin

Programmatische Formel für die US-Außenpolitik, der sowjetischen Expansion auf Ansuchen betroffener → Staaten mit Wirtschafts- und Militärhilfe entgegenzuwirken. Als Teil der amerikanischen Eindämmungspolitik (→ containment policy) gegenüber der UdSSR forderte Truman 1947 vom → Kongreß ökonomische und

militärische Hilfe für die griechische → Regierung im → Bürgerkrieg gegen kommunistische Streitkräfte. Diese Hilfe wurde auch der Türkei gewährt, die sich als Nachbar Griechenlands und der UdSSR ebenfalls vom → Kommunismus bedroht sah. Mit der Hilfeentscheidung entschlossen sich die USA in der beginnenden Phase des → Kalten Krieges, eine aktive Rolle in Europa zu übernehmen. Aus der T. ging der → Marshall-Plan hervor.

Trustee

Engl. für Treuhänder; im Unterschied zum Repräsentationstypus des Delegierten (delegate), der mehr oder weniger expliziten Instruktionen - als Agent seiner Wählerschaft - folgt, versteht sich der T. als Handelnder im → Interesse seiner Wähler. Hierzu bedarf er keines Auftrages; gemäß seinem Verständnis des → Repräsentationsprinzips entscheidet der T. nach seiner persönlichen, freien Überzeugung darüber, was im wohlverstandenen Interesse der Wähler seines → Wahlkreises bzw. des gesamten → Staates liege. Der Typus des T. dominiert in den demokratisch regierten Staaten.

Tyrannei der Mehrheit

Von James Madison, einem der Schöpfer der US-amerikanischen → Verfassung, v.a. in den → Federalist Papers No. 10 geäußerte Befürchtung, daß eine Mehrheitsherrschaft (→ Mehrheitsprinzip) zur ökonomischen und politischen Benachteiligung von → Minderheiten führen könne. Jedes einfach strukturierte → Regierungssystem erlaube eine Umsetzung von Mehrheitswillen in Machtausübung; lediglich ein kompliziertes Regierungssystem werde den Anforderungen eines freiheitlichen → Rechtsstaates - dem Schutz der → Freiheit aller - gerecht. Madison lehnte deshalb eine reine → Demokratie (verstanden als → plebiszitäre Demokratie) ab und plädierte für eine → Republik (verstanden als repräsentatives Regierungssystem), in der der Mehrheitswille nur mehrfach gefiltert die → Macht ausüben könne. Die Konstruktion des → Rechtsstaates und die föderalistische Gewaltentrennung in den USA (mit einem unabhängigen obersten Gerichtshof) und die sonstigen Mechanismen von → Gewaltenteilung bzw. von → checks and balances sind Ausdruck dieses Gedankenganges. Die → Systeme westlicher → Staaten unterscheiden sich heute dahingehend, ob in ihnen das Element der Mehrheitsherrschaft oder das des Rechtsstaates dominiert.

Tyrannis
In der → Staatsformenlehre bei Aristoteles ist die Tyrannenherrschaft die ungesetzliche, am eigenen Nutzen ausgerichtete → Herrschaft einer Einzelperson (im Gegensatz zu der am → Gemeinwohl orientierten → Monarchie).

U

Übergangsgesellschaft

Zwischen- oder Durchgangsphase gesellschaftlichen Wandels. In der → Geschichtsphilosophie der → Aufklärung Bez. für die Gegenwart, die als eine vorläufige Stufe im Prozeß historischer Entwicklung zu → Freiheit und Fortschritt angesehen wurde. Karl Marx (→ Marxismus) benannte als Ü. das gesellschaftliche Stadium der Periode des Übergangs von kapitalistischer zu kommunistischer Produktionsweise. In dieser als → Sozialismus bezeichneten Etappe habe die → Bourgeoisie ihre politische und ökonomische → Macht bereits an die → Arbeiterklasse verloren, der Übertritt „aus dem Reich der Notwendigkeit in das Reich der Freiheit" einer klassenlosen kommunistischen → Gesellschaft sei jedoch noch nicht vollzogen. Teilweise wurde in der marxistischen Terminologie der Begriff „Ü." auf den → Spätkapitalismus angewandt.

Überhangmandate

Diese werden zugeteilt, wenn eine → Partei bei Bundestagswahlen in einem → Bundesland mehr → Direktmandate (→ Erststimme) errungen hat, als ihr aufgrund ihres Anteils an → Zweitstimmen (→ Landesliste) an → Mandaten insgesamt (Direktmandate plus → Listenmandate) eigentlich zustehen (analoge Bestimmungen existieren in den meisten → Bundesländern für Landtags- bzw. Kommunalwahlen). Diese Mandate verbleiben ihr als Ü., die Zahl der Mitglieder des → Bundestages erhöht sich entsprechend; den anderen Parteien wird kein Mandatsausgleich gewährt (wohl aber in allen Bundesländern mit Ü. bei Landtags- bzw. Kommunalwahlen). Ü. treten nur in geringem Umfang auf, so daß sie den Ausgang von Bundestagswahlen bzw. → Regierungsbildungen nicht determinieren. Nach der → Wiedervereinigung hat sich die Zahl der Ü. vergleichsweise stark erhöht, auf insges. 52 Ü. für 1949-98; davon sind seit 1990 35 (1998: 13) angefallen, darunter 31 in den neuen Bundesländern (1998: 12).

UDF

Union pour la Démocratie Francaise (Union für die französische Demokratie); liberal-konservatives → Parteienbündnis in der V. Republik Frankreichs. Konservative, liberale und christdemokratische Parteien (u.a. Force démocrate, die ehem. → CDS; bis 1998 Démocratie libérale, die ehem. Republikanische Partei Giscard d'Estaings) - die zusammen mit der neogaullistischen → RPR den rechten, bürgerlichen Parteienblock bilden - schlossen sich 1978 zum Parteienbündnis U. zusammen, um ein Gegengewicht zur RPR zu bilden.

Umerziehung
⇒ Reeducation

Umfrageforschung
⇒ Demoskopie
⇒ Meinungsforschung

Umlandverband

Einrichtung der Stadt-Umland-Kooperation in großstädtischen Ballungsgebieten mit Planungs- und auch Vollzugsaufgaben im Bereich kommunaler Dienstleistung und Infrastrukturentwicklung (v.a. Verkehr, Ansiedlung, Kultur). Zu nennen sind hier u.a. Frankfurt/ Main, Stuttgart und der Kommunalverband Ruhrgebiet (KVR).

Umsatzsteuer

(Verkehrs-) → Steuer auf den Umsatz bzw. Verkauf (Güter oder Dienstleistungen) eines Unternehmens. Die älteste Form der U. ist die Bruttoallphasenumsatzsteuer, die auf jeder Tausch- oder Handelsstufe erhoben wird als Bruttoumsatzsteuer (z.B. in Japan und den USA). In der Bundesrepublik Deutschland (seit 1.1.1968) u.a. wird als

moderne, Wettbewerbsverzerrungen ver-
hindernde Form die Mehrwertsteu-
er/ MWSt erhoben: Als Nettoumsatzsteuer
bzw. Nettoallphasensteuer ist ihre Bemes-
sungsgrundlage der um die Vorumsätze
geminderte Umsatz, d.h. die Wertschöp-
fung der jeweiligen Handelsstufe. Die All-
phasenbruttobesteuerung kommt mit nied-
rigeren Steuersätzen aus als die MWSt (in
Deutschland ab 1.4.1998 16 % Regelsatz).
Die MWST ist nach der → Lohn- und Einkommensteuer die ergiebigste Steuerquelle
in Deutschland; ihre Verteilung auf → Bund
und → Länder regelt ein Bundesgesetz, das
der Zustimmung des → Bundesrates bedarf
(→ Zustimmungsgesetz).

Umweltbundesamt/ UBA

Selbständige → Bundesoberbehörde mit
Sitz in Berlin (demnächst Desau); 1974 er-
richtet im Geschäftsbereich des → Bundes-
ministeriums des Innern, heute in dem des
→ Bundesministeriums für Umwelt, Natur-
schutz und Reaktorsicherheit, arbeitet das
U. v.a. in den Bereichen Abfallwirtschaft,
Immissionsschutz, Wasserwirtschaft und
Umweltchemikalien. Es unterstützt die
→ Bundesregierung wissenschaftlich, ar-
beitet Rechts- und Verwaltungsvorschriften
aus und betreibt Aufklärungsarbeit in der
→ Öffentlichkeit.

Umweltpolitik

Begriffsklärungen: Die Mehrdeutigkeit des
Begriffs „Umwelt" erschwert eine präzise
Definition von U. So ist nicht nur von einer
natürlichen Umwelt die Rede, sondern auch
von einer sozialen, psychischen und wirtschaftlichen; in anderen Zusammenhängen
werden z.B. städtische und ländliche Umwelten thematisiert. Zur Sicherung eines
klaren Begriffsgehalts empfiehlt es sich, auf
den von J. von Uexküll (1909) geprägten,
biologischen Umweltbegriff zurückzugehen, der unter Umwelt die für den Lebens-
ablauf eines Lebewesens relevanten Bestandteile seiner Umgebung versteht. Die
Trennlinie zwischen Umgebung und Umwelt ist allerdings fließend, abhängig vom
jeweiligen (natur)wissenschaftlichen Er-
kenntnisstand und von einer Werteent-
scheidung, die zwischen einem anthropo-
zentrischen und einem ökozentrischen

Umweltverständnis zu treffen ist. Politisch
hat sich bislang die anthropozentrische
Sichtweise durchgesetzt. Wenn U. - meist
synonym mit Umweltschutz gebraucht -
allgemein definiert wird als die Gesamtheit
der Bestrebungen und Maßnahmen, welche
auf die Erhaltung der natürlichen Lebensgrundlagen abzielen, schlagen letztlich die
menschlichen Umweltansprüche durch.
Dies schließt die Berücksichtigung pflanzli-
cher und tierischer Umwelten als Schutz-
güter nicht aus, doch wird ihre Einbeziehung im allgemeinen nicht durch die Kon-
zedierung von Eigenrechten der Natur, sondern durch ihre Bedeutung für die menschliche Umwelt gerechtfertigt. Dem entspricht
die von der → Bundesregierung im Umweltprogramm von 1971 vertretene Definition von U. als „Gesamtheit aller Maßnahmen, die notwendig sind, um dem Menschen eine Umwelt zu sichern, wie er sie
für seine Gesundheit und für ein menschenwürdiges Dasein braucht, und um Boden, Luft und Wasser, Pflanzen-und Tier-
welt vor nachteiligen Wirkungen menschlicher Eingriffe zu schützen..."

Zur Entwicklung des Politikfeldes: U. gehört zu den jungen Politikfeldern. Als eigenständiger Politikbereich existiert sie in
den westlichen Industrienationen erst seit
Ende der sechziger Jahre. Der heute als
„ökologischer Schock" bezeichnete Be-
wußtseinswandel - ausgelöst bzw. verstärkt
durch eine engagierte Medienberichterstattung über Umweltprobleme und –ka-
tastrophen (wie das Fischsterben im Rhein
1969) und öffentlichkeitswirksame wissenschaftliche Studien wie der Bericht des
Club of Rome über die Grenzen des
Wachstums von 1972 - war Auslöser der
politischen Emanzipation des Umweltschutzes. Der gestiegene Stellenwert der U.
dokumentierte sich international durch die
Stockholmer Konferenz der → Vereinten
Nationen über die Umwelt des Menschen
von 1972, auf welcher das → United Nations Environment Programme/ UNEP gegründet wurde.
Während in den USA bereits 1969 der National Environment Protection Act verabschiedet wurde, hatte in der BRD im gleichen Jahr mit Bildung der sozialliberalen

→ Koalition die *Etablierungsphase* der U., die bis etwa zur → Ölkrise von 1973/74 währte, erst begonnen. Während dieser Zeit wurden erste organisatorische und instrumentelle Grundlagen staatlicher U. geschaffen. Im Zuge der Vorarbeiten zur UN-Umweltkonferenz legte die Bundesregierung 1970 ein Sofortprogramm für den Umweltschutz vor, dem 1971 das erste umfassende Umweltprogramm folgte. Begünstigt durch die von der neuen → Regierung proklamierte „Politik der inneren Reformen", schritt die Ausformung der U. relativ zügig voran: 1971 wurde der → Sachverständigenrat für Umweltfragen gebildet; 1972 erhielt der → Bund die → konkurrierende Gesetzgebung für Abfallbeseitigung, Luftreinhaltung und Lärmbekämpfung (Art. 74 Nr. 24 GG), auf deren Grundlage spezielle Umweltgesetze erarbeitet und verabschiedet wurden (Abfallbeseitigungsgesetz 1972, Bundesimmissionsschutzgesetz 1974); 1974 wurde das → Umweltbundesamt geschaffen.

Die relativ schnelle Erarbeitung der neuen Umweltgesetze erklärt sich nicht zuletzt daraus, daß diese nicht völlig neu konzipiert werden mußten, sondern daß auf bereits vorhandene rechtliche Regelungen - insbesondere das Gewerberecht - zurückgegriffen werden konnte. So baute das verschiedentlich als umweltpolitisches „Leitgesetz" klassifizierte Bundesimmissionsschutzgesetz auf den Grundlagen der Gewerbeordnung von 1867 auf. Die Fortführung der auf Eigentumsschutz und Nachbarrecht zugeschnittenen Rechtstraditionen in der U. verhinderte allerdings die Verankerung spezieller, auf den Umweltschutz zugeschnittener Instrumente, wie z.B. der in den USA eingeführten Umweltverträglichkeitsprüfung und der → Verbandsklage, so daß die von der → Implementationsforschung für die siebziger Jahre aufgedeckten Vollzugsdefizite im Umweltschutz durch die gewerberechtlichen Traditionen in gewisser Weise „vorprogrammiert" waren.

Ölkrise und Wirtschaftsrezession veränderten die politischen Prioritäten zugunsten der Förderung des wirtschaftlichen Wiederaufschwungs und markieren damit die Wende hin zu einer *Phase der umweltpoli-*

tischen Defensive. Der Umweltschutz wurde seitens der Wirtschaftsverbände und → Gewerkschaften sowie ihrer Interessenvertreter in → Politik und → Verwaltung als Hemmfaktor wirtschaftlichen Wachstums und - angesichts steigender → Arbeitslosigkeit besonders wirksam - als „Jobkiller" klassifiziert. Zwar verabschiedeten → Bundestag und → Bundesrat 1975 und 1976 noch vier umweltrelevante Gesetze (Waschmittel-, Novelle zum Wasserhaushalts-, Abwasserabgaben- und Bundesnaturschutzgesetz). Die regierungsinternen Vorarbeiten hierzu waren jedoch sämtlich bis zum Frühjahr 1974 abgeschlossen worden. Zwischen 1975 und 1978 wurden von den beiden primär für die U. zuständigen → Bundesministerien des Inneren und für Ernährung, Landwirtschaft und Forsten keinerlei neuen Gesetzesvorhaben initiiert. Die umweltpolitische Passivität des Gesetzgebers schuf allerdings gleichzeitig eine wichtige Grundlage für die um 1978 einsetzende *Erholungs-* oder *Konsolidierungsphase* der U., und zwar in Form eines breiten Geflechts von → Bürgerinitiativen und Umweltschutzgruppen, die nicht zuletzt aufgrund der Unzufriedenheit politisch aktiver und ökologisch sensibler Bevölkerungskreise mit der staatlichen U. entstanden. Durch Gründung von → Umweltverbänden, die auf Landes- und Bundesebene zu agieren begannen, durch erste Erfolge „grüner" Parteigruppierungen bei den Landtagswahlen 1978 sowie die Formierung der Bundespartei → Die Grünen 1980 erwuchs den „etablierten" → Parteien eine Konkurrenz, die diese zu einer (zunächst programmatischen) Wiederbelebung der U. bewegten. Im Zusammenwirken mit neu entstandenem Problemdruck (v.a. das seit 1981 öffentlich stark diskutierte Waldsterben) entstand ein breiter gesellschaftlicher und politischer → Konsens über die hohe Priorität der U., der in einer Verschärfung der Luftreinhaltepolitik ersten Niederschlag fand: durch die Großfeuerungsanlagenverordnung von 1984 wurde die Durchsetzung von Sanierungsanforderungen für Altanlagen durch verbindliche Fristsetzung für deren Nachrüstung erheblich verbessert. Zu einer organisatorischen Konsolidierung der U. kam es jedoch erst im Gefolge der Reaktorkatastrophe von Tschernobyl im April 1986, durch die Zusammenfassung der wichtigsten administrativen Umweltschutzkompetenzen des Bundes im neugeschaffenen → Bundesministerium für Umwelt, Naturschutz und Reaktorsicherheit. Gleichwohl ist die deutsche U. seit Beginn der 90er Jahre in eine *Phase der Stagnation* geraten. So wurde zwar der Umweltschutz in Art. 20 GG als → Staatsziel verankert, doch entfaltet diese Bestimmung aufgrund des sog. Gesetzesvorbehalts kaum Wirkung. Der umweltpolitische Gesetzgebungsprozeß ist weitgehend zum Stillstand gekommen. Zu den wenigen nennenswerten Umweltgesetzen, die auf eigene Initiative der Bundesregierung zurückgehen, gehört das im September 1994 verabschiedete Kreislaufwirtschaftsgesetz, dessen ökologische Wirkung allerdings kontrovers beurteilt wird.

Die aktuelle Entwicklung ist v.a. durch eine *„Europäisierung"* und *Internationalisierung der U.* charakterisiert. Sie manifestiert sich u.a. in der Festschreibung umweltpolitischer Zuständigkeiten der → Europäischen Gemeinschaft in der → Einheitlichen Europäischen Akte und im → Maastrichter Vertrag (Art. 130r, 130s EG-Vertrag) sowie der Zunahme umweltrelevanter, für die Mitgliedsstaaten verbindlichen Richtlinien des → Europäischen Rates. Zu den klassischen Problembereichen grenzüberschreitender U. gehören die Umweltmedien Wasser und Luft bzw. Atmosphäre. Diese Bereiche werden in jüngerer Zeit zunehmend in Form → Internationaler Regime verregelt. Als Beispiel für den letztgenannten Bereich kann dienen das Wiener Übereinkommen zum Schutz der Ozonschicht vom 22.3.1985, ergänzt durch das Montrealer Protokoll vom 22.9.1987, welches in mehreren Folgekonferenzen der Vertragsstaaten bis hin zu einer Vereinbarung über den Ausstieg aus der FCKW-Produktion bis zum Jahr 2000 verschärft wurde. Einen vorläufigen Höhepunkt internationaler Kooperation in der U. markierte die Konferenz der Vereinten Nationen über Umwelt und Entwicklung (UNCED) in Rio de Janeiro vom 3. bis 14.6.1992, an der 160 Staaten teilnahmen. Es vergingen allerdings weitere 5 Jahre, bis die in Rio verabschiedete „Kli-

makonvention" zur Reduzierung der für den Treibhauseffekt weitgehend verantwortlichen Kohlendioxid (CO_2)-Emissionen auf der Konferenz von Kyoto zu einem verbindlichen Abkommen weiterentwickelt werden konnte. Derzeit (Ende 1998) ist allerdings noch offen, ob wichtige Teilnehmerstaaten wie z.B. die USA das Protokoll ratifizieren werden.

Prinzipien und Instrumente der U.: Die Bundesregierung legt ihrer U. drei Handlungsprinzipien zugrunde, die als Vorsorge-, Verursacher- und Kooperationsprinzip bezeichnet werden. Über die Relevanz dieser handlungsorientierenden Grundsätze herrscht weitgehender Konsens. Umstritten ist dagegen ihre konkrete politische und rechtliche Ausgestaltung. Das *Vorsorgeprinzip* basiert auf der Einsicht, daß U. sich nicht in der Abwehr drohender Gefahren und der Beseitigung eingetretener Schäden erschöpft, sondern daß es sinnvoller und kostensparender ist, Umweltbeeinträchtigungen von vornherein zu vermeiden. Die auf die Vermeidung von Umweltbeeinträchtigungen zielende Umweltvorsorge wird auf drei Handlungsebenen umzusetzen versucht: (1) Auferlegung von Entsorgungspflichten, z.B. bei der Abgas- und Abwasserreinigung; (2) Auferlegung von Vermeidungspflichten hinsichtlich des Anfalls von Schadstoffen im Produktionsprozeß; (3) Verbot von Herstellung und Distribution bestimmter Produkte. Auch die im Frühjahr 1990 bundesgesetzlich fixierte Umweltverträglichkeitsprüfung bei bestimmten öffentlichen und privaten Projekten, deren Ergebnisse bei den behördlichen Genehmigungsverfahren berücksichtigt werden müssen, ist dem Vorsorgegedanken verpflichtet. Die praktische Umsetzung des Grundsatzes, Umweltbelastungen ohne Berücksichtigung eventueller Schädigungen zu vermeiden bzw. auf ein nach dem Stand der Technik erreichbares Minimum zu reduzieren, kollidiert jedoch mit dem verfassungsrechtlichen Prinzip der Verhältnismäßigkeit. Demnach sind rechtliche Maßstäbe festzusetzen, welche Vermeidungsanstrengungen z.B. von dem Betreiber einer schadstoffemittierenden Anlage verlangt werden dürfen.

Damit ist die Durchsetzung des Vorsorgeprinzips letztlich doch wieder an die Ermittlung von Gefährdungsgrenzen und/
oder den Aufweis von Risiken gebunden;
das Kriterium der technischen Vermeidbar-
keit bestimmter Emissionen kann das der
Belastbarkeit von Mensch und Umwelt
rechtlich nicht ersetzen. Der Präventionsge-
danke befindet sich somit tendenziell in einem Argumentationszirkel, denn der Ge-
fährdungsnachweis gelingt - wie am Beispiel des Zusammenhangs von Fluorchlor-
kohlenwasserstoffemissionen und der Schädigung der atmosphärischen Ozonschicht
deutlich wird - letztlich oft erst nach Eintritt
von Umweltschäden. Umweltvorsorge wird
deshalb in der Praxis weitgehend im Sinne
einer Risikominimierung der Gesundheits-
gefahren von Umweltbelastungen verstanden; die U. tendiert nach wie vor zur
„Nachsorge" und zur - naturgemäß begrenzten - Schadensbeseitigung.

Ergänzt wird das Vorsorge- durch das *Verursacherprinzip*, wonach der Verursacher
von Umweltschäden selbst die Kosten für
deren Vermeidung oder Beseitigung tragen
muß. Die Begründung des „polluter pays
principle" liefert die ökonomische Theorie
des Marktversagens hinsichtlich der Nutzung der Umweltmedien Boden, Luft und
Wasser als „freie", d.h. kostenlose Güter,
deren Verbrauch und Belastung der
Marktmechanismus mangels Marktpreisen
für das öffentliche Gut Umwelt nicht anzeigt. Ein staatlich verordnetes Abgabensy-
stem, wie es z.B. das Abwasserabgabenge-
setz vorsieht, soll den nicht funktionierenden Markt für Umweltgüter ersetzen und
auf diese Weise der Externalisierung negativer Effekte (die Abwälzung der Kosten
für Umweltbelastungen von Verursacher
auf die Allgemeinheit) vorbeugen. Damit
soll nicht nur eine Verringerung der öffentlichen Ausgaben für den Umweltschutz erreicht werden, sondern gleichzeitig - dem
Vorsorgegedanken entsprechend - ein ökonomischer Anreiz zur Reduzierung der
Umweltbelastungen gegeben werden.

In der Praxis wird das Verursacherprinzip
jedoch häufig durchbrochen. V. a. bei der
Beseitigung von Umweltschäden tritt an
seine Stelle das Gesamtlastprinzip, weil

sich - wie im Falle vieler sog. Altlasten -
die Verursacher nicht mehr ermitteln lassen
und die Bewertung von Umweltschäden in
Geldeinheiten problematisch ist. Auch hinsichtlich seiner präventiven Funktion ist das
Verursacherprinzip noch unterentwickelt,
weil die Festsetzung von Schadstoffabga-
ben politisch nur schwer durchsetzbar ist.
Das Ergebnis entsprechender Konfliktre-
gelungsprozesse besteht daher häufig darin,
daß die Bereitschaft zum Einsatz umwelt-
schonender Technologien durch öffentliche
Subventionen „erkauft" wird. Der Grundgedanke des Vorsorgeprinzips kehrt sich
durch das in der Praxis dominierende Ge-
meinlastprinzip um, denn der ökonomische
Anreiz geht in vielen Fällen nicht aus von
Eigeninvestitionen in den Umweltschutz,
sondern vom Abwarten auf öffentliche
Unterstützung.

Auch die Realisierung des *Kooperati-
onsprinzips*, das auf Mitwirkung von Beteiligten und Betroffenen an der U. abzielt,
steht unter dem Vorzeichen der weitaus
besseren Durchsetzungsfähigkeit ökonomischer im Vergleich zu ökologischen → Interessen. Das Kooperationsprinzip wird derzeit vorrangig in Form freiwilliger Vereinbarungen zwischen → Staat und Wirtschaft,
die häufig als „Selbstverpflichtungen" apostrophiert werden, praktiziert. Ihre Effizienz
ist politisch ebenso umstritten wie die Frage
nach einer wirksamen Beteiligung der
→ Öffentlichkeit an umweltbedeutsamen
Entscheidungsprozessen und Verwaltungsverfahren, wie die Kritik an der im Gesetz
zur Umweltverträglichkeitsprüfung enthaltenen Ausgestaltung der Öffentlichkeitsbeteiligung zeigt.

Dem abstrakten Konsens über die Priorität
einer durch das Verursacherprinzip gestützten und öffentlich kontrollierten Umweltvorsorge korrespondiert die politische
und wissenschaftliche Auseinandersetzung
über ihre konkrete Ausgestaltung. Im Zentrum der Kritik steht das Festhalten an dem
der gewerberechtlichen Tradition der U.
entwachsenen Handlungsinstrumentarium
→ *regulativer Politik*, das umweltpolitische
Verhaltenssteuerung durch Ge- und Verbote sowie bedingte Erlaubnisse zu erreichen sucht. Aus Sicht der → Politikwissen-

schaft wird nicht nur die mangelnde Wirksamkeit dieses Instrumentariums kritisiert. Verwiesen wird auch darauf, daß das deutsche Umweltrecht im Widerspruch steht zu dem von der EG seit Beginn der 90er Jahre favorisierten Ansatz, der verstärkt auf verfahrensorientierte Instrumente setzt. Aus der Sicht der ökonomischen Theorie wird das starre System verbindlicher → Normen und Standards kritisiert, welche wegen ihres Bezugs auf den jeweiligen Stand der Technik keinerlei Anreize zur Entwicklung neuer umweltfreundlicher Techniken und Verfahren vermittelten. In der Diskussion über alternative Instrumentarien der U. dominieren seit längerem Vorschläge, die auf marktwirtschaftliche Instrumente setzen. Abgabenlösungen, bei denen der → Staat den Preis für die Nutzung der Umwelt festlegt, Lizenzenlösungen, bei denen die politische Entscheidung in der Kontingentierung der Umweltnutzung liegt und deren Preis sich über den Markt für Umweltzertifikate herstellt, und/oder ein System sog. „Ökosteuern" für umweltbelastende Produktionen sollen dem Vorsorge- und Verursacherprinzip zum Durchbruch verhelfen.

Lit.: A. Héritier u.a.: Die Veränderung von Staatlichkeit in Europa, Opladen 1994. *M. Jänicke:* Umweltpolitik der Industrieländer. Entwicklung, Bilanz, Erfolgsbedingungen, Berlin 1996. *H. Pehle: Das Bundesministerium für Umwelt, Naturschutz und Reaktorsicherheit:* Ausgegrenzt statt integriert? Das institutionelle Fundament der deutschen Umweltpolitik, Wiesbaden 1998.

Priv. Doz. Dr. Heinrich Pehle, Erlangen

Umweltschutz
→ Umweltpolitik

Umweltschutzgruppen
Auch: Umweltschutzbewegung; Gesamtheit aller Organisationen, die im Umweltschutzbereich, also zur Abwehr ökologischer Schäden von Mensch, Tier und Natur, tätig sind. Nach dem Organisationsziel wird unterschieden nach a) primären U. (vorrangige oder ausschließliche Orientierung am Umweltschutz) und b) sekundären U. (Umweltschutz als fallweise vertretenes

Nebenziel). Letzterem Typus können auch herkömmliche Naturschutzgruppen (z.B. Alpenverein, Naturfreunde) zugeordnet werden. Die Spannbreite der Umweltschutzbewegung reicht andererseits bis zu radikalökologischen Gruppen der → Ökologiebewegung. Damit korrespondieren eine große Organisationsvielfalt sowie Erscheinungsformen konventioneller wie unkonventioneller Politikbeeinflussung. Als Zweig der → neuen sozialen Bewegungen haben sich Teile der Umweltschutzbewegung grün-alternativen → Parteien (→ „Die Grünen") angeschlossen.

Umweltsteuern
→ Ökosteuern

Umweltverbände
Teil der Umweltschutzbewegung (→ Umweltschutzgruppen), dessen Organisationsgefüge und Mittel zur Politikbeeinflussung denen des etablierten Verbändesystems entsprechen (förmliche, freiwillige Mitgliedschaft, hauptamtlicher Führungsstab, zentrale Koordination). Zu den bedeutenden U. gehören u.a. der BUND (→ Bund für Umwelt und Naturschutz Deutschland), der BBU (→ Bundesverband Bürgerinitiativen Umweltschutz) als Dachorganisation der im Umweltschutz tätigen → Bürgerinitiativen sowie die im internationalen Maßstab aktive → Greenpeace.

Umweltverträglichkeitsprüfung/ UVP
Feststellungsprozeß der jeweils zuständigen → Behörden zur systematischen und vollständigen Ermittlung und Bewertung insbes. betrieblicher Aktivitäten hinsichtlich ihrer ökologischen Folgen. Grundlage ist das Umweltverträglichkeitsprüfungsgesetz vom 12.2.1990 (Umsetzung der EU-Richtlinie vom 27.6.1985). Die U. stellt eine Anwendung des Vorsorgeprinzips auf den Menschen, seine natürliche → Umwelt und Kulturgüter sowie die jeweiligen Wechselwirkungen dar. Nur die in einer Gesetzesanlage aufgeführten Vorhaben unterliegen der U. (z.B. gemäß Bundes-Immissionsschutzgesetz genehmigungspflichtige Anlagen, einem Planfeststellungsverfahren unterworfene Vorhaben).

Unabhängigkeitsbewegung

Bestrebungen politischer (Selbst-)Befreiung und/ oder nationaler bzw. ethnischer Selbstbestimmung, mit dem Ziel a) der Befreiung von als Unterdrückung erfahrener fremd- oder innerstaatlicher → Herrschaft, b) der Gewinnung teilstaatlicher → Autonomie, oder c) der Erlangung von Eigenstaatlichkeit durch Loslösung (→ Sezession) aus einem bestehenden Staatsverband. Kennzeichnend für neuere U. ist eine antikoloniale oder nationalitätenpolitische Stoßrichtung (z.B. vorm. die → Volksfronten in den baltischen Sowjetrepubliken).

unbestimmte Rechtsbegriffe

In Gesetzesformulierungen verwendete Rechtsnormen, die für ihre Anwendung der Konkretisierung bedürfen (z.B. „Bundestreue" oder „öffentliche Sicherheit"). Die ausführenden Organe haben kein → Ermessen bei der Gesetzesanwendung, sie sind vielmehr an eine als zutreffend deklarierte Norminterpretation gebunden.

UNCED

Abk. für → United Nations Conference on Environment and Development

UN-Charta

Am 24.10.1945 in Kraft getretene → Satzung (im Sinne von → Verfassung) der → Vereinten Nationen. Sie geht auf die „Gemeinsame Erklärung über die Friedensziele" vom 14.8.1941 (sog. → Atlantik-Charta) zurück. Ihre Ziele sind v.a.: Friedenssicherung durch → kollektive Sicherheit, Förderung der internationalen Zusammenarbeit auf allen Gebieten, Förderung der → Menschenrechte und Grundfreiheiten, → Selbstbestimmungsrecht der → Völker, → Souveränität und → Gleichheit.

unconditional surrender

Engl. für bedingungslose → Kapitulation; Einstellung aller militärischen Kampfhandlungen und Übergabe aller militärischen und zivilen → Gewalt an den Kriegsgegner; jedoch bleiben für die Unterlegenen die → Normen völkerrechtlicher Regelungen der Kriegsführung (z.B. → Haager Landkriegsordnung) in Kraft. Eine Kapitu-lation bedeutet nicht die völkerrechtliche Beendigung des Kriegszustandes.

UNCTAD

Abk. für → United Nations Conference on Trade and Development

UNDP

Abk. für → United Nations Development Programme

unechte Teilortswahl

Besonderheit des kommunalen → Wahlsystems in Baden-Württemberg mit dem Ziel, nach der Vergrößerung der kommunalen Einheiten infolge der → Gemeindegebietsreform den Bewohnern räumlich getrennter Gemeindeteile dadurch ein Mindestmaß an → Repräsentation im → Gemeinderat zu sichern, daß den eingemeindeten Orts- und Stadtteilen eine bestimmte Mandatszahl zugewiesen wird. Insoweit wird die Regel einer nach dem Prinzip gesamtgemeindlich anzuwendender → Verhältniswahl vorgenommenen Sitzberechnung modifiziert. Da dies in der Praxis zu Verzerrungen des gleichen Erfolgswerts aller Stimmen führt, sind seit 1979 sog. Ausgleichssitze eingeführt.

UNEP

Abk. für → United Nations Environment Programme

UNESCO

Abk. für → United Nations Educational, Scientific and Cultural Organization

ungeschriebene Verfassung

Von der u. wird häufig im Zusammenhang mit dem Vereinigten Königreich von Großbritannien und Nordirland (United Kingdom) gesprochen. Die Bezeichnung bedarf jedoch der Konkretisierung: Es gibt im U.K. zwar keinen zusammenhängenden Verfassungstext, wohl aber sind im Prozeß der staatlichen und gesellschaftlichen Entwicklung wichtige Verfassungsregeln durch einzelne → Gesetze (Statute Law) oder durch die Rechtsprechung (→ Common Law) festgelegt worden; hinzu kommen ungeschriebene, historische Überlieferungen (Customs and Conventions), die wichtige Bereiche regeln und die bis heute unstrittig geblieben sind. Der Grund für die sog. „u." ist darin zu suchen, daß es im U.K. in den letzten 300 Jahren (während in anderen → Ländern sich die Entwicklung zu → Verfassungen hin vollzog) zu keinen revolutionären Brüchen oder Staatsneugründungen gekommen ist. Zu den Bestandteilen der Verfassung gehören: → Magna Charta (1215), Petition of Rights (1628), → Habeas-Corpus-Akte (1679, 1815), → Bill of Rights (1698), Act of Settlement (1701), → Wahlrecht (1832 bis 1948), Befugnisse der beiden Häuser des → Parlaments (1911, 1949).

Im Falle *Israels* liegt der Grund für die u. darin, daß die Grundprinzipien des → Staates - v.a. die Wirkungsbreite religiöser Vorschriften - umstritten waren und die divergierenden Gruppen sich 1950 auf keinen zusammenhängenden Verfassungstext einigen konnten. Die Funktion einer Verfassung wird von der Unabhängigkeitserklärung und „Grundgesetzen", die v.a. Staatsorgane und Wirtschaft regeln, übernommen.

UNICEF
Abk. für → *U*nited *N*ations *I*nternational *C*hildren's *E*mergency *F*und

UNIDO
Abk. für → *U*nited *N*ations *I*ndustrial *De*velopment *O*rganization

Union pour la Démocratie Francaise
→ UDF

UNITA
Abk. für portug. „Nationale Union für die volle Unabhängigkeit Angolas"; von Jonas Savimbi geführte, vorm. insbes. von USA und dem Apartheidssystem in Südafrika unterstützte → Guerilla gegen die marxistische → Regierung Angolas; hervorgegangen aus der → Befreiungsbewegung gegen die Kolonialherrschaft Portugals, rivalisierend mit der die Regierung stellenden marxistischen MPLA (Volksbewegung für die Befreiung Angolas). Der am 1.5.1991 (nach 15jährigem Bürgerkrieg) unterzeichnete Waffenstill-

stand zwischen U. und der MPLA beendete nicht die Kampfhandlungen. Nach der Wahlniederlage der U. bei den Ende September 1992 abgehaltenen Präsidentschafts- und Parlamentswahlen flammte der Bürgerkrieg bald unvermindert wieder auf.

Unitarismus
Prinzip bzw. Bestrebungen der Vereinheitlichung politischer Kompetenzen i.S. der Stärkung staatlicher Zentralgewalt, auf Kosten föderalistischer bzw. dezentraler (z.B. autonom kommunaler) Kompetenzverteilung (s. → Föderalismus). U. in „reiner Form" tendiert zum → Einheitsstaat.

United Nations
Bzw. United Nation Organization (UN/ UNO) = engl. für → Vereinte Nationen

United Nations Conference on Environment and Development/ UNCED
Von der → UNO ausgerichtete Weltkonferenz über Umwelt und Entwicklung in Rio de Janeiro (Rio-Konferenz) im Juni 1992. Die Erfolglosigkeit des → United Nations Environment Programme/ UNEP führte 1983 zur Gründung der von der UNEP unabhängigen UNO-"World Commission on Environment and Development" (Brundtland-Kommission), um den Gegensatz zwischen den Umweltschutzinteressen der Industrieländer und den ökonomischen → Interessen der → Entwicklungsländer zu überbrücken. Zur Umsetzung des sog. Brundtland-Berichtes - der sich für eine expandierende Weltwirtschaft auf der Basis → nachhaltiger Entwicklung aussprach - wurde die U. einberufen. Doch wurden in Rio weder Ressourcentransfers in die Entwicklungsländer noch Anstrengungen zum Schutz der Umwelt und zur Schonung der → Ressourcen verbindlich festgeschrieben. Die gemäß Beschluß der Rio-Konferenz regelmäßig stattfindenden Folgekonferenzen (z.B. Kyoto 1997, Buenos Aires 1998) offenbaren ebenfalls die unterschiedlichen Interessenlagen.

United Nations Conference on Trade and Development/ UNCTAD
Konferenz der → Vereinten Nationen für Handel und Entwicklung (mit der Funkti-

on eines UN-Spezialorgans) mit Sitz in Genf, deren Ziel v.a. eine verbesserte ökonomische Position der → Entwicklungsländer gegenüber den Industrieländern (primär den westlichen, d.h. marktwirtschaftlich orientierten) ist. Ihr gehören alle Mitglieder der Vereinten Nationen, ihrer Sonderorganisationen und der Internationalen Atomenergie-Organisation an. Die 1. Konferenz (UNCTAD I) fand 1964 statt. Bestreben der Entwicklungsländer ist es, ihr numerisches Übergewicht mit Hilfe der U. in eine wirksame ökonomische → Interessenpolitik auf der internationalen Ebene umzusetzen, da sie die bisherigen Welthandelsorganisationen (insbes. → GATT) zu eindeutig auf die → Interessen der Industrieländer orientiert sehen. Aus den Konferenzen gingen insbes. folgende Empfehlungen hervor: 1 % des BSP als → Entwicklungshilfe; integrierte Rohstoffprogramme (als Teil der → neuen Weltwirtschaftsordnung). Nach dem Ende des → Ost-West-Konflikts brachte UNCTAD VIII (1992) eine Annäherung zwischen Entwicklungs- und Industrieländern hinsichtlich einer stärker marktwirtschaftlichen Ausrichtung von → Wirtschafts- und Handelspolitik.

United Nations Development Programme/ UNDP
Sonderorgan der → Vereinten Nationen für Technische Zusammenarbeit mit Sitz in New York. 1965 entstanden als Fusion des Erweiterten Technischen Hilfsprogramms/ EPTA und des Sonderfonds für Technische Hilfe/ SF. Das U. ist primär das zentrale Finanzierungs- und Koordinierungsinstrument der UNO für multilaterale technische Hilfeleistungen an die → Entwicklungsländer; die Durchführung der Projekte erfolgt durch die jeweils fachlich zuständigen UNO-Organisationen (z.B. → FAO, → ILO, → UNIDO, → UNESCO). Eigene Aktivitäten sind v.a. die Koordinierung der gesamten Hilfe für ein Entwicklungsland, die Beratung über Entwicklungsprojekte und Strukturanpassungsprogramme sowie die Entsendung von Fachleuten. Dem U. unterstehen verschiedene Fonds und Programme, z.B. die → United Nations Volunteers/ UNV.

United Nations Educational, Scientific and Cultural Organization/ UNESCO
Erziehungs-, Wissenschafts- und Kulturorganisation der → Vereinten Nationen mit Sitz in Paris, die auf diesen Gebieten sowie dem des Informationswesens für eine stärkere Zusammenarbeit zwischen den → Staaten tätig ist. Ferner soll allen Menschen der Zugang zu Bildung und Kultur gesichert sowie das kulturelle Erbe der Menschheit bewahrt werden. Zu diesen Zwecken werden Alphabetisierungsprogramme und Erhaltungsmaßnahmen für Kulturdenkmäler finanziell gefördert. Kontrovers waren in den 70er und 80er Jahren die vorm. von → Entwicklungsländern und Ostblockstaaten ausgehenden Versuche zur Errichtung einer neuen Weltinformations- und Kommunikationsordnung.

United Nations Environment Programme/ UNEP
1972 gegr. Koordinationsorgan der → UNO insbes. für die Programme und Aktivitäten der einzelnen Fach- und Sonderorganisationen. Ferner werden die Initiierung und Koordination supranationaler Umweltschutzaktivitäten sowie die Schaffung eines weltweiten Informationssystems angestrebt. Die finanziellen Mittel von U. sind bislang ebenso bescheiden wie der Einfluß auf → Politik und Aktivitäten der UNO. Der Gegensatz zwischen den ökologischen → Interessen der Industrieländer und den ökonomischen der → Entwicklungsländer führte 1983 zur Gründung der von der U. unabhängigen UNO-„World Commission on Environment and Development", aufgrund deren Berichts im Juni 1992 die → United Nations Conference on Environment and Development/ UNCED einberufen wurde.

United Nations Food and Agriculture Organization/ FAO
→ FAO

United Nations Industrial Development Organization/ UNIDO
Sonderorganisation der → Vereinten Nationen für industrielle Entwicklung mit Sitz in Wien, deren Aufgabe in der Unterstützung der → Entwicklungsländer bei ihrer be-

schleunigten → Industrialisierung besteht. Ihre Entstehung (1967) geht auf Forderungen der Entwicklungsländer zurück; die Finanzierung erfolgt größtenteils aus → UNDP-Mitteln (UN-Entwicklungsprogramm). Die Tätigkeiten der U. bestehen in der Planung und Evaluation von Industrieprojekten, Schulung und Beratung sowie in der Koordination aller darauf bezogenen UNO-Maßnahmen; ihr Hauptproblem liegt in der mangelnden Finanzierung. Im U.-Leitungsgremium (Industrial Development Board) verfügen die Entwicklungsländer über die Mehrheit.

United Nations International Children's Emergency Fund/ UNICEF
Weltkinderhilfswerk der → Vereinten Nationen zur Versorgung bedürftiger Kinder (insbes. in den → Entwicklungsländern). Gegründet 1946 zur Versorgung der Kinder im Europa der Nachkriegsjahre, konzentriert sich U. seit 1950 zunehmend auf die Entwicklungsländer (seit 1953 UN-Sonderorganisation). Nach und neben der Bekämpfung von Hunger und Krankheit bei Kindern und Müttern sind inzwischen Schulbildung, Familienplanung, Katastrophenhilfe etc. hinzugekommen.

United Nations Volunteers/ UNV
Freiwilligenorganisation der → Vereinten Nationen auf dem Gebiet der → Entwicklungshilfe; gegr. 1970, seit 1996 mit Sitz in Bonn. Koordiniert den Einsatz von ca. 2.500 Entwicklungshelfern (davon über 70 % aus → Entwicklungsländern) in über 100 → Ländern, v.a. in den ärmsten. Die freiwilligen Helfer sind tätig in der technischen, wirtschaftlichen und sozialen Hilfe mit den Schwerpunkten humanitäre Hilfe, Unterstützung lokaler Basisgruppen und Regierungsberatung. Das U. ist dem Exekutivrat des Entwicklungsprogramms der UNO (→ United Nations Development Programme/ UNDP) unterstellt; die Finanzierung der Entwicklungsprogramme erfolgt überwiegend aus dem Special Voluntary Fund.

Universalismus
1. *Denkansatz*, zur Erklärung der Wirklichkeit aus ganzheitlichen Prinzipien ge-

genüber partikularistischen Betrachtungsweisen.
2. Von Othmar Spann in den 20er Jahren entwickelte organische *Gesellschaftslehre*, die eine natürliche → Hierarchie sozialer Stufung propagierte und zur ideologischen Fundierung des autoritären → Ständestaates in Österreich unter dem Dollfuß-Schuschnigg-Regime (1933-38) beitrug.

unkonventionelle Partizipation
Bez. für Formen der politischen Beteiligung (politische → Partizipation), die zwar in der jeweiligen → Gesellschaft legal sind, die jedoch nicht von allen Mitgliedern dieser Gesellschaft als eindeutig legitim akzeptiert sind. Zur → konventionellen Partizipation zählen v.a. auf → Wahlen und → Parteien bezogene politische Handlungen. Die u. umfaßt v.a. unterschiedliche Formen des → Protests, wie → Demonstrationen, → Boykotte und → Bürgerinitiativen; ihre Beteiligungsformen sind direkt und nicht-institutionalisiert. Wer unkonventionelle Partizipationsformen anwendet, beschränkt sich (in der überwiegenden Mehrheit der Fälle) keineswegs auf diese Form, er wendet sie vielmehr zusätzlich zu konventionellen Beteiligungsformen an. U. ist bislang eine Domäne von jüngeren, besser ausgebildeten → Bürgern.

unkonventionelles Verhalten
⇒ *unkonventionelle Partizipation*

unmittelbare Demokratie
⇒ *Direkte Demokratie*

UNO/ UN
Abk. von *United Nations (Organization)* = engl. für → *Vereinte Nationen*

Unregierbarkeit
Aus der Beobachtung, daß in komplexen modernen → Industriegesellschaften demokratischer Prägung die autonome Steuerungsfähigkeit der politischen → Institutionen nachläßt (s. ausführlich unter → Regierbarkeit), erwuchs bei einem Teil der Beobachter die Vorstellung von der U. moderner pluralistischer → Demokratien. Sie machen den modernen → Wohlfahrtsstaat primär für diese U. verantwortlich;

d.h., der → Staat könne den steigenden Anforderungen nicht mehr genügen, da seine Leistungsgrenzen erreicht seien (→ Staatsinterventionismus). Der Begriff U. wurde jedoch bisher nicht hinreichend präzisiert. Der oft behauptete Legitimationsschwund demokratischer → politischer Systeme läßt sich empirisch nicht belegen.

Unterbehörden
Auch: untere → Behörden; untere (lokale) Stufe der allgemeinen und Sonderverwaltung im mehrstufigen Verwaltungsaufbau des → Bundes (z.B. Wasser- und Schiffahrtsämter; vormals Postämter) und der → Länder (z.B. Finanzamt). Als U. der allgemeinen Staatsverwaltung fungieren die → Kreise bzw. kreisfreien → Städte.

Unterentwicklung
Bez. für den Mangelzustand, in dem sich ein → Entwicklungsland befindet. Aussagen über Gründe und Überwindung von U. variieren je nach einzelnen → Entwicklungstheorien. Die bis in den 80er Jahren einflußreiche Theorie der → Dependencia z.B. führt U. auf die → Weltwirtschaftsordnung, insbes. den → Neokolonialismus bzw. → Imperialismus zurück (→ Entwicklungspolitik). Die → Modernisierungstheorie hingegen favorisiert den westlich-industriegesellschaftlichen Entwicklungsprozeß.

Unterhaus
Engl.: House of Commons; zweite → Kammer des britischen → Parlaments (erste Kammer: House of Lords = → Oberhaus). Seit den Reformgesetzen von 1911 und 1949 ist das U. das eigentliche Entscheidungsorgan, das „House of Lords" vermag U.-Beschlüsse nur noch zu verzögern. Allein das U. wählt die → Regierung. Seine (z.Z. 659) „Members of Parliament" werden mit → relativer Mehrheitswahl durch allgemeines → Wahlrecht auf 5 Jahre gewählt. Der → Premierminister kann das U. jederzeit durch die Krone auflösen, d.h. Neuwahlen ansetzen lassen.

Unternehmerverbände
Unternehmer und Unternehmen unterhalten → Verbände, als deren Zweck die Förderung eines definierten Kreises von Mitgliedern und deren → Interessen gilt. Insofern unterscheiden sich U. zunächst nicht erheblich von den Verbänden anderer Bevölkerungskreise, etwa Arbeitnehmern, Autofahrern und Züchtern von Kleintieren. Obwohl auch diese Organisationen unter dem Begriff „Verbände" rubrizieren, unterscheiden sich unternehmerische Verbände von anderen in vielerlei Hinsicht: etwa im Umfang ihrer Population – die Anzahl von U. in der Bundesrepublik ist aufgrund ihrer Umfassenheit weitgehend unbekannt -, in dem hohen Grad der Ausbildung von aufgaben- oder interessenspezifischen Organisationen, in der Komplexität ihrer → Systeme von Verbänden, in der engen Relation von der Artikulation von Funktionserfordernissen des ökonomischen Systems mit der Promotion von partikularen Interessen und schließlich in der Möglichkeit, Interessen und → Macht nicht nur durch Verbandsorganistion, sondern auch durch die Organisation der jeweiligen Unternehmen mit ins Spiel bringen zu können.

Der Begriff U. – genauer: Unternehmensverbände – umfaßt verschiedene, auf einzelne Aufgaben und Zwecke hin spezifizierte unternehmerische Verbände:

→ *Arbeitgeberverbände.* In den westlichen → Industriegesellschaften schließen Arbeitgeberverbände und → Gewerkschaften kollektiv-bindende Regelungen (→ Tarifverträge) ab. Gegenstand dieser Regelungen sind u.a. Löhne und Gehälter, Arbeitszeiten, Arbeitsbedingungen. Darüber hinaus nehmen Arbeitgeberverbände die sozialpolitischen Interessen ihrer Mitglieder gegenüber staatlichen und halbstaatlichen Organisationen wahr. Sie entsenden Vertreter in Konsultativ- und Lenkungsgremien bei staatlichen und halbstaatlichen Organisationen, etwa der → Bundesanstalt für Arbeit, den Berufsgenossenschaften etc.

Wirtschaftsverbände. Sie vertreten die wirtschaftspolitischen Interessen ihrer Mitglieder auf der Ebene von → Bundesländern, den → Bundesministerien und bei transnationalen Einrichtungen wie etwa der → EG, sowie gegenüber Lieferanten und Abnehmern, Verbrauchern und halbstaatlichen Organisationen.

Marktverbände (Kartelle). Sie regulieren auf der Beschaffungs- bzw. Absatzseite Preise, Mengen und Qualitäten von jeweils spezifizierten Produkten. Aufgrund von rechtlich kodifizierten Wettbewerbsordnungen sind sie nicht verbreitet.

→ *Kammern* (→ Industrie- und Handelskammern, → Handwerkskammern). Kammern sind die lokalen bzw. regionalen, einzelne Branchen bzw. Gewerbe übergreifenden Organisationen. Sie nehmen die Interessen einer lokal- bzw. regional spezifizierten Wirtschaft wahr und übernehmen in begrenztem Maße und in unterschiedlichen Aufgabenfeldern – etwa im Bereich der beruflichen Erstausbildung und Weiterbildung – originär staatliche Funktionen. Im Gegensatz zu den o.g. U. ist die Mitgliedschaft in einer Kammer für die Unternehmen ab einer bestimmten Größe obligatorisch. Kammern treten als Sprecher der regionalen Wirtschaft auf. Da in den Organisationen des Handwerks, den Handwerkskammern, neben den Unternehmen auch die Arbeitnehmer organisiert sind, ist es umstritten, inwieweit es sich bei diesen Organisationen um unternehmerische Interessenorganisationen handelt.

U. sind politische Organisationen. Neben den sog. primären Organisationen, zu denen die Wirtschaftsorganisationen, aber auch Organisationen in anderen gesellschaftlichen Teilsystemen, wie etwa die → Öffentliche Verwaltung, die Universitäten und Schulen zählen, sind Verbände sogenannte sekundäre Organisationen. Sie entstehen, weil auf Entscheidungen in Organisationen nur mit Organisation reagiert werden kann. Als solche sind U. in erster Linie als Organisationen zu betrachten, die definieren, welche Aufgaben sie wahrnehmen und welche Personen bzw. Organisationen Mitglieder werden können. Neben diesen als Aufgaben- bzw. Mitgliedschaftsdomänen zu bezeichnenden Kategorien verfügen Verbände über eine entsprechende Binnenordnung, d.h. über soziale Regelungen, die die Mitgliedschaftsrechte und die → Repräsentation der Organisation nach innen und außen beinhalten, ferner über unterschiedliche Differenzierungs- und Integrationsmodi, d.h. sie bilden aufgaben-

und interessenspezifische Suborganisationen.

Als Organisation verfügen sie darüber hinaus in unterschiedlichem Maße über verschiedene → Ressourcen, also → Inputs, in der Form von Informationen, Geld, Personal. Sie verfolgen schließlich bestimmte Zwecke, die sie als Leistungen, also als → Outputs, produzieren. U. als Organisationen bilden jedoch nicht nur eine Binnenordnung aus, sondern entwickeln in entwickelten → Gesellschaften häufig ein nach Interessen, Aufgaben und territorialen Gesichtspunkten spezifiziertes, mehr oder minder hierarchisiertes System von Verbänden (Schmitter, Streeck 1981). In der Bundesrepublik etwa ist in einer Vielzahl von Fällen ein drei- oder vierstufiges System von U.n zu identifizieren, in dem auf der Basis von spezifischen Gewerben – etwa Industrien – U. auf der Ebene von → Regionen, Ländern und schließlich auf der Bundesebene zu einem intraorganisatorisch differenzierten und integrierten System zusammengeschlossen sind (Weber 1987). Darüber hinaus weisen U. aufgrund ihres Verbandscharakters noch eine Reihe von besonderen Organisationseigenschaften auf. Wirtschaftsorganisationen etwa orientieren ihr Vorgehen am Geld, politische Organisationen an der Macht, Wissenschaftsorganisationen am Erkenntnisgewinn. Verbände demgegenüber nutzen Interessen als Medium ihrer primären Orientierung. Als solche aggregieren, selektieren und repräsentieren sie Interessen. Verbände sind damit Interessenprozessoren (Weber 1991a).

Hinzu kommt eine weitere Spezifität. Die Interessenverarbeitung setzt eine entsprechende Beteiligung der Mitglieder voraus, so daß Verbände sich durch ein mehr oder weniger elaboriertes System der Aggregation von Interessen und Willensbildung auszeichnen. Sowohl die Repräsentanten als auch die artikulierte → Politik beanspruchen, die → Legitimation der Mitgliedschaft zu besitzen. Die Anforderungen der → Implementation und der Gewinnung kollektiver Durchsetzungsfähigkeit stellen dem jedoch Grenzen entgegen. Michels (1957) etwa konnte in seiner Analyse des

→ Parteiensystems ein Phänomen identifizieren, das auch auf U. zutrifft: die → Emanzipation der Organisation von den Mitgliedern und deren Interessen. Das Interesse der Organisation an sich selbst, nachhaltig gestützt durch eine zunehmende Professionalisierung der Verbandsarbeit durch hauptamtliche angestellte Funktionäre, führt tendenziell zu einer Abkopplung der Organisation von der „Basis".

Eine weitere Spezifität von Verbandsorganisation stellt die Eigenschaft des Outputs, also der Leistung dar. Verbände stellen häufig durch das Eintreten für spezifische Interessen ein „öffentliches Gut" her, dessen für die Verbandsorganisation problematische Eigenschaft darin liegt, daß es nicht diskriminationsfähig ist, also auch jenen zugute kommt, die nicht an den Kosten der Erstellung beteiligt sind. Dieses von Olson 1968 herausgestellte Kollektivgutproblem stellt ein genuines Problem der Verbände dar: Da auch diejenigen in den Nutzen der Leistungen kommen, die nicht dazu beitragen, besteht eine Tendenz, daß das entsprechende „Kollektivgut" (z.B. Interessenvertretung) nicht realisiert wird. Zugleich stehen insbesondere U. vor dem Problem, ihre Mitglieder auf Verbandsbeschlüsse oder Verhandlungsresultate verpflichten zu können, da die Organisationen häufig nur eine begrenzte Sanktionsfähigkeit besitzen und die Mitglieder aufgrund ihrer organisatorischen Voraussetzungen über andere Alternativen verfügen (Offe/ Wiesenthal 1985).

Die gegenwärtige Population von U.n und deren Architektur der interorganisatorischen Konfiguration der Systeme von Verbänden ist Folge der Entwicklung zur polyzentrischen Gesellschaft, der Ausdifferenzierung eines auf die Regulation der → Arbeitsbeziehungen hin spezifizierten Systems der industriellen Beziehungen und schließlich der Entwicklungsdynamik von Organisationen und Systemen von Organisationen und der jeweiligen Verbände (Weber 1991b). Die Ausdifferenzierung und Autonomstellung gesellschaftlicher Teilsysteme wie das ökonomische System, das → politische System, das Wissenschaftssystem und Erziehungssystem sind die primären Katalysatoren der Gründung und der Ent-

wicklung von U.n. Hinzu kommt eine sich dynamisierend verstärkende Binnendifferenzierung der Wirtschaft in unterschiedliche Gewerbe- und Betriebsformen. Die Autonomstellung eines politischen Systems durch demokratische Prozeduren und durch Parteienkonkurrenz, die Entwicklung nationalstaatlich verfaßter politischer Systeme, die Organisierung (Weber 1991b), Technisierung der Produktion und die Standardisierung der Massenproduktion, die Ausdifferenzierung eines durch die Tarifparteien (Arbeitgeberverbände, → Gewerkschaften) gestützten Systems industrieller Beziehungen, die Entwicklung eines Systems beruflicher Erstausbildung (Streeck u.a. 1987) im Erziehungssystem produzieren auf gesellschaftlicher Ebene genügend Ereignisse, die zur Katalyse der Entstehung von Verbandsorganisationen und damit zur Entstehung von U.n führen.

Die wachsende Rolle von → Interessenorganisationen im politischen Prozeß, die sich vergrößernde Population von Interessenorganisationen – und damit auch von U.n – weckt in der → politischen Wissenschaft das Interesse an der Analyse von Verbänden und deren Beteiligung am politischen Prozeß. U. erscheinen als zentrale Akteure im wechselseitigen Prozeß des Gewinnens von Einfluß auf politische Entscheidung. Gekoppelt mit fragmentierten Verbandssystemen entwickelt die politische Wissenschaft die Vorstellung eines pluralen Verbandssystems. Diese Forschungsperspektive wird schließlich Ende der 70er Jahre abgelöst durch Konzeptionen des → Neokorporatismus. Schmitter (1979) zufolge entwickeln sich die Strukturen der Verbandssysteme von pluralistischen zu hierarchisch-integrierten Systemen von Verbänden. Damit verbunden ist eine Entwicklung von der → pressure-group-Konzeption zu der Annahme, daß Verbände in der modernen Gesellschaft nicht nur Druck auf das politische System ausüben, sondern auch bei der → Implementation politischer Programme dienlich sind. Voraussetzung für diese Form des Mitregierens sind entsprechend hierarchisch ausgebildete, wohlorganisierte Systeme von Verbänden. Unter dieser Perspektive übernehmen U. und Gewerkschaften intermediäre, d.h. zwischen Staat und Mitgliederschaft bzw. zwischen unterschiedlichen Systemerfordernissen vermittelnde Eigenschaften.

Insbesondere neuere systemtheoretische Überlegungen weisen diesen intermediären Arrangements für die Steuerung des Systemaustausches zwischen unterschiedlichen funktional differenzierten und spezifizierten Systemen einen besonderen Stellenwert zu (Weber 1991). Untersuchungen zeigen, daß sowohl im Bereich der → Tarifpolitik, aber auch der Berufsbildungspolitik (Streeck u.a. 1987) und der → Technologie- und → Industriepolitik intermediären Arrangements, an denen Arbeitgeberverbände, Gewerkschaften und weitere Repräsentanten aus funktionalen Systembezügen beteiligt sind, eine erhebliche Bedeutung zukommt und daß selbst das Wettbewerbspotential von Industriestaaten durch diese intermediären Arrangements beeinflußt wird.

Neben den Untersuchungen über die Rolle der U. in intermediären Arrangements haben zunächst die Arbeitgeberverbände im System der industriellen Beziehungen verstärkte Aufmerksamkeit in der Forschung erlangt (s. 1987, Weber 1986, ders. 1987). Dies liegt darin begründet, daß erstens das System industrieller Beziehungen und die mit ihm verbundene Leistung der Selbstregulation der „Verkaufs-" und „Anwendungsbedingungen" von Arbeitskraft ein Zentrum der Selbstregulation darstellt und daß zweitens Arbeitgeberverbände in der Forschung vernachlässigt wurden. Neben den Bemühungen zur Schließung dieser Forschungslücke stehen gegenwärtig zwei Aspekte im Vordergrund sozialwissenschaftlicher Forschung. Von Interesse ist erstens, in welchem Maße die Tariforganisationen - und damit auch die Arbeitgeberverbände - von den gegenwärtig sich abzeichnenden Wandlungsprozessen - etwa der Internationalisierung der Märkte, Entstehung transnationaler Wirtschaftsräume, veränderte Marktformen und Wettbewerbsbedingungen, gewandelte Arbeitszeit- und Beschäftigungsverhältnisse, schließlich neue Management- und Unternehmensstrategien - tangiert werden. Hierbei ist von besonderem Interesse, daß das deutsche System der Interessenvermittlung nach der Übertragung auf die 5 neuen → Bundesländer aufgrund der → Globalisierung unter erheblichen Druck gerät. Das Konsensmodell, lange Zeit als wettbewerbsfördernde Eigenschaft des deutschen Systems propagiert, wird in Frage gestellt: Mit diesem System verbundene Interessenorganisationen, wie Wirtschaftsverbände, Kammern, Arbeitgeberverbände und Gewerkschaften, geraten über die Diskussion, welchen Weg man einzuschlagen habe, in turbulente Situationen. Das ursprüngliche Konfliktszenario der Differenzen zwischen Arbeitgebern und Gewerkschaften erfährt starke Veränderung dadurch, daß sich in den jeweiligen Lagern unterschiedliche Konflikt- und Kooperationskonstellationen herausbilden. Darüber hinaus existieren erstmalig in der Geschichte der Bundesrepublik starke Kontroversen zwischen den Spitzenverbänden, also zwischen → BDI, → BDA und → DIHT.

Die Konflikte zwischen den Spitzenorganisationen, die Austritte aus den Arbeitgeberverbänden in Ostdeutschland und der starke Rückgang der Mitgliederzahlen bei den Gewerkschaften werden von der Publizistik als Krise des deutschen Verbandssystems gedeutet (Weber 1997). In der Presse, die der Wirtschaft nahe steht, wird angemahnt, daß hohe Aufwendungen der Wirtschaft für das Unterhalten von drei verschiedenen Säulen des deutschen Verbandssystems zu hoch, die Aufgaben zu ähnlich geworden seien und es damit angebracht sei, über die Fusion der drei Säulen nachzudenken.

Dieser Trend führt auch bei den Gewerkschaften zu Fusionen. Es zeichnet sich ab, daß das ursprüngliche Industrieprinzip aufgrund dieser Fusionen verwässern wird. Gegenwärtig wird darüber spekuliert, ob ein paar Jahren in Deutschland nur noch 5 Gewerkschaften existieren: 2 Gewerkschaften in der Industrie, 2 Dienstleistungsgewerkschaften, 1 staatszentrierte Gewerkschaft.

Der zweite Aspekt betrifft sowohl theoretische wie empirische Analysen, in deren Zentrum die organisatorischen Gemeinsamkeiten und Unterschiede zwischen Arbeitgeberverbänden und Gewerkschaften stehen. Auf der Basis der von Offe und Wiesenthal 1985 entwickelten These zu den zwei Logiken kollektiven Handelns wurde eine Kontroverse (Streeck 1995) entfacht, in deren Zentrum die Frage steht, in welchem Maße Arbeitgeberverbände und Gewerkschaften hier die gleichen organisatorischen Kapazitäten zur Entwicklung kollektiven Handelns besitzen und in welchem Maße die Interessenvarietät auf den beiden Seiten des Arbeitsmarktes variiert. Empirische Analysen zu diesem Problembereich zeigen, daß Arbeitgeberverbände und Gewerkschaften insbesondere in den Dimensionen organisatorischer Differenzierung und der Zentralisierung der Steuerungsfähigkeit Unterschiede aufweisen (Traxler/ Weber 1989).

Lit.: Offe, C./ Wiesenthal, H.: Two Logics of Collective Action: Theoretical Notes on Social Class and Organizational Form, in: Offe, C. Disorganized Capitalism. Contemporary Transformation of Work and Politics, Oxford/New York 1985; *Olson, M.:* Die Logik kollektiven Handelns, Tübingen 1968; *Schmitter, P.C.:* Still the Century of Corporatism? In: Schmitter/ Lehmbruch (Hg), Trends towards Corporatist Intermediation, Beverly Hills/ London 1979; *Streeck, W.* (Hg): Staat und Verbände, Opladen/ Wiesbaden 1995; *Streeck, W. Hilbert, J./ Kevelaer, K.-H.v./ Maier, F./ Weber, H.:* Die Rolle der Sozialpartner in der Berufsausbildung und beruflichen Weiterbildung: Bundesrepublik Deutschland, Bielefeld/ Berlin 1987; *Traxler, F./ Weber, H.:* Gesellschafts- und Organisationstrukturen zwischen Kultur und Gesellschaft, Frankfurt/ New York 1989; *Weber, H.:* Ökonomischer Wandel und institutionelle Strukturen von Verbandsystemen - Japan und Deutschland im Vergleich, in: v. Aleman, U./ Weßels, B. (Hg.): Verbände in vergleichender Perspektive. Beiträge zu einem vernachlässigten Feld, Berlin 1997; *Weber, H.:* Selbststeuerung der Verbände? In: Hartwich, H.-H., Wewer, G. (Hg.): Regieren in der Bundesrepublik, Bd.III, Systemsteuerung und ,Staatskunst', Opladen 1991; *Weber, H.:* Crises, Political Design and Systems of Interestmediation. Germany between the Thirties and the Fifties. In: W. Grant, J.

Nekkers, F.v. Waarden (eds.): Organizing Business for War. Corporatist Economic Organization during the Second World War. A Comparison of Ten Countries, Oxford 1991; *Weber, H.:* Unternehmerverbände zwischen Markt, Staat und Gewerkschaften. Zur intermediären Organisation von Wirtschaftsinteressen, Frankfurt/ New York 1987.

Prof. Dr. Hajo Weber, Kaiserslautern

Unterstaatssekretär
Wörtliche Übersetzung der amerikanischen Bez. „undersecretary"; in den USA Stellvertreter des → Ministers („secretary"). Er entspricht damit dem (beamteten) → Staatssekretär in der Bundesrepublik. Als Mitglied der Leitungsebene gehört der U. zu den aus politischen Gründen vom → Präsidenten berufenen Amtsinhabern (political appointee).

Unterstützung
→ politische Unterstützung

Untersuchungsausschüsse
Hilfsorgane des → Parlaments zur Wahrnehmung seines Untersuchungsrechts. Sie dienen vorwiegend der → parlamentarischen Kontrolle der → Regierung und sollen die Verantwortung für Mißstände aufdecken. U. haben sich primär zu einem Instrument der → Opposition entwickelt, die sich im normalen Parlamentsbetrieb kein wirksames Gehör verschaffen kann. Entsprechend entwickeln sich die U. zu einem Ort der Konfliktaustragung zwischen den → Parteien. U. werden auf Zeit eingesetzt; in der Bundesrepublik muß dies auf Antrag eines Viertels der Bundestagsabgeordneten erfolgen. U. können Zeugen und Sachverständige vorladen, diese vereidigen sowie Beweise erheben; sie verhandeln generell öffentlich. Im Gegensatz zu einem Gericht können sie lediglich Sachverhalte aufzeigen und dem Parlament berichten. Die Mitgliedschaft in U. spiegelt die Fraktionsstärke im → Bundestag wider.

UNV
Abk. für → *U*nited *N*ations *V*olunteers, Freiwilligenorganisation (Entwicklungshelferprogramm) der → Vereinten Nationen

Urabstimmung

1. *allg.*: Direkte Entscheidungsmöglichkeit für alle stimmberechtigten Mitglieder einer Organisation zu den satzungsmäßig vorgeschriebenen Entscheidungsbereichen (v.a. Sach- oder Personalfragen).

2. → *Gewerkschaften*: Von einer Gewerkschaft durchgeführte geheime → Abstimmung unter denjenigen ihrer Mitglieder, die für gewerkschaftliche Kampfmaßnahmen (→ Streik) in Betracht kommen. Gegenstand der U. können sein: Einleitung, Fortsetzung oder Beendigung eines Streiks. In Deutschland ist die U. Voraussetzung für die Einleitung und Beendigung von Streiks (mit Ausnahme sog. → Warnstreiks).

3. → *Parteien*: Die Beteiligungsmöglichkeiten der Mitglieder am innerparteilichen Willensbildungsprozeß (→ innerparteiliche Demokratie) sind von → Land zu Land oder sogar innerhalb eines Landes (z.B. Frankreich) unterschiedlich ausgeprägt. Vergleichsweise hoch sind sie in den USA (→ Vorwahlen). In Deutschland ist das Instrument der U. bzw. Urwahl im Gefolge der Demokratisierungsdiskussion der 60er/70er Jahre zwar etwas aufgewertet worden, beschränkt sich aber überwiegend auf die Kandidatenauswahl auf der lokalen Ebene. Die konsultative Mitgliederbefragung bei der Wahl des → SPD-Vorsitzenden 1993 blieb bisher ein Einzelfall; die Urwahl des

SPD-Kanzlerkandidaten ist seit 1993 möglich, aber noch nicht praktiziert. Bei → CDU und → FDP gibt es seit mehreren Jahren die Möglichkeit der konsultativen Mitgliederbefragung bei bestimmten Entscheidungen. Die → Grünen hingegen hatten das Instrument der U. in ihrer Satzung von Anfang an für viele Sach- und Personalentscheidungen vorgesehen. Ähnliches gilt für die → PDS-Satzung bei Sachentscheidungen.

Utilitarismus

Nützlichkeitslehre, Nützlichkeitsethik; sozialphilosophische bzw. nationalökonomische Lehre, die als Maßstab für sittlich-moralisches bzw. wirtschaftlich sinnvolles Verhalten lediglich die Nützlichkeit menschlichen Handelns gelten läßt. Durch das Streben des einzelnen nach größtmöglichem Nutzen für sich selbst wird die Wohlfahrt der Gesamtheit bzw. der meisten erreicht. (Mit diesem Denkmodell der Nutzenmaximierung wurde der U. zur Rechtfertigung des Wirtschaftsliberalismus.) Ohne daß „Nutzen" inhaltlich bestimmt wird, ist dem U. zufolge „von Natur aus" das Motiv sozialen Handelns die bestmögliche Nutzenerzielung.

Utopie

→ politische Utopien

Verantwortlichkeit

Persönliche Zurechenbarkeit von eigenem Handeln (und das Einstehen dafür) oder die Handlungen von Untergebenen in hierarchisch geordneten Organisationen/ → Behörden. Eine → Ministerverantwortlichkeit gegenüber dem → Parlament gibt es in der Bundesrepublik aufgrund der → Richtlinienkompetenz des → Bundeskanzlers nicht; jedoch führt jeder → Bundesminister seinen Geschäftsbereich in eigener Verantwortung (s. Art. 65 GG).

Verantwortungsethik

Von Max Weber eingeführte Bez. für eine Ethik politischen Handelns, die auf die vorhersehbaren Folgen menschlichen Handelns statt die dieses begründenden Motive bzw. Werthaltungen (→ Gesinnungsethik) hin orientiert. Verantwortungsethisch Handelnde suchen ihr Ziel unter Berücksichtigung der möglichen Auswirkungen verfolgter Mittel und Wege zu erreichen, sie wägen deshalb stets die potentiellen, für die Gesamtheit nachträglichen Folgekosten einer prinzipiengeleiteten Entscheidung gegen rigoristische Grundsatztreue nüchtern-pragmatisch ab.

Verbände

1. Allg. soziologische Bez. für menschliche Zusammenschlüsse (→ Vereinigung) mit interessenbezogener Zwecksetzung. Begrifflich weiter gefaßt als → Interessengruppe, da sie auch Gruppierungen mit lediglich kulturellen und sozialen Selbsttätigkeitszwecken (z.B. Freizeit-V.) umfaßt.

2. Enger auf spezifische Interessenvermittlungsfunktionen im → politischen System bezogen, bezeichnen V. Vereinigungen, die - neben formaler Mitgliederschaft - eine ausdifferenzierte Organisationsstruktur aufweisen und → Öffentlichkeit sowie politische und administrative → Institutionen i.S. ihres besonderen Verbandszwecks zu beeinflussen suchen.

Verbändeforschung

Analyse zu Struktur und Funktion des Verbändewesens oder einzelner → Verbände (s.a. → Interessengruppen). Die empirische Operationalisierung der V. ist immer wieder durch demokratietheoretische bzw. sozialwissenschaftliche Theoriebildung befruchtet worden. Beispielhaft für erstere normative Fundierung der V. ist die (maßgeblich von Ernst Fraenkel entwickelte) Neopluralismustheorie (→ Neopluralismus); aufbauend auf dieser (und exemplarisch für soz.wiss. Ansätze) wurde das Forschungskonzept des → Neokorporatismus entwickelt. Durch eine die deutsche → politische Kultur kennzeichnende „Interessenverbandsprüderie" lange gehemmt, hat die V. in der → Politik- und → Sozialwissenschaft der Bundesrepublik heute einen festen Platz.

Verbraucherpolitik

Gesamtheit aller Maßnahmen und Initiativen, welche die soziale und ökonomische Position der Verbraucher gegenüber den Anbietern privater und → öffentlicher Güter und Dienstleistungen zu verbessern suchen. Träger der V. sind teils private Organisationen (insbes. die Arbeitsgemeinschaft der Verbraucher mit ihren Verbraucherzentralen und die Stiftung Warentest), teils öffentliche Instanzen. In der Bundesrepublik regeln u.a. das Gesetz gegen unlauteren Wettbewerb (UWG) und das Lebensmittelgesetz den Verbraucherschutz.

Verein

Auf Dauer angelegter Zusammenschluß von Personen zur Verfolgung bestimmter Zwecke (Freizeit, Beruf, Weltanschauung etc.), unabhängig vom Wechsel der Mitglieder. Rechtsfähige V. entstehen durch Eintragung als „e.V." in das Vereinsregister oder durch staatlichen Hoheitsakt (bei wirtschaftlichen Zwecken). Sie müssen mind.

7 Mitglieder, → Satzung sowie Organe der Willensbildung aufweisen. Nichtrechtsfähige V. sind nach den Vorschriften über die → Gesellschaften des bürgerlichen → Rechts (→ BGB) aufgebaut. Ihr körperschaftlicher Charakter entspricht weitgehend dem rechtsfähiger V. Die Bildung von V. ist frei (→ Vereinigungsfreiheit).

Vereinigtes Wirtschaftsgebiet

Die offizielle Bez. „Vereinigtes Wirtschaftsgebiet der Bizone" (britische und amerikanische Zone) wurde im Volksmund abgekürzt als → Bizone (gegründet 1947). 1949 trat die französische Besatzungszone hinzu (→ Trizone). Die Bezeichnung V. spiegelt die Zuständigkeitsbeschränkung der neu geschaffenen deutschen Zentralstellen für Wirtschaft, Finanzen und Verkehr. Die wichtigsten Organe waren → Wirtschafts- und Länderrat sowie der Verwaltungsrat.

Vereinigung

Das „Zueinander" von Personen, Gruppen oder Organisationen zu einem (freiwilligen) Zweckverband (→ Verband) für gemeinsame Ziele oder Funktionen. Im 19. Jh. wurde der Begriff V. bzw. → Assoziation als Synonym für → Genossenschaft verwandt; heute Bez. für ökonomische wie ideelle → Interessengruppen.

Vereinigungsfreiheit

Allen Deutschen garantiertes → Grundrecht, → Vereine und Gesellschaften zu bilden (Art. 9 I GG). Als solche steht die V. in engem freiheitsverbürgenden Verfassungszusammenhang mit der → Meinungsfreiheit (Art. 5 GG). Spezialfälle der V. sind die → Koalitionsfreiheit (Art. 9 III GG) zur Förderung der Arbeits- und Wirtschaftsbedingungen" sowie das sog. → „Parteienprivileg" (Art. 21 GG). Die V. umfaßt sowohl das Recht des freien Beitritts (positive V.) als auch das Recht, einer → Vereinigung fernzubleiben (negative V.). Die V. gilt nicht für öffentlich-rechtliche Zwangszusammenschlüsse (insbes. → Körperschaften des öffentlichen Rechts). Die V. unterliegt den gewährenden und beschränkenden Bestimmungen des Vereinswesens (mit Ausnahme der politischen → Parteien).

Vereinte Nationen

Umfassendster → Staatenbund unserer Zeit, über dessen Charta (→ VN-Charta) auf der Konferenz von San Francisco (25. April - 26. Juni 1945) von den Vertretern der 51 teilnehmenden → Staaten beraten wurde. Als offizielles Gründungsdatum gilt der 24. Oktober 1945; an diesem Tag trat die am 26. Juni 1945 unterzeichnete Charta in Kraft. Bereits am 1. Januar 1942 hatten sechsundzwanzig der gegen die Achsenmächte kriegführenden Staaten die „Erklärung der Vereinten Nationen" unterzeichnet und sich die Prinzipien der von Churchill und Roosevelt am 14. August 1941 proklamierten → Atlantik-Charta zu eigen gemacht. In San Francisco beschlossen die Vertreter dieser und einer Reihe anderer Staaten nun formell die Gründung der VN und gaben sich eine Charta. Mit der Ratifizierung dieses Vertragswerks am 24. Oktober 1945 durch die fünf Großmächte und eine Mehrheit der anderen Staaten trat die Charta gemäß ihrem Art. 110 in Kraft.

Mit derzeit 188 Mitgliedstaaten sind die VN nicht nur der größte Staatenbund der Weltgeschichte, sondern auch die erste Organisation, die die ganze Welt umspannt.

1. Historischer Hintergrund: Überlegungen über die Gestaltung der Nachkriegsordnung hatten in den USA schon früh eingesetzt und bewegten sich von Anfang an auf zwei parallelen Schienen. Zum einen sollten die internationalen Wirtschaftsbeziehungen durch neue, auf dem Prinzip des Freihandels basierende Strukturen geregelt werden. Zum anderen sollte, trotz der schlechten Erfahrungen, die man in der Zwischenkriegszeit mit dem → Völkerbund gemacht hatte, eine neue internationale Organisation geschaffen werden. Unter der Führung der Großmächte und gestützt auf das Prinzip der → kollektiven Sicherheit sollte die Organisation den Weltfrieden garantieren und gleichzeitig die überkommene → Politik der Einflußzonen, Bündnisse und des Gleichgewichts der Mächte überflüssig machen, „mit welchen sich die Völker in der unglücklichen Vergangenheit bemühten, ihre Sicherheit zu wahren und ihre staatlichen Interessen zu fördern" - so die Auffassung des amerikanischen Außenministers Cordell Hull, neben Präsident Roosevelt der größte Förderer des neuen → Internationalismus.

In beiden Bereichen - im wirtschaftlichen wie im politischen - sollte mit den Strukturen der Vergangenheit gebrochen und sollten neue internationale → Systeme geschaffen werden, denen die Vorstellung von der „einen Welt" (Wilkie) zugrunde lag. In beiden Bereichen gingen die Initiativen von den USA aus, mit der Folge, daß die → Systeme und Organisationen, die schließlich entstanden, wesentlich von den Idealen und → Interessen der USA geprägt waren. Insbesondere in den USA blieb man sich deshalb stets bewußt, daß die neuen internationalen Systeme einander ergänzten.

2. Entstehungsgeschichte: Die Verhandlungen über die wichtigsten Elemente des neuen Weltwirtschaftssystems hatten schon während des Weltkriegs begonnen und auf der Währungs- und Finanzkonferenz der VN in → Bretton Woods (Juli 1944) ihren ersten Höhepunkt erreicht. Sie führten zur Gründung des → Internationalen Weltwährungsfonds (International Monetary Fund = IMF) und der → Weltbank (International Bank for Reconstruction and Development = IBRD), mit denen das neue wirtschaftliche System abgesichert und gesteuert werden sollte. Bemühungen um eine ebenfalls geplante Internationale Handelsorganisation (International Trade Organisation = ITO) führten auf der Konferenz von Havanna (21. November 1947 - 29. März 1948) zur Verabschiedung einer ITO-Charta (Havanna-Charta). Da diese jedoch von den USA und in der Folge auch von den anderen Staaten nicht ratifiziert wurde, wurde das als „Übergangslösung" gedachte General Agreement on Tariffs and Trade (→ GATT vom 31. Okt. 1947) zur Dauerlösung.

Auch die Vorbereitungen zur Errichtung einer neuen Weltorganisation hatten schon zu Beginn der 40er Jahre eingesetzt. Die „Moskauer Deklaration" der Außenministerkonferenz vom Oktober 1943, die sich zur Schaffung einer Weltorganisation zwecks Aufrechterhaltung des Friedens ausgesprochen hatte, war auf der → Konferenz von Teheran (Dezember 1943) von Roosevelt, Churchill und Stalin bestätigt worden. Auf der → Konferenz von Jalta (Febr. 1945) einigten sich die drei Großmächte endgültig auf die Gründung der Weltorganisation und gestanden sich in Fragen, die ihre Sicherheit betreffen, ein → Vetorecht zu (Yalta Voting Formula). Gleichzeitig luden die drei Staatsmänner die Staaten, die die Erklärung der VN unterzeichnet hatten, zu einer Gründungskonferenz nach San Francisco ein (United Nation's Conference on International Organization). Auf dieser Konferenz kam es schließlich zur formellen Gründung der VN. Am 18. April 1946 wurde deshalb der de jure noch bestehende Völkerbund durch die Völkerbundversammlung aufgelöst.

3. Ziele: Es sind im wesentlichen drei - in der Präambel angedeutete und in Art. 1 der Charta genau umschriebene - Ziele, zu deren Verwirklichung und Beachtung sich die Mitgliedsstaaten der VN verpflichten: Die Wahrung des Weltfriedens und der internationalen Sicherheit; die Entwicklung freundschaftlicher, auf den Prinzipien der Gleichberechtigung und → Selbstbestimmung basierender Beziehungen zwischen den → Nationen; die Schaffung einer internationalen Zusammenarbeit zur Lösung internationaler Probleme wirtschaftlicher, sozialer, kultureller und humanitärer Art, sowie zur Förderung und Festigung der „Achtung der → Menschenrechte und Grundfreiheiten für alle, ohne Unterschied der Rasse, des Geschlechts, der Sprache oder der Religion."

Diesen allgemeinen Zielen, die letztlich alle auf die Wahrung des Friedens in der Welt ausgerichtet sind, sind eine Reihe von „Grundsätzen" zugeordnet: es sind dies u.a. die Anwendung friedlicher Mittel bei internationalen Streitigkeiten; der Verzicht auf die Androhung und Anwendung von Gewalt; aber auch der Beistand für Maßnahmen, welche die VN in Einklang mit der Charta ergreifen. Gleichzeitig werden die Grenzen markiert, die die

Weltorganisation dabei zu respektieren hat: die → Gleichheit und unantastbare → Souveränität der Staaten. So stellt Art.2 Ziff.7 fest, „daß eine Befugnis der VN zum Eingreifen in Angelegenheiten, die ihrem Wesen nach zur inneren Zuständigkeit eines Staates gehören, oder eine Verpflichtung der Mitglieder, solche Angelegenheiten einer Regelung aufgrund dieser Charta zu unterwerfen", aus dem Vertragswerk nicht abgeleitet werden kann. Durch das Souveränitätsprinzip sind innerstaatliche Konflikte und Menschenrechtsverletzungen der Zuständigkeit und dem Zugriff der Weltorganisation weitgehend entzogen. Obwohl damit die Verwirklichung ihrer Ziele erheblich eingeschränkt ist, bildet das Souveränitätsprinzip für alle Nationen die 'Geschäftsgrundlage' für ihren Beitritt in die und ihr Verbleiben in der Weltorganisation.

4. Organisationsstruktur: Gemäß Art.7 Abs.1 verfügen die VN über sechs Hauptorgane: Generalversammlung (GV), → Sicherheitsrat (SR), Wirtschafts- und Sozialrat (WSR), Treuhandrat (TR) und → Internationaler Gerichtshof (IGH) und das Sekretariat (S). Die *Generalversammlung* ist das einzige Organ, in dem alle Mitglieder - gem. dem Gleichheitsgrundsatz - mit Sitz und Stimme vertreten sind (Prinzip des „one state – one vote"). Nach Art. 10 kann die GV „alle Fragen und Angelegenheiten erörtern, die in den Rahmen dieser Charta fallen und Aufgaben eines in dieser Charta vorgesehen Organs betreffen." So kann sie zu allen Fragen und Angelegenheiten Empfehlungen an die Mitglieder und/ oder des SR richten - mit Ausnahme von Streitfällen, mit denen der SR befaßt ist.

Weiter fällt auch die Wahl der Mitglieder der anderen Organe in ihre Zuständigkeit. So wählt sie die nicht-ständigen Mitglieder des SR (Art.23 Abs.1 S.3 und Abs.2) sowie alle Mitglieder des WSR (Art.61); zudem wirkt sie zusammen mit dem SR bei der Wahl der Richter des IGH sowie bei der Ernennung des GS mit. Im Rahmen ihrer Kontrollrechte „prüft" sie die Jahres und Sonderberichte des SR und der anderen VN-Organe. Zudem „prüft und genehmigt" sie den → Haushalt der VN und bestimmt die Höhe der Mitgliedsbeiträge.

Der GV sind eine Reihe ständiger Hilfsorgane zugeordnet, unter ihnen das Kinderhilfswerk (→ UNICEF), der Hohe Flüchtlingskommissar (UNHCR), das Entwicklungsprogramm (UNDP), der Welternährungsfond (WFC) und das Umweltprogramm (→ UNEP).

Der *Sicherheitsrat* setzt sich aus fünf ständigen Mitgliedern (China, seit 1971 VR China, Frankreich, Großbritanien, UdSSR und USA), sowie ursprünglich sechs, seit 1965 zehn, nicht-ständigen Mitgliedern zusammen, die aus dem Kreis der Mitgliedsstaaten für jeweils zwei Jahre nach einem politisch-geographischen Schlüssel von der GV mit Zweidrittelmehrheit gewählt werden.

Der SR trägt „die Hauptverantwortung für die Wahrung des Weltfriedens und der internationalen Sicherheit" und handelt bei der Wahrnehmung seiner Pflichten in Einklang mit den Zielen und Grundsätzen der Charta (Art.24). Dazu verfügt er über ein umfangreiches Instrumentarium von Befugnissen, die in den Kap. VI, VII, VIII und XII der Charta aufgeführt sind und die von Empfehlungen bis zu nichtmilitärischen und schließlich militärischen Zwangsmaßnahmen reichen. Da sich das Prinzip des „peace-making" unter Einsatz von VN-Truppen, wie es in Korea und im Kongo praktiziert wurde, als politisch problematisch und unpraktikabel erwies, kam es seit Mitte der 60er Jahre zur Entwicklung eines Konzeptes sog. „peace-keeping-operations". Sie sehen vor, daß sich VN-Einheiten als „peace-keeping-forces" (VN-Friedenstruppen/ Blauhelme) lediglich auf die Trennung der jeweiligen Konfliktparteien und die Unterbindung der Fortsetzung kriegerischer Auseinandersetzungen beschränken sollen, um so Zeit für Verhandlungen und die Erarbeitung friedlicher Lösungen zu schaffen. Bedingung für den Einsatz dieser Friedenstruppen, die dem Sicherheitsrat unterstellt sind, ist die Zustimmung der Konfliktparteien. Obwohl das 'peace-keeping-Konzept' nicht in der Charta aufgeführt ist, hat es sich in der

Praxis bewährt und stützt sich in wie außerhalb der VN auf breite Zustimmung; 1986 wurde den „Blauhelmen" für ihre Tätigkeiten der Friedensnobelpreis zuerkannt. Bis zum Ende des Ost-West-Konflikts gab es insgesamt 13 solcher Einsätze; danach stieg ihre Zahl sprunghaft an.

Beschlüsse des SR, die sich auf Verfahrensfragen beziehen, bedürfen der Zustimmung von mindestens neun seiner Mitglieder (Art.27 Abs.2). Beschlüsse des SR in meritorischen Fragen bedürfen ebenfalls einer Mehrheit von neun Stimmen, darunter müssen aber die Stimmen der fünf ständigen Mitglieder sein (Art.27 Abs.3, Jalta-Formel). Seitdem Abwesenheit und Stimmenthaltung ständiger Mitglieder nicht mehr als → Veto angesehen werden, hat die Handlungsfähigkeit des SR jedoch zugenommen.

Zu den organisatorischen Funktionen des SR gehören u.a. auch Empfehlungen an die GV hinsichtlich der Aufnahme neuer Mitglieder und der Wahl des GS. Zudem ist der SR zusammen mit der GV an der Wahl der Richter des IGH beteiligt. Der *Wirtschafts- und Sozialrat* hatte anfangs nur 18 Mitglieder, wurde aber mit steigender Mitgliederzahl der VN 1965 auf 27 und 1971 auf 54 Mitglieder ausgeweitet, die von der GV für jeweils drei Jahre gewählt werden. Von ihnen kommen vierzehn aus afrikanischen, dreizehn aus westeuropäischen, elf aus asiatischen, zehn aus lateinamerikanischen und sechs aus osteuropäischen Staaten.

Dem WSR fällt besondere Verantwortung im Bereich der internationalen Zusammenarbeit auf wirtschaftlichem und sozialem Gebiet zu (Kap. IX). Zu seinen Aufgaben gehört die Veranlassung und Durchführung von Untersuchungen über internationale Angelegenheiten im Bereich von u.a. Wirtschaft, Sozialwesen, Kultur, Erziehung, Gesundheit. Zudem kann er „Empfehlungen abgeben, um die Achtung und Verwirklichung der Menschenrechte und Grundfreiheiten für alle zu fördern" (Art. 62). Zur Durchführung seiner Aufgaben stützt er sich auf eine Vielzahl ständiger Ausschüsse, funktionaler und regionaler Kommissionen sowie

Expertengremien, zudem kann er internationale Konferenzen einberufen. Er regelt durch Abkommen die Zusammenarbeit der VN mit den verschiedenen Sonderorganisationen (Art. 57) und koordiniert mittels Konsultationen und Empfehlungen deren Tätigkeit.

Während die Arbeit des WSR durch das Anwachsen nationaler und internationaler Entwicklungsprobleme im Gefolge des Entkolonisierungsprozesses kontinuierlich zugenommen hat, hat sich die Bedeutung des *Treuhandrates* aufgrund der Entlassung der meisten Treuhandgebiete in die Unabhängigkeit ständig verringert. Als letztes Treuhandgebiet wurde am 1. Oktober 1994 die im Pazifik gelegene Republik Palau in die Unabhängigkeit entlassen. Aufgabe des Treuhandrates war es gewesen, unter der Autorität der GV die Verwaltung der Treuhandgebiete durch die dafür zuständigen Staaten zu beaufsichtigen; eine Ausnahme bilden lediglich die „strategischen Zonen", die in die Zuständigkeit des SR fallen (Art. 83). Mit dem Fortfall der Treuhandgebiete hat sich die Mitgliedschaft im TR auf die ständigen Mitglieder des SR sowie auf einige von der GV für jeweils drei Jahre gewählte Länder verringert. Während mit dem Auslaufen des Entkolonisierungsprozesses das Ende der ursprünglichen Aufgabenstellung des TR absehbar ist, stellt sich die Frage, ob dem Treuhandregime der VN nicht Aufgaben völlig neuer Art durch Staaten erwachsen, in denen die politischen und wirtschaftlichen Strukturen soweit zerfallen sind, daß ihre Wiederherstellung aus eigener Kraft nicht mehr möglich ist, im Interesse der Bewohner aber die Etablierung eines internationalen Treuhandregimes wünschbar wäre.

Der *Internationale Gerichtshof* mit Sitz in Den Haag besteht aus 15 Richtern, die gemeinsam von der GV und dem SR gewählt werden und deren Amtszeit neun Jahre beträgt. Die Richter müssen verschiedenen Staaten angehören und sollen die wichtigsten Rechtssyteme der Welt repräsentieren.

Der IGH ist das „Hauptrechtsprechungsorgan" (Art.92), und jedes Mitglied der

VN ist verpflichtet, seine Entscheidung „bei jeder Streitigkeit, in der es Partei ist" (Art. 94), zu befolgen. Geschieht dies nicht, so kann der SR auf Ersuchen der anderen Streitpartei „Empfehlungen abgeben oder Maßnahmen beschließen, um dem Urteil Wirksamkeit zu verschaffen" (Art. 94).

Der IGH entscheidet in Rechtsstreitigkeiten zwischen jenen Staaten, die sich seiner Gerichtsbarkeit unterwerfen, und arbeitet Rechtsgutachten aus, die von der GV, dem SR, anderen UN-Organen oder Sonderorganisationen beauftragt werden können. Er entscheidet nach dem → Völkerrecht bzw. - mit Billigung der Beteiligten - nach dem Prinzip der Billigkeit.

Das *Sekretariat* ist das zentrale Verwaltungsorgan der VN (Art.97). Es wird von einem Generalsekretär geleitet, der von der GV auf Empfehlung des SR, unter Zustimmung aller ständiger Mitglieder, ernannt wird. Er ist der höchste Verwaltungsbeamte der VN; seine Amtszeit beträgt fünf Jahre, eine weitere Amtszeit ist möglich.

In die Zuständigkeit des GS fallen sowohl politische wie administrative Aufgaben. Er macht den SR auf Angelegenheiten aufmerksam, die er gefährlich für den Weltfrieden und die internationale Sicherheit hält (Art. 99). Zu seinen Aufgaben gehört die Einberufung der außerordentlichen Sitzungen der GV und des SR; zudem obliegt ihm die Aufstellung der vorläufigen Tagesordnungen der GV, des SR, des WSR und des TR. Alle Organe der VN haben das Recht, dem GS Aufträge zu erteilen, die er in eigener Verantwortung durchführt.

Sonderorganisationen (SO). Zum VN-System im weiteren Sinne gehört neben den Hauptorganen eine Reihe zwischenstaatlicher internationaler Fachorganisationen, die auf dem wirtschaftlichen, sozialen, gesundheitlichen und kulturellem Gebiet arbeiten und mit den VN vertraglich verbunden sind (Art. 57 und 63).

Die VN koordinieren durch Empfehlungen die Bestrebungen und Tätigkeiten der bestehenden SO und veranlassen bei Bedarf zwischenstaatliche Verhandlungen zur Errichtung neuer SO. Die SO sind autonome und selbstständige Völkerrechtssubjekte; ihnen können auch Staaten angehören, die nicht Mitglieder der VN sind.

Während einige der SO (UPU, ITU, → ILO) bis in die Zeit vor dem Völkerbund zurückgehen, wurde die Mehrzahl von den derzeit bestehenden 16 SO erst nach Gründung der VN ins Leben gerufen. Zu den bekanntesten SO gehören die → FAO, die → UNESCO, die → WHO und die → UNIDO.

Während die Mehrzahl der SO in ihrem organisatorischen Aufbau eng dem VN-System angepaßt ist, besitzen vier von ihnen eine besondere Struktur. Es handelt sich dabei - neben dem → IMF - um die, zur sog. Weltbankgruppe gehörenden IBRD, IDA (International Development Association) und IFC (International Finance Corporation), mit Hauptsitz in Washington. Diese SO sind nicht nach dem Grundsatz der Gleichheit besetzt, sondern so strukturiert, daß Stimmrechte nach der Höhe des eingezahlten Kapitals gewichtet wurden.

5. Entwicklung: Die VN haben in den fünf Jahrzehnten seit ihrer Gründung sowohl im Hinblick auf ihre Zusammensetzung und Struktur wie auch hinsichtlich ihrer Aufgabenstellungen tiefgreifende Veränderungen erfahren:

Die *erste* und sichtbarste Veränderung zeigt sich in der Mitgliederzahl. Hatte diese 1945 bei der Gründung der VN erst 51 Staaten betragen, so war sie 1965 schon auf 118 und 1999 auf 188 Mitglieder angestiegen.

Eine *zweite* Veränderung hinsichtlich der Zusammensetzung ergibt sich aus der Herkunft der neuen Mitglieder. Hatten 1945 Mitglieder aus der westlichen Hemisphäre die Mehrheit gebildet, so hat sich in den folgenden Jahrzehnten das Übergewicht eindeutig auf die Mitglieder aus Asien und Afrika verschoben, die nun zusammen mit den Staaten aus Lateinamerika und Ozeanien über eine eindeutige Mehrheit verfügen.

Als eine *dritte* Veränderung ergab sich - nicht zuletzt als Folge der Verdreifachung der Mitgliederzahlen - eine gewaltige Ausdehnung, aber zugleich auch eine Verlagerung des Aufgabenbereiches. Standen die VN bei ihrer Gründung noch deutlich im Schatten des gerade beendeten Weltkrieges und waren deshalb in ihrer Zielsetzung primär auf die Erhaltung internationaler Sicherheit ausgerichtet, so schoben sich mit dem Anwachsen der → Unabhängigkeitsbewegungen in den Kolonien bald andere Aufgaben in den Vordergrund: zunächst die flankierende Unterstützung des Entkolonisierungsprozesses, sodann Hilfe bei der wirtschaftlichen und sozialen Entwicklung der neu entstandenen Staaten.

Der Aufgabenverschiebung entspricht - als *vierte* Veränderung - eine Erweiterung und Verdichtung des organisatorischen Unterbaus. So entstand seit Beginn der 60er Jahre eine kaum noch überschaubare Zahl von Programmen, Ausschüssen, Unterorganisationen und Sonderorganisationen, die sich vorwiegend mit den Problemen der sog. → Entwicklungsländer und der zunehmenden internationalen Zusammenarbeit und Verflechtung befassen.

Mit den neuen organisatorischen Strukturen wuchsen der Personalbestand und das Budget der VN. So war die Zahl ihrer Beschäftigten von 1546 im Jahre 1946 auf 11.423 im Jahre 1986 angewachsen, während der reguläre Haushalt von 21,5 Mio. US-$ im Jahre 1946 vier Jahrzehnte später den Stand von 1663 Mio. US-$ (Haushaltsjahre 1986/87) erreicht hatte. Mit dem Kostenanstieg nahmen allerdings nicht nur die finanzielle Belastung der größten Beitragszahler zu (USA 25%, UdSSR 10,45%, Japan 10,32%, BRD 8,54%), sondern auch deren Einflußmöglichkeiten, insofern angesichts der Höhe der Beiträge Beitragsverweigerungen und –verzögerungen leichter als politische Druckmittel eingesetzt werden können.

Der Mitgliederzuwachs und die neuen Aufgaben, die den VN zufielen, führten jedoch nicht nur generell zur Ausweitung und Ausdifferenzierung des VN-Systems durch zahlreiche neue Organisationen, sondern auch - und dies wäre eine *fünfte* Veränderung - zu Strukturveränderungen

und Machtverlagerungen zwischen den Hauptorganen. Diese äußerten sich zum einen in einer quantitativen Vergrößerung einiger dieser Organe, zum anderen in einer Verlagerung des politischen Gewichts. Hatten die Großmächte beim Entwurf der Charta dem SR eine beherrschende Stellung zugewiesen und sich selbst darin wichtige Kompetenzen reserviert, so begann sich angesichts der Lähmung des SR infolge des → Ost-West-Konflikts und der Verdreifachung der Mitgliederzahl in der GV das politische Gewicht stärker auf die letztere zu verlagern. Allerdings konnte die GV trotz der wichtigen, der Versammlung Kompetenzen zusprechenden, „Uniting-for-Peace-Resolution" (Juli 1950) die dominierende Rolle des SR bei der Wahrung internationaler Sicherheit nicht übernehmen.

Eine *sechste* Veränderung ergab sich aus dem relativen Machtverlust der beiden „Supermächte" infolge des Aufstiegs anderer Mächte (China, Indien u.a.) oder Machtgruppen wie etwa der → EG, der Gruppe der 77 oder der Blockfreien. Zugleich mit diesem Machtverlust wurde die Struktur des Ost-West- Konflikts, in die schon in den 50er Jahren auch die VN einbezogen worden waren, durch die Struktur des → Nord-Süd-Konflikts überlagert. Anstelle der ideologischen und militärischen Gegensätze der ersten Jahrzehnte rückten in den 70er Jahren der Konflikt um eine → neue Weltwirtschaftsordnung, die das von den Ländern des Südens als ungerecht empfundene Bretton Woods-System ersetzen sollte, in den Mittelpunkt der Diskussion. Ein weiterer Streitpunkt war die bestehende internationale Medienordnung, die nach Willen vieler Entwicklungsländer durch eine Neue Weltinformationsordnung ersetzt werden soll.

Eine *siebte* Veränderung setzte mit der von M. Gorbatschow eingeleiteten → Entspannungspolitik im Ost-West-Konflikt in der zweiten Hälfte der 80er Jahre ein. Mit dem wiederhergestellten Konsens der beiden Weltmächte in wichtigen Bereichen und einer auf Kooperation abgestellten Politik der VR China gewann insbesonre der VN-Sicherheitsrat viel von jener Handlungsfähigkeit zurück, die ihm ursprünglich zugedacht war. Die neue Rolle der Weltorganisation zeigte sich insbesondere in einem sprunghaften Anstieg von „peace-keeping-operations" in vielen Teilen der Welt. Eine weitere wichtige Bewährungsprobe bestand sie anläßlich der Invasion des Iraks in Kuwait, obwohl gerade dieser Konflikt bestehende strukturelle Defizite und die Gefahr einer Instrumentalisierung der VN durch die USA, deren weltpolitischer Einfluß nach dem Zerfall der UdSSR wieder gewachsen war, aufzeigte. Überforderungen zeichneten sich ferner im Bereich der internationalen Friedenssicherung ab – im Nahen Osten, ebenso wie in Kambodscha und in den Konflikten auf dem Balkan.

6. Bewertung und Reformen: Mißt man die VN an jener Aufgabe, die im Zentrum ihrer Charta steht und die in den einleitenden Worten ihrer Präambel angesprochen wird – „zukünftige Geschlechter vor der Geißel des Krieges zu bewahren, die zweimal zu unseren Lebzeiten unsagbares Leid über die Menschheit gebracht hat" -, so fällt die Bewertung ambivalent aus. Einerseits konnte der Ausbruch eines Dritten Weltkriegs vermieden werden - wobei allerdings schwer zu entscheiden ist, welchen Anteil die VN daran hatten. Andererseits stimmten der Ausbruch von ca. 200 Kriegen seit Ende des Zweiten Weltkriegs, insbesondere in den Regionen der Dritten Welt, mit 25-35 Mio. Toten, ein Rüstungswettlauf zwischen Ost und West, sowie der Aufbau gigantischer Rüstungsindustrien in allen Teilen der Welt nachdenklich.

Darüber hinaus darf allerdings nicht übersehen werden, daß es die beiden Großmächte waren, die durch eine rücksichtslose Anwendung ihres Vetorechts im SR die VN über viele Jahrzehnte lahmlegten, während zahlreiche kleinere Mitglieder der Weltorganisation unter Beharren auf dem Souveränitätsprinzip allen Aufrufen zum Trotz ihre Kriege und Bürgerkriege weiterführten. Wenn die VN versagten, so v.a. deshalb, weil ihre Konstruktion ihr

keinen Erfolg erlaubte und ihre Mitglieder nicht bereit waren, die offenkundigen Konstruktionsmängel zu beheben bzw. sich auch nur des vorhandenen Instrumentariums bei der friedlichen Beilegung von Konflikten zu bedienen. Zudem ist daran zu erinnern, daß die VN nicht nur in einer Reihe internationaler Konflikte (Afghanistan, → Golfkrieg u.a.) wichtige Erfolge erzielten und ihnen in den UN-Friedenstruppen inzwischen ein bewährtes neues Instrument zur Verfügung steht, sondern daß von ihnen auch wichtige Impulse im Bereich der Rüstungskontrolle ausgingen. Die Hoffnung, daß sich die Chancen für eine effizientere Handhabung des Instrumentariums kollektiver Sicherheit nach dem Ende des Ost-West-Konflikts verbessern würden, wurden allerdings bislang enttäuscht. Während eine Bewertung der Rolle der VN bei der Erhaltung des Weltfriedens ambivalent ausfällt, sofern man „Frieden" im engeren Sinne als Abwesenheit militärischer Gewalt versteht, differenziert und verbessert sich das Urteil bei der Anwendung eines weiteren Friedensbegriffes, der auch die strukturellen Bedingungen von → Gewalt und Unfrieden in und zwischen den Staaten einbezieht. Zwar sind auch hier die vorhandenen Defizite offensichtlich, zumal der in den Gremien der VN ausgetragene Nord-Süd-Dialog um gerechtere Wirtschaftsstrukturen bislang nicht die von den Entwicklungsländern erhofften Veränderungen gebracht hat und seit Beginn der 80er Jahre so gut wie verstummt ist. Andererseits haben die VN durch ihre Aktivitäten nicht nur eine breite internationale → Öffentlichkeit für die Probleme der Dritten Welt geschaffen, sondern durch eine Vielzahl von Fachkongressen und rechtlichen Kodifikationen, von Hilfsorganen und Katastrophenhilfe auch zur Linderung der Probleme beigetragen.

Dieselbe ambivalente Bilanz gilt für den Bereich der Menschenrechte. Während die Leistungen der VN bei der Formulierung von Menschenrechtsschutzstandards beachtlich sind und sich in einer Reihe wichtiger Konventionen niedergeschlagen haben, scheitert ihre Durchsetzung häufig am Nichteinmischungsgebot in innere Angelegenheiten der Staaten. Hoffnungsvolle Neuansätze im Bereich des internationalen Menschenrechtsschutzes erfolgten in den neunziger Jahren durch die Einrichtung eines Hohen Kommissars für Menschenrechte, eines Internationalen Strafgerichtshofes zur Ahndung schwerer Menschenrechtsverletzungen sowie durch die Durchführung sog. „humanitärer Inventionen" zur Unterbindung schwerer Menschenrechtsverletzungen. Allerdings hat die Bereitschaft des SR zu humanitären Interventionen nach den gescheiterten Einsätzen in Somalia und in Bosnien-Herzogowina deutlich nachgelassen.

Obwohl über die Reformbedürftigkeit der VN ein breiter internationaler Konsens besteht und die Möglichkeit von Reformen in der Charta selbst vorgesehen ist (Art. 108, 109), fehlt für grundlegende Reformen bei der Mehrzahl ihrer Mitglieder noch immer der politische Wille. Das gilt insbesondere für den Bereich internationale Sicherheit, in dem über die Erweiterung des SR auf 21 bis 25 Sitze Mitglieder, insbesondere aus den Regionen des Südens, eine einvernehmliche Lösung noch nicht in Sicht ist; Ansprüche auf ständige Sitze haben unter Hinweis auf ihre hohen Beitragsanteile Japan und Deutschland angemeldet. Es gilt ebenso für die Reform des Wirtschafts- und Sozialbereichs, wo eine von Experten geforderte Aufwertung des WSR zu einem „Wirtschafts-Sicherheitsrat" an den Vorbehalten der Industrieländer scheitert, die weiterhin stärker auf die Weltbankgruppe setzen. Insofern gilt auch weiterhin, daß die VN so effizient sind, wie die politische Reife ihrer Mitgliedsstaaten es ihnen erlaubt. Andererseits darf jedoch nicht übersehen werden, daß Reformen nicht nur durch einmalige Akte durchgeführt werden können, sondern sich durch langfristige Prozesse vollziehen. Aus einer solchen Sicht aber haben sich die VN seit ihrer Gründung nicht nur immer wieder dem Wandel des internationalen Systems sowie den Herausforderungen, die dieses System mit sich brachte, angepasst, sondern auch wesentlich zu seiner Veränderung beigetragen.

Lit.: *Bertrand, M.*: UNO; Geschichte und Bilanz, Frankfurt am Main 1995; *Boutros-Ghali, B.*: Agenda für den Frieden. Vorbeugende Diplomatie, Friedensstiftung und Friedenssicherung, Bonn 1992; *Charta der VN.* Kommentar, hg. von B. Simma, München 1991; *Claude, I. Jr.*: Swords into Plowshares. The Problems and Progress of International Organization, New York 1971; *Czempiel, E.-O.*: Die Reform der UNO. Möglichkeiten und Mißverstände, München 1994; *Hüfner, K.*: Die Vereinten Nationen und ihre Sonderorganisationen; Strukturen, Aufgaben, Dokumente. Teil 1: Die Haupt- und Spezialorgane; Teil 2: Die Sonderorganisationen. Teile 3A und 3B: Die Finanzierung des VN-Systems, Bonn 1991, 1992 und 1997; *Hüfner, K.* (Hg.): Agenda for Change: New Tasks for the United Nations; Opladen 1995; *Knipping, F./ Mangoldt, H. v./ Rittberger, V.* (Hg.): Das System der Vereinten Nationen und seine Vorläufer, München 1995; *Kühne, W.*: Blauhelme in einer turbulenten Welt, Baden-Baden 1993; *Luard, E.*: A History of the United Nations, Vol. 1: The Years of Western Domination, 1945-1955, 1982 (repr. 1984); *Opitz, P. J.* (Ko.): Die Vereinten Nationen. Geschichte, Struktur, Perspektiven, München 1996[2]; *Opitz, P. J.* (Hg.): Weltprobleme, Bonn/ München 1995; *Wolfrum, R./ Priel, N./ Brückner, J.* (Hg.): Handbuch Vereinte Nationen, München 1977 (eine revidierte Neuauflage ist in Vorbereitung); *Unser, G.*: Die UNO. Aufgaben und Strukturen der Vereinten Nationen, München 1997; *Wolfrum, R.* (Hg.): Handbuch Vereinte Nationen. München 1977.

Prof. Dr. Peter J. Opitz, München

Verfahren der Mitentscheidung

Mit dem Inkrafttreten des → Amsterdamer Vertrages wird das → Verfahren der Zusammenarbeit (Rechtsakte gemäß Art. 189c EG-Vertrag) weitgehend abgeschafft zugunsten des V. (Rechtsakte gemäß Art. 189b EG-Vertrag). Der Amsterdamer Vertrag dehnt das (durch den → Maastrichter Vertrag geschaffene) V. auf so viele Vertragsbestimmungen aus, daß die Funktion des → Europäischen Parlaments als Gesetzgeber in entscheidendem Umfang gestärkt werden konnte. Nach den Veränderungen durch Amsterdam sind Europäisches Parlament und → Rat der EU nunmehr weitgehend gleichberechtigt an diesen legislativen Entscheidungen über Rechtsakte (die für Unionsbürger und Mitgliedsstaaten verbindlich sind) beteiligt: Beide müssen Vorschlägen der → Europäischen Kommission (Initiativmonopol) zustimmen; lehnt das → Parlament mit → absoluter Mehrheit ab, ist der Rechtsakt nicht zustande gekommen. Den vom Parlament gewünschten vollen parlamentarischen Rechten entspricht dieses Vetorecht noch nicht. Für viele Rechtsakte ist außerdem kein V. vorgesehen.

Verfahren der Zusammenarbeit
Entscheidungsverfahren der → EU, das dem → Europäischen Parlament über Vorschläge der → Europäischen Kommission (Initiativmonopol) einen Einspruch mit aufschiebender Wirkung gegenüber Entscheidungen (Rechtsakte gemäß Art. 189c EG-Vertrag) des → Rates der EU einräumt. Es wurde durch die → Einheitliche Europäische Akte/ EEA 1989 eingeführt und durch den → Amsterdamer Vertrag (mit seinem → Verfahren der Mitentscheidung) weitgehend abgeschafft. Die Entscheidungen sind für Unionsbürger und Mitgliedsstaaten verbindlich. Beschließt der Rat einen „gemeinsamen Standpunkt" zu den Vorschlägen der Europäischen Kommission, so kann das → Parlament diesen mit der → absoluten Mehrheit seiner Mitglieder ablehnen; er tritt dann nur in Kraft, wenn er vom Rat einstimmig bekräftigt wird. Das V. stärkte zwar die Rechte des Parlaments gegenüber dem bloßen Anhörungsverfahren, beläßt dem Rat der EU allerdings das letztendliche Entscheidungsrecht; es ist letztlich ein suspensives → Veto.

Verfassung
Grundordnung eines → Staates, zumeist in einer Verfassungsurkunde (s. aber auch: → ungeschriebene Verfassung) niedergelegt. Die → Institution der V. ist neueren Datums, sie entstand im Prozeß der staatlichen und gesellschaftlichen Entwicklung aus dem Bestreben nach Rechtssicherheit und der Regelung staatlicher → Macht. Die V.

regelt in der → Demokratie die Grundrechte (→ Grund- und Menschenrechte) der → Bürger, die Rechtsprechung sowie die → Institutionen und Prozesse staatlichen Handelns; besonderes Gewicht wird auf das verfassungsmäßig abgesicherte Prinzip der → Gewaltenteilung gelegt. → Gesetzgebung, → Regierung, → Verwaltung und Rechtsprechung müssen in dem von der V. gesetzten Rahmen erfolgen. → Verfassungsänderungen sind nur unter erschwerten Voraussetzungen - meist: → qualifizierte Mehrheiten - möglich (Bundesrepublik: je 2/3-Mehrheit von → Bundestag und → Bundesrat; einige Unabänderlichkeitsklauseln, s.u. → Ewigkeitsklausel).

verfassunggebende Versammlung
→ Nationalversammlung

Verfassungsänderung
→ Verfassungsrevision
Da die → Verfassung die auf Dauer angelegte Grundordnung eines → Staates darstellt, sind V. nur unter erschwerten Voraussetzungen möglich. Dazu gehört meist das Erfordernis → qualifizierter Mehrheiten; in der Bundesrepublik Deutschland sind darüber hinaus lt. Art. 79 III GG die in Art. 1 und 20 GG festgelegten → Normen sowie die grundsätzliche Mitwirkung der → Länder an der → Gesetzgebung einer V. überhaupt entzogen (→ Ewigkeitsklausel).

Verfassungsbeschwerde
Die Anrufung von Verfassungsgerichten mit dem Ziel, Gesetzestexte, auf → Gesetzen beruhendes Verwaltungshandeln oder Gerichtsurteile durch die Rechtsprechung auf ihre Verfassungsmäßigkeit überprüfen zu lassen. In den meisten → Staaten mit dem Instrument der V. steht diese Möglichkeit → Bürgern, staatlichen Organen und Gerichten zu. Diesen Gerichtsentscheidungen kommt eine eigene rechtsschöpferische Funktion zu, die alle staatlichen Organe bindet.

V. sind v.a. auf Verstöße gegen Grundrechte (→ Grund- und Menschenrechte) bezogen; jeder Betroffene kann sie einlegen. Voraussetzung ist i.d.R. lediglich, daß der übliche Rechtsweg erschöpft ist.

Nach der Rechtsordnung der Bundesrepublik können V. beim → Bundesverfassungsgericht „von jedermann mit der Behauptung erhoben werden ..., durch die → öffentliche Gewalt in einem seiner Grundrechte ... verletzt zu sein" (Art. 93 IV GG). Ursprünglich als individuelles Rechtsmittel konzipiert, ist das Instrument der V. durch Ergänzung des → Grundgesetzes auch den → Gemeinden und → Gemeindeverbänden als ein institutionelles Klagerecht im Falle von Verletzungen der Selbstverwaltungsgarantie zuerkannt worden (Art. 93 IV b GG). Auf Länderebene sieht die bayerische Verfassung (Art. 98 S. 4) das - nicht ausschließlich im Falle persönlichen Betroffenseins anwendbare - Instrument der → Popularklage vor.

Verfassungsdurchbrechung
Bewußter Verstoß gegen den materiellen Gehalt der → Verfassung im Einzelfall, ohne daß der Text der Verfassung geändert wird (→ Verfassungsänderung). Fast alle Verfassungen untersagen ein solches Verhalten als verfassungswidrig auch dann, wenn verfassungsdurchbrechende Entscheidungen mit den für Verfassungsänderungen erforderlichen Mehrheiten zustandekommen.

Verfassungsfeindlichkeit
Politische Bestrebungen oder Handlungen von einzelnen, Gruppen oder Organisationen, die „die obersten Werte der Verfassungsordnung verwerfen" (→ Bundesverfassungsgericht) und diese Ordnung aktiv bekämpfen. Sie sind gegen Bestand, Einheit, → innere oder äußere Sicherheit, → Souveränität oder die grundlegenden Verfassungsprinzipien eines → Staates (Deutschland: → freiheitliche demokratische Grundordnung) gerichtet oder streben eine ungesetzliche Beeinträchtigung der Amtsführung der staatlichen Verfassungsorgane bzw. ihrer Mitglieder an. Verfassungsfeindliche → Parteien (Art. 21 II GG: Verfassungswidrigkeit) können in Deutschland vom Bundesverfassungsgericht verboten werden; für andere politische Organisationen sind Bundes- oder Landesinnenminister zuständig. Zur Abwehr verfassungsfeindlicher Bestrebungen verfügen

die meisten Staaten über → Institutionen des → Verfassungsschutzes (→ streitbare Demokratie).

Verfassungsgerichtsbarkeit
Höchstrichterliche Kontrolle über die Einhaltung der → Normen der → Verfassung durch die staatlichen Organe und gesellschaftlichen Kräfte in einer → Demokratie. Verfassungsrechtliche Streitigkeiten können entweder durch gesonderte Verfassungsgerichte (Bundesrepublik Deutschland: → Bundesverfassungsgericht, auf Landesebene die → Landesverfassungsgerichte) oder - in → Staaten ohne einen Verfassungsgerichtszweig - durch die obersten Gerichte (USA: → Supreme Court, state supreme courts) entschieden werden. Die V. ist Teil des demokratischen Prinzips der → Gewaltenteilung, das Verfassungskonflikte der politischen Machtentscheidung entzieht.
Verfassungsgerichte können eine eigene rechtsschöpferische Funktion entwickeln; durch Verfassungsinterpretation kann die Verfassung den sich ändernden sozialen Gegebenheiten angepaßt werden. Problematisch ist andererseits die Tendenz der konkurrierenden parteipolitischen Kräfte, politische Grundsatzkonflikte vor die V. zu verlagern, da eine solche Praxis das Verfassungsgericht zwangsläufig in die Rolle eines „Ersatzgesetzgebers" zwingt und damit die Balance der Gewaltenteilung und den politischen → Primat des → Parlaments stört.

Verfassungsgerichtshof
→ Staatsgerichtshof

Verfassungskommission
→ Gemeinsame Verfassungskommission

Verfassungsrevision
→ Verfassungsänderung

Verfassungsschutz
Schutz der → Verfassung gegen ihre Gefährdung oder Beseitigung. Im demokratischen → Verfassungsstaat der Bundesrepublik kennzeichnen die Prinzipien der → freiheitlichen demokratischen Grundordnung den Kernbestand des schützenswerten

Rechtsgutes. In den Art. 9 II (Verbot von → Vereinigungen), 18 (Grundrechtsverwirkung), 21 II (→ Parteiverbot) ist der Schutz der verfassungsmäßigen Ordnung Bestandteil der grundgesetzlichen → Normen selbst (→ wehrhafte Demokratie). Zum konstruktiven V. gehören Mehrheitsregeln, welche die Möglichkeiten von → Verfassungsänderungen definieren, sowie Unabänderlichkeitsklauseln, welche bestimmte Verfassungsprinzipien einer Verfassungsänderung überhaupt entziehen (Art. 79 III GG). Die den Innenministerien nachgeordneten Behörden - Bundesamt und Landesämter für V. - dienen dem präventiven bzw. repressiven V., der juristischen Sanktionierung von Personen und Organisationen mit verfassungsfeindlichen Bestrebungen (wehrhafte Demokratie). Nach den Erfahrungen in der → Weimarer Republik, die rechten und linken Radikalen (→ Radikalismus) alle demokratischen → Freiheiten zubilligte, legte der → Parlamentarische Rat großen Wert auf den Schutz der Verfassung.

Verfassungsstaat

(Bez. für) Staatshandeln, das unter dem Vorbehalt (kodifizierter) verfassungsrechtlicher Regeln steht. Der V. entwickelte sich im 19. Jh. aus dem liberalen → Rechtsstaat. Bereits in der → konstitutionellen Monarchie gewährleistete der V. die Bindung staatlicher Organe an → Verfassung und → Gesetz sowie die Überprüfung des Verwaltungshandelns durch die ordentliche Gerichtsbarkeit.

Vergemeinschaftung

→ Gemeinschaft und Gesellschaft

Vergesellschaftung

1. Übertragung des (Privat-)→ Eigentums (insbes. des Eigentums an Produktionsmitteln) oder der Verfügungsgewalt über das Eigentum (s.a. → Enteignung) an gesellschaftliche Gruppen, z.B. genossenschaftliche Organisationen oder öffentlich-rechtliche Organisationen. Der Begriff V. wird umgangssprachlich synonym gebraucht mit den Begriffen → Nationalisierung, → Sozialisierung und → Verstaatlichung (teilweise auch mit → Kollekti-

vierung), was aber eine Ungenauigkeit darstellt.

Art. 15 GG erwähnt V. als Oberbegriff; die Realisierung erfolgt durch die Überführung in Formen der → Gemeinwirtschaft. Das Gemeineigentum wird als - wenngleich wichtigster - Unterfall der Gemeinwirtschaft dargestellt; Gemeinwirtschaft bedeutet die Bedarfsdeckung ohne Gewinnstreben; Gemeineigentum ist kollektives Eigentum von Personengruppen oder Körperschaften. Dazu zählt u.a. der → Staat; mithin ist die Verstaatlichung eine Form der Überführung von Privat- in Gemeineigentum.

V. findet sich in unterschiedlicher Ausprägung auch in → Wirtschaftsordnungen, die auf → Marktwirtschaft und Privateigentum an Produktionsmitteln aufbauen. Sie dient der kompensatorischen Erreichung wirtschafts- und sozialpolitischer Ziele.

2. Nach Max Weber eine *soziale Beziehung*, die auf wert- oder zweckrational motiviertem Interessenausgleich oder Interessenverbindung beruht; idealtypisch sind dies der frei praktizierte Markttausch oder Zweckverein sowie der streng wertrationale Gesinnungsverein.

vergleichende Analyse politischer Systeme

⇒ comparative politics
⇒ *vergleichende Systemlehre*

vergleichende Regierungslehre

→ comparative government
Teilbereich des Faches → Politische Wissenschaft, der die Struktur der politischen (nicht nur der staatlichen) → Institutionen (s.a. → Regierungslehre), ihre Verfahren und ihr Verhältnis zueinander thematisiert (s.a. → Vergleichende Systemlehre). Untersuchungsgegenstand der Regierungssystemvergleiche sind v.a. westliche → Demokratien. Das Erkenntnisinteresse der v. ist auf die Bewahrung von Demokratie und → Pluralismus ausgerichtet; sie untersucht u.a., unter welchen Bedingungen politische Institutionen die → Partizipation der Bevölkerung an den Willensbildungs- und Entscheidungsprozessen fördern (deshalb auch ihre intensive Beschäftigung mit → Parteien und → Wahlen). Mit der Entwicklung der

politikwissenschaftlichen Forschung wurde die v. durch die vergleichende Analyse politischer Systeme bzw. vergleichende Systemlehre abgelöst, die bisher vernachlässigte Ländergruppen mit umfaßt und sich auch der Untersuchung dynamischer Prozesse annimmt.

Vergleichende Systemlehre

Begriff: V. bezeichnet einen politikwissenschaftlichen Gegenstandsbereich, für den eine Reihe konkurrierender Begriffe gebräuchlich sind: → „Vergleichende Regierungslehre", → „Systemvergleich", „vergleichende politische Systemforschung" oder „vergleichende Politikwissenschaft". Alle diese Begriffe versuchen den angelsächsischen Termini der → „comparative politics" oder der „comparative political studies" gerecht zu werden. Die V. kann als Oberbegriff für drei Gebiete vergleichender politikwissenschaftlicher Forschung verstanden werden: die „Vergleichende Regierungslehre" befaßt sich mit dem Vergleich von → Regierungssystemen, d.h. → Institutionen und Verfahren; der „Systemvergleich" setzt breiter an und fragt auch nach den - gesellschaftlich und historisch bedingten - Voraussetzungen des Regierungssystems und den Ursachen der Probleme, mit denen es konfrontiert ist; die „vergleichende Politikfeldanalyse" (vergleichende → Policy-Forschung) untersucht, welche Entscheidungen politische Systeme angesichts gleicher Herausforderungen treffen.

→ *Politisches System*: Das „politische System" wurde in den 60er Jahren in den USA, bald darauf auch in der außeramerikanischen → Politikwissenschaft zum schlechterdings beherrschenden Paradigma der ländervergleichenden Analyse. Gegenüber den herkömmlichen Regierungssystemvergleichen haben „Systemvergleiche" den Vorzug, die „verborgene", informelle Dimension der Politik deutlich zu machen und einen gemeinsamen Erklärungsrahmen für → Politik in den verschiedensten Ländern anzubieten. Das im wesentlichen auf David Easton und Gabriel Almond zurückgehende, gebräuchli-

che Systemmodell geht von der prinzipiellen Vergleichbarkeit aller politischen Systeme aus, die in ihrer maximalen Ausdehnung mit den bestehenden → Staaten identisch sind. Danach müssen in allen politischen Systemen gewisse „Funktionen" erfüllt werden, insbesondere a) die Artikulierung und Bündelung gesellschaftlicher → Interessen (→ Input-Funktionen) und b) die verbindliche Berücksichtigung oder Außerachtlassung solcher Interessen durch Entscheidungen staatlicher Institutionen (→ Output-Funktionen).

Das Funktionieren eines politischen Systems setzt bestimmte Mechanismen voraus, mit denen in der → Gesellschaft verankerte oder neu entstehende politische Interessen an die → Regierung vermittelt werden und mit denen die Regierung den Umgang mit konkurrierenden politischen Forderungen bis hin zu Gesetzes- und Verwaltungsentscheidungen organisiert. Diese als „Strukturen" bezeichneten Mechanismen, die sich in Input- (→ Interessengruppen, → Parteien, → Wahlen, Medien) und Output-Strukturen (→ Parlamente, Regierung, → Verwaltung, Gerichte) unterscheiden, zeichnen sich durch große Vielfalt und teilweise krasse Unterschiede aus. Historische Kollektiverfahrungen beeinflussen ferner als → „politische Kultur" u.a. die → Einstellung der → Bürger und gesellschaftlichen Gruppen zum → Staat, das → Wählerverhalten und die Modalitäten der Interessenvermittlung zwischen Gesellschaft und Staat. Dauerhafte und gravierende Fehlleistungen bei der Erfüllung der fundamentalen Systemfunktionen zwingen politische Strukturen zur Anpassung an gesellschaftliche Erwartungen. Andernfalls erzeugen sie Spannungen und bauen → Konflikte auf, die das politische System in eine → Krise führen. Unzureichende Krisenbewältigung steht am Beginn revolutionärer Entwicklungen, die häufig die vorhandenen Systemstrukturen radikal verändern.

Systemtypen: Die V. hat ihre Instrumentarien hauptsächlich in der Auseinandersetzung mit Gesellschaften entwickelt, die stabile politische Institutionen besitzen. Unter den „stabilen" politischen → Systemen ragen die „westlichen Demokratien" heraus. Die demokratischen Systeme sind durch autonome Systemstrukturen charakterisiert: freie Verbände, staatsfreie Parteien und Parteienwettbewerb, unabhängige Justiz, Parlament als Legitimationsquelle für → Gesetzgebung und/ oder Regierungsbildung. In den sozialistischen Systemen kontrollierte eine marxistisch-leninistische Partei Wahlen, Regierung, Verwaltung, Verbände und Medien, die im Verhältnis zur Partei allenfalls geringe → Autonomie zu entwickeln vermochten. Erst in jüngster Zeit haben die sozialistischen Systeme durch demokratischen Wandel die Konsequenzen aus immer schärfer zutage tretenden wirtschaftlichen und politischen Leistungsmängeln ziehen müssen. Eine an Institutionen orientierte Systembetrachtung führt bei den meisten Ländern der → Dritten Welt nicht weit, da es dort neben dem Militär und den Zivilverwaltungen keine politisch bedeutsamen dauerhaften Strukturen gibt. Um so wichtiger ist die Beschäftigung mit der politischen Kultur der nicht-sozialistischen → Entwicklungsländer der sog. Dritten Welt, die Erklärungen für die Schwäche ziviler und demokratischer → Herrschaft leisten kann.

Politische Kultur: Dem Vergleich politischer Kulturmuster kommt in der V. große Bedeutung zu. So stehen sich etwa das sozialistische China und das demokratische Japan als konfuzianisch geprägte asiatische Gesellschaften in kultureller Hinsicht näher als Japan auf der einen und die demokratischen Systeme Westeuropas oder der USA auf der anderen Seite. Allerdings macht Japans demokratisches Regierungssystem einen fundamentalen Unterschied zur Volksrepublik China aus, der das gemeinsame kulturelle Erbe im Gesamtzuschnitt des japanischen politischen Systems überwiegt. Das politisch-geographisch kleinkammerige Westeuropa kennt eine Fülle historisch-kulturell bedingter nationaler Unterschiede, bei gleichzeitig großer Ähnlichkeit der Regierungssysteme, der parteipolitisch relevanten → Weltanschauungen und der Wirtschaftsordnungen. So spielen die katholische Kirche,

christlich-demokratische Parteien und kommunistische → Gewerkschaften im romanischen Europa, in Frankreich, Italien, Portugal und Spanien jeweils eine deutlich zu unterscheidende Rolle. Demgegenüber lassen sich in anderen Teilen Europas Ländergruppen erkennen, in denen die Entwicklung ähnliche politische Konfliktformationen, → Parteiensysteme oder Regierungspraktiken hervorgebracht hat, so in Skandinavien und den Benelux-Ländern.

Politikfelder: Die V. in der Variante des internationalen Politikfeldervergleichs fragt nach dem „warum" national verschiedener Lösungswege für die Bewältigung gleichgelagerter politischer Herausforderungen. Sie kommt freilich ohne die Auseinandersetzung mit politischen Institutionen und Besonderheiten der politischen Kultur nicht aus. So müssen die egalitären Akzente der schwedischen → Sozial- und → Arbeitsmarktpolitik einem halben Jahrhundert sozialdemokratischer Regierung, dem starken Gewerkschaftseinfluß in der → Sozialdemokratie und dem ausgeprägten Gleichheitsempfinden der schwedischen Gesellschaft zugeschrieben werden. Ähnliche Bedingungen sind in Norwegen, auch in Österreich, aber kaum in der Bundesrepublik und Großbritannien, am allerwenigsten jedoch etwa in Frankreich oder Italien anzutreffen. Die überlieferte Abwehrhaltung französischer und italienischer Bürger zu ihrem Staat äußert sich unter anderem in weit verbreiteter Einkommensteuerhinterziehung. Eine noch wesentlich stärkere Steigerung der für den Staat „sicheren", aber v.a. kleine Einkommen belastenden Verbrauchsteuern wäre dort als Mittel zur Beschaffung zusätzlicher Staatseinnahmen politisch nicht durchsetzbar. Ganz anders sind in Skandinavien trotz vereinzelter Steuerzahlerproteste hohe Einkommensteuern üblich und effektiv; in den skandinavischen Ländern überwiegen auch heute noch positive Erwartungshaltungen gegenüber einem regelungsaktiven Staat. Das dort erreichte Sozialstaatsniveau wäre ohne das Instrument der Einkommensbesteuerung kaum möglich gewesen.

Vergleich: Die V. kennt keine einheitliche „vergleichende Methode". Die sog. „Konkordanzmethode" zielt auf die Erklärung von Gemeinsamkeiten politischer Systeme, die sog. „Differenzmethode" will ganz im Gegenteil Systemunterschiede erklären. Erstere bevorzugt die Betrachtung möglichst ähnlicher Systeme, letztere scheut auch den Vergleich sehr verschiedener Systeme nicht. Die V. stellt v.a auf den Vergleich „funktionaler Äquivalente" ab. So muß beispielsweise eine vergleichende Untersuchung über innenpolitische Problemfelder (z.B. → Sozialpolitik, → Verkehrspolitik) in Westeuropa und den USA neben der amerikanischen Regierung zwingend auf den US-Kongreß eingehen: Im Verhältnis von → Kongreß und → Präsident entfällt das für die meisten westeuropäischen Systeme charakteristische Moment der Partei- und → Fraktionsdisziplin; der Kongreß weist Regierungsvorschläge häufig zurück, oder er ändert sie ab. Dieselbe Untersuchung kann mit Blick auf Westeuropa mit guten Gründen den Faktor „Parlament" geringer veranschlagen, weil dort Parteienkonstellationen über die Regierungszusammensetzung entscheiden und ferner Fraktions- und Koalitionsdisziplin der Regierung eine Schlüsselrolle bei Initiativen und Entscheidungen zuweisen. Die V. arbeitet mit drei Varianten des Systemvergleichs:

a) Der *intensive Vergleich* betrachtet eine sehr begrenzte Anzahl politischer Systeme, die sich in möglichst vieler Hinsicht möglichst weit ähneln sollen. Es geht hier darum herauszufinden, warum ähnliche Institutionen (etwa weltanschaulich verwandte Parteien) verschiedene Verhaltensweisen zeitigen (z.B. bei Koalitionsbildungen) oder warum sie auf vergleichbaren → Politikfeldern verschiedene Lösungen anstreben (so die Bundesrepublik und Frankreich in der → Wirtschafts- und → Umweltpolitik). „Tiefenscharfe" Vergleiche zwischen wenigen politischen Systemen ermöglichen eine recht genaue Prüfung von Kausalitäts- und Interdependenzbehauptungen. Ihre Ergebnisse sind aber nur mit großen Vorbehalten auf andere Systeme übertragbar.

b) *Extensive Vergleiche* beziehen sich auf eine möglichst große Anzahl politischer Systeme, wobei sie Unterschiede im Herrschaftssystem, in der Kulturkreisbindung und im Problemhaushalt in Kauf nehmen. Mit Hilfe von Aggregatdatenanalysen können sie Zusammenhänge zwischen Einkommensverteilung, → Industrialisierung, → Streiks, politischen Unruhen und politischen Institutionen konstruieren. Der Vorteil solcher Vergleiche liegt in der Eignung für statistische Verfahren. Die Interpretation ihrer Ergebnisse bleibt jedoch ohne Erkenntnisse fruchtlos, die aus Studien vom Zuschnitt begrenzter oder mittlerer Reichweite gewonnen werden.

c) *Vergleiche mittlerer Reichweite* beschränken sich auf Länder mit einigen grundlegenden gemeinsamen Systemmerkmalen, etwa auf westliche Demokratien oder noch enger: westeuropäische Länder, oder auf → „Schwellenländer" in der Dritten Welt. Ihre Vorzüge liegen in der Anwendbarkeit der Untersuchungsvariablen auf Länder mit ähnlichen Merkmalen und in der Möglichkeit zur Ergebniskontrolle am Beispiel weiterer Systeme. Vergleiche dieser Art haben sich als in der Breite ergiebiger und in der Tiefe ausreichender Rahmen bewährt.

Lit.: Almond, G. A.: Comparative Politics: System, Process, and Policy, 2. Aufl., Boston 1978; *Berg-Schlosser, D./ Müller-Rommel, F.* (Hg.): Vergleichende Politikwissenschaft, 3. Aufl., Opladen 1997; *Beyme, K. von:* Der Vergleich in der Politikwissenschaft, München 1988; *ders.:* Parteien in westlichen Demokratien, München 1985; *Hartmann, J.* (Hg.): Vergleichende politische Systemforschung. Konzepte und Analysen, Köln 1980; *ders.:* Politik und Gesellschaft in Japan, USA, Westeuropa. Ein einführender Vergleich, Frankfurt/ New York 1983; *ders.:* Vergleichende Politikwissenschaft. Ein Lehrbuch, Frankfurt/ New York 1995.

Prof. Dr. Jürgen Hartmann, Hamburg

Verhältniswahl
→ Proportionalwahl
V. und → Mehrheitswahl sind die beiden

Grundtypen der → Wahlsysteme. Im → System der V. bildet entweder das gesamte Wahlgebiet (bis hin zur → Nation) einen → Wahlkreis oder es wird unter geographischen bzw. administrativen Aspekten in mehrere Wahlkreise (z.B. → Regionen, → Bundesländer) eingeteilt. Gewählt werden die Listen (s.a. → Landesliste) von → Parteien, und nicht → Wahlkreisabgeordnete. Diese Listen können vom Wähler i.d.R. nicht verändert werden. Im Verhältnis zu den für die Parteilisten abgegebenen Stimmen (s.a. → Zweitstimme) erhalten die Parteien Parlamentsmandate (aufgrund von Auszählverfahren; s. d'Hondtsches → Höchstzahlverfahren, → Hare-Niemeyer-Verfahren) zugesprochen. Die Bewerber kommen in der Reihenfolge ihrer Plazierung auf den Listen zum Zuge.

Die V. ist das dominierende Wahlsystem in den westlichen Industrieländern. Ziel der V. ist die möglichst spiegelbildliche → Repräsentation der verschiedenen Richtungen des Volkswillens im → Parlament. Dysfunktionale Wirkungen entstehen u.U. durch eine Fragmentierung des → Parteiensystems und die daraus resultierende schwierige Regierungsbildung. In einigen → Staaten wurden daher der V. Vorkehrungen gegen eine zu starke Zersplitterung beigegeben (z.B. → Sperrklausel in der → personalisierten Verhältniswahl der Bundesrepublik).

Verhalten
→ politisches Verhalten

Verhandlungsdemokratie
Demokratische → politische Systeme, in denen die materielle Entscheidungsfindung staatlicher → Politik nicht primär gemäß den politisch-parlamentarischen Mehrheitsverhältnissen (Wahlergebnisse, Zusammensetzung repräsentativer Körperschaften), sondern durch gütliches Einvernehmen (Aushandeln von Kompromissen) erfolgt. Konsultationsverfahren, die gesellschaftliche Organisationen in die politische Willens- und Entscheidungsbildung einbeziehen, kennen auch diejenigen westlichen Industrienationen, die auf dem → Mehrheitsprinzip aufbauen. Als V. i.e.S werden solche → Staaten bezeichnet, in denen institu-

tionalisierte Kompromiß- und Proporzregeln (→ Konkordanzdemokratie) für die Entscheidungsfindung ausschlaggebend sind. Parteienwettbewerb und Wählervotum bestimmen zwar Zusammensetzung und formelle Schlußvoten der Repräsentativkörperschaften, diese entscheiden jedoch primär auf der Basis eines möglichst weitgehenden → Konsenses bzw. Kompromisses aller (relevanten) Beteiligten.

Verjährung
Wird ein Anspruch innerhalb eines bestimmten, gesetzlich verschieden geregelten Zeitraumes (Verjährungsfrist) nicht gerichtlich geltend gemacht, so verliert er seine rechtliche Durchsetzbarkeit. Der V. unterliegen (mit unterschiedlichen Fristen) Privatrecht, Strafrecht und Steuerrecht. Von der V. ausgenommen sind Mord und Völkermord.

Verkehrspolitik
Sektorale → Wirtschaftspolitik, deren Gegenstand die Mobilität von Personen, Gütern und Informationen sowie die damit verbundenen Dienstleistungen sind. V. umfaßt Verkehrsplanung (incl. Verkehrsinfrastruktur) und Marktordnungspolitik. Sie dient der Erreichung staatlicher, wirtschaftlicher und soziokultureller Ziele. Träger der V. sind in Deutschland → Bund, → Länder und → EU. → Deregulierung und Liberalisierung der → Märkte haben dazu geführt, daß vormals öffentliche Unternehmen privatisiert und die Beförderungstarife freigegeben wurden sowie daß Bundes- und → Landesministerien einen Teil ihrer vormaligen Aufgaben dem Markt überlassen.

Verkehrsvertrag
1972 abgeschlossener Vertrag zwischen der Bundesrepublik und der DDR über den gegenseitigen Wechsel- und Transitverkehr auf Straßen, Schiene und Wasser. Im Vertragsanhang gewährte die DDR Bundesbürgern Reiseerleichterungen insbes. für Besuche bei Verwandten und Bekannten in der DDR; umgekehrt wurde die Reisesperre für DDR-Bürger bei dringenden Familienangelegenheiten gelockert. Der V. war der erste innerdeutsche Vertrag, der aus eigenem Recht und nicht im Rahmen alliierter

Abkommen geschlossen wurde. Mit der Öffnung der DDR-Grenzen Ende 1989/ Anfang 1990 wurde der V. schon vor der → Wiedervereinigung faktisch bedeutungslos.

Verkündung
Mit der V. (öffentlichen Drucklegung) in → Bundesanzeiger bzw. → Bundesgesetzblatt erlangt ein → Gesetz bzw. eine → Rechtsverordnung Rechtswirksamkeit. Auf der Länderebene wird analog verfahren.

Vermerk
1. Eintragung in Straf-, Erziehungs-, Gewerbezentral- und Verkehrszentralregister.
2. Interne Protokollierung eines Vorgangs in einer → Behörde oder einer sonstigen bürokratisch arbeitenden Organisation.

Vermittlungsausschuß
Sind 2 → Kammern der → Legislative an der → Gesetzgebung (→ Gesetzgebungsverfahren) beteiligt (→ Zweikammersystem), so bedarf es zum Ausgleich möglicher divergierender Gesetzentwürfe der → Institution des V. zwischen beiden Kammern. In → Staaten mit → Bundesratssystem besitzt die Länderkammer (s.u. Zweikammersystem) durchweg geringere Mitwirkungsrechte am politischen Entscheidungsprozeß als die andere Kammer; jedoch hat z.B. der deutsche → Bundesrat ein Initiativ- und Mitwirkungsrecht, das bei → zustimmungsbedürftigen Gesetzen die Möglichkeit definitiver Ablehnung einschließt; der V. vermochte zumeist für beide Organe (→ Bundestag und Bundesrat) akzeptable Kompromißvorschläge vorzulegen. Der Bundestag kann den V. bei allen → Gesetzen anrufen; bei zustimmungsbedürftigen Gesetzen können dies auch Bundestag und → Bundesregierung. Bei nicht zustimmungsbedürftigen Gesetzen (→ Einspruchsgesetzen) kann der Einspruch des Bundesrates mit einer dem Einspruch analogen Mehrheit (einfach oder 2/3) durch den Bundestag zurückgewiesen werden. Über den Kompromißvorschlag des V. muß der Bundestag nochmals Beschluß fassen.

Bundestag und Bundesrat entsenden je 16 Mitglieder in den V., die an Weisungen

nicht gebunden sind. V. werden für die gesamte → Legislaturperiode eingerichtet (im Unterschied zu den amerikanischen „Conference Committees").

Vermögenspolitik
Gesamtheit der staatlichen Maßnahmen zur Förderung der Vermögensbildung in Privathand und zur Umverteilung von Vermögen oder Vermögenszuwächsen. Ziel der V. ist die Verringerung der Ungleichheiten in der Vermögensverteilung und in der ökonomischen Verfügungsmacht über Geld-, Güter- und sonstige Kapitalbestände. Während die Umverteilung primär durch → Steuern und Sozialtransfers angestrebt wird, können der Vermögensförderung eine Vielzahl von Maßnahmen dienen: direkte Sparförderung, Beteiligung der Arbeitnehmer am Unternehmen(sgewinn), günstige Abschreibungsmöglichkeiten (insbes. im Wohnungsbau), zinsgünstige Kredite.

Verrechtlichung
Tendenz zur gesetzes-, verwaltungs- und gerichtsförmigen Normierung bzw. Reglementierung gesellschaftlicher und politischer Handlungsfelder. Mit kritischem Beiton bezeichnet V. Überregelung bzw. Überregulierung („Normenflut", → Bürokratisierung), die die Handlungsspielräume öffentlicher und privater Akteure zunehmend einschränkt. Objektiv ist V. jedoch eine Folge gestiegenen Regulierungsbedarfs (v.a. im Sinne des Rechtsschutzes durch Berechenbarkeit und Nachkontrolle öffentlicher Tätigkeit) in komplexen modernen → Gesellschaften.

Versäulung
Holl.: verzuiling; sozialwissenschaftlicher Terminus für die gegenseitige Abkapselung von v.a. religiösen und politischen Gruppierungen, wie sie z.B. in den Niederlanden im Zeitraum zwischen 1870 bis Anfang der 20er Jahre entstanden ist. Die einzelnen sozialkulturellen → Milieus organisieren sich - fast den gesamten Lebensbereich des Einzelnen erfassend - als „Säulen" (bzw. Lager) innerhalb einer fragmentierten → Gesellschaft und übernehmen die Funktion eines institutionalisierten → Minderheitenschutzes. Wirtschaftliche Entwicklungspro-

zesse und damit zusammenhängende Wandlungen in der → Sozialstruktur und im Bildungswesen führen zu einer → Säkularisierung, die sich u.a. in der Auflösung bzw. im Abbau solcher „Säulen" (Entsäulung; holl.: Ontzuiling) äußert. In den Niederlanden ist seit den 60er Jahren ein zunehmendes Aufbrechen dieser „Säulen" festzustellen.

Versailler Vertrag
Zur Beendigung des 1. Weltkrieges zwischen Deutschland und den alliierten Siegermächten (sowie deren Verbündeten) am 28.6.1919 abgeschlossener Friedensvertrag. Er wurde von den Siegermächten auf der Pariser Friedenskonferenz ausgearbeitet, insbes. durch USA, Großbritannien, Frankreich und Italien. Der V. enthielt die den Besiegten auferlegten Friedensbedingungen; das Diktat der Siegermächte konnte von Deutschland nur vorbehaltlos akzeptiert oder abgelehnt werden. Der V. bedeutete für Deutschland v.a. Gebietsverluste, Verlust aller Kolonien, weitgehende Entwaffnung (s. → Reichswehr), → Reparationen, Anerkenntnis der alleinigen Kriegsschuld. Unter dem Druck des alliierten Ultimatums, den Krieg wieder aufzunehmen und Deutschland zu besetzen, wurde der V. unterzeichnet. Für die junge → Demokratie bildeten die wirtschaftlichen und politischen Auswirkungen des V. eine schwere Belastung in der Entstehungsphase der → Weimarer Republik.

Versammlungsdemokratie
Klassische Form der → direkten bzw. der → plebiszitären Demokratie. Alle abstimmungsberechtigten → Bürger entscheiden in einer Versammlung direkt über politische Sach- und Personalfragen. Eine solche Form der Herrschaftsausübung (→ Volkssouveränität) ist nur in überschaubaren regionalen Einheiten und bei einer begrenzten Zahl von Stimmbürgern möglich. Ihren Ursprung hat die V. in den altgriechischen → Stadtstaaten (→ Polis). Heute findet sie sich nur noch in den „town meetings" der Neu-England-Staaten (USA) und als → Landsgemeinde in (seit Ende 1998) 2 deutschsprachigen → Kantonen (1 Voll-, 1 Halbkanton) der Schweiz. Unmittelbare

Volksherrschaft i.e.S. kennt jedoch auch die V. nicht. Alle vormaligen und heutigen Erscheinungen der V. bedürfen der Ergänzung durch Repräsentations- oder Exekutivorgane.

Versammlungsfreiheit
Allen Deutschen gemäß Art. 8 I GG gewährleistetes → Recht, sich ohne Anmeldung oder Erlaubnis friedlich und ohne Waffen zu versammeln. Hierzu zählen auch → Demonstrationen und Kundgebungen. In V. materialisiert sich das korrespondierende → Grundrecht der → Meinungsfreiheit. Nur für Versammlungen unter freiem Himmel kann das Grundrecht der V. aufgrund des Versammlungsgesetzes (1978) eingeschränkt werden, jedoch nur unter strikter Wahrung des Grundsatzes der Verhältnismäßigkeit und des Schutzes anderer Rechtsgüter.

Versammlungsregierung
Im System der V. ist das → Parlament als Vertreter des → Volkes (→ Volkssouveränität) der dominierende Machtträger, während die → Regierung eine vergleichsweise unbedeutende Rolle spielt. Letztere führt lediglich die Beschlüsse des Parlaments aus. Dieser Typus findet sich in → Ländern, in denen starke gesellschaftliche Fragmentierungen und ein fragmentiertes → Parteiensystem keine starke Regierung erlauben. In der IV. Republik Frankreichs (1944-58) - etwas eingeschränkter auch schon in der III. Republik (1875-1940) - konnte seit der Verfassung vom Oktober 1946 von einer V. (gouvernement d'assemblée) gesprochen werden. Das schweizer → Direktorialsystem ist eine Weiterentwicklung der V.

Verschuldungskrise
Ausdruck des Unvermögens vieler → Entwicklungsländer, die ihnen von Industrieländern und deren Banken sowie von → internationalen Organisationen (→ Internationaler Währungsfonds, → Weltbank etc.) gewährten Kredite zurückzuzahlen. Als nach den Erdölschocks (→ Ölkrisen) der 70er Jahre (1973, 1979) die Weltwirtschaft Rezessionstendenzen zeigte, die Entwicklungsländer am stärksten unter den

Ölpreiserhöhungen litten und darüber hinaus ab 1980 Dollarkurs und weltweit die Zinsen - ausgelöst durch die USA - stiegen, wurde die V. evident. Zwar erzielten die erdölexportierenden Länder höhere Verkaufserlöse, ihre Kreditwürdigkeit (und Verschuldung) stieg; als die Erdölpreise jedoch nachgaben, gerieten auch sie in die V. (z.B. Mexiko, Venezuela). Da viele Entwicklungsländer weder ihre Zinsen noch ihre Schulden aus ihren Exporterlösen (s.a. → neue Weltwirtschaftsordnung) zahlen konnten, begannen Mitte der 80er Jahre Überlegungen, die Schuldenerlasse und gezielte Maßnahmen zur Verbesserung der Struktur der Binnenwirtschaften anstrebten. Erfolgreich waren v.a. Umschuldungsabkommen und partielle Schuldenerlasse, die u.a. zu einer Reduzierung der Kreditverpflichtungen der jeweiligen Entwicklungsländer führten.

Verstaatlichung
Übergang des (Privat-)→ Eigentums (insbes. des Eigentums an Produktionsmitteln) bzw. der Verfügungsgewalt über das Eigentum an den → Staat oder eine andere öffentliche Körperschaft. Der Begriff V. wird umgangssprachlich synonym gebraucht mit den Begriffen → Nationalisierung, → Sozialisierung und → Vergesellschaftung, was aber eine Ungenauigkeit darstellt.

Verteidigungsfall
Durch die → Notstandsverfassung in Art. 115a GG definierte Situation, in der ein Angriff mit Waffengewalt auf das Gebiet der Bundesrepublik erfolgt oder unmittelbar bevorsteht. Die Feststellung über den V. trifft auf Antrag der → Bundesregierung der → Bundestag mit 2/3-Mehrheit der abgegebenen Stimmen (mind. aber der Mehrheit der Mitglieder des Bundestages); der Beschluß bedarf der Zustimmung des → Bundesrates. Ist der Bundestag zu einem solchen Beschluß außerstande, tritt der → Gemeinsame Ausschuß (Art. 53 a GG) an seine Stelle. Kann auch dieses Notparlament nicht rechtzeitig zusammentreten, so gilt die Feststellung des V. mit dem Zeitpunkt, zu dem der Angriff begann. Art. 115b ff. regeln für den V. die Verhältnisse

zwischen den einzelnen Bundesinstitutionen, zwischen → Bund und → Ländern sowie zwischen → Staat und → Bürgern.

Verteidigungspolitik
Wird weitgehend synonym verwandt mit → Sicherheitspolitik, wobei der Begriff V. jedoch abstellt auf die i.e.S. militärischen Dimensionen dieser der → Abschreckung und Kriegsverhütung dienenden Politikfeldes.

Verteilungspolitik
→ redistributive Politik

Vertragstheorien
Den V. kommt in der Neuzeit eine besondere Bedeutung zu; sie werden zu Kategorien epochalen Selbstverständnisses der → Gesellschaft. Gemeint sind die → bürgerliche Gesellschaft und das bürgerliche Selbstverständnis, gemeint ist der Gesamtverständnishorizont der durch die Vertragskategorie zu erschließenden bürgerlichen Welt. Ein sich autonom denkendes (Früh-) → Bürgertum versteht sich als abstrakt revolutionär, und die → politische Philosophie der Neuzeit (im 17. und 18. Jh.) definiert den Menschen von sich selbst her, subsumiert die Sozialbeziehungen unter das Vertragsdenken und legitimiert mit dieser Dimension die → Herrschaft des Bürgertums. Zentrale Bedeutung erlangt das autonome → Individuum im Rahmen des → Naturrechts.

Durch ihre Orientierung an diesem - dem antiken wie dem mittelalterlichen Denken unbekannten - autonomen → Individuum unterscheiden sich die V. der Neuzeit tiefgreifend vom politischen Aristotelismus und von der mittelalterlichen Naturrechtsteleologie. Der Mensch verkörpert nicht länger ein „zoon politikon": ein politisches Wesen, dem die Konvergenz zum → Staat als Seinsstruktur immer schon innewohnt. Er ist auch nicht mehr, wie in der → Scholastik, als „animal rationale" gleichbedeutend mit dem „animal sociale et politicum": dem von der gottgegebenen Natur zur Gesellschaft bestimmten Menschen. Im neuzeitlichen Naturrecht erfährt der Begriff der ratio einen Bedeutungswandel; ein neuartiger, an der Naturwissenschaft und an Descartes orientierter Rationalismus wird für das Denken bestimmend. Die ratio ist von nun an die klare und deutliche Erkenntnis (clara et distincta perceptio). Und klar und deutlich läßt sich nur das erkennen, was aus seinen Entstehungsbedingungen heraus zu begreifen ist. Die analytische und synthetische Methode Galileis und Descartes' wird zum Vorbild der Lehre vom Staat, der in seine Teile zerlegt und aus der Einsicht in das Gefüge dieser Teile wieder aufgebaut wird.

In den V. korrespondiert hiermit die Machbarkeit der politischen → Institutionen, die dem Prinzip der herstellenden → Autonomie des durch abstrakte → Freiheit definierten Individuums (bzw. Bürgertums) entspricht. Das Machen bestimmt die Legitimierungsfigur aller Sozialbeziehungen, d.h. die Figur der sich selbst bindenden Freiheit. Damit werden die zwischenmenschlichen Beziehungen zu Resultaten autonomer und poietischer Subjekte, zu Resultaten eines rationalen Kalküls: eines Vertragsschlusses. Dieses rationale Kalkül zeigt sich auch im argumentationsstrategischen Dreischritt: → Naturzustand (Status naturalis) - Vertrag - Gesellschaft/ Staat (Status civilis) sowie in der Forderung an das Naturrecht, wirklichkeitsmächtig und konkret zu sein. Wie im hypothetischen Naturzustand der betreffenden V. zeitgenössische Verhältnisse sichtbar werden, so umfaßt auch die „Natur des Menschen" die aus der Selbst- und Fremdbeobachtung gewonnenen Charakterzüge des empirischen Menschen.

Drei exemplarisch zu wertende V. können die allgemein aufgezeigte Kategorie illustrieren:

Thomas Hobbes (1588-1679) stellt den Naturzustand, in den die damalige besitzindividualistische Konkurrenz- sowie die Bürgerkriegssituation Englands mit eingegangen ist, als eine Konstruktion des Zusammenlebens der zeitgenössischen Menschen ohne eine regulierende Staatsgewalt und damit als einen Krieg aller gegen alle (bellum omnium contra omnes) dar. Er beschreibt hierin „die Lebensweise, die dort, wo keine allgemeine Gewalt zu

fürchten ist, herrschen würde" (Leviathan, S. 97). Dementsprechend wird die Natur des Menschen durch Beobachtung der damaligen Gesellschaft ermittelt, letztere in ihre einfachsten Elemente zerlegt und in ihrer Tendenz zum Kriegszustand und damit zu ihrem Widerspruch analysiert. Der Naturzustand ist auf dem Weg des Hobbesschen Vertrags in einen Status civilis zu überführen. Notwendig wird die „Erzeugung jenes großen Leviathan, dem wir ... unseren Frieden und Schutz verdanken" (Leviathan, S. 134).

Der Übergang vom Naturzustand in den staatlichen Friedenszustand erfolgt also durch Vertrag, durch einen Akt, der auf den eigenen Willen der Beteiligten zurückgeht. Im Sinne einer logischen Konstruktion (hervorgehoben durch die hypothetische Vertragsformel: „als *hätte* jeder zu jedem gesagt") ist dieser Vertrag Ausdruck der Sozialvernunft jedes einzelnen Subjekts. Der Mensch kann allein dann gebunden werden, wenn er sich selbst bindet, wenn er mit jedem einen Vertrag schließt, dessen Inhalt lautet: „Ich autorisiere diesen Menschen oder diese Versammlung von Menschen und übertrage ihnen mein Recht, mich zu regieren, unter der Bedingung, daß du ihnen ebenso dein Recht überträgst und alle ihre Handlungen autorisierst" (Leviathan, S. 134). Hierbei läßt sich von einem Begünstigungsvertrag zugunsten des Souveräns sprechen. Das heißt, der Souverän ist nicht Partner des Vertrags, sondern nur sein Ergebnis, er stellt den begünstigten Dritten dar. Dieser Vertrag bedeutet eine → Politisierung der ursprünglich agonal-antagonistischen → Macht; sie wird durch den Vertrag beim Souverän zentriert. Souverän und Untertanen unterscheiden sich zukünftig durch das Instrument des staatlichen → Gesetzes. Dessen Verbindlichkeit gründet auf dem vertraglichen Übereinkommen, wonach der einzelne alle Handlungen und Urteile des Souveräns (in Gestalt einer Person oder einer Versammlung) „in derselben Weise *autorisieren soll, als wären sie seine eigenen ...*" (Leviathan, S. 136).

Der durch Vertrag entstandene Souverän verfügt über die notwendige Macht, jeden innerhalb der Grenzen des friedlichen Wettbewerbs zu halten. Seine Machtfülle erklärt sich aus der Notwendigkeit, eine Gesellschaft grundsätzlich antagonistischer und noch nicht institutionalisierter → Interessen zu verwirklichen. In einer Zeit, in der eine Interessen- bzw. Eigentumsmarktgesellschaft eine traditionsgebundene Gesellschaft ersetzte, mußte eine starke Staatsmacht vertraglich festgelegten Rechten den herkömmlichen Rechten gegenüber zum Durchbruch verhelfen. Hobbes' Leviathan verkörpert keinen sich total auffassenden Staat gegen eine bürgerliche Gesellschaft; er zielt vielmehr auf die konkrete Ermöglichung ihrer von Antagonismen bedrohten Existenz.

John Locke (1632-1704) ist der zweite repräsentative Denker, der die rationalistische Naturrechtslehre vertritt. Er hat seine Konzeption des Naturzustandes im Second Treatise niedergelegt. Im Kapitel über das → Eigentum geht Locke von einem zweiphasigen Naturzustand aus, in dem das auf Nutzung beschränkte Recht auf individuelle Aneignung von einem unbeschränkten Recht auf Aneignung abgelöst wird. Verantwortlich hierfür ist die Einführung des Geldes und der Geldwirtschaft, die immer stärker den Besitztrieb weckt und den anfangs mehr oder weniger friedlichen Naturzustand zum Zustand der völligen Unsicherheit wendet. In dieser zum Kriegszustand tendierenden Phase des Status naturalis findet sich der Mensch dazu bereit, „sich mit andern zu einer Gesellschaft zu verbinden, die bereits vereinigt sind oder doch die Absicht hegen, sich zu vereinen, zum gegenseitigen *Schutz* ihres Lebens, ihrer Freiheiten und ihres Vermögens (Besitzes), was ich unter der allgemeinen Bezeichnung *Eigentum* zusammenfasse" (Second Treatise, S. 278).

Derart bedient sich auch Locke der Theorie des Vertrags, dessen Modalitäten jedoch vage bleiben. Der „ursprüngliche Vertrag" (origin compact) besteht im „Übereinkommen" (consent) der Menschen, sich zu einem „politischen Körper" zu vereinen. Hierbei kommt es aber zu keiner Transformation des Bewußtseins und nicht - wie bei Hobbes - zur Preisgabe

aller natürlichen Rechte. Die Menschen übertragen nur jene Rechte bzw. „Gewalten" auf die Gesellschaft, und hierin auf die → Legislative und indirekt auf die → Exekutive, deren uneingeschränkte Ausübung das friedliche Zusammenleben am meisten beeinträchtigt. Hierzu zählt für den Menschen die → Gewalt, „alles zu tun, was er für die Erhaltung seiner selbst und der übrigen Menschheit als richtig ansieht", sowie die Gewalt, einen Rechtsbrecher nach den Regeln des natürlichen Gesetzes zu bestrafen. Letztere Gewalt gibt er „vollständig" auf, ersterer entäußert er sich in der vorbehaltenen Intention, „sie durch die Gesetze der Gesellschaft soweit" regeln zu lassen, „wie es die Erhaltung seiner selbst und der übrigen Glieder dieser Gesellschaft erfordert" (Second Treatise, S. 280). Insgesamt werden damit die ungesicherten naturwüchsigen gesellschaftlichen Verhältnisse unter staatliche Kontrolle gestellt.

Jean-Jacques Rousseaus (1712-1778) Konzeption sei als letztes Beispiel für die V. angeführt. Die Gegenwartskritik, die er vom Ersten Discours an übt, richtet sich gegen die politische Unfreiheit und Ungleichheit im zeitgenössischen Frankreich, worin Rousseau depravierende Phänomene erkennt. Im Discours sur l'origine et les fondements de l'inégalité parmi les hommes (Zweiter Discours) bad er - in pessimistischer Geschichtsbetrachtung - die gesellschaftliche Depravierung geschildert. Diese beginnt mit der → „Arbeitsteilung" bei Einführung des Ackerbaus. Mit der Bearbeitung des Bodens entsteht nach Rousseau das Eigentum. Damit erfolgt eine Unterscheidung der ursprünglich gleichen - und „guten" - Menschen in Grundbesitzer und Besitzlose. Es kommt zur Herrschaft von Menschen über Menschen und damit zur Selbstentfremdung des Menschen.

Der „gute Mensch" des Rousseauschen Naturzustands kann in seiner natürlichen (aber verdienstlosen) Güte nicht wiedererstehen. So fragt Rousseau nach dem (verdienstvoll) sittlich Erreichbaren. Diese Frage stellt er sich im Contrat Social. Anders als im Zweiten Discours verführen hier nicht listige „Reiche" zur Staatsgründung, erfordert nicht die Unsicherheit des Besitzes ein geregeltes Zusammenleben. Vielmehr zielt Rousseaus Contrat Social auf den geistig-sittlichen Staatsbürger und seine Gesellschaft als ein „être moral et collectif".

Diese Gesellschaft entsteht aus dem Vertrag. In ihm verzichten die Menschen nicht - wie bei Hobbes - auf ihre natürliche Freiheit. Vielmehr wird die Freiheit als sittliche Freiheit der → Staatsbürger erst dadurch eigentlich realisiert, daß sie in ihrer Erscheinungsform umgewandelt wird: von der „independance naturelle" zur „liberté civile" (wenn man vom ursprünglichen Naturzustand ausgeht). Die Freiheit stellt für Rousseau die Wesensbestimmung des Menschen dar; sie ist die Voraussetzung für die Moralität der menschlichen Handlungen. In diesem Sinne zielt der Vertrag auf die Versöhnung der notwendigen Herrschaft mit der als unaufgebbar empfundenen Freiheit.

Das damit verbundene Grundproblem, das der Vertrag lösen soll, wird von Rousseau wie folgt umrissen: „Es muß eine Gesellschaftsform gefunden werden, die mit der gesamten gemeinsamen Kraft aller Mitglieder die Person und die Habe eines jeden einzelnen Mitglieds verteidigt und schützt; in der jeder einzelne, mit allen verbündet, nur sich selbst gehorcht und so frei bleibt wie zuvor" (Contrat Social, S. 73). Die zentrale Bedingung des Vertrags deutet die Richtung für die Lösung des Problems an: Notwendig wird „die vollständige Überäußerung eines jeden Mitglieds mit all seinen Rechten an die Gemeinschaft. Wenn sich nämlich ... jeder ganz übereignet, ist die Bedingung für alle gleich; niemand hat ein Interesse, sie für die anderen drückend zu machen" (Contrat Social, S. 73). Damit unterstreicht Rousseau nachdrücklich, daß die Rechte nicht wie bei Hobbes einem begünstigten Dritten übertragen, sondern der Gesellschaft im Ganzen überantwortet werden: jenem gesellschaftlichen Totum, das die berühmte Formel anspricht: „Jeder von uns unterstellt gemeinschaftlich seine Person und seine ganze Kraft (puissance) der

höchsten Leitung des → Gemeinwillens (volonté générale), und wir empfangen als Körper jedes Glied als unzertrennlichen Teil des Ganzen" (Contrat Social, S. 74).

Lit.: Kern, L.: Neue Vertragstheorie. Zur rationalen Rekonstruktion politisch-ethischer Grundprinzipien, Königstein 1980; *Röhrich, W.:* Sozialvertrag und bürgerliche Emanzipation. Von Hobbes bis Hegel, Darmstadt 1972; *Schottky, R.:* Die staatsphilosophische Vertragstheorie als Theorie der Legitimation des Staates, in: PVS, Sonderheft 7; *Welzel, H.:* Naturrecht und materielle Gerechtigkeit, Göttingen 1955; *Wiedhofft Gough, J.:* The Social Contract, Oxford 1957; *Willms, B.:* Gesellschaftsvertrag und Rollentheorie, in: Jahrb. f. Rechtssoziol. u. Rechtstheorie, Bd. 1,1970.

Prof. Dr. Wilfried Röhrich, Kiel

Vertrag über die abschließende Regelung in bezug auf Deutschland
→ Zwei plus Vier-Vertrag

Vertrag über kollektive Sicherheit
Am 15.5.1992 geschlossener Verteidigungspakt zwischen ehem. → Republiken der UdSSR. Gründungsmitglieder waren Rußland, Kasachstan, Armenien, Kyrgystan, Tadschikistan und Usbekistan; später folgten Aserbaidschan, Georgien und Weißrußland. Von einer Durchsetzung des V. ist man aber nach wie vor weit entfernt. Vor allem die Initiatoren Rußland und Kasachstan sahen im V. die Grundlage einer zukünftigen → Konföderation der beteiligten → Staaten. Gemäß Vertragsinhalt erfüllt eine → Aggression gegen einen Vertragspartner den Bündnisfall. Der Truppeneinsatz eines Mitgliedsstaates gegen einen anderen wird ausgeschlossen. Das gemeinsame Oberkommando der GUS-Streitkräfte wurde 1993 in einen Stab zur Koordinierung der Kooperation umgestaltet, hat mithin keinen Einfluß mehr.

Vertrag über konventionelle Streitkräfte in Europa/ KSE-Vertrag
→ Mutual Balanced Force Reductions/ MBFR

Vertrauensfrage

In Art. 68 GG vorgesehene Möglichkeit des → Bundeskanzlers, im → Bundestag förmlich zu beantragen, ihm das Vertrauen auszusprechen. Damit kann das → Parlament vor die Wahl gestellt werden, entweder eine Regierungsmehrheit (wieder-)herzustellen oder aufgelöst zu werden. Findet der Antrag nicht die Unterstützung der Mehrheit der Bundestagsmitglieder, so kann der Bundeskanzler den → Bundespräsidenten um Auflösung des Bundestages ersuchen. Der Bundespräsident kann dem innerhalb von 21 Tagen stattgeben (sofern der Bundestag vor Verfügung der Auflösung nicht mit Hilfe des → konstruktiven Mißtrauensvotums einen neuen Kanzler wählt). V. und konstruktives Mißtrauensvotum zählen zu den verfassungsmäßig gesicherten parlamentarischen Kontrollrechten. Ihre Anwendungen 1972 und 1983 mit dem Kalkül, entgegen dem eigentlichen Sinn der V. keine Abstimmungsmehrheit in der V. zu erhalten, gelten deshalb als problematisch (das → Grundgesetz sieht kein Selbstauflösungsrecht des Bundestages vor).

In allen parlamentarischen → Systemen ist ein Rückgang des Gebrauchs der V. festzustellen. War das Vertrauensvotum früher ein Vorrecht der Parlamentarier, so wird es in den meisten Ländern unter den heutigen Bedingungen hoher → Fraktionsdisziplin und starker Stellung des Regierungschefs fast nur noch von diesem als V. angewandt.

Vertriebene

Lt. bundesdeutscher Legaldefinition deutsche Staats- bzw. Volkszugehörige, die ihren Wohnsitz in den ehem. dt. Ostgebieten oder außerhalb der 1937 bestehenden dt. Reichsgrenzen hatten und diesen Wohnsitz infolge des 2. Weltkrieges aufgeben mußten. Das Bundesvertriebenengesetz differenziert nach Heimatvertriebenen und Flüchtlingen aus der ehem. SBZ bzw. DDR.

Vertriebenenverbände

Nach Herkunftsregionen gegliederte, interessenpolitische Selbstorganisation der → Vertriebenen in Westdeutschland nach dem Ende des 2. Weltkrieges. Zunächst (ab ca. 1946) auf lokaler, später auf Regional-

und Bundesebene vertraten die V. eine doppelte Zielsetzung: 1. die wirtschaftliche und soziale Eingliederung der Vertriebenen in den Aufnahmeländern, 2. die Bewahrung des Rechtsanspruchs auf die verlorene alte Heimat. Im Zuge einer verbandspolitischen Arbeitsteilung blieb die Kulturpflege den Landsmannschaften überlassen. V. haben in den 50er Jahren in der Bundesrepublik eine wichtige innenpolitische Rolle gespielt, u.a. als Vorfeldorganisationen des → „Block der Heimatvertriebenen und Entrechteten"/ BHE. Mit fortschreitender → Integration der Vertriebenen verloren auch die V. an Bedeutung.

Verwaltung

Begriff: Der Begriff V. wird in aller Regel im alltagssprachlichen Verständnis verwandt, da er nur schwer exakt zu bestimmen ist. Eine eindeutige Definition gibt es nicht. Die Beschränkung auf "öffentliche V." erleichtert die Begriffsklärung kaum, weil die Abgrenzung zur privatwirtschaftlichen V. nicht eindeutig zu ziehen ist. Dies würde eine klare Trennung zwischen dem staatlichen und dem privaten Bereich voraussetzen. Tatsächlich ergibt sich aber aus der realen Verflechtung zwischen → Staat und → Gesellschaft, daß sich funktionale (öffentliche vs. private Aufgaben) und organisationsrechtliche (öffentlich-rechtliche vs. privatrechtliche → Institution) Kriterien der Unterscheidung nicht decken. Vielfach werden → öffentliche Aufgaben durch gemeinnützige oder private Träger erfüllt, der Staat wählt zunehmend privatrechtliche Organisationsformen und häufig sind staatliche V. einheiten als Teilnehmer im Marktprozeß tätig.

Unter „Öffentlicher V." versteht man sowohl eine spezifische Staatsfunktion als auch einen Komplex von Organisationen bzw. die von ihnen ausgeübte Tätigkeit. Dementsprechend kann man V. im materiellen, im organisatorischen und im prozessualen Sinn definieren. Welches Merkmal man der Begriffsdefinition zugrundelegt, ist aus dem jeweiligen Erkenntnisziel zu begründen. Die politikwissenschaftliche Analyse, die sich mit den Funktionsweisen und Funktionsproblemen des modernen

Staates befaßt, muß allerdings immer auch eine inhaltliche Charakterisierung von V. versuchen.

Der materielle V.-begriff wird vielfach negativ bestimmt, indem der V.-funktion das zugerechnet wird, was nicht zur → Gesetzgebung, → Regierung oder → Judikative gehört. Die Abgrenzung der staatlichen Funktionsbereiche verweist allerdings auf genuine Merkmale von V.: Im Unterschied zur Gesetzgebung und Regierung, die als abstrakt generelle und leitende Staatätigkeiten bezeichnet werden können, besteht V. in der konkreten, auf den Einzelfall bezogenen Erfüllung öffentlicher Aufgaben, wobei sie die von → Gesetzen eingeräumten Handlungsmöglichkeiten realisiert; im Unterschied zu den Gerichten ist sie nicht nur kontrollierend, sondern auch gestaltend tätig und hat neben der Rechtmäßigkeit auch die Zweckmäßigkeit ihres Handelns zu beachten.

Als überholt muß heute die Auffassung gelten, daß sich die V.-tätigkeit auf den Vollzug im Sinne der strikten Ableitung von Handlungen aus → Gesetzen beschränkt. Zwischen der → Legislative und der V. besteht keine klare hierarchische Beziehung, letztere ist vielmehr als eigenständiger Funktionsbereich zu kennzeichnen. Die V. bereitet zum einen Gesetze vor (politikvorbereitende V.), zum anderen richtet sich die Tätigkeit der V. auf die Lösung von konkreten Problemen bzw. die Erbringung von Leistungen, indem sie auf der Grundlage der gesetzlich und politisch definierten Ziele, Kompetenzen und Instrumente Handlungsmöglichkeiten entwickelt, Alternativen abwägt, Interessenkonflikte bewältigt und Entscheidungen trifft (V. als „policy-making").

Aufgaben der V.: Über diese abstrakte Funktionsbestimmung hinaus kann der materielle V.-begriff durch die systematische Erfassung der V.-aufgaben präzisiert werden. Eine solche Systematik wird vielfach aus der historischen Entwicklung begründet. Dabei wird angenommen, daß die V. nach dem Ende des → Absolutismus vorwiegend Ordnungsaufgaben erfüllte, mit dem Aufbau des → Sozialstaates Lei-

stungsaufgaben übernahm und sich schließlich im → Wohlfahrtsstaat mit Vorsorge, Planung und entwicklungsfördernden Aufgaben zu befassen hatte. Diese Einteilung der V.-aufgaben ist plausibel, problematisch ist allerdings die damit verbundene historische Sicht, weil sie nur die Zentralebene erfaßt.

Der ordnenden V. obliegt es, gesetzliche Ge- und Verbote zu konkretisieren, ihre Einhaltung zu überwachen sowie die Zuordnung individueller Rechte im Einzelfall zu regeln. Sie bildete sich mit der Entwicklung des liberalen → Rechtsstaats als eigener V.-zweig heraus, nachdem sie bis dahin Teil der umfassend verstandenen „policey" (→ Polizey) war. Leistende und entwicklungsfördernde Tätigkeiten, die schon im absolutistischen Staat bedeutend waren, wurden allerdings nicht zurückgedrängt, sondern vorwiegend auf die dezentralen Ebenen des Staates verlagert.

Die leistende V. stellt Einrichtungen, Güter und Dienste bereit, die nicht privat produziert werden. Neben der Infrastrukturversorgung handelt es sich um Leistungen, die soziale Disparitäten verringern (Transferleistungen) oder individuelle Lebensbedingungen und -chancen verbessern sollen (Dienstleistungen). Wurden diese Aufgaben im 19. Jh. noch vorwiegend durch gemeinnützige → Vereinigungen, → Verbände und Institutionen der → Selbstverwaltung erfüllt, so hat heute die staatliche V. weitgehend die Verantwortung hierfür übernommen.

Entwicklungssteuernde und -fördernde Aufgaben wuchsen der V. in dem Maße zu, wie erkennbar wurde, daß der Markt und andere Prozesse gesellschaftlicher Selbststeuerung eine Eigendynamik entfalten, die temporär oder auf Dauer unerwünschte Folgewirkungen erzeugt und künftige Optionen beeinträchtigt. Der Staat reagierte hierauf, indem er die V. mit einer breiten Palette entwicklungslenkender Instrumente ausstattete und planende sowie präventive Maßnahmen einführte.

V.-organisation: Im organisatorischen Sinne umfaßt V. alle Einrichtungen, die zur Ausübung von verwaltenden Tätigkeiten bestimmt sind. Hierzu gehören zunächst die → Behörden der unmittelbaren Staatsverwaltung, sodann aber auch die „verselbständigten" V.-einheiten als Träger der mittelbaren Staatsverwaltung. Die Ausdehnung von leistenden und entwicklungsfördernden Aufgaben ist mit Tendenzen einer Ausdifferenzierung der V. in eine Vielzahl fachlich spezialisierter Organisationen verbunden, läßt also insbesondere die Zahl der verselbständigten V.-träger ansteigen. Das Postulat der "Einheit der V." wird dadurch in Frage gestellt.

Im → Bundesstaat sind V.-aufgaben auf → Bund, → Länder und → Gemeinden aufgeteilt. In der BRD liegt das Schwergewicht der V.-tätigkeit bei den Ländern und Gemeinden. Letztere vollziehen neben ihren eigenen Angelegenheiten Gesetze des Bundes und der Länder, z.T. in → Auftragsverwaltung und nach Weisung der übergeordneten → Gebietskörperschaft, z.T. in Selbstverwaltung. Dem Bund stehen nur in wenigen Bereichen V.-kompetenzen zu (bundeseigene V.); Bundesgesetze werden überwiegend durch die Länder ausgeführt. Die örtliche V. ist Aufgabe der Gemeinden, die diese selbständig erledigen. Die → kommunale Selbstverwaltung wird durch Einrichtungen der funktionalen Selbstverwaltung ergänzt.

Während der Bund i.d.R. nur über Zentralbehörden (→ oberste Bundesbehörden) verfügt, findet sich in den größeren Ländern ein dreistufiger Behördenaufbau, der hierarchisch organisiert ist. An der Spitze stehen die Ministerien als oberste Behörden, die die Aufsicht über die nachgeordneten Mittelinstanzen und die unteren V.-behörden ausüben. Die Gliederung der „allgemeinen" V. folgt territorialen Gesichtspunkten, der Zuständigkeitsbereich der → Mittelbehörden erstreckt sich auf → „Bezirke" und die unteren Behörden sind im Gebiet eines → Kreises tätig. Daneben gibt es Sonderbehörden außerhalb des normalen Behördenaufbaus. Neben dem Grundsatz der sachlichen Bündelung von V.-aufgaben zeigt die Organisation der V. damit deutliche Züge der horizontalen Dekonzentration. Das Verhältnis zwischen territorialer und fachlicher Glie-

derung variiert in den Ländern, es ist ständiger Gegenstand von Reformdiskussionen.

Gegenstand intensiver Diskussion ist darüber hinaus die Frage der Zentralisierung oder → Dezentralisierung von V.-aufgaben. Neben den Aspekten der → Bürgernähe und des unmittelbaren Problembezugs ist hier v. a. das Prinzip der Gleichbehandlung zu beachten, das für eine Zentralisierung von Verteilungsaufgaben spricht. Dienstleistungen werden besser dezentral erbracht. Faktische Zusammenhänge zwischen Aufgaben legen es oft nahe, anstelle einer autonomen dezentralen V. Dezentralisierung im Sinne der Beteiligung nachgeordneter Instanzen an zentralisierter Aufgabenerfüllung zu verwirklichen.

Die innere Organisation der V.-behörden ist i.d.R. hierarchisch und monokratisch ausgestaltet. Eine Ausnahme bilden die Institutionen der Selbstverwaltung, die über gewählte Organe verfügen, die nach demokratischen Verfahren Entscheidungen treffen. Eine Auflösung hierarchischer Strukturen wird teilweise gefordert, sie ist in veränderten Beziehungen zwischen der V. und den → Bürgern, die mit dem Ausbau des Wohlfahrtsstaates einher gingen, sicherlich auch angelegt. Die öffentliche V. entspricht heute jedenfalls nicht mehr dem von Max Weber beschriebenen Modell der → Bürokratie. Gestaltung und Entwicklung ihrer Organisation sind durch die sich wandelnden gesellschaftlichen Bedingungen geprägt, unter denen die öffentliche V. tätig ist. Die Bürokratiekritik ist dennoch nicht erloschen. Nach neueren Postulaten zur V.-modernisierung muß die öffentliche V. effizienter und kundenorientiert werden. Sie soll sich dem Wettbewerb stellen und privatwirtschaftliche Managementkonzepte und Budgetierungsmethoden übernehmen.

V.-handeln: Durch die öffentliche V. wird staatliche → Herrschaft ausgeübt, indem in demokratischen Verfahren beschlossene Gesetze und Programme vollzogen werden. Die Tätigkeit der V. zielt damit auf Durchsetzung staatlicher Entscheidungen, die prinzipiell durch hoheitliches Handeln angestrebt wird. Hierbei konkretisieren die zuständigen Behörden im Rahmen des gesetzlich umschriebenen Spielraums (→ Ermessen) und i.d.R. nach einer Anhörung der Betroffenen die normativen Vorgaben und setzen Maßnahmen in einem verbindlichen → Verwaltungsakt fest.

Im modernen Staat wird die V.-wirklichkeit nur noch z.T. von hoheitlichen Handlungsformen geprägt. Den zunehmend komplexeren Aufgabenstellungen des leistenden Staates und den vielfach wechselseitigen Abhängigkeiten zwischen der V. und den Adressaten ihrer Entscheidungen werden jene immer weniger gerecht. Sie werden daher teils ergänzt, teils ersetzt durch kooperatives V.-handeln, bei dem die Behörde nicht mehr als dem → Bürger übergeordnet agiert, sondern in ein partnerschaftliches Verhältnis mit ihm eintritt. Maßnahmen und Leistungen werden dann in Verhandlungsprozessen gemeinsam beschlossen und in Absprachen oder Verträgen vereinbart.

Die Formen des hoheitlichen und des kooperativen V.-handelns (die in der Praxis häufig nicht klar getrennt, sondern in unterschiedlichen Kombinationen auftreten) weisen jeweils spezifische Probleme auf. Unabhängig vom konkreten Einzelfall läßt sich schwer beurteilen, wie die V. ihre Aufgaben erfüllen soll. Die V.-wissenschaft hat einerseits auf vielfältige Schwierigkeiten des hoheitlichen Vollzugs hingewiesen. Bei der Durchsetzung des Umweltrechts, des Wettbewerbsrechts, der → Gewerbeaufsicht, des Steuerrechts u.a.m. werden deshalb V.-entscheidungen, die nicht in das routinisierte Massengeschäft fallen, i.d.R. durch Verhandlungen vorbereitet und informell abgesprochen. Kooperative Handlungsformen sind regelmäßig auch bei leistenden und entwicklungsfördernden Tätigkeiten sinnvoll. Andererseits läßt sich die V. dabei nicht selten auf Tauschgeschäfte ein, die zur ineffizienten Aufgabenerledigung, zu Ungleichbehandlungen und schlimmstenfalls zur Korrumpierung der V.-behörde führen können. Verfahrensregeln, die die Beteiligung aller relevanten → Interessen sicherstellen, mögen dazu beitragen, diese Ge-

fahren kooperativen V. handelns zu verringern, sie beseitigen sie jedoch nicht.

V. und → Politik: Die V. muß bei ihrer Tätigkeit nicht nur Rechtsnormen beachten, sie hat zudem für eine effektive Problembewältigung und effiziente Aufgabenerfüllung zu sorgen und schließlich auch Entscheidungen zu treffen, die für alle Betroffenen akzeptabel sind. Um diesen unterschiedlichen Anforderungen gerecht zu werden, muß die V.-behörde im Einzelfall zwischen divergierenden Belangen abwägen. In dem Maße, wie die V. über Handlungsspielräume verfügt und Ermessensentscheidungen mit verbindlicher Wirkung trifft, ist sie politisch. Sie bedarf daher der demokratischen → Legitimation, die über die Bindung an Gesetze hinausgehen muß.

Diese Legitimation leitet sich zum einen aus der Unterwerfung unter Weisungen der → Parlamente und der politischen Führung ab. Die V. unterliegt der Kontrolle durch die demokratisch gewählten Organe des Staates. Diese ist - im Unterschied zur nachträglichen Kontrolle durch die → Rechnungshöfe und durch die Gerichte - als die V.-tätigkeit lenkende Steuerung zu verstehen. Sie richtet sich auf die Entwicklung, Durchsetzung und → Evaluierung von Prinzipien, Strukturen, Verfahren und Mitteln administrativen Handelns (V.-politik).

Da die Tätigkeit der öffentlichen V. durch parlamentarische Organe und die politische Führung nur in den Grundzügen gesteuert werden kann, bedarf V.-handeln zum anderen der Legitimation, die sich auf die konkrete Aufgabenerfüllung im Einzelfall erstreckt. Diese wird durch unmittelbare Beteiligung der betroffenen Bürger gesichert, die in V. verfahren regelmäßig vorgesehen ist. Man verkennt die Bedeutung der Bürgerbeteiligung, wenn man sie nur als vorgezogenen Rechtsschutz betrachtet. Ihre Funktion als Legitimationsgrundlage und politische Kontrolle der öffentlichen V. muß gerade angesichts der Schwierigkeiten betont werden, V.-handeln vollständig an Gesetze zu binden oder durch die politische Führung zu steuern.

Lit.: Von Bandemer, S. u.a. (Hg.): Handbuch zur Verwaltungsreform, Opladen 1998; *Benz, A.*: Kooperative Verwaltung, Baden-Baden 1994; *Becker, B.*: Die Öffentliche Verwaltung, Percha 1989; *Ellwein, T.*: Das Dilemma der Verwaltung, Mannheim u.a. 1994; *Hesse, J. J.* (Hg.): Politikwissenschaft und Verwaltungswissenschaft, Opladen 1982; *König, K., Siedentopf, H.* (Hg.): Öffentliche Verwaltung in Deutschland, Baden-Baden 1997; *Mayntz, R.*: Soziologie der öffentlichen Verwaltung, 3. A., Heidelberg 1985; *Thieme, W.*: Verwaltungslehre, 4. A., Köln u.a. 1984.

Prof. Dr. Arthur Benz, Hagen

Verwaltungsakt

Lt. Legaldefinition des Verwaltungsverfahrensgesetzes jede Verfügung, Entscheidung oder sonstige hoheitliche Maßnahme, die eine → Behörde zur Regelung eines Einzelfalles auf dem Gebiet des öffentlichen Rechts trifft und die auf unmittelbare Rechtswirkung nach außen gerichtet ist (§ 35 I). Im V. materialisiert sich folglich das Verwaltungshandeln als konkrete Anwendung einschlägigen Gesetzes- und Verordnungsrechts im einzelnen Fall. Ein V. kann aufgrund einer zwingenden gesetzlichen Erfordernis (gebundener V.) oder aufgrund des Spielraums der Behörde innerhalb des gesetzlichen Rahmens (Ermessensakt) erlassen werden. Je nach Regelungsinhalt wird zwischen a) befehlendem V. (z.B. Gewerbeverbot), b) gestaltendem V. (z.B. Namensänderung), c) feststellendem V. (z.B. Renten- oder Steuerbescheid), ferner je nach Rechtswirkung zwischen begünstigendem und befehlendem V. unterschieden. Gegen einen V. kann der Rechtsweg beschritten werden durch Widerspruchsverfahren bei der Behörde, bzw. danach durch Anfechtungsklage vor dem Verwaltungsgericht.

Verwaltungsgerichtsbarkeit

Organ der Rechtsprechung in streitigen, dem Verwaltungsrechtsweg geöffneten Angelegenheiten der öffentlichen → Verwaltung. Die V. ist ein Instrument der Rechtskontrolle über die staatliche und kommunale → Administration und insofern Ausdruck der in Art. 19 IV GG normierten umfassenden individuellen Rechtsschutzgarantie. Die V. wird durch von der Verwaltung getrennte und unabhängige Gerichte ausgeübt; entweder durch spezielle Verwaltungsgerichte wie in der Bundesrepublik oder - in → Staaten ohne Verwaltungsgerichtszweig (z.B. USA) - in Wahrnehmung durch die regulären Gerichte. In der Bundesrepublik können alle → Verwaltungsakte und sonstigen öffentlich-rechtlichen Streitfälle nichtverfassungsrechtlicher Art (→ Verfassungsgerichtsbarkeit) vor ein Verwaltungsgericht gebracht werden (sog. Generalklausel), sofern nicht eine gesetzliche Sonderregelung besteht (→ Finanzgerichtsbarkeit, → Sozialgerichtsbarkeit). Die Instanzen der V. sind dreistufig aufgebaut: auf der Länderebene Verwaltungsgerichte und (als Berufungsinstanz) Oberverwaltungsgerichte/ Verwaltungsgerichtshöfe; Revisionsinstanz ist das → Bundesverwaltungsgericht.

Verwaltungskultur

Gesamtheit aller auf das Selbstverständnis und das Außenbild von (öffentlicher) → Verwaltung bezogenen → Einstellungen, Werthaltungen und Orientierungen, die sich zu einer Auffassung von „üblicher" und „angemessener" administrativer Aufgabenerledigung verdichten. National unterschiedliche historische, politische, soziale und ökonomische Entwicklungen führten zu länderspezifischen V., die sich im einzelnen hinsichtlich „Berufsethos", Personalrekrutierung sowie professioneller Verhaltensmuster und Problemlösungsstrategien unterscheiden.

Verwaltungsreform

V. bedeutet eine als wesentlich empfundene, zeitlich abgrenzbare, geplante Veränderung des Rechtsrahmens, der Organisationsstrukturen, des Personal- oder des Finanzsystems der öffentlichen → Verwaltung. „Reform" hat einen zugleich verändernden wie auch partiell bewahrenden, also evolutionären Charakter. Sie steht mit benachbarten Begriffen wie Wandel, Entwicklung, Anpassung, → Modernisierung, Innovation in Verbindung. V. ist im weiteren Kontext einer Staats- und Politikreform zu sehen; sie sollte nicht auf enge technokratische und binnenstrukturelle Anpassungen begrenzt werden. V. kann insofern nicht isoliert von gesellschaftlichen Änderungen und Herausforderungen gesehen werden (z.b. Erwartungen und Anforderungen der → Gesellschaft an den → Staat); V. ist stets auch Reaktion auf gewandelte gesellschaftliche, wirtschaftliche und politische Rahmenbedingungen.

V. ist im Verwaltungsstaat Deutschland eine „endlose Geschichte". Die deutsche Verwaltung ist traditionell mächtig und hat sich - von kleineren Anpassungsschritten abgesehen - als äußerst stabil und damit als relativ reformresistent erwiesen. Immer wieder sind Reformforderungen an die Verwaltung herangetragen worden und hat es gewisse „Reformkonjunkturen" gegeben, mit denen die Verwaltung flexibel und in der Regel restriktiv umgegangen ist. Seit Mitte der 90er Jahre ist wieder einmal eine Reformwelle zu verzeichnen; V. ist mithin aktuell.

1. Ziele von V.: Sie entsprechen den generellen Zielen von Verwaltungshandeln und sind insofern dem Wandel der gesellschaftlich bestimmten Zielprioritäten unterworfen. Häufig formulierte Ziele sind Effektivität/ Wirksamkeit, Effizienz, → Legalität, → Legitimation und → Responsivität des Verwaltungshandelns. Dabei gibt es verschiedene Grundrichtungen: (a) Ausbau oder Eindämmung von Verwaltung (z.B. durch Aufgabenabbau oder -verlagerung), (b) umfassenden Um- und Neubau eines Verwaltungssystems oder (c) (partielle) Verbesserung der Leistungsfähigkeit eines ansonsten unveränderten Verwaltungssystems. Meist konzentrieren sich V.-Maßnahmen auf den dritten Aspekt.

2. Gründe und Auslöser von V.: Eine Reihe unterschiedlicher Faktoren und Motive, die von außen kommen, aber auch verwaltungsintern entstehen können, lösen V.-Maßnahmen aus:

o gewandelte Erwartungen an den (→ Wohlfahrts-)Staat
o rückläufige staatliche Finanzmittel

o Schwierigkeiten der Verwaltungssteuerung mit vorhandenen Instrumenten (z.b. mit Konditionalsteuerung)
o zunehmende Komplexität von politisch-administrativen Problemlösungsprozessen
o Verschiebung der Grenzlinien zwischen der Verwaltung und ihrem Umsystem, z.b. vermehrte Vernetzung und Kooperation mit der Wirtschaft oder mit gesellschaftlichen Akteuren
o Wandel von Motiven und → Bedürfnissen bei den Verwaltungsangehörigen.

3. Wesentliche Objekte von V.: (1) Makrostrukturen von Staat und Verwaltung (z.b.: Verhältnis von → Parlament/ → Regierung/ Verwaltung, regionaler Zuschnitt von Verwaltungseinheiten, Kompetenzverteilung zwischen Verwaltungsebenen, Verselbständigung und Auslagerung von Verwaltungsfunktionen); (2) → öffentliche Aufgaben/ Leistungen (Art, Umfang, Qualität, Wirksamkeit); (3) Organisation und Management einzelner öffentlicher Einrichtungen (Aufbau, Abläufe, einschl. Planung und Kontrolle); (4) Adressaten von Verwaltungshandeln (z.B. Stärkung der → Bürgernähe, Verbesserung von Standortattraktivität für Wirtschaft, Aktivierung von → Bürgern zu gesellschaftlicher Teilhabe, Partizipation und Selbsthilfe); (5) → öffentlicher Dienst, Personalwesen und -management; (6) Finanz- und Rechnungswesen (einschl. Finanzierungsformen, Haushaltsreform, Verbesserung des Rechnungs- und Prüfungswesens); (7) rechtliches Regelungssystem (Steuerung durch → Gesetze, Rechts- und Verwaltungsvorschriften, neuere rechtliche Formen des Verwaltungshandelns).

4. Wichtige Phasen der V. in Deutschland:
Phase 1.: Bis Ende der 50er Jahre ging es bei der V. in Deutschland v.a. um Kriegsfolgenbewältigung und den Aufbau einer funktionierenden rechtsstaatlichen und demokratischen Verwaltung. *Phase 2:* Mitte der 60er Jahre folgte mit der → Großen und der → Sozialliberalen Koalition eine umfassende Reformbewegung, die das Ziel des „aktiven Staates" verfolgte und fast an allen o.g. V.-Objekten

ansetzte (Hauptstichworte: Dienstrechtsreform, → Finanzreform, → Gebietsreform, Organisationsreform auf Ministerialebene, Reform von Planungssystemen). Abgesehen von der Gebietsreform sind die übrigen Reformschritte rückblickend eher kritisch zu beurteilen. *Phase 3:* Entbürokratisierung und Stärkung der Bürgernähe (ca 1975-1985). *Phase 4:* Transformation der Verwaltung in Ostdeutschland und zeitgleich Managementreformen (ab 1990; näheres s.u.).

5. Aktuelle Ansätze der V.: Seit etwa 1990 stehen - abgesehen vom Sonderfall der ostdeutschen Verwaltungstransformation - im wesentlichen drei Strategievarianten zur Diskussion: (a) binnenstrukturelle Reformen, (b) wettbewerbs- und marktorientierte Reformen und (c) politisch-partizipative Reformen zur Stärkung von Bürgerengagement und -partizipation. Von diesen drei Varianten hat ohne Zweifel die Strategie (a) die stärkste Kraft und Bedeutung: Seit 1990 wird in Deutschland - dem weltweiten Trend eines → „New Public Management" (NPM) folgend - das → „Neue Steuerungsmodell" (NSM) eingeführt. Die stärkste Reformkraft hat das NSM bisher auf der kommunalen Ebene entfaltet, wo es von der KGSt mit beträchtlichem Aufwand vorangetrieben wird. Mit dem NSM streben die Verwaltungen an, ihre Einrichtungen ziel- und ergebnisorientiert zu steuern, die einzelnen Einheiten eigenverantwortlicher arbeiten zu lassen, wirksamere Finanz- und Rechnungsweseninstrumente (Budgetierung, Kostenrechnung, Controlling) einzusetzen und motivierendere Personalinstrumente anzuwenden. Auf der Kommunalebene ist dieses V.-Konzept weit vorangeschritten. Fast alle (größeren) Kommunalverwaltungen behaupten zur Zeit, Reformen vom Typ NSM zu betreiben. In den Landesverwaltungen gibt es ebenfalls eine Reihe von V.-Vorhaben mit gleicher Zielrichtung: Neben den hier besonders aktiven drei → Stadtstaaten sind v.a. die Länder Baden-Württemberg, Niedersachsen, Nordrhein-Westfalen, Rheinland-Pfalz und Schleswig-Holstein als innovativ hervorzuheben. Auf der Bundesebene

hat sich unter der christlich-liberalen → Bundesregierung nicht allzu viel an bemerkenswerten Reforminitiativen getan; eine Regierungskommission „Schlanker Staat" erarbeitete eine Vielzahl von Vorschlägen, die jedoch konzeptionell unverbunden blieben und nur partiell umgesetzt wurden. Die 1998 gewählte „rot-grüne" Bundesregierung hat dem das neue Leitbild des „Aktivierenden Staats" gegenübergestellt und versucht nun, dieses Leitbild in konkrete V.-Schritte umzusetzen.

6. Erfolgsfaktoren von V.: Die Erfahrungen verschiedener V.-Projekte lassen folgende Faktoren als erfolgsbestimmend erscheinen:

○ deutlicher externer Reformdruck (z.B. Finanzmittelknappheit)
○ klare, konkrete und umsetzbare Reformziele
○ parteiübergreifender Konsens der Reformakteure über die Reformziele
○ hinreichendes Unterstützungspotential bei Beschäftigten, → Gewerkschaften und in der → Öffentlichkeit (einschl. Medien)
○ angemessene rechtliche Veränderungsspielräume (z.B. im Dienst- oder Haushaltsrecht)
○ tragfähige und motivierende Reformstrategie

Rückblickend ist festzustellen, daß es in der deutschen Verwaltung zwar in den letzten Jahrzehnten eine Reihe von V.-Anstrengungen gegeben hat, daß jedoch - abgesehen von umfangreichen konzeptionellen Ausarbeitungen - nur begrenzte und nachhaltig wirksame Umsetzungserfolge von V. festzustellen waren. Besonders auffällige Desiderata nicht oder unzureichend angepackter Reformthemen in der deutschen Verwaltung sind: die Neugliederung des föderalen Zuschnitts der Bundesrepublik, die Neugestaltung der → Finanzverfassung, die Neubesinnung über die Zuweisung von → öffentlichen Aufgaben zum Staat oder zu anderen gesellschaftlichen Akteuren, die Entwicklung angemessener (rechtlicher, organisatorischer, marktlicher) Steuerungskonzepte und -instrumente, die Reform des öffentlichen Haushalts- und Rechnungswesens und die Neuorientierung des deutschen öffentlichen Dienstes in Richtung eines modernen Personalmanagements.

Lit.: St. v. Bandemer u.a. (Hg.): Handbuch zur Verwaltungsreform. Opladen 1998; *Th. Ellwein*: Das Dilemma der Verwaltung: Verwaltungsstruktur und Verwaltungsreformen in Deutschland. Mannheim 1994; *D. Grunow/H. Wollmann* (Hg.): Lokale Verwaltungsreform in Aktion: Fortschritte und Fallstricke. Basel usw. 1998; *F. Naschold/J. Bogumil*: Modernisierung des Staates. New Public Management und Verwaltungsreform. Opladen 1998; *C. Reichard*: Umdenken im Rathaus. Neue Steuerungsmodelle in der deutschen Kommunalverwaltung. Berlin 1994; *W. Seibel*: Verwaltungsreformen, in: K. König/H. Siedentopf (Hrsg.): Öffentliche Verwaltung in Deutschland. Baden-Baden 1997, S. 87-106.

Prof. Dr. Christoph Reichard, Potsdam

Verwaltungsverfahren

Nach außen wirkende, öffentlich-rechtliche Tätigkeit von → Behörden mit dem Ziel, einen → Verwaltungsakt zu erlassen, einen Plan vorzulegen oder einen öffentlich-rechtlichen Vertrag (Verwaltungsvertrag, d.h. Rechtsverhältnis des öffentlichen Rechts) abzuschließen. Rechtsgrundlage von V. sind die V.gesetze (VwVfG) des → Bundes und der → Länder, die Anwendungsbereich, Behördenzuständigkeit, → Amtshilfe, Verfahrensgrundsätze, formlose und förmliche Verfahren (z.B. Planfeststellung) etc. regeln. Nicht Bestandteil des V. sind behördeninterne (durch → Verwaltungsvorschriften geregelte) Verfahrensweisen.

Verwaltungsvorschrift

Lediglich verwaltungsintern wirkende Dienstvorschrift, die entweder von übergeordneten → Behörden an nachgeordnete ergeht oder innerhalb der nachgeordneten Behörde von Vorgesetzten erlassen wird. V. sollen die Verwaltungstätigkeit einheitlich festlegen und gestalten, etwa durch Vorgabe von Auslegungs- und Ermessensregeln zu → Gesetzen. Im Unterschied zu den → Rechtsverordnungen bedürfen V. keiner konkreten gesetzlichen Grundlage.

Veto

Lat.: ich verbiete; das V.recht bezeichnet die (ursprünglich in der Römischen → Republik den → Volkstribunen eingeräumte) Möglichkeit, durch Einspruch einen Mehrheitsbeschluß zu blockieren. Heute allg. Bez. für besonderen → Minderheitenschutz bei Abstimmungsverfahren: Der Beschluß kann am Einspruch eines oder eines Teils der Abstimmungsberechtigten scheitern. In parlamentarischen → Systemen kann bei einem → Zweikammersystem einer → Kammer (z.B. → Bundesrat, → Oberhaus) eine V.-Möglichkeit gegen die im Gesetzgebungsverfahren letztzuständige Kammer eingeräumt werden (s. Art. 77 II - IV GG). Unterschieden wird dabei ein absolutes (uneingeschränktes) V., das die endgültige Ablehnung (Scheitern) einer → Gesetzesvorlage bedeutet, und ein suspensives (aufschiebendes) V., das einen Gesetzesbeschluß lediglich verzögert.

Vichy-Regime

Im südöstlichen Teil Frankreichs 1940-42 von deutschen Truppen nicht besetzter Teilstaat in „Halbfreiheit", der seinen Regierungssitz in Vichy hatte. Staatschef war Marschall Pétain, der noch in der Endphase der III. Republik legal zu deren letztem → Ministerpräsidenten berufen worden war. Pétain wurden von der → Nationalversammlung alle 3 → Gewalten (s. → Gewaltenteilung) übertragen; der Regierungschef des V. war lediglich dem Staatschef Pétain gegenüber verantwortlich. Das V. war ein → autoritäres Regime, das einen → Ständestaat anstrebte. 1940 stand die Mehrheit der Bevölkerung hinter Pétain; die deutsche Besatzungspolitik führte jedoch immer mehr Franzosen zur → Résistance unter General de Gaulle. 1942 besetzten deutsche Truppen auch den bis dahin nicht besetzten Teil Frankreichs. Das V. existierte zwar noch bis 1944, verlor aber seine Bewegungsfreiheit und damit seine Glaubwürdigkeit. Nach der Befreiung Frankreichs durch die Alliierten wurden Pétain und zahlreiche Amtsträger des V. wegen Kollaboration abgeurteilt.

Vielparteiensystem

In der Einteilung der → Parteiensysteme
nach Anzahl der → Parteien ist das V. neben dem → Zweiparteiensystem ein Untertypus des → Mehrparteiensystems. In einem
anderen Klassifikationsschema bilden
→ Einparteiensystem, Zweiparteiensystem,
Mehrparteiensystem und V. die Haupttypen; V. bestehen hierbei aus 6 oder mehr
Parteien, die alle im Parteienwettbewerb
eine eigenständige Rolle spielen können,
mit der Chance der Machtteilhabe. (Die
Abgrenzung zwischen Mehrparteiensystem
und V. ist aber nicht trennscharf; oft werden
beide Begriffe synonym verwandt.) Beide
Arten der Typologie von Parteiensystemen
verwenden lediglich die Zahl der Parteien
als Kriterium.

V. im Sinne von 6 oder mehr relevanten
Parteien treten v.a. in → Ländern mit
→ Verhältniswahl und stark fragmentierten
→ Gesellschaften mit ausgeprägten → Kon-
fliktlinien (cleavages) auf. → Koalitions-
regierungen sind die Regel. Nicht der
Wähler entscheidet über Zusammensetzung
und → Politik der → Regierung, sondern die
Verhandlungen zwischen den Parteien. Die
Regierungsstabilität ist geringer als im
Zwei- und im Mehrparteiensystem.

Vielvölkerstaat

→ Nationalitätenstaat
→ Staat, dessen Staatsvolk aus mehreren
→ Nationalitäten (Volksgruppen bzw.
Kulturnationen) besteht, die rechtlich
gleichgestellt sind oder denen zumindest
ein gewisser Grad an → Selbstverwaltung
gewährt wird: z.B. Österreich-Ungarn, Sowjetunion, Belgien und Schweiz; Ggs.:
→ Nationalstaat. V. sind meist als → Bundesstaaten organisiert, da dieser den einzelnen Nationalitäten am ehesten eine gewisse
(v.a. kulturelle und politische) → Autonomie gewährt. In → Demokratien ist die
Lösung von Nationalitätenproblemen in einer der staatlichen Heterogenität angemessenen Weise möglich, während in → Diktaturen die → Nationalitätenpolitik der Vereinheitlichung oder Assimilierung dient.
Empfindet sich das Staatsvolk nicht als eine
einheitliche Nation (wie in der Schweiz),
sondern verstehen sich die einzelnen Nationalitäten als eigenständige → Nation (z.B.

Ungarn in Österreich-Ungarn, die Völker
der UdSSR) oder als Teil einer anderen
Nation (z.B. die Sudetendeutschen in der
Tschechoslowakei, die Moldawier in der
UdSSR), ist der Bestand des V. gefährdet;
in vormals zentralistischen und repressiven
Staaten (z.B. Österreich-Ungarn, kommunistische Diktaturen) kann der Auflösungs-
prozeß bis hin zu kriegerischen Konflikten
gehen (z.B. Armenien mit Aserbaidschan,
das ehem. Jugoslawien).

Viermächteabkommen über Berlin

Kurzbez.: Berlin-Abkommen; 1971 von
den → Regierungen der USA, Frankreichs,
Großbritanniens und der UdSSR vertraglich
bekräftige Neuregelung des → Viermächtestatus von Gesamt-Berlin (am 3.6.1972 in
Kraft getreten). Im Zuge der allg. Ost-West-
Entspannung kamen die vertragsschließen-
den Mächte überein, unbeschadet fortbestehender alliierter Rechte und Verantwortlichkeiten, den ungesicherten Status West-
Berlins - v.a. gegenüber der DDR - zu klären. Die Lebensfähigkeit West-Berlins
sollte gesichert, Störungen zukünftig verhindert werden. Da die → Bundesregierung
Fortschritte beim Berlin-Status zu einer
Voraussetzung der Ratifizierung des
→ Moskauer Vertrages (Kernstück der
→ neuen Ostpolitik) erklärte, kam es
schließlich zum V. Das V. bekräftigte die
Viermächteverantwortung für Berlin und
fixierte seitens der UdSSR Garantien für
den ungehinderten Transitverkehr zwischen
West-Berlin und der Bundesrepublik,
ferner Reiseerleichterungen für West-
Berliner in die DDR sowie die Anerkennung der Bindungen zwischen West-Berlin
und dem Bundesgebiet. Mit der Unterzeichnung einer „Suspendierungserklärung"
am 1.10.1990 verzichteten die vier Mächte
auf ihre Rechte und Verantwortlichkeiten
für Berlin und Deutschland ab 3.10.1990.

Viermächtestatus

In der Berliner Erklärung vom 5.6.1945
festgelegte, gemeinsame Verantwortlichkeit
der 4 Siegermächte des 2. Weltkrieges
(USA, Frankreich, Großbritannien, UdSSR)
ursprünglich für „Deutschland als Ganzes",
seit Existenz zweier souveräner → Staaten
nur noch für Gesamt-Berlin. Trotz der

Viermächtevereinbarung von 1945 blieb während der Zeit des → Ost-West-Konflikts die politische Zugehörigkeit des Westteils der geteilten → Stadt zur Bundesrepublik latent gefährdet. Eine Regelung erfolgte erst durch das → Viermächteabkommen von 1971, das auch die gemeinsame Verantwortlichkeit für Berlin neu regelte und die Bindungen West-Berlins an den → Bund stärkte. Der V. wurde durch die „Suspendierungserklärung" der vier Mächte vom 1.10.1990 ab 3.10.1990 gegenstandslos.

Vierte Welt
Bez. für → Entwicklungsländer, die sich durch eine große Rohstoff-, Kapital- und Exportschwäche auszeichnen; synonym verwandt mit → least developed countries/ LDC.

Vietkong
→ Vietnamkrieg

Vietnamkrieg
Phasen des Kampfes der national-kommunistischen Bewegung unter Ho Chiminh, zunächst (1946-54) als Vietminh gegen die Kolonialmacht Frankreich und den vietnamesischen Kaiser, später (1957-75) als Vietkong gegen die von den USA gestützte → Regierung Südvietnams. Ab 1962 eskalierte der V. zur direkten militärischen Auseinandersetzung mit den Interventionstruppen der USA. Der V. war asiatischer Schauplatz des weltweiten → Ost-West-Konflikts. Die erste Phase endete 1954 mit dem Sieg der Vietminh über Frankreich und der Teilung Vietnams in einen kommunistischen Norden und einen nichtkommunistischen Süden; Truppen und Anhänger beider Seiten sollten sich in den betreffenden Teil Vietnams begeben. Die auf der Pariser Indochina-Konferenz vereinbarten freien → Wahlen fanden in beiden Teilstaaten nicht statt. Nach 1957 kam es im Süden im Gefolge kommunistischer Infiltration zu neuen kriegerischen Auseinandersetzungen, in welche die USA, zur Stützung des Saigoner → Regimes, zunächst mit → Militärhilfe, dann mit massivem Truppeneinsatz aktiv eingriffen. 1968 leiteten die USA Friedensgespräche ein. Nixon verkündete 1969 die „Vietnamisierung" des V., die

USA begannen sich aus dem für sie verlustreichen und innen- wie außenpolitisch prestigemindernden Krieg zurückzuziehen. 1973 wurde in Paris der Waffenstillstand aller kriegführenden Mächte vereinbart. Die Amerikaner beendeten ihre militärische Präsenz in Südvietnam. 1974 brachen die Kämpfe im Süden neuerlich auf. Dem Rückzug der amerikanischen Truppen folgte 1975 der Zusammenbruch Südvietnams. Süd- und Nordvietnam wurden unter kommunistischer → Herrschaft vereinigt. Die Nachbarländer Laos und Kamdodscha, die in den V. hineingezogen worden waren, wurden 1975 ebenfalls kommunistisch.

Visegrád-Staaten
Nach dem Gründungsort in Ungarn (Konferenz vom 15.2.1991) benannte Gruppe von → Staaten des ehem. → Ostblocks: CSFR (bzw. ihre Nachfolgestaaten: Tschechische Republik, Slowakische Republik), Polen und Ungarn. Ziel des Zusammenschlusses ist eine enge Zusammenarbeit bei ihren Bemühungen um Aufnahme in die → NATO und → EU sowie um Koordinierung ihrer → Interessen in den Beitrittsverhandlungen.

Vizekanzler
Vom → Bundeskanzler zu seinem Vertreter ernannter → Bundesminister. Bei Verhinderung des Bundeskanzlers leitet der V. die Kabinettssitzungen; er kann dann auch die → Richtlinienkompetenz beanspruchen, ohne jedoch in die Verantwortlichkeit gegenüber dem → Bundestag einzutreten.

VKSE
Abk. für Verhandlungen über konventionelle Streitkräfte in Europa; Fortführung der → Mutual Balanced Force Reductions/ MBFR seit 1989, die am 19.11.1990 in den „Vertrag über konventionelle Streitkräfte in Europa/ KSE-Vertrag" mündeten.

Volatilität
→ Wählerfluktuation
Von engl. volatility = Flüchtigkeit; Bez. für den Wechsel von Parteipräferenzen bei allgemeinen → Wahlen (→ Wechselwähler).

Volk

1. *Allg.* für Bevölkerung eines abgrenzbaren Kulturkreises, einer ethnischen Gruppe oder sonstigen → Gemeinschaft.
2. *Staatsvolk*: Gesamtheit der Staatsangehörigen einheitlicher oder heterogener Nationalität (→ nationale Minderheiten, → Nationalstaat). In → Demokratien ist das V. oberster Inhaber der → Souveränität (→ Volkssouveränität) und Träger der → Staatsgewalt.
3. *Sozialstrukturell*: Breite Masse der „einfachen" Mitglieder einer → Gesellschaft.

Völkerbund

Nach dem 1. Weltkrieg auf Initiative von US-Präsident Wilson geschaffene und 1946 aufgelöste Weltorganisation zur Kriegsverhütung, Friedenssicherung und internationalen Zusammenarbeit mit Sitz in Genf. Vorläufer der → Vereinten Nationen. Der V. scheiterte, da er seine Ziele nicht durchsetzen konnte: Seine → Autorität wurde nicht von allen → Staaten anerkannt; einige wichtige blieben ganz oder zeitweise fern (die USA wurden selbst nicht Mitglied; Deutschland trat 1926 bei, 1933 unter dem NS-Regime wieder aus); eine allg. → Abrüstung scheiterte; militärische Konflikte (wie die Invasion Abessiniens durch Italien, japanische Eroberungsfeldzüge in Asien, den Spanischen → Bürgerkrieg, den 2. Weltkrieg) konnte er nicht verhindern.

Völkerrecht

Gesamtheit der Rechtsnormen zur Regelung der → internationalen Beziehungen zwischen voneinander rechtlich unabhängigen Völkerrechtssubjekten (→ Staaten, supranationale souveräne Organisationen). Das V. entsteht durch Gewohnheitsrecht, allgemein anerkannte Rechtsgrundsätze, völkerrechtliche Verträge und bindende Beschlüsse → supranationaler Organisationen (s.a. → internationale Organisationen).

Volksabstimmung

⇒ *Plebiszit*
⇒ Referendum
⇒ Volksentscheid

Volksbefragung

⇒ *Referendum* (konsultatives)

Volksbegehren

⇒ Initiative
⇒ Volksinitiative

V., Initiative und Volksinitiative werden synonym verwandt (international meist gebräuchlich: Initiative). Der Unterschied zum → Referendum (synonym mit Volksabstimmung, Volksentscheid, Sachplebiszit) tritt bereits im Begriff zutage. Während im Referendum die Wahlbevölkerung Entscheidungen fällt, die für Repräsentativorgane bindend sind, wird mit dem V. den Wahlbürgern das Recht eingeräumt, → Gesetzesvorlagen einzubringen. V. stehen in einem Komplementär- und Spannungsverhältnis zum Prinzip politischer → Repräsentation, indem sie Möglichkeiten einer nebenparlamentarischen direktdemokratischen Entscheidungsfindung eröffnen. In der überwiegenden Mehrheit der → Gebietskörperschaften, die V. zulassen, bilden diese lediglich die erste Stufe eines solchen direktdemokratischen Prozesses (→ plebiszitäre Demokratie). Den Regelfall bildet die direkte Initiative, d.h., das Ergebnis des erfolgreichen V. wird (direkt) der Wahlbevölkerung, anläßlich der nächsten → Wahl oder im eigenen Abstimmungsgang, als Referendum unterbreitet. Aber auch dann, wenn sich das V. an eine → Legislative richtet (sog. indirekte Initiative), muß diese innerhalb einer gesetzten Frist im Sinne des V. initiativ werden, andernfalls ein Referendum angesetzt wird. Initiative und Referendum sind v.a. in der Schweiz und in den USA Teil der Verfassungswirklichkeit.

Volksdemokratie

In der Terminologie des → Marxismus-Leninismus die Organisationsform für den → Staat in der Übergangsphase vom → Kapitalismus zum → Sozialismus. Es ist bzw. war ein Zwischenstadium für → Länder, in denen die kommunistischen → Parteien noch nicht im Besitz der Alleinherrschaft waren und die Entwicklung zum Endzustand des → Kommunismus noch nicht so weit fortgeschritten war wie in der ehem. UdSSR. In der V. existieren noch verschiedene → Klassen, deren fortschrittliche Parteien jedoch ein Bündnis unter Führung der KP eingegangen sind (s.a.

→ sozialistische Demokratie). Diese → Blockparteien kandidieren jedoch auf einer Einheitsliste (→ Einparteiensystem) ohne Auswahlmöglichkeit und Parteienkonkurrenz; der → Parlamentarismus dient lediglich der → Legitimation nach innen und außen, real handelt es sich um die → Herrschaft einer Partei. Unter Führung der KP - als → Avantgarde der → Arbeiterklasse - arbeiten alle gesellschaftlichen Kräfte am Aufbau des Sozialismus. In der V. geschieht dies in einem langfristig angelegten Prozeß, zwecks Vermeidung gesellschaftlicher Friktionen und ökonomischer Probleme; der → Klassenkampf wird in diesem Entwicklungsstadium nicht mehr mit revolutionären Mitteln geführt. Gebräuchlich wurde die Bez. V. für die meisten der nach dem 2. Weltkrieg kommunistisch geführten Staaten Osteuropas.

Volksentscheid
⇒ *Plebiszit*
⇒ Referendum
⇒ Volksabstimmung

Volksfront
1. *kommunistische Bündnispolitik*: 1935 von der → Kommunistischen Internationale (Komintern) geschaffene Bez. für die propagierte Zusammenarbeit von Kommunisten mit (vorher als „Sozialfaschisten" diffamierten) Sozialdemokraten und anderen bürgerlichen Kräften in Form eines Aktions-, Wahl- und Regierungsbündnisses. Mit der V.-Losung zog die Komintern die Konsequenz aus dem Scheitern ihrer → Politik gegenüber → Faschismus und → Nationalsozialismus. In der V. sollten alle antifaschistischen Kräfte auf parlamentarisch-demokratischer Grundlage zusammenarbeiten. Kern der V. blieb jedoch die Aktionseinheit der → Arbeiterklasse, langfristig unter Führung der KP mit dem Ziel der kommunistischen Machtergreifung, was die V. in den Augen der umworbenen Bündnispartner von vornherein als taktisches Instrument des → Stalinismus entwertete. V.bündnisse entstanden während der Zwischenkriegszeit in Frankreich (unter der → Regierung Léon Blum 1936/37, 1938) und in Spanien (1936-39), sowie in neuerer Zeit v.a. in Chile (unter Allende 1970-73).

Teile der V.strategie fanden sich nach 1945 in den → Volksdemokratien, in denen neben der KP noch bürgerliche → Parteien existierten, aber als → Blockparteien unter Führung der KP in einer Art V. (z.B. die → Nationale Front der DDR) zusammengefaßt waren.

2. → *Nationalitäten in der UdSSR*: → Unabhängigkeitsbewegungen der einzelnen Nationalitäten in der UdSSR z.Z. von Gorbatschows → Perestrojka. Die unter Lenin und Stalin in die UdSSR (z.T. schon im zaristischen Rußland) einverleibten Nationalitäten bzw. Sowjetrepubliken besannen sich zunehmend auf ihre historischen Unabhängigkeitsbestrebungen. Die V. der einzelnen Nationalitäten/ Sowjetrepubliken waren Dachorganisationen aller Parteien und Gruppierungen, die sich von der UdSSR loslösten (insbes. die baltischen Sowjetrepubliken) oder zumindest mehr → Autonomie und → Demokratisierung anstrebten. Nach der Unabhängigkeit der vormaligen Unionsrepubliken (Ende 1991) existierten V. in einigen Staaten vorübergehend weiter, konnten teilweise die Regierungsmacht erringen.

Volksgemeinschaft
Apellativer Leitbegriff aus dem Sprachgebrauch des → Nationalsozialismus, konzipiert als Gegenidee zur freien und offenen pluralistischen → Gesellschaft. V. stand semantisch gleichermaßen für pseudosolidarischen Zusammenschluß nach innen auf der Basis (scheinbarer) sozialer Egalität, wie für die kollektive Selbstidentifikation mit „völkischer Art" der für höherwertig erklärten germanischen bzw. arischen Rasse. Politisch fand die V.-Ideologie ihre Entsprechung im totalitären → Führerstaat.

Volkskammer
Bez. für das → Parlament der DDR. Formell das oberste verfassungsrechtliche Organ, hatte es bis zum Umbruch Ende 1989 in der Realität geringe Bedeutung: Nicht nur die führende Rolle der → SED (→ demokratischer Zentralismus) in → Staat und → Gesellschaft beschnitt seine Möglichkeiten, es wurde auch durch die starke Stellung des → Ministerrats und v.a. des → Staatsrats in seinem Wirken sehr

eingeengt. Die → Legislaturperiode dauerte zunächst 4, dann 5 Jahre. Gewählt wurde nach der → Einheitsliste der → Nationalen Front, in der alle → Parteien und → Massenorganisationen unter Führung der SED zusammengeschlossen waren. Eine echte Auswahl zwischen Alternativen gab es ebensowenig wie eine geheime → Wahl. Die 66 (Ost-)Berliner → Abgeordneten (von zuletzt 500) wurden bis 1976 - aufgrund des → Viermächtestatus von Berlin - von der Stadtverordnetenversammlung von (Ost-)Berlin nominiert. Die Mitglieder der V. waren keine Berufsparlamentarier, da die V. selten im → Plenum zusammentrat. Daher wurden laufende - auch wichtige - Aufgaben an Ministerrat und Staatsrat delegiert; formell waren die → Ausschüsse wesentlich am Entscheidungsprozeß beteiligt. Alle Parteien und Massenorganisationen bildeten eigene → Fraktionen. Obwohl die SED-Fraktion formell nur 127 Mitglieder umfaßte, gehörte der überwiegende Teil der Vertreter der Massenorganisationen ebenfalls der SED an - ihre dominierende Position war damit gesichert. Aufgabe der V. war weniger die Ausarbeitung von → Gesetzen bzw. sachlichen und personellen Alternativen als vielmehr die Korrektur von Vorlagen in Plenum und Ausschüssen. Ferner wählte sie: Staatsrat, Ministerrat, Vorsitzenden des → Nationalen Verteidigungsrates, oberstes Gericht, Generalstaatsanwalt.

In den ersten freien Wahlen zur V. (18.3.1990) errang die SED-Nachfolgerin → PDS nur noch 16,32 % der Stimmen (66 von 400 → Mandaten). Die von der V. gewählte → Regierung unter Lothar de Maizière (→ CDU) bestand aus → „Allianz für Deutschland" (CDU, → DSU, → Demokratischer Aufbruch), den Parteien des Wahlbündnisses → „Bund Freier Demokraten" (→ LDP, → FDP, Deutsche Forum Partei), → SPD der DDR. Ihr vordringlichstes Ziel war die Schaffung der Bedingungen für eine → Wiedervereinigung durch Beitritt der DDR zur Bundesrepublik nach Art. 23 GG. Im August 1990 zerbrach die → Koalition, die Parteien der „Allianz für Deutschland" bildeten allein die Regierung. Mit der deutschen Wiedervereinigung (3.10.1990) löste sich die V. auf, der → Bundestag wurde um

144 Abgeordnete aus der ehem. DDR ergänzt (in Relation zu den Stimmenverhältnissen der Parteien in der V.).

Volksmudjaheddin
Bez. für islamisch-marxistisch orientierte Untergrundkämpfer gegen die islamisch-fundamentalistische → Herrschaft im Iran. Dort die wichtigste Oppositionsgruppe. Im iranisch-irakischen Krieg (1980-88) gingen sie ein Bündnis mit dem Irak ein.

Volkspartei
→ Partei, die alle Bevölkerungskreise vertritt bzw. anspricht. Dies bezieht sich sowohl auf die Programmatik als auch auf die soziodemographische Zusammensetzung von Mitgliedern und Wählern dieser Partei. Sie kontrastiert damit typologisch zur → Interessenpartei bzw. → Klassenpartei (vgl. → Parteientypologie). V. versuchen gesellschaftliche → Interessen unterschiedlicher Art in sich aufzunehmen und auf dem Weg der innerparteilichen Konsens- und Kompromißfindung in Parteipolitik umzusetzen. Einst von vielen Parteien in Parteinamen oder Parteisatzung als positiv besetztes Signet beansprucht, gingen die V. als Realtypus der Parteienlandschaft erst nach dem 2. Weltkrieg in die Realität westlicher Industrieländer ein. Wenngleich die bestehenden V. noch immer programmatisch oder soziodemographisch gewisse traditionelle Profilschwerpunkte aufweisen (somit von einer → Plattformpartei weit entfernt), so läßt sich dennoch eine beachtliche Verbreiterung ihres Wähler- und Mitgliederspektrums feststellen (im Zeitvergleich und im Vergleich zu anderen Parteien). Die Ausbreitung der V. ging mit Wandlungen in der → Sozialstruktur (und damit in den politischen → Einstellungen) westlicher Industrieländer einher. Um mehrheitsfähig zu werden, müssen die Parteien über ihr Stamm-Milieu hinausgreifen - damit werden sie zu V. Zu einem guten Stück ist der Begriff V. jedoch noch immer parteipolitischer Anspruch.

Volksrepublik
Offizielle Bez. für die staatliche → Herrschaftsform der → Volksdemokratie, vor der Umgestaltung in Osteuropa (→ Pe-

restrojka) das dominierende Formprinzip der kommunistisch regierten → Staaten. Außerdem Eigenbez. mehrerer sozialistischer Staaten in der → Dritten Welt.

Volkssouveränität

1. „V." gilt seit den großen Menschenrechtserklärungen des 18. Jh. als grundlegendes Prinzip demokratischer → Legitimation. „Alle Macht kommt dem Volke zu und wird demgemäß von ihm hergeleitet" heißt es in der → Bill of Rights des Staates Virginia (1776), ähnlich in der französischen Menschenrechtserklärung (1789/91). Die Grundaussage, daß alle Staatsgewalt vom → Volke ausgeht, findet sich sinngemäß in fast allen demokratischen → Verfassungen (Art. 20 II GG) und auch solchen, die diesen Geltungsanspruch kontrafaktisch erheben (z.B. → „Volksdemokratien").

An germanische und spätrömische Rechtstraditionen anknüpfende Vorstellungen einer ursprünglichen Herrschaftsgewalt des Volkes und seiner Herrschaftsteilhabe waren auch im Mittelalter lebendig. Doch meinte „Volk" eine vorgegebene, hierarchisch gegliederte Gesamtheit. Das neuzeitliche Verständnis von V. wurde von der Leveller-Bewegung der puritanischen → Revolution in England und seit dem 17. Jh. auch im Verfassungsdenken der englischen Kolonien Nordamerikas entwickelt und fand seine gültige Formulierung in den Menschen- und Bürgerrechtserklärungen des 18. Jh. Es gründet auf dem vom rationalistischen Naturrechtsdenken entwickelten Prämisse der ursprünglichen → Freiheit und Gleichheit aller Menschen. Konstitutionsbedingung legitimer politischer → Herrschaft ist der Zusammenschluß autonomer Individuen in einem ursprünglichen → Gesellschaftsvertrag mit dem Ziel, die im → Naturzustand jedem Menschen zukommende, aber stets auch gefährdete Sicherheit und Freiheit zu bewahren.

Das Ziel aller politischen Vereinigung, die Wahrung der → Menschenrechte (Freiheit, Sicherheit, → Eigentum bzw. das „Streben nach Glück") kann am sichersten dadurch gewährleistet werden, daß alle → Gewalt vom Volke ausgeht - nicht nur (so die

französische Menschenrechtserklärung) in einem ursprünglichen Vertrag, sondern auf Dauer: Alle → Bürger nehmen gleichberechtigt, sei es persönlich oder durch ihre Repräsentanten, an der → Gesetzgebung teil und sind grundsätzlich zu allen öffentlichen → Ämtern zugelassen.

2. Ideen- und verfassungsgeschichtlich höchst einflußreich war J. J. Rousseaus grundlegende Konzeption der V. (Contrat social, 1762). Er versteht den Gesellschaftsvertrag als Zusammenschluß freier Menschen in einem Vertrag eines jeden mit jedem anderen, durch den der auf das → Gemeinwohl gerichtete allgemeine Wille (→ volonté générale) zur Geltung kommt. Hatten die absolutistischen Legitimitätsdoktrinen alle Herrschaftsgewalt des souveränen Staates dem (über den → Gesetzen stehenden) Fürsten zugesprochen, soll die Souveränität nun allein beim Volk liegen. Rousseau überführt die natürliche → Autonomie konsequent in den politischen Zustand und versteht Freiheit als gleiche Teilnahme aller an der Praxis der Selbstgesetzgebung. Die grundlegende idealstaatliche Intention Rousseaus nimmt I. Kant mit der Formulierung auf, gesetzgebend könne nur der „übereinstimmende, vereinigte Wille aller" sein, „sofern ein jeder über alle und alle über einen jeden dasselbe beschließen" (Rechtslehre, § 46). Der Idee nach bringt die Ausübung der V. die Menschenrechte zur Geltung. Über die legitimationstheoretische Grundlegung der politischen → Gemeinschaft in einem als ursprünglich gedachten Gesellschaftsvertrag hinaus wird im normativen Sinne die Zustimmung aller zur Voraussetzung legitimer Gesetzgebung gemacht. Plakativ wird diese Intention mit der Formulierung „Identität von Herrschenden und Beherrschten" gefaßt.

3. Demgegenüber war und ist die Realität durch eine Vielfalt von Meinungen und → Interessen geprägt. In aller Regel kann weder von einem (vollständigen) → Konsens ausgegangen werden, noch kann sich der Gesetzgeber auf allgemeine und dauerhafte Gesetze beschränken. In der Praxis geht auch Rousseau davon aus, daß Gesetze mit einer (möglichst breiten) Mehrheit

der Bürger in der Volksversammlung entschieden werden; dabei unterstellt er, daß diese ihre partikularen Interessen aufgeben und den (vorgegebenen) Gemeinwillen zur Geltung bringen, ohne dies durch Aussagen über den Willensbildungsprozeß zu begründen. Die in der → Minderheit gebliebene Meinung, so die anti-liberale, folgenschwer rezipierte Unterstellung, ist nicht nur unterlegen, sondern unwahr und gemeinwohlschädlich.

Demgegenüber hielten es Vertreter eines vordemokratischen → Liberalismus für geboten, um der natürlichen Freiheiten der einzelnen und der Sicherung rationaler Entscheidungen willen der Volksherrschaft Grenzen zu setzen (vgl. A. de Tocqueville). Liberale Vertreter des demokratischen Verfassungsstaates hielten grundsätzlich am Ziel der Selbstgesetzgebung fest, die als gemeinwohlgemäß und freiheitssichernd freilich nur unter Bedingungen diskursiver → Öffentlichkeit gelten kann (J. St. Mill, J. Fröbel). Nur wenn Gesetze unter Bedingungen eines wahrheits- und gemeinwohlorientierten Diskussionsprozesses entwickelt werden, kann die Anerkennung eines Mehrheitsbeschlusses durch die unterlegene Minderheit erwartet werden. Die Mehrheitsmeinung hat auch dann nur die „Vermutung der Wahrheit" für sich. Den unterlegenen Minderheitsmeinungen bleibt das → Recht, sich bei Anerkennung gültiger Regelungen weiter um Mehrheiten zu bemühen.

4. Der Volkswille äußert sich v. a. in der verfassunggebenden Gewalt, der Wahl der Volksvertretung und in direktdemokratischen Sachentscheidungen. Ausgehend von der Legitimationsidee eines ursprünglichen Gesellschaftsvertrages wurde seit dem 18. Jh. durch Kreation geschriebener → Verfassungen in zahlreichen Ländern die Staatsorganisation neu gegründet. Dem Grundsatz der V. gemäß liegt die verfassunggebende Gewalt ausschließlich beim Volk. Der fundamentalen Bedeutung der Verfassunggebung (so schon Sieyès, 1789) soll dadurch Rechnung getragen werden, daß eine demokratisch gewählte verfassunggebende Versammlung (→ pouvoir constituant) mit dem besonderen Auftrag bestellt wird, einen Verfassungstext auszuarbeiten und - auch diese Erwartung hat sich zunehmend durchgesetzt - ihn dem Volk zur Entscheidung vorzulegen. Unter Bedingungen einer pluralistischen → Gesellschaft kann allerdings keine inhaltliche Übereinstimmung aller erwartet werden, wohl aber ein breiter Konsens zumindest über → Grundrechte und demokratische Verfahrensgrundsätze.

In den meisten demokratischen Verfassungsstaaten sind Verfassungsänderungen an qualifizierte Mehrheiten gebunden. Unveränderlichkeitsklauseln (z.B. Art. 79 III 3 GG) in demokratischen Verfassungen dürften nur insoweit mit dem Grundsatz der V. vereinbar sein, als sie die Menschenrechte in ihrer Substanz bzw. demokratische → Grundwerte als Bedingungen der Möglichkeit freiheitlicher → Demokratie für unverzichtbar erklären, nicht aber bestimmte Organisationsformen festschreiben.

5. Nach Rousseau kann die Souveränität des Volkes nicht vertreten werden. Das Volk gibt sich in der Volksversammlung die allgemeinen Gesetze selbst; die → Regierung ist als strikt ausführendes Organ gedacht. Dauerhaft realisiert wurde diese am Modell der griechischen → Polis orientierte Form unmittelbarer Demokratie nur selten. Historisch durchgesetzt haben sich demokratische Repräsentativsysteme, in denen die Gesetzgebung (primär) bei → Parlamenten liegt, deren Mitglieder rechtlich an Aufträge und Weisungen nicht gebunden und nur ihrem Gewissen unterworfen sind (vgl. Art. 38 GG). Unter Bedingungen parteienstaatlicher, pluralistischer Demokratie sind sie nicht nur ihren Wählern, sondern besonders auch ihrer → Partei bzw. → Fraktion gegenüber verpflichtet und agieren in einem komplexen gesellschaftlichen Beziehungsgefüge. Nach der historisch höchst einflußreichen französischen Verfassung von 1791 kommt (so E. Sieyès im Unterschied zu Rousseau) in den mit Mehrheit gefaßten Gesetzgebungsakten der Repräsentativversammlung der gemeinsame Wille zum Ausdruck. Die rechtliche Sicherung des

→ freien Mandats soll den Durchgriff partikularer Gruppen-Interessen bzw. Parteiungen verhindern und die Bindung der → Abgeordneten an die Repräsentierten begünstigen.

Die Einführung des allgemeinen, gleichen und geheimen → Wahlrechts als Minimalbedingung der Demokratie lag in der Konsequenz des Anspruchs der V., konnte aber nur schrittweise und weithin erst im 20. Jahrhundert durchgesetzt werden. Umstritten ist, ob unter heutigen Bedingungen allgemeine Richtungsentscheidungen und die Bestellung von Parteieliten in periodischen Wahlen ausreichen, um demokratische → Legitimation zu gewährleisten. Einerseits ist das Konzept des weisungsgebundenen Delegierten angesichts vielfältiger und detaillierter Gestaltungs- und Kontrollaufgaben der Abgeordneten und Regierungsmitglieder unangemessen; konzeptionelles Arbeiten würde weiter erschwert, weitere Steuerungs- und Kontrollverluste wären wohl die Folge. Andererseits genügen die allgemeine Richtungsentscheidung und periodische Bestellung von parteigebundenen → Eliten, die „für das Volk" handeln (J. A. Schumpeter), nicht. Bedingung demokratischer Legitimation ist der laufende kommunikative Austausch zwischen Regierenden und Regierten (→ Responsivität). Im Lichte demokratie- und parteienstaatlicher Prinzipien (Art. 20, 21 GG) kommt dem freien Mandat (Art. 38 GG) nicht zuletzt die Funktion zu, innerparteilich und öffentlich Argumentations- und Innovationsspielräume zu bewahren.

6. Hat sich das Repräsentativsystem auch weitgehend durchgesetzt, sind doch in zahlreichen Demokratien zusätzliche Verfahren *direktdemokratischer Sachentscheidung* vorgesehen. Von der Schweiz abgesehen, kommt ihnen in der Verfassungspraxis eine ergänzende und präventive Funktion zu . Verstärkte Bestrebungen in jüngster Zeit, die Volksgesetzgebung auf allen Ebenen staatlichen Lebens einzuführen bzw. auszubauen, sind die Konsequenz verstärkter Partizipationsinteressen, die in der Bürgerinitiativbewegung ihren Ausdruck findet. Gegenüber

Befürchtungen einer manipulativen Nutzung (die dann allerdings grundsätzlich auch für Wahlen gelten müßten), spielen in der Diskussion verfahrensmäßige Begünstigungen eines der eigentlichen Abstimmung vorausgehenden, informierten Meinungs- und Willensbildungsprozesses eine zunehmend wichtige Rolle (u.a. → Volksbegehren als Voraussetzung des → Volksentscheids).

7. Einerseits erfordern Komplexität und Vielfalt der Staatstätigkeit in einer modernen pluralistischen Gesellschaft konzeptionelle wie spezialisierte Problembearbeitung und Steuerungsleistungen. Da die Übereinstimmung aller Bürger in laufenden Willensbildungs- und Entscheidungsprozessen praktisch nicht vorausgesetzt werden kann, gelten Vorkehrungen gegen Machtmißbrauch auch im demokratischen Verfassungsstaat als unverzichtbar (→ Gewaltenteilung, → Mehrheitsprinzip und Minderheitenschutz, → Rechtsstaatlichkeit, Sicherung von Grundrechten). Demzufolge scheint es konsequent, den Anspruch der V. auch legitimationstheoretisch aufzugeben: Der demokratische Verfassungsstaat erscheint als Kompetenzsystem, das dem Souveränitätsprinzip Genüge tut, aber keinen Souverän kennt (P. Kielmansegg) oder in dem die (nur im ursprünglichen Akt der Verfassunggebung zur Geltung kommende) V. „ruht" (so M. Kriele, der die ideelle Konstruktion des Urvertrages und den realen Akt der Verfassunggebung offenbar in eins setzt). Andererseits kann der im V.-prinzip enthaltene (distributiv umformulierte) Anspruch der gleichberechtigten Teilnahme aller Bürger an diskursiver politischer Willensbildung und Entscheidungsfindung als Legitimationsbedingung der Demokratie (i.S. von Volksherrschaft) nicht aufgegeben werden. Dies umso weniger, als die Beteiligungsansprüche der Bürger gewachsen sind und auch unkonventionell und spektakulär zur Geltung gebracht werden (→ Neue soziale Bewegungen, demokratische → Revolution 1989/90 in Osteuropa und der DDR).

Entgegen den Idealvorstellungen → identitärer Demokratie ist eine informierte

Beteiligung allerdings nur in Teilbereichen des politischen Lebens möglich. Zudem wird in Wahlen wie in → Abstimmungen mit Mehrheit entschieden und
damit (legitime) Herrschaft ausgeübt. Inwieweit Wahlen und Abstimmungen der
Bürger und die Entscheidungen der gewählten Verfassungsorgane den Volkswillen zum Ausdruck bringen, hängt von
der Breite und Intensität diskursiver Bürgerbeteiligung an vorgängigen Meinungs-
und Willensbildungsprozessen intermediärer Gruppierungen und Organisationen
und der wechselseitigen kommunikativen
Vermittlung zwischen diesen Gruppierungen und entscheidungsbefugten → Institutionen ab. Für J. Habermas ist V. daher
nur noch als Verfahren vorstellbar. Anders
als bei Rousseau sei die Selbstgesetzgebung „über viele Stufen des prozedurali-
sierten Meinungs- und Willensbildungsprozesses auseinandergezogen". Ob dis-
kurs- oder pluralismustheoretisch begründet, kann sich das → „Gemeinwohl" nur a
posteriori herstellen (E. Fraenkel), als
(vorläufiges) Ergebnis komplexer Willensbildungsprozesse.

Lit.: Fraenkel, E.: Deutschland und die
westlichen Demokratien, 7. A., Stuttgart
usw. 1979, Kurz, H. (Hg.): Volkssouveränität und Staatssouveränität. Darmstadt
1970; *Kielmansegg, P. Graf:* Volkssouveränität, Stuttgart 1977; *Reibstein, E.:*
Volkssouveränität und Freiheitsrechte, 2
Bde., Freiburg 1972; *Schwartländer, J.*
(Hg.): Menschenrechte und Demokratie,
Kehl 1981; *Kriele, M.:* Einführung in die
Staatslehre, 2. A., Opladen 1981; *Habermas, J.:* Volkssouveränität als Verfahren,
in: Merkur 2/1989, S. 465ff.; *Höffe, O.:*
Politische Gerechtigkeit, Frankfurt 1987.

Prof. Dr. Wolfgang Ismayr, Dresden

Volkstribun
Im antiken Rom wahrten 10 mit → Vetorecht ausgestattete V. die → Interessen der
→ Plebejer gegenüber dem vom → Patriziat
dominierten → Senat; seit Kaiser Augustus
waren sie Teil der kaiserlichen Amtsgewalt.
Im heutigen Sprachgebrauch werden als V.
Personen bezeichnet, die - revolutionär,
zumindest aber demagogisch - für politi-

sche und soziale Ziele unterprivilegierter
Bevölkerungsschichten eintreten und sich
so zum „Volksführer" hochstilisieren.

Volksvertretung
⇒ *Legislative*

Volkswillen
Empirischer (d.h. in → Wahlen quantitativ
meßbarer) bzw. hypothetischer (durch
Mehrheitsentscheid qualifizierbarer) Ausdruck der → Volkssouveränität, die das
Recht eines jeden (Staats-)→ Volkes, über
seine öffentlichen Angelegenheiten selbst
zu bestimmen, normiert (s.a. → Demokratie, → Demokratietheorie). In modernen
demokratischen Flächenstaaten wird der V.
vorrangig durch das Prinzip der → Repräsentation verwirklicht, wobei direktdemokratische Elemente (→ direkte Demokratie)
als komplementäre Verfassungsbestimmungen in unterschiedlicher Ausformung
hinzutreten.

Vollbeschäftigung
Bez. für die Beschäftigungssituation auf
dem Arbeitsmarkt, in der - abgesehen von
einem geringfügigen Anteil nicht vermittel-
barer Arbeitsloser - alle Arbeitswilligen in
Beschäftigung stehen bzw. ohne länger anhaltende Wartezeiten eine andere (vergleichbare) Arbeitsstelle finden. In der wirtschaftspolitischen Praxis wird auch bei einer Arbeitslosenquote von 3 % noch von V.
gesprochen, wobei dieser Wert zwischen
den einzelnen → Staaten je nach ihrem -
erfahrungsbedingten - Erwartungshorizont
variiert. In der Bundesrepublik wurde V. als
eines der 4 wirtschaftspolitischen Ziele des
sog. → Magischen Vierecks im → Stabilitätsgesetz verankert.

vollziehende Gewalt
Ausübung jenes Teils staatlicher → Gewalt,
die in der Vollziehung von → Gesetzen besteht, durch Organe der → Exekutive (von
lat. executio = Ausführung). Beide Begriffe
werden deshalb oft synonym verwandt. Der
Begriff der v. läßt jedoch die politische Ge-
staltungs- und Lenkungsfunktion der
→ Regierung als Haupt der Exekutive unscharf erscheinen; auch reicht der Erlaß von
→ Rechtsverordnungen durch die Exekutive

über eine lediglich „vollziehende" Organtätigkeit hinaus, da er Ausfluß einer rechtsetzenden Befugnis ist. Institutionell gehören zur v. neben den Regierungen in → Bund und → Ländern die → Ministerialbürokratie beider Ebenen nebst nachgeordneten → Behörden.

Vollzugsverwaltung
Mit dem Vollzug der → Gesetze bzw. der Umsetzung von Programmen (s. → Implementationsforschung) beauftragte Verwaltungsorgane. In den Verwaltungsorganisationen der Bundesrepublik obliegt diese Aufgabe überwiegend → Behörden der mittleren und unteren Ebenen; → Bundes- und Landesministerien sowie nachgeordnete Behörden des → Bundes haben nur geringe Anteile. Diese Art der Verwaltungstätigkeit wird auch als Implementation bezeichnet. Programmimplementation stellt den Kern der Behördentätigkeit unterhalb der politischen → Verwaltung (→ Ministerialbürokratie) dar. Die Handlungsspielräume der V. richten sich primär nach der Art des zu vollziehenden Programmes und seiner Spezifikationen.

volonté générale/ volonté de tous
Auf Jean-Jacques Rousseau zurückgehende theoretische Distinktion des → Volkswillens.

v.g. ist für Rousseau der „wahre" Volkswille, der sich am → Gemeinwohl orientiert; statt egoistischer Privatinteressen dominiert eine gemeinwesenorientierte Staatsbürgergesinnung. Wo ein „wahrer", einheitlicher Volkswille existiert, gibt es für Minderheitenmeinungen und → Opposition keinen legitimen Platz.

v.d.t. ist der Wille aller, die Summe aller individuellen Verhaltensdispositionen bzw. egoistischen Sonderinteressen; er kann u.U. dem Gemeinwohl zuwiderhandeln, ist jedenfalls im Vergleich zum v.g. von minderer sittlicher Qualität.

Die für das Gemeinwesen legitim handelnde Instanz ist daher für Rousseau die v.g. In Rede und Gegenrede der versammelten → Bürger, die zu einstimmigen Beschlüssen kommen, wird der „wahre" Volkswille ermittelt; in diesem heben sich die Einzelinteressen gegenseitig auf, und es kommt der

allgemeine Wille zur Geltung. Individueller und allgemeiner Wille werden eins.

Vorlage
In bürokratischen Organisationen Bez. für einen entscheidungsvorbereitenden Entwurf zu einer Sach- oder Personalfrage, die einer (internen) Entscheidungsinstanz vorgelegt wird. Im parlamentarischen Sprachgebrauch wird V. bzw. → Gesetzesvorlage synonym für Gesetzentwurf verwandt.

Vormärz
Bez. für die soziale und politische Inkubationsphase der deutschen bürgerlichen → Revolution zwischen Ende des Befreiungskrieges (1815) und Ausbruch der Revolution im März 1848 (s.a. → Paulskirchenverfassung). Dazu zählen v.a. das Hambacher Fest von 1832 und das Erstarken liberaler und radikaler konstitutioneller Bewegungen gegen die noch immer fast absoluten Herrscher (→ Absolutismus) in den deutschen → Territorialstaaten.

Vorrang des Gesetzes
Aus dem Prinzip des → Rechtsstaats abgeleitete Vorgabe für staatliches Handeln: Nicht nur darf kein staatlicher Akt zur → Verfassung in Widerspruch stehen (Vorrang der Verfassung). Vielmehr sind alle im Rang unterhalb der → Gesetze stehenden staatlichen Akte (z.B. → Verwaltungsakte) an die staatlichen Akte in Form von Gesetzen gebunden, den Gesetzen also nachgeordnet (vgl. Art. 20 III GG) und dürfen deshalb nicht gegen sie verstoßen.

Vorwahlen
Engl.: primaries; in den USA gebräuchliches → System der (innerparteilichen) Kandidatennominierung für öffentliche Wahlämter. Dies gilt v.a. für die beiden großen → Parteien, die → Demokraten und die → Republikaner; lediglich bei der Nominierung der Präsidentschaftskandidaten (sowie bei der → Wahl der Parteifunktionäre) finden V. nur in über der Hälfte der → Bundesstaaten statt, die anderen wenden das System der Parteiversammlung (→ caucus) an. V. gibt es in vielerlei Variationen in den Einzelstaaten; generell gilt, daß an V. und Parteiversammlungen alle als Anhänger der

jeweiligen Partei registrierten Wähler teilnehmen können (eine mit einem amtlichen Melderegister verbundene Wählerregistrierung oder formelle Parteimitgliedschaften gibt es in den USA nicht). V. sind Ausdruck der sehr stark partizipatorischen Ausrichtung des amerikanischen → politischen und sozialen Systems, sie sollen den Wäh-

lern Einflußmöglichkeiten auf allen Stufen des Wahlprozesses geben und den Einfluß des Parteiapparates (party machine = → Parteimaschine) mindern. Die Beteiligung an V. liegt deutlich unter der in den allgemeinen Wahlen, ist aber um ein Mehrfaches höher als die Teilnahme an Parteiversammlungen.

W

Wahlberechtigung

Zu den Regelungen des → Wahlrechts gehören Bestimmungen über die Teilnahmeberechtigung an einer → Wahl. Die W. beschränkt sich i.d.R. auf → Bürger (im rechtlichen Sinne) der politischen → Gebietskörperschaft, zu dem das zu wählende Repräsentativorgan gehört. Außerdem sind an die W. Bedingungen hinsichtlich Mindestalter (heute meist 18 Jahre) und Wohndauer geknüpft. Weitere Einschränkungen kennt das demokratische Wahlrecht nicht. Früher übliche Restriktionen eines Zensus- bzw. Klassenwahlrechts (männlich, Grundbesitz, Steueraufkommen etc.) hatten die W. oft auf nur wenige Prozent der Bevölkerung reduziert.

Wahlbeteiligung

W. ist abhängig von → Wahlberechtigung (Wahlalter, Wohndauer) und von soziodemographischen Faktoren; Ältere wählen häufiger als Jüngere, Personen mit höherem Sozialstatus und politischem → Interesse häufiger als Personen mit niedrigerem. Soziodemographische Unterschiede bleiben in gewissem Umfang auch dann bestehen, wenn weitere Einflußfaktoren beachtet werden, insbes.: Polarisierung im Wahlkampf (bzw. zwischen den → Parteien), vorhersehbar knapper Wahlausgang, → Wahlsystem (geringe Anreize zur W. in → Hochburgen einer → Partei bei → Mehrheitswahl), → politische Kultur eines → Landes („Wählen als Bürgerpflicht"), Häufigkeit von → Wahlen/ → Abstimmungen, Bedeutung des jeweiligen Wahlamtes, Schwierigkeit der Stimmabgabe (Krankheit, Entfernung, vorherige Registrierung, → Briefwahl, Öffnungszeiten etc.).

Wahlen

→ Wahlen und Wahlsysteme

Wahlenthaltung

→ Nichtwähler; s.a. → Wahlbeteiligung

Wahlen und Wahlsysteme

Wahlen (W.) stellen die allgemeinste und einfachste Form politischer Beteiligung (→ Partizipation) des → Bürgers dar. Das allgemeine → Wahlrecht, die gleiche, direkte und geheime Stimmabgabe, der offene Wettbewerb der → Parteien um die politische → Macht bei W. gehören wie die Rede-, → Versammlungs-, → Vereinigungs-, → Meinungs- und → Pressefreiheit zu den Grundvoraussetzungen der modernen → Demokratie: Demokratie ist ohne W. nicht denkbar; W. gibt es indessen durchaus ohne Demokratie; sie sind eine ubiquitäre politische Erscheinung, deren reale Bedeutung sich stark voneinander unterscheiden kann.

1. Wahlbegriff: In ihrem allgemeinsten Verständnis ist die W. ein Mittel zur Bildung von → Körperschaften (Repräsentativorgane, → Parlamente) oder zur Bestellung einer Person in ein → Amt. In ihrer technischen Funktion unterscheidet sie sich von gewaltsamen (Kampf, Krieg, Putsch, → Revolution) oder anderen auf Vereinbarung beruhenden Bestellungstechniken (kraft Geburt/ Erbfolge, Amt/ ex-officio, Ernennung) zunächst durch die nur den W. spezifischen Verfahren: (a) klare Abgrenzung der zur Entscheidung Berechtigten (Wahlberechtigte, Wahlkörper); (b) individuelle Stimmabgabe; (c) formalisierte Stimmgebungsverfahren; (d) vorher festgelegte Entscheidungsmaßstäbe, Auszählungs- und Verrechnungsverfahren (Wahlsystem = WS), (e) formalisierte Kontrollverfahren bezüglich des gesamten Wahlprozesses, von der Aufstellung der Wählerverzeichnisse bis zur Auszählungskontrolle (Wahlprüfung).

Inhaltlich-qualitativ meint W. (entsprechend dem Wortsinn) auswählen, sich entscheiden (können) zwischen mehreren, mindestens aber zwei klar voneinander unterschiedenen Angeboten (Parteien-, Programm-, Kandidaten-Alternativen). Die Bedeutung von W. hängt folglich maßgeblich von den Wettbewerbsbedingungen ab, unter denen die W. stattfinden: Zu unterscheiden ist zwischen (a) kompetitiven W. in pluralistischen Verfassungssystemen (z.B. in liberalen Demokratien), (b) nicht-kompetitiven W. in monistischen → Systemen, im → Totalitarismus (z.B. in den vormaligen Systemen des (real- existierenden) → Sozialismus, etwa auch in der früheren DDR, in faschistischen → Diktaturen), (c) semi-kompetitiven W. in → autoritären Systemen (z.B. in einer Vielzahl der → Länder der → Dritten Welt).

Wesentliche Kriterien kompetitiver W. in der Demokratie sind: (1) die Fundamentaldemokratisierung (s. unter 4.); (2) der Wahlvorschlag, der die Freiheit im Angebot und in der Wahlbewerbung garantiert, die Freiheit der Auswahl durch die Wählerschaft aber nicht erübrigt; (3) der Wettbewerb von Kandidaten bzw. Parteien, mit dem die Konkurrenz alternativer ideologischer Positionen und Programme verbunden ist; (4) die Chancengleichheit bei Kandidatur und Wahlkampf; (5) die Wahlfreiheit, die dem Wähler → Öffentlichkeit und Informationszugang während des Wahlkampfes und die ungehinderte und geheime Stimmabgabe am Wahltag garantiert; (6) ein WS (s. unter 5.), das keine politisch anstößigen oder demokratiegefährdenden Wahlergebnisse hervorbringen darf; (7) die Periodizität von W., so daß die Auswahl-Entscheidungen nur auf Zeit getroffen werden und bei künftigen W. zur Disposition stehen (vgl. Nohlen 1999). Je nachdem, welcher der drei Typen den W. zugrundeliegt, unterscheiden sich Bedeutung und Funktionsgehalt nachhaltig.

2. *Funktion von W.:* In liberal-pluralistischen Demokratien ist deren Bedeutung hoch: W. legitimieren das → politische System, haben eine Partizipations- und Kontrollfunktion; sie gestatten die periodische Auswahl- (bzw. Ab-)W. der Re-

gierenden durch die Regierten; sie dienen der Artikulation, → Repräsentation und → Integration von → Interessen in → Parlament und → Regierung. Demgegenüber ist bei nicht-kompetitiven W. die Wahlfreiheit aufgehoben, steht die politische → Macht nicht zur Disposition, fehlt es an alternativen Programmangeboten, erfolgt die Legitimierung der → Herrschaft und der Regierenden gerade nicht durch den Wahlakt. Derartige W. haben damit eine grundsätzlich andere Bedeutung; sie dienen der Akklamation, der Identifikation, der Mobilisierung, etc. Für semi-kompetitive W. im → Autoritarismus sind die folgenden Funktionen hervorgehoben worden: Versuch der Legitimierung der bestehenden Machtverhältnisse; politische Entspannung nach innen und Reputationsgewinn nach außen; Sichtbarmachung und Teilintegration von → Opposition; systemstabilisierende Anpassung der autoritären Machtstruktur (vgl. Nohlen 1999). Allerdings handelt es sich bei den Definitionskriterien kompetitiver W. um Elemente einer normativen Demokratiekonzeption, der die Realität so nicht entspricht; die Wahlfunktionen unterliegen dem sozio-politischen Wandel und können in ihr Gegenteil verkehrt werden; W. stehen damit auch in der liberalen Demokratie im Spannungsfeld zwischen Herrschaftsbegründung (→ Legitimation durch Verfahren) und Herrschaftssicherung (Beschaffung von → Massenloyalität), zwischen materiell-substantiellen und → input-orientierten Wahlfunktionen (etwa W. als Übertragung von Vertrauen und Handlungsvollmacht, Konkurrenz von Personen und alternativen Politikprogrammen, → Repräsentation von Meinungen und Interessen) und symbolischen und → output-orientierten Wahlfunktionen (W. etwa als Blankovollmacht für konsensunabhängiges Entscheiden, Verschleierung von Konflikten, ritualisierter, inhaltlich entleerter Wettbewerb zwischen Elitenkartellen). Welche Funktionen kompetitive W. konkret haben, welche Bedeutung ihnen tatsächlich zukommt, hängt damit nicht nur von Wahlbegriff und Wettbewerbsbedingungen, sondern zugleich maßgeblich vom jeweiligen gesellschaftsgeschichtlichen Kontext ab, insbesondere von den folgen-

den Variablen: (a) Gesellschafts-, Sozial-
struktur; (b) Struktur der Öffentlichkeit,
Informations- und Medienlandschaft; (c)
Struktur des politischen Systems mit
→ Regierungssystem, WS, → politischer
Kultur, Parteienlandschaft.

3. W. und politischer Wandel: Legt man die
unter 2. genannten Variablen zugrunde,
fanden in der Vergangenheit W. in der alten Bundesrepublik statt (a) in einer organisiert kapitalistischen und trotz aller sozialen Gegensätze vergleichsweise homogenen Gesellschaft (ohne relevante ethnische, sozio-kulturelle Konflikte); (b) in einer national vermittelten Öffentlichkeit, die
primär durch die elektronischen Medien
definiert ist; (c) das rein repräsentative,
→ parlamentarische Regierungssystem war
(bzw. ist) bestimmt von der starken Rolle
des → Kanzlers (→ Kanzlerdemokratie),
vom Volksparteiensystem mit einer vertikal wie horizontal konzentrierten zweipoli-
gen bzw. Zwei-Blöcke-Struktur, von einer
eher konsensorientierten, durch Aushandeln und Koalitionsbildung gekennzeichneten politischen Kultur sowie durch einen
Grundkonsens, der sich an → Grundgesetz,
Westintegration, wohlfahrtsstaatlicher
→ Politik orientierte. Unter derartigen
Kontextbedingungen hatten W. die folgenden Funktionen: (1) Legitimierung des politischen Systems und der Regierung; (2)
Garantie des politischen → Pluralismus; (3)
Repräsentation und Integration von Meinungen und Interessen, wobei das Spektrum erfolgreicher Interessenrepräsentation
i.d.R. und zu Zeiten „normaler Politik"
durch den vorherrschenden politischen
Grundkonsens begrenzt wurde; (4) Rekrutierung und Bestätigung der (partei-)
politischen → Eliten wie des Regierungspersonals; (5) Einsetzung einer kontrollfä-
higen Opposition; (6) Übertragung von
Vertrauen und Handlungsvollmacht an
diejenigen Partei(en)eliten, von denen die
Wähler die kompetenteren Lösungsversu-
che und Politikprogramme erwarten; (7)
Verschiebung der Machtanteile der politischen Parteien bis hin zum politischen
Machtwechsel, der sich in der alten BRD
durch die W. selbst allerdings nur bei
Landtagswahl und auch nur höchst selten
herstellte, so daß W. in der Vergangenheit

eher machtbestätigend und machtbegren-
zend wirkten und nur in wenigen Fällen
größere Machtverschiebungen auslösten.
(8) Ausgelöst durch den gesamtgesellschaftlichen Wandel, die Pluralisierung und
Individualisierung der Lebensstile sind an
die Stelle einst vergleichsweise klar kontu-
rierter Konflikte komplexere, sich frag-
mentierende und überlagernde Konfliktmu-
ster getreten. Mit der Vereinigung sind die
sozialen und kulturellen Widersprüche
zwischen Ost und West hinzu gekommen.
Beides führte zur Ausdifferenzierung des
Parteiengefüges. (9) Insgesamt steigt dadurch einerseits die Bedeutung aktueller
Politik für Wahlprozeß und Wählerent-
scheidung, bedeuten gelockerte Bindungen
zwischen Parteien und Wählern neue Un-
übersichtlichkeiten, erhöht sich die Chance
des politischen Wechsels durch die W.
selbst, wie nicht zuletzt die Bundestagswahl vom Herbst 1998 gezeigt hat. (10)
Andererseits droht als Folge der zunehmenden Personalisierung und Ritualisie-
rung des Wahlprozesses die „politische
Unterforderung" des → Bürgers, der infolgedessen zur Wertberücksichtigung und
Interessendurchsetzung zusehends (auch)
andere, direkt-demokratische Formen der
Partizipation praktiziert (vgl. Hirschman
1984).

4. Wahlrecht (WR): Der Begriff der Fundamentaldemokratisierung erstreckt sich
auf aktives wie passives WR und erfaßt
insbesondere die vier WR.grundsätze des
engeren WR:

(a) allgemein: Alle → Staatsbürger eines
bestimmten Alters besitzen das Stimmrecht
und sind wählbar. Beschränkungen aufgrund von Geschlecht, Rasse, Sprache,
Konfession, Besitz oder Einkommen,
→ Klasse, → Stand oder Bildung, sind
unzulässig; (b) gleich: Jeder Wahlberechtigte besitzt das gleiche Stimmgewicht
(„one man - one vote") bzw. der Zählwert
der Stimmen jedes Wählers muß gleich
sein. Unvereinbar damit sind alle Formen
von Klassen- und Pluralwahlrechten; (c)
direkt: Die Wähler bestimmen mit ihrer
Stimmabgabe die Mandatsträger unmittelbar selbst, im Gegensatz zu indirek-
ten/mittelbaren W., wo Wahlmänner-

Gremien zwischengeschaltet sind; (d) geheim: Es muß garantiert sein, daß die Entscheidung des Wählers bei der Stimmabgabe von anderen nicht erkennbar ist.

Die → Demokratisierung des WR erfolgte in einem höchst komplexen, weder geradlinigen noch monokausalen historischen Prozeß. Sie erstreckte sich über rund 100 Jahre, hängt wesentlich mit dem Prozeß der → Industriellen Revolution und der damit verbundenen Entstehung der → Arbeiterbewegung zusammen und mußte in den meisten Ländern gegen den Widerstand der Kräfte des sozio-politischen Status-quo erkämpft werden. Gab es vor 1848 (ausgenommen Teile der USA) noch in keinem Land allgemeines Wahlrecht, galt nach dem I. Weltkrieg zumeist allgemeines (Männer-, vielfach auch Frauen-)Wahlrecht, nach dem II. Weltkrieg (abgesehen von wenigen Ausnahmen, wie z.B. der Schweiz bis 1975) überall allgemeines (Männer- und Frauen-)Wahlrecht. In der deutschen WR.geschichte bestanden seit der Reichsgründung 1871 nebeneinander allgemeines und gleiches (Männer-)WR (W. zum → Reichstag), allgemeines und ungleiches (u.a. in der besonders anstößigen Form des preußischen → Dreiklassenwahlrechts),beschränktes und gleiches (W. zu → Landtagen der Gliedstaaten). Endgültig demokratisiert wurde das WR in Deutschland auf allen politischen Ebenen durch die → Revolution von 1918. Die wesentliche politische Konsequenz der Fundamentaldemokratisierung des WR bestand in Aufstieg und Anerkennung der → Arbeiterparteien. Zusammen mit der Parlamentarisierung politischer Herrschaft führte dies zur Verlagerung der gesellschaftlichen Konflikte in das politische System und bewirkte deren Entschärfung qua Integration („Zähmung des → Klassenkampfes" und Umwandlung der Herrschaftsfrage in Verteilungskonflikte). Seither stehen andere WR.fragen im Mittelpunkt des Interesses, u.a.: (a) die (Wähler-) Registrierung, durch deren Gestaltung man das formal zugestandene WR faktisch wieder beseitigen kann (wie z.B. der manipulatorische Ausschluß der Schwarzen vom WR in Teilen der USA bis in die 60er Jahre); (b) die Erleichterung der Beteiligung

an der Wahl, z.B. durch die Einführung der → Briefwahl, wobei allerdings deren Ausnahmecharakter gewahrt bleiben muß; (c) die Senkung des Wahlalters; (d) die Einbeziehung der Wahlbewerbung/ Kandidatenaufstellung in die Wahlgesetzgebung, deren rechtsförmige Ausgestaltung, deren Demokratisierung bis hin zur Kandidatennominierung durch wahlgesetzlich geregelte Prozesse der → Vorwahl (primary); (e) die Garantie der Chancengleichheit (der Parteien) bei der Kandidatur, des Medienzugangs und der Mediennutzung für Wahlwerbung, der (staatlichen) → Parteifinanzierung bei W., etc.

5. Wahlsystem: WS bestimmen die Art und Weise, wie die Wähler ihre Partei-/ Kandidatenpräferenz in Wählerstimmen ausdrücken können und wie diese in Parlamentsmandate übertragen werden (vgl. Nohlen 1999, passim). Aus der (Mikro-) Sicht des Wählers nehmen WS damit Einfluß auf die Auswahlmöglichkeiten und die Stimmabgabe und sie haben Auswirkungen auf das → Wählerverhalten, insofern sie den Wähler vor eine spezifische Entscheidungssituation stellen. Aus der (Makro-) Sicht des politischen Systems beeinflussen WS die Wettbewerbsbedingungen und Mandatserfolge der Parteien, da sie Auswirkungen auf die Relation von Stimmen und Mandaten haben. WS.fragen sind also Machtfragen. Hieraus folgt, daß die konkreten WS in den westlichen Demokratien i.d.R. das Ergebnis von Kompromissen der wichtigsten sozio-politischen Kräfte sind und häufig Verfassungsrang haben. Dies erklärt aber auch die große Vielfalt von empirisch vorfindbaren WS; drei Bereichen von Gestaltungselementen kommt dabei besondere Bedeutung zu:

(1) Wahlbewerbung und Stimmgebung: Zu unterscheiden ist zunächst zwischen Einzelkandidatur und Liste. Allerdings kann die Listenform auch so gestaltet werden, daß der Wähler über ein hohes Maß an Auswahlmöglichkeiten unter den Kandidaten verfügt: Können bei starrer Liste die Bewerber einer Partei nur en bloc gewählt werden, erlaubt die lose gebundene Liste die Auswahl innerhalb einer Parteiliste (u.a. durch Präferenzstimmgebung, Rei-

hung oder → Kumulieren), die freie Liste die Auswahl innerhalb wie zwischen Parteilisten (durch → Panaschieren). I.d.R. besitzt der Wähler nur eine Stimme; Alternativen zur Einzelstimmgebung sind: Mehrstimmgebung: jeder Wähler hat mehrere oder so viele Stimmen wie → Abgeordnete im → Wahlkreis zu wählen sind; Alternativstimmgebung: der Wähler kann Zweit-, Dritt- Viertpräferenzen angeben; Kumulieren: der Wähler kann einem Bewerber mehrere Stimmen geben; Panaschieren: der Wähler kann seine Stimmen auf die Bewerber verschiedener Listen verteilen. Die Vielfalt der Gestaltungsmöglichkeiten wird empirisch durchaus praktiziert, z.B. das Kumulieren, Panaschieren bei Kommunalwahlen u.a. in Bayern, Baden-Württemberg und weiteren Bundesländern, die Alternativstimmgebung in Australien, die Übertragbare Einzelstimmgebung in Irland, Australien, das Zweistimmensystem bei Bundestagswahlen (s.u.); sie zeigt, wie oberflächlich, ja falsch Auffassungen sind, die → relative Mehrheitswahl und Einzelkandidatur als Personenwahl ansehen und die Verhältniswahl und Listenwahl mit Parteiwahlen gleichsetzen.

(2) Wahlkreis: Das Wahlgebiet ist in verschiedene territoriale Einheiten unterteilt; im Stimm- (Wahl-)bezirk erfolgen Stimmabgabe und Stimmenauszählung, im Wahlkreis Kandidatennominierung und Mandatsvergabe. Der Wahlkreis ist also das Gebiet, in dem Sieger und Verlierer ermittelt werden, da dort die Umsetzung der Stimmen in Mandate erfolgt. Die Wahlkreiseinteilung ist damit von eminenter politischer Bedeutung für die Chancen der Parteien, und zwar unter zwei Aspekten: (a) Der Grundsatz gleicher Repräsentation erfordert, daß die Zahl der Wahlberechtigten in den Wahlkreisen nur in engen Toleranzgrenzen (etwa bis zu 1/4 vom Durchschnitt) voneinander abweichen, da ansonsten die Zählwertgleichheit der Stimmen nicht mehr garantiert ist. Er erfordert zudem, daß die manipulatorische Bevorzugung von Kandidaten/Parteien durch das gezielte Zurechtschneidern von Wahlkreisgrenzen (→ gerrymandering) unterbleibt, ferner, daß in festgelegten Intervallen die Anpassung der Wahlkreiseinteilung an die

demographische Veränderung im Wahlgebiet erfolgt. (b) Von der Wahlkreisgröße, d.h. von der Zahl der Mandate, die im Wahlkreis vergeben werden, hängt der Proporzeffekt des WS ab. Im Einerwahlkreis wird nach → Majorz entschieden; im Mehrmannwahlkreis kann nach → Proporz entschieden werden; dabei gilt: Je größer der Wahlkreis, desto größer der Proporzeffekt und desto größer die Chancen kleiner Parteien auf Mandatsgewinne. In kleinen Wahlkreisen (2-5 Mandate) ist folglich die faktische Sperrklausel hoch, der Proporzeffekt gering, in mittleren (6-10) sind → Sperrklausel und Proporz mittelstark, in großen Wahlkreisen (über 10) ist die Hürde gering, der Proporzeffekt hoch. Durch die Veränderung der Wahlkreisgrößen kann man damit die Wirkung des WS in ihr Gegenteil verkehren. Wahl in Dreierwahlkreisen etwa ist Mehrheitswahl.

(3) Stimmenverrechnung: Die Übertragung der Stimmen in Mandate bedarf bestimmter Verrechnungsregeln, zweitwichtigstem Gestaltungselement eines WS nach der Wahlkreiseinteilung, nämlich der Festlegung (a) eines Entscheidungsmaßstabes, (b) eines Verrechnungsverfahrens, (c) der Verrechnungsebene(n). (a) Der Entscheidungsmaßstab legt fest, ob nach Majorz (nach relativer Mehrheit, → absoluter Mehrheit mit → Stichwahl) oder ob nach Proporz (nach dem Verhältnis der abgegebenen Stimmen) entschieden werden soll. (b) Ein besonderes Verrechnungsverfahren ist erforderlich, sofern die Mandate nach Proporz verteilt werden, wobei die Vielzahl der mathematischen Verfahren auf zwei Grundtypen zurückgeführt werden können, auf die → Höchstzahl- oder die Wahlzahlverfahren. Beim Höchstzahlverfahren werden die Stimmenzahlen der Parteien durch eine Divisorenreihe dividiert und die Mandate entsprechend den Höchstzahlen, d.h. den höchsten Quotienten, die bei der Division entstehen, zugeteilt. Das bekannteste Höchstzahlverfahren ist die Methode d'Hondt, bei der durch die Divisorenreihe 1,2,3,4 etc. solange dividiert wird, bis sämtliche zur Vergabe stehenden Mandate an die Parteien verteilt sind. Bei den Wahlzahlverfahren wird zunächst durch die Division aller im Wahlkreis abgegebenen

gültigen Stimmen durch einen bestimmten Divisor (beim Verfahren Hare die Zahl der im Wahlkeis zu besetzenden Mandate) eine Wahlzahl (Wahlquote) ermittelt; die Parteien erhalten dann so viele Mandate, wie die Wahlzahl in ihrer jeweiligen Stimmenzahl enthalten ist. Im Gegensatz zu Höchstzahlverfahren bedarf es bei Wahlzahlverfahren der Überschuß- bzw. Reststimmenverwertung. Das → Hare/ Niemeyer-Verfahren der mathematischen Proportion gehört in die Gruppe der Wahlzahlverfahren: Die für die Parteien abgegebenen Stimmen werden mit der Zahl der zu vergebenden Mandate multipliziert und dann durch die Gesamtzahl der abgegebenen gültigen Stimmen dividiert. Die Parteien erhalten so viele Mandate, wie sich ganze Zahlen ergeben. Die Restmandate werden nach der Höhe der Brüche (und damit nach dem Prinzip des größen Überrestes) vergeben. Das Verfahren Hare/ Niemeyer ist für kleinere Parteien etwas günstiger als die Methode d'Hondt. (c) Verrechnungsebene ist zunächst der Wahlkreis, wobei das Wahlgebiet entweder einen nationalen Gesamtwahlkreis bildet, die Mandate also nur auf nationaler Ebene vergeben werden, oder in eine Mehrzahl von Wahlkreisen (gleicher oder auch unterschiedlicher Wahlkreisgröße) unterteilt ist. Zum Zwecke der Reststimmenverwertung, der Verstärkung des Proporzeffektes durch Ausgleichsmandate, können oberhalb der Wahlkreisebene als zusätzliche Verrechnungsebenen Wahlkreisverbände auf der Ebene der → Regionen/ Länder und/ oder des Gesamtstaates/ → Bundes hinzukommen.

(4) In der → Weimarer Republik galt „reine Verhältniswahl". Nach der automatischen Methode erhielt jede Partei in den 35 Großwahlkreisen für 60.000 Stimmen ein Mandat. Die Reststimmen wurden im zweiten und dritten Zuteilungsverfahren auf Wahlkreisverbands- und auf Reichsebene verrechnet. Wiederum entfiel auf 60.000 Stimmen sowie auf einen Rest von mehr als 30.000 Stimmen ein Mandat. Die Mitgliederzahl des → Reichstages war folglich variabel und schwankte entsprechend den Unterschieden bei Wahlberechtigung und Wahlbeteiligung zwischen 459 (1920) und 647 (1933). Die automatische

Methode ist das Verrechnungsverfahren, das einerseits die weitestgehende Kongruenz von Stimmen- und Mandatsanteil ermöglicht, andererseits aber auch die Parteienzersplitterung am wenigsten hemmt, da jede Partei, selbst bei noch so geringer Anhängerschaft, mit Parlamentsmandaten rechnen kann, ohne daß dies eine zureichende Erklärung für die Ursachen möglicher Parteienzersplitterung ist.

(5) In der BRD wird der → Bundestag seit 1949 nach → "personalisierter Verhältniswahl" gewählt. Die Grundmandatszahl betrug bis 1990 518 Abgeordnete (496, plus 22 indirekt bestellte Berliner Abgeordnete, bis 1990 ohne volles Stimmrecht); sie stieg nach der Vereinigung auf 656 Abgeordnete (1990-2002), von denen 328 nach relativer Mehrheitswahl in Einerwahlkreisen, die andere Hälfte über → Landeslisten gewählt werden. Verbunden mit der Neueinteilung der Wahlkreise verringert sich die Grundmandatszahl ab 2002 auf 598 Abgeordnete und 299 Wahlkreise. Seit 1953 besitzt im sog. Zweistimmensystem jeder Wähler zwei Stimmen, die → Erststimme zur W. des Parteikandidaten im Wahlkreis, die → Zweitstimme zur W. einer starren Parteiliste auf Länderebene. Zur Berechnung der Mandatszahlen der Parteien wird jedoch allein der Stimmenanteil herangezogen, den die Parteien auf Bundesebene mit den Zweitstimmen erzielen. Die Zweitstimmen entscheiden darüber, wie viele Abgeordnete die Parteien in den Bundestag entsenden; das maßgebliche Element bleibt so der Proporz. Berücksichtigt bei der Mandatszuteilung werden (ausgenommen Parteien nationaler Minderheiten) nur die Parteien, welche die Sperrklausel von fünf Prozent der im Wahl-, d.h. Bundesgebiet abgegebenen gültigen Stimmen (Prozentklausel) oder von drei Wahlkreismandaten (→ Grundmandatsklausel) übersprungen haben. Die Mandatszuteilung erfolgt in doppelter Anwendung der Methode Hare/ Niemeyer (seit 1987, zuvor nach d'Hondt), wobei zunächst die Anzahl der jeder Partei im Wahlgebiet zustehenden Mandate ermittelt wird; sodann werden die von den Parteien auf Bundesebene erhaltenen Mandate auf deren Landeslisten verteilt. Von diesen werden die in den Wahlkreisen mit

der Erststimme gewonnenen Wahlkreis-(oder Direkt-)mandate abgezogen.Die übrigbleibenden Mandate erhalten die Kandidaten, die auf den starren Landeslisten der Parteien am besten plaziert sind und kein Wahlkreismandat gewonnen haben. Gewinnt eine Partei mehr Wahlkreismandate, als ihr nach dem Zweitstimmenanteil zustehen, so bleiben ihr diese → "Überhangmandate" erhalten; die Mitgliederzahl des Bundestages erhöht sich, ohne daß ein proportionaler Ausgleich zugunsten der anderen Parteien durchgeführt wird. Gab es in der alten Bundesrepublik stets nur wenige Überhangmandate, ist ihre Zahl bei den W. seit der Vereinigung als Folge unterschiedlicher Wahlkreisgrößen, variierender Wahlbeteiligung, zunehmenden Splittings und unterschiedlicher Parteiensystemkonstellationen in Ost- und Westdeutschland stark auf 1990: 6; 1994: 16; 1998: 13 gestiegen, Zahlen, die 1994 und 1998 durchaus Gewicht für die Koalitionsbildung im Bundestag erlangten.

(6) Klassifikation und Bewertung der WS erfolgten in der Vergangenheit zumeist allein anhand des angewandten Entscheidungsmaßstabes. In Anbetracht der Vielfalt der Kombinationsmöglichkeiten wahlsystematischer Gestaltungselemente und der herausgehobenen Bedeutung der Wahlkreisgröße, etc. scheint es indes sinnvoll, mit D. Nohlen (1999), die Klassifikation der WS anhand der ihnen zugrundeliegenden Repräsentationsprinzipien sowie anhand des Proporzeffektes, also der konkreten Auswirkungen auf die Relation von Stimmen und Mandaten, vorzunehmen. Dabei stehen sich zwei Repräsentationsvorstellungen antithetisch gegenüber: Die Repräsentationsvorstellung der Mehrheitswahl ist die der Mehrheitsbildung im Parlament, die wahlsystematisch durch die Förderung der Disproportion von Stimmen und Mandaten erreicht werden soll. Die Repräsentationsvorstellung der Verhältniswahl zielt demgegenüber auf die parlamentarische Vertretung der Parteien entsprechend ihrem Anteil an den Wählerstimmen, also auf eine möglichst getreue Abbildung der soziopolitischen Kräfte im Parlament. Welcher Entscheidungsmaßstab angewandt wird, ist dabei, wie das Beispiel der (Mehrheits-)W.

in kleinen Wahlkreisen zeigt, unwesentlich. Die Bewertung richtet sich vielmehr danach, inwieweit das WS der jeweiligen Zielvorstellung in der Realität entspricht. So ist eine gesetzliche Sperrklausel, die über ein gewisses enges Maß hinausgeht (die 5%-Klausel dürfte ein solcher Grenzwert sein), mit dem proportionalen Repräsentationsprinzip unvereinbar; im Rahmen der Mehrheitswahl sind faktische Hürden, etwa aufgrund kleiner Wahlkreisgrößen, hingegen gewollt, um zur Mehrheitsbildung zu führen.

Anhänger der funktionalen → Demokratietheorie propagieren deshalb die (relative) Mehrheitswahl (in Einerwahlkreisen), während die Verfechter partizipatorischer Demokratie die Verhältniswahl favorisieren. Allerdings ist in beiden Fällen vor apodiktischen Urteilen und Rechtfertigungen zu warnen, insbesondere vor solchen Aussagen, die ahistorisch von den jeweiligen gesellschaftlichen (sozialen, ethnischen, kulturellen) und politischen Kontextbedingungen absehen. Die relative Mehrheitswahl führt keineswegs notwendig zu Parteienkonzentration, → Zweiparteiensystem und Mehrheitsbildung durch die W. selbst; die Verhältniswahl verursacht nicht notwendig Desintegration, Parteienzersplitterung, politische Radikalisierung und Instabilität, wie dies in der Vergangenheit von den einseitig am britischen Parlamentarismus orientierten Verfechtern der Mehrheitswahl allzu kurzschlüssig argumentiert wurde. Empirische Gegenbelege liefern u.a. der kanadische Fall, wo es bei Unterhauswahlen trotz (oder gerade wegen) relativer Mehrheitswahl nicht zu Zweiparteiensystem und alternierender Regierungsweise kommt, und die Geschichte des deutschen Parlamentarismus. Der Untergang der Republik von Weimar ist nicht dem WS zuzuschreiben, denn die Ablehnung der → Republik und die heterogene Struktur des → Parteiensystems waren durch eine Reihe von sozio-politischen und politisch-kulturellen Faktoren vorgegeben. In der Bundesrepublik stellten sich Parteienkonzentration und Regierungsstabilität auch unter Verhältniswahl her, wobei wahlsystematisch allein von der Sperrklausel Konzentrationseffekte ausgingen. Generalisierenden Thesen oder gar der Behauptung sozialwissenschaftlicher Gesetzmäßigkeiten steht die hohe Bedeutung des jeweiligen sozio-politischen Kontextes für die Auswirkungen von WS entgegen, so daß nur höchst behutsame und historisch gesättigte Urteile zulässig sind, etwa folgende relationelle Aussagen: „Je mehr verfestigte gesellschaftliche Fragmentierung, desto wahrscheinlicher ist die Einführung eines Verhältniswahlsystems. Wenn allerdings gesellschaftliche Fragmentierung vorherrscht, dann führt auch die relative Mehrheitswahl in Einerwahlkreisen nicht zu einem Zweiparteiensystem. Je mehr gesellschaftliche Homogenität herrscht, desto eher wird für die relative Mehrheitswahl optiert, desto eher kommt aber auch bei Verhältniswahlsystemen ein Zweiparteiensystem oder ein zahlenmäßig begrenzter Parteienpluralismus zustande" (Nohlen/ Schultze 1992, S.1124).

Lit.: A.O. Hirschman: Engagement und Enttäuschung, Frankfurt/ M. 1984; *E. Jesse*: Wahlen. Bundesrepublik Deutschland im Vergleich, Berlin 1988; *A. Lijphart*: Electoral Systems and Party Systems, Oxford 1994; *D. Nohlen*: WR und Parteiensystem, 3.. Aufl., Opladen 1999; *D. Nohlen/ M. Kasapovic*: WS und Systemwechsel in Osteuropa, Opladen 1996; *D. Nohlen/ R.-O. Schultze*: Politikwissenschaft, 4. Aufl., München-Zürich 1992; *W. Schreiber*: Handbuch des WR zum Deutschen Bundestag, 6. Aufl., Köln u.a. 1998; *R.-O. Schultze*: W. und politischer Wandel, in: Politische Bildung 19. Jg. (1986), H. 2. *H.-G. Wehling (Red.)*: Wahlverhalten, Stuttgart 1991.

Prof. Dr. Rainer-Olaf Schultze, Augsburg

Wählerbewegung
Hier ist zwischen „beweglichem" Wahlverhalten auf Individual- und auf Aggregatebene zu unterscheiden: Die vergleichsweise geringe W. von einer → Wahl zur nächsten beim Gesamtergebnis (Aggregat- bzw. Makroebene) verdeckt, daß es bei den einzelnen Wählern (Individual- bzw. Mikroebene) zu größeren W. kommt. Unter W. fallen: a) → Wechselwähler; b) Veränderungen durch Wechsel zwischen Teilnahme

und Nicht-Teilnahme an der Wahl; c) Veränderungen im Elektorat durch Zugänge (Erreichung des wahlberechtigten Alters, Zuwanderung) und Abgänge (Tod, Abwanderung). Zur vollständigen Erfassung ist die Erforschung aller genannten Komponenten der W. notwendig. Die Darstellung von W. erfolgt meist durch eine → Wählerwanderungsbilanz.

Wählerfluktuation
→ Volatilität
→ Wechselwähler

Wählervereinigung
→ Freie Wählergemeinschaften/ FWG

Wählerverhalten
→ Wahlverhalten
→ Wahlforschung und Wählerverhalten

Wählerwanderungsbilanz
Gebräuchlichste Darstellung von → Wählerbewegungen von einer → Wahl zur nächsten. Hierbei wird sowohl der Wechsel zwischen den → Parteien (→ Wechselwähler) sowie zwischen Teilnahme und Nicht-Teilnahme an Wahlen erfaßt, als auch Zu- und Abgänge durch Generationenwechsel und durch regionale Mobilität. Die W. wird aus einer Kombination von Aggregatdaten (amtliche Wahlergebnisse) und Individualdaten (Umfragen) ermittelt. V.a. aufgrund der Probleme mit der Rückerinnerungsfrage (→ Recall) kann die W. allenfalls als eine Orientierungsgröße angesehen werden.

Wahlforschung und Wählerverhalten
Die beiden Hauptfragestellungen der Wahlforschung (WF) in der Bundesrepublik lauten: „Welche Personentypen wählen bevorzugt welche → Parteien, und aus welchem Grunde tun sie dies?" Von geringerem Interesse für die deutsche WF waren bisher die Ursachen der Teilnahme oder Nicht-Teilnahme an → Wahlen gewesen. Sie werden meist nicht gesondert, sondern innerhalb von Modellen untersucht, die sich an den beiden Hauptfragestellungen orientieren.

Um sich derartigen Fragestellungen zu nähern, stehen der empirischen WF zwei methodisch unterschiedliche Zugangsweisen zur Verfügung - die Aggregat- und die Individualdatenanalyse. Die Aggregatdatenanalyse erfolgt i.d.R. anhand amtlicher Statistiken, welche für → Kreise, → Gemeinden oder andere Gebietseinheiten einerseits den Anteil der Wähler für die größeren Parteien (nebst dem Nichtwähleranteil) ausweisen, und andererseits verschiedene Kennwerte dieser Gebietseinheiten wie z.B. den Katholikenanteil, den Arbeiteranteil oder die Wirtschaftskraft (Steueraufkommen) etc. Die zweite Zugangsweise besteht in der Analyse von Individualdaten, sprich: von Umfragedaten. Eine Zwischenstellung zwischen diesen Verfahren nimmt die Analyse von amtlichen Repräsentativstatistiken ein, für deren Erstellung in repräsentativ ausgewählten Gebieten zu einer Wahl nach den Merkmalen „Geschlecht" und „Altersgruppe" gekennzeichnete Stimmzettel ausgegeben und die Stimmenanteile der Parteien dann nach diesen Merkmalen, aufgebrochen in aggregierter Form, veröffentlicht werden.

Beide Verfahren haben Vor- und Nachteile: So können beispielsweise aktuelle Wahlprognosen natürlich nur anhand von Umfragematerial, also anhand von Individualdaten, erstellt werden, da amtliche Statistiken nur Auskunft über die Ergebnisse schon vergangener Wahlen liefern können. Andererseits stellen amtliche Statistiken für den empirisch arbeitenden historischen Wahlforscher häufig die einzige verfügbare Datenquelle dar. Individualdaten sind aus Kostengründen nicht für das Gesamtelektorat oder auch nur für die Wähler eines → Bundeslandes o.ä. zu erhalten, sondern immer nur für eine Stichprobe von diesen. Das heißt aber, daß bei der Generalisierung der dort gefundenen Anteilswerte und Zusammenhänge auf die Gesamtwählerschaft mehr oder weniger große Fehlertoleranzen mit einkalkuliert werden müssen. Anders bei der Analyse amtlicher Statistiken. Hier kann normalerweise die Gesamtheit aller Untersuchungseinheiten betrachtet werden, womit die gesamte Stichprobenproblematik ausgeklammert bleibt. Allerdings ist der Schluß von Zusammenhängen auf der Ag-

gregatebene hin zur Individualebene i.d.R. nicht zulässig. Es besteht die Gefahr des sog. → ökologischen Fehlschlusses, welcher auf der Tatsache beruht, daß die verschiedensten Zusammenhänge auf der Individualebene zu gleichen Zusammenhängen auf der (hier untersuchten) Aggregatebene führen können. Um ein drastisches Beispiel zu geben: Wenn etwa auf Gemeindeebene der Anteil der Grünen-Wähler deutlich mit dem Ausländeranteil zusammenhinge, könnte daraus natürlich nicht geschlossen werden, daß Ausländer bevorzugt die → Grünen wählen! Schließlich sei noch ein gravierender Unterschied erwähnt: Während bei der Analyse von amtlichen Statistiken tatsächlich die eigentlich interessierende abhängige Variable, nämlich das Wählerverhalten (WV), untersucht wird, muß bei Umfragedaten in aller Regel auf verwandte abhängige Variablen wie die „Wahlsonntagsfrage" (Wie würden Sie wählen, wenn nächsten Sonntag Bundestagswahlen wären?), auf eine für Erinnerungslücken anfällige Rückerinnerungsfrage (wie haben Sie bei dieser oder jener Wahl gewählt?), oder ähnliche Maße zurückgegriffen werden. Mit diesen werden allerdings verstärkt auch momentane politische Stimmungen gemessen, die sich nicht unbedingt mit dem WV decken. Soviel zu den verfügbaren Datenquellen und ihren Möglichkeiten und Grenzen.

Inhaltlich wird in den verschiedenen theoretischen Modellen des politischen Verhaltens, und damit auch des WV, immer wieder gefordert, bei entsprechenden Erklärungsmodellen bestimmte Gruppen von Einflußfaktoren mit einzubeziehen. In Anlehnung an B. Smith geht so J. W. Falter (1972) auch für den deutschsprachigen Bereich von vier Einflußkategorien auf das WV aus: erstens „entfernte soziale Antezedenzien" wie historische, politische und ökonomische Einflüsse; zweitens „die soziale Umgebung" des Wahlberechtigten als Kontext der Entwicklung seiner Persönlichkeit und der Aneignung von → Einstellungen, im Sinne von Lebenssituationen und Sozialisationserfahrungen, von Gruppenzugehörigkeiten und –mitgliedschaften, von relevanten Verhaltensnormen usw.; drittens „Persönlichkeitsprozesse und -dispositionen" wie etwa eine Kernpersönlichkeit, allgemeine Haltungen und → Einstellungen oder auch Charakteristika im Bereich der Wahrnehmung, schließlich viertens „die Situation" als unmittelbarer Einflußfaktor auf das Verhalten. All diese (auch untereinander verbundenen) Faktoren beeinflussen, so das allgemeine theoretische Modell, politisches Verhalten und damit auch das WV. In der empirischen WF gehen diese Faktoren mit durchaus unterschiedlichem Gewicht in verschiedene Erklärungsansätze ein.

In dem von der Forschergruppe um P. F. Lazarsfeld (et al., 1944) an der Columbia Universität in den 40er Jahren begründeten, eher soziologisch orientierten Ansatz wurden hauptsächlich Einflüsse wie der sozioökonomische Status des Wählers, seine Religionszugehörigkeit, sein Beruf oder der Urbanisierungsgrad seines Wohnorts als Determinanten des WV gesehen. Gehört eine Person zu unterschiedlichen Gruppen, welche das WV nicht alle gleichförmig in eine Richtung beeinflussen, treten „cross-pressures" auf. Der Anteil an → Wechselwählern ist in solchen Gruppen erhöht. Generell wird das WV in erster Linie als Gruppenprozeß aufgefaßt. Daneben wird es von „Meinungsführern" (opinion leaders) in der Umgebung des Wählers sowie von seinen politischen Einstellungen beeinflußt. Der Haupteinfluß auf das WV wird jedoch nach dem o.g. Modell im Bereich der „sozialen Umgebung" verortet. Mit dem genannten Ansatz können zwar Einflüsse auf das WV recht gut aufgezeigt werden, inhaltliche Erklärungen für die gefundenen Zusammenhänge werden jedoch kaum geliefert.

In den Alten → Bundesländern treten nach empirischen Untersuchungen Zusammenhänge zwischen einer Neigung zur → CDU/ → CSU und Katholiken (mit hoher Kirchenbindung), Landwirten, leitenden → Beamten und Angestellten, freiberuflich Tätigen und Selbständigen, älteren Wählern (über 60) und Bewohnern kleinerer → Gemeinden auf. Die → SPD wird dort bevorzugt gewählt von Arbeitern, Gewerkschaftsmitgliedern, Jungwählern und Protestanten (ohne Kirchenbindung).

Eine Zwischenstellung nimmt die → FDP ein. Ihre Anhänger finden sich vermehrt unter leitenden Angestellten und Beamten sowie unter Wählern ohne Kirchenbindung. Dagegen werden die Grünen besonders durch jüngere und formal höher gebildete Befragte gewählt. Die → Republikaner schließlich werden vermehrt von Männern und von formal niedriger gebildeten Personen gewählt, wobei letzterer Zusammenhang offensichtlich zumindest derzeit nur für die unter 50jährigen gilt. Sozialstrukturell sind sie ansonsten eine völlig unausgeprägte Partei. Jedoch scheinen gerade bei der Erklärung einer Neigung zur Wahl der Republikaner Persönlichkeitsmerkmale eine entscheidende Rolle zu spielen.

Der z.B. von F.U. Pappi (1985) vertretene → Cleavage-Ansatz, welcher auf einer eher makrosoziologischen Theorie von Lipset und Rokkan (1967) basiert, stützt sich ebenfalls auf die „soziale Umgebung" zur Erklärung des WV, bezieht allerdings verstärkt auch „entfernte soziale Antezedenzien" mit ein. Unter „Cleavages" oder soziopolitischen Spannungslinien sind längerfristige Bindungen zwischen gesellschaftlichen Gruppen und politischen Parteien zu verstehen, welche sich im Verlauf großer gesellschaftlicher → Konflikte herausgebildet haben und bis heute fortbestehen. Die beiden heute noch nachweisbaren Spannungslinien bestehen nach diesem Ansatz einerseits in einer Bindung zwischen der CDU/ CSU und der Gruppe der (überzeugten) Katholiken sowie in einer Bindung zwischen der SPD und (gewerkschaftlich orientierten) Arbeitern, welche sich im Verlauf der entsprechenden Auseinandersetzungen im 19. Jh. (Kulturkampf und → Arbeiterbewegung) entstanden. Empirische Forschungsergebnisse deuten heute darauf hin, daß beide Cleavages für den Wahlausgang wegen der Zunahme „bindungsloser" oder nur schwach gebundener Wähler mehr und mehr an Bedeutung verlieren, wobei allerdings innerhalb der kleiner werdenden Gruppe der überzeugten Katholiken sogar noch eine Zunahme der Bindung an die CDU/ CSU zu verzeichnen ist.

Die beiden o.g. Ansätze eignen sich in erster Linie dazu, zeitlich stabile Einflußfaktoren auf das WV herauszuarbeiten. Das Wählen aufgrund dritter Einflüsse entgegen einer eigentlich vorhandenen Parteipräferenz oder sogar der Wechsel von längerfristigen Parteipräferenzen lassen sich mit ihnen kaum in den Griff bekommen. Genau dies versucht der Parteiidentifikationsansatz der Michigan-Schule zu leisten. A. Campbell und seine Mitautoren (vergl. ders. u.a., 1960 und 1966) gehen von dem Erwerb einer eher affektiven Beziehung zu der einen oder anderen Partei aus, welche großenteils schon in jungen Jahren erworben wird. Für die Bundesrepublik ist ein Cleavage-Einfluß sowohl auf den Erwerb einer → Parteiidentifikation als auch auf deren Erhaltung und Verstärkung zu vermuten. Die Bindung an eine Partei, in Zusammenhang mit einem entsprechenden „Wahrnehmungsfilter", gestattet eine subjektive Reduktion der Komplexität politischer Vorgänge, wobei sich aufgrund der gefilterten Wahrnehmung die Bindung an die betreffende Partei normalerweise mit zunehmendem Alter tendenziell verstärkt. Weitere Einflüsse auf das WV stellen die Eigenschaften der jeweiligen Kandidatenpersönlichkeiten sowie die Haltung zu gerade aktuellen politischen Streitfragen dar. Diese hängen zwar i.d.R. weitgehend von der Parteiidentifikation ab, sie können jedoch auch so großes Eigengewicht entfalten, daß sie eine von der ansonsten weiterhin fortbestehenden Parteiidentifikation abweichende Wahlentscheidung verursachen. Die Veränderung einer Parteiidentifikation, also die Identifikation mit einer anderen Partei, stellt dieser Theorie zufolge einen seltenen Extremfall dar, welcher durch entsprechend gravierende politische Ereignisse ausgelöst werden kann.

Geht man von der Gültigkeit des Parteiidentifikationsansatzes aus, so können nun umgekehrt Wahlergebnisse daraufhin analysiert werden, ob sie von dem aufgrund der Parteiidentifikation zu erwartenden Ergebnis abweichen oder nicht, und wenn ja, welcher Einfluß dabei der Beurteilung von Kandidaten oder politischen Streitfragen zukommt. Probleme

treten bei diesem ansonsten sehr eleganten Ansatz dann auf, wenn neue Parteien sich etablieren. Der rasche Aufstieg der Grünen z.b. kann kaum auf bereits lange vorhandene Bindungen an diese Partei zurückgeführt werden. Andererseits sind die Wähler der Grünen sicher nicht nur von anderen Parteien „ausgeliehen", so daß als einzige Möglichkeit die Annahme eines Wechsels der Parteiidentifikation bei einem Großteil der derzeitigen Grünen-Wähler bleibt. Dies aber würde bedeuten, daß entweder Kandidaten oder die politischen Themen der Grünen einen ganz ungewöhnlich großen politischen Umschwung ausgelöst haben, was zumindest fraglich ist. Schwerwiegender noch ist ein Operationalisierungsproblem: Es deutet vieles darauf hin, daß mit der Parteiidentifikationsskala eigentlich nur politische Stimmungen gemessen werden. So berichtete zum Beispiel ein Großteil der Wähler der (deutschen) Republikaner schon ganz kurz nach dem Entstehen dieser Partei von einer „längerfristigen" Bindung an sie.

Ein weiterer Ansatz zur Erklärung des WV, welcher von A. Downs (1957) begründet wurde, thematisiert hauptsächlich rationale Entscheidungsmodelle, welche in den bisher genannten Ansätzen fast völlig ausgeklammert sind. Sowohl der Wähler als auch die Parteien handeln dabei nach Kosten-Nutzen-Überlegungen. Gewählt wird diejenige Partei, von deren Wahl man sich die größten Vorteile bei geringen Kosten verspricht. Für die Bundesrepublik läßt sich zeigen, daß die Einschätzung der Parteien hinsichtlich ihrer Problemlösungskompetenz für subjektiv als wichtig empfundene Fragen durchaus die Neigung zur Wahl der einen oder anderen Partei beeinflußt. Fraglich ist allerdings, ob hier nicht Rationalisierungen vorliegen, dergestalt, daß derjenigen Partei, die man aus anderen Gründen sowieso wählen würde, auch die größte Problemlösungskompetenz für wichtige Fragen zugeschrieben wird.

Hin und wieder wird auch R. Ingleharts Postmaterialismusansatz (vgl. ders., 1977) zur Erklärung des WV herangezogen, speziell wenn es um die Partei der Grünen geht. Tatsächlich werden auch regelmäßig Zusammenhänge zwischen Postmaterialismusskalen und der Wahl der Grünen berichtet. Fraglich ist allerdings nach wie vor, ob die Postmaterialismusskalen tatsächlich das angezielte Merkmal, nämlich die Abwendung von materiellen → Bedürfnissen, messen oder nur politische Einstellungen. Mit dieser Frage wiederum steht und fällt die Interpretation der betreffenden Ergebnisse. Im Postmaterialismusansatz würde argumentiert: Je stärker die Ausprägung des → Postmaterialismus, desto stärker die Neigung zu einer Partei, die entsprechende Haltungen vertritt und die generell gesellschaftlichen Wandel (weg vom → Materialismus) anstrebt. Persönlichkeitsmerkmale als Erklärungsfaktoren für individuelles Wählerverhalten wurden in keinem der bisherigen Ansätze schwerpunktmäßig thematisiert, obwohl sie in fast allen allgemeinen Modellen zur Erklärung politischen Verhaltens an zentraler Stelle einbezogen sind. Erste Forschungsergebnisse des Verfassers belegen solche Zusammenhänge für die CDU/CSU, die SPD, die Grünen und die Republikaner anhand mehrerer Untersuchungen. Ein weiteres Problem stellt die Tatsache dar, daß die für die Alten Bundesländer entwickelten Erklärungsansätze nicht ohne weiteres auf die Neuen Bundesländer übertragbar sind. Insgesamt ist festzuhalten, daß gegenwärtig verschiedene, empirisch meist gut untermauerte Ansätze zur Erklärung des WV vorliegen. Eine Verbindung dieser, mehr oder weniger isoliert stehenden Ansätze zu einem einheitlichen Gesamtmodell wurde bisher jedoch von der empirischen WF noch nicht erreicht.

Lit.: A. Campbell et al.: The American Voter, New York 1960; *A. Campbell et al.*: Elections and the Political Order, New York 1966; *A. Downs*: An Economic Theory of Democracy, New York 1957; *J. W. Falter*: Ein Modell zur Analyse individuellen politischen Verhaltens, in: Politische Vierteljahresschrift, 1972, S. 547-566; *R. Inglehart*: The Silent Revolution: Changing Values and Political Styles Among Western Democracies, Princeton, 1977; *P. F. Lazarsfeld et al.*: The People's

Choice, New York 1944; *S. M. Lipset/S. Rokkan*: Party Systems and Voter Alignments, New York 1967; *F.-U. Pappi*: Die konfessionell-religiöse Konfliktlinie in der deutschen Wählerschaft: Entstehung, Stabilität und Wandel, S. 263-290, in: D. Oberndörfer et al.: Wirtschaftlicher Wandel, religiöser Wandel und Wertewandel. Folgen für das politische Verhalten in der Bundesrepublik Deutschland, Berlin 1985.

Dr. Siegfried Schumann, Mainz

Wahlgeographie

1. *Entwicklung der → Wahlforschung*: I.e.S. ist W. die Bez. für die methodische Vorgehensweise der ersten Untersuchungen der Wahlforschung, wie sie von André Siegfrieds „géographie électorale" begründet wurde. Die W. war eine Kombination geographischer, historischer, wirtschafts- und sozialgeographischer sowie soziologischer Faktoren: Sie verglich die Stimmenanteile der → Parteien (bzw. Parteirichtungen) mit ausgewählten sozialen und geographischen Merkmalen aller → Wahlkreise bzw. Verwaltungseinheiten. Die Auswertung der (Aggregat-)Daten erfolgte durch Karten, Tabellen und Streuungsdiagramme; theoretische Fragestellungen und komplexe statistische Verfahren fehlten weitgehend, die Vorgehensweise war rein deskriptiv. Die W. brachte jedoch bereits wertvolle Hinweise auf einige Bestimmungsfaktoren des → Wahlverhaltens.

2. → *Wahlsoziologie*: Mit seiner Untersuchung des Wahlverhaltens in Schleswig-Holstein 1918-32 (erschienen 1963) begründete Rudolf Heberle, aufbauend auf A. Siegfrieds W., die Wahlökologie bzw. → politische Ökologie.

Wahlgesetz der DDR

Knapp 4 Wochen vor dem Wahltag (18.3.1990) verabschiedet, stellte das W. (für die Bundesrepublik s. → Bundeswahlgesetz) die Grundlage für die erste (und einzige) freie und geheime → Wahl zur → Volkskammer dar. Die 400 → Abgeordneten wurden für 4 Jahre durch → Verhältniswahl (nach → Hare-Niemeyer) gewählt; Listenvereinigungen waren zulässig (nur mit gemeinsamen Kandidaten) und wurden von 14 Organisationen in 5 Wahlbündnissen praktiziert; eine → Sperrklausel existierte nicht. Außer → Parteien durften auch sonstige politische → Vereinigungen (z.B. das → Neue Forum) - ohne Doppelmitgliedschaften der Kandidaten - an der Wahl teilnehmen. Faschistische, militaristische u.ä. Organisationen blieben ausgeschlossen. Die 15 → Bezirke der DDR bildeten jeweils einen → Wahlkreis; die einzelnen Wahlkreislisten oder Listenvereinigungen galten auf DDR-Ebene als verbunden. Die im Wahlkreis zu wählende Abgeordnetenzahl (zwischen 17 und 48) richtete sich nach der Einwohnerzahl des Bezirkes. Die Mandatszuteilung erfolgte auf der DDR-Ebene, danach wurden die zustehenden → Mandate auf die 15 Wahlkreise verteilt. Bei Fraktionswechsel eines Abgeordneten erlosch sein Mandat. Mit der deutschen → Wiedervereinigung (3.10.1990) wurden alle Gesetze der DDR hinfällig. Die ehem. DDR entsandte bis zur Bundestagswahl vom 2.12.1990 (im Verhältnis zur Parteistärke in der Volkskammer) 144 Abgeordnete in den → Bundestag.

Wahlkampfkostenerstattung

1966/67 - 1992/93 Eckstein der → Parteienfinanzierung.

Gemäß Urteil des → Bundesverfassungsgerichts von 1966 durften die → Parteien öffentliche Gelder nur zu Wahlkampfzwecken (ferner: Fraktionszuschüsse, Zuschüsse an parteinahe Stiftungen) erhalten, also bei Europa-, Bundestags-, Landtags- und Kommunalwahlen. Auf der Bundesebene waren dies zuletzt DM 5,- pro Wahlberechtigten, auf die Parteien verteilt gemäß ihrem Anteil am Wahlergebnis (sofern sie mindestens 0,5 % errungen haben, Einzelbewerber 10 % im → Wahlkreis).

Die seit 1994 geltende Neufassung des → Parteiengesetzes gewährt den Parteien bei Europa-, Bundes- und Landtagswahlen - sofern sie mindestens 0,5 % der Stimmen bei der Europa- oder Bundestagswahl oder 1 % bei einer Landtagswahl erhalten - jährlich für die ersten 5 Mio Wählerstimmen DM 1,30, für alle weiteren Stimmen je DM 1,- als staatlichen Zuschuß; neu hinzugekommen sind staatliche Zuschüsse zu

den eingenommenen Spenden und Mitgliedsbeiträgen. Bei der vormaligen W. ebenso wie bei der neuen Regelung dürfen diese staatlichen Finanzierungsmittel nicht mehr als 50 % der Gesamteinnahmen einer Partei ausmachen, um keine Abhängigkeit vom → Staat zu begründen.

Wahlkreis/ Wahlkreiseinteilung

Das Bundesgebiet (ohne West-Berlin) war bis Juni 1990 für die Bundestagswahlen in 248 Wahlkreise eingeteilt, in denen die → Wahlkreisabgeordneten mit der → Erststimme direkt gewählt werden. Mitte Juni 1990 wurden es unter Einbeziehung West-Berlins 259; seit der 1. gesamtdeutschen Wahl (2.12.1990) sind es 328 Wahlkreise im vereinigten Deutschland (ab 2002: 299). Die Wahlkreise werden auf die → Bundesländer gemäß deren Anteil an der Gesamtbevölkerung verteilt. → Landkreise und → Städte sollen möglichst nicht auf mehrere Wahlkreise aufgeteilt werden (außer, ihre Bevölkerungszahl ist für einen einzigen Wahlkreis zu groß); Abweichungen in der Wahlkreisgröße bis zu einem Drittel vom Durchschnittswert sind zulässig, denn die → personalisierte Verhältniswahl der Bundesrepublik weist den → Parteien ihre Mandatsgesamtzahl gemäß ihren Anteilen an den → Zweitstimmen (→ Landeslisten) zu. Die Anpassung der Wahlkreiseinteilungen an Bevölkerungsverschiebungen ist Aufgabe der → Ständigen Wahlkreiskommission des → Bundestages.

In Verhältniswahlsystemen ohne → Direktmandate können größere Einheiten (Regionen, Gesamtstaat) den Wahlkreis darstellen; Wahlsysteme mit Direktwahl (→ Mehrheitswahl) hingegen wählen nur einen Kandidaten pro Wahlkreis (bekannteste Ausnahme: Japans Mehrpersonen-Wahlkreise, 1947-1993/94)). Eine manipulierte Wahlkreisgeometrie - die Festlegung von Wahlkreisgrenzen nach der geographischen Streuung der Wählerschaft mit dem Ziel, eine Partei zu bevorzugen und eine andere Partei zu benachteiligen (→ gerrymandering) - führt nur bei der Mehrheitswahl zu Verzerrungen in der politischen → Repräsentation; bei → Verhältniswahlen kann es allenfalls zu Benachteiligungen kleiner

Parteien durch die Wahlkreiseinteilung kommen.

Wahlkreisabgeordnete

Mit → relativer Mehrheit (→ relative Mehrheitswahl) der gültigen → Erststimmen in den (bei Bundestagswahlen) 328 (bis Juni 1990: 248; ab 2002: 299) → Wahlkreisen gewählte Direktkandidaten (→ Direktmandat), nach dem → System der → personalisierten Verhältniswahl in der Bundesrepublik. Während → Landeslisten (für die → Zweitstimmen) nur von → Parteien eingereicht werden können, sind Kandidaturen im Wahlkreis nicht auf die offiziellen Kandidaten der Parteien beschränkt; jeder kann kandidieren, der das passive → Wahlrecht besitzt und eine bestimmte Zahl von Unterschriften für seinen Wahlvorschlag nachweist. Die Parteien nominieren ihre Kandidaten auf Mitglieder- oder Delegiertenversammlungen in den Wahlkreisen/ Großstädten. W. behalten ihr → Mandat unabhängig vom Gesamtergebnis ihrer Partei (s.a. → Überhangmandate). Die Parteien sichern in den Regel auf ihren Listen nur Personen ab, die gleichzeitig im Wahlkreis kandidieren. Die → Institution des W. auch in Systemen mit → Verhältniswahl soll den Kontakt zwischen → Bürgern und Politikern verbessern.

Wahlmännerausschuß

Die 16 Richter des → Bundesverfassungsgerichts werden auf die Dauer von 8 Jahren je zur Hälfte vom → Bundestag und vom → Bundesrat - jeweils mit 2/3-Mehrheit - gewählt. Während der Bundesrat in seiner Gesamtheit abstimmt, werden die vom Bundestag zu berufenden Richter durch einen W. gewählt. Der W. besteht aus 12 Bundestagsabgeordneten, die vom Bundestag nach den Regeln der → Verhältniswahl (d.h., in Relation zur Stärke der einzelnen → Fraktionen) gewählt werden. Er ist kein ständiger → Ausschuß. Seine Mitglieder sind nicht an Weisungen gebunden.

Wahlmännersystem

In W. werden Mandatsträger nicht direkt durch die Wähler bestellt, sondern über Mittelsmänner (indirekte → Wahl). Die

Wähler stimmen lediglich über Wahlmänner bzw. Listen von Wahlmännern ab; es sind dann die Wahlmänner, die stellvertretend für die Wähler einen oder mehrere Mandatsträger wählen. In → Demokratien finden sich kaum noch W. In den USA werden jedoch noch heute → Präsident und Vizepräsident durch ein Wahlmännergremium (Electoral College) gewählt. Von einer indirekten Wahl kann man in den USA allerdings nur noch sehr beschränkt sprechen, da die Kandidaten zum Electoral College von vornherein auf bestimmte Präsidentschaftskandidaten festgelegt sind.

Wahlperiode

⇒ Legislaturperiode

Wahlrecht

Gesamtheit aller rechtlich fixierten Regelungen, die sich auf die → Wahl von Repräsentativorganen beziehen. Die Bestimmungen des W. können folgendermaßen unterteilt werden:

1. *objektives W.*: a) Die Wahlrechtsgrundsätze bestimmen, ob die Wahl allgemein oder beschränkt, gleich oder ungleich, mittelbar oder unmittelbar, offen oder geheim sein soll. Den demokratischen Prinzipien (→ Demokratie) entspricht die allgemeine, gleiche, geheime und periodisch wiederkehrende Wahl. b) Das → Wahlsystem regelt das Verfahren der Umsetzung von Wählerstimmen in → Mandate in den Repräsentativkörperschaften. Die beiden Grundtypen sind → Mehrheitswahl und → Verhältniswahl.

2. *subjektives W.*: a) Das aktive W. legt die Bedingungen der → Wahlberechtigung - der Stimmabgabe bei Wahlen - fest. b) Das passive W. regelt die Voraussetzungen zur Wählbarkeit - das Recht, gewählt zu werden - für Kandidaten zu Wahlämtern.

Wahlsoziologie

Untersucht als Zweig der → Politischen Soziologie die Bestimmungsfaktoren für das Wahlverhalten von Individuen oder Gruppen (vgl. ausführlich → Wahlforschung und Wählerverhalten). Als Datenbasis können Aggregatdaten (amtliche Wahlergebnisse), Individualdaten (Umfragen) oder aggregierte Individualdaten zugrundegelegt werden. Die W. will Wahlergebnisse beschreiben und analysieren sowie voraussagen. Das sozioökonomische Umfeld der → Wahlen ist ebenso Teil der W. wie die soziodemographische Verankerung der Wähler und deren individuelle → Einstellungen/ Sachpräferenzen (issues). Diese Zusammenhänge können mit Aggregatdaten nur partiell aufgezeigt werden. Individualdaten sind am besten geeignet zur Analyse und Prognose des Wahlverhaltens durch Rückführung auf die individuellen Entscheidungsgründe; dies schließt die Frage ein, ob langfristig wirkende soziodemographische Faktoren/ Milieueinbindung (soziologischer Erklärungsansatz) oder kurzfristig wirkende individuelle Einstellungen/ Sachpräferenzen (sozialpsychologischer Erklärungsansatz) das individuelle Wahlverhalten stärker bestimmen (s.a. → normal vote).

Wahlsysteme
Verfahren zur Umsetzung von Wählerstimmen in → Mandate von Repräsentativkörperschaften (s. ausführlich unter → Wahlen und Wahlsysteme). Die beiden Grundtypen sind → Mehrheitswahl und → Verhältniswahl. Zu den einzelnen behandelten W. s.u. → absolute Mehrheitswahl, → relative Mehrheitswahl, → romanische Mehrheitswahl sowie → personalisierte Verhältniswahl.

Wahlverhalten
→ Wählerverhalten
→ Wahlforschung und Wählerverhalten

Währungspolitik
Gesamtheit staatlicher Maßnahmen zur Sicherung der Geldwertstabilität im Innern (inländische Kaufkraft) und nach außen (Währungsparität). Oberstes Ziel der W. ist die Leistungsfähigkeit der Geldfunktionen (Zahlungsmittel, Sparen). → Zentralbank sowie → Wirtschafts- und → Finanzpolitik bestimmen die nationale W.; die Zahlungsbilanz eines → Landes sowie internationale Abkommen und Organisationen beeinflussen die Währungsparität (Wechselkurse).

Währungsreform
Grundlegende Neuordnung des Währungssystems eines → Landes, indem eine alte

Währung durch eine neue ersetzt wird. In marktwirtschaftlichen Wirtschaftssystemen (→ Marktwirtschaft) geht einer W. die Zerrüttung der Landeswährung als Ergebnis einer hohen Inflationsrate voraus; das Geld kann seine Zahlungsmittel- oder Wertaufbewahrungsfunktion (d.h. Sparen) nicht mehr erfüllen. Der über das Güter- und Dienstleistungsangebot hinausgehende Geldumlauf schlägt sich als Inflationsrate nieder. In einem solchen Fall kann eine alte Währung durch eine neue ersetzt werden (z.B. Deutschland 1923 und 1948). Frankreich, einige lateinamerikanische und einige osteuropäische Länder haben eine neue Währungseinheit kreiert, indem von der alten Währungseinheit 2 oder 3 Nullen abgestrichen wurden bei der Um- bzw. Neuberechnung; alte und neue Währungseinheiten können bei diesem Umrechnungsmodus u.U. mehrere Jahre parallel nebeneinanderlaufen. Auch in → Zentralverwaltungswirtschaften kann die Entscheidung für eine W. fallen. Administrativ festgesetzte Preise spiegeln nicht die Knappheit eines Gutes wider, Kaufkraftüberhang und Schattenwirtschaft sind die Folge. Zu ihrer Erfassung bzw. Kontrolle kann es dann zur Ausgabe einer neuen Währungseinheit kommen.

Währungsunion
→ Wirtschafts-, Währungs- und Sozialunion

Warnstreik
Mit dem W. soll dem Tarifgegner (→ Tarifautonomie; → Tarifparteien; → Tarifpolitik) gewerkschaftliche → Solidarität und Kampfbereitschaft für einen zu erwartenden Arbeitskonflikt (→ Streik und → Aussperrung) demonstriert werden. Die → Gewerkschaften können während der noch laufenden Tarifverhandlungen bereits zu W. aufrufen. Diese Streikaktionen sind zeitlich und lokal begrenzt, meist sogar nur von kurzer Dauer.

Warschauer Pakt
1955 als östliches Gegenstück zur → NATO formiertes Militärbündnis ("Warschauer Vertrag über Freundschaft, Zusammenarbeit und gegenseitige Hilfe").

769

Mitglieder: Albanien (Austritt 1968), Bulgarien, DDR (1956-90), Polen, Rumänien, Tschechoslowakei, UdSSR, Ungarn. Der W. ging aus den bilateralen Beistandsverpflichtungen dieser → Staaten hervor, die auch weiterbestanden. Oberkommandierender war stets der sowjetische 1. stellvertretende Verteidigungsminister. Durch den W. verfügte die UdSSR über direkte Eingriffsmöglichkeiten in militärische Einheiten der Mitgliedsländer. Darüber hinaus besaß sie das Monopol auf die Produktion schwerer Waffen. Die konventionelle Überlegenheit des W. gegenüber der NATO empfand diese in allen Phasen des → Ost-West-Konfliktes als besonders bedrohlich, da deren hohe Beweglichkeit die Führung eines Überraschungsangriffs möglich machte. Mit dem W. wurde eine Rechtsgrundlage für die Stationierung sowjetischer Truppen in den einzelnen Paktstaaten geschaffen. Außerdem verstärkte die W.-Organisation die Koordination der → Außenpolitik. Nach dem Wandlungsprozeß im → Ostblock befand sich der W. im Prozeß der Desintegration. Am 1.7.1991 lösten die Unterzeichnerstaaten in Prag den W. förmlich auf und schlossen sich dem → NATO-Kooperationsrat an. Die Aufnahme der mitteleuropäischen Staaten in die NATO erfolgt in mehreren Schritten; in einem ersten Schritt wurden am 12.3.1999 Polen, Tschechien und Ungarn aufgenommen.

Warschauer Vertrag
Im Anschluß an den deutsch-sowjetischen Vertrag (→ Moskauer Vertrag) vom 12.8.1970 bildete der deutsch-polnische Vertrag (W.) vom 7.12.1970 das zweite Kernstück der → neuen Ostpolitik der → SPD/ → FDP-Bundesregierung. In beiden Verträgen wurde ein konkretisierter Gewaltverzicht vereinbart. Im W. wurde die → Oder-Neiße-Linie als unverletzliche Grenze anerkannt mit dem ausdrücklichen Vorbehalt, daß diese Anerkennung nur für die Bundesrepublik gelte, nicht aber im Falle einer deutschen → Wiedervereinigung für den dann entstehenden deutschen → Staat. Der Präambel des → Grundgesetzes wurde damit ebenso Rechnung getragen wie den alliierten Vorbehaltsrechten. Durch gesonderte Vereinbarung wurden

Polen Sozialtransfers gezahlt und dem polnischen Staat ein Kredit gewährt; Polen ließ über 120.000 Deutschstämmige aus den vormals deutschen Ostgebieten in die Bundesrepublik ausreisen.

Watergate-Affäre
Das Wahlkampfkomitee von US-Präsident Nixon (→ Republikaner) organisierte während des Wahlkampfes 1972 einen Einbruch in das Washingtoner Hauptquartier der → Demokratischen Partei in den „Watergate Towers". Vom Justizausschuß des → Repräsentantenhauses wurde Nixon im August 1974 aufgrund persönlicher Verwicklungen in die W. wegen illegaler Handlungen angeklagt, mit dem Ziel, ein Amtsenthebungsverfahren (→ impeachment) gegen ihn einzuleiten. Dem kam Nixon am 9. August 1974 durch seinen Rücktritt zuvor (sein Amtsnachfolger Ford amnestierte ihn später). Infolge der W. haben Repräsentantenhaus und → Senat, die Schwächung des Präsidentenamtes ausnutzend, ihren Handlungsspielraum gegenüber der → Exekutive erweitern können. Eine „imperiale Präsidentschaft" existiert seither nicht mehr.

Wechselwähler
Im Unterschied zu den → Stammwählern geben W. ihre Stimme nicht durchgängig für dieselbe → Partei ab, sondern wechseln die Partei von → Wahl zu Wahl. Beim Parteiwechsel (→ Volatilität bzw. Wählerfluktuation) ist zu unterscheiden: a) Wahlen auf derselben Ebene, insbes. für das höchste Wahlamt, z.B. → Bundestag (enge Definition von W.); b) Wahlen zu allen Wahlämtern auf allen Ebenen (weite Definition von W.); c) einmaliger Parteiwechsel bei mehreren Wahlen auf derselben Ebene zu demselben Wahlamt (abweichende Wahl = deviating election); d) bewußte Nicht-Teilnahme an lediglich einer Wahl wird in den meisten Definitionen nicht als Parteiwechsel angesehen, obwohl es sich in vielen Fällen um ein Durchgangsstadium zum Wechsel handelt. Teilweise werden noch unterschieden Parteiwechsel innerhalb eines politischen Lagers (Intrablockvolatilität) oder über Lagergrenzen hinweg (Interblockvolatilität). Unabhängig von der Defi-

nition steigt der Prozentsatz der W. in den westlichen → Demokratien seit den 60er Jahren und damit das Potential für → dealignment oder → realignment. Sah die → Wahlforschung den W. noch in den 50er Jahren durch vergleichsweise geringe Bildung und geringes politisches → Interesse gekennzeichnet, so geht seit den 60er Jahren die Tendenz auf überdurchschnittliche Bildung und überdurchschnittliches politisches Interesse sowie v.a. auf jüngere Wähler; diese W. mit höherem Sozialstatus sind nicht durch soziodemographische Faktoren bzw. Milieueinbindung traditionell auf eine bestimmt Partei festgelegt. W. lassen eine stärkere Orientierung ihres Wahlverhaltens an Sachproblemen (issues) und Kandidaten erkennen.

Wehrbeauftragte(r)

Als besonderes parlamentarisches Kontrollorgan unterstützt der/ die W. den Deutschen → Bundestag bei der → parlamentarischen Kontrolle der → Bundeswehr sowie die Soldaten bei der Wahrung ihrer Grundrechte (→ Grund- und Menschenrechte). Der W. ist ein Instrument der zivilen Kontrolle der Streitkräfte (→ Primat der Politik); er wird vom Bundestag auf 5 Jahre gewählt. Vorbild des deutschen W. ist der skandinavische → Ombudsman. Der W. wird auf Weisung des Bundestages oder des Verteidigungsausschusses oder aus eigenem pflichtgemäßen → Ermessen tätig. In jedem Jahr erstattet er dem Bundestag einen schriftlichen Gesamtbericht. Er kann jederzeit Auskunft und → Akteneinsicht verlangen sowie unangemeldet Bundeswehrdienststellen aufsuchen. Jeder Soldat kann sich ohne Einhaltung des Dienstweges an den W. wenden. Der W. besitzt gegenüber der Bundeswehr keine Weisungsbefugnis, er kann sich lediglich an die betreffenden Dienststellen oder an den Bundestag wenden.

Wehrdienst

Dienst in bewaffneten Streitkräften. In → Staaten mit allg. Wehrpflicht wird der W. aufgrund dieser Verpflichtung (bzw. alternativ bei gegebener Rechtslage auch im → zivilen Ersatzdienst) abgeleistet.

Wehrdienstverweigerung

In der Bundesrepublik gebräuchlicher Terminus für die → Kriegsdienstverweigerung.

Wehrerziehung

Geistige Vorbereitung von Kindern und Jugendlichen i.S. „militärischer Ertüchtigung", mit Mitteln der Erziehung im Auftrage des → Staates. → Institutionen bzw. Mittel der W. können sein: allg. Schulsystem, paramilitärische Ausbildung in Jugendverbänden, militärtechnische → Vereine. W. soll das militärische Wertesystem auf die Bevölkerung übertragen (→ Militarismus) und diese frühzeitig im Waffengebrauch unterrichten. W. gab es im preußischen Staat, nach 1890 im → Deutschen Reich und sodann im → Dritten Reich, und war bzw. ist Bestandteil des schulischen Erziehungskonzepts kommunistischer Staaten (z.B. der DDR bis 1989).

wehrhafte Demokratie

⇒ *streitbare Demokratie*

Weimarer Reichsverfassung/ WRV

→ Verfassung des → Deutschen Reiches (→ Weimarer Republik) von 1919 bis 1933. Sie regelte die Organisation des Reiches und seiner Organgewalten, das Verhältnis von Reich und → Ländern sowie die → Grundrechte. Oberster Ausdruck der → Volkssouveränität war der auf 4 Jahre gewählte → Reichstag. Die → Reichsregierung (→ Reichskanzler wie → Reichsminister) bedurfte des Vertrauens des Reichstages. Der → Reichsrat war Organ der bundesstaatlichen Ordnung; seine Mitwirkung an der → Gesetzgebung hatte lediglich aufschiebende Wirkung. Die → Exekutive war zwischen → Reichspräsident und Reichsregierung geteilt. Man spricht deshalb vom → semi-präsidentiellen Regierungssystem. Der auf 7 Jahre vom → Volk direkt gewählte Reichspräsident ernannte und entließ die Reichsregierung; er konnte den Reichstag auflösen und gegen ein von diesem beschlossenes → Gesetz einen → Volksentscheid herbeiführen. Art. 48 verlieh ihm außerordentliche Vollmachten über den Reichstag hinweg, wenn er den Staatsnotstand gegeben sah (Auflösung des Reichstages, → Notverordnungen). Im Unterschied zum Bonner → Grundgesetz waren die Grundrechte gegen → Verfassungsänderungen in ihrem Wesensgehalt grundsätzlich nicht geschützt. Auch Vorkehrungen zum Schutze der verfassungsmäßigen Ordnung (→ streitbare Demokratie) entbehrte die W.

Obwohl die W. nach Hitlers Machtergreifung über 1933 hinaus formal in Geltung blieb, wurde sie durch das → Ermächtigungsgesetz vom 24.4.1933 praktisch außer Kraft gesetzt.

Weimarer Republik

Bez. für das → Deutsche Reich 1919-33. Benannt nach dem Tagungsort (Weimar) der 1919 gewählten verfassunggebenden → Nationalversammlung.

Weißes Haus

Amtsgebäude und Wohnsitz des → Präsidenten der USA; umgangssprachlicher Ausdruck für das Präsidialamt.

Dem Präsidialamt gehören das „Büro des Weißen Hauses" (White House Office) mit dem persönlichen Mitarbeiterstab des Präsidenten - darunter der → Nationale Sicherheitsrat (National Security Council/ NSC) - sowie das „Executive Office of the President" an; die wichtigsten → Institutionen des letzteren sind: Budget- und Managementbüro (Office of Management and Budget/ OMB) und Wirtschaftswissenschaftlicher Beirat (Council of Economic Advisors). Die Chefs der einzelnen Abteilungen im White House Office haben den Titel eines engsten Beraters des Präsidenten (Assistent to the President, Advisor) auf ihrem Aufgabengebiet. Dieser Mitarbeiterstab garantiert dem Präsidenten eine gewisse Unabhängigkeit von den → Ministerien (→ Departments) und den → Ministern (Secretaries) sowie den von ihnen vertretenen Partikularinteressen.

Weltanschauungspartei

→ Partei, deren → Politik vollständig oder aber zumindest weitgehend an weltanschaulicher Programmatik (→ Ideologie, → Religion) orientiert ist. Sie steht damit in Gegensatz zur → Patronagepartei und → Plattformpartei (vgl. → Parteientypologie). Beispiele für solche Weltanschau-

ungsorientierungen waren in der Vergangenheit die katholisch-konfessionelle Bindung sowie liberale und sozialistische Wertvorstellungen, die der jeweiligen Partei innere Geschlossenheit und Unterscheidung nach außen ermöglichten.

Weltbank

Engl.: World Bank; Kurzbez. für International Bank for Reconstruction and Development/ IBRD (Internationale Bank für Wiederaufbau und Entwicklung).

1944 zusammen mit dem → Internationalen Währungsfonds auf der UNO-Konferenz in Bretton Woods (USA) beschlossen, begann die W. 1946 ihre Tätigkeit in Washington, D.C. (USA). Bis zum → Marshall-Plan 1948 vergab die W. ihre Mittel überwiegend zum Wiederaufbau Europas. Seitdem will sie durch die Versorgung mit langfristigem Kapital sowie durch technische und wirtschaftliche Beratung die ökonomische Entwicklung der → Entwicklungsländer fördern (zunehmend fließen Aspekte des Umweltschutzes und die Linderung der Armut in ihre Kreditgewährungen ein). Hierzu wurden 2 Finanzierungsinstitutionen der W. geschaffen: International Finance Corporation/ IFC und International Development Association/ IDA. Die W. finanziert ihre Kredite aus Kapitalbeteiligungen der Mitgliedsländer und aus Schuldtiteln.

Weltgesundheitsorganisation/ WHO

Engl.: World Health Organization; Sonderorganisation der → UNO mit Sitz in Genf und 6 Regionalbüros. Die W. hat primär eine beratende und koordinierende Funktion; ihre Aufgaben reichen von der Bekämpfung von Seuchen über die Unterstützung von Umweltschutzmaßnahmen bis zur Forschungsförderung im Gesundheitswesen.

Weltgewerkschaftsbund/ WGB

Kommunistisch dominierte internationale Gewerkschaftsorganisation mit Sitz in Prag. 1945 gegründet als internationaler Zusammenschluß aller (nationalen) → Gewerkschaftsverbände (mit Ausnahme der christlichen). 1949 traten die nichtkommunistischen Gewerkschaften der USA, Großbritanniens und anderer westlicher → Länder aus (der → DGB hatte sich 1948 zurückgezogen) und gründeten den → Internationalen Bund Freier Gewerkschaften/ IBFG. Der W. wurde damit lediglich der Dachverband der kommunistischen Gewerkschaften. Nach dem Zerfall des → Ostblocks gehören dem W. einzelne Branchengewerkschaften des ehem. Ostblocks, Kuba, Vietnam, Nord-Korea und einige Verbände aus der → Dritten Welt an. Die ausgeschiedenen Mitgliedsverbände suchen den Anschluß an den IBFG.

Welthandelsorganisation
→ World Trade Organization/ WTO

Weltraumpolitik
Auf den „staatenlosen" Weltraum bezogene politische Planungen und Handlungen. Mit der Entwicklung von in den Weltraum eintauchenden Raketen, Satelliten in Erdumlaufbahnen, Mondprogrammen etc. wurde der hoheitliche Luftraum (bis ca. 100 km Höhe) überschritten, Weltraumrecht sowie W. entwickelten sich und führten zu - meist durch die → UNO initiierten - internationalen Verträgen. Der Weltraum steht allen → Staaten für die zivile bzw. ökonomische Nutzung offen. Stationierungen sind erlaubt, Aneignungen verboten. Schäden durch Weltraumaktivitäten werden auf Grundlage des Weltraumhaftungsabkommens (1975) reguliert. Die militärische Nutzung des Weltraums wurde durch bestehende Vertragsregelungen nur teilweise eingeschränkt; da Killersatelliten und → SDI eine neue Bedrohungsdimension eröffnen, wird die Weltraumrüstung seit 1985 in die Rüstungskontrollverhandlungen (→ SALT/ START) einbezogen.

Weltsystem-Ansatz
Theoretisches Erklärungsmodell, das die Welt als ein interdependentes → System betrachtet. Die Entwicklungslogik des W. ist aus seinen einzelnen Elementen nicht ableitbar, bezieht vielmehr → Staaten, → Parteien, soziale → Institutionen, Statusgruppen, → Klassen und Unternehmen gleichermaßen ein. Der W. geht von der Existenz eines sozialen Systems aus, das über die staatlich verfaßten → Gesellschaften hinausgeht. Die hierarchische Gliederung

des Weltsystems (insbes. in → Politik und Wirtschaft) führt zu ungleichen Entwicklungen auf dem Weltmarkt (s.a. → Dependencia). Der W. ist eine Variante theoretischer Konzeptualisierung von → Entwicklungspolitik.

Weltverband der Arbeitnehmer/ WVA
Dachverband der christlichen → Gewerkschaften. Er wurde 1920 als Internationaler Bund Christlicher Gewerkschaften/ IBCG gegründet und benannte sich 1968 in Weltverband der Arbeit/ WVA um (später Weltverband der Arbeitnehmer). Neben lateinamerikanischen Gewerkschaften gehören ihm u.a. die christlich orientierten → Richtungsgewerkschaften einiger europäischer → Länder an.

Weltwirtschaftsgipfel
Umgangssprachliche Bez. für → Wirtschaftsgipfel.

Weltwirtschaftskrise
Nach der → Großen Depression (ca. 1873-91) die weltweit bisher schwerste Wirtschaftskrise, die 1929 mit dem Börsenkrach in New York (Schwarzer Freitag) begann und in den darauffolgenden Jahren fast alle Industrienationen erfaßte, mit der Folge von Massenarbeitslosigkeit, sinkenden Löhnen und Preisen, Bankenkrisen, Zahlungsbilanzungleichgewichten und Zollschranken. Die Hauptursachen der bis 1932 anhaltenden W. bildeten die unverhältnismäßig hohen Reparationsauflagen als Folge des 1. Weltkrieges, nicht-marktgerechte Wechselkurse, Autarkietendenzen und eine den Abschwung verstärkende (statt gegensteuernde) Haushalts- bzw. → Finanzpolitik (s.a. → Keynesianismus). Politisch verschärfte die W. die → Krise des demokratischen → Systems, die ausgangs der 20er Jahre in West- und Mitteleuropa den Aufstieg faschistischer Bewegungen begünstigte. Heute bezeichnet der Terminus W. allgemein Störungen im weltwirtschaftlichen Verbundsystem.

Weltwirtschaftsordnung
Bez. für die Regelung der internationalen Wirtschaftsbeziehungen durch multilaterale Verträge und Verhaltensnormen (analog zu

den nationalen → Wirtschaftsordnungen). Eine weitgehende Abschottung der nationalen Märkte wie nach der → Weltwirtschaftskrise (ab 1929) sollte nach dem 2. Weltkrieg verhindert werden. Alle → Länder sollten an den Vorteilen des freien Welthandels partizipieren. Die W. ist deshalb an marktwirtschaftlichen Prinzipien (→ Marktwirtschaft) ausgerichtet. Zu diesem Zweck wurden der → Internationale Währungsfonds (1944) und → GATT (1948) gegründet. Ganz abgebaut werden konnten die Handelshemmnisse bisher nicht.

Eine teilweise Abkehr von den marktwirtschaftlichen Prinzipien der W. stellten die Forderungen nach einer → "neuen Weltwirtschaftsordnung" dar. Sie hatten ihre Ursache in dem sich vergrößernden ökonomischen Abstand zwischen Industrie- und → Entwicklungsländern.

Wertwandel

In den westlichen → Industriegesellschaften hat es seit den 60er Jahren starke Veränderungen in den individuellen Überzeugungen bzw. Verhaltensdispositionen gegeben. Trotz aller Probleme der Datenlage und der Erfassung von Wertsystemen ist unbestritten, daß in den individuellen Wertpräferenzen ein Wandel vom → Materialismus zum → Postmaterialismus stattgefunden hat. Die W.-Diskussion wird durch die Arbeiten von Ronald Inglehart über die "silent revolution" geprägt. Der W. ist v.a. bei jüngeren, besser Ausgebildeten anzutreffen, die unter ökonomisch günstigen Bedingungen sozialisiert wurden. Nach Inglehart werden die postmaterialistischen Werte das ganze Leben beibehalten. Veränderungen im Wahlverhalten (→ Wahlforschung und Wählerverhalten) und die Entstehung → neuer sozialer Bewegungen werden weitgehend dem W. zugeschrieben. Ursachen, individuelle und kollektive Auswirkungen des W. sind allerdings noch umstritten.

Westeuropäische Union/ WEU

Kollektiver Beistandspakt der westeuropäischen Mitgliedsländer der → NATO. Die W. ging aus dem 1948 zwischen Frankreich, Großbritannien und den Beneluxstaaten geschlossenen Brüsseler Pakt

(Westunion) hervor. Nach dem Scheitern der → Europäischen Verteidigungsgemeinschaft wurde 1954 die W. gegründet, die sowohl der gemeinsamen Selbstverteidigung als auch der → Westintegration der BRD (1955 zusammen mit Italien aufgenommen) diente. Für die nationalen Streitkräfte wurden Höchstgrenzen festgelegt und der → Bundeswehr Beschränkungen für bestimmte Waffen auferlegt. Die W. sollte außerdem ein Fundament für die politische und ökonomische Entwicklung und Einigung Europas legen. Die W. war nicht als eigenständige Verteidigungsorganisation konzipiert, sie erkannte vielmehr die militärische Zuständigkeit des NATO-Oberkommandos an.

1987 wurde mit der Haager „Plattform europäischer Sicherheitsinteressen" eine Grundlage geschaffen, um eine europäische → Sicherheitspolitik stärker zu akzentuieren. Nach ihrer Aufnahme in die EG traten Spanien und Portugal 1990 der W. bei. 1992 wurde die W. um Griechenland (Vollmitglied), Türkei, Norwegen, Island (assoziierte Mitglieder) sowie Dänemark und Irland (Beobachter) erweitert, 1994 um Bulgarien, Estland, Lettland, Litauen, Polen, Rumänien, Slowakei, Ungarn (assoziierte Partner), Finnland, Österreich, Schweden (Beobachter); nach ihrem NATO-Beitritt 1999 wurden Polen, Tschechien und Ungarn assoziierte Mitglieder - eine Vollmitgliedschaft ist erst nach ihrem EU-Beitritt möglich. Mit dem → Maastrichter Vertrag wurde 1991 der Grundstein gelegt, die W. im Zuge der europäischen Einigung stufenweise zur Verteidigungskomponente der → Europäischen Union und als europäischen Pfeiler in der NATO auszubauen. 1992 beschlossen die Außen- und Verteidigungsminister der W.-Mitgliedsstaaten weitere Schritte zur Ausgestaltung der operativen Rolle der W. (Petersberg-Erklärung); gemäß dem → Amsterdamer Vertrag wird diese Erklärung in den EU-Vertrag übernommen, der → Europäische Rat hat die Leitlinienkompetenz im Fall der Inanspruchnahme der W. EU und W. sind somit institutionell verflochten; die geplante Integration in die EU (als militärisches Instrument der → Gemeinsamen Außen- und Sicherheitspolitik/ GASP) scheiterte zunächst an Unstimmigkeiten innerhalb der EU - Widerstand gab es auch innerhalb der W. Auf der Grundlage der Petersberger Erklärung engagiert sich die W. zunehmend für Maßnahmen der kollektiven Sicherheit im Rahmen des → KSZE-Prozesses bzw. der → OSZE: humanitäre und Rettungseinsätze, friedenserhaltende Maßnahmen (peace-keeping) ebenso wie Kampfeinsätze zur Herbeiführung des Friedens (peace-enforce-ment). Die W. hat sich somit zu einem Krisenmanagement-Instrument entwickelt für solche Fälle, in denen die USA in Europa nicht direkt involviert sein wollen. Hierfür bestehen Zugriffsmöglichkeiten auf Ausstattung der NATO für W.-Operationen.

Westintegration

Von → Bundeskanzler Adenauer verfolgte → Politik der engen Einbindung der Bundesrepublik in die westliche Werte- und Verteidigungsgemeinschaft (→ NATO). Im Gegenzug erlangte die Bundesrepublik staatliche Souveränitätsrechte durch die westlichen Siegermächte sowie die westdeutsche Wiederbewaffnung. Ferner förderte die W. die Aussöhnung mit den westlichen → Staaten und deren Hilfe beim wirtschaftlichen Wiederaufbau. Die → Bundeswehr wurde vollständig in die NATO integriert. Folge der W. war die jahrzehntelange Verfestigung der dt. Teilung.

Wettrüsten
→ Rüstungspolitik

Whigs
1. Mit den W. und den → Tories bildeten sich in Großbritannien gegen Ende des 17. Jh. die weltweit ersten dauerhaften Parteiorganisationen (→ Partei) heraus. Den Tories, als Verteidigern der Vorrechte des absolutistisch regierenden Hauses Stuart, standen die W. als Protagonisten parlamentarischer Mitspracherechte in der Tradition der → Magna Charta gegenüber. Der Machtkampf wurde als Konkurrenzkampf um Wählerstimmen kanalisiert und in das → Parlament verlagert. Nach 1832 entstand aus den W. die Liberale Partei (Liberals). Der Name W. leitet sich vermutlich von den Whiggamores, einer schottischen Presbyterianergruppe, ab.

2. In den USA aus der Gegnerschaft gegen → Präsident Andrew Jacksons (1828-36) → Politik einer starken Bundesgewalt und weitgehender Bürgerpartizipation herrührende konservative Gegenspieler der → Demokratischen Partei. Die W. Party zerbrach über die Sklavenfrage, ihre Parteigruppierungen in den Nordstaaten schlossen sich der entstehenden Republikanischen Partei (→ Republikaner) an.

Whip
Engl. für: Einpeitscher; im britischen → Unterhaus sowie im → Repräsentantenhaus und im → Senat des amerikanischen → Kongresses ist es Aufgabe des W. (in Großbritannien Chief Whip genannt), den Kommunikationsfluß zwischen Fraktions- und Parteiführung einerseits und Fraktionsmitgliedern andererseits zu pflegen. Seine Funktion entspricht der der → Fraktionsgeschäftsführer in deutschen → Parlamenten. Bei → Abstimmungen obliegt es dem (Chief) W., für geschlossenes Verhalten der → Fraktion zu sorgen. In den USA ist er der Stellvertreter des Fraktionsführers (majority leader bzw. minority leader); in Großbritannien übernehmen die Parteiführer, also die → Regierung und die Oppositionsführung, die Rolle der Fraktionsführung. Dem W. bzw. Chief W. wird jeweils von mehreren Fraktionsmitgliedern assistiert (diese werden in Großbritannien W. genannt). Im kohärenten Parteiengefüge Großbritanniens verfügt der Chief W. über mehr Einflußmöglichkeiten auf die Fraktionsmitglieder als seine Kollegen im US-Kongreß.

WHO
Abk. für *W*orld *H*ealth *O*rganization (→ Weltgesundheitsorganisation)

Widerstand
Abwehr einer Bedrohung durch gewaltsame oder gewaltlose Gegenwehr. In den Bereich des Politischen übertragen meint W. die Auflehnung gegen bzw. die Bekämpfung von staatlicher → Tyrannei, Willkür- und Unrechtsherrschaft, welche die → Grundrechte und Grundfreiheiten eines demokratischen → Verfassungsstaates mißachten. Wird das staatliche → Gewalt-

monopol offenkundig zugunsten eines Unrechtsregimes instrumentalisiert, erhält W. gegen Staatsmacht moralische → Legitimation. Ein solches → Widerstandsrecht ist in Art. 20 IV GG als letztes Notwehrrecht verankert.

Widerstandsrecht
Die Diskussion um das aktive oder passive W. findet sich bereits in der klassischen → politischen Philosophie und in der Theologie. Es ist ein letztes Notwehrrecht gegen staatliche Unrechtsherrschaft, die ihr → Gewaltmonopol mißbraucht, → Menschenrechte verletzt und das → Gemeinwohl mißachtet. Bei der Verabschiedung der → Notstandsverfassung wurde das W. - als Ausgleich für mögliche Einschränkungen im Notstandsfall - als Art. 20 IV in das → Grundgesetz eingefügt: Gegen jeden, der es unternimmt, die verfassungsmäßige Ordnung zu beseitigen, „haben alle Deutschen das Recht zum Widerstand, wenn andere Abhilfe nicht möglich ist". Das W. kann sich gegen → Staatsstreiche von „oben" wie von „unten" wenden. Es bleibt jedoch „ultima ratio" für den Fall, daß sämtliche von der Rechtsordnung vorgesehene Gegenmittel versagen.

Wiedergutmachung
W. nationalsozialistischen Unrechts: Rückerstattung widerrechtlich verlorener Vermögenswerte und Entschädigung für alle Personen- und Vermögensschäden (u.a. Bundesentschädigungsgesetz von 1953/ 1980). Individueller Schadensausgleich wird Personen gewährt, die aus politischen, rassischen, religiösen oder weltanschaulichen Gründen unter der NS-Diktatur verfolgt wurden und Schäden an Leben, Körper, → Freiheit, → Eigentum oder Beruf erlitten haben (Verfolgte). Außerdem hat sich die Bundesrepublik gegenüber Israel vertraglich zu W.-Leistungen verpflichtet.

Wiedervereinigung
Die W. des geteilten Deutschland (als Folge des durch das Hitlerregime begonnenen, verlorenen 2. Weltkriegs) war seit Gründung der Bundesrepublik 1949 eine zentrale Zielbestimmung der → Deutschlandpolitik. Die Präambel des → Grundgesetzes ging

von der völkerrechtlichen Fortexistenz des deutschen → Nationalstaats aus, indem sie in Satz 3 das gesamte deutsche → Volk aufforderte, „in freier Selbstbestimmung die Einheit und → Freiheit Deutschlands zu vollenden". Erst durch die Ablösung des → SED-Regimes in der DDR und die im November 1989 dort eingeleitete politische und gesellschaftliche → Demokratisierung rückte die W.-Option des GG in den Bereich ihrer Verwirklichung. Das GG sah für die staatliche W. 2 Wege vor: seine Inkraftsetzung „in anderen Teilen Deutschlands ... nach deren Beitritt" gemäß Art. 23 II (dieser Weg wurde durch den Beschluß der → Volkskammer vom 23.8.1990, mit Wirkung vom 3.10.1990 dem „Geltungsbereich des Grundgesetzes beizutreten", beschritten) oder seine Selbstaufgabe für den Fall einer in freier Selbstbestimmung zustande gekommenen, gesamtdeutschen → Verfassung (Art. 146). Darüber, daß W. eine Revision der Oder-Neiße-Grenze nicht implizierte, herrschte in beiden deutschen Staaten politisch weitgehend → Konsens; schon die sog. → Ostverträge von Moskau und Warschau erklärten die bestehenden Grenzen, die dann im → "Zwei plus Vier-Vertrag" förmlich anerkannt wurden, für unverletzbar.

Wirtschaftsdemokratie
Durchsetzung demokratischer Entscheidungsstrukturen in kapitalistischen → Wirtschaftsordnungen. Der Begriff entstand Ende der 20er Jahre in der Diskussion zwischen Reformern und Revolutionären in der deutschen → Arbeiterbewegung (Fritz Naphtali). Die Forderung nach W. war Teil des Konzeptes der → Demokratisierung aller Lebensbereiche im Hinblick auf sozialistische, nicht jedoch revolutionäre Zielvorstellungen. Die W. sollte realisiert werden durch die Überführung wichtiger Betriebe in die öffentliche Hand, die Lenkung der Organe der Wirtschaft durch die Allgemeinheit sowie durch überbetriebliche Wirtschaftslenkung. Aus der privatwirtschaftlich orientierten sollte eine gemeinwirtschaftlich orientierte Wirtschaftordnung werden.

In die neuere Diskussion v.a. der 70er Jahre um W. fließen Forderungen nach einer

→ Humanisierung der Arbeit, umweltgerechtem Wirtschaftswachstum, gesamtgesellschaftlicher Demokratisierung und überbetrieblicher Investitions- und Wirtschaftssteuerung (als Rahmenplanung) gleichermaßen ein.

Wirtschaftsgipfel

Seit 1975 jährliche Treffen der 7 wichtigsten (westlichen) Industrienationen (sog. G 7): Bundesrepublik Deutschland, USA, Kanada, Japan, Frankreich, Großbritannien, Italien; ferner nimmt die → Europäische Kommission an den Treffen teil. Seit 1997 nimmt Rußland als gleichberechtigtes Mitglied und seit 20.6.1999 offiziell als Vollmitglied teil (sog. G 8); bei den Treffen der Finanzminister unterliegt die Teilnahme Rußlands Beschränkungen. Der W. geht zurück auf eine Initiative des damaligen französischen → Präsidenten Valéry Giscard d'Estaing, eine einmalige intime Gesprächsrunde der politisch Verantwortlichen der wichtigsten westlichen → Länder über die Probleme der Weltwirtschaftslage nach dem (ersten) Ölpreisschock von 1973/74 (→ Ölkrise) sowie als Anstoß für eine Diskussion über eine neue Währungsordnung (als Nachfolgesystem von → Bretton Woods) zu versammeln.

Wirtschaftsordnung

In Anlehnung an Walter Eucken werden als W. die Realgebilde, als → Wirtschaftssystem hingen die Idealtypen von Wirtschaftsprozessen verstanden. Diese Unterscheidung findet sich außerhalb der deutschsprachigen Literatur nicht; beide Begriffe werden auch im deutschen allg. Sprachgebrauch oft synonym verwandt. Die in der Realität vorfindbaren W. waren und sind Mischsysteme, die in unterschiedlicher Nähe zu den beiden Idealtypen, → Marktwirtschaft und → Zentralverwaltungswirtschaft, stehen und deshalb eher dem einen oder eher dem anderen Typus zuzurechnen sind. Grundlegendes Unterscheidungsmerkmal für die Klassifikation von W. ist die Zahl der selbständig planenden Wirtschaftseinheiten. Ferner zählen dazu Eigentumsformen an Produktionsmitteln, Rechtsnormen und Verhaltensdispositio-

nen. Sie alle wirken auf die konkrete Ausgestaltung der Wirtschaftsprozesse ein.

Wirtschaftspolitik

W. ist der Teilbereich politischen Handelns, der durch die Ausrichtung auf die Verbesserung der Funktionsfähigkeit des gesellschaftlichen Subsystems „Wirtschaft" gekennzeichnet werden kann. Dabei werden als Träger politischer Entscheidungen nur die → Institutionen des → Staates verstanden, die nach der jeweiligen → Verfassung hoheitliche → Gewalt ausüben und daher für die Wirtschaftssubjekte *verbindliche* Entscheidungen treffen können. W. wird durch „wirtschaftspolitisch orientiertes" Verhalten einzelner (→ Wähler, Unternehmen) oder wirtschaftlicher → Interessenverbände im Rahmen der verfassungsgemäß praktizierten Regeln der wirtschaftspolitischen Willensbildung beeinflußt.

Die praktische W. ist Erfahrungsgegenstand der Theorie der W., die als eine anwendungsorientierte Teildisziplin der Wirtschaftswissenschaften etabliert ist. Die Theorie der W. verfolgt in erster Linie eine *technologische Fragestellung*, um als „Kunstlehre" Handlungsmöglichkeiten für die bestmögliche Verwirklichung wirtschaftspolitischer Ziele („Rationale W.") abzuleiten. Daneben spielt eine *empirische Fragestellung* eine zunehmende Rolle, wie wirtschaftspolitische Institutionen zustande kommen und Entscheidungsprozesse ablaufen. In der → "Ökonomischen Theorie der Politik" wird der individualistisch-ökonomische Erklärungsansatz („Ökonomisches Paradigma") auch auf die Probleme des → "Gesellschaftsvertrags", der Gruppenbildung und des Handelns von Akteuren im → politisch-administrativen System angewandt.

Bei einem verbreiteten Bekenntnis zur Werturteilsfreiheit in den Wirtschaftswissenschaften wird für die Theorie der W. vielfach ein erweitertes, auch *eine normative Fragestellung* einschließendes Wissenschaftsprogramm für notwendig gehalten. Darin wird die noch immer nicht abgeschlossene Klärung der Werturteilsproblematik deutlich. Der wissenschaftliche Umgang mit den Zielen der praktischen W. und die Verwendung von Zielen bei Aussagen über Handlungsmöglichkeiten wird schon als „normativ" verstanden. Zudem kann die wohlfahrtsökonomische Fundierung wirtschaftspolitischer Aussagen im Sinne bestmöglicher Lösungen (Pareto-Optimum, Second-best-Lösungen) eine wertende (ideologische) Interpretation erfahren, wenn ihre axiomatische Beschränkung („mündige" → Bürger, Verteilungsneutralität) nicht offengelegt wird. Im Rahmen eines kritisch-rationalen Wissenschaftsprogramms sind die Möglichkeiten der Theorie der W., Aussagen über wirtschaftspolitische Handlungsmöglichkeiten zu machen, von der Verwendung einer operationalen Zielfunktion (Soll) sowie dem verfügbaren Wissen abhängig, mit dem die Ausgangssituation (Lage/ Ist) bestimmt (Diagnose), die Entwicklung (Prognose) und die Wirkung von Handlungen (Therapie) angegeben werden können.

Der Gesamtbereich der W., für den die Theorie Handlungswissen bereitstellt, läßt sich funktional in Allokations-, Stabilisierungs- und Distributionspolitik oder nach dem Ansatz im Wirtschaftsgeschehen in → Ordnungs-, Grundlagen-, → Struktur- und Prozeßpolitik gliedern. In der *Wirtschaftsordnungspolitik* geht es um die Gestaltung der rechtlichen Regelungen und gesellschaftlichen Institutionen für das Verhalten der Wirtschaftssubjekte. Sie beinhaltet das *Koordinationsproblem* für reibungsloses Ineinandergreifen einer arbeitsteiligen Güter- und Dienstleistungserstellung durch wirtschaftliche Institutionen (Märkte, Geld, Börse, Verkehr, → Kommunikation etc.) und Verhaltensnormen („ehrbarer Kaufmann", Zahlungssitten). Das *Lenkungsproblem* der Ausrichtung der Produktion am Bedarf ist Hauptgegenstand der theoretischen Nationalökonomie, die alternativ Ordnungsmodelle dezentraler (wechselseitiger) Steuerung über Märkte, Wettbewerb und freie Preisbildung (→ Marktwirtschaft) oder zentraler Wirtschaftsplanung (→ Zentralverwaltungswirtschaft) darstellt. Versuche, einen „dritten Weg" als eigenständiges ordnungspolitisches Modell zu be-

gründen, haben wenig Verbreitung erfahren. Differenzierte Lösungen für das Lenkungsproblem finden sich im Wirtschaftssystemvergleich und in der praxisbezogenen Diskussion über real existierende gemischte Wirtschaftsordnungen, z.B. die → „Soziale Marktwirtschaft" in der Bundesrepublik. Solche Ordnungskonzepte berücksichtigen gesellschaftspolitische Oberziele (→ Freiheit, → Gerechtigkeit, Sicherheit, Frieden), die Interdependenz gesellschaftlicher Teilordnungen, Grenzen der Anwendbarkeit des Marktmechanismus und die Möglichkeiten des Marktversagens. Das Ordnungsproblem umfaßt (dann auch) die Bestimmung kollektiver Entscheidungsmechanismen und des Bedarfs an staatlichen Interventionen, Güter- und Dienstleistungsangeboten. Aus Überlegungen über die Vereinbarkeit von Marktsteuerung und W. (Systemkonformität) ergeben sich Regeln für ordnungskonformes wirtschaftliches Handeln in einer Marktwirtschaft, z.B. die Bevorzugung genereller Regeln und indirekter Mittel anstelle von Ge- und Verboten.

Auf der Grundlage der durch die Wirtschaftsordnung vorgegebenen Rahmenbedingungen lassen sich Bereiche der W. danach unterscheiden, ob sie Ausgangsbedingungen (Daten) für den Wirtschaftsablauf oder diesen selbst betreffen. W., die auf die Ausgangsbedingungen für die langfristige Entwicklung bezogen ist, kann als *Wirtschaftsgrundlagenpolitik* bezeichnet werden. Ihr Gegenstand sind → Ressourcen: Boden bzw. die natürlichen Grundlagen menschlicher Existenz (Umwelt), der wirtschaftende Mensch selbst (Humankapital) sowie das Sachkapital als eigenständig knappe Ressource (wegen der Gegenwartspräferenz). Besondere Bedeutung erlangte die Wirtschaftsgrundlagenpolitik durch die im Zuge der wirtschaftlichen Entwicklung eingetretene Verknappung von Umweltgütern und Beeinträchtigung der Regenerationsfähigkeit der Natur infolge freier Nutzung vieler Naturgüter und externer Effekte von Produktion und Konsum. Wirtschaftsgrundlagenpolitik in bezug auf die Umwelt ist zum Modellfall geworden für die Bedeutung vollständig definierter Eigentumsrechte (Property Rights) und für die Suche nach Möglichkeiten optimaler Lösung der Allokation bei der Existenz externer Effekte. Die Beiträge der Theorie der W. zu marktwirtschaftlichen Instrumenten der → Umweltpolitik (Internalisierung, Abgaben, Zertifikate) haben allgemein die Kenntnisse über wirtschaftspolitische Handlungsmöglichkeiten erweitert.

Die traditionelle → Sozialpolitik kann teilweise als Wirtschaftsgrundlagenpolitik zur Verhinderung einer lebens- und gesundheitsbedrohenden Ausbeutung der Arbeitskraft (Arbeitnehmerschutz) verstanden werden. In Zukunft stehen die Sicherung der Voraussetzungen einer hohen Erwerbsbeteiligung, insbesondere der Frauen, und die Pflege einer ausreichenden Aus- und Weiterbildungsbereitschaft, Mobilität sowie Motivation zu Arbeitsleistung und kreativer → Partizipation am Wirtschaftsleben im Vordergrund.

Die *Wirtschaftsstrukturpolitik* gestaltet kurz- und mittelfristig geltende Ausgangsbedingungen für den Wirtschaftsprozeß, die sich in verschiedenen Strukturdimensionen der Wirtschaft (z.B. nach Sektoren, Branchen oder → Regionen) niederschlagen. Ziele der Strukturpolitik ergeben sich aus den globalen Zielen der W. und vorrangig aus gesellschaftlichen Oberzielen. Der Wandel der sektoralen Strukturen: von der Urproduktion über den gewerblich-industriellen Sektor zu den Dienstleistungen („Drei-Sektoren Hypothese"), der Branchen (Produktlebenszyklen) und Unternehmensgrößen, der sich in einer Marktwirtschaft aus den freien Entscheidungen von Nachfragern und Anbietern ständig ergibt, wird aus Gründen sozialer Sicherheit und Gerechtigkeit gebremst bzw. in seinen Folgen gemildert. → Raumordnungs- und → Regionalpolitik zur Sicherung „gleichwertiger Lebensverhältnisse" kann kurzfristig auf Kosten der Ausschöpfung des Wachstumspotentials der Gesamtwirtschaft gehen, aber langfristig durch Erschließung des Wirtschaftspotentials peripherer → ländlicher Räume einen Ausgleich für an den Grenzen des Wachstums angelangte Ballungsräume bieten. Im Zuge der Internationalisierung

der Wirtschaft hat sich eine dem Konzept der → "Investitionslenkung" über Wirtschafts- und Sozialräte verwandte „neomerkantilistische" Modernisierungs- und → Industriepolitik entwickelt. Entgegen dem erklärten Vertrauen auf die Marktsteuerung werden in Verbindung mit → Forschungs- und Technologiepolitik gezielte Anreize für bestimmte Wirtschaftsbereiche oder für Zentren mit transnationaler Funktion gewährt und damit Entwicklungschancen anderer Bereiche relativ verschlechtert.

In der *Wirtschaftsprozeßpolitik* dominieren im historischen Wandel wechselnd die Probleme des Ausgleichs von Konjunkturschwankungen (Stabilitätsproblem) und die Probleme der Entwicklung und des Wachstums (Niveauproblem). Für die kurzfristige Perspektive sind die Rahmenbedingungen der Wirtschaftsordnung und die Ausgangsbedingungen der Wirtschaftsgrundlagen und -struktur als Daten gegeben. Der Bereich der globalen Steuerung des Wirtschaftsprozesses (→ Stabilitätsgesetz) kann wegen der weitgehenden Operationalisierung oder quantitativen Festlegung von Zielen, der ökonometrischen Erfassung gesamtwirtschaftlicher Wirkungszusammenhänge (Gutachten der Wirtschaftswissenschaftlichen Forschungsinstitute und des → Sachverständigenrats) und der Verfügbarkeit quantitativer Instrumente auch als *Quantitative W.* bezeichnet werden.

Die staatliche Verantwortung für Wachstum und gesamtwirtschaftliche Stabilität wurde (auf Globalziele beschränkt) schrittweise in die marktwirtschaftlichen Wirtschaftssysteme integriert. Weitgehend übereinstimmend ist der als → "Magisches Viereck" bezeichnete (Kern-)Katalog globaler Ziele: Wachstum, Preisniveaustabilität, hoher Beschäftigungsstand und außenwirtschaftliches Gleichgewicht. Vor allem die Zielkonkurrenz von Preisniveaustabilität und hohem Beschäftigungsstand (Phillips-Theorem) schließt in der Realität die gleichzeitige Verwirklichung des gesamten Zielbündels aus. Konservative → Regierungen richten ihre W. auf Preisniveaustabilität, sozialistische Regierungen auf die Beschäftigung aus. Die Stabilisierungspolitik beruht auf der keynesianischen Theorie und setzt (neben Geldmarkt-Intervention über den Zinssatz) i.e.s. auf fiskalpolitische Nachfragesteuerung über die Staatsausgaben (insbesondere staatliche Investitionen) und über die steuerliche Beeinflussung der für privaten Konsum verfügbaren Einkommen. Grenzen genauer Diagnose und Prognose, Probleme bei Timing und Dosierung der Maßnahmen (angesichts des Zeitbedarfs von Entscheidungen, Wirkungsverzögerungen, Neben- und Fernwirkungen: Gewöhnung, rationale Erwartungen) sowie schließlich Schwächen demokratischer Regierungen bei restriktiver W. führten dazu, daß die als entscheidende Innovation in der W. der Nachkriegszeit gefeierten „Stabilitätsgesetze" in der Rezession im Gefolge der Ölpreisschocks (1973/74, 1979/80) zunehmend außer Anwendung kamen. In Großbritannien und den USA (→ "Thatcherismus", → "Reagonomics") sowie später in der Bundesrepublik setzten sich monetaristisch-neoklassische Vorstellungen durch, nach denen die von politischen Zyklen bestimmten Interventionen des Staates für die Schwankungen des ansonsten zur Stabilität tendierenden marktwirtschaftlichen Bereichs verantwortlich gemacht werden. Daher wird eine längerfristig orientierte W. verfolgt mit einer verstetigten Geldmengensteuerung und der Verbesserung der Angebotsbedingungen (→ Deregulierung, Steuerabbau).

Über den Bereich der Prozeßpolitik hinaus hat sich in der praktischen W. der meisten westlichen Industrieländer eine (neoklassisch fundierte) Renaissance für marktwirtschaftliche Grundsätze der W. ausgebreitet. In den Bestrebungen, staatliche Intervention und → Staatsquote generell zurückzunehmen (bis zum liberalen Minimalstaatskonzept) und die Deregulierung von Ausnahmebereichen voranzutreiben, werden Systemverschlechterungen korrigiert, aber auch die Gefahr einer idealistischen und ökonomistischen Verengung der Rationalität der W. und einer Vernachlässigung der Interdependenz gesellschaftlicher Teilordnungen erkennbar.

Lit.: Frey, B. S.: Theorie demokratischer Wirtschaftspolitik, München 1981; *Issing, O.:* Spezielle Wirtschaftspolitik, München 1982; *Kleinhenz, G.:* Zur politischen Ökonomie des Konsums, Berlin 1978; *Molitor, B.:* Wirtschaftspolitik, München/Wien 1988, *Woll, A.:* Wirtschaftspolitik, München 1984, *Laufende Quellen:* Sachverständigenrat zur Begutachtung der Gesamtwirtschaftlichen Entwicklung: Jahresgutachten, Stuttgart/Mainz, insbes. 1980ff. Der Wissenschaftliche Beirat beim Bundesministerium für Wirtschaft: Gutachten vom ... bis ..., Göttingen.

Prof. Dr. Gerhard Kleinhenz, Passau

Wirtschaftssystem

Während in Anlehnung an Walter Eucken mit dem Begriff → Wirtschaftsordnung in der Realität vorfindbare Organisationsformen von Volkswirtschaften bezeichnet werden, stellt der Begriff W. eine modelltheoretische Konzeption (Idealtypus) dar. Je nach wirtschaftspolitischen Entscheidungsträgern und der Art der in der Volkswirtschaft üblichen Planung für die Unternehmen unterscheidet man als Grundtypen die → Marktwirtschaft (dezentrale Steuerung individueller Pläne über den Markt) und die → Zentralverwaltungswirtschaft (zentrale Produktionspläne und Austauschprozesse). Die real vorfindbaren Wirtschaftsordnungen sind sämtliche Mischformen (so beispielsweise die → soziale Marktwirtschaft).

Wirtschafts- und Länderrat

In dem aus der amerikanischen und britischen → Besatzungszone 1947 gebildeten → "Vereinigten Wirtschaftsgebiet der Bizone" wurden 1947 (1948 umgebildet) folgende Organe geschaffen und in Frankfurt angesiedelt:

1. *Wirtschaftsrat:* Zuständig für Wirtschaft, Finanzen und Verkehr, war der W. ein quasi-parlamentarisches Organ aus 52 (später 104) Mitgliedern, die von den → Landesparlamenten der → Bizone nach dem Parteienproporz entsandt wurden.

2. *Länderrat* (vormals: Exekutivrat): Er wurde von je 2 Vertretern der 8 → Landesregierungen aus den beiden Besatzungszo-

nen gebildet. Gegen → Gesetze des Wirtschaftsrates konnte er Einspruch einlegen.

3. *Verwaltungsrat* (vormals: Direktorium): Er bildete die → Exekutive, geleitet von einem Oberdirektor. Die Exekutive bestand aus den Leitern (Direktoren) von 6 Verwaltungsämtern, die vom Wirtschaftsrat gewählt wurden und die insoweit einem → Minister vergleichbar waren.

Wirtschafts- und Sozialausschuß der Europäischen Gemeinschaften/ WSA
Organ der → EU, das den → Rat der EU und die → Europäische Kommission in wirtschafts- und sozialpolitischen Fragen beratend unterstützt, mit Initiativrecht, jedoch ohne Entscheidungsbefugnis. Seine (z.Z. 222) Mitglieder werden auf Vorschlag der nationalen → Regierungen vom Rat der EU ernannt; sie kommen aus allen EU-Ländern und verteilen sich zu gleichen Anteilen auf die 3 Gruppen Arbeitgeber, Arbeitnehmer, Verschiedene (z.B. Verbraucher, Landwirte).

Wirtschafts-, Währungs- und Sozialunion
Harmonisierung vormals selbständiger nationaler Politikbereiche durch → Integration zu einem einheitlichen Gesamtgebilde mit supranationalen Entscheidungsinstanzen. Die Errichtung eines regionalen W.-Bereichs ohne interne Hemmnisse kann über Zwischenstufen erfolgen.

Eine solche Union beschloß die → *EG* mit dem → Maastrichter Vertrag 1992: Die Wirtschaftsunion wurde zum 1.1.1993 verwirklicht; die Währungsunion begann am 1.1.1999 (mit Übergangszeiten); wenngleich die britische → Regierung der Einbeziehung des Sozialabkommens in den am 2.10.1997 abgeschlossenen → Amsterdamer Vertrag zustimmte, ist der Weg zu einer Sozialunion noch weit.

Für die deutsche → *Wiedervereinigung* (3.10.1990) war die W. als ein erster Schritt aufgrund des Vertrags zwischen der Bundesrepublik und der DDR zum 1.7.1990 geschaffen worden. Sie umfaßte neben der Harmonisierung der nationalen → Politiken (in fast allen Fällen gleichbedeutend mit der Übernahme bundesrepublikanischer Politik, z.B. → Marktwirtschaft und Einführung der

DM) die Entscheidungskompetenz bundesrepublikanischer → Behörden für beide deutsche Teilstaaten. Für die → Währungspolitik beispielsweise war die → Bundesbank zuständig, sie kontrollierte die Stabilität der DM. Auch in den anderen Bereichen waren und sind die alten → Bundesländer zu Vorleistungen genötigt, um den Rückstand der neuen Bundesländer auszugleichen und für eine beschleunigte Angleichung des Lebensniveaus zu sorgen.

Wirtschaftswunder
Populärbegriff für den schnellen wirtschaftlichen Wiederaufschwung mit ungewöhnlich hohen Steigerungsraten von Produktion und Lebensstandard in den 50er Jahren in der Bundesrepublik. Das W. kontrastierte stark zu den vorangegangenen schlechten Wirtschafts- und Lebensbedingungen im westlichen Nachkriegsdeutschland. Vorhandener Qualifikationsgrad der Arbeitskräfte, technologisches Niveau und eine trotz der sichtbaren Zerstörungen leistungsfähige industrielle Grundausrüstung sowie die Reparaturen an der → Infrastruktur stellten die Basis für den ökonomischen Wachstumsprozeß dar. Dieser setzte bereits 1945 ein, wurde durch → Marshall-Plan und → Währungsreform stabilisiert und konnte sich aufgrund des von Ludwig Erhard mitgestalteten marktwirtschaftlichen → Systems (→ Marktwirtschaft) entfalten (allerdings um den Preis temporärer Massenarbeitslosigkeit und relativer Verarmung breiter Schichten der Rentner, Sparer und Lohnempfänger). Günstige Exportmöglichkeiten (infolge des „Korea-Booms") und der allg. Nachholbedarf an Konsumgütern führten zu einer Steigerung materiellen Wohlstands, für die „W." zum Begriff wurde.

Wissenschaftspolitik
Im Unterschied zur → Forschungs- und Technologiepolitik, welche die gezielte Förderung und Beeinflussung der angewandten Forschung und der Verwertung ihrer Ergebnisse umfaßt, werden mit dem Begriff W. darüber hinaus Maßnahmen der Studentenausbildung und -förderung bezeichnet. W. wird von → Bund und → Län-

dern gemeinsam betrieben (→ Gemeinschaftsaufgaben).

Wohlfahrtsausschuß
→ Terreur

Wohlfahrtsstaat
Deutsche Übersetzung des anglo-amerikanischen Begriffs welfare state, wofür sich allerdings stärker der Begriff → Sozialstaat eingebürgert hat. Obwohl Sozialstaat und W. umgangssprachlich und in der sozialwissenschaftlichen Diskussion weitgehend synonym gebraucht werden, haftet dem Begriff W. beispielsweise im Deutschen und Amerikanischen die Vorstellung eines überzogenen, die Freiheitsräume des → Individuums einschränkenden Betreuungsinstituts an.

W. geht in den meisten Abgrenzungen über die → Sozialpolitik hinaus und umfaßt auch die → Bildungspolitik, → Wohnungspolitik etc.

Wohlfahrtsverbände
Teil der → Sozialverbände, mit Status der Gemeinnützigkeit. Die 6 Spitzenverbände der freien Wohlfahrtspflege sind: Deutscher Paritätischer Wohlfahrtsverband/ DPWV; Deutsches Rotes Kreuz/ DRK; Arbeiterwohlfahrt/ AWO; Diakonisches Werk (evgl.); Deutscher Caritasverband (kath.); Zentralwohlfahrtsstelle der Juden in Deutschland. Mit ihren nach Millionen zählenden haupt- und ehrenamtlichen Mitarbeitern erbringen sie Leistungen für einzelne Personen oder Gruppen in Krankenhäusern, Heimen, Tagesstätten, Kindergärten etc. W. übernehmen damit Aufgaben, welche die staatliche Wohlfahrtspflege nicht umfassend abdecken kann oder gemäß dem → Subsidiaritätsprinzip nicht will; teilweise gehen sie über gesetzliche Ansprüche hinaus. Für ihre Tätigkeit erhalten W. direkte und indirekte materielle Unterstützung von staatlicher Seite. Ein Teil der W. wirkt auf die Sozialgesetzgebung ein.

Wohnungsbaupolitik
Derjenige Teil der → Wohnungspolitik, der auf die Schaffung quantitativ und qualitativ angemessenen Wohnraums abzielt. Aufgabe des → Staates sind v.a. rechtliche Rah-

menbedingungen, steuerliche Anreize und Subventionen, aber auch Baufinanzierungsprogramme; die → Gemeinden können Bauflächen erschließen und zur Verfügung stellen sowie die wünschenswerte Bautätigkeit in ihre Flächenplanungen einbeziehen.

Wohnungspolitik
1. Begriff. Unter W. sind alle die politischen Prozesse und staatlichen Maßnahmen zu verstehen, die Einfluß auf die Wohnungsversorgung nehmen. Dazu gehören der Neubau und seine Förderung (→ Wohnungsbaupolitik) ebenso wie die Bewirtschaftung und Modernisierung bestehenden Wohnraums (Wohnungsbestandspolitik). W. ist in erster Linie Teil der → *Sozialpolitik.* Sie hat aber auch Aspekte der → Vermögenspolitik, der → Familienpolitik sowie der → Wirtschafts- und → Konjunkturpolitik.

2. Grundlagen. Am Anfang der W. stand die „Arbeiterwohnungsfrage", die katastrophale Wohnungsnot im Gefolge von → Industrialisierung und → Urbanisierung. Sieht man von einzelnen Aktivitäten privater Wohltätigkeit und der → Gemeinden ab, sind die eigentlichen Anfänge der W. auf die Jahre um den Ersten Weltkrieg zu datieren. Der Zweite Weltkrieg mit Millionen zerstörter Wohnungen und gewaltigen Flüchtlingsströmen machte die Wohnungsversorgung zu einer zentralen Aufgabe nationaler → Politik. W. blieb aber stets auch ein wichtiger Teil der → *Kommunalpolitik.*

Die Wohnungsversorgung westlicher → Industriegesellschaften ist in ihren Grundstrukturen marktwirtschaftlich organisiert. Allerdings handelt es sich um einen Wirtschaftssektor mit besonders weitgehenden Staatseingriffen. Eine Reihe von Besonderheiten der „Ware Wohnung" sind dafür verantwortlich, daß auch in wohlhabenden → Gesellschaften ein beträchtlicher Teil der Bevölkerung seine Wohnungsversorgung ohne staatliche Unterstützung nicht sicherstellen kann - jedenfalls nicht auf ausreichendem Niveau und zu akzeptablen Kosten:

- Die Wohnung stellt ein lebenswichtiges, für den Menschen *unverzichtbares Gut* dar. Dadurch wird in den Marktbeziehungen der Wohnungssuchende benachteiligt und der Anbieter begünstigt.

- Hohe Produktionskosten, die ein Mehrfaches der durchschnittlichen Jahreseinkommen betragen, sind dafür verantwortlich, daß *Wohneigentum* für einen erheblichen Teil der Bevölkerung nicht erschwinglich ist. Diese Haushalte sind auf das Wohnen zur *Miete* angewiesen. Die hohen Kosten bewirken zugleich, daß Wohnungsbauinvestitionen i.d.R. nur dann unternommen werden, wenn sie sich voraussichtlich über einen langen Zeitraum rentieren.

- I. Ggs. zu den meisten anderen Gütern sind Wohnungen an ihren Ort gebunden. Berücksichtigt man zudem andere Merkmale wie Größe, Ausstattung, Grundriß und Lage im Gebäude, so wird deutlich, daß kaum eine Wohnung der anderen gleicht. Beide Faktoren führen dazu, daß ein einziger großer Wohnungsmarkt nur in abstraktem Sinne existiert. Auszugehen ist vielmehr von einer ganzen Anzahl von *lokalen, regionalen und sektoralen Wohnungsmärkten*, so daß gute Wohnungsversorgung und Engpässe zur selben Zeit auftreten können.

3. Instrumente. Alle westlichen Industriestaaten haben - wenn auch in unterschiedlichen Ausprägungen und Kombinationen - im Prinzip auf ein ähnliches wohnungspolitisches Instrumentarium zurückgegriffen:

- Einige → Staaten etablierten, wie etwa Großbritannien, neben dem privaten einen umfänglichen *öffentlichen Mietwohnungsmarkt*. I.d.R. bauen die Gemeinden diese Wohnungen und vergeben sie zu subventionierten Mieten an nach sozialen Kriterien ausgewählte → Bürger. Andere Staaten, und zu ihnen gehört auch die Bundesrepublik, haben den öffentlichen Wohnungsbau auf die Versorgung der öffentlichen Beschäftigten beschränkt. Mit *nicht gewinnorientierten (gemeinnützigen) Wohnungsunternehmen* existiert aber auch dort ein sozial gebundener Sondermarkt. Die Unternehmen unterscheiden sich von anderen Anbietern durch Merkmale wie die begrenzte Gewinnausschüttung und

die auf Zwecke der Wohnungsversorgung beschränkte Geschäftätigkeit.

- Die Förderung des privaten Wohnungsneubaus mit öffentlichen Darlehen und Zuschüssen (*„Objektsubvention"*) stimuliert die Bautätigkeit und schafft dabei gezielt Wohnungen für Haushalte, die sich zu den Bedingungen des freien Marktes eine Neubauwohnung nicht leisten können. Im Tausch gegen die öffentlichen Mittel unterliegen die Bauherren Bindungen, die sich v.a. auf die Berechnung von Mieten und Verkaufspreisen und die Auswahl der Bewohner beziehen. Als → *"sozialer Wohnungsbau"* war die Objektsubvention für den Wiederaufbau der bundesdeutschen → Städte und Gemeinden nach dem Krieg von entscheidender Bedeutung.

- Strategien der *„Subjektsubvention"* setzen dagegen an der Nachfrage an und wollen die Kaufkraft der einkommensschwachen Haushalte auf den privaten Wohnungsmärkten stärken. Diese Haushalte erhalten öffentliche Zuschüsse, wenn ihre Belastung aus der Miete oder der Bewirtschaftung des Eigenheims bestimmte Grenzen überschreitet.

- Anders als Objekt- und Subjektsubvention ist die Förderung des Wohnungsbaus durch *Steuervergünstigungen* kaum sozialpolitisch verpflichtet. Sie dient der allgemeinen Förderung des Wohnungsbaus, wobei in der Bundesrepublik und in einer Reihe anderer Staaten v.a. die Bildung selbstgenutzten Wohneigentums prämiiert wird. Nicht nur kommen i.d.R. alle Bauherren in den Genuß der Förderung, oft profitieren vornehmlich einkommensstarke Haushalte.

- Angesichts der Besonderheiten des Wohnungsmarktes würde ein Zustand der vollkommenen Vertragsfreiheit die Vermieter begünstigen. Daher wird mit dem *Mietrecht* die Stellung der Mieter gestärkt. Sie genießen in der Bundesrepublik weitgehenden Kündigungsschutz, Mieterhöhungen sind gesetzlich eingeschränkt.

- Seit dem Ende der 60er Jahre hat die W. die zusätzliche Aufgabe, den Verfall der lange Zeit vernachlässigten Innenstädte zu verhindern. Dafür wurde das Repertoire staatlicher Wohnungsbauförderung insofern erweitert, als seitdem auch die *Modernisierung* von Wohnraum mit Darlehen, Zuschüssen und Steuervergünstigungen gefördert wird.

- Schließlich bleibt die *Obdachlosenpolitik* als letztes Mittel der W. Sie hat mit den - in den 80er Jahre wieder angewachsenen - Bevölkerungsgruppen zu tun, denen auch die allgemeine W. nicht zu einer Wohnung verhilft. Sie werden in Obdachlosensiedlungen, Wohnheimen oder auch nur in Nachtasylen untergebracht. Die Verantwortung dafür liegt i.d.R. in den Händen von Gemeinden und karitativen Organisationen.

4. Positionen. Seit den 70er Jahren ist in den westlichen Industriestaaten ein Grundsatzstreit über die Rolle von Staat und Markt in der Wohnungsversorgung zu beobachten, der - grob zusammengefaßt - zwischen zwei Lagern verläuft:
Die eine Position wird v. a. von sozialdemokratischen und sozialistischen → Parteien sowie von Mieterorganisationen vertreten. Sie stellt die privatwirtschaftliche Grundstruktur der Wohnungsversorgung als solche nicht in Frage, hält aber ein erhebliches Maß an staatlichen *Eingriffen auf Dauer* für notwendig. Sie befürwortet insbesondere einen weitgehenden → Mieterschutz und einen umfangreichen sozial gebundenen Sondermarkt. Der Förderung des Wohneigentums wird kein Vorrang vor der der Mietwohnung eingeräumt.

Vertreter der anderen Position sind v. a. die bürgerlichen Parteien und die Organisationen der Wohnungseigentümer. Geht es nach ihnen, so sollte die Wohnungsversorgung weitgehend dem *Markt* überantwortet werden. Intensive staatliche Eingriffe akzeptieren sie nur als vorübergehende Antwort auf die Wohnungsnot nach dem Zweiten Weltkrieg, nicht aber als dauerhaften Bestandteil sozialstaatlicher Politik. Wo dennoch, v.a. zum Schutz der einkommensschwachen Haushalte, wohnungspolitische Interventionen notwendig sind, sollen sie möglichst marktgerecht ausfallen. Die Bildung von Sondermärkten

mit subventionierten Mieten wird abgelehnt und ein umfangreicher Mieterschutz v.a. als Hindernis für Neubauinvestitionen gesehen. Demgegenüber gilt die Subjektsubvention als sozialpolitisch treffsicheres, marktverträgliches und deshalb zu präferierendes Instrument. Die meisten Anhänger dieser Position sind allerdings dort zu umfangreichen Förderungsmaßnahmen bereit, wo es um das Wohneigentum geht. Seine Sonderstellung wird begründet mit der Attraktivität der eigenen Wohnung für die Bürger, mit der hohen, v.a. auch finanziellen Leistungsbereitschaft der Wohnungseigentümer und mit der stabilisierenden Wirkung gerade dieser Eigentumsform auf die → Gesellschaft.

Die in den einzelnen Staaten praktizierte W. ist durch jeweils spezifische Mischungen zwischen beiden Positionen geprägt. Allerdings hat die marktwirtschaftliche Position in den 70er und 80er Jahren stark an Boden gewonnen. Das hat zum einen ganz allgemeine Gründe wie die → Krise der öffentlichen Finanzen und das Ende des langjährigen, sozialdemokratisch und keynesianisch geprägten Konsenses. Hinzu kamen wohnungspolitische Spezifika. Erstmals traten Wohnungsleerstände auf einzelnen lokalen Märkten auf, der quantitative Versorgungsauftrag schien im wesentlichen erfüllt zu sein.

Insgesamt hat W. deutlich an Stellenwert verloren. Gerade sie hat mit am stärksten unter der Sparpolitik der letzten Jahre gelitten. In einer ganzen Reihe von Staaten wurde der Teilmarkt der preisgünstigen und sozial gebundenen Mietwohnungen bewußt verkleinert. Beispiele sind der Verkauf von Gemeindewohnungen an die Mieter in Großbritannien und der Niedergang des sozialen Mietwohnungsbaus sowie die Abschaffung der Wohnungsgemeinnützigkeit in der Bundesrepublik. Alle diese Entwicklungen zeigen, daß W. anders als etwa die Alterssicherung nicht im Kern, sondern eher am Rand des → Wohlfahrtsstaats angesiedelt ist.

5. Probleme und Tendenzen. Trotz aller Verbesserungen der Wohnungsversorgung gerade auch in der Bundesrepublik bestehen weiterhin gravierende Versorgungsprobleme auf einzelnen Teilmärkten und für bestimmte Bevölkerungsgruppen. Im Kern sind davon immer noch v.a. einkommensschwache Haushalte betroffen. Hinzu kommen spezifische Diskriminierungen für Gruppen wie ausländische oder kinderreiche Haushalte.

Schreibt man die Trends der Vergangenheit fort, so ist damit zu rechnen, daß die Nachfrage auch bei stagnierender Bevölkerung weiter steigen wird. Dafür sind weiterhin abnehmende Haushaltsgrößen und die Bereitschaft vieler Haushalte verantwortlich, steigende Realeinkommen für bessere Wohnungen zu verwenden. Soweit sich diese Nachfrage auf bestehenden Wohnraum erstreckt, dürfte sie die Lage der Haushalte, die schon heute Wohnungsprobleme haben, eher noch verschlechtern.

Politisch wird diese Entwicklung noch verschärft: Die Förderungssysteme sind immer noch eher durch das Bemühen um *Mengeneffekte* als durch soziale *Treffsicherheit* geprägt. Die Verlagerung der Prioritäten vom Mietwohnungsbau zur (v.a. steuerlichen) Eigentumsförderung hat diese Verteilungseffekte zugunsten von kaufkräftigen Schichten und zu Lasten der eigentlich Bedürftigen ebenso verschärft wie der Abbau der sozial gebundenen Wohnungsbestände. Die Modernisierungsförderung tut ein Übriges. Zwar verbessert sie tatsächlich die Lage der Innenstädte. Möglich ist dies aber nur um den Preis eines → Konflikts mit sozialpolitischen Zielen: Altbaubestände in guter Lage wurden für kaufkräftige Schichten attraktiv, während die bisherigen Bewohner durch hohe Mieten zunehmend verdrängt werden.

Hinzu kommt ein weiterer Zielkonflikt: Zunehmend wird einer „Ökologisierung" des Wohnungs- und Städtebaus das Wort geredet. Zugleich wächst aber die für die Wohnungsversorgung genutzte und damit versiegelte Fläche auch weiterhin zügig an. Wohnungsbau und → *Umweltpolitik* geraten zunehmend in Konflikt. Ein → System politischer Interventionen in den Wohnungsmarkt, das zielgerichtet die noch bestehenden Engpässe angeht und

dabei auch neuen (ökologischen) Gesichtspunkten Rechnung trägt, ist in der Vergangenheit wiederholt gefordert worden. Es auch einzuführen, bleibt die wohl wichtigste wohnungspolitische Aufgabe der Zukunft.

Lit.: Eekhoff, J.: Wohnungs- und Bodenmarkt, Tübingen 1987; *Heuer, J./ Kühne-Büning, L* (Hg.): Grundlage der Wohnungs- und Immobilienwirtschaft, Frankfurt 1994; *Peters, K-H.:* Wohnungspolitik am Scheideweg, Berlin 1984; *Vliet W. van* (Ed.): The International Handbook on Housing Policies and Practices, Westport, Ct. 1990.

Dipl. Pol. Wolfgang Jaedicke, Berlin

World Trade Organization/ WTO
dt.: Welthandelsorganisation; 1995 gegr. Sonderorganisation der → Vereinten Nationen zur Gestaltung zwischenstaatlicher Handelsbeziehungen mit Sitz in Genf. Sie nimmt die Aufgaben der in der Havanna-Charta vorgesehenen International Trade Organization/ ITO wahr, die aufgrund des Widerstandes der USA als auf internationale Handelspolitik reduziertes → GATT 1948 in Kraft trat. Die W. übernimmt erstens die Aufgaben des bis dahin nur provisorischen GATT-Sekretariats. In das Ziel einer Förderung der internationalen Arbeitsteilung (v.a. durch Liberalisierung des Welthandels) wurden erstmals der Agrar- und der Textilhandel einbezogen. Nach dem GATT-Provisorium wurde mit der W. erstmals eine gültige Welthandelsorganisation geschaffen, mit verbindlichen Streitschlichtungs- und Sanktionsmechanismen. Die W. verhandelt konkrete Handelsvereinbarungen und überwacht deren Einhaltung.

Zweiter Aufgabenbereich der W. ist das General Agreement on Trade in Services/ GATS, das der Ausweitung der GATT-Regeln auf den Handel mit Dienstleistungen dient. Dritter Aufgabenbereich ist das Abkommen über Trade-Related Aspects of Intellectual Property Rights/ TRIPs, das den Schutz des geistigen → Eigentums (Patente, Ursprungsregeln) umfaßt. Die von der W. angestrebte neue liberale Welthandelsord-

nung verspricht somit umfassender und ro-
buster zu werden als das alte GATT.

WTO
Abk. für → *W*orld *T*rade *O*rganization

Xenophobie
Distante → Einstellung gegenüber Fremden, die auf Furcht basiert. X. kann von allg. Ablehnung bis hin zu Haß und Feindschaft reichen; sie geht über eine natürliche Haltung des Menschen hinaus, dem alles Fremde (d.h., alles außerhalb der eigenen Gruppe stehende) zunächst unheimlich anmutet. Spannungen, Feindschaften, Kriegszustände etc. entstehen aus Gruppenfeindschaften, deren Ursache die X. bildet. Ob sich X. entwickelt und wie sie sich auswirkt, hängt von vielen sozialen und politischen Prozessen und Einflüssen ab; das bekannteste Beispiel für X. ist der → Antisemitismus.

ZDF

Abk. für → *Zweites Deutsches Fernsehen*

Zehnerklub

1962 vollzogener Zusammenschluß der 10 wichtigsten (westlichen) Industrienationen innerhalb des → Internationalen Währungsfonds/ IWF. Dazu gehören: Bundesrepublik Deutschland, USA, Kanada, Japan, Frankreich, Großbritannien, Italien, Belgien, Niederlande und Schweden; bei der Gründung nur assoziiert, ist die Schweiz seit 1984 Vollmitglied. Luxemburg, Dänemark und Irland gehören zum sog. erweiterten Z. Die Mitglieder des Z. konsultieren und unterstützen sich gegenseitig bei Zahlungsbilanzproblemen. Der Z. hatte einen entscheidenden Anteil an der Schaffung der Sonderziehungsrechte des IWF, die - v.a. für → Entwicklungsländer - zusätzliche Liquidität zur Finanzierung von Zahlungsbilanzdefiziten ermöglichen.

Zeichnungsrecht

Unterschrift unter ein (amtliches) Schriftstück durch den Leiter der Organisationseinheit innerhalb einer → Behörde, die nach dem sachlichen Inhalt eines Vorgangs überwiegend zuständig ist und die formale Verantwortung trägt. Damit erlangt der Verwaltungsvorgang seine Rechtsgültigkeit. Der verantwortlichen Stelle (→ Amt bzw. → Referat) obliegt es, dafür zu sorgen, daß alle fachlich betroffenen Stellen beteiligt werden (→ Mitzeichnung).

Zensur

Obrigkeitsstaatliches und seither in → Diktaturen generell übliches Instrument präventiver bzw. nachkontrollierender Einschränkung der → Meinungs-, Informations- und Pressefreiheit durch staatliche Organe. Seit der flächendeckenden Nachrichtenverbreitung durch die → Massenmedien → Presse, Rundfunk und Fernsehen sind v.a. diese der Ansatzpunkt einer durch Z. bevormundenden und reglementierenden staatlichen Steuerung öffentlicher Information (s.a. → Propaganda). Art. 5 I 3 GG normiert ein generelles Z.verbot.

Zensus

1. Erhebung statistischer Bestandsmengen (Personen, Wohnungen, Wirtschaftsbetriebe etc.) zu einem bestimmten Zeitpunkt in Form von Befragung durch staatliche Stellen. Anhand der Erfassung dieser Datenträger sollen wichtige Tatbestände und ihre Veränderungen transparent gemacht werden. Ein *Totalzensus* wird nur in größeren Zeitabständen (z.B. USA: 10 Jahre) erhoben, da er sehr teuer ist; *Mikrozensen* zur Fortschreibung des Totalzensus werden in den dazwischen liegenden Zeiträumen vorgenommen.

2. Grundlage von Wahlrechtsbeschränkungen (Zensuswahlrecht).

Zentralbank

→ Notenbank

Zentrale → Institution eines → Staates (oder einer Staatengemeinschaft im Rahmen einer → Währungsunion) für die Notenausgabe und die Regelung des Zahlungsverkehrs; in Deutschland die → Deutsche Bundesbank, in der → EU seit 1999 die 1998 errichtete → Europäische Zentralbank/ EZB. National unterschiedlich geregelt ist der Grad an Unabhängigkeit (Zentralbankautonomie) von Entscheidungen anderer staatlicher Stellen, den die Z. besitzt; er bestimmt ihre Zuständigkeit (bzw. ihre Einwirkungsmöglichkeiten) für die Währungs- und Geldpolitik, damit auch für die Geldwertstabilität sowie für die gesamtwirtschaftliche Entwicklung. Die der Unabhängigkeit der → Deutschen Bundesbank zugeschriebenen gesamtwirtschaftlichen Erfolge haben die Position der Z. in anderen Staaten beeinflußt und sind in die vertraglichen Bestimmungen über die EZB eingeflossen.

Zentralbankrat

Bei manchen → Zentralbanken Bez. für deren oberstes Organ. Der Z. der → Deutschen Bundesbank besteht aus dem vom → Bundespräsidenten (auf Vorschlag der → Bundesregierung) ernannten Direktorium (→ Präsident, Vizepräsident, bis zu 6 weitere Mitglieder) sowie aus den Präsidenten der 9 Landeszentralbanken. Der Z. bestimmt die Währungs- und Geldpolitik der Bundesbank und legt die Richtlinien für Geschäftsführung und Verwaltung fest.

Die 1998 gegründete → Europäische Zentralbank/ EZB verfügt analog dem Z. der Deutschen Bundesbank über den EZB-Rat, der aus dem vom → Europäischen Rat (auf Empfehlung der im → Rat der EU vertretenen Wirtschafts- und Finanzminister) ernannten Direktorium (Präsident, Vizepräsident, 4 weitere Mitglieder) sowie aus den Präsidenten der nationalen Zentralbanken besteht. Der Rat der EZB bestimmt die Geldpolitik (seit Beginn der → Währungsunion 1999).

zentrale Verwaltungsbehörden

Gemäß dem Aufbau der → Verwaltung in der Bundesrepublik zählen zu den z. oberste → Behörden von → Land und → Bund sowie Bundes- und Landesoberbehörden (→ Bundesanstalt für Arbeit, Bundesarchiv, → Bundeskriminalamt, Bundesschuldenverwaltung, Deutsches Patentamt usw.).

zentralisierter Einheitsstaat

→ Einheitsstaat

Zentralismus

Tendenz zur Zentralisation der → Staatsgewalt an der Spitze des gesamtstaatlichen Gebildes (im → Nationalstaat die nationalen politischen → Institutionen). Begründet wird das Konzept der Konzentration politisch-administrativer Aufgabenbereiche und

Regelungsbefugnisse mit gesteigerter Effizienz des Gesamtsystems (Einheitlichkeit der Lebensverhältnisse und des Verwaltungshandelns etc.), wobei diese Konzentration i.d.R. sowohl geographisch als auch kompetenziell angelegt ist. Z. steht damit im Gegensatz zum → Föderalismus; die Extremform stellt der monokratische Zentralstaat (s.a. → Einheitsstaat) dar, in dessen „reiner" Form alle öffentliche → Gewalt zentral delegiert, regionale Besonderheiten kultureller, sozialer oder politischer Art der Tendenz nach „eingeebnet" und politische Entscheidungen für die regionale - und meist auch lokale - Ebene auf der nationalen Ebene präfixiert werden.

Zentralkomitee der deutschen Katholiken/ ZdK

Von der Fuldaer Bischofskonferenz 1952 gegr. Zusammenschluß der katholischen → Verbände bzw. Laienorganisationen. Das Z. erkennt die Dominanz der kirchlichen → Hierarchie an; der Klerus ist aktiv an der Arbeit des Z. beteiligt.

Zentralkomitee der SED

→ Sozialistische Einheitspartei Deutschlands/ SED

Zentralverwaltungswirtschaft

⇒ Planwirtschaft
Bez. für ein → Wirtschaftssystem mit einer imperativen zentralen Planung für Produktion und Austauschprozesse. Die zentrale Planbehörde, eine ausgedehnte → Bürokratie, arbeitet jeweils einen integrierten Plan für ein Jahr aus, der in Mehrjahrespläne (i.d.R. 5 Jahre) eingebunden ist. Diese Pläne geben den einzelnen Betrieben genaue Vorgaben, an die sie sich exakt halten müssen. In diese Pläne fließen Produktionsmöglichkeiten ebenso ein wie Prognosen über die gesellschaftlichen → Bedürfnisse. Dem Außenhandel kommt primär die Funktion eines Lückenbüßers zu. Der Privatbesitz an Produktionsmitteln ist (fast gänzlich) verboten, die Gesellschaftsordnung ist sozialistisch oder kommunistisch.

Z. unterscheiden sich danach, ob noch gewisse private Produktionsmöglichkeiten bestehen (im ehem. → Ostblock meist die Kleinparzellen in der Landwirtschaft) und ob Konsum sowie Arbeitsplätze Wahlmöglichkeiten aufweisen.

Zentrum

Kurzbez. für → Deutsche Zentrums-Partei

Zielregionen

Mit Hilfe der → Strukturfonds der EU sowie weiterer strukturpolitischer Finanzinstrumente der → EU sollen als vorrangige Förderziele → Regionen mit Entwicklungsrückstand (Ziel-1-Regionen) oder anderweitig wirtschaftlich betroffene bzw. benachteiligte Regionen (Ziele 2 bis 6) unterstützt werden. Die regionalen wirtschaftlichen und sozialpolitischen Disparitäten innerhalb der EU sollen hierdurch nachhaltig verringert werden. Der von EU-Mitteln getragene Kostenanteil richtet sich nach der Schwere des regionalen Problems und der Wirtschaftskraft des Mitgliedsstaates.

Zins

In allg. Definition der Preis für die zeitweise Überlassung von Geld als Kredit, den der Schuldner an den Gläubiger zahlen muß.

Zionismus

Internationale jüdische politische Bewegung zur Gründung des → Staates Israel im damaligen Palästina. Religiös-politischer Mittelpunkt sollte der Tempelberg Zion (d.h. Jerusalem) sein. Der → Antisemitismus - v.a. die → Pogrome gegen Juden in Polen und Rußland, aber auch die nationalen Bewegungen des 19. Jh. in Europa - trugen zur Gründung der modernen zionistischen Bewegung 1897 (unter Theodor Herzl) bei. Die Bemühungen um die Schaffung einer jüdischen Nationalheimstatt - v.a. gegenüber Großbritannien, der Mandatarmacht von Palästina - führten 1948 zum Beschluß der → UNO über die Aufteilung Palästinas in einen Staat der Araber und einen Staat der Juden - Israel.

Zivildienst

→ ziviler Ersatzdienst

ziviler Ersatzdienst

→ Zivildienst
Wehrersatzdienst, der in der Bundesrepublik anstelle des → Wehrdienstes im Falle

der Anerkennung als Wehrdienstverweigerer (→ Kriegsdienstverweigerung) zu leisten ist. Art. 4 III GG garantiert das → Grundrecht auf Kriegsdienstverweigerung; Art. 12a II begründet die Verpflichtung zum z. Dieser ist z.Z. um ca. 1/3 länger als der Wehrdienst (10 Monate), vgl. BVerfGE 69, S. 1. Der z. muß in einer gemeinnützigen → Institution (insbes. im Kranken-, Heil- und Pflegebereich) abgeleistet werden. Anerkennungsverfahren und Zuweisung der Ersatzdienstplätze obliegen dem Bundesamt für Zivildienst (unter Leitung des Bundesbeauftragten für den Zivildienst). Die sog. Gewissensprüfung wurde 1983 abgeschafft.

ziviler Ungehorsam

Durch bewußte und gezielte Verletzung von Rechtsnormen soll auf die öffentliche Meinungsbildung sowie politische Willens- und Entscheidungsbildung eingewirkt werden, indem durch solche begrenzten Regelverstöße öffentliche Aufmerksamkeit erregt wird. Der z. wendet sich nicht gegen die Rechtsordnung als solche, sondern gegen bestimmte, als politisch oder sittlich illegitim angesehene Entscheidungen. Die angewandten Mittel zielen primär auf symbolische Regelverletzungen ab, z.B. Sitzblockaden. Die Rechtsprechung sieht den z. als illegal an, da auch achtenswerte Motive nichts an der Rechtswidrigkeit der Handlungen ändern; die Motive können jedoch bei der Strafzumessung berücksichtigt werden.

Zivilgesellschaft

Als wissenschaftliches Analysekonzept erfährt Z. (engl.: civil society) heute eine widersprüchliche Verwendung, welche auf das im Laufe der Begriffstradition gewandelte Verständnis der Zuordnung von → „bürgerlicher Gesellschaft" und → „Staat" zurückzuführen ist.

1. Seit Aristoteles dominierte bis Mitte des 18. Jh. eine Gleichsetzung von „Staat" und „bürgerlicher Gesellschaft"; letztere war als Verbindung freier und gleicher Vollbürger zur regierenden Herrschaftsgewalt zusammengefaßt und jener unterworfen.

2. Von Beginn des 19. Jh. an werden v.a. in Deutschland beide Bereiche einander im

Hegelschen Sinne begrifflich gegenübergestellt. Die → Gesellschaft wird aufgrund
unterschiedlicher Eigentumsverhältnisse als
in sich differenziert aufgefaßt und gilt als
Verbindung bürgerlicher Privatleute, von
denen sich der politische Staat als eigenständige Sphäre abhebt.
3. Die heutige Verwendung von Z. bezieht
sich überwiegend auf die Wechselbezie-
hungen zwischen Staat und Gesellschaft,
deren unterschiedliche Interessen als legitim anerkannt und staatlich vermittelt werden. Z. wird v.a. in osteuropäischen Staaten
nach dem Zerfall sozialistischer Herrschaftsordnungen als politische Zielvorstellung begriffen, die sich im Zuge der Systemtransformation auf die Einrichtung einer → Demokratie des westlich-repräsen-
tativen Typus richtet. Handlungsleitende
Merkmale dieser Z. sind somit u.a. Parteienpluralismus, → Gewaltenteilung, Rechtsstaatlichkeit, unzensierte → Öffentlichkeit,
Garantie der demokratischen → Grundrechte.

Zivilisation
Wie in der ursprünglichen Wortbedeutung
des franz. civilité (= bürgerlich, „feine" Le-
bensart) anklingt, bezeichnet Z. einen hinsichtlich Bildung, Lebensform, Sozialver-
halten und wiss.-technischen Fertigkeiten
fortgeschrittenen   Entwicklungsstand
menschlicher → Gesellschaften, der zum
unfertigen - oder, aus Sicht einer pessimi-
stisch wertenden Sozialphilosophie: ur-
sprünglich-naturhaften - Ausgangszustand
der Primitivität und Barbarei kontrastiert.
Prägend für das deutsche Z.-Verständnis
war seit der Romantik eine - dem angelsächsischen Kulturkreis so nicht geläufige -
Denktradition, die zwischen „westlich-
dekadenter", künstlicher Z. und naturhaft-
empfindsamer, „höherer" Kultur unterschied. Heute bezeichnet Kultur i.w.S. das
Gesamte der in einer Gesellschaft verfügbaren, gemeinschaftlichen Identifikation
(durch Werte, → Einstellungen, Verhaltensweisen etc.), das in Z. prozeßhaft Gestalt annimmt.

ZK
Abk. für Zentralkomitee

Zollverein
Da die starke Zersplitterung des → Deutschen Reiches die wirtschaftliche Entwicklung sehr behinderte, schlossen sich ab
1828 einzelne → Staaten des → Deutschen
Bundes zu Zollverbänden zusammen, um
durch Aufhebung von Binnenzöllen den
Handelsverkehr zu erleichtern. 1834 entstand der Deutsche Z., dem sich fast alle
nord- und süddeutschen Staaten anschlos-
sen; Österreich blieb ausgeschlossen.

Zonenbeirat
Der Z. wurde im Frühjahr 1946 als beraten-
des Gremium der Militärregierung der britischen Zone konstituiert. Ihm gehörten Vertreter der → Landesregierungen, politischen
→ Parteien, → Zonen-Zentralämter, → Gewerkschaften und Verbrauchergenossen-
schaften an. Wenngleich sich seine Funktion auf Gutachten und Empfehlungen beschränkte, folgte die Militärregierung den
meisten seiner Vorschläge. 1947 wurde die
britische → Besatzungszone (neben der US-
Zone) Teil der → Bizone (→ Vereinigtes
Wirtschaftsgebiet der Bizone), aus der 1949
unter Einschluß der französischen Zone die
→ Trizone wurde.

Zonen-Zentralämter
Im Zuge der 1945 begonnenen Schaffung
zentraler (d.h. länderübergreifender) → Institutionen in der britischen Zone wurden
zuerst die Z. geschaffen. Sie waren mit
→ Ministerien für die Bereiche Wirtschaft,
Landwirtschaft, Finanzen, Verkehr, Arbeit,
Bahn, Post und Justiz zu vergleichen und
entsprachen den jeweiligen Fachabteilungen der britischen Militärregierung. Ursprünglich als ein Hilfsorgan der Militärregierung vorgesehen, erhielten sie zunehmend exekutive Befugnisse. Eine Kontrolle
durch deutsche Gremien existierte nicht.

Zusammenarbeitsverfahren
Kurzbez. für → Verfahren der Zusammenarbeit.

zustimmungsbedürftige Gesetze
⇒ Zustimmungsgesetze

Zustimmungsgesetze
→ zustimmungsbedürftige Gesetze

Bundesgesetze, zu deren Wirksamwerden die Zustimmung des → Bundesrates erforderlich ist (im Gegensatz zu → Einspruchsgesetzen). Zustimmungsbedürftig sind alle verfassungsändernden (Art. 79 II GG) sowie alle → Gesetze (und gewisse → Rechtsverordnungen), die den föderativen Aufbau des → Bundes betreffen oder in den Kompetenzbereich der → Länder hineinreichen. U.a. hat die vom → Bundesverfassungsgericht bestätigte Rechtsauffassung, daß eine vom → Bundestag verabschiedete gesetzliche Regelung immer dann zustimmungspflichtig ist, wenn sie das den Ländern vorbehaltene → Recht zur Regelung des → Verwaltungsverfahrens berührt, den Anteil der Z. erheblich erweitert (BVerfGE 55, S. 318f.). Im Bereich der EU-Politik ist es dem Bundesrat gelungen, durch den neuen Art. 23 GG (von 1992) seine Mitwirkungsbefugnisse zu verstärken; durch eine abgestufte Mitwirkung wird er (und somit die → Bundesländer) an allen EU-Entscheidungen effektiv beteiligt, indem er an der Willensbildung des → Bundes mitwirkt. Bei Z. kann der Bundesrat (wie Bundestag und → Bundesregierung) vor seiner Entscheidung die Einberufung des → Vermittlungsausschusses (paritätisch besetzt von Bundestag und Bundesrat) verlangen. Der Vermittlungsvorschlag bedarf der Zustimmung von Bundestag und Bundesrat. Kommt ein Vermittlungsvorschlag nicht zustande und lehnt der Bundesrat die ursprüngliche → Gesetzesvorlage oder den Vermittlungsvorschlag ab, so ist das Gesetz gescheitert.

zustimmungspflichtige Gesetze
Umgangssprachliche Bez. für zustimmungsbedürftige Gesetze, d.h. für → Zustimmungsgesetze.

Zweikammersystem
Sieht man einmal vom britischen → Oberhaus (House of Lords) als einem Relikt des → Ständestaates ab, so ist das Z. das typische Kennzeichen von föderativen → Systemen (→ Bundesstaat, → Föderalismus). Die Mitwirkung der Gliedstaaten erfolgt über die zweite legislative → Kammer; die erste Kammer repräsentiert die Gesamtbevölkerung nach allgemeinem und gleichem

→ Wahlrecht. Beide Kammern müssen in ihrem Entscheidungsverhalten übereinstimmen.

Zwei Organisationsformen des Z. sind möglich: → Senatssystem und → Bundesratssystem. Die beiden Systeme unterscheiden sich hinsichtlich der zweiten Kammer nach
a) Bestellungsmodus der Vertreter der Einzelstaaten: → Senat = meist Direktwahl, → Bundesrat = meist Delegation;
b) Zahl der Vertreter je → Staat: Senat = gleiche Anzahl, Bundesrat = nach Bevölkerungszahl;
c) Art des → Mandats der Mitglieder: Senat = frei, Bundesrat = in einigen Systemen gebunden;
d) Mitwirkung am Entscheidungsprozeß der Gesamt-Legislative: Senat = gleichberechtigt, Bundesrat = eingeschränkt in den meisten Fällen (d.h., in Abweichung vom klassischen Bundesratssystem mit seinen gleichberechtigten Mitwirkungsrechten).

Zweiparteiensystem
In der Einteilung der → Parteiensysteme nach Anzahl der → Parteien bildet das Z. einen Untertypus des → Mehrparteiensystems. In anderen Unterteilungen wird es als ein Haupttypus neben → Einparteiensystem, Mehrparteiensystem und → Vielparteiensystem gestellt. Kennzeichen des Z. ist die Dominanz von 2 großen Parteien in einem → System mit politischem Wettbewerb, die die Wahlämter auf allen Ebenen unter sich aufteilen; kleine Parteien werden bei der Zuordnung zu dieser Parteiensystem-Einteilung vernachlässigt, wenn sie die Machtbalance der beiden großen Parteien nicht wirkungsvoll stören können. Zur Kennzeichnung wird hier lediglich die Zahl der relevanten Parteien verwandt; Unterschiede zwischen den nationalen Parteiensystemen (z.B. Großbritannien und den USA) wie auch zwischen den Großparteien eines Landes (z.B. → Conservative Party und → Labour Party in Großbritannien) bleiben unberücksichtigt. Das Z. besteht traditionellerweise - primär aufgrund der → relativen Mehrheitswahl - in den angloamerikanischen → Ländern, da dieses → Wahlsystem fast immer in eine Mehr-

heitspartei (die die → Regierung stellt) und eine Minderheitspartei (die die → Opposition bildet) mündet. Das Z. bietet dem Wähler die direkte Möglichkeit des Wechsels von Regierung zu Opposition. Breite Kompromisse werden im Z. nicht durch unterschiedliche Parteien in Koalitionsverhandlungen über Regierungsbildungen eingebracht, sondern innerhalb der beiden großen Parteien erzielt.

Zwei plus Vier-Vertrag
Am 12.9.1990 von den Außenministern der Bundesrepublik und der DDR (zwei) sowie von den Außenministern Frankreichs, Großbritanniens, der UdSSR und den USA (vier) in Moskau unterzeichneter „Vertrag über die abschließende Regelung in bezug auf Deutschland", demzufolge das „vereinte Deutschland", dessen Außengrenzen endgültig sind (Art. 1), „volle Souveränität über seine inneren und äußeren Angelegenheiten" erhielt (Art. 7, Abs. 2).

Zwei-Reiche-Lehre
Auf Martin Luther zurückzuführende Zuordnung von göttlichem und weltlichem Regiment. Da dem Denkansatz zufolge die → Gewalt Gottes in der weltlichen Ordnung zum Ausdruck kommt, sind die Übergänge zur Legitimierung jedweder „Obrigkeit" als gottgewollt fließend (vgl. z.B. die theologische Rechtfertigung des → Nationalsozialismus durch die sog. Deutschen Christen). In der Gegenwart hat die Z. an innerkirchlicher Bedeutung eingebüßt.

Zweistimmensystem
Werden die → Wahlsysteme aufgeteilt in unterschiedliche Stimmgebungsverfahren, so kann das in der Bundesrepublik Deutschland angewandte System der → personalisierten Verhältniswahl als Z. bezeichnet werden. Seit 1953 hat jeder Wähler bei Bundestagswahlen 2 Stimmen: die → Erststimme für den → Wahlkreisabgeordneten, die → Zweitstimme für die → Landesliste einer → Partei; diese beiden Stimmen können - obwohl für dasselbe Repräsentativorgan - unterschiedlichen Parteien gegeben werden (→ Splitting). Für das Gesamtergebnis aller Parteien maßgebend ist allein die Verteilung der Zweitstimmen.

Zweites Deutsches Fernsehen/ ZDF
Nachdem das → Bundesverfassungsgericht die Einrichtung eines vom → Bund dominierten, privatrechtlichen Fernsehens abgelehnt hatte (BVerfGE 12, S. 205ff.), gründeten 1961 die → Bundesländer das Z. als → Anstalt des öffentlichen Rechts mit Sitz in Mainz. Es ergänzte, als Kontrastprogramm zum 1. Kanal, das Sendeangebot der Landesrundfunkanstalten (→ ARD). Das Z. realisiert in seinen Aufsichts- und Kontrollgremien das binnenpluralistische Organisationsprinzip. Die Anstalt erhält derzeit 23 % des Gebührenaufkommens.

Zweitstimme
Während bei Bundestagswahlen (→ personalisierte Verhältniswahl) die → Erststimme dem Wahlkreiskandidaten (→ Wahlkreisabgeordnete) gilt, bestimmt allein die Anzahl der auf eine → Partei bzw. deren → Landeslisten entfallenden Z. die endgültige Mandatszuteilung. Die 22 (West-)Berliner → Abgeordneten wurden bis Mitte 1990 vom Berliner → Abgeordnetenhaus proportional zu den Fraktionsstärken entsandt; auf das (übrige) Bundesgebiet entfielen - ohne → Überhangmandate - 496 Abgeordnete. Seit der ersten gesamtdeutschen → Wahl (2.12.1990) beträgt die Gesamtmandatszahl 656. Diese werden in 328 → Mandate in Einer-Wahlkreisen und 328 über Landeslisten zu erringende Mandate aufgeteilt (eventuelle Überhangmandate bleiben erhalten). Ab der Bundestagswahl 2002 beträgt die Gesamtmandatszahl 598 (299 + 299). Der Anteil der auf eine Partei im → Bund entfallenen Z. an der Gesamtzahl der abgegebenen gültigen Z. bestimmt, wieviel von der Gesamtmandatszahl ihr im → Bundestag insgesamt zustehen (d.h. proportional). Zum Zuge kommen nur Parteien, die 5 % der Z. (→ Sperrklausel bzw. → Fünfprozentklausel, die bei der Wahl 1990 getrennt für das Gebiet der ehem. DDR und das restliche Wahlgebiet galt) oder 3 → Direktmandate errungen haben.

Die auf der Bundesebene einer Partei gemäß Z.-Anteil zustehenden Mandate werden auf ihre Landeslisten verteilt. Auf der Landesebene werden zunächst die in den

→ Wahlkreisen errungenen Direktmandate berücksichtigt (die der Partei in jedem Fall zustehen), sie werden von der Gesamtzahl der ihr in diesem → Bundesland zustehenden Sitze abgezogen; stehen der Partei in diesem Bundesland mehr Sitze zu als sie Direktmandate errungen hat, so kommt in Höhe dieser Differenz die Landesliste zum Zuge (Überhangmandate auf der Landesebene bleiben ihr jedoch erhalten). Die Mandate werden an die Listenkandidaten sukzessive vergeben: gemäß der Reihenfolge auf der Landesliste, wobei Kandidaten mit Direktmandat nicht mitgezählt werden. Entscheidend ist demnach die Mandatszahl, die einer Partei aufgrund ihres Anteils an den Z. zusteht; von dieser Gesamtmandatszahl werden die errungenen Direktmandate

abgezogen, und in Höhe dieser Differenz (Gesamtmandatszahl minus Direktmandate) kommt die Landesliste zum Zuge.

Ein → Zweistimmensystem weisen aber auch die meisten Landtagswahlen auf; in den anderen Bundesländern haben die Wähler nur eine Stimme - Wahlkreisabgeordnete und Partei (Landesliste) werden beide mit dieser einen Stimme gewählt. In den meisten Bundesländern haben die Wähler in den Kommunalwahlen mehr als 2 Stimmen: Sie verfügen entweder über 3 Stimmen oder über so viele Stimmen, wie Mandate zu vergeben sind; in beiden Fällen ist → Kumulieren (jedem Kandidaten kann ein Wähler bis zu 3 Stimmen geben) und → Panaschieren erlaubt.

Verzeichnis der Autoren

Albertin, Lothar, Prof. Dr., Universität Bielefeld,
Liberalismus
Altvater, Elmar, Prof. Dr., Freie Universität Berlin,
Kapitalismus
Armingeon, Klaus, Prof. Dr., Universität Bern,
Gewerkschaften
Atteslander Peter, Prof. em. Dr., Universität Augsburg,
Empirische Sozialforschung
Bärsch, Claus-E., Prof. Dr., Universität-Gesamthochschule Duisburg,
Staat
Benz, Arthur, Prof. Dr., Fernuniversität Hagen,
Verwaltung
Bermbach, Udo, Prof. Dr., Universität Hamburg,
Direkte Demokratie
Bethusy-Huc Viola Gräfin von, Prof. Dr., Universität Münster,
Familienpolitik
Bredow, Wilfried Frhr. von, Prof. Dr., Universität Marburg,
Pazifismus
Brinkmann, Heinz Ulrich, Dr., Bundeszentrale für politische Bildung Bonn,
präsidentielle Regierungssysteme
Claußen, Bernhard, Prof. Dr., Universität Hamburg,
politische Sozialisation
Detjen, Joachim, Prof. Dr., Kath. Universität Eichstätt,
Interesse
Döhler, Marian, Dr., Universität Potsdam,
Gesundheitspolitik
Dörner, Andreas, Priv. Doz. Dr., Technische Universität Magdeburg,
Politikbegriffe
Dose, Nicolai, Dr., Technische Universität München,
Theorien politischer Steuerung
Eichener, Volker, Prof. Dr., Fachhochschule Düsseldorf,
Regionalpolitik
Eisfeld, Rainer, Prof. Dr., Universität Osnabrück,
Pluralismus/ Pluralismustheorie
Elsenhans, Hartmut, Prof. Dr., Universität Leipzig,
Globalisierung, Imperialismustheorien
Erdmenger, Klaus, Dr., Universität Konstanz,
Regierungssystem der BRD
Fach, Wolfgang, Prof. Dr., Universität Leipzig,
Freiheit und Gleichheit
Funk, Albrecht, Prof. Dr., Pittsburgh,
Agrarpolitik

Gabriel, Oscar W., Prof. Dr., Universität Stuttgart,
Bürgerinitiativen
Gagel, Walter, Prof. em. Dr., Technische Universität Braunschweig,
politische Bildung
Ganslandt (†), Herbert R., Prof. Dr., Universität Erlangen-Nürnberg,
Aufklärung
Gebhardt, Jürgen, Prof. Dr., Universität Erlangen-Nürnberg,
politische Ideengeschichte
Göhler, Gerhard, Prof. Dr., Freie Universität Berlin,
Bürgerliche Gesellschaft
Grebing, Helga, Prof. em. Dr., Universität Bochum,
Arbeiterbewegung
Greven, Michael Th., Prof. Dr., Universität Hamburg,
Partei
Groser, Manfred, Prof. Dr., Universität Bamberg,
Arbeitsmarktpolitik
Gülich, Christian, Dr., Brandenb. Landeshauptarchiv Potsdam,
Gemeinschaft und Gesellschaft
Häckel, Erwin, Prof. Dr., Forschungsinstitut der Deutschen Gesellschaft für auswärtige
Politik, Bonn,
Energiepolitik
Hanke, Peter, Prof. Dr., Universität der Bundeswehr München,
Macht und Herrschaft
Hartmann, Jürgen, Prof. Dr., Universität der Bundeswehr Hamburg
Vergleichende Systemlehre
Hennig, Eike, Prof. Dr., Gesamthochschule Kassel,
Faschismus/ Faschismustheorien
Henningsen, Bernd, Prof. Dr., Humboldt-Universität Berlin,
Sozialstaat
Himmelmann, Gerhard, Prof. Dr., Technische Universität Braunschweig,
Interessenpolitik
Holtmann, Everhard, Prof. Dr., Universität Halle-Wittenberg,
Politisches System
Holzinger, Katharina, Dr., Max-Planck-Projektgruppe Recht der Gemeinschaftsgüter,
Bonn,
Spieltheorien
Ismayr, Wolfgang, Prof. Dr., Technische Universität Dresden,
Volkssouveränität
Immerfall, Stefan, Priv. Doz. Dr., Universität Passau
Parteiensystem
Jäckel, Hartmut, Prof. Dr., Freie Universität Berlin,
Grund- und Menschenrechte
Jaedicke, Wolfgang, Dipl. Pol., Institut für Strukturpolitik Berlin,
Wohnungspolitik
Jasper, Gotthard, Prof. Dr., Universität Erlangen-Nürnberg,
Kirche und politisches System

Jesse, Eckhard, Prof. Dr., Technische Universität Chemnitz,
Linksextremismus
Kaase, Max, Prof. Dr., WZB Berlin,
Partizipation
Kampe, Norbert, Dr., Technische Universität Berlin,
Antisemitismus
Keller, Berndt, Prof. Dr., Universität Konstanz,
Arbeitsbeziehungen
Klages, Helmut, Prof. Dr., Hochschule für Verwaltungswissenschaften Speyer,
Staat und Gesellschaft
Kleinhenz, Gerhard, Prof. Dr., Universität Passau,
Wirtschaftspolitik
Kohler-Koch Beate, Prof. Dr., Universität Mannheim,
Internationale Beziehungen/ Internationale Politik
Koszyk, Kurt, Prof. em. Dr., Universität Dortmund,
Öffentlichkeit
Kramme, Rüdiger, Dr., Universität Bielefeld,
Gemeinschaft und Gesellschaft
Kreile, Michael, Prof. Dr., Humboldt-Universität Berlin,
Europäische Gemeinschaft/ Europäische Union
Kropp, Sabine, Dr., Universität Erlangen-Nürnberg,
Marxismus
Krosigk, Friedrich von, Prof. Dr., Universität Erlangen-Nürnberg,
Regionalismus
Laufer (†), Heinz, Prof. Dr., Universität München,
Föderalismus
Leidhold, Wolfgang, Prof. Dr., Universität Köln,
Abrüstung/ Rüstungskontrolle
Liebert, Ulrike, Prof. Dr., Universität Bremen,
Frauen- und Geschlechterpolitik
Lompe, Klaus, Prof. Dr., Technische Universität Braunschweig,
Innenpolitik
Lösche, Peter, Prof. Dr., Universität Göttingen,
parlamentarische Regierungssysteme
Lutz, Dieter S., Prof. Dr., Institut für Friedensforschung und Sicherheitspolitik,
Universität Hamburg,
Sicherheitspolitik
Mäding, Heinrich, Prof. Dr., Deutsches Institut für Urbanistik Berlin,
Finanzpolitik
Merkel, Wolfgang, Prof. Dr., Universität Heidelberg,
Transformationstheorien
Mintzel, Alf, Prof. Dr., Universität Passau,
Parteiensystem
Moltmann, Bernhard, Dr., Hessische Stiftung für Friedens- und Konfliktforschung,
Frankfurt/ Main,
Friedens- u. Konfliktforschung

Mommsen, Margareta, Prof. Dr., Universität München,
Kommunismus
Münch, Ursula, Prof. Dr., Universität der Bundeswehr München,
Föderalismus
Münkler, Herfried, Prof. Dr., Humboldt-Universität Berlin,
politische Philosophie
Naßmacher, Hiltrud, Prof. Dr., Universität Oldenburg,
Kommunalpolitik
Naßmacher, Karl-Heinz, Prof. Dr., Universität Oldenburg,
Parteienfinanzierung
Neumann, Franz, Prof. Dr., Gesamthochschule Kassel,
Anarchismus
Noelle-Neumann Elisabeth, Prof. em. Dr., Institut für Demoskopie Allensbach,
Demoskopie
Nuscheler, Franz, Prof. Dr., Universität-Gesamthochschule Duisburg,
Entwicklungspolitik
Oehler, Christoph, Prof. i.R. Dr., Gesamthochschule Kassel,
Bildungspolitik
Opitz, Peter J., Prof. Dr., Universität München,
Vereinte Nationen
Pappi, Franz Urban, Prof. Dr., Universität Mannheim,
politische Soziologie
Patzelt, Werner J., Prof. Dr., Technische Universität Dresden,
politikwissenschaftliche Methoden
Pehle, Heinrich, Priv. Doz. Dr., Universität Erlangen-Nürnberg,
Umweltpolitik
Pelinka, Anton, Prof. Dr., Universität Innsbruck,
Demokratietheorie
Philipp, Thomas, Prof. Ph.D., Universität Erlangen-Nürnberg,
Nahost-Konflikt
Prätorius, Rainer, Prof. Dr., Universität der Bundeswehr Hamburg,
Bürokratie/ Bürokratietheorien
Rausch, Heinz (†), Prof. Dr., Universität Erlangen-Nürnberg,
Gewaltenteilung
Reichard, Christoph, Prof. Dr., Universität Potsdam,
Verwaltungsreform
Reichel, Peter, Prof. Dr., Universität Hamburg,
Politische Kultur
Rohe, Karl, Prof. Dr., Universität Gesamthochschule Essen,
Politikbegriffe
Röhrich, Wilfried, Prof. Dr., Universität Kiel,
Vertragstheorien
Roth, Margit, Dr., Universität Salzburg,
Deutschlandpolitik
Roth, Roland, Prof. Dr., FHS Magdeburg,
Alternativbewegung

Roy, Klaus B., Dr., Technische Universität Magdeburg,
Innenpolitik
Rytlewski, Ralf, Prof. Dr., Freie Universität Berlin,
Kulturpolitik
Saage, Richard, Prof. Dr., Universität Halle-Wittenberg,
politische Utopien
Schäfers, Bernhard, Prof. Dr., Universität Karlsruhe,
politische Planung
Schatz, Heribert, Prof. Dr., Universität Gesamthochschule Duisburg,
Medienpolitik
Schefold, Dian, Prof. Dr., Universität Bremen,
Rechtsstaat
Scheuch, Erwin K., Prof. em. Dr., Universität Köln,
Sozialwissenschaften
Schissler, Jakob, Priv. Doz. Dr., Universität Frankfurt/ Main,
Konservatismus
Schmidt, Manfred G., Prof. Dr., Universität Bremen,
Sozialpolitik
Schubert, Klaus, Dr., Universität Bochum,
Forschungs- und Technologiepolitik
Schultze, Rainer-Olaf, Prof. Dr., Universität Augsburg,
Wahlen und Wahlsysteme
Schulz, Winfried, Prof. Dr., Universität Erlangen-Nürnberg,
politische Kommunikation
Schumann (†), Hans-Gerd, Prof. Dr., TH Darmstadt,
Ideologie
Schumann, Siegfried, Dr., Universität Mainz,
Wahlforschung und Wählerverhalten
Schüttemeyer, Suzanne S., Priv. Doz. Dr., Universität Potsdam,
Repräsentative Demokratie
Shell, Kurt L., Prof. em. Dr., Universität Frankfurt/ Main,
Demokratie
Stammen, Theo, Prof. Dr., Universität Augsburg,
Politikwissenschaft
Staeck, Nicola, Dr., Universität Bielefeld,
Strukturpolitik
Steffani, Winfried, Prof. em. Dr., Universität Hamburg,
Regierungsmehrheit und Opposition
Steinbach, Peter, Prof. Dr., Freie Universität Berlin,
Nation/ Nationalismus/ Nationalstaat
Stöss, Richard, Priv. Doz. Dr., Freie Universität Berlin,
Rechtsextremismus
Sturm, Roland, Prof. Dr., Universität Erlangen-Nürnberg,
Parlamentarismus
Voelzkow, Helmut, Priv. Doz. Dr., Universität Bochum,
Neokorporatismus

Voigt, Rüdiger, Prof. Dr., Universität der Bundeswehr München,
Justiz und Politik
Waschkuhn, Arno, Prof. Dr., Universität Erfurt,
Politische Theorie
Wasmund, Klaus, Dr., Technische Universität Braunschweig,
politische Psychologie
Watzal, Ludwig, Dr., Bundeszentrale für politische Bildung, Bonn,
Christliche Soziallehre
Weber, Hajo, Prof. Dr., Universität Kaiserslautern,
Unternehmerverbände
Westle, Bettina, Priv. Doz. Dr., Universität Mannheim,
Legitimation, Legitimität
Wewer, Göttrik, Dr., Staatskanzlei Kiel,
politische Korruption
Widmaier, Ulrich, Prof. Dr., Universität Bochum,
Revolution/ Revolutionstheorien
Woyke, Wichard, Prof. Dr., Universität Münster,
Außenpolitik
Ziemer, Klaus, Prof. Dr., Deutsches Historisches Institut, Warschau,
Sozialismus
Zinn, Karl Georg, Prof. Dr., Technische Hochschule Aachen,
Politische Ökonomie